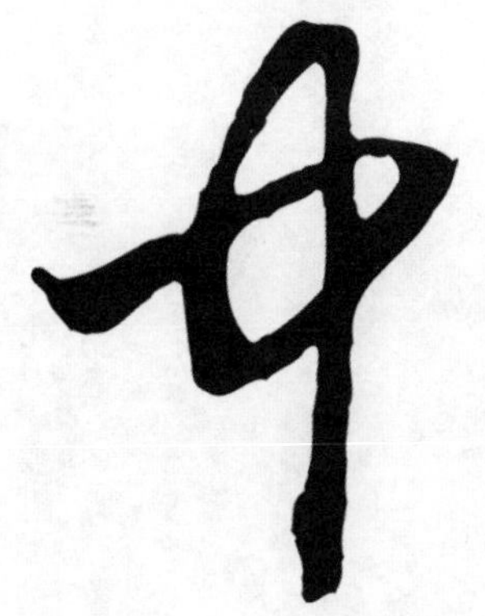

ZHONGGUO FANLONGDUAN YU GUIZHIJINGJIXUE XUESHU NIANJIAN

反垄断与规制经济学学术年鉴

[2010卷]  

2010

山东大学反垄断与规制经济学研究基地　编

 经济科学出版社
Economic Science Press

图书在版编目（CIP）数据

中国反垄断与规制经济学学术年鉴．2010卷／山东大学反垄断与规制经济学研究基地编．—北京：经济科学出版社，2010.8

ISBN 978－7－5058－7923－2

Ⅰ.①中…　Ⅱ.①山…　Ⅲ.①反托拉斯法－研究－中国－2010－年鉴②规制经济学－研究－中国－2010－年鉴
Ⅳ.①D922.290.4－54②F069.9－54

中国版本图书馆CIP数据核字（2010）第151082号

责任编辑：吕　萍　于海汛
责任校对：徐领弟　刘　昕
版式设计：代小卫
技术编辑：邱　天

中国反垄断与规制经济学
学术年鉴
（2010卷）
山东大学反垄断与规制经济学研究基地　编
经济科学出版社出版、发行　新华书店经销
社址：北京市海淀区阜成路甲28号　邮编：100142
总编部电话：88191217　发行部电话：88191540
网址：www.esp.com.cn
电子邮件：esp@esp.com.cn
北京中科印刷有限公司印装
880×1230　16开　107.75印张　3330000字
2010年9月第1版　2010年9月第1次印刷
ISBN 978－7－5058－7923－2　定价：200.00元（上、下册）
（图书出现印装问题，本社负责调换）

《中国反垄断与规制经济学学术年鉴（2010卷）》

编 辑 委 员 会

前　　言

《中国反垄断与规制经济学学术年鉴》是国内首次编纂，按年度持续反映中国反垄断与规制经济学研究发展状况的文摘类权威学术著作，也是本研究领域内信息容量最大、资料索引最全面的大型工具书，可供经济学、法学、社会学等学科研究者及政府反垄断和规制机关使用。

《中国反垄断与规制经济学学术年鉴》的编纂上限为1979年，从2010年起每年出版一卷。本次出版的《中国反垄断与规制经济学学术年鉴（2010卷）》（以下简称《年鉴》）共200余万字，对我国1979～2009年反垄断与规制经济学领域的研究成果进行了罗列和评析，对我国反垄断与规制的重大事件进行了回顾和分析，并对我国反垄断与规制机构及相关学术研究机构进行了介绍，系统地反映了改革开放以来我国反垄断与规制经济学领域的研究成果和发展趋势。

一、《年鉴》编纂缘起与过程

随着市场化改革的进行，中国的反垄断和规制理论与政策成为理论研究者和政策制定者重点关注的领域，也为国内外产业界所瞩目。规制政策的制定，反垄断法律的颁布与实施，不仅关系着产业和国民经济的发展，也与众多利益相关者的切身利益息息相关。因此，这一时期反垄断与规制经济学的研究成果十分丰富。山东大学反垄断与规制经济学研究基地主要从事竞争政策、规制经济学及市场设计等领域的研究，2009年5月被山东省政府命名为省社会科学重点研究基地。山东大学反垄断与规制经济学研究基地成立以来，在完善自身学科建设的过程中，开始系统地搜集和整理国内外有关反垄断与规制经济学的学术成果，经数年积累，已经形成数千万字的资料。中心于2009年9月正式启动了《中国反垄断与规制经济学学术年鉴》的编纂工作，旨在择中心资料之精华，与国内外研究者共享。

《年鉴》的具体编辑工作由山东大学反垄断与规制经济学研究基地完成，中心二十余位研究人员参与了基础资料的整理和前期编辑。2010年6月，《年鉴（2010卷）》编纂完成。

二、《年鉴》的主题栏目

《年鉴》各卷的体例、格式和主要栏目相对统一，共分为八个部分。第一部分为中国反垄断与规制经济学的研究状况及学科发展的总体分析；第二部分为重点学术论文全文收录，共全文收录1979年以来重要学术论文近70篇；第三部分为重要学术论文观点摘录，共摘录1100余篇重要学术论文观点；第四部分为重要学术著作观点摘录，共介绍了50多部学术专著的主要内容和观点；第五部分为学术论文索引，为近20000篇学术论文编目索引；第六部分为反垄断与规制重要事件介绍，共介绍1997年以来重要反垄断和规制案例50多个；第七部分为中国反垄断与规制机构介绍，主要介绍我国反垄断与规制机构的职能、作用及其出台的相关政策法规；第八部分为反垄断与规制经济学研究机构介绍。

反垄断与规制经济学的研究涵盖经济学、法学、管理学、社会学等诸多研究领域，《中国反垄断与规制经济学学术年鉴》全面地覆盖了这些领域的相关研究成果，可以满足研究者、政策制定者和产业界人士的需求。通过《年鉴》的编纂，我国反垄断与规制经济学学科发展的历程被再次回顾和重新理解，年鉴的编纂，也是对反垄断与规制经济学深入研究的过程。

《年鉴》的编纂工作是相当艰辛和复杂的，伴随着编辑过程中的诸多探索，遗漏、缺失、缺陷甚至错误都可能难以避免，我们欢迎社会各界的批评和建议，以利于今后各卷的编纂。

于良春

2010年6月

目录

上册

第一部分 中国反垄断与规制经济学的研究状况及学科发展总体分析

第二部分 重点学术论文全文收录

第三部分　重要学术论文观点摘录

2009 年

2008 年

2007 年

2006 年

2005 年

2004年

2003 年

2002年

2001年

2000 年

1999 年

1998 年

1997年

1996 年

1994 ~ 1995 年

1987～1993年

1979～1986年

下　册

第四部分　重要学术著作观点摘录

第五部分 学术论文索引

第六部分　反垄断与规制重要事件介绍

2005 年反垄断与规制案例热点

2004 年反垄断与规制案例热点

2003 年反垄断与规制案例热点

2002 年反垄断与规制案例热点

2001 年反垄断与规制案例热点

2000 年反垄断与规制案例热点

1999 年反垄断与规制案例热点

1998 年反垄断与规制案例热点

1997 年及其之前反垄断与规制案例热点

第七部分 中国反垄断与规制机构介绍

第八部分 反垄断与规制经济学研究机构介绍

第四部分

重要学术著作观点摘录

[1] 包锡妹．反垄断法的经济分析．中国社会科学出版社 2003 年出版．

反垄断法是竞争法体系中的一个重要组成部分，它具有法律规则和制度的一切特征，同时又具有典型的政策性、经济性之特质。反垄断法的制定与实施同一个国家的产业政策、经济发展目标息息相关。在西方有学者将其称为“反托拉斯政策法”。正因为如此，本书的研究方向放在了对反垄断法的经济分析上。

本书共分八章，内容提要如下：

“法律的经济分析”是第一章的内容。本章重点论述了法律的经济分析的含义、法律的经济分析学派的由来与发展、主要观点、重要贡献等问题。法律的经济分析从字面上看是法学与经济学融合的产物，它是指运用经济学的原理与方法来研究法律规则和法律制度的形成、过程、效益和发展的学科。设置本章的目的是为了对反垄断法进行经济分析作理论上的准备。

对反垄断法进行经济分析，还应当了解和掌握反垄断法产生与存在的经济基础、产业政策理论以及反垄断法的过去和现在的历史，这是第二章要解决的问题。本章将对国家的作用进行介绍。国家要对影响市场健康发展的不良因素进行制约，反映在法律规范上就是反垄断法的诞生。但垄断所具有的积极与消极的双重性又决定了反垄断法目标的艰巨性和不确定性，而这种特性则成为反垄断法经济分析的基础。

第三章、第四章的内容进入对反垄断法经济分析的一般性问题的探讨。第三章是反垄断法经济分析的一般论述，重点分析了反垄断法经济分析的含义、反垄断法经济分析的可行性和必然性等。在法律的经济分析中，比较早地进入其研究范围的就是反垄断法。第四章是反垄断法经济分析的经济理论基础，主要对反垄断法经济分析中经常运用到的微观经济学的最大化、效益、均衡等概念，以及供给与需求、成本与效益等理论进行了分析和阐述。

对反垄断法具体规范的经济分析是第五章、第六章的内容，这也是本书的重点内容。第五章垄断与反垄断的经济分析，从垄断的经济含义出发，通过对垄断价格与产出、成本与需求对垄断价格的影响等问题的分析，说明了企业为什么要谋求市场上的垄断地位，垄断地位到底能给企业带来什么样的利益。通过对垄断所存在的危害性、弊端的分析，论述了反垄断的必要性和社会作用。第六章是反垄断法的经济分析，本章从主要国家反垄断法的立法、司法实践中，总结出各国反垄断法中所包含的共同内容，并对此进行了深入的经济分析。垄断的法律界定是进行反垄断法经济分析首先要明确的一个关键问题。

第七章、第八章是本书的落脚点。其中归纳、总结我国反垄断法的立法现状、研究现状就成为第七章的内容。第八章是我国反垄断法的经济分析，本章通过对反垄断法价值的分析，通过对我国反垄断立法中所面临的双重任务：经济垄断和行政垄断的经济分析，构架了我国的反垄断法体系。我国的反垄断法在立法宗旨中应重点考虑以下因素：保护国家经济安全、保护社会公共利益。慎防把对市场竞争秩序的保护落脚在对竞争者个体的保护上，否则，同反垄断法的立法本意不符。在对经济垄断的规制上，应考虑到我国目前产业结构的发展需要和国际社会的经济环境，从而把我国的反垄断立法规制对象定位在限制竞争、滥用优势的垄断行为上，而不是单纯的垄断状态。在对行政垄断的规制上，应采取综合治理的途径，通过政治、法律、经济等各方面的相互协作、相互配合共同限制并最后消除行政垄断。

[2]（英）比哲，（英）佩泽．电信市场的规制与进入．吴洪译．北京邮电大学出版社 2006 年出版．

自电信市场开放和引入竞争以来，资费、准入、互联互通的规制一直是各国政府电信规制的焦点问题。接入价格是保证有效互联和电信市场有序进入的基础，如果接入价被人为扭曲，不仅不利于互联的实现，还会造成大量负面影响。本书正是以电信运营业的这些规制问题为研究对象。作者根据电信企业的地位把电信运营商划分为原在位运营商和新进入运营商；根据电信市场的发展阶段划分为开始引入竞争的婴幼期阶段与两类运营商势力基本相当的成熟期阶段；根据服务对象划分为细分的电信市场与非细分的市场；根据收费方式划分为定额资费与二部制资费；根据竞争性企业进入电信市场的进入类型划分为基于设备的进入与基于非绑定元素的进入等，对电信市场从开放初期到竞争环境成熟以后的规制过程与结果进行了全面、详尽的讨论。两位作者对问题的论述不是从理论到理论，而是从实践经验出发，以在荷兰所进行的电信市场竞争与规制的项目为研究基础，书中所给出的结论、准则都是在经过比较严格的验证后得出的。

我国的电信运营业，已形成数家基础性运营商竞争的局面。相信本书所述内容对我国电信规制政策的制定有所启示和帮助。同时，本书具有较强的理论性，注重公式推导，在基于已有的电信竞争理论之上，作者又发展出了一系列的新模型，然后将这些模型一一运用于规制工具的分析。

本书研究了在各种各样的环境中进入电信市场的情况，阐述了市场特征和规制实践中体现出的细节和不对称。本书一方面旨在填补经济学的理论文献在电信市场竞争方面的空白，另一方面也致力于将这些理论应用于电信的政策和规制之中。这本书以产业组织理论的模型和数字模拟技术，以及所附带的模拟软件为基础，因此可将它视为电信市场上经济学家实施政策和规制的一个工具箱。在一个更一般化的水平上，本书可被看成是微观经济学在价格制定、竞争策略和规制上的应用，所以应用经济学家、经济咨询者，以及电信从业人员都会发现本书很有用。

本书的研究是建立在 Laffont 和 Tirole 的著作以及其他一些关于双向接入的学术性文章基础之上的，并发展了一系列的新模型——是一些基于现有理论并从中发现灵感的模型——这些模型可以解决现实世界中的一系列政策问题。

此外，本书仅关注市场进入。特别是，书中涉及各种不同的进入策略是如何受到政策和规制影响的。更一般地，书中分析了管制工具。作者意识到，在主导运营商和新进入者之间存在不对称时，政策制定者更渴望了解政策性工具的实施效果。在这种以不完善竞争为特点的非对称市场上，作者详细研究了非对称管制的功效。再强调一下，作者发现对新进入者有利的不对称管制对消费者剩余和新进入的利润都有积极的影响。因而，这种规制可被视为增进消费者短期以及长期所得的方法。

本书的另一个贡献在于它所提出的方法。作者是以一个涵盖了电信市场上竞争情形主要特征的简单的博弈论模型作为开端的。接着，利用计算机上的模拟程序，把此模型应用于探究一系列的进入策略以及规制对市场的影响过程。因此，一方面，产生了一系列变化丰富的结果；另一方面，博弈论所提供的标准经济学分析架构也给读者提供了一个很好的知识框架。

全书共有 9 章。第 2 章提供了电信技术、市场、机制确立以及经济学概念的一些背景资料。第 3 ~6 章分析了非细分市场上的竞争。第 3 章描述基本模型并提供有关电信市场竞争的一般性观点。第 4 章和第 5 章分析了 3 种不同的进入模式（基于设备的进入、基于本地环路非绑定的进入以及基于“路由选择”的进入）。在这几章中，我们假设运营商以二部制资费的形式竞争，也就是说，研究的是既有月租费又有每分钟单价的资费形式。第 6 章探讨了不同的资费策略，比如线性资费和定额资费。同时还分析了基于终端的价格歧视。第 7 章和第 8 章的研究重点是细分市场和目标进入（假设运营商以二部制资费的形式竞争）。第 7 章在一般含义上分析了细分市场的竞争情况，重点研究各个市场上基于设备的进入，第 8 章重点研究目标进入策略，包括新进入者以不同的方式进入不同的细分市场，也包括只针对一个细分市场的进入策略。第 3 ~8 章，给出了一些相关政策的原则性理念，第 9 章则从一个更广的视角讨论更深入的政策话题，以此来加深对结论与观点的理解。

[3] 理查德·A·波斯纳．反托拉斯法（第二版）．孙秋宁译．中国政法大学出版社 2002 年出版．

中国目前的法学研究有不少弱点。首先是自我限制，搞法理学就是搞一些传统的概念，例如法治、宪政、正义、公正之类的，加一点时下流行的各种具有或多或少甚至是很强意识形态意味的话语：依法治国、司法改革、现代化、全球化、人权等。

当代中国法学研究的另一个重大弱点是缺乏社会科学指导的研究，缺少经验的研究。国内的法经济学、法社会学、法人类学诸如此类，大都一直停留在介绍的水平或应用的层面上。既缺少量化的研究，也缺少细致精密的个案研究，甚至常常没有一个不带个人意气的如实生动的描述。

本书作者波斯纳是一位公认的古典自由派经济学家和法官，他赞美市场经济，反对政府规制，有些主张在某些人看来甚至相当极端。例如，他曾撰文主张废除现行的婴儿收养制度，用市场拍卖的方式来收养；他也主张法律应当保证替身孕母合同的执行等；这些都受到了许多人的抨击。当年里根总统提名他出任法官，很重要的一个原因就是他反对政府规制和干预的立场。从这一角度看，在像微软这样的案件中，波斯纳似乎更可能倾向于微软。但这样看问题是很片面的。对于波斯纳来说，反对政府干预不是也不应作为一个教条，而只是他相信市场经济的一个结果；之所以相信市场经济，主要原因是因为市场鼓励了自由的并且是有效率的竞争。但也正因此，一旦市场上有不正当的竞争，证据确凿，毫无疑问，波斯纳也必定会反对，如果必要，他也会支持政府的这种干预。在这里，似乎是不可兼容的政治法律立场在另一个更深刻的学术基础上得到了统一。

其实，正是在20世纪70年代，美国的反垄断法的主流观点开始了一个巨大的变化。变化的动力主要自50年代和60年代的一批经济学家的工作。他们的研究大大深入了人们对垄断问题的理解。到了60年代后期，这种研究成果通过一系列法学学者的推动开始进入到法学界。

垄断可以说是社会生活包括经济生活中的一种普遍现象，指的是对某种有市场价值的资源的独占或高比例占有，因此垄断者可以从这种独占或优势中获得高额回报——垄断租或垄断利润。

事实上垄断也并不必一定或总是没有效率的。尽管许多人甚至有些经济学家也习惯于认为垄断没有效率，但事实上，至少有时垄断是更有效率的，这就是规模经济的要求；相反，有时竞争反倒是没有效率的（例如，中文计算机输入法上的“万码奔腾”）。也正因此，法律也并不绝对地反对或禁止垄断，相反，只要是有效率的，对于社会有好处，甚至会建立一些垄断来促进社会财富的积累，引导和鼓励社会资源投入到某个领域。最典型的就是保护知识产权的一系列法律，例如专利法、著作权法、商标法以及对商业秘密的保护，实际上就是要建立对某些知识和信息的某种形式的垄断。这种垄断由于保证了知识创新时的各种投入能获得高过市场价格的回报，因此也就鼓励了人们在这些方面的投入。

正因为此，在今天看来，一个合情合理的反垄断法或反托拉斯法实际上最多只应反对那些没有效率的垄断，特别是反对那些没有效率的为获得垄断而采取的措施（monopolize，本书中译为垄断化）。换言之，至少如今，恰当的反垄断法实际上只是、而且在译者看来也只应当是一个反不正当竞争的法。

但是，即使我们今天通常认为是不正当竞争的措施也未必真的就是“不正当的”，或者是那种必须以反垄断执法来予以校正意义上的“不正当的”。波斯纳在本书中就对卡特尔、固定价格、价格歧视、捆绑销售或搭售、纵向一体化、企业兼并等一系列在我们看来似乎明显是反竞争的、旨在谋求垄断的措施进行了细致的、鞭辟入里的分析。他充分并雄辩地展示了这些措施并不必然不利于有效率的竞争。

即使那些明显没有效率的反竞争措施，波斯纳的分析也已经展示，也未必都需要政府的介入。因为市场一般都有能力自动校正这些措施带来的效果，使不正当竞争者的阴谋未必能够得逞——如果它确有这样的阴谋的话。例如，就搭售商品而言，这种搭售实际上提高了该商品的市场销售价格，因此只要可能，人们就会选择购买不搭售的同一种商品，或者会转而购买同类的替代商品。波斯纳的许多分析一次次地展现了，不能假定市场是脆弱的，而政府是强劲的，只要看一看，就可以看到，事实上总是政府是脆弱的，而市场是强劲的。甚至，即使发现市场确有问题，需要政府干预时，波斯纳也坚持要求比较一下政府干预的成本和收益，而不是假定政府的成本总是为零。

波斯纳是明确市场导向的，但他并不是市场乌托邦或市场教条主义者，他也承认市场会出现问题。他的分析只是表明市场的问题必须基本上或主要靠市场来解决，而不是自然而然地假定：市场无法解决的政府都一定可以解决。

[4] 曹士兵．反垄断法研究．法律出版社 1996 年出版．

《反垄断法研究——从制度到一般理论》是一本关于反垄断法个别制度、制度范型和一般理论的著作，全书共分十章。

第一章至第四章是一般理论的集中阐述，依次为反垄断法的性质、反垄断法的历史、反垄断法的形式和制度系统、反垄断法的适用。反垄断法的性质揭示了反垄断法的本质、特征、作用以及其特有的法价值，并同时给反垄断法下了一个完整的定义。它是一般理论中的“一般理论”，高屋建瓴地指出了反垄断法是以规范垄断和限制竞争行为为内容，是以企业及其联合组织为适用对象，它高扬有效竞争的价值观，是打击经济垄断、行政性垄断及各类限制竞争行为并从维护经济自由、经济民主公正竞争的锐利武器。反垄断法的历史是反垄断法的产生、发展及其完善的一个动态的描述，核心内容是揭示在反垄断法产生的历史背景和理论基础中，所蕴涵着的现代反垄断法的存在价值和旺盛生命力。反垄断法的形式和制度系统研究的是反垄断法的法典型、松散型、合并立法、分别立法及法规范体系的划分与典型化等问题，关键的研究是对世界各国已有的反垄断法的规范体系的抽象化，并进而为现代反垄断法建立了四大制度范型，它们是：垄断控制制度、经济力量过于集中阻却制度、横向与纵向限制规制、不公平交易方法与歧视规制。反垄断法的使用是关于世界各国使用反垄断法的情况介绍，主要内容涉及反垄断法的专门执行机关、执行手段以及反垄断法的效力与排除适用等。

第五章到第九章逐一研究了反垄断法的四大制度范型，因为四大制度范型是从各国法中抽象出来的，所以研究中也涉及各国法的具体的、个别的制度介绍。制度的研究我们一直遵循着“有利于司法实践、有利于借鉴、有利于交流”的原则，研究的方法一直是比较和解释。因而，各章的核心内容都是这样几个部分：违法构成、违法行为类型、制裁手段、制裁程序、制度评价。

第十章是中国反垄断法立法，是全篇研究的大结局，这一章的一开始依然是传统的“中国反垄断立法的必要性”的研究，但研究的方法却是独特的，即研究基于“后民法”的理论思路，以反垄断法维护和缔造市场经济新秩序的双重作用来说明中国反垄断法的必要性。此后，文章提出了“行政性垄断的综合治理”和以“中庸”作为中国反垄断立法的定位原则两种主张，针对的是我国经济体制转型时期的行政垄断问题和立法如何解决既要维护有效竞争又要促进规模经济的难题。第十章最后是作者对中国反垄断法的形式、制度设置和适用如何确立其规范内容的表态，只反映了研究者在有限的研究后对中国反垄断立法所做的诸种建议。

反垄断法的历史分作两个阶段，以 1890 年美国《谢尔曼法》的颁布为分界，1890 年前的反垄断法实际上表现为零散法条和判例，即便在名称上也未明确使用“反垄断法”字样；1890 年后的反垄断法即现代反垄断法，多表现为法典式或松散式的成文法。本文的研究以现代版反垄断法为主，试图从中归纳出可以指导反垄断法立法的一般法律原则和制度类型。前现代反垄断法只在反垄断法的历史介绍中涉及。这是本书研究范围的第一个说明，是对研究纵深范围的说明。其次，在横向上，本文非局限于对一国或数国反垄断法的介绍说明，也不局限于对国内反垄断法律制度和国际间的反垄断法法制的比较分析。本章的重点是从当今已有的反垄断立法例中归纳出所有的制度类型，并将它们分类，直至典型化。

第三，基于对当今各国反垄断法典型制度的详细探究，本文为反垄断法归纳总结了一系列理论内容，这些内容被称为反垄断法的一般理论。

第四，无论是理论的研究还是制度的探索，最终的目的都是为服务于中国的反垄断法立法，这是中国目前的立法状况和法制建设的要求所决定的。

简言之，反垄断法研究的范围大体上是从现代反垄断法入手，兼及前现代法；以各国立法例为依据，再建制度范型；既注重于制度研究，又致力于总结一般理论。最后，落足于中国反垄断立法。

研究的意义：一是指研究反垄断法本身的意义；二是指本书所划定的研究范围的意义。

先看第一层内容。众所周知，在众多的经济法律中，反垄断法占据着核心的地位。因为，经济法不过是“以依靠政府的力量支持因垄断发展而失去其自主性的资本主义经济体制为目的的法律的整体”，是“反映在国家垄断资本主义阶段，以国家介入经济，维护资本主义体制为目的的经济政策的法律的整体”。它的存在是为了发挥政府对经济生活的干预职能，以期靠国家的力量重建被垄断戕害了的自由、民主的经济体制，而最能体现这种国家干预的法律正是反垄断法。它维护经济自由、经济民主和市场竞争秩序的法作用，不仅对处于垄断资本主义阶段的国家重建经济体制有着重要的意义，而且对试图发展市场经济的社会主义国家也有着不可忽视的重要作用。由是，研究反垄断法，也就是研究经济法，研究国家在现代经济生活中应该怎样发挥其管理经济的职能。

反垄断法研究意义的第二层内容是指本书划定的研究范围的意义。在本书的研究范围之中，独具特色的是反垄断法的一般理论，含反垄断法的性质、历史、形式和制度系统。其中，反垄断法的性质中又包括反垄断法的概念、本质、作用和法价值体系。这样研究的意义首先在于可以为反垄断法这样极具政策性的法律总结出一套理论体系，超越单纯制度研究的局限，以利于反垄断法学的建立；其次，正如前面已提到的，这些一般理论代表反垄断法中存在的一些不变的东西，它们是反垄断法所具有的法精神。

反垄断法研究通篇离不开比较的研究方法，有各国反垄断法之间的比较，有国内与国家法间的比较，还包括历史的、纵向的比较。只有通过比较，我们才得以彻底地认识反垄断法，最终目的是为了中国的反垄断立法，以及为建立反垄断法学总结出一套理论体系。为此，在反垄断法研究中本文采用个别制度——制度范型——一般理论的研究方法。这个方法是一个从个别到一般的归纳、抽象过程。

我们相信，具有这样制度范型的反垄断法是比较而言最完美和最有效的反垄断法。

［5］陈代云．电信网络的经济学分析与规制．上海财经大学出版社 2003 年出版．

改革开放二十多年来，我国电信业保持了持续、快速、健康的发展势头，从国民经济的“瓶颈”一跃而成为国民经济发展最快的部门之一，实现了历史性的跨越。我国电信产业所取得的成绩与我国自改革开放以来在电信产业所采取的市场化取向的改革是分不开的。无论从现实世界，还是从理论研究角度看，所有关于改革的交锋都是一个经济利益或剩余（生产者剩余和消费者剩余）的分配问题。

一、电信网络服务定价是电信产业发展过程中的一个焦点问题

电信网络服务资费政策的制定一般从两个角度出发：一是从成本的观点，考虑提供服务所需花费的成本，以此制定电信费率；另一个则是从社会整体福利的角度考察社会所希望的价格水平。一般来说，合理的资费应符合普遍服务的前提，并反映消费者不同层次的消费需求情况。就电信网络服务的本质来看，由于电信网络服务具有外部效益的特质，也就是说同一网络的用户越多，用户之间可相互对话的对象也会越多，信息交流越广，因而用户消费每一单位电信网络服务所能获得的边际效益就越高。

二、非绑定（Unbundling）和网络接入成为实现网络竞争的关键问题

公众对于基于自然垄断认识上的电信运营体制一直存在非议。从电信网络发展的动态特征来看，电信领域存在的垄断将妨碍电信产业的创新，而创新对于电信产业的发展至关重要。因此，在电信网络产业引入竞争是必要的。我们可以将竞争者的进入区分为模仿性进入和创新性进入。模仿性进入很有可能发生在由沉没成本造成的进入壁垒很低的产业，但是沉没成本可能阻止模仿性进入，而不能阻止创新性进入。创新性的竞争成为美国电信市场的重要推动力。

为了从日新月异的技术进步中获益，自 20 世纪 80 年代以来，竞争就被引入到电信产业。广义

地讲，从那时起，就形成了“服务竞争”与“设施竞争”两种不同的概念。“设施竞争”的关键在于网络互联接入。但是，运营商网络规模的大小决定了运营商之间互联激励的强弱，而且网络互联具有一定的成本，因此网络间的互联必须通过接入价格对有关方面因互联而发生的成本进行补偿。经济学家们给网络互联收费开出了许多处方，其中比较有影响的是拉姆齐定价（Ramsey Pricing）、有效元素定价（Efficient Component Pricing Rule，ECPR）和增支成本法（Incremental Cost）。

三、电信网络竞争的规制在非对称规制与对称规制之间平衡

所谓非对称规制，简单地说就是政府规制部门对处于不同市场条件下的电信网络运营商予以区别对待，制定有利于新电信网络运营商的倾斜政策和法规，在一定时期内，人为地制约处于支配地位的电信网络运营商对市场的控制力，而放宽对新电信网络运营商或处于非支配地位的电信网络运营商的规制，以达到进入通信市场的所有经营者能公开、公平竞争的目的。对称规制要求对新进入者和在位垄断厂商采取一视同仁的态度。目前电信规制的总趋势是非对称规制随着竞争市场的不断发展，其力度将逐步减弱。

上述三个大问题在本书中均被涵盖在作者对电信服务需求方与电信网络（供应方）之间的互动（价格信号）、供应方与各电信网络服务商之间的互动（网络竞争的互联与接入），以及规制者与供应方之间的互动（规制）这三大互动关系框架中。

本书立足于对电信网络的物理技术特征，从以下三个方面探讨电信网络的经济学特征和规制问题。首先，研究普通用户（需求方）与电信网络（供应方）之间的互动。忽略其他因素（如质量）的影响，那么需求方与供应方互动的媒介就是价格信号。其次，供应方与众厂商之间的互动，将涉及网络的接入与互联的问题，这是实现电信网络竞争的重要基础。最后，规制者与供应方之间的互动，主要表现为规制当局对电信网络定价以及促进网络之间竞争的规制问题。

本书的组织结构如下：

第一章对电信网络经济学进行了概述。第二章阐述了电信网络服务定价。第三章为电信网络服务的价格规制。第四章为电信网络竞争。第五章为电信网络竞争规制的接入政策。第六章为电信网络竞争的其他问题。第七章为中国电信网络的竞争与规制。

[6] 陈富良．规制政策分析：规制均衡的视角．中国社会科学出版社 2003 年出版．

政府规制是公共政策的一种特定类型。本书借助于作者建立的一个关于政府规制的均衡分析框架，从成本约束、利益集团博弈、规则制约和制度变革的角度，重点对美国等西方发达国家的政府规制政策进行分析，但是，本书侧重对规制政策过程的分析，同时，也结合中国的规制实践，对中国的规制政策做了分析。

书中侧重讨论机制政策的决策过程，目的是为了探讨什么样的决策机制能够最大限度地保证规制政策过程的民主参与和科学决策。好的规制政策如何才能得到切实有效的实施，实施中的政策如何进行有效的反馈评估和修正等。

在转型经济中，由于政企同盟的存在，使三方满意的佩尔兹曼均衡点可能找不到。但现实中，在转型经济里，政府的规制政策与制度总能在一定时期里相对稳定，表明规制制度的均衡又是现实存在的。这样，一方面，由于政治制度的差异，按照已有的观点，国外的规制政策均衡理论不能解释转型经济中的规制均衡问题；另一方面，现有的文献中，又鲜有对转型经济中的规制政策均衡进行分析，尤其是对上述包括从规制问题提上议程、形成规制政策的选择、做出政策决定、实施政策内容、评估和反馈政策效果，到规制政策的修正等一系列的政策循环周期在内的规制政策过程，鲜有系统的讨论。由此，引发了本书的构想。

而本书的基本命题是，在转型经济中，或在非代议制经济中，是什么决定了规制政策的均衡。又因为规制政策均衡是相对的，规制政策的变革是绝对的，两者相互依存，对立统一，因而本书的潜在命题是，是什么导致了规制政策的变革。

规制政策的形成及演变是由以经济利益为核心的一系列因素促成的。公共利益理论与部门利益理论对政府、规制均衡只具有有限的解释力。政府规制政策的形成是规制制度的成本与效益约束的结果，而利益集团间的博弈与行政机关对规制权的争夺则构成了规制政策均衡的过程，这种博弈与对规制权的争夺也是基于利益的驱动。同时，规制政策还是对各类规则（正式的和非正式的）间的冲突的一种权衡。国内外规制改革的实践表明，政府规制政策是动态均衡的。最优规制政策的设计包括规制结构与规制过程，既要考虑极小化订立规制契约的交易费用，也要考虑利益集团的影响，并弥合各种规则间的冲突和顺应规制变革的要求，同时也要考虑对规制者的制衡问题。

本书的研究目的在于探讨政府规制政策的形成过程，发现政策争议、政治影响、决定公共政策的法律限制以及它们之间的相互关系，以此规范行政机关的运行，促使政府科学地进行规制。研究政府规制政策的过程，不仅是给行政机关安置一个规范其权力运用的笼套，更为重要的是，促使政府科学有效地进行规制，以实现公共福利的宗旨，最终达成规制经济学的真正目标。

从法学、经济学和政治学相结合的角度，针对转型经济或非代议制经济，对政府规制政策的过程进行系统分析，是一项前人未涉猎的领域，因而这一研究无疑可弥补政府规制研究的一个空白，也是对公共政策过程研究的一个有效补充。本书的重点在于，把政府规制政策的程序性问题与实体性问题结合起来进行考察，以探讨政府规制政策的形成过程，发现政策争议、政治影响、决定公共政策的法律限制以及它们之间的相互关系，这也是本书的难点所在。通过这种分析，并且结合中国的实际，提出规范行政机关规制行为的措施和政策主张，对于为政府科学地进行规制，无疑具有参考价值。

本书的研究范围基本限定在经济性规制领域，以中国的垄断性行业和自然垄断产业的规制政策为研究对象。选择这一领域的主要原因是，中国垄断性行业的规制改革已经从引起广泛的讨论、强调在垄断性产业中引入竞争机制，进入到一个实质性的操作阶段。如果说过去的体制主要是过于保护了原垄断运营商的话，也不能因此而忽视规制制度在保证有效竞争形成中应该起到的作用，因为从国外规制改革的实践来看，多数自然垄断行业的竞争应该是规制下的竞争。

本书的研究角度有以下特点：从局部均衡出发，一是讨论机制设计，主要涉及信息问题；二是从政治经济学角度进行讨论；三是从制度经济学的角度引入外部约束。

本书的理论前提仍然是当下经济学中普遍采用的一些假定，如效用最大化、有限理性、稳定偏好、机会主义等。

本书所采用的研究方法是制度因素分析和经济学的规范分析与实证分析，在特定场合，也会借助博弈论的工具。

本书的基本命题是探讨是什么决定了政府规制政策的均衡，又是什么导致了政府规制政策的缺位和越位，其潜在命题是，什么导致了规制政策与制度的变革。中心论点是，政府规制的政策过程是以经济利益为核心、以利益集团的博弈为纽带、以规则之间的冲突的融合为框架的一系列因素促成的。在规制政策的行程中，规制政策的成本因素是核心因素，过程是利益集团之间的博弈，正式和非正式规则是外部约束。基本思路是：在给出一个理论框架的基础上，分别从成本效益约束、利益集团博弈和规则冲突及规制制度变革等角度分析规制政策的形成与演进。

［7］陈秀山．现代竞争理论与竞争政策．商务印书馆1997年出版．

市场机制有利于资源的有效配置，对于促进经济发展具有不可替代的作用。但是市场对经济的运行，并不是万能的，它存在着自发性、盲目性和滞后性。

根据社会实践与理论研究，国内外经济学家普遍认为，世上并不存在纯而又纯的市场经济，为了弥补市场机制的缺陷，政府应当采取这只“看得见的手”与市场那只“看不见的手”并用的政策。政府的经济职能主要有三个方面：促进效率，提倡公平和扶植宏观经济增长与稳定。

竞争或市场竞争是伴随着市场经济而存在的体制要求和体制现象，市场经济运行过程中自始至终表现为竞争过程。在这个意义上竞争构成了市场经济体制的内在要素。任何一种市场经济的正常运行，除其他前提条件之外，都必须首先建立和保持一个有效的竞争制度。建立社会主义市场经济体制，使市场在国家宏观调控下对资源配置起基础性作用，首要任务是建立有效的竞争制度。

本书分析的重点是现代竞争理论与竞争政策，但所涉及的内容包括自古典经济学以来的竞争理论，当代西方主要市场经济国家的竞争政策，以及我国社会主义市场经济中如何建立有效竞争制度。

所谓现代竞争理论是相对古典竞争理论和新古典竞争理论而言。古典竞争理论是指以斯密为代表的古典学派的竞争理论，新古典竞争理论是指从19世纪后半叶以来，至马歇尔前后的所谓“新古典学派”的竞争理论，又称完全竞争理论。现代竞争理论与古典和新古典竞争理论的区别有下述四个标志：

第一，从内容上看，古典和新古典竞争理论都不是独立的、形同的。古典竞争理论是与他们的市场理论和社会经济制度理论交织在一起的，新古典竞争理论体现在他们的价格理论之中，而现代竞争理论则是相对独立的、系统的，成为微观经济理论的一个特定的研究领域。

第二，从分析方法上看，古典和新古典竞争理论基本上是半动态和完全静态分析，而现代竞争理论则是采取动态分析，把竞争作为一个动态的变化过程。由于分析方法上的差别，理论研究的结论及政策主张形成了重大分歧。

第三，从时间上看，古典和新古典竞争理论存在于自斯密以来至20世纪30年代的不完全竞争理论这段历史时期，现代竞争理论基本上始于20世纪40年代，特别是在第二次世界大战后的50、60年代取得了进一步发展。

第四，从政策效应上看，古典和新古典竞争理论由于它们的不系统性和“纯经济学”性质，没有对现实经济政策发生直接的、重大的影响，而现代竞争理论则是为政府的竞争政策服务的，政策影响效应远远大于古典和新古典竞争理论。

在竞争理论形成与发展过程中，马克思的竞争理论具有独立的、重要的历史地位。这不仅由于他把竞争过程作为体现一定社会关系过程和价值决定与价值实现和剩余价值分配过程来考察，而且由于他所采取的动态分析方法。应该说，竞争理论的真正动态分析始于马克思。

现代竞争政策是指第二次世界大战后以来，西方市场经济国家所推行的竞争政策。战后以来，竞争政策逐步系统化、制度化，成为国家经济政策中的一项首要的、持续的制度政策，而且也从某几个国家普遍扩展到几个所有国家。在欧洲经济一体化过程中，又出现了超越国家范围的竞争政策，即欧共体的竞争政策。

竞争理论与竞争政策总是在一定程度上反映了现实的市场竞争过程。在不同制度条件下的市场竞争过程虽然必定存在着差别，但是如果抛开它们各自所依存的制度条件，从经济运行角度分析，就会发现它们的共同规定性。

[8] 董佺．转换成本、战略锁定与企业间竞争行为：对我国重要服务领域对外开放与反垄断的产业组织理论解释．中山大学出版社2008年出版．

本书目标在于分析基于转换成本的企业战略动机、战略行为、发展趋势及其对消费者福利变化和相关产业市场结构的影响以及影响途径。本书拟借鉴国外理论成果，并考虑相关行业企业竞争行为的特征，针对企业在单一市场和多产品市场的竞争，运用产业组织理论、博弈论分析框架和战略管理分析方法，分析企业间的战略行为及发展趋势；针对市场开放后的竞争过程，运用产业结构分析方法，结合国际案例的实证分析，研究企业间的竞争策略行为以及相应的市场变化；针对市场需求情况，运用微观经济学理论分析基于转换成本的企业战略行为对消费者福利的影响。在模型分析过程中，主要采用倒推法来寻找子博弈完美均衡。

全书结构如下：

第一章为引言。

第二章对有关转换成本的前人研究成果进行了回顾与评论，其中也包括基于转换成本的企业战略文献与相关的实证研究成果。

第三章以空间竞争静态模型为基础，比较分析了是否存在转换成本对竞争行为与结果的影响。

在没有转换成本时，空间竞争模型中的寡头竞争，通常采取差异化竞争策略，即设法提高产品的差异化程度，以避免激烈的价格战。因此，差异化程度越高，企业获得的利润也越高。若产品差异化程度足够高，则两个寡头企业能够分享行业垄断利润，如同一个垄断企业在其控制的两个工厂间分配利润一样。因此，差异化战略可使企业间形成隐性勾结的竞争结果。然而，要达成这个合谋解，必须要求产品差异化程度足够高。这在模型中体现为消费者运输成本要足够高。

第四章则由静态分析转化为动态分析，重点研究了存在转换成本条件下，企业间同时行动的竞争均衡。在价格路径变化条件下，讨论了企业间差异化产品的竞争均衡，并给出相应案例；随后又分析了不同类型的消费者预期对企业间同质产品竞争均衡的影响；最后，对单一产品市场，同时行动的企业竞争行为进行了福利分析。

首先，在争夺市场份额的初期阶段，转换成本会提高企业间竞争的激烈程度。

其次，在动态价格竞争条件下，较高的转换成本为企业间达成隐性勾结提供便利条件。转换成本的存在降低了消费者福利。

最后，转换成本扭曲了企业在不同时期的生产计划，降低了社会效率。

第五章重点考察企业基于外生转换成本，在单一市场内先后行动的市场均衡。本章利用转换成本竞争模型对这种现象作了经济学的解释。

第一节介绍了与转换成本密切相关的企业的容纳和遏制战略。

第二节是对上述模型的拓展，旨在分析市场需求增长速度的差异对企业战略动机的影响，并给出相关的案例。在拓展中首先分析了在转换成本一定的条件下市场快速扩张的情况，这一基于转换成本的战略遏制模型更适用于目前我国一些市场的状况，尤其是一些服务性行业的发展情况。随后分析了给定市场份额而转换成本可变时，企业实施遏制战略的动机，这一模型更适于分析跨国公司与我国国有垄断企业的战略动机。

第三节描述上述模型的现实性及其对我国相关行业市场的启示。

第六章对内生转换成本条件下企业的战略动机进行了研究。即当转换成本是企业的一个选择变量时，竞争行为对市场均衡的影响。

第一节介绍内生和外生转换成本的区别。

第二、三节对内生转换成本条件下，企业分别在同时行动和先后行动时，在市场内竞争的竞争均衡进行了分析。

第四节进一步分析企业面临潜在竞争威胁时的战略遏制动机。

第五节以航空里程奖励计划和移动通信业案例，印证了理论分析的结论。

第七章将分析拓展到多产品市场。Whinston（1990）认为，如果产品间没有互补性质，并且相关市场是寡头市场结构时，*M* 有动机将两个产品捆绑销售并遏制对手。而如果产品间具有互补的性质，那么 *M* 的遏制战略是无利可图的。本章的分析拓展了 Whinston 的模型。

第八章在理论分析与案例研究的基础上，对我国服务领域的开放及其相关政策提出一些政策建议。

本书主要的创新之处在于：

第一，采取博弈分析方法，系统研究了转换成本、战略锁定与企业竞争行为的关系。

第二，通过理论分析，对企业在互补性产品间进行搭售的原因及其制约条件进行了证明。

第三，在对（转换成本条件下）企业间竞争行为及其福利后果研究的基础上，从理论上证明了对内开放的必要性与紧迫性，并认为在对外开放的同时应当推进对内开放的进程，并建立与健全反垄断的法规。

[9] 樊纲．市场机制与经济效率．上海人民出版社1995年出版．

本书的目的是对一般初级经济学教科书所不予讨论、未予介绍的有关市场、政府与经济效率的经济理论做一简明的但较为系统的讨论。在今天，掌握这些理论，不仅对于真正理解各种经济学前沿问题的争论是必需的，而且对于理解和分析我国经济已经发生的、正在发生的、即将发生的种种经济现象和经济问题，也是必要的。本书的目的，不是将有关理论的全部内容和分析方法做详尽的介绍，而是力求在尽量小的篇幅内，将各方面理论的主要内容做一简要的阐述，使读者看到它们之间的相互联系和它们在整个经济学中所处的地位和所起的作用，力求使读者对这些内容的基本思想、分析方法及其相互联系，有一个系统的理解。本书的基本结构是：

——首先阐述市场一般均衡理论，说明各个市场之间的相互关系和整个市场体系的运行方式；

——进而研究市场均衡的所谓"社会福利含义"。通过对福利经济学的讨论，说明会四场均衡与市场福利最大化的关系，以及对经济运行结果进行效率判断的各种标准；

——说明引致"市场失效"的各种原因，如信息不完全或信息不对称，存在交易成本，存在外部经济效应等；

——最后分析引起"政府失败"的种种原因以及一般的公共选择过程中所发生的种种问题。

本书所涉及的内容，基本上是初级教科书所不包括的。之所以如此，除了理论内容本身较为复杂因而不适合初级教科书之外，一个重要的原因就在于有关的理论涉及较为复杂的数量关系，因而在分析和表述时，往往不能避免地要使用一些数理分析方法，既包括初级教科书中已经开始使用的图形描述和简单的解析方法，也包括使用微分方程、高等代数、集合论等较为高深的数学分析方法。从一定意义上说，不掌握一定的数理分析方法，就很难掌握今天的经济学中的许多理论。

数学方法不是经济思想，但一定的数学方法的确有助于经济思想的表达、整理与发展。第一，它有助于经济思想更加精确、准确、严格，特别是在有关经济变量关系的分析研究当中，就更是这样。第二，它有助于提高理论的概括性，使复杂的经济理论得到更加简明的表达，从而有助于思想的深化。第三，数学方法特别是几何图形分析方法，更有利于使复杂的数量关系取得一种直观的表述形式，有利于作者自己展开分析，也有利于读者加以理解和把握。

当然，没有思想，只有数理方法，不能使经济理论取得真正的进步。经济学家对经济理论的发展做出贡献的标志，主要在于他们提出新的思想，而不在于他们提供了新的数学方法。

本书中我们为了介绍和分析与市场、政府和经济效率有关的一些现代经济理论，也使用了一些数理方法，主要是那些已成为在表述这些理论内容时通常必须使用的数理方法。考虑到许多读者可能对数理方法，特别是较深的数理方法不够熟悉，书中，第一，尽量将数理方法使用较多，较为复杂的模型转化为对数理方法要求不高的较为简单的模型；在可以不使用数理方法的地方主要采用文字叙述。第二，对理论内容本身，都做了文字叙述，不熟悉数理方法的读者，将数理分析部分略去也可把握理论的基本思想。

本书的分析更重经济理论，通常不包含在一般的初级经济学教科书当中。但这些理论本身是以"初级"经济学为基础的。

[10] 欧内斯特·盖尔霍恩，威廉姆·科瓦契奇，斯蒂芬·卡尔金斯著．反垄断法与经济学．任勇，邓志松，尹建平译．法律出版社2009年出版．

20世纪90年代反垄断案件的结果给我们提供了观察反垄断规则目前状态的一个重要视角。无疑"后芝加哥学派"的经济理论鼓舞了政府在20世纪90年代提起对支配性企业的检诉案件，但是反垄断规则却保持了相对稳定的状态。

在很大程度上，今天的主流反垄断体系形成于20世纪70年代的司法改革，并为20世纪80年代所采取的执政政策进一步加强。近期的两个纪念日有助于我们回忆 20 世纪 70 年代和 20 世纪 80 年代的根本性调整如何塑造了并仍然影响着今天的反垄断体系。第一个纪念日是 Continental T. V, Inc. v. GTE Sylvania Inc. （1997） 案和 Brunswick Corp. v. Pueblo Bowl-O-Mat, Inc. （1977） 案的 25 周年纪念日。

2002 年也是 1982 年《司法部合并指南》颁布的 20 周年。具有开创性意义的 1982 年指南突出了三个概念的重要性——确定市场势力，提出了解释被控行为所宣称的正当性的评估——目前这些已经为法院和执法机构进行反垄断分析的常用指引。

过去的十年中美国的反垄断责任规则保持了大致的稳定，三个重要的发展改变了反垄断执法的框架。第一，国内和国外的反垄断执法呈现出一种分散的状态。在美国，州政府、司法部和联邦贸易委员会共同构成了三大强有力的反垄断执法机构。

第二项影响反垄断之大的发展是有关侦测违法行为和使用救济措施的结果。由于将许多违法行为视为犯罪以及它们经常面临着对受到损害的私人当事方给予三倍损害赔偿的威胁，美国反垄断体系总是在与那些潜在的违法者进行对抗。

反垄断执法的第三项重要变化就是它受到了诸如电子商务的扩张和关键产出是知识本身的行业的扩张所带来的现代化发展的激励。1980 年以来的许多评论都认为反垄断法律是一种倒退的工具，不适合在由创新产业工艺和激励新产品的新商业组织或技术进步所推动的快速经济变化中促进竞争。但是反垄断体系已经证明它能够使其规则适应反映新的商业现象的竞争益处和危害，并在实体规则的建立中吸取关于特定行为的经济影响的新知识。

本书中阐述的现代政策框架的核心要素正在越来越大的程度上采取低级别法院的判决和政府执法机构的行政措施（如相关指南的颁布）的形式。

第五版对于反垄断救济措施的制定和实施也给予了更充分的讨论。我们探讨了近来司法部使用刑事罚款的赔偿和联邦贸易委员会使用偿还的方式来对民事违法行为追究金钱上的处罚的显著增加的源头。这一版也检视了法院和政府机构在制定合并案件中的救济措施和在技术快速变化的行业中涉及对非法行为的惩治手段的方面所做出的努力。

第五版注意了法院在 Daubert V. Merrell Dow Pharmaceuticals, Inc. （1993） 案的框架下在衡量反垄断诉讼中经济学家和其他专家证词的可靠性方面所采取的措施。通过引用 Daubert 案来排除或限制专家证词，法院在许多反垄断案件中挫败了原告证明存在着人或损害方面的努力。法院对“Daubert 挑战”的普遍接受强调了美国反垄断体系的一个核心层面——法院通过发展证据或程序审查，来应对那些法官过度广泛的责任标准或过度慷慨的救济措施。

［11］郭洁．中国自然垄断产业规制权法律控制绩效研究．经济科学出版社 2008 年出版．

本书共分十个部分，其主要内容如下：

绪言部分主要阐述了选题的理论和实践意义、研究的目标、逻辑思路、研究方法和框架结构。绪言还包括国内外文献评述和本书研究范围的界定，主要回顾和评价了规制经济理论和相关理论关于自然垄断产业规制权控制制度绩效的研究状况，在此基础上，本书研究拟推进规制权法律控制的理论，为发展中国家和处于转型时期国家的规制制度提供新的设计思路。

第一章为自然垄断产业规制权制度的非均衡。首先，分析了规制权的特征，透视了自然垄断产业规制权的特殊行政权属性，指出规制权自由裁量、国家强制力、信息需求等特质，构成了后续分析中规制权成本控制的基础。其次，根据制度均衡的理论，通过制度供给与需求分析，得出了单一规制权制度非均衡的结论，为后续制度均衡分析埋下伏笔。

第二章为自然垄断产业规制权制度的均衡。基于规制权制度非均衡，本章以制度结构为概念起点，论述了实现规制权制度均衡的条件。首先，基于单一规制权制度结构，得出通过降低规制成本的控制制度，能够使规制权的净收益增加，是满足规制权潜在制度需求的有效制度供给。其中，针对规制俘获理论对规制机构被俘获的预言，从理论和实证两方面论述了规制权控制的可能性。其次，在规制权控制体系中，通过不同制度结构的制度收益比较分析，确认了法律控制对比社会控制、市场规制具有突出的制度优势，是净收益最大化的制度选择。同时，分析了放松规制与制度控制的协调关系。

第三章为法律控制制度工具的成本分析。本章交易成本理论为本书研究的核心部分，体现为规制权制度成本控制模型。笔者将控制规制权的四种法律制度——立法授权、参与程序、监督和规制机构独立性作为制度工具，选取规制过程中三种基本规制成本：立法成本、代理成本和不确定性成本，通过建立分析模型得出命题，论证不同成本条件下各制度工具的配置。最后，本章以不同国家自然垄断产业规制个案说明了上述命题，并阐述其理论和应用意义。

第四章为中国自然垄断产业规制的立法成本。规制决策权配置于立法机关抑或规制机构关键在于两种决策成本的比较。根据交易成本分析结论，本章通过中国自然垄断产业立法状况，分析了立法机关规制立法决策中的参与成本和决策成本，得出对比西方国家，中国立法机关自然垄断产业规制的决策成本和参与成本均显低水平状态，但以支付较高的信息成本和监督成本为代价。

第五章为中国自然垄断产业规制的代理成本。本章代理成本指规制机构在行使规制权过程中由于委托代理问题发生的规制效率损失。分析将规制立法权、规制执行权和规制裁决权合并为规制决策与规制执行成本。通过考察中国自然垄断产业规制立法决策过程，得出立法决策内部人控制风险、效率损失并由此导致较高代理成本的结论；通过考察中国自然垄断产业规制执行过程，得出规制执行效率低下的结论。最后诠释了形成上述较高代理成本的制度原因。

第六章为中国自然垄断产业规制的不确定性成本。首先，说明了自然垄断产业规制权所面临的共性不确定性及其成本形态：外部经济与技术环境的不确定性及引起的信息成本、监督成本、立法与执行成本；制度的内在不确定性及引起的成本。其次，着重分析了中国作为处于转型时期的发展中国家，自然垄断产业规制面临较高的不确定性成本，其形成原因包括经济体制的不确定性、政治市场的不确定性、法律制度的不确定性、社会意识形态的不确定性。

第七章为中国自然垄断产业规制权法律控制的制度绩效。基于交易成本理论模型得出的命题，本章回答了面对规制立法成本、代理成本和不确定性成本水平，中国自然垄断产业法律制度是否提供了富有绩效的控制工具。

第八章为提升中国自然垄断产业规制权法律控制制度绩效的途径。本章是全书研究的结论部分。基于交易成本分析理论和中国自然垄断产业规制制度成本状况，笔者提出了完善现行法律控制制度的具体建议。主要包括：调整规制立法授权、强化程序参与的制度合约、提升监督的制度刚性和建立适度独立性的规制机构。

最后一部分是结束语，得出全书的研究结论，说明了需要进一步研究的问题。

［12］郭宗杰．行政性垄断之问题与规制．法律出版社 2007 年出版．

全书共六章。第一章对行政性垄断的概念和构成问题进行了探讨。

本书界定的行政性垄断不包括电力、邮政、铁路等以国家有关法律明确规定的垄断，但又不限于地区封锁和部门贸易壁垒，而把最高国家行政机关——国务院的行为，也包括在实施行政性垄断的范围中。同时，关于行政性垄断概念的具体表述，作者没有采用目前广为采用的属于“行政机关滥用权力”的观点，认为这种表述理论上不清晰，操作上不可行，因此提出行政性垄断是“行政主体没有法律依据而利用行政权力实施的限制正常市场竞争的行为”。以此界定为基础，本章对行政性垄断的构成要件进行了分析，认为行政性垄断的构成应包括主体要件（行政主体）、行为要件（没有法律依据的行政权力行为）、后果要件（对正常竞争造成实质性的限制）三个方面。另外，本章还对行政性垄断的一般表现形式及其与经济性垄断、自然垄断、国家垄断以及国家特许的垄断、国有企业的垄断等的区别进行了简单阐述。

第二章就行政性垄断的一般成因及其在中国的特殊表现进行了分析。笔者通过对现代经济学相关理论的研究和对行政权力性质的分析，提出行政权力的私人化和市场主体的趋利性之双向互动，是行政性垄断产生的一般根据。这为各个国家不同程度地存在行政性垄断现象提供了共通的理论解释。同时，该章重点分析了中国行政性垄断之所以较为严重的特殊历史、文化和现实根源，认为中国历史上形成的全能政府和家国同构的行政文化传统为行政权力的肆意扩张提供了行政意识基础；国家权力和社会经济的紧密结合以及新中国成立后经济发展的阶段性、不平衡性和政府主导性特征为行政性垄断的存在提供了“经济合理性”依据；而市民社会和政治国家制衡机制的缺失则为行政权力的失职提供了另一层面的解释。同时，本章还首次在行政性垄断的研究框架内引入民法基本原则作为理论分析工具，对中国行政性垄断的成因和危害进行了专门的探讨。

第三章集中于行政性垄断危害问题的讨论。关于行政性垄断的危害，学界一般从经济发展和政治体制进程等方面进行探讨。本章则主要从行政性垄断与经济民主化、世贸组织规则、民法基本原则理念等现代价值目标和制度模式的关系出发进行分析，认为行政性垄断不但有损经济效率，减损社会福利，还与以上诸多现代社会价值目标相背离。由此，作者揭示了必须规制行政性垄断的内在根据。

第四章以比较的方法研究了中外关于行政性垄断规制途径的现实选择及具体实践，并对中国未来规制行政性垄断的路径选择进行了探析。笔者认为，对行政性垄断的规制途径很多，但通过反垄断法的规制是一种必然而现实的选择。作者认为，转轨国家关于行政性垄断的法律实践，特别是其关于行政性垄断的界定和分类等，为我们提供了值得借鉴的丰富经验。本章还对我国现行有关反行政性垄断的法律法规进行了分析整理，提出了现有立法在体系和制度模式上存在的诸多问题，同时也对我国未来关于反行政性垄断的立法模式和立法体例进行了初步探讨。笔者认为，在反垄断法关于行政性垄断的规制方面，我国应当采用俄罗斯的“统一立法、分别列举”、“统一定义、分别主体”的立法技术，这样既可以增强人们对行政性垄断经济危害性的认同，又清晰具体，易于执法操作。

第五章和第六章在充分借鉴国外现有立法成果，并吸取中国现有反行政性垄断立法经验的基础上，对中国反垄断法规制行政性垄断的具体内容、法律责任、机构设置、执法程序等进行了论证并提出了相应的立法设想。在法律责任方面，笔者首次提出了行政主体的国家责任和实施行政性垄断的市场主体的民事责任问题，并强调行政主体负责人和直接责任人承担法律责任对于规制行政性垄断的重要意义。在反行政性垄断执法机构的设置上，笔者主张设立一个独立、权威、高规格的专门机构。在执法机构的职权授予上，笔者参照前面设计的行政性垄断行为，以事后查处和预先防范相结合为目标，大胆、详细地设计了针对性突出、操作性较强的职权架构，同时也对适应反行政性垄断需要的特殊执法程序进行了必要的讨论并提出了自己的建议。

［13］和军．自然垄断产业规制改革理论研究——新制度经济学视角．经济科学出版社 2008 年出版．

本研究尝试从新制度经济学视角，对自然垄断产业规制改革理论研究做一些基础性的工作，对国内相关研究有所推进的一些方面可能包括：一是在新古典经济学方法的基础上，引入所有权分析、交易成本方法探讨自然垄断产业规制改革问题，试图在介绍国外相关研究前沿成果的基础上，大致勾勒出新制度经济学分析规制改革的一般框架、关键问题与重点内容。二是对西方典型国家自然垄断产业所有权变革的实践、成因及结果进行综合分析，从新制度经济学角度，阐明了自然垄断产业发展与所有权变革的理论关系。三是对自然垄断产业的产权、竞争与规制这三个重要变量间的相互关系进行综合分析，为清晰自然垄断产业规制改革的思路，辨别相关争论的实质奠定了理论基础。四是引入信息条件，沿着激励性规制理论的发展脉络，重点介绍、分析和评价规制逆向选择与道德风险模型的发展演变关系及主要内容，为国内相关研究的进一步推进提供必要的参考。

第一章文献综述。对产权与效率关系、交易成本概念及其成因、自然垄断与规制理论的演进进行介绍和评价。

第二章是对西方典型国家自然垄断产业所有权变革的考察，考察发现，自然垄断产业的所有权变革是经济、政治、历史等多种因素共同作用的结果。

第三章对自然垄断产业产权、竞争与规制分析的基本结论为：竞争与产权两种因素对于效率都是重要的；由于技术进步和需求变化，自然垄断产业的经济性质呈现出一定的动态性。总的趋势是，自然垄断产业对竞争的需求逐渐增加，而对规制的特殊需求逐渐减少。自然垄断产业的竞争，尤其是直接竞争，更多地与具体产业的属性紧密相关，相应地要求采取有针对性的规制政策与竞争政策。拥有较完善的体制环境，包括建立较完善的规制体制和形成有效的竞争机制，是实施有效产权变革的前提条件。

第四章运用交易成本方法进行分析，提出一个制度约束与规制改革分析框架，并探讨国家制度禀赋对规制治理和激励设计选择的决定作用。当国家制度与其规制治理及激励设计之间匹配良好时，受规制产业绩效得到提升。就规制与产权改革的关系而言，建立规制可置信承诺及在改革前建立好规制体制，能够降低投资者的交易成本，有利于有效产权改革的实现。对于产业的治理结构，其选择存在内在的矛盾，即在节约交易成本与降低生产成本之间鱼与熊掌不可兼得，因而需要进行得失权衡，理论上存在生产成本与交易成本最小化的均衡点。此外，不同的制度约束条件会影响规制改革模式的选择，规制改革应充分考虑到市场制度的现实条件，并应在完善市场制度的基础上推进改革。

第五章探讨完全信息下的自然垄断产业规制机制，分析了完全信息下的规制价格，包括有转移支付下的最优定价——边际成本定价，和无转移支付下的成本基础定价及次优定价。本章还通过构造模型，进行边际成本定价、平均成本定价对社会福利的一个应用分析，以理解完全信息下的规制价格对社会福利的作用。

第六章探讨非对称信息下的自然垄断产业规制机制，在介绍非对称信息与机制设计一般关系的基础上，沿着激励性规制理论的发展脉络，重点介绍各种规制逆向选择模型与道德风险模型，详细分析、评价了规制调整机制（V－F模型）、总剩余补贴机制（L－M模型）、补贴调整机制与管理激励机制（F－V模型）、增量剩余补贴机制（ISS模型）、激励与价格上限分析（ISS－R模型）等逆向选择模型，以及拉丰和梯若尔、拉丰和罗切特、萨平顿等引入道德风险的委托代理模型的发展演变关系及主要内容，并简要探讨了运用两种类型分析方法构建的规制逆向选择模型及道德风险模型。

第七章是针对中国自然垄断产业规制改革的新制度经济学分析，从实证的角度，探讨了中国自然垄断行业中的部门利益问题，从新制度经济学角度对部门利益论进行了理论修正；对中国自然垄断产业规制改革进行制度分析，提出并简要描述了中国自然垄断产业“平行协调式渐进改革路径”的思路框架。

［14］黄海波．电信管制：从监督垄断到鼓励竞争．经济科学出版社2002年出版．

本书主要从网络型产业中一个有代表意义的产业——电信业角度来研究放松管制后的管制政策是否仍然是各国政府进行市场监控的必不可少的手段；在引论的后半部分将介绍电信业的技术经济特征。

第二章对管制经济学的发展做了较详细的评述。主要集中在介绍传统的管制公共利益理论及其发展、管制的利益集团的贡献和局限性，以及用竞争方法替代管制的理论如德姆赛茨的特许投标理论、可竞争市场理论和垄断竞争理论等。

第三章首先研究了为什么电信业在放松管制后仍然需要管制制度，分析了在放松管制和竞争的法律障碍消除之后，仍然存在的在位者优势。通过对在位者和进入者的博弈分析，证明了这种在位者优势的确可以引起进入阻碍。放任自由的经济政策并不能带来竞争，反而会导致没有管制约束的垄断。因此反垄断法的事后干预，并不能取代管制制度的事前监控。然后从自然垄断、竞争和互联互通三方面研究了管制存在的必要性。本章对电话初装费的收取给予了一个经济学的解释。认为在存在良好的管制监督的前提下，电话初装费制度是一种改进福利的二部收费方法。这个二部资费结构的经济效率优于线性定价，因为线性定价造成的无谓损失消失了，所以福利达到了"最优"。

第四章的目的是在本书前半部分——管制理论和后半部分——管制的实践之间起到一个桥梁的作用。本章就管制理论如何在电信业领域发挥作用，电信管制的方法、手段、技巧，不同业务领域应采取的不同管制措施，以及随着经济发展管制方法在电信领域不断演进和创新，从而促进管制经济学的不断发展进行描述和分析。

从第五章开始进入了对管制政策及实施结果的实证分析。第五章研究了英国电信业的管制改革，是根据笔者在联合国大学新技术研究院（UNU/INTECH）的第二篇工作论文（Telecommunications Reform in UK，1984～2000）改写的。研究重点放在引入竞争和实行私有化的先后顺序对管制政策的影响，以及激励性的价格管制——价格上限管制与传统的收益率管制的区别以及实施的效果。

第六章对美国电信业管制改革进行了研究。重点放在 AT&T 垂直一体化经营形成的进入阻碍、联邦通信委员会（FCC）和司法部对 AT&T 的垂直拆分；1996 年新电信法的颁布使得电信市场全面开放，电信、有线电视和计算机三网走向融合，电信市场重新走向竞争性的垂直一体化经营等。

第七章介绍了新西兰电信业的管制改革。这是一种彻底的（后来证明是失败的）放松管制，将原来的各专业性管制机构撤销，产业的监控的模式由管制转而依靠竞争法。这种方式的产业监控被新西兰称为"轻手管制"。本章介绍了这种"轻手管制"在新西兰的实施情况。

第八章对我国的电信业管制改革进行了研究。是根据同瑞典 Uppsala 大学经济学院博士生进行的电信管制与竞争政策研讨会所写的几篇工作论文和在联合国大学新技术研究院（UNU/INTECH）的一篇工作论文基础上编写的，2001 年以后的部分参考了作者参与编写的一些报告。本章重点放在描述管制机构的中立和独立的重要性，以及管制机构通过纵向和横向的市场重构形成竞争局面的过程。

第九章对欧盟的管制政策进行了研究。研究目的有二：市场规模的变化是否引起管制范围的变化；成员国管制机构和超国家管制机构的权力分配和让渡。

最后，第十章对本书进行总结并提出需要下一步研究的问题。

[15] 黄继忠主编，区文轶副主编．自然垄断与规制：理论和经验．经济科学出版社 2004 年出版．

该文集分成三个部分：（1）理论；（2）经验；（3）专题。

第一部分共有三篇论文。最值得一读的，也许会引起很大争议的是李怀的论文，他探讨了网络经济效益理论，并试图以此代替原有的对自然垄断界定的理论。该文的研究结论包括：（1）网络经济效益是指以极高的固定的外部性和溢出效应与规模（要素的增加）之间呈非线性的指数化变化。（2）从生产函数来看，当产出的增长比例高于要素投入的增长比例而呈非线性的指数化增长时，所产生的规模经济或网络经济效益构成了自然垄断成立的必要条件。（3）在网络经济条件下，单一网络带来的经济效益高于多网并存条件下所产生的效益，即单一网络的垄断所产生的效益高到无法竞争的程度，才构成自然垄断成立的充分条件。（4）具有强网络经济效益的产业是完全自然垄断产业：仅具有较强规模经济和较弱网络经济效益，同时市场结构具有可竞争特征，这类产业可称作准自然垄断产业。

王廷惠探讨了技术进步、需求扩张与自然垄断边界变化的关系，她认为：当生产和提供这些产品或服务的技术发生很大变化时，使得自然垄断产业内部出现产品和服务的替代，也使得自然垄断产业外部出现替代产品和服务，自然垄断产业的平均成本和边际成本曲线发生变化，这样，传统自然垄断的特征便不具备或不完全具备，因此边界随之发生变化；假设在技术水平不变条件下，市场需求扩张会足以容纳一家以上的企业共同生存和盈利，因此，自然垄断的自然性减弱，强自然垄断转变为弱自然垄断，甚至不再是自然垄断，致使传统的自然垄断边界发生了变化。

第二部分收集了八篇论文。区文轶从规制体制改革、竞争政策的实施、所有制改造三个方面描述和研究了俄罗斯自然垄断产业的改革进程，并得出如下结论：规制体制改革、竞争政策、私有化之间必须配套协调才能取得良好经济效果。私有化要求改变政府控制方式和实施相应的竞争政策，否则私人垄断会比国家垄断带来更大的福利损失；另外，由于割断了政府与企业财产关系的纽带，私有化使市场导向的规制和竞争政策更易执行。

唐要家所作的《中国自然垄断行业规制效果的实证分析》，该文采用实证的分析方法，对中国电力行业的规制效果和电信行业的放松规制效果进行检验。检验结果显示，电力行业规制并没有能够取得基本的效率目标，总体来说对电力行业的规制并不是有效的。电信业市场结构和企业行为的变化带来行业市场绩效和社会福利的极大改进。由于市场竞争的不充分性、国有所有权的企业制度和以成本加成为基础的价格规制体制，中国自然垄断行业的过度浪费性资本使用现象十分严重。行业总量供给的迅速增长主要是来自于大量的资本投入，以效率不断提高为基础的增长模式并没有形成。因而，有效地处理好自然垄断行业的竞争、所有权和规制的关系仍然是中国自然垄断行业改革的核心问题。

肖兴志主要用实证的方法，分析了中国公用事业民营化改革，其主要观点有：（1）公用事业的民营化与国有化选择应是两种治理方式成本与收益的比较；（2）公用事业民营化改革的内容包括经营权的委托授权、所有权意义上的政府撤资和政府淡出；（3）推进中国民营化改革，要建立一套相应的规制体制，制定科学的规制政策，选择合适的改革策略。

黄继忠与杨风的论文探讨了中国现代电力监管体系的构建问题，其基本观点是：建立符合市场经济要求的现代电力监管体系，是深化经济体制改革的要求，也是提高电力产业效率的必然选择。

第三部分收集了五篇论文。

于春晖和李雪运用圆周城市模型分析存在网络效应下的两阶段选址定价模型，证明了当存在弱网络效应时，网络效应增加了消费者剩余和社会净福利损失水平；而在强网络效应下，厂商数量越少则社会净福利越大，最优市场结构为独家垄断，并以印度、美国电信业发展模式为例，初步验证了此结论。

肖旭分析了接入定价与排他性行为之间的关系，证明了存在一个依照有效成分定价规则确定的唯一的接入价格，能够同时防止垂直一体化供应商的价格排挤行为和非价格歧视行为，从而为有效成分定价规则在实践中的应用提供了又一个理论上的依据。

法学教授刘笃才研究了《中华人民共和国行政许可法》作为行政程序法对自然垄断产业的规制作用，认为《行政许可法》力图将自然垄断产业的政府规制行为纳入到行政程序及司法控制之中，从而为自然垄断经济的政府规制提供了一种稳定且持续的法律框架。

[16] 蒋泽中．企业兼并与反垄断问题．经济科学出版社 2001 年出版．

中国的社会主义市场经济正在建立过程中，市场经济的优越性就在于通过竞争调动人们的积极性，通过竞争配置社会资源和调节经营机制。从这个角度讲，市场经济就是竞争的经济。但是，竞争发展到一定程度会引起集中，而过度的集中会导致一些市场参加者为谋求垄断地位而使用种种限制竞争的手段，从而破坏市场结构进而降低经济运行效率，因此，反对垄断和保护竞争就成为市场经济秩序一个必不可少的组成部分。

反垄断法便是反对垄断、保护竞争的一个手段。反垄断法在维护市场秩序、保证有效竞争、反对垄断和不正当竞争方面发挥了重要的作用，从而被誉为“自由企业的大宪章”、“经济宪法”。

反垄断问题在具体内容上可概括为三部分：禁止卡特尔、禁止滥用市场支配地位和控制企业兼并，其中控制企业兼并占据了核心地位。实际上，国外的反垄断法从制定到实践的整个过程都与企业兼并有着密不可分的联系。迄今为止，世界上已发生了五次大规模的企业并购浪潮，第五次并购浪潮还在继续之中。而控制企业兼并的反垄断法也从零星几部、寥寥数条发展到几乎所有市场经济国家都有立法，并设置了相应的监控部门。当然，反垄断问题不仅仅局限于单纯的控制企业规模，从维护市场结构到讲求经济效率、再到维护有效竞争和捍卫国家的整体利益，都属反垄断所要涉及的问题。

我国在建立社会主义市场经济的过程中，已出现一定程度的企业并购，诞生了一批大型企业或企业集团。但是，我国的国情决定了我们既要积极推动我国产业结构的升级，实现规模经济，又要防止经济的过度集中。此外，如何在与世界接轨过程中既能促进外资引进和先进管理经验的获取，又无损于民族产业的健康发展，正成为我国在反垄断理论探讨中必须予以高度关注的一个重要问题。

反垄断法在市场经济国家的法律体系中普遍占有极其重要的地位。我国作为一个社会主义市场经济国家，目前正在酝酿制定反垄断法，借以规范企业兼并行为，提高企业效率、改善企业经营管理、使市场对社会资源发挥基础性配置作用、促进我国经济发展。更重要的是，由于我国即将加入世贸组织，通过反垄断法的制定和实施，在实现引进先进技术和管理经验、遏制跨国垄断和外资控制我国经济、保护民族产业的良好发展、保护我国的经济安全方面尤其具有重要的作用。因此，完善市场竞争立法，特别是制定并完善反垄断法，无疑将为我国发展市场经济、实现经济运行公平、公正和有效率、推动政治体制改革和经济体制改革纵深发展创造必要的制度条件。

本书从我国改革开放和建设社会主义市场经济的实际出发，结合经济学和法学的理论，在广泛参考主要发达国家运用反垄断法控制企业并购的理论和实践基础上，侧重于针对我国企业兼并中的反垄断问题进行探讨。全书分为四大部分，共十三章的内容，其中第一大部分侧重讲企业兼并所涉及的理论问题与相应条件，并阐述企业兼并与竞争的关系；第二大部分则侧重介绍经济发达国家在企业兼并方面的实践和特点，分析发达国家不同社会经济背景下企业兼并所表现出的不同特点与问题；第三大部分仍侧重论述企业兼并、竞争与反垄断之间的关系，探讨英美法系与大陆法系在通过反垄断立法规范并约束企业兼并方面的实践与不同侧重；第四大部分则针对目前国内企业兼并的实践，分析其中存在的问题，探讨中国通过反垄断立法规范企业兼并行为的必要，并对中国的反垄断立法所面临的主要问题与应明确规制的现象提出一些看法与建议。

中国社会主义市场经济的发展与产业结构的调整正在进入一个新的时期，为了鼓励企业资产重组，改变以行政性手段限制竞争、维护部门垄断和行业垄断的现象，“尽快建成统一开放、竞争有序的市场体系”（江泽民在中共“十五大”上的讲话），同时，防止国外资本在我国加入 WTO 之后通过不正当手段控制中国市场，中国必须尽快考虑规范企业兼并行为和加强反垄断立法的问题。本书希望能对促进中国的企业兼并、规范国内的反垄断机制有所帮助。

[17]（美）大卫·柯兰德．新古典政治经济学——寻租和 DUP 行动分析．马春文，宋春艳译．长春出版社 2005 年出版．

寻租有许多其他的叫法——卡特尔化、垄断化或 DUP（Directly Unproductive Profit-seeking——寻求非直接生产性利润）活动。

传统的新古典分析告诉我们，只要有过度供给，价格便会下降；只要有过度需求，价格就会上升。这就是看不见的手在起作用。新的新古典政治经济学认为，除此以外，为了获得或保持租金，个人将会组织起来，阻止价格上升或下降。这是看不见的手在起作用。只有同时考虑这两种活动，我们才能理解经济实际上是如何运行的。

经济学家对寻租活动的非正式关注已经持续了很久。古典经济学家的竞争观就有寻租的色彩。在他们看来，个人总是试图建立垄断，在垄断时，这些人创造了准租金或垄断利润。分享这些租金的欲望使另一些人进入该行业，使价格下降到即使不是达到完全竞争水平，至少是接近完全竞争水平的水平。

彼尔洛·斯拉法（Pierro Sraffa）1926 年的文章《竞争条件下的收益规律》质疑了古典经济学家垄断自我限制的观点，为经济理论的一系列重要创新奠定了基础。斯拉法认为，在成本递减的情况下，存在走向垄断或单个企业控制一个行业的趋势。单个企业一旦建立了对某一行业的控制，该企业便能够以比较低的成本为基础有效地保护其垄断地位，即使没有政府对垄断的保护，新企业要进入该行业也是困难的。竞争过程即使最终发挥作用，也不会足够快地发挥作用。

戈登·图洛克（Gordon Tullck）（1967）认为由垄断、关税和税收造成的损失比通常计算的数值要大得多。它不仅包括哈勃格（Harberger）三角，还包括全部数量的税收、关税或垄断利润。他的推理如下：个人会为获得租金而竞争或为获得收益而游说，而且（假定寻租是竞争性的）每一个人会使他的支出等于全部数量的税收、关税或垄断利润与他获得税收、关税或垄断利润的概率的乘积。图洛克的这篇文章被收入1980年出版的一部文集——由詹姆士·布坎南、罗伯特·托利森和戈登·图洛克编选的《一种关于寻租社会的理论》。两个中心思想贯穿这一公共选择文献的大部分：首先，寻租主要是通过政治过程出现的；其次，限制寻租的最好办法是限制政府。

1974年安妮·克鲁格（Anne Krueger）研究了为什么发展中国家似乎没有增长的问题。克鲁格在这篇文章中创造了“寻租”这一术语，她的这篇文章引发了大量的关于国际贸易中的寻租问题的文献。

公共选择和国际贸易并不是仅有的向新古典政治经济学演变的领域。曼柯尔·奥尔森在其1965年的经典著作《集体行动的逻辑》中，他将新古典经济学思想扩展到政治学，他近期的著作《各国的兴衰》（1982）扩展了他早期的分析，考虑了寻租对经济制度的影响。奥尔森认为，集体行动和个人行动一样自然，一旦“公共物品”方面的问题得以克服，特殊利益集团就会发展起来。

用这一简单分析，他将其集体选择理论扩展到了对各社会增长率差别的解释。他的关键性解释是寻租过程（个人形成集团，为其特定利益游说）对社会施加了限制和约束，并因此降低了社会的增长率。

对新古典政治经济学的发展十分重要的另一领域是经济史，通过考虑寻租的个人的动机，经济史学家已对重要的历史事件提出了新的见解和新的解释。由于个人的经济需要和意愿决定了建立哪些制度，寻租就成了一个重要因素。

另外两个论点扩展了寻租活动的范围。第一，既然大多数人喜欢收入平等，不能产生促进平等的结果的行动可以被列入寻租，而不破坏大多数社会福利函数。第二，许多活动具有不明朗的分配后果，对这些活动而言，产量是社会福利的良好替代。这些局限性扩大了可以被合理地称为寻租的活动的数目，使之成为一个相当大的集合。这些活动包括贸易团体获得垄断、限额、关税和许多（但不是全部）监管限制的企图。

本书较完备地提出的第三个实质性的观点是意识形态和道德伦理在新的新古典经济学中的地位。传统的新古典经济学就是在提出意识形态问题时也是极为困难的，但新的新古典政治经济学家认识到了这一问题的重要性。

[18] 金美蓉．核心卡特尔规制制度研究．对外经济贸易大学出版社2009年出版．

核心卡特尔是指竞争者之间达成的反竞争协议、协同行为或安排，包括固定价格、串通投标、限制产量制定配额，通过划分消费者、供应商、地域或商业渠道等方式分享或分割市场。

《反垄断法》的颁布意味着我国反垄断法律制度建设将进入新的历史时期，随着2008年8月1日该法正式实施，如何有效执法、如何采取合理的实施措施已成为我国反垄断研究的重要课题。结合这一历史契机和发展趋势，对核心卡特尔执法、实施措施中起到关键的一系列问题（如“协同行为”的认定、获得宽大的条件、宽大的方式、处罚幅度的确定、国际合作中的信息交换等）进行深入研究具有重要的现实意义。

本书在内容选择方面主要着眼于国内学界相关研究的薄弱和空白领域。由于核心卡特尔规制制度与卡特尔法律制度关系紧密，其中关于适用除外、域外适用、行业协会等方面的内容已经有了较多论述，因此尽管这些内容也是核心卡特尔法律制度的重要组成部分，但本书没有涉及或深入探讨。本书着力从与实践密切相关的主题展开理论研究，其中较具特色的内容包括：

（1）梳理并澄清了核心卡特尔与卡特尔、卡特尔国际、出口卡特尔、进口卡特尔、联合限制竞争行为、垄断协议等诸多竞争法学术语之间的关系与脉络，从而在竞争法规制的各类行为中对核心卡特尔予以较为清晰的定位。

（2）突破卡特尔存在条件的传统分析，通过具体案例探讨了核心卡特尔产生、存在的自身条件，及核心卡特尔内部的监督机制和惩罚机制。这一问题的研究和结论对竞争执法机构揭露、调查和认定核心卡特尔行为具有启示和借鉴作用。

（3）专门探讨了全球化背景下国际核心卡特尔对发展中国家的特殊危害性。

（4）根据欧盟、美国的司法实践深入研究了母子公司之间的行为能否构成核心卡特尔。作者通过大量案例的分析和研究，理清了欧盟和美国不同时期解决这一问题的理论依据、法院态度的细微变化，并在此基础上总结出解决这一问题的一般性规律，同时就一些悬而未决的问题进行了探讨。

（5）针对国内学界有观点认为核心卡特尔就是本身违法的卡特尔，笔者通过考察美国、欧盟等国家和地区在行为认定中的具体实践，提出核心卡特尔由于其严重社会危害性，在许多国家通常被认为是本身违法的，但由于各国制度上的差异，事实上有些国家或地区仍通过行为效果的考察来对核心卡特尔行为加以认定，即使是欧美等国对本身违法原则的使用也并非绝对，因此作者指出不应将核心卡特尔与本身违法的卡特尔完全等同起来。

（6）关于核心卡特尔处罚问题，首先阐明了处罚的主要目的是威慑，从而为相关制度的研究和构建明确了评判标准。突破国内学界通常采用的分类方法（即民事责任、行政责任和刑事责任）按照处罚方式分类，系统研究了经济处罚和形式渐进。深入研究了确定核心卡特尔处罚金额的具体步骤和方法，并分析了欧盟2006年《根据1/2003号条例第23条第2款a项确定罚款的方法指南》带来的新变化等。

（7）系统、深入地研究了核心卡特尔规制制度中最具特色的制度——宽大方案。在考察各国宽大方案的基础上对宽大的含义、分类等问题进行深入分析，总结出宽大的内容和方式，提来年初申请者获得宽大的必要条件，并详细分析了宽大方案与民事损失赔偿之间的关系。

（8）系统、全面地研究了核心卡特尔的国际法规制，包括打击核心卡特尔的国际合作中的核心问题——信息交换。

（9）对我国核心卡特尔法律规制制度的发展完善提出建设性建议，包括核心卡特尔的认定、我国宽大方案的构建和开展过的国际合作等。

［19］李国民．网络扩张的规制与竞争研究：以输电网络为例．江西人民出版社2008年出版．

和其他网络产业如天然气、电信一样，电力产业子市场化改革以来，如何构建一个开放、公平的网络平台成为理论与实践关注的焦点，因为开放公平的网络平台对这些网络产业其他竞争环节的发展至关重要。然而，近年来从世界电力产业改革的实践经验和教训来看，电力产业的理论家和实践设计者忽略了一个重要方面，即市场化改革后可能出现的输电网络容量投资不足的问题。

本文研究的主要问题是：在电力市场化环境和输电公司模式下，如何有效扩张输电网络。具体来说，主要有以下几个问题：

（1）为什么在电力竞争环境下出现输电扩展不足问题？为什么市场化改革后，发电进入竞争而输电仍处于规制的环境下，输电网络投资不足会成为一种趋势？从投资的本质属性来看，其主要的原因为补偿企业投资成本的收益存在不确定性，以至于投资的成本无法回收。

本论文将输电网络投资纳入经济学分析框架，对市场环境下输电网络投资收益的不确定性的原因进行深入、系统的分析，试图回答：输电网络与其他网络产业相比有什么特殊的物理性质，这些性质对网络投资有什么重大影响？

（2）如何激励在电力市场环境下受规制输电公司进行网络扩展有效投资？

一旦将输电扩展纳入经济学分析框架下，接下来我们将要探讨，在电力市场环境下的是输电公司模式下输电网络扩展的最优模型。本论文基于节点定价，考虑输电网络的物理约束和外部性情况下，分析受规制输电扩展的最优条件和相应的最优扩展规制机制。

（3）在受规制输电公司模式下是否可以以及如何引入商业输电投资？

本文将探讨输电公司模式下，如何引入商业输电投资，以及商业输电投资如何与规制投资结合的问题。

（4）典型竞争性电力市场的输电网络扩展政策。

弄清楚典型的电力市场中的输电网络扩展政策在电力改革前后的变化，显然是非常重要的。本文以澳大利亚电力市场输电扩展为例，探讨其网络扩展的制度背景、规制方式，为什么会选择那样的规制政策，它们的实际效果如何，目前它们所遇到的困难有哪些？通过典型电力市场的案例研究，我们能够得出一些电力市场环境下输电网络扩展的成功经验和失败教训。

该项研究的意义。

理论意义：

（1）完善电力市场化改革后输电公司的输电网络扩展机制。由于输电网络的特殊性质，输电网络的扩展机制，文献中没有一个成熟的理论模型。此外，其他的产业网络的扩展模式与经验对输电网络扩展不能提供直接的指导作用。而电力改革后的输电网络投资不足已成为一个世界普遍性的现象（Kleindorfer，2004）。因此，探讨电力市场化改革后的输电网络扩展机制，是电力发展过程中一个不能回避的理论问题。

（2）探讨激励性规制理论与实践的结合问题。电力放松规制后，许多国家对剩下的这些垄断部门的规制引入了激励性规制机制来代替传统的回报率规制。输电作为一种具有特殊物理性质的垄断性业务，如何将规制理论应用于输电投资的实践，更是一个重要的理论问题。

（3）为我国下一步电力输、配电分离改革提供理论指导。这几年经过“厂网分开”、“竞价上网”的实践，我国电力改革取得了不少的进步。但是，到目前为止，输电、配电和售电没有分开，电力垄断的局面没有取得根本改变。这其中的一个重要的原因是在我国目前的制度环境下如何规制输电业务没有一个清晰的理论指导。特别是，对改革后输电网络的投资问题也没有成熟的理论依据。到目前为止，我国输电网络扩展仍然为传统的集中规划方法。因此，我国输配电分开后，输电的定价、网络的长期扩展问题，应该采取什么模式，国外的理论模型和实践经验能提供多大的借鉴意义，是深化我国电力体制改革的关键问题。

现实意义：

（1）研究输电网络的扩展机制是世界范围内市场化改革的一个重要方面。

（2）我国输电网络建设滞后，制约了电力的跨区交易，增加了电力安全的隐患。市场化改革后，厂网分离，解决电网投资尤其是输电网络的互联投资不足更是没有得到有效解决。由于电力资源的地区分布不均衡，电力网络的互联，能够增强资源的重新分配，促进资源的有效流动。研究输电网络扩展对增加我国的电力区域交易，促进电力资源的合理流动，增强输电网络的安全，有重大现实意义。

（3）我国发电领域内存在的市场力，限制了电力真正竞争。目前我国电力市场结构主要特征是政府通过制度安排在发电侧形成了寡头垄断市场。扩大输电网络，引入其他的发电厂商竞争，有利于提高当地电力市场竞争程度，减少当地发电厂商的市场力。

原则上，输电网络扩展有利于发电厂商市场力的消除，但是，输电网络不同所有权配置形式和过程，对市场力有很大影响，优势增加输电量不仅不会减少反而会增加某些主体的市场力。因此，如何设计输电网络扩展契约以扩大网络容量，真正促进发电领域竞争，是我国电力改革，尤其是区域电力市场建设的一个重要的任务。

（4）我国输电价格没有提供正确的区域信号，未能引导电源投资和电力消费进行恰当的区域选择。因此，如何合理规划输电网络的扩展，协调电网与电源发展的关系，引导电源有序发展，在当前我国电力行业中，是一个十分重要的问题。

本书研究的思路和方法。

本书将从外部性、经济激励规划等方面，深入剖析扩展投资在经济学中的命题，将其纳入经济学分析框架，通过对电力市场化改革后的输电网络投资的理论和实践研究作一个概述，在理论上分别从规制和竞争的视角分析输电网络有效扩展，并对一个典型的竞争性电力市场的输电扩展案例进行分析，探讨理论应用于实践可能出现的问题。最后，分析输电网络扩展的理论与实践对我国的启示。

研究思路：

首先，针对电力市场市场化改革出现的问题和本书研究的主题，本书将在综合国内外文献中对电力改革、输电定价、激励性规制和输电扩展相关领域的研究基础上，对输电扩展的基本概念和基本理论进行简要的梳理和澄清。

其次，从经济学视角，考虑输电网络物理性质的前提下，分析输电网络外部性和相应的输电定价机制，并对阐述市场化环境下出现输电网络投资不足的原因，以及基于节点定价的输电网络扩展的可行性。

再次，分别从输电网络的规制与竞争视角，根据输电网络扩展与电力结构、定价模式、规制机制等之间的互动关系的内在机理，探讨在电力市场化和输电公司模式下，如何激励输电网络有效扩展投资，以及如何引入竞争性商业输电投资，试图构建一个合理的理论分析框架。

此外，本书对一个典型的电力市场进行案例研究，分析在电力市场改革过程中，输电网络扩展政策演化情况以及受规制的投资和竞争性的输电投资在实践中可能存在的问题。

最后，是本书的结论和展望。

书中采用的主要经济学方法有：

（一）新规制经济学

（二）网络经济学

（三）案例研究方法

（四）数理分析与规制分析相结合

本书有如下主要创新观点：

（1）分析了输电网络特殊物理性质对电力市场化环境下输电网络扩展的影响。和一般网络不同的是，输电网络的环流现象导致了输电网络扩展具有独特的外部性。一个有效的输电扩展机制应该充分考虑输电网络的外部性。

（2）通过对输电网络扩展的经济学分析，本文发现，基于节点定价的输电扩展的价格机制能更好地体现输电网络的外部性。在市场化环境下，激励性输电公司模型和商业输电模型是输电网络扩展的两种主要方法。在目前，由于技术的约束，输电网络扩展主要还是以激励性输电公司模型为主。

（3）在考虑输电网络的特殊物理性质的前提下，基于节点定价理论，初步梳理了输电扩展一个经济学分析框架，探讨了输电公司组织在不同的规制体制下的最优网络扩展条件，并提出了实现输电最优扩展的一种补偿机制和一种激励性机制。本书试图沟通电力工学和经济学在输电网络扩展研究方面的差异。

（4）在受规制输电公司的网络扩展背景下，分析了引入竞争性投资的可能性，并且基于已有的长期金融输电权模型，文章提出了商业输电投资的一种实现机制，并对商业输电投资模式的规制问题进行了分析。

（5）在深入分析澳大利亚网络扩展的案例的基础上，探讨了受规制的输电投资和商业输电投资在实践应用中的兼容性问题。

（6）借鉴输电网络扩展理论与国外扩展经验，结合我们电力行业的实际情况，对改善我国输电网络的建设滞后状况，提出了分阶段的发展建议。

［20］李红昌．铁路管制的契约分析．经济科学出版社 2005 年出版．

本书分析的逻辑和主要结论主要包括以下六个方面：

（1）铁路产业的特殊属性内生了管制机构的管制权利，且管制权利随着铁路产业特殊属性的变化而变化。铁路产业至少具有网络经济、自然垄断等七个品质维度，内生出了委托给管制机构的两种权利：从铁路企业看，需要管制机构稳定专用性投资、管制恶性竞争、管制垄断界面、管制市场结构，即管制机构的所谓企业受托责任（管制机构为受托方，企业为委托方）；从铁路运输产品消费者来看需要管制机构提供公共物品、管制垄断、引入竞争，即管制机构的所谓社会受托责任。铁路行业的特殊属性决定了铁路管制权利的产生、变化和消亡。铁路管制是一种由消费者、生产者和管制机构之间形成的三边契约关系。如果这种契约关系是公平的、稳定的，那么铁路管制就可以用公共利益论来解释；如果这种契约关系蜕变为管制者和生产者、管制者和消费者或生产者和消费者的双边契约关系，那么就可以用管制俘获论或管制经济理论来加以解释。

（2）铁路管制机构承担了相互矛盾的管制目标，管制重构时需要权衡网络经济、交易费用和竞争效率 3 个因素。铁路管制机构的双重受托责任内生了相互矛盾的管制目标。铁路纵向横向一体化保持了网络经济但滋生了 X 非效率，产业分拆引入了竞争，但复杂化了交易界面并增加了交易费用。管制重构就是要在网络经济、交易费用和竞争效率 3 个因素之间做出权衡，以提高铁路的技术效率、交易效率和管理效率，实现铁路内部效率和外部效率的和谐统一。铁路产业的经验表明，节约交易费用并不是铁路产业追求的唯一目标，利用网络经济来实现生产成本的节约同样是一个目标，引入竞争机制来激励经营者努力工作、克服 X 非效率又是另一个目标，因此，即使某种铁路改革方案增加了交易费用和生产成本，但是如果竞争效率的提高可以弥补前者的损失，那么铁路产业的分拆路径就会沿着引入竞争的方向前进。

（3）铁路管制重构本质上是各项权利的重新配置；“网运分离”本质上是管制的组织结构形态。铁路产业的权利集合可以分解为经营管理权、路网管理权、铁路投资权、建设规划权、安全监督权、调度指挥权等权利维度。与其说“网运分离”是铁路企业组织边界的确定问题，不如说是各项权利在管制机构和铁路企业以及其他权利主体之间的重新配置问题，“网运分离”是管制的组织结构形态。随着权利在铁路企业和管制机构之间的配置不同，我们就得到了一个“网运分离”频谱系。铁路管制重构及时构造兼容社会性目标和企业型目标的管制治理共同载体，换句话说，管制就是要用一种特殊的契约治理结构来协调铁路产业的各种重大权利，也就是来协调利益相关者的权利分配关系。

（4）铁路管制需要通过公企业这种特殊的组织形态来加以治理。客观地来看，政府和企业是社会基本组织形态的两个极端，政府和企业之间还存在着可通称为第三本门的多种组织形态，其中就包括具有企业形式但公共性强烈的公共企业（public enterprise）。世界各国铁路大都采取了公企业这种模式在兼顾企业型目标的同时来实现管制的社会性目标。交易属性不同，交易需要组织也就不同。我们观察到，铁路往往具有强烈的公共成分，需要某种具有企业特征的组织来加以支撑，日本和韩国的铁道建设公团、美国的 Amtrak、法国的路网公司等，都是显著的公企业，这些公企业置于特殊法律的管辖之下，一般具有特殊的治理结构，服务于特定的产业目标。

（5）由于网络经济显著，铁路企业之间的相互依赖程度很高，这导致了铁路产业内部存在着局部过度垄断和局部过度竞争；由于所处区位不同，铁路在某些区域垄断性强，而在某些区域受到了来自其他运输方式的强烈竞争，这导致了铁路产业外部存在着局部过度垄断和局部过度竞争。铁路管制史表明，网络型基础上产生的个体理性和集体理性在某些环节是存在冲突的。个体理性导致了集体非理性和公共物品的非效率供给；个体自主分散决策往往导致整个系统网络的不可维持性，这集中表现为由其特殊属性决定的局部过度竞争和局部过度垄断格局。铁路产业是典型的网络型基础产业，具有大联动机生产的特点，任何局部铁路的正常运营都有赖于铁路整体网络的存续，这种特点决定了铁路运输企业之间的高度依存性，一个终端到终端的运输服务的完成一般都需要跨越若干个铁路运输企业的企业边界。除非铁路运输企业的数目非常少，否则单纯依靠市场谈判机制是很难达成交易契约的，即使能够达成，其相应的生产成本和交易成本也会达到非常高昂的地步。因此，通过适度的管制来节约交易成本和生产成本，保持铁路产业的适度内部竞争以及方式间竞争从而有效抑制铁路运输企业可能的垄断行为，保持铁路产业整体的健康发展，为社会提供基本的运输位移服务产品，就成为铁路运输企业和旅客货主的共同前契约要求。同时，我们注意到，铁路产业受到严格管制时期，往往是其他运输方式无法对铁路产业构成有效竞争的时期，也是铁路企业数目较多的时期，铁路能够在某些地区获得垄断收益；铁路产业管制不断放松的时期，往往是内部竞争或外部竞争都已对铁路产业垄断行为构成限制的时期，也是铁路产业不断兼并重组的时期，兼并重组成为铁路应对其他运输方式激烈竞争的重要手段。因此，管制的产生和垄断以及竞争是密不可分的，管制是既定的垄断或竞争的市场结构下各交易主体的经济交易过程的表现结果，并通过稳定的管制体系得到了强化和延续。

(6) 契约治理是管理的内在本质；管制方式是一部分契约治理的外在表现形式。有政府权力介入的管制是狭义的管制，是一种特殊的契约治理。从实质和形式上说，企业组织、企业联盟、行业协会、政府管制、立法管制等都具有公共协调的成分或特征，都对价格、产量、进入、退出等有所规范，都是建立在契约基础上的自我管制或外部管制形式。本书作者认为，只要交易契约涉及多个交易主体，那么它们之间达成的交易就肯定要遵守某些公共规则，这些包括了共同信念的公共规则无疑限制约束了各个交易主体的交易自由，显然具有了管制的内涵、形式和实质。

本书共分为八章。第一章阐述了本书的研究背景，列举了若干案例用于说明管制的契约本质，强调了从契约经济学角度来研究管制的重要性。第二章是契约与管制的一般理论，以及网络型基础产业基本特征的理论，对契约经济学和管制经济学的框架、内容、研究方向进行了描述，为后续章节的研究做好理论上的铺垫。第三章是铁路管制契约本质的论述，首先研究了铁路产业的特殊属性，详细分析了铁路产业的产业属性，以及这些属性对铁路管制形式的约束，从逻辑推演上、几何证明上和数理推导上论证了铁路管制的契约本质。第四章是铁路管制的契约治理，即在论证了铁路管制的契约本质之后，需要按照一定的方式进行管制，本书认为管制需要进行多目标权衡，在考虑约束铁路管制治理的关键因素的基础之上，在“网运分离”频谱系上选用适当的管制组织形态。第五章是铁路管制的实证研究，考察了若干国家的铁路管制，论证了管制的动因一般是为了实现企业目标和社会目标的平衡。第六章总结了国外铁路管制重构的经验，并对中国铁路管制改革提出了若干看法。第七章是关于网络型基础产业管制的一个普遍的解释，试图把铁路管制论证的结论推广到一般的网络基础产业。第八章是中国铁路改革与发展，在总结有关管制的若干基本判断基础之上，论述了我国铁路发展的路径选择特别是政府职能和企业职能的边界问题。

[21] 李怀．自然垄断理论研究．东北财经大学出版社 2003 年出版．

本书的思路有几点值得推荐给读者。

一是将网络经济效益概念引进来，使其成为与规模经济、范围经济等概念并列的基本经济概念。也就是说，它们都是本书最基本的分析工具。

二是将结构效应引进分析，与规模效应并列作为一种经济效应和分析工具。当代经济学之规模效应，即在一定的限度内规模越大，经济效应就越强。规模经济、范围经济和成本次可加性等概念皆有此含义。与此不同的是本书通过观察和思考认为，凡是具有网络特征的经济，一般来说都具有一定的结构效应，它主要来自网络的特殊结构。有了网络结构效应这个理念，我们就可以很好地解释为什么当代自然垄断产业在经过若干年的改革和发展后最终收缩到网络特征较强的传输产业上去了，而没有出现在生产性产业中。道理很简单，就是因为生产性产业不能形成网络结构效应，因而也就不能产生网络结构效益。

三是将经济效应划分为不同的等级：强的和弱的。如把规模经济划分为强规模经济和弱规模经济，把网络经济效益划分为强网络规模效益和弱网络规模效益。当代经济学把自然垄断产业从竞争领域里划分出去的途径是引进了规模经济的概念，正是由于规模经济的存在，自然垄断产业的长期平均成本曲线才能够在其产量达到整个产业的产量时仍然处于下降状态。但对当代某些自然垄断产业引进竞争的现实，由于当代经济学没有经过这本书的处理，因而也就无法有效解释为什么有的自然垄断可以引进竞争，有的自然垄断产业就不能引进竞争，而只能企求以模型的外生变量（如技术和市场需求）来解释。现在看来，以当初设定不变的外生变量的变化来解释模型内的变化是违反科学的，同时其解释也难以令人信服。按照本书的思路，就可以用较强的（结构）经济效应来解释为什么有的自然垄断产业不能引进竞争的原因，用较弱的（规模或结构）经济效应来解释可以引进竞争的原因。这样，我们就可以据此把自然垄断产业重新进行分类，把那些既可以引进竞争但又同时必须限制竞争的传统自然垄断行业划定为准自然垄断行业，把那些具有较强的网络经济效益的产业划定为自然垄断产业，从而比较符合当代自然垄断产业的实际情况。

本书在理论上的一个突出特点就是运用形式逻辑的表述方式对自然垄断理论进行了重构。本书提出：规模经济或网络经济效益仅仅构成自然垄断赖以成立的必要条件，只有当一个网络的垄断效益高到无法竞争的程度时，才构成自然垄断赖以成立的充分条件。同时，本书还提出了准自然垄断赖以成立的充分条件，即产业内的竞争程度应以保持企业的最低有效规模为界限，按照这一自然垄断理论来解释当代自然垄断产业的改革和现实状况，就比较符合实际，能够自圆其说。

［22］刘戒骄．垄断产业改革经验．经济管理出版社 2004 年出版．

20 世纪 90 年代中后期以来，我国在网络产业实施了以纵向结构重组（把竞争性业务与垄断的网络环节相分离）和开放非网络环节的市场准入为主要内容的改革，网络产业纵向一体化、国有垄断和政企合一的传统经营方式开始发生变化，在政企分离、吸引民营资本和在非网络环节引入竞争等方面取得了成效。但总体来说，我国的垄断产业改革仍然处于探索阶段，在整个经济体制改革架构中具有起步晚和相对滞后的特点。目前的改革基本没有触动网络环节的垄断格局，在促进有效竞争以及时竞争惠及最终用户方面成效不明显。

本书的目的是系统的总结、评估网络产业改革的国际经验和国内实践，围绕国内外改革的最新进展，集中分析中国网络产业当前和进一步改革面临的问题，特别是放松管制过程中的结构重组和引入竞争机制问题。在研究方法上，本书从网络产业的技术、经济特征出发，运用产业组织经济学和管制经济学的理论，结合国内外网络产业的改革实践以及相应的理论观点和政策主张，对网络产业进行比较深入、系统、独到的研究，为该类产业向竞争性结构转化提供理论框架和政策建议。全书由导论和六章构成。

导论的目的是阐释选题的依据，对本书的研究对象——网络产业及所涉及的概念——管制、放松管制进行界定，并从资源配置和经济效率的角度评估管制的必要性和效果。该部分的基本结论是：①以市场准入、价格和产出为基本内容的管制割裂了厂商进行经营活动的成本和它从该项经营活动中所取得的收入之间的联系，并由此导致市场失灵。②由于旨在矫正市场机制低效率的管制自身的低效率，管制的初衷和它实际达到的效果在程度和方向上可能存在明显的差异。③由于市场失灵和非市场失灵的存在，有效率的资源配置要求以适当的方式将市场机制和管制有机地结合起来，通过放松管制和管制改革加强而不是弱化市场机制的作用。

第 1 章回顾了经济学对垄断的社会成本不断加深的认识，分析了对网络产业实施管制的理由——自然垄断和自然垄断以外的原因，评价了网络产业放松管制和管制改革的国际经验，并就管制与竞争、反垄断制度之间的关系做了探讨。本章的基本结论是：无论自然垄断还是自然垄断以外的原因都不能给网络产业维持垄断提供科学的理论依据，必须反思由政府对进入、价格和质量维度实施限制的传统管制。网络产业既有像其他产业一样存在引入机制和按着商业化原则运营的要求，又有妨碍利用市场机制产生一流绩效的技术、经济障碍。竞争机制作用领域的扩大并不会是管制和反垄断制度丧失存在的理由，相反三者之间的分工与互补则是网络产业政府监管体制的基本格局。从逻辑关系的角度讲，上述结论为研究网络产业的纵向一体化问题，即如何将传输网络运营者与借助这些传输网络提供产品服务的厂商相分离，埋下了伏笔。

第 2 章运用可竞争市场理论，对网络产业限制新厂商进入的管制政策进行了分析。本章的基本结论是：①潜在竞争能够对现有厂商的行为施加有效的约束，厂商的进入和退出是促进竞争的重要力量。②针对网络产业更容易发生阻止进入的策略行为这一性质，探讨了网络产业放松进入管制可能的路径选择和相应的管制政策。放松进入管制以后，纵向产业链上某个环节上从事经营活动的厂商数量取决于市场需求总量和有技术因素决定的企业最优规模。如果完全取消整个纵向产业链上各个环节的进入管制存在障碍，可以考虑在需求和技术变化显著地降低了沉淀成本和规模经济效果的环节引入竞争机制。

第 3 章描述了在放松管制中，主导厂商可能采取的合谋、掠夺性定价、价格歧视和价格挤压等策略性反竞争行为，以及这些行为下管制的可能性，为网络产业的管制改革和重新管制提供企业行为基础。本章的基本结论是：①虽然网络产业厂商之间的合谋同样面临稳定性问题，但是，网络产业独特的技术经济性质，使其比竞争性结构的其他产业更有助于促成稳定性的合谋。这个结论的含义是，依靠市场竞争机制消除垄断力量需要较长的时间，在很多情形下需要借助于管制来减少合谋造成的福利损失。②在放松进入管制以后，即使拥有市场势力，网络产业的厂商也很难成功的实施掠夺性定价，给竞争对手带来威胁的低价销售对掠夺者来讲是内部性的，这里没有市场失灵也没有管制的基础，针对掠夺性定价问题而采取的管制措施往往起着干预市场机制有效运转的副作用，因而应当慎重行事。③凭借对传输网络的垄断，某些厂商往往处于拥有市场势力并且能够实施价格歧视和价格挤压的地位，管制者应该遵从经济效率原则，尽可能区分以攫取消费者剩余、谋取垄断利润或者排挤竞争对手的价格歧视和以回收成本为目的的价格歧视，对前者以及纵向一体化厂商的反竞争行为施以必要的限制。

第 4 章综合分析厂商纵向一体化基本动机的基础上，结合国内外铁路、天然气、电力产业处理纵向问题的经验，提出了纵向分离和再管制垄断环节这个双管齐下的强化网络产业竞争性的措施。本章的基本结论是：①纵向一体化是厂商基于自利动机采取的经营策略，纵向一体化在节省某些成本的同时也承担着非一体化下无须承担的成本。②作为对市场交易的替代，一体化垄断厂商不一定具有取代市场机制而成为决定产品或服务生产的能力，在技术革新和需求变化使得市场协调比企业内部协调更有效率的产业和环节，应该考虑产业链的纵向分离问题。③交易路径多样化引起的直接竞争和来自替代品之间的间接竞争，对网络产业具有重要意义。④从制度安排上实现政策制定、监管、所有权行使和经营四种职能的分离，重塑对仍然拥有垄断力量的网络运营者反竞争行为的管制。

第 5 章从网络边际成本定价和许可收益率管制所存在的问题和技术障碍出发，分析了以成本为基础的价格管制，通过将成本上涨轻易地转嫁给用户带来的效率问题，强调在价格管制中应该注意价格水平、计价方式和价格形成机制对用户行为的影响。本章的基本结论是：①以价格上限管制取代目前普遍采用的许可收益管制，这样做不仅有利于控制价格水平，而且有助于矫正厂商的价格行为。②两部制定价是厂商基于自利行为采取的差别定价策略，存在剥夺消费者剩余的可能。③竞争不仅对价格水平，而且对价格结构和价格形成机制具有重要影响。

第 6 章从政企关系和引入竞争两个方面考察了中国若干网络产业的改革。我国垄断产业改革要解决的问题，不是市场竞争过程中形成的经营性垄断，而是行政体制与行政权力造成的垄断。我国垄断产业的行政垄断，就其根源而言，有旧体制遗留下来的问题，但主要是在转轨过程中形成的。本章的基本结论是：①建立高效的管制机构和独立于管制机构的运营企业，实现政企分离是自然垄断产业改革的关键，中国电信、电力等产业在这方面进行了积极探索，但铁路运输、公用事业政企分离步伐相对缓慢。②现有改革存在偏重重组、忽略新厂商进入的局面，今后的改革应该着力放宽市场准入，引入新的市场主体特别是非国有市场主体参与市场竞争方面。③我国网络产业改革，在开放用户选择权、放松价格管制、实施市场重组、建立现代监管制度方面还有很大空间。

［23］刘伟．反垄断的经济分析．上海财经大学出版社 2004 年出版．

对于从计划经济体制向市场经济体制转变的我国而言，在反垄断规制问题方面，应采取何种对策并如何实施？这是本书所要回答的问题。本书认为反垄断规制问题不能一概而论，要明确垄断的成因和后果，将不同性质的垄断区分开来，采取不同的规制政策。行政性垄断是体制转轨的产物，仅仅依靠反垄断法的实施并不能从根本上解决问题，还需要通过深化经济体制和政治体制的改革、转变和实施有助于巩固市场化改革已取得的成果，加快打破行政性垄断的进程，促成政府运用法律手段来解决行政性垄断问题，因此作者并不反对我国不少法学家提议将反行政性垄断条款写入正在起草的我国反垄断法草案当中，但乌克兰、俄罗斯等转轨国家反垄断法中反行政性条款实施的经验告诉我们，单单依靠反垄断法的单兵突进，其执行效果是十分有限的。我国反垄断法的主要任务是规制经济性垄断，对市场机制已经发挥很大作用的竞争性行业中出现的以价格联盟为主要表现形式的反竞争性行为进行规制，对正在实行政企分离、打破垄断、引入竞争的传统自然垄断行业中，可能出现的滥用市场支配地位的行为进行规制。

尽管各国反垄断法及其具体执法体制不尽相同，但其基本内容框架具有高度的一致性，由以下三方面构成，这些内容也被称为反垄断法的三大基石。一是对制定限制竞争性协议的行为进行规制；二是对占市场支配地位的厂商滥用市场优势地位行为进行规制；三是对可能产生反竞争性效果的企业合并行为进行规制。本书行文的线索就是围绕着反垄断法律制度系统中的三大组成部分并结合在我国发生的一些具体案例而展开的。

全书共有七章。第一章“反垄断的理论基础和政策趋向”。在对西方经济理论有关垄断的概念进行梳理的基础上，全面分析了西方学者在反垄断问题上的不同观点和演变过程。针对我国转型时期当前反垄断的特殊性，作者主张我国的反垄断政策应该根据竞争性和垄断性行业的不同特点而区别对待，即对于我国竞争性行业，在消除政府不当干预的行政性垄断行为的基础上，通过制定反垄断法来规制以价格联盟为主要表现形式的经济性垄断行为；对于电信、航空等垄断性行业，一方面通过转变政府职能、放松管制和政企分开，来铲除产生行政性垄断的体制根源，另一方面，将反垄断法的适用范围扩展至所有可以引入竞争的行业，对垄断性行业改革过程中出现的经济性垄断行为进行规制，并协调好政府直接管制与反垄断法间接规制的关系。

第二章“横向限制行为的反垄断规则”。首先，在对合谋和卡特尔的概念进行界定的基础上，对合谋的方法和卡特尔的有效性进行了细致的分析。其次，通过引入支配性厂商模型，分析了价格卡特尔对市场价格影响的效应。最后，通过对发生于我国竞争性行业的彩电价格联盟和黄金价格联盟与传统自然垄断行业民航业的机票价格联盟的有效性和危害性的对比研究，揭示了经济转型时期我国反垄断法对竞争性产业和受管制行业出现的横向限制协议行为规制的原则和方法。

第三章“纵向限制行为的反垄断规制”。由两个案例分析组成，第一个案例针对上海移动指定专营制度是否涉嫌垄断这一现实问题，运用经济学方法和法学理论，结合美国司法部的纵向限制指南和相关判例，分析了指定专营存在的理论依据，并指出了一些学者在这一问题上的不正确观点。作者认为，我国反垄断法对指定专营这一类纵向限制行为的适法性宜采用合理性原则，对该行为的市场绩效进行经济学分析，要协调好电信行业的非对称管制与反垄断法的关系。第二个案例从目前在上海烟草行业零售环节普遍存在的零售价格维持现象出发，探讨了零售价格维持可能产生的竞争性和反竞争性效应，揭示了上海烟草行业零售价格维持对社会福利的影响指出即将出台的反垄断法实施的重点和难点，在于如何对受管制行业存在的垄断延伸行为进行规制。作者主张，采用结构主义和行为主义相结合，政府直接管制与反垄断法间接管制互动的规制政策是可行并且有效的。

第四章“掠夺性定价的反垄断规制”。在对我国低价倾销规制政策与反垄断法对掠夺性定价行为规制政策比较的基础上，通过模型进一步论证了掠夺性定价行为采用阿里达—特纳的 AVC 规则要优于当前我国对低价倾销行为认定所采用的 ATC 规则，并对上海牛奶价格大战和麦德龙是否涉嫌低价倾销两案例进行了分析，指出了当前政府规制部门和理论界对掠夺性定价行为反掠夺规制认识上的误区和做法上的不足之处。

第五章“瓶颈垄断问题研究”。在对瓶颈垄断及其相关概念解释的基础上，分析了瓶颈垄断原则适用的经济学理论依据，介绍了美国反托拉斯法的瓶颈垄断规则原则的演变和发展，作者认为在传统的自然垄断行业放松管制、引入竞争的大趋势下，引入瓶颈垄断原则是我国反垄断法立法的正确选择，并就如何处理好受管制行业的政府直接管制和反垄断法的间接管制的关系进行了探讨。

第六章“企业合并中的反垄断问题研究”。首先对企业合并的主要三种形式横向合并、纵向合并和混合合并的动机和效应进行了全面阐述，并针对企业合并控制的方法与步骤这一难点问题，对其企业合并控制的五步骤法，即界定相关市场与认定介入相关市场的企业的市场份额及市场集中度、认定合并产生的潜在的反竞争性后果、市场进入难易程度的分析、企业合并可能产生的效率的认定以及破产企业和部门的认定进行了深入的分析。在实证部分，重点考察了当前民航业重组中存在的反竞争行为，并就我国对企业合并行为的反垄断法规制的定位和政策趋向提出了不少有益的建议。

第七章“买方垄断问题研究”。从买方势力衡量这一难点问题出发，指出支配性买者势力指数的大小将取决于供给曲线的供给弹性、竞争性边缘厂商的需求弹性以及支配性厂商的市场份额。本章实证部分从连锁商业收取入场费这一现实问题出发，对我国反垄断法，在买方市场条件下，如何规制可能出现的买方垄断行为进行了深入全面的分析。

本书的创新之处可以归纳为以下几个方面：首先较好地将西方反垄断理论与中国的具体实践结合起来，通过对我国转轨时期出现的垄断现象分析，揭示了当前我国反垄断政策实施过程中存在的理论上的误区和实践中的不足，对我国反垄断立法的制定和实施极具参考价值。其次对我国受管制行业放松管制、引入竞争阶段政府直接管制与反垄断法间接管制的协调问题进行了深层次的分析，提出了反垄断法除对真正的自然垄断行业采取个案豁免外，应适用于所有行业的政策主张。再次对买方垄断问题进行了深入的研究，首次对连锁超市作为大的买主对上游供货商收取各种附加费用的现象从反垄断法的角度，提出了我国反垄断法立法如果对超额定价行为进行规制的话，就会使得反垄断法规制变相为价格直接管制，与保护竞争过程而非竞争者的反垄断立法原则相违背的观点。

[24] 刘小兵．政府管制的经济分析．上海财经大学出版社 2004 年出版．

我国确定社会主义市场经济体制已经有 10 余年的时间，在“市场在资源配置中发挥基础性作用”的运行机制下，我国经济发生了翻天覆地的变化，生产资料、劳动力和资本的配置逐步走上市场，市场不仅在经济生活的各方面，各个层面和各个角落无所不在，而且冲击着人们的观念和意识，改变着人们的生活方式和生活习惯。

然而，一方面，市场机制也有其固有的弊端，如无法提供公共品、外部性、自然垄断、信息不充分、经济波动等，使得完全依靠市场机制无法解决一些必要的和基本的问题，因此，政府调控成为客观需要和必然。否则，社会共同需要无法得到满足，社会秩序和人的基本权利得不到充分尊重；外部不经济横溢，有利社会和公众利益的外部经济很强的事业无人问津；收入分配在市场机制下形成最终结果，如此等等。但另一方面，政府也不是万能。政府对资源配置的补充作用和对经济运行的宏观调控作用，在不可替代的同时，也同样存在一个限度问题。

《政府管制的经济分析》一书根据政府的本质及其与市场的关系，采取理论实证和经验经济学方法，对是否需要政府管制和在多大程度上需要政府管制，进行了四个方面的研究，即政府对自然垄断的管制，政府负外部性的管制，政府对正外部性的管制和政府对信息不对称的管制。全书分析分四个步骤展开：首先，分析市场缺陷的经济表现及效率损失；然后，分析在市场条件下解决市场缺陷的可能性和约束条件；再分析政府管制解决市场缺陷的可能性及约束条件；最后，比较分析两种解决市场缺陷机制，并借以回答全书的核心问题——是否需要和在多大程度上需要政府管制。

全书在努力构筑政府管制经济分析理论框架的同时，在以下几个方面取得了开创性研究成果。一是在对自然垄断管制的分析中，构造了一个关于价格歧视的理论模型，通过对价格歧视的福利影响分析得出垄断者不会固守单一垄断定价模式的结论，并以此质疑对自然垄断行业实施的进入管制和价格管制。二是在外部性管制分析中，通过建立累世拍卖机制的模型，解释负外部性施放权利交易的管制方式在理论上的合理性。三是采用实验经济学研究方法，通过设计实验方案，观察被实验者行为，分析实验结果来解释政府对正外部性管制的依据，取得了集体选择和公共品理论的结论。

一、分析思路和研究方法

市场缺陷理论赋予了政府管制的理由，但并未肯定政府管制的必要。我们认为，最终是否需要政府管制，应在周全地考虑了以下几个方面的问题后方可做出结论：

其一，市场的运行虽然存在缺陷，但从动态的过程来看，应存在自我矫正的可能。因此，对每一种市场缺陷我们首先需要弄清楚市场是否存在自我解决的可能，在何种程度上得到解决以及在什么条件下得到解决。如果市场自身能够解决问题的话，自然也就不需要政府管制了。

其二，如果市场自身无法解决，或者只能部分解决，或者虽然能够解决但解决方法只不过是在一定假设条件下的理论分析结果的话，那么，我们再来分析政府管制是否解决市场缺陷所导致的效率损失问题，以及在何种程度上解决这一问题，或者需要什么条件才能解决这一问题。

其三，如果市场方法和政府管制必须在一定的假设条件下才能完全解决市场缺陷的话，我们需要进一步比较分析何种方法下的假设条件更加贴近现实；或者分析这些假设条件都无法满足时，何种方法下导致的效率损失更大或者说偏离帕累托效率状态更远。

以上就是本书在对政府管制进行分析时的一种基本分析思路，这一分析方法将贯彻整个研究过程。在对市场自身解与政府管制的上述各个方面进行分析时，除沿用经济学传统的一些基本理论假设和分析方法之外，我们采取的分析将以实证研究为主，即在一定的假定前提下分析和预测市场方法和政府管制的行为后果。当然，实证研究离不开经济学规范分析的结论为指导；但同时，实证研究也给规范问题的研究提供了有力的支持，实证分析的结果使规范研究更具有说服力。

在实证研究方法的选择上，我们更偏重采用理论实证的研究方法，而不是经验实证的研究方法。

另外，在对市场自身解和政府管制的分析结果进行评判比较时，我们将主要以效率为标准而暂时不考虑公平问题。

二、创新与不足

第一，从政府管制的理由入手，主要应用理论实证研究方法全面系统地对政府管制的各方面进行分析。这也算不上是什么创新，但这种研究工作起码整合了前人对这个问题的主要研究成果，并为分析政府管制问题提供了一种思路与方法。

第二，在第一章的导论中，澄清了一个长期被人们忽略了的问题：为什么在分析政府与市场的关系时人们总是选择以市场为主政府为辅这样一种分析思路，而不选择以政府为主，市场为辅这样一种分析思路。毕竟，在理论上市场机制与政府计划都可以实现资源配置的帕累托效率状态；而在实践中，市场机制与政府计划又都存在缺陷与不足，并且究竟何种缺陷导致的效率损失更大在理论上尚未得到完整有效的论证。

第三，在第二章对自然垄断管制的分析中，构造了一个关于价格歧视的理论实证模型，通过对价格歧视的福利影响分析得出垄断者不会固守单一垄断定价模式的结论，以此作为质疑对其自然垄断性质的行业实施进入管制和价格管制的一个佐证。

第四，在第三章对负外部性管制的分析中，我们建立了两个类似于拍卖机制的模型，借以解释和说明负外部性施放权利交易的管制方式在理论上的合理性。

第五，在第四章对正外部性管制的分析中，采取了实验经济学（Experimental Economics）的研究方法，通过设计一系列的实验方案，观察被实验者的行为和分析实验结果，对市场提供具有正外部性的公共品的可能性进行了细致的实验研究。经过近3年时间的实验与观察分析，本项研究的结论基础上支持了集体选择和公共品的理论，即个人理性与集体理性的矛盾导致了公共品提供的市场缺陷。但实验的结论也给我们一种启示，那就是通过制度的合理设计有促进公共品成功提供的可能。

第六，根据对政府管制的定义，我们对我国的政府管制情况在管制范围、管制机构、管制手段等方面做了一个初步的梳理工作。

三、本书的不足

一是研究手段和分析方法的不足。这种不足很容易使我们在比较分析政府管制与不管的结果时往往无法得到比较肯定的结论，从而导致研究的结论对判断是否需要政府管制无法具有现实的意义，似乎一切都有待进一步的研究方可定夺。如在对正外部性的政府管制的分析中，我们比较分析市场机制与政府管制之后得出的结论是，只要政府提供公共品德成本和可能导致效率损失能够控制在一定的范围之内，在市场提供公共品的效率损失既定的情况下，公共品由政府来提供确实存在一定的效率改进空间。但政府提供公共品的成本和可能导致效率损失究竟有多大，是否真的能控制在一定的范围之内以及需要控制在什么范围之内，我们就不得而知了。因此使得我们的研究似乎最终还是无法回答是否需要政府管制。

本书不足的第二个方面是本书对研究范围的把握没有能贯彻最初的设想。在观察政府管制的真实理由时发现，现实中的政府管制许多都是出于一种家长注意式的官宦。政府往往代替被管制者去评判某种行为或物品的好坏，从而对政府认为不好的行为或物品进行限制或禁止。我们一般把政府的这种管制理由称为偏好不合理。很遗憾的是，尽管本书最初的主要写作动机之一就是想对政府凭借偏好不合理进行的管制行为深入的研究分析，但最终还是出于各种考虑而不得不放弃。这是本书最大的一个不足之处。

[25] 罗斯威尔，戈梅兹著．电力经济学：管制与放松管制．叶泽译．中国电力出版社2007年出版．

20世纪90年代，许多国家的电力工业发生了深刻的变革。在结构重组和放松管制的过程中，由发电、输电和配电系统组成的纵向一体化的电力公司被依法或功能性地拆分，竞争机制进入了发电和售电环节中。在电力批发市场中，通过一个集中的电力库和（或）与买方的双边协议，多家发电公司竞争性地销售它们的电力商品。在电力零售市场中，用户可以在不同的卖方中间选择，也可以直接从批发市场中购买。对于所有用户，电力市场可实时交易（如挪威）；也可以根据用户的需求规模，通过一个多年计划逐步实现（如英国、澳大利亚、阿根廷等）。

输电和配电仍然被认为是自然垄断环节（参见第2章关于垄断与自然垄断的经济学理论），需要进行管制（参见第4章关于自然垄断的管制的论述）。为了实现有效的竞争，管制必须确保输电网络对所有市场参与者的开放和非歧视。

结构重组和放松管制包括对电力公司的结构和组织进行改革。过去，一个纵向一体化的独立电力公司是其服务区域内唯一的电力供应者，它也必须向该服务区域内的所有用户提供电力。从所有权性质角度，电力供应商可以分为以下三类：

（1）由国家、区域或地方政府所有；

（2）由消费者合作所有；

（3）由私人所有。

因为供应方呈现垄断状态（单一卖方），管制机构周期性地设定价格，以保证公正的投资回报率和补偿运营费用。

在世界范围内，有多种因素驱使电力行业进行结构重组。这些因素包括：

（1）新的发电技术，如燃气蒸汽联合循环（Combine-Cycle Gas Turbines，CCGT）技术降低了发电机的最优规模；

（2）全球经济竞争要求降低生产成本。电力对许多行业而言是一种最基本的生产投入；

（3）作为传统基础工业的所有者和管理者，国家不能像私有者那样迅速地响应经济和技术的变化，国家倡导私有化；

（4）信息技术和通信系统使电力市场运行所必需的大量信息交换成为可能。

另外，国际燃料市场也引起了政府对一次性能源资源开发进行补贴的疑问。最后，信息技术和通信系统使得包含多个中间商和多种交易的日前和实时电力市场成为可能。

尽管不同国家和地区的管制机构有不同的具体目标，但是，它们的根本目标是相同的，就是通过提高经济效率来保护消费者的短期和长期利益。提高效率最直接的方法是鼓励或者模拟竞争。然而，在那些不可能竞争的领域，如那些具有自然垄断特征的部门和外部性不能内部化的部门和业务领域，经济管制仍然是必要的。

多种因素交织在一起形成放松管制的政治意愿。国家所有的电力系统被分割成不同的公司，然后在管制框架内以促进竞争为内容进行私有化。

然而，私有化过程也产生了其他一些问题。受管制的电力企业希望得到一个比它们在市场竞争中所能获得的收益更大的准许收益（required revenues）。两者之间的差就是搁浅成本。搁浅成本的回收由管制机构负责设计，在结构转换时期实施。另外，投资者被要求放弃他们的部分发电资产以控制可能发生的市场势力问题。这些发电资产的账面价值与电力市场条件下所能接受的价格的差就是搁置资本。

放松管制后被视为“线路业务”的输电和配电部门仍然需要管制。以绩效为基础的价格决定制度（PBR管制）通过在管制期内为公司设定价格或利润的上限来限制公司的收益。

电力工业放松管制的一个重要目标是建立一个可使用的竞争性批发市场。其中批发市场被设计成由独立系统运营机构管理，若干发电公司在电力库中经济调配的系统。

放松管制的目的是为消费者提供基于市场的电力价格和合理价格下的可靠服务。市场供给方面由于许多发电商的加入，批发市场竞争得到了加强；而在市场需求方面，通过允许消费者从发电方直接和间接购电，消费者选择和零售竞争得以实现。

竞争和市场成熟程度可以拥有效率的非管制用户的数量和管制价格之外的电力消费总量来衡量。

电力工业的结构重组与放松管制是一场目标在于通过节约成本来实现低电价的运动。不过，这个过程的简短历史表明，仍有许多问题有待研究。尽管如此，有两点已成为共识：①通过在发电侧放松管制和开放零售市场，在批发和零售市场引入竞争；②继续管制电网的活动。

[26]（英）戴维·M·纽伯里著．网络型产业的重组与规制．何玉梅译．人民邮电出版社2002年出版．

新古典经济学的一个基本结论是，充分竞争的市场可以实现资源的有效配置。但对由于技术的原因使得竞争难以充分的产业，政府的规制被认为是必要的——甚至是唯一有效的选择。在历史上，电信、电力、煤气和自来水等网络型公用事业是自然垄断行业的典型代表，由于投资巨大、资产专用性强和规模经济等特点，这些产业往往受到政府的规制，或直接由政府所有，实行垄断经营。但在过去20年来，垄断经营和传统的规制逐步被世界各国所放弃。发生这一变化的主要原因有两个：一是随着现代科学技术的飞速发展和经济的全球化，网络型公用事业中某些部门的自然垄断特征正在弱化，甚至完全消失，因而垄断经营的经济学理由已不复存在；二是传统规制失灵造成了严重的效率损失和财政困难，用竞争代替规制成了经济上和政治上最为可行的选择。自20世纪80年代以来，放松规制和引入竞争的浪潮几乎席卷了全世界，无论是发达国家还是发展中国家，都试图通过对这些行业实行治理结构上的变革和创新来达到改进效率、降低资费的目的。

围绕着规制和竞争、经济学家们发展了新的经济理论来研究这些网络型公用事业，其中做出最具影响力贡献的是拉丰和泰勒尔，他们对新规制经济学的框架进行了迄今为止较完整的阐述。《产业经济学译丛》介绍的第一本《电信竞争》就是他们的主要代表作。《电信竞争》讨论的中心议题是提供不同强度的激励机制和定价问题，着眼于用最优规制理论和原则分析规制政策。他们为网络型公用事业的学术研究所做的框架性工作是非常有价值的。然而，《电信竞争》一书忽略了（至少是未充分分析）制度因素的作用无疑是个缺憾，因为制度禀赋、产权形式对于解决公用事业的所有制和规制问题，尤其对于提高长期绩效和投资激励问题具有非常重要的实践意义。而本书的作者戴维·M·纽伯里教授则为我们弥补了这一缺憾。

戴维·M·纽伯里教授是国际著名的经济学家。在本书中，作者融合了产业经济学、规制经济学和比较制度经济学等理论，以一个应用经济学家独到而敏锐的眼光，通过对网络型公用事业放松规制、自由化和私有化的大量丰富、翔实的案例的考察，评价了结构性改革的重要性，分析了私有化与自由化（结构性改革）之间存在的天然的互补关系。作者的实证研究表明，公有制和对纵向一体化网络型公用事业进行传统的成本规制都存在着被困在非有效均衡区的风险，打破这种非有效均衡的方法是将私有化与结构性重组相结合，自由化与适当规制相结合。

规制与竞争问题可以归结为关于政府与市场分工的争论，而平衡各方利益和力量的制度安排无疑反映了这些争论中的思想。如何看待政府在经济活动中的作用，如何权衡规制失灵和市场失灵的成本，如何探索建立良好的制度安排以解决网络型公用事业特殊问题，是纽伯里教授贯穿本书始终的主题，也是世界范围内试图或正在推行公用事业改革的各个国家冥思苦想的问题。

目前，中国的网络型公用事业的改革已经开始，有些产业如电信业已经初步搭建起了竞争的平台，规制改革正在逐步深入。有关的竞争与规制问题也引起了国内理论界和实业界的激烈讨论。应该看到，中国网络型公用事业的改革还缺乏完整、清晰的理论和政策框架，相应的学术研究在着眼于中国经济制度环境方面还缺乏深刻、成熟的理解。本书为我们提供了一个了解不同背景环境、不同经济体系下各种制度安排特点的脉络，扩展了我们的视野，无疑会对我们探索符合国情的网络型公用事业有效而持久的改革之路有所参考。

[27] 道格拉斯·C·诺思．制度、制度变迁与经济绩效．杭行译．上海人民出版社2008年出版．

这本书的内容共分为三部分：第一篇主要探讨了制度研究的方法基础，并解释了制度的基本概念；第二篇阐述了制度变迁的一般理论；第三篇着重分析了制度对经济绩效（economic performance）的影响。

在第一篇《制度》第一章的第一句话，诺思（North，1990）就开宗明义道出了他对制度（institution）概念的基本理解："制度是一个社会的博弈规则，或者更规范地说，它们是一些人为设计的、形塑人们互动关系的约束。从而，制度构造了人们在政治、社会或经济领域里交换的激励。"进而指出："制度变迁决定了人类历史中的社会演化方式，因而是理解历史变迁的关键。"在这部著作中的其他地方以及在这部著作之前和之后的文章中，诺思（North，1993）也曾一再指出，按照他自己的理解，"institution"基本由三个基本部分构成："正式的规则、非正式的约束（行为规范、管理和自我限定的行事准则）以及他们的实施特征（enforcement characteristics）。"有了对人类社会的制度现象的这样一个基本认识，在这部著作中，诺思首先讨论了制度分析方法论基础种种的香味假设，以及人类交换中的交易费用（transaction costs）问题。

在谈到交易费用范式在制度研究中的意义时，诺思认为，由于人们在市场交换和社会交往中的信息不完全，因而人类总是存在于各种各样的"institutional matrix"之中，换句话说——人类不是生活在一个"制度缺失"的世界中，那么，按照科斯（Ronald Coase）的交易费用（transaction costs）理论，制度问题就极其重要了。

在对自己的制度变迁理论研究进路的基本方法论基础——及人类行为理论和交易费用理论——进行了较为深入的解说之后，诺思在这部书第一篇的第五至七章共三章中分别探析了他认为的人类种种"institutions"的三个基本构成部分，即正式规则、非正式约束以及二者的实施特征。

诺思（North，1990）在第八章提出，人们在市场交易中种种全力保障方面的不确定性，"乃是区分先进高收入国家相对有效率的市场与国企乃至当今第三世界经济体制间差别的关键因素"。只有像17世纪之后的英国那样逐渐演化生成或构建起来的某种合宜的宪政形式（constitutional forms），才能有效防止终止权利被政府粗暴地滥用，才能随之建立起有效的法制和司法体系，从而确保在大量非人际关系化交换的现在市场经济中的各种复杂契约的实施。

在从人类行为理论和交易费用理论相结合的分析视角对制度的复杂构成进行一些理论探讨之后，诺思接着在第二篇中用三章的篇幅专门探讨了人类社会制度变迁的一些基本理论问题。在第九章，诺思是先从讨论经济组织与种种制度约束之间的关系来开始探讨人类社会制度变迁的内在机理的。

对制度变迁的主角以及其型塑制度变迁方向的可能途径进行了一番探讨之后，诺思又接着在第十章中对制度变迁的内容和路径做了一些解释。在第十章，诺思从经济学的角度提出了他的一个独到的看法："相对价格的根本性变化乃是制度变迁的最重要来源"。（North，1990）诺思认为，相对价格的变化，不仅能改变"个人在人类互动中的激励"，而且能改变人们的口味（tastes）和偏好，从而改变人们的行为方式和一些"先存的心智构念"，并最终导致制度的变迁。

在对制度变迁的主角、动力及来源进行一定的探讨和解说之后，诺思在第十一章专门探讨了制度变迁的路径。

通过将制度间进行变迁的路径依赖特征与持续成长或持续衰退经济模式的长期驻存结合到一起来分析，诺思（North，1990）得出了如下共识："发展路径一旦被设定在一个特定的进程（course）内，网络外部性（network externalities）、主旨的学习过程，一级的自语历史的主管模型，就将强化这一进程。"

在第一篇和第二篇的各章对制度、制度的构成以及制度变迁过程进行了较详尽的理论探讨之后，诺思在第三篇的各章中一方面对前两篇的理论分析不断进行总结和复述，另一方面则尝试用经济史中的史实材料来验证他的理论发现。在第十二章一开始，诺思就总结道，前两篇的研究表明，"制度在社会中具有更为基础性的作用，它们是决定长期经济绩效的根本因素"。

根据对近代历史上经济绩效迥异斐然的国家实例的对比分析，诺思在第十三章中再一次强调他这本书的一个核心观点，"制度是理解政治与经济之间的关系以及这种相互关系对经济成长（或停滞、衰退）之影响的关键"。正式制度变迁中的路径依赖效应，使欧洲各国在截然不同的初始条件的背景下，经济绩效表现迥异，并使英国和西班牙走上了不同的历史演化道路。

那么，为什么英国在近代史上的经济绩效表现会如此突出？在最后一章第十四章中，诺思再次强调指出，这主要是因为自13世纪初英国《大宪章》的签署到光荣革命时期的英国政治体系的根本性变革对英国的经济发展起到了关键性作用。诺思认为产权保障以及公共与私人资本市场的发展，不仅带来了英国后来快速的经济发展，还成就了其政治上的霸主地位，并最终雄霸世界。

这样，通过对人类社会的制度概念、制度构成以及制度变迁过程的思路清晰、逻辑严密、结构完美，且既有理论论证又有翔实史实材料印证的多视角、大范围的分析，本书向人们展示了一个完整的制度分析以及制度变迁的理论框架。

[28] 潘伟杰．制度变迁与政府规制研究．上海三联书店 2006 年出版．

人类社会的文明越发展，人类对制度的依赖程度将与对社会成员权利的维护结合在一起。

市场机会主义的出现和公共问题的增生，是人类社会发展过程中必须予以关注的问题。公共问题的增生在某种程度上是与市场机会主义的出现相伴生的，且随着市场经济在全球化进程中的拓展具有了全球性。公共问题既有公益问题，也有公害问题，公共问题最显著的特征体现在共同性以及不可分割性上。个体对公共利益的冷漠与无奈，或者说个体理性与集体理性的矛盾，公共权利与个体权利的冲突，是公共问题治理过程中现代国家制度内部和国家制度间面临的重大问题。

公共问题增生的趋势中，在行政权的扩张及其政府规制的兴起过程中必须在警惕市场机会主义的同时关注政府机会主义。经验告诉我们，即使政府的用意是好的，我们也要最大程度地留神它对自由构成的威胁，对社会成员自主决定命运努力的侵蚀。

所有的社会科学的研究范畴，几乎都是围绕两条定律展开的。第一条定律是“有时，当每个个体只考虑自己的利益的时候，会自动出现一种集体的理性结果”；第二条定律是“有时第一条定律不起作用，不管每个个体多么明智地追求自我利益，都不会自动出现一种社会的理性结果”。第一条定律在西方现代法律制度雏形出现的相当长时期里占据着主要的地位，至少在西方古典自由和主义宪政理论体系中得到彰显，成为戴雪遗产的理论预设。市场制度所包含着的机会主义就是第二条定律作用的一个典型例子。本书试图研究对奥尔森所谓第二条定律“作用之手”在现代国家制度框架中的表现及其后果，以及如何缓解个体理性与整体理性之间的冲突所带来的政府规制的限度，促进个体之间的合作和公共利益的实现。

首先，公共问题不是单个市场主体或者社会成员所面临的个体问题，而是指多个市场主体乃至全球社会所面临的共同问题。

其次，就公共问题的范畴来说，它们不只是简单的市场主体与市场主体、社会成员和社会成员之间或者说行政相对人之间所面临的共同问题，也是一个个人——国家——全球面临的共同问题。

最后，公共问题的性质决定了，它们的解决需要的不是单边，也不可能是单边的行动所能够承担的，更多地建立在合作与协商的基础上的政府规制。

随着市场制度中的市场机会主义及其交易费用的提高，公共问题的增生及其公共利益的维护渴望，对这一断语进行模式化的公共选择分析模型影响最大的有三个：公用地悲剧、囚徒困境博弈和集体行动的逻辑。哈丁所分析的公用地悲剧现象，说明了在以追求最大化利益的个体之间，为实现公共利益而采取合作性的集体行动时如何困难。

美国著名经济学家奥尔森全面演绎了集体行动逻辑及其困境说明个人理性不是实现集体理性的充分条件，其原因是理性的个人在实现集体目标时往往具有搭便车（free-riding）的倾向。

在由戴雪所奠定的公法理论中，我们可以发现对于干预最少国家的偏爱。这种行政法的理念，被后人称为“红灯理论”。戴雪留给行政执法的是对执行或者行政行为的极度不信任，但对其控制没有任何理论基础。

詹宁斯对戴雪的法治观念的清理以及其对政府职能及其限度的思考代表了一种新的国家理论的产生，在这一国家理论中，有效运作的政府可以提供一种有效和公正的结构来促进公共利益。从这个角度看，委托立法和政府规制都不是专制权力的征兆，而是体现了宪政制度的变迁和政府角色的转变。以这种国家理论为基础的绿灯理论应运而生。绿灯理论所体现和坚持的理念当然不同于红灯理论，绿灯理论强调政府的公共责任，重新诠释法治的内涵，同时强调法律同政治与社会政策之间的紧密联系，积极地设计与现代行政程序相适应的新的行政程序，并将这些程序在其特定的行政背景下进行评价，而不是按照诸如自然正义这样的一般性原则来对其衡量。

[29] 戚聿东．中国经济运行中的垄断与竞争．人民出版社 2004 年出版．

任何一个国家的经济都不是完全的竞争经济，也不是完全的垄断经济，而是垄断和竞争不同程度的结合。在资源优化配置上，垄断和竞争以其独特的机制和方式发挥着互补的作用。

实际上，在工业化过程中，基于资本积累和资本集中而形成的垄断结构，对于提高规模经济、范围经济、技术创新和经验效应等发挥着不可替代的作用，对于一国经济增长、稳定价格、国际收支、结构转换和升级、国际竞争力等宏观方面也有一定的促进作用。

对于垄断现象，我们不应该抽象地认定或否定。垄断的成因不同，资源配置效应也不同，自然也应当采取不同的政策取向。

将垄断主要分为集中垄断、自然垄断和地方市场分割垄断。因为这三类垄断的制度基础和成因完全不同，在政策含义的取向上也相去甚远。关于集中垄断，作者提出应区分垄断结构和垄断行为两个维度。对垄断结构，我国应该采取扶植政策，主要是基于提高经济效益和国际竞争力的考虑。对垄断行为，应该用反垄断法来约束，当然其中包括适用除外条款。对自然垄断，作者提出，所有自然垄断产业都应该强调引入竞争机制，实行纵向分拆，把竞争性业务分离出去。但横向分拆，不宜过分强调，主要是基于技术原因、交易成本和国际竞争的考虑。关于地方市场分割垄断，作者提出，主要原因在于行政性分权、政府职能和财政体制。所以，打破地方市场分割垄断不能仅仅停留在一般的反垄断立法层面上，必须从财政体制、行政体制和司法体制层面消除其产生的经济根源和制度基础。

本书的内容框架和基本观点：

一谈起垄断往往就是在预防垄断和反垄断的意义和层次上来谈，很少论及垄断的竞争优势和积极方面。实际上，垄断有垄断结构与垄断行为的严格区分，人们日常讨论的垄断如何坏，无非指的是由于独占，垄断者不顾消费者利益而肆意涨价，或者由于寡占，厂商联合抬价或联合压价等情况。这些方面都是就垄断行为而言的。而垄断结构与垄断行为没有必然的因果关系。实际上，垄断结构并不是像人们想象的那么坏，垄断也未必会带来停滞和腐朽。相反，作为市场经济的一种内生机制，垄断结构在现实经济生活中不但有其存在的必然性，而且也有其一定的合理性和历史进步性。在社会化大生产和科技进步的条件下，适度的集中垄断是维系经济效益和国际竞争力的重要条件。目前，中国一方面集中垄断不足，同时行政垄断过度；另一方面产业国际竞争力不足，同时国内又面临过度竞争和过剩的局面。探讨如何打破条块分割造成的行政垄断，塑造以大公司大集团为主体的集中垄断模式，进而形成统一规范的市场体系和运行机制，是现阶段我国市场经济体制建设的一个突出任务。走向经济集中垄断，意味着必须打破条块分割造成的行政割据型垄断。行政割据型垄断，包括以行业总公司为主的自然垄断和地方保护主义为主的地方市场分割垄断。

本书分三篇18章：

第1章为垄断的判定。

第2章为垄断成因的系统分析。首先我们从分工与协作这对矛盾运动方面阐述了垄断形成的深层基础；然后分别分析了基于公共产品这种特殊产品和劳务所形成的自然垄断，基于资本积聚和资本集中这种最通常意义上的原因所形成的经济集中型垄断，基于市场进入壁垒所形成的最为本质的垄断，基于政府偏好和行政特权所形成的行政性垄断。

第3章为垄断与竞争的矛盾运动。首先介绍了关于垄断与竞争关系的传统和主流观点，分析了这些观点的内在缺陷和不足。然后从四个方面集中阐述了垄断与竞争关系的再认识。

第4章为垄断的资源配置效应。集中垄断对资源配置的效应具有两面性，既有不利的一面，又有有利的一面。而我们以往只是注意到了集中垄断对资源配置的不利方面，而忽略了有利的方面。

第5章是关于我国产业集中度与经济绩效关系的实证分析。

第6章是打破行政割据型垄断，走向经济集中型垄断。首先分析了我国现行市场结构的症结所在，及行政割据型垄断过度，经济集中型垄断不足。为此，我们提出，必须重塑我国的市场结构，从行政割据型垄断走向经济集中型垄断。寡头垄断结构作为一种适度的经济集中型垄断，适应我国产业经济发展的内在要求，是我国支柱产业的未来发展方向，可以作为我国产业组织重组的目标模式。

第7章是中国反垄断立法的指向和规制。这里存在一个竞争模式的问题。总的趋势是，竞争性业务应该从网络性业务中开来。网络性业务仍然是自然垄断产业，仍需要独家垄断经营，但必须是政府规制下的企业经营。

第8章为自然垄断及其规制的理论与实践。

第9章阐述了中国自然垄断产业改革的总体指导思想。我国自然垄断产业的总体指导思想：第一，发展是硬道理，必须坚持发展准则；第二，着眼于国际竞争，必须坚持国家利益至上原则；第三，促进资源优化配置；第四，培育统一大市场，必须坚持有效竞争原则；第五，消费者利益与厂商利益兼容，必须坚持双赢原则。

第10～14章分别研究了电力、电信、铁路、民航和邮政等具体自然垄断产业的竞争、规制和改革问题。

第15章为地方市场分割垄断的表现及特征。我们分别研究了产品劳动力市场和资本市场的资方分割垄断现象。地方市场分割垄断的形式也从一些明显的“硬性”分割形式发展到“软”、“硬”兼施。

第16章为地方市场分割垄断与资源配置效应。

第17章为地方市场分割垄断的制度分析。

第18章为彻底根治地方市场分割的制度保障。地方市场分割现象是我国从集权的计划经济体制向市场经济体制转轨过程中的必然产物，有其深厚的体制根源和经济社会基础，其中一些因素可以随着经济体制改革的深化而在不太长的时间消除，有些可能长期存在。

[30] 戚聿东．中国现代垄断经济研究．经济科学出版社1999年出版．

人们对垄断的研究基本上就沿着两个脉络和范式发展，一是西方经济学的范式，即人们今天所见到的微观经济学教科书的市场结构理论以及产业组织理论；二是马克思主义经济学的范式，也就是我们今天所熟知的政治经济学（帝国主义部分）的理论。

从总体上看，我认为概述有理论上的新贡献，主要有以下方面：(1) 对垄断概念进行了质和量的界定。作者认为，垄断是特定经济主体为了特定的目的通过构筑市场壁垒从而对目标市场所做的一种排他性控制。(2) 对于垄断形成和发展的历史作了初步梳理和阐述。(3) 全方位地阐述了垄断的形成原因，尝试性地提出并论证了垄断形成的深层基础在于社会分工协作的矛盾运动；对通过资本积累和资本集中途径导致的垄断的具体机制进行了分析；还比较系统地解释了垄断不会是无限发展的。(4) 对于垄断与竞争的关系，该书针对垄断与竞争不相容的传统和当代主流观点，分别从动机起因、过程、动态和实践四个方面进行了再认识，指出垄断改变的只是竞争形式，而不是竞争本身。从更长的实践跨度和更广的空间范围看，垄断只能使竞争在更高的程度上展开。(5) 揭示了资源优化配置的垄断机制，即垄断结构通过规模经济机制有助于生产效率的提高；通过组合经济体制有助于市场交易费用的降低；通过资源投入和专利机制有助于技术创新效率的提高；通过规模积累有助于利用“经验曲线”效应。(6) 运用国外通行的分析范式对我国现行市场结构的症结进行了分析，认为我国市场结构的症结在于经济集中型垄断不足与行政割据型垄断过度并存，并分析了这种市场结构对劳动生产率和经济效益、产业结构失衡与低度化以及产业国际竞争力不足等方面的负面影响。(7) 提出了需要根据产业特征、资源约束和市场约束状况来构造垄断结构模式，并借用西港经济学中的四种市场结构概念描述了我国垄断和准完全竞争的概念。(8) 提出了大公司大集团是我国垄断结构的组织载体和依托，并从市场进入机制、市场退出机制和市场交易机制等方面规范地指出了我国垄断机制的推进机制。(9) 初次提出并区分了垄断结构与垄断行为这对概念，论证了垄断结构与垄断行为没有必然联系。指出我国反垄断立法的指向应该是垄断行为，而不是垄断结构本身。对垄断行为，无论是垄断结构下的垄断行为，还是竞争结构下的垄断行为，除特殊情形下得到政府准允的需要坚持"适用除外"原则，一般都在禁止和取缔之列。而针对垄断结构下垄断行为的具体管理，或者实行政府管制，或者实行征收垄断利润税的办法，慎重采用"化整为零"即拆散垄断结构本身的做法。

[31] 尚明．企业并购反垄断控制——欧盟及部分成员国立法执法经验．法律出版社 2008 年出版．

反垄断和竞争不是中国特有的法律文化，在长达一百多年的历史中，先后有 80 余个国家颁布实施了自己的竞争法，其中，欧盟和美国的反垄断法具有一定的典型意义；同时，随着经济全球化和竞争市场的扩大，反垄断法越来越带有跨国的色彩。

本书是欧盟及部分成员国企业并购反垄断立法和执法的最新资讯，有些信息来自反垄断执法人员。从具体内容构架的设计来看主要分为以下五个方面：一是法律制度的概览；二是反垄断机构的设置和运行；三是企业并购反垄断程序；四是企业并购反垄断审查的实体问题；五是典型案例分析。

第一章主要探讨了欧盟的企业并购反垄断控制制度。

欧盟为适应经济发展和欧盟扩大的需要，对其竞争法进行了多次修改，最近的一次系统修改自 2004 年 5 月 1 日起正式生效实施。此次欧盟竞争法德改革主要涉及禁止卡特尔，控制企业合并，对占市场支配地位的企业实行滥用监督的立法，当然也包括竞争执法部门的改革。

第二章主要探讨了英国的企业并购反垄断控制制度。英国第一部成文竞争法《垄断和限制行为法》于 1948 年诞生。但是知道 1965 年，随着《垄断与并购法》的出台，经营者集中问题才成为英国政府竞争政策关注的焦点。

1998 年的《竞争法》和 2002 年的《企业法》是现代英国竞争制度的基本法，其中《企业法》第 22 ~ 130 条详细阐述了并购控制的基本规定。此外，英国并购审查机构还发布了一些指南性的文件，对并购审查的技术细节和法定程序做了进一步的详细解释。保持了一些独有的特性，主要包括：第一，英国的两阶段并购审查由两家相互独立的机构，即平安交易局和竞争委员会，分别进行。第二，英国并购上也能采取自愿申报制度。第三，除营业额外，以供应份额而不是市场份额作为一项并购是各申报的测试标准。第四，专业设立技术专家型的竞争上诉法庭，处理因公平贸易局，竞争委员会或国务大臣所作决定引发问题，从而保证了其法律意见的专业性。

第三章主要探讨了意大利的企业并购反垄断控制制度。1990 年意大利颁布了国内反垄断体系的核心法律《竞争和公平贸易法》，并因此成立了专门的反垄断法执法机构——意大利竞争局。

意大利的国内反垄断法通常被认为是欧盟反垄断法的补充，只是在不适用欧盟的有关立法时才适用，其解释也遵循欧盟反垄断法原则。

第四章主要探讨了葡萄牙的企业并购反垄断控制制度。

葡萄牙竞争局进行反垄断评估以及企业并购反垄断审查的主要依据是欧共体条约第 81，82 条和葡萄牙 2003 年第 18 号法令。2003 年第 18 号法律出台后，葡萄牙竞争局开始作为一个独立机构存在，成为葡萄牙政府进行反垄断审查的唯一机关。葡萄牙 2003 年第 10 号法令赋予其以横向的独立执法权，采用调查、监视、宣传等手段和方法进行审查执法工作，也与市场行业监管部分联合开展行动。葡萄牙采取事前强制申报制度，只要达到相应的市场份额和营业额标准就必须申报。葡萄牙竞争局的审查分为两个阶段，时限分别为 30 天和 60 天。葡萄牙采取两种审查标准相结合的做法，即是否形成或加强企业的市场支配地位和是否严重损害市场的有效竞争。葡萄牙的企业并购审查程序分为简易程序和正常审查程序。在通常的审查程序中要界定相关市场，测量市场集中水平，分析并购可能引起的单边效应和协调效应，考虑潜在进入，并兼顾效率等。在具体的并购审查程序中则涉及诸多环节，包括：事前磋商，并购申报，公告和通报，信息提供和补充，听证会，并购救济等。

为使读者全面了解欧盟的企业并购法律制度，本书附录中收集了 19 个有关欧盟企业并购反垄断申报审查方面的官方文件。这些文件包括具有法律约束力的条例，实施细则和通知，也包括没有法律约束力但是具有指导性的指南文件。这些文件是目前国内关于欧盟企业并购反垄断规范性文件最全最新的汇总。

[32] 史蒂芬布雷耶著．规制及其改革．李红雷，宋华琳，苏苗罕，钟瑞华译．北京大学出版社 2008 年出版．

本文的论题是：为了对规制做出有益的概括，必须理解规制方案的实质。

本书的第一部分在特定规制方案与竞争发展形成的框架。第二部分的讨论将这一框架和其他方案联系起来，从而表明第一部分的基本分析具有普遍的适用性。第三部分的讨论通过展示如何用前面的基本分析实施具体的规制改革而回到本书的专题。

本书提供了一个分析规制方案的框架，并概括了每一类型的规制所面临的典型问题。该框架对规制进行了分类并将有关规制的洞察组织起来，以便于该主题的学习者能够更容易地理解一个规制者所面对的问题。反过来说，对这些问题的理解也有助于评价规制过程的优势与不足。

同时，本书还有一个更为远大的目标：在发展自己的框架并进行分析的同时，本书也通过实例与建议主张，规制改革应该在本书所确立的分析的指导下，采取一种具体的、在实体问题上逐渐进行的进路。为了对规制进行评价，理解其优势与不足，人们必须自动将那些看来可能需要改革的现存的规划子领域分离出来，就是那些规制工具并不能很好地适于处理所面临的问题的领域。本书呼吁对这些领域予以注意，这可能有助于立法者与政策制定者确定，将自己的“改革”能量置于何处才会有最大的收益。它也可能帮助他们决定，在哪些地方或者邵逸夫应该设计新的规制方案，并转而依赖传统规制体系的替代品——更倾向于采取那些比完全政府规制限制更少、干预程度更低的替代方案。

尽管本书中的数章聚焦于具体的规制方案，但这并不意味着所建议的改革是决定性的。本书关于规制的框架与分析仅仅是为了识别出改革的“候选”对象。一旦某个具体方案被选为候选对象，为了确认改革实际上确有必要并将改革付诸实践，仍然有必要进行大量细致的工作。本书最后一部分以航空规制改革为例，描述了这一过程。

本书的框架建立在一个对创设并实施任何方案均可以适用的简单原理之上：确立目标；考察实现这些目标的备选方案；选择实现这些目标的最佳方案。规制当然有其自身的典型缺陷。本书的目标之一就是要系统地阐述一些这样的缺陷，以便于立法者、行政官员以及其他人能够更容易地使规制体系与目标相匹配。发展出一个框架——以发现各色各样的规制方案的相似之处，并将各式各样的规制实例纳入一些基本的分类之中——之所以有可能，是因为几乎所有的规制实例都受到四个相同的限制。

第一，规制者与受规制影响的企业之间的对抗式的。

第二，规制机构本身是一个制度化的官僚组织。在其中工作的人是行政官员或者公务员。

第三，尽管也有突然地发展，但规制事实上是经过很多年逐步产生的。

第四，规制决定的做出要符合行政法的要求。

上述基本共性使我们可以发展出一个分析与描述“规制”的框架。然而，这一框架并没有覆盖每一个能够想象得到的规制方案，而且每一个规制方案的每一个部分也并非都能轻松自如地进入该框架的这个或那个“小个子”之中。该框架的正当方式还在于，它能够识别典型的规制问题，预测规制失灵，并提出替代方案。

本书在范围上有很多限制——这些限制使本书在本质上是局部和建议性的，而不是企图一揽子解决所有的规制问题，即便是针对个案，本书也并未试图提出决断性的解决方案。

第一，本书并没有努力地界定“规制”的概念。

第二，本书第一章所列举的规制的正当依据是市场失灵的传统实例。

第三种限制来自于如下事实，即个别规制方案的成功与失败看来都依赖于包括历史、政治、行政、经济等在内的太多因素，以至于对任何因素的遗漏都会使分析不够全面，但考虑了所有这些因素的分析，又会使每一个规制方案显得过于个性化，从而阻碍人们根据其他规制中获得的经验进行分析与评价。本书处理这一难题的方式是，在开始只浅显地介绍某些相关的因素。特别是，本书并不细致分析导致具体规制方案创立与实施的政治形势，比如某方案产生的实际历史原因，以及他是由联邦行政官员、州行政官员还是由独立委员会或者行政部门的部门首长负责执行等行政因素。相反，本书的前提是，应该首先根据此处给出的其他因素分析各种备选方案的比较优势，然后再引入历史的、政治的、程序的或（行政的）结构性考虑。

第三，本书的进路是规范性的。它考虑的是规制的正当依据，而不是其他原因。它将从一个要尽心尽力地做好工作的尽职规制者角度来讨论规制问题。这一进路不同于那些提出一般性的因果关系理论，以对规制的起源或效果进行解释的研究。

无论这种或任何其他别的普遍性理论有何种优势或不足，本书对它们既不亦步亦趋，也不具体加以论述。本书并不提供一个有关规制的普遍性因果关系理论或者解释。相反，本书所考察的是，一个规制方案可能明智地追求和汇总合理的人性目标，尽管其可能有着这样或那样的历史起源。本书假设规制者诚心诚意地追求这样的目标，虽然他们实际上也可能拥有其他的动机。

无论关于规制行为或规制方案起源的其他解释的有效性如何，本书所采取的进路作为实施与改革规制的指南，将是不无裨益的。

[33] 丹尼尔·F·史普博著．管制与市场．余晖等译．上海人民出版社 1999 年出版．

许多关于管制的讨论把政府政策说成是对商业或产业的管理。管制通常被描述为对企业的控制，而企业既可以是商品的提供者，又可以是劳动和资源的雇佣者。然而，对市场某一方——买者或卖者——的控制，都会对另一方产生相应的影响。对能够被出售的物品的限制立即便转化为对可能被购买的物品的限制。政府对市场配置机制的干预可能会改变商品和服务的生产、消费和分配行为。市场法规的颁布和执行会改变均衡的供给与需求的决策。因此，管制影响到交易的特征和买卖双方契约关系的条件。

一般的论点都强调，公共政策是对不良的产业行为的矫正，例如削弱垄断性定价、减少环境污染、促进产品质量或作业场所安全等。人们普遍相信法规的颁布和执行将使政府有能力达到期望的目标。除去执行法规的行政费用，对某些政策制定者来说，价格限制、排污限额和安全标准等管制措施都似乎是没有成本的。就改进产品安全来说，人们通常认为政府能够轻而易举地提高产品的安全水准，唯一的成本似乎只是企业为改进产品质量而支出的直接成本。对这些管制政策的经济分析必须强调同时施加于消费者和企业决策之上的种种限制。竞争性的购买和销售决策会受到现有管制政策的制约。这些又依次决定市场的均衡价格、产量及产品种类。管制的最终结果影响商品和服务的市场均衡配置，正是在这种前提下，有必要对管制的全部福利和成本做出估价。

本书的目的是要对政府管制在矫正市场失灵方面的潜在作用定位，对行政管制的制度特性加以考察，以及对市场中管制干预的福利结果进行估价。因此，管制的研究需要一个分析市场失灵的框架。同样，管制机构的行为也必须放到经济学范畴里进行观察。最后，对市场参与者与管制机构之间互动关系的理解应该用以测定管制政策的效果。这些问题均反映在本书的轮廓里。从第一篇开始，作者对市场失灵加以概述并介绍行政管制的程序。本书的结构围绕着分别在第二、三和四篇所论述的三类主要政策问题：技术、市场干预和不完全竞争。第二篇研究无进入壁垒的市场上递增的规模技术报酬下的定价问题，其中各节分别分析成本基础定价、次优的帕累托最佳定价、歧视性定价、最佳定价等以及为实现这些定价而设计的特许权竞争。第三篇考察对公共事业收费、环境质量、产品质量以及作业场所安全的行政管制。第四篇研究反托拉斯政策及其实施，以及政府努力促进竞争的福利含义。第五篇是全书的总结，它将讨论扩展到放松管制、反托拉斯及行政管制政策的实质。书中这几部分的主要论点如下。

管制经济学主要研究行政机构的活动和行政法规对市场的约束。对受管制市场的经济模拟，需要考虑管制机构的政治、行政特性并分析可替代的法律规则。第 1 章论述经济学、法学及政治学意义上的管制的定义，并提出作为一个研究领域的管制的正式定义。人们观察到，传统经济学意义上的管制定义忽视了行政程序的作用，并且将政府的政策选择与执行这些政策的机构分割开来。管制的法律学定义即明确了行政程序的重要性及官僚机构制定法规的法律框架。在政治学的管制定义里，公共选择和管制的行政政策方面得到了强调。然而，所有这些定义都倾向于把市场忽略掉，尽管市场是管制政策存在的理由和管制政策的前提。作者所要陈述的管制定义却企图将行政决策的模型与市场机制的模型统一起来。

我们基本上可以将管制视为消费者、企业和管制机构互相结盟并讨价还价的过程。第 2 章将讨论行政程序对利益集团之间相互谈判的含义。这一章对管制机构的结构和特征作了介绍。通过公开的法规制定和裁决听证，行政程序影响到管制机构与消费者、企业之间的直接互动关系。此外，通过国会、行政和司法的干预监督，在管制机构与消费者、企业之间还会发生间接的互动关系。间接的互动关系是管制起源理论的主题，我们将作简要的讨论。书中作者更加关心的是直接的互动关系。有关管制程序的讨论表明，合作博弈的理论为模拟被管制市场中的讨价还价提供了一个天然的方法。

[34] 唐绪兵．中国企业并购规制．经济管理出版社 2006 年出版．

由于我国目前尚处于经济转轨过程中，因而对其他诸如企业合并、会计监管、环境保护等领域的政府管理问题的研究，大多从政府审批的角度而不是从规制的角度进行。有鉴于此，本书选择企业并购这一微观经济领域的政府规制问题进行研究，试图做出拓展该研究领域的尝试。

本书的立意是：以规制经济学为理论基础，正确界定政府在企业并购中的职能与作用，推进企业并购的市场化，并通过制度设计，规范和促进企业并购行为，保证企业并购市场“三公”原则的实现，杜绝国有资产流失，促进高效率的市场结构的形成，增进社会总福利。全书的篇章结构分为六部分：第一章：导论。介绍和阐述了本书的背景、文献回顾、研究方法、研究结论和主要观点。第二章：企业并购规制的理论基础。分析和研究了企业并购规制的经济学基础和法理基础，以及利用博弈论方法，对企业并购形成垄断的机理、信息披露规制的必要性和可行性进行了详细分析与探讨。第三章：西方企业并购规制的理论与实践。考察分析了美、德、日三个具有代表性的发达国家对于企业并购的规制，总结了其主要特点和经验启示。第四章：中国企业并购的实证分析。利用会计研究方法对我国企业并购包括 MBO 的现状、问题，上市公司并购的绩效及其与政府的关系进行了实证分析。第五章：中国企业并购规制的现状、问题和目标产业组织结构。对我国企业并购规制的现实依据、法律规制的现状、信息披露规制的现状、融资规制的现状以及外资并购规制的现状等进行剖析，并指出从优化产业组织结构、增强国际竞争力的角度看，我国企业并购规制的目标产业组织结构是建立“大、中、小”分工合作的寡头主导型市场结构，最终解决“马歇尔冲突”问题。第六章：中国企业并购规制的制度设计。针对企业并购规制中存在的问题，结合我国社会主义市场经济中的政府职能转变的要求和世界经济发展的趋势，提出企业并购规制的一系列制度安排。

本书的研究只是在一个较小的领域进行的初步探索，提出了自己不一定成熟的意见与建议，以期抛砖引玉，推动政府规制各个领域的研究。限于本书的篇幅以及我国产权交易资料并非完全公开披露，资料搜集困难，本书的不足主要是对我国产权交易的现状、产权交易所的监管职能和交易制度没有进行深入研究，有待作者后续研究的补足。

本书尝试从政府规制这一新理论视角来研究企业并购问题，将企业并购蓬勃发展中所遇到的新问题与政府规制有机结合起来进行系统研究，这是一项极富现实意义的开拓性研究，具有一定的前瞻性。本书在国内外研究成果的基础上，采用规范分析和实证研究相结合的分析方法，吸取经济学、法学和会计学等学科的理论精华，对政府职能的界定、企业并购规制问题进行深入研究，试图拓宽政府规制的研究领域，构建一个企业并购规制新的分析框架，提出关于企业并购规制问题的新见解。

如何在遵循市场经济规则和国际惯例的基础上，积极发挥政府这只“看得见的手”的作用，以规范企业并购行为和提高企业并购效率，在现有产权制度下保护国有资产，促进企业并购价值创造的条件和环境的形成，优化我国产业组织结构，实现企业间的有效竞争和增进社会总福利，成为摆在我们面前的一项紧迫的课题。因而理论研究的视角有待扩展，本书的研究正是针对这一状况而提出的。

本书研究遵循如下思路：企业并购规制的理论基础→西方的实践与启示→实证分析→中国并购规制的现状与目标→制度设计。第一，分析论述了企业并购规制的理论基础。在对政府规制进行理论溯源的基础上，对政府规制进行重新定义。本书认为：政府规制是指行政主体依据法律授权，以克服市场失灵的弊端和减少交易成本的目标，通过一系列的抽象行政行为和具体行政行为，在一切市场关系的领域中，对企业的市场行为实行的公共干预。政府规制是一种非市场的制度安排，是除市场外的另一种资源配置的方式。企业并购规制的目的和主旨就是要发挥政府这只“看得见的手”的作用。而它的作用主要体现在提供理性的、有效的博弈规则，从而保证博弈结果的合理性。政府的职能与作用应当是通过一系列制度设计对企业并购行为进行规范、引导、控制，允许和鼓励能够提高整个社会福利的企业并购活动，保证企业并购的公平交易，禁止或者限制对整个社会不利的并购活动，同时为企业并购创造良好的外部环境，这些分析为后文的研究提供了理论依据。第二，对西方企业并购规制的理论与实践，特别是针对横向合并的反垄断进行研究与阐述。第三，对我国企业并购进行实证分析，分析了我国企业并购现状与发展趋势，企业并购绩效与问题，中国上市公司 MBO 的特征，为强化和改善企业并购规制提供了具体依据。第四，分析研究中国企业并购规制的现状、问题与目标产业组织结构，为企业并购规制的制度设计指明了方向。第五，针对我国企业并购及企业并购规制的现状与经济背景，对我国企业并购规制进行制度设计。全书从政府规制的角度，对企业并购规制的理论依据、国际经验、中国现状与未来发展的路径选择进行详细分析和探索，试图构建一个非市场制度的理论分析框架。在此分析框架中，从规制经济学、法学和会计学的视角，综合运用规范分析和实证研究的方法，对企业并购中的政府规制问题进行了全方位的研究与探讨。

本书主要采用了以下几种研究方法：

1. 规范分析与实证分析相统一；
2. 多学科的交叉融合；
3. 博弈论方法。

本书的主要结论：

第一，指出了我国企业并购规制的方向。

第二，在对政府规制的界定和功能定位上，有了更进一步的认识。

第三，本书根据企业并购规制的主要功能和作用制定一系列的博弈规则，以使得参与博弈的各方根据各自的支付进行多次重复博弈，以求得博弈的最优均衡解，从而实现经济效率的改进这一思想。

第四，总结出西方企业并购规制的主要特征。

第五，在对我国企业并购现状和存在的主要问题进行分析的基础上，指出消除我国企业“准并购”现象的关键在于减少行政干预，强化政府规制，努力实现企业并购机制市场化。

第六，根据我国产业组织结构的现状与经济全球化趋势，提出企业并购规制的一系列制度安排。

第七，要强化企业并购的法律规制，实现政府规制法制化。

第八，根据我国反垄断立法现状和经济性垄断的现状与发展趋势，提出了我国反垄断立法的初步构想。

第九，根据我国产业组织现状和提高我国产业国际竞争力的政策导向在反垄断的立法倾向上，主要采取行为主义规制方式，着重规制企业垄断行为。

第十，在分析外资并购规制的不足之处的基础上，提出了规制外资并购行为的一系列公共政策。

第十一，在规范企业并购行为保证企业并购的公平交易等方面，会计监管具有独特的不可替代的作用。

创新之处：

本书围绕企业并购这一微观经济活动中的政府规制问题对以下几方面进行了着重研究与探索：

第一，在方法论上，坚持经济学和法学以及相关学科间的融合。

第二，对美、德、日三个具有代表性的发达国家的企业并购规制进行了全面分析并得出了几点带有规律性、对我国企业并购规制富有启发和借鉴意义的思考。

第三，利用会计研究方法，对我国上市公司并购绩效进行了实证分析，指出了并购绩效的提高缺乏持续性的特征并重点分析了企业并购绩效与政府规制的相关关系。

第四，从会计监管的专业角度，对企业并购规制进行研究。

[35] 唐要家．反垄断经济学：理论与政策．中国社会科学出版社 2008 年出版．

反垄断法是市场经济的基础性法律，对维护自由竞争体制和促进社会福利发挥着重大作用。在美国、欧盟、日本等国家和地区，反垄断法是最主要的公共政策，而且随着国际化进程的发展，反垄断政策（也称为“竞争政策”）也成为国际经济体制的一个重要课题。反垄断法作为一部与经济学理论紧密结合的法律，其立法和执法都要以坚实的经济学理论作为基础。以产业组织理论为核心的反垄断经济学是经济学的重要研究领域，在美国等国家的学术界已经具有深厚的研究基础。长期以来，由于中国缺乏一部基础性的反垄断法，反垄断经济学的理论研究并没有得到应有的重视，反垄断经济学的研究也相对薄弱。

随着中国经济的发展和国际化程度的日益提高，各种阻碍市场竞争机制发挥作用的垄断因素对经济发展的负面影响日益显现出来。由于反垄断法是维护市场竞争体制的基础性制度安排和最主要的公共政策。因此，建立反垄断法律制度，排除各种阻碍市场机制有效发挥作用的因素，保持一个竞争性市场体制成为中国经济持续高效发展的政策基础。2007 年 8 月 30 日第十届全国人民代表大会常务委员会第二十九次会议通过《中华人民共和国反垄断法》，并将于 2008 年 8 月 1 日起实施。反垄断目标的实现不仅需要颁布基础性的反垄断法，而且还需要一系列的配套法律法规和建立有效的反垄断法实施体制。根据国际经验，有效的反垄断政策体系需要具备的要素是：①相对完善的实体法律；②实体法律在具体案件中的运用程序和规则，以根据案件的事实得出正确的判断结论；③执行法律的制度能力，以保证法律的公正和有效。在反垄断法律制度建设上，中国是一个后来者，既需要建立与国际接轨的反垄断法律实体规范和执法规则，同时也需要在借鉴国际经验和分析中国特有的制度约束的基础上，建立有效的反垄断法实施制度。而这一切都需要以科学的经济学分析为基础，因此，对反垄断经济学理论进行研究对中国的反垄断立法和未来的反垄断执法具有重要的基础性意义。

本书主要是采用经济学的方法，尤其是现代产业组织理论，在吸收 20 世纪 90 年代以来反垄断经济学理论最新成果的基础上，对各种限制竞争行为进行深入的分析，力图全面、系统地阐释反垄断法的经济学基础；并对网络产业反垄断、滥用知识产权、竞争政策国际协调等诸多新的反垄断理论和实践问题进行了有益的探讨。反垄断经济学不仅要为反垄断执法提供理论基础，而且还要为反垄断执法提供可行的执法规则。本书在理论分析的基础上，结合国际执法经验和经典案例，对反垄断执法提出了具体的政策建议。另外，本书还运用法经济学理论，对反垄断法的实施体制也进行了有益的探讨。

全书共有十三章。第一章在介绍反垄断法和反垄断经济学理论发展的基础上，讨论反垄断法的目标、内容、原则和政策方法，并对美国和欧盟的反垄断法律和制度进行了介绍；第二章讨论市场势力及其福利效果；第三章主要分析市场界定和市场势力衡量方法；第四章分析合谋行为的影响因素，探讨可行的反卡特尔政策；第五章分析纵向限制合约及其反垄断执法原则；第六章分析企业并购的经济效应以及并购控制政策；第七章分析价格歧视的福利效应及反垄断政策；第八章分析掠夺性定价的理论基础和可行的执法规则；第九章分析“搭售”行为的经济效应及反垄断执法政策；第十章分析拒绝交易行为，重点分析拒绝接入必要设施行为以及对公用企业的反垄断体制；第十一章分析知识产权反垄断问题，重点分析各种滥用知识产权行为的经济效应；第十二章分析网络产业的反垄断问题；第十三章探讨反垄断法的实施体制问题。

[36] 唐要家．市场势力可维持性与反垄断．经济管理出版社2007年出版．

尽管垄断市场结构会带来社会福利损失，但是《反垄断法》并不是“凡垄断必反”。在垄断市场势力不具有可维持性的情况下并不会造成严重伤害竞争的结果，只有在市场势力具有可维持性时，《反垄断法》的介入才有必要。在中国，行政垄断是市场势力可维持性的核心，由于行政垄断具有强可维持性的特点，以及经济垄断和行政垄断相互交织，因此，反行政垄断从根本上来说需要通过深化经济体制改革和行政体制改革来加以消除。

反垄断法的目标是通过维护自由竞争体制，追求社会福利最大化，经济效率是反垄断法的唯一目标。反垄断法是市场经济的基础性法律，它应该被尽可能地适用于所有的市场交易，而不论其属于哪个领域；它应尽可能地适用于所有从事商业性交易的实体，而不论其所有制和法律形式。

转售价格维持具有明显的效率效应，在反垄断执法当中应该采用“合理推定原则”。例如，中国图书行业超高的价格和非均衡的纵向产业利润分配，不仅恶化了产业经营绩效，而且还降低了消费者的福利。图书高价格形成的内在机制是存在可维持的序列加成，而序列加成可维持性的原因是纵向的非竞争性市场结构。出版发行环节的行政垄断和便利合谋的转售价格维持机制是序列加成可维持性和超高书价形成的根本原因。

改革中的垄断性在位企业具有明显的排他性激励，其滥用行为具有行政垄断、自然垄断和行为垄断三重交织的特点，并造成严重的竞争伤害效应。反公用企业限制竞争行为，需要将结构性改革和行为性管制（反垄断）结合起来，建立反垄断执法与行业规制有机结合的混合型管制体制。

银行卡系统的基本经济特征是双边市场和网络外部性，通过有效的价格结构来平衡各方的利益和吸引市场双边加入平台交易就成为关键。交换费作为一种转移支付手段，是平衡各方成本和收益、实现总体福利最大化的重要机制，而不是简单的滥用市场支配地位行为。因此，不适当的反垄断政策会带来严重的经济扭曲。知识产权制度与反垄断法本质上是一致的，反垄断法本身不反对知识产权赋予的垄断地位，但滥用知识产权行为应该受到反垄断法的禁止。尽管在技术转让过程中，高技术跨国公司有激励策略性运用许可，但是在具有网络效应的产业拒绝许可并不总是有利的。只有采用合理推定的原则，并将反垄断法与相关的知识产权法律有机地结合起来加以协调运用，中国才能有效地调整跨国公司滥用知识产权的行为。

在网络产业中，由于网络外部性和转换成本，市场结构具有垄断性特点。但垄断市场结构通常面临巨大的创新竞争压力，市场运行并不一定是低效率的。因此，市场结构不是《反垄断法》关注的重点，其关注的重点是企业不应该滥用市场支配地位排斥竞争对手。在邻近市场结构中，在位创新垄断企业有激励通过排他性行为将关键技术市场的垄断势力延伸到邻近竞争市场，这些市场封锁行为通常会严重的伤害市场竞争。

外资企业并购对国内市场的垄断化问题也日益凸显出来，由于现行的外资企业并购政策缺乏基础性的反垄断法和主要以产业政策为导向，难以有效地控制外资并购的市场垄断化和保护竞争市场体制的目标，因此，需要建立以反垄断法为核心的外资企业并购法律体系。

有效的反垄断法实施体制是实现反垄断目标的重要保证。中国反垄断法实施体制应该将公共执法、私人执法有机地结合起来，并注重发挥法院的司法审查和诉讼裁决作用。在竞争政策国际协调的背景下，中国应该积极参与竞争政策国际协调的谈判，以维护国家利益。

[37] 陶明．专卖体制下的中国烟草业——理论、问题与制度变革．人民出版社2005年出版．

本书研究的是烟草产业的政府管制和专卖制度改革问题。虽然烟草行业一直是在世界范围内受到政府管制较多的行业，但我国学者以往的研究都侧重于那些"基础部门"，诸如电信、航空、铁路、电力等自然垄断行业。烟草行业和专卖制度这一领域目前来说仍然很少涉及。在市场经济环境下，烟草专卖制度如何与市场经济相结合是烟草行业面临的重大问题，如何解决这个问题将对烟草行业的发展产生深远影响。在国外，烟草业的管制模式始终受到理论界和学者的关注，它们从公共卫生经济学、管制经济学和制度经济学等不同的视角做了大量理论和实证研究。而国内缺乏系统的从经济学角度研究中国烟草业和烟草专卖制度的理论文献，多半是停留在政策层面上的研讨，即使涉及一些需要解决的理论问题，也只是在研究中从逻辑上必然要涉及而已。

在这样的背景下，本书运用产业的管制经济学和制度运用经济学的理论框架和方法论，采用分析、比较、实证的手段，以中国烟草专卖制度的检讨为切入点，以政府管制的职能转变和专卖制度改革和重构为基本的视角来分析我国烟草专卖管制的现状和问题，探讨在新的形势下烟草专卖制度的发展路径，并通过对世界各国烟草业管制的国际比较，尝试从行业自身和外部环境层面提出制度变革的政策建议。本书强调社会主义市场经济体制是烟草专卖制度变革的根本前提和基础。在变革的路径选择上主要根据近年来加入WTO以后的情况的估计，根据国内外烟草行业全面情况的了解和把握所推测的变革方案的组合来设计和推进烟草行业渐进式的制度变革。

基于我国烟民数量快速上升的事实，也基于对传统的烟草具有税收正面效应的观点的反思，笔者从一个新的角度，也即从整个社会的角度看烟草行业，认为它已经不再是一个高利润的行业，相反是一个存在巨大亏损的行业。只是问题的严重性我国许多地方政府还没有意识到而已。

在这个关系到长期的整体的国家经济利益的问题上，有必要对烟草专卖制度在新的形势下重新做出审视。

这种新的形势首先是入世给我国烟草业带来了从未有过的压力和紧迫感。

其次，在烟草专卖制度确立和实施过程中，我国经济体制发生了深刻变化，正由传统计划经济走向市场经济，逐步建立社会主义市场经济体制。

最后，最近十几年出现的烟草行业的全球化以及与烟草相关的死亡和疾病日益显现出全球流行性，给全球的烟草控制带来了前所未有的挑战。

概括起来，我国烟草行业目前存在的主要问题如下：（1）品牌过多，但无一个世界级品牌；（2）假烟泛滥成灾；（3）远离高科技手段，发展缺乏后劲；（4）资金投入乏力；（5）缺乏有效的国际市场开发，在世界烟草市场几乎为零；（6）烟草产业总体过剩现象突出；（7）市场区域化，相互封锁，分割，形成市场壁垒；（8）中间环节过多，间接成本过高，挤压零售商利润空间；（9）形成长期依靠垄断的痼疾；（10）发展模式落后，难以面对WTO大冲击。

要对上述问题进行研究，就必须对我国烟草专卖制度的现状、特征以及所处的全球行业背景有比较准确的了解。我们关注的焦点是，我国烟草行业目前出现的上述问题，其根源是否是专卖制度自身的缺陷造成的？

紧接着提出的问题是，这种"专卖制度"是否违背了世贸组织的基本规则以及是否与市场经济体制相对立？

由此提出的第三个问题是，何时我国将最终取消烟草专卖制度？

本书所研究的最后一个问题是，处于十字路口的中国烟草行业将如何面对入世和其他方面的种种挑战并进行烟草专卖制度的变革。

本书的理论意义和使用价值在于：首先，正如余晖（1999）所说，不了解政府管制，就无法准确观察和评价市场化改革中原有的和新出现的管制制度。因此这一研究具有认识论上的意义。其次，通过研究可发现，我国的烟草专卖制度存在太多的问题，许多问题是“低级的”和“低效的”，甚至是阻碍市场化改革的。这一研究具有“揭示”功能。再次，我国市场经济发展已不可逆转，而行政管理体制，特别是政府对市场的管制系统正面临着重组和职能转换，因此，需要对此有个理论的分析，以便指导烟草专卖制度的市场化制度改革。因此，本研究具有较强的现实意义。

鉴于该研究领域的理论性、现实性和现有研究的匮乏，作者选择《专卖体制下的中国烟草行业——理论、问题和制度改革》为题，希望能够在理论上给出烟草产业政府管制和专卖制度变革的合理解释，并初步构建烟草行业政府管制行为研究的经济分析范式，丰富和发展产业经济学和烟草产业经济理论。

[38] 戈登·图洛克著．特权和寻租的经济学．王永钦，丁菊红译．上海人民出版社 2008 年出版．

如果一个认为寻租业是低效的，解释这种低效并不困难。但为什么寻租业就应该是低效的呢？为什么寻租业的规模如此小？

首先作者给出六个可能的解释，其中每一个都将在后面给出更为详尽的分析。

第一，为了进行更多的寻租活动必须欺骗公众。这一欺骗通常要求人们选择低效的生产方式，不管租金的来源是什么。因此，人们寻租的实际价值比看上去要低得多，寻租业的规模也就相应地下降了。

第二，寻租的实际成本实际上是由选民直接承担的。

第三种解释是关于有效寻租的数学问题。按照这种解释，寻租活动造成的社会浪费会更多。如果寻租被认为是规模不经济的，那么这个解释就是正确的；如果寻租活动是通常的 U 形成本曲线，在一定范围内存在规模经济，超过这个范围则存在规模不经济，并且 U 形成本曲线的底部接近数轴，这个解释也是可行的。

第四个合理性差一点的解释是，寻租业受制于规模不经济，这并不针对单个寻租企业，而是针对整个行业而言的。

第五个解释是几乎所有的经济学家都会马上想到的，即寻租为一些特殊的利益集团创造了公共品，因此，这些特殊集团的成员就有可能搭便车。

第六个解释，即人们把寻租看作是不道德的行为，结果很多人根本不愿意参与这一活动。但笔者不认为这个解释是正确的，因为垄断租金将随着竞争而耗散。有两个理由足以表明这个“市场”的这种特殊的竞争方式运作不灵：一个是从供给方面，另一个是从需求方面。我们先从供给方面开始解释。首先，我们注意到，像任何其他民主机构那样，国会本质上是以卡特尔的形式运作的，只有国会两个议院中大多数成员同意才可以通过一项法案。国会议员经常向那些在其选区之外的压力集团提供优惠。国会议员之间会为了争得利益集团的“生意”而相互竞争。

但是作者认为这种竞争并不会很大。单个国会议员实际上并没有很大的权力，和他一起的官僚们知道，除非他能够得到其他国会议员的支持，否则他就没有任何权力。基本上，他向支持者提供一定数量的优惠，而且坚信，一旦事情不妙，其他的成员会提供援手，因为他们在做着同样的事情，因此他们之间有一种隐性（有时候是显性的）交易。索要低价的国会议员会发现，另一个因此而出局的国会议员将不会和他在多数联盟中合作。我们再一次看到，宪法安排基本上组织了竞争性削价。

有时候，某个国会议员可以通过开空头支票的方式来欺骗一位官僚来支持他，但这一层面上，为了卖给压力集团，国会议员之间将有竞争。然而，即使官僚们具有相当的工作能力，竞争也不会很大。

第二个问题是从需求方面来看的。假设国会议员能够出售他们提供的优惠，并为此目标而相互竞争，那么这些优惠的价格就会下降。在这种情况下，竞争这些优惠的人就增多了。

在这些假设下，寻租业的实际规模应该是国会议员能够抽取他们服务的全额价值相同，唯一不同的是其组织形式。如果事实如此，那么在华盛顿将有很多很小的游说团体。显然，现实并不是如此。因为按照这种逻辑，寻租业的总规模也应该大得惊人，尽管它是清一色专事于某一小的利益的人组成的。

如果国会议员能够组织卡特尔，人们将会预见到类似墨西哥的情形：政客们从较小的、前景欠佳的寻租群体中得到大量的好处。但我们都没有观察到这两种现象。

如果因为一些原因，这些竞争单位所卖的数量受到限制，牌照的价格就会保持在高的价位，这些竞争单位就会变得比较富有。至少存在着如下的可能性：由于组织的原因，国会能够支配的优惠的数量不能超过一个最高的限度。

因此，国会议员通过彼此之间的竞争耗尽他们自己的租金这种理论并不符合现实。首先，宪法禁止他们削价竞争；第二，竞争不能解释为什么这些优惠的接受者对社会施加那么大的成本。

[39] 王传辉．反垄断的经济学分析．中国人民大学出版社 2004 年出版．

本书旨在为中国反垄断政策的研究提供一个经济学分的框架，希望经济学分析这一视角能使得中国的反垄断研究和立法更加趋于理性和科学。

本书采用的研究方法主要是交叉研究、比较研究与案例研究。

交叉研究：

法律经济学是第二次世界大战以后在美国迅速发展的新兴交叉学科，主要是运用经济学的理论和方法对法律制度进行分析，即法律也成为经济学的分析对象。保守的法律经济学以芝加哥学派为代表，强调以新古典经济理论为分析工具，而开放的法律经济学则对新出现的理论和研究方法抱着接受的态度，新制度经济学的分析是最新的发展方向。在反垄断的经济研究中，芝加哥学派的理论目前最有影响力，是本书进行分析的主要工具。另外，哈佛学派的产业组织理论和后芝加哥学派的观点对反垄断政策的制定也有一定的影响，本书一并予以介绍。

在阐述相关经济学理论的基础上，本书进而对相关的反垄断立法、司法原则和案例进行经济学分析以评价其利弊得失。除了分析欧美反垄断立法和其实施外，在本书的第八章，对中国的反垄断立法进行了经济学分析，并提出相关建议。

比较研究：

本书对哈佛学派和芝加哥学派的观点，以及芝加哥学派和后芝加哥的观点进行了比较分析，以促进对反垄断经济学理论的全面和清晰认识并把握其最新发展。

另外，本书对有关国家和地区的反垄断政策进行了比较研究。在第一章，对美国、欧盟、日本以及转轨经济国家的反垄断政策的目标和实施进行了比较分析。在运用经济学理论分析相关反垄断立法和司法原则时，主要以美国和欧盟为例展开，并进行相应的比较。比较研究使我们明白：尽管经济学分析可以为反垄断研究提供一个一般性理论分析框架，但在制定和实施具体政策时，会偏离理论分析的结论在不同国家，经济社会体制不同，偏离的程度也会有所不同。对此应有两个层面的理解：一是从经济学分析到政策制定有一定距离，或者说经济学分析对政策的影响是逐步的，其他非经济学的观点也在影响着反垄断政策；二是如果对经济学分析不够重视的话，反垄断政策会偏离核心目标，其作用发挥也受到限制。

案例研究：

在第四章到第六章，本书分别对市场力量集中，卡特尔和排他性行为等三类垄断问题进行了具体分析。分析过程中选取美国和欧盟最具代表性的经典案例，透过经济学视角对之予以评介，以促进反垄断立法和实施的理性理解。

除此之外，本书以专节进行分析案例有两个。一是第七章中的“微软垄断案”，用以阐述新经济行业中的反垄断问题；二是第八章中的“第四人民医院案”，用以说明我国转轨经济过程中反垄断立法和实施的困境以及导致该困境的制度原因。

本书的主要内容和结论：

在本书第一章，首先对各国制定和实施反垄断法的情况进行考察和比较。笔者发现，在美国、欧盟、日本、俄罗斯和东欧以及拉美国家，基于经济体制现状和未来发展目标上的差异，反垄断政策的目标和任务以及实施的效果大相径庭。在第二章，笔者分析法律经济学这一学科发展过程以及经济分析方法在反垄断研究中的演变，指出：与经济学的发展相伴随，法律经济学以及反垄断的经济学分析也在不断发展。

本书第三章是从经济学角度对垄断和反垄断进行分析，指出：现实中的垄断有损害和促进经济效率两方面的可能。因此，反垄断的实施也相应具有两面性，如措施不当，会造成对经济效率不适当的制约。

在本书第四章、第五章和第六章，笔者分别对市场力量的集中、横向的限制竞争行为（卡特尔）以及掠夺性定价、搭售、纵向一体化、纵向约束等排他性行为进行法律经济学分析。一方面，分析上述经济行为对经济效率的影响；另一方面，以美国和欧盟为例对相关的反垄断法律进行评述。芝加哥学派理论是分析以上垄断或限制竞争行为的主要工具。另外，对新近出现的一些经济学分析工具，如交易成本分析、策略理论的分析等，也予以介绍。

在本书第七章，笔者分析了新经济行业的特点，并以微软垄断案为例对新经济行业中的垄断问题进行了法律经济学分析。新经济时代的到来虽然没有改变芝加哥学派的经济学派关于垄断问题的主要结论，但是很多新问题的出现提醒我们需要对反垄断的经济学分析有新的思考。在第八章，笔者结合前述的经济学理论对我国目前的反垄断立法进行评析，指出：我国目前的反垄断法律规定并没有突出经济效率这一反垄断目标。鉴于我国转轨经济的特殊背景，反垄断的重心和作用也与西方国家不同。行政垄断对我国正在形成的市场竞争机制以及经济效率危害最大，是反垄断的重点。但是，如果未来的反垄断法要发挥制止行政垄断的作用，则要赋予反垄断实施机构以相应的独立性和权力。因此要注意制度设计的现实可行性。

本书的主要结论是：

经济学分析为反垄断立法和行政政策研究提供了最具说服力的理论基础。

根据芝加哥学派的理论，垄断造成的福利净损失是反对垄断的经济学理由，由此经济效率或消费者福利最大化应成为反垄断的核心目标。

新经济行业在产品的技术发展、市场竞争等方面有其特殊性，产生了许多新的反垄断问题，应引起注意。

我国目前的反垄断规定与其他反不正当竞争性质的法律混同，这不利于正确理解反垄断法的作用。

各国的经济体制和经济发展情况不同，反垄断的具体目标和重心也有差异。

运用芝加哥学派的理论也可分析我国行政垄断的问题，但结论与对市场垄断的分析不同。

在目前的体制框架内，经由反垄断立法和实施来破除行政垄断难度很大。立法的可行性分析十分必要。

本书的贡献和创新之处：

本书系统、全面地从经济学角度对反垄断问题进行了分析，为我国的反垄断立法研究提供了一个经济学的分析框架。

本书在对有关垄断和反垄断的传统和当代经济学理论进行比较研究的基础上，运用法律经济学分析方法，对反垄断立法和司法原则进行评介并分析经济学理论对反垄断法律政策的影响。

本书对新经济背景下的反垄断问题进行了分析。除了分析新经济行业的特点外，还以“微软垄断案”为例对新经济行业的反垄断问题进行法律经济学分析，并指出新经济背景下反垄断研究的一些新问题。

本书对我国目前的反垄断立法、实施以及行政垄断问题进行法律经济学分析，从经济学角度明确了我国未来反垄断立法的核心目标，指明破除行政垄断的必要性，以及我国反垄断立法有效实施所面临的困境和导致该困境的制度根源，并进而就未来的反垄断立法提出建议。

[40] 王健. 反垄断法的私人执行——基本原理与外国法制. 法律出版社 2008 年出版.

反垄断法的执行可以动用公用和私人两种资源。由反垄断主管机构对反竞争行为采取的任何行动可以称为公共执行。一般而言，公共执行的特点是动用了公共财政和权力资源，其主要目的是为了维护公共利益。除了反垄断主管机构以外，私人市场参与者在反垄断法的执行中也扮演着重要的角色，这种由私人发动的反垄断法执行简称为私人执行。一般认为，私人事基于利润最大化的理性选择来决定执行投资和努力的程度、范围和强度的，其主要目的是为了保护个体利益，但有时也可以起到维护公共利益的作用。

反垄断法私人执行的立法和实践始于美国。自 20 世纪 80 年代末期以来，特别是进入 21 世纪以后，反垄断法私人执行已经成为大多数国家的必然选择。私人执行模式有直接执行和“审决前置”执行之分，其中，直接执行模式是一种主流的私人执行模式。对于私人执行主体的确定，世界上有两种做法：一种是以美国为代表的“损害”标准，另一种是以德国为代表的“影响”标准，“影响”标准代表着未来的发展方向。

反垄断法的私人执行具有自发性优势和比较优势两大优势，“赔偿功能”和“威慑功能”是私人执行“自发性优势”的主要体现。而“救济功能”和“指示功能”则是私人执行“比较优势”的主要体现。

私人执行和公共执行是反垄断法执行体制的两大支柱，它们之间有着分工和竞争关系，但更多的是合作和协调。

美国的反托拉斯法的私人执行渊远流长，早在 1890 年的《谢尔曼法》中就规定了私人执行制度，1914 年的《克莱顿法》进一步强化了私人执行制度，这两部法律是美国反托拉斯私人执行的主要法律渊源。

加拿大竞争法对于反竞争行为的规制独树一帜，与其他国家反垄断法的规定明显不同，它将反竞争行为分为两类，即刑事行为和非刑事可审查行为。

欧盟竞争法的私人执行由于缺少明确的法律基础和委员会享有垄断性的豁免审查权，长期以来不够发达。

从理论上说，德国是比较重视竞争法的私人执行的，但由于立法的不确定性和司法的限制性解释，德国竞争法的私人执行在《反限制竞争法》第 7 次修订前，其实际效果并不理想。私人执行既没有影响力，也没有决定力。第 7 次修订后的竞争法私人执行规定仍存在某些方面的不足，需要将来进一步发展。

由于法律规定的有限性和不确定性，英国竞争法的私人执行制度长期以来不够发达。

日本反垄断法的私人执行局限于私人赔偿诉讼，同时由于受 JFTC 审决前置的影响，私人当事人提起损害赔偿诉讼的案件非常少。

澳大利亚反垄断立法历史悠久，其第一部反垄断法——《产业保护法》制定于 1906 年。但私人执行制度直到《1974 年贸易行为法》制定后才得以确立。

新西兰最早涉及反托拉斯规定的是《1908 年垄断防止法》，但其私人执行制度长期处于空白状态，直到《1986 年商业法》制定后私人执行制度才得以产生。

从我国反垄断立法来看，立法者关注的重心在于反垄断立法公共执行机构的设置问题，所谓的反垄断法执行实际上指的是公共执行，至于反垄断法的私人执行问题，仅涉及损害赔偿一个条款，操作性不强，力度不够，同时相关理论研究还没有展开。笔者认为，建立公共执行、私人执行协调合作的二元执行体制代表了世界上大多数国家的发展方向，它比单纯的公共执行体制更有利于反垄断法的有效执行。为了促进我国反垄断法的有效实施，应引入私人执行制度，并在反垄断立法中对私人执行制度做出了详细规定。我国反垄断法虽然规定了相应的公共执行和私人执行程序，但这种程序规定是失衡的，私人执行程序仅是一种宣示性的规定，更是缺少了反垄断执行程序的优化设计。为了加强我国反垄断法的实施效果，应构建公私分工、合作、协调的反垄断法执行程序。反垄断法的私人执行模式有直接执行模式和“审决前置”执行模式之分。笔者认为，“审决前置”执行模式不利于保护受损害当事人的利益，程序的缺陷非常明显，我国反垄断法应引入直接执行模式。最后，笔者还对中国反垄断法如何增加私人执行条款提出了自己的设想和建议，并给予了较为充分的立法理由和说明。

［41］王健．中国政府规制理论与政策．经济科学出版社 2008 年出版．

本书取 regulation 的规则和控制之义，译为“规制”。笔者认为：第一，将 regulation 译为管制容易引起误解。第二，将 regulation 译为调节、规则、规章等难以反映其本义。第三，将 regulation 译为规制，能较好地体现 regulation 原意，也便于理解。因此本书使用“政府规制”一词。

政府规制的特点：

1. 普适性；

2. 稳定性。

本书正是根据政府对微观经济干预政策的实质，将全书分为四篇，第 1～3 篇分别为经济规制篇、社会规制篇、行政规制篇，第 4 篇是政府规制的国际比较。

本书的结构和特点：

本书结构：本书依据政府规制的分类进行分编。依据政府对市场主体和政府对微观经济干预政策的性质不同，政府规制分为三类：一是经济规制，二是社会规制，三是行政规制。本书据此分编如下：第 1 编为经济规制，系统地论述经济规制理论沿革和前沿，探讨中国经济规制的现状、问题和对策；第 2 编为社会规制，概述社会规制的理论，分析中国加入 WTO 后社会规制的现状和政策，特别是研究了社会规制国际化问题和对策；第 3 编为行政规制，阐述了行政规制的相关理论，构建行政规制的分析框架，剖析中国行政规制的现状、问题和对策；第 4 编为国际比较，对美国、日本、韩国和英国政府规制改革进行国际比较研究，并借鉴西方国家政府规制经验，提出当前中国亟须加强政府规制，构建规制型政府。

本书的特点是系统地构建了全新而又独特的政府规制理论框架。本书突破了现行政府规制论著的惯例，形成了本书独特的结构和体系：

1. 全面系统地论述了政府规制的经济规制理论、社会规制理论和行政规制理论，建立了新颖的政府规制理论框架。

2. 理论联系实际，具有时代感和现实性。应用经济规制、社会规制和行政规制理论分别探讨了中国经济规制、社会规制和行政规制的现状、问题和对策，引发思考，启迪思路。

3. 深入浅出，通俗易懂。全书理论论述与案例相结合，以理论分析案例，以案例理解理论，有助于读者掌握理论，提高读者以理论分析现实的问题的能力。

4. 创建社会规制国际化理论模型，国内外理论界对社会规制的研究一般都是分析国内社会规制，本书作者提出了社会规制国际化理论，并以此理论分析了社会规制对国际贸易产业的影响。

5. 扩展了政府规制的研究领域，建立了系统的行政规制理论框架。本书作者新定义行政规制的内涵，应用经济学、政治学和行政学理论，结合中国实际，建立起行政规制理论框架，并应用该理论对中国行政规制进行了实证分析和对策研究。

6. 研究竞争领域政府规制。在国内市场上，证券市场、食品市场、房地产市场、服装市场、零售商品市场、建材市场、劳工市场都是竞争市场，然而这些竞争市场中问题层出不穷，本书对这些竞争领域的现存问题进行了深入的实证分析和理论研究，提出了独到的见解和观点。

[42] 王俊豪．政府管制经济学导论．商务印书馆 2001 年出版．

本书是作者对政府管制经济学作探索研究的一个成果。由于政府管制经济学体系庞大，范围宽广，内容丰富，笔者写作此书的指导思想是“有所为有所不为”，考虑到反托拉斯管制部分具有相对的独立性，因此，没有把这方面的内容纳入本书的范围。在社会性管制方面，也只选择了目前社会最为关注的政府对环境污染的管制和对产品质量的管制问题作为本书讨论的重点。本书的侧重点是经济性管制，但省略了对金融保险业管制的讨论，因为这是一个内容丰富，需要独立研究的领域。因此，本书不追求“全”而尽可能追求“专”，本书的书名中“导论”两个字也暗含着这一特色。

本书的框架结构由四篇共 16 章组成。第一篇（总论）包括第一、二章，讨论了政府管制这种特殊公共产品的需求与供给、成本与收益，为政府管制的经济分析提供了基本的方法和工具，并从总体上阐述了经济性管制与社会性管制、政府管制过程、信息不对称下的政府管制理论和政府管制俘虏理论等政府管制的基本问题。第二篇（经济性管制）由第三至十一章组成，这是本书的核心内容，较为深入地讨论了自然垄断的基本理论、投资管制理论、价格水平与价格结构管制理论、进入管制理论和自然垄断产业的竞争理论，并以电信、电力和自来水供应这三个自然垄断产业为例，较为详细地讨论了上述管制理论在实践中具体应用的问题。第三篇（社会性管制）由第十二至十五章组成，探讨了外部性理论和信息不对称理论，在此基础上，讨论了政府对环境污染的管制和对产品质量的管制问题。第四篇（展望）为第十六章，分别对中国放松经济性管制与加强社会性管制这两大发展趋势作了预期，并提出了相应的政策思路。

[43] 王俊豪等．中国垄断性产业结构重组分类管制与协调政策．商务印书馆 2005 年出版．

该书内容相当丰富，分析了我国垄断性产业管制体制的变迁与现状，中国加入 WTO 对垄断性产业和管制政策的影响，论证了身后垄断性产业改革的客观性和紧迫性。该书在分解垄断性产业主要业务类型的基础上，深入地探讨了垄断性产业的市场结构重组政策、分类管制政策和协调政策以及垄断性产业管制结构改革问题，为这方面的改革创造性构建了理论框架。该书以大量的篇幅，对我国改革难度较大的电信、电力、铁路运输、航空运输、邮政、城市自来水与管道燃气等具有网络性的垄断性产业结构重组、分类管制与协调政策问题做了重点研究，针对各个产业的技术经济特征，提出了相应的改革思路和具体政策措施，为政府有关部门制定相关改革政策与管制政策提供了很有价值的理论依据与实证资料。当然，该书提出的某些理论观点和改革政策需要实践检验，使之不断完善。

我国垄断性产业改革是当前我国国有经济改革的重点，正在不断深化，有许多方面需要理论联系实际进行深入研究。这本具有较高的学术水平的专著出版，将有助于促进我国垄断性产业改革的深入，并丰富管制经济学内容，推动新兴管制经济学在我国的发展。

本书的主题就是针对垄断性产业的市场结构重组、分类管制与协调政策问题所作的系统而深入的理论研究，以推动中国垄断性产业的进一步改革，并取得理想的效果。

本书结构框架分上、下两篇，共 9 章组成。上篇是总论部分，包括第一、二、三章，主要是从总体上讨论中国垄断性产业管制体制的变迁与现状，中国加入 WTO 后对论述性产业与管制政策的影响，重点探讨中国垄断性产业实行市场结构重组、分类管制与协调政策的基本思路。下篇是本书的核心内容，包括第四、五、六、七、八、九章，较为系统而深入地研究了电信、电力、铁路运输、航空运输、邮政、城市公用事业等主要垄断性产业的市场结构重组、分类管制与协调政策问题，基本研究路线是：首先，分析特定垄断性产业的基本技术经济特征和主要业务类型；其次，分析中国加入 WTO 后对特定垄断性产业的影响；再次，着重探讨特定垄断性产业的市场结构重组、分类管制与协调政策；最后，探讨在特定垄断性产业如何设立于规范管制机构的问题。

[44] 夏大慰．产业组织、竞争与规制．上海财经大学出版社 2002 年出版．

产业组织理论是现代产业经济学的重要组成部分。产业组织理论以价格理论为基础，通过对经济运行过程中产业内部企业之间竞争与垄断及规模经济的关系和矛盾的具体考察分析，着力探讨这种产业组织状况及其变动对产业内资源配置效率的影响，从而为维护合理的市场竞争秩序和经济效率提供理论依据和政策途径。

所谓产业组织（Industrial Organization），通常是指同一产业内企业间的组织或者市场关系。这种企业之间的市场关系包括交易、行为关系、资源占有关系和利益关系。对产业组织的研究主要是以这些关系的矛盾为基础线索，对企业之间的这种现实市场关系进行具体描述和分析。需要指出的是，产业组织中的组织概念与大多数经济理论中的组织概念是有区别的，它所考察的是所谓“作为组成部分之间关系”的组织。因此，需要把产业组织概念与其他有关组织概念区别开来，特别要注意不可将与生产组织，企业组织等看似相近的概念相混淆。同时，产业组织理论与产业结构理论又是两种研究对象不同却容易混淆的理论。产业结构理论主要考察的是产业之间的关系结构，即试图通过对经济增长过程中产业之间结构变动的研究分析，得出有关产业结构变动的基础特征与规律，从而为各国尤其是后起国家谋求经济增长的有关结构转换和产业升级政策的制定与实施，提供理论依据和经验借鉴。而产业资质理论则主要考察同一产业内部企业之间的市场关系，即产业组织理论主要通过对经济运行过程中产业组织状况的分析研究，得出特定产业和实施反垄断政策和规制政策提供理论指导和实证依据。产业结构理论和产业组织理论作为两大核心内容共同构成了产业经济学理论的体系，或者说是广义的产业经济学，而狭义的产业经济学则通常特指产业组织理论。

本书共分为三部分：第一部分以竞争和规制为主要议题，通过揭示和分析当前我国竞争性产业和规制性产业组织方面所存在的一系列问题，以促进市场竞争，推动经济增长为目标，有针对性地提出了现阶段调整我国产业组织政策的基本思路和不同类型产业的具体对策；第二部分则对某些具有网络特性的产业如电力、电信以及互联网产业给予关注，重点分析了这些具体网络改革问题，同时，对近年来产业组织研究前沿之一的网络效应和标准竞争问题，也有相当篇幅的着墨与论述；本书的第三部分，主要将重点放在介绍分析产业组织理论流派及其对公共政策的影响。

[45] 肖兴志．自然垄断产业规制改革模式研究．东北财政大学出版社 2003 年出版．

本书对自然垄断产业规制改革模式进行了较为系统的研究探索，重点研究了模式选择的理论基础以及中国自然垄断产业规制改革模式构成的相关因素与应用。

1. 本书研究了自然垄断产业规制改革的基础理论。首先包括对自然垄断理论与自然垄断产业特征的分析。一般意义上的自然垄断与规模经济紧密相连，而最新定义的自然垄断的特点却是代表性企业成本函数的劣加性。一般说来，规制源于市场失灵，但不同的规制理论对规制起源和目的有着不同的解释，规制理论发展主要经历了规制公共利益理论、规制俘虏理论、规制经济理论三大阶段。自然垄断产业规制方法主要有价格规制、进入规制等。

2. 本书实证研究了自然垄断产业规制改革的基本模式。本书认为，要提高中国自然垄断产业规制改革政策的有效性，就必须做到产权改革与竞争制度的均衡发展。自然垄断产业规制改革并不能只用“引入竞争机制”一词来概括或表达。本书还通过对英国、日本两国规制改革情况的比较研究，论证了体制传统在规制改革模式选择中将起着不可忽视的作用。

长期以来，中国国有企业改革与发展呈现出明显的非均衡性。国有企业改革的重点是进行国有企业战略性改组，建立现代企业制度，进行公司化改造。从国有企业改革所涉及的产业来看，主要局限在大量竞争性产业。而对自然垄断产业的规制改革则没有给予相当的重视，政府依然沿用传统的控制办法进行规制，这显然与中国建立市场经济的基本要求相背离。不对传统的政府直接垄断经营的规制体系进行改革，就不利于减轻财政负担，不利于激励自然垄断企业生产经营的积极性，这样也就难以真正满足社会对自然垄断产业长期的、稳步增长的需要，进而提高社会福利水平。理论研究应当具有超前性，为中国自然垄断产业建立一套适应市场经济发展需要的、规范的政府规制体系进行探索。为此本书运用所推导的中国自然垄断产业规制改革模式，以中国铁路运输业为实例，结合中国铁路运输业规制改革现状以及中国铁路运输业持有的技术经济特性，构建出一套适合中国铁路运输业规制改革模式，为铁路运输业改革的有序进行提供理论和政策参考。

本书对自然垄断产业规制改革模式进行了较为系统的研究探索，其学术特色和理论价值主要体现在以下几个方面：

首先，本书在国内较早深入系统研究自然垄断规制改革基本模式，并且根据中国转轨经济背景以及自然垄断产业规制体制传统，构建出一套适应中国自然垄断产业规制改革实践的模式和政策框架。从作者所掌握的材料看，国内类似的有关中国自然垄断产业规制改革模式设计的研究还是比较少见的。

其次，是在自然垄断产业规制改革研究中引入新的视角，即将国有企业视为自然垄断的一种治理方式，而不是将其视为与社会经济制度直接相关的组织形式。

同时本书在研究设计自然垄断产业规制改革模式时，运用新制度经济学派开创的交易成本分析法，对自然垄断产业的各种治理方式进行比较制度分析与评价，从而得出自然垄断产业规制改革的目标选择是实行激励性规制。这为自然垄断产业规制改革目标的合理选择奠定了理论基础。

本书还将中国自然垄断产业中的国有企业改革与规制改革理论结合起来，这样可以更加清楚地理解自然垄断产业中的国有企业改革思路及相应的规制改革模式设计。

除此之外，本书还就转轨经济条件下的中国自然垄断产业规制改革问题，如何进一步重组政府规制机构，规制机构与反垄断机构的配合模式，规制法、反垄断法与特殊法人法之间的关系，自然垄断型国有企业的产权制度改革，私有部门在自然垄断产业中将发挥何种作用、自然垄断产业如何科学合理分拆、非对称规制应如何调整等自然垄断产业规制改革模式所涉及的核心问题做了富有特色的分析探讨。

本书遵循了从理论到实践、从一般到特殊的研究思路。从最基础的自然垄断理论与政府规制理论出发，分析了自然垄断产业规制改革的相关理论，研究了规制改革的目标选择，在此基础上归纳推导出自然垄断产业规制改革的一般模式。结合中国自然垄断产业规制改革的体制描述和理论约束分析，构建出一套中国自然垄断产业规制改革的基本模式，并重点研究了中国自然垄断产业规制改革模式中所涉及的各种因素。最后将之用于中国铁路运输业实例的分析。为中国铁路运输业规制改革提供一套较为完整的理论思路和政策参考。

本书章节分析思路如下：

第 1 章首先简要介绍本书的主题与研究意义，论述到自然垄断产业规制改革问题是产业经济学领域最为活跃的研究课题之一。也是当前中国经济体制改革的焦点问题。

第 2 章的研究在很大程度上带有理论铺垫作用。

第 3 章主要分析自然垄断产业规制改革的目标选择及主要形式。

第 4 章研究推导自然垄断产业规制改革的一般模式。

第 5 章构建出中国自然垄断产业规制改革的基本模式。

第 6 章是中国自然垄断产业规制改革模式在具体产业中的应用。

［46］谢地．自然垄断行业国有经济调整与政府规制改革互动论．经济科学出版社 2007 年出版．

这部作品是“自然垄断行业国有经济改革与发展问题研究”的最终研究成果。

国有经济调整与改革、自然垄断行业改革是我国，也是世界性的热点、难点问题。我们把国有经济调整、改革与自然垄断行业改革问题结合起来进行研究，集中研究自然垄断行业国有经济改革与发展问题，系统提出“自然垄断行业国有经济调整与政府规制改革互动论”的观点，并主要在以下几个方面有所创新或突破：

关于自然垄断行业政府规制与国有经济的关系问题的研究。

书中提出：在中国面临着既要发挥国有经济替代政府对私人垄断企业规制的功能，又要强化政府规制及深化政府规制体制改革的双重课题，进而澄清了若干认识问题。在自然垄断仍然具有合理性的业务领域，国有资本参股、控股垄断企业；在自然垄断合理性消失的业务领域，引入民间资本和境外资本竞争，并同步深化政府规制体制改革是现实选择。

关于自然垄断及其他领域的政府规制研究：（1）政府规制是现代市场经济不可或缺的制度安排。（2）中国经济转轨时期要从中国计划经济向市场经济转轨的实际出发，放松或取消计划经济色彩的政府管制，强化及改革市场经济的政府规制。（3）鉴于中国法制体系正在建立过程中，立法、司法、执法都存在若干瑕疵，对于中国而言，不是要不要规制（或监管），而是怎样规制的问题，应该在提升政府规制质量方面下工夫。（4）经济性规制、社会性规制及反垄断规制应分类指导，进行差别化的设计。

基于沉淀成本理论，我们提出自然垄断行业国有经济不能简单退出实行民营化，但不能无视技术进步、市场规模、市场范围的变化以及经济全球化的深刻影响，维持国有企业独家垄断的格局，而应该把庞大的国有经济“存量”与非国有经济“增量”有机整合起来，并提出非国有经济进入自然垄断行业的多元方式：在区分自然垄断业务与非自然垄断业务领域的基础上，非自然垄断的竞争性领域以企业形式介入；自然垄断与准自然垄断领域主要是资本形式的介入，主要通过投资主体多元化、市场化的形式实现国有经济“存量”与非国有经济“增量”的有机整合。

由于市场失灵及经济活动外部性的存在，由于公共投资领域是最容易滋生腐败的部门，可能会使公共投资绩效大打折扣，所以必须在体制或制度上进行规避公共投资腐败，提高公共投资绩效的设计。

自然垄断行业国有经济改革问题研究的公用产品视角。书中提出准公共品的相对非竞争性包括拥挤性和消费数量非均等性二层含义；影响准公共品范围变化的因素主要有科学技术发展、经济发展水平、居民文化素质和消费习惯、政府和公众的公共选择四个因素。

关于自然垄断行业体制改革目标模式的基本框架：在自然垄断行业的所有制结构上，实行以国有制为主导，各种所有制形式并存；在财产组织形式上，则以国有控股公司为基本形式；在自然垄断行业的市场结构上，实行垄断与竞争并存；自然垄断行业实行特许经营并负有特殊的社会责任；自然垄断企业在政府规制下实行自主经营。其中，关于自然垄断行业实行特许经营并负有特殊的社会责任的观点及其具体的分析论证，在国内理论界属首次提出。

书中指出我国自然垄断产业国有经济改革与发展的路径选择：应把该领域国有经济调整与政府规制改革有机结合起来，实现国有经济调整与规制改革“互动”的改革思路，即“自然垄断领域政府规制体制重构与国有经济改革互动论”。并设计了一整套的、带有指导原则性质的解决方案，即构筑自然垄断领域的有效竞争机制；发挥公众参与机制的约束作用；塑造自然垄断领域国有企业的新形象。

在中央提出加快东北老工业基地的调整与改造的大背景下，书中提出在东北老工业基地改造过程中同步解决城市公用事业领域存在的、与东北老工业基地改造目标不相适应的部分，从而为东北地区经济社会发展提供良好的共同条件，并提出具体的政策建议。

书中指出，单纯地从某一方面的结构来讨论自然垄断行业规制改革或治理方式的改进，很难满足中国自然垄断行业规制改革复杂性对制度设计的要求。因为自然垄断行业作为一个整体，其所有制结构、市场结构与企业治理结构三者之间是相互影响、相互作用的，任何一个方面结构调整都不可偏废。中外自然垄断行业规制改革实践表明，必须摒弃片面的结构调整思路，统筹考虑自然垄断行业结构重建问题，应该把我国自然垄断行业的所有制结构调整、市场结构重建和传统自然垄断企业治理结构完善三个方面有机地结合起来，采取系统的规制改革策略。

在上述理论研究的基础上，我们还紧密结合我国自然垄断行业国有经济改革与发展的实际，分别对电力、城市供水、燃气、航空、邮政、公共交通、铁路等行业进行案例研究。

本课题研究的学术价值主要在于：借鉴并运用经济学前沿成果，紧密结合国际国内实际，对自然垄断与国有经济、国有经济与政府规制、自然垄断与政府规制关系进行新的诠释，并提出中国自然垄断行业国有经济改革与发展新路径。本课题研究的应用价值主要在于：为深化我国自然垄断行业国有经济改革，推动国有经济发展提供符合实际、具有可操作性的建议。

[47] 谢地．规制下的和谐社会．经济科学出版社 2008 年出版．

本书的创作动机，是针对我国社会生活中发生的，由于政府规制或监管缺失给国民的健康、生命、安全以及环境带来的各种损害现象，人们从道德谴责、行政问责、法律惩罚方面进行的追溯较多，而从经济学的角度，探究制度根源进而寻求更好的制度设计方面的思考则相对缺乏。

本书把政府社会性规制（监管）问题置于和谐社会框架下来考量，认为改革、完善政府社会性监管是建设社会主义和谐社会不可或缺的重要手段。基于这样一个判断，从法与经济学结合的视角，对社会性规制（监管）一般理论以及政府社会性监管的主要领域包括食品、药品、产品质量、广告、职业安全、劳动力市场、执业资格、环境保护、不可再生资源利用、林权、水权、地权及专利保护制度等进行经济学分析，旨在从社会性监管角度为加快推进以改善民生为重点的社会建设，实现和谐社会建设的多元目标，提供制度安排或政策建设方面的建议。

基于上述考虑，在通盘考虑、总体设计的基础上，有计划地指导法经济学专业研究生对社会性规制的主要领域进行经济学分析，并进行了细腻的总体设计。经过两年的努力，大家对社会性规制（监管）一般理论以及政府社会性规制的主要领域包括食品、药品、产品质量、广告、职业安全、劳动力市场、执业资格、环境保护、不可再生资源利用、林权、水权、地权及专利保护制度等问题进行了认真的、理论与实际相结合的研究。

作者认为，从某种意义上讲，政府的规制角色扮演得有效、到位与否，很大程度上是我国构建和谐社会的一个关键点，也是下一步必须要打开的一个“结”。

本书把政府社会性监管（规制）问题置于不和谐社会框架下来考量，认为改革、完善政府社会性监管是建设社会主义和谐社会不可或缺的重要手段。基于这样一个判断，中国社会现阶段的主要矛盾是什么？作者认为，这一表述至少可以区分为两个层面：一是社会对私人产品的供给难以满足国民对私人产品需求之间的矛盾；二是社会对公共产品的供给难以满足国民对公共产品需求之间的矛盾。私人产品与公共产品都属于国民的物质文化需要，但在经济社会发展的不同阶段，国民对两类产品的需求强度会有所差异。在经济社会发展水平较低的阶段，国民对私人产品的需求旺盛；而在经济社会发展水平较高的阶段，对私人产品的需求降低，转而追求私人产品的质量，但对公共产品数量和质量都有旺盛的需求。这已经被主要先行发达国家的发展经验所证明。

作者认为可以运用经济学概念把基本矛盾的表述细化。在国民的衣食住行，特别是服装、食物的需要没有得到空前满足之前的很长一个时期，主要矛盾主要表现为私人产品的供给和私人产品的需求之间的矛盾。改革开放前和改革开放以来的一个较长时期大抵如此。

在未来一个很长的历史时期，政府的选项不能是“无为而治”，而必须是“有所作为”。在解决社会基本矛盾中的第一个层面问题时，政府“无为而治”是可能的，也是必要的，私人产品供给与需求问题的解决，要相信市场配置资源的神奇力量。这也是中国改革开放 20 多年经济增长和发展的一条基本经验。在私人产品供求矛盾基本缓解之后，公共产品供给的数量和质量问题应当引起高度重视，市场不能提供公共产品，要求政府必须有所作为，以应对新阶段面临的各种矛盾和挑战。

根据笔者关于中国社会基本矛盾转型及政府责任的观点引出的根本性问题是政府对市场经济的驾驭能力如何。根据中共十六届四中全会的提法，驾驭市场经济的能力主要涉及经济调节、市场监管、公共服务和社会管理等四个方面。而其中的“市场监管”是政府规制或政府监管的另一种表达方式。笔者认为，在驾驭市场经济的能力涉及的经济调节、市场监管、公共服务和社会管理等四个方面中，关键在于政府规制或监管。

[48] 杨兰品．中国行政垄断问题研究．经济科学出版社 2006 年出版．

在我国建立和完善市场经济体制的过程中，面临着多方面复杂而艰巨的改革任务。垄断是市场经济下经济发展过程中的必然现象。垄断是市场经济条件下经济发展过程中的必然现象。然而在我国转型时期，在市场中的经济垄断日益普遍的同时，行政垄断依然是个尚未解决和必须面对的难题，而且象征垄断以其特殊性、复杂性和极大的危害性一直困扰着理论结合政府决策部门，社会各界也因为行政垄断的危害迟迟不能得到有效遏制而表现出普遍关注和强烈不满。政府在面临打破地方保护，建立统一、开放的国内大市场任务的同时，又必须参与和协调国际市场的竞争。我国的市场主体在必须应对来自于国内外市场竞争压力和国际垄断因素影响的同时，还要经受各种非市场因素的障碍和困扰。在这样的背景下，探讨和研究行政垄断问题，为消除、禁止或限制行政垄断提供对策建议就显得十分必要和迫切。

经济学结合法学界的不少学者介绍发达国家和转轨国家的反垄断理论和实践，探讨我国市场经济条件下的行政垄断和反行政垄断问题。这些研究涉及干预、自然垄断产业革命、经济垄断、行政垄断、地方保护、反垄断法等方面，并取得了一批有分量的研究成果。但总地看来，关于行政垄断问题的研究还有待深入。本书力求在借鉴和学习国内学术界已有研究成果的基础上，深入系统的研究中国转型时期的行政垄断问题，寻求适合中国实际的切实可行的反行政垄断的思路和对策，从而为纠正市场缺陷，规范政府行为，充分发挥政府的积极作用，进而完善市场经济体制提供理论依据，为政府及有关部门的决策和对有关部门的行政垄断实践提供参考。

对于一个有几千年封建专制制度以及文化积淀和几十年计划经济历史，又处在市场化、工业化、法制化进程中的国家来说，体制改革过程中所遇到的任何问题都具有复杂性和特殊性。行政垄断问题更是这样，在西方经济理论中找不到直接可以借鉴和应用的答案。同时历史经验也告诉我们，所有理论的运用、成功经验的借鉴都必须立足于中国的实际，而绝不能照搬和套用。所幸的是，波澜壮阔的中国改革实践本身就是中国经济理论丰富和发展的土壤和源泉。中国市场经济不仅是实践问题，也是在改革过程中不断深化对社会主义建设的认识，丰富社会主义经济理论的过程。探讨和研究中国如何行使其行政垄断问题将有助于深化理论、丰富中国社会主义经济理论。

本书的创新之处主要在以下几个方面：

1. 全面研究行政问题。希望通过系统、全面的分析能更准确地把握行政垄断，以便得出较为可观的结论。

2. 重新界定行政垄断的概念并分析了行政垄断与相关概念的关系。

本书试图通过对行政垄断概念的界定以及行政垄断与相关概念关系的分析来避免概念上的混乱和模糊，提出了“行政垄断是国家机构运用公权力对市场竞争的禁止、限制、妨碍、排斥”的界定，认为行政垄断有合法、非法、合理、非合理之分，并非所有的行政垄断都是合法的或合理的，也并非所有的行政垄断都是应该消除的。认为国家垄断只是行政垄断的一种形式。

1. 深入考察和分析了中国历史上的行政垄断。通过分析和考察中国历史上的行政垄断，说明行政垄断作为国家（政府）控制、干预市场的一种形式，具有普遍性和必然性。只要国家存在，行政垄断就必然存在。但在不同的历史时期行政垄断具有不同的表现形式、不同的经济后果。这种区别是由不同的社会经济、历史、文化等条件所决定的。还说明转型时期的行政垄断从某种意义上说是在计划经济体制下国家全面控制经济在社会经济条件下延续和变化的结果。

2. 对外国行政垄断的考察。要改变行政垄断就需要改变行政垄断赖以生存的基础。

3. 提出并分析了中国转型时期行政垄断的特殊性和复杂性。中国转型时期的行政垄断是政府由经济生活全面垄断相对市场和市场主体放权让利、从市场逐步退出让渡过程中的特定伴生物。在这个过程中，由于经济体制、法制建设、思想意识等方面的影响，行政垄断形式发展，且产生了消极的影响。

4. 在反行政垄断的对策建议方面，突出了分类改革和解决的对策建议。不同形式的行政垄断，其形成的具体原因、对社会经济的影响等都不完全相同。因此必须对每一种行政垄断做具体的分析，并采取不同的措施。

[49] 于良春．自然垄断与政府规制——基本理论与政策分析．经济科学出版社 2008 年出版．

本书在充分借鉴经济发达国家政府规制理论与实践经验的基础上，实证性地研究了我国自然垄断性行业规制改革与提高效率的路径和政策措施。我们认为：对自然垄断性行业进行改革的基本思路是将自然垄断性行业中的自然垄断性业务与非自然垄断性业务相分离，对非自然垄断性业务由多家企业竞争性经营，自然垄断性业务由一家或极少数几家企业垄断性经营，政府对这类业务进行重点规制，建立模拟竞争机制的规制机制。

本书以电信和电力部门为案例，重点研究了自然垄断的特性及其动态变化，自然垄断产业的特征和对其进行规制的基本理论与政策，以及在中国自然垄断性行业中如何有效地引进竞争机制，如何规制引入竞争机制后的竞争性业务和自然垄断性业务等。研究的重点问题主要包括：（1）自然垄断性业务的界定问题。即研究了如何区分各产业中自然垄断性业务与非自然垄断性业务。根据科学技术的变化及产业的技术经济特征发生的相应变化，实证性地研究了具体产业部门的经营业务及其技术经济特征的状况。（2）研究了如何分离自然垄断性业务和非自然垄断性业务，以防止垄断企业利用交叉补贴排斥在非自然垄断性业务领域竞争的市场行为。（3）研究了如何通过引入竞争机制和完善政府规制机制，消除规制者与被规制者之间的信息不对称问题以提高规制效率。（4）研究了如何形成符合中国产业实际的价格规制机制，以防止由于价格规制失当而导致的过度进入与进入不足等问题。

本书的研究内容既包含了理论研究，又包含了实证分析。从理论研究方面看，本书的研究大量运用了产业组织学和微观经济学的基本理论和最新思想，深入地分析了自然垄断的特性和自然垄断产业的特点及其动态演变的规律。从实证分析方面看，研究了电信和电力产业的管理部门与相关企业，并对欧美国家的相关产业部门与企业进行了比较分析。对它们各自的竞争规则、规制方法与规制机构设置以及竞争与合作方面的战略与政策进行比较研究。通过理论和案例分析，研究了中国自然垄断性行业中如何通过有效地引入竞争机制以提高企业的市场绩效和竞争能力，以及中国市场经济中竞争与规制的具体模式，研究了政府在相关产业中对企业应当管什么，管到什么程度，政府制定规则的方式，通过这些规则发挥作用的行为方式以及规制机构的设置等。

具有自然垄断性质的电力、电信等产业的显著特点是需要巨额投资，投资回报期长，投资专用性强，规模经济非常显著。经济发达国家对电力、电信、铁路运输、煤气和自来水供应等产业纷纷实行了重大的政府规制体制改革，积极引进和不断强化市场竞争机制的力量，以提高自然垄断性行业的运行效率，从而形成了一股世界范围的政府规制体制的改革浪潮。

我国改革开放以来，对电信、电力等自然垄断性行业进行了一定程度的改革，也取得了一定的成效，但是政府垄断经营的基本格局和长期存在的低效率问题仍然没有从根本上改观。随着中国加入世界贸易组织，中国自然垄断性行业的市场开放势在必然，如何在自然垄断性行业对外开放过程中增强与国外企业的竞争能力，这已成为中国面临的一个重要问题。中国必须借鉴经济发达国家的经验，在自然垄断性行业引入竞争机制，促进其市场结构和企业组织结构的优化。因此，需要在部门实证案例研究的基础上，从理论上研究在中国自然垄断性行业中如何更加有效地引入竞争机制，如何规制引入竞争机制后所产生的一系列新的问题，以及如何解决自然垄断行业从垄断经营状态向有效竞争状态过渡过程中的矛盾和冲突等。

［**50**］**余晖．政府与企业：从宏观管理到微观管制．福建人民出版社 1997 年出版．**

到本书出版时我国的经济体制改革已经走过了 17 年，与城市经济体制改革同步进行的企业改革也已经经历了 10 多年。经过这 10 多年的改革探索，已经取得了较为显著的成绩。这主要表现在以下一些方面：

一是探索了道路，明确了方向。企业改革的目标和方向得到了明确：企业改革要以建立社会主义市场经济体制为目标，要通过企业制度的变革来建立现代企业制度。

二是积累了企业改革的经验，发展了企业改革的理论。在我国的企业改革过程中，我们进行了大量的各种类型的试点工作。建立现代企业制度就是在总结过去 10 多年的企业改革的经验与教训的基础上而形成与发展起来的带有鲜明的中国特色的一种理论，尽管它还有待完善。

三是企业改革的法制化。这为企业改革走上法制化、规范化的轨道提供了基础性的条件与环境。

四是基本弄清了国有企业存在的问题。我国过去的企业改革已经取得了显著成就，但原来以政策调整为主要手段、按企业的所有制性质来立法和制定政策、以单个企业为对象来决定改革政策的改革，无法从根本上消除由体制产生的深层次弊端。

五是在企业改革的一些问题上形成了共识。通过改革的探索，人们对如何搞好国有企业、发展国有经济已经形成了许多共识。

六是对一些重点、难点问题的解决已经取得突破性的进展。

七是国有企业的状况已经发生了深刻的变化。企业已经基本上从原来行政机关附属物转变为具有相对独立利益的经济主体。

八是所有制结构的变化。我国的所有制结构已从原来比较单一的结构转变为以国有经济为主导、以公有经济为主体、多种所有制在竞争中并存的多元结构，而且出现了多种所有制经济成分在企业这一微观层次上通过股份制的形式相互融合的状况。

建立现代企业制度、深化企业改革，是解决我国国有企业现存重点与难点问题的需要，也是我国经济体制改革的重点。建立现代企业制度、深化企业改革的工作涉及方方面面，十分复杂。该丛书的作者均为在政府部门担任较高职务、直接参与企业改革的同志或在理论研究部门多年从事企业改革理论研究、对企业改革的实际进程做过大量调查的同志，且多具有高级职称和博士学位。

政府内许多行政机构，以治理市场失灵为己任，以法律为根据，以大量颁布法规、规章、命令及裁决为手段，对微观经济主体（主要是企业）的不完全公正的市场交易行为进行直接的控制或干预，这就是政府管制的通俗定义。经济学家关心的是，一套现实有效的管制制度（法律程序和机构设置）能否确实克服市场失灵，降低交易成本，改善市场配置资源的效率以及增进全社会的福利。因此，本书研究的开展，就不可避免地要求经济学家尽可能贴近观察管制政策得以产生的有各种相关利益集团参与其中的法律与政治程序，从而预测和评价管制政策对市场公平和效率的影响结果，并进一步提出修改管制制度的政策建议。

［**51**］**袁持平．政府管制的经济分析．人民出版社 2005 年出版．**

在资源配置中政府与市场的关系问题，始终是经济学分析的一个基本问题。传统经济理论对这一问题的分析，基本上是采用两分法的方式，即认为在市场成功的领域，由市场机制来配置资源；而在市场失灵的领域，则由政府来配置资源。如果我们将政府对微观经济的干预定义为政府管制，那么传统经济理论认为，政府与市场的关系是一种非此即彼的关系，即市场配置与政府管制的边界是紧密相连的。本书认为：市场配置与政府管制的边界是分开的，即在市场配置与政府管制之间还存在几种其他的方式来配置资源。本部分以市场配置与政府管制的分析为轴线，试图建立政府管制的一般性经济分析框架。

作者认为导致市场失灵的最关键因素，是消费者和生产者偏好的凸性假定。因为，仅在消费者和生产者是理性的假设条件下，连续性、单调性和不变性条件即可满足。在显著非凸性的条件下，存在着市场失灵。换言之，偏好的显著非凸性即是政府管制的边界条件。容易证明：垄断、外部性和公共产品具有显著非凸性的特征。近年来，许多经济学家都试图在显著非凸性的条件下建立类似一般均衡的统一分析框架，但直到目前仍未取得成功。在显著非凸性的条件下，建立统一的分析框架的工作，应该先立足于局部分析，然后逐步拓展。

只要企业在市场的进入和退出是完全自由的，潜在的市场进入者就对垄断者构成竞争的威胁。那么，这时市场上的垄断者只可能是自然垄断者。在可竞争的市场上，如果存在着非自然垄断的垄断厂商，那么，此时由于潜在竞争者的压力，市场配置仍可以达到帕累托优化和社会福利最大化。此外，对于生产耐用消费品的垄断者，面对消费者掌握产品信息且重复购买时的垄断者，都会在一定程度上克服垄断所带来的市场失灵，而带来价格降低、质量提高等帕累托优化和社会福利改善。一般而言，六种类型的寡头垄断都存在着一定的帕累托有效和社会福利改善。其中社会最优型、伯川德型和理性推测型的寡头垄断是可以达到完全帕累托有效和社会福利最大化的。政府可以通过建立产权市场、构造补偿机制、确定合理税收等方式，在一定程度上消除外部性和公共物品所造成的市场失灵，恢复市场配置的功能。

在显著非凸性环境中所产生的市场失灵，一方面，可以通过局部条件的改变，来恢复市场配置的功能；另一方面，也不得不面对在市场失灵的条件下，帕累托有效和社会福利最大化无法达到的境况。

建立在价格上限基础上的激励机制为最佳的次优模型，特许权竞争模型次之，而次优的歧视性定价（包括两部费率、线性定价和非线性定价）再次之。但是，次优的歧视性定价在均衡性和稳定性方面却要优于拉姆齐定价。

无限期轮流出价的博弈中，存在着唯一的子博弈精练纳什均衡。在消费者和企业通过多种方式而影响谈判结果的政府管制的间接博弈中，将存在着管制公共利益模型、管制俘虏模型及两者之间的各种中间状态的管制谈判的纳什均衡。在费率听证的多方博弈中，政府、消费者和企业可以就费率、成本和报酬等条件形成纳什谈判均衡。在外部性听证的多方博弈中，政府、消费者与企业可以就总量标准的制定、执行及实施后的限制等多环节形成纳什谈判均衡。

根据制度经济学科斯定理的推广，纯政府配置的产生，主要是因为在某些资源配置的领域，通过市场和企业来配置这些资源交易费用较高，而通过政府来配置将节省交易费用，因此，纯政府配置有其存在的制度性理由。此外，从博弈论的角度来看在纯公共物品领域，如果其资源配置主要由市场和企业来完成的话，将会出现公共资源的悲剧和纯公共物品的供给不足。因此，纯政府配置的必要且充分的领域就是纯公共物品的领域。在直接参与型的政府配置中，当政府需要做出一项关于纯公共物品配置的决策时，通常采用的方式是投票。对于投票而言，就存着不同的可供选择的投票规则。较常采用的是一致性规则和多数通过规则。对重大决策而言，采用一致性规则是必要的，但一致性规则总是面临成本巨大、决策周期长的制约。可以证明：多数通过规则，特别是简单多数通过规则，在一定的条件下，具有良好的效率和福利特征。在立法型的政府配置中，通过对影响政府行为的需求和供给因素的分析，然后将供求因素结合起来，归纳了五种立法型政府配置的基本模型。

管制是在市场失灵的领域，政府介入资源的配置是有效的，但是市场结构完善或成熟时，政府就应该自觉退出。公开听证是收集对企业服务的市场需求及公用事业成本和技术信息的机制。听证过程涉及市场参与者与管制者之间以及市场参与者本身的信息交换。书中最后阐明了市场参与者作为利益对立双方，通过讨价还价，达成利益的均衡。

［52］张汉林，刘光溪．规制改革与经济发展．上海财经大学出版社 2005 年出版．

在对市场经济的监督方面，中国的监管政策面临着诸多的问题和障碍，成为阻碍中国经济进一步发展的严重问题，也是下一步改革中需要重点突破的领域。经济合作与发展组织对这些障碍进行了总结，主要是：（1）高度的监管风险增加了投资成本，减少了投资和竞争。（2）过于复杂、多层次、干预主义的监管环境使得腐败盛行，从而提高了交易成本。（3）中国很多部门在进入和竞争中都有坚固的内部和外部监管壁垒，而在其他一些领域则存在激励机制扭曲、资源分配不当等问题。（4）有些部门监管严重不足，缺乏必要的调节、监管和执行力度，这些都降低了消费者和投资者的信心。（5）制约和平衡机制。例如，缺乏司法执行的有效保障，以及国家和市场实体之间争议解决的有效程序。（6）部分由于缺乏面向市场的监管从而增加了经济体的市场成本。

由于中国法律和监督体系中的低效率和高风险，使得我们不得不将关注的目光更多地投向中国的规制改革问题。政府规制是现代市场经济不可或缺的制度安排。在市场经济运行过程中，企业不仅仅要受到市场的影响，还要受到政府所建立的规制环境和行政环境的影响。

《规制改革与经济发展》分析了政府规制改革对社会经济发展的作用，指出了规制改革的理论依据，并经过实证研究证实了规制改革与经济增长之间的密切相关关系。同时，从决策的透明度和公开度原则、非歧视原则、避免不必要的贸易限制原则、运用国际统一措施原则、对等认可其他国家规制措施原则以及实施竞争的原则六个框架原则方面，综合分析了经济合作与发展组织成员的规制改革实践。

《发达国家规制改革与绩效》研究了主要经济合作与发展组织成员国规制改革的背景及其进程、规制改革的绩效、规制改革政策和核心原则及其实施、政策工具的选择、对规制影响的分析、政府规制改革的启示等。

由于服务业自身的特点，规制及规制改革对于服务业的发展尤其重要。同时，对于中小企业而言，规制所带来的影响巨大。因此，《服务业与中小企业规制改革》在上编分析了服务业规制改革与服务业发展，所挑选的典型行业包括电信、公路运输、航空运输以及电力供给，内容涉及规制的目标、规制的基本内容、规制的实现方式、规制改革的影响、主要强国规制改革及其绩效、中国服务业规制焦点问题及改革策略分析等。因此，《中国开放型经济制度创新》重点研究了中国开放型经济政策及法律体系的完善与创新问题。

政府规制改革丛书是王绍熙教授、王林生教授和笔者主持的教育部人文社会科学重点研究基地重大项目“入世与中国开放型经济政策及法律体系的完善与创新”、“入世与中国对外经济贸易理论与政策创新”以及“中国服务贸易发展与服务贸易法”的成果，也是对外经济贸易大学中国世界贸易组织研究院与云南大学经济学院校际合作项目“合作建设国际贸易学科”成果的一部分。

［53］张强．垄断与竞争——美国反托拉斯政策剖析．南开大学出版社 1994 年出版．

美国反托拉斯政策曾被称为是美国的“圣牛”、“自由企业大宪章”，在美国经济发展中扮演着极其重要的角色，在整个西方资本主义国家经济中也有着不容忽视的影响。

美国反托拉斯政策迄今已有百余年的历史，其间几经兴衰、修补和诠释，在内容上有很大的变化。美国反托拉斯政策以法的形式出现，而由经济学家来阐述理论基础。由于它在内容上广博庞杂、执行上的摇摆不定、立法语言上的模糊不清，以及有关案例判决的严厉无情，使得反托拉斯政策一直是法学家、经济学家以及企业家们关注的热点之一，对于它的历史功过始终争论不休，莫衷一是。

美国经济学和法学界有关美国反托拉斯政策的文章和著作多如牛毛，而且还有专门的杂志，如“Antitrust Bulletin”等，但翻阅之后发现，经济学和法学在研究上是格格不入的。经济学家们在分析中运用大量的经济模型和数理公式，从而论证竞争和垄断的关系，进而评论反托拉斯政策的缺点和不足；而法学家们则从以往大量的案例判案经验中来探讨法规的执行程度，论证什么样的垄断是犯罪行为，量刑的标准是什么，常常有人对经济学家的说教嗤之以鼻，认为经济学家不能给出制止不正当竞争行为的尺度。也就是说，经济学家注重的是垄断与竞争关系中生产的效率和资源的配置，并以此来判断垄断与竞争的关系尺度（纯粹竞争或不完全竞争等），而法学家注重的是谁是罪犯，什么行为是犯罪，对不同的犯罪行为应如何制约等。二者之间的角度不同，因而在对待反托拉斯政策历史功过上也就有了差距。本书试图从经济学和法学两方面的角度，采用历史唯物主义和辩证唯物主义的观点，对美国反托拉斯政策进行全面剖析。通过对经济学有关垄断与竞争理论及美国反托拉斯政策的历史沿革和基本内容的综合分析，试图找出经济理论与反托拉斯政策几度兴衰的内在原因，以及在规范主要对象方面的矛盾和主要问题。

本书在对美国反托拉斯政策基本内容和相关经济理论进行批判性分析的基础上，对美国反托拉斯政策进行综合评析，指出美国反托拉斯政策维护竞争基本方法的不科学性；美国反托拉斯政策经济理论基础的脆弱性；以及美国反托拉斯政策在执行过程中的内在矛盾。

总之，本书试图对美国反托拉斯政策做全面的剖析和公正的评价。作者认为，这对于推进西方竞争理论的研究，对于资本主义内在机制的深入了解，以及对于社会主义条件下我国反垄断的理论研究和相关立法，都将有所裨益。

[54] 张昕竹，让·拉丰，安·易斯塔什．网络产业：规制与竞争理论．社会科学出版社 2000 年出版．

本书主要研究包括电信、电力、交通等行业在内的规制与竞争理论，网络产业一直是规制与竞争理论的主要研究对象，它的范畴大体上相当于基础设施行业，但是更强调这些行业所具有的网络特征，并且早已成为一种约定俗成的用语。

目前在全球范围内发生的规制改革与竞争正在改变着世界经济的格局。这些改革大体上可以概括为两个方面的内容：一是激励规制改革，二是引入竞争机制。虽然这两种改革的背景有所不同，但是它们的目的都是为了改进运营效率，降低服务资费。

从更广泛的意义上讲，这些改革实质上是对政府在经济中究竟应该发挥什么样的作用这个基本问题的回应。现在，有关社会主义与资本主义之争已经结束，因为无论是社会主义还是资本主义，都需要大力发展市场经济。但是争论的焦点已经转移到，是规制还是竞争这个更具时代意义的问题上。

中国既没有像很多国家那样马上将网络行业私有化，也没有全面地放松规制，而是以国有运营商为主体，逐步引入竞争和不同形式的私人参与。从效果来看，这些改革无疑对促进中国基础设施行业的发展，特别是缓解这些当时的所谓“瓶颈”产业中存在的供给不足这一突出矛盾，起到了非常重要的作用。这些改革也存在着一些重要的缺陷：首先，改革基本上是封闭式的，或者说是以垄断为基本前提的，这与其他行业引入竞争机制的改革思路形成鲜明的对比。其次，承包制改革存在着严重缺陷。由于网络行业所特有的投资沉淀性，虽然大部分承包合同都规定了很高的激励强度，但是执行效果却很不尽如人意，产生了严重的国有资产流失等问题，最终不得不停止承包制的实行；最后，价格机制比较混乱，缺少有效的控制。

中国网络产业仍然面临着一些非常艰巨的改革任务：首先，从总体上看，目前的改革还不够深入。特别值得一提的是，目前的改革在促进竞争方面还显得缺乏力度，或者说放松规制的速度太慢。

其次，缺乏应有的制度建设。建立新规制框架至少包括两个方面的内容：一是规制制度改革，也就是说，一方面需要颁布或者完善与市场经济相适应的基础设施行业法；二是建立和完善反垄断制度，包括颁布中国的反垄断法，建立和完善独立的司法监督。

为了进一步推进中国网络产业的改革，特别是随着中国入世步伐的加快，近年来国内学术界和业界对制约中国网络产业进一步发展的很多问题给予了高度的关注，提出了很多非常有价值的观点和改革建议。但是从目前的讨论来看，似乎仍然需要在以下几个问题上有所突破：

①规制改革的作用。总的来讲，过去的讨论过于强调竞争的作用，而忽略了规制改革。从某种意义上讲，这种倾向确实有一定的道理，因为缺少竞争正是目前中国网络产业存在的最主要问题。但是如果说过去的体制主要是过于保护了原垄断运营商的话，那么这样做也有可能忽视规制制度在保证有效竞争形成中应该起到的作用。

②制度环境对规制与竞争改革的影响。中国国内很多学者认为，从本质上讲，所有国家的规制改革和竞争的政策都应该一样。这种观点虽然有一定的道理，但是却忽略了中国经济制度的特殊性，特别是某些重要的制度变量可能产生的影响。强调制度的特殊性并不是反对改革的借口，而是为了设计更合适的改革政策。

③如何处理分配问题。目前有关效率问题的讨论比较多，但是对分配问题却关注得比较少。在实际中，分配问题主要体现在某些重要的过渡政策上，而这些过渡问题往往具有明显的政治色彩。

需要考虑的过渡政策有很多，但其中最主要的可能有以下几点：首先是如何保证普遍服务和其他某些社会目标。其次是如何解决竞争对政府税收的影响。再有就是就业问题。最后是消费者在规制改革中也面临着过渡问题。

由此可以看出，为了真正得到竞争带来的收益，一方面要进行必要的制度改革，建立与市场经济相适应的规制框架；另一方面还要解决好一系列重要的过渡问题。

本书的主要目的是介绍网络产业的规制与竞争理论，并探索这些理论对中国规制与竞争改革的含义。

[55] 张昕竹．中国规制与竞争：理论与政策．社会科学文献出版社 2000 年出版．

中国社会科学院规制与竞争研究中心与世界银行学院（WBI）于 1999 年 11 月 24—25 日在北京联合举办了“中国规制与竞争：理论与政策”研讨会。本书汇集的就是这次研讨会的全部论文。

本书所汇集的研讨会的主要目的，是为研究规制与竞争问题的专家和学者，以及从事有关实际工作的业界人士提供一个互相交流的机会，共同探讨中国网络产业的规制改革和竞争中出现的理论和政策问题，以及解决这些问题的办法，从而为有关政府部门提供相应的政策建议。

本书讨论的内容主要集中在两个方面：一是规制与竞争理论，包括规制与竞争政策的特性及两者之间的关系，中国的规制与竞争政策等问题；二是电信、电力、铁路等产业的规制与竞争问题，包括这些部门的重组方案、未来的产业组织和市场结构等。

从目前整个世界的发展趋势看，传统的非竞争部门的改革的基本方向是，不断地用竞争政策取代规制，这一点应该是没有什么疑问的。

为了确立网络产业未来的竞争框架，实施有效而持久的改革，一些非常重要的理论和政策问题还有待于解决：

首先，究竟什么是这场变革的最深刻的推动力？是受实用主义左右的政府政策转变的结果，还是思想上的革命使然？规制思想的产生起源于现代工业经济的一个重要特点——企业经营的大规模化甚至垄断。为了维护自由经济制度，使市场机制能够有效地发挥其配置资源的功能，按照规制的思想，需要对网络产业的市场准入、价格、服务质量和服务条件、在合理条件下向所有用户提供服务做出规定。但关键问题是，规制本身也是有成本的，包括规制机构滥用权力所带来的危害，所以竞争的不完善并不一定意味着政府的规制。

纵观从规制到竞争政策演变的历史，不难看出，至少有两个方面的因素直接与规制和竞争政策的交迭出现有关：一方面，它是对产生于不同时代的种种问题的一种实用主义反映；另一方面，这种变革也反映了经济思想上的革命，体现了时代的精神。这种变革的基本理念是拒绝市场失灵的概念，强调规制的负面影响而不是垄断的危害。从最终的政策效果看，这种思想无疑取得了胜利。

其次，规制与竞争政策的目标是什么？应该是效率与公平，效率目标主要关注的是自然垄断问题。它是经济规制的出发点。如果没有规模经济，或者没有范围经济，就没有垄断和限制竞争的必要。但是，令人非常遗憾的是，现有的实证研究结果有很大的分歧，不能为我们的判定提供充分的依据。规制的另一个目标是包括公平在内的一些公共目标。过去的经验表明，用规制工具实现这些目标确实存在很多问题。

最后，竞争政策是否应该或者是否会完全取代经济规制？从目前的发展趋势来看，竞争的范围无疑正在日益增大，而规制的范围相应的在不断减少。不过，即使是最激进的经济学家大概也会承认规制仍然在某些方面起重要作用。

纵观经济思想发展史，规制与竞争问题，或者更广泛地讲，国家与市场的分工，一直是经济学研究中争论不休的话题。当然，这些思想的轨迹也必然会反映到具体的制度安排上：从发达经济传统的规制资本主义，到目前全球范围的自由化趋势，这种制度变迁显然正是对这些争议的反应。

书中的分析还着眼于中国的经济制度，也就是说，考虑了中国经济的制度环境，指出具体问题的症结所在。不然的话，我们就很难把握中国经济制度变迁的要义，不可能制定出适合中国国情的规制和竞争政策。毋庸置疑，强调中国经济的特点，特别是强调中国经济的过渡特征并不是反对改革的借口，而是强调制定符合国情的有效政策的重要性。

[56] 郑奇宝．从垄断到竞争——电信行业规制理论与实证研究．人民邮电出版社 2005 年出版．

本书开创性地尝试把制度经济学、交易费用理论的分析框架引入到电信行业规制研究当中，并从多种理论视角和实证角度剖析了竞争条件下电信行业规制存在的原因和特点，从理论上解释了电信行业竞争与规制悖论。作者认为，互联互通是政府为了解决全域生产方式和多元运营主体之间的矛盾而设定的一种强制性的特殊交易机制，政府平衡交易内化和外化矛盾的出发点应该是有效率竞争。

针对电信行业的规制发展情况大体分为两个阶段：第一阶段，20 世纪 80 年代前的垄断经营时期。当时人们认为电信行业作为基础设施行业，资源的有限性使其具有自然垄断性，因此采取了由政府或企业垄断经营的体制，并实施了针对企业垄断行为的管制。第二阶段，20 世纪 80 年代后，在全球经济发展的背景下，电信行业开始了一场旨在打破垄断、推动竞争、放松规制的变革，电信行业进入竞争时期。改革确实促进了电信行业的快速发展，但由此而带来的复杂市场关系，尤其是西方国家放松规制后引发的过度竞争，甚至混乱和行业危机，也是人们始料不及的。无论是先前的垄断管制理论或是自由竞争理论，都不能很好地解释和指导这一行业已经和正在发生的深刻变革。

在经历了一段时期的快速发展和体制变革后，当前国内电信行业面临深刻的市场转型和业务变革，迫切需要加强引导和控制。如何为国内电信行业发展营造更加健康、良好的制度环境，也是目前面临的重要理论和实践课题。

作者在汲取前人研究成果的基础上，从理论和历史多种视角剖析了当前电信行业面临的竞争与规制关系以及竞争条件下电信行业规制存在的原因，揭示了电信行业规制制度变革的理论机理和内在动因。本书的最大特点是引入了“竞争性垄断”和“有效率竞争”的概念，通过把电信网络特点、行业特性和企业行为关联起来进行研究，揭示了政府规制、运营商行为与行业结构及绩效之间的关联关系和互动作用，指出电信行业是竞争性垄断行业，需要的是有效率竞争。此外，作者还尝试将制度经济学、交易费用理论引入到电信规制研究当中，用于分析运营商在交易内化和外化问题上的矛盾。认为互联互通作为政府强制设定的一种特殊交易机制，较好地解决了全域生产方式和多元运营主体之间的矛盾，并应考虑互联互通成本的问题。政府在平衡交易内化和外化问题上的出发点应该是有效率竞争。

本书尝试用产业组织理论、制度经济学及其交易费用分析方法，剖析电信产业规制问题，并试图在原有理论的基础上建立新的分析框架，但囿于作者的学识素养，呈现给大家的或许只能算是作者的学习心得和体会。

长期以来，人们一直把电信行业视为自然垄断行业，认为电信服务的基础性、网络的完整性、固定资产的沉淀性以及电信运营的规模经济决定了电信行业采取垄断经营模式的必要性，许多国家通过国有制、法律、制度等形式确立了电信行业的垄断经营体制，并维持了相当长的时间。由于垄断经营会产生供给不足、价格太高以及企业内部 X—非效率等负面效应，因此，步入 20 世纪 80 年代后，以发达国家为代表，许多国家相继进行了以放松规制、推动竞争为主导的电信规制改革。改革在一段时期内确实推动了电信行业在许多领域的改善和发展，但放松规制后，电信服务市场出现了恶性竞争局面，部分发达国家的电信行业曾步入前所未有的困境，美国的电信巨头纷纷走向破产或合并。电信行业这一深刻变化带来了严重的理论和政策短缺，目前国际上有关电信行业规制的理论和政策都处于彷徨期。

当前中国电信行业发展非常迅速，伴随着技术进步而出现的电信主体和电信服务的多元化以及由此而带来的复杂的市场关系和利益格局，远远超出电信垄断时期人们对电信行业的认知。

本着探索的原则和精神，本书采用理论分析、实证研究和比较研究相结合的方法，通过对电信行业规制的理论分析和实证考察，揭示电信行业规制制度变革的理论机理和实践路径，阐述电信行业规制的基本原理。本书着意探讨了电信行业的特性、电信规制演进的方向；剖析了当前中国电信行业规制政策及实施方面存在的主要问题，说明中国电信行业规制政策改革的必要性、指导思想和基本原则，提出了中国电信行业规制改革的具体思路，以期为国内电信规制改革及电信规制理论的发展和完善尽绵薄之力。

[57] 朱家贤．反垄断立法与政府管制．知识产权出版社 2007 年出版．

在自由竞争的市场上，单个企业是不能决定市场价格的。企业的利润来自于市场价格与产品成本之间的差额，一般的企业是靠降低产品成本来扩大利润的。但是，受赢利最大化动机的支配，企业总是试图影响价格。企业总是有一种本能的冲动去扩大市场份额，限制其他企业与自己竞争的能力。商场如战场，经过激烈的竞争，优胜劣汰的结果就是生产和市场集中，即垄断。争得垄断地位的企业总是试图维持自己的垄断地位。企业以共谋方式取得垄断地位，或滥用市场支配地位，会对市场竞争秩序、消费者的权益造成损害，理应受到反垄断法律的规制。

自然垄断产业、网络性产业或公用事业某种程度的垄断，或某些垄断行为是合理的，可以为反垄断法所豁免。在大多数国家，这些产业或部门是受政府管制的。政府通过市场准入政策保障这些产业或部门的有限竞争、适度垄断，通过价格、质量、技术、普遍服务等政策引导企业的良性竞争。

实践证明，不仅市场是有缺陷的，政府干预也存在失灵的问题。低效率、寻租、分配非公平性等大量问题在政府直接管制下愈发凸显，特别是技术促使许多在纯公共领域原来不可分的业务，变为可分的、可竞争的类型，市场力量在很大程度上表现得更有活力，放松管制成为不可避免的趋势。许多新的行业法中引入了反垄断条款，并在行业法中明确规定行业法的实施不得影响反垄断法的适用。正因为如此，行业法与反垄断法、政府管制与反垄断规制、政府管制机构与反垄断机构的职能，常常会产生权力的重叠与冲突，使企业面临双重监管，并面临行为后果的不可确定性。如何正确处理两者的关系，科学、合理地配置两者的职能，以充分发挥两者在反垄断工作中的作用，共同维护中国社会主义市场经济秩序，显得尤为重要。

西方经济学理论的鼻祖亚当·斯密指出，竞争可以降低产品的成本与价格，使整个社会因企业效率提高而受益。斯密之后 200 多年的实践证明，竞争是降低产品价格、改进产品质量以及创造新产品的动力。斯密的市场机制的种种基本假设前提，排除了导致竞争性市场结构与职能发生根本变化的一切因素，如 19 世纪末到 20 世纪初存在的寡头垄断企业与市场支配力的扩大。换言之，斯密的“完全竞争”理论忽略了竞争的消极影响。

而马克思的竞争理论则指出，无政府的自由竞争可能导致垄断并破坏经济发展秩序。大多数市场是不完全竞争的，任何企业都希望通过某种优势，获得对市场价格的操纵权。自由竞争的结果，很有可能使资本集中到具有优势地位的企业手中。

20 世纪 60 年代，以梅森、贝恩、谢勒为代表的哈佛学派，主张有效的市场必须消除市场进入的限制，其中主要是人为的限制。以是否导致有效市场成果或绩效来判定竞争行为的合法性。

无论如何，我们承认，竞争是市场经济的支柱，是市场经济取得效率的基本条件。尽管各国对反垄断规则的目标及具体模式存在分歧与差异，但对于影响与阻碍竞争的基本行为，各国反垄断法则的内容框架则趋向一致，一般包括以下几个方面的内容。禁止限制性协议、决议或协同行为——这种协议或协同行为通常被称为卡持尔；禁止滥用支配地位的行为；控制集中或合并。

管制一词源自英文的 regulation 或 regulatory constraint。国内外理论界对政府管制进行了大量的解释。管制的具体手段主要有企业的进入和退出，产品或服务的价格，公共资源（如电信业中的频率、号码、卫星轨道）的许可、认证、执照、承认、申报等许可认证制度和企业的财务会计披露和审查制度。

公共利益理论认为政府管制是对市场失灵的回应。20 世纪 70 年代初，以施蒂格勒（George Stigler）为代表的经济学派提出的政府管制俘虏理论，对政府管制公共利益理论提出了挑战。新制度经济学的开山鼻祖科斯（Coase）则提出了交易费用理论，研究了管制的边界问题。

反垄断和政府管制都是对付市场失灵的制度。在必要的自然垄断行业，需要政府进行直接干预。而随着自然垄断行业竞争性的加强、市场竞争机制的介入，政府需要借助反垄断法对有违竞争秩序的行为进行规制。两者是既相互补充又相互替代的制度，两者间存在着共通与互动关系。一方面，行业竞争机制需要通过行业管制来配合实现，在垄断已经长期存在的垄断性行业，很多时候引入竞争是不能靠市场化、放松管制来实现的。打破垄断和引入竞争都主要靠管制来实现，尤其是在引入竞争的初期，新进入企业与产业内占据市场支配地位的原有企业之间，竞争实力差距的悬殊，使得竞争引入存在诸多困难。一定程度的不对称管制和接入管制等，往往有利于实现公平、有效的竞争。另一方面，行业管制需要通过反垄断规制来提高效率。在行业管制改革过程中，在引入竞争机制的同时，为一些企业利用其支配地位实施或企图实施限制竞争行为提供了更大的空间。随着反垄断执法能力的加强，反垄断法对企业市场行为的约束力加强，行业管制的手的加强，反垄断法对企业市场行为的约束力加强，行业管制的手段将发生变化。价格和限制市场进入等的硬性管制手段可能将不再需要，而对产品的质量、服务、投资、设备等的软性管制可能将成为重要的管制手段。

反垄断工作是一项系统工程，并不是简单的法律分析与运作，还要依托经济、管理、行业等专门知识才能达到目的。因此，有必要在监管机构与反垄断机构之间构筑合作、协调互助的权力配置格局，充分发挥整个制度资源的作用。

[58] 朱晓林．中国自来水规制改革研究．东北大学出版社 2009 年出版．

城市是区域经济发展和社会进步的重要空间载体，自来水业是支撑城市存在和发展的重要基础设施，是城市公用事业建设和改革的关键，它不仅影响和制约着城市的可持续发展，而且直接影响和制约着人类的生存和发展。随着城市化进程的加快，要求有越来越多的自来水生产与供给；同时，人们生活水平的不断提高也对自来水生产与供给的质量提出了越来越高的要求。特别是面对水短缺和水污染，怎样保证城市自来水既能满足人们日常生产和生活需要，又使水资源的使用最有效率，已经成为人们关注的问题。

长期以来，自来水业一直被认为是自然垄断产业，各国政府对其一直实行严格的规制。20 世纪 80 年代以来，美国、英国、法国等主要发达国家开始对自来水业的“政企合一体制”进行改革，大量引入私人力量和市场机制，采取了各种各样的规制措施，如放松进入规制、引入激励性价格规制方法、注重质量规制和环境规制等，政府职能也被重新定位，由原来的垄断经营者转变为主导者和规制者，从而有效地扭转和改变了自来水业经营效率低下、亏损严重的状况，取得了显著的成效。

中国是水资源短缺的国家，许多城市生产、生活用水困难，城市供水安全受到严重威胁；同时，受污染水体逐年增加，水污染控制相对滞后，又加剧了水资源的短缺。我国是人口大国，用水供求矛盾突出。我国自来水业传统的经营机制又加剧了这一矛盾：一是一直采用统一给水方式，即不管什么用途都按照生活饮用水标准供给，这既是对优质水资源的巨大浪费，也是对人力、物力与财力的浪费；二是一直采取“多亏多补、少亏少补、不亏不补”的低价格、高财政补贴的机制，价格基本上不受供求关系和成本变动的影响，使人们的节水意识淡薄，水资源浪费现象比较严重。

但自来水业是否应该市场化、市场化的模式选择、价格提升幅度、如何提高供水质量和控制污染等问题一度成为业内人士争论的焦点，这就需要理论界明确思路，提出合理的改革方案，以推动自来水业健康、稳定、快速发展。

水是稀缺资源，我国水资源状况的严峻形势以及自来水企业效率低下的现实已使自来水业成为城市经济发展的瓶颈。自来水不但无法像同是自然垄断行业的电力、天然气一样大量生产，一旦资源配置不当或者供需失调，无法从国外进口补充，又没有很好的替代品，市场万一失灵会在极短时间内引发经济衰退和社会恐慌，所以自来水业规制改革的研究具有现实而深远的意义。

鉴于自来水在国民经济中的重要地位、自身的特殊属性——集自然垄断性、公用事业性、资源稀缺性和明显的地区性于一体——政府应该采取有效的规制措施以确保自来水业的健康、稳定、有序发展。这需要我们对城市自来水业规制体系的改革进行系统研究，提供一种建立在经济学的自然垄断规制理论、公共管理理论基础上的合理的并具有可操作性的自来水业的规制体系，来指导我国自来水业的规制改革进程，这既可对中国自来水业的规制体系改革具有指导意义，又可为转轨国家提供借鉴。我国自来水业规制改革应该以提高行业竞争力为基本原则。

体制改革和本书主要目的是分析研究如何建立适应中国国情的自来水业规制体制改革和体系改革的基本框架，依据的主要理论是规制经济学、新制度经济学、博弈论等相关理论，在分析和研究的过程中采用的主要研究方法如下：

（1）历史与逻辑相统一的方法。

（2）比较研究方法。

（3）规范分析与实证分析相结合。

（4）定性分析与定量分析相结合。

本书的主要创新之处表现如下：第一，在借鉴西方主要发达国家自来水业规制改革经验的基础上，对中国自来水业规制改革，尤其是规制体系改革进行了系统研究，同时注意与规制体制改革的有效衔接；第二，在对自来水业进入规制、价格规制、质量规制进行研究的同时，加强了对自来水业环境规制的研究，拓展了自来水业规制体系研究的视角；第三，对自来水业的定价模式进行了深入分析探讨，构建了激励性价格规制模型，在水价制度上引入浮动价格制度、插卡取水制度、淡旺季水价制度、分质供水制度等，并提出了适合我国国情的对策性建议，对深化自来水业规制体系改革具有参考和借鉴作用。

第五部分

学术论文索引

2009 年

[1] 2008 年 10 月至 12 月价格监督检查司工作大事记 [J]. 中国价格监督检查. 2009 (02).

[2] 2008 年我国风电制造商市场份额 [J]. 电力技术. 2009 (04).

[3] 2009 年 1 月 ~2 月价格监督检查司工作大事记 [J]. 中国价格监督检查. 2009 (05).

[4] 2009 年 3 月至 8 月价格监督检查司工作大事记 [J]. 中国价格监督检查. 2009 (11).

[5] Adrian Emch, Gregory K. Leonard. 掠夺性定价的经济学及法律分析——美国和欧盟的经验与趋势 [J]. 法学家. 2009 (05).

[6] Che Hasmah Hassan, 高巍. 马来西亚农产品市场准入政策与中马食用菌贸易展望 [J]. 浙江食用菌. 2009 (01).

[7] Hannibal. "兼并重组", 协调才能达到共赢 [J]. 中国汽车界. 2009 (18).

[8] IDC: 2009 年笔记本将占中国 PC 市场的近 40% [J]. TWICE 消费电子商讯. 2009 (01).

[9] Robert Justis, Jonathan Comish, Ye-Sho Chen, 等. 特许经营中不相配与处理不当的关系 [J]. 现代商业. 2009 (04).

[10] UIT: 打破国外存储垄断 [J]. 中国电信业. 2009 (11).

[11] 阿砌. 3G 时代带来了什么? [J]. 中国西部. 2009 (Z1).

[12] 艾慧. 能源价格改革的效应维度分析 [J]. 当代经济研究. 2009 (01).

[13] 艾·里斯, 杰克·特劳特. 市场竞争中不可忽视的 3 个定律 [J]. IT 时代周刊. 2009 (15).

[14] 艾丽西亚·希龙, 黄志龙. 银行业兼并和超级并购: 阿根廷、巴西和墨西哥 [J]. 拉丁美洲研究. 2009 (01).

[15] 艾学蛟. 汇源不破不立: 三分天下待考验 [J]. 现代企业文化 (上旬). 2009 (04).

[16] 安浩. 房地产产品的未来——垄断资源平民化的回归 [J]. 北京房地产. 2009 (02).

[17] 安玉兴, 田华, 李宇. 非互惠接入定价、F-M 模式与电信网络竞争: 解释及政策含义 [J]. 云南财经大学学报. 2009 (05).

[18] 白宝芬. 行业协会限制竞争行为法律分析 [J]. 经营管理者. 2009 (20).

[19] 白宝芬. 运用"假定垄断者测试"界定相关市场——以可口可乐收购汇源案为例 [J]. 知识经济. 2009 (14).

[20] 白芙蓉. 可口可乐并购汇源失败的评价与启示 [J]. 经营与管理. 2009 (06).

[21] 白桦. 阳光, 谁也不能垄断 [J]. 诗刊. 2009 (17).

[22] 白文琳. 基于网络的竞争情报研究——通过网络获取企业竞争对手的财务情报 [J]. 金卡工程 (经济与法). 2009 (02).

[23] 白秀琴, 冯智宇. 高新技术产业中寡头企业的市场竞争博弈研究 [J]. 南阳理工学院学报. 2009 (02).

[24] 白雪飞, 明磊. 对我国价格听证程序若干问题的思考 [J]. 湖南医科大学学报 (社会科学版). 2009 (02).

[25] 白雪洁, 张东崴. 决策、激励与生产效率——对中国钢铁行业上市公司影响的实证分析 [J]. 财经论丛. 2009 (03).

[26] 白延隆. 出口管制使美国通信卫星产业受到重创 [J]. 国际太空. 2009 (11).

[27] 白迎超. 自然垄断企业不合理福利制度的危害及治理 [J]. 劳动保障世界. 2009 (06).

[28] 白云霄，徐杰．网络营销对于传统营销的竞争优势分析［J］．河北工程大学学报（社会科学版）．2009（03）．

[29] 柏桦，刘立松．清代的借贷与规制“违禁取利”研究［J］．南开经济研究．2009（02）．

[30] 拜俊鹏．民航卫星网与固话网对接调测与分析［J］．数字通信世界．2009（01）．

[31] 包俊林．我国西部城市公用事业体制改革路径探索［J］．科学咨询（决策管理）．2009（12）．

[32] 包睿，伍青生．中国国有寡头垄断行业有效竞争机制研究［J］．河北工业大学学报．2009（01）．

[33] 包姝妹．外资资本进入民航业引发的法律思考［J］．法学杂志．2009（10）．

[34] 鲍彩云．我国电力市场运营模式的比较分析［J］．中国水运（下半月）．2009（01）．

[35] 鲍长生．食品安全政府规制失灵的原因与对策探讨［J］．价格理论与实践．2009（02）．

[36] 鲍陈祎．国家调节权与国家垄断的关系［J］．绍兴文理学院学报（哲学社会科学版）．2009（02）．

[37] 鲍文．浅析我国电信业法制［J］．法制与社会．2009（04）．

[38] 北京城市地下管线管理研究课题组，陈善亮．国内外城市地下管网管理的相关经验与做法［J］．城市管理与科技．2009（02）．

[39] 本刊编辑部，陈金桥，曾剑秋，等．共话全业务运营模式下的电信管制［J］．江苏通信．2009（01）．

[40] 本刊编辑部．尚福林：支持企业利用资本市场开展兼并重组［J］．创新科技．2009（11）．

[41] 本刊编辑部．许小年：油价管制回到了30年前？［J］．创新科技．2009（09）．

[42] 本刊评论员．等闲识得东风面 万紫千红总是春——《反垄断法》实施一周年回顾［J］．中国价格监督检查．2009（09）．

[43] 本刊首席时政观察员．民资入场首先要破“玻璃门”［J］．领导决策信息．2009（36）．

[44] 本刊县域经济观察员．农产品市场准入拉开大幕［J］．领导决策信息．2009（34）．

[45] 毕舸．行业协会垄断的根子是伪市场化［J］．中国中小企业．2009（09）．

[46] 毕舸．英特尔，反垄断第一案［J］．中国中小企业．2009（06）．

[47] 毕金平．论企业共同研发之反垄断法规制［J］．中国工商管理研究．2009（01）．

[48] 边维刚，黄雪柳．反洗钱监管协调与合作问题［J］．上海金融．2009（02）．

[49] 边振宇．网络经济环境下企业的合作与竞争［J］．电动自行车．2009（06）．

[50] 卞东旺．反垄断法的执行与消费者的参与［J］．企业导报．2009（07）．

[51] 卞英姿．企业合并基础性内部交易抵销处理［J］．财会通讯．2009（31）．

[52] 卜范岩．中国政府管制的发展方向——基于美国经验的对比分析［J］．黑龙江对外经贸．2009（08）．

[53] 卜曙光，萧延高．现代专利联盟的组织特征与运行机制分析［J］．科技与管理．2009（02）．

[54]《不对称竞争》出版发行 读懂华为 战略制胜［J］．企业管理．2009（01）．

[55] 步淑段，吕志超，吕建珍．外资并购我国民族品牌的风险分析［J］．石家庄经济学院学报．2009（02）．

[56] 部门利益理论与新规制经济学［J］．公安研究．2009（05）．

[57] 蔡超．我国保险市场结构的福利分析［J］．金融发展研究．2009（01）．

[58] 蔡高强，杨璐畅．可口可乐并购汇源的法律思考——兼论跨国并购对民族品牌的机遇与挑战［J］．行政与法．2009（04）．

[59] 蔡华．中国财产保险市场结构、效率与绩效关系检验［J］．广东金融学院学报．2009 (03)．

[60] 蔡守秋，吴贤静．农村环境保护法治建设的成就、问题和改进［J］．当代法学．2009 (01)．

[61] 蔡武．蔡武：支持国有文化企业跨区兼并重组［J］．创新科技．2009 (10)．

[62] 蔡希杰，陈德棉．双寡头市场广告策略实证研究［J］．同济大学学报（自然科学版）．2009 (04)．

[63] 蔡希杰，汪宜丹．基于Lanchester模型的双寡头市场广告竞争研究［J］．财贸研究．2009 (04)．

[64] 蔡新源．如何规制环保行政自由裁量权的几点探讨［J］．科技创新导报．2009 (11)．

[65] 蔡秀芹．对我国地方政府环境管制的体制性障碍分析及出路探索［J］．法制与社会．2009 (09)．

[66] 蔡瑜萍．论我国经营者集中的反垄断审查［J］．法制与社会．2009 (10)．

[67] 操君．外资并购与本土品牌保护［J］．江西社会科学．2009 (02)．

[68] 曹宝明，辛馨．从垄断到竞争性垄断：网络经济下市场结构演进的静态博弈分析［J］．江苏社会科学．2009 (05)．

[69] 曹斌．出租车市场的管制租金及其分配——以北京市为例［J］．生产力研究．2009 (17)．

[70] 曹超．煤炭行业推行安全生产责任保险作用及问题探讨［J］．中国安全生产科学技术．2009 (05)．

[71] 曹发军．试论抗战时期四川物价管制的实施［J］．西南大学学报（社会科学版）．2009 (02)．

[72] 曹芳平，周武．中美职业体育产业垄断性质之考量［J］．南京体育学院学报（社会科学版）．2009 (05)．

[73] 曹国华，谢忠，黄薇．技术创新投资决策的不对称双头垄断期权博弈分析［J］．华东经济管理．2009 (02)．

[74] 曹鸿星．零售业创新的发展趋势［J］．北京工商大学学报（社会科学版）．2009 (01)．

[75] 曹会勤，储小平．地方政府规制、企业家能力与地区经济发展［J］．制度经济学研究．2009 (03)．

[76] 曹锦周，戴昌钧．基于 RPSCP 框架的中国民航产业组织研究［J］．财贸经济．2009 (07)．

[77] 曹锦周．转型期民航产业组织分析框架创新——中国民航业的经验检验［J］．上海经济研究．2009 (08)．

[78] 曹俊，熊中楷．闭环供应链中单个寡头制造商的价格和质量水平决策［J］．统计与决策．2009 (01)．

[79] 曹林．“理性爱国主义”：垄断理性符号的霸道［J］．记者观察（上半月）．2009 (05)．

[80] 曹露，宋杰．政府价格干预是市场经济中增大社会福利的必要条件［J］．四川文理学院学报．2009 (02)．

[81] 曹乾，杜雯雯．我国保险业的规模效率和规模经济估算［J］．上海金融学院学报．2009 (02)．

[82] 曹青原，吴薇薇．2004 年：英国电信业监管政策分水岭［J］．通信世界．2009 (05)．

[83] 曹珊珊．以专卖店营销模式打造专业电视品牌——电视经济生活频道品牌经营策略初探［J］．东南传播．2009 (09)．

[84] 曹世中．民营航空还能飞多远［J］．新财经．2009（04）．

[85] 曹伟，吴叶青．知识产权拒绝许可的反垄断法规制［J］．河南司法警官职业学院学报．2009（01）．

[86] 曹现强．转变发展模式 建设公共服务型公用事业［J］．城市发展研究．2009（09）．

[87] 曹旭．由出租车管理争议论行政垄断［J］．法制与社会．2009（27）．

[88] 曹雪．垄断行业高收入的法律规制分析［J］．经济研究导刊．2009（10）．

[89] 曹煜玲，张军涛，刘建国．医疗服务市场信息不对称及其规制［J］．云南财经大学学报．2009（02）．

[90] 查贵勇．中国服务业FDI资本效应及进入壁垒影响分析［J］．国际商务研究．2009（04）．

[91] 拆解水电垄断［J］．世界博览．2009（17）．

[92] 柴雪芳．日本3G市场竞争格局演进及运营商策略［J］．通信企业管理．2009（09）．

[93] 柴英红，杨思敏．浅析我国《反垄断法》中有关行政垄断的法律规制［J］．广州广播电视大学学报．2009（03）．

[94] 常峰，张子蔚．市场圈定条件下“药品差比价规则”分析［J］．软科学．2009（09）．

[95] 常雪飞．垄断竞争市场中排污税对环境技术扩散的影响研究［J］．求索．2009（10）．

[96] 常燕亭．主要发达国家食品安全法律规制研究［J］．内蒙古农业大学学报（社会科学版）．2009（05）．

[97] 车圣保．自然垄断规制理论综述［J］．价格月刊．2009（04）．

[98] 陈爱和．价格联盟保房价：抱团取暖能暖几时［J］．金融经济．2009（01）．

[99] 陈搏，王苏生，皮志刚，等．出租车行业管理战略思考［J］．交通企业管理．2009（04）．

[100] 陈灿祁．论我国反垄断法的域外适用［J］．湘潭师范学院学报（社会科学版）．2009（01）．

[101] 陈畅．水资源环境管制失灵问题研究［J］．科技信息．2009（08）．

[102] 陈晨．试析当前我国空间管制政策的悖论与体系化途径［J］．国际城市规划．2009（05）．

[103] 陈春生．公共企业的垄断性及其评价［J］．内蒙古电大学刊．2009（06）．

[104] 陈达．APEC部分成员反垄断的一些做法及启示［J］．中国价格监督检查．2009（11）．

[105] 陈法．论反垄断法的结构规制主义［J］．法制与社会．2009（08）．

[106] 陈菲．中国银行业监管目标：理论与现实的矛盾［J］．河南金融管理干部学院学报．2009（02）．

[107] 陈凤，张万洪．非营利组织税法规制论纲——观念更新与制度设计［J］．武汉大学学报（哲学社会科学版）．2009（05）．

[108] 陈锋．体育赛事转播权销售的反垄断问题初探［J］．天津体育学院学报．2009（04）．

[109] 陈锋，张新华．考虑发电商均衡报价的发电容量投资模型及其分析［J］．电力科学与技术学报．2009（02）．

[110] 陈富良，何笑．社会性规制的冲突与协调机制研究［J］．江西社会科学．2009（05）．

[111] 陈富良．垄断行业的效率、改革与规制重构——转型经济中的经验与教训研讨会观点综述［J］．中国工业经济．2009（12）．

[112] 陈富良，徐涛．电力行业规制政策的变迁及启示［J］．财经问题研究．2009（02）．

[113] 陈刚．FDI竞争、环境规制与污染避难所——对中国式分权的反思［J］．世界经济研究．2009（06）．

[114] 陈刚，李树．中国式分权下的FDI竞争与环境规制 [J]．财经论丛．2009 (04)．

[115] 陈光伟．从广电、电信双向进入看“三网融合”下的产业融合新格局 [J]．东南传播．2009 (08)．

[116] 陈桂华．目标公司反收购法律规制研究 [J]．山西警官高等专科学校学报．2009 (04)．

[117] 陈桂华．外资并购国有企业的反垄断法律规制研究 [J]．法制与社会．2009 (01)．

[118] 陈海秋．中国出租车行业存在的问题研究 [J]．郑州航空工业管理学院学报．2009 (02)．

[119] 陈红．经济视角下的环境保护机制研究：绿色税制、新型市场、绿色消费 [J]．财政研究．2009 (10)．

[120] 陈红，祁慧．煤炭企业安全行为选择的动因研究 [J]．中国矿业．2009 (09)．

[121] 陈鸿祥．金融衍生品市场的监管困境与管制安排——基于强制性制度变迁视角 [J]．上海金融学院学报．2009 (04)．

[122] 陈华丽．论我国公司瑕疵设立法律规制的完善 [J]．太原科技大学学报．2009 (02)．

[123] 陈荟如．政府采购中寻租问题的博弈分析 [J]．天水行政学院学报．2009 (01)．

[124] 陈及．我国药店连锁实证分析 [J]．北京工商大学学报（社会科学版）．2009 (04)．

[125] 陈佳颖．反垄断法基本制度比较研究——反行政垄断研究 [J]．法制与经济（中旬刊）．2009 (01)．

[126] 陈家涛．跨国企业跨国并购与新建选择的博弈分析 [J]．生产力研究．2009 (13)．

[127] 陈建国，张合军．澳大利亚工程服务市场准入制度分析与启示 [J]．建筑管理现代化．2009 (04)．

[128] 陈建伟，桂锦峰．对推进我国行政性垄断行业改革的政策建议 [J]．中国集体经济．2009 (15)．

[129] 陈建馨．关于美国政府反垄断的几点思考 [J]．管理观察．2009 (03)．

[130] 陈健斌．我国《反不正当竞争法》一般条款之完善论略 [J]．经济研究导刊．2009 (20)．

[131] 陈健冠，吴毅文．外部规模经济与中国高新技术产品出口竞争力的关系分析 [J]．现代商业．2009 (20)．

[132] 陈杰，张兴瑞．住房价格管制的福利经济学分析 [J]．探索与争鸣．2009 (08)．

[133] 陈金波．企业进入与汽车产业发展关系研究 [J]．华东经济管理．2009 (06)．

[134] 陈静．从经济学的视野看企业集中法律规制——兼评《反垄断法》[J]．法制与社会．2009 (12)．

[135] 陈静，张中强．政府规制何以降低交易成本 [J]．新西部（下半月）．2009 (10)．

[136] 陈静芝，蔡晓秀，严奇彪．可口可乐并购汇源案的反垄断分析 [J]．法制与社会．2009 (17)．

[137] 陈军，尚杰．我国粮食行业市场集中度低的原因分析 [J]．商业研究．2009 (05)．

[138] 陈军．行政法视野下的自我规制 [J]．云南行政学院学报．2009 (02)．

[139] 陈抗行．垄断的利用者 [J]．小康．2009 (08)．

[140] 陈斓．三家运营商之间共建共享远远不够 [J]．数字通信世界．2009 (07)．

[141] 陈蕾．从可口可乐收购汇源看民族品牌的崛起 [J]．大众商务．2009 (22)．

[142] 陈力丹．广告新闻：广告商与传媒合谋违法 [J]．东南传播．2009 (10)．

[143] 陈丽梅．再谈公共服务性企业客户满意度指标体系的建立 [J]．濮阳职业技术学院学报．2009 (05)．

[144] 陈玲．中国反垄断法之我见 [J]．科技信息．2009 (24)．

[145] 陈美玲，熊彬．论网络不正当竞争行为的法律规制——兼论《反不正当竞争法》的完善[J]．企业经济．2009（04）．

[146] 陈明艺，沈丽峰．上海市出租汽车市场价格管制问题分析［J］．城市公用事业．2009（02）．

[147] 陈南男．金融危机背景下高管薪酬法律规制新论［J］．特区经济．2009（09）．

[148] 陈宁远．“垄断”让中石化慌不择言［J］．中国石油石化．2009（19）．

[149] 陈培挺．浅析电信业适度竞争的政策环境［J］．民营科技．2009（02）．

[150] 陈平，李梦虺．从三鹿事件看政府行为外部性及相关规制的探讨［J］．海南金融．2009（08）．

[151] 陈秋艳．我国航运企业兼并行为的博弈分析［J］．现代商贸工业．2009（06）．

[152] 陈日标，杨高举．中国纺织服装市场秩序：基于博弈论的过度竞争分析［J］．浙江社会科学．2009（09）．

[153] 陈瑞剑，黄季焜，米建伟，等．从棉花种子市场和农户市场参与行为看我国种子行业的商业化改革［J］．中国软科学．2009（05）．

[154] 陈三毛．美国信用评级业及其未来的监管政策调整［J］．当代财经．2009（03）．

[155] 陈少华．放松管制与转变政府职能［J］．湖北经济学院学报（人文社会科学版）．2009（05）．

[156] 陈少华．我国国企高管薪酬的契约设计问题与公司治理对策［J］．财政监督．2009（12）．

[157] 陈收，曾薇．金融监管对金融产品影响研究新进展［J］．经济学动态．2009（10）．

[158] 陈思亮．论反垄断法对行政垄断的规制——基于行政垄断特征的分析［J］．呼伦贝尔学院学报．2009（04）．

[159] 陈四清．全球金融危机下中国商业银行竞争策略的若干选择［J］．国际金融研究．2009（06）．

[160] 陈素白，于利军．中国航空业之格局［J］．广告大观（综合版）．2009（04）．

[161] 陈通，张永开，王伟，等．政府规制视角下的烟草行业改革研究［J］．现代管理科学．2009（09）．

[162] 陈彤，许磊．浅议环境成本对企业经济效益的影响［J］．大众商务．2009（08）．

[163] 陈卫东．打破垄断思维才能与时俱进［J］．中国石油石化．2009（13）．

[164] 陈卫华．论旅游价格规制的政府失灵［J］．商场现代化．2009（07）．

[165] 陈湘珍．适度规模经营是农村经济发展的有效形式——对农村土地流转工作的调查与思考［J］．唯实．2009（01）．

[166] 陈小五．管制、市场与外汇资源配置［J］．中国货币市场．2009（04）．

[167] 陈小燕，许洁君．浅析依法治国视野下的垄断惩治［J］．当代世界与社会主义．2009（03）．

[168] 陈小毅，周德群．中国煤炭行业市场结构与经济绩效实证研究［J］．统计与信息论坛．2009（04）．

[169] 陈晓环．论竞争法中的经济法权利构建［J］．金卡工程（经济与法）．2009（06）．

[170] 陈晓梅．反垄断法控制企业合并的经济学和法理基础［J］．宁夏社会科学．2009（05）．

[171] 陈欣．美国金融改革方案对金融衍生品市场的监管反思［J］．河北法学．2009（11）．

[172] 陈新宏．基于虚拟经济规模化效应的研究与对策［J］．改革与战略．2009（06）．

[173] 陈秀梅．刍议行政垄断导致的收入差距扩大——基于对劳动和资本的不同影响分析[J]．南京社会科学．2009（03）．

[174] 陈学云，江可申，卢山．基于博弈分析的国际航空联盟形成动因探讨 [J]. 企业经济．2009 (09).

[175] 陈亚菊．出租车停运背后的制度问题研究 [J]. 北方经贸．2009 (08).

[176] 陈彦君．招聘却失业——劳动力市场与进入壁垒分析 [J]. 消费导刊．2009 (04).

[177] 陈艳，白灏．新疆风力发电政府规制的思考 [J]. 黑龙江对外经贸．2009 (07).

[178] 陈艳莹，孙辉．环境管制与企业的竞争优势——对波特假说的修正 [J]. 科技进步与对策．2009 (04).

[179] 陈焱．中国证券业的产业组织分析 [J]. 合肥学院学报 (社会科学版). 2009 (03).

[180] 陈燕红．我国专利权强制许可制度完善之分析 [J]. 法制与社会．2009 (20).

[181] 陈燕，刁江鹏．我国道路货物运输市场划分及政策分析 [J]. 经营管理者．2009 (17).

[182] 陈洋，Sky. 寡头时代 [J]. 体育世界 (扣篮). 2009 (02).

[183] 陈叶．企业垄断协议豁免制度的不足与完善建议 [J]. 商场现代化．2009 (28).

[184] 陈艺灵．关于跨国公司市场准入的监管 [J]. 知识经济．2009 (10).

[185] 陈银法，吴清萍．论零售商经营规模与买方势力的经济关系 [J]. 商业时代．2009 (06).

[186] 陈寅．浅议规制知识产权滥用方面反垄断法的适用 [J]. 青年科学．2009 (07).

[187] 陈瑛．外资并购与我国产业升级效应研究 [J]. 市场周刊 (理论研究). 2009 (09).

[188] 陈莹，李环．知识产权的反垄断思考 [J]. 青年科学．2009 (01).

[189] 陈映．规制变革：媒介融合研究的新定向——基于文献回顾与探讨 [J]. 新闻界．2009 (03).

[190] 陈永平．农村合作经济组织规模化的国际经验分析 [J]. 安徽农业科学．2009 (02).

[191] 陈勇江．产业集群“市场失灵”中的政府职能定位 [J]. 中国行政管理．2009 (05).

[192] 陈勇．浅议我国企业并购的反垄断法规制的缺陷 [J]. 金卡工程 (经济与法). 2009 (12).

[193] 陈予修，刘传兰，仲震康．特许经营中对受许人基于注意力的培训框架 [J]. 现代商业．2009 (27).

[194] 陈雨林．热点素材 2 可口可乐鲸吞汇源遭否决 [J]. 数学教学通讯．2009 (16).

[195] 陈园园．食品安全中的政府规制研究 [J]. 金卡工程 (经济与法). 2009 (07).

[196] 陈月．保险监管模式变革的政策效应——基于中国财险产业组织的视角 [J]. 经济问题探索．2009 (09).

[197] 陈钊怡，吴思思．公共产品供给民营化中的政府规制探索 [J]. 法制与经济 (中旬刊). 2009 (03).

[198] 陈肇兴，孙利华．我国药品流通规制的分析 [J]. 中国医药工业杂志．2009 (10).

[199] 陈正义．我国电信业价格上下限管制中“限值”的研究 [J]. 财经理论与实践．2009 (03).

[200] 陈志刚．中国 3G 产业宏观环境及管制政策研究 [J]. 移动通信．2009 (17).

[201] 成菲．我国天然气价格管制现状及其存在问题 [J]. 现代商业．2009 (27).

[202] 成善德．海外并购：中国企业如何应对美欧的反垄断挑战 [J]. 商业研究．2009 (10).

[203] 成天柱．基于经济分析的商业贿赂治理策略 [J]. 经营管理者．2009 (22).

[204] 程博云．价格听证：基于结构和制度层面的公共管理 [J]. 大众商务．2009 (06).

[205] 程婵娟，周伟．开放条件下影响我国商业银行规模经济的因素分析 [J]. 西安交通大学学报 (社会科学版). 2009 (01).

[206] 程丹．从澳门公共事业专营税看内地公共事业特许经营改革 [J]. 涉外税务．2009 (08).

[207] 程关松．行政规制在公司社会责任履行中的必要性与有效性 [J]．企业经济．2009 (01)．

[208] 程贵孙，陈宏民，孙武军．双边市场下电视传媒平台兼并的福利效应分析 [J]．管理科学学报．2009 (02)．

[209] 程贵孙．国际银行卡产业监管的比较研究及其启示 [J]．华东师范大学学报（哲学社会科学版）．2009 (03)．

[210] 程贵孙，李银秀．具有负网络外部性的媒体平台双边定价策略 [J]．山西财经大学学报．2009 (04)．

[211] 程贵孙，李银秀．平台型产业反垄断规制的几个关键问题研究 [J]．当代财经．2009 (07)．

[212] 程贵孙．平台型产业反垄断规制的理论误区与释疑——基于双边市场理论视角 [J]．商业经济与管理．2009 (03)．

[213] 程贵孙．我国银行卡产业运行机制、垄断行为与规制政策 [J]．上海金融．2009 (07)．

[214] 程皓．论中国古代法律对赌博的规制 [J]．行政与法．2009 (09)．

[215] 程迥．浅谈兼并重组企业的人力资源管理对策 [J]．中外企业家．2009 (14)．

[216] 程苓峰．互联网“重型化” [J]．中国企业家．2009 (16)．

[217] 程延杰．破解公用企业和垄断行业违法案件查处难题的几点做法 [J]．工商行政管理．2009 (22)．

[218] 程晔．国有独资企业改革难点与出路何在？ [J]．全国商情（经济理论研究）．2009 (21)．

[219] 程宜礼，刘宝英．《反垄断法》中相关市场的界定探讨——从可口可乐收购汇源失败说起 [J]．现代商贸工业．2009 (15)．

[220] 程毅．从单一垄断到多元互动：政府治理模式嬗变的多维视角 [J]．浙江学刊．2009 (03)．

[221] 程英卫．论反垄断法损害赔偿责任之民法依据——兼及公法与侵权法的接轨 [J]．中南财经政法大学研究生学报．2009 (04)．

[222] 程智开，丰云．公共服务民营化的理论基础及政府角色定位 [J]．湖南广播电视大学学报．2009 (01)．

[223] 程子阳，唐守廉．内容提供商与服务提供商竞争与合作的博弈分析 [J]．生产力研究．2009 (14)．

[224] 迟云．我国图书出版业“高定价、低折扣”现象解析 [J]．编辑之友．2009 (11)．

[225] 仇保兴．市政公用事业改革的理论和实践 [J]．城市管理与科技．2009 (04)．

[226] 出版：中国最穷的垄断产业 [J]．商周刊．2009 (10)．

[227] 褚业娴．我国反垄断法应对国际卡特尔的思考 [J]．法制与社会．2009 (02)．

[228] 楚世强．论外资并购的反垄断法律规制 [J]．金卡工程（经济与法）．2009 (08)．

[229] 丛菲，成澎．浅谈知识产权与反垄断法 [J]．法制与社会．2009 (01)．

[230] 崔德华．论政府规制的法律性维度 [J]．社会科学辑刊．2009 (05)．

[231] 崔国平．我国传媒产业政府规制改革探讨 [J]．商业时代．2009 (08)．

[232] 崔国平．西方传媒产业的政府规制及其对我国的启示 [J]．西北农林科技大学学报（社会科学版）．2009 (05)．

[233] 崔红建，马天山．公路货运政府管制的经济机理 [J]．长安大学学报（社会科学版）．2009 (01)．

[234] 崔红建，马天山．公路运输市场经济规制的全新视角 [J]．物流技术．2009 (04)．

[235] 崔红建，马天山．基于网络经济效应的中国道路货运问题［J］．长安大学学报（社会科学版）．2009（02）．

[236] 崔惠民．规制与竞争——我国公用事业民营化问题与对策研究［J］．经济问题探索．2009（07）．

[237] 崔萍．我国食品安全问题产生的原因探析［J］．中国新技术新产品．2009（02）．

[238] 崔仁杰．计算机网络系统的竞争特性研究［J］．硅谷．2009（16）．

[239] 崔晓红．百家网站集体状告百度的背后［J］．新财经．2009（01）．

[240] 崔晓瑛．浅议我国会计监管模式构建［J］．经济师．2009（08）．

[241] 崔晓筝，宋小威．企业合并的垄断力测度指标体系的构建［J］．特区经济．2009（06）．

[242] 崔亚．克胜集团力争加大国内市场份额［J］．农药市场信息．2009（08）．

[243] 崔友平，李凯．行政垄断造成行业收入差距过大的机理分析及治理对策［J］．山东经济．2009（02）．

[244] 打破垄断 推动塑料光纤国产化［J］．电信技术．2009（06）．

[245] 代瑾．药品招标新规再来［J］．中国医院院长．2009（06）．

[246] 代伟才．论反垄断法的价值取向［J］．山西警官高等专科学校学报．2009（02）．

[247] 戴骥，葛琼．规模经济问题的文献综述［J］．经济师．2009（01）．

[248] 戴均．国外规制特殊利益集团的思路及其借鉴［J］．唐都学刊．2009（02）．

[249] 戴均．宪政视阈下特殊利益集团的规制之维［J］．甘肃政法学院学报．2009（06）．

[250] 戴琳．我国市场规制法中的知识产权保护与限制［J］．云南大学学报（法学版）．2009（05）．

[251] 戴龙．日本反垄断法的域外管辖及对我国的借鉴价值［J］．上海财经大学学报．2009（05）．

[252] 戴龙．日本反垄断法实施中的竞争政策和产业政策［J］．环球法律评论．2009（03）．

[253] 戴路，刘晓庆．垄断、竞争与中国企业［J］．商场现代化．2009（01）．

[254] 戴珊珊．离岸公司在跨国并购中的作用及其法律适用［J］．法制与社会．2009（32）．

[255] 戴伟娟，林建永．自然垄断行业应慎用激励性规制——以供水行业为例［J］．上海城市管理职业技术学院学报．2009（05）．

[256] 戴雯吉，宋炳良．不完全竞争市场下航运企业的社会责任［J］．中国水运．2009（02）．

[257] 戴翔．中国海运市场中的市场势力及规制分析［J］．广西经济管理干部学院学报．2009（04）．

[258] 戴蕴芳．企业国有产权转让制度法律问题研究［J］．法治与社会．2009（07）．

[259] 单海燕，王文平．多个企业同时博弈的动态古诺模型的研究［J］．统计与决策．2009（20）．

[260] 单联香，李堪．春运火车票价与市场规律研究［J］．经济研究导刊．2009（02）．

[261] 单茹．由春运票价看中国铁路运输市场化问题［J］．经营管理者．2009（06）．

[262] 单双，韩超．激励相容视角下的煤矿安全规制成本分析［J］．山东财政学院学报．2009（02）．

[263] 党德强．论电视购物的法律规制［J］．社科纵横（新理论版）．2009（03）．

[264] 党小学．揭秘《反垄断法》施行以来首例原告获得补偿案［J］．法制与经济（中旬刊）．2009（11）．

[265] 刀锋．电信破垄，直逼产业结构调整［J］．中国改革．2009（08）．

[266] 邓博，李娅．科学发展观视野下的地方政府竞争［J］．云南行政学院学报．2009（01）．

[267] 邓．当代中国地方政府竞争的现实特征［J］．当代社科视野．2009（01）．

[268] 邓果宇. 德国企业并购的做法和经验 [J]. 冶金管理. 2009 (11).

[269] 邓基刚. 加强垄断行业多元化投资管理的对策研究 [J]. 现代企业教育. 2009 (07).

[270] 邓丽娟，从红云. 行政垄断的归责原则若干问题研究及体系建构——立足行政责任追究观之 [J]. 天水行政学院学报. 2009 (04).

[271] 邓明荣. 中国移动通信业的市场结构分析 [J]. 科技情报开发与经济. 2009 (01).

[272] 邓鹏. 双边市场与移动互联网用户发展策略 [J]. 通信企业管理. 2009 (06).

[273] 邓启峰，陈太玉. 我国商业银行法人机构准入管理问题分析 [J]. 学理论. 2009 (29).

[274] 邓翔文. 浅谈如何提高烟草专卖执行力 [J]. 广西烟草. 2009 (02).

[275] 邓小俊. 论我国刑法中管制刑的立法完善 [J]. 云南大学学报（法学版）. 2009 (02).

[276] 邓晓东. "人肉搜索"的法律规制研究——兼议 Web2.0 时代的道德审判 [J]. 武夷学院学报. 2009 (01).

[277] 邓晓宇. 关于对我国电信市场运行效率的若干思考 [J]. 人文杂志. 2009 (03).

[278] 邓鑫，沈伟基. 银行监管成本界定的质疑 [J]. 财经问题研究. 2009 (07).

[279] 邓雪琳，周敏. 地方政府规模与经济增长的关系——以中山市为例 [J]. 湖北行政学院学报. 2009 (03).

[280] 邓英. 网络能力与企业竞争优势关系的实证研究 [J]. 经济地理. 2009 (09).

[281] 邓迎贵. 从政府的视角看我国食品安全 [J]. 知识经济. 2009 (10).

[282] 邓永国，刘伟. 谁动了市场准入的"奶酪"? [J]. 石油石化物资采购. 2009 (06).

[283] 邓聿文. 出租车特许经营体制该改了 [J]. 中华建设. 2009 (01).

[284] 狄琳娜. 滨海新区跨国公司技术转移与技术垄断博弈研究 [J]. 特区经济. 2009 (10).

[285] 电信重组 [J]. 世界电信. 2009 (Z1).

[286] 刁小娟. 反垄断法应以消费者福利最大化为目的——结合我国《反垄断法》第一条 [J]. 法制与经济（下旬刊）. 2009 (04).

[287] 刁新军，杨德礼，任雅威. 基于扩展 Hotelling 模型的企业竞争策略研究 [J]. 管理学报. 2009 (07).

[288] 丁纯. 德英两国医疗保障模式比较分析：俾斯麦模式和贝弗里奇模式 [J]. 财经论丛. 2009 (01).

[289] 丁道勤，刘明忠. 从 Rambus 案看标准化中的专利滥用 [J]. 世界电信. 2009 (08).

[290] 丁凤楚，王竹. 论基金管理人忠实义务的法律规制 [J]. 社会科学研究. 2009 (01).

[291] 丁国峰. 我国反垄断法私人实施的竞争文化探讨 [J]. 法治研究. 2009 (07).

[292] 丁国峰. 我国《反垄断法》中"其他协同行为"的含义和证明 [J]. 中国工商管理研究. 2009 (09).

[293] 丁海防. 电信行业服务缺陷行为的思考 [J]. 法制与社会. 2009 (06).

[294] 丁怀梅，顾见勋. 试论市场规制法的法益目标——以竞争法为例定位市场规制法的价值取向 [J]. 青年科学. 2009 (02).

[295] 丁建国. 商业特许经营合同的法律探讨 [J]. 学习论坛. 2009 (10).

[296] 丁婕，白金. 法治视野下对烟草专卖立法与执法的浅思 [J]. 法制与社会. 2009 (19).

[297] 丁婕. 海外并购电信运营商国际化的主要方式 [J]. 消费导刊. 2009 (04).

[298] 丁亮. 政府主导下的国企合并行为的法律本质与制度规制 [J]. 法制与经济（下旬刊）. 2009 (07).

[299] 丁启军，杨骞. 自然垄断行业的政府规制与行政垄断——以中国电信业为例 [J]. 石家庄经济学院学报. 2009 (05).

[300] 丁胜. 蒙代尔—弗莱明模型的政策效应——在资本、利率双管制条件下 [J]. 安徽农业

大学学报（社会科学版）. 2009（04）.

[301] 丁永健，袁晓娜. 异质性视角的产业进入壁垒与流动壁垒——兼论我国产业管制的政策取向［J］. 经济问题探索. 2009（11）.

[302] 董邦俊，张继恒. 网络型公用事业民营化的法律问题分析［J］. 河南教育学院学报（哲学社会科学版）. 2009（05）.

[303] 董芳. 著作权集体管理组织的反垄断法规制［J］. 法制与社会. 2009（15）.

[304] 董静. 双寡头垄断市场上的排污权交易研究［J］. 陕西农业科学. 2009（05）.

[305] 董军. 输配电业务模式的国际比较［J］. 中国电力企业管理. 2009（13）.

[306] 董美根. 论专利产品销售所附条件的法律效力［J］. 华东政法大学学报. 2009（03）.

[307] 董美霞，陈艳. 中美内部控制监管机制比较研究［J］. 财经问题研究. 2009（04）.

[308] 董梦琦. 我国反垄断法的立法目的探讨——兼论一元目的说与多元目的说之争［J］. 青年科学. 2009（11）.

[309] 董四平，方鹏骞. 医院规模经济研究述评［J］. 中国卫生经济. 2009（09）.

[310] 董卫杰. 寡头垄断市场的显著特点分析［J］. 中国市场. 2009（27）.

[311] 董伟，何欢浪. 战略性环境政策的研究述评［J］. 上海财经大学学报. 2009（03）.

[312] 董伟霞. 我国食品安全监管问题研究［J］. 郑州航空工业管理学院学报. 2009（02）.

[313] 董新凯，俞佳. 论反垄断法中的民事责任［J］. 安徽大学学报（哲学社会科学版）. 2009（06）.

[314] 董砚宝. 我国城市公交民营化改革面临的问题及解决对策［J］. 经济研究导刊. 2009（14）.

[315] 董志明. 在2009年全国价格监督检查局长反价格垄断研讨班上的总结讲话［J］. 中国价格监督检查. 2009（09）.

[316] 窦苑倩. 政府规制下民办高等教育的发展路径探析［J］. 文教资料. 2009（24）.

[317] 杜传忠，齐孝福. 集群企业产品差异与技术创新溢出效应［J］. 产业经济研究. 2009（05）.

[318] 杜传忠. 市场集中与空间集聚：现代产业组织演进的两条基本路径［J］. 中国工业经济. 2009（7）.

[319] 杜创，蔡洪滨. 寡头市场、递归信念与声誉［J］. 世界经济. 2009（08）.

[320] 杜创. 信誉、市场结构与产品质量——文献综述［J］. 产业经济评论. 2009（03）.

[321] 杜娟. 关于建设廉价政府的行政法思考［J］. 金卡工程（经济与法）. 2009（05）.

[322] 杜凯，周勤，蔡银寅. 自然资源丰裕、环境管制失效与生态“诅咒”［J］. 经济地理. 2009（02）.

[323] 杜立辉，贾立杰，颜云云. 中国钢材产品集中度研究［J］. 冶金经济与管理. 2009（02）.

[324] 杜琳. 浅谈俄罗斯反垄断法对行政垄断的规制［J］. 法制与社会. 2009（09）.

[325] 杜伟. 行业协会的经济法确认与规制［J］. 青海社会科学. 2009（05）.

[326] 杜小伟. 政府规制下的企业环境责任［J］. 经营与管理. 2009（05）.

[327] 杜小伟. 政府规制下企业环境责任缺失的成因、对策分析［J］. 广西财经学院学报. 2009（03）.

[328] 杜跃荣，王雷. 从“人肉搜索”看刑法对网络环境下个人隐私权的保护［J］. 学理论. 2009（14）.

[329] 段超，张锐. 联华并购华联引发的思考——横向并购的理论分析［J］. 中国集体经济. 2009（18）.

[330] 段海峰，周梁云．浅析行政垄断［J］．经济研究导刊．2009（04）．

[331] 段平．对小灵通退市的经济法思考［J］．中国证券期货．2009（06）．

[332] 段天姝．论我国垄断企业的成本管理中的问题［J］．企业家天地下半月刊（理论版）．2009（08）．

[333] 段文斌，骆昭东．治理机制、行业聚集与国有工业部门绩效变动模式［J］．南开学报（哲学社会科学版）．2009（05）．

[334] 段向云．企业兼并后的文化整合边界研究［J］．中外企业文化．2009（11）．

[335] 对滥用市场支配地位执法的一点思考［J］．工商行政管理．2009（14）．

[336] 佴永松．放松管制不等于减少监管［J］．董事会．2009（09）．

[337] 佴永松．警惕规模经济的致命陷阱［J］．董事会．2009（03）．

[338] 樊杭．论反垄断机构与行业监管机构的权力配置——以自然垄断行业为视角［J］．法制与社会．2009（17）．

[339] 樊慧玲．转型期政府社会性规制的绩效测度［J］．广西经济管理干部学院学报．2009（02）．

[340] 樊荣．经营者安全保障的法律规制——以“公法模式”作为研究中心［J］．法律科学（西北政法大学学报）．2009（02）．

[341] 樊晓磊．软件产业反垄断法规制研究［J］．法制与经济（中旬刊）．2009（09）．

[342] 樊彦敏．特许经营商标权问题研究［J］．法制与经济（下旬刊）．2009（03）．

[343] 樊彦敏．特许经营中的知识产权问题研究［J］．湖南科技学院学报．2009（10）．

[344] 樊彦敏．特许经营中的专利权问题探析［J］．法制与经济（中旬刊）．2009（02）．

[345] 樊岳峰．旅行社业市场绩效影响因素分析——基于修正的SCP模型［J］．中共银川市委党校学报．2009（01）．

[346]《反垄断法》配套规章出炉［J］．财政监督．2009（08）．

[347]《反垄断法》条文解读（八）［J］．工商行政管理．2009（20）．

[348]《反垄断法》条文解读（六）［J］．工商行政管理．2009（16）．

[349]《反垄断法》条文解读（七）［J］．工商行政管理．2009（19）．

[350]《反垄断法》条文解读（三）［J］．工商行政管理．2009（03）．

[351]《反垄断法》条文解读（四）［J］．工商行政管理．2009（08）．

[352]《反垄断法》条文解读（五）［J］．工商行政管理．2009（13）．

[353]“反垄断与政府管制：理论与政策”国际研讨会在我校成功举行［J］．财经论丛．2009（01）．

[354] 范德成，胡顺东．我国产业经济竞争力的维护与反垄断规制柔性研究［J］．现代管理科学．2009（03）．

[355] 范方志．金融监管、信息不对称与道德风险［J］．宁夏社会科学．2009（06）．

[356] 范合君．公用事业民营化改革对消费者风险研究［J］．江苏商论．2009（10）．

[357] 范合君．中国自然垄断产业放松规制改革战略选择［J］．河北经贸大学学报．2009（05）．

[358] 范建双，李忠富．中国大型承包商规模经济和范围经济的实证研究［J］．数量经济技术经济研究．2009（02）．

[359] 范剑平．第二轮刺激计划重在放松管制［J］．房地产导刊．2009（06）．

[360] 范剑平．放松管制：第二轮“刺激”计划核心［J］．中国企业家．2009（08）．

[361] 范思凯．垄断产业改革需以制度条件为前提——《自然垄断产业规制改革理论研究：新制度经济学视角》一书简评［J］．辽宁行政学院学报．2009（11）．

[362] 范婷婷．论企业履行社会责任中的政府监管［J］．黄冈职业技术学院学报．2009（03）．

[363] 范伟丽．外资并购的反垄断法规制探讨［J］．河北法学．2009（05）．

[364] 范贤平．民族品牌也不能完全拒绝外资并购［J］．IT时代周刊．2009（10）．

[365] 范小军，陈宏民．零售商合谋模式下的渠道定价策略［J］．科研管理．2009（06）．

[366] 范雅然．我国钢铁行业的规模经济分析［J］．经济研究导刊．2009（14）．

[367] 范阳东，梅林海．论环境保护机制内化与企业自组织环境管理［J］．生态经济（学术版）．2009（01）．

[368] 方陈，李瑞庆，夏清，等．地区间电力市场互联互通相关问题（二）基于双向差价合约的互联互通市场的纳什均衡分析［J］．电力系统自动化．2009（23）．

[369] 方芳，蔡芳．从微软看数字产品的垄断［J］．武汉船舶职业技术学院学报．2009（03）．

[370] 方海燕，达庆利．基于产品差异化的企业战略联盟形式选择［J］．软科学．2009（07）．

[371] 方敏．基于PEST分析法的中国航空运输市场环境剖析［J］．市场论坛．2009（08）．

[372] 方敏．制约中国民营航空公司发展的三大瓶颈［J］．综合运输．2009（08）．

[373] 方宁，罗书宏．是谁否决了汇源案？［J］．中国对外贸易．2009（04）．

[374] 方琦．通货膨胀背景下能源价格管制政策的有效性分析［J］．知识经济．2009（16）．

[375] 方向．电力工程造价管理的弊端及完善［J］．当代经济．2009（13）．

[376] 方小敏．论反垄断法对国有经济的适用性——兼论我国《反垄断法》第7条的理解和适用［J］．南京大学法律评论．2009（01）．

[377] 房迎寒．控制企业金融风险 实现和谐稳健发展［J］．国际经济合作．2009（03）．

[378] 纺织行业：盈利能力低 行业集中度增加［J］．证券导刊．2009（20）．

[379] 废钢铁行业国内废钢铁市场贸易秩序自律公约［J］．中国废钢铁．2009（03）．

[380] 冯本勇，张丽萍．垄断产业集成供应链管理系统的体系结构研究——软件重用方法学指导下的六层体系结构供应链模型［J］．石家庄理工职业学院学术研究．2009（01）．

[381] 冯春晓，王延飞．市场结构与技术创新双向影响机制分析［J］．北方经济．2009（06）．

[382] 冯芬玲，李夏苗，周艾飞．铁路重载运输组织的规模经济性分析模型［J］．技术经济．2009（09）．

[383] 冯果，田春雷．从美国金融改革实践看我国金融无缝隙监管体制的构建［J］．武汉大学学报（哲学社会科学版）．2009（06）．

[384] 冯禾．相对优势地位的反垄断法研究——由百度竞价排名纠纷引发的法律思考［J］．金卡工程（经济与法）．2009（12）．

[385] 冯建军．福建市场日化专营店的竞争格局分析［J］．日用化学品科学．2009（08）．

[386] 冯金丽，詹浩勇．我国IPO抑价与政府管制关系研究［J］．价格月刊．2009（01）．

[387] 冯锦恒．反垄断法视角下的商标平行进口分析［J］．法制与社会．2009（06）．

[388] 冯锦恒．知识产权滥用行为的反垄断法规制——从反垄断法与知识产权法的一般关系看反垄断法在该领域的存在价值［J］．法制与经济（中旬刊）．2009（01）．

[389] 冯立果，王毅刚．创新困境与市场结构——我国制药工业缺乏创新的产业经济学解释［J］．当代经济管理．2009（03）．

[390] 冯丽．城市出租车行业经营模式的政府规制问题［J］．合作经济与科技．2009（12）．

[391] 冯丽佳．春运铁路票价制定经济学分析［J］．现代经济信息．2009（03）．

[392] 冯文斌．出租汽车行业管理制度研究［J］．科技信息．2009（05）．

[393] 冯文高．我国移动通信产业的竞争均衡分析［J］．现代经济信息．2009（16）．

[394] 冯妍秋．论我国反垄断法对经营者集中现象的规制［J］．齐齐哈尔师范高等专科学校学报．2009（04）．

［395］冯妍秋，时晋．从公法视角看我国国有企业改革目前存在的弊病［J］．消费导刊．2009（16）．

［396］冯禹丁．陈志武："国进民退"的五大后果［J］．中国市场．2009（46）．

［397］冯禹丁．英特尔跨过"垄断门"［J］．商务周刊．2009（23）．

［398］冯志鹏．浅议政府行政管理服务产出核算方法的改进［J］．金卡工程（经济与法）．2009（01）．

［399］冯中越，李览博．特许经营权拍卖中双重/第二货源理论研究的进展［J］．产业经济评论．2009（01）．

［400］冯中越，宋卫恭．城市公用事业的市场化改革与政府管制研究——以北京市生活垃圾处理产业为例［J］．北京社会科学．2009（02）．

［401］冯忠垒，陈圻．专利保护和市场需求规模对事前被许可企业自主创新投资决策的影响［J］．工业技术经济．2009（06）．

［402］付菁菁，孙珊珊．对我国行政性垄断问题的探讨［J］．中国农业银行武汉培训学院学报．2009（02）．

［403］付铭．现代服务业集聚经济产生的垄断假说［J］．商业时代．2009（08）．

［404］付五平．东道国政府对跨国公司的规制问题初探［J］．怀化学院学报．2009（06）．

［405］傅明．反垄断法配套规则待完善［J］．上海国资．2009（03）．

［406］傅明．附加条件是否有助反垄断——附加条件设置与执行监督［J］．上海国资．2009（11）．

［407］傅明．国有企业托管及法律规制［J］．上海国资．2009（05）．

［408］傅晓桦，叶伟伟．从"可汇并购案"思考中国企业国际化之路［J］．福建质量技术监督．2009（05）．

［409］甘守义，张运书．网络暴力法律责任与规制研究［J］．法治论丛（上海政法学院学报）．2009（04）．

［410］高东照．全球化趋势下的跨国公司并购分析［J］．商业经济．2009（18）．

［411］高峰，崔本强．外资并购对我国的影响及法律对策［J］．商业经济．2009（07）．

［412］高国盛．政府垄断与征地制度改革［J］．农业经济．2009（04）．

［413］高国柱．全球化背景下政府管制的冲突与协调——以涉外经济管理规范为视角［J］．清华法学．2009（01）．

［414］高汉．对冲基金风险及其监管的法律制度思考［J］．河南师范大学学报（哲学社会科学版）．2009（03）．

［415］高鹤文．浅谈我国自然垄断产业治理方式的选择［J］．吉林省经济管理干部学院学报．2009（03）．

［416］高建刚．价格上限规制何以优于回报率规制［J］．石家庄经济学院学报．2009（05）．

［417］高建刚．理性上瘾、劣值品与瘾性物品的最优管制［J］．公共管理学报．2009（04）．

［418］高建刚．市场结构与厂商产品创新动机研究［J］．产业经济评论．2009（03）．

［419］高静．试析知识产权滥用的反垄断法规制——从搭售的角度分析［J］．法制与社会．2009（29）．

［420］高岚．构建我国私募基金法律规制的若干思考［J］．法学杂志．2009（05）．

［421］高粮．产业转型与产业发展研究的新进展——中国工业经济学会2009年年会学会观点综述［J］．中国工业经济．2009（12）．

［422］高曼．寻租理论的发展和经济学意义［J］．重庆科技学院学报（社会科学版）．2009（07）．

[423] 高明，解百臣，杨顺元．我国主要商业银行生产效率变动趋势研究 [J]．西安电子科技大学学报（社会科学版）．2009（05）．

[424] 高宁．市场突变下的牛奶消费选择与产品定价 [J]．财经界（学术版）．2009（07）．

[425] 高培毅．发电企业内部控制 [J]．内蒙古科技与经济．2009（17）．

[426] 高鹏程．海商法领域的反垄断去向何处——论班轮公会反垄断法豁免的发展和对中国的启示 [J]．研究生法学．2009（01）．

[427] 高萍．我国药品价格规制失灵的经济学分析 [J]．商业时代．2009（10）．

[428] 高巧燕．论经济法视角下的自然垄断行业的法律规制 [J]．改革与开放．2009（06）．

[429] 高勤学．浅谈地方电力企业管理 [J]．经营管理者．2009（15）．

[430] 高淑萍．基于电力市场化的电力企业竞争力研究 [J]．现代经济信息．2009（17）．

[431] 高伟娜．垄断性产业普遍服务问题探析 [J]．经济论坛．2009（16）．

[432] 高希华．关于外资并购国有企业法律的思考 [J]．商场现代化．2009（07）．

[433] 高小平．《中国垄断性产业管制机构的设立与运行机制》评介 [J]．中国行政管理．2009（06）．

[434] 高新军．缺乏监督，政府创新可能走向反面——深圳公用事业改革的反思与启示 [J]．中国改革．2009（08）．

[435] 高兴佑，郭昀．电力产业定价机制与价格规制研究 [J]．价格月刊．2009（04）．

[436] 高雅瑞，姜发根．外资并购境内企业的反垄断问题研究 [J]．三峡大学学报（人文社会科学版）．2009（01）．

[437] 高雅瑞，姜发根．外资并购中的垄断问题 [J]．郑州航空工业管理学院学报（社会科学版）．2009（01）．

[438] 高雁．我国行政垄断法律规制的现状及思考 [J]．河北法学．2009（01）．

[439] 高颖．从经济学角度读反垄断法 [J]．法制与社会．2009（01）．

[440] 高永全．跨国公司并购我国企业的影响分析——以汇源果汁收购案为例 [J]．消费导刊．2009（10）．

[441] 高勇．提高自身能力 向“垄断”说“不”——访中国安全防范产品行业协会副秘书长李建平 [J]．中国安防．2009（09）．

[442] 高宇．知识产权保护权利的滥用——非关税措施的新趋势 [J]．现代企业教育．2009（21）．

[443] 高育红．垄断：中资企业“赚钱忙” [J]．新经济杂志．2009（09）．

[444] 高源．非法行医法律规制研究——基于内蒙古通辽市丰田镇的调查分析 [J]．法制与社会．2009（13）．

[445] 高瞻，王现忠．从“百度屏蔽门”看“搜霸”摆布网络舆论进行“权力寻租” [J]．石家庄理工职业学院学术研究．2009（01）．

[446] 高瞻，王现忠．从“屏蔽门”看搜索霸权 [J]．新闻世界．2009（01）．

[447] 高展．中资商业银行中间业务定价制度研究 [J]．河南师范大学学报（哲学社会科学版）．2009（02）．

[448] 高志宏．“人肉搜索”的合理性与合法性分析 [J]．新疆社科论坛．2009（04）．

[449] 高志宏．我国产品质量监管制度的反思与重构——以产品免检制度的存与废为视角[J]．现代经济探讨．2009（03）．

[450] 高重迎．反垄断法的执行与消费者的参与 [J]．河南科技．2009（09）．

[451] 高重迎．竞争政策的法与经济学分析 [J]．经济经纬．2009（02）．

[452] 郜凌云．浅议我国行政垄断的法律救济制度 [J]．广州广播电视大学学报．2009（03）．

[453] 戈华清．论环境服务产业的法律规制［J］．消费导刊．2009（21）．

[454] 葛方林．简论知识产权滥用行为的反垄断法规制［J］．河南机电高等专科学校学报．2009（05）．

[455] 葛峰．浅析我国关于搭售法律条款［J］．山西煤炭管理干部学院学报．2009（02）．

[456] 葛洪朋．药品价格缘何持续高企？［J］．中国物价．2009（01）．

[457] 葛声，安一丹．东道国对外资银行市场准入条件法律监管探讨［J］．湖北经济学院学报（人文社会科学版）．2009（09）．

[458] 葛秀芳．新时期如何深化电力体制改革——打破垄断，引入竞争［J］．长春理工大学学报（高教版）．2009（07）．

[459] 葛永红，董进才．发达国家对零售商业的管制措施［J］．经营与管理．2009（06）．

[460] 耿俊德．知识产权许可中回授的反垄断法规制［J］．河南省政法管理干部学院学报．2009（01）．

[461] 耿铭君．公交区域特许经营下的政府监管问题研究——以深圳为例［J］．交通标准化．2009（15）．

[462] 工商行政管理机关查处垄断协议、滥用市场支配地位案件程序规定［J］．司法业务文选．2009（30）．

[463] 龚剑华，张乐珍．燃气管道施工企业自主知识产权的开发与管理［J］．上海煤气．2009（03）．

[464] 龚启辉，王善平．审计师轮换规制效果的比较研究［J］．审计研究．2009（03）．

[465] 龚文艳．论不当比较广告的竞争法规制［J］．今日南国（理论创新版）．2009（05）．

[466] 龚晓明，全文，陈伟．从中石油“购房门”看国有垄断企业员工福利［J］．企业导报．2009（11）．

[467] 龚忻．从“汇源收购”案看《反垄断法》中经营者集中的控制［J］．法制与社会．2009（30）．

[468] 龚昱．竞争应以结果为导向［J］．软件工程师．2009（07）．

[469] 龚云华．煤炭行业 关注复苏预期 布局兼并重组［J］．证券导刊．2009（38）．

[470] 巩梦圆．我国特许经营的发展前景分析［J］．知识经济．2009（14）．

[471] 苟鹏．《反垄断法》的实施与法院的司法改革［J］．经济法论坛．2009（00）．

[472] 古桂琴．关于政府规制企业履行环保责任的政策建议［J］．许昌学院学报．2009（03）．

[473] 古桂琴．我国政府规制企业履行环保责任缺失原因分析［J］．黑龙江教育学院学报．2009（05）．

[474] 古力，王霞．食盐专营下盐业公司治理刍议［J］．现代商业．2009（27）．

[475] 古贞，姜能涛．存在产量竞争的不对称竞争条件下集团转移定价研究［J］．物流工程与管理．2009（10）．

[476] 谷歌：下一个反垄断目标？［J］．中国新通信．2009（10）．

[477] 谷苏．国外行政审批制度改革对我国的启示［J］．四川教育学院学报．2009（03）．

[478] 谷昭武，林战平，毕明波．关于自然垄断行业改革导向的思考［J］．无锡商业职业技术学院学报．2009（05）．

[479] 股票集中度增幅最高的50家上市公司［J］．股市动态分析．2009（12）．

[480] 顾陈杰，刘淑平，马婷．铁路客运合同中旅客权利保护问题研究——以解读火车退票问题为视角［J］．青年科学．2009（07）．

[481] 顾华详．从金融危机看我国金融监管法制的完善［J］．现代经济探讨．2009（09）．

[482] 顾孅．浅论外资并购中的国家经济安全［J］．法制与社会．2009（09）．

[483] 顾强．网络经济——中国发展的新选择［J］．现代农业．2009（10）．

[484] 顾雯菲．跨国并购的动机、风险及策略综述［J］．经济论坛．2009（08）．

[485] 顾宜凡．制播分离的政府规制［J］．国际新闻界．2009（05）．

[486] 关玲永，蒋凤霞．市政公用事业民营化分析［J］．现代商业．2009（20）．

[487] 关于进一步加强农村市场监管维护农村市场秩序的通知［J］．工商行政管理．2009（01）．

[488] 关于外国投资者并购境内企业的规定［J］．海南省人民政府公报．2009（13）．

[489] 关注合适的兼并规模和频率［J］．商学院．2009（08）．

[490] 广羽．没有不能打破的垄断［J］．金融经济．2009（11）．

[491] 贵立义，孙文英．反垄断执法机构问题研究［J］．法制与经济（中旬刊）．2009（03）．

[492] 桂本东．市场开放环境下的利益博弈——关于应对中美出版物市场准入争端案 WTO 专家组报告裁决意见的思考［J］．出版发行研究．2009（11）．

[493] 桂海君．我国特许经营发展研究［J］．合作经济与科技．2009（22）．

[494] 郭碧銮．对中国乳业发展的分析——基于市场集中度的视角［J］．台湾农业探索．2009（04）．

[495] 郭琛．经济全球化下反垄断法对我国银行并购的回应［J］．现代企业．2009（08）．

[496] 郭春丽，陈金明．制造业集中度：变化趋势、影响因素及提高之策［J］．中共中央党校学报．2009（06）．

[497] 郭春丽．促进民间投资要打破“玻璃门”拆除“弹簧门”［J］．宏观经济管理．2009（09）．

[498] 郭春涛．欧盟信息网络安全法律规制及其借鉴意义［J］．信息网络安全．2009（08）．

[499] 郭翠翠．浅析我国反垄断法对中小企业适用除外制度的规定［J］．法制与社会．2009（04）．

[500] 郭大瑞，严令．加收碗筷消毒费的法律规制［J］．合作经济与科技．2009（22）．

[501] 郭德忠．美国关于专利权集中的反垄断规制的启示［J］．云南行政学院学报．2009（02）．

[502] 郭丰晨．中国银行业怎样应对 FDI［J］．产权导刊．2009（10）．

[503] 郭桂霞，董保民．纵向一体化、排他性销售与寡头竞争中的非对称均衡［J］．当代经济管理．2009（01）．

[504] 郭洪仙．我国特许连锁经营发展的现状及其对策［J］．现代经济探讨．2009（02）．

[505] 郭晖．反垄断法“垄断协议”的立法分析［J］．经济论坛．2009（02）．

[506] 郭建万，陶锋．集聚经济、环境规制与外商直接投资区位选择——基于新经济地理学视角的分析［J］．产业经济研究．2009（04）．

[507] 郭捷．汽车重组兼并烧至二三线阵营［J］．轻型汽车技术．2009（10）．

[508] 郭金良．中国《反垄断法》的规制对象研究［J］．法制与社会．2009（21）．

[509] 郭婧娟，刘海萍．我国房地产市场竞争格局及其对房价影响分析［J］．生产力研究．2009（10）．

[510] 郭静．行业垄断规制必要性之法理分析——以铁路运输行业为视角［J］．法制与社会．2009（08）．

[511] 郭俊丽．现代高速公路网络经济模式探讨［J］．大众商务．2009（18）．

[512] 郭俊．利用跨国并购改造国有企业的思考［J］．经营管理者．2009（14）．

[513] 郭矿生．试论企业集团资本运营的一种特殊方式——破产兼并［J］．中国总会计师．2009（01）．

[514] 郭灵洁．各地酝酿上调水价惹争议［J］．中国食品．2009（16）．

[515] 郭明伟．利用民间资本发展我国风险投资的策略［J］．科技进步与对策．2009（15）．

[516] 郭琪珉．集装箱公路运输成本控制探析［J］．现代经济信息．2009（16）．

[517] 郭庆．环境规制中的规制俘获与对策研究［J］．山东经济．2009（02）．

[518] 郭庆．世界各国环境规制的演进与启示［J］．东岳论丛．2009（06）．

[519] 郭姗．反垄断法中引入基础设施原则研究的探讨［J］．新余高专学报．2009（04）．

[520] 郭升选．证券监管理论变迁、评价及启示［J］．长安大学学报（社会科学版）．2009（01）．

[521] 郭世辉，汤小莉．民营上市公司股权集中度与公司价值关系研究［J］．商业时代．2009（03）．

[522] 郭四代，黄岑岑，雷航．燃气输配企业的成本效率的比较分析［J］．工业技术经济．2009（08）．

[523] 郭涛力，汪贤裕．管理创新是企业核心竞争优势的源泉——以特许经营企业为例［J］．科学管理研究．2009（02）．

[524] 郭涛，刘晓君．基于博弈论的工程监理问题再分析［J］．科技进步与对策．2009（21）．

[525] 郭文婧．政府行为价格垄断咋整？［J］．产权导刊．2009（10）．

[526] 郭现云．军事强国国防工业市场准入制度研究［J］．国防技术基础．2009（09）．

[527] 郭小林．政府管制下的法律救济浅析［J］．金卡工程（经济与法）．2009（01）．

[528] 郭新茹，昝胜锋，朱文雁．产品差异化视角下的网络媒体竞争策略研究［J］．经济论坛．2009（11）．

[529] 郭新帅，缪柏其，方世建．排污管制中的授权监督与合谋［J］．中国人口．资源与环境．2009（04）．

[530] 郭鑫．蓝色壁垒对我国的影响及对策研究［J］．科技信息．2009（06）．

[531] 郭栩东．旅行社业市场的变迁——三个经典博弈模型的应用分析［J］．商业经济．2009（03）．

[532] 郭雁翔．反垄断法二元执法体制的现状及发展［J］．法制与社会．2009（30）．

[533] 郭燕芸．外资银行进入对我国银行业的影响［J］．经营管理者．2009（21）．

[534] 郭益忻．中国放松资本管制的政策选择［J］．世界经济情况．2009（08）．

[535] 郭毅．垄断损害赔偿制度与民事损害赔偿制度的分野——兼评《反垄断法》第50条［J］．中国农业银行武汉培训学院学报．2009（03）．

[536] 郭翼翔．我国基础设施产业规制机构运行机制初探［J］．党政干部学刊．2009（04）．

[537] 郭莹，王胜兴，王淑玲．我国药品不良反应监测规制的缺陷分析［J］．中国执业药师．2009（12）．

[538] 郭友珍，杨柳慧．食品质量安全市场准入制度下对食品企业标准编制及质量的认识［J］．中国科技财富．2009（04）．

[539] 郭宇娜．浅谈反垄断法对保险行业的影响［J］．太原城市职业技术学院学报．2009（03）．

[540] 郭跃．专利的策略性使用对市场竞争的损害分析［J］．大连大学学报．2009（01）．

[541] 郭越．刍议我国《反垄断法》中的域外适用制度——从可口可乐并购汇源案说起［J］．法制与社会．2009（30）．

[542] 郭云辉．基于政府管制视角的食品质量安全问题——以“三鹿奶粉”事件为例［J］．调研世界．2009（06）．

[543] 郭志鑫，张弛，朱炯．中日药品价格管制体系比较［J］．中国医院药学杂志．2009（07）．

[544] 郭紫文，孙琪然．中国资本管制与资本外逃的关系研究 [J]．现代商业．2009 (15)．

[545] 郭宗逵，叶依广，付光辉．论物业管理市场失灵和政府管制 [J]．江苏社会科学．2009 (01)．

[546] 国家工商总局关于禁止垄断协议行为的有关规定（征求意见稿）[J]．现代焊接．2009 (09)．

[547] 国外奶粉监管严格 [J]．质量探索．2009 (05)．

[548] 国外如何进行土地用途管制 [J]．资源与人居环境．2009 (07)．

[549] 国务院发展研究中心产业经济研究部课题组，冯飞，王天锡，等．我国城市燃气行业改革的经验及面临的新形势 [J]．发展研究．2009 (08)．

[550] 国务院发展研究中心企业研究所课题组，李兆熙，周燕．西班牙基础设施特许经营的经验和启示 [J]．中国发展观察．2009 (01)．

[551] 国务院决定加快装备制造企业兼并重组 [J]．上海造纸．2009 (02)．

[552] 海鸣．市场结构与民营经济发展战略选择 [J]．郑州航空工业管理学院学报．2009 (05)．

[553] 韩波．浅析商业银行混业经营 [J]．金融经济．2009 (14)．

[554] 韩彩珍．此"垄断"非彼"垄断"——汇源并购案后的进一步思考 [J]．中国外资．2009 (05)．

[555] 韩东京．企业兼并的动因分析 [J]．商丘师范学院学报．2009 (07)．

[556] 韩国的融合管制机构——韩国广播通信委员会 [J]．通信世界．2009 (13)．

[557] 韩晗，刘璐．产业规制、出版理念与"无序化"知识生产——以日本出版危机为例 [J]．济宁学院学报．2009 (01)．

[558] 韩惠俐．浅论普京总统时代与俄罗斯经济寡头的较量 [J]．经济师．2009 (07)．

[559] 韩敬稳，赵道致，秦娟娟．Bertrand 双寡头对上游供应商行为的演化博弈分析 [J]．管理科学．2009 (02)．

[560] 韩克勇．我国非正规金融监管方式研究 [J]．福建论坛（人文社会科学版）．2009 (04)．

[561] 韩利红．电网企业投资效益数学评价方法研究 [J]．河北科技大学学报．2009 (02)．

[562] 韩亮．论我国反垄断法对中小企业的保护 [J]．现代商贸工业．2009 (21)．

[563] 韩龙．规制与监管：美国金融改革方案对金融法品性的再证明——解读美国金融改革方案之法学理念与基础 [J]．河北法学．2009 (11)．

[564] 韩龙．美国金融危机的金融法根源——以审慎规制和监管为中心 [J]．法商研究．2009 (02)．

[565] 韩龙，彭秀坤，包勇恩．金融规制改革新基石：重构金融监管与规制 [J]．河北法学．2009 (10)．

[566] 韩润娥．我国企业并购的主要风险及其规避 [J]．商业经济．2009 (20)．

[567] 韩肃．浅谈特许经营体系管理信息系统的开发与应用 [J]．哈尔滨职业技术学院学报．2009 (02)．

[568] 韩文宾，潘新雨．我国钢铁业行业集中度分析 [J]．农村经济与科技．2009 (03)．

[569] 韩霞，刘双双．民营企业准入国防科技工业的经济分析 [J]．财经科学．2009 (08)．

[570] 韩啸．银行并购行为的反垄断法规制及其根源分析 [J]．华中师范大学研究生学报．2009 (02)．

[571] 韩新明．基于循环经济的旅游产业网络耦合机制研究 [J]．安徽农业科学．2009 (19)．

[572] 韩绪望．中国电力产业的产业组织分析与规制放松 [J]．现代经济信息．2009 (05)．

[573] 韩绪望. 中国电力产业自然垄断特性与公用性分析 [J]. 才智. 2009 (08).

[574] 韩学志. 我国反垄断法对涉嫌垄断行为的法律思考 [J]. 经济体制改革. 2009 (02).

[575] 韩耀，晏维龙，杨俊涛. 零售商主导型供应链研究综述 [J]. 北京工商大学学报（社会科学版）. 2009 (05).

[576] 韩莹莹，罗兰. 基于市场经济下的电力体制改革 [J]. 中国集体经济. 2009 (27).

[577] 韩志红，李极. 反垄断法执法机构与司法机构对接问题初探 [J]. 理论与现代化. 2009 (02).

[578] 郝宝兴. 从"人肉搜索"论网络媒体的法律规制 [J]. 天津市政法管理干部学院学报. 2009 (S1).

[579] 郝臣，于伟，刘小元. 外资并购、经济型垄断与治理 [J]. 税务与经济. 2009 (02).

[580] 郝卿. 跨国并购与反垄断规制探析 [J]. 金卡工程（经济与法）. 2009 (12).

[581] 郝晓忠，赵倩. 影响垄断国企改革的各种因素及其影响机制分析 [J]. 现代经济信息. 2009 (12).

[582] 郝玉清. 市场结构与企业技术创新的关系——以高新技术产业市场为例 [J]. 商场现代化. 2009 (14).

[583] 郝媛媛，于立. 区域集中型市场结构的界定及其影响——对中国"煤电冲突"的另一种解释 [J]. 产业经济评论. 2009 (02).

[584] 何大安，丁芳伟. 流通产业运行的制度安排分析 [J]. 财贸经济. 2009 (03).

[585] 何大安. 体制转轨、市场治理与产业规制 [J]. 浙江学刊. 2009 (03).

[586] 何家贵. 基于产品差异理论的差异化古诺竞争模型 [J]. 当代经济. 2009 (02).

[587] 何坚强. 论金融创新与金融法律监管理念 [J]. 法制与社会. 2009 (03).

[588] 何杰. 论行政垄断和法律制度 [J]. 知识经济. 2009 (11).

[589] 何晋文. 从手机媒体运营主体的争执看政府规制的缺失 [J]. 湖南大众传媒职业技术学院学报. 2009 (03).

[590] 何凯浩，郑振龙. 保险公司具有信息优势下的保险市场均衡问题研究 [J]. 保险研究. 2009 (01).

[591] 何立胜，孙中叶. 食品安全规制模式：国外的实践与中国的选择 [J]. 河南师范大学学报（哲学社会科学版）. 2009 (04).

[592] 何亮. 完全垄断银行体系下的存款乘数及货币政策效果研究 [J]. 生产力研究. 2009 (04).

[593] 何茜. 反垄断法价值之维探究 [J]. 法制与社会. 2009 (24).

[594] 何若. 中国电信运营商在东盟电信市场营销的可行性分析 [J]. 东南亚纵横. 2009 (11).

[595] 何顺明. 有线电视网络供电器的经济运行分析 [J]. 硅谷. 2009 (05).

[596] 何廷润. TD-SCDMA 的不对称管制政策环境需求分析 [J]. 移动通信. 2009 (01).

[597] 何霞. 未来中国电信监管政策走向 [J]. 中国通信. 2009 (02).

[598] 何霞，庄宁，王彦. 对我国电信监管政策的思考 [J]. 电信技术. 2009 (01).

[599] 何晓明，李晓东. 试论我国天然气管网运营的政府监管体系和法律法规建设 [J]. 国际石油经济. 2009 (06).

[600] 何晓. 通往"豪门"路上的民族品牌——在汇源和娃哈哈之间，看柳工和华为 [J]. 中国检验检疫. 2009 (06).

[601] 何笑. 社会性规制的理论评析 [J]. 学术交流. 2009 (04).

[602] 何秀芝，李朝旗. 论我国自然垄断行业的政府规制失灵 [J]. 合作经济与科技. 2009 (02).

[603] 何燕燕．论我国兼并审查中的利益协调机制 [J]．法制与社会．2009 (26)．

[604] 何一鸣，罗必良．产权管制放松与中国经济转轨绩效 [J]．经济理论与经济管理．2009 (09)．

[605] 何玉成．乳品企业进入阻挠行为与市场绩效分析 [J]．东北财经大学学报．2009 (05)．

[606] 何玉成．中国乳品企业"数量战"与市场绩效分析——兼论乳品价格问题 [J]．价格理论与实践．2009 (11)．

[607] 何元斌，耿向京．房地产企业开发差异化战略的经济学逻辑分析 [J]．北京工商大学学报（社会科学版）．2009 (04)．

[608] 何元贵，张捷，陈健．影响中国汽车企业规模经济因素的实证分析 [J]．工业技术经济．2009 (04)．

[609] 何云峰．国企高管薪金的社会管理问题反思 [J]．探索与争鸣．2009 (05)．

[610] 河南鼓励房地产企业兼并重组 [J]．广西城镇建设．2009 (01)．

[611] 贺杰．从规模经济谈我国汽车企业的并购发展 [J]．内蒙古农业大学学报（社会科学版）．2009 (04)．

[612] 贺立龙，陈中伟，张杰．环境污染中的合谋与监管：一个博弈分析 [J]．青海社会科学．2009 (01)．

[613] 贺平．规制缓和中的双层博弈——以日本《大店法》为例 [J]．日本学刊．2009 (02)．

[614] 贺守海，张习宁．组织效率、寡占市场结构与中国企业成长 [J]．求索．2009 (03)．

[615] 贺硕．殡葬暴利的根源及对策探讨 [J]．重庆科技学院学报（社会科学版）．2009 (09)．

[616] 贺香彬．从医疗改革进程看我国公共政策价值取向的变迁与回归 [J]．内蒙古农业大学学报（社会科学版）．2009 (04)．

[617] 贺小荣．基于特许经营的旅游酒店联盟网络绩效及其影响因素研究 [J]．旅游学刊．2009 (12)．

[618] 贺尊，汪红梅．跨国公司、规模经济与新经济地理——克鲁格曼理论及启示 [J]．学习与探索．2009 (04)．

[619] 洪必纲．基于垄断理论的寻租治理对策研究 [J]．经济纵横．2009 (05)．

[620] 洪必纲．我国农村公共产品民营 BOT 供给模式研究 [J]．财经理论与实践．2009 (02)．

[621] 洪涵．巫蛊信仰与社会控制 [J]．云南大学学报（法学版）．2009 (05)．

[622] 洪永发，徐娟．一般网络中弹性效用价格竞争博弈的寡占均衡 [J]．同济大学学报（自然科学版）．2009 (04)．

[623] 侯代悦，张超汉．浅谈反垄断法对知识产权滥用的规制 [J]．吉林工程技术师范学院学报．2009 (10)．

[624] 侯风云．"产业"概念界定与自然垄断产业多元化基础 [J]．福建论坛（人文社会科学版）．2009 (04)．

[625] 侯建伟．论反垄断执法机构的完善 [J]．法制与社会．2009 (09)．

[626] 侯杰．自然垄断理论研究综述 [J]．财务与金融．2009 (03)．

[627] 侯洁琪．完善我国反垄断法对价格卡特尔之规制 [J]．理论前沿．2009 (12)．

[628] 侯立东，刘小燕．匹克垄断篮球赛事：左手 NBA 右手 FIBA [J]．中国品牌．2009 (02)．

[629] 侯先锋．消费者协会敛钱现象的心理学思考 [J]．北京城市学院学报．2009 (05)．

[630] 侯毅男，纪成君．论中国钢铁业产业集中度影响因素 [J]．科技和产业．2009 (10)．

[631] 胡保玲．制造商权力策略对经销商绩效的影响研究 [J]．财经论丛．2009 (02)．

[632] 胡纯，郑先勇．反垄断法视角下地方保护主义规制研究［J］．现代商贸工业．2009（20）．

[633] 胡黛丽．从可口可乐收购汇源案看我国的企业集中控制制度和合理原则［J］．魅力中国．2009（19）．

[634] 胡德宝．中国自然垄断产业改革的博弈分析——基于利益集团的视角［J］．山西财经大学学报．2009（12）．

[635] 胡发辉．不正当竞争行为的成因及法律规制［J］．中国教师．2009（S1）．

[636] 胡国恒．外资并购的股权博弈与政策规制——租金分成视角［J］．世界经济研究．2009（01）．

[637] 胡海燕．外资并购国家安全审查：美国的立法对我国的启示［J］．知识经济．2009（06）．

[638] 胡甲庆．合并反垄断审查中消费者证词的证据功能及其限制——以美国为实证视角［J］．生产力研究．2009（10）．

[639] 胡甲庆．美国合并反垄断法律规制的范式转型［J］．经济问题．2009（08）．

[640] 胡健，洪燕玲．浅析垄断协议［J］．大众商务．2009（14）．

[641] 胡杰豪，朱健辉．新形势下基层药品违法案件趋势分析及对策［J］．中国食品药品监管．2009（11）．

[642] 胡丽丽，唐要家．转售价格维持与“图书折扣大战”的形成机制［J］．中国物价．2009（09）．

[643] 胡列类，於冬梅．论企业合并［J］．消费导刊．2009（09）．

[644] 胡敏，陈文，蒋虹丽，等．我国药品监管体系发展和改革历程［J］．中国卫生经济．2009（08）．

[645] 胡其昌，闫彦．农村饮水产业政府规制研究［J］．中国农村水利水电．2009（08）．

[646] 胡荣，陈圻，袁鹏．异质产品双寡头企业R［J］．科技进步与对策．2009（17）．

[647] 胡汝为．卫生行业的政府管制——以奶粉与刺五加事件为楔子［J］．公法研究．2009（00）．

[648] 胡世慧．有限理性下政府管制者的管制——基于中国行政语境的探讨［J］．山东行政学院山东省经济管理干部学院学报．2009（03）．

[649] 胡守维．反垄断法中听证制度之引入［J］．安庆师范学院学报（社会科学版）．2009（04）．

[650] 胡涛．公用事业型企业的管制与补贴问题研究——以城市轨道交通企业为例［J］．企业经济．2009（02）．

[651] 胡腾．消费者在反垄断中的作用及政府角色的转换：基于中国房地产行业的研究［J］．特区经济．2009（08）．

[652] 胡伟，程亚萍．政府采购中商业贿赂法律规制的理论基础［J］．广西社会科学．2009（04）．

[653] 胡小文，郑江淮，高彦彦．资产专用性、产品市场竞争与资本结构［J］．产业经济研究．2009（04）．

[654] 胡啸红，江可申，白俊红．基于SCP的中国民航市场研究——以重组为主要视角［J］．税务与经济．2009（05）．

[655] 胡秀珠．国外燃气行业民营化的制度安排对我国的启示［J］．福建商业高等专科学校学报．2009（02）．

[656] 胡秀珠．我国民营经济进入燃气行业的制度性壁垒［J］．福州大学学报（哲学社会科学

版). 2009 (02).

[657] 胡艳秋，宋国栋. 从美国经验看我国反垄断执法机构的完善 [J]. 黄河科技大学学报. 2009 (01).

[658] 胡艳秋，宋国栋. 我国反垄断执法机构设置应注意的问题 [J]. 宜宾学院学报. 2009 (04).

[659] 胡永平，张宗益. 高管的政治关联与公司绩效：基于国有电力生产上市公司的经验研究 [J]. 中国软科学. 2009 (06).

[660] 胡昱杉. 论《反垄断法》对行政性垄断的规制 [J]. 重庆科技学院学报（社会科学版). 2009 (08).

[661] 胡月欣. 浅析“可口可乐收购汇源” [J]. 商业文化（学术版). 2009 (07).

[662] 胡振华，阳志梅. 网络嵌入性与集群企业竞争优势：基于组织学习视角的研究 [J]. 现代管理科学. 2009 (02).

[663] 胡子康，朱涛，王永县. 基金市场监管问题的进化博弈分析 [J]. 上海金融. 2009 (04).

[664] 胡宗良. 市场份额战略有效性分析——全球视角与中国思考 [J]. 经济论坛. 2009 (13).

[665] 华荣. 勘察设计企业“反垄断法”应用与战略思考 [J]. 中国勘察设计. 2009 (02).

[666] 华欣. 跨国公司全球竞争及对我国企业的影响 [J]. 当代经济. 2009 (05).

[667] 环保部将建淘汰落后产能企业名单公告制 [J]. 福建纸业信息. 2009 (20).

[668] 黄啊只，徐新扩. 我国医药研发企业价格行为分析 [J]. 中外企业家. 2009 (12).

[669] 黄昌金. 工商机关反垄断区域性执法构想 [J]. 中国工商管理研究. 2009 (01).

[670] 黄春平，杨世军. 简论美国广播电视内容监管政策的演变 [J]. 三峡大学学报（人文社会科学版). 2009 (03).

[671] 黄丹. 反垄断国际执法合作的理论基础分析 [J]. 法制与社会. 2009 (03).

[672] 黄芳. 企业兼并财务问题分析 [J]. 财会通讯. 2009 (20).

[673] 黄耿华. 纺织兼并重组有待提速 [J]. 中国纺织. 2009 (10).

[674] 黄桂田，林卫斌. 垄断行业管制改革：国际经验的检讨与启示 [J]. 学习与探索. 2009 (05).

[675] 黄海东. 新医改环境下的公立医院改革方式 [J]. 中国医院院长. 2009 (10).

[676] 黄河，徐鸿雁，陈剑. 基于拍卖—谈判的多因素多物品采购机制设计 [J]. 系统工程学报. 2009 (03).

[677] 黄华. 国有资本市场退出过程中利益相关者的博弈分析 [J]. 华东经济管理. 2009 (02).

[678] 黄辉，何永秀. 输电网的拉姆齐定价研究 [J]. 华东电力. 2009 (03).

[679] 黄会营. 从集中度指标看注册税务师行业发展方向 [J]. 扬州大学税务学院学报. 2009 (03).

[680] 黄惠莉. 论国际私法规则在跨国并购中的适用 [J]. 法制与社会. 2009 (10).

[681] 黄建东. 汇源，路在何方? [J]. 大经贸. 2009 (04).

[682] 黄建宏，赵玮萍. 外资并购对中国汽车产业安全的影响与对策分析 [J]. 西南交通大学学报（社会科学版). 2009 (03).

[683] 黄健柏，兰勇. 上游垄断条件下纵向一体化的排斥效应——中国铝业公司案例分析[J]. 系统工程. 2009 (05).

[684] 黄健柏，兰勇. 纵向一体化：结构还是行为? ——基于铝工业特性的分析 [J]. 财经问

题研究．2009（09）．

［685］黄进．构建风景名胜区特许经营制度的思考［J］．经济体制改革．2009（05）．

［686］黄进．浅谈我国反垄断公益诉讼的原告资格问题［J］．经营管理者．2009（14）．

［687］黄进喜．我国台湾地区反垄断适用除外制度的设置与价值分析［J］．台湾法研究．2009（02）．

［688］黄菊，潘习龙，赵茜倩．新医改政策下医疗服务的价格竞争模型研究［J］．中国卫生经济．2009（09）．

［689］黄军英．美国对华技术出口管制政策走向分析［J］．国际经济合作．2009（06）．

［690］黄开敏．基础设施特许权经营的会计处理［J］．财会学习．2009（06）．

［691］黄楷胤，侯婉如，陈君．中国证券业市场结构、市场绩效的实证研究［J］．商场现代化．2009（07）．

［692］黄琍，王洁．可口可乐“难饮”汇源果汁［J］．企业研究．2009（05）．

［693］黄培．健全民营中小企业内部会计控制制度［J］．经营与管理．2009（02）．

［694］黄平，简建辉．经济危机与会计信息披露监管演进分析［J］．财经论丛．2009（04）．

［695］黄平均．网络经济对政府管理的影响［J］．才智．2009（28）．

［696］黄芹．我国公共管理过程中的权力异化分析［J］．经营管理者．2009（20）．

［697］黄青燕．我国反垄断法执法机构设置问题及对策分析［J］．宿州教育学院学报．2009（02）．

［698］黄清．电力行业放松规制改革政策效果的实证研究——基于发电侧数据的双重差分模型检验［J］．山西财经大学学报．2009（01）．

［699］黄锐．《反垄断法》对电信行业的影响及相关建议［J］．法制与经济（中旬刊）．2009（02）．

［700］黄瑞峪．价格和利润的来源［J］．现代经济信息．2009（15）．

［701］黄少杰．中国电信产业的政府管制与有效竞争［J］．现代交际．2009（10）．

［702］黄少钦，陈树．电视媒体中商业广告的边际效用分析［J］．经济论坛．2009（04）．

［703］黄舒婷，李永久．缺失与斧正：从绝对垄断到公开预算——基于深圳公民预算之旅的反思［J］．福州党校学报．2009（04）．

［704］黄双令．政府管制与公共利益维护问题初探［J］．广西社会科学．2009（S1）．

［705］黄婷婷．反垄断法中的必须设备理论［J］．法制与社会．2009（08）．

［706］黄卫伟．不对称竞争的背后［J］．现代交际．2009（05）．

［707］黄小英．论中国反垄断法应有的基本价值目标［J］．经济研究导刊．2009（24）．

［708］黄晓玲，王灿雄，谢志忠，等．林业规模经济的非线性均衡分析研究［J］．技术经济．2009（03）．

［709］黄新祥．外资并购中民族品牌保护问题的思考——从可口可乐并购汇源果汁所想到的［J］．商场现代化．2009（04）．

［710］黄学贤．《反垄断法》中的若干行政法问题探讨［J］．苏州大学学报（哲学社会科学版）．2009（01）．

［711］黄严，杨伟文．基于合谋理论的工程串通投标成因探析［J］．建筑经济．2009（10）．

［712］黄亦然，周勤．渠道势力、纵向压榨与过度投资［J］．产业经济研究．2009（02）．

［713］黄益平．亚洲汇率波动及政策挑战［J］．国际金融研究．2009（05）．

［714］黄英君．政府管制：公共建筑强制保险的制度安排——“5·12”汶川特大地震引起的反思［J］．建筑经济．2009（02）．

［715］黄颖丽．论垄断协议的认定［J］．消费导刊．2009（15）．

[716] 黄勇．反垄断法上的损害赔偿及其计算初论 [J]．中国社会科学院研究生院学报．2009 (04)．

[717] 黄再胜．公平偏好、身份模糊与国企经营者薪酬规制 [J]．当代经济科学．2009 (01)．

[718] 黄再胜，王玉．公平偏好约束、身份模糊化与国企经营者薪酬管制——基于行为合约理论的分析 [J]．云南财经大学学报．2009 (01)．

[719] 黄泽民．权力是导致分配不公的根本原因 [J]．沪港经济．2009 (10)．

[720] 黄臻．我国公用企业反垄断探析 [J]．亚太经济．2009 (02)．

[721] 黄知明．民用航空空中交通管制自动化移交－AIDC 技术的应用 [J]．信息与电脑（理论版)．2009 (08)．

[722] 黄志刚，鄢郦．我国国有商业银行规模经济实证研究 [J]．求索．2009 (04)．

[723] 黄志勇，陈晓红．我国药品产业政府管制分析与对策研究 [J]．现代管理科学．2009 (09)．

[724] 黄志忠，郗群．薪酬制度考虑外部监管了吗——来自中国上市公司的证据 [J]．南开管理评论．2009 (01)．

[725] “汇源并购案”深度报道 [J]．中国民营科技与经济．2009 (03)．

[726] 汇源的前途 [J]．商周刊．2009 (07)．

[727] 惠吉华．戴元龙：垄断企业公关无处不在 [J]．中国质量万里行．2009 (04)．

[728] 惠双民，王健．我国食品安全问题与政府规制对策研究——以“三鹿奶粉”事件为警示 [J]．天津行政学院学报．2009 (04)．

[729] 霍春辉，刘力钢，魏永德．中国汽车制造企业规模与绩效关系的实证研究 [J]．社会科学辑刊．2009 (01)．

[730] 霍锐景．浅析《反垄断法》经营者集中控制规则的细化措施 [J]．中国高新技术企业．2009 (02)．

[731] 姬厚实．“人肉搜索”的相关法律问题研究 [J]．中国科技信息．2009 (15)．

[732] 汲雷，魏芳．关于完善我国反垄断执行机构的设想 [J]．工会论坛（山东省工会管理干部学院学报)．2009 (05)．

[733] 计宁，李欣．我国企业年金监管机制构建研究 [J]．铜陵学院学报．2009 (02)．

[734] 纪光兵，刘培福．基于成本不对称最优专利许可策略分析 [J]．科技进步与对策．2009 (19)．

[735] 纪流河．公用事业价格形成机制研究 [J]．商业时代．2009 (10)．

[736] 纪宇思．反垄断视角下的消费者权益保护 [J]．法制与社会．2009 (19)．

[737] 纪玉培．从市场介入角度看寡占市场中寡头企业的反应 [J]．沿海企业与科技．2009 (02)．

[738] 季敏．论法治视域下的行政垄断 [J]．法商论丛．2009 (04)．

[739] 加强种子监管 维护市场秩序——辽宁省全力打造种业和谐发展安全环境 [J]．种子世界．2009 (03)．

[740] 郏丙贵．欧盟航运竞争规则新体系探讨 [J]．上海海事大学学报．2009 (01)．

[741] 贾洪．规模和效率协调下的建筑业市场结构优化模式 [J]．建筑经济．2009 (11)．

[742] 贾佳，李芊．浅议我国垄断行业的政府管制的改革 [J]．现代经济信息．2009 (13)．

[743] 贾玫．垄断行业改革问题及对策研究 [J]．兰州学刊．2009 (S1)．

[744] 贾文艺，唐德善．基于外部规模经济理论的产业集群形成机理分析 [J]．商业时代．2009 (32)．

[745] 贾向丽．试论公司自治与政府规制的博弈 [J]．网络财富．2009 (10)．

[746] 贾晓舟，李佳伦．论规制行政垄断的司法审查制度 [J]．现代商业．2009 (17).

[747] 贾晓佐．当代法制体系下的科技创新与垄断 [J]．金卡工程（经济与法）．2009 (11).

[748] 贾艳红．论我国外资并购中垄断的认定 [J]．黑龙江省政法管理干部学院学报．2009 (04).

[749] 江才．市场竞争与政府规制作用机制研究——以住宅市场为例 [J]．广西财经学院学报．2009 (04).

[750] 江帆．解读《反垄断法》中的几大争议问题 [J]．经济法论坛．2009 (00).

[751] 江金锁．政府管制能解决商业银行的代理问题吗 [J]．审计与经济研究．2009 (01).

[752] 江军辉．论虚假广告的法律规制 [J]．南阳理工学院学报．2009 (02).

[753] 江珂．环境规制对中国技术创新能力影响及区域差异分_ 省略_ 于中国 1995_ 2007 年省际 [J]．中国科技论坛．2009 (10).

[754] 江林．关于知识产权领域反垄断执法的指南研讨会专题 [J]．工商行政管理．2009 (17).

[755] 江山．成本法核算下企业合并财务报表编制浅探 [J]．财会通讯．2009 (16).

[756] 江涛．知识产权与反垄断法关系的思考 [J]．法制与社会．2009 (07).

[757] 江洄．浅仪相关市场界定对我国反垄断法发展的意义 [J]．法制与社会．2009 (03).

[758] 江晓双．混业经营是我国银行业发展的趋势 [J]．消费导刊．2009 (08).

[759] 江选德．可口可乐收购汇源的法律思考——以反垄断法为视角 [J]．法制与社会．2009 (09).

[760] 江娅．城市商业银行并购与金融稳定 [J]．中共中央党校学报．2009 (04).

[761] 江永清，徐辉．共生态困境：政府、市场双重失灵的治理——兼对三鹿婴儿奶粉事件多维剖析 [J]．武汉大学学报（哲学社会科学版）．2009 (01).

[762] 江中游．论国有企业的改革与反垄断法的适用 [J]．中国社会科学院研究生院学报．2009 (04).

[763] 姜爱林．出租车集体罢运的表现、原因与对策 [J]．重庆工商大学学报（西部论坛）．2009 (02).

[764] 姜爱林．出租车集体罢运的基本表现、主要原因与解决对策研究 [J]．宁波广播电视大学学报．2009 (01).

[765] 姜爱林．出租车集体罢运问题与出租车行业制度建设研究（上） [J]．重庆工学院学报（社会科学版）．2009 (05).

[766] 姜爱林．出租车集体罢运问题与出租车行业制度建设研究（下） [J]．重庆工学院学报（社会科学版）．2009 (06).

[767] 姜晨啸．行业协会的反垄断法规制 [J]．经济与社会发展．2009 (08).

[768] 姜承秀．韩国经济发展和竞争政策 [J]．商场现代化．2009 (13).

[769] 姜发根．中国竞争法制三十年 [J]．中共云南省委党校学报．2009 (05).

[770] 姜华东．证券市场内幕交易监管的有效性分析 [J]．上海金融．2009 (08).

[771] 姜军．我国在世界铁矿石贸易中的定价博弈及策略 [J]．新西部（下半月）．2009 (01).

[772] 姜丽丽，张峰．政府公信力的失范与规制——两件华南虎事件迥异命运的深层次考量 [J]．学理论．2009 (23).

[773] 姜伟．关于提高医院医疗透明度的建议 [J]．吉林人大．2009 (09).

[774] 姜远帆．试析我国自然垄断产业治理方式的选择 [J]．经济视角（下）．2009 (08).

[775] 姜祚．促进我国软件产业发展需增强政策支持力度——微软“黑屏行动”引发的思考

[J]. 广西大学学报（哲学社会科学版）. 2009（S1）.

[776] 蒋婵. 基于企业内部市场的竞争合作网络：特征及其构建 [J]. 中国管理信息化. 2009（14）.

[777] 蒋朝胜. 外资并购我国企业力图控制产业价格话语权 [J]. 粤港澳市场与价格. 2009（01）.

[778] 蒋海容. 试论反垄断与发展规模经济的冲突和衡平法律机制 [J]. 法商论丛. 2009（02）.

[779] 蒋丽波. 技术性贸易壁垒对中小企业市场营销的影响 [J]. 黑龙江生态工程职业学院学报. 2009（02）.

[780] 蒋明华. 媒体与政府：监督与规制的平衡 [J]. 山东师范大学学报（人文社会科学版）. 2009（04）.

[781] 蒋清文. 我国旅游企业集团化经营的战略选择 [J]. 产业与科技论坛. 2009（02）.

[782] 蒋抒博. 我国安全生产管制的问题与对策研究 [J]. 商场现代化. 2009（09）.

[783] 蒋抒博. 我国药品安全管制的现状分析及对策研究 [J]. 卫生经济研究. 2009（05）.

[784] 蒋抒博，项卫星. 药品安全管制的经济学分析 [J]. 中国卫生经济. 2009（10）.

[785] 蒋悟真. 反垄断法的基本精神阐释 [J]. 社会科学. 2009（09）.

[786] 蒋悟真. 我国反垄断法实施面临的若干挑战 [J]. 国际贸易. 2009（10）.

[787] 蒋学跃，向静. 交叉持股的法律规制路径选择与制度设计 [J]. 证券市场导报. 2009（03）.

[788] 蒋雪湘，胡振华. 中国图书出版产业规模经济效应分析 [J]. 出版科学. 2009（05）.

[789] 蒋岩波. 我国电信业适用反垄断法的问题探讨 [J]. 湖南社会科学. 2009（02）.

[790] 蒋银鸽. 从《盐铁论》中的专卖政策看当前的行政性垄断 [J]. 商场现代化. 2009（23）.

[791] 蒋云凤. 我国烟叶价格管制问题研究 [J]. 价格理论与实践. 2009（05）.

[792] 焦慧凝. 我国城镇居民消费的政府管制 [J]. 大众商务. 2009（10）.

[793] 焦岳红，胡晶，兰向旭，等. 我国电力市场电价体系研究 [J]. 全国商情（经济理论研究）. 2009（19）.

[794] 教育体制改革：从行政垄断到教育自由 [J]. 晚霞. 2009（18）.

[795] 杰弗里·吕贝尔斯，鄢超. 美国管制革新的方法 [J]. 行政法学研究. 2009（03）.

[796] 解德桥. 我国智能卡行业如何打破知识产权垄断僵局？ [J]. 中国防伪报道. 2009（02）.

[797] 解怀颖，沈满洪. 排污权交易市场机制与电力资源计划管制需要寻求平衡点 [J]. 高科技与产业化. 2009（08）.

[798] 解亮. 论商业贿赂的法律规制 [J]. 黑龙江对外经贸. 2009（07）.

[799] 解若兰. 寻找资本垄断下的楼市缺口 [J]. 安家. 2009（12）.

[800] 今年将加快煤矿企业兼并重组 [J]. 共产党员. 2009（06）.

[801] 金福海，戚军伟. 反垄断法适用除外制度比较研究 [J]. 经济法论坛. 2009（00）.

[802] 金国平. 发展连锁经营 提升市场集中度——对西宁市限额以上连锁商业和餐饮业发展现状的调查 [J]. 青海统计. 2009（04）.

[803] 金今花，王红梅，周芹. 规制的多元博弈及其对规制行为的负面影响 [J]. 理论月刊. 2009（08）.

[804] 金今花，王健. “规制规制者”的必要性：规制行为动机与结果的复杂性分析 [J]. 山东行政学院山东省经济管理干部学院学报. 2009（03）.

[805] 金梅，杨琪．政府监管与企业环保行为的博弈分析 [J]．青海社会科学．2009（03）．

[806] 金瑞琴．主要发达国家反垄断法豁免制度的比较分析 [J]．延边党校学报．2009（05）．

[807] 金世斌．彩票业政府规制的目标与体系 [J]．体育与科学．2009（02）．

[808] 金霞，孔祥宁．探析中国医疗卫生体制改革的市场化根源——新制度主义视角 [J]．天府新论．2009（04）．

[809] 金雪涛．从市场结构特征看我国电影院线的差异化竞争策略 [J]．当代电影．2009（02）．

[810] 金玉森．新重组吹响新监管号角 [J]．中国电信业．2009（02）．

[811] 金镇秀，宋慧宇．论"民营化"风险之行政法律规制 [J]．法制与社会．2009（26）．

[812] 靳玲．我国行业协会相关问题研究 [J]．青年科学．2009（04）．

[813] 靳少华．自然垄断的经济特性和可持续性分析 [J]．河南商业高等专科学校学报．2009（04）．

[814] 靳毅．论反垄断法目的与私人执行的模式选择 [J]．法制与社会．2009（23）．

[815] 荆茂．兼并重组淘汰落后产能 转型升级解决困难局面 [J]．中国经贸．2009（08）．

[816] 景崇毅，石丽娜，孙宏．中国大飞机项目决策过程的动态博弈分析——兼论创新型国家发展战略 [J]．工业工程．2009（02）．

[817]"竞价排名"引发的监管思考 [J]．中国新通信．2009（04）．

[818] 鞠晓生，张东辉．交易效率、成本变动与企业生产转移 [J]．财经论丛．2009（02）．

[819] 巨荣良，张彤玉．网络经济条件下企业组织结构变革探析 [J]．理论学刊．2009（07）．

[820] 聚焦汇源"禁购令"[J]．创造．2009（04）．

[821] 聚焦汇源收购案裁决 [J]．工商行政管理．2009（06）．

[822] 康纪田，黄永香．煤炭产业反垄断长效机制探析 [J]．煤炭经济研究．2009（04）．

[823] 康纪田．以社会管制为主的矿业立法初探 [J]．甘肃行政学院学报．2009（03）．

[824] 康纪田．政府管制错位的物权法分析 [J]．福建警察学院学报．2009（01）．

[825] 康彦荣．欧盟电信市场助推经济增长 改革管制政策功不可没 [J]．世界电信．2009（Z1）．

[826] 康燕，吕淼．对天然气定价方法及策略的探讨 [J]．公用事业财会．2009（03）．

[827] 康以同，尹小兵，余亮．银行主导和管制利率下的货币政策 [J]．西南金融．2009（07）．

[828] 康佑发．论知识产权限制性许可的反垄断法律规制 [J]．佛山科学技术学院学报（社会科学版）．2009（04）．

[829] 康玉，陈怀世．中国私募基金合法化研究 [J]．西南石油大学学报（社会科学版）．2009（05）．

[830] 可口可乐收购汇源：民营企业恨别欲"嫁"不能 [J]．新经济导刊．2009（01）．

[831] 可乐并汇源被否 [J]．品牌与标准化．2009（07）．

[832] 空中客车执着创新40年 [J]．国际经济合作．2009（07）．

[833] 孔德洋．新能源汽车发展的政府激励性规制 [J]．经济论坛．2009（01）．

[834] 孔国荣．对证券投资基金忠实义务的法律规制探讨 [J]．法学论坛．2009（02）．

[835] 孔令明，王云峰．城市公用事业民营化改革理论探讨 [J]．生产力研究．2009（09）．

[836] 孔令明，王云峰．我国公用事业管理改革优化的研究 [J]．中国市场．2009（13）．

[837] 孔令明，王云峰，赵钊．公用事业经营管理体制改革方向与思路 [J]．商场现代化．2009（08）．

[838] 孔善广．国有企业改革：对成本与效率几方面问题的反思 [J]．学习与实践．2009（10）．

[839] 孔祥翠．银行卡产业监管的必要性探究和国际经验借鉴［J］．商业文化（学术版）．2009（07）．

[840] 匡莉，徐淑一，方积乾．转型期我国公立医院规模经济特征的实证研究［J］．中国医院管理．2009（02）．

[841] 赖俊平，张翼．反垄断执行中的公司与个人宽恕政策［J］．价格理论与实践．2009（06）．

[842] 赖宁昌．粮油加工企业竞争的博弈模型［J］．统计与决策．2009（02）．

[843] 赖耀东，陈巧瑜．《反垄断法》之中国探究［J］．技术与市场．2009（09）．

[844] 兰敏．对国美、苏宁价格竞争的双寡头博弈分析［J］．企业家天地下半月刊（理论版）．2009（06）．

[845] 兰萍．信息传递与食品安全管制绩效的感知［J］．江苏商论．2009（08）．

[846] 兰日旭．近代中国银行联合兼并活动探析［J］．青海社会科学．2009（03）．

[847] 兰文巧．基于价格歧视理论的高等教育定价决策［J］．福建论坛（社科教育版）．2009（08）．

[848] 兰英．从反价格垄断谈对自然垄断行业的价格管制［J］．商场现代化．2009（24）．

[849] 郎咸平．外资收购的背后博弈［J］．新世纪周刊．2009（12）．

[850] 乐虹．论竞争法对知识产权的保护与规制［J］．商场现代化．2009（04）．

[851] 乐天．谈客车企业提升市场份额的策略［J］．商用汽车．2009（09）．

[852] 乐湘军．从两次金融危机谈市场规制——对“四个转变”的几点思考［J］．中国工商管理研究．2009（03）．

[853] 雷宏振，谢卫军．文化产业集群内组织间的知识共享［J］．长安大学学报（社会科学版）．2009（02）．

[854] 雷家骕．合理有效的兼并收购的十个原则［J］．化工管理．2009（05）．

[855] 雷鸣．外部性内部化：排污权交易［J］．现代商业．2009（08）．

[856] 雷箐青．基础设施行业改革：管制政策与公司治理［J］．改革与战略．2009（08）．

[857] 雷雨．企业兼并重组的文化机制研究［J］．企业活力．2009（11）．

[858] 雷远鸣，杨振昊．反垄断法宗旨研究［J］．法制与社会．2009（31）．

[859] 黎鹏．论区域规模经济及其实现思路［J］．经济研究导刊．2009（01）．

[860] 黎文靖，王华．国退民进：效率提升或资源再分配——山东临工曲线收购案例研究［J］．中大管理研究．2009（02）．

[861] 李爱君．金融监管理念的变迁与重塑［J］．国际经济合作．2009（07）．

[862] 李安巧．浅谈电力市场与服务创新［J］．中国管理信息化．2009（16）．

[863] 李彬，吴瑞．论鉴定结论的系统化规制——以证据能力规则为视角［J］．福建警察学院学报．2009（04）．

[864] 李斌．论空间环境污染国际法律规制的缺失与完善——以空间碎片为视角［J］．北京航空航天大学学报（社会科学版）．2009（02）．

[865] 李斌．新医改下药店如何变招［J］．中国药店．2009（08）．

[866] 李伯侨，梁森，祝茹．技术贸易中的垄断高价及其法律规制——以标准化专利的许可为视角［J］．特区经济．2009（03）．

[867] 李勃，张忠平．房地产市场价格形成中的地方政府行为分析及对策研究［J］．现代城市研究．2009（06）．

[868] 李博．论我国《反垄断法》的适用除外制度［J］．法制与社会．2009（02）．

[869] 李布和，陶纪坤．我国社会保障制度对行业收入差距的影响及对策［J］．经济纵横．

2009（04）.

［870］李昌昊．市场规制法目标实现的技术支持机制——一个蕴含宪政思维的思考［J］．学习论坛．2009（10）.

［871］李畅．对我国科技政策制定主体垄断的思考［J］．黑龙江史志．2009（22）.

［872］李超，张俊杰．出租车行业政府管制探析——以重庆“11·3”出租车停运事件为例［J］．社科纵横（新理论版）．2009（03）.

［873］李陈华．企业规模报酬与规模边界：一个研究述评［J］．产业经济研究．2009（04）.

［874］李春波．俄罗斯自然垄断型企业人力资源管理的启示［J］．俄罗斯中亚东欧市场．2009（11）.

［875］李春艳．外资侵蚀中国粮油市场中国粮食安全堪忧［J］．党政干部文摘．2009（03）.

［876］李丹丹，高岩．中、澳外资房地产收购法律监管比较［J］．哈尔滨商业大学学报（社会科学版）．2009（02）.

［877］李丹丹，马仁龙．外资参与中国不良资产处置的法律分析［J］．哈尔滨工业大学学报（社会科学版）．2009（02）.

［878］李德成．WPP与央视－索福瑞反垄断规制的法律分析［J］．广告大观（综合版）．2009（02）.

［879］李典久．反垄断法的经济法理论浅析［J］．文史博览（理论）．2009（09）.

［880］李凤．不正当竞争行为的对策分析［J］．消费导刊．2009（20）.

［881］李富昌，王勇．寡头垄断医疗市场设备投资机制分析［J］．科技与管理．2009（05）.

［882］李钢．网络空间的自力救济——从法律人对“黑屏行动”的评判切入［J］．法治研究．2009（06）.

［883］李庚，高洪博．基于双边市场理论探究零售平台的定价策略［J］．黑龙江对外经贸．2009（06）.

［884］李光德．内部性管制中的替代关系研究［J］．云南社会科学．2009（06）.

［885］李光德．内部性社会性管制机制的替代关系研究［J］．江淮论坛．2009（04）.

［886］李广杰，花小安，侯效敏．地方政府投资行为、规制与经济增长——“转型期中国地方政府投资行为及其规制”研讨会综述［J］．经济研究．2009（06）.

［887］李贵平．金融危机下的我国商业银行的规制［J］．知识经济．2009（02）.

［888］李国栋，惠亨玉，肖俊极．中国银行业市场竞争程度及其顺周期性——以勒纳指数为衡量指标的重新考察［J］．财经研究．2009（03）.

［889］李国柱，贾洪波，李从欣．环境规制与外商直接投资研究［J］．商业研究．2009（02）.

［890］李海曼．论我国反垄断法损害赔偿诉讼的适格原告［J］．广西大学学报（哲学社会科学版）．2009（S1）.

［891］李海涛．“差价返还”销售与反垄断法管制［J］．价格理论与实践．2009（02）.

［892］李海涛．论我国专利联盟反垄断审查的制度构建［J］．河南省政法管理干部学院学报．2009（01）.

［893］李海新．环境问题的经济学分析［J］．内蒙古农业大学学报（社会科学版）．2009（05）.

［894］李海云．《中华人民共和国反垄断法》中的经营者集中规制研究［J］．武汉冶金管理干部学院学报．2009（01）.

［895］李航．汇源的孤独［J］．商界（评论）．2009（05）.

［896］李豪，熊中楷．竞争环境下航空公司动态定价特性［J］．工业工程．2009（03）.

［897］李颢，周力扬．一个具有双寡头垄断性质的三边贸易模型——以石油市场为例的国家福

利实验模拟分析 [J]. 财经研究 . 2009 (07).

[898] 李鹤鹏 . 加强改革、兼并重组、吸引人才 金融危机下本土企业要做的3件事 [J]. 工程机械与维修 . 2009 (02).

[899] 李恒春，陈林 .《反垄断法》实施对我国特殊产业发展的影响——以电力行业为例[J]. 重庆科技学院学报（社会科学版）. 2009 (09).

[900] 李洪山，靳川 . 公共服务市场化进程中的竞争机制研究 [J]. 理论界 . 2009 (06).

[901] 李怀，赵万里 . 政府定价的原则和定价策略 [J]. 学习与实践 . 2009 (05).

[902] 李慧，海路 . 从寡头市场角度看中国石油行业的市场化改革 [J]. 消费导刊 . 2009 (04).

[903] 李继翠 . 民间金融管制的理论基础探讨 [J]. 东岳论丛 . 2009 (11).

[904] 李继红 . 探索政府对垄断行业价格监管的新思路——长沙市物价局加强垄断行业后续配套工程价费管理的实践 [J]. 价格理论与实践 . 2009 (11).

[905] 李继军 . 寡头下玉米种子销售返利模式与企业营销绩效的关联研究 [J]. 河南农业科学 . 2009 (10).

[906] 李继民 ."国热民冷"下的中国思考 [J]. 中国报道 . 2009 (06).

[907] 李继民 . 可口可乐收购汇源：垄断之辩 [J]. 中国报道 . 2009 (04).

[908] 李继志 . 我国外资并购的现状、问题及对策 [J]. 全国商情（经济理论研究）. 2009 (05).

[909] 李家才 . 城市开发与环境保护的巧妙结合——开发权转让的理论与实践 [J]. 城市问题 . 2009 (05).

[910] 李建光，柯大钢，吴勋 . 审计在金融监管体制中的应用 [J]. 现代审计与经济 . 2009 (02).

[911] 李建平，宋林，任国政，等 . 完善城市公交价格补贴机制的探讨 [J]. 价格理论与实践 . 2009 (02).

[912] 李建学 . 论《烟草专卖法》对消费者权益的保护 [J]. 商场现代化 . 2009 (09).

[913] 李建亚 . 污水处理特许经营争议、操作及风险规避 [J]. 环境工程 . 2009 (S1).

[914] 李剑 . 反垄断法中核心设施的界定标准——相关市场的视角 [J]. 现代法学 . 2009 (03).

[915] 李剑 . 论结构性要素在我国《反垄断法》中的基础地位——相对优势地位滥用理论之否定 [J]. 政治与法律 . 2009 (10).

[916] 李剑 . 论联合抵制交易的违法性判断标准 [J]. 当代法学 . 2009 (03).

[917] 李剑 . 论美国反垄断法价值目标的变迁 [J]. 中共郑州市委党校学报 . 2009 (04).

[918] 李剑 . 论我国《反垄断法》的"经营者集中"规制制度及其完善——从理念分析的角度 [J]. 广西政法管理干部学院学报 . 2009 (03).

[919] 李健斌，刘杨 . 重复博弈视角下的企业环保行为规制 [J]. 山东社会科学 . 2009 (02).

[920] 李健 . 对企业滥用市场行为的规制 [J]. 经营与管理 . 2009 (06).

[921] 李健 . 跨国公司滥用知识产权与反垄断研究 [J]. 国外理论动态 . 2009 (06).

[922] 李洁，丁道勤 . 电信管制的司法介入研究 [J]. 法律科学（西北政法大学学报）. 2009 (01).

[923] 李晋红，智蓉 . 中国联通的营销策略分析 [J]. 中北大学学报（社会科学版）. 2009 (03).

[924] 李菁华 . 论反垄断法中企业的合并救济制度 [J]. 研究生法学 . 2009 (01).

[925] 李靖 . CSPN 寻找垄断行业的"生长点" [J]. 中外管理 . 2009 (09).

[926] 李靖霞，王毅刚．上市公司并购的股价效应——来自2007年沪深A股市场的经验证据[J]．财经理论与实践．2009（05）．

[927] 李靖．新邮政法带来的阳光和风雨[J]．小康．2009（10）．

[928] 李静．管制垄断与缩小行业收入差距问题探讨[J]．魅力中国．2009（22）．

[929] 李静．垄断福利的法经济学分析[J]．经济问题．2009（02）．

[930] 李娟．规范建筑市场竞争秩序若干问题探讨[J]．福建建筑．2009（04）．

[931] 李军，黄学军，吴冲锋．市场竞争优势不对等下投资决策的期权博弈分析[J]．管理工程学报．2009（01）．

[932] 李俊．我国制造业企业逆向跨国并购研究[J]．国际经贸探索．2009（05）．

[933] 李拉．推行反价格垄断能否一帆风顺？[J]．产权导刊．2009（10）．

[934] 李镭．继续加大电价检查力度 促进国民经济平稳较快发展——在部分省（区市）电价重点检查工作会议上的讲话[J]．中国价格监督检查．2009（05）．

[935] 李镭．强化价格监管与优化价格服务并举 促进经济平稳较快发展与社会和谐——在2009年全国价格监督检查工作会议上的书面总结[J]．中国价格监督检查．2009（01）．

[936] 李理．管制经济与反垄断法[J]．高等教育与学术研究．2009（03）．

[937] 李丽华．浅析如何提高A公司市场份额[J]．才智．2009（03）．

[938] 李丽，王传斌．规制效果与我国食品安全规制制度创新[J]．中国卫生事业管理．2009（05）．

[939] 李利．从欧盟竞争法看中国的竞争立法[J]．黑龙江史志．2009（02）．

[940] 李良才．试析国家对IUU捕捞的管制措施[J]．温州大学学报（社会科学版）．2009（03）．

[941] 李林．烟草产业集中度研究——基于产业经济学的视角[J]．思想战线．2009（03）．

[942] 李玲．政府管制引发线路亏损 灰狗将暂停部分加拿大业务[J]．商用汽车新闻．2009（37）．

[943] 李伦，李军．网络传播自由及其规制[J]．长沙理工大学学报（社会科学版）．2009（01）．

[944] 李满枝．拷问我国现行的食品市场准入制度——从“三鹿奶粉事件”谈起[J]．特区经济．2009（04）．

[945] 李茂月．解读“寡头统治铁律”[J]．现代商贸工业．2009（09）．

[946] 李梅．行政垄断的成因分析[J]．经济研究导刊．2009（13）．

[947] 李敏，马光远．机票价格控制伤害了谁？[J]．南方人物周刊．2009（18）．

[948] 李明安．竞争≠私营化[J]．世界博览．2009（17）．

[949] 李明昌．抓住机遇 加快推进我国资源价格形成机制改革[J]．西南金融．2009（04）．

[950] 李沫．环境规制对我国出口贸易影响实证分析——以纺织品出口贸易为例[J]．全国商情（经济理论研究）．2009（11）．

[951] 李沫．激励型监管的行政法思考[J]．政治与法律．2009（10）．

[952] 李墨丝．印度2002年《竞争法》及其新发展[J]．河北法学．2009（02）．

[953] 李南，刘嘉娜．港口民营化改革的理论解释与国际经验[J]．水运工程．2009（08）．

[954] 李南，刘嘉娜．港口物流企业过度价格竞争解析与规制取向[J]．综合运输．2009（02）．

[955] 李南，刘嘉娜．供水服务民营化改革的经济分析[J]．技术经济与管理研究．2009（04）．

[956] 李南．运输规制改革与民营化：原因解释及国际实践[J]．廊坊师范学院学报（自然科

学版). 2009 (01).

[957] 李楠. 电信业互联互通接入定价的模型构建 [J]. 统计与决策. 2009 (07).

[958] 李楠. 体制规制与资费规制对我国电信业的影响 [J]. 统计与决策. 2009 (02).

[959] 李妮, 王建伟. 治理理论视阈下交通运输社会管制制度分析 [J]. 技术经济与管理研究. 2009 (05).

[960] 李宁顺. 外资并购的垄断倾向及其防范分析 [J]. 对外经贸实务. 2009 (07).

[961] 李宁顺. 外资并购境内企业的反垄断规制 [J]. 经营与管理. 2009 (08).

[962] 李攀贵. 我国反垄断法对相关市场的界定 [J]. 法制与社会. 2009 (32).

[963] 李攀艺, 蒲勇健. 竞争、外部效应与专利权人技术许可行为的扭曲 [J]. 管理工程学报. 2009 (01).

[964] 李芃芃. 外资并购对中国投资法律发展的影响 [J]. 东岳论丛. 2009 (10).

[965] 李鹏飞. 电力行业输配分开的福利效应——基于完全信息动态博弈模型的分析 [J]. 南京大学学报 (哲学. 人文科学. 社会科学版). 2009 (03).

[966] 李倩倩, 宋颖. 在华跨国公司的环境规制初探 [J]. 价值工程. 2009 (06).

[967] 李强. 金融危机背景下的银行不对称管制 [J]. 西南金融. 2009 (07).

[968] 李强, 聂锐. 环境规制与区域技术创新——基于中国省际面板数据的实证分析 [J]. 中南财经政法大学学报. 2009 (04).

[969] 李青, 徐新宇, 戚丽娟, 等. 法国价格监管情况与启示 [J]. 中国价格监督检查. 2009 (03).

[970] 李庆滑. 水电利益博弈及其开发利用的法律规制 [J]. 理论与当代. 2009 (10).

[971] 李荣胜. 论垄断规制的公共利益理念 [J]. 法制与社会. 2009 (05).

[972] 李瑞庆, 方陈, 夏清, 等. 地区间电力市场互联互通相关问题 (一) 基本模型与社会福利分析 [J]. 电力系统自动化. 2009 (22).

[973] 李少锋. 知识经济背景下知识产权垄断的豁免与规制 [J]. 商场现代化. 2009 (06).

[974] 李绍仪. 汇源出售流产, 咋整 [J]. 新财经. 2009 (04).

[975] 李诗洋. 危机下如何加强我国外汇监管 [J]. 国际融资. 2009 (05).

[976] 李世新. 基于社会成本的自然垄断多重规制问题探索——以电力产业为例 [J]. 工业技术经济. 2009 (08).

[977] 李姝楠. 我国公司股权集中度与公司绩效关系的研究 [J]. 中南财经政法大学研究生学报. 2009 (04).

[978] 李树培. 知识资本化、跨国公司技术垄断与我国技术发展 [J]. 中国国情国力. 2009 (03).

[979] 李双. 宽恕制度的法理分析——兼评我国反垄断法第四十六条第二款 [J]. 金卡工程 (经济与法). 2009 (03).

[980] 李顺福, 张旭. 甘肃电网工农业电价交叉补贴的探讨 [J]. 电力需求侧管理. 2009 (03).

[981] 李谭. 从经济视角看中国反垄断法 [J]. 中外企业家. 2009 (14).

[982] 李涛. 审计合谋问题成因及对策探讨 [J]. 财经界 (学术版). 2009 (05).

[983] 李彤. 禁购汇源的余波 [J]. 商界 (评论). 2009 (04).

[984] 李威. 论"霸王条款"及其法律规制 [J]. 经营管理者. 2009 (05).

[985] 李维安, 严继超. 《反垄断法》给中国公司治理带来了什么——可口可乐收购汇源折戟后的思考 [J]. 资本市场. 2009 (05).

[986] 李维华. 如何确定区域加盟商开店数量与特许经营费用? [J]. 对外经贸实务. 2009 (08).

[987] 李纬，李博．我国医药医疗费用治理问题研究：基于利益集团理论的分析［J］．生产力研究．2009（05）．

[988] 李文畅．我国安全生产立法研究［J］．大众商务．2009（20）．

[989] 李熙，彭璧玉．我国产业集中度影响产业工资水平的实证研究［J］．改革与战略．2009（01）．

[990] 李喜莲，邢会强．金融危机与金融监管［J］．法学杂志．2009（05）．

[991] 李仙德，白光润，史善华．外资大卖场扎堆扩张的负面影响及规制——以上海市为例［J］．城市问题．2009（02）．

[992] 李翔．论反垄断司法救济的特点与运行模式［J］．经济师．2009（01）．

[993] 李湘．反垄断执法的独立性探讨［J］．理论界．2009（03）．

[994] 李湘蓉．善治视角下电力产业政府管制重构［J］．理论导报．2009（06）．

[995] 李萧然．政策放行无奈门槛太高 民营资本须依附电信产业链才能突围［J］．IT时代周刊．2009（13）．

[996] 李小丽．知识是怎样被垄断的［J］．中学生百科．2009（21）．

[997] 李晓栋．朱新礼的“卖儿”真相［J］．华人世界．2009（05）．

[998] 李晓非．赞美FIA！垄断消失了F1马来西亚站［J］．汽车与运动．2009（05）．

[999] 李晓静．企业合并中购买法和权益集合法的比较［J］．现代商业．2009（17）．

[1000] 李晓霞．基于外资并购的我国产业安全规制问题探析［J］．南阳理工学院学报．2009（02）．

[1001] 李晓云．尼尔·波兹曼的技术垄断批判［J］．新闻界．2009（04）．

[1002] 李昕．版权“技术措施”的保护与规制［J］．菏泽学院学报．2009（04）．

[1003] 李新民，张绍军，陈丽珠．坚持全面协调 合理调整价格：从取消药品加成政策引发的话题［J］．中国卫生经济．2009（09）．

[1004] 李新胜，董天罡，刘正熙，等．空中交通管制仿真系统飞行仿真模型建模与实现［J］．四川大学学报（工程科学版）．2009（06）．

[1005] 李鑫，武晓娟，陈炎，等．管制市场中铁路运输企业管界变化的影响分析［J］．市场周刊（理论研究）．2009（04）．

[1006] 李秀香．加强节能减排的市场机制与政府规制建设［J］．生态经济（学术版）．2009（01）．

[1007] 李旭颖．网络型产业竞争化与规制重构［J］．生产力研究．2009（04）．

[1008] 李炫锦．博弈论在价格竞争中的应用——从营运面包车车主之间的博弈谈起［J］．物流工程与管理．2009（03）．

[1009] 李亚楠．经济全球化对欧共体竞争法的影响［J］．法制与社会．2009（14）．

[1010] 李亚云．城市住宅业政府管制的生成［J］．山西建筑．2009（34）．

[1011] 李亚云．有效管制：竞争与管制的接合点［J］．湖北函授大学学报．2009（01）．

[1012] 李岩，李燕．关于加强银行会计监督的几点看法［J］．黑龙江金融．2009（08）．

[1013] 李岩．浅议反垄断制度［J］．商场现代化．2009（03）．

[1014] 李岩岩．美国电力部门管制改革文献综述［J］．中国新技术新产品．2009（18）．

[1015] 李彦东．浅析企业合并形成的基础性内部交易的抵消处理［J］．长春理工大学学报（高教版）．2009（02）．

[1016] 李艳华，陈萍．我国航空工业发展中存在的问题［J］．经济研究参考．2009（12）．

[1017] 李艳，罗能生，谢里，等．中国高技术制造业的市场集中度的测算［J］．统计与决策．2009（11）．

[1018] 李艳萍，倪得兵，唐小我．市场规模、范围经济与供应链聚集可能性 [J]．管理科学学报．2009 (04)．

[1019] 李艳．市场竞争、规模经济与农村信用社市场化改革 [J]．南方金融．2009 (02)．

[1020] 李燕．浅议行政垄断及其法律规制 [J]．今日南国 (理论创新版)．2009 (01)．

[1021] 李宜．上市公司年报内部控制信息披露状况研究——来自沪深 A 股上市公司的经验证据 [J]．北方工业大学学报．2009 (02)．

[1022] 李音．论对跨国公司知识产权滥用的反垄断法规制 [J]．法制与社会．2009 (06)．

[1023] 李莹，王庆丽．钢铁企业兼并重组热的“冷”思考 [J]．冶金管理．2009 (10)．

[1024] 李颖琳．修订家具买卖合同 完善对交易的契约规制 [J]．工商行政管理．2009 (14)．

[1025] 李颖．提高产业集中度 促进钢铁产业发展 [J]．山东经济战略研究．2009 (04)．

[1026] 李永来．市场化改革与电力行业效率：基于 DEA 的电力行业上市公司分析 [J]．当代经济科学．2009 (01)．

[1027] 李泳．从外资控制作用机理看我国的外资安全审查 [J]．国际贸易．2009 (07)．

[1028] 李宇嘉，陆军．贷款损失准备金、资本监管与银行财务绩效 [J]．当代经济科学．2009 (02)．

[1029] 李玉平，纪元．中国审计市场“三元制”结构及其市场特征分析 [J]．财会通讯．2009 (15)．

[1030] 李郁．我国房地产市场组织结构研究 [J]．中国集体经济．2009 (01)．

[1031] 李昱，刘筱君．以行政垄断为视角——评中国反垄断法第一案 [J]．辽宁法治研究．2009 (02)．

[1032] 李元垒，陈建伟，肖文光．深化行政性垄断行业管理体制改革：现状评价及对策分析 [J]．学术论坛．2009 (06)．

[1033] 李媛媛，张文敏．论证券欺诈行为的法律规制 [J]．沈阳大学学报．2009 (05)．

[1034] 李月．金融寡头——危机的症结 [J]．世界博览．2009 (11)．

[1035] 李悦．外资并购的反垄断规制 [J]．法制与社会．2009 (07)．

[1036] 李跃利．知识产权搭售许可的法律规制 [J]．河南省政法管理干部学院学报．2009 (01)．

[1037] 李云．3G 时期电信监管的问题及建议 [J]．电信技术．2009 (10)．

[1038] 李泽涛，姚晓东．城市污水处理市场化改革方案研究 [J]．天津经济．2009 (02)．

[1039] 李昭华，蒋冰冰．欧盟环境规制对我国纺织品与服装出口的绿色壁垒效应——基于我国四种纺织品与服装出口欧盟 11 国的面板数据分析：1990—2006 [J]．中国工业经济．2009 (6)．

[1040] 李兆崑．《反垄断法》与 4S 站的对话 [J]．汽车维护与修理．2009 (03)．

[1041] 李，赵卓．我国垄断产业改革滞后的体制性根源在于行政性垄断 [J]．当代社科视野．2009 (06)．

[1042] 李哲．面向竞争的天然气产业产权结构改革探讨 [J]．宁波经济 (三江论坛)．2009 (11)．

[1043] 李哲．外资并购中的反垄断问题探析 [J]．陕西师范大学学报 (哲学社会科学版)．2009 (S1)．

[1044] 李政．探索国有企业改革的创新之作——评汤吉军《沉淀成本经济学与国有经济动态演化分析》一书 [J]．经济纵横．2009 (05)．

[1045] 李志军．机票价格透明化趋势对航空公司收益管理的影响 [J]．中国民用航空．2009 (01)．

[1046] 李志鹏，姜明强．浅析《反垄断法》下汽车 4S 店的发展趋势 [J]．林业科技．2009 (05)．

[1047] 李志文，杜萱．船舶压载水与生物安全的法律规制［J］．当代法学．2009（03）．

[1048] 李志宇．瑞斯康达 致力于接入网市场的标准统一［J］．通信世界．2009（11）．

[1049] 李中华．论《反垄断法》下的私募基金［J］．今日南国（理论创新版）．2009（01）．

[1050] 李中元，王心泉，马金彪．股权集中度与公司绩效的关系——基于我国电子元器件制造业上市公司的研究［J］．辽宁经济．2009（02）．

[1051] 李专，张晓明．论知识产权滥用规制——基于微软黑屏事件的思考［J］．热带农业科学．2009（09）．

[1052] 李子旸，王岩．银行家贪婪是政府干预的结果［J］．新财经．2009（02）．

[1053] 励效杰．水业投资回报率规制中的道德风险问题研究［J］．供水技术．2009（01）．

[1054] 连敏．汇源并购案的多重启示［J］．浙江经济．2009（06）．

[1055] 梁灿强．比较价格法和反垄断法对药品需求价格弹性的影响［J］．法制与社会．2009（29）．

[1056] 梁冬寒，袭著燕，李刚．环境规制与出口绩效相互影响效应分析——基于重污染制造业的考察［J］．统计与决策．2009（07）．

[1057] 梁恒．风险·规制·完善：刑法视域下的个人信息保护［J］．重庆邮电大学学报（社会科学版）．2009（06）．

[1058] 梁隽军．高速公路的特许经营管理［J］．决策与信息．2009（04）．

[1059] 梁莉萍．万工科技：创新打破垄断［J］．中国纺织．2009（08）．

[1060] 梁琳琳，齐中英．考虑需求因素的国际石油市场寡头厂商博弈模型［J］．管理工程学报．2009（04）．

[1061] 梁琼．浅议出版社对垄断路径的依赖［J］．出版科学．2009（03）．

[1062] 梁榕．中国资本管制的方法以及有效性分析［J］．经营管理者．2009（18）．

[1063] 梁姗姗．基于产业集中度的中国煤炭产业结构优化研究［J］．中国矿业大学学报（社会科学版）．2009（02）．

[1064] 梁涛．我国出口玩具行业跨越 TBT 的应对策略——基于政府规制的视角［J］．江苏商论．2009（09）．

[1065] 梁潇．谁来监管监管者——对中国管制之路的探索［J］．法制与社会．2009（03）．

[1066] 梁欣漾．政府管制对公司债务期限结构的影响［J］．现代商业．2009（24）．

[1067] 梁岩．从技术、管制与受众角度看媒介融合的发展趋势［J］．新闻与写作．2009（11）．

[1068] 梁永强．从京珠高速公路（湖北段）路面中修谈交通管制［J］．公路．2009（08）．

[1069] 梁玉新．试论我国资本市场政府适度管制之模式选择［J］．中共山西省直机关党校学报．2009（02）．

[1070] 梁远航，齐琳琳．我国保险行业协会自律的反思与完善［J］．财经科学．2009（06）．

[1071] 梁志东．证券投资基金业的法律规制研究［J］．特区经济．2009（07）．

[1072] 廖国民．监管松弛、过度创新与资产泡沫——对美国金融危机的一个分析逻辑［J］．国际经贸探索．2009（08）．

[1073] 廖红伟．国有电信垄断行业寡占竞争策略分析［J］．经济体制改革．2009（06）．

[1074] 廖红伟，李夏冰．垄断行业政府规制效率及改进机制［J］．当代经济研究．2009（09）．

[1075] 廖红伟．我国国有资产监管问题与对策研究［J］．经济纵横．2009（01）．

[1076] 廖江辉．我国收费公路的一种费率博弈模型探讨［J］．中国集体经济．2009（27）．

[1077] 廖敏．城市公用事业特许经营路径选择研究［J］．辽宁行政学院学报．2009（09）．

[1078] 廖明星，房巧红．“三鹿”事件的监管规制缺陷与《食品安全法》的应对 [J]．食品工业科技．2009 (07)．

[1079] 廖年生，叶剑平．民生视角下的住宅定价原理与模型分析 [J]．南京社会科学．2009 (03)．

[1080] 廖鹏．我国反垄断法与产业政策法冲突现象与法理分析 [J]．大众商务．2009 (02)．

[1081] 廖秀健，李蕾．我国烟草广告存在的问题及其法律规制——以长沙市区烟草广告发布为例 [J]．消费导刊．2009 (05)．

[1082] 廖屹．关于水电市场发电权交易的相关研究 [J]．水电站设计．2009 (01)．

[1083] 廖颖．浅析电信全球竞争时期的电信法律规制 [J]．新疆社会科学．2009 (04)．

[1084] 廖榛．手机操作系统上演派系争斗 微软谷歌抢占市场份额各揣玄机 [J]．IT 时代周刊．2009 (23)．

[1085] 林灿宇．加强电力工程造价管理与控制的对策思考 [J]．科技资讯．2009 (02)．

[1086] 林存友，朱清．环境管制下的企业反应行为研究 [J]．商场现代化．2009 (04)．

[1087] 林峰．重庆黑帮：垄断公交的罪恶之手 [J]．新经济杂志．2009 (11)．

[1088] 林国光．关于《反垄断法》配套规章有关问题的探讨 [J]．中国价格监督检查．2009 (07)．

[1089] 林国泰．国际实施反垄断：分享及机遇 [J]．连锁特许．2009 (04)．

[1090] 林红．未来的空中管制飞行 [J]．中国民用航空．2009 (05)．

[1091] 林惠玲．试分析欧盟对企业合并案例的审查标准——以案例分析为素材 [J]．广西政法管理干部学院学报．2009 (06)．

[1092] 林积昌，王硕佟，李学武．行业协会价格垄断与价格自律之辨析 [J]．中国价格监督检查．2009 (03)．

[1093] 林婧婧．试论我国企业并购中的反垄断法运用——以可口可乐收购汇源案为背景 [J]．中国市场．2009 (26)．

[1094] 林丽敏．公用企业滥用市场支配地位的反垄断法规制 [J]．福建金融管理干部学院学报．2009 (02)．

[1095] 林林．中国收入分配改革悄然起步 [J]．报刊荟萃．2009 (08)．

[1096] 林琳．论行政性市场进入壁垒及其法律规制 [J]．经济法论坛．2009 (00)．

[1097] 林路．铁路——绿色交通的骄傲 [J]．铁道知识．2009 (02)．

[1098] 林木西，刘海莺．中国铁路业生产效率的经验分析 [J]．生产力研究．2009 (04)．

[1099] 林群丰．房地产业步入公正之途径 [J]．安徽职业技术学院学报．2009 (02)．

[1100] 林赛君．特许经营：在中国的几多变数 [J]．现代商业．2009 (16)．

[1101] 林森，董佳鑫．电力市场结构与政府管制改革研究——基于 SCP 分析框架 [J]．商场现代化．2009 (10)．

[1102] 林森．基于 SCP 分析框架的我国电力产业改革思路探讨 [J]．商业时代．2009 (12)．

[1103] 林森，祝荣富，董佳鑫．自然垄断行业的可竞争性分析 [J]．商业时代．2009 (13)．

[1104] 林桐，贾云峰，靳增光．作业成本法与电信运营商成本管理之实证分析 [J]．中国总会计师．2009 (05)．

[1105] 林毅．浅论公用企业反垄断法的适用 [J]．宁夏党校学报．2009 (05)．

[1106] 林永生．能源产品的最优价格路径 [J]．河北经贸大学学报．2009 (01)．

[1107] 林云华，冯兵．排污权交易定价机制研究 [J]．武汉工程大学学报．2009 (02)．

[1108] 林治波．国企形象妖魔化辨析 [J]．人民论坛．2009 (19)．

[1109] 林钟高，郑军，彭琳．内部控制信息强制性披露研究——来自沪深两市特殊行业和垄

断行业的经验证据［J］. 上海立信会计学院学报. 2009（04）.

［1110］刘爱东，陈林荣. 市场集中度与应诉反倾销：一个分析框架［J］. 商业研究. 2009（09）.

［1111］刘安丰. 论我国反垄断立法与发展规模经济的一致性［J］. 宿州学院学报. 2009（04）.

［1112］刘安伟. 全国工商系统竞争执法工作会议综述［J］. 工商行政管理. 2009（12）.

［1113］刘安伟. 深入学习两个规章 认真开展反垄断执法工作［J］. 工商行政管理. 2009（14）.

［1114］刘柏霞，滕国华. 银行业市场结构和绩效关系的实证研究［J］. 生产力研究. 2009（11）.

［1115］刘宝. 国外武器装备采办竞争与规制研究综述［J］. 安徽商贸职业技术学院学报（社会科学版）. 2009（01）.

［1116］刘贝曦. 略论跨国并购的法律规制——以联想收购IBM-PCD一案为例［J］. 金卡工程（经济与法）. 2009（05）.

［1117］刘斌.《反垄断法》视野下的汽车流通［J］. 汽车工业研究. 2009（01）.

［1118］刘兵，邹树梁，陈甲华，等. 我国核电项目投资主体多元化探讨［J］. 南华大学学报（社会科学版）. 2009（04）.

［1119］刘常春. 虚假广告规制缺失的原因及治理路径［J］. 法学杂志. 2009（01）.

［1120］刘晨. 外资并购造成的行业垄断问题［J］. 合作经济与科技. 2009（05）.

［1121］刘传良. 我国《反垄断法》的特色及其立法意义［J］. 河南机电高等专科学校学报. 2009（01）.

［1122］刘春. 不对称电信管制政策：山雨欲来风满楼［J］. 通信企业管理. 2009（04）.

［1123］刘春辉，刘敏. 考虑大用户直购电的电网公司风险管理探讨［J］. 中国西部科技. 2009（22）.

［1124］刘春宇，安尼瓦尔，阿木提. 新疆石油产业集中度、关联度与布局构想［J］. 新疆大学学报（哲学人文社会科学版）. 2009（04）.

［1125］刘丹. 浅析我国反垄断执法机构的设置［J］. 法制与社会. 2009（19）.

［1126］刘德寰，左灿. 收视率调查状况与中国收视率发展模式的探讨——兼谈数据垄断［J］. 广告大观（理论版）. 2009（04）.

［1127］刘冬青. 浅谈我国历史上的两次烟草专卖［J］. 农村经济与科技. 2009（03）.

［1128］刘杜若. 我国白酒产业的集中度及其决定因素的实证研究［J］. 酿酒科技. 2009（04）.

［1129］刘恩东. 中美利益集团规制制度环境比较［J］. 中共中央党校学报. 2009（04）.

［1130］刘飞，穆献中. 我国矿难问题的社会规制探析［J］. 当代经济. 2009（18）.

［1131］刘福军. 逆境型政府规制理论与食品安全危机防控［J］. 沈阳大学学报. 2009（02）.

［1132］刘戈. 兼并，更重要的是收复人心［J］. 中外管理. 2009（10）.

［1133］刘光才，李章萍. 放松管制与加强监管——我国民航业的发展政策选择［J］. 经营与管理. 2009（03）.

［1134］刘桂清. 反垄断执法中的和解制度研究［J］. 当代法学. 2009（02）.

［1135］刘国恩. 系统性研究 创新性探索——评《政府医疗管制模式重构》一书［J］. 财经科学. 2009（11）.

［1136］刘国基. 谈垄断性数据供应业的制衡问题［J］. 广告大观（综合版）. 2009（02）.

［1137］刘海明，郭菲. 产品市场竞争情况与公司资本结构的实证研究［J］. 武汉金融. 2009（09）.

[1138] 刘红. 地方政府土地市场行为的经济学分析 [J]. 改革与战略. 2009 (01).

[1139] 刘红卫, 穆丽霞. 我国自然垄断行业的规制改革研究 [J]. 山东社会科学. 2009 (08).

[1140] 刘红霞. 衍生金融工具创新财务风险监管框架研究 [J]. 中央财经大学学报. 2009 (05).

[1141] 刘鸿毅. 我国房地产业管制的理论分析与对策研究 [J]. 财政监督. 2009 (16).

[1142] 刘华涛. 先进的管制方式需要相应的管制体制——自然垄断产业应用激励性管制的管制体制基础 [J]. 兰州学刊. 2009 (08).

[1143] 刘卉, 任翔. 世界烟草企业兼并重组对中国烟草工业的机遇与挑战 [J]. 思想战线. 2009 (03).

[1144] 刘会. 基于价格上限规制定价方法 探讨我国油气产业管制改革 [J]. 中国科技产业. 2009 (01).

[1145] 刘慧. 我国竞争法上商业秘密保护制度研究 [J]. 经济经纬. 2009 (01).

[1146] 刘继峰. 概念外延的变动及其法律适用——以反垄断法中致害人和受害人为中心 [J]. 法学论坛. 2009 (03).

[1147] 刘继峰. 竞争法中的消费者标准 [J]. 政法论坛. 2009 (05).

[1148] 刘继峰. 我国反垄断法概念关系的错位及修正 [J]. 中国社会科学院研究生院学报. 2009 (02).

[1149] 刘继峰. 我国反垄断私人诉讼制度中的问题及其解决 [J]. 内蒙古大学学报 (哲学社会科学版). 2009 (02).

[1150] 刘继峰. 信息技术运用中的权力意志——微软"黑屏"行为的性质分析及启示 [J]. 科技与法律. 2009 (04).

[1151] 刘继虎. 管制影响机制与本土化进度 [J]. 湖南省社会主义学院学报. 2009 (05).

[1152] 刘继虎, 刘正宗. 刍议信托公司市场准入的法律制度 [J]. 法制与社会. 2009 (18).

[1153] 刘继梅. 自然垄断行业实施政府管制存在的问题及对策探析 [J]. 科技信息. 2009 (17).

[1154] 刘佳. 垄断行业创新激励机制探讨——兼论《反垄断法》对我国垄断行业创新的影响 [J]. 产业与科技论坛. 2009 (01).

[1155] 刘剑, 李映萍. 中国银行业市场结构的演变及优化取向: 一个国际比较视角 [J]. 改革与开放. 2009 (03).

[1156] 刘洁. 成本规制维持"公交优先"财务平衡 [J]. 运输经理世界. 2009 (Z1).

[1157] 刘洁, 苏保忠. 基于持续成本优势的定价策略 [J]. 当代经济. 2009 (01).

[1158] 刘津平. 谈我国食品安全司法保护的路径 [J]. 天津职业院校联合学报. 2009 (03).

[1159] 刘锦芳. 阻止合谋的"囚徒困境"博弈分析: 对国企监管的启示 [J]. 审计研究. 2009 (05).

[1160] 刘进. 反垄断法与中国体育行业协会 [J]. 体育学刊. 2009 (07).

[1161] 刘劲松. 租金与寻租理论评述 [J]. 东北财经大学学报. 2009 (05).

[1162] 刘静. 中国电信行业市场结构分析 [J]. 现代商贸工业. 2009 (17).

[1163] 刘菊. 如何对细分市场进行竞争性评估 [J]. 商业文化 (学术版). 2009 (02).

[1164] 刘军荣. 对跨国公司超国家规制之路径探讨 [J]. 社会科学家. 2009 (02).

[1165] 刘俊. 论《反不正当竞争法》与《反垄断法》的协调——以修改《反不正当竞争法》为视角 [J]. 法制与社会. 2009 (12).

[1166] 刘俊. 浅谈我国行政垄断的成因、危害及其法律对策 [J]. 法制与社会. 2009 (32).

[1167] 刘凯，孙克强．反收购规制中的利益平衡——以毒丸计划为视角［J］．法学杂志．2009（04）．

[1168] 刘克梅．拖车费也要搞垄断价？［J］．浙江人大．2009（09）．

[1169] 刘克梅．由禁止可口可乐收购汇源案谈保护民族品牌的重要性［J］．中国公共安全（综合版）．2009（04）．

[1170] 刘磊．浅析滥用商业秘密权的反垄断法规制［J］．科学之友（B版）．2009（01）．

[1171] 刘丽娟．反垄断法对知识产权滥用的限制［J］．知识产权．2009（05）．

[1172] 刘丽园．我国企业并购制度正在走向成熟——从商务部禁止可口可乐收购汇源说起［J］．兰州学刊．2009（05）．

[1173] 刘莲花．上市公司股权集中度与公司治理绩效：基于中国的经验证据［J］．河南金融管理干部学院学报．2009（03）．

[1174] 刘玲莉．微软黑屏 是维权还是垄断——从价格角度看微软的黑屏事件［J］．中小企业管理与科技（下旬刊）．2009（09）．

[1175] 刘满平．警惕"特殊"利益集团干扰经济回暖［J］．党政干部文摘．2009（06）．

[1176] 刘珉璐．浅析企业合并商誉［J］．商场现代化．2009（03）．

[1177] 刘宁元．反垄断法政策目标的多元化［J］．法学．2009（10）．

[1178] 刘宁元．关于我国管制经营者集中的相关问题研究［J］．政治与法律．2009（11）．

[1179] 刘沛佩．汇源并购案的反垄断双重审查思考［J］．广东行政学院学报．2009（02）．

[1180] 刘鹏，段治平．中国电信业政府激励性管制模式探析［J］．当代经济．2009（14）．

[1181] 刘平．寻求反垄断和防止恶性竞争的平衡［J］．中国民用航空．2009（05）．

[1182] 刘萍．专利侵权诉讼中的权利滥用［J］．天津大学学报（社会科学版）．2009（05）．

[1183] 刘启，李明志．非对称条件下双边市场的定价模式［J］．清华大学学报（自然科学版）网络．预览．2009（06）．

[1184] 刘琼，张钰坤．从双向规模经济谈企业蓝海战略的实施［J］．商业时代．2009（21）．

[1185] 刘秋华，甘海庆．输配分开模式下配电商市场竞争环境与竞争策略分析［J］．企业经济．2009（09）．

[1186] 刘熔炉．我国知识产权滥用的反垄断规制［J］．社会科学论坛（学术研究卷）．2009（03）．

[1187] 刘瑞宝，王神海．寡头垄断——通货膨胀的市场结构诱因：文献述评［J］．中南财经政法大学研究生学报．2009（04）．

[1188] 刘莎．浅谈虚假广告的法律规制［J］．青年科学．2009（07）．

[1189] 刘珊，董舒翼．对电信资费上下限区间规制的探讨［J］．电信科学．2009（04）．

[1190] 刘石．从巴西的经验看中国种子产业的开放［J］．北京农业．2009（17）．

[1191] 刘石．跨国公司进入中国市场可怕吗［J］．北京农业．2009（23）．

[1192] 刘淑梅，张洪庆．寡头垄断市场的显著特点分析［J］．管理观察．2009（15）．

[1193] 刘树枫．我国房地产业集中与市场结构优化［J］．现代经济探讨．2009（06）．

[1194] 刘帅．金融创新对我国银行监管的挑战［J］．知识经济．2009（04）．

[1195] 刘苏，陈陨．对我国体育彩票法律规制的思考［J］．首都体育学院学报．2009（04）．

[1196] 刘婉．关于盗版现象的经济学分析［J］．大众商务．2009（14）．

[1197] 刘伟．连锁家电厂商并购的竞争性效应分析［J］．财经问题研究．2009（07）．

[1198] 刘伟．事件分析法在反托拉斯分析中的应用：演变及对我国的启示［J］．浙江社会科学．2009（09）．

[1199] 刘伟．中国金融衍生品的发展及监管问题探析［J］．黑龙江金融．2009（04）．

［1200］刘文甲．用途管制大于产权［J］．中国土地．2009（07）．

［1201］刘文忠．农产品与食品安全立法研究［J］．北京农学院学报．2009（01）．

［1202］刘雯薇．我国药品价格管理模式分析［J］．企业导报．2009（02）．

［1203］刘武，左仁酉．反垄断法与反不正当竞争法异同探析［J］．金卡工程（经济与法）．2009（09）．

［1204］刘曦．论经营者集中［J］．法学与实践．2009（03）．

［1205］刘曦．论网络经济下不正当竞争行为的特征［J］．法制与社会．2009（05）．

［1206］刘细良，汪丹丹，蒋会平．基于共用资源管理的政府失范行为及其规制研究［J］．湖南大学学报（社会科学版）．2009（05）．

［1207］刘晓彬．转型期市场中介组织的市场准入问题［J］．社会科学研究．2009（04）．

［1208］刘晓宁．基于食品安全的农业产业链生产控制模式研究［J］．现代管理科学．2009（09）．

［1209］刘晓．推进企业跨地区跨所有制兼并重组［J］．经营与管理．2009（09）．

［1210］刘晓旭，张晨辉．信托业市场准入问题研究——以一法两规为视角［J］．法制与社会．2009（10）．

［1211］刘歆衎，何茜．对完善我国上市公司监管的几点思考［J］．知识经济．2009（03）．

［1212］刘馨阳，刘天然．双寡头研发博弈对产品市场寿命的影响——以大型客机制造业为例［J］．郑州航空工业管理学院学报（社会科学版）．2009（03）．

［1213］刘鑫．城市供水特许经营合同刍议［J］．法制与社会．2009（10）．

［1214］刘秀娟．完善我国食品安全监管体系的思考［J］．菏泽学院学报．2009（03）．

［1215］刘秀兰．金融管制演变分析［J］．社会科学论坛（学术研究卷）．2009（07）．

［1216］刘轩．日本电信产业组织的规制改革［J］．现代日本经济．2009（05）．

［1217］刘轩．日本电信价格规制评析［J］．南昌航空大学学报（社会科学版）．2009（01）．

［1218］刘学全．市场失灵与政府行为略谈［J］．福建理论学习．2009（09）．

［1219］刘雪涛．反垄断征程山高路远——美国联邦贸易委员会诉RAMBUS反垄断案例的启示［J］．中国发明与专利．2009（01）．

［1220］刘亚男．从“三鹿奶粉”事件谈我国的假冒伪劣产品规制［J］．全国商情（经济理论研究）．2009（10）．

［1221］刘亚品．浅析行政垄断产生的原因［J］．法制与社会．2009（12）．

［1222］刘研华，王宏志．我国环境规制效率的变化趋势及对策研究［J］．生态经济．2009（11）．

［1223］刘艳博．纵向限制到纵向一体化过程中的问题分析［J］．市场周刊（理论研究）．2009（09）．

［1224］刘艳丽，刘瑞新．论烟草专卖制度下的利润分配格局——基于利益相关者理论的一个描述性分析［J］．现代商贸工业．2009（01）．

［1225］刘艳，商金梅．外资并购问题及对策分析［J］．现代商贸工业．2009（05）．

［1226］刘艳涛．新浪“吞”分众 垄断惊现？［J］．成功营销．2009（Z1）．

［1227］刘燕斌，李明甫．不同国家和地区企业高管薪酬水平及管理机制［J］．中国劳动．2009（04）．

［1228］刘扬．微软“黑屏事件”的多视角分析［J］．大众商务．2009（14）．

［1229］刘旸．城市公用事业政府管制改革路径研究［J］．生产力研究．2009（17）．

［1230］刘洋，徐惠娟．环境规制对FDI的影响——基于江苏省数据的实证研究［J］．当代经济．2009（08）．

［1231］刘一宁，李文军．地方政府主导下自然保护区旅游特许经营的一个案例研究［J］．北京大学学报（自然科学版）．2009（03）．

［1232］刘乙，李长喜．互联网法律规制模式的探讨［J］．北京邮电大学学报（社会科学版）．2009（02）．

［1233］刘艺卓．基于恒定市场份额模型对我国乳品进口的分析［J］．国际商务（对外经济贸易大学学报）．2009（04）．

［1234］刘奕．我国的行政性垄断及其规制——以石油行业为角度的探析［J］．生产力研究．2009（07）．

［1235］刘英祥．我国天然气价格与天然气发展问题研究［J］．企业经济．2009（04）．

［1236］刘迎霜．浅析我国反垄断法中的民事责任［J］．南京社会科学．2009（01）．

［1237］刘莹．从经济学视角分析出租车行业的"困境"——以2008年重庆、海南等地出租车"罢运"事件为例［J］．现代商业．2009（15）．

［1238］刘颖．保护竞争秩序是反垄断法的根本目的——以美国VERIZON电讯公司涉嫌垄断案为例［J］．宁夏大学学报（人文社会科学版）．2009（03）．

［1239］刘颖．反垄断法适用除外制度初探［J］．生产力研究．2009（06）．

［1240］刘永刚，苗旋．管制处罚文化初探［J］．中国民用航空．2009（05）．

［1241］刘勇，周永务．一类基于价格的随机需求条件下供应链的订购与协调机制［J］．合肥工业大学学报（自然科学版）．2009（10）．

［1242］刘宇，魏萌，任巍，等．民营航空还能飞多远［J］．今日民航．2009（04）．

［1243］刘玉亭在全国棉花工作电视电话会议上强调 加强棉花市场监管 维护棉花市场秩序［J］．工商行政管理．2009（20）．

［1244］刘源风．浅析我国电信业竞争与管理问题［J］．大众商务．2009（10）．

［1245］刘云亮．论产业垄断法律的几个问题［J］．河南省政法管理干部学院学报．2009（02）．

［1246］刘云梦．从"民间反垄断第一案"看《反垄断法》之实施［J］．中国高新技术企业．2009（20）．

［1247］刘云生，庞子渊．现行公共自然资源特许经营制度缺陷及其突破路径［J］．西南民族大学学报（人文社科版）．2009（01）．

［1248］刘运华．论《反垄断法》在知识产权领域的运用［J］．长春大学学报．2009（01）．

［1249］刘运球．资本运营是实现国有企业经济发展的有效途径［J］．企业家天地下半月刊（理论版）．2009（02）．

［1250］刘泽赫．关于对滥用市场支配地位的法律规制的文献综述［J］．金卡工程（经济与法）．2009（12）．

［1251］刘泽照，王惠君．美国政府银行业管制导向探析［J］．技术与市场．2009（11）．

［1252］刘振环．试论民法与反垄断法的关系——以公法和私法的形态融合为切入点分析［J］．农村．农业．农民（A版）．2009（06）．

［1253］刘震，徐家力．反垄断法视野下知识产权垄断问题新探——以微软、搜索引擎垄断为例［J］．经济论坛．2009（06）．

［1254］刘志芳．百货店业态市场集中度的实证分析［J］．商场现代化．2009（25）．

［1255］刘志忠，陈果．环境管制与外商直接投资区位分布——基于城市面板数据的实证研究［J］．国际贸易问题．2009（03）．

［1256］刘治国．食品安全事件与质量经济学［J］．中国质量．2009（01）．

［1257］刘钟艺．我国反垄断诉讼相关问题初探［J］．法制与经济（下旬刊）．2009（07）．

[1258] 龙会，沈根峰．我国特许经营纠纷的若干思考——基于产权理论分析 [J]．知识经济．2009 (13)．

[1259] 龙井瑢．在革新与掠夺之间——知识产权保护与反垄断的矛盾与妥协 [J]．电子知识产权．2009 (08)．

[1260] 龙静，刘海建．联盟、网络与竞争：产业集群创新分析 [J]．软科学．2009 (02)．

[1261] 龙生平，张立荣，张方，等．西方电力监管制度的分析与启示 [J]．改革与开放．2009 (07)．

[1262] 龙一平，沈绍睿．外资并购对我国经济的影响——以江苏省为例 [J]．经营与管理．2009 (02)．

[1263] 龙一平，沈绍睿．知识产权与反垄断法的矛盾冲突与解决方法 [J]．云南行政学院学报．2009 (01)．

[1264] 龙真．3G 手机走私是一场合谋？[J]．当代经理人．2009 (04)．

[1265] 垄断格局考验 CDMA 产业：重组加剧电信业竞争 [J]．中国新通信．2009 (04)．

[1266] 垄断国企成最赚钱企业意味着什么 [J]．理论与当代．2009 (06)．

[1267] 娄丙录．反垄断执法和解制度的功能 [J]．商丘师范学院学报．2009 (05)．

[1268] 娄丙录．论反垄断法之宽恕制度 [J]．政法论坛．2009 (03)．

[1269] 娄丙录．我国竞争法律制度建设的回顾与展望 [J]．法学杂志．2009 (02)．

[1270] 娄耀雄．论我国电信企业入门资格的行政许可 [J]．行政法学研究．2009 (04)．

[1271] 楼国军，邹建锋．从政府与市场的双赢看政府监管力建设 [J]．中共贵州省委党校学报．2009 (04)．

[1272] 卢爱国，曾凡丽．社区公共事务的分类与治理机制 [J]．城市问题．2009 (11)．

[1273] 卢安文，王跃平．全业务运营背景下我国电信管制策略研究 [J]．数字通信．2009 (03)．

[1274] 卢君．政府规制理论变迁视角下中国政府规制能力的提升 [J]．云南财经大学学报．2009 (01)．

[1275] 卢燕秋．基于网络的企业竞争对手实力分析 [J]．科技情报开发与经济．2009 (28)．

[1276] 卢益奕，侯袒．论反垄断法视野下的行政性垄断规制 [J]．法制与社会．2009 (06)．

[1277] 卢远瞩．混合寡头内生行动顺序问题研究：一个综述 [J]．南方经济．2009 (08)．

[1278] 芦保成．竞争法规制——网络连接与知识产权法、竞争法的关系 [J]．大众商务．2009 (14)．

[1279] 芦峰．论我国证券公司监管的改革取向——基于博弈悖论的视角 [J]．金融教学与研究．2009 (02)．

[1280] 鲁长松．浅析可口可乐收购汇源案 [J]．法制与社会．2009 (19)．

[1281] 鲁春艳．企业组织规模与结构演变相关分析 [J]．合作经济与科技．2009 (12)．

[1282] 鲁篱．我国行业协会限制竞争行为法律规制监督体系的构建与完善 [J]．西南民族大学学报 (人文社科版)．2009 (02)．

[1283] 鲁篱．行业协会限制竞争行为的责任制度研究 [J]．中国法学．2009 (02)．

[1284] 鲁其辉，朱道立．质量与价格竞争供应链的均衡与协调策略研究 [J]．管理科学学报．2009 (03)．

[1285] 鲁倩，曾祥金，张裕．非线性需求下厂商二度价格歧视的博弈分析 [J]．武汉工程大学学报．2009 (01)．

[1286] 鲁晓娟．我国反垄断法域外适用制度的确立及其完善 [J]．法制与社会．2009 (12)．

[1287] 鲁子健．封建垄断下的私盐抗争 [J]．盐业史研究．2009 (03)．

[1288] 陆程葆．我国上市公司独立董事的薪酬规制［J］．企业导报．2009（04）．

[1289] 陆建国．反垄断法为啥管不了油价［J］．法人杂志．2009（08）．

[1290] 陆楠．出口限制：知识产权保护还是垄断？［J］．电子设计技术．2009（06）．

[1291] 陆普桂．兼并者与被兼并者之间的博弈分析［J］．商场现代化．2009（09）．

[1292] 陆薇．汇源收购案对维护产业安全工作的启示［J］．轻工标准与质量．2009（03）．

[1293] 鹿刚．对我国证券业的行业集中度与绩效的分析［J］．网络财富．2009（06）．

[1294] 逯其军．网络言论自由中的社会公共安全问题［J］．北京人民警察学院学报．2009（01）．

[1295] 路林丽，宋金璐．中国基金管理公司市场准入制度研究［J］．北方经贸．2009（08）．

[1296] 路思远．渠道权力垄断与市场失灵：医药市场的现状与成因分析［J］．衡水学院学报．2009（02）．

[1297] 路晓伟，孙树垒．财产保险市场主体违规的羊群效应及其规制［J］．保险研究．2009（05）．

[1298] 吕炳斌．美国商品流通领域反价格垄断的法律规制研究［J］．盐城师范学院学报（人文社会科学版）．2009（05）．

[1299] 吕丹．环境资源配置优化中的公共政策创新研究［J］．财经问题研究．2009（05）．

[1300] 吕凡，余玉苗．“旋转门效应”、审计独立性与政府监管［J］．财会通讯．2009（21）．

[1301] 吕红梅．加快垄断行业改革的关键在于转变政府职能［J］．北方经济．2009（11）．

[1302] 吕红梅．“市场失灵”与“政府失灵”述评［J］．现代商贸工业．2009（11）．

[1303] 吕红梅．外资并购对我国国家经济安全的影响及对策研究［J］．知识经济．2009（16）．

[1304] 吕魁，吴崇，吕晓宁．基于双边市场理论的卫视频道落地费研究［J］．电子科技大学学报（社科版）．2009（04）．

[1305] 吕魁．有线电视入网费定价模型及影响因素分析——基于双边市场理论［J］．西安电子科技大学学报（社会科学版）．2009（01）．

[1306] 吕利平．我国食品行业安全监管体系初探［J］．大众标准化．2009（11）．

[1307] 吕淼．法国天然气市场价格体系特点及引出的思考［J］．城市燃气．2009（02）．

[1308] 吕明敏．金融创新与监管制度创新［J］．商场现代化．2009（14）．

[1309] 吕明瑜．技术标准垄断的法律控制［J］．法学家．2009（01）．

[1310] 吕明瑜．论知识产权垄断法律控制的理论基础［J］．河北法学．2009（02）．

[1311] 吕明瑜．论知识产权许可中的垄断控制［J］．法学评论．2009（06）．

[1312] 吕明瑜．论中国知识产权垄断法律控制制度的指导思想［J］．河南省政法管理干部学院学报．2009（01）．

[1313] 吕明瑜．美欧知识产权人拒绝交易反垄断规制的判例法实践与启示［J］．南都学坛．2009（03）．

[1314] 吕明瑜．知识产权垄断呼唤反垄断法制度创新——知识经济视角下的分析［J］．中国法学．2009（04）．

[1315] 吕人力，周艳，周沐．空中交通管制团队人误的分类及致因研究［J］．中国安全科学学报．2009（01）．

[1316] 吕姝仪．我国投资银行业集中度测算及分析［J］．北方经贸．2009（05）．

[1317] 吕献红．网络经济下的竞争性垄断市场结构与企业竞合［J］．吉林工商学院学报．2009（02）．

[1318] 吕献红．网络外部性下兼容产品价格竞争研究［J］．北方经济．2009（10）．

[1319] 吕秀艳. 试论不正当竞争行为的变幻与法律规制 [J]. 哈尔滨学院学报. 2009 (02).

[1320] 吕妍，韩京位. 论地方政府对房地产业的规制 [J]. 北方经济. 2009 (16).

[1321] 吕瑛，杨光. 混业经营：中国金融业的必然选择 [J]. 北京教育学院学报. 2009 (05).

[1322] 吕勇斌. 外资并购与中国农业产业安全：效应与政策 [J]. 农业经济问题. 2009 (11).

[1323] 吕玉花. 食品生产纵向投资激励和食品安全问题 [J]. 中国流通经济. 2009 (08).

[1324] 吕正君. 浅论反垄断执法机构的权限 [J]. 经营管理者. 2009 (12).

[1325] 吕忠禄，唐要家. 纵向医疗市场与医药合谋行为分析 [J]. 中国物价. 2009 (01).

[1326] 罗贵. 浅析行业协会限制竞争行为的法律规制 [J]. 金卡工程（经济与法）. 2009 (10).

[1327] 罗汉武，李昉. 能源价格管制政策的优化研究 [J]. 中州学刊. 2009 (03).

[1328] 罗锦陵. 1+1>2 是企业兼并重组的导向 [J]. 汽车与配件. 2009 (25).

[1329] 罗平. 资本监管制度的顺周期性及其补救方法 [J]. 国际金融研究. 2009 (06).

[1330] 罗琴，丁占文. 一个基于有限理性的资源寡头博弈的动态调整模型 [J]. 统计与决策. 2009 (02).

[1331] 罗文阁. 从奥运市场秩序保障看构建市场监管长效机制 [J]. 中国工商管理研究. 2009 (02).

[1332] 罗贤勇. 电力市场营销问题相关分析 [J]. 中国高新技术企业. 2009 (22).

[1333] 罗小布. 与谁竞争？如何竞争？——浅谈有线数字电视的行业本质 [J]. 中国数字电视. 2009 (Z1).

[1334] 罗小明. 企业并购动机分析 [J]. 技术与市场. 2009 (06).

[1335] 罗艳娥. 跨国公司对我国企业知识产权滥用的行为分析 [J]. 现代经济（现代物业下半月刊）. 2009 (01).

[1336] 罗榆程，王淳. 反垄断法律制度的历史沿革和对我国《反垄断法》的建议 [J]. 新西部（下半月）. 2009 (04).

[1337] 罗振华. 经验曲线与规模经济对产品成本影响的比较分析 [J]. 华中农业大学学报（社会科学版）. 2009 (01).

[1338] 骆进仁，叶晓靖. 我国铁路运输业核心竞争力研究 [J]. 兰州交通大学学报. 2009 (02).

[1339] 骆品亮，殷华祥. 支付卡网络跨行交换费的利益博弈与规制研究 [J]. 管理科学学报. 2009 (04).

[1340] 骆文龙. 论民营企业并购问题 [J]. 现代经济信息. 2009 (19).

[1341] 骆小春.《中华人民共和国反垄断法》实施路径论析——兼评董新凯《独家交易协议的反垄断法规制研究》[J]. 南京工业大学学报（社会科学版）. 2009 (01).

[1342] 麻文文. 行政垄断与规制行政 [J]. 太原师范学院学报（社会科学版）. 2009 (01).

[1343] 麻晔，汪贵浦. 中国银行业市场竞争结构的实证分析 [J]. 消费导刊. 2009 (21).

[1344] 马波，陈泉生. 论环境行政决策的法律规制 [J]. 时代法学. 2009 (05).

[1345] 马春山. 中国移动应对不对称管制的策略 [J]. 通信企业管理. 2009 (04).

[1346] 马翠华. 双重属性框架下的地方政府竞争行为分析 [J]. 统计与决策. 2009 (20).

[1347] 马刚. 垄断行业高收入治理探析 [J]. 现代商贸工业. 2009 (09).

[1348] 马光远. 汇源收购案的标杆意义 [J]. IT 时代周刊. 2009 (08).

[1349] 马光远. 消除行业收入差距过大的体制基因 [J]. 党政干部文摘. 2009 (07).

[1350] 马国顺，吴广谋．双寡头纵向产品差异化市场的多维博弈分析 [J]．统计与决策．2009 (12)．

[1351] 马海涛，李伯涛，龙军．环境保护的分权理论及其实践 [J]．地方财政研究．2009 (09)．

[1352] 马欢欢．罗伯特·米歇尔斯及其“寡头统治铁律”的探讨 [J]．法制与社会．2009 (15)．

[1353] 马荟．手机操作系统：寡头之争 [J]．互联网周刊．2009 (13)．

[1354] 马建飞，韩仁德，扈文秀．不完全信息下不对称双头垄断期权的博弈模型 [J]．统计与决策．2009 (07)．

[1355] 马杰．国有企业的反垄断法规制问题探析——《中华人民共和国反垄断法》第七条释义 [J]．企业活力．2009 (10)．

[1356] 马金华．论唐朝盐专卖制度的影响与启示 [J]．创新．2009 (08)．

[1357] 马敬．论反垄断法协同行为证明中的推定 [J]．政治与法律．2009 (10)．

[1358] 马敬．试论对价格跟随行为的反垄断法规制 [J]．西南政法大学学报．2009 (02)．

[1359] 马俊．论我国反垄断法适用除外的范围 [J]．中共南宁市委党校学报．2009 (01)．

[1360] 马俊．银行保险业的反垄断法适用除外问题探讨 [J]．实事求是．2009 (02)．

[1361] 马俊，张杰．需求价格敏感与拍卖机制在供应链中的协调 [J]．经济管理．2009 (04)．

[1362] 马可，郭伟，张聪慧，等．订单生产模式下垄断竞争市场的延期支付契约研究 [J]．管理科学．2009 (01)．

[1363] 马乐，刘亚军．平行进口法律规制的再思考——以知识产权独占许可为视角 [J]．当代法学．2009 (02)．

[1364] 马磊．论我国行政性限制竞争行为的司法审查 [J]．昭通师范高等专科学校学报．2009 (02)．

[1365] 马莉，陈菓．从“郎顾之争”看我国产权改革的制度缺失 [J]．消费导刊．2009 (18)．

[1366] 马莉婷．我国搜索引擎市场规律及竞争格局 [J]．福建金融管理干部学院学报．2009 (02)．

[1367] 马丽．反垄断法第一关 [J]．法人杂志．2009 (02)．

[1368] 马丽．可口可乐公司收购汇源案的经济法思考 [J]．山西煤炭管理干部学院学报．2009 (03)．

[1369] 马琳．政府规制下规范大陆游客赴越南旅游市场的研究 [J]．云南民族大学学报（哲学社会科学版）．2009 (04)．

[1370] 马龙．论新闻评论的话语权垄断倾向 [J]．新闻知识．2009 (06)．

[1371] 马宁，王鹏．我国农村民间金融的规制问题探析 [J]．消费导刊．2009 (16)．

[1372] 马旗戟．以今日垄断促生明日变革——如何看待AGB Nielsen退出中国电视收视率市场 [J]．广告大观（综合版）．2009 (02)．

[1373] 马森．管制“错忘漏”的统计分析 [J]．中国民用航空．2009 (08)．

[1374] 马士国．基于市场的环境规制工具研究述评 [J]．经济社会体制比较．2009 (02)．

[1375] 马苏．从外资并购食用油企业谈反垄断法的适用和完善 [J]．中国粮食经济．2009 (09)．

[1376] 马苏．浅析我国外资并购反垄断法律规制 [J]．金卡工程（经济与法）．2009 (04)．

[1377] 马万志，郑雪青．兼并浪潮下民族品牌的生存与发展 [J]．重庆工学院学报（社会科

学版). 2009 (10).

[1378] 马霄，麻乐. 中国煤炭产业市场结构分析 [J]. 煤. 2009 (11).

[1379] 马晓云. 装备制造业对立分异品牌策略研究 [J]. 山东商业职业技术学院学报. 2009 (05).

[1380] 马秀力. 公共建筑节能监管体系探讨 [J]. 门窗. 2009 (11).

[1381] 马亚男，易法敏，贾莉. 垄断市场结构下知识联盟组织间共享互补知识的最优分配率设计研究 [J]. 科技进步与对策. 2009 (14).

[1382] 马永婷. 论《反垄断法》关于控制经营者集中规定的不足与完善 [J]. 法制与社会. 2009 (07).

[1383] 马宇. 国企海外投资热潮与规制 [J]. 西部论丛. 2009 (07).

[1384] 马宇. 基于协同视角的煤电企业纵向交易关系研究 [J]. 内蒙古社会科学 (汉文版). 2009 (04).

[1385] 马玉霞. 推进垄断行为规制研究 [J]. 卫生职业教育. 2009 (20).

[1386] 马云泽. 当前我国电信产业的SCP现状与政府规制 [J]. 南通大学学报 (社会科学版). 2009 (02).

[1387] 马云泽. 我国移动通信产业的市场结构与规制改革 [J]. 经济问题. 2009 (01).

[1388] 马云泽. 我国自然垄断产业的规制现状及改革目标 [J]. 兰州学刊. 2009 (02).

[1389] 马云泽. 我国自然垄断产业的规制约束与改革取向 [J]. 桂海论丛. 2009 (02).

[1390] 马振杨. 公立医院公益性的路径研究 [J]. 现代经济信息. 2009 (10).

[1391] 马志. 反垄断法基本制度及若干重要概念探析 [J]. 法制与社会. 2009 (29).

[1392] 马忠玉，吴江. 排污权交易建立电力领域新秩序——芬兰排污权交易的微观层面分析 [J]. 高科技与产业化. 2009 (08).

[1393] 买忆媛，梅琳，周嵩安. 规制成本和资源禀赋对地区居民创业意愿的影响 [J]. 管理科学. 2009 (04).

[1394] 满超. 产品属性与价格形成机制研究 [J]. 大众商务. 2009 (20).

[1395] 满炫. 从三鹿奶粉事件透视我国食品安全政府管制 [J]. 江苏警官学院学报. 2009 (02).

[1396] 满占庆. 对保险企业市场竞争的探讨 [J]. 合作经济与科技. 2009 (17).

[1397] 毛晖. 我国污染治理方式的现实选择——基于市场交易方式与政府管制的比较 [J]. 湖南财经高等专科学校学报. 2009 (05).

[1398] 毛捷，李冠一，金雪军. 外资潜在进入的竞争效应分析：来自中国银行业对外开放的经验证据 [J]. 世界经济. 2009 (07).

[1399] 毛晶. 利用SCP模式分析苏宁电器的经营绩效 [J]. 商业经济. 2009 (13).

[1400] 毛克宇，杜纲. 我国公立医院薪酬管理问题刍议 [J]. 中国人力资源开发. 2009 (05).

[1401] 毛玲玲. 集资行为的刑事管制——金融危机背景下的考察 [J]. 政治与法律. 2009 (09).

[1402] 毛敏华. 略论我国《反垄断法》存在的问题 [J]. 金卡工程 (经济与法). 2009 (12).

[1403] 毛文晋. 中国自然垄断行业改革的经济学分析及探讨 [J]. 经济研究导刊. 2009 (09).

[1404] 毛晓飞. 食盐加碘 不必专营——根除盐铁思维下的“榷盐”制度 [J]. 中国发展观察. 2009 (07).

[1405] 毛元学. 试论我国反垄断立法和发展规模经济的关系 [J]. 毕节学院学报. 2009 (10).

[1406] 毛昭晖. 依法遏制强势利益集团腐败 [J]. 政府法制. 2009 (29).

[1407] 茅倩如. 金融危机处理与国际金融监管的合作和协调 [J]. 世界经济与政治论坛. 2009 (03).

[1408] 没有理由再收电信“两费”了 [J]. 中国新通信. 2009 (10).

[1409] 梅鹏军, 裴平. 外资潜入及其对中国股市的冲击——基于1994~2007年实际数据的分析 [J]. 国际金融研究. 2009 (03).

[1410] 梅强, 马国建, 杜建国, 等. 中小企业安全生产管制路径演化研究 [J]. 中国管理科学. 2009 (02).

[1411] 梅新育. 并购的影射 [J]. 新理财. 2009 (11).

[1412] 梅新育. 两拓合资, 考验中国反垄断域外管辖 [J]. 世界知识. 2009 (14).

[1413] 门献敏. 市场经济体制下的地方政府行为及其规制 [J]. 商业时代. 2009 (12).

[1414] 蒙冬梅. 关于我国《反垄断法》缺陷及完善的理性思考 [J]. 广西师范学院学报 (哲学社会科学版). 2009 (03).

[1415] 孟凡辉. 我国公共服务市场化的潜在经济风险分析 [J]. 科技经济市场. 2009 (08).

[1416] 孟凡娇. 外资并购中反垄断审查相关问题的思考——以可口可乐并购汇源案为背景 [J]. 金卡工程 (经济与法). 2009 (11).

[1417] 孟繁盛. 垄断执法今何在——从“民航涨价案”看反垄断执法不作为 [J]. 西南政法大学学报. 2009 (05).

[1418] 孟飞. 农村金融服务可获得性: 监管问题与制度创新 [J]. 财经科学. 2009 (08).

[1419] 孟娟. 反垄断法结构主义的经济法基础及其走向——经济法主体行为能力理论在反垄断立法中的应用 [J]. 法制与社会. 2009 (21).

[1420] 孟琪. 地勘行业垄断性公司初探 [J]. 中国国土资源经济. 2009 (09).

[1421] 孟祥羽, 曾涛. 国外规制与企业技术创新理论综述 [J]. 金卡工程 (经济与法). 2009 (01).

[1422] 孟雁北. 竞争执法机构间合作协议问题研究 [J]. 中国社会科学院研究生院学报. 2009 (04).

[1423] 孟迎辉, 邓泉国. 西方国家对意识形态的管制措施及启示 [J]. 党政干部学刊. 2009 (08).

[1424] 孟宇. 网络经济对电力企业的影响 [J]. 科技促进发展. 2009 (05).

[1425] 面对垄断, 你还有什么脾气 [J]. 法律与生活. 2009 (15).

[1426] 苗健, 王瑞, 张宗艳. 浅析买方市场下的Supermarket规模经济 [J]. 管理观察. 2009 (13).

[1427] 苗俊美. 基于政企博弈视角的企业环境成本分析 [J]. 财贸研究. 2009 (05).

[1428] 闵潞. 中国、南非反垄断法控制经营者集中的比较研究 [J]. 法制与社会. 2009 (09).

[1429] 缪仲妮. 关于政府环境保护的法律责任 [J]. 山东社会科学. 2009 (11).

[1430] 磨玉峰, 卢璟. 公用企业政府规制研究综述 [J]. 商业时代. 2009 (30).

[1431] 牟博佼, 陈剑, 肖勇波. 寡头企业产品线竞争结构研究——基于顾客离散选择行为 [J]. 清华大学学报 (哲学社会科学版). 2009 (S1).

[1432] 牟利成, 张艳霞. 全球化背景下的金融危机与金融规制——从东南亚金融危机反思中国的金融改革 [J]. 山东经济. 2009 (02).

[1433] 牟昕盼, 臧洋洲. 证券业集中度测算 [J]. 消费导刊. 2009 (09).

[1434] 慕超, 赵建伟. 论当前中国“政府再造”中的行政伦理建构 [J]. 天府新论. 2009 (03).

[1435] 慕银平，唐小我，刘英．寡头竞争中间产品市场的转移定价策略研究［J］．系统工程学报．2009（04）．

[1436] 内蒙古实行公路清障施救服务最高限价制度［J］．城市道桥与防洪．2009（05）．

[1437] 倪洪章．“铁路体制两年内不会有太大突破，弊端依旧，垄断依旧”——专访中国社会科学院工业经济研究所研究员余晖［J］．商务周刊．2009（08）．

[1438] 倪淑慧．美、日两国防范外资对国家经济安全影响的经验及对我国的启示［J］．北方经济．2009（20）．

[1439] 倪晓蕾．我国民航票价的现状、成因及对策分析［J］．经营管理者．2009（10）．

[1440] 倪雄飞．我国反垄断法立法目的本土化反思［J］．理论月刊．2009（07）．

[1441] 倪雄飞．我国防止知识产权滥用的制度构建［J］．科技管理研究．2009（07）．

[1442] 倪振峰，丁茂中．反垄断法是高级的法律化的产业政策——以经营者集中为视点［J］．探索与争鸣．2009（02）．

[1443] 聂佳佳，熊中楷．广告影响需求下的新产品竞争性动态定价策略［J］．华东经济管理．2009（07）．

[1444] 聂甲森，张晋华．常见的企业薪酬激励制度的适用性分析［J］．经济论坛．2009（19）．

[1445] 聂江洪．在电力市场中抑制市场力的研究［J］．经济师．2009（03）．

[1446] 聂莉．论中国传媒内容市场准入的规制路径选择——基于外资注入的经济学正负效应分析［J］．当代传播．2009（01）．

[1447] 聂明华．加强药品质量监管 保障用药安全有效［J］．中国实用医药．2009（31）．

[1448] 聂毓敏．购物中心的商业集聚经营优势分析［J］．北方经贸．2009（03）．

[1449] 聂仲秋，李世平．激励性规制视角下的土地一级开发政策的比较研究［J］．电子科技大学学报（社科版）．2009（02）．

[1450] 宁宵宵．当自由的电遇到垄断的网［J］．世界博览．2009（17）．

[1451] 牛瑞瑞．外资并购中的中国品牌保护问题研究［J］．北方经贸．2009（01）．

[1452] 牛玉科．网络环境下的不正当竞争及其规制［J］．经济与管理．2009（06）．

[1453] 牛玉然．我国反垄断执法机构设立问题研究［J］．法制与社会．2009（15）．

[1454] 欧盟对两航空联盟成员发起反垄断调查［J］．中国民用航空．2009（05）．

[1455] 潘灯．被垄断的《反垄断法》［J］．商界（评论）．2009（07）．

[1456] 潘海岚．中国服务业发展的政策变迁及效应评析［J］．北京工商大学学报（社会科学版）．2009（05）．

[1457] 潘海洋，杨仕兵．论市场中介组织的《反垄断法》规制［J］．行政与法．2009（09）．

[1458] 潘姗裳，彭铭石．反垄断公益诉讼原告资格探析［J］．青年科学．2009（11）．

[1459] 潘胜文．典型垄断行业收入过高的原因分析［J］．经济研究参考．2009（24）．

[1460] 潘胜文．典型垄断行业职工收入状况分析及对策［J］．经济问题探索．2009（01）．

[1461] 潘胜文．规制垄断行业收入分配行为的对策［J］．经济纵横．2009（07）．

[1462] 潘胜文．垄断行业高收入的形成机理分析及改革思路［J］．湖北社会科学．2009（06）．

[1463] 潘胜文．破除地区垄断坚冰迫在眉睫［J］．郑州航空工业管理学院学报．2009（02）．

[1464] 潘晓莉．从东星航空停航看我国民航业政府管制［J］．才智．2009（25）．

[1465] 潘欣如．关于基金“老鼠仓”的刑事责任思考［J］．法制与社会．2009（08）．

[1466] 潘新美．政府规制中小企业信用担保问题研究［J］．理论探讨．2009（03）．

[1467] 潘雪涛．居民与工业销售电价交叉补贴的实证分析［J］．硅谷．2009（18）．

［1468］潘炎松．从电力价格的制定看电力垄断问题［J］．武汉交通职业学院学报．2009（01）．

［1469］潘颖，王兰，蒋丽．我国产业集中度与绩效研究——以金融业为例［J］．时代金融．2009（03）．

［1470］庞桂婵．完善市场主体退出机制相关问题的思考［J］．消费导刊．2009（03）．

［1471］庞媓．浅析我国限制竞争的知识产权滥用行为之反垄断规制［J］．市场周刊（理论研究）．2009（02）．

［1472］庞瑞芝，白雪洁，杜传忠．环境管制、生产力提升与产业发展——2008两岸产业效率与产业发展研讨会观点综述［J］．中国工业经济．2009（01）．

［1473］庞文青．“小产权房”的法律规制［J］．财经政法资讯．2009（04）．

［1474］裴洋．反垄断法视角下的中国足球职业联赛［J］．武汉体育学院学报．2009（02）．

［1475］裴洋．欧盟竞争法视野下的足球运动员转会规则［J］．体育科学．2009（01）．

［1476］彭斌．微软黑屏行为的法律分析［J］．法制与经济（下旬刊）．2009（01）．

［1477］彭帆，聂颖．上市公司高管薪酬制度的法学思考［J］．法制与社会．2009（30）．

［1478］彭峰．垄断者方振华［J］．新世纪周刊．2009（05）．

［1479］彭光金，俞集辉，刘贞，等．电力市场化改革对经济与环境的影响仿真分析［J］．高科技与产业化．2009（02）．

［1480］彭海珍．环境管制对环境创新国际扩散的影响机制研究［J］．科技进步与对策．2009（16）．

［1481］彭毫．论网络经济的收益递增法则［J］．当代经济管理．2009（07）．

［1482］彭弘婧，陈华．我国房地产市场结构与房价关系的实证分析［J］．中国物价．2009（05）．

［1483］彭红彬．论市场准入法的定位［J］．南昌工程学院学报．2009（02）．

［1484］彭静．完善我国的外资并购国家安全审查制度［J］．中国商界．2009（9）．

［1485］彭兰香．注册会计师行业准入管制制度：国际比较及启示［J］．财经论丛．2009（06）．

［1486］彭磊．外资商业企业在华直接投资分析与本土商业企业竞争力研究［J］．财贸经济．2009（01）．

［1487］彭森．深入学习实践科学发展观 努力做好2009年价格监督检查工作［J］．价格理论与实践．2009（01）．

［1488］彭韶兵，周兵．政府会计管制的三元逻辑框架［J］．财会月刊．2009（18）．

［1489］彭爽，叶晓东．中国房地产市场管制的原因及目标［J］．党政干部学刊．2009（09）．

［1490］彭霞．欧盟竞争法规制知识产权拒绝许可对我国的启示［J］．电子知识产权．2009（08）．

［1491］彭向．转移成本下不对称双寡头企业的创新激励研究［J］．科技管理研究．2009（06）．

［1492］彭欣．跨国公司垄断趋势与我国经济安全［J］．大众商务．2009（14）．

［1493］彭兴庭．对限价房政策的经济学分析［J］．城市发展研究．2009（03）．

［1494］彭艳波，廖西蒙．浅谈企业并购的内涵、成因及对策［J］．企业家天地下半月刊（理论版）．2009（09）．

［1495］彭瑶玲，邱强．城市绿色生态空间保护与管制的规划探索——以《重庆市缙云山、中梁山、铜锣山、明月山管制分区规划》为例［J］．城市规划．2009（11）．

［1496］彭跃华．略论不同市场结构下的技术创新［J］．消费导刊．2009（17）．

[1497] 彭云．四川管局规范电信市场经营秩序 [J]．通信与信息技术．2009 (05)．

[1498] 皮天雷．金融创新与金融监管：当前金融危机下的解读 [J]．西南金融．2009 (06)．

[1499] 皮天雷，罗怡．金融创新真的被金融异化了吗——金融风暴背景下深入解读金融创新与金融监管 [J]．财经科学．2009 (02)．

[1500] 蒲成毅，邵全权．中国保险业市场结构与绩效的关系分析 [J]．保险职业学院学报．2009 (03)．

[1501] 蒲艳．从可口可乐并购汇源被禁案透视我国的反垄断制度 [J]．价格理论与实践．2009 (05)．

[1502] 蒲艳．关于2008年中国企业500强国有企业占比2/3的几点思考 [J]．生产力研究．2009 (19)．

[1503] 蒲勇健．双头垄断不对称信息交易模型线性策略贝叶斯纳什均衡解的严格推导 [J]．重庆大学学报（社会科学版）．2009 (03)．

[1504] 蒲勇健，许光超．竞争条件下基于实物期权的R [J]．科技管理研究．2009 (06)．

[1505] 浦徐进，唐建荣，盛利祥．VMI系统对垄断竞争市场中厂商的影响 [J]．华东经济管理．2009 (07)．

[1506] 七月热点评说 [J]．经济．2009 (08)．

[1507] 戚红梅．美国金融改革方案对金融监管模式与机构的改革 [J]．河北法学．2009 (11)．

[1508] 戚笑雨．论反垄断法对企业合并的豁免 [J]．今日南国（理论创新版）．2009 (11)．

[1509] 戚自科．美国20世纪80年代供给管理政策实践研究——暨我国当前宏观调控转向思考 [J]．北京工商大学学报（社会科学版）．2009 (02)．

[1510] 齐放，魏玢，张粒子，等．我国销售电价交叉补贴问题研究 [J]．电力需求侧管理．2009 (06)．

[1511] 齐浩诚，王胜．中国商业银行的规模经济效应分析 [J]．时代金融．2009 (01)．

[1512] 齐鹏．外资零售企业将成反垄断法破冰者？[J]．中国商贸．2009 (04)．

[1513] 齐天翔，杨大强．基于规模经济和技术进步两种效应的商业银行效率研究 [J]．广东金融学院学报．2009 (01)．

[1514] 齐新宇，李杰群．管制合同的法经济学研究与搁置成本处置——以电力行业为例 [J]．财经研究．2009 (06)．

[1515] 祁敬宇．关于房地产金融创新及其监管问题的思考 [J]．商业时代．2009 (30)．

[1516] 祁磊．浅谈非战争军事行动交通管制 [J]．国防．2009 (06)．

[1517] 祁伟．浅议我国农村经济组织反垄断豁免 [J]．法制与社会．2009 (28)．

[1518] 启言．Windows 7：垄断者的“自我救赎” [J]．市场观察．2009 (12)．

[1519] 钱伯章．高档农药专用助剂打破国外垄断 [J]．中国农药．2009 (05)．

[1520] 钱成，方媛，张纪．世界铁矿石寡头垄断供应格局的形成和发展 [J]．现代矿业．2009 (08)．

[1521] 钱海刚．财政分权、预算软约束与地方政府恶性竞争 [J]．财政研究．2009 (03)．

[1522] 钱海刚，王常雄，孔貌．我国银行业资本充足监管有效性分析——以上市银行为例 [J]．金融理论与实践．2009 (04)．

[1523] 钱净净．放松政府管制——出租车业的曙光 [J]．天水行政学院学报．2009 (04)．

[1524] 钱净净．政府不当管制——出租车业的痼疾 [J]．经济研究导刊．2009 (18)．

[1525] 钱云．成本弹性招标定价方法探析 [J]．消费导刊．2009 (10)．

[1526] 钱云．天然气产业竞争策略的博弈分析 [J]．商场现代化．2009 (02)．

[1527] 乔冠华．我国城市公用事业价格规制目标选择［J］．黑龙江科技信息．2009（29）．

[1528] 乔晓楠，龚璞，曾易．药价虚高：成因与对策——关于我国药品价格形成机制的调研报告［J］．生产力研究．2009（16）．

[1529] 乔引花，贾茜．关于注册会计师行业监管模式的探讨［J］．西安财经学院学报．2009（01）．

[1530] 乔治·索罗斯，林纯洁，赵刚．监管者需要关注市场泡沫化倾向［J］．国际金融研究．2009（07）．

[1531] 秦传熙，刘志慧，黎静．中国移动通信行业市场结构分析及未来策略研究［J］．才智．2009（02）．

[1532] 秦大伟，赵彦辉．规制理论在自然垄断行业的应用［J］．合作经济与科技．2010（01）．

[1533] 秦莉佳．论我国《反垄断法》中的适用豁免制度［J］．法制与经济（下旬刊）．2009（04）．

[1534] 秦琪．我国食品安全政府规制对策研究［J］．现代商贸工业．2009（22）．

[1535] 秦姗，左手．电信新三国第一战［J］．中国企业家．2009（10）．

[1536] 秦士平，宋娜．论公司高管报酬法律规制［J］．青年科学．2009（11）．

[1537] 秦伟宏．海外矿产资源收购中目标公司的特殊公司架构［J］．证券市场导报．2009（09）．

[1538] 秦永红，戴永红．浅析发达国家对跨国公司市场准入的规制［J］．西南民族大学学报（人文社科版）．2009（05）．

[1539] 邱本．来自竞争的价值［J］．湖南社会科学．2009（02）．

[1540] 邱春霖．论反垄断法中附条件批准经营者集中制度［J］．法治研究．2009（10）．

[1541] 邱道持，钱昱如，王玲燕．农村土地流转与用途管制调查——以重庆市忠县为例［J］．调研世界．2009（01）．

[1542] 邱格屏．基因科技管制：目的、原则与模式［J］．社会科学家．2009（08）．

[1543] 邱慧玲．知识产权滥用行为的反垄断规制［J］．法制与社会．2009（11）．

[1544] 邱四锋．从意思自治原则看垄断经济的违法性［J］．科技信息．2009（17）．

[1545] 邱四维．垄断行业形形色色的福利腐败［J］．决策探索（上半月）．2009（07）．

[1546] 邱新．城市“禁摩”的法律思考——从政府规制分析的角度［J］．公法研究．2009（10）．

[1547] 裘陈．食品安全的私权规制研究［J］．科技信息．2009（30）．

[1548] 曲少臣．论我国电信业的卡特尔形态［J］．河北青年管理干部学院学报．2009（04）．

[1549] 曲秀轶．我国外资并购立法现状及其完善［J］．金卡工程（经济与法）．2009（06）．

[1550] 曲扬．浅析我国外资并购的反垄断审查制度［J］．经营管理者．2009（15）．

[1551] 曲艺，龙超．我国中小型商业银行的规模经济研究初探［J］．黑龙江对外经贸．2009（05）．

[1552] 曲永义．不同规模企业的技术创新绩效与政府的政策导向［J］．求索．2009（02）．

[1553] 曲子．并购未遂促“汇源”成国际品牌 可口可乐歪打正着 助朱新礼冲出亚洲走向世界［J］．中国品牌．2009（02）．

[1554] 屈小博．不同规模农户生产技术效率差异及其影响因素分析——基于超越对数随机前沿生产函数与农户微观数据［J］．南京农业大学学报（社会科学版）．2009（03）．

[1555] 全国质量安全市场准入企业重点发布［J］．商品与质量．2009（43）．

[1556] 全淑英．韩国反垄断法上的宽恕制度研究［J］．商场现代化．2009（08）．

[1557] 全淑英．中国反垄断法上宽恕制度的制度构建 [J]．商场现代化．2009 (07)．

[1558] 全先银，程炼．奥巴马金融监管改革方案评析 [J]．国际经济评论．2009 (05)．

[1559] 饶爱民．美国反托拉斯法对专利联营的控制 [J]．中国社会科学院研究生院学报．2009 (05)．

[1560] 饶爱民．美国专利联营反托拉斯审查的实践及其借鉴意义 [J]．中国工商管理研究．2009 (05)．

[1561] 饶守艳．企业在行政垄断体制下的监管问题与对策 [J]．中国商贸．2009 (15)．

[1562] 饶勇．《反垄断法》与我国社会主义市场经济发展 [J]．保山师专学报．2009 (04)．

[1563] 饶粤红．论反垄断法实施的审慎原则和效益原则 [J]．岭南学刊．2009 (04)．

[1564] 饶粤红．论反垄断视野下美国银行业相关市场的界定——兼评美国的经验、反思及启示 [J]．国际经贸探索．2009 (06)．

[1565] 饶粤红．特许经营限制竞争行为反垄断法适用的若干问题 [J]．法学杂志．2009 (01)．

[1566] 饶粤红．我国银行业滥用市场支配地位的反垄断法分析 [J]．政法学刊．2009 (03)．

[1567] 认真贯彻实施《食品安全法》切实维护食品市场秩序 周伯华局长在全国工商系统贯彻《食品安全法》工作会议暨流通环节食品安全监管长效机制建设现场会上的讲话 [J]．工商行政管理．2009 (10)．

[1568] 任长报．从美国反垄断法的历史发展看我国的反垄断立法 [J]．法制与社会．2009 (23)．

[1569] 任方旭，章仁俊．双寡头厂商广告投入数量的动态竞争模型及其均衡 [J]．统计与决策．2009 (21)．

[1570] 任海涛．自然资源价值构成新论 [J]．前沿．2009 (07)．

[1571] 任辉．环境保护、可持续发展与绿色金融体系构建 [J]．现代经济探讨．2009 (10)．

[1572] 任佳佳．关于"集中度——利润率"假说的实证分析 [J]．大众商务．2009 (14)．

[1573] 任静．国有大型通信企业社会经济贡献研究 [J]．现代商贸工业．2009 (11)．

[1574] 任静．我国电信业竞争问题研究 [J]．青年科学．2009 (05)．

[1575] 任路友，刘灿辉．基于博弈视角的国企高管薪酬监管研究 [J]．市场周刊（理论研究）．2009 (08)．

[1576] 任锡婧．集团企业财务公司改进监管的探索 [J]．经济．2009 (12)．

[1577] 任玉珑，刘黄欢．西部各省市电能与环境协调发展系统中政府规制偏好研究 [J]．统计与决策．2009 (16)．

[1578] 日本反垄断执法体制和执法情况 [J]．中国价格监督检查．2009 (03)．

[1579] 荣小芳．公司并购若干法律问题的思考——并购与经营者集中的博弈 [J]．法制与社会．2009 (29)．

[1580] 容辉，冯丽霞．浅析我国电力监管机构对输配电企业会计监管的问题及建议 [J]．商场现代化．2009 (27)．

[1581] 容志．我国土地调控失灵的制度经济分析 [J]．公共管理学报．2009 (02)．

[1582] 阮敏．市场结构与横向产品差别化的相互关系分析 [J]．当代经济管理．2009 (05)．

[1583] 阮敏．专业化产业集聚：基于横向产品差异化的视角 [J]．财会月刊．2009 (21)．

[1584] 沙亦强，张晓京．电力改革：大船如何掉头（一）——对话中国政法大学资本研究中心主任刘纪鹏教授 [J]．中国电力企业管理．2009 (25)．

[1585] 沙亦强．直购电：电力改革新进展——专访国家电监会市场监管部负责人 [J]．中国电力企业管理．2009 (22)．

[1586] 商建平．网络经济下的国有企业［J］．山西科技．2009（06）．

[1587] 商梦莹．反垄断法中相关市场界定问题研究［J］．法制与社会．2009（25）．

[1588] 商务部否决可口可乐收购汇源案［J］．商业会计．2009（07）．

[1589] 尚洪强．浅谈我国反垄断执法机构架构设计［J］．金卡工程（经济与法）．2009（11）．

[1590] 尚慧丽．大型零售企业的纵向约束及其影响［J］．北方经济．2009（08）．

[1591] 尚慧丽．激励规制与自然垄断产业改革［J］．生产力研究．2009（13）．

[1592] 尚新颖．网络经济下的垄断的形成机理及特征分析［J］．中央财经大学学报．2009（01）．

[1593] 尚秀芬，陈宏民．互补性平台企业间接网络外部性和质量的动态竞争［J］．哈尔滨理工大学学报．2009（01）．

[1594] 尚秀芬，陈宏民．双边垄断和竞争平台非对称所有权结构研究［J］．系统工程学报．2009（04）．

[1595] 尚秀芬，陈宏民．双边市场特征的企业竞争策略与规制研究综述［J］．产业经济研究．2009（04）．

[1596] 尚绪平，王东月．从英特尔罚单案分析CPU行业的垄断效率［J］．消费导刊．2009（18）．

[1597] 尚雨，郭新茹．基于双边市场理论的网络媒体平台竞争行为研究［J］．中国流通经济．2009（11）．

[1598] 邵华，吕春燕．公共危机治理中政府责任缺位的原因分析及路径选择——以“三鹿奶粉”事件为例［J］．湖北行政学院学报．2009（05）．

[1599] 邵磊．厂商在高成本下的博弈分析［J］．才智．2009（05）．

[1600] 邵明希．在科学发展观指导下创新监管机制的思考［J］．中国工商管理研究．2009（09）．

[1601] 邵全权．全面开放对中国寿险产业组织的影响［J］．广东金融学院学报．2009（01）．

[1602] 邵全权，王博．保险市场竞争程度与市场结构的关系研究［J］．财经问题研究．2009（03）．

[1603] 邵卫．我对互联网“人肉搜索”现象的思考［J］．新闻爱好者．2009（18）．

[1604] 邵晓双，屈成忠，鞠彦忠．质量投机行为对投标的影响研究［J］．武汉工程大学学报．2009（01）．

[1605] 邵振伟，郭树涵，秦伟．国家电网变局［J］．装备制造．2009（07）．

[1606] 邵征翌，李高东．水产品安全政府规制中存在的问题及对策研究［J］．安徽农业科学．2009（17）．

[1607] 佘发勤．市场经济自由秩序探微［J］．财贸研究．2009（03）．

[1608] 佘元冠，杜立辉，崔巍．对中国钢铁产业集中度现象的再思考［J］．统计与决策．2009（10）．

[1609] 佘元冠，杜立辉，崔巍．中国钢铁区域市场集中度研究及国际比较［J］．统计与决策．2009（06）．

[1610] 申建军．政府规制企业实施生态旅游环境保护规划的博弈分析［J］．科技创业月刊．2009（06）．

[1611] 申燕．完善我国高速公路收费管制的对策研究［J］．价格理论与实践．2009（07）．

[1612] 沈贵明，许家旺．反垄断法对恶意限制商标影响力行为制止的必要性［J］．河南省政法管理干部学院学报．2009（01）．

[1613] 沈宏亮．网络型产业规制机构模式研究［J］．改革与战略．2009（04）．

[1614] 沈继楼. 宽恕政策在我国价格同盟管制中的应用探讨 [J]. 中国物价. 2009 (04).

[1615] 沈建苗. 欧盟向英特尔开出10. 6亿欧元反垄断罚单 [J]. 微电脑世界. 2009 (06).

[1616] 沈杰. "可口可乐并购汇源"折射的反垄断问题 [J]. 现代商业. 2009 (26).

[1617] 沈军. 关于上海供水行业实施市场化运作的思考 [J]. 上海水务. 2009 (01).

[1618] 沈丽, 刘玲玉. 我国商业银行信用卡竞争现状 [J]. 合作经济与科技. 2009 (09).

[1619] 沈弥雷. 企业环境责任的法律规制 [J]. 经营与管理. 2009 (04).

[1620] 沈铁松, 熊中楷, 吴丙山. 寡头制造厂商的产品延伸服务定价 [J]. 系统工程理论与实践. 2009 (05).

[1621] 沈晓飞. 汽车企业"兼并重组" [J]. 中国汽车界. 2009 (18).

[1622] 沈秀专, 张淑华, 谢冰. 基于企业竞争网络投资模型的同步稳定性分析 [J]. 复杂系统与复杂性科学. 2009 (03).

[1623] 盛杰民, 焦海涛. 反垄断法承诺制度的执行难题与激励 [J]. 清华法学. 2009 (02).

[1624] 施诚. 在兼并重组中实践科学发展观 [J]. 企业文明. 2009 (06).

[1625] 施佳. 网络广告及其法律规制 [J]. 科技信息. 2009 (18).

[1626] 石柏林, 彭澎. 金融监管权控制的法学之维 [J]. 财经理论与实践. 2009 (05).

[1627] 石海强. 电力行业价格变动对福利水平的影响研究 [J]. 产业与科技论坛. 2009 (04).

[1628] 石化石油漫天要价 [J]. 品牌与标准化. 2009 (05).

[1629] 石会敏. 跨国企业合并法律控制制度研究 [J]. 法制与社会. 2009 (21).

[1630] 石俊华. 跨国公司投资对中国市场结构演进的影响 [J]. 北京交通大学学报 (社会科学版). 2009 (01).

[1631] 石俊华. 论反垄断法实施后我国产业政策与竞争政策的协调 [J]. 云南社会科学. 2009 (01).

[1632] 石俊华, 任建. 跨国公司进入与中国寡头垄断市场结构的形成 [J]. 华东经济管理. 2009 (07).

[1633] 石其宝. 政府药品价格管制的机制与效果——日本医药定价的经验研究 [J]. 价格理论与实践. 2009 (04).

[1634] 石琼, 王利彬. 对我国出租车经营权政府管制的思考 [J]. 交通建设与管理. 2009 (Z1).

[1635] 石士钧. 我国提升产业国际竞争力的政策运作——基于多边贸易体制因素的思考 [J]. 产业经济研究. 2009 (04).

[1636] 石涛. 日本政府微观规制演变及启示 [J]. 现代日本经济. 2009 (05).

[1637] 石意如. 会计管制公正性分析 [J]. 财会通讯. 2009 (21).

[1638] 石玉洁. 浅析中国电信产业的自然垄断性和政治规制 [J]. 党史博采 (理论). 2009 (07).

[1639] 石元蒙. 论特许经营和直营连锁的关系及特许经营的价值 [J]. 今日科苑. 2009 (05).

[1640] 石元蒙. 特许经营在我国的发展思考 [J]. 现代商业. 2009 (06).

[1641] 石元蒙. 为什么说特许经营是21世纪重要的商业模式 [J]. 消费导刊. 2009 (06).

[1642] 时寒冰. "限薪令"与中国的高管薪酬问题 [J]. 人力资源. 2009 (17).

[1643] 时洪洋, 廖卫东. 食品安全规制的制度变迁——以日本为例 [J]. 理论月刊. 2009 (01).

[1644] 时洪洋, 廖卫东, 薛晓. 市场拓展、契约演化与规制变迁——基于中美食品安全规制

的比较制度分析 [J]. 江苏商论. 2009 (09).

[1645] 时延安，马正楠. 以刑罚的力量维护自由竞争——论非法垄断行为犯罪化的必要性 [J]. 南都学坛. 2009 (03).

[1646] 史冬冬. 技术垄断批判：大众传媒与消费伦理关系研究 [J]. 新闻界. 2009 (04).

[1647] 史立新，于娟. 我国垄断行业改革的路径和基本经验 [J]. 综合运输. 2009 (01).

[1648] 史璐. 政府间规制权益的博弈分析 [J]. 生产力研究. 2009 (10).

[1649] 史旗凯，郭菊娥. 寡占厂商管理创新的动力机制分析 [J]. 科技进步与对策. 2009 (04).

[1650] 史强. 中国电信产业战略重组与不对称管制 [J]. 经济论坛. 2009 (18).

[1651] 舒本耀. 军品价格规制中的合谋博弈分析及其治理 [J]. 军事经济研究. 2009 (02).

[1652] 舒建军.《反垄断法》应管管石油巨头的"抱团过冬" [J]. 大江周刊（焦点）. 2009 (01).

[1653] 舒圣祥. 石油巨头抱团过冬实为强化垄断 [J]. 经济研究参考. 2009 (18).

[1654] 舒燕. 关于医院规模经济的实证分析 [J]. 技术经济与管理研究. 2009 (06).

[1655] 舒燕，蒋建华. 基于博弈论的我国药品价格虚高分析 [J]. 江苏商论. 2009 (07).

[1656] 帅畅. 从经济学视角揭示出租车罢运中的寻租行为 [J]. 湖南财经高等专科学校学报. 2009 (03).

[1657] 水天. 电力市场目标模式展望 [J]. 中国电力企业管理. 2009 (25).

[1658] 瞬雨. 互联网垄断时代的浏览器 [J]. 软件工程师. 2009 (08).

[1659] 宋春梅. 转型期我国商业银行市场结构类型的基本判断 [J]. 科技创新导报. 2009 (11).

[1660] 宋慈. 浅析食品安全中的政府责任——以"三鹿奶粉事件"为例 [J]. 法制与社会. 2009 (04).

[1661] 宋大勇. 跨国公司投资对我国产业结构优化的负面影响及对策分析 [J]. 现代管理科学. 2009 (10).

[1662] 宋福林. 浅议区域供电企业政府管制途径 [J]. 现代经济信息. 2009 (22).

[1663] 宋国. 论规制机构的独立性 [J]. 黑龙江省政法管理干部学院学报. 2009 (03).

[1664] 宋海龙，蒙志飞，刘柏江. 蛋糕诱人 经营垄断 西安防雷检测市场期待开放 [J]. 新西部. 2009 (06).

[1665] 宋姣. 论标准化中专利权滥用的法律规制 [J]. 广西政法管理干部学院学报. 2009 (03).

[1666] 宋梅，王文苑. 中国保险服务业壁垒及战略分析 [J]. 当代经济. 2009 (15).

[1667] 宋敏，高春牧. "霸王条款" 法律问题初探 [J]. 黑龙江省政法管理干部学院学报. 2009 (04).

[1668] 宋瑞霖. 联合重于博弈 中外企业在推动中国药品产业发展中的共同责任 [J]. 中国处方药. 2009 (07).

[1669] 宋涛. 我国外资并购中的反垄断问题及法律规制 [J]. 法制与社会. 2009 (04).

[1670] 宋希亮，初宜红. 外资对华并购中政府管制的经济学分析 [J]. 生产力研究. 2009 (01).

[1671] 宋相豫. 论企业如何有效扩大市场份额 [J]. 商场现代化. 2009 (04).

[1672] 宋治礼，张伟君. 试论著作权法对私人复制行为的规制 [J]. 知识产权. 2009 (05).

[1673] 苏娟，杜松怀. 解除管制的电力零售市场实时电价研究 [J]. 华东电力. 2009 (04).

[1674] 苏奎，朱其鳌. 盐业管制下制度非均衡的后果及其破解 [J]. 商业时代. 2009 (33).

[1675] 苏茜，陈璇．环境规制对我国产业国际竞争力影响分析 [J]．价值工程．2009 (01)．

[1676] 苏倩．浅析“可口可乐收购汇源”案 [J]．法制与社会．2009 (16)．

[1677] 苏庆华．兼并掮客 [J]．当代经理人．2009 (09)．

[1678] 苏莹．浅析微软在华垄断问题 [J]．知识经济．2009 (10)．

[1679] 苏永喜．我国煤矿企业安全管理问题探讨 [J]．建筑设计管理．2009 (11)．

[1680] 苏振才．浅议教材利益失衡机制的矫治 [J]．出版发行研究．2009 (09)．

[1681] 粟郁．产品市场竞争策略对于公司治理有效性的影响 [J]．统计与决策．2009 (18)．

[1682] 孙彬．论我国反垄断宽恕制度的完善 [J]．湖北经济学院学报 (人文社会科学版)．2009 (07)．

[1683] 孙彩虹，齐建国，于辉．不对称双寡头企业半合作创新模式研究 [J]．系统工程理论与实践．2009 (03)．

[1684] 孙春苗．行业协会在规制企业失范中的作用机制——基于三鹿事件的分析 [J]．学会．2009 (03)．

[1685] 孙大光．兼并重组：金融危机下企业新生的“突破口”——访辽宁社会科学院经济研究所研究员、博士研究生、副所长张天维 [J]．侨园．2009 (06)．

[1686] 孙放．金融衍生品的本质特征及其监管制度——以美国次债为分析视角 [J]．财经科学．2009 (04)．

[1687] 孙刚．“避免垄断供应，打造柔性供应链”对话三一集团商务总部副总监袁春燕 [J]．工程机械与维修．2009 (09)．

[1688] 孙桂萍．现经济下网络兼并的动机分析 [J]．硅谷．2009 (21)．

[1689] 孙国华．欧美金融监管理论与实践的新发展 [J]．生产力研究．2009 (20)．

[1690] 孙浩进．中国收入分配不公平问题分析及制度思考 [J]．学习与探索．2009 (01)．

[1691] 孙恒波．探讨构建我国行业协会反垄断集体诉讼制度 [J]．法制与社会．2009 (10)．

[1692] 孙厚权，崔佳．我国食品市场准入制度研究 [J]．法制与社会．2009 (03)．

[1693] 孙建新，沈力清．明星代言广告的法律规制亟待完善 [J]．中国工商管理研究．2009 (07)．

[1694] 孙晋．产融结合之经营者集中的反垄断法分析 [J]．武汉理工大学学报 (社会科学版)．2009 (04)．

[1695] 孙晋．企业混合合并的竞争法分析 [J]．时代法学．2009 (05)．

[1696] 孙晋．我国产融结合领域反垄断法律规制初探 [J]．法学评论．2009 (06)．

[1697] 孙晋．我国《反垄断法》法律责任制度的缺失及其完善 [J]．法律适用．2009 (11)．

[1698] 孙晋，翟孟．对我国外资并购的反垄断法思考——以美国可口可乐收购我国汇源为例 [J]．新疆大学学报 (哲学人文社会科学版)．2009 (03)．

[1699] 孙静，葛新权．废弃电子产品回收定价策略研究 [J]．北京信息科技大学学报 (自然科学版)．2009 (03)．

[1700] 孙恺尧．打破供热行政性垄断很关键 [J]．中国建设信息供热制冷．2009 (09)．

[1701] 孙连会．开展特许经营活动必须拥有注册商标吗 [J]．连锁特许．2009 (03)．

[1702] 孙璐，张星星．我国自然垄断产业中的政府规制 [J]．科技情报开发与经济．2009 (07)．

[1703] 孙曼曼．从自然垄断理论的演进探讨相关法规调整 [J]．商业时代．2009 (31)．

[1704] 孙曼曼．自然垄断产业的反垄断法规制——从自然垄断经济学原理角度 [J]．理论导刊．2009 (06)．

[1705] 孙敏，刘莎日娜．从国情和路情看铁路重组 [J]．中国国情国力．2009 (03)．

[1706] 孙乃玮．论超高定价的反垄断法规制［J］．经济论坛．2009（15）．

[1707] 孙南申，徐曾沧．美国对技术标准中专利信息不披露行为的反垄断措施［J］．华东政法大学学报．2009（01）．

[1708] 孙仁金，邱坤，马杰．我国城市燃气市场的竞争格局与对策［J］．天然气工业．2009（07）．

[1709] 孙瑞灼．反价格垄断关键要赋予消费者话语权［J］．中国房地产金融．2009（11）．

[1710] 孙瑞灼．反价格垄断消协不能缺位［J］．新经济杂志．2009（09）．

[1711] 孙瑞灼．提高垄断行业利润上缴比例有利公平与效率［J］．国际市场．2009（11）．

[1712] 孙诗梦，管仅．美国在中国出版物市场准入案中赢得关键步骤［J］．WTO经济导刊．2009（10）．

[1713] 孙淑懿．电信行业之反垄断思考［J］．金卡工程（经济与法）．2009（04）．

[1714] 孙天承，董新凯．行业协会与中国《反垄断法》的实施［J］．扬州大学学报（人文社会科学版）．2009（04）．

[1715] 孙天承．我国反垄断立法对相关市场界定之不足及其完善［J］．江苏警官学院学报．2009（02）．

[1716] 孙巍，李何，李秋涛，等．垄断厂商的过剩生产能力可置信威胁行为分析［J］．科学决策．2009（03）．

[1717] 孙维玉．外资并购国有企业的利弊分析［J］．法制与社会．2009（15）．

[1718] 孙向东．简论行政垄断的行政规制［J］．河南工业大学学报（社会科学版）．2009（03）．

[1719] 孙晓洁．企业关联交易法律规制研究［J］．华北电力大学学报（社会科学版）．2009（01）．

[1720] 孙晓阳．浅议反垄断行政处罚［J］．法制与社会．2009（21）．

[1721] 孙雪梅．我国电信业产权改革下的制度构建［J］．中国集体经济．2009（21）．

[1722] 孙妍．网络经济对中国体育用品业营销模式的影响及对策分析［J］．山东体育学院学报．2009（02）．

[1723] 孙耀武．“三鹿奶粉”等食品安全事件原因分析及对策［J］．新疆农垦经济．2009（01）．

[1724] 孙耀武．中国食品安全问题的原因及对策研究［J］．市场论坛．2009（02）．

[1725] 孙毅坤，黄晓艳．银行卡产业监管的国际比较与启示［J］．上海金融．2009（05）．

[1726] 孙玉国．浅议上市公司高管薪酬与道德风险防范［J］．经济研究导刊．2009（21）．

[1727] 孙泽生，蒋帅都．中国稀土出口市场势力的实证研究［J］．国际贸易问题．2009（04）．

[1728] 孙泽生．英美棉花定价分析及其影响——新经济史学的视角［J］．浙江科技学院学报．2009（01）．

[1729] 孙泽生．中国油价市场化的目标及配套政策［J］．西部论丛．2009（06）．

[1730] 孙占芳．企业薪酬相关问题探讨［J］．中国经贸导刊．2009（22）．

[1731] 孙正林，王要武，刘红娜．规模经济：延长中小企业生命周期的理性选择［J］．北京理工大学学报（社会科学版）．2009（03）．

[1732] 孙志慧，马军海．我国钢铁市场价格的动态重复博弈模型研究［J］．西安电子科技大学学报（社会科学版）．2009（04）．

[1733] 孙中元．关于不正当竞争的法律规制的思考［J］．资治文摘（管理版）．2009（01）．

[1734] 锁放．论经营者集中反垄断审查中的破产抗辩制度［J］．商场现代化．2009（27）．

[1735] 谈《反垄断法》配套实施规则及鼓励知识产权扩张 [J]. 中国建材资讯. 2009 (02).

[1736] 覃福晓. 美公司宽恕政策自首竞赛效应的法经济学分析——兼论我国《反垄断法》第46条第2款规定的实施 [J]. 生产力研究. 2009 (05).

[1737] 覃艳华, 黄燕. 消除地方政府管制性壁垒对民营经济发展的影响 [J]. 经营与管理. 2009 (05).

[1738] 谭波. 我国城市协管制度的现状及完善对策 [J]. 中共郑州市委党校学报. 2009 (01).

[1739] 谭红琳. 我国《反垄断法》对垄断企业的影响研究 [J]. 法制与社会. 2009 (20).

[1740] 谭捷. 从经济学角度谈地方保护主义 [J]. 改革与开放. 2009 (09).

[1741] 谭敬川. 垄断型零售商对供应链的控制 [J]. 经营管理者. 2009 (18).

[1742] 谭世贵. 网络反腐的机理与规制 [J]. 党政干部文摘. 2009 (07).

[1743] 谭雅玲, 汤静. 金融价格错落 制度垄断强化——国际金融市场2009年第三季度综述与展望 [J]. 武汉金融. 2009 (10).

[1744] 谭瑛, 赵衍民. 外资并购中的反垄断问题研究 [J]. 中国农业银行武汉培训学院学报. 2009 (02).

[1745] 谭宇燕, 李文, 孙博. 中铁集装箱运输公司在运价上与物流企业展开的博弈分析 [J]. 物流工程与管理. 2009 (07).

[1746] 谭政勋, 王聪. 中国银行业效率研究的GCP分析框架 [J]. 贵州社会科学. 2009 (01).

[1747] 谭芝灵, 王鲁捷. 国有企业规制改革的若干悖论思考 [J]. 中国行政管理. 2009 (02).

[1748] 谭忠富, 柏慧, 李莉, 等. 电力用户从发电商购电定价的双边贝叶斯动态博弈学习模型 [J]. 华东电力. 2009 (03).

[1749] 檀檀. 资源价格改革需慎重 [J]. 大江周刊 (纪实). 2009 (10).

[1750] 汤, 柴福洪. 国有企业应率先履行社会责任 [J]. 当代社科视野. 2009 (11).

[1751] 汤辰敏. 从微软垄断案评析美国反垄断法的发展 [J]. 北京工业职业技术学院学报. 2009 (02).

[1752] 汤吉军. 沉淀成本效应的行为经济学分析 [J]. 江汉论坛. 2009 (08).

[1753] 汤吉军. 道德风险、沉淀成本效应与软预算约束 [J]. 经济经纬. 2009 (03).

[1754] 汤姆·纳格, 约瑟夫·泽欧, 约翰·霍根. 非常时期的价格策略 [J]. 21世纪商业评论. 2009 (09).

[1755] 汤庆, 唐茂军. 反垄断法之于腾讯: 继续"沉默"还是适时"亮剑" [J]. 法治研究. 2009 (06).

[1756] 汤, 沈亮, 王小乔. 央企凶猛的无边界扩张 [J]. 当代社科视野. 2009 (09).

[1757] 汤天明. 建立农产品市场准入制度需要解决的几个基本问题 [J]. 安徽农学通报 (上半月刊). 2009 (13).

[1758] 汤志强, 赵息. 我国钢铁企业成本转移实证分析——基于铁矿石价格波动的背景 [J]. 价格理论与实践. 2009 (07).

[1759] 唐春晖, 唐要家. 反垄断宽大政策有效性研究 [J]. 价格理论与实践. 2009 (01).

[1760] 唐芳, 肖彦山. 价格垄断行为及反垄断法管制 [J]. 法制与社会. 2009 (32).

[1761] 唐根年, 管志伟, 秦辉. 过度集聚、效率损失与生产要素合理配置研究 [J]. 经济学家. 2009 (11).

[1762] 唐慧荣, 王慧敏, 仇蕾. 双寡头垄断市场下治污投资的博弈分析 [J]. 统计与决策.

2009（21）.

［1763］唐济民，李敏．搜索引擎竞价排名服务的法律规制［J］．法治论丛（上海政法学院学报）．2009（04）．

［1764］唐君凤．我国垄断经济组织的效率分析［J］．商业文化（学术版）．2009（02）．

［1765］唐君．论《烟草专卖法》的价值取向［J］．商场现代化．2009（09）．

［1766］唐钧，林怀明．食品安全事件中的社会态度与管理建议——基于2008年问题奶粉事件的实证分析［J］．经济与管理研究．2009（03）．

［1767］唐黎标．港口物流企业过度价格竞争的解析与规划取向［J］．水运管理．2009（10）．

［1768］唐顺佳．我国知识产权滥用的实体法规制现状和完善研究［J］．法制与社会．2009（22）．

［1769］唐恬．浅析反垄断法的价值目标［J］．消费导刊．2009（04）．

［1770］唐卫贞，贺琪轶．空中交通管制员职业素质模糊综合评价［J］．中国安全科学学报．2009（09）．

［1771］唐晓勇．知识产权保护VS反垄断［J］．人民公安．2009（20）．

［1772］唐延明，魏敏．经济组织的法律保护与规制［J］．会计师．2009（07）．

［1773］唐要家．法律缺失与管制体制改革困境［J］．天津社会科学．2009（05）．

［1774］唐要家．反垄断与政府管制理论与政策研究新进展——“反垄断与政府管制：理论与政策”国际研讨会观点综述［J］．中国工业经济．2009（01）．

［1775］唐要家，唐春晖．卡特尔罚金的确定方法及其效能［J］．中国物价．2009（07）．

［1776］唐要家，王建明．“价格制度与垄断行业改革”高层论坛会议综述［J］．财经论丛．2009（01）．

［1777］唐义德．电力市场结构转换的经济分析［J］．湖南大学学报（社会科学版）．2009（04）．

［1778］唐英．论我国生态产权制度改革［J］．财经政法资讯．2009（02）．

［1779］唐英．生态产权制度建设与我国生态环境保护［J］．生态经济（学术版）．2009（01）．

［1780］陶安．股权集中度对我国上市公司债务的影响［J］．企业经济．2009（01）．

［1781］陶利军．落实“新三定”全方位加强网络经济监管［J］．中国工商管理研究．2009（09）．

［1782］陶然，李岩．法律规制视角下的土地使用权租金制度刍议［J］．行政与法．2009（05）．

［1783］陶叡．公共管理视角下“福利腐败”的本质及其治理［J］．生产力研究．2009（18）．

［1784］陶亚文．对中国电信业垄断现状的分析［J］．商场现代化．2009（10）．

［1785］陶永宏，祁爱琳．基于SCP的中国造船业分析与产业发展思考［J］．江苏科技大学学报（社会科学版）．2009（02）．

［1786］陶友之．再论国企经营者薪酬问题［J］．上海市经济管理干部学院学报．2009（02）．

［1787］滕明慧，陈福添．网络寡头企业的生成机理与战略关键——基于演化博弈的模型分析［J］．山西财经大学学报．2009（05）．

［1788］滕晓东，孙红军．基于金融危机视角的资本市场政府管制研究——兼评政府审计“免疫系统论”［J］．经济与管理．2009（06）．

［1789］提高集中度路在何方［J］．中国水泥．2009（09）．

［1790］田恒．规模经济——中国电视购物产业的推进器［J］．全国商情（经济理论研究）．2009（02）．

［1791］田宏杰，郑志．激励还是控权：中国金融监管现代化的机能定位［J］．国家行政学院

学报. 2009 (03).

[1792] 田建中. 关于我国公共产品定价中存在的问题和建议 [J]. 辽宁农业职业技术学院学报. 2009 (03).

[1793] 田敬乔. 反收购措施的合法性研究 [J]. 法制与社会. 2009 (08).

[1794] 田珂. 报纸涨价对中国报业市场格局的影响分析 [J]. 中国报业. 2009 (03).

[1795] 田满文. 我国企业并购申报制度优化策略探讨 [J]. 宏观经济研究. 2009 (09).

[1796] 田沛满. 我国烟草市场隐患及市场稳定新举措探讨——基于山东烟草的实证研究 [J]. 现代商贸工业. 2009 (23).

[1797] 田瑞云.《反垄断法》视野中的可口可乐收购汇源案 [J]. 法制与社会. 2009 (23).

[1798] 田天. 开放格局下的外资并购和国家经济安全 [J]. 天津市财贸管理干部学院学报. 2009 (02).

[1799] 田兴洪, 焦焰. 基金"老鼠仓"的法律规制研究——兼论《刑法修正案(七)》(草案) 相关规定的缺陷及完善 [J]. 长沙理工大学学报 (社会科学版). 2009 (01).

[1800] 田星亮. 政府管制与公共服务的关系研究 [J]. 学理论. 2009 (25).

[1801] 田野. 当前形势下我国行政垄断的法律规制 [J]. 天津市政法管理干部学院学报. 2009 (S1).

[1802] 田仪顺. 基于我国食品安全的质量规制研究 [J]. 科技创业月刊. 2009 (03).

[1803] 田怡谦, 王炳才. 技术创新对经典寡占市场企业行为的影响分析 [J]. 工业技术经济. 2009 (02).

[1804] 田中景, 李蛟. 国外资本并购异化研究——以"凯雷"并购徐工机械为例 [J]. 经济纵横. 2009 (05).

[1805] 童大焕. 反垄断应成为时代主题 [J]. 新经济杂志. 2009 (Z2).

[1806] 童大焕. 国企利润都去了哪里 [J]. 乡音. 2009 (07).

[1807] 童小琴. 对政府滥用市场机制的思考 [J]. 华北电力大学学报 (社会科学版). 2009 (03).

[1808] 童旭红. 浙江汽车经销业市场结构状况及实证分析 [J]. 北方经济. 2009 (08).

[1809] 涂锐. 从腾讯游戏看网络游戏差异化竞争策略 [J]. 东南传播. 2009 (09).

[1810] 推动兼并重组 提升信息产业综合竞争力 [J]. IT 时代周刊. 2009 (23).

[1811] 万锋, 林洪孝. 城市供水价格监管博弈分析 [J]. 人民黄河. 2009 (04).

[1812] 万美强. 生态环境与空间管制规划初探——以湖北省灵乡镇总体规划为例 [J]. 中华建设. 2009 (11).

[1813] 万希. 高管薪酬设计的困惑 [J]. 中外企业文化. 2009 (06).

[1814] 万星, 张晓丽. 基于博弈论的发电厂商合同市场报价策略 [J]. 武汉大学学报 (工学版). 2009 (02).

[1815] 万莹. 垄断下的责任 [J]. 中国物流与采购. 2009 (17).

[1816] 万宗瓒. 论医院滥用交易优势地位的法律规制 [J]. 经济法论坛. 2009 (00).

[1817] 汪翠, 丁乃鹏. 中国通信市场的寡头博弈分析 [J]. 当代经济. 2009 (05).

[1818] 汪恭礼. 正确理解"土地适度规模经营" [J]. 中国发展观察. 2009 (01).

[1819] 汪贵艳. 浅谈企业知识产权现状及应对措施 [J]. 安徽科技. 2009 (02).

[1820] 汪国利, 唐守廉. 基于差异化寡头垄断竞争的非合作技术创新分析 [J]. 北京邮电大学学报 (社会科学版). 2009 (01).

[1821] 汪洁, 李磊. 知识产权制度与产业振兴的互动关系研究——以钢铁产业振兴规划为例 [J]. 行政与法. 2009 (11).

[1822] 汪洁．联通公司内部控制实践的研究［J］．安徽工业大学学报（社会科学版）．2009（03）．

[1823] 汪俊仁．我国纵向合并的反垄断法研究［J］．法制与社会．2009（19）．

[1824] 汪俊英．农村殡葬改革的法社会学思考［J］．学习论坛．2009（03）．

[1825] 汪满生．我国行政垄断的立法缺陷及对策［J］．池州学院学报．2009（02）．

[1826] 汪梦．法国传媒监管制度考察［J］．北方经贸．2009（03）．

[1827] 汪淑珍，许成安．论政府干预市场和管制价格的边界——一则“观众诉影院侵犯选择权案”的经济学阐释［J］．财经理论与实践．2009（02）．

[1828] 汪霄，葛芳芳，刘大威，等．我国勘察设计业的产业集中度研究［J］．改革与战略．2009（01）．

[1829] 汪亚军．出租车市场相关主体利益及其最优运营模式［J］．探索．2009（01）．

[1830] 汪亚军．政府管制下的出租车行业问题分析［J］．重庆工商大学学报（社会科学版）．2009（05）．

[1831] 汪焰．“三驾马车”与资源垄断权重组［J］．特区经济．2009（06）．

[1832] 汪洋．“双寡头”股权结构与公司绩效的实证研究［J］．特区经济．2009（01）．

[1833] 汪兆平．打破垄断 复苏经济［J］．中国医院院长．2009（Z1）．

[1834] 王艾敏．集中度、效率与绩效的实证分析——基于一种理论假说在中国饲料行业的验证［J］．经济经纬．2009（04）．

[1835] 王宝利，吴金辉，何江海．火电厂烟气脱硫特许经营相关影响因素分析［J］．电力技术经济．2009（01）．

[1836] 王骠宇．烟草工业企业产权关系的研究［J］．湖南科技学院学报．2009（05）．

[1837] 王滨．关于我国政府规制改革的几点建议［J］．当代经济．2009（17）．

[1838] 王冰睿．欧盟重罚英特尔毫不手软 反垄断浪潮越洋水漫硅谷［J］．IT时代周刊．2009（11）．

[1839] 王冰睿．日韩厂商图谋垄断液晶市场 台海两岸产业对接与之抗衡［J］．IT时代周刊．2009（14）．

[1840] 王丙参，魏艳华，田玉柱，等．马尔可夫链在市场占有率中的应用［J］．通化师范学院学报．2009（02）．

[1841] 王丙毅，刘法力．医疗卫生行业的“分类—分管”管制模式探析［J］．当代经济管理．2009（05）．

[1842] 王炳．管制行业反垄断执法权配置分析——以管制度为视角［J］．河北法学．2009（01）．

[1843] 王炳．论反垄断接受承诺程序之适用范围限制——兼论我国《反垄断法》第45条之适用［J］．理论界．2009（06）．

[1844] 王才良．从石油“七姐妹”到超级六巨头［J］．国际石油经济．2009（02）．

[1845] 王才良．世界石油工业史上的国有化和私有化——纪念世界石油工业诞生150年［J］．国际石油经济．2009（09）．

[1846] 王彩霞．金融海啸中的反思：反垄断法如何保障世界经济安全［J］．经济体制改革．2009（02）．

[1847] 王常伟．美国农业行业集中度探析［J］．粮食流通技术．2009（03）．

[1848] 王常雄．财政体制缺陷与地区性行政垄断研究［J］．市场论坛．2009（10）．

[1849] 王常雄．地区性行政垄断、政府控股与国有企业股权结构：以上市公司为例［J］．现代管理科学．2009（07）．

[1850] 王超．反垄断法实施中的内在冲突探究 [J]．四川文理学院学报．2009 (01)．

[1851] 王超，张瑞萍．反垄断和解的运用与功能评析 [J]．北京交通大学学报（社会科学版）．2009 (01)．

[1852] 王成，潘志华，米文博．山东省知识产权利用过程中的政府管制研究 [J]．理论学刊．2009 (02)．

[1853] 王成艳，靳相木．土地用途管制实施机制市场取向改革初探 [J]．国土资源情报．2009 (02)．

[1854] 王传宝，刘林奇．我国环境管制出口效应的实证研究 [J]．国际贸易问题．2009 (06)．

[1855] 王春梅．金融市场准入监管的博弈分析 [J]．中南财经政法大学研究生学报．2009 (03)．

[1856] 王德亮，黎少鹏，田茂生，等．浅析对价格垄断行为的监管 [J]．价格与市场．2009 (12)．

[1857] 王迪，方诗斌，方业树．外资并购国有企业法律问题研究综述 [J]．法商论丛．2009 (04)．

[1858] 王东莉．行政垄断的法律规制问题研究 [J]．法制与经济（中旬刊）．2009 (08)．

[1859] 王东民．知识产权反垄断法律规制中的市场支配力 [J]．河南省政法管理干部学院学报．2009 (02)．

[1860] 王冬，李哲，谢晓冬．基于信号传递理论对风险企业中联合投资股权配置问题的探索 [J]．经济师．2009 (08)．

[1861] 王多宏，杨太伦，李萍．基于运输外部性的我国铁路改革理论探讨 [J]．技术经济与管理研究．2009 (06)．

[1862] 王发明．创意产业区竞争优势的演进：从“聚集效应”到“创新网络” [J]．财贸研究．2009 (03)．

[1863] 王芳．地方政府土地违法新动向及其规制 [J]．大庆师范学院学报．2009 (04)．

[1864] 王芳，过建春．中国天然橡胶产业市场结构分析 [J]．林业经济问题．2009 (03)．

[1865] 王芳．浅议行政垄断与国家经济安全 [J]．山西煤炭管理干部学院学报．2009 (01)．

[1866] 王福重．垄断行业涨价应该公布真实成本 [J]．法人杂志．2009 (06)．

[1867] 王刚，吴畏．金融稳定视角下的对冲基金监管框架研究 [J]．国际金融研究．2009 (03)．

[1868] 王根蓓．论采购联盟集体谈判力的价格、销量与福利效应 [J]．财经研究．2009 (03)．

[1869] 王广荣，冯礼明，韦茂国．我国餐饮业食品安全控制体系分析 [J]．中国热带医学．2009 (09)．

[1870] 王广胜，程勇．教育寻租：问题及规制——公权力的消解 [J]．现代教育论丛．2009 (05)．

[1871] 王桂秋．家电等下乡商品价格形成需要广泛的市场竞争 [J]．全国商情（经济理论研究）．2009 (15)．

[1872] 王国才．基于 Salop 模型的网络企业横向并购研究 [J]．系统工程学报．2009 (03)．

[1873] 王国红．论美国银行并购反垄断的相关市场界定 [J]．湖北经济学院学报．2009 (03)．

[1874] 王国松．信息不对称与非公有制经济的融资困难 [J]．浙江工商大学学报．2009 (03)．

[1875] 王海东. 危机后的金融市场监管模式选择 [J]. 产权导刊. 2009 (05).

[1876] 王海东. 银行非价格竞争及影响因素 [J]. 市场研究. 2009 (05).

[1877] 王海萍. 食品供应链安全监管体系创新框架研究 [J]. 广西社会科学. 2009 (09).

[1878] 王汉立. 电力垄断问题研究 [J]. 科技信息. 2009 (22).

[1879] 王浩云. 对我国反垄断法的几点看法 [J]. 长江大学学报（社会科学版）. 2009 (01).

[1880] 王鹤立. 论外资并购的反垄断法规制 [J]. 商场现代化. 2009 (11).

[1881] 王鹤立. 浅论我国反垄断法 [J]. 法制与经济（下旬刊）. 2009 (03).

[1882] 王恒友，沈璐. 政府土地交易管制对住宅价格的影响 [J]. 合作经济与科技. 2009 (24).

[1883] 王红茹，侯隽. 商务部专家王志乐：真正受伤害的是汇源 [J]. 中国经济周刊. 2009 (11).

[1884] 王红茹. 央企工资将被"双控"助长垄断行业高收入、加剧行业收入差的"工效挂钩制"将寿终正寝 [J]. 中国经济周刊. 2009 (42).

[1885] 王红帅. 试论我国《反垄断法》的特色及立法意义 [J]. 社科纵横（新理论版）. 2009 (01).

[1886] 王红. 我国企业反并购措施分析 [J]. 科技促进发展. 2009 (09).

[1887] 王宏军. 论规制知识产权滥用与相关竞争法的制定——从"本土化"的视角 [J]. 天津市政法管理干部学院学报. 2009 (03).

[1888] 王洪海. 专卖制度下烟草供应链信息失真问题研究 [J]. 山东经济. 2009 (05).

[1889] 王洪霞. 随机需求下垄断厂商二级价格歧视的最优固定折扣率 [J]. 长江大学学报（自然科学版）理工卷. 2009 (02).

[1890] 王华清，宋学锋. 煤运电产业链纵向关系研究现状述评与展望 [J]. 中国矿业. 2009 (09).

[1891] 王华业. 俄罗斯对微软展开反垄断调查 [J]. 法制资讯. 2009 (06).

[1892] 王华业. 欧盟对英特尔处以10. 6亿欧元的巨额反垄断罚款 [J]. 法制资讯. 2009 (05).

[1893] 王化楠. 发展我国食品安全责任保险 [J]. 企业导报. 2009 (11).

[1894] 王怀远，游五洋. 电信市场竞争中的法律缺陷及建议 [J]. 信息网络. 2009 (07).

[1895] 王璜. 过度竞争市场条件下企业如何构筑进入壁垒 [J]. 消费导刊. 2009 (09).

[1896] 王珲. 浅析土地用途管制制度对土地增值的影响 [J]. 大众商务. 2009 (08).

[1897] 王会宗. 行政垄断行业的生产效率分析——以中国铁路运输业为例 [J]. 山西财经大学学报. 2009 (04).

[1898] 王会宗，张超. 行政垄断形成中的路径依赖分析——以中国铁路运输业为例 [J]. 工业技术经济. 2009 (05).

[1899] 王慧英. 专卖制度下我国烟草产业的改革与发展 [J]. 上海经济研究. 2009 (04).

[1900] 王继有. 铁路货运营销策略研究 [J]. 商场现代化. 2009 (01).

[1901] 王佳茜. 重新思考定价 挽救市场份额 [J]. 商学院. 2009 (01).

[1902] 王家庚，李世东，王艳平，等. 埃及电信设备市场准入及认证测试要求 [J]. 世界电信. 2009 (05).

[1903] 王建辉. 推进联合重组，加快培育出版传媒骨干企业和战略投资者 [J]. 中国出版. 2009 (06).

[1904] 王建明. 城市垃圾管制的一体化环境经济政策体系研究 [J]. 中国人口. 资源与环境. 2009 (02).

[1905] 王建明．深化垄断行业价格形成机制改革的实质、目标和思路——基于科学发展观视角 [J]．东北财经大学学报．2009 (04)．

[1906] 王建文．论中国行政管理范式的演进——一个政府与公民“博弈”的视角 [J]．成都行政学院学报．2009 (02)．

[1907] 王建．我国企业合并时购买法与权益结合法的会计比较 [J]．知识经济．2009 (09)．

[1908] 王健，王红梅．中国特色政府规制理论新探 [J]．中国行政管理．2009 (03)．

[1909] 王健，赵世琳．构建我国反垄断行政执法体制的思考 [J]．行政与法．2009 (07)．

[1910] 王健．中国网络反垄断第一案 [J]．民主与法制．2009 (11)．

[1911] 王江，罗宇源．基于伯特兰德模型的深圳港与香港港港口定价博弈 [J]．水运管理．2009 (03)．

[1912] 王姣，彭思庆．从《反垄断法》看反垄断执法机构的缺陷及其完善对策 [J]．湖北广播电视大学学报．2009 (01)．

[1913] 王金丰．宪政视域下的财政权规制 [J]．地方财政研究．2009 (06)．

[1914] 王谨．探析我国独立电信管制机构的建立 [J]．河北法学．2009 (03)．

[1915] 王婧．搭售行为的法经济学分析 [J]．法制与经济（下旬刊）．2009 (09)．

[1916] 王靖．浅谈如何加强烟叶生产经营过程中的专卖管理工作 [J]．广西烟草．2009 (10)．

[1917] 王靖然，李林川，司云波．电力市场中纵向一体化对市场力影响的均衡分析 [J]．天津大学学报．2009 (11)．

[1918] 王静，许小牙．“价格歧视”与反倾销经济原理辨析 [J]．四川师范大学学报（社会科学版）．2009 (02)．

[1919] 王菊英．禁止集体建设用地使用权进入房地产市场的正当性质疑 [J]．西南政法大学学报．2009 (03)．

[1920] 王珏．积极推进输配电价管理体制改革 [J]．高科技与产业化．2009 (07)．

[1921] 王军，韩光华．中国高速公路政府管制制度变迁研究 [J]．制度经济学研究．2009 (01)．

[1922] 王军梅．正确看待保护民族品牌问题——以活力 28 的并购案和汇源果汁的收购风波为例 [J]．中国集体经济．2009 (07)．

[1923] 王俊．需求规模、市场竞争与自主创新的实证研究 [J]．科研管理．2009 (06)．

[1924] 王珺君，吴朝阳．加快三网融合进程的几点思考 [J]．通信企业管理．2009 (05)．

[1925] 王康．地产：行业集中度加强 业绩稳定增长 [J]．股市动态分析．2009 (37)．

[1926] 王珂珂，钟根元．基于上下游垄断市场结构反倾销税率的博弈分析 [J]．国际经贸探索．2009 (02)．

[1927] 王科．论产业融合背景下的反垄断立法 [J]．当代经济．2009 (10)．

[1928] 王克玉．中国反垄断法域外适用的法律问题 [J]．中国乡镇企业．2009 (01)．

[1929] 王克玉．中国反垄断法域外适用问题研究——从国际法的视角 [J]．中央财经大学学报．2009 (03)．

[1930] 王坤明．我国烟草行业政府规制体制的问题及改革思路研究 [J]．山东行政学院山东省经济管理干部学院学报．2009 (02)．

[1931] 王扩建．本体与价值——对服务型政府的深层审视 [J]．内蒙古社会科学（汉文版）．2009 (03)．

[1932] 王磊，张楚．微软“黑屏”事件引起的若干法律思考 [J]．信息网络安全．2009 (02)．

[1933] 王蕾，毕巍强．排污权交易下对企业激励机制的分析 [J]．中国市场．2009（41）．

[1934] 王莉．《反垄断法》的出台，将给医药行业带来哪些影响 [J]．科技创新导报．2009（03）．

[1935] 王立国．民间金融：自由与规制 [J]．四川行政学院学报．2009（04）．

[1936] 王丽．反垄断审查下民营企业的持续发展之路 [J]．法制资讯．2009（04）．

[1937] 王丽娟．论中国石油行业垄断的法律规制 [J]．山东工商学院学报．2009（03）．

[1938] 王利芳，孙晗．医药分业改革的经济分析及管制政策建议 [J]．中国集体经济．2009（24）．

[1939] 王林．积极贯彻两个规章 稳步推进反垄断执法实践 [J]．工商行政管理．2009（14）．

[1940] 王林秀，马海松，朱超强，等．基于混合策略模型的排污管制效率研究 [J]．生态经济．2009（06）．

[1941] 王琳．中国银行业市场结构变迁与竞争行为研究 [J]．特区经济．2009（11）．

[1942] 王凌红．我国专利间接侵权制度的立法方向——以利益平衡为视点求解《专利法》第三次修改的未决立法课题 [J]．电子知识产权．2009（06）．

[1943] 王璐，杜澄，王宇鹏．环境管制对企业环境技术创新影响研究 [J]．中国行政管理．2009（02）．

[1944] 王曼怡．美国金融危机对我国金融监管的启示 [J]．经济纵横．2009（02）．

[1945] 王茂林．论我国反垄断法适用除外制度 [J]．西部法学评论．2009（01）．

[1946] 王梦．论美国反垄断法发展历程对中国的启示 [J]．法制与社会．2009（12）．

[1947] 王明宇．铁矿石：定价权与产业安全 [J]．新财经．2009（08）．

[1948] 王娜．试论自然垄断企业的规制 [J]．中共贵州省委党校学报．2009（01）．

[1949] 王楠．反垄断法中的消费者利益保护——从方便面涨价案谈我国消费者反垄断诉讼制度的完善 [J]．市场周刊（理论研究）．2009（01）．

[1950] 王平，潘月杰．大型外资超市滥用市场优势地位的法律规制 [J]．特区经济．2009（02）．

[1951] 王平，潘月杰．跨国零售滥用市场优势地位及其法律规制 [J]．改革与战略．2009（04）．

[1952] 王启军．会计管制的制度变迁及发展趋势 [J]．中国新技术新产品．2009（07）．

[1953] 王前锋，田洁洁．高管人员薪酬与绩效关系的行业性差异分析 [J]．南京工业大学学报（社会科学版）．2009（01）．

[1954] 王乾厚．产业组织市场竞争范式的演进及其启示 [J]．河南师范大学学报（哲学社会科学版）．2009（03）．

[1955] 王强，陈圻，和媛媛．基于内生创新溢出的企业低成本产品定位与定价博弈分析 [J]．运筹与管理．2009（02）．

[1956] 王强，陈文，陈栋，等．国家基本药物制度实施策略研究 [J]．中国卫生政策研究．2009（04）．

[1957] 王庆功．网络经济条件下的垄断市场与《反垄断法》的完善 [J]．社会科学研究．2009（03）．

[1958] 王秋玲，何帅．我国收费公路政府管制改革问题研究 [J]．价格理论与实践．2009（05）．

[1959] 王仁富．论知识产权法与反垄断法的关系 [J]．中国工商管理研究．2009（08）．

[1960] 王融．营造有序市场环境欧盟实践宽带接入竞争政策 [J]．通信世界．2009（01）．

[1961] 王汝燕．企业合并控制制度中申报模式介评——兼论我国《反垄断法》的相关规定

[J]．湖南财经高等专科学校学报．2009 (02)．

[1962] 王锐．当代自然垄断理论研究发展述评 [J]．当代经济研究．2009 (04)．

[1963] 王锐．自然垄断网络经济论的再探讨 [J]．学习与探索．2009 (01)．

[1964] 王锐．自然垄断行业进入管制下的渗透性投资行为分析 [J]．东北师大学报 (哲学社会科学版)．2009 (03)．

[1965] 王胜邦，陈颖．中国商业银行资本监管：制度变迁和效果评价 [J]．国际金融研究．2009 (05)．

[1966] 王淑玲，杨舒杰．针对药品零售环境 制定药店零售战略 [J]．中国执业药师．2009 (02)．

[1967] 王淑霞．从宪法的角度看美国南方重建时期的军事管制 [J]．河南师范大学学报 (哲学社会科学版)．2009 (01)．

[1968] 王树文，钟巧玲．我国政府规制改革的模式选择——特许经营权竞标 [J]．当代经济．2009 (08)．

[1969] 王松涛，刘洪玉，李真．韩国住房市场中的政府干预 [J]．城市问题．2009 (03)．

[1970] 王素玲．成品油倒逼定价机制的构建研究 [J]．华东经济管理．2009 (11)．

[1971] 王天仁．实施《反垄断法》应当坚持的几个原则 [J]．工商行政管理．2009 (14)．

[1972] 王婷．垄断，但合理？[J]．21世纪商业评论．2009 (06)．

[1973] 王维杰．电力市场中市场势力的评估与监督 [J]．广东科技．2009 (08)．

[1974] 王卫华．如何设计合理的国企高管薪酬制度 [J]．上海国资．2009 (05)．

[1975] 王伟．滥用知识产权的反垄断法规制 [J]．法制与社会．2009 (33)．

[1976] 王伟，张粒子，程瑜．基于系统动力学的输电价格管制的研究 [J]．电力系统保护与控制．2009 (03)．

[1977] 王伟，周金应，杨平．食盐专营制度下私盐行为与其监管的博弈分析 [J]．改革与战略．2009 (07)．

[1978] 王文凯，郭良，徐艳虹．我国保险业规模经济的探讨 [J]．知识经济．2009 (12)．

[1979] 王文．垄断集团大骂新政 强势总统含泪反击 罗斯福恶战美国大财阀 [J]．报刊荟萃．2009 (06)．

[1980] 王文妮，刘舜佳．产品替代、单位成本递增与跨国并购 [J]．统计与决策．2009 (04)．

[1981] 王希．基于代理理论的国有企业产权改革研究 [J]．当代经济．2009 (09)．

[1982] 王希泉，张阳，周海炜．基于非市场环境的企业社会责任博弈分析：以水污染为例 [J]．软科学．2009 (03)．

[1983] 王皙芳，李劲松．从看病难、看病贵分析公立医院服务价格体系现状与对策 [J]．卫生软科学．2009 (05)．

[1984] 王喜爱，张玲．透视中国石油市场垄断——基于石油战略属性的初步研究 [J]．价格理论与实践．2009 (08)．

[1985] 王喜珍．政府重大投资决策法律规制研究 [J]．行政与法．2009 (08)．

[1986] 王霞．基于行政审批制度的发电企业投资决策敏感性分析 [J]．成都理工大学学报 (自然科学版)．2009 (03)．

[1987] 王霞．我国快递业竞争现状及对策研究 [J]．成都理工大学学报 (社会科学版)．2009 (01)．

[1988] 王仙婷，王宗立．反垄断视角下的我国对外贸易发展策略 [J]．商业时代．2009 (24)．

[1989] 王先甲，黎明，刘伟兵．基于 Nash 均衡和竞标酬金的电力市场竞价策略［J］．武汉大学学报（工学版）．2009（02）．

[1990] 王先林．竞争法视野的知识产权问题论纲［J］．中国法学．2009（04）．

[1991] 王先林．制定知识产权领域反垄断执法指南的几个问题［J］．工商行政管理．2009（17）．

[1992] 王先林，仲春．知识产权领域反垄断的国际视角——《竞争政策与知识产权行使》介评［J］．电子知识产权．2009（05）．

[1993] 王向前．跨国公司在我国滥用知识产权市场支配地位的法律规制浅析［J］．金卡工程（经济与法）．2009（11）．

[1994] 王向阳．布局优化、集中度提高与产业竞争力提升［J］．东岳论丛．2009（01）．

[1995] 王小芳，纪汉霖．我国煤电价格联动机制的可实施性及效率分析［J］．煤炭经济研究．2009（11）．

[1996] 王小芳．我国煤电价格联动机制实施困境分析及其前景构想——美国电力自动调节条款的经验与启示［J］．当代经济管理．2009（10）．

[1997] 王小龙．论排污权交易在我国的运行——在经济激励政策的背景下［J］．中国经贸导刊．2009（21）．

[1998] 王晓丽，李倩倩，崔元鹏．基于规制的公用事业竞争政策探讨［J］．技术与创新管理．2009（04）．

[1999] 王晓青．银行承兑汇票：定价管制、利率传导与市场波动［J］．上海金融．2009（11）．

[2000] 王晓婷，殷涛．论行业协会限制竞争行为的界定——兼评《中华人民共和国反垄断法》第16条［J］．经济论坛．2009（11）．

[2001] 王晓燕，刘秀清，王新刚．行业协会限制竞争行为的法律规制［J］．河北科技师范学院学报（社会科学版）．2009（03）．

[2002] 王晓燕，辛宇鹤，王东伟．行业协会限制竞争行为的法律规制［J］．中国市场．2009（09）．

[2003] 王晓晔．经济体制改革与我国反垄断法［J］．东方法学．2009（03）．

[2004] 王晓晔．行政垄断问题的再思考［J］．中国社会科学院研究生院学报．2009（04）．

[2005] 王秀梅．私营军事公司及其国际规制问题初探［J］．河南省政法管理干部学院学报．2009（04）．

[2006] 王秀霞．空中交通管理空域资源经济学浅析［J］．现代经济信息．2009（19）．

[2007] 王旭．英特尔陷入反垄断泥潭［J］．电子商务．2009（06）．

[2008] 王璇．从可口可乐收购汇源遭拒的原因浅析中国反垄断法［J］．法制与社会．2009（32）．

[2009] 王学斌，王永钦，杨净云，等．大学中的薪酬—学费决定与竞争模式：一个双边市场的视角［J］．世界经济文汇．2009（02）．

[2010] 王学勤，吴前煜．从自律走向法律：美国期货市场监管160年管窥［J］．证券市场导报．2009（10）．

[2011] 王学先．特许经营中商标权问题研究——以被特许人利益保护为视角［J］．知识产权．2009（03）．

[2012] 王雅婷．基于 SCP 范式论我国出口信用保险业的有效竞争［J］．改革与战略．2009（11）．

[2013] 王岩云，杜娟，赵树文．知识产权滥用的法哲学思考［J］．学术交流．2009（05）．

［2014］王颜颜．论特许经营中的商标权保护［J］．法制与社会．2009（23）．

［2015］王彦辉．浅析反垄断法适用除外制度［J］．哈尔滨学院学报．2009（02）．

［2016］王彦晓．《反垄断法》对行政性垄断的规制与不足［J］．才智．2009（23）．

［2017］王彦晓．论我国反垄断法对行业协会的规制［J］．华章．2009（06）．

［2018］王艳林，马杰．论回收食品的认定及其法律规制［J］．河南省政法管理干部学院学报．2009（04）．

［2019］王艳林，杨觅玫，韩丹丹．论《食品安全法》中的企业标准——对《食品安全法》第25条的注释与评论［J］．法学杂志．2009（08）．

［2020］王艳涛．中国制造业的市场结构分析［J］．新西部（下半月）．2009（09）．

［2021］王燕．对反敌意收购措施法律规制的比较分析［J］．辽宁行政学院学报．2009（11）．

［2022］王燕．环境问题的经济学分析——兼论推进环境规制改革的必要性［J］．商业经济．2009（24）．

［2023］王燕．论核心卡特尔中的宽恕制度及我国《反垄断法》对其规制和完善［J］．行政与法．2009（07）．

［2024］王燕．试析经营者集中的反垄断审查［J］．重庆科技学院学报（社会科学版）．2009（09）．

［2025］王洋．煤炭行业中的公司社会责任［J］．法制与社会．2009（06）．

［2026］王姚瑶．反垄断法中知识产权相关市场的界定［J］．市场周刊（理论研究）．2009（10）．

［2027］王姚瑶，韩莹莹．可口可乐收购汇源案被否的经济学分析［J］．科教文汇（上旬刊）．2009（09）．

［2028］王一民．浅析可口可乐收购汇源事件［J］．当代经济．2009（02）．

［2029］王义高．关于出租车管理中公营危机的警示［J］．金融经济．2009（02）．

［2030］王颖．我国外资并购中的反垄断法律问题［J］．韶关学院学报．2009（08）．

［2031］王永．禁止可口可乐收购汇源是谁的胜利［J］．现代企业文化（上旬）．2009（04）．

［2032］王永利．国际货币全球持有与其投放属地管控矛盾激化——全球金融大危机的根源的思考［J］．国际金融研究．2009（05）．

［2033］王勇，姜洋．中国民航运输业市场化改革变迁的实证研究［J］．经济问题．2009（08）．

［2034］王勇．跨国并购的市场效应与反垄断规制［J］．西北大学学报（哲学社会科学版）．2009（06）．

［2035］王勇．联想并购坎坷路［J］．中国乡镇企业．2009（01）．

［2036］王勇．中国电信破局［J］．中国企业家．2009（10）．

［2037］王有明，王江涛，严定成．简述水电施工企业安全管理［J］．云南水力发电．2009（02）．

［2038］王佑．中国当前汽油价缘何高于美国［J］．时代汽车．2009（08）．

［2039］王宇，吴群琪．客运产业组织与客运市场效率［J］．长安大学学报（社会科学版）．2009（03）．

［2040］王宇．中国铁路产业改革必由之路［J］．内蒙古科技与经济．2009（16）．

［2041］王雨佳，于延文．在企业合合并并中挣扎［J］．新财经．2009（09）．

［2042］王雨濛，张安录，黄宗煌．土地用途管制背景下的农地补偿多目标政策结构分析［J］．农业技术经济．2009（04）．

［2043］王玉灵，陈娟．同类异质产品三方古诺模型的拓展与应用［J］．北京航空航天大学学

报．2009（10）．

［2044］王玉棠．大中型旅游企业人才流失与应对策略［J］．上海企业．2009（04）．

［2045］王玉燕．我国电子制造业应对 EPR 的政府监管机制研究［J］．运筹与管理．2009（01）．

［2046］王月红，王连果．浅论企业环境责任承担的制度激励［J］．经济论坛．2009（19）．

［2047］王增坤，刘淑芬．班轮公会反垄断豁免制度［J］．集装箱化．2009（04）．

［2048］王哲．兼容选择视角下的技术标准壁垒研究［J］．东岳论丛．2009（11）．

［2049］王正儒．公用事业改革与政府管制的经济分析［J］．宁夏社会科学．2009（01）．

［2050］王志强．寻租、创租和抽租的行为分析［J］．特区经济．2009（07）．

［2051］王志武，宋成武，王慧琳，等．利用计算机开展商业银行贷款集中度分析［J］．财经界（学术版）．2009（07）．

［2052］王治．规制政策不确定性对电网投资影响的实物期权分析［J］．工业技术经济．2009（05）．

［2053］王致远，陈鸣．垄断行为的“罪与罚”——垄断犯罪的法理剖析与现实考察［J］．法制与社会．2009（30）．

［2054］王智新，梁翠，杜涛．运用价格机制构建节约型社会——以江苏省为例［J］．内蒙古财经学院学报．2009（02）．

［2055］王子龙，郑志强．宋代茶叶专卖管理制度及其演变［J］．江西财经大学学报．2009（03）．

［2056］王自锋，邱立成，黄美玲．论跨国并购与东道国政府的规制政策［J］．科技管理研究．2009（07）．

［2057］王宗成．纵向垄断协议的反垄断法规制研究［J］．现代商贸工业．2009（21）．

［2058］网络三巨头联手 防谷歌垄断网上售书［J］．国际新闻界．2009（08）．

［2059］微软“黑屏计划”：除了彻底反盗版我们别无选择［J］．新经济导刊．2009（01）．

［2060］韦彩玲．转型经济中政府寻租问题及其治理［J］．知识经济．2009（05）．

［2061］韦精学．汇源失算［J］．首席财务官．2009（04）．

［2062］韦行．中国钢铁业正进入兼并重组、调整优化的快车道［J］．上海金属．2009（01）．

［2063］卫武，胡铭．中国环境下的跨国企业市场与非市场战略、策略以及战术间的关系［J］．财贸经济．2009（07）．

［2064］卫颖．自愿协议与传统环境管制手段之比较［J］．北方经贸．2009（05）．

［2065］委内瑞拉政府接管 60 家私人石油服务公司［J］．国外测井技术．2009（03）．

［2066］魏爱翔．国有资本保值增值和国有持股上市公司市值实证研究［J］．财会通讯．2009（33）．

［2067］魏楚，沈满洪．规模效率与配置效率：一个对中国能源低效的解释［J］．世界经济．2009（04）．

［2068］魏花，李骏阳．我国零售商与快速消费品供应商市场集中度的实证对比分析［J］．经济师．2009（02）．

［2069］魏军．城市公共交通民营化与政府管制——以兰州市为例［J］．中国行政管理．2009（06）．

［2070］魏军．政府管制与自然垄断产业企业间竞争冲突［J］．生产力研究．2009（01）．

［2071］魏丽娟，张榕．论反垄断法实施下知识产权的限制和发展［J］．法制与社会．2009（16）．

［2072］魏明侠，程梦来．在网络经济下的企业边界的研究——基于能力理论的视角［J］．价

值工程．2009（09）．

［2073］魏宁．欧盟对企业集中的程序规制及中国企业之应对［J］．当代经济．2009（08）．

［2074］魏宁．品牌需求价格弹性与市场份额的关系分析——国内汽车行业实证分析［J］．现代商贸工业．2009（05）．

［2075］魏农建．品牌功能再议：市场进入壁垒的设计［J］．企业与文化．2009（04）．

［2076］魏平．牧区金融边缘化问题探析——青海省玉树藏族自治州个案分析［J］．青海金融．2009（01）．

［2077］魏琼．追究行政性垄断法律责任的对策——从“责令改正”谈起［J］．政治与法律．2009（11）．

［2078］魏群．垄断行业，中国改革攻坚之战——专访著名经济学家常修泽［J］．中国改革．2009（06）．

［2079］魏淑君．近代中国对外国公司的管制及其法律制度［J］．云南行政学院学报．2009（04）．

［2080］魏小玲．浅谈如何构建我国上市公司反收购法律制度［J］．消费导刊．2009（20）．

［2081］魏雅华．反垄断当挥第一剑——金龙鱼：我们真的拿你没办法？［J］．上海经济．2009（07）．

［2082］魏雅华．中国：反垄断之剑——金龙鱼，我们真的拿你没办法？［J］．企业研究．2009（07）．

［2083］魏媛媛．我国天然气产业规制问题的研究［J］．江西科技师范学院学报．2009（01）．

［2084］魏增产．国际反垄断的冲突法进路（英文）［J］．武大国际法评论．2009（02）．

［2085］魏志春．公共事业领域管理以及影响因素的探析——以教育管理为例［J］．南京社会科学．2009（10）．

［2086］魏志强，李树新．公用事业价格监管的实践与思考——完善价格监管制度的政策建议［J］．价格理论与实践．2009（10）．

［2087］温大军．论《反垄断法》的私人执行［J］．法制与社会．2009（33）．

［2088］温观音．论法律对期货市场投机的态度及其规制［J］．湖北大学学报（哲学社会科学版）．2009（04）．

［2089］温浩．大型公立医院的运营与绩效分配改革初步探索［J］．现代商业．2009（23）．

［2090］温玲．土地储备制度下的城市房屋拆迁管理研究［J］．金卡工程（经济与法）．2009（08）．

［2091］温茗荃．我国行政垄断及规制问题的原因分析［J］．法制与社会．2009（23）．

［2092］温思美．规模经济、垄断竞争与经济活动的空间集聚——2008年诺贝尔经济学奖评介［J］．学术研究．2009（01）．

［2093］温晓芸．解决食品安全问题的法规建议［J］．管理观察．2009（05）．

［2094］温晓芸．论《反垄断法》对汽车消费者合法权益的保护［J］．消费导刊．2009（06）．

［2095］文瑞．罚款，反不了垄断［J］．软件工程师．2009（07）．

［2096］文守逊，幸昆仑．网络外部性下企业技术竞争研究［J］．工业工程．2009（05）．

［2097］文守逊，郑存丽．基于网络外部性的双寡头企业R［J］．科技进步与对策．2009（04）．

［2098］文绪武．美国能源产业管制的法律分析［J］．经济社会体制比较．2009（01）．

［2099］文姚丽．政府在医疗保障中的责任定位［J］．卫生经济研究．2009（06）．

［2100］翁健英，章永奎．审计合谋问题研究［J］．当代财经．2009（03）．

［2101］我国大尺寸功率半导体打破国外核心技术垄断［J］．光机电信息．2009（09）．

[2102] 我国今年重点推进10项改革 垄断行业改革 收入分配制度改革等榜上有名[J]. 国外测井技术. 2009 (03).

[2103] 我国私企逐步进入垄断行业 [J]. 共产党员. 2009 (11).

[2104] 我国台湾地区反垄断适用除外制度的设置与价值分析 [J]. 台湾法研究. 2009 (02).

[2105] 乌静，白淑英. 论我国互联网管制的政策主体与能力提升问题 [J]. 黑龙江社会科学. 2009 (04).

[2106] 吴彩云. 我国联合限制竞争行为的法律规制 [J]. 山西财政税务专科学校学报. 2009 (02).

[2107] 吴典文. 浅谈重大工程投资成本的控制 [J]. 财经界（学术版）. 2009 (11).

[2108] 吴凡. 跨国公司并购法律规制中的价值冲突及立法建议 [J]. 河北理工大学学报（社会科学版）. 2009 (03).

[2109] 吴高盛. 公共利益的界定与法律规制 [J]. 中国人大. 2009 (16).

[2110] 吴汉洪. 微观经济领域和宏观经济领域干预主义与自由主义论争的比较 [J]. 北京工商大学学报（社会科学版）. 2009 (06).

[2111] 吴昊，曹澍. 政府管制、过度投资与企业绩效关系的实证分析 [J]. 统计与决策. 2009 (09).

[2112] 吴昊，徐泓清. 基于会展市场集中度对中国会展市场结构的分析 [J]. 全国商情（经济理论研究）. 2009 (16).

[2113] 吴宏伟，金善明. 论《反垄断法》的社会公共目标——以《反垄断法》的实施为契机 [J]. 首都师范大学学报（社会科学版）. 2009 (03).

[2114] 吴宏伟，余金保. 再论行政垄断的法律规制 [J]. 湖南社会科学. 2009 (02).

[2115] 吴惠国. 论经济法价值在《合同法》中的体现——浅议我国《合同法》对格式合同的规制 [J]. 金卡工程（经济与法）. 2009 (12).

[2116] 吴家骏.《中国垄断性产业管制机构的设立与运行机制》评介 [J]. 中国工业经济. 2009 (04).

[2117] 吴金龙，周兰，何奕佳. 美国企业合并准则变化简述 [J]. 财会通讯. 2009 (13).

[2118] 吴金明，黄进良，钟键能. 国企改革深化的三大难题与破解思路 [J]. 文史博览（理论）. 2009 (04).

[2119] 吴静，李俊然. 浅谈我国外资并购国家安全审查制度的构建 [J]. 大众商务. 2009 (20).

[2120] 吴娟. 中国反垄断法的缺陷及完善 [J]. 青年科学. 2009 (04).

[2121] 吴丽. "不能让烟草利益集团干预公共卫生政策"——专访北京大学经济学院教授夏业良 [J]. 商务周刊. 2009 (Z1).

[2122] 吴烈水. 基于渠道竞争视角的渠道环境分析 [J]. 改革与战略. 2009 (11).

[2123] 吴美萍. 苏宁电器：具备垄断地位的零售商 [J]. 股市动态分析. 2009 (23).

[2124] 吴鸣，谢金静. 政府管制影响中国IPO高折价的实证分析 [J]. 统计与信息论坛. 2009 (10).

[2125] 吴楠. 浅析烟草专卖制度 [J]. 法制与社会. 2009 (24).

[2126] 吴楠. 试论我国反垄断法中的合理原则 [J]. 青年科学. 2009 (08).

[2127] 吴崎右. 中国期货市场：过度供给和过度需求下的监管选择 [J]. 经济理论与经济管理. 2009 (04).

[2128] 吴强. 我国上市公司股权集中度与公司绩效的关系——基于钢铁行业的实证分析 [J]. 黑龙江对外经贸. 2009 (04).

[2129] 吴强．新能源电力价格规制探讨 [J]. 价格与市场．2009 (10).

[2130] 吴清萍，孟子敏．零售商买方势力对供应商的影响分析 [J]. 江苏商论．2009 (03).

[2131] 吴清萍，忻红．零售商买方势力定义辨析 [J]. 产业经济研究．2009 (03).

[2132] 吴群琪，陈文强．道路客运行业政府管制分析 [J]. 交通企业管理．2009 (04).

[2133] 吴仁群．不同信息结构下投资决策的期权博弈分析 [J]. 北京印刷学院学报．2009 (01).

[2134] 吴韧强，刘海云．垄断竞争、利益集团与贸易战 [J]. 经济学 (季刊). 2009 (03).

[2135] 吴睿鹤．反价格垄断要敢啃硬骨头 [J]. 中国新闻周刊．2009 (31).

[2136] 吴三忙．中国制造业企业的进入与退出决定因素分析 [J]. 产业经济研究．2009 (04).

[2137] 吴山．不反行政垄断行业的《反垄断规定》没意义 [J]. 法人杂志．2009 (09).

[2138] 吴盛光．西方政府规制经济学研究范式述评 [J]. 上海行政学院学报．2009 (02).

[2139] 吴淑娴，谢磊．公共服务民营化改革探析 [J]. 三峡大学学报 (人文社会科学版). 2009 (05).

[2140] 吴松岭．中部地区产业集聚效应研究——基于河南省产业的实证分析 [J]. 工业技术经济．2009 (06).

[2141] 吴维宇，王长宝，何卫．打破国际垄断 提升行业竞争力 [J]. 中国科技投资．2009 (05).

[2142] 吴晓娟．滥用经济资源配置权的典型行为刍议 [J]. 商场现代化．2009 (08).

[2143] 吴新叶．如何防范地方政府被企业捕获 [J]. 探索与争鸣．2009 (06).

[2144] 吴亚平．寻租理论视角下的腐败行为分析 [J]. 商业时代．2009 (21).

[2145] 吴晔，黄雪锋．我国外资并购中的国家安全审查主体研究 [J]. 法商论丛．2009 (04).

[2146] 吴滢．我国交通运输企业节能减排的市场准入机制研究 [J]. 中国集体经济．2009 (07).

[2147] 吴宇剑，李维乐．浅析我国《反垄断法》中的实质公平价值目标 [J]. 法制与社会．2009 (04).

[2148] 吴玉岭．美国反垄断法的价值追求及其争议背后的意识形态冲突 [J]. 首都师范大学学报 (社会科学版). 2009 (02).

[2149] 吴玉岭．职业体育联盟的反垄断规制——美国经历与中国立场 [J]. 武汉体育学院学报．2009 (06).

[2150] 吴赟．垄断竞争和寡头垄断条件下的出版市场分析 [J]. 出版科学．2009 (02).

[2151] 吴振球，祝正芳．我国电力产业接入价格歧视的成因与规避对策 [J]. 价格月刊．2009 (11).

[2152] 吴志恒．行业性行政垄断之法律规制范围研究 [J]. 法制与社会．2009 (22).

[2153] 伍春姑．上市公司内部控制信息披露：强制性规则的思考 [J]. 财会通讯．2009 (24).

[2154] 伍飞霏．浅析《反不正当竞争法》对模仿行为的规制 [J]. 法制与社会．2009 (33).

[2155] 伍江．考虑固定成本的横向兼并模型的分析 [J]. 贵州财经学院学报．2009 (03).

[2156] 伍开群．均衡价格、管制价格及资源配置 [J]. 安徽工业大学学报 (社会科学版). 2009 (01).

[2157] 伍世安，杨青龙．价格补贴的经济效应分析 [J]. 经济经纬．2009 (05).

[2158] 伍雯，周冠文．基于SCP的移动通信市场格局分析 [J]. 企业技术开发．2009 (10).

[2159] 伍艳艳．管制市场经济下能源价格变动的经济效应分析 [J]．价格月刊．2009 (11).
[2160] 武龙，夏新平．噪声申购者、市盈率管制与投资者收益 [J]．管理科学．2009 (03).
[2161] 武婷婷．浅谈我国行政垄断法律责任体系的构建 [J]．金卡工程（经济与法）．2009 (11).
[2162] 武雪萍，李赞捧．我国对专利权滥用的法律规制及完善 [J]．法制与社会．2009 (19).
[2163] 武盈盈．资源产品利益分配问题研究——以油气资源为例 [J]．中国地质大学学报（社会科学版）．2009 (02).
[2164] 夕曦．中石油为什么挨骂？[J]．当代经理人．2009 (10).
[2165] 习江平．人民币债券市场准入问题研究 [J]．特区经济．2009 (04).
[2166] 习树江．影响我国石油能源产业发展的深层次因素探悉：有效竞争与行政垄断 [J]．特区经济．2009 (11).
[2167] 席梁村．资源性产品价格改革应先破除行业垄断 [J]．金融博览．2009 (09).
[2168] 夏白杰．垄断亏了多少个吊灯？[J]．理财．2009 (10).
[2169] 夏丰．制约铁路运输市场营销发展的因素 [J]．全国商情（经济理论研究）．2009 (13).
[2170] 夏天．市场调节与政府管制之联系与互动的思考——解决就业歧视问题中的经济法路径分析 [J]．河南公安高等专科学校学报．2009 (04).
[2171] 夏先良．放宽外资准入调整石油业态结构 [J]．国际贸易．2009 (08).
[2172] 夏先良．知识产权天生论——与知识产权代价论、对价论和利益平衡论商榷 [J]．财贸经济．2009 (08).
[2173] 夏小莉．适当干预是企业合并中反垄断的有效途径 [J]．信阳农业高等专科学校学报．2009 (02).
[2174] 鲜于玉莲．论城市居住环境污染的政府规制 [J]．理论界．2009 (08).
[2175] 向静，王苏生，刘艳．私募基金合法化之后的适度外部监管制度构建 [J]．证券市场导报．2009 (02).
[2176] 向坤．完善电信监管体制需要创新思维 [J]．通信企业管理．2009 (11).
[2177] 向玉兰．论欧盟合并规制中的“垂危企业抗辩”[J]．佛山科学技术学院学报（社会科学版）．2009 (04).
[2178] 向志强，黄盈．图书总量调控政策对我国图书出版市场集中度的影响 [J]．出版发行研究．2009 (02).
[2179] 项立刚，严睿．电信重组符合集约化趋势 [J]．英才．2009 (01).
[2180] 项琳．政府在食品安全规制中的角色新探 [J]．知识经济．2009 (14).
[2181] 项有建．微软专卖店能否缔造第二帝国？[J]．信息网络．2009 (03).
[2182] 小光．卫星出口管制条例正在破坏美国航天业基础 [J]．国际太空．2009 (05).
[2183] 小雨，蹇鹏．究竟谁抄谁的底？——质疑对国际汽车品牌兼并收购 [J]．时代汽车．2009 (06).
[2184] 肖斐．论商标侵权中的“反向假冒”及其法律规制 [J]．湖南商学院学报．2009 (03).
[2185] 肖军，文启湘．消费管制：实现生态消费的重要保证 [J]．消费经济．2009 (02).
[2186] 肖可义，姜瑞林．对网络消费欺诈行为的法律规制 [J]．前沿．2009 (10).
[2187] 肖敏．浅谈银行并购问题 [J]．现代经济信息．2009 (03).
[2188] 肖微，方堃．基于博弈论思维框架的政府与企业关系重塑——从“囚徒困境”到“智

猪博弈”的策略选择［J］. 华中农业大学学报（社会科学版）. 2009（01）.

［2189］肖小勇，雷明全. 论企业创新中的市场失灵及其应对措施［J］. 中南林业科技大学学报（社会科学版）. 2009（02）.

［2190］肖兴志，孙艳. 中国建筑安全规制的博弈分析［J］. 产业经济评论. 2009（02）.

［2191］肖兴志. 中国垄断性产业规制机构的模式选择［J］. 山东经济. 2009（02）.

［2192］肖彦山. 国际金融危机与中国反垄断法实施——以竞争政策与产业政策和贸易政策的关系为视角［J］. 石家庄经济学院学报. 2009（04）.

［2193］肖彦山，唐芳. 中国反垄断法政策述评——兼论河北省自然垄断行业改革［J］. 法制与社会. 2009（32）.

［2194］肖燕飞. 反垄断法对滥用知识产权的规制［J］. 金卡工程（经济与法）. 2009（07）.

［2195］肖忠海，宁波. 我国静脉产业规制演进的障碍研究［J］. 煤炭经济研究. 2009（03）.

［2196］肖竹. 论竞争法主管机关与产业监管机关的管辖权划分［J］. 行政法学研究. 2009（02）.

［2197］肖竹. 论竞争法主管机关与监管机构的行政协调——以台湾地区的立法及实践经验为借鉴［J］. 云南行政学院学报. 2009（04）.

［2198］肖竹. 论政府规制革新——兼论中国的现实及改革方向［J］. 社会主义研究. 2009（03）.

［2199］笑蜀. 公民权利不应止步于管制洁癖［J］. 杂文选刊（上旬版）. 2009（06）.

［2200］谢长青，钱文荣. 我国小城镇基础设施规模经济效应研究［J］. 农业经济问题. 2009（10）.

［2201］谢光绎，徐国民. 国家主权与反垄断法的国际化问题研究［J］. 山东社会科学. 2009（01）.

［2202］谢广建. 如何进行企业合并操作［J］. 公用事业财会. 2009（04）.

［2203］谢国栋. 出租车行业政府管制的困境与对策分析［J］. 城市车辆. 2009（05）.

［2204］谢国忠. 监管失误引发美国金融危机 市场机制仍要坚持［J］. 国际经济评论. 2009（01）.

［2205］谢荷花. 企业兼并重组与企业文化融合［J］. 冶金管理. 2009（09）.

［2206］谢珊. 论反垄断法域外效力的冲突及解决［J］. 魅力中国. 2009（04）.

［2207］谢申祥，黄保亮. 产业安全视角下的外资并购［J］. 统计与决策. 2009（01）.

［2208］谢申祥，王孝松. 技术外溢、国有企业并购与 FDI［J］. 世界经济研究. 2009（04）.

［2209］谢晓彬. 论外资垄断性并购的实质标准及其审查［J］. 宁波大学学报（人文科学版）. 2009（01）.

［2210］谢晓彬. 应对外资恶意并购国内上市公司的法律环境分析［J］. 政治与法律. 2009（03）.

［2211］辛宝贵，马军海. 一个不完全信息古诺博弈动力学模型的构建［J］. 统计与决策. 2009（08）.

［2212］新管制机构成立公司促 ICT 出口［J］. 中国新通信. 2009（06）.

［2213］薪酬迷局破解不易［J］. 上海国资. 2009（05）.

［2214］邢钢.《反垄断法》对知识产权法实施的影响［J］. 法制与社会. 2009（16）.

［2215］邢厚媛.《反垄断法》初亮红灯之后——中国政府否决可口可乐收购汇源说明什么［J］. 中国外资. 2009（05）.

［2216］邢曼媛，侯晶晶. 浅议食品安全的刑法规制——从《食品安全法》的角度［J］. 山西高等学校社会科学学报. 2009（10）.

[2217] 邢少文．当相对垄断的煤遭遇绝对垄断的电［J］．南风窗．2009（13）．

[2218] 邢少文．国家基本药物制度蹒跚起步［J］．南风窗．2009（20）．

[2219] 熊聃．我国房地产市场价格卡特尔行为的分析与规制［J］．中南林业科技大学学报（社会科学版）．2009（04）．

[2220] 熊愚．收购兼并——中国石油发展的近、中期策略［J］．中国总会计师．2009（01）．

[2221] 熊云波．论《反垄断法》的本质与价值［J］．法制与社会．2009（33）．

[2222] 熊中楷，聂佳佳，李根道．基于微分对策的多寡头品牌和大类广告策略研究［J］．管理工程学报．2009（03）．

[2223] 徐斌．不打破政府行业垄断，中国经济没前途［J］．西部论丛．2009（02）．

[2224] 徐斌．打破国企垄断将是未来政策主基调［J］．西部论丛．2009（08）．

[2225] 徐灿．电力行业的管制与中国实践［J］．现代商业．2009（06）．

[2226] 徐朝霞．知识产权滥用的反垄断法规制问题研究［J］．法制与社会．2009（26）．

[2227] 徐大勇，韩云辉．企业并购动因分析［J］．价格月刊．2009（05）．

[2228] 徐丹丹，杨静，刘奇山．城乡公共产品供给差异个案研究［J］．经济纵横．2009（06）．

[2229] 徐菲，刘思坤．对都市报经营进入微利时代的战略思考——基于关联度、集中度、重合度的理论视角［J］．价格理论与实践．2009（06）．

[2230] 徐广路．民办高等教育的政府规制研究——基于经济学“内部性”规制视角的分析［J］．创新．2009（08）．

[2231] 徐广蓉．“汇源案”后，中企海外并购可能会被“说不”［J］．中国民营科技与经济．2009（03）．

[2232] 徐和．国企高管薪酬的法律规制——从《企业国有资产法》谈起［J］．阴山学刊．2009（05）．

[2233] 徐慧．我国审计市场集中度分析［J］．会计之友（上旬刊）．2009（01）．

[2234] 徐吉．我国汽车金融公司发展问题浅析［J］．金卡工程（经济与法）．2009（09）．

[2235] 徐建荣．外资并购与政府监管服务策略研究［J］．财会研究．2009（08）．

[2236] 徐晶晶．食品安全管制对策分析［J］．经营管理者．2009（14）．

[2237] 徐敬华．知识产权滥用反垄断法规制的理论基础［J］．法制与经济（中旬刊）．2009（05）．

[2238] 徐楷．跨国公司全球技术垄断的目的、成因及后果［J］．景德镇高专学报．2009（01）．

[2239] 徐莉．掠夺性定价的认定［J］．法制与社会．2009（05）．

[2240] 徐丽碧．浅析对我国外资银行市场准入监管法制的不足和完善［J］．现代经济信息．2009（20）．

[2241] 徐丽红．从中石油A股上市事件看我国的价格垄断［J］．商业研究．2009（01）．

[2242] 徐龙言．基金公司从业人员与“老鼠仓”的法律规制［J］．大众商务．2009（22）．

[2243] 徐璐，于业娟．企业间行为的联合水平对市场势力的影响分析［J］．商场现代化．2009（09）．

[2244] 徐敏．网络融合下的产业交叉进入及企业横向兼并行为研究［J］．西安电子科技大学学报（社会科学版）．2009（03）．

[2245] 徐明东，解学成．中国资本管制有效性动态研究：1982—2008［J］．财经研究．2009（06）．

[2246] 徐茜茜．美司法部力揭液晶行业暴利黑幕　4企业串通哄抬售价遭重罚［J］．IT时代周

刊．2009（07）．

［2247］徐茜茜．三大运营商李彦宏轻松夺其二　百度与谷歌续演无线搜索寡头之战［J］．IT时代周刊．2009（09）．

［2248］徐强胜，王大海．试析竞争法的秩序价值［J］．法学杂志．2009（08）．

［2249］徐强．我国集成电路产业发展现状及前景［J］．国际经济合作．2009（01）．

［2250］徐钦层．对反垄断法中的行政垄断的思考［J］．经营管理者．2009（17）．

［2251］徐钦层．浅析行政垄断的成因及其对策［J］．青年科学．2009（09）．

［2252］徐清梅，李宝乾．试论我国上市公司反收购的法律规制［J］．北京科技大学学报（社会科学版）．2009（03）．

［2253］徐日丹．要"死得起人"，就要打破垄断［J］．政府法制．2009（18）．

［2254］徐守喜，王菁．中国商业银行收入结构变迁影响因素探析［J］．现代经济探讨．2009（08）．

［2255］徐维余．我国外资并购中国家经济安全审查法律问题［J］．法治研究．2009（03）．

［2256］徐伟康．寡头垄断、非线性定价与非对称均衡［J］．产业经济评论．2009（02）．

［2257］徐伟敏．欧盟对拒绝交易滥用的竞争法规制［J］．山东社会科学．2009（11）．

［2258］徐伟．中国制药产业的SCP分析［J］．全国商情（理论研究）．2009（22）．

［2259］徐文东．论我国外资并购国家安全审查法律制度的完善［J］．法制与社会．2009（08）．

［2260］徐文．对普通医疗和大病医疗经济特性的比较分析［J］．全国商情（经济理论研究）．2009（03）．

［2261］徐文捷．美国商品流通领域反垄断立法及其启示［J］．中国经贸导刊．2009（18）．

［2262］徐翔，宋一鸣，李艳梅，等．建立食用农产品溯源机制的途径探析［J］．现代经济探讨．2009（10）．

［2263］徐新宇，吴东美．美国反价格垄断法律制度及执法情况［J］．中国价格监督检查．2009（07）．

［2264］徐亚娜．行业收入差距中的垄断因素分析［J］．黑河学刊．2009（06）．

［2265］徐艳，张婧．欧盟反垄断立法体系中效率抗辩的历史沿革及对我国启示［J］．北方经济．2009（03）．

［2266］徐以祥．环境规制与财产权保障的冲突和协调［J］．现代法学．2009（02）．

［2267］徐以祥．论环境行政许可制度的改革［J］．生态经济．2009（11）．

［2268］徐勇．供电企业差异化服务研究［J］．商场现代化．2009（12）．

［2269］徐玉．打造公平竞争的电信运营环境［J］．通信世界．2009（01）．

［2270］徐振领．基于TCT/PAT的民航运输业竞争策略分析［J］．商场现代化．2009（06）．

［2271］徐正辉．电监会博弈直供［J］．南风窗．2009（06）．

［2272］许长青．高等教育市场化的经济学分析与政府规制问题研究［J］．河北师范大学学报（教育科学版）．2009（07）．

［2273］许成安，汪淑珍，张瑶．东西部行业收入差距的差异比较分析——兼论政府干预对库兹涅茨曲线的影响［J］．财政研究．2009（02）．

［2274］许二宁．关于新形势下互联互通问题的思考［J］．江苏通信．2009（05）．

［2275］许福才，蒙少东．食品供应链安全规制研究［J］．科技与经济．2009（03）．

［2276］许国瑾．浅析我国当前反垄断的认识误区［J］．大众商务．2009（02）．

［2277］许宏，周应恒．农地产权私有化与土地规模经营——东亚地区实践对中国的启示［J］．云南财经大学学报．2009（01）．

[2278] 许建国．深化城市水务行业市场化改革的对策思考［J］．厦门科技．2009（02）．

[2279] 许敬，胡继连．水资源用途管制制度研究［J］．山东农业大学学报（社会科学版）．2009（01）．

[2280] 许开国．地区性行政垄断的宏观成本效率损失研究［J］．经济评论．2009（05）．

[2281] 许开国．地区性行政垄断与资本配置效率关系的实证［J］．山西财经大学学报．2009（09）．

[2282] 许丽英，秦玉峰，张建文．价格法律制度的完善［J］．北方经贸．2009（04）．

[2283] 许鹿，樊晓娇．规制均衡视角下中国食品免检政策终结探析［J］．云南行政学院学报．2009（05）．

[2284] 许明华，刘静静，王华．浅议网络广告反不正当竞争法律制度的完善［J］．新闻世界．2009（11）．

[2285] 许琼来，傅四保，刘薇．全业务时代三大运营商竞争力分析和市场格局预测［J］．移动通信．2009（17）．

[2286] 许若霜．体育教师课堂不当行为及其干预策略［J］．安庆师范学院学报（社会科学版）．2009（03）．

[2287] 许石慧．公用事业监管法治化研究［J］．西南政法大学学报．2009（01）．

[2288] 许士春，何正霞，魏晓平．环境管制与企业国际竞争力：一个文献综述［J］．商业研究．2009（09）．

[2289] 许鲜苗，张海艳．我国拍卖行业的增长与集中度分析［J］．科技和产业．2009（06）．

[2290] 许小宁．加强超限运输经济规制的再思考［J］．云南财经大学学报（社会科学版）．2009（04）．

[2291] 许艳芳．基于CTAR法的上市公司长期并购绩效研究［J］．经济理论与经济管理．2009（06）．

[2292] 许颖，蒋洁，何亮亮．知识产权滥用的反垄断法规制［J］．中国经贸导刊．2009（21）．

[2293] 许毓娜．反垄断法私人执行研究［J］．金卡工程（经济与法）．2009（06）．

[2294] 许芸．从政府包办到政府购买——中国社会福利服务供给的新路径［J］．南京社会科学．2009（07）．

[2295] 许志远．金融监管有效性理论综述［J］．青年科学．2009（03）．

[2296] 宣炀．简论我国《反垄断法》第55条及其适用［J］．法制与经济（下旬刊）．2009（08）．

[2297] 薛芳华，田珅．煤炭企业集团合理规模的分析［J］．辽宁工程技术大学学报（社会科学版）．2009（01）．

[2298] 薛绯，薛慧，薛贤．特许经营复合组织形式研究——基于特许经营主体双方风险投资的模型［J］．辽宁大学学报（哲学社会科学版）．2009（02）．

[2299] 薛慧如．ATM网络兼容性与银行竞争［J］．世界经济情况．2009（04）．

[2300] 薛亮．晚近美国反托拉斯法域外适用理论与实践的发展［J］．经济研究导刊．2009（01）．

[2301] 薛强．反垄断视野下的企业价格行为研究——以忠诚折扣为例［J］．中国物价．2009（08）．

[2302] 薛兆丰．企业合并有何危害［J］．运输经理世界．2009（Z1）．

[2303] 荀爱华．论我国反垄断法在“三网融合”中的适用［J］．南京财经大学学报．2009（01）．

[2304] 鄢超．政府对电影行业管制方式的革新——“《色，戒》案”引发的思考［J］．云南大学学报（法学版）．2009（02）．

[2305] 闫广瑞．银行规模与经济效益［J］．经营管理者．2009（10）．

[2306] 闫洪超．银行业混业经营与分业经营的差异［J］．江西金融职工大学学报．2009（02）．

[2307] 闫明．对微软“黑屏”事件的思考［J］．赤峰学院学报（自然科学版）．2009（01）．

[2308] 闫庆友，张立顺．上游垄断背景下厂商提成特许策略研究［J］．技术经济．2009（01）．

[2309] 闫章秀，高锁平．对我国农村金融组织的 SCP 范式研究［J］．农业经济问题．2009（02）．

[2310] 闫邹先．我国上市公司合谋的影响因素——基于灰色关联度的分析［J］．贵州财经学院学报．2009（01）．

[2311] 严桂珍．反垄断法对限制平行进口行为的规制［J］．政法论坛．2009（03）．

[2312] 严海．外资并购我国企业的反垄断法律规制［J］．江西金融职工大学学报．2009（05）．

[2313] 严茜．美国互联网的内容管制与表达自由的冲突问题——以 CDA 被判违宪为案例［J］．新闻界．2009（04）．

[2314] 严圣艳．信息不对称视角下期房交易的政府规制［J］．经济论坛．2009（01）．

[2315] 严实．自来水涨价折射制度不公［J］．现代物业．2009（10）．

[2316] 严小明．基于 Stackelberg 博弈的企业横向兼并研究［J］．技术经济与管理研究．2009（06）．

[2317] 严晓．展览业中政府规制的经济动因分析［J］．改革与战略．2009（10）．

[2318] 阎大颖．制度约束与中国企业跨国并购的经营绩效［J］．山西财经大学学报．2009（01）．

[2319] 阎芳．从“禁止可口可乐收购汇源”看中国“民族品牌”的发展［J］．经营管理者．2009（06）．

[2320] 阎桂芳，张桂花．自然垄断行业的政府规制及其改革［J］．理论探索．2009（06）．

[2321] 阎烨．出租车业管制政策的研究——基于公共事业中公共性与效益性的渐进决策［J］．绍兴文理学院学报（哲学社会科学版）．2009（04）．

[2322] 颜梅雀，石琰子，严奇彪．论知识产权与反垄断法［J］．合作经济与科技．2009（20）．

[2323] 晏成明，唐德善．跨区域非固定调水市场博弈分析［J］．水电能源科学．2009（04）．

[2324] 燕琼琼．由出租车看地方保护主义［J］．经营管理者．2009（17）．

[2325] 羊明香．浅谈加强石油企业内部控制的必要性与对策［J］．知识经济．2009（10）．

[2326] 阳东辉．我国公用事业价格管制：缺陷与完善［J］．理论探索．2009（04）．

[2327] 阳水长．产业集群影响研究的文献综述——基于嵌入性经济和社会网络视角［J］．技术与市场．2009（10）．

[2328] 杨柏国．从“两拓”合资案看我国《反垄断法》域外适用制度之完善［J］．法学．2009（09）．

[2329] 杨波．体育竞赛市场准入制度研究［J］．成都体育学院学报．2009（05）．

[2330] 杨超．规模经济对航空公司经营业绩比较研究［J］．才智．2009（14）．

[2331] 杨晨．论我国反垄断法对规制“行政垄断”所作的立法努力［J］．消费导刊．2009（11）．

［2332］杨大勇．我国公路建设项目招投标若干问题探讨［J］．交通标准化．2009（16）．

［2333］杨道波．公益募捐法律规制论纲［J］．法学论坛．2009（04）．

［2334］杨东．论金融法制的横向规制趋势［J］．法学家．2009（02）．

［2335］杨帆，欧阳光，张弛．挑战利益集团：经验与启示［J］．学习与实践．2009（09）．

［2336］杨风禄，潘啸松．产业经济、反垄断理论与政策研究的新进展——“产业经济理论与政策国际学术研讨会”评述［J］．山东大学学报（哲学社会科学版）．2009（04）．

［2337］杨福明．次贷危机中的监管“失灵”与中国金融安全体系构建［J］．经济学家．2009（07）．

［2338］杨光，纪亮．从中国足球到“中国汇源”［J］．中外管理．2009（04）．

［2339］杨海丽．零售渠道价值的理论界定及评估［J］．中国国情国力．2009（08）．

［2340］杨海余，万俊良．基于寡头垄断的我国医药零售业市场结构合理化研究［J］．长沙理工大学学报（社会科学版）．2009（01）．

［2341］杨浩，阮成，吴中全．对“土地一级市场政府垄断”的思考［J］．西南农业大学学报（社会科学版）．2009（01）．

［2342］杨颢，龙丽，李晓晔．汇源“欲嫁不能”，朱新礼成为《反垄断法》第一人物［J］．现代企业文化（上旬）．2009（04）．

［2343］杨宏山．政策过程视角下的政府规制研究［J］．学习与实践．2009（11）．

［2344］杨宏山．政府规制的理论发展述评［J］．学术界．2009（04）．

［2345］杨华．生态规制与加工贸易发展的相关性研究［J］．哈尔滨商业大学学报（社会科学版）．2009（06）．

［2346］杨辉，刘斌．反垄断法中损害赔偿数额的比较与借鉴［J］．广西社会科学．2009（01）．

［2347］杨辉，张蓉蓉．供电企业滥用市场支配地位行为的法律规制［J］．华北电力大学学报（社会科学版）．2009（03）．

［2348］杨惠玲．著作权滥用的反垄断法控制研究［J］．现代经济探讨．2009（02）．

［2349］杨慧．公用企业垄断对消费者权益的侵害及法律对策［J］．安徽大学学报（哲学社会科学版）．2009（04）．

［2350］杨慧．行政垄断的行政法学解读［J］．行政论坛．2009（03）．

［2351］杨继光，刘海龙．监管资本的适度性研究——基于我国上市银行的实证分析［J］．财经研究．2009（02）．

［2352］杨建君，聂菁．寡头垄断企业技术创新模式选择——创新风险与技术类型的影响分析［J］．科学学与科学技术管理．2009（11）．

［2353］杨建君，聂菁．双寡头企业技术创新策略的博弈分析［J］．软科学．2009（10）．

［2354］杨建生，梁智俊．浅析印尼对外商投资的法律规制［J］．创新．2009（08）．

［2355］杨剑侠，陈宏民，包兴．运营商利用消费者的上瘾行为定价了吗——来自中国网络游戏产业的经验证据［J］．经济学（季刊）．2009（04）．

［2356］杨洁．对我国反垄断法有关垄断协议规制的理解与认识（二）［J］．工商行政管理．2009（22）．

［2357］杨洁．对我国反垄断法有关垄断协议规制的理解与认识（一）［J］．工商行政管理．2009（21）．

［2358］杨洁，王记恒．开门纳言充分研讨 提高知识产权领域反垄断执法透明度“关于知识产权领域反垄断执法的指南”研讨会综述［J］．工商行政管理．2009（17）．

［2359］杨金虎，边文英．《反垄断法》实施对我国中央企业的影响论析［J］．商场现代化．

2009 (06).

[2360] 杨金江，秦庆，李德波．运用卡特尔16PF对边疆少数民族大学生心理健康状况调查 [J]．学理论．2009 (08).

[2361] 杨瑾娟．新经济时代的垄断浅析 [J]．金卡工程（经济与法）．2009 (11).

[2362] 杨菁．浅议《反垄断法》规制行政垄断的必然性 [J]．今日科苑．2009 (05).

[2363] 杨景海．企业会计寻租及对策研究 [J]．财会通讯．2009 (12).

[2364] 杨婧．民企能分食到4万亿蛋糕吗？[J]．中国企业家．2009 (01).

[2365] 杨婧．民营航空"大撤退" [J]．中国企业家．2009 (02).

[2366] 杨娟．美国"非民营电力公司"的组织形式与电价管理 [J]．中国物价．2009 (03).

[2367] 杨军，栗侠．《反垄断法》对电网企业的影响探析 [J]．陕西电力．2009 (02).

[2368] 杨君俐．浅议知识产权滥用的具体表现 [J]．科技经济市场．2009 (02).

[2369] 杨君佐．网络信息经济的负外部性问题 [J]．情报科学．2009 (11).

[2370] 杨俊彪．废钢厂外购废钢监管取得实效 [J]．中国废钢铁．2009 (03).

[2371] 杨俊，刘倩．券商可以像银行一样管制与监督吗？[J]．商场现代化．2009 (12).

[2372] 杨孔翔．N种涨价叫垄断 [J]．杂文选刊（上旬版）．2009 (09).

[2373] 杨立慧．客车市场研究量化方法：市场占有率 [J]．商用汽车．2009 (04).

[2374] 杨利华．从"特权"到"财产权"：专利权之起源探微 [J]．湘潭大学学报（哲学社会科学版）．2009 (01).

[2375] 杨连峰．电子市场相关问题研究 [J]．长江大学学报（社会科学版）．2009 (01).

[2376] 杨良，周永昌，马红卫．新型施工企业如何创建 [J]．科技信息．2009 (07).

[2377] 杨梅枝．我国铁路业的发展现状与政府规制改革 [J]．经济研究导刊．2009 (08).

[2378] 杨猛．数据调研垄断的背后 [J]．广告大观（综合版）．2009 (02).

[2379] 杨骞．行政垄断租值耗散的理论与实证研究 [J]．中南财经政法大学学报．2009 (03).

[2380] 杨镪龙，许利平，帅学明．公共治理多元主体间的正和博弈关系探究 [J]．理论研究．2009 (05).

[2381] 杨青芬．新环境下再谈金融管制 [J]．现代商贸工业．2009 (01).

[2382] 杨青，高铭，Besim Burcin Yurtoglu．董事薪酬、CEO薪酬与公司业绩——合谋还是共同激励？[J]．金融研究．2009 (06).

[2383] 杨秋宝，Andy Sze，荣朝和．美国芝加哥环线铁路兼并案及启示 [J]．综合运输．2009 (06).

[2384] 杨全海．市场经济条件下市场失灵与政府宏观规制创新研究 [J]．改革与战略．2009 (03).

[2385] 杨嵘，刘召飞，付婧．我国石油产业政策制定和实施中的博弈分析——从公共选择理论的视角 [J]．福建论坛（社科教育版）．2009 (02).

[2386] 杨三正，周一平．资源垄断的弊害及其法律规制 [J]．宁夏社会科学．2009 (01).

[2387] 杨淑玲．基于网络效应的市场结构模型与互补品定价研究 [J]．江西财经大学学报．2009 (04).

[2388] 杨舒杰，陈晶，王淑玲．我国药品价格规制存在的问题及对策研究 [J]．亚太传统医药．2009 (06).

[2389] 杨帅．规制经济学研究的链式分析 [J]．东北财经大学学报．2009 (03).

[2390] 杨硕．烟草专卖法违法者行为模式选择的经济学分析 [J]．商场现代化．2009 (02).

[2391] 杨婷婷．反垄断法视野中的合资企业法律问题浅析 [J]．金卡工程（经济与法）．2009 (03).

[2392] 杨万丽. 欧美竞争法规制搭售行为的比较与分析 [J]. 山西农业大学学报（社会科学版）. 2009（04）.

[2393] 杨万丽. 试论反垄断法对搭售行为的规制 [J]. 山西农业大学学报（社会科学版）. 2009（02）.

[2394] 杨维霞. 我国特许连锁经营发展现状及对策 [J]. 合作经济与科技. 2009（16）.

[2395] 杨雯. 冶金业上市公司资本结构影响产品市场竞争问题研究 [J]. 东岳论丛. 2009（03）.

[2396] 杨雯. 资本结构影响产品市场竞争问题研究——以食品饮料业上市公司为例 [J]. 产业经济评论. 2009（02）.

[2397] 杨贤坤，施文渊. 行政垄断的法律规制 [J]. 法商论丛. 2009（04）.

[2398] 杨小花. 外资并购反垄断审查中的事前商谈制度评析 [J]. 法制与社会. 2009（15）.

[2399] 杨小平. 金融反垄断制度——资本市场新动力 [J]. 经济界. 2009（01）.

[2400] 杨晓花，罗云峰，吴辉球. Bertrand 模型与超模博弈 [J]. 中国管理科学. 2009（01）.

[2401] 杨欣翘. 从名案看如何界定我国《反垄断法》中的“相关产品市场”[J]. 法商论丛. 2009（02）.

[2402] 杨秀玉，孙嘉. 我国电信行业三网融合问题研究 [J]. 广西财经学院学报. 2009（04）.

[2403] 杨秀玉. 行政垄断影响下的全要素生产率贡献率的测算——以电信行业为例 [J]. 石家庄经济学院学报. 2009（02）.

[2404] 杨秀玉. 行政垄断影响下我国电信业发展影响因素分析 [J]. 湖北经济学院学报. 2009（04）.

[2405] 杨秀玉. 中国电信产业行政垄断及其绩效的实证分析 [J]. 上海财经大学学报. 2009（04）.

[2406] 杨秀玉. 中国电信产业行政垄断问题研究 [J]. 兰州商学院学报. 2009（05）.

[2407] 杨雪琴. 试论我国金融互换监管体系的构建 [J]. 河北法学. 2009（06）.

[2408] 杨雪星，何宇. 我国电力行业改革模式刍议——基于 SCP 范式的实证分析 [J]. 中国集体经济. 2009（27）.

[2409] 杨彦，陈皓勇，张尧，等. 基于协同进化算法求解寡头电力市场均衡 [J]. 电力系统自动化. 2009（18）.

[2410] 杨艳东. 转型期职业福利失序问题及发展规制 [J]. 商业时代. 2009（25）.

[2411] 杨艳丽. 反垄断法民事责任制度研究 [J]. 法制与社会. 2009（03）.

[2412] 杨艳萍. 军工业垄断地位突出 [J]. 证券导刊. 2009（10）.

[2413] 杨叶飞. 我国盐业管理体制改革的现状与改革思路探讨 [J]. 商场现代化. 2009（16）.

[2414] 杨异，王辉. 全球化下专利权滥用的规制模式 [J]. 大连海事大学学报（社会科学版）. 2009（03）.

[2415] 杨异，杨超. 专利池中专利权滥用问题研究 [J]. 石河子大学学报（哲学社会科学版）. 2009（05）.

[2416] 杨益. 理性看待外资并购，在进一步开放中维护产业安全 [J]. 国际贸易. 2009（01）.

[2417] 杨谊，蒲勇健，陆玉. 我国银行官方监管目标与市场约束的实证研究 [J]. 管理世界. 2009（01）.

[2418] 杨颖. 电力行业国有资产流失问题研究 [J]. 改革与战略. 2009（05）.

[2419] 杨永忠，胡宏鹏，唐小多．我国电力产业强制性制度与诱致性制度的互补与冲突分析[J]．云南财经大学学报．2009 (02)．

[2420] 杨郁．私募股权投资基金的税法规制 [J]．财政研究．2009 (11)．

[2421] 杨芸．我国零售业上市公司股权集中度与公司绩效实证分析 [J]．企业导报．2009 (05)．

[2422] 杨泽伟．中国国有能源公司的治理与改革 [J]．昆明理工大学学报（社会科学版）．2009 (03)．

[2423] 杨振声．专用车企业兼并重组的战略思考 兼并重组 做大做强专用车企业 [J]．专用汽车．2009 (06)．

[2424] 杨智璇，班允浩．基于两个联盟转换的房地产市场管制与反管制博弈分析 [J]．现代财经—天津财经大学学报．2009 (07)．

[2425] 杨中柱．加强食品安全建设的战略思考 [J]．防灾科技学院学报．2009 (02)．

[2426] 杨中柱．食品安全是一个永恒的课题 [J]．益阳职业技术学院学报．2009 (01)．

[2427] 杨钟馗，杨俊，胡玮．基于 DEA 的中国能源产业生产效率及生产率变动分析 [J]．技术经济．2009 (10)．

[2428] 杨子．论反垄断法与外资敌意收购的关系 [J]．法商论丛．2009 (02)．

[2429] 姚保松．国外公用企业歧视行为反垄断法规制对我国的启示 [J]．郑州大学学报（哲学社会科学版）．2009 (05)．

[2430] 姚保松．论公用企业反垄断的法律机制 [J]．改革与战略．2009 (10)．

[2431] 姚保松．论公用企业反垄断的执法机制 [J]．河南社会科学．2009 (05)．

[2432] 姚保松．论基础设施条款在公用企业中的适用 [J]．法学杂志．2009 (08)．

[2433] 姚保松．论我国知识产权反垄断的执法机制 [J]．河南省政法管理干部学院学报．2009 (02)．

[2434] 姚保松．美国反垄断法基础设施条款对我国的启示 [J]．河南师范大学学报（哲学社会科学版）．2009 (04)．

[2435] 姚虹．控制“垄断福利”维护社会公平——对我国“垄断福利”的分析及治理对策[J]．商场现代化．2009 (09)．

[2436] 姚娟．市场结构对 FDI 行业间溢出效应的影响 [J]．财经科学．2009 (03)．

[2437] 姚丽．“微软黑屏”案的思考——兼谈反垄断法对滥用市场支配地位的规定 [J]．法制与社会．2009 (10)．

[2438] 姚明安，孔莹．股权集中度的适宜性与股权分置改革的对价 [J]．南方经济．2009 (08)．

[2439] 姚平．鼓励企业在国际上进行兼并重组 [J]．财经界．2009 (02)．

[2440] 姚琪．论中小企业联合的反垄断法豁免制度 [J]．大众商务．2009 (12)．

[2441] 姚圣．政府环境控制、环境会计控制与企业环境业绩——基于中国背景的理论与经验证据 [J]．预测．2009 (05)．

[2442] 姚苏杭．从微软案看我国的反垄断立法 [J]．青年科学．2009 (10)．

[2443] 姚眺，杨琳琳．浙江民营企业应对垄断性跨国并购对策研究 [J]．现代商贸工业．2009 (02)．

[2444] 姚伟峰，鲁桐．股权集中度与企业效率——基于上市公司行业数据的实证研究 [J]．中国流通经济．2009 (12)．

[2445] 姚文婷．中国企业海外兼并应稳中求胜 [J]．科技信息．2009 (05)．

[2446] 姚晓燕．浅谈金融危机下对中国企业并购的机遇与应对措施 [J]．泰州职业技术学院

学报．2009（04）．

[2447] 姚笑云．档案行政指导的规范化与规制约束［J］．北京档案．2009（02）．

[2448] 药企老板担忧医药分离令企业让利弥补医院收益［J］．现代企业文化（上旬）．2009（05）．

[2449] 叶春和．我国创业板市场的风险因素及监管对策初探［J］．国际金融研究．2009（08）．

[2450] 叶高芬．欧共体竞争法中的忠实折扣［J］．中国社会科学院研究生院学报．2009（06）．

[2451] 叶佳明，吴刚．电力市场有限理性古诺动态博弈的经济评价及其混沌控制［J］．云南电力技术．2009（04）．

[2452] 叶婧，柯卿．企业并购领域反垄断法域外适用的理论基础［J］．企业导报．2009（04）．

[2453] 叶静．企业社会责任与政府规制问题研究［J］．财经问题研究．2009（08）．

[2454] 叶静．在医药电子商务平台上实现政府药价监管［J］．中国卫生经济．2009（10）．

[2455] 叶俊梅．基于规模经济理论的我国汽车产业竞争力研究［J］．哈尔滨商业大学学报（社会科学版）．2009（02）．

[2456] 叶扩．该如何遏制殡葬业的垄断暴利？［J］．观察与思考．2009（08）．

[2457] 叶满城．非关税壁垒降低、市场竞争与国有企业的民营化［J］．财经问题研究．2009（04）．

[2458] 叶满城．关税壁垒降低、市场竞争与政府的国有企业民营化决策——基于两阶段混合寡头数量竞争框架［J］．社会科学辑刊．2009（03）．

[2459] 叶满城．内、外资企业所得税率统一、市场竞争与政府的国有企业民营化决策［J］．兰州学刊．2009（05）．

[2460] 叶满城．统一企业所得税率对我国经济转轨进程的影响——以存量的国有企业民营化和流量的民营企业进入规模为例［J］．贵州财经学院学报．2009（03）．

[2461] 叶萍．反垄断与规模经济关系刍议——以电信业重组为例［J］．法制与社会．2009（10）．

[2462] 叶森．中国超市业市场结构分析［J］．山西经济管理干部学院学报．2009（02）．

[2463] 叶姗．欧盟对数据漫游服务费的最新价格管制政策［J］．中国物价．2009（02）．

[2464] 叶檀．航空公司为何希望油价上涨［J］．商界（评论）．2009（08）．

[2465] 叶卫平．论特许经营的反垄断法规制［J］．深圳大学学报（人文社会科学版）．2009（05）．

[2466] 叶卫平．司法审查与行政性垄断规制［J］．法学．2009（01）．

[2467] 叶子菀．基于政企联合视角的突发性事件危机管理——从2008年冰灾事件谈电网企业危机管理［J］．电力技术．2009（04）．

[2468] 伊淑彪，丁启军．中国钢铁企业规模经济效率分析［J］．山西财经大学学报．2009（03）．

[2469] 伊西科，吴金勇，冯禹丁．中国：稀土垄断者？［J］．中国市场．2009（46）．

[2470] 佚名．兼并重组需政府强力作为［J］．时代汽车．2009（04）．

[2471] 易承志．传统管制型政府的价值缺失与服务型政府建设［J］．江南社会学院学报．2009（03）．

[2472] 易有禄．《反垄断法》第50条之司法适用与立法完善［J］．甘肃政法学院学报．2009（03）．

[2473] 易余胤．基于再制造的闭环供应链协调定价研究 [J]．商业经济与管理．2009 (09)．

[2474] 殷炳华．浅议中国《反垄断法》的缺陷及完善路径——从网络经济的视角 [J]．经济研究导刊．2009 (30)．

[2475] 殷国强．文化重构——企业兼并的重要任务 [J]．武钢政工．2009 (03)．

[2476] 殷国强．文化重构是企业兼并中的重要环节 [J]．冶金企业文化．2009 (05)．

[2477] 殷凌霄，漆雁斌．基于经济学的食品安全问题研究综述 [J]．农村经济与科技．2009 (03)．

[2478] 尹菲菲．"人肉搜索"不必入罪之我见 [J]．中外企业家．2009 (10)．

[2479] 尹辉．基于竞争政策分析的反垄断政策演进及其对我国启示 [J]．经营管理者．2009 (10)．

[2480] 尹慧．论垄断行为认定原则比较与事实陈述差别的淡化 [J]．消费导刊．2009 (07)．

[2481] 尹显萍，王梦婷．环境规制对比较优势的影响 [J]．生态经济 (学术版)．2009 (02)．

[2482] 尹晓丽，赵敏娟．临港经济发展中政府管制下的环境税收制度初探 [J]．特区经济．2009 (03)．

[2483] 游国和．论反垄断法适用除外制度 [J]．中国集体经济．2009 (10)．

[2484] 于阿丽．论公共服务市场化中的政府责任 [J]．长春教育学院学报．2009 (03)．

[2485] 于畅洋．《反垄断法》及其对汽车业的影响分析 [J]．商用汽车．2009 (02)．

[2486] 于朝印．美国反垄断法豁免中的诺尔—本灵顿原则介评 [J]．西部法学评论．2009 (03)．

[2487] 于朝印．美国反垄断法豁免中的诺尔—本灵顿原则评析 [J]．西南政法大学学报．2009 (03)．

[2488] 于成龙．切实发挥政府监管职能 促进网络经济健康发展 中欧网络商品交易及相关服务监管研讨会综述 [J]．工商行政管理．2009 (13)．

[2489] 于富生，柳宁．美国水力发电成本管制法律制度及其启示 [J]．财会通讯．2009 (11)．

[2490] 于辉．浅析我国反垄断法刑事责任制度的完善 [J]．湖北经济学院学报 (人文社会科学版)．2009 (04)．

[2491] 于连超．反垄断法的一般条款解读——中国反垄断法第 4 条释义 [J]．黑龙江省政法管理干部学院学报．2009 (02)．

[2492] 于连超．我国经营者集中申报标准的改进 [J]．经营与管理．2009 (08)．

[2493] 于连超．我国经营者集中申报标准的确立及其再改进 [J]．中国工商管理研究．2009 (10)．

[2494] 于娜，邵蓉．《反垄断法》对医药行业的影响 [J]．上海医药．2009 (05)．

[2495] 于娜．统一润滑油中西部市场份额占优的幕后细节 [J]．市场观察．2009 (08)．

[2496] 于幼平，赵光宏，周金义，等．家禽业：呼唤市场准入制度 [J]．北方牧业．2009 (11)．

[2497] 于幼平，赵光宏，周金义，等．养禽行业呼唤市场准入制度 [J]．中国禽业导刊．2009 (11)．

[2498] 于子媛．中国轿车市场集中度实证研究 [J]．辽宁工程技术大学学报 (社会科学版)．2009 (04)．

[2499] 余东华，刘运．地方保护和市场分割的测度与辨识——基于方法论的文献综述 [J]．世界经济文汇．2009 (01)．

[2500] 余东华，王青．地方保护、区域市场分割与产业技术创新能力——基于 2000—2005 年

中国制造业数据的实证分析［J］. 中国地质大学学报（社会科学版）. 2009（03）.

［2501］余东华，王青. 行政性垄断与区域自主创新能力——基于中国省域面板数据的分析［J］. 软科学. 2009（08）.

［2502］余国新，张建红. 企业多元化经营与生产效率关系的实证研究——基于农业上市公司的分析［J］. 中国农学通报. 2009（02）.

［2503］余民，王洁丽. 从行业垄断跨向市场运营——再谈电视节目后期制作理念［J］. 电视字幕（特技与动画）. 2009（07）.

［2504］余明阳，高昉. 品牌的需求价格弹性与其他市场绩效指标的关系——中国手机行业实证分析［J］. 上海交通大学学报. 2009（09）.

［2505］余瑞祥，朱清. 企业环境行为研究的现在与未来［J］. 工业技术经济. 2009（08）.

［2506］余松林. 城市公用事业民营化法制问题研究［J］. 中共银川市委党校学报. 2009（05）.

［2507］余松林. 城市公用事业民营化法制问题研究——理论与现实、路径与任务、政府责任［J］. 成都行政学院学报. 2009（05）.

［2508］余松林. 城市公用事业民营化中几个法制问题探析［J］. 广东广播电视大学学报. 2009（05）.

［2509］余维彬. 合理管制金融创新：重建牢固全球金融体系的建议［J］. 银行家. 2009（07）.

［2510］余晓钟，刘鸿渊，王军. 油气产业寡头垄断经营效率研究［J］. 经济体制改革. 2009（06）.

［2511］余兴源，徐丽，谭小平. 外资进入我国物流市场后的格局分析及对策［J］. 综合运输. 2009（03）.

［2512］余洋. 有效进入壁垒的缺乏——三鹿事件的再思考［J］. 中国集体经济. 2009（27）.

［2513］俞铖. 反垄断法损害赔偿研究［J］. 昆明冶金高等专科学校学报. 2009（02）.

［2514］俞国平. 地铁经济中的垄断与竞争［J］. 都市快轨交通. 2009（03）.

［2515］俞薇. 银行卡双边市场中的搭售行为与商户受理决策［J］. 知识经济. 2009（13）.

［2516］俞晓天. 论烟草产业管制——基于管制特征与均衡的分析［J］. 经济研究导刊. 2009（29）.

［2517］俞致，侯祥树，阮景. 论我国药品价格形成系统的构建［J］. 安徽医药. 2009（11）.

［2518］渔政科. 石家庄市深入推进水产品市场准入工作［J］. 河北渔业. 2009（04）.

［2519］虞和平. 抗战后国家资本膨胀和垄断问题再研究［J］. 历史研究. 2009（05）.

［2520］禹芬. 绩效管理在烟草行业的应用与改进［J］. 科技创新导报. 2009（01）.

［2521］郁方. 中国银行业垄断机制形成的约束因素分析［J］. 广东社会科学. 2009（03）.

［2522］喻国明，苏林森. 中国媒介规制的发展、问题与未来方向［J］. 山西大学学报（哲学社会科学版）. 2009（06）.

［2523］喻厚伟. 网络经济条件下我国电信市场竞争的特点及对策——以3G业务的市场竞争为例［J］. 宜春学院学报. 2009（04）.

［2524］喻丽. 垄断市场条件下高校图书馆外文文献资源建设策略［J］. 图书情报工作. 2009（07）.

［2525］喻笑然. 论反垄断法对跨国合并的规制［J］. 青年科学. 2009（11）.

［2526］袁春瑛. 我国保安服务业进入管制的成本收益分析［J］. 中国人民公安大学学报（社会科学版）. 2009（03）.

［2527］袁达松. 金融危机管理的法制缺位与应对［J］. 北京师范大学学报（社会科学版）.

2009（06）.

[2528] 袁东. 特许经营体系总部运营模式构建研究 [J]. 全国商情（经济理论研究）. 2009（20）.

[2529] 袁建辉. 我国公共服务领域行政垄断的道德风险及规避对策 [J]. 探索与争鸣. 2009（04）.

[2530] 袁雷. 国际新闻传播的垄断与反垄断 [J]. 新闻记者. 2009（11）.

[2531] 袁磊，张宝生. 基于竞争性考察的油田技术服务公司 R [J]. 科技进步与对策. 2009（17）.

[2532] 袁立波，冷德穆. 我国银行业市场结构与社会福利的微观经济学分析 [J]. 云南财经大学学报（社会科学版）. 2009（01）.

[2533] 袁萌. 操作系统捆绑浏览器是历史的进步 [J]. IT 时代周刊. 2009（04）.

[2534] 袁平红. 外资并购对中国民营物流企业的影响 [J]. 物流科技. 2009（08）.

[2535] 袁巧玲. 房地产市场规制的中美比较与启示 [J]. 经营管理者. 2009（04）.

[2536] 袁青. 从"微软黑屏计划"谈滥用市场支配地位行为的法律规制 [J]. 科教文汇（中旬刊）. 2009（05）.

[2537] 袁日新，银晓丹. 反垄断法视野下的中小企业保护分析 [J]. 辽宁公安司法管理干部学院学报. 2009（03）.

[2538] 袁铄峰. 知识产权滥用的反垄断规制 [J]. 企业科技与发展. 2009（01）.

[2539] 袁伟伟. 市场自我矫正与法律规制的平衡——以"讨债公司"合法化为切入点 [J]. 法制与社会. 2009（13）.

[2540] 袁文艺. 基于健康和安全的食品广告管制 [J]. 食品科技. 2009（09）.

[2541] 袁新岭，徐海成. 自然垄断行业基础设施经营权流转问题研究——以收费公路为例 [J]. 经济研究导刊. 2009（03）.

[2542] 袁燕，李明哲. 中国移动通信行业定价及其管制 [J]. 理论月刊. 2009（01）.

[2543] 袁永林，穆丽霞. 可口可乐收购汇源案后的多角度思考 [J]. 现代商业. 2009（12）.

[2544] 袁元. 价格联盟形成机制分析 [J]. 合作经济与科技. 2009（04）.

[2545] 袁媛. 反垄断法中本身违法原则与合理推定原则的关系研究 [J]. 湘潭师范学院学报（社会科学版）. 2009（03）.

[2546] 袁正，高伟. 中国电信业改革回顾、经验与问题 [J]. 宏观经济研究. 2009（09）.

[2547] 袁子烨. 天津离岸金融市场监管模式的选择研究 [J]. 商场现代化. 2009（06）.

[2548] 苑富强. 浅议高校经济责任审计 [J]. 开发研究. 2009（S1）.

[2549] 岳纯，赵洪进. FDI 和产业规模与我国医药产业市场集中度关系的研究 [J]. 商业经济. 2009（24）.

[2550] 岳建国. "垄断"垃圾 [J]. 政府法制. 2009（30）.

[2551] 岳振华. 如何理解垄断组织形成的原因和影响 [J]. 历史学习. 2009（01）.

[2552] 岳中刚，石奇. 通道费的规制失灵：基于双边市场的研究 [J]. 商业经济与管理. 2009（09）.

[2553] 岳中刚. 通道费的规制困境：买方势力抑或市场规则 [J]. 当代财经. 2009（07）.

[2554] 臧传琴. 环境规制工具的比较与选择——基于对税费规制与可交易许可证规制的分析 [J]. 云南社会科学. 2009（06）.

[2555] 臧传琴，李晓飞. 经济全球化背景下我国垄断的新特点及对策 [J]. 济南大学学报（社会科学版）. 2009（01）.

[2556] 臧东伟. 浅谈我国外资并购中的反垄断法律制度的完善 [J]. 法制与社会. 2009（14）.

[2557] 臧慧萍．金融监管理论的文献综述 [J]．经济论坛．2009 (07)．

[2558] 臧维，艾静涛．规模对企业研发投入与绩效关系的影响研究——基于“中国电子信息百强企业”的实证 [J]．经济论坛．2009 (13)．

[2559] 曾繁华，刘兴茂．中国城市出租车经营权转让问题研究——关于建立出租车新公司化经营体制 [J]．财经政法资讯．2009 (02)．

[2560] 曾方薇．论外资公司的在华并购行为——由可口可乐并购汇源果汁引发的思考 [J]．知识经济．2009 (12)．

[2561] 曾方薇．企业合并中的反垄断法律规制 [J]．法制与经济（下旬刊）．2009 (09)．

[2562] 曾刚．信用卡市场的竞争与定价 [J]．新金融．2009 (10)．

[2563] 曾浩，许俊霞．中国电信运营商重组方案的质疑 [J]．内蒙古科技与经济．2009 (08)．

[2564] 曾剑秋，尹晋宜，余毅．关注互联网互联互通 [J]．江苏通信．2009 (05)．

[2565] 曾荣晖．知识产权与反垄断法的关系解读 [J]．法制与社会．2009 (19)．

[2566] 曾贤刚，程磊磊．不对称信息条件下环境监管的博弈分析 [J]．经济理论与经济管理．2009 (08)．

[2567] 曾祥炎．国外医疗保障政府失灵问题研究综述 [J]．发展研究．2009 (01)．

[2568] 曾湘川．外资并购对中国汽车行业的影响及应对措施 [J]．企业家天地下半月刊（理论版）．2009 (04)．

[2569] 曾小舟，陈志华．中国民航在代码共享运营中存在的问题 [J]．中国民用航空．2009 (03)．

[2570] 曾月英，吴昊．反垄断法中刑事制裁机制的多维审视 [J]．法制与经济（下旬刊）．2009 (04)．

[2571] 翟罔．论中国电力市场体制改革的方向 [J]．价格与市场．2009 (03)．

[2572] 翟秀红．行政补贴的法律规制初探 [J]．云南大学学报（法学版）．2009 (06)．

[2573] 詹国彬．公共服务型政府：选择逻辑与发展战略 [J]．内蒙古社会科学（汉文版）．2009 (05)．

[2574] 詹国彬．公共事业民营化改革：一个研究综述 [J]．中共四川省委党校学报．2009 (04)．

[2575] 詹花秀．《反垄断法》与行业行政垄断的突破 [J]．湖南行政学院学报．2009 (01)．

[2576] 詹启智．须以反垄断法治理超高油价 [J]．安全与健康．2009 (14)．

[2577] 詹新寰，靳英华，詹国勇．中国高尔夫产业市场集中度与市场绩效的分析 [J]．北京体育大学学报．2009 (09)．

[2578] 战岐林．中国服务贸易的竞争优势理论分析——基于电影音像业和通讯服务业的市场结构对比 [J]．国际经贸探索．2009 (10)．

[2579] 湛玉婕．信息不对称情况下的医患博弈分析 [J]．中国医学伦理学．2009 (01)．

[2580] 张安毅．论我国私募基金的规制 [J]．安阳师范学院学报．2009 (03)．

[2581] 张邦辉．论公司社会责任的实施困境与国家干预——基于全球化背景对国家规制公司挑战的思考 [J]．华东经济管理．2009 (04)．

[2582] 张宝钰，张林．公共体育场馆民营化的政府规制 [J]．体育科研．2009 (06)．

[2583] 张蓓蓓．我国自然垄断行业的政府规制 [J]．企业导报．2009 (11)．

[2584] 张波．论我国金融市场准入监管的理念重构及功能实现 [J]．金融理论与实践．2009 (01)．

[2585] 张勃峥．中国汽车自主品牌突破外资企业垄断中高端市场的法宝——生产消费者需要

的产品［J］. 消费导刊. 2009 (16).

［2586］张灿. 我国串通招投标问题研究［J］. 法制与社会. 2009 (19).

［2587］张操. 浅析我国反垄断执法机构的构建［J］. 法制与社会. 2009 (19).

［2588］张超. 铁路改革中公益性问题的解决途径［J］. 综合运输. 2009 (11).

［2589］张超. 银行即期结售汇业务市场准入和退出管理业务存在的问题及建议［J］. 河南社会科学. 2009 (03).

［2590］张朝辉, 张华. 期权博弈投资战略分析体系探讨［J］. 财会通讯. 2009 (23).

［2591］张闯, 卢江海. 渠道关系替代网络中的权力结构与策略: 理论视角的研究［J］. 财经论丛. 2009 (03).

［2592］张成, 于同申, 陈军. 我国电信业竞争性失衡的成因及对策分析——基于竞争的自我颠覆性和网络外部性的视角［J］. 南京财经大学学报. 2009 (04).

［2593］张诚. 携号转网: 促进电信市场有效竞争的利器［J］. 数字通信. 2009 (02).

［2594］张春虎. 公用事业改革的国际经验及借鉴［J］. 管理观察. 2009 (03).

［2595］张存美. 浅析我国《反不正当竞争法》存在的法律缺陷及其完善［J］. 法制与经济(下旬刊). 2009 (05).

［2596］张德伟. 低市场集中度 VS 市场机会［J］. 中国乳业. 2009 (10).

［2597］张殿美. 知识产权与《反垄断法》关系的探讨［J］. 十堰职业技术学院学报. 2009 (01).

［2598］张冬. 专利权滥用争议的法律协调——以专利法与反垄断法的关联为视角［J］. 河北法学. 2009 (06).

［2599］张飞涟, 李蓓, 赖纯莹. 基于效率成本模型的政府投资项目代建制监管成本优化分析［J］. 土木工程学报. 2009 (10).

［2600］张丰兰. 垄断、新自由主义与金融危机［J］. 马克思主义与现实. 2009 (05).

［2601］张峰琳. 我国民用航空公司经营模式探析［J］. 中国民航飞行学院学报. 2009 (05).

［2602］张锋. 我国食品安全多元规制模式研究综述［J］. 中国工商管理研究. 2009 (07).

［2603］张凤兵, 侯风云. 自然垄断产业市场结构模式及其转换——以发达国家电力行业改革为例［J］. 理论学刊. 2009 (02).

［2604］张凤兵. 自然垄断产业市场化改革与利益集团博弈陷阱［J］. 经济问题. 2009 (09).

［2605］张富强, 周莹. 论珠江三角洲地区药品价格法律规制的完善［J］. 太平洋学报. 2009 (07).

［2606］张光明, 李根. 我国船舶产业 SCP 范式实证研究［J］. 江苏科技大学学报(社会科学版). 2009 (03).

［2607］张广良. 反垄断民事案件的管辖及垄断行为的司法认定［J］. 中国专利与商标. 2009 (04).

［2608］张广宁. 中国自然垄断产业引入竞争的必然性［J］. 辽宁经济. 2009 (10).

［2609］张贵峰. 垄断国企最赚钱意味着什么［J］. 共产党员. 2009 (09).

［2610］张国平. 基于科学发展观的垄断行业体制、制度、机制改革［J］. 财经论丛. 2009 (03).

［2611］张国庆, 刘骏民. 经济虚拟化、金融危机与政府规制［J］. 当代财经. 2009 (10).

［2612］张海亮. 《反垄断法》中垄断协议相关问题研究——以我国行业协会为研究对象［J］. 经营管理者. 2009 (20).

［2613］张韩. 全流通下内幕交易的法律规制——以基金“老鼠仓”为视角［J］. 福建财会管理干部学院学报. 2009 (01).

[2614] 张航燕．城市公用事业的价格监管 [J]．经营与管理．2009（05）．

[2615] 张航燕．中国自然垄断产业财务绩效实证分析 [J]．价格月刊．2009（06）．

[2616] 张合强．商业贿赂法律规制问题研究 [J]．财经界（学术版）．2009（11）．

[2617] 张红凤，李倩倩．利益集团规制理论在中国的适用性与局限性探析 [J]．山东经济．2009（02）．

[2618] 张红凤，周燕冬．基于国际经验的公用事业治理模式探析 [J]．理论学刊．2009（05）．

[2619] 张红利，林成．温州房地产市场失灵及政府干预 [J]．温州职业技术学院学报．2009（02）．

[2620] 张红梅，胡珑瑛．对衍生金融工具风险的控制措施研究 [J]．哈尔滨工业大学学报（社会科学版）．2009（05）．

[2621] 张红宇．我国食品安全规制失灵的原因分析及模式创新 [J]．调研世界．2009（10）．

[2622] 张红宇．我国食品行业安全监管的经济学思考 [J]．农业经济．2009（10）．

[2623] 张洪见，李晓清．论市场经济体制下烟草专卖法的改革发展思路 [J]．商业经济．2009（21）．

[2624] 张欢．专卖店的消费主义叙事 [J]．成都理工大学学报（社会科学版）．2009（01）．

[2625] 张晖．寡占市场中零售商购买势力、纵向限制与社会福利研究——以家电连锁零售企业的竞争为例 [J]．当代经济科学．2009（05）．

[2626] 张晖，何逊峰．论电信产业的自然垄断性 [J]．商业时代．2009（01）．

[2627] 张晖，吴义杰．专利技术垄断、仿冒进入与政府管制政策 [J]．财经研究．2009（10）．

[2628] 张辉．国际航运竞争形态的转变及其法律规制 [J]．武汉理工大学学报（社会科学版）．2009（02）．

[2629] 张辉，张丽．价格管制与租值消散：以劳动合同法为例 [J]．西安财经学院学报．2009（03）．

[2630] 张会恒．非公有制经济进入公用事业的深层障碍及其突破 [J]．经济界．2009（06）．

[2631] 张慧峰，吴兵建，刘发全．基于激励性管制的输配电价模型研究 [J]．电力技术经济．2009（02）．

[2632] 张慧岚．关于寻租行为与公共品供给效率的思考 [J]．经济研究导刊．2009（28）．

[2633] 张慧玲．影响规模化养猪经济效益的因素及其提高措施 [J]．中国集体经济．2009（03）．

[2634] 张慧，谢晓燕．浅析山西省煤炭企业兼并重组改革 [J]．中国经贸导刊．2009（20）．

[2635] 张建恩．论《反不正当竞争法》立法完善中存在的几个问题 [J]．经营管理者．2009（05）．

[2636] 张建刚，段治平，刘鹏．煤、电价格运行及协调机制研究 [J]．商场现代化．2009（01）．

[2637] 张建刚．资源垄断性产品市场与价格分析 [J]．冶金财会．2009（06）．

[2638] 张建军，霍佳震，张艳霞．基于价格博弈的闭环供应链协调策略设计 [J]．管理工程学报．2009（02）．

[2639] 张建明，杨晖．我国彩票市场法律规制研究 [J]．特区经济．2009（02）．

[2640] 张建新．辜成允：产能过剩与产业集中度 [J]．中国水泥．2009（08）．

[2641] 张剑虹．商家凭什么“垄断”高考信息 [J]．中国人大．2009（15）．

[2642] 张江莉．论政府采购中的反垄断规制 [J]．内蒙古大学学报（哲学社会科学版）．2009（03）．

[2643] 张洁．航运反垄断豁免管制机构和豁免程序［J］．武汉理工大学学报（社会科学版）．2009（03）．

[2644] 张洁梅．并购企业供应链整合的知识管理研究［J］．经济经纬．2009（04）．

[2645] 张金鑫，王清剑．战略并购中协同效应的来源［J］．财会研究．2009（21）．

[2646] 张近朱，张程．开展电网经营企业成本监管的有益启迪［J］．东北电力技术．2009（04）．

[2647] 张晶．从THC争议看航运业的反垄断豁免——以我国《反垄断法》为视角［J］．保定学院学报．2009（01）．

[2648] 张景峰．大雾天气高速公路交通管制及预防措施［J］．交通标准化．2009（17）．

[2649] 张婧楠．浅谈我国反垄断法对行业协会的规制［J］．法制与社会．2009（25）．

[2650] 张敬一，范纯增．供水企业的产权改革：潜在问题视角下的分析［J］．经济体制改革．2009（01）．

[2651] 张靖，韩金非．论特许经营中的知识产权问题［J］．法商论丛．2009（02）．

[2652] 张靖．论对企业集团限制竞争协议的反垄断规制［J］．湘潭大学学报（哲学社会科学版）．2009（02）．

[2653] 张靖．中国出口卡特尔豁免制度研究［J］．湖南社会科学．2009（03）．

[2654] 张九江．石油垄断不是个筐［J］．中国石油石化．2009（03）．

[2655] 张菊梅，王保乾．基于供水业网络效应的政府规制新视角［J］．江苏商论．2009（01）．

[2656] 张娟．我国房地产市场竞争现状分析［J］．财经界（学术版）．2009（05）．

[2657] 张军，邢琳燕．浅谈我国反垄断委员会［J］．法制与社会．2009（04）．

[2658] 张军，邢琳燕．浅析我国反垄断法执法机构存在的问题及完善［J］．经营管理者．2009（01）．

[2659] 张君．商务部：可口可乐收购汇源未获通过与贸易保护无关［J］．中国经贸．2009（04）．

[2660] 张俊杰．浅析我国《反垄断法》对消费者利益的保护［J］．金卡工程（经济与法）．2009（11）．

[2661] 张骏．《反垄断法》第五十条评析［J］．太原师范学院学报（社会科学版）．2009（03）．

[2662] 张骏．浅析《反垄断法》第五十条——以反垄断损害赔偿制度为视角［J］．上海企业．2009（01）．

[2663] 张凯，李向阳，董绍辉．2×2网络型寡头垄断市场结构下Cournot模型研究［J］．运筹与管理．2009（04）．

[2664] 张凯，李向阳．具有产能约束的网络型寡头垄断产业链中企业决策模型研究［J］．中国管理科学．2009（01）．

[2665] 张奎．互联网支付市场结构与市场行为分析［J］．金融经济．2009（12）．

[2666] 张雷．垄断竞争与我国省级卫视的差异化策略［J］．电视研究．2009（08）．

[2667] 张莉．浅议特许经营中商业秘密的法律保护［J］．法制与社会．2009（10）．

[2668] 张莉．特许经营中的商标权保护问题探析［J］．法制与经济（中旬刊）．2009（01）．

[2669] 张莉．网络型公用设施企业的治理结构研究［J］．北方经贸．2009（09）．

[2670] 张莉．我国网络型公用设施企业的治理结构［J］．黑龙江科技信息．2009（06）．

[2671] 张立贺．企业执行合并报表准则的影响分析［J］．财会通讯．2009（01）．

[2672] 张立华．反垄断法首考交卷　商务部否决可口可乐收购汇源案［J］．中国食品．2009（08）．

[2673] 张丽萍．股权集中度与公司业绩的关系——来自中国上市公司的数据［J］．当代经济．2009（08）．

[2674] 张琳．在线交易环境下不当低价销售行为的法律规制研究［J］．法制与经济（下旬刊）．2009（09）．

[2675] 张麟．企业兼并后的文化整合模式选择［J］．沈阳工业大学学报（社会科学版）．2009（03）．

[2676] 张岭．行政许可还是行业自治——基于网吧行业治理的分析［J］．黑龙江省政法管理干部学院学报．2009（04）．

[2677] 张明．寡头垄断市场结构的微观经济效率分析［J］．生产力研究．2009（09）．

[2678] 张鸣．“国进民退”是一条死胡同［J］．炎黄春秋．2009（09）．

[2679] 张茉楠．探寻中国能源金融战略的新图谱［J］．金融博览．2009（07）．

[2680] 张南．技术管制［J］．通信世界．2009（45）．

[2681] 张南．中国联通 用“创新”另辟蹊径［J］．通信世界．2009（37）．

[2682] 张楠．互联网管制下的新疆［J］．南风窗．2009（22）．

[2683] 张宁，林景新．行业制高者的社会责任［J］．软件工程师．2009（Z1）．

[2684] 张宁，林景新．行业制高者缺失了什么——百度“勒索营销”危机反思录［J］．现代企业文化（上旬）．2009（02）．

[2685] 张彭．基于市场环境语境下的反垄断法机构设置［J］．商场现代化．2009（15）．

[2686] 张萍．农村地下金融转化的焦点与关键：夯实政府管制［J］．宏观经济研究．2009（04）．

[2687] 张琦．转型过程中国家政治权力的再生产及其影响——对国家垄断的一些思考［J］．消费导刊．2009（13）．

[2688] 张乾峰，蒋其发．产业政策与产业规制：相互关系及研究趋势［J］．湖北社会科学．2009（09）．

[2689] 张强，李立华，佘桂荣．银行监管中的最优市场约束研究［J］．中南财经政法大学学报．2009（04）．

[2690] 张强，佘桂荣．银行监管中的存款保险与市场约束研究综述［J］．经济评论．2009（03）．

[2691] 张桥云，韩煦，陈跃军．贷款证券化、道德风险与监管缺失［J］．财经科学．2009（07）．

[2692] 张钦朋，李猛．引导与规制：政治参与度之分析［J］．中共四川省委党校学报．2009（02）．

[2693] 张青．试论期货业反垄断实施主体的构建［J］．上海金融．2009（05）．

[2694] 张庆辉，赵继军，鲁杰．中国电力市场的多寡头动态离散模型（英文）［J］．山东大学学报（理学版）．2009（05）．

[2695] 张庆锁．论反垄断法中相关市场的界定［J］．市场周刊（理论研究）．2009（08）．

[2696] 张荣，黄学祥．成本与需求约束下的不对称电力竞价博弈［J］．系统工程理论与实践．2009（01）．

[2697] 张瑞雪．公共服务市场化：从政府垄断到多元互动［J］．才智．2009（30）．

[2698] 张善英，郭威．家电连锁行业集中度与企业赢利能力分析——以国美电器为例［J］．经济师．2009（10）．

[2699] 张淑英．论天然气输配领域的自然垄断与监管［J］．西南石油大学学报（社会科学版）．2009（04）．

［2700］张蜀俊，杜晋．“人肉搜索”之迁衍、困境及其解决——与侦查权、名誉权、隐私权的博弈［J］．云南大学学报（法学版）．2009（04）．

［2701］张树全．关于基础设施市场化改革成功条件的思考［J］．阿坝师范高等专科学校学报．2009（03）．

［2702］张棠涵．从价值理念角度分析反垄断法的立法价值及目标——兼评我国反垄断法第一条［J］．法制与社会．2009（06）．

［2703］张棠涵．论资本市场的反垄断法适用［J］．法制与经济（中旬刊）．2009（02）．

［2704］张天勖，关立新．基于法经济学视阈的反垄断立法［J］．学习与探索．2009（06）．

［2705］张廷海．基于双边市场的平台产业定价策略［J］．安徽大学学报（哲学社会科学版）．2009（04）．

［2706］张琬菁．当前中国价格听证制度分析［J］．山西财税．2009（01）．

［2707］张薇．规则诱致性审计合谋动机：一个准则变迁的视角［J］．财会月刊．2009（21）．

［2708］张巍．房地产价格虚高背后的政府因素［J］．地方财政研究．2009（09）．

［2709］张巍，赵彦辉，陈伟．中国房地产业市场集中度影响因素的实证研究［J］．建筑经济．2009（05）．

［2710］张为农．跨国公司对我国农药市场垄断的加强与提高我国农药工业竞争力的对策［J］．农药市场信息．2009（18）．

［2711］张伟军，穆永刚．次贷危机—金融监管与金融创新的博弈的必然结果［J］．商场现代化．2009（18）．

［2712］张伟君．版权保护对信息获取的制约及其反垄断法规制［J］．信息网络安全．2009（02）．

［2713］张伟君，单晓光．规制知识产权权利人滥用诉权法律制度比较研究［J］．重庆工学院学报（社会科学版）．2009（02）．

［2714］张伟君．专利强制许可制度的合理性分析［J］．科学管理研究．2009（04）．

［2715］张伟，李振雨．论人民法院在我国反垄断工作中的职能剖析［J］．金卡工程（经济与法）．2009（03）．

［2716］张伟．论反垄断法语境下的市场界定［J］．行政与法．2009（06）．

［2717］张伟．外资并购反垄断审查的区别原则探析［J］．行政与法．2009（04）．

［2718］张文礼．地方政府竞争过度及其规制［J］．西北师大学报（社会科学版）．2009（05）．

［2719］张文馨．试论财政对公共产品补贴机制中的成本规制——以深圳公交企业为例［J］．特区经济．2009（08）．

［2720］张文臻，张旻昊．食品安全期待法律庇佑——从三鹿奶粉案谈起［J］．商场现代化．2009（15）．

［2721］张喜才，张利庠．农业产业发展与政府规制——中国奶业产业的案例研究（二）［J］．中国乳业．2009（08）．

［2722］张弦，胡旭．论反垄断执行和解的正当性［J］．经营管理者．2009（10）．

［2723］张小军，石明明．基于产业链的产业势力模型研究［J］．当代经济科学．2009（04）．

［2724］张小奕．我国外资并购反垄断审查的程序问题研究——从中美比较的角度出发［J］．昌吉学院学报．2009（03）．

［2725］张晓莉，林茂德．城市轨道交通的规模经济圈效应［J］．人民论坛．2009（04）．

［2726］张晓明．论竞争法对企业社会责任的规制［J］．法制与社会．2009（15）．

［2727］张晓文．对完善集中供热定价模式的思考——上海浦东新区解决集中供热定价问题的探索与实践［J］．价格理论与实践．2009（06）．

[2728] 张昕．反垄断法的价值与宗旨 [J]．枣庄学院学报．2009（03）．

[2729] 张新华，赖明勇，叶泽．寡头发电商报价动态模型及其混沌控制 [J]．系统工程理论与实践．2009（05）．

[2730] 张新华，赖明勇，叶泽．考虑滞后的寡头发电商报价动态模型及其复杂性 [J]．中国管理科学．2009（01）．

[2731] 张新．论串通拍卖行为的法律规制 [J]．武汉公安干部学院学报．2009（03）．

[2732] 张馨元．土地用途管制 [J]．法制与社会．2009（07）．

[2733] 张兴斌，何铁光．电力企业习惯性违章的原因分析及防范对策 [J]．黑龙江史志．2009（16）．

[2734] 张兴．反垄断法的不确定性及其对实践的影响探讨 [J]．现代经济信息．2009（07）．

[2735] 张兴华，邓艾．行业垄断对内蒙古行业收入差距的影响分析——基于泰尔指数的研究 [J]．法制与经济（中旬刊）．2009（04）．

[2736] 张星星，孙璐．我国煤炭产业市场结构的问题研究 [J]．太原科技．2009（08）．

[2737] 张秀梅．审计意见与股权集中度相关性研究 [J]．财会通讯．2009（06）．

[2738] 张秀烨．公司治理：内部机制与规制政策 [J]．中央财经大学学报．2009（06）．

[2739] 张秀烨．中国公司治理规制政策评析——兼论国际视角的比较 [J]．消费导刊．2009（09）．

[2740] 张学刚．外部性理论与环境管制工具的演变与发展 [J]．资源环境与发展．2009（03）．

[2741] 张雪，王海祥．中国公共事业民营化改革问题探析 [J]．西南交通大学学报（社会科学版）．2009（04）．

[2742] 张雪．我国的反垄断执法机构 [J]．太原城市职业技术学院学报．2009（03）．

[2743] 张雅娟．反垄断法的主体相关问题研究 [J]．金卡工程（经济与法）．2009（03）．

[2744] 张艳霞．我国商业贿赂产生的历史合理性分析 [J]．金卡工程（经济与法）．2009（06）．

[2745] 张燕江．用博弈论的观点来理解厂商均衡——基于对电力实时定价的分析 [J]．现代经济信息．2009（13）．

[2746] 张燕．论农村民间金融监管和谐价值理念——基于当前金融生态失衡的视角 [J]．法学论坛．2009（05）．

[2747] 张燕，邹维．破除我国农村金融垄断格局的新思考——以支持湖北省现代农业发展为视角 [J]．湖北社会科学．2009（01）．

[2748] 张燕，邹维．台湾地区农村民间金融监管的分析及启示 [J]．桂海论丛．2009（04）．

[2749] 张扬．垄断性奥运营销与垄断性福利 [J]．理论界．2009（07）．

[2750] 张扬，曲微．安全生态视野下的市政排水设施治理与对策 [J]．黑河学刊．2009（05）．

[2751] 张一翔，段然．从政策与法律的视角浅谈农地问题、原因与改革途径 [J]．北京农业．2009（06）．

[2752] 张怡超．美国经理报酬信息披露制度改革及对我国的启示 [J]．河北法学．2009（10）．

[2753] 张以彬，陈俊芳．移动通信创新的时机选择和牌照发放的规制延迟 [J]．管理工程学报．2009（03）．

[2754] 张艺．我国电网企业固定资产管理浅析 [J]．时代金融．2009（10）．

[2755] 张益丰，刘东，侯海菁．生产者服务业产业集聚与产业升级的有效途径——基于政府

规制视角的理论阐述［J］. 世界经济研究. 2009（09）.

［2756］张毅. 中小企业发展的外部环境研究［J］. 北方经贸. 2009（05）.

［2757］张荫芳. 实行煤电价格联动全面协调可持续发展［J］. 财经界. 2009（04）.

［2758］张英男，刘岩红，王建叶. 寡头垄断市场定价策略——基于非线性需求函数下伯特兰德模型的分析［J］. 科协论坛（下半月）. 2009（06）.

［2759］张瑛. 基于价格歧视理论剖析商品分时定价［J］. 商业时代. 2009（17）.

［2760］张盈. 国有资本合并后的企业文化重塑［J］. 上海商业. 2009（06）.

［2761］张莹. 资本管制经济效应的对比分析与当今国际资本管制的突出问题［J］. 辽宁经济. 2009（09）.

［2762］张影. 试论中国《反垄断法》的制度设计及功能［J］. 学习与探索. 2009（03）.

［2763］张永琪. 降高薪须打破垄断［J］. 老年教育（长者家园）. 2009（03）.

［2764］张永起，李新光. 论政府对我国非法煤矿监管的博弈分析与对策建议［J］. 吉林省教育学院学报（学科版）. 2009（09）.

［2765］张勇. 邮政专营岂是垄断能解决的?［J］. 社会观察. 2009（10）.

［2766］张宇，蔡万焕. 金融垄断资本及其在新阶段的特点［J］. 中国人民大学学报. 2009（04）.

［2767］张宇润. 论创业板市场的风险与法律规制［J］. 现代经济探讨. 2009（05）.

［2768］张玉磊. 公用事业民营化改革的问题与优化的对策建议［J］. 上海城市管理职业技术学院学报. 2009（02）.

［2769］张玉龙. 论我国商业银行监管模式的选择与借鉴［J］. 黑龙江省政法管理干部学院学报. 2009（03）.

［2770］张玉平. 付双建会见俄罗斯联邦反垄断局代表团就共同举办"金砖四国"国际竞争大会进行磋商［J］. 工商行政管理. 2009（04）.

［2771］张玉喜. 金融监管治理：问题、机制与评估［J］. 上海金融. 2009（08）.

［2772］张钰坤，刘琼. 扩大内需政策下是否应打破行政性行业垄断［J］. 中国商贸. 2009（09）.

［2773］张钰坤，彭青，刘琼. 从行业集中度分析我国茶叶发展［J］. 中国经贸导刊. 2009（13）.

［2774］张媛媛. 需要国家干预说的制度例证——从经济法规制纵向限制竞争行为的角度［J］. 特区经济. 2009（04）.

［2775］张泽晗. 基于内部控制的电力企业风险管理框架构建——以陕西电力公司为例［J］. 北方经贸. 2009（03）.

［2776］张泽. 浅析地方保护主义的市场规制［J］. 法制与社会. 2009（24）.

［2777］张兆俊，童威. 基于创新能力的研发合作探究［J］. 科技管理研究. 2009（01）.

［2778］张喆，蒋青云. 基于价格保护策略的渠道协调［J］. 管理学报. 2009（02）.

［2779］张振岩，姜德波. 我国电信业双向接入定价的有效性分析——三家运营商模型［J］. 审计与经济研究. 2009（01）.

［2780］张志标. 我国独立审计市场结构分析［J］. 北京工商大学学报（社会科学版）. 2009（05）.

［2781］张志方. 更新规制理念 完善决策体系——完善我国外资规制制度的建议［J］. 法制与社会. 2009（16）.

［2782］张志方. 我国政府外资规制制度的完善［J］. 广东广播电视大学学报. 2009（04）.

［2783］张志勋，汪琳. 反垄断法视野下的行业协会问题研究［J］. 企业经济. 2009（03）.

[2784] 张志勇．基于SCP框架的济南市零售业市场集中度实证研究［J］．山东商业职业技术学院学报．2009（05）．

[2785] 张忠彬，孙庆云，胡福静，等．关于进一步完善我国作业场所职业卫生监管机制的研究［J］．中国安全科学学报．2009（10）．

[2786] 张子成．“人肉搜索”的宪政之维——从《徐州市计算机信息系统安全保护条例》的相关条款说起［J］．学术交流．2009（04）．

[2787] 张子川．《反垄断法》实施后民航行业监管在民航业联合重组中的定位分析［J］．中国民用航空．2009（04）．

[2788] 张子韵，赵树芳．服务行业规模经济——以物流行业为例［J］．经营管理者．2009（02）．

[2789] 章媛媛．空间分割下的产业垄断效率分析及分类管制［J］．消费导刊．2009（05）．

[2790] 章志远，李明超．公用事业特许经营立法问题研究——以若干地方性法规为分析样本［J］．江苏行政学院学报．2009（06）．

[2791] 章志远．民营化、规制改革与新行政法的兴起——从公交民营化的受挫切入［J］．中国法学．2009（02）．

[2792] 赵爱琴，赵庆明．家电市场渠道权力分析暨采集相关信息的调查研究［J］．经济师．2009（02）．

[2793] 赵安平，赵国钦．互联网接入服务定价的实证分析［J］．华北电力大学学报（社会科学版）．2009（05）．

[2794] 赵兵，杜黎明．四川地震灾区公共服务设施重建研究［J］．阿坝师范高等专科学校学报．2009（02）．

[2795] 赵玻，陈阿兴．主导零售商并购与市场势力研究［J］．产业经济研究．2009（05）．

[2796] 赵玻，张莉．双边议价框架内主导零售商买方势力及政府规制取向［J］．商业经济与管理．2009（01）．

[2797] 赵玻．主导零售商并购的政府规制取向研究［J］．学习与实践．2009（03）．

[2798] 赵博，王勇．我国移动通信资费管制模式及对策研究［J］．通信管理与技术．2009（01）．

[2799] 赵超宇．规模经济、产业集聚与国际分工［J］．大众商务．2009（20）．

[2800] 赵传波．房地产企业的政府失灵［J］．合作经济与科技．2009（04）．

[2801] 赵翠，田光．自然垄断对我国行业收入差距影响研究——以电信业为例［J］．现代商贸工业．2009（03）．

[2802] 赵丹丽．垄断在中国产业组织理论中所扮演的角色［J］．法制与社会．2009（04）．

[2803] 赵迪．大成基金：一季度投资绩效与市场份额双升［J］．股市动态分析．2009（17）．

[2804] 赵放，单喜久．金融危机与日本业内规制演进分析［J］．外国问题研究．2009（03）．

[2805] 赵菲．公用事业民营化的新制度主义思考［J］．现代经济（现代物业下半月刊）．2009（01）．

[2806] 赵福建．我国非正规金融的发展与规制［J］．黑龙江对外经贸．2009（09）．

[2807] 赵纲．我国旅行社行业低价竞争的问题及对策研究［J］．财经界（学术版）．2009（12）．

[2808] 赵国阳．寻租活动的社会成本分析［J］．经济论坛．2009（20）．

[2809] 赵海龙．反垄断法对美国四大职业体育联盟的影响［J］．四川教育学院学报．2009（01）．

[2810] 赵海燕，罗胜强，王柳丽．网络特许经营营销模型的构建［J］．中国市场．2009（10）．

[2811] 赵海越，蔡文柳，赵春利．关于美国城市政府公共服务私营化的思考［J］．改革与战略．2009（02）．

[2812] 赵建成．中国彩票市场的双寡头竞争分析［J］．中国经贸导刊．2009（13）．

[2813] 赵杰，文启湘．市场定价、有效竞争与我国石油流通体制改革［J］．市场营销导刊．2009（01）．

[2814] 赵经纬．普源精电破除垄断 打入中高端数字示波器［J］．通信世界．2009（44）．

[2815] 赵景峰．论垄断资本国际化对国际经济关系的影响［J］．粤港澳市场与价格．2009（09）．

[2816] 赵静梅，吴风云．大部委制下金融监管的独立性与制衡机制［J］．宏观经济研究．2009（10）．

[2817] 赵聚军．简论当代大型国家的政治控制——中央与地方关系的视角［J］．云南行政学院学报．2009（01）．

[2818] 赵磊，钟胜．房地产寡头非价格竞争合谋的分析［J］．技术与市场．2009（02）．

[2819] 赵立群．论竞争法在知识产权保护方面的特点［J］．山西警官高等专科学校学报．2009（03）．

[2820] 赵丽竹．对我国卡特尔民事责任问题的探讨［J］．内蒙古财经学院学报（综合版）．2009（02）．

[2821] 赵连阁．中国煤电定价实践、理论及其规范研究［J］．经济学家．2009（11）．

[2822] 赵明正．跨国公司直接投资与我国汽车行业市场集中度关系的实证研究［J］．大众商务．2009（20）．

[2823] 赵奇伟，张诚．外商直接投资与中国技术效率增进——基于随机前沿生产模型的经验分析［J］．世界经济研究．2009（06）．

[2824] 赵青华．卖鸡或是卖蛋——汇源选择的多边效应［J］．企业管理．2009（01）．

[2825] 赵全新．价格垄断与价格违法的区分处理［J］．价格与市场．2009（12）．

[2826] 赵书昭，孟赵．论美国和俄罗斯对寡头资本主义的治理［J］．商业文化（学术版）．2009（07）．

[2827] 赵淑英，王鑫，韩巍，等．我国网络型公用事业民营化改革的理论基础和政策取向［J］．学术交流．2009（03）．

[2828] 赵爽，邓江湖．吉林省创意产业发展规模结构及经济贡献率分析［J］．长春金融高等专科学校学报．2009（03）．

[2829] 赵伟．土地用途管制的国际经验与借鉴［J］．中国房地产．2009（11）．

[2830] 赵祥．企业规模扩张的经济增长含义［J］．经济研究导刊．2009（15）．

[2831] 赵小明．外资进入中国电信的障碍与前景［J］．网络财富．2009（05）．

[2832] 赵晓莉．西方国家公共服务市场化改革及其对中国的启示［J］．太原城市职业技术学院学报．2009（04）．

[2833] 赵新社．电改为何难向前推进［J］．决策探索（上半月）．2009（08）．

[2834] 赵歆．美国《反托拉斯法》双语教学模式探析［J］．法制与社会．2009（31）．

[2835] 赵学刚．统一食品安全监管：国际比较与我国的选择［J］．中国行政管理．2009（03）．

[2836] 赵学刚．知识产权定价的反垄断法规制研究［J］．西南民族大学学报（人文社科版）．2009（07）．

[2837] 赵雪枝．企业合并中购买法与股权结合法比较［J］．财会通讯．2009（25）．

[2838] 赵亚平．对“跨国零售在华滥用市场优势地位”国内研究的评述［J］．生产力研究．

2009（03）.

[2839] 赵亚翔，高素英．基于食品质量安全视角的农产品经营效益分析［J］．安徽农业科学．2009（23）.

[2840] 赵艳华．我国外资银行市场准入监管制度研究［J］．法制与社会．2009（12）.

[2841] 赵耀，何晓燕，孙晋．企业信息安全分析及整体应用管理的研究［J］．科技创新导报．2009（09）.

[2842] 赵耀，吴玉岭．知识产权与市场势力的关系——反垄断法的视角［J］．河海大学学报（哲学社会科学版）．2009（01）.

[2843] 赵一新，曾小明．公共交通特许经营的制度安排与规划控制——以佛山市禅城区近期公共交通发展规划为例［J］．城市规划．2009（04）.

[2844] 赵银芝．论外资并购的国家安全审查［J］．知识经济．2009（05）.

[2845] 赵英杰，李富忠．产品差异与寡头厂商间竞争的相互关系研究［J］．生产力研究．2009（06）.

[2846] 赵颖新．发挥政府规制在企业自主创新中的作用［J］．当代经济．2009（17）.

[2847] 赵映诚．生态经济价值下政府生态管制政策手段的创新与完善［J］．宏观经济研究．2009（09）.

[2848] 赵永亮．中国劳动力迁徙的边界效应：自然壁垒与制度障碍［J］．当代经济科学．2009（01）.

[2849] 赵勇，钱龙．电力行业分拆式改革的误区及对策［J］．商业时代．2009（17）.

[2850] 赵玉焕．环境规制对我国纺织品贸易的影响［J］．经济管理．2009（07）.

[2851] 赵玉琳，郭连强．究竟什么是利润的源泉［J］．贵州财经学院学报．2009（02）.

[2852] 赵允福．消除既得利益集团影响是思想解放的最大障碍［J］．菏泽学院学报．2009（03）.

[2853] 赵允．纵向规模经济性问题的理论分析［J］．金卡工程（经济与法）．2009（08）.

[2854] 赵卓．利益集团、行政性垄断与规制改革［J］．理论探讨．2009（03）.

[2855] 浙江工商：数措并举优化网络环境做强网络经济［J］．工商行政管理．2009（15）.

[2856] 浙江省哲学社会科学重点研究基地“政府管制与公共政策”研究中心简介［J］．中国行政管理．2009（06）.

[2857] 甄艺凯．国有企业对市场绩效的影响——基于古诺双寡头垄断模型的分析［J］．经济研究导刊．2009（29）.

[2858] 郑宝银，林发勤．世界经济周期对我国出口贸易的影响［J］．国际贸易问题．2009（01）.

[2859] 郑光梁．行政垄断之于《反垄断法》新虑［J］．辽宁行政学院学报．2009（06）.

[2860] 郑海霞．关于“经营者集中”的文献综述［J］．金卡工程（经济与法）．2009（12）.

[2861] 郑恒峰．我国政府公共服务供给机制创新研究——基于协同治理的视角［J］．辽宁行政学院学报．2009（11）.

[2862] 郑建明．水产品质量安全政府管制的经济分析［J］．中国行政管理．2009（05）.

[2863] 郑健．五大电企海外购煤　催生煤电价格新机制［J］．广西电业．2009（02）.

[2864] 郑锦明．寡头垄断下的并购协同效应的产生机制［J］．消费导刊．2009（13）.

[2865] 郑娜．我国反垄断执法体制现状及评析［J］．金卡工程（经济与法）．2009（03）.

[2866] 郑仁荣，陈淑清．水资源保护税、行政管制和产权交易比较研究［J］．水土保持应用技术．2009（04）.

[2867] 郑榕．省纪委出台若干规定　为煤矿企业兼并重组整合工作提供纪律保障［J］．先锋

队. 2009 (22).

[2868] 郑瑞琨, 徐鸿海. 浅谈我国反垄断法损害赔偿制度 [J]. 云梦学刊. 2009 (04).

[2869] 郑瑞琨, 赵新. 微软"黑屏"行为的法律界定与规制分析 [J]. 北京科技大学学报 (社会科学版). 2009 (02).

[2870] 郑士源, 王浣尘. 支线运输市场过度竞争现象的分析及对策 [J]. 系统管理学报. 2009 (05).

[2871] 郑世林, 何维达. 我国自然垄断产业放松管制改革研究综述与展望 [J]. 管理学报. 2009 (08).

[2872] 郑文, 何明升, 郑时. 电信技术选择管制的突变模型 [J]. 数学的实践与认识. 2009 (06).

[2873] 郑文华. 实施多种营销策略 扩大电力市场占有率 [J]. 电力技术经济. 2009 (05).

[2874] 郑晓玲. 商业银行会计核算实务中违规现象分析 [J]. 哈尔滨金融高等专科学校学报. 2009 (01).

[2875] 郑修敏, 许晓明. 民营企业失败的理论解释与现实分析 [J]. 福建论坛 (人文社会科学版). 2009 (08).

[2876] 郑旭. 知识产权滥用的反垄断法规制问题研究 [J]. 郑州航空工业管理学院学报. 2009 (04).

[2877] 郑雁伟. 浅析涉外知识产权垄断与反垄断 [J]. 山西财经大学学报 (高等教育版). 2009 (S1).

[2878] 郑阳洋, 刘希玉. 基于多层次关联规则的卷烟销售策略 [J]. 管理学家 (学术版). 2009 (02).

[2879] 郑友德, 万志前. 论商标法和反不正当竞争法对商标权益的平行保护 [J]. 法商研究. 2009 (06).

[2880] 郑友德, 伍春艳. 我国反不正当竞争法修订十问 [J]. 法学. 2009 (01).

[2881] 郑有国, 陈甬. 中国经济结构中国有企业的张力——中国经济改革的反思 [J]. 亚太经济. 2009 (06).

[2882] 郑宇. 论中国社会转型期的反垄断法完善 [J]. 中国市场. 2009 (22).

[2883] 郑兆典, 何艺, 王健. 市场力对发电公司收益的影响研究 [J]. 电力系统保护与控制. 2009 (11).

[2884] 政府制定价格听证办法施行 [J]. 人民政坛. 2009 (01).

[2885] "只要金融是国有垄断的, 国进民退就没法避免"——访中国社科院研究员刘小玄 [J]. 商务周刊. 2009 (24).

[2886] 中国电信谋划二次跨越 图谋移动市场份额达 15% [J]. 财经界 (学术版). 2009 (08).

[2887] 中国汽车行业运行报告 [J]. 财经界. 2009 (12).

[2888] 中国纸业兼并重组受到鼓励 [J]. 福建纸业信息. 2009 (22).

[2889] 中海油抢占广东市场、破中石油中石化成品油垄断格局 [J]. 广东化工. 2009 (05).

[2890] 中欧反垄断法研讨会在大连举办 [J]. 中国价格监督检查. 2009 (06).

[2891] 钟德强, 谢彩虹, 罗定提. 企业特许经营中受许者的搭便车行为及其监督机制 [J]. 湖南工业大学学报. 2009 (04).

[2892] 钟凡. 投资收益、经营效率和寿险企业市场绩效 [J]. 保险研究. 2009 (08).

[2893] 钟刚. 反垄断法中的"豁免"及其体系 [J]. 江西社会科学. 2009 (06).

[2894] 钟函杉, 彭小敏, 唐开元. 我国钢铁行业集中度与外贸定价能力 [J]. 三峡大学学报

（人文社会科学版）. 2009（S1）.

[2895] 钟辉. 能源价格改革的思考 [J]. 金融纵横. 2009（05）.

[2896] 钟静宜. 浅析网络不正当竞争行为及其法律规制 [J]. 法制与社会. 2009（01）.

[2897] 钟林. 读《雪球·巴菲特传》垄断性"收费桥梁"的经营之道 [J]. 股市动态分析. 2009（47）.

[2898] 钟娜. 反垄断法的域外适用问题研究 [J]. 全国商情（经济理论研究）. 2009（06）.

[2899] 钟抒. 民企兼并国企中的文化融合 [J]. 企业文明. 2009（03）.

[2900] 钟韦创. 对外资在华并购规制的思考 [J]. 中国集体经济. 2009（10）.

[2901] 钟韦创. 跨国公司技术垄断下中国企业发展对策研究 [J]. 现代商贸工业. 2009（13）.

[2902] 钟原胜. 竞争的底线：从谷歌被曝光谈起 [J]. 互联网天地. 2009（08）.

[2903] 钟展. 论我国自然垄断行业的价格规制问题 [J]. 金卡工程（经济与法）. 2009（02）.

[2904] 仲春. 反垄断法在中国即时通讯行业的应用分析 [J]. 科技与法律. 2009（05）.

[2905] 仲春. 论我国《反垄断法》域外适用制度 [J]. 政法论丛. 2009（03）.

[2906] 仲魁. 反垄断法规制的垄断类型 [J]. 合作经济与科技. 2009（01）.

[2907] 舟渡. 中国500强与注水牛肉的联想 [J]. IT时代周刊. 2009（18）.

[2908] 周爱军，孙康，吴绪亮. 兼并和伯特兰德竞争的价格效应分析 [J]. 财经问题研究. 2009（04）.

[2909] 周宝根. 规模经济效应影响出口管制政策的理论分析 [J]. 国际经贸探索. 2009（09）.

[2910] 周蓓. 我国民航客运价格定价机制与规制改革探讨 [J]. 价格月刊. 2009（11）.

[2911] 周长礼，高成修，周伟刚，等. 基于价格竞争的最优定价策略与供应链的协调方法 [J]. 数学杂志. 2009（01）.

[2912] 周恩德，窦鹏娟. 湖北汽车零部件产业内贸易初探 [J]. 商场现代化. 2009（04）.

[2913] 周冠文，郭涛，卿海琼. 移动联通双寡头博弈 [J]. 现代商业. 2009（12）.

[2914] 周冠武. 新一轮公司兼并重组浪潮笼罩木质人造板行业 [J]. 国际木业. 2009（07）.

[2915] 周国光. 路桥基础设施特许经营会计核算问题探索（上）[J]. 财会学习. 2009（08）.

[2916] 周国光. 路桥基础设施特许经营会计核算问题探索（下）[J]. 财会学习. 2009（09）.

[2917] 周国林. 区域间市场壁垒与区域经济均衡 [J]. 求索. 2009（10）.

[2918] 周国林. 转轨时期我国区域间市场壁垒的特征、效应及管理对策 [J]. 发展研究. 2009（08）.

[2919] 周黄河. 垄断的时代——微软垄断案解析 [J]. 现代商业. 2009（23）.

[2920] 周建波. 邮政价格改革面临的问题及对策 [J]. 中国物价. 2009（02）.

[2921] 周剑兰. 在反垄断法背景下看中国电力行业的发展 [J]. 金卡工程（经济与法）. 2009（08）.

[2922] 周健. 我国转轨过程中竞争与管制之间和谐关系的构建 [J]. 理论导刊. 2009（09）.

[2923] 周立. 兼并的时代 [J]. 国际市场. 2009（09）.

[2924] 周立. 跨国粮商形成寡头垄断 [J]. 决策与信息. 2009（10）.

[2925] 周丽. 公立医院医生决策行为效用分析：价格管制下公立医院医生的行为分析 [J]. 中国卫生经济. 2009（03）.

[2926] 周梁. 自然垄断行业的政府价格管制 [J]. 黑龙江对外经贸. 2009（10）.

[2927] 周林军. 关于自然垄断的法律规制问题 [J]. 经济法论坛. 2009（00）.

[2928] 周闽军. 银行业竞争程度的影响因素的分析 [J]. 福建商业高等专科学校学报. 2009（05）.

[2929] 周宁宁．论我国行政垄断法律规制的路径选择 [J]．社会科学辑刊．2009 (03).

[2930] 周倩．铁路行业适用反垄断法的豁免标准 [J]．烟台大学学报 (哲学社会科学版)．2009 (03).

[2931] 周巧．企业如何突破销售终端的垄断 [J]．考试周刊．2009 (13).

[2932] 周清杰．谁为高油价埋单 [J]．中国报道．2009 (08).

[2933] 周庆．信息披露——特许经营企业的软肋 [J]．连锁特许．2009 (06).

[2934] 周睿哲．从汇源案论我国外资并购反垄断规制的缺陷 [J]．法制与社会．2009 (21).

[2935] 周少东．"熊彼特—阿罗" 争论的最新发展：市场结构与企业创新 [J]．当代经济管理．2009 (05).

[2936] 周绍妮，郑建卫．铁路与其他运输方式的市场竞争研究 [J]．中国国情国力．2009 (05).

[2937] 周叔莲．国有企业改革 30 年的模式、道路及成绩 [J]．经济研究导刊．2009 (08).

[2938] 周蜀．企业合并形成的基础性内部交易的抵销处理研究 [J]．财会研究．2009 (17).

[2939] 周素珍．我国不当竞争规制改革的目标及思路 [J]．经济学家．2009 (12).

[2940] 周维富．中国工业经济学研究前沿问题综述 [J]．首都经济贸易大学学报．2009 (01).

[2941] 周卫．美国环境规制与成本—收益分析 [J]．西南政法大学学报．2009 (01).

[2942] 周文辉．企业兼并中可能发生的问题与对策建议 [J]．现代经济信息．2009 (18).

[2943] 周文杰，徐涛．政府管制下的行政许可问题探究——以出租车行业经营许可权个案分析为例 [J]．金卡工程 (经济与法)．2009 (09).

[2944] 周武．我国职业体育产业规制应然模式的建构分析 [J]．北京体育大学学报．2009 (07).

[2945] 周武．我国职业体育产业政府规制的动因分析 [J]．南京体育学院学报 (社会科学版)．2009 (02).

[2946] 周武．我国职业体育产业政府规制的现状分析 [J]．上海体育学院学报．2009 (02).

[2947] 周武．我国职业体育产业政府规制改革探析 [J]．广州体育学院学报．2009 (02).

[2948] 周小玲，王雪梅，田明华．环境规制对我国造纸业技术创新影响的研究 [J]．北京林业大学学报 (社会科学版)．2009 (04).

[2949] 周小梅．对城市自来水价格调整以及价格管制政策的分析 [J]．城市公用事业．2009 (04).

[2950] 周晓红．行政垄断与政府寻租行为分析 [J]．黑龙江教育学院学报．2009 (05).

[2951] 周晓鹏．从行政学角度看政府管制体制改革 [J]．中小企业管理与科技 (上旬刊)．2009 (04).

[2952] 周晓伟．反垄断立法后的搭售问题思考 [J]．法制与社会．2009 (03).

[2953] 周欣．日本期货市场监管体系研究 [J]．现代日本经济．2009 (02).

[2954] 周旭，池俊斌．小议反垄断法中的合理原则与本身合法原则 [J]．华章．2009 (14).

[2955] 周学荣，胡鑫亮．政府对自然垄断产业有效管制的前提条件研究 [J]．湖北经济学院学报．2009 (04).

[2956] 周学荣．垄断带来效率损失的政府管制研究 [J]．中国行政管理．2009 (05).

[2957] 周业安，宋紫峰．中国地方政府竞争 30 年 [J]．教学与研究．2009 (11).

[2958] 周颐，陈艳丽．房地产企业的规模经济效应分析 [J]．改革与战略．2009 (03).

[2959] 周义兴．垄断国企扎堆 500 强并非市场之福 [J]．商界 (评论)．2009 (08).

[2960] 周吟吟．我国外资并购行为的法律规制探讨——以可口可乐并购汇源事件为例 [J].

党政干部论坛．2009（02）．

［2961］周莹．论我国外资银行监管的法律完善［J］．法制与社会．2009（15）．

［2962］周永坤，马韧韬．价格型资本管制的理论及实践［J］．武汉金融．2009（03）．

［2963］周永源，李晓辉．大型钢铁企业组织结构的规模效率分析［J］．中国管理信息化．2009（21）．

［2964］周勇．产业发展中创新的进入和退出选择［J］．管理工程学报．2009（02）．

［2965］周正一．反垄断法与反不正当竞争法之比较浅析［J］．金卡工程（经济与法）．2009（01）．

［2966］周中林，郭容鑫．政府环境规制的经济学分析［J］．中国商界．2009（9）．

［2967］朱宝昌，史雷．不完全信息下的发电商风险竞价决策分析［J］．天津电力技术．2009（01）．

［2968］朱成章．电价：电力改革的难点所在［J］．大众用电．2009（06）．

［2969］朱成章．中国必须自主创新进行电力改革［J］．中外能源．2009（01）．

［2970］朱成哲．恶意抢注的诱因及法律规制［J］．黑龙江省社会主义学院学报．2009（02）．

［2971］朱广燕．论我国反垄断公益诉讼制度的完善［J］．知识经济．2009（11）．

［2972］朱国华，张青．中国期货业反垄断与竞争政策研究［J］．经济问题探索．2009（10）．

［2973］朱恒．公共产品信托式供给制度研究——以基础设施建设为例［J］．金卡工程（经济与法）．2009（04）．

［2974］朱恒鹏．降低药费支出如何可能［J］．学海．2009（02）．

［2975］朱健，郭松海．论小产权房的产生原因及其规制［J］．生产力研究．2009（18）．

［2976］朱玲玲．浅析控制转售价格行为［J］．法制与社会．2009（12）．

［2977］朱敏嘉．从反垄断法看跨国公司知识产权的滥用［J］．法制与经济（下旬刊）．2009（11）．

［2978］朱宁宁．“开心网”引爆网络不正当竞争第一案，官司走向存变数［J］．法制与经济（下旬刊）．2009（06）．

［2979］朱其忠．竞争方式转变与网络组织风险分析［J］．特区经济．2009（03）．

［2980］朱乾龙，钱书法．基于网络经济的技术创新与市场结构关系分析［J］．产业经济研究．2009（01）．

［2981］朱勤．我国电子信息业的国际市场势力：一个实证分析［J］．国际贸易问题．2009（02）．

［2982］朱诗勇．中国古代科学的产业基础：工商业的特殊垄断性［J］．广东海洋大学学报．2009（02）．

［2983］朱淑娣．中美知识产权反垄断限制规范比较研究——兼议国际知识产权博弈中的合法利益争取［J］．中国工商管理研究．2009（10）．

［2984］朱四海．电力市场化与电价改革的基本取向［J］．发展研究．2009（09）．

［2985］朱四海．煤电转化烟气可持续排放机制探讨［J］．电力建设．2009（08）．

［2986］朱武振．浅议经营者集中审查实体标准［J］．今日南国（理论创新版）．2009（06）．

［2987］朱相平．基于证券监管的创租行为分析及治理机制设计［J］．山东社会科学．2009（01）．

［2988］朱晓峰．试论我国反垄断执法机构的不足与完善［J］．新西部（下半月）．2009（06）．

［2989］朱晓林．论城市自来水业投融资机制改革存在的问题与对策［J］．改革与战略．2009（09）．

［2990］朱秀梅．完善通信管制法律［J］．通信企业管理．2009（10）．

[2991] 朱旭．工业软件争市场渐破垄断坚冰　本土软件迎机遇手握创新火种 [J]．工业设计．2009 (10)．

[2992] 朱一飞．国家安全审查与反垄断法的区别与协调——以产业安全保障为视角 [J]．河北法学．2009 (05)．

[2993] 朱毅．欧洲联盟对起重车的市场准入要求 [J]．汽车与配件．2009 (21)．

[2994] 朱云平．转型期市场秩序中政府与经营者的博弈分析 [J]．长春理工大学学报（社会科学版)．2009 (04)．

[2995] 朱云平．转型期政府干预在市场秩序博弈中的合理运用 [J]．呼伦贝尔学院学报．2009 (02)．

[2996] 朱珍．中央国有企业利润上缴与使用去向探究 [J]．福州党校学报．2009 (03)．

[2997] 朱之．WTO 与衍生金融交易的国际监管 [J]．法制与社会．2009 (32)．

[2998] 郝小红．浅析我国反垄断法对企业合并的规制 [J]．法制与社会．2009 (18)．

[2999] 诸葛祥庚，刘毅，李宝婧．我国发电设备制造业产业组织分析 [J]．科技与管理．2009 (05)．

[3000] 祝福云．竞争强度与企业创新动机的关联机理——基于 Hotelling 模型的分析 [J]．中南财经政法大学学报．2009 (04)．

[3001] 祝建兵，陈娟娟．非营利组织信息披露的政府管制 [J]．云南行政学院学报．2009 (04)．

[3002] 祝建兵，陈娟娟．非营利组织信息披露政府管制的理论依据与现实路径 [J]．商业时代．2009 (21)．

[3003] 祝金甫，李晶．国际资本流入对我国货币政策目标的影响 [J]．国际经济合作．2009 (09)．

[3004] 祝丽娜．知识产权保护中的反垄断问题探析 [J]．科学管理研究．2009 (05)．

[3005] 庄尚文，赵亚平．跨国零售买方势力的福利影响与规制思路——以通道费为例的模型分析 [J]．财贸经济．2009 (03)．

[3006] 庄卫平．英美刑法与中国刑法之交通肇事罪的比较分析 [J]．法制与社会．2009 (33)．

[3007] 宗良，张剑光，王敏．美欧银行业并购中的反垄断比较研究及对我国的借鉴 [J]．国际金融研究．2009 (03)．

[3008] 宗庆后．关于实行药品专卖制度，解决看病贵；提高医疗机构水平，解决看病难问题的建议 [J]．商品与质量．2009 (10)．

[3009] 邹翠玲，宋莹莹．市场结构分析在中国农业经济研究中的运用综述及前景探析 [J]．中外企业家．2009 (04)．

[3010] 邹东升．公共服务市场化并非政府责任市场化——对公交民营化改革的审思 [J]．理论探讨．2009 (04)．

[3011] 邹方斌，李少卿．邹方斌 建议废除烟草专卖制度 [J]．南方人物周刊．2009 (23)．

[3012] 邹建军．我国的行政垄断的公共经济学分析 [J]．消费导刊．2009 (01)．

[3013] 邹军．作为网络舆论的“人肉搜索”及其规制 [J]．中国地质大学学报（社会科学版)．2009 (05)．

[3014] 邹沁君．经营者集中的反垄断审查问题研究——以可口可乐并购汇源为例 [J]．经营管理者．2009 (18)．

[3015] 邹升平．我国贫富差距扩大的成因及对策——基于利润率平均化学说视角 [J]．生产力研究．2009 (02)．

[3016] 邹小平．会计信息的产品属性及管制动因分析 [J]．审计与经济研究．2009 (02).

[3017] 邹欣，蔡明超．高科技产品市场多产品完全垄断研究 [J]．科技进步与对策．2009 (09).

[3018] 邹新阳，王贵彬．规范农村民间资金价格的制度供给研究 [J]．价格月刊．2009 (01).

[3019] 邹新月，邓亭，文东胜．商业银行规模经济及其内在影响因素实证分析 [J]．预测．2009 (04).

[3020] 左静．基于网络外部性的企业纵向兼并模型及其规制研究 [J]．消费导刊．2009 (16).

[3021] 左手 NBA 右手 FIBA——匹克垄断篮球赛事高端推广资源以专业谋求新的竞争格局 [J]．NBA 特刊．2009 (05).

[3022] 左中伟．以兼并重组为契机、全力推进煤炭工业的历史性转型——以朔州市为例 [J]．经济问题．2009 (09).

2008 年

[1] Achayuthakan Chira, Vithayasrichareon Peerapat. 电力市场环境下购电协议的形成方法（英文）[J]．电力科学与技术学报．2008 (03).

[2] Carney Richard W.，刘爱民．中国的市场经济制度：以经合组织成员国为鉴 [J]．世界经济文汇．2008 (03).

[3] 阿杜．后监管时代：强化？弱化？[J]．中国电信业．2008 (04).

[4] 阿计．反垄断法，为市场经济“立宪”[J]．政府法制．2008 (01).

[5] 艾华．中国制造的信任危机与破解之道 [J]．广东审计．2008 (01).

[6] 艾慧．能源价格改革的效应维度分析 [J]．统计与决策．2008 (23).

[7] 艾建国．行政垄断的博弈分析 [J]．现代商贸工业．2008 (13).

[8] 艾健明．国有企业的非效率投资：一个寻租视角 [J]．财会通讯（学术版）．2008 (05).

[9] 艾江鸿，任玉珑，刘贞．超高压输电线路对我国构建电力市场的影响仿真分析 [J]．系统工程．2008 (09).

[10] 艾小乐．外资并购中的若干问题及其对策探析——从外资私募股权基金的角度 [J]．商场现代化．2008 (03).

[11] 安歌军，赵景峰．中国环境保护与贸易促进协调发展的战略选择 [J]．兰州学刊．2008 (S1).

[12] 白立强．扩展秩序·市场经济·和谐社会 [J]．河北旅游职业学院学报．2008 (03).

[13] 白让让．规制重建滞后与“厂网分开”的双重效率损失 [J]．财经问题研究．2008 (01).

[14] 白让让．结构“豁免”、规制弱化下的国企垄断行业改革 [J]．经济社会体制比较．2008 (03).

[15] 白书祥．合理的适度的收入差距与社会稳定的正相关探析 [J]．探索．2008 (02).

[16] 白涛．房地产市场绩效与政府管制 [J]．经济前沿．2008 (10).

[17] 白雪洁．产业成长阶段的产业组织政策有效性分析——以日本代表性产业组织政策为例 [J]．社会科学辑刊．2008 (04).

[18] 白雪洁，陈思如．效率改善、技术进步与中国家电跨国企业的成长——基于DEA模型的实证分析 [J]. 财经问题研究．2008 (03).

[19] 白雪洁，姜凯，庞瑞芝．我国主要国家级开发区的运行效率及提升路径选择——基于外资与土地利用视角 [J]. 中国工业经济．2008 (08).

[20] 白雪洁，宋莹．中国各省火电行业的技术效率及其提升方向——基于三阶段DEA模型的分析 [J]. 财经研究．2008 (10).

[21] 白艳．商业银行的监管：独立董事制度与传统文化的冲突 [J]. 当代经济．2008 (01).

[22] 白英防．中国环境审计运作模式问题探讨 [J]. 广西财经学院学报．2008 (06).

[23] 白云飞，刘宁．基于DEA模型的中国铁路行业改革绩效研究 [J]. 辽宁经济．2008 (03).

[24] 白重恩，钱震杰，武康平．中国工业部门要素分配份额决定因素研究 [J]. 经济研究．2008 (08).

[25] 柏松，马红．关于电力项目融资风险与融资方式的研究 [J]. 电力勘测设计．2008 (03).

[26] 拜琦楠．论自然资源保护立法的理念、历史演进及其发展方向 [J]. 法制与社会．2008 (36).

[27] 拜琦瑞，杨开忠．中国经济增长与环境污染演进关系实证研究 [J]. 经济问题探索．2008 (03).

[28] 包昌红．刍议我国食品安全监管体制及完善 [J]. 法制与社会．2008 (31).

[29] 包健．从环境污染看税制改革 [J]. 内蒙古科技与经济．2008 (13).

[30] 包客．医疗改革：除了注入资金，还需关注效率 [J]. 决策探索（上半月）. 2008 (01).

[31] 包青，童劲松，潘理权．论我国政府干预型农业保险的可行性 [J]. 安徽农业大学学报（社会科学版）. 2008 (03).

[32] 包毅．日本构建循环经济法制环境的经验及其启示 [J]. 昆明学院学报．2008 (03).

[33] 包政之．试析我国农业的可持续发展战略 [J]. 理论学习．2008 (02).

[34] 保建云．论产品跨国生产经营网络扩展与产业内国际贸易垄断的新发展 [J]. 国际商务研究．2008 (02).

[35] 保建云．商业寻租中的权力出租者与寻权者行为的经济学分析 [J]. 中央财经大学学报．2008 (01).

[36] 保建云．转型社会中权力寻租与权钱交易的经济学分析 [J]. 经济评论．2008 (01).

[37] 鲍长生．食品安全管理的政府规制创新探讨 [J]. 特区经济．2008 (05).

[38] 鲍德风，吕洪敏．道路收费的经济分析 [J]. 内蒙古农业大学学报（自然科学版）. 2008 (01).

[39] 鲍健波．我国电信服务业的市场结构优化研究 [J]. 未来与发展．2008 (09).

[40] 毕晨飞．基于古诺模型的我国网络游戏厂商横向兼并与联盟优化选择 [J]. 哈尔滨商业大学学报（社会科学版）. 2008 (04).

[41] 毕舸．别误读了美国“最大救市计划” [J]. 金融博览．2008 (10).

[42] 毕舸．垄断刀俎下的鱼肉 [J]. 新经济杂志．2008 (02).

[43] 毕慧敏．市场竞争中企业博弈 [J]. 安徽农业科学．2008 (05).

[44] 边小东．上市公司并购绩效理论研究综述 [J]. 消费导刊．2008 (19).

[45] 卞志村，毛泽盛．农村金融发展的范式转变及对新农村建设的启示 [J]. 江苏农村经济．2008 (04).

[46] 宾建成．论我国企业跨国并购的战略选择 [J]. 国际商务（对外经济贸易大学学报）.

2008（06）.

[47] 伯建新．价格联盟：一场游戏一场梦［J］．中国乡镇企业．2008（06）.

[48] 卜昌平，刘新敏．离岸公司并购国资企业致使国有资产流失的法律规制——从《反垄断法》的视角分析［J］．江西理工大学学报．2008（05）.

[49] 卜永祥．银行业与可持续发展战略［J］．金融与经济．2008（10）.

[50] 才国伟，舒元．对“两个大局”战略思想的经济学解释［J］．经济研究．2008（09）.

[51] 财政部驻深圳专员办课题组，米志明，张浩．公用事业企业财政监督体系的构想［J］．财政监督．2008（15）.

[52] 蔡八弟．中国经济，结构失衡呼唤政府“看得见”的手［J］．北方经济．2008（05）.

[53] 蔡恩泽．铲除垄断行业暴利特权［J］．上海经济．2008（07）.

[54] 蔡海龙，王秀清．中国烟草加工企业技术效率分析——基于参数方法与非参数方法的对比研究［J］．技术经济．2008（12）.

[55] 蔡鸿青，夏健民．我国台湾并购市场及其特点［J］．经济师．2008（08）.

[56] 蔡敬超．国有企业不可盲目上市［J］．商情（教育经济研究）．2008（03）.

[57] 蔡君．电信监管：“一碗水”应否端平？［J］．通讯世界．2008（09）.

[58] 蔡君．电信重组：一定需要拆分谁吗？［J］．通讯世界．2008（02）.

[59] 蔡琳，何青松．从中国石油行业的反竞争行为看中国的反垄断问题［J］．生产力研究．2008（09）.

[60] 蔡宁，潘松挺．网络关系强度与企业技术创新模式的耦合性及其协同演化——以海正药业技术创新网络为例［J］．中国工业经济．2008（04）.

[61] 蔡庆丰，李鹏．代理人合谋与控制权私人收益的再分配［J］．中南财经政法大学学报．2008（01）.

[62] 蔡蓉，李军岩．联想集团跨国并购战略风险及防范［J］．商场现代化．2008（04）.

[63] 蔡守秋．论政府环境责任的缺陷与健全［J］．河北法学．2008（03）.

[64] 蔡素兰．引入市场经济机制 推进环境有偿使用制度改革［J］．当代经济（下半月）．2008（01）.

[65] 蔡一飞．零售业：并购是把双刃剑［J］．IT 经理世界．2008（01）.

[66] 蔡友才．我国农村金融体制改革三十年反思［J］．金融教学与研究．2008（06）.

[67] 仓萍萍，杨德利．浅析水产养殖环境成本核算［J］．财会通讯（综合版）．2008（04）.

[68] 曹宝明，袁洪泉．我国商业银行产业组织结构与效率关系的实证分析［J］．南京财经大学学报．2008（03）.

[69] 曹博．公用事业领域的反垄断法适用和行业法规制［J］．民营科技．2008（01）.

[70] 曹博．完善我国电信竞争法制的几个问题［J］．黑龙江科技信息．2008（05）.

[71] 曹昌军，李宗植．商业银行的动态效率对比研究［J］．南阳师范学院学报．2008（05）.

[72] 曹承祯．我国外资银行监管局限性及建议［J］．世界经济情况．2008（09）.

[73] 曹芳萍．基于生态区建设的区域产业转型研究［J］．煤炭经济研究．2008（12）.

[74] 曹红辉，周丽丽．中国银行卡产业的利益结构和定价机制［J］．经济研究参考．2008（43）.

[75] 曹宏苓．长三角经济一体化的现状、困惑与制度机制的创新——对国际区域经济一体化经验的借鉴［J］．南京社会科学．2008（05）.

[76] 曹洪军，刘颖宇．我国环境保护经济手段应用效果的实证研究［J］．理论学刊．2008（12）.

[77] 曹慧，周利．中国移动通信行业市场竞争博弈分析［J］．合作经济与科技．2008（01）.

[78] 曹吉云. 技术进步对产品多样化的影响——基于 CES 和反正切效用函数的比较 [J]. 经济科学. 2008 (01).

[79] 曹建海. 银行业改革的“卖股”误区 [J]. 南风窗. 2008 (14).

[80] 曹建军. 政府定价成本的理论分析 [J]. 中国物价. 2008 (03).

[81] 曹锦秋. 刍议我国开征环境税的必要性 [J]. 辽宁公安司法管理干部学院学报. 2008 (01).

[82] 曹俊浩, 陈宏民, 胥莉. 基于网络外部性的电子商务企业纵向差异垄断定价策略 [J]. 上海交通大学学报. 2008 (09).

[83] 曹立村. 论基于新经济人假设的政府经济人理性的回归 [J]. 求索. 2008 (03).

[84] 曹亮, 董怡, 席艳乐. 英国区域经济一体化政策决策的政治经济分析 [J]. 经济社会体制比较. 2008 (02).

[85] 曹萍, 张剑. 数字产品定价中传统经济学方法失灵原因及定价策略 [J]. 经济与管理. 2008 (10).

[86] 曹庆林, 范爱军. 现阶段中国市场分割程度的测算——以全国猪肉市场为例 [J]. 当代财经. 2008 (03).

[87] 曹童心, 刘莹. 我国固定通信行业集中度分析 [J]. 企业家天地下半月刊 (理论版). 2008 (06).

[88] 曹维. 利益集团博弈分析——当前我国汇率改革的一个新视角 [J]. 经济经纬. 2008 (02).

[89] 曹文慧. 环境问题产生的原因及解决途径的经济学分析 [J]. 经济论坛. 2008 (14).

[90] 曹小琳, 晏永刚, 景星蓉. 城市循环经济测度指标体系设计研究 [J]. 建筑经济. 2008 (03).

[91] 曹艳. 现代企业家精神维度与资源节约环境友好型社会的建构 [J]. 经济体制改革. 2008 (06).

[92] 曹燕, 于洁, 隋福民, 等. 我国发展循环经济的对策研究——基于国外经验进行的探讨 [J]. 科技管理研究. 2008 (03).

[93] 曹永霞. 中国已上市商业银行技术效率实证研究 [J]. 经济论坛. 2008 (02).

[94] 曹正城. 浅谈财政支农资金的监管 [J]. 民族论坛. 2008 (01).

[95] 曹中华. 从速开征燃油税是加快交通体制改革的最优决策 [J]. 交通企业管理. 2008 (03).

[96] 曹中铭. 央企分红无碍资本市场 [J]. 上海国资. 2008 (02).

[97] 曹梓珞, 陈松豪. 中国民航业政府规制体制重建 [J]. 广西财经学院学报. 2008 (03).

[98] 查志刚, 李海霞. 论反垄断法对滥用知识产权垄断行为的规制 [J]. 商业时代. 2008 (21).

[99] 柴霞. 浅谈环境保护和经济发展的协调 [J]. 发展. 2008 (10).

[100] 常美. 浅谈企业持续发展与环境治理的途径 [J]. 发展. 2008 (04).

[101] 常素巧. 我国循环经济立法的发展及其功能 [J]. 江西行政学院学报. 2008 (01).

[102] 常晓军. 浅析假冒商品对市场经济的影响 [J]. 科技资讯. 2008 (24).

[103] 常修泽. “破垄”、民权和宏观调控机制创新——经济体制改革的三个“短板” [J]. 中国经贸导刊. 2008 (08).

[104] 常修泽. 论资源环境产权制度及其在中国的现实启动点 [J]. 经济前沿. 2008 (05).

[105] 常忠岳, 张志新, 李静, 等. 浅议贝类食品安全的监控措施 [J]. 齐鲁渔业. 2008 (05).

[106] 巢良婷．围标合谋行为透析 [J]．施工企业管理．2008 (02)．

[107] 车甜甜．浅论发展循环经济的意义和对策 [J]．科技与管理．2008 (04)．

[108] 陈爱国，袁洪飞．谈基于核心竞争力的旅游企业并购 [J]．商业时代．2008 (07)．

[109] 陈爱兰．旅游价格歧视行为成因及对策研究 [J]．管理观察．2008 (12)．

[110] 陈本昌．中国金融类海外并购分析 [J]．沈阳工程学院学报（社会科学版）．2008 (03)．

[111] 陈波．简评《流通产业的政府管制研究》[J]．商业时代．2008 (30)．

[112] 陈超．模糊测评在企业并购目标企业选择中的应用 [J]．硅谷．2008 (23)．

[113] 陈琛韫．刍议房地产经纪行业监管中存在的问题和相应对策 [J]．法制与社会．2008 (22)．

[114] 陈赤平，李艳．基于双边市场理论的CA产业定价策略的研究 [J]．求索．2008 (11)．

[115] 陈崇．竞争与垄断：两种市场结构下的模块化比较研究 [J]．郑州航空工业管理学院学报．2008 (02)．

[116] 陈传光．创新理念 完善机制 促进循环经济又好又快发展 [J]．时代经贸（下旬刊）．2008 (06)．

[117] 陈春慧，纪秋颖．我国对外贸易制度寻租初探 [J]．商业研究．2008 (10)．

[118] 陈春玲．报刊产业竞争的双寡头垄断均衡分析 [J]．统计与决策．2008 (12)．

[119] 陈春生．从区域产业化视角论农村政策金融及其体系的构建 [J]．长安大学学报（社会科学版）．2008 (02)．

[120] 陈岱松．试论证券公司法治——解读《证券公司监督管理条例》监督管理措施 [J]．江苏商论．2008 (10)．

[121] 陈岱婉．移动运营商的Stackelberg竞争博弈研究 [J]．长江大学学报（自然科学版）理工卷．2008 (01)．

[122] 陈定洋，王泽强．从非合作博弈到合作博弈——基于当前农村社区公共产品供给机制“一事一议”制度分析 [J]．商业研究．2008 (03)．

[123] 陈定业．论自然垄断行业政府管理问题 [J]．消费导刊．2008 (19)．

[124] 陈芳．我国外资并购的现状、影响及应对措施 [J]．河南工程学院学报（社会科学版）．2008 (03)．

[125] 陈芳，马军海．中国移动通信市场动态博弈过程模型研究 [J]．西安电子科技大学学报（社会科学版）．2008 (04)．

[126] 陈锋．日本循环经济立法经验的启示 [J]．北方经济．2008 (17)．

[127] 陈福明．企业并购与外包及其成长方式的选择 [J]．山东社会科学．2008 (11)．

[128] 陈富良．城市公用事业改革与监管的理论反思 [J]．开放导报．2008 (01)．

[129] 陈富良．中国移动通信市场的规制与竞争 [J]．财经论丛．2008 (01)．

[130] 陈刚，冯艳，杨亮．中国银行业结构变迁与经济增长的实证研究 [J]．金融论坛．2008 (10)．

[131] 陈刚，尹希果．中国金融资源城乡配置差异的政治经济学分析 [J]．广东金融学院学报．2008 (04)．

[132] 陈桂华．基于网络组织的反垄断研究 [J]．生产力研究．2008 (19)．

[133] 陈桂华．论外资银行监管法律制度 [J]．会计之友（中旬刊）．2008 (05)．

[134] 陈国宏，王秋菲，李凯．基于纵向控制框架的上游厂商新产品特许决策研究 [J]．东北大学学报（自然科学版）．2008 (08)．

[135] 陈皓勇，张森林，张尧．电力市场中大用户直购电交易模式及算法研究 [J]．电网技

术．2008（21）．

［136］陈皓勇，张森林，张尧．电力市场中大用户直购电相关问题研究［J］．华东电力．2008（10）．

［137］陈弘．规范政府行为 完善金融市场——对我国企业并购现状和策略之思考［J］．商场现代化．2008（05）．

［138］陈宏亚．物流运输环境成本核算［J］．科教文汇（上旬刊）．2008（07）．

［139］陈会英，吕敏，周衍平．中国乳制品产业经济分析与政策选择［J］．山东农业大学学报（社会科学版）．2008（02）．

［140］陈吉庄．非财务信息披露与公司治理［J］．金融与经济．2008（02）．

［141］陈冀，陈晓建．寻租规则下无资质奶“公关”进校园［J］．法制与经济（上半月）．2008（05）．

［142］陈佳鹏，丁日佳．资源产权对我国资源合理利用的影响研究［J］．商业研究．2008（09）．

［143］陈家喜．欠缺性市场：私营经济发展的政府约束［J］．理论与改革．2008（02）．

［144］陈家琰．论我国上市公司监管架构的形成与完善［J］．经济社会体制比较．2008（03）．

［145］陈建军，胡晨光．产业集聚的集聚效应——以长江三角洲次区域为例的理论和实证分析［J］．管理世界．2008（06）．

［146］陈杰．银行业监管法制建设中的原则导向问题［J］．浙江金融．2008（09）．

［147］陈金伟，苗建军．模块化时代的垄断效率研究［J］．产业经济研究．2008（06）．

［148］陈静，孙益全．试以规模经济视角论中国皮革工业的发展［J］．现代农业．2008（05）．

［149］陈君艳．土地利用规划及环境影响评价［J］．科技创新导报．2008（15）．

［150］陈坤．内幕交易监管的博弈分析［J］．江西社会科学．2008（06）．

［151］陈黎琴．从定量化角度看企业联盟与并购的战略选择［J］．商业时代．2008（18）．

［152］陈利敏．浅谈企业并购后的企业文化管理［J］．牡丹江大学学报．2008（10）．

［153］陈林，唐勇．我国家电行业现状及其战略选择分析［J］．科技创业月刊．2008（03）．

［154］陈林华．论我国政府环境保护的投资行为［J］．经济与社会发展．2008（03）．

［155］陈玲．论区域经济发展中的政府规范行为［J］．改革与战略．2008（S2）．

［156］陈敏，桂琦寒，陆铭，等．中国经济增长如何持续发挥规模效应？——经济开放与国内商品市场分割的实证研究［J］．经济学（季刊）．2008（01）．

［157］陈明．城市公用事业民营化改革的复杂性研究［J］．经济管理．2008（14）．

［158］陈明．城市公用事业民营化中规制机构的独立性研究［J］．商业时代．2008（29）．

［159］陈明，乐琦，王成．市场结构与市场绩效——基于我国乳业成长期的实证研究［J］．经济管理．2008（Z2）．

［160］陈明政，方思敏．我国资源型企业可持续发展制约因素分析［J］．理论月刊．2008（04）．

［161］陈佩虹，张梅青．欧盟共同政策下瑞典铁路放松管制进程研究［J］．北京交通大学学报（社会科学版）．2008（02）．

［162］陈启清．监管竞争和监管合作：争论及启示［J］．经济理论与经济管理．2008（09）．

［163］陈强．浅析我国食品安全问题的现状和对策［J］．福建论坛（人文社会科学版）．2008（S3）．

［164］陈青文．环境保护市场化机制研究［J］．浙江树人大学学报（人文社会科学版）．2008（06）．

［165］陈荣新．试论当前我国医疗改革中的政府责任问题［J］．商情（财经研究）．2008（02）．

[166] 陈汝敏．高速公路建设环境保护与环境影响评价探讨［J］．商情（财经研究）．2008（05）．

[167] 陈锐，许萍．“经济人”假设与利益集团管制理论的局限性［J］．当代经济研究．2008（06）．

[168] 陈桑桑．双维度探析我国电信业的改革路径［J］．华商．2008（04）．

[169] 陈少强．发达国家环境税考察及其启示［J］．地方财政研究．2008（08）．

[170] 陈守东，田艳芬，赵大坤．预算软约束对我国银行体系脆弱性影响的实证分析［J］．当代经济（下半月）．2008（11）．

[171] 陈守海．我国石油安全与石油工业上游放开研究［J］．商场现代化．2008（08）．

[172] 陈守海．我国油气工业上游放开的利益分析［J］．商业时代．2008（11）．

[173] 陈守海，罗东坤．我国油气工业上游准入政策研究［J］．商场现代化．2008（10）．

[174] 陈树文．平等与效率：论阿瑟·奥肯的抉择理论及其现实意义［J］．马克思主义与现实．2008（02）．

[175] 陈松．从科斯无关性定理到市场失灵及政府规制［J］．长春市委党校学报．2008（01）．

[176] 陈宋生．直面中国版“萨班斯”——如何应对内部控制监管外部化［J］．审计与理财．2008（07）．

[177] 陈泰和．物权理论与环境法则的冲突及其对策［J］．法学．2008（09）．

[178] 陈望祥．电力工业改革三十年［J］．南风窗．2008（20）．

[179] 陈伟华．公用事业垄断的法律规制［J］．杭州电子科技大学学报（社科版）．2008（01）．

[180] 陈伟晶．浅析制定发展循环经济的汽车消费税［J］．商业文化（学术版）．2008（05）．

[181] 陈五洲，黄小玲．和谐社会视角下的收入分配公平问题研究［J］．商场现代化．2008（12）．

[182] 陈霞，许松涛．环境收益的确认与计量分析［J］．煤炭经济研究．2008（09）．

[183] 陈先锋．“嫡亲长子”要纾解民困［J］．瞭望．2008（03）．

[184] 陈咸奖．规制、腐败与规制改革［J］．生产力研究．2008（20）．

[185] 陈祥华．透过《物权法》看电网建设中的法律风险［J］．农电管理．2008（06）．

[186] 陈晓东．社会市场经济与和谐发展：中德市场竞争政策——“中德对话”第三次研讨会观点综述［J］．中国工业经济．2008（08）．

[187] 陈晓锋．基于进化博弈论的网络外部性与厂商策略［J］．统计与决策．2008（12）．

[188] 陈晓红．食品质量安全的市场失灵及其治理——基于制度经济学的视角［J］．生产力研究．2008（14）．

[189] 陈欣．美国反垄断法对我国保险业的启示［J］．保险研究．2008（12）．

[190] 陈新英．基于网络经济条件下规模经济的新视角［J］．生产力研究．2008（09）．

[191] 陈兴述，左晓婷．我国银行业外资并购的经济学分析［J］．预测．2008（02）．

[192] 陈雄兵，张宗成．银行业监管：理论分析与中国实践［J］．当代经济．2008（03）．

[193] 陈秀娟．公用事业新型监管体制的建构［J］．全国商情（经济理论研究）．2008（05）．

[194] 陈旭，夏芸，胡朝晖．并购绩效的衡量方法研究综述［J］．现代管理科学．2008（10）．

[195] 陈玄，王建超．我国税收征管中契约精神的构建［J］．吉林工商学院学报．2008（01）．

[196] 陈学云，江可申．航空运输服务自然垄断强度的弱化与规制放松［J］．财贸经济．2008（07）．

[197] 陈学云，江可申．航空运输业规制放松与反行政垄断——基于自然垄断的强度分析［J］．中国工业经济．2008（06）．

[198] 陈学云，江可申．谈弱自然垄断与规制放松的可能性［J］．商业时代．2008（12）．

[199] 陈学云，江可申，王艳．我国航空运输业的反行政垄断［J］．价格月刊．2008（12）．

[200] 陈雪梅，李景海．市场竞争地位的不平等与城乡收入差距扩大［J］．商业研究．2008（07）．

[201] 陈琰，许非．电力短缺与动态定价模型——以广西为例［J］．中国人口．资源与环境．2008（03）．

[202] 陈彦丽．自然垄断产业市场化的规制需求分析［J］．北方经贸．2008（08）．

[203] 陈艳．我国商业银行改革与并购［J］．民营科技．2008（10）．

[204] 陈艳莹，原毅军，游闽．中国服务业进入退出的影响因素——地区和行业面板数据的实证研究［J］．中国工业经济．2008（10）．

[205] 陈焱，陈建东，张燕．我国证券业规制中存在的问题及其完善措施［J］．安徽大学学报（哲学社会科学版）．2008（06）．

[206] 陈扬，张秋生．并购战略与联盟战略适用边界的实证研究［J］．北京交通大学学报（社会科学版）．2008（01）．

[207] 陈耀龙．"高薪低效"型薪酬体系的解决之道［J］．人才资源开发．2008（11）．

[208] 陈烨，杨秀奎．论非公有制经济发展壮大的法律环境之改善［J］．山东纺织经济．2008（06）．

[209] 陈怡宁，沈君霞．国外饭店并购研究综述［J］．管理现代化．2008（01）．

[210] 陈莹．浅论生态环境与经济发展［J］．聊城大学学报（社会科学版）．2008（02）．

[211] 陈莹．我国生态环境与经济发展关系探析［J］．经济论坛．2008（07）．

[212] 陈颖佳．论食品安全的现状及其发展对策［J］．内蒙古科技与经济．2008（11）．

[213] 陈甬军，胡德宝．不确定性下的垄断势力测度问题［J］．山西财经大学学报．2008（03）．

[214] 陈甬军，胡德宝．西方自然垄断产业管制理论的发展与述评［J］．南京财经大学学报．2008（03）．

[215] 陈甬军，胡德宝．中国的买方垄断势力研究［J］．产业经济评论．2008（04）．

[216] 陈甬军，胡德宝．中国电信产业垄断分析——基于剩余需求法的实证研究［J］．广西社会科学．2008（08）．

[217] 陈甬军，胡德宝．转轨经济中的中国自然垄断问题研究［J］．安徽商贸职业技术学院学报（社会科学版）．2008（03）．

[218] 陈勇江．产业集群中政府公共权力失范与合理规制［J］．江海学刊．2008（06）．

[219] 陈雨生，乔娟，李德胜．质量投资模型下的安全食品生产实体决策行为分析［J］．技术经济．2008（05）．

[220] 陈钰．市场经济条件下中国政府的价格监管工作分析［J］．徐州教育学院学报．2008（04）．

[221] 陈赟，徐鹏．外资并购国有企业过程中的动阻力分析［J］．企业技术开发．2008（05）．

[222] 陈赟，徐鹏．外资并购国有企业中垄断转移的过程及条件分析［J］．工业技术经济．2008（08）．

[223] 陈赟，徐鹏．外资并购国有企业中寻租问题的不完全信息静态博弈模型［J］．工业技术经济．2008（04）．

[224] 陈珍妮．浅析中国电信业重组的重要性——基于市场结构的分析［J］．全国商情（经济理论研究）．2008（13）．

[225] 陈真诚，文千锤．中国地产"四虎"有多可怕［J］．法人杂志．2008（04）．

[226] 陈振华，彭忠益．政府投资项目监管的“三重困境”透视［J］．湖南文理学院学报（社会科学版）．2008（02）．

[227] 陈治亚，黄国亮．循环经济的制度变迁——重点以排污权交易为例［J］．经济研究导刊．2008（19）．

[228] 陈治中．A股定价之争 从可口可乐收购汇源说起［J］．股市动态分析．2008（37）．

[229] 陈仲常，孟丹．国有垄断性资源产业与竞争性消费产业企业价值比较［J］．当代经济科学．2008（05）．

[230] 陈重君．浅析基建领域存在的问题及监管思路［J］．财政监督．2008（09）．

[231] 陈珠明，杨华李．对原并购企业有损害的企业并购时机与条件［J］．数理统计与管理．2008（04）．

[232] 陈宗法．电改五年，发电企业已不再属于垄断行业——市场竞争中的发电企业［J］．中国电力企业管理．2008（01）．

[233] 成建平．环境成本和负债的会计核算探讨［J］．财政监督．2008（12）．

[234] 成天柱，赖玥．药品市场商业贿赂的不完全信息动态博弈模型［J］．广西工学院学报．2008（04）．

[235] 程爱军．关于我国经济增长模式转变的理性思考［J］．科技信息（科学教研）．2008（24）．

[236] 程婵娟，郭芳玉．我国商业银行规模经济实证研究［J］．东南大学学报（哲学社会科学版）．2008（S2）．

[237] 程琤．构建循环经济发展的税收对策支持体系研究［J］．商场现代化．2008（27）．

[238] 程恩富，大卫·科茨．金融性危机的根由：新自由主义的资本主义——中美两位经济学家的对话［J］．理论参考．2008（11）．

[239] 程刚．试论政府微观规制在市场经济发展中作用的有效性——兼论市场失灵带来的资源配置损失［J］．新疆金融．2008（08）．

[240] 程工．我国民营银行的发展路径与方式分析［J］．上海经济研究．2008（05）．

[241] 程建华，黄德龙，杨晓光．我国物价变动的影响因素及其传导机制的实证研究［J］．统计研究．2008（01）．

[242] 程鉴冰．最低质量标准政府规制研究［J］．中国工业经济．2008（02）．

[243] 程金华．地方政府、国家法院与市场建设——美国经验与中国改革［J］．北京大学学报（哲学社会科学版）．2008（06）．

[244] 程锦锥．改革开放三十年来我国产业组织理论研究进展［J］．经济纵横．2008（11）．

[245] 程青．食品安全信息不对称问题及治理分析［J］．经营管理者．2008（16）．

[246] 程彦敏，葛文雷．境外私募并购境内企业境外套现的模式简析［J］．上海金融．2008（12）．

[247] 程艳．次贷危机与我国金融风险防范［J］．商场现代化．2008（30）．

[248] 程永宏．基尼系数组群分解新方法研究：从城乡二亚组到多亚组［J］．经济研究．2008（08）．

[249] 程雨荷．从马克思主义垄断理论看我国垄断问题［J］．合作经济与科技．2008（17）．

[250] 程正敏．收入分配制度的公正、公平和效率［J］．经济论坛．2008（17）．

[251] 程支中，李龙秀．垄断型企业经营者薪酬制度改革路径探析［J］．理论与改革．2008（01）．

[252] 程仲鸣，夏新平，余明桂．政府干预、金字塔结构与地方国有上市公司投资［J］．管理世界．2008（09）．

[253] 程子潇，韩平．中国企业海外并购风险的研究思路探析 [J]．价值工程．2008 (02)．

[254] 程子阳，Sangwan Sunanda，关冲，等．基于改进的Stackelberg模型的中国移动通信市场份额分析 [J]．中国通信．2008 (03)．

[255] 程子阳，唐守廉．电信业重组前后移动通信市场份额的博弈分析 [J]．北京邮电大学学报（社会科学版）．2008 (03)．

[256] 迟楠楠，赵会茹，李春杰．我国实施电力普遍服务基金机制的成本与时机分析 [J]．技术经济．2008 (03)．

[257] 初丽霞，巨荣良．循环经济发展的经济学分析 [J]．聊城大学学报（社会科学版）．2008 (03)．

[258] 储国强．电信业求破"畸形垄断" [J]．瞭望．2008 (14)．

[259] 楚金桥，李俊．论和谐社会的本质及经济标志 [J]．统计与决策．2008 (01)．

[260] 楚金桥，吴军．谈人力资本专用性与现代服务企业的发展 [J]．商业时代．2008 (35)．

[261] 串冬梅，杜鑫．经济全球化背景下中国同世界的"和谐"与"竞争"探析 [J]．四川理工学院学报（社会科学版）．2008 (03)．

[262] 崔保军．关于企业并购成败判定标准的思考 [J]．华东经济管理．2008 (12)．

[263] 崔本强．外资并购对我国的影响及法律对策 [J]．商业研究．2008 (10)．

[264] 崔彩周．跨国企业对外直接投资市场进入的关键性策略新探 [J]．商业研究．2008 (06)．

[265] 崔国平．国外传媒产业的政府规制分析 [J]．黑龙江对外经贸．2008 (09)．

[266] 崔慧永，李莉．经济学视角下的政府成本 [J]．铜仁学院学报．2008 (04)．

[267] 崔军．我国跨境资金流动监管中存在的问题及对策 [J]．经营管理者．2008 (14)．

[268] 崔丽花．论并购信息披露对股价的影响——以上证上市公司为样本 [J]．东疆学刊．2008 (04)．

[269] 崔万田，白旭．风险的特征与租金的消散 [J]．生产力研究．2008 (07)．

[270] 崔文迁，王珺，马菁蕴．我国森林保险的市场失灵与政策建议——基于福建省森林保险工作的研究 [J]．林业经济．2008 (11)．

[271] 崔小爱．环境税收与"绿色"税法的构建 [J]．污染防治技术．2008 (02)．

[272] 崔秀芝．"三鹿奶粉事件"的两大教训 [J]．公关世界．2008 (12)．

[273] 崔雪松．中小企业卡特尔的豁免对税收征管的影响 [J]．决策与信息（财经观察）．2008 (09)．

[274] 崔影慧，陈惠．基于外部垄断市场的转移定价策略研究 [J]．生产力研究．2008 (21)．

[275] 崔影慧，陈惠．跨国并购中文化整合模式风险的识别与测度 [J]．软科学．2008 (02)．

[276] 崔永梅，施贤达，陈云华．并购与绿地投资适用边界的经验研究 [J]．生产力研究．2008 (19)．

[277] 崔瑜．电信重组风声再起 [J]．互联网周刊．2008 (Z1)．

[278] 崔玉新，胡晓芳．浅谈食品质量电子监管 [J]．企业标准化．2008 (17)．

[279] 大卫·帕克，克林·柯克帕特里克，孙宁．发展中国家的私有化：对实证和政策教训的评论 [J]．经济社会体制比较．2008 (01)．

[280] 代齐．我国石油工业管理体制沿革（三）[J]．中外能源．2008 (06)．

[281] 代清霞．医疗服务市场的政府管制 [J]．中外医疗．2008 (11)．

[282] 代中强，王学峰．不同市场结构条件下外资并购模型研究 [J]．吉林工商学院学报．2008 (05)．

[283] 戴春荣．广电网络 垄断带来效益 [J]．股市动态分析．2008 (05)．

[284] 戴骥，葛琼．中国零售业规模经济问题研究［J］．特区经济．2008（12）．

[285] 戴金平，安志勇，冯蕾．跨国并购对目标国产业集中与发展的影响分析［J］．证券市场导报．2008（07）．

[286] 戴魁早．因子分析在我国钢铁业市场绩效分析中的应用［J］．数理统计与管理．2008（02）．

[287] 戴魁早．中国钢铁业市场绩效的实证研究［J］．河北经贸大学学报．2008（01）．

[288] 戴立新，李美叶．火力发电企业环境成本的控制研究［J］．中国管理信息化．2008（16）．

[289] 戴丽萍．我国政府间税收竞争问题的探析［J］．商业文化（学术版）．2008（08）．

[290] 戴启秀．自由经济与政府干预——对全球金融危机下经济模式的反思［J］．德国研究．2008（04）．

[291] 戴石，金自康．规模控制与集团优势分析［J］．商业时代．2008（27）．

[292] 戴双兴．城市土地收购储备制度与房地产价格快速上涨关系研究［J］．福建师范大学学报（哲学社会科学版）．2008（04）．

[293] 戴天柱，李晟．环境保护投融资中的动态博弈分析［J］．国际商务研究．2008（04）．

[294] 戴晓芙．大兼并与日本银行业的竞争新格局［J］．现代日本经济．2008（01）．

[295] 单春明，齐秉宇．试析我国的房改、房价与利益集团［J］．当代经济．2008（04）．

[296] 单豪杰，沈坤荣．解读中国经济增长之谜：一个激励导向的分析［J］．经济评论．2008（01）．

[297] 单双，韩超．横向兼并控制的反垄断研究综述［J］．黑龙江对外经贸．2008（07）．

[298] 单双，韩超．我国横向兼并研究最新发展述评［J］．山东行政学院山东省经济管理干部学院学报．2008（03）．

[299] 单祥茹．并购是否能成就中国企业的全球化之梦？［J］．电子设计技术．2008（06）．

[300] 党渭民．根据市场结构确定竞争决策［J］．饭店现代化．2008（02）．

[301] 党晓磊，张红旗．外资并购对我国啤酒行业市场结构的影响［J］．华商．2008（18）．

[302] 党永嘉．产能规模化，还是产品差异化？［J］．21世纪商业评论．2008（03）．

[303] 邓．财政分权问题根源在于分权不够［J］．当代社科视野．2008（01）．

[304] 邓慧．利用贝克尔模型分析农地流转利益分配问题［J］．安徽农业科学．2008（11）．

[305] 邓俊荣．基于“网络范式”的产业组织理论分析及其现实意义［J］．江西社会科学．2008（03）．

[306] 邓玲．试析企业并购的成本效应［J］．宜宾学院学报．2008（07）．

[307] 邓路．调控有效性、地方保护与环渤海经济圈产业趋同［J］．环渤海经济瞭望．2008（11）．

[308] 邓敏贞．经济发展权与环境权的冲突与协调［J］．陕西行政学院学报．2008（03）．

[309] 邓田生，刘慷豪．跨国垄断性并购对我国产业安全的影响及对策研究［J］．科技进步与对策．2008（07）．

[310] 邓伟，严海波．利益博弈缺失与公用事业民营化的限度［J］．财经科学．2008（01）．

[311] 邓伟，张力美．垄断性国有企业应该上市吗？——一个政治经济学的观点［J］．经济评论．2008（06）．

[312] 邓鑫．浅析经济适用房的价格管制及政策效率［J］．产业与科技论坛．2008（04）．

[313] 邓杨学．金融企业并购规模化经营风险及其防范研究［J］．长沙铁道学院学报（社会科学版）．2008（04）．

[314] 邓聿文．政府应强制两巨头给民营油企留条生路［J］．商界（评论）．2008（11）．

[315] 邓聿文，王丰年. 生态安全因素对中国经济影响力增大 [J]. 科学决策. 2008 (02).

[316] 邓作义. 德国社会市场经济模式的解读与借鉴——对我国完善社会主义市场经济体制的启示 [J]. 长春工业大学学报 (社会科学版). 2008 (03).

[317] 刁仁德. 不宜重融资结构而轻治理结构改革 [J]. 上海市经济管理干部学院学报. 2008 (04).

[318] 刁新军，杨德礼，胡润波. 具有 Stackelberg 博弈和网络外部性的扩展 Hotelling 模型[J]. 系统工程. 2008 (02).

[319] 丁彩霞. 医疗保险改革与医疗改革共进 [J]. 产业与科技论坛. 2008 (03).

[320] 丁昌东. 试论食品安全中的委托代理 [J]. 大众标准化. 2008 (11).

[321] 丁锋. 初探标准化在电力市场中的宏观应用及广泛影响 [J]. 科技创新导报. 2008 (22).

[322] 丁宏术. 论政府不确定性行为对证券市场运行的影响 [J]. 商业时代. 2008 (31).

[323] 丁宏术，王艳平. 我国股票市场运行中的政府行为研究 [J]. 特区经济. 2008 (05).

[324] 丁华，杨明. 浅议上市公司并购选择现金支付方式的原因及其对税收产生的经济后果 [J]. 商业经济. 2008 (05).

[325] 丁卉，马慧敏. 再生型企业及其重入市场的策略探析 [J]. 时代经贸 (下旬刊). 2008 (09).

[326] 丁金川，丁昌勇. 自然垄断行业政府规制与放松规制问题研究 [J]. 商业文化 (学术版). 2008.

[327] 丁丽梅，王俊凤. 浅析我国环境公益诉讼原告资格 [J]. 法制与社会. 2008 (34).

[328] 丁琳琳. 放松管制与完善民航运输的轴辐式网络——基于对 FC 网络和 HS 网络比较的视角 [J]. 哈尔滨商业大学学报 (社会科学版). 2008 (05).

[329] 丁明利. 中国房地产企业的价格竞争行为特征探析 [J]. 特区经济. 2008 (04).

[330] 丁宁. 国际银行业并购规制中的市场界定: 经验与启示 [J]. 金融发展研究. 2008 (01).

[331] 丁启军，伊淑彪. 中国行政垄断行业效率损失研究 [J]. 山西财经大学学报. 2008 (12).

[332] 丁四保. 我国经济体制改革的地带性差异问题 [J]. 经济地理. 2008 (04).

[333] 丁孝智，季六祥，蒋炜. 自然垄断产业改革的理论演进及趋势研究 [J]. 浙江师范大学学报 (社会科学版). 2008 (04).

[334] 丁心海，王先甲，黄涌，等. 华中电网省间联络线输电能力的电力市场适应性研究[J]. 电网技术. 2008 (01).

[335] 丁鑫，古桂琴. 企业环保责任与政府规制必要性分析 [J]. 山西高等学校社会科学学报. 2008 (10).

[336] 东馨玺. 别拿涉嫌垄断对微软说“不”[J]. 法人杂志. 2008 (11).

[337] 董晨. 论对市场竞争关系的宏观调控 [J]. 今日南国 (理论创新版). 2008 (06).

[338] 董春宇. 公共选择理论对政府规模与增长的经济学解释 [J]. 天津行政学院学报. 2008 (04).

[339] 董春宇. 公共选择理论对中国公共决策民主化的启示 [J]. 辽宁师范大学学报 (社会科学版). 2008 (04).

[340] 董国荣. 论我国企业并购后的财务整合 [J]. 经营管理者. 2008 (12).

[341] 董洪运. 走经济发展与环境保护的双赢之路 [J]. 求是. 2008 (04).

[342] 董慧凝. 循环经济立法导向的范式比较及中国立法目标选择 [J]. 北方工业大学学报.

2008（02）.

［343］董经纬，冯文丽．中国农业保险发展问题研究综述［J］．全国商情（经济理论研究）．2008（16）.

［344］董理．电子商务环境下的税收问题研究［J］．漯河职业技术学院学报．2008（06）.

［345］董理．价格上限规制的反竞争效应研究［J］．江西财经大学学报．2008（03）.

［346］董理．信息不对称和不确定条件下垄断产业成本转嫁研究［J］．当代经济研究．2008（07）.

［347］董理，史小龙．垄断产业规制中的风险和成本转嫁研究［J］．价格月刊．2008（09）.

［348］董理，吴佳婕．自然垄断产业的所有制改革与规制研究［J］．商场现代化．2008（22）.

［349］董龙训，张立光，郑玉坤．外资银行进入对我国银行业影响效应的实证研究［J］．金融发展研究．2008（05）.

［350］董明朝．新农村建设环境保护指标体系研究［J］．科技创业月刊．2008（08）.

［351］董涛涛．企业环境成本分析［J］．财会通讯（理财版）．2008（12）.

［352］董维刚，张昕竹．我国企业并购申报制度的实证分析与设计［J］．产业经济评论．2008（04）.

［353］董维刚，张昕竹．中国企业并购申报制度设计［J］．中国工业经济．2008（08）.

［354］董晓琴．浅议电力市场改革进程中的电价改革［J］．江西电力．2008（03）.

［355］董秀海，胡颖廉，李万新．中国环境治理效率的国际比较和历史分析——基于DEA模型的研究［J］．科学学研究．2008（06）.

［356］董学铁，贾越强．从源头保障食品质量安全的关键［J］．企业标准化．2008（17）.

［357］董芸．绿色GDP：生产成果计量的绿色革命［J］．苏州市职业大学学报．2008（03）.

［358］董再平．财政分权、税收竞争和地区税收转移［J］．内蒙古社会科学（汉文版）．2008（03）.

［359］董战峰，葛察忠，钟晓红，等．有利于科学发展的环境税制设计总体构想［J］．环境保护与循环经济．2008（11）.

［360］董志强．银行治理的改革之路［J］．董事会．2008（05）.

［361］钭晓东．论社会变迁与环境法律规则运行模式的演进［J］．河北法学．2008（03）.

［362］杜朝晖．马克思主义竞争理论与西方经济学竞争理论的比较［J］．教学与研究．2008（04）.

［363］杜传忠．标准竞争、产业绩效与政府公共政策选择——基于信息通信技术产业视角［J］．现代经济探讨．2008（08）.

［364］杜传忠．我国资源性产品价格扭曲的原因探析及矫正对策［J］．经济与管理研究．2008（10）.

［365］杜传忠．信息通信技术（ICT）产业的标准竞争绩效与政府公共政策选择——基于信息通信技术（ICT）产业的视角［J］．软科学．2008（10）.

［366］杜放．浅谈美国环保税收政策及其借鉴［J］．深圳职业技术学院学报．2008（03）.

［367］杜奋根，赵翠萍．和谐社会“利益共享”分配模式及其制度安排初探［J］．求实．2008（05）.

［368］杜国用，杜国功．论央企重组的基本框架、逻辑视角与路径选择［J］．广西经济管理干部学院学报．2008（02）.

［369］杜国用，杜国功．论中央企业重组的基本框架、逻辑视角与路径选择［J］．贵州财经学院学报．2008（04）.

［370］杜建耀．企业并购中的整合问题研究［J］．改革与战略．2008（03）.

[371] 杜俊宸．从可口可乐拟收购汇源看中国民族企业 [J]．经营管理者．2008 (14).

[372] 杜鹏，汪锋，张宗益．时间和收入来源对城市居民收入分配差距的影响——对深圳市城市居民家庭收入变动性和收入来源的实证研究 [J]．统计研究．2008 (12).

[373] 杜卫霞．论社会资本与市场经济秩序的规范 [J]．特区经济．2008 (09).

[374] 杜鑫．就地转移和异地转移劳动力的收入差距研究 [J]．经济理论与政策研究．2008 (12).

[375] 杜旭宇．浅析经济增长、环境保护与社会稳定的关系及其处理 [J]．金卡工程（经济与法)．2008 (09).

[376] 杜义飞，李仕明，林光平．垄断制造商的供应商选择与竞争价值分配 [J]．系统工程学报．2008 (03).

[377] 杜正艾．改革将出现“四大转向”[J]．农村工作通讯．2008 (13).

[378] 杜舟．电信重组非市场选择无法有效竞争 盲目拆分换汤不换药难治垄断顽症 [J]. IT 时代周刊．2008 (Z1).

[379] 杜舟，吴晓宇．中国电信招标“地狱价”的幕后 [J]．中国招标．2008 (43).

[380] 段贵昌．我国上市银行效率的测量 [J]．金融理论与实践．2008 (04).

[381] 段进明，姚蕾．自然垄断行业个人收入分配问题浅析 [J]．商业研究．2008 (05).

[382] 段进鹏，周媛．我国石油产业竞争力分析 [J]．商业时代．2008 (04).

[383] 段世霞，扈文秀．竞争条件下的企业兼并时机和对价比例 [J]．西安理工大学学报．2008 (03).

[384] 番薯．金融危机与政府救市 [J]. IT 时代周刊．2008 (07).

[385] 樊国昌．中国保险市场的基本判断及特征分析 [J]．生产力研究．2008 (18).

[386] 樊慧玲．政府社会性规制的成本与收益 [J]．山东财政学院学报．2008 (05).

[387] 樊慧远，张璐婧．垄断对中国行业收入的影响 [J]．商业文化（学术版)．2008 (02).

[388] 樊丽利，赵京燕，马永保．刍议保险业垄断行为的规制 [J]．法制与社会．2008 (12).

[389] 樊澎涛．网络营销对定价的影响 [J]．价格月刊．2008 (08).

[390] 樊小钢，陈薇．我国农村社会养老保险中政府财政责任探讨 [J]．甘肃行政学院学报．2008 (06).

[391] 樊一江，马天山，高睿晶．交通运输政府规制供需特质研究 [J]．铁道运输与经济．2008 (06).

[392] 范斌．我国电力市场的经济学分析 [J]．价格理论与实践．2008 (08).

[393] 范春光．国外食品安全监管制度及其借鉴——建立“从农田到餐桌”的全过程质量信息披露制度 [J]．国家行政学院学报．2008 (03).

[394] 范大平，戴戌．反垄断与汽车业集团化的法律与体制问题 [J]．城市车辆．2008 (10).

[395] 范光羽，刘彩华．刍议我国环境税收制度的建立 [J]．黑龙江对外经贸．2008 (01).

[396] 范建双，李忠富，徐博懿．大型施工企业业务集中度及其对经济效益的影响研究 [J]．建筑经济．2008 (08).

[397] 范君．中国城市商业银行发展中政府行为的作用分析 [J]．科技情报开发与经济．2008 (35).

[398] 范俊丽．论公用事业民营化的法律规制 [J]．山西高等学校社会科学学报．2008 (12).

[399] 范丽莉．我国信息资源产业发展制度环境的构建与完善 [J]．情报科学．2008 (08).

[400] 范梦柏．医疗卫生改革存在的主要问题与政策选择 [J]．生产力研究．2008 (11).

[401] 范天森．中国循环经济发展中的阻碍因素及对策分析 [J]．改革与战略．2008 (11).

[402] 范晓华．加强对跨国公司社会性规制的探讨 [J]．长春市委党校学报．2008 (02).

[403] 范晓英．中国房地产企业的价格竞争行为特征探析［J］．特区经济．2008（12）．

[404] 范新安，陈立文．成本不对称双头垄断期权博弈模型分析［J］．财会月刊．2008（35）．

[405] 范学俊．政府在金融市场中的作用——基于福利经济学的理论分析框架［J］．华东师范大学学报（哲学社会科学版）．2008（04）．

[406] 范正伟，谢雪梅．中国电信进入移动领域壁垒重重［J］．通信企业管理．2008（09）．

[407] 范志国．日本广告监管给我们的启示［J］．广告人．2008（01）．

[408] 方德斌，王荣富．发电市场政府激励性监管机制研究［J］．武汉理工大学学报．2008（01）．

[409] 方芳．国外食品安全生产的政策法规［J］．肉类研究．2008（06）．

[410] 方国敏．特定折扣率的二度价格歧视研究［J］．成都信息工程学院学报．2008（04）．

[411] 方海燕．具有 R&D 产品的企业 R&D 策略分析［J］．金陵科技学院学报（社会科学版）．2008（01）．

[412] 方海燕，达庆利．具有 R&D 产品的伯川德竞争下的 R&D 策略研究［J］．软科学．2008（08）．

[413] 方宏．国际银行业大规模并购的效应［J］．消费导刊．2008（07）．

[414] 方军雄．政府干预、所有权性质与企业并购［J］．管理世界．2008（09）．

[415] 方堃．在华跨国公司环境违法相关问题探讨［J］．上海交通大学学报（哲学社会科学版）．2008（05）．

[416] 方敏．论中国航空运输业的价外费改革［J］．中国物价．2008（04）．

[417] 方敏．论中国航空运输业放松进入管制［J］．综合运输．2008（08）．

[418] 方鹏骞，张莉．医疗卫生改革的价值取向与战略选择［J］．中国卫生事业管理．2008（12）．

[419] 方升，周敏．基于利益相关者视角下的我国食品安全问题探析［J］．江苏商论．2008（08）．

[420] 方世敏，赵爽．旅游企业纵向并购的边界测量探析［J］．延安大学学报（社会科学版）．2008（02）．

[421] 方伟．公营公用事业的效率模型分析及最优供给方式选择［J］．商业时代．2008（14）．

[422] 方燕．我国电信业规制改革问题分析［J］．网络财富．2008（06）．

[423] 方颖．解决我国目前收入差距扩大的方法［J］．科教文汇（中旬刊）．2008（03）．

[424] 方重，梅玉华．论房产税改革对房地产市场的调控效应［J］．当代经济管理．2008（04）．

[425] 菲利普·H·沃伦．价格卡特尔及其宽大制度和调查技巧［J］．中国价格监督检查．2008（10）．

[426] 封进，余央央．医疗卫生体制改革：市场化、激励机制与政府的作用［J］．世界经济文汇．2008（01）．

[427] 封肖云．FDI 与我国汽车行业市场集中度相关性分析［J］．价值工程．2008（06）．

[428] 冯博．金融衍生工具市场发展存在的问题及法律监管［J］．商业时代．2008（29）．

[429] 冯刚．经济发展与环境保护关系研究［J］．北京林业大学学报（社会科学版）．2008（04）．

[430] 冯根福，刘志勇，王新霞．股权分置改革、产权属性、竞争环境与公司绩效——来自 2005～2007 年中国上市公司的证据［J］．当代经济科学．2008（05）．

[431] 冯建勇．企业履行社会责任中的政府作用探析［J］．内蒙古农业大学学报（社会科学版）．2008（06）．

[432] 冯江．我国经济快速增长的特征与战略取向分析 [J]．时代经贸（中旬刊）．2008（S1）．

[433] 冯均科．审计失灵：国家审计“负绩效”的根源 [J]．审计与经济研究．2008（03）．

[434] 冯蕾．新时期外资在我国并购的垄断倾向及对策研究 [J]．经济纵横．2008（04）．

[435] 冯明磊．航空货运引入等级舱位运价的可行性分析 [J]．空运商务．2008（19）．

[436] 冯沛夫．电子监管在食品安全领域的作用初探 [J]．世界标准信息．2008（08）．

[437] 冯泰文，孙林岩，何哲，等．中国高技术制造业规模与 R&D 效率关系的实证研究 [J]．科学学与科学技术管理．2008（06）．

[438] 冯涛，史恩义．汇率形成机制中的政府因素分析 [J]．社会科学辑刊．2008（05）．

[439] 冯晓静，韩兴．浅析企业社会责任与和谐社会的构建 [J]．经济与管理．2008（06）．

[440] 冯鑫．反垄断诉讼：公益诉讼让消协不再尴尬 [J]．消费导刊．2008（08）．

[441] 冯永晟，马源．论输配电网的自然垄断属性 [J]．电力技术经济．2008（02）．

[442] 冯永晟，马源，张昕竹．配电网的规模经济：一个理论与实证分析框架 [J]．数量经济技术经济研究．2008（11）．

[443] 冯永晟，张昕竹．输配电网管理体制改革与接入监管 [J]．电力技术经济．2008（05）．

[444] 冯玉然．绿色壁垒形成机制与政府对策 [J]．合作经济与科技．2008（03）．

[445] 冯中越，赵楠．合谋理论与城市环卫设施特许经营权拍卖中的合谋问题研究 [J]．深圳大学学报（人文社会科学版）．2008（01）．

[446] 冯忠泽，陈思．中国农产品质量安全市场准入的内涵和阶段性发展分析 [J]．农业系统科学与综合研究．2008（02）．

[447] 冯忠泽，牟少飞，任爱胜．农产品质量安全市场准入过程中利益相关者的博弈分析[J]．农业系统科学与综合研究．2008（01）．

[448] 伏帅，龚志民．中国行业收入差距的成因及其经济增长效应 [J]．山西财经大学学报．2008（12）．

[449] 符剑．浅谈我国食品安全保障体系的完善 [J]．民营科技．2008（07）．

[450] 付晶，刘拂翔．企业并购中人力资源整合理论评述 [J]．商场现代化．2008（05）．

[451] 付景莉．我国纺织企业并购重组问题研究 [J]．生产力研究．2008（04）．

[452] 付景涛．文化企业竞争力的内涵、结构与提升战略 [J]．商业时代．2008（24）．

[453] 付敬东．公有制经济主体地位的逻辑反思：前提还是结果 [J]．管理观察．2008（10）．

[454] 付强．产业结构趋同与地区行政垄断 [J]．山西财经大学学报．2008（05）．

[455] 付强．地区行政垄断、技术进步与粗放型经济增长——基于我国 1978—2006 年技术进步的实证测算 [J]．经济科学．2008（05）．

[456] 付胜华．中国银行业对外开放现状及政策建议 [J]．中央财经大学学报．2008（02）．

[457] 付彤杰．价格下降的增长意义 [J]．生产力研究．2008（02）．

[458] 付文超．浅谈中国旅游业的可持续发展 [J]．科教文汇（中旬刊）．2008（12）．

[459] 付钊．改革和完善我国环保税制的探析 [J]．企业家天地．2008（09）．

[460] 傅必玲，肖雯．我国各省市经济与环境协调发展研究 [J]．当代经济（下半月）．2008（07）．

[461] 傅红春，张贤．收入满足度差距的国别比较及其启示 [J]．经济学家．2008（06）．

[462] 傅家荣，杨娜．欧洲食品安全治理评析 [J]．南开学报（哲学社会科学版）．2008（03）．

[463] 傅娟．中国垄断行业的高收入及其原因：基于整个收入分布的经验研究 [J]．世界经济．2008（07）．

[464] 傅强，方文俊．管理者过度自信与并购决策的实证研究［J］．商业经济与管理．2008（04）．

[465] 傅四保．我国电信重组后市场结构的演化分析［J］．电信科学．2008（10）．

[466] 盖国凤，王俊．房地产业生态环境研究综述［J］．全国商情（经济理论研究）．2008（20）．

[467] 干红芳．我国自然垄断行业规制改革的理论依据——西方规制理论［J］．全国商情（经济理论研究）．2008（02）．

[468] 干丽．刍议市场经济中我国政府经济职能的转变［J］．全国商情（经济理论研究）．2008（04）．

[469] 甘春华．行业工资差距研究述评［J］．开放导报．2008（01）．

[470] 甘乐．我国环境公益诉讼制度建构初探［J］．科技信息（学术研究）．2008（06）．

[471] 甘小丰．中国保险业效率结构的实证分析［J］．数量经济技术经济研究．2008（07）．

[472] 甘煜．构建城市商业银行第二次转型的监管环境［J］．南方金融．2008（04）．

[473] 高波．房地产开发商策略性定价行为的经济学分析［J］．产业经济研究．2008（02）．

[474] 高闯，关鑫．社会资本、网络连带与上市公司终极股东控制权——基于社会资本理论的分析框架［J］．中国工业经济．2008（09）．

[475] 高春成，刘建国．中国电信业规制问题研究［J］．消费导刊．2008（14）．

[476] 高殿文．环境行政执法问题及对策研究［J］．吕梁高等专科学校学报．2008（03）．

[477] 高发．地方政府参与制度变迁对居民收入差距的影响［J］．商业时代．2008（17）．

[478] 高海防，王馨婷．医疗改革进程中的私人投资［J］．管理观察．2008（24）．

[479] 高虹．日本"入关"后政府的产业指导政策回顾及启示［J］．商业时代．2008（15）．

[480] 高杰．农业保险对于农民收入的影响及其政策含义［J］．财政与发展．2008（07）．

[481] 高杰，王志华．长三角制造业同构与集中的动态关系分析［J］．经济问题．2008（12）．

[482] 高洁．市场失灵评价标准的演变及其争论［J］．湖北经济学院学报．2008（02）．

[483] 高金超，于琳．天然气行业垄断行为的经济学分析［J］．经济与管理．2008（05）．

[484] 高晶晶．跨国并购对我国经济的影响及对策［J］．经济论坛．2008（12）．

[485] 高良谋．购并后整合：信息空间视域下的知识学习与转移［J］．财经问题研究．2008（10）．

[486] 高麟．环境保护与经济增长的相关模型研究［J］．商业时代．2008（09）．

[487] 高荣祥．"十一五"时期民营企业与政府关系的思考［J］．理论界．2008（01）．

[488] 高汝熹，杨勇．多元化垄断企业的R&D策略分析［J］．研究与发展管理．2008（06）．

[489] 高山，王静梅．经济全球化背景下外资并购风险防范体系的构建［J］．内蒙古大学学报（哲学社会科学版）．2008（04）．

[490] 高田娟，马涛．零售业并购重组风险分析——以国美收购大中案为例［J］．特区经济．2008（08）．

[491] 高巍．中国对"垄断"说NO！反垄断时代中国汽车产业何去何从［J］．当代汽车．2008（09）．

[492] 高巍，李烨，曲娜．企业并购中融资风险的防范［J］．北方经贸．2008（01）．

[493] 高锡荣．中国电信市场的去垄断改革与技术进步［J］．经济科学．2008（06）．

[494] 高阳，杨薇，王佳江，等．我国食品安全现状问题及对策［J］．农产品加工．2008（09）．

[495] 高旸．对发展我国绿色信贷的思考［J］．辽东学院学报（社会科学版）．2008（06）．

[496] 高宇．生产效率理论演进及其比较研究［J］．天府新论．2008（01）．

[497] 高圆圆，左停．我国环境优化治理行为者功能的探讨 [J]．安徽农业科学．2008 (08).

[498] 郜建豪．企业并购动因浅析 [J]．合作经济与科技．2008 (07).

[499] 葛红玲．开放经济条件下我国银行业市场结构的选择 [J]．北京工商大学学报（社会科学版）．2008 (02).

[500] 葛晶．三次拆分重塑 AT&T [J]．世界电信．2008 (06).

[501] 葛丽明，历建明．环境犯罪的经济学分析 [J]．产业与科技论坛．2008 (08).

[502] 葛冉．浅议反垄断法与社会主义市场经济 [J]．现代商业．2008 (18).

[503] 葛贤民，黄庆．提高铁路运输企业竞争力的对策 [J]．综合运输．2008 (02).

[504] 葛艳丽，刘颖．我国金融监管治理体制的选择及建议 [J]．黑龙江科技信息．2008 (14).

[505] 葛子建．论有限政府下的保健食品监管 [J]．首都医药．2008 (20).

[506] 耿宝民，李金凤．节能规制政策的国外经验启示 [J]．技术与创新管理．2008 (05).

[507] 耿颢．中国保险业主要问题浅析及政策建议 [J]．金融发展研究．2008 (09).

[508] 耿嘉川，周晓曼．中国钢铁产业竞争力评析——兼评《钢铁产业发展政策》[J]．福建论坛（人文社会科学版）．2008 (06).

[509] 耿明英．对在华外资银行不同商业存在形式下的监管探讨 [J]．武汉金融．2008 (04).

[510] 耿庆玲．浅谈医疗改革后门诊收费服务质量的提高 [J]．检验医学与临床．2008 (15).

[511] 耿香玲．地方政府失灵与循环经济发展的制度性障碍分析 [J]．理论导刊．2008 (02).

[512] 官天文．公用事业市场化改革的社会参与研究 [J]．山东理工大学学报（社会科学版）．2008 (06).

[513] 官玉波，赵宝廷．区域市场一体化的含义及其影响因素浅析 [J]．科技情报开发与经济．2008 (27).

[514] 龚强．谈判能力与标价策略 [J]．财经问题研究．2008 (04).

[515] 龚维敬．西方经济学关于垄断理论的争议 [J]．社会科学战线．2008 (07).

[516] 龚新蜀，魏燕．战后日本产业组织政策实践对我国西部产业组织优化的启示 [J]．商业研究．2008 (07).

[517] 巩勋洲．私人股权基金监管的国际经验及对中国的启示 [J]．广东金融学院学报．2008 (04).

[518] 辜昭．非理性低价竞标对监理行业的影响 [J]．建设监理．2008 (12).

[519] 古文化．经济活动中排他性逻辑思维探究 [J]．天津商业大学学报．2008 (05).

[520] 古巷．“奶粉事件”反思：食品安全之路究竟在何方? [J]．民族论坛．2008 (10).

[521] 谷波，林妍．浅析绿色贸易壁垒的产生与对策 [J]．法制与社会．2008 (05).

[522] 谷寒梅．对煤矿安全生产制度的经济学思考 [J]．法制与社会．2008 (13).

[523] 顾成彦，胡汉辉．捆绑销售理论研究评述 [J]．经济学动态．2008 (07).

[524] 顾成彦，胡汉辉．网络型产业的渗透与融合问题研究——以上海市三网融合为例 [J]．产业经济研究．2008 (03).

[525] 顾江．长江三角洲文化市场一体化水平研究 [J]．现代经济探讨．2008 (01).

[526] 顾列铭．联想国际化，始于成功的并购 [J]．大经贸．2008 (04).

[527] 顾列铭．联想国际化：始于成功的购并 [J]．广东科技．2008 (17).

[528] 顾玲姝．试论我国境外的企业并购事前申报制度的构建 [J]．经济论坛．2008 (12).

[529] 顾凌云，陈美玲．新型农村合作医疗制度实施现状分析——以浙江省建德市为调查对象的探讨 [J]．卫生软科学．2008 (03).

[530] 顾铭德．中外资银行合作竞争，共同推进上海国际金融中心建设 [J]．上海金融学院学

报．2008（06）．

[531] 顾苏煜，邹新月．外资银行规模经济、范围经济对我国银行业的影响与对策 [J]．成都大学学报（自然科学版）．2008（04）．

[532] 顾振华．食品安全监管中的危险性分析 [J]．上海食品药品监管情报研究．2008（05）．

[533] 顾正祥．由三鹿奶粉事件谈我国食品安全监管 [J]．法制与经济（下旬刊）．2008（12）．

[534] 顾自安．政府规制下的金融成长分析 [J]．金融教学与研究．2008（04）．

[535] 关春玉．城市基础设施融资创新与制度规制 [J]．管理科学文摘．2008（Z1）．

[536] 关景灵．对绿色GDP核算的初步探索——以广西为例 [J]．全国商情（经济理论研究）．2008（01）．

[537] 关艳丽，张习宁．经济全球化、国际贸易与中国政策选择——基于战略性贸易政策理论的分析 [J]．经济问题．2008（07）．

[538] 关忠诚，赵二帅．偏好DEA在科研机构相对效率评价中的应用 [J]．科学学与科学技术管理．2008（08）．

[539] 管延友．合作社制度变迁的外部性效应及其对我国农村合作金融的影响 [J]．内蒙古金融研究．2008（09）．

[540] 管益忻．汇源：卖，不卖？从可乐"并购门"往外看…… [J]．现代企业文化（上旬）．2008（10）．

[541] 广东省物价局课题组，马壮昌，郭健生，等．广东环境保护价格与收费体系研究 [J]．价格理论与实践．2008（06）．

[542] 桂剑，马静婷．我国商业银行业市场结构及其影响分析 [J]．商场现代化．2008（28）．

[543] 郭碧娥．我国外资银行市场准入制度的分析与完善 [J]．法制与经济（中旬刊）．2008（09）．

[544] 郭彩虹，万俊良，杨海余．寡头市场结构提升我国医药零售业产业组织效率机理研究 [J]．湖南文理学院学报（社会科学版）．2008（04）．

[545] 郭春松．中国银行业监管协调与合作的成本收益和博弈分析 [J]．金融研究．2008（07）．

[546] 郭德忠．欧盟对软件搭售的规制及其启示 [J]．经济论坛．2008（09）．

[547] 郭冬梅．跨国银行监管的法律现代化 [J]．商场现代化．2008（26）．

[548] 郭芳俊．房地产市场的行业监管和职能管理 [J]．法制与社会．2008（09）．

[549] 郭光．我国零售行业价格歧视行为的深层分析 [J]．兰州学刊．2008（05）．

[550] 郭海涛．市场竞争、产业集中与产业绩效研究 [J]．改革与战略．2008（01）．

[551] 郭海涛．推动能源定价机制市场化改革 [J]．上海国资．2008（07）．

[552] 郭海涛．我国能源价格形成机制及改革目标研究 [J]．价格月刊．2008（05）．

[553] 郭汉丁，马辉，张印贤．城市集中供热特许经营价格形成机制的探讨 [J]．建筑经济．2008（01）．

[554] 郭宏，程寨华．中国垄断行业改革的回顾与展望 [J]．经济管理．2008（Z3）．

[555] 郭华．略论企业兼并中的规制问题 [J]．管理观察．2008（16）．

[556] 郭建平．我国环境绩效审计问题研究 [J]．北京石油管理干部学院学报．2008（03）．

[557] 郭俊义，邵新昌．金融业全面开放下的我国商业银行绩效变化研究 [J]．时代金融．2008（12）．

[558] 郭磊．电力市场与发电厂商市场势力的防范 [J]．世界经济情况．2008（04）．

[559] 郭蕾．论我国城市公用事业规制中的结构主义与行为主义 [J]．经济体制改革．2008（05）．

[560] 郭利华，毕海燕. 反垄断管制放松的内在原因：对四种限制竞争行为的福利评价 [J]. 北方经济. 2008 (21).

[561] 郭起宏，李双燕，万迪昉. 基于隐性激励的公共部门组织合谋防范机制设计研究 [J]. 财经理论与实践. 2008 (05).

[562] 郭茜. 论政府对煤矿的管制 [J]. 华北科技学院学报. 2008 (02).

[563] 郭瑞雁. 外国环境治理经验及其对中国的启示 [J]. 山西高等学校社会科学学报. 2008 (07).

[564] 郭姗姗，董小川. 论我国环境保护法律制度中公众参与之完善 [J]. 陕西师范大学学报 (哲学社会科学版). 2008 (S2).

[565] 郭士僩. 流通企业的功能及其规模——一个交易费用经济学的分析 [J]. 当代经济管理. 2008 (06).

[566] 郭爽，李永平. 医改新政对医药流通行业的影响及发展趋势 [J]. 甘肃社会科学. 2008 (04).

[567] 郭威威. 食品安全监管协调体制探析 [J]. 现代商贸工业. 2008 (03).

[568] 郭卫东. 自然垄断行业中国有企业的改革研究——以某焦化厂改革实践为例 [J]. 经济研究导刊. 2008 (09).

[569] 郭文义. 社会公平分配的哲学思考 [J]. 山西高等学校社会科学学报. 2008 (02).

[570] 郭艳. 我国公用企业滥用市场支配地位的法律规制 [J]. 安徽警官职业学院学报. 2008 (01).

[571] 郭艳茹. 交易费用、权力控制与明代管制型制度体系的演变 [J]. 南开经济研究. 2008 (02).

[572] 郭艳茹. 中央与地方财政竞争下的土地问题：基于经济学文献的分析 [J]. 经济社会体制比较. 2008 (02).

[573] 郭怡. 并购中船舶企业定价模型研究 [J]. 江苏科技大学学报 (社会科学版). 2008 (02).

[574] 郭鹰. 基础设施投资领域 PPP 生态演化的系统动力学分析 [J]. 安徽商贸职业技术学院学报 (社会科学版). 2008 (04).

[575] 郭鹰. 境外租赁行业并购动因与并购进程分析 [J]. 山东商业职业技术学院学报. 2008 (01).

[576] 郭永昌. 流动人口非正规就业空间竞争：基于上海若干样点的调查 [J]. 特区经济. 2008 (02).

[577] 郭宇华. 试论食品安全与政府监管 [J]. 今日药学. 2008 (05).

[578] 郭玉池. 电网企业经营风险及对策 [J]. 广西电业. 2008 (08).

[579] 郭芸，郭文睿，李榆梅. 我国与发达国家食品安全管理的比较 [J]. 科学时代. 2008 (01).

[580] 国务院国资委资本市场运营及监管赴美培训团，邓志雄，李晓梁. 美国资本市场及其监管考察报告 [J]. 国有资产管理. 2008 (04).

[581] 韩慈. 改革开放以来我国区域经济发展布局的演变——以"五年计划"为视角 [J]. 昆明理工大学学报 (社会科学版). 2008 (10).

[582] 韩海霞. 政府在发展循环经济中应该有所作为 [J]. 安徽农学通报. 2008 (04).

[583] 韩坚. 生产性服务业对先进制造业的促进作用及其发展的思考 [J]. 常熟理工学院学报. 2008 (11).

[584] 韩建中. 我国电视媒介市场格局演变趋势及原因——基于电视媒介经济特征的分析[J].

山西财经大学学报．2008（S1）．

［585］韩晶．租金、收益与产业升级——对全球价值链下收益分配不均问题的思考［J］．财经问题研究．2008（10）．

［586］韩晶晶．基于ASP的电信商业模式发展分析［J］．商场现代化．2008（06）．

［587］韩俊平，李静．浅议我国企业合并理论及合并业务［J］．山西财经大学学报．2008（S2）．

［588］韩立刚．我国房地产行业兼并与重组研究［J］．全国商情（经济理论研究）．2008（07）．

［589］韩庆华，邓慧．利益集团视角下的农地流转问题分析——一个贝克尔模型的应用［J］．经济研究参考．2008（39）．

［590］韩庆华，王晓红．促进经济循环发展的财政政策实证研究［J］．经济学动态．2008（09）．

［591］韩庆华，赵宇，卢夏瑾．对我国发展循环经济财税政策的思考［J］．财政研究．2008（09）．

［592］韩淑慧．论收入分配领域中的公平与效率关系问题［J］．全国商情（经济理论研究）．2008（19）．

［593］韩潇．银行业竞争结构影响因素探讨［J］．合作经济与科技．2008（09）．

［594］韩晓舟，詹真杨．外资并购国有企业的问题及对策研究［J］．商场现代化．2008（32）．

［595］韩永奇．反垄断法亮出你的利剑来——外资并购所带来的垄断对我国啤酒行业的影响［J］．啤酒科技．2008（12）．

［596］韩玉堂．我国循环经济理论研究综述［J］．经济纵横．2008（10）．

［597］韩嫄．我国证券市场监管的加强与完善［J］．中央财经大学学报．2008（09）．

［598］杭洁，俞丽辉．试析企业并购支付方式的选择［J］．财会月刊．2008（36）．

［599］郝二虎．公用事业的产权制度改革［J］．经济体制改革．2008（04）．

［600］郝二虎，陈小萍．从福利经济学角度看收费公路价格管制［J］．价格月刊．2008（02）．

［601］郝二虎，陈小萍．收费公路价格管制问题探析［J］．价格月刊．2008（01）．

［602］郝国彩．住房市场失灵与政府干预［J］．山东财政学院学报．2008（06）．

［603］郝晓彤，田慧．对美国汽车流通发展的制度演进的分析及启示［J］．市场周刊（理论研究）．2008（10）．

［604］郝旭东，欧阳令南，张新安．创业投资中政府政策效应的研究［J］．安徽农业科学．2008（01）．

［605］何大安．中国流通产业组织中的局部垄断［J］．学术月刊．2008（05）．

［606］何凡．略论地区竞争的方式选择［J］．商场现代化．2008（34）．

［607］何凡．浅议地区竞争对国家产业空间结构演进的积极影响［J］．商场现代化．2008（36）．

［608］何刚，陈文静．公共资本和私人资本的生产效率及其区域差异——基于分位数回归模型的研究［J］．数量经济技术经济研究．2008（09）．

［609］何格．城市土地市场失灵探讨［J］．价格月刊．2008（04）．

［610］何光辉，杨咸月．第二次杠杆收购浪潮中的管理层收购及其经营效率［J］．南京社会科学．2008（11）．

［611］何贵勇，郝亚．试论对出租车行业管制［J］．科技创业月刊．2008（01）．

［612］何国平，张兴宏．政府在循环经济中的作用探析［J］．生态经济（学术版）．2008（01）．

[613] 何继新，刘莹．不完全合作、非合作博弈的逻辑：企业与行业协会价格串谋行为分析[J]．经济经纬．2008（01）．

[614] 何继新，刘莹．企业与行业协会价格串谋行为分析与共同治理——基于不完全合作、非合作博弈的逻辑 [J]．财经科学．2008（01）．

[615] 何佳．公平与效率之辨 [J]．社科纵横（新理论版）．2008（04）．

[616] 何建洪，马凌．我国风险投资中的强制性制度供给问题分析 [J]．科技管理研究．2008（06）．

[617] 何锦龙．浅析环境公益诉讼制度在我国的构建 [J]．时代经贸（中旬刊）．2008（S5）．

[618] 何岚．影响我国市场效率竞争的原因 [J]．商场现代化．2008（13）．

[619] 何丽杭．德国食品安全立法经验及其对我国的启示 [J]．德国研究．2008（04）．

[620] 何丽杭．我国食品安全监管组织机构问题——与德国的比较 [J]．食品工程．2008（04）．

[621] 何明升，高献忠．基于公共物品供给理论的网络秩序供给机制分析 [J]．自然辩证法研究．2008（03）．

[622] 何宁．企业管理体制改革——中国电信运营商可持续发展之核心 [J]．商场现代化．2008（16）．

[623] 何铁军．国际环境法的可持续发展原则刍议——以系统法学为视角 [J]．哈尔滨工业大学学报（社会科学版）．2008（03）．

[624] 何廷润．电信业监管改革在社会基础行业中的比较研究 [J]．移动通信．2008（24）．

[625] 何霞，仇玉岭．对未来中国电信监管政策的思考 [J]．通信管理与技术．2008（06）．

[626] 何贤杰，朱红军，陈信元．政府的多重利益驱动与银行的信贷行为 [J]．金融研究．2008（06）．

[627] 何晓平．技术产权交易市场监管研究 [J]．兰州学刊．2008（06）．

[628] 何秀芝，李朝旗．论我国自然垄断行业的政府规制失灵 [J]．科学与管理．2008（06）．

[629] 何咏梅，刘影，郭勤．网络经济对现代企业管理的影响及对策研究 [J]．工业技术经济．2008（06）．

[630] 贺灿飞，谢秀珍，潘峰华．中国制造业省区分布及其影响因素 [J]．地理研究．2008（03）．

[631] 贺文华．利益集团与中国经济体制改革 [J]．湖北社会科学．2008（06）．

[632] 贺文华．农村利益集团的经济分析 [J]．台湾农业探索．2008（01）．

[633] 贺显南，孟娟．证券交易所跨国并购动因探析及启示 [J]．广东外语外贸大学学报．2008（04）．

[634] 贺小海，刘修岩．我国银行业结构与经济增长的因果关系研究——基于分期省级面板数据的实证研究 [J]．产业经济研究．2008（02）．

[635] 贺小海，刘修岩．中国银行业结构影响因素的实证研究 [J]．财经研究．2008（05）．

[636] 贺正强．采购监督机制的契约经济学分析 [J]．统计与决策．2008（12）．

[637] 桁林．关于投资率和消费率高低之争——改革开放 30 年理论回顾与展望 [J]．社会科学研究．2008（04）．

[638] 洪必纲．寻租理论：对寻租活动正外部性的分析 [J]．上海经济研究．2008（12）．

[639] 洪昌文．中国证券市场信息不对称研究 [J]．科技信息（学术研究）．2008（03）．

[640] 洪江涛，陈俊芳．动态环境下产品组合策略竞争的博弈分析 [J]．工业工程．2008（02）．

[641] 洪结银．专利池的经济效率和反垄断规制 [J]．产业经济研究．2008（02）．

[642] 洪小潞．外资并购反垄断审查问题研究 [J]．商场现代化．2008 (19)．
[643] 洪晓静，吴倩．部门垂直掏空基层政府 [J]．领导文萃．2008 (24)．
[644] 洪莹莹．浅析我国电信业垄断与竞争之演变轨迹 [J]．科技信息（学术研究）．2008 (27)．
[645] 洪源，罗宏斌．我国开征环境税的目标定位与基本构想 [J]．税务研究．2008 (08)．
[646] 洪治纲．金融衍生证券市场监管原则初探 [J]．商业时代．2008 (28)．
[647] 侯春雷．银行服务收费的法经济学分析 [J]．特区经济．2008 (09)．
[648] 侯迪，刘扬．我国现行城市土地储备制度中存在的问题与发展对策 [J]．国土资源．2008 (S1)．
[649] 侯风云．政治经济学研究对象、学科地位及相关问题思考 [J]．经济理论与政策研究．2008 (12)．
[650] 侯风云，伊淑彪．行政垄断与行业收入差距的传导机制 [J]．贵州财经学院学报．2008 (01)．
[651] 侯风云，张凤兵，王会宗．自然垄断产业多元化的厂商合谋：假设及论证 [J]．山东大学学报（哲学社会科学版）．2008 (05)．
[652] 侯俊军，曹云菡．网络效应、大国效应与国际标准竞争 [J]．求索．2008 (09)．
[653] 侯萌萌，姜弘．政策制度：环境与经济和谐发展的协调员 [J]．山东纺织经济．2008 (01)．
[654] 侯伟丽．国际贸易中企业环境责任的新发展及其启示 [J]．国际贸易问题．2008 (08)．
[655] 侯文宇．古诺线性模型与中国房地产 [J]．首都师范大学学报（自然科学版）．2008 (05)．
[656] 侯瑜．中国现行环境保护税费政策评析及建议 [J]．税务与经济．2008 (04)．
[657] 侯岳川．我国自然垄断行业现行管制中存在的问题与对策 [J]．黑龙江科技信息．2008 (17)．
[658] 胡爱华，曾宪初，张洁燕，等．我国行业收入差距的演进及其分解分析 [J]．统计与决策．2008 (18)．
[659] 胡鞍钢，郑京海，高宇宁，等．考虑环境因素的省级技术效率排名（1999—2005）[J]．经济学（季刊）．2008 (03)．
[660] 胡波．论审计产品定价的政府管制问题 [J]．金融与经济．2008 (06)．
[661] 胡川．市场结构演进对微观与宏观产权制度作用的研究 [J]．经济社会体制比较．2008 (01)．
[662] 胡盾．浅谈循环经济立法 [J]．山西煤炭管理干部学院学报．2008 (01)．
[663] 胡芳，王勍，尚栩．国际食品安全监管借鉴 [J]．瞭望．2008 (41)．
[664] 胡飞．市场化条件下我国企业并购的特点及问题分析 [J]．商场现代化．2008 (24)．
[665] 胡峰．论中国烟草行业知识产权发展的现状与对策 [J]．未来与发展．2008 (06)．
[666] 胡峰，唐海燕．论基于网络结构的国际并购政策协调 [J]．亚太经济．2008 (01)．
[667] 胡凤雏，彭久生．美国电信市场重组融合启示录 [J]．中国通信．2008 (03)．
[668] 胡国伟．企业定价的博弈分析 [J]．商场现代化．2008 (31)．
[669] 胡海青，李建，张道宏．环保投资与经济增长的协整及因果关系检验——基于1981～2005年的数据分析 [J]．科技进步与对策．2008 (07)．
[670] 胡浩志．企业失灵：一个交易成本经济学的分析视角 [J]．财经科学．2008 (12)．
[671] 胡宏伟，邓大松．垄断均衡与破除：我国县乡医疗市场现状分析对策研究 [J]．人口与发展．2008 (03)．

[672] 胡宏伟，邓大松．新历史学派对我国医疗改革设想的启示 [J]．天水行政学院学报．2008 (01).

[673] 胡洪曙，杨君茹．国有企业的特质产权特性与产业定位 [J]．商业时代．2008 (05).

[674] 胡欢欢．基于和谐社会视域的我国收入差距问题分析 [J]．创新．2008 (03).

[675] 胡佳，何昌文．论排污权的行使 [J]．法制与社会．2008 (31).

[676] 胡建平，干胜道．产品市场竞争、自由现金流量和代理成本 [J]．统计与决策．2008 (07).

[677] 胡建平，干胜道，王俐．垄断行业上市公司自由现金流量与随意性收益支出的实证研究 [J]．现代管理科学．2008 (11).

[678] 胡建平，干胜道，王俐．垄断行业上市公司自由现金流量与随意性支出实证研究 [J]．河南金融管理干部学院学报．2008 (05).

[679] 胡剑锋，朱剑秋．水污染治理及其政策工具的有效性——以温州市平阳县水头制革基地为例 [J]．管理世界．2008 (05).

[680] 胡江华．境外中国金融衍生品监管的政策框架 [J]．湖南工程学院学报（社会科学版）．2008 (03).

[681] 胡进．公司治理的新政治经济学研究述评 [J]．经济学动态．2008 (09).

[682] 胡进．基于新政治经济学分析框架的公司治理研究综述 [J]．经济评论．2008 (06).

[683] 胡靖．失地农民权益流失的政府责任——基于委托代理理论的博弈分析 [J]．湖南税务高等专科学校学报．2008 (05).

[684] 胡静．环境法的制度工具 [J]．经济师．2008 (01).

[685] 胡军．跨国金融监管的法律问题初探 [J]．金卡工程（经济与法）．2008 (12).

[686] 胡俊波．收入差距、就业概率与农村劳动力转移——基于托达罗模型的思考 [J]．农村经济．2008 (08).

[687] 胡珺珏．中国制造业应对成本上升的策略研究 [J]．世界经济情况．2008 (10).

[688] 胡立峰．外国环境仲裁制度的实践及对我国的启示 [J]．内蒙古社会科学（汉文版）．2008 (02).

[689] 胡亮，刘凯峰，杨松涛．局部战争条件下的财政金融动员研究 [J]．军事经济研究．2008 (12).

[690] 胡霖，王领全，张华丽．英国供水行业的监管经验与启示 [J]．中国给水排水．2008 (10).

[691] 胡民．药品价格偏高的原因及治理路径选择 [J]．价格理论与实践．2008 (03).

[692] 胡铭．知识产权与产业组织关系研究新进展 [J]．经济学动态．2008 (06).

[693] 胡平．对冲基金及其监管问题研究 [J]．南方金融．2008 (04).

[694] 胡荣搓，陈绍刚．最终产品市场存在 Stackelberg 竞争的中间产品定价 [J]．系统管理学报．2008 (04).

[695] 胡少华，黎瑾．美国证券市场监管的成本收益分析：文献综述 [J]．金融教学与研究．2008 (05).

[696] 胡苏皓．竞争、自然垄断与组织结构——关于铁路行业改革思路的探讨 [J]．实事求是．2008 (02).

[697] 胡苏皓．自然垄断的边界变化与竞争效率——对中国电信业改革的探讨 [J]．华东经济管理．2008 (04).

[698] 胡苏云．新医改进程中的医药企业：挑战和机遇 [J]．上海医药．2008 (08).

[699] 胡穗，康铁庚．契约失灵：第三部门缘起的新思考 [J]．邵阳学院学报（社会科学版）．

2008 (01).

[700] 胡伟辉．从循环经济视角看我国对外贸易与环境的协调发展 [J]．生态经济．2008 (06).

[701] 胡文国，刘凌云．我国煤矿生产安全监管中的博弈分析 [J]．数量经济技术经济研究．2008 (08).

[702] 胡文佳，李爱圃．网络经济下的垄断和反垄断研究 [J]．安徽电子信息职业技术学院学报．2008 (02).

[703] 胡小红，孙明贵．政府治理商务成本的经济学分析 [J]．商业时代．2008 (09).

[704] 胡雪琴．国产软件商谈如何突破巨头垄断 [J]．中国经济周刊．2008 (42).

[705] 胡雪琴，陈勇．商业银行适度规模问题探析 [J]．金融管理与研究．2008 (11).

[706] 胡杨．食品安全监管需要政府积极主动 [J]．农村工作通讯．2008 (09).

[707] 胡永法，秦海涛．区域水资源价格确定探讨 [J]．江苏商论．2008 (11).

[708] 胡增芳，谢洋．我国保险业混业经营的依据和对策 [J]．安徽商贸职业技术学院学报（社会科学版）．2008 (03).

[709] 胡智勇，林初昇．中国国有企业生产效率的区域差异 [J]．地理学报．2008 (10).

[710] 扈桂兰．企业购并过程的成本效应分析 [J]．农村经济与科技．2008 (02).

[711] 扈凝．我国电力行业价格管制模式的选择 [J]．中国集体经济．2008 (06).

[712] 花永兴．公有制条件下的产权经济研究 [J]．科技情报开发与经济．2008 (31).

[713] 华肖．非法经营罪中"严重扰乱市场秩序"行为的界定 [J]．法学．2008 (01).

[714] 华瑶，袁宏波，于海龙．基于DEA的火电上市公司业绩分析 [J]．经济视角（下）．2008 (12).

[715] 淮建军，刘新梅，雷红梅，等．中国房地产市场管制中四大利益集团联盟的博弈分析 [J]．系统工程理论与实践．2008 (06).

[716] 郇志坚，张长征，万映红．内生价格歧视理论：以电信业选择资费为例 [J]．管理工程学报．2008 (02).

[717] 黄爱宝．全球环境治理与生态型政府构建 [J]．南京农业大学学报（社会科学版）．2008 (03).

[718] 黄安仲．委托代理关系中的合谋及其治理 [J]．现代管理科学．2008 (03).

[719] 黄波，孟卫东，任玉珑．供应链纵向合作研发投资策略研究 [J]．科技管理研究．2008 (10).

[720] 黄大柯，王艺明．政企关系中地方政府行为的外部性分析 [J]．吉林工程技术师范学院学报．2008 (07).

[721] 黄东坡．外资并购负效应的应对策略 [J]．经济研究导刊．2008 (09).

[722] 黄海峰．市场经济法治化 [J]．读书．2008 (01).

[723] 黄海平，黄宝连．我国西部制造业产业组织问题研究 [J]．石河子大学学报（哲学社会科学版）．2008 (04).

[724] 黄华，杨永均．政府行为的一种经济学解释 [J]．商业文化（学术版）．2008 (12).

[725] 黄蕙萍，杨桔．协调贸易和环境关系的国际合作框架比较 [J]．商业时代．2008 (18).

[726] 黄健柏，严志辉．管制与竞争行业经营者报酬及激励效率差异研究 [J]．求索．2008 (02).

[727] 黄洞秋．论出口卡特尔的反垄断豁免 [J]．海南大学学报（人文社会科学版）．2008 (04).

[728] 黄杰．浅析垄断协议规制对区域性电网企业的影响 [J]．黑龙江省政法管理干部学院学

报．2008（06）．

[729] 黄晋．我国保险行业协会在反垄断法通过后面临的挑战——重庆市保险协会案启示[J]．保险研究．2008（12）．

[730] 黄炯奇，孟海锋．我国燃油税改革中的利益博弈［J］．时代经贸（下旬刊）．2008（01）．

[731] 黄居林．我国公用事业特许权投标竞争与改革［J］．重庆工商大学学报（社会科学版）．2008（04）．

[732] 黄隽，汤珂．商业银行竞争、效率及其关系研究——以韩国、中国台湾和中国大陆为例［J］．中国社会科学．2008（01）．

[733] 黄磊碧．我国运价规制与竞争的制度变迁——以铁路运价为例［J］．广西大学学报（哲学社会科学版）．2008（06）．

[734] 黄力平．公用事业反垄断与政府公共管理改革［J］．云南行政学院学报．2008（03）．

[735] 黄丽君．外资零售企业并购对国家经济安全影响及对策［J］．福建工程学院学报．2008（04）．

[736] 黄丽君．我国零售企业应对外资并购的策略选择［J］．黑龙江对外经贸．2008（11）．

[737] 黄丽君，庄惠明．外资零售企业并购的效应分析及对策建议［J］．海峡科学．2008（02）．

[738] 黄丽娜．浅议循环经济法的部门归属［J］．法制与社会．2008（36）．

[739] 黄丽萍，宋娴．我国钢铁行业上市公司环境信息披露问题探讨［J］．价格月刊．2008（12）．

[740] 黄烈生，张丹．煤炭企业生态环境成本分析［J］．会计之友（上旬刊）．2008（02）．

[741] 黄庐进，何时有．论 FDI 对我国环境的负面影响［J］．当代经济（下半月）．2008（01）．

[742] 黄满池．全流通对上市公司并购行为的影响分析——一个基于博弈论的分析框架［J］．财经理论与实践．2008（02）．

[743] 黄满池，王修华．全流通条件下上市公司的兼并策略及其社会福利研究——一个不完全信息动态博弈的分析框架［J］．软科学．2008（06）．

[744] 黄宁．云南省收入差距临界点的基本分析［J］．经济与社会发展．2008（10）．

[745] 黄宁清．浅谈环境成本核算［J］．企业家天地．2008（07）．

[746] 黄朴，付庆祥．完善成品油定价机制的几点建议——对成品油实行最高零售限价的思考［J］．价格理论与实践．2008（12）．

[747] 黄茜，江雪芹，范增刚．失地农民补偿制度评价——以江苏省 S 市为例［J］．安徽农学通报．2008（13）．

[748] 黄群慧．新时期国有企业的使命与国企领导人的薪酬制度［J］．经济与管理研究．2008（01）．

[749] 黄荣哲，农丽娜．国内银行卡市场的寡头博弈［J］．金融与经济．2008（01）．

[750] 黄睿，郭骅，夏斌．电信业重组后 集约化建设管理模式初探［J］．通信世界．2008（22）．

[751] 黄润源，李传轩．国外环境税法律制度的发展实践及对我国的启示［J］．改革与战略．2008（12）．

[752] 黄世平，肖洪钧，黄旭平．我国银行市场结构与效率：基于动态面板的分析［J］．南京师大学报（社会科学版）．2008（01）．

[753] 黄素．对混业经营趋势下金融控股集团监管问题的探讨［J］．保险职业学院学报．2008（04）．

[754] 黄速建. 国有企业改革三十年：成就、问题与趋势 [J]. 首都经济贸易大学学报. 2008 (06).

[755] 黄泰岩，金铁鹰. 大企业主导下的中小企业成长——一个国外的文献综述 [J]. 经济经纬. 2008 (04).

[756] 黄涛. 基于一体化经营的自然垄断产业规制模式创新 [J]. 商业研究. 2008 (05).

[757] 黄薇. 中国保险机构的规模经济与适度规模 [J]. 武汉金融. 2008 (07).

[758] 黄巍，郭凯锋. 论我国资源税法律制度的完善 [J]. 经营管理者. 2008 (16).

[759] 黄伟. 政府管制——集团与公众利益之间的抉择——基于房地产与出租车市场政府管制的思考 [J]. 华商. 2008 (16).

[760] 黄文平. 论政府的价格控制及其后果 [J]. 湖北经济学院学报. 2008 (02).

[761] 黄现民. 农产品质量安全监管的现状与思考 [J]. 农业环境与发展. 2008 (03).

[762] 黄向，保继刚，Smith Stephen. 我国自然旅游资源私有化后果动态管理研究 [J]. 软科学. 2008 (04).

[763] 黄向阳. 公共资源开发推动GDP增长下的收入分配问题研究——以湖南省张家界市为例 [J]. 当代经济（下半月）. 2008 (01).

[764] 黄小虎. 征地制度改革和集体建设用地流转 [J]. 经济研究参考. 2008 (31).

[765] 黄小虎. 政府不能片面追求土地收益最大化 [J]. 南风窗. 2008 (09).

[766] 黄晓卉. 消失的传统文化与遥远的现代化——从“三鹿”毒奶粉事件看中澳食品安全 [J]. 环境. 2008 (10).

[767] 黄晓莉. 论国际损害责任——国际法律责任的新发展 [J]. 法制与社会. 2008 (11).

[768] 黄晓莉. 商务成本变动对长三角区域产业结构的影响 [J]. 经济论坛. 2008 (19).

[769] 黄新. 产业中总成本领先厂商的唯一性分析 [J]. 价值工程. 2008 (03).

[770] 黄新华. 政府的有效管理是最重要的公共物品——新政治经济学视野中的公共物品理论 [J]. 吉林工商学院学报. 2008 (03).

[771] 黄新祥. 跨国公司恶意并购民族品牌的动因及对策分析——从可口可乐并购汇源果汁所想到的 [J]. 特区经济. 2008 (11).

[772] 黄新颖，吴天乐. 中国企业海外并购的特点及成因分析 [J]. 改革与战略. 2008 (09).

[773] 黄兴年. 药价虚高的双寡头垄断基础与解决之道 [J]. 粤港澳市场与价格. 2008 (08).

[774] 黄璇. 我国食品市场准入信息增值开发研究 [J]. 世界标准信息. 2008 (12).

[775] 黄亚林. 农业保险市场失灵的内生因素分析 [J]. 当代经济. 2008 (09).

[776] 黄彦华. 燃气行业政府监管机制的思考 [J]. 上海煤气. 2008 (05).

[777] 黄阳平，踪家峰. 中国主要航空公司运营效率分析 [J]. 经济研究导刊. 2008 (08).

[778] 黄亦农. 环境成本核算的探讨 [J]. 企业家天地下半月刊（理论版）. 2008 (04).

[779] 黄益寿. 环境成本确认与计量探讨 [J]. 财会通讯（综合版）. 2008 (10).

[780] 黄勇. 农地征收中政府的垄断行为分析 [J]. 全国商情（经济理论研究）. 2008 (13).

[781] 黄有璋. 改革开放三十年效率与公平关系的演变 [J]. 岭南学刊. 2008 (05).

[782] 黄远飞，陈方，李志凯. 农村公共物品有效供给探析——非政府组织视角 [J]. 全国商情（经济理论研究）. 2008 (14).

[783] 黄兆基，刘瑶. 开放经济条件下的最优产业政策——横向与纵向的利润转移分析 [J]. 世界经济文汇. 2008 (04).

[784] 黄志龙. 公用事业私有化对社会领域的影响——阿根廷案例研究 [J]. 拉丁美洲研究. 2008 (01).

[785] 黄钟苏. 权重股“外部性”与市场救赎 [J]. IT经理世界. 2008 (08).

[786] 惠彦，陈雯. 政府间竞争行为与地方发展规划编制 [J]. 地域研究与开发. 2008 (02).

[787] 霍冰. 构建食品召回制度的法律思考 [J]. 经济师. 2008 (04).

[788] 霍德发. 论收入差距过大的深层原因及其改善途径 [J]. 财经问题研究. 2008 (02).

[789] 霍果果. 市场经济条件下燃气行业经营管理模式的几点思考 [J]. 重庆与世界. 2008 (08).

[790] 霍丽，惠宁. 改革开放以来公平与效率关系提法的演进 [J]. 社会科学研究. 2008 (06).

[791] 霍明，王欢欢. 上市公司信息披露与监管对策博弈分析 [J]. 经济研究导刊. 2008 (03).

[792] 霍小丽. 国外天然气定价机制及对我国的启示 [J]. 中国物价. 2008 (01).

[793] 嵇明. 进场费合理性的理论解析——兼论中国大型零售商的进场费规制 [J]. 商业研究. 2008 (12).

[794] 吉亮. 从印度看中国 电信行业发展需引入新思路 [J]. 通信世界. 2008 (24).

[795] 吉伟卓，马军海. 发电市场不同决策规则三寡头博弈模型研究 [J]. 系统工程学报. 2008 (03).

[796] 吉伟卓，马军海. 三寡头产量博弈模型复杂性及混沌控制研究 [J]. 中国农机化. 2008 (05).

[797] 籍涛. 论烟草产业的政府管制——基于市场结构与绩效的分析框架 [J]. 社科纵横. 2008 (01).

[798] 纪国涛. 寡头垄断下的价格博弈与市场选择——移动与联通价格竞争的理论与实践探索 [J]. 价格理论与实践. 2008 (03).

[799] 纪汉霖，管锡展. 纵向一体化结构下的双边市场定价策略 [J]. 系统工程理论与实践. 2008 (09).

[800] 纪瑞朴. 新型农村金融机构低门槛准入存隐患 [J]. 金融电子化. 2008 (04).

[801] 季红艳. 浅析企业并购及其财务风险背景 [J]. 时代经贸 (中旬刊). 2008 (S1).

[802] 贾爱玲，周红占. 环境问题的软法之治 [J]. 山东行政学院山东省经济管理干部学院学报. 2008 (03).

[803] 贾晖. 外资并购国有企业问题的探讨 [J]. 铁道运输与经济. 2008 (11).

[804] 贾康. 调节居民收入分配需要新思路 [J]. 当代财经. 2008 (01).

[805] 贾利军. 国际技术转移与我国技术创新 [J]. 经济问题. 2008 (03).

[806] 贾利军. 网络经济与西部民族地区经济增长方式的转型 [J]. 内蒙古大学学报 (哲学社会科学版). 2008 (02).

[807] 贾美枝. 河北省行业收入差距成因及对策研究 [J]. 经济与管理. 2008 (09).

[808] 贾品荣. 铁路改革：如何破“垄”而出 [J]. 西部论丛. 2008 (06).

[809] 贾蕊. 上市公司会计信息披露监管面临的挑战 [J]. 山东商业职业技术学院学报. 2008 (06).

[810] 贾晓娟. 资源环境约束下的“两型社会”产业结构调整 [J]. 理论月刊. 2008 (03).

[811] 贾永成，李冰. 从泰国看我国的医疗保险改革 [J]. 管理观察. 2008 (11).

[812] 贾玉娇. 对于食品安全问题的透视及反思——风险社会视角下的社会学思考 [J]. 兰州学刊. 2008 (04).

[813] 江安琪. 我国商业银行监管引入预先承诺制的探讨 [J]. 海南金融. 2008 (01).

[814] 江凤鸣. 中国医药行业并购形式研究 [J]. 企业家天地下半月刊 (理论版). 2008 (12).

[815] 江海潮，张彬．中国地区竞争力、收入分配博弈与地区居民收入差距［J］．华南农业大学学报（社会科学版）．2008（02）．

[816] 江海潮，张彬．中国地区竞争力与地区居民收入差距——基于委托—代理模型的分析［J］．经济评论．2008（05）．

[817] 江华．民间商会的失灵及其矫正——基于温州行业协会的调查分析［J］．今日中国论坛．2008（05）．

[818] 江敏华．中国零售商之间的自有品牌投资选择博弈模型研究——零售商之间的非对称双头垄断期权博弈模型［J］．改革与战略．2008（09）．

[819] 江崎光男，邵鸣．东亚的区域经济一体化与经济增长、收入分配及贫困削减［J］．南洋资料译丛．2008（01）．

[820] 江清云，单晓光．欧美知识产权领域中的反垄断诉讼及其经济分析［J］．比较法研究．2008（02）．

[821] 江天楠．浅谈开征环境税可能存在的问题［J］．科教文汇（下旬刊）．2008（05）．

[822] 江晓双，张福祥．我国外资银行监管中存在的问题及对策［J］．科教文汇（下旬刊）．2008（09）．

[823] 姜爱林，陈海秋，张志辉．城市环境治理综合评价指标体系研究［J］．长春工程学院学报（社会科学版）．2008（03）．

[824] 姜爱林，陈海秋，张志辉．城市环境中存在的问题及其治理［J］．长春市委党校学报．2008（04）．

[825] 姜爱林，陈海秋，张志辉．中国城市环境治理的绩效、不足与创新对策［J］．江淮论坛．2008（04）．

[826] 姜爱林，陈海秋，张志辉．中国城市环境治理的绩效不足与创新对策［J］．北京园林．2008（03）．

[827] 姜斌．新农村建设中政府行为的重新定位——以湖北红安县为例［J］．内蒙古农业大学学报（社会科学版）．2008（01）．

[828] 姜春海．网络外部性下的 ECPR 接入定价规则研究［J］．河北经贸大学学报．2008（02）．

[829] 姜福英．浅谈当前中国城市商业银行的发展思路［J］．商业经济．2008（01）．

[830] 姜付秀，张敏，刘志彪．并购还是自行投资：中国上市公司扩张方式选择研究［J］．世界经济．2008（08）．

[831] 姜含笑．微软：反垄断见招拆招［J］．经营者．2008（Z2）．

[832] 姜孔桥，张明玉，高重密．我国石化产业实施循环经济的必然性及路径选择［J］．生产力研究．2008（07）．

[833] 姜奇平．电信业向何处去?［J］．互联网周刊．2008（22）．

[834] 姜树元，姜青舫．基于自然垄断现代观点的垄断性行业分类规制研究［J］．商业研究．2008（10）．

[835] 姜双林．欧盟农业环境补贴法律制度的嬗变及其对中国的启示［J］．法治研究．2008（06）．

[836] 姜秀兰．论企业并购融资问题及对策［J］．黑龙江对外经贸．2008（12）．

[837] 姜义军．再议耕地保护［J］．未来与发展．2008（11）．

[838] 姜毅君，王小军，李雪红．大用户直购电模式对电网企业的影响［J］．电网与清洁能源．2008（11）．

[839] 姜志美．跨国公司 R&D 战略联盟发展的趋势、影响及其启示［J］．科技创业月刊．

2008 (02).

[840] 蒋德海. 我国经济改革最本质的是打破行政垄断 [J]. 上海市经济管理干部学院学报. 2008 (04).

[841] 蒋国发. 基于委托代理理论的国有企业经营者监管研究 [J]. 莆田学院学报. 2008 (01).

[842] 蒋海, 姜鹏, 邹朋飞. 寡头垄断、风险竞争与中小银行的发展困境: 2001—2006 [J]. 当代财经. 2008 (12).

[843] 蒋红彬, 方慧. 浅论环境法中的公众参与权 [J]. 经济与社会发展. 2008 (03).

[844] 蒋红娟. 产权、竞争、规制与电信产业绩效 [J]. 商业时代. 2008 (07).

[845] 蒋泓峰. 均衡管理对构建和谐世界的意义 [J]. 公关世界. 2008 (08).

[846] 蒋劼. 跨国气体公司在中国市场进入战略的分析 [J]. 低温与特气. 2008 (02).

[847] 蒋军成. 试论我国医疗保障体制改革中的政府作用——基于系统动力学的分析 [J]. 北方经济. 2008 (14).

[848] 蒋亮. 简议国外循环经济立法与我国生态环境法治建设 [J]. 周口师范学院学报. 2008 (01).

[849] 蒋满元. 城市土地价格异化问题探析 [J]. 福建行政学院学报. 2008 (05).

[850] 蒋满元. 公有产权背景下经济过度竞争形成的基本动因分析——基于我国国有企业产权特征的视角 [J]. 贵州社会科学. 2008 (08).

[851] 蒋满元. 过度竞争现象的测度与影响: 地区本位与竞争失效的视角 [J]. 山东科技大学学报 (社会科学版). 2008 (06).

[852] 蒋满元. 企业生产能力选择对过度竞争现象形成的影响分析 [J]. 社会科学辑刊. 2008 (02).

[853] 蒋满元. 我国粮食双层流通市场形成与发展的机制分析与影响探讨 [J]. 内蒙古财经学院学报. 2008 (05).

[854] 蒋满元. 现阶段工业电价形成体系中存在的问题及对策——以广西为例 [J]. 福建商业高等专科学校学报. 2008 (05).

[855] 蒋满元. 中国市场经济中过度竞争形成的影响因素分析——从行政垄断、自然垄断、企业兼并障碍的视角 [J]. 广西经济管理干部学院学报. 2008 (01).

[856] 蒋满元, 莫河东. 自然垄断行业实施政府管制的趋势及对策探析 [J]. 天中学刊. 2008 (01).

[857] 蒋抒博. 我国食品安全管制体系存在的问题及对策 [J]. 经济纵横. 2008 (11).

[858] 蒋小炜. 环境立法亟须充分运用市场调节机制 [J]. 江苏环境科技. 2008 (S1).

[859] 蒋兴斌. 浅谈我国环境税的开征 [J]. 时代经贸 (中旬刊). 2008 (S6).

[860] 蒋玉娟. 我国企业并购的环境、影响因素及其展望 [J]. 江苏商论. 2008 (12).

[861] 蒋媛媛. 中国邮政产业市场化改革路径探讨 [J]. 新疆师范大学学报 (哲学社会科学版). 2008 (01).

[862] 蒋志敏, 李孟刚. 外资并购危及中国产业安全 [J]. 瞭望. 2008 (28).

[863] 焦大明. 《反垄断法》对电网企业的影响 [J]. 中国电力企业管理. 2008 (07).

[864] 焦建玲, 孙立宪. 我国彩电业价格战分析 [J]. 生产力研究. 2008 (05).

[865] 焦巍巍. 交叉上市公司差异定价理论综述 [J]. 世界经济情况. 2008 (02).

[866] 解晓燕. 美国石油工业与反垄断法 [J]. 产业与科技论坛. 2008 (04).

[867] 介迎疆. 我国证券公司并购重组模式研究 [J]. 科技信息 (学术研究). 2008 (29).

[868] 金纯峰, 刘淑珍. 基于外部性市场失灵的广告管制分析 [J]. 武汉科技学院学报. 2008 (07).

[869] 金雕．电信改革又踩在了“时代尾巴”上［J］．商界（评论）．2008（07）．

[870] 金风．破解出租车难题需双向调整［J］．瞭望．2008（46）．

[871] 金刚，徐静．论市场支配地位的认定标准——兼评我国《反垄断法》第 18、19 条［J］．湖北经济学院学报（人文社会科学版）．2008（06）．

[872] 金浩．我国银行业监管中存在的问题及解决途径［J］．现代经济信息．2008（05）．

[873] 金玲．跨国并购中的文化冲突与人力资源整合［J］．河南工程学院学报（社会科学版）．2008（02）．

[874] 金梦，周志慧．浅析垄断企业的社会责任［J］．法制与社会．2008（10）．

[875] 金明辉．任锦汉：成功并购四要素［J］．管理@人．2008（07）．

[876] 金素．规制理论的演进与发展分析［J］．沿海企业与科技．2008（02）．

[877] 金雪军，李楠．国际银行业并购对中国银行业并购策略选择的启示——以汇丰银行为例［J］．国际金融研究．2008（02）．

[878] 金雪梅．日本食品安全体系对我国的借鉴［J］．中国食品工业．2008（12）．

[879] 金振武，林仰平，韦志军．监管不误效率［J］．中国海关．2008（Z1）．

[880] 金志云，赵强，庞笑萌．地方政府投资支出竞争的博弈分析及机制设计［J］．江西社会科学．2008（04）．

[881] 金桩．上市公司兼并收购类重组绩效的综合财务分析［J］．内蒙古大学学报（哲学社会科学版）．2008（04）．

[882] 晋利珍．改革开放以来中国劳动力市场分割的制度变迁研究［J］．经济与管理研究．2008（08）．

[883] 靳涛．引资竞争、地租扭曲与地方政府行为——中国转型期经济高速增长背后的“不和谐”分析［J］．学术月刊．2008（03）．

[884] 经华．竞争的境界［J］．铁路采购与物流．2008（11）．

[885] 经济学人，丘文敏．企业如何在并购中获得回报？［J］．大经贸．2008（09）．

[886] 荆克晶．日本电力企业的循环经济模式——以中部电力公司碧南火力发电厂为例［J］．现代日本经济．2008（02）．

[887] 井西晓．行政区划与区域经济一体化关系探讨［J］．党政干部学刊．2008．

[888] 景东升．世界发达国家的油气资源监管及启示［J］．国土资源情报．2008（12）．

[889] 景普秋，王清宪．煤炭资源开发与区域经济发展中的“福”与“祸”：基于山西的实证分析［J］．中国工业经济．2008（07）．

[890] 敬辉蓉，李传昭．拍卖中卡特尔的两种合谋机制研究［J］．管理工程学报．2008（03）．

[891] 久陵．从“反垄断法”看品牌营销管理办法［J］．汽车与配件．2008（33）．

[892] 剧锦文．“准国有垄断”蔓延之弊［J］．中国企业家．2008（05）．

[893] 瞿明方．试论我国垄断行业福利腐败的危害与治理［J］．中共郑州市委党校学报．2008（03）．

[894] 卡尔·佩尔尼孔，陈萍．并购美国公司后继承的长尾损害责任与相关的保险问题［J］．上海保险．2008（05）．

[895] 康锋莉，李娜．财政联邦制下收入分配职能的思考［J］．当代经济．2008（05）．

[896] 康洪．循环经济——我国环境资源管理的有效选择［J］．文史博览（理论）．2008（01）．

[897] 康升云，刘晶晶，胡川．我国农产品质量安全问题成因探析［J］．农业与技术．2008（01）．

[898] 康伟．绿色 GDP 及其核算体系的构建途径［J］．经济与管理．2008（11）．

[899] 康运河．论我国发展循环经济的税收政策［J］．科技情报开发与经济．2008（09）．

[900] 柯甫榕．试论保险条款费率监管［J］．保险研究．2008（02）．

[901] 柯孔林，冯宗宪．我国商业银行效率测度及其影响因素分析［J］．数理统计与管理．2008（01）．

[902] 孔尚惠，秦志强．中国公路经营业动态效率分析——基于 Malmquist 生产力指数［J］．广西财经学院学报．2008（06）．

[903] 匡萍．循环经济发展中的政府作用探讨［J］．聊城大学学报（社会科学版）．2008（03）．

[904] 邝绮婷，张健，杨再贵．区域土地利用理性规划运行机制分析［J］．安徽农业科学．2008（16）．

[905] 邝怡．企业并购中的人员管理问题及相应对策［J］．经济师．2008（04）．

[906] 奎潮．基于 malmquist 指数方法的中国基本医疗保险动态效率分析［J］．金融经济．2008（18）．

[907] 赖霜，朱慧斌．浅析经济手段在资源环境管理中的有效性［J］．广东科技．2008（06）．

[908] 蓝猷平，刘艳．我国公用事业民营化改革：困境与对策［J］．南昌高专学报．2008（05）．

[909] 劳海燕，樊永宏．为何需对银行进行监管？——一个理论总结和文献综述［J］．西南金融．2008（07）．

[910] 乐小芳，张颖，刘豫．我国环境税收政策现状及问题［J］．广州环境科学．2008（04）．

[911] 雷瀚林，余文杰．我国公用企业垄断问题研究［J］．现代商贸工业．2008（07）．

[912] 雷蕙宇，封雷．中国金融业的并购发展战略［J］．市场论坛．2008（04）．

[913] 雷平，施祖麟．企业数量、规模与经济增长——基于省级工业面板数据的研究［J］．经济经纬．2008（02）．

[914] 雷涛．保险组合产品及其规制问题探讨［J］．保险职业学院学报．2008（01）．

[915] 雷雪芹．试论我国公用事业的价格管制问题［J］．江苏商论．2008（10）．

[916] 黎和贵．区域农村信用社规模与效益关系的实证研究［J］．武汉金融．2008（03）．

[917] 黎平海，李瑶．人民币汇率的双重困境管窥——一个双层博弈分析［J］．东北财经大学学报．2008（04）．

[918] 黎映桃．中国政府监管改革研究——背景、问题与对策［J］．中南大学学报（社会科学版）．2008（02）．

[919] 李，柏晶伟．垄断行业改革迫在眉睫［J］．当代社科视野．2008（11）．

[920] 李百吉．我国商业银行结构、效率与绩效关系研究［J］．中央财经大学学报．2008（11）．

[921] 李百吉，贾洪．基于 DEA 方法的我国各省（市）区建筑业生产效率分析［J］．科技创新导报．2008（31）．

[922] 李宝婧，王宇奇．我国电力产业有效运营模式的系统分析［J］．边疆经济与文化．2008（03）．

[923] 李蓓．预约定价制——关联交易转移定价的有效管理［J］．商业文化（学术版）．2008（01）．

[924] 李本辉．竞品价格调整市场反应分析［J］．商场现代化．2008（23）．

[925] 李彪．上市公司在保护投资者利益上的监管现状及对策［J］．武汉工程职业技术学院学报．2008（03）．

[926] 李斌，谨严．我国现行医保制度中的问题研究——以云南省为例［J］．云南财经大学学

报（社会科学版）. 2008（04）.

［927］李冰. 浅论环境问题与国际环境法的发展［J］. 法制与社会. 2008（36）.

［928］李冰，胡盾. 矿产资源开发的生态补偿法律问题探析［J］. 晋中学院学报. 2008（04）.

［929］李丙魁. 政府主导下医疗体系的优化改革［J］. 理论界. 2008（05）.

［930］李秉强. 省际贸易、经济地位与市场分割［J］. 太原理工大学学报（社会科学版）. 2008（01）.

［931］李炳炎，唐思航. 外资过度并购我国企业的风险与对策［J］. 国家行政学院学报. 2008（01）.

［932］李昌庚. 环境保护的宪政思考［J］. 长白学刊. 2008（05）.

［933］李长健，董芳芳，薛报春. 和谐语境下区域环境法制建设的价值解读——以相关理论为分析基点［J］. 沈阳工程学院学报（社会科学版）. 2008（02）.

［934］李长健，徐海萍，辛晨. 权力、权利和利益的博弈——我国当前土地征收问题的法律与经济分析［J］. 经济体制改革. 2008（02）.

［935］李长久. 跨国并购与国家安全［J］. 新视野. 2008（01）.

［936］李朝晖. 价格竞争与营销策略［J］. 科技信息（科学教研）. 2008（23）.

［937］李成. 金融监管理论的发展演进及其展望［J］. 西安交通大学学报（社会科学版）. 2008（04）.

［938］李成，赵琳. 我国商业银行规模与效率：理论与现实的悖论［J］. 金融理论与实践. 2008（12）.

［939］李成仁，高效，李英. 为什么我国电网定价折旧率不能简单参照国际经验取值［J］. 电力技术经济. 2008（01）.

［940］李传新. 论转轨时期中国政府规制体制改革［J］. 法商论丛. 2008（03）.

［941］李传勇，蒋冬梅. 房地产定价策略分析研究——以南京市××楼盘为例［J］. 市场周刊（理论研究）. 2008（08）.

［942］李春景. 我国农村信用社改革中面临的若干矛盾的分析［J］. 管理世界. 2008（08）.

［943］李春玲，李实. 市场竞争还是性别歧视——收入性别差异扩大趋势及其原因解释［J］. 社会学研究. 2008（02）.

［944］李大贵. 论劳动力价格竞争存在的原因、弊端及对策——基于中国出口竞争模式的分析［J］. 黑龙江对外经贸. 2008（07）.

［945］李大林. 基于循环经济的生态消费模式构建［J］. 河南商业高等专科学校学报. 2008（05）.

［946］李丹. 论中国电信普遍服务规制体系的构建［J］. 广西财经学院学报. 2008（02）.

［947］李丹. 美国电信普遍服务管制的经验及启示［J］. 广东财经职业学院学报. 2008（04）.

［948］李丹，米运生. 电信普遍服务理论综述［J］. 重庆邮电大学学报（社会科学版）. 2008（06）.

［949］李丹，吴祖宏. 对电信业交叉补贴机制的探讨［J］. 长沙通信职业技术学院学报. 2008（03）.

［950］李丹丹. 浅谈我国政府的价格管制［J］. 法制与社会. 2008（12）.

［951］李丹阳. 美国食品药品管制政策的问题和发展趋势［J］. 广东社会科学. 2008（02）.

［952］李东升. 政府规制在中小企业融资中的作用［J］. 中国集体经济. 2008（19）.

［953］李东卫. 我国银行业监管有效性研究［J］. 金融发展研究. 2008（11）.

［954］李冬. 小议审计合谋行为［J］. 中国商界（下半月）. 2008（05）.

［955］李栋. 论跨国公司并购对我国的影响及相关对策研究［J］. 广东财经职业学院学报.

2008 (05).

[956] 李栋华，卞鹰．医药行业并购研究述评 [J]．改革与战略．2008 (09).

[957] 李栋华，邱岚，卞鹰．中国医药上市公司并购绩效衡量——基于 DEA 的分析 [J]．改革与战略．2008 (10).

[958] 李范婷，陈怡．发达国家经济增长方式转型过程中的政府干预模式及其启示——以日本和德国为例 [J]．价值工程．2008 (10).

[959] 李芳，王晶．浅析证券公司监督管理条例 [J]．法制与社会．2008 (30).

[960] 李放．传媒产业发展的市场与政府角色 [J]．生产力研究．2008 (18).

[961] 李放．双边市场定价策略与反垄断规制 [J]．辽宁经济．2008 (01).

[962] 李非，周彦平．我国电力市场输配电成本划分及其电价制定方法研究 [J]．现代管理科学．2008 (07).

[963] 李福学．如何做好企业并购后的文化整合 [J]．江苏商论．2008 (02).

[964] 李刚．垄断的标准是什么？[J]．企业标准化．2008 (09).

[965] 李高产．城市集聚经济微观基础理论综述 [J]．城市问题．2008 (05).

[966] 李光德．产权理论框架下政府社会性管制的统一性分析 [J]．江汉论坛．2008 (11).

[967] 李光德．西方产权理论视角下的内部性及其政府管制分析 [J]．贵州社会科学．2008 (02).

[968] 李光绪．基于科学发展观的企业环境成本论 [J]．财会通讯（理财版）．2008 (04).

[969] 李广舜．构建促进我国经济可持续发展的财税政策体系研究 [J]．内蒙古财经学院学报．2008 (04).

[970] 李国超．我国煤气产业价格规制问题研究 [J]．知识经济．2008 (02).

[971] 李国平，华晓龙．我国非再生能源资源定价改革构想 [J]．华东经济管理．2008 (06).

[972] 李国秋，吕斌，吴鲲．企业并购目标选择的竞争情报评估模型——兼论中信证券并购广发证券失败的竞争情报缺失 [J]．情报理论与实践．2008 (01).

[973] 李海明．循环经济：生态城市建设的理想选择 [J]．生态经济（学术版）．2008 (02).

[974] 李皓．国际垂直专业化贸易下自由贸易协定的可行性分析——基于政治经济学的视角 [J]．生产力研究．2008 (21).

[975] 李红．小议食品质量监督体系的构建 [J]．民营科技．2008 (05).

[976] 李红昌，荣朝和．网络经济对运输契约结构和风险规避机制的作用 [J]．综合运输．2008 (09).

[977] 李红刚，朱成斌，陈普兴．农村信用社适度规模研究 [J]．武汉金融．2008 (04).

[978] 李宏．循环经济的建设路径与制度创新 [J]．湖北行政学院学报．2008 (03).

[979] 李虹，刘晓平．基于审计合谋的监管机制分析 [J]．技术经济与管理研究．2008 (01).

[980] 李虹，刘晓平．企业环境成本核算研究——基于资源流的分析 [J]．财经问题研究．2008 (09).

[981] 李鸿兰．反垄断法视野下的银行业并购问题 [J]．技术经济与管理研究．2008 (03).

[982] 李怀．信息产业的管制模式与制度设计 [J]．当代财经．2008 (12).

[983] 李怀．中国食品安全的制度创新与监管模式转型 [J]．天津商业大学学报．2008 (05).

[984] 李怀．中国食品安全规制机制的构建与探索 [J]．哈尔滨商业大学学报（社会科学版）．2008 (06).

[985] 李怀．中国自然垄断产业改革方向探讨 [J]．财经问题研究．2008 (10).

[986] 李怀，赵万里．发达国家食品安全监管的特征及其经验借鉴 [J]．河北经贸大学学报．2008 (06).

[987] 李怀，赵万里．辽宁省食品安全现状、成因及解决对策［J］．大连大学学报．2008（04）．

[988] 李环．信息技术条件下企业环境的变化与管理［J］．商场现代化．2008（30）．

[989] 李惠民，罗颖凤．《中国青年报》医疗体制改革报道的框架分析［J］．科学经济社会．2008（03）．

[990] 李慧中，吴璟桉．中国利率改革三十年的逻辑［J］．上海金融．2008（08）．

[991] 李嘉．并购后须渐进式变革［J］．经理人．2008（11）．

[992] 李建标，王光荣，巨龙，等．产品差异度与双寡头厂商行为的实验分析［J］．产业经济评论．2008（04）．

[993] 李建标，于娟，王光荣，等．产品差异度与厂商共谋行为——模型与实验证据［J］．南开经济研究．2008（03）．

[994] 李建华，成晓娟．公用事业民营化的风险及其控制［J］．湖南文理学院学报（社会科学版）．2008（06）．

[995] 李建兰．环境问题的经济学根源与治理对策探析［J］．四川行政学院学报．2008（05）．

[996] 李建强，张淑翠．社会分工视野下的政府与市场［J］．山东经济．2008（01）．

[997] 李建勋．药价虚高的成因及对策［J］．中外医疗．2008（36）．

[998] 李建英．基于地方政府竞争视角的地方财政风险成因分析［J］．山东经济．2008（06）．

[999] 李剑，唐斐．转售价格维持中的经销商服务理论：解释力与不足［J］．东方法学．2008（06）．

[1000] 李尽法，吴育华，潘海生．基于Malmquist指数的钢铁企业效率测度分析［J］．北京理工大学学报（社会科学版）．2008（03）．

[1001] 李劲．环境公益诉讼新探［J］．法学杂志．2008（05）．

[1002] 李菁华，李雪．中国零售业并购的微观风险分析［J］．江苏商论．2008（06）．

[1003] 李晶．企业环境成本的核算和控制［J］．环境保护与循环经济．2008（12）．

[1004] 李晶．市场化程度、无形资产投资和公司价值［J］．山西财经大学学报．2008（12）．

[1005] 李晶．循环经济与税收优惠［J］．科技成果纵横．2008（06）．

[1006] 李晶龙．垄断行业：招投标呼唤打破坚冰［J］．中国招标．2008（04）．

[1007] 李景文．对可口可乐收购汇源果汁反垄断审查的思考［J］．国际经济合作．2008（10）．

[1008] 李敬．企业并购中的心理契约重构方法［J］．交通科技．2008（03）．

[1009] 李静．出租车监管问题及对策研究［J］．内蒙古科技与经济．2008（08）．

[1010] 李娟．浅谈建立循环经济的理念［J］．农家之友（理论版）．2008（06）．

[1011] 李俊峰．论传统私权保护理念在环境法价值追求中的局限性［J］．甘肃联合大学学报（社会科学版）．2008（01）．

[1012] 李骏阳．通道费的避税效应与规制［J］．南方经济．2008（10）．

[1013] 李坤，付伯颖．对环境税分配效应的思考［J］．内蒙古科技与经济．2008（08）．

[1014] 李坤望，王孝松．待售的美国对华反倾销税：基于“保护待售”模型的经验分析[J]．经济科学．2008（02）．

[1015] 李坤望，王孝松．申诉者政治势力与美国对华反倾销的歧视性：美国对华反倾销裁定影响因素的经验分析［J］．世界经济．2008（06）．

[1016] 李兰冰．基于SCP理论的物流市场结构特征剖析［J］．物流技术．2008（12）．

[1017] 李兰冰．我国铁路系统生产效率的实证研究——基于DEA模型的两阶段分析［J］．软科学．2008（04）．

[1018] 李莉，曹阳．善治——走出农村公共品供给困境［J］．辽宁行政学院学报．2008（06）．

[1019] 李连光．中国房地产行业的垄断性分析［J］．经济研究导刊．2008（13）．

[1020] 李连友，罗嘉．我国金融监管协同机制分析——基于协同学的角度［J］．财经理论与实践．2008（02）．

[1021] 李亮国．中国自然垄断行业的结构控制［J］．企业家天地下半月刊（理论版）．2008（10）．

[1022] 李林．垄断市场结构下的帕累托改进——以中国烟草业改革为例［J］．思想战线．2008（02）．

[1023] 李琳．农村金融发展新旧范式比较及启示［J］．发展研究．2008（03）．

[1024] 李麟．从电信业重组析《反垄断法》在电信行业等特殊领域中的适用［J］．法制与社会．2008（20）．

[1025] 李岭，李志民，谷炜．物流产业竞争的双寡头垄断均衡分析［J］．中国市场．2008（45）．

[1026] 李玲．新时期企业管理理论研究：绿色供应链管理［J］．安徽科技学院学报．2008（03）．

[1027] 李玲，王庆金．关于促进循环经济发展的税收政策分析［J］．企业家天地．2008（05）．

[1028] 李龙．"暴利并亏损着"是垄断伎俩［J］．经济研究参考．2008（12）．

[1029] 李茂华．中国电力市场的价格管制与激励模型探讨［J］．当代经济（下半月）．2008（05）．

[1030] 李孟刚．产业组织安全理论研究［J］．生产力研究．2008（24）．

[1031] 李敏．跨国公司在华并购的动因分析［J］．黑龙江对外经贸．2008（10）．

[1032] 李明．我国自然垄断产业思考［J］．合作经济与科技．2008（23）．

[1033] 李南．港口放松规制与民营化框架下的劳工问题：国际经验［J］．北京交通大学学报（社会科学版）．2008（02）．

[1034] 李南．港口民营化、竞争与规制的综合分析模型［J］．经济前沿．2008（10）．

[1035] 李南．论港口产业的规模经济与范围经济特性［J］．综合运输．2008（01）．

[1036] 李南．运输产业的政府干预及影响——对日本的实证考察［J］．河北理工大学学报（社会科学版）．2008（02）．

[1037] 李楠．中澳电信企业治理机制比较分析［J］．科学决策．2008（10）．

[1038] 李宁，李伯韬．我国出口遭遇大规模"反垄断"起诉的可能性及对策研究［J］．黑龙江对外经贸．2008（03）．

[1039] 李佩佩．"长尾理论"的内涵与应用分析［J］．东南传播．2008（02）．

[1040] 李珮璘．跨国公司并购与中国战略产业的发展［J］．世界经济研究．2008（07）．

[1041] 李鹏．美国电信规制改革及其启示［J］．中国科技产业．2008（04）．

[1042] 李鹏，王斌，孙利辉．考虑市场份额因素的企业竞争的双目标演化博弈分析［J］．商场现代化．2008（17）．

[1043] 李平．规范性征收：国际比较经验与在中国的运用［J］．林业经济．2008（11）．

[1044] 李平，张庆昌．技术创新与市场结构：最优化分析［J］．科技进步与对策．2008（11）．

[1045] 李平祎，李万县．从区域金融差异角度看政府行为及其优化［J］．产业与科技论坛．2008（02）．

[1046] 李琦. 航空公司价格竞争的合法性问题——美国司法部诉美国航空公司掠夺性定价案例研究 [J]. 中国民用航空. 2008 (12).

[1047] 李谦, 吕利平, 晏敬东. 我国快递业监管的几个基本问题探析 [J]. 科技创业月刊. 2008 (07).

[1048] 李乾孙. 对我国食品安全政府监管机制的思考 [J]. 西安财经学院学报. 2008 (06).

[1049] 李强. 超额利润所得税与分配不公的矫正 [J]. 经济研究导刊. 2008 (02).

[1050] 李强. 规制导向与我国上市公司股权结构的优化 [J]. 法治论丛（上海政法学院学报). 2008 (02).

[1051] 李强. 我国金融并购的制度环境缺陷及其改善 [J]. 沈阳航空工业学院学报. 2008 (06).

[1052] 李强. 政府规制、路径依赖与全流通时代我国上市公司股权结构的导向 [J]. 湖北社会科学. 2008 (04).

[1053] 李芹. 论垄断竞争市场下旅行社的品牌化经营 [J]. 甘肃联合大学学报（社会科学版). 2008 (05).

[1054] 李琴. 论证券市场监管中的被监管者激励 [J]. 新疆金融. 2008 (02).

[1055] 李青, 吴君超. 现代经济中的网络外部性 [J]. 商场现代化. 2008 (23).

[1056] 李琼英. 我国收入分配中的公平问题研究 [J]. 理论建设. 2008 (02).

[1057] 李全庆, 陈利根. 巨灾保险: 内涵、市场失灵、政府救济与现实选择 [J]. 经济问题. 2008 (09).

[1058] 李权. 国有资产信托管理中监督人制度的构建 [J]. 法制与社会. 2008 (23).

[1059] 李群. 绿色贸易壁垒对我国对外贸易的影响与对策浅析 [J]. 泰安教育学院学报岱宗学刊. 2008 (01).

[1060] 李燃. 创意产业拒绝行政竞争 [J]. 上海经济. 2008 (05).

[1061] 李荣华, 柳思维. 我国电信产业寡头垄断合谋研究——以中国电信、中国网通两大集团《合作协议》为例 [J]. 重庆邮电大学学报（社会科学版). 2008 (03).

[1062] 李蓉. 对统一食品市场准入模式的实践 [J]. 监督与选择. 2008 (11).

[1063] 李蓉, 朱学红. 浅谈政府激励机制与农村公共产品供给主体多元化 [J]. 企业家天地下半月刊（理论版). 2008 (10).

[1064] 李瑞昌. 理顺我国环境治理网络的府际关系 [J]. 广东行政学院学报. 2008 (06).

[1065] 李森, 孙红霞. 财政分权改革与国有企业改革的比较分析——对中央财政集中度提高的一个理论解释 [J]. 经济经纬. 2008 (03).

[1066] 李少婷, 杨雅雯. 我国环境保护基本法的基本理念和原则 [J]. 法制与经济（中旬刊). 2008 (09).

[1067] 李绍东. 中国旅游企业纵向一体化研究 [J]. 辽宁经济. 2008 (01).

[1068] 李诗林. 地方政府收费的宪政之维——兼与闫海博士商榷 [J]. 地方财政研究. 2008 (02).

[1069] 李姝. 中国石油价格管制难题与化解 [J]. 东北财经大学学报. 2008 (05).

[1070] 李淑萍. 基于决策模型的石化上游企业并购目标选择研究 [J]. 生产力研究. 2008 (16).

[1071] 李曙光. "市场经济导致不平等" 是严重的误解 [J]. 经济研究参考. 2008 (18).

[1072] 李曙光. 外资并购与反垄断 [J]. 中国金属通报. 2008 (37).

[1073] 李树林. 对银行并购的规模经济的再思考 [J]. 中国农业银行武汉培训学院学报. 2008 (01).

[1074] 李硕，陈蔚．规模经济视角下我国汽车制造业状况分析及其对策 [J]. 时代经贸（中旬刊）. 2008 (S3).

[1075] 李思睿．论食品安全法律法规制度 [J]. 法制与社会．2008 (35).

[1076] 李松泉．电子监管网实现信息化监管 确保食品安全 [J]. 食品安全导刊．2008 (02).

[1077] 李素喜，王小平．京津冀服务业合作博弈分析与机制设计 [J]. 商业研究．2008 (01).

[1078] 李素珍．从三鹿奶粉事件看食品安全问题 [J]. 上海包装．2008 (12).

[1079] 李溯．对于国内企业兼并管理的对策与建议 [J]. 现代商业．2008 (24).

[1080] 李太平，潘军昌，应瑞瑶．论保障食品安全的社会经济价值 [J]. 管理科学文摘．2008 (03).

[1081] 李涛．开放经济条件下我国商业银行效率的国际比较与改进 [J]. 江苏商论．2008 (03).

[1082] 李涛．我国商业银行效率测度与比较分析 [J]. 辽宁经济．2008 (04).

[1083] 李涛，郭凯．我国商业银行效率测度与提升路径 [J]. 金融教学与研究．2008 (01).

[1084] 李涛，周业安．财政分权视角下的支出竞争和中国经济增长：基于中国省级面板数据的经验研究 [J]. 世界经济．2008 (11).

[1085] 李眺．进入壁垒、生产能力扩张与证券审计市场的竞争 [J]. 经济管理．2008 (Z3).

[1086] 李眺，夏大慰．公用事业的多产品定价与政府规制：由上海观察 [J]. 改革．2008 (04).

[1087] 李婷，王丽艳．构建我国循环经济法律体系研究 [J]. 法制与社会．2008 (06).

[1088] 李铤．我国大型零售企业跨国营销的动因研究 [J]. 经济研究导刊．2008 (03).

[1089] 李铤，陈修远．我国大型零售企业选择海外市场进入模式的思考 [J]. 商场现代化．2008 (04).

[1090] 李万新．中国的环境监管与治理——理念、承诺、能力和赋权 [J]. 公共行政评论．2008 (05).

[1091] 李维乐，吴宇剑．简论反垄断法视角下如何规制跨国公司的市场支配地位滥用 [J]. 决策与信息（财经观察）. 2008 (09).

[1092] 李伟，韩立岩．外资银行进入对我国银行业市场竞争度的影响：基于 Panzar-Rosse 模型的实证研究 [J]. 金融研究．2008 (05).

[1093] 李伟婷．中国移动通信市场中寡头竞争者的竞争策略分析 [J]. 商场现代化．2008 (12).

[1094] 李文娜．谈外资跨国并购与我国自主品牌发展 [J]. 商业时代．2008 (26).

[1095] 李西林．G 函数与现代经济学派分析 [J]. 汕头大学学报（人文社会科学版）. 2008 (01).

[1096] 李先锋．公共选择理论视角下政府干预经济效能的再思考 [J]. 内蒙古大学学报（哲学社会科学版）. 2008 (06).

[1097] 李响．论我国土壤污染防治的法律体系建设 [J]. 内蒙古民族大学学报．2008 (04).

[1098] 李骁天，王莉．我国体育用品产业市场垄断与竞争分析——以市场行为为切入点 [J]. 北京体育大学学报．2008 (12).

[1099] 李小丽．收入差距与行业差异性分析 [J]. 学习与探索．2008 (04).

[1100] 李小平．发达国家反倾销中的贸易保护主义因素分析——基于新贸易保护主义的视角 [J]. 马克思主义研究．2008 (05).

[1101] 李小祥．对获得食品生产许可证企业日常监管的方法探讨 [J]. 大众标准化．2008 (S2).

[1102] 李晓波. 我国企业的扩张动力：基于政——企网络关系的思考 [J]. 经济体制改革. 2008 (02).

[1103] 李晓丹. 如何正确看待食品安全问题 [J]. 企业标准化. 2008 (17).

[1104] 李晓东. 我国成品油市场政策可控性分析 [J]. 商场现代化. 2008 (36).

[1105] 李晓东，王利华. 企业兼并博弈中的均衡选择 [J]. 统计与决策. 2008 (09).

[1106] 李晓宁. 国有垄断与所有者缺位：垄断行业高收入的成因与改革思路 [J]. 经济体制改革. 2008 (01).

[1107] 李昕雅. “有为政府”下发展民营经济之思考 [J]. 商品储运与养护. 2008 (02).

[1108] 李欣. 基于博弈论的寡头垄断市场的竞争策略分析 [J]. 金卡工程. 2008 (05).

[1109] 李馨子. 试论我国绿色核算监督体系的理论结构 [J]. 商场现代化. 2008 (16).

[1110] 李秀梅. 医疗改革中的有关医疗资源配置的分析 [J]. 内蒙古财经学院学报. 2008 (04).

[1111] 李秀敏，赵晓旭. 基于边界效应模型的我国市场一体化问题研究 [J]. 兰州商学院学报. 2008 (01).

[1112] 李旭东. 循环经济模式中企业行为的动力机制研究 [J]. 全国商情（经济理论研究). 2008 (06).

[1113] 李旭辉. 斩断产业链条 打破行业垄断——用市场机制重新整合房地产业 [J]. 现代经济（现代物业下半月刊). 2008 (01).

[1114] 李学稳，秦昕. 我国自然资源使用权的物权理论分析 [J]. 天津师范大学学报（社会科学版). 2008 (06).

[1115] 李雪，简泽. 区位、规模经济与技术创新活动的空间集聚 [J]. 商业经济与管理. 2008 (08).

[1116] 李雪铭. 论产业经济政策与产权制度变革的关系 [J]. 科技创业月刊. 2008 (12).

[1117] 李岩. 投资回报率价格规制的效率分析 [J]. 生产力研究. 2008 (06).

[1118] 李燕. 反垄断法视野中的企业合并制度 [J]. 江苏建材. 2008 (04).

[1119] 李一鸣，薛峰. 我国商业银行市场结构现状分析及其优化研究 [J]. 中国工业经济. 2008 (11).

[1120] 李轶男. 行业性行政垄断中的利益集团成本收益分析 [J]. 中南财经政法大学学报. 2008 (02).

[1121] 李英. 论可持续发展战略中的循环经济法律问题——关于河南省循环经济法制建设的审视与思考 [J]. 河南社会科学. 2008 (05).

[1122] 李英禹，苏晋，李英. 企业跨国并购中的人力资源整合研究 [J]. 商业研究. 2008 (06).

[1123] 李颖. “绿色贸易壁垒”对我国贸易活动的影响 [J]. 绥化学院学报. 2008 (05).

[1124] 李永杰，董志强. 公共选择与和谐发展：理解中国经济当前的问题和挑战 [J]. 南方经济. 2008 (07).

[1125] 李勇. 价格违法行为的经济分析 [J]. 东岳论丛. 2008 (05).

[1126] 李玉衡. 回归监管本位 提高药监部门执法公信力——专访全国政协委员王国治研究员 [J]. 首都医药. 2008 (09).

[1127] 李育冬，原新. 环境友好型城市建设中的循环经济思想探析 [J]. 生产力研究. 2008 (04).

[1128] 李月，万鲁建. 新自由主义在日本的发展与影响 [J]. 开放导报. 2008 (03).

[1129] 李云燕. 论循环经济发展中市场机制与政府行为的耦合效应 [J]. 经济与管理研究.

2008 (04).

[1130] 李云燕. 我国循环经济发展中的政府行为分析 [J]. 宏观经济管理. 2008 (07).

[1131] 李云燕. 循环经济发展中的政府行为作用分析 [J]. 经济与管理. 2008 (08).

[1132] 李云峥. 中国医疗改革的"奥肯蛋糕"式抉择 [J]. 产权导刊. 2008 (07).

[1133] 李则. 产业融合与规制体制改革 [J]. 甘肃省经济管理干部学院学报. 2008 (04).

[1134] 李兆功. 浅谈农村食品市场监管面临的问题及对策 [J]. 决策探索 (下半月). 2008 (11).

[1135] 李兆前, 齐建国, 吴贵生. 从3R到5R: 现代循环经济基本原则的重构 [J]. 数量经济技术经济研究. 2008 (01).

[1136] 李照作. 法治政府理论在实践中的困扰——地方政府周期性土地违法现象的启示 [J]. 产业与科技论坛. 2008 (07).

[1137] 李哲, 张淑英, 孙甲奎. 规范我国天然气价格管制的对策 [J]. 天然气技术. 2008 (05).

[1138] 李真, 范爱军. 地方保护、区域市场分割与产业集聚——基于制造业数据的实证研究 [J]. 山西财经大学学报. 2008 (10).

[1139] 李真, 范爱军. 中国区域市场分割的研究现状及展望 [J]. 天府新论. 2008 (06).

[1140] 李振军. 现阶段我国网络型基础设施行业的国有资本垄断问题再认识 [J]. 云南社会科学. 2008 (04).

[1141] 李振军. 再论有效竞争 [J]. 生产力研究. 2008 (13).

[1142] 李振一. 浅谈我国商业银行的信息不对称现象 [J]. 北方经贸. 2008 (09).

[1143] 李振佑. 我国自然垄断产业规制改革的特殊性与规制体制创新 [J]. 甘肃理论学刊. 2008 (06).

[1144] 李振佑. 我国自然垄断产业政府规制体制创新 [J]. 甘肃科技. 2008 (12).

[1145] 李震. 从通存通兑费率看金融反垄断制度 [J]. 经济导刊. 2008 (01).

[1146] 李正豪. 重组需要什么样的非对称监管 [J]. 通信世界. 2008 (20).

[1147] 李政, 孙浩进. 公平与效率的关系新论——从和谐社会视角的审视 [J]. 江汉论坛. 2008 (08).

[1148] 李之彦. 论保险行业价格垄断行为的规制 [J]. 价格理论与实践. 2008 (07).

[1149] 李之彦. 论垄断协议规制对车险保费自律行为的影响 [J]. 保险研究. 2008 (11).

[1150] 李志翠. 产业集群: 产业组织优化的新途径——基于SCP范式的分析 [J]. 实事求是. 2008 (04).

[1151] 李志刚, 陈守东, 刘志强. 我国上市公司并购绩效分析 [J]. 税务与经济. 2008 (05).

[1152] 李志建. 基于产权制度的东西部国有企业经济绩效考察 [J]. 商业时代. 2008 (10).

[1153] 李志强. 过度竞争的现实与理论 [J]. 经济与管理. 2008 (02).

[1154] 李志青, 吴人坚. 从新的经济学视野研究新的世界经济问题——读《拯救地球要求经济学全面更新》一文 [J]. 未来与发展. 2008 (12).

[1155] 李志宇. 价格战的反思 [J]. 通信世界. 2008 (48).

[1156] 李治国. 成品油价格国际比较及我国对策研究 [J]. 价格月刊. 2008 (10).

[1157] 李致平, 吴晓楠. 中国铁路行业定价行为的经济学思考 [J]. 贵州商业高等专科学校学报. 2008 (01).

[1158] 李忠东. "德国制造"的深刻含义——食品安全从细节抓起 [J]. 对外传播. 2008 (10).

[1159] 李仲明，杨晋丽，杜辉．银行业全面开放下外资银行的监管：近代中国的经验及启示[J]．税务与经济．2008 (02).

[1160] 李子芬．金融监管问题的多学科理论综述 [J]．金融教学与研究．2008 (05).

[1161] 李梓宁．保险资金投资多元化的法律完善 [J]．理论界．2008 (02).

[1162] 李宗平，翟书斌．基于食品安全问题的经济学分析 [J]．农村经济与科技．2008 (05).

[1163] 李作战．一种超越产业边界的企业并购战略实现模式——基于核心能力扩张的视角[J]．重庆大学学报（社会科学版）．2008 (06).

[1164] 理查德·W·拉恩，伏尼克·德·拉齐，沈腊梅．金融保密与税收竞争面临的威胁[J]．经济资料译丛．2008 (04).

[1165] 立英．缓解我国区域产业结构趋同问题的思考 [J]．特区经济．2008 (12).

[1166] 栗庆华．标准化与反垄断法律问题研究 [J]．中国商界（下半月）．2008 (06).

[1167] 连玮佳，李健．中国国防支出对经济增长影响评估——三部门模型的推导与分析 [J]．军事经济研究．2008 (05).

[1168] 连小超．浅论出租车行业政府管制的改革 [J]．华商．2008 (16).

[1169] 廉李章．西北公益性铁路产权制度创新研究 [J]．经济体制改革．2008 (04).

[1170] 廉李章．政府购买铁路公益性运输服务的探讨——基于西北铁路运输业改制解困的视角 [J]．经济与管理研究．2008 (07).

[1171] 梁冲．对我国钢铁行业集中度问题的探讨 [J]．全国商情（经济理论研究）．2008 (12).

[1172] 梁军．产业模块化与产业组织结构优化 [J]．经济体制改革．2008 (04).

[1173] 梁丽红，张丞．论当前我国金融控股公司监管中的四大矛盾 [J]．科技资讯．2008 (31).

[1174] 梁牧．产品结构差异对企业业绩影响的实证研究 [J]．财会通讯（学术版）．2008 (05).

[1175] 梁鹏．论保险行业协会制定规则的权限——兼论反垄断法对保险行业协会规则制定的影响 [J]．保险研究．2008 (11).

[1176] 梁晓娟．从矿难看中国煤矿安全规制效果 [J]．领导之友．2008 (05).

[1177] 梁岩，阎龙．信息不对称对上市公司的影响及治理 [J]．商情（教育经济研究）．2008 (06).

[1178] 梁源，董普．企业或有环境成本准备金设置思考 [J]．商场现代化．2008 (01).

[1179] 梁正文，磨玉峰．基于AHP的制造型企业并购中文化整合效果的评价研究 [J]．经济研究导刊．2008 (18).

[1180] 廖玫．世界石油天然生产业监管体制的演变和发展 [J]．经济导刊．2008 (03).

[1181] 廖玫，王瑾．中国环境关税体系建立的初步构想 [J]．生态经济（学术版）．2008 (01).

[1182] 廖岷，杨元元．全球商业银行流动性风险管理与监管的发展状况及其启示 [J]．金融研究．2008 (06).

[1183] 廖旺荣．地方循环经济发展的法律思考——以广西生态环境保护立法为例 [J]．凯里学院学报．2008 (02).

[1184] 廖卫东，时洪洋．日本食品公共安全规制的制度分析 [J]．当代财经．2008 (05).

[1185] 廖晓明，何文靓．垄断行业商业贿赂行为分析及政府责任构建 [J]．江汉论坛．2008 (02).

[1186] 林本忠．浅论哈尔滨市出租车行业的管制模式［J］．商业经济．2008（04）．

[1187] 林发新．论证券交易所与证券市场监管［J］．经济与社会发展．2008（01）．

[1188] 林关征．管制的经济绩效分析［J］．现代经济探讨．2008（08）．

[1189] 林关征．管制范围的经济分析——基于自然垄断性维度的思考［J］．经济经纬．2008（02）．

[1190] 林汉川，王皓，王莉．安全管制、责任规则与煤矿企业安全行为［J］．中国工业经济．2008（06）．

[1191] 林积昌．浅论行业协会的价格自律和价格协调［J］．价格理论与实践．2008（08）．

[1192] 林健，赖丽梅．试析日本发展循环经济的实践与经验［J］．江西社会科学．2008（01）．

[1193] 林静．浅议我国反垄断机构设置的理念［J］．法制与社会．2008（10）．

[1194] 林丽敏．完善我国证券市场监管体制的思考［J］．牡丹江大学学报．2008（09）．

[1195] 林丽敏．我国金融业混业经营监管模式研究［J］．时代金融．2008（01）．

[1196] 林闽钢，许金梁．中国转型期食品安全问题的政府规制研究［J］．中国行政管理．2008（10）．

[1197] 林敏．垄断是竞争的结果［J］．现代经济（现代物业下半月刊）．2008（02）．

[1198] 林平，臧旭恒．中国需要反垄断经济学——《反托拉斯革命》译者序［J］．产业经济评论．2008（01）．

[1199] 林若斯．浅析软法在环境保护领域的运用［J］．科技信息（学术研究）．2008（26）．

[1200] 林纾．循环经济下的企业竞争力探析［J］．福建行政学院学报．2008（05）．

[1201] 林天爱．美国电信巨头竞争又起烽烟 Verizon 一箭双雕重返老大宝座［J］．IT 时代周刊．2008（12）．

[1202] 林炜．内蒙古环境保护的税收政策分析［J］．赤峰学院学报（自然科学版）．2008（03）．

[1203] 林蔚．食品安全监管须“升级”［J］．瞭望．2008（44）．

[1204] 林文凤．从次贷危机看我国的金融创新［J］．时代经贸（下旬刊）．2008（10）．

[1205] 林祥．股权集中度相关问题研究综述［J］．深圳大学学报（人文社会科学版）．2008（05）．

[1206] 林学军．金融服务业务外包监管的国际比较及其启示［J］．经济导刊．2008（02）．

[1207] 林依娴．我国垄断行业收入分配现状及其调节政策［J］．时代金融．2008（03）．

[1208] 林毅夫，孙希芳．银行业结构与经济增长［J］．经济研究．2008（09）．

[1209] 林云华，冯兵．我国排污权交易市场的管制机制研究［J］．农村经济与科技．2008（12）．

[1210] 林振平，卓祖航，王金凤．运用财税杠杆推进资源节约型和环境友好型社会建设［J］．发展研究．2008（06）．

[1211] 林峥．从法律视野来看提升商业银行的风险管理问题［J］．法制与社会．2008（27）．

[1212] 林志宏，刘志彬，乔宏．基于熵的一种改进的电力企业融资能力信用评价模型［J］．科技和产业．2008（01）．

[1213] 林治波．“打破垄断”是正确的观点吗［J］．人民论坛．2008（06）．

[1214] 林治波．再辩“打破垄断”的原意［J］．人民论坛．2008（12）．

[1215] 凌欣．我国环境税法律制度研究［J］．黑龙江省政法管理干部学院学报．2008（02）．

[1216] 凌芝．从三鹿奶粉事件探讨我国的食品召回制度的现状和发展［J］．商业文化（学术版）．2008（10）．

[1217] 刘邦凡，徐盈盈．论政府克服市场缺陷的积极行为［J］．生产力研究．2008（22）．

[1218] 刘帮友，张安明，郭欢欢，等．中国土地出让市场性质探究［J］．经济研究导刊．2008（02）．

[1219] 刘斌．燃油税政策的国际比较与启示［J］．涉外税务．2008（05）．

[1220] 刘冰，徐斌，王彩霞．煤炭市场界定与煤炭企业合并效应分析［J］．山东工商学院学报．2008（05）．

[1221] 刘波．美国怎么了，一个自由主义者的回答——评保罗·克鲁格曼新著［J］．董事会．2008（12）．

[1222] 刘灿，吴垠．分权理论及其在自然资源产权制度改革中的应用［J］．经济理论与经济管理．2008（11）．

[1223] 刘长霞．宏观视角下中国银行业行政垄断影响的理论和实证分析［J］．山东社会科学．2008（04）．

[1224] 刘长霞．中国银行业反行政垄断与监管权力界定［J］．科学与管理．2008（01）．

[1225] 刘超．环境法的缺失与厦门PX事件［J］．江汉大学学报（社会科学版）．2008（03）．

[1226] 刘超．环境法律政策的绩效分析：一个法经济学的视角［J］．兰州商学院学报．2008（02）．

[1227] 刘超．我国自然垄断行业管制机制改革探讨［J］．现代商贸工业．2008（08）．

[1228] 刘超．中国电信业改革的问题与对策分析［J］．科技信息（学术研究）．2008（11）．

[1229] 刘超，林亚真．试论环境法律责任制度体系的重构［J］．广东行政学院学报．2008（02）．

[1230] 刘成奎，王朝才．财政分权与农村公路供给——以我国省级面板数据为例［J］．财贸研究．2008（01）．

[1231] 刘传庚．煤炭产业进入退出机制改革研究［J］．山东工商学院学报．2008（06）．

[1232] 刘传哲，周莹莹．基于DEA模型的钢铁业上市公司经营绩效评价［J］．上海商学院学报．2008（02）．

[1233] 刘春霞．论企业内部货币资金的控制与监管［J］．内蒙古科技与经济．2008（23）．

[1234] 刘春霞，方雅茜．人民币远期市场的市场分割与市场一体化模式选择研究［J］．武汉金融．2008（04）．

[1235] 刘大伟，唐要家．管制的过程性：法经济学视角的一种解读［J］．安徽大学法律评论．2008（02）．

[1236] 刘丹．我国政府干预股票市场非理性行为探讨［J］．合作经济与科技．2008（07）．

[1237] 刘德福．论多元化市场规制的机制［J］．福建政法管理干部学院学报．2008（03）．

[1238] 刘德瑞．公用企业垄断经营问题的研究［J］．知识经济．2008（01）．

[1239] 刘迪平，陈媛媛，刘强．寻租、晋升、二元农地产权与地方政府征地行为的逻辑思考［J］．商业研究．2008（07）．

[1240] 刘东旗，庞金海．对用电大客户的供用电形势分析和营销服务策略［J］．电网技术．2008（S1）．

[1241] 刘冬萍，江永红．垄断厂商产量决策的TU博弈分析［J］．全球科技经济瞭望．2008（03）．

[1242] 刘敦．我国电信产业未来规制方向研究［J］．中国科技产业．2008（05）．

[1243] 刘芳，秦秀蓉．浅谈中国食品安全的现状［J］．中国西部科技．2008（17）．

[1244] 刘凤元．全球电信资费管制的经验和借鉴［J］．中国物价．2008（03）．

[1245] 刘凤元．证券分析师的监管分析［J］．金融与经济．2008（08）．

[1246] 刘刚，郭敏，陈骏．产业结构网络效率研究 [J]．当代经济研究．2008 (12)．

[1247] 刘贵生，范忠俊．销售电价的交叉补贴及理论电价测算 [J]．统计与决策．2008 (03)．

[1248] 刘海波，李春艳．我国产业集聚规模的均衡性分析 [J]．统计与决策．2008 (12)．

[1249] 刘海泉．反垄断新规与企业并购 [J]．广西城镇建设．2008 (09)．

[1250] 刘海云，吴韧强．关税结构的政治经济学解释——基于“保护待售”模型的博弈分析 [J]．经济学（季刊）．2008 (01)．

[1251] 刘红萍．国外土地利用管制与住宅价格研究综述 [J]．城市问题．2008 (07)．

[1252] 刘化华，刘晓兵．我国烟草专卖制度实现重大转变的“六要”——纪念中国改革开放30周年 [J]．经济研究导刊．2008 (16)．

[1253] 刘辉．市场化进程中城市公用事业定价模式的选择 [J]．价格理论与实践．2008 (08)．

[1254] 刘会洪．住房市场失衡：市场失灵还是政府失责 [J]．经济界．2008 (05)．

[1255] 刘惠荣，董跃．对地方水资源法规执行效能的实证研究 [J]．河海大学学报（哲学社会科学版）．2008 (03)．

[1256] 刘慧娟．企业环境成本理论研究综述 [J]．管理观察．2008 (06)．

[1257] 刘慧勇，张革．浅析反垄断法实施对国内商业零售企业经营环境的影响——一个竞争法的视角 [J]．商场现代化．2008 (18)．

[1258] 刘继峰．论“经理革命”与价格卡特尔的法律规制 [J]．北京化工大学学报（社会科学版）．2008 (04)．

[1259] 刘建昌．扩展化的市场结构视角：谈利率市场化 [J]．理论界．2008 (06)．

[1260] 刘建国，高春成．地方政府间税收竞争理论研究综述 [J]．科技信息（学术研究）．2008 (20)．

[1261] 刘建伟．循环经济、市场失灵与政府作用 [J]．上海市经济管理干部学院学报．2008 (01)．

[1262] 刘剑，张晶．中国银行业市场结构、效率与绩效关系实证研究 [J]．长沙理工大学学报（社会科学版）．2008 (03)．

[1263] 刘剑琳．以食品安全为例，对行政改革阻碍性因素分析 [J]．商业文化（学术版）．2008 (11)．

[1264] 刘戒骄．垄断行业改革：竞争、民营和监管 [J]．南风窗．2008 (19)．

[1265] 刘金涛，杨君，曲晓飞．“预算外”财政分权过度及其对我国经济增长的不良影响 [J]．辽宁师范大学学报（自然科学版）．2008 (03)．

[1266] 刘瑾．论竞争法视野中的行业协会 [J]．山西煤炭管理干部学院学报．2008 (03)．

[1267] 刘京，杜跃平．在垄断市场中产品创新和过程创新的投资最优化分析 [J]．科技进步与对策．2008 (07)．

[1268] 刘君．从并购角度审视我国银行跨国经营的绩效 [J]．经济师．2008 (06)．

[1269] 刘俊．研发自主创新产品的市场准入政策模型选择与环境分析 [J]．科学学与科学技术管理．2008 (10)．

[1270] 刘俊霞．论住房市场失效与住房社会保障制度的构建 [J]．投资研究．2008 (04)．

[1271] 刘慷，王彩霞．从产业政策到竞争政策——由日本学者对产业政策的质疑说起 [J]．黑龙江对外经贸．2008 (11)．

[1272] 刘莉，钟德强，刘辉，等．异质产品 Bertrand 寡头竞争企业分散授权横向兼并效应分析 [J]．系统工程．2008 (02)．

[1273] 刘力．循环经济的产业转型与绿色金融体系构建 [J]．海南金融．2008 (10)．

[1274] 刘丽霞．权力扩张与权利约束的博弈——农地征收问题的根本症结及其治理 [J]．当代经济研究．2008 (03)．

[1275] 刘良．浅析国内外食品药品安全监管体系比较 [J]．商场现代化．2008 (13)．

[1276] 刘林青，谭力文，施冠群．租金、力量和绩效——全球价值链背景下对竞争优势的思考 [J]．中国工业经济．2008 (01)．

[1277] 刘录民，侯军岐，景为．食品安全概念的理论分析 [J]．西安电子科技大学学报（社会科学版)．2008 (04)．

[1278] 刘璐，王作宝．浅析农地征用过程中的利益分配 [J]．经济视角（下)．2008 (09)．

[1279] 刘美萍．论我国公共服务市场化过程中政府责任的缺失及构建 [J]．甘肃联合大学学报（社会科学版)．2008 (05)．

[1280] 刘民．论外资并购安全审查制度的独立性 [J]．社会科学战线．2008 (05)．

[1281] 刘敏，鲍健波．电信业市场结构优化 [J]．网络财富．2008 (12)．

[1282] 刘明君，庞海涛．浅谈金融全球化下跨国银行分支机构监管的法律问题 [J]．法制与社会．2008 (19)．

[1283] 刘娜．朱新礼：汇源的并购之路 [J]．中国商界（上半月)．2008 (10)．

[1284] 刘平，王汉生，张笑会．变动的单位制与体制内的分化——以限制介入性大型国有企业为例 [J]．社会学研究．2008 (03)．

[1285] 刘萍．可持续发展的绿色物流问题研究 [J]．东北农业大学学报（社会科学版)．2008 (05)．

[1286] 刘强．零散产业视角下的我国餐饮企业竞争战略选择 [J]．商业研究．2008 (06)．

[1287] 刘强，赵培．中国转型期报业市场结构的绩效分析 [J]．天津师范大学学报（社会科学版)．2008 (06)．

[1288] 刘青．发展循环经济中的价格机制建设 [J]．中国物价．2008 (03)．

[1289] 刘青秀．教育市场分割与教育平等：高等教育的视角 [J]．理工高教研究．2008 (06)．

[1290] 刘清华，李海凤．食品药品质量规制必要性的经济学分析 [J]．北方经济．2008 (02)．

[1291] 刘晴辉．市场诱致、政府推动与金融结构变迁 [J]．财经科学．2008 (08)．

[1292] 刘仁臻，宋华伟．谈我国垄断企业的社会责任 [J]．经济论坛．2008 (10)．

[1293] 刘蓉，黄长明，马韵．财政分权化、税收竞争与财税体制规范 [J]．财政研究．2008 (02)．

[1294] 刘若敏，董善江．我国商业银行经营风险及防范对策研究 [J]．网络财富．2008 (05)．

[1295] 刘世锦．市场开放、竞争与产业进步——中国汽车产业30年发展中的争论和重要经验 [J]．管理世界．2008 (12)．

[1296] 刘世锦．我国经济发展方式转变的认识和政策问题 [J]．理论导报．2008 (02)．

[1297] 刘世元．欧共体竞争法与欧洲经济一体化 [J]．国际经贸探索．2008 (01)．

[1298] 刘守英．中国的二元土地权利制度与土地市场残缺——对现行政策、法律与地方创新的回顾与评论 [J]．经济研究参考．2008 (31)．

[1299] 刘爽．垄断、垄断福利与分配不公 [J]．辽宁行政学院学报．2008 (12)．

[1300] 刘替．行业协会固定价格行为及其规制 [J]．价格理论与实践．2008 (07)．

[1301] 刘廷辉．电力市场化进程中若干问题的探讨 [J]．黑龙江电力．2008 (02)．

[1302] 刘通，张伟，韩玉．对规范管理污水处理市场化运作的建议 [J]．建设科技．2008 (13)．

[1303] 刘威，陈刚．从各类型国家发展实践中看政府与市场的关系 [J]．辽宁行政学院学报．2008 (01)．

[1304] 刘巍．"问题奶粉"是必然的吗？[J]．瞭望．2008 (38)．

[1305] 刘玮．层次分析法在反洗钱非现场监管工作中的应用 [J]．金融纵横．2008 (07)．

[1306] 刘玮．论新农村建设中的环境保护 [J]．经济研究导刊．2008 (14)．

[1307] 刘渭萍，种婷．我国食品安全现状及控制对策 [J]．世界标准信息．2008 (08)．

[1308] 刘希宋，韩文慧．对我国自然垄断行业改革的探讨 [J]．现代商业．2008 (05)．

[1309] 刘小甲，赵文．国有企业投资主体多元化改革的可行性分析 [J]．科学与管理．2008 (01)．

[1310] 刘小玄，李双杰．制造业企业相对效率的度量和比较及其外生决定因素 (2000—2004) [J]．经济学 (季刊)．2008 (03)．

[1311] 刘小玄，曲玥．中国工业企业的工资差异研究——检验市场分割对工资收入差距的影响效果 [J]．世界经济文汇．2008 (05)．

[1312] 刘小勇，李真．财政分权与地区市场分割实证研究 [J]．财经研究．2008 (02)．

[1313] 刘晓红．城市商业银行业务多元化研究 [J]．经济师．2008 (07)．

[1314] 刘晓红．市场经济条件下政府的环保职能及其实现路径 [J]．内蒙古电大学刊．2008 (02)．

[1315] 刘晓昆．我国消费环境对消费者行为的影响及对策 [J]．经济纵横．2008 (02)．

[1316] 刘晓善．虚拟企业和网络组织：基于交易成本的解读 [J]．财经科学．2008 (02)．

[1317] 刘晓星，邱桂华，胡颖．我国寿险公司的经营效率分析——基于 DEA 的生产前沿面理论 [J]．当代经济管理．2008 (01)．

[1318] 刘晓忠．电企亏损身不由己 [J]．董事会．2008 (06)．

[1319] 刘肖梅，宁奉菊．垄断视角下的泰山风景区经营与管理问题探讨 [J]．泰山学院学报．2008 (05)．

[1320] 刘欣．从美国电信业并购看中国电信业重组 [J]．中国新通信．2008 (12)．

[1321] 刘新．浅谈铁路客运市场营销策略 [J]．内蒙古科技与经济．2008 (05)．

[1322] 刘新虹．试论证券市场监管与诚实信用原则 [J]．法制与社会．2008 (17)．

[1323] 刘新虹．医药价格居高不下的法律视角分析及对策 [J]．中国物价．2008 (02)．

[1324] 刘新梅，张若勇，徐润芳．非对称管制下垄断企业 R&D 投入决策研究：价格竞争模型 [J]．管理工程学报．2008 (02)．

[1325] 刘新英，李清．FDI 对我国汽车行业市场集中度影响的实证分析 [J]．宏观经济研究．2008 (04)．

[1326] 刘旭．串通投标案件的侦查途径谈 [J]．辽宁警专学报．2008 (04)．

[1327] 刘旭霞，朱鹏，陈晶．转基因食品安全监管的第三种力量 [J]．甘肃农业．2008 (11)．

[1328] 刘旭霞，朱鹏，陈晶．转基因食品安全监管法律制度研究现状 [J]．农村经济与科技．2008 (09)．

[1329] 刘学良．中国收入差距的分解：1995—2006 [J]．经济科学．2008 (03)．

[1330] 刘雪莲．试论我国环境公益诉讼的制度构建 [J]．商业时代．2008 (24)．

[1331] 刘亚，杨大强．国外商业银行效率评价方法研究综述 [J]．金融发展研究．2008 (11)．

[1332] 刘亚清．基于股票市场分割条件下A、B股市场价量关系分析［J］．现代商贸工业．2008（02）．

[1333] 刘岩，张秋生．从并购看物流产业与基础产业之间的联动融合［J］．物流技术．2008（11）．

[1334] 刘艳，李树民．中国工业地理集聚的实证研究［J］．山西财经大学学报．2008（01）．

[1335] 刘艳华，卢鹏．中国电信产业规制效果的实证研究［J］．东北财经大学学报．2008（01）．

[1336] 刘洋，陈妞，王健康．我国商业银行并购风险分析［J］．特区经济．2008（11）．

[1337] 刘宜君．布坎南公共选择理论与我国政府廉政建设［J］．牡丹江大学学报．2008（07）．

[1338] 刘奕．打破行政垄断是健全现代市场体系的前提［J］．探索与争鸣．2008．

[1339] 刘银凤，何战平．对完善现阶段我国政府环境经济政策的探讨［J］．农村经济与科技．2008（10）．

[1340] 刘永亮．中国城市规模经济的测度［J］．统计与决策．2008（17）．

[1341] 刘宇．浅析如何完善我国土地征收程序［J］．沈阳干部学刊．2008．

[1342] 刘玉海，林建兵，翁嘉辉．中国道路运输业营运效率动态分析——基于Malmquist生产力指数［J］．产业经济研究．2008（01）．

[1343] 刘昱洋．医药企业并购类型及应注意问题研究［J］．企业活力．2008（11）．

[1344] 刘毓．国有上市公司横向并购的市场结构效应研究［J］．证券市场导报．2008（05）．

[1345] 刘占福．并购小公司的风险与策略［J］．商业文化（学术版）．2008（11）．

[1346] 刘兆征．中国环境治理失灵问题的思考［J］．环境保护．2008（16）．

[1347] 刘贞，任玉珑．发电商垄断市场行为的仿真分析［J］．电网技术．2008（01）．

[1348] 刘镇龙．在市场运行规则下标准的双重性［J］．商场现代化．2008（18）．

[1349] 刘征．垄断条件下的供应链失衡［J］．商业文化（学术版）．2008（07）．

[1350] 刘志国．外资并购与我国技术的自主创新［J］．生产力研究．2008（13）．

[1351] 刘志红．我国发展循环经济的制度供给与政策取向［J］．石河子大学学报（哲学社会科学版）．2008（01）．

[1352] 刘志华．中国证券交易所自律监管体制的问题及其改进［J］．理论前沿．2008（11）．

[1353] 刘志扬．我国食品安全保障体系透视及对策研究［J］．中共青岛市委党校（青岛行政学院学报）．2008（06）．

[1354] 刘志远，毛淑珍，乐国林．政府控制、终极控制人与上市公司债务期限结构［J］．当代财经．2008（01）．

[1355] 刘助仁．发展循环经济是建设生态文明的必然选择［J］．唯实．2008（01）．

[1356] 柳德舫．关于推进资源环境价格改革的思考［J］．广东行政学院学报．2008（05）．

[1357] 柳桂芳．市场经济条件下企业并购问题的探讨［J］．商情（财经研究）．2008（02）．

[1358] 柳思维，唐红涛．关于城乡二元商品市场格局及城乡商品市场和谐发展的探讨［J］．经济与管理研究．2008（01）．

[1359] 龙蒙蒙．我国汽车工业的市场结构分析［J］．经营与管理．2008（11）．

[1360] 龙苗，郑勐．市场与地方保护主义：一个基于市场产权的分析框架［J］．商业研究．2008（03）．

[1361] 龙麒．我国上市公司并购重组研究［J］．商业文化（学术版）．2008（10）．

[1362] 龙禹，祝靖．国际贸易中的知识产权壁垒与中国企业应对策略［J］．价格月刊．2008（08）．

[1363] 陇小渝，张芳．兼容性对电信竞争的影响及对管制政策的启示 [J]．当代财经．2008 (02)．

[1364] 娄季芳．分级定价策略解决资源浪费问题 [J]．山西财政税务专科学校学报．2008 (04)．

[1365] 娄文龙，张燕．房地产市场：加强规制还是放松规制——基于规制经济学的视角 [J]．城市发展研究．2008 (04)．

[1366] 卢海阳，李明月．我国土地储备制度的问题及其完善 [J]．国土资源．2008 (03)．

[1367] 卢继宏，郭建军．政府在失地农民权益保障中的角色定位 [J]．农村经济．2008 (02)．

[1368] 卢嘉瑞，张枝．垄断行业"高收入"之惑 [J]．企业改革与管理．2008 (04)．

[1369] 卢轲．跨国并购理论研究综述 [J]．北方经济．2008 (22)．

[1370] 卢敏．国际航空联盟中的反垄断执法——欧委会对英航/美航联盟的反垄断审查评析 [J]．中国民用航空．2008 (01)．

[1371] 卢奇骏．管理和管制分离势在必行 [J]．中国通信．2008 (03)．

[1372] 卢文浩，袁皓．我国卫星电视产业市场结构实证分析及优化对策 [J]．当代经济管理．2008 (05)．

[1373] 卢现祥．制度分析的三种方法：诠释与综合 [J]．福建论坛（人文社会科学版）．2008 (12)．

[1374] 卢小羽．论职工持股对国企财务监督的作用 [J]．科教文汇（下旬刊）．2008 (08)．

[1375] 卢秀茹，庞宏杰，韩倩，等．基于信息技术范式的我国循环经济发展研究 [J]．安徽农业科学．2008 (32)．

[1376] 卢燕．构建食品安全强制责任保险的必要性与可行性 [J]．商业时代．2008 (32)．

[1377] 卢燕．构建我国食品安全强制责任保险的现实选择 [J]．金融理论与实践．2008 (05)．

[1378] 卢宇峰．我国收入差距的问题根源与对策研究——一个马克思主义政治经济学的视角 [J]．当代经济（下半月）．2008 (02)．

[1379] 卢致谦．对食品安全问题的分析及探讨 [J]．法制与社会．2008 (24)．

[1380] 卢中华，李岳云．土地资源有效保护、优化配置与区域产业发展——以山东省寿光市为例 [J]．商业研究．2008 (06)．

[1381] 鲁国强．我国离岸金融的监管与立法研究 [J]．经济经纬．2008 (01)．

[1382] 鲁涛，周晶，满涛．基于SCP分析框架的江苏省物流业产业组织研究 [J]．物流技术．2008 (06)．

[1383] 鲁勇睿．长三角区域环境立法冲突的经济动因及其对策 [J]．宁波经济（三江论坛）．2008 (06)．

[1384] 鲁照旺．电信"三国志" [J]．中国改革．2008 (09)．

[1385] 陆海霞．基于食品安全视角的国内奶制品消费研究 [J]．价格理论与实践．2008 (12)．

[1386] 陆家欢．基尼系数与政府的社会职能——拉美国家的启示 [J]．大连干部学刊．2008 (08)．

[1387] 陆洁．从次贷危机谈金融创新对我国金融监管的挑战与应对 [J]．科技信息．2008 (35)．

[1388] 陆金周．外国投资者并购内资企业须经核准 [J]．华东科技．2008 (08)．

[1389] 陆奇岸．基于并购企业成长战略的思考 [J]．商业研究．2008 (02)．

[1390] 陆渊．金融市场的资产定价合理吗——有效性市场假说与检验文献综述［J］．中国物价．2008（05）．

[1391] 逯进．寻租、权力腐败与社会福利——基于公共品供给的视角［J］．财经研究．2008（09）．

[1392] 鹿朋．并购浪潮：基于美国数据的宏观影响因素检验与对中国的并购启示［J］．天府新论．2008（01）．

[1393] 鹿颖，张伟倩．药品价格虚高的分析与治理对策［J］．社会科学论坛（学术研究卷）．2008（09）．

[1394] 路江涌．外商直接投资对内资企业效率的影响和渠道［J］．经济研究．2008（06）．

[1395] 路茵，姚晖．环境成本计量主体探讨［J］．财会通讯（综合版）．2008（08）．

[1396] 吕福玉．食盐专营制度存在的缺陷与食盐储备制度重建［J］．产业与科技论坛．2008（03）．

[1397] 吕家麟．论我国民营企业发展外部环境因素的困惑与对策［J］．理论导刊．2008（10）．

[1398] 吕杰．利益相关者财务披露监管机制研究［J］．财会通讯（理财版）．2008（05）．

[1399] 吕晋津．我国水污染的经济学思考［J］．科协论坛（下半月）．2008（11）．

[1400] 吕君．旅游景区发展的生态环境管理分析［J］．内蒙古财经学院学报．2008（01）．

[1401] 吕开颜．腐败、公共支出和经济增长［J］．上海经济研究．2008（02）．

[1402] 吕康银，王文静．我国行业间工资差异的测度与分解［J］．求索．2008（07）．

[1403] 吕列金．我国企业知识转移困境与海外并购［J］．科技和产业．2008（05）．

[1404] 吕明晓，陈晓洪．公用事业提价的成因及对策［J］．粤港澳市场与价格．2008（10）．

[1405] 吕品，陈晓华．关于地方政府竞争的研究观点综述［J］．经济纵横．2008（10）．

[1406] 吕晓斌，郭凤典．环境产权的经济分析［J］．特区经济．2008（07）．

[1407] 吕晓兰．自然垄断、行政垄断与我国行业收入差距［J］．合作经济与科技．2008（02）．

[1408] 吕阳，郎福宽．我国能源类矿产资源价格管制问题研究［J］．财政研究．2008（12）．

[1409] 吕毅，宗刚．中国汽车产业集中度与市场绩效关系研究［J］．商场现代化．2008（09）．

[1410] 吕永庆，谷继建．新制度经济学视角下的我国环境产权治理［J］．经济研究导刊．2008（07）．

[1411] 吕志元．开放条件下中国零售组织的市场结构与政策构建［J］．江汉大学学报（社会科学版）．2008（01）．

[1412] 吕忠梅．环境公益诉讼辨析［J］．法商研究．2008（06）．

[1413] 罗楚亮．城镇居民健康差异与医疗支出行为［J］．财经研究．2008（10）．

[1414] 罗川峰．中国反垄断需具体操作［J］．经营管理者．2008（01）．

[1415] 罗锋．审计独立性的深层思考［J］．经济师．2008（04）．

[1416] 罗富民．非对称信息下农村金融市场结构对信贷配给的影响研究［J］．改革与战略．2008（05）．

[1417] 罗国亮．中国农村电力普遍服务的理论基础分析［J］．中国农学通报．2008（01）．

[1418] 罗浩，王婷婷．银行资本监管——国际发展与中国实践［J］．经济研究导刊．2008（09）．

[1419] 罗建兵，许敏兰．转型经济中合谋与监管的博弈分析［J］．南京审计学院学报．2008（01）．

[1420] 罗建法．半开放行业的竞逐 [J]．商界（评论）．2008 (02)．

[1421] 罗建华，李铁宁，朱婀丹．文化产业组织现状及其发展和完善的目标分析——以湖南文化产业为例 [J]．生产力研究．2008 (01)．

[1422] 罗良忠．我国天然气定价问题研究 [J]．价格理论与实践．2008 (01)．

[1423] 罗明伟．我国采取电信非对称管制可行措施探讨 [J]．中国通信．2008 (03)．

[1424] 罗群辉，宁宣熙．航空工业横向结构调整经济性的博弈分析 [J]．管理世界．2008 (12)．

[1425] 罗群辉，宁宣熙．企业并购整合中的协同效应研究 [J]．世界经济与政治论坛．2008 (05)．

[1426] 罗蔚．监管空白引发食品风波 [J]．公民导刊．2008 (08)．

[1427] 罗小芳，卢现祥．论有利于穷人的经济增长及其制度安排 [J]．财贸经济．2008 (08)．

[1428] 罗小芳，卢现祥．论有效的制度 [J]．福建论坛（人文社会科学版）．2008 (04)．

[1429] 罗扬．企业理性决策 谨防并购误区 [J]．甘肃科技纵横．2008 (02)．

[1430] 罗佐县．产权结构对石油公司油气生产效率的影响研究 [J]．天然气技术．2008 (04)．

[1431] 骆梅英．新"福利"——英国公用事业领域对弱势和低收入群体的供应保障 [J]．行政法学研究．2008 (04)．

[1432] 骆永民．财政分权对地方政府效率影响的空间面板数据分析 [J]．商业经济与管理．2008 (10)．

[1433] 马波．史学视野下环境法核心理念的建构 [J]．黑龙江史志．2008 (24)．

[1434] 马才华，陈峰．并购中现金流折现法定价应用研究 [J]．价值工程．2008 (04)．

[1435] 马才学，胡梅霞．浅析武汉城市圈两型社会与新农村建设过程中环境污染问题 [J]．农村经济与科技．2008 (12)．

[1436] 马涤明．补贴垄断企业不如还利于民 [J]．企业家天地．2008 (06)．

[1437] 马东，宋炳良．企业横向并购后的内部供应链整合 [J]．物流科技．2008 (04)．

[1438] 马方方．金融监管的经济学理论基础及启示 [J]．首都经济贸易大学学报．2008 (01)．

[1439] 马丰．和谐社会中的企业社会责任 [J]．当代经济．2008 (07)．

[1440] 马改云．中国证券市场监管的最优策略——一个博弈视角的结论 [J]．改革与战略．2008 (02)．

[1441] 马光远．国十条是中国经济转型的二次革命 [J]．商界（评论）．2008 (12)．

[1442] 马慧景，高伶．利用企业并购建立循环经济的制度分析 [J]．石家庄经济学院学报．2008 (03)．

[1443] 马嘉芸．我国 GDP 核算体系的变革与重构 [J]．商业时代．2008 (06)．

[1444] 马晶．公共产品民营化过程中政府监管机制的完善 [J]．科技信息（学术研究）．2008 (15)．

[1445] 马军杰，张敬岷，曾鸣．基于 DEA 标尺竞争的输配电价格监管模型 [J]．电网技术．2008 (S2)．

[1446] 马俊．自然垄断行业的反垄断法适用除外问题探讨 [J]．中共南宁市委党校学报．2008 (01)．

[1447] 马立志．浅谈中国烟草企业的并购 [J]．中国商界（下半月）．2008 (05)．

[1448] 马利利．我国上市公司并购支付方式的实施现状和建议 [J]．时代金融．2008 (04)．

[1449] 马乱，张彬．海外互联网内容监管经验系列报道（之一）从海外内容控制软件看我国网络监管 [J]. 通信世界．2008 (12).

[1450] 马鹏飞．垄断效率论 [J]. 安阳工学院学报．2008 (05).

[1451] 马平．浅议环境公益诉讼制度 [J]. 牡丹江教育学院学报．2008 (06).

[1452] 马树才，白云飞．我国行政垄断行业的社会成本估计——基于塔洛克模型 [J]. 辽宁大学学报（自然科学版）. 2008 (01).

[1453] 马微，付丽，刘世福，等．我国的食品安全质量控制体系及认证 [J]. 安徽农业科学．2008 (22).

[1454] 马微，王海波，冷连波，等．我国食品安全质量控制的进展 [J]. 江西食品工业．2008 (02).

[1455] 马伟超．联想并购IBM策略及效用分析 [J]. 现代商业．2008 (30).

[1456] 马卫，黄蕾．特色农产品垄断竞争经营的经济学分析——从成本收益视角 [J]. 江西社会科学．2008 (09).

[1457] 马湘一．市场还是政府：经济学的改革遗产——读《过分的倒退——经济理论和发展中国家的作用》[J]. 书城．2008 (06).

[1458] 马修·根茨科，夏皮罗 杰西·m.，龙宁丽．新闻市场的竞争与事实真相 [J]. 经济社会体制比较．2008 (06).

[1459] 马秀鹏，蔡俊，陈利根．耕地非农化的经济驱动因素实证分析——以合肥市为例 [J]. 安徽农业大学学报．2008 (01).

[1460] 马秀颖，赵儒煜．中国地方市场分割成因刍议 [J]. 当代经济研究．2008 (04).

[1461] 马妍．对我国并购支付方式的实施现状的思考 [J]. 市场周刊（理论研究）. 2008 (09).

[1462] 马岩．市场力量评估的文献综述 [J]. 渤海大学学报（哲学社会科学版）. 2008 (03).

[1463] 马英华．企业社会责任及其评价指标 [J]. 财会通讯（学术版）. 2008 (08).

[1464] 马英娟．政府监管的理性选择——以“电子监管网事件”为中心 [J]. 法学．2008 (12).

[1465] 马勇．不正当价格行为的表现形式、危害及治理对策 [J]. 中国价格监督检查．2008 (05).

[1466] 马云泽，常燕．我国自然垄断产业规制的体制问题与改革措施 [J]. 商丘职业技术学院学报．2008 (04).

[1467] 马卓然，汤发喜．上市公司股权再融资偏好研究——基于监管制度变迁的视角 [J]. 河北金融．2008 (11).

[1468] 迈克尔·v·马恩，罗格纳，扎瓦达．价格战下无赢家 [J]. IT时代周刊．2008 (Z2).

[1469] 毛发青，李秀玉．中国企业兼并特质分析 [J]. 中央财经大学学报．2008 (09).

[1470] 毛涛．我国环境税收制度研究 [J]. 前沿．2008 (10).

[1471] 毛新平，吴静茹．从产品的供需特性看网络产业垄断性 [J]. 商业时代．2008 (11).

[1472] 毛新述，刘应文．中国A、B股市场分割性研究——基于协整理论的检验 [J]. 统计研究．2008 (12).

[1473] 毛专，张文杰．论我国垄断行业存在的问题及对策 [J]. 中共乐山市委党校学报．2008 (06).

[1474] 茅于轼．国富与国穷：制度和中国的经济改革 [J]. 商界（评论）. 2008 (02).

[1475] 梅林．我国地方政府间税收不正当竞争的法律规制 [J]. 理论建设．2008 (05).

[1476] 梅杉，彭桅．以中国电信为例，浅析自然垄断与政府规制对策 [J]. 商业文化（学术

版). 2008 (09).

[1477] 门明，刘腾. 人民币汇率波动对我国出口影响的微观探讨 [J]. 山西财经大学学报. 2008 (09).

[1478] 门玉峰. 我国食品安全信息披露体系的问题与对策 [J]. 辽宁经济. 2008 (09).

[1479] 孟朝艳. 构建我国环境责任保险制度的若干思考 [J]. 内蒙古财经学院学报. 2008 (02).

[1480] 孟戈，王先甲. 对垄断的供水企业限价的决策模型 [J]. 海河水利. 2008 (03).

[1481] 孟戈，王先甲. 供水价格听证的协商模型 [J]. 武汉大学学报（工学版). 2008 (06).

[1482] 孟静. 对我国开征环境税的几点思考 [J]. 广东广播电视大学学报. 2008 (02).

[1483] 孟力，高闯，杨洪泰. 双寡头非对称通信市场营销竞争数学模型分析 [J]. 厦门大学学报（自然科学版). 2008 (05).

[1484] 孟铁. 我国流通产业市场结构与绩效分析 [J]. 商业时代. 2008 (05).

[1485] 孟铁，张殿波. 论我国流通产业组织结构优化与创新 [J]. 经济纵横. 2008 (09).

[1486] 孟维华，周新宏，诸大建. 城中村改造中的“市场失灵”和“政府失灵”及防止途径 [J]. 城市问题. 2008 (10).

[1487] 孟祥林. 城市公用事业民营化：从发达国家经验论我国的政府定位与融资策略 [J]. 城市. 2008 (08).

[1488] 孟祥林. 城市化进程趋向与土地的征用补偿制度 [J]. 广州大学学报（社会科学版). 2008 (09).

[1489] 孟晓俊，胡琳吉. 美日中环境会计信息披露比较及启示 [J]. 财会通讯（综合版). 2008 (05).

[1490] 孟亚强，赵石磊. 城乡分割、收入不平等与金融发展——基于中国1978—2006年时间序列数据的实证研究 [J]. 产业经济研究. 2008 (05).

[1491] 孟岩，曹先强. 中国邮政体制改革的新制度经济学分析 [J]. 商业文化（学术版). 2008 (02).

[1492] 孟志刚. 浅议经济发展与环境保护并举的理念 [J]. 吕梁高等专科学校学报. 2008 (04).

[1493] 孟钟剑. 外资并购与中国煤炭产业安全问题研究 [J]. 商场现代化. 2008 (33).

[1494] 糜琴丽. 从税收优惠的政策偏好看企业的社会责任 [J]. 金卡工程（经济与法). 2008 (09).

[1495] 米建华，郑忠良，殷林森. 基于Hotelling模型的上市公司信息披露在竞争中的溢出效应研究 [J]. 管理评论. 2008 (06).

[1496] 米鹏举. 我国政府失灵及其纠正与防范——政府经济学视角下的分析 [J]. 经济与社会发展. 2008 (09).

[1497] 米文博. 论我国金融体系的特征及其对中小企业融资的影响 [J]. 工会论坛（山东省工会管理干部学院学报). 2008 (04).

[1498] 苗长青. 我国企业跨国并购的实践及其启示 [J]. 改革与战略. 2008 (02).

[1499] 苗启虎，陈波. 基于新公共管理理论的我国信贷政策产品化探讨 [J]. 青海金融. 2008 (03).

[1500] 缪洪兵. 经济学理论“利润最大化目标”实践验证 [J]. 市场周刊（理论研究). 2008 (10).

[1501] 缪燕燕. 从经济人角度看代建制下的寻租防范 [J]. 生产力研究. 2008 (15).

[1502] 缪因知. 论证券交易所竞争与监管的关系及其定位 [J]. 时代法学. 2008 (06).

［1503］莫春兰．权益性金融资产的归类及监管问题研究［J］．财会月刊．2008（26）．

［1504］莫莎，康文华，王耀中．环境成本的内部化与环境税制变迁［J］．生态经济（学术版）．2008（01）．

［1505］莫再隆，倪青山．我国家电行业上市公司绩效的评价［J］．统计与决策．2008（21）．

［1506］牟发兵，李林森，梅玉霞．从排污费管理谈对地方政府失灵领域的财政监督［J］．财政监督．2008（05）．

［1507］穆超．农村金融存在的问题及相应措施［J］．江西金融职工大学学报．2008（02）．

［1508］倪健．技术标准导致知识产权滥用的原因分析［J］．决策与信息（财经观察）．2008（05）．

［1509］倪受彬．外资入股商业银行准入监管的制度完善［J］．国际金融研究．2008（11）．

［1510］倪馨．中国股票市场寻租行为［J］．管理世界．2008（02）．

［1511］倪央央．长三角地区地方政府竞争及其规范［J］．合作经济与科技．2008（24）．

［1512］倪子靖．规制俘获理论的变迁［J］．制度经济学研究．2008（03）．

［1513］聂辉华，谭松涛，王宇锋．创新、企业规模和市场竞争：基于中国企业层面的面板数据分析［J］．世界经济．2008（07）．

［1514］聂世峰，李曦，孙华菊，等．两部制水价制度在湖北省农业灌溉供水中的应用［J］．中国农村水利水电．2008（11）．

［1515］聂志红．中国古代的经济干预主义思想——《管子》“轻重论”［J］．海南大学学报（人文社会科学版）．2008（06）．

［1516］宁波．生态文明视角下的资源节约和环境保护［J］．理论前沿．2008（09）．

［1517］宁南．电信重组：从右再到左［J］．商务周刊．2008（12）．

［1518］宁闻东．上市公司股权结构行业分布特征研究［J］．商业经济．2008（10）．

［1519］宁泽逵，张谦，黄超．林业资源保护问题研究：基于共同代理理论［J］．林业经济．2008（01）．

［1520］牛成虎，常旭华，范杰，等．浅谈环境保护与经济收益之间的博弈［J］．科技资讯．2008（27）．

［1521］牛桂敏．循环经济发展中的法律制度创新［J］．社科纵横．2008（06）．

［1522］牛学成．论银行监管者绩效考核和激励约束机制的建立［J］．当代经济．2008（05）．

［1523］牛永革．中国市场进入障碍与经典理论相一致吗？［J］．商业经济与管理．2008（05）．

［1524］农彦彦．人力资本理论与中国劳动力市场分割［J］．山西煤炭管理干部学院学报．2008（03）．

［1525］农业银行广西崇左分行课题组．差别定价方法在农行中间业务产品中的应用［J］．农村金融研究．2008（01）．

［1526］欧斌．垄断行业高收入的税务治理对策［J］．中国行政管理．2008（01）．

［1527］欧阳安源，王道英．论我国生态环境的可持续发展［J］．安全与环境工程．2008（01）．

［1528］欧阳文和，夏杰长．零售（连锁）企业扩张的基础：基于管理标准化的解析［J］．河北经贸大学学报．2008（06）．

［1529］欧阳以标，阳清金．区域性银行盈利能力的实证分析［J］．南方金融．2008（07）．

［1530］欧阳以标，阳清金．区域性银行盈利能力效率的DEA分析［J］．金融理论与实践．2008（07）．

［1531］潘成林．非上市公众公司监管思路探析［J］．管理观察．2008（13）．

［1532］潘春阳．“中国式分权”能够遏制政府规模的膨胀吗？［J］．世界经济情况．2008（10）．

［1533］潘红波，夏新平，余明桂．政府干预、政治关联与地方国有企业并购［J］．经济研究．2008（04）．

［1534］潘娟．分税制下财政分权与经济增长的关系［J］．统计与决策．2008（22）．

［1535］潘理权．我国农村金融“二元失灵”及其矫正路径［J］．金融教学与研究．2008（02）．

［1536］潘理权，姚先霞，包青．我国农村金融“双失灵”及其矫正路径［J］．经济问题．2008（04）．

［1537］潘林伟．银行并购监管与社会公共利益的实现——加拿大银行监管的经验与启示［J］．求索．2008（09）．

［1538］潘胜杰，陈瑜．主导零售商总量折扣策略竞争效应及其政府规制［J］．广东财经职业学院学报．2008（05）．

［1539］潘胜文．典型垄断行业职工收入状况的实证分析［J］．湖北社会科学．2008（09）．

［1540］潘胜文．我国典型垄断行业高收入状况的分析［J］．中州学刊．2008（01）．

［1541］潘士远．内生无效制度——对进入壁垒和贸易保护的思考［J］．经济研究．2008（09）．

［1542］潘士远，金戈．发展战略、产业政策与产业结构变迁——中国的经验［J］．世界经济文汇．2008（01）．

［1543］潘卫兵．农村集体建设用地产权问题及其成因［J］．经济研究导刊．2008（17）．

［1544］潘旭明．组织间的合作关系：基于嵌入关系的视角［J］．经济学家．2008（02）．

［1545］潘亚玲．论全球环境治理的合法性——一项结合政治学、法学和社会学的尝试［J］．教学与研究．2008（10）．

［1546］潘奕如，阎晓春．我国证券市场中信息披露存在的问题及对策［J］．金融经济．2008（18）．

［1547］潘云华．排污权交易的伦理理性与经济逻辑［J］．理论导刊．2008（06）．

［1548］潘志强．论产业组织政策对我国产业竞争力的影响［J］．华商．2008（10）．

［1549］庞博，范爱军．我国成品油行业反行政垄断与促进竞争问题研究［J］．当代财经．2008（10）．

［1550］庞春，王家新，姜德波．分工、结构变迁与特许经营：超边际一般均衡模型［J］．南京社会科学．2008（09）．

［1551］庞宏伟．我国旅游业可持续发展的阻碍因素及对策［J］．科教文汇（上旬刊）．2008（08）．

［1552］庞英，李树超，周蕾，等．中国粮食生产资源配置效率及其区域差异——基于动态Malmquist指数的经验［J］．经济地理．2008（01）．

［1553］庞英，孙巍．基于非参数方法的中国棉花产出规模效率时空特征［J］．长江流域资源与环境．2008（01）．

［1554］庞有为．用网络共享破解电信企业重复投资难题［J］．通信世界．2008（37）．

［1555］逄锦彩，王倩．自由银行业思想述评［J］．当代经济研究．2008（07）．

［1556］裴瑱．我国企业参与第六次全球并购潮的策略［J］．企业活力．2008（05）．

［1557］裴亚洲．论“小产权房”问题的解决途径——兼论农村集体所有土地使用权的流转［J］．社会科学论坛（学术研究卷）．2008（11）．

［1558］彭斌，陈端计．资源配置研究的新视角［J］．广东教育学院学报．2008（04）．

［1559］彭程甸，胡舜．论旅游业政府主导型发展战略实施中的政府失灵及其治理对策［J］．湖南社会科学．2008（02）．

[1560] 彭戴．走私与监管的博弈分析［J］．商场现代化．2008（25）．

[1561] 彭海斌．《反垄断法》实施下的公用企业垄断行为监管［J］．西南政法大学学报．2008（04）．

[1562] 彭浩东，尤剑．股指期货市场风险监管研究［J］．武汉金融．2008（06）．

[1563] 彭恒文，庄健．消费者偏好、网络效应及技术进步：一个文献综述［J］．世界经济情况．2008（11）．

[1564] 彭剑．中国纺织业出口竞争秩序现状分析与对策探讨［J］．科技信息．2008（36）．

[1565] 彭杰．城乡结合部土地利用环境预警系统研究［J］．嘉兴学院学报．2008（02）．

[1566] 彭林芳，林卿．我国农地利用中的生态环境问题及对策［J］．农村经济与科技．2008（09）．

[1567] 彭留英，张洪兴．"市场失灵"、"政府失灵"与民营科技企业创新服务体系［J］．山东理工大学学报（社会科学版）．2008（03）．

[1568] 彭韧．消失中的企业边界［J］．21世纪商业评论．2008（10）．

[1569] 彭松，童青．土地征用价格的制度缺陷及改革路径思考［J］．湖南冶金职业技术学院学报．2008（04）．

[1570] 彭伟，李刚．论循环经济推进中的市场失灵及政府规制［J］．科学管理研究．2008（06）．

[1571] 彭小兵，张保帅．城市拆迁中合谋行为的博弈分析及机制设计［J］．经济体制改革．2008（05）．

[1572] 彭兴庭．警惕钢铁产业重组的前车之鉴［J］．商界（评论）．2008（07）．

[1573] 彭扬．解析国有垄断企业暴利现象［J］．中国高新技术企业．2008（08）．

[1574] 彭志胜．关于"倒U字"假说的再思考［J］．全国商情（经济理论研究）．2008（16）．

[1575] 皮建才．政府与市场的权衡：一个比较分析［J］．财经科学．2008（01）．

[1576] 皮建才．政府在经济发展中的作用——基于产业政策视角的考察［J］．经济社会体制比较．2008（02）．

[1577] 皮建才．中国地方政府间竞争下的区域市场整合［J］．经济研究．2008（03）．

[1578] 皮建才．中国地方重复建设的内在机制研究［J］．经济理论与经济管理．2008（04）．

[1579] 皮建才．中国新阶段转型动力探源——30年改革的理论反思［J］．山西财经大学学报．2008（03）．

[1580] 皮玉琢，黄琳丽．论新时期政府环境文化的建构［J］．辽宁教育行政学院学报．2008（07）．

[1581] 蒲艳萍，王维群．中国工业行业资本配置效率差异的实证分析——基于32个工业行业的面板数据分析［J］．当代经济科学．2008（04）．

[1582] 浦一舟．中国改革：在历经30年的波澜壮阔之后［J］．新经济杂志．2008（02）．

[1583] 戚拥军，王小宁，徐标．债务来源与产品市场竞争——基于国有控股上市公司和非国有控股上市公司的比较［J］．产业经济研究．2008（06）．

[1584] 戚聿东，柳学信．深化垄断行业改革的模式与路径：整体渐进改革观［J］．中国工业经济．2008（06）．

[1585] 漆雁斌，陈卫洪，杨晶晶．食品安全问题国内外研究综述［J］．农村经济与科技．2008（12）．

[1586] 漆志伟．我国金融控股公司风险监管问题浅析［J］．武汉金融．2008（09）．

[1587] 祁红涛．收入水平和诊疗费用对医疗效率的影响——一个非对称信息下的模型［J］．

武汉理工大学学报（社会科学版）. 2008 (02).

［1588］祁婷，陈海晶，陈洁．开放市场体系下我国银行业市场结构的发展［J］. 华商．2008 (14).

［1589］齐恩平，王双庆．农地征收中政府行为的合理性分析及规制［J］. 改革与战略．2008 (03).

［1590］齐二石，马珊珊，霍艳芳，等．基于超效率 DEA 的钢铁工业绿色规模经济［J］. 工业工程．2008 (04).

［1591］齐放，张粒子．印度电力市场化改革的新进展［J］. 电力需求侧管理．2008 (02).

［1592］齐绍江，刘臣．国际海运企业并购分析及启示［J］. 天津航海．2008 (04).

［1593］齐树天．商业银行绩效、效率与市场结构——基于中国 1994—2005 年的面板数据[J]. 国际金融研究．2008 (03).

［1594］齐天翔，杨大强．商业银行效率研究的理论综述［J］. 财经科学．2008 (08).

［1595］歧朝旭．论企业环境成本的确认与计量［J］. 山西财经大学学报．2008 (S2).

［1596］钱枫林，刘强，陈帮华．产业结构与环境污染的关系浅析［J］. 商场现代化．2008 (04).

［1597］钱红光．企业社会责任信息披露问题探讨［J］. 审计月刊．2008 (01).

［1598］钱少烽．市场经济与价格监管［J］. 商场现代化．2008 (13).

［1599］钱玮，陈超，黄盛．浅论跨国公司对我国企业的并购［J］. 商场现代化．2008 (24).

［1600］钱永忠．电力体制改革下供电企业的成本控制分析［J］. 上海电力．2008 (05).

［1601］钱忠好，邹文娟．中国高房价与高地价关系之谜：一个经济学解释［J］. 江苏社会科学．2008 (05).

［1602］茜坤，夏少敏．试论我国绿色信贷的发展与完善——从赤道原则成功经验引发的思考［J］. 辽宁行政学院学报．2008 (12).

［1603］强瑞，贾磊．基于 CMM 的企业环境管理模型研究［J］. 管理科学文摘．2008 (Z1).

［1604］乔工．并购 + 重组 全球电信业重建新秩序［J］. 通信企业管理．2008 (07).

［1605］乔恒利．消费者需求异质性与企业竞争优势异质性关系［J］. 上海交通大学学报．2008 (09).

［1606］乔志龙．试论政府干预中的寻租行为及其防范［J］. 赤峰学院学报（汉文哲学社会科学版）. 2008 (11).

［1607］秦大伟．后进、后发与先至——剖析后进运营商个人移动通信产品设计［J］. 中国电信业．2008 (02).

［1608］秦洪明，郑万才．关于客运出租汽车市场管理的一些思考［J］. 黑龙江交通科技．2008 (08).

［1609］秦鸿滨．反思房价为何“越控越涨”［J］. 金融与经济．2008 (08).

［1610］秦兰兰．农地产权结构与效率研究［J］. 山东农业大学学报（社会科学版）. 2008 (01).

［1611］秦利，王青松，佟光霁．基于多中心合作治理的食品安全问题研究［J］. 理论导刊．2008 (09).

［1612］秦龙．商业银行、产业发展与经济增长［J］. 世界经济情况．2008 (05).

［1613］秦前红，涂四益．经济政策与宪法规范［J］. 河南省政法管理干部学院学报．2008 (05).

［1614］秦嗣毅，郝冰．循环经济环保——可持续发展机理研究［J］. 生态经济．2008 (07).

［1615］秦天宝．浅论国际环境法对现代国际法的发展［J］. 东方法学．2008 (05).

[1616] 秦小红．外部性问题与适度政府干预［J］．江西社会科学．2008（01）．

[1617] 秦晓萍．环境保护与企业经济可持续发展［J］．中国乡镇企业．2008（04）．

[1618] 秦耀林，童佳．国际航运业并购动机及其对我国航运企业的启示［J］．物流技术．2008（04）．

[1619] 秦晔，徐囡．论电力企业的绩效管理［J］．科技资讯．2008（03）．

[1620] 秦勇．经济法视野中的临时价格干预［J］．价格理论与实践．2008（05）．

[1621] 邱昊，梁樑，檀大水．基于延期支付的双卖主垄断市场供应链决策［J］．中国科学技术大学学报．2008（02）．

[1622] 邱全俊．对垄断市场的几点思考——基于消费者剩余理论角度［J］．中国集体经济．2008（03）．

[1623] 邱云生．新农村建设中影响政府主导地位和农民主体地位实现的原因分析［J］．农村经济．2008（07）．

[1624] 邱兆祥，粟勤．信息不对称条件下银行业市场结构与市场竞争研究综述［J］．金融研究．2008（08）．

[1625] 邱重植，杨燚．基于食品安全的消费行为分析［J］．安徽农业科学．2008（08）．

[1626] 秋风．相信市场还是相信反垄断政策——读《竞争与垄断：过程竞争理论视角的分析》［J］．产业经济评论．2008（01）．

[1627] 曲晨．区域经济一体化研究动态述评［J］．商业时代．2008（04）．

[1628] 曲文轶．试析俄罗斯经济政策调整的新动向：强化国家对自然垄断的所有权控制［J］．俄罗斯中亚东欧研究．2008（02）．

[1629] 曲延芬．转轨经济中自然垄断产业的动态性分析［J］．生产力研究．2008（03）．

[1630] 曲玥．中国工业产业利润差异及其决定因素——2000—2004年中国工业企业的经验证据［J］．山西财经大学学报．2008（12）．

[1631] 屈文洲，许年行，关家雄，等．市场化、政府干预与股票流动性溢价的分配［J］．经济研究．2008（04）．

[1632] 冉光屹．关于市场经济下政府经济行为的探讨［J］．商情（财经研究）．2008（01）．

[1633] 饶建斌，范庆华．跨国公司并购国有企业之动态博弈及陷阱分析——基于凯雷—徐工并购案例分析［J］．商场现代化．2008（33）．

[1634] 饶林，周鹏博．有效实现第三方支付风险监管的几点建议［J］．金融理论与实践．2008（09）．

[1635] 饶田桢．公共选择理论的政府失灵论及对我国政府改革的启示［J］．内蒙古科技与经济．2008（12）．

[1636] 饶粤红．我国反垄断法关于保护公共利益的目标研究［J］．法制与经济（下半月）．2008（06）．

[1637] 热依汗．试论零售企业成本领先战略［J］．当代经济（下半月）．2008（06）．

[1638] 任博华．法、日对通道费的规制及其对我国的启示［J］．黑龙江对外经贸．2008（11）．

[1639] 任贵征．产业集群过度竞争形成机理及对策［J］．全国商情（经济理论研究）．2008（20）．

[1640] 任建华．我国国有商业银行改革效果的实证分析［J］．金融与经济．2008（05）．

[1641] 任均忠，黄珍波．城市燃气输配产业垄断边界分析［J］．天然气技术．2008（05）．

[1642] 任均忠，黄珍波．城市燃气输配行业的特许经营前景分析［J］．城市燃气．2008（02）．

[1643] 任力. 相关市场：一个能直接决定案件命运的概念 [J]. 中国外资. 2008 (05).

[1644] 任素娟. 企业社会责任与核心竞争力的构建 [J]. 辽宁医学院学报 (社会科学版). 2008 (04).

[1645] 任韬, 王文举. 保险市场结构经济动态模拟分析 [J]. 经济与管理研究. 2008 (05).

[1646] 任韬, 王文举. 寡头垄断市场异质产品定价仿真研究 [J]. 首都经济贸易大学学报. 2008 (05).

[1647] 任渝婉. 如何完善食品安全的道德准则与法律规制 [J]. 四川烹饪高等专科学校学报. 2008 (03).

[1648] 任玉珑, 董坤. 基于标尺竞争理论的电价监管模型 [J]. 统计与决策. 2008 (06).

[1649] 任玉珑, 王恒炎, 刘贞. 环境监管中的合谋博弈分析与防范机制 [J]. 统计与决策. 2008 (17).

[1650] 任真礼, 孙会. 房地产开发商的价格博弈与政府治理政策 [J]. 价格月刊. 2008 (05).

[1651] 阮兴文. 公共选择视角下我国土地使用权的公平交易立法模式创建 [J]. 改革与战略. 2008 (12).

[1652] 阮兴文. 构建征地补偿的正当程序规制 [J]. 开放导报. 2008 (01).

[1653] 阮兴文. 中国土地使用权交易的公平模式构建 [J]. 经济研究导刊. 2008 (09).

[1654] 阮赞林. 试论经济全球化与反垄断法的国际化——从国家主权相对转让的视野 [J]. 东方法学. 2008 (05).

[1655] 芮定坤. 烟台万华：技术寡头垄断, 产能继续扩张 [J]. 股市动态分析. 2008 (46).

[1656] 芮秋会. 对完善企业年金信托监管制度的思考 [J]. 时代经贸 (下旬刊). 2008 (03).

[1657] 塞尔达·达克尔, 弗雷德里克·r·沃伦—博尔顿. 价格、市场界定和合并的效果：Staples-Office Depot 合并案 (1997) [J]. 产业经济评论. 2008 (02).

[1658] 沙换, 王翠琴. 中国骨干网市场变动性分析 [J]. 广东通信技术. 2008 (04).

[1659] 沙彦飞. 经济伦理视角下的房价问题 [J]. 生产力研究. 2008 (05).

[1660] 沙勇. 从管理经济学看中国酒店业的定价策略 [J]. 会计之友 (下旬刊). 2008 (06).

[1661] 陕西省物价局课题组, 李宗显. 深化资源垄断价格改革和监管是贯彻实践科学发展观的必然选择——学习实践科学发展观的体会和思索 [J]. 价格与市场. 2008 (12).

[1662] 商建辉, 袁辉. 中国电视业市场结构类型的实证研究 [J]. 中国商界 (下半月). 2008 (05).

[1663] 商艺. 财政视角下的公共服务型政府建设 [J]. 时代经贸 (下旬刊). 2008 (01).

[1664] 商艺. 资源税改革——绿色税收的崭新一页 [J]. 当代经济. 2008 (06).

[1665] 尚慧丽. 零售商的纵向约束的反竞争效应研究 [J]. 学术交流. 2008 (07).

[1666] 尚慧丽. 我国流通业的市场结构及企业行为研究 [J]. 经济师. 2008 (04).

[1667] 尚明. 尚明：对经营者集中案件实行申报前磋商制度 [J]. 创新科技. 2008 (12).

[1668] 邵爱春. 村镇银行：农村金融体制改革的新举措 [J]. 产业与科技论坛. 2008 (03).

[1669] 邵冰. 公共产品提供的经济学分析 [J]. 哈尔滨商业大学学报 (社会科学版). 2008 (04).

[1670] 邵国疆. 电子商务市场中的价格歧视及福利分析 [J]. 科技经济市场. 2008 (08).

[1671] 邵慧峰, 邵诺. 我国外资并购中存在的法律问题与对策 [J]. 产业与科技论坛. 2008 (06).

[1672] 邵金卫. 企业并购后的财务整合研究 [J]. 时代经贸 (中旬刊). 2008 (S7).

[1673] 邵军, 王洁婷. 并购对企业长期绩效的影响——基于中粮集团的案例分析 [J]. 会计

之友（上旬刊）. 2008（10）.

[1674] 邵明朝．分权改革以来的法国公共投资监管述评［J］．经济社会体制比较．2008（03）.

[1675] 邵全权．中国产险公司市场结构、竞争模式与绩效关系研究——基于2001—2005年非平衡面板数据的实证分析［J］．数量经济技术经济研究．2008（08）.

[1676] 邵全权，江生忠．“入世”对中国寿险公司产业组织的影响——基于2001—2005年非平衡面板数据的实证分析［J］．财经研究．2008（04）.

[1677] 申小伟．新奶粉事件暴露食品安监症结［J］．南风窗．2008（20）.

[1678] 申欣．电信重组面面观［J］．中国电信业．2008（04）.

[1679] 申欣．电信重组面面观及未来市场走向［J］．电信工程技术与标准化．2008（05）.

[1680] 申燕．对我国高速公路收费管制的几点思考［J］．价格理论与实践．2008（09）.

[1681] 申志雄．浅析社会资本在金融混业经营中的作用［J］．商业时代．2008（33）.

[1682] 沈春女．契约自由与环境权益的冲突与平衡［J］．北方论丛．2008（01）.

[1683] 沈芳．经济理论对美国反垄断政策的影响［J］．上海师范大学学报（哲学社会科学版）．2008（02）.

[1684] 沈佳．电信重组后三强竞争实力对比和基本策略分析［J］．移动通信．2008（19）.

[1685] 沈良辉．对我国信贷征信市场有效监管的思考［J］．福建金融．2008（06）.

[1686] 沈玲．浅析《反垄断法》对12315行政执法体系的影响［J］．中国工商管理研究．2008（11）.

[1687] 沈弥雷．企业环境责任的法律问题探析［J］．经济研究导刊．2008（10）.

[1688] 沈默．逆向物流对循环经济发展的贡献［J］．环境保护．2008（20）.

[1689] 沈润涛，杜颖奎．金融自由化与制度约束的文献综述［J］．时代金融．2008（05）.

[1690] 沈维涛，王贞洁．我国民营上市公司持续成长影响因素的实证研究［J］．经济管理．2008（06）.

[1691] 沈卫平．改革开放30年对效率与公平关系认识的发展［J］．南京社会科学．2008（09）.

[1692] 沈沂．将环保纳入企业战略［J］．21世纪商业评论．2008（01）.

[1693] 盛大林．垄断国有企业涨薪不是内部事务［J］．经济研究参考．2008（24）.

[1694] 盛大林．垄断巨头涨薪不是企业内部事务［J］．法人杂志．2008（Z1）.

[1695] 盛攀峰．电信产业经济学特征分析［J］．西安邮电学院学报．2008（02）.

[1696] 盛毅，林罡，赵明键．论地方国有独资企业改革［J］．经济体制改革．2008（01）.

[1697] 师博，沈坤荣．市场分割下的中国全要素能源效率：基于超效率DEA方法的经验分析［J］．世界经济．2008（09）.

[1698] 施峰．新税法环境下规制资本弱化策略探析［J］．北京电子科技学院学报．2008（01）.

[1699] 施军．外商直接投资企业对我国本土企业的影响［J］．决策与信息（财经观察）．2008（07）.

[1700] 施晟，周德翼，汪普庆．食品安全可追踪系统的信息传递效率及政府治理策略研究［J］．农业经济问题．2008（05）.

[1701] 施颖．新设环境税的现实及理论依据探析［J］．湖南税务高等专科学校学报．2008（01）.

[1702] 石桂峰，彭娟．产品市场结构与资本结构——基于债务战略效应的分析［J］．经济与管理研究．2008（11）.

[1703] 石慧，孟令杰，王怀明．中国农业生产率的地区差距及波动性研究——基于随机前沿生产函数的分析 [J]. 经济科学．2008 (03).

[1704] 石佳友．物权法中环境保护之考量 [J]. 法学．2008 (03).

[1705] 石军，张桂芹．《反垄断法》正式实施对电信业的影响 [J]. 通信管理与技术．2008 (05).

[1706] 石俊华．日本产业政策与竞争政策的关系及其对中国的启示 [J]. 华东经济管理．2008 (10).

[1707] 石朗．我国食品药品政府监管与改革探讨 [J]. 厦门科技．2008 (03).

[1708] 石奇，卢靖．基于零售商优势地位的规制比较研究 [J]. 南京财经大学学报．2008 (01).

[1709] 石奇，岳中刚．大型零售商的双边市场特征及其政策含义 [J]. 财贸经济．2008 (02).

[1710] 石奇，岳中刚．零售商对制造商实施纵向约束的机制和绩效评价 [J]. 中国工业经济．2008 (05).

[1711] 石强．企业并购绩效分析——以我国电力企业为例 [J]. 财政监督．2008 (02).

[1712] 石锐．食品安全与农产品市场秩序建设研究 [J]. 当代经济．2008 (12).

[1713] 石涛．自然垄断产业规制改革过程中的风险研究 [J]. 经济问题．2008 (02).

[1714] 石涛，鞠晓伟．要素禀赋、市场分割对区域产业结构趋同的影响研究 [J]. 工业技术经济．2008 (05).

[1715] 石晓烽．中国银行业竞争有效性的实证研究——基于 1995—2006 年面板数据的分析 [J]. 东北大学学报（社会科学版）. 2008 (06).

[1716] 石研．浅析中国电信市场准入管制 [J]. 西安邮电学院学报．2008 (02).

[1717] 石珠．政府失灵理论对改善廉租房政策执行不力的启示 [J]. 番禺职业技术学院学报．2008 (02).

[1718] 时坤．市场结构、通道费与规制——基于 SCP 分析范式 [J]. 改革与战略．2008 (S1).

[1719] 史本林，李艳，陈佳．线性资费模式的竞争均衡研究 [J]. 武汉科技大学学报（社会科学版）. 2008 (01).

[1720] 史本林，吴辉球，刘昌臣，等．线性与二部制资费模式的竞争均衡研究 [J]. 武汉理工大学学报（交通科学与工程版）. 2008 (05).

[1721] 史际春．《反垄断法》与社会主义市场经济 [J]. 法学家．2008 (01).

[1722] 史金艳，刘芳芳．行为金融框架下保险监管问题研究 [J]. 上海保险．2008 (12).

[1723] 史锦华．我国农村养老保险基金筹集问题研究 [J]. 安徽农业科学．2008 (21).

[1724] 史晋川，李建琴．价格管制、行政垄断及利益集团的博弈——中国转型时期蚕茧价格管制的原因分析 [J]. 浙江社会科学．2008 (10).

[1725] 史小宁．论我国行业垄断的形成机理及治理对策 [J]. 黑河学刊．2008.

[1726] 史永进．论新经济下政府经济职能的重新定位 [J]. 时代经贸（下旬刊）. 2008 (11).

[1727] 史玉成．环境保护公众参与的理念更新与制度重构——对完善我国环境保护公众参与法律制度的思考 [J]. 甘肃社会科学．2008 (02).

[1728] 史玉成．环境保护公众参与的现实基础与制度生成要素——对完善我国环境保护公众参与法律制度的思考 [J]. 兰州大学学报（社会科学版）. 2008 (01).

[1729] 史玉成．环境保护公众参与的制度绩效、缺陷与未来路径——对完善我国环境保护公众参与法律制度的思考 [J]. 甘肃理论学刊．2008 (01).

[1730] 舒本耀．中国军品价格规制问题研究［J］．南方经济．2008（11）．

[1731] 舒和斌，柳珊．基于食品安全构建农产品供应链［J］．社科纵横（新理论版）．2008（03）．

[1732] 舒文琼．电信重组，三足何以鼎立？［J］．通信世界．2008（38）．

[1733] 束景明．全流通时代证券内幕交易监管面临的挑战与对策［J］．法制与经济（下半月）．2008（04）．

[1734] 束庆年．对次贷危机爆发后中国房地产金融创新的思考［J］．南方金融．2008（09）．

[1735] 瞬雨．寡头央企与第三种社会平衡［J］．当代经理人．2008（07）．

[1736] 司徒悦愉．"三网融合"：孰先孰后［J］．中国数字电视．2008（11）．

[1737] 司晓彬，陈海波．我国城镇居民消费结构的实证分析［J］．商场现代化．2008（16）．

[1738] 司增绰．基础设施经济属性的多角度考察［J］．辽宁工程技术大学学报（社会科学版）．2008（06）．

[1739] 司增绰，高洪民，王铮．世界五次企业兼并浪潮中兼并动机分析——基于资源基础理论的新视角［J］．南京航空航天大学学报（社会科学版）．2008（01）．

[1740] 思朴．当反垄断成为一个口号［J］．中国经济周刊．2008（08）．

[1741] 宋爱军．环境公益诉讼原告的立法缺陷与完善［J］．内蒙古环境科学．2008（03）．

[1742] 宋彪．企业声誉监管问题研究［J］．首都师范大学学报（社会科学版）．2008（06）．

[1743] 宋芳秀．个人信用制度中政府作用的范畴和边界：理论分析与经验借鉴［J］．生产力研究．2008（08）．

[1744] 宋华琳．中国药品规制改革依然"在路上"［J］．中国改革．2008（04）．

[1745] 宋金鹏．道路旅客运输产业集中化趋势分析［J］．交通企业管理．2008（12）．

[1746] 宋静雅，吴利华．我国汽车行业产业政策对产业集中度影响分析［J］．企业技术开发．2008（05）．

[1747] 宋军杰．电信资费应逐步走向简单、透明和低廉［J］．通信世界．2008（04）．

[1748] 宋茂华．企业战略联盟竞争优势分析［J］．改革与战略．2008（10）．

[1749] 宋敏．浅论环境保护法中的公众参与原则［J］．黑龙江省政法管理干部学院学报．2008（03）．

[1750] 宋明磊，宋光磊．环境经济政策的国际经验及启示借鉴［J］．理论与改革．2008（01）．

[1751] 宋佩航．区域行政垄断的成因分析［J］．太原科技．2008.

[1752] 宋其超，郭雪剑．我国医疗保障体系主体制度模式选择研究［J］．中央财经大学学报．2008（06）．

[1753] 宋仁杰，袁海威．第三方支付的性质界定［J］．电子商务．2008（11）．

[1754] 宋生瑛．公共政策中公平与效率问题的分析［J］．经济问题．2008（01）．

[1755] 宋文强．食品安全问题的商业伦理及对策分析［J］．当代经济（下半月）．2008（04）．

[1756] 宋小宁，杨治国．农地征用、财政分权与制造业发展［J］．经济社会体制比较．2008（06）．

[1757] 宋秀珍，谭中明，周洁．基于EVA的并购方并购绩效实证分析［J］．财会通讯（学术版）．2008（03）．

[1758] 宋艳伟．法治水平、地方政府干预行为与金融发展［J］．上海金融．2008（07）．

[1759] 宋英杰．拓宽公用事业企业融资渠道的对策研究［J］．内蒙古农业大学学报（社会科学版）．2008（02）．

[1760] 宋英杰，吕璀璀．我国公用事业的改革与发展［J］．山东工商学院学报．2008（03）．

［1761］宋宇力．关于当前我国证券公司实行股权激励的监管思考［J］．上海金融．2008（11）．

［1762］宋云鹏，王淑君．现代企业环境成本的核算原则分析［J］．商情（财经研究）．2008（02）．

［1763］宋志方．旅游品质的保障与旅游市场的监管［J］．社会科学家．2008（12）．

［1764］宋智慧，海鹰．可持续发展与公司社会责任［J］．沈阳师范大学学报（社会科学版）．2008（05）．

［1765］苏畅，吴建福，邵娜．对我国证券业集中度的分析［J］．科教文汇（中旬刊）．2008（02）．

［1766］苏戈锋．国有企业并购融资存在的问题及对策［J］．内蒙古煤炭经济．2008（04）．

［1767］苏京．国企薪酬的是与非［J］．企业管理．2008（08）．

［1768］苏来曼·斯拉木，麦迪娜．环境、企业生产与地方政府环境供给行为分析［J］．科技信息（学术研究）．2008（12）．

［1769］苏立峰．战略并购：中国制造企业"走出去"的市场化选择［J］．华东经济管理．2008（01）．

［1770］苏晓红，王文剑．中国的财政分权与地方政府规模［J］．财政研究．2008（01）．

［1771］苏晓华，季晓敏．战略联盟稳定性影响因素研究——基于柯达与乐凯联盟的深度案例分析［J］．华东经济管理．2008（04）．

［1772］苏雅民，张东风．中国高速公路产业发展中管理体制探析［J］．社科纵横．2008（07）．

［1773］苏志炯．经济管制的必要性理论分析［J］．知识经济．2008（08）．

［1774］隋冰，王忠孝．企业并购中财务风险产生的内部原因及对策［J］．北方经贸．2008（01）．

［1775］隋志纯，林源，要志鹏．跨国并购中外企与国企的差异性研究［J］．辽宁行政学院学报．2008（04）．

［1776］岁有生．制度变迁视野下的科学发展观［J］．商丘师范学院学报．2008（01）．

［1777］孙宝国，李凤英．现有制度下加强土地增值收益管理的建议——以抚顺市高山路沿线改造为例［J］．国土资源．2008（11）．

［1778］孙斌，朱霞．略论垄断行业收入问题及其解决［J］．理论导刊．2008（03）．

［1779］孙彩虹．创新能力不对称条件下双寡头企业合作创新行为分析［J］．生产力研究．2008（12）．

［1780］孙刚，赵骥民，房岩，等．我国开征环境税的可行性分析［J］．生态经济．2008（08）．

［1781］孙工声．经济发展方式与金融资源配置效率研究——以江苏省为例［J］．金融纵横．2008（02）．

［1782］孙海英．从新制度经济学分析市场失灵［J］．科技信息．2008（26）．

［1783］孙洪波．利益集团、政治分歧与贸易政策——奥巴马政府对拉美的贸易政策选择［J］．拉丁美洲研究．2008（06）．

［1784］孙鸿炜，朱民田．构建和谐医患关系初探［J］．沈阳干部学刊．2008（02）．

［1785］孙华平，黄祖辉．区际产业转移与产业集聚的稳定性［J］．技术经济．2008（07）．

［1786］孙洁华．企业并购中会计方法的应用研究［J］．科教文汇（下旬刊）．2008（03）．

［1787］孙金霞．防止价格垄断 倡导公平竞争［J］．中国物价．2008（01）．

［1788］孙京海，朱学义，王云龙．并购方式整合区域旅游产业研究——以新亚欧大陆桥旅游

带为例［J］. 大陆桥视野. 2008（10）.

［1789］孙军军. 非政府组织与公共物品的供给［J］. 前沿. 2008（01）.

［1790］孙恺，池国华. 并购方案选择与决策研究——以沈阳机床并购昆明机床为例［J］. 财会通讯（理财版）. 2008（07）.

［1791］孙克竞. 公共经济学视角下的政府预算绩效管理改革思考［J］. 南京财经大学学报. 2008（04）.

［1792］孙乐强. 垄断资本主义的政治经济学批判——巴兰和斯威齐的《垄断资本》解读［J］. 南京大学学报（哲学. 人文科学. 社会科学版）. 2008（06）.

［1793］孙立敏. 我国汽车产业竞争力的影响要素分析［J］. 长沙医学院学报. 2008（01）.

［1794］孙丽芝. 寡头垄断市场中的价格竞争策略分析［J］. 中国市场. 2008（48）.

［1795］孙连会. 特许经营中的竞业禁止制度［J］. 连锁与特许. 2008（09）.

［1796］孙琳. 媒体监督应该成为食品安全的重要防线［J］. 北方经济. 2008（22）.

［1797］孙龙建. 转型期中国银行业市场约束研究［J］. 上海财经大学学报. 2008（05）.

［1798］孙敏，张秋生. 铁路运输企业分拆重组效率分析［J］. 生产力研究. 2008（22）.

［1799］孙庆国. 循环经济的中外经济政策比较［J］. 科技创新导报. 2008（36）.

［1800］孙庆霞. 并购对中国建设银行影响的经济学分析［J］. 经济研究导刊. 2008（02）.

［1801］孙群力. 财政分权对政府规模影响的实证研究［J］. 财政研究. 2008（07）.

［1802］孙蓉. 保险资源配置中的政府与市场［J］. 保险研究. 2008（05）.

［1803］孙锐锋. 跨国公司投资与我国产业结构优化［J］. 合作经济与科技. 2008（17）.

［1804］孙少岩，赵岳阳. 垄断性与竞争性国有企业经营者激励机制甄别［J］. 经济体制改革. 2008（04）.

［1805］孙书侠. 新修《水污染防治法》与中国水环境安全［J］. 沧桑. 2008（06）.

［1806］孙树垒. 我国特许经营双方道德风险：现状、理论及实证分析［J］. 产业经济研究. 2008（02）.

［1807］孙思远，胡树华. 次贷危机下的中资银行海外并购探析［J］. 特区经济. 2008（10）.

［1808］孙巍，李何，何彬，等. 现阶段电信业市场结构与价格竞争行为关系的实证研究［J］. 中国工业经济. 2008（04）.

［1809］孙巍，武治国，李立明. 产业技术特征与市场结构分化——基于2000—2006 年中国制造业数据的经验证据［J］. 东北师大学报（哲学社会科学版）. 2008（03）.

［1810］孙文. 公司治理：自然垄断行业改革新视角［J］. 中国电力企业管理. 2008（13）.

［1811］孙文博，韩炳英. 中国公用企业公司治理效率实证分析［J］. 技术经济与管理研究. 2008（04）.

［1812］孙文雪，岳焕升. 外资并购中的商标战略及对策［J］. 滨州学院学报. 2008（02）.

［1813］孙雯雯. 区域环境一体化理念下的环境法制协调［J］. 法制与社会. 2008（30）.

［1814］孙武军. 网络外部性、产品差异化与企业技术控制策略［J］. 管理科学学报. 2008（02）.

［1815］孙霞. 政府行为、农户经营行为对农户收入的影响效应测度［J］. 统计与咨询. 2008（01）.

［1816］孙先民，刘存发. 咨询业市场中的信息不对称现象及解决途径［J］. 北方经贸. 2008（01）.

［1817］孙晓华，田晓芳. 产业创新模式、市场失灵与公共政策设计［J］. 软科学. 2008（08）.

［1818］孙晓澜. 浅析农资品种垄断与粮食补贴［J］. 河南农业. 2008（08）.

[1819] 孙晓琳. 并购是否创造价值的理论分析 [J]. 黑龙江对外经贸. 2008 (12).

[1820] 孙昕. 克服现代经济社会中的政府失灵 [J]. 江苏农村经济. 2008 (12).

[1821] 孙鑫. 建立激励机制 推进循环经济 [J]. 北方经济. 2008 (12).

[1822] 孙旭. 美国证券市场信息披露的理论综述 [J]. 东北财经大学学报. 2008 (02).

[1823] 孙雪梅. 我国电信业实现有效竞争的瓶颈及对策 [J]. 商业时代. 2008 (06).

[1824] 孙扬. 从可口可乐收购汇源看收购溢价成因 [J]. 管理观察. 2008 (23).

[1825] 孙一玮. 我国金融监管的效率分析 [J]. 衡水学院学报. 2008 (03).

[1826] 孙艺军. 大型零售商滥用市场优势地位及应对策略 [J]. 北京工商大学学报 (社会科学版). 2008 (05).

[1827] 孙艺新. 我国差别电价政策的理论探讨 [J]. 价格月刊. 2008 (10).

[1828] 孙益贤. 市场分割对财产性收入分配的影响 [J]. 经济论坛. 2008 (08).

[1829] 孙毅. 民国时期信托基金的投资管理及其规制 [J]. 思想战线. 2008 (04).

[1830] 孙迎联. 从利益独占到利益分享——中西分享经济理论述评 [J]. 商业研究. 2008 (08).

[1831] 孙莹丽. 外资银行的进入对我国银行业市场结构的影响 [J]. 中外企业家. 2008 (06).

[1832] 孙影. 环境自愿协议及其在我国的实践 [J]. 决策与信息 (财经观察). 2008 (04).

[1833] 孙佑海. 循环经济立法及对我国经济社会的影响研究 [J]. 甘肃社会科学. 2008 (01).

[1834] 孙羽佳. 网络经济时代企业组织模式的思考 [J]. 北方经贸. 2008 (11).

[1835] 孙毓鸿. 环境污染对我国经济发展影响的比较研究——基于环境库兹涅茨曲线的广西与上海横向实证分析 [J]. 商场现代化. 2008 (29).

[1836] 孙远芳, 夏恩君, 汪洋. 借鉴国外经验发展北京市循环经济 [J]. 才智. 2008 (09).

[1837] 孙兆康. 论虚拟货币及其监管 [J]. 金融教学与研究. 2008 (02).

[1838] 索而其已. 反垄断法: 软件生态的福音 [J]. 软件工程师. 2008 (10).

[1839] 索世儒, 郭永宏. 巴基斯坦与中国电信业的比较 [J]. 电信技术. 2008 (02).

[1840] 谈儒勇. 价格管制: 油电行业不能承受之重 [J]. 中国商界 (上半月). 2008 (09).

[1841] 覃景莹, 熊瑛. 我国固定通信行业的竞争状况分析 [J]. 时代经贸 (中旬刊). 2008 (S7).

[1842] 覃庆寅. 基于环境保护的税制改革新思路 [J]. 会计之友 (下旬刊). 2008 (05).

[1843] 谭春平, 王烨. 刍议可变条件下企业横向并购的规模经济效应 [J]. 商业时代. 2008 (03).

[1844] 谭大朝. 拍卖行业潜规则 [J]. 南风窗. 2008 (20).

[1845] 谭光荣, 李廷. 环境税与环保税制体系的调整 [J]. 财经理论与实践. 2008 (02).

[1846] 谭建华. 我国上市公司并购的财务风险分析及其防范 [J]. 南京工业职业技术学院学报. 2008 (03).

[1847] 谭谟晓. 中国保险市场的垄断和竞争状况研究 [J]. 广东财经职业学院学报. 2008 (03).

[1848] 谭慕华. 论对假冒伪劣产品的治理对策 [J]. 企业标准化. 2008 (14).

[1849] 谭琦, 李雪娇, 仲夏. 我国自然垄断行业的政府规制研究分析 [J]. 商业文化 (学术版). 2008 (02).

[1850] 谭伟强, 彭维刚, 孙黎. 规模竞争还是范围竞争? ——来自中国企业国际化战略的证据 [J]. 管理世界. 2008 (02).

[1851] 谭小琴，曾国屏．知识资本全球化与当代跨国垄断［J］．国际问题研究．2008（01）．
[1852] 谭学勤．国际银行监管中的内部控制问题［J］．法商论丛．2008（03）．
[1853] 谭炎明．政府须慎对中国移动采取非对称管制［J］．通信世界．2008（32）．
[1854] 谭艳，尹洁，黄睿．我国环境污染问题的制度经济学分析［J］．西安邮电学院学报．2008（04）．
[1855] 谭翊，安宏，文晓晋．初次分配领域中效率与公平关系的思考［J］．改革与战略．2008（03）．
[1856] 谭跃湘．科学认知基尼系数的理性视角［J］．求索．2008（11）．
[1857] 谭智．如何进行低成本并购？［J］．当代经理人．2008（10）．
[1858] 谭忠富，李韩房，侯勇．我国电力产业运行绩效的SCP理论分析［J］．华东电力．2008（07）．
[1859] 檀学燕．我国天然气定价机制设计［J］．中国软科学．2008（10）．
[1860] 汤，宋玉军．我国房地产业发展中非市场化行为的四种表现［J］．当代社科视野．2008（04）．
[1861] 汤，周天勇．卖地财政的危害及改革措施［J］．当代社科视野．2008（03）．
[1862] 汤吉军，郭砚莉．沉淀成本、市场结构与企业战略博弈分析［J］．产业经济评论．2008（04）．
[1863] 汤吉军，郭砚莉．国有独资与国有控股公司治理模式研究——来自美日公司治理结构比较的经验［J］．首都经济贸易大学学报．2008（02）．
[1864] 汤吉军，郭砚莉．转型期国有企业延期退出的实物期权分析［J］．生产力研究．2008（05）．
[1865] 汤金丽，熊珍琴．地方行业协会在反倾销应诉中的作用［J］．商场现代化．2008（14）．
[1866] 汤晓栋，费筱夕．浅议证券市场利益集团现状［J］．股市动态分析．2008（47）．
[1867] 汤玉刚．我国“双顺差”产生的制度因素及化解途径［J］．亚太经济．2008（01）．
[1868] 汤玉刚．政府竞争模式与财政体制设计逻辑［J］．新西部（下半月）．2008（03）．
[1869] 唐霏．我国开征燃油税面临的困难的对策［J］．企业家天地下半月刊（理论版）．2008（05）．
[1870] 唐红涛．网络游戏歧视性收费模式分析［J］．电子商务．2008（06）．
[1871] 唐杰，孟亚强．国际油价冲击与我国的宏观经济稳定［J］．开放导报．2008（05）．
[1872] 唐金成，黄仁珍．我国农村保险市场监管研究［J］．上海保险．2008（01）．
[1873] 唐敬春．国外环境税的激励与融资功能的冲突及协调［J］．税务研究．2008（08）．
[1874] 唐均．我国家电零售业发展特点及问题探析［J］．中国物价．2008（02）．
[1875] 唐钧．新医改：政府失灵和准市场理论［J］．社会观察．2008（11）．
[1876] 唐钧，李丹婷．我国食品安全管理：特征、根源与政策建议［J］．探索．2008（06）．
[1877] 唐丽华．我国证券市场监管政策的博弈分析［J］．哈尔滨商业大学学报（社会科学版）．2008（03）．
[1878] 唐丽佳，宋海明．中国公用事业市场化改革过程中的潜在风险分析［J］．经济研究导刊．2008（13）．
[1879] 唐懋，郑锴．商业银行规模经济效应的实证研究［J］．经济师．2008（11）．
[1880] 唐齐鸣，刘亚清．市场分割下A、B股成交量、收益率与波动率之间关系的SVAR分析［J］．金融研究．2008（02）．
[1881] 唐启光．公用事业特许经营权若干法律问题［J］．理论界．2008（10）．

[1882] 唐启光．浅论公用事业特许经营的公共风险及其防范 [J]．全国商情（经济理论研究）．2008 (16)．

[1883] 唐松林，任玉珑．电力行业政府监管体制改革：国外经验与中国对策 [J]．经济问题探索．2008 (08)．

[1884] 唐松林，任玉珑．协调监管：电力监管体制与理论创新 [J]．管理世界．2008 (07)．

[1885] 唐艳．资源价格改革中政府的角色与功能定位 [J]．现代经济探讨．2008 (04)．

[1886] 唐艳，徐怀伏．药品价格管制与社会福利的经济学分析 [J]．中国卫生经济．2008 (07)．

[1887] 唐要家，唐春晖．序列市场结构与纵向并购的经济效应 [J]．产业经济评论．2008 (01)．

[1888] 唐宇凌，袁正．网络型产业规制问题探讨 [J]．科技进步与对策．2008 (11)．

[1889] 唐云，张小雁．我国收入分配体制改革的现状及政策探讨 [J]．法制与经济（下半月）．2008 (02)．

[1890] 唐泽瀛．我国食品安全所面临的问题和对策——由“三鹿”奶粉事件所引起的思考谈起 [J]．金卡工程（经济与法）．2008 (09)．

[1891] 唐钊．我国绿色 GDP 实施的难点及其对策 [J]．特区经济．2008 (04)．

[1892] 唐昭霞，罗增永．论政府规制对发电市场结构演进的影响 [J]．经济体制改革．2008 (03)．

[1893] 唐志军，王玉霞．经济学“手”的理论与中国改革进程的契合 [J]．改革．2008 (04)．

[1894] 唐自强，郭峰．基于重复博弈的发电商竞价策略分析 [J]．福建电力与电工．2008 (01)．

[1895] 桃源，于多．垄断复杂化 [J]．瞭望．2008 (Z1)．

[1896] 陶建格．资源环境问题的制度经济学分析 [J]．商业时代．2008 (18)．

[1897] 陶立峰．香港反滥发电子信息规制及其启示 [J]．江苏商论．2008 (06)．

[1898] 陶友之．垄断型央企利润分配难题及研解 [J]．上海市经济管理干部学院学报．2008 (04)．

[1899] 陶政．论网络经济的法律规制 [J]．金融与经济．2008 (04)．

[1900] 滕颖，唐小我．具有网络外部效应的三度价格歧视研究 [J]．控制与决策．2008 (03)．

[1901] 滕月．发达国家食品安全规制风险分析及对我国的启示 [J]．哈尔滨商业大学学报（社会科学版）．2008 (05)．

[1902] 田大瑜．论政府干预对国民经济效率的影响 [J]．湖南文理学院学报（社会科学版）．2008 (03)．

[1903] 田古．垄断下的中国房地产业 [J]．特区经济．2008 (06)．

[1904] 田广研．中国改革非市场化界区的重新思考 [J]．价格与市场．2008 (11)．

[1905] 田建军．对我国医改方向的几点思考 [J]．中国卫生质量管理．2008 (05)．

[1906] 田莉．房地产市场中的政府行为外部效应解析 [J]．城市问题．2008 (07)．

[1907] 田丽开，孙淑华．循环经济下工业企业环境成本管理 [J]．交通科技与经济．2008 (01)．

[1908] 田玲玲，张磊．对我国环境保护公众参与制度的思考 [J]．法制与经济（下半月）．2008 (02)．

[1909] 田相辉．发展循环经济走出“囚徒困境” [J]．江西农业大学学报（社会科学版）．

2008（02）.

［1910］田湘波．商业贿赂的体制隐患分析［J］．生产力研究．2008（18）.

［1911］田晓，汪波．并购后渠道整合的BSC框架探索［J］．现代管理科学．2008（06）.

［1912］田雪东．浅谈公平与效率的关系［J］．科学之友（B版）．2008（09）.

［1913］田玉红．美日贸易政策与产业政策协调体制的比较与启示［J］．财经问题研究．2008（05）.

［1914］田园．我国企业跨国并购失败的原因分析［J］．特区经济．2008（10）.

［1915］田原，林玳玳，高毅蓉．对垄断性国有企业进行工资调控的几个视角［J］．生产力研究．2008（07）.

［1916］田正桃．农村土地征用补偿方式思考［J］．科技创业月刊．2008（05）.

［1917］童颖．吴敬琏：目前最不能做的是管制物价［J］．中国商界（上半月）．2008（07）.

［1918］童志锋，黄家亮．通过法律的环境治理："双重困境"与"双管齐下"［J］．湖南社会科学．2008（03）.

［1919］涂万春，陈奉先．国有商业银行引入战略投资者的有效性及其后续依赖［J］．改革．2008（01）.

［1920］万安之．我国电信业从垄断到竞争的绩效分析及思考［J］．当代经济．2008（05）.

［1921］万勇．西方和谐经济思想：演进路径、特征与启示［J］．河北经贸大学学报．2008（03）.

［1922］汪波，宋胜洲．市场失灵与政府干预的必要性、非充分性及现实措施［J］．中国物价．2008（06）.

［1923］汪长勇，周慧慧．绩效标杆模型在输配电价管制中的应用［J］．价值工程．2008（02）.

［1924］汪川．规模经济、城市化和经济聚集［J］．商业研究．2008（11）.

［1925］汪丁丁．环境与文化遗产的耗竭过程［J］．IT经理世界．2008（11）.

［1926］汪东生．企业并购动因分析——以啤酒行业为例［J］．沿海企业与科技．2008（06）.

［1927］汪贵顺．房地产行业垄断的成因、特点及对策［J］．湖北第二师范学院学报．2008（05）.

［1928］汪贵顺．新时期我国金融安全面临的挑战及对策［J］．经济问题．2008（02）.

［1929］汪国栋．食品安全监管有效性分析［J］．现代农业．2008（09）.

［1930］汪浩瀚．从民营企业的市场准入看我国国防工业的体制与机制创新［J］．经济体制改革．2008（04）.

［1931］汪浩瀚，金余会．民营企业准入国防工业的制度选择与博弈［J］．经济地理．2008（01）.

［1932］汪普庆，周德翼．我国食品安全监管体制改革：一种产权经济学视角的分析［J］．生态经济．2008（04）.

［1933］汪涛，郭宁．金融衍生品监管模式国际比较与经验借鉴［J］．商场现代化．2008（25）.

［1934］汪涛，万玺．基于成品油双寡头有限竞争市场的集团客户采购对策研究［J］．价值工程．2008（12）.

［1935］汪小英．中国银行业结构改革探讨［J］．合作经济与科技．2008（09）.

［1936］汪彦．略论我国分时度假的政府管制［J］．决策与信息（财经观察）．2008（04）.

［1937］汪洋．日本循环经济立法实践及其对中国的启示［J］．经济与管理．2008（01）.

［1938］汪毅霖，程振锋．认知过程、政治系统与公共物品均衡的性质［J］．山西财经大学学

报．2008（10）．

［1939］汪宇明，何小东．关于区域旅游障碍的辨析——兼论行政区划对区域旅游发展的影响［J］．旅游学刊．2008（08）．

［1940］王爱君，张义福．论我国信托市场监管制度的完善［J］．山东警察学院学报．2008（04）．

［1941］王安红．浅谈如何加强对定点医疗机构的医保监管［J］．煤．2008（11）．

［1942］王斌．环境权入宪的必要性［J］．山东社会科学．2008（02）．

［1943］王斌．现阶段我国铁路《反垄断法》适用除外研究［J］．铁道经济研究．2008（04）．

［1944］王斌，李鹏，孙利辉．转型期经济中寻租与寻利的博弈分析［J］．商场现代化．2008（13）．

［1945］王斌，闫予昌．我国的农业环境保护问题与农业可持续发展［J］．经济研究导刊．2008（18）．

［1946］王彩霞．内忧外患下的中国烟草专卖制度困境分析［J］．吉林工商学院学报．2008（04）．

［1947］王超，张瑞萍．规制：市场经济健康发展的重要保障［J］．求是．2008（23）．

［1948］王闯，郑玲超．国有垄断企业实施BPR项目的系统思考［J］．辽宁经济．2008（02）．

［1949］王成军，黄小情．国企效率低下探因与跨国发展的分工模式［J］．改革．2008（01）．

［1950］王成龙．我国石油企业跨国并购的风险及策略分析［J］．当代石油石化．2008（04）．

［1951］王诚．世界经济体制性失效及对中国经济的诊断［J］．经济理论与经济管理．2008（10）．

［1952］王程韡．中国食品安全规制政策的社会学习——以“馒头国标”为例［J］．公共管理学报．2008（04）．

［1953］王春凤．试论循环经济的实现路径——从制度经济学的角度分析［J］．江西社会科学．2008（12）．

［1954］王春兰，罗玉林．城市准公共物品市场化运作的困境分析——以城市污水治理为例［J］．城市问题．2008（05）．

［1955］王翠琴．地方行政性对市场垄断的成因及治理——以政府间关系为视角［J］．现代经济探讨．2008（07）．

［1956］王大江．反垄断——竞争还是监管？［J］．世界经济情况．2008（02）．

［1957］王丹．浅析我国食品召回制度实施难点与对策［J］．辽宁行政学院学报．2008（10）．

［1958］王丹，聂元军．英国政府推进企业社会责任的实践和启示［J］．改革与战略．2008（12）．

［1959］王德亮，赵西民．关于物价部门贯彻实施反垄断法有关问题的探讨［J］．价格与市场．2008（07）．

［1960］王德平．我国烟草商业市场结构与绩效的实证研究［J］．技术经济与管理研究．2008（04）．

［1961］王德平，张胜华，沈军．基于消费者感知的卷烟产品质量影响因素的研究［J］．技术经济与管理研究．2008（06）．

［1962］王迪．论公众参与环境影响评价的积极因素［J］．兰州学刊．2008（S2）．

［1963］王迪，温宗国．企业环境成本核算的理论与方法学研究［J］．环境保护．2008（08）．

［1964］王弟海．垄断劳动力市场、最低工资限制和不平等［J］．浙江社会科学．2008（11）．

［1965］王棣华．银行并购的财务效应分析［J］．山东工商学院学报．2008（05）．

［1966］王冬冬．从“管制”到“沟通”——以晋江经济开发区村庄回拨地规划为例［J］．城

市规划通讯．2008（22）．

[1967] 王冬梅．资源型城市发展循环经济的几点思考［J］．辽宁行政学院学报．2008（08）．

[1968] 王恩创，任玉珑，刘贞．基于DEA的重庆配电网投入产出二层面效率评估研究［J］．华东电力．2008（06）．

[1969] 王恩创，任玉珑，杨菲菲．电力环境监管中的合谋博弈分析与防范机制［J］．工业工程．2008（06）．

[1970] 王发明．产业集群的识别界定——集群度［J］．经济地理．2008（01）．

[1971] 王芳，陈松，钱永忠．国外食品安全风险分析制度建立及特点分析［J］．世界农业．2008（09）．

[1972] 王芳，王可山，钱永忠．食品安全政府规制理论分析［J］．食品研究与开发．2008（12）．

[1973] 王飞，陈圻．我国房地产企业价格竞争行为研究［J］．价格月刊．2008（12）．

[1974] 王飞航，赵晖，侯玉君．网络经济条件下企业兼容策略探讨［J］．商业时代．2008（29）．

[1975] 王丰年．部分发达国家电价规制政策研究［J］．粤港澳市场与价格．2008（12）．

[1976] 王风丽．外资并购我国企业的特点和趋势分析［J］．经济问题．2008（10）．

[1977] 王风云，赵一民，张晓艳，等．我国食品质量安全追溯体系建设概况［J］．农业网络信息．2008（10）．

[1978] 王锋．论农业产业化经营中政府行为的偏差与优化［J］．农村经济与科技．2008（08）．

[1979] 王凤．政府、企业与公众环保行为博弈分析［J］．经济问题．2008（06）．

[1980] 王凤龙．相关政策动态对制药行业发展的影响［J］．辽宁医药．2008（02）．

[1981] 王革平．跨国公司的兼并收购成本［J］．经济研究导刊．2008（13）．

[1982] 王铬，蔡淑琴，蔡弘．食品安全评价体系初探［J］．商场现代化．2008（07）．

[1983] 王冠卿．提高电信业效率问题的研究［J］．时代经贸（中旬刊）．2008（S7）．

[1984] 王广谦．我国金融体制演进与改革的逻辑起点［J］．改革．2008（02）．

[1985] 王广勇．外资并购对中国产业安全威胁的二层面防范［J］．经济与管理．2008（04）．

[1986] 王贵平．浅析中国保险监管［J］．经济研究导刊．2008（13）．

[1987] 王桂英．效率和公平关系的再认识［J］．经济研究导刊．2008（17）．

[1988] 王国才，陶鹏德．网络产品差异化竞争，市场均衡与价格歧视研究［J］．系统工程学报．2008（03）．

[1989] 王国华，温来成．基本公共服务标准化：政府统筹城乡发展的一种可行性选择［J］．财贸经济．2008（03）．

[1990] 王国军，庹国柱．反垄断法在中国保险业的适用性分析［J］．保险研究．2008（11）．

[1991] 王海杰．我国自然垄断产业产权制度改革：超越简单的私有化逻辑［J］．生产力研究．2008（03）．

[1992] 王海龙．公共服务的分类框架：反思与重构［J］．东南学术．2008（06）．

[1993] 王海燕．电信企业须真面《反垄断法》实施［J］．世界电信．2008（08）．

[1994] 王海燕．市场垄断是我国房地产价格上涨的根源［J］．沈阳工程学院学报（社会科学版）．2008（02）．

[1995] 王舍春，李文兴．强自然垄断定价理论研究述评［J］．生产力研究．2008（15）．

[1996] 王舍春，李文兴．强自然垄断规制定价模式分析［J］．北京交通大学学报（社会科学版）．2008（03）．

[1997] 王浩．审计腐败的经济学分析 [J]．经济研究导刊．2008 (01).

[1998] 王红．环境税探究：国际实践经验与启示 [J]．价格理论与实践．2008 (04).

[1999] 王洪霞，樊孝菊．两寡头二级价格歧视需求分段数研究 [J]．许昌学院学报．2008 (02).

[2000] 王虎．构建我国食品安全监管三元制度 [J]．合作经济与科技．2008 (15).

[2001] 王虎，李长健．不完备法律理论及其对我国食品安全治理的启示 [J]．福建论坛（人文社会科学版）．2008 (11).

[2002] 王虎，李长健．利益多元化语境下的食品安全规制研究——以利益博弈为视角 [J]．中国农业大学学报（社会科学版）．2008 (03).

[2003] 王虎，李长健．利益矛盾论视野下食品安全治理的一种模式变迁 [J]．经济体制改革．2008 (05).

[2004] 王怀祖，熊中楷，黄俊．考虑后续产品产量竞争的互补性专利联盟形成问题研究 [J]．科技管理研究．2008 (09).

[2005] 王欢欢，霍明．中国移动通信业市场竞争及企业行为博弈分析 [J]．现代商贸工业．2008 (02).

[2006] 王辉，李宏．垄断竞争市场下的中国银行卡产业交换费定价研究 [J]．科技信息（科学教研）．2008 (22).

[2007] 王辉，李宏．中国银行卡产业交换费定价研究 [J]．洛阳师范学院学报．2008 (05).

[2008] 王会宗，纪涛．对我国铁路运输业垄断程度的重新认识 [J]．天府新论．2008 (05).

[2009] 王慧．消费税的节能减排功能研究 [J]．当代经济（下半月）．2008 (01).

[2010] 王慧．中国企业国际化的障碍及对策分析 [J]．商业时代．2008 (32).

[2011] 王吉赟，张宗新．"热钱"与监管部门的博弈：决定中国经济走向的第三种力量 [J]．新金融．2008 (08).

[2012] 王甲佳．软件行业需要反垄断法吗？[J]．软件工程师．2008 (10).

[2013] 王建辉，庞洪秀．浅谈我国征收环境保护税的必要性 [J]．会计之友（上旬刊）．2008 (01).

[2014] 王建军．英国食品安全规制改革中的善治原则——规制改革机构简介 [J]．太平洋学报．2008 (07).

[2015] 王建伟，颜飞．公路运输经济管制研究的回顾和进展 [J]．长安大学学报（社会科学版）．2008 (01).

[2016] 王剑飞，夏恩君，窦英智．基于社会福利的电力销售环节管制策略研究 [J]．商场现代化．2008 (04).

[2017] 王杰．工程建设过程的寻租行为分析 [J]．山西建筑．2008 (28).

[2018] 王金香．论用法律制度规制我国金融混业主体 [J]．法制与社会．2008 (29).

[2019] 王金友．国有资本退出战略对竞争性行业的影响 [J]．天府新论．2008 (02).

[2020] 王金洲．中外企业跨国并购的比较研究 [J]．长江大学学报（社会科学版）．2008 (02).

[2021] 王锦慧，蓝发钦．基于 DEA 的我国商业银行效率研究：1994—2006 [J]．四川大学学报（哲学社会科学版）．2008 (04).

[2022] 王瑾．我国企业并购融资方式和发展策略研究 [J]．商场现代化．2008 (01).

[2023] 王婧，徐飞．行业视阈下企业"并购或联盟"的选择偏好研究 [J]．上海管理科学．2008 (06).

[2024] 王敬尧，陶振．分税制视野下府际关系的特征与走向——府际间财政资源分配的视角

[J]. 江汉论坛. 2008 (04).
[2025] 王静. 寻租对公共产品价格的影响分析 [J]. 现代经济信息. 2008 (03).
[2026] 王娟芳. 我国金融控股公司监管问题研究 [J]. 法制与社会. 2008 (31).
[2027] 王珏. 价格监管体系中的政府行为及其法律关系 [J]. 商场现代化. 2008 (02).
[2028] 王珏. 医药市场价格难题思考 [J]. 中国市场. 2008 (35).
[2029] 王俊豪. 垄断性产业管制机构的几个理论问题 [J]. 经济理论与经济管理. 2008 (05).
[2030] 王俊豪. 我国垄断性产业管制价格模型探讨 [J]. 中国物价. 2008 (11).
[2031] 王俊豪. 中国垄断性产业改革对管制机构的需求 [J]. 财经论丛. 2008 (03).
[2032] 王俊豪，高伟娜. 中国电力产业的普遍服务及其管制政策 [J]. 经济与管理研究. 2008 (01).
[2033] 王俊豪，周小梅. 大部制背景下垄断性产业的管制机构改革——以中国电力管制机构改革为例 [J]. 中国工业经济. 2008 (07).
[2034] 王珂. 论我国环境刑法的立法完善——以可持续发展为视角 [J]. 科教文汇（下旬刊). 2008 (07).
[2035] 王克. 加快自然垄断行业的改革进程 [J]. 上海市经济管理干部学院学报. 2008 (04).
[2036] 王腊芳，赖明勇，张葆君. 中国钢铁产业集中趋势的经济效应分析 [J]. 湖南大学学报（自然科学版). 2008 (09).
[2037] 王兰，陈懿. 论循环经济法的公众参与制度 [J]. 商场现代化. 2008 (36).
[2038] 王磊，刘丽莉. 垂直分工体系下我国大型旅行社的战略选择 [J]. 产业与科技论坛. 2008 (06).
[2039] 王莉，吴伟. 产业组织理论下的我国体育用品产业市场行为特征与市场绩效分析 [J]. 天津体育学院学报. 2008 (06).
[2040] 王立. 中国传统法律文化与现代法治理念 [J]. 法律文化研究. 2008 (00).
[2041] 王立成. 我国自然垄断行业存在的问题与对策 [J]. 沧桑. 2008 (01).
[2042] 王立国. 论相关市场的界定标准 [J]. 经济研究导刊. 2008 (03).
[2043] 王立志. 从问题专利探讨保护和反垄断的适度平衡 [J]. 未来与发展. 2008 (01).
[2044] 王立志. 企业年金的运作和监管研究 [J]. 当代经济管理. 2008 (12).
[2045] 王立中. 浅析规模经济与我国的大企业战略 [J]. 科技创新导报. 2008 (23).
[2046] 王丽，杨斌. 浅谈中国商业银行的金融创新 [J]. 经济与管理. 2008 (11).
[2047] 王丽华，孟鹏，曹媛春. 电信规制体制层次结构分析 [J]. 工业技术经济. 2008 (10).
[2048] 王丽杰. 国美并购永乐前后的财务指标分析 [J]. 经济论坛. 2008 (20).
[2049] 王丽平. 大部委改革：大责任、大服务 [J]. 中国卫生产业. 2008 (04).
[2050] 王利华. 政策性农村金融是弥补“市场失灵”的重要手段 [J]. 经济研究参考. 2008 (12).
[2051] 王利利，白玲. 我国钢铁行业重复建设问题研究 [J]. 当代经济. 2008 (02).
[2052] 王利锐，张华. 从财务角度看两税合并对中国石油行业的影响 [J]. 理论界. 2008 (06).
[2053] 王连芬，张少杰. 汽车产业竞争力形成机制 [J]. 经济导刊. 2008 (01).
[2054] 王良健，师迎春，林目轩. 城市耕地保护规模及对策研究——以长沙市为例 [J]. 城市问题. 2008 (04).

[2055] 王亮．经济学视角下的政府成本分析 [J]．科技信息（学术研究）．2008（34）．

[2056] 王萌，何立胜．国际贸易间政府行为外部性探讨 [J]．广东行政学院学报．2008（06）．

[2057] 王梦雅．浅谈外资并购国有企业的问题及完善办法 [J]．现代经济信息．2008（12）．

[2058] 王敏，刘嗣明．效率与公平关系新论——基于利益集团的视角 [J]．长春市委党校学报．2008（01）．

[2059] 王明远．论环境权诉讼——通过私人诉讼维护环境公益 [J]．比较法研究．2008（03）．

[2060] 王明远．我国天然气输配管网经营准入制度研究 [J]．清华法学．2008（06）．

[2061] 王娜．涨价与政府有所为和有所不为 [J]．经济研究导刊．2008（08）．

[2062] 王南丰．软件产品市场定价策略分析 [J]．当代经济（下半月）．2008（02）．

[2063] 王宁．对完善我国资源税费制度的几点思考 [J]．法制与社会．2008（25）．

[2064] 王宁．浅谈循环经济中标准化的必要性 [J]．煤．2008（06）．

[2065] 王培．倪宏杰：外资企业难以长期垄断电控供油系统技术 [J]．商用汽车新闻．2008（02）．

[2066] 王鹏．论企业并购中的人力资源整合 [J]．时代经贸（中旬刊）．2008（S1）．

[2067] 王平．政府规制与放松规制——公共事业改革中政策工具的优化选择 [J]．决策与信息（财经观察）．2008（06）．

[2068] 王萍．技术标准与反垄断 [J]．中国发明与专利．2008（04）．

[2069] 王萍，梁振林．渔业与《反垄断法》关系研究 [J]．中国渔业经济．2008（05）．

[2070] 王萍，王靖．中国民航业规制效果的实证分析 [J]．财经问题研究．2008（03）．

[2071] 王强．我国环境成本控制的问题及对策 [J]．齐鲁珠坛．2008（04）．

[2072] 王琼雯．食品安全监管主体行政责任研究 [J]．理论与改革．2008（02）．

[2073] 王群．经济转型期政府在构建和谐劳动关系中的角色定位和作用 [J]．辽宁税务高等专科学校学报．2008（03）．

[2074] 王若楠．利益集团视角分析零农税后的乡村关系 [J]．安徽农业科学．2008（30）．

[2075] 王珊．市场竞争秩序法律问题研究 [J]．太原城市职业技术学院学报．2008（04）．

[2076] 王韶君．市场经济条件下政府与市场的关系再议 [J]．科技信息（科学教研）．2008（10）．

[2077] 王少瑾．收入不平等对社会安定的影响——基于修正的 EBA 模型的实证检验 [J]．山东财政学院学报．2008（01）．

[2078] 王绍光．大转型：1980 年代以来中国的双向运动 [J]．中国社会科学．2008（01）．

[2079] 王胜会，韩兆柱．政府对企业信用的治理：从管制走向服务 [J]．湖北经济学院学报（人文社会科学版）．2008（10）．

[2080] 王圣宠．我国企业并购出发点的文化思考与定位 [J]．经济体制改革．2008（04）．

[2081] 王石川．垄断企业咋就这么牛 [J]．中国质量万里行．2008（05）．

[2082] 王石河．中美环境保护的比较研究 [J]．生产力研究．2008（12）．

[2083] 王帅．领导干部要重视发展人文经济 [J]．领导科学．2008（06）．

[2084] 王思齐，崔金星．我国发展循环经济的制度经济学解析 [J]．北方经贸．2008（07）．

[2085] 王松涛，任荣荣，龙奋杰．住房市场的政府干预：来自新加坡的启示 [J]．城市发展研究．2008（03）．

[2086] 王苏生，孔昭昆，黄建宏，等．跨国公司并购对我国装备制造业产业安全影响的研究 [J]．中国软科学．2008（07）．

[2087] 王苏生，王丽，黄建宏．跨国公司并购对我国影响及相关对策研究 [J]．经济问题探索．2008 (03)．

[2088] 王苏生，王丽，黄建宏，等．跨国公司并购对我国的影响及产业安全观 [J]．特区经济．2008 (03)．

[2089] 王涛．浅谈我国食品安全问题 [J]．科技情报开发与经济．2008 (13)．

[2090] 王天营．资源与环境约束下企业行为与政府行为的选择 [J]．南京社会科学．2008 (05)．

[2091] 王廷惠．反垄断政策批评：知识约束及对过程竞争的威胁 [J]．经济评论．2008 (02)．

[2092] 王婷．我国食品环境安全问题与对策 [J]．安徽农学通报．2008 (07)．

[2093] 王维，高伟凯．基于产业安全的我国外资利用思考 [J]．财贸经济．2008 (12)．

[2094] 王卫东．返程投资的资金构成、监管环节及难点探析 [J]．中国外汇．2008 (05)．

[2095] 王魏峰．对垄断市场的几点思考——基于消费者剩余理论角度 [J]．辽宁经济职业技术学院（辽宁经济管理干部学院学报）．2008 (03)．

[2096] 王文彬，尹立群．并购重整产业格局，标准还需竞争实现 [J]．程序员．2008 (02)．

[2097] 王文剑，覃成林．地方政府行为与财政分权增长效应的地区性差异——基于经验分析的判断、假说及检验 [J]．管理世界．2008 (01)．

[2098] 王文举，范合君．我国地区产业结构趋同的原因及其对经济影响的分析 [J]．当代财经．2008 (01)．

[2099] 王希云．关于企业循环经济发展的探索 [J]．工业技术经济．2008 (10)．

[2100] 王晰，宗毅君．钢铁行业反倾销与国际竞争力的国际比较及智猪博弈分析 [J]．经济问题探索．2008 (11)．

[2101] 王霞，李霞．浅析我国商业银行的规模经济效应 [J]．时代经贸（中旬刊）．2008 (S5)．

[2102] 王霞，王怀东．我国邮政业竞争现状及对策研究 [J]．宏观经济管理．2008 (12)．

[2103] 王翔．分权式改革为什么能提高经济效率——对西方分权理论的回顾 [J]．特区经济．2008 (07)．

[2104] 王向楠．保险保障基金补偿方式的道德风险研究 [J]．金融经济．2008 (16)．

[2105] 王小斌．论我国出租车政府管制政策的改革 [J]．重庆交通大学学报（社会科学版）．2008 (04)．

[2106] 王晓冬．循环经济思想渊源及演化探析 [J]．当代经济研究．2008 (11)．

[2107] 王晓海．环渤海区域合作必须确立新理念 [J]．领导之友．2008 (05)．

[2108] 王晓辉．从监管角度思考我国审计质量不高的原因及对策 [J]．商场现代化．2008 (08)．

[2109] 王晓岚．企业并购过程中的目标企业估值问题探讨 [J]．商场现代化．2008 (06)．

[2110] 王晓磊，戴蓬军．股权分置改革后存在的并购问题及对策 [J]．全国商情（经济理论研究）．2008 (04)．

[2111] 王晓玲．基于内部控制环境的利益监管博弈分析 [J]．中国管理信息化．2008 (15)．

[2112] 王晓玲．燃油税的国际经验及借鉴 [J]．辽宁税务高等专科学校学报．2008 (02)．

[2113] 王晓明．并购企业组织结构调整及业务控制分析 [J]．现代管理科学．2008 (07)．

[2114] 王欣．展望中国电信业的改革与发展 [J]．信息通信．2008 (02)．

[2115] 王新军．论保险经纪人在保险业另一种信息不对称中的作用 [J]．理论学刊．2008 (07)．

[2116] 王新生．经济全球化与企业合并的反垄断规制 [J]．湖南工业大学学报（社会科学版）．2008 (03)．

[2117] 王鑫．企业合并反垄断控制中的破产公司规则研究 [J]．法制与社会．2008 (01)．

[2118] 王秀峰．初论行政事业性国有资产的监管 [J]．经济视角（下）．2008 (12)．

[2119] 王旭东．博弈视角下的民营企业成长与垄断行业壁垒 [J]．科技经济市场．2008 (08)．

[2120] 王雪青，孙妩．我国征收环境税面临的问题及解决措施 [J]．经济研究导刊．2008 (08)．

[2121] 王娅萍．对当前我国收入分配差距问题的再探讨 [J]．长春市委党校学报．2008 (06)．

[2122] 王艳．有限风险再保险监管：国际经验与启示 [J]．财会月刊．2008 (17)．

[2123] 王艳娟．外资银行市场准入新思路及建议 [J]．商场现代化．2008 (33)．

[2124] 王艳艳．医疗市场信息不对称问题：美国的经验及其对我国的启示 [J]．经济体制改革．2008 (02)．

[2125] 王焱丹．我国银行业进入壁垒浅析 [J]．经济论坛．2008 (20)．

[2126] 王燕．试论我国铁路客运运价规制改革的模式选择 [J]．北京交通大学学报（社会科学版）．2008 (04)．

[2127] 王阳．新世纪全球企业并购与中国企业发展研究 [J]．当代经济（下半月）．2008 (06)．

[2128] 王耀．网络外部性条件下的企业竞争策略研究 [J]．现代经济（现代物业下半月刊）．2008 (05)．

[2129] 王耀中，李晶．略论政府规制与外资并购——基于技术转移和市场结构的分析 [J]．经济问题．2008 (02)．

[2130] 王一农．浅谈国资监管框架下授权经营的界定 [J]．经济体制改革．2008 (01)．

[2131] 王英明．构建我国循环经济体系的法律思考 [J]．企业家天地下半月刊（理论版）．2008 (01)．

[2132] 王颖．环境税初探 [J]．西北第二民族学院学报（哲学社会科学版）．2008 (05)．

[2133] 王颖，刘清珺．从三聚氰胺事件看食品安全预警工作 [J]．科技智囊．2008 (11)．

[2134] 王永．谈水路客运船舶燃油补贴的核发与监管 [J]．交通财会．2008 (11)．

[2135] 王永．铁路行业垄断程度的测算——一个基于 ISCP 范式的实证分析 [J]．福建论坛（人文社会科学版）．2008 (08)．

[2136] 王永波，薛然巍，张辉．环境公益诉讼原告资格浅析 [J]．科技广场．2008 (02)．

[2137] 王永桂．政府干预的范围探析 [J]．科技信息（学术研究）．2008 (24)．

[2138] 王永培，杨以文．基于零售商市场势力纵向关系研究的理论综述 [J]．广东商学院学报．2008 (04)．

[2139] 王咏梅，阳雄波．烟草行业体制改革与正确对待利益调整 [J]．企业技术开发．2008 (07)．

[2140] 王玉洁．我国社会保险基金监管问题之研究 [J]．华商．2008 (03)．

[2141] 王玉金．网络经济下的垄断与政府规制探讨 [J]．江苏广播电视大学学报．2008 (04)．

[2142] 王玉金．网络经济与我国的产业组织政策研究 [J]．市场周刊（理论研究）．2008 (05)．

[2143] 王玉霞，唐志军．信号显示和身份甄别的会员制——一个来自信息经济学的解释 [J]．

财经问题研究. 2008（07）.

[2144] 王远方. 中国电信"拆分"行为法理分析——从反垄断视角阐释［J］. 重庆邮电大学学报（社会科学版）. 2008（05）.

[2145] 王岳龙. Stackelberg 博弈下的 MCP 竞价上网研究［J］. 贵州财经学院学报. 2008（03）.

[2146] 王越乙. 我国房地产市场的监管研究［J］. 商业文化（学术版）. 2008（09）.

[2147] 王则柯. 关于"局部垄断"的概念［J］. 社会科学战线. 2008（01）.

[2148] 王振坡，王丽艳. 中国城市住房问题的演变和求解——基于经济学视角的分析［J］. 未来与发展. 2008（01）.

[2149] 王震，蒋鹏飞. 古诺寡头市场分销商线性激励机制［J］. 山东大学学报（理学版）. 2008（09）.

[2150] 王志坚. 浅谈煤炭企业并购的制约因素［J］. 煤炭经济研究. 2008（03）.

[2151] 王志强，卢祖洵，胡大琴，等. 我国药品价格管制政策失灵的成因分析及对策探讨［J］. 中国药房. 2008（22）.

[2152] 王中保. 公有制是可持续的科学发展的经济基础［J］. 马克思主义研究. 2008（02）.

[2153] 王中华，梁俊伟. 中国参与国际垂直专业化分工的收入差距效应［J］. 经济评论. 2008（04）.

[2154] 王中亮. 燃油税改革的基本原则及对策选择［J］. 价格理论与实践. 2008（11）.

[2155] 王中美. 以反垄断替代反倾销研究［J］. 国际经贸探索. 2008（10）.

[2156] 王忠武，成娜. 政府应成为食品安全的"守夜人"［J］. 社会观察. 2008（11）.

[2157] 王重润，卢玉志. 农村金融供给不足的原因与对策研究——基于市场失灵的视角［J］. 农村金融研究. 2008（06）.

[2158] 王重阳. 保护与规制：电网企业的反垄断问题［J］. 大众用电. 2008（02）.

[2159] 王筑红. 对"资本弱化"进行规制的思考［J］. 商业文化（学术版）. 2008（05）.

[2160] 王自力. 金融控股公司监管的比较与借鉴［J］. 武汉金融. 2008（11）.

[2161] 王自勤. 中国流通产业组织研究反思［J］. 商业时代. 2008（04）.

[2162] 王邹. 企业进入与利润率的关系研究——来自汽车产业的实证检验［J］. 当代经济（下半月）. 2008（10）.

[2163] 卫城雨. 食品安全不能总是亡羊补牢［J］. 决策探索（上半月）. 2008（11）.

[2164] 魏冬，张利儒. 中国企业跨国并购模式研究及策略分析［J］. 商场现代化. 2008（32）.

[2165] 魏钢，唐杰. 电信企业引入作业成本法的研究［J］. 企业经济. 2008（03）.

[2166] 魏浩. 中国地区间对外贸易的差异性：1978—2007年［J］. 当代经济科学. 2008（06）.

[2167] 魏恒荣，洪怡静. 循环经济法及其理念辨析［J］. 治淮. 2008（01）.

[2168] 魏建，张昕鹏. 市场的制度性分割：经济适用房制度的博弈分析［J］. 山东大学学报（哲学社会科学版）. 2008（01）.

[2169] 魏剑锋. 产业集群市场的价格均衡和价格水平研究［J］. 产业经济研究. 2008（06）.

[2170] 魏娟，邢占文. 劳动分工与生产效率理论评述及现实思考［J］. 内蒙古财经学院学报. 2008（04）.

[2171] 魏俊岩，李亚玲. 关于收入分配不公原因研究的综述［J］. 商业文化（学术版）. 2008（10）.

[2172] 魏玲，谢迪斌，车海波，等. 垄断行业高收入问题成因及规制研究［J］. 价格月刊.

2008 (04).

[2173] 魏守华，吴贵生．区域 R&D 经费空间分布及其变动特征研究 [J]．研究与发展管理．2008 (01).

[2174] 魏文彪．最高限价难抑油企暴利 [J]．人民公安．2008 (23).

[2175] 魏旭．浅论企业参与循环经济——以合同管理为切入点 [J]．深圳职业技术学院学报．2008 (02).

[2176] 魏彦杰，钟娟．环境成本冲击下的中美产业竞争力模式比较 [J]．商业时代．2008 (35).

[2177] 魏莹莹，段修明．论不正当利诱性销售的规则 [J]．煤矿现代化．2008 (02).

[2178] 温翠青，张宗毅．我国拖拉机行业产业集中度及演进特征分析 [J]．江苏农机化．2008 (03).

[2179] 温志辉，万俊毅．企业跨国并购的微观效应评价 [J]．亚太经济．2008 (02).

[2180] 文彬．并购中财务风险的预警及控制 [J]．改革与战略．2008 (01).

[2181] 文贯中．警惕"混合体制"合理化——对 10 位经济学家意见的点评 [J]．中国企业家．2008 (02).

[2182] 文宏．地方政府收入结构与政府行为倾向分析 [J]．吉林工商学院学报．2008 (03).

[2183] 文宗瑜，刚成军．我国国有企业工资收入分配的现状 [J]．经济研究参考．2008 (60).

[2184] 闻超群．我国电信行业的市场结构探讨 [J]．华东经济管理．2008 (07).

[2185] 翁瑾．规模经济、产品差异化与中国入境旅游空间结构的变动 [J]．旅游学刊．2008 (06).

[2186] 翁英英，梁荣全．几种主要定价模式在保险产品定价中的应用研究 [J]．商场现代化．2008 (36).

[2187] 邬连东．城市工业部门集聚经济实证研究 [J]．改革与战略．2008 (04).

[2188] 无波．监控之路 [J]．当代经理人．2008 (09).

[2189] 毋立化．企业并购中财务风险的原因及对策 [J]．北方经贸．2008 (05).

[2190] 吴媛丽．循环经济与产业集群效应研究 [J]．商情（教育经济研究）．2008 (05).

[2191] 吴碧林．简析行业协会对市场竞争的双重功能——兼评《反垄断法》对行业协会限制竞争行为的规制 [J]．经济纵横．2008 (08).

[2192] 吴斌，刘小玲．政府规制与文化产业发展 [J]．湘潮（下半月）（理论）．2008 (02).

[2193] 吴成基，胡炜霞．旅游景区周边环境及范围界定 [J]．长江流域资源与环境．2008 (03).

[2194] 吴光芸．分类适度管制：放松管制背景下的我国政府管制结构重构 [J]．当代经济管理．2008 (07).

[2195] 吴汉洪，周炜，张晓雅．中国竞争政策的过去、现在和未来 [J]．财贸经济．2008 (11).

[2196] 吴豪，庄新田．中国上市公司并购绩效的实证研究 [J]．东北大学学报（自然科学版）．2008 (02).

[2197] 吴红．浅议我国网络银行的发展及金融监管 [J]．金融经济．2008 (02).

[2198] 吴基传，申江婴．大跨越——中国电信业三十春秋 [J]．中国新通信．2008 (24).

[2199] 吴季松．循环经济和环境保护 [J]．今日国土．2008 (Z1).

[2200] 吴江．解析电力管制与竞争 [J]．中国电力企业管理．2008 (01).

[2201] 吴金勇．能源局能拨动垄断利益集团吗？[J]．商务周刊．2008 (18).

[2202] 吴敬琏．扣破垄断 消除微观干预［J］．理论导报．2008（02）．

[2203] 吴菊平．试论国有煤炭企业如何发展循环经济［J］．黑龙江科技信息．2008（31）．

[2204] 吴莉云．促进循环经济发展的生态税收体系构建研究［J］．北方经济．2008（19）．

[2205] 吴利华，周勤，杨家兵．钢铁行业上市公司纵向整合与企业绩效关系实证研究——中国钢铁行业集中度下降的一个分析视角［J］．中国工业经济．2008（05）．

[2206] 吴练达，韩瑞．纠正市场失灵的第三种机制［J］．财经科学．2008（06）．

[2207] 吴明．垄断行业故事［J］．新经济杂志．2008（02）．

[2208] 吴琦．浅析行业协会在构建和谐社会中的作用［J］．长江大学学报（社会科学版）．2008（02）．

[2209] 吴清萍．外资零售商买方势力的经济影响及规制研究［J］．北京工商大学学报（社会科学版）．2008（03）．

[2210] 吴清萍，魏茹芳．浅析大型零售商买方势力的同业影响［J］．江苏商论．2008（11）．

[2211] 吴清萍，忻红．上游市场价格歧视的形成机理及影响——大型零售商买方势力的水床效应分析［J］．价格理论与实践．2008（04）．

[2212] 吴清萍，忻红．我国零售商买方势力的反垄断规制研究［J］．商业经济与管理．2008（10）．

[2213] 吴庆．竞争性银行体制的建立：1979—1993年间［J］．中国发展观察．2008（06）．

[2214] 吴日中．试论20世纪60年代我国试办托拉斯的有关问题［J］．科技创新导报．2008（15）．

[2215] 吴锐．基于市场结构合理化的上汽与南汽合并分析［J］．经济研究导刊．2008（08）．

[2216] 吴维平，黄慧，钱献群，等．促进循环经济发展的税收政策分析——以铜陵市为例［J］．铜陵学院学报．2008（06）．

[2217] 吴卫星．环境权入宪之实证研究［J］．法学评论．2008（01）．

[2218] 吴文锋，吴冲锋，刘晓薇．中国民营上市公司高管的政府背景与公司价值［J］．经济研究．2008（07）．

[2219] 吴锡琴，季红艳．试论我国中央银行的独立性［J］．商业经济．2008（01）．

[2220] 吴先祥．煤矿安全托拉斯管理模式探讨——从经营思维谈煤矿安全管理［J］．企业家天地下半月刊（理论版）．2008（12）．

[2221] 吴现立．混合市场结构下住宅商品价格市场表征分析［J］．商业时代．2008（10）．

[2222] 吴潇．运营商尚未具备垄断条件［J］．通信世界．2008（30）．

[2223] 吴小节，宋铁波．基于网络效应与不完全信息的垄断企业R&D阻挠行为［J］．管理工程学报．2008（02）．

[2224] 吴晓达．基于买方市场的非价格竞争策略研究［J］．怀化学院学报．2008（09）．

[2225] 吴晓东．“一药多名”与药品价格虚高的关系分析［J］．生产力研究．2008（02）．

[2226] 吴晓冬．正确认识当前收入差距问题［J］．理论导报．2008（05）．

[2227] 吴笑笑．我国自然垄断行业的规制分析——以电信行业为例［J］．知识经济．2008（11）．

[2228] 吴绪亮，孙康，侯强．存在治理垄断的第三条道路吗？——买方抗衡势力假说研究的近期突破［J］．财经问题研究．2008（06）．

[2229] 吴学花．寡头市场下PC厂商价格竞争的博弈分析［J］．中国物价．2008（02）．

[2230] 吴延兵．中国地区工业知识生产效率测算［J］．财经研究．2008（10）．

[2231] 吴一平．财政分权、腐败与治理［J］．经济学（季刊）．2008（03）．

[2232] 吴意云．网络效应、市场结构与策略性投资［J］．浙江社会科学．2008（04）．

[2233] 吴垠．明晰财政产权与适度财政分权——兼谈中国财政分权的后续改革问题 [J]．社会科学战线．2008 (11)．

[2234] 吴英晶．基于因子分析法的上市公司并购绩效评价 [J]．呼伦贝尔学院学报．2008 (03)．

[2235] 吴颖．电信进化论 [J]．IT 经理世界．2008 (05)．

[2236] 吴颖．电信围墙的倒塌 [J]．IT 经理世界．2008 (05)．

[2237] 吴玉萍．煤炭产业安全的基本内涵及评价指标体系研究 [J]．生产力研究．2008 (08)．

[2238] 吴玉清．浅谈我国养老基金的投资与监管 [J]．福建广播电视大学学报．2008 (06)．

[2239] 吴赟．中外出版市场的垄断与竞争 [J]．经济导刊．2008 (02)．

[2240] 吴照云，余焕新．中国新兴产业市场结构演变规律探究——以有机硅产业为例 [J]．中国工业经济．2008 (12)．

[2241] 吴志军．环境监管中的博弈分析 [J]．经济师．2008 (11)．

[2242] 伍德业，刘红．地方政府对房地产市场价格的影响研究 [J]．经济纵横．2008 (10)．

[2243] 伍红．跨国公司在华并购动机与中国的反避税政策选择 [J]．改革．2008 (03)．

[2244] 伍江．Stackelberg 横向兼并博弈的分析 [J]．华东经济管理．2008 (03)．

[2245] 伍艳．多维视角下农村金融服务体系的完善 [J]．农村经济．2008 (03)．

[2246] 武静．中国生产企业实施跨国并购优势及理论浅析 [J]．成功（教育）．2008 (01)．

[2247] 武良成．我国城市公用事业监管的架构重建和制度安排 [J]．开放导报．2008 (01)．

[2248] 武卫华．一部颇有学术造诣又具实践价值的力作——《垄断与竞争：中国市场结构模式研究》一书评析 [J]．北京大学学报（哲学社会科学版）．2008 (03)．

[2249] 武艳杰．论我国国有银行制度变迁的路径依赖 [J]．当代经济研究．2008 (11)．

[2250] 武盈盈，侯风云．天然气产业市场开放及约束条件——来自巴西的启示 [J]．天府新论．2008 (06)．

[2251] 夏春玉，汪旭晖．中国零售业 30 年的变迁与成长——基于拓展 SCP 范式的分析 [J]．市场营销导刊．2008 (06)．

[2252] 夏海芳．我国城市供水管制改革研究 [J]．科技信息．2008 (27)．

[2253] 夏和平，田石英．对我国股市监管困境的法律思考 [J]．苏州教育学院学报．2008 (04)．

[2254] 夏晖．双重市场分割、资本深化与劳动深化——对中国经济高增长伴随高失业现象的解释 [J]．财经论丛．2008 (05)．

[2255] 夏金梅，肖兰兰．对绿色 GDP 的几点思考 [J]．山东纺织经济．2008 (02)．

[2256] 夏娟．浅谈我国食品安全立法 [J]．内蒙古师范大学学报（哲学社会科学版）．2008 (S1)．

[2257] 夏凌．欧洲环境法的法典化运动及其启示 [J]．欧洲研究．2008 (06)．

[2258] 夏善晨．推动非公有资本市场准入的思考 [J]．上海经济研究．2008 (07)．

[2259] 夏颖．中外捆绑销售案反垄断实证分析 [J]．商业时代．2008 (23)．

[2260] 夏禹．网络广告的博弈与监管 [J]．安徽农业科学．2008 (11)．

[2261] 相倩倩，张孝远．论电信行业的规制与改革 [J]．现代商业．2008 (06)．

[2262] 向君，于倩．西部地区发展循环经济的制约因素和对策建议 [J]．生态经济（学术版）．2008 (02)．

[2263] 向平，孔杰．中国企业跨国并购式海外市场进入模式现状分析与风险管理 [J]．经济管理．2008 (02)．

[2264] 向云．商业银行非公平关联交易的监管主体选择和监管模式分析［J］．商场现代化．2008（33）．

[2265] 向征．论企业合并的反垄断控制［J］．北方经济．2008（18）．

[2266] 项立刚．“电信基础设施共建共享”对电信行业影响深远［J］．信息系统工程．2008（11）．

[2267] 项立刚．打破重组迷思推动电信产业发展［J］．高科技与产业化．2008（02）．

[2268] 项翔．论我国外资银行监管的法律制度［J］．华商．2008（06）．

[2269] 肖飞，沈海平．医疗体制改革需要关注公共利益［J］．当代社科视野．2008（06）．

[2270] 肖更生，李贞玉．政府行为因素对城市地价影响力度的计量分析［J］．江西社会科学．2008（01）．

[2271] 肖慧颖，王璐．跨国并购对中国产业安全的影响及对策［J］．江西电力职业技术学院学报．2008（03）．

[2272] 肖婧，孔刘柳．中央与地方在物业税税权划分中的博弈行为研究［J］．海南金融．2008（03）．

[2273] 肖林．基于过度进入原理的市场进入管制研究［J］．江苏社会科学．2008（01）．

[2274] 肖宁，郭明曦．企业并购中的财务风险及其防范［J］．生产力研究．2008（06）．

[2275] 肖嵩，何国忠，罗五金，等．论医疗产品标准化、组合化的重要性［J］．卫生经济研究．2008（04）．

[2276] 肖小爱，王巧玲．招商引资的博弈——基于地方政府竞争的视角［J］．经济视角（下）．2008（05）．

[2277] 肖晓军．全国城乡居民收入差距基于收入结构的分解研究［J］．井冈山学院学报．2008（09）．

[2278] 肖晓勇．寻租对政府官员激励机制的扭曲及规制研究［J］．中南财经政法大学学报．2008（06）．

[2279] 肖兴志，陈长石．我国垄断行业规制效果评价体系探讨［J］．财政研究．2008（12）．

[2280] 肖兴志，齐鹰飞，李红娟．中国煤矿安全规制效果实证研究［J］．中国工业经济．2008（05）．

[2281] 肖亚雷．社会多元治理体系下公共组织的角色定位［J］．南方论刊．2008（07）．

[2282] 肖艳．公平与效率视角下的中国养老保险制度改革［J］．经济体制改革．2008（05）．

[2283] 肖艳颖．航空公司市场竞争定价博弈模型［J］．中国民航大学学报．2008（06）．

[2284] 肖屹，曲福田，钱忠好，等．土地征用中农民土地权益受损程度研究——以江苏省为例［J］．农业经济问题．2008（03）．

[2285] 肖志刚．专利对企业产品价格的影响［J］．价格理论与实践．2008（10）．

[2286] 笑蜀．“新发展”要破除管制崇拜［J］．中国市场．2008（11）．

[2287] 谢传胜，卢键明．基于SCP范式的电力市场力影响因素研究［J］．华北电力大学学报（社会科学版）．2008（05）．

[2288] 谢柳芳．刍议跨国战略并购财务整合的分析［J］．经济师．2008（06）．

[2289] 谢汪送．日本管理型市场经济的特征及对我国的启示［J］．产业与科技论坛．2008（05）．

[2290] 谢晓燕．我国未来电信监管模式的新探索［J］．科技信息．2008（28）．

[2291] 谢颖，黄文杰．代建制中委托代理的激励、监督与合谋防范［J］．数学的实践与认识．2008（01）．

[2292] 谢瑜．食品安全规制研究的理论动因及规制实践——基于信息不对称理论的分析［J］．

时代经贸（中旬刊）. 2008（S2）.

[2293] 谢作诗，李善杰，穆怀中. 垄断理论及其演进脉络 [J]. 经济评论. 2008（02）.

[2294] 辛力. 我国行业间工资差距超4.88倍 [J]. 就业与保障. 2008（Z1）.

[2295] 辛耀. 研究农村金融产业组织效率的意义及方法探索 [J]. 贵州社会科学. 2008（12）.

[2296] 辛永容，肖俊哲. 农村居民收入差异及其对消费影响的聚类分析 [J]. 统计教育. 2008（06）.

[2297] 辛煜飞，夏云雨. 构建我国绿色税收体系 [J]. 合作经济与科技. 2008（10）.

[2298] 邢宇君. "三鹿"奶粉事件的启示 [J]. 中国食品药品监管. 2008（12）.

[2299] 邢占文，魏娟. 简论政府对自然垄断产业的管制 [J]. 内蒙古财经学院学报. 2008（03）.

[2300] 邢子政，马云泽. 规制经济理论的动态演进——基于三种研究范式的分析 [J]. 生产力研究. 2008（21）.

[2301] 熊本才. 食品监管：从田头到餐桌——郎溪县着力建设国家级食品安全示范县 [J]. 江淮. 2008（03）.

[2302] 熊汉富. 产业组织实证研究文献评述 [J]. 经济学动态. 2008（07）.

[2303] 熊建中，赵丽. 金融危机：机遇还是挑战？[J]. 四川省情. 2008（11）.

[2304] 熊亮，舒保华. 外资并购的概念及发展简史 [J]. 全国商情（经济理论研究）. 2008（07）.

[2305] 熊平，文佳燕. 浅析药品价格规制中的博弈关系 [J]. 商业时代. 2008（08）.

[2306] 熊毅. 房价是由市场决定的吗？——兼谈住房市场暴利与政府管制 [J]. 山东科技大学学报（社会科学版）. 2008（01）.

[2307] 熊毅. 房价需要政府管制吗？——基于市场垄断和政府职能的考察 [J]. 东南大学学报（哲学社会科学版）. 2008（02）.

[2308] 熊毅. 中国住房市场失灵与政府管制 [J]. 长安大学学报（社会科学版）. 2008（02）.

[2309] 熊中楷，聂佳佳，李根道. 考虑广告影响下的新产品垄断动态定价研究 [J]. 管理学报. 2008（06）.

[2310] 修国英，于渤. 双重垄断下的城市公用事业规制目标选择 [J]. 技术经济. 2008（02）.

[2311] 修国英，于渤. 我国城市供水价格规制改革趋向研究 [J]. 商业研究. 2008（04）.

[2312] 修文彦，任爱胜. 国外农产品质量安全追溯制度的发展与启示 [J]. 农业经济问题. 2008（S1）.

[2313] 胥朝阳，黄晶. 企业并购的技术补缺机理及效应分析 [J]. 科学学研究. 2008（S2）.

[2314] 胥朝阳，沈斌. 大型企业并购替代品制造商的福利效应研究 [J]. 管理科学. 2008（03）.

[2315] 胥莉，陈宏民. 转换成本与银行卡市场联网通用问题研究 [J]. 财经问题研究. 2008（04）.

[2316] 胥学跃. 中国电信体制改革历程及其反思 [J]. 现代传输. 2008（01）.

[2317] 徐爱萍，孙瑾，文海. 企业合并价款支付方式与税收 [J]. 税收征纳. 2008（04）.

[2318] 徐超. 英机场运营商遭反垄断"手术" [J]. 检察风云. 2008（10）.

[2319] 徐超丽，杨宏力. 企业边界的确定：一个人力资本角度的假说 [J]. 产业经济评论. 2008（02）.

[2320] 徐丹丹. 2006年我国上市公司并购价值效应的实证研究 [J]. 科技与管理. 2008（03）.

[2321] 徐丹丹．医疗器械监管浅析［J］．商品储运与养护．2008（03）．

[2322] 徐德信．规制的公共实施论评述［J］．中国行政管理．2008（01）．

[2323] 徐刚，周洪．国美兼并永乐后的规模经济分析——基于全要素生产率测算法［J］．上海商学院学报．2008（04）．

[2324] 徐贵宝．我国互联网视频监管相关问题研究综述［J］．通信管理与技术．2008（06）．

[2325] 徐海宁．政府调控证券市场的有效性［J］．国际商务研究．2008（01）．

[2326] 徐虹，曾祥飞，林钟高．企业内部控制：合谋及其防范对策研究［J］．铜陵学院学报．2008（05）．

[2327] 徐建锁，张艳民．我国自然垄断行业的动态所有权竞争机制研究［J］．企业活力．2008（11）．

[2328] 徐江萍，宋俊．浅析我国网络银行风险监管制度［J］．湖南财经高等专科学校学报．2008（01）．

[2329] 徐江萍，宋俊．我国网络银行监管问题研究［J］．安徽商贸职业技术学院学报（社会科学版）．2008（01）．

[2330] 徐金海．论公用事业的竞争法规制［J］．商业时代．2008（29）．

[2331] 徐凯．煤炭产业寻租问题的研究［J］．会计之友（中旬刊）．2008（03）．

[2332] 徐凌云，张鹏飞．我国医疗保障制度改革的评述及展望［J］．甘肃科技纵横．2008（02）．

[2333] 徐敏宁，陈安国．公仆意识是规制公共政策偏差的必要条件［J］．攀登．2008（01）．

[2334] 徐琼梅．个人所得税征管中的信息不对称问题研究［J］．商业时代．2008（08）．

[2335] 徐士英．政府干预与市场运行之间的防火墙［J］．华东政法大学学报．2008（02）．

[2336] 徐姝，林祥娟．我国食品贸易中的食品安全壁垒——原因及对策分析［J］．价值工程．2008（09）．

[2337] 徐霜北．多维视角下的财政分权分析框架：基础、演化、功能、组织与绩效（BEFOP）［J］．财政研究．2008（03）．

[2338] 徐伟康，王文举．非线性定价下寡头垄断行业的市场格局分析［J］．山西财经大学学报．2008（08）．

[2339] 徐伟康，王文举．寡头垄断企业的非线性定价行为［J］．财经科学．2008（07）．

[2340] 徐祥民，胡中华．环境法学研究30年：回顾与展望［J］．法学论坛．2008（06）．

[2341] 徐艳，王冬梅．论企业合并反垄断控制中的效率抗辩［J］．北方经济．2008（08）．

[2342] 徐阳光．财政制度改革：中央与地方如何分权［J］．团结．2008（06）．

[2343] 徐依依．并购的财务陷阱的产生原因及防范措施［J］．硅谷．2008（01）．

[2344] 徐瑗．厉以宁谈经济改革的争论［J］．南风窗．2008（13）．

[2345] 徐振才．浅析我国现代环境立法的历史进程［J］．全国商情（经济理论研究）．2008（19）．

[2346] 徐志芳．论知识产权制度存在的合理性［J］．金卡工程（经济与法）．2008（11）．

[2347] 许成铭，朱绍成，杨宇．我国食品安全主要问题、深层次原因及对策［J］．广西大学学报（哲学社会科学版）．2008（S2）．

[2348] 许飞琼．我国环境污染责任保险制度的构建［J］．环境保护与循环经济．2008（03）．

[2349] 许港．分成合约、价格歧视与中国的财政分权［J］．商业时代．2008（27）．

[2350] 许国新．商业银行特许权价值的自律效应研究［J］．上海金融．2008（03）．

[2351] 许汉友，杨政．中国审计市场高集中度的理论解释与现实分析［J］．审计与经济研究．2008（05）．

[2352] 许航宇，许青云，刘锦，等．银行辛迪加贷款结构及其影响分析［J］．商业时代．2008（03）．

[2353] 许恒．环境公益诉讼实现之专门诉讼制度研究［J］．法制与社会．2008（02）．

[2354] 许晖，马诤，王建明．基于我国纺织品、服装出口市场秩序规范的风险防范研究［J］．未来与发展．2008（09）．

[2355] 许纪校，刘昕，严世锋．企业横向并购的成本动因分析［J］．市场周刊（理论研究）．2008（01）．

[2356] 许进．中国移动通信市场竞争的系统动力学模型［J］．商场现代化．2008（18）．

[2357] 许联超．国企工资分配决不能出现“三个世界”［J］．时代风采．2008（06）．

[2358] 许琳．现阶段我国收入分配问题的伦理审视［J］．商丘职业技术学院学报．2008（03）．

[2359] 许敏．外资在中国汽车业的并购及中国的对策研究［J］．黑龙江对外经贸．2008（11）．

[2360] 许敏兰，罗建兵．上市公司合谋行为的博弈分析［J］．湖南商学院学报．2008（06）．

[2361] 许敏兰，罗建兵．转型经济中的合谋与监管：一个博弈的解释［J］．华东经济管理．2008（08）．

[2362] 许敏诗，殷锡武，邵亮．关于管制企业A-J模型的研究［J］．经济论坛．2008（09）．

[2363] 许敏诗，殷锡武，邵亮．论管制企业的行为及目标［J］．现代商贸工业．2008（05）．

[2364] 许明．自然垄断的动态演变及政府管制政策的调整［J］．市场周刊（理论研究）．2008（05）．

[2365] 许明朝，高中良．人民币离岸中心发展与监管研究［J］．金融理论与实践．2008（02）．

[2366] 许楠，牛晓叶．试论股权分置改革与我国公司控制权市场［J］．生产力研究．2008（17）．

[2367] 许萍，陈锐．价格上限管制下企业的信息获取激励机制研究［J］．经济评论．2008（05）．

[2368] 许珊珊．北京市建筑业市场集中度分析［J］．管理科学文摘．2008（04）．

[2369] 许舒可．浅谈我国保险公司资金运用方式的规范与监管——以保险法修改草案送审稿相关规定为视角［J］．时代经贸（下旬刊）．2008（03）．

[2370] 许漪．西方区域经济理论及其可能径向［J］．求索．2008（12）．

[2371] 许咏梅．从市场集中度角度考察国际茶叶市场竞争程度［J］．茶叶．2008（02）．

[2372] 许友传，何晓光，杨继光．关系融资、信息分享与银行激励［J］．系统管理学报．2008（01）．

[2373] 续俊旗，廖小伟．电信重组后的有效竞争政策［J］．通信企业管理．2008（05）．

[2374] 宣烨，李锋．外资并购对江苏产业发展的影响及对策分析［J］．管理科学文摘．2008（Z1）．

[2375] 薛恩同，李闯农．论我国环境公诉制度的原告资格［J］．法制与社会．2008（31）．

[2376] 薛富平．当前我国保险经纪市场存在的问题与加强监管的建议［J］．北方经济．2008（20）．

[2377] 薛惠锋，卢亚丽，王佳．中国经济发展进程中的资源环境问题根源与对策［J］．能源环境保护．2008（05）．

[2378] 薛可．基于品牌价值的特许经营的费用结构研究［J］．上海交通大学学报．2008（11）．

［2379］薛全福．煤炭开采过程中环境保护的对策［J］．科技资讯．2008（31）．

［2380］薛胜昔．我国医疗服务供给体制下供给者诱导需求行为分析［J］．网络财富．2008（06）．

［2381］薛卫，雷家骕．创新激励、市场垄断与专利的理论评述［J］．科学学与科学技术管理．2008（06）．

［2382］鄢烈山．请新闻监督为食品安全保驾［J］．人民之声．2008（10）．

［2383］鄢晓发．可再生能源发电的定价机理研究［J］．价格理论与实践．2008（05）．

［2384］闫逢柱，孟祺．产业内贸易的结构变动与决定因素——基于中国电子及通讯设备制造业的实证分析［J］．经济与管理．2008（02）．

［2385］闫明超，崔元鹏．规制理论视角下的劳动关系探析［J］．科技与管理．2008（05）．

［2386］闫文丽．论公用事业垄断中的政府干预——政府管制与反垄断法规制［J］．法制与社会．2008（05）．

［2387］闫永琴，姚慧琴．论公平的实现与我国收入分配的伦理维度［J］．经济体制改革．2008（06）．

［2388］闫月岭．试论国企改制中政府职能作用［J］．经济师．2008（08）．

［2389］闫邹先．防范合谋与上市公司高管薪酬合理化测度研究［J］．财贸研究．2008（06）．

［2390］闫邹先，尚秋芬．防范合谋的激励机制研究综述［J］．石家庄经济学院学报．2008（03）．

［2391］闫邹先，孙玉梅．独立董事能否防范上市公司合谋：一项基于上市公司的经验证据［J］．当代经济管理．2008（10）．

［2392］严莒，翁国民．浅议企业合并中的行政干预力因素［J］．现代商业．2008（08）．

［2393］严海宁．市场结构和技术创新研究的新进展［J］．经济与管理．2008（06）．

［2394］严俊祥．对资源环境与实现经济可持续发展的思考［J］．当代经济（下半月）．2008（07）．

［2395］严沛坚，孟凡雷．公用事业民营化中公民参与权的规制［J］．辽宁行政学院学报．2008（11）．

［2396］严淑琴，张建民，李华文，等．经济社会转型时期加强财政监督的思考［J］．财政监督．2008（13）．

［2397］严伟．旅行社行业过度竞争及其解决对策［J］．社会科学家．2008（11）．

［2398］严跃萍．企业发展和规模经济探析［J］．西安财经学院学报．2008（05）．

［2399］阎大颖．新兴市场国家吸引跨国并购的决定因素——从市场化程度视角的解析［J］．国际贸易问题．2008（02）．

［2400］颜飞，王建伟．对运输业网络经济的探讨［J］．铁道运输与经济．2008（02）．

［2401］颜丽娟，王丽娟．试论乳品加工业在并购重组中的人力资源整合［J］．产业与科技论坛．2008（09）．

［2402］晏小红．自然垄断行业的管制与竞争理论研究［J］．经济研究导刊．2008（01）．

［2403］晏艳阳，李波．预期在企业并购价值确定中的应用［J］．上海经济研究．2008（10）．

［2404］羊绍武．环境与资源双重约束下中国承接国际产业转移的对策分析［J］．经济师．2008（08）．

［2405］杨斌．新自由主义与“华盛顿共识”的理论缺陷［J］．开放导报．2008（04）．

［2406］杨波，张翔．特许经营中的利益分歧及其治理［J］．网络财富．2008（06）．

［2407］杨昌玲．浅谈食品质量安全隐患的防与治［J］．福建质量信息．2008（07）．

［2408］杨超刚，杨东民．浅议电信产业规制改革［J］．辽宁行政学院学报．2008（11）．

［2409］杨晨辉．论我国上市公司的外资并购问题［J］．商场现代化．2008（13）．

［2410］杨承坤．中国房地产业市场集中度分析［J］．时代经贸（下旬刊）．2008（04）．

［2411］杨大强．中国商业银行的效率分析——基于广义超对数成本函数的范围经济检验［J］．金融发展研究．2008（03）．

［2412］杨冬梅．双边市场：企业竞争策略性行为的新视角［J］．管理评论．2008（02）．

［2413］杨栋．跨国银行并购研究［J］．北方经济．2008（02）．

［2414］杨端．中外循环经济立法分析及其启示［J］．广东教育学院学报．2008（06）．

［2415］杨帆，余蕊．利益集团对经济和政治的影响：以美国烟草业为例［J］．学习与实践．2008（09）．

［2416］杨凤．电力产业的监管需求及其演变［J］．经济纵横．2008（10）．

［2417］杨凤春．中国商业银行市场结构分析——基于 Panzar—Rosse 模型［J］．兰州商学院学报．2008（06）．

［2418］杨戈．自由贸易与环境保护——对西方学者关于贸易和环境关系观点的评述［J］．当代经济研究．2008（01）．

［2419］杨光．食品安全需要更加严格的监督［J］．安全与健康．2008（21）．

［2420］杨贵桥．论劳动力市场规制中国家干预的基本原则［J］．社科纵横（新理论版）．2008（01）．

［2421］杨海峰．重复建设问题应引起重视［J］．通信世界．2008（33）．

［2422］杨海生，陈少凌，周永章．地方政府竞争与环境政策——来自中国省份数据的证据［J］．南方经济．2008（06）．

［2423］杨河清，王丹．我国企业经营者市场激励约束机制：问题与对策［J］．经济与管理研究．2008（07）．

［2424］杨恒芬，李桐．我国金融业“天价薪酬”与金融监管体制的再思考［J］．思想战线．2008（S3）．

［2425］杨慧，周晶，邓群．餐厅收益管理的差别定价策略研究——基于对顾客公平度感知的调查［J］．北京工商大学学报（社会科学版）．2008（02）．

［2426］杨慧兰，张光．规模经济视域下的内蒙古自治区县政区划研究［J］．内蒙古大学学报（哲学社会科学版）．2008（02）．

［2427］杨建辉．浅析企业并购的财务动因［J］．决策与信息（财经观察）．2008（10）．

［2428］杨建军．FDI 对我国产业安全的影响及对策研究［J］．当代经济（下半月）．2008（12）．

［2429］杨建文．浅析政府在招商引资中的职能与作用［J］．常州工学院学报（社科版）．2008（Z1）．

［2430］杨建宇．烟草行业破解地方保护之策——商业与专卖实行跨省大区管理的改革设想［J］．中国商界（下半月）．2008（11）．

［2431］杨剑．我国产业内过度竞争分析［J］．合作经济与科技．2008（10）．

［2432］杨杰．网络经济环境下企业组织结构的演进分析［J］．商场现代化．2008（12）．

［2433］杨洁．初探外资并购的规制问题及其对策［J］．商业经济．2008（12）．

［2434］杨静．中国电信运营业市场结构发展研究［J］．金卡工程（经济与法）．2008（10）．

［2435］杨居正．核心技术的局部垄断与产业结构选择——计算机硬件行业的经济学分析［J］．产业经济研究．2008（04）．

［2436］杨居正，张维迎，周黎安．信誉与管制的互补与替代——基于网上交易数据的实证研究［J］．管理世界．2008（07）．

[2437] 杨娟．政府价格管制的主要范围［J］．中国物价．2008（08）．

[2438] 杨军．试论国际贸易与环境问题——污染转移问题［J］．科技信息（科学教研）．2008（18）．

[2439] 杨凯．基于波特模型的我国轿车行业竞争结构分析［J］．商场现代化．2008（09）．

[2440] 杨坤．中国实行绿色税收的SWOT分析及建议［J］．广东财经职业学院学报．2008（03）．

[2441] 杨昆．规模经济、范围经济与治理机制的选择［J］．知识经济．2008（12）．

[2442] 杨蕾．中国人力资源市场中的政府在位［J］．经济研究导刊．2008（07）．

[2443] 杨莉，熊天兵．谈企业并购中尽职调查的误区［J］．商业时代．2008（06）．

[2444] 杨莉莎，郑裕阳．对我国医疗改革的思考——关于公共医疗财政的建立及分析［J］．时代经贸（中旬刊）．2008（S7）．

[2445] 杨丽丽．试论我国的环境公益诉讼制度［J］．法制与社会．2008（30）．

[2446] 杨练军．环保制度和环境法律有效实施的经济根源［J］．审计与理财．2008（11）．

[2447] 杨洛新．企业合并的经济动因与会计规范导向［J］．财会通讯（学术版）．2008（05）．

[2448] 杨美霞．基于循环经济理念的旅游业持续发展对策研究［J］．环境保护与循环经济．2008（02）．

[2449] 杨猛．企业合并的成本效应分析［J］．天津经济．2008（08）．

[2450] 杨颀．政府管制经济问题的对策思考［J］．决策与信息（财经观察）．2008（04）．

[2451] 杨强，汪波，吕荣胜．市场结构范式的比较与选择［J］．生产力研究．2008（17）．

[2452] 杨青，张家峰．政府规制企业的效率动力源与政策建议——以江苏高速公路企业为例分析［J］．交通企业管理．2008（11）．

[2453] 杨全柏．中国土地市场化辨析［J］．特区经济．2008（05）．

[2454] 杨全海．市场失灵与政府宏观调控规制创新研究［J］．价格与市场．2008（11）．

[2455] 杨嵘，刘召飞．我国石油产业政策制定中的公共选择问题初探［J］．全国商情（经济理论研究）．2008（18）．

[2456] 杨莎．中国企业实施可持续发展的思考［J］．商场现代化．2008（19）．

[2457] 杨绍政．政府管制的理论演进及我国经济转轨期政府管制的理论假说［J］．经济体制改革．2008（03）．

[2458] 杨淑云．电力企业产权结构对微观效率影响的实证研究［J］．经营管理者．2008（17）．

[2459] 杨淑云，于良春．中国电力产业效率和生产率变动的实证研究［J］．财经论丛．2008（03）．

[2460] 杨舜贤，蔡晓珊．英国电信业放松规制研究及对我国的借鉴［J］．特区经济．2008（07）．

[2461] 杨松．公共治理视野下的市场监管边界和监管方式［J］．商场现代化．2008（32）．

[2462] 杨彤，王能民．环境保护与城市竞争力关系研究综述［J］．青岛科技大学学报（社会科学版）．2008（02）．

[2463] 杨万中．转移成本、价格歧视和非对称寡头竞争［J］．经济问题．2008（05）．

[2464] 杨威．中国自然垄断产业规制改革方向初探［J］．时代经贸（中旬刊）．2008（S1）．

[2465] 杨渭文．广告、品牌忠诚与产品定价［J］．生产力研究．2008（13）．

[2466] 杨文东．高速公路收费定价的经济分析［J］．公路．2008（05）．

[2467] 杨霞飞，李承红．关于循环经济公众参与的思考［J］．商场现代化．2008（05）．

[2468] 杨湘玉，程源．企业异质性假设和企业先动优势的机制分析［J］．生产力研究．2008（08）．

[2469] 杨向英．垄断收入的税务治理探讨 [J]．商场现代化．2008 (30)．

[2470] 杨小柳．参与式流域环境治理——以大理洱海流域为例 [J]．广西民族大学学报 (哲学社会科学版)．2008 (05)．

[2471] 杨晓龙．《反垄断法》相关条款解读 [J]．汽车维修技师．2008 (08)．

[2472] 杨秀莉．市场份额：数量和质量浅析 [J]．经济师．2008 (06)．

[2473] 杨学军．我国公用事业市场化改革存在的主要问题及对策 [J]．经济纵横．2008 (02)．

[2474] 杨学军．英国、美国、新加坡城市公用事业监管比较研究 [J]．亚太经济．2008 (05)．

[2475] 杨学军，董妍伽．英国、美国、新加坡公用事业监管的做法及启示 [J]．经济纵横．2008 (08)．

[2476] 杨洵．同质竞争下产业链横向整合的经济绩效分析 [J]．科技管理研究．2008 (09)．

[2477] 杨艳，牟丹．再论网络经济对传统经济理论的挑战 [J]．生产力研究．2008 (14)．

[2478] 杨泱．对我国食品安全监管状况的思考 [J]．上海食品药品监管情报研究．2008 (03)．

[2479] 杨一琛．美国的行政垄断管制与我国相关制度反思 [J]．中共郑州市委党校学报．2008 (06)．

[2480] 杨亦龙．论我国统一的功能性银行监管体制的构建 [J]．改革与战略．2008 (11)．

[2481] 杨永超．从产业组织的角度分析中外零售企业的发展 [J]．科技信息．2008 (36)．

[2482] 杨永峰．浅论企业的并购重组 [J]．科技情报开发与经济．2008 (01)．

[2483] 杨永峰．试论企业规模扩张的一条重要途径——企业并购 [J]．商情 (教育经济研究)．2008 (06)．

[2484] 杨永华，陆汉红，郝文红．和谐社会视角的中国医疗改革思考 [J]．医院院长论坛．2008 (01)．

[2485] 杨永康，苏彦军．国际贸易对我国行业收入分配的影响研究 [J]．中国科技产业．2008 (02)．

[2486] 杨永忠，游文城．民营经济进入航空运输业的结构性壁垒分析——基于制度间关系的视角 [J]．中国工业经济．2008 (12)．

[2487] 杨勇，黎振强，罗能生．发达国家农村公共产品供给中政府的作用及启示 [J]．经济纵横．2008 (02)．

[2488] 杨友苏．并购中思想工作的价值 [J]．东方企业文化．2008 (07)．

[2489] 杨雨．短期国际资本流动的经济效应理论分析和监管对策研究 [J]．上海经济研究．2008 (02)．

[2490] 杨玉婷．浅议垄断行业高工资 [J]．山西财政税务专科学校学报．2008 (06)．

[2491] 杨玉寅．政府干预的必要性及具体政策的福利效应分析 [J]．现代商贸工业．2008 (13)．

[2492] 杨云莉．川渝地区天然气资源开发的环境成本分析 [J]．煤气与热力．2008 (07)．

[2493] 杨兆廷，王晓雪．对上市公司并购效应的实证研究 [J]．经济与管理．2008 (05)．

[2494] 杨正华．企业并购中财务风险探讨 [J]．科技信息 (科学教研)．2008 (15)．

[2495] 杨志芳．浅论现代企业成本规划 [J]．财会通讯 (理财版)．2008 (06)．

[2496] 杨志勇．中国30年财政改革之谜与未来改革之难 [J]．财贸经济．2008 (12)．

[2497] 姚保松．论公用企业反垄断相关市场的界定 [J]．北京科技大学学报 (社会科学版)．2008 (02)．

[2498] 姚国麟，殷杰．中国银行业经济性市场进入障碍问题研究［J］．华商．2008（18）．

[2499] 姚和平．我国上市公司信息披露规范研究［J］．科技创业月刊．2008（11）．

[2500] 姚洪心．相关市场条件下国际寡头的策略行为及福利效应研究［J］．南方经济．2008（05）．

[2501] 姚洪心，李瑛．对相关市场条件下贸易竞争的博弈机制及福利效应的研究［J］．数学的实践与认识．2008（02）．

[2502] 姚卉．企业信用缺失与治理对策［J］．决策与信息（财经观察）．2008（05）．

[2503] 姚菊丹，龚光明．企业并购的财务问题研究［J］．长沙大学学报．2008（01）．

[2504] 姚军，王之琼．中国与澳大利亚特许经营监管制度之比较［J］．武汉大学学报（哲学社会科学版）．2008（03）．

[2505] 姚丽．发电权交易特征分析及政策建议［J］．合作经济与科技．2008（15）．

[2506] 姚丽颖．为何不对垄断企业出限价令［J］．领导文萃．2008（03）．

[2507] 姚敏，许红．中国高新技术产业集聚的形成机理及实证［J］．统计与决策．2008（01）．

[2508] 姚琦．银行卡组织的垄断行为及其规制［J］．价格理论与实践．2008（07）．

[2509] 姚婉燕．信息产品寡头垄断的定价模型分析［J］．统计与决策．2008（14）．

[2510] 姚西龙，郝鹏飞，才亚丽．基于绿色 GDP 核算理念下的矿产资源规划探索［J］．华商．2008（11）．

[2511] 姚小涛，张田，席酉民．强关系与弱关系：企业成长的社会关系依赖研究［J］．管理科学学报．2008（01）．

[2512] 姚雪绯．我国环境税制的初步构建［J］．武汉交通职业学院学报．2008（03）．

[2513] 姚志刚，武颖丽．基于共同配送策略的公路货运网络优化问题［J］．公路交通科技．2008（05）．

[2514] 耶兰特．电信重组打破不了垄断［J］．中国新通信．2008（04）．

[2515] 叶爱侠．浅析食品安全监管［J］．大众标准化．2008（S1）．

[2516] 叶浩，濮励杰，张健．我国粮食主产区耕地产出效率研究［J］．长江流域资源与环境．2008（04）．

[2517] 叶华．上市公司财务信息造假信息披露监管制度的完善——基于我国上市公司财务数据的实证分析［J］．财会通讯（学术版）．2008（01）．

[2518] 叶华光．微观视角下厂商范围经济的形成机制分析［J］．交通科技与经济．2008（03）．

[2519] 叶会，李善民．企业并购理论综述［J］．广东金融学院学报．2008（01）．

[2520] 叶建华．美国次贷危机的制度性透视：政府干预、法治、市场效率［J］．武汉金融．2008（12）．

[2521] 叶静．中国电信业政府规制及其改革［J］．怀化学院学报．2008（07）．

[2522] 叶明，汪洋．日本循环经济立法实践及其对我国的启示［J］．价格月刊．2008（02）．

[2523] 叶铭学．上市融资—中国铁路运输业的出路［J］．决策咨询通讯．2008（05）．

[2524] 叶楠，王校培．基于中国企业并购整合外资在华企业的 Hamburger 模型［J］．中国商界（下半月）．2008（01）．

[2525] 叶睿瑞．探析我国政府间税收竞争问题［J］．经营管理者．2008（13）．

[2526] 叶堂林．垄断与非垄断不对称理论及其在我国农业竞争中的应用研究［J］．农业经济．2008（11）．

[2527] 叶显能，徐晓文．论次优价中标的误区——对特许投标过度竞争问题的讨论［J］．时

代金融．2008（08）．

［2528］叶祥松．基于经济学视角对我国社会不和谐现象的分析［J］．经济问题．2008（02）．

［2529］叶晓红．论我国生态税制的构建与完善——基于我国税法中生态税收条款的思考［J］．财会通讯（综合版）．2008（09）．

［2530］叶子兰，郭伟，陈小辉．企业并购中的文化冲突传导机理的实证研究［J］．西安工程大学学报．2008（05）．

［2531］一财．遭遇反垄断第一案［J］．市场瞭望（上半月）．2008（09）．

［2532］伊铭．中国食品流通安全发展现状研究［J］．上海经济研究．2008（07）．

［2533］弋福林．我国食品安全监管现状及其原因分析［J］．内江科技．2008（08）．

［2534］易龙生，曾贤刚，陈松岭．源自环境法和税收制度的交叉结合 开征环境税：不仅仅为环境减压［J］．环境经济．2008（08）．

［2535］易晓文．垄断竞争市场下中国住宅商品房合理价格的估算研究［J］．生产力研究．2008（03）．

［2536］尹莉，臧旭恒．消费需求升级背景下的产业融合研究——以电子信息产业为例［J］．产业经济评论．2008（03）．

［2537］尹莉娟．从分散到统一：荷兰基本医疗保险制度改革对我国的启示［J］．中国卫生事业管理．2008（02）．

［2538］尹雯雯．行业协会的价格垄断行为研究［J］．徐州教育学院学报．2008（04）．

［2539］尹向飞，陈柳钦．城镇居民收入差距、财富差距、收入增长与房价关系的因果检验：1992—2006［J］．河北经贸大学学报．2008（06）．

［2540］尹晓琳，滕颖．需求具有相关性的多产品定价问题研究［J］．电子科技大学学报（社科版）．2008（04）．

［2541］印祖华．再论企业并购成本效应［J］．现代商业．2008（32）．

［2542］尤家恬．寡占市场结构下的企业价格同盟研究——以中国彩电行业为例［J］．沿海企业与科技．2008（03）．

［2543］尤家恬．企业横向并购的规模经济分析——以上汽并购南汽为例［J］．沿海企业与科技．2008（11）．

［2544］游桂云，孙旭峰．环境污染责任保险的效用及其依存环境分析［J］．上海保险．2008（05）．

［2545］游家兴，罗胜强．政府行为、股权安排与公司治理的有效性——基于盈余质量视角的研究［J］．南开管理评论．2008（06）．

［2546］游莉萍．论我国食品安全监管模式的完善［J］．科技广场．2008（11）．

［2547］于海峰，谢颖．公共服务供给与公共部门改革［J］．财政研究．2008（10）．

［2548］于开乐，王铁民．基于并购的开放式创新对企业自主创新的影响——南汽并购罗孚经验及一般启示［J］．管理世界．2008（04）．

［2549］于立，吴绪亮．运输产业中的反垄断与规制问题［J］．中国工业经济．2008（02）．

［2550］于立宏．论需求波动与资产专用性对煤电产业纵向一体化的影响［J］．经济评论．2008（01）．

［2551］于良春，付强．地区行政垄断与区域产业同构互动关系分析——基于省际的面板数据［J］．中国工业经济．2008（06）．

［2552］于伶，白利静．电力垄断行业的监管及其行政执法问题［J］．法制与社会．2008（07）．

［2553］于敏．环境资产管理刍议［J］．财会研究．2008（09）．

[2554] 于芃，刘璇．构建我国环境税制体系的思考 [J]．环渤海经济瞭望．2008 (04).

[2555] 于世芳．食品安全问题与政府执行力 [J]．中国工商管理研究．2008 (07).

[2556] 于世海，王洪国．跨国公司发展与环境保护协同策略研究 [J]．当代经济．2008 (07).

[2557] 于卫东．论循环经济对会计模式的影响 [J]．齐鲁珠坛．2008 (03).

[2558] 于文武．黑龙江省发展循环经济的主要障碍及实现途径 [J]．北方经贸．2008 (09).

[2559] 于晓蕾．并购后的国美、大中四大差异 [J]．家电科技．2008 (04).

[2560] 于新循，袁维勤．对我国养老服务市场准入问题的几点思考 [J]．经济导刊．2008 (05).

[2561] 于占龙．浅谈电力市场化条件下的电价管制 [J]．科技创新导报．2008 (15).

[2562] 于志军．从三鹿奶粉事件看我国食品安全监管机制 [J]．河北企业．2008 (12).

[2563] 余宸歆．对医疗改革中存在的问题的分析和思考 [J]．科教文汇（上旬刊）．2008 (07).

[2564] 余宸歆．我国药品价格虚高问题探析 [J]．商业文化（学术版）．2008 (02).

[2565] 余春瑜，马鑫．跨国企业垄断的不仅仅是价格 [J]．商用汽车新闻．2008 (02).

[2566] 余绰娅．基于DSM的电力价格规制研究——一个拉姆塞定价模型的引申 [J]．现代商业．2008 (03).

[2567] 余东华．地方保护能够提高区域产业竞争力吗 [J]．产业经济研究．2008 (03).

[2568] 余东华．地区行政垄断、产业受保护程度与产业效率——以转型时期中国制造业为例 [J]．南开经济研究．2008 (04).

[2569] 余东华．美国反垄断政策的演进及对我国的启示 [J]．亚太经济．2008 (01).

[2570] 余芳．网络经济下企业组织形态变革研究 [J]．时代经贸（中旬刊）．2008 (S1).

[2571] 余凯．论我国房地产宏观调控的长效机制的构建 [J]．城市发展研究．2008 (05).

[2572] 余丽霞．中国银行业市场结构实证分析及建议 [J]．经济社会体制比较．2008 (03).

[2573] 余璐，李郁芳．可持续发展与政府行为外部性 [J]．改革与战略．2008 (07).

[2574] 余明桂，潘红波．政府干预、法治、金融发展与国有企业银行贷款 [J]．金融研究．2008 (09).

[2575] 余文建，潘信豪，王海全．中国—东盟资本流动监管与金融风险防范合作研究 [J]．金融纵横．2008 (08).

[2576] 余文杰，雷翰林．论我国电力行业各环节垄断的规制 [J]．中国农业银行武汉培训学院学报．2008 (03).

[2577] 余玉刚，李法新，袁琪．农机安全影响因素分析与监管重点 [J]．南方农机．2008 (01).

[2578] 鱼曼曼．政府管理低效的经济学分析 [J]．中国科技财富．2008 (11).

[2579] 俞亥．中国邮政改革后行业竞争态势浅析 [J]．世界经济情况．2008 (01).

[2580] 俞虹．中国邮政业民营化改革思路探析 [J]．时代金融．2008 (12).

[2581] 俞晓晶．中国汽车产业组织演化的路径选择——基于产业集中度的研究 [J]．产业与科技论坛．2008 (03).

[2582] 俞忠英，汤玉刚．当代中国经济高社会成本—低产品成本模式研究——改革开放30年政府转型与经济发展分析框架 [J]．财经研究．2008 (11).

[2583] 喻建平．食品消费安全的流通常态控制 [J]．武汉商务．2008 (06).

[2584] 喻世华．基于网络外部性的电信市场竞争分析 [J]．移动通信．2008 (15).

[2585] 原海滨．我国开征环境税的公平性研究 [J]．商场现代化．2008 (26).

[2586] 原毅军，王萌，李宜．企业并购中人力资本价值评估模型研究 [J]. 价值工程．2008 (02).

[2587] 袁春平．民营企业进入垄断行业的理论依据、条件及面临问题 [J]. 商业时代．2008 (14).

[2588] 袁鲲．我国黄金市场发展存在的问题及对策 [J]. 南方金融．2008 (06).

[2589] 袁立科，张宗益．管理激励和最优技术转让分析 [J]. 管理工程学报．2008 (03).

[2590] 袁良明．经济管制必要性的一个理论解释与评述 [J]. 求索．2008 (09).

[2591] 袁敏，李卿．市场分割情况下的信用信息共享状况研究 [J]. 消费导刊．2008 (09).

[2592] 袁名真．企业并购的关键动因——经营协同效应 [J]. 中国高新技术企业．2008 (23).

[2593] 袁溥，陈少克．经济自由主义发展中政府行为理论的演进 [J]. 合作经济与科技．2008 (10).

[2594] 袁欣，宁静．中国对外贸易管理体制的演化路径分析 [J]. 广东外语外贸大学学报．2008 (06).

[2595] 苑丰，刘武芳．政府与市场"双失灵"困局中的农地流转博弈特征分析 [J]. 北京科技大学学报 (社会科学版). 2008 (01).

[2596] 约翰·贝拉米·福斯特，吴娓．资本的金融化与危机 [J]. 马克思主义与现实．2008 (04).

[2597] 约瑟夫·斯蒂格利茨．中国的"新的增长模式" [J]. 理论导报．2008 (04).

[2598] 岳朝龙，曹金飞，张国庆．基于合谋下的税收征管激励机制设计 [J]. 经济理论与经济管理．2008 (01).

[2599] 岳格丽，冉美华．我国连锁超市的规模经济分析 [J]. 甘肃科技．2008 (18).

[2600] 岳公正，任继勤，左春玲．社会保障公共选择、帕累托最优与社会保障品市场效率评价 [J]. 生产力研究．2008 (01).

[2601] 岳巧红，封学军．基于 DEA 模型的港口企业规模效率评估 [J]. 水运工程．2008 (01).

[2602] 岳向阳．跨国软件巨头在华垄断行为遭调查 [J]. 法人杂志．2008 (08).

[2603] 岳中刚．基于零售商主导的纵向约束研究述评 [J]. 产业经济研究．2008 (01).

[2604] 岳中刚，石奇．零售商主导的纵向约束及规制研究综述 [J]. 商业经济与管理．2008 (03).

[2605] 臧传琴．产权多元化后自然垄断产业的政府规制——西方国家的实践及其对我国的启示 [J]. 贵州社会科学．2008 (01).

[2606] 臧传琴．市场结构重组后自然垄断产业的规制政策设计 [J]. 云南社会科学．2008 (03).

[2607] 臧传琴．西方国家自然垄断产业的市场结构重组及启示 [J]. 经济师．2008 (05).

[2608] 臧辉艳．浅析美国环境教育法对我国的启示 [J]. 南方论刊．2008 (02).

[2609] 曾博．基于委托代理理论的输配电价格监管机制设计 [J]. 价格月刊．2008 (03).

[2610] 曾国安，李明．社会性管制理论研究述评 [J]. 经济学动态．2008 (04).

[2611] 曾宏，廖蕾．不同竞争形态下公司投融资决策的互动关系研究 [J]. 统计与决策．2008 (19).

[2612] 曾焕恒，邱家学．我国医药制造业市场绩效影响因素实证分析 [J]. 中国药房．2008 (13).

[2613] 曾洁琼．对经济发展和环境保护问题的哲学思考 [J]. 产业与科技论坛．2008 (06).

[2614] 曾金胜. 大部制改革改了什么 [J]. 人民论坛. 2008 (07).

[2615] 曾莉. 政府供给农村公共物品的行为选择 [J]. 商业时代. 2008 (10).

[2616] 曾丽萍. 基于财务协同效应视角下的企业并购 [J]. 金融与经济. 2008 (10).

[2617] 曾利飞. 市场分割与汇率低估 [J]. 财经研究. 2008 (02).

[2618] 曾敏，陈永秀. 企业品牌战略选择模型研究 [J]. 商业时代. 2008 (01).

[2619] 曾明，张光. 规模经济、转移支付与政府规模——以江西为例 [J]. 江西社会科学. 2008 (09).

[2620] 曾荣平. 日本制造业基于循环经济的调整 [J]. 贵州师范大学学报（社会科学版）. 2008 (02).

[2621] 曾荣平，李岩. 日本制造业：基于循环经济的调整 [J]. 辽东学院学报（社会科学版）. 2008 (03).

[2622] 曾世宏. 产业演化、产业规制与企业家才能配置——以中国制造业产业价值链升级为例 [J]. 河北经贸大学学报. 2008 (06).

[2623] 曾仕文. 中国零售业面临的问题分析 [J]. 技术与市场. 2008 (07).

[2624] 曾姝，黄迈，黄灵子. 经济过热与地方政府的投资冲动 [J]. 江西社会科学. 2008 (04).

[2625] 曾悟声. 政府—市场—社群功能的灾害经济学审视 [J]. 理论与当代. 2008 (06).

[2626] 曾贤刚. 从OECD国家经验看我国环境税的建立和完善 [J]. 经济理论与经济管理. 2008 (05).

[2627] 曾祥炎，危兆宾. 政府决策失误的社会福利代价 [J]. 长春大学学报. 2008 (09).

[2628] 曾铮，张亚斌. 相对效用价格比——基于不完全竞争市场的比较优势模型 [J]. 产业经济研究. 2008 (04).

[2629] 翟姗姗. 网络经济的运行模式与竞争策略 [J]. 湖北经济学院学报（人文社会科学版）. 2008 (11).

[2630] 翟胜明. 不要误解了"打破垄断"的原意——与林治波同志商榷 [J]. 人民论坛. 2008 (09).

[2631] 翟心僮. 从寻租的社会成本构成的视角略论治理寻租的制度创新 [J]. 湖北经济学院学报（人文社会科学版）. 2008 (11).

[2632] 张爱群. 非公经济进入金融领域：基于金融发展理论视角 [J]. 特区经济. 2008 (03).

[2633] 张冰，赵大地. 强势寡头中国移动公司竞争失效规制的博弈分析 [J]. 经济研究导刊. 2008 (10).

[2634] 张炳雷. 国有企业社会责任：一个沉淀成本的分析视角 [J]. 经济体制改革. 2008 (05).

[2635] 张波. 从法理到实务：谈国际环境法基本原则的构建 [J]. 法制与社会. 2008 (29).

[2636] 张波. 论我国金融市场准入监管的功能实现路径 [J]. 特区经济. 2008 (12).

[2637] 张波. 信用违约互换市场风险及其监管：由AIG事件谈起 [J]. 农村金融研究. 2008 (12).

[2638] 张波，黄培清. 横向Bertrand垄断竞争下的供应链需求信息纵向共享博弈 [J]. 上海交通大学学报. 2008 (09).

[2639] 张才国. 新自由主义的意识形态本质：国际垄断资本主义的理论体系 [J]. 科学社会主义. 2008 (01).

[2640] 张彩庆，魏文，司祎梅. 区域共同市场理论及其在华东区域电力市场的实践与合理性

分析 [J]. 华东电力. 2008 (02).

[2641] 张灿全. 论政府诚信在市场经济秩序形成中的作用 [J]. 商场现代化. 2008 (31).

[2642] 张昌文. 新时期国企利用外资的战略调整 [J]. 商业时代. 2008 (03).

[2643] 张超. 价格暴利下的品牌垄断探析 [J]. 价格理论与实践. 2008 (04).

[2644] 张朝晖. 谈我国食品安全现状 [J]. 黑龙江科技信息. 2008 (32).

[2645] 张琛. 我国环境保护税收问题研究 [J]. 市场周刊 (理论研究). 2008 (04).

[2646] 张晨, 陶亦芳, 李霞. 基于委托代理理论的我国境外国有企业监管研究 [J]. 经营管理者. 2008 (17).

[2647] 张春虎, 吴能全. 自然垄断产业国有企业垄断经营的弊端及其改革 [J]. 现代管理科学. 2008 (01).

[2648] 张春英. 中央政府、地方政府、企业关于环境污染的博弈分析 [J]. 辽宁科技学院学报. 2008 (04).

[2649] 张道航. 论民营企业的社会责任缺失及其规制 [J]. 大连大学学报. 2008 (05).

[2650] 张道航, 李成林, 杨虹, 等. 论民营企业的社会责任及其规制 [J]. 大连干部学刊. 2008 (04).

[2651] 张德强. 民间金融监管: 逻辑、风险、收益与可行性——基于民间金融的视角 [J]. 金融理论与实践. 2008 (04).

[2652] 张迪. 浅谈市场经济中的假冒伪劣现象 [J]. 现代经济信息. 2008 (01).

[2653] 张东辉, 初佳颖. 中国电信产业的规制效率分析 [J]. 财经问题研究. 2008 (04).

[2654] 张帆, 刘新梅. 电信网络单向接入的利益分配关系 [J]. 系统工程理论与实践. 2008 (09).

[2655] 张飞, 孔伟. 重构我国农地非农化中的政府职能 [J]. 农村经济. 2008 (05).

[2656] 张峰, 阎学平. 我国环境立法体系的现状及其法律完善 [J]. 山东人大工作. 2008 (01).

[2657] 张凤玲. 构建税式支出监管体系研究 [J]. 财政监督. 2008 (05).

[2658] 张福利, 施建军. 广义 Stackelberg 市场上企业横向兼并获利性研究 [J]. 审计与经济研究. 2008 (02).

[2659] 张公毅, 董炳南, 丁健勋. 食品安全监管中的合谋博弈分析 [J]. 当代经济 (下半月). 2008 (11).

[2660] 张光, 曾明. 规模经济和分税制对政府雇员规模的影响——基于河北省分县数据的实证研究 [J]. 武汉大学学报 (哲学社会科学版). 2008 (01).

[2661] 张国亭. 中国自然垄断产业管制改革探讨 [J]. 网络财富. 2008 (11).

[2662] 张国勇. 论开征环境保护税的必要性 [J]. 内蒙古科技与经济. 2008 (18).

[2663] 张国忠. 关于开征环境税的思考 [J]. 经济论坛. 2008 (07).

[2664] 张海燕. 中国医疗体制市场化改革探析 [J]. 经营管理者. 2008 (15).

[2665] 张海洋. 我国工业 R&D 生产效率和影响因素——基于省级大中型工业数据的实证分析 [J]. 科学学研究. 2008 (05).

[2666] 张海英, 姚兴志. 促进循环经济发展税收政策现存问题及对策 [J]. 地方财政研究. 2008 (02).

[2667] 张汉江, 陈声益, 李敏. 双头垄断市场中新技术研发投资的不完全信息博弈分析 [J]. 研究与发展管理. 2008 (02).

[2668] 张航燕. 基于技术外溢性的寡头垄断企业研发投资的动态博弈分析 [J]. 新疆财经大学学报. 2008 (04).

[2669] 张红凤．自然垄断产业的治理：一个基于规制框架下竞争理论的视角［J］．经济评论．2008（01）．

[2670] 张红凤，周峰．从食品安全规制看“三鹿奶粉”事件［J］．理论探讨．2008（06）．

[2671] 张宏军．劳动力市场失灵及规制架构略论［J］．经济问题．2008（02）．

[2672] 张宏军．劳动力市场失灵及信号传递机制略论［J］．学习论坛．2008（03）．

[2673] 张宏山．论信息不对称下的营销失德与诚信体系建设［J］．商业研究．2008（11）．

[2674] 张宏武，童辉．我国可持续发展的环境政策与产业生态化［J］．生态经济（学术版）．2008（02）．

[2675] 张泓波，李长青．基于循环经济模式下的企业绩效审计［J］．财会通讯（学术版）．2008（12）．

[2676] 张洪武．市场失灵、政府失灵与政府治道变革［J］．理论导刊．2008（08）．

[2677] 张晖．市场结构视角下FDI对中国轿车产业的影响［J］．企业活力．2008（01）．

[2678] 张晖．外资对我国农业企业并购的影响及对策研究［J］．企业活力．2008（12）．

[2679] 张慧．政策领导：界定、运行与反思［J］．社科纵横（新理论版）．2008（04）．

[2680] 张吉昌，姜春海．中国大飞机产业组织策略分析［J］．中国工业经济．2008（01）．

[2681] 张继红．银行并购中的反垄断问题［J］．经济导刊．2008（01）．

[2682] 张嘉昕，陈一夫．资源型企业规模经济的理论分析［J］．当代经济管理．2008（01）．

[2683] 张建，汪应宏，徐占军．国有土地使用权出让寻租行为的博弈分析［J］．国土资源科技管理．2008（01）．

[2684] 张建斌．自然垄断边界对政府规制政策的影响［J］．兰州商学院学报．2008（04）．

[2685] 张建军．审计行为异化监管——从西方到中国［J］．会计之友（上旬刊）．2008（04）．

[2686] 张建君．“局部改革的陷阱”：层次性分析及理论拓展［J］．经济理论与经济管理．2008（04）．

[2687] 张建新，申俊龙，王慧．我国医药行业并购发展态势探析［J］．江苏科技信息．2008（05）．

[2688] 张建业，赵金亮．和谐商业的经济学分析［J］．商业时代．2008（28）．

[2689] 张健．环境保护投融资的演进机理与路径选择［J］．东岳论丛．2008（05）．

[2690] 张健．政府经济学中的寻租理论研究［J］．时代金融．2008（04）．

[2691] 张交程．论我国企业并购的定价问题［J］．四川经济管理学院学报．2008（03）．

[2692] 张洁懿．铁路运输成本函数的实证应用［J］．物流技术．2008（02）．

[2693] 张金清，管华雨，刘庆富．中国金融市场准入和国民待遇承诺水平的测度研究［J］．财经问题研究．2008（03）．

[2694] 张金清，刘庆富，张健．银行业国内发展与对外开放协调性的基本判断［J］．财经研究．2008（09）．

[2695] 张金硕．外部性与环境的关系［J］．内蒙古科技与经济．2008（11）．

[2696] 张金鑫，岳公正．基于并购协同效应计量的难点研究［J］．统计与决策．2008（22）．

[2697] 张劲松．资源约束下企业环境行为分析及对策研究［J］．企业经济．2008（07）．

[2698] 张近朱，李大为．浅谈英国提高供电服务质量的措施［J］．东北电力技术．2008（11）．

[2699] 张晋萍．政府经济职能的理论再思考［J］．科技情报开发与经济．2008（34）．

[2700] 张京辉，杨梅．基于信息不对称的中小企业信贷市场失灵分析［J］．财会通讯（理财版）．2008（06）．

[2701] 张景华．自然资源是“福音”还是“诅咒”：基于制度的分析［J］．上海经济研究．

2008 (01).

[2702] 张璟，沈坤荣．财政分权改革、地方政府行为与经济增长 [J]．江苏社会科学．2008 (03).

[2703] 张璟，沈坤荣．地方政府干预、区域金融发展与中国经济增长方式转型——基于财政分权背景的实证研究 [J]．南开经济研究．2008 (06).

[2704] 张竞文．浅析医疗服务行业的市场失灵和政府失灵 [J]．黑龙江科技信息．2008 (13).

[2705] 张敬一，李寿德，顾孟迪．基于跨期间排污权交易的寡头垄断市场均衡稳定性分析 [J]．系统管理学报．2008 (06).

[2706] 张静，陈硕颖，曾金玲．银行卡产业并购规制的相关市场界定研究 [J]．财贸经济．2008 (10).

[2707] 张菊梅，史安娜，石莎莎．制度变迁与自然垄断行业发展的实证研究——以水电燃气的生产供应业为例 [J]．工业技术经济．2008 (07).

[2708] 张军．中国经济转型：30 年的经验贡献了什么？[J]．科技与经济画报．2008 (05).

[2709] 张君，包玲玲．我国移动通信产品差异化竞争战略分析 [J]．当代经济．2008 (03).

[2710] 张俊．论司马迁的因俗变迁经济观及现代价值 [J]．上海经济研究．2008 (02).

[2711] 张俊，李永友．规范政府和市场的秩序：基于收入分配的政治经济学分析 [J]．当代经济管理．2008 (09).

[2712] 张俊，李永友．和谐发展下的收入分配：规范政府和市场的秩序 [J]．贵州社会科学．2008 (09).

[2713] 张俊岭，侯志强．基于 DEA 的我国财险公司规模效率测度比较研究 [J]．统计教育．2008 (01).

[2714] 张考彬．对中国电信垄断经营的思考 [J]．沿海企业与科技．2008 (08).

[2715] 张兰．推进“大部门制”改革的几个难题 [J]．法制与社会．2008 (24).

[2716] 张乐．食品安全与健康恐慌：风险感知的影响因素探析 [J]．汕头大学学报（人文社会科学版）．2008 (06).

[2717] 张磊．跨国制造企业在我国并购的动因和挑战 [J]．国际经济合作．2008 (04).

[2718] 张莉侠，俞美莲．我国乳制品业的集中度、布局与绩效分析 [J]．软科学．2008 (04).

[2719] 张理智．垄断有效论——兼论“垄断者主权” [J]．郑州航空工业管理学院学报．2008 (04).

[2720] 张理智．论“公平与效率之争”无意义 [J]．湖北经济学院学报．2008 (05).

[2721] 张理智．论自由竞争之低效率与垄断之高效率 [J]．云南社会科学．2008 (03).

[2722] 张立波．“维权型商业贿赂”：概念、成因及路径选择 [J]．经济体制改革．2008 (06).

[2723] 张立建．利润最大化区位理论与广州高房价的根源 [J]．统计研究．2008 (09).

[2724] 张丽娜．国有企业经营者报酬的政府规制研究 [J]．兰州学刊．2008 (01).

[2725] 张利国．我国食品质量安全市场准入管理探讨 [J]．科技与经济．2008 (06).

[2726] 张利军．宏观调控的政府失灵与现代政府构建的设想 [J]．北方经贸．2008 (07).

[2727] 张良卫，曹玉婷．中介型双边市场中企业定价策略研究——基于收取会员费的双寡头竞争的视角 [J]．科学技术与工程．2008 (21).

[2728] 张亮，綦鲁明．商业银行效率研究：一个文献综述 [J]．求索．2008 (06).

[2729] 张林盛，赵丽峰．我国房地产开发中的“政府失灵” [J]．内蒙古电大学刊．2008 (09).

[2730] 张琳．不当低价销售行为之界定［J］．科教文汇（下旬刊）．2008（08）．

[2731] 张琳．环境污染问题的经济学分析——基于市场失灵与政府失灵的考察［J］．山东财政学院学报．2008（05）．

[2732] 张琳华，王毅．有效竞争才是王道［J］．中国电信业．2008（04）．

[2733] 张麟，柴雄，黄伟俊．试论科学监管、有效监管与信息化监管的内涵与外延［J］．上海食品药品监管情报研究．2008（06）．

[2734] 张玲，雷建波，刘婵梅．中国区域支柱产业发展过程中存在的问题与培育［J］．商场现代化．2008（21）．

[2735] 张凌西，季翠峰．谈城市公用事业战略目标的制定及实现的关键［J］．内蒙古科技与经济．2008（17）．

[2736] 张路．我国石油工业环境保护的行政手段［J］．中国科技财富．2008（11）．

[2737] 张路路，曾铮．“药房托管”模式的基本理论逻辑与政策启示［J］．价格与市场．2008（08）．

[2738] 张璐．从牛奶涨价看我国奶业发展的深层次问题［J］．价格与市场．2008（06）．

[2739] 张梦琳．农村集体建设用地流转的公共政策分析与选择［J］．广东土地科学．2008（04）．

[2740] 张梦霞．中国工业经济学会成立30周年庆典暨中国产业经济发展回顾与展望研讨会学术观点综述［J］．中国工业经济．2008（11）．

[2741] 张敏．影响企业合并的因素分析［J］．商业会计．2008（14）．

[2742] 张敏，张菊菊．我国社会主义市场经济条件下的政府管制［J］．产权导刊．2008（04）．

[2743] 张明．境外私募股权基金是如何规避中国政府管制的［J］．世界经济．2008（03）．

[2744] 张明波．论金融监管理论的演进与对我国金融监管建设的启示［J］．金融经济．2008（10）．

[2745] 张明海，邓崛峰．媒介重组中的企业文化整合风险与应对策略［J］．未来与发展．2008（07）．

[2746] 张木生．环境经济政策需要“法律强制险”［J］．经济研究参考．2008（30）．

[2747] 张芃．论公民环境权宪法地位的确立［J］．福建政法管理干部学院学报．2008（01）．

[2748] 张鹏．电信基础设施共建共享实际操作需跨3道坎［J］．通信世界．2008（37）．

[2749] 张鹏飞．基于SCP范式对房地产业市场结构、价格行为的分析——以济南市为例［J］．商场现代化．2008（21）．

[2750] 张平．从内部性理论看北京“福寿螺”事件及其政府规制——产权视角的阐释［J］．生产力研究．2008（06）．

[2751] 张庆．西方地方政府竞争理论在我国适用性分析［J］．生产力研究．2008（13）．

[2752] 张庆洪，葛良骥．巨灾风险转移机制的经济学分析——保险、资本市场创新和私人市场失灵［J］．同济大学学报（社会科学版）．2008（02）．

[2753] 张群．自然垄断产业规制现状及改革的目标体系构建［J］．北方经济．2008（17）．

[2754] 张瑞刚．我国证券监管的适度性分析［J］．山西煤炭管理干部学院学报．2008（04）．

[2755] 张瑞萍，严衍畅．论西部区域生态立法的考察基点［J］．发展．2008（08）．

[2756] 张润君．基于地区形象塑造的地区间税收竞争及规范［J］．西北师大学报（社会科学版）．2008（06）．

[2757] 张三保，费菲．政府参与标准竞争：案例研究与理论探讨［J］．经济管理．2008（Z1）．

[2758] 张少兵，王雅鹏．现代农业发展对环境的影响与我国的对策［J］．农业现代化研究．2008（02）．

[2759] 张绍良，侯湖平，赵玉娟，等．城市地价分类管理研究［J］．城市问题．2008（02）．

[2760] 张士红．浅议我国食品安全监管的几个法律问题［J］．农家之友（理论版）．2008（04）．

[2761] 张世国．可口可乐收购汇源案的相关“规制”［J］．中国外资．2008（10）．

[2762] 张世芹，周芳．企业兼并的经济学分析［J］．中国商界（下半月）．2008（03）．

[2763] 张世伟，李学．养老保险制度改革的财政效应和收入分配效应——基于微观模拟的研究途径［J］．人口与经济．2008（05）．

[2764] 张守文．发达国家食品安全监管体制的主要模式及对我国的启示［J］．中国食品学报．2008（06）．

[2765] 张淑梅．中国网络企业的商业模式及其创新［J］．山东财政学院学报．2008（03）．

[2766] 张淑萍．服务型政府规范我国市场秩序的重要路径［J］．商业时代．2008（27）．

[2767] 张淑欣．食品安全的财政视角分析——从问题奶粉谈起［J］．价格理论与实践．2008（10）．

[2768] 张曙光．打破国有部门垄断 建立政府经济管制［J］．制度经济学研究．2008（03）．

[2769] 张树梅，曲慧，沈永健．企业寻租行为对国有企业资本结构的影响［J］．中国酿造．2008（10）．

[2770] 张爽．转型时期政府与市场：替代、补充与发展［J］．消费导刊．2008（02）．

[2771] 张涛，杨秀兰．绿色供应链管理对企业成本的影响［J］．经济管理．2008（03）．

[2772] 张桃奉．行业协会反竞争行为规制研究［J］．法制与社会．2008（29）．

[2773] 张天，张新平，韩淑杰，等．我国食品安全监管体制改革实践及其发展方向［J］．中国卫生经济．2008（10）．

[2774] 张天顶．出口、对外直接投资与企业的异质性研究［J］．南方经济．2008（03）．

[2775] 张廷，宣慧玉，高宝俊．寡头垄断市场广告投放效果的元胞自动机仿真［J］．系统工程学报．2008（03）．

[2776] 张婷．知识产权的反垄断规制［J］．中国外资．2008（07）．

[2777] 张婷．中国式行政垄断的特殊性及其形成原因分析［J］．哈尔滨市委党校学报．2008．

[2778] 张菀洺．政府公共服务供给效率的经济学分析［J］．数量经济技术经济研究．2008（06）．

[2779] 张旺壁．我国食品安全监管现状和对策［J］．食品工业科技．2008（01）．

[2780] 张望．运输成本、规模经济对产业集聚的冲击效应分析——基于中国工业经济发展的实证分析［J］．广西财经学院学报．2008（01）．

[2781] 张炜．我国新一轮税制改革基于制度经济学的分析与思考［J］．财政研究．2008（09）．

[2782] 张玮．试论国防工业垄断制度［J］．军事经济研究．2008（02）．

[2783] 张玮．试论我国建立环境行政行为司法审查制度的必要性［J］．法制与社会．2008（25）．

[2784] 张文．食品安全管理体系在乳品质量控制中的应用［J］．农业质量标准．2008（01）．

[2785] 张文燕．我国农村合作金融监管探析［J］．法制与社会．2008（08）．

[2786] 张雯．自然垄断行业定价理论分析［J］．中国商界（下半月）．2008（08）．

[2787] 张夏平，宋依群，杨立兵，等．PJM电力市场三寡头垄断测试法［J］．华东电力．2008（05）．

[2788] 张项磊，吴子稳．企业合并、兼并决策中所得税规避的研究［J］．商业时代．2008（03）．

[2789] 张晓芳．论外资并购的特征及其对我国经济的影响［J］．商场现代化．2008（19）．

[2790] 张晓晖．跨越利益博弈 走向和谐社会——改革开放以来中国经济第二次爬坡过坎之一［J］．产权导刊．2008（05）．

[2791] 张晓静．城市居民收入不平等的微观因素分析——来自北京市城市居民的经验数据［J］．经济理论与经济管理．2008（05）．

[2792] 张晓梅．试论我国商业银行不良贷款的成因及化解对策［J］．时代经贸（中旬刊）．2008（S7）．

[2793] 张晓涛，孙长学．我国食品安全监管体制：现状、问题与对策——基于食品安全监管主体角度的分析［J］．经济体制改革．2008（01）．

[2794] 张晓文．我国环境权实现模式的反思与重构［J］．法学杂志．2008（04）．

[2795] 张晓艳．环境税"双赢"效应对我国环境税制设计的启示［J］．环境保护．2008（02）．

[2796] 张晓英．新形势下我国零售业的策略分析［J］．商场现代化．2008（31）．

[2797] 张新华．企业并购风险分析及对策［J］．山东行政学院山东省经济管理干部学院学报．2008（S1）．

[2798] 张新坡．外资进入对我国市场结构影响的实证分析——以零售业为例［J］．全国商情（经济理论研究）．2008（04）．

[2799] 张新坡，吴俊．外资进入对我国市场结构的影响机理与对策［J］．武汉商业服务学院学报．2008（01）．

[2800] 张兴，龚双红．试论发展产业园区循环经济的困惑与对策［J］．广东技术师范学院学报．2008（05）．

[2801] 张秀芬，祁春燕．全球化条件下中国零售业市场秩序问题初探［J］．理论前沿．2008（05）．

[2802] 张秀生，盛见．关于经济效率内涵的分环节探讨［J］．生产力研究．2008（03）．

[2803] 张秀智，丁锐．土地腐败问题的行政审批视角分析［J］．经济管理．2008．

[2804] 张学东．论电信业的历史及其未来走向［J］．商场现代化．2008（02）．

[2805] 张学刚．新制度经济学视角下的外部性［J］．湖北经济学院学报．2008（05）．

[2806] 张学军．论绿色GDP与可持续发展［J］．现代经济信息．2008（07）．

[2807] 张亚慧，魏长星，丁合真．基于信息产品定价因素的定价模型设想［J］．中国集体经济．2008（13）．

[2808] 张亚静．贫富差距：一个不可回避的时代性问题［J］．辽宁工业大学学报（社会科学版）．2008（06）．

[2809] 张彦，阳静．上市公司并购和战略联盟方式下的R&D溢出效应差异检验［J］．统计与咨询．2008（02）．

[2810] 张晏，田春华，吕苑鹃．让土地政策有效参与宏观调控［J］．国土资源．2008（03）．

[2811] 张晏，夏纪军．体制竞争与组织绩效改进：兼论双轨制对制度变革的意义［J］．世界经济．2008（04）．

[2812] 张艳玲．美国次级贷危机对中国政府的借鉴意义［J］．企业家天地．2008（07）．

[2813] 张艳玲．市场规制中经济权力的合理运用［J］．河北广播电视大学学报．2008．

[2814] 张燕，吴正刚．论农村信息市场的经济法规制［J］．长江论坛．2008（04）．

[2815] 张燕，吴正刚，杜国宏．金融垄断格局下的农村民间金融发展路径分析［J］．东南学

术．2008（05）．

[2816] 张耀辉，蔡晓珊．行政垄断、放松规制与产业绩效——基于原油开采业的实证分析[J]．当代财经．2008（02）．

[2817] 张耀伟．双重垄断下中国垄断行业改革：逻辑次序与路径选择[J]．经济理论与经济管理．2008（08）．

[2818] 张屹立．基于自然垄断行业特点的政府规制失灵及其防范[J]．甘肃理论学刊．2008（06）．

[2819] 张寅．经济出现双垄断雏形[J]．上海国资．2008（08）．

[2820] 张瑛．基于零售商优势地位的规制比较研究[J]．会计师．2008（12）．

[2821] 张迎春．规模经济与我国银行机构网点的收缩与扩张[J]．广西金融研究．2008（10）．

[2822] 张莹，张媛媛．企业知识产权战略制定的分析框架及模式选择[J]．黑龙江对外经贸．2008（03）．

[2823] 张莹洁．市场垄断是引起高房价的根本原因[J]．中国集体经济．2008（19）．

[2824] 张勇．构建烟草行业商品和资金监管新模式[J]．管理观察．2008（12）．

[2825] 张有明．供电企业电费回收模式分析[J]．合作经济与科技．2008（07）．

[2826] 张宇，刘洪玉．美国政府监管住房抵押贷款一级市场的经验与启示[J]．中国房地产金融．2008（06）．

[2827] 张宇，唐小我．信息产品垄断厂商定制策略研究[J]．系统工程理论与实践．2008（07）．

[2828] 张玉磊．公用事业民营化改革：问题分析与政策安排[J]．城市．2008（08）．

[2829] 张玉欣．论循环经济立法的意义[J]．商场现代化．2008（24）．

[2830] 张昱．网络市场反垄断法律问题研究[J]．科学之友（B版）．2008（11）．

[2831] 张原，陈建奇．人力资本还是行业特征：中国行业间工资回报差异的成因分析[J]．世界经济．2008（05）．

[2832] 张媛．并购企业文化协同的动因及实现[J]．商业时代．2008（15）．

[2833] 张跃铭．试论当前我国企业的诚信缺失及其规制[J]．经济与社会发展．2008（12）．

[2834] 张越，刘忠诚．基于网络的企业内部知识市场数字产品定价研究[J]．商场现代化．2008（09）．

[2835] 张云洲．论促进电信业创新的市场结构选择[J]．当代经济．2008（06）．

[2836] 张运峰．价格歧视、政府干预与我国城市住房的结构矛盾[J]．南京财经大学学报．2008（03）．

[2837] 张蕴萍．发达国家政府管制改革实践及对中国政府管制改革的启示[J]．生产力研究．2008（23）．

[2838] 张振华．权力与市场的同向扭曲——中国房价的政治经济解读[J]．珠江经济．2008（09）．

[2839] 张正．关于政府价格管理问题的思考[J]．价格理论与实践．2008（02）．

[2840] 张志彬．论改进政府在长株潭经济一体化推进中的作用[J]．经济研究导刊．2008（09）．

[2841] 张志军．我国分配制度改革之思考——基于“十七大”提出的效率和公平问题[J]．成都航空职业技术学院学报．2008（01）．

[2842] 张忠会，余知敏，王玉．浅谈中国电力市场结构及运营模式[J]．科技信息（科学教研）．2008（02）．

[2843] 张准．论美国铁路建设得失及其对我国的启示［J］．生产力研究．2008（03）．

[2844] 张卓锋，伍装．国际银行业并购特征与动因分析［J］．银行家．2008（01）．

[2845] 张卓元．垄断行业改革不能拖［J］．人民论坛．2008（08）．

[2846] 张卓元．中国国有企业改革三十年：重大进展、基本经验和攻坚展望［J］．经济与管理研究．2008（10）．

[2847] 章建成．创新监管服务 维护市场秩序［J］．杭州通讯（下半月）．2008（02）．

[2848] 章俊．我国私募基金监管问题探究［J］．决策与信息（财经观察）．2008（08）．

[2849] 章育，薛秀娥．浅析民间资本进入公共服务领域的障碍及对策［J］．商场现代化．2008（28）．

[2850] 赵宝福，任春燕．企业并购中定价的溢价分析［J］．辽宁工程技术大学学报（社会科学版）．2008（05）．

[2851] 赵玻，宋玉娇．相对区域市场中零售商竞争及对消费者的影响［J］．湖南商学院学报．2008（03）．

[2852] 赵玻，岳中刚．厂商合谋理论研究综述［J］．财贸研究．2008（04）．

[2853] 赵昌文，付剑峰，邹易．国外企业重组基金的发展及其对中国的启示［J］．经济理论与经济管理．2008（05）．

[2854] 赵朝霞．政府在经济发展过程中的环境责任［J］．经济师．2008（12）．

[2855] 赵春红，许一涌．并购投资绩效的提高及风险防范［J］．产业与科技论坛．2008（08）．

[2856] 赵迪．政府干预是解决市场失灵的有效手段——评9·18“救市组合拳”［J］．股市动态分析．2008（38）．

[2857] 赵飞，周渝慧．轮流出价博弈在制定大用户直供电价中的应用［J］．电力系统及其自动化学报．2008（04）．

[2858] 赵公社．城镇居民饮食供应形态及其安全隐患［J］．上海城市管理职业技术学院学报．2008（02）．

[2859] 赵海云，刘琢琬．论中国股票市场的政府干预——印花税调整的实证分析［J］．金融与经济．2008（06）．

[2860] 赵红军，孙楚仁．二元结构、经济转轨与城乡收入差距分化［J］．财经研究．2008（03）．

[2861] 赵红英，戚啸艳，李晶，等．我国民营上市公司并购行为对财务绩效影响的实证研究［J］．中南大学学报（社会科学版）．2008（01）．

[2862] 赵翃雯．政府治理改革是医疗改革的关键［J］．民主与科学．2008（06）．

[2863] 赵华．试论“复合伙”现象的合理规制［J］．工商行政管理．2008（22）．

[2864] 赵骅，周洪祥．基于产业链的产业集群连续垄断分析［J］．科技进步与对策．2008（11）．

[2865] 赵环．权益结合法下的利润操纵问题及其对策［J］．商业时代．2008（26）．

[2866] 赵绘宇．规划法律中的环境利益增进——以近期的三起环境公众事件为例［J］．法学．2008（03）．

[2867] 赵慧娟．组织间知识共享的博弈分析［J］．商业时代．2008（13）．

[2868] 赵际红．“以工补农”政策机制的理论与实践［J］．经济问题．2008（04）．

[2869] 赵健．警惕“岗位垄断”［J］．施工企业管理．2008（02）．

[2870] 赵金福．软件企业并购的估值和博弈［J］．中国物价．2008（10）．

[2871] 赵金蕊．垄断竞争中广告行为的经济学阐释［J］．经济研究导刊．2008（16）．

[2872] 赵靖. 产品价格竞争和资本结构关系研究——以长虹为例 [J]. 科技信息 (学术研究). 2008 (18).

[2873] 赵静. 试论供电企业财务风险 [J]. 金融经济. 2008 (12).

[2874] 赵凯. 零售企业规模经济的实证分析——百货、超市和专业店的角度 [J]. 财贸经济. 2008 (03).

[2875] 赵来军, 唐小平, 肖志杰. 我国食用农产品无缝隙化安全监管体系研究 [J]. 当代经济管理. 2008 (02).

[2876] 赵丽芬. 解决粮食价格上涨的长期对策 [J]. 经济研究参考. 2008 (12).

[2877] 赵美英. 保护型技术性贸易壁垒形成机制: 一个双寡头模型 [J]. 南京航空航天大学学报 (社会科学版). 2008 (02).

[2878] 赵梦楠, 周德群. 对影响我国煤炭生产效率因素的面板协整分析 [J]. 企业经济. 2008 (10).

[2879] 赵明达. 乡镇债务产生与恶化的因素分析——基于组织特性、制度变迁、行政体制的视角 [J]. 中共浙江省委党校学报. 2008 (03).

[2880] 赵明晓. 并购企业的人力资源整合 [J]. 大连海事大学学报 (社会科学版). 2008 (01).

[2881] 赵娜. 加强跨国并购在华的规制 [J]. 黑龙江对外经贸. 2008 (06).

[2882] 赵宁. 医药流通行业互联网监管系统的研究与设计 [J]. 科技促进发展. 2008 (11).

[2883] 赵宁, 张淑焕. 公用事业市场化过程中的价格监管改革研究 [J]. 价格理论与实践. 2008 (02).

[2884] 赵鹏. 我国外资银行监管法律与体制的现状、问题及完善 [J]. 湖北经济学院学报 (人文社会科学版). 2008 (07).

[2885] 赵全军, 陈艳艳. 基础教育市场化改革: 西方的经验与启迪 [J]. 江海学刊. 2008 (06).

[2886] 赵瑞雪, 王华伟. 简述循环型经济社会保障制度的建立 [J]. 决策与信息 (财经观察). 2008 (07).

[2887] 赵树宽, 石涛, 鞠晓伟. 区际市场分割对区域产业竞争力的作用机理分析 [J]. 管理世界. 2008 (06).

[2888] 赵婷, 赵伟. 国内市场效应理论: 主要论题及近期拓展 [J]. 商业经济与管理. 2008 (10).

[2889] 赵文华. 我国行业收入差距及对策分析 [J]. 科学之友 (B 版). 2008 (09).

[2890] 赵文平. 金融监管中存在的问题及治理措施 [J]. 焦作大学学报. 2008 (01).

[2891] 赵息, 周军. 电力行业上市公司并购绩效实证研究 [J]. 现代管理科学. 2008 (05).

[2892] 赵细康. 环境保护的制度安排及其创新 [J]. 广东社会科学. 2008 (02).

[2893] 赵霞. 食品安全与企业社会责任 [J]. 东北财经大学学报. 2008 (02).

[2894] 赵相忠, 何锦华. 影响企业并购效果的因素及对策 [J]. 企业科技与发展. 2008 (10).

[2895] 赵小林. 市场准入制度的法律经济学分析 [J]. 法制与社会. 2008 (32).

[2896] 赵晓光. 反垄断法对滥用市场支配地位的规制 [J]. 工商行政管理. 2008 (02).

[2897] 赵晓光. 反垄断法与知识产权保护 [J]. 世界贸易组织动态与研究. 2008 (02).

[2898] 赵晓霞. 浅析中国金融监管 [J]. 北方经济. 2008 (06).

[2899] 赵秀艳, 王桂森. 银行业金融机构高管人员监管中存在的问题和建议 [J]. 黑龙江金融. 2008 (12).

[2900] 赵旭．国有商业银行市场势力及其福利损失估计［J］．当代财经．2008（07）．

[2901] 赵旭．我国制造业上市公司技术效率与技术进步实证研究［J］．当代经济管理．2008（01）．

[2902] 赵雪峰．基于SCP范式的中国电信市场分析［J］．移动通信．2008（09）．

[2903] 赵亚莉，吴群．基于政府失灵视角的农村集体建设用地流转研究［J］．农村经济．2008（08）．

[2904] 赵艳芹，宁丽新，朱翠兰．西方公共产品理论述评［J］．商业时代．2008（28）．

[2905] 赵莹．国有企业预算约束硬化与财政分权［J］．经济经纬．2008（04）．

[2906] 赵映川，王金洲．论我国石油产业规制的改革［J］．湖北大学学报（哲学社会科学版）．2008（02）．

[2907] 赵永军，罗剑朝．金融资产管理公司的市场结构与绩效［J］．长安大学学报（社会科学版）．2008（02）．

[2908] 赵永亮，刘德学．市场歧视、区际边界效应与经济增长［J］．中国工业经济．2008（12）．

[2909] 赵永亮，徐勇，苏桂富．区际壁垒与贸易的边界效应［J］．世界经济．2008（02）．

[2910] 赵勇．政府效率研究的一个视角——公共选择理论的政府效率观及其启示［J］．前沿．2008（10）．

[2911] 赵玉，祁春节．对外贸易中行业自律定价行为的博弈分析［J］．商业研究．2008（03）．

[2912] 赵卓．竞争、规制与网络型基础产业绩效［J］．经济问题．2008（05）．

[2913] 赵子林．如何正确理解收入差距拉大的现象——兼论邓小平防止两极分化的思想［J］．党政论坛．2008（03）．

[2914] 甄真．关于促进海南省循环经济法制建设的思考［J］．法制与社会．2008（30）．

[2915] 郑艾林．论分配公平与市场经济体制的完善［J］．当代经济．2008（03）．

[2916] 郑彩祥．我国农业劳动力转移对城乡收入差距影响的实证分析［J］．农业经济．2008（12）．

[2917] 郑春东，史英杰．品牌延伸市场竞争格局的演变分析［J］．生产力研究．2008（16）．

[2918] 郑红亮，吕建云．中国私营经济发展30年：理论争鸣和改革探索［J］．管理世界．2008（10）．

[2919] 郑晖．次贷危机中问题金融机构救助及对我国的启示［J］．金融论坛．2008（10）．

[2920] 郑建仁．探求收入公平分配的真义［J］．经济研究导刊．2008（05）．

[2921] 郑金英．基于食品安全的食品供应链综合管理探讨［J］．商业时代．2008（35）．

[2922] 郑满宁．破解反垄断法N个伪命题［J］．商用汽车新闻．2008（29）．

[2923] 郑沛然．竞争成本及其对资源配置的影响［J］．财会通讯（理财版）．2008（10）．

[2924] 郑秋生．欧共体合并控制改革探析［J］．国际经贸探索．2008（02）．

[2925] 郑荣年，陆磊．商业银行私人银行业务监管研究［J］．经济纵横．2008（08）．

[2926] 郑锐洪．食品安全危机的伦理分析与解决［J］．管理观察．2008（07）．

[2927] 郑石明．政府规制与新型政企关系［J］．经济导刊．2008（04）．

[2928] 郑曙光．民营企业准入自然垄断产业制度缺失与构建［J］．浙江学刊．2008（02）．

[2929] 郑曙光，许文学．我国民营企业准入自然垄断产业的途径与方法研究——以民营企业策略选择为分析视角［J］．河南社会科学．2008（02）．

[2930] 郑帅．“绿色税制”的国际比较与借鉴［J］．绿色财会．2008（10）．

[2931] 郑小娟．对收入分配管理体制改革的思考——写在我国改革开放三十年之际［J］．北

方经贸．2008（11）．

［2932］郑晓东．基于循环经济的能源开发前景和应对措施［J］．采矿技术．2008（03）．

［2933］郑绪涛，柳剑平．促进R&D活动的税收和补贴政策工具的有效搭配［J］．产业经济研究．2008（01）．

［2934］郑雪梅．环保投融资应由政府财政主导［J］．地方财政研究．2008（11）．

［2935］郑育家，李双金．授权的经济分析——兼论国有大型企业的治理结构［J］．经济学家．2008（02）．

［2936］郑志国．中国企业利润侵蚀工资问题研究［J］．中国工业经济．2008（01）．

［2937］郑志强．论中国出口食品农产品安全现状及应对措施［J］．口岸卫生控制．2008（03）．

［2938］支玲琳，史贤明，汪玉凯．食品安全：完善的是监管，拷问的是良心［J］．中国畜牧兽医文摘．2008（05）．

［2939］中国人民银行南阳市中心支行课题组．农村金融机构规模与效益关系的区域比较——以河南辖区为例［J］．金融理论与实践．2008（06）．

［2940］钟朗．论《反垄断法》中的企业并购问题研究［J］．消费导刊．2008（06）．

［2941］钟林生．旅游规划环境影响评价：促进旅游产业可持续发展的有效途径［J］．旅游学刊．2008（09）．

［2942］钟宁桦，陈斌开．转型期中国国有商业银行规模不经济的政治经济学解释［J］．上海财经大学学报．2008（05）．

［2943］钟青霖．对贫富差距与共同富裕的思考［J］．大众科技．2008（06）．

［2944］钟庭军．市场失灵以及社会性规制的理论基础分析［J］．湖北经济学院学报．2008（03）．

［2945］钟赟，王文明．商家的价格歧视策略及其社会福利分析［J］．今日南国（理论创新版）．2008（05）．

［2946］钟泽文．并购后的文化融合——达能乐百氏乱局解读［J］．企业研究．2008（12）．

［2947］钟子明，张宗益，吴江．地方政府竞争、征税成本与金融资产质量［J］．管理工程学报．2008（03）．

［2948］仲大军．联想集团的困局［J］．互联网周刊．2008（23）．

［2949］周爱香．论连续并购与间隔并购样本的差异［J］．价值工程．2008（06）．

［2950］周爱香．企业连续并购的可预测性研究——基于熵理论的分析［J］．改革与战略．2008（05）．

［2951］周爱香．熵理论对并购行为的解析［J］．中国管理信息化．2008（12）．

［2952］周斌．企业并购价格的理论研究述评［J］．首都经济贸易大学学报．2008（04）．

［2953］周斌，王文举．我国商业银行引进境外战略投资者的博弈分析：并购价格与交易方式的选择［J］．北京工商大学学报（社会科学版）．2008（04）．

［2954］周彩娟，张华．现阶段券商经纪业务的竞争环境研究［J］．金融纵横．2008（11）．

［2955］周常焱．论行政处罚对环境保护的作用［J］．法制与社会．2008（03）．

［2956］周大鹏，卫旭东．跨国并购中若干风险的原因分析及对策建议［J］．才智．2008（14）．

［2957］周德田，丁春香．美英日垄断产业规制改革的经验借鉴［J］．经济纵横．2008（10）．

［2958］周锋．对我国宏观调控效果的思考：一个凯恩斯主义理论的视角［J］．北京城市学院学报．2008（06）．

［2959］周海蓉．跨国公司在华并购的垄断效应分析［J］．生产力研究．2008（18）．

[2960] 周浩，朱卫平．销售成本、垄断竞争与产品多样性［J］．管理科学学报．2008（05）．

[2961] 周宏春．以循环经济的思路实现能源与环境的协调发展［J］．管理学报．2008（05）．

[2962] 周加来，石丽娟．城市化进程中政府行为研究［J］．经济与管理．2008（08）．

[2963] 周加来，朱芬华．我国城市化进程中政府与市场行为的博弈分析［J］．安徽大学学报（哲学社会科学版）．2008（01）．

[2964] 周家荣，廉永杰，缪家福．科技社会化、公共治理与社会和谐［J］．未来与发展．2008（04）．

[2965] 周建海，许石慧．电网企业视野中的《反垄断法》［J］．中国电力企业管理．2008（07）．

[2966] 周建忠．新农村建设中公共产品的有效供给研究［J］．科技信息（科学教研）．2008（06）．

[2967] 周健．对我国医疗卫生体制改革的思考［J］．中国卫生事业管理．2008（04）．

[2968] 周健．建立有效且有限的政府规制机构［J］．当代经济管理．2008（07）．

[2969] 周娟美．技术创新的税收激励原理及我国的应用完善［J］．生产力研究．2008（24）．

[2970] 周军，唐兴霖，赵俊梅．我国非政府组织与政府间的关系——以草根环境NGO为例［J］．理论探讨．2008（06）．

[2971] 周骏宇．路径锁定、FDI与管制放松［J］．生产力研究．2008（18）．

[2972] 周克全．行政区经济下税收竞争规范问题［J］．衡阳师范学院学报．2008（01）．

[2973] 周克伟．解决好初次分配是实现收入分配公平的关键［J］．改革与开放．2008（06）．

[2974] 周立．政府该为哪些产品“定价”［J］．中国城市经济．2008（03）．

[2975] 周丽，邓淇中．价格管制下公立医院医生的行为分析［J］．医学与社会．2008（11）．

[2976] 周丽娜．我国建立环境会计的必要性及其建议［J］．福建广播电视大学学报．2008（04）．

[2977] 周茂君，姜倩，车蒙娜．基于政府、市场与公众三维视角的中国媒介改革［J］．武汉大学学报（人文科学版）．2008（02）．

[2978] 周茂荣，祝佳．论欧盟天然气市场改革：现状、障碍和前景［J］．资源科学．2008（04）．

[2979] 周明，王剑武，葛世龙．制造业集聚程度变动趋势实证研究——以20个制造业为例［J］．科学学与科学技术管理．2008（07）．

[2980] 周明栋，林元洁．商业银行效率评价实证分析［J］．金融纵横．2008（06）．

[2981] 周南洋．供应链风险源分析［J］．财务与金融．2008（06）．

[2982] 周平．基尼系数局限性及其修正［J］．山东财政学院学报．2008（04）．

[2983] 周琴，刘彩．中国银行业市场结构与经济增长分析［J］．时代经贸（中旬刊）．2008（S1）．

[2984] 周勤业．上市公司内部控制信息披露监管研究［J］．上海立信会计学院学报．2008（03）．

[2985] 周清杰．论我国当前食品安全监管体制的制度困局［J］．北京工商大学学报（社会科学版）．2008（06）．

[2986] 周全霞，徐兴海．中国古代的赈济标准与民食安全［J］．江西社会科学．2008（02）．

[2987] 周胜林，吕继红．食品安全信息传播的功能与规律［J］．当代传播．2008（06）．

[2988] 周莳文，刘林．试论城市公用事业建设中的公私合作制——来自国外的基本理论及其在中国的实践［J］．华南理工大学学报（社会科学版）．2008（01）．

[2989] 周叔莲．国有企业改革30年的回顾与思考［J］．中国井冈山干部学院学报．2008（05）．

[2990] 周叔莲，刘戒骄．尚未完成的国有企业改革 [J]．理论前沿．2008 (18)．

[2991] 周四清，李林，胡新民．考虑传输约束与成本差异的电力市场供应集中度量方法研究 [J]．财经理论与实践．2008 (01)．

[2992] 周四清，马超群，李林，等．电力合约市场中零售商的策略行为研究 [J]．湖南大学学报 (自然科学版)．2008 (02)．

[2993] 周天勇．行政、执法、监督、司法等事业收费化的六大危害 [J]．审计与理财．2008 (05)．

[2994] 周巍．对政府工程中工程项目委托监管的研究 [J]．北方经济．2008 (08)．

[2995] 周伟．对于我国银行规模经济问题的相关思考及建议 [J]．商业文化 (学术版)．2008 (05)．

[2996] 周伟．房价上涨的基础性动因——市场结构性失衡 [J]．知识经济．2008 (07)．

[2997] 周伟．我国银行规模经济的影响因素分析 [J]．法制与社会．2008 (20)．

[2998] 周伟北，叶岚．垄断行业国有企业加强财务管理势在必行——从×公司财务现状看垄断行业国有企业财务管理漏洞 [J]．财政监督．2008 (03)．

[2999] 周文，连洁．城市规模理论的发展研究 [J]．生产力研究．2008 (16)．

[3000] 周小春，李善民．并购价值创造的影响因素研究 [J]．管理世界．2008 (05)．

[3001] 周小亮，黄杰阳．协调利益关系与企业所有权结构调整 [J]．东南学术．2008 (05)．

[3002] 周小梅．对我国食品安全问题的反思：激励机制角度的分析——以“三聚氰胺”奶制品为例 [J]．价格理论与实践．2008 (09)．

[3003] 周小梅，卢玲玲．论中国食品安全管制效率：基于收益成本的分析 [J]．消费经济．2008 (05)．

[3004] 周晓庆．我国铁路行业的二元垄断行为及其规制研究 [J]．现代商业．2008 (35)．

[3005] 周晓艳，高春亮，余晖．体制转型、财政约束与事业单位垄断形成机制——以广电部门为例 [J]．中国工业经济．2008 (12)．

[3006] 周新德．先天禀赋、动力机制和农业产业集群发展 [J]．农村经济．2008 (07)．

[3007] 周延安，肖建兵．药品价格管理模式评价 [J]．中国药师．2008 (12)．

[3008] 周妍．我国制造业与利润率——基于面板协整的分析 [J]．商业经济．2008 (17)．

[3009] 周彦平，李非．我国电力市场输配分开的运作模式研究 [J]．消费导刊．2008 (07)．

[3010] 周阳敏．默许改革的新政治经济学 [J]．南方经济．2008 (06)．

[3011] 周耀东，余晖．市场失灵、管理失灵与建设行政管理体制的重建 [J]．管理世界．2008 (02)．

[3012] 周义程．公共产品纯政府型供给模式：必要性解析 [J]．理论与现代化．2008 (06)．

[3013] 周永．环境权与环境公益诉讼内在关系初探 [J]．电力环境保护．2008 (05)．

[3014] 周勇．规制 [J]．连锁与特许．2008 (04)．

[3015] 周宇，郑小娟．规则缺失与建立规则的合理路径——对当前国内收入分配问题的再认识 [J]．理论探讨．2008 (04)．

[3016] 周宇，郑小娟．是规则缺乏而非规则“失灵”——评当前国内收入分配中的“市场失灵”说和“政府失灵”说 [J]．经济体制改革．2008 (06)．

[3017] 周媛，邢怀滨．国外食品安全管理研究述评 [J]．技术经济与管理研究．2008 (03)．

[3018] 周玥，孟雪苇．论现行中国循环经济建设中政府的主导作用 [J]．东北水利水电．2008 (02)．

[3019] 周振红，黄深泽．顾客网上讨价还价最优出价问题 [J]．系统管理学报．2008 (06)．

[3020] 朱超，韩可琦，许评，等．循环经济下的逆向物流研究 [J]．商品储运与养护．2008 (04)．

[3021] 朱春阳．传媒产业规制：背景演变、国际经验与中国现实［J］．西南民族大学学报（人文社科版）．2008（03）．

[3022] 朱丹红．我国开征环境税的必要性与可行性［J］．黎明职业大学学报．2008（01）．

[3023] 朱富强．分配体制缺失与收入差距扩大——基于社会原则的分配问题研究［J］．改革与战略．2008（10）．

[3024] 朱海玲，叶少波．调整系数法：绿色 GDP 核算的一种新方法［J］．统计与决策．2008（02）．

[3025] 朱恒鹏．医疗体制弊端与药品定价扭曲（英文）［J］．Social Sciences in China．2008（01）．

[3026] 朱华．外资跨国并购在我国的兴起、影响及对策研究［J］．内蒙古科技与经济．2008（12）．

[3027] 朱佳，杨辉．关于运营商滥用市场优势地位行为的思考［J］．南京邮电大学学报（社会科学版）．2008（01）．

[3028] 朱莨予，张竞洋．浅谈企业间的竞争——基于网络经济兼容性的一种分析视角［J］．辽宁行政学院学报．2008（03）．

[3029] 朱俊丽．古人的环境保护与立法［J］．科技信息．2008（33）．

[3030] 朱俊生．回归价格竞争 打破渠道垄断——解析车险电话营销的重要意义［J］．中国保险．2008（03）．

[3031] 朱凯．服务业集聚与产业结构优化关系探究［J］．经济研究导刊．2008（08）．

[3032] 朱孔来，路翠．金融控股公司：我国商业银行由分业到混业的摆渡者［J］．管理世界．2008（07）．

[3033] 朱玲．论全球性食品和能源危机的应对策略［J］．经济研究．2008（09）．

[3034] 朱南，刘一．中国证券公司生产效率的数据包络分析［J］．金融研究．2008（11）．

[3035] 朱珊，邵军义．我国环境治理政策研究［J］．生态经济．2008（03）．

[3036] 朱姝．我国投资基金监管研究［J］．决策与信息（财经观察）．2008（04）．

[3037] 朱涛，李云芳．我国对外贸易可持续发展面临的问题与对策［J］．对外经贸实务．2008（08）．

[3038] 朱天星，陈晶，宋永辉．几种环境规制方法的比较［J］．辽宁经济．2008（02）．

[3039] 朱团钦．价格差异中的差别定价和价格歧视——以火车硬座和硬卧为例［J］．价格理论与实践．2008（04）．

[3040] 朱卫红，陈亚飞．“具体规定”到底可以多具体——对地方环境行政许可规定的若干思考［J］．法治研究．2008（12）．

[3041] 朱文忠．国有商业银行强化社会责任观的深层原因分析［J］．暨南学报（哲学社会科学版）．2008（01）．

[3042] 朱晓娟．依法促进经济循环发展［J］．民主．2008（10）．

[3043] 朱晓莉，朱毅华，周宏．基于 HACCP 的食品安全管理信息系统的开发［J］．江苏农业科学．2008（06）．

[3044] 朱晓勤．对构建和谐县级供电企业的思考［J］．农村电工．2008（07）．

[3045] 朱晓艳．发达国家垄断产业管制机构模式分析［J］．当代财经．2008（09）．

[3046] 朱旭峰．转型期中国环境治理的地区差异研究——环境公民社会不重要吗？［J］．经济社会体制比较．2008（03）．

[3047] 朱阳生．并购失败的原因分析及其对策［J］．邵阳学院学报（社会科学版）．2008（03）．

[3048] 朱艺．商用车领域反垄断法适用性不强 [J]．时代汽车．2008 (09).

[3049] 朱颖．从行政许可角度看政府干预房价行为 [J]．技术与市场．2008 (08).

[3050] 朱玉荣．可持续发展理论与中国经济发展 [J]．北方经贸．2008 (04).

[3051] 朱月秋．浅谈食品安全存在的问题及建议 [J]．当代医学 (学术版)．2008 (06).

[3052] 朱云平．转型经济中市场秩序的特性与政府干预 [J]．大庆师范学院学报．2008 (04).

[3053] 朱云章．我国城乡劳动力流动与收入差距同时扩大问题分析 [J]．商场现代化．2008 (25).

[3054] 朱芸，金镝．网络经济中的正反馈机制解析 [J]．商业时代．2008 (17).

[3055] 朱钟棣．创新是推动寡头之间合理竞争的重要机制 [J]．上海市经济管理干部学院学报．2008 (04).

[3056] 诸程骏．论几种药品监管法律手段的把握和操作 [J]．上海食品药品监管情报研究．2008 (03).

[3057] 诸星龙，任万杰．OECD 国家企业年金基金监管模式及其对我国的启示 [J]．改革与战略．2008 (03).

[3058] 祝志杰．浅析环境规制与产业经济的可持续发展——以大连产业发展为例 [J]．全国商情 (经济理论研究)．2008 (18).

[3059] 庄恩平，唐文文．跨国收购失败教训何在——明基并购西门子案例剖析 [J]．商业研究．2008 (12).

[3060] 庄彦．绿色 GDP 核算体系研究的动向 [J]．厦门特区党校学报．2008 (01).

[3061] 子曰．我们要反怎样的垄断? [J]．软件工程师．2008 (10).

[3062] 宗刚，李艳梅．出租车司机收入相对偏低的原因分析——以北京市为例 [J]．经济与管理研究．2008 (05).

[3063] 宗刚，帅晓姗．基于行业性质的出租汽车产业结构分析 [J]．综合运输．2008 (08).

[3064] 宗圆圆．试析旅游景区门票定价问题——基于垄断竞争和不完全信息下的经济学分析 [J]．内江师范学院学报．2008 (02).

[3065] 邹纯和．共谋与组织管理失效的关系初探 [J]．皖西学院学报．2008 (06).

[3066] 邹恒．构建我国虚拟货币监管制度的思考 [J]．南方金融．2008 (05).

[3067] 邹朋飞．基于资产质量、资本和风险的我国银行规模经济测度研究 [J]．经济经纬．2008 (05).

[3068] 邹朋飞．我国城市商业银行规模扩张的动机与效应研究 [J]．南方金融．2008 (10).

[3069] 邹朋飞．效率结构、市场势力与我国银行绩效的动态变化 [J]．湘潭大学学报 (哲学社会科学版)．2008 (06).

[3070] 邹时荣．我国旅游休闲市场秩序失灵与规制 [J]．经济问题．2008 (09).

[3071] 邹天天，段叶青．我国寻租行为的现象及其对策研究 [J]．科教文汇 (上旬刊)．2008 (09).

[3072] 邹统钎，陈序桄．俱乐部的性质与最佳规模研究 [J]．旅游科学．2008 (02).

[3073] 邹文杰．公共事业新型监管体制的建构 [J]．科技创新导报．2008 (14).

[3074] 邹文英．基于设施的竞争——实现本地电信有效竞争的方式 [J]．上海经济研究．2008 (11).

[3075] 邹小芃，牛嘉．旅游景点定价问题探析——以甘肃张掖大佛寺与马蹄寺为例 [J]．技术经济与管理研究．2008 (03).

[3076] 邹欣，赵剑光．反倾销中的公共利益原则理论研究 [J]．对外经贸实务．2008 (10).

[3077] 邹新阳，王贵彬．农村民间金融规范化发展的制度供给研究 [J]．安徽农业科学．2008 (06)．

[3078] 邹一南．垄断行业：民营企业的引入与社会福利的增进——基于中国石油行业的产业组织分析 [J]．中国矿业大学学报（社会科学版）．2008 (02)．

[3079] 邹昭晞，李志新．中国吸引外资的整体战略性成效 [J]．经济管理．2008 (13)．

[3080] 邹兹妮．浅论我国外资并购中的反垄断规制 [J]．现代经济信息．2008 (11)．

[3081] 左宏．国有企业工资总额确定方法的改革思路 [J]．经济研究参考．2008 (70)．

[3082] 左惠．论转型期文化产品供给的政府与市场作用边界特征 [J]．青海师范大学学报（哲学社会科学版）．2008 (02)．

[3083] 左停，苟天来．政策管制、潜规则与林农收益的获得性研究——中南集体林区案例 [J]．林业经济．2008 (03)．

2007 年

[1] 12 月 11 日后的成品油 [J]．2007．

[2] 12 月 11 日，由中航二集团主办的“07 中国直升机与公用事业发展论坛”在北京国际会议中心隆重开幕 [J]．航空科学技术．2007 (06)．

[3] 13 类无证食品将被逐出市场 [J]．2007．

[4] 2006：并购改变中国 [J]．资本市场．2007 (Z1)．

[5] 2006 年机械行业固定资产投资分析 [J]．中国经贸导刊．2007 (06)．

[6] 2006 年全球矿业公司兼并重组步伐加快 [J]．中国有色建设．2007 (01)．

[7] 2007 年全球及中国农药市场发展预测分析简介 [J]．山东农药信息．2007 (02)．

[8] 2007 年全省烟草专卖管理工作会在长沙召开 [J]．湖南烟草．2007 (02)．

[9] 2007 年搜索引擎市场趋于集中化 [J]．中国新通信．2007 (18)．

[10] 陈小敏．27 条假烟牵出标值亿元假烟案 [J]．中国防伪报道．2007 (01)．

[11] 徐云．8·31 后楼市渐进寡头时代 [J]．城市开发．2007 (16)．

[12] 8 成上市公司承认内部监控不及格 [J]．管理科学文摘．2007 (10)．

[13] 96% 的人对当前工资不满意 [J]．2007．

[14] Aic. 资本市场的风险之源 [J]．信息产业报道．2007 (04)．

[15] Brill，M，朱小明．未来属于 FDT [J]．可编程控制器与工厂自动化．2007 (09)．

[16] Bruce，E，Frederik，B，戴易．中国式上市 [J]．国际经济合作．2007 (05)．

[17] CFan 首页 [J]．电脑爱好者．2007 (24)．

[18] Dirk，C，纪海龙．海外并购：看起来很美 [J]．中国新时代．2007 (05)．

[19] Edward，AC，Iv. 中国能量：中国电力行业的改革与发展 [J]．公共管理评论．2007 (01)．

[20] Jean-Paul，D，丁恺．欧盟对口腔护理品的管制 [J]．牙膏工业．2007 (04)．

[21] Nordén，K. 宽带接入运营商业务赢利的新机遇 [J]．电信技术．2007 (06)．

[22] Oracle. 公用事业客户关怀与计费软件在第三方机构评选中领先 [J]．现代通信．2007 (Z3)．

[23] 孟刚，郭泽民．QS 认证：食品包装特别“身份证”：29 家生产企业首获认可两大困扰食品包装因素有望被解决 [J]．中国新技术新产品精选．2007 (2)．

[24] 华新. Reed Exhibitions 全球展会 [J]. 中国化妆品 (行业). 2007 (09).

[25] Sally, CJ. 让生产过程变得更加精练 [J]. 电子经理世界. 2007 (01).

[26] Sybase 与榕基软件达成战略合作协议 [J]. 铁路计算机应用. 2007 (12).

[27] Victor. 多向互动成就转型特许经营 [J]. 知识经济 (中国直销). 2007 (08).

[28] 阿计. 反垄断法: 维护市场经济公平公正的利器 [J]. 楚天主人. 2007 (11).

[29] 阿计. 剑指垄断的三张 "脸谱" [J]. 人大建设. 2007 (03).

[30] 阿名强. 公司灵感魔咒 [J]. 现代营销 (学苑版). 2007 (10).

[31] 埃森布莱特. 德国: 新医改实行强制医疗保险 [J]. 中国发展观察. 2007 (04).

[32] 安丰东. 中国食品安全规制问题研究 [J]. 消费经济. 2007 (03).

[33] 安果, 伍江. 基于协同效应的横向兼并的模型研究 [J]. 当代财经. 2007 (10).

[34] 安果, 伍江. 外资并购国内企业与国家产业安全——基于 Stackelberg 博弈模型的解释 [J]. 广东社会科学. 2007 (06).

[35] 安居之釜首在抽薪 [J]. 中国新闻周刊. 2007 (30).

[36] 安万明, 梁辉. 甘孜州卷烟零售户满意度现状分析 [J]. 康定民族师范高等专科学校学报. 2007 (03).

[37] 安信地板香港上市提速凯雷牵线再引资 1500 万美元 [J]. 建材与装饰 (上旬刊). 2007 (12).

[38] 安彦彦, 罗标. 保障成本分担均衡、试错博弈与政府干预——论 "四位一体" 劳务派遣市场建立 [J]. 信阳师范学院学报 (哲学社会科学版). 2007 (03).

[39] 安玉兴, 田华. 电信网络竞争与接入理论综述 [J]. 辽宁大学学报 (哲学社会科学版). 2007 (06).

[40] 八措施助推节能减排 [J]. 稀土信息. 2007 (04).

[41] 巴曙松, 陈华良, 王超. 我国基金管理行业规模发展与专业化前景 [J]. 南方金融. 2007 (04).

[42] 巴曙松, 任杰. PPPs: 基础设施运营新路径 [J]. 新财经. 2007 (07).

[43] 巴曙松. 日本对冲基金发展状况及监管经验对我国的借鉴 [J]. 当代财经. 2007 (01).

[44] 巴曙松, 王超, 王滨, 等. 美国共同基金市场发展趋势研究 [J]. 产业经济研究. 2007 (04).

[45] 把垄断超额利润补贴低收入群体 山东这个办法好 [J]. 领导决策信息. 2007 (34).

[46] 白兰君. 从经济学角度解读天然气产业垄断问题 [J]. 天然气技术. 2007 (01).

[47] 白兰, 张丽, 白全胜, 等. 生产企业构建电子废弃物逆向物流的动因与规制 [J]. 中国市场. 2007 (41).

[48] 白丽媛. 健康食品质量监督体系构建的若干思考 [J]. 黑龙江科技信息. 2007 (20).

[49] 白明. 电信普遍服务的由来、现状与问题 [J]. 科技信息 (科学教研). 2007 (23).

[50] 白明. 竞争环境下的普遍服务: 以电信为例 [J]. 特区经济. 2007 (07).

[51] 白树青. 我国烟草业的发展现状及法律规制 [J]. 山西煤炭管理干部学院学报. 2007 (02).

[52] 白为大, 杨刚, 郭美丽. 社会保障中政府与市场两种途径的选择——从政府失灵与市场失灵谈起 [J]. 科技信息 (科学教研). 2007 (18).

[53] 白秀广, 闻捷, 赵雪峰, 等. 电信运营企业经营效率与影响因子分析 [J]. 北京邮电大学学报. 2007 (06).

[54] 白雪. 企业集中概念辨析 [J]. 法制与社会. 2007 (05).

[55] 白颖, 冷穆. 关于我国实施战略性贸易政策的思考 [J]. 云南财贸学院学报 (社会科学

版）. 2007 (06).

[56] 白玉. 关于强化垄断行业成本约束机制的几点思考 [J]. 价格理论与实践. 2007 (03).

[57] 柏昊. 虚拟网络型产业技术学习理论框架初探 [J]. 科学学研究. 2007 (S2).

[58] 包敏. 旅游环境问题的经济学探讨 [J]. 法制与社会. 2007 (07).

[59] 包秀华. 对市场监管模式转型的几点思考 [J]. 内蒙古科技与经济. 2007 (05).

[60] 暴广军. 建立长效机制 促进石油价格改革 [J]. 北京石油管理干部学院学报. 2007 (02).

[61] 北京控股集团有限公司. 注重公用事业 促进城市发展 服务千家万户 [J]. 前线. 2007 (06).

[62] 本刊编辑部. 放松管制的魅惑 [J]. 运输经理世界. 2007 (05).

[63] 本刊编辑部. 回首与展望 [J]. 中国市场. 2007 (49).

[64] 本刊编辑部. 监管垄断行业价格 [J]. 粤港澳市场与价格. 2007 (05).

[65] 本刊编辑部. 将反垄断进行到底 [J]. 中国储运. 2007 (02).

[66] 本刊编辑部. 切实履行好食品药品监管职责 [J]. 浙江政报. 2007 (10).

[67] 本刊编辑部. 盛杰民：国计民生是垄断的借口 [J]. 创新科技. 2007 (01).

[68] 本刊编辑部. 谁是食品安全的真正抓手 [J]. 山西农业（畜牧兽医）. 2007 (05).

[69] 本刊编辑部. 我们肩负历史责任 [J]. 中国药物经济学. 2007 (02).

[70] 本刊编辑部，新望. 2006年中国改革十大新闻 [J]. 中国改革. 2007 (01).

[71] 本刊编辑部. 扎实做好今年食品安全各项工作 [J]. 浙江政报. 2007 (16).

[72] 本刊记者. 2007年全国建设工作明确十大任务 [J]. 城市规划通讯. 2007 (02).

[73] 本期主题：农药市场动态 [J]. 农化新世纪. 2007 (06).

[74] 毕春丽. 网络经济下开源运动的抉择探析 [J]. 现代电信科技. 2007 (07).

[75] 毕舸. 股市“市场失灵”下的政府监管 [J]. 中国中小企业. 2007 (06).

[76] 毕金玲. 内部资本市场理论综述 [J]. 边疆经济与文化. 2007 (03).

[77] 毕娟，马爱民. 循环经济的制度障碍与政府行为 [J]. 经济与管理. 2007 (01).

[78] 毕诗成. 公民从哪里汲取反“三峡式旅游垄断”的力量 [J]. 书屋. 2007 (07).

[79] 毕涛，张雷. 论新公共管理视角下的政府经济职能转变 [J]. 内蒙古财经学院学报. 2007 (02).

[80] 卞彬. 论公用事业行业垄断价格的特征与规制 [J]. 经济体制改革. 2007 (01).

[81] 卞桂英. 浅议银行并购的负效应 [J]. 哈尔滨金融高等专科学校学报. 2007 (01).

[82] 宾幕容，周发明. 农产品连锁超市经营的成本效益分析 [J]. 中国流通经济. 2007 (06).

[83] 宾幕容，周发明. 农产品连锁超市经营的经济学分析及推进思路 [J]. 全国商情（经济理论研究）. 2007 (08).

[84] 并购迟早会找上门来 [J]. 中外管理. 2007 (02).

[85] 财政分权下政府干预对债务融资的影响——基于转轨经济制度背景的实证分析 [J]. 2007.

[86] 采取强力措施 降低虚高药价——访全国人大代表福建省立医院副院长施作霖 [J]. 中国药物经济学. 2007 (02).

[87] 蔡承彬. 人力资本投资失衡的劳动力市场分割原因剖析 [J]. 经济与管理. 2007 (06).

[88] 蔡丛露. 中国银行业市场结构、产权结构的现状与对策 [J]. 亚太经济. 2007 (05).

[89] 蔡恩泽. 民营盛宴要细嚼慢咽 [J]. 法制与经济（下半月）. 2007 (10).

[90] 蔡建升，赵启. 水务改革的“兰州模式” [J]. 中国企业家. 2007 (09).

[91] 蔡君．手机电视主导权之争凸现监管瓶颈 [J]．通讯世界．2007 (09).

[92] 蔡茜．中石油收购 PK 石油公司的 SWOT 分析 [J]．时代经贸（下旬刊）．2007 (05).

[93] 蔡庆丰．从美国基金投资业绩看机构投资者的代理问题及其市场影响 [J]．国际金融研究．2007 (06).

[94] 蔡声霞，张萌．我国大学生医疗保险制度现状及改革的探讨 [J]．中国校医．2007 (05).

[95] 蔡穗声．上帝的归上帝，凯撒的归凯撒 [J]．城市开发．2007 (Z1).

[96] 蔡文浩，王一铭，范建．工业化进程中不同阶段的品牌战略 [J]．兰州商学院学报．2007 (01).

[97] 蔡晓珊，张耀辉．我国原油开采业性质分析：基于规制理论的视角 [J]．兰州学刊．2007 (10).

[98] 蔡艳芳，蒋瑜峰．谈我国上市公司会计信息管制 [J]．财会月刊．2007 (33).

[99] 蔡一飞．中国建材下江南 [J]．IT 经理世界．2007 (20).

[100] 蔡银寅．农地规模与经济效率：地权和交易成本约束下的农业生产及农民的选择 [J]．制度经济学研究．2007 (02).

[101] 蔡永英．论信息产业的合作创新 [J]．商场现代化．2007 (33).

[102] 蔡祖舜，王进泉，周金红．规制性行政指导的应用思考 [J]．中国工商管理研究．2007 (12).

[103] 曹斌．出租车市场管制原因探析 [J]．经济师．2007 (11).

[104] 曹桂森．对我国造船业发展的若干思考 [J]．中国水运（理论版）．2007 (10).

[105] 曹和平．"二次成长阶段"跨国企业集群的行为特征与规制途径 [J]．Social Sciences in China. 2007 (02).

[106] 曹洪香．正视并购：现代公司快速扩张发展的有效手段 [J]．山东工商学院学报．2007 (06).

[107] 曹建华．我国金融控股公司的实践、问题及监管政策取向 [J]．济南金融．2007 (04).

[108] 曹杰．信息化时代的动态联盟与传统企业模式比较 [J]．学术界．2007 (02).

[109] 曹明，舒华英．信息技术优势与企业持续竞争优势深层探析 [J]．吉林大学学报（信息科学版）．2007 (02).

[110] 曹世璞．艰难墙改路浅析 [J]．砖瓦．2007 (08).

[111] 曹献，杨华龙．我国航运电子市场的准入与退出制度 [J]．水运管理．2007 (02).

[112] 曹秀丽．试论监理行业现存的问题及对策建议 [J]．山西建筑．2007 (11).

[113] 曹元芳，李西江．我国金融外部监管框架的构建探讨 [J]．金融纵横．2007 (19).

[114] 曹云．公共财政：生态建设的体制基石 [J]．中国林业．2007 (01).

[115] 曹志鹏，赵钱龙．金融控股集团的利益冲突和协调 [J]．山东纺织经济．2007 (05).

[116] 查道中，程新桂．安徽省产业集群发展与升级的对策 [J]．当代经济（下半月）．2007 (12).

[117] 查衡．浅议环境保护税收政策 [J]．市场周刊（理论研究）．2007 (04).

[118] 柴文静．精致的工业化反调 [J]．21 世纪商业评论．2007 (02).

[119] 常国武．铜：宏观调控成效显著 [J]．中国有色金属．2007 (12).

[120] 常华兵．我国政府理财中存在的问题思考 [J]．财会通讯（理财版）．2007 (10).

[121] 常莉，师萍．房地产税收改革：基于财产课税理论的思考 [J]．西北农林科技大学学报（社会科学版）．2007 (06).

[122] 常伶丽，宋秀云．我国零售业规模化经营策略 [J]．职业时空．2007 (02).

［123］常修泽．国企改革双线推进［J］．瞭望．2007（14）．

［124］车文娇，田炜．比较优势论的新发展与对外贸易竞争力的提升［J］．沈阳师范大学学报（社会科学版）．2007（01）．

［125］陈爱平，李永峰．中国网络经济和电子商务问题探析［J］．商场现代化．2007（06）．

［126］陈爱贞，陈明森．跨国公司在我国合资行为与市场结构演变［J］．亚太经济．2007（05）．

［127］陈爱贞，刘志彪．中国行政垄断：利益主体的博弈与载体的泛化趋势［J］．经济评论．2007（06）．

［128］陈兵，孙飞．银行监管的逻辑：基于市场失灵的理论分析［J］．金融管理与研究．2007（09）．

［129］陈朝霞，朱晓莉．邮政转轨经营技术效率分析——以南京市为例［J］．市场周刊（理论研究）．2007（11）．

［130］陈川生．关于招投标中串标围标的表现形式、成因和对策建议［J］．中国招标．2007（11）．

［131］陈传刚．企业并购动因理论综述［J］．北方经济．2007（08）．

［132］陈春花．不确定环境下企业管理的误区［J］．经济界．2007（04）．

［133］陈岱婉．环境保护与经济发展的博弈［J］．太原师范学院学报（自然科学版）．2007（04）．

［134］陈迪．《反垄断法》如何影响百姓生活［J］．金融博览．2007（10）．

［135］陈东红，时宇，刘福民．价值链理论下的区域矿区规模经济的形成研究［J］．科技情报开发与经济．2007（36）．

［136］陈端计．信用失效：一个新的分析视角［J］．青海师专学报．2007（01）．

［137］陈队永，孙海龙．道路运输业进入规制探讨［J］．石家庄铁道学院学报．2007（02）．

［138］陈芳．掌舵、规制与服务提供——政府在企业反倾销应对中的角色定位及其实现途径［J］．东南学术．2007（06）．

［139］陈飞．3G移动通信市场多寡头不对称竞争模型的研究［J］．中国新通信．2007（20）．

［140］陈根．浅析保险公司偿付能力监管模式及其借鉴［J］．无锡商业职业技术学院学报．2007（01）．

［141］陈耿，黄国良．国外规制关联交易对我国的启示［J］．经济纵横．2007（16）．

［142］陈光亮．豪泰林模型下的价格竞争与产品选择［J］．现代商贸工业．2007（11）．

［143］陈国成．《反垄断法》与供电多经企业［J］．中国电力企业管理．2007（24）．

［144］陈国美．项目公司运作公用事业特许经营项目的风险分析及管理［J］．重庆交通大学学报（社会科学版）．2007（01）．

［145］陈果．IT整合策略［J］．IT经理世界．2007（13）．

［146］陈海．巨头争霸：垄断还是共赢？［J］．小康．2007（12）．

［147］陈红．证券信用交易：海外规制经验与中国制度建设［J］．财贸经济．2007（12）．

［148］陈宏民．网络外部性与规模经济性的替代关系［J］．管理科学学报．2007（03）．

［149］陈华红，胡税根．我国水价政府规制研究［J］．水利发展研究．2007（11）．

［150］陈会玲，汪段泳．微观规制内涵研究综述［J］．经济师．2007（08）．

［151］陈继红，吕裔良．中国乳制品产业市场结构与市场绩效实证研究［J］．中国农村经济．2007（S1）．

［152］陈继明．企业家网络与中小企业集群的形成——基于传统产业领域的分析［J］．南京社会科学．2007（01）．

[153] 陈嘉欢．“收费制度需要阳光化”——专访全国人大常委、上海市人大常委会副主任厉无畏 [J]．上海经济．2007（Z1）．

[154] 陈建明．关于市场失灵的制度分析 [J]．中国流通经济．2007（06）．

[155] 陈建清．外资银行市场准入制度的完善 [J]．发展研究．2007（07）．

[156] 陈剑锋．新农村建设跨越式发展的新契机——生物质能源产业 [J]．求实．2007（10）．

[157] 陈剑萍，张利庭，吴为麟．区域性电力市场相关问题研究 [J]．企业经济．2007（07）．

[158] 陈健，夏兰．基于网络视角的产业集群分类 [J]．商场现代化．2007（02）．

[159] 陈杰．FDI 中的返程投资：现状、成因及规制 [J]．西南金融．2007（01）．

[160] 陈洁．关于自然垄断产业理论的研究述评 [J]．产业与科技论坛．2007（11）．

[161] 陈金波，张冕．层次分析法在并购目标选择中的应用 [J]．现代商贸工业．2007（04）．

[162] 陈敬学．我国商业银行规模经济问题的实证研究——基于随机前沿模型的分析 [J]．财贸研究．2007（03）．

[163] 陈静，唐五湘．共性技术的特性和失灵现象分析 [J]．科学学与科学技术管理．2007（12）．

[164] 陈娟．通过企业物流信息系统削减企业物流成本 [J]．四川省情．2007（11）．

[165] 陈君文．国有企业产权改革中的三方博弈分析 [J]．系统工程．2007（10）．

[166] 陈昆玉，王跃堂．公用事业行业的价格管制缺陷及其治理途径——基于南京市公交行业涨价的案例研究 [J]．软科学．2007（04）．

[167] 陈磊．市政公用事业市场化中的行为者分析 [J]．市政技术．2007（01）．

[168] 陈李，熊励．长三角信息服务业的发展优势与实施策略 [J]．商业时代．2007（12）．

[169] 陈力华，杜建耀．提高上海汽车产业国际竞争力的战略研究 [J]．企业经济．2007（11）．

[170] 陈丽梅，丁玉良，兰金亮．提高产业集中度是我国钢铁业发展之必然 [J]．包钢科技．2007（01）．

[171] 陈利兵．自然垄断理论演进的综述 [J]．萍乡高等专科学校学报．2007（04）．

[172] 陈连清．块状经济——区域经济发展新思路 [J]．中国国情国力．2007（01）．

[173] 陈良文，杨开忠．我国区域经济差异变动的原因：一个要素流动和集聚经济的视角[J]．当代经济科学．2007（03）．

[174] 陈亮．PC 业寡头时代来临 [J]．互联网周刊．2007（21）．

[175] 陈亮．移动通信 走上不同成长轨迹 [J]．股市动态分析．2007（Z3）．

[176] 陈林．我国航空运输业的市场结构分析 [J]．空运商务．2007（19）．

[177] 陈柳钦．基于新经济地理学的产业集群理论综述 [J]．湖南科技大学学报（社会科学版）．2007（03）．

[178] 陈龙波，赵永彬，李垣．企业并购中的知识资源整合研究 [J]．科学学与科学技术管理．2007（07）．

[179] 陈毛毛．改进配送设施　提供免费运输 [J]．市场周刊（新物流）．2007（05）．

[180] 陈敏，桂琦寒，陆铭，等．中国经济增长如何持续发挥规模效应？——经济开放与国内商品市场分割的实证研究 [J]．经济学（季刊）．2007（01）．

[181] 陈敏．弱有效证券市场下的市场失灵和政策性风险 [J]．北方经济．2007（16）．

[182] 陈明．强化规制与放松规制的动因比较：以城市公用事业为例 [J]．经济管理．2007（14）．

[183] 陈明艺．进入限制、价格管制与黑车泛滥——来自北京、上海出租车市场的经验分析 [J]．山西财经大学学报．2007（11）．

[184] 陈明艺．我国出租车市场组织形式管制的效应评价［J］．企业经济．2007（02）．
[185] 陈明．政府与市场双重失灵下的城镇密集地区管治［J］．城市规划．2007（11）．
[186] 陈南岳．生产领域中资源隐性节约的经济学路径［J］．山东经济．2007（02）．
[187] 陈佩钰，林奇娇．飞利浦：三A解密TOP［J］．广东科技．2007（09）．
[188] 陈鹏，曹文泽，李伏坤．发达国家食品信息可追踪系统的导入及启示［J］．科技经济市场．2007（03）．
[189] 陈平．我国企业合并会计处理问题与对策［J］．合作经济与科技．2007（24）．
[190] 陈平，吴毅锋．差异成本下双寡头垄断企业模型合作的博弈分析［J］．市场周刊（理论研究）．2007（01）．
[191] 陈强，徐大佑．顾客份额营销的特征与机会［J］．全国商情（经济理论研究）．2007（04）．
[192] 陈青兰．浅议网络经济下低成本和差异化战略的组合［J］．改革与战略．2007（01）．
[193] 陈清．《反垄断法》与中国石油石化业的发展［J］．中国石化．2007（10）．
[194] 陈庆峰，高强．经济全球化时期山东省体育健身娱乐市场结构优化研究［J］．体育科技文献通报．2007（04）．
[195] 陈庆，刘禹宏．产业集聚与经济增长方式转变［J］．当代经济管理．2007（06）．
[196] 陈仁权，徐文学．上市公司生产效率动态变化的Malmquist指数分析——来自家电行业的数据［J］．财会通讯（学术版）．2007（08）．
[197] 陈蓉，陈竹林．政府在土地市场规范中的职能定位［J］．中国市场．2007（35）．
[198] 陈榕榕．谈我国市场经济的培育［J］．机电技术．2007（01）．
[199] 陈锐．自然垄断理论最新发展述评［J］．现代经济探讨．2007（11）．
[200] 陈世芳．试论企业并购活动中的成本效益分析［J］．科技资讯．2007（08）．
[201] 陈书生．国有垄断企业员工收入过高问题探讨［J］．黄河科技大学学报．2007（04）．
[202] 陈淑贞．我国现阶段政府信用的缺失及危害［J］．山西广播电视大学学报．2007（04）．
[203] 陈同扬．先进制造技术应用与人力资源管理关系的研究综述［J］．机械科学与技术．2007（09）．
[204] 陈婉儿．对我国饭店行业市场壁垒的思考［J］．科技情报开发与经济．2007（11）．
[205] 陈伟光，李隽．银行业集中度、竞争与稳定性研究［J］．广东外语外贸大学学报．2007（03）．
[206] 陈伟光．银行垄断及其市场势力研究［J］．国际经贸探索．2007（02）．
[207] 陈伟伟．我国银行业市场结构与绩效分析［J］．市场论坛．2007（03）．
[208] 陈雯，吕卫国，孙伟．空间经济学研究的相关进展与评述［J］．世界地理研究．2007（04）．
[209] 陈曦，鲍宏礼．传媒经济的规模发展趋势与进路［J］．企业经济．2007（07）．
[210] 陈喜红．浅论市场在环境保护中的作用［J］．商场现代化．2007（14）．
[211] 陈小安．激励与规制：非营利组织的税制构建［J］．税务研究．2007（06）．
[212] 陈小安．中西方政府规制的异质性分析及政府规制的重构［J］．西昌学院学报（自然科学版）．2007（04）．
[213] 陈小洪．企业凭什么“走出去”［J］．中国农资．2007（10）．
[214] 陈小洁．中国“世界工厂”的思考［J］．安徽电子信息职业技术学院学报．2007（01）．
[215] 陈小林，潘克勤．法律环境、政治关系与审计定价——来自中国证券市场的经验证据［J］．财贸经济．2007（S1）．
[216] 陈晓静．市场势力：温州出口企业的功能缺失及增进策略［J］．浙江工贸职业技术学院

学报．2007（04）．

［217］陈晓燕，兰天，希洛．产业内贸易理论新评［J］．云南财贸学院学报（社会科学版）．2007（03）．

［218］陈欣华．垄断行业价格监管之我见［J］．市场论坛．2007（09）．

［219］陈新林．电子支付监管问题研究［J］．特区经济．2007（02）．

［220］陈新明，张昊琦．社会转型与秩序建构——对俄罗斯生意人与国家冲突的分析［J］．俄罗斯中亚东欧研究．2007（04）．

［221］陈新忠，唐飞．网络经济的运行规律与企业对策［J］．特区经济．2007（11）．

［222］陈信元，黄俊．政府干预、多元化经营与公司业绩［J］．管理世界．2007（01）．

［223］陈雄根．论产业政策与我国传媒产业的发展［J］．新闻界．2007（05）．

［224］陈修素，汪婧．汽车生产厂家定价策略研究［J］．重庆工商大学学报（西部论坛）．2007（05）．

［225］陈雪钧，李莉．对我国饭店集团品牌扩张战略的思考［J］．重庆交通大学学报（社会科学版）．2007（03）．

［226］陈艳．浅析我国居民收入分配差距问题［J］．时代经贸（下旬刊）．2007（10）．

［227］陈艳．证券交易所自治地位研究［J］．商情（教育经济研究）．2007（03）．

［228］陈洋林，王涛．中央银行相对独立性比较与借鉴［J］．北方经济．2007（13）．

［229］陈义．今年中国企业面临的六大营销困局［J］．功能材料信息．2007（02）．

［230］陈莹．浅探虚拟网络世界垄断［J］．科技经济市场．2007（01）．

［231］陈颖．对我国外资银行市场准入要求的建议［J］．中国外汇．2007（Z1）．

［232］陈颖．银行业市场进入与退出分析：统一的市场角度［J］．中央财经大学学报．2007（05）．

［233］陈永昌．反垄断是中国改革的当务之急［J］．北方经贸．2007（12）．

［234］陈永昌．我国宏观经济调控效果的辩证分析［J］．北方经贸．2007（04）．

［235］陈永明．市场深化进程中的政企关系分析［J］．湖北师范学院学报（哲学社会科学版）．2007（02）．

［236］陈永平．基于规模化下的第三方物流企业效率改进［J］．中国市场．2007（19）．

［237］陈勇江．论产业集群下的合谋关系及防范［J］．现代经济探讨．2007（10）．

［238］陈宇峰．分支机构数量、资产规模与银行规模经济——基于扩增型规模经济方法的分析［J］．山西财经大学学报．2007（01）．

［239］陈宇峰．金融改革、金融管制与我国银行业的发展［J］．中州学刊．2007（05）．

［240］陈玉罡．基于企业制度和公司财务的并购分析体系［J］．商业时代．2007（11）．

［241］陈玉荣．基于上市公司的会计信息披露研究［J］．中国管理信息化（会计版）．2007（02）．

［242］陈元旭，崔彬，李晓莉．如何在我国的公用事业领域引入特许权投标［J］．资源与产业．2007（03）．

［243］陈跃刚．双寡头市场下网络广告商与媒介主的产品选择行为研究［J］．科技管理研究．2007（03）．

［244］陈赟，刘方珍．公共工程项目代建制模式构建中的政府行为权利博弈分析［J］．湖南大学学报（社会科学版）．2007（04）．

［245］陈运应．违法医疗广告："生生不息"何时息　第三只眼看新的《医疗广告管理办法》［J］．健康大视野．2007（01）．

［246］陈征征，扶承香．浙江中小企业集群发展模式分析［J］．商业文化（学术版）．2007（04）．

［247］陈志刚．浅论产业集群的竞争优势［J］．科技创业月刊．2007（11）．

［248］陈志广．非效率市场力量与效率市场力量——一个关于反垄断规制对象的基础框架［J］．江苏社会科学．2007（01）．

［249］陈志华．城市公用事业项目市场化运营中的风险管理［J］．技术经济与管理研究．2007（06）．

［250］陈治亚，陈维亚．第三方物流的规模经济性和发展策略研究［J］．商业经济与管理．2007（07）．

［251］陈忠．"官银"何时脱"官帽"——从小说《官银》看政府干预银行贷款［J］．金融经济．2007（17）．

［252］陈祝平．服务业的产品特性影响生产率［J］．国际商务研究．2007（02）．

［253］陈自芳，胡敏．循环经济的有效机制及其现实障碍的克服［J］．理论与现代化．2007（02）．

［254］成彪．一个垄断而不暴利的范本［J］．经济研究参考．2007（24）．

［255］成金华，吴巧生．中国工业化进程中的环境问题与"环境成本内化"发展模式［J］．管理世界．2007（01）．

［256］城市燃气分会LNG专业委员会2007年会在长沙召开［J］．煤气与热力．2007（12）．

［257］程安林，梁芬莲．基于会计信息监管特性的会计监管政策分析［J］．财会通讯（学术版）．2007（04）．

［258］程婵娟，陈勇．我国商业银行规模经济评价方法研究［J］．当代经济科学．2007（06）．

［259］程国华．青岛啤酒扩张战略的五大经验［J］．当代经济．2007（03）．

［260］程鸿群，王先甲．我国物业管理市场准入制度分析［J］．技术经济．2007（11）．

［261］程健．马来西亚通讯市场准入分析［J］．信息技术与标准化．2007（03）．

［262］米运生，程昆．FDI生产效率、配置效率的非对称性与中国区域经济收敛［J］．中央财经大学学报．2007（7）．

［263］程乐，卞光成．论垄断行业的工资问题［J］．改革与开放．2007（09）．

［264］程强．益阳市烟草制品打假协作机制建立［J］．湖南烟草．2007（03）．

［265］程巧玲．基于数据包络模型的我国商业银行效率评价［J］．内蒙古科技与经济．2007（04）．

［266］程新明，周延星．试论县级烟草专卖的创新［J］．老区建设．2007（06）．

［267］程新章，胡峰．区域经济发展系统的多主体系统模型分析——区域制度在其中的作用［J］．贵州社会科学．2007（06）．

［268］程雪垠．电信改革后的电信垄断［J］．现代管理科学．2007（08）．

［269］程宜祥．机场企业的税务筹划［J］．中国民用航空．2007（05）．

［270］程智军，杨成义，夏徐迁．产业内贸易的概念［J］．经济研究参考．2007（40）．

［271］迟谨．让朝阳IT不断推进烟草的发展——专访北京市烟草专卖局经济信息中心主任陈平［J］．微型机与应用．2007（06）．

［272］迟瑾．北京烟草　服务别人就是服务自己［J］．微型机与应用．2007（07）．

［273］迟瑾．贵州毕节烟水配套工程稳步实施［J］．微型机与应用．2007（10）．

［274］迟瑾．陕西烟草　西部地区的后起之秀［J］．微型机与应用．2007（07）．

［275］迟瑾．云南烟草　以信息化为载体加强专卖管理工作基础［J］．微型机与应用．2007（07）．

［276］迟瑾．中国烟草进出口（集团）公司　小投入收获丰厚成果［J］．微型机与应用．2007（07）．

［277］初可佳，吴仁军．政府信誉与自然垄断产业的规制绩效［J］．郑州航空工业管理学院学报．2007（02）．

［278］储成勇．市场失灵对我国经济发展的影响分析［J］．科技情报开发与经济．2007（04）．

［279］楚阳戈，刘波．创新监管方式，营造依法建设、统一开放、竞争有序的市场环境［J］．建筑市场与招标投标．2007（06）．

［280］褚朝新．河北首家民营殡仪馆败走邯郸［J］．中国民营科技与经济．2007（06）．

［281］褚永．国际铁矿石贸易垄断价格的形成机制［J］．对外经贸实务．2007（04）．

［282］创新求发展 和谐共奋进 努力规范娄烦市场经济秩序——娄烦县工商局［J］．太原市人民政府公报．2007（02）．

［283］从反垄断的角度浅谈中国电信业的拆分［J］．2007．

［284］臧旭恒．从哈佛学派、芝加哥学派到后芝加哥学派——反托拉斯与竞争政策的产业经济学理论基础的发展与展望［J］．东岳论丛．2007（01）．

［285］丛慧颖．烟草行业的博弈［J］．现代经济信息．2007（08）．

［286］丛亮．华为吹响国际电信整合“中国号角”［J］．IT 时代周刊．2007（21）．

［287］崔凡．利用横向外资 提高外资质量［J］．国际贸易．2007（01）．

［288］崔宏，程凤朝．中国金融不良资产回收率影响因素分析［J］．经济研究参考．2007（66）．

［289］崔沪．跨国并购对我国宏观经济的影响［J］．山东社会科学．2007（03）．

［290］崔佳，邵蓉．探讨我国药品广告的整治［J］．食品与药品．2007（01）．

［291］崔建光．金融控股公司防范机制研究［J］．管理科学文摘．2007（04）．

［292］崔看看．格兰仕：营销平台的“合”聚变［J］．成功营销．2007（05）．

［293］崔丽春．试述我国企业的规模经济［J］．财会研究．2007（07）．

［294］崔丽平，李克民．煤炭资源开发与生态环境保护［J］．露天采矿技术．2007（06）．

［295］崔宁．自然垄断产业引入竞争的效率分析［J］．商业时代．2007（07）．

［296］崔平军．产业发展与城市化关系综述［J］．黑龙江对外经贸．2007（10）．

［297］崔永梅，叶广辉，高愈湘．控制权市场经济影响因素的经验分析——以美国 1970－1999 年的市场为例［J］．北京交通大学学报（社会科学版）．2007（01）．

［298］崔瑜．SP：整肃后的回暖［J］．互联网周刊．2007（02）．

［299］大用户直接交易研究课题通过专家评审［J］．陕西电力．2007（07）．

［300］代宏坤．企业业务战略制定新方法［J］．商业时代．2007（15）．

［301］代梅．乌江流域水电资源的开发与环境保护［J］．内蒙古石油化工．2007（06）．

［302］戴狄夫．关于我国体育彩票市场产品类型的研究［J］．吉林体育学院学报．2007（01）．

［303］戴贵芬．我国国产手机行业的市场结构分析［J］．郑州航空工业管理学院学报（社会科学版）．2007（01）．

［304］戴魁早．产业集中度与利润率的关系研究——来自钢铁产业的实证检验［J］．当代经济科学．2007（06）．

［305］戴强．美国的食品安全管理体系［J］．时代经贸（下旬刊）．2007（01）．

［306］戴群中．德国全能银行制度及其对我国的启示［J］．税务与经济．2007（02）．

［307］戴维凌．洛克菲勒：世界上第一个亿万富翁是这样炼成的［J］．管理与财富．2007（09）．

［308］戴志敏，安宏孝．银行购并对绩效的影响——以美国银行为例［J］．特区经济．2007（05）．

［309］单宝．外资并购垄断化的负面效应及对策［J］．经济纵横．2007（14）．

[310] 单耕．推进生态设计标准化 跨越欧盟绿色贸易壁垒 [J]．电器工业．2007（04）．

[311] 单厚兴．试论网络经济对企业文化建设的影响 [J]．中国市场．2007（44）．

[312] 单天国．文化融合是企业联合重组成功的内在条件 [J]．中国特色社会主义研究．2007（01）．

[313] 单天国．央企高利润仍存隐忧 [J]．瞭望．2007（17）．

[314] 单向前，李建伟．我国行业垄断问题的经济学分析 [J]．河南社会科学．2007（03）．

[315] 党佩英．政府职能：治理商业贿赂的重要推动力量 [J]．辽宁行政学院学报．2007（06）．

[316] 党玺，刘京莲．农村小额信贷风险的法律规制 [J]．法制与社会．2007（01）．

[317] 党新明．中国企业实施跨国并购的对策 [J]．中外企业家．2007（06）．

[318] 党兴华，郭子彦，赵璟．基于区域外部性的城市群协调发展 [J]．经济地理．2007（03）．

[319] 邓昌平．如何健全中国的审计市场结构 [J]．科技和产业．2007（11）．

[320] 邓成明，阳建勋．经济全球化背景下WTO规则与市场规制法的协调 [J]．广州大学学报（社会科学版）．2007（02）．

[321] 邓芳．一位卷烟零售户的感谢信 [J]．湖南烟草．2007（02）．

[322] 邓虹峰．我国钢铁业重组整合的途径分析 [J]．冶金经济与管理．2007（03）．

[323] 邓江凌，刘光华．企业并购与垄断和反垄断的关系分析——兼谈并购反垄断立法的必要性 [J]．重庆文理学院学报（社会科学版）．2007（03）．

[324] 邓进．论商业贿赂及其管制 [J]．山西财政税务专科学校学报．2007（02）．

[325] 邓可斌，丁菊红．政府干预、自然资源与经济增长：基于中国地区层面的研究 [J]．南开经济研究．2007（03）．

[326] 邓念国．从放松管制到重新管制：新公共管理运动中政府微观干预的嬗变 [J]．社会科学辑刊．2007（04）．

[327] 邓宁，王华．我国银行体系改造与国有企业股份制改革之间互动关系研究 [J]．江西财经大学学报．2007（01）．

[328] 邓为民．为什么规模不经济？[J]．中国计算机用户．2007（16）．

[329] 邓新，张露平．激励性规制理论的产生过程研究 [J]．湖北行政学院学报．2007（S2）．

[330] 邓雪．美国德州输配电价机制政策与实践 [J]．电力技术经济．2007（01）．

[331] 邓岩．博弈还是共谋——国内种子市场竞争态势分析 [J]．北京农业．2007（32）．

[332] 邓聿文．期待垄断企业超额利润补偿民生 [J]．中国社会导刊．2007（17）．

[333] 邓聿文．用垄断企业的超额利润补偿民生 [J]．经济研究参考．2007（66）．

[334] 邓志强，罗新星．环境管理中地方政府和中央政府的博弈分析 [J]．管理现代化．2007（05）．

[335] 邓志旺．政府、经营者、职工三方参与下的国有企业兼并决策分析 [J]．特区经济．2007（02）．

[336] 邸智源．美国转售价格维持的反垄断法调整探悉 [J]．商场现代化．2007（04）．

[337] 地位一枝独秀　问题不得不说 [J]．中国制衣．2007（07）．

[338] 程卓．非对称管制助推互联互通 [J]．中国电信业．2007（05）．

[339] 刁秀华．俄罗斯的竞争政策及其发展趋势 [J]．西伯利亚研究．2007（02）．

[340] 丁炳堂．我国个人收入分配领域几个亟待解决的问题 [J]．山东教育学院学报．2007（01）．

[341] 丁超．刍论我国广告业的发展 [J]．科教文汇（上旬刊）．2007（02）．

[342] 丁道勤.《反垄断法》对电信业的影响研究 [J]. 通信世界. 2007 (36).

[343] 丁菲菲. 苹果百代合力谋求市场先机 数字音乐版权束缚自此作古 [J]. IT 时代周刊. 2007 (08).

[344] 丁和平. 我国转变经济增长方式的难点及对策研究 [J]. 技术经济. 2007 (10).

[345] 丁华, 王海英. 从规模经济到柔性制造 制造业生产方式的演变趋势分析 [J]. 商场现代化. 2007 (09).

[346] 丁菊红, 王永钦, 邓可斌. 中国经济发展存在"资源之咒"吗 [J]. 世界经济. 2007 (09).

[347] 丁琳. 房地产经纪游戏升级 [J]. IT 经理世界. 2007 (18).

[348] 丁敏. 跨国联盟购并战略的利弊分析 [J]. 中国乡镇企业会计. 2007 (04).

[349] 丁明. 我国保险业的市场绩效分析 [J]. 商业文化 (学术版). 2007 (06).

[350] 丁宁. 通道费征收的经济基础及政府规制 [J]. 湖南财经高等专科学校学报. 2007 (05).

[351] 丁启军. 上市公司会计信息质量监管博弈论模型经济分析 [J]. 科技创业月刊. 2007 (07).

[352] 丁若. 进军初期寡头市场 [J]. 经济研究参考. 2007 (34).

[353] 丁杨. 基于法律经济学角度分析市场经济秩序规范化 [J]. 知识经济. 2007 (08): 170-171.

[354] 东方晦. 央企分红更要打破垄断 [J]. 经营管理者. 2007 (07).

[355] 东方愚. 石油寡头的"市场化"伎俩 [J]. 中国经济周刊. 2007 (12).

[356] 董佰壹, 冯晓静. 外资并购国有企业的问题与对策初探 [J]. 商场现代化. 2007 (07).

[357] 董春燕, 李凌骅. 外资银行市场准入的组织形式——结合《外资银行管理条例》的规定 [J]. 高等教育与学术研究. 2007 (02).

[358] 董栋梁. 从国企上缴红利看其改革与发展 [J]. 时代金融. 2007 (12).

[359] 董桂芝. 浅谈中小企业兼并的财务问题 [J]. 科教文汇 (下旬刊). 2007 (09).

[360] 董海潮. 现代烟草商业与企业核心竞争力 [J]. 现代企业. 2007 (02).

[361] 董慧, 蒋灵珊, 王龙国. 从软件产业看产业集群的竞争优势 [J]. 市场周刊 (理论研究). 2007 (05).

[362] 董慧凝. 证券监管的适度性探讨 [J]. 证券市场导报. 2007 (05).

[363] 董军, 栾凤奎, 韩英豪, 等. 中国电力市场标准方案研究 [J]. 华东电力. 2007 (01).

[364] 董灵. 论与知识产权相关的独占禁止制度 [J]. 电子知识产权. 2007 (07).

[365] 董佺. 企业在同质产品市场的差异化战略行为——一个对我国反垄断立法的产业组织理论解释 [J]. 财经研究. 2007 (11).

[366] 董维刚, 张昕竹. 银行卡产业特征与反垄断难题 [J]. 数量经济技术经济研究. 2007 (06).

[367] 董骁. 循环经济动力不足的微观经济学分析 [J]. 上海经济研究. 2007 (01).

[368] 董秀金, 王小骊, 叶雪珠, 等. 构建我国食品安全监管体系的研究 [J]. 安徽农业科学. 2007 (32).

[369] 董一冰, 张雪英. 刘少奇关于社会主义经济体制改革的理论探索 [J]. 党史研究与教学. 2007 (03).

[370] 董运来, 杨志宏. 印度农产品市场准入: 分析及借鉴 [J]. 亚太经济. 2007 (02).

[371] 董志强, 严太华. 监察合谋: 惩罚、激励与合谋防范 [J]. 管理工程学报. 2007 (03).

[372] 董祚继. 土地利用国家干预的若干理论问题 [J]. 中国土地科学. 2007 (03).

[373] 都业富，宗苏宁，李景宏．瑞安：低成本经营 高利润回报 [J]．国际航空．2007 (09)．

[374] 窦坤芳．环境规制与产业可持续发展初探——以大连产业发展为例 [J]．当代经济（下半月）．2007 (06)．

[375] 窦亚芹．证券市场制度性变革下企业并购的机遇 [J]．商业时代．2007 (25)．

[376] 窦彦莉．微利时代的全球 PC 寡头之争 [J]．信息系统工程．2007 (02)．

[377] 窦莹．规制知识产权滥用的思考 [J]．江苏经贸职业技术学院学报．2007 (03)．

[378] 窦中华．我国经济适用房销售机制弊端与对策探讨 [J]．中国物价．2007 (01)．

[379] 独木．烟草专卖许可证新《办法》给外企设之了限 [J]．大经贸．2007 (05)．

[380] 杜斌．如何构建中国的市场秩序 [J]．社科纵横．2007 (01)．

[381] 杜大琳．国际分工与区域产业经济发展研究 [J]．科技信息（科学教研）．2007 (34)．

[382] 杜丹阳．中国卷烟行业竞争态势分析 [J]．特区经济．2007 (08)．

[383] 杜洪涛，黄立军．刍议城市基础设施向民间融资的趋势 [J]．西南金融．2007 (10)．

[384] 杜辉．大连市行业收入差距及推进公平收入的对策选择 [J]．大连干部学刊．2007 (06)．

[385] 杜江波，郑宝金．行业协会的制度困境及改革方向 [J]．商场现代化．2007 (10)．

[386] 杜娟，古伟中，古松．多变市场环境下的监管创新 尖峰对话解说行业重大问题 [J]．通信世界．2007 (01)．

[387] 杜莉，王鹏，杜峥平．论东北老工业基地振兴中的金融规制 [J]．经济纵横．2007 (21)．

[388] 杜敏．比较企业合并原规范与新准则的差异 [J]．湘潮（下半月）（理论）．2007 (11)．

[389] 杜仕林．机构投资者市场准入制度的法哲学思考 [J]．西华师范大学学报（哲学社会科学版）．2007 (05)．

[390] 杜曙光，孟令美．国际贸易分工：理论演进与当代多层次格局 [J]．齐鲁学刊．2007 (03)．

[391] 杜伟．对完善中介机构行政监管的思考 [J]．西南民族大学学报（人文社科版）．2007 (09)．

[392] 杜雯．基于博弈论的房地产开发商寻租行为分析 [J]．时代经贸（中旬刊）．2007 (S8)．

[393] 杜永纯．严格食品市场准入审查是保障消费者健康的有效措施 [J]．科技资讯．2007 (36)．

[394] 杜有晟，孙季祥．对客运出租汽车行业的再认识 [J]．内蒙古公路与运输．2007 (01)．

[395] 杜云，张铭洪．管制与反垄断前沿理论和政策效率检验——一个基于实验经济学的研究模型 [J]．财经研究．2007 (07)．

[396] 杜舟．AT-T 超级收购坐上老大龙椅　美电信业重现双寡头格局 [J]．IT 时代周刊．2007 (1)．

[397] 段军山．商业银行规模经济及其边界的实证研究 [J]．石家庄经济学院学报．2007 (05)．

[398] 段青．在华跨国公司搭售行为之反垄断规制 [J]．时代金融．2007 (04)．

[399] 段隐华，王刚．运用实物期权方法对困境企业通过两个阶段的最优投资时机分析 [J]．中国西部科技（学术）．2007 (10)．

[400] 李林杰，石建涛．对我国 13 家商业银行经营效率的测度与分析 [J]．统计教育．2007 (12)．

[401] 顿红. 市场经济条件下政府职能的转变 [J]. 现代商业. 2007 (30).

[402] 法丽娜，张娜. 熵、耗散结构与行政垄断公司治理 [J]. 世界经济情况. 2007 (09).

[403] 樊海潮. 财政分权与经济增长 [J]. 技术经济. 2007 (07).

[404] 樊卫东，高萍. 国际银行卡成员遵循的限制性规则 [J]. 银行家. 2007 (11).

[405] 樊秀峰. 零售企业交易设置效应研究 [J]. 浙江工商大学学报. 2007 (06).

[406] 樊一江，何公定. 基于供需经济分析的道路运输政府规制研究 [J]. 交通企业管理. 2007 (10).

[407]《反垄断法》出台后的中国电信业 [J]. 中国新通信. 2007 (20).

[408] 范爱军，李真，刘小勇. 国内市场分割及其影响因素的实证分析——以我国商品市场为例 [J]. 南开经济研究. 2007 (05).

[409] 范德成，唐小旭. 价格歧视在网络营销中的应用分析 [J]. 现代管理科学. 2007 (01).

[410] 范合君，王文举. 北京市公用事业监管的现状、问题及对策 [J]. 北京社会科学. 2007 (06).

[411] 范晓阳，孙放. 反垄断法与规模经济 [J]. 经营与管理. 2007 (11).

[412] 范懿，颜晨. 转变地区政府职能 促进滨海新区的发展 [J]. 法制与经济（上半月）. 2007 (02).

[413] 范云芳. 西方经济学家论政府经济职能：历史沿革与启示 [J]. 唐都学刊. 2007 (05).

[414] 范兆斌，苏晓艳. 跨国公司海外直接投资理论脉络及动态述评 [J]. 商业研究. 2007 (07).

[415] 方国斌，马慧敏. 基于技术创新的中部地区经济发展状况比较研究 [J]. 经济问题探索. 2007 (12).

[416] 方家平. IT 富豪缘何黯然失色？[J]. 上海信息化. 2007 (05).

[417] 方军雄. 所有制、制度环境与信贷资金配置 [J]. 经济研究. 2007 (12).

[418] 方伟. 网络经济条件下中小企业的管理创新 [J]. 商业研究. 2007 (10).

[419] 防止低水平重复建设 引导新墙材健康发展——张大卫副省长到平顶山市新型墙材企业实地考察 [J]. 河南建材. 2007 (04).

[420] 废标，对价格垄断说“不”！[J]. 中国招标. 2007 (21).

[421] 丰云. 自然垄断理论与我国公用事业市场化改革的边界 [J]. 经济论坛. 2007 (10).

[422] 封学军. 政府经济职能的变迁——基于理论和实践的视角 [J]. 学术交流. 2007 (05).

[423] 彭恒文，鲁志勇. 峰荷需求、资本配置效率与中国网络型基础产业投融资机制改革——对阿弗奇—约翰逊模型的一个扩展 [J]. 产业经济研究. 2007 (06).

[424] 冯邦彦，李建国. 信息不对称条件下医疗改革价格问题研究 [J]. 经济体制改革. 2007 (01).

[425] 冯春丽，杜淑芳. 我国垄断性收入分配存在的问题及对策分析 [J]. 市场论坛. 2007 (03).

[426] 冯等田. 西部非公有制经济发展：基于结构特征和区域市场可竞争性研究 [J]. 西北师大学报（社会科学版）. 2007 (04).

[427] 冯耿圆. 我国财政税收的法律规制 [J]. 法制与社会. 2007 (12).

[428] 冯海华，张为付. 网络经济下模块化价值创新 [J]. 世界经济与政治论坛. 2007 (02).

[429] 冯俊华，宋安玲，王恩宁. 对我国企业组建战略联盟的思考 [J]. 商业时代. 2007 (20).

[430] 冯力. 建设招投标活动中寻租现象浅析 [J]. 基建优化. 2007 (06).

[431] 冯丽娟. 关于银行并购的几点思考 [J]. 中国集体经济（下半月）. 2007 (03).

[432] 冯乔棣. 国家局副局长李克明莅湘考察 [J]. 湖南烟草. 2007 (02).

[433] 冯乔棣. 全省加强县级局专卖管理工作现场会在娄底召开 [J]. 湖南烟草. 2007 (02).

[434] 冯乔棣. 全省烟草专卖局（公司）局长（经理）座谈会暨卷烟网建工作会议在长沙召开 [J]. 湖南烟草. 2007 (04).

[435] 冯素玲，后小仙. 当代产业组织理论研究综述 [J]. 经济纵横. 2007 (14).

[436] 冯涛，宋艳伟，路燕. 财政分权、地方政府行为与区域金融发展 [J]. 西安交通大学学报（社会科学版）. 2007 (05).

[437] 冯欣. 假冒伪劣商品的治理与政府官员行为分析 [J]. 消费导刊. 2007 (06).

[438] 冯兴元，李文钊. 发展房地产市场：关键在供给 [J]. 资本市场. 2007 (Z1).

[439] 冯玉成，唐华茂. 浅析高科技企业并购与核心竞争力 [J]. 中国流通经济. 2007 (11).

[440] 冯运义，雷蕾. 区域性人才市场中的企业薪酬策略 [J]. 商场现代化. 2007 (01).

[441] 冯运义，唐恒书. 人才争夺战中的企业薪酬策略 [J]. 中国乡镇企业会计. 2007 (03).

[442] 冯臻. 合作：网络经济下中小企业的发展之道 [J]. 电子商务. 2007 (09).

[443] 冯志武. 地方政府管理下的区域经济发展中的问题及其对策 [J]. 法制与社会. 2007 (07).

[444] 冯中越，李览博，赵楠. 特许经营权拍卖中的激励性合约研究的进展 [J]. 北京工商大学学报（社会科学版）. 2007 (03).

[445] 奉灵芝. 达能 并购的机会主义者 [J]. 中国对外贸易. 2007 (05).

[446] 奉灵芝. 郑元豹：我为并购狂 [J]. 中国对外贸易. 2007 (09).

[447] 符启林，程益群. 中国《反垄断法》与对外经贸合作 [J]. 当代世界. 2007 (10).

[448] 福建社科院亚太经济研究所课题组，马元柱. 利用外资促进福建产业集群发展的思路 [J]. 发展研究. 2007 (03).

[449] 福建省人民政府办公厅关于进一步加强药品安全监管工作的意见 [J]. 福建省人民政府公报. 2007 (29).

[450] 付焯，王久梗. 网络型产业特性与我国铁路投融资渠道分析 [J]. 铁道运输与经济. 2007 (07).

[451] 付达院，吴秀红. 浙江民营企业实现规模经济发展路径的选择 [J]. 特区经济. 2007 (09).

[452] 付子顺. 市场经济条件下市场失效原因分析 [J]. 科技咨询导报. 2007 (03).

[453] 段青. 在华跨国公司搭售行为之反垄断规制 [J]. 时代金融. 2007 (04).

[454] 改变游戏规则 [J]. 中国汽摩配. 2007 (11).

[455] 盖翊中. 空间集聚与产业网络的相关模型——以台商在东莞投资的电子制造业为例[J]. 当代财经. 2007 (05).

[456] 盖翊中，王海燕. 我国 FDI 集聚区内产业网络的特征分析 [J]. 工业技术经济. 2007 (10).

[457] 甘伟斌. 论对商业银行不良资产问题的规制 [J]. 时代经贸（中旬刊）. 2007 (S8).

[458] 淦未宇，仲伟周. 我国体育彩票发行与监管中的扭曲行为及其管制 [J]. 天津体育学院学报. 2007 (05).

[459] 钢铁业突破需提升信息化与集中度 [J]. 中国制造业信息化. 2007 (14).

[460] 高长春，李申福. 网络效应、外部性及在外部性下的寡头模型分析 [J]. 全国商情（经济理论研究）. 2007 (05).

[461] 高道香，罗有贤. 中小企业集群现象及发展前景 [J]. 现代企业. 2007 (06).

[462] 高飞. 上游侵占手机设计产业 [J]. 每周电脑报. 2007 (27).

[463] 高洪文，杨红．对中国房地产行业是否存在垄断特征的实证分析 [J]．现代商业．2007 (13)．

[464] 高环成．论粗放型经济的数学模型及对经济发展的启示 [J]．山西经济管理干部学院学报．2007 (03)．

[465] 高嘉．旅游业发展中环境保护的博弈分析 [J]．长江大学学报 (社会科学版)．2007 (06)．

[466] 高建，董秀成．我国石油上游市场壁垒分析与对策研究 [J]．中国国土资源经济．2007 (12)．

[467] 高景芳．政府经济性规制失灵的表现、成因及其矫治 [J]．改革与战略．2007 (11)．

[468] 高丽君．论网络经济时代的企业营销模式转型 [J]．江苏商论．2007 (08)．

[469] 高良谋，路通，李宇，等．循环发展：辽宁线性增长的替代与环境瓶颈的突破 [J]．财经问题研究．2007 (12)．

[470] 高梁．网络型公用事业的竞争和规制问题 [J]．红旗文稿．2007 (09)．

[471] 高明华．石油企业的诡辩应该休矣 [J]．西部论丛．2007 (02)．

[472] 高秦伟．混业经营与中国金融监管体制的发展演进 [J]．中央财经大学学报．2007 (03)．

[473] 高山．国有资本流失的理论模型研究 [J]．审计与经济研究．2007 (04)．

[474] 高山．掌控兼并收购的脉搏 [J]．工程机械与维修．2007 (05)．

[475] 高松．我国高风险进口产品的现状及分析——可利用固体废物进口现状及管制措施研究 [J]．生态经济．2007 (11)．

[476] 高天海．中国乳业凸显“双寡头”格局 [J]．食品科技．2007 (10)．

[477] 高文，王任．市场经济条件下政府经济职能的限度与力度 [J]．经济管理．2007 (11)．

[478] 高喜九．房地产波动与政府宏观行为 [J]．前沿．2007 (09)．

[479] 高兴佑．非线性需求下三种市场二度价格歧视的比较 [J]．曲靖师范学院学报．2007 (03)．

[480] 高雪莲．城市政府规模效率的 DEA 评价——兼论政府的适度规模 [J]．当代财经．2007 (11)．

[481] 高艳．地方政府的金融控制与农村金融发展 [J]．苏州大学学报 (哲学社会科学版)．2007 (05)．

[482] 高燕，王海滋．房价上涨与制度缺陷 [J]．价格月刊．2007 (01)．

[483] 高杨．浅析国企改制中的兼并、承包、租赁 [J]．商情 (科学教育家)．2007 (12)．

[484] 高勇．国内烟草门店 POS 机应用现状及发展趋势 [J]．信息与电脑．2007 (09)．

[485] 高昱．经济适用房比廉租房好 [J]．商务周刊．2007 (07)．

[486] 葛杰，白丽．齐齐哈尔市城镇居民医疗保险制度浅析 [J]．河北医学．2007 (04)．

[487] 葛良骥，张庆洪．寡头垄断市场下中小企业价格竞争策略研究——以保险企业为例[J]．价格理论与实践．2007 (06)．

[488] 葛萌．美国功能型化妆品的管理 [J]．牙膏工业．2007 (02)．

[489] 葛檬．中国银行业产业集中度与利润率分析 [J]．财会学习．2007 (05)．

[490] 耿媛媛．关于机票价格的产业组织思考 [J]．现代商贸工业．2007 (10)．

[491] 龚柏华．WTO 多哈谈判与中国银行业的开放 [J]．武汉大学学报 (哲学社会科学版)．2007 (01)．

[492] 龚焕康．产业集群竞争力的源泉与我国产业集群竞争力提升 [J]．四川有色金属．2007 (03)．

[493] 龚建备，蒋苗．企业如何及时应对清单模式［J］．施工企业管理．2007（03）．

[494] 龚里．对城市公共交通规模经济问题的实证研究［J］．经济纵横．2007（14）．

[495] 龚世文．山东省纺织业集群式发展战略 SWOT 分析［J］．企业经济．2007（02）．

[496] 龚新蜀，丁威．郑州市房地产业市场结构分析［J］．山西建筑．2007（15）．

[497] 龚雅军，李广滨．西方国家自然垄断行业改革及经验启示［J］．长春工程学院学报（社会科学版）．2007（03）．

[498] 龚一平．优质资产注入上市公司 丝绸股份推出资产重组方案［J］．纺织服装周刊．2007（35）．

[499] 巩庆军，张咏梅，冯秋勇．山东人身险公司内部审计现状及监管策略［J］．济南金融．2007（02）．

[500] 缑先锋．论我国自然垄断行业的价格规制问题［J］．商业时代．2007（29）．

[501] 缑先锋．我国自然垄断行业的价格研究［J］．新疆财经学院学报．2007（02）．

[502] 辜子寅．可持续发展动态评价研究——以湖北省为例［J］．统计与信息论坛．2007（02）．

[503] 谷慧敏，杨海英．服务业特许经营模式研究之经营绩效评价模型［J］．商场现代化．2007（10）．

[504] 谷继建，罗章涛．对巨野煤田产前社会效益优化的综合分析［J］．商场现代化．2007（06）．

[505] 谷雨生．政府：食品监管须全程严控［J］．团结．2007（01）．

[506] 固野．银行业行政垄断的终结［J］．新财经．2007（01）．

[507] 顾海，王艾敏．基于 Malmquist 指数的河南苹果生产效率评价［J］．农业技术经济．2007（02）．

[508] 顾建国，张文修．基于随机前沿生产函数的我国烟草企业效率分析［J］．当代经济科学．2007（04）．

[509] 顾婧，陈绍刚．古诺模型的多厂商二度价格歧视行为研究［J］．电子科技大学学报．2007（S1）．

[510] 顾丽英．产业组织创新与国有资本重组［J］．上海经济研究．2007（07）．

[511] 顾琪．应用博弈模型对港口企业竞争与合作关系的研究［J］．交通科技．2007（04）．

[512] 顾杨妹．日本构建循环型社会对我国的启示［J］．现代日本经济．2007（03）．

[513] 顾颖．竞争理论：从完全竞争到不完全竞争——基于演化经济学的解释［J］．中共太原市委党校学报．2007（05）．

[514] 顾颖，岳永，房路生．中小企业发展与行业收入差距——基于政治经济学视角的实证分析［J］．管理世界．2007（01）．

[515] 顾永红．竞争性研发联盟的进入壁垒研究［J］．科学管理研究．2007（03）．

[516] 顾勇．浅论市场经济中的政府失灵及其对策［J］．科技资讯．2007（31）．

[517] 关涛．作为比较优势工具的跨国并购：一个寡头垄断模型分析［J］．福州大学学报（哲学社会科学版）．2007（03）．

[518] 关于反垄断执法工作的认识［J］．工商行政管理．2007（18）．

[519] 关于严厉打击违法运输烟草专卖品行为的联合通告［J］．广州政报．2007（01）．

[520] 关于印发《济南市烟草制品零售点布局标准》的通知［J］．济南市人民政府公报．2007（12）．

[521] 关注提高汽车工业的生产效率、品质及效益——2007 上海国际汽车零部件及制造装备展报［J］．2007．

[522] 管崇学，赵会茹．浅谈ERP在电力企业的应用［J］．经济师．2007（09）．

[523] 管晓明，李云娥．行业垄断的收入分配效应——对城镇垄断部门的实证分析［J］．中央财经大学学报．2007（03）．

[524] 管重．寡头永远不会消失［J］．数字通信．2007（20）．

[525] 广东省人民政府办公厅关于进一步加强我省药品市场监管工作的意见［J］．广东省人民政府公报．2007（31）．

[526] 广东省人民政府办公厅转发《国务院办公厅关于进一步加强药品安全监管工作的通知》的通知[J]．广东省人民政府公报．2007（17）．

[527] 广东中烟 合并之后的信息化道路［J］．微型机与应用．2007（07）．

[528] 规范管理 繁荣市场——银川市烟草专卖局（公司）［J］．宁夏政报．2007（18）．

[529] 桂宝有，王振东，李明夏．论我国风险投资退出机制［J］．商业文化（学术版）．2007（10）．

[530] 桂琴．基于"诚信—惩戒"的现阶段市场秩序构建进程分析［J］．福建论坛（人文社会科学版）．2007（12）．

[531] 桂志立．我国公用事业民营化的法制建设［J］．决策探索（下半月）．2007（04）．

[532] 郭承龙，郭伟伟，张承谦．资源型城市的产业组织结构探讨［J］．经济师．2007（01）．

[533] 郭春香，李旭生，郭耀煌．独立决定条件IIA（S-2）下的最小决定集及唯一存在性［J］．西南交通大学学报．2007（06）．

[534] 郭春镇．论对医疗广告的规制及其界限——由全面取消医疗广告的主张谈起［J］．法治研究．2007（09）．

[535] 郭德君．规模经济的哲学反思［J］．特区经济．2007（04）．

[536] 郭德君．中庸思想与规模经济的适度性研究［J］．特区经济．2007（08）．

[537] 郭芳，穆洛．论西方国际贸易发展的里程碑——读克鲁格曼经典论文有感［J］．云南财贸学院学报（社会科学版）．2007（05）．

[538] 郭芙蕊，欧阳志远．生态优势如何转化为经济发展优势——四川雅安对发展生态型经济道路的探索［J］．世界环境．2007（04）．

[539] 郭红珍，黄文杰，闫庆友．同质Stackelberg双头垄断结构中跟随厂商的固定费用特许决策研究［J］．管理工程学报．2007（03）．

[540] 郭红珍，周鸣．创新厂商的技术许可策略［J］．统计与决策．2007（12）．

[541] 郭剑文．论军工企业纵向一体化兼并及其效应［J］．军事经济研究．2007（10）．

[542] 郭界秀，朱廷珺．试论新贸易理论之新［J］．云南财经大学学报．2007（05）．

[543] 郭俊华，任保平．新型工业化与全国统一大市场的建立［J］．人文杂志．2007（04）．

[544] 郭蕾．城市公用事业中的话语权垄断与政府规制［J］．城市问题．2007（12）．

[545] 郭蕾．论我国城市公用事业规制边界的动态变迁［J］．理论与改革．2007（04）．

[546] 郭蕾，史红民．基于利益集团视角的质量规制研究［J］．经济师．2007（09）．

[547] 郭蕾．我国城市公用事业价格规制研究［J］．价格月刊．2007（10）．

[548] 郭琳琳，李绍明．世界种子产业的垄断格局和趋势［J］．中国种业．2007（02）．

[549] 郭美荐．加强生态旅游政府管制的经济学思考——以内部性为视角［J］．江西社会科学．2007（02）．

[550] 郭沛．农村金融市场降低准入壁垒分析［J］．银行家．2007（05）．

[551] 郭强．从企业的环节效率看我国大企业的发展［J］．郑州经济管理干部学院学报．2007（01）．

[552] 郭清保．国家宏观调控能否遏制食用油牛市步伐［J］．农业展望．2007（12）．

[553] 郭庆方．工业园区——化工行业发展循环经济的有效途径［J］．化学工业．2007（11）．

[554] 郭蓉．股市与宏观经济变量关系的动态分析［J］．商业时代．2007（12）．

[555] 郭三党，刘思峰，方志耕．寡头垄断企业技术创新最佳技术含量的博弈分析［J］．科技进步与对策．2007（07）．

[556] 郭伟刚．产业集群竞争优势与后续发展研究［J］．江南论坛．2007（01）．

[557] 郭文博，范鹏飞．对美国电信业并购热潮的思考［J］．南京邮电大学学报（社会科学版）．2007（03）．

[558] 郭晓婧．公募与私募合谋下的内幕交易［J］．现代经济信息．2007（04）．

[559] 郭雪萌．关于铁路公共产权与国有资本及其形成机理的探讨［J］．生产力研究．2007（01）．

[560] 郭砚莉，汤吉军．沉淀成本、不确定性与国有企业退出——兼论国有资产流失［J］．辽宁大学学报（哲学社会科学版）．2007（05）．

[561] 郭永庆，谭雪梅．拥挤收费、边际成本定价与福利［J］．财经问题研究．2007（02）．

[562] 郭宇宽．便宜的东西往往最昂贵——从青藏铁路票价看垄断产业的定价陷阱［J］．商务周刊．2007（01）．

[563] 郭载飞，张昊．浅议虚拟货币需要管制［J］．特区经济．2007（09）．

[564] 郭振华．责任保险市场的政府干预及应该注意的问题［J］．国际商务研究．2007（03）．

[565] 郭之纯．公平难讨 根在制度的选择性失灵［J］．中国乡镇企业．2007（01）．

[566] 郭志仪，曹建云．用科学发展观看待甘肃省的经济增长［J］．西北人口．2007（05）．

[567] 国风．管制与放任：先秦儒、道、法民生经营思想的碰撞［J］．理论探索．2007（06）．

[568] 国际．我国商业银行集中度和市场结构分析［J］．南方金融．2007（02）．

[569] 国家电力监管委员会关于印发《发电厂并网运行管理规定》的通知［J］．中国财经审计法规选编．2007（01）．

[570] 国家发展改革委、财政部关于 2006 年度电力监管费收费标准有关问题的通知［J］．中国财经审计法规选编．2007（10）．

[571] 国家发展和改革委员会、财政部关于证券、期货市场监管费收费标准有关问题的通知［J］．中国财经审计法规选编．2007（01）．

[572] 国家将对设备市场实行信用准入制［J］．机电信息．2007（02）．

[573] 国家食品药品监管局关于印发《食品药品监督管理工作人员八条禁令》的通知［J］．黑龙江政报．2007（16）．

[574] 国家烟草专卖局党校课题组．烟草行业实现科学发展的关键——牢固树立“国家利益、消费者利益至上”行业价值观［J］．理论前沿．2007（16）．

[575] 国家烟草专卖局着力推进烟草行业“资源节约型，环境友好型”企业建设［J］．中国烟草学报．2007（01）．

[576] 国家质检总局 2007 年对 55 种产品实施免检［J］．2007．

[577] 国家质检总局召开食品用塑料包装容器工具等制品市场准入新闻发布会 29 家生产企业喜获生产许可证［J］．监督与选择．2007（01）．

[578] 国家质检总局制定的食品质量安全市场准入审查通则［J］．大众标准化．2007（11）．

[579] 国娇，于葳，郭威．银行业的并购、集中与可竞争性分析——以美国为例［J］．财经问题研究．2007（08）．

[580] 国企的奶酪不好动［J］．上海经济．2007（01）．

[581] 国庆．我国商业银行市场结构分析及优化对策［J］．长白学刊．2007（06）．

[582] 国外十大种业公司［J］．麦类文摘（种业导报）．2007（03）．

［583］国务院办公厅关于进一步加强药品安全监管工作的通知［J］. 浙江政报. 2007（17）.

［584］国务院办公厅关于印发《国家食品药品安全“十一五”规划》的通知［J］. 浙江政报. 2007（24）.

［585］国务院关于加强产品质量和食品安全工作的通知［J］. 中国对外经济贸易文告. 2007（57）.

［586］国务院关于试行国有资本经营预算的意见［J］. 国务院国有资产监督管理委员会公告. 2007（08）.

［587］过聚荣. 中国会展场馆的前世今生［J］. 中国会展. 2007（12）.

［588］过美冬. 我国公用事业上市公司资本结构的实证分析［J］. 时代经贸（下旬刊）. 2007（05）.

［589］过燕，镭射. 探索轿车产业价值链发展对策与模式［J］. 上海汽车. 2007（02）.

［590］海南省因肉贩垄断 导致当地猪肉价格上涨不正常［J］. 中国猪业. 2007（07）.

［591］海南烟草行业再创新高奥秘在哪？突出特色 做实做精 平稳发展［J］. 今日海南. 2007（02）.

［592］海喻. “中石油利润增速锐降”是重大利好？［J］. 现代营销（学苑版）. 2007（04）.

［593］韩保红，姜晓华. 达能火并娃哈哈暴露民族品牌生存危机［J］. 产权导刊. 2007（06）.

［594］韩传兵. 会计信息的产权问题和披露理论［J］. 经济研究导刊. 2007（06）.

［595］韩丹，李强. 证券市场自律规制的特征及模式选择［J］. 经济研究导刊. 2007（01）.

［596］韩江河. 论股份合作制对农村土地流转的现实意义［J］. 广西大学学报（哲学社会科学版）. 2007（01）.

［597］韩丽晔. 百年恩尔——打造中国家用保险箱第一品牌［J］. 现代营销（创富信息版）. 2007（12）.

［598］韩丽晔. 服务到位产品好“懒夫人”引来投资热［J］. 现代营销（创富信息版）. 2007（10）.

［599］韩丽晔. 福圣玉加盟火爆 市场热购探秘［J］. 现代营销（创富信息版）. 2007（10）.

［600］韩丽晔. 让加盟商轻松赚钱 懒夫人打造懒人用品航母［J］. 现代营销（创富信息版）. 2007（11）.

［601］韩琳，赵俊强. 信用风险转移业务监管措施的国际经验及启示［J］. 济南金融. 2007（02）.

［602］韩玲. 各利益集团行为对房地产价格的影响分析［J］. 统计与咨询. 2007（04）.

［603］韩凌. 美国企业兼并收购历史对我国的启示［J］. 经济视角（中国纳税人）. 2007（09）.

［604］韩培，胡运权. 中药监管体制和机制创新的理论基础与政策建议［J］. 中国软科学. 2007（11）.

［605］韩庆林. 虚拟营销：值得烟草企业借鉴的营销模式［J］. 特区经济. 2007（12）.

［606］韩耀，刘宁，庄尚文. 网络经济背景下的市场均衡［J］. 产业经济研究. 2007（04）.

［607］韩云. 对地方政府影响房地产市场有效机制的思考［J］. 中国经贸导刊. 2007（19）.

［608］郝爱英. 我国政府管制在市场主体准入方面的体现及改革［J］. 辽宁税务高等专科学校学报. 2007（02）.

［609］郝贵. 煤炭企业战略重组研究及启示［J］. 中国煤炭. 2007（10）.

［610］郝素珍. 证券发行监管的经济学与法学分析［J］. 江苏经贸职业技术学院学报. 2007（04）.

［611］郝涛. 通信市场中的连锁店悖论［J］. 商场现代化. 2007（35）.

[612] 郝旭光，曹磊．构建激励相容的证券监管机制 [J]．经济与管理研究．2007（03）．

[613] 郝颖，刘星，伍良华．基于内部人寻租的扭曲性过度投资行为研究 [J]．系统工程学报．2007（02）．

[614] 郝月．让百姓放心走进健康安全消费市场 [J]．现代经济信息．2007（12）．

[615] 何彬．我国外资并购中反垄断规则问题研究 [J]．法制与社会．2007（06）．

[616] 何秉孟．正确认识国际金融货币体系的本质特征 [J]．科学决策．2007（08）．

[617] 何大安．流通产业组织结构优化中的自然垄断趋势 [J]．经济学家．2007（04）．

[618] 何凤霞．区域产业结构趋同效率——基于博弈视角的分析 [J]．全国商情（经济理论研究）．2007（02）．

[619] 何国家，石砺，白建明．国内外煤炭产业的税收优惠及税费政策比较 [J]．中国煤炭．2007（08）．

[620] 何国勇．比较优势、后发优势的新特点和我们的对策 [J]．湖北社会科学．2007（11）．

[621] 何汇，吴先锋．激发差别定价之福利效应 [J]．中国电信业．2007（08）．

[622] 何立胜，樊慧玲．政府社会性规制的成本与收益分析 [J]．中州学刊．2007（05）．

[623] 何明燕．入世五年我国银行业市场结构分析 [J]．重庆工贸职业技术学院学报．2007（02）．

[624] 何奇峰．格力电器 全球空调第一品牌 [J]．证券导刊．2007（29）．

[625] 何庆来，何大壮．美国佩卡公司的重组与发展 [J]．汽车工业研究．2007（11）．

[626] 何仁春，陈晓红．中国钨产业市场结构实证研究 [J]．生产力研究．2007（21）．

[627] 何听．什么样的月饼，让中秋褪色 [J]．大江周刊（焦点纪实）．2007（09）．

[628] 何伟，周晓志．论我国网络银行的风险与监管 [J]．农业网络信息．2007（05）．

[629] 何文靓，刘顺祥．论垄断行业商业贿赂行为分析及政府责任构建 [J]．企业家天地下半月刊（理论版）．2007（11）．

[630] 何文伟．中部城市工业用地价格机制的构建 [J]．湖南农业大学学报（社会科学版）．2007（04）．

[631] 何雄浪．专业化产业集群的起源——基于古诺寡头竞争框架的博弈分析 [J]．周口师范学院学报．2007（04）．

[632] 何焰，龚超．区域经济一体化金融服务市场准入制度研究 [J]．长江论坛．2007（02）．

[633] 何玉洁．私募发行的证券监管 [J]．华商．2007（22）．

[634] 何云翥．让自由引领市场经济——专访中欧国际商学院教授许小年 [J]．商学院．2007（08）．

[635] 何志慧，罗瑶．商业医疗保险网络信息化探讨 [J]．现代商业．2007（17）．

[636] 贺虹，吕凡．浅谈并购协同效应计算方法的不足与完善 [J]．商业会计．2007（24）．

[637] 贺虹．企业并购协同效应量化研究综述 [J]．科技信息（科学教研）．2007（32）．

[638] 贺良林，朱建峰．从试办托拉斯透视刘少奇的企业管理思想 [J]．企业家天地．2007（05）．

[639] 贺实华．影响我国股市健康发展的原因分析 [J]．黑龙江对外经贸．2007（01）．

[640] 黑龙江省人民政府办公厅转发省国资委关于推进全省国有资本调整和国有企业重组指导意见 [J]．2007（09）．

[641] 黑龙江省人民政府转发《国务院关于加强产品质量和食品安全工作通知》的通知 [J]．黑龙江政报．2007（20）．

[642] 黑龙江省烟草专卖局（公司）[J]．黑龙江史志．2007（07）．

[643] 亨利·明茨伯格，廉晓红．生产效率如何扼杀美国企业 [J]．IT经理世界．2007（15）．

[644] 洪东悦. 民营企业发展与深入推进公用事业民营化改革的对策探讨 [J]. 辽宁行政学院学报. 2007 (07).

[645] 洪海超, 胡新. 关于企业业务多元化的思考 [J]. 今日科苑. 2007 (24).

[646] 洪静. 在华跨国公司滥用知识产权表现及对策 [J]. 国际商务研究. 2007 (05).

[647] 洪娟. 公用事业管理体制改革对策探析 [J]. 产业与科技论坛. 2007 (11).

[648] 洪世宏. 大国的踌躇——反思中国外资政策争议 [J]. 南风窗. 2007 (01).

[649] 洪世勤. 农村城镇化的外部性分析与思考 [J]. 产业与科技论坛. 2007 (10).

[650] 侯丞伟. 兼并收购企业的财务统合 [J]. 黑龙江对外经贸. 2007 (05).

[651] 侯风云. 自然垄断与规制定位 [J]. 理论学刊. 2007 (05).

[652] 侯高岚. 国家外汇储备的政府干预 [J]. 经营与管理. 2007 (10).

[653] 侯广辉. 创新企业如何获利——基于模块化的分析 [J]. 企业技术开发. 2007 (08).

[654] 侯广辉. 破坏性创新: 企业外包与企业边界决策分析——来自我国高技术产业的证据 [J]. 当代财经. 2007 (11).

[655] 侯俊军, 王耀中. 标准化与区域经济一体化 [J]. 山东社会科学. 2007 (04).

[656] 侯强. 独占交易的经济分析与反垄断政策 [J]. 产业经济研究. 2007 (01).

[657] 侯文英, 丁立刚. 农产品配送企业存在经济规模分析 [J]. 内蒙古科技大学学报. 2007 (04).

[658] 侯贤明, 穆瑞田. 产业组织理论中的进入壁垒理论 [J]. 河北理工学院学报 (社会科学版). 2007 (02).

[659] 侯学庆. 小城镇建设中的环境保护对策 [J]. 经济师. 2007 (02).

[660] 侯雪筠, 朱丽颖, 齐亚梅. 从寻租理论看上市公司会计信息失真 [J]. 哈尔滨商业大学学报 (社会科学版). 2007 (05).

[661] 侯雨. 切断源头水难流——沅陵县烟草市场秩序根本好转 [J]. 湖南烟草. 2007 (01).

[662] 胡斌祥, 余慧, 郭亮, 等. 我国电动汽车商业化运行中的政府行为研究 [J]. 上海汽车. 2007 (01).

[663] 胡传海, 孙泽生. "超低价旅游" 发生原因及其规制 [J]. 浙江科技学院学报. 2007 (03).

[664] 胡道林. 加强补贴机具价格监管 确保农民全面受益 [J]. 农业机械. 2007 (04).

[665] 胡德超, 蔡玉胜. 城市公用事业管理体制改革的国际经验及启示 [J]. 经济纵横. 2007 (07).

[666] 胡刚健. 对垄断理论和我国反垄断的再思考 [J]. 北方经贸. 2007 (11).

[667] 胡海华. 谈施工企业清欠应收款的方法与策略 [J]. 经济师. 2007 (11).

[668] 胡靖春. 经济时评 月饼问题与制度演化 [J]. 宁波通讯. 2007 (11).

[669] 胡凯, 甘筱青. 行政垄断下食品安全问题的内在机理分析——以猪肉定点屠宰制度为例 [J]. 安徽农业科学. 2007 (30).

[670] 胡丽华. 自然垄断企业收入分配的逆向监管 [J]. 企业经济. 2007 (08).

[671] 胡莲, 许晓冰. 论我国电信资费现状及未来改革走向 [J]. 价格理论与实践. 2007 (10).

[672] 胡亮, 孙娟娟. 国防通用物资采购中寻租行为的博弈分析 [J]. 统计与决策. 2007 (24).

[673] 胡曼. 中国农业国际竞争力 [J]. 商场现代化. 2007 (16).

[674] 胡敏. 倾销和中国面对的反倾销问题 [J]. 萍乡高等专科学校学报. 2007 (01).

[675] 胡仁淮. 浅析煤炭企业的政策环境 [J]. 经济师. 2007 (05).

[676] 胡胜，刘旦．刍议我国房价刚性的原因［J］．中国物价．2007（05）．
[677] 胡天然．经济管理中的政府失灵与现代政府的构建［J］．华东经济管理．2007（07）．
[678] 胡拓坪．马鞍山市乡镇规模经济发展研究［J］．乡镇经济．2007（05）．
[679] 胡希．国外天然气产业规制改革研究［J］．开发研究．2007（02）．
[680] 胡小培．湖南烟草商业系统举办《烟草专卖许可证管理办法》培训班［J］．湖南烟草．2007（03）．
[681] 胡小平．浅谈网络经济与创业［J］．商场现代化．2007（17）．
[682] 胡晓登，黄丹．垄断行业"市场准入"与贵州非公有制经济跨越式发展［J］．贵州社会科学．2007（02）．
[683] 胡雪芳．金融控股公司的风险防范和监管研究［J］．消费导刊．2007（09）．
[684] 胡彦杰，王林燕．经济转型期中国政府经济职能的转变及其约束条件［J］．职业时空．2007（24）．
[685] 胡焱．我国房地产行业的寻租行为与治理［J］．产权导刊．2007（10）．
[686] 胡焱．我国房地产行业寻租行为分析与治理［J］．合作经济与科技．2007（24）．
[687] 胡颖，叶羽钢．产权、公司治理与保险公司效率［J］．科学经济社会．2007（04）．
[688] 胡颖，叶羽钢．基于DEA方法的中外（合）资保险公司效率比较［J］．南方金融．2007（06）．
[689] 胡永坚．国际转让定价及其规制探讨［J］．福建商业高等专科学校学报．2007（01）．
[690] 胡于芬．企业并购的财务风险浅析［J］．中国水运（理论版）．2007（11）．
[691] 胡元聪．公共产品供给的经济法视野——以市场与国家关系为视角［J］．经济体制改革．2007（06）．
[692] 胡正荣，沈东．西方媒介产业走势：从渠道到内容——以电视业为例［J］．国际新闻界．2007（06）．
[693] 胡志兵，唐守廉．可分割性与不可分割性对网络型产业自然垄断的影响［J］．北京邮电大学学报（社会科学版）．2007（04）．
[694] 胡志兴．浅议企业兼并重组后的文化整合［J］．经济师．2007（08）．
[695] 湖北省荆州市烟草专卖局（公司）［J］．党政干部论坛．2007（S2）．
[696] 湖南成立涉烟刑事案件查处协调领导小组［J］．湖南烟草．2007（04）．
[697] 湖南省局组织召开11省边界卷烟打假工作联席会议［J］．2007．
[698] 湖南省人民政府办公厅关于2007年烟叶生产收购有关问题的通知［J］．湖南政报．2007（02）．
[699] 湖南省人民政府办公厅关于印发《湖南省"十一五"烟叶生产基础设施建设实施意见》的通知［J］．2007．
[700] 湖南省人民政府召开会议专题研究"两烟"工作［J］．湖南烟草．2007（06）．
[701] 湖南烟草商业系统掀起学习十七大精神热潮［J］．湖南烟草．2007（06）．
[702] 户才和．创业融资系列之二十四 走向寡头的UUSee［J］．互联网周刊．2007（07）．
[703] 户才和．"无聊"的长尾［J］．互联网周刊．2007（19）．
[704] 花俊国，朱香荣，殷成文．中国乳业集中状况和空间布局分析［J］．中国农村经济．2007（02）．
[705] 华伟，艾华．财政分权与中国房地产业困境［J］．探索与争鸣．2007（11）．
[706] 华小峰．调节垄断收入仅靠"限薪令"还不够［J］．劳动保障世界．2007（01）．
[707] 淮建军，刘新梅．政府管制对市场结构和绩效的影响机理研究［J］．财贸研究．2007（01）．

[708] 淮建平，刘桦．论行政垄断对建筑业组织演进的影响 [J]．山西建筑．2007 (28).

[709] 宦国渝，何晓明．天然气行业的经济监管 [J]．城市燃气．2007 (06).

[710] 黄川宁，秦旭．浅谈公用事业特许经营改革 [J]．辽宁建材．2007 (09).

[711] 黄大公．谈提高国有商业银行核心竞争力的策略 [J]．商业经济．2007 (10).

[712] 黄凤贵．“两个至上”力促烟草行业又好又快发展 [J]．当代广西．2007 (07).

[713] 黄福聪，乔明邦．博弈论视角下的行业协会价格同盟分析 [J]．职业圈．2007 (23).

[714] 黄刚，李源冠，唐咸来．广西科技型企业融资政策研究的新视 [J]．企业科技与发展．2007 (18).

[715] 黄国联．烟草行业在构建和谐社会中的责任和使命 [J]．湖南烟草．2007 (05).

[716] 黄海林，王锐，吴志远．商业银行效率研究综述及展望 [J]．海南金融．2007 (07).

[717] 黄海林，谢元态．发达国家农村合作金融的发展及监管的经验借鉴 [J]．海南金融．2007 (03).

[718] 黄浩，吕廷杰．电信行业有效竞争辨析 [J]．电信科学．2007 (12).

[719] 黄浩，吕廷杰．反垄断监管须把准尺度 [J]．中国电信业．2007 (11).

[720] 黄浩，周清杰．食品市场中的市场失灵与政府规制 [J]．河南商业高等专科学校学报．2007 (02).

[721] 黄慧芳．国有企业改制中的资产重组问题 [J]．天津经济．2007 (07).

[722] 黄豁．警惕房地产利益集团扭曲国家政策 [J]．瞭望．2007 (28).

[723] 黄坚毅．农产品质量安全信息体系的经济学分析 [J]．安徽农学通报．2007 (19).

[724] 黄建华，王重彬．营造自然和谐环境 柳工工业废水治理位居广西企业前列 [J]．工程机械．2007 (09).

[725] 黄剑文．我国烟草业市场结构分析 [J]．金融与经济．2007 (09).

[726] 黄居林．论网络型产业竞争、民营化改革与经济绩效关系 [J]．商业时代．2007 (31).

[727] 黄隽．银行竞争与银行数量关系研究——基于韩国、中国和中国台湾的数据 [J]．金融研究．2007 (07).

[728] 黄珺仪．产品质量内部性问题的政府管制 [J]．华南农业大学学报（社会科学版）．2007 (04).

[729] 黄乐．企业兼并规制经济分析 [J]．合作经济与科技．2007 (02).

[730] 黄磊．现阶段环境监测在市场经济中的地位浅析 [J]．污染防治技术．2007 (03).

[731] 黄丽．旅行社未来分工体系的研究 [J]．企业家天地（下半月刊）（理论版）．2007 (04).

[732] 黄亮．如何提高并购成功率——摘自企业管理网 [J]．聚氨酯．2007 (09).

[733] 黄漫宇．我国流通产业规模经济效益的实证分析 [J]．商业时代．2007 (08).

[734] 黄梅萍，汪贤裕．纵向差异化下替代品定价策略分析 [J]．现代管理科学．2007 (03).

[735] 黄群慧．实施“精细化改革战略”明确国有企业的组织使命与定位 [J]．新视野．2007 (06).

[736] 黄少军．加快我国循环经济发展的研究 [J]．山东省农业管理干部学院学报．2007 (03).

[737] 黄书猛．财政分权与政府转型的二重性 [J]．财贸经济．2007 (S1).

[738] 黄思源．拿什么提升中国手机竞争力 [J]．信息系统工程．2007 (07).

[739] 黄泰岩，吕萍．引进外资的代价与政策调整 [J]．党政干部学刊．2007 (10).

[740] 黄韬．循环经济与地方政府行为对策分析 [J]．经济研究导刊．2007 (03).

[741] 黄天辉，周俊，沈艳艳．整合与创新铸就辉煌——广西中烟工业公司发展纪实 [J]．职

业圈. 2007 (12).

[742] 黄微平，陈洁娜. 企业并购与审计意见变更 [J]. 会计之友（上旬刊）. 2007 (08).

[743] 黄文升. 中国纺织品服装出口规模经济分析 [J]. 山东纺织经济. 2007 (04).

[744] 黄希，徐川. 论我国铁矿石谈判失利的原因及策略建议 [J]. 消费导刊. 2007 (06).

[745] 黄锡生，张雪. 建设资源节约型、环境友好型社会中政府行为的规制研究 [J]. 重庆大学学报（社会科学版）. 2007 (01).

[746] 黄兴，翟绘，景马勇. 当前我国大用户直购电问题剖析 [J]. 大众用电. 2007 (04).

[747] 黄旭平. 市场竞争导致的银行集中、制度与净利息边际收入 [J]. 南京师大学报（社会科学版）. 2007 (01).

[748] 黄雪芳，胡日东. 证监会、审计机构、上市公司寻租行为的博弈分析 [J]. 价值工程. 2007 (06).

[749] 黄毅. 社会转型期中国竞技体育市场失灵问题研究 [J]. 西安体育学院学报. 2007 (02).

[750] 黄永建. 解密完美品牌基因 [J]. 知识经济（中国直销）. 2007 (08).

[751] 黄幼香. 银行理财业务发展的约束及监管建议 [J]. 武汉金融. 2007 (02).

[752] 黄宇驰，徐金发. ICT产业进入退出的决定因素分析 [J]. 东南大学学报（哲学社会科学版）. 2007 (03).

[753] 黄宇红. 公司政策对权证执行策略的影响研究 [J]. 当代经济（下半月）. 2007 (02).

[754] 黄元元. 企业并购中出现的问题及对策 [J]. 经济论坛. 2007 (01).

[755] 黄越. 边际分析法在广告支出中的应用 [J]. 中国乡镇企业会计. 2007 (08).

[756] 黄赜琳，王敬云. 基于产业结构区际贸易壁垒的实证分析 [J]. 财经研究. 2007 (03).

[757] 黄赜琳. 中国制造业市场一体化程度测算及变动趋势 [J]. 中国工业经济. 2007 (11).

[758] 黄铮. 我国商业银行核心竞争力内部因素分析研究 [J]. 现代商贸工业. 2007 (11).

[759] 黄中. 谈谈政府经济职能的规约问题 [J]. 科技经济市场. 2007 (03).

[760] 黄宗福. 证券市场监管的文献综述 [J]. 特区经济. 2007 (04).

[761] 黄祖辉，朱允卫，张晓波. 温州鞋业集群的形成：进入壁垒是如何突破的 [J]. 中国经济史研究. 2007 (04).

[762] 姬大圣. 西方国际贸易新理论综述 [J]. 广西大学学报（哲学社会科学版）. 2007 (S3).

[763] 吉伟卓，马军海. 寡头垄断电力市场重复博弈模型及其内在复杂性 [J]. 系统管理学报. 2007 (03).

[764] 吉新峰. 产业集群对构建节约型社会的影响分析 [J]. 科技情报开发与经济. 2007 (06).

[765] 计志英. 动因、模式和对策：我国汽车产业重组问题研究 [J]. 北京市财贸管理干部学院学报. 2007 (01).

[766] 纪峰，卜燎斐. 专业市场推动浙江小城镇形成的机理分析 [J]. 金华职业技术学院学报. 2007 (03).

[767] 纪军红. 转型时期行业垄断存在的原因分析 [J]. 现代企业教育. 2007 (18).

[768] 季久燕. 环境污染治理政策的经济学分析 [J]. 商业文化（学术版）. 2007 (09).

[769] 季新野，张杰，刘东. 企业效率来源与组织形式——基于动态演进的视角 [J]. 现代管理科学. 2007 (01).

[770] 冀凝煜，张金鑫. 对中海油兼并中化建和中化供的战略分析及展望 [J]. 河北企业. 2007 (08).

[771] 加强作风建设确保烟草平稳发展——省局（公司）党组中心组2007年第二专题集中学习综述 [J]. 湖南烟草. 2007 (04).

[772] 甲骨文收购 Lodestar [J]. 电力信息化. 2007 (06).

[773] 贾陈亮. 论中小企业的竞争保护 [J]. 河海大学学报（哲学社会科学版）. 2007 (02).

[774] 贾福新. 跨国公司合作行为的经济效率比较 [J]. 内蒙古社会科学（汉文版）. 2007 (03).

[775] 贾洪. 电线电缆产业的市场结构分析 [J]. 中外企业家. 2007 (09).

[776] 贾晋平，于春敏，孟哲. 开发区公用事业改制存在的问题与解决方案 [J]. 管理现代化. 2007 (02).

[777] 贾丽虹. 论市场经济中自然垄断产业的价格管制——基于政府目标函数的分析 [J]. 湖北经济学院学报. 2007 (03).

[778] 贾利军. 垄断的资源配置效应分析 [J]. 北京理工大学学报（社会科学版）. 2007 (01).

[779] 贾利军. 我国转型期反垄断管制的特殊性分析 [J]. 长白学刊. 2007 (02).

[780] 贾琳. 走向全球管制治理的跨国公司投资监管机制研究 [J]. 南京政治学院学报. 2007 (01).

[781] 贾美枝. 河北省行业收入现状思考 [J]. 商场现代化. 2007 (36).

[782] 贾鹏雷. 反垄断 反高通? [J]. 法人杂志. 2007 (04).

[783] 贾品荣. 反行政性垄断前路漫漫 [J]. 法人杂志. 2007 (09).

[784] 贾品荣. 改革第一难题：破解既得利益集团 [J]. 法人杂志. 2007 (07).

[785] 贾品荣. 中国传媒经济呈现八大特征 [J]. 新闻前哨. 2007 (07).

[786] 贾群德，张慧. 是谁扰乱了新疆的劳务市场? [J]. 兵团工运. 2007 (09).

[787] 贾松岩，牛琦彬，郝鸿毅. 中国炼油工业竞争力关键因素分析 [J]. 中国石油大学学报（社会科学版）. 2007 (04).

[788] 贾卫国，陈焕娣. 苏北杨树加工企业市场行为分析 [J]. 林业经济问题. 2007 (05).

[789] 贾文. 论中小企业的发展战略 [J]. 科技信息（科学教研）. 2007 (28).

[790] 贾新宇，李小玲. 我国企业并购存在的问题及解决措施 [J]. 吉林工程技术师范学院学报. 2007 (09).

[791] 贾原. 论民族地区的资源开发与环境保护问题 [J]. 内蒙古科技与经济. 2007 (21).

[792] 翦继志，黄硕. 国酒茅台销售市场规制的法律思考 [J]. 酿酒科技. 2007 (03).

[793] 建设创新型组织 发挥导航作用——湖南中烟工业公司技术中心 [J]. 企业技术开发. 2007 (10).

[794] 剑指苍穹. 宾得的前世今生——也谈宾得被 HOYA 兼并后的命运 [J]. 照相机. 2007 (03).

[795] 践行“三个代表”建设和谐烟草——记河北中烟公司总经理段铁力 [J]. 党史博采（理论）. 2007 (12).

[796] 江飞涛，陈伟刚，黄健柏，等. 投资规制政策的缺陷与不良效应——基于中国钢铁工业的考察 [J]. 中国工业经济. 2007 (06).

[797] 江金彦. “城中村”改造中的政府政策及其行为边界 [J]. 生产力研究. 2007 (15).

[798] 江静，刘志彪. 全球化进程中的收益分配不均与中国产业升级 [J]. 经济理论与经济管理. 2007 (07).

[799] 江曼琦. 公共产品投入共享、交易成本节约与城市起源 [J]. 华中师范大学学报（人文社会科学版）. 2007 (05).

[800] 江三良. 地方政府效用与企业家人力资本和经济增长 [J]. 经济问题探索. 2007 (05).
[801] 江深. 社会医疗保险对皖北地区居民医疗负担的影响 [J]. 财贸研究. 2007 (01).
[802] 江苏省：南京市规范探矿权采矿权使用费和价款使用管理 [J]. 资源与人居环境. 2007 (02).
[803] 姜彩楼，李永浮. OECD国家环境经济手段分析 [J]. 软科学. 2007 (02).
[804] 姜丹，孟庆彬. 上市公司会计信息披露与监管的博弈分析 [J]. 财会月刊. 2007 (11).
[805] 姜法芹. 农村集体经济组织的定义辨析 [J]. 农业经济. 2007 (10).
[806] 姜付秀，余晖. 我国行政性垄断的危害——市场势力效应和收入分配效应的实证研究 [J]. 中国工业经济. 2007 (10).
[807] 姜广东. 中国行政垄断规制方式探究 [J]. 大连海事大学学报（社会科学版）. 2007 (03).
[808] 姜红. 海外化妆品广告监管及案例 [J]. 中国广告. 2007 (12).
[809] 姜丽丽. 论对外资并购交易价格监管的完善 [J]. 江西金融职工大学学报. 2007 (01).
[810] 姜丽莎，杨晓光，郝占国，等. 关于加强境内居民个人外汇流入管理的若干思考 [J]. 金融与经济. 2007 (01).
[811] 姜林. 基于信息不对称条件下的激励性规制理论探究 [J]. 商业文化（学术版）. 2007 (08).
[812] 姜奇平. 长尾时代的草根营销 [J]. 成功营销. 2007 (08).
[813] 姜奇平. 从"规模"到"范围" [J]. 21世纪商业评论. 2007 (03).
[814] 姜奇平. 从一个梦说起 [J]. 商界（中国商业评论）. 2007 (03).
[815] 姜奇平. 品种是重要的 [J]. 互联网周刊. 2007 (24).
[816] 姜奇平. 区域经济的网络化趋势 [J]. 互联网周刊. 2007 (18).
[817] 姜奇平. 新经济内生论 [J]. 互联网周刊. 2007 (19).
[818] 姜奇平. 原动力转变与经济地图缺失 [J]. 中国计算机用户. 2007 (30).
[819] 姜乔. 论企业并购后的融合管理 [J]. 市场周刊（理论研究）. 2007 (09).
[820] 姜微. 洋饮料冲毁市场准入 [J]. 瞭望. 2007 (Z1).
[821] 姜宇，袁正. 网络效应、互联互通与来自中国电信业的经验 [J]. 财经问题研究. 2007 (04).
[822] 蒋才芳，易必武，邹升军. 商业保险及我国民族保险业现状及问题 [J]. 吉首大学学报（自然科学版）. 2007 (06).
[823] 蒋家胜，张丽娟. 论我国金融业混业经营及金融监管模式的构建 [J]. 华商. 2007 (22).
[824] 蒋金富，凌莲莲. 不完全合谋下卡特尔的解体——以"方便面涨价事件"为例 [J]. 价格理论与实践. 2007 (10).
[825] 蒋玲. 地下经济、市场失灵与政府失灵 [J]. 合作经济与科技. 2007 (20).
[826] 蒋令. 试论连锁经营在现代商业中的竞争优势 [J]. 消费导刊. 2007 (12).
[827] 蒋龙杰. 企业不相关多角化经营的伞型理论 [J]. 统计与决策. 2007 (02).
[828] 蒋璐. 城市供水业改革中的政府管制研究——以T市为例 [J]. 云南行政学院学报. 2007 (05).
[829] 蒋满元. 基于资本与劳动力市场体系不完全的过度竞争的成因分析 [J]. 甘肃理论学刊. 2007 (03).
[830] 蒋满元. 区域性市场分割：测度、成因及影响分析 [J]. 广西财经学院学报. 2007 (02).

[831] 蒋瑞霖. 我国企业实施绿色包装战略迫在眉睫 [J]. 上饶师范学院学报. 2007 (04).

[832] 蒋天虹. 我国 A、B 股市场的趋同性分析 [J]. 哈尔滨商业大学学报 (社会科学版). 2007 (06).

[833] 蒋衔武, 张福强, 张静. 我国零售商创建自有品牌的问题研究 [J]. 商场现代化. 2007 (18).

[834] 蒋意春, 李春茂. "市场失灵"与"人才保护" [J]. 企业经济. 2007 (05).

[835] 蒋永辉. 并购: 中国保险业发展的战略选择 [J]. 中国保险. 2007 (01).

[836] 蒋玉宏. 知识产权行使中的价格歧视——构成反竞争行为的不确定性分析 [J]. 价格理论与实践. 2007 (03).

[837] 蒋玉玲. 浅析我国境内跨国商业贿赂 [J]. 十堰职业技术学院学报. 2007 (06).

[838] 焦国华, 江飞涛, 陈舸. 中国钢铁企业的相对效率与规模效率 [J]. 中国工业经济. 2007 (10).

[839] 焦建华. 中国近代的垄断与"规制"——以福建批信局与国营邮局关系为例 [J]. 厦门大学学报 (哲学社会科学版). 2007 (05).

[840] 解百臣, 吴育华, 邓英芝. 客车行业生产效率变动趋势研究 [J]. 北京理工大学学报 (社会科学版). 2007 (05).

[841] 解垩. 高技术产业曼奎斯特指数研究 [J]. 山西财经大学学报. 2007 (04).

[842] 解兴权, 卢敏. "京沪空中快线"的反垄断审视 [J]. 中国民用航空. 2007 (09).

[843] 解学芳. 政府与市场博弈下的网络文化产业管理 [J]. 中共天津市委党校学报. 2007 (02).

[844] 今年烟叶价格有微调 [J]. 农家顾问. 2007 (08).

[845] 今日榆林迈步在可持续发展的大道上 [J]. 瞭望. 2007 (43).

[846] 金碚, 李钢. 中国企业盈利能力与竞争力 [J]. 中国工业经济. 2007 (11).

[847] 金宏, 夏国恩, 董大勇. 农村信用社股东行为与政府行为的演化博弈研究 [J]. 金融研究. 2007 (02).

[848] 金花, 张凌. 媒介产业集群研究 [J]. 现代商贸工业. 2007 (10).

[849] 金华市烟草专卖局 (分公司) 简介 [J]. 金华政报. 2007 (09).

[850] 金江. 市场失灵、政府干预与腐败 [J]. 山西财经大学学报. 2007 (12).

[851] 金立山. 民以食为天, 食以安为先 [J]. 杭州通讯 (下半月). 2007 (12).

[852] 金明. 斯塔克博格模型的推广 [J]. 统计与决策. 2007 (05).

[853] 金通. 垃圾焚烧产业的产品特征及其政策涵义 [J]. 财经论丛. 2007 (02).

[854] 金伟. 北京市商业利用外资的现状、问题及政策建议 [J]. 中国流通经济. 2007 (02).

[855] 金湘. 上海市南汇区食品安全监管体制调整后成效对比研究 [J]. 上海食品药品监管情报研究. 2007 (03).

[856] 金晓敏. 中国房地产开发企业生产效率动态变化——基于 DEA 模型的 Malmquist 指数分析 [J]. 华中师范大学研究生学报. 2007 (02).

[857] 金晓燕. 企业空间扩张沉淀成本与制度安排 [J]. 经济论坛. 2007 (16).

[858] 金永祥. 溢价转让对水价影响有多大? ——再谈兰州供水体制改革 [J]. 中国投资. 2007 (11).

[859] 金云义. 准直销企业现象 [J]. 知识经济 (中国直销). 2007 (02).

[860] 金志云. 民营化与政府规制: 公用事业改革的路径选择 [J]. 改革与战略. 2007 (12).

[861] 靳鲁斌. 上市公司会计信息披露的经济学研究 [J]. 现代商业. 2007 (30).

[862] 经济视窗 [J]. 思想工作. 2007 (Z1).

[863] 经济增长背景下中国产业生产效率的测度与分析——改革开放近30年中国经济增长的实证 [J]. 2007.

[864] 荆新，廖冠民，毛世平. 公司治理、制度环境与民营化效应——来自中国上市公司大股东变更的经验证据 [J]. 经济理论与经济管理. 2007 (03).

[865] 井辉，郇志坚. 相继产业链条件下的内生纵向一体化研究 [J]. 管理工程学报. 2007 (02).

[866] 靖娅青，张玉静. 道路货物运输的管制研究 [J]. 交通标准化. 2007 (Z1).

[867] 镜子. 高利润企业决定不了社会幸福 [J]. 世界环境. 2007 (05).

[868] 雎鸠. 别让垄断企业的成本决定利润 [J]. 新财经. 2007 (10).

[869] 鞠立新. 垄断改革的困局与破解 [J]. 探索与争鸣. 2007 (09).

[870] 巨荣良. 中国市场结构研究的最新进展 [J]. 聊城大学学报（社会科学版）. 2007 (06).

[871] 巨英，嵇雷. 从政治学视角探讨劳资关系 [J]. 学习月刊. 2007 (22).

[872] 康纪田. 论建立产业管制型的现代矿业制度 [J]. 企业活力. 2007 (06).

[873] 康杰. 地方保护对区域经济合作的阻碍及其突破 [J]. 金陵科技学院学报（社会科学版）. 2007 (04).

[874] 康梅. 基于 (k,y) 空间技术分解的企业投资效率评价 [J]. 中国管理科学. 2007 (06).

[875] 柯卉兵. 论初次分配领域中的政府责任问题——以“福利腐败”现象为例 [J]. 学术论坛. 2007 (07).

[876] 柯浪. 反垄断法下的央企生存 [J]. 法人杂志. 2007 (10).

[877] 柯浪. 危险的合谋 [J]. 法人杂志. 2007 (06).

[878] 科尔尼. 并购的终极壮志——行业整合与长期战略 [J]. 当代经理人. 2007 (03).

[879] 孔鹏，陈铭恩. 城市化：理论与框架 [J]. 长江论坛. 2007 (05).

[880] 孔小红，管德华. 论正常垄断与非正常垄断 [J]. 技术经济. 2007 (04).

[881] 孔小红. 垄断在我国经济中的作用 [J]. 财贸研究. 2007 (03).

[882] 快餐包装行业采用马汀不停机放卷设备提高生产效率 [J]. 中国包装. 2007 (05).

[883] 匡海波，陈树文. 中国港口生产效率研究与实证 [J]. 科研管理. 2007 (05).

[884] 匡小明. 构建和谐经济利益关系与市场失灵、政府失灵的矫正 [J]. 特区经济. 2007 (10).

[885] 匡远配，周凌. 企业市场创新过程的博弈分析 [J]. 现代管理科学. 2007 (05).

[886] 邝梅，王杭. 影响汇率制度选择的政治因素——东亚和拉美新兴市场国家的实证分析 [J]. 国际金融研究. 2007 (10).

[887] 旷开萃，尤建新. 寡头竞争模型的拓展研究 [J]. 华东经济管理. 2007 (10).

[888] 赖碧涛. 价格监管在构建和谐社会中的作用 [J]. 中国价格监督检查. 2007 (03).

[889] 赖茂宇，郑建国. 房地产市场信息不对称的若干问题研究 [J]. 湖北汽车工业学院学报. 2007 (02).

[890] 赖茂宇，郑建国，邱喜兰. 基于产业价值链的建筑企业组织变革 [J]. 东华大学学报（社会科学版）. 2007 (04).

[891] 赖文炜，张友苏. 电子商务市场竞争力特点之探讨 [J]. 江西教育学院学报. 2007 (03).

[892] 兰定筠，李世蓉，王德兵. 代建合同的成本激励系数 [J]. 重庆大学学报（自然科学版）. 2007 (11).

[893] 兰定筠，李世蓉，谢伟．谈建筑业行业协会与行业自律机制的建设［J］．建筑经济．2007（12）．

[894] 兰娜．浅析企业并购的财务动机［J］．企业家天地（理论版）．2007（02）．

[895] 兰新让．论晚宋以后绍兴地区传统经济衰落的原因［J］．绍兴文理学院学报（哲学社会科学版）．2007（06）．

[896] 兰勇，王晰．中美纺织业贸易摩擦问题分析［J］．消费导刊．2007（06）．

[897] 蓝叶瑾．加强政府对垄断性行业的价格干预 增加“消费者剩余”［J］．丽水学院学报．2007（03）．

[898] 郎贵飞．企业核心竞争力的视角分析［J］．当代经济（下半月）．2007（01）．

[899] 郎永清．“赣州模式”中的农业产业化——以南康市为例［J］．生产力研究．2007（05）．

[900] 乐天．1~10月销售低迷 公交车市场格局即将发生变化 一通三龙蚕食老牌企业市场份额［J］．商用汽车新闻．2007（35）．

[901] 雷朝阳，资树荣．加快国内区际贸易发展［J］．中国国情国力．2007（10）．

[902] 雷权勇，王扬．关于我国产业内贸易问题分析［J］．商场现代化．2007（26）．

[903] 雷小清．中国服务业增长因素分析——基于SDA的实证研究［J］．财贸经济．2007（06）．

[904] 雷颐．政府的“除魅”［J］．中国新闻周刊．2007（34）．

[905] 雷雨田．铁路行业春运涨价行为的经济学分析［J］．职业圈．2007（02）．

[906] 雷裕春．我国对外资银行市场监管法律问题研究［J］．改革与战略．2007（07）．

[907] 黎冲森．正在影响中国管理的10大政策［J］．经理人．2007（01）．

[908] 黎学宁．知识产权滥用现状及对策研究［J］．企业家天地（下半月刊）（理论版）．2007（07）．

[909] 黎彦玲．电信网间互联互通在政府监管下与市场博弈中前行［J］．电信网技术．2007（02）．

[910] 李斌．谈创新对产品多样性及消费效用的影响［J］．商业时代．2007（32）．

[911] 李波．国防市场与经济市场政治市场的关系［J］．现代商业．2007（23）．

[912] 李勃，邢华，李廉水．跨国公司中心—外围结构的形成与效应研究［J］．科研管理．2007（02）．

[913] 李长健，张锋．构建食品安全监管的第三种力量［J］．生产力研究．2007（15）．

[914] 李超．高新技术中小企业集群与高科技园区的内在机理分析［J］．生产力研究．2007（09）．

[915] 李超．一体化规模经济积聚效应——东亚经济靓丽的三大法宝［J］．中国科技财富．2007（11）．

[916] 李朝霞．国际银行卡产业监管动态及趋势研究［J］．数量经济技术经济研究．2007（11）．

[917] 李成，李佳．内部评级体系下我国商业银行风险管理的成本收益分析［J］．金融理论与实践．2007（04）．

[918] 李成米．中国证券市场监管效率研究［J］．中国农业银行武汉培训学院学报．2007（01）．

[919] 李驰．当物业管理遭遇“创卫”［J］．现代物业．2007（07）．

[920] 李传志，杨光．不完全信息的古诺模型分析［J］．山西财经大学学报．2007（S2）．

[921] 李丹妮．扶贫信贷中“寻租”行为的模型分析［J］．时代经贸（下旬刊）．2007（04）．

[922] 李丹阳．晋江市民营企业规模化发展研究 [J]．中共福建省委党校学报．2007（04）．
[923] 李道洋．放宽农村地区银行业金融准入政策的利弊分析及政策建议 [J]．济南金融．2007（12）．
[924] 李德春．探析餐饮经济发展的基础 [J]．吉林商业高等专科学校学报．2007（01）．
[925] 李德清．我国上市公司审计市场现状研究 [J]．广西质量监督导报．2007（06）．
[926] 李德玉．安徽产业集群的发展问题与对策 [J]．科技情报开发与经济．2007（09）．
[927] 李殿伟，赵黎明．双边市场理论与银行卡产业定价机制 [J]．生产力研究．2007（20）．
[928] 李定珍．中国大型零售企业成长路径分析 [J]．湖南商学院学报．2007（02）．
[929] 李东煦．去污强又抗菌 生物蛋白纤维毛巾都叫好 [J]．现代营销（创富信息版）．2007（11）．
[930] 李冬洁．博弈价格同盟 [J]．小康．2007（09）．
[931] 李冬云，胡薇，汤伟，等．加强烟草行业发展资金“三性”监督的措施 [J]．财政监督．2007（07）．
[932] 李二玲，李小建．论产业集群的网络本质 [J]．经济经纬．2007（01）．
[933] 李飞，杜纲．企业成长路径与影响因素研究 [J]．管理现代化．2007（06）．
[934] 李芬儒，忻红．“万村千乡”市场工程建设理论指导和模式选择 [J]．中国流通经济．2007（11）．
[935] 李丰乾．关于三级价格歧视理论及福利效应的思考 [J]．企业活力．2007（12）．
[936] 李刚．穿袜子洗脚 [J]．企业标准化．2007（03）．
[937] 李刚，何怡刚．区域电力市场中的寡头发电厂商博弈分析 [J]．华北电力大学学报．2007（04）．
[938] 李刚华．把握六个关键环节 加强内部专卖管理监督 [J]．湖南烟草．2007（03）．
[939] 李刚．开放市场条件下的政府管制 [J]．经营与管理．2007（06）．
[940] 李刚．民营系企业兼并上市公司的实证研究 [J]．财会研究．2007（08）．
[941] 李钢，刘冰．中国石化工业现状及展望 [J]．石油化工技术经济．2007（05）．
[942] 李光磊．浅析电力企业的激励性价格规制问题 [J]．现代商业．2007（26）．
[943] 李桂荣，王利娜．论上市公司盈利预测信息自愿披露的管制 [J]．河北企业．2007（10）．
[944] 李国良．基于成本优势的企业横向兼并行为分析 [J]．流体机械．2007（08）．
[945] 李海成．浅谈农业龙头企业核心竞争力的培育 [J]．科技信息．2007（07）．
[946] 李海舰，魏恒．新型产业组织分析范式构建研究——从SCP到DIM [J]．中国工业经济．2007（07）．
[947] 李合华．打造安全防护产业航母 巴固—德洛集团启动品牌整合战略 [J]．安全、健康和环境．2007（09）．
[948] 李贺．医疗服务行业定价高的经济学分析 [J]．中外企业家．2007（10）．
[949] 李虹．金融混业经营的国际比较与启示 [J]．现代商业．2007（27）．
[950] 李虹，王大树，韩广智．实物期权视角下的创新路径 [J]．经济科学．2007（02）．
[951] 李花明，吴晓琴．中国企业并购现状的分析及其建议 [J]．内蒙古科技与经济．2007（18）．
[952] 李华友，冯东方．有效利用进口废物 防范引发环境风险 [J]．资源再生．2007（10）．
[953] 李怀，赵万里．我国自然垄断行业改革的基本思路与对策 [J]．天津商学院学报．2007（06）．
[954] 李欢．我国自然垄断产业改革 [J]．合作经济与科技．2007（01）．

[955] 李焕勇．宏观调控对中小房地产企业的影响［J］．湖南税务高等专科学校学报．2007(03)．

[956] 李卉妍，王树恩，王浩．论企业兼并中文化整合模式的选择［J］．西安电子科技大学学报（社会科学版）．2007 (06)．

[957] 李会杰，姚建刚．综合考虑成本组成及其分摊的输电定价新方法［J］．电力自动化设备．2007 (03)．

[958] 李慧．基于网络范式的产业集群创新问题研究［J］．江苏商论．2007 (04)．

[959] 李慧．我国城市住宅价格上涨原因及对策分析［J］．无锡商业职业技术学院学报．2007(05)．

[960] 李慧颖．论与知识产权有关的经营者集中［J］．电子知识产权．2007 (07)．

[961] 李纪建，管清友．石油双重属性与国际油价波动分析——一个国际政治经济的视角[J]．国际石油经济．2007 (01)．

[962] 李佳励，朱其涛．谈公司财务管理中的期权运用［J］．财会月刊．2007 (09)．

[963] 李俭伟．近期我国内地引入移动号码携带的前景分析［J］．通信世界．2007 (05)．

[964] 李建良．论风险投资的收益机制［J］．财贸研究．2007 (04)．

[965] 李建忠，李荣林．电子商务环境下的企业规模趋势［J］．国际商务研究．2007 (02)．

[966] 李剑华．国外 VoIP 监管政策动向［J］．信息网络．2007 (04)．

[967] 李剑．社会保障基金监管的规制分析［J］．辽宁行政学院学报．2007 (05)．

[968] 李江涛，陈桂峰，唐绍洪．农民工权益保障问题中的政府行为研究［J］．湖北经济学院学报（人文社会科学版）．2007 (03)．

[969] 李姣云．略论美国的军事工业复合体［J］．陕西师范大学学报（哲学社会科学版）．2007 (S2)．

[970] 李蛟，李朝．从“活力门”事件反思中国渐进金融深化中的有效监管［J］．日本问题研究．2007 (04)．

[971] 李洁，刘桂良．审计合谋治理：来自有效惩罚及其注册会计师私人财富抵押的分析[J]．审计研究．2007 (01)．

[972] 李洁．我国电信业市场管制制度设计［J］．凯里学院学报．2007 (05)．

[973] 李惊雷．比较优势理论的发展与我国外贸结构调整［J］．商场现代化．2007 (16)．

[974] 李景海，宁向阳．政府自建公共住房——解决房价高涨的困局［J］．价格月刊．2007(07)．

[975] 李景海．自由主义与政府干预［J］．经济问题．2007 (08)．

[976] 李璟宏，宗苏宁．我国机场市场集中度发展趋势分析［J］．空运商务．2007 (22)．

[977] 李婧．网络银行操作风险监管分析［J］．华商．2007 (17)．

[978] 李娟娟．我国企业合并会计处理的回顾与思考［J］．会计之友（下旬刊）．2007 (08)．

[979] 李军．金融监管问题研究［J］．新疆金融．2007 (01)．

[980] 李军鹏，傅贤治．基于市场失灵的食品安全监管博弈分析［J］．中国流通经济．2007(07)．

[981] 李俊峰，朱跃中，周伏秋．运用财政手段促进节能降耗［J］．宏观经济管理．2007(07)．

[982] 李柯勇，陈芳，丛峰．2006：百姓向垄断利益集团讨公平成社会热点［J］．人大建设．2007 (03)．

[983] 李昆．软件外包需四轮驱动加速［J］．每周电脑报．2007 (26)．

[984] 李鲲．我国企业合并中的反垄断思考——企业合并的作用及国外的调整措施［J］．黑龙

江科技信息．2007（16）．

[985] 李兰冰，刘秉镰．我国对外开放机场的动态生产效率研究［J］．中国工业经济．2007（10）．

[986] 李乐军，施业琼，韦宝秀．关于AGV及其在中国的应用与发展探析［J］．科技资讯．2007（34）．

[987] 李磊．价格联盟都是纸老虎？［J］．金融经济．2007（19）．

[988] 李莉．试论电子商务物流隐性成本控制［J］．科技情报开发与经济．2007（04）．

[989] 李立．保险公司与服务供应商的关联模式研究［J］．北方经济．2007（22）．

[990] 李立民，陈文慧．中国与东盟产业内贸易发展的实证分析［J］．广西大学学报（哲学社会科学版）．2007（05）．

[991] 李丽，王传斌．医疗服务市场失灵与我国医疗规制体系的完善［J］．中国卫生事业管理．2007（12）．

[992] 李丽英．企业兼并中会计揭示的若干问题研究［J］．现代商业．2007（18）．

[993] 李利．广东省劳动力市场分割与供求关系的实证分析［J］．特区经济．2007（10）．

[994] 李辽宁．会计信息管制的缺陷分析及对策研究［J］．中国科技信息．2007（16）．

[995] 李璐．城市土地利用中政府干预的失灵及其法律救济［J］．中国集体经济（下旬刊）．2007（07）．

[996] 李美芳．论我国现行房地产立法存在的问题及对策［J］．沿海企业与科技．2007（11）．

[997] 李美娟．中国工业企业进入退出机制变化的实证分析［J］．商业文化（学术版）．2007（04）．

[998] 李孟刚．中国建立存款保险制度的路径选择与规制研究［J］．中国行政管理．2007（10）．

[999] 李明武，沈金菊．小企业的生存法则［J］．企业改革与管理．2007（05）．

[1000] 李南．港口产业自然垄断特征的变迁［J］．综合运输．2007（10）．

[1001] 李南，刘嘉娜．临港产业集群的经济特征与国际经验［J］．水运工程．2007（05）．

[1002] 李南，郑忻鹿．哥伦比亚港口民营化改革的实践与经验［J］．改革与战略．2007（03）．

[1003] 李盼道．供求价格弹性在经济决策中的应用［J］．河北科技大学学报（社会科学版）．2007（04）．

[1004] 李培科．论中国企业并购［J］．商场现代化．2007（27）．

[1005] 李沛林．降低环境成本 提高生态效率［J］．冶金财会．2007（11）．

[1006] 李平，于雷．我国制造业产业进入壁垒分析［J］．经济与管理研究．2007（11）．

[1007] 李萍，刘永泉．中国企业跨国并购的动因研究——跨国并购动因十二要素模型［J］．时代经贸（下旬刊）．2007（05）．

[1008] 李琪，王奕超．产业组织理论起源与发展［J］．合作经济与科技．2007（15）．

[1009] 李强，刘善敏．地方政府干预、行业集中度与公司多元化［J］．华南师范大学学报（社会科学版）．2007（05）．

[1010] 李清．餐车高价宰客绝非“少数”［J］．同舟共进．2007（02）．

[1011] 李庆伟．比较两种类型的垄断对我国市场经济的影响［J］．沿海企业与科技．2007（04）．

[1012] 李燃．关于斯威齐寡头垄断模型的探讨［J］．科技资讯．2007（05）．

[1013] 李荣华，傅天明，欧阳晓风．中国移动“一家独大”的经济学分析［J］．财经科学．2007（06）．

[1014] 李荣华，柳思维．我国电信业体制变革和产业重组对邮政改革的启示 [J]．经济管理．2007 (07).

[1015] 李瑞海，万晓玲．中国企业兼并历程的国际化视角及启示 [J]．当代经济管理．2007 (02).

[1016] 李瑞．我国农村土地产权制度演变及现状分析 [J]．经济研究导刊．2007 (04).

[1017] 李润思．二、三级价格歧视的定价方式与效应分析 [J]．商业时代．2007 (34).

[1018] 李善杰，杨静，谢作诗．垄断利润与寻租行为：塔洛克四边形及行政垄断的社会成本 [J]．河北经贸大学学报．2007 (04).

[1019] 李善民，叶会．控制权私有收益、代理问题和企业并购过程研究 [J]．南方经济．2007 (12).

[1020] 李善民，张媛春．控制权利益与专有管理才能：基于交易视角的分析 [J]．中国工业经济．2007 (05).

[1021] 李绍星，冯艳丽．中国保险业集中度及其规模对绩效的影响 [J]．经济与管理．2007 (08).

[1022] 李胜利．合作社反垄断豁免制度研究 [J]．财贸经济．2007 (12).

[1023] 李胜楠．我国上市公司的治理特征与非效率投资 [J]．会计师．2007 (12).

[1024] 李士萍，安景玲．试论企业生产系统效率管理模型及其运行机制 [J]．科学管理研究．2007 (02).

[1025] 李世蓉，刘金川．房地产信托行业中道德风险的经济学研究 [J]．基建优化．2007 (06).

[1026] 李世涌．矿产资源开发外部负效应及其成因分析 [J]．中国市场．2007 (44).

[1027] 李淑霞，刘云．欧美国家对企业并购的反垄断规制及对我国的启示 [J]．北京理工大学学报（社会科学版）．2007 (05).

[1028] 李树和，田春雨，张晓敏．食品质量安全市场准入制度——QS 认证 [J]．中国食物与营养．2007 (05).

[1029] 李树杰．农村银行业金融市场准入政策规定中的几个问题 [J]．金融理论与实践．2007 (07).

[1030] 李树林．银行并购：从战略扩张到强化核心竞争力的转变 [J]．云南财经大学学报．2007 (02).

[1031] 李树生．我国商业银行跨国经营分析——原因、现状和战略 [J]．国际商务（对外经济贸易大学学报）．2007 (06).

[1032] 李思彦．用矩阵方法分析垄断竞争市场 [J]．佳木斯大学学报（自然科学版）．2007 (05).

[1033] 李婷．论 WTO 环保规制与隐性绿色壁垒 [J]．哈尔滨学院学报．2007 (04).

[1034] 李万华，张艳芳．医疗机构医保管理面临困难的原因分析及对策 [J]．实用全科医学．2007 (04).

[1035] 李威．企业应充分发挥计算机技术在网络经济中的作用 [J]．商场现代化．2007 (16).

[1036] 李巍，卢艳阳．商业银行与企业并购问题探讨 [J]．科技咨询导报．2007 (07).

[1037] 李维安．深化垄断行业改革与治理 [J]．南开管理评论．2007 (06).

[1038] 李维萍．完善我国跨境并购重组的税收政策——借鉴美国税收规则 [J]．地方财政研究．2007 (05).

[1039] 李维萍．我国税制对公司并购激励的实效性探讨 [J]．财经问题研究．2007 (04).

［1040］李卫芳，何红光．员工帮助计划（EAP）在企业兼并中的应用研究［J］．广西大学学报（哲学社会科学版）．2007（S2）．

［1041］李卫华．房地产市场中政府的责任与作用［J］．陕西行政学院学报．2007（01）．

［1042］李卫忠，周冰，迟瑾．大连烟草 充分发挥信息中心职能［J］．微型机与应用．2007（07）．

［1043］李伟平．经济开放度与金融发展：基于中国数据的实证研究［J］．当代经济管理．2007（06）．

［1044］李伟庆，李永卿．美日投资基金监管比较及启示［J］．法制与社会．2007（03）．

［1045］李伟．云南烟草兼并重组战略分析［J］．经济问题探索．2007（07）．

［1046］李玮玮．公用事业 B+G to C 发展模式探讨［J］．当代经济．2007（02）．

［1047］李炜．证券公司监管与经营者行为博弈分析［J］．农村经济与科技．2007（04）．

［1048］李文安．垄断收益和非法收益是导致收入差距拉大的重要原因［J］．南阳师范学院学报．2007（01）．

［1049］李文海．我国企业集团兼并重组中的政府行为研究［J］．统计研究．2007（06）．

［1050］李文君．我国居民收入差距状况分析［J］．法制与社会．2007（10）．

［1051］李文相．企业政策环境亟待改善［J］．施工企业管理．2007（02）．

［1052］李文相．优化建筑企业生存发展环境九策［J］．建筑．2007（01）．

［1053］李文瑛．在华跨国公司独资化的原因分析［J］．市场周刊（理论研究）．2007（04）．

［1054］李希义，任若恩．基于购买力平价的中国商业银行生产效率的国际比较［J］．当代经济科学．2007（05）．

［1055］李想．开放经济条件下的垄断与竞争［J］．技术与市场．2007（10）．

［1056］李小林．国有企业并购及其影响因素分析［J］．市场周刊（理论研究）．2007（08）．

［1057］李小玲．论 GATS 中的国内管制规则［J］．天府新论．2007（S1）．

［1058］李小明．反垄断法中共同滥用市场支配地位问题比较研究［J］．湖南师范大学社会科学学报．2007（04）．

［1059］李小鹏．浅谈我国食品质量安全市场准入制度［J］．现代商业．2007（26）．

［1060］李晓峰．典型城市的出租车准入评点［J］．运输经理世界．2007（05）．

［1061］李晓峰．对准入模式的经济学与法学分析［J］．运输经理世界．2007（05）．

［1062］李晓峰，熊燕舞．出租车行业 准入之痛——国内出租车市场准入制度的演进［J］．运输经理世界．2007（05）．

［1063］李晓峰．准入管理模式之间的 PK［J］．运输经理世界．2007（05）．

［1064］李晓华．市场份额越大越好吗？［J］．企业管理．2007（06）．

［1065］李晓华．网络效应、反盗版及其对我国软件产业发展的启示［J］．中国社会科学院研究生院学报．2007（01）．

［1066］李晓宁．关于行业工资差距与行业垄断的研究［J］．经济问题．2007（07）．

［1067］李晓宁．揭开垄断行业高收入的谜底：所有者缺位［J］．新西部（下半月）．2007（09）．

［1068］李晓宁，邱长溶．转轨时期中国行业工资差距的实证研究［J］．山西财经大学学报．2007（06）．

［1069］李晓蓉．中国经济转型时期的竞争特征与反托拉斯政策研究［J］．经济问题．2007（01）．

［1070］李辛培．我国征信体系的建设与完善［J］．内蒙古民族大学学报（社会科学版）．2007（04）．

[1071] 李欣．论企业大小与反垄断——以中国电信业为例 [J]．现代商贸工业．2007 (09)．

[1072] 李新光．政府管制俘虏理论对我国非法小煤矿监管的启示 [J]．哈尔滨商业大学学报(社会科学版)．2007 (05)．

[1073] 李新国．价格歧视条件下的企业内部租分析 [J]．山东行政学院 (山东省经济管理干部学院学报)．2007 (01)．

[1074] 李新平．一种金融混业经营方式——银行保险的经济学分析 [J]．法制与经济 (下半月)．2007 (11)．

[1075] 李新．铜川市煤炭产业发展现状及政策建议 [J]．西部金融．2007 (11)．

[1076] 李鑫，唐春根．我国在排污权交易制度建设中存在的问题与对策 [J]．科技经济市场．2007 (04)．

[1077] 李星明，吴国蔚．投资环境评价体系的指标灵敏度分析 [J]．世界经济与政治论坛．2007 (03)．

[1078] 李星．浅谈中央企业试行国有资本经营预算 [J]．当代经济 (下半月)．2007 (12)．

[1079] 李雄伟．转变观念 突出服务 强化专卖——探索新形势下烟草专卖管理工作创新与发展 [J]．湖南烟草．2007 (06)．

[1080] 李修东．企业并购及其冲突分析 [J]．企业改革与管理．2007 (11)．

[1081] 李秀銮，傅冬昱，陈平．浅谈我国养老保险基金的投资与风险监管 [J]．法制与经济 (下半月)．2007 (06)．

[1082] 李秀平，吴亚雄．如何对待外国企业在我国的跨国并购 [J]．经营与管理．2007 (08)．

[1083] 李绚．基于高度垄断竞争格局的国有商业银行战略分析 [J]．科技信息 (学术研究)．2007 (22)．

[1084] 李学稳．对虚假广告行为的规制 [J]．天津市财贸管理干部学院学报．2007 (04)．

[1085] 李雪苑．我国自然垄断行业的现状、管制和竞争引入 [J]．经济研究导刊．2007 (01)．

[1086] 李雅芬．吴忠卷烟厂：忽如一夜春风来 [J]．湖南烟草．2007 (06)．

[1087] 李亚敏．价格歧视和企业的纵向一体化 [J]．商业时代．2007 (12)．

[1088] 李亚云．政府干预与政府管制 [J]．滁州学院学报．2007 (01)．

[1089] 李岩．中国企业在英投资有"钱"可挖——"中国企业在英国上市融资及收购兼并高峰论坛"在京召开 [J]．进出口经理人．2007 (06)．

[1090] 李阳．部分发达国家银行业规制的理论与政策实践 [J]．沈阳工程学院学报 (社会科学版)．2007 (01)．

[1091] 李洋．寡头们的未来 [J]．互联网周刊．2007 (10)．

[1092] 李瑶，王梦楠．差异化产品理论及其对我国贸易的借鉴 [J]．今日湖北 (理论版)．2007 (04)．

[1093] 李要贤．谈沉淀成本对网络信息经济定价分析的影响 [J]．会计之友 (下旬刊)．2007 (05)．

[1094] 李业，陈艺元．从品牌定位浅谈索爱如何引领手机风潮 [J]．商场现代化．2007 (14)．

[1095] 李业兴，张学忠．试论农村信用社垄断成因 [J]．安徽农业科学．2007 (20)．

[1096] 李一洙．对我国经济市场化的思考 [J]．现代商业．2007 (02)．

[1097] 李怡．转型期过度竞争与政府行为 [J]．河南师范大学学报 (哲学社会科学版)．2007 (05)．

[1098] 李毅．彩票业市场结构类型分析及我国的战略选择［J］．产业与科技论坛．2007（10）．

[1099] 李拥军，高学东，杜立辉．对中国钢铁产业进退出壁垒的分析［J］．中国钢铁业．2007（01）．

[1100] 李拥军，高学东．关于中国钢铁企业兼并重组的流程分析［J］．冶金经济与管理．2007（02）．

[1101] 李拥军．注册会计师行业监管模式的比较与选择［J］．黑龙江对外经贸．2007（06）．

[1102] 李永平．我国白酒产业结构—行为—绩效分析［J］．广西轻工业．2007（03）．

[1103] 李永生．企业并购整合存在的问题及对策［J］．大庆社会科学．2007（03）．

[1104] 李永盛．透视经济金融全球化背景下日益膨胀的跨境关联交易［J］．中国货币市场．2007（08）．

[1105] 李勇．经济体制改革中市场与政府的动态界限［J］．商业时代．2007（16）．

[1106] 李勇．中国钢铁巨头间战略性联盟引起的垄断性问题分析［J］．经济论坛．2007（17）．

[1107] 李莜，韩函．国际贸易理论的新发展——战略性贸易政策在中国的适用性分析［J］．商品储运与养护．2007（05）．

[1108] 李莜．跨国企业对外投资的竞争风险及其防范策略［J］．商场现代化．2007（20）．

[1109] 李莜，王婧．我国垄断行业现状分析［J］．时代经贸（中旬刊）．2007（SA）．

[1110] 李玉芝，李建荣．浅谈煤炭税费制度改革［J］．煤炭经济研究．2007（05）．

[1111] 李郁芳，李项峰．地方政府环境规制的外部性分析——基于公共选择视角［J］．财贸经济．2007（03）．

[1112] 李鸢．特许经营前途末路？——《商业特许经营管理条例》预览［J］．城乡致富．2007（01）．

[1113] 李月，贾绍凤．水权制度选择理论——基于交易成本、租值消散的研究［J］．自然资源学报．2007（05）．

[1114] 李跃歌．实施“食品安全工程”强化食品行业管理［J］．消费经济．2007（02）．

[1115] 李跃歌．食品安全问题及对策研究［J］．湖南行政学院学报．2007（03）．

[1116] 李跃，宋顺林，高雷．债务结构、政府干预与市场环境［J］．经济理论与经济管理．2007（01）．

[1117] 李昀．网络经济促使我国企业制度创新［J］．商场现代化．2007（16）．

[1118] 李增艳．关于企业并购中协同价值评估问题的探讨［J］．湖南财经高等专科学校学报．2007（06）．

[1119] 李振军．论有效竞争问题［J］．当代经济（下半月）．2007（03）．

[1120] 李振军．网络型基础设施产业的过度竞争问题分析——以我国电信业为例［J］．特区经济．2007（05）．

[1121] 李振军．有效竞争概念的新界定［J］．兰州学刊．2007（06）．

[1122] 李振军．有效竞争问题的新思考［J］．改革与战略．2007（09）．

[1123] 李政．中国石油产业经济技术分析［J］．中国地质大学学报（社会科学版）．2007（01）．

[1124] 李志国，王亚军．关于房地产市场中的调控政策探析［J］．沿海企业与科技．2007（11）．

[1125] 李志辉，武岳．开发性金融机构监管体系的构建研究［J］．现代财经（天津财经大学学报）．2007（02）．

[1126] 李志琴，刘立刚．风险投资退出渠道的比较分析［J］．科技广场．2007（08）．

[1127] 李志霞．谈国有资产流失的原因与对策［J］．时代经贸（下旬刊）．2007（03）．

[1128] 李志学，程猛．浅谈博弈论在反垄断中的应用［J］．商场现代化．2007（26）．

[1129] 李志远．刍议社会主义市场经济中的宏观调控［J］．市场周刊（理论研究）．2007（05）．

[1130] 李中生．公用事业市场化改革与和谐社会的构建［J］．通化师范学院学报．2007（06）．

[1131] 李忠斌，阳华．促使诚信自我实现的政府行为界定［J］．经济研究导刊．2007（01）．

[1132] 李忠东．外国节能时尚谈［J］．城市．2007（02）．

[1133] 李祝平，欧阳强．垄断对我国物价上涨影响的实证分析［J］．中国物价．2007（04）．

[1134] 李祝平．我国当前居民消费价格走势分析及对策［J］．消费经济．2007（03）．

[1135] 李卓，原野．新制度经济学视角下的市场失灵问题［J］．江西煤炭科技．2007（02）．

[1136] 李子．信用何须实名制？［J］．中国乡镇企业．2007（02）．

[1137] 李佐军．竞争性行业管理体制改革的方向和重点［J］．当代经济科学．2007（03）．

[1138] 厉伟．住房市场政府干预：国际借鉴及中国政策选择［J］．经济体制改革．2007（01）．

[1139] 丽晔．隐形家居保险箱 尖端技术打造财富奇迹［J］．现代营销（创富信息版）．2007（11）．

[1140] 栗向鑫．我国电力行业价格管制模型分析［J］．中国电力教育．2007（S2）．

[1141] 连小卫．烟灶行业进入“围城”格局［J］．现代家电．2007（13）．

[1142] 连耀山．我国外资银行监管问题研究［J］．福建金融．2007（02）．

[1143] 梁桂．科技、金融要接受全球化挑战［J］．高科技与产业化．2007（03）．

[1144] 梁家铭．“国六条”政策对全国商品房房价的影响［J］．时代经贸（下旬刊）．2007（11）．

[1145] 梁家强．战略联盟的稳定性：基于博弈论的观点［J］．工业技术经济．2007（06）．

[1146] 梁建英，张帆，廖貅武．不同管制方式对基础设施产业效率的影响分析［J］．运筹与管理．2007（01）．

[1147] 梁剑．我国铁路行业交叉补贴机制浅析［J］．黑龙江科技信息．2007（12）．

[1148] 梁健君．浅议市场失灵条件下技术创新中的政府行为［J］．科技经济市场．2007（07）．

[1149] 梁军．中小企业劣势之源及产业组织方式选择［J］．生产力研究．2007（15）．

[1150] 梁玲．兼并收购：我国风险投资退出的最佳选择［J］．企业经济．2007（04）．

[1151] 梁树广，余国新，程静．基于DEA新疆各地区农业生产效率分析［J］．新疆农垦经济．2007（10）．

[1152] 梁双陆，程小军．国际区域经济一体化理论综述［J］．经济问题探索．2007（01）．

[1153] 梁小民．谁说企业非做大［J］．躬耕（天下豫商）．2007（11）．

[1154] 梁小平．循环经济的社会性规制分析［J］．时代经贸（中旬刊）．2007（S9）．

[1155] 梁欣，左相国．中国钢铁产品价格波动率与市场集中度关系分析［J］．武汉工程职业技术学院学报．2007（01）．

[1156] 梁悦．论发展和监管的辩证关系及对广西保险发展的启示［J］．法制与经济（下半月）．2007（04）．

[1157] 梁志宏，孙耀唯，杨昆．基于数据包络分析及Malmquist指标法的供电价格激励监管模型研究［J］．中国电机工程学报．2007（34）．

[1158] 辽宁省人民政府办公厅转发省烟草专卖局等部门《关于全省烟草市场治理工作方案》的通知 [J]. 辽宁省人民政府公报. 2007 (20).

[1159] 廖代芳. 上市公司财务报告管制 [J]. 九江学院学报（社会科学版）. 2007 (02).

[1160] 廖晖. 浅论证券市场操纵行为法律制度的完善 [J]. 企业家天地（理论版）. 2007 (06).

[1161] 廖良林. 产业集群下的成本研究 [J]. 当代经济. 2007 (05).

[1162] 廖明. 未来十年我国普通高校毕业生就业状况与对策 [J]. 经济管理. 2007 (21).

[1163] 廖顺超，张林林. 并购企业核心员工心理契约的构建 [J]. 中国集体经济（下半月）. 2007 (06).

[1164] 廖喆. 都市圈中心城市与成员城市排斥效应的博弈分析 [J]. 安徽农业科学. 2007 (03).

[1165] 廖祖君. 对我国林地权属安排的一种解释：基于新制度经济学范式 [J]. 农村经济. 2007 (06).

[1166] 林伯强. 能源价格如何定 [J]. 上海经济. 2007 (Z1).

[1167] 林才莲. 矿业企业境外投资政治风险的防范 [J]. 西部探矿工程. 2007 (03).

[1168] 林采宜. 花钱为什么买罪受? [J]. 北方人. 2007 (03).

[1169] 林华. 重拳击溃地产寡头 [J]. 上海经济. 2007 (11).

[1170] 林金忠. 城市聚集经济理论及其演进 [J]. 经济评论. 2007 (04).

[1171] 林柯，陈旭明. 民营企业规模与效益悖论分析 [J]. 科技管理研究. 2007 (08).

[1172] 林澜. 价值创新与混合战略：网络经济时代对战略的重新思考 [J]. 福建师范大学学报（哲学社会科学版）. 2007 (01).

[1173] 林琳. 技术创新与贸易绩效研究 [J]. 经济问题探索. 2007 (12).

[1174] 林凌. 破解连锁公司快速成长机理的潜心之作——评《连锁公司快速成长奥秘》[J]. 财贸经济. 2007 (02).

[1175] 林敏，干胜道. 股票回购中内幕交易与股价操纵行为规制——由新《公司法》第一百四十三条引发的思考 [J]. 河南金融管理干部学院学报. 2007 (04).

[1176] 林敏，孙元欣. 前3G时代移动通信市场竞争及发展展望 [J]. 江苏商论. 2007 (09).

[1177] 林木西，张婷婷. 我国烟草业企业规制路径选择 [J]. 经济纵横. 2007 (06).

[1178] 林萍，李刚. 超竞争环境下的组合战略分析 [J]. 商业时代. 2007 (17).

[1179] 林诠. "价格同盟"莫触发改委"高压线" [J]. 中国建材. 2007 (09).

[1180] 林树森. 正确认识房地产市场规律 充分发挥政府在解决城市低收入家庭住房问题中的主体作用 [J]. 当代贵州. 2007 (12).

[1181] 林蔚然. 民营航空公司前景可期 [J]. 中国乡镇企业. 2007 (08).

[1182] 林晓华. 渐进式改革路径中的制度性寻租行为 [J]. 福建财会管理干部学院学报. 2007 (04).

[1183] 林项，张伟. 产业内贸易的实质和意义 [J]. 黑龙江对外经贸. 2007 (01).

[1184] 林烨. 用五种竞争力量模型浅析盛大网络的竞争环境 [J]. 科技资讯. 2007 (29).

[1185] 凌冰，刘翔宇. 客货车交通事故频发的经济分析及治理 [J]. 大连海事大学学报（社会科学版）. 2007 (06).

[1186] 凌宏志. 电力企业人力资源信息化探究 [J]. 科技资讯. 2007 (27).

[1187] 凌善康. 贸易与环境和谐发展 [J]. WTO经济导刊. 2007 (12).

[1188] 刘安萍. 欧美自然垄断行业的价格管制政策及其借鉴 [J]. 学习与实践. 2007 (07).

[1189] 刘宝. 国防工业发展的新思路 [J]. 经济纵横. 2007 (11).

[1190] 刘宝. 西方自然垄断产业激励性规制的理论与实践 [J]. 安徽商贸职业技术学院学报（社会科学版）. 2007 (01).

[1191] 刘保华，汤峰. 建设工程招投标问题与对策研究 [J]. 企业技术开发. 2007 (09).

[1192] 刘兵，曾大本，苏竣. 我国镁产业发展政策的分析与评价 [J]. 中国科技论坛. 2007 (08).

[1193] 刘兵. 中国寿险业市场结构、效率与绩效实证研究 [J]. 南京审计学院学报. 2007 (03).

[1194] 刘秉镰，芦岩. 我国第三方物流业信用问题及其规制体系探究 [J]. 物流技术. 2007 (01).

[1195] 刘畅. 跨国公司影响东道国政府决策的经济分析 [J]. 长白学刊. 2007 (04).

[1196] 刘朝阳. 试论比较优势论视角下的对外贸易发展 [J]. 时代经贸（中旬刊）. 2007 (SA).

[1197] 刘琛. 浅谈现代企业低成本战略的实施 [J]. 内蒙古统计. 2007 (04).

[1198] 刘传青. 试析饲料企业战略中的专业化与多元化问题 [J]. 饲料工业. 2007 (01).

[1199] 刘春梅. 浅析政府在日本金融制度变迁的作用 [J]. 日本问题研究. 2007 (02).

[1200] 刘春蓉. 经济转型期我国政府与市场的关系分析——一种动态演化的视角 [J]. 北方经济. 2007 (21).

[1201] 刘春生，张芳. 跨国公司的纵向一体化与网络化 [J]. 软件工程师. 2007 (04).

[1202] 刘纯银. 节能减排没有退路 [J]. 中国质量技术监督. 2007 (05).

[1203] 刘龙天. 从比较优势到竞争优势——日本的经验和中国的选择 [J]. 和田师范专科学校学报. 2007 (01).

[1204] 刘大伟. 公用事业价格听证问题研究 [J]. 沈阳师范大学学报（社会科学版）. 2007 (05).

[1205] 刘德胜. 价值网络视角的跨国公司竞争优势 [J]. 黑龙江对外经贸. 2007 (02).

[1206] 刘东勋. 自然垄断产业放松管制的产业组织动因——以电信业为例 [J]. 系统管理学报. 2007 (S1).

[1207] 刘冬梅. 我国知识产权保护面临的挑战和威胁 [J]. 山东纺织经济. 2007 (02).

[1208] 刘冬生. 市场增进：中国政府干预的行动取向 [J]. 消费导刊. 2007 (10).

[1209] 刘恩东. 利益集团与美国知识产权政策 [J]. 国际资料信息. 2007 (09).

[1210] 刘帆. 劳动力市场分割：收入分配差距扩大的一个新解 [J]. 中国青年政治学院学报. 2007 (06).

[1211] 刘芳. 关于企业做大过程中规模经济问题的思考 [J]. 科技经济市场. 2007 (03).

[1212] 刘芳. 中国与东盟产业内贸易分析 [J]. 科技和产业. 2007 (03).

[1213] 刘飞. 日本企业集团模式对我国的产业集群发展的启示 [J]. 市场周刊（理论研究）. 2007 (04).

[1214] 刘飞. 自然垄断产业管制与竞争的互动平衡 [J]. 商业时代. 2007 (34).

[1215] 刘峰，郑垂勇. 中小企业集群融资研究探讨 [J]. 商场现代化. 2007 (04).

[1216] 刘凤委，孙铮，李增泉. 政府干预、行业竞争与薪酬契约——来自国有上市公司的经验证据 [J]. 管理世界. 2007 (09).

[1217] 刘凤委，于旭辉，李琳. 地方保护能提升公司绩效吗——来自上市公司的经验证据 [J]. 中国工业经济. 2007 (04).

[1218] 刘刚. 战略性贸易理论在中国的适用性研究 [J]. 北方经贸. 2007 (12).

[1219] 刘刚. 中国工业产业组织的现状及合理化途径 [J]. 中州学刊. 2007 (01).

[1220] 刘根荣．社会主义市场秩序理论研究的重大进展——《市场秩序和规范》评介［J］．教学与研究．2007（07）．

[1221] 刘广平，桑奇磊．属性数学模型在天津房地产业发展阶段研究中的应用［J］．建筑经济．2007（S2）．

[1222] 刘国存．基于网络经济的物流管理信息化问题研究［J］．中国市场．2007（32）．

[1223] 刘国英．电子商务的经济学特征及对经济结构的影响［J］．经济纵横．2007（06）．

[1224] 刘海云，吴韧强．关税结构的政治经济学解释——基于“保护待售”模型的博弈分析［J］．经济学（季刊）．2007（01）．

[1225] 刘浩华．冷战后欧洲国防工业的合并重组分析［J］．南京政治学院学报．2007（04）．

[1226] 刘皓．做“教练”胜过当“运动员”在巴基斯坦CMPak短期支撑工作感想［J］．通信企业管理．2007（08）．

[1227] 刘红．金融业交叉销售中的关系网络价值［J］．商业研究．2007（09）．

[1228] 刘红梅．浅谈网络经济的发展对企业财务管理的影响［J］．商场现代化．2007（03）．

[1229] 刘红，叶耀明．农村非正规金融的兴起：基于市场失灵视角的解释［J］．调研世界．2007（05）．

[1230] 刘宏宇．商业银行公司治理的监管与评价［J］．国际金融研究．2007（01）．

[1231] 刘虹．上汽探索合作共赢路径［J］．上海国资．2007（07）．

[1232] 刘洪芹．自然垄断行业价格听证的现状及改进［J］．改革与战略．2007（03）．

[1233] 刘华，幺培基．中美铁路行业治理制度及其效率的比较分析［J］．北京交通大学学报（社会科学版）．2007（01）．

[1234] 刘辉，周辉．环境治理机制的经济学分析［J］．现代商业．2007（30）．

[1235] 刘会洪．房地产宏观调控的政策误区——对我国2003～2006年房地产宏观调控政策的分析与思考［J］．经济体制改革．2007（05）．

[1236] 刘会洪，伍洁．房地产业的高利润与政府行为——基于制度视角的观察［J］．理论界．2007（08）．

[1237] 刘慧芬．会计服务市场的供给与监管模式的探讨［J］．经济师．2007（02）．

[1238] 刘慧．欧盟竞争法的最新发展动向及其对班轮运输的影响［J］．集装箱化．2007（05）．

[1239] 刘纪鹏．我看“电改新起点”［J］．中国电力企业管理．2007（11）．

[1240] 刘继存，曾琴芳．审计市场结构研究综述［J］．沿海企业与科技．2007（10）．

[1241] 刘继森，付新龙．反倾销过程中的市场失灵：规避和吸收［J］．世界贸易组织动态与研究．2007（08）．

[1242] 刘佳．SUV：五虎之争［J］．汽车观察．2007（04）．

[1243] 刘嘉娜，李南．运输规制的动因及实践［J］．河北理工学院学报（社会科学版）．2007（02）．

[1244] 刘建刚，连桂红．山东省体育用品制造业市场结构的实证研究［J］．山东体育学院学报．2007（06）．

[1245] 刘杰，于礼．土地用途管制及其绩效评价思路浅析［J］．科技资讯．2007（18）．

[1246] 刘洁．我国管道燃气规制机构亟须调整［J］．开放导报．2007（06）．

[1247] 刘戒骄．从产业特征看我国公用事业改革［J］．新视野．2007（04）．

[1248] 刘戒骄．节能减排如何从水中月变为池中鱼［J］．西部论丛．2007（06）．

[1249] 刘金珠．唐山市房地产行业存在的问题及规制建议［J］．产业与科技论坛．2007（07）．

[1250] 刘进梅．农业科技园区持续创新优势的集群分析 [J]．当代经济管理．2007 (04)．

[1251] 刘精明．转型期城镇收入分配中的国家规制 [J]. Social Sciences in China. 2007 (02)．

[1252] 刘静波．网络结构视角下的产业博弈分析 [J]．财贸研究．2007 (02)．

[1253] 刘静．会计信息管制效应的经济学分析 [J]．财会通讯（学术版)．2007 (01)．

[1254] 刘军，刘静．环渤海经济圈发展的法学思考 [J]．法制与社会．2007 (05)．

[1255] 刘军．探寻内蒙古“名牌现象” [J]．瞭望．2007 (32)．

[1256] 刘俊．医药股机会渐显 [J]．股市动态分析．2007 (49)．

[1257] 刘开顺，袁在宏，束小燕．强化县级农机安全监管工作的思考 [J]．农业机械．2007 (18)．

[1258] 刘兰计．对县级农村合作金融机构监管的思考 [J]．河北金融．2007 (01)．

[1259] 刘兰君，秦翠卿．中小企业如何参与市场竞争 [J]．现代商业．2007 (20)．

[1260] 刘雷．大型煤炭企业的交易规制结构研究 [J]．财经问题研究．2007 (11)．

[1261] 刘丽芳．外资并购规制的制度性障碍分析 [J]．渤海大学学报（哲学社会科学版)．2007 (04)．

[1262] 刘利军，郝彩娟，韩昉．卷烟配送渠道分销酒类产品的对策研究 [J]．中国市场．2007 (49)．

[1263] 刘梅生．浅析物流企业规模化经营 [J]．中国储运．2007 (05)．

[1264] 刘梅生．物流企业规模化经营研究 [J]．交通企业管理．2007 (06)．

[1265] 刘培堂，吴文锋，吴冲锋．证券市场信息流动及其市场分割检验 [J]．管理评论．2007 (04)．

[1266] 刘鹏．和谐社会视域中我国居民收入分配问题探析 [J]．学术交流．2007 (02)．

[1267] 刘鹏．混合型监管：当代中国药品安全监管机制分析 [J]．公共管理研究．2007 (00)．

[1268] 刘起方，马光文，刘群英，等．缺水条件下水资源管理的进化博弈分析 [J]．节水灌溉．2007 (08)．

[1269] 刘亲民．电力体制改革：前方能到哪一站 [J]．湖北电业．2007 (01)．

[1270] 刘晴，吴柳燕．比较优势 规模经济与安徽汽车工业发展 [J]．工业技术经济．2007 (09)．

[1271] 刘群．临湘市烟草专卖局创新纪检监察工作 [J]．湖南安全与防灾．2007 (11)．

[1272] 刘瑞波，翟吟佳．基于金融一体化的投资银行资本融资能力研究 [J]．财经论丛．2007 (05)．

[1273] 刘少云，魏侠利．强强联合之后又由“工厂制”向“公司制”转变 湖南中烟顺利实施更名改制 [J]．湖南烟草．2007 (06)．

[1274] 刘仕强，李治国，汪军红．分利抑制与经济增长 [J]．南方经济．2007 (04)．

[1275] 刘淑芳，乔瑞金．从“囚徒困境”模型看效率与公平的辩证法 [J]．山西高等学校社会科学学报．2007 (04)．

[1276] 刘曙光．海洋产业经济国际研究进展 [J]．产业经济评论．2007 (01)．

[1277] 刘树林，吴赐联．湖北省电子及通信设备制造业的绩效分析 [J]．武汉理工大学学报．2007 (07)．

[1278] 刘斯瑶，董曲琰，陈宝永．对我国加油站业垂直控制问题的研究 [J]．商业经济．2007 (03)．

[1279] 刘涛．对中国保险业垄断问题的思考 [J]．时代金融．2007 (05)．

[1280] 刘涛．是橄榄枝，还是死亡之剑？[J]．中国企业家．2007 (09)．

[1281] 刘威伟，黄波．我国银行业市场结构、效率及绩效关系研究［J］．企业技术开发．2007（01）．

[1282] 刘卫东．“扩权强县”与地区公共产品供给研究［J］．学术交流．2007（08）．

[1283] 刘卫先．从合理使用城市土地资源的视角论对我国城市停车业的规制［J］．濮阳职业技术学院学报．2007（02）．

[1284] 刘伟民．危机就是契机［J］．明日风尚（生活态度）．2007（04）．

[1285] 刘伟．政府干预与市场调节理论研究［J］．华南师范大学学报（社会科学版）．2007（02）．

[1286] 刘魏文．政府职能与区域经济竞争优势培育［J］．辽宁行政学院学报．2007（10）．

[1287] 刘文芳．矿业城市大冶资源开发利用思路与对策［J］．国土资源情报．2007（08）．

[1288] 刘文君．世卫组织启动全球药品打假行动计划［J］．中国防伪报道．2007（01）．

[1289] 刘文涛．银行并购狂潮席卷全球［J］．资本市场．2007（04）．

[1290] 刘文，王菁．我国食品召回制度的现状和特点［J］．食品科技．2007（12）．

[1291] 刘文星．环境污染的经济学成因分析［J］．商业文化（学术版）．2007（06）．

[1292] 刘文忠．浅析我国港口价格规制改革的基本思路［J］．价格理论与实践．2007（03）．

[1293] 刘霞．浅析我国铁路吸引投融资困难的原因——一个基于非价格歧视的解释［J］．世界经济情况．2007（07）．

[1294] 刘夏，蒲勇健．金融混业集团主导下的银行资本监管与风险实证分析［J］．中国软科学．2007（08）．

[1295] 刘先雨．市场失灵综述［J］．科技信息（科学教研）．2007（13）．

[1296] 刘县书．不要坏了市场经济在中国的名分［J］．雨花．2007（11）．

[1297] 刘小兵．大型商业流通企业信息化选择“五个一”［J］．中国市场．2007（Z4）．

[1298] 刘小军．从博弈论看国有企业的兼并［J］．经济师．2007（02）．

[1299] 刘小玄．收入不平等的政府根源［J］．中国改革．2007（11）．

[1300] 刘晓峰，黄沛，杨雄峰．具有网络外部性的双寡头市场的动态定价策略［J］．中国管理科学．2007（01）．

[1301] 刘晓剑．我国银行业并购效应的经济分析［J］．金融经济．2007（10）．

[1302] 刘新昌．对地方保护主义的经济分析［J］．科技信息（科学教研）．2007（27）．

[1303] 刘新梅，淮建军，刘安邦．电信普遍服务及其管制研究的最新进展［J］．科技管理研究．2007（03）．

[1304] 刘新民，高珣琇，王本锋．具有双曲需求无成本协同效应的横向兼并分析［J］．山东师范大学学报（自然科学版）．2007（03）．

[1305] 刘新民，高琇，李元垒．具有双曲需求的多寡头古诺模型的分析［J］．青岛科技大学学报（自然科学版）．2007（03）．

[1306] 刘新民．公共产品为何涨价不休［J］．中国经济周刊．2007（12）．

[1307] 刘新民．垄断行业高收入的负面影响及治理建议［J］．经济前沿．2007（06）．

[1308] 刘兴力．帝王消费无僭越［J］．钟表．2007（01）．

[1309] 刘秀光．基于房地产价格坚挺和经济管制的分析——兼与武康平教授商榷［J］．学术论坛．2007（01）．

[1310] 刘秀光．垄断和自然垄断的自行终结与演变之质疑——与王廷惠教授商榷［J］．财经研究．2007（10）．

[1311] 刘秀光．微观规制：生态环境的守护神［J］．经济与管理．2007（11）．

[1312] 刘秀华．论电子商务对我国国际贸易发展的影响［J］．商场现代化．2007（01）．

[1313] 刘秀荣．中小企业集群式跨国经营的对策探究 [J]. 高等职业教育（天津职业大学学报). 2007 (01).

[1314] 刘学秋．经济全球化下的技术性贸易壁垒 [J]. 时代经贸（中旬刊). 2007 (S1).

[1315] 刘雅文．资本运营中的信誉与管制问题研究 [J]. 工业技术经济．2007 (06).

[1316] 刘亚．不完备的法律与证券市场监管 [J]. 市场周刊（理论研究). 2007 (01).

[1317] 刘延涛，李冀峰．石油大王洛克菲勒 [J]. 产权导刊．2007 (06).

[1318] 刘艳菲．试析农业土地经营规模的变化趋势 [J]. 科技资讯．2007 (24).

[1319] 刘艳娟．对中国政府经济职能转变的思考——从治理的角度 [J]. 华商．2007 (26).

[1320] 刘艳秋，翟功利．基于盗版冲击下软件产品版本划分差别定价研究 [J]. 当代经济管理．2007 (01).

[1321] 刘阳，陈廷海．网络经济下企业财务管理的创新 [J]. 商场现代化．2007 (03).

[1322] 刘要红．企业并购中目标企业的选择及估价方法的探讨 [J]. 辽宁科技学院学报．2007 (01).

[1323] 刘一兵，牟培青．企业兼并与整合的探讨 [J]. 冶金财会．2007 (01).

[1324] 刘怡斐．论目前我国企业并购中的问题及其对策 [J]. 经济研究参考．2007 (68).

[1325] 刘颖斐，余玉苗．寡头竞争型审计市场的培育及其影响分析 [J]. 财会通讯（学术版). 2007 (04).

[1326] 刘勇．银行业产业组织研究：综述与展望 [J]. 财经问题研究．2007 (03).

[1327] 刘有鹏．现代物流与城市集聚扩散功能的发挥 [J]. 价格月刊．2007 (12).

[1328] 刘玉杰．对医药市场流通秩序混乱原因的几点探讨 [J]. 科技资讯．2007 (12).

[1329] 刘玉良．政府在管制浪费中的作用 [J]. 辽宁大学学报（哲学社会科学版). 2007 (01).

[1330] 刘玉录．中国房地产进入“新政”时期——概念、特征、理论和对策 [J]. 中国房地产金融．2007 (05).

[1331] 刘元珍．经济领域的腐败根源和解决途径 [J]. 中国石油大学胜利学院学报．2007 (03).

[1332] 刘哲．传统三强的个性化发展 [J]. 互联网天地．2007 (03).

[1333] 刘哲，孙林岩，屈贤明，等．基于企业创新与政府管制的市场结构演化 [J]. 科学学研究．2007 (05).

[1334] 刘贞平，刘圣欢．基于DEA模型的中部六省农业效率差异分析 [J]. 安徽农学通报．2007 (03).

[1335] 刘志浩．加强民间金融监管的思考 [J]. 辽宁高职学报．2007 (01).

[1336] 刘志明．垄断归因 [J]. 商业时代．2007 (27).

[1337] 刘志荣，陈雪梅．论政府与企业在循环经济发展中的博弈均衡——兼论政府发展循环经济的制度设计 [J]. 经济研究参考．2007 (70).

[1338] 刘志荣．政府与企业在循环经济发展中的博弈分析 [J]. 现代经济探讨．2007 (10).

[1339] 柳卸林，简明珏．如何通过国际兼并提高技术创新能力——京东方的并购与创新 [J]. 中国软科学．2007 (12).

[1340] 柳岩，张伟．论信息不对称下企业欺诈行为的规制 [J]. 商业文化（学术版). 2007 (09).

[1341] 柳杨．关于“政府行为外部性”若干问题思考 [J]. 科技经济市场．2007 (10).

[1342] 龙楚瑜．我国电力产业体制改革——从管制到放松管制 [J]. 现代商业．2007 (21).

[1343] 龙方，任木荣．农业产业化产业组织模式及其形成的动力机制分析 [J]. 农业经济问

题．2007（04）．

[1344] 龙树．高价拿地之后［J］．上海商业．2007（10）．

[1345] 龙杨．知识产权制度与反垄断立法研究［J］．科技经济市场．2007（01）．

[1346] 龙勇，李薇．竞争性双寡头的联盟绩效研究［J］．中国管理科学．2007（05）．

[1347] 娄湖山．国内外钢铁工业能耗现状和发展趋势及节能对策［J］．冶金能源．2007（02）．

[1348] 楼定波．钢铁产品的分销与渠道管理实践［J］．中国钢铁业．2007（11）．

[1349] 卢劲松．我国保险资金运用监管法律制度的缺失及其完善［J］．中国商法年刊．2007（00）．

[1350] 卢静．跨国并购谁能笑到最后［J］．中国中小企业．2007（03）．

[1351] 卢静．外资并购所引发的管制问题［J］．市场论坛．2007（03）．

[1352] 卢乐娜，段安林．银行改革的均衡——另一种解读方式［J］．浙江金融．2007（07）．

[1353] 卢明明．思维追上未来　实践抓住本质［J］．上海经济．2007（11）．

[1354] 卢显云．市场结构与企业市场竞争行为分析［J］．科技创业月刊．2007（11）．

[1355] 卢向前．印度衍生品市场——市场环境和监管的视角［J］．中国货币市场．2007（12）．

[1356] 卢新海，黄善林．房地产宏观调控的有效措施：盘活城市闲置土地［J］．中国房地产．2007（03）．

[1357] 卢鑫．治理理论视角下城市公用事业机制的和谐构建［J］．中国市场．2007（40）．

[1358] 卢玉芳．自然垄断与社会福利关系的理论分析——以电力行业为例［J］．产业与科技论坛．2007（02）．

[1359] 卢臻至．破解世界财富密码［J］．当代贵州．2007（24）．

[1360] 卢忠东．把握客户价值与财务控制之间的平衡——HH公司客服部结构调整的冲突处理策略探析［J］．新西部（下半月）．2007（06）．

[1361] 芦岩，陈柳钦．基于信息不对称的我国第三方物流信用治理模式及对策研究［J］．铁路采购与物流．2007（10）．

[1362] 鲁瑛．ebay易趣与淘宝网的C2C电子商务发展状况分析［J］．佛山科学技术学院学报（自然科学版）．2007（01）．

[1363] 陆菁．国际环境规制与倒逼型产业技术升级［J］．国际贸易问题．2007（07）．

[1364] 陆瑞新，聂海燕．我国连锁药店并购整合战略研究［J］．价格月刊．2007（11）．

[1365] 陆绍奎，胡今．辽宁与东部沿海六省市的大企业集团对比分析［J］．党政干部学刊．2007（12）．

[1366] 陆伟刚，刘志阔．电信网络外部性的一个注释及管制实践含义［J］．当代财经．2007（06）．

[1367] 陆正华，刘立学．我国上市公司资产减值与并购关联性的实证分析［J］．财会月刊．2007（23）．

[1368] 陆之洋，向强飞．供电企业的营销策略研究［J］．贵州工业大学学报（社会科学版）．2007（02）．

[1369] 路妍，蒋贤锋．辽宁省商业银行市场结构实证分析［J］．经济研究参考．2007（70）．

[1370] 露天煤业：生产效率高　开采成本低［J］．股市动态分析．2007（15）．

[1371] 吕彬．电信业务长尾效用的启示［J］．通信企业管理．2007（09）．

[1372] 吕冰心．路径3垄断行业应远离多元化［J］．法人杂志．2007（10）．

[1373] 吕超．从厂商垄断探索外资电力“退潮”中国之原因［J］．企业技术开发．

2007 (04).

[1374] 吕福玉. 盐业体制改革的经济学观照 [J]. 改革与战略. 2007 (01).

[1375] 吕洪波. 浅议引发企业沉淀成本的税收政策 [J]. 全国商情 (经济理论研究). 2007 (02).

[1376] 吕建国，欧力萍. 布局要“质”“量”兼顾　管理与服务并行——浅议卷烟零售点的设点布局 [J]. 湖南烟草. 2007 (05).

[1377] 吕明瑜. 滥用市场支配地位行为的法律分析 [J]. 商丘师范学院学报. 2007 (02).

[1378] 吕明. 知识产权保护与我国个人电脑软件业的发展 [J]. 现代商业. 2007 (17).

[1379] 吕明. 中国民航业的垄断规制分析 [J]. 现代商贸工业. 2007 (02).

[1380] 吕炜，高晶. 产业集中度与产业盈利水平关系的研究 [J]. 郑州航空工业管理学院学报. 2007 (02).

[1381] 栾向晶，王业军，刘黎明. 关于我国发展网络经济的思考 [J]. 商场现代化. 2007 (07).

[1382] 任蔚然，施斯. 论法律规制与监管对基金市场的作用与价值——由“老鼠仓”引发的关于基金从业人员行为规范的思考 [J]. 华商. 2007 (09).

[1383] 罗滨川，孙晨征. 刍议我国证券业规制问题 [J]. 湖北行政学院学报. 2007 (S2).

[1384] 罗朝晖. 利润率平均化问题探讨 [J]. 消费导刊. 2007 (13).

[1385] 罗楚亮，李实. 人力资本、行业特征与收入差距——基于第一次全国经济普查资料的经验研究 [J]. 管理世界. 2007 (10).

[1386] 罗党论，唐清泉. 市场环境与控股股东“掏空”行为研究——来自中国上市公司的经验证据 [J]. 会计研究. 2007 (04).

[1387] 罗海梅. 外资进入及其对市场结构的影响——以我国成品油零售行业为例 [J]. 经济纵横. 2007 (24).

[1388] 罗洪伟. 控制我国商业进入壁垒的有效途径 [J]. 黑龙江科技信息. 2007 (02).

[1389] 罗建兵，许敏兰. 合谋理论的演进与新发展 [J]. 产业经济研究. 2007 (03).

[1390] 罗建法. 寡头来临 [J]. 商界 (评论). 2007 (09).

[1391] 罗建法. 寡头时代 VS 民企崛起 [J]. 市场观察. 2007 (10).

[1392] 罗建. 浅议博弈论在食品安全监管中的应用 [J]. 商场现代化. 2007 (18).

[1393] 罗建. 我国企业并购的特征及对策 [J]. 贵州社会科学. 2007 (06).

[1394] 罗荣华. 我国《证券法》对信用交易法律责任规制的阙如 [J]. 商场现代化. 2007 (03).

[1395] 罗伟，王孟钧. 我国建筑市场政府寻租行为分析 [J]. 统计与决策. 2007 (08).

[1396] 罗纬凡，穆乐. 对银监分设后人民银行履行监管职能的探讨——对基层央行履行监管职能的定位思考 [J]. 云南财贸学院学报 (社会科学版). 2007 (05).

[1397] 罗小凤，高刚，林佳璟，等. 第三方物流金融服务——“货物质押和监管” [J]. 商品储运与养护. 2007 (01).

[1398] 罗永恒，曹雪平，罗四维. 并购方式对企业并购绩效影响的实证研究 [J]. 企业家天地 (理论版). 2007 (08).

[1399] 罗永恒，罗四维，曹雪平. 中国上市公司并购价值的实证研究 [J]. 长沙民政职业技术学院学报. 2007 (02).

[1400] 罗勇，涂 (十奉) 生，彭铁根，等. 具有购买弹性的差异产品选址定价研究 [J]. 南开大学学报 (自然科学版). 2007 (08).

[1401] 罗佐县. 天然气管网合理运作模式研究 [J]. 中国石油和化工经济分析. 2007 (09).

[1402] 骆诺．公共选择理论视角下的政府失灵及对策［J］．湖南工程学院学报（社会科学版）．2007（03）．

[1403] 麻健．采取新措施调控垄断行业工资收入［J］．中国人力资源开发．2007（11）．

[1404] 麻志好．买了135条假“中华”［J］．椰城．2007（08）．

[1405] 马承祖．关于自然垄断行业价格监管问题的思考［J］．价格月刊．2007（06）．

[1406] 马丁佩里，孙振明．产业集群研究初探［J］．科技信息（学术研究）．2007（08）．

[1407] 马国胜．西部欠发达省区外资并购规制研究［J］．四川经济管理学院学报．2007（03）．

[1408] 马红漫．价格联动：垄断“遮羞布”［J］．中国中小企业．2007（05）．

[1409] 马宏伟．电信垄断破题的底线［J］．走向世界．2007（08）．

[1410] 马继玉．对当前农村合作金融改革的几点意见［J］．山东国土资源．2007（04）．

[1411] 马继玉．对外资银行市场准入监管的思考［J］．商场现代化．2007（11）．

[1412] 马继玉，魏世震．后WTO时代外资银行市场准入制度的国际比较［J］．山东社会科学．2007（10）．

[1413] 马俊亚．两淮盐业中的集团博弈与利益分配——张謇盐业改革的实践与困境［J］．淮阴师范学院学报（哲学社会科学版）．2007（01）．

[1414] 马莉，魏玢，赵九斤，等．大用户与发电企业直接交易有关问题探讨［J］．电力技术经济．2007（06）．

[1415] 马利．基金赎回困境——开放式基金投资者非理性行为研究［J］．青海金融．2007（11）．

[1416] 马亮，陈光林．上汽南汽“联姻”？［J］．时代汽车．2007（07）．

[1417] 马敏超，李章建，李昕成．在昆明地区推广应用商品砂浆的可行性探讨［J］．建材发展导向．2007（04）．

[1418] 马鸣萧，张元智．横向竞争、垂直分离与产业集群［J］．中大管理研究．2007（02）．

[1419] 马千军．寡头垄断竞争中车险产品价格竞争经济学分析［J］．武汉理工大学学报（信息与管理工程版）．2007（10）．

[1420] 马茹萍．反垄断法应规制行政垄断［J］．经营与管理．2007（02）．

[1421] 马涛．从马克思到布坎南：关于国家与市场作用的思考［J］．云南大学学报（社会科学版）．2007（04）．

[1422] 马特．对药品价格协调工作的认识和思考［J］．价格理论与实践．2007（08）．

[1423] 马祥振，王文平．银行业规模经济、范围经济及技术进步——一个理论综述［J］．技术经济与管理研究．2007（01）．

[1424] 马晓军，欧阳姝．中美两国商业银行特许权价值及影响因素的比较研究［J］．金融研究．2007（04）．

[1425] 马新民．论物权法规制下的国有资产使用和保护［J］．华东经济管理．2007（06）．

[1426] 马秀贞．转型期我国政府机制与市场机制的均衡与路径依赖［J］．国家行政学院学报．2007（05）．

[1427] 马云泽．规制经济学研究范式的分异与融合［J］．南通大学学报（社会科学版）．2007（04）．

[1428] 满悦媛，贾晓晴，董普．从政府与市场的关系谈我国住房建设［J］．华商．2007（26）．

[1429] 毛德龙，张林海．规制企业集中与发展规模经济［J］．企业活力．2007（06）．

[1430] 毛丰付．中国参与国际标准竞争：问题、原因与对策［J］．世界经济与政治论坛．

2007 (02).

[1431] 毛建素，杨志峰，陆钟武，等．关于中国工业经济发展与环境负荷关系的研究（英文）[J]．北京大学学报（自然科学版）．2007 (06).

[1432] 毛俊．企业信用评级的管理和权衡 [J]．财会月刊．2007 (18).

[1433] 毛晓飞．消费者不能为“行业自律”埋单——乳品企业和协会联合取消“买几送 1”涉嫌垄断 [J]．价格理论与实践．2007 (08).

[1434] 毛蕴诗．“规模经济”抑或“规模经济性”——对新帕尔格雷夫经济学大辞典中的词条名“Economies and Diseconomies of Scale”汉译的商榷 [J]．学术研究．2007 (12).

[1435] 毛昭均．“气候”变暖 民企大悦 [J]．中国石油石化．2007 (18).

[1436] 茅卫华．浅议创建“企业之家”助推企业履行社会责任 [J]．福建论坛（人文社会科学版）．2007 (S2).

[1437] 张君浩、刘寒娥、贺利艳．媒介产业政府规制应注意的几个问题 [J]．北方经济．2007 (05).

[1438] 罗雨泽、朱艳、罗来军．美国 AT&T 公司对南方贝尔的并购及对我国的启示 [J]．未来与发展．2007 (04).

[1439] 王施．美国对知识产权许可的反垄断控制及其借鉴意义——以美国《知识产权许可的反托拉斯指南》为中心 [J]．科技信息（学术研究）．2007 (08).

[1440] 美国市场价格监管及执法的基本情况和启示 [J]．中国价格监督检查．2007 (09).

[1441] 孟大文．非对称信息下防范合谋的政府采购机制设计 [J]．财经问题研究．2007 (11).

[1442] 孟景枫，肖旭．软件业反盗版和反垄断的必要性 [J]．管理科学文摘．2007 (08).

[1443] 孟琦．联盟网络竞争优势创造的二维分析 [J]．商场现代化．2007 (01).

[1444] 孟卫军．建筑施工资质挂靠的博弈分析 [J]．建筑经济．2007 (S2).

[1445] 孟文君，郑丙贵．中日集装箱班轮运输市场结构和定价行为 [J]．集装箱化．2007 (10).

[1446] 孟晓华．并购企业文化整合的影响因素及整合模式选择 [J]．北方经贸．2007 (12).

[1447] 孟雪靖，尚杰．农村生态环境非点源污染的经济学分析 [J]．黑龙江社会科学．2007 (01).

[1448] 米运生，程昆．FDI 生产效率、配置效率的非对称性与中国区域经济收敛 [J]．中央财经大学学报．2007 (07).

[1449] 苗建军，武婷．经济与不经济：国防工业自然垄断的视角 [J]．军事经济研究．2007 (03).

[1450] 民企文化：企业“长寿”的保证 [J]．中国汽摩配．2007 (09).

[1451] 明燕飞，顾佳丽．行业收入差距中垄断因素及其规范路径 [J]．求索．2007 (03).

[1452] 缪磊，齐恒．环保产业投入产出表的编制 [J]．商场现代化．2007 (34).

[1453] 缪燕燕．政府投资项目代建制中的寻租与防范 [J]．建筑经济．2007 (04).

[1454] 缪洋．国际银行业并购浪潮对中国商业银行重组的研究 [J]．商场现代化．2007 (11).

[1455] 磨玉峰，王文辉．公用企业改革与政府规制的博弈分析 [J]．改革与战略．2007 (09).

[1456] 穆丽霞．论我国自然垄断行业的经济特征及其规制改革 [J]．价格理论与实践．2007 (10).

[1457] 南远征，易晓明．由股东价值增值看企业兼并 [J]．中国乡镇企业会计．2007 (01).

[1458] 倪光南．标准化中的知识产权和中国企业的对策 [J]. WTO经济导刊．2007（05）.

[1459] 倪梅娟，奕琴．经济全球化与反垄断 [J]．现代商业．2007（23）.

[1460] 倪旭康．经济型酒店：洗牌进行时？[J]．经理人．2007（12）.

[1461] 倪志良，普杰．我国公共定价管制研究——以输配电价管制为例 [J]．华北水利水电学院学报（社科版）．2007（04）.

[1462] 倪志明，郑荷芬．宽带提价的内在机理 [J]．浙江金融．2007（09）.

[1463] 年志远．地方保护及其效应辨析 [J]．江汉论坛．2007（08）.

[1464] 聂丹．论搭售与伪搭售——公路年票与天价月饼 [J]．当代经济科学．2007（04）.

[1465] 聂辉华，李金波．政企合谋与经济发展 [J]．经济学（季刊）．2007（01）.

[1466] 聂英，姜会明．吉林省食品加工业产业组织SCP分析 [J]．农业经济问题．2007（11）.

[1467] 聂永红．产业集群对节约型社会建设的影响 [J]．太原科技．2007（06）.

[1468] 宁波市城市管理局 宁波市城市管理行政执法局 [J]．宁波通讯．2007（08）.

[1469] 宁德保，李莹．网络结构与伙伴关系：联盟网络的竞争优势 [J]．理论月刊．2007（06）.

[1470] 宁士杰．我国证券公司规模经济效应的实证研究 [J]．科技信息（学术研究）．2007（06）.

[1471] 宁望鲁．创新执法理念　迎接反垄断执法新挑战 [J]．工商行政管理．2007（18）.

[1472] 宁宇，张引．打破公用事业垄断的第三条道路——重庆唐家沱污水处理厂TOT项目的启示 [J]．重庆与世界．2007（08）.

[1473] 牛萌．购并后的整合管理 [J]．新课程研究（职业教育）．2007（01）.

[1474] 牛文娟．论会计信息管制的成本及分摊 [J]．特区经济．2007（12）.

[1475] 扭曲的房市 [J]．中国改革．2007（08）.

[1476] 钮京晖．专利池对降低交易成本的价值 [J]．电子知识产权．2007（12）.

[1477] 农市行情 [J]．农业机械．2007（04）.

[1478] 欧健．让鲜红的党旗高高飘扬——湖南省烟草专卖局（公司）机关创建党建示范点活动纪实 [J]．湖南烟草．2007（04）.

[1479] 欧阳蕾，沈伯平．金融规制和监管理论在我国的实践 [J]．改革与开放．2007（04）.

[1480] 欧阳毛荣．对宗教产业依法实行经济监管的思考 [J]．九江学院学报（社会科学版）．2007（01）.

[1481] 欧阳宁．浅论企业重组中的文化再造 [J]．金属材料与冶金工程．2007（06）.

[1482] 潘登．药品价格改革的经济见解 [J]．商场现代化．2007（16）.

[1483] 潘飞，程明．预算松弛的影响因素与经济后果——来自我国上市公司的经验证据 [J]．财经研究．2007（06）.

[1484] 潘功胜，温信祥，于东智，等．从德意志银行的兼并收购看其发展战略转型 [J]．国际金融研究．2007（10）.

[1485] 潘劲松，王芳．行政垄断：投资需求不足之痼疾 [J]．生产力研究．2007（23）.

[1486] 潘理权．寡头垄断的国际货币体系与人民币国际化战略选择 [J]．经济问题探索．2007（01）.

[1487] 潘力．OVUM：IPTV的未来在中国 [J]．通讯世界．2007（01）.

[1488] 潘力．欧洲：FTTH停滞不前亟待起飞 [J]．通讯世界．2007（03）.

[1489] 潘丽平．论滥用市场支配地位的反垄断规制 [J]．甘肃政法成人教育学院学报．2007（01）.

[1490] 潘恋．委托—代理视角下的地方政府非理性经济行为分析［J］．企业家天地（下半月刊）（理论版）．2007（03）．

[1491] 潘毅刚．从面价谬误看政府的边界［J］．浙江经济．2007（17）．

[1492] 潘玉荣，贾朝勇．不同理性双寡头博弈模型的复杂性分析［J］．复杂系统与复杂性科学．2007（02）．

[1493] 庞如英．基于人因工程的提高生产率模型的设计与应用［J］．机械研究与应用．2007（06）．

[1494] 庞世辉．北京市出租车市场垄断特征、效应及其治理研究［J］．北京城市学院学报．2007（01）．

[1495] 裴长洪．我国MBO理论的一部力作——评高伟凯博士的专著《MBO理论分析及其规制研究》［J］．财贸经济．2007（06）．

[1496] 裴辉儒，刘星．基于环境税下的企业博弈行为分析［J］．生产力研究．2007（09）．

[1497] 裴玮．浅析互联网互联互通现状与监管［J］．电信网技术．2007（02）．

[1498] 彭桂辉．如何提高印刷生产效率［J］．印刷世界．2007（09）．

[1499] 彭克俭．我国烟草专卖业的经济学分析［J］．现代商贸工业．2007（10）．

[1500] 彭琦．我国商业银行X效率和规模效率变迁的实证研究：SFA方法的运用［J］．新金融．2007（12）．

[1501] 彭腾．论收入分配的不和谐主要源于垄断［J］．中南林业科技大学学报（社会科学版）．2007（01）．

[1502] 彭祥生．电价执行中的问题［J］．中国电力企业管理．2007（18）．

[1503] 彭兴庭．电信网通南北分治垄断仍在继续［J］．IT时代周刊．2007（12）．

[1504] 彭兴庭．定价≠涨价［J］．百姓．2007（02）．

[1505] 彭兴庭．“公用事业”的定价和“价格听政”［J］．经济导刊．2007（02）．

[1506] 彭兴庭．双寡模型下的“互不竞争协议”［J］．新西部．2007（06）．

[1507] 彭秀丽．试析循环经济的产业组织创新［J］．商场现代化．2007（30）．

[1508] 彭移风．双边市场定价方式及其对传统市场理论的挑战［J］．价格月刊．2007（03）．

[1509] 彭轶丽．中国钢铁企业海外投资的区位及模式选择问题研究［J］．企业经济．2007（10）．

[1510] 彭正银，何晓峥．企业网络组织协同竞争的理论与效应解析［J］．现代财经（天津财经大学学报）．2007（01）．

[1511] 蓬勃发展的通化市公用事业［J］．新长征．2007（19）．

[1512] 平新乔，周艺艺．产品市场竞争度对企业研发的影响——基于中国制造业的实证分析［J］．产业经济研究．2007（05）．

[1513] 朴炳华．网络经济的内涵及其发展途径［J］．商场现代化．2007（36）．

[1514] 戚聿东．垄断税的依据何在［J］．中国改革．2007（05）．

[1515] 亓彬，刘伟华，郭庆玲．关于保险业SCP范式的博弈分析［J］．山东纺织经济．2007（04）．

[1516] 齐峻．美国家具产业寡头垄断［J］．国际木业．2007（07）．

[1517] 齐玮娜．我国房地产市场的垄断性分析［J］．商业时代．2007（31）．

[1518] 齐志刚．政府规范化管理问题分析［J］．中国集体经济（下半月）．2007（07）．

[1519] 祁泉淞．地方政府对房地产市场影响的思考［J］．知识经济．2007（12）．

[1520] 祁文亮，高晓利．排污权交易的政策分析［J］．科技咨询导报．2007（18）．

[1521] 企业兼并收购中的领导力评估［J］．上海国资．2007（03）．

[1522] 赵全军．信息社会中的企业信用监管载体与机制创新——以宁波市江北区为例的实证分析 [J]．宁波经济（财经视点）．2007（10）．

[1523] 钱静．垄断行业高薪侵蚀社会公平基石 [J]．特区经济．2007（11）．

[1524] 李庆峰，滕延海．浅析20世纪60年代初期我国的试办托拉斯 [J]．山东省农业管理干部学院学报．2007（03）．

[1525] 乔鹏．时间差价中利润最大化的数量分析 [J]．科技资讯．2007（06）．

[1526] 乔新生．公正：金融制度的基石 [J]．西部论丛．2007（10）．

[1527] 杨先杰．切实做好整顿规范工作　巩固维护烟草专卖制度——在全省系统整顿规范工作电视电话会议上的讲话（摘要）[J]．湖南烟草．2007（08）．

[1528] 秦国文．民营企业并购国有企业中的博弈分析 [J]．社会科学家．2007（05）．

[1529] 秦江顺．进一步完善内部管理监督长效机制的思考 [J]．湖南烟草．2007（03）．

[1530] 秦厉陈．中国商业银行市场集中度影响因素及趋势研究 [J]．经济与管理．2007（06）．

[1531] 秦章．保持市场公平 完善竞争机制——《反垄断法》解读 [J]．江淮．2007（10）．

[1532] 秦珍子．非公有资本进入文化产业：放松领域与加强监管规制建设 [J]．经济体制改革．2007（05）．

[1533] 青熙．《长尾理论》表达的可能性 [J]．出版广角．2007（01）．

[1534] 清风．国内重卡市场方兴未艾 [J]．中国储运．2007（04）．

[1535] 邱冠华．公司内部治理有效性研究：一个文献综述 [J]．经济评论．2007（01）．

[1536] 邱贵明．农民合作经济组织发展与政府行为规范 [J]．昆明师范高等专科学校学报．2007（03）．

[1537] 邱恒俊．导入安全生产许可与特种设备管理模式　创新食品市场准入监管机制 [J]．中国质量技术监督．2007（07）．

[1538] 邱立成，朱凌燕．欧盟并购政府规制体系评介及启示 [J]．国际经济合作．2007（07）．

[1539] 邱萍．企业并购过程中的风险管理 [J]．财会通讯（理财版）．2007（01）．

[1540] 邱文华．论“价格歧视”的依据与意义 [J]．农村经济与科技．2007（11）．

[1541] 邱真，肖惠海．从经济学角度看收入分配不公问题 [J]．河南科技．2007（12）．

[1542] 求实创新铸辉煌 和谐郴烟遍地金 [J]．中国烟草科学．2007（04）．

[1543] 曲佩辞，莫利宁，吴传明．基于SCP范式的广西财产保险市场研究 [J]．广西金融研究．2007（12）．

[1544] 曲涛．客车品牌建设系列谈（8）——站在客户角度看品牌 [J]．商用汽车．2007（12）．

[1545] 曲昭仲．基于政府公共管理的政策工具创新 [J]．经济问题．2007（03）．

[1546] 权衡．和谐社会中的收入分配：寻找政府与市场的合理边界 [J]．财经理论与实践．2007（05）．

[1547] 任常青．降低准入门槛　破农村金融困局 [J]．时事报告．2007（07）．

[1548] 任建标，董效涛．使用差价补偿策略的寡头竞争模型 [J]．上海管理科学．2007（05）．

[1549] 任经天．浅谈我国药品上市后临床研究的监管 [J]．中国药物警戒．2007（02）．

[1550] 任均忠．城市燃气输配企业的垄断与效率 [J]．城市燃气．2007（10）．

[1551] 任利成，吴翠花，万威武．基于联盟网络的知识创造与服务创新互动关系研究 [J]．科学学与科学技术管理．2007（08）．

[1552] 任倩，帅青红．基于储值卡的货币风险及其监管［J］．农业网络信息．2007（05）．

[1553] 任韬，王文举．基于CAS的多主体寡头竞争仿真平台［J］．首都经济贸易大学学报．2007（03）．

[1554] 任远，窦育民．中国商业银行规模经济与技术进步效应实证研究［J］．统计与信息论坛．2007（05）．

[1555] 任志强．现行土地制度与经济过热的关联分析与规制［J］．科技信息（科学教研）．2007（34）．

[1556] 阮家福，张士建．税收合谋的博弈分析与防范机制设计［J］．财经理论与实践．2007（06）．

[1557] 阮淑珍．垄断企业的负面性及其解决对策［J］．武汉理工大学学报．2007（05）．

[1558] 沙亦强．行进在计划与市场之间［J］．中国电力企业管理．2007（19）．

[1559] 山栋明，王浣尘．互联网运营商之间的互联框架和策略——双寡头条件下的对等互联分析［J］．系统管理学报．2007（06）．

[1560] 山西长平煤业有限责任公司［J］．晋城政务．2007（04）．

[1561] 山西省人民政府办公厅关于印发《山西省2007年食品安全专项整治工作实施方案》的通［J］．2007．

[1562] 陕西省人民政府办公厅关于切实做好产品质量电子监管网推广工作的通知［J］．陕西省人民政府公报．2007（20）．

[1563] 陕西省人民政府办公厅转发省食品药品监管局关于进一步加强农村药品监督供应网络建设意见的通知［J］．2007（11）．

[1564] 商务部、国家外汇管理局关于进一步加强、规范外商直接投资房地产业审批和监管的通知［J］．中国对外经济贸易文告．2007（42）．

[1565] 尚慧丽．中国流通业反外资垄断的迫切性［J］．北方经贸．2007（04）．

[1566] 尚丽娜，邱烈金．利用DEA技术测量我国上市银行的X—效率［J］．河南金融管理干部学院学报．2007（05）．

[1567] 邵传林．述评完全竞争市场［J］．科技经济市场．2007（03）．

[1568] 邵建军，柯大钢，王军平．双寡头市场下可替代产品的价格与交付期决策模型［J］．系统工程．2007（11）．

[1569] 邵明立．加强食品药品监管 促进和谐社会发展［J］．健康大视野．2007（01）．

[1570] 邵平，秦龙，孔爱国．商业银行对产业发展的催化——来自中国的证据（1991－2006）［J］．金融研究．2007（12）．

[1571] 佘传奇，于飞．基于规模经济的西方银行业并购理论与中国银行业的实证分析［J］．济南金融．2007（01）．

[1572] 佘传奇，于飞．银行业并购规模经济论与中国银行业的实证分析［J］．当代经济（下半月）．2007（01）．

[1573] 佘春宁．我国银行监管的理论依据与对策［J］．南方金融．2007（01）．

[1574] 申长平．政府投资效率的理论分析［J］．山西财政税务专科学校学报．2007（06）．

[1575] 申秋红．我国乳品企业现状与今后发展方向［J］．中国奶牛．2007（09）．

[1576] 申涛．高房价的“垄断”之困［J］．数据．2007（10）．

[1577] 深圳市烟草专卖局　创新理论中心组学习纪实［J］．中国党政干部论坛．2007（12）．

[1578] 深圳市烟草专卖局——以行业共同价值观为指导　推进深圳烟草改革发展［J］．中国党政干部论坛．2007（04）．

[1579] 沈阿强，王琦，吕廷杰．中国移动通信运营商的进入遏制研究［J］．电信科学．2007（06）．

[1580] 沈春光．建设社会主义和谐社会与政府经济性规制改革研究［J］．华北电力大学学报（社会科学版）．2007（02）．

[1581] 沈晗耀，余丽敏．以史为鉴，重塑东航［J］．董事会．2007（11）．

[1582] 沈华，胡汉辉．网络融合环境下政府监管机构的设置［J］．经济纵横．2007（08）．

[1583] 沈洁．对中国商业银行规模经济的思考［J］．时代经贸（中旬刊）．2007（S1）．

[1584] 沈菁．美国政府对大企业干预给中国企业改革的启示［J］．科技信息．2007（03）．

[1585] 生越元．应收账款管理控制方法——信用管理制度的建立［J］．科技信息（科学教研）．2007（14）．

[1586] 省委书记、省人大常委会主任白恩培：云南烟草要做排头兵［J］．创造．2007（01）．

[1587] 盛大林．控制超额利润更有意义［J］．经营管理者．2007（09）．

[1588] 盛浩．试论美欧反垄断政策的双边协调［J］．山东经济．2007（02）．

[1589] 盛洪．垄断是一种掠夺［J］．科学决策．2007（05）．

[1590] 盛立中．俄罗斯：被噤声的富人［J］．首席财务官．2007（01）．

[1591] 师车．外资危害国家经济安全言过其实［J］．国际关系学院学报．2007（03）．

[1592] 施刚，郑凌云．民间商会与中国民营经济有效竞争［J］．南通纺织职业技术学院学报．2007（01）．

[1593] 施建刚，黄晓峰．对土地用途分区管制的理性思考［J］．中国房地产．2007（02）．

[1594] 施京京，刘伊婷．将“问题”食品包装逐出市场［J］．中国质量技术监督．2007（01）．

[1595] 施蔚，杨加猛，佘光辉．基于 Cobb-Dauglas 函数的江苏木材加工产业规模效率评价［J］．南京林业大学学报（自然科学版）．2007（04）．

[1596] 什么是价格卡特尔［J］．经济．2007（09）．

[1597] 石丹．惠普案例：“零天”行动［J］．商学院．2007（07）．

[1598] 石丁，王振猛．西方国家干预收入分配的效果与经验借鉴［J］．商场现代化．2007（23）．

[1599] 石军，成艳平．电信业务分类与市场准入模式探析［J］．世界电信．2007（07）．

[1600] 石军，成艳平．全球 IPTV 发展面临的管制问题探析［J］．通信管理与技术．2007（04）．

[1601] 石军．顺势而动　以监管转型服务于产业转型［J］．世界电信．2007（08）．

[1602] 石俊华．网络经济视角下的垄断与中国反垄断改革［J］．内蒙古社会科学（汉文版）．2007（06）．

[1603] 石良平，刘小倩．中国电力行业规制效果实证分析［J］．财经研究．2007（07）．

[1604] 石龙．我国反垄断执法机构设置问题探析［J］．工商行政管理．2007（02）．

[1605] 石鹏．“诺思悖论”困境下的中国垄断服务业改革［J］．黑龙江科技信息．2007（16）．

[1606] 石淑华．试论我国财政分权改革的“非协调性”与地方性行政垄断的形成［J］．福建论坛（人文社会科学版）．2007（09）．

[1607] 石涛．自然垄断产业规制重构：基于要素演化的视角［J］．中国工业经济．2007（10）．

[1608] 石油利润与公共利益［J］．中国新闻周刊．2007（41）．

[1609] 石媛倩，刘源．浅论中国钢铁的供求和钢铁企业的发展［J］．黑龙江科技信息．2007（24）．

[1610] 石章强．案例二：罗莱，黑马仍在奔跑［J］．现代营销（学苑版）．2007（07）．

[1611] 石智刚，周莉莉．中国自然垄断产业政府管制制度变迁的路径分析［J］．湖北经济学院学报（人文社会科学版）．2007（08）．

[1612] 时洪洋，廖卫东，刘红宁，等．中药贸易中的技术性壁垒及对策研究［J］．中国卫生事业管理．2007（08）．

[1613] 时卫干．中国的收入差距为什么越来越大［J］．企业标准化．2007（01）．

[1614] 时悦．农业生产效率变动分析、分解及调整目标——基于 DEA 方法的实证研究［J］．华南农业大学学报（社会科学版）．2007（04）．

[1615] 食品安全　标准先行［J］．世界标准信息．2007（08）．

[1616] 食品监管领导走进“热线”分析食品安全问题［J］．上海标准化．2007（03）．

[1617] 谢锦河．食品生产加工企业必备条件现场核查表与 GB/T 19001《质量管理体系要求》要素的对照探讨［J］．福建质量信息．2007（06）．

[1618] 食品用包装容器等制品市场准入制度解读［J］．包装世界．2007（02）．

[1619] 食品用塑料包装容器工具等制品市场准入（QS）宣传交流会在京召开［J］．商品与质量．2007（05）．

[1620] 食品质量安全市场准入制度问答（一）［J］．福建质量信息．2007（06）．

[1621] 食用油品牌寡头时代终将到来［J］．粮油加工．2007（01）．

[1622] 史程．我国农村金融监管制度的博弈分析［J］．中国集体经济（下旬刊）．2007（08）．

[1623] 史晋川，杜立民．长期期货合约与默契合谋：以电力市场为例［J］．世界经济．2007（03）．

[1624] 史姗姗．房地产市场失灵与政府规制［J］．北方经贸．2007（04）．

[1625] 史仕新，朱波强，况梅．规模经济与水平型企业集团成因的动态博弈分析［J］．生产力研究．2007（18）．

[1626] 史小凤．价格勾结的博弈［J］．中国金融．2007（18）．

[1627] 史晓菲．我国企业并购与产权流动的现状分析与对策［J］．重庆文理学院学报（自然科学版）．2007（03）．

[1628] 世界银行：东亚复兴后的隐忧［J］．商务周刊．2007（12）．

[1629] 世伟洛克和半导体产业共成长！［J］．半导体行业．2007（04）．

[1630] 乐天．市场集中度接近 50%　一通三龙亮点各不同——1 ~ 10 月一通三龙市场表现分析［J］．商用汽车分析．2007（34）．

[1631] 舒本耀，苏圆，季自力．“民参军”管制的租金耗损分析与治理策略［J］．现代商业．2007（08）．

[1632] 舒健，王莉．浅谈对监理企业规模经济的认识［J］．建设监理．2007（05）．

[1633] 舒圣祥．跨行取款费大涨是变相合谋［J］．法人杂志．2007（11）．

[1634] 舒圣祥．跨行取款费是合谋［J］．经营管理者．2007（11）．

[1635] 水产品质量安全与市场准入制度［J］．水产科技．2007（05）．

[1636] 司翠华．新《烟草专卖许可证管理办法》正式施行［J］．湖南烟草．2007（02）．

[1637] 司增绰，苗建军．现阶段网络兼并的背景与动机［J］．改革与战略．2007（06）．

[1638] 司增绰．网络兼并：企业兼并的新亮点［J］．工业技术经济．2007（02）．

[1639] 司增绰．资源获取动机下的企业兼并理论［J］．山西财政税务专科学校学报．2007（03）．

[1640] 司增绰．资源获取动机下的企业兼并理论综述［J］．经济界．2007（05）．

[1641] 思辩．规制市场垄断行为　严肃反垄断执法“市场垄断行为与反垄断执法”研讨会侧记［J］．工商行政管理．2007（18）．

[1642] 松涛．产业兼并：从此不再是“只花费不挣钱的孩子”［J］．中国乡镇企业．2007（04）．

[1643] 宋宝双．关于“问题高管”现象产生的原因与对策分析［J］．黑龙江对外经贸．2007（02）．

[1644] 宋成东．企业购并财务分析［J］．辽宁税务高等专科学校学报．2007（02）．

[1645] 宋德星．发展 改革 规制 创新［J］．珠江水运．2007（08）．

[1646] 宋芳秀．中国银行业市场结构和市场行为对利率改革成效的影响研究［J］．管理世界．2007（03）．

[1647] 宋海涛，孙延明，郑时雄．管制品网络动态监管平台［J］．商场现代化．2007（04）．

[1648] 宋华琳．药品价格规制的比较与借鉴［J］．中国处方药．2007（12）．

[1649] 宋晶，丁璐颖，王蕊．垄断行业收入畸高的形成机理与规制对策［J］．东北财经大学学报．2007（05）．

[1650] 宋君卿．中国银行业规制性进入壁垒研究［J］．辽宁大学学报（哲学社会科学版）．2007（02）．

[1651] 宋良．外部接管理论综述和评价［J］．湖北经济学院学报（人文社会科学版）．2007（05）．

[1652] 宋林．煤化工产业管理中的政府规制研究［J］．法制与社会．2007（11）．

[1653] 宋璐．论房地产暴利的根源与治理［J］．科技创新导报．2007（32）．

[1654] 宋文平，黄陆军．试析反垄断法对我国钢铁企业的影响［J］．黑龙江对外经贸．2007（05）．

[1655] 宋详熙．美国专家们建议 FDA 加强烟草监管［J］．心血管病防治知识．2007（07）．

[1656] 宋耀．关于金融控股公司微观层面的文献综述［J］．财贸研究．2007（06）．

[1657] 宋在科．上市公司会计信息披露管制的博弈分析［J］．电子科技大学学报（社科版）．2007（03）．

[1658] 苏惠香．网络外部经济性效应的微观分析［J］．工业技术经济．2007（06）．

[1659] 苏建红．论医药商业贿赂之成因及治理对策——基于多维理论透视之研究［J］．理论观察．2007（03）．

[1660] 苏金生．汪海的大手笔［J］．招商周刊．2007（24）．

[1661] 苏敬勤，刁晓纯．基于产业生态网络的中国产业发展研究［J］．科学学与科学技术管理．2007（S1）．

[1662] 苏琦，许荣宗．垄断对私有化效果的影响［J］．中山大学学报（社会科学版）．2007（02）．

[1663] 苏世伟，聂影．我国财产保险市场集中度与市场行为分析［J］．经济纵横．2007（24）．

[1664] 苏天森．关于提高钢铁产业集中度几个问题的思考［J］．冶金经济与管理．2007（03）．

[1665] 苏艳林．烟草业引入竞争机制的必要性及可行性分析［J］．经济论坛．2007（06）．

[1666] 苏云笑．美日对外资并购的各异姿态［J］．大经贸．2007（04）．

[1667] 宿淑娟．完善市场竞争体制促进民营经济发展［J］．科技创新导报．2007（35）．

[1668] 隋文平，王树文．论中国烟草管理体制改革与竞争力提高［J］．中国市场．2007（27）．

[1669] 隋映辉，解学梅，赵琨．全球产业转移：分散化、集群路径与规制［J］．福建论坛（人文社会科学版）．2007（08）．

[1670] 孙彬彬．外资进入与我国房地产市场的发展 [J]．商业时代．2007 (15)．

[1671] 孙冰，丁宁宁，顾联瑜，等．邮政会重蹈公交改革覆辙吗？[J]．中国经济周刊．2007 (09)．

[1672] 孙春艳．电子支付：寡头游戏 [J]．经营者．2007 (10)．

[1673] 孙芳伟．控制权收益与国有企业并购的产权障碍研究 [J]．改革与战略．2007 (07)．

[1674] 孙锋．国内关于最优股权结构的理论研究综述 [J]．四川经济管理学院学报．2007 (01)．

[1675] 孙海荣．构建合理的竞争秩序是实现社会公平的关键 [J]．科学社会主义．2007 (03)．

[1676] 孙会良，王能．新规制经济学俘获理论在房地产宏观调控中的应用 [J]．技术经济与管理研究．2007 (03)．

[1677] 孙俊花，王印华．我国居民收入差距悬殊的成因及对策分析 [J]．北方经济．2007 (09)．

[1678] 孙康．强制性垄断分拆的机制设计 [J]．财经问题研究．2007 (06)．

[1679] 孙磊，万国华．从合众国航空收购达美航空来看深圳航空目前处境 [J]．中国集体经济（下半月）．2007 (01)．

[1680] 孙立国．破产兼并——国有企业集团资本运营的一种特殊方式 [J]．生产力研究．2007 (12)．

[1681] 孙鹏程，刘应宗，梁俊强，等．建筑节能领域的政府失灵及其对策 [J]．建筑科学．2007 (12)．

[1682] 孙群力．经济增长对中国地方政府规模的影响：Wagner 法则的有效性检验 [J]．江西财经大学学报．2007 (02)．

[1683] 孙睿，蒲勇健．网络型产业运营商动态竞争战略研究框架 [J]．科技管理研究．2007 (12)．

[1684] 孙烁犇．我国自然垄断行业的反垄断思考 [J]．高等教育与学术研究．2007 (04)．

[1685] 孙硕，刘成群．中国——东盟自由贸易区与中国商业环境的改善 [J]．特区经济．2007 (10)．

[1686] 孙薇，朱赫宇．我国基础产业规制改革刍议 [J]．党政干部学刊．2007 (08)．

[1687] 孙秀丽．中资银行监管措施研究 [J]．现代商业．2007 (14)．

[1688] 孙学玉，周义程．公用事业：概念与范围的厘定 [J]．江苏社会科学．2007 (06)．

[1689] 孙延峰．重视知识产权问题 规避外资兼并收购风险 [J]．中国发明与专利．2007 (01)．

[1690] 孙延华，王兆君．国有林区公用事业投融资体制改革研究 [J]．商业研究．2007 (12)．

[1691] 孙莹莹，鲍明．我国保险产业分析：市场结构的视角 [J]．科教文汇（上旬刊）．2007 (04)．

[1692] 孙早，张振．政府行为规范、政策供给水平与私营企业发展——来自中国省级面板数据的证据 [J]．财经研究．2007 (08)．

[1693] 孙振明．发展中国家中小企业集群的发展模式概述 [J]．新西部．2007 (02)．

[1694] 索迹，祁春清．博弈论在电力市场中的应用 [J]．科技信息（科学教研）．2007 (11)．

[1695] 太原市人民政府办公厅关于成立太原市种子管理体制改革工作领导组的通知 [J]．太原市人民政府公报．2007 (02)．

[1696] 太原市人民政府办公厅转发市质监局关于食品生产加工小作坊安全生产监管实施意见

的通知［J］. 太原市人民政府公报. 2007（06）.

［1697］谈传生. 基于政府管制的我国电力产业价格研究［J］. 商场现代化. 2007（14）.

［1698］谭珊颖. 企业食品安全自我规制机制探讨——基于实证的分析［J］. 学术论坛. 2007（07）.

［1699］谭贤楚，刘伦文，龙永红. 规模范围经济：新农村建设的着力点［J］. 商业时代. 2007（07）.

［1700］谭玉玲，谢非. 用博弈理论解决公用事业垄断行为［J］. 科学与管理. 2007（05）.

［1701］谭政勋，王聪. 我国商业银行效率结构与竞争力研究——基于两步DEA与主成份旋转法的实证分析［J］. 暨南学报（哲学社会科学版）. 2007（03）.

［1702］汤丹沁. 寡头企业资本结构选择——考虑破产成本的模型［J］. 山西财经大学学报. 2007（12）.

［1703］汤洪波. 商业银行的生产经济性问题研究述评［J］. 南方金融. 2007（11）.

［1704］汤吉军. 沉淀成本与转型期证券市场制度变迁的内生性［J］. 经济问题. 2007（06）.

［1705］汤吉军，郭砚莉. 大型国有企业软预算约束的行为经济学分析［J］. 税务与经济. 2007（03）.

［1706］汤吉军. 国有企业制度变迁中路径依赖的内生性分析：基于沉淀成本视角［J］. 经济体制改革. 2007（04）.

［1707］汤吉军. 经济体制转型的行为经济学分析［J］. 学习与探索. 2007（05）.

［1708］汤晓燕. 企业购并的成本效应分析［J］. 商场现代化. 2007（15）.

［1709］谢茂拾. 垄断已成为建设和谐社会面临的主要问题［J］. 资料通讯. 2007（09）.

［1710］唐达达. 创新监管方式　促进企业发展［J］. 福建论坛（人文社会科学版）. 2007（S2）.

［1711］唐国林，陈纯江. 论美国的崛起［J］. 南方论刊. 2007（06）.

［1712］唐钧. 涨价背后的市场失灵［J］. 人民论坛. 2007（16）.

［1713］唐丽敏，刘翠莲，李雪芳. 基于市场划分的集装箱港口竞争力评价［J］. 大连海事大学学报（社会科学版）. 2007（06）.

［1714］唐明东. 筷子做起艺术文章　连锁店遍布海内外［J］. 现代营销（经营版）. 2007（11）.

［1715］唐娜. 企业获取网络竞争情报的途径［J］. 情报探索. 2007（11）.

［1716］唐松林，任玉珑，汪洋. 美国电力监管制度及启示［J］. 经济纵横. 2007（01）.

［1717］唐铁球. 产业组织视角下经济全球化时代市场特性新变化及启示［J］. 企业活力. 2007（12）.

［1718］唐万明. 兼并收购中对目标公司战略价值的评估与分析［J］. 经济学家. 2007（01）.

［1719］唐文龙. 品牌竞争与消费者福利［J］. 中华商标. 2007（04）.

［1720］唐绪兵，罗安国，钟叶姣. 西方外资并购规制的经验与启示［J］. 科技和产业. 2007（02）.

［1721］唐要家，刘大伟. 公用企业滥用行为与“混合型”管制改革［J］. 财经科学. 2007（02）.

［1722］唐要家. 序列加成的可维持性与图书高价格［J］. 财经问题研究. 2007（05）.

［1723］唐要家，于立. 系统市场中的企业策略性排他行为与反垄断［J］. 系统管理学报. 2007（S1）.

［1724］唐月民. 文化企业价格歧视行为分析［J］. 齐鲁艺苑. 2007（03）.

［1725］唐芸霞. 论我国医疗服务市场的失灵及对策［J］. 理论月刊. 2007（05）.

[1726] 唐芸霞．我国医疗服务市场失灵分析与对策思考 [J]．行政与法．2007 (05)．

[1727] 陶爱萍．搭配销售的有效性研究 [J]．安徽农学通报．2007 (01)．

[1728] 陶爱萍．高新技术产业中的市场机制和政府规制 [J]．科技成果纵横．2007 (02)．

[1729] 陶存文，郭丽军．全球保险业并购的趋势及我国的前景预测 [J]．保险研究．2007 (11)．

[1730] 陶洪，戴昌钧．中国工业劳动生产率增长率的省域比较——基于 DEA 的经验分析[J]．数量经济技术经济研究．2007 (10)．

[1731] 陶敏．企业年金监管的国际经验与借鉴 [J]．海南金融．2007 (04)．

[1732] 陶庆华，刘玉琴．旅行社与寡头垄断型景区门票价格博弈分析——基于双方叫价拍卖模型 [J]．技术经济与管理研究．2007 (06)．

[1733] 陶怡．论规模经济对我国经济发展的影响 [J]．科技经济市场．2007 (07)．

[1734] 滕春强．我国商业银行市场结构变迁中的效率悖论：一个新的分析视角 [J]．山东经济．2007 (02)．

[1735] 滕有正，乌海芝．草原循环经济与畜牧业产业化经营 [J]．内蒙古财经学院学报．2007 (01)．

[1736] 田东山．垄断行业“福利腐败”现象透析 [J]．党政干部论坛．2007 (02)．

[1737] 田丰．商业地产快速发展中政府角色探讨——以太原市为例 [J]．现代商业．2007 (30)．

[1738] 田冠军．网络经济下的成本范畴拓展和成本管理创新 [J]．财会月刊．2007 (02)．

[1739] 田辉鹏，郭志军，潘颖．中国电冰箱行业市场集中度分析 [J]．消费导刊．2007 (07)．

[1740] 田惠，周爱莲，赵宇华．中国种子企业兼并重组策略分析 [J]．农业经济问题．2007 (11)．

[1741] 田苗苗，郑向敏．论饭店的范围经济 [J]．北京第二外国语学院学报．2007 (03)．

[1742] 田明君，徐斌．相关市场界定的主要方法及其对中国反垄断法的启示 [J]．辽东学院学报 (社会科学版)．2007 (02)．

[1743] 田舒斌，李自良，徐云波．烟草地方保护“变脸”[J]．瞭望．2007 (40)．

[1744] 田双全，黄应绘，黄国英．对重庆行业收入差距的研究 [J]．经济问题．2007 (04)．

[1745] 田甜．谈谈校园化妆品代理现象 [J]．商场现代化．2007 (02)．

[1746] 田微．论国有资产重组中的合谋行为及其对策 [J]．商业文化 (学术版)．2007 (12)．

[1747] 田伟．如何做好农机安全生产信息宣传工作 [J]．农业开发与装备．2007 (04)．

[1748] 田野青．国际贸易壁垒对我国环境服务贸易的影响 [J]．山东农业大学学报 (社会科学版)．2007 (04)．

[1749] 田原，张乾．“阳光采购”下的利益博弈及深层思考 [J]．国际关系学院学报．2007 (S1)．

[1750] 田媛媛．Matlab 处理垄断利润最大化问题 [J]．枣庄学院学报．2007 (05)．

[1751] 田增瑞，张延锋．产权交易市场的组织结构及发展模式 [J]．经济导刊．2007 (06)．

[1752] 田志成．企业如何适应市场准入规则？[J]．今日工程机械．2007 (01)．

[1753] 仝济，罗奕钦．浅谈我国航空企业集团的反垄断豁免 [J]．空运商务．2007 (18)．

[1754] 童大焕．垄断暴富不可取 [J]．经营者．2007 (17)．

[1755] 童大焕．垄断暴富，可耻 [J]．中国经济周刊．2007 (34)．

[1756] 童纪新，缪承雄．我国钢铁产业规模结构效率的影响因素及提升对策 [J]．价值工程．2007 (04)．

[1757] 童艺强. 浅谈国有文化集团重大投资项目的监督和管理 [J]. 科学咨询（决策管理）. 2007 (09).

[1758] 统筹城乡基础设施建设 改善城乡人居环境 [J]. 中国勘察设计. 2007 (02).

[1759] 突出应用 加强服务 全面推动行业数据中心建设 [J]. 微型机与应用. 2007 (07).

[1760] 涂丽萍. 助学贷款市场失灵与政府干预 [J]. 事业财会. 2007 (04).

[1761] 涂晓静. 浅析窜货的控制 [J]. 法制与社会. 2007 (07).

[1762] 涂智寿. 网络经济环境下企业信用风险的动态管理 [J]. 统计与决策. 2007 (24).

[1763] 屠雯. 矿产之困 [J]. 中国有色金属. 2007 (12).

[1764] 厉伟, 孙文华. 土地垄断供给、纵向市场关系与房地产价格——兼论基于价值链分析的房地产市场竞争促进政策 [J]. 当代财经. 2007 (06).

[1765] 万全. 说说"老百姓的承受能力" [J]. 金融博览. 2007 (03).

[1766] 万少清. 中国烟草企业文化: 不得不迈的"五道坎" [J]. 中外企业文化. 2007 (06).

[1767] 万晓玲, 李瑞海, 陈宏民. 产业因素对企业兼并频率影响的实证研究 [J]. 系统工程理论与实践. 2007 (12).

[1768] 万欣荣, 郑新, 何朝丹. 上市公司信息披露违规行为的动因研究 [J]. 广东社会科学. 2007 (01).

[1769] 汪爱娥, 陈鸿鸣. 我国居民收入差距扩大的原因及对策分析 [J]. 北方经济. 2007 (16).

[1770] 汪安佑. 对科斯定理的修正 [J]. 生态经济（学术版）. 2007 (01).

[1771] 汪斌, 张阳, 钟尉. 传统水利工程建设管理体制的问题及对策 [J]. 人民黄河. 2007 (04).

[1772] 汪贵浦, 沈怡. 我国垄断性行业高收入的成因与形成机理分析 [J]. 经济论坛. 2007 (08).

[1773] 汪贵顺. 日本 PLS 的市场准入与应对方案 [J]. 对外经贸实务. 2007 (07).

[1774] 汪昊. 市场经济发展与税收中性关系的思考 [J]. 扬州大学税务学院学报. 2007 (02).

[1775] 汪红霞. 福建电信启动二级干线建设, 烽火光网络设备全力助阵 [J]. 烽火科技报. 2007 (12).

[1776] 汪乾. 新俄罗斯的巨富们——浅析俄罗斯寡头兴起之原因 [J]. 安徽冶金科技职业学院学报. 2007 (01).

[1777] 汪秋明. 政府规制失灵的发生与解决: 基于信息不对称角度的研究综述 [J]. 产业经济研究. 2007 (06).

[1778] 汪拥军, 文福拴, 孙东川. 基于价格歧视的区域差别电价机制 [J]. 电力自动化设备. 2007 (03).

[1779] 汪云. 基于寻租行为的政府投资项目代建制下三方博弈分析 [J]. 建筑设计管理. 2007 (03).

[1780] 王蓓. 我国土地征收权行使现状及其规制研究 [J]. 消费导刊. 2007 (11).

[1781] 王斌, 蔡宏波. 中国电信服务市场准入管制的随机试验模型分析 [J]. 财经研究. 2007 (12).

[1782] 王才良. 美国石油史上政府对石油生产的管制 [J]. 中国石化. 2007 (05).

[1783] 王晨, 姜丽丽. 我国自然垄断行业价格管制问题初探 [J]. 职业圈. 2007 (23).

[1784] 王崇明. 不同市场结构下的创新采用决策分析 [J]. 湖南财经高等专科学校学报. 2007 (06).

[1785] 王聪，谭政勋．我国商业银行效率结构研究 [J]．经济研究．2007 (07)．

[1786] 王道高．完全市场经济条件下垄断企业行为分析 [J]．商场现代化．2007 (08)．

[1787] 王德朋．中国古代盐业专卖制度的经济学分析——以金代为例 [J]．江西财经大学学报．2007 (02)．

[1788] 王德平，鲁耀斌，张龙．基于博弈论的烟草工业组织结构调整研究 [J]．工业技术经济．2007 (01)．

[1789] 王东杰，孟淑云．对中国企业跨地区兼并问题的思考 [J]．社科纵横．2007 (08)．

[1790] 王芳芳．股权结构与公司绩效——基于中部六省上市公司的实证分析 [J]．全国商情(经济理论研究)．2007 (02)．

[1791] 王飞．空间双寡头竞争下的创新扩散——基于博弈论的模型 [J]．南开经济研究．2007 (03)．

[1792] 王菲，陶俊卿．FDI 对我国零售业市场结构的影响 [J]．全国商情 (经济理论研究)．2007 (11)．

[1793] 王斐民，申嘉．论城市出租车业的竞争与管制 [J]．法学杂志．2007 (03)．

[1794] 王峰，王树军，周升飞．药品使用领域监管问题及对策分析 [J]．中国药事．2007 (02)．

[1795] 王关义，高海涛．浅析网络经济下企业组织结构变化的特征 [J]．生产力研究．2007 (17)．

[1796] 王广凤，肖春华．我国装备制造业外资并购中的政府干预 [J]．中国科技论坛．2007 (06)．

[1797] 王国兵．国有企业内部人控制与国有资产流失：一个合谋的视角 [J]．江汉论坛．2007 (04)．

[1798] 王国俊．我国自然垄断企业的反垄断规制中存在的问题 [J]．当代经济 (下半月)．2007 (12)．

[1799] 王海．串通合谋涨价的幕后 [J]．现代营销 (经营版)．2007 (10)．

[1800] 王海杰．对外资并购的反垄断法规制：——保护民族产业，提升国家竞争力 [J]．东方企业文化．2007 (07)．

[1801] 王海．美国传媒集中化的市场机制 [J]．广东外语外贸大学学报．2007 (02)．

[1802] 王海．中西传媒业集中化比较 [J]．新闻界．2007 (02)．

[1803] 王皓，周黎安．中国轿车行业的合谋与价格战 [J]．金融研究．2007 (02)．

[1804] 王鹤，张婷，韩英豪，等．考虑服务质量的输配电价格管制模型研究 [J]．现代电力．2007 (03)．

[1805] 王鹤，张怡．电力市场中供电质量及其监管问题研究 [J]．改革与战略．2007 (S1)．

[1806] 王红茹，侯兆晓．成长青谈跨国并购内幕 [J]．中国经济周刊．2007 (40)．

[1807] 王䓖．网络银行服务的定价策略 [J]．中国物价．2007 (05)．

[1808] 王华．对上市公司关联交易实行联合审计的探讨 [J]．绿色财会．2007 (01)．

[1809] 王华．具有转换成本特征的市场研究新进展及其对我国的启示 [J]．科技创业月刊．2007 (12)．

[1810] 王怀章，朱晓燕．论证券投资基金管理人在证券民事诉讼中的缺位及其规制——以投资者权益保护为视角 [J]．经济研究导刊．2007 (09)．

[1811] 王惠，符策，陈燕．港口市场结构分析 [J]．商场现代化．2007 (26)．

[1812] 王慧．建立战略联盟　深化银保合作——基于一个博弈模型的分析 [J]．山西财经大学学报．2007 (S1)．

[1813] 王济哲．“涨价联盟”解体后的期待［J］．乡音．2007（09）．

[1814] 王继平，陈甬军．美国反垄断兼并指南变迁中经济学家的作用及其启示［J］．产业经济研究．2007（02）．

[1815] 王加银，王文海，唐晔生．企业兼并的节税“处方”［J］．税收征纳．2007（02）．

[1816] 王建康，王颖．退耕还林中地方政府行为约束机制研究［J］．中共宁波市委党校学报．2007（06）．

[1817] 王建明，李颖灏，贺爱忠．价格上限管制理论与实践评述［J］．社会科学战线．2007（04）．

[1818] 王建漳，陈天慈．跨国公司进入对我国产业壁垒的影响［J］．漳州师范学院学报（哲学社会科学版）．2007（02）．

[1819] 王剑锋．三级价格歧视对垄断厂商利润的影响机制及数学表示［J］．价格月刊．2007（11）．

[1820] 王江．跨国公司在华投资进入模式的经济效应分析［J］．特区经济．2007（08）．

[1821] 王菁，刘文．国外食品召回制度的现状与特点以及对我国的启示［J］．食品科技．2007（12）．

[1822] 王婧玮．以山东临工曲线 MBO 为例论大股东与管理层合谋［J］．中山大学研究生学刊（社会科学版）．2007（03）．

[1823] 王居凤，柳春锋．寡头竞争模型在旅游联盟协议中的应用［J］．数学的实践与认识．2007（09）．

[1824] 王娟，马进军．网络经济下的顾客价值分析［J］．商业时代．2007（19）．

[1825] 王军华．网络经济下生产的变革分析［J］．商场现代化．2007（15）．

[1826] 王军．“谁来监管监管者”不是关键［J］．IT 经理世界．2007（09）．

[1827] 王俊豪，程肖君．自然垄断产业的网络瓶颈与接入管制政策［J］．财经问题研究．2007（12）．

[1828] 王俊豪．管制经济学学科建设的若干理论问题——对这一新兴学科的基本诠释［J］．中国行政管理．2007（08）．

[1829] 王俊豪，王建明．中国垄断性产业的行政垄断及其管制政策［J］．中国工业经济．2007（12）．

[1830] 王可山，郭英立．食品质量安全政府管制缺陷及其完善［J］．改革与战略．2007（04）．

[1831] 王可山，李秉龙．食品安全问题及其规制探讨［J］．现代经济探讨．2007（04）．

[1832] 王可瑜，王平心．公共信息产品与股票市场失灵［J］．统计与决策．2007（18）．

[1833] 王克锋．浅析审计风险的产生及规避［J］．辽宁教育行政学院学报．2007（12）．

[1834] 王磊，赵朝阳．我国旅行社业政府职能存在的误区及其转变方向［J］．农业科技与信息．2007（07）．

[1835] 王莉莉．中国制造业生产率及其差异的实证研究［J］．黑龙江对外经贸．2007（10）．

[1836] 王礼生．中国电视业市场结构实证分析［J］．系统工程．2007（05）．

[1837] 王立成．我国自然垄断行业价格管制问题与对策［J］．科技促进发展．2007（04）．

[1838] 王立平．规制与放松规制：美国铁路体制改革的启示［J］．郑州航空工业管理学院学报．2007（06）．

[1839] 王立勇，杨苜，程延炜．国外宏观调控理论研究与借鉴［J］．社会科学辑刊．2007（04）．

[1840] 王丽芳，庞一芳．关于电力市场化改革的思考［J］．内蒙古电大学刊．2007（01）．

[1841] 王丽娜，王健，王利燕．实行药品专卖　破解药价虚高 [J]．中国卫生事业管理．2007 (02)．

[1842] 王丽娜．委托代理结构中外部性问题研究 [J]．东北大学学报（自然科学版）．2007 (01)．

[1843] 王利军．道路运输业规制改革探讨 [J]．交通标准化．2007 (Z1)．

[1844] 王利强．电力市场中市场力成因分析 [J]．中国高新技术企业．2007 (14)．

[1845] 王烈．铁路运输网络特征的分析与探讨 [J]．铁道运输与经济．2007 (03)．

[1846] 王璐，黄红梅．供水行业价格规制模型及政策建议 [J]．价格月刊．2007 (07)．

[1847] 王璐，赵胜利，陶红茹．基于自然垄断性：对供水行业进行规制的必要性分析 [J]．产业与科技论坛．2007 (09)．

[1848] 王媚莎．商业银行信息披露质量的成本收益分析及其运用 [J]．海南金融．2007 (04)．

[1849] 王淼．强化 SCM 协议对间接补贴的规制 [J]．现代商业．2007 (08)．

[1850] 王明昊．试析卷烟零售点的"合理布局" [J]．湖南烟草．2007 (05)．

[1851] 王明宇．国资委力挺宝钢扩张 [J]．中国经济周刊．2007 (19)．

[1852] 王楠．推土机市场集中度进一步提升 [J]．工程机械与维修．2007 (11)．

[1853] 王能，郑丕谔．房地产市场中政企合谋的方式和防范对策 [J]．经济导刊．2007 (06)．

[1854] 王宁宁．自然垄断的动态演变及政府管制政策的调整 [J]．科技情报开发与经济．2007 (10)．

[1855] 王朋，徐怀伏．养老保险中政府行为与市场行为的均衡分析 [J]．中国医药技术经济与管理．2007 (08)．

[1856] 王鹏．我国乳制品业市场竞争程度分析 [J]．内蒙古财经学院学报．2007 (02)．

[1857] 王萍，王立霞．我国开设股指期货可能面临的风险分析 [J]．时代金融．2007 (12)．

[1858] 王启亮，张兵．企业并购中的文化整合模式与策略 [J]．铜陵学院学报．2007 (01)．

[1859] 王千红．我国银行信用卡市场特征的经济博弈分析 [J]．经济理论与经济管理．2007 (05)．

[1860] 王秋菲，李凯．纵向 RJVs 研发成本分担机制 [J]．系统工程．2007 (05)．

[1861] 王全在．旅游企业资本运作模式分析 [J]．经济论坛．2007 (18)．

[1862] 王荣，马扬，刘天卓．双寡头垄断行业技术创新模型中的混沌控制探讨 [J]．科研管理．2007 (03)．

[1863] 王荣，谭俊兰．SCP 视角下我国汽车产业的市场结构分析 [J]．商场现代化．2007 (05)．

[1864] 王锐．垄断对我国行业收入分配的影响及对策研究 [J]．江西行政学院学报．2007 (01)．

[1865] 王飒．我国利用外国直接投资存在的几点问题及对策 [J]．商业经济．2007 (04)．

[1866] 王森．中国金融改革的热点与走向 [J]．经济问题．2007 (04)．

[1867] 王升，于国恩，尹玉涛．我国企业并购中存在的问题及解决对策 [J]．财会通讯（理财版）．2007 (06)．

[1868] 王石川．"晒工资"晒出的隐秘和沉重 [J]．观察与思考．2007 (Z1)．

[1869] 王石．关于廉租屋建设和房地产寡头垄断 [J]．现代营销（学苑版）．2007 (12)．

[1870] 王世贵．国有商业银行规模报酬分析 [J]．金融理论与实践．2007 (07)．

[1871] 王世袭．试论企业合并反垄断审查中的地理市场界定 [J]．湖北经济学院学报（人文

社会科学版）. 2007（10）.

［1872］王守栋. 对历史上土地集中的再评价［J］. 安徽农业科学. 2007（25）.

［1873］王淑明，冯乔棣. 依法治烟的新举措——省烟草学会成立法律顾问委员会［J］. 湖南烟草. 2007（06）.

［1874］王铁山，詹政，冯宗宪. 美国对外资进入的安全审查制度及启示［J］. 经济纵横. 2007（23）.

［1875］王廷贵. 政府规制与我国电信业［J］. 辽宁医学院学报（社会科学版）. 2007（01）.

［1876］王廷惠. 市场过程内生的垄断：市场权势和自然垄断［J］. 财经研究. 2007（01）.

［1877］王婷，李珏玮，张英. 公办养老院存在的必要性［J］. 中国老年学杂志. 2007（12）.

［1878］王万山. 庇古与科斯的规制理论比较［J］. 贵州财经学院学报. 2007（03）.

［1879］王威. 跨国公司创新网络的共生范式分析［J］. 财贸研究. 2007（02）.

［1880］王威. 我国媒介广告市场集中度分析［J］. 国际新闻界. 2007（04）.

［1881］王维静，曹乾. 我国保险业的市场结构演进及其决定因素分析［J］. 宜宾学院学报. 2007（04）.

［1882］王伟，陈绍刚. 两厂商情形下三度价格歧视的有效性研究［J］. 电子科技大学学报. 2007（S1）.

［1883］王纬，梁嘉骅，孙亚芳. 产业集群形成因素分析［J］. 山西经济管理干部学院学报. 2007（01）.

［1884］王文峰，奚菁. 创业型营销理念在网络经济环境中的应用［J］. 企业活力. 2007（02）.

［1885］王文岩，孙灵燕. 网络经济对国际技术扩散的影响及对我国的启示［J］. 经济问题探索. 2007（04）.

［1886］王雯婧，徐晓莉. 价格歧视及其应用研究［J］. 生产力研究. 2007（17）.

［1887］王希军. 同样的现象　不一样的本质［J］. 中国畜牧杂志. 2007（12）.

［1888］王锡源. 破解医改难题关键在于纠正市场与政府的双失灵——中国医疗体制改革的经济学分析［J］. 经济与管理. 2007（08）.

［1889］王熙亮，张运东. 谁会拖垮美国电网——对美国电网市场化改革的反思［J］. 国家电网. 2007（06）.

［1890］王喜凤. 加强对垄断行业的价格监管［J］. 粤港澳市场与价格. 2007（05）.

［1891］王喜燕，肖剑鸣. 知识产权领域的反垄断问题研究［J］. 科技信息（学术版）. 2007（02）.

［1892］王先甲，韩东，王广民. 基于可竞争市场理论的输电市场管制机制设计［J］. 系统工程理论与实践. 2007（06）.

［1893］王先林. 滥用市场支配地位与知识产权［J］. 电子知识产权. 2007（07）.

［1894］王先林. 中国反垄断法草案中的滥用市场支配地位与滥用知识产权［J］. 中国工商管理研究. 2007（06）.

［1895］王小宁. 加强垄断行业价格监管　促进社会和谐发展［J］. 宏观经济管理. 2007（10）.

［1896］王晓东，赵升. 企业效率测量综述［J］. 经济师. 2007（12）.

［1897］王晓峰. 中亚三国外资经营活动监管比较研究［J］. 新疆大学学报（哲学人文社会科学版）. 2007（01）.

［1898］王晓辉. 集群企业战略联盟国际化经营研究［J］. 商业时代. 2007（32）.

［1899］王晓静. 论我国离岸金融市场的发展方向［J］. 商场现代化. 2007（07）.

［1900］王晓亮．我国房地产行业的 SCP 范式浅析［J］．山西建筑．2007（33）．

［1901］王新业．微软：垄断开始“危软”？［J］．经营者．2007（19）．

［1902］王馨．银行业准入退出管制的动态改进问题研究［J］．金融研究．2007（09）．

［1903］王兴维．国企重组的企业文化整合问题初探［J］．中国民用航空．2007（08）．

［1904］王兴芝，袁德利，张子健．重构企业边界：兼并与分拆［J］．沿海企业与科技．2007（11）．

［1905］王秀屏．市场准入的挑战［J］．世界电信．2007（08）．

［1906］王学斌．银行卡的网络经济特征：一个文献综述［J］．世界经济文汇．2007（04）．

［1907］王学伦．我国城市公用事业发展的探索［J］．城市与减灾．2007（05）．

［1908］王学鑫，张雪楠．东北老工业基地国企改革中企业并购的风险分析［J］．商业经济．2007（02）．

［1909］王雪，李露，甘青树．对我国煤炭产业过度竞争的探究［J］．经济论坛．2007（05）．

［1910］王雪萍，张成虎．我国银行卡产业市场结构与绩效的实证研究［J］．山西财经大学学报．2007（11）．

［1911］王亚玲．环境型非政府组织与循环经济发展［J］．经济体制改革．2007（02）．

［1912］王岩云．和谐社会目标下的知识产权保护研究［J］．河北经贸大学学报．2007（01）．

［1913］王艳杰．WTO 过渡期满后我国服务业和服务贸易的规制分析［J］．哈尔滨商业大学学报（社会科学版）．2007（03）．

［1914］王燕．基于空间和时间维度的航空公司价格博弈［J］．中国流通经济．2007（09）．

［1915］王燕，李文兴．基于多重委托—代理关系的规制俘虏模型研究［J］．北京交通大学学报（社会科学版）．2007（04）．

［1916］王燕．直销自律组织可效仿保险业联会［J］．知识经济（中国直销）．2007（02）．

［1917］王耀军，解媛．战略性贸易政策及其在我国的适用性分析［J］．商场现代化．2007（35）．

［1918］王耀中，邬凡．区域经济一体化背景下的技术标准化［J］．求索．2007（12）．

［1919］王业军，栾向晶，章扬．网络经济环境下中小企业信息管理策略分析［J］．商场现代化．2007（14）．

［1920］王晔．网络产品的界定及对企业市场策略的影响［J］．科技管理研究．2007（03）．

［1921］王晔．网络经济环境下传统型企业策略转变分析［J］．科技管理研究．2007（09）．

［1922］王一军，王筱萍．风险投资主体借助保险分散风险的模式初探［J］．现代财经（天津财经大学学报）．2007（11）．

［1923］王银光．中国银行业改革绩效研究［J］．南方金融．2007（10）．

［1924］王英利，袁正．网络经济的优势及其在我国的发展［J］．宏观经济管理．2007（12）．

［1925］王瑛，柴华奇．中国连锁零售业集中度研究——基于地理区位角度［J］．财贸经济．2007（10）．

［1926］王鹰．制胜取决于谁拥有绝对的营销渠道［J］．通信企业管理．2007（07）．

［1927］王莹．IP 业兼并开始，MIPS 收购模拟 IP 公司［J］．电子产品世界．2007（11）．

［1928］王涌，高阳．自然垄断产业政府规制的需求分析［J］．生产力研究．2007（05）．

［1929］王友，王云峰．电子商务的发展及其对现代商务的促进作用［J］．河北大学学报（哲学社会科学版）．2007（01）．

［1930］王宇飞．发电侧寡头垄断市场的均衡分析［J］．陕西电力．2007（04）．

［1931］王钰，刘成军．我国银行卡业务面对国际竞争的发展战略研究［J］．哈尔滨商业大学学报（社会科学版）．2007（06）．

[1932] 王煜明．如何控制政府投资工程项目“低价中标、高价结算”现象［J］．工程与建设．2007（02）．

[1933] 王运祥．基于目标管理的煤矿企业绩效管理研究［J］．安徽理工大学学报（社会科学版）．2007（04）．

[1934] 王再平．中国烟草产业组织分析［J］．新西部．2007（02）．

[1935] 王占军，万勇斌．涉危企业“安全”发展要论［J］．特区经济．2007（02）．

[1936] 王兆君，孙延华．我国公用事业价格管制存在的问题及对策研究［J］．哈尔滨市委党校学报．2007（02）．

[1937] 王珍．改进我国上市公司会计信息披露管制的建议［J］．边疆经济与文化．2007（04）．

[1938] 王正儒，张小盟．自来水业民营化改革与政府管制的实证分析［J］．宁夏社会科学．2007（01）．

[1939] 王枝茂．企业价格行为与市场秩序［J］．中国物价．2007（05）．

[1940] 王志芳．对英、美水产业管制体制的比较分析［J］．中国集体经济（下半月）．2007（09）．

[1941] 王中亮．食品安全监管体制的国际比较及其启示［J］．上海经济研究．2007（12）．

[1942] 王中美．电信重组与破除垄断另一种思路［J］．中国新通信．2007（12）．

[1943] 王中美．外资在华并购的反垄断规制问题研究［J］．世界经济研究．2007（08）．

[1944] 王中美．一站式审查跨国兼并的欧洲经验及多边借鉴［J］．国际论坛．2007（05）．

[1945] 王中美．在华跨国并购的垄断影响及其规制［J］．世界经济研究．2007（02）．

[1946] 王忠文．建立城轨交通系统市场准入制度的借鉴与思考［J］．现代城市轨道交通．2007（01）．

[1947] 王仲君．城市化的非理性行为分析［J］．苏州科技学院学报（社会科学版）．2007（02）．

[1948] 王仲文．我国公共产品价格机制的现状及改进对策［J］．行政论坛．2007（04）．

[1949] 王自强．美国向 WTO 投诉中国的理由不成立［J］．中国经济周刊．2007（16）．

[1950] 卫广娜．和谐社会背景下的行业社会责任——培育大品牌　打造核心竞争力　构建和谐烟草［J］．新世纪周刊．2007（15）．

[1951] 卫广娜．降焦减害：烟草行业最核心责任［J］．新世纪周刊．2007（21）．

[1952] 卫伟．自然垄断行业定价探讨［J］．机械管理开发．2007（02）．

[1953] 未瑞，韩英豪．浅谈电力市场化条件下的电价管制［J］．中国电力教育．2007（S2）．

[1954] 魏冬，韩作珍．国有资产流失及其治理之道［J］．商丘师范学院学报．2007（02）．

[1955] 魏国江，林子华．论企业的性质——资源垄断下的准租创造与获取［J］．福建师范大学学报（哲学社会科学版）．2007（04）．

[1956] 魏火艳．战略网络视角下企业竞争优势的构建［J］．江苏商论．2007（05）．

[1957] 魏建森．城市公用事业民营化改革中的政府责任分析［J］．工会论坛（山东省工会管理干部学院学报）．2007（01）．

[1958] 魏建，张勇．关于商业银行股东监管的研究［J］．制度经济学研究．2007（03）．

[1959] 魏杰．价格的全面上涨及其带来的社会问题［J］．经济研究导刊．2007（11）．

[1960] 魏军．从行业收入差距看“反垄断”［J］．当代经济．2007（05）．

[1961] 魏军．我国行业收入差距的现状、问题与对策建议［J］．内蒙古师范大学学报（哲学社会科学版）．2007（03）．

[1962] 魏军，徐燕．全面、客观地看待我国的行业收入差距［J］．中国物价．2007（05）．

[1963] 魏丽丽．浅论企业合并与反垄断法 [J]．辽宁行政学院学报．2007 (06).

[1964] 魏璐．反公用事业垄断的再思考——结合民营化改革谈公用事业的反垄断规制 [J]．社科纵横（新理论版）．2007 (01).

[1965] 魏宁．欧佩克市场策略的经济学解读 [J]．技术与市场．2007 (01).

[1966] 魏倩．金融管制的三种模式——比较与评析 [J]．世界经济情况．2007 (10).

[1967] 魏微．对于中国电信业进入壁垒的研究 [J]．东方企业文化．2007 (05).

[1968] 魏霞．基于博弈论下的政府与企业的关系 [J]．法制与社会．2007 (11).

[1969] 魏震波，曹文雨，王志强，等．博弈论在上网竞价中的应用 [J]．四川电力技术．2007 (02).

[1970] 温丹辉，吕廷杰．数据背后的中国移动通信市场 [J]．北京邮电大学学报（社会科学版）．2007 (01).

[1971] 文启湘．政府规制理论的新探索——评《我国公用事业政府规制的有效性研究》[J]．财贸研究．2007 (06).

[1972] 文人．食品包装市场准入　食品质量安全新起点 [J]．福建质量信息．2007 (05).

[1973] 文摘天地 [J]．丝绸．2007 (11).

[1974] 文竹．PMC-Sierra 公司：主打 WiMAX 与 FTTH [J]．数字通信世界．2007 (11).

[1975] 胡媛媛．我国民航电子客票浅析 [J]．现代经济．2007 (10).

[1976] 吴艾君．道路运输业价格规制探讨 [J]．公路与汽运．2007 (03).

[1977] 吴滨，朱孝忠．石油行业产业集中度与技术创新战略 [J]．中外企业文化．2007 (07).

[1978] 吴冰．我国证券公司的规模经济与并购重组 [J]．生产力研究．2007 (15).

[1979] 吴陈，雷静．企业实施成本领先战略的分析与探讨 [J]．川化．2007 (03).

[1980] 吴成兵．信息经济下的网络外部性研究 [J]．商业时代．2007 (15).

[1981] 吴成文．国有企业被兼并后管理整合的探讨 [J]．今日科技．2007 (06).

[1982] 吴凤丽．浅论引入听证制度加强格式合同规制 [J]．北方经济．2007 (19).

[1983] 吴冠雄，梁凤妍．论亚洲金融危机中政府监管失灵对中国的启示 [J]．商场现代化．2007 (36).

[1984] 吴光芸．政治经济学视角下的行政垄断及其治理 [J]．湖北经济学院学报．2007 (06).

[1985] 吴国权．从感情逻辑到利益逻辑——中国家族企业中的信任及其规制 [J]．新疆财经学院学报．2007 (01).

[1986] 吴国权，刘颖．家族企业结构升级中的信任机制变迁 [J]．经济与管理．2007 (04).

[1987] 吴海民．我国旅游业上市公司运营效率评价研究——基于 2005 年截面数据的 DEA 包络分析 [J]．五邑大学学报（自然科学版）．2007 (01).

[1988] 吴海晓．完善我国社会保障基金管理的思考 [J]．广西教育学院学报．2007 (01).

[1989] 吴汉洪，单向前．中国企业横向并购指南探讨 [J]．社会科学．2007 (05).

[1990] 吴昊．网络外部性市场后入者的进入壁垒研究 [J]．世界经济情况．2007 (03).

[1991] 吴继侠．我国石油企业跨国经营的风险分析 [J]．徐州师范大学学报（哲学社会科学版）．2007 (05).

[1992] 吴建军．反垄断的产权分析 [J]．湖北行政学院学报．2007 (01).

[1993] 吴金群，耿依娜．公司治理变迁中的政府介入研究 [J]．中南财经政法大学学报．2007 (05).

[1994] 吴晶．道德风险下的垄断均衡 [J]．中国药物经济学．2007 (02).

[1995] 吴克忠．一根线上的蚂蚱为何还有矛盾？[J]．信息系统工程．2007（03）．

[1996] 吴兰仙．论产品与品牌的排他性及其创造 [J]．经济问题探索．2007（10）．

[1997] 吴亮．规制外资并购 [J]．瞭望．2007（38）．

[1998] 吴玲．排污权交易制度研究的理论基础 [J]．中国农学通报．2007（04）．

[1999] 吴冕，肖竞，向宁．帝亚吉欧　全球老大的魅力 [J]．中国科技财富．2007（04）．

[2000] 吴娜，张志乾．跨国公司新设投资和横向并购的博弈分析 [J]．市场论坛．2007（10）．

[2001] 吴娉娉．跨国公司横向一体化战略及对我国的启示 [J]．大众科技．2007（06）．

[2002] 吴憩棠．在兼并重组中发展壮大——评大陆集团收购西门子·威迪欧 [J]．汽车与配件．2007（36）．

[2003] 吴悫华，袁以美．QFII制度与我国期货市场的发展 [J]．广东水利电力职业技术学院学报．2007（01）．

[2004] 吴荣亮，詹灵敏，熊志平．对农村信用社发展社团贷款的实践与思考 [J]．福建金融．2007（02）．

[2005] 吴若晗．对中国跨国企业兼并发展道路的理论分析与现实研究 [J]．黑龙江对外经贸．2007（02）．

[2006] 吴士健，高珣琇，刘新民．企业兼并理论的演进与研究现状 [J]．山东工商学院学报．2007（06）．

[2007] 吴维海．中国电视购物企业如何实现规模经济 [J]．电视研究．2007（10）．

[2008] 吴夕晖．论中国企业兼并过程中存在的问题 [J]．商场现代化．2007（03）．

[2009] 吴向．药品审批“三制一化”截住腐败黑手 [J]．健康大视野．2007（04）．

[2010] 吴晓静，李荣华．双寡头合谋的经济学分析——以中国电信、中国网通两大集团《合作协议》为例 [J]．现代管理科学．2007（09）．

[2011] 吴欣望，朱全涛．中国市场结构特征及反垄断法的新任务 [J]．统计与决策．2007（21）．

[2012] 吴旭日．浅谈GATS中的市场准入与国内规制的关系问题 [J]．湖南农机．2007（01）．

[2013] 吴轩．加强成本监审是规范垄断行业价格行为的必然要求 [J]．中国经贸导刊．2007（05）．

[2014] 吴学安．公布房价成本，政府该有所作为 [J]．城市开发．2007（08）．

[2015] 吴亚琴．食品饮料行业整合催生巨头 [J]．证券导刊．2007（32）．

[2016] 吴艳霞，张道宏．城市经营中政府的职能与创新策略 [J]．经济纵横．2007（11）．

[2017] 吴一平．规制分权化对电力行业发展的影响：基于中国省级面板数据的经验研究 [J]．世界经济．2007（02）．

[2018] 吴英娜．WTO框架下国际电信服务贸易及对我国发展电信服务贸易的思考 [J]．中山大学学报论丛．2007（04）．

[2019] 吴玉督，王天龙．政府干预的效率边界 [J]．经济理论与经济管理．2007（04）．

[2020] 吴元波．试论我国政府规制自然垄断行业的“囚徒困境”[J]．社会科学辑刊．2007（05）．

[2021] 吴元波．试析大都市郊区化进程中农村土地征用（征收）制度 [J]．经济体制改革．2007（02）．

[2022] 吴云飞，张华平，鄢阳．我国通信行业市场结构分析 [J]．商业文化（学术版）．2007（06）．

[2023] 伍江．不完全信息下跨国兼并模型分析 [J]. 新疆财经．2007 (04).

[2024] 伍金娥，常超．我国食品安全保障体系的探析 [J]. 中国食物与营养．2007 (12).

[2025] 伍徐俊，刘华章．关于浙江平阳加强木质渔船质量管理的几点建议 [J]. 中国渔业经济．2007 (05).

[2026] 武冬妹，陈立伟，乔雪飞．新形势下会计监管体系分析 [J]. 现代经济信息．2007 (05).

[2027] 武建强．基于 SCP 范式的宁波财产保险市场研究 [J]. 宁波经济 (三江论坛). 2007 (07).

[2028] 武群丽，牛东晓．粮食价格管制中的效率与收入分配研究 [J]. 中国流通经济．2007 (03).

[2029] 武巍，刘卫东，刘毅．中国地区银行业金融系统的区域差异 [J]. 地理学报．2007 (12).

[2030] 武伟，司岩峰，陈梅梅，等．中俄天然气管道建设进程迟滞因素透析 [J]. 经济论坛．2007 (06).

[2031] 武咸云，张克让．探究“十一五”期间我国产业结构调整的政策取向 [J]. 乡镇经济．2007 (01).

[2032] 武翔宇，董运来．中国小额信贷监管研究 [J]. 经济纵横．2007 (06).

[2033] 武晓玲，张亚琼，周水龙．我国会计师事务所规模与审计质量关系研究 [J]. 宁夏大学学报 (人文社会科学版). 2007 (04).

[2034] 武永义．规模经济与范围经济：优化农村公共产品配置的一个视角 [J]. 西部财会．2007 (09).

[2035] 武振．关于境外“热钱”投机北京房地产市场的思考 [J]. 建筑经济．2007 (04).

[2036] 武志红．我国公用事业民营化进程中政府的责任 [J]. 理论导刊．2007 (08).

[2037] 夕照．大红鹰：品牌＋产品，打赢烟草营销战 [J]. 现代交际．2007 (02).

[2038] 西安市人民政府办公厅关于印发《2007 年西安市食品安全专项整治方案》的通知 [J]. 西安市人民政府公报．2007 (09).

[2039] 习文静．中国石油产业市场结构的发展趋势分析 [J]. 山西财经大学学报．2007 (06).

[2040] 席俊生．企业兼并及其财务问题 [J]. 时代经贸 (下旬刊). 2007 (12).

[2041] 袭亮，徐晖．市政公用事业政府监管体制改革的几点思考 [J]. 山东行政学院山东省经济管理干部学院学报．2007 (05).

[2042] 夏锋．转型期公共服务供求矛盾的政府经济学分析 [J]. 经济研究参考．2007 (61).

[2043] 夏华强．中国产业加快从分散到寡头垄断竞争 [J]. 经济导刊．2007 (12).

[2044] 夏华．中美公众对收入差距的反应差异探讨 [J]. 现代财经 (天津财经大学学报). 2007 (05).

[2045] 夏美芳．我国房地产市场垄断性分析 [J]. 世界经济情况．2007 (10).

[2046] 夏明．生产率增长的规模递增效应与经济结构转变——卡尔多—凡登定律对中国经济适用性的检验 [J]. 经济理论与经济管理．2007 (01).

[2047] 夏朋，倪晋仁．政府管制下的水权制度博弈分析 [J]. 中国人口．资源与环境．2007 (05).

[2048] 夏绍模，张宗益，杨俊．基于导向 DEA 模型多阶段求解方法对我国钢铁主营上市公司效率测定的实证分析 [J]. 软科学．2007 (03).

[2049] 夏世进．民营企业进入国防工业市场的博弈分析 [J]. 军事经济研究．2007 (10).

[2050] 夏同水．中外企业并购动机比较分析［J］．中国流通经济．2007（03）．

[2051] 夏鑫，俞宏．煤矿环境审计评价指标体系初探［J］．中国煤炭．2007（07）．

[2052] 夏勇峰．Google狙击微软 冰山与航母的碰撞［J］．信息系统工程．2007（07）．

[2053] 夏智勇．试论我国反垄断法对经济垄断的规制［J］．科技信息（学术版）．2007（02）．

[2054] 厦华获"联合国采购供应商"市场准入资质——中国自有品牌厦华PRIMA平板电视批量进入联合国系统使用［J］．TWICE消费电子商讯．2007（07）．

[2055] 咸宁烟草专卖局［J］．中国监察．2007（08）．

[2056] 香港11年蝉联世界最自由经济体的金钥匙［J］．2007．

[2057] 向川，杨冬民，张红旗，等．从信息不对称角度看自然垄断行业与政府管制［J］．陕西电力．2007（09）．

[2058] 向桂东．专卖营销管理信息系统的应用效果与体会［J］．湖南烟草．2007（01）．

[2059] 向吉英．香港航空货运业市场结构与竞争态势分析［J］．亚太经济．2007（02）．

[2060] 项文彪，曾平．我国烟草工业面临的挑战和对策研究［J］．江苏商论．2007（12）．

[2061] 小金．"好利来"月饼遭上海工商查处［J］．商品与质量．2007（Z8）．

[2062] 小企业频频发动专利攻击［J］．稀土信息．2007（02）．

[2063] 肖鸿燚．唐宋时期政府对旅馆业的干预［J］．开封大学学报．2007（01）．

[2064] 肖华．市政公用事业理应由政府办［J］．秘书之友．2007（02）．

[2065] 肖坚．垄断行业价格监管缺失现象及其治理对策［J］．价格与市场．2007（08）．

[2066] 肖坚．完善垄断行业价格监管问题的探讨［J］．价格月刊．2007（08）．

[2067] 肖坚．以科学发展观强化垄断行业价格监管［J］．粤港澳市场与价格．2007（05）．

[2068] 肖江平．运输市场垄断的成因与法律规制［J］．综合运输．2007（10）．

[2069] 肖培耻．并购协同效应的分类及作用机制［J］．商场现代化．2007（31）．

[2070] 肖鹏．我国公共服务政府与社会分担机制研究［J］．经济纵横．2007（05）．

[2071] 肖潇．反垄断法所规制的跨国公司在华垄断行为博弈分析［J］．中北大学学报（社会科学版）．2007（04）．

[2072] 肖晓军．特许经营制在我国目前公用事业市场化中面临的问题［J］．城市发展研究．2007（03）．

[2073] 肖新友，聂鸣，刘义．高技术产业区创新网络的竞争优势研究［J］．科技管理研究．2007（02）．

[2074] 肖兴志，孙阳．规制影响评价的理论、方法与应用［J］．经济管理．2007（06）．

[2075] 肖兴志，王钠．转型期中国煤矿安全规制机制研究——基于激励相容的视角［J］．产业经济评论．2007（01）．

[2076] 肖亚红．内地与香港银行业集中度和市场结构分析［J］．深圳信息职业技术学院学报．2007（01）．

[2077] 肖翌萱．看美国政府如何管市场［J］．西部大开发．2007（02）．

[2078] 肖英才，黄志芳．引入市场准入规制模型解决药价虚高问题的理论分析［J］．商场现代化．2007（24）．

[2079] 肖莹．企业并购中的风险浅析［J］．企业家天地（下半月刊）（理论版）．2007（07）．

[2080] 肖云．促进ICT发展的政策因素［J］．通信管理与技术．2007（05）．

[2081] 肖赞军．当前我国报业市场结构下发行促销的有效性分析［J］．新闻界．2007（01）．

[2082] 肖重祖．工程招投标中围标合谋行为分析［J］．中国西部科技（学术）．2007（07）．

[2083] 谢蓓，曹愉．中印银行业市场结构及竞争程度对比分析［J］．经济体制改革．2007（02）．

[2084] 谢蓓．经济效率与金融稳定：寡头垄断银行业的悖论 [J]．云南社会科学．2007 (01)．

[2085] 谢朝华．基于 DEA 方法的我国商业银行适度规模的实证研究 [J]．金融理论与实践．2007 (03)．

[2086] 谢朝华．所有制管制、行为管制和审慎监管——一个银行管制优化的分析框架 [J]．浙江金融．2007 (04)．

[2087] 谢崇华．买壳上市"壳"的价值分析 [J]．南宁师范高等专科学校学报．2007 (03)．

[2088] 谢德明．论上市公司"掏空"伎俩及规制 [J]．经济纵横．2007 (20)．

[2089] 谢恩，杨东，廖貅武．新成员的加入对供应商网络效率的影响分析 [J]．运筹与管理．2007 (03)．

[2090] 谢兰璋．规模报酬递增在国际贸易理论中的地位与我国的政策选择 [J]．武汉船舶职业技术学院学报．2007 (02)．

[2091] 谢琳惠．我国数字鸿沟的成因及对策探析 [J]．现代情报．2007 (09)．

[2092] 谢罗奇，戴永平．我国资本市场监管的现状与问题 [J]．经济研究导刊．2007 (03)．

[2093] 谢敏．从市场失灵角度对食品安全问题的分析 [J]．消费经济．2007 (06)．

[2094] 谢世诚．兼并重组，钢铁企业信息化的新商机 [J]．微型机与应用．2007 (03)．

[2095] 谢守祥，慕晶敏．基于时间参数 DEA 的江苏省工业生产函数测算 [J]．统计与决策．2007 (19)．

[2096] 谢涛．公共权力岂容"搭售"? [J]．科学决策．2007 (04)．

[2097] 谢自鸾．对我国投资银行兼并业务的思考 [J]．商业文化 (学术版)．2007 (08)．

[2098] 谢作诗，李善杰．树立正确的竞争理念 [J]．经营与管理．2007 (07)．

[2099] 辛莉．绿色贸易壁垒对我国产业的影响 [J]．黑龙江对外经贸．2007 (12)．

[2100] 忻展红，陈玉保．从修正的拉姆塞定价公式看当今电信业的问题 [J]．南京邮电大学学报 (社会科学版)．2007 (03)．

[2101] 新望．打破"规模效益"的神话——访台湾金融研训院院长薛琦 [J]．中国改革．2007 (07)．

[2102] 新准入标准：引发空调行业思考 [J]．建筑装饰材料世界．2007 (07)．

[2103] 邢鸿飞．政府规制中的公共利益考量——以美国电力产业为例证 [J]．江海学刊．2007 (05)．

[2104] 邢日．国企分红：垄断利润开始造福于民 [J]．党政干部文摘．2007 (01)．

[2105] 熊国秀．治理会计信息市场失灵的外部监管措施 [J]．财政监督．2007 (14)．

[2106] 熊江．彩电价格战的博弈论分析 [J]．广西轻工业．2007 (08)．

[2107] 熊晓颖．外资并购中若干法律问题初探 [J]．全国商情 (经济理论研究)．2007 (09)．

[2108] 熊义杰，张聚峰．陕西省网络经济发展及其对策 [J]．情报杂志．2007 (03)．

[2109] 熊毅．我国住房价格中的暴利与管制 [J]．长春工业大学学报 (社会科学版)．2007 (04)．

[2110] 修文彦，任爱胜，冯忠泽，等．美日欧农产品市场准入制度对中国的启示 [J]．农业经济问题．2007 (S1)．

[2111] 秀才．发达国家借助专利挣暴利 [J]．中国发明与专利．2007 (04)．

[2112] 胥莉，陈宏民．基于不同市场结构的银行卡组织绩效研究 [J]．管理工程学报．2007 (03)．

[2113] 胥悦红．网络经济下搜索力经济现象的商业价值分析与发展预示 [J]．商业研究．2007 (03)．

[2114] 徐兵，朱道立．具有网络外部性的扩展 Hotelling 模型［J］．管理科学学报．2007 (01)．

[2115] 徐晨．中国通信市场投资战略联盟成立［J］．中国电子商情（通信市场）．2007 (Z1)．

[2116] 徐春铭，李佳．我国银行业规模效率的实证分析——基于超对数的方法［J］．西南农业大学学报（社会科学版）．2007 (02)．

[2117] 徐德健．国内外食品安全管理体制的比较研究［J］．市场周刊（理论研究）．2007 (11)．

[2118] 徐烽娟．试论我国油气企业反垄断问题［J］．社会科学论坛（学术研究卷）．2007 (02)．

[2119] 徐国平．关于网络经济特征的思考［J］．价格月刊．2007 (10)．

[2120] 徐海云，穆祥滨．双管制终结什么？——输欧产品双管制评析［J］．中国纺织．2007 (11)．

[2121] 徐浩程．在多重力量博弈中前行——对话国家环保总局原副局长张坤民［J］．决策．2007 (10)．

[2122] 徐红辉．谈企业的产品差异化战略［J］．商业时代．2007 (24)．

[2123] 徐宏玲．试论虚拟整合与蛛网组织的关系结构化［J］．外国经济与管理．2007 (11)．

[2124] 徐慧，祁博．北京市出租汽车行业进入壁垒问题研究［J］．市场周刊（理论研究）．2007 (03)．

[2125] 徐慧．浅议当代经济思潮：新自由主义［J］．科协论坛（下半月）．2007 (02)．

[2126] 徐慧．审计合谋的动态博弈分析［J］．时代经贸（下旬刊）．2007 (04)．

[2127] 徐建中，张春平．我国保险企业扩张模式分析［J］．中央财经大学学报．2007 (06)．

[2128] 徐剑华．集装箱班轮公司的生存之道［J］．中国水运．2007 (08)．

[2129] 徐剑华，王铭．世界集装箱航运业兼并大潮的影响及其前景［J］．世界海运．2007 (01)．

[2130] 徐江．房地产宏观调控中的三方动态博弈问题［J］．电子科技大学学报（社科版）．2007 (06)．

[2131] 徐金海．政府监管与食品质量安全［J］．农业经济问题．2007 (11)．

[2132] 徐静．警惕直铺中的信用卡透支陷阱［J］．知识经济（中国直销）．2007 (07)．

[2133] 徐君，邵蓉．中美医疗器械生产企业监督管理之比较与借鉴［J］．中国医疗器械信息．2007 (07)．

[2134] 徐俊，傅宁，王东梅．城市公共交通行业的规制分析［J］．商场现代化．2007 (03)．

[2135] 徐黎．企业并购的财务动机及风险［J］．中国乡镇企业会计．2007 (01)．

[2136] 徐黎．浅谈朱德远见卓识的经济观点［J］．毛泽东思想研究．2007 (01)．

[2137] 徐丽华．战略贸易政策应用于中国航空工业之我见［J］．科技管理研究．2007 (03)．

[2138] 徐马陵．市场失灵 政府干预［J］．每周电脑报．2007 (20)．

[2139] 徐淼，王遥，高宇．关于我国环保产业证券市场融资问题的研究［J］．煤炭经济研究．2007 (05)．

[2140] 徐鹏．加快发展天津港集装箱海铁联运的必要性和可行性［J］．中国港口．2007 (12)．

[2141] 徐瑞娥．中国政府规制改革及政策选择的观点综述［J］．经济研究参考．2007 (18)．

[2142] 徐顺英．金融控股公司的规模经济、范围经济研究［J］．现代管理科学．2007 (09)．

[2143] 徐韬，姜维．中央与地方关系的博弈论分析［J］．职业圈．2007 (10)．

[2144] 徐文超，胡佳敏．网络团购的出路［J］．黑龙江科技信息．2007 (16)．

[2145] 徐喜波，潘雪义．粮食流通监管的问题与对策 [J]．经济师．2007 (04)．

[2146] 徐晓慧，张远超，孟宪强．战略性贸易政策研究进展 [J]．山东经济．2007 (03)．

[2147] 徐彦杰．商业银行效率对经济增长的支持途径 [J]．金融经济．2007 (02)．

[2148] 徐洋．万绿湖生态旅游发展与环境保护的博弈分析 [J]．中国林业经济．2007 (03)．

[2149] 徐振宇，谢志华．零售商跨国扩张与发展中国家的产业组织 [J]．经济与管理研究．2007 (11)．

[2150] 徐智．湖南烟草信息化的一号工程——湖南省卷烟专卖营销管理信息系统概述 [J]．湖南烟草．2007 (01)．

[2151] 许传阳，张安民，张小妮，等．我国旅行社业经营测度的SCP模型分析 [J]．安阳师范学院学报．2007 (05)．

[2152] 许春芳．网络经济发展机理 [J]．工业技术经济．2007 (02)．

[2153] 许道友．信息通讯产业融合下的产业边界和市场结构分析——以电信、广播电视、出版三大产业融合为案例 [J]．科技和产业．2007 (09)．

[2154] 许多．西方商业银行最新发展趋势评述——浅议我国商业银行的发展借鉴 [J]．商业文化（学术版）．2007 (10)．

[2155] 许家旺．论我国证券市场的政府监管及其完善 [J]．法制与社会．2007 (09)．

[2156] 许洁，吴光伟．论我国电力产业政府规制的变迁与阻滞 [J]．经济纵横．2007 (02)．

[2157] 许金菁．我国钢铁产业市场结构与绩效关系研究 [J]．科技情报开发与经济．2007 (13)．

[2158] 许娟．公用事业改革中中介组织的地位及规制 [J]．今日湖北（理论版）．2007 (01)．

[2159] 许军．日美零售业规制政策研究 [J]．经济师．2007 (10)．

[2160] 许珞华．保护竞争与反对垄断 [J]．理论前沿．2007 (06)．

[2161] 许鹏元．美国对转基因食品安全的管制及立法 [J]．东方企业文化．2007 (09)．

[2162] 许石慧．外资并购中产业安全的法律保障机制研究 [J]．内蒙古社会科学（汉文版）．2007 (02)．

[2163] 许太明．银行跨国并购的风险分析 [J]．商业时代．2007 (03)．

[2164] 许小苍，焦勇兵．我国国有商业银行与股份制商业银行规模经济的比较分析：1995－2005 [J]．金融理论与实践．2007 (06)．

[2165] 许小苍，伍大军．我国商业银行规模经济实证研究 [J]．济南金融．2007 (05)．

[2166] 许云飞．打破“定点采购”的新垄断 [J]．中国招标．2007 (14)．

[2167] 许再生．期待直销监管革命 [J]．知识经济（中国直销）．2007 (02)．

[2168] 许展仪，汤秀娟．食品安全管理中的政府行为 [J]．中山大学学报论丛．2007 (05)．

[2169] 薛波．国际金融中心研究的初步发展和“理论衰落” [J]．上海经济研究．2007 (01)．

[2170] 薛澜，沈华，胡汉辉．不对称能力拍卖中的合谋问题研究 [J]．产业经济评论．2007 (02)．

[2171] 薛玲，孙京昇，任志军．中美临检类医疗器械产品监管分析比较 [J]．首都医药．2007 (03)．

[2172] 薛兆丰．反垄断问题的深湛和困难 [J]．中国电子商务．2007 (05)．

[2173] 薛兆丰．企业合并有何危害 [J]．商界（评论）．2007 (08)．

[2174] 雪漫．一分钱成本十多年暴利——手机漫游费何时取消 [J]．现代经济信息．2007 (04)．

[2175] 嫣然．食品添加剂备案 食品安全防患于未然 [J]．福建质量信息．2007 (03)．

[2176] 闫嘉有．论政府在物流业发展中的作用 [J]．国家行政学院学报．2007 (02)．

[2177] 闫森，杜纲．电信普遍服务机制研究［J］．未来与发展．2007（02）．

[2178] 闫书鹏，翟印礼．并购与种子产业发展［J］．商业研究．2007（09）．

[2179] 闫文慧．中国房地产泡沫分析［J］．职大学报．2007（02）．

[2180] 严爱玲，江宏．对我国外资并购反垄断的几点思考［J］．宜宾学院学报．2007（04）．

[2181] 严爱玲，王静思，杨冰．对我国保险业反垄断规制的几点思考［J］．红河学院学报．2007（05）．

[2182] 严贺祥，林柏梁，梁栋．铁路网多项目多阶段投资规划模型［J］．铁道学报．2007（03）．

[2183] 严太华，金煦皓．中国商业银行规模经济的实证分析［J］．生产力研究．2007（11）．

[2184] 严整，周庆．从上市公司的利益冲突看后股权分置时代上市公司的监管［J］．经济体制改革．2007（01）．

[2185] 颜飞．从歧视性价格看厂商放纵盗版行为的动机［J］．商场现代化．2007（26）．

[2186] 颜飞，周国光．网络经济中商品价格变动分析［J］．商场现代化．2007（25）．

[2187] 颜玫．让IT纵横烟草业［J］．每周电脑报．2007（33）．

[2188] 颜萍，江晓华．基于库诺特寡头竞争模型的厂商产量决策［J］．商业文化（学术版）．2007（04）．

[2189] 晏宗新．政府和市场转型与产业政策的新取向［J］．上海经济研究．2007（08）．

[2190] 阳大胜．“房价运动”中房地产中介的价格欺诈与监管［J］．广州市经济管理干部学院学报．2007（01）．

[2191] 杨邦意．浅析“企业之家”的内涵及实现途径［J］．福建论坛（人文社会科学版）．2007（S2）．

[2192] 杨宝莹．论灰色营销及其规制［J］．新西部（下半月）．2007（04）．

[2193] 杨波．技术性贸易壁垒成因：博弈与实证分析［J］．世界经济研究．2007（10）．

[2194] 杨春，刘耀光．基于Malmquist分析的中国玉米生产率增长及收敛性研究［J］．技术经济．2007（07）．

[2195] 杨春，陆文聪．中国玉米生产率增长、技术进步与效率变化：1990－2004［J］．农业技术经济．2007（04）．

[2196] 杨大强．对我国商业银行效率的实证分析［J］．济南金融．2007（05）．

[2197] 杨大威．关于网络经济的若干思考［J］．学术交流．2007（12）．

[2198] 杨凤．政府监管的一种规范分析——传统公共利益理论述评及其政策应用［J］．经济纵横．2007（24）．

[2199] 杨贺，姚建文．网络经济对中小企业竞争力的影响［J］．工业技术经济．2007（05）．

[2200] 杨宏斌，胡亚杰．独立审计准入管制原因经济学解释［J］．合作经济与科技．2007（10）．

[2201] 杨宏．浅谈标准和我国工程机械产业的发展［J］．矿山机械．2007（01）．

[2202] 杨华．城市公用事业公共定价与绩效管理［J］．中央财经大学学报．2007（04）．

[2203] 杨华军，胡奕明．制度环境与自由现金流的过度投资［J］．管理世界．2007（09）．

[2204] 杨焕玲，孙志亮．我国农村非正规金融问题研究［J］．石河子大学学报（哲学社会科学版）．2007（01）．

[2205] 杨辉．我国食品质量安全管理体制现状分析及对策［J］．包装与食品机械．2007（05）．

[2206] 杨建锋．最后一个金融寡头［J］．金融博览．2007（11）．

[2207] 杨洁，黄登仕，杨秋玲．“买税卖税”的博弈模型［J］．商场现代化．2007（03）．

[2208] 杨洁．市场缺位下的能源价格扭曲［J］．时代经贸（中旬刊）．2007（S1）．

[2209] 杨婧．重识 GE 经验［J］．中国企业家．2007（17）．

[2210] 杨军．依靠和促进政府干预发展和谐劳动关系［J］．天津市工会管理干部学院学报．2007（03）．

[2211] 杨可可．电信运营商应对互联网发展的策略探讨［J］．电信科学．2007（10）．

[2212] 杨克兢．地方政府应力争使区域经济要素配置走出双失灵困境［J］．河北金融．2007（02）．

[2213] 杨兰品．中国转型时期行政垄断的特殊性［J］．武汉理工大学学报（社会科学版）．2007（01）．

[2214] 杨立男．垄断行业与非垄断行业职工收入差距的分析［J］．新西部（下半月）．2007（06）．

[2215] 杨丽媪．4.4 万亿灰色收入流入了谁的腰包？［J］．社会观察．2007（10）．

[2216] 杨鹏．方便面事件的两个提醒［J］．中国新闻周刊．2007（34）．

[2217] 杨奇．"两个至上"在市场监管岗位闪光［J］．湖南烟草．2007（06）．

[2218] 杨强，汪波，吕荣胜．寡头垄断的有效性与市场结构范式选择的逆西方经济学思考［J］．西安电子科技大学学报（社会科学版）．2007（06）．

[2219] 杨荣美，须田一幸．日本实证会计研究的历史回顾与现状［J］．财会通讯（综合版）．2007（03）．

[2220] 杨守琴．略论我国煤炭市场结构［J］．科技资讯．2007（08）．

[2221] 杨书群．市场失灵的认识误区及其矫正［J］．哈尔滨市委党校学报．2007（05）．

[2222] 杨书群．完善市场经济必须走出市场失灵的认识误区［J］．内蒙古社会科学（汉文版）．2007（05）．

[2223] 杨淑英．金融业全面开放对我国金融产业组织的影响［J］．商业时代．2007（03）．

[2224] 杨松．北京商品交易市场的发展模式及管制方式（三）［J］．中国市场．2007（38）．

[2225] 杨文生，李娅．国外经济安全的跨国并购管制经验及启示［J］．经济纵横．2007（06）．

[2226] 杨霞．提高生产效率 节能降耗 ABB 中国获得 5600 万美元热连轧机项目订单［J］．现代制造．2007（31）．

[2227] 杨先杰深入永州、郴州烟区调研基层烟站建设情况［J］．湖南烟草．2007（03）．

[2228] 杨旭．再论我国零售业市场结构的解析路径——对区域市场集中度指标的完善［J］．财贸经济．2007（S1）．

[2229] 杨亚明，陈玉文．药店开展公益性社区药学信息服务势在必行［J］．中国药业．2007（10）．

[2230] 杨娅芳，郭鹏，安会刚．基于规模的企业竞争力蜘蛛图法评价研究［J］．数学的实践与认识．2007（03）．

[2231] 杨彦红，刘玉香．生产指标对铁路运输成本管理控制的分析［J］．现代商业．2007（30）．

[2232] 杨扬．我国期货市场规制初探［J］．商业时代．2007（31）．

[2233] 杨洋．我国金融业混业经营的法律分析［J］．时代经贸（理论版）．2007（03）．

[2234] 杨冶，曲正，贾曼莉．中国电信行业管制模型研究［J］．商业经济．2007（02）．

[2235] 杨宜勇，翁仁木．IT 跨国企业在国内垄断状况［J］．中国科技投资．2007（05）．

[2236] 杨逸南，田政武．发电市场的市场力分析［J］．商业文化（学术版）．2007（10）．

[2237] 杨印山．网络经济对交易成本的挑战［J］．商场现代化．2007（18）．

[2238] 杨英娜，张丽花．论市场准入原则在我国旅行社业的适用［J］．山西高等学校社会科学学报．2007（06）．

[2239] 杨莹．浅析我国企业合并的会计处理［J］．科技咨询导报．2007（05）．

[2240] 杨宇霆．医疗保险：中国现状、国际潮流及改革之路［J］．保险研究．2007（06）．

[2241] 杨越，蒋成洋．发展民用产业既是企业行为又是政府行为——访河南省国防科工委主任刘宛康［J］．国防科技工业．2007（02）．

[2242] 杨志明．我国汽车企业横向兼并的绩效分析［J］．汽车工业研究．2007（03）．

[2243] 杨志强，何立胜．自我规制理论研究评介［J］．外国经济与管理．2007（08）．

[2244] 杨众，孙玉．政府投资项目投标合谋的防范机制设计［J］．现代管理科学．2007（05）．

[2245] 杨祖义．政府干预与我国会展业的发展［J］．经济管理．2007（20）．

[2246] 姚光裕．河南造纸法烟草薄片项目进行专家论证［J］．造纸信息．2007（11）．

[2247] 姚海生．我国钢铁工业的产业结构优化策略［J］．科技信息（学术研究）．2007（31）．

[2248] 姚金海．住房市场价格决定的博弈［J］．粤港澳市场与价格．2007（01）．

[2249] 姚瑞生．公用企业商业贿赂行为的规制［J］．工商行政管理．2007（12）．

[2250] 姚圣．后股权分置时代中国上市公司 MBO 新趋势及规制研究［J］．管理现代化．2007（01）．

[2251] 姚蔚．法士特的十个为什么（一）［J］．商用汽车新闻．2007（17）．

[2252] 姚锡萍．公用事业民营化的社会风险及防范［J］．科技咨询导报．2007（25）．

[2253] 姚远．服务业大规模定制的实施策略探析［J］．商业文化（学术版）．2007（05）．

[2254] 叶传华．现阶段我国企业建立战略联盟的若干思考［J］．江苏商论．2007（02）．

[2255] 叶淦平，李毛地．市政公用行业的市场化改革思路［J］．企业改革与管理．2007（08）．

[2256] 叶耿介．对我国钢铁行业的价格行为研究［J］．海南金融．2007（05）．

[2257] 叶辉．宝安工商局加强食品监管 重拳出击把好“入口”关［J］．消费．2007（07）．

[2258] 叶惠．SP 业在压缩水分中成长［J］．通讯世界．2007（12）．

[2259] 叶佳，王鹏，罗虞宇．企业采用新技术的时点博弈分析［J］．技术经济与管理研究．2007（06）．

[2260] 叶建木，黄莺．沉淀成本与投资决策分析［J］．财会月刊．2007（07）．

[2261] 叶剑平，廖年生．和谐发展房地产市场的调控要点［J］．中共中央党校学报．2007（05）．

[2262] 叶雷．广东电价下调是个好消息［J］．时事（时事报告）（大学生版）．2007（04）．

[2263] 叶明海，胡志莹．公共产品价格政策的风险与控制［J］．价格理论与实践．2007（07）．

[2264] 叶楠．我国对于风景名胜景区上市企业管制分析——以黄山为例［J］．科技经济市场．2007（12）．

[2265] 叶生洪．规模经济新论［J］．当代财经．2007（02）．

[2266] 叶檀．道德完胜，市场完败［J］．商界（评论）．2007（11）．

[2267] 叶文显．对垄断行业收入分配制度改革的分析［J］．金陵科技学院学报（社会科学版）．2007（04）．

[2268] 叶晓甦，陈菲．政府财务信息披露效率原则的构建与探索［J］．生态经济（学术版）．2007（02）．

[2269] 叶晓甦，冯燕，任蕊，等．中外公用事业投融资模式中政府职能对比研究［J］．建筑

经济．2007（12）．

［2270］叶欣梁，孙瑞红．世界三大邮船公司经营模式（1）［J］．水运管理．2007（09）．

［2271］叶毅军，李婧．论横向并购对市场支配力的影响［J］．商场现代化．2007（22）．

［2272］一扬．垄断是万恶之源［J］．每周电脑报．2007（02）．

［2273］依法反垄断 勇于担当［J］．工商行政管理．2007（08）．

［2274］依靠科技进步　打造云南烟草产业［J］．云南科技管理．2007（05）．

［2275］弋東．看看哪几个巨头在一起吃饭呢［J］．经济研究参考．2007（60）．

［2276］易俊丰．上海汽车　兼并收购扩展产业版图［J］．股市动态分析．2007（49）．

［2277］易敏利，唐雪梅．我国水资源的管理困境及其解决思路［J］．生态经济．2007（12）．

［2278］易宪容，黄苑．中国房地产预售制度：深层问题与对策建议［J］．江海学刊．2007（02）．

［2279］易小佳，廖进中．我国汽车产业市场集中度影响因素的实证分析［J］．科技和产业．2007（03）．

［2280］易旭明．我国电视市场的行政垄断分析［J］．世界经济情况．2007（10）．

［2281］殷强．我国公共投资规模效率实证分析［J］．新疆财经学院学报．2007（02）．

［2282］殷晓红，田晓耕．产业集中度与贸易产业的竞争力［J］．生产力研究．2007（13）．

［2283］殷正国，许建铭．加强旅游景区食品监管　确保游客消费安全［J］．工商行政管理．2007（19）．

［2284］岳中刚．银行卡产业运作模式与反垄断问题研究［J］．当代财经．2007（03）．

［2285］尹红，赵斌．利益集团视角下的公共政策论证过程分析——以怒江水电开发为例［J］．职业圈．2007（18）．

［2286］尹晓颖，闫小培，薛德升．国外非正规部门相关概念辨析及启示［J］．世界地理研究．2007（01）．

［2287］尹旭峰．我国产品召回行政监管探析［J］．世界标准信息．2007（11）．

［2288］尹泽．试用规模经济理论浅析我国的大企业战略［J］．北方经济．2007（12）．

［2289］尹朕．浅析审计市场的不完全竞争市场结构［J］．内江科技．2007（02）．

［2290］应防止红利收缴政策被误读［J］．中国新闻周刊．2007（20）．

［2291］应献．“同盟”比“市霸”更霸道［J］．廉政瞭望．2007（09）．

［2292］游钰．反垄断法视野下的职业体育运动［J］．武汉体育学院学报．2007（12）．

［2293］于昊．五谷丰登——2007年国产冰箱主要品牌产品策略观察［J］．电器．2007（12）．

［2294］于剑．基于Malmquist指数的我国航空公司业全要素生产率分析［J］．北京理工大学学报（社会科学版）．2007（06）．

［2295］于谨凯，李毕争．我国民营银行的市场准入与退出机制：博弈策略分析［J］．海南金融．2007（05）．

［2296］于阔，王松桥，陈铁．我国自然垄断行业中的规制改革探讨［J］．技术与市场．2007（03）．

［2297］于立，姜春海．网络产业Ramsey接入定价方法［J］．系统管理学报．2007（S1）．

［2298］于立，姜春海．网络产业Ramsey接入定价方法研究［J］．当代财经．2007（09）．

［2299］于良春，丁启军．自然垄断产业进入管制的成本收益分析——以中国电信业为例的实证研究［J］．中国工业经济．2007（01）．

［2300］于良春，王冠．中国银行业进入壁垒的理论与实证分析［J］．当代财经．2007（07）．

［2301］于良春，王建平．市场需求、规模经济性与固定通信行业自然垄断性的清除［J］．天津商学院学报．2007（01）．

[2302] 于良春，杨骞．行政垄断制度选择的一般分析框架——以我国电信业行政垄断制度的动态变迁为例［J］．中国工业经济．2007（12）．

[2303] 于清教．海外并购的必修课［J］．招商周刊．2007（05）．

[2304] 于润，孙武军．政府行为、系统性风险与金融稳定性［J］．经济理论与经济管理．2007（07）．

[2305] 于同申．从"创造性毁灭"到网络外部性——中国电讯产业从2G到3G过渡的经济学思考［J］．系统管理学报．2007（S1）．

[2306] 于幼军．在建设生态文明中加强资源节约和环境保护［J］．现代哲学．2007（06）．

[2307] 于左．企业集团引发的反垄断难题［J］．中国工业经济．2007（12）．

[2308] 余东华．中国垄断性行业市场化改革的现状［J］．经济研究参考．2007（21）．

[2309] 余东华．转型时期中国垄断性行业的基本特征［J］．经济研究参考．2007（20）．

[2310] 余辉．粮油业进入寡头时代［J］．农产品市场周刊．2007（01）．

[2311] 余凯．论我国房地产合谋下的价格形成机制［J］．兰州商学院学报．2007（04）．

[2312] 余凯．我国房地产价格合谋现象研究［J］．中国物价．2007（06）．

[2313] 余凯．我国寡头垄断下的房地产价格形成机制研究［J］．城市发展研究．2007（03）．

[2314] 余名敏．浅谈强化政府对企业年金扶持、管理和监管的职责［J］．法制与社会．2007（03）．

[2315] 余蓉，龙玥，翁群英．基于网络经济时代企业深度营销探析［J］．商场现代化．2007（23）．

[2316] 余兴源，徐丽．道路运输业政府规划的思考［J］．综合运输．2007（07）．

[2317] 余兴源．组织网络化：破解道路货运低效率问题的关键［J］．综合运输．2007（12）．

[2318] 余绪鹏，冷火萍．医疗服务的市场失灵需要政府干预［J］．中国药业．2007（06）．

[2319] 余英．从垄断走向竞争：放松航空公司管制背景下机场产业的变化［J］．暨南学报（哲学社会科学版）．2007（03）．

[2320] 余英．管制先行：亚洲机场私有化改革的得失［J］．湖南师范大学社会科学学报．2007（03）．

[2321] 余英．我国机场航空收费的激励性管制研究［J］．云南社会科学．2007（02）．

[2322] 余玉苗，田娟，朱业明．审计合谋的一个博弈均衡分析框架［J］．管理科学学报．2007（04）．

[2323] 余志源．新形势下的烟草专卖行业办公室工作［J］．老区建设．2007（09）．

[2324] 俞鸿琳．治理环境和治理机制的有效性——基于中国A股市场的经验证据［J］．生产力研究．2007（06）．

[2325] 俞晓红．电力市场运营中卖方串谋动机分析［J］．华东电力．2007（03）．

[2326] 俞肖云．从反不正当竞争到物权立法：市场经济的立宪之路［J］．中国统计．2007（05）．

[2327] 郁诺．对企业并购绩效评价指标的探讨［J］．现代商贸工业．2007（11）：131-132．

[2328] 喻国明．从规模经济到范围经济——现阶段传媒竞争战略的新趋势［J］．当代传播．2007（06）．

[2329] 喻国明，王斌．规制与突破：传媒产业布局的演变路径［J］．新闻与写作．2007（04）．

[2330] 喻利仙．我国银行业集中度与盈利能力关系研究［J］．上海金融学院学报．2007（04）．

[2331] 喻卫斌．网络组织下企业的战略分析及长期目标确定［J］．改革与战略．2007（03）．

[2332] 袁德磊，赵定涛．试论行业竞争对银行脆弱性的影响 [J]．外国经济与管理．2007 (10)．

[2333] 袁金霞．浅谈我国收入分配差距问题 [J]．攀登．2007 (05)．

[2334] 袁久和．国外环境保护投融资体制及其对中国的启示 [J]．南宁职业技术学院学报．2007 (03)．

[2335] 袁军．我国高房价的成因分析 [J]．北方经济．2007 (05)．

[2336] 袁俊．市政公用事业特许经营权招标、拍卖中存在的问题及监管对策 [J]．特区经济．2007 (11)．

[2337] 袁开洪．商品期货市场操纵的监管：美国 CFTC 的经验和借鉴 [J]．金融与经济．2007 (12)．

[2338] 袁力，王培．从价格的演变历程浅析国内民航运输价格改革 [J]．成都大学学报 (自然科学版)．2007 (01)．

[2339] 袁茂峰．中国空调品牌集中度加剧 [J]．TWICE 消费电子商讯．2007 (19)．

[2340] 袁庆昆．关于江苏两碱工业盐面临的挑战及销售工作的新思考 [J]．苏盐科技．2007 (01)．

[2341] 袁巍，李黎军，陆金祺，等．上海市闵行区某南北干货批发市场现状及监管对策[J]．上海预防医学杂志．2007 (03)．

[2342] 袁卫秋．沉默的债权人与大股东的控制权升水 [J]．当代经济科学．2007 (02)．

[2343] 袁祥栋．浅析地方政府抑制房价的作用 [J]．消费导刊．2007 (13)．

[2344] 袁晓明．华尔街年终红包一个大过一个 [J]．科技促进发展．2007 (01)．

[2345] 袁欣，李深远．产业集聚与对外贸易：广东电子产业的实证分析 [J]．经济理论与经济管理．2007 (01)．

[2346] 袁亚忠，唐慧．乡村旅游开发中环境保护的博弈分析 [J]．怀化学院学报．2007 (06)．

[2347] 原雪梅，何国华．股权结构、公司治理与公司绩效——基于家电行业上市公司的实证研究 [J]．上海金融．2007 (07)．

[2348] 苑韶峰．我国房地产市场现状与政府规制 [J]．价格理论与实践．2007 (03)．

[2349] 苑韶峰．政府对房地产市场规制措施 [J]．经济研究参考．2007 (36)．

[2350] 岳坪．合法有效的 IPTV 监管体系亟待建立 [J]．通信企业管理．2007 (03)．

[2351] 岳欣，解建辉，忻展红．双寡头电信市场中 SP 的定价模型 [J]．运筹与管理．2007 (02)．

[2352] 岳中刚．银行卡产业运作模式与反垄断问题研究 [J]．当代财经．2007 (03)．

[2353] 云南“两烟”：全国烟草“台柱子” [J]．创造．2007 (09)．

[2354] 臧展．需求波动下的垄断合谋与价格竞争——对我国空调行业价格反周期波动的一个解释 [J]．东北财经大学学报．2007 (02)．

[2355] 曾保根．以治理理论重塑我国公共服务市场化的进路 [J]．陕西行政学院学报．2007 (04)．

[2356] 曾蓓．试论煤炭企业的产业刚性及其转型 [J]．内蒙古煤炭经济．2007 (02)．

[2357] 曾宏燕．强化烟草国有资产管理 实现保值增值决策之建议 [J]．湖南烟草．2007 (05)．

[2358] 曾杰．规制与放松规制的度——从对电信业的规制来看 [J]．黑龙江科技信息．2007 (03)．

[2359] 曾乐元．政府主动干预市场应当遵循的基本原则 [J]．理论导刊．2007 (06)．

[2360] 曾明，张光．规模经济对政府规模的影响：基于湖北省的实证研究 [J]．江汉论坛．2007 (08).

[2361] 曾鸣，于静冉．大用户进入电力市场购电模式研究 [J]．电力科学与工程．2007 (01).

[2362] 曾鸣，于静冉，王鹤．一种新的大用户进入电力市场购电模式研究 [J]．华北电力技术．2007 (04).

[2363] 曾世宏．产业约束效应与转型期中国经济长期发展 [J]．改革与战略．2007 (09).

[2364] 曾宪初，张洁燕．我国房地产价格持续走高的成因分析及对策建议 [J]．海南金融．2007 (09).

[2365] 曾湘泉，周禹．用规制调解“分配失衡” [J]．人民论坛．2007 (11).

[2366] 曾宇青．香港政府如何监管公用事业 [J]．特区实践与理论．2007 (04).

[2367] 翟林瑜．上市公司的财务政策与绩效 [J]．经济学（季刊）．2007 (02).

[2368] 詹映，朱雪忠．标准和专利战的主角——专利池解析 [J]．研究与发展管理．2007 (01).

[2369] 张爱菊．WTO 与我国金融服务市场准入制度研究 [J]．江苏商论．2007 (04).

[2370] 张碧红．法律顾问在我国企业并购中的作用 [J]．探求．2007 (04).

[2371] 张碧红．浅析企业兼并收购过程中的几个关键问题 [J]．广东科技．2007 (08).

[2372] 张长青，马骥，贺鲁男．应对资产价格泡沫的政策选择 [J]．学术交流．2007 (07).

[2373] 张承耀．垄断与竞争 百姓心自明 [J]．经济．2007 (Z1).

[2374] 张传玉，张晓．网络经济下虚拟营销战略分析 [J]．中国市场．2007 (26).

[2375] 张春萍．俄罗斯金融工业集团发展的公共选择分析 [J]．黑龙江社会科学．2007 (03).

[2376] 张春萍．制度变迁与俄罗斯金融工业集团的形成 [J]．学术交流．2007 (05).

[2377] 张德昌，林木西．一体化经营与降低成本的 R&D 投资激励——自然垄断产业融合规制的一种思路 [J]．改革与战略．2007 (11).

[2378] 张德红．我国内部资本市场交叉有效模式的提出 [J]．求是学刊．2007 (04).

[2379] 张帆．后股权分置时代公司财务决策行为的探析 [J]．科协论坛（下半月）．2007 (03).

[2380] 张帆．兼并企业的文化整合 [J]．中国电力企业管理．2007 (09).

[2381] 张帆．协同学视角下跨国兼并企业的文化整合 [J]．中国人力资源开发．2007 (02).

[2382] 张锋．谈邮政作为网络型企业的运作 [J]．邮政研究．2007 (02).

[2383] 张福伟，闫璐明，赵怡明．电力普遍服务补偿机制研究 [J]．电力需求侧管理．2007 (02).

[2384] 张耿庆．中国政府干预技术创新的理论依据 [J]．华东理工大学学报（社会科学版）．2007 (01).

[2385] 张光，曾明．规模经济对政府规模的影响——基于河北省的实证研究 [J]．南昌大学学报（人文社会科学版）．2007 (03).

[2386] 张广兴．我国对 FDI 监管的宏观经济目标界定 [J]．商业时代．2007 (02).

[2387] 张国生．炼油厂和炼油装置规模经济化研究 [J]．炼油技术与工程．2007 (06).

[2388] 张国伟．博弈论视角下的地方保护政策分析 [J]．科技和产业．2007 (03).

[2389] 张海燕，丁锴铭．产业结构与长春市经济增长的关系分析 [J]．现代商贸工业．2007 (08).

[2390] 张汉亚．提高管严市场准入门槛有利于我国经济社会发展 [J]．中国经贸导刊．2007 (11).

[2391] 张航雁，李婧．浅析规模经济与自然垄断的关系 [J]．经济问题．2007 (08)．

[2392] 张浩．环境税在处理外部性问题上的思考 [J]．徐州教育学院学报．2007 (03)．

[2393] 张红凤，范晓华．政府规制框架下弱势群体利益缺失问题探析 [J]．山东经济．2007 (04)．

[2394] 张红艳．客户经理要过好“四关” [J]．湖南烟草．2007 (06)．

[2395] 张茳．电力体制改革必须攻克四大堡垒 [J]．价格月刊．2007 (03)．

[2396] 张茳．构建和谐社会必须破解垄断性高收入难题 [J]．价格月刊．2007 (11)．

[2397] 张洪河，李舒．殡葬也疯狂 [J]．现代经济信息．2007 (06)．

[2398] 张欢．从社保基金案看社会保障基金管理模式的构建 [J]．时代金融．2007 (01)．

[2399] 张辑．我国银行业的市场结构分析及改革对策 [J]．价值工程．2007 (03)．

[2400] 张纪．产品内国际分工的内在动因——理论模型与基于中国省际面板数据的实证研究 [J]．数量经济技术经济研究．2007 (12)．

[2401] 张俭．医药物流理性回归 [J]．中国物流与采购．2007 (16)．

[2402] 张建平．电信市场中的市场势力问题初探 [J]．西安邮电学院学报．2007 (04)．

[2403] 张剑．我国巨灾风险处置市场失灵的经济学分析 [J]．商业文化 (学术版)．2007 (09)．

[2404] 张金花．对我国广告规范机制建设若干问题的思考 [J]．河北师范大学学报 (哲学社会科学版)．2007 (03)．

[2405] 张金清，刘庆富．中国银行业市场准入承诺水平的测度与比较研究 [J]．财经问题研究．2007 (02)．

[2406] 张金喜．石油业：缺乏管理的行政性垄断 [J]．中国乡镇企业．2007 (09)．

[2407] 张晋光．行业协会自律监管机制探讨 [J]．商业时代．2007 (12)．

[2408] 张京宏，沈宗南．微软败诉的反思 [J]．中国中小企业．2007 (10)．

[2409] 张菁华．网络银行若干法律问题研究 [J]．时代经贸 (中旬刊)．2007 (S2)．

[2410] 张晶，左洪亮．企业兼并过程中的人力资源整合原则 [J]．能源技术与管理．2007 (03)．

[2411] 张静．试论我国资本项目管制格局的合理性 [J]．经济师．2007 (12)．

[2412] 张娟锋，贾生华．政府干预、土地供应与价格扭曲 [J]．当代财经．2007 (07)．

[2413] 张俊岭，张俊峰．数据包络分析在我国财险公司规模效率中的应用研究 [J]．金融教学与研究．2007 (05)．

[2414] 张俊岭．中国财产保险公司的规模效率 DEA 实证研究 [J]．统计与信息论坛．2007 (06)．

[2415] 张俊梅．网络经济下传统企业如何成功向电子商务迁移 [J]．经济问题探索．2007 (11)．

[2416] 张凯胜，丁仔祥，文平．垄断高薪高福利：破坏市场经济公平公正的怪胎 [J]．楚天主人．2007 (09)．

[2417] 张可云．加快电网建设 促进区域合作 [J]．国家电网．2007 (07)．

[2418] 张可云．解决电力行业重复建设问题需要统筹安排 [J]．中国发展观察．2007 (09)：38．

[2419] 张岚东，田昆．我国公用事业管制放松进程中的诱致性进入 [J]．现代商业．2007 (24)．

[2420] 张磊，满炫，杜明星．关于证券市场虚假陈述行为的法律透视 [J]．理论界．2007 (02)．

［2421］张磊．网络虚拟货币本质及其监管［J］．商业时代．2007（04）．

［2422］张磊，赵正堂．对政府干预强制责任保险的考察［J］．经营与管理．2007（09）．

［2423］张莉．刍议企业并购中并购对象的选择［J］．牡丹江大学学报．2007（04）．

［2424］张莉侠，杨国涛．市场结构、效率与绩效——基于我国乳制品业的实证分析［J］．南方经济．2007（03）．

［2425］张莉．政府在房地产业管理中的定位及政策选择［J］．中国房地产金融．2007（10）．

［2426］张黎飞，张业．浅析我国烟草业持续发展思路［J］．农技服务．2007（10）．

［2427］张理智．垄断有效论——兼论“垄断者主权”［J］．天府新论．2007（03）．

［2428］张丽丽，赵邦宏．从SCP范式看我国资产评估行业的发展［J］．会计之友（下旬刊）．2007（11）．

［2429］张丽．试论上市公司资产重组问题［J］．科技信息（科学教研）．2007（21）．

［2430］张利红．我国审计市场规模经济研究［J］．时代经贸（下旬刊）．2007（11）．

［2431］张利，张鸿，周宏山．电信产业协调发展的经济学分析［J］．经济问题．2007（08）．

［2432］张琳．论约翰·穆勒的政府干预思想［J］．枣庄学院学报．2007（04）．

［2433］张满英，李青．近期查处价格串通行为的主要情况及建议［J］．价格理论与实践．2007（12）．

［2434］张茂荣．全球跨国并购新形势［J］．时事（时事报告）（大学生版）．2007（05）．

［2435］张孟才，李雪峰．网络经济中边际收益递增的不确定性［J］．商场现代化．2007（25）．

［2436］张敏．浅析资产评估增减值的会计处理［J］．财会通讯（综合版）．2007（10）．

［2437］张明芳．华兰生物　血品寡头初具雏形［J］．股市动态分析．2007（17）．

［2438］张乃根．专利许可、标准化与反垄断的三角关系［J］．WTO经济导刊．2007（07）．

［2439］张鹏飞，徐朝阳．干预抑或不干预？——围绕政府产业政策有效性的争论［J］．经济社会体制比较．2007（04）．

［2440］张平康．中国电力产业市场化及规制研究［J］．陕西电力．2007（11）．

［2441］张倩，陈兴述．系族企业财务预警系统模式的探讨［J］．中国乡镇企业会计．2007（10）．

［2442］张琼，陈文贤，李宁秀．健康管理对医疗服务市场的管制作用［J］．现代预防医学．2007（04）．

［2443］张荣生．中国历代盐改概说［J］．盐业史研究．2007（04）．

［2444］张锐．不成功的并购［J］．百姓．2007（01）．

［2445］张锐．美国银行缘何成为全球老大［J］．金融博览．2007（05）．

［2446］张锐．浅谈如何加强工程质量监督技术管理［J］．世界标准信息．2007（05）．

［2447］张锐．融资融券：给股市一个支点［J］．中国房地产金融．2007（01）．

［2448］张韶辉．政府行为与金融生态环境问题分析［J］．经济纵横．2007（12）．

［2449］张曙光，张弛．扩大开放与反行政垄断并重［J］．决策与信息（财经观察）．2007（03）．

［2450］张松林．“创新者困境”的一个理论解释［J］．山西财政税务专科学校学报．2007（04）．

［2451］张庭宾．《货币战争》的四大攻讦与四大功德［J］．现代企业教育．2007（21）．

［2452］张婷婷．实施大名牌卷烟战略［J］．企业活力．2007（01）．

［2453］张彤玉．一部系统研究中国市场结构模式的创新之作——《垄断与竞争：中国市场结构模式研究》评价［J］．东岳论丛．2007（06）．

[2454] 张婉君．规制变化对年度报告自愿性信息披露的影响 [J]．中国乡镇企业会计．2007 (10)．

[2455] 张万朋，陆晓燕．试论高校贷款中的主体失范问题及解决之道 [J]．复旦教育论坛．2007 (03)．

[2456] 张薇．官商合谋与经济发展——基于唐宋专卖制度的研究 [J]．江苏商论．2007 (01)．

[2457] 张巍，赵彬．中外国际承包商的差距与发展对策 [J]．建筑经济．2007 (11)．

[2458] 张卫东．当前居民收入差距扩大化的宏观思考 [J]．现代企业教育．2007 (22)．

[2459] 张卫华．燃气行业企业文化建设的几个核心问题 [J]．上海煤气．2007 (04)．

[2460] 张伟．企业纵向并购中双赢整合模式的研究 [J]．上海交通大学学报．2007 (S1)．

[2461] 张伟，于良春．信息、串谋与自然垄断产业规制 [J]．经济评论．2007 (02)．

[2462] 张文佳．财阀组织与韩国经济赶超 [J]．当代韩国．2007 (02)．

[2463] 张文瑾．地方政府间支出竞争的理论综述 [J]．兰州大学学报（社会科学版）．2007 (05)．

[2464] 张武康．企业并购中的文化整合研究 [J]．商业文化（学术版）．2007 (07)．

[2465] 张喜英．“风险”与“利润”的权衡 [J]．法制与社会．2007 (02)．

[2466] 张霞．垄断行业薪酬问题探析 [J]．合作经济与科技．2007 (12)．

[2467] 张衔．农业资本有机构成与绝对地租——“垄断价格绝对地租说”质疑 [J]．教学与研究．2007 (02)．

[2468] 张献伟．知识产权标准化引发的反垄断问题 [J]．中国工商管理研究．2007 (08)．

[2469] 张向敏．当代西方市场经济理论的新发展 [J]．河南金融管理干部学院学报．2007 (06)．

[2470] 张小静．探析经济发展中政府与市场的关系 [J]．时代经贸（中旬刊）．2007 (S8)．

[2471] 张小明，刘建新．民营化进程中公用事业定价的制度基础 [J]．中国行政管理．2007 (05)．

[2472] 张小庆．跨国公司对外投资模式选择的决策过程 [J]．亚太经济．2007 (03)．

[2473] 张晓飞，周锋．企业并购行为在中国的发展 [J]．经济研究导刊．2007 (07)．

[2474] 张晓晶，雷云罡．政府采购中的垄断腐败 [J]．科学决策．2007 (04)．

[2475] 张晓明．间接网络效应的测度——以中国彩色电视产业为例 [J]．财贸经济．2007 (04)．

[2476] 张晓蓉．投机泡沫与市场失灵——基于行为金融理论的解释 [J]．浙江金融．2007 (04)．

[2477] 张筱峰，张晶．银行业市场结构与绩效：经验证据及我国未来研究方向 [J]．长沙民政职业技术学院学报．2007 (03)．

[2478] 张旋，高泽金．《巴塞尔新资本协议》与中国银行业的风险管理 [J]．商场现代化．2007 (12)．

[2479] 张逊．垄断行业的薪酬待遇究竟有多高? [J]．中国新时代．2007 (01)．

[2480] 张亚男．论企业合并控制下的农业保护 [J]．法制与社会．2007 (07)．

[2481] 张娅，王晓玲．被改变的厂商们 [J]．商务周刊．2007 (22)．

[2482] 张娅娅．银川烟草专卖局2006打假纪实 [J]．中国质量万里行．2007 (05)．

[2483] 张言彩，韩玉启．估算转换成本的纳什—伯特兰均衡模型 [J]．改革与战略．2007 (01)．

[2484] 张言彩，吴雷．基于网络经济的顾客保留策略 [J]．商业研究．2007 (09)．

[2485] 张岩．对日本物流规制和物流系统变革的浅析 [J]．改革与战略．2007 (04)．

[2486] 张彦博，郭亚军，韩颖．跨国公司的群居机制与落后地区的引资政策 [J]．数量经济技术经济研究．2007 (02)．

[2487] 张彦丽，王峰．煤矿安全重在重塑煤炭行业管理体制 [J]．中国矿业．2007 (01)．

[2488] 张艳菊．论我国网络经济的发展 [J]．发展．2007 (12)．

[2489] 张燕君．自然垄断行业的政府规制思考 [J]．沈阳大学学报．2007 (05)．

[2490] 张燕萍．国民政府战时西部煤矿业管制述论 [J]．档案与建设．2007 (01)．

[2491] 张一粱，孔玲，夏振洲．中国烟草加工业内部价值链及竞争优势研究 [J]．经济研究导刊．2007 (03)．

[2492] 张盈，覃子洋．保育钧：寄望于"十七大"市场化改革 [J]．新财经．2007 (10)．

[2493] 张永灿，刘晓勇，杨志华．中国商业银行业市场结构与绩效实证研究 [J]．市场论坛．2007 (04)．

[2494] 张永栋．"三个文明"齐抓并重、互相促进、协调发展的天津烟草业 [J]．环渤海经济瞭望．2007 (09)．

[2495] 张永洁，杨明，支玲．关于WTO后过渡期我国对外贸易问题的思考 [J]．北方经贸．2007 (09)．

[2496] 张咏平．反垄断比涨价更重要 [J]．经济导刊．2007 (04)．

[2497] 张勇，池宏，王建军．我国烟叶收购价格问题研究 [J]．中国管理科学．2007 (05)．

[2498] 张雨莹．政府规制的理论解读 [J]．理论界．2007 (04)．

[2499] 张玉娟，张飞涟，赖纯莹．建筑市场安全监管的博弈分析 [J]．建筑设计管理．2007 (01)．

[2500] 张玉磊．公用事业民营化改革探讨：现实问题与路径设计 [J]．四川经济管理学院学报．2007 (03)．

[2501] 张玉磊．公用事业民营化过程中的风险与政府责任 [J]．成都行政学院学报．2007 (03)．

[2502] 张玉磊．我国公用事业民营化的风险与政府责任 [J]．城市．2007 (06)．

[2503] 张玉磊．政府需在公用事业民营化改革中走出三大困境 [J]．党政干部学刊．2007 (11)．

[2504] 张玉珍．基于兼并—整合模型的企业并购动机分析 [J]．生产力研究．2007 (15)．

[2505] 张跃华，何文炯，施红．市场失灵、政策性农业保险与本土化模式——基于浙江、上海、苏州农业保险试点的比较研究 [J]．农业经济问题．2007 (06)．

[2506] 张云．金融监管理论在企业年金管理中的应用与启示 [J]．商业时代．2007 (21)．

[2507] 张赞．基于零售商垄断势力的纵向关系理论研究述评 [J]．财经问题研究．2007 (09)．

[2508] 张赞．零售商抗衡力量对市场绩效的影响及其政策涵义 [J]．财贸经济．2007 (12)．

[2509] 张振军．上市公司会计信息失真博弈分析 [J]．商场现代化．2007 (26)．

[2510] 张芝年．英国对跨国并购的政策措施和监管特色 [J]．新金融．2007 (10)．

[2511] 张枝．试析我国自然垄断行业的改革 [J]．黑龙江对外经贸．2007 (03)．

[2512] 张子健，袁德利．基于企业边界视角的企业反收购研究 [J]．华东经济管理．2007 (12)．

[2513] 张宗新．中国新兴证券市场的均衡监管模式解析 [J]．复旦学报（社会科学版）．2007 (06)．

[2514] 张宗新，朱伟骅．证券监管、执法效率与投资者保护——基于国际经验的一种实证分

析［J］. 财贸经济. 2007（11）.

［2515］章尺木，李明. 地方保护与合作：基于产业结构趋同的经济学［J］. 财经科学. 2007（03）.

［2516］章煊耀. 我国注册会计师行业监管模式探析［J］. 黑龙江对外经贸. 2007（03）.

［2517］章志远. 警惕公用事业民营化改革的异化［J］. 检察风云. 2007（04）.

［2518］赵玻. 积极规制跨国零售商的反竞争行为［J］. 科技咨询导报. 2007（01）.

［2519］赵辞瑶. 并购审计研究［J］. 商业文化（学术版）. 2007（05）.

［2520］赵从水. 中美自愿性信息披露规制比较［J］. 经济前沿. 2007（05）.

［2521］赵丹阳. 企业并购与公众利益［J］. 中山大学学报（社会科学版）. 2007（04）.

［2522］赵冬岩. 浅析行业协会的发展现状［J］. 中国集体经济（下半月）. 2007（03）.

［2523］赵福军. 百度能否玩转 C2C?［J］. 电子商务世界. 2007（11）.

［2524］赵桂红，魏波，王永亮. 航空联盟及其产生影响分析［J］. 商业研究. 2007（09）.

［2525］赵国珩. 也谈企业兼并重组中的文化整合［J］. 冶金企业文化. 2007（03）.

［2526］赵国华，高永国. 谈我国房地产市场发展的几个问题——兼论政府调控房价的着力点［J］. 经济界. 2007（05）.

［2527］赵和旭，鲁耀斌. 我国电信市场竞争的价格博弈分析［J］. 商场现代化. 2007（01）.

［2528］赵宏春. 政府监管：产品安全管理的有效的途径［J］. 世界标准信息. 2007（07）.

［2529］赵华，郑江淮. 从规模效率到环境友好——韩国农业政策调整的轨迹及启示［J］. 经济理论与经济管理. 2007（07）.

［2530］赵力. 中国钢铁业的集合令——当前形势下的中国钢铁业［J］. 上海企业. 2007（02）.

［2531］赵立斌，郭政礼. 医药零售业产业发展变向分析［J］. 辽宁医药. 2007（02）.

［2532］赵丽，呼旭光. 浅析公用事业市场化改革［J］. 经济问题. 2007（05）.

［2533］赵丽珍，雷雨淇. 打造全员信息化工程——邵阳市烟草专卖局（公司）以办公自动化提升企业管理［J］. 湖南烟草. 2007（01）.

［2534］赵萌. 民众信任视角下的政府行为与体制转轨——对中国市场化进程的一种解读［J］. 财贸研究. 2007（05）.

［2535］赵妙如，胡春晖. 烟草公司审计的重点、难点及对策［J］. 云南财贸学院学报（社会科学版）. 2007（03）.

［2536］赵敏. 浅析以员工共同群体意识促进企业文化融合［J］. 金融经济. 2007（08）.

［2537］赵楠，冯中越. 特许经营权拍卖中合谋理论研究的进展［J］. 产业经济评论. 2007（01）.

［2538］赵全民. 企业竞争优势的根源——规模经济及其形成机制研究［J］. 财经理论与实践. 2007（03）.

［2539］赵天荣. 农村金融监管的理论必然与现实制约——基于我国农村金融新格局的思考［J］. 农业经济问题. 2007（10）.

［2540］赵晓光. 我国医疗保障制度改革与医疗费用增长的控制［J］. 世界经济情况. 2007（04）.

［2541］赵晓松. 国际航空运输自由化与中国民航［J］. 中国民用航空. 2007（03）.

［2542］赵晓. 中央地方关系：对财政联邦制的再思考［J］. 中国发展观察. 2007（09）.

［2543］赵心宇. 关于行业间及行业内部收入分配差距的思考［J］. 吉林省经济管理干部学院学报. 2007（01）.

［2544］赵秀娟，汪寿阳. 中国证券投资基金运行效率的一个实证分析［J］. 系统工程理论与

实践．2007（03）．

［2545］赵选民，朱刚刚．我国电信业的市场结构分析［J］．商业时代．2007（15）．

［2546］赵燕菁．基于科斯定理的价格理论修正［J］．厦门大学学报（哲学社会科学版）．2007（01）．

［2547］赵迎红，马树才．会计信息失真环境下审计风险的博弈分析［J］．辽宁大学学报（自然科学版）．2007（02）．

［2548］赵玉洁．经济哲学视野中的“有限政府”［J］．山东经济．2007（06）．

［2549］赵玉玉，康学强．新经济时代，垃圾短信如何规制？［J］．中国电信业．2007（09）．

［2550］赵昱光，张雪梅．提升监管水平应对外资银行大量进入［J］．辽宁行政学院学报．2007（05）．

［2551］赵赞扬．论我国反垄断机构的设置——对现行设计方案的质疑［J］．河南商业高等专科学校学报．2007（05）．

［2552］赵振立．失落的春天［J］．中国物流与采购．2007（06）．

［2553］赵征丽，权利．市场结构对寿险公司非价格市场行为影响的实证分析［J］．科技创业月刊．2007（02）．

［2554］赵志强．民间融资与金融伦理关系初探［J］．浙江金融．2007（08）．

［2555］赵卓．技术进步、自然垄断边界与规制政策选择［J］．江汉论坛．2007（04）．

［2556］赵卓，王述英．网络型基础产业改革：竞争、规制与民营化的融合［J］．理论探讨．2007（03）．

［2557］赵卓．网络型基础产业民营化改革的政策取向［J］．北方论丛．2007（02）．

［2558］浙江烟草　集中全省优势　加强队伍建设［J］．微型机与应用．2007（07）．

［2559］征订《国际市场准入与认证制度研究——中国电气及汽车产品出口指南》［J］．家电科技．2007（05）．

［2560］郑传均，麻丹华．基于SCP与钻石模型的产业竞争力理论模型［J］．消费导刊．2007（13）．

［2561］郑汉慧，蒋朝阳．基于利润性质的国企利润分配方法［J］．商业时代．2007（36）．

［2562］郑江淮，江静．理解行业协会［J］．东南大学学报（哲学社会科学版）．2007（06）．

［2563］郑克岭，李春明，孙健．环境非政府组织在循环经济发展中的功能分析［J］．大庆社会科学．2007（06）．

［2564］郑磊．中集集团控股荷兰博格［J］．商界（中国商业评论）．2007（04）．

［2565］郑明亮．基于网络经济下的企业供应链管理及其发展［J］．中国市场．2007（36）．

［2566］郑鸣，冯凯．外资银行进入与中国银行业绩效、市场集中度的变化［J］．金融论坛．2007（04）．

［2567］郑庆友．对提高我国电信市场管制效能的思考［J］．消费导刊．2007（08）．

［2568］郑适，汪洋．中国产业集中度现状和发展趋势研究［J］．财贸经济．2007（11）．

［2569］郑现伟．浅谈反倾销到反垄断——对我国维C企业首遭美国垄断指控的思考［J］．北方经济．2007（02）．

［2570］郑湘明，钟德强，刘辉．企业横向兼并理论及模型研究综述［J］．中国包装工业．2007（08）．

［2571］郑亚伍．技术创新与市场结构关系研究［J］．全国商情（经济理论研究）．2007（01）．

［2572］郑迎飞．跨国公司进入与中国产业组织结构之动态相互作用［J］．商业经济与管理．2007（08）．

［2573］郑雨．关于发展中国投资银行业的几点思考［J］．重庆工学院学报（社会科学版）．

2007（08）.

［2574］郑玉华，罗东坤，胡奥林．我国天然气产业链价格形成机制研究［J］．天然气工业．2007（06）.

［2575］郑园．我国民营企业进入军品市场的三大壁垒［J］．中国军转民．2007（06）.

［2576］郑作时．一口锅，能否承受国家利益之重？［J］．南风窗．2007（02）.

［2577］中共中央政治局召开会议，研究部署金融改革发展工作［J］．时政文献辑览．2007（00）.

［2578］中关村视线［J］．中关村．2007（12）.

［2579］谢茜瑶，余章坤．中国电信转型的重要棋子——移动搜索［J］．通信企业管理．2007（11）.

［2580］佟亮．中国反垄断的体制障碍与法律衔接［J］．现代经济．2007（12）.

［2581］中国将严厉管制高耗水行业［J］．有机硅氟资讯．2007（07）.

［2582］张平，赵志君．中国经济增长路径、大国效应与模式转变［J］．财贸经济．2007（01）.

［2583］中国履行《烟草控制框架公约》部际协调机构调研组来湖南调研［J］．湖南烟草．2007（03）.

［2584］中国人民银行南宁中心支行金融稳定处课题组，黎宇．广西城市商业银行规模经济问题研究［J］．广西金融研究．2007（12）.

［2585］中国手机电视的发展前景［J］．新闻战线．2007（09）.

［2586］中国烟草中南农业试验站新址隆重揭牌［J］．湖南烟草．2007（06）.

［2587］中国证券监督管理委员会关于发布《期货公司风险监管指标管理试行办法》的通知［J］．中国财经审计法规选编．2007（12）.

［2588］中国证券监督管理委员会关于进一步加强投资者教育、强化市场监管有关工作的通知［J］．中国财经审计法规选编．2007（14）.

［2589］中消协将评议公用事业企业单位［J］．中国建设信息（水工业市场）．2007（04）.

［2590］中烟学，郑钢．中国烟草学会召开第五届理事会第三次会议暨学术年会［J］．湖南烟草．2007（02）.

［2591］钟德强，罗定提，仲伟俊，等．异质产品 Cournot 寡头竞争企业替代技术许可竞争策略分析［J］．系统工程理论与实践．2007（09）.

［2592］钟德强，罗定提，仲伟俊．异质产品 Cournot 寡头市场技术许可策略分析［J］．系统工程学报．2007（03）.

［2593］钟德强，仲伟俊．委托授权下企业横向兼并效应与激励机制研究［J］．管理科学学报．2007（06）.

［2594］钟立华．政府管制：公用事业民营化成功的保障［J］．江西科技师范学院学报．2007（05）.

［2595］钟胜．寡头企业的供应链合争策略分析［J］．系统工程学报．2007（03）.

［2596］钟卫稼．我国农产品贸易的现状分析与对策［J］．价格月刊．2007（05）.

［2597］钟厦．案例一：水星，从流程精细化寻找利润要点［J］．现代营销（学苑版）．2007（07）.

［2598］重庆市工商行政管理局关于进一步放宽市场主体准入促进地方经济发展的意见［J］．中国对外经济贸易文告．2007（32）.

［2599］周宝根，李彬．规模经济与出口管制政策［J］．国际政治科学．2007（04）.

［2600］周宝砚，杨宁．试论巴西开发落后地区的政府干预举措［J］．北方经济．2007（13）.

［2601］周宝砚，张言苍．试论意大利的南方问题及其政府干预［J］．当代经济（下半月）．

2007（05）.

［2602］周畅．新《证券法》强化证券公司监管解析［J］．法制与经济（下半月）．2007（02）．

［2603］周道树，曹际涛．论我国行业协会价格卡特尔法律规制的完善［J］．法制与社会．2007（02）．

［2604］周方召，周正，朱兴龙．美国AB公司并购哈尔滨啤酒公司的启示——过度竞争、外资并购与企业改制的一个案例分析［J］．哈尔滨商业大学学报（社会科学版）．2007（04）．

［2605］周光宇，蒲勇健．商业银行信息披露真实性监管的博弈研究［J］．经济管理．2007（24）．

［2606］周国友．完善证券市场监管体制探讨［J］．证券市场导报．2007（05）．

［2607］周涵，王念伟．山西省烟草专卖局　移动通信为库存管理导航［J］．企业管理．2007（05）．

［2608］周汉兵．一个巴掌拍不响［J］．才智（才情斋）．2007（04）．

［2609］周红，周文志．我国金融监管主体模式的选择：混合监管主体［J］．经济师．2007（01）．

［2610］周华胜，沈玉志，金旭．基于期权博弈的监理企业发展决策研究［J］．现代管理科学．2007（05）．

［2611］周惠．从"海外反垄断诉讼第一案"看反倾销蜕变反垄断的可能性［J］．黑龙江对外经贸．2007（12）．

［2612］周家和．破产重组脱困境——〇六一基地切实做好破产企业稳定工作纪实［J］．中国军转民．2007（07）．

［2613］周建海，许石慧．规制与豁免：电网企业视野中的反垄断法适用解读［J］．电力技术经济．2007（06）．

［2614］周健．自然垄断产业有效竞争模式的界定［J］．北方经济．2007（07）．

［2615］周骏宇．外商直接投资与市场准入制度变迁［J］．世界经济研究．2007（04）．

［2616］周丽丽．谈大型零售企业的规制问题［J］．商业经济．2007（10）．

［2617］周林军．警惕公用事业资产"溢价"［J］．经济．2007（06）．

［2618］周民良．论深化垄断行业的体制改革［J］．江海学刊．2007（03）．

［2619］周闽军．银行竞争与效率：理论与经验综述［J］．淮阴师范学院学报（哲学社会科学版）．2007（02）．

［2620］周敏，张生武．政府、煤炭和电力三方博弈分析［J］．煤炭经济研究．2007（04）．

［2621］周明智．对我国国有资产流失的新思考［J］．会计之友（中旬刊）．2007（10）．

［2622］周琴．宁波港与上海港的寡头竞争分析［J］．宁波大学学报（人文科学版）．2007（01）．

［2623］周勤，李家平．什么是好的管制者？——对新加坡公用事业的法定机构的实证分析［J］．产业经济研究．2007（01）．

［2624］周庆行，王莉莉，罗丛生．不完全竞争市场条件下农民工工资的决定问题［J］．经济论坛．2007（21）．

［2625］周琼．英美等四国对银行卡产业的价格监管及启示［J］．价格理论与实践．2007（05）．

［2626］周全霞．主观饮食安全与政府责任［J］．农业经济．2007（09）．

［2627］周人杰，刘莎．市场失灵、政府失灵与社会托管——中国公立医院托管经营的学理基础［J］．理论界．2007（06）．

［2628］周腾浪．推进现代企业制度建设 完善公司法人治理结构［J］．湖南烟草．2007（06）．

[2629] 周挺．行政垄断的经济学分析 [J]．商业时代．2007 (26).

[2630] 周小梅．对自来水产业价格管制政策的分析 [J]．价格理论与实践．2007 (01).

[2631] 周小梅．基于信息不对称理论的药品质量管制研究 [J]．价格月刊．2007 (08).

[2632] 周小梅．开放经济下的中国食品安全管制：理论与管制政策体系 [J]．国际贸易问题．2007 (09).

[2633] 周小梅．论自来水产业的市场结构重组及其管制政策 [J]．工业技术经济．2007 (10).

[2634] 周小燕．我国商业银行市场结构与银行效率的相关性分析——基于 SCP 理论的研究 [J]．世界经济情况．2007 (07).

[2635] 周晓红．对我国发展企业集团的若干思考 [J]．福建行政学院福建经济管理干部学院学报．2007 (04).

[2636] 周晓娟．网络环境下经济行为边界的确定 [J]．特区经济．2007 (05).

[2637] 周兴挺．企业并购中的资产评估问题研究 [J]．价格理论与实践．2007 (02).

[2638] 周兴挺．外资并购国有企业中的职工安置问题研究 [J]．特区经济．2007 (04).

[2639] 周艳梅．跨国购并对东道国产业市场结构的影响 [J]．经济研究导刊．2007 (07).

[2640] 周扬．谁的 GMP 认证？[J]．农村．农业．农民 (B 版)．2007 (04).

[2641] 周怡君．完善公用事业监管的思考 [J]．城乡建设．2007 (12).

[2642] 周义兴．警惕以“反垄断”名义搞垄断 [J]．理财杂志．2007 (11).

[2643] 周义兴．邮政提价的公正性质疑 [J]．同舟共进．2007 (01).

[2644] 周莹莹，刘传哲．基于 DEA 模型的钢铁业上市公司经营绩效评价 [J]．工业技术经济．2007 (S1).

[2645] 周玉江，刘智华，崔建业．中国电信产业发展模型研究 [J]．企业经济．2007 (12).

[2646] 周云．次优理论与现代市场结构选择 [J]．时代金融．2007 (10).

[2647] 周贞，计艳．中国铁路运输产业政府管制体制改革初探 [J]．职业圈．2007 (23).

[2648] 周中胜．治理环境、政府干预与大股东利益输送 [J]．山西财经大学学报．2007 (04).

[2649] 周子衡．了解转轨中的计划与管制 [J]．公法研究．2007 (00).

[2650] 周自强．发挥工会职能作用 全力构建和谐烟草——力促人力资源改革后烟草工会工作上台阶 [J]．湖南烟草．2007 (03).

[2651] 朱安璋．武汉国内首创：住宅用地拍卖“搭售”街头绿地 [J]．广西城镇建设．2007 (02).

[2652] 朱长存，顾六宝．地方政府竞争策略选择的博弈分析 [J]．河北经贸大学学报．2007 (01).

[2653] 朱超．港口规模、结构和效率协调发展分析 [J]．港工技术．2007 (01).

[2654] 朱春阳．创新、规制与效率竞争——2006 中国传媒产业述评 [J]．新闻大学．2007 (02).

[2655] 朱芬华．我国城市化进程中政府干预力度的实证分析 [J]．武汉职业技术学院学报．2007 (03).

[2656] 朱虹．国内大型房企通过并购实现产业利润快速最大化 [J]．城市开发．2007 (Z1).

[2657] 朱及天，朱云鹃，洪天求．国际铁矿产品供求关系中的买方行为分析 [J]．中国矿业．2007 (03).

[2658] 朱佳．中国银行业市场结构与绩效分析 [J]．工业技术经济．2007 (09).

[2659] 朱建设．我国转型期内政府干预的机制分析 [J]．特区经济．2007 (01).

[2660] 朱军．我国地方政府间财政支出竞争的动因分析 [J]．中央财经大学学报．2007 (08)．

[2661] 朱凌燕．欧盟跨国并购反垄断审查及其启示 [J]．国际经济合作．2007 (04)．

[2662] 朱妙宽．加强对垄断行业过高收入的宏观调控 [J]．唯实．2007 (Z1)．

[2663] 朱明儒，王淑珍．借鉴美国的监管方式 强化我国的金融监管 [J]．税务与经济．2007 (01)．

[2664] 朱启荣．我国出口贸易与工业污染、环境规制关系的实证分析 [J]．世界经济研究．2007 (08)．

[2665] 朱青，罗志红．逆向物流活动中的市场失灵与政府干预 [J]．改革与战略．2007 (12)．

[2666] 朱生球．钢铁股：整合带来新机遇 [J]．证券导刊．2007 (10)．

[2667] 朱生球．中国钢铁行业迎来购并风暴 [J]．上海国资．2007 (06)．

[2668] 朱婷，池仁勇．中小企业集群网络竞争力评价分析——基于浙江省纺织、服装行业实证研究 [J]．经济问题探索．2007 (10)．

[2669] 朱彤．我国汽车产业政策制定与实施中的三个认识问题 [J]．中国经贸导刊．2007 (21)．

[2670] 朱伟一．股票交易所之争 [J]．国际融资．2007 (04)．

[2671] 朱伟一．金融老大有力量 [J]．国际融资．2007 (05)．

[2672] 朱武刚，宋德舜．我国烟草行业的问题与发展 [J]．经营与管理．2007 (08)．

[2673] 朱杏珍，汤建枫，徐越海．绍兴市纺织产业市场结构与产业组织政策选择 [J]．华东经济管理．2007 (03)．

[2674] 朱雪祎，方存好，孟硕．区域技术创新体系中的市场失灵与政府政策选择的研究 [J]．中国软科学．2007 (05)．

[2675] 朱雅玲，蔡彦勃．中国跨国并购整合面临的主要问题和策略 [J]．时代经贸（下旬刊）．2007 (06)．

[2676] 朱延琳．我国独立审计市场的市场结构分析 [J]．山东省农业管理干部学院学报．2007 (06)．

[2677] 朱研．联想国际化兼并策略 [J]．湘潮（下半月）（理论）．2007 (07)．

[2678] 朱意秋．三证我国集装箱班轮运输市场的垄断程度 [J]．中国海洋大学学报（社会科学版）．2007 (01)．

[2679] 朱应皋，吴美华．论政府与市场关系模式重构 [J]．南京财经大学学报．2007 (01)．

[2680] 朱莺．我国垄断行业职工高福利现象解析：成因及负面影响 [J]．上海企业．2007 (01)．

[2681] 朱永雄．监管无“严”必然失安全——现代行管与监管到急需更新的“配方”和理念 [J]．中国动物保健．2007 (10)．

[2682] 朱玉知．公共治理视角中的电力监管改革 [J]．管理科学文摘．2007 (06)．

[2683] 朱云平．转型经济期市场失灵的个性与相应的政府干预 [J]．赤峰学院学报（汉文哲学社会科学版）．2007 (02)．

[2684] 朱云平．转型经济期政府干预经济的制度效率分析 [J]．哈尔滨学院学报．2007 (11)．

[2685] 朱云平．转型期政府干预经济有效性发挥的动态分析 [J]．山西高等学校社会科学学报．2007 (07)．

[2686] 朱振锴，袁蕴．企业资本布局的合理性探讨 [J]．现代企业．2007 (11)．

[2687] 朱振中，吴宗杰. 专利联盟的竞争分析 [J]. 科学学研究. 2007 (01).
[2688] 朱政，刘祺. 公用事业民营化期待"民赢" [J]. 人民论坛. 2007 (11).
[2689] 朱治中. 电力市场竞争监视机制 [J]. 电力系统自动化. 2007 (07).
[2690] 竺波亮. 参与国际组织与产权保护：一种定量研究的方法 [J]. 世界经济与政治. 2007 (08).
[2691] 祝贺. 克莱斯勒用什么打响品牌反击战？[J]. 成功营销. 2007 (07).
[2692] 专家视角 [J]. 同舟共进. 2007 (01).
[2693] 黄良才. 专利联盟中的搭售问题分析——以 MPEGLA 下的 H.264、DVB - T 专利池为视角[J]. 电子知识产权. 2007 (10).
[2694] 庄彪. 信息不对称与自来水行业改制路径选择及措施 [J]. 当代经济 (下半月). 2007 (10).
[2695] 庄丽. 略论国有企业产 (股) 权交易的规制问题 [J]. 内蒙古统计. 2007 (01).
[2696] 庄美燕. 外资啤酒在华的第三次"冲击波" [J]. 中国外资. 2007 (01).
[2697] 庄品，赵林度. 应急环境和非对称信息下供应链协调价格策略 (英文) [J]. Journal of Southeast University (English Edition). 2007 (S1).
[2698] 装载机市场集中度再提高 竞争格局暗存变数 [J]. 建筑机械化. 2007 (11).
[2699] 紫水. "垄断福利"何以顶风而涨 [J]. 经营与管理. 2007 (03).
[2700] 宗庆后. 关于加强食品安全监管专业化和规范化建设的建议 [J]. 商品与质量. 2007 (10).
[2701] 邹博宁. 食品安全保卫战将整治进行到底 [J]. 现代经济信息. 2007 (12).
[2702] 邹积亮. 论市场经济中竞争性产业的价格管制 [J]. 湖北经济学院学报. 2007 (03).
[2703] 邹晶，陈莉，刘慧明. 独立审计市场的失灵与监管问题 [J]. 经济师. 2007 (02).
[2704] 邹升平. 从利润率平均化理论看当前的贫富差距 [J]. 经济研究导刊. 2007 (11).
[2705] 邹升平. 从马克思利润平均化理论看当前的贫富差距问题 [J]. 特区经济. 2007 (11).
[2706] 邹田畑. 中国汽车行业市场结构分析及启示 [J]. 时代经贸 (下旬刊). 2007 (08): 198 - 199.
[2707] 邹薇. 外资银行进入与中国银行体系的稳定性 [J]. 求索. 2007 (02).
[2708] 邹伟进，刘峥. 中国银行业市场结构、效率和绩效实证研究 [J]. 经济评论. 2007 (03).
[2709] 邹蔚，胡韫频，王珍菊. 自主创新的资源配置研究 [J]. 科技管理研究. 2007 (02).
[2710] 邹文杰. 竞争、合作与产业组织演进 [J]. 改革与战略. 2007 (01).
[2711] 邹锡兰，吴尚清. 陈世怀：云南应成立普洱茶"托拉斯" [J]. 中国经济周刊. 2007 (20).
[2712] 邹小燕. 电力市场中发电公司的协调策略研究 [J]. 消费导刊. 2007 (07).
[2713] 邹乙. 金融多寡头之间的纳什均衡 [J]. 科技促进发展. 2007 (09).
[2714] 左进. 城市给排水一体化管理产生的社会和经济效益增值分析 [J]. 价值工程. 2007 (07).

2006 年

[1] Bovd, R.，刘鼎盛，禹思. 墨西哥的寻租模式及其经济结果 [J]. 公共管理评论. 2006 (01).
[2] Graham, C.，孟晋. 民营化英国实践 [J]. 行政法学研究. 2006 (03).
[3] Prosser, T.，葛宗萍. 民营化的社会限制 [J]. 公法研究. 2006 (01).

[4] 阿计．为市场经济“立宪”[J]．浙江人大．2006（10）．

[5] 阿祥．IPTV，舍弃竞争就是垄断[J]．IT时代周刊．2006（23）．

[6] 艾洪德，张羽．外资引进战略与中国银行业改革效率与稳定的权衡[J]．广东金融学院学报．2006（04）．

[7] 安丰东．信息不对称与食品安全规制[J]．中国市场．2006（45）．

[8] 安贵斌．环境成本的计算方法[J]．中国管理信息化（综合版）．2006（09）．

[9] 安康，刘祖云．政治领域的道德风险辨析——“委托代理理论”的视角[J]．中共南京市委党校南京市行政学院学报．2006（06）．

[10] 安丽娜．对我国基金监管的分析与建议[J]．商业经济．2006（01）．

[11] 安亮．借鉴国际经验，完善我国养老保险基金监管体制[J]．经济研究导刊．2006（04）．

[12] 白建宁．“权力寻租”的特点及遏制对策[J]．天然气经济．2006（02）．

[13] 白津夫．谨防外资并购形成垄断[J]．中国经济周刊．2006（50）．

[14] 白明，雷箐青．国有产权与市场竞争[J]．经济体制改革．2006（04）．

[15] 白明，雷箐青．垄断型国有企业绩效分析[J]．开发研究．2006（05）．

[16] 白书祥．如何规范市场分配行为[J]．河北学刊．2006（02）．

[17] 白献晓，张兆敏，韩蕴．食品安全政府推进行动研究[J]．科技与经济．2006（04）．

[18] 白重恩，路江涌，陶志刚．国有企业改制效果的实证研究[J]．经济研究．2006（08）．

[19] 包贵良，王爽．国有森林资源产权制度改革探析[J]．边疆经济与文化．2006（08）．

[20] 包随义．放松管制 扩大开放（五）——中国民用航空运输业发展展望[J]．中国民用航空．2006（12）．

[21] 保建云．中国发达地区间的发展竞争与市场一体化——来自长江三角洲与珠江三角洲的经验证据[J]．中国人民大学学报．2006（03）．

[22] 毕舸．让法律赋权与行政赋权并行[J]．经济．2006（04）．

[23] 毕舸．没有民意支撑的限价监管就是一盘散沙[J]．经济．2006（09）．

[24] 毕红毅．跨国公司在华并购新特点与防范策略研究[J]．理论学刊．2006（07）．

[25] 毕红毅．跨国公司对我国市场的不和谐因素及规避措施[J]．山东经济．2006（04）．

[26] 毕军贤．区域煤炭市场势力测算与煤炭企业营销策略研究[J]．商场现代化．2006（34）．

[27] 卞彬．论我国公用事业行业的垄断及其规制[J]．探索．2006（01）．

[28] 别涛．环境公益诉讼的立法构想[J]．环境经济．2006（Z1）．

[29] 蔡春林．外资并购考验中国法规[J]．中国外资．2006（07）．

[30] 蔡鄂生．银行业——要创新，更要监管[J]．中国经济周刊．2006（45）．

[31] 蔡恩泽．特殊利益集团权力与资本苟合的“怪胎”[J]．党政干部学刊．2006（12）．

[32] 蔡建民．基于市场结构分析的我国基础设施政府监管构建探索[J]．生产力研究．2006（05）．

[33] 蔡建明．关于政府会计监管的再思考[J]．中央财经大学学报．2006（10）．

[34] 蔡捷．我国环境审计的理论与实践[J]．科技情报开发与经济．2006（15）．

[35] 蔡岚．区域政府合作中的难题及其求解[J]．前沿．2006（10）．

[36] 蔡乐渭．论我国行政监察制度的改革[J]．江西行政学院学报．2006（02）．

[37] 蔡敏春，胡峡．浅论我国司法权监督行政权的现状及其完善[J]．科学咨询．2006（06）．

[38] 蔡平．从企业型政府到服务型政府——基于“政府失灵”的矫正[J]．行政论坛．2006（02）．

[39] 蔡彤．可信承诺与政府行为负外部性的防范机制构建 [J]．上海经济研究．2006 (06)．

[40] 蔡翔华．公用事业民营化改革中的政府责任 [J]．江南论坛．2006 (08)．

[41] 蔡英辉，周义程．关于中国地方政府之间争议的成因及其排解 [J]．四川行政学院学报．2006 (03)．

[42] 蔡永彤．燃气行业涨价行为的经济学视角分析 [J]．上海煤气．2006 (05)．

[43] 蔡永彤．城市供气行业民营化改革路径及相关法律问题 [J]．上海煤气．2006 (02)．

[44] 蔡玉胜．中国区域经济发展中的地方政府行为分析——基于地方政府竞争的分析框架 [J]．天府新论．2006 (04)．

[45] 蔡珍贵，王石．内外贸一体化进程中的障碍和对策 [J]．商业时代．2006 (11)．

[46] 曹成伍，虞淑娟．出租汽车监管的历史、现状与理念思考 [J]．城市交通．2006 (04)．

[47] 曹刚．论网络不正当竞争行为法律规制之特殊性及其完善 [J]．商场现代化．2006 (09)．

[48] 曹海军．“构建环境友好型社会”的几个问题 [J]．行政与法．2006 (11)．

[49] 曹和平．“二次成长阶段”跨国企业集群的行为特征与规制途径 [J]．中国社会科学．2006 (05)．

[50] 曹华平，王超，郭昭如．当前短信管理的新问题及监管对策浅析 [J]．江西通信科技．2006 (01)．

[51] 曹林．祛尽权力方可谈“不可避免” [J]．四川党的建设（城市版）．2006 (09)．

[52] 曹敏，踪家峰．地方间竞争与粗放式增长方式的形成 [J]．郑州航空工业管理学院学报．2006 (04)．

[53] 曹淑杰．存款保险的政府参与及市场效率 [J]．山东财政学院学报．2006 (02)．

[54] 曹休宁，廖湘岳．论公用事业产品的市场供给 [J]．商业经济．2006 (04)．

[55] 曹燕青，郑会颂．网络媒体的经济外部性问题探讨 [J]．南京邮电大学学报（社会科学版）．2006 (01)．

[56] 曹阳．我国网络型公用企业竞争的可行性分析 [J]．经济法论坛．2006 (00)．

[57] 曹银涛．市场机制在行政权运行过程中的借鉴及法律规制 [J]．重庆工商大学学报（社会科学版）．2006 (01)．

[58] 曹越．我国烟草企业的市场行为与政府管制 [J]．经营与管理．2006 (07)．

[59] 曹兆龙．基于新监管理念的组织和流程再造研究 [J]．金融纵横．2006 (04)．

[60] 曹智．反不正当竞争法控制模式评析 [J]．特区经济．2006 (10)．

[61] 曹中轩．政府管理绩效的界定与政府定位、政府职能的关系 [J]．成都行政学院学报（哲学社会科学）．2006 (02)．

[62] 岑健．对金融控股公司的监管 [J]．上海第二工业大学学报．2006 (04)．

[63] 柴晓钟．构筑特许经营有效模式——北京地铁四号线特许经营模式侧记 [J]．施工企业管理．2006 (06)．

[64] 常春凤．政府干预经济的调控边界 [J]．经济论坛．2006 (09)．

[65] 常纪文．我国环境法律制度的创新与完善 [J]．城乡建设．2006 (01)．

[66] 常继生，田伟．完善国家食品安全法律体系 [J]．企业标准化．2006 (11)．

[67] 常琨，贾守乔．中国银行业 X 效率实证研究 [J]．南方经济．2006 (06)．

[68] 常青，张兴军．电力产业的政府管制相关问题分析 [J]．吉林电力．2006 (03)．

[69] 常伟．市场失灵、政府失灵与增加农民收入 [J]．甘肃农业．2006 (08)．

[70] 常伟兵．当前保健食品中存在的问题及监管对策 [J]．中国食品药品监管．2006 (03)．

[71] 常晓鸣．对生态经济学的经济学基础的思考 [J]．技术与市场．2006 (02)．

［72］常修泽．中国国有经济改革的最新进展和矛盾分析［J］．重庆工商大学学报．西部论坛．2006（03）．

［73］常修泽．人文价值取向与基础制度规范——关于政府转型的一点思考［J］．中共天津市委党校学报．2006（04）．

［74］车春鹂．公共投资项目特许权经营面临的问题与对策分析［J］．基建优化．2006（05）．

［75］陈爱国，卢有杰．基础设施PPP的价格调整及风险分析［J］．建筑经济．2006（03）．

［76］陈宝永．价格歧视与加油站经营之道［J］．化工管理．2006（07）．

［77］陈宝永，翟旭，高飞．我国加油站业垂直控制问题分析及对策［J］．经济论坛．2006（16）．

［78］陈兵．《谢尔曼法》诞生的经济基础考——经济发展与《谢尔曼法》［J］．当代经理人．2006（04）．

［79］陈波，翁志勇．强势政府与企业的关系研究——兼论如何解决“潜规则”［J］．黄冈师范学院学报．2006（05）．

［80］陈步雨．浅论商业银行风险及其监管方式［J］．甘肃广播电视大学学报．2006（01）．

［81］陈灿德．利益集团与我国银行制度变迁［J］．北方经济．2006（20）．

［82］陈池波，胡振虎，傅爱民．新农村建设中公共产品供给问题研究［J］．中南财经政法大学学报．2006（04）．

［83］陈岱松．证券市场国际监管评析［J］．法学杂志．2006（02）．

［84］陈得良．突破行政垄断　进一步解放非公经济［J］．中共合肥市委党校学报．2006（02）．

［85］陈德照．中国经济安全面临的若干重要问题［J］．国际关系学院学报．2006（S1）．

［86］陈玎玎．农村垃圾问题的公私治理［J］．经济论坛．2006（12）．

［87］陈冬．公众参与环境法的基本原则［J］．河南教育学院学报（哲学社会科学版）．2006（01）．

［88］陈冬梅．建立环境责任保险制度的若干思考［J］．环境保护．2006（02）．

［89］陈飞．我国保险业改革的关键保险费率市场化［J］．财会月刊．2006（29）．

［90］陈锋．美国与欧盟法下的体育市场开发与反垄断［J］．北京体育大学学报．2006（04）．

［91］陈刚，彭飞．我国的反垄断立法［J］．沈阳教育学院学报．2006（04）．

［92］陈桂棣．上帝要穿纸尿裤［J］．中国质量万里行．2006（03）．

［93］陈桂生．新型工业化背景下政府对市场的培育与规制［J］．云南社会科学．2006（03）．

［94］陈桂生．略论政府规制市场的条件［J］．山西大学学报（哲学社会科学版）．2006（01）．

［95］陈国立．我国信贷市场进入与退出壁垒分析［J］．东岳论丛．2006（03）．

［96］陈航．我国行政腐败的制度经济学分析［J］．渤海大学学报（哲学社会科学版）．2006（01）．

［97］陈红星．公用事业改革之特许权投标［J］．中国市场．2006（22）．

［98］陈宏．关于城市化过程中交通与环境可持续发展的思考［J］．引进与咨询．2006（02）．

［99］陈宏明，张妍彦，罗建军．发电企业集团投资并购问题分析［J］．商业研究．2006（23）．

［100］陈洪海，夏洪胜．寻求中国电信业竞争与垄断的均衡点［J］．商业时代．2006（02）．

［101］陈洪涌．新巴塞尔协议对我国银行监管机构的启示［J］．市场周刊．理论研究．2006（04）．

［102］陈虹，冯晓明．社会责任投资走出环境瓶颈［J］．国际经济评论．2006（04）．

［103］陈华．跨国并购管制与国家经济安全——西方经验做法及对中国的启示［J］．临沂师范

学院学报．2006（01）．

［104］陈华．西方国家对跨国并购管制特征及评析［J］．经济研究参考．2006（87）．

［105］陈华．从刑法的立法看国家对医疗器械管理的发展趋势［J］．上海食品药品监管情报研究．2006（04）．

［106］陈华，安加锋．跨国并购管制美国经验及启示［J］．世界知识．2006（24）．

［107］陈桦楠，姜德波．长三角区域市场的地区分割——基于边界效应模型的分析［J］．产业经济研究．2006（05）．

［108］陈欢．建立有效发展公用事业的互动制衡机制［J］．和田师范专科学校学报．2006（01）．

［109］陈卉敏，谭学锋．政府行为困境解析——从政府利益谈起［J］．当代经理人．2006（21）．

［110］陈家涛．城市公用事业民营化探讨［J］．黄河水利职业技术学院学报．2006（02）．

［111］陈家泽．从政府治理结构看服务型政府的建设［J］．经济学家．2006（04）．

［112］陈建成，李红勋．对国外林务官制度与我国森林资源管理制度改革的思考［J］．北京林业大学学报（社会科学版）．2006（S2）．

［113］陈建华．股权结构不应是国有企业改革的核心——基于出资人及其监管到位的国企管理制度设计［J］．经济体制改革．2006（02）．

［114］陈建伟，易国勤，叶临湘．我国食品环境安全问题及主要管理对策［J］．中国社会医学杂志．2006（01）．

［115］陈锦昌．地方政府转变经济管理方式的着力点抑制非经济手段扩张［J］．延边党校学报．2006（02）．

［116］陈瑾瑜．环境成本会计刍议［J］．达县师范高等专科学校学报．2006（02）．

［117］陈瑾瑜．在中国发展环境会计的局限性分析［J］．环境科学与管理．2006（09）．

［118］陈靖．对完善我国环境犯罪立法的思考［J］．新疆大学学报（哲学社会科学版）．2006（05）．

［119］陈静．浅谈市场经济条件下的政府监管［J］．黄冈师范学院学报．2006（01）．

［120］陈君文．国有企业产权改革中的三方博弈分析［J］．贵州财经学院学报．2006（04）．

［121］陈凯．全球电信许可管制的发展［J］．世界电信．2006（04）．

［122］陈丽娟．论反垄断法对企业合并的规制［J］．西安航空技术高等专科学校学报．2006（04）．

［123］陈丽莉，董淑兰．政府采购中的寻租行为及防范研究［J］．理论观察．2006（06）．

［124］陈麟．行政性重复建设的制度经济学分析［J］．成都大学学报（社会科学版）．2006（02）．

［125］陈玲．我国再保险监管改革探析［J］．特区经济．2006（02）．

［126］陈柳钦．“经济宪法”立法剑指垄断行为［J］．中国乡镇企业．2006（08）．

［127］陈律．论我国食品安全规制失灵的原因及对策［J］．企业家天地．2006（09）．

［128］陈萌，周丽．公权力与市场经济之探讨——浅析经济宪法学［J］．商场现代化．2006（03）．

［129］陈明森．产能过剩与地方政府进入冲动［J］．天津社会科学．2006（05）．

［130］陈明艺．国外出租车市场规制研究综述及其启示［J］．外国经济与管理．2006（08）．

［131］陈念东，邬丽云，孙世攀．审计失败的博弈分析与防范对策［J］．经济与管理．2006（03）．

［132］陈宁．当前我国社会矛盾的特点及其经济分析［J］．华东经济管理．2006（12）．

[133] 陈平．政府财政投资的法律规制 [J]．特区经济．2006 (02).

[134] 陈庆修．以税收杠杆推动节约型社会建设 [J]．经济研究参考．2006 (65).

[135] 陈泉生，宋婧．论环境法的国家干预原则 [J]．当代法学．2006 (05).

[136] 陈韶君．上市公司与独立审计联盟寻租博弈分析 [J]．特区经济．2006 (06).

[137] 陈韶君．我国资本市场审计寻租及其治理对策研究 [J]．审计与经济研究．2006 (06).

[138] 陈韶君．浅析我国资本市场中审计寻租 [J]．石家庄经济学院学报．2006 (04).

[139] 陈少红．解读环境法的“立法悖论”——以经济利益与环境利益的冲突为视角 [J]．云南大学学报（法学版）．2006 (06).

[140] 陈生军．企业信用与上市公司监管 [J]．北京城市学院学报（城市科学论集）．2006 (S1).

[141] 陈石．论政府转型演进的双重转换及理性自觉 [J]．云南行政学院学报．2006 (05).

[142] 陈舜友．基于环境投资的企业模式选择 [J]．华东经济管理．2006 (09).

[143] 陈思民．开征环境税的法律思考 [J]．企业家天地．2006 (02).

[144] 陈四清．企业并购中的政府行为定位 [J]．商业时代．2006 (07).

[145] 陈太清．特许经营的内在机理及法律规制探微——以交通基础设施为例 [J]．武汉职业技术学院学报．2006 (03).

[146] 陈桃生．网络环境中的言论自由及其规制 [J]．贵州大学学报（社会科学版）．2006 (01).

[147] 陈彤．管制抑或竞争选择权应该交给谁？——探析“州政府行为豁免原则”背后的问题意识 [J]．北大法律评论．2006 (00).

[148] 陈薇．中国证券市场引入“双审制度”的理论分析 [J]．价格月刊．2006 (04).

[149] 陈伟军，黄光文．风景名胜区特许经营问题探讨——以杭州市西湖风景名胜区为例[J]．江西科技师范学院学报．2006 (06).

[150] 陈卫东，舒欢，余东良．特许经营方式推进社会主义新农村基础设施建设的重要途径 [J]．华中农业大学学报（社会科学版）．2006 (05).

[151] 陈曦．行政特许与资源配置 [J]．湖北行政学院学报．2006 (06).

[152] 陈曦．试论公私法在行政特许制度中的兼容 [J]．中共南宁市委党校学报．2006 (05).

[153] 陈献勇．投资报酬率规制的效率分析及启示 [J]．辽宁大学学报（哲学社会科学版）．2006 (03).

[154] 陈向聪．外资入股中资银行的负面影响及监管对策 [J]．福建金融．2006 (01).

[155] 陈小安．我国准公共产品垄断与竞争性供给改革 [J]．经济体制改革．2006 (05).

[156] 陈小宪．中国的银行改革出了什么错 [J]．中国经济周刊．2006 (12).

[157] 陈晓景．全球化背景下完善中国环境保护法律制度的若干思考 [J]．河南社会科学．2006 (02).

[158] 陈旭东．论认证认可在市场经济条件下消除市场失灵、维护市场稳定的作用 [J]．中国测试技术．2006 (01).

[159] 陈旭光．理性看待跨国公司在华并购 [J]．工业技术经济．2006 (12).

[160] 陈璇，郭瑞英．国有企业社会性负担的解决方案他山之石——CSO 政策及其启示 [J]．特区经济．2006 (12).

[161] 陈雪萍．环境保护信托——环保资本运营的新亮点 [J]．当代法学．2006 (02).

[162] 陈延军．论经济法学中的几个重要问题 [J]．理论视野．2006 (06).

[163] 陈彦丽．我国自然垄断产业的政府管制改革 [J]．商业时代．2006 (31).

[164] 陈艳，田田．基于公众参与视角下的自然垄断企业的政府规制问题 [J]．华东经济管

理. 2006 (05).

[165] 陈业宏，陈伟翔. 论东道国对外资并购的管制制度及母国的法律对策——以中国企业在美国的海外并购为例 [J]. 武汉大学学报 (哲学社会科学版). 2006 (06).

[166] 陈叶兰. 论环境保护的公众参与 [J]. 湖南农业大学学报 (社会科学版). 2006 (03).

[167] 陈鹰. 发展中国家环境税问题探讨 [J]. 商业时代. 2006 (16).

[168] 陈颖. 对银行业市场进入壁垒的分析与思考 [J]. 中央财经大学学报. 2006 (03).

[169] 陈颖，王胜邦. 小额信贷机构监管的国际经验和中国实践 [J]. 新金融. 2006 (07).

[170] 陈拥军. 市政公用事业“市场化”的内涵探讨 [J]. 理论前沿. 2006 (04).

[171] 陈拥军. 论政府主导型广告监管体制 [J]. 社会科学论坛. 2006 (12).

[172] 陈勇. 论我国环境刑事立法的现状及其完善 [J]. 内蒙古环境保护. 2006 (02).

[173] 陈玉玲. 中国反垄断法的若干问题探析 [J]. 武警学院学报. 2006 (03).

[174] 陈玉宇，黄国华. 中国地区增长不平衡与所有制改革 [J]. 经济科学. 2006 (01).

[175] 陈岳琴. Storm King. 美国环境公益诉讼的经典案例 [J]. 世界环境. 2006 (06).

[176] 陈昀，赵旭. 我国实行绿色税收改革初探 [J]. 环境科学与技术. 2006 (02).

[177] 陈治. 论竞争法的社会公共利益原则 [J]. 经济法论坛. 2006 (00).

[178] 陈智能，蔡新艺. 反垄断法视野中的买断式销售行为 [J]. 宜宾学院学报. 2006 (03).

[179] 陈智文. 中国转轨期的成品油定价机制研究——基于目标区理论的一个动态架构 [J]. 当代财经. 2006 (09).

[180] 陈珠明，杨华李. 负债企业并购的时机与条件及在国企产权转让中的应用 [J]. 南方经济. 2006 (08).

[181] 陈柱. 以色列企业并购法之发展 [J]. 理论月刊. 2006 (12).

[182] 陈柱. 韩国企业并购法之演化 [J]. 理论观察. 2006 (06).

[183] 陈宗攀. 我国的环保税收政策探析 [J]. 当代经济. 2006 (10).

[184] 陈祖海. 环境投融资理论、问题与对策 [J]. 武汉科技学院学报. 2006 (09).

[185] 成功，宗良纲. 加强我国环境税收体系研究之浅析 [J]. 江苏环境科技. 2006 (01).

[186] 成桂芳，成功. 对我国环境税收研究的几点思考 [J]. 盐城工学院学报 (社会科学版). 2006 (01).

[187] 成思危. 深化金融改革　改善金融监管 推动金融和经济协调发展 [J]. 中国流通经济. 2006 (10).

[188] 成志刚，唐俊辉. 调整权力结构 制约行政权力——对行政权制约过程的博弈分析 [J]. 吉首大学学报 (社会科学版). 2006 (02).

[189] 成志刚，唐俊辉. 论行政监督制度与权力结构的动态平衡 [J]. 广西民族大学学报 (哲学社会科学版). 2006 (06).

[190] 程必忠. “涨价年”里的定价歧路 [J]. 南风窗. 2006 (24).

[191] 程贵孙，陈宏民，孙武军. 具有网络外部性特征的企业兼并模式选择 [J]. 中国管理科学. 2006 (05).

[192] 程基厚. 论环境公益诉讼之原告资格 [J]. 当代经理人. 2006 (17).

[193] 程蕊. 论码头作业费纠纷的法律性质 [J]. 中国水运 (学术版). 2006 (06).

[194] 程若曦. 当垄断遭遇收入分配变革 [J]. 经营者 (财经人物版). 2006 (15).

[195] 程若曦. 颠覆商业贿赂潜规则 [J]. 经营者 (财经人物版). 2006 (05).

[196] 程学童，夏建武. 全球化背景下政府规制的定位与控制——经济学和法学的二维分析 [J]. 中共浙江省委党校学报. 2006 (04).

[197] 程雪莲，宋慧云. 对中国现行环保投融资现状的反思 [J]. 云南地理环境研究. 2006 (01).

[198] 程言清．食品安全问题及其治理的制度分析 [J]．生产力研究．2006（01）．

[199] 程艳．中国流通产业进入管制的理论评判和现实反思 [J]．国际贸易问题．2006（07）．

[200] 程英卫，张永丽．特许经营中的限制竞争行为的法律规制分析 [J]．甘肃农业．2006（07）．

[201] 程媛．掠夺性定价法律思考 [J]．湖北广播电视大学学报．2006（03）．

[202] 程志兴．如何为政府采购行为建立监督制约机制 [J]．今日科苑．2006（11）．

[203] 池忠军．公共管理视域下重建矿山生产秩序的逻辑理路 [J]．中国软科学．2006（03）．

[204] 迟树功，曹家和．对我国垄断问题的探讨 [J]．理论前沿．2006（17）．

[205] 仇保兴．市政公用事业改革与监管 [J]．城乡建设．2006（03）．

[206] 初佳颖．政府规制下电信产业的技术效率分析 [J]．经济纵横．2006（04）．

[207] 储成兵，李想．民营企业寻租的进化博弈分析与抑制寻租的制度创新 [J]．特区经济．2006（03）．

[208] 楚道文．我国城市地下水环境保护的法律机制 [J]．政法论丛．2006（04）．

[209] 楚建波．密度经济与自然垄断 [J]．湖南科技大学学报（社会科学版）．2006（06）．

[210] 褚东惠．我国公用事业民营化改革制度构想 [J]．城市管理与科技．2006（01）．

[211] 褚国建．从放松准入走向行为监管 [J]．浙江人大．2006（12）．

[212] 褚义景，杨丽．政府职能重构目标之经济职能 [J]．当代经理人．2006（17）．

[213] 丛亮．北京移动遭遇“准掠夺性定价” [J]．通信世界．2006（34）．

[214] 丛中笑．环境税论略 [J]．当代法学．2006（06）．

[215] 崔凡．现代国际直接投资理论与我国外资管理体制转型 [J]．经济理论与经济管理．2006（12）．

[216] 崔光庆．中国区域经济差异与政府行为的实证分析 [J]．宏观经济研究．2006（09）．

[217] 崔宏铁．府际竞争中地方政府行为失范探因 [J]．重庆行政．2006（03）．

[218] 崔宏轶．中国公用事业民营化基于契约的治理 [J]．深圳大学学报（人文社会科学版）．2006（01）．

[219] 崔鸿英．企业会计信息质量政府监管研究 [J]．物流科技．2006（06）．

[220] 崔华强．外资并购背景下中国反垄断程序机制之完善 [J]．攀登．2006（03）．

[221] 崔佳，邵蓉．医疗器械市场监管制度的优化途径分析 [J]．国际医药卫生导报．2006（20）．

[222] 崔茂森．论内生时代的政府经济职能 [J]．东岳论丛．2006（01）．

[223] 崔玮．反倾销制度与竞争政策的比较及对我国的启示 [J]．经济与管理研究．2006（06）．

[224] 崔新利，张亚．环境审计浅探 [J]．当代经济．2006（10）．

[225] 崔学贤．可持续发展条件下加强环境保护的财税政策 [J]．地方财政研究．2006（02）．

[226] 崔学贤．加强环境保护的财税政策选择 [J]．经济研究参考．2006（39）．

[227] 崔竹．市政公用事业市场化的理论基础 [J]．中共中央党校学报．2006（05）．

[228] 笪素林．中国政府监管研究兴起与发展 [J]．公共管理高层论坛．2006（02）．

[229] 笪素林，钱钢．中国政府监管机制的现状与理论构建 [J]．现代经济探讨．2006（10）．

[230] 代志华．我国电信产业改革演进逻辑一个分析框架 [J]．经济管理．2006（24）．

[231] 戴斌．我国电信业存在的问题及其对策 [J]．安徽工业大学学报（社会科学版）．2006（02）．

[232] 戴晶．《澳大利亚新西兰食品标准法典》对我国食品安全立法的启示 [J]．河南省政法管理干部学院学报．2006（03）．

[233] 戴晶，陈洁．上海国有控股公司产业选择标准研究 [J]．上海管理科学．2006 (02).

[234] 戴俊义，顾玲妹．知识产权领域中跨国公司滥用市场支配地位的反垄断规制 [J]．对外经贸实务．2006 (03).

[235] 戴霞．市场准入的法学分析 [J]．广东社会科学．2006 (03).

[236] 戴迎春，朱彬，应瑞瑶．消费者对食品安全的选择意愿——以南京市有机蔬菜消费行为为例 [J]．南京农业大学学报 (社会科学版)．2006 (01).

[237] 戴志强．反垄断国有经济调整要点 [J]．上海经济．2006 (09).

[238] 单宝．危险！外资并购垄断化 [J]．经营与管理．2006 (06).

[239] 单美姣．我国企业年金监管的几点政策建议 [J]．辽宁经济职业技术学院．辽宁经济管理干部学院学报．2006 (04).

[240] 邓，黄庭满，罗博．行政权力四种“异化”现象 [J]．资料通讯．2006 (Z1).

[241] 邓菲．WTO 框架下外资银行市场准入监管的审慎性措施研究 [J]．华中师范大学学报 (人文社会科学版)．2006 (S1).

[242] 邓宏图，李长英．国有企业的产权、改革宏观效应与退出成本研究——一个基于历史与宪法视角的国企存在合理性的逻辑证明 [J]．江苏社会科学．2006 (05).

[243] 邓金堂，秦颖，李蓉．以科学发展观为基础的政府绩效评估研究 [J]．软科学．2006 (02).

[244] 邓璟．拿什么决定垄断行业的工资？[J]．理论参考．2006 (10).

[245] 邓俊荣，王林雪．网络经济、寡头垄断效率与中国产业组织调整 [J]．生产力研究．2006 (03).

[246] 邓丽春．我国公用事业体制改革模式研究 [J]．企业家天地．2006 (02).

[247] 邓燊，杨朝军．国外证券市场对卖空交易风险的监管经验与借鉴 [J]．经济纵横．2006 (09).

[248] 邓小鹏，申立银，李启明．PPP 模式在香港基础设施建设中的应用研究及其启示 [J]．建筑经济．2006 (09).

[249] 邓晓兰．财政分权、公共品供应与地方投融资体制改革 [J]．科学·经济·社会．2006 (01).

[250] 邓聿文．保护知识产权莫忘反垄断 [J]．中国发明与专利．2006 (08).

[251] 刁艳华．我国石油业产业规制的理论与实证研究 [J]．资源与产业．2006 (06).

[252] 丁爱华．论金融生态视角下保险中介机构监管模式的完善 [J]．南京审计学院学报．2006 (01).

[253] 丁凤楚．论我国行业协会的法律地位和法律规制 [J]．山东理工大学学报 (社会科学版)．2006 (06).

[254] 丁浩．我国地方行政割据垄断与不可再生资源的抽取 [J]．山东经济．2006 (06).

[255] 丁建军．外资并购我国上市公司中的反垄断问题研究 [J]．学习与探索．2006 (04).

[256] 丁洁．浅析会计信息失真中的寻租问题 [J]．中国科技信息．2006 (03).

[257] 丁菊红．引入绿色税收与我国的税制优化 [J]．学术研究．2006 (07).

[258] 丁俊华，冯平．试论转型期寻租现象治理的困境与出路 [J]．甘肃农业．2006 (10).

[259] 丁开杰，刘合光．印度农村公共品供给体制研究 [J]．当代亚太．2006 (06).

[260] 丁乐群，林新立，刘天骄，等．基于寻租理论的官煤勾结行为博弈分析 [J]．煤炭经济研究．2006 (06).

[261] 丁茗．业务运营监管策略互动的动态博弈模型分析和政策建议 [J]．经济经纬．2006 (04).

[262] 丁琦，王广亮．提高会计中介机构监管成效的研究［J］．商业研究．2006（08）．

[263] 丁绍宽．我国金融控股公司监管制度之完善——写在德隆高管获罪之际［J］．法学．2006（08）．

[264] 丁西峰．《价格法》在反垄断法规体系中的地位和缺陷探讨［J］．价格与市场．2006（02）．

[265] 丁祥元．外商收购中国国有企业的利弊及法律对策［J］．北京工商大学学报（社会科学版）．2006（02）．

[266] 丁一文．社会保险基金监管的国际比较及对我国的启示——以养老保险基金为例［J］．北方经贸．2006（05）．

[267] 董北北，吴向前．对我国进入国防产业的民营企业管制的经济学解析［J］．国防技术基础．2006（12）．

[268] 董大敏．政府价格管制及其定价模型探析［J］．工业技术经济．2006（03）．

[269] 董大敏．产权界定与实施过程中的成本问题［J］．统计与决策．2006（17）．

[270] 董锋．电信业过度竞争分析［J］．内蒙古科技与经济．2006（01）．

[271] 董锋．合作博弈策略性行为的产业组织分析［J］．黑龙江对外经贸．2006（07）．

[272] 董红．完善我国环境行政诉讼制度的几点思考［J］．西北农林科技大学学报（社会科学版）．2006（04）．

[273] 董红霞，单向前．企业并购规制中的市场界定问题研究［J］．郑州大学学报（哲学社会科学版）．2006（03）．

[274] 董红霞，李建伟．欧盟并购规制改革的经济分析及其对中国的借鉴意义［J］．中州学刊．2006（03）．

[275] 董慧凝．略论日本循环经济立法对我国环境立法的启示［J］．现代法学．2006（01）．

[276] 董霁荣．浅谈企业环境责任审计［J］．社科纵横．2006（08）．

[277] 董静，李本乾．欧美传媒产业规制及模式［J］．当代传播．2006（05）．

[278] 董丽，杨悦．美国药品专利期延长与市场独占期规定研究［J］．中国医药导刊．2006（05）．

[279] 董敏．外资并购内资企业法律制度之管见［J］．福州大学学报（哲学社会科学版）．2006（01）．

[280] 董少平．论市场经济条件下政府行政权力与责任的统一——兼论公安机关权力与责任的对等［J］．湖北行政学院学报．2006（02）．

[281] 董世龙，尚金标．影响商业银行监管工作有效性问题的思考［J］．河北金融．2006（05）．

[282] 董涛．专利权市场支配力问题研究［J］．电子知识产权．2006（01）．

[283] 董文兵，郝红梅．我国石油工业环境保护相关法律问题［J］．油气田环境保护．2006（01）．

[284] 董有生，彭海涛．知识产权滥用反垄断制度的理论初构与立法思考［J］．九江职业技术学院学报．2006（01）．

[285] 董元媛．浅谈市场经济体制下政府与市场的关系［J］．市场论坛．2006（11）．

[286] 董再平．论公共产品的市场提供［J］．经济与管理．2006（10）．

[287] 董志强，蒲勇健．公共管理领域监察合谋防范机制［J］．中国管理科学．2006（03）．

[288] 杜晨妍，刘岩．论掠夺性定价的界定及法律规制［J］．东北师大学报．2006（03）．

[289] 杜成昊．我国电信服务业的现状及发展展望［J］．科技创业月刊．2006（06）．

[290] 杜传忠．基于信息不对称视角下的网络型产业规制改革［J］．生产力研究．2006（07）．

[291] 杜德春．环境成本上升当如何遏制 [J]．商场现代化．2006 (35).

[292] 杜放．建立我国生态税收体系思考——排污费税改革及税制的全面绿化设想 [J]．财政研究．2006 (02).

[293] 杜国亮．激励性规制理论演进综述 [J]．科技创业月刊．2006 (11).

[294] 杜宏伟．韩国互联网内容管制 [J]．世界电信．2006 (03).

[295] 杜健，张大亮，顾华．中国行业收入分配实证分析 [J]．山西财经大学学报．2006 (06).

[296] 杜金琦，杨海超．论外资政策对外资保险公司准入监管的影响 [J]．内蒙古财经学院学报．2006 (01).

[297] 杜亮．《反垄断法》起草应有全球化视野 [J]．中国企业家．2006 (06).

[298] 杜秋莹，李国平，沈能．现行财政体制下金融效率与我国区域产业结构优化 [J]．新疆社会科学．2006 (04).

[299] 杜仕林．转型期国家干预之边界考量——基于经济法的认知视角 [J]．甘肃社会科学．2006 (04).

[300] 段方华，程永如．解析印度反倾销调查中的市场经济地位待遇问题 [J]．WTO 经济导刊．2006 (06).

[301] 段红柳．西方法治政府建设对我国的启示 [J]．湖南行政学院学报．2006 (06).

[302] 段进鹏，曾健，赵卓．论我国电力管理体制改革 [J]．华东经济管理．2006 (09).

[303] 段婧．试论我国外资银行监管的法律问题 [J]．中国海洋大学学报（社会科学版）．2006 (05).

[304] 段涛，刘晓君．城市再生水项目的特许经营权拍卖机制设计及水价研究 [J]．水利经济．2006 (02).

[305] 段晓军．公用企业限制竞争行为的规制 [J]．经济与管理．2006 (04).

[306] 段莹．金融控股公司的组建及监管研究 [J]．沿海企业与科技．2006 (02).

[307] 樊建梅，周道树．特许经营固定价格行为的法律规制初探 [J]．西南民族大学学报（人文社科版）．2006 (09).

[308] 樊明武．我国天然气行业的垄断性与价格机制研究 [J]．天然气工业．2006 (06).

[309] 樊瑞莉．跨国公司进入对我国市场结构的影响及对策分析 [J]．经济问题探索．2006 (02).

[310] 范大良，王学思．特许权市场的信息不对称及其对策措施 [J]．海南大学学报（人文社会科学版）．2006 (02).

[311] 范合君，王文举．我国电力产业改革的潜在风险及其最优改革路径 [J]．经济与管理研究．2006 (06).

[312] 范雪凝．自然资源的分配与经济权力的协调 [J]．全国商情（经济理论研究）．2006 (06).

[313] 范宜龙．试论我国反垄断法豁免制度 [J]．吉林省教育学院学报．2006 (06).

[314] 范战平．水权制度变迁的动因考察 [J]．河南社会科学．2006 (06).

[315] 方家平．电信业也该征收“暴利税” [J]．IT 时代周刊．2006 (08).

[316] 方娟．期待腰斩“垄断福利” [J]．公民导刊．2006 (06).

[317] 方开群．对我国房地产价格持续上涨的一种解释——价格合谋 [J]．中国物价．2006 (08).

[318] 方莉．环境税从出口退税突破 [J]．环境保护．2006 (12).

[319] 方梅，王剑秋，宋生华，等．房地产市场过热与政府失灵 [J]．中国房地产．2006 (01).

[320] 方韧．西部地区企业环境责任的法律规制［J］．贵州工业大学学报（社会科学版）．2006（04）．

[321] 方涛，陈如奕，朱振良．环境保护、经济发展和政府行为［J］．科技经济市场．2006（10）．

[322] 方巍．环境价值的循环模式初探［J］．上海环境科学．2006（05）．

[323] 方小敏．文化产业发展中的反垄断法制建设新问题［J］．现代法学．2006（05）．

[324] 方燕．我国行政垄断的根源与规制［J］．中国电力教育．2006（S2）．

[325] 费一文，蔡明超．对促进我国企业跨地区收购的思考——欧盟内跨国兼并的启示［J］．上海管理科学．2006（02）．

[326] 丰云．国外公用事业民营化改革的四种模式及其启示［J］．行政论坛．2006（06）．

[327] 封桂芹．注册会计师行业政府管制的经济学分析［J］．内蒙古科技与经济．2006（17）．

[328] 封思贤．我国证券投资基金业的结构、行为及绩效研究［J］．证券市场导报．2006（01）．

[329] 封延会，贾晓燕．论我国市场准入制度的构建［J］．山东社会科学．2006（12）．

[330] 烽言，秦晓．政府职能转变的主要障碍和破除思路［J］．中国科技投资．2006（03）．

[331] 冯飞，张永生，张定胜．企业绩效与产权制度——对重庆钢铁集团的案例研究［J］．管理世界．2006（04）．

[332] 冯根福，李再扬，姚树洁．信息产业标准的形成机制及其效率研究［J］．中国工业经济．2006（01）．

[333] 冯静．论政府绩效评估体制改革［J］．中南财经政法大学学报．2006（02）．

[334] 冯苏昇．浅谈能源的利用与环境保护［J］．科技情报开发与经济．2006（12）．

[335] 冯涛．政府采购制度存在的问题与对策［J］．当代经济．2006（03）．

[336] 冯薇．我国工业化进程中的社会性规制［J］．河北经贸大学学报．2006（02）．

[337] 冯霞．政府规制对文化资源产业开发的作用研究［J］．生产力研究．2006（05）．

[338] 冯学锋．公共资源过度使用后果及其对策——海洋渔业案例分析［J］．生产力研究．2006（02）．

[339] 冯英．政府管制与电信市场的有效竞争［J］．经济与管理．2006（08）．

[340] 冯英，潘新兴．电信业互联互通价值与困境的理论分析［J］．商业时代．2006（22）．

[341] 冯源，安仲文．论偏好不合理理由下的政府管制［J］．商业时代．2006（06）．

[342] 冯张美．审视竞争理论在反垄断法上的经济学价值——从《竞争与法律》一书中获得之启发［J］．价值工程．2006（12）．

[343] 冯张美．跨国公司投资新动向下的中国外资法应变［J］．浙江树人大学学报．2006（05）．

[344] 冯哲芸．银行业实施有效监管的思考［J］．广播电视大学学报（哲学社会科学版）．2006（01）．

[345] 符瑞光．浅议政府在国有企业重组中的角色定位［J］．江苏商论．2006（11）．

[346] 付琛瑜．行政垄断的立法规制［J］．河北理工大学学报（社会科学版）．2006（03）．

[347] 付景涛．电力市场放松规制的经济条件分析［J］．产业与科技论坛．2006（05）．

[348] 付文京．我国产业政策中的政府失灵问题［J］．合作经济与科技．2006（03）．

[349] 傅捷．外资控制产业命脉的三种武器［J］．中国投资．2006（10）．

[350] 傅颀．自然垄断产业理论概述［J］．商业时代．2006（06）．

[351] 傅四保，吕廷杰．中国移动通信市场寡头垄断，价格战不可取［J］．电信科学．2006（09）．

[352] 傅涛．水务运营服务主业的六种存在形式 [J]．中国水利．2006 (10)．

[353] 傅涛，张丽珍，常杪，等．城市水价的定价目标、构成和原则 [J]．中国给水排水．2006 (06)．

[354] 傅涛，钟丽锦，常杪．水业特许经营的案例分析与操作 [J]．中国给水排水．2006 (04)．

[355] 富琳姝．建立绿色会计核算体系初探 [J]．中国乡镇企业会计．2006 (12)．

[356] 干春晖，李雪．产品差别化、价格战与合谋 [J]．财经研究．2006 (12)．

[357] 甘俊世，吴溪军，尹健．区域金融监管模式的设想 [J]．中国农村信用合作．2006 (09)．

[358] 高德成．浅论企业集团内部转移定价策略的应用 [J]．东北财经大学学报．2006 (04)．

[359] 高飞．试论国有企业并购的主要特点和问题 [J]．中共山西省委党校省直分校学报．2006 (Z1)．

[360] 高鹤．财政分权、经济结构与地方政府行为——一个中国经济转型的理论框架 [J]．世界经济．2006 (10)．

[361] 高鹤．中国银行业不良资产生成机制——基于经济转型的分析框架 [J]．财经科学．2006 (12)．

[362] 高鹤，杨波．沙尘暴催迫市场机制 [J]．经济．2006 (05)．

[363] 高建宁．证券发行监管的经济学与法学分析 [J]．江苏商论．2006 (12)．

[364] 高建宁．对证券监管者的监管依据及约束机制 [J]．江苏社会科学．2006 (06)．

[365] 高杰．无线数据增值业务的定价机制分析 [J]．价格理论与实践．2006 (08)．

[366] 高景民，包红梅．草原环境保护的法理学分析 [J]．广播电视大学学报 (哲学社会科学版)．2006 (02)．

[367] 高景霄，魏占杰．控股股东和经营者合谋的博弈分析 [J]．商业研究．2006 (21)．

[368] 高君智．和谐经济法的理念追求 [J]．甘肃广播电视大学学报．2006 (02)．

[369] 高雷，何少华，仪垂林．国家控制、政府干预、银行债务与资金侵占 [J]．金融研究．2006 (06)．

[370] 高梨花．我国自然垄断产业管制分析 [J]．北方经济．2006 (02)．

[371] 高利红．公司的环境责任 [J]．中国地质大学学报 (社会科学版)．2006 (06)．

[372] 高梁．破除垄断首先需要行业分析 [J]．开放导报．2006 (05)．

[373] 高梁．垄断行业的准入与改革 [J]．中国电力企业管理．2006 (Z1)．

[374] 高梁．对跨国公司并购我国装备制造业骨干企业的反思 [J]．学习与实践．2006 (03)．

[375] 高明，刘淑荣，李亚民．论我国水权制度的调适与创新 [J]．水利经济．2006 (02)．

[376] 高鹏举．废渣充填的生产成本和环保效益评价 [J]．采矿技术．2006 (03)．

[377] 高倩．江苏省沿江八市环保投资的实证分析与预测 [J]．现代管理科学．2006 (09)．

[378] 高勤．控权——现代行政法的精神实质 [J]．南方论刊．2006 (12)．

[379] 高清，林菲．论可持续发展战略与我国环境保护法律的融合 [J]．当代法学．2006 (03)．

[380] 高胜普．食品安全体系的建立与运作 [J]．经济师．2006 (12)．

[381] 高维和，余思勤，黄沛．渠道销售中的机会主义——收益与损失 [J]．管理学报．2006 (04)．

[382] 高伟凯．管理层收购 (MBO) 与政府规制研究 [J]．经济管理．2006 (24)．

[383] 高伟凯，毕淑青．管理层收购制度的风险与完善途径 [J]．当代经济科学．2006 (04)．

[384] 高学哲，王冬．二级市场监管的博弈论分析 [J]．开发研究．2006 (02)．

[385] 高彦彬．农业保险市场失灵的经济学分析［J］．东北大学学报（社会科学版）．2006（06）．

[386] 高艳．购房落户，权力与资本合谋分利［J］．小康．2006（08）．

[387] 高艳．体制转型中政府干预的分析与思考［J］．江淮论坛．2006（05）．

[388] 高毅，杨永磊．《反垄断法》规制行政垄断的几点思考［J］．社科纵横．2006（04）．

[389] 高昱．《行政许可法》缘何被异化［J］．商务周刊．2006（14）．

[390] 高昱．大产业寡头的"剥削"与"俘虏"［J］．商务周刊．2006（10）．

[391] 高照．试论行政性垄断［J］．科技信息（学术研究）．2006（09）．

[392] 郜琳．推进地方政府管理创新［J］．当代经理人．2006（15）．

[393] 葛和平，曹家和．外资并购中国上市公司中违规与监管的博弈分析［J］．统计与决策．2006（14）．

[394] 葛和平，杨逃红，马剑锋．跨国公司并购中国上市公司的博弈分析［J］．生产力研究．2006（11）．

[395] 葛檬，樊睿琳．中国银行业管理与非对称信息分析［J］．学术交流．2006（02）．

[396] 葛婉婉，杨斌．外资银行持续性监管法律问题初探［J］．法制与社会．2006（22）．

[397] 葛夕良．转轨制国家国内横向资本税竞争的模型分析［J］．财经论丛（浙江财经学院学报）．2006（01）．

[398] 葛志杰．价格歧视规制所面临的困境剖析［J］．商业时代．2006（28）．

[399] 耿福，王升阳，杜凤岚．试论环境保护与发展循环经济的关系［J］．长春理工大学学报（社会科学版）．2006（03）．

[400] 耿建新，李瑞端．反商业贿赂与企业健康发展之路［J］．今日中国论坛．2006（07）．

[401] 耿欣．环境保护经济激励措施在发达国家的应用［J］．地方财政研究．2006（04）．

[402] 耿云，杨勇．中美政府规制改革动因之比较［J］．云南行政学院学报．2006（04）．

[403] 公文卿．虚假医药广告及法律规制［J］．淮阴师范学院学报（哲学社会科学版）．2006（04）．

[404] 龚恩华．论公用事业民营化与政府规制［J］．常州工学院学报（社科版）．2006（02）．

[405] 龚海峰．电子银行业务外包的监管问题探讨［J］．海南金融．2006（11）．

[406] 龚晓婷．从投资者保护角度看SEC对证券业的监管［J］．特区经济．2006（03）．

[407] 巩天雷，陶琳琳．企业环境战略选择机制研究［J］．洛阳大学学报．2006（04）．

[408] 苟三勇．对中国石油产业政府管制的分析研究［J］．商场现代化．2006（06）．

[409] 苟三勇．新形势下政府进行石油产业管制的对策建议［J］．商业时代．2006（21）．

[410] 谷永芬，李松吉．中国电力行业规制与放松规制的"度"的研究［J］．经济纵横．2006（02）．

[411] 顾芳．外资并购国有企业的问题研究［J］．渤海大学学报（哲学社会科学版）．2006（02）．

[412] 顾加栋，顾帮朝．论我国食品安全监管的制度缺陷及其完善［J］．卫生软科学．2006（02）．

[413] 顾玲妹，唐新苗．美、欧并购法律规则及其对我国的启示［J］．国际商务．对外经济贸易大学学报．2006（03）．

[414] 顾乃华．双重约束下的政府经济规制范围选择——我国全要素生产率的演进特征和机理分析［J］．当代经济管理．2006（02）．

[415] 顾昕．医疗卫生资源的合理配置矫正政府与市场双失灵［J］．国家行政学院学报．2006（03）．

[416] 顾忠卫，吴玉岭．保护市场竞争的利器——我国反垄断立法的现实意义 [J]．群众．2006 (11)．

[417] 桂琦寒，陈敏，陆铭，等．中国国内商品市场趋于分割还是整合——基于相对价格法的分析 [J]．世界经济．2006 (02)．

[418] 郭斌．建立食品召回体系的设想 [J]．中国工商管理研究．2006 (01)．

[419] 郭宏声．商业零售企业价格竞争与政府管制 [J]．价值工程．2006 (05)．

[420] 郭继鸣，徐迪，胡俊蕊．倾销行为的经济分析与福利分析 [J]．特区经济．2006 (12)．

[421] 郭加音．我国外资银行市场准入法律制度 [J]．合作经济与科技．2006 (07)．

[422] 郭健．税收、政府支出与中国经济增长的协整分析 [J]．财经问题研究．2006 (11)．

[423] 郭渐强，左娟．论依法行政的程序保障 [J]．学习论坛．2006 (07)．

[424] 郭洁．我国自然垄断产业的立法成本与控制 [J]．辽宁大学学报（哲学社会科学版）．2006 (06)．

[425] 郭婧．景点门票涨价的经济学分析——以北京市六大世界文化遗产参观游览门票为例 [J]．黔东南民族师范高等专科学校学报．2006 (04)．

[426] 郭炯．论环境犯罪客体 [J]．甘肃联合大学学报（社会科学版）．2006 (02)．

[427] 郭磊．从区域经济学原理看农村公共品供给机制的创新 [J]．山东经济．2006 (05)．

[428] 郭磊．电力产业重组与市场力的防范 [J]．山东财政学院学报．2006 (05)．

[429] 郭莉．对注册会计师行业监管的博弈分析 [J]．特区经济．2006 (01)．

[430] 郭茜琪．风险承担缺失下的国有企业投资扩张行为分析 [J]．当代财经．2006 (08)．

[431] 郭茜琪．产业资源跨区域交易制度成本及交易环境改进 [J]．中共浙江省委党校学报．2006 (04)．

[432] 郭庆．价格规制在规范垄断行业收入中的作用 [J]．东岳论丛．2006 (02)．

[433] 郭庆旺，贾俊雪．地方政府行为、投资冲动与宏观经济稳定 [J]．管理世界．2006 (05)．

[434] 郭士偶，赵旭峰．中国渐进式改革中政府行为的成本及成因分析 [J]．河北经贸大学学报．2006 (01)．

[435] 郭双焦，贺政国．世贸组织框架下反倾销制度与竞争政策的协调 [J]．国际贸易问题．2006 (10)．

[436] 郭威．论反垄断法的规制方法 [J]．当代经理人．2006 (11)．

[437] 郭武文．关于加快《反垄断法》立法进程的几点思考 [J]．经济师．2006 (04)．

[438] 郭相春．关于环境公益诉讼制度的思考 [J]．华北水利水电学院学报（社科版）．2006 (04)．

[439] 郭晓云．广告传播的管制研究 [J]．发展．2006 (08)．

[440] 郭永利．税收管理中的寻租行为 [J]．税务研究．2006 (11)．

[441] 郭媛．药品价格管制与寻租行为 [J]．市场周刊．理论研究．2006 (05)．

[442] 郭跃进．论市场监管的几个基本理论问题 [J]．福建论坛（人文社会科学版）．2006 (04)．

[443] 果海英．影响欧共体竞争法的因素探析 [J]．法学杂志．2006 (06)．

[444] 过勇．经济转轨滋生腐败机会的微观机制研究——从 594 个腐败要案中得出的结论[J]．经济社会体制比较．2006 (05)．

[445] 过勇．经济转轨、制度与腐败——中国转轨期腐败蔓延原因的理论解释 [J]．政治学研究．2006 (03)．

[446] 韩朝军．农药、饲料污染对食品安全影响的经济评估 [J]．宁波职业技术学院学报．

2006 (01).

[447] 韩赤风．许可协议中的知识产权滥用及其规制——由DVD事件引发的法律思考［J］．世界科技研究与发展．2006 (01).

[448] 韩冬梅，罗来军，朱艳．世界跨国公司的“遏制”行为分析［J］．经济纵横．2006 (13).

[449] 韩俊，梅鞠鑫．公共选择理论的政府失灵说及其矫正［J］．特区经济．2006 (02).

[450] 韩丽．腐败与执政成本相关性及对策分析［J］．法制与经济．2006 (06).

[451] 韩丽．论行政审批制对企业发展的制约作用及对策［J］．湖北经济学院学报（人文社会科学版）．2006 (06).

[452] 韩龙．市场准入与国内规制在WTO法中应如何合理界分［J］．政法论坛．2006 (04).

[453] 韩璐．对行政权控制途径的研究［J］．法制与社会．2006 (22).

[454] 韩庆华，葛美连．我国保险业市场结构与绩效分析［J］．山东社会科学．2006 (12).

[455] 韩同宽．监管漏洞凸现上市“潜规则”［J］．资本市场．2006 (07).

[456] 韩卫平．论我国环境保护税的建立与完善［J］．河南教育学院学报（哲学社会科学版）．2006 (03).

[457] 韩燻宇．对我国现行保险监管法规的法理研究［J］．社会科学家．2006 (S2).

[458] 韩啸．论行政自由裁量权的滥用及其控制［J］．法制与社会．2006 (15).

[459] 韩嫄．证券监管的研究与选择［J］．中央财经大学学报．2006 (02).

[460] 韩兆柱，杨杨．刍议政府采购中寻租行为的治理［J］．湖南财经高等专科学校学报．2006 (06).

[461] 郝冰．美国经济管制改革的比较制度分析［J］．中国矿业．2006 (08).

[462] 郝利民，栗广忠．食品安全综合监管的初步实践与思考［J］．中国食品药品监管．2006 (05).

[463] 郝胜利．外资并购国有企业或买卖国有资产规定的评价及完善［J］．商业研究．2006 (20).

[464] 郝书辰，蒋震，王胜毅．中国国有经济战略性退出路径选择分析——基于转轨经济市场结构的视角［J］．山东经济．2006 (04).

[465] 郝钊，董秀颖．浅议环境与水资源管理中的市场化工具［J］．中国水利．2006 (09).

[466] 何敦春，张福山，欧阳迪莎，等．植保技术与食品安全中政府与农户行为的博弈分析［J］．中国农业科技导报．2006 (06).

[467] 何尔锦．浅谈我国食品安全现状与对策［J］．安全与健康．2006 (01).

[468] 何广前，晏维龙．流通垄断的福利经济学分析及其测度［J］．商业经济与管理．2006 (09).

[469] 何红锋，黄倩．美国政府采购法中的反商业贿赂条款［J］．中国政府采购．2006 (05).

[470] 何立平．水务企业民营化须解决的几个问题［J］．河北水利．2006 (08).

[471] 何立胜，杨志强．政府行为外部性与“诺思悖论”的相关研究［J］．江汉论坛．2006 (01).

[472] 何宁．当前国际电信普遍服务特征对比分析［J］．通信世界．2006 (16).

[473] 何宁．中外电信普遍服务的研究与分析［J］．通信管理与技术．2006 (03).

[474] 何铁林，靳生．国际银行业并购利弊分析［J］．时代金融．2006 (04).

[475] 何崴．浅析我国准公共物品中的垄断及其改革［J］．南通职业大学学报（综合版）．2006 (02).

[476] 何维达，李冬梅．我国产业安全理论研究综述［J］．经济纵横．2006 (08).

[477] 何蔚云．香港食品安全监管工作考察 [J]．中国卫生法制．2006 (04)．

[478] 何文学，韩睿．矿山企业在资源开发中对环境的影响及保护对策研究 [J]．云南环境科学．2006 (S2)．

[479] 何霞．完善电信资费管理及企业行为的监督 [J]．广东通信技术．2006 (07)．

[480] 何显明．地方政府研究——从职能界定到行为过程分析 [J]．江苏行政学院学报．2006 (05)．

[481] 何燕芳．生态环境对税收的影响及其对策研究 [J]．江西农业大学学报（社会科学版）．2006 (04)．

[482] 何颖．跨国并购的法律属性辨析 [J]．党政干部学刊．2006 (05)．

[483] 何毓婕．探析企业合并中的反垄断问题 [J]．经济论坛．2006 (02)．

[484] 何源．行政垄断对当前市场竞争秩序的影响及其对策 [J]．黑龙江对外经贸．2006 (01)．

[485] 何祖健．论公共权力私有化 [J]．闽江学院学报．2006 (01)．

[486] 和军，李绍东．西方发达国家自然垄断产业民营化研究 [J]．沈阳师范大学学报（社会科学版）．2006 (05)．

[487] 和沁．加强旅游环境管理，促进旅游与自然生态环境的良性互动 [J]．经济问题探索．2006 (11)．

[488] 和育东．知识产权法的效率价值及其实现 [J]．电子知识产权．2006 (07)．

[489] 河北省哲学社会科学规划课题组，卢玉平．完善河北商品市场监管制度体系的思考[J]．中国工商管理研究．2006 (07)．

[490] 贺红艳，刘玉艳．基于经济学视角下环境资产对企业价值评估的影响分析 [J]．全国商情．经济理论研究．2006 (11)．

[491] 贺静静，韩兆柱．法治行政规制行政垄断 [J]．牡丹江教育学院学报．2006 (05)．

[492] 贺香妹，王宏．浅论中国国家垄断的法律规制 [J]．商场现代化．2006 (34)．

[493] 贺小亮，周海泉．论依法规制旅行社掠夺性定价 [J]．桂林师范高等专科学校学报（综合版）．2006 (03)．

[494] 贺小雨．论新经济自由主义的兴起对经济法理论基础的冲击 [J]．天津市政法管理干部学院学报．2006 (03)．

[495] 贺新宇．试论我国循环经济时代的生态税收制度建设 [J]．宁波经济（三江论坛）．2006 (10)．

[496] 贺运生，李国海．论反垄断法中的准司法机关 [J]．求索．2006 (09)．

[497] 赫丽萍，孙爱军．论我国环境法制建设 [J]．沈阳建筑大学学报（社会科学版）．2006 (01)．

[498] 洪江．环境税若干问题研究 [J]．合作经济与科技．2006 (24)．

[499] 侯安鑫．试论会计方法在环境保护中的运用 [J]．山西煤炭管理干部学院学报．2006 (04)．

[500] 侯广吉，马慧，梁雄健．移动电话资费管制的研究 [J]．电信科学．2006 (10)．

[501] 侯娟娟．论我国经济转型期的寻租现象 [J]．时代金融．2006 (10)．

[502] 侯利军．谈中国反垄断立法的必要性 [J]．中山大学学报论丛．2006 (02)．

[503] 侯茜．从市场准入角度看《行政许可法》的意义与局限 [J]．中国流通经济．2006 (06)．

[504] 侯瑞瑞．跨国公司知识产权滥用及立法建议 [J]．科技信息．2006 (S5)．

[505] 侯巍巍，马波．试论我国环境税法律制度 [J]．甘肃政法成人教育学院学报．2006 (01)．

[506] 侯英明．当前依法行政中的问题及其对策 [J]．山东省农业管理干部学院学报．2006 (01).

[507] 胡定寰，Gale F，Reardon T．试论“超市＋农产品加工企业＋农户”新模式 [J]．农业经济问题．2006 (01).

[508] 胡定寰，陈志钢，孙庆珍，等．合同生产模式对农户收入和食品安全的影响——以山东省苹果产业为例 [J]．中国农村经济．2006 (11).

[509] 胡峰，吕炳斌，易开刚．中国企业海外并购的法律障碍及其对策研究 [J]．亚太经济．2006 (06).

[510] 胡浩．中小企业的环境战略选择及其公共政策涵义 [J]．科技管理研究．2006 (11).

[511] 胡恒．防范与扼制“特殊利益集团” [J]．中国报道．2006 (10).

[512] 胡甲庆，彭红彬．论掠夺性定价行为的认定方法 [J]．江西师范大学学报．2006 (05).

[513] 胡健．给权力的舞蹈戴上镣铐——浅析《行政强制法》立法中的“比例原则” [J]．公民导刊．2006 (03).

[514] 胡金庚．基于博弈论的横向并购分析 [J]．电子科技大学学报（社科版）．2006 (05).

[515] 胡晋青．关于“绿色”税收问题的探讨 [J]．税务研究．2006 (07).

[516] 胡景岩．外资进入和我国经济安全问题 [J]．财经界．2006 (09).

[517] 胡婧．张昕竹．机制是实施普遍服务的关键 [J]．国家电网．2006 (12).

[518] 胡玲敏．略谈企业社会责任与环境审计的协调 [J]．财会研究．2006 (06).

[519] 胡枚玲．WTO 与我国外资银行监管法律制度的完善 [J]．科技创业月刊．2006 (06).

[520] 胡枚玲，张鹏．论反垄断法的价值取向 [J]．当代经理人．2006 (01).

[521] 胡孟霞．政府失灵与公共服务型政府建设 [J]．大连干部学刊．2006 (12).

[522] 胡民．基于交易成本理论的排污权交易市场运行机制分析 [J]．理论探讨．2006 (05).

[523] 胡启忠，胡业勋．环境保护中的经济分析法之反思——建构质变效应上的刑法保护措施 [J]．生态经济．2006 (12).

[524] 胡秋红．资源节约型、环境友好型社会与绿色环境税收 [J]．湖北财经高等专科学校学报．2006 (04).

[525] 胡森阳．探讨金融监管“入世”所面临的问题 [J]．当代经理人．2006 (21).

[526] 胡顺娟．反垄断法中垄断的经济分析及对我国的启示 [J]．山西省政法管理干部学院学报．2006 (02).

[527] 胡小红．自然垄断与行政垄断之间关系的辨析 [J]．理论界．2006 (05).

[528] 胡秀杰．中美欧知识产权适用豁免制度比较浅析 [J]．经济前沿．2006 (08).

[529] 胡学军，冷小海．消费信息不对称的法律对策分析 [J]．价格月刊．2006 (09).

[530] 胡延平，周国林．论政府防范证券市场风险的行为及机制 [J]．南方金融．2006 (01).

[531] 胡杨梅．电信互联的接入定价问题研究 [J]．管理评论．2006 (05).

[532] 胡一帆，宋敏，张俊喜．中国国有企业民营化绩效研究 [J]．经济研究．2006 (07).

[533] 胡义东，钟德强，仲伟俊．异质产品供应链定价控制权与零售商横向兼并效应分析[J]．管理工程学报．2006 (04).

[534] 胡云生．“公务员民企挂职”热的冷思考 [J]．人才资源开发．2006 (09).

[535] 胡哲，陈然．我国烟草专卖制度中行政执法问题研究 [J]．浙江树人大学学报．2006 (05).

[536] 胡志才，陈锐，何蕾．论我国网上银行监管现状及对策 [J]．江西金融职工大学学报．2006 (04).

[537] 胡中华．论美国环境公益诉讼制度之基础 [J]．宁波职业技术学院学报．2006 (04).

[538] 胡卓红. 从财税角度看城乡环境污染的治理 [J]. 中国合作经济. 2006 (10).

[539] 胡子敬, 朱霖. 期待立法中的利益博弈进一步升华 [J]. 人大建设. 2006 (10).

[540] 胡子敬, 朱霖. 立法中的利益博弈 [J]. 人民政坛. 2006 (08).

[541] 华慧. 我国反垄断执法机构设置之思考 [J]. 云南大学学报 (法学版). 2006 (03).

[542] 华慧, 陈登峰. 知识产权保护与反垄断法之关系探讨 [J]. 商场现代化. 2006 (24).

[543] 华双梅, 谢英亮, 宋羽秀. 浅析行政复议对行政自由裁量权的监督 [J]. 医学动物防制. 2006 (04).

[544] 淮建军, 刘新梅. 委托代理模型在管制研究中的应用 [J]. 经济评论. 2006 (06).

[545] 皇甫宇潇. 行政垄断之成因初探 [J]. 法制与社会. 2006 (23).

[546] 黄爱民, 张二勋. 环境资本运营——环境保护的新举措 [J]. 聊城大学学报 (自然科学版). 2006 (02).

[547] 黄达江. 准市政公共产品民营化中的定价问题分析 [J]. 湖南财经高等专科学校学报. 2006 (03).

[548] 黄德春. 规制经济学研究理论述评 [J]. 广西社会科学. 2006 (06).

[549] 黄范章. 双重身份和双重职能的改革应是政府体制改革的重点 [J]. 东南大学学报 (哲学社会科学版). 2006 (02).

[550] 黄芳. 集体行动困境下的市场失灵及其克服——用奥尔森的经济理论看我国政府职能的转变 [J]. 行政论坛. 2006 (03).

[551] 黄冠颖. 关于中国反垄断立法的思考 [J]. 福州党校学报. 2006 (05).

[552] 黄韩星. 银行监管适度性问题研究 [J]. 广西金融研究. 2006 (08).

[553] 黄韩星. 论银行监管的适度性问题 [J]. 福建金融. 2006 (08).

[554] 黄浩. 电信市场准入的再思考 [J]. 世界电信. 2006 (06).

[555] 黄晖, 张世杰. 实现我国电力行业有效竞争的法律问题研究 [J]. 经济与社会发展. 2006 (12).

[556] 黄建军. 论转轨时期中国政府规制体制改革及政策选择 [J]. 商业研究. 2006 (03).

[557] 黄建康, 刘玉. 在华跨国公司技术垄断倾向及超越路径 [J]. 审计与经济研究. 2006 (03).

[558] 黄建康, 孙文远. 美国实施反倾销贸易政策的动因与绩效分析 [J]. 世界经济研究. 2006 (06).

[559] 黄江疆. 自然垄断行业的价格规制探讨 [J]. 商场现代化. 2006 (33).

[560] 黄金珠. 寻租活动的博弈分析 [J]. 内蒙古农业大学学报 (社会科学版). 2006 (04).

[561] 黄玖立, 李坤望. 出口开放、地区市场规模和经济增长 [J]. 经济研究. 2006 (06).

[562] 黄娟. 探析服务型政府——基于"政府失灵"的矫正和政府职能的转变 [J]. 当代经理人. 2006 (21).

[563] 黄君慈, 刘二斌. 软预算约束竞争和信贷"公地悲剧"——国有银行系统性风险生成的制度解释 [J]. 南方金融. 2006 (03).

[564] 黄君洁. 论我国财政分权背景下的腐败问题 [J]. 经济体制改革. 2006 (06).

[565] 黄立洪, 陈婷, 林文雄. 发展循环经济过程中的环境容量定价分析 [J]. 中国农业科技导报. 2006 (03).

[566] 黄立华, 麻彦春. 国有资本完全退出竞争性领域刍议 [J]. 长春大学学报. 2006 (01).

[567] 黄湃. 论民营银行市场准入压抑问题 [J]. 经济经纬. 2006 (05).

[568] 黄乔松. 树立政府"公共性"的伦理考量 [J]. 闽江学院学报. 2006 (03).

[569] 黄蓉, 黄伟麟. 浅议科学发展观与环境管理会计的作用 [J]. 经济前沿. 2006 (07).

［570］黄锐，龙琴，刘彬，等．医院药品双重垄断引起社会福利的损失探讨［J］．医药导报．2006（10）．

［571］黄少安．理性应对外商在华的战略投资［J］．中国党政干部论坛．2006（08）．

［572］黄少锋．行政垄断的界定——从《反垄断法》的出台来看［J］．行政与法（吉林省行政学院学报）．2006（S1）．

［573］黄少卿．中国转型时期一个非正式合同执行机制：背景、模型与解说——地方官员在转轨过程中的合同执行功能［J］．制度经济学研究．2006（01）．

［574］黄双立．论经济法的双重职能与和谐社会的构建［J］．新学术论文选．2006（01）．

［575］黄素梅．论泛珠三角区域合作的法律保障［J］．特区经济．2006（09）．

［576］黄锡生，林北水．论我国食品安全监管主体体系的完善［J］．食品工业科技．2006（06）．

［577］黄锡生，林北水．食品形式安全的法律保障［J］．食品研究与开发．2006（08）．

［578］黄熙，张桐．有限理性下的社保基金投资监管进化博弈研究［J］．哈尔滨工业大学学报（社会科学版）．2006（04）．

［579］黄晓，宾雄意．政府与市场的作用及其关系研究［J］．大众科技．2006（01）．

［580］黄晓曼，陈丽英．不完备契约下自愿性信息披露的有效管制［J］．财会月刊．2006（15）．

［581］黄耀杰，徐远，陈晔．政府管制理论对我国政府管制改革的启示［J］．科技进步与对策．2006（04）．

［582］黄银霞，冯双洲，朱少彤，等．铁路产品市场准入制度存在的问题及建议［J］．铁道技术监督．2006（02）．

［583］黄勇．论我国反垄断法在知识产权领域的应然取向［J］．电子知识产权．2006（05）．

［584］黄勇，李志强．论国际卡特尔的危害及对其制裁与遏制［J］．山西大学学报（哲学社会科学版）．2006（04）．

［585］黄友瑞，吕廷杰．越来越小的盲巨人？——试论政府在标准竞争中的角色［J］．当代通信．2006（07）．

［586］黄又青，李余生，初言玲．浅议解决外部性问题的一个重要途径——环境成本的内在化［J］．山东纺织经济．2006（06）．

［587］黄瑗华．论治理权力寻租的对策［J］．安徽警官职业学院学报．2006（04）．

［588］黄再胜，张存禄．国有企业私有化动因研究评介［J］．外国经济与管理．2006（07）．

［589］黄再胜，赵子忱．广义内部劳动市场、政府干预与强激同主体缺位——对转型期国有企业经理激励扭曲的比较制度分析［J］．制度经济学研究．2006（03）．

［590］黄赜琳，王敬云．地方保护与市场分割——来自中国的经验数据［J］．中国工业经济．2006（02）．

［591］黄正军，袁杰．中国农业保险市场失灵的成因探讨［J］．社科纵横．2006（04）．

［592］惠康，任保平．经济转型时期行政性垄断的规制［J］．税务与经济（长春税务学院学报）．2006（06）．

［593］霍尚涛，陆志明．我国农村环境政策的创新［J］．安徽工业大学学报（社会科学版）．2006（05）．

［594］霍尚涛，陆志明．再论环境侵权民事责任惩罚性赔偿原则的适用［J］．全国商情·经济理论研究．2006（12）．

［595］霍秀红．政府管制的经济学分析［J］．郑州航空工业管理学院学报．2006（06）．

［596］霍秀红．西方政府管制的经济学学理分析及其对我国的启示［J］．中共长春市委党校学

报．2006（06）.

［597］姬建民．应为政府的权力设定界限［J］. 中国监察．2006（02）.

［598］吉川成美，王育虹．自然保护区农民与自然保护的相互矛盾——以贵州省“草海自然保护区”为例［J］. 贵州民族学院学报（哲学社会科学版）. 2006（06）.

［599］吉钠娜．环境问题的制度原因初探［J］. 理论月刊．2006（10）.

［600］计志英．基于内生经济增长理论的中国地方政府最优规模估计［J］. 南方经济．2006（07）.

［601］纪宝成．有关我国产业安全若干问题的看法［J］. 财经界．2006（09）.

［602］纪玉山，李晓林．我国医疗服务领域公平问题的经济学分析［J］. 工业技术经济．2006（05）.

［603］季辉，胡宏．“产地准出”和“市场准入”——农产品全程质量控制的关键［J］. 江苏农村经济．2006（06）.

［604］季永杰，徐晋涛．环境政策与企业生产技术效率——以造纸企业为例［J］. 北京林业大学学报（社会科学版）. 2006（02）.

［605］贾洪涛．跨国公司并购对我国产业安全的影响分析［J］. 北方经济．2006（12）.

［606］贾怀德．完善金融监管体制的构想［J］. 济南金融．2006（03）.

［607］贾建忠，邵希娟．跨国公司对中方品牌的“饥饿”策略及其危害［J］. 经济管理．2006（13）.

［608］贾敬全．关于我国开征环境税的理论思考［J］. 商业研究．2006（05）.

［609］贾康，孙洁．农村公共产品与服务提供机制的研究［J］. 管理世界．2006（12）.

［610］贾立．股票发行核准制的制度缺陷分析［J］. 生产力研究．2006（03）.

［611］贾西津．政府特许经营权探析——以北京市出租汽车行业为例［J］. 公共管理研究．2006（00）.

［612］江峰．地方政府影响下的企业投资［J］. 企业研究．2006（09）.

［613］江河．论当今药品价格过高的原因及解决方法［J］. 理论界．2006（06）.

［614］江民锦．森林旅游开发中环境保护问题的博弈分析［J］. 湖南环境生物职业技术学院学报．2006（02）.

［615］江平．政府职能不转变改革就难有希望［J］. 中国改革．2006（04）.

［616］江曙霞，罗杰，黄君慈．信贷集中与扩张、软预算约束竞争和银行系统性风险［J］. 金融研究．2006（04）.

［617］江伟，李斌．制度环境、国有产权与银行差别贷款［J］. 金融研究．2006（11）.

［618］江莹．企业环保行为的动力机制［J］. 南通大学学报（社会科学版）. 2006（06）.

［619］江涌．警惕部门利益膨胀［J］. 政府法制．2006（21）.

［620］姜春海．网络产业接入定价与垂直排斥［J］. 产业经济研究．2006（06）.

［621］姜栋．论美国反倾销法的掠夺性定价理论［J］. 东方论坛（青岛大学学报）. 2006（06）.

［622］姜尔加，庞玲．天然气企业技术创新投入的博弈分析［J］. 世界科技研究与发展．2006（06）.

［623］姜发根．反垄断法的域外适用及其法理评析［J］. 安徽警官职业学院学报．2006（04）.

［624］姜建兴，王瑾，葛翠玲．试析专利的合法垄断性［J］. 技术与创新管理．2006（03）.

［625］姜瑞斌．我国反垄断立法执法的实践与挑战［J］. 工商行政管理．2006（11）.

［626］蒋东荣，李群湛．电力市场监管中的动态价格上限模型［J］. 西南交通大学学报．2006（04）.

[627] 蒋桂萍．市场经济的发展与环境保护［J］．江苏经贸职业技术学院学报．2006（02）．

[628] 蒋华东．构建反映市场本质特征的中国房地产市场体制［J］．经济体制改革．2006（05）．

[629] 蒋建军．食品安全管制的基本原则［J］．中国行政管理．2006（07）．

[630] 蒋俊树，程静，卢业举．浅谈农药标准样品与食品安全［J］．中国标准化．2006（04）．

[631] 蒋莉．美国环境法中公民诉讼制度及其对我国的启示［J］．工业安全与环保．2006（01）．

[632] 蒋莉，马飞．试论我国公众参与环保法律制度建设［J］．科技管理研究．2006（09）．

[633] 蒋力．食品卫生管理中几个措施的思考［J］．职业与健康．2006（16）．

[634] 蒋满元．环境问题的制度根源及其创新分析——以经济及社会的可持续发展为背景［J］．中国石油大学学报（社会科学版）．2006（01）．

[635] 蒋唯恒．论行政性垄断的危害及其法律对策［J］．湖南经济管理干部学院学报．2006（06）．

[636] 蒋小红．欧盟对企业合并的法律监管制度——从中国跨国企业首次遭遇欧盟反垄断调查谈起［J］．国际贸易．2006（07）．

[637] 蒋亚娟．论环境税改革的基石：重塑环境权［J］．理论与改革．2006（05）．

[638] 蒋意桥．地方政府绩效考核价值取向及评价标准的完善［J］．哈尔滨商业大学学报（社会科学版）．2006（03）．

[639] 蒋玉梅，吴淑娴．自然垄断性产业的经济性规制问题探析［J］．经济论坛．2006（24）．

[640] 蒋志强．经济法与经济自由［J］．当代经理人．2006（09）．

[641] 焦方义，杨其滨．我国公用事业产权改革的保障与推动力［J］．经济理论与经济管理．2006（12）．

[642] 焦海涛．均衡理念的竞争法分析［J］．政法论丛．2006（06）．

[643] 焦阳，郭力生，凌文涛．欧盟食品安全的保障——食品、饲料快速预警系统［J］．中国标准化．2006（03）．

[644] 金发忠．关于农产品质量安全风险分析共性问题研究［J］．农业质量标准．2006（01）．

[645] 金海．20世纪70年代尼克松政府的环保政策［J］．世界历史．2006（03）．

[646] 金海统．环境问题的民法应对民法的“绿化”［J］．甘肃社会科学．2006（06）．

[647] 金培刚．食品安全风险管理方法及应用［J］．浙江预防医学．2006（05）．

[648] 金通．环境管理动力差异的博弈论解释及其含义［J］．统计与决策．2006（01）．

[649] 金霞．论西部地区环境外部性控制策略［J］．商场现代化．2006（24）．

[650] 金鑫，赵淑芬．成渝经济区生态环境保护的公共财政支持［J］．湖南农机．2006（07）．

[651] 金学凌，谢小英．中外反垄断法研究［J］．巢湖学院学报．2006（02）．

[652] 金永祥．公用事业改革的思考［J］．中国投资．2006（06）．

[653] 金正帅．推进“部门行政”向“公共行政”转型［J］．党史博采．理论．2006（12）．

[654] 靳景玉．证券发行监管的博弈分析［J］．西南金融．2006（03）．

[655] 靳涛．资本倚重、投资竞争与经济增长——中国转型期经济增长的再思索（1978～2004）［J］．统计研究．2006（09）．

[656] 井敏．论政府服务与管制的关系［J］．理论前沿．2006（19）．

[657] 井志忠．韩国电力市场化改革探析［J］．东北亚论坛．2006（03）．

[658] 景玉琴．警惕外资威胁我国产业安全［J］．天津社会科学．2006（01）．

[659] 景玉琴．产业安全的根本保障提升民族资本产业控制力［J］．福建论坛（人文社会科学版）．2006（01）．

[660] 鞠春彦．公共管理中的政府俘获与权力资本［J］．云南社会科学．2006（02）．

[661] 阚路．我国证券投资基金业监管体系的构建［J］．市场论坛．2006（02）．

[662] 康洪艳．我国会计服务市场失灵的原因及治理对策［J］．财会通讯．2006（11）．

[663] 康纪田．地下部分并非采矿权客体的产权界定［J］．资源与产业．2006（06）．

[664] 康纪田．国外保护矿业环境的矿业立法择优［J］．中国环境管理丛书．2006（03）．

[665] 康纪田，黄永香．矿山企业互有资源的产权分析［J］．资源与产业．2006（05）．

[666] 康伟．浅析转型时期我国地方政府竞争［J］．长春教育学院学报．2006（04）．

[667] 康亚通．加强价格规制　促进铁路企业改革［J］．科学与管理．2006（05）．

[668] 康亚通．自然垄断行业的价格监管研究［J］．山东经济．2006（05）．

[669] 康亚通．公用企业改革，价格规制是关键——略论公用产品价格的法律监管［J］．中国物价．2006（06）．

[670] 康自平．推进我国民航客运价格规制改革的思考［J］．生产力研究．2006（01）．

[671] 亢银忠．公司关联交易的法律问题［J］．河南商业高等专科学校学报．2006（01）．

[672] 柯剑，张骁．垄断概念的比较及再剖析［J］．现代管理科学．2006（08）．

[673] 柯浪．利益重构期的民企困境［J］．法人杂志．2006（08）．

[674] 柯颖，王述英．美国与日本信用卡市场差异的比较分析［J］．现代日本经济．2006（03）．

[675] 课题组．完善社会主义市场经济体制与推进市政公用事业市场化·市场化改革势在必行［J］．瞭望新闻周刊．2006（14）．

[676] 孔凡河，马倩．我国民营企业的市场准入困境——“维尔京现象”透视［J］．特区经济．2006（08）．

[677] 孔凡真．美国蔬菜质量安全管理的成功经验及启示［J］．农业工程技术（农业产业化）．2006（02）．

[678] 孔令斌．反垄断法的制定问题［J］．辽宁经济．2006（07）．

[679] 孔令刚，蒋晓岚，张红平．FDI对本土零售业市场结构变化影响的理论和实证研究——以安徽市场为例［J］．数量经济技术经济研究．2006（12）．

[680] 孔新宇．后股改时代谨防大股东操纵股价［J］．上海国资．2006（07）．

[681] 孔志国．滞后法律拖累“36条”［J］．法人杂志．2006（08）．

[682] 匡爱民，刘云峰．制定反垄断法的几点思考［J］．中央民族大学学报．2006（02）．

[683] 邝小文．关于产业政策和竞争政策关系的几点思考［J］．特区经济．2006（02）．

[684] 赖秀兰．价格歧视立法中的客体要件考察［J］．甘肃理论学刊．2006（03）．

[685] 赖秀兰．维持转售价格的法律规制——以卷烟零售“一价制”为例［J］．商场现代化．2006（32）．

[686] 赖秀兰，刘慧慧．廉政文化建设经济学反腐败研究的递进［J］．企业家天地．2006（02）．

[687] 兰月．煤的社会成本——市场失灵和市场解决办法［J］．国土资源情报．2006（02）．

[688] 蓝华生．行政管理创新与行政法制衡［J］．福州大学学报（哲学社会科学版）．2006（04）．

[689] 蓝剑平．转型时期政府利益对政府行为的影响及其还原［J］．中共福建省委党校学报．2006（01）．

[690] 蓝鹭安．论班轮公会反垄断豁免法［J］．中国海商法年刊．2006（00）．

[691] 郎春兰，连剑平．对限制煤炭业健康发展宏观引擎的思考［J］．煤矿安全．2006（02）．

[692] 郎佩娟．论我国公共基础设施特许经营的行政法环境［J］．中国人民大学学报．2006（06）．

[693] 雷波，常丽君．供水行业的供水垄断与反垄断［J］．水利经济．2006（06）．
[694] 雷才丽．关于我国反垄断法立法的再思考［J］．大众科技．2006（03）．
[695] 雷光勇，翟思翮．审计市场集中度与投资者保护研究［J］．审计与经济研究．2006（05）．
[696] 雷海林，刘红．中国足球俱乐部“限薪”决策的博弈分析［J］．武汉体育学院学报．2006（08）．
[697] 雷华．西方激励性规制理论评述［J］．陕西科技大学学报．2006（06）．
[698] 雷家骕．我国亟待建立重大事项对于国家经济安全的影响评估制度［J］．国际关系学院学报．2006（S1）．
[699] 雷蕾，叶潇舟，龙子泉．BOT融资方式在基础设施建设中的运用［J］．商业时代．2006（01）．
[700] 雷珉．关于我国实施环境会计的思考［J］．新疆师范大学学报（哲学社会科学版）．2006（03）．
[701] 雷星晖，王洪．特许经营收费公路的价格管制研究［J］．价格理论与实践．2006（01）．
[702] 雷作连，钟卫胜．农村环境保护问题的几点思考［J］．能源与环境．2006（02）．
[703] 冷志明，秦其文．湘鄂渝黔边统一市场建设研究［J］．中央民族大学学报．2006（03）．
[704] 黎灿兵，夏清，胡左浩．基于有效竞争的发电厂市场力评估方法［J］．电网技术．2006（10）．
[705] 黎霆．试析我国石化行业的管制俘虏现象——从茂化实华停产风波看石化行业垄断的维持［J］．华南农业大学学报（社会科学版）．2006（01）．
[706] 黎元生．农业产业组织创新——政府职能定位与行为边界［J］．当代经济研究．2006（02）．
[707] 李爱年，刘旭芳．对我国生态补偿的立法构想［J］．生态环境．2006（01）．
[708] 李宝平，何金泉，卢云峰．从垄断不稳固性的内部视角看反垄断的可行性［J］．中国地质大学学报（社会科学版）．2006（04）．
[709] 李彬．浅论我国反垄断法的两个基本问题［J］．雁北师范学院学报．2006（01）．
[710] 李波．美、日对跨国公司转移定价管制之比较及启示［J］．当代经济．2006（03）．
[711] 李博．对我国腐败问题的制度经济学思考［J］．辽宁税务高等专科学校学报．2006（04）．
[712] 李昌昊，徐学银．自由裁量行政行为司法审查规制构想［J］．徐州建筑职业技术学院学报．2006（03）．
[713] 李昌和．我国农村公共产品供给不足的原因及对策研究［J］．西安文理学院学报（社会科学版）．2006（02）．
[714] 李昌麒．经济法视域中的国家与市场的关系（第四篇）［J］．甘肃社会科学．2006（04）．
[715] 李昌麒，王怀勇．政府干预市场的边界——以和谐产业发展的法治要求为例［J］．政治与法律．2006（04）．
[716] 李长春．坚持科学发展观全面运行监管新机制［J］．青海金融．2006（06）．
[717] 李长健，张锋．我国食品安全监管模式的反思和重构［J］．经济师．2006（06）．
[718] 李长英，宋娟．政府在企业兼并与技术转让中的策略选择［J］．南开学报．2006（01）．
[719] 李晨．浅论不正当价格竞争及其危害［J］．福建论坛（人文社会科学版）．2006（04）．
[720] 李承镐，承征宇．浅谈药品监管依法行政意识及其机制［J］．中国药事．2006（09）．
[721] 李翀．论国际垄断和国际垄断价格［J］．当代经济研究．2006（05）．

[722] 李聪聪. 论我国反垄断法的价值取向 [J]. 山西省政法管理干部学院学报. 2006 (02).

[723] 李翠枝. 浅议环境会计在我国的必要性 [J]. 金融经济. 2006 (16).

[724] 李夺. 资本充足率监管与商业银行经营目标的路径选择 [J]. 金融论坛. 2006 (02).

[725] 李方舟, 李瑞娥. 保险市场的产权结构、交易模式与寻租的普遍性 [J]. 长安大学学报 (社会科学版). 2006 (03).

[726] 李风华. 美国的政府管制体制对我国的启示 [J]. 中共长春市委党校学报. 2006 (02).

[727] 李峰. 我国电力行业价格管制模型的探讨 [J]. 价格月刊. 2006 (11).

[728] 李锋. 行政权控制的宪政之维 [J]. 湖湘论坛. 2006 (06).

[729] 李刚. 证券发行制度的经济分析及评价 [J]. 证券市场导报. 2006 (10).

[730] 李钢. 再议捆绑销售 [J]. 当代经理人. 2006 (01).

[731] 李广成, 于广东. 论地方行政机关抽象行政行为的控制 [J]. 求索. 2006 (09).

[732] 李国红, 宗志翔. 行政权力腐败探析 [J]. 山西高等学校社会科学学报. 2006 (06).

[733] 李国璋, 白明. 市场可竞争性与绩效——对我国工业行业的实证分析 [J]. 统计研究. 2006 (06).

[734] 李浩然. 论我国商业银行市场的建设——从经济学视角出发的研究 [J]. 内蒙古农业大学学报 (社会科学版). 2006 (04).

[735] 李红, 何坪华, 刘华楠. 美国政府食品安全信息披露机制与经验启示 [J]. 世界农业. 2006 (04).

[736] 李红霞. 从治理工具的角度透析政府规制实践 [J]. 成都行政学院学报 (哲学社会科学). 2006 (02).

[737] 李洪娟, 王志宇. 国际贸易中倾销与反倾销的福利分析 [J]. 经济论坛. 2006 (08).

[738] 李华. 浙江省对外贸易对生态环境的效应分析 [J]. 科技创业月刊. 2006 (01).

[739] 李怀. 中国当代自然垄断产业改革的原则 [J]. 哈尔滨商业大学学报 (社会科学版). 2006 (06).

[740] 李怀. 自然垄断理论的演进形态与特征 [J]. 经济与管理研究. 2006 (08).

[741] 李吉续. 垄断: 是市场失灵? 还是政府失灵? [J]. 运城学院学报. 2006 (06).

[742] 李佳. 论外商投资与环境保护的关系 [J]. 法制与社会. 2006 (24).

[743] 李佳明. 地方政府间税收竞争的规制分析 [J]. 税务研究. 2006 (09).

[744] 李佳欣, 赵妍妍. 谈垄断在市场经济中的双面性 [J]. 行政与法. 2006 (11).

[745] 李佳勋. 经济法法益的法理探讨 [J]. 河南省政法管理干部学院学报. 2006 (04).

[746] 李嘉娜. 论政府职能转变的法治化途径 [J]. 河南省政法管理干部学院学报. 2006 (01).

[747] 李俭伟. 从俄罗斯3G运营看我国相关政策及发展 [J]. 通信世界. 2006 (12).

[748] 李建琴. 农村环境治理中的体制创新——以浙江省长兴县为例 [J]. 中国农村经济. 2006 (09).

[749] 李剑. 彼鸣啾啾, 此鸣锵锵——从房地产"挺市"看《反垄断法》出台 [J]. 中国经贸. 2006 (01).

[750] 李剑. 对平行进口的反垄断法理论分析 [J]. 广东商学院学报. 2006 (05).

[751] 李剑. 法律经济学的分析与搭售合理性的认知 [J]. 西南大学学报 (人文社会科学版). 2006 (02).

[752] 李剑. 市场力量、市场份额与信息不充分 [J]. 现代法学. 2006 (03).

[753] 李剑雄. 政府职能转变的现代必然取向 [J]. 湖南行政学院学报. 2006 (02).

[754] 李江华, 木泰华, 张蓓蓓, 等. 中日食品安全法律体系比较研究 [J]. 食品科技. 2006 (11).

[755] 李江华，张蓓蓓，赵苏．我国食品安全法律体系研究 [J]．食品科学．2006 (10).

[756] 李劼．企业应对专利池问题的专利法战略探索 [J]．当代经理人．2006 (10).

[757] 李京梅，李宏韬．环境影响费用效益分析在政府宏观经济管理中的作用和存在问题的思考 [J]．生产力研究．2006 (09).

[758] 李经纬．我国煤炭资源成本存在的问题及对策 [J]．煤炭企业管理．2006 (07).

[759] 李静．会计监管初探 [J]．财会研究．2006 (10).

[760] 李静．论我国环境非强制行政行为的现状及改革方向 [J]．南方论刊．2006 (11).

[761] 李静怡．价格听证的制度性分析 [J]．科技经济市场．2006 (09).

[762] 李静云．我国环境经济政策现状与发展建议 [J]．中国环保产业．2006 (02).

[763] 李军．导致当前投资过热的地方政府行为及对策分析 [J]．当代经理人．2006 (11).

[764] 李军．环境税的思考 [J]．金融经济．2006 (14).

[765] 李军杰．反思地方政府间竞争——宏观调控面对的实际上是一个"夹生市场" [J]．中国经贸导刊．2006 (16).

[766] 李军杰．地方政府间竞争引发调控困境 [J]．中国投资．2006 (10).

[767] 李俊．城市污水处理市场化中的瓶颈分析 [J]．产权导刊．2006 (12).

[768] 李珂．试论权力寻租行为及其防治 [J]．甘肃高师学报．2006 (04).

[769] 李克国，代伟．税收手段在环境保护中的应用与发展 [J]．经济论坛．2006 (17).

[770] 李奎，陈健．地区竞争与政府改制 [J]．湖南大学学报（社会科学版）．2006 (06).

[771] 李岚．论对外资银行监管存在的漏洞及改进措施 [J]．湖北经济学院学报（人文社会科学版）．2006 (10).

[772] 李岚红．用法律规制解决市场经济中的政府失灵问题 [J]．理论学刊．2006 (09).

[773] 李岚红．我国利用 FDI 领域法律规制问题研究 [J]．政法论丛．2006 (02).

[774] 李磊．资源价格改革路在何方？[J]．西部大开发．2006 (03).

[775] 李磊．谈跨国公司在华并购的法律规制 [J]．商业时代．2006 (06).

[776] 李磊，杨道波．流域生态补偿若干问题研究 [J]．山东科技大学学报（社会科学版）．2006 (01).

[777] 李莉．浅析我国非经营性市政基础设施的市场化 [J]．重庆与世界．2006 (10).

[778] 李黎，杨子刚．论医疗保险与国家干预 [J]．科教文汇（下半月）．2006 (01).

[779] 李丽君，魏大鹏，汪建明．由食品安全事件引发的对标准的思考 [J]．世界标准化与质量管理．2006 (03).

[780] 李良序，罗慧．中国水资源管理博弈特征分析 [J]．中国人口·资源与环境．2006 (02).

[781] 李林，张阁．中国房地产市场的垄断性与政府监管 [J]．首都经济贸易大学学报．2006 (06).

[782] 李林，张阁．房地产的"市场失灵"与政府的经济职能 [J]．建筑经济．2006 (02).

[783] 李琳．论上市公司资金管理问题 [J]．经济师．2006 (04).

[784] 李琳．反垄断立法遭遇中国式挑战 [J]．新远见．2006 (06).

[785] 李露．我国环境会计信息披露障碍及对策 [J]．合作经济与科技．2006 (21).

[786] 李满志．垄断性行业营销道德建设研究 [J]．商场现代化．2006 (29).

[787] 李茂华．论企业滥用市场支配地位的法律责任 [J]．湘潭师范学院学报（社会科学版）．2006 (05).

[788] 李萌，张佑林．"长三角"经济过度竞争与制度创新的思考 [J]．吉首大学学报（社会科学版）．2006 (05).

[789] 李孟刚，蒋志敏，李文兴．警钟鸣响五大领域——市场、股权、技术、品牌、知识产权中国外资产业控制报告 [J]．中国国情国力．2006 (06)．

[790] 李明，金宇澄．城市污水再生回用的经济学思考 [J]．河北建筑科技学院学报（社会科学版）．2006 (04)．

[791] 李明，刘应宗．绿色技术发展的外部经济性及其补偿研究 [J]．西安电子科技大学学报（社会科学版）．2006 (02)．

[792] 李明刚．中国食品安全法律法规的现状与发展 [J]．中国食品工业．2006 (12)．

[793] 李明桓．我国环境保护法律与可持续发展 [J]．辽宁行政学院学报．2006 (04)．

[794] 李明桓．经济全球化条件下我国环境保护立法应持有的理念 [J]．商场现代化．2006 (18)．

[795] 李明扬．近代以来中西政府经济职能理念的演化——大历史角度的比较与启示 [J]．经济研究导刊．2006 (03)．

[796] 李娜．从管理经济学角度看航空公司之间的"价格战"与"价格联盟" [J]．空运商务．2006 (27)．

[797] 李娜．媒介规制的经济学成因 [J]．新闻爱好者．2006 (05)．

[798] 李娜．论我国反垄断法的价值取向 [J]．内蒙古电大学刊．2006 (12)．

[799] 李南．论港口产业规制契约的重新设计 [J]．大连海事大学学报（社会科学版）．2006 (02)．

[800] 李南．水路运输经济规制研究 [J]．水运管理．2006 (06)．

[801] 李南．民营化改革后的港口企业兼并与公共政策 [J]．珠江水运．2006 (10)．

[802] 李鸥．事业单位改革理念、制度与组织——以教育、医疗改革为例 [J]．天津行政学院学报．2006 (02)．

[803] 李沛．有关《环境保护法》的思考 [J]．内蒙古环境保护．2006 (04)．

[804] 李平．作为技术竞争手段的反倾销——日本光盘播放机的案例分析 [J]．教学与研究．2006 (07)．

[805] 李强．中国证券市场对规制者规制的机制缺陷及完善路径 [J]．河南金融管理干部学院学报．2006 (02)．

[806] 李强．发达国家证券市场监管法律的比较及借鉴 [J]．河南大学学报（社会科学版）．2006 (05)．

[807] 李强．证券市场政府规制的特殊成因及规制强度的选择 [J]．湖北经济学院学报．2006 (01)．

[808] 李荣，杨娟娟．我国公用事业民营化过程中的政府规制及完善 [J]．法制与社会．2006 (23)．

[809] 李瑞娥，张倩肖．集体行动的逻辑与可持续发展的困境 [J]．当代财经．2006 (11)．

[810] 李绍举．政府放松管制对航空运输企业的影响及对策分析（一） [J]．空运商务．2006 (01)．

[811] 李石凯．《金融服务现代化法案》实施以来美国银行业的结构性变化 [J]．中国金融．2006 (14)．

[812] 李士金．构建和谐社会　电信管制先行——中国电信市场管制存在的问题及对策 [J]．科技信息．2006 (06)．

[813] 李世敏．美国零售食品安全监督管理及启示 [J]．中国食品卫生杂志．2006 (04)．

[814] 李世焱．中国银行业改革绩效浅析 [J]．金融经济．2006 (14)．

[815] 李淑兰．对我国环境法制建设的几点思考 [J]．重庆职业技术学院学报．2006 (03)．

[816] 李双菊．改革、市场化与中国地区差距的实证研究［J］．山西财经大学学报．2006（02）．

[817] 李双龙．企业社会责任的产生与市场失灵［J］．湖北经济学院学报．2006（04）．

[818] 李苏，韩科峰．农产品市场中的“柠檬”现象［J］．市场论坛．2006（02）．

[819] 李维峰，陶虎．虚假广告的经济学分析［J］．山东经济．2006（03）．

[820] 李卫东，张乐，白雁蕾．探索发挥食品监管职能作用的途径［J］．中国食品药品监管．2006（08）．

[821] 李文经．基于社会成本收益分析的政府行为［J］．金融经济．2006（18）．

[822] 李文相．跨越“地方保护”这道坎［J］．施工企业管理．2006（10）．

[823] 李雯剑，张文．我国证券市场是否有效以及政府行为在其中的运用［J］．当代经理人．2006（21）．

[824] 李先锋．西方环境会计信息披露及启示［J］．理论界．2006（S2）．

[825] 李向红．上市公司信息披露的博弈分析［J］．商业经济．2006（03）．

[826] 李小鹤．市场分割与市场结构研究［J］．时代金融．2006（05）．

[827] 李晓萍，韩之俊．我国超市食品安全问题及其对策研究［J］．江苏商论．2006（05）．

[828] 李昕．行政改革中公用事业的民营化［J］．公法研究．2006（00）．

[829] 李新．地方税收体制改革——基于调节我国产业结构的视角［J］．扬州大学税务学院学报．2006（04）．

[830] 李新颜，殷树荣．信贷市场中的“寻租”现象浅析——现状、原因和对策［J］．广西金融研究．2006（09）．

[831] 李秀娜，李涛．反垄断法视角中的饭店委托管理［J］．旅游学刊．2006（06）．

[832] 李娅，陈华．跨国并购管制与国家经济安全［J］．企业改革与管理．2006（02）．

[833] 李燕，刘淼．论政府理财方式转变与公用事业体制改革［J］．现代财经（天津财经大学学报）．2006（08）．

[834] 李燕妮．中国的环保产业与可持续发展的思考［J］．当代经济．2006（05）．

[835] 李燕霞．医药广告的法律规制［J］．商场现代化．2006（26）．

[836] 李扬．食品安全的标准化研究［J］．山东省农业管理干部学院学报．2006（02）．

[837] 李杨，张万红．公共事业民营化——转变政府职能的新途径［J］．发展．2006（08）．

[838] 李要贤．对资本市场与影响监管因素的探讨［J］．会计之友．2006（11）．

[839] 李一初．关于我国行业垄断的理论分析——从为构建和谐社会说起［J］．社会科学论坛．2006（06）．

[840] 李祎征．WTO下外资入股中资银行的准入制度［J］．时代经贸．2006（01）．

[841] 李滢．对中国互联网管制制度之初探［J］．管理科学文摘．2006（05）．

[842] 李永红．医疗保险与政府干预［J］．武汉理工大学学报（社会科学版）．2006（04）．

[843] 李永久．地方政府追求地方既得利益的行为分析［J］．甘肃行政学院学报．2006（02）．

[844] 李永强，江启成．双垄断博弈中的行为与选择——对药价虚高现象的一种新解释［J］．卫生经济研究．2006（09）．

[845] 李咏梅．资源型城市的环境保护与可持续发展［J］．生产力研究．2006（06）．

[846] 李勇军，胡晓玲．论我国反垄断执法机构设置的定位——对现有争议的分析与探讨[J]．黑龙江省政法管理干部学院学报．2006（06）．

[847] 李由．开放条件下的中国区域经济发展问题［J］．北京师范大学学报（社会科学版）．2006（03）．

[848] 李友忠．规避股权投资的政策风险［J］．中国投资．2006（04）．

[849] 李育冬，宋岭．论贸易自由与环境保护的博弈与融合 [J]．石河子大学学报（哲学社会科学版）．2006（05）．

[850] 李育冬，宋岭．环境污染控制的经济学手段异同比较 [J]．当代经济．2006（05）．

[851] 李郁芳．政府行为外部性与人和自然和谐发展 [J]．暨南学报（哲学社会科学版）．2006（01）．

[852] 李云芳．对基础原材料反倾销的利益分析 [J]．科技创业月刊．2006（12）．

[853] 李占荣．论政治文明与经济法——一种基于理念的解释 [J]．河北法学．2006（09）．

[854] 李兆华，徐艳．审计市场失灵的经济学分析 [J]．科教文汇（下半月）．2006（11）．

[855] 李兆前．地方政府推进循环经济发展的局限性及对策研究——以山东省日照市为例[J]．中国人口．资源与环境．2006（06）．

[856] 李正红．刍论我国对外资银行法律监管的完善 [J]．企业家天地．2006（11）．

[857] 李正明．现阶段我国应对跨国垄断的思考 [J]．上海应用技术学院学报（自然科学版）．2006（04）．

[858] 李正明．连锁超市保障零售环节食品安全的实证研究 [J]．食品工业科技．2006（05）．

[859] 李志春，李茂华．在华跨国公司滥用市场支配地位的对策研究 [J]．湖南财经高等专科学校学报．2006（04）．

[860] 李志学，冯力丹．"西气东输"自然垄断与价格机制 [J]．西安石油大学学报（社会科学版）．2006（02）．

[861] 李志远，苟芙蓉．政府管制行为的经济学分析 [J]．甘肃农业．2006（05）．

[862] 李智博，杨丽娟．产品过度包装的行政法律对策研究 [J]．理论界．2006（S1）．

[863] 李忠健．我国现阶段市场秩序问题浅析 [J]．商场现代化．2006（24）．

[864] 李忠伟．论经济转型时期的政府失灵问题 [J]．北方经贸．2006（09）．

[865] 李祝才，陈少平．我国环境行政执法的现状及对策 [J]．国土资源科技管理．2006（01）．

[866] 李自军．试论行政垄断的构成要件 [J]．铜陵职业技术学院学报．2006（02）．

[867] 李自强．美国外资银行监管对我国的启示 [J]．决策与信息（财经观察）．2006（10）．

[868] 励凌峰，张志刚，黄培清．横向并购对供应链及其成员绩效的影响 [J]．西南交通大学学报．2006（01）．

[869] 励效杰，王慧敏．承诺缺失下的城市水业特许经营的博弈分析 [J]．中国给水排水．2006（20）．

[870] 栗胜华．规制关联交易的比较法分析 [J]．淮北煤炭师范学院学报（哲学社会科学版）．2006（04）．

[871] 连承龙．公共政策制定中隐蔽议程问题的原因及对策分析 [J]．辽宁行政学院学报．2006（10）．

[872] 梁爱华．意大利的食品安全制度 [J]．四川烹饪高等专科学校学报．2006（01）．

[873] 梁飞，冯兵杰．浅析绿色会计在我国实行的现状与对策 [J]．审计月刊．2006（17）．

[874] 梁流涛，曹志宏．耕地保护：市场失灵与政府规制改进 [J]．资源·产业．2006（02）．

[875] 梁权，谢天雪．现代企业实行环境会计的必要性 [J]．现代企业．2006（06）．

[876] 梁素萍．论可持续发展与环境审计 [J]．经济与社会发展．2006（11）．

[877] 梁鲜桃．试论地方政府经济行为的偏差及其规范 [J]．广播电视大学学报（哲学社会科学版）．2006（03）．

[878] 梁燕君．发达国家标准体系的特点和启示 [J]．农业质量标准．2006（06）．

[879] 梁燕君．发达国家食品安全监督管理体系概览 [J]．中国包装．2006（04）．

[880] 梁毅刚，王辉．国外政府规制对我国零售业管理的启示［J］．中国流通经济．2006（01）．

[881] 梁媛．政府间竞争对经济效率的影响［J］．商业时代．2006（02）．

[882] 梁峥．用BOT方式建设城市污水处理厂的探讨［J］．广西城镇建设．2006（06）．

[883] 廖楚晖，余可．地方政府公共支出结构与经济增长——基于中国省际面板数据的实证分析［J］．财贸经济．2006（11）．

[884] 廖德万．我国电信业互联互通的接入定价研究［J］．云南财贸学院学报．2006（01）．

[885] 廖海莉．试论行政权力监督［J］．前沿．2006（05）．

[886] 廖宏军．我国反垄断立法对知识产权滥用的规制［J］．湖北省社会主义学院学报．2006（03）．

[887] 廖华．论环境侵权中风险责任的确立［J］．中国地质大学学报（社会科学版）．2006（02）．

[888] 廖加龙．关于“公共利益”的范围［J］．人大研究．2006（07）．

[889] 廖靓．破解环保博弈的“囚徒困境”［J］．经济管理．2006（11）．

[890] 廖三秀，陈邦武．自然垄断产业规制改革探析［J］．金融与经济．2006（06）．

[891] 廖晓华．浅论行政权力的法律监督［J］．福建商业高等专科学校学报．2006（01）．

[892] 廖晓明，罗文剑．从道德角度透视公共权力主体与反腐败［J］．中国市场．2006（14）．

[893] 廖秀健，阳素．我国光污染立法现状及其防治措施［J］．生态经济．2006（01）．

[894] 廖雨果．公私合作制（PPPs）中的政府角色分析［J］．甘肃行政学院学报．2006（03）．

[895] 廖云明．论行政监督的外部保障机制［J］．中共福建省委党校学报．2006（04）．

[896] 林安薇．松花江污染事件相关问题的环境法思考［J］．法制与社会．2006（15）．

[897] 林苞．医疗制度对药品价格机制的影响研究［J］．价格理论与实践．2006（08）．

[898] 林芳惠，苏祖鹏，肖剑鸣．宪法中环境保护规定比较研究［J］．重庆工商大学学报（社会科学版）．2006（01）．

[899] 林峰，于文涛．中国电源结构优化的政府管制改革的探讨［J］．中国能源．2006（07）．

[900] 林贵．民营银行市场体制准入问题探析［J］．经济体制改革．2006（03）．

[901] 林皓．医院市场特征的经济学综述［J］．国外社会科学．2006（04）．

[902] 林皓，南方．美国政府管制与医疗市场效率［J］．国外医学（卫生经济分册）．2006（03）．

[903] 林建华．基于外部性理论的西部生态环境建设的基本思路［J］．西北大学学报（哲学社会科学版）．2006（04）．

[904] 林江．论进入退出壁垒与保险市场效率［J］．中国青年政治学院学报．2006（01）．

[905] 林俊，谈佳隆，叶静．反垄断法草案六大亮点［J］．中国经济周刊．2006（25）．

[906] 林骏，毕丽，金晓扬．浅析对自然垄断的公共管制——以电信业为例［J］．商场现代化．2006（27）．

[907] 林柯，任红岩．“公司加农户”模式的运行缺陷与食品安全［J］．科学·经济·社会．2006（02）．

[908] 林莉红，黄启辉．表见代理制度化解行政诉讼困难［J］．人民论坛．2006（11）．

[909] 林木西，和军．自然垄断产品价格规制的福利效应分析［J］．当代经济研究．2006（09）．

[910] 林奇昌．石油天然气勘探开发环境保护立法的法律思考［J］．环境科学与管理．2006（01）．

[911] 林权．行政垄断的法经济学分析［J］．沈阳干部学刊．2006（04）．

[912] 林蕊．对外资银行监管问题的探析 [J]．福建金融管理干部学院学报．2006 (06)．

[913] 林舒舒，张春霞，苏时鹏．森林采伐的外部性分析 [J]．林业经济问题．2006 (01)．

[914] 林巍，郑尊信．信息非对称下行政体系中职位竞争与权力寻租 [J]．统计与信息论坛．2006 (03)．

[915] 林维．寻租危害及对策述评 [J]．技术经济与管理研究．2006 (03)．

[916] 林晓华．渐进式改革视野下的政府经济性规制行为及其规制 [J]．发展研究．2006 (10)．

[917] 林旭菁．环境公益诉讼若干问题的探讨 [J]．环境．2006 (07)．

[918] 林永廷．中国向商业贿赂宣战 [J]．上海国资．2006 (04)．

[919] 林芝．提高环境行政执法的有效性 [J]．引进与咨询．2006 (06)．

[920] 林忠志．论行政垄断的法律规制 [J]．喀什师范学院学报．2006 (05)．

[921] 刘北辰．发达国家如何监管食品安全 [J]．当代世界．2006 (03)．

[922] 刘冰，杨冰．我国环境税收制度存在的问题及完善措施 [J]．安徽商贸职业技术学院学报 (社会科学版)．2006 (04)．

[923] 刘畅，张微岩．全面国际竞争背景下的地方政府行为角色分析及对策 [J]．黑龙江对外经贸．2006 (12)．

[924] 刘成玉．对创新我国环境管理手段的若干思考 [J]．生态经济．2006 (06)．

[925] 刘春宏．聚焦反垄断法：反什么，怎样反，谁来反？[J]．技术经济与管理研究．2006 (05)．

[926] 刘春宏．反垄断法亟待解决的三大问题 [J]．国际技术经济研究．2006 (04)．

[927] 刘春宏，路艳．反垄断法三大追问 反什么？怎样反？谁来反？ [J]．经济．2006 (08)．

[928] 刘春宏，路艳．自由企业的大宪章——反垄断法反什么？怎样反？谁来反？[J]．现代营销 (学苑版)．2006 (08)．

[929] 刘春鸣．建立电信管制绩效评估制度 [J]．中国电信业．2006 (10)．

[930] 刘春燕．民营化：公共服务领域管制的路径选择 [J]．四川行政学院学报．2006 (05)．

[931] 刘邓军．医疗改革市场化陷阱 [J]．检察风云．2006 (20)．

[932] 刘冬兰．食品安全政府管制的理论依据分析 [J]．商场现代化．2006 (16)．

[933] 刘二丽，崔毅．广东民营中小企业发展中的政府行为探析 [J]．企业家天地．2006 (12)．

[934] 刘帆．建设社会主义新农村视野下我国经济法定位模式的反思 [J]．甘肃社会科学．2006 (04)．

[935] 刘芳．从国际视角看金融业进入壁垒 [J]．中央财经大学学报．2006 (05)．

[936] 刘芳．中国的物流业与现行体制 [J]．商场现代化．2006 (04)．

[937] 刘芳．从 CAC 标准制定程序看我国食品国家标准的制定 [J]．河南省政法管理干部学院学报．2006 (03)．

[938] 刘芳，滕红．会计诚信问题及其监管的博弈分析 [J]．甘肃农业．2006 (09)．

[939] 刘光大，莫勇波．论我国政府间纵向职权划分模式的战略选择——从行政性分权模式向法治性分权模式的转型 [J]．改革与战略．2006 (11)．

[940] 刘桂春．关联方交易的危害及监管 [J]．审计月刊．2006 (13)．

[941] 刘国华．外资并购国有企业中职工利益保护的法律缺陷及对策 [J]．商业研究．2006 (16)．

[942] 刘国强．论会计信息属性与政府会计监管 [J]．会计研究．2006 (07)．

[943] 刘国秀．关于会计造假监管的思考［J］．当代经理人．2006（21）．

[944] 刘海艳，易丽佳．PPP模式在我国水务行业应用的可行性分析［J］．企业家天地．2006（04）．

[945] 刘寒辉．环境危机下的生态税收［J］．湖南税务高等专科学校学报．2006（05）．

[946] 刘汉江，蒋卓勤，杨德胜．保健食品的现状和监管探讨［J］．中药材．2006（04）．

[947] 刘荷花，王晓燕．我国网络银行的发展与监管问题［J］．经济师．2006（05）．

[948] 刘红梅，王克强，郑策．公众参与环境保护研究综述［J］．甘肃社会科学．2006（04）．

[949] 刘红学．产业利益集团的游说活动分析［J］．西安电子科技大学学报（社会科学版）．2006（02）．

[950] 刘宏．试论公共产品的多元供给机制［J］．陕西教育学院学报．2006（03）．

[951] 刘华楠，宋春祥．食品安全信用缺失原因的系统分析与治理模式［J］．经济与管理研究．2006（07）．

[952] 刘华楠，徐锋．肉类食品安全信用评价指标体系与方法［J］．统计与决策．2006（10）．

[953] 刘继春，刘俊勇，党小强，等．发电公司容量信用最优交易量确定方法［J］．电力系统及其自动化学报．2006（01）．

[954] 刘继春，刘俊勇，郑华．基于线性规划灵敏度分析的发电机组市场力实时监控方法[J]．电力自动化设备．2006（10）．

[955] 刘建，赵龙．金融自由化与外资银行市场准入监管［J］．湖南工业职业技术学院学报．2006（01）．

[956] 刘建平，王冬梅．公路超载的经济学分析与治理对策［J］．湖北经济学院学报．2006（03）．

[957] 刘建新．聚焦邮政体制改革［J］．中国经贸．2006（02）．

[958] 刘洁．媒介产业地方保护与地方政府［J］．新闻大学．2006（01）．

[959] 刘洁，武良成．城市管道煤气定价的政府管制改进［J］．开放导报．2006（04）．

[960] 刘戒骄．“十一五”期间优化我国市场竞争秩序的设想［J］．新视野．2006（04）．

[961] 刘金萍．“大物价”理念下一些价格管理手段［J］．粤港澳市场与价格．2006（05）．

[962] 刘进才，陈卫东．论我国行政权力运行的外部结构改革与完善［J］．郑州航空工业管理学院学报（社会科学版）．2006（06）．

[963] 刘进军，何洪波．风景名胜区环境保护问题研究［J］．法制与社会．2006（24）．

[964] 刘晶芳．浅析反垄断法对专利权滥用行为进行规制的判断标准［J］．西安邮电学院学报．2006（06）．

[965] 刘璟，刘尚瑜．环境会计的目标解析［J］．经济师．2006（12）．

[966] 刘婧．自然垄断行业的管制与竞争——以中国民航运输业为例［J］．求实．2006（S2）．

[967] 刘军．会计管制问题研究［J］．边疆经济与文化．2006（05）．

[968] 刘军虎，陈皓勇，张显．电力市场远期合同交易的实验分析［J］．经济经纬．2006（06）．

[969] 刘俊，夏珺，黄莉玲．从管制成本角度论析政府管制的有效性［J］．江西社会科学．2006（09）．

[970] 刘俊峰，张晓丽．从国企存在的意义谈国企改革［J］．全国商情（经济理论研究）．2006（06）．

[971] 刘俊华，王岩峰，都娟，等．基于信息共享的食品可追溯系统研究［J］．世界标准化与质量管理．2006（12）．

[972] 刘来平．反规避立法合理性与合法性分析［J］．西南民族大学学报（人文社科版）．

2006（04）.

[973] 刘澜飚，彭砚．银行金融服务外包国际监管的比较研究 [J]．国际金融研究．2006（02）.

[974] 刘莉，钟德强．合约可观察性与异质产品横向兼并效应 [J]．软科学．2006（05）.

[975] 刘丽芳．外资并购中国企业的影响及对策分析 [J]．渤海大学学报（哲学社会科学版）．2006（03）.

[976] 刘丽芳．外资在华并购规制的法律评析 [J]．吉林省教育学院学报．2006（12）.

[977] 刘丽杭．体制转轨时期的管制供需与均衡——我国医疗价格调整透视 [J]．经济体制改革．2006（03）.

[978] 刘丽萍．国外的绿色税收制度 [J]．科学决策．2006（07）.

[979] 刘利，张泗军．中小企业融资与政府行为 [J]．产业与科技论坛．2006（09）.

[980] 刘亮．新国企负重突围——当管理不再政府干预 [J]．资本市场．2006（Z1）.

[981] 刘亮．并购监管宽严有道 [J]．资本市场．2006（09）.

[982] 刘林山，马敬．从修改《环境法》看超前立法的必要性 [J]．社科纵横．2006（12）.

[983] 刘茂．论行政自由裁量权及其控制 [J]．科技经济市场．2006（02）.

[984] 刘敏．服务业市场准入存在问题和对策研究——从政府管制角度的分析 [J]．市场周刊·理论研究．2006（09）.

[985] 刘明尧．我国公司并购立法研究 [J]．华中农业大学学报（社会科学版）．2006（04）.

[986] 刘宁．我国食品安全社会规制的经济学分析 [J]．工业技术经济．2006（03）.

[987] 刘宁，刘安华．关于威廉姆森兼并福利权衡模型的思考 [J]．工业技术经济．2006（08）.

[988] 刘宁益，陆福兴．论权力寻租及其法律制约 [J]．文史博览．2006（12）.

[989] 刘萍．上市公司对外担保及其监管对策 [J]．经济师．2006（04）.

[990] 刘萍．促进环境保护的税收政策探讨 [J]．产业与科技论坛．2006（09）.

[991] 刘清恩，赵树宽．政府采购的寻租经济学分析 [J]．工业技术经济．2006（01）.

[992] 刘庆乐．双重委托代理关系中的利益博弈——人民公社体制下生产队产权矛盾分析[J]．中国农村观察．2006（05）.

[993] 刘秋华，刘悦，许文静，等．论市政公用事业改革 [J]．河北科技师范学院学报（社会科学版）．2006（04）.

[994] 刘泉红．国有企业应对外资并购的问题与对策 [J]．经济研究参考．2006（56）.

[995] 刘仁春．论政府和益的扩张及其控制 [J]．南宁师范高等专科学校学报．2006（03）.

[996] 刘仁庆．区域经济与公共政策若干问题探讨 [J]．河南科学．2006（06）.

[997] 刘仁忠，黄志华．我国城市环境基础设施投融资问题初探 [J]．长江论坛．2006（05）.

[998] 刘荣利．河南省产业集群亟须突破的若干困境 [J]．洛阳工业高等专科学校学报．2006（04）.

[999] 刘申辉．工业领域重复建设问题探析 [J]．商丘师范学院学报．2006（04）.

[1000] 刘淑红．企业实行环境成本内部化的必要性及对策 [J]．西部财会．2006（12）.

[1001] 刘松先，李艳波．基于食品安全的政府主管部门与食品企业的博弈分析 [J]．统计与决策．2006（09）.

[1002] 刘素华．完善环保法制保障可持续发展 [J]．太平洋学报．2006（08）.

[1003] 刘天君．知识产权的滥用行为与反垄断法的调控 [J]．甘肃政法学院学报．2006（06）.

[1004] 刘伟．市场失灵与社保基金监管 [J]．科技信息．2006（01）.

[1005] 刘伟．银行跨国并购的效应预期及中国银行国际化战略［J］．商业研究．2006（10）．

[1006] 刘伟．行政垄断及其法律规制问题探讨［J］．岭南学刊．2006（03）．

[1007] 刘炜．宏观经济调控中“政府失灵”的防范［J］．安徽冶金科技职业学院学报．2006（03）．

[1008] 刘文革，孟绍芳．反垄断之反“油垄断”研究［J］．哈尔滨商业大学学报（社会科学版）．2006（02）．

[1009] 刘文革，周方召．监管腐败与寻租博弈的经济分析［J］．学习与探索．2006（04）．

[1010] 刘文琦．欧美禁止滥用市场支配地位问题研究［J］．商业经济与管理．2006（05）．

[1011] 刘雯薇．握住看不见的手——信息不对称条件下医疗卫生服务市场的问题和制度设计［J］．消费导刊．2006（11）．

[1012] 刘曦越．公路运输行业的转型发展及其理论依据［J］．辽宁省交通高等专科学校学报．2006（02）．

[1013] 刘霞．退耕还林的政府行为评价——以西部三县为例［J］．新疆农垦经济．2006（10）．

[1014] 刘先德．美国食品安全管理机构简介［J］．世界农业．2006（02）．

[1015] 刘湘平．国际反垄断法对企业跨国并购的规制［J］．法制与社会．2006（22）．

[1016] 刘小和．澳大利亚的食品质量安全管理体系［J］．世界农业．2006（06）．

[1017] 刘小鹏，米文宝，王亚娟．宁夏农业生态环境保护及投融资机制研究［J］．水土保持研究．2006（06）．

[1018] 刘晓辉．浅谈我国外资并购上市公司立法的思路与原则［J］．吉林省教育学院学报．2006（05）．

[1019] 刘晓君．城市污水资源化特许经营项目的政府监管［J］．水利经济．2006（03）．

[1020] 刘晓亮，刘晓鸾．药价“虚高”的理性思考［J］．价格理论与实践．2006（04）．

[1021] 刘晓鸣．行政法中的比例原则与合理原则［J］．当代经理人．2006（09）．

[1022] 刘新斌．试论城市环境管理的经济手段［J］．江西化工．2006（04）．

[1023] 刘新华，线文．西部中小企业融资：地方政府与城域中小金融机构［J］．开发研究．2006（03）．

[1024] 刘新芝，齐伟，张维，等．城市土地产权制度的改革研究［J］．山东社会科学．2006（03）．

[1025] 刘亚莉，胡志颖．自然垄断产业信息与激励微观规制探究［J］．北京科技大学学报（社会科学版）．2006（03）．

[1026] 刘亚娜．我国反垄断立法中的企业并购控制制度［J］．经济论坛．2006（18）．

[1027] 刘妍芳．加强监管防范金融衍生产品市场的系统风险［J］．首都经济贸易大学学报．2006（06）．

[1028] 刘燕，薛青红．马来西亚的食品安全控制体系［J］．中国兽药杂志．2006（11）．

[1029] 刘旸辉，刘向，孙巍．国外社保基金如何监管［J］．山东劳动保障．2006（12）．

[1030] 刘莹．新公共管理视野下中国公共行政与行政法的互动发展［J］．工会论坛（山东省工会管理干部学院学报）．2006（05）．

[1031] 刘瑜．药品流通中的利益博弈与潜规则［J］．医学与社会．2006（11）．

[1032] 刘宇宁．上市公司会计欺诈监管效率问题的博弈分析［J］．科技经济市场．2006（01）．

[1033] 刘玉凤．地方保护行为的成本收益分析［J］．商场现代化．2006（07）．

[1034] 刘玉刚．市场、政府与食品安全［J］．山东纺织经济．2006（04）．

［1035］刘玉刚．食品安全与政府规制［J］．山东省农业管理干部学院学报．2006（04）．

［1036］刘煜辉．银行改革争论的关键问题［J］．银行家．2006（02）．

［1037］刘煜辉．银行改革的重点是政府［J］．资本市场．2006（Z1）．

［1038］刘煜辉．银行改革论争中需要澄清的几个基本问题［J］．上海大学学报（社会科学版）．2006（06）．

［1039］刘元才．实施两个合同规范盐业市场经济秩序［J］．苏盐科技．2006（01）．

［1040］刘远震．论软件产业的垄断及其对策［J］．新世纪论丛．2006（02）．

［1041］刘院丽．我国经济改革中的政府管制［J］．市场论坛．2006（01）．

［1042］刘章．反垄断机构设置及其独立性［J］．当代经理人．2006（12）．

［1043］刘志彪，陈柳．论创业型雇员的进入行为与竞争政策［J］．经济研究．2006（01）．

［1044］刘志铭，骆立骞．作为政府经济活动基础的公共物品理论：奥地利学派的反思［J］．湖北经济学院学报．2006（05）．

［1045］刘志强．法经济学视角下的转轨期的中国立法［J］．行政与法．2006（10）．

［1046］刘治宏，王艺静，王勋铭．我国经济转型时期市场失序和混乱的成因探析［J］．西北民族大学学报（哲学社会科学版）．2006（04）．

［1047］刘治宇．会计信息市场缺陷的政府管制研究［J］．财会通讯（学术版）．2006（11）．

［1048］刘自新．经济转型期我国食品安全政府规制的几点思考——以某市豆芽菜生产安全问题为例［J］．天津行政学院学报．2006（03）．

［1049］刘祖云．政府与市场的关系：双重博弈与伙伴相依［J］．江海学刊．2006（02）．

［1050］刘作友，万志敏，李文成．建立内部制约机制 打造行政权力“阳光地带”［J］．工商行政管理．2006（04）．

［1051］柳百萍．我国证券市场合理监管体系研究［J］．合肥学院学报（社会科学版）．2006（03）．

［1052］柳建华．银行负债、预算软约束与企业投资［J］．南方经济．2006（09）．

［1053］柳鹏程，马强，金国荣，等．消费者的转基因食品安全管理期望研究［J］．科技进步与对策．2006（06）．

［1054］龙一平．完善我国食品安全法律体系初探［J］．行政与法（吉林省行政学院学报）．2006（12）．

［1055］龙一平，徐宏伟．食品安全与政府管制［J］．湖北经济学院学报（人文社会科学版）．2006（12）．

［1056］卢朝永，嵇正龙．浅析中国电信产业规制改革［J］．辽宁经济．2006（09）．

［1057］卢海清．网络环境中竞争法律适用的策略［J］．法制与社会．2006（21）．

［1058］卢洪友，程瑜．中国自然垄断性城市公共事业经营机制创新研究［J］．广西财经学院学报．2006（01）．

［1059］卢凯．从“单向收费”事件透视我国移动电话业务的发展［J］．科技资讯．2006（26）．

［1060］卢良恕，孙君茂．我国加强食物安全工作的新思路［J］．农业质量标准．2006（01）．

［1061］卢毅，李庆瑞，刘建江．我国高速公路管制的必要性与思路［J］．长沙理工大学学报（社会科学版）．2006（03）．

［1062］芦鹏．浅析垄断行业职工工资水平政府规制的必要性［J］．法制与社会．2006（17）．

［1063］芦岩，陈柳钦．完善我国电信业普遍服务政策［J］．中共四川省委党校学报．2006（01）．

［1064］鲁学武．外资保险机构市场准入监管的基础理论与监管体例分析［J］．前沿．2006（10）．

［1065］鲁艳．浅析我国企业环境会计信息披露［J］．时代经贸．2006（S4）．

［1066］陆东福．英国铁路考察思考［J］．铁道经济研究．2006（05）．

［1067］陆高峰．期待邮政分家一路走好［J］．社会观察．2006（11）．

［1068］陆昊，牛刚．企业并购关联交易损害股东利益的治理［J］．西北农林科技大学学报（社会科学版）．2006（05）．

［1069］陆桔利．国际贸易对我国环境保护的影响及对策［J］．商业时代．2006（22）．

［1070］陆明，马晔华．上海与周边城市金融互动现状与对策［J］．安徽农业科学．2006（17）．

［1071］陆迁，何学松．民间资本介入农业基础设施领域的障碍与建议［J］．西北农林科技大学学报（社会科学版）．2006（02）．

［1072］陆荣生．对我国保险监管制度的深层思考［J］．广西大学学报（哲学社会科学版）．2006（04）．

［1073］陆文彬．刍议环境权的创设［J］．哈尔滨学院学报．2006（08）．

［1074］路军奉，李先波，伍露．试论我国对滥用优势地位行为的法律规制［J］．长沙理工大学学报（社会科学版）．2006（01）．

［1075］路正南，王正明．现代经济环境下的自然垄断产业及其边界［J］．技术经济．2006（09）．

［1076］吕红宾．浅谈企业环境会计的建立［J］．山西财税．2006（10）．

［1077］吕建锁．论长三角一体化与财政制度创新［J］．财贸经济．2006（03）．

［1078］吕军．引入NGN后中国的电信监管策略［J］．中兴通讯技术．2006（05）．

［1079］吕丽娜，刘俊．地方政府经济职能越位的表现、成因及矫正［J］．湖北社会科学．2006（09）．

［1080］吕凌燕．中外环境税法比较研究［J］．中国地质大学学报（社会科学版）．2006（05）．

［1081］吕蒙，牛文俊．政府失灵在宏观层次上的表现［J］．内蒙古科技与经济．2006（02）．

［1082］吕明瑜．滥用市场支配地位行为对竞争的影响分析［J］．河南省政法管理干部学院学报．2006（03）．

［1083］吕仁玲．反垄断法上超高定价行为的经济学思考与法律分析［J］．商场现代化．2006（16）．

［1084］吕少华．政府规制改革的核心：消除利益集团干扰、建立博弈框架［J］．湖北社会科学．2006（02）．

［1085］吕文震，江可申．假冒伪劣商品市场交易的博弈分析——兼论“打假”之对策［J］．南京航空航天大学学报（社会科学版）．2006（01）．

［1086］吕祥永．我国垄断行业改革的道路选择［J］．理论学习．2006（03）．

［1087］吕筱萍，杨静．从世界烟草专卖制度演变模式看我国烟草专卖制度的改革［J］．重庆工商大学学报（社会科学版）．2006（05）．

［1088］栾梅．花旗收购广发行的优劣势分析［J］．国外建材科技．2006（03）．

［1089］罗安国，唐绪兵，钟叶姣．中国企业并购规制的现状、问题和目标市场结构［J］．湖南科技学院学报．2006（08）．

［1090］罗超群，赵龙，贺永祥．从系统论视角谈食品安全保障的现实困境与路径创新［J］．内蒙古农业大学学报（社会科学版）．2006（04）．

［1091］罗朝晖，樊丽红．政府会计监管模式新探［J］．财会月刊．2006（21）．

［1092］罗成孝，王超．我国博客发展现状及监管对策浅析［J］．江西通信科技．2006（04）．

［1093］罗楚亮．垄断企业内部的工资收入分配［J］．中国人口科学．2006（01）．

[1094] 罗国亮．转轨过程中的产业组织变化与市场竞争——以食品加工业为例 [J]．社会科学辑刊．2006 (01)．

[1095] 罗杰，任端平，杨云霞．我国食品安全监管体制的缺陷与完善 [J]．食品科学．2006 (07)．

[1096] 罗晶，颜克高．外国金融监管的比较研究与启示 [J]．特区经济．2006 (06)．

[1097] 罗俊华．药品专卖：纸上谈兵 [J]．当代医学．2006 (07)．

[1098] 罗鸣令，焦健．我国环境税费政策优化措施 [J]．合作经济与科技．2006 (21)．

[1099] 罗琪．反倾销寻租经济学分析 [J]．时代金融．2006 (04)．

[1100] 罗谦，田理，莫妮娜．四川丘陵地区新农村建设生态环境保护策略探讨 [J]．软科学．2006 (02)．

[1101] 罗四维，罗永恒．我国商业银行规模效率的实征分析及对策 [J]．湖南财经高等专科学校学报．2006 (02)．

[1102] 罗蔚宁．电力市场中电价与能源及环境保护的研究 [J]．内蒙古石油化工．2006 (05)．

[1103] 罗贤勇，王火根．“官煤勾结”背后的经济分析及法律思考 [J]．江西煤炭科技．2006 (02)．

[1104] 罗小芳．论环境公众参与法律制度的主体、范围与方式 [J]．渭南师范学院学报．2006 (06)．

[1105] 罗义．浅析我国商业腐败盛行的制度背景 [J]．商场现代化．2006 (22)．

[1106] 罗奕钦．用《反垄断法》规制外资企业独占行为 [J]．中国投资．2006 (08)．

[1107] 罗云辉．国有企业的兼并障碍与过度竞争 [J]．经济管理．2006 (19)．

[1108] 罗争玉．从国家利益看文化产业的管制 [J]．湖南师范大学社会科学学报．2006 (02)．

[1109] 罗志宏．我国外资并购的立法现状及建议 [J]．山西科技．2006 (01)．

[1110] 骆品亮，余林徽．POS 交易费均衡分析及其政策含义 [J]．产业经济研究．2006 (04)．

[1111] 骆小春．法律控制行政权力的主体路径 [J]．西南政法大学学报．2006 (02)．

[1112] 骆益琼，丁军，戴颖洁．过度包装的立法规制 [J]．科技经济市场．2006 (04)．

[1113] 马驰，胡慧攀．论国际电力工业结构重组及对我国的借鉴 [J]．特区经济．2006 (02)．

[1114] 马东辉．浅议食品安全问题的整治 [J]．沈阳干部学刊．2006 (03)．

[1115] 马光远．资本并购的中国式监管 [J]．中国纺织．2006 (09)．

[1116] 马国川．聚焦行政垄断 [J]．中国改革．2006 (08)．

[1117] 马国强．生态投资与生态资源补偿机制的构建 [J]．中南财经政法大学学报．2006 (04)．

[1118] 马建春，陈华．跨国并购管制与国家经济安全：西方经验做法及对中国的启示 [J]．科学学与科学技术管理．2006 (08)．

[1119] 马建仙，杨靖．公共政策制定过程中的寻租行为分析 [J]．昆明理工大学学报（社会科学版）．2006 (03)．

[1120] 马姣艳，李莉芸．市场化，医改失败的“罪魁祸首”? [J]．医药世界．2006 (06)．

[1121] 马杰，郭朝蕾．国防产业进入管制的经济学分析 [J]．南京航空航天大学学报（社会科学版）．2006 (03)．

[1122] 马军．我国上市公司关联交易的动因及监管 [J]．山东财政学院学报．2006 (01)．

[1123] 马军伟，王向文．我国自然垄断行业价格管制的对策探讨 [J]．科技和产业．2006 (05)．

[1124] 马俊亚．两淮盐业中的集团博弈与利益分配（1700～1932）——国家机器的自利化［J］．江海学刊．2006（04）．

[1125] 马雷，张洪程．我国农产品质量安全保障体系效能分析［J］．中国粮油学报．2006（01）．

[1126] 马莉．与环境权的辩论［J］．科技信息．2006（12）．

[1127] 马丽英．论加强会计信息披露管制［J］．科技信息（学术研究）．2006（07）．

[1128] 马娜．生产者责任延伸制度对环保和贸易的作用［J］．上海标准化．2006（05）．

[1129] 马妮娜．经济法产生和本质的法经济学浅析［J］．宿州学院学报．2006（06）．

[1130] 马品懿，王政，朴光洙，等．环境管理自愿协议的法律思考［J］．环境保护．2006（04）．

[1131] 马庆华．浅析公用事业价格倒逼现象［J］．价格理论与实践．2006（04）．

[1132] 马珊珊．从“官煤”现象看寻租行为的刑法定位［J］．煤炭经济研究．2006（02）．

[1133] 马士伟，蒋学文．对污染产业跨国转移的经济学分析及我国对策［J］．经济前沿．2006（12）．

[1134] 马士伟，蒋学文．污染产业跨国转移的经济学分析及对我国的影响［J］．新疆财经．2006（06）．

[1135] 马卫锋．石油垄断搅乱下游生态［J］．新财经．2006（07）．

[1136] 马晓春．食品市场准入的思考［J］．世界标准信息．2006（09）．

[1137] 马延军．浅谈美欧企业并购中的反垄断立法与实践［J］．昆明师范高等专科学校学报．2006（03）．

[1138] 马燕．我国自然保护区立法现状及存在的问题［J］．环境保护．2006（21）．

[1139] 马宇．“恶意并购”的实际应对之忧——跨国公司并购中国企业笔谈之二［J］．大经贸．2006（06）．

[1140] 马宇．可怕的寻租点设计［J］．企业文化．2006（10）．

[1141] 马芸，赵会茹．委托—代理理论在电力普遍服务管制政策中的应用研究［J］．华北电力大学学报（社会科学版）．2006（01）．

[1142] 马壮昌．由管道燃气初装费的存废谈管道燃气的合理定价机制［J］．粤港澳市场与价格．2006（12）．

[1143] 麦克切尼·弗·S，许敏兰，李陈华．科斯、德姆塞茨及无休止的外部性讨论［J］．制度经济学研究．2006（04）．

[1144] 毛建青．当前我国高等教育市场主体的现状、原因及政策建议——民办高校与公办高校比较的视角［J］．黑龙江高教研究．2006（07）．

[1145] 毛金妹．论可持续发展战略与我国环境审计［J］．商场现代化．2006（21）．

[1146] 毛良伟，毛彦青．目前华南油荒的原因及其解决办法［J］．沿海企业与科技．2006（09）．

[1147] 毛明来，陈通，王新立．推动我国电力行业的发展措施探讨［J］．中国农村水利水电．2006（05）．

[1148] 毛显强，杨岚．瑞典环境税——政策效果及其对中国的启示［J］．环境保护．2006（02）．

[1149] 毛晓飞．谈反垄断执法的观念转变——从“公用企业”走向“占市场支配地位的经营者”［J］．工商行政管理．2006（03）．

[1150] 毛晓磊．对索尼可充电电池垄断案的分析［J］．安徽警官职业学院学报．2006（04）．

[1151] 梅宏．建立循环型社会：我国环境法制建设的理念与实践［J］．郑州大学学报（哲学

社会科学版). 2006 (06).

[1152] 梅建明，周成刚，徐绿敏．构建绿色财税政策体系 [J]. 财政研究．2006 (09).

[1153] 梅献忠．环境侵权民事责任新探 [J]. 经济与社会发展．2006 (09).

[1154] 门晓亮．信息不对称对金融业的影响和监管必要性 [J]. 甘肃金融．2006 (12).

[1155] 蒙柳，许承光．市场规制的法经济学分析 [J]. 武汉化工学院学报．2006 (05).

[1156] 孟光兴，邱家学．规制——药品监督管理研究的新视角 [J]. 药学进展．2006 (08).

[1157] 孟鲁平．我国"行政区经济"的成因、危害及其对策 [J]. 行政论坛．2006 (02).

[1158] 孟卧杰．无线电话通讯公司代扣、误扣短信费用问题的法律分析——兼论公用企业垄断服务的法律规制 [J]. 上海政法学院学报．2006 (01).

[1159] 孟星．城市土地的政府管制研究 [J]. 复旦学报（社会科学版). 2006 (03).

[1160] 孟振华．深圳市政公用事业监管浅说 [J]. 经济前沿．2006 (10).

[1161] 米素萍．用经济手段加强对自然资源开发的环境管理 [J]. 太原城市职业技术学院学报．2006 (06).

[1162] 宓幼萍．完善我国保险公司偿付能力监管建议 [J]. 时代金融．2006 (09).

[1163] 苗青．行政垄断应由反垄断法调整的理论分析 [J]. 郑州航空工业管理学院学报（社会科学版). 2006 (01).

[1164] 苗延波．论我国市场监管法律体系的构建与完善 [J]. 河南师范大学学报（哲学社会科学版). 2006 (05).

[1165] 明华，杨莉．基础设施原理在反垄断法中的适用 [J]. 当代经理人．2006 (21).

[1166] 缪剑霞．讲述环境政策设计的可持续理念及其重要性 [J]. 中国科技信息．2006 (24).

[1167] 磨玉峰．规制理论及实践视域下的政府行为分析 [J]. 社会科学家．2006 (S1).

[1168] 牟燕，郭忠兴．农村土地流转市场失灵的博弈分析 [J]. 国土资源科技管理．2006 (01).

[1169] 母小曼．土地征用市场中的博弈分析 [J]. 经济师．2006 (07).

[1170] 母小曼．土地市场中政府与开发商的博弈分析 [J]. 商业时代．2006 (15).

[1171] 木韦李，王素珍．我国房地产市场监管的必要性研究 [J]. 企业经济．2006 (08).

[1172] 穆耕林．地方政府推动经济增长行为的中观效应分析 [J]. 南京社会科学．2006 (09).

[1173] 南旭光，罗慧英．教育监管的激励规制安排 [J]. 管理科学文摘．2006 (11).

[1174] 倪哲慧．《反垄断法》是构建和谐经济社会的基石——从油价持续上涨引发对反垄断立法价值理念的思考 [J]. 中共福建省委党校学报．2006 (08).

[1175] 聂丹．论三个级别价格歧视间的关系 [J]. 当代财经．2006 (09).

[1176] 聂方红．转型时期地方政府投资行为分析 [J]. 湖北经济学院学报．2006 (05).

[1177] 宁泽群．我国旅行社市场的进入悖论与旅行社企业的"套中套黑箱定价"模型 [J]. 旅游学刊．2006 (05).

[1178] 牛保国，周骞．运输管制与放松管制对美国运输业发展的影响 [J]. 交通企业管理．2006 (08).

[1179] 牛冬梅．政府竞争理论与地方保护主义 [J]. 理论学刊．2006 (12).

[1180] 牛海涛，吴刚．国家干预——经济法的基本内涵——从经济法的产生看经济法的国家干预本质 [J]. 湖北广播电视大学学报．2006 (01).

[1181] 牛建英．市场失灵下的资源产业布局策略 [J]. 金属矿山．2006 (06).

[1182] 牛犁，王健龙．从"邮改风波"看立法中的利益平衡 [J]. 人大研究．2006 (11).

[1183] 牛树海．我国不同类型工业企业生产效率的区域差异研究［J］．经济经纬．2006（06）．

[1184] 农飞．论行政权力运行机制中存在的问题与对策［J］．桂海论丛．2006（04）．

[1185] 欧国立．中国铁路运价体制和运价政策的变迁［J］．综合运输．2006（04）．

[1186] 欧阳昌朋．地方政府投资行为的宏观分析［J］．当代财经．2006（01）．

[1187] 欧阳恩钱．多中心环境治理制度的形成及其对温州发展的启示［J］．中南大学学报（社会科学版）．2006（01）．

[1188] 欧阳萍萍．论反垄断法对行政垄断的规制与豁免［J］．法制与社会．2006（20）．

[1189] 欧阳晓春．完善食品安全保障系统中法律体系的思考［J］．中国食物与营养．2006（03）．

[1190] 潘登．论依法治国的经济意义［J］．经济与社会发展．2006（11）．

[1191] 潘慧峰，张金水．用VaR度量石油市场的极端风险［J］．运筹与管理．2006（05）．

[1192] 潘家荣，吴永宁，魏益民，等．欧盟食品安全管理体系的特点［J］．中国食物与营养．2006（03）．

[1193] 潘瑞姣．美国反垄断立法与企业经营战略选择［J］．商业时代．2006（30）．

[1194] 潘胜强，马超群，肖伟．城市基础设施建设的宏观效应与绩效评价［J］．系统工程．2006（12）．

[1195] 潘淑清．政策执行低效的博弈分析及启示［J］．北方经济．2006（23）．

[1196] 潘雯．我国食品安全成因与对策［J］．合作经济与科技．2006（08）．

[1197] 潘小英．如何界定市场与政府的界线［J］．河南商业高等专科学校学报．2006（01）．

[1198] 潘晓蓓，许华丽．环境会计信息披露问题的探讨［J］．山东纺织经济．2006（03）．

[1199] 潘新兴，冯英．我国邮政体制改革与普遍服务的实现［J］．经济管理．2006（15）．

[1200] 潘艳红．我国网上银行监管问题与对策［J］．商业研究．2006（09）．

[1201] 潘艳红．行政垄断的多元解读［J］．甘肃社会科学．2006（04）．

[1202] 潘悦．反倾销的非理性及其趋势展望［J］．财贸经济．2006（03）．

[1203] 潘再见，赵志夏．地方基层政府的金融干预行为分析［J］．河北农业大学学报（农林教育版）．2006（01）．

[1204] 庞锋．论我国行政垄断的本质、形成原因和治理机制［J］．湛江师范学院学报．2006（05）．

[1205] 庞静，高小敏．美国金融混业经营监管难题及对中国的启示——兼谈《金融服务现代化法案》［J］．当代经理人．2006（08）．

[1206] 庞明礼．地方政府竞争研究述评［J］．中南财经政法大学学报．2006（03）．

[1207] 庞瑞芝．我国国有银行和股份制商业银行的效率差异及投入拥挤实证研究［J］．中央财经大学学报．2006（09）．

[1208] 庞瑞芝．我国商业银行的效率现状及生产率变动分析［J］．金融论坛．2006（05）．

[1209] 逄艳红．国内外机场收费政策比较分析［J］．中国民用航空．2006（12）．

[1210] 逄艳红．国内外机场收费政策比较分析（二）［J］．空运商务．2006（34）．

[1211] 裴义强．试论我国企业兼并中的法治化管理［J］．哈尔滨市委党校学报．2006（06）．

[1212] 彭聪．法国食品质量安全监管体制及措施［J］．中国质量技术监督．2006（10）．

[1213] 彭东昱．社会主义市场经济呼唤反垄断法［J］．中国人大．2006（13）．

[1214] 彭海斌．我国公平竞争制度体系的构建——论政府及其部门、行业协会与市场主体的功用［J］．广东社会科学．2006（02）．

[1215] 彭海兰．肉类食品安全认知和选择行为［J］．技术经济．2006（12）．

[1216] 彭瑚乐，刘能冶．浅析跨国并购中的反垄断问题——从不同的立法例看我国相关法律的完善［J］．法制与社会．2006（21）．

[1217] 彭俊．论我国环境污染犯罪立法的完善［J］．社会科学家．2006（S2）．

[1218] 彭莉．如何规制企业合并中行政垄断力的滥用［J］．科技经济市场．2006（02）．

[1219] 彭敏，华阳标．腐败成本收益的经济学分析与反腐败的对策［J］．求实．2006（09）．

[1220] 彭书国．对食品生产企业的调查与反思调查与反思［J］．世界标准化与质量管理．2006（11）．

[1221] 彭涛．论公私合作伙伴关系在我国的实践及其法律框架构建［J］．政法论丛．2006（06）．

[1222] 彭兴庭．为什么只见公用事业涨价?［J］．价格与市场．2006（04）．

[1223] 彭雅．我国财务公司法律规范研究［J］．湖南工业职业技术学院学报．2006（04）．

[1224] 彭雨，管宁．浅谈我国生态旅游中的环境保护法律问题［J］．商丘师范学院学报．2006（06）．

[1225] 彭玉亮．关于会计诚信与管制问题的探讨［J］．中国管理信息化（综合版）．2006（11）．

[1226] 彭玉亮．关于农产品质量管理管制问题的探讨［J］．山东农业大学学报（自然科学版）．2006（02）．

[1227] 彭云飞，马超群．论中国电信业重组问题［J］．经济与管理．2006（10）．

[1228] 彭真军，高文艺．论我国反垄断法对纵向限制竞争行为的规制［J］．经济论坛．2006（08）．

[1229] 彭真军，吴玉岭．美国反垄断法的政策目标之争评析［J］．求索．2006（12）．

[1230] 彭正元．想“垄断”［J］．中国石油企业．2006（08）．

[1231] 彭志刚．技术标准的功能评析——以知识产权许可为例［J］．科技与法律．2006（02）．

[1232] 彭陟刚，岳振宇．新经济时代反垄断法的困境与出路［J］．江西财经大学学报．2006（06）．

[1233] 皮建才．李约瑟之谜的解释：我们到底站在哪里？——与文贯中、张宇燕、艾德荣等商榷［J］．经济学（季刊）．2007（01）．

[1234] 皮建才．形式权威、投资阻塞与企业自生能力［J］．财经科学．2006（07）．

[1235] 皮庆侯．腐败根源剖析［J］．文史博览．2006（02）．

[1236] 蒲国蓉，涂菲．政府与市场关系理论演进及对我国的启示［J］．中共成都市委党校学报（哲学社会科学）．2006（02）．

[1237] 蒲珂．《反垄断法》的花瓶隐忧［J］．经营者（财经人物版）．2006（17）．

[1238] 朴济炫．论韩国限制企业结合制度［J］．首都师范大学学报（社会科学版）．2006（01）．

[1239] 漆思剑．行政性垄断的法律规制［J］．贵州警官职业学院学报（公安法治研究）．2006（06）．

[1240] 祁若冰．论反垄断法豁免制度［J］．河北法学．2006（04）．

[1241] 祁彦斌，李雪梅．我国资源开发与环境保护税收协调机制研究［J］．宁夏社会科学．2006（06）．

[1242] 齐春雷．我国反垄断立法中的基本实体制度研究综述［J］．湖北省社会主义学院学报．2006（04）．

[1243] 齐金杰，王鑫．三层跨越模式解决政府失灵问题［J］．科教文汇（下半月）．2006（04）．

[1244] 齐力然．反垄断冲破中小企业头上的“玻璃罩”[J]．中国中小企业．2006（07）．

[1245] 齐仲锋．转型期寻租规模的经济估算[J]．商业时代．2006（21）．

[1246] 钱吉．中央与地方财政博弈的分析[J]．吉林财税高等专科学校学报．2006（04）．

[1247] 钱建豪．金融监管中的银行业绩效评价体系的构建及分析[J]．南昌大学学报（人文社会科学版）．2006（06）．

[1248] 钱龙，周绍东．传统自然垄断理论与现代自然垄断理论的比较及其启示[J]．经济与管理．2006（05）．

[1249] 钱荣富．美国食品安全体系初探[J]．机电信息．2006（06）．

[1250] 钱维，宋妍．特许权授予的招投标及合约关系分析——以南京过江隧道为例[J]．公共管理学报．2006（01）．

[1251] 钱以能．知识产权许可与垄断行为研究[J]．社会科学．2006（11）．

[1252] 强真，白学民．从运行机制角度看我国农地征收[J]．乡镇经济．2006（06）．

[1253] 乔栋．反垄断：寻求破局之路[J]．WTO经济导刊．2006（08）．

[1254] 乔海曙，张贞乐．农村公共品供给领域的“政府失灵”与市场机制研究[J]．山西财政税务专科学校学报．2006（06）．

[1255] 乔红林．对河北省保险业务外汇监管的思考[J]．河北金融．2006（02）．

[1256] 乔占军，董瑞婷．我国城市公用事业民营化障碍及其对策研究[J]．温州大学学报．2006（01）．

[1257] 秦虹，盛洪．市政公用事业监管的国际经验及对中国的借鉴[J]．城市发展研究．2006（01）．

[1258] 秦军．关于我国证券市场信用制度建设的思考[J]．郑州经济管理干部学院学报．2006（04）．

[1259] 秦芩，申来津．政府法治化与政府职能“错位”、“越位”、“缺位”现象的治理[J]．行政与法（吉林省行政学院学报）．2006（03）．

[1260] 秦庆，舒田，李好好．武汉市居民食品安全心理调查[J]．统计与决策．2006（15）．

[1261] 秦小红．WTO与我国金融立法的完善[J]．江西财经大学学报．2006（02）．

[1262] 秦晓．政府经济职能如何转型[J]．中国投资．2006（02）．

[1263] 秦晓怀．转型经济中的权力寻租问题探析[J]．山西高等学校社会科学学报．2006（11）．

[1264] 秦永红．我国政府对跨国公司行为规制初探[J]．四川大学学报（哲学社会科学版）．2006（01）．

[1265] 邱国良，丁友文，邱新有．乡镇客运路线承包现象的经济社会学分析[J]．东华理工学院学报（社会科学版）．2006（04）．

[1266] 邱家学，刘丽娜．关于医药企业市场势力的探讨[J]．中国药业．2006（19）．

[1267] 邱平荣，高毅．我国反垄断执法机构设立的困境与出路[J]．行政与法．2006（06）．

[1268] 邱思广．美国的反垄断法律和政策[J]．通信企业管理．2006（12）．

[1269] 邱艳红，孙明明．腐败行为的成本收益问题分析[J]．经济师．2006（07）．

[1270] 邱永志，王先甲．省级电网公司与地方电网公司基于供区整合的合作博弈行为研究[J]．四川水力发电．2006（02）．

[1271] 曲波．论我国证券法对上市公司收购的规制[J]．经济师．2006（01）．

[1272] 曲德森，周俊．论工商部门深化市场监管改革[J]．中国工商管理研究．2006（01）．

[1273] 曲如晓，张业茹．协调贸易与环境的最佳途径——环境成本内部化[J]．中国人口．资源与环境．2006（04）．

［1274］曲延芬．中国自然垄断产业产权改革的必要性与现实性分析［J］．烟台大学学报（哲学社会科学版）．2006（03）．

［1275］屈辉庭．新农村建设与环境保护［J］．老区建设．2006（08）．

［1276］屈晓娟．完善环境税制对西部生态环境的作用分析［J］．西安邮电学院学报．2006（06）．

［1277］阙方平．对提高银行监管效率若干问题的思考［J］．中国金融．2006（23）．

［1278］阙光辉．构建电力普遍服务新机制［J］．国家电网．2006（12）．

［1279］阙光辉．我国电力普遍服务问题研究［J］．电力技术经济．2006（05）．

［1280］饶常林．公用事业政府管制及其改革——以北京市出租车业准入管制为例［J］．北京科技大学学报（社会科学版）．2006（04）．

［1281］饶涛震．污水处理 BOT 项目风险分析及对策［J］．福建建设科技．2006（03）．

［1282］饶粤红．美国州行为豁免原则的适用及其对我国规制行政性垄断的启示［J］．经济与社会发展．2006（07）．

［1283］赵金能．新形势下加强银行结售汇监管的探讨［J］．金融纵横．2006（09）．

［1284］任潮龙．高速公路管理体制比较研究［J］．商业经济．2006（12）．

［1285］任丹丽．经济自由主义与国家干预主义论争中的立法［J］．理论月刊．2006（05）．

［1286］任栋，胡欣宇．科学发展观视野下的环境法律制度分析［J］．行政与法．2006（02）．

［1287］任方旭．两区域产业寡头古诺竞争中的合作分析［J］．中原工学院学报．2006（01）．

［1288］任红艳．转轨国家政府俘获现象透视［J］．全国商情．经济理论研究．2006（08）．

［1289］任乐毅．电信资费管制重点浅论［J］．中国科技信息．2006（05）．

［1290］任乐毅，梁雄健．关于电信资费管制理论的几点思考［J］．北京邮电大学学报（社会科学版）．2006（02）．

［1291］任庆．论我国水权制度缺陷及其创新［J］．中国海洋大学学报（社会科学版）．2006（03）．

［1292］任伟峰．专网融入公网是电信市场发展的必然趋势［J］．通信世界．2006（14）．

［1293］任五星．垄断，一根拉大收入差距的绳索［J］．金融经济．2006（15）．

［1294］任玉珑，胡姝娟，卢涛．外商直接投资对我国轿车行业市场结构的影响及对策分析［J］．科技管理研究．2006（11）．

［1295］任征．企业并购国际层面的决定因素实证研究［J］．东北农业大学学报（社会科学版）．2006（01）．

［1296］任志宏，赵细康．公共治理新模式与环境治理方式的创新［J］．学术研究．2006（09）．

［1297］阮平南，窦洁．政府采购中保护政策与竞争政策的经济学分析［J］．商业研究．2006（03）．

［1298］阮正福．环境保护的宏观政策选择［J］．企业经济．2006（02）．

［1299］赛明明．我国环境治理的制度经济学分析［J］．兰州学刊．2006（04）．

［1300］桑百川．跨国并购的发展与中国的选择［J］．开放导报．2006（02）．

［1301］桑萍．建立商业特许经营中违法限制竞争的反垄断法律规制［J］．特区经济．2006（05）．

［1302］沙良永．“霸王条款”的产生、危害及法律规制［J］．商场现代化．2006（16）．

［1303］沙亦强．电力改革再出发［J］．中国电力企业管理．2006（11）．

［1304］山丹．市场效率与政府监管对寻租的抑制作用［J］．内蒙古科技与经济．2006（19）．

［1305］陕西省物价局课题组．城市供暖价格监管问题研究报告［J］．价格与市场．2006（09）．

［1306］商宏伟．论反垄断法中结构主义与行为主义的分野与融合［J］．徐州教育学院学报．2006（03）．

［1307］商庆军．论地方政府政策与私人行为的激励相容［J］．地方财政研究．2006（06）．

［1308］商务部研究院课题组，张洪斌．中国快递业务市场准入和行业管理［J］．经济研究参考．2006（34）．

［1309］尚娟．试论我国商业银行监管支撑体系建设［J］．经济师．2006（01）．

［1310］邵琛霞．浅议农村环境保护立法［J］．南京审计学院学报．2006（02）．

［1311］邵春生．浅析双垄断模式下的专项军品定价［J］．电子工程师．2006（05）．

［1312］邵栋梁．农业标准化与食品质量安全［J］．现代农业科技．2006（10）．

［1313］邵华，任继勤．区域电力市场制度创新与政府干预分析［J］．北京交通大学学报（社会科学版）．2006（01）．

［1314］邵明立．树立和实践科学监管理念［J］．管理世界．2006（11）．

［1315］邵新力，邓湘益．地方政府控股城市商业银行透析［J］．长沙铁道学院学报（社会科学版）．2006（04）．

［1316］佘方勇．关于资产管理公司发展与监管的思考［J］．武汉金融．2006（05）．

［1317］申来津，刘思思．法律意识与行政选择——公务员依法行政观念分析［J］．社会科学家．2006（02）．

［1318］申婷婷．再议我国转型时期的寻租现象［J］．当代经理人．2006（02）．

［1319］沈伯平．论转轨时期中国规制型政府的构建［J］．经济问题探索．2006（05）．

［1320］沈国放，高金钿，孟祥青，等．清醒面对国家安全环境［J］．世界知识．2006（19）．

［1321］沈家园．权力经济下的油价上涨［J］．新财经．2006（07）．

［1322］沈金太．对我国反垄断立法的认识和思考［J］．当代经济．2006（10）．

［1323］沈坤荣，付文林．税收竞争、地区博弈及其增长绩效［J］．经济研究．2006（06）．

［1324］沈路．试论竞争法的目标与实践［J］．中国工商管理研究．2006（06）．

［1325］沈能，何婷英．政府主导还是市场主导——我国转轨金融运行机制的评价研究［J］．中央财经大学学报．2006（01）．

［1326］沈能，刘凤朝．我国地区资本配置效率差异的实证研究：1980－2003［J］．财经论丛（浙江财经学院学报）．2006（02）．

［1327］沈荣华．建立行政权力制约机制的思路选择［J］．中共福建省委党校学报．2006（01）．

［1328］沈晓悦．日本的《环境基本法》［J］．世界环境．2006（05）．

［1329］沈悦，邓彤．上市公司股权融资偏好：一种引入制度变量的思考［J］．生产力研究．2006（07）．

［1330］盛浩．欧盟并购控制政策的演变与启示［J］．中国流通经济．2006（12）．

［1331］盛杰民．中国反垄断的立法重点［J］．中国发展观察．2006（06）．

［1332］盛维．从经济学视角看我国反垄断立法的必要性［J］．郑州经济管理干部学院学报．2006（03）．

［1333］盛先科．论行政垄断及其反垄断法规制［J］．重庆职业技术学院学报．2006（06）．

［1334］盛学军．法德英证券监管体制研究——以证券监管主体在近代的变迁为线索［J］．西南民族大学学报（人文社科版）．2006（05）．

［1335］施林春．放宽市场准入：加快福建非公经济发展的思考［J］．福建省社会主义学院学报．2006（01）．

［1336］施晓春．论外资并购国企的交易成本［J］．长春金融高等专科学校学报．2006（04）．

[1337] 石海强．论企业合并的法律规制 [J]．黄河水利职业技术学院学报．2006 (03)．

[1338] 石欢．中国金融控股公司监管问题研究 [J]．当代经理人．2006 (21)．

[1339] 石珉．金融衍生市场监管理论评述 [J]．企业家天地．2006 (12)．

[1340] 石若坤．浅谈公用事业民营化改革中应当明确的几个问题 [J]．华南理工大学学报 (社会科学版)．2006 (02)．

[1341] 石淑华．马克思主义垄断理论与西方经济学垄断理论的比较研究 [J]．徐州师范大学学报．2006 (03)．

[1342] 石文华，衣雪青，吕廷杰．从成本利益角度评述电信资费调整政策 [J]．经济与管理研究．2006 (06)．

[1343] 石雪花．农产品质量安全困境分析及对策 [J]．安徽农业科学．2006 (20)．

[1344] 时建中．经济性垄断案件调查程序探讨 [J]．工商行政管理．2006 (11)．

[1345] 史丹．医药流通领域的管理——试论如何解决"看病贵，吃药贵"的问题 [J]．未来与发展．2006 (04)．

[1346] 史海瑛．环境法上的"代际公平"理论 [J]．阜阳师范学院学报 (社会科学版)．2006 (05)．

[1347] 史建三．鼓励与规制 舞动外资并购"双刃剑"的秘诀 [J]．数据．2006 (04)．

[1348] 史铭鑫．我国行业垄断的特征分析 [J]．北方经济．2006 (06)．

[1349] 史秋昀．也说金融分业经营与监管的制度可能出现的问题 [J]．科技经济市场．2006 (12)．

[1350] 史玮．政府采购中地方保护的博弈分析 [J]．经济论坛．2006 (04)．

[1351] 史喜菊，马贵平，刘全国，等．欧盟的食品追溯体系 [J]．动物医学进展．2006 (12)．

[1352] 史言信．中央企业重组规制研究 [J]．当代财经．2006 (09)．

[1353] 史一强．试论环境影响评价制度立法的完善 [J]．科技信息．2006 (11)．

[1354] 舒洪冰．地方政府的投资扩张：基于地方官员政绩考核的视角 [J]．中共长春市委党校学报．2006 (06)．

[1355] 舒洪冰．地方投资扩张与地方官员的政绩考核分析 [J]．吉林财税高等专科学校学报．2006 (03)．

[1356] 舒强，周敏．市场信息不对称与政府行为 [J]．重庆邮电学院学报 (社会科学版)．2006 (04)．

[1357] 帅晋瑶，陈晓剑．澳门银行业发展研究：现状、监管和借鉴 [J]．预测．2006 (04)．

[1358] 司林波，王兰．社会转型进程中的寻租腐败及其治理的再思考 [J]．中共郑州市委党校学报．2006 (03)．

[1359] 宋斌，张吉军．环境保护与自然资源利用中的市场与政府 [J]．中国行政管理．2006 (08)．

[1360] 宋才发．垃圾邮件的治理及网络媒体规制的法律探讨 [J]．重庆邮电学院学报 (社会科学版)．2006 (06)．

[1361] 宋才发．再论食品安全的法律保障 [J]．商业经济与管理．2006 (09)．

[1362] 宋彩惠．行政自由裁量权发展与规制探微——从行政法治的语境出发 [J]．湖北社会科学．2006 (05)．

[1363] 宋赪，王丽，董小林．西安环境污染经济损失估算与分析 [J]．长安大学学报 (社会科学版)．2006 (04)．

[1364] 宋丹．关于寻租的成本分析 [J]．大同职业技术学院学报．2006 (02)．

[1365] 宋华琳．公用事业特许与政府规制——中国水务民营化实践的初步观察［J］．政法论坛．2006（01）．

[1366] 宋家荣．论对中国金融监管者的监管［J］．特区经济．2006（03）．

[1367] 宋孔翊，胡珀．我国少数民族地区环境法制建设分析［J］．求索．2006（08）．

[1368] 宋鹏程，杨其静．开放经济中的国有企业民营化——基于产品异质的一个博弈模型［J］．产业经济研究．2006（02）．

[1369] 宋萍，马彦芳．食品安全与食品添加剂［J］．中国食物与营养．2006（07）．

[1370] 宋善文．影响我国当前收入差距扩大的主要因素［J］．理论视野．2006（06）．

[1371] 宋威．制度变迁中的寻租行为分析［J］．改革与战略．2006（04）．

[1372] 宋薇．浅论专利标准垄断的具体表现［J］．太原城市职业技术学院学报．2006（04）．

[1373] 宋伟，方琳瑜．我国转基因食品安全立法的若干思考［J］．科技管理研究．2006（09）．

[1374] 宋亚非．跨国公司在华并购的效应及对策分析［J］．河北经贸大学学报．2006（05）．

[1375] 宋亚非．社会责任视角的跨国公司行为审视——责任缺失与我国的约束措施［J］．内蒙古财经学院学报．2006（04）．

[1376] 宋英杰．基于成本收益分析的环境规制工具选择［J］．广东工业大学学报（社会科学版）．2006（01）．

[1377] 宋宇，李红．浅谈我国环境保护资金筹措［J］．东北水利水电．2006（02）．

[1378] 宋玉臣，赵振全．中国股票市场政府行为问题研究［J］．经济问题探索．2006（12）．

[1379] 宋振学，徐桂民．消费者剩余转移的路径分析与垄断势力评价［J］．东岳论丛．2006（01）．

[1380] 宋忠廉．经济法本质新探［J］．河南社会科学．2006（05）．

[1381] 苏宝锋，吴荣．治理商业贿赂对策的探讨［J］．中医药管理杂志．2006（07）．

[1382] 苏林波．“政府失灵”与转型期政府职能重构［J］．理论导刊．2006（08）．

[1383] 苏杨．保护、服务、经营，孰重孰轻？——我国自然文化遗产管理任重道远［J］．环境经济．2006（12）．

[1384] 苏毅．政府在基础设施投融资市场化中的定位［J］．综合运输．2006（03）．

[1385] 苏子川．警惕公共事业特许经营后的新垄断［J］．运输经理世界．2006（09）．

[1386] 粟勤．我国经济转轨时期“市场失灵”的特征与治理［J］．中央财经大学学报．2006（03）．

[1387] 孙鳌，陈雪梅．政府外部性的政治经济学［J］．学术论坛．2006（03）．

[1388] 孙冰．跨国大并购要通过反垄断审查——诺－西“绝配”还需欧盟首肯［J］．中国经济周刊．2006（25）．

[1389] 孙长学．政府作为与资源环境可持续发展［J］．经济体制改革．2006（01）．

[1390] 孙大广．国际经济法的规范经济分析［J］．当代经理人．2006（07）．

[1391] 孙德超．论行政程序对行政自由裁量权滥用的控制［J］．社会科学战线．2006（03）．

[1392] 孙德岩．行政垄断的表现、构成与规制对策思考［J］．河南省政法管理干部学院学报．2006（06）．

[1393] 孙德岩．行政垄断的特征与行政法规制［J］．中共四川省委省级机关党校学报．2006（01）．

[1394] 孙冬冬．我国行政异化的主要表现形式及其对策浅析［J］．法制与社会．2006（18）．

[1395] 孙光宁．法律的垄断与垄断的法律［J］．黑龙江省政法管理干部学院学报．2006（02）．

[1396] 孙广生．面向供应链的环境治理——组织与结构分析 [J]．冶金经济与管理．2006(04)．

[1397] 孙杭生．日本的食品安全监管体系与制度 [J]．农业经济．2006 (06)．

[1398] 孙宏伟．模块化理论与中国铁路业监管制度重构 [J]．成都行政学院学报（哲学社会科学)．2006 (01)．

[1399] 孙辉．公共物品供给中的第三部门参与——一种公共物品供给的新范式 [J]．财政研究．2006 (09)．

[1400] 孙加祺．再析国企在竞争领域进退的几个问题 [J]．经济与管理．2006 (07)．

[1401] 孙洁．民营化在我国的实践 [J]．商丘师范学院学报．2006 (01)．

[1402] 孙菁蔓．自然垄断行业规制的法律问题分析 [J]．理论与改革．2006 (02)．

[1403] 孙凯．初探我国食品安全法律体系 [J]．农业与技术．2006 (01)．

[1404] 孙力．我国公共利益部门化生成机理与过程分析 [J]．经济社会体制比较．2006(04)．

[1405] 孙立平．腐败使我们失去了什么？[J]．领导文萃．2006 (11)．

[1406] 孙灵犀，卞鹰，王一涛．我国药品广告监管体系的完善和发展 [J]．卫生软科学．2006 (05)．

[1407] 孙明华．试析几个主要产业的环境经营 [J]．广西社会科学．2006 (11)．

[1408] 孙南申．论外商证券投资法律制度 [J]．现代法学．2006 (03)．

[1409] 孙培毅，陈洁．英国公用事业民营化改革及其对我国的启示 [J]．长沙民政职业技术学院学报．2006 (04)．

[1410] 孙睿，蒲勇健．产业绩效偏好与网络型产业的竞争化治理 [J]．产业经济研究．2006(05)．

[1411] 孙睿，蒲勇健．网络型产业经济管制理论的演进及其分析 [J]．生产力研究．2006(04)．

[1412] 孙涛，刘颖．全球化时代的政府角色与服务型政府建设 [J]．天津社会科学．2006(01)．

[1413] 孙巍，闫薇．我国地区间产业结构趋同的原因及对策 [J]．理论界．2006 (12)．

[1414] 孙巍，朱圣春．银行股权定价规制有待加强 [J]．中国投资．2006 (03)．

[1415] 孙文雪．略论法律对商业贿赂的规制 [J]．南方论刊．2006 (10)．

[1416] 孙雯．反倾销法与竞争法之冲突与协调 [J]．河北法学．2006 (01)．

[1417] 孙武军，陈宏民，陈梅．基于网络外部性的市场结构动态演化分析 [J]．管理科学．2006 (01)．

[1418] 孙晓雨．试论发展规模经济与反垄断立法 [J]．法制与社会．2006 (21)．

[1419] 孙雪梅．建立竞争中性的电信普遍服务 [J]．经济论坛．2006 (06)．

[1420] 孙延华．国有林区公用事业民营化改革探讨 [J]．中国林业经济．2006 (03)．

[1421] 孙艳华．消费合作社：我国农村食品安全保障机制之创新 [J]．农村经济．2006(04)．

[1422] 孙伊然．权力运作、法治与收入差距——基尼系数背后的政治经济学 [J]．经济学家．2006 (05)．

[1423] 孙勇军，李文科．对中国行政执法监督的思考 [J]．社科纵横．2006 (02)．

[1424] 孙宇霞，郝晶．食品添加剂监管不可小视 [J]．中国质量技术监督．2006 (02)．

[1425] 孙玉仁．试论依法行政 [J]．广西教育学院学报．2006 (02)．

[1426] 孙远太，孙莉莉．当前我国环境保护政策述评——基于政策科学视角的分析 [J]．决

策咨询通讯．2006（05）．

[1427] 孙昀，曹炜峰．中国社保基金入市的安全性及其监管［J］．经济与管理．2006（04）．

[1428] 孙峥，刘继模．国有商业银行改革的制度经济解析［J］．企业技术开发．2006（01）．

[1429] 覃红，潘毅华．反倾销制度的法律经济分析［J］．国际经贸探索．2006（03）．

[1430] 谭红旭．在华跨国公司股权安排的独资化成因、影响及对策［J］．中央财经大学学报．2006（11）．

[1431] 谭琪，李嘉娜．论转变我国政府职能的法治途径［J］．云南行政学院学报．2006（05）．

[1432] 谭泰乾．治理环境污染的税收与政府管制比较研究［J］．企业经济．2006（06）．

[1433] 谭影慧．美日互助保险公司监管及其对中国的启示［J］．经济与管理．2006（11）．

[1434] 谭智斌，郑伟．外资并购对我国宏观经济相关问题的影响及对策研究［J］．国际贸易问题．2006（06）．

[1435] 汤丽丽．网上银行风险监管的新问题及应对措施［J］．科技资讯．2006（02）．

[1436] 汤天滋．中日环境法制建设比较述评［J］．现代日本经济．2006（06）．

[1437] 汤耀国．反垄断法大幕初揭［J］．瞭望新闻周刊．2006（27）．

[1438] 汤玉刚．我国政府供给偏好决定的一个经济学解释——政治均衡与经济效率［J］．财经研究．2006（05）．

[1439] 唐斌，李大鹏．把握商业银行特性　构建协调有序的监管体系［J］．福建金融．2006（11）．

[1440] 唐锋，佘德荣．经济法的经济学基础及其表现［J］．北方经济．2006（18）．

[1441] 唐华．证监会、会计师事务所、上市公司会计寻租博弈分析［J］．山东行政学院山东省经济管理干部学院学报．2006（05）．

[1442] 唐辉．混合金融集团的监管模式选择——鉴于操作风险管理分析［J］．武汉金融．2006（05）．

[1443] 唐辉．商业银行介入基金公司的利弊分析［J］．青海金融．2006（08）．

[1444] 唐建琼．义务教育是公共产品吗［J］．当代经理人．2006（13）．

[1445] 唐丽萍．论我国行政决策的法律责任追究［J］．探索与争鸣．2006（09）．

[1446] 唐琳．公用事业领域对外直接投资与东道国国家经济安全［J］．城市发展研究．2006（05）．

[1447] 唐凌．旅游景区两种限制客流量方式评析［J］．求索．2006（07）．

[1448] 唐凌．风景旅游区门票规制研究［J］．云南社会科学．2006（06）．

[1449] 唐齐鸣，张学功．内幕交易与证券价格的有效性［J］．南方经济．2006（02）．

[1450] 唐蓉，曹峰．网络银行的风险及其监管［J］．当代经理人．2006（05）．

[1451] 唐蓉，赵山．证券市场政府干预的国际经验与借鉴［J］．云南师范大学学报（哲学社会科学版）．2006（04）．

[1452] 唐淑君，刘洪．对我国外资银行监管的研究［J］．特区经济．2006（05）．

[1453] 唐双娥，郑太福．生态成本控制的公私法局限［J］．社会科学家．2006（01）．

[1454] 唐文玉．公用事业民营化时代我国良好政府规制的特征与构建［J］．中共乐山市委党校学报．2006（04）．

[1455] 唐贤衡．规范政府行为　提高政府管理效能——公共选择理论的启示［J］．天水行政学院学报．2006（03）．

[1456] 唐翔宇．论我国烟草专卖制度及其改革［J］．湖南行政学院学报．2006（02）．

[1457] 唐小明．环境保护的财税政策探析［J］．云南财贸学院学报（社会科学版）．2006（02）．

[1458] 唐晓纯．我国转基因食品市场准入和召回研究 [J]．食品科学．2006 (10).

[1459] 唐新苗．对外资并购审批制度的思考 [J]．对外经贸实务．2006 (06).

[1460] 唐勇．一体化市场制度与区域经济一体化——制度变迁的“中间抵制”与突破 [J]．浙江社会科学．2006 (01).

[1461] 唐玉斌．市场体系不完全背景下的过度竞争的成因探讨 [J]．桂林电子工业学院学报．2006 (04).

[1462] 唐玉兰．关于加强我国网上银行监管的思考 [J]．全国商情（经济理论研究)．2006 (06).

[1463] 唐震斌．我国证券监管现状及改进措施 [J]．金融教学与研究．2006 (03).

[1464] 唐震宇．市场规制法与宏观调控法之共性分析 [J]．商丘职业技术学院学报．2006 (01).

[1465] 唐子才，梁雄健．我国互联网经济规制现状分析与政策建议 [J]．世界电信．2006 (11).

[1466] 唐自华．人大代表谏言“三网融合” [J]．中国新通信．2006 (07).

[1467] 陶国根．政府与市场——中国卫生事业发展与改革的制度安排分析 [J]．中国医院管理．2006 (07).

[1468] 陶虎．证券监管者寻租行为的博弈分析 [J]．山东经济．2006 (01).

[1469] 陶建群．谁在假“红头文件”之名违法行政 [J]．人民论坛．2006 (18).

[1470] 陶建钟．公用事业民营化与政府职能重构 [J]．中共浙江省委党校学报．2006 (04).

[1471] 陶镜卿．市政公用特许经营法律属性的探讨 [J]．中国环保产业．2006 (08).

[1472] 陶君成．无公害物流标准化管理策略研究 [J]．科技进步与对策．2006 (07).

[1473] 陶林．市民社会与政治国家视野下的经济法 [J]．西南大学学报（人文社会科学版)．2006 (02).

[1474] 陶晓玲，黄少波．现行房地产行业中利益集团的监督和管理探析 [J]．社会科学家．2006 (S2).

[1475] 陶志梅．从公共经济视角看城市环境治理中的政府职能创新 [J]．特区经济．2006 (11).

[1476] 滕海键．试论20世纪60～70年代的美国环境保护运动 [J]．内蒙古大学学报（人文社会科学版)．2006 (04).

[1477] 滕金聪．倾销中价格的确定与我国企业的应对策略 [J]．甘肃农业．2006 (07).

[1478] 滕葳，柳琪，王磊．日本新的农产品安全管理体制对我国的启示 [J]．食品研究与开发．2006 (08).

[1479] 田贵良．政府投资项目招标中寻租行为及规避研究 [J]．水利经济．2006 (05).

[1480] 田华．从我国的环境问题看环境法治建设 [J]．环境．2006 (S1).

[1481] 田金火．我国股票市场寻租行为与资源配置效率分析 [J]．沿海企业与科技．2006 (02).

[1482] 田敏．信息经济时代产业组织模块化垄断结构的规制研究 [J]．电子科技大学学报（社科版)．2006 (03).

[1483] 田新霞，马章山．英国国有企业民营化改革及对中国的启示 [J]．经济与管理．2006 (06).

[1484] 田旭．政府管制的相关理论述评 [J]．湖北经济学院学报．2006 (01).

[1485] 田应斌，贵义华．法治政府的价值取向及指标体系探析 [J]．湖北教育学院学报．2006 (03).

[1486] 田瑛，廖肇辉．合谋激励与国有商业银行改革［J］．南开经济研究．2006（02）．

[1487] 田雨．金融约束下我国商业银行竞争形式选择分析［J］．全国商情（经济理论研究）．2006（01）．

[1488] 佟岩．我国经济转轨时期寻租的因素分析［J］．辽宁大学学报（哲学社会科学版）．2006（02）．

[1489] 童心成．对我国环境审计有关问题的思考［J］．科技情报开发与经济．2006（02）．

[1490] 童秀红．论上市公司会计信息披露的监管［J］．安徽科技学院学报．2006（02）．

[1491] 涂克明．略论行政权行使的司法审查［J］．湖北广播电视大学学报．2006（04）．

[1492] 涂敏．港口民营化方法比较研究［J］．特区经济．2006（04）．

[1493] 万高隆．抽象行政行为司法控制的法理探究［J］．江西行政学院学报．2006（02）．

[1494] 万立雪．我国环境犯罪的宏观原因分析［J］．环境与可持续发展．2006（03）．

[1495] 万岷．市场集中度和我国钢铁产能过剩［J］．宏观经济管理．2006（09）．

[1496] 汪冰．政府"管制"与"监管"之辨［J］．商业时代．2006（32）．

[1497] 汪传才．论澳大利亚特许经营立法及其借鉴价值［J］．暨南学报（哲学社会科学版）．2006（02）．

[1498] 汪丁丁．市场约束力和政府约束力［J］．IT经理世界．2006（20）．

[1499] 汪锋，张宗益，康继军．企业市场化、对外开放与中国经济增长条件收敛［J］．世界经济．2006（06）．

[1500] 汪浩．通道费与零售商市场力量［J］．经济评论．2006（01）．

[1501] 汪江连．论日本《食品安全法》制度变迁及对完善我国食品安全法的借鉴意义［J］．河南省政法管理干部学院学报．2006（03）．

[1502] 汪来杰．行政权力监督制约机制探析［J］．河南大学学报（社会科学版）．2006（05）．

[1503] 汪宁，郭全中．国有企业改革中的外资并购问题研究［J］．天津行政学院学报．2006（01）．

[1504] 汪伟，史晋川．进入壁垒与民营企业的成长——吉利集团案例研究［J］．中国制度变迁的案例研究．2006（00）．

[1505] 汪鑫．晚近国外金融规管创新的基本脉络［J］．河南社会科学．2006（05）．

[1506] 汪燕．专利权的滥用与反垄断法的规制［J］．甘肃农业．2006（11）．

[1507] 汪云，唐满荣．从"银商事件"看我国反垄断法的制定［J］．行政与法（吉林省行政学院学报）．2006（S1）．

[1508] 王铮．发达国家食品安全法制发展及启示［J］．理论月刊．2006（05）．

[1509] 王柏玲，于少强．从地方政府经济行为角度谈积极财政政策转型［J］．北方经贸．2006（04）．

[1510] 王保乾，伊晓奕．江苏省城镇污水处理市场化中的融资问题研究［J］．河海大学学报（哲学社会科学版）．2006（04）．

[1511] 王丙毅．医疗市场失灵与政府医疗规制制度的优化［J］．中国医院管理．2006（12）．

[1512] 王伯成．美国电信业打破垄断的动因探微［J］．商场现代化．2006（15）．

[1513] 王长秋．美国反托拉斯法对固定转售价格的控制及其启示［J］．广西社会科学．2006（05）．

[1514] 王昶．对我国保险市场监管问题的几点思考［J］．甘肃科技．2006（10）．

[1515] 王玚．用科学态度关注产业安全［J］．中国国情国力．2006（08）．

[1516] 王晨．我国国企兼并的特殊性及其反垄断对策［J］．法制与经济．2006（05）．

[1517] 王成云，阎红梅．对澳大利亚垄断性行业改革的借鉴和思考［J］．商场现代化．2006（01）．

[1518] 王处机．试论我国反垄断立法的重点及其执行 [J]．人大研究．2006 (12)．

[1519] 王春华，柯志蔚．超标排污费应否计入环境成本 [J]．中国乡镇企业会计．2006 (10)．

[1520] 王春晖．美欧竞争法律制度在电信监管中的适用 [J]．当代通信．2006 (06)．

[1521] 王春晖．国外竞争法律制度对中国电信业监管的启示 [J]．世界电信．2006 (12)．

[1522] 王春林．浅析市场支配地位的认定——兼评《中华人民共和国反垄断法 (草案)》相关内容 [J]．现代企业．2006 (05)．

[1523] 王春旭．浅析中国现阶段腐败产生的制度原因及对策 [J]．商丘职业技术学院学报．2006 (01)．

[1524] 王大成．市场失灵与政府管制——以体育市场为例 [J]．商场现代化．2006 (21)．

[1525] 王大鹏．让官员流动起来 [J]．南风窗．2006 (12)．

[1526] 王德华，李磊．对国内外食品限量标准差异性的分析 [J]．中国检验检疫．2006 (12)．

[1527] 王德平，杨小玲．论推进循环经济的政府规制 [J]．经济体制改革．2006 (02)．

[1528] 王冬容，雷振明．农村电网"垄断"延伸剖析 [J]．农电管理．2006 (02)．

[1529] 王芳，陈雨露．经济体制改革与中国金融安全——问题、逻辑和对策 [J]．经济理论与经济管理．2006 (07)．

[1530] 王芳，赵赟．从阜阳"毒奶粉"事件看我国食品安全监管的薄弱环节 [J]．太原大学学报．2006 (02)．

[1531] 王菲．政府行为对民营企业的影响——基于博弈视角 [J]．当代经理人．2006 (03)．

[1532] 王峰．论特许经营及其竞争法上的规制 [J]．商场现代化．2006 (04)．

[1533] 王凤，雷小毓．公众参与环境保护的一种实证研究——基于陕西、广东两省的比较分析 [J]．西北大学学报 (哲学社会科学版)．2006 (04)．

[1534] 王奉和，王献忠，李功华．腐败现象产生的原因和对策 [J]．辽宁行政学院学报．2006 (08)．

[1535] 王刚，凌媛．我国基金业监管的成本与收益分析——从博弈论的视角 [J]．特区经济．2006 (01)．

[1536] 王戈．环境会计基本理论研究浅探 [J]．会计之友 (中旬刊)．2006 (09)．

[1537] 王广华．从"进场费"现象看对"相对优势地位的滥用"的规制 [J]．中山大学学报论丛．2006 (12)．

[1538] 王广龙．寻租理论与中国经济转型时期的腐败 [J]．中国西部科技．2006 (36)．

[1539] 王广起．政府规制均衡的动态调整及路径选择 [J]．生产力研究．2006 (09)．

[1540] 王广起，胡继连．网络型公用事业的政府规制及实践探索——以潍坊市水务改革为实证分析 [J]．生产力研究．2006 (03)．

[1541] 王贵鹏，李晋峰．银行业并购行为的经济学分析 [J]．经济纵横．2006 (15)．

[1542] 王桂玲．开征环境污染税的经济学思考 [J]．税收征纳．2006 (03)．

[1543] 王国才，陶鹏德．网络外部性存在下的产品差异化竞争与价格歧视策略 [J]．南大商学评论．2006 (04)．

[1544] 王海．西方传媒市场的规制问题刍议 [J]．新闻界．2006 (01)．

[1545] 王海梅．利益博弈与政策制定——以外资并购规定出台为脚本的解读 [J]．当代经济．2006 (12)．

[1546] 王恒彦，卫龙宝．城市消费者安全食品认知及其对安全果蔬消费偏好和敏感性分析——基于杭州市消费者的调查 [J]．浙江社会科学．2006 (06)．

[1547] 王红领. 决定国企高管薪酬水平的制度分析 [J]. 现代经济探讨. 2006 (01).

[1548] 王红卫. 谈我国食品安全法律与监管体系的营造和完善 [J]. 河南工业大学学报（社会科学版）. 2006 (03).

[1549] 王宏. 欧盟竞争法对知识产权人滥用市场支配地位之规制——从欧洲法院的视角解析《欧共体条约》第82条 [J]. 河南司法警官职业学院学报. 2006 (02).

[1550] 王宏. 知识产权保护与维护自由竞争——由欧洲法院的IMS案为探讨基点 [J]. 知识产权. 2006 (03).

[1551] 王宏军. 经济法与民法关系的经济学分析 [J]. 经济问题探索. 2006 (07).

[1552] 王洪霞，胡洁. 随机需求下垄断厂商二级价格歧视的研究 [J]. 怀化学院学报（自然科学版）. 2006 (08).

[1553] 王厚伟. 防范串谋的理论及应用研究 [J]. 科技经济市场. 2006 (09).

[1554] 王华丽. 谈谈金融控股公司监管问题 [J]. 经济问题. 2006 (06).

[1555] 王欢欢. 巴塞尔新资本协议下我国商业银行风险监管研究 [J]. 沿海企业与科技. 2006 (02).

[1556] 王会峰，张燎. 特许权项目终止时的公平补偿 [J]. 施工企业管理. 2006 (06).

[1557] 王慧. 珠三角民营经济发展存在的问题和对策 [J]. 现代乡镇. 2006 (01).

[1558] 王慧. 注册会计师行业监管的理论基础分析 [J]. 科技资讯. 2006 (13).

[1559] 王记恒，王先林. 论我国竞争法视野下的商业秘密 [J]. 法学论坛. 2006 (06).

[1560] 王家祺，范丹，李寿德. 寡头垄断企业操纵排污许可价格分析 [J]. 武汉理工大学学报（信息与管理工程版）. 2006 (09).

[1561] 王嘉伟，赵树文. 再论环境权 [J]. 唐山学院学报. 2006 (03).

[1562] 王建. 经济与法之学——经济法的另类释诠 [J]. 商场现代化. 2006 (27).

[1563] 王健. 威慑理念下的反垄断法刑事制裁制度——兼评《中华人民共和国反垄断法（修改稿）》的相关规定 [J]. 法商研究. 2006 (01).

[1564] 王健. 出口价格协调行为的反垄断法问题 [J]. 国际贸易问题. 2006 (12).

[1565] 王健. 德国竞争法的欧洲化改革——《反限制竞争法》第7次修订述评 [J]. 时代法学. 2006 (06).

[1566] 王健君. 市场建设"利益山头"为最大阻力 [J]. 瞭望新闻周刊. 2006 (50).

[1567] 王江，吕庆华. 外商在华直接投资的规制问题探析 [J]. 北京工业大学学报（社会科学版）. 2006 (01).

[1568] 王杰. 浅议行政权力的制约机制 [J]. 商业经济. 2006 (10).

[1569] 王洁. 会计监管问题研究 [J]. 企业家天地. 2006 (12).

[1570] 王进明，胡欣，袁燕. 美国早期反托拉斯活动及其意义 [J]. 东北财经大学学报. 2006 (03).

[1571] 王靖，刘应宗. 城市污水处理厂特许权经营下的质量管制研究 [J]. 环境保护科学. 2006 (04).

[1572] 王军. 试论生态旅游对环境产生的效益与成本 [J]. 企业经济. 2006 (06).

[1573] 王军，万鹏. 垄断领域民营经济发展现状研究 [J]. 科技进步与对策. 2006 (03).

[1574] 王俊. 跨国零售企业进入后对我国产业安全的影响及对策分析 [J]. 江苏商论. 2006 (08).

[1575] 王俊. 对外资进入后我国零售业发展安全问题的探讨 [J]. 世界经济研究. 2006 (06).

[1576] 王俊，宗政. 市场经济条件下政府在环境保护中的角色定位 [J]. 重庆工商大学学报.

西部论坛．2006（03）．

[1577] 王俊豪．我国城市公用产品管制价格模型的构建 [J]．经济管理．2006（11）．

[1578] 王俊豪．我国市政公用事业管制机构的设立与职能 [J]．经济管理．2006（23）．

[1579] 王俊华．德国规制商品过度包装的立法及借鉴 [J]．特区经济．2006（10）．

[1580] 王俊梅．对我国自然垄断企业改革的几点思考 [J]．内蒙古统计．2006（03）．

[1581] 王可山．消费者对畜产食品质量安全的意愿支付价格研究 [J]．中国物价．2006（12）．

[1582] 王乐，文福拴，余志伟．不同允许报价段数对发电公司报价策略的影响 [J]．电网技术．2006（19）．

[1583] 王磊．对我国食品安全监管现状的思考 [J]．中国食物与营养．2006（06）．

[1584] 王莉，蔡钊利．行政主导重复建设的表现及其治理 [J]．生产力研究．2006（04）．

[1585] 王里鹏．非关税壁垒形成垄断对我国经济安全影响及法律对策研究 [J]．经济师．2006（06）．

[1586] 王立平．我国汽车市场的低效率与进入规制 [J]．经济研究导刊．2006（01）．

[1587] 王丽洁．证券法修改解析 [J]．辽宁公安司法管理干部学院学报．2006（01）．

[1588] 王丽丽，秦志敏．山西省环境执法对策研究 [J]．科技情报开发与经济．2006（01）．

[1589] 王丽萍．社会制约：一种治理行政权力腐败的途径分析 [J]．求索．2006（07）．

[1590] 王丽萍，王春，朱玉丽．循环经济中的信息不对称及其改善机制 [J]．中国矿业大学学报（社会科学版）．2006（02）．

[1591] 王利，董霞，廖琪．取缔地方保护　构建统一市场 [J]．中国市场．2006（Z4）．

[1592] 王琳琳，刘志峰，刘勇．北京地铁四号线投融资模式研究 [J]．科技信息．2006（12）．

[1593] 王玲君．我国垄断行业的政府管制改革 [J]．现代企业．2006（08）．

[1594] 王伦刚．中国经济法经济学基础的反思与前瞻 [J]．西华大学学报（哲学社会科学版）．2006（01）．

[1595] 王明远．清洁生产法的含义与本质辨析 [J]．现代法学．2006（06）．

[1596] 王怒蕾．知识产权是公化私权——论对知识产权滥用的规制 [J]．天津市政法管理干部学院学报．2006（03）．

[1597] 王鹏．行政机关行使国家所有权若干问题研究 [J]．求实．2006（S2）．

[1598] 王平，王爱丽．公用事业民营化中的政府监管探索 [J]．学会．2006（10）．

[1599] 王齐，吕洪波．反三角合并及其对中国电信业重组的启示 [J]．怀化学院学报（社会科学）．2006（S1）．

[1600] 王启云．发达资本主义国家保护自然环境的背景、政策及启示 [J]．消费经济．2006（02）．

[1601] 王倩，刘桂清．我国网络金融监管的现状及政策建议 [J]．经济纵横．2006（03）．

[1602] 王强．试论会计市场的交易规则与监管 [J]．科技资讯．2006（08）．

[1603] 王清穆．政府偏好与民营企业发展 [J]．安徽冶金科技职业学院学报．2006（01）．

[1604] 王晴，蒋长流．垄断性国有企业改革：诺思悖论 [J]．经济研究导刊．2006（05）．

[1605] 王庆元．对城市供水行业改革的思考 [J]．科技情报开发与经济．2006（14）．

[1606] 王秋菲，李凯．外部效用、过度竞争与最优管制 [J]．产业经济评论．2006（02）．

[1607] 王求泰，刘伟明．电信业互联互通的囚徒困境与接入定价问题研究 [J]．企业经济．2006（04）．

[1608] 王瑞华，贾继峰．对我国限制知识产权滥用问题的思考 [J]．北京电子科技学院学报．

2006（03）.

[1609] 王瑞琦．英国自来水业的民营化及其对我国启示［J］．价格月刊．2006（12）．

[1610] 王尚达．试述西方国家国有经济的改革［J］．科学·经济·社会．2006（02）．

[1611] 王少聪，吕君．德国铁路民营化改革的经验及启示［J］．辽宁行政学院学报．2006（10）．

[1612] 王盛军．我国自然资源行政许可之缺陷及其原因分析——一种法经济学视角［J］．贵州财经学院学报．2006（04）．

[1613] 王仕军．自利视角下的地方政府非常态监督［J］．四川行政学院学报．2006（01）．

[1614] 王淑敏．"打压"药品价位虚高应从源头抓起［J］．中国卫生经济．2006（02）．

[1615] 王帅力，单汨源．PPP模式在我国公共事业项目管理中的应用与发展［J］．湖南师范大学社会科学学报．2006（01）．

[1616] 王硕佟，杨治凡，吴明波，等．法国市场价格监管的特点与启示［J］．中国价格监督检查．2006（02）．

[1617] 王天星．加拿大旅游代理商市场监管制度的特点及其启示［J］．法学杂志．2006（06）．

[1618] 王婷．外资并购国有企业的相关法律问题［J］．社会科学．2006（07）．

[1619] 王桐．跨国并购对我国的影响及其对策［J］．山东工商学院学报．2006（05）．

[1620] 王维红．我国民营经济发展的环境问题及对策［J］．商场现代化．2006（02）．

[1621] 王维红．营造良好环境促进民营经济持续发展［J］．经纪人学报．2006（02）．

[1622] 王伟．美国社会性规制政策演变给我们的启示［J］．辽宁税务高等专科学校学报．2006（05）．

[1623] 王伟军．标准化战略及其引发的反垄断法律问题［J］．湖南经济管理干部学院学报．2006（01）．

[1624] 王炜，宁立波，陈津端．论资源约束条件下政府在自然资源配置中的角色创新［J］．湖南科技大学学报（社会科学版）．2006（02）．

[1625] 王玮玮．正视与反思：行政自由裁量权的失范与规制［J］．法制与社会．2006（15）．

[1626] 王卫平，黄文斌．国有企业不适合参与完全市场竞争机制的原因解析［J］．华东经济管理．2006（01）．

[1627] 王文军．我国农村环境保护投融资存在的问题与建议［J］．经济纵横．2006（12）．

[1628] 王文霞．河南省基础设施民营化进程中存在的问题及对策研究［J］．郑州轻工业学院学报（社会科学版）．2006（04）．

[1629] 王雯，张帅．企业合并的反垄断法规制［J］．当代经理人．2006（21）．

[1630] 王雯婧，吴政．网络融合下的政府管制思考［J］．商业时代．2006（02）．

[1631] 王习元，李文青，刘文英，等．农村河流环境保护市场化探析［J］．环境科学与技术．2006（09）．

[1632] 王先甲，韩东，殷红，等．区域配电服务特许经营权竞标机制设计［J］．中国电机工程学报．2006（20）．

[1633] 王先林．论反垄断法中的控制企业结合制度——兼析《中华人民共和国反垄断法（修改稿）》的相关规定［J］．法商研究．2006（01）．

[1634] 王小纲．企业发展中政府行政行为存在的问题及对策［J］．现代企业．2006（02）．

[1635] 王晓芬．论我国食品安全法律体系［J］．中国卫生法制．2006（04）．

[1636] 王晓军．国外寿险偿付能力监管体系及其对中国的启示［J］．统计与决策．2006（10）．

[1637] 王晓军，梁伟．论市政公用事业改革与城市公共事业建设的关系［J］．济南大学学报（社会科学版）．2006（04）．

[1638] 王晓清．会计诚信与监管［J］．引进与咨询．2006（09）．

[1639] 王晓田，荆培才．为我国《反垄断法》的制定提点建议［J］．商场现代化．2006（19）．

[1640] 王晓霞．农产品认证制度的经济学分析［J］．世界标准化与质量管理．2006（04）．

[1641] 王晓霞，程漱兰．我国农产品认证制度的主要问题及对策［J］．农业质量标准．2006（03）．

[1642] 王晓燕，肖继新，王东伟，等．论我国对进出口卡特尔的法律规制［J］．河北科技师范学院学报（社会科学版）．2006（04）．

[1643] 王晓云，丁四保．经济发展中我国政府协调区域经济关系的政策失灵原因分析［J］．软科学．2006（01）．

[1644] 王新富．垄断行业改革的意义及思路［J］．商业经济．2006（08）．

[1645] 王新霞．我国企业合并消极影响的解决思路——兼论企业合并的反垄断法规制［J］．甘肃高师学报．2006（01）．

[1646] 王新业．"外资并购法"重装上阵［J］．经营者（商业管理版）．2006（18）．

[1647] 王旭，顾昕．政府能力建设与公共服务的治理变革［J］．学术月刊．2006（04）．

[1648] 王旭，张子友．法治行政论析［J］．科技创业月刊．2006（03）．

[1649] 王旭玲．作为一种公共产品的社会公平：政府规制及其选择［J］．现代经济探讨．2006（12）．

[1650] 王学江．垄断行业高收入有损社会和谐［J］．车间管理．2006（06）．

[1651] 王雪芳．中国高油价的经济学解释：垄断成本抬高油价［J］．中国水运（理论版）．2006（12）．

[1652] 王雪峰，王平利．倾销概念的发展及其经济理论基础分析［J］．国际商务．对外经济贸易大学学报．2006（01）．

[1653] 王勋．透过财政政策理念看政府与市场的关系［J］．开封大学学报．2006（01）．

[1654] 王雅龄，徐颖，韩广华．基础设施融资结构化及其经验分析［J］．中国城市经济．2006（10）．

[1655] 王亚平．市场发育中的政府经济管理行为及其规范研究［J］．当代经理人．2006（12）．

[1656] 王妍，宋昕．制度性寻租行为分析［J］．辽宁行政学院学报．2006（02）．

[1657] 王彦．监管对现代商业银行决策的影响［J］．数学物理学报．2006（04）．

[1658] 王砚海，颜泽汉．浅议市政公用事业特许经营规范化运作［J］．天津科技．2006（06）．

[1659] 王艳．论建构我国环境公益诉讼制度的必要性［J］．郑州经济管理干部学院学报．2006（04）．

[1660] 王艳，丁德文．公众参与环境保护的博弈分析［J］．大连海事大学学报．2006（04）．

[1661] 王艳，梁莱歆．基于中小企业板块市场财务信息披露问题的思考［J］．中国管理信息化（综合版）．2006（10）．

[1662] 王艳红．由自然垄断的动态性谈中国电信业的政府规制［J］．经济与管理．2006（03）．

[1663] 王艳林．建立中国食品安全法体系的若干构想［J］．河南省政法管理干部学院学报．2006（03）．

[1664] 王艳霞．关于中国商业银行并购问题的思考［J］．经济与管理．2006（08）．

[1665] 王燕．食品安全监管面临的问题与思考［J］．河南预防医学杂志．2006（01）．

[1666] 王洋，曾文革．论转基因产品安全应急处理法律制度［J］．西南大学学报（人文社会科学版）．2006（05）．

[1667] 王义高．全球化产业大转移形势下中国环保面临的问题及对策［J］．中国科技产业．2006（07）．

[1668] 王义高．全球产业大转移与中国环保［J］．决策与信息（财经观察）．2006（09）．

[1669] 王毅．论国有资本保值增值的“悖论”及其破解［J］．中共宁波市委党校学报．2006（04）．

[1670] 王银凤，刘和平．美国外资并购规制及其借鉴［J］．证券市场导报．2006（07）．

[1671] 王瑛．论产业竞争优势与产业安全［J］．江汉论坛．2006（02）．

[1672] 王莹，王兴东．完善银行监管制度的途径［J］．东北电力大学学报．2006（05）．

[1673] 王瑜．我国金融控股公司发展面临的问题及法律规制［J］．理论界．2006（03）．

[1674] 王宇．反垄断法的经济学支柱——从反垄断法的立法规范看经济学手段在法律中的运用［J］．四川经济管理学院学报．2006（03）．

[1675] 王玉丹．试论市场经济条件下的政府经济职能［J］．赤峰学院学报（汉文哲学社会科学版）．2006（02）．

[1676] 王育春，李定佳．我国区域政府经济合作障碍探析［J］．贵阳市委党校学报．2006（06）．

[1677] 王元华，曾凤章．垄断对顾客购买行为的影响分析［J］．商业研究．2006（05）．

[1678] 王月娥．我国开征环境税有关问题探讨［J］．财会月刊．2006（09）．

[1679] 王云儿，刘朝明．逆向物流外部效应及其政府干预研究［J］．交通运输工程与信息学报．2006（04）．

[1680] 王云江．浅析环境会计［J］．科技经济市场．2006（11）．

[1681] 王蕴洁．对经济法体系研究的再认识［J］．科技情报开发与经济．2006（20）．

[1682] 王昭彧．论现行银行业监管体系的有效性［J］．西安金融．2006（06）．

[1683] 王振海．利益博弈与政府缺位——以H省D市旅游汽车市场为例［J］．河北建筑科技学院学报（社科版）．2006（01）．

[1684] 王振宏，梁栋，陈国军，等．“产权多元化”成为改革核心［J］．瞭望新闻周刊．2006（35）．

[1685] 王振宇．分税制财政体制“缺陷性”研究［J］．财政研究．2006（08）．

[1686] 王正鹏．“经济国家主义”：全球化的坏消息？［J］．中国企业家．2006（08）．

[1687] 王正儒，张小盟．自然垄断行业放松规制的理论分析［J］．宁夏大学学报（人文社会科学版）．2006（06）．

[1688] 王正位，朱武祥．投资者利益保护与新兴市场证券发行管制［J］．南开经济研究．2006（01）．

[1689] 王志刚，龚六堂，陈玉宇．地区间生产效率与全要素生产率增长率分解（1978—2003）［J］．中国社会科学．2006（02）．

[1690] 王志刚，翁燕珍，杨志刚，等．食品加工企业采纳HACCP体系认证的有效性：来自全国482家食品企业的调研［J］．中国软科学．2006（09）．

[1691] 王志刚，于法稳，贾丹，等．农产品质量安全检测运行机制：来自韩国批发市场的启示［J］．生态经济．2006（12）．

[1692] 王志江．产品替代性程度与企业共谋合作关系的研究［J］．数学的实践与认识．2006（03）．

[1693] 王志强．医疗体制改革中的药价问题及其对策探讨［J］．山西科技．2006（04）．

[1694] 王智斌．行政许可法的制度创新与私权潜能［J］．政法论坛．2006（06）．

[1695] 王中．论政府对信息不对称市场的规制［J］．中国信息界．2006（12）．

[1696] 王中美．跨国公司在华知识产权策略及其规制［J］．河北法学．2006（02）．

[1697] 王竹萍．我国独立审计部门监管存在的问题与对策［J］．辽宁行政学院学报．2006（10）．

[1698] 王自力．公用事业改革的权利结构变动：比较与选择［J］．当代财经．2006（09）．

[1699] 王自力．城市公用事业改革取向：融资制度创新［J］．新疆财经．2006（05）．

[1700] 王自力．论和谐社会建设中的环境因素及对策［J］．经济与社会发展．2006（07）．

[1701] 王祖强．转型经济中地方政府与市场关系的重新诠释——以义乌市场的形成和发展为例［J］．中共浙江省委党校学报．2006（02）．

[1702] 危惊涛．湖北典当业监管与地方金融安全［J］．武汉金融．2006（04）．

[1703] 魏昌东，钱小平．当代中国"寻租型"职务犯罪衍生机理与控制对策［J］．社会科学．2006（01）．

[1704] 魏杰，董进．改革开放后中国经济波动背后的政府因素分析［J］．中央财经大学学报．2006（06）．

[1705] 魏明，杨淑娥，马春爱．我国自然垄断行业规制改革路径探讨［J］．科技管理研究．2006（06）．

[1706] 魏淑甜，廖先玲．我国 SO_2 排污权交易中存在的问题及对策研究［J］．煤炭经济研究．2006（08）．

[1707] 魏伟，陈立明．医疗服务市场竞争规制的政策研究［J］．中国卫生经济．2006（05）．

[1708] 魏玮，于华江．行政垄断的分析与重思［J］．辽宁行政学院学报．2006（06）．

[1709] 魏雅华．电力行业"降薪秀"［J］．经营管理者．2006（10）．

[1710] 魏艳．民营资本进入电信行业的壁垒分析［J］．当代通信．2006（Z2）．

[1711] 魏艳．民营资本进入电信业的壁垒何在？［J］．数据通信．2006（04）．

[1712] 魏朱宝，王锦锋．我国高等教育寻租的经济透视［J］．巢湖学院学报．2006（04）．

[1713] 温丹辉，吕廷杰．电信过度竞争之经济必然性［J］．产业经济研究．2006（04）．

[1714] 温桂芳，刘喜梅．影响电价形成因素的经济学分析［J］．价格理论与实践．2006（07）．

[1715] 温桂芳，万昌明．稳步推进水价改革［J］．宏观经济研究．2006（02）．

[1716] 温怀德，温怀玉，刘渝琳．国有企业退出一般竞争性领域　独立经营国有资本［J］．特区经济．2006（07）．

[1717] 温尚杰，何亮亮．我国环境税收制度的现状及对策研究［J］．广西政法管理干部学院学报．2006（02）．

[1718] 温晓燕．论环境权［J］．社科纵横．2006（05）．

[1719] 文春苗．对国有商业银行案件内控与监管难题的新认识［J］．价值工程．2006（03）．

[1720] 文慧．环境税的优越性分析［J］．科技经济市场．2006（11）．

[1721] 迈克尔·E·沃勒，王立德．兰得洛案例与环境公民诉讼［J］．世界环境．2006（06）．

[1722] 邬松卿．保险代理人监管的中外比较研究［J］．理论月刊．2006（06）．

[1723] 巫龙，胡神松．"不正当竞争"条款的效力扩张问题［J］．边疆经济与文化．2006（06）．

[1724] 毋晓蕾．环境公益诉讼法律制度研究［J］．甘肃政法成人教育学院学报．2006（03）．

[1725] 吴白云，文学容，夏海清．对治理我国食品安全问题的制度思考［J］．商场现代化．

2006（07）.

[1726] 吴昌南．网络型公用事业民营化中的双边机会主义与双边规制［J］．科学·经济·社会．2006（04）．

[1727] 吴成安．替代效应、交叉补贴与中国旅游景区规制［J］．商场现代化．2006（30）．

[1728] 吴成安．旅游资源市场化经营中的政府角色重构［J］．商业时代．2006（29）．

[1729] 吴荻枫．悖论与对策——反思我国目前国家与市场关系［J］．甘肃社会科学．2006（04）．

[1730] 吴东美．价格监管的公共服务职能初探［J］．中国价格监督检查．2006（09）．

[1731] 吴刚．康德的自律理论对中国银行业监管的启示［J］．经济评论．2006（02）．

[1732] 吴光芸．论跨国公司的寻租行为及其治理［J］．世界经济与政治论坛．2006（03）．

[1733] 吴广驰，贾月，康韬．传媒并购中的利益博弈——以美国联邦通信委员会对"AOL时代华纳并购案"的并购审核为例［J］．新闻界．2006（04）．

[1734] 吴国平，常永涛．税收竞争的动态研究及我国的对策［J］．山西财政税务专科学校学报．2006（02）．

[1735] 吴汉洪．日本邮政民营化改革解析及启示［J］．经济理论与经济管理．2006（02）．

[1736] 吴汉洪，董红霞．企业并购需要反垄断法加以规制——一个经济学分析的视角［J］．中国发展观察．2006（06）．

[1737] 吴汉洪，张妮，许华安．新制度经济学的兼并理论及其对反垄断政策的影响［J］．国家行政学院学报．2006（04）．

[1738] 吴昊．地方政府治理结构改革与职能转变——从经济学视角展开的分析［J］．学习与探索．2006（06）．

[1739] 吴宏斌，郝威．地方保护主义的一个博弈论分析［J］．当代经理人．2006（04）．

[1740] 吴华长，邹焕聪．我国食品安全问题的政府管制研究［J］．内蒙古农业大学学报（社会科学版）．2006（03）．

[1741] 吴卉芳．论垄断与反垄断立法［J］．商场现代化．2006（12）．

[1742] 吴建利．中国行政效率的公共选择理论分析［J］．辽宁工程技术大学学报（社会科学版）．2006（02）．

[1743] 吴静．浅析环境会计［J］．科技创业月刊．2006（08）．

[1744] 吴娟，王明林，李艳霞，等．我国食品中农药残留限量标准现状分析［J］．世界标准化与质量管理．2006（02）．

[1745] 吴俊，徐俊．也谈外资进入对我国产业安全的影响［J］．商业时代．2006（26）．

[1746] 吴康毓．会计监管模式研究［J］．贵州工业大学学报（社会科学版）．2006（06）．

[1747] 吴可望．公用事业的民营化［J］．社会工作．2006（09）．

[1748] 吴立武．公、私产品界定标准局限性分析［J］．财经理论与实践．2006（02）．

[1749] 吴利民，谢天雪．企业实行环境会计的必要性［J］．经济论坛．2006（13）．

[1750] 吴良志．食品安全法律体系的欧盟模式［J］．未来与发展．2006（08）．

[1751] 吴平魁，王晓韧．我国反垄断法律制定过程中行业协会的定位问题研究［J］．价格理论与实践．2006（10）．

[1752] 吴琦．关于城市公用事业民营化的思考［J］．江汉大学学报．2006（01）．

[1753] 吴强，柴友兰．政府干预经济的理由及其行为局限——西方主流经济学政府行为的理论界定［J］．财会研究．2006（03）．

[1754] 吴秋璟，陈志广．反垄断与规模经济［J］．理论探讨．2006（01）．

[1755] 吴秋璟，陈志广，乔延清．对"掠夺性定价"的认识和规制选择［J］．唯实．2006（03）．

[1756] 吴秋实，江春．银行竞争与银行业稳定研究述评 [J]．国际金融研究．2006 (07)．

[1757] 吴群琪，李丽．道路旅客运输行业的政府管制 [J]．交通运输工程学报．2006 (02)．

[1758] 吴蓉．银行业监管新理念下的行为取舍 [J]．统计与决策．2006 (21)．

[1759] 吴锐凡．乡镇食品企业卫生安全问题与管理对策 [J]．中国公共卫生管理．2006 (02)．

[1760] 吴睿．地方保护主义的博弈分析 [J]．兰州商学院学报．2006 (06)．

[1761] 吴绍琪，李刚，毕铁居．基于科学发展观的政府生态责任的构建 [J]．生态经济（学术版)．2006 (01)．

[1762] 吴诗云．在实践中坚持科学监管理念 [J]．中国食品药品监管．2006 (08)．

[1763] 吴淑琴．宏观经济调控中"政府失灵"的形成原因及防范 [J]．科技经济市场．2006 (10)．

[1764] 吴松格，郝占国，谢娟，等．国际邮政汇兑：被监管遗忘的角落——关于邮政储汇机构办理国际邮政汇兑业务的调查与思考 [J]．金融与经济．2006 (01)．

[1765] 吴伟达．价格垄断及立法规制 [J]．政法论坛．2006 (04)．

[1766] 吴卫华．建立食品招回制度的思考 [J]．农产品加工．2006 (03)．

[1767] 吴卫星．生态危机的宪法回应 [J]．法商研究．2006 (05)．

[1768] 吴文辉．论行政垄断连动规制模式 [J]．时代金融．2006 (06)．

[1769] 吴文洁．我国公用事业民营化与政府规制改革 [J]．中国管理信息化（综合版)．2006 (01)．

[1770] 吴瑕．论正当程序原则下的行政自由裁量 [J]．当代经理人．2006 (11)．

[1771] 吴仙桂．探析垃圾短信防治的法律问题 [J]．湖南人文科技学院学报．2006 (02)．

[1772] 吴先华，郭际．长三角一体化的矛盾根源与政府职能思考 [J]．经济与管理．2006 (04)．

[1773] 吴先华，郭际，王丹晖．长江三角洲一体化的行政学思考 [J]．郑州航空工业管理学院学报（社会科学版)．2006 (02)．

[1774] 吴献金，孙林霞．湖南省环境规制与外商直接投资的协整分析 [J]．郑州航空工业管理学院学报．2006 (06)．

[1775] 吴向鹏．分工、市场分割与统一市场建设 [J]．重庆邮电学院学报（社会科学版)．2006 (01)．

[1776] 吴孝政，宋磊．政府引导与市场化相结合创建我国环保产业新型运营机制 [J]．企业家天地．2006 (06)．

[1777] 吴绪亮．主导企业策略、市场动态性与反垄断法的经济分析 [J]．财经问题研究．2006 (03)．

[1778] 吴彦，张雯欢．对我国开征环境税的思考 [J]．太原城市职业技术学院学报．2006 (05)．

[1779] 吴一平．道德风险、激励机制与电力行业规制 [J]．商业研究．2006 (03)．

[1780] 吴赢，沈弢．浅谈我国外资并购的现状和对策 [J]．当代经理人．2006 (05)．

[1781] 吴玉岭．执法者的理性自利对消费者福利目标的异化——以美国司法部和 FTC 执行反垄断法为线索的历史考察 [J]．广东商学院学报．2006 (03)．

[1782] 吴志超．对环境会计若干问题的探讨 [J]．科技信息（学术研究)．2006 (11)．

[1783] 吴中斌．我国环境审计产生和发展研究 [J]．池州师专学报．2006 (03)．

[1784] 五年国家软科学研究计划重点委托课题组二．在华跨国公司知识产权滥用情况及其对策 [J]．红旗文稿．2006 (06)．

[1785] 仵自连．我国煤炭产业过度竞争原因及对策［J］．经济经纬．2006（04）．

[1786] 武文斌．中国并购双重忧虑［J］．当代经理人．2006（03）．

[1787] 席涛，曲哲．欧盟监管影响评估框架的评析［J］．国际经济评论．2006（03）．

[1788] 席兴军，刘俊华，刘文．美国食品安全技术法规及标准体系的现状与特点［J］．世界标准化与质量管理．2006（04）．

[1789] 夏澈．论知识产权的反垄断规制［J］．广州广播电视大学学报．2006（03）．

[1790] 夏澈．略论我国反垄断法的规制对象［J］．经济师．2006（06）．

[1791] 夏慧．专利联盟的垄断性研究［J］．广西政法管理干部学院学报．2006（05）．

[1792] 夏俊，吕廷杰．网络竞争：结构—行为—绩效［J］．中国地质大学学报（社会科学版）．2006（05）．

[1793] 夏利民．行业协会反垄断法规制的法律思考［J］．法学杂志．2006（06）．

[1794] 夏秋．发展中国家国有银行的产权改革：国际经验借鉴［J］．上海金融．2006（01）．

[1795] 夏天云，黄振文．政府行为引起的价格垄断问题研究［J］．价格月刊．2006（01）．

[1796] 夏永祥，卢晓．长三角地区经济增长、产业同构与区域经济一体化［J］．南通大学学报（社会科学版）．2006（01）．

[1797] 夏永祥，王常雄．中央政府与地方政府的政策博弈及其治理［J］．当代经济科学．2006（02）．

[1798] 夏涌，何旭东．地方政府生产性投资膨胀的机制及其治理［J］．地方财政研究．2006（12）．

[1799] 夏玉成．试论公共管理过程中的契约观［J］．甘肃理论学刊．2006（01）．

[1800] 夏芸．在科学发展观下建立绿色税收体系［J］．生态经济．2006（03）．

[1801] 冼岩．行政垄断的最大危害［J］．资本市场．2006（09）．

[1802] 向贤敏．外资银行监管法律制度的完善［J］．经济经纬．2006（05）．

[1803] 向晓冬，赵兵，简桂兰．我国食品安全现状及对策探讨［J］．中国卫生法制．2006（02）．

[1804] 向颖，谢菁．垄断行业的工资改革［J］．时代经贸．2006（S2）．

[1805] 向中兴．股价操纵与市场监管的博弈分析［J］．广西民族大学学报（哲学社会科学版）．2006（05）．

[1806] 项益才．中国证券投资基金的监管机制［J］．当代经理人．2006（07）．

[1807] 萧鸿波．试论体育专业报纸的垄断趋势［J］．体育科研．2006（06）．

[1808] 肖纯柏．关于腐败根源的理性思考［J］．中共长春市委党校学报．2006（05）．

[1809] 肖丹颖．论美国掠夺性定价的法律要件［J］．科技创业月刊．2006（09）．

[1810] 肖江平．物业服务市场的自然垄断及其规制思路［J］．法商研究．2006（02）．

[1811] 肖江平．特别市场规制制度的理论体系及其定位［J］．甘肃政法学院学报．2006（02）．

[1812] 肖凌．遏制"部门利益法制化"［J］．人大建设．2006（07）．

[1813] 肖敏．论反垄断法的规制对象及其发展变化［J］．南昌航空工业学院学报（社会科学版）．2006（04）．

[1814] 肖鹏，李建荣，綦书纬．经济领域的行政性垄断与《反垄断法》规制的对象［J］．中共青岛市委党校·青岛行政学院学报．2006（03）．

[1815] 肖铁．自然垄断产业发展与规制改革的互动关系研究［J］．商业研究．2006（21）．

[1816] 肖伟志．应对竞争的抗辩：美国和欧共体反价格歧视法的比较与借鉴［J］．河北法学．2006（07）．

[1817] 肖伟志．成本合理化考察：欧盟与美国反价格歧视法的比较与借鉴 [J]．统计与决策．2006 (10)．

[1818] 肖卫．自然资源使用权若干问题探讨 [J]．学术界．2006 (04)．

[1819] 肖晓军．特许经营制在我国公用事业市场化中面临的问题 [J]．贵州财经学院学报．2006 (04)．

[1820] 肖晓军，吕景春．公私合作制在中国目前公用事业市场化中面临的问题——以特许经营制度为例 [J]．开发研究．2006 (05)．

[1821] 肖新征．垃圾短信规制的法律思考 [J]．通信与信息技术．2006 (Z1)．

[1822] 肖元．对食品安全刑法保护的思考 [J]．西南民族大学学报（人文社科版）．2006 (02)．

[1823] 谢长征．我国责任政府的考量与建设 [J]．科学大众．2006 (04)．

[1824] 谢东鹰．公用企业反垄断规制的法律经济学分析 [J]．西南交通大学学报（社会科学版）．2006 (02)．

[1825] 谢芳，李慧明．生产者责任延伸制与企业的循环经济模式 [J]．生态经济．2006 (06)．

[1826] 谢峰．有关绿色财税政策的几点思考 [J]．学术研究．2006 (07)．

[1827] 谢建华．我国供水行业监管框架的构建与完善——英国经验的启示 [J]．经济管理．2006 (23)．

[1828] 谢菁，向颖．论垄断行业的工资问题 [J]．南方论刊．2006 (10)．

[1829] 谢康．科斯灯塔的启示 [J]．粤港澳市场与价格．2006 (06)．

[1830] 谢萌．区域经济发展中的七大矛盾分析 [J]．商场现代化．2006 (36)．

[1831] 谢情．对行政性垄断的法律规制研究 [J]．三峡大学学报（人文社会科学版）．2006 (S1)．

[1832] 谢升峰．公共投资腐败：经济效应、制度探源与治理 [J]．国家行政学院学报．2006 (01)．

[1833] 谢晓红．转轨时期行政垄断的实质和危害 [J]．学习月刊．2006 (08)．

[1834] 谢玉华．治理国内市场分割的国际经验与借鉴 [J]．广东社会科学．2006 (02)．

[1835] 谢玉华．地方政府领导者的社会角色与地方保护 [J]．社会主义研究．2006 (01)．

[1836] 谢玉梅．银行监管研究：动态分析 [J]．江南大学学报（人文社会科学版）．2006 (05)．

[1837] 谢增毅．政府对证券交易所的监管论 [J]．法学杂志．2006 (03)．

[1838] 辛春霞．公用事业的垄断性及法律规制 [J]．甘肃农业．2006 (02)．

[1839] 辛群．浅析行政垄断的现状危害及治理 [J]．中国价格监督检查．2006 (04)．

[1840] 辛祥晶．建立电信业有效竞争市场结构的制度逻辑 [J]．生产力研究．2006 (01)．

[1841] 辛向阳．法治框架内的中央与地方关系 [J]．中国改革．2006 (07)．

[1842] 辛子波，张鹏．美国的银行业市场准入监管制度介析 [J]．金融经济．2006 (10)．

[1843] 辛子波，张鹏．英国银行业市场准入监管制度分析 [J]．时代金融．2006 (05)．

[1844] 新华．五大难题制约长三角政府合作 [J]．决策探索．2006 (01)．

[1845] 信丽媛．浅析我国食物安全公共管理体系——以“奶粉事件”为例 [J]．陕西农业科学．2006 (05)．

[1846] 行健．在公共服务中引入市场机制 [J]．前线．2006 (12)．

[1847] 邢方．中国现阶段行业收入差距的经济分析 [J]．企业经济．2006 (08)．

[1848] 邢方．我国大型国有企业退出壁垒的特殊性及对策分析 [J]．辽宁师范大学学报．

2006（03）.

［1849］邢鸿飞，岳欣禹．公用事业行政规制刍论［J］．学海．2006（03）．

［1850］邢亮．法治建设中的“政府悖论”［J］．东南学术．2006（05）．

［1851］邢文英．美国的农产品质量安全可追溯制度［J］．世界农业．2006（04）．

［1852］邢玉升，龙云飞．关于粮食产区国有粮食企业产权制度改革的思考［J］．东北师大学报．2006（05）．

［1853］幸红．西部旅游开发中的生态环境法制建设的思考［J］．河南省政法管理干部学院学报．2006（01）．

［1854］幸红．餐桌污染的控制策略——食品安全立法思考［J］．商讯商业经济文荟．2006（02）．

［1855］熊明良．我国上市公司信息披露制度监管问题探析［J］．石家庄铁路职业技术学院学报．2006（03）．

［1856］熊芮．浅论行政垄断及其法律规制［J］．法制与社会．2006（21）．

［1857］熊玉莲．金融衍生工具的法律风险及其监管的国际比较［J］．政治与法律．2006（03）．

［1858］熊跃平，王俊杰．区域产业结构趋同中的地方政府行为分析［J］．郑州轻工业学院学报（社会科学版）．2006（05）．

［1859］徐斌．政府行为与双重外部效应：对中国资源超低定价的解释［J］．资源与产业．2006（05）．

［1860］徐斌．渔业资源的产权分析［J］．渔业经济研究．2006（06）．

［1861］徐凤华，王俊杰．“十一五”规划指标体系更新与地方政府绩效考核改进［J］．中国工业经济．2006（07）．

［1862］徐凤利．论行政合理性原则对行政自由裁量权的控制［J］．河北软件职业技术学院学报．2006（02）．

［1863］徐光．政府自利性：表征、根源及对策［J］．内蒙古社会科学（汉文版）．2006（06）．

［1864］徐光辉．加强法制监督　推进依法行政［J］．质量探索．2006（11）．

［1865］徐光远，曾尔庆．低档卷烟短缺的经济学分析［J］．财贸经济．2006（05）．

［1866］徐国亮，陈志广．反垄断：规制垄断结构的一种制度安排［J］．首都经济贸易大学学报．2006（04）．

［1867］徐海萍，张吉庆．当前我国政府管制改革初探［J］．前沿．2006（05）．

［1868］徐虹，杨亚达．国有企业控制权激励机制扭曲的原因及对策研究［J］．生产力研究．2006（01）．

［1869］徐华．试论反垄断法对滥用知识产权行为的规制［J］．福建行政学院福建经济管理干部学院学报．2006（03）．

［1870］徐金水．论药品流通领域的“市场失灵”及其治理［J］．卫生经济研究．2006（04）．

［1871］徐静．关于完善我国网络银行监管的思考［J］．北方经济．2006（06）．

［1872］徐静秋．美国反托拉斯法价值初探［J］．长春教育学院学报．2006（03）．

［1873］徐军辉．自愿性信息披露与证券市场监管——一项基于证券市场监管的国际对比研究［J］．商场现代化．2006（30）．

［1874］徐军辉．新兴证券市场的政府监管［J］．现代管理科学．2006（10）．

［1875］徐开金．政府的经济学本质初探［J］．湖北社会科学．2006（03）．

［1876］徐蕾，范丽霞．试论国际贸易发展中的环境成本内部化［J］．交通科技与经济．2006（06）．

[1877] 徐立军．战后日本反垄断法律制度的特点剖析 [J]．商场现代化．2006 (25)．

[1878] 徐林清，孟令国．国有企业多重委托代理结构中的合谋现象研究 [J]．广东社会科学．2006 (01)．

[1879] 徐玲．专利权滥用与我国企业的应对策略 [J]．电子知识产权．2006 (04)．

[1880] 徐孟洲，叶姗．论政府间税收竞争关系的税法调整 [J]．涉外税务．2006 (07)．

[1881] 徐孟洲，叶姗．论地方政府间税收不当竞争的法律规制 [J]．政治与法律．2006 (06)．

[1882] 徐敏．外资并购的现状及对策研究 [J]．长春大学学报．2006 (11)．

[1883] 徐明棋．欧盟能源政策特点及对中国能源政策和西部开发的借鉴意义 [J]．世界经济研究．2006 (11)．

[1884] 徐楠轩．外国食品安全立法模式对我国的借鉴 [J]．河南省政法管理干部学院学报．2006 (03)．

[1885] 徐清海．城市公共设施服务模式的选择和理念的创新 [J]．特区经济．2006 (06)．

[1886] 徐士英．论企业合并反垄断法律控制的权衡 [J]．法学杂志．2006 (01)．

[1887] 徐士英．论知识产权保护与竞争法实施的协调 [J]．时代法学．2006 (01)．

[1888] 徐世刚，邹辉晖，李小亭．论日本政府在环境保护中的作用及其对我国的启示 [J]．温州师范学院学报 (哲学社会科学版)．2006 (03)．

[1889] 徐世江．经济转轨期国有企业退出的效率命题略析 [J]．辽宁师专学报 (社会科学版)．2006 (04)．

[1890] 徐世江，邵亮．国有企业退出的经济壁垒与体制壁垒 [J]．内蒙古煤炭经济．2006 (02)．

[1891] 徐淑文，梁锋．浅析我国公路特许经营的应用模式 [J]．交通财会．2006 (03)．

[1892] 徐双斌．环境权的社会定位问题探讨 [J]．濮阳职业技术学院学报．2006 (01)．

[1893] 徐苏江．金融衍生品市场监管：国际经验及启示 [J]．河南金融管理干部学院学报．2006 (06)．

[1894] 徐涛，苗俊峰．能源税制的国际比较及启示 [J]．山东工商学院学报．2006 (01)．

[1895] 徐婷婷．环境会计在我国发展缓慢的原因及对策 [J]．山西财经大学学报．2006 (S2)．

[1896] 徐统仁．建设环境友好型社会的严峻现实与对策建议 [J]．当代生态农业．2006 (Z1)．

[1897] 徐维德，吴斌．外资零售企业在华的垄断活动对我国经济安全的威胁与对策研究 [J]．商场现代化．2006 (28)．

[1898] 徐伟．论经济法与构建社会主义和谐社会 [J]．贵州警官职业学院学报 (公安法治研究)．2006 (05)．

[1899] 徐晓松．管制与法律的互动：经济法理论研究的起点和路径 [J]．政法论坛．2006 (03)．

[1900] 徐雅丽，刑宜哲．行政垄断行为的界定及其法律责任 [J]．辽宁师专学报 (社会科学版)．2006 (05)．

[1901] 徐衣显．转型期中国政府经济职能内在机理缺陷及矫正对策 [J]．河北学刊．2006 (03)．

[1902] 徐轶．排他性销售问题的法律研究 [J]．中国市场．2006 (52)．

[1903] 徐轶．美国反垄断法中规制纵向限制原则的冲突及演变 [J]．经营与管理．2006 (12)．

[1904] 徐轶．欧盟竞争法对汽车领域纵向限制行为的规制［J］．时代经贸．2006（05）．

[1905] 徐雨光．专业化管理集团在公共事业应用中的探讨［J］．时代金融．2006（08）．

[1906] 徐玉凤．计提或有环境成本准备金的可行性分析［J］．财会通讯（学术版）．2006（07）．

[1907] 徐玉华，谢承蓉．政府规制与企业家寻租行为分析［J］．特区经济．2006（06）．

[1908] 徐玉华，谢承蓉．非对称信息下的政府规制与企业家寻租分析［J］．统计与决策．2006（06）．

[1909] 徐元明．保障食品流通安全：建立从“田间到餐桌”的监管体系［J］．江苏商论．2006（10）．

[1910] 徐岳军，施华康．多视角下腐败的经济再研究［J］．技术经济与管理研究．2006（04）．

[1911] 徐章辉．论保险业集中度的演变及其对策［J］．中国青年政治学院学报．2006（03）．

[1912] 徐振宇．跨国零售集团的市场势力：扩展与制衡［J］．北京工商大学学报（社会科学版）．2006（04）．

[1913] 徐智环．转型期政府职能转变的现实约束及其对策［J］．广播电视大学学报（哲学社会科学版）．2006（03）．

[1914] 徐子尧，张合金．规范政府行为与金融风险的控制［J］．山西经济管理干部学院学报．2006（02）．

[1915] 许斌．大众公用：天然气涨价受益者［J］．股市动态分析．2006（50）．

[1916] 许承光，蒙柳．知识产权与反垄断法关系探析［J］．武汉理工大学学报（社会科学版）．2006（06）．

[1917] 许光清．北京交通拥堵的外部性及其政府解决方法初探［J］．地理科学进展．2006（04）．

[1918] 许光耀．企业合并行为的竞争法分析［J］．时代法学．2006（01）．

[1919] 许光耀．欧共体竞争法的实施机制及对我国的启示［J］．湘潭大学学报（哲学社会科学版）．2006（01）．

[1920] 许国林．论19世纪末20世纪初美国联邦政府反垄断运动［J］．北京工商大学学报（社会科学版）．2006（01）．

[1921] 许建军，周凤娟．我国调味品安全标准存在的主要问题分析［J］．中国调味品．2006（11）．

[1922] 许建起．依法行政：权力走向有限与效能［J］．中国老区建设．2006（06）．

[1923] 许岭．以《反垄断法》规制知识产权滥用［J］．淮南师范学院学报．2006（04）．

[1924] 许珞华．我国市场竞争中的垄断与反垄断法［J］．学习与实践．2006（10）．

[1925] 许明杰，孙钰．基础设施的特许经营研究［J］．天津商学院学报．2006（03）．

[1926] 许乃锋．政府与市场的关系演进与对我国的启示［J］．科教文汇（上半月）．2006（07）．

[1927] 许石慧．试论监管型政府的法治构造［J］．安徽大学学报．2006（06）．

[1928] 许石慧．监管的法律路径选择及其关系演进探析［J］．新疆社科论坛．2006（03）．

[1929] 许石慧，徐承松，杨兵．构建竞争、效率、公平的新型供用电关系——以电力直供为例的法律层面探讨［J］．电力需求侧管理．2006（03）．

[1930] 许亚湖．企业外部环境成本会计问题研究［J］．财会月刊．2006（34）．

[1931] 许永刚．体育产业与政府垄断问题研究——2010年广州第16届亚运会运作模式的探讨［J］．北京体育大学学报．2006（07）．

[1932] 许玉环．三起食品安全案例引发的思考［J］．中国检验检疫．2006（06）．

[1933] 许振成，叶玉香，周广飞．环境质量资本税的征收与可持续发展［J］．上海环境科学．2006（04）．

[1934] 续俊旗，杨筱敏．中国WTO后过渡期电信监管问题研究［J］．世界电信．2006（01）．

[1935] 宣庆生．加拿大食品药品管理体制给我们的启示［J］．中国食品药品监管．2006（06）．

[1936] 薛本辉．从公共性角度看政府公共政策的失效［J］．社科纵横（新理论版）．2006（01）．

[1937] 薛瑞汉．如何治理人人喊打的商业贿赂［J］．红旗文稿．2006（11）．

[1938] 薛薇．浅析我国金融控股公司的监管问题［J］．特区经济．2006（11）．

[1939] 薛维然．论知识产权正当行使行为的反垄断法豁免［J］．沈阳大学学报．2006（01）．

[1940] 薛兆丰．反垄断的三重疑云［J］．互联网周刊．2006（19）．

[1941] 薛兆丰．价格动了该告谁［J］．互联网周刊．2006（21）．

[1942] 闫冬梅．关于推进依法行政的几点思考［J］．政府法制．2006（06）．

[1943] 闫海．普遍服务的法理与制度——发展权视域下的重构［J］．经济法论坛．2006（00）．

[1944] 闫亮．规制外资企业 维护中国市场竞争秩序［J］．中共郑州市委党校学报．2006（01）．

[1945] 闫星宇．产品差异与卡特尔维持［J］．郑州航空工业管理学院学报．2006（03）．

[1946] 闫跃龙．中国移动垄断增值业务不可取［J］．通讯世界．2006（09）．

[1947] 严爱玲，江宏．对我国反行政垄断的几点思考［J］．贵阳学院学报（社会科学版）．2006（04）．

[1948] 严奇春．"短信问题"不利行业发展 电信监管要提高成效［J］．通信世界．2006（22）．

[1949] 严奇春．如何提高业务监管成效？［J］．中国电信业．2006（10）．

[1950] 阎德民．期权腐败及其治理对策［J］．中州学刊．2006（05）．

[1951] 颜成书．房地产领域政府寻租问题的经济学研究［J］．江西金融职工大学学报．2006（S2）．

[1952] 颜红卫，范秀兰．遏制和预防公务员腐败的经济学分析［J］．贵州警官职业学院学报．2006（01）．

[1953] 颜敏，王平心，张永国．会计寻租原因探析［J］．财会月刊．2006（31）．

[1954] 颜秀春．我国会计监管存在的问题及对策［J］．内蒙古电大学刊．2006（05）．

[1955] 颜玉华．遏制"福利腐败"［J］．中国老区建设．2006（12）．

[1956] 杨柏．上市公司信息披露违规动因剖析及启示［J］．经济问题探索．2006（10）．

[1957] 杨波，唐小我，马永开．自然垄断行业政府规制定价与效率分析［J］．电子科技大学学报．2006（04）．

[1958] 杨灿明，赵福军．政府采购及其制度研究文献综述［J］．中国政府采购．2006（04）．

[1959] 杨长福，王殿鹏．重庆市城乡结合部环境现状与对策研究［J］．重庆大学学报（社会科学版）．2006（06）．

[1960] 杨长有，詹斌．寻租、腐败及其治理［J］．青海民族学院学报．2006（04）．

[1961] 杨崇刚．坚持行政法治 严格依法行政［J］．贵阳市委党校学报．2006（06）．

[1962] 杨春平，赵莉．公用企业合法垄断之否定［J］．行政与法（吉林省行政学院学报）．2006（04）．

[1963] 杨道波，庄海丽. 股份回购监管立法完善研究 [J]. 聊城大学学报（社会科学版）. 2006 (04).

[1964] 杨迪. 对垄断性国有企业开展效益审计的探析及实证 [J]. 审计研究. 2006 (02).

[1965] 杨飞虎. 城市化进程中的公用事业民营化问题 [J]. 经济论坛. 2006 (09).

[1966] 杨桂红，李林波. 论转型期外部制度障碍和内部制度创新与民营企业发展 [J]. 经济问题探索. 2006 (08).

[1967] 杨海坤，陈党. 行政执法责任制功能与原则初探 [J]. 山东警察学院学报. 2006 (06).

[1968] 杨海生，贾佳，周永章. 不确定条件下环境政策的时机选择 [J]. 数量经济技术经济研究. 2006 (01).

[1969] 杨海珍，李依婷，石勇. 香港金融管理局银行监管体系研究及经验借鉴 [J]. 管理评论. 2006 (08).

[1970] 杨红霞. 我国关于垄断协议法律规制的缺陷分析——兼评《中华人民共和国反垄断法（送审稿）》[J]. 辽宁公安司法管理干部学院学报. 2006 (01).

[1971] 杨红心. 网络经济下的政府垄断管制政策探析 [J]. 中国管理信息化（综合版）. 2006 (05).

[1972] 杨华荣，陈军，陈金贤. 宏观视角下国有企业非经济职能的成本和效率实证分析 [J]. 西安交通大学学报（社会科学版）. 2006 (05).

[1973] 杨辉. 完善我国食品安全法律体系的思考 [J]. 中国食物与营养. 2006 (06).

[1974] 杨辉. 我国食品安全法律体系的现状与完善 [J]. 农场经济管理. 2006 (01).

[1975] 杨会晏，李文昌. 美国的商业银行管制给我们的启示 [J]. 东北亚论坛. 2006 (01).

[1976] 杨惠伦. 政府失灵的根源及对策 [J]. 长春理工大学学报（综合版）. 2006 (02).

[1977] 杨惠伦. 经济运行中“政府失灵”的根源及对策 [J]. 民营科技. 2006 (03).

[1978] 杨慧. 论反不正当竞争法对商标与字号混同行为的规制 [J]. 江苏商论. 2006 (03).

[1979] 杨建国. 论民营资本发展环保产业的有效性 [J]. 湖南有色金属. 2006 (02).

[1980] 杨建顺. 论政府职能转变的目标及其制度支撑 [J]. 中国法学. 2006 (06).

[1981] 杨建顺. 新世纪中国行政法与行政法学发展分析——放权、分权和收权、集权的立法政策学视角 [J]. 河南省政法管理干部学院学报. 2006 (04).

[1982] 杨鉴淞. 煤炭资源可持续利用制度的经济学分析 [J]. 中国煤炭. 2006 (10).

[1983] 杨洁. 对我国反垄断立法有关问题的探讨 [J]. 工商行政管理. 2006 (20).

[1984] 杨洁. 对经营者滥用市场支配地位限制竞争有关问题的调研综述 [J]. 工商行政管理. 2006 (20).

[1985] 杨洁，江林. 规制滥用市场支配地位限制竞争专题 [J]. 工商行政管理. 2006 (20).

[1986] 杨金平. 对行政法比例原则的思考 [J]. 承德民族师专学报. 2006 (01).

[1987] 杨静. 行政许可中自由裁量权规范与控制 [J]. 合作经济与科技. 2006 (09).

[1988] 杨军梅. 论行政自由裁量权与行政法治的互动关系 [J]. 当代经理人. 2006 (01).

[1989] 杨俊锋. 跨国并购拷问中国法规 [J]. 深圳特区科技. 2006 (06).

[1990] 杨俊松. 对商业银行个人理财业务监管的思考 [J]. 金融与经济. 2006 (03).

[1991] 杨莉英. 地方环境与资源保护立法趋势探讨 [J]. 产业与科技论坛. 2006 (04).

[1992] 杨力俊，赵云，谭忠富. 一种评估电力市场中卖方市场力的新指标 [J]. 电网技术. 2006 (07).

[1993] 杨丽媪. 当“执法”成为“经济”[J]. 廉政瞭望. 2006 (10).

[1994] 杨丽媪，刘宝祥. 拷问“垄断福利”[J]. 政府法制. 2006 (11).

[1995] 杨励．论中国国有经济配置的进一步调整［J］．学习与探索．2006（02）．

[1996] 杨亮．浅析公共政策失灵与政府失灵的区别［J］．中共山西省委党校学报．2006（04）．

[1997] 杨明．网络视频应当如何监管——写在《互联网视频管理条例》出台之前［J］．法学．2006（12）．

[1998] 杨明亮．食品召回是安全之举［J］．企业标准化．2006（08）．

[1999] 杨明亮．当前食品卫生监督执法的难点问题及讨论［J］．中国卫生监督杂志．2006（04）．

[2000] 杨明霞．垄断作用的两面性［J］．集宁师专学报．2006（03）．

[2001] 杨培根，何桂基．论我国银行并购的法律规制［J］．企业家天地．2006（01）．

[2002] 杨琦．固定电话行业垄断性的经济学分析［J］．财会月刊．2006（14）．

[2003] 杨琴．对完善环境税的几点建议［J］．经济研究参考．2006（79）．

[2004] 杨琴，黄维娜．我国环境保护“费改税”的必要性和可行性分析［J］．税务研究．2006（07）．

[2005] 杨然．“网络中立”论下的利益交锋［J］．世界电信．2006（11）．

[2006] 杨仁发，黄琼，郭宇．略论我国建立环境税制的负面影响及政策建议［J］．生态经济（学术版）．2006（02）．

[2007] 杨荣君．财政外部性的博弈论分析［J］．广西财经学院学报．2006（03）．

[2008] 杨瑞刚，鲜艳麟．我国国有商业银行改革解析［J］．当代经理人．2006（04）．

[2009] 杨绍基．现代银行监管理论的发展及对我国银行监管的启示［J］．特区经济．2006（10）．

[2010] 杨思斌，王学忠．试论虚拟网上证券交易场所的法律监管［J］．财贸研究．2006（01）．

[2011] 杨涛，高数学．反垄断法反什么？［J］．资本市场．2006（10）．

[2012] 杨天和，薛庆根，褚保金．中国农产品质量安全问题研究［J］．世界农业．2006（10）．

[2013] 杨天宇，刘国鹏，赵攀．和谐社会中的经济利益矛盾调整模式［J］．上海经济研究．2006（12）．

[2014] 杨天宇，王卓君．我国供热行业价格管制模式的探讨［J］．价格月刊．2006（01）．

[2015] 杨万江．食品质量安全生产经济：一个值得深切关注的研究领域［J］．浙江大学学报（人文社会科学版）．2006（06）．

[2016] 杨威．外资并购我国上市公司的问题及对策［J］．锦州医学院学报（社会科学版）．2006（04）．

[2017] 杨文敏，夏宏强．放松管制下公用事业的市场化——由出租车事件引起的思考［J］．重庆工学院学报．2006（10）．

[2018] 杨霄玉．试论假冒伪劣与地方保护主义［J］．中国质量技术监督．2006（07）．

[2019] 杨小军．我国网上银行的发展现状、问题及对策［J］．安徽工业大学学报（社会科学版）．2006（02）．

[2020] 杨晓波．加强我国社会保障基金进入资本市场的监管［J］．当代经济．2006（07）．

[2021] 杨晓骅．关于我国外资银行监管法制现状和市场准入的思考［J］．经济师．2006（04）．

[2022] 杨晓兰，陆雪琴．环境公益诉讼制度构建的思考［J］．和田师范专科学校学报．2006（02）．

[2023] 杨晓萍．地方政府行为偏差：我国能耗居高不下的重要原因［J］．学术交流．2006（11）．

[2024] 杨晓琴，于津平．我国高科技产业集聚的影响因素分析［J］．科技进步与对策．2006（02）．

[2025] 杨晓庆，李胜利．论政府干预市场的两种武器——竞争政策与产业政策的矛盾组合［J］．淮海工学院学报（社会科学版）．2006（02）．

[2026] 杨新欣．现代公共政策作用的合理边界［J］．中共济南市委党校学报．2006（04）．

[2027] 杨星灿．公务员的“经济人”属性分析［J］．湖南城市学院学报．2006（02）．

[2028] 杨选．转型期我国“政府再造”面临的六大冲突［J］．中国行政管理．2006（05）．

[2029] 杨彦奇．中美股票市场发展历程及其监管之比较［J］．湖南城市学院学报．2006（04）．

[2030] 杨颖，杨虎涛．政府竞争模型述评［J］．学习与实践．2006（05）．

[2031] 杨永忠，雷琼，林明华．转型经济时期自然垄断产业市场机制探讨［J］．福建论坛（人文社会科学版）．2006（01）．

[2032] 杨永忠，杨芳，蒋丽云．铁路运输业风险与风险管制探析［J］．生产力研究．2006（08）．

[2033] 杨玉民，郑良泽．我国网上银行发展的新风险及对策［J］．韩山师范学院学报（社会科学版）．2006（01）．

[2034] 杨玉泉．关于政府失灵问题的研究［J］．廊坊师范学院学报．2006（01）．

[2035] 杨争林，曹荣章，朱为民，等．基于市场供需关系和经济持留评估的市场限价方法［J］．电网技术．2006（S2）．

[2036] 杨志敏．环境法律责任的拓展——兼论循环经济立法［J］．河海大学学报（哲学社会科学版）．2006（04）．

[2037] 杨仲荣．论电信市场中的管制［J］．企业经济．2006（06）．

[2038] 姚德权，赵文英．传媒业外资准入收缩与发展：规制视角［J］．财经理论与实践．2006（06）．

[2039] 姚金海．住房市场价格决定的博弈分析——一个价格领导模型的应用［J］．云南财贸学院学报（社会科学版）．2006（04）．

[2040] 姚丽文，郑文育．江西省农村生态环境问题分析及对策探讨［J］．江西农业大学学报（社会科学版）．2006（03）．

[2041] 姚荣玉．基于可持续发展的生态税制构建［J］．商业时代．2006（17）．

[2042] 姚荣玉．对我国绿色税费政策创新的探讨［J］．财会月刊．2006（18）．

[2043] 姚远，吕廷杰．对移动业务实施价格下限管制的几点建议［J］．北京邮电大学学报（社会科学版）．2006（04）．

[2044] 姚允柱．自然垄断产业规制理论的演化与我国电信业的规制改革［J］．江苏大学学报（社会科学版）．2006（04）．

[2045] 姚战琪．外国银行进入中国金融市场的效应评价及规制［J］．上海金融．2006（07）．

[2046] 药恩情，胡爱花．论违法手机短信广告的法律规制［J］．中北大学学报（社会科学版）．2006（06）．

[2047] 叶纯颐，李瑞德．通讯服务基本费的经济学分析［J］．高等职业教育（天津职业大学学报）．2006（01）．

[2048] 叶飞．欧盟跨国并购实体标准研究——兼析《关于外国投资者并购境内企业的规定》［J］．当代经理人．2006（21）．

［2049］叶芬梅．公共政策失灵类型划分及矫正新思路［J］．理论探讨．2006（06）．

［2050］叶海云，尹恒，龚六堂．不完全劳动市场、政府干预与失业率［J］．财经问题研究．2006（01）．

［2051］叶林祥．非国有经济的成长与国有企业的民营化——以中国经济转型为背景的分析［J］．南方经济．2006（05）．

［2052］叶全良．当前国际倾销若干前沿问题研究［J］．财贸经济．2006（09）．

［2053］叶世清．经济法的抉择：在市场自由与国家干预之间［J］．甘肃社会科学．2006（04）．

［2054］叶涛，田晓伟．论教育中的规制［J］．广西教育学院学报．2006（04）．

［2055］叶晓娟，徐新岳．我国注册会计师审计监督博弈研究［J］．商场现代化．2006（23）．

［2056］叶艳妹，吴次芳．地产市场成长的地方政府阻力及其对策［J］．建筑经济．2006（04）．

［2057］叶永茂．中国FDA面临前所未有的机遇与挑战——刍议中国食品、保健食品、化妆品安全管理体制改革［J］．药品评价．2006（06）．

［2058］叶泽，喻苗．电力市场中差价合约的合谋效应［J］．长沙理工大学学报（社会科学版）．2006（03）．

［2059］叶战备，金太军．论完善对行政权的舆论监督［J］．中国行政管理．2006（01）．

［2060］衣保中，邱桂杰．区域开发行为主体的环境保护动力分析［J］．长白学刊．2006（06）．

［2061］依绍华．风景名胜区的准公共品性质及其规制［J］．北京第二外国语学院学报．2006（03）．

［2062］易远宏．环境税的设立及其经济影响［J］．广州广播电视大学学报．2006（01）．

［2063］裔传斌，冯淑霞．推进我国环境审计的思考［J］．内蒙古煤炭经济．2006（09）．

［2064］殷健敏．我国金融控股公司监管问题浅析［J］．上海金融．2006（04）．

［2065］殷树荣，李新颜．从新制度经济学角度看信贷寻租［J］．河北金融．2006（03）．

［2066］尹德洪．外部性问题的法经济学分析［J］．唐山师范学院学报．2006（06）．

［2067］尹立，崔岩．对外资跨国并购我国企业的法律规制研究［J］．政法论丛．2006（02）．

［2068］尹秋香．以产业集群为核心的地方政府约束机制的创新［J］．当代经济．2006（10）．

［2069］尹趣．市场“雅尔塔”招致天价重罚　法三大移动运营商操弄市场成被告［J］．世界电信．2006（01）．

［2070］尹亚红．按市场经济要求规范我国政府管理行为［J］．价格月刊．2006（08）．

［2071］尹筑嘉，黄建欢．证券业的进入、退出规制与市场结构的变迁研究［J］．金融与经济．2006（09）．

［2072］尤刚一．腐败，把收入差距拉大［J］．金融经济．2006（15）．

［2073］游国城，郑赛花．论反垄断法适用豁免制度［J］．重庆工商大学学报（社会科学版）．2006（04）．

［2074］于保商．加拿大的食品药品管理法规［J］．中国医药指南．2006（10）．

［2075］于波，甘峰明．对网络特征下自然垄断行业成本曲线的修正［J］．江西社会科学．2006（10）．

［2076］于川．刍议对铁路股份制运输企业应实行上下限运价管制的体制［J］．铁道经济研究．2006（05）．

［2077］于大伟．简论我国反垄断立法［J］．社会科学论坛．2006（05）．

［2078］于丹．广东城市公用事业发展实证分析［J］．广东行政学院学报．2006（04）．

[2079] 于德淼．可竞争市场理论与政府管制［J］．企业标准化．2006（08）．

[2080] 于芳．政府雇员制失灵的机理探究及控制［J］．人才开发．2006（06）．

[2081] 于峰，李梓房．金融服务外包监管制度的国际经验及对我国的启示［J］．商场现代化．2006（32）．

[2082] 于广丹．行政垄断法规的探讨［J］．今日科苑．2006（10）．

[2083] 于国安．基础设施特许经营中特许权期的决策分析［J］．商业研究．2006（11）．

[2084] 于华，郑晓琴，李治本，等．废物交换是实现循环经济的重要途径［J］．绿色中国．2006（17）．

[2085] 于辉，汪淑珍．交易费用与政府行为——以新政治经济学为视角［J］．北京科技大学学报（社会科学版）．2006（02）．

[2086] 于剑峰．跨国公司知识产权滥用的反垄断法分析［J］．鸡西大学学报．2006（03）．

[2087] 于健慧．权力寻租性腐败的危害及其治理［J］．行政论坛．2006（02）．

[2088] 于晶，牛海涛．重构我国自然垄断行业规制制度的思考［J］．河南机电高等专科学校学报．2006（03）．

[2089] 于君刚．规制知识产权有害垄断的价值取向与途径选择［J］．中共长春市委党校学报．2006（06）．

[2090] 于立宏，郁义鸿．美国煤电产业链纵向关系实证研究综述［J］．煤炭经济研究．2006（04）．

[2091] 于立宏，郁义鸿．买方垄断下的后向一体化及其规制——新古典视角研究述评［J］．学术论坛．2006（04）．

[2092] 于立帅．反垄断的经济学分析——基于哈佛学派与芝加哥学派的分歧［J］．山东工商学院学报．2006（03）．

[2093] 于敏．环境成本若干问题研究［J］．财会通讯（学术版）．2006（10）．

[2094] 于明奎，陈龙．政府采购中的设租、寻租行为分析［J］．中国政府采购．2006（07）．

[2095] 于爽．运用经济手段进行自然资源开发与环境管理［J］．中国西部科技．2006（01）．

[2096] 于文娟．论外资并购对中国投资制度发展的影响［J］．行政与法（吉林省行政学院学报）．2006（S1）．

[2097] 于晓瑜．从倾销与反倾销的矛盾关系看反倾销法的局限［J］．北方经贸．2006（01）．

[2098] 于欣．发达国家跨国并购立法与司法实践——欧美并购法律横向比较［J］．发展．2006（09）．

[2099] 于粤，韩丽华．环境标志计划与中国循环经济探讨［J］．环境保护科学．2006（02）．

[2100] 于忠龙．论我国《反垄断法》调整的竞争关系及对策［J］．周末文汇学术导刊．2006（01）．

[2101] 余保才．金融监管自由裁量权：行使与规制［J］．南方金融．2006（04）．

[2102] 余晖．日本的《大店法》及对中国零售业规制的启示［J］．开放导报．2006（04）．

[2103] 余俊．中国与东南亚自由贸易区环境合作法律机制探讨［J］．广西民族学院学报（哲学社会科学版）．2006（S1）．

[2104] 余松林，罗威．构建和谐社会背景下经济法的理念与作用［J］．天水行政学院学报．2006（03）．

[2105] 余源培．制度建设：让“权钱腐败联盟”无法藏身［J］．探索与争鸣．2006（12）．

[2106] 於世成，邹盈颖．论禁止滥用市场优势地位制度在国际航运竞争法中的运用［J］．法学评论．2006（05）．

[2107] 俞枫，刘仲英．论网络电话的管制出路［J］．当代通信．2006（11）．

[2108] 俞海山．国际贸易环境影响效应分析 [J]．经济理论与经济管理．2006 (08)．

[2109] 俞静．地方性国家统合主义、寻租和中国汽车产业政策失效 [J]．公共管理评论．2006 (02)．

[2110] 俞敏．GATS 框架下我国税收服务业国内规制措施之检讨 [J]．涉外税务．2006 (12)．

[2111] 俞肖云．财富之源系列之二：垄断利润与灰色收入 [J]．中国统计．2006 (03)．

[2112] 虞汪日．民营企业并购国有企业的法律及制度性障碍分析 [J]．理论月刊．2006 (08)．

[2113] 郁峰．英国食品安全立法研究及对我国的借鉴意义 [J]．河南省政法管理干部学院学报．2006 (03)．

[2114] 喻玲．差别对待立法比较研究 [J]．当代经理人．2006 (01)．

[2115] 喻勤娅．反垄断的效率标准及其对我国反垄断立法的启示 [J]．经济问题．2006 (04)．

[2116] 喻晓平．我国金融控股集团的监管对策 [J]．改革与战略．2006 (05)．

[2117] 原永宁．腐败的经济学分析及反腐败的经济对策 [J]．山东经济．2006 (05)．

[2118] 原振雷，冯进城，薛良伟．矿产资源开发利用的经济学特性及其优化配置 [J]．中国矿业．2006 (04)．

[2119] 袁诚，付桂荣，危贵茂．从“苏丹红”事件看我国的食品安全管理体系 [J]．肉类工业．2006 (05)．

[2120] 袁芳．经济全球化视角下垄断与竞争的再诠释——基于马克思主义经济学和西方产业组织理论 [J]．湖北经济学院学报．2006 (01)．

[2121] 袁洪泉，庄玉平．泛珠三角地区经济一体化的经验分析——从市场边界效应的视域 [J]．市场论坛．2006 (11)．

[2122] 袁建伟．质疑经济法的效益基本价值取向 [J]．贵州工业大学学报（社会科学版）．2006 (06)．

[2123] 袁杰，刘红宁，周宇燕．探寻“药价虚高”顽症的市场化解决途径 [J]．中国卫生资源．2006 (05)．

[2124] 袁磊．银行监管的经济分析 [J]．市场周刊·理论研究．2006 (02)．

[2125] 袁名别，邓元时．政府政治资源的流失及对策 [J]．华北电力大学学报（社会科学版）．2006 (01)．

[2126] 袁乾培．疏通公用事业资金瓶颈的突破口　长沙市垃圾集中无害化处理建设资金来源分析 [J]．中国投资．2006 (01)．

[2127] 袁青，梁慧．行政垄断与规制 [J]．合作经济与科技．2006 (09)．

[2128] 袁天荣，焦跃华．政府干预企业并购的动机与行为 [J]．中南财经政法大学学报．2006 (02)．

[2129] 袁维海，杨善林．构建权责明晰的食品安全监管体系 [J]．安徽科技学院学报．2006 (04)．

[2130] 岳文娟．试论会计信息的公共性 [J]．太原城市职业技术学院学报．2006 (05)．

[2131] 岳中刚．银行卡产业规制研究探析 [J]．外国经济与管理．2006 (03)．

[2132] 岳中刚．信息不对称、食品安全与监管制度设计 [J]．河北经贸大学学报．2006 (03)．

[2133] 昝永利，胡发胜．部门合并对各部门产品价格的影响分析 [J]．山东大学学报（理学版）．2006 (04)．

[2134] 臧传琴，刘相．打破行政垄断——当前我国垄断行业改革的重点 [J]．山东行政学院

山东省经济管理干部学院学报. 2006 (05).

[2135] 臧乃康. 长三角公共合作的悖论及其解析 [J]. 南通大学学报 (社会科学版). 2006 (06).

[2136] 曾爱民. 关联重组与相关规制之博弈——基于中国上市公司1998~2004年财务数据的研究 [J]. 经济论坛. 2006 (21).

[2137] 曾宝华. 金融监管公共利益理论及其质疑 [J]. 广东金融学院学报. 2006 (06).

[2138] 曾保根. 用"三只手"构建我国的公共服务市场化体系 [J]. 湖北行政学院学报. 2006 (01).

[2139] 曾保根. 有效构建我国公共服务市场化主体的路径 [J]. 南京航空航天大学学报 (社会科学版). 2006 (01).

[2140] 曾国安, 胡晶晶. 有关经济管制的几个问题 [J]. 湖北经济学院学报. 2006 (01).

[2141] 曾剑秋, 钟伏初. 从《电信法》到《通信法》——英国电信立法给中国的启示 [J]. 当代通信. 2006 (Z2).

[2142] 曾令发. 管制政策的变迁: 一种回溯性政策分析 [J]. 理论探讨. 2006 (04).

[2143] 曾鹏. 公民参与行政执法是构筑和谐社会的重要保障 [J]. 贵州民族学院学报 (哲学社会科学版). 2006 (05).

[2144] 曾庆生, 陈信元. 国家控股、超额雇员与劳动力成本 [J]. 经济研究. 2006 (05).

[2145] 曾庆生, 姜红玲. 市场化进程、地区失业率与上市公司社会性负担 [J]. 上海管理科学. 2006 (06).

[2146] 曾维涛. 地方政府财政决策机制的完善 [J]. 经济理论与经济管理. 2006 (10).

[2147] 曾贤刚. 论城市环境基础设施市场化运营中的政府规制 [J]. 中国环保产业. 2006 (04).

[2148] 曾祥华. 立法对行政监督效果的发展历程和趋势 [J]. 理论与改革. 2006 (03).

[2149] 曾永兴. 试论我国高速公路经营市场化变革 [J]. 湖南冶金职业技术学院学报. 2006 (01).

[2150] 曾勇红, 王锡凡. 电力市场下水电厂竞价综述 [J]. 电力自动化设备. 2006 (10).

[2151] 曾中平, 蒲庆红. 论经济性垄断的法律规制 [J]. 经济视角. 2006 (04).

[2152] 翟秀红. 事业单位改革的深层次分析 [J]. 河南商业高等专科学校学报. 2006 (02).

[2153] 翟勇. 环境立法与国家发展战略 [J]. 嘉兴学院学报. 2006 (04).

[2154] 詹清荣. 外资并购中的秩序化考量 [J]. 中国发展观察. 2006 (09).

[2155] 詹庆. 对我国直销业政府规制的法律分析 [J]. 西南民族大学学报 (人文社科版). 2006 (10).

[2156] 詹向阳. 也谈我国政策性银行的转型与改革 [J]. 金融论坛. 2006 (06).

[2157] 占硕. 国有银行战略引资后的控股权研究——社会性负担对国有银行控股比例的影响及解决 [J]. 当代经济科学. 2006 (05).

[2158] 张爱军, 吕亚男. 我国政府经济职能转变的理论借鉴及其定位 [J]. 学术交流. 2006 (09).

[2159] 张爱珠. 构建我国"绿色"税收体系 [J]. 税务研究. 2006 (07).

[2160] 张岸元. "筛选外资"为时尚早 [J]. 中国海关. 2006 (10).

[2161] 张本波. 垄断行业改革: 分配制度改革的难点和突破口 [J]. 西部论丛. 2006 (09).

[2162] 张炳生. 论知识产权滥用的反垄断法规制 [J]. 宁波大学学报 (人文科学版). 2006 (03).

[2163] 张波. 德先诉索尼垄断案及其启示——知识产权滥用反垄断规制之实证分析 [J]. 知

识产权．2006（04）．

［2164］张长青．国外铁路法制对我国铁路发展的启示——国外铁路改革与立法研究之二［J］．生产力研究．2006（03）．

［2165］张超，陈春花，史文丽．论我国公用企业改革过程中的政府管制改革［J］．改革与战略．2006（S1）．

［2166］张朝华．政府失效及其治理对策分析［J］．理论月刊．2006（01）．

［2167］张成波，王丽华，孟鹏．固定网与移动网互联费分摊模型的应用［J］．工业技术经济．2006（03）．

［2168］张承鑫．运用排污权交易改善晋江市垃圾治理现状［J］．生态经济．2006（11）．

［2169］张承耀．限制并购规模不科学［J］．英才．2006（07）．

［2170］张传学．我国垄断行业收入分配存在问题与对策［J］．湖北函授大学学报．2006（04）．

［2171］张纯．我国公用企业行业垄断法律规则思考［J］．政府法制．2006（12）．

［2172］张丹梅，余学斌，吴俊．美日政府对金融业监管的比较及启示［J］．全国商情·经济理论研究．2006（08）．

［2173］张东伟．行政组织中行政权力配置资源方式的分析与思考［J］．经济师．2006（05）．

［2174］张帆，刘新梅，卢兵．基础设施产业行政管制方式的效率比较［J］．当代经济管理．2006（06）．

［2175］张芳．食品安全领域行政权的监管范围与配套制度［J］．河南省政法管理干部学院学报．2006（03）．

［2176］张芳山，刘浩林．政府行为规制的新制度经济学分析［J］．求索．2006（08）．

［2177］张福元，刘沃野，崔丽．基于我国国防工业推行竞争机制的思考［J］．军事经济研究．2006（02）．

［2178］张钢，段澈．我国地方财政支出结构与地方经济增长关系的实证研究［J］．浙江大学学报（人文社会科学版）．2006（02）．

［2179］张根勇，李晓丹．反垄断法域外适用依据分析［J］．湖南财经高等专科学校学报．2006（05）．

［2180］张广兴，李强，王新玉．我国基金托管人监督职责问题研究［J］．商业研究．2006（19）．

［2181］张桂霞，许长新．存款保险对银行体系稳定性的影响［J］．统计与决策．2006（20）．

［2182］张国华．浅析反垄断法对企业合并的规制［J］．西北农林科技大学学报（社会科学版）．2006（01）．

［2183］张浩，陈静．浅析我国网络银行监管存在的问题与对策［J］．市场周刊·理论研究．2006（12）．

［2184］张恒龙．财政竞争与社会福利：一个理论述评［J］．湖北经济学院学报．2006（06）．

［2185］张恒龙，陈宪．财政竞争对地方公共支出结构的影响——以中国的招商引资竞争为例［J］．经济社会体制比较．2006（06）．

［2186］张珩．我国转型体制下的政府作用与银行风险积聚［J］．特区经济．2006（09）．

［2187］张弘．论完善食品安全法律体系［J］．口岸卫生控制．2006（03）．

［2188］张宏．跨国公司投资对发展中东道国产业进入壁垒的突破与重建［J］．山东大学学报（哲学社会科学版）．2006（01）．

［2189］张宏，崔松．我国国有工业企业不良资产形成的监管原因分析［J］．北方经贸．2006（04）．

[2190] 张宏波．论河南省担保业的规范与发展［J］．科技创业月刊．2006（02）．

[2191] 张虹．论欧盟环境立法政策的发展演变［J］．环境资源法论丛．2006（00）．

[2192] 张华．公共政策失败的决策主体性分析［J］．广东工业大学学报（社会科学版）．2006（04）．

[2193] 张华伦，高春玲，李秉祥．完善我国资源税制与环境保护筹资潜力研究［J］．环境保护．2006（02）．

[2194] 张华伦，曾韦韦，李秉祥．环境项目投资的实物期权方法［J］．统计与决策．2006（17）．

[2195] 张桦．政府宏观市场结构规制对运营商行为的影响［J］．合作经济与科技．2006（18）．

[2196] 张晖．转轨经济中自然垄断产业的竞争与所有制研究［J］．当代经济科学．2006（06）．

[2197] 张晖，曲延芬．转轨中自然垄断行业所有制模式选择与绩效研究——竞争、所有制与激励机制选择［J］．产业经济研究．2006（05）．

[2198] 张晖明，邓霆．促进“自然垄断”产业竞争的思考［J］．产业经济评论．2006（02）．

[2199] 张辉．生态环境法律保护的经济学分析［J］．辽宁师范大学学报．2006（01）．

[2200] 张惠芳，易谨．论行政执法责任制的完善——以长沙市为视角［J］．时代法学．2006（06）．

[2201] 张慧．中国啤酒业并购战略的产业组织分析［J］．产业经济评论．2006（01）．

[2202] 张慧毅．我国上市公司非公平关联交易及其监管［J］．经济问题探索．2006（05）．

[2203] 张纪．论依法行政［J］．理论导刊．2006（09）．

[2204] 张坚．浅析腐败犯罪［J］．新疆社科论坛．2006（01）．

[2205] 张建东，高建奕．西方政府失灵理论综述［J］．云南行政学院学报．2006（05）．

[2206] 张建红，Elhorst J P，Van Witteloostuijn A．中国地区工资水平差异的影响因素分析［J］．经济研究．2006（10）．

[2207] 张建军．浅议会计信息与政府管制［J］．甘肃农业．2006（02）．

[2208] 张建伟．中国彩票业治理创新：规制重构［J］．东北大学学报（社会科学版）．2006（03）．

[2209] 张建政，曾光辉．人口增长压力下的环境治理途径分析与启示［J］．人口学刊．2006（06）．

[2210] 张健．关联交易信息披露规制比较［J］．中国乡镇企业会计．2006（07）．

[2211] 张健．注册会计师行业监管问题的探讨［J］．经济视角．2006（12）．

[2212] 张健敏．“博客”立法与监管［J］．上海信息化．2006（10）．

[2213] 张洁，郑新华．政府采购中的设租—寻租行为分析［J］．科技创业月刊．2006（05）．

[2214] 张金科，崔世春．我国展览业管制对竞争力的影响［J］．商场现代化．2006（32）．

[2215] 张金兰．公共领域中引入竞争机制的思考［J］．理论导报．2006（08）．

[2216] 张锦文，安宁宇．一种新的医疗服务收费定价模式：价格歧视［J］．内蒙古科技与经济．2006（22）．

[2217] 张瑾．对环境会计成本与收益的探讨［J］．商业会计．2006（12）．

[2218] 张晋，吕振波．我国体制转型期反垄断的求解路径［J］．山东省农业管理干部学院学报．2006（06）．

[2219] 张璟，刘晓辉．政府干预、关系型贷款与干预陷阱［J］．世界经济．2006（09）．

[2220] 张婧．浅论依法行政的程序正当原则［J］．湖南科技学院学报．2006（03）．

[2221] 张军. 中国的信贷增长为什么对经济增长影响不显著 [J]. 学术月刊. 2006 (07).

[2222] 张军，金煜. 政府间财政改革、金融深化与中国的地区差距：脱落的环节（英文）[J]. Social Sciences in China. 2006 (01).

[2223] 张军，詹宇波. 金融歧视、"腐败"与中国私人企业的增长：基于转轨的理论分析和经验观察 [J]. 世界经济文汇. 2006 (02).

[2224] 张兰，孙绍伟. 我国环境诉讼的困境及原因剖析 [J]. 重庆工商大学学报（社会科学版). 2006 (06).

[2225] 张磊. 试析我国行政道德失范的原因及治理对策 [J]. 辽宁教育行政学院学报. 2006 (11).

[2226] 张磊. 关于反行政垄断立法模式的再思考 [J]. 洛阳工业高等专科学校学报. 2006 (01).

[2227] 张磊，陈柯. 困境与出路：后税费时代的农村公共事业发展 [J]. 甘肃联合大学学报（社会科学版). 2006 (06).

[2228] 张礼建，张迎燕. 论政府在经济发展中的生态责任 [J]. 重庆大学学报（社会科学版). 2006 (03).

[2229] 张立，王学人. 挑战、成因与中国电信业的战略重组（上） [J]. 世界电信. 2006 (01).

[2230] 张丽. 依法行政与完善监督机制 [J]. 当代经理人. 2006 (01).

[2231] 张丽芳，张清辨. 网络经济与市场结构变迁——新经济条件下垄断与竞争关系的检验分析 [J]. 财经研究. 2006 (05).

[2232] 张丽娜，叶健. 食品安全监管漏洞的板子该打向谁 [J]. 农村·农业·农民. 2006 (12).

[2233] 张利改. 滥用市场支配地位行为的法律规制——《反垄断法（送审稿)》相关部分评析 [J]. 经济论坛. 2006 (14).

[2234] 张利国，徐翔. 美国食品召回制度及对中国的启示 [J]. 农村经济. 2006 (06).

[2235] 张利国，徐翔. 消费者对绿色食品的认知及购买行为分析——基于南京市消费者的调查 [J]. 现代经济探讨. 2006 (04).

[2236] 张粒子，张集，程瑜. 电力市场中的串谋溢价和串谋行为规制 [J]. 电网技术. 2006 (24).

[2237] 张燎. 水务特许经营准入竞争方式及其应用 [J]. 中国环保产业. 2006 (05).

[2238] 张琳，王琳. 论我国环境公益诉讼制度的构建 [J]. 法制与社会. 2006 (24).

[2239] 张玲，王东. 如何看待政府对股票市场的监管与调控 [J]. 甘肃农业. 2006 (02).

[2240] 张弥. 非公有制经济发展与国有经济战略性调整 [J]. 财经问题研究. 2006 (02).

[2241] 张敏. 我国跨国银行监管法律制度初探 [J]. 商场现代化. 2006 (21).

[2242] 张敏聪. 后股改时代上市公司并购趋势及对策研究 [J]. 金融教学与研究. 2006 (04).

[2243] 张明才，刘伟，戴金平. 有机食品发展与生态保护政策相关性分析 [J]. 中国环境管理干部学院学报. 2006 (03).

[2244] 张明胜，徐辉鸿. 论不正当竞争行为的主体 [J]. 南京工业大学学报（社会科学版). 2006 (02).

[2245] 张妮. 合理管制：不是经济民族主义而是国际惯例 [J]. 中国发展观察. 2006 (09).

[2246] 张萍，马福金. 证监会处罚公告分析引起的思考 [J]. 西安邮电学院学报. 2006 (04).

[2247] 张琪．完善我国环境税制度的法律思考［J］．法制与社会．2006（15）．

[2248] 张强，满海红．我国网络银行风险管理缺失性的若干思考［J］．中国管理信息化（综合版）．2006（04）．

[2249] 张清勇．中国地方政府竞争与工业用地出让价格［J］．制度经济学研究．2006（01）．

[2250] 张然斌，欧阳强．绿色税收制度与我国循环经济发展［J］．长沙理工大学学报（社会科学版）．2006（01）．

[2251] 张榕芬．我国环境会计"Top-down Approach"发展模式的思考［J］．会计之友（下旬刊）．2006（08）．

[2252] 张瑞萍．反倾销法的性质与演进之分析——从 WTO 竞争法设立的角度［J］．当代法学．2006（01）．

[2253] 张瑞萍．对我国反垄断立法的思考［J］．甘肃政法成人教育学院学报．2006（04）．

[2254] 张瑞珍，双喜，包跃先．内蒙古生态环境保护政策实施的现状及存在的问题［J］．内蒙古财经学院学报．2006（03）．

[2255] 张韶华．我国多元化的集合理财模式：法律风险与监管原则［J］．西安金融．2006（09）．

[2256] 张世杰．试论行政垄断的成因及其治理［J］．四川理工学院学报（社会科学版）．2006（01）．

[2257] 张淑惠．转轨时期政府在环境保护和生态建设中的作用［J］．林业经济．2006（01）．

[2258] 张舒航．浅析政府自利性恶性膨胀的危害及对策［J］．科技经济市场．2006（09）．

[2259] 张帅梁，宋伟．反垄断法适用制度研究［J］．河南商业高等专科学校学报．2006（04）．

[2260] 张肃军．浅析市场失灵与政府的经济参与［J］．发展．2006（09）．

[2261] 张素芳．论改革路径与市场化目标之矛盾［J］．福建论坛（人文社会科学版）．2006（10）．

[2262] 张天恩．论食品安全监管机制创新［J］．浙江万里学院学报．2006（04）．

[2263] 张天然，张戎．英国铁路的交易成本研究［J］．中国铁路．2006（01）．

[2264] 张天舒．国外保险公司偿付能力监管模式及其启示［J］．商业时代．2006（20）．

[2265] 张廷建，常城．发挥价格杠杆作用 促进节约型社会建设［J］．学习论坛．2006（04）．

[2266] 张婷．政府食品市场监管职能研究［J］．当代经理人．2006（07）．

[2267] 张彤．生产力布局对环境保护的经济影响［J］．湖北社会科学．2006（11）．

[2268] 张望平，徐晟．略论我国跨国并购的立法现状及其建议［J］．武汉科技大学学报（社会科学版）．2006（03）．

[2269] 张薇．明清盐业专卖制度演变的"寻租"经济学分析——18 世纪中国经济兴衰和社会转型的影响因素探讨［J］．上海财经大学学报．2006（06）．

[2270] 张伟，周鲁柱，乔翠霞．依靠民间资本提高城市基础设施投资绩效的理论与实证研究［J］．管理现代化．2006（06）．

[2271] 张伟，周鲁柱，王晓君．环境保护项目的政策性融资方式与创新［J］．科学·经济·社会．2006（03）．

[2272] 张伟，周鲁柱，张强．我国环境保护项目采用国际间接融资方式的问题与对策［J］．经济纵横．2006（08）．

[2273] 张伟君．从欧盟判例看中国知识产权反垄断第一案［J］．世界贸易组织动态与研究．2006（04）．

[2274] 张伟雄．我国公用事业民营化改革的必要性和可行性分析［J］．特区经济．2006（08）．

［2275］张文波，李宗显．加快推进陕西资源价格改革　实现经济社会可持续发展——关于陕西资源价格改革问题的研究［J］．价格与市场．2006（02）．

［2276］张文泉，沈剑飞．政府监制与电力监管［J］．电力技术经济．2006（03）．

［2277］张文政．反垄断普遍主义法理论、法原则探究［J］．行政与法．2006（09）．

［2278］张小军．论环境参与权［J］．环境科学与管理．2006（07）．

［2279］张小平．“封杀令”下的东星航空何去何从？兰世立10天惊魂［J］．英才．2006（07）．

［2280］张笑玎．中国民营银行准入制度研究［J］．当代经济．2006（07）．

［2281］张昕．西北电力市场风险分析及建议［J］．科技信息．2006（02）．

［2282］张新宝．垄断是消费者的大敌［J］．团结．2006（05）．

［2283］张新华，胡珊．发电产业自然垄断性分析［J］．科技经济市场．2006（04）．

［2284］张新觉．环保税制的国际实践及其借鉴［J］．观察与思考．2006（17）．

［2285］张旭东．环境民事公益诉讼法律制度研究［J］．江汉大学学报．2006（04）．

［2286］张学安．中国外资准入法律再审视［J］．河南社会科学．2006（03）．

［2287］张学海．垄断行业定价的博弈分析——以铁路票价制定为例［J］．经济与管理．2006（06）．

［2288］张亚斌，黄苹．跨国并购影响东道国市场结构的福利效应分析［J］．求索．2006（04）．

［2289］张亚连，罗莉．环境成本的经济学分析［J］．统计与决策．2006（12）．

［2290］张闫龙．财政分权与省以下政府间关系的演变——对20世纪80年代A省财政体制改革中政府间关系变迁的个案研究［J］．社会学研究．2006（03）．

［2291］张彦．浅析自来水行业政府管制［J］．合作经济与科技．2006（10）．

［2292］张燕．从盐专卖看政府管制［J］．中国市场．2006（14）．

［2293］张燕文．外商直接投资中的环境负效应与消解［J］．求索．2006（07）．

［2294］张耀寰，梁雄健．当前我国电信业实现有效竞争的政策取向［J］．宏观经济研究．2006（01）．

［2295］张晔．论买方垄断势力下跨国公司对当地配套企业的纵向压榨［J］．中国工业经济．2006（12）．

［2296］张一民．国有银行产权改革再思考——国家退出步伐应放缓［J］．社会主义研究．2006（05）．

［2297］张英．各国商业银行的法律监管框架：发展趋势与借鉴［J］．上海金融．2006（01）．

［2298］张颖．试析19世纪至20世纪初美国的监管体制［J］．徐州教育学院学报．2006（04）．

［2299］张颖举．浅析政府自利性［J］．理论学习．2006（03）．

［2300］张勇．重点国有林区森林资源产权制度研究［J］．林业科技．2006（01）．

［2301］张友德．基于科学发展观的政府职能评估指标体系设计［J］．理工高教研究．2006（04）．

［2302］张远，樊瑞莉．宏观经济环境对我国食物安全的影响［J］．安徽农业科学．2006（01）．

［2303］张云，唐浩．我国商业银行资本紧缩效应的实证分析：以国有商业银行为例［J］．特区经济．2006（01）．

［2304］张志强，杨巧英．循环经济与产业规制［J］．今日国土．2006（09）．

［2305］张志元．从制度经济学视角看金融腐败［J］．经济管理．2006（03）．

[2306] 张志元，丁焕强．国有资产拍卖：理论、缺陷及相关制度安排［J］．工业技术经济．2006（11）．

[2307] 张治栋，韩康．我国地方分割的基本特点、主要成因与治理措施［J］．学习论坛．2006（10）．

[2308] 张智慧．在华外资银行的发展现状及监管体系［J］．财经科学．2006（04）．

[2309] 章卫华，吴剑兰．论精英政治下的政策寻租［J］．新余高专学报．2006（02）．

[2310] 章文光，王力军．社会主义市场经济视野下的政府职能［J］．学术界．2006（01）．

[2311] 赵玻．积极规制跨国零售商的反竞争行为［J］．科技资讯．2006（33）．

[2312] 赵春玲．我国经济运行中的“过度竞争”现象分析［J］．产业经济研究．2006（05）．

[2313] 赵从水．独立审计寻租活动研究［J］．广西财经学院学报．2006（01）．

[2314] 赵德余．多重目标下的政策变迁与国有部门寻租的政治经济学——对1998年中国“粮改”经验的重估与发现［J］．制度经济学研究．2006（02）．

[2315] 赵芳．布坎南的“政府失败论”对我国政府改革的启示［J］．东莞理工学院学报．2006（02）．

[2316] 赵芳卉，李里，杨洋．融资租赁业发展障碍研究［J］．新疆职业大学学报．2006（04）．

[2317] 赵国涛．注册会计师行业监管问题的探讨［J］．吉林商业高等专科学校学报．2006（01）．

[2318] 赵海燕．浅析煤炭生产的行政许可监管问题［J］．陕西煤炭．2006（04）．

[2319] 赵红，王锋．19世纪末20世纪初美国自然资源保护运动的历史思考［J］．榆林学院学报．2006（05）．

[2320] 赵洪生，袁准．政府效用偏好与经济社会发展探析［J］．理论界．2006（10）．

[2321] 赵继伟．公有产权存在的利弊分析及管理思路［J］．郑州航空工业管理学院学报（社会科学版）．2006（02）．

[2322] 赵建，龙德璐．构建道路客运市场招标投标制度的研究与实践［J］．重庆交通学院学报（社会科学版）．2006（03）．

[2323] 赵杰．反垄断之前世今生［J］．法人杂志．2006（07）．

[2324] 赵杰．反垄断之争：走出误解与迷信［J］．南风窗．2006（13）．

[2325] 赵杰．反垄断的前世与今生［J］．中国乡镇企业．2006（10）．

[2326] 赵杰．《谢尔曼法》的垄断蕴味［J］．法人杂志．2006（08）．

[2327] 赵婕．浅析反垄断法对滥用市场支配地位的规制［J］．甘肃农业．2006（09）．

[2328] 赵京国．简述西方政府规制理论的发展及其对中国的启示［J］．山东省农业管理干部学院学报．2006（02）．

[2329] 赵敬炜．资源环境管理与社会经济可持续发展［J］．科技情报开发与经济．2006（21）．

[2330] 赵娟．寻租与寻租理论［J］．经济界．2006（02）．

[2331] 赵丽．论我国的行政性垄断及其规制［J］．中共山西省委党校省直分校学报．2006（06）．

[2332] 赵明，王霞．从经济学视角看强制性信息披露［J］．新疆财经学院学报．2006（02）．

[2333] 赵娜．会计信息适度管制研究［J］．边疆经济与文化．2006（07）．

[2334] 赵乃丹，肖广建．城市公用事业市场化的特许经营之路［J］．城市．2006（03）．

[2335] 赵楠．垄断的合理性在哪儿［J］．科技资讯．2006（21）．

[2336] 赵荣玲，李杨，孙隆富．食品安全及其对经济的影响［J］．社区医学杂志．2006（07）．

［2337］赵善华．国有商业银行金融风险分析及监管［J］．时代经贸．2006（04）．

［2338］赵树华，曾鸣．大力推进新形势下的需求侧管理工作［J］．电力技术经济．2006（02）．

［2339］赵万江，胡春生．论政府干预的边界及越界治理［J］．社会科学研究．2006（04）．

［2340］赵万江，胡春生．政府经济行为的界分［J］．四川师范大学学报（社会科学版）．2006（06）．

［2341］赵文红．可持续发展期待绿色税收［J］．铜陵学院学报．2006（02）．

［2342］赵先锋．发展西部环保产业投资基金的可行性分析与对策建议［J］．贵州财经学院学报．2006（05）．

［2343］赵湘轶，郭朋．论公用事业规制行政法律制度的构建［J］．山东师范大学学报（人文社会科学版）．2006（02）．

［2344］赵晓．从房地产业寻租看中国改革方向［J］．金融管理与研究．2006（05）．

［2345］赵晓男，冯晓宇．地方保护主义的经济学分析［J］．洛阳大学学报．2006（04）．

［2346］赵新华，徐永青．日本保险业监管制度对我国的启示［J］．金融理论与实践．2006（03）．

［2347］赵学彬，刘艳敏，刘煜．适合我国国情的矿产资源环境经济政策［J］．经济管理．2006（12）．

［2348］赵英．“产业化”与“市场化”的错位［J］．中国卫生产业．2006（07）．

［2349］赵永涛，袁桂平．行政道德失范的表现、原因及其治理对策［J］．甘肃农业．2006（04）．

［2350］赵勇．浅谈政府管制对商业银行法人治理的影响［J］．经济前沿．2006（Z1）．

［2351］赵友宝，马有才，刘中伟．反跨国公司商业贿赂的对策研究［J］．对外经贸实务．2006（08）．

［2352］赵宇峰．新时期政府行为失范原因及相关对策分析［J］．学习论坛．2006（05）．

［2353］赵玉成．多层次资本市场监管设计［J］．黑龙江对外经贸．2006（04）．

［2354］赵玉林，朱晓海．市场结构对企业技术创新的影响分析——基于可竞争市场理论的视角［J］．武汉理工大学学报（社会科学版）．2006（04）．

［2355］赵豫西．现代市场经济国家中“政府失灵”的根源和解决措施［J］．天府新论．2006（S2）．

［2356］赵豫新，刘文献．市场支配地位的类型化分析［J］．理论界．2006（02）．

［2357］赵芸．地方保护主义的成因及其对中部崛起战略的影响［J］．衡阳师范学院学报．2006（01）．

［2358］赵振智，钟萍萍．油气企业环境会计的研究与探讨［J］．财会通讯（学术版）．2006（07）．

［2359］赵志芳．我国民航运输业价格管制问题刍议［J］．时代经贸．2006（03）．

［2360］赵卓，孙燕东．网络型基础产业规制依据的理论分析及思考［J］．经济问题．2006（01）．

［2361］赵自芳，史晋川．中国要素市场扭曲的产业效率损失——基于DEA方法的实证分析［J］．中国工业经济．2006（10）．

［2362］折喜芳．行政性垄断的概念反思及其规制［J］．社会科学论坛．2006（10）．

［2363］甄国红．企业环境成本基本理论构架［J］．中国管理信息化（综合版）．2006（12）．

［2364］郑朝亮．我国上市公司会计信息披露的问题及对策［J］．新乡教育学院学报．2006（03）．

[2365] 郑大喜．药品价格虚高的分析与政策建议［J］．现代医院管理．2006（05）．

[2366] 郑冬梅．完善农产品质量安全保障体系的分析［J］．农业经济问题．2006（11）．

[2367] 郑冬渝，陈少红．关于环境公益诉讼制度构建的思考［J］．学术探索．2006（06）．

[2368] 郑凤雷，文福拴，吴复立．电力市场环境下的输电投资与扩展规划［J］．电力系统自动化．2006（10）．

[2369] 郑光豹．大学生就业的三大障碍因素分析［J］．重庆工学院学报．2006（11）．

[2370] 郑海涛．对行政不作为的行政法制控制［J］．理论学习．2006（09）．

[2371] 郑海霞，张陆彪，封志明．金华江流域生态服务补偿机制及其政策建议［J］．资源科学．2006（05）．

[2372] 郑海燕，刘险峰．公共事业规制与竞争制度模式［J］．合作经济与科技．2006（05）．

[2373] 郑汉军．浅析WTO规则对我国行政垄断的挑战［J］．陕西省行政学院·陕西省经济管理干部学院学报．2006（02）．

[2374] 郑辉．旅行社企业的间接寻租型并购探析［J］．桂林旅游高等专科学校学报．2006（01）．

[2375] 郑家建．我国政府管理模式的变革［J］．郑州航空工业管理学院学报（社会科学版）．2006（03）．

[2376] 郑景元．关于垄断的形式及其行为认定［J］．韶关学院学报（社会科学版）．2006（01）．

[2377] 郑景元．条件与架构：我国反垄断应该采取低度立法［J］．中国民航飞行学院学报．2006（05）．

[2378] 郑娟．政府竞争性分析［J］．湖北经济学院学报（人文社会科学版）．2006（10）．

[2379] 郑磊，王婷．管制与市场：中国民办高校中的政府作用分析［J］．教育科学．2006（04）．

[2380] 郑美华．资源与需求双重约束下的中国经济增长［J］．技术经济．2006（11）．

[2381] 郑木清．养老基金信息披露监管的国际经验和我国的政策［J］．人口与经济．2006（01）．

[2382] 郑鹏程．美国反垄断刑事政策及其对我国反垄断立法的启示［J］．甘肃政法学院学报．2006（05）．

[2383] 郑瑞琨，赵新．知识产权反垄断立法规制研究［J］．知识产权．2006（06）．

[2384] 郑瑞强，毛春梅，李德章．城市水价异化现象的经济学分析［J］．中国农村水利水电．2006（03）．

[2385] 郑新立．高度重视产业安全的监测预警和对策研究［J］．财经界．2006（09）．

[2386] 郑雪梅．构建环境友好型社会呼唤绿色税制［J］．大连干部学刊．2006（04）．

[2387] 郑雪梅，韩旭．建立横向生态补偿机制的财政思考［J］．地方财政研究．2006（10）．

[2388] 郑彦．金融全球化进程中的金融风险和中国金融安全［J］．金融与经济．2006（05）．

[2389] 郑艳馨．论美国潜在竞争理论——兼论构筑我国混合合并控制的理论基准［J］．河北法学．2006（09）．

[2390] 郑艳馨．欧美潜在竞争理论立法体例之比较［J］．宁夏社会科学．2006（02）．

[2391] 郑迎飞，陈宏民．产业组织结构对跨国公司市场进入方式的影响［J］．商业经济与管理．2006（01）．

[2392] 郑迎飞，陈宏民．东道国政府干预条件下外资并购的市场结构效应［J］．产业经济研究．2006（03）．

[2393] 郑迎飞，陈宏民．跨国并购之影响的实证研究综述和展望［J］．当代经济管理．2006（04）．

[2394] 郑永生，胡曼军．企业环境会计信息披露内容探析 [J]．财会通讯．2006 (11)．

[2395] 郑瑜怡．治理语境下的政府角色定位分析 [J]．湖北经济学院学报（人文社会科学版）．2006 (12)．

[2396] 郑宇鹏，夏英．食品安全问题研究综述 [J]．中国食物与营养．2006 (07)．

[2397] 郑媛媛．关于在我国开征环境税的思考 [J]．攀登．2006 (01)．

[2398] 郑振浩，王先甲，王建军．发电市场结构性进入壁垒的探讨 [J]．华东电力．2006 (05)．

[2399] 郑志伟．行政垄断危害的研究 [J]．甘肃农业．2006 (04)．

[2400] 郑忠良．公司信息披露管制的若干国际新趋势 [J]．生产力研究．2006 (04)．

[2401] 郑宗杰．北京地铁首尝公私合营模式 [J]．运输经理世界．2006 (04)．

[2402] 郑作时．垄断 + 与国际接轨 = ? [J]．南风窗．2006 (23)．

[2403] 支果．有限政府行政许可制度探析 [J]．辽宁师范大学学报．2006 (02)．

[2404] 智国明．环境经济手段设计的三个理论思路 [J]．河南商业高等专科学校学报．2006 (05)．

[2405] 中国人民银行赣州市中心支行课题组．市场分割与信贷配给：利率市场化的体制及经济效应 [J]．金融研究．2006 (01)．

[2406] 钟朝宏，干胜道．日本企业环境报告迅速发展的原因解析 [J]．亚太经济．2006 (03)．

[2407] 钟晖，陈顺龙．我国要素市场分割现状及对策 [J]．开放潮．2006 (Z2)．

[2408] 钟加勇．贫富差距源自“权力掠夺”——耶鲁大学教授陈志武谈中国改革困局与转轨路径 [J]．商务周刊．2006 (02)．

[2409] 钟建．经济外部性与政府政策 [J]．科技资讯．2006 (27)．

[2410] 钟利智．政府治理中市场化工具的建立和运用 [J]．城市管理与科技．2006 (02)．

[2411] 钟晓东，陈宇剑．特许权经营在上海城市基础设施投资领域的应用 [J]．中国工程咨询．2006 (10)．

[2412] 仲志远．美国投行：渊源、嬗变与监管 [J]．资本市场．2006 (11)．

[2413] 周宝湘．开征生态税收的基本设想 [J]．经济研究参考．2006 (55)．

[2414] 周超理．浅谈水务改制与水价调整 [J]．湖南科技学院学报．2006 (08)．

[2415] 周德源，唐一上．浅谈食品药品监管部门如何准确把握食品安全监管职能定位 [J]．中国药事．2006 (01)．

[2416] 周飞舟．分税制十年：制度及其影响 [J]．中国社会科学．2006 (06)．

[2417] 周冯琦，毛翔宇．为环保产业发展创造“市场需求” [J]．上海经济研究．2006 (11)．

[2418] 周纲，苑春荟，吴建平．不完全竞争市场中的电信普遍服务运行体系 [J]．当代经济科学．2006 (01)．

[2419] 周光斌．全球 IPTV 市场与监管 [J]．世界电信．2006 (02)．

[2420] 周光跃．农村食品安全现状及对策刍议 [J]．湖南医科大学学报（社会科学版）．2006 (01)．

[2421] 周国川．基于可持续协调发展的我国环境税收体系的构建 [J]．扬州大学税务学院学报．2006 (01)．

[2422] 周国栋．完善我国政府投资监管体系的政策建议 [J]．经济体制改革．2006 (05)．

[2423] 周国栋，吴明坤．强化电网项目管理的思考 [J]．技术经济与管理研究．2006 (04)．

[2424] 周国林．论我国转型时期的区域间市场壁垒 [J]．江西社会科学．2006 (01)．

[2425] 周继秀，王满船，李景鹏，等．“处长经济”何时休 [J]．小康．2006 (04)．

[2426] 周建安，张望．中国电信业竞争与规制［J］．北方经济．2006（08）．
[2427] 周剑．企业环境会计信息披露的探讨［J］．经济视角．2006（Z1）．
[2428] 周健．佩尔兹曼模型的比较静态分析［J］．兰州学刊．2006（06）．
[2429] 周洁红，钟勇杰．美国蔬菜质量安全管理体系及对中国的政策启示［J］．世界农业．2006（01）．
[2430] 周俊．公共治理中的“政府失败”及其规避［J］．发展研究．2006（01）．
[2431] 周开宁．论政府自利性及其与政府能力的关系［J］．社科纵横．2006（02）．
[2432] 周兰蓉．试论行政自由裁量权的行使——从依法行政维度引发的思考［J］．经纪人学报．2006（02）．
[2433] 周丽琼，王晓芳．政府失灵的成因与防范［J］．和田师范专科学校学报．2006（01）．
[2434] 周琳．中国电信行业规制改革［J］．合作经济与科技．2006（16）．
[2435] 周鲁霞．中国电力行业多元化经营的经济学分析［J］．生产力研究．2006（05）．
[2436] 周鲁霞，蒋志敏．基于行政垄断的中国电力产业安全研究［J］．管理现代化．2006（04）．
[2437] 周琪．国外有关腐败理论提供的一些启示［J］．民主与科学．2006（02）．
[2438] 周巧琴．信息不对称与中国中小企业融资［J］．当代经济．2006（06）．
[2439] 周庆智．政府监督：对权力制约的一个检讨——以部分省市“环保绩效考核”情况调查为例［J］．学习与探索．2006（02）．
[2440] 周尚悟，彭述涛．提高基层药品监管效能的几种形式［J］．中国食品药品监管．2006（09）．
[2441] 周绍东，朱乾龙．网络经济下垄断的动态效率探析［J］．南方经济．2006（11）．
[2442] 周世伟．浅析国有企业的“效率悖论”［J］．内蒙古煤炭经济．2006（08）．
[2443] 周天楠．论公用企业中身份消费的危害及对策［J］．理论前沿．2006（14）．
[2444] 周望军．也谈“看病贵、药价高”之“谜”［J］．中国物价．2006（04）．
[2445] 周伟．行政许可：市场准入的新标准——“奥克斯诉信息产业部”案引发的思考［J］．贵州财经学院学报．2006（05）．
[2446] 周伟贤．寻租与腐败的经济学分析［J］．特区经济．2006（12）．
[2447] 周卫．欧共体环境信息公开立法发展述评［J］．湖北社会科学．2006（04）．
[2448] 周卫．欧共体环境知情权立法发展及启示［J］．武大国际法评论．2006（02）．
[2449] 周卫民．产权理论与国有企业改革［J］．产权导刊．2006（10）．
[2450] 周卫民，王峰．反垄断法执行机构的比较研究［J］．西藏民族学院学报（哲学社会科学版）．2006（05）．
[2451] 周文，任丽彬．区域竞争与资源配置［J］．经济问题探索．2006（06）．
[2452] 周喜革．切实加强监管，为我国资本市场健康发展保驾护航［J］．西藏民族学院学报（哲学社会科学版）．2006（04）．
[2453] 周小林，李秀芬．关于加快我国反垄断法制建设的思考［J］．四川行政学院学报．2006（05）．
[2454] 周晓曼．权力寻租视角下的我国土地使用权转让问题［J］．金融经济．2006（02）．
[2455] 周晓松．《GATS》和我国金融监管立法的完善［J］．政法论丛．2006（01）．
[2456] 周新军．法定主义抑或自由裁量——论我国《反不正当竞争法》对不正当竞争行为的界定［J］．理论月刊．2006（07）．
[2457] 周新生，胡玫．论国际直接投资规制框架的建立［J］．经济问题．2006（12）．
[2458] 周延．论寡头垄断市场结构下的保险业监管［J］．商业研究．2006（16）．

[2459] 周燕，杨惠荣．公共事业民营化与当代中国政府治道改革——杭州湾大桥现象的实证分析 [J]．理论与改革．2006 (02)．

[2460] 周轶赢．政府在现代市场经济中的职能 [J]．辽宁工程技术大学学报 (社会科学版)．2006 (03)．

[2461] 周宇．试论比较广告与不正当竞争 [J]．广告研究 (理论版)．2006 (05)．

[2462] 周雨风．我国贫富差距加大的成因及对策建议 [J]．开放导报．2006 (05)．

[2463] 周雨风．中国国有垄断企业的危害及治理 [J]．理论观察．2006 (05)．

[2464] 周志宏．从德隆风险看我国的金融监管 [J]．中国城市金融．2006 (07)．

[2465] 周志明．油荒催生石油行业的市场化改革 [J]．宁波经济 (财经视点)．2006 (04)．

[2466] 朱蓓．从寻租经济学角度论政府采购制度 [J]．科教文汇 (上半月)．2006 (06)．

[2467] 朱德修．对建立和实施食品召回制度的探讨 [J]．肉类工业．2006 (03)．

[2468] 朱芙蓉．PPP 模式在我国基础设施建设领域的发展前景 [J]．中国西部科技．2006 (25)．

[2469] 朱国芳．基层食品生产加工企业监管思考 [J]．监督与选择．2006 (11)．

[2470] 朱红军，陈继云，喻立勇．中央政府、地方政府和国有企业利益分歧下的多重博弈与管制失效——宇通客车管理层收购案例研究 [J]．管理世界．2006 (04)．

[2471] 朱洪．论行政自由裁量权及其控制 [J]．企业家天地．2006 (02)．

[2472] 朱纪红．企业环境成本与收益的确认及其对经营成果的影响 [J]．审计与经济研究．2006 (05)．

[2473] 朱继民．会计寻租在上市公司中的行为表现及对策 [J]．商业时代．2006 (16)．

[2474] 朱家贤．WTO 对跨国公司限制竞争行为的规制与中国反垄断法的完善 [J]．江苏行政学院学报．2006 (05)．

[2475] 朱建秋，吕廷杰．城镇供水企业效用优先的许可管制 [J]．水资源保护．2006 (06)．

[2476] 朱建中．论保障我国产业安全的政府规制建设 [J]．江汉论坛．2006 (10)．

[2477] 朱金善，夏航，戴冉，等．海上光污染及其立法规制初探 [J]．航海技术．2006 (01)．

[2478] 朱立．转型经济条件下中国营销渠道的嬗变和规制 [J]．云南财经大学学报．2006 (03)．

[2479] 朱留财．从西方环境治理范式透视科学发展观 [J]．中国地质大学学报 (社会科学版)．2006 (05)．

[2480] 朱巧玲．寻租理论：产权理论的一个扩展——兼论新产权理论的构架及其现实意义 [J]．中南财经政法大学学报．2006 (04)．

[2481] 朱世贾．知识产权中的反垄断立法比较 [J]．安徽警官职业学院学报．2006 (04)．

[2482] 朱顺林．中国区际分割的产业效率损失实证分析 [J]．经济地理．2006 (01)．

[2483] 朱顺林．区际分割与产业效率损失分析——以中国烟草制品产业为例 [J]．统计与决策．2006 (02)．

[2484] 朱文彬．论依法有效管制公用企业滥用市场支配地位 [J]．合肥学院学报 (社会科学版)．2006 (03)．

[2485] 朱文玉．我国环境行政许可制度的缺陷及其完善 [J]．学术交流．2006 (01)．

[2486] 朱相平．证券监管制度的效率分析 [J]．山东经济．2006 (02)．

[2487] 朱晓辉，朱勇．中国反收购监管评述 [J]．云南财贸学院学报 (社会科学版)．2006 (03)．

[2488] 朱晓平．国企之路有多难走？——国企改制分流后的成效与问题初探 [J]．甘肃农业．

2006（01）.

[2489] 朱晓燕．“欣弗”事件呼唤行政执法方式的转变 [J]．法律适用．2006（12）.

[2490] 朱新力，唐明良．政府对彩票业的法律规制——问题、成因及和谐社会理念下的制度面应对 [J]．浙江大学学报（人文社会科学版）．2006（02）.

[2491] 朱应平．论宪法的市场经济条款对国家权力的规制 [J]．企业经济．2006（03）.

[2492] 朱元．投资自由化与竞争政策国际化 [J]．法制与社会．2006（15）.

[2493] 朱云杰，孙林岩．竞争、管制与院校绩效——中国公立高等院校的实证分析 [J]．科学学与科学技术管理．2006（02）.

[2494] 朱云鹃，吴丽群．我国反垄断立法难点分析 [J]．价格理论与实践．2006（09）.

[2495] 朱泽．加快垄断行业的改革步伐 [J]．宏观经济管理．2006（02）.

[2496] 朱臻，李明华，沈月琴，等．生态公益林补偿的必要性及补偿标准的分析 [J]．华东森林经理．2006（04）.

[2497] 朱振中．竞争政策与我国电信规制改革 [J]．商业研究．2006（13）.

[2498] 诸文娟，刘宏伟．中国石油行业产业结构分析 [J]．资源与产业．2006（05）.

[2499] 竹风．堵住季节性电力设施监管漏洞 [J]．农电管理．2006（07）.

[2500] 祝捷．深化我国电网企业产权改革的路径选择 [J]．理论与改革．2006（04）.

[2501] 祝捷．我国电网企业产权改革的理论与现实分析 [J]．经济体制改革．2006（06）.

[2502] 祝丽生，郭燕．现阶段农村公共产品供给主体多元化发展探析 [J]．兰州学刊．2006（03）.

[2503] 祝青．地方政府行为——资本深化和经济波动的另一种解释 [J]．经济科学．2006（04）.

[2504] 庄贵阳．能源补贴政策及其改革——为减排提供经济激励 [J]．气候变化研究进展．2006（02）.

[2505] 庄连平，李晶．横向兼并的均衡影响分析——基于供给函数竞争的兼并模型 [J]．财经科学．2006（09）.

[2506] 庄晓春．论行政立法的控制与监督制度的完善 [J]．中共四川省委省级机关党校学报．2006（02）.

[2507] 卓翔，董春华．美国产品责任“立法”改革探析 [J]．太平洋学报．2006（09）.

[2508] 宗战国．加强我国食品安全建设和管理的若干问题 [J]．食品科技．2006（10）.

[2509] 邹彩芬，许家林，王雅鹏．政府财税补贴政策对农业上市公司绩效影响实证分析 [J]．产业经济研究．2006（03）.

[2510] 邹声文，孙玉波，张宗堂．反垄断立法 公众期待什么 [J]．中国乡镇企业．2006（10）.

[2511] 邹时荣．市场失灵与贸易规制重建——基于规制经济学理论的初步分析 [J]．湖北经济学院学报．2006（06）.

[2512] 邹时荣．流通市场秩序失灵与政府贸易规制创新 [J]．商业经济与管理．2006（02）.

[2513] 邹卫中．美国生态税制及借鉴 [J]．贵州商业高等专科学校学报．2006（04）.

[2514] 邹文杰．企业合作范式演进中的反垄断管制改革 [J]．云南财经大学学报．2006（04）.

[2515] 邹贤康，姚颉靖．利益平衡视野下的知识产权滥用与反垄断立法研究 [J]．长春工程学院学报（社会科学版）．2006（04）.

[2516] 邹艳洁．关于食品安全问题中道德风险的分析 [J]．现代医药卫生．2006（16）.

[2517] 邹志臣．契约融入现代行政法的法理分析 [J]．社会科学战线．2006（06）.

[2518] 左浩苗．论我国私募基金的合法化及监管 [J]．特区经济．2006 (09)．

[2519] 左睿．如何建立和实施食品安全应急准备响应机制 [J]．世界标准化与质量管理．2006 (06)．

2005 年

[1] 课题组非经营性国有资产监督管理研究．两种体制下非经营性国有资产监管模式的探索 [J]．宏观经济研究．2005 (02)．

[2] 课题组会计师事务所审计收费监管问题研究．会计师事务所审计收费监管制度分析及政策建议 [J]．会计研究．2005 (03)．

[3] Anderson Eugene W.，Fornell Claes，Lehmann Donald R.，等．顾客满意度、市场份额与利润率的关系——来自瑞典的发现 [J]．管理学报．2005 (01)．

[4] H. J. 皮蓬布罗克，F. 舒斯特，董一梁．对立、分立抑或并立——评德国《反垄断法》与《电信法》[J]．比较法研究．2005 (01)．

[5] 巴曙松，陈华良．2004 年全球金融监管：综述与趋势展望 [J]．世界经济．2005 (03)．

[6] 巴曙松，华中炜．企业年金投资监管模式比较及我国的路径选择 [J]．中国金融．2005 (05)．

[7] 巴曙松，刘清涛，牛播坤．中国资本充足监管框架的形成及其市场影响——兼论巴塞尔新资本协议与《商业银行资本充足率管理办法》的比较 [J]．财经科学．2005 (01)．

[8] 白贵秀．构建我国反垄断法律机制研究 [J]．河北法学．2005 (02)．

[9] 白丽，马成林，巩顺龙．中国食品企业实施 HACCP 食品安全管理体系的实证研究 [J]．食品工业科技．2005 (09)．

[10] 白让让．双重寡头垄断下的“多角联盟”策略分析——以中国轿车产业为例 [J]．产业经济研究．2005 (02)．

[11] 包林梅．上市公司运用计提手段调节利润的实证分析和监管研究 [J]．上海金融．2005 (06)．

[12] 毕秀水．政府行为的政治经济学分析——基于市场规制视角的考察 [J]．当代财经．2005 (03)．

[13] 蔡峻峰．反垄断法中相关市场的界定标准 [J]．南京人口管理干部学院学报．2005 (02)．

[14] 蔡枚杰，陈亮．土地征用中的政府行为分析 [J]．华南农业大学学报 (社会科学版)．2005 (04)．

[15] 蔡佩林．港口生产的规模经济分析 [J]．广东交通职业技术学院学报．2005 (01)．

[16] 蔡伟．滥用知识产权也能形成垄断 [J]．中国外资．2005 (01)．

[17] 曹国新．解析中国旅游商品的市场失灵 [J]．经济经纬．2005 (02)．

[18] 曹虹．欧共体对跨国并购的反垄断监管 [J]．环球法律评论．2005 (06)．

[19] 曹虹．欧共体合并控制法的新发展——评欧共体部长理事会关于控制企业合并的第 139/2004 号条例 [J]．中国社会科学院研究生院学报．2005 (02)．

[20] 曹鸿涛．美国场外债券市场的债券交易监管及其启示 [J]．上海金融．2005 (02)．

[21] 曹静．外资并购我国企业造成的垄断问题及对策 [J]．黑龙江对外经贸．2005 (05)．

[22] 曹卿．外资并购与民族产业保护问题研究 [J]．商场现代化．2005 (30)．

［23］曹胜亮．论我国反垄断法执法机构［J］．法学杂志．2005（01）．

［24］曹阳．韩国反不正当竞争法对知名标识的保护［J］．中华商标．2005（01）．

［25］曹玉贵，杨忠直．基于信号博弈的企业并购交易行为分析［J］．南开管理评论．2005（04）．

［26］柴学伟，胡悦，年秀慧．土地征用中政府行为的经济分析［J］．理论界．2005（07）．

［27］常健，汪灏．论外汇储备经营的法律规制——以外汇储备注资国有金融机构为视角［J］．上海金融．2005（10）．

［28］常平凡，李富忠，杨小芳．国际农产品市场的成本、质量与营销竞争格局［J］．世界农业．2005（04）．

［29］常玉春．网银业务冲击下的银行产品定价策略——一个基于双头垄断市场的竞价博弈模型及其拓展［J］．统计与决策．2005（10）．

［30］陈爱贞．反垄断与经济管制：比较与互动关系分析——兼论我国管制改革模式选择［J］．产业经济研究．2005（06）．

［31］陈岱松．对证券监管的法律监督应加强［J］．法学．2005（05）．

［32］陈东领．商业银行规模经济和范围经济的超成本函数实证研究［J］．商场现代化．2005（20）．

［33］陈冬华，陈信元，万华林．国有企业中的薪酬管制与在职消费［J］．经济研究．2005（02）．

［34］陈峰．城市商业银行资本监管困境及成因分析［J］．国际金融研究．2005（10）．

［35］陈刚，金通，倪焱．过度竞争的本质与我国过度竞争的阶段性分析［J］．杭州科技．2005（01）．

［36］陈工孟，高宁．我国证券监管有效性的实证研究［J］．管理世界．2005（07）．

［37］陈宏民．允许后续企业进入的兼并策略及其福利研究［J］．管理科学学报．2005（01）．

［38］陈继勇，刘威，胡艺．论中国对外贸易、环境保护与经济的可持续增长［J］．亚太经济．2005（04）．

［39］陈建国，张连众，李慕菡．世贸组织中的国际贸易与环境保护：问题与展望［J］．国际贸易问题．2005（03）．

［40］陈椒．食品安全与食品供应链管理［J］．上海企业．2005（07）．

［41］陈立虎．因产品国际贸易的法律规制——兼论争端解决中的法律适用问题［J］．法商研究．2005（02）．

［42］陈丽苹．论专利权滥用行为的法律规制［J］．法学论坛．2005（02）．

［43］陈柳，熊波．金融控股公司监管的比较研究及中国的选择［J］．中南财经政法大学学报．2005（03）．

［44］陈璐，姚胜菊．我国开发区过度竞争的经济学分析与抑制政策［J］．开发研究．2005（02）．

［45］陈平．论食品安全的法律保障［J］．云南行政学院学报．2005（03）．

［46］陈勤．医改的要害是破除垄断［J］．中国改革．2005（10）．

［47］陈蓉，郑振龙，张林昌．金融衍生产品：风险、市场失灵与公共政策［J］．山东社会科学．2005（08）．

［48］陈仕江，蔡碧蓉．消费市场上的信息不对称与政府规制［J］．消费经济．2005（04）．

［49］陈天宝，许惠渊，庞守林．农村土地制度变革中的地方政府行为分析［J］．农业经济问题．2005（01）．

［50］陈莞．产业群内局部过度竞争的理论分析与对策［J］．华东经济管理．2005（03）．

[51] 陈玮．知识产权滥用的反垄断规制［J］．东南学术．2005（06）．

[52] 陈向聪．我国反垄断立法中外资并购的规制［J］．福建政法管理干部学院学报．2005（04）．

[53] 陈小安，高丽亚．市场失灵与政府失灵的经济学分析［J］．统计与决策．2005（11）．

[54] 陈小宪．全面贯彻落实新监管要求　健全银行内控体系［J］．中国金融．2005（05）．

[55] 陈欣．衍生金融监管模式国际比较与借鉴［J］．商业时代．2005（08）．

[56] 陈欣，刘丽娜．专利联盟垄断问题的经济学分析［J］．经济问题探索．2005（12）．

[57] 陈信勇，董忠波．论附赠式有奖销售的法律规制［J］．浙江大学学报（人文社会科学版）．2005（04）．

[58] 陈尧．利益集团与政治过程［J］．读书．2005（11）．

[59] 陈野华，甘煜．证券市场中的信息、自律管理与监管［J］．财经科学．2005（01）．

[60] 陈瑜．我国知识产权领域反垄断立法探讨［J］．科技创业月刊．2005（09）．

[61] 陈雨．中国内幕交易监管的效率——基于新政治经济学视角的分析［J］．厦门大学学报（哲学社会科学版）．2005（06）．

[62] 陈征宇．建立国家烟草专卖下的市场化运作平台——探索中国烟草商业流通体制的改革［J］．上海企业．2005（03）．

[63] 陈志广，王盛．进入壁垒、规模经济与交易费用——兼谈反垄断的启示［J］．人文杂志．2005（02）．

[64] 程贵孙，陈宏民，孙武军．网络外部性与企业纵向兼并分析［J］．中国管理科学．2005（06）．

[65] 程浩．市场经济、利益集团与地方政府［J］．深圳大学学报（人文社会科学版）．2005（06）．

[66] 程吉生．并表监管架构下东道国监管责任分析——以外资银行分行为视角［J］．当代财经．2005（06）．

[67] 程克群．金融监管如何为金融创新服务［J］．商业时代．2005（12）．

[68] 程启智．问责制、最优预防与健康和安全管制的经济分析［J］．中国工业经济．2005（01）．

[69] 程同顺．利益集团理论与中国农民的组织化［J］．社会科学．2005（03）．

[70] 程晓军．金融控股公司与反垄断法规制［J］．河南广播电视大学学报．2005（01）．

[71] 程艳玲．自然垄断行业规制改革的经验与借鉴［J］．合作经济与科技．2005（01）．

[72] 崔执树．试论网络不良信息法律规制的完善［J］．情报理论与实践．2005（03）．

[73] 戴桂林，王雪．如何实现环境保护与贸易自由化的协调发展［J］．商业研究．2005（17）．

[74] 戴争光．自然垄断定价理论的演进——兼谈中国电力价格管制改革［J］．技术经济与管理研究．2005（01）．

[75] 邓大松，吴小武．协同论在企业年金基金风险监管中的应用研究［J］．武汉金融．2005（05）．

[76] 邓建鹏．清代讼师的官方规制［J］．法商研究．2005（03）．

[77] 邓胜梁，林华，肖德．中国银行业的市场结构与规模经济分析［J］．世界经济．2005（07）．

[78] 邓维康，韩耀．网络经济下的合作竞争与超竞争情报战略研究［J］．情报科学．2005（09）．

[79] 邓杨丰．我国银行业的产品差异化分析［J］．改革与战略．2005（08）．

[80] 邸晓燕，潘素昆．我国自然垄断行业的市场化改革：放松管制与民营化［J］．生产力研究．2005（11）．

[81] 丁道勤．行政管制下的司法缺位——对我国公用电信网间互联互通争议解决机制之探讨［J］．西北政法学院学报．2005（05）．

[82] 丁楠，丁飞虹．基于金融衍生证券的供应链价格协调机制分析［J］．北京工商大学学报（社会科学版）．2005（02）．

[83] 丁秀飞．服务贸易市场准入的分析及我国的战略措施［J］．市场周刊（管理探索）．2005（02）．

[84] 董安生，郑小敏，刘燊．我国操纵市场行为的监管：现状、反思与进路［J］．法学家．2005（01）．

[85] 董翠香．票据背书法律规制之我见［J］．法学论坛．2005（03）．

[86] 董国红，封美霞．混业经营条件下的金融监管［J］．现代金融．2005（09）．

[87] 董红蕾．银行为何成为规制之矢：银行规制理论文献综述［J］．上海经济研究．2005（01）．

[88] 董艳华，荣朝和．对铁路规模经济与范围经济的进一步思考［J］．铁道经济研究．2005（02）．

[89] 杜传忠．新规制经济学的规制俘获理论及其对我国的借鉴意义［J］．东岳论丛．2005（01）．

[90] 杜传忠．中国垄断性产业的"垄断"特征及其改革思路［J］．社会科学辑刊．2005（05）．

[91] 杜莉，王锋．证券投资基金羊群行为及其市场影响分析［J］．吉林大学社会科学学报．2005（03）．

[92] 杜梅，李云捷．关于"掠夺性定价"法律认定的思考［J］．特区经济．2005（02）．

[93] 杜通平．我国食品安全问题与对策建议［J］．生产力研究．2005（06）．

[94] 杜晓郁．跨国公司在华制造业投资与市场垄断［J］．世界经济研究．2005（12）．

[95] 杜仲霞．我国反垄断立法中适用除外制度探析［J］．中国工商管理研究．2005（04）．

[96] 段登伟，刘俊勇，牛怀平，等．基于标尺竞争模式的配电侧电力市场综述［J］．电网技术．2005（08）．

[97] 樊纲，高明华．国有资产形态转化与监管体制［J］．开放导报．2005（02）．

[98] 范少瑜，潘扬．中美保险监管体系对比及其启示［J］．特区经济．2005（01）．

[99] 方小敏．行政性限制竞争行为的法律规制［J］．法学．2005（02）．

[100] 房绍坤，王洪平．公司瑕疵设立的法人格规制［J］．中国法学．2005（02）．

[101] 费智，杜建国．寡头垄断市场下量本利复杂性分析［J］．东南大学学报（自然科学版）．2005（03）．

[102] 封光寅，段文超，魏运明．南水北调中线水源区湿地扩展与水环境保护［J］．人民黄河．2005（09）．

[103] 封学义，何飞，陈烨．有效监管国际短期资本流动的思路［J］．上海金融．2005（07）．

[104] 冯建，黄建华．论会计行为的伦理规制［J］．会计之友．2005（04）．

[105] 冯晓琦，万军．从产业政策到竞争政策：东亚地区政府干预方式的转型及对中国的启示［J］．南开经济研究．2005（05）．

[106] 冯晓琦，万军．中国转轨时期的产业政策与竞争政策［J］．经济问题．2005（07）．

[107] 冯杨，周呈奇．市场秩序与政府干预——哈耶克的解读及其对新古典的批判［J］．南开经济研究．2005（05）．

[108] 付文林．省际间财政竞争现状、经济效应与规制设计［J］．统计研究．2005（11）．

[109] 傅德伟．监管制度变迁对深圳证券市场效率的影响［J］．证券市场导报．2005（08）．

[110] 傅立文，何卫江．现代金融监管理论与发展中国家的监管制度选择［J］．上海金融．2005（04）．

[111] 高冬民．完善对城市商业银行关联交易的监管［J］．中国金融．2005（21）．

[112] 高帆．中国粮食安全的测度：一个指标体系［J］．经济理论与经济管理．2005（12）．

[113] 高桂林，肖彦山．反垄断法的经济学和法理基础［J］．广西社会科学．2005（12）．

[114] 高建宁．我国证券监管的制度变迁与模式选择［J］．经济体制改革．2005（05）．

[115] 高杰．中国石油价格规制问题研究［J］．中国物价．2005（11）．

[116] 高洁．跨国公司全球并购动因探析［J］．中国外资．2005（03）．

[117] 高金龙．流域生态效益补偿与循环经济理念的创新思考——来自江西省东江源头区域生态环境保护和建设的启示［J］．江西社会科学．2005（10）．

[118] 高金田，董方．环境保护与经济可持续发展问题分析［J］．生态经济．2005（01）．

[119] 高晋康，廖振中．论我国银行关联交易监管法律制度之完善——美国《联邦储备法》第23条的启示［J］．比较法研究．2005（04）．

[120] 高孝平．网络经济与传统经济比较研究［J］．重庆邮电学院学报（社会科学版）．2005（01）．

[121] 高迎晖，皇甫婧琪．关于电信业的反垄断立法问题［J］．理论探索．2005（03）．

[122] 高映，张晓文．对绿色壁垒与我国食品安全的法律思考［J］．理论学刊．2005（05）．

[123] 高子华．美国广播电视的运营与管制——对美国广播电视产业生态环境的实地考察与分析［J］．新闻实践．2005（09）．

[124] 葛敏，郑人玮．金融衍生品市场统一监管法律制度的构建［J］．环球法律评论．2005（06）．

[125] 葛敏，席月民．我国金融衍生品市场统一监管模式选择［J］．法学杂志．2005（02）．

[126] 葛现琴．知识产权保护与反垄断法的冲突与协调［J］．河南司法警官职业学院学报．2005（01）．

[127] 耿建新，崔宏．国有资本监管理论与实务创新［J］．财经科学．2005（02）．

[128] 耿玉梅．网络经济的发展趋势及其对策研究［J］．佳木斯大学社会科学学报．2005（06）．

[129] 龚微，洪永红．一般竞争管制与行业竞争管制在电信管制中的冲突与协调——加拿大电信管制的经验及对我国的启示［J］．法学论坛．2005（01）．

[130] 龚维敬．西方反垄断法理论与实践及其对中国的启迪［J］．经济评论．2005（04）．

[131] 顾玲妹．对跨国公司滥用知识产权行为的反垄断规制——从思科诉华为案谈起［J］．国际贸易问题．2005（02）．

[132] 顾肖荣．金融犯罪惩治规制的国际化［J］．人民检察．2005（15）．

[133] 郭海涛．我国汽车产业的国有产权、市场结构与市场绩效研究［J］．北京工商大学学报（社会科学版）．2005（06）．

[134] 郭洁．论土地价格法律规制的若干问题［J］．法商研究．2005（02）．

[135] 郭朋．公用事业民营化的行政法思考［J］．山东师范大学学报（人文社会科学版）．2005（01）．

[136] 郭平，钟荣华．对我国国有资产监管制度变迁的经济学思考［J］．财经理论与实践．2005（03）．

[137] 郭强．地方政府干预市场的经济分析［J］．管理科学．2005（05）．

[138] 郭庆．自然垄断产业的激励规制与竞争 [J]．山东经济．2005 (01).

[139] 郭跃．美国反垄断法价值取向的历史演变 [J]．美国研究．2005 (01).

[140] 郭宗杰．关于行政性垄断的反垄断法律定义与具体规制 [J]．武汉大学学报（哲学社会科学版）．2005 (02).

[141] 郭宗杰．一体立法与分别规制——论中国反行政性垄断之立法体例 [J]．暨南学报（人文科学与社会科学版）．2005 (01).

[142] 韩冬芳．会计监管的经济学分析及其实施机制 [J]．中国流通经济．2005 (04).

[143] 韩冬芳．我国会计监管问题分析及应对措施 [J]．商业研究．2005 (11).

[144] 韩开成，刘杰，王健．价格歧视策略在奥运会门票定价中的运用 [J]．天津体育学院学报．2005 (01).

[145] 韩立余．欧盟合并控制法的根本变革 [J]．当代法学．2005 (02).

[146] 韩铁．环境保护在美国法院所遭遇的挑战——"绿色反弹"中的重大法律之争 [J]．美国研究．2005 (03).

[147] 韩耀，曹杰，庄尚文．网络经济下国际分工的演化及其经济机理研究 [J]．国际贸易问题．2005 (10).

[148] 郝蕾，郭曦．卖方垄断市场中不同担保模式对企业融资的影响——基于信息经济学的模型分析 [J]．经济研究．2005 (09).

[149] 何兰．日本对伪满洲国新闻业的垄断 [J]．现代传播．2005 (03).

[150] 何立胜．规制政府的理论范式与制度选择 [J]．社会科学．2005 (07).

[151] 何立胜．政府规制与政府行为外部性研究 [J]．经济评论．2005 (06).

[152] 何坪华，何信生，周德翼．从消费者角度检视我国食品安全信息的缺失 [J]．河南农业科学．2005 (12).

[153] 何卫刚．规模经济与范围经济的适用性 [J]．经济问题．2005 (04).

[154] 何问陶，路志刚．加强对证券市场监管者的再监管——证券市场监管者与违规者的博弈 [J]．南方金融．2005 (05).

[155] 何祥菊．商业外观的保护——从商标法和反不正当竞争法的角度 [J]．电子知识产权．2005 (01).

[156] 何亚琼，秦沛，苏竣．网络关系对中小企业创新能力影响研究 [J]．管理科学．2005 (06).

[157] 何玉成，李崇光．中国乳业纵向组织模式的经济学分析 [J]．东北财经大学学报．2005 (02).

[158] 何政伟，黄润秋，许向宁，等．金沙江流域生态地质环境现状及其对梯级水电站工程开发过程中生态环境保护的建议 [J]．地球与环境．2005 (S1).

[159] 贺国文，张相国．我国海洋渔业资源领域中的市场失灵分析 [J]．生态经济．2005 (03).

[160] 贺欣．在法律的边缘——部分外地来京工商户经营执照中的"法律合谋" [J]．中国社会科学．2005 (03).

[161] 洪夙，郁义鸿．排他性合约下的纵向控制：关于独占交易理论的研究评述 [J]．产业经济研究．2005 (04).

[162] 洪艳蓉．资产证券化监管：巴塞尔委员会的经验与启示 [J]．证券市场导报．2005 (01).

[163] 洪银兴．经济转型阶段的市场秩序建设 [J]．经济理论与经济管理．2005 (01).

[164] 侯慧君．我国金融信用的缺失与监管问题研究 [J]．上海金融．2005 (08).

[165] 侯守礼，顾海英．转基因食品标签管制与消费者的知情选择权 [J]．科学学研究．2005 (04)．

[166] 侯雪梅．论在华跨国公司的垄断行为及其法律规制 [J]．求实．2005 (S1)．

[167] 侯雪梅．行业协会的反竞争行为及其法律规制 [J]．行政与法（吉林省行政学院学报）．2005 (06)．

[168] 胡定寰．农产品“二元结构”论——论超市发展对农业和食品安全的影响 [J]．中国农村经济．2005 (02)．

[169] 胡汉辉，罗亮，孙桂泉．电信竞争与网络融合——国外的动态和中国的改革 [J]．现代经济探讨．2005 (04)．

[170] 胡怀邦．金融监管机构的良好治理：内控机制与外部环境 [J]．中国金融．2005 (02)．

[171] 胡家夫，骆红艳．证券投资基金关联交易监管研究 [J]．证券市场导报．2005 (04)．

[172] 胡经生．从监管视角看防范上市公司高管犯罪问题 [J]．中国金融．2005 (08)．

[173] 胡培兴，肖新艳，刘斌，等．关于新疆森林资源监管工作的思考 [J]．绿色中国．2005 (18)．

[174] 胡水晶．知识产权人拒绝交易 ——新经济下知识产权领域反垄断的新课题 [J]．电子知识产权．2005 (08)．

[175] 胡同捷．农村信用社改革的重要进展——访中国银监会合作金融机构监管部主任张功平 [J]．中国金融．2005 (16)．

[176] 胡向婷，张璐．地方保护主义对地区产业结构的影响——理论与实证分析 [J]．经济研究．2005 (02)．

[177] 胡小红．论反垄断法所创设的自由竞争权 [J]．学术界．2005 (05)．

[178] 胡宇清，陈乃新．论我国《反不正当竞争法》立法本位的转换——以赋予公平竞争权为研究进路 [J]．兰州学刊．2005 (05)．

[179] 胡志勇．完善国家审计监督制度遏制腐败寻租 [J]．审计与经济研究．2005 (01)．

[180] 户邑，彭小兵．城市拆迁管理过程中利益共同体的合谋行为研究 [J]．长春大学学报．2005 (03)．

[181] 华慧．全球性企业并购浪潮中的我国反垄断立法探析 [J]．中南民族大学学报（人文社会科学版）．2005 (03)．

[182] 黄成明．中国特许经营现状的实证分析 [J]．经济与管理研究．2005 (01)．

[183] 黄春铃．证券监管效率和承销商声誉——基于南方证券“麦科特事件”的案例研究 [J]．管理世界．2005 (07)．

[184] 黄纯艳．宋代专卖制度变革与地方政府管理职能演变 [J]．郑州大学学报（哲学社会科学版）．2005 (03)．

[185] 黄剑文．对自然垄断行业政府管制的经济分析 [J]．学术论坛．2005 (01)．

[186] 黄进．论风景名胜区特许经营合同 [J]．旅游学刊．2005 (04)．

[187] 黄琴，周巍，冯彦．政府寻租行为探析 [J]．湘潭大学学报（哲学社会科学版）．2005 (S1)．

[188] 黄群慧．国资委亟待改进对国有企业的监管方式 [J]．财经科学．2005 (01)．

[189] 黄松，奚莉梅．论商标反淡化中的权利滥用及其反垄断法规制 [J]．广东财经职业学院学报．2005 (04)．

[190] 黄宪，马理，代军勋．资本充足率监管下银行信贷风险偏好与选择分析 [J]．金融研究．2005 (07)．

[191] 黄新飞，刘登．跨国公司在华 R&D 的影响因素分析——一种双头垄断市场下的模型分

析［J］. 科研管理. 2005（01）.

［192］黄燕芬. 过度投资和重复建设的国际比较研究［J］. 经济研究参考. 2005（08）.

［193］黄永红. 会计寻租成因分析［J］. 财会研究. 2005（08）.

［194］黄泽林，陈小彪. 计算机犯罪的刑法规制缺陷及理论回应［J］. 江海学刊. 2005（03）.

［195］黄振，李蓉，陈熙. 浅谈我国外资并购制度的不足和完善［J］. 特区经济. 2005（06）.

［196］霍洪涛. 论金融控股公司的反垄断法律问题［J］. 金融理论与实践. 2005（08）.

［197］姬雄华，李录堂. 食品安全问题与恩格尔质量系数［J］. 农业现代化研究. 2005（06）.

［198］季建林. 市场经济中的政府管制［J］. 学术论坛. 2005（01）.

［199］郑丙贵，王学锋. 欧盟国际海运反垄断豁免制度发展趋势前瞻［J］. 中国海洋大学学报（社会科学版）. 2005（04）.

［200］贾文彤，毛璞. 对美国职业体育反垄断豁免的再认识［J］. 北京体育大学学报. 2005（07）.

［201］江春，许立成. 金融监管与金融发展：理论框架与实证检验［J］. 金融研究. 2005（04）.

［202］江玲. 利益相关者理论及其在会计监管中的应用［J］. 商业研究. 2005（03）.

［203］江雪梅，包迪鸿. 对我国价格卡特尔规制的法学研究［J］. 浙江大学学报（人文社会科学版）. 2005（04）.

［204］江岩. 市场失灵、技术生命周期与技术创新政策［J］. 齐鲁学刊. 2005（03）.

［205］姜春海. 网络产业接入定价的 ECPR 方法研究［J］. 产业经济研究. 2005（06）.

［206］姜欣. 自然垄断行业的反垄断法适用除外制度再思考［J］. 兰州学刊. 2005（04）.

［207］蒋大兴. 公司如何死亡？——公司退市监管政策的改革［J］. 法学评论. 2005（02）.

［208］蒋桂萍. 跨国并购对国家经济安全的影响与对策［J］. 商场现代化. 2005（28）.

［209］蒋海岩，张卉. 浅析烟草专卖体制［J］. 山东经济. 2005（01）.

［210］蒋洪，陈明艺. 我国出租车行业价格管制的必要性及模式选择［J］. 中国物价. 2005（04）.

［211］蒋建军. 论食品安全管制的理论分析［J］. 中国行政管理. 2005（04）.

［212］蒋满元. 区域经济政策制定与实施过程中的政府行为选择的博弈分析——以我国财政转移支付制度的博弈分析为例证［J］. 审计与经济研究. 2005（05）.

［213］蒋满元. 现阶段中国政府管制发展趋势与政策思路探析——基于对自然垄断性行业的分析［J］. 桂林电子工业学院学报. 2005（04）.

［214］蒋卫军，舒符康. 我国行政垄断的成因及法律对策探析［J］. 实事求是. 2005（02）.

［215］蒋昭侠. 自然垄断产业理论演进与规制改革［J］. 兰州大学学报. 2005（01）.

［216］焦金雷. 公用事业民营化的政府监管［J］. 山东师范大学学报（人文社会科学版）. 2005（05）.

［217］金广厚，李庚银，周明. 国内外电能质量控制水平及管理策略［J］. 电力自动化设备. 2005（01）.

［218］金鹤音，纪涛. 开放外贸权的出口过度竞争效应分析［J］. 内蒙古农业大学学报（社会科学版）. 2005（04）.

［219］金苹，李子奈. 中国资本管制有效性分析［J］. 世界经济. 2005（08）.

［220］金雪军，张学勇. 银行监管与中国上市公司代理成本研究［J］. 金融研究. 2005（10）.

［221］鞠英杰. 网络竞争情报研究——竞争者网站的挖掘与监测［J］. 情报理论与实践. 2005（02）.

［222］孔繁斌. 从限制结社自由到监管公共责任——中国政府社团管制正当性及其制度改

革［J］. 中国行政管理. 2005（02）.

［223］赖小民. 金融自由化背景下的审慎监管［J］. 银行家. 2005（03）.

［224］赖小民. 推动银保合作 加强风险监管［J］. 中国金融. 2005（13）.

［225］兰小红，鞠英杰. 论企业竞争情报部门的反竞争情报战略［J］. 黑龙江对外经贸. 2005（09）.

［226］雷光勇，姚晗. 会计制度变迁和会计寻租［J］. 财经理论与实践. 2005（01）.

［227］雷明，刘敬波. 地方保护主义和地区间贸易壁垒的检验性分析［J］. 北京大学学报（哲学社会科学版）. 2005（01）.

［228］黎四奇. 对金融集团风险集中法律监管的务实性思考［J］. 中南民族大学学报（人文社会科学版）. 2005（02）.

［229］黎四奇. 对我国有问题金融机构监管法律制度的实证分析［J］. 河北法学. 2005（01）.

［230］黎元奎. 过度介入与适度退出：中国证券市场政府行为分析［J］. 上海金融. 2005（07）.

［231］黎祖交. 还是"生态建设与环境保护"的提法好——再谈"生态环境建设"的提法问题［J］. 绿色中国. 2005（09）.

［232］李秉祥，黄泉川. 市场转型期我国环境保护投融资主体事权划分研究［J］. 社会科学辑刊. 2005（03）.

［233］李朝晖，王继军. 知识产权滥用导致的两类垄断行为方式分析［J］. 山西警官高等专科学校学报. 2005（02）.

［234］李程. 转轨时期国有商业银行资本监管：从资本特殊性的视角［J］. 金融与经济. 2005（02）.

［235］李创，王丽萍，任荣明. 产品差异化与竞争力分析——以纺织服装行业为例［J］. 商业经济与管理. 2005（03）.

［236］李春华，付中强. 中德反不正当竞争法之比较［J］. 商业研究. 2005（06）.

［237］李丹，吴祖宏. 美、英电信管制机构模式比较与借鉴［J］. 通信企业管理. 2005（06）.

［238］李东序. 市政公用事业市场化与政府监管［J］. 城市发展研究. 2005（06）.

［239］李冬青. 美国、德国反垄断法控制企业并购的比较研究［J］. 广西大学学报（哲学社会科学版）. 2005（05）.

［240］李富英，臧慧萍. 银行监管的理论研究［J］. 税务与经济（长春税务学院学报）. 2005（01）.

［241］李光德. 我国食品安全卫生政府管制变迁的特征及其完善［J］. 经济体制改革. 2005（05）.

［242］李广斌，谷人旭. 政府竞争：行政区经济运行中的地方政府行为分析［J］. 城市问题. 2005（06）.

［243］李桂琴. 我国银行业竞争格局分析和国有商业银行应对策略研究［J］. 金融论坛. 2005（04）.

［244］李国安. 虚假陈述的监管与信息披露担保——基于虚假陈述民事赔偿责任的若干思考［J］. 河北法学. 2005（03）.

［245］李昊. 中国证券市场监管模式创新研究［J］. 南开经济研究. 2005（02）.

［246］李宏瑾. 我国房地产市场垄断程度研究——勒纳指数的测算［J］. 财经问题研究. 2005（03）.

［247］李洪波，熊中楷，杨秀苔. 垄断产品链中革新合作机制的研究［J］. 系统工程学报. 2005（01）.

[248] 李洪武．垄断与限制垄断：著作权集体管理在信息网络时代的扩张［J］．图书情报知识．2005（02）．

[249] 李虹．电力监管的目标分析［J］．经济学家．2005（01）．

[250] 李虹．基础设施产业收入监管方式研究——以电力监管为例［J］．当代经济研究．2005（02）．

[251] 李虹，黄成明．国外特许经营研究的理论综述［J］．经济纵横．2005（02）．

[252] 李华民．寡头均衡、绩效改善与金融稳定——中国银行业结构变迁的政策取向［J］．金融研究．2005（08）．

[253] 李怀，戚聿东．规模经济不是自然垄断的成因——当代经济学理论谬误评析［J］．经济与管理研究．2005（11）．

[254] 李济东．关于网络经济环境下财务管理信息化的思考［J］．经济师．2005（01）．

[255] 李建华．医疗行业分析与特色医院集团化发展战略［J］．中国医院管理．2005（02）．

[256] 李建琴，顾国达．蚕茧市场管制与蚕业区域转移［J］．蚕业科学．2005（03）．

[257] 李剑．搭售理论的经济学和法学回顾［J］．云南大学学报（法学版）．2005（02）．

[258] 李健．对我国公用企业垄断行为的法律规制［J］．山西农业大学学报（社会科学版）．2005（01）．

[259] 李杰，胡晓剑．对我国银行业管制的思考［J］．商业研究．2005（05）．

[260] 李井平，李光德．我国食品质量政府管制的制度经济学分析［J］．生产力研究．2005（03）．

[261] 李俊，李增森．自然垄断行业中的规制与竞争引入［J］．山东工商学院学报．2005（04）．

[262] 李坤刚．我国劳动派遣法律规制初探［J］．中国劳动．2005（02）．

[263] 李丽，梁英，宋洋．社会保障基金会计与审计监管问题浅析［J］．会计之友．2005（01）．

[264] 李良军，常丹燕，杜建国．安徽霍邱铁矿资源合理开发与环境保护［J］．安徽大学学报（自然科学版）．2005（02）．

[265] 李霖．完善境内上市公司实际控制人披露监管的建议［J］．证券市场导报．2005（04）．

[266] 李梅，谭力文．并购还是联盟：企业外部成长战略的选择［J］．科技进步与对策．2005（01）．

[267] 李奇志．我国城市商业银行市场退出壁垒的探讨［J］．辽宁经济职业技术学院．辽宁经济管理干部学院学报．2005（02）．

[268] 李强．证券市场规制变革动因及最优规制模型［J］．求索．2005（04）．

[269] 李仁杰．资本监管约束下的银行经营转型［J］．银行家．2005（08）．

[270] 李荣融．更有针对性地监管国有资产［J］．瞭望新闻周刊．2005（23）．

[271] 李茹兰．股权分置与大股东权力寻租的治理［J］．中央财经大学学报．2005（10）．

[272] 李瑞琴．自然垄断行业政府实施价格管制的福利分析［J］．中国物价．2005（08）．

[273] 李少兵，刘冬兰．我国食品安全政府管制存在的问题及对策分析［J］．商场现代化．2005（29）．

[274] 李世英．市场进入壁垒、进入管制与中国产业的行政垄断［J］．财经科学．2005（02）．

[275] 李世英．市场进入壁垒问题研究综述［J］．开发研究．2005（04）．

[276] 李世英．市场进入壁垒与产业的市场绩效研究——对中国制造业的实证分析［J］．经济体制改革．2005（04）．

[277] 李帅，张晨阳．技术性贸易措施在欧盟外贸管制法中的运用［J］．国际经贸探索．2005（01）．

[278] 李铜山. 论农村环境保护及其机制创新 [J]. 贵州社会科学. 2005 (03).

[279] 李维华, 朱明侠. 特许经营方式是企业拓展的有效途径 [J]. 国际商务. 对外经济贸易大学学报. 2005 (04).

[280] 李伟. 深化农村信用社产权制度改革 加强对以县 (市) 为单位统一法人机构监管 [J]. 中国金融. 2005 (14).

[281] 李希义, 任若恩. 国有商业银行与股份制商业银行生产效率的比较研究 [J]. 生产力研究. 2005 (01).

[282] 李霞. 自然垄断产业治理模式构想 [J]. 经济体制改革. 2005 (01).

[283] 李晓峰. 出租车客运市场准入模式的选择 [J]. 综合运输. 2005 (03).

[284] 李晓梅. 政府管制: 永久的争议与现实的选择 [J]. 学术论坛. 2005 (07).

[285] 李晓明. 关于我国公路收费定价方法及监管的分析与政策建议 [J]. 价格理论与实践. 2005 (01).

[286] 李秀芬. 我国保险代理人监管制度存在的问题与对策 [J]. 东岳论丛. 2005 (06).

[287] 李秀峰. 我国政府规制研究的现状分析与启示 [J]. 中国行政管理. 2005 (04).

[288] 李秀凤. 西方国家的垄断认定标准及对我国立法的启示 [J]. 理论学刊. 2005 (12).

[289] 李旭光. 政府管制的外部性分析 [J]. 辽宁大学学报 (哲学社会科学版). 2005 (06).

[290] 李学武, 李耀国. 规制非正规金融: 破解弱势群体融资难的市场化选择 [J]. 中国金融. 2005 (12).

[291] 李艳, 赵芸平, 步翠锁. 知识产权的滥用与反垄断法的规制 [J]. 知识产权. 2005 (06).

[292] 李燕凌. 详论公共事业组织的本质特征 [J]. 中国行政管理. 2005 (01).

[293] 李扬. 数据库的反不正当竞争法保护及其评析 [J]. 法律适用. 2005 (02).

[294] 李扬, 彭兴韵. 存款准备金与资本充足率监管的货币政策效应 [J]. 财经理论与实践. 2005 (03).

[295] 李永成. 市场失灵的中国经济法思考 [J]. 河南师范大学学报 (哲学社会科学版). 2005 (03).

[296] 李永焱, 赵丽. 对金融控股公司监管模式的冷思考 [J]. 特区经济. 2005 (01).

[297] 李勇, 任国元, 杨万江. 无公害农产品交易特性及其规制 [J]. 中国农村经济. 2005 (02).

[298] 李玉平, 谢贤亚, 言茂松. 统一出清定价体制助长发电商默契串谋的机理分析 [J]. 电力系统自动化. 2005 (22).

[299] 李援亚. 民间金融: 风险分析和监管探索——从福安标会崩盘说起 [J]. 统计与决策. 2005 (01).

[300] 李云. 我国土地市场中政府行为的经济学探析 [J]. 学术界. 2005 (05).

[301] 李振华. 论我国信托监管法律机制的构建 [J]. 经济问题. 2005 (10).

[302] 李正卫, 池仁勇, 刘慧. 集群网络学习与企业创新绩效: 基于嵊州领带生产企业集群的实证分析 [J]. 经济地理. 2005 (05).

[303] 李志. 基于 DEA 的标尺竞争理论的形成与发展 [J]. 外国经济与管理. 2005 (12).

[304] 李志军. 外资并购境内企业特点分析 [J]. 商业研究. 2005 (10).

[305] 李志君, 于向花. 论证券市场政府监管的市场化 [J]. 当代法学. 2005 (03).

[306] 李宗伟, 张艳辉. 关于我国保险公司规模经济的实证分析 [J]. 现代管理科学. 2005 (03).

[307] 励凌峰, 黄培清, 赵晓敏. 供应链间的横向竞争与并购效应 [J]. 系统工程理论方法应

用．2005（06）．

［308］梁鸿飞．垄断型信贷市场融资担保问题分析——以民营中小企业融资为例［J］．财经问题研究．2005（03）．

［309］梁热．证券管制效率与声誉缺失：一个基于博弈框架的分析［J］．南开经济研究．2005（04）．

［310］梁爽，姜楠，谷树忠．城市水源地农户环境保护支付意愿及其影响因素分析——以首都水源地密云为例［J］．中国农村经济．2005（02）．

［311］梁志勇．对我国垄断性行业政府规制的探讨——以自来水行业为例［J］．新疆财经．2005（02）．

［312］廖成林，王璐．公用事业产量隐性下政府管制的有效性分析［J］．中国软科学．2005（01）．

［313］廖成林，李忆．竞争性网络间的互联互通问题分析［J］．中国管理科学．2005（03）．

［314］廖成林，宋波，李忆．寡头垄断行业防降价均衡博弈分析［J］．科技管理研究．2005（06）．

［315］廖振中，陆佳．出口卡特尔与反垄断的法律探讨［J］．财经科学．2005（02）．

［316］林江．论中国保险公司的规模经济［J］．财贸经济．2005（08）．

［317］林锟，陈昌伟．中国移动市场的双寡头竞争分析［J］．现代管理科学．2005（05）．

［318］林平．关于中国建立反垄断法体系的几个基本问题［J］．管理世界．2005（08）．

［319］林文新，王健伟．高速公路产业市场集中度的测定方法与实证分析［J］．公路．2005（05）．

［320］林学贵．食品安全标签——日本有机农产品认证和标示制度及其意义［J］．国际贸易．2005（02）．

［321］林燕平．论 WTO 体制下发展中国家的竞争政策和竞争立法［J］．法学．2005（11）．

［322］蔺雷，吴贵生．服务延伸产品差异化：服务增强机制探讨——基于 Hotelling 地点模型框架内的理论分析［J］．数量经济技术经济研究．2005（08）．

［323］刘北光．外资并购对中国汽车产业的影响及对策［J］．中国创业投资与高科技．2005（05）．

［324］刘崇俊．关于建立科学的税源监管体系的思考［J］．税务研究．2005（08）．

［325］刘春，丛玲玲．美国会计信息披露监管的变化及对我国的借鉴［J］．商业研究．2005（12）．

［326］刘春田．司法对《反不正当竞争法》的补充和整合［J］．法律适用．2005（04）．

［327］刘春彦，黄运成．美国监管制度选择及对我国证券市场监管的启示［J］．中国金融．2005（12）．

［328］刘丹，侯茜．中国市场准入制度的现状及完善［J］．商业研究．2005（12）．

［329］刘凤．价格歧视的法律考察［J］．价格月刊．2005（03）．

［330］刘革，邓庆彪．国外企业年金基金监管模式比较及启示［J］．财经理论与实践．2005（03）．

［331］刘国常，韩春生．上市公司审计合谋的博弈分析和治理策略［J］．审计与经济研究．2005（02）．

［332］刘和平．欧美并购控制法实体标准比较研究［J］．法律科学．西北政法学院学报．2005（01）．

［333］刘宏伟，孙茗达．艾滋病防治中的“社会排斥”问题与政府干预研究——以 HIV/AIDS 人群及其高危人群为研究对象［J］．中国卫生事业管理．2005（06）．

[334] 刘华．论知识产权制度运行中的政府管制［J］．中国科技论坛．2005（01）．

[335] 刘华．我国《反不正当竞争法》亟需修订完善［J］．甘肃社会科学．2005（01）．

[336] 刘华，刘锦源，夏杰长．事后寻租对纳税策略的影响［J］．税务研究．2005（09）．

[337] 刘吉，夏斌，汤世生，等．高度关注全球并购对我国经济安全的影响［J］．中国企业家．2005（12）．

[338] 刘健辉，陈安阳．我国网络经济发展的现状及影响［J］．情报杂志．2005（03）．

[339] 刘戒骄，梁峰．"十一五"期间我国电信监管改革的方向与内容［J］．中国工业经济．2005（12）．

[340] 刘炯艳，邵兵家，曾文涛．网络经济时代企业的物流模式决策［J］．统计与决策．2005（04）．

[341] 刘俊杰．技术创新、规制重建与中国电信产业的发展［J］．当代财经．2005（05）．

[342] 刘坤坤，李细平．我国外资银行监管法律制度研究［J］．特区经济．2005（09）．

[343] 刘莉，仲伟俊，张晓琪．制造商—供应商联合零部件开发规制结构分析［J］．中国科技论坛．2005（02）．

[344] 刘茂松，曹虹剑．信息经济时代产业组织模块化与垄断结构［J］．中国工业经济．2005（08）．

[345] 刘明辉，徐正刚．中国注册会计师行业的规模经济效应研究［J］．会计研究．2005（10）．

[346] 刘宁元．论反垄断法实施体制的政策目标和运作原则［J］．华东政法学院学报．2005（05）．

[347] 刘培林．地方保护和市场分割的损失［J］．中国工业经济．2005（04）．

[348] 刘青海．上市公司与 CPA 审计合谋的博弈论分析［J］．经济师．2005（07）．

[349] 刘诗白．知识产品价值的形成与垄断价格［J］．社会科学研究．2005（03）．

[350] 刘守英．政府垄断土地一级市场真的一本万利吗［J］．中国改革．2005（07）．

[351] 刘喜梅．管制理论的发展以及对电力市场理论与实践的贡献［J］．北京工商大学学报（社会科学版）．2005（04）．

[352] 刘夏，蒲勇健，陈斌．混业经营模式下的有效金融监管组织体系研究［J］．金融研究．2005（09）．

[353] 刘新仕．证券市场中政府监管的博弈分析［J］．中国市场．2005（50）．

[354] 刘秀芳．我国资本市场风险监管与防范研究［J］．现代财经（天津财经学院学报）．2005（02）．

[355] 刘秀芝．关于会计监管问题的思考［J］．会计之友．2005（05）．

[356] 刘学贵．从新巴塞尔协议看我国银行监管制度的完善［J］．特区经济．2005（03）．

[357] 刘艳春，高立群．存在成本差异的双寡头企业选址定价博弈［J］．东北大学学报．2005（05）．

[358] 刘永．相关多元化经营战略与范围经济［J］．经济论坛．2005（12）．

[359] 刘煜辉，熊鹏．股权分置、政府管制和中国 IPO 抑价［J］．经济研究．2005（05）．

[360] 刘元．我国城市商业银行的发展方向与监管取向［J］．中国金融．2005（01）．

[361] 刘志友．我国金融监管制度的有效性分析［J］．审计与经济研究．2005（01）．

[362] 刘中华，周洁如．网络外部性与网络产业竞争行为［J］．管理现代化．2005（05）．

[363] 刘忠和．金融监管的制度变革：从关联方监管到第三方监管［J］．当代经济研究．2005（08）．

[364] 龙勇，张球明．特许经营体系的协调机制研究［J］．工业技术经济．2005（05）．

[365] 龙宗智. 论我国转型期规制经济的刑事政策 [J]. 法学. 2005 (01).

[366] 楼国强，雷明. 公共决策中的信息披露与利益集团游说 [J]. 数量经济技术经济研究. 2005 (10).

[367] 鲁瑞荣. 中国期货市场监管探讨 [J]. 特区经济. 2005 (02).

[368] 鲁政委，冯涛. 寡头垄断市场结构与寡头垄断企业的效率性分析 [J]. 河北经贸大学学报. 2005 (04).

[369] 鲁志勇，于良春. 银行激励相容监管的机制设计 [J]. 经济理论与经济管理. 2005 (05).

[370] 陆磊，王颖. 金融创新、风险分担与监管：中国转轨时期保险资金运用的系统性风险及其管理 [J]. 金融研究. 2005 (06).

[371] 吕洪涵，吕廷杰. 寡头垄断电信市场价格管制机制设计——激励相容理论在价格管制中的应用 [J]. 西安电子科技大学学报（社会科学版）. 2005 (01).

[372] 吕丽. 古代祭祀礼仪的法律规制与文化内涵 [J]. 法制与社会发展. 2005 (06).

[373] 吕鸣，章博. 我国航运竞争法的反垄断豁免制度 [J]. 水运管理. 2005 (03).

[374] 吕荣胜，孙魁伟，姚莹. 网络经济环境下的顾客忠诚研究 [J]. 经济与管理研究. 2005 (03).

[375] 吕少华. 政府规制改革的三种理论视角 [J]. 理论与改革. 2005 (06).

[376] 吕永红，王成昌. 绿色营销政府规制研究（Ⅱ）[J]. 科技管理研究. 2005 (09).

[377] 罗皓，黄海涛. 中国保险业的进入与退出壁垒研究 [J]. 辽宁大学学报（哲学社会科学版）. 2005 (03).

[378] 罗慧，王梅华，杜继稳，等. 水资源可持续发展中政府管制的作用分析 [J]. 水土保持通报. 2005 (05).

[379] 罗莉. 放任还是管制：对电子签名立法的比较研究 [J]. 法学. 2005 (05).

[380] 罗平，陈颖. 小额信贷机构的监管 [J]. 中国金融. 2005 (20).

[381] 罗平，王胜邦. 操作风险监管的国际视野 [J]. 银行家. 2005 (05).

[382] 罗仁会，黄茂萍. 需求相关产业影响下双头垄断 Cournot 博弈分析 [J]. 系统工程. 2005 (02).

[383] 罗晓晴，王彦晓. 试析我国对跨国公司垄断行为的法律规制 [J]. 特区经济. 2005 (04).

[384] 罗兴佐，刘书文. 市场失灵与政府缺位——农田水利的双重困境 [J]. 中国农村水利水电. 2005 (06).

[385] 骆悟捷，冯辉. 论烟草专卖行业限制竞争行为的法律规制 [J]. 萍乡高等专科学校学报. 2005 (01).

[386] 马航. 从行为审计学透视审计合谋 [J]. 财会月刊. 2005 (11).

[387] 马景顺，郑新建. 论商誉侵权行为及其反不正当竞争法规制 [J]. 河北法学. 2005 (03).

[388] 马骏. 体制不协调与监管瓶颈：我国会计监管体制的演变及路径选择 [J]. 会计研究. 2005 (08).

[389] 马新顺，文福拴，刘建新. 电力市场中发电公司间默契合谋机理的研究 [J]. 电力系统自动化. 2005 (17).

[390] 马英娟. 监管的语义辨析 [J]. 法学杂志. 2005 (05).

[391] 马永梅. 我国外资并购中有关反垄断规则问题探析 [J]. 经济师. 2005 (04).

[392] 马越. 加强网络广告的法律规制 [J]. 理论探索. 2005 (05).

[393] 毛宇山，张国安．加强垄断行业价格监管的思考 [J]. 价格理论与实践．2005 (11).

[394] 茅铭晨．中美政府管制体制比较研究 [J]. 浙江学刊．2005 (03).

[395] 梅光辉．反垄断法适用除外制度的原理探微 [J]. 黑龙江省政法管理干部学院学报．2005 (01).

[396] 孟光兴．我国药品生产市场准入制度的规制理论分析 [J]. 中国药房．2005 (22).

[397] 孟雁北．论产业政策与反垄断法的冲突与协调 [J]. 社会科学研究．2005 (02).

[398] 慕亚平，吴四季．探析我国外资并购中的反垄断规制——兼评《外商投资企业并购境内企业暂行规定》中的反垄断规则 [J]. 学术研究．2005 (08).

[399] 聂名华．关于外资并购中的垄断倾向与法制建设的完善 [J]. 社会科学．2005 (09).

[400] 宁立志．论反垄断法对专利权行使的规制 [J]. 法学杂志．2005 (01).

[401] 宁立志，胡贞珍．美国反托拉斯法中的专利权行使 [J]. 法学评论．2005 (05).

[402] 牛晓健，郑祖玄．资本管制、外商投资与最优税差——对中国转型时期过渡性资本外逃的研究 [J]. 经济研究．2005 (04).

[403] 欧阳仁根．论我国反垄断立法中的合作社豁免问题 [J]. 财贸研究．2005 (01).

[404] 欧阳日辉．监管制度创新与中国期货市场发展 [J]. 中国社会科学院研究生院学报．2005 (06).

[405] 潘德平．国外商业银行监管研究及启示 [J]. 财经问题研究．2005 (03).

[406] 潘宏筠．中国食品市场秩序混乱的成因与对策 [J]. 经济与管理．2005 (11).

[407] 潘金生．构建与完善中国金融机构反洗钱的监管机制 [J]. 中央财经大学学报．2005 (01).

[408] 潘科，朱玉碧．探析耕地保护中的政府行为 [J]. 中国农学通报．2005 (07).

[409] 潘淑清．技术溢出情况下寡头垄断企业合作创新效率的博弈分析 [J]. 商业研究．2005 (09).

[410] 潘淑清．企业战略联盟的市场绩效分析 [J]. 当代财经．2005 (04).

[411] 潘小军，陈宏民，廖刚．基于网络外部性的商品税与产品差异化分析 [J]. 管理科学学报．2005 (04).

[412] 潘新华．陕北地区能源开发、环境保护与经济协调发展的思考 [J]. 企业经济．2005 (09).

[413] 潘艳红．行政垄断危害的多元分析 [J]. 江苏商论．2005 (12).

[414] 潘颖，王淼．利率风险管理与监管原则 (一). [J]. 中国金融．2005 (03).

[415] 彭冰，曹里加．证券交易所监管功能研究——从企业组织的视角 [J]. 中国法学．2005 (01).

[416] 彭飞，张加乐．自然垄断与天然气行业管制的政策取向分析 [J]. 西安石油大学学报 (社会科学版). 2005 (03).

[417] 彭峰，李本东．环境保护投资概念辨析 [J]. 环境科学与技术．2005 (03).

[418] 彭世平．建立有效的上市公司信息披露监管体系 [J]. 经济问题探索．2005 (11).

[419] 彭树宏，汪贤裕．纵向差异化下的双寡头信息性广告竞争模型 [J]. 产业经济研究．2005 (04).

[420] 彭文平．利率管制、储蓄动员与经济增长——对东亚国家经济发展过程中高储蓄率的一种解释 [J]. 世界经济文汇．2005 (01).

[421] 彭小兵，曾国平，户邑．城市拆迁缔约中的博弈问题及政府的管制行为 [J]. 管理现代化．2005 (04).

[422] 彭真军．论纵向限制竞争行为规制之必要性与措施 [J]. 广东商学院学报．2005 (04).

[423] 戚莹．反垄断法适用除外制度研究 [J]．湖北社会科学．2005 (11)．
[424] 戚聿东．垄断行业：真问题与假改革 [J]．中国改革．2005 (05)．
[425] 漆彤．反垄断国际合作中的积极礼让原则 [J]．华东政法学院学报．2005 (05)．
[426] 齐春雷．WTO 与国际反垄断：现状及前瞻 [J]．河北省社会主义学院学报．2005 (02)．
[427] 齐春雷．试析反垄断法的域外适用及对我国反垄断立法的启示 [J]．黑龙江省社会主义学院学报．2005 (03)．
[428] 齐兴利，尹平，剧杰．整治国内审计市场秩序与优化执业环境研究 [J]．审计与经济研究．2005 (04)．
[429] 綦好东．会计管制的公司治理导向：经验与启示 [J]．会计研究．2005 (07)．
[430] 钱建豪．论公共产品领域的政府规制改革 [J]．企业经济．2005 (11)．
[431] 钱军．对企业并购动机的经济学分析 [J]．理论探索．2005 (04)．
[432] 钱亮，黄朝禧．关于规范我国城市土地市场秩序的对策 [J]．经济论坛．2005 (07)．
[433] 乔安华．审计合谋的成因及其预防体系构建 [J]．经济论坛．2005 (16)．
[434] 乔志林，万迪昉，贾明．竞争者信息对古诺寡头垄断均衡影响的实验研究 [J]．数量经济技术经济研究．2005 (07)．
[435] 秦恩才．论国有中小企业 MBO 中的政府行为 [J]．经济经纬．2005 (03)．
[436] 秦国楼．我国中央银行与金融监管协调问题研究 [J]．武汉金融．2005 (09)．
[437] 秦江萍，段兴民．企业会计舞弊及其监管的博弈分析 [J]．经济问题．2005 (08)．
[438] 秦鹏．环境保护下的贸易限制——国际贸易中 PPMs 标准的法律问题探析 [J]．国际贸易．2005 (06)．
[439] 丘佳梅，郭汉丁，刘禹民．政府管制下公用事业特许经营产品价格形成探讨 [J]．价格理论与实践．2005 (03)．
[440] 邱平荣．特许经营中限制竞争协议的法律规制 [J]．财贸研究．2005 (06)．
[441] 曲延芬．价格上限规制分析 [J]．工业技术经济．2005 (02)．
[442] 曲振涛，尹妍．新经济条件下竞争性垄断市场结构的出现 [J]．商业研究．2005 (06)．
[443] 冉勇．防范银行监管者腐败的制度设计 [J]．上海金融．2005 (03)．
[444] 冉勇．激励规制理论与商业银行监管 [J]．财经科学．2005 (03)．
[445] 饶粤红．反垄断法私人起诉权的作用分析 [J]．中国司法．2005 (05)．
[446] 饶粤红．论反垄断法中的私人起诉权 [J]．经济与社会发展．2005 (05)．
[447] 任维德．问题、原因、对策：区域经济一体化进程中的地方政府行为分析 [J]．内蒙古社会科学（汉文版）．2005 (03)．
[448] 任晓红，任玉珑，张渝．中国电力产业价格管制模型 [J]．重庆大学学报（自然科学版）．2005 (02)．
[449] 任志安．知识共享与规模经济、范围经济和联结经济 [J]．科学学与科学技术管理．2005 (10)．
[450] 容缨．母子公司相互持股之法律规制 [J]．政法论坛．2005 (03)．
[451] 阮飞轮．警惕图书馆内部职位垄断及其对策 [J]．铜陵学院学报．2005 (04)．
[452] 桑百川，太平．外资并购冲击中国 [J]．世界知识．2005 (12)．
[453] 桑榕．商业银行经营基金业务的风险与监管——美国的经验及借鉴 [J]．国际金融研究．2005 (04)．
[454] 商建初，范方志，张耿庆．技术创新、经济增长与政府干预——基于中国的实证研究 [J]．统计与决策．2005 (02)．
[455] 尚静．金融可持续发展角度的银行监管研究 [J]．商业研究．2005 (10)．

[456] 邵波，宋继伟．国内外反竞争情报研究分析 [J]．情报资料工作．2005 (05)．

[457] 邵德兴．政府干预、社会资本与新型农村合作医疗制度的创建 [J]．科学社会主义．2005 (05)．

[458] 申心吉，余珊．自然垄断定价理论与中国电价激励性规制分析 [J]．重庆邮电学院学报（社会科学版）．2005 (02)．

[459] 沈承诚，左兵团．从政府垄断到多元互动——公用事业民营化过程中的多重博弈关系解读 [J]．公共管理学报．2005 (03)．

[460] 沈光朗，宋亮华．我国离岸金融发展和监管问题研究 [J]．国际金融研究．2005 (12)．

[461] 沈坤荣，李莉．银行监管：防范危机还是促进发展？——基于跨国数据的实证研究及其对中国的启示 [J]．管理世界．2005 (10)．

[462] 沈木珠，解薇薇．中国知识产权领域的反垄断立法思考——从中国企业面临的知识产权危机谈起 [J]．法律科学（西北政法学院学报）．2005 (03)．

[463] 沈山．美国的都市区管制模式及其对长三角区域管制的借鉴 [J]．世界经济与政治论坛．2005 (05)．

[464] 沈镇昭，杨振海．加拿大对饲料安全的监管及启示 [J]．世界农业．2005 (01)．

[465] 沈志渔，林卫凌．国有资产监管体制的制度变迁及目标模式 [J]．新视野．2005 (01)．

[466] 盛杰民．刍议反垄断法对市场支配地位的规制 [J]．学术交流．2005 (07)．

[467] 盛杰民．论我国《反垄断法》的调整范围 [J]．法学杂志．2005 (01)．

[468] 盛杰民，叶卫平．反垄断法价值理论的重构——以竞争价值为视角 [J]．现代法学．2005 (01)．

[469] 盛学军．冲击与回应：全球化中的金融监管法律制度 [J]．法学评论．2005 (03)．

[470] 施汉嵘，沈兵．特许经营中限制竞争行为的法律规制 [J]．法律适用．2005 (05)．

[471] 施俊琦，李峥，王垒，等．沉没成本效应中的心理学问题 [J]．心理科学．2005 (06)．

[472] 施维树，陈刚．论金融监管与金融创新 [J]．特区经济．2005 (03)．

[473] 施卓敏．论寡头企业的先动优势与后动优势 [J]．学术研究．2005 (03)．

[474] 石珺．论混业经营条件下的金融监管 [J]．江苏商论．2005 (03)．

[475] 史际春，肖竹．《反垄断法》与行业立法、反垄断机构与行业监管机构的关系之比较研究及立法建议 [J]．政法论丛．2005 (04)．

[476] 史际春，肖竹．反公用事业垄断若干问题研究——以电信业和电力业的改革为例 [J]．法商研究．2005 (03)．

[477] 史江涛，杨金凤．沉没成本与战略转移模式的选择 [J]．河北经贸大学学报．2005 (02)．

[478] 史晋川，刘晓东．网络外部性、商业模式与 PC 市场结构 [J]．经济研究．2005 (03)．

[479] 史荣华，徐公社．关于卧底侦查法律规制的思考 [J]．中国人民公安大学学报（社会科学版）．2005 (06)．

[480] 史小龙，董理．利益集团政治影响的经济学分析：一个理论综述 [J]．世界经济．2005 (10)．

[481] 史玉成．论环境保护公众参与的价值目标与制度构建 [J]．法学家．2005 (01)．

[482] 司平平．国际反垄断法双边合作的基础——积极礼让原则 [J]．政治与法律．2005 (03)．

[483] 宋晶．从民工潮到民工荒：基于劳动力市场管制视角的分析 [J]．财经问题研究．2005 (10)．

[484] 宋翔，王江平．公路 BOT 项目特许经营竞标及价格管制探讨 [J]．公路．2005 (11)．

[485] 宋湛．中国要素市场分割对制造业的影响分析［J］．经济与管理．2005（07）．

[486] 苏贵兵，张科．西方金融控股集团的监管经验及其启示［J］．特区经济．2005（11）．

[487] 苏华．依法监管：银行业监管的首要原则［J］．南方金融．2005（11）．

[488] 苏昕，杨林，吴隆杰，等．我国环境保护税费政策及其效应评析［J］．税务研究．2005（12）．

[489] 孙恒．对新形势下我国短期资本流动的分析与监管［J］．学术交流．2005（08）．

[490] 孙吉胜．美国政府管制改革的分析和启示［J］．中国行政管理．2005（04）．

[491] 孙明哲．关于振兴东北老工业基地环境保护问题［J］．管理现代化．2005（S1）．

[492] 孙倩．电信业价格管制模式的比较与分析［J］．特区经济．2005（07）．

[493] 孙倩．关于我国建立新型电信管制机构的探讨［J］．改革与战略．2005（07）．

[494] 孙涛涛，吴贺新．企业竞争情报和反竞争情报整合性研究［J］．情报学报．2005（04）．

[495] 孙卫敏，赵金国．寡头垄断与中小企业并存——成熟产业的产业组织结构［J］．中国地质大学学报（社会科学版）．2005（05）．

[496] 孙险峰，李友华．金融控股公司的风险状况与监管模式效能分析［J］．商业研究．2005（09）．

[497] 孙效敏．外资并购投资准入监管研究［J］．甘肃政法学院学报．2005（02）．

[498] 孙秀峰，迟国泰，杨德．基于参数法的中国商业银行规模经济研究与实证［J］．中国管理科学．2005（04）．

[499] 孙雪梅．论电信业激励性规制改革的定价政策［J］．商业时代．2005（21）．

[500] 孙雪梅．我国电信业资费管制研究［J］．价格理论与实践．2005（12）．

[501] 孙铮，刘凤委，李增泉．市场化程度、政府干预与企业债务期限结构——来自我国上市公司的经验证据［J］．经济研究．2005（05）．

[502] 谭春枝．我国金融衍生品市场监管：挑战与改革［J］．金融与经济．2005（04）．

[503] 谭春枝，黄建丹．我国金融衍生品市场监管体系的构建［J］．金融与经济．2005（10）．

[504] 谭晶荣，张德强．对我国利用FDI项目中环境保护问题的思考［J］．国际贸易问题．2005（05）．

[505] 谭燕芝，蔡伟贤．发达国家金融衍生品市场监管模式比较与启示［J］．求索．2005（04）．

[506] 汤艺娜．企业年金计划中政府监管的定位［J］．特区经济．2005（08）．

[507] 汤毅林．关于现行金融监管体制的思考［J］．浙江金融．2005（03）．

[508] 唐波．交易所对金融衍生品市场的自律监管——兼评新修订的证券法相关规定［J］．法学．2005（12）．

[509] 唐国正，刘力．利率管制对我国上市公司资本结构的影响［J］．管理世界．2005（01）．

[510] 唐浩阳，任玉珑，李俊，等．电力需求侧管理中的价格规制［J］．重庆大学学报（自然科学版）．2005（09）．

[511] 唐俊辉，何晖．保持行政监督制度与权力结构的动态平衡——有效制约行政权的基本思路［J］．行政与法（吉林省行政学院学报）．2005（02）．

[512] 唐睿明．会计准则制定的规制经济学分析与启示［J］．财经问题研究．2005（06）．

[513] 唐守廉，孙旖旎．寻求差异特征——电信竞争的差异化和同质化［J］．通信企业管理．2005（02）．

[514] 唐雪梅．试论特许经营的知识资产复制特点［J］．商场现代化．2005（06）．

[515] 唐要家．策略性掠夺性定价及反垄断规则［J］．财经问题研究．2005（08）．

[516] 陶虎．中国证券监管体制的变迁与改革［J］．企业经济．2005（10）．

[517] 陶玲，朱迎．金融产品的法律关系分析及监管建议 [J]．中国金融．2005 (08)．

[518] 陶明，胡建绩．中国烟草产业组织和产业管制问题研究 [J]．生产力研究．2005 (06)．

[519] 田红云，陈继祥．我国电力工业体制改革中的垄断与管制 [J]．西南交通大学学报．2005 (05)．

[520] 田明君．企业间纵向关系的经济分析及其对美国反垄断法的影响 [J]．环球法律评论．2005 (05)．

[521] 田青，缪立新，郑力，等．物流费用规模经济分析 [J]．中国物流与采购．2005 (18)．

[522] 田文英，陈虹睿．应对知识产权垄断的制度设计——反垄断法对知识垄断的审视与接入 [J]．科技进步与对策．2005 (09)．

[523] 田旭．发达国家的政府采购规制及借鉴 [J]．经济纵横．2005 (06)．

[524] 田祖海，毛传阳．外资并购、非对称性政府规制与市场竞争行为 [J]．中国软科学．2005 (02)．

[525] 佟德志．民主失败与法治规制——西方宪政民主理论的逻辑结构简析 [J]．江汉论坛．2005 (10)．

[526] 佟福玲，杨宏山．从管制型政府走向服务型政府——“服务型政府与和谐社会”学术研讨会综述 [J]．中国行政管理．2005 (10)．

[527] 佟健．电信竞争、呼叫外部性与接听方付费 [J]．经济学 (季刊)．2005 (04)．

[528] 涂利平，涂自力，杨华林．非经营性国有资产监管对策 [J]．中国市场．2005 (40)．

[529] 万勇．中国自然垄断部门政府规制的特殊性与改革初探 [J]．长江大学学报 (社会科学版)．2005 (06)．

[530] 汪传才．论分时度假营销的立法规制 [J]．旅游学刊．2005 (02)．

[531] 汪传才．论欧盟特许经营法的最新发展 [J]．西北师大学报 (社会科学版)．2005 (02)．

[532] 汪秋明．新规制经济学研究述评 [J]．经济评论．2005 (04)．

[533] 汪伟，史晋川．进入壁垒与民营企业的成长——吉利集团案例研究 [J]．管理世界．2005 (04)．

[534] 汪永成．公用事业市场化政策潜在的公共风险及其控制 [J]．江海学刊．2005 (01)．

[535] 汪永成，黄卫平，程浩．社会利益集团政治化趋势与政府能力建设 [J]．武汉大学学报 (人文科学版)．2005 (01)．

[536] 王爱民．生态环境产品的政府双重垄断分析 [J]．社会科学．2005 (08)．

[537] 王柏军，胡修林．自然垄断产业民营化改革的思考 [J]．理论界．2005 (12)．

[538] 王斌，徐寅峰，李志敏．寻租现象监督治理的不完全信息动态博弈分析 [J]．系统工程．2005 (10)．

[539] 王冰，黄岱．“市场结构—市场行为—市场绩效”范式框架下的政府管制理论及其对我国的借鉴作用 [J]．山东社会科学．2005 (03)．

[540] 王冰，黄岱．信息不对称与内部性政府管制失败及对策研究 [J]．江海学刊．2005 (02)．

[541] 王丙毅．网络经济下规模经济的新特点与规模经济理论创新 [J]．经济问题．2005 (01)．

[542] 王博钊，贾红英，徐英倩．技术进步对自然垄断判定的影响——自然垄断的动态分析 [J]．山西财经大学学报．2005 (05)．

[543] 王长坤．从自然垄断理论的发展看航空运价改革 [J]．综合运输．2005 (02)．

[544] 王长秋．中国市场中联合抵制的反垄断法规制 [J]．河南师范大学学报 (哲学社会科学

版）. 2005（06）.

［545］王成钢. 城市出租汽车客运不是特许经营对象［J］. 城市公用事业. 2005（06）.

［546］王春平，高云，彭静. 保护农民土地权利的治本之策：土地财产权利制衡土地行政权力［J］. 农业经济. 2005（10）.

［547］王从容. 浅议我国公用事业价格听证制度的缺陷及完善对策［J］. 价格月刊. 2005（10）.

［548］王大伟，刘彦随，卢艳霞. 农业结构调整对全国粮食安全的影响分析——以粮食主产区为例［J］. 中国人口·资源与环境. 2005（02）.

［549］王丹，李海婴. 中国证券监管实证研究［J］. 特区经济. 2005（08）.

［550］王国栋，陈丽珍. 跨国公司在华并购的现状分析与对策建议［J］. 国际贸易问题. 2005（09）.

［551］王赫. 论反不正当竞争法对地理标志的保护作用［J］. 甘肃政法学院学报. 2005（01）.

［552］王恒. 香港"保荐人"监管措施和问责机制的启示——由中小企业板"琼花事件"引发的反思［J］. 江汉论坛. 2005（03）.

［553］王红伟. 有效银行监管：理念、问题、建议［J］. 西南金融. 2005（05）.

［554］王宏斌，陈一兵. 论全球环境治理及其历史局限性——国际政治的视角［J］. 世界经济与政治论坛. 2005（02）.

［555］王宏军. 论市场失灵及其规制方法的类型［J］. 经济问题探索. 2005（05）.

［556］王霁虹，马振东. 特许经营模式下法律风险的识别与防范（上篇——基础理论篇）.［J］. 建筑经济. 2005（01）.

［557］王建平. 商业银行规模经济与集约经营关系的实证研究［J］. 财经研究. 2005（04）.

［558］王健. 2002年《企业法》与英国竞争法的新发展［J］. 环球法律评论. 2005（02）.

［559］王敬云. 从演进经济学的角度透视中国地方保护主义的产生和演化［J］. 世界地理研究. 2005（03）.

［560］王敬云. 一个关于中国地方保护主义问题的综述［J］. 兰州商学院学报. 2005（05）.

［561］王珏. 新贸易壁垒：中国国际贸易的环境政策与政府干预［J］. 生产力研究. 2005（09）.

［562］王军. 外国直接投资、环境管制与国际竞争力［J］. 世界经济研究. 2005（12）.

［563］王军，张蕴萍. 自然垄断行业收入过高的制度性根源［J］. 新疆财经学院学报. 2005（02）.

［564］王俊豪. 垄断性产业市场结构重组后的分类管制与协调政策——以中国电信、电力产业为例［J］. 中国工业经济. 2005（11）.

［565］王俊豪. 中国垄断性产业管制机构的改革——以中国电信产业管制机构为例［J］. 中国工业经济. 2005（01）.

［566］王俊豪，孙少春. 信息不对称与食品安全管制——以"苏丹红"事件为例［J］. 商业经济与管理. 2005（09）.

［567］王俊豪，王建明. 我国城市污水与垃圾处理的市场化改革及其管制政策［J］. 财经论丛（浙江财经学院学报）. 2005（02）.

［568］王康，赵守飞. 公司并购中的反垄断豁免制度研究［J］. 兰州学刊. 2005（01）.

［569］王磊. 试论对滥用市场支配地位行为的法律制裁方式［J］. 学术交流. 2005（06）.

［570］王莉. 关于规模经济的实证分析——以我国汽车工业为例［J］. 数量经济技术经济研究. 2005（08）.

［571］王立平，吕民乐. 知识溢出的规模经济、范围经济与联结经济［J］. 科学·经济·社

会．2005（04）．

［572］王丽梅．浅析绿色物流发展的政府规制与政策激励［J］．税务与经济（长春税务学院学报）．2005（06）．

［573］王林昌，陈仕江．自然垄断产业市场化改革后的政府规制探析［J］．经济前沿．2005（08）．

［574］王名．改革中国民间组织监管体制的建议［J］．中国改革．2005（11）．

［575］王琦，吕廷杰．互联网骨干网网间直联博弈对管制政策的影响［J］．数量经济技术经济研究．2005（02）．

［576］王迁．欧美转基因食品法律管制制度比较研究［J］．河北法学．2005（10）．

［577］王善平，赵国宇．奖励审计师与防范审计合谋［J］．系统工程．2005（05）．

［578］王胜邦．国际会计准则39号与银行监管：关系与影响［J］．国际金融研究．2005（05）．

［579］王素芬，崔丽．试论掠夺性定价的认定与立法规制［J］．辽宁行政学院学报．2005（04）．

［580］王素芬，张猛．反垄断法视野中的知识产权滥用及其法律规制［J］．辽宁大学学报（哲学社会科学版）．2005（06）．

［581］王威，顾海英．中国乳品加工业的过度竞争分析［J］．中国农村经济．2005（02）．

［582］王为农，黄芳．企业联合组织滥用技术标准的反垄断规制问题［J］．浙江社会科学．2005（03）．

［583］王为农，黄芳．日本禁止垄断法中的征缴“课征金”制度［J］．财经问题研究．2005（05）．

［584］王为人，屠梅曾．公共产品供给打破完全垄断的理论条件分析［J］．上海经济研究．2005（03）．

［585］王伟，管毅平，翟海青，等．电能现货拍卖交易中企业间默契合谋行为分析［J］．电力系统自动化．2005（23）．

［586］王喜梅，乔培峰．我国金融控股公司监管的协调问题［J］．金融与经济．2005（10）．

［587］王先林．略论竞争法对跨国公司知识产权滥用的规制［J］．中国工商管理研究．2005（04）．

［588］王先林．略论我国反垄断立法中的禁止行政性垄断制度［J］．安徽大学学报．2005（06）．

［589］王先林．在华跨国公司知识产权滥用的反垄断法分析［J］．知识产权．2005（06）．

［590］王晓红．发达国家改造国有企业实践及外资并购规制的启示（上）．［J］．科学决策．2005（05）．

［591］王晓红．发达国家改造国有企业实践及外资并购规制的启示（下）．［J］．科学决策．2005（06）．

［592］王晓晔．公用企业滥用优势地位行为的法律管制［J］．法学杂志．2005（01）．

［593］王欣新，王斐民．中国反垄断法调整范围的立法思考与建议［J］．法学杂志．2005（01）．

［594］王新华．论知识产权的反垄断立法［J］．政治与法律．2005（03）．

［595］王新新．跨国并购中的国家风险评价［J］．经济与管理研究．2005（10）．

［596］王雄元．自愿性信息披露：信息租金与管制［J］．会计研究．2005（04）．

［597］王艳林，李彬．中国竞争法基本范畴的确立及其对立法的意义——兼评《中华人民共和国反垄断法》草案的修改［J］．河南省政法管理干部学院学报．2005（01）．

[598] 王耀忠．食品安全监管的横向和纵向配置——食品安全监管的国际比较与启示 [J]．中国工业经济．2005 (12)．

[599] 王玉海．政府干预市场理论对转型条件下政府与市场关系的启示 [J]．中国流通经济．2005 (04)．

[600] 王玉辉．日本反垄断法损害赔偿制度探讨 [J]．现代财经（天津财经学院学报）．2005 (07)．

[601] 王玉荣．论我国企业合并的反垄断控制 [J]．经济经纬．2005 (01)．

[602] 王志永．自然垄断行业放松管制改革的动因 [J]．开放导报．2005 (05)．

[603] 王中美．国际核心卡特尔及其规制 [J]．世界经济研究．2005 (01)．

[604] 王忠生，左芳园．关于我国金融监管成本问题的探讨 [J]．特区经济．2005 (06)．

[605] 王子灿．循环经济立法与环境保护 [J]．苏州大学学报．2005 (06)．

[606] 王自力．公用事业改革的动因：财务约束假说 [J]．财经科学．2005 (02)．

[607] 威廉·安德森，任东来．美国政府监管程序的宪法基础 [J]．南京大学学报（哲学·人文科学·社会科学版）．2005 (04)．

[608] 卫功琦．商业银行操作风险管理与监管研究 [J]．中央财经大学学报．2005 (12)．

[609] 魏风华，梁振杰，张檪．解决矿山生态环境保护问题的对策建议 [J]．中国国土资源经济．2005 (02)．

[610] 魏海峰．价格歧视在电信运营业中的运用 [J]．通信企业管理．2005 (06)．

[611] 魏华林，蔡秋杰．保险费率监管研究——兼论中国保险费率监管的悖论 [J]．金融研究．2005 (08)．

[612] 魏前梅．谈谈非营利组织财务监管的制度设计 [J]．财会通讯．2005 (06)．

[613] 魏琼．中国反垄断法中的诉讼请求程序初探——兼评2004年《反垄断法（送审稿）》[J]．政治与法律．2005 (01)．

[614] 魏翔，朱德良．基于公共经济学的旅游经济政府规制研究 [J]．经济问题探索．2005 (12)．

[615] 魏朱宝．注册会计师审计独立性弱化：市场缺陷与政府失灵 [J]．审计研究．2005 (05)．

[616] 温宏建．纵向限制的经济学和法学意义 [J]．首都经济贸易大学学报．2005 (02)．

[617] 文力．多元利益集团下的社会均衡 [J]．中国改革．2005 (11)．

[618] 文青．外资垄断术揭示 [J]．企业管理．2005 (07)．

[619] 文学国．反垄断法对滥用市场支配地位企业的规制 [J]．中国社会科学院研究生院学报．2005 (04)．

[620] 文瑶玲．价格歧视理论及思考 [J]．价格与市场．2005 (02)．

[621] 翁郁．对外资银行的监管现状及其改进 [J]．上海金融．2005 (06)．

[622] 巫文勇．美国《金融服务现代化法案》对我国金融监管的启示 [J]．企业经济．2005 (03)．

[623] 吴飞，林敏．政府的节制与媒体的自律——英国传媒管制特色初探 [J]．浙江大学学报（人文社会科学版）．2005 (02)．

[624] 吴光芸，方国雄．市场失灵、政府失灵与非营利组织失灵及三者互动的公共服务体系 [J]．四川行政学院学报．2005 (01)．

[625] 吴海华，王志江．食品安全问题的信息不对称分析 [J]．消费经济．2005 (02)．

[626] 吴宏伟．我国反垄断法与产业政策、竞争政策目标 [J]．法学杂志．2005 (02)．

[627] 吴剑辉，李尚蒲．征地过程中地方政府行为的制度经济学分析 [J]．农村经济．2005 (07)．

[628] 吴金春．关于税收征管中寻租的几点看法 [J]. 经济经纬．2005 (01).

[629] 吴军，邹恒甫．存款保险、道德风险与银行最优监管——一个分析框架及其在中国的应用 [J]. 统计研究．2005 (02).

[630] 吴俊杰．跨国并购的动因及市场结构效应分析 [J]. 浙江树人大学学报．2005 (04).

[631] 吴克云．略论公司债权人保护的法律规制 [J]. 西南民族大学学报 (人文社科版). 2005 (02).

[632] 吴联生．审计意见购买：行为特征与监管策略 [J]. 经济研究．2005 (07).

[633] 吴良志．中美食品安全监管机构之比较 [J]. 食品与发酵工业．2005 (11).

[634] 吴秋生，胡玉可．关联方交易监管：充分公开 [J]. 当代财经．2005 (03).

[635] 吴伟达．论设置自然垄断产业政府管制机构 [J]. 政法论坛．2005 (03).

[636] 吴伟达．中国公用企业价格垄断行为的规制 [J]. 人文杂志．2005 (03).

[637] 吴险峰．我国海洋环境保护的法律原则和政策措施 [J]. 海洋环境科学．2005 (03).

[638] 吴向鹏．国外竞争政策的演进及对中国的启示 [J]. 经济纵横．2005 (08).

[639] 吴晓隽．欧洲旅游中介服务业纵向一体化剖析 [J]. 外国经济与管理．2005 (03).

[640] 吴晓兰，张鸣胜．民航业垄断问题的法律思考 [J]. 西北工业大学学报 (社会科学版). 2005 (03).

[641] 吴兴佐，徐飞彪．国际出口管制体系的实质及前景 [J]. 现代国际关系．2005 (09).

[642] 吴绪亮．买方集中、纵向限制与抗衡势力——解析"加尔布雷斯假说"的反垄断涵义 [J]. 财经问题研究．2005 (08).

[643] 吴绪亮，田明君．反垄断、规制与产业组织研究新进展——中国工业经济研究与开发促进会 2005 年年会暨产业组织与政府规制研讨会学术观点综述 [J]. 中国工业经济．2005 (11).

[644] 吴燕，陈国庆．国外的环境税及其借鉴——兼论我国环境保护税的构建 [J]. 涉外税务．2005 (06).

[645] 吴益民．中日反不正当竞争法比较与启示 [J]. 上海大学学报 (社会科学版). 2005 (03).

[646] 吴玉岭，赵耀．论美国反垄断法的豁免制度及其适用限制 [J]. 南京社会科学．2005 (01).

[647] 吴越，宁喜斌．试论发展和完善我国食品安全法律法规体系 [J]. 食品工业科技．2005 (11).

[648] 吴忠军，李友亮．我国旅游业发展中的政府参与和市场行为关系分析 [J]. 桂林旅游高等专科学校学报．2005 (02).

[649] 伍海泉，龚建英，戴罗仙．我国事业单位国有资产监管制度的缺陷与改革研究 [J]. 事业财会．2005 (01).

[650] 伍霞．论竞争法域外适用的两种机制——效果原则与直接适用的法 [J]. 安徽技术师范学院学报．2005 (05).

[651] 武长海．以《反垄断法》规制知识产权滥用 [J]. 时代经贸．2005 (06).

[652] 武晋伟．日本反垄断法及其对中国的借鉴意义 [J]. 郑州大学学报 (哲学社会科学版). 2005 (01).

[653] 武群丽．利益集团影响下的政府管制决策行为分析 [J]. 经济经纬．2005 (03).

[654] 席涛．谁来监管美国的市场经济——美国的市场化管制及对中国管制改革的启迪 [J]. 国际经济评论．2005 (01).

[655] 夏斌，陈道富．综合经营下的金融机构监管协调 [J]. 银行家．2005 (10).

[656] 项卫星，傅立文．金融监管中的信息与激励——对现代金融监管理论发展的一个综述

[J]. 国际金融研究. 2005 (04).

[657] 肖山. 烟草专营垄断之法律性质再辨析 [J]. 和田师范专科学校学报. 2005 (03).

[658] 肖武岭. 跨国公司技术垄断战略对我国的启示 [J]. 科技与经济. 2005 (06).

[659] 肖兴志. 对中国电价规制效果的一种验证 [J]. 统计研究. 2005 (09).

[660] 肖兴志. 加快推进我国垄断行业的改革与发展 [J]. 东北财经大学学报. 2005 (02).

[661] 肖怡. 广东零售业过度竞争的评判标准及政策思考 [J]. 商讯商业经济文荟. 2005 (02).

[662] 谢红慧. 欧盟竞争法中的"必要设施原则" [J]. 北京政法职业学院学报. 2005 (02).

[663] 谢红霞. QFII: 我国证券监管法律体制面临的挑战 [J]. 山东社会科学. 2005 (04).

[664] 谢建国, 唐建平. 中国股票上市发行监管制度变迁: 一个博弈论解释 [J]. 世界经济. 2005 (02).

[665] 谢平, 吕松. 从"天然气银行"到"水银行"——安然公司在几个管制行业的金融创新及启示 [J]. 金融研究. 2005 (05).

[666] 谢五届, 曹有挥, 焦华富. 区域物流交通网络及空间竞争格局研究——以安徽省为例 [J]. 物流技术. 2005 (03).

[667] 谢晓波, 黄炯. 长三角地方政府招商引资过度竞争行为研究 [J]. 技术经济. 2005 (08).

[668] 谢玉华. 论地方保护主义的本质及其遏制策略 [J]. 政治学研究. 2005 (04).

[669] 谢志刚. 信息产品需求特性与垄断性市场结构 [J]. 中国工业经济. 2005 (05).

[670] 谢志华, 崔学刚. 信息披露水平: 市场推动与政府监管——基于中国上市公司数据的研究 [J]. 审计研究. 2005 (04).

[671] 谢作诗. 垄断的经济学再思考 [J]. 经济经纬. 2005 (01).

[672] 邢鸿飞. 论政府特许经营协议的契约性 [J]. 南京社会科学. 2005 (09).

[673] 邢会强, 李光禄. 并购问题金融机构与反垄断法 [J]. 政法论丛. 2005 (01).

[674] 熊鹏, 王飞. 我国国有商业银行表外业务发展的新思考——基于范围经济的分析框架 [J]. 山西财经大学学报. 2005 (04).

[675] 熊熊, 张维, 任达, 等. 商业银行监管、监控指标的全局主成分分析 [J]. 系统工程理论方法应用. 2005 (01).

[676] 熊英. 地方立法中的地方保护主义 [J]. 中国改革. 2005 (11).

[677] 徐波, 姜秀珍, 吴清. 中国企业跨国并购的支付方式及其影响 [J]. 经济问题探索. 2005 (06).

[678] 徐传谌, 王国兵. 合谋与国有企业内部人控制问题 [J]. 经济纵横. 2005 (11).

[679] 徐丹丹. 反垄断法之要义: 禁止滥用市场支配地位——从法经济学分析的角度 [J]. 当代经理人. 2005 (03).

[680] 徐刚. 可再生能源强制性市场份额政策研究概况 [J]. 四川水力发电. 2005 (S1).

[681] 徐贵丽. 审计合谋与审计意见类型的关系思考 [J]. 审计月刊. 2005 (05).

[682] 徐浩萍. 控制股东利润操纵的动机及其监管研究 [J]. 财经研究. 2005 (02).

[683] 徐宏玲, 李双海. 保险公司规模经济的实证检验 [J]. 石家庄经济学院学报. 2005 (05).

[684] 徐慧娟. 浅述英国金融巡视员制度与消费者权益保护——兼论对我国金融监管的借鉴 [J]. 金融论坛. 2005 (01).

[685] 徐慧泉, 杨朝军. 中央汇金模式下的金融国有资产监管体系建设 [J]. 上海金融. 2005 (05).

[686] 徐剑华，邝光海．班轮运输业反垄断豁免前瞻［J］．世界海运．2005（05）．
[687] 徐进．农产品供应链——食品安全的保障［J］．中国物流与采购．2005（07）．
[688] 徐珺，杨琪．从法律角度看国有商业银行监管的改进［J］．西南金融．2005（11）．
[689] 徐楠，文福拴．电力市场中发电公司间心照不宣的勾结浅析［J］．电力系统自动化．2005（08）．
[690] 徐卫国．银行业激励相容监管问题研究［J］．浙江金融．2005（08）．
[691] 徐文彬．银行业并购中的政府引导和监管［J］．国家行政学院学报．2005（03）．
[692] 徐元国．发达国家服务贸易规制的比较分析与启示［J］．国际贸易问题．2005（06）．
[693] 徐自华．从自然垄断属性的变化看我国电信产业的改革［J］．技术经济与管理研究．2005（03）．
[694] 许百军．寻租理论、政府权力的监督与公共责任视角下的经济责任审计［J］．审计研究．2005（04）．
[695] 许明月，邓宏光．论比较广告的法律规制［J］．法学．2005（10）．
[696] 许南．民营银行的市场生存空间及进入选择［J］．金融理论与实践．2005（06）．
[697] 许箫迪，王子龙，孙春飞，等．寻租行为的经济学分析［J］．商业研究．2005（21）．
[698] 许新宇．对企业规模经济的再认识［J］．科技创业月刊．2005（09）．
[699] 许永刚，王恒同．我国竞技体育垄断的态势及其行业特点［J］．广州体育学院学报．2005（04）．
[700] 薛庆根，高红峰．美国食品安全风险管理及其对中国的启示［J］．世界农业．2005（12）．
[701] 薛伟贤，冯宗宪．网络经济效应分析［J］．系统工程．2005（03）．
[702] 薛沂．自然垄断、规模经济与规制改革——对我国铁路产业的实证分析［J］．铁道运输与经济．2005（01）．
[703] 闫磊，阙巍．农业利益集团的国际比较研究及其启示［J］．农业经济问题．2005（12）．
[704] 严文燕，孙昌兴．食品安全监管分析及政府对策［J］．科技管理研究．2005（12）．
[705] 阎庆民．银行业公司治理与外部监管［J］．金融研究．2005（09）．
[706] 颜剑英，朱衍强．国际金融并购与中国金融安全［J］．兰州商学院学报．2005（01）．
[707] 颜运秋．反垄断法的终极目的及其司法保障［J］．时代法学．2005（06）．
[708] 颜运秋．反垄断法立法目的与保护消费者权益［J］．社会科学家．2005（05）．
[709] 颜运秋．反垄断法应以保护消费者权益为终极目的［J］．消费经济．2005（05）．
[710] 杨柏．上市公司信息披露违规行为监管博弈分析［J］．管理世界．2005（08）．
[711] 杨波，唐小我，艾兴政．纵向垄断市场的信息分享机制与产品定价［J］．中国管理科学．2005（01）．
[712] 杨春妮．我国民航业竞争格局和运行效率研究［J］．当代财经．2005（06）．
[713] 杨栋梁．外资并购若干法律问题初探［J］．南开经济研究．2005（04）．
[714] 杨芳，问清泓．行政性垄断的形态研究［J］．武汉科技大学学报（社会科学版）．2005（01）．
[715] 杨凤玲．天然气产业中下游领域的自然垄断性［J］．天然气工业．2005（11）．
[716] 杨国亮．论范围经济、集聚经济与规模经济的相容性［J］．当代财经．2005（11）．
[717] 杨国亮．论规模经济的本质［J］．生产力研究．2005（09）．
[718] 杨宏芹，胡茂刚．中国期货市场的三级监管制度［J］．中国金融．2005（06）．
[719] 杨家才．金融市场需要统一监管［J］．银行家．2005（02）．
[720] 杨兰品．试论行政垄断及其普遍性与特殊性［J］．武汉大学学报（哲学社会科学版）．

2005 (06).

[721] 杨兰品．行政垄断问题研究述评 [J]．经济评论．2005 (06).

[722] 杨兰品，崔春莹．发达国家反垄断政策指向的调整及其启示 [J]．武汉理工大学学报（社会科学版）．2005 (01).

[723] 杨兰品，张秀生．试论发达国家的行政垄断及其启示 [J]．当代经济研究．2005 (11).

[724] 杨力俊，乞建勋．电力生产寡头垄断市场势力的成因及对策 [J]．华北电力大学学报（社会科学版）．2005 (01).

[725] 杨力俊，乞建勋，谭忠富，等．寡头垄断市场中不同价格形成机制的市场力分析 [J]．中国管理科学．2005 (01).

[726] 杨力俊，谭忠富，刘严，等．放松管制后进入发电市场的最优厂商规模的研究 [J]．中国电机工程学报．2005 (10).

[727] 杨力俊，赵云，乞建勋．特许经营权竞标与管制在电力规制应用中的对比分析 [J]．华东电力．2005 (01).

[728] 杨立新，张国宏．论构建以私权利保护为中心的性骚扰法律规制体系 [J]．福建师范大学学报（哲学社会科学版）．2005 (01).

[729] 杨丽，王鹏生．农业产业集聚：小农经济基础上的规模经济 [J]．农村经济．2005 (07).

[730] 杨丽娟，陈凡．高技术立法规制问题的哲学探讨 [J]．法学论坛．2005 (01).

[731] 杨琳．我国保险市场竞争格局演变特点及趋势 [J]．中国保险．2005 (04).

[732] 杨鹏．压力测试及其在金融监管中的应用 [J]．上海金融．2005 (01).

[733] 杨庆丰，吕廷杰．对我国 VoIP 业务监管的几点建议 [J]．电信科学．2005 (09).

[734] 杨瑞龙．产权的排他性、可转让性与我国现代产权制度的建立 [J]．江苏行政学院学报．2005 (01).

[735] 杨素敏．ISO/DIS 22000 食品安全管理体系对整个食品供应链的要求 [J]．食品工业科技．2005 (01).

[736] 杨天和，褚保金．中国农产品质量安全保障体系中的技术创新 [J]．南京农业大学学报．2005 (03).

[737] 杨晓兰．美国银行业放松地域管制的经验及其借鉴 [J]．浙江金融．2005 (10).

[738] 杨晓玲．垄断势力、市场势力与当代产业组织关系 [J]．南开经济研究．2005 (04).

[739] 杨勇，达庆利．不对称双寡头企业技术创新投资决策研究 [J]．中国管理科学．2005 (04).

[740] 杨宗昌，冯均科．关于我国会计监管控制权制度安排的新思考 [J]．财会月刊．2005 (05).

[741] 姚洪兴，徐峰．双寡头有限理性广告竞争博弈模型的复杂性分析 [J]．系统工程理论与实践．2005 (12).

[742] 姚顺波，郑少锋．论激励性林业管制 [J]．林业经济问题．2005 (02).

[743] 姚晓霞．公路特许经营制度的分析与探讨 [J]．综合运输．2005 (06).

[744] 姚耀军．转轨经济中的农村金融：管制与放松管制 [J]．财经科学．2005 (06).

[745] 叶春明，许新亚．资本管制与金融危机——智利模式与中国实践的分析 [J]．经济社会体制比较．2005 (02).

[746] 叶巍，茅仲华．侵犯“网络财产”行为的刑法规制 [J]．法律适用．2005 (05).

[747] 叶泽，喻苗．垄断企业捆绑销售的策略效应 [J]．长沙理工大学学报（社会科学版）．2005 (04).

[748] 易英．切换成本和锁定效应与网络成长 [J]．情报杂志．2005 (08).

[749] 尹龙．金融创新理论的发展与金融监管体制演进 [J]．金融研究．2005 (03).

[750] 尹龙．商业银行理财业务的发展与监管 [J]．中国金融．2005 (05).

[751] 尹栾玉．美、日社会性规制政策演变的比较及其借鉴 [J]．当代经济研究．2005 (10).

[752] 尹晓婷．反垄断法域外适用制度分析及我国立法考量 [J]．南方经济．2005 (04).

[753] 游桂云，苏健．西方企业反并购策略与启示 [J]．经济问题探索．2005 (01).

[754] 于立，舒玲敏，刘劲松．欧盟竞争政策及其发展趋势 [J]．世界经济研究．2005 (04).

[755] 于立，吴绪亮．纵向限制的经济逻辑与反垄断政策 [J]．中国工业经济．2005 (08).

[756] 于良春，葛铸聪．自然垄断产业政府规制机构独立性研究 [J]．广东社会科学．2005 (06).

[757] 于良春，田蕾．自然垄断产业进入规制成本与相关政策分析 [J]．经济与管理研究．2005 (11).

[758] 于良春，王志芳．竞争与管制：中国自来水产业的改革与发展 [J]．东岳论丛．2005 (06).

[759] 于良春，杜琼．中国电力均衡的市场机制与政府监管 [J]．财经问题研究．2005 (07).

[760] 于良春，黄进军．环境管制目标与管制手段分析 [J]．理论学刊．2005 (05).

[761] 于明峰．电信业过度竞争如何规避? [J]．通信企业管理．2005 (08).

[762] 于晓光，李春华，孙传生，等．吉林湿地生态环境保护措施研究 [J]．水土保持研究．2005 (06).

[763] 于研，刘伟．我国企业海外并购的障碍及应对策略 [J]．上海企业．2005 (01).

[764] 于莹．内幕交易法律监管的正当性分析 [J]．当代法学．2005 (02).

[765] 余保福．金融业关联交易规制的国际比较及其启示 [J]．上海金融．2005 (10).

[766] 余东华．中国家电行业的市场集中：从过度竞争到有效竞争 [J]．石油大学学报（社会科学版）．2005 (04).

[767] 余冬平，邱菀华．R&D 投资决策的不对称双头垄断期权博弈模型 [J]．系统工程．2005 (02).

[768] 余素梅．欧盟电子货币机构监管指令述评 [J]．法学评论．2005 (02).

[769] 余素梅．欧盟电子货币机构之审慎监管 [J]．武汉大学学报（人文科学版）．2005 (01).

[770] 余文烈．香港公用事业高效运营的经验和启示 [J]．中国行政管理．2005 (11).

[771] 余向华，张珺．垄断企业营销定价策略中的信息甄别与最优非线性定价模型研究 [J]．数量经济技术经济研究．2005 (01).

[772] 俞琳．具有垄断优势的市场结构与我国体育产业发展——兼论竞技体育市场垄断问题的特殊性 [J]．天津体育学院学报．2005 (03).

[773] 喻勤娅．企业环境保护社会责任之我见 [J]．生产力研究．2005 (06).

[774] 元微，邹建峰．金融控股公司的系统风险及其监管方式研究 [J]．现代财经（天津财经学院学报）．2005 (09).

[775] 袁和平．规范地方政府行为 促进区域经济发展 [J]．宏观经济研究．2005 (02).

[776] 苑德军，郭春丽．股权集中度与上市公司价值关系的实证研究 [J]．财贸经济．2005 (09).

[777] 岳意定，李玫．金融控股公司的特有风险及其监管 [J]．西北民族大学学报（哲学社会科学版）．2005 (04).

[778] 岳永川．论商业特许经营中的法律责任 [J]．经济与管理研究．2005 (01).

[779] 臧冬斌．对我国内幕交易法律规制的反思［J］．经济经纬．2005（04）．

[780] 臧旭恒，尹莉．美国现行反垄断法对软件产业的适用性探析——以搭售和掠夺性定价为例［J］．中国工业经济．2005（05）．

[781] 曾国安，吴琼．中国市场对外开放条件下政府反垄断政策的选择［J］．当代经济研究．2005（03）．

[782] 曾国安，周启鹏．论中国经济垄断特点的演化与政策选择［J］．江汉论坛．2005（03）．

[783] 曾民．我国高速公路特许经营风险分析［J］．企业技术开发．2005（05）．

[784] 曾志耕，苟骏，金子才．金融机构业务外包的风险及监管［J］．理论与改革．2005（05）．

[785] 翟东升，魏薇．政府行为对技术性贸易壁垒形成的影响［J］．中央财经大学学报．2005（08）．

[786] 翟岩，杨淑琴．利益集团与政府增长及官员政治——从公共选择理论透视西方社会政府和官员的行为［J］．学习与探索．2005（04）．

[787] 占梦雅．我国保险偿付能力监管指标体系的实证检验［J］．上海金融．2005（11）．

[788] 张保华．操纵市场行为的几个基本问题［J］．安徽大学学报．2005（02）．

[789] 张保华，李晓斌．欧盟关于市场操纵行为的监管与立法实践［J］．证券市场导报．2005（01）．

[790] 张炳生．论我国反垄断执法机构的设置——对现行设计方案的质疑［J］．法律科学（西北政法学院学报）．2005（02）．

[791] 张岑遥．城市房地产价格中的地方政府因素：成因、机制和效应［J］．中央财经大学学报．2005（10）．

[792] 张成虎，王雪萍．我国银行技术风险监管的策略研究［J］．情报杂志．2005（11）．

[793] 张驰，黄鑫．区域特许经营结构和责任探析［J］．华东政法学院学报．2005（02）．

[794] 张春法，韩耀．网络经济下企业组织的非一体化趋势与超契约治理［J］．世界经济与政治论坛．2005（02）．

[795] 张德芬．论银行卡信息披露的法律规制［J］．当代法学．2005（03）．

[796] 张德荣．烟草专卖制度的两难选择：财政效率还是市场效率［J］．当代财经．2005（07）．

[797] 张德瑞．我国金融监管法律制度的反思与改造［J］．经济经纬．2005（05）．

[798] 张飞，曲福田．从地方政府之间博弈的角度看土地市场秩序［J］．经济问题探索．2005（06）．

[799] 张飞，曲福田．土地市场秩序混乱与地方政府竞争［J］．社会科学．2005（05）．

[800] 张谷民，陈功玉．食品安全与可追溯系统［J］．中国物流与采购．2005（14）．

[801] 张关心．我国证券监管国际协作存在的问题及对策建议［J］．特区经济．2005（07）．

[802] 张光．规模经济与县政区划：以福建省为例的实证研究［J］．福建金融管理干部学院学报．2005（05）．

[803] 张海营．欧盟金融监管框架浅析［J］．河南大学学报（社会科学版）．2005（05）．

[804] 张和群．社会规制理论综述［J］．中国行政管理．2005（10）．

[805] 张红凤．激励性规制理论的新进展［J］．经济理论与经济管理．2005（08）．

[806] 张会恒．论政府规制机构形式的选择［J］．经济社会体制比较．2005（03）．

[807] 张会恒．英国的规制影响评估及对我国的启示［J］．经济理论与经济管理．2005（01）．

[808] 张骥，王宏斌．全球环境治理中的非政府组织［J］．社会主义研究．2005（06）．

[809] 张建．我国城市土地市场政府干预的经济学分析［J］．国土资源导刊．2005（06）．

[810] 张建邦．生物基因资源获取和利益分享的国际法规制——兼论对我国基因资源保护的启示 [J]．法律科学．西北政法学院学报．2005 (06)．

[811] 张杰．中国规制改革之路：从自然垄断到可竞争市场 [J]．科技管理研究．2005 (06)．

[812] 张杰斌．论特许经营主体之反垄断法定位——兼论反垄断法与商事法之主体观差异[J]．湖北省社会主义学院学报．2005 (04)．

[813] 张凯．我国诱惑侦查相关制度的反思与规制 [J]．中国人民公安大学学报（社会科学版)．2005 (01)．

[814] 张兰，李叶欣．绿色壁垒与 WTO 竞争政策之法律关系探析 [J]．南方冶金学院学报．2005 (02)．

[815] 张立辉，张晓春，李寒芳．判断发电商市场势力的指标分析 [J]．现代电力．2005 (04)．

[816] 张琳，王慧萍．论我国养老保险基金的投资与监管 [J]．财经理论与实践．2005 (03)．

[817] 张嫚．环境规制与企业行为间的关联机制研究 [J]．财经问题研究．2005 (04)．

[818] 张梅琳．我国商业银行流动性监管效应的实证探讨 [J]．商业经济与管理．2005 (05)．

[819] 张明艳．论控制转售价格行为的反垄断法规制 [J]．长沙铁道学院学报（社会科学版)．2005 (01)．

[820] 张奇峰．政府管制提高会计师事务所声誉吗？——来自中国证券市场的经验证据 [J]．管理世界．2005 (12)．

[821] 张琦．会计信息的政府管制：基于会计本质的思考 [J]．中南财经政法大学学报．2005 (06)．

[822] 张人骥，刘春江．基于政策监管下的新股增发与股市波动研究 [J]．财经研究．2005 (06)．

[823] 张锐．反垄断：中国政府 VS 跨国公司 [J]．中国外资．2005 (01)．

[824] 张瑞萍．WTO 规则下跨国公司行为规制方式分析 [J]．现代法学．2005 (03)．

[825] 张瑞萍．从公司组织法到公司行为法——从公司权力的演变看公司法规制重心的转变 [J]．清华大学学报（哲学社会科学版)．2005 (02)．

[826] 张守文．当前我国围绕食品安全内涵及相关立法的研究热点——兼论食品安全、食品卫生、食品质量之间关系的研究 [J]．食品科技．2005 (09)．

[827] 张婉苏，潘骏．欧盟对企业合并的最新程序法规制——兼议对我国《反垄断法》立法的启示 [J]．淮阴工学院学报．2005 (06)．

[828] 张伟君．知识产权许可反垄断法规制的不同模式和共同趋势 [J]．世界贸易组织动态与研究．2005 (01)．

[829] 张伟丽，叶民强．政府、环保部门、企业环保行为的动态博弈分析 [J]．生态经济．2005 (02)．

[830] 张卫国，罗军，吴丙山．组织中的非正式行为问题——串谋行为和权力滥用 [J]．探索．2005 (01)．

[831] 张文斌．不同审计委托模式下审计合谋的博弈分析 [J]．审计与经济研究．2005 (01)．

[832] 张文娟，许涛．PFI 项目履约监管机制的研究 [J]．中国人口·资源与环境．2005 (05)．

[833] 张小强，许明月．行政垄断的经济分析及其对策 [J]．重庆大学学报（自然科学版)．2005 (03)．

[834] 张晓春，于然．世界电力产业的发展趋势对我国的启示——研究电力产业自然垄断、竞争和管制的重要意义 [J]．生产力研究．2005 (02)．

[835] 张晓薇．规制滥用诉权行为的场域选择［J］．河北大学学报（哲学社会科学版）．2005（01）．

[836] 张新民．社会保险基金投资监管法律制度比较研究［J］．现代法学．2005（04）．

[837] 张秀全．受益人道德风险的法律规制［J］．郑州大学学报（哲学社会科学版）．2005（02）．

[838] 张耀辉，卜国琴，卢云峰．市场交易制度与市场绩效关系的实验经济学研究——对SCP分析范式的修正［J］．中国工业经济．2005（12）．

[839] 张一鹏，童剑峰．国际经贸领域反垄断法适用除外制度研究［J］．江淮论坛．2005（05）．

[840] 张亦春，雷连鸣．信息不对称、道德风险与市场纪律——国际金融监管新趋势的模型解析［J］．福建论坛（人文社会科学版）．2005（09）．

[841] 张永刚，彭正龙，罗能钧．我国市政公用事业价格管制模式探讨［J］．价格理论与实践．2005（12）．

[842] 张永建，刘宁，杨建华．建立和完善我国食品安全保障体系研究［J］．中国工业经济．2005（02）．

[843] 张宇润．网络有害信息法律管制之我见［J］．法学杂志．2005（02）．

[844] 张玉凤．动态博弈与我国商业银行竞争策略［J］．重庆工商大学学报（社会科学版）．2005（03）．

[845] 张玉革，刘艳军，张玉龙．Se和Cd在土壤—植物系统中的迁移与食品安全［J］．土壤通报．2005（05）．

[846] 张蕴萍，蒋海岩．日本烟草管理体制变革及对我国烟草专卖制度改革的启示［J］．理论学刊．2005（09）．

[847] 张兆同，魏瑜，张文浩．江苏制造业地区集中程度的实证研究［J］．南京农业大学学报（社会科学版）．2005（03）．

[848] 张振轩．刍论寻租［J］．江汉论坛．2005（02）．

[849] 张正平，何广文．我国国有商业银行规模经济效应的实证研究［J］．广东社会科学．2005（02）．

[850] 张孜．现物出资制度的规制措施［J］．商业研究．2005（20）．

[851] 章安平．我国商业银行发展金融衍生工具的风险及监管建议［J］．特区经济．2005（05）．

[852] 章秀福，王丹英，方福平，等．中国粮食安全和水稻生产［J］．农业现代化研究．2005（02）．

[853] 赵玻．零售商市场势力及其福利效应［J］．财经理论与实践．2005（01）．

[854] 赵承寿．巴塞尔新资本协议框架下对金融衍生交易的监管［J］．法学杂志．2005（03）．

[855] 赵春华．理念与制度：大学学术权力的法律规制［J］．武汉大学学报（哲学社会科学版）．2005（04）．

[856] 赵广林．论信息商品的捆绑定价策略［J］．情报杂志．2005（05）．

[857] 赵会茹，刘祎，李春杰．输配电价格管制中投资回报率水平的确定［J］．电网技术．2005（21）．

[858] 赵劲松．对建立新型金融监管协调机制的思考［J］．金融理论与实践．2005（06）．

[859] 赵劲松．试论建设有中国特色的金融监管协调机制［J］．上海金融．2005（05）．

[860] 赵京，王洁，韦苇．论政府介入西部生态环境建设的合理性［J］．长安大学学报（社会科学版）．2005（03）．

［861］赵静梅，吴风云．金融监管一体化：世界潮流还是全球试点？［J］．经济社会体制比较．2005（02）．

［862］赵林度．功能食品安全营销控制策略研究［J］．食品科学．2005（09）．

［863］赵霖平，周云，钱叶钧．试析工程招投标过程中承包商之间的合谋［J］．企业经济．2005（02）．

［864］赵娜．数字付费电视节目的"价格歧视"策略［J］．广播电视信息．2005（08）．

［865］赵农，刘小鲁．进入管制与产品质量［J］．经济研究．2005（01）．

［866］赵其国．建设江西优质粮仓 确保国家粮食安全［J］．土壤．2005（03）．

［867］赵全军．公用事业民营化及其在中国的适用性问题［J］．理论与改革．2005（01）．

［868］赵文华．国外代理理论中串谋问题的研究进展及中国的特殊性［J］．广东社会科学．2005（06）．

［869］赵阳．GATS框架下国际电信服务贸易领域的市场准入问题——兼谈中国电信服务业的开放问题［J］．贵州工业大学学报（社会科学版）．2005（03）．

［870］赵怡．农村金融体制改革与政府行为边界［J］．商业时代．2005（18）．

［871］赵玉敏．我国纺织工业的未来——从世界纺织工业发展情况、竞争格局引发的思考［J］．国际贸易．2005（06）．

［872］赵振铣，向强．防范政府投资项目招投标纵向串谋的机制设计［J］．财经科学．2005（01）．

［873］赵志平，贾秀兰．环境保护的政府行为分析及反思［J］．生态经济．2005（10）．

［874］郑宝鑫．我国外资并购存在的问题及法律调整［J］．理论界．2005（05）．

［875］郑长军，陆盛德．生产效率与市场竞争度：纵向一体化影响因素的研究［J］．管理学报．2005（06）．

［876］郑风田，胡文静．从多头监管到一个部门说话：我国食品安全监管体制急待重塑［J］．中国行政管理．2005（12）．

［877］郑鹏程．美国反垄断法"本身违法"与"合理法则"适用范围探讨［J］．河北法学．2005（10）．

［878］郑士源，宗蓓华．长江三角洲港口过度竞争的分析及对策［J］．中国港口．2005（01）．

［879］郑友德，范长军．反不正当竞争法一般条款具体化研究——兼论《中华人民共和国反不正当竞争法》的完善［J］．法商研究．2005（05）．

［880］钟国伟．公共卫生体制改革的选择——如何应对"政府失灵"和"市场失灵"［J］．卫生经济研究．2005（01）．

［881］钟青林，薛才琳．我国水价的价格管制研究［J］．甘肃社会科学．2005（03）．

［882］钟筱红．关贸总协定1994第20条中环保例外条款的适用及困惑［J］．国际贸易问题．2005（02）．

［883］钟笑寒．地区竞争与地方保护主义的产业组织经济学［J］．中国工业经济．2005（07）．

［884］钟永光．基于古诺寡占模型的纵向兼并问题研究［J］．管理科学．2005（03）．

［885］钟振亚．家具产品设计标准化与生产效率的研究［J］．家具与室内装饰．2005（08）．

［886］周光礼．重构高校治理结构：协调行政权力与学术权力［J］．中国高等教育．2005（19）．

［887］周国光．澳大利亚公路特许经营的特点及启示［J］．综合运输．2005（02）．

［888］周海欧，辜岚．中国电信市场规制模式的逻辑演变［J］．改革与战略．2005（09）．

［889］周虹，王鲁滨．信息化时代的银行监管问题研究［J］．中央财经大学学报．2005（04）．

［890］周建龙．完善上市公司关联交易税务规制的思考［J］．税务研究．2005（11）．

[891] 周立，林荣华．新一轮农村利率改革成效与经济解释——闽东地区调查与垄断市场分析[J]．财贸经济．2005（05）．

[892] 周天勇．重新定义范围经济［J］．财经问题研究．2005（01）．

[893] 周汐，李志旺．构建我国完善的外资并购法规体系［J］．北方经贸．2005（11）．

[894] 周显志，赵丽慧．浅议行政垄断的分类及法律规制［J］．兰州学刊．2005（04）．

[895] 周显志，郑佳．论消费信用卡透支风险的法律监管制度建设［J］．法学论坛．2005（02）．

[896] 周小梅，王俊豪．论自然垄断产业有效竞争的若干问题——兼与彭武元、方齐云先生商榷［J］．华中科技大学学报（社会科学版）．2005（03）．

[897] 周煊．企业价值网络竞争优势研究［J］．中国工业经济．2005（05）．

[898] 周雪光．“逆向软预算约束”：一个政府行为的组织分析［J］．中国社会科学．2005（02）．

[899] 周耀东，余晖．政府承诺缺失下的城市水务特许经营——成都、沈阳、上海等城市水务市场化案例研究［J］．管理世界．2005（08）．

[900] 周应恒，彭晓佳．风险分析体系在各国食品安全管理中的应用［J］．世界农业．2005（03）．

[901] 周仲飞，孙飞廉．论金融控股公司市场准入的监管［J］．上海财经大学学报．2005（04）．

[902] 朱长存，顾六宝．地方政府行为模式多样性的经济学分析［J］．河北学刊．2005（03）．

[903] 朱道立，曹瑜．多产品竞争环境下的需求理论和竞争策略设计［J］．研究与发展管理．2005（02）．

[904] 朱锷．论我国反垄断法的适用除外制度［J］．特区经济．2005（09）．

[905] 朱光磊，孙涛．“规制——服务型”地方政府：定位、内涵与建设［J］．中国人民大学学报．2005（01）．

[906] 朱怀庆，丁力．论民营银行的市场准入监管策略［J］．广西农村金融研究．2005（04）．

[907] 朱建芳，诸立新．天然气产业：自然垄断与有效监管［J］．生产力研究．2005（05）．

[908] 朱希伟，金祥荣，罗德明．国内市场分割与中国的出口贸易扩张［J］．经济研究．2005（12）．

[909] 朱晓东，朱永才．行政垄断的危害及其法律规制［J］．经济论坛．2005（20）．

[910] 朱新力，宋华琳．现代行政法学的建构与政府规制研究的兴起［J］．法律科学（西北政法学院学报）．2005（05）．

[911] 朱允荣．国外食品安全体系建设经验借鉴［J］．农村经济．2005（05）．

[912] 竺效．环境行政许可听证专家主持人制度初探——兼议《环境保护行政许可听证暂行办法》第 8 条的完善［J］．法学评论．2005（05）．

[913] 庄二平．我国移动通信市场两大寡头价格战的博弈分析［J］．郑州经济管理干部学院学报．2005（04）．

[914] 庄尚文．网络经济条件下的产品内分工与模块化生产［J］．南京财经大学学报．2005（04）．

[915] 邹朋飞．范围经济与我国商业银行改革［J］．广西社会科学．2005（04）．

[916] 邹薇，钱雪松．融资成本、寻租行为和企业内部资本配置［J］．经济研究．2005（05）．

[917] 邹新，马素红．中资银行海外拓展及市场准入研究［J］．金融论坛．2005（01）．

[918] 祖强，周志莹．跨国公司并购对我国经济发展的影响和对策［J］．新金融．2005（11）．

2004 年

[1] 2003 年航空客运市场结构调查与分析 [J]. 中国民用航空. 2004 (03).

[2] 2004 年中国烟台食品安全和投资高层论坛胜利闭幕 [J]. 中外食品. 2004 (11).

[3] 28 大类食品实施市场准入制度 [J]. 农业环境与发展. 2004 (02).

[4] Lee. S.，陆丽娜，纵向网络产业的私有化政策 [J]. 世界经济文汇. 2004 (05).

[5] SA8000——市场准入的第三印章 [J]. 对外经贸财会. 2004 (05).

[6] 艾华. 建立国家反垄断机构 加快推进垄断行业改革 [J]. 广东审计. 2004 (02).

[7] 艾兴政，唐小我，倪得兵. 价格上涨环境下供应链的渠道协调机制研究 [J]. 管理科学学报. 2004 (05).

[8] 艾哲文. 土地一级市场垄断的效应 [J]. 中国房地信息. 2004 (04).

[9] 安起光，孟庆春. 垄断市场的双层规划优化调控模型 [J]. 山东科学. 2004 (04).

[10] 安月婷. 从反洗钱论基层人民银行的功能监管障碍 [J]. 武汉金融. 2004 (11).

[11] 敖荣军，李新民. 城市环境保护的制度创新研究 [J]. 科技进步与对策. 2004 (10).

[12] 巴曙松，刘清涛，牛播坤. 向成熟国际银行标准靠拢——中国资本充足监管框架的形成及发展 [J]. 国际贸易. 2004 (12).

[13] 巴曙松. 金融监管框架的演变趋势与商业银行的发展空间 [J]. 当代财经. 2004 (01).

[14] 巴曙松，张宁. "基于制度缺陷的金融创新及其监管" 问题讨论 [J]. 学术月刊. 2004 (01).

[15] 白非，刘振环. 我国自然垄断行业民营化改革的法律完善 [J]. 河北法学. 2004 (11).

[16] 白列湖，潘开灵. 政府失灵的原因及其对策. 科技创业月刊. 2004 (06).

[17] 白宁. 谈国外反垄断立法的特点及对价格垄断的规制 [J]. 社会科学战线. 2004 (05).

[18] 白让让，施中华. 边缘化进入、管制放松及基于可竞争性的产业成长——以轿车工业为例 [J]. 当代财经. 2004 (06).

[19] 白让让，郁义鸿. 价格与进入管制下的边缘性进入——一个理论模型分析 [J]. 经济研究. 2004 (09).

[20] 白让让，郁义鸿. 强制性管制放松与边缘性进入的发生——"小灵通" 现象的深层思考 [J]. 中国工业经济. 2004 (08).

[21] 白重恩等. 地方保护主义及产业地区集中度的决定因素和变动趋势 [J]. 经济研究. 2004 (04).

[22] 包亚宁. 试析市场营销中的政府行政行为 [J]. 海南广播电视大学学报. 2004 (02).

[23] 包焱. 开放经济条件下的垄断再论 [J]. 江西师范大学学报. 2004 (03).

[24] 鲍承沛. 创业投资基金的规模经济效应 [J]. 经济论坛. 2004 (02).

[25] 北京市放宽外资市场准入和经营限制 [J]. 投资北京. 2004 (03).

[26] 北京四条地铁线特许经营全球招标 [J]. 都市快轨交通. 2004 (04).

[27] 本刊编辑部，陈亚南与图并文，关注绿色门槛——对京城农副产品市场准入情况的调查 [J]. 中国市场. 2004 (03).

[28] 本刊编辑部. 我国医药产业的政府管制 [J]. 中国药业. 2004 (11).

[29] 本刊编辑部. 2004 食品安全关键词 [J]. 中国食品工业. 2004 (12).

[30] 本刊编辑部，等. 电力：改革与监管并重　电力改革与发展研讨会综述. 中国改革.

2004（04）.

［31］本刊编辑部，等．电力改革直逼行政壁垒——“打破垄断与区域电力市场建立模式”研讨会［J］．中国改革．2004（04）．

［32］本刊记者．以质量安全为准则　严格监管无证生产　确保食品质量安全市场准入制度有效实施——访国家质检总局执法督查司司长吴清海［J］．监督与选择．2004（01）．

［33］毕姝晨，安洪军．保险管制模式浅议［J］．经济视角．2004（01）．

［34］边东辉，聂英才．从管制经济学和可竞争市场理论看电力市场化改革［J］．经济师．2004（07）．

［35］边维刚．金融领域反洗钱遵守及其监管［J］．南方金融．2004（08）．

［36］卞彬．政绩观与地方政府行为透视［J］．重庆行政．2004（06）．

［37］卜红梅．公用企业垄断问题的法律规制［J］．政法论丛．2004（05）．

［38］卜云霞．中国石化建立有效监控机制满足境内外监管要求［J］．财务与会计．2004（09）．

［39］步德迎．重复建设的体制因素解析［J］．学习月刊．2004（06）．

［40］蔡江南．管制与竞争：美国药品市场中政府的作用［J］．世界经济文汇．2004（03）．

［41］蔡军．城市建设监管模式的转变与完善［J］．城市问题．2004（06）．

［42］蔡珂伟，范航．自然垄断行业市场准入问题探讨［J］．山东商业职业技术学院学报．2004（04）．

［43］蔡莉敏，王坤．市场高价规制的法律研究［J］．经济论坛．2004（04）．

［44］蔡敏，周端明．论产品差异与广告强度［J］．安徽商贸职业技术学院学报（社会科学版）．2004（02）．

［45］蔡宁，张彬．非营利组织的协调失灵及其特殊管制机制研究［J］．中国地质大学学报（社会科学版）．2004（02）．

［46］蔡伟．“《反垄断法》”呼之欲出［J］．中国外资．2004（12）．

［47］蔡翔．我国电信管制现状述评［J］．信息网络．2004（02）．

［48］蔡雪雄．政府垄断土地市场：经营城市的核心和关键［J］．经济体制改革．2004（03）．

［49］蔡雅珺．芝加哥学派竞争理论及其对我国反垄断的启示［J］．甘肃行政学院学报．2004（02）．

［50］蔡永杰．反垄断法的域外适用法律问题研究［J］．甘肃行政学院学报．2004（04）．

［51］曹斌．信息不对称与政府管制［J］．江苏商论．2004（10）．

［52］曹红钢，陶红茹．“避峰”现象中企业的行为分析及政府对策选择［J］．太原理工大学学报（社会科学版）．2004（04）．

［53］曹健．浅谈出口贸易过度竞争的产业组织分析［J］．北方经贸．2004（03）．

［54］曹康泰．行政许可法：一部规范政府行为的重要法律［J］．政策．2004（05）．

［55］曹康泰．行政许可法是一部规范政府行为的重要法律（续）［J］．工商行政管理．2004（09）．

［56］曹康泰．行政许可法是一部规范政府行为的重要法律［J］．中国监察．2004（12）．

［57］曹玫．谁将打破通信业的垄断格局？［J］．电子商务．2004（11）．

［58］曹强．承认市场，修正自身——电力管制结构与市场结构的动态平衡［J］．经营与管理．2004（06）．

［59］曹琼．政府对自然垄断行业的规制分析——一种行政法视野下的新解读［J］．行政与法（吉林省行政学院学报）．2004（08）．

［60］曹圣金．“难”中才有“佳”——记湖南省郴州市烟草专卖局（公司）［J］．中国经济周

刊．2004（05）．

［61］曹文军，刘龙华．依靠市场打破公立医院垄断［J］．医院领导决策参考．2004（10）．

［62］曹晓丽．城市轨道交通行业的垄断与竞争［J］．城市公用事业．2004（04）．

［63］曹休宁，董立山．论中国的地方保护与市场分割［J］．湖南社会科学．2004（02）．

［64］差异化的产品和服务可能更受欢迎［J］．电子产品世界．2004（14）．

［65］柴进，杨妮．试论中国盐业垄断经营的法律规范问题［J］．学术探索．2004（07）．

［66］柴振国，胡海涛．消费信用的立法规制［J］．河北经贸大学学报．2004（04）．

［67］柴正猛．寡占市场结构、研发创新融资与跨期激励相容契约［J］．产业经济评论．2004（01）．

［68］常传领，金纯．试论政府干预及其法律规制［J］．现代法学．2004（06）．

［69］常茜奕．论中国反垄断执法机构的设置［J］．上海行政学院学报．2004（03）．

［70］常欣．新阶段中国垄断性行业改革的三线推进战略［J］．中国工业经济．2004（02）．

［71］常志鹏．电力垄断初破 诸多难题待解［J］．中国电力企业管理．2004（02）．

［72］车丕照．“市场准入”、“市场准出”与贸易权利［J］．清华大学学报（哲学社会科学版）．2004（04）．

［73］陈兵，宋妍．美国反托拉斯法诞生之原因略考［J］．江汉论坛．2004（10）．

［74］陈德湖，李寿德，蒋馥．寡头垄断和排污权初始分配［J］．系统工程．2004（10）．

［75］陈德湖．寡头垄断条件下排污权初始分配的一个模型［J］．工业工程与管理．2004（06）．

［76］陈富良，王光新．政府规制中的多重委托代理与道德风险［J］．财贸经济．2004（12）．

［77］陈富良．利益集团博弈与管制均衡［J］．当代财经．2004（01）．

［78］陈广平．公用事业领域不公平交易条件与消费者的保护［J］．北京市政法管理干部学院学报．2004（02）．

［79］陈红兵．市场结构与企业伦理行为研究——兼论合理有效的委托—代理关系的建构［J］．开发研究．2004（04）．

［80］陈红进，朱小梅．中国加入WTO后继续加强资本管制的负效应分析［J］．湖北大学学报（哲学社会科学版）．2004（03）．

［81］陈红晶．医疗单位的产权制度改革．上海城市管理职业技术学院学报［J］．2004（S1）．

［82］陈华丽．论我国的行政垄断及其法律规制［J］．山西高等学校社会科学学报．2004（05）．

［83］陈继祥，李忠．双寡头产品质量定位与后发优势［J］．上海交通大学学报．2004（03）．

［84］陈建华，周浩．电力市场下的发电企业报价行为分析［J］．企业经济．2004（06）．

［85］陈建华．产业融合管制难题的信息分析［J］．现代经济探讨．2004（08）．

［86］陈建先．公共物品理论与政府经济行为定位［J］．行政与法（吉林省行政学院学报）．2004（03）．

［87］陈金龙，张维．非完全市场衍生资产的相关定价法研究［J］．系统工程学报．2004（03）．

［88］陈婧．政府管制的有限性及其改进［J］．苏州大学学报（工科版）．2004（03）．

［89］陈敬学，别双枝．我国商业银行规模经济效率的实证分析及建议［J］．金融论坛．2004（10）．

［90］陈敬学．我国银行业市场结构与市场绩效的实证研究［J］．金融论坛．2004（05）．

［91］陈可，谭莹，李江帆．自然垄断行业放松规制的理论分析［J］．华南农业大学学报（社会科学版）．2004（01）．

[92] 陈莉，付君萍．中国家电业的并购与重组刚刚开始——访中国社会科学院世界经济与政治研究所研究员康荣平 [J]．电器制造商．2004 (06)．

[93] 陈利昌．我国乳品产业市场结构分析 [J]．农业技术经济．2004 (02)．

[94] 陈亮．垄断行业造成万亿元损失　老百姓默许垄断迫于无奈 [J]．发展．2004 (11)．

[95] 陈琳，王碧英．关于行政垄断的立法建议 [J]．福建政法管理干部学院学报．2004 (01)．

[96] 陈玲．中国加入WTO后对食品安全的影响及对策 [J]．商业研究．2004 (02)．

[97] 陈玲．重复建设：性质与原因的分析 [J]．福州大学学报（哲学社会科学版）．2004 (02)．

[98] 陈美玲．浅论反垄断法规制的垄断 [J]．辽宁教育行政学院学报．2004 (10)．

[99] 陈明．城市公用事业民营化的政策困境——以水务民营化为例 [J]．当代财经．2004 (12)．

[100] 陈庆秋．试论水资源部门分割管理体制的弊端与改革 [J]．人民黄河．2004 (09)．

[101] 陈榕芝．商标与企业名称的混同及其法律规制 [J]．经济经纬．2004 (02)．

[102] 陈茹．反垄断立法踯躅难前 [J]．大经贸．2004 (11)．

[103] 陈少强．财政体制不完善催生重复建设 [J]．中国改革．2004 (09)．

[104] 陈少强．深化财政体制改革与治理重复建设 [J]．经济研究参考．2004 (63)．

[105] 陈世清．权力“寻租”分析 [J]．宁德师专学报（哲学社会科学版）．2004 (02)．

[106] 陈抒颐．浅谈我国企业兼并中的反垄断控制 [J]．唯实．2004 (Z1)．

[107] 陈舒舒．反思我国内幕交易成因及其法律规制 [J]．兰州学刊．2004 (02)．

[108] 陈望祥．电网领域也要引进竞争 打破垄断 [J]．中国电力企业管理．2004 (10)．

[109] 陈卫华．公众参与：自然垄断产业政府管制改革的路径选择——以中国电信产业为例 [J]．中共福建省委党校学报．2004 (03)．

[110] 陈先运．产业经济发展中的政府行为效率——以中国旅游产业为例 [J]．文史哲．2004 (02)．

[111] 陈小俊．必须进一步建立健全食品安全监管制度 [J]．中国药业．2004 (11)．

[112] 陈晓阳，杨同卫．转基因食品安全隐忧与公众知情选择权 [J]．医学与哲学．2004 (06)．

[113] 陈兴乐．从阜阳奶粉事件分析我国食品安全监管体制 [J]．中国公共卫生．2004 (10)．

[114] 陈星平，钟伟军．我国的分权与地方行政垄断 [J]．江西社会科学．2004 (02)．

[115] 陈学会．房地产业要素供给规制问题探析 [J]．经济问题．2004 (09)．

[116] 陈学会．住宅业政府规制理论探析 [J]．当代经济．2004 (12)．

[117] 陈雅萍．我国电信行业的规制与改革 [J]．深圳职业技术学院学报．2004 (03)．

[118] 陈彦丽．我国转轨时期的行政垄断问题分析 [J]．哈尔滨商业大学学报（社会科学版）．2004 (02)．

[119] 陈艳莹，原毅军．基于网络效应的中介服务业市场结构研究 [J]．当代财经．2004 (05)．

[120] 陈燕玲，马妍．论衡量垄断的一对标准 [J]．哈尔滨工业大学学报（社会科学版）．2004 (04)．

[121] 陈怡．食品安全市场准入势在必行 [J]．轻工标准与质量．2004 (04)．

[122] 陈怡男．国有企业价格行为的行为经济学分析 [J]．生产力研究．2004 (11)．

[123] 陈艺云．反垄断法的交易成本 [J]．经济论坛．2004 (01)．

[124] 陈引社，王利军．从过度分散竞争到适度寡头垄断——我国道路客运市场发展的必然方

向［J］. 交通科技与经济. 2004（01）.

［125］陈引社. 我国道路运输的规模经济问题［J］. 综合运输. 2004（06）.

［126］陈英姿. 市场失灵的调控对环境资源有效配置的影响［J］. 环境科学动态. 2004（01）.

［127］陈永光. 浅谈医疗体制改革的困惑与对策［J］. 厦门科技. 2004（06）.

［128］陈章武，房蓉晖. 中国特许经营的政策法律环境［J］. 连锁与特许. 2004（09）.

［129］陈钊. 转型经济中的放松管制和企业重构的最优路径［J］. 经济学（季刊）. 2004（01）.

［130］陈蓁蓁. 市政公用事业特许经营制度的主要内容［J］. 城市燃气. 2004（06）.

［131］陈阵，惠晓峰. 关于自然垄断经营行业价格管理问题的思考［J］. 价格理论与实践. 2004（09）.

［132］陈志广. 评博弈论在反垄断中的应用［J］. 浙江社会科学. 2004（06）.

［133］陈志广. 是垄断还是效率——基于中国制造业的实证研究［J］. 管理世界. 2004（12）.

［134］陈志永. 我国旅游市场过度竞争研究现状述评［J］. 桂林旅游高等专科学校学报. 2004（05）.

［135］陈志勇，夏晟临. 如何完善我国的财政分权体系［J］. 中国财政. 2004（02）.

［136］陈志勇. 如何完善我国的财政分权体系［J］. 经济研究参考. 2004（31）.

［137］晨张. 挑战垄断［J］. 中国新技术新产品精选. 2004（05）.

［138］城市市政公用事业改革的发展态势［J］. 中国住宅设施. 2004（07）.

［139］程东砚. 特许经营与企业并购的交易成本比较［J］. 连锁与特许. 2004（10）.

［140］程惠霞. 银行效率与规模相关性的主成分分析［J］. 当代经济科学. 2004（02）.

［141］程启智，李光德. 食品安全卫生社会性规制变迁的特征分析［J］. 山西财经大学学报. 2004（03）.

［142］程启智. 政府社会性管制理论的比较研究［J］. 中南财经政法大学学报. 2004（05）.

［143］程书强. 市场失灵与家族企业融资机制创新［J］. 财会月刊. 2004（22）.

［144］程涛等. 网络经济下的一种新型生产组织模式——虚拟制造组织［J］. 机械制造. 2004（06）.

［145］程晓文. 对特许经营法律问题的探讨［J］. 广播电视大学学报（哲学社会科学版）. 2004（03）.

［146］程政举. 我国反垄断执法机构的设置及职责探讨［J］. 河南省政法管理干部学院学报. 2004（02）.

［147］储亚萍. 从阜阳奶粉事件看我国政府的食品管制［J］. 厦门特区党校学报. 2004（03）.

［148］褚荣伟. 寡头市场产量与价格推测变差之间的关系［J］. 中国管理科学. 2004（04）.

［149］褚友春. 我国市场结构中的技术垄断分析［J］. 合肥学院学报（自然科学版）. 2004（04）.

［150］崔爱庆，臧同玉. 医疗保险制度改革对医院的影响及对策［J］. 山东劳动保障. 2004（09）.

［151］崔凤军. 市场过度竞争下的旅游价格问题及应对策略［J］. 价格理论与实践. 2004（05）.

［152］崔婕. 论市场份额对通用电气多角化战略的贡献［J］. 企业经济. 2004（03）.

［153］崔彦红. 亚太区域食品安全会议［J］. 国外医学（卫生学分册）. 2004（05）.

［154］打破国外长期垄断　突破 MOCVD 设备关键技术　我国生产型 MOCVD 设备研制成功［J］. 新材料产业. 2004（08）.

［155］大连市召开推进水产品市场准入健康发展工作会议［J］. 水产科学. 2004（11）.

[156] 代立梅，王多吉．论利益集团在美国政治中的作用［J］．宜宾学院学报．2004（05）．

[157] 代英姿．医疗产品和服务的价格及其规制［J］．价格理论与实践．2004（09）．

[158] 戴德铸．论特许经营的理论基础［J］．理论月刊．2004（11）．

[159] 戴纪星．“新经济”的理论悖论及其在中国资本市场的失灵［J］．南开经济研究．2004（02）．

[160] 戴双兴．规模经济是汽车工业的基础［J］．汽车工业研究．2004（02）．

[161] 戴双兴．完善我国电价管制制度的策略思考［J］．电力技术经济．2004（04）．

[162] 戴双兴．英国电信业的规制改革及其启示［J］．经济前沿．2004（05）．

[163] 戴双兴．中国汽车工业规模经济的实证分析［J］．经济纵横．2004（01）．

[164] 戴双兴．中国汽车工业要走规模经济之路［J］．中国国情国力．2004（01）．

[165] 单成前．放松管制　遏制寻租［J］．经济师．2004（11）．

[166] 单东．推动我国垄断产业民营化的文献——《中国自然垄断产业民营化改革与政府管制政策》评介［J］．财经论丛（浙江财经学院学报）．2004（06）．

[167] 单晓光．德国及欧盟反垄断法中的商标许可合同［J］．知识产权．2004（01）．

[168] 党曦明，梁雄健．国际电信业务监管政策诠释［J］．通信企业管理．2004（02）．

[169] 邓金菊．试论企业合并中的反垄断问题［J］．江西社会科学．2004（08）．

[170] 邓名奋．寻租与反寻租：一个理论模型［J］．北京行政学院学报．2004（02）．

[171] 邓苏．转型期公共物品市场上的政府行为效率问题研究［J］．中国行政管理．2004（09）．

[172] 邓苏．转型时期政府经济行为的效率区域与效率机制研究［J］．当代财经．2004（11）．

[173] 邓杨丰，麦仲山．银行并购与银行业市场结构变化［J］．学术论坛．2004（01）．

[174] 邓聿文．医疗体制改革不是简单地民营化［J］．医院领导决策参考．2004（17）．

[175] 邓聿文．最坏的垄断是行政垄断［J］．招商周刊．2004（05）．

[176] 邓子基．关于国有资产监管体制改革的几个认识问题［J］．福建论坛（人文社会科学版）．2004（02）．

[177] 邸明慧，广新菊．差异形成旅游产品吸引力研究——以宁夏沙坡头市场营销为例［J］．地理与地理信息科学．2004（06）．

[178] 地方两会提案议案精选专题（一）——改革医疗收费制度着力解决看病贵问题［J］．医院领导决策参考．2004（05）．

[179] 电监会将出台《电力监管条例》［J］．中国审计．2004（06）．

[180] 刁凤云．提高政府采购招标文件编制质量 规范政府采购招投标行为［J］．财会研究．2004（05）．

[181] 丁道勤．知识产权滥用的反垄断控制——从微软、柯达在华涉嫌垄断谈起［J］．电子知识产权．2004（06）．

[182] 丁宁宁．邮政不属于自然垄断行业［J］．财经界．2004（11）．

[183] 董川远．市场失灵——超市业过度竞争的经济学解析［J］．商业研究．2004（11）．

[184] 董富华．国有资产管理体制改革与国有企业并购［J］．税务与经济（长春税务学院学报）．2004（04）．

[185] 董丽霞．浅论市场规制领域中的利益冲突［J］．山西财经大学学报．2004（S1）．

[186] 董溯战．论反垄断法的适用豁免制度［J］．南京大学学报（哲学．人文科学．社会科学版）．2004（04）．

[187] 董伟，谢选娥．直面跨国公司垄断［J］．企业管理．2004（12）．

[188] 董伟．对跨国公司全球垄断问题的探讨［J］．东北亚论坛．2004（05）．

[189] 董新凯，王晓红．反垄断法与规模经济 [J]．学术论坛．2004 (03)．

[190] 董新凯．《反垄断法》应当规制行政性垄断行为 [J]．行政与法（吉林省行政学院学报）．2004 (02)．

[191] 董有德．当代跨国公司垄断：马克思主义经济学的新诠释 [J]．毛泽东邓小平理论研究．2004 (03)．

[192] 杜晨妍，刘岩．论经济性价格垄断行为——兼谈我国现有相关法律法规的完善 [J]．东北师大学报．2004 (02)．

[193] 杜崇禧．对我国医疗卫生体制改革与发展的建议 [J]．中华医院管理杂志．2004 (05)．

[194] 杜怀亮．刍议非公有制经济、私有财产权和市场准入范围 [J]．贵州社会主义学院学报．2004 (04)．

[195] 杜乐勋．从看病贵看我国医疗收费价格改革 [J]．医院领导决策参考．2004 (14)．

[196] 杜雷，朱玉知．论政府管制改革的价值取向：有效管制 [J]．云南行政学院学报．2004 (06)．

[197] 杜亮．《反垄断法》反得了行政垄断吗？[J]．中国企业家．2004 (13)．

[198] 杜亮．备受指责的中航油垄断 [J]．中国企业家．2004 (13)．

[199] 杜如冰．浅谈中国电力市场化改革中的反垄断政策选择 [J]．就业与保障．2004 (08)．

[200] 杜涛．论特许经营与虚拟经营的异同 [J]．商业时代．2004 (24)．

[201] 王正喜．对放开价格如何监管的思考 [J]．价格理论与实践．2004 (11)．

[202] 对我国钢铁工业严格市场准入管理的再认识 [J]．冶金经济与管理．2004 (03)．

[203] 法国城市公用事业特许经营制度及启示 [J]．国外城市规划．2004 (05)．

[204] 樊赐祥．市场失灵下政府对经济的干预 [J]．甘肃农业．2004 (07)．

[205] 樊纲．市场秩序与政府行为 [J]．宁波经济（财经视点）．2004 (09)．

[206] 樊湘芳，叶江，李国良．不锈钢管制管模的热处理 [J]．热加工工艺．2004 (07)．

[207] 反垄断寻找平衡 [J]．科技智囊．2004 (08)．

[208] 范方志，张耿庆．中国技术创新政府干预的理论依据 [J]．统计研究．2004 (11)．

[209] 范方志．银行业市场结构与经济绩效研究综述 [J]．深圳职业技术学院学报．2004 (02)．

[210] 范芳．公用企业反垄断的对策研究 [J]．理论界．2004 (06)．

[211] 范冠峰．论我国行政垄断的成因及其规制 [J]．中共济南市委党校学报．2004 (01)．

[212] 范合君．我国输电网络扩展的激励规制与市场化方法的比较研究 [J]．产业经济研究．2004 (02)．

[213] 范钛，陈小凡，舒建平．中国证券市场分割：现状、理论与对策浅析 [J]．天府新论．2004 (01)．

[214] 方芳，付长文．中国证券业集中度、规模对绩效的影响 [J]．金融研究．2004 (01)．

[215] 方五一．政府对风险投资干预模式的相关制度设计 [J]．当代经济．2004 (11)．

[216] 方友林，冼国明．市场准入交换与发展中国家的金融服务贸易自由化 [J]．数量经济技术经济研究．2004 (02)．

[217] 房庆，刘文，王菁．我国食品安全标准体系的现状与展望 [J]．世界标准化与质量管理．2004 (12)．

[218] 冯刚耀．医疗体制改革不会一蹴而就 [J]．医院领导决策参考．2004 (08)．

[219] 冯文丽．我国农业保险市场失灵的根本原因与制度供给 [J]．经济研究参考．2004 (47)．

[220] 冯文丽．我国农业保险市场失灵与制度供给 [J]．金融研究．2004 (04)．

[221] 冯霞．从我国电信业的市场结构分析看改革前景［J］．科技管理研究．2004（06）．

[222] 冯先宁．城市经济聚散均衡与政府行为创新［J］．理论与改革．2004（02）．

[223] 冯晓青．知识产权、竞争与反垄断之关系探析［J］．法学．2004（03）．

[224] 冯英．医疗“三项联动”改革中的若干问题解析［J］．北京科技大学学报（社会科学版）．2004（04）．

[225] 冯宗智．反垄断的弦外之音［J］．科技智囊．2004（08）．

[226] 符贵兴，付胜华．银行业市场准入监管及其绩效的实证分析［J］．当代财经．2004（08）．

[227] 付光新．中国自然垄断行业改革研究［J］．山东行政学院，山东省经济管理干部学院学报．2004（05）．

[228] 傅白水．浙江民资悄然挺进“垄断禁地”［J］．浙江经济．2004（24）．

[229] 傅江景．权力结构、集团规模与集体寻租［J］．经济科学．2004（04）．

[230] 傅勇．行政性垄断的经济分析［J］．北京工业大学学报（社会科学版）．2004（02）．

[231] 高枫．医疗卫生服务体系改革的滞后与重建［J］．医院领导决策参考．2004（02）．

[232] 高辉，刘灿．转轨过程中我国银行业市场结构与绩效的实证分析［J］．财经科学．2004（05）．

[233] 高建华．论公用事业的政府管制及其改革［J］．桂林航天工业高等专科学校学报．2004（04）．

[234] 高杰．电力定价中的价格歧视问题研究［J］．中国物价．2004（09）．

[235] 高洁．当前电信企业主要非理性行为的经济分析及其改造［J］．商业研究．2004（06）．

[236] 高景莘．并购做大做强医药企业［J］．西南民族大学学报（人文社科版）．2004（05）．

[237] 高巍，吴祈宗．数字电视的定价及价格规制［J］．广播与电视技术．2004（09）．

[238] 郜建人，程亚鹏．城市基础设施运营的市场管制机制［J］．城市发展研究．2004（04）．

[239] 郜建人，叶玲．城市市政公用事业市场化的路径选择［J］．重庆大学学报（社会科学版）．2004（02）．

[240] 葛清．中国移动　另一种垄断［J］．中国企业家．2004（10）．

[241] 葛秋萍．知识经济下的知识市场失灵与政府制度建构［J］．软科学．2004（06）．

[242] 葛然征．试述寻租现象的原由及对策［J］．云南财贸学院学报．2004（S1）．

[243] 葛延风．对我国医疗卫生体制改革的几点看法［J］．中国卫生经济．2004（08）．

[244] 耿先锋．电信运营业的价格歧视分析［J］．价格与市场．2004（04）．

[245] 耿向平．转基因食品标签管制方式的经济学分析［J］．经济经纬．2004（05）．

[246] 龚微，舒符康．入世后完善我国外资并购监管中反垄断制度的法律思考［J］．天水行政学院学报．2004（03）．

[247] 谷伟，余颖．资本市场分割的中国特例及其理论解释［J］．上海金融．2004（07）．

[248] 谷伟，周洁如．资本市场分割：从有效市场假说到行为金融［J］．山西财经大学学报．2004（04）．

[249] 顾锋，邹礼瑞．市场准入规制与资源的优化配置［J］．上海管理科学．2004（06）．

[250] 顾金龙，赵映平．我国反垄断立法问题研究综述［J］．南京人口管理干部学院学报．2004（04）．

[251] 顾玲妹．垄断性外资并购监控程序和法律责任机制构建［J］．对外经贸实务．2004（11）．

[252] 顾玲妹．外资并购的反垄断审查标准和分析方法［J］．国际商务．对外经济贸易大学学报．2004（04）．

[253] 顾龙生．民企的市场准入问题 [J]．江苏社会科学．2004 (06).

[254] 顾永红，胡汉辉．中国化肥产业的过度竞争市场结构 [J]．化肥工业．2004 (05).

[255] 关培兰，申学武，祝尊乾．凑效管理与地方重复建设 [J]．经济管理．2004 (19).

[256] 关志民，等，基于运输规模经济的连锁门店最优订货频率 [J]．东北大学学报．2004 (06).

[257] 管仁勤．电信行业的垄断与竞争问题研究 [J]．经济经纬．2004 (03).

[258] 郭朝先．我国企业跨国经营与政府管制 [J]．经济研究参考．2004 (64).

[259] 郭丛斌．二元制劳动力市场分割理论在中国的验证 [J]．教育与经济．2004 (03).

[260] 郭高中．医疗体制改革中的政府角色 [J]．医院领导决策参考．2004 (17).

[261] 郭辉勤．新兴产业亟须政府干预 [J]．经营与管理．2004 (07).

[262] 郭舰，蒋亚军．中国电力行业的规制变迁 [J]．商业时代．2004 (33).

[263] 郭劼．城市经营与公用事业民营化 [J]．长沙铁道学院学报（社会科学版）．2004 (02).

[264] 郭璟，吴宁．《行政许可法》的反行政垄断特征及评析 [J]．云南行政学院学报．2004 (06).

[265] 郭俊秀．地方环境保护立法中的水资源、海洋资源保护问题——以厦门市为研究背景 [J]．福建政法管理干部学院学报．2004 (02).

[266] 郭丽，河金英，靳智强．也论我国自然垄断行业的垄断特征与法律规制——与郑鹏程先生商榷 [J]．广西政法管理干部学院学报．2004 (01).

[267] 郭丽．我国反垄断立法规制方式之探讨 [J]．河南司法警官职业学院学报．2004 (02).

[268] 郭丕斌．电信服务价格管制探析 [J]．价格理论与实践．2004 (01).

[269] 郭庆．自然垄断产业规制改革的理论与实践 [J]．山东经济．2004 (01).

[270] 郭士毅．企业如何应对强制性市场准入 [J]．企业标准化．2004 (02).

[271] 郭士毅．谈我国现行的强制性市场准入制度 [J]．机械工业标准化与质量．2004 (03).

[272] 郭晓峰，闫增强．“重复建设”问题的产权分析 [J]．经济纵横．2004 (04).

[273] 郭旭．要不要规模经济？[J]．软件世界．2004 (02).

[274] 郭砚莉，汤吉军．人力资本投资、沉淀成本与制度设计 [J]．辽宁大学学报（哲学社会科学版）．2004 (05).

[275] 郭银华．如何防范企业并购中协同效应的陷阱 [J]．经济师．2004 (06).

[276] 郭宗杰．多元主体与复合责任——论反垄断法关于行政性垄断的责任设置 [J]．武汉大学学报（人文科学版）．2004 (06).

[277] 郭宗杰．价格竞争法律规制的国际比较 [J]．价格理论与实践．2004 (01).

[278] 海顺．垄断是把双刃剑 [J]．先锋队．2004 (11).

[279] 海涛．电力短缺与重复建设 [J]．商业文化．2004 (02).

[280] 海文．中国城市规模经济发展趋势——中国城市经济规模化的实证分析 [J]．现代管理科学．2004 (10).

[281] 海闻．医疗体制改革“雷区”待避 [J]．中国卫生产业．2004 (06).

[282] 韩伯棠，艾凤义．不对称条件下双寡头横向 R&D 合作 [J]．现代管理科学．2004 (02).

[283] 韩桂君．设立我国反垄断专门机构的可行性研究 [J]．河南师范大学学报（哲学社会科学版）．2004 (02).

[284] 韩国明，胡雪彬．新公共管理运动视角下的中国电力监管 [J]．管理现代化．2004 (04).

[285] 韩建军，郭克莎．产业组织的网络范式及实证分析 [J]．中国社会科学院研究生院学报．2004（04）．

[286] 韩立余．创建反垄断制度的契机——对外资并购催生我国反垄断法的思考 [J]．国际贸易．2004（01）．

[287] 韩璐．垄断行业的规制改革 [J]．经济论坛．2004（05）．

[288] 韩萍．影响新管制人员成长的因素分析 [J]．空中交通管理．2004（03）．

[289] 韩铁．美国反托拉斯法目标多重性形成原因的历史探讨 [J]．史学月刊．2004（06）．

[290] 韩秀明．从斯蒂格勒的管制理论看银行监管的成本与效率 [J]．财政监督．2004（12）．

[291] 郝常伟．WTO与我国国有商业银行的法律规制 [J]．市场研究．2004（09）．

[292] 郝模等．公立医疗机构管理体制改革：策略和障碍 [J]．国际医药卫生导报．2004（07）．

[293] 郝翔鹰．反垄断法三个领域的法律思考 [J]．河南省政法管理干部学院学报．2004（06）．

[294] 郝亚光，王传富．我国公用事业民营化的阻力分析 [J]．内蒙古农业大学学报（社会科学版）．2004（03）．

[295] 郝莹．公用事业特许经营需防范四大问题 [J]．环境经济．2004（11）．

[296] 郝玉贵．我国新兴独立审计市场失灵问题与监管研究 [J]．审计研究．2004（06）．

[297] 何传兵．我国企业并购中的反垄断规制构想 [J]．合肥学院学报（社会科学版）．2004（04）．

[298] 何广涛，阙光辉，蒋靖浩．网络扩展中的合谋与信号发送 [J]．世界经济．2004（12）．

[299] 何海燕，刘国新．基于网络外部性的产品竞争策略研究 [J]．科技与管理．2004（04）．

[300] 何江．优化规制：中国政府规制改革的现实选择 [J]．北京行政学院学报．2004（04）．

[301] 何莉莉．我国社会医疗保险制度改革与思考 [J]．中国保险管理干部学院学报．2004（02）．

[302] 何立胜，王萌．政府行为外部性的测度与负外部性的内部化 [J]．学术研究．2004（06）．

[303] 何林，等．从SARS防治看突发公共卫生事件的信息管制与成效 [J]．中国循证医学杂志．2004（02）．

[304] 何谦．寻租研究的思路及其对经济学的贡献．西安财经学院学报 [J]．2004（02）．

[305] 何琼，裘璆．反垄断法中企业合并违法确认标准的不稳定性——兼谈我国企业合并控制的立法和执法 [J]．研究生法学．2004（04）．

[306] 何天立．论自然垄断行业的政府规制 [J]．山东社会科学．2004（04）．

[307] 何文龙．反外资垄断的政府另类政策简析 [J]．政法学刊．2004（04）．

[308] 何文龙．激励与规制：不易作出的选择——世界各国跨国公司政策评述 [J]．红旗文稿．2004（14）．

[309] 何霞，许峰．巴西电信改革与管制 [J]．通信企业管理．2004（11）．

[310] 何霞．国外电信资费管制政策的演进与发展 [J]．世界电信．2004（12）．

[311] 何霞．日本电信市场、管制新动向 [J]．通信企业管理．2004（12）．

[312] 何霞．日本电信市场的发展与政府管制 [J]．广东通信技术．2004（12）．

[313] 何晓鹤，王胜忠．保荐市场难现寡头局面 [J]．金融信息参考．2004（04）．

[314] 何孝星．政府应加强对公用事业民营化的引导和调控 [J]．经济研究参考．2004（07）．

[315] 何颖．国家垄断产品贸易企业概念刍议——对GATT第17条的解析 [J]．天津市政法管理干部学院学报．2004（01）．

[316] 何永贵，乞建勋．电力可持续发展与反垄断的经济学分析［J］．华北电力大学学报．2004（03）．

[317] 何玉成，李崇光．中国乳品市场进入壁垒与产业发展［J］．农业技术经济．2004（03）．

[318] 何志新．从美、英两国的电信资费管制看我国现行电信资费管制的不足［J］．长沙通信职业技术学院学报．2004（04）．

[319] 何自云．激励相容的银行监管［J］．财经科学．2004（S1）．

[320] 和杰．浅析政府规制的必要性［J］．中国审计．2004（08）．

[321] 核心问题研究课题组，北京国际城市发展研究院．中国城市十一五，公用事业民营化与城市政府转型［J］．领导决策信息．2004（41）．

[322] 核心问题研究课题组，北京国际城市发展研究院．中国城市十一五，公用事业民营化与城市政府转型［J］．科学咨询．2004（12）．

[323] 贺红艳，周杰娜．运用博弈论探讨投资者进入电力市场的策略问题［J］．贵州工业大学学报（自然科学版）．2004（02）．

[324] 贺宁．全球宽带接入市场发展分析［J］．世界电信．2004（02）．

[325] 贺文平，张晓兰．试论转型期我国政府规制的改革［J］．行政与法（吉林省行政学院学报）．2004（05）．

[326] 贺文平．激励性规制理论——西方规制经济学的最新进展［J］．宁夏党校学报．2004（02）．

[327] 贺小勇．新外资银行市场准入标准与中国入世承诺的比较研究——以WTO“审慎性措施”为分析视角［J］．国际商务研究．2004（05）．

[328] 赫丛喜，韦小兵，王怡．对公用事业放松管制问题的探析［J］．科技与管理．2004（04）．

[329] 洪晓东，等．从垄断到竞争——加入WTO中国电信业可持续发展之路［J］．WTO经济导刊．2004（06）．

[330] 侯帆．我国当前反垄断立法问题探究——兼论2003年反垄断法送审稿之不足［J］．福建法学．2004（04）．

[331] 侯广吉，左震林，梁雄健．电信资费的管制及变革［J］．电信科学．2004（08）．

[332] 侯怀霞，刘守杰．论对自然垄断产业的法律规制［J］．中国海洋大学学报（社会科学版）．2004（04）．

[333] 侯怀霞．垄断涵义探析［J］．理论探索．2004（01）．

[334] 侯猛．最高人民法院如何规制经济——外部协调成本的考察［J］．法商研究．2004（06）．

[335] 侯茜．WTO的市场准入制度［J］．商业研究．2004（16）．

[336] 侯雁，李炼．从WTO自我保护规则看中国企业的竞争行为［J］．商业研究．2004（21）．

[337] 后鸿燕．财税利益格局中的地方保护倾向分析［J］．南京审计学院学报．2004（03）．

[338] 胡鞍钢．打破服务业垄断　积极创造就业岗位［J］．湖南社会科学．2004（06）．

[339] 胡波．英国注册会计师行业管制沿革［J］．中国注册会计师．2004（02）．

[340] 胡朝霞，陈浪南．我国银行业市场准入开放的对策［J］．经济研究参考．2004（95）．

[341] 胡春．中国IT企业特许经营问题探讨［J］．商业研究．2004（03）．

[342] 胡德平．民企进入国家未禁入垄断特许行业应有时间表［J］．中国民营科技与经济．2004（01）．

[343] 胡光志，王波．行政垄断及反行政垄断法的经济学分析［J］．中国法学．2004（04）．

[344] 胡浩，张小义．中国电信的特许经营之道［J］．信息网络．2004（11）．

[345] 胡浩．私有化进程中的政府规制结构与规制手段研究［J］．阴山学刊．2004（03）．

[346] 胡红伟，王树华．新时期中国电力管制体制构建分析［J］．理论月刊．2004（11）．

[347] 胡甲庆．论反垄断法的目标和规范标准［J］．学术探索．2004（04）．

[348] 胡健，马行天，张凡勇．自然垄断的成因与自然垄断产业的市场化改革——近年来国内垄断经济研究述评［J］．延安大学学报（社会科学版）．2004（03）．

[349] 胡丽华．我国国有企业的垄断问题［J］．广西社会科学．2004（07）．

[350] 胡林，孙宁丰．文化生产力与媒体经营——寡头垄断模式下的美国媒体经营［J］．当代传播．2004（02）．

[351] 胡美琴．知识产权滥用与反垄断法的规则［J］．楚天主人．2004（07）．

[352] 胡平．外资并购的反垄断规制［J］．国际经济合作．2004（11）．

[353] 胡庆江．我国外资企业中外方转移定价行为与防范［J］．国际经济合作．2004（08）．

[354] 胡善联．医疗体制仅从宏观上改革是不够的［J］．医院领导决策参考．2004（04）．

[355] 胡世良．营造产品差异化的竞争优势［J］．中国电信业．2004（05）．

[356] 胡税根，黄天柱．政府规制失灵与对策研究［J］．政治学研究．2004（02）．

[357] 胡维波．金融监管的理论综述［J］．当代财经．2004（03）．

[358] 胡卫中．产业网络的结构及其环境适应性［J］．浙江经济．2004（19）．

[359] 胡小红．试论市场规制法与行政法的关系［J］．政法论坛．2004（03）．

[360] 胡学军．论我国劳动力市场的法律规制［J］．安徽工业大学学报（社会科学版）．2004（05）．

[361] 胡亚文．市场化、网络化条件下科技涉密人员人本管理问题研究［J］．科技进步与对策．2004（05）．

[362] 胡颖，温晓俊．协同效应和市场势力——横向联盟与兼并的产业组织分析［J］．市场周刊．财经论坛．2004（03）．

[363] 胡玉君．外资并购中的反垄断法律制度选择［J］．水利经济．2004（02）．

[364] 胡仲元．剖析邮政“垄断”［J］．中国经济周刊．2004（13）．

[365] 华德亚，刘晓惠．跨国公司在华并购与我国的反垄断控制［J］．经济问题探索．2004（05）．

[366] 华慧，曹玉霞．我国反垄断立法必要性的经济分析［J］．当代经济．2004（12）．

[367] 华慧．我国经济性垄断的成因探析［J］．武汉科技学院学报．2004（07）．

[368] 黄爱国．财务总监如何开展日常监管［J］．中国乡镇企业会计．2004（06）．

[369] 黄超纹．农产品市场准入更规范［J］．农家顾问．2004（02）．

[370] 黄传峰．全球网络市场的竞争与垄断性分析［J］．商业时代．2004（18）．

[371] 黄丹峰．流通产业市场结构目标模式［J］．合作经济与科技．2004（05）．

[372] 黄浩．思考二：关于基础电信业务市场准入问题的思考［J］．通信世界．2004（15）．

[373] 黄河．公用事业民营化的“深圳困境”［J］．法人杂志．2004（10）．

[374] 黄坚．我国出口市场结构的集聚分析［J］．经济论坛．2004（06）．

[375] 黄江英．论我国行政垄断的法律规制［J］．行政与法（吉林省行政学院学报）．2004（02）．

[376] 黄珺仪．对自然垄断产业规制方案的理论比较［J］．太原理工大学学报（社会科学版）．2004（01）．

[377] 黄莉．浅论垄断的定义、成因与治理［J］．内江科技．2004（06）．

[378] 黄黎明，廖冠民．价格管制、会计信息约束与管制改革［J］．价格理论与实践．2004（02）．

[379] 黄立民. 美国反托拉斯法垄断内涵的确定及其启示 [J]. 法制现代化研究. 2004 (01).

[380] 黄丽娟. 试析网络经济的产业组织特征 [J]. 德州学院学报 (哲学社会科学版). 2004 (03).

[381] 黄龙生. 不完全信息静态伯特德双寡头博弈的求解方法 [J]. 杭州师范学院学报 (自然科学版). 2004 (04).

[382] 黄勤, 田毅, 付薇. WTO 时代的政府行为与土地储备 [J]. 中国土地. 2004 (08).

[383] 黄邱朝. 从产品差别竞争的原理看医院专科品牌效应 [J]. 现代医院. 2004 (04).

[384] 黄群, 于小艳, 何赛雄. 政府规制改革——我国公用事业发展的根本途径 [J]. 零陵学院学报. 2004 (12).

[385] 黄荣冬, 田双全. 我国企业特许经营之路 [J]. 财经科学. 2004 (S1).

[386] 黄嵩. 公用事业民营化的六大模式 [J]. 中国招标. 2004 (20).

[387] 黄锡生, 林恩恩. 经济全球化形势下我国反垄断法对企业合并的规制研究 [J]. 重庆邮电学院学报 (社会科学版). 2004 (03).

[388] 黄小雄, 尹良富. 日本报业专卖发行制度对我国报业发展的启示 [J]. 新闻记者. 2004 (12).

[389] 黄欣. 我国餐饮行业特许经营现状及其存在的问题——关于全聚德、马兰拉面与肯德基特许经营的实证分析 [J]. 黑龙江对外经贸. 2004 (11).

[390] 黄新华. 放松规制与激励规制——新规制经济学的理论主题述评 [J]. 云南民族大学学报 (哲学社会科学版). 2004 (05).

[391] 黄旭. 银行卡垄断是罪魁吗? [J]. 数字财富. 2004 (08).

[392] 黄逸梅. 垄断与压制使苏联遗传学停顿十六年 [J]. 发明与创新. 2004 (11).

[393] 黄莹. 电信业价格规制模式的比较与选择 [J]. 价格理论与实践. 2004 (08).

[394] 黄羽. 行政性垄断的成因分析及法律对策 [J]. 闽江学院学报. 2004 (03).

[395] 黄芸飞. 外资零售业市场准入与发展我国零售业的对策 [J]. 上海商业. 2004 (07).

[396] 黄中伟. 产业集群的市场结构分析 [J]. 浙江师范大学学报. 2004 (02).

[397] 黄中文. 论美国公司的反并购策略 [J]. 江西行政学院学报. 2004 (S1).

[398] 基础设施特许经营制度实施细则正在制订 [J]. 投资北京. 2004 (01).

[399] 吉国玲. 对我国目前个人收入分配差距的分析与探讨 [J]. 山西高等学校社会科学学报. 2004 (11).

[400] 纪程. "权力寻租"与"制度反腐" [J]. 社会科学论坛. 2004 (07).

[401] 纪宣明, 陈似海. 公用事业类上市公司经营绩效的实证分析与评价 [J]. 宏观经济研究. 2004 (08).

[402] 际任. 我国政府采购进口法律规制: 法律宗旨与评价 [J]. 中国法学. 2004 (03).

[403] 贾璠, 潘博. 我国城市公用事业民营化问题探讨 [J]. 软科学. 2004 (03).

[404] 贾利. 市场机制、政府规制与转型国家的经济发展 [J]. 国家行政学院学报. 2004 (05).

[405] 贾利军. 论转型期中国金融业的反垄断管制实践 [J]. 北京理工大学学报 (社会科学版). 2004 (05).

[406] 贾瑛瑛. 放松管制伴随经济自由化 [J]. 数字财富. 2004 (02).

[407] 蹇兴超, 韦怡. 公用事业市场化经营模式下政府的角色与作用 [J]. 广西城镇建设. 2004 (08).

[408] 蹇兴超. 公用事业市场化经营模式下政府的角色与作用 [J]. 环境保护. 2004 (09).

[409] 江海潮, 彭清华, 邹新月. 市场垄断竞争力等级对古诺产量均衡的扰动 [J]. 湖南科技

大学学报（社会科学版）. 2004（02）.

[410] 江海潮. 垄断竞争市场中企业集团形成的博弈分析 [J]. 商业研究. 2004（07）.

[411] 江书陆. 我国汽车业规模经济实证分析 [J]. 内蒙古科技与经济. 2004（23）.

[412] 江书陆. 中小企业也能实现规模经济 [J]. 乡镇企业研究. 2004（03）.

[413] 江涛涛. 开发区重复性建设问题探讨 [J]. 江苏工业学院学报（社会科学版）. 2004（01）.

[414] 江西财经大学产业组织与政府规制研究中心 [J]. 财贸经济. 2004（07）.

[415] 江训清，万林新，段韩英. 市场经济条件下对放开价格的监管 [J]. 价格月刊. 2004（03）.

[416] 姜春海. 自然垄断理论述评 [J]. 经济评论. 2004（02）.

[417] 姜阵剑. 我国电信监管问题与政策研究 [J]. 企业活力. 2004（02）.

[418] 姜作培. 地方政府投资过度扩张行为分析 [J]. 红旗文稿. 2004（12）.

[419] 蒋传海，陆懋祖. 权力寻租对激励机制扭曲的博弈分析 [J]. 数量经济技术经济研究. 2004（02）.

[420] 蒋桂英. 试论知识产权滥用的反垄断控制 [J]. 市场周刊. 财经论坛. 2004（07）.

[421] 蒋海，刘少波. 信息结构与金融监管激励：理论与政策含义 [J]. 财经研究. 2004（07）.

[422] 蒋海，刘少波. 信息结构与金融监管激励：一个理论分析框架 [J]. 南开经济研究. 2004（03）.

[423] 蒋海，萧松华，齐洁. 金融监管效率的基石：激励相容的监管机制 [J]. 当代经济科学. 2004（04）.

[424] 蒋海. 金融监管中的激励冲突与调整 [J]. 财经研究. 2004（01）.

[425] 蒋珂玮. 西部大开发中的地方政府行为 [J]. 实事求是. 2004（04）.

[426] 蒋仁国，张旻. 政府行为的博弈分析 [J]. 云南财贸学院学报. 2004（01）.

[427] 蒋晓光. 西方劳动力市场分割理论及其启示 [J]. 经济师. 2004（06）.

[428] 蒋兆勇. 地方政府的“行为景观” [J]. 小康. 2004（02）.

[429] 蒋自豪. 入世催生我国《反垄断法》[J]. 社会观察. 2004（08）.

[430] 解秀玲. 政府失灵的原因及弥补措施 [J]. 辽宁税务高等专科学校学报. 2004（02）.

[431] 金栋. 民营银行市场准入问题研究 [J]. 经济论坛. 2004（24）.

[432] 金凤. 行政性垄断的规制与反垄断立法 [J]. 理论与当代. 2004（03）.

[433] 金炯默. 韩国反垄断法及对中国的启示 [J]. 江苏商论. 2004（10）.

[434] 金祥荣，汪伟. 我国民营企业出口行为中存在的问题与对策 [J]. 东岳论丛. 2004（04）.

[435] 金雪军，李红坤. 规制理论演进与商业银行规管 [J]. 济南金融. 2004（10）.

[436] 金雪涛. 英国广播电视业规制之借鉴 [J]. 华东经济管理. 2004（02）.

[437] 金正顶. 市场准入机制改革的有益尝试 [J]. 今日浙江. 2004（10）.

[438] 晋入勤. 论企业结合反垄断法豁免 [J]. 市场周刊. 财经论坛. 2004（05）.

[439] 靳东滨. 从垄断走向竞争的网络运行维护管理 [J]. 电信技术. 2004（01）.

[440] 景维民，杨晓猛. 产业结构调整与经济绩效——中俄两国之比较 [J]. 开发研究. 2004（02）.

[441] 景玉琴，谢地. 发达国家自然垄断行业国有经济沿革及启示 [J]. 山西师大学报（社会科学版）. 2004（02）.

[442] 景玉琴. 政府在公用事业价格规制中的作用 [J]. 价格月刊. 2004（08）.

[443] 鞠建东，李忠海，高彬．寡头垄断竞争、技术创新与多产品企业［J］．南大商学评论．2004（02）．

[444] 巨荣良，郝彬．试析网络经济的产业组织特征［J］．聊城大学学报（社会科学版）．2004（02）．

[445] 巨荣良．20世纪90年代以来美国反垄断政策变迁的原因［J］．山东财政学院学报．2004（03）．

[446] 决不能让垄断继续通行［J］．IT时代周刊．2004（06）．

[447] 阚超，等．我国商业银行规模经济实证研究（1992—2003）［J］．金融研究．2004（11）．

[448] 阚立抒，孙建，曲永生．浅谈肉类食品市场准入制度［J］．畜牧兽医科技信息．2004（02）．

[449] 康佑发．试论特许经营法律问题［J］．电子知识产权．2004（02）．

[450] 康自平，杜伟．"试错"与突破：民航运价规制改革探析［J］．经济体制改革．2004（04）．

[451] 康自平，杜伟．我国民航运价的管制放松与再管制［J］．财经问题研究．2004（12）．

[452] 康自平，杜伟．政府与市场：民航运价的规制改革问题探析［J］．西南民族大学学报（人文社科版）．2004（06）．

[453] 康自平，沈烜．对我国民航运价规制改革的探讨［J］．价格与市场．2004（07）．

[454] 康自平，沈烜．激励性规制与民航票价基准水平的设定［J］．宁波职业技术学院学报．2004（06）．

[455] 柯琼．市场失灵与会计信息披露管制：基于资本市场的经济学思考［J］．现代管理科学．2004（10）．

[456] 课题组国务院发展研究中心．中国统一市场建设，中国国内地方保护的调查报告——非企业抽样调查结果的初步分析［J］．经济研究参考．2004（18）．

[457] 孔祥毅．市场准入与业务监管职能宜统一［J］．中国外汇管理．2004（03）．

[458] 孔璇．论反垄断与规模经济之立法协调［J］．甘肃政法成人教育学院学报．2004（02）．

[459] 孔云龙，聂泳祥．自然垄断产业的经济特征分析——基于资产专用性与交易成本理论的思考［J］．南方经济．2004（04）．

[460] 孔云龙，卿前龙．我国自然垄断行业改革的路径选择［J］．商讯商业经济文荟．2004（01）．

[461] 邝少明，夏伟明．论我国非营利组织的进入规制［J］．中山大学学报（社会科学版）．2004（01）．

[462] 邝小文．地方政府行为视角下的重复建设成因与治理［J］．安徽农业大学学报（社会科学版）．2004（03）．

[463] 兰兰，刘婧．论我国行政垄断及其法律规制［J］．行政论坛．2004（02）．

[464] 兰士勇．扩大民间资本市场准入研究［J］．中国工商管理研究．2004（01）．

[465] 蓝海涛．不顺畅的双重管制——加入WTO后我国重要农产品进口管理评价［J］．国际贸易．2004（05）．

[466] 蓝庆新，刘爱鹏．行政垄断的新制度经济学分析［J］．山东工商学院学报．2004（01）．

[467] 蓝庆新．行政垄断的新制度经济学分析［J］．山西财政税务专科学校学报．2004（03）．

[468] 滥用行政权力的两个典型［J］．领导科学．2004（15）．

[469] 郎颖．产权、交易成本与现代政府行为［J］．宁夏社会科学．2004（02）．

[470] 英国将放松对BSE肉品食用的管制政策［J］．肉品卫生．2004（05）．

[471] 雷迪，王坤．垄断高价的多样性及法律规制研究［J］．中国物价．2004（01）．

[472] 雷明全，胡武贤．我国教育市场失灵的表现、原因及政策选择［J］．当代财经．2004（05）．

[473] 冷淑莲．公用事业价格改革探索［J］．价格与市场．2004（11）．

[474] 冷淑莲．公用事业价格改革问题探索［J］．价格月刊．2004（08）．

[475] 冷振兴．垄断的价值［J］．CO．公司．2004（09）．

[476] 黎禾．中国排球市场失效与市场规制——兼论中国排球产业的发展［J］．北京体育大学学报．2004（03）．

[477] 黎桦，殷继国．行政垄断的法经济学分析［J］．法学评论．2004（05）．

[478] 黎建新．对滥用市场支配地位进行控制的立法构想［J］．安徽工业大学学报（社会科学版）．2004（05）．

[479] 黎民．养老保障中的政府机制与政府行为［J］．学习与探索．2004（06）．

[480] 黎霞．试论市场失灵及其矫正［J］．哈尔滨学院学报．2004（05）．

[481] 李，反垄断尤需反行政垄断［J］．资料通讯．2004（02）．

[482] 李斌．中国劳动力市场结构：从“刚性”走向“渗透”［J］．求实．2004（01）．

[483] 李冰．反垄断法的适用除外问题研究［J］．山西大学学报（哲学社会科学版）．2004（03）．

[484] 李春海，陈瑞琴．规制改革与竞争——自然垄断产业的治理［J］．商业研究．2004（03）．

[485] 李纯．制度变迁过程中政府行为及其对家族企业的影响［J］．北京工商大学学报（社会科学版）．2004（06）．

[486] 李丹，苏顺兵．我国公共事业类上市公司企业规模实证研究［J］．工业工程与管理．2004（02）．

[487] 李丹，吴祖宏．电信普遍服务管制中几个关键性问题的探析［J］．世界电信．2004（12）．

[488] 李丹．上市公司收购的反垄断控制［J］．湖南财经高等专科学校学报．2004（02）．

[489] 李道强，吴晓波．电力的特殊性对电力市场结构的影响［J］．技术经济与管理研究．2004（04）．

[490] 李德锋，王建林．地方保护主义危害的经济学分析［J］．合作经济与科技．2004（10）．

[491] 李光德．我国食品安全卫生政府管制变迁的特征及其完善［J］．南方经济．2004（07）．

[492] 李光德．中国食品安全卫生社会性规制变迁的新制度经济学分析［J］．当代财经．2004（07）．

[493] 李国海．反垄断法损害赔偿制度比较研究［J］．法商研究．2004（06）．

[494] 李国平．寻租性腐败的成因及其遏制［J］．湖湘论坛．2004（04）．

[495] 李果．我国图书发行市场的分割与对策［J］．宁夏社会科学．2004（02）．

[496] 李海燕．论政府管制在我国公共服务改革中的适用［J］．社会科学战线．2004（05）．

[497] 李海英．WTO在电信管制领域的适用［J］．当代通信．2004（04）．

[498] 李恒．行政垄断问题研究在中国［J］．天水行政学院学报．2004（02）．

[499] 李洪琴，赵志勇，卢景．转型期中国垄断与反垄断问题探讨［J］．前沿．2004（06）．

[500] 李虹．基础设施产业监管理论研究：以电力行业为例［J］．工业技术经济．2004（06）．

[501] 李虹．中国电力工业监管体制改革研究［J］．管理现代化．2004（06）．

[502] 李华威，杨舟．中国移动通信双寡头市场结构及企业行为的博弈分析［J］．移动通信．2004（06）．

［503］李怀．基于规模经济和网络经济效益的自然垄断理论创新——辅以中国自然垄断产业的经验检验［J］．管理世界．2004（04）．

［504］李怀勇．我国自然垄断产业的民营化改革［J］．上海国资．2004（05）．

［505］李慧．入世与中国反垄断立法的几点思考［J］．山西高等学校社会科学学报．2004（10）．

［506］李慧莲．医疗体制改革应避免陷入三大“困局”［J］．医院领导决策参考．2004（20）．

［507］李嘉宁，黄勇．论中国反垄断法的立法目的［J］．安康师专学报．2004（06）．

［508］李建平．我国公用事业价格管制制度创新研究［J］．河北经贸大学学报．2004（05）．

［509］李建琴，汪基强．公用事业民营化与政府规制［J］．经济社会体制比较．2004（02）．

［510］李建忠，邓定兵．双寡头集装箱船公司空箱调运的合作博弈分析［J］．交通运输工程与信息学报．2004（04）．

［511］李剑．试论我国反垄断法执行机构建立的可行性［J］．现代法学．2004（01）．

［512］李健全．公用事业民营化中的寻租行为分析［J］．福建行政学院．福建经济管理干部学院学报．2004（01）．

［513］李杰，孙群燕．从啤酒市场整合程度看WTO对消除地方保护的影响［J］．世界经济．2004（06）．

［514］李洁丽．浅议反垄断法［J］．淮北职业技术学院学报．2004（03）．

［515］李巾杰．如何规制格式合同［J］．商业时代．2004（30）．

［516］李景鹏．从管制型政府向服务型政府的转变［J］．新视野．2004（05）．

［517］李静，万继峰．从分散竞争到适度集中的寡头主导——我国注册会计师行业组织优化选择［J］．经济经纬．2004（01）．

［518］李静．中外寡头博弈加油站［J］．中国外资．2004（09）．

［519］李军杰，钟君．中国地方政府经济行为分析——基于公共选择视角［J］．中国工业经济．2004（04）．

［520］李军山．中国保险监管如何应对加入世贸组织后的挑战［J］．商业研究．2004（02）．

［521］李俊杰．中国银行业现状、发展前景及监管任务［J］．国际经济评论．2004（02）．

［522］李凯，林娟，王瑞平．我国国有商业银行规模经济的实证分析［J］．东北大学学报（社会科学版）．2004（02）．

［523］李坤成．医疗卫生改革的思考和建议［J］．北京观察．2004（05）．

［524］李黎明．试析网络经济下的企业管理创新［J］．安徽农学通报．2004（05）．

［525］李连永．社会转型时期政府行为的变迁与创新［J］．延安大学学报（社会科学版）．2004（01）．

［526］李连友，刘革．西方规制理论在我国年金基金监管中的运用［J］．求索．2004（05）．

［527］李琳．狙击地方保护主义［J］．中国国情国力．2004（09）．

［528］李琳光．博弈论与企业策略行为决策［J］．生产力研究．2004（12）．

［529］李茂华．论我国行政性垄断的危害与规制［J］．海南大学学报（人文社会科学版）．2004（01）．

［530］李茂华．我国行政性垄断的成因及对策探讨［J］．广东行政学院学报．2004（01）．

［531］李茂华．行政性垄断的现实危害及其规制创新探析［J］．吉首大学学报（社会科学版）．2004（01）．

［532］李玫．知识产权领域反垄断行为评估方法比较［J］．中华商标．2004（04）．

［533］李美云．产业融合与中国第三产业自然垄断行业的改革［J］．商讯商业经济文荟．2004（01）．

[534] 李萌．劳动力市场分割下乡城流动人口的就业分布与收入的实证分析——以武汉市为例［J］．人口研究．2004（06）．

[535] 李平文．关于我国电力市场竞争、垄断与监管问题的探讨［J］．科技广场．2004（09）．

[536] 李萍．创新监管手段管制政策与竞争政策并举［J］．中国电信业．2004（02）．

[537] 李启家，唐忠辉．从“环境监管失职第一案”看我国环境法治的缺陷［J］．河北法学．2004（12）．

[538] 李巧巧．国际转移定价及其税务规制研究［J］．江汉大学学报（人文科学版）．2004（03）．

[539] 李秋淮．寻租［J］．价格理论与实践．2004（01）．

[540] 李善民，余鹏翼．电力短缺、经济增长与政府规制［J］．经济理论与经济管理．2004（10）．

[541] 李善同，等．中国国内地方保护问题的调查与分析［J］．经济研究．2004（11）．

[542] 李时敏，肖兴志，李健军．西方国家市场失灵与社会性规制［J］．世界经济与政治论坛．2004（01）．

[543] 李寿德，王家祺．初始排污权不同分配下的交易对市场结构的影响研究［J］．武汉理工大学学报（交通科学与工程版）．2004（01）．

[544] 李曙光．行政许可、政府干预与政府转型［J］．开放导报．2004（06）．

[545] 李顺德．制止滥用知识产权非法垄断［J］．科技信息．2004（01）．

[546] 李涛．政府管制、法治、银行发展与中小企业发展［J］．经济学（季刊）．2004（04）．

[547] 李天飞，孙林岩．专卖体制下中国烟草产业竞争模式分析（英文）［J］．Agricultural Science & Technology．2004（01）．

[548] 李天明，郭顺义．我国宽带接入市场现状及赢利模式分析［J］．世界电信．2004（06）．

[549] 李婷，郑名洛．中国特许经营法律规制初探［J］．长安大学学报（社会科学版）．2004（03）．

[550] 李为国，吴继华．乳品企业“食品质量安全市场准入制度”的基本条件［J］．中国乳业．2004（12）．

[551] 李维华．特许权与研究特许经营费用研究［J］．连锁与特许．2004（04）．

[552] 李伟，徐伟，赵俊锋．不完全市场中市场份额的长期演化行为［J］．系统工程学报．2004（06）．

[553] 李炜．我国公共产品价格管制体系及构建［J］．市场论坛．2004（10）．

[554] 李卫兵，伍春泉．论网络链接与不正当竞争［J］．宿州教育学院学报．2004（03）．

[555] 李文东．全球化中的技术垄断［J］．社会观察．2004（11）．

[556] 李显冬．市政特许经营中的双重法律关系——兼论市政特许经营权的准物权性质［J］．国家行政学院学报．2004（04）．

[557] 李晓丹，刘广．日本电信产业规制及其对我国的借鉴［J］．广东商学院学报．2004（01）．

[558] 李新，王坤．独家销售协议的反垄断法律规制研究——以家电市场独家销售协议为例［J］．经济论坛．2004（20）．

[559] 李新光．规模经济与范围经济在企业成长生命周期中的应用［J］．经济与管理．2004（12）．

[560] 李新民．发电商价格卡特尔之思考［J］．现代电力．2004（03）．

[561] 李琰．我国反垄断立法若干问题探析［J］．甘肃理论学刊．2004（02）．

[562] 李艳芳．公众参与环境保护的法律制度建设——以非政府组织（NGO）为中心［J］．浙

江社会科学．2004（02）．

［563］李艳虹．城市土地储备制度与政府干预［J］．生产力研究．2004（09）．

［564］李艳军，李崇光．对我国种子市场实施价格管制的经济学分析［J］．中国农村经济．2004（09）．

［565］李洋慧．从进入和退出壁垒看我国工业中的过度竞争［J］．经济与管理．2004（03）．

［566］李义平．当前制度框架中地方政府的行为分析［J］．当代经济科学．2004（05）．

［567］李奕仁．蚕桑产业产品质量控制与标准体系的建设［J］．中国蚕业．2004（02）．

［568］李迎丰．地方保护主义与假冒伪劣［J］．红旗文稿．2004（22）．

［569］李玉基．证券商市场准入制度比较研究［J］．甘肃政法学院学报．2004（03）．

［570］李玉剑，宣国良．专利联盟反垄断规制的比较研究［J］．知识产权．2004（05）．

［571］李郁芳．公共决策听证与政府规制失灵的防治［J］．暨南学报（人文科学与社会科学版）．2004（06）．

［572］李郁芳．转轨时期政府规制过程的制度缺陷及其治理［J］．管理世界．2004（01）．

［573］李毓持，胡滨．跨国投资在华推行垄断［J］．招商周刊．2004（21）．

［574］李远纯．掠夺性定价立法问题研究［J］．广西政法管理干部学院学报．2004（03）．

［575］李招忠．珠江三角洲公用事业民营化的现状及发展对策［J］．社会科学战线．2004（02）．

［576］李镇西．我国金融的经营制度和监管体制［J］．财经科学．2004（06）．

［577］李震．浅析中国电信管制［J］．中国建设信息．2004（10）．

［578］李震．有效电信管制机构的建立［J］．中国建设信息．2004（11）．

［579］李正全．政府干预住房金融制度的模式及其特征［J］．中国房地产金融．2004（10）．

［580］李志军．反垄断法：反的是破坏公平［J］．科技智囊．2004（08）．

［581］李重芬．城市公路网络经济［J］．公路交通技术．2004（03）．

［582］连海霞．自然垄断行业的放松管制与再管制［J］．广东财经职业学院学报．2004（06）．

［583］良月．浅议我国市场经济中招标投标的作用和政府相关管理的完善［J］．中国招标．2004（11）．

［584］梁建东．治理视野中的政府规制改革［J］．厦门特区党校学报．2004（01）．

［585］梁劲，等．激励性机制下输配电价格管制的定价模型［J］．继电器．2004（12）．

［586］梁军，宋迎春．最优财政分权度初探［J］．山东大学学报（哲学社会科学版）．2004（02）．

［587］梁俊茹．商业银行产权改革的管制经济学分析［J］．云南财贸学院学报（社会科学版）．2004（01）．

［588］梁平，武雨南川．慎提“行政权力市场化运作”［J］．中国行政管理．2004（03）．

［589］梁晓玲．医疗保险改革对医院的影响与对策［J］．现代医院．2004（10）．

［590］梁祖强，陈军．体育中介服务业的市场准入研究［J］．四川体育科学．2004（03）．

［591］粮食收购实行市场准入［J］．食品科学．2004（11）．

［592］廖筠，伍戈．市场机制和政府干预：证券市场转型的经济学分析［J］．海南金融．2004（09）．

［593］廖筠．中国证券市场中的“市场失灵”与“政府失灵”［J］．中国国情国力．2004（06）．

［594］廖俊．本土定价权与IPO寻租［J］．新财经．2004（12）．

［595］廖卫东．论政府生态规制的制度优化［J］．南昌大学学报（人文社会科学版）．2004（01）．

[596] 廖亚辉. 论市场条件下地方政府行为的价值选择［J］. 兰州学刊. 2004（03）.

[597] 廖正华. 关于我国自然垄断产业公共管制法制建设的思考［J］. 市场周刊（管理探索）. 2004（S1）.

[598] 林彬乐. 产业内贸易与规模经济的关系检验：中国的例子［J］. 企业经济. 2004（06）.

[599] 林镝，曲英，邹珊刚. 刍议食品产业链中食品安全管理［J］. 生态经济. 2004（04）.

[600] 林帆，周训文. 民航售后服务业的市场壁垒和营销策略［J］. 航空维修与工程. 2004（04）.

[601] 林凤彩. 我国自然垄断产业的价格规制［J］. 社会科学辑刊. 2004（06）.

[602] 林国光.《行政许可法》实施后收费监管面临的法律问题［J］. 中国物价. 2004（06）.

[603] 林海峰，周浩. 基于绩效的电力企业价格管制［J］. 电网技术. 2004（10）.

[604] 林琳，唐骁鹏. 西方激励性规制理论述评［J］. 经济问题探索. 2004（02）.

[605] 林琳. 我国垄断行业的改革思考［J］. 求索. 2004（12）.

[606] 林木西，和军. 自然垄断行业所有制改革研究［J］. 经济社会体制比较. 2004（02）.

[607] 林木西，和军. 自然文化遗产开发的政府规制问题研究［J］. 求是学刊. 2004（06）.

[608] 林勤玉. 论政府管制的理论基础［J］. 经济师. 2004（09）.

[609] 林姗姗. "介护保险制度"与日本医疗保障制度改革［J］. 世界经济与政治论坛. 2004（04）.

[610] 林武，黄承锋，杨秀苔. 谈防范道路客运中的串谋问题［J］. 重庆交通学院学报. 2004（04）.

[611] 林艳，林江. 关于保险业垄断的政策取向与有效竞争［J］. 技术经济. 2004（01）.

[612] 林艳，林江. 关于保险业垄断若干问题的探讨［J］. 商业研究. 2004（10）.

[613] 林一清. 垄断被呼来唤去［J］. 数字财富. 2004（08）.

[614] 林跃勤. 俄罗斯铁路垄断体制的改革［J］. 红旗文稿. 2004（13）.

[615] 凌学岭. 外资银行进入路径与我国银行业市场结构变动［J］. 上海经济研究. 2004（09）.

[616] 刘爱军. 全业务竞争下的电信监管对策［J］. 改革与战略. 2004（12）.

[617] 刘本燕，李晓庆. WTO下行政性垄断之分析［J］. 价格月刊. 2004（11）.

[618] 刘必谦. 构筑质量安全保障体系 推进水产品市场准入［J］. 宁波通讯. 2004（05）.

[619] 刘波. 政府管制经济问题的新思考［J］. 湘潭大学学报（哲学社会科学版）. 2004（03）.

[620] 刘灿，宋光辉. 高校扩招过程中的规模经济和范围经济［J］. 经济理论与经济管理. 2004（01）.

[621] 刘灿. 试论我国自然垄断行业放松管制的所有制基础与企业改革［J］. 经济评论. 2004（04）.

[622] 刘春生，郭建. 企业兼并动机、规模及其收益的经济学分析［J］. 经济与管理. 2004（09）.

[623] 刘春田. 商标保护与改善城市投资环境［J］. 中华商标. 2004（01）.

[624] 刘大洪，廖建求，刘建新. 消费信息不对称的法律规制［J］. 中国工商管理研究. 2004（03）.

[625] 刘大洪，廖建求. 论市场规制法的价值［J］. 中国法学. 2004（02）.

[626] 刘大洪，谢琴. 自然垄断行业改革研究——从自然垄断行业是否为合理垄断的角度出发［J］. 法学论坛. 2004（04）.

[627] 刘大洪，岳振宇. 反垄断法的困境与出路［J］. 时代法学. 2004（06）.

［628］刘导波．我国自然垄断行业的价格管制方式存在的问题及变革思路［J］．湖南商学院学报．2004（03）．

［629］刘敦楠，等．电力市场监管指标及市场评价体系［J］．电力系统自动化．2004（09）．

［630］刘刚．德国电信行业价格管制的发展变化［J］．中国物价．2004（12）．

［631］刘桂莉，熊滨．论转型时期我国政府行政行为的规范化建设［J］．江西社会科学．2004（12）．

［632］刘桂清，马秀红：我国抓紧制定《反垄断法》加快全国统一市场建设［J］．河北企业．2004（07）．

［633］刘国华．垄断与竞争理论评述［J］．零陵学院学报．2004（09）．

［634］刘海波．政策评价框架下的规制影响分析［J］．科学对社会的影响．2004（03）．

［635］刘红．日本金融监管体制的变革［J］．日本学刊．2004（03）．

［636］刘洪珍．国有企业非市场经济运作行为探析［J］．天津经济．2004（08）．

［637］刘华宝，黄兆南．对发展网络经济的若干思考［J］．中共南昌市委党校学报．2004（04）．

［638］刘华军．网络型公用事业的规制改革与民营化：市场结构与产权结构的互动［J］．山东经济．2004（05）．

［639］刘辉煌，何雅芬．中国电信业政府规制改革研究［J］．中国流通经济．2004（11）．

［640］刘建华．论中国烟草专卖体制下的行政垄断［J］．经济与管理研究．2004（04）．

［641］刘建辉．《反垄断法》利刃指向谁？［J］．经济．2004（08）．

［642］刘健，李国平，张杰华．我国电力行业放松管制的理论分析与实践思考［J］．预测．2004（06）．

［643］刘戒骄，杨晓龙．网络竞争与网络产业改革［J］．中国工业经济．2004（07）．

［644］刘金花．对我国反垄断立法的几点思考［J］．中共太原市委党校学报．2004（02）．

［645］刘金林，刘钦．我国农业非对称市场结构及其对农民收入的影响［J］．市场论坛．2004（05）．

［646］刘金章，温波．WTO过渡时期金融监管的研究［J］．甘肃社会科学．2004（03）．

［647］刘钧．我国政府经济职能与财政分权的分析和完善［J］．南宁师范高等专科学校学报．2004（01）．

［648］刘钧．我国政府经济职能与财政分权的探讨［J］．广西社会科学．2004（04）．

［649］刘磊．我国特许经营发展滞缓的原因与对策［J］．哈尔滨市委党校学报．2004（03）．

［650］刘立．反托拉斯法、专利政策与美国工业研究的兴起［J］．自然辩证法通讯．2004（05）．

［651］刘明．行政指导——一种新型的政府行为方式论要［J］．淮北职业技术学院学报．2004（03）．

［652］刘铭．市政公用事业打破垄断——解读《市政公用事业特许经营管理办法》［J］．中国投资．2004（06）．

［653］刘鹏．讨价还价与价格歧视［J］．价格与市场．2004（02）．

［654］刘平华．论滥用市场支配地位［J］．党史文苑．2004（04）．

［655］刘然，朱丽霞．市场失灵与政府进入［J］．社会主义研究．2004（02）．

［656］刘荣．政府采购中串通招标投标行为的法律规制［J］．太原师范学院学报（社会科学版）．2004（04）．

［657］刘瑞丰，王秀丽，朱振青．水电厂参与市场竞争下的市场模拟及其市场势力削弱［J］．电力系统自动化．2004（16）．

［658］刘淑华，杨军．知识产权领域的反竞争行为及其法律规制［J］．河南公安高等专科学校学报．2004（02）．

［659］刘伟，陈晓红．分散型产业内过度竞争的博弈分析［J］．技术经济与管理研究．2004（05）．

［660］刘伟，唐小我，马永开．连续垄断的上下游企业在价格管制条件下的产品定价研究［J］．中国管理科学．2004（03）．

［661］刘伟，吴总建．制度型政府失灵及其治理对策［J］．四川大学学报（哲学社会科学版）．2004（04）．

［662］刘伟．经济转轨与市场分割：以烟草业为例［J］．社会科学战线．2004（02）．

［663］刘伟．谈发展港口规模经济［J］．港口经济．2004（02）．

［664］刘伟江，王广惠，张朝辉．电子商务中的价格歧视现象［J］．经济与管理研究．2004（02）．

［665］刘文俊．对盲目重复建设问题的几点思考［J］．浙江经济．2004（10）．

［666］刘文龙，陈文晖．试析规模经济的误区［J］．数量经济技术经济研究．2004（05）．

［667］刘晓娥，梁志．对湖北汽车零部件行业规模经济的量化分析［J］．统计与决策．2004（06）．

［668］刘晓辉，王红艳．优化我国零售业市场结构的思考［J］．商业研究．2004（13）．

［669］刘昕．中国A、H股市场分割的根源分析［J］．南开管理评论．2004（05）．

［670］刘新林．垄断与经济法产生关系新探［J］．贵州警官职业学院学报．2004（01）．

［671］刘新梅，刘胜强．我国电信管制机构改革研究［J］．经济社会体制比较．2004（06）．

［672］刘新梅，张卫朋，艾根林．基础设施产业规制效率分析［J］．预测．2004（01）．

［673］刘星，杨波．自然垄断行业管制理论与实践及其对我国电力行业管制改革的启示［J］．软科学．2004（05）．

［674］刘岩．寻租理论与政府行为的分析［J］．生产力研究．2004（09）．

［675］刘艳．论行政垄断由反垄断法调整的基础［J］．武汉交通职业学院学报．2004（01）．

［676］刘焰．公共事业部门改革的思考［J］．武汉理工大学学报（信息与管理工程版）．2004（06）．

［677］刘耀东．中国电力工业结构 产能 产出 集中度 规模 生产率分析［J］．中国能源．2004（09）．

［678］刘漪，杨梓武，韦媚．反垄断法作用域里的中小企业保护［J］．前沿．2004（02）．

［679］刘莹．关于水权交易市场相关问题的探讨［J］．中国水利．2004（09）．

［680］刘颖悟．有线电视维护费的政府管制［J］．广播电视信息．2004（12）．

［681］刘玉峰，许娜．WTO，服务贸易总协定与我国建筑业进入壁垒［J］．四川建筑．2004（02）．

［682］刘玉杰，郑彦鹏．外资并购的反垄断法规制［J］．经济论坛．2004（23）．

［683］刘源．浅谈医疗保险制度改革［J］．中国卫生资源．2004（06）．

［684］刘云香．“环境保护”一节的探究性学习［J］．科学教育．2004（06）．

［685］刘志彪，石奇．现代产业经济学系列讲座（八） 价格歧视和搭配销售［J］．产业经济研究．2004（04）．

［686］刘志彪．市场结构、厂商行为与价格联盟的不稳定性［J］．江苏行政学院学报．2004（02）．

［687］刘志标．中国商业银行的竞争、垄断与管制——关于中国银行业的SCP分析框架［J］．财贸研究．2004（04）．

[688] 刘中青. 试论政府失灵的表现 [J]. 山东财政学院学报. 2004 (06).

[689] 刘梓洪, 等. 边际网损系数法中节点无功功率对电力市场网损分摊的影响 [J]. 电网技术. 2004 (03).

[690] 刘宗华, 邹新月. 中国银行业的规模经济和范围经济——基于广义超越对数成本函数的检验 [J]. 数量经济技术经济研究. 2004 (10).

[691] 柳湘. 公用企业垄断法律规制问题研究 [J]. 长江论坛. 2004 (02).

[692] 柳学信, 王文举. 企业软预算约束下的过度投资与市场进入障碍——经济转型时期我国网络产业国有企业行为分析 [J]. 产业经济评论. 2004 (02).

[693] 柳学信. 网络产业接入定价与互联互通管制——对我国电信业互联互通问题的分析 [J]. 中国软科学. 2004 (02).

[694] 龙镇辉. 论连锁企业的规模经济条件 [J]. 南方经济. 2004 (09).

[695] 龙宗智. 行政规制缓和与高校权力行使 [J]. 中国高等教育. 2004 (Z3).

[696] 娄正前. 反垄断法的规则分析与经济分析的统一原则 [J]. 求索. 2004 (10).

[697] 娄正前. 反垄断法基本原则的法理研究 [J]. 法制现代化研究. 2004 (00).

[698] 卢承灏. 从案例看美国的反垄断法 [J]. 交通企业管理. 2004 (01).

[699] 卢洪友. 中国国有资产监管制度的创新 [J]. 经济学家. 2004 (01).

[700] 卢小广. 我国处在劳动收入差距扩大阶段 [J]. 中国国情国力. 2004 (01).

[701] 卢琰华, 孙传喜. 对我国行政性垄断现象的认识 [J]. 经济与管理. 2004 (06).

[702] 鲁晓东. 后规制时期石油产业的市场结构分析——以新西兰成品油市场为例 [J]. 国际石油经济. 2004 (11).

[703] 陆奇斌, 等. 中国市场结构和市场绩效关系实证研究——从消费者角度识别两者的关系 [J]. 中国工业经济. 2004 (10).

[704] 陆少秋, 顾弘敏. 从产品差异化策略看入世后我国金融业的混业经营 [J]. 中央财经大学学报. 2004 (01).

[705] 陆伟芳. 英国城市公用事业的现代化轨迹 [J]. 扬州大学学报 (人文社会科学版). 2004 (06).

[706] 陆跃祥, 刘帆. 构造中国商业银行业垄断竞争市场 [J]. 中国统计. 2004 (03).

[707] 陆跃祥. 城域网的重复建设及解决对策 [J]. 企业改革与管理. 2004 (04).

[708] 路海华, 王承志. 国际特许经营法律问题初探 [J]. 宁夏社会科学. 2004 (03).

[709] 吕渐广. 市政公用事业的市场化改革 [J]. 招商周刊. 2004 (42).

[710] 吕卿楠, 崔健. 实物期权理论在企业并购定价中的应用 [J]. 中国资产评估. 2004 (06).

[711] 吕庆华. 我国特许经营发展的"瓶颈"及其突破 [J]. 经济问题探索. 2004 (05).

[712] 吕素香. 商业银行价格歧视定价策略研究 [J]. 北京工商大学学报 (社会科学版). 2004 (04).

[713] 吕廷杰, 张珂. 通过管制重构加强对我国电信产业的政府监管 [J]. 北京邮电大学学报 (社会科学版). 2004 (01).

[714] 吕裔良. 中国乳业市场结构优化问题的研究 [J]. 农场经济管理. 2004 (06).

[715] 伦蕊, 黎正忠. 信息经济时代企业管理的规模经济性 [J]. 东北财经大学学报. 2004 (04).

[716] 罗杭春, 江万里. 论企业合并控制的反垄断问题 [J]. 求索. 2004 (04).

[717] 罗建文, 高洪波. 行政垄断的道德反思 [J]. 中国行政管理. 2004 (12).

[718] 罗建文, 朱海林. 行政垄断的道德反思 [J]. 重庆大学学报 (社会科学版). 2004 (05).

[719] 罗静，曾菊新．城市化进程中的土地稀缺性与政府管制［J］．中国土地科学．2004（05）．

[720] 罗静，曾菊新．论地方声誉建设中的政府管制［J］．华中师范大学学报（人文社会科学版）．2004（06）．

[721] 罗丽萍．基础设施产业规制激励方案研究［J］．技术与创新管理．2004（05）．

[722] 罗丽艳．自然资源市场为何失灵［J］．财经科学．2004（04）．

[723] 罗良忠，史占中．我国铁路“网运分离”福利效应分析［J］．武汉化工学院学报．2004（01）．

[724] 罗美娟，袁钦．财政分权、地方利益与我国烟草产业发展［J］．财政研究．2004（08）．

[725] 罗美娟．政府管制对中国烟草企业行为与市场结构的影响分析［J］．思想战线．2004（06）．

[726] 罗斯，袁增霆．金融市场中的披露管制：现代金融理论与信号传递理论的意义［J］．经济社会体制比较．2004（04）．

[727] 罗卫东，许彬．地方政府行为与民间企业的成长——温州的经验与教训［J］．中共浙江省委党校学报．2004（05）．

[728] 罗雪峰，牛方礼．垄断幽灵笼罩跨国公司［J］．中国对外贸易．2004（07）．

[729] 罗瑶妹，刘清元．“服务型”保险监管的法哲学基础［J］．财会研究．2004（11）．

[730] 罗伊思·古阿什，J.，罗伯特·W·汉恩，古月．规制的成本与收益：对发展中国家的寓意［J］．经济社会体制比较．2004（01）．

[731] 罗元青．规模经济、竞争与中小企业的存在与发展［J］．四川师范大学学报．2004（01）．

[732] 罗云峰．垄断企业的产业地位及其对发展型产业的现实意义［J］．广东财经职业学院学报．2004（04）．

[733] 罗泽胜．公用企业反垄断法律规制［J］．西南科技大学学报（哲学社会科学版）．2004（03）．

[734] 罗仲伟．我国自然垄断产业的市场结构重组［J］．经济研究参考．2004（39）．

[735] 骆宁，卢菁．放松管制导致经济洗牌［J］．数字财富．2004（02）．

[736] 马斌．比较广告分析及其法律规制［J］．河北经贸大学学报（综合版）．2004（04）．

[737] 马波．企业如何构建“进入壁垒”［J］．河北企业．2004（Z1）．

[738] 马蔡琛．政府预算管理中的“寻租”活动分析［J］．财贸经济．2004（11）．

[739] 马春芳．西方的“政府失灵”理论及对我国政府管理的启示［J］．理论探索．2004（04）．

[740] 马莉．民航业市场结构及竞争策略分析［J］．学海．2004（04）．

[741] 马险峰．英国金融监管模式［J］．银行家．2004（05）．

[742] 马歆等．电力市场中市场势力的影响分析［J］．电力自动化设备．2004（02）．

[743] 马秀山．垄断经营与专利制度——试论专利制度在市场经济中的功能［J］．中国发明与专利．2004（09）．

[744] 马银波．管制对道路货运市场结构的影响及对策［J］．综合运输．2004（10）．

[745] 麦马佑．政府干预中的价格管理问题探讨［J］．南方经济．2004（02）．

[746] 毛锦，王尚武，田军涛．打破地方保护主义 完善全国统一市场［J］．河南财政税务高等专科学校学报．2004（05）．

[747] 茅铭晨．我国自然垄断产业民营化改革及相关立法研究［J］．经济体制改革．2004（01）．

[748] 梅红英．中国利用外资并购战略初探 [J]. 市场论坛．2004 (06).

[749] 梅洁．中国电信产业互联互通的绩效分析 [J]. 市场周刊．财经论坛．2004 (06).

[750] 门庆兵，陈方正．浅议养老基金的投资管制 [J]. 黑龙江科技信息．2004 (07).

[751] 蒙开睿，何小凤．浅谈反垄断法与知识产权保护的冲突与协调 [J]. 湖北广播电视大学学报．2004 (03).

[752] 孟光兴，邱家学．市场准入规制是医药产业健康发展的保证 [J]. 中国药业．2004 (11).

[753] 孟兰兰．对行政垄断的一些认识 [J]. 辽宁经济．2004 (05).

[754] 孟鑫．试析我国的反垄断法问题 [J]. 前沿．2004 (01).

[755] 孟雁北．反垄断法视野中的低于成本价销售行为 [J]. 河北法学．2004 (09).

[756] 孟雁北．反垄断法视野中的行业协会 [J]. 云南大学学报 (法学版). 2004 (03).

[757] 孟雁北．滥用相对经济优势地位行为的反垄断法研究 [J]. 法学家．2004 (06).

[758] 孟杨，王林祥．换个角度看重复建设 [J]. 中国纺织．2004 (04).

[759] 闵元．新一轮医疗收费改革难点重重 [J]. 医院领导决策参考．2004 (05).

[760] 缪丹，徐维德．自然垄断行业放松管制的制度分析 [J]. 西南民族大学学报 (人文社科版). 2004 (06).

[761] 莫守忠，苏友明．关于中小企业特许经营权的几个法律问题 [J]. 吉首大学学报 (社会科学版). 2004 (01).

[762] 莫衍，徐充．政府参与与政府管制公正性：我国管制垄断行业存在的问题与改革思路 [J]. 湖北经济学院学报．2004 (06).

[763] 莫志宏．垄断竞争视角下的技术标准 [J]. 北京工业大学学报 (社会科学版). 2004 (03).

[764] 牟春艳．影响企业自身的市场势力的因素探析 [J]. 理论界．2004 (01).

[765] 南焱．烟草改革检验的标准是市场——专访国家烟草专卖局办公室副主任胡新华 [J]. 财经界．2004 (10).

[766] 倪清燃．浅谈厂商的价格歧视 [J]. 宁波广播电视大学学报．2004 (04).

[767] 倪庆东．行政性重复建设与公共部门绩效评价体系 [J]. 山东财政学院学报．2004 (03).

[768] 倪秋菊，倪星．政府官员的“经济人”角色及其行为模式分析 [J]. 武汉大学学报 (哲学社会科学版). 2004 (02).

[769] 聂名华．德国对企业并购投资的法律管制 [J]. 中南财经政法大学学报．2004 (04).

[770] 聂名华．跨国公司在华并购中的垄断倾向分析 [J]. 社会科学辑刊．2004 (04).

[771] 聂名华．中国外资并购中的反垄断问题研究 [J]. 统计研究．2004 (06).

[772] 聂盛．我国经济转型期间的劳动力市场分割：从所有制分割到行业分割 [J]. 当代经济科学．2004 (06).

[773] 聂孝红．知识产权与跨国垄断：思科诉华为案的法理思考 [J]. 北京市经济管理干部学院学报．2004 (04).

[774] 宁瑜．医疗服务价格改革透视 [J]. 价格与市场．2004 (11).

[775] 牛文琪．垄断优势、比较优势理论对我国企业的适用性研究 [J]. 江苏商论．2004 (11).

[776] 牛学义．城市污水特许经营协议的若干问题探讨 [J]. 中国给水排水．2004 (02).

[777] 地方保护“保护”地方了吗？[J]. 中国经济周刊．2004 (40).

[778] 欧阳白果，知识产权滥用的反垄断法规制 [J]. 湖湘论坛．2004 (04).

[779] 欧阳芳锐，王先甲．政府对一类风险回避型垄断企业价格管制的激励机制设计与分析[J]．系统工程．2004（01）．

[780] 欧阳志刚．外资进入后，我国电信服务市场的博弈分析[J]．华东交通大学学报．2004（06）．

[781] 潘金霞，王则柯．斜率弹性与垄断的边际收益[J]．世界经济文汇．2004（02）．

[782] 潘劲松，雷凌．依法干预市场经济与重塑政府权威[J]．开发研究．2004（04）．

[783] 潘石，尹栾玉．政府规制的制度分析与制度创新[J]．长白学刊．2004（01）．

[784] 潘淑清．论寡头垄断企业合作创新战略选择[J]．统计与决策．2004（11）．

[785] 潘晓明，郑冰．对知识产权和反垄断法的几点思考[J]．中国海洋大学学报（社会科学版）．2004（01）．

[786] 裴培，王敏．关于行政性垄断的法律思考[J]．宿州教育学院学报．2004（04）．

[787] 彭光良，罗晓云．市场失灵对高等教育创新发展影响的思考[J]．井冈山师范学院学报．2004（04）．

[788] 彭剑琴，俞志华，刘立力．产业垄断辨析——关于垄断及我国石油市场结构的认识[J]．中国石油企业．2004（09）．

[789] 彭静，蒋炜．完善我国外资银行市场准入监管立法[J]．理论月刊．2004（09）．

[790] 彭久麒．寻利与寻租概念的数理经济学解释[J]．四川师范大学学报（社会科学版）．2004（01）．

[791] 彭娟．城市公用事业管理法律问题分析[J]．西南交通大学学报（社会科学版）．2004（06）．

[792] 彭少成．医疗产权制度改革之我见[J]．中国卫生产业．2004（03）．

[793] 彭武元，方齐云．论自然垄断产业的有效竞争——兼评王俊豪等学者的观点[J]．华中科技大学学报（社会科学版）．2004（02）．

[794] 彭兴庭．设立“禁讨区”背后的政府行为[J]．中国经济周刊．2004（11）．

[795] 彭永成，许惠渊，庞中伟．北京市乳品消费市场结构分析及展望[J]．食品研究与开发．2004（05）．

[796] 彭运芳．信息不对称情况下寡头市场决策的动态博弈[J]．中国软科学．2004（05）．

[797] 彭增田，张增波．行政垄断及其规制[J]．山东行政学院山东省经济管理干部学院学报．2004（06）．

[798] 彭子美．论区域经济发展中的政府干预问题[J]．财经理论与实践．2004（04）．

[799] 蒲令．浅议我国城市公用事业公司治理的完善[J]．北方经贸．2004（02）．

[800] 漆彤．论外资并购中的反垄断立法——《外国投资者并购境内企业暂行规定》中反垄断规则评析[J]．求索．2004（03）．

[801] 齐国涛．垄断的将来过去式[J]．软件世界．2004（10）．

[802] 齐虹丽．市场失灵与日本反垄断法中适用除外制度的界限[J]．云南大学学报（法学版）．2004（04）．

[803] 齐虹丽．政府规制与反垄断法的适用除外制度——以日本反垄断法中的适用除外制度为讨论中心[J]．法学评论．2004（06）．

[804] 齐仲锋，范宏．寻租理论及其在中国的发展[J]．西安石油大学学报（社会科学版）．2004（03）．

[805] 千省利，王玉波．反垄断法中垄断的法经济学分析[J]．河北法学．2004（06）．

[806] 钱峰燕，刘建华．食品安全与超市采购体系变迁研究——以拉丁美洲超市新鲜果蔬采购体系为例[J]．经济经纬．2004（04）．

[807] 钱素华．以规范的政府行为保障公民的合法权益 [J]．唯实．2004 (07)．

[808] 钱勇．OECD 国家扩大生产者责任政策对市场结构与企业行为的影响 [J]．产业经济研究．2004 (02)．

[809] 乔·沃利斯，布赖恩·多勒瑞，孙晓莉．政府失灵、社会资本以及新西兰公共部门改革模式对发展中国家的适用性 [J]．上海行政学院学报．2004 (01)．

[810] 秦国辉．政府管制：农信社异化的根源——山东省昌乐县平原信用社个案调查 [J]．法人杂志．2004 (06)．

[811] 秦少鹏．外商投资企业联合年检中存在的问题及对策 [J]．黑龙江金融．2004 (01)．

[812] 秦小红．论我国行政垄断的法律规制 [J]．江西财经大学学报．2004 (02)．

[813] 秦兴俊．我国特许经营发展前景及对策 [J]．中国合作经济．2004 (03)．

[814] 秦占欣．民航运输业的网络经济性与政府管制变迁 [J]．西南交通大学学报（社会科学版）．2004 (02)．

[815] 秦志华，张翅，贾正亮．中国金融监管探析 [J]．经济体制改革．2004 (04)．

[816] 丘海雄，徐建牛．产业集群技术创新中的地方政府行为 [J]．管理世界．2004 (10)．

[817] 邱芳烈．从规模经济与范畴经济的角度看报业集团的成功之路 [J]．新闻战线．2004 (03)．

[818] 邱风．“柠檬”市场和国有行政性垄断市场质量供给的比较与对策研究 [J]．财经论丛（浙江财经学院学报）．2004 (03)．

[819] 邱钧，刘友芝．论我国政府规制改革的根本途径 [J]．财贸经济．2004 (04)．

[820] 曲文轶．转轨经济中自然垄断产业的私有化：俄罗斯案例分析 [J]．俄罗斯中亚东欧研究．2004 (05)．

[821] 屈晓华．企业应对政府规制能动反应的理论分析 [J]．理论与改革．2004 (01)．

[822] 全国食品安全信用体系建设试点工作交流会在湖南省常德市召开 [J]．中国药事．2004 (12)．

[823] 权明富，李小文，齐佳音．特许经营在移动通信运营企业渠道建设中的运用初探 [J]．电信科学．2004 (07)．

[824] 权英淑．寡头垄断下的决策 [J]．企业经济．2004 (03)．

[825] 阙光辉．中国电力市场结构的战略选择 [J]．电力技术经济．2004 (01)．

[826] 冉勇，蒲勇健．激励规制理论与商业银行监管 [J]．金融理论与实践．2004 (02)．

[827] 饶粤红．反垄断救济方法的适用分析 [J]．经济与社会发展．2004 (07)．

[828] 任碧云．从贫富差距的扩大看我国收入分配中公平与效率关系的调整 [J]．财经理论与实践．2004 (01)．

[829] 任灏．中国医疗体制改革势在必行 [J]．医药世界．2004 (09)．

[830] 任剑新．单一市场结构下横向联盟的市场绩效与规制 [J]．中国工业经济．2004 (02)．

[831] 任剑新．美国反垄断思想的新发展——芝加哥学派与后芝加哥学派的比较 [J]．电子知识产权．2004 (06)．

[832] 任俊生，古涛．自然垄断行业国有经济控制力问题探讨 [J]．长白学刊．2004 (05)．

[833] 任康民，肖挺．市场结构与企业技术创新 [J]．经济师．2004 (12)．

[834] 任南．垄断是教育供给不足的总病根 [J]．中国改革．2004 (12)．

[835] 任强．我国城市公用事业民营化的现状及发展趋势分析 [J]．未来与发展．2004 (02)．

[836] 任溶．美国的利益集团与公共政策的制定 [J]．党政论坛．2004 (07)．

[837] 任兴洲．我国商业特许经营发展的环境及潜力分析 [J]．连锁与特许．2004 (Z1)．

[838] 任震，朱然，黄雯莹．发电商之间的串通竞标分析及基于模糊理论判定 [J]．电力自动

化设备. 2004 (10).

[839] 任志涛，张世英. 基础设施领域市场化的价格规制研究 [J]. 价格理论与实践. 2004 (11).

[840] 茹刚. 中国股票市场准入政策变迁探析 [J]. 山东行政学院山东省经济管理干部学院学报. 2004 (04).

[841] 瑞新. 制止垄断行为 保护公平竞争 [J]. 瞭望新闻周刊. 2004 (44).

[842] 桑林. 日本反垄断立法、执法情况介绍以及对中国的启示 [J]. 中国工商管理研究. 2004 (01).

[843] 山文岑. 试析行政垄断主体 [J]. 榆林学院学报. 2004 (02).

[844] 山文岑. 行政垄断的法律界定 [J]. 烟台师范学院学报（哲学社会科学版). 2004 (04).

[845] 商荣华. 重构超市食品卫生安全体系 [J]. 商业时代. 2004 (15).

[846] 商务部：反垄断法已提上立法日程 [J]. 上海工业. 2004 (10).

[847] 尚锋. 政协委员提案　建立木制人造板市场准入制 [J]. 建材工业信息. 2004 (05).

[848] 邵鸿烈. 两种重复建设，两种投资风险 [J]. 财经论丛（浙江财经学院学报). 2004 (01).

[849] 邵建东. 我国反垄断法应当设置刑事制裁制度 [J]. 南京大学学报（哲学. 人文科学. 社会科学版). 2004 (04).

[850] 邵念荣. 中国城市公用事业市场化趋势及对策之我见 [J]. 城市公用事业. 2004 (03).

[851] 邵正光，陈俐艳. 黑龙江省服务业市场进入壁垒浅析 [J]. 宏观经济研究. 2004 (11).

[852] 佘润申，朱红. 公共品特许经营的历史演进 [J]. 上海城市管理职业技术学院学报. 2004 (02).

[853] 佘艺颖. 论新经济条件下搭售的法律问题——兼评微软公司的搭售行为 [J]. 企业技术开发. 2004 (12).

[854] 佘志宏，段红涛，李德林. 新制度经济学市场监管思想初探 [J]. 社会主义研究. 2004 (04).

[855] 申树斌. 纪凤兰与乌跃良，从竞争走向垄断的一种动态理论描述 [J]. 东北财经大学学报. 2004 (06).

[856] 沈芳. 环境规制的工具选择：成本与收益的不确定性及诱发性技术革新的影响 [J]. 当代财经. 2004 (06).

[857] 沈飞，朱道林，毕继业. 政府制度性寻租实证研究——以中国土地征用制度为例 [J]. 中国土地科学. 2004 (04).

[858] 沈国麟. 看得见的手：论市场经济环境中政府对广电产业的管制——以美国联邦通信委员会为例 [J]. 新闻大学. 2004 (03).

[859] 沈汉溪，陈朱文，庄金祥. 论美国反垄断措施及其借鉴意义 [J]. 鹭江职业大学学报. 2004 (03).

[860] 沈宏超，李建辉. 自然垄断产业改革方式探讨 [J]. 决策探索. 2004 (10).

[861] 沈宏超. 自然垄断产业放松规制：理论分析与实践模式 [J]. 理论学刊. 2004 (12).

[862] 沈剑飞. 中国电力行业市场结构分析 [J]. 现代电力. 2004 (02).

[863] 沈菊生. 反行政垄断没必要区分“地区垄断与部门垄断” [J]. 行政与法（吉林省行政学院学报). 2004 (11).

[864] 沈明高. 省联社垄断酝酿道德风险 [J]. 金融信息参考. 2004 (11).

[865] 沈文景. 经营公用事业的最大好处是什么？——与著名经济学家茅于轼对话 [J]. 发

展．2004（02）．

[866] 沈志群．我们需要反什么样的垄断 [J]．当代经济．2004（07）．

[867] 盛浩．全球贸易竞争对美国反垄断政策的影响 [J]．中国流通经济．2004（11）．

[868] 盛杰民，等．《反垄断法》破茧 [J]．法人杂志．2004（07）．

[869] 盛文军，梁跃生．R&D 和市场结构是相互决定的——理论述评 [J]．产业经济研究．2004（04）．

[870] 盛学军．政府主导模式与证券公开规制的失效 [J]．现代法学．2004（06）．

[871] 石金钢，莫初明．寡头垄断——我国反垄断法律制度应当选择的市场结构模式 [J]．北京邮电大学学报（社会科学版）．2004（04）．

[872] 石开斌．转型时期我国利益集团政治参与的困境分析 [J]．市场周刊．财经论坛．2004（11）．

[873] 石岿然，盛昭瀚，肖条军．双寡头纵向产品差异化市场的演化稳定战略 [J]．预测．2004（03）．

[874] 石岿然，肖条军．双寡头零售市场的演化稳定策略 [J]．系统工程理论与实践．2004（12）．

[875] 石岿然，肖条军．双寡头纵向产品差异化市场的演化博弈分析 [J]．东南大学学报（自然科学版）．2004（04）．

[876] 石奎．市政公用事业改制思考 [J]．中国西部科技．2004（13）．

[877] 石磊，王永钦．评拉丰、梯若尔著《政府采购与规制中的激励理论》[J]．经济学（季刊）．2004（02）．

[878] 石磊．国有公司制企业治理结构与监管机制的制度创新 [J]．社会科学研究．2004（03）．

[879] 石楠．重复建设 [J]．城市规划．2004（05）．

[880] 石瑞荣，张哲，刘凯峰．医疗机构产权制度改革及其监管 [J]．中国卫生经济．2004（08）．

[881] 石晓军，肖远文．信息垄断、信息民主与信用信息 [J]．江西财经大学学报．2004（05）．

[882] 时建中．国际电信市场打破垄断的历程 [J]．WTO 经济导刊．2004（Z1）．

[883] 食品如何安全准入市场？[J]．企业标准化．2004（02）．

[884] 史宏协．校务公开：遏制教育寻租的"解毒剂" [J]．中国国情国力．2004（12）．

[885] 史际春，肖竹．公用事业民营化及其相关法律问题研究 [J]．北京大学学报（哲学社会科学版）．2004（04）．

[886] 史建平，官兵．垄断、政府控制与金融制度演进 [J]．国际金融研究．2004（06）．

[887] 史学军．沉淀成本、承揽制度与全球广告市场结构 [J]．产业经济研究．2004（05）．

[888] 市场划分有疑——写在暑促之时 [J]．每周电脑报．2004（24）．

[889] 市场准入 技术先行——访台湾四零四——Moxa（摩莎）科技股份有限公司中国区 IE 产品销售经理 [J]．工业控制计算机．2004（08）．

[890] 市政公用事业特许经营管理办法 [J]．城市燃气．2004（05）．

[891] 市政公用事业特许经营管理办法 [J]．司法业务文选．2004（29）．

[892] 市政公用事业特许经营管理办法 [J]．中国建设信息．2004（09）．

[893] 市政公用事业特许经营最长 30 年 [J]．投资北京．2004（05）．

[894] 宋波．《反垄断法》迟到 [J]．中国经贸．2004（07）．

[895] 宋冬林，汤吉军．沉淀成本与资源型城市转型分析 [J]．中国工业经济．2004（06）．

[896] 宋方青．突破与规制：中国立法变通权探讨［J］．厦门大学学报（哲学社会科学版）．2004（01）．

[897] 宋鸽．反思政府危机管理中新闻媒体的积极干预［J］．行政与法（吉林省行政学院学报）．2004（06）．

[898] 宋建华．不断创新思路　推动改革发展　福建省医疗保险制度改革取得可喜成效[J]．就业与保障．2004（11）．

[899] 宋晶．对跨国公司垄断及限制竞争问题的理性思考［J］．中国工商管理研究．2004（10）．

[900] 宋胜洲．开放经济下政府规制理论的拓展与WTO规则下的可操作空间［J］．亚太经济．2004（04）．

[901] 宋晓霞，冯勋伟．国内服装业的特许经营与网络化生存初探［J］．上海纺织科技．2004（06）．

[902] 宋新宇．垄断资源模式的三个阶段　简单有效的赢利模式（之三）［J］．中外管理．2004（11）．

[903] 宋耘．并购绩效的整合模型——协同效应实现观及影响因素探析［J］．学术研究．2004（09）．

[904] 苏北．重复建设“综合症”为何难消？［J］．时代金融．2004（08）．

[905] 苏国才．我国转移定价管制：现状、问题与建议［J］．商场现代化．2004（15）．

[906] 苏梅梅．中国零售业外资进入与过度竞争的实证分析［J］．社会科学辑刊．2004（03）．

[907] 苏世伟，唐德善．市场失灵与保险监管［J］．企业经济．2004（03）．

[908] 苏素．公用事业间接管制定价［J］．重庆大学学报（自然科学版）．2004（05）．

[909] 眭尔佳，冯勤超．企业竞争中的行政性垄断分析与研究［J］．现代管理科学．2004（12）．

[910] 孙彩红．管制“管制者”——政府管制有效性的新视角［J］．学术探索．2004（02）．

[911] 孙彩红．市场经济秩序的治理与加强政府管制［J］．行政论坛．2004（01）．

[912] 孙法军，朱俊峰．郑州市农产品市场准入制度的实践与启示［J］．农业质量标准．2004（05）．

[913] 孙刚．污染、环境保护和可持续发展［J］．世界经济文汇．2004（05）．

[914] 孙虹乔．传统零售业的网络营销定价策略研究——价格歧视理论的应用［J］．特区经济．2004（09）．

[915] 孙建国，李文溥．电力行业管制改革与市场风险防范［J］．经济学家．2004（01）．

[916] 孙建民．关于市政公用事业改革中价格问题的若干思考［J］．中国物价．2004（08）．

[917] 孙丽．银商事件：竞争向垄断“叫板”［J］．大经贸．2004（07）．

[918] 孙洛平．不完善市场规制条件下的地区竞争优势形成机制［J］．当代财经．2004（05）．

[919] 孙祁祥，郑伟．保险监管思路演进的经济学思考——兼论《保险法》的修改［J］．经济评论．2004（03）．

[920] 孙群燕，李杰，张安民．寡头竞争情形下的国企改革——论国有股份比重的最优选择［J］．经济研究．2004（01）．

[921] 孙涛．乳业市场的寡头趋势［J］．新财经．2004（12）．

[922] 孙涛．中外政府规制改革的比较分析［J］．天津行政学院学报．2004（02）．

[923] 孙婷．地方政府行为失范与制度约束创新——转型期我国中央与地方关系的分析［J］．中共长春市委党校学报．2004（05）．

[924] 孙艳芳．论医疗保险制度的改革与实施［J］．内蒙古科技与经济．2004（09）．

[925] 孙燕．我国行政垄断的特殊成因及其治理 [J]．社会科学辑刊．2004 (06).

[926] 孙应绍．我国农业产业化中的政府行为研究 [J]．求实．2004 (S1).

[927] 孙永峰．有关我国自然垄断经营行业价格管制的简要分析 [J]．经济论坛．2004 (21).

[928] 孙泽生，顾卫平．中国航空运输业规制：实证分析与对策思考 [J]．中国民航学院学报．2004 (01).

[929] 孙泽生．航空业的差异化竞争：低成本航空与网络航空的比较研究 [J]．铁道经济研究．2004 (06).

[930] 孙卓华，沈君．行政垄断的经济成因分析与对策 [J]．行政论坛．2004 (03).

[931] 索珊珊．食品安全与政府"信息桥"角色的扮演——政府对食品安全危机的处理模式 [J]．南京社会科学．2004 (11).

[932] 覃有土，常茜奕．论中国反垄断执法机构的设置 [J]．法学论坛．2004 (01).

[933] 谭代荣．信息产品捆绑销售的内生性研究 [J]．西南交通大学学报（社会科学版）．2004 (04).

[934] 谭德庆，胡培．关于产量策略双寡头多维博弈模型及其分析 [J]．管理工程学报．2004 (01).

[935] 谭红，吴韶艳．从立法的角度看我国对商标平行进口规制的完善 [J]．新乡师范高等专科学校学报．2004 (03).

[936] 谭红，吴韶艳．论我国对商标平行进口规制的完善 [J]．贵州警官职业学院学报．2004 (06).

[937] 谭克虎，荣朝和．从《管制商务法》看美国铁路管制的演变（续）[J]．铁道经济研究．2004 (03).

[938] 谭宗宪．论地方政府经济行为的规范化 [J]．理论导刊．2004 (10).

[939] 谭宗宪．政府经济行为与经济增长 [J]．西华大学学报（哲学社会科学版）．2004 (02).

[940] 汤吉军，郭砚莉．沉淀成本、通货紧缩与国企战略退出 [J]．当代财经．2004 (02).

[941] 汤吉军，郭砚莉．沉淀成本与国有企业改革 [J]．现代管理科学．2004 (02).

[942] 汤吉军，徐充．沉淀成本、产业结构刚性与国企战略调整 [J]．长白学刊．2004 (03).

[943] 汤吉军．沉淀成本、退出壁垒与产业重组：经济模型与政策涵义 [J]．产业经济评论．2004 (01).

[944] 汤吉军．从沉淀成本角度分析经济全球化 [J]．税务与经济（长春税务学院学报）．2004 (06).

[945] 汤吉军．国有企业投资、沉淀成本与证券市场制度变迁 [J]．当代经济研究．2004 (04).

[946] 汤莉．我国行政性垄断规制的执法机构研究 [J]．武汉公安干部学院学报．2004 (03).

[947] 汤凌霄．从限制性到审慎性：我国外资银行准入监管的趋势 [J]．求索．2004 (07).

[948] 汤萌，沐明．我国区域电力市场规制的相关问题探析 [J]．中国软科学．2004 (04).

[949] 汤青．浅议新型农村合作医疗中的政府行为 [J]．卫生经济研究．2004 (10).

[950] 汤尚颖，李泽红．对资源开发利用与环境保护关系的重新认识——基于生态建设时期的新视角 [J]．江西财经大学学报．2004 (05).

[951] 汤少梁，王高玲．提高中药国际市场份额的策略分析 [J]．国际经贸探索．2004 (03).

[952] 汤欣．操纵市场行为的界定与《证券法》的修改建议 [J]．中国金融．2004 (19).

[953] 唐德才．论垄断意识的反动性 [J]．遵义师范学院学报．2004 (02).

[954] 唐建强，王斌初．论行政许可听证程序之案卷排他性原则 [J]．北京市政法管理干部学

院学报. 2004 (01).

[955] 唐娟. 英国水行业政府监管模式的改革 [J]. 经济社会体制比较. 2004 (04).

[956] 唐凯林. 权力寻租明码标价 [J]. 英才. 2004 (04).

[957] 唐莉. 从市场失灵到政府失灵——经济法的逻辑进路 [J]. 重庆社会工作职业学院学报. 2004 (02).

[958] 唐庆博, 周渝慧, 刘小东. 一级市场中电力产品的差别化及其带来的市场进入壁垒 [J]. 电力建设. 2004 (03).

[959] 唐双宁. 中国银行业及其监管的改革与发展 [J]. 财经问题研究. 2004 (11).

[960] 唐文玉. 基础设施民营化改革与良好的政府规制 [J]. 中共云南省委党校学报. 2004 (06).

[961] 唐文玉. 良好的政府规制是基础设施民营化改革成功的关键 [J]. 中共浙江省委党校学报. 2004 (06).

[962] 唐要家, 唐春晖. 国有权集中对中国工业绩效影响的实证分析 [J]. 上海财经大学学报. 2004 (02).

[963] 唐要家, 唐春晖. 转型中的国有所有权集中与工业产业绩效 [J]. 经济评论. 2004 (05).

[964] 唐跃中. 电力市场条件下的输电定价与监管 [J]. 电力系统自动化. 2004 (13).

[965] 唐竹, 王勇. 我国公用企业的反垄断问题研究 [J]. 山东行政学院山东省经济管理干部学院学报. 2004 (04).

[966] 唐作斌. 市场失灵对市场效率的影响及其对策 [J]. 经济与社会发展. 2004 (01).

[967] 陶银球. 我国反垄断立法几个问题的探讨 [J]. 湖南商学院学报. 2004 (04).

[968] 陶媛媛. 校园内小市场的垄断行为浅析 [J]. 滁州师专学报. 2004 (01).

[969] 滕世威, 宋双喜. 浅析我国自然垄断行业规制模式的建设 [J]. 社科纵横. 2004 (05).

[970] 滕颖, 唐小我, 李仕明. 放松规制的路径与电信市场结构的演进 [J]. 经济体制改革. 2004 (05).

[971] 田虹, 沈颂东, 王敏. 透视公用企业的政府规制 [J]. 中国软科学. 2004 (12).

[972] 田檬檬. 反行政垄断初探 [J]. 河北法学. 2004 (10).

[973] 田润芙. 中国企业介入网络经济的障碍 [J]. 张家口职业技术学院学报. 2004 (01).

[974] 田兆福, 赵忠华. 中小企业实现规模经济的探讨 [J]. 商业研究. 2004 (08).

[975] 同质化产品 Vs 差异化需求——2004 年中国 IT 产品行业市场竞争力调查 [J]. 每周电脑报. 2004 (14).

[976] 童中贤. 论政府征地权力规制的价值选择 [J]. 四川行政学院学报. 2004 (04).

[977] 投放创新 垄断资源——步步高“世界杯加时赛”广告营销纪实 [J]. 广告大观. 2004 (05).

[978] 投放创新 垄断资源——步步高“世界杯加时赛”广告营销纪实 [J]. 广告人. 2004 (05).

[979] 投放创新 垄断资源——步步高“世界杯加时赛”广告营销纪实 [J]. 中国广告. 2004 (05).

[980] 投行: 在垄断中取得胜利 [J]. 现代乡镇. 2004 (09).

[981] 涂名. 信孚: 首破百亿教材垄断 [J]. 中国改革. 2004 (11).

[982] 涂卫. 反垄断法规制企业合并的控制程序比较: 美国与德国——兼评《反垄断法》草案的相关规定 [J]. 重庆工商大学学报 (社会科学版). 2004 (04).

[983] 涂卫. 反垄断法规制企业合并的控制程序比较: 美国与德国——评《反垄断法》草案的

相关规定 [J]. 长安大学学报（社会科学版）. 2004（03）.

[984] 涂晓芳. 地方政府的行为博弈与其外在性 [J]. 云南行政学院学报. 2004（03）.

[985] 万方. 西单商场开展“市场准入制度”培训 [J]. 工会博览. 2004（03）.

[986] 万廷. 制药机械的国际市场准入问题 [J]. 机电信息. 2004（12）.

[987] 万政伟，王坤. 论美国反托拉斯法中的本身违法原则 [J]. 杭州商学院学报. 2004（02）.

[988] 汪朝朝. “政府定点采购是垄断”有待商榷 [J]. 经济研究参考. 2004（87）.

[989] 汪丁丁. 自然垄断是一个神话 [J]. IT经理世界. 2004（05）.

[990] 汪光焘. 市政公用事业特许经营管理办法 [J]. 中国招标. 2004（20）.

[991] 汪菁. 浅谈中国公用事业民营化改革中的政府责任 [J]. 中共浙江省委党校学报. 2004（06）.

[992] 汪静农. 中国家电业过度竞争态势的出现及其规避 [J]. 市场营销导刊. 2004（02）.

[993] 汪立昕. 政府管制中有关缺陷产品管理制度的问题研究 [J]. 世界标准信息. 2004（06）.

[994] 汪南庆. 从行政权力看现行领导体制 [J]. 中国高等教育. 2004（06）.

[995] 汪祥春.《自然垄断理论研究》——一部关于自然垄断研究的创新之作 [J]. 首都经济贸易大学学报. 2004（03）.

[996] 汪祥春. 不对称信息与市场失灵 [J]. 价格理论与实践. 2004（03）.

[997] 汪新华. 法治地方保护 [J]. 中国经济周刊. 2004（28）.

[998] 汪鑫，卞翔平. 银行法的效率目标与银行竞争规制 [J]. 法学评论. 2004（05）.

[999] 汪玉凯. 抓住规范政府行为的关键 [J]. 中国党政干部论坛. 2004（09）.

[1000] 王冰. 公共事业规制中的非线性定价及福利改进——以全球通和神州行为例 [J]. 数量经济技术经济研究. 2004（06）.

[1001] 王炳银，王剑锋. 专利制度的发展沿革：技术的垄断与反垄断 [J]. 广西社会科学. 2004（03）.

[1002] 王长斌. 美国和欧盟反垄断法关于行业协会立法和执法借鉴 [J]. 中国工商管理研究. 2004（01）.

[1003] 王长斌. 烟草公司依据卷烟零售协会文件实施限制竞争行为分析——试论“法定垄断企业”的限制竞争行为 [J]. 工商行政管理. 2004（05）.

[1004] 王超. 中国车业自救行动 外资求垄断本土急应对 [J]. 轻型汽车技术. 2004（08）.

[1005] 王成，刘戒骄. 要利润，还是要市场份额——从“三四法则”看企业的竞争策略 [J]. 企业管理. 2004（02）.

[1006] 王承民，袁智强，侯志俭. 电力市场的均衡与失灵问题探讨 [J]. 电网技术. 2004（13）.

[1007] 王大用. 放松管制与规范监管 [J]. 数字财富. 2004（02）.

[1008] 王丹. 我国公用事业民营化中的“民赢”问题 [J]. 行政论坛. 2004（05）.

[1009] 王丹萍，吴鸿亮. 地方保护对国内汽车业影响的经济学分析 [J]. 苏州大学学报（工科版）. 2004（04）.

[1010] 王电，吴敏，郑小钢. 乳品厂如何通过食品质量安全市场准入证制度审查 [J]. 中国乳业. 2004（09）.

[1011] 王东进. 医疗保险改革要体现以人为本 [J]. 医院领导决策参考. 2004（03）.

[1012] 王东京. 避免重复建设 可从税改着手 [J]. 南风窗. 2004（15）.

[1013] 王东京. 重复建设与财税体制 [J]. 环境经济. 2004（07）.

[1014] 王国红．中国银行业市场结构改革述评［J］．生产力研究．2004（02）．

[1015] 王国金，娄正前．现代西方反垄断法的演进与启示［J］．学海．2004（06）．

[1016] 王国金．现代西方反垄断法的经验与借鉴［J］．理论学刊．2004（11）．

[1017] 王国军．保险业：声誉、功能与监管［J］．金融理论与实践．2004（01）．

[1018] 王海滨．反垄断机构设置的经济学分析［J］．经济问题探索．2004（09）．

[1019] 王灏．城市轨道交通票价管制政策研究——地铁PPP运作中的票价方案分析［J］．宏观经济研究．2004（05）．

[1020] 王红斌．运用价格歧视指导企业的差别定价［J］．企业活力．2004（07）．

[1021] 王红领，张永山．垄断还是竞争：中国征信业发展的争论［J］．江苏行政学院学报．2004（04）．

[1022] 王宏军．市场失灵的法律根源分析［J］．云南大学学报（法学版）．2004（04）．

[1023] 王宏原，马启华．论人才的非规范流动及其规制［J］．北京市计划劳动管理干部学院学报．2004（02）．

[1024] 王华．管制、垄断的低效率与政府经济行为的转变［J］．山东教育学院学报．2004（01）．

[1025] 王华．在放松管制与强化管制之间——论新时期中国政府管制的路径选择［J］．江苏社会科学．2004（03）．

[1026] 王怀明，吴一兵．产品市场竞争对我国上市公司资本结构的影响研究［J］．江西农业大学学报（社会科学版）．2004（04）．

[1027] 王会东．从企业管理角度看重复建设［J］．航天工业管理．2004（01）．

[1028] 王集会，于培明，丛爱文．试论市场失灵与国家药品价格调控［J］．齐鲁药事．2004（10）．

[1029] 王继军，薛蓓蓓．电信业反行政垄断的反思——从国际长途话费提高谈起［J］．生产力研究．2004（01）．

[1030] 王建斌．我国工程建设市场准入制度浅析［J］．北京交通管理干部学院学报．2004（04）．

[1031] 王建平．我国商业银行规模经济与兼并问题研究［J］．徐州教育学院学报．2004（03）．

[1032] 王建芹．手机牌照政府管制的合理性在哪里？［J］．中国信息界．2004（21）．

[1033] 王剑锋，郭庆存．专利制度的发展沿革：技术的垄断与反垄断［J］．科技与法律．2004（02）．

[1034] 王剑辉，刘伟，王良友．电力市场中市场力与管制问题研究［J］．继电器．2004（05）．

[1035] 王健，朱宏文．论反垄断法对因特网的规制［J］．湖南大学学报（社会科学版）．2004（06）．

[1036] 王金花．市场结构与技术创新——兼论美国的微软垄断案和新垄断寡头经济现象［J］．经济问题．2004（08）．

[1037] 王金洲．自然垄断产业规制的国际比较研究［J］．长江大学学报（社会科学版）．2004（05）．

[1038] 王锦霞．打破垄断、建立优胜劣汰市场机制是当务之急［J］．中国药业．2004（07）．

[1039] 王瑾，魏兴民．纺织产业集群效应与纺织品出口的过度竞争——以绍兴纺织产业集群为例［J］．商业经济与管理．2004（09）．

[1040] 王军，赵英才．电信网络运营经济效益的分析与评价思路［J］．吉林大学学报（信息

科学版). 2004 (01).

[1041] 王军. 政府管制的经济和法律问题——北京市出租汽车业个案分析 [J]. 中国制度变迁的案例研究. 2004 (01).

[1042] 王俊豪, 陈荣胜. 基础设施产业的价格传导机制及其管制 [J]. 价格理论与实践. 2004 (07).

[1043] 王俊豪. 评《自然垄断与政府规制》[J]. 经济理论与经济管理. 2004 (10).

[1044] 王俊豪. 自然垄断产业市场结构重组的目标、模式与政策实践 [J]. 中国工业经济. 2004 (01).

[1045] 王峻蓉. 入世催生中国的反垄断法 [J]. 中共伊犁州委党校学报. 2004 (04).

[1046] 王克群, 王济萍. 市政公用事业改革对策研究 [J]. 资料通讯. 2004 (01).

[1047] 王镭. 产品市场竞争秩序与政府管制定位——模型分析与国外经验借鉴 [J]. 甘肃社会科学. 2004 (06).

[1048] 王莉. 公用企业垄断的法律规制 [J]. 天水行政学院学报. 2004 (06).

[1049] 王黎明. 经济全球化条件下的反垄断潮流及我国的对策 [J]. 商业研究. 2004 (24).

[1050] 王黎明. 论知识产权保护的反垄断制约 [J]. 宁波职业技术学院学报. 2004 (06).

[1051] 王礼力, 邱爱军. 西方合作经济发展中的政府干预及启示 [J]. 农村经营管理. 2004 (08).

[1052] 王理. 我国企业如何应对国外市场准入壁垒 [J]. 监督与选择. 2004 (08).

[1053] 王力南. 我国保险业市场结构及绩效分析 [J]. 经济导刊. 2004 (07).

[1054] 王立晶, 王玮. 对我国相关市场界定模式的初探 [J]. 价格与市场. 2004 (12).

[1055] 王连山. 特许经营——我国城市公用企业改革的现实选择 [J]. 财政研究. 2004 (11).

[1056] 王良成, 徐宗玲. 过度竞争中企业市场扩张的策略——以我国啤酒市场为例 [J]. 汕头大学学报. 2004 (06).

[1057] 王良友等. 电能期货合同市场的输电拥堵定价及其输电网的开放 [J]. 中国电机工程学报. 2004 (08).

[1058] 王良铖, 何钟, 张淑瑞. 探索医疗服务价格改革的新思路、新方法 [J]. 中国卫生经济. 2004 (02).

[1059] 王凌凌. 中小银行与规模经济 [J]. 科学决策. 2004 (03).

[1060] 王明刚, 苏跃彬, 李云凤. 完善我国市场主体准入制度的若干思考 [J]. 生产力研究. 2004 (11).

[1061] 王宁. 绿色农产品价格歧视策略的理论分析 [J]. 农业技术经济. 2004 (01).

[1062] 王朋. 双寡头企业主动开发新产品或拷贝式模仿的博弈分析 [J]. 系统工程. 2004 (05).

[1063] 王齐. 政府管制与企业排污的博弈分析 [J]. 中国人口．资源与环境. 2004 (03).

[1064] 王全弟, 陈倩. 德国法上对格式条款的规制——《一般交易条件法》及其变迁 [J]. 比较法研究. 2004 (01).

[1065] 王全兴, 管斌. 市场化政府经济行为的法律规制 [J]. 中国法学. 2004 (01).

[1066] 王群. 顺应 WTO 要求制定中国的反垄断法 [J]. 世界贸易组织动态与研究. 2004 (11).

[1067] 王群贵. 市场主体准入有关问题分析 [J]. 中国工商管理研究. 2004 (09).

[1068] 王荣敏. 试论市场经济进程中我国政府规制改革 [J]. 甘肃农业. 2004 (12).

[1069] 王生卫. 反垄断法中滥用市场支配地位的界定 [J]. 华南农业大学学报 (社会科学

版）. 2004（01）.

［1070］王仕军. 反垄断的三个不等式［J］. 学习月刊. 2004（08）.

［1071］王仕军. 自然垄断部门国有企业改革的经济学分析［J］. 天府新论. 2004（04）.

［1072］王守仁. 未完成的竞争——欧盟对承运人反垄断豁免审议情况［J］. 中国经贸. 2004（08）.

［1073］王舒. 论行政垄断及其立法规制［J］. 辽宁教育行政学院学报. 2004（01）.

［1074］王松奇. 以放松管制促进发展与改革［J］. 银行家. 2004（08）.

［1075］王万山. 对我国环境规制主体制度优化的建议［J］. 中国环保产业. 2004（04）.

［1076］王万山. 软件供给反垄断规制研究［J］. 中国工业经济. 2004（05）.

［1077］王万山. 市场规制理论研究述评［J］. 江苏社会科学. 2004（06）.

［1078］王万山. 新兴市场规制理论研究述评［J］. 北华大学学报（社会科学版）. 2004（05）.

［1079］王万山. 以市场规制治理软件盗版［J］. 中国国情国力. 2004（09）.

［1080］王薇. 论反垄断法与规模经济——以韩国经验为背景的展开［J］. 武汉科技学院学报. 2004（07）.

［1081］王为农. "技术标准化"引发的垄断与反垄断法律问题［J］. 中南大学学报（社会科学版）. 2004（01）.

［1082］王为农. 关于我国反垄断立法的再思考［J］. 中国法学. 2004（03）.

［1083］王伟. 港口码头重复建设的博弈分析［J］. 水运工程. 2004（04）.

［1084］王玮. 财政分权改革与我国地方市场分割的形成及其治理［J］. 财政监督. 2004（03）.

［1085］王文俊. 中国自然垄断产业规制改革模式浅析［J］. 沿海企业与科技. 2004（01）.

［1086］王仙芳. 行政垄断与反垄断立法［J］. 广西社会科学. 2004（12）.

［1087］王先甲，等. 关于输配电企业对多类型用户的定价管制模型［J］. 中国电机工程学报. 2004（10）.

［1088］王先林. 知识产权滥用的反垄断法规制问题论纲［J］. 经济法论坛. 2004（01）.

［1089］王先林. 知识产权滥用及其法律规制［J］. 法学. 2004（03）.

［1090］王相林. 我国制药产业市场势力解析［J］. 卫生经济研究. 2004（02）.

［1091］王潇. 谁来保障食品安全［J］. WTO经济导刊. 2004（12）.

［1092］王箫. 产品差异化与价格竞争［J］. 延边大学学报（社会科学版）. 2004（03）.

［1093］王小丽，范阳东. 论医疗保险制度改革对社区卫生服务的影响［J］. 卫生经济研究. 2004（04）.

［1094］王晓红. 中国的《反垄断法》与国家机关限制竞争行为［J］. 财经论坛. 2004（07）.

［1095］王晓晔. 合法与违法的认定——适用合理原则的卡特尔［J］. 国际贸易. 2004（09）.

［1096］王晓晔. 举足轻重的前提——反垄断法中相关市场的界定［J］. 国际贸易. 2004（02）.

［1097］王晓晔. 知识产权滥用行为的反垄断法规制［J］. 法学. 2004（03）.

［1098］王新宁. 金融自由化浪潮下的金融监管［J］. 山东社会科学. 2004（07）.

［1099］王新祝. 论市场结构范式的标准与评价体系［J］. 中国工业经济. 2004（09）.

［1100］王信芳，符望. 试析独家经销协议中的限制竞争条款——兼评科玛蒂克（上海）科技贸易有限公司与北京瑞泽网络销售有限责任公司经销协议赔偿纠纷上诉案［J］. 法律适用. 2004（09）.

［1101］王秀模. 略论我国自然垄断行业价格改革的症结与出路——以电力、铁路行业为例［J］. 中国物价. 2004（10）.

[1102] 王秀中．自然垄断理论的批判与创新——李怀新作《自然垄断理论研究》[J]．财经问题研究．2004 (06)．

[1103] 王旭．市场经济下政府经济行为的规范 [J]．中共山西省委党校省直分校学报．2004 (01)．

[1104] 王学锋．我国国际货运代理行业市场准入"新"制度 [J]．集装箱化．2004 (10)．

[1105] 王学杰．寻找政府规制与市场机制的结合点 [J]．天津行政学院学报．2004 (04)．

[1106] 王学庆．打破垄断集团的既得利益 [J]．前线．2004 (02)．

[1107] 王学忠．网络银行市场准入制度的探讨 [J]．甘肃政法成人教育学院学报．2004 (03)．

[1108] 王亚兰．我国地方政府经济行为分析 [J]．宁夏社会科学．2004 (06)．

[1109] 王艳，王浣尘．政府投资项目中寻租活动的经济分析 [J]．科技进步与对策．2004 (06)．

[1110] 王燕，李文兴．网络产业价格规制对投资行为的扭曲及改进方案 [J]．中国软科学．2004 (08)．

[1111] 王燕．价格规制合同设计中信息租金与配置效率的协调方式 [J]．中国工业经济．2004 (08)．

[1112] 王燕．网络产业价格规制模式的多元化及其适用性分析 [J]．当代财经．2004 (10)．

[1113] 王永，刘建一，张坚．浅析规模经济 范围经济与集成经济 [J]．江苏商论．2004 (03)．

[1114] 王永慧．我国特许经营行业风险防范的法律对策 [J]．决策探索．2004 (02)．

[1115] 王悦荣．转型时期反行政垄断问题的分析 [J]．长白学刊．2004 (04)．

[1116] 王跃军．网络经济下的组织协同 [J]．中国经济周刊．2004 (14)．

[1117] 王蕴．中小企业与规模经济 [J]．经济师．2004 (11)．

[1118] 王兆华，雷家骕．主要发达国家食品安全监管体系研究 [J]．中国软科学．2004 (07)．

[1119] 王志江．垄断企业垂直兼并前后的产品价格和利润比较 [J]．商业研究．2004 (12)．

[1120] 王志涛，文启湘．政府消费、政府规模与经济全球化 [J]．财政研究．2004 (09)．

[1121] 王志涛．政府消费、政府行为与经济增长 [J]．数量经济技术经济研究．2004 (08)．

[1122] 王志伟．邮政改革有必要"垄断" [J]．财经界．2004 (11)．

[1123] 王中华，顾征．论国际反垄断协调机制的构建 [J]．财经问题研究．2004 (08)．

[1124] 王中华．知识产权的反垄断分析 [J]．今日科技．2004 (09)．

[1125] 王卓君，吴玉岭．是图谋垄断，还是行使宪法权利——从律师联盟案看美国宪法权利的冲突与协调 [J]．政法论坛．2004 (04)．

[1126] 王自力．对公用事业民营化趋势的制度供求分析 [J]．财贸经济．2004 (10)．

[1127] 王自力．中国公用事业民营化的趋势 [J]．经济研究参考．2004 (95)．

[1128] 危怀安．垄断状态与竞争关系的重新考察 [J]．学术论坛．2004 (06)．

[1129] 韦开孟．宜春：一个地级市场的垄断路径 [J]．中国皮革．2004 (10)．

[1130] 韦曙林．西方政府规制理论与中国规制实践的差异 [J]．江苏商论．2004 (06)．

[1131] 卫广娜．真皮标志生态皮革成为进入欧盟市场的准入证 [J]．西部皮革．2004 (03)．

[1132] 卫永红，李春义．《反垄断法》亟需制定 [J]．山西高等学校社会科学学报．2004 (07)．

[1133] 魏军平．《反垄断法》提速 [J]．中国经贸．2004 (12)．

[1134] 魏丽华．从产权角度浅析自然垄断性行业的股份制改革——以铁路运输业为例 [J]．

广州市财贸管理干部学院学报．2004（04）．

［1135］魏明，夏立均．我国自然垄断行业绩效评价体系探讨［J］．理论导刊．2004（10）．

［1136］魏明海，黄雨静．转轨经济中企业并购重组的价值分析［J］．中山大学学报（社会科学版）．2004（05）．

［1137］魏玉．信息不对称与股票市场的失灵［J］．现代情报．2004（11）．

［1138］魏则胜．市场化之后道德教育的困境与出路［J］．唐都学刊．2004（04）．

［1139］魏政文．中国公用事业价格规制取向研究［J］．城市管理与科技．2004（02）．

［1140］温晓芳．从《新资本协议》看国际银行统一监管的发展［J］．国际贸易问题．2004（10）．

［1141］温兴琦，陈曦．网络不正当竞争：表现、特征及对策［J］．重庆邮电学院学报（社会科学版）．2004（04）．

［1142］温兴琦，王哲．网络环境下的不正当竞争问题研究［J］．中国工商管理研究．2004（01）．

［1143］文力．论政府规制是市场竞争的“剩余”——体制转轨时期政府职能定位的一个方法论问题［J］．中国行政管理．2004（05）．

［1144］文艳，赵奉军．“进场费”对商品价格的影响与规制［J］．价格月刊．2004（02）．

［1145］问清泓．反非法行政性垄断之对策研究［J］．黄冈师范学院学报．2004（02）．

［1146］问清泓．行政性垄断之定义研究［J］．理论月刊．2004（06）．

［1147］翁国强．构筑物业管理和公用事业的新型关系［J］．中国物业管理．2004（06）．

［1148］翁鸣，李应春．日本进口农产品市场结构分析［J］．世界农业．2004（11）．

［1149］我国第一家反垄断机构出台［J］．纺织装饰科技．2004（02）．

［1150］我国将深化垄断行业改革［J］．每周电脑报．2004（35）．

［1151］我国将严格企业市场准入保护本国产业安全［J］．中国石油和化工．2004（06）．

［1152］我国所有食品将全部实行市场准入制［J］．工商行政管理．2004（21）．

［1153］我国银行业实施审慎的市场准入［J］．中国石油和化工．2004（04）．

［1154］乌日图．中国医疗保障制度改革的思路［J］．国际医药卫生导报．2004（09）．

［1155］吴金明，荣朝和．现行日本铁路运输的规制政策及其特点［J］．铁道经济研究．2004（01）．

［1156］吴开超，白莹．市场失灵与市场自矫正机制［J］．财经科学．2004（05）．

［1157］吴克宇．中国电视产业政府管制的政策建议［J］．中国广播电视学刊．2004（12）．

［1158］吴丽萍．规范中国劳动力市场放松劳动力流动的管制［J］．河北法学．2004（02）．

［1159］吴林源，曹博．投资项目低水平重复建设的成因及治理对策［J］．郑州航空工业管理学院学报．2004（04）．

［1160］吴美华，朱应皋．美国反垄断的经济学思考［J］．税务与经济（长春税务学院学报）．2004（02）．

［1161］吴启金．反垄断与政府管制［J］．中国机电工业．2004（11）．

［1162］吴启金．垄断的经济学思考［J］．中国机电工业．2004（05）．

［1163］吴秋凤，危怀安．垄断企业科技创新的发动因素［J］．改革与战略．2004（08）．

［1164］吴蓉．我国将严格企业市场准入保护本国产业安全［J］．四川化工．2004（04）．

［1165］吴瑞坚．我国互联网信息政府管制制度探析［J］．探求．2004（03）．

［1166］吴绍波．我国铁路客运政府管制的效应分析［J］．河北经贸大学学报．2004（01）．

［1167］吴彤．从金融规制理论视角看银监会的规制功能创新［J］．山东科技大学学报（社会科学版）．2004（01）．

[1168] 吴图南. 网络经济呼唤政府行动 [J]. 互联网天地. 2004 (08).

[1169] 吴伟, 韦苇. 管制对中国经济增长影响的实证分析 [J]. 国家行政学院学报. 2004 (01).

[1170] 吴伟, 韦苇. 管制与经济增长: 一个实证分析及其启示 [J]. 西南交通大学学报 (社会科学版). 2004 (03).

[1171] 吴伟达, 肖佳佳. 论外资并购的反垄断法规制 [J]. 湖北经济学院学报. 2004 (04).

[1172] 吴伟达. 大型零售商滥用交易中优势地位行为的法律规制 [J]. 法学. 2004 (12).

[1173] 吴伟达. 自然垄断产业政府管制机构法律监督机制探析 [J]. 江西社会科学. 2004 (05).

[1174] 吴宪生. 从"规模不经济"想到的…… [J]. 现代物业. 2004 (06).

[1175] 吴晓红. WTO与中国反垄断法的制定 [J]. 新乡教育学院学报. 2004 (04).

[1176] 吴晓伟, 吴伟昶, 徐福缘. 网络竞争情报产品差别定价策略和实证研究 [J]. 情报杂志. 2004 (09).

[1177] 吴筱. 关注农村医疗保障制度改革 [J]. 价格月刊. 2004 (02).

[1178] 吴兴国. 行业垄断存续的法理解读 [J]. 学习月刊. 2004 (08).

[1179] 吴绪亮. 反垄断的三重境界 [J]. 宁波经济 (财经视点). 2004 (12).

[1180] 吴旬, 王丽. 转型时期我国的地方市场分割: 基于博弈论的分析及对策 [J]. 云南财贸学院学报. 2004 (05).

[1181] 吴旬. 土地价格、地方政府竞争与政府失灵 [J]. 中国土地科学. 2004 (02).

[1182] 吴吟. 外资跨国购并博弈中国有资产流失问题研究 [J]. 武汉职业技术学院学报. 2004 (01).

[1183] 吴玉岭, 陈潭. 消费者福利——美国反垄断政策的终极目标 [J]. 消费经济. 2004 (06).

[1184] 吴玉岭, 翟洁君. 美国反垄断法的涉外特征 [J]. 河北法学. 2004 (11).

[1185] 伍静, 由力. 知识产权垄断与反垄断立法探析 [J]. 辽宁公安司法管理干部学院学报. 2004 (04).

[1186] 伍静. 知识产权垄断与反垄断立法分析 [J]. 当代法学. 2004 (05).

[1187] 伍静. 知识垄断: 资本主义国家垄断的新形式 [J]. 齐鲁学刊. 2004 (03).

[1188] 伍世安, 王万山. 自然垄断产品的价格形成与优化分析 [J]. 经济经纬. 2004 (01).

[1189] 伍玉功. 司法独立与地方保护主义 [J]. 湖南公安高等专科学校学报. 2004 (02).

[1190] 武晋伟. 日本规制缓和现状 [J]. 河南科技. 2004 (06).

[1191] 武秀波. 劳动力市场分割条件下大学生就业难的原因探析 [J]. 辽宁大学学报 (哲学社会科学版). 2004 (02).

[1192] 席涛. 管制理论的发展演变分析 [J]. 中国社会科学院研究生院学报. 2004 (04).

[1193] 席涛. 美国的成本—收益分析管制体制及对中国的启示 [J]. 经济理论与经济管理. 2004 (06).

[1194] 席涛. 谁来监管美国的市场经济——美国监管体制的演变: 从命令—控制到成本—收益分析 [J]. 国际经济评论. 2004 (06).

[1195] 夏骋翔. 自然垄断行业市场化改造模式初探 [J]. 城市发展研究. 2004 (05).

[1196] 夏桂芹. 我区城乡收入差距对消费需求的影响 [J]. 内蒙古统计. 2004 (04).

[1197] 夏杰长, 曹红辉. 经济过热与地方政府行为分析 [J]. 财经论丛 (浙江财经学院学报). 2004 (06).

[1198] 夏杰长. 经济过热与地方政府行为分析 [J]. 湖南税务高等专科学校学报. 2004 (05).

[1199] 夏杰长. 经济过热与否及地方政府行为分析 [J]. 中国经贸导刊. 2004 (15).

[1200] 夏林茂. 控规完善：土地利用管制的新视角 [J]. 北京规划建设. 2004 (04).

[1201] 夏业良. "市场调节" 还是 "政府干预" [J]. 中国金融. 2004 (21).

[1202] 现今世界的特许经营 [J]. 城市燃气. 2004 (06).

[1203] 向占宏，方涛. 需求弹性与垄断企业的价格歧视 [J]. 数学理论与应用. 2004 (04).

[1204] 项性平. 破除行业垄断，促进中小企业发展——以宁波中小企业的发展状况为例 [J]. 经济界. 2004 (06).

[1205] 萧禾. 市场失灵呼唤政府介入 医疗执业责任险去向何处? [J]. 当代医学. 2004 (05).

[1206] 肖蓓. 政府违反适度干预原则之责任的追究 [J]. 湖北社会科学. 2004 (08).

[1207] 肖殿荒，刘旺霞. 转轨经济中国有企业行为及其金融后果 [J]. 华中师范大学学报 (人文社会科学版). 2004 (05).

[1208] 肖建忠. 企业进入行为的基本模型——中国制造业的案例 [J]. 产业经济评论. 2004 (01).

[1209] 肖黎. 对中国行业过度竞争的分析与解释 [J]. 管理现代化. 2004 (03).

[1210] 肖黎. 转轨时期地方政府配置资源的行为分析 [J]. 山东经济. 2004 (06).

[1211] 肖挺，邹晓琴. 产业集中度与绩效——对中国金融行业的一个考察 [J]. 经济师. 2004 (12).

[1212] 肖兴志，陈艳利. 公用事业民营化改革：理论基础与政策选择 [J]. 经济社会体制比较. 2004 (04).

[1213] 肖兴志，陈艳利. 论公用事业的有效成分定价规则 [J]. 经济与管理研究. 2004 (04).

[1214] 肖兴志，陈艳利. 推进辽宁自然垄断型国有企业改革的战略选择 [J]. 财经问题研究. 2004 (06).

[1215] 肖兴志. 中国公用事业运营体制存在的主要问题 [J]. 经济研究参考. 2004 (87).

[1216] 肖星，陈晓，王永胜. 政府与市场为什么失灵——蓝田股份引发的思考 [J]. 管理世界. 2004 (08).

[1217] 肖彦山，高海荣，董迎春. 专利权保护与滥用市场支配地位 [J]. 石家庄经济学院学报. 2004 (01).

[1218] 肖怡. 实施产业进入规制势在必行 [J]. 大经贸. 2004 (06).

[1219] 校坚. 公用事业民营化为券商财务顾问业务开辟新空间 [J]. 资本市场. 2004 (12).

[1220] 谢爱平. 西方规制理论对中国政府规制改革的启示 [J]. 理论界. 2004 (05).

[1221] 谢超英. 公费医疗体制改革的社会、经济效益分析 [J]. 实用预防医学. 2004 (02).

[1222] 谢桂林，李伊松，杨浩军. 物流市场管制的经济分析 [J]. 物流技术. 2004 (02).

[1223] 谢坤锋. 浅析银行民营化与过度竞争——以墨西哥银行业为例 [J]. 经济与管理. 2004 (05).

[1224] 谢坤锋. 银行民营化与过度竞争：以墨西哥银行业为例 [J]. 新金融. 2004 (03).

[1225] 谢黎伟. 论我国知识产权领域中垄断行为的法律规制 [J]. 福建政法管理干部学院学报. 2004 (02).

[1226] 谢琴，刘大洪. 自然垄断行业改革研究——从自然垄断行业是否为合理垄断的角度出发 [J]. 学术探索. 2004 (06).

[1227] 谢荣. 打破国外垄断 提升空调品质 纳米铝箔首次在春兰批量投产 [J]. 商品与质量. 2004 (03).

[1228] 谢瑞. 政府调控的着力点应是抑制行政性重复建设 [J]. 经济研究参考. 2004 (79).

［1229］谢泗，薪李鹤．中国民航“十一五”期间的制度创新与管制放松［J］．中国民用航空．2004（11）．

［1230］谢晓尧．政府干预与压制型立法：成因和绩效［J］．广东社会科学．2004（02）．

［1231］谢兴龙，师萍．西安市银行市场结构分析及其应对［J］．西安教育学院学报．2004（04）．

［1232］谢雪梅，张珂，吕廷杰．竞争环境下的电信普遍服务管制博弈分析［J］．吉林大学学报（信息科学版）．2004（02）．

［1233］谢雨白．外资银行进入与我国银行业市场结构变动趋势分析［J］．上海金融．2004（10）．

［1234］谢玉华．地方保护主义不可忽视［J］．中国党政干部论坛．2004（09）．

［1235］谢玉华．试析地方保护主义的政治影响［J］．信阳师范学院学报（哲学社会科学版）．2004（05）．

［1236］谢玉华．用科学发展观遏制地方保护行为［J］．学习论坛．2004（12）．

［1237］谢自强．垄断行业深化改革思考［J］．求索．2004（04）．

［1238］新华．提高市场准入门槛限制钢铁行业过度投资［J］．中国金属通报．2004（12）．

［1239］信颖，孟兰兰．政府失灵的分析及其防范［J］．内蒙古科技与经济．2004（22）．

［1240］邢鸿飞．政府特许经营协议的行政性［J］．中国法学．2004（06）．

［1241］邢丽娟，王艳杰．对垄断市场的评价及我国反垄断的具体措施［J］．锦州医学院学报（社会科学版）．2004（04）．

［1242］邢毅．市场失灵——政府对高新技术产业规制的缘起［J］．华东经济管理．2004（05）．

［1243］熊红星．公用事业政府补贴效率的实证检验［J］．改革与战略．2004（08）．

［1244］熊红星．论公用事业特许经营权有偿使用［J］．经济问题探索．2004（06）．

［1245］熊红星．日本城市燃气价格规制制度沿革［J］．现代日本经济．2004（05）．

［1246］熊志军．新的国资监管体制下国企改革［J］．中国市场．2004（Z1）．

［1247］熊中钰．浅议外资并购中国上市公司中的反垄断问题［J］．湖南广播电视大学学报．2004（02）．

［1248］胥莉，陈宏民，吕艳．从银商之争看我国银行卡产业的垄断与竞争［J］．经济理论与经济管理．2004（10）．

［1249］胥力．构筑发展通道，打造规模经济［J］．钛工业进展．2004（04）．

［1250］须华斌．从双元市场分割理论浅析大学生失业［J］．发展研究．2004（07）．

［1251］徐策，张伟超．市场失灵的三大表现及其宏观调控对策［J］．黑龙江社会科学．2004（04）．

［1252］徐春铭，等．信息不对称加剧与市场分割——对中小企业融资困境的一种理论解释［J］．西安财经学院学报．2004（03）．

［1253］徐丹丹，蒋媛媛．中国自来水产业规制改革模式分析［J］．市场周刊（商务）．2004（11）．

［1254］徐刚，刘金章．寡头垄断的保险市场及其监管［J］．现代财经—天津财经学院学报．2004（02）．

［1255］徐海滨，严卫星．保健食品原料安全评价技术与标准的研究简介［J］．中国食品卫生杂志．2004（06）．

［1256］徐纪成．试论邮政特许经营［J］．中国邮政．2004（12）．

［1257］徐杰，陈琪．不同类型企业并购协同效应的比较［J］．工业技术经济．2004（03）．

[1258] 徐进，夏龙．西部地方政府行为与经济增长［J］．西安财经学院学报．2004（02）．

[1259] 徐京悦．国际范围内管制改革的效果分析［J］．生产力研究．2004（11）．

[1260] 徐峻．《制止价格垄断行为暂行规定》解读［J］．中国水运．2004（02）．

[1261] 徐力．实践呼唤着反垄断法——关于反垄断立法的思考［J］．学术界．2004（04）．

[1262] 徐丽萍．国有煤炭企业的市场退出及相关政策［J］．煤炭经济研究．2004（06）．

[1263] 徐亮，梁雄健．激励性管制与效率［J］．北京邮电大学学报（社会科学版）．2004（02）．

[1264] 徐凌云，苏湘赣．市场结构范式选择：完全竞争跨向寡头垄断［J］．社会科学战线．2004（05）．

[1265] 徐士英，杨超．WTO竞争政策与中国反垄断立法（上）［J］．社会科学．2004（09）．

[1266] 徐士英，杨超．WTO竞争政策与中国反垄断立法（下）［J］．社会科学．2004（10）．

[1267] 徐伟，刘林．《反垄断法》缘何反不了行政垄断——一个行政法学的视角［J］．广西政法管理干部学院学报．2004（05）．

[1268] 徐伟．我国反垄断法不需暂缓制定［J］．云南行政学院学报．2004（04）．

[1269] 徐湘明．知识产权滥用的反垄断控制［J］．淮北煤炭师范学院学报（哲学社会科学版）．2004（05）．

[1270] 徐向荣，胡振华．浅析我国出版业垄断经营的弊与利［J］．湖南经济管理干部学院学报．2004（01）．

[1271] 徐晓莉．对我国自然型垄断型国有企业改革的思考［J］．科技与管理．2004（04）．

[1272] 徐学慎．低水平重复建设的倾向为何不断加剧［J］．中国财政．2004（06）．

[1273] 徐亚岚，刘源，郑重．反垄断震动［J］．互联网周刊．2004（18）．

[1274] 徐忆斌，冲突法领域内反垄断规则及其对我国立法的启示［J］．西南政法大学学报．2004（04）．

[1275] 徐勇，孙洛平．市场规制和企业制度不完善条件下的经济增长机制探讨［J］．管理世界．2004（03）．

[1276] 徐玉．全球3G市场管制政策分析［J］．世界电信．2004（10）．

[1277] 徐玉．未来电信业务市场准入制度探讨［J］．通信管理与技术．2004（05）．

[1278] 徐玉．影响移动号码携带管制政策的问题［J］．通信世界．2004（04）．

[1279] 徐志．电力市场寡头竞争的方式研究和行为分析［J］．江淮论坛．2004（01）．

[1280] 许安拓．政府采购中的寻租行为［J］．中国政府采购．2004（06）．

[1281] 许春育，王萍．对出租车行业政府规制的反思［J］．辽宁经济．2004（07）．

[1282] 许春珍．试论我国制造业市场结构演进的必然趋势［J］．生产力研究．2004（04）．

[1283] 许多奇．英美金融监管制度改革及我国之借鉴［J］．法学．2004（05）．

[1284] 许峰．对我国基础领域和公用事业“非禁即入”的经济学分析［J］．江汉论坛．2004（10）．

[1285] 许光建，李秋淮．市政公用事业特许经营中的价格管制问题研究［J］．价格理论与实践．2004（04）．

[1286] 许光耀．反垄断法的域外适用［J］．时代法学．2004（03）．

[1287] 许光耀．行政垄断的反垄断法规制［J］．中国法学．2004（06）．

[1288] 许鸿文．消费者剩余与垄断厂商利润赢取［J］．消费经济．2004（03）．

[1289] 许家庆，顾华玲．中国电力行业政府管制方式改革思路探索［J］．南京工程学院学报（社会科学版）．2004（03）．

[1290] 许建国．强化医疗质量管理促进“病人选医生”改革［J］．现代医药卫生．2004（22）．

[1291] 许连君，刘卫东．透析房地产开发企业的规模经济 [J]．城市开发．2004 (09)．

[1292] 许明月，侯茜．经济全球化与反垄断立法 [J]．现代法学．2004 (05)．

[1293] 许庆明，应智明．我国商业银行规模效率分析 [J]．生产力研究．2004 (04)．

[1294] 许雯．黑龙江省零售业市场结构优化问题探析 [J]．哈尔滨商业大学学报（社会科学版)．2004 (02)．

[1295] 许侠．亚太地区的食品安全存在危机 [J]．国外医学情报．2004 (09)．

[1296] 许星剑，等．特许经营中目标分歧的经济学解释 [J]．预测．2004 (03)．

[1297] 许玉琴．完善"食品质量安全市场准入制度"促进中国醋业发展 [J]．江苏调味副食品．2004 (04)．

[1298] 许臻，孙曙伟，陈继武．产权安排 + 制度保证：银行有效监管的新思路 [J]．上海金融．2004 (04)．

[1299] 许正兵．美国反托拉斯法的立法目的及借鉴意义 [J]．国际经济合作．2004 (01)．

[1300] 续俊旗．探索电信网间互联的竞争性管制 [J]．当代通信．2004 (12)．

[1301] 宣杭丽，陈洵礼，郑燕娜．医疗保险制度改革后医药费用变化的趋势分析 [J]．中国医院．2004 (02)．

[1302] 薛莲，王贵秋．英美两国金融监管制度之法律问题的研究与启示 [J]．特区经济．2004 (12)．

[1303] 闫社喜．必须打破行政垄断的壁垒 [J]．领导之友．2004 (03)．

[1304] 严格市场准入 确保食品安全 [J]．食品工业科技．2004 (12)．

[1305] 阎星宇．产品差异：一般框架与批介 [J]．山西财经大学学报．2004 (01)．

[1306] 阳建勋．论我国保险竞争规制的国际接轨 [J]．中国保险管理干部学院学报．2004 (05)．

[1307] 杨波，唐小我，马永开．不完全信息下的垄断企业规制定价研究 [J]．中国管理科学．2004 (06)．

[1308] 杨丹辉．中国旅行社业市场结构与产业绩效的实证分析 [J]．首都经济贸易大学学报．2004 (04)．

[1309] 杨德胜，刘汉江．医疗保险制度的改革对改善医患关系的促进作用 [J]．广东药学．2004 (01)．

[1310] 杨凤玲，杨庆泉，金东琦．英国天然气行业政府管制及立法 [J]．上海煤气．2004 (01)．

[1311] 杨凤玲．天然气价格歧视研究 [J]．城市燃气．2004 (07)．

[1312] 杨冠琼．北京市自然垄断性公用事业政府管制改革的社会经济绩效分析 [J]．经济管理．2004 (03)．

[1313] 杨光斌．我国地方政府行为的二重性分析 [J]．中共长春市委党校学报．2004 (03)．

[1314] 杨宏．寻求垄断规制与发展规模经济的立法平衡 [J]．探索．2004 (03)．

[1315] 杨洪明，刘建华．电力市场环境下电价区域划分问题的尺度空间层次聚类算法 [J]．电网技术．2004 (22)．

[1316] 杨慧．关于反行政垄断的立法思考 [J]．行政与法（吉林省行政学院学报)．2004 (06)．

[1317] 杨蕙馨，张治军．政府行为与民营经济发展——以山东省为例 [J]．理论学刊．2004 (01)．

[1318] 杨建华．对规制者的规制——兼谈行政规制的效益原则 [J]．山西大学学报（哲学社会科学版)．2004 (05)．

[1319] 杨建平．提高行政权力的运行效率［J］．实事求是．2004（01）．

[1320] 杨劲帆．我国劳动力市场中的性别歧视问题与相关对策研究［J］．内蒙古科技与经济．2004（07）．

[1321] 杨举国．新形势下医疗机构改革与发展初探［J］．现代医院．2004（03）．

[1322] 杨军．移动通信资费价格歧视浅析［J］．辽宁经济．2004（07）．

[1323] 杨克磊，乔亮．企业并购中目标企业定价的期权方法［J］．沈阳工业学院学报．2004（04）．

[1324] 杨镭，潘悦．由控制投资转向控制竞争——跨国并购竞争规则的国际趋势［J］．经济研究参考．2004（23）．

[1325] 杨立雄．通过社会救助实施社会保护——基于弱势群体的社会保障制度重构［J］．中国软科学．2004（07）．

[1326] 杨丽萍，郭广珍．天然气产业的规制与改革研究［J］．山东科技大学学报（社会科学版）．2004（01）．

[1327] 杨丽青．制度变迁中的制度构建失灵及其解决模式——义乌小商品市场变迁的案例研究［J］．当代经济科学．2004（04）．

[1328] 杨龙．政府“失灵”的主要表现及其原因分析［J］．学术界．2004（03）．

[1329] 杨民青．不存在超然一切的新闻自由——透视美国新闻管制下的虐囚事件报道［J］．中国记者．2004（06）．

[1330] 杨明炜，单继林．行政垄断与自然垄断［J］．云南金融．2004（02）．

[1331] 杨农．全球航空业联盟网络和竞争管制［J］．经济社会体制比较．2004（01）．

[1332] 杨培景．对我国反垄断立法的初步探讨［J］．求实．2004（07）．

[1333] 杨培景．构建我国反垄断立法的目标模式［J］．江西社会科学．2004（07）．

[1334] 杨朴宇．专利技术壁垒市场教育营销打开市场［J］．医药产业资讯．2004（01）．

[1335] 杨群峰．《中国民航空中交通管制人员培训十年纲要》出台［J］．空中交通管理．2004（03）．

[1336] 杨嵘．石油产业政府规制改革的国际借鉴［J］．生产力研究．2004（10）．

[1337] 杨三正．行政垄断之国家赔偿责任探析［J］．新疆大学学报（哲学社会科学版）．2004（03）．

[1338] 杨绍文．行政许可与行政规制的逻辑起点分析［J］．中国卫生法制．2004（05）．

[1339] 杨省贵．价格歧视在旅游产品定价中的应用［J］．经济师．2004（10）．

[1340] 杨晓婕．生态标签——欧盟市场的准入证［J］．中国皮革．2004（08）．

[1341] 杨晓耘．我国中药产业市场结构分析［J］．中药研究与信息．2004（01）．

[1342] 杨雪琴．中国汽车业规模经济的计量分析［J］．青海社会科学．2004（01）．

[1343] 杨衍江．关于第三产业中自然垄断行业改革路径的思考［J］．南方经济．2004（06）．

[1344] 杨衍江．试述我国第三产业中自然垄断行业的行政垄断［J］．肇庆学院学报．2004（01）．

[1345] 杨砚峰，李南．对非国有资本进入铁路市场的思考——以大连铁龙公司参与铁路客货运业务为例［J］．北京交通大学学报（社会科学版）．2004（03）．

[1346] 杨尧忠．论特许经营的优势及其内部的双赢关系［J］．湖北社会科学．2004（12）．

[1347] 杨永忠．自然垄断产业改革：从有效竞争到有效市场［J］．产业经济评论．2004（02）．

[1348] 杨玉云．垄断山茱萸［J］．中国药店．2004（07）．

[1349] 姚德权，徐超富．新闻出版市场准入放松：前提、原则与思路［J］．财经理论与实践．

2004 (06).

[1350] 姚德权. 我国新闻出版市场准入规制内涵与动因分析 [J]. 出版发行研究. 2004 (11).

[1351] 姚洪心, 李军, 武振业. 对 Cartel 联盟机制的非合作博弈分析 [J]. 预测. 2004 (04).

[1352] 姚景源. 自然垄断是一种合理事实 [J]. 广告大观. 2004 (04).

[1353] 姚林香, 车文军. 转移定价税务规制的博弈分析 [J]. 江西财经大学学报. 2004 (04).

[1354] 姚茂华, 等. 医疗保险制度改革促进医院药事管理的发展 [J]. 中国药事. 2004 (06).

[1355] 姚晓蕾, 李秋淮. 关于市政公用事业价格管制研究 [J]. 价格理论与实践. 2004 (08).

[1356] 姚宗建, 邵同尧. 公用事业民营化的价格管制瓶颈分析 [J]. 经济论坛. 2004 (20).

[1357] 叶广, 戴益民. 医疗保险制度改革的五大难点 [J]. 医院领导决策参考. 2004 (21).

[1358] 叶会, 林丹明. 网络经济下的新型中间商 [J]. 商业研究. 2004 (20).

[1359] 叶静, 刘婧. 政府干预中的权力寻租行为分析及其防治 [J]. 行政与法 (吉林省行政学院学报). 2004 (03).

[1360] 叶先宝. 我国公用事业民营化改革的制度分析 [J]. 东南学术. 2004 (S1).

[1361] 叶泽, 雷新途. 电力市场中发电企业的投资行为及政策意义 [J]. 长沙电力学院学报 (社会科学版). 2004 (01).

[1362] 叶泽, 欧阳永熙. 电力工业从垄断到竞争的结构演变 [J]. 电力技术经济. 2004 (01).

[1363] 叶泽. 电力市场中的市场势力及其治理. 中国工业经济 [J]. 2004 (07).

[1364] 易成. 论我国行政垄断的成因及对策 [J]. 当代经济. 2004 (10).

[1365] 易瑾超, 张立军. 从垄断市场到竞争市场——电力产业改革的国际比较与借鉴 [J]. 中国经贸导刊. 2004 (08).

[1366] 易重华. 公共行业中管制与竞争的选择 [J]. 学习月刊. 2004 (08).

[1367] 殷德生. 最优财政分权与经济增长 [J]. 世界经济. 2004 (11).

[1368] 殷克东, 程涛, 丁黎黎. 西方规制理论在我国自然垄断行业改革中的应用与启示 [J]. 山东经济. 2004 (03).

[1369] 殷淑严. 充分发挥市场价格监测在价格宏观调控监管中的基础作用 [J]. 中国物价. 2004 (06).

[1370] 殷仲达. 实施公共财政如何规范政府行为 [J]. 中国经贸导刊. 2004 (19).

[1371] 尹莉. 对掠夺性定价的再认识 [J]. 产业经济研究. 2004 (04).

[1372] 尹柳营, 辛钢平. 我国电信管制制度的变迁及发展趋势 [J]. 通信企业管理. 2004 (10).

[1373] 尹灼. 英国新金融监管体系述评 [J]. 农村金融研究. 2004 (01).

[1374] 应振芳, 朱娟. 知识经济条件下知识产权与反垄断法之间的关系 [J]. 商业研究. 2004 (17).

[1375] 英国将放松对 BSE 肉品食用的管制 [J]. 中国牧业通讯. 2004 (09).

[1376] 尤琳, 陈世伟. 加入 WTO 后我国规制行政垄断的法律对策 [J]. 兰州学刊. 2004 (02).

[1377] 尤琳, 刘常春. 行政垄断与国民待遇原则的冲突及法律探析 [J]. 重庆邮电学院学报

（社会科学版）. 2004（03）.

［1378］尤琳，张丽琴. 论企业合并构成垄断的认定标准［J］. 重庆邮电学院学报（社会科学版）. 2004（02）.

［1379］邮政垄断下的信誉危机［J］. 中国经济周刊. 2004（20）.

［1380］游钰. 论反垄断法对掠夺性定价的规制［J］. 法学评论. 2004（06）.

［1381］游泽宇. 背水一战 打破垄断——价格机制在电力行业市场化进程中的作用［J］. 学习月刊. 2004（11）.

［1382］于尔根·巴泽多，董一梁，刘鸿雁. 限制与促进竞争的经济管制［J］. 环球法律评论. 2004（03）.

［1383］于桂红. 政府放松管制和提高管制效率的思考［J］. 齐鲁学刊. 2004（04）.

［1384］于国安，杨建基. 基础设施特许经营与特许权合约研究［J］. 经济师. 2004（02）.

［1385］于海花. 从行政垄断和企业差别待遇谈垄断价格行为的法律规制［J］. 农业经济. 2004（11）.

［1386］于津涛. 中国利益集团分析［J］. 领导文萃. 2004（07）.

［1387］于晶，林永春，刘明杰. 中美基础设施政府管制制度之比较［J］. 北方经贸. 2004（05）.

［1388］于静. 政府管制、阴阳合同和黑车诸问题——评《政府管制的经济和法律问题——北京市出租汽车业个案分析》［J］. 中国制度变迁的案例研究. 2004（01）.

［1389］于立，姜春海. 不同所有制下的企业行为和社会福利比较［J］. 经济与管理研究. 2004（06）.

［1390］于立，孟韬. 当代企业组织网络化与反垄断研究［J］. 天津社会科学. 2004（01）.

［1391］于立，肖兴志，姜春海. 自然垄断的“三位一体”理论［J］. 当代财经. 2004（08）.

［1392］于立.《自然垄断与政府规制——基本理论与政策分析》评介［J］. 中国工业经济. 2004（07）.

［1393］于立. 规制经济学学科定位中的几个问题［J］. 产业经济研究. 2004（04）.

［1394］于良春，于华阳. 自然垄断产业垄断的“自然性”探析［J］. 中国工业经济. 2004（11）.

［1395］于良春. 经济发达国家电力产业的规制改革［J］. 当代财经. 2004（03）.

［1396］于良春. 论电信产业的政府规制［J］. 东岳论丛. 2004（02）.

［1397］于良春. 论自然垄断与自然垄断产业的政府规制［J］. 中国工业经济. 2004（02）.

［1398］于平，顾保东. 食品安全与食品技术壁垒［J］. 中国对外贸易. 2004（11）.

［1399］于淞楠. 中国重点钢铁企业的规模经济分析［J］. 哈尔滨商业大学学报（自然科学版）. 2004（05）.

［1400］于艳华. 我国快餐业发展特许经营的优势分析［J］. 经济师. 2004（01）.

［1401］于正凯. 规模经济与媒体集团化发展［J］. 青年记者. 2004（12）.

［1402］余东华. 政府与市场：一个管制经济学的视角［J］. 经济体制改革. 2004（01）.

［1403］余东华. 中国电信业自然垄断性的减弱与规制改革［J］. 产业经济评论. 2004（02）.

［1404］余海燕，戴勇. 日化用品行业的品牌扩散与市场进入壁垒［J］. 上海管理科学. 2004（04）.

［1405］余晖. 论行政体制改革中的政府监管［J］. 江海学刊. 2004（01）.

［1406］余景美. 网络上不正当竞争行为的法律适用与立法完善［J］. 经济师. 2004（06）.

［1407］俞宪忠. 市场失灵与政府失灵［J］. 学术论坛. 2004（06）.

［1408］虞磊珉. 从反垄断与规模经济的辩证关系看我国反垄断立法的必要性［J］. 学术探索.

2004 (05).

[1409] 喻立新，孙有平，申明浩．自然垄断行业规制的理论与改革 [J]．经济论坛．2004 (01).

[1410] 喻新安．理性看待“新一轮重复建设” [J]．企业活力．2004 (03).

[1411] 员晓兰．关于市场垄断行为的认识与利用 [J]．铁道物资科学管理．2004 (05).

[1412] 袁翠华，张飙，李启明．中外承包设计商的市场结构和规模比较分析 [J]．国际经济合作．2004 (04).

[1413] 袁浩然，王立平．我国特许经营存在的问题及发展思路探析 [J]．北方经贸．2004 (08).

[1414] 袁俊．专利？标准？非关税壁垒——解读经济全球化时代的市场竞争 [J]．中国发明与专利．2004 (02).

[1415] 袁绍斌，任金玲．电信产业自然垄断部门的资费管制重建 [J]．河南商业高等专科学校学报．2004 (03).

[1416] 袁绍松．差距——有感于高速公路通信市场份额的高度集中 [J]．中国交通信息产业．2004 (08).

[1417] 袁优平，孙永正，张静东．苏州地区企业改制对经营者技术创新行为的影响 [J]．科学学与科学技术管理．2004 (05).

[1418] 袁媛．国内产业投资网络广告行为分析 [J]．经济师．2004 (08).

[1419] 约瑟夫·斯蒂格利茨，龙军．市场机制与政府干预的平衡 [J]．中国金融．2004 (08).

[1420] 云鹤．市场准入制带给企业的机遇与挑战 第五届冷冻与冷藏食品产业发展研讨会/座谈会纪要 [J]．中外食品工业．2004 (01).

[1421] 在华跨国公司存在限制竞争的垄断行为（英文）[J]．世界制造技术与装备市场．2004 (05).

[1422] 在华跨国巨头渐显垄断态势 [J]．科技创业．2004 (12).

[1423] 臧旭恒，王立平．规制经济理论的最新发展综述 [J]．产业经济评论．2004 (01).

[1424] 怎样看待打破地区封锁的迫切性 [J]．领导决策信息．2004 (26).

[1425] 曾国安，王继翔．放松管制与重新管制：中国企业债券市场稀薄状况溯源 [J]．当代经济研究．2004 (02).

[1426] 曾国安．管制、政府管制与经济管制 [J]．经济评论．2004 (01).

[1427] 曾国平，徐艳，杨宇静．政府的自利性及其控制——土地征用和房屋拆迁中政府行为透视 [J]．佛山科学技术学院学报（社会科学版）．2004 (06).

[1428] 曾鸿志，许书平．垄断的资源配置效应分析 [J]．西北农林科技大学学报（社会科学版）．2004 (02).

[1429] 曾军等．地区级售电侧市场结构及经济分析 [J]．电力需求侧管理．2004 (06).

[1430] 曾贤刚．我国环保产业市场结构分析与产业组织政策 [J]．当代财经．2004 (04).

[1431] 曾祥．差异化竞争策略在工程机械产品营销中的应用 [J]．工程机械与维修．2004 (08).

[1432] 曾祥瑞，佟连发．日本行政法中的规制与规制的缓和 [J]．辽宁大学学报（哲学社会科学版）．2004 (06).

[1433] 曾晓东．“特许”中的“管制”——特许学校改革中政府的作用 [J]．比较教育研究．2004 (12).

[1434] 曾诤．中央政府和地方政府在固定资产投资上的行为分析——兼评铁本事件 [J]．求

实．2004（S4）．

［1435］詹国彬．公用事业民营化改革：五大问题和政策构想［J］．广西经济管理干部学院学报．2004（01）．

［1436］詹国彬．公用事业民营化改革遇到的紧迫问题［J］．北京观察．2004（02）．

［1437］詹国彬．规制工具在我国政府管理实践中的应用［J］．中共乐山市委党校学报．2004（05）．

［1438］詹国枢．重复建设［J］．经济．2004（04）．

［1439］詹茂军，肖晓勇．政府干预与中国证券市场发展［J］．广东金融学院学报．2004（04）．

［1440］占绍文，陈晨．评析公共选择学派的“政府失灵”论［J］．宁夏大学学报（人文社会科学版）．2004（03）．

［1441］占硕．市场失灵下的乡镇中小企业融资壁垒及其解决途径［J］．农村经济．2004（06）．

［1442］张炳申，李华民．寡头竞争均衡、效率促进与市场稳定——一个福利经济学视角［J］．中国工业经济．2004（04）．

［1443］张超．中小企业市场进入模式分析［J］．江苏大学学报（社会科学版）．2004（03）．

［1444］张传．论知识产权滥用在反垄断法领域的规制——兼评我国的相关立法问题［J］．政治与法律．2004（05）．

［1445］张春玲，张伟东．我国反垄断立法的框架构想［J］．商业经济．2004（11）．

［1446］张春普，张剑锋．对政府规制与公司自治协调统一的探究［J］．哈尔滨工业大学学报（社会科学版）．2004（01）．

［1447］张达文．知识垄断——专利制度必须改革［J］．国外社会科学文摘．2004（12）．

［1448］张道庆．反垄断法适用除外制度的特征［J］．广西社会科学．2004（01）．

［1449］张道庆．论反垄断法适用除外制度的理论基础［J］．河北法学．2004（10）．

［1450］张得让．政府采购支出中的寻租行为及其遏制［J］．中国政府采购．2004（06）．

［1451］张冬生．港口收费与改革——垄断行业价格管理探索之三［J］．价格理论与实践．2004（03）．

［1452］张冬生．收费公路价格情况调查与分析——垄断行业价格管理探索之五［J］．价格理论与实践．2004（06）．

［1453］张冬生．水路运输价格情况调查与分析——垄断行业价格管理探索之六［J］．价格理论与实践．2004（07）．

［1454］张二华．非对称医院双寡头竞争与医疗市场分割——关于我国医疗市场竞争的一个简单分析框架［J］．数量经济技术经济研究．2004（10）．

［1455］张帆，刘新梅．网络性基础设施产业有限竞争的效率分析［J］．管理科学．2004（03）．

［1456］张凤琴．政府行为对收入差距的影响［J］．延安大学学报（社会科学版）．2004（01）．

［1457］张凤香，黄瑞华．从网络外部性看我国通信产业的3G标准选择问题［J］．科学学与科学技术管理．2004（07）．

［1458］张光远．城市公交价格管理与改革——垄断行业价格管理探索之四［J］．价格理论与实践．2004（05）．

［1459］张光远．收费公路市场结构与定价机制研究［J］．中国物价．2004（08）．

［1460］张光远．邮政业的垄断与竞争——垄断行业价格管理探索之一［J］．价格理论与实践．2004（01）．

[1461] 张桂文，刘百实．信息不对称　竞争非均衡与药价规制失灵——兼对药价虚高的经济学解释［J］．价格理论与实践．2004（10）．

[1462] 张国亭．自然垄断产业的规制问题探讨［J］．理论学刊．2004（08）．

[1463] 张海彬．电力市场中电力场相关主体定位的研究［J］．工业技术经济．2004（04）．

[1464] 张海龙，魏亚平．信息披露、市场失灵与中小企业融资困境［J］．天水师范学院学报．2004（06）．

[1465] 张红英．试析医药企业如何实现规模经济效益［J］．中国药业．2004（12）．

[1466] 张鸿．公共物品的特许经营［J］．新疆财经学院学报．2004（03）．

[1467] 张辉锋．传媒业中的规模经济与范围经济［J］．国际新闻界．2004（06）．

[1468] 张会恒．以竞争机制加快公用事业的政府规制改革［J］．领导决策信息．2004（31）．

[1469] 张慧芳，李瑞娥．消费新形态——位置消费及其规制［J］．中州学刊．2004（04）．

[1470] 张剑．我国风电开始实施政府特许经营［J］．能源研究与利用．2004（06）．

[1471] 张京祥，吴缚龙．从行政区兼并到区域管治——长江三角洲的实证与思考［J］．城市规划．2004（05）．

[1472] 张经．强化非正式规制引导外商零售企业有序进入中国市场［J］．中国工商管理研究．2004（04）．

[1473] 张军扩，廖英敏．打破地方保护　建立国内统一市场［J］．中国招标．2004（20）．

[1474] 张军扩，廖英敏．打破地方保护　维护统一市场［J］．前线．2004（02）．

[1475] 张军扩，廖英敏．打破地方保护的土篱笆［J］．学习月刊．2004（02）．

[1476] 张军扩．彻底打破地方保护［J］．政策．2004（01）．

[1477] 张嫚．环境规制对企业竞争力的影响［J］．中国人口·资源与环境．2004（04）．

[1478] 张美厚．不法行政行为下受损企业的司法救济［J］．理论学习与探索．2004（01）．

[1479] 张敏．政府行为与社会经济可持续发展［J］．商场现代化．2004（11）．

[1480] 张丕强．英日韩三国金融业统一监管改革的模式比较［J］．浙江金融．2004（10）．

[1481] 张签名．地方保护实无奈　肉类食品出口难　肉类食品分级注册管理势在必行［J］．中国食品工业．2004（04）．

[1482] 张庆华．土地违法行为的规制建议［J］．中国土地．2004（10）．

[1483] 张庆元，刘山茂．中国电信服务市场垄断的法律规制［J］．武汉大学学报（哲学社会科学版）．2004（02）．

[1484] 张仁尧．地方两会提案议案精选专题（二）——加快医疗卫生事业非公经济发展、推进医疗体制改革［J］．医院领导决策参考．2004（05）．

[1485] 张蕊，王欣．企业集团与反垄断法的关系［J］．辽宁工程技术大学学报（社会科学版）．2004（04）．

[1486] 张瑞宾，方力．烟台经济技术开发区将工程采购作为政府采购上规模的主要增长点［J］．中国财政．2004（06）．

[1487] 张瑞萍．关于我国反垄断立法几个问题的思考——兼论经合组织《竞争法的基本框架》的可借鉴之处［J］．北京交通大学学报（社会科学版）．2004（04）．

[1488] 张曙光．公用事业民营化，政府如何管理？［J］．中国投资．2004（01）．

[1489] 张曙光．体制转型与公用事业民营化［J］．党政干部学刊．2004（02）．

[1490] 张苏琳，冯国忠．探讨我国医药行业的政府规制［J］．中国药业．2004（01）．

[1491] 张天，丁德海．中国药品产业管制制度及其演进［J］．中国药事．2004（07）．

[1492] 张婷婷，帅世平．转型期我国企业寻租行为及其治理［J］．中共青岛市委党校，青岛行政学院学报．2004（04）．

[1493] 张婷婷．浅析我国的反垄断规制［J］．甘肃农业．2004（05）．

[1494] 张彤．怎样开设连锁特许经营店［J］．连锁与特许（管理工程师）．2004（07）．

[1495] 张万朋，王千红．试论我国高等教育产业的经济规制性［J］．教育科学．2004（01）．

[1496] 张维然，冯士伟．公共产品的生产效率：组织方式与影响因素分析［J］．理论导刊．2004（11）．

[1497] 张伟，曹洪军，庞克峰．不合理重复建设的根源解读与对策探讨．甘肃社会科学［J］．2004（04）．

[1498] 张伟，曹洪军．避免不合理重复建设的对策［J］．经济研究参考．2004（63）．

[1499] 张伟，曹洪军．我国不合理重复建设及其治理［J］．宏观经济研究．2004（05）．

[1500] 张卫国，黄淼，陆渝梅．中国自然垄断产业的价格规制模型［J］．重庆大学学报（自然科学版）．2004（03）．

[1501] 张卫国，黄淼．西方规制理论发展演进及其启示［J］．重庆大学学报（社会科学版）．2004（02）．

[1502] 张文斌．《非农产品市场准入谈判模式草案要素》介评［J］．世界贸易组织动态与研究．2004（06）．

[1503] 张文泉，方彬．管制理论与电力监管［J］．华北电力大学学报（社会科学版）．2004（03）．

[1504] 张西勇．放松管制，促进公共企业改革［J］．行政与法（吉林省行政学院学报）．2004（01）．

[1505] 张翔．试析滥用市场支配地位行为［J］．国际关系学院学报．2004（01）．

[1506] 张小兰，彭真善．企业联盟实现外部规模经济效应的分析［J］．经济问题．2004（03）．

[1507] 张晓春，张立辉．中国电力产业重组中的市场势力问题研究［J］．经济师．2004（10）．

[1508] 张晓春．电力产业垄断、竞争和管制理论研究综述［J］．经济界．2004（03）．

[1509] 张晓桦．全球化背景下我国公用事业改革的政策取向［J］．科技进步与对策．2004（05）．

[1510] 张晓勇，李刚，张莉．中国消费者对食品安全的关切——对天津消费者的调查与分析［J］．中国农村观察．2004（01）．

[1511] 张新民，曹明睿．我国社会保险基金监管法律制度研究［J］．江西社会科学．2004（02）．

[1512] 张旭娟，姚金菊，刘守仁．政府行为规制的制度经济学分析［J］．政法论坛．2004（04）．

[1513] 张雪伟，吴绪亮．反垄断的三重境界［J］．资料通讯．2004（12）．

[1514] 张亚军．论市场失灵条件下的政府职能［J］．成都行政学院学报（哲学社会科学）．2004（05）．

[1515] 张彦举，吴宗法．市政公用事业民营化分析［J］．河海大学学报（哲学社会科学版）．2004（03）．

[1516] 张晏，龚六堂．地区差距、要素流动与财政分权［J］．经济研究．2004（07）．

[1517] 张艳忠，李小伟．产权、寻租与保护价收购粮食探讨［J］．郑州航空工业管理学院学报．2004（04）．

[1518] 张燕．西部大开发中经济增长与环境保护的关系［J］．经济论坛．2004（05）．

[1519] 张耀寰，梁雄健．我国电信管制机构模式探索［J］．当代通信．2004（Z1）．

[1520] 张奕，郑秋汉，高仕理．透析政府采购市场中的地方保护 [J]．铁道物资科学管理．2004 (05).

[1521] 张谊浩，陈柳钦．银行业市场结构、利率决定和信贷风险 [J]．管理评论．2004 (03).

[1522] 张翼．重复建设缘何重复上演 [J]．科学咨询．2004 (09).

[1523] 张英．把握网络发展趋势　提高通信监管水平——信息产业部与 ITU 举办下一代网络及电信管制政策研讨会 [J]．中国电信业．2004 (09).

[1524] 张莹．公共采购招投标过程寻租行为的博弈研究 [J]．中国招标．2004 (30).

[1525] 张宇波，等．发电市场势力研究与交易方式对发电市场势力影响的分析 [J]．中国电机工程学报．2004 (04).

[1526] 张悦，张红梅．企业合并反垄断法豁免研究 [J]．江苏警官学院学报．2004 (02).

[1527] 张云华，等．食品供给链中质量安全问题的博弈分析 [J]．中国软科学．2004 (11).

[1528] 张蕴萍．西方规制理论及其对我国的启示 [J]．理论学刊．2004 (11).

[1529] 张展新．劳动力市场的产业分割与劳动人口流动 [J]．中国人口科学．2004 (02).

[1530] 张哲．水资源配置中的市场失灵与制度创新 [J]．新疆农垦经济．2004 (03).

[1531] 张振刚．不打假李逵做专营 [J]．招商周刊．2004 (45).

[1532] 张支南．政府管制企业的 X 低效率分析 [J]．南京财经大学学报．2004 (03).

[1533] 张志．论中国广电业的政府规制 [J]．现代传播．2004 (02).

[1534] 张志鹏，李海安．城市天然气市场安全管制体系构造的系统思考 [J]．城市燃气．2004 (03).

[1535] 章鸿．中国烟草专卖制度质疑 [J]．安庆师范学院学报（社会科学版)．2004 (06).

[1536] 章奇，刘明兴，单伟．政府管制、法律软约束与农村基层民主 [J]．经济研究．2004 (06).

[1537] 仉建涛，王文剑．政府官员腐败行为的决定机制——对寻租腐败与代理腐败的数理分析 [J]．河南社会科学．2004 (04).

[1538] 赵璧．中国保险市场分割模型研究 [J]．经济科学．2004 (04).

[1539] 赵广华．电子商务与特许经营的对接 [J]．经济理论与经济管理．2004 (05).

[1540] 赵国玲．最高最佳使用原则与土地用途管制的协调 [J]．内蒙古统计．2004 (06).

[1541] 赵红．外部性、交易成本与环境管制——环境管制政策工具的演变与发展 [J]．山东财政学院学报．2004 (06).

[1542] 赵红霞，赵玉梅．关于中国铁路运输业规制改革的思考 [J]．当代经济．2004 (11).

[1543] 赵红征，等．对改革合作医疗制度的建议 [J]．中国卫生资源．2004 (01).

[1544] 赵会茹，陈志莉．政府对电力产业管制动态演变及其经济性分析 [J]．华北电力大学学报（社会科学版)．2004 (01).

[1545] 赵洁．对垄断行业定价问题的经济学分析：以春运期间火车票价上浮为例 [J]．理论学刊．2004 (06).

[1546] 赵静．知识产权的反垄断立法调控问题研究 [J]．泰安教育学院学报岱宗学刊．2004 (01).

[1547] 赵开．转轨时期中国金融领域的寻租行为研究 [J]．湖北经济学院学报．2004 (02).

[1548] 赵珑．中国反垄断执法机构的设置问题研究 [J]．安阳大学学报．2004 (02).

[1549] 赵明剑，司春林．影响突破性技术创新的市场结构因素分析研究 [J]．科技管理研究．2004 (03).

[1550] 赵庆庆．论反垄断法中行政垄断的界定 [J]．甘肃政法成人教育学院学报．2004 (04).

[1551] 赵秋玉，许源，李南．我国水运定价的放松规制与市场化［J］．综合运输．2004 (11)．

[1552] 赵瑞娟．大城市私家车规制的经济分析与对策［J］．当代广西．2004 (08)．

[1553] 赵珊，李衍军．如何化解企业并购风险［J］．经济师．2004 (12)．

[1554] 赵曙光，周育华．后管制时代的美国电视媒体集中度分析［J］．传媒观察．2004 (11)．

[1555] 赵苏，李江华．食品安全：新型贸易壁垒对我国出口贸易的影响及对策［J］．食品科学．2004 (11)．

[1556] 赵玮．抑制过度重复建设推进可持续发展［J］．政策．2004 (06)．

[1557] 赵线茹．国有企业经营者不良行为问题探讨［J］．市场研究．2004 (09)．

[1558] 赵小平．共同建立重要价格政策协调机制［J］．粤港澳价格．2004 (10)．

[1559] 赵晓，秋风．电力短缺根源在于管制失效［J］．中国电力企业管理．2004 (01)．

[1560] 赵晓丽．公用事业民营化后的政府管制［J］．经济管理．2004 (21)．

[1561] 赵学军，吴俊丽．政府干预与中国农业保险的发展［J］．中国经济史研究．2004 (01)．

[1562] 赵艳丽．我国自然垄断行业的改革思路［J］．商业研究．2004 (24)．

[1563] 赵阳．浅谈企业并购与协同效应理论［J］．理论导刊．2004 (09)．

[1564] 赵阳林．我国重复建设的现状及对策［J］．山西财经大学学报．2004 (01)．

[1565] 赵卓，孙燕东．自然垄断产业放松规制的理论依据及政策取向［J］．当代财经．2004 (11)．

[1566] 赵紫剑．规模经济与银行业发展综述［J］．当代财经．2004 (05)．

[1567] 赵宗博，柏亚琴．关于我国行政垄断问题的若干思考［J］．中国西部科技．2004 (12)．

[1568] 浙江省发展和改革委员会课题组，史久武，李卫宁．浙江产业结构调整升级与防止重复建设问题研究［J］．浙江经济．2004 (19)．

[1569] 甄冀华．完善我国特许经营法律环境的思考［J］．法律文献信息与研究．2004 (02)．

[1570] 甄鹏举．城市商业银行与民营企业联合发展的途径［J］．河南金融管理干部学院学报．2004 (05)．

[1571] 郑大喜．市场机制、政府调节与医疗管制制度框架的构建［J］．医学与哲学．2004 (09)．

[1572] 郑大喜．市场机制下政府调节与医疗管制制度框架的构建［J］．中国医院管理．2004 (08)．

[1573] 郑大喜．我国医院医疗服务价格管理现状及改革思路［J］．中国卫生产业．2004 (02)．

[1574] 郑光财．医药产业的政府管制［J］．医药世界．2004 (08)．

[1575] 郑汉军，王爱萍．中外反行政垄断立法规制比较研究［J］．江苏警官学院学报．2004 (04)．

[1576] 郑建仁．垄断与反垄断的经济分析［J］．广东广播电视大学学报．2004 (01)．

[1577] 郑健蓉．市场失灵与政府的经济参与［J］．发展研究．2004 (09)．

[1578] 郑杰．中国证券业过度竞争现象探讨［J］．经济纵横．2004 (02)．

[1579] 郑景元，宋晓亭．论垄断的分类与构成要件［J］．韶关学院学报（社会科学版）．2004 (01)．

[1580] 郑景元．论反垄断法的价值体系——写在中国《反垄断法》出台之前［J］．求索．

2004 (12).

[1581] 郑景元. 论我国垄断认定的理论架构 [J]. 湖南社会科学. 2004 (02).

[1582] 郑君. 论我国垄断的特点及反垄断法的价值取向 [J]. 乌鲁木齐职业大学学报. 2004 (03).

[1583] 郑牧民. 反行政垄断悖论及其消解 [J]. 行政与法 (吉林省行政学院学报). 2004 (05).

[1584] 郑鹏程. 论现代反垄断法实施中的协商和解趋势——兼论行政垄断的规制方式 [J]. 电子知识产权. 2004 (10).

[1585] 郑鹏程. 美国反垄断法适用除外制度发展趋势探析 [J]. 现代法学. 2004 (01).

[1586] 郑奇宝. 电信行业的竞争性垄断和有效率竞争 [J]. 上海综合经济. 2004 (09).

[1587] 郑舒玉. 德国反垄断立法和执法的启发思考 [J]. 中国工商管理研究. 2004 (07).

[1588] 郑文. "电信技术选择管制"的有效性分析 [J]. 商业研究. 2004 (24).

[1589] 郑小平, 胡碧玉, 黄璐. 论市场竞争的新阶段——标准竞争的形成、市场结构及其特点 [J]. 西华师范大学学报 (哲学社会科学版). 2004 (01).

[1590] 郑兴明. 生产差异产品——永葆企业竞争力 [J]. 乡镇企业研究. 2004 (05).

[1591] 郑义. 城市商业银行公司治理结构监管取向研究——安徽个案 [J]. 金融研究. 2004 (11).

[1592] 郑玉琴, 黄海波. 国际特许经营基本法律范畴研究 [J]. 广西政法管理干部学院学报. 2004 (04).

[1593] 政府涉嫌垄断收回屠宰证"养猪状元"告赢市长 [J]. 农村实用科技信息. 2004 (03).

[1594] 制止价格垄断行为暂行规定 [J]. 中华卫生杀虫药械. 2004 (02).

[1595] 中国反垄断法规发展进程 [J]. 科技智囊. 2004 (08).

[1596] 中国反垄断特别报告 [J]. 现代乡镇. 2004 (07).

[1597] 中国将加快医疗改革 [J]. 中国卫生产业. 2004 (11).

[1598] 中国将制定高耗能、高耗水行业市场准入标准 [J]. 海河水利. 2004 (06).

[1599] 中国将制定高耗能高耗水行业市场准入标准 [J]. 清洗世界. 2004 (11).

[1600] 中国将组建第一家反垄断机构直属国务院领导 [J]. 中外食品. 2004 (02).

[1601] 钟德强, 等. 企业内部激励机制与兼并效应 [J]. 系统工程学报. 2004 (04).

[1602] 钟焰. 近年来台湾金融监管改革分析 [J]. 世界经济研究. 2004 (06).

[1603] 重复建设 危如累卵 [J]. 电子政务. 2004 (02).

[1604] 重复建设面面观 [J]. 电子政务. 2004 (02).

[1605] 周伯俊. 企业降价竞争行为的法律分析 [J]. 合肥学院学报 (社会科学版). 2004 (01).

[1606] 周传启. 经济全球化与国际反垄断法律机制 [J]. 理论探索. 2004 (04).

[1607] 周春应, 黄涛珍. 产业效率、政府管制与基础设施领域改革 [J]. 河海大学学报 (哲学社会科学版). 2004 (02).

[1608] 周好文, 陈璐. 信息约束下的金融监管与银行声誉 [J]. 当代经济科学. 2004 (02).

[1609] 周恒山. 《行政许可法》对自由裁量权的规制 [J]. 学习月刊. 2004 (09).

[1610] 周红彬. 关于市政公用事业改革的思考 [J]. 经济问题探索. 2004 (01).

[1611] 周慧, 严以新. 港口企业双寡头价格质量博弈分析 [J]. 河海大学学报 (自然科学版). 2004 (04).

[1612] 周吉. 我国反垄断执法机构构建研究 [J]. 新疆大学学报 (哲学社会科学版). 2004 (04).

[1613] 周建胜．城市公用事业建设的融资方式选择［J］．计划与市场探索．2004（03）．

[1614] 周建伟．政府行为与农民增收［J］．西安财经学院学报．2004（02）．

[1615] 周菊．我国金融服务贸易市场准入的立法重构［J］．政法学刊．2004（03）．

[1616] 周黎安．晋升博弈中政府官员的激励与合作——兼论我国地方保护主义和重复建设问题长期存在的原因［J］．经济研究．2004（06）．

[1617] 周玫．试论我国政府对药品价格虚高现象的管制［J］．企业经济．2004（12）．

[1618] 周明，史达宁．网络型产业定价模式浅析［J］．商业经济．2004（04）．

[1619] 周其明，汪淼，任宏．“围标”行为分析［J］．重庆大学学报（自然科学版）．2004（11）．

[1620] 周瑞增．实行烟草专卖是最切实际的控烟措施［J］．经济研究参考．2004（89）．

[1621] 周书会．关于我国设立反垄断执法机构的思考——以规制行政垄断为视角［J］．云南行政学院学报．2004（05）．

[1622] 周书会．行政垄断之成因分析［J］．湖北社会科学．2004（02）．

[1623] 周显志，林润祥，李莹．加强和完善行政垄断的法律规制［J］．统计与决策．2004（02）．

[1624] 周向红．公用事业民营化进程中的问题研究［J］．改革与战略．2004（09）．

[1625] 周小梅．非公有资本进入城市公用事业的经济条件分析［J］．浙江经济．2004（02）．

[1626] 周小梅．中国自然垄断产业融资制度改革的必然趋势［J］．科技进步与对策．2004（11）．

[1627] 周小梅．自然垄断产业民营化是深化政府管制体制改革的有效途径［J］．价格理论与实践．2004（08）．

[1628] 周艳，樊毅斌．也谈垄断［J］．山西高等学校社会科学学报．2004（09）．

[1629] 周耀东，韦伟．从管制发展史看政府与市场的关系变更［J］．江淮论坛．2004（05）．

[1630] 周艺明．入世与我国的反垄断立法［J］．贵州大学学报（社会科学版）．2004（06）．

[1631] 周颖．浅议食品安全管理［J］．上海标准化．2004（09）．

[1632] 周云．以美国为例看医疗保险领域中的政府干预［J］．国外医学（卫生经济分册）．2004（03）．

[1633] 周云波．寻租理论与我国体制转轨过程中的非法寻租问题［J］．南开经济研究．2004（03）．

[1634] 周振华．产业融合中的市场结构及其行为方式分析［J］．中国工业经济．2004（02）．

[1635] 周作翰，李凤华．论地方保护主义的含义［J］．湖南文理学院学报（社会科学版）．2004（05）．

[1636] 周作翰．政府与市场互动中的地方保护主义［J］．湖南文理学院学报（社会科学版）．2004（04）．

[1637] 朱宝宪，吴亚君．并购协同效应的计算［J］．北京交通大学学报（社会科学版）．2004（03）．

[1638] 朱成章．我国采用什么样的电价管制模式［J］．大众用电．2004（10）．

[1639] 朱传峰．论目标公司反收购措施规制的法律问题［J］．泰安教育学院学报岱宗学刊．2004（03）．

[1640] 朱春艳．小批量、差异化生产与规模经济的优化整合研究［J］．现代情报．2004（02）．

[1641] 朱福惠．政府规制私有财产的宪法限制［J］．河南社会科学．2004（03）．

[1642] 朱海就．不同规制结构的理性人前提假定比较［J］．浙江学刊．2004（04）．

[1643] 朱恒鹏．分权化改革、财政激励和公有制企业改制［J］．世界经济．2004（12）．

[1644] 朱慧．Internet 接入定价机制研究［J］．浙江社会科学．2004（04）．

[1645] 朱建安．市场化与规制：世界遗产资源管理模式可能的路径选择［J］．中国软科学．2004（06）．

[1646] 朱晶．贸易保护、市场准入与农产品竞争力——论入世后我国劳动密集型农产品出口面临的贸易国际环境［J］．国际贸易问题．2004（02）．

[1647] 朱敏．垄断的间接社会福利效益分析［J］．产业经济研究．2004（03）．

[1648] 朱勤．浙江专业市场的制度创新——构建中小企业联合营销平台［J］．浙江经济．2004（06）．

[1649] 朱荣科．垄断竞争悖论——中国经济改革速度缓慢原因之五［J］．求是学刊．2004（04）．

[1650] 朱石明，乔海曙，周鸿．英国金融监管模式改革分析［J］．金融理论与实践．2004（06）．

[1651] 朱世艳，王宇龙．自然垄断行业民营化改革的若干问题［J］．财经科学．2004（01）．

[1652] 朱彤，余晖．彩票市场的竞争性质与我国彩票监管体制的重构［J］．中国工业经济．2004（04）．

[1653] 朱卫平，孙有平．新经济下竞争性垄断市场的新古典主义探析［J］．暨南学报（人文科学与社会科学版）．2004（05）．

[1654] 朱文辉．反垄断法规制对象透析［J］．市场论坛．2004（06）．

[1655] 朱锡庆．专利与垄断权延伸——新现象解释之六［J］．IT 经理世界．2004（15）．

[1656] 朱晓艳．从管制改革看基础设施产业投资风险［J］．浙江经济．2004（20）．

[1657] 朱永明．当前我国市场主体准入法律制度的缺陷及其完善［J］．开封教育学院学报．2004（03）．

[1658] 朱圆．美国反收购法律规制探析［J］．华东政法学院学报．2004（06）．

[1659] 朱远建．从美国反垄断实践看反垄断法的灵活性［J］．江西社会科学．2004（10）．

[1660] 朱作鑫．浅论中国反垄断立法若干问题［J］．铜陵学院学报．2004（02）．

[1661] 祝波，金润圭．国有企业并购的拍卖机制及其控制［J］．华东师范大学学报（哲学社会科学版）．2004（04）．

[1662] 专家建议应对绿色食品实行严格的市场准入制度［J］．饲料广角．2004（07）．

[1663] 卓凯．互联网环境中的价格歧视——基于数字产品定价的应用分析［J］．科技进步与对策．2004（02）．

[1664] 宗方．垄断效率的新思考［J］．山东行政学院山东省经济管理干部学院学报．2004（05）．

[1665] 宗迢．“QS”——市场准入标准［J］．上海调味品．2004（04）．

[1666] 邹忠良，麻斐．我国银行业进入壁垒初探［J］．北方经贸．2004（08）．

[1667] 祖国鹏．政府在企业债券市场上的定位及其干预效应分析［J］．东岳论丛．2004（04）．

[1668] 左焕琛．打破地区封锁 建设全国统一市场［J］．前进论坛．2004（04）．

[1669] 左婕．析特许连锁经营导致垄断的可能性及其法律规制［J］．理论月刊．2004（07）．

2003 年

[1] 柏宝春．我国商业银行垄断与竞争效率分析［J］．山东财政学院学报．2003（04）．

[2] 宝贡献，陈祥槐等．乡镇企业的重组：理论、实践与创新［J］．中国软科学．2003（03）．

[3] 曹丽莉，刘筱．自然垄断行业的垄断分析［J］．理论月刊．2003（08）．

[4] 陈丰．论我国行政垄断的成因及对策思路［J］．华东理工大学学报．2003（04）．

[5] 陈光勇，张金隆．网络经济时代的组织结构变迁分析［J］．中国地质大学学报．2003（08）．

[6] 陈立虎，王芳．中国反垄断立法中企业合并条款的思考［J］．苏州大学学报．2003（07）．

[7] 陈闽之．中国化妆品行业进入壁垒研究［J］．现代管理科学．2003（11）．

[8] 陈荣卓．企业合并中的反垄断法豁免探讨［J］．太原理工大学学报．2003（12）．

[9] 陈伟民．自然垄断产业规制的失灵及其治理［J］．北方经贸．2003（10）．

[10] 陈向阳．中国股票市场中的政府失灵与政府角色的定位［J］．南方经济．2003（12）．

[11] 陈艳莹，原毅军．交叉补贴与网络中介的价格竞争［J］．财经研究．2003（10）．

[12] 陈雨军，晏宗新．论中国自然垄断行业的改革方向——解决自然垄断方式的一般模型及对中国的适用研究［J］．产业经济评论．2003（01）．

[13] 程贯平，马斌．改革开放以来我国劳动力市场制度性分割的变迁及其成因［J］．理论导刊．2003（07）．

[14] 程鹏．转型经济时期政府失灵的表现及规范政府经济行为的思考［J］．行政论坛．2003（05）．

[15] 程启智．我国市场中的造假现状及政府管制分析［J］．中南财经政法大学学报．2003（04）．

[16] 程臻守．中国同级地方政府间的政绩性竞争［J］．上海经济研究．2003（12）．

[17] 董延林．经济理论对美国反托拉斯法的影响［J］．行政与法．2003（11）．

[18] 段安石，胡小红．对地方保护主义的经济分析和制度分析［J］．求实．2003（01）．

[19] 冯丽，李海舰．从竞争范式到垄断范式［J］．中国工业经济．2003（09）．

[20] 冯欣欣．论我国转型期的“政府失灵”及其矫正［J］．行政论坛．2003（03）．

[21] 高宏伟．市场秩序混乱的原因及治理对策［J］．经济问题．2003（11）．

[22] 高玉泽．我国银行业的市场结构与竞争行为［J］．产业经济研究．2003（01）．

[23] 葛结根．价格歧视战略与福利效应分析［J］．中南财经政法大学学报．2003（03）．

[24] 郭春香等．竞争中二度价格歧视研究［J］．西南交通大学学报．2003（08）．

[25] 郭春香，郭耀煌．寡头竞争中的价格空间歧视研究［J］．运筹与管理．2003（10）．

[26] 郭宗杰．价格歧视立法问题研究［J］．暨南学报．2003（09）．

[27] 过勇，胡鞍钢．行政垄断、寻租与腐败——转型经济的腐败机理分析［J］．经济社会体制比较．2003（02）．

[28] 阂宗陶，杨秀云等．民航企业价格行为历史演进的产业组织分析［J］．山西财经大学学报．2003（03）．

[29] 贺晨．相对集中行使行政处罚权立法的几个问题［J］．人民政坛．2003（08）．

[30] 贺艳青．当代西方利益集团对政府的影响及评价［J］．探求．2003（01）．

[31] 洪银兴．政府干预效率的经济学分析［J］．江苏行政学院学报．2003（01）．

[32] 胡炳志．金融管制的产业经济学分析［J］．产业经济研究．2003（01）．

[33] 胡欣欣．关于日本家电产业阻碍竞争行为的历史考察——20世纪50~60年代的家电卡特尔［J］．日本学刊．2003（05）．

[34] 胡宇．政府失灵与政府功能的限度［J］．社会科学研究．2003（05）．

[35] 华慈．我国“垄断”的历史及现状研究［J］．理论月刊．2003（07）．

[36] 黄成．浅议行政性垄断［J］．宿州师专学报．2003（12）．

[37] 黄德春，许长新．专业化、规模经济、范围经济与政府行为——由江苏省政府制造555亿元“大熊猫”引发的思考［J］．当代财经．2003（06）．

[38] 黄海波，周莉萍．日前发电侧电力市场的垄断问题［J］．技术经济与管理研究．2003（06）．

[39] 黄锡生，林恩恩．我国反垄断立法中的几个主要问题探讨［J］．烟台大学学报．2003（10）．

[40] 贾国玺，闫雷等．汽车产业的进入壁垒分析［J］．郑州航空工业管理学院学报．2003（09）．

[41] 江浩．中国彩电业的S－C－P实证分析［J］．理论月刊．2003（08）．

[42] 姜德波．统一市场和转型期中国市场分割问题研究述评［J］．教学与研究．2003（09）．

[43] 景富生．有关法律对特许经营中的竞争行为的限制辨析［J］．现代财经．2003（06）．

[44] 课题组．社会利益集团的形成与中国的政治发展［J］．当代中国政治研究报告Ⅱ．2003

[45] 李红艳，汪涛．美国企业合并的反垄断规制［J］．襄樊职业技术学院学报．2003（12）．

[46] 李剑锋，晏远春．道路运输市场集中度思考［J］．江苏交通．2003（08）．

[47] 李静等．行为主义：我国反垄断立法规制对象的取向［J］．现代财经．2003（12）．

[48] 李康平．中国铁路自然性垄断问题刍议［J］．铁道经济研究．2003（05）．

[49] 李磊．论企业合并的反垄断控制［J］．甘肃政法成人教育学院学报．2003（12）．

[50] 李凌波．自然垄断与政府规制［J］．行政法学研究．2003（03）．

[51] 李茂华．我国行政性垄断的成因及制止措施探析［J］．湖湘论坛．2003（06）．

[52] 李树奇．从布坎南的寻租理论看中国的利益集团问题［J］．云南财经大学学报．2003（03）．

[53] 梁宏志，曹端波．论中国古代专卖制度和商品经济的关系——从“长时段”理论进行考察［J］．云南民族大学学报．2003（03）．

[54] 刘兵勇．试论美国反托拉斯法的价值目标变化［J］．南京师大学报．2003（01）．

[55] 刘冬梅．对中国农村反贫困中市场与政府作用的探讨［J］．中国软科学．2003（08）．

[56] 刘宏，杨克华．市场结构与合作技术创新行为关系研究［J］．科学学与科学技术管理．2003（06）．

[57] 刘建伟，张思锋．我国行政垄断的危害及规制［J］．理论导刊．2003（05）．

[58] 刘菌静等．我国地方政府制度创新的悖论［J］．甘肃行政学院学报．2003（04）．

[59] 刘茂松．论自然垄断性行业产业组织制度的改革——以湖南大小电网资源优化整合为例［J］．产业经济评论．2003（02）．

[60] 刘伟，杨波，梁铄．美国和香港的投资报酬率管制模式比较及其启示［J］．中国软科学．2003（05）．

[61] 刘晓辉．“相关市场”界定的困惑与解析［J］．甘肃政法成人教育学院学报．2003（03）．

[62] 刘彦平．竞争性市场中的市场势力［J］．石家庄经济学院学报．2003（04）．

[63] 刘玉辉．政府·企业·市场：蝴蝶效应与合谋博弈［J］．理论前沿．2003（09）．

[64] 刘志铭．中国经济体制转型中的自然垄断、政府垄断及规制改革［J］．经济问题．2003（11）．

[65] 楼旭明，魏明．我国电力改革中的垄断问题分析［J］．华东经济管理．2003（12）．

[66] 卢福财等．我国煤炭产业的过度竞争研究［J］．产业经济研究．2003（02）．

[67] 卢洪友．公共品供给的政府效率解及其条件分析［J］．财经问题研究．2003（03）．

[68] 鲁再平，许正中．中国政府规制目标及效率分析［J］．江汉论坛．2003（05）．

[69] 吕明瑜．关于企业合并的立法思考［J］．经济经纬．2003（03）．

[70] 吕志勇，陈宏民．我国自然垄断产业市场化改革的几个关键问题研究［J］．中国工业经

济．2003（08）．

[71] 罗海梅．再谈中国网络产业改革中的政企分离 [J]．兰州商学院学报．2003（12）．

[72] 罗云辉，夏大慰．自然垄断产业进一步放松规制的理论依据——基于对成本曲线的重新理解 [J]．中国工业经济．2003（08）．

[73] 罗泽胜．我国反垄断法中的企业合并规制 [J]．西南民族学院学报．2003（01）．

[74] 木丽春．我国特许经营发展现状及对策 [J]．经济问题探索．2003（07）．

[75] 慕银平，唐小我等．存在外部垄断市场的中间产品转移定价研究 [J]．系统工程理论与实践．2003（07）．

[76] 倪得兵等．增长性市场条件下垄断定价的实物期权方法 [J]．管理科学学报．2003（12）．

[77] 潘晓东．警惕同行过度竞争 [J]．印刷经理人．2003（08）．

[78] 潘新兴，汪贵浦．垄断行业发展与产权制度改革 [J]．经济问题探索．2003（08）．

[79] 庞明礼．制度竞合：中央与地方关系演进的必然趋势 [J]．北京行政学院学报．2003（02）．

[80] 庞竹玲．论民族地区政府干预市场的问题 [J]．广西民族学院学报．2003（06）．

[81] 彭澎．行政区划、地方权力与地方保护主义 [J]．理论月刊．2003（02）．

[82] 彭文兵，裴育．政府采购中的寻租经济学分析 [J]．上海财经大学学报．2003（04）．

[83] 彭正银，宋蕾．企业与政府的双轨博弈分析 [J]．中国软科学．2003（12）．

[84] 祁达才，夏清等．不同电价机制下电力市场价格准入壁垒的研究 [J]．清华大学学报．2003（09）．

[85] 瞿静．论我国价格卡特尔及其法律规制 [J]．浙江海洋学院学报．2003（03）．

[86] 秦军，王爱芳．论权力寻租的原因及对策 [J]．前沿．2003（02）．

[87] 任少林，张雄辉．市场进入壁垒与标准之争 [J]．软科学．2003（04）．

[88] 商春荣．转型期我国市场秩序混乱的制度分析 [J]．中国流通经济．2003（10）．

[89] 沈蕾．跨国竞争对反垄断的抑制作用 [J]．中国工业经济．2003（06）．

[90] 石晓军．国家软件产业基地制度效率与规模效率评价：基于 DEA 的方法 [J]．经济地理．2003（09）．

[91] 史先诚．中国经济转型和市场竞争规则建设 [J]．南京大学学报．2003（06）．

[92] 史占中，王亚民．欧洲风险投资业产业竞争力研究 [J]．中国软科学．2003（04）．

[93] 孙国君，邱家学．试论医药产业的进入壁垒 [J]．中国药房．2003（05）．

[94] 孙梦阳，张晓甦．松绑民营企业，创造公平竞争 [J]．科技与管理．2003（06）．

[95] 唐棣．我国反垄断立法中的“度”的问题 [J]．湖北成人教育学院学报．2003（09）．

[96] 唐庆博，周渝慧等．一级市场中的电力产品的差别化及其带来的市场进入壁垒 [J]．电力科学与工程．2003（04）．

[97] 唐任伍，雷晓宁．寻租、逆向选择与国有企业改革 [J]．北京师范大学学报．2003（01）．

[98] 唐晓华，苏梅梅．产业过度竞争测度基准及聚类分析 [J]．中国工业经济．2003（06）．

[99] 唐晓华，苏梅梅．中英电信“双寡头垄断”模式比较研究 [J]．当代经济科学．2003（03）．

[100] 唐要家，唐春晖．美国反托拉斯法的新发展与我国的反垄断法的效率原则指向 [J]．产业经济研究．2003（04）．

[101] 陶爱萍，刘志迎．高新技术企业的垄断及垄断规制的新取向 [J]．科学学与科学技术管理．2003（06）．

[102] 王冰，杨虎涛．“合谋”的负面经济后果及对有关几种观点的评析［J］．学术研究．2003（09）．

[103] 王辰华．中国金融垄断的一个例证——实际利差扩大化［J］．中央财经大学学报．2003（11）．

[104] 王飞雪，李西梅．浅析反垄断法中的“市场支配地位”［J］．经济问题．2003（12）．

[105] 王海燕，吕平．美国的反托拉斯法促进美国的技术创新了吗［J］．中国软科学．2003（03）．

[106] 王怀千．特许经营与反垄断法［J］．理论月刊．2003（04）．

[107] 王健．交易成本经济学寡头市场理论新进展［J］．福建论坛．2003（02）．

[108] 王雷．中国转型时期行政性垄断的制度成因及其破解［J］．生产力研究．2003（04）．

[109] 王婷睿．网络经济时代反垄断问题探讨［J］．科技进步与对策．2003（11）．

[110] 王万山，庄小琴．市场规制失效与反规制治理［J］．求实．2003（09）．

[111] 王文华．论垄断的构成要素及其法律定位［J］．南都学坛．2003（05）．

[112] 王晓晔．中国反垄断立法中的几个问题［J］．首都师范大学学报．2003（02）．

[113] 王燕．论铁路业不同重组模式的垄断与竞争格局［J］．中国软科学．2003（07）．

[114] 王玉霞．政府规管的若干理论问题［J］．东北财经大学学报．2003（09）．

[115] 王志江．垄断企业垂直兼并前后的产品价格和利润比较［J］．数学的实践与认识．2003（07）．

[116] 魏后凯．中国制造业集中与X非效率探讨［J］．产业经济研究．2003（04）．

[117] 魏际刚．中国运输结构变化的制度分析：以铁路市场份额变化为例［J］．数量经济技术经济研究．2003（08）．

[118] 吴伟．市场机构与政府规制［J］．山东财政学院学报．2003（06）．

[119] 吴文洁．地方保护主义的危害、成因及对策［J］．西安石油学院学报．2003（11）．

[120] 吴云峰，邵文娟．试论合并控制的市场界定［J］．河南财政税务高等专科学校学报．2003（06）．

[121] 吴宗杰，刘国华，张红霞．我国民营经济发展的制度环境研究［J］．经济问题．2003（06）．

[122] 习勤．实现我国产业组织中的有效竞争［J］．江西社会科学．2003（09）．

[123] 夏大慰，罗云辉．地方保护与过度竞争的形成——以分工与交易费用的关系为线索的解释［J］．东南学术．2003（05）．

[124] 夏立均，魏明等．我国垄断行业产业演变及改革路径探讨［J］．理论导训．2003（10）．

[125] 肖兴志，陈艳利．纵向一体化网络的接入定价研究［J］．中国工业经济．2003（06）．

[126] 谢地，景玉琴．自然垄断领域改革发展与国有经济角色定位研究——以城市自来水行业为例的考察［J］．产业经济评论．2003（02）．

[127] 谢地，景玉琴．自然垄断行业的政府规制经济学研究［J］．经济经纬．2003（05）．

[128] 谢利人．“卡特尔”定价不是良策——论电解金属锰行业组织的功能定位［J］．中国锰业．2003（02）．

[129] 辛作义，冯进路．冗员、政府干预与国有企业技术创新的实证分析［J］．河南大学学报．2003（01）．

[130] 徐康宁等．中国制造业地区性集中程度的实证研究［J］．东南大学学报．2003（01）．

[131] 杨宝良，朱钟棣．地方政府两种寻租动机不一致性的假说及检验——我国区域比较优势与产业集聚的非协整发展与成因［J］．财经研究．2003（10）．

[132] 杨皓．不完全竞争市场下企业纳税的博弈分析［J］．理论月刊．2003（10）．

[133] 杨建锋．我国反垄断法的理论探究与立法完善［J］．福建论坛．2003（03）．

[134] 杨天宇．政府审批制度改革与民营企业的市场准入［J］．财经问题研究．2003（11）．

[135] 杨文彬，黄琪轩．政治进入壁垒与当代中国的政治发展［J］．云南行政学院学报．2003（03）．

[136] 姚军营，丁春华．国有商业银行市场垄断浅析［J］．开发研究．2003（05）．

[137] 姚菊芬．西方发达国家反垄断立法有关企业合并对我国的启示［J］．浙江万里学院学报．2003（12）．

[138] 余丽鹏．国有商业银行垄断结构现状及其对策［J］．北京工业大学学报．2003（12）．

[139] 余小华，魏晓宁．对中国汽车产业市场集中度的实证分析［J］．统计与信息论坛．2003（05）．

[140] 俞小江，孙天法．论市场结构范式［J］．中南财经政法大学学报．2003（05）．

[141] 袁炎林，张文方．市场经济中的政府干预缺失的成因及对策［J］．科技进步与对策．2003（11）．

[142] 岳子存，包晓霞．论市场经济条件下的政府失灵现象［J］．甘肃社会科学．2003（02）．

[143] 藏传琴．经济全球化背景下反垄断标准的选择［J］．山东财政学院学报．2003（05）．

[144] 曾国安．论市场经济中政府实行经济管制的必要性及范围［J］．中国流通经济．2003（12）．

[145] 张文晋．从过度竞争到有效竞合——中国产业发展的必然选择［J］．山西财经大学学报．2003（04）．

[146] 赵玮萍．影响企业集团发展规模经济的因素探析［J］．科学学与科学技术管理．2003（05）．

[147] 赵晓丽，李春杰．电力市场结构与有效竞争［J］．产业经济研究．2003（03）．

[148] 郑秉秀，郑毅．转型期寻租现象的特点、根源及对策［J］．宁夏大学学报．2003（05）．

[149] 中国人民银行咸宁市中心支行课题组．价格歧视与制度困境：邮政储蓄市场集中度问题研究［J］．武汉金融．2003（08）．

[150] 中国人民银行鹰潭市中心支行课题组．农村信用社垄断问题研究［J］．农村金融．2003（08）．

[151] 钟真真，向波．析地方行政性垄断的成因及解决对策——兼论中央与地方的关系［J］．探索．2003（06）．

[152] 周国富．市场机制、政府干预和地区差距走势［J］．经济问题探索．2003（02）．

[153] 周立胜．论相关市场的界定［J］．经济纵横．2003（03）．

[154] 周茂荣等．新产业组织理论的兴起对美国反托拉斯政策的影响［J］．国外社会科学．2003（04）．

[155] 朱战芳．也论行政性垄断的规制［J］．攀登．2003（12）．

2002年

[1] 安果．转轨时期中国产业组织演变的若干特征及其分析［J］．财经论丛．2002（05）．

[2] 毕先萍，简新华．论中国经济结构变动与收入分配差距的关系［J］．经济评论．2002（04）．

[3] 蔡承荣．当前我国“政府失灵”的主要表现及对策［J］．求实．2002（08）．

[4] 蔡红．入世与我国外资并购监管中的反垄断规则 [J]．法学．2002 (03)．

[5] 蔡宁，何先进．中美企业兼并动机的比较及启示 [J]．经济理论与经济管理．2002 (04)．

[6] 蔡全胜．行政垄断的法理分析与规制 [J]．中国行政管理．2002 (03)．

[7] 蔡勇．中国呼唤反垄断法 [J]．经济师．2002 (07)．

[8] 曹博．公用企业竞争与管制立法问题探析 [J]．法学．2002 (06)．

[9] 曹艳秋，林木西．电信行业管制的国际比较及对我国的启示 [J]．经济社会体制比较．2002 (06)．

[10] 常兴华，张文兵．居民收入差距扩大的现状分析 [J]．中国物价．2002 (07)．

[11] 陈保启．企业过度价格竞争与市场结构 [J]．商业研究．2002 (10)．

[12] 陈德裕．对我国电力工业改革的几点建议 [J]．电网技术．2002 (02)．

[13] 陈国进，吴锋．规模经济、范围经济和银行业重组 [J]．农村金融研究．2002 (05)．

[14] 陈浩，陈钰鹏，杨充．利率风险管理：我国商业银行将面临的难题 [J]．财经理论与实践．2002 (04)．

[15] 陈宏平．市场结构与政府管制的对称与动态均衡——关于中国电信业管制改革的实证分析 [J]．经济评论．2002 (03)．

[16] 陈建军，叶炜宇．激励管制与我国的电信业改革 [J]．邮电企业管理．2002 (03)．

[17] 陈建军，叶炜宇．激励性管制与我国的电信资费改革 [J]．价格月刊．2002 (03)．

[18] 陈瑞莲，张紧跟．试论区域经济发展中政府间关系的协调 [J]．中国行政管理．2002 (12)．

[19] 陈涛．消除我国金融市场分割约束努力提高货币政策有效性 [J]．金融与经济．2002 (03)．

[20] 陈彦玲，陈首丽．国有垄断行业职工收入水平基本分析 [J]．统计研究．2002 (08)．

[21] 陈燕．提升我国银行业规模效率途径探讨 [J]．企业经济．2002 (06)．

[22] 陈志成．行政垄断的多维解读 [J]．中国行政管理．2002 (03)．

[23] 程良波．中国转轨体制中的政府行为 [J]．社会主义研究．2002 (03)．

[24] 程名望，石峡．加入 WTO 后网络经济对我国经济的影响及其对策分析 [J]．世界经济研究．2002 (06)．

[25] 程启智．内部性与外部性及其政府管制的产权分析 [J]．管理世界．2002 (12)．

[26] 程庆新．经济全球化与政府只能转换研究 [J]．财贸研究．2002 (03)．

[27] 程竹汝．构建依法治国条件下司法与行政的规范关系 [J]．江苏社会科学．2002

[28] 褚伟．非国有金融的过度竞争行为研究 [J]．内蒙古社会科学（汉文版）．2002 (02)．

[29] 崔岩．日本自然垄断行业的规制改革——电力产业的案例分析 [J]．日本学刊．2002 (05)．

[30] 邓田生，皮爱平．跨国并购与我国企业发展的战略选择 [J]．北京工商大学学报（社会科学版）．2002 (01)．

[31] 底红艳，任志江．网络经济发展的现状与展望 [J]．经济问题．2002 (09)．

[32] 刁鹂鹏．论垄断的打破与秩序的重建 [J]．财经问题研究．2002 (06)．

[33] 丁宏术．经济转型时期政府失灵及对策 [J]．经济体制改革．2002 (06)．

[34] 董进才．入世与商业领域政府管制方式的变革 [J]．财贸经济．2002 (04)．

[35] 董雪梅．我国企业兼并的发展现状及对策分析 [J]．经济问题．2002 (02)．

[36] 杜传忠．寡头垄断市场结构效率的多维性分析 [J]．山西财经大学学报．2002 (10)．

[37] 杜莉．排污权交易制度及其在我国实施的必要性和可行性研究 [J]．中国人口・资源与环境．2002 (05)．

[38] 范在峰．特许经营限制竞争行为法律研究［J］．北京大学学报（哲学社会科学版）．2002（11）．

[39] 范兆斌，左正强．金融压抑、利率管制与利率市场化［J］．甘肃社会科学．2002（05）．

[40] 冯静．经济全球化对政府管理创新的要求及对策［J］．中国行政管理．2002（12）．

[41] 冯幼丽，纪惠楼．略论我国政府干预经济的基本取向［J］．理论学刊．2002（03）．

[42] 冯招容．收入差距的制度分析［J］．中共中央党校学报．2002（08）．

[43] 付勇．扩大市场份额数量与提高市场份额质量的关系［J］．西南民族学院学报（哲学社会科学版）．2002（08）．

[44] 高帆．渐进式改革、金融产权与转轨时期的银企关系［J］．西南师范大学学报（人文社会科学版）．2002（05）．

[45] 高培勇．规范政府行为：解决中国当前收入分配问题的关键［J］．财贸经济．2002（01）．

[46] 高晓红．从管制到自由化：利率理论的批判与整合［J］．财经研究．2002（07）．

[47] 高晓红．渐进改革中利率制度滞后改革的理论分析［J］．当代财经．2002（01）．

[48] 高原，周林．市场经济条件下政府经济职能研究述评［J］．经济评论．2002（03）．

[49] 葛建新．市场机制与政府干预——对我国实行产业政策的几点思考［J］．中央财经大学学报．2002（05）．

[50] 耿俊德．行政垄断的表现及立法建议［J］．经济师．2002（09）．

[51] 顾海兵．美国价格管理及其对我国的借鉴意义［J］．中国特色社会主义研究．2002（03）．

[52] 顾建平．可支配收入、劳动力流动与劳动力市场分割——透视苏南等发达地区弱势劳动力的贫困问题［J］．管理世界．2002（09）．

[53] 郭红玲．市场条件下政府行为缺陷的原因分析［J］．西南民族学院学报（哲学社会科学版）．2002（01）．

[54] 郭建．西方企业兼并的经济学分析［J］．商业经济文荟．2002（05）．

[55] 郭晶．公共物品、基础研究与政府的作用［J］．科技进步与对策．2002（07）．

[56] 韩国珍．调整电信业管制模式［J］．理论专刊．2002（11）．

[57] 韩晶，蓝庆新．行政垄断的新制度经济学分析［J］．管理百科．2002（06）．

[58] 韩培花．加强反垄断的力度［J］．经济论坛．2002（20）．

[59] 何为民．国外市场结构发展比较研究［J］．财贸经济．2002（07）．

[60] 何文君．政府经济职能转变的理论探讨［J］．理论与改革．2002（01）．

[61] 何翔舟．公共事物的高成本运作及其民营化改革［J］．北京大学学报（哲学社会科学版）．2002（05）．

[62] 胡炳志，王兵．市场结构有效性理论述评［J］．经济评论．2002（04）．

[63] 胡静波，李立．我国垄断行业收入分配存在的问题与对策［J］．经济纵横．2002（11）．

[64] 胡珉，刘涛．非市场缺陷及其纠正［J］．理论探讨．2002（06）．

[65] 胡松明．开放经济环境下我国宏观金融调控的有效性［J］．北京师范大学学报（人文社会科学版）．2002（01）．

[66] 华武、缪柏其．特许经营的不完全契约分析［J］．科技进步与对策．2002（07）．

[67] 黄登仕．古诺双头垄断模型的密度周期性及其混沌机制研究［J］．系统工程理论与实践．2002（09）．

[68] 黄河．对“国家干预”的再认识及其意义［J］．南京师大学报（社会科学版）．2002（01）．

[69] 黄河，徐德敏，李永宁．论社会主义市场经济条件下的行政干预与行政垄断——兼论反垄断法对行政垄断的豁免 [J]. 法律科学．2002 (06).

[70] 黄齐朴．对我国连锁企业规模经营的思考 [J]. 经济师．2002 (05).

[71] 黄欣．我国反垄断立法应当关注三大问题 [J]. 中国行政管理．2002 (02).

[72] 纪云涛，杨业功．破解中国行政垄断——具体规制手段的运用 [J]. 企业经济．2002 (01).

[73] 季燕霞．论我国现代市场经济建设中的政府规制 [J]. 经济师．2002 (05).

[74] 姜彦君．企业合并的反垄断法界定之比较研究 [J]. 学术交流．2002 (11).

[75] 蒋安，唐健飞．略论自然垄断价格的法律调控 [J]. 财经理论与实践．2002 (01).

[76] 蒋玉珉．"国家悖论"与转轨中的政府职能 [J]. 经济问题．2002 (10).

[77] 蒋泽中．社会主义市场经济建立过程中的竞争与垄断问题 [J]. 中国特色社会主义研究．2002 (02).

[78] 金发，朱晓燕．中国电力管制价格形成机制研究 [J]. 中国软科学．2002 (06).

[79] 金茂．且看外国反垄断 [J]. 商业时代．2002 (10).

[80] 金太军．市场失灵、政府失灵与政府干预 [J]. 中共福建省委党校学报．2002 (05).

[81] 金晓彤，宋萍．我国铁路运输企业的属性定位与改革取向 [J]. 管理百科．2002 (01).

[82] 晋重文，毛晓琴、李玉峰．利率市场化的负面效应及中央银行的监管 [J]. 财经科学．2002 (03).

[83] 井敏．政府与市场的关系：适度政府论 [J]. 理论与改革．2002 (03).

[84] 景行．国外三网融合的情况和发展趋势 [J]. 邮电企业管理．2002 (02).

[85] 巨荣良．美国反垄断政策取向及启示 [J]. 经济纵横．2002 (06).

[86] 隽志才，冯君霞．公路货运行业政府管制的变迁 [J]. 数学的实践与认识．2002 (07).

[87] 柯颖．从过度竞争到寡头垄断：我国产业组织优化的选择 [J]. 改革与战略．2002 (09).

[88] 孔松泉，达庆利．西方银行业兼并的垄断力评估方法述评 [J]. 金融研究．2002 (10).

[89] 孔缨．论放松铁路规制及其政策研究 [J]. 江海学刊．2002 (01).

[90] 李保明．竞争的自由与经济效率 [J]. 经济评论．2002 (04).

[91] 李琮．当代资本主义发展中的若干问题 [J]. 当代思潮．2002 (06).

[92] 李东阳．略论大型跨国公司的竞争优势 [J]. 财经问题研究．2002 (01).

[93] 李明武．我国发展特许经营的现状、问题及对策分析 [J]. 经济问题探索．2002 (09).

[94] 李明章．反腐败的经济学思考 [J]. 中国特色社会主义研究．2002 (03).

[95] 李乾文．美国反垄断及其启示 [J]. 中共中央党校学报．2002 (08).

[96] 李荣国，储敏．试论规模经济与垄断的关系 [J]. 经济师．2002 (09).

[97] 李胜利．关于我国城市公用事业法律管制若干问题的探讨 [J]. 经济问题探索．2002 (07).

[98] 李天霞．论依法规范行政性限制竞争行为——以邮政专营、盲目反对重复建设为例 [J]. 江西社会科学．2002 (11).

[99] 李雯．西方规制理论及其演进 [J]. 教学与研究．2002 (07).

[100] 李新颜，殷树荣．信贷市场中的"寻租"现象产生的根源和对策浅析 [J]. 山西财经大学学报．2002 (05).

[101] 李一鸣，李福信．解析我国现阶段的收入分配差距 [J]. 统计与决策．2002 (09).

[102] 梁建强．金融机构市场准入与退出管理存在的问题及若干思考 [J]. 南方金融．2002 (03).

[103] 梁颖．企业兼并的动机考察［J］．当代财经．2002（05）．

[104] 廖尧麟．我国银行市场结构重组的制度约束与改革模式［J］．当代财经．2002（03）．

[105] 林力源．反垄断是我国新世纪市场营销的首要任务［J］．企业经济．2002（03）．

[106] 林凌．中国基础领域垄断的形成与反垄断之路［J］．财经问题研究．2002（01）．

[107] 林幼平，张澍，吴艳．近年来中国居民收入差距问题研究综述［J］．经济评论．2002（06）．

[108] 刘兵勇．试论反垄断的理论基础［J］．江苏社会科学．2002（05）．

[109] 刘兵勇，赵景文．试论美国反垄断机制的变迁［J］．新疆大学学报（社会科学版）．2002（04）．

[110] 刘黎清．垄断竞争市场与企业的创新战略［J］．科学管理研究．2002（08）．

[111] 刘明伟．试论特许经营的经济意义［J］．商业时代．2002（08）．

[112] 刘谦．电力行业的监管及其法律问题［J］．经济社会体制比较．2002（06）．

[113] 刘熙瑞．服务型政府——经济全球化背景下中国政府改革的目标选择［J］．中国行政管理．2002（07）．

[114] 刘晓辉，王长江．人为垄断下的超额利润、趋同化竞争与业间合作——兼论中国投资银行业务的现状、趋势及对策［J］．当代经济科学．2002（04）．

[115] 刘晓辉，王长江，侯杰．垄断与竞争：二律背反下的共生——兼论中国证券业的集中、垄断与竞争［J］．证券市场导报．2002（08）．

[116] 刘兴华．论我国利率平价机制的制度约束及表现形式［J］．金融与经济．2002（10）．

[117] 刘英．对现阶段我国国有商业银行金融创新的思考［J］．财经问题研究．2002（08）．

[118] 刘友芝．传统交易费用兼并理论的演进及其评析［J］．中南财经政法大学学报．2002（01）．

[119] 刘豫川，黄勤．论网络经济对区域经济的变革性影响［J］．理论与改革．2002（01）．

[120] 刘志明．反全球化运动述评［J］．当代思潮．2002（04）．

[121] 刘志铭．市场过程、产业组织与政府规制：奥地利学派的视角［J］．经济评论．2002（03）．

[122] 柳清瑞，张今声．网络经济时代的组织变革与创新［J］．中国软科学．2002（04）．

[123] 卢洪友．公共品生产的市场化与制度创新［J］．中央财经大学学报．2002（04）．

[124] 卢洪友．中国公共品供给制度的缺陷分析［J］．财经问题研究．2002（05）．

[125] 卢现祥．论政府在我国基础设施领域促进竞争及反垄断中的“诺思悖论”［J］．管理世界．2002（02）．

[126] 陆静．金融混业的动因及模式研究［J］．财经理论与实践．2002（07）．

[127] 吕康银，吕康娟，杨秋艳．基于聚集经济的中国城市化道路的思考［J］．商业研究．2002（04）．

[128] 吕民乐．我国垄断产业改革的困境与出路［J］．经济纵横．2002（09）．

[129] 吕伟俊，昝中党．试办托拉斯始末［J］．山东大学学报（哲学社会科学版）．2002（04）．

[130] 吕晓萍．对我国行政垄断现状的分析［J］．当代经济研究．2002（03）．

[131] 罗日全．世界经济发展与电信行业的关系［J］．经济师．2002（03）．

[132] 骆林勇，戴榕．论我国自然垄断产业直接规制的思路转变及政策改革——从电信分拆案说起［J］．商业研究．2002（10）．

[133] 马映红．论我国公用企业滥用市场支配地位的规制［J］．福建论坛（经济社会版）．2002（03）．

[134] 孟建国．网络经济潜在的税收风险及其防范对策初探 [J]．江西社会科学．2002 (05)．
[135] 孟玮，刘持伟．我国反价格垄断立法问题初探 [J]．价格理论与实践．2002 (6)．
[136] 苗小玲．对网络经济下垄断的解析 [J]．经济师．2002 (10)．
[137] 潘宏胜．经济结构调整与资本配置机制市场化 [J]．南开经济研究．2002 (04)．
[138] 潘晓军，陈宏民．产品差异化与序贯推出的策略选择 [J]．系统工程理论与实践．2002 (08)．
[139] 祁华清．论我国转轨时期的政府干预 [J]．商业研究．2002 (07)．
[140] 祁玉军．关于价格歧视的几点思考 [J]．价格理论与实践．2002 (07)．
[141] 齐羽，齐丽雅．论电力产业自然垄断的不完全与有效竞争的实现 [J]．经济问题探索．2002 (04)．
[142] 綦建红，冷雪梅．从"路径依赖"到"优势再造"——刍议中国电信市场的进入壁垒及应对措施 [J]．现代经济探讨．2002 (05)．
[143] 綦建红，冷雪梅．关于我国电信业进入壁垒的经济学分析 [J]．当代财经．2002 (10)．
[144] 乔法容．论市场经济下政府经济职能的道德规约 [J]．南方经济．2002 (03)．
[145] 秦兴俊．垄断的形态与反垄断的必要性 [J]．理论探索．2002 (01)．
[146] 邱风．废除行业垄断与国有企业改革的出路 [J]．经济评论．2002 (01)．
[147] 区利民．对我国政府与市场关系的思考 [J]．煤炭经济研．2002 (02)．
[148] 曲冬梅，孙强．统一规制经济垄断与行政垄断的必要性与紧迫性 [J]．山东大学学报(人文社会科学版)．2002 (03)．
[149] 权衡，徐王争．收入分配差距的增长效应分析：转型期中国经验 [J]．管理世界．2002 (05)．
[150] 任太增．美国反垄断法规制方式的演变及原因 [J]．经济经纬．2002 (05)．
[151] 任太增．政府行为与市场秩序混乱相关分析 [J]．江西社会科学．2002 (03)．
[152] 任玉兰．论中国国有商业银行产权制度的优化 [J]．河南金融管理干部学院学报．2002 (02)．
[153] 申俊喜．浅析产业市场寡头化发展趋势及其启示 [J]．世界经济与政治论坛．2002 (04)．
[154] 申明浩．垄断与竞争——小议中国电信业的发展 [J]．山西财经大学学报．2002 (05)．
[155] 申晓梅．论西部大开发中市场机制与政府行为的协调 [J]．理论与改革．2002 (01)．
[156] 盛浩．二十世纪九十年代美国反托拉斯政策的转变 [J]．山西师大学报 (社会科学版)．2002 (07)．
[157] 施东晖．垄断与竞争：证券交易所变革的经济学分析 [J]．证券市场导报．2002 (02)．
[158] 石薛桥．试论行政性垄断的几个问题 [J]．经济问题．2002 (01)．
[159] 史璐，郝瑞明．电力体制改革的反垄断设计 [J]．现代经济探讨．2002 (02)．
[160] 史玉伟，和丕禅．网络经济与企业组织创新 [J]．商业研究．2002 (10)．
[161] 宋喜梅，霍常宝．论上市公司信息披露管制的必然性 [J]．山西财经大学学报．2002 (11)．
[162] 苏红霞．浅谈个人收入差距的多角透视和综合治理 [J]．经济问题探索．2002 (06)．
[163] 苏素．公用事业政府直接管制定价的效率分析 [J]．重庆大学学报．2002 (11)．
[164] 苏素，赵金秀．国外铁路运输的模式 [J]．价格月刊．2002 (07)．
[165] 孙柏瑛．我国行政权力运行机制设计的初步建议 [J]．中国行政管理．2002 (04)．
[166] 孙俊芳．金融创新的风险与防范 [J]．山西财经大学学报．2002 (11)．
[167] 孙科．西方国家企业兼并的发展历程及其启示 [J]．经济体制改革．2002 (02)．

[168] 孙良，伍装．放松经济管制——中国渐进式改革的基本脉络［J］．当代世界与社会主义．2002（02）．

[169] 孙娜．美国反垄断立法的实践经验及其借鉴意义［J］．山西财经大学学报．2002（05）．

[170] 孙文博．市场经济条件下农产品政府定价的尴尬处境及其启示［J］．管理世界．2002（01）．

[171] 孙衍林．中国企业兼并与政府行为的分析［J］．企业经济．2002（05）．

[172] 孙艳．网络经济中的企业组织结构：基于交易费用理论的考察［J］．财经科学．2002（02）．

[173] 谭戈平．四大国有商业银行的收缩战略研究——从规模经济的角度探讨银行实施收缩战略的必要性［J］．武汉金融．2002（04）．

[174] 谭洪江，韦林珍．经济增长中政府行为的制度分析［J］．理论导刊．2002（06）．

[175] 谭融．美国利益集团政治评析［J］．南开学报（哲学社会科学版）．2002（04）．

[176] 陶长琪．对网络经济的内涵和特征的探析［J］．企业经济．2002（08）．

[177] 田春生．"内部人控制"与利益集团——中国与俄罗斯公司治理结构的一个实证分析［J］．经济社会体制比较．2002（05）．

[178] 田桂茹．入世后我国反垄断立法问题探讨［J］．宏观经济研究．2002（02）．

[179] 汪超，杨东援．美国货运业管制历程对我国物流业市场管理的启示［J］．公路交通科技．2002（02）．

[180] 王斌，袁琳．论竞争性股权结构与机构投资者在企业改革中的角色——从"所有者缺位"到"机构投资者补位"［J］．北京工商大学学报（社会科学版）．2002（01）．

[181] 王栋琳．跨国公司在中国所筑之进入壁垒及对策［J］．中央财经大学学报．2002（11）．

[182] 王恩胡．美国政府反垄断政策转变的深层原因及启示［J］．理论导刊．2002（03）．

[183] 王枫云．地方市场封锁中的政府行为分析［J］．江汉论坛．2002（06）．

[184] 王金元．新时期地方保护主义的哲学分析［J］．甘肃社会科学．2002（03）．

[185] 王俊豪．对自然垄断经营产品范围的探讨［J］．价格理论与实践．2002（03）．

[186] 王俊豪．我国自然垄断经营产品管制价格形成机制改革的构想［J］．价格理论与实践．2002（08）．

[187] 王俊华．对盐业政府管制体制的探讨［J］．商业经济与管理．2002（08）．

[188] 王俊敏．破解民族地区的"政府干预情结"［J］．广西民族学院学报（哲学社会科学版）．2002（05）．

[189] 王新生．论对自然垄断行业的反垄断规制［J］．财经理论与实践．2002（11）．

[190] 王亦楠．跨国垄断：资本主义发展的新阶段［J］．求是杂志．2002（01）．

[191] 王正斌，王威，严汉平．探讨现代经济理论方法与中国新问题［J］．中国软科学．2002（11）．

[192] 王志平，唐建华．市场经济与政府经济管理职能研究［J］．西南民族学院学报（哲学社会科学版）．2002（01）．

[193] 王子君．市场结构与技术创新［J］．经济学家．2002（04）．

[194] 魏守华，赵雅沁．企业集群的竞争优势探究［J］．财经问题研究．2002（05）．

[195] 温太璞．关于规模经济、跨国兼并与贸易模式的理论考证［J］．经济师．2002（04）．

[196] 文贯中．市场机制、政府定位和法治——对市场失灵和政府失灵的匡正之法的回顾与展望［J］．经济社会体制比较．2002（01）．

[197] 翁轶丛，陈宏民，倪苏云．网络效应下的企业横向兼并与价格竞争［J］．上海交通大学学报．2002（04）．

[198] 吴菲，范晓觉．寻租活动与产权制度变迁的关系研究 [J]. 经济体制改革 No. 6. 2002 (06).

[199] 吴国清．市场需求与我国工业企业规模经济的实证分析 [J]. 现代经济探讨．2002 (05).

[200] 吴汉洪．西方产业组织理论关于市场结构与创新关系的争论 [J]. 教学与研究．2002 (11).

[201] 吴昊．日本经济长期萧条的根本原因——在于“政府为特殊利益集团俘虏”吗？[J]. 现代日本经济．2002 (06).

[202] 吴崎右．自然垄断行业规制的理论与改革 [J]. 中央财经大学学报．2002 (07).

[203] 吴雅杰．对 WTO 的反垄断与垄断两面性的思考 [J]. 中央民族大学学报（哲学社会科学版）. 2002 (03).

[204] 吴永涛，张群．“选择资费”的多重价格歧视特性 [J]. 数学的实践与认识．2002 (07).

[205] 吴永涛，张群，黄学庭．世界电信业兼并浪潮及其动因分析 [J]. 中国软科学．2002 (06).

[206] 吴有根．规范，从政府做起——谈证券市场发展中的政府行为 [J]. 福建论坛．2002 (02).

[207] 武晓峰．试析行政监督在提高行政效率中的作用 [J]. 理论探索．2002 (06).

[208] 席涛．美国政府管制成本与收益的实证分析 [J]. 经济理论与经济管理．2002 (11).

[209] 肖志勇，陈咏梅．居民收入差距的多视角透视和综合治理 [J]. 学术观点．2002 (01).

[210] 辛洁晴，言茂松．电力相关市场及其集中度指标评定 [J]. 电力系统自动化．2002 (12).

[211] 辛向前．网络经济条件下的专业化和规模经济 [J]. 中共中央党校学报．2002 (11).

[212] 熊铭奇．上市公司规模经济研究 [J]. 证券之窗．2002 (12).

[213] 徐金发，朱晓燕．我国电力管制价格模型研究 [J]. 价格理论与实践．2002 (05).

[214] 徐金海．农业产业市场中过度竞争的成因及对策 [J]. 现代经济探讨．2002 (09).

[215] 徐强．转轨时期我国企业产权结构和市场结构的关联分析 [J]. 经济评论．2002 (05).

[216] 徐瑞娥．我国居民收入差距的特点、原因及对策观点综述 [J]. 经济纵横．2002 (10).

[217] 徐伟敏．企业合并的反垄断控制若干问题的思考 [J].《山东大学学报》哲学社会科学版双月刊．2002 (04).

[218] 许兆强．卷烟企业生产效率的统计分析 [J]. 中国统计．2002 (10).

[219] 薛钢．对我国政府间管制所引发财政问题的思考 [J]. 涉外税务．2002 (08).

[220] 薛鹏．对“政府失效”的理论思考 [J]. 现代经济探讨．2002 (07).

[221] 薛伟贤，冯宗宪，叶欣．WTO 下中国金融服务市场开放研究 [J]. 中国软科学．2002 (10).

[222] 闫建军．试论我国金融风险的识别及其监管 [J]. 山西财经大学学报．2002 (11).

[223] 颜佳华．西方政府改革的市场化取向与启示 [J]. 河南师范大学学报（哲学社会科学版）. 2002 (06).

[224] 杨发．国家行政改革与政府权力的规范运行 [J]. 理论探索．2002 (02).

[225] 杨苗昌．初论新时期监管理念的转化 [J]. 上海金融．2002 (01).

[226] 杨嵘．论石油产业的规制与改革 [J]. 经济评论．2002 (05).

[227] 杨晓玲．论国际垄断发展的新阶段 [J]. 教学与研究．2002 (06).

[228] 杨志英．在区域经济发展中防患地方市场分割 [J]. 商业研究．2002 (11).

[229] 姚彬．国际反托拉斯的新视角："六位一体战略"[J]．科技进步与对策．2002（08）．

[230] 姚永利．对当前我国个人收入分配差距拉大现象的思考[J]．学术交流．2002（05）．

[231] 易宪容．美国金融业监管制度的演进[J]．管理世界．2002（07）．

[232] 殷凤．区际经济关系中的政府干预与协调[J]．云南社会科学．2002（02）．

[233] 殷树荣，李新颜．浅析产权与国有商业银行金融风险[J]．金融观察．2002（12）．

[234] 尹冰．论政府职能转变与市场经济的关系[J]．经济师．2002（09）．

[235] 于丽敏．对我国收入分配差距的初步分析[J]．当代经济研究．2002（09）．

[236] 于忠．政府管理体制改革存在的问题及对策建议[J]．经济师．2002（09）．

[237] 余鹏冀．我国企业价格合谋的博弈论分析[J]．商业研究．2002（10）．

[238] 袁春晖．产业结构战略性调整中的政府行为[J]．经济师．2002（12）．

[239] 袁泽沛．政府理性及我国垄断问题的经济学分析[J]．中国行政管理．2002（03）．

[240] 曾次玲，张步涵．电力市场中的市场势力问题初探[J]．电力建设．2002（05）．

[241] 曾国安．20 世纪 70 年代末以来中国居民收入差距的演变趋势、现状评价与调节政策选择[J]．经济评论．2002（05）．

[242] 曾国安．政府经济管制模式比较[J]．学术研究．2002（11）．

[243] 张斌．增进中国资本管制的有效性研究——从宏观经济稳定视角出发[J]．管理世界．2002（11）．

[244] 张光远．对竞争性产业和特殊垄断产业实行不同价格管理体制的探讨[J]．价格理论与实践．2002（08）．

[245] 张桂文．试析价格歧视对竞争与社会福利的影响[J]．中国物价．2002（10）．

[246] 张海如．规模经济：中国乡镇工业可持续发展的必然选择[J]．山西财经大学学报．2002（04）．

[247] 张海如，郭握重．公共失灵问题探析[J]．中国软科学．2002（11）．

[248] 张杰军．日本入关前后反垄断制度的调整[J]．当代亚太．2002（05）．

[249] 张进铭．论发展中国家的市场与政府[J]．当代财经．2002（06）．

[250] 张克中．政府失灵、规制与我国反垄断[J]．海经济研究．2002（01）．

[251] 张铭洪．网络经济下的反垄断与政府管制[J]．管理世界．2002（06）．

[252] 张勤．经济全球化与政府管理变革[J]．中国行政管理．2002（11）．

[253] 张荣昌．西方政府经济管理职能的流变及其启示[J]．理论探讨．2002（06）．

[254] 张树民．然垄断行业放松管制：从技术约束的分析[J]．福建论坛（经济社会版）．2002（11）．

[255] 张耀辉．收入差距消除与城市化及产业结构选择[J]．中央财经大学学报．2002（03）．

[256] 张志宏．对我国利率政策及其存在问题的分析与建议[J]．财贸经济．2002（10）．

[257] 张宗益，杨世兴，李豫湘．电力产业激励性管制机制[J]．重庆大学学报．2002（11）．

[258] 赵春艳，何炼成．经济体制变迁中的收入差距问题研究[J]．财贸研究．2002（01）．

[259] 赵建伟．简析我国现阶段劳动者收入差距拉大的现象[J]．经济问题．2002（06）．

[260] 赵学军．国民经济恢复时期的外汇管制[J]．中国经济史研究．2002（01）．

[261] 中国行政管理学会课题组．构建行政权力制约机制的思路和建议[J]．中国行政管理．2002（11）．

[262] 中国行政管理学会课题组．建立权力运行制约机制的理论分析和构想[J]．中国行政管理．2002（04）．

[263] 衷建红．关于价格歧视问题的探讨[J]．中国物价．2002（04）．

[264] 周慧．美国反垄断政策及其发展趋势[J]．理论探索．2002（06）．

[265] 周克清．论转型期政府间的税收竞争及其有效性 [J]．涉外税务．2002 (03).

[266] 周勤．管制和寻租的控制理论模型与应用 [J]．经济评论．2002 (03).

[267] 周业安．人力资本、不确定性与高新技术企业的治理 [J]．中国工业经济．2002 (10).

[268] 周作翰．地方保护主义是腐败的温床 [J]．当代世界与社会主义．2002 (04).

[269] 朱连奇，高原．区域管制在实现国家资源安全过程中的作用研究 [J]．中国人口·资源与环境．2002 (12).

[270] 朱荣科．论政府经济行为悖论——中国经济改革速度缓慢的原因之三 [J]．求是学刊．2002 (03).

[271] 朱以青．论转型中的东亚国家政府的经济调控职能 [J]．山东大学学报（哲学社会科学版）．2002 (06).

[272] 朱永春．在 WTO 协议中建立多边反垄断框架的理由及设想 [J]．湖南师范大学社会科学学报．2002 (03).

[273] 祝红梅．内幕信息、内幕交易及其管制 [J]．南开经济研究．2002 (02).

[274] 邹新月．国有商业银行信贷绩效的理性思考 [J]．中国软科学．2002 (09).

2001 年

[1] Kawamoto, A.，徐伟，杜钢建．规制改革、市场准入与国际市场竞争 [J]．国家行政学院学报．2001 (02).

[2] Foote, D.．美国劳动法的放松规制 [J]．国家行政学院学报．2001 (05).

[3] Yoffie, D., Kwak, M.，李健，等．成功避免反垄断诉讼 [J]．经理人．2001 (11).

[4] 艾志群．企业并购的财务风险 [J]．四川会计．2001 (12).

[5] 爱德华·格莱泽，西蒙·约翰逊，安德烈·施莱弗，等．科斯对科斯定理——波兰与捷克证券市场规制的比较 [J]．经济社会体制比较．2001 (02).

[6] 安青．世界主要国家高技术市场份额 [J]．经济研究参考．2001 (23).

[7] 安棤．听外来的和尚谈电信管制——《电信竞争》[J]．商务周刊．2001 (19).

[8] 安玉琴，黄铮．论会计市场失灵与政府监管 [J]．山西统计．2001 (11).

[9] 巴力．国际保险业的并购重组对我国的启示 [J]．经济经纬．2001 (05).

[10] 白凤峥．我国市场退出壁垒现状分析 [J]．山西财经大学学报．2001 (02).

[11] 白津夫．中国需要特许经营 [J]．中国经贸导刊．2001 (24).

[12] 白玫，许宏强，吴金希，等．“入世”与跨国公司在中国的并购——兼论中国企业的对策 [J]．福建论坛（经济社会版）．2001 (03).

[13] 白钦先，薛誉华．百年来的全球金融业并购：经济金融化、金融全球化和金融自由化的体现（二）[J]．上海金融．2001 (08).

[14] 白雪洁．日本 6 大企业集团组织的市场准入壁垒作用研究 [J]．南开经济研究．2001 (02).

[15] 白原平．文化冲突对企业并购的影响 [J]．山西财经大学学报．2001 (S2).

[16] 白远．论统一内部大市场与地方保护主义 [J]．国际商务（对外经济贸易大学学报）．2001 (06).

[17] 白跃世．再论市场经济条件下的政府干预 [J]．人文杂志．2001 (03).

[18] 包文彬，桂生春．医疗保险体系中的政府行为分析 [J]．企业改革与管理．2001 (12).

[19] 包锡盛，刘世虎．整顿建筑市场 重在打破地方、行业保护 [J]．宏观经济管理．2001 (05)．

[20] 包心鉴．论社会主义市场经济中的政府行为 [J]．理论探索．2001 (02)．

[21] 鲍晓华．促进高技术产品出口的政府行为 [J]．中国科技论坛．2001 (02)．

[22] 本刊编辑部．整顿和规范市场经济秩序　深化价格改革——中国价格协会召开“整顿和规范市场价格秩序深化价格改革”研讨会 [J]．价格理论与实践．2001 (06)．

[23] 本刊编辑部．“地方保护”栅栏必须拆除——专家学者抨击地方保护主义 [J]．领导决策信息．2001 (14)．

[24] 本刊评论员．坚决破除地区封锁和行业垄断 [J]．中国经贸导刊．2001 (07)．

[25] 毕金华，周仲秋．市场发展与地方政府经济行为 [J]．湖南行政学院学报．2001 (01)．

[26] 毕心安．新世纪迈出的新步伐——中国民航三大区域管制中心建设 [J]．中国民用航空．2001 (11)．

[27] 薛梅．国有企业改革与企业兼并之我见 [J]．求实．2001 (S1)．

[28] 财政部财政科学研究所课题组．提高自然垄断行业国有经济运行效率的研究 [J]．经济研究参考．2001 (18)．

[29] 财政部科研所课题组．放松管制 开拓市场 增进效率——提高自然垄断行业国有经济运行效率的研究 [J]．财政研究．2001 (03)．

[30] 蔡从燕．试论欧盟企业合并控制法中有关合营企业的法律实践 [J]．欧洲．2001 (03)．

[31] 蔡红．我国外资并购立法模式研究 [J]．国际经贸探索．2001 (05)．

[32] 蔡红．关于完善我国外资并购监管法律制度问题 [J]．南方经济．2001 (10)．

[33] 蔡建民，徐强毅．企业并购的财务分析 [J]．上海会计．2001 (01)．

[34] 蔡宁，沈月华．西方企业并购中的文化整合模式与选择理论研究综述 [J]．学术月刊．2001 (11)．

[35] 蔡文英．网络经济时代垄断的新特点 [J]．云南财贸学院学报．2001 (03)．

[36] 蔡先红．美国反垄断法企业合并控制述评 [J]．贵州财经学院学报．2001 (04)．

[37] 蔡永华，李英，吴振飚．建筑企业的规模经济分析 [J]．北方交通大学学报．2001 (05)．

[38] 蔡永英．信息产业中垄断的特点 [J]．浙江社会科学．2001 (05)．

[39] 蔡永英．对网络经济时代反垄断问题的思考 [J]．中共浙江省委党校学报．2001 (04)．

[40] 蔡芸，赵建中．企业并购中的文化冲突 [J]．现代经济探讨．2001 (04)．

[41] 苍梧．政府行为与公民参与 [J]．国土绿化．2001 (02)．

[42] 曹红英．经济合作与发展组织管制改革工作情况 [J]．中国工商管理研究．2001 (10)．

[43] 曹建海．中国产业过度竞争的制度分析 [J]．上海社会科学院学术季刊．2001 (01)．

[44] 曹建军．药品市场地方分割状况分析 [J]．中国物价．2001 (02)．

[45] 曹健．天津药业：高科技加规模经济决胜地塞米松 [J]．上海国资．2001 (11)．

[46] 曹罗欣．美国反倾销法认定价格歧视存在的不公平性 [J]．北方经贸．2001 (09)．

[47] 曹萍．论社会主义市场经济条件下的适度政府干预 [J]．社会科学研究．2001 (05)．

[48] 曹琼．发展中的乌鲁木齐空中交通管制 [J]．空中交通管理．2001 (05)．

[49] 曹小秋．江西省食品产业的企业并购战略研究 [J]．江西社会科学．2001 (05)．

[50] 岑彩云．我国外贸如何把握适度垄断 [J]．经济师．2001 (12)．

[51] 岑飒，王澜．企业兼并的法律主体及其权利义务 [J]．煤炭经济研究．2001 (11)．

[52] 岑飒，王澜．企业兼并简论 [J]．煤炭经济研究．2001 (06)．

[53] 查德利，柯江林，冯力文．中国摩托车产业的过度竞争与政府干预策略 [J]．重庆大学

学报（社会科学版）. 2001（03）.

［54］查尔斯·费尔查德，王欣. 美国广播的非地域化——放松管制与合作主义观的不断胜利［J］. 现代传播. 2001（04）.

［55］查先进，严亚兰. 再论信息市场失灵与政府干预［J］. 中国图书馆学报. 2001（04）.

［56］柴忠东. 外资并购我国企业的分析与思考［J］. 亚太经济. 2001（05）.

［57］常建坤，秦兴俊. 打破行政垄断的对策研究［J］. 经济问题. 2001（08）.

［58］常欣. 放松管制与规制重建——中国基础部门引入竞争后的政府行为分析［J］. 经济理论与经济管理. 2001（11）.

［59］常志平，蒋馥. 放松管制所导致的社会福利变化分析［J］. 系统工程理论方法应用. 2001（04）.

［60］车海云. 高校合并中的政府行为分析［J］. 吉林教育科学. 2001（03）.

［61］车驾明. 日商如何突破"西洋壁垒"——日本产品打入美国市场的策略［J］. 乡镇企业科技. 2001（05）.

［62］车秀文，胡悦. 让竞争更为公平——值得借鉴的法国反垄断管理［J］. 中国对外贸易. 2001（09）.

［63］陈彪. 企业进入、退出与过度竞争［J］. 技术经济. 2001（05）.

［64］陈兵. 行政垄断个论［J］. 经济前沿. 2001（09）.

［65］陈东琪. 打破地方公用事业垄断若干设想［J］. 经济纵横. 2001（05）.

［66］陈东琪. 打破地方公用事业垄断——案例和对策建议［J］. 消费经济. 2001（01）.

［67］陈东琪. 打破地方保护下的产品市场分割——过剩品市场"进入壁垒"的案例和对策［J］. 福建论坛（人文社会科学版）. 2001（01）.

［68］陈凤. 企业并购与文化整合［J］. 理论与改革. 2001（01）.

［69］陈刚. 大众文化与垄断资本主义［J］. 北京大学学报（哲学社会科学版）. 2001（01）.

［70］陈国民. 从试办托拉斯看周恩来对工业现代化的探索［J］. 漳州职业大学学报. 2001（01）.

［71］陈国维. 经济社会发展与高等教育发展规模的相关性研究［J］. 经济经纬. 2001（03）.

［72］陈海明，刘志云. 试论对外资并购的反垄断法律规制［J］. 内蒙古财经学院学报. 2001（01）.

［73］陈宏平. 市场结构的动态性与政府管制对策［J］. 经济评论. 2001（01）.

［74］陈洪，邓涛. 当前农村信用社存款市场份额下降的成因及对策［J］. 东莞理工学院学报. 2001（02）.

［75］陈洪玲，李万涛，邢延龄. 论国外反垄断法的法律责任制度［J］. 当代法学. 2001（09）.

［76］陈洪玲，张彤，李巍. 略论国外反垄断法规制程序的保证［J］. 当代法学. 2001（07）.

［77］陈华. 厂商垄断优势理论与我国境外企业特有优势提高的分析［J］. 财贸研究. 2001（02）.

［78］陈淮. 垄断是市场经济的大敌［J］. 首都经济. 2001（10）.

［79］陈淮. "垄断有理"论可以休矣［J］. 中外管理导报. 2001（07）.

［80］陈淮. 垄断有理？［J］. 财经界. 2001（03）.

［81］陈建设. 建立土地收购储备制度　实现政府垄断土地机制［J］. 经济问题. 2001（01）.

［82］陈开宇. 大田县整顿市场价格秩序取得实效［J］. 中国物价. 2001（08）.

［83］陈立，高世楫. 打破垄断还需建立现代监管体系［J］. 瞭望新闻周刊. 2001（10）.

［84］陈丽华. 产业结构调整中政府干预的国际比较及对我国的启示［J］. 福建理论学习.

2001（12）.

［85］陈丽清．特许经营的陷阱及其防范［J］．江苏商论．2001（12）.

［86］陈璐琪，梁远庆，刘智析．关于经济规模效益与若干垄断行为在现阶段合理存在的一些思考［J］．商业研究．2001（08）.

［87］陈明杰．不“差异”的产品没市场［J］．企业文化．2001（07）.

［88］陈明森．市场退出的体制性壁垒分析［J］．学术研究．2001（07）.

［89］陈明森．论市场进入的政府管制［J］．东南学术．2001（02）.

［90］陈培刚．转型期企业寻租活动研究［J］．学术交流．2001（03）.

［91］陈平．地方政府职能的规范化与行为的理性化［J］．陕西省行政学院，陕西省经济管理干部学院学报．2001（04）.

［92］陈其坤．差异性商品市场寡头竞争的博弈模型［J］．福州大学学报（哲学社会科学版）．2001（04）.

［93］陈榕生．福建建立绿化“绿线”管制制度［J］．城市规划通讯．2001（21）.

［94］陈时兴，姚明龙．我国国债规模的金融经济分析［J］．数量经济技术经济研究．2001（05）.

［95］陈书鹏，穆瑞杰，刘志刚．我国的反垄断立法研究［J］．经济经纬．2001（03）.

［96］陈四清．我国高新技术产业的资金危机——由美国JDSU公司兼并我国福兴华科公司引发的思考［J］．财经理论与实践．2001（01）.

［97］陈威．跨国企业并购问题分析［J］．经济师．2001（11）.

［98］陈伟民．自然垄断产业规制的失灵及其治理［J］．技术经济．2001（07）.

［99］陈炜恒．网络与传统媒体的“C＋C”——再看美国在线并购时代华纳［J］．世界知识．2001（12）.

［100］陈文．加快特许经营在我国的发展［J］．经济师．2001（09）.

［101］陈文晖．美国企业并购：演进、变迁和启示［J］．经济管理．2001（21）.

［102］陈小海．管线钢市场寡头垄断的行为分析与合作设想［J］．武钢技术．2001（06）.

［103］陈小文．中外企业并购差异的制度性根源及启示［J］．现代经济探讨．2001（02）.

［104］陈晓，李静．地方政府财政行为在提升上市公司业绩中的作用探析［J］．会计研究．2001（12）.

［105］陈晓春，廖进中．非国有经济组织走向国际舞台必须重视对规制的研究［J］．国际商务（对外经济贸易大学学报）．2001（02）.

［106］陈绪新．西方银行业务管制的变迁及对我国的启示［J］．长江论坛．2001（03）.

［107］陈亚军．关于企业兼并中文化重构的几点思考［J］．北京工商大学学报（社会科学版）．2001（04）.

［108］陈妍．全球银行并购浪潮的现状、成因、问题及启示［J］．财贸研究．2001（04）.

［109］陈扬乐．中国农业剩余劳动力规模及滞留经济代价研究［J］．人口与经济．2001（02）.

［110］陈一放．阅读4：媒体与政治的合谋［J］．领导文萃．2001（04）.

［111］陈引，程雯．公用事业单位应收账款管理问题研究［J］．商业经济与管理．2001（11）.

［112］陈颖．中国反垄断法的规制对象［J］．地方政府管理．2001（08）.

［113］陈永郦．“寻租”活动对社会腐败现象的催化作用分析［J］．云南财贸学院学报．2001（04）.

［114］陈昭锋．论高新技术产业化创新中政府行为的局限性［J］．决策借鉴．2001（03）.

［115］陈昭锋．海外科技人才南通区域集聚的政府促进行为途径研究［J］．南通职业大学学报（综合版）．2001（01）.

[116] 陈昭锋，徐国祥．论高新技术产业化创新中“政府失灵”的表现［J］．科技进步与对策．2001（03）．

[117] 陈征平．清代云南矿业开发中的政府行为及“放本收铜”经营方式的反思［J］．云南社会科学．2001（02）．

[118] 陈正理，孙卫红，卜建平．地方金融机构市场化并购的进程安排、主体利益与经验——扬州市商业银行收购江都市金仑城市信用社个案研究［J］．金融研究．2001（10）．

[119] 陈宗波，阳芳．论新经济条件下高科技企业的垄断规制［J］．广西师范大学学报（哲学社会科学版）．2001（04）．

[120] 成力为．建设主体寻租活动的成本—收益分析［J］．哈尔滨建筑大学学报．2001（01）．

[121] 成丽．全球企业大并购下的中国企业并购［J］．管理现代化．2001（04）．

[122] 成学真，李燕．各国政府监管证券市场的不同模式比较［J］．经济研究参考．2001（47）．

[123] 程承运，王仁明．基于需求价格弹性的垄断企业生产计划调整［J］．三峡大学学报（自然科学版）．2001（05）．

[124] 程玮东．管理管理 管制疏理——华北采油四厂创新管理体制［J］．中国石油．2001（10）．

[125] 程希彦．政府怎样干预经济活动［J］．经济论坛．2001（18）．

[126] 程兆谦．通用电气怎样搞兼并整合［J］．中外管理．2001（01）．

[127] 程宗璋．试论国际反垄断法的不确定性［J］．甘肃省经济管理干部学院学报．2001（02）．

[128] 程宗璋．国际反垄断法的若干探要［J］．安徽工业大学学报（社会科学版）．2001（01）．

[129] 仇和．推进制度创新 规范政府行为［J］．群众．2001（01）．

[130] 仇明．电力改革与管制［J］．数量经济技术经济研究．2001（05）．

[131] 楚安平．打破垄断 中国民航改革的攻坚任务［J］．国际航空．2001（05）．

[132] 楚永生．铁路行业自然垄断效率浅析［J］．聊城师范学院学报（哲学社会科学版）．2001（01）．

[133] 褚东风，黄汉江，褚东伟．面对跨国并购中国亟待解决的几个问题［J］．软科学．2001（06）．

[134] 褚伟．垄断结构：国有银行的改革研究［J］．当代财经．2001（09）．

[135] 褚伟．视“国有银行”的垄断结构［J］．政策与管理．2001（08）．

[136] 褚伟．对非国有金融过渡性竞争问题的经济学分析［J］．山西财经大学学报．2001（05）．

[137] 崔东红，陈玉芹．国企委托代理关系中的寻租活动［J］．大连教育学院学报．2001（01）．

[138] 崔林林．从判例看美国反托拉斯法的历史与未来［J］．河北法学．2001（05）．

[139] 崔勤之．论政府干预经济与宏观经济立法［J］．法学杂志．2001（03）．

[140] 崔巍．对政府责令限期拆迁决定行为添附前置条件质疑——写在一起政府责令限期拆迁决定案被发回重审后［J］．中国房地产．2001（09）．

[141] 崔新明，廖春波．试论现阶段我国土地市场的效率与政府的干预对策［J］．中国房地产．2001（04）．

[142] 崔秀荣．试论我国反垄断立法应如何规制行政垄断［J］．经济体制改革．2001（05）．

[143] 崔雅丽．电信业务价格管制问题［J］．价格与市场．2001（08）．

[144] 崔影慧．如何加强对外资企业转移价格的管制［J］．陕西广播电视大学学报．2001（02）．

[145] 崔正龙，王玉萍．谈西部投资中的政府行为［J］．山西财税．2001（04）．

[146] 戴大新．建国初期粮棉油统购统销政策评析［J］．湖南师范大学社会科学学报．2001（S2）．

[147] 戴永生．空中交通管制中的压力分析［J］．空中交通管理．2001（06）．

[148] 戴治勇，刘文宇．商品·产权与政府管制——从中国首例水权交易谈起［J］．浙江经济．2001（04）．

[149] 单羽青．哪些行业应破除垄断［J］．金融信息参考．2001（05）．

[150] 党慧兰．国有企业改革中的政府行政行为研究［J］．中州审计．2001（07）．

[151] 邓刚慧，尹绍斌．我国证券市场会计信息披露管制研究［J］．时代财会．2001（10）．

[152] 邓纲．侵权之诉还是政府干预——经济法与民法视野中的外部性矫正问题［J］．现代法学．2001（01）．

[153] 邓海燕．东南亚产胶国有望缔结卡特尔组织［J］．弹性体．2001（05）．

[154] 邓丽君．价格管制对民航业的消极影响及发展对策初探［J］．经济与管理研究．2001（02）．

[155] 邓丽明．企业集团管理与规模经济［J］．科技经济市场．2001（08）．

[156] 邓田生，皮爱平．基于协同效应下企业并购的经济条件分析［J］．数量经济技术经济研究．2001（11）．

[157] 邓向荣，周海．并购与企业连锁经营发展——山东三联连锁经营模式分析［J］．企业管理．2001（06）．

[158] 邓勇兵．价格歧视的经济学分析与应用［J］．商业研究．2001（04）．

[159] 邓玉才，佟乾．政府采购供应商的行为规范［J］．理论观察．2001（02）．

[160] 邓志锋．论行政性垄断［J］．湖北社会科学．2001（04）．

[161] 邸鸿亭．加大审计监督力度 规范市场经济秩序［J］．审计理论与实践．2001（07）．

[162] 丁长清．中国历史上政府干预市场问题的考察［J］．南开学报．2001（04）．

[163] 丁美东．政府规制失效及其优化［J］．当代财经．2001（08）．

[164] 丁然．反行政垄断也是反腐败［J］．广西会计．2001（10）．

[165] 董超，张玉华，李锋．英美天然气行业政府管制的特点及借鉴［J］．江汉石油学院学报（社会科学版）．2001（04）．

[166] 董会琳．政府与投资银行在企业并购中的作用［J］．山西财经大学学报．2001（S1）．

[167] 董书章．竞争与垄断的经济心理学实验［J］．心理科学．2001（05）．

[168] 董有建．依靠技术进步　发展规模经济［J］．印制电路信息．2001（12）．

[169] 杜朝运．贷款集中程度管制的国际比较与借鉴［J］．国际商务（对外经济贸易大学学报）．2001（06）．

[170] 杜丹清．论建立铁路运输政府管制价格新机制［J］．价格理论与实践．2001（01）．

[171] 杜登彬，童辰．入世将冲击中国垄断行业［J］．北京工商管理．2001（09）．

[172] 杜钢建．改革政府规制 迎接“入世”挑战［J］．内部文稿．2001（21）．

[173] 杜钢建．加入WTO与政府规制改革［J］．浙江经济．2001（04）．

[174] 杜江，戴斌．中国饭店业市场壁垒研究［J］．北京第二外国语学院学报．2001（01）．

[175] 杜经涛．关于我国金融业垄断与竞争问题的几点思考［J］．河南金融管理干部学院学报．2001（02）．

[176] 杜平．弱化行政区政府过度干预市场的基础条件［J］．经济研究参考．2001（44）．

[177] 杜琼．有效干预：欠发达地区政府行为模式的选择［J］．云南行政学院学报．2001（05）．

[178] 杜煊君．竞争市场中的垄断利润：中国证券业的产业组织与价格规制分析［J］．世界经济．2001（05）．

[179] 段钢．关于行政性垄断的法律思考［J］．天津行政学院学报．2001（01）．

[180] 段万春，贺卫．试论寻利与寻租［J］．经济问题探索．2001（04）．

[181] 段险峰，田莉．我国科技园区规划建设中的政府干预［J］．城市规划．2001（01）．

[182] 发展．电信部门搭售电话机的行为合法吗？［J］．人大建设．2001（09）．

[183] 樊纲．市场秩序与政府行为［J］．宁波经济．2001（05）．

[184] 樊明．地方国有与地方保护主义——中国横向经济协作的制度障碍［J］．当代经济研究．2001（03）．

[185] 范小建．大力整顿和规范市场经济秩序 促进中国农业会计学会健康发展——农业部副部长范小建同志在中国农业会计学会第五届会员代表大会上的讲话［J］．中国农业会计．2001（07）．

[186] 方光明．中国电信垄断？［J］．电子科技．2001（11）．

[187] 方孟贤．实施农业产业化经营的政府行为［J］．安徽农业．2001（07）．

[188] 方明．加快垄断行业的改革与重组［J］．中国投资．2001（07）．

[189] 方晓利，周业安．财政分权理论述评［J］．教学与研究．2001（03）．

[190] 方兴东．微软问题专家方兴东解析反垄断官司不得不接受的生存方式［J］．英才．2001（10）．

[191] 方忠于，朱和．石油石化行业政府监管面临新环境 新任务［J］．中国石油和化工．2001（07）．

[192] 房超峰．日本电信管制政策简介［J］．邮电企业管理．2001（02）．

[193] 房巧玲，李雪，刘学华．政府部门对注册会计师审计的干预及改进建议［J］．财务与会计．2001（04）．

[194] 封婧．打破垄断［J］．对外大传播．2001（12）．

[195] 峰岭．加入WTO企业亟待避免过度竞争经营［J］．有色金属工业．2001（11）．

[196] 冯春虎．浅议入世对根治外经贸寻租的推动作用［J］．北方经贸．2001（08）．

[197] 冯飞．垄断行业改革的政策走向［J］．安徽决策咨询．2001（05）．

[198] 冯继康．行政性市场垄断：内涵、成因与防范［J］．经济管理．2001（18）．

[199] 冯立新，孙勇．反垄断主要是反行政性垄断——访著名学者胡鞍钢［J］．企业改革与管理．2001（09）．

[200] 冯晓明．对有关资本管制讨论的重新思考［J］．经济研究参考．2001（47）．

[201] 冯兴元．强化竞争才能打破地方保护藩篱［J］．开放潮．2001（12）．

[202] 冯占春，王保真．对我国医疗服务价格管理改革的经济学思考［J］．中国卫生经济．2001（04）．

[203] 冯子标．企业间的经济技术关系与并购模式［J］．经济学家．2001（05）．

[204] 付婕．世界各主要国家/地区对进口家电产品的市场准入要求和认证情况浅述［J］．电机电器技术．2001（06）．

[205] 傅彩霞．新经济时代反垄断政策面临的挑战［J］．西北大学学报（哲学社会科学版）．2001（04）．

[206] 傅翀，唐小我．供求弹性变化对卡特尔的影响及卡特尔强制力的探讨［J］．电子科技大学学报（社会科学版）．2001（01）．

[207] 傅京燕. 关于外资并购国有企业的法律问题探讨 [J]. 国际经济合作. 2001 (03).

[208] 傅明华，程治中. 论我国创业投资发展过程中的政府行为 [J]. 华东经济管理. 2001 (02).

[209] 傅山，赵晓. 冲破垄断 建立新的增长极 [J]. 中国改革. 2001 (06).

[210] 傅山，夸克. 打破垄断实现中国经济新的腾飞 [J]. 宁波经济. 2001 (06).

[211] 傅小随. 地区发展竞争中的政府行为及其利弊分析 [J]. 地方政府管理. 2001 (07).

[212] 盖骁敏. 过度竞争与国有企业进入、退出壁垒分析 [J]. 云南财贸学院学报. 2001 (04).

[213] 盖翊中. 进入壁垒探析 [J]. 粤港澳价格. 2001 (09).

[214] 甘峰. "生产者优先"与"消费者主权"——日美规制改革目的比较 [J]. 世界经济研究. 2001 (02).

[215] 甘露，鲁春辉. 浅议行政性垄断及其成因与对策 [J]. 福建行政学院福建经济管理干部学院学报. 2001 (01).

[216] 高炳华. 政府失灵及其防范 [J]. 华中师范大学学报 (人文社会科学版). 2001 (01).

[217] 高存山. 论市场经济条件下对具有共同规范之政府行为的法律控制 (三). [J]. 山东行政学院山东省经济管理干部学院学报. 2001 (03).

[218] 高存山. 论市场经济条件下对具有共同规范之政府行为的法律控制 (二). [J]. 山东行政学院 山东省经济管理干部学院学报. 2001 (02).

[219] 高存山. 论市场经济条件下对具有共同规范之政府行为的法律控制 (一). [J]. 山东行政学院 山东省经济管理干部学院学报. 2001 (01).

[220] 高菲. 雷克航空公司反托拉斯法案 [J]. 中国对外贸易. 2001 (10).

[221] 高建国. 提高政府行为效率的途径之一——引进企业精神 [J]. 商业研究. 2001 (07).

[222] 高礼兵，杨红霞. 对特许连锁、特约经销、策略联盟等经营模式的比较 [J]. 企业经济. 2001 (08).

[223] 高强. 市场经济下小规模农户经营的演变及调控 [J]. 乡镇经济. 2001 (07).

[224] 高全忠. 我国券商并购与入世 [J]. 中国统计. 2001 (09).

[225] 高如云. 运用人力资源会计方法解决企业冗员问题 [J]. 中国劳动. 2001 (02).

[226] 高尚全. 打破垄断关键在于公平竞争 [J]. 经济研究参考. 2001 (31).

[227] 高松，孙丽. 论特许经营的理论基础 [J]. 税务与经济 (长春税务学院学报). 2001 (02).

[228] 高新才，郭爱君. 论西部大开发中政府管制体系的解构与重构 [J]. 西部论丛. 2001 (01).

[229] 高岩，安芳枝. 中国银行业并购战略研究 [J]. 经济问题. 2001 (09).

[230] 高仰止. 关于电信垄断的认识误区十二题 [J]. 邮电企业管理. 2001 (Z2).

[231] 高原. 充分发挥第三方的作用——三谈破除行政性垄断 [J]. 中国改革. 2001 (06).

[232] 高原. 引入竞争 打破垄断——再谈破除行政性垄断 [J]. 中国改革. 2001 (05).

[233] 高原. 首先要破除行政性垄断 [J]. 中国改革. 2001 (04).

[234] 戈登·塔洛克，李政军. 关税、垄断和偷窃的福利成本 [J]. 经济社会体制比较. 2001 (01).

[235] 戈华清. 论我国的矿业环境保护法律规制 [J]. 中国环境管理. 2001 (06).

[236] 庚晋，周艳琼，子荫. 高扬起反垄断的大旗 [J]. 中外企业家. 2001 (10).

[237] 官厚军. 略论国有企业改制过程中的"内部人控制"现象及其法律规制 [J]. 中国棉花加工. 2001 (06).

[238] 宫尚．我国要建立统一市场准入制度 [J]．全国商情（综合版）．2001 (33)．

[239] 龚敦敦．浅析投资银行在企业并购和资产重组中的作用 [J]．上海财税．2001 (12)．

[240] 龚佳．打破垄断 引入竞争 完善价格形成机制——南京市液化气价格改革听证会实录 [J]．价格理论与实践．2001 (02)．

[241] 龚廷泰，戴锐．社会利益关系中政府的角色定位与行为定阈 [J]．江苏社会科学．2001 (06)．

[242] 龚维敬．西方国家商业和服务业的垄断趋势 [J]．上海商业．2001 (07)．

[243] 龚晓川．目标公司管理层反收购行为的规制 [J]．经济论坛．2001 (22)．

[244] 巩艳芬，许冯军，董振荣．石油化工企业经济规模的确定 [J]．大庆石油学院学报．2001 (01)．

[245] 顾锋，周东生，黄培清．品牌忠诚作用下的最小产品差异化策略 [J]．北京商学院学报．2001 (01)．

[246] 顾海英．我国农产品在走向国际市场中的关税和非关税壁垒的应用 [J]．上海农村经济．2001 (05)．

[247] 顾越利．行政垄断若干问题的思考 [J]．中共福建省委党校学报．2001 (12)．

[248] 关涛．完全信息条件下垄断厂商与中间商的静态博弈分析 [J]．云南财贸学院学报．2001 (02)．

[249] 郭本海．我国经济转型时期的寻租及其治理对策 [J]．东北大学学报（社会科学版）．2001 (03)．

[250] 郭怀亮．政府干预经济思想的逻辑起点——兼与徐广军先生商榷 [J]．北京科技大学学报（社会科学版）．2001 (02)．

[251] 郭建才．谈企业兼并中担保责任的承担 [J]．金融理论与实践．2001 (06)．

[252] 郭丽军．我国应建立垄断竞争型保险市场 [J]．金融信息参考．2001 (05)．

[253] 郭晓顺．我国风险投资中的政府行为探讨 [J]．武汉理工大学学报（社会科学版）．2001 (06)．

[254] 郭伊军，孙林．铁路旅客运输企业市场准入中的相关法律问题研究 [J]．铁道经济研究．2001 (02)．

[255] 郭忠志．政府行为与网络交往规范化 [J]．桂海论丛．2001 (04)．

[256] 国家计委市场与价格研究所，广州市物价局课题组．大城市公用事业产品价格改革思路研究 [J]．中国物价．2001 (11)．

[257] 过震．全球公司并购的特点及其原因分析 [J]．经济师．2001 (02)．

[258] 韩翠瀛．制止玻璃行业重复建设 促进平板玻璃工业效益好转——众说纷纭话玻璃 [J]．中国建材．2001 (08)．

[259] 韩德强．对垄断的再认识 [J]．经济纵横．2001 (08)．

[260] 韩德强．垄断化是时代真正潮流 [J]．邮电企业管理．2001 (14)．

[261] 韩德宗．新经济与传统经济的联姻——评美国在线兼并时代华纳的财务基础 [J]．商业经济与管理．2001 (04)．

[262] 韩德宗，刘建和．美国在线兼并时代华纳换股比率研究 [J]．管理现代化．2001 (02)．

[263] 韩果方，李筑星．要注重对地方畜禽品种资源的保护 [J]．贵州畜牧兽医．2001 (04)．

[264] 韩娟．大力发展行业规模经济，应对“入世”挑战 [J]．建设机械技术与管理．2001 (11)．

[265] 韩世坤．全球跨国并购的产业分布及其演变趋势预测 [J]．中国软科学．2001 (03)．

[266] 韩世坤，陈继勇．中国企业跨国并购的障碍因素分析 [J]．改革．2001 (04)．

［267］韩巍强．论政府行为对银行卡业务发展的影响［J］．中国信用卡．2001（08）．

［268］韩亚锋，任宗哲．地方政府经济职能和经济行为的思考［J］．西北大学学报（哲学社会科学版）．2001（04）．

［269］韩云．试论发展民营经济中的政府行为［J］．无锡轻工大学学报（社会科学版）．2001（04）．

［270］韩正安．关于促进我国政府微观管制效率化的思考［J］．北方经贸．2001（01）．

［271］郝成林，刘维庆．非上市公司并购价值分析［J］．经济论坛．2001（02）．

［272］郝茹．企业并购中冗员问题的处理［J］．经济师．2001（10）．

［273］郝索．论我国旅游产业的市场化发展与政府行为［J］．旅游学刊．2001（02）．

［274］郝玉柱，温峰．发展特许经营　迎接"入世"挑战［J］．经济师．2001（12）．

［275］郝玉柱，薛建兰．论劳动力市场准入中的文化构建［J］．经济问题．2001（08）．

［276］何凡，段雪梅．论分割市场中的经济增长［J］．经济体制改革．2001（01）．

［277］何国华，杨之帆，周志凯．论风险投资的政府监管［J］．中国软科学．2001（10）．

［278］何厚发．"保险行业垄断"辩［J］．中国保险管理干部学院学报．2001（04）．

［279］何建宇．解决垄断行业高收入问题的政策建议［J］．中国投资．2001（07）．

［280］何树平，阳昌寿．政府在风险投资中的行为探析［J］．社会科学研究．2001（02）．

［281］何顺强．我国银行业并购初探［J］．南方金融．2001（02）．

［282］何伟．中国市场经济论坛第57次会议中国电力行业垄断与竞争的战略研讨开幕词［J］．电力技术经济．2001（05）．

［283］何霞．WTO与中国电信资费管制的变化［J］．中国电信业．2001（04）．

［284］何霞．中国电信业管制面临新的转折是规制企业还是调整市场？［J］．中国电信业．2001（02）．

［285］何新宇，陈宏民．风险规避倾向与IT产业的兼并动机［J］．上海交通大学学报．2001（12）．

［286］何鹰．转让定价法律规制及启示［J］．南京大学法律评论．2001（02）．

［287］何友荣．地方保护主义的成因、危害及对策问题研究［J］．福建论坛（经济社会版）．2001（11）．

［288］何煜华，叶雪英，靳宝薪．拓展我国投资银行并购业务的思考［J］．农村金融研究．2001（11）．

［289］贺峰，孙振江．上市公司收购中以反垄断为目标的信息披露［J］．辽宁工学院学报（社会科学版）．2001（04）．

［290］洪国彬．特许经营、电子商务与市场运作效率［J］．商业时代．2001（11）．

［291］洪丽云．论我国政府竞争管制的矫正与重构［J］．福建行政学院福建经济管理干部学院学报．2001（01）．

［292］侯富强．中国反垄断立法若干问题研究［J］．改革与战略．2001（01）．

［293］侯富强．从"微软"案看美国反垄断法规制对象的变化及对我国的启示［J］．河北法学．2001（01）．

［294］侯文兰．输配电定价的经济学分析和政府管制［J］．华东电力．2001（05）．

［295］侯雅，吴九红．垄断条件下我国保险创新的经济与博弈分析［J］．现代经济探讨．2001（09）．

［296］侯雁．正确认识价格战本质，规范企业竞争行为和市场竞争秩序［J］．商业研究．2001（10）．

［297］胡鞍钢．反垄断　一场深刻的社会经济变革［J］．北京观察．2001（10）．

[298] 胡鞍钢．反垄断要主攻行政性垄断 [J]．领导决策信息．2001 (39).

[299] 胡鞍钢．行政性垄断是经济增长的制度性瓶颈 [J]．领导决策信息．2001 (30).

[300] 胡鞍钢．梳理反垄断——反垄断：一场深刻的社会经济变革 [J]．中国改革．2001 (07).

[301] 胡鞍钢．反垄断应先打“电老虎” [J]．领导决策信息．2001 (20).

[302] 胡德锌，秦启光．西部地区农业产业化过程中政府行为的阶段性与层次性 [J]．重庆行政．2001 (03).

[303] 胡汉辉，刘怀德．让－雅克·拉丰激励与规制思想评介——潜在诺贝尔经济学奖得主学术贡献评介系列 [J]．经济学动态．2001 (11).

[304] 胡鸿高，赵丽梅．论目标公司反收购行为的决定权及其规制 [J]．中国法学．2001 (02).

[305] 胡继姝．加入 WTO 对我国政府行为的影响 [J]．湖州师范学院学报．2001 (02).

[306] 胡家勇．国有经济规模：国际比较 [J]．改革．2001 (01).

[307] 胡建，陈国跃．现代政府行为及其活动边界的伦理基础 [J]．浙江省政法管理干部学院学报．2001 (01).

[308] 胡钧．经济结构调整不能排除政府干预 [J]．经济研究参考．2001 (07).

[309] 胡钧，胡琴．企业联合理论：新制度经济学与马克思主义经济学的异同 [J]．经济学家．2001 (01).

[310] 胡丽华．市场失灵对市场效率的影响及其对策探析 [J]．广西经贸．2001 (10).

[311] 胡玲．跨国并购与引资新战略 [J]．财经理论与实践．2001 (05).

[312] 胡明生．对德国反垄断机制的思考 [J]．工商行政管理．2001 (22).

[313] 胡琴．政府采购市场中供应商的准入与竞争 [J]．湖北财税．2001 (19).

[314] 胡税根．论新时期我国政府规制的改革 [J]．政治学研究．2001 (04).

[315] 胡涛．国外石油跨国公司并购动因及启示 [J]．经济纵横．2001 (02).

[316] 胡涛．石油跨国公司并购动因分析及对中国的启示 [J]．社会科学．2001 (02).

[317] 胡玄能，汤俊峰．中西方企业并购的比较分析 [J]．经济管理．2001 (05).

[318] 胡艳，陈震红，徐勇．企业并购主要方式的风险剖析 [J]．工业技术经济．2001 (03).

[319] 胡燕平．价格大战和自然垄断 [J]．知识经济．2001 (08).

[320] 胡燕平．为什么会有垄断？[J]．知识经济．2001 (07).

[321] 胡卓红．特许经营的魅力、风险及其规避 [J]．商业经济与管理．2001 (07).

[322] 华明玥．梦与心情的合谋——检阅流行床上用品 [J]．化学清洗．2001 (01).

[323] 化冰，陈宏民．基于生产能力约束的差异产品企业兼并模型 [J]．系统工程．2001 (06).

[324] 黄爱教．地方保护主义的克服与司法体制改革 [J]．广西大学学报（哲学社会科学版）．2001 (S1).

[325] 黄安心．政府经济管理行为——市场体制下政府行为理论的基本范畴之一 [J]．鄂州大学学报．2001 (01).

[326] 黄安心，聂亚珍．政府经济干预理论与管理行为的演进 [J]．开放时代．2001 (09).

[327] 黄桂田．地方保护与行政垄断：表现形式、形成机理与治理思路 [J]．首都经济．2001 (10).

[328] 黄海．从广义市场失灵理论谈经济法存在和发展的基础 [J]．当代法学．2001 (06).

[329] 黄海波，何琳．电信业改革过程中管制对竞争的促进作用分析 [J]．技术经济．2001 (12).

[330] 黄海波，何琳．“轻手管制”——新西兰电信业管制改革 [J]. 技术经济．2001 (11).

[331] 黄河，康玲．WTO 暗战地方保护主义 [J]. 中国市场．2001 (12).

[332] 黄居林．过度竞争性产业规制政策的政府选择分析 [J]. 山西统计．2001 (12).

[333] 黄菊枝，杨耀华．对打破地方保护主义的法律思考 [J]. 安庆师范学院学报（社会科学版）. 2001 (06).

[334] 黄丽萍．农业产业化经营中政府行为的国际经验与启示 [J]. 福建教育学院学报．2001 (03).

[335] 黄丽萍．农业产业化进程中的政府行为 [J]. 福建教育学院学报．2001 (02).

[336] 黄林．建筑市场主体准入机制刍议 [J]. 长江建设．2001 (03).

[337] 黄明，朱祖宁，董德志．传统企业电子商务化的并购战略 [J]. 企业经济．2001 (06).

[338] 黄明喜．金融创新与金融管制的博弈分析 [J]. 新疆财经．2001 (05).

[339] 黄如金．经济萧条与政府管制——从凯恩斯理论与罗斯福实践谈起 [J]. 经济管理．2001 (02).

[340] 黄绍富，左海青．依靠政府行为　确保农机安全生产 [J]. 广西农业机械化．2001 (02).

[341] 黄世席．非法文化财产国际流通的国际法管制 [J]. 中国矿业大学学报（社会科学版）. 2001 (01).

[342] 黄世燕．关于扩张经济规模做大做强企业的思考 [J]. 高等教育研究．2001 (04).

[343] 黄树光．政府是干预市场吗? [J]. 计划与市场．2001 (08).

[344] 黄泰岩．评《过度竞争论》[J]. 经济理论与经济管理．2001 (11).

[345] 黄微．谈谈政府制定垄断价格的局限性 [J]. 广西市场与价格．2001 (11).

[346] 黄文波，王浣尘．产品差异化与 ISP 互联 [J]. 系统工程．2001 (05).

[347] 黄雯．马来西亚特许经营给我们的启示 [J]. 商业时代．2001 (10).

[348] 黄晓莉．谈企业的并购和整合问题 [J]. 商业研究．2001 (09).

[349] 黄晓莉．谈企业并购战略——杠杆收购 [J]. 工业技术经济．2001 (04).

[350] 黄欣．浅析电信管制的发展趋势 [J]. 通信世界．2001 (33).

[351] 黄欣，周昀．行政垄断与反垄断立法研究 [J]. 中国法学．2001 (03).

[352] 黄新华．新公共管理：面对市场失灵与政府失灵的新选择 [J]. 理论与现代化．2001 (05).

[353] 黄新华．体制转轨时期政府失灵的原因与对策浅探 [J]. 福建行政学院，福建经济管理干部学院学报．2001 (02).

[354] 黄一鸣．企业并购风险及其控制 [J]. 经济论坛．2001 (23).

[355] 黄永鹏．普京反寡头斗争的局势及其发展趋势 [J]. 世界经济与政治论坛．2001 (01).

[356] 黄永炎．地方政府创新行为的制度分析 [J]. 理论与改革．2001 (02).

[357] 黄永炎，陈成才．地方政府制度创新的行为探析 [J]. 探索．2001 (04).

[358] 黄志凌，岳留昌．银行并购理论与实践透视（下）. [J]. 河南金融管理干部学院学报．2001 (06).

[359] 黄志凌，岳留昌．银行并购理论与实践透视（中）. [J]. 河南金融管理干部学院学报．2001 (05).

[360] 黄志凌，岳留昌．银行并购理论与实践透视（上）. [J]. 河南金融管理干部学院学报．2001 (04).

[361] 霍沛军，陈继祥，宣国良．双寡头 R&D 竞争与合作中的知识产权保护 [J]. 上海交通大学学报．2001 (06).

[362] 霍沛军，宣国良．基于持续高产的近海渔业双寡头捕捞策略［J］．生物数学学报．2001（01）．

[363] 机械工业规划审议委员会课题组．机械工业重复建设的成因及危害［J］．机电新产品导报．2001（Z1）．

[364] 季坚，洪涛．徐匡迪要求质量技术监督部门加强队伍和装备建设　严把市场准入　加强质量监督［J］．上海标准化．2001（03）．

[365] 贾崇吉．就业与再就业：政府行为选择与市场原则取向［J］．理论导刊．2001（03）．

[366] 贾丹林．公司兼并、收购、合并、并购法律辨析［J］．财经问题研究．2001（02）．

[367] 贾红睿，陈宏民．差异化产品厂商系列横向兼并［J］．预测．2001（03）．

[368] 贾丽丽．反垄断法的博弈分析［J］．甘肃行政学院学报．2001（03）．

[369] 贾新光．汽车工业必须由国企垄断吗？［J］．科技智囊．2001（08）．

[370] 贾新光．规模为什么有时不经济？［J］．汽车与配件．2001（41）．

[371] 贾亦凡．地方保护主义扼杀舆论监督［J］．新闻知识．2001（07）．

[372] 江美塘，冒佩华．政府管制研究　政府经济权能的新动向——对信息化社会中政府权能的一项考察［J］．经济管理．2001（06）．

[373] 江其务．金融结构调整与民营金融市场准入［J］．信息系统工程．2001（09）．

[374] 江其务．民营金融市场准入问题研究［J］．华南金融研究．2001（04）．

[375] 江若尘．价格歧视和网络营销［J］．生产力研究．2001（01）．

[376] 江苏省上市公司并购行为研究课题组．江苏省上市公司的并购方向与目标公司选择［J］．经济体制改革．2001（06）．

[377] 江涛．劳动力市场分割与乡镇企业城镇化集聚［J］．乡镇企业研究．2001（06）．

[378] 江涛．乡镇企业的城镇化集聚——基于劳动力市场分割理论的一种分析［J］．上海经济研究．2001（07）．

[379] 江涛，方天梯．外商兼并收购境内企业的外汇管理初探［J］．上海金融．2001（05）．

[380] 江游．透视南京市公交IC卡等事件——对我国行政垄断的思考［J］．东南大学学报（哲学社会科学版）．2001（S2）．

[381] 姜宝山．试论市场壁垒的概念与内涵［J］．中国市场．2001（05）．

[382] 姜桂秀．市场分割肉的感官检查［J］．肉品卫生．2001（09）．

[383] 姜舍春，姜苏舍．实施绿色营销应对入世及欧盟茶叶市场绿色壁垒［J］．世界农业．2001（11）．

[384] 姜江．乌鲁木齐机场雷暴的特点与飞行管制［J］．空中交通管理．2001（05）．

[385] 姜军风．规模经济与我国企业集团化发展的问题［J］．河南教育学院学报（哲学社会科学版）．2001（04）．

[386] 姜苗苗，姜欣欣．千年之交的垄断资本［J］．国外理论动态．2001（01）．

[387] 姜奇平．互联网呼唤行业自律——新思路：通过协会解决政府与市场失灵［J］．互联网周刊．2001（17）．

[388] 姜锡东．经济史研究的创新——李晓《宋代工商业经济与政府干预研究》读后［J］．中国经济史研究．2001（03）．

[389] 姜曦，陈兆河．美国政治进程中的利益集团剖析［J］．武汉理工大学学报（社会科学版）．2001（01）．

[390] 姜雪梅．良好的公共会计信息要靠政府管制——也谈会计信息失真［J］．辽宁财税．2001（08）．

[391] 姜岩．跨国公司行为与政府规制析论［J］．财经问题研究．2001（03）．

[392] 姜彦君．证券、期货内幕交易刑法规制与评价［J］．中国刑事法杂志．2001（06）．

[393] 姜艺文，刘艳丽．垄断行业是摈弃垄断的时候了［J］．价格与市场．2001（03）．

[394] 蒋大平．论行政垄断及其法律规制［J］．安徽工业大学学报（社会科学版）．2001（02）．

[395] 蒋大兴．董事离任义务立法规制研究——兼论我国《公司法》之修改［J］．法学评论．2001（05）．

[396] 蒋伏心，周春平．集体企业制度创新：主体、核心与政府行为［J］．江苏行政学院学报．2001（04）．

[397] 蒋建森．政府内组织腐败的行为分析［J］．理论前沿．2001（19）．

[398] 蒋俊杰．政府失灵的形成与治理对策［J］．中共福建省委党校学报．2001（09）．

[399] 蒋涛，王为农．上市公司收购的反垄断法律问题研究［J］．浙江学刊．2001（04）．

[400] 蒋瑛，谭新生．反垄断理论、实践及对我国的启示［J］．国际经贸探索．2001（02）．

[401] 蒋远华．20世纪90年代全球企业并购动因探析［J］．科技进步与对策．2001（12）．

[402] 焦必方．以地方自治为特点的日本市町村政府的行为方式研究［J］．中国农村经济．2001（11）．

[403] 焦叔斌，徐京悦．美、欧、日化妆品行业的政府管制状况［J］．中国标准化．2001（09）．

[404] 焦玉峰，严军生．经理人职务寻租行为防范［J］．管理现代化．2001（05）．

[405] 解树江．我国特许经营的发展与政策选择［J］．社会科学辑刊．2001（02）．

[406] 金朝武．论相关市场的界定原则和方法［J］．中国法学．2001（04）．

[407] 金成晓，王锦功，张林华．企业并购的类型与相应模型［J］．数量经济技术经济研究．2001（02）．

[408] 金良国．垄断行业何时觉醒［J］．宁波经济．2001（06）．

[409] 金良玉．众说纷纭话反垄断［J］．企业导报．2001（05）．

[410] 金明路，柴志贤．美国反托拉斯政策变迁及其对我国反垄断的启示［J］．浙江学刊．2001（03）．

[411] 金明路，柴志贤．关于我国自然垄断行业改革的思考［J］．中国工商管理研究．2001（05）．

[412] 金玉国．行业工资水平与垄断程度的Granger因果关系分析［J］．江苏统计．2001（08）．

[413] 金玉国．行业所有制垄断与行业劳动力价格［J］．山西财经大学学报．2001（03）．

[414] 金玉国．我国行业工资水平与垄断程度关系的定量测度［J］．江苏统计．2001（03）．

[415] 金玉国．所有制垄断引起行业间工资不平衡［J］．经济与管理．2001（01）．

[416] 锦秀文．反垄断［J］．企业家天地．2001（05）．

[417] 荆玲．为推进市场准入制度与国际通行规则接轨创造良性空间［J］．工商行政管理．2001（23）．

[418] 荆日．未来十年家电业竞争将呈新趋势　产品差异缩小　服务差异扩大［J］．全国商情（综合版）．2001（44）．

[419] 敬一竹．论西部中小企业发展中的政府行为［J］．理论与改革．2001（06）．

[420] 具文．网络规模经济的限度［J］．IT经理世界．2001（16）．

[421] 瞿卫东．西方银行业兼并与赫芬达尔——赫希曼指数［J］．国际金融研究．2001（04）．

[422] 康大海，郭卫平．政府行为在农村经济发展中的作用研究［J］．湖南农业科学．2001（03）．

[423] 康登元．现代生态经济发展中的政府行为 [J]．生态经济．2001 (09)．

[424] 康雁．如何看待中国的垄断行业 [J]．上海综合经济．2001 (08)．

[425] 康银劳，李海波．西部大开发要正确处理政府行为和企业行为的辩证关系 [J]．管理世界．2001 (03)．

[426] 康玉珠，熊筱燕，陈翔鸥．浅析我国资本管制的现状及前景 [J]．国际贸易问题．2001 (03)．

[427] 康自平，杜伟．关于取消我国民航机票价格管制的思考 [J]．价格月刊．2001 (10)．

[428] 柯树发．中国金融垄断与竞争问题研究 [J]．湖北农村金融研究．2001 (07)．

[429] 孔凡生．分拆电信　激励规制　数网竞争　监管机制　"囚境"电信业　全线求突围 [J]．网际商务．2001 (20)．

[430] 孔丽英．整顿和规范市场经济秩序首战告捷 [J]．中国经贸导刊．2001 (13)．

[431] 孔芃芃．浅谈打假与地方保护主义 [J]．大众标准化．2001 (04)．

[432] 孔青．试论政府对成人高等教育"民营"办学体制的干预 [J]．中州大学学报．2001 (01)．

[433] 孔祥俊．关于反垄断法的两个问题 [J]．工商行政管理．2001 (09)．

[434] 孔祥仁．美国对政府官员离职后行为的限制 [J]．中国监察．2001 (16)．

[435] 孔玉生，郑学成，欧阳斐．规模经济效应分析 [J]．冶金财会．2001 (09)．

[436] 赖德胜．劳动力市场分割与大学毕业生失业 [J]．北京师范大学学报（人文社会科学版）．2001 (04)．

[437] 赖德胜．欧盟一体化进程中的劳动力市场分割 [J]．世界经济．2001 (04)．

[438] 兰青．浅谈乌鲁木齐管制区内雷达监控下的程序管制 [J]．空中交通管理．2001 (05)．

[439] 兰少光．WTO 与政府管制 [J]．党政干部学刊．2001 (12)．

[440] 郎宏文．不正当竞争与政府行为 [J]．科技与管理．2001 (03)．

[441] 朗迦．"捆绑销售"都是垄断吗? [J]．经济世界．2001 (12)．

[442] 雷春红，罗剑谊．WTO 与反垄断法的域外效力——兼谈我国现状及对策 [J]．湖北广播电视大学学报．2001 (04)．

[443] 雷光勇，刘金文，柳木华．经济后果、会计管制与会计寻租 [J]．会计研究．2001 (09)．

[444] 雷勇．柯布—道格拉斯生产函数条件下寡头竞争之策略分析 [J]．西南民族学院学报（自然科学版）．2001 (03)．

[445] 冷崇总．垄断：电价改革的障碍 [J]．广西市场与价格．2001 (10)．

[446] 冷崇总．打破行政垄断出路在哪里 [J]．地方政府管理．2001 (09)．

[447] 冷崇总．关于打破电信市场垄断的思考 [J]．河北经贸大学学报．2001 (04)．

[448] 冷崇总．走出反垄断的认识误区 [J]．当代经济研究．2001 (06)．

[449] 冷秀艳．论我国反垄断立法 [J]．黑龙江省政法管理干部学院学报．2001 (03)．

[450] 冷元红．过度保护：汽车业规模经济壁垒失效的分析 [J]．黑龙江对外经贸．2001 (01)．

[451] 冷兆松．反垄断法的良恶之争与废立之鸣 [J]．中国行政管理．2001 (09)．

[452] 黎建新．适应环境管制的企业经营与管理 [J]．经济师．2001 (10)．

[453] 黎建新，张辉，屈丽君．环境管制与电力企业 [J]．中国电力企业管理．2001 (09)．

[454] 黎新平．论中国汽车工业的规模经济问题 [J]．经济评论．2001 (05)．

[455] 李本，李雁林．我国转型期行政组织的自身利益与政府治理失败——郑州市治理违章占道经营工作中办事处行为剖析 [J]．中州大学学报．2001 (04)．

[456] 李波．完善市场经济体制的关键是规范政府行为 [J]. 华东政法学院学报．2001（S1）．

[457] 李昌凰．策略联盟是商业自有品牌开发的最佳途径 [J]. 荆州师范学院学报．2001（06）．

[458] 李昌麒，应飞虎．论经济法的独立性——基于对市场失灵最佳克服的视角 [J]. 山西大学学报（哲学社会科学版）. 2001（03）．

[459] 李长青，陈荣秋，郑燕．企业并购财务决策的方法研究 [J]. 华中科技大学学报．2001（01）．

[460] 李春林．价格歧视内涵与外延的法学思考 [J]. 贵州财经学院学报．2001（02）．

[461] 李翠玲．国有企业劳动力冗员转移：从契约角度的分析 [J]. 经济问题．2001（08）．

[462] 李德成．论网络隐私权保护制度中的政府行为 [J]. 中国司法．2001（02）．

[463] 李登武．产权残缺下的并购行为扭曲——西安宇通汽车配件厂破产重组失败的案例研究 [J]. 改革．2001（03）．

[464] 李端，马苏夫．告别垄断 [J]. 企业活力．2001（02）．

[465] 李端，马苏夫．垄断：最后的晚餐 [J]. 经营与管理．2001（02）．

[466] 李根伟，邹亲成．由利率管制到利率市场化 [J]. 黑龙江财专学报．2001（05）．

[467] 李谷乔．浅议西方报业垄断 [J]. 长春大学学报．2001（01）．

[468] 李国宏，宋飞，赵学权．建立高效管理体制　规范建筑市场秩序 [J]. 建筑经济．2001（08）．

[469] 李海江．网络经济中的不正当竞争行为规制 [J]. 工商行政管理．2001（07）．

[470] 李海江．构建行政赔偿责任制度进一步规范政府行为 [J]. 实事求是．2001（03）．

[471] 李红琨．我国企业并购中的困境、原因及对策探讨 [J]. 财经科学．2001（S2）．

[472] 李红勋，方建新．论西部大开发中的政府行为取向 [J]. 科技与管理．2001（03）．

[473] 李红艳．上市公司实现规模经济的构想 [J]. 金融理论与实践．2001（09）．

[474] 李虹，王子健．入世背景下的中国电信业规制改革 [J]. 世界电信．2001（01）．

[475] 李怀．政府微观价格管制行为的误区——最低限价为什么不可行 [J]. 中国国情国力．2001（01）．

[476] 李怀．低于成本定价与价格管制 [J]. 价格理论与实践．2001（12）．

[477] 李怀．低于成本定价管制刍议 [J]. 财贸经济．2001（11）．

[478] 李会明．非市场失灵理论与中国市场经济实践 [J]. 改革．2001（06）．

[479] 李慧中．市场失灵与成本规制 [J]. 上海综合经济．2001（06）．

[480] 李建兴．快速反应　深度引导——整顿和规范市场经济秩序宣传报道的几点探索 [J]. 新闻战线．2001（08）．

[481] 李京，李春雷．黑客垄断与网络安全 [J]. 软件工程师．2001（07）．

[482] 李景阳．财政分权和西部地区的发展 [J]. 中央财经大学学报．2001（01）．

[483] 李军鹏．政府职能要从直接干预经济转向公共管理 [J]. 理论导刊．2001（10）．

[484] 李军鹏．政府职能转变从政府干预转向公共管理 [J]. 云南行政学院学报．2001（03）．

[485] 李凯年．建立农产品市场准入制度势在必行 [J]. 北京农业．2001（10）．

[486] 李立红．论合同法在反垄断中的作用 [J]. 南昌职业技术师范学院学报．2001（02）．

[487] 李连济，张维胜，王岳红．山西企业并购重组与优化国有资产结构 [J]. 经济问题．2001（12）．

[488] 李良品，张鲁新．论我国企业集团的法律规制 [J]. 山东财政学院学报．2001（05）．

[489] 李良智，黄智高，张孝锋．国际银行业并购重组及其对我国银行的影响 [J]. 江西社会科学．2001（07）．

[490] 李岭涛．政府行为在电视媒体经营中的定位 [J]．广播电视信息．2001 (12).

[491] 李敏生．我国企业兼并中政府行为及效应分析 [J]．陕西广播电视大学学报．2001 (02).

[492] 李明贤．论我国农村信用社经营的“垄断” [J]．湖南社会科学．2001 (03).

[493] 李培森．国家经贸委发布工商投资领域制止重复建设目录 [J]．机电新产品导报．2001 (Z2).

[494] 李平俊．市场经济主体与企业伦理的功能关系分析——兼论规范市场经济秩序必须加强企业伦理建设 [J]．求实．2001 (09).

[495] 李青．对“少破产多兼并”的思考 [J]．财经科学．2001 (S1).

[496] 李时椿．中外成功企业并购重组的策略研究 [J]．经济管理．2001 (10).

[497] 李书锋，江土金．美国企业兼并重组述评 [J]．财会通讯．2001 (02).

[498] 李书田，匡敏．电价改革的关键：打破行政垄断，引入竞争机制 [J]．价格与市场．2001 (09).

[499] 李松龄．资源有效利用的制度安排——兼论资源利用中的政府行为 [J]．天津行政学院学报．2001 (03).

[500] 李维刚．世纪之交的日本企业并购与重组 [J]．现代日本经济．2001 (06).

[501] 李维坚．价格垄断：危害深远 [J]．宁波经济．2001 (06).

[502] 李闻．行政性垄断与行业群体收入 [J]．青海社会科学．2001 (06).

[503] 李闻．论垄断对我国职业群体收入的影响及对策 [J]．南京政治学院学报．2001 (03).

[504] 李翔，张家泉．政府防范证券市场风险的行为研究 [J]．中国统计．2001 (09).

[505] 李向军．对我国利率均衡机制的再思考——兼对我国利率管制的一种理论解释 [J]．中央财经大学学报．2001 (07).

[506] 李向阳．市场失灵及效率损失分析 [J]．湖南商学院学报．2001 (02).

[507] 李晓安．论政府行为与市场运行机制制约与协调关系的法律实现 [J]．山西财经大学学报．2001 (06).

[508] 李晓丹．论电力行业的垄断及竞争问题 [J]．国有资产管理．2001 (07).

[509] 李晓玲．论政府职能的转变与政府行为规范化 [J]．辽宁工程技术大学学报（社会科学版）．2001 (04).

[510] 李晓伟．试析美国对华政策的利益集团因素 [J]．思想战线．2001 (02).

[511] 李亚林，易卫平，宋亦平．上海电信行业地方管制框架初探 [J]．上海综合经济．2001 (11).

[512] 李彦秋．论收入差距过大带来的经济周期性波动——兼谈我国目前有效需求不足的问题 [J]．云南社会科学．2001 (S1).

[513] 李燕燕．美国企业收购兼并的融资途径及具体操作 [J]．商业研究．2001 (09).

[514] 李义平．市场经济与政府管制 [J]．宏观经济研究．2001 (01).

[515] 李义奇．金融控制下国有独资银行相关主体的行为及其福利损失 [J]．河南金融管理干部学院学报．2001 (04).

[516] 李奕，黄峥．当代美国控制企业并购法律的发展 [J]．政治与法律．2001 (03).

[517] 李轶男．垄断、竞争与管制：中国铁路体制改革 [J]．经济评论．2001 (05).

[518] 李英．从新制度经济学角度看权力寻租 [J]．社会主义研究．2001 (03).

[519] 李勇．新经济现象辨析——从“信息市场失灵”看网络经济 [J]．中国软科学．2001 (03).

[520] 李元，马飞，牛学军．从地方政府的经济政策看民间投资规模 [J]．世界经济文汇．

2001 (03).

[521] 李在峰．我国垄断产业的价格管制及改革 [J]. 价格月刊．2001 (01).

[522] 李占雷，步秀君．规模经济与企业经济规模选择 [J]. 河北建筑科技学院学报．2001 (01).

[523] 李振佑．体制转轨时期垄断和竞争的特殊性及对策选择 [J]. 甘肃社会科学．2001 (04).

[524] 李政军．塔洛克寻租理论开创性论文的遭遇和所引发的思考 [J]. 经济社会体制比较．2001 (01).

[525] 李政军，贺卫．寻租理论：一个简要的回顾 [J]. 现代管理科学．2001 (06).

[526] 李竹田．加强市场主体的法律规制　维护市场经济秩序 [J]. 税收与企业．2001 (S1).

[527] 李竹转．日本企业反过度竞争观念浅析 [J]. 中共山西省委党校省直分校学报．2001 (04).

[528] 李卓．从企业价格战看厂商技术合作及战略联盟的作用——以彩电和 VCD 行业为例的一种联合博弈分析 [J]. 经济评论．2001 (01).

[529] 历永．我国行政垄断与世贸组织国民待遇冲突探析及启示 [J]. 国际贸易问题．2001 (02).

[530] 连海霞．有效竞争与中国电信业管制体制改革 [J]. 经济评论．2001 (04).

[531] 廉鹏飞，曲峰．跨国并购的发展及其对东道国的影响 [J]. 国际贸易问题．2001 (06).

[532] 良翰．微软反垄断案的标准化思考 [J]. 世界标准化与质量管理．2001 (11).

[533] 梁爱云．企业并购与发达国家寡头垄断市场结构的演进 [J]. 社会科学战线．2001 (04).

[534] 梁鸿生，周文颖．电信企业实施特许经营初探 [J]. 邮电企业管理．2001 (17).

[535] 梁建平，代瑜．期权理论在解释公司兼并动机中的应用 [J]. 山西财经大学学报．2001 (S2).

[536] 梁莱歆，刘建秋．企业并购确定换股比例的优化模型 [J]. 湖南师范大学社会科学学报．2001 (01).

[537] 梁丽．我国养老保险制度改革与政府监管 [J]. 重庆交通学院学报（社会科学版）．2001 (03).

[538] 梁小民．“馒头办”与寻租 [J]. 中国集体经济．2001 (01).

[539] 梁艳菊．政府行政行为的经济学思考 [J]. 北方经济．2001 (12).

[540] 梁中．地方保护——农机跨区作业的“路障” [J]. 山东农机化．2001 (06).

[541] 廖志刚．全球银行业的并购浪潮及其对中国银行业的启示 [J]. 财经理论与实践．2001 (04).

[542] 林崇．电力工业市场化过程中政府管制的必要性 [J]. 电力技术经济．2001 (03).

[543] 林耕．试析影响非公有制经济发展的内外因素——市场准入、金融资本、扩张战略、行为自律 [J]. 四川省社会主义学院学报．2001 (01).

[544] 林积昌．浅论价格垄断 [J]. 中国物价．2001 (04).

[545] 林金忠．聚集经济与国有企业规模结构优化 [J]. 财经研究．2001 (04).

[546] 林金忠．中小企业也能实现规模经济 [J]. 经济学家．2001 (02).

[547] 林鹏．行政费支出膨胀与政府行为制约 [J]. 四川财政．2001 (05).

[548] 林鹏．政府失灵与行政费支出的控制 [J]. 福建财会管理干部学院学报．2001 (01).

[549] 林其屏．整顿和规范市场经济秩序应逐步建立信用制度 [J]. 南方经济．2001 (10).

[550] 林嗣明．入世与政府行为 [J]. 福建金融管理干部学院学报．2001 (04).

［551］林孝文．垄断优势、产业控制与跨国公司关系之研究［J］．福州大学学报（哲学社会科学版）．2001（03）．

［552］林孝文．跨国公司对华产业控制内因分析［J］．国际经贸探索．2001（04）．

［553］林孝文．跨国公司产业控制福利经济学分析：理论与现实［J］．福州大学学报（哲学社会科学版）．2001（01）．

［554］林云鹏，黄元炳．试论社区教育中的政府行为［J］．信阳师范学院学报（哲学社会科学版）．2001（05）．

［555］林志远．垄断抑或技术进步主宰——中国电信业市场开放瓶颈［J］．国际贸易．2001（10）．

［556］林志远．打破电信垄断［J］．团结．2001（05）．

［557］林志远．电信资费由何而定——垄断还是技术进步？［J］．北京观察．2001（07）．

［558］刘帮成．企业并购过程中的文化整合——由戴姆勒—奔驰公司与克莱斯特公司合并案引起的思考［J］．经济理论与经济管理．2001（08）．

［559］刘本燕．我国反垄断立法探讨［J］．江西社会科学．2001（04）．

［560］刘碧云．美国伯克利加州大学教授、经济学家钱颖一谈通过司法体制改革打破地方保护主义［J］．开放潮．2001（12）．

［561］刘波．邮政专营并非行业垄断［J］．中国邮政．2001（08）．

［562］刘长征．完善反行政垄断法律制度对被指定经营者进行无条件处罚［J］．工商行政管理．2001（09）．

［563］刘朝阳．完全开放条件下，我国商业银行的市场份额问题［J］．福建金融管理干部学院学报．2001（05）．

［564］刘崇明．打破行业垄断　发展开放型经济［J］．中国机电工业．2001（02）．

［565］刘传庚．关于煤炭市场竞争过度的问题［J］．中国煤炭经济学院学报．2001（01）．

［566］刘创社．面对入世：如何规制行政垄断［J］．商业时代．2001（06）．

［567］刘春敏．对我国居民收入差距拉大的辩证思考［J］．唯实．2001（12）．

［568］刘东勋．乡镇政府的不合理财政行为及其后果分析［J］．廊坊师范学院学报．2001（02）．

［569］刘凤军．特许经营的实质及其“克隆”意义［J］．学术研究．2001（03）．

［570］刘福金，杨庚．防止港口重复建设［J］．宏观经济管理．2001（05）．

［571］刘光春．为什么规模不经济［J］．知识经济．2001（07）．

［572］刘国栋．规范企业兼并重组中的若干财务问题［J］．广西会计．2001（01）．

［573］刘海燕，曾佑新，龚玉荣，等．试论铁路的自然垄断及其规制［J］．华东交通大学学报．2001（01）．

［574］刘红艺，李武好．经济发展与政府干预［J］．经济研究参考．2001（44）．

［575］刘洪波．全球石油石化工业并购活动及其影响［J］．经济经纬．2001（01）．

［576］刘佳．公共品的层次性要求实行财政分权［J］．吉林财税．2001（02）．

［577］刘洁，陈蓝荪．浅论解决排污行为中“市场失灵”的办法［J］．中国渔业经济．2001（06）．

［578］刘洁，金秋．论我国报业市场化进程中政府行为的双重属性［J］．新闻与传播研究．2001（02）．

［579］刘戒骄．自然垄断产业的放松管制与管制改革［J］．学术研究．2001（04）．

［580］刘戒骄．从工业品市场竞争的新现象看竞争性产业的政府管制［J］．社会科学．2001（01）．

[581] 刘金红．对经济欠发达地区政府农业经济行为的思考 [J]．经济师．2001（05）．

[582] 刘军．市场经济秩序与宏观政策调控力度 [J]．中央财经大学学报．2001（09）．

[583] 刘军平．走出“自由放任”与“全面干预”的旋涡——兼谈政府机构改革 [J]．延安教育学院学报．2001（01）．

[584] 刘军韬．解除管制后的欧洲电力市场 [J]．国外核新闻．2001（02）．

[585] 刘俊海．加入WTO后 政府干预市场经济走向法治化势在必行 [J]．中国工商管理研究．2001（12）．

[586] 刘奎．银行业垄断及收益损失分析 [J]．农村金融研究．2001（04）．

[587] 刘来吉．论农业结构调整中的政府行为 [J]．北京市农业管理干部学院学报．2001（02）．

[588] 刘丽华．企业并购类型与效应分析 [J]．财经科学．2001（S1）．

[589] 刘烈龙．市场经济的运行秩序与制度建设 [J]．中南财经大学学报．2001（06）．

[590] 刘烈龙，张文龙．论中国寻租社会成本的量度 [J]．武汉市经济管理干部学院学报．2001（02）．

[591] 刘茂松．政府干预中的寻租行为及其防范 [J]．岭南学刊．2001（04）．

[592] 刘梦如．市场秩序与伦理精神 [J]．现代哲学．2001（02）．

[593] 刘年英，卢新民，李华斌，等．管制公路动物疫情是长期的政府行为 [J]．中国动物检疫．2001（12）．

[594] 刘宁扬，赵宗博．论当代资本主义的国际垄断——从经济全球化视角认识资本主义发展的历史进程 [J]．世界经济与政治论坛．2001（06）．

[595] 刘佩智．打击地方保护、地区封锁 破除部门、行业垄断 建立和维护公平有序的市场竞争机制和交易秩序 [J]．工商行政管理．2001（09）．

[596] 刘萍．直面教育垄断　呼唤教育公平　中国教育——谁在制造短缺与不公 [J]．中国改革．2001（10）．

[597] 刘萍．一项从根本上打破垄断、保护国家和农民利益的重大改革——来自农村集体建设用地使用权流转研讨会上的报告 [J]．中国改革．2001（09）．

[598] 刘茜．整顿规范市场价格秩序　营造良好经济发展环境 [J]．中国物价．2001（10）．

[599] 刘树林．中国高科技企业的并购战略 [J]．中南财经大学学报．2001（05）．

[600] 刘爽，李媛，王厚双．“战略缺口”与跨国公司的强强并购 [J]．国际贸易问题．2001（08）．

[601] 刘素芝．论反公用企业垄断之立法完善 [J]．当代法学．2001（06）．

[602] 刘素芝．反公用企业垄断的法律思考 [J]．湖南省政法管理干部学院学报．2001（02）．

[603] 刘贤君．论我国反垄断法的规制对象 [J]．淮南师范学院学报．2001（03）．

[604] 刘小兵．放松管制、知识产权保护与“科技兴国”[J]．财经问题研究．2001（06）．

[605] 刘小妹，陈钟廉．试析行政性垄断市场行为的成因危害及整治对策 [J]．中国工商管理研究．2001（09）．

[606] 刘小洲．电力市场呼唤打破垄断 [J]．珠江经济．2001（07）．

[607] 刘笑梦．浅析上市公司资产重组中的政府行为 [J]．证券市场导报．2001（06）．

[608] 刘兴维．国家垄断产品价格改革 [J]．价格月刊．2001（03）．

[609] 刘学敏．价格规制：缘由、目标和内容 [J]．学习与探索．2001（05）．

[610] 刘阳．企业并购与核心竞争力 [J]．江西社会科学．2001（10）．

[611] 刘阳．当前全球企业并购浪潮特点及启示 [J]．经济纵横．2001（04）．

[612] 刘毅．自由与管制：金融管制的历史变迁及其启示 [J]．经济评论．2001（04）．

［613］刘宇舸．科技发展中的企业与政府行为［J］．现代管理科学．2001（06）．

［614］刘玉录．“公的规制”与房地产开发电水气热配套改革［J］．中国房地产金融．2001（02）．

［615］刘园．垄断型国有企业人力资源开发面临的机会与挑战［J］．辽宁工学院学报．2001（03）．

［616］刘正海，赵更吉，关立力，等．地方保护主义的危害及其应对策略［J］．兰州大学学报．2001（04）．

［617］刘志军．规模经济在汽车工业发展中的作用及对中国的启示［J］．科技与管理．2001（03）．

［618］刘志云．试论对外资并购的反垄断法律规制［J］．国际商务（对外经济贸易大学学报）．2001（02）．

［619］刘中元．浅议会计师事务所的联合与兼并［J］．财经理论与实践．2001（02）．

［620］柳爱民，尹建桥．跨国并购趋势与我国对外投资对策［J］．财贸研究．2001（04）．

［621］龙腾鑫．中美反垄断法比较研究［J］．宜宾学院学报．2001（03）．

［622］隆国强．“分拆”不是打破垄断的灵药［J］．中国工商．2001（07）．

［623］卢邦贵．如何看待外资并购上市公司［J］．浙江经济．2001（12）．

［624］卢洪友．论财政分权与分级财政制度［J］．山东财政学院学报．2001（03）．

［625］卢嘉瑞．论重复建设的危害、成因及治理［J］．生产力研究．2001（Z1）．

［626］卢嘉瑞，高玉清．攻克经济结构调整的顽固堡垒——论重复建设的成因及治理［J］．当代经济研究．2001（03）．

［627］陆建兰．垄断与秩序［J］．社科纵横．2001（05）．

［628］陆磊．市场结构和价格管制：对中国利率市场化的评析［J］．金融研究．2001（04）．

［629］陆铭，范剑勇，颜燕．论国有企业的工资管制对就业的影响［J］．上海经济研究．2001（03）．

［630］路·汤普森，郑锐，徐惠康．美国铁路管制的由来和发展：历史和思路［J］．铁道经济研究．2001（02）．

［631］路雷．论政府干预经济思想的演变逻辑及其现实意义［J］．东南大学学报（哲学社会科学版）．2001（S2）．

［632］吕金记．转型经济中寻租性腐败的制度分析［J］．中共浙江省委党校学报．2001（05）．

［633］吕丽娜，高小健．转型期政府行政行为定位［J］．行政论坛．2001（05）．

［634］吕薇．反垄断法的国际比较与借鉴［J］．中国投资．2001（07）．

［635］吕筱萍．论企业兼并的决策原则［J］．现代经济探讨．2001（03）．

［636］吕筱萍．企业兼并有效性评价方法研究［J］．数量经济技术经济研究．2001（02）．

［637］吕致远．企业兼并过程中的资产评估问题［J］．国有资产管理．2001（09）．

［638］栾辉，许瑞锋．发展我国产业规模经济的若干建议［J］．税务研究．2001（02）．

［639］罗家林，张雪华，梁文潮．国企冗员解决机制探究［J］．当代经济．2001（04）．

［640］罗建，杨晓明．西方企业并购中的政府行为分析［J］．财经科学．2001（S2）．

［641］罗建文．地方保护主义的产生与危害［J］．苏南乡镇企业．2001（05）．

［642］罗剑朝，聂强．农民合作经济组织演变中的政府行为分析［J］．西北农林科技大学学报（社会科学版）．2001（06）．

［643］罗丽华，丁峰．完善我国保险合同规制之管见［J］．前沿．2001（07）．

［644］罗能生．市场“失灵”与道德协调［J］．襄樊学院学报．2001（01）．

［645］罗韬．亟待树立反垄断法［J］．粤港澳价格．2001（01）．

[646] 罗威，周惠．政府干预房地产金融的范围设置［J］．中国房地产．2001（08）．
[647] 罗云辉．我国汽车工业的进入壁垒［J］．上海汽车．2001（03）．
[648] 罗仲伟．全球企业跨国并购：趋势、原因与对策（上）．［J］．经济管理．2001（22）．
[649] 罗仲伟，郑新业．全球金融业的并购重组及中国的对策［J］．世界经济．2001（12）．
[650] 骆莉．国家政府行为与东盟未来经济发展［J］．暨南学报（哲学社会科学版）．2001（03）．
[651] 麻宝斌．论政府行为的基本原则［J］．行政论坛．2001（02）．
[652] 马伯文．打破外国垄断 达到国际领先——流体密封专业学术带头人王玉明小记［J］．天津科技．2001（02）．
[653] 马凤光．市场经济中公共政策失灵现象及对策［J］．统计与决策．2001（12）．
[654] 马洪钧，牛玉堂．浅谈反垄断应采取的措施［J］．山西统计．2001（11）．
[655] 马洪雨．从“微软”案看反垄断法的发展趋势——兼论给中国反垄断立法的几点启示［J］．兰州商学院学报．2001（04）．
[656] 马九杰．农业、农村产业结构调整与农民收入差距变化［J］．改革．2001（06）．
[657] 马奎．论西方政府干预经济理论的演变［J］．经济评论．2001（03）．
[658] 马力．我国发展风险投资业的政府行为对策［J］．山东经济战略研究．2001（Z1）．
[659] 马立宏，张广军．构筑电子商务与特许经营嫁接的平台［J］．中国物资流通．2001（02）．
[660] 马民虎．软件版权许可的非法垄断结构剖析［J］．西安交通大学学报（社会科学版）．2001（02）．
[661] 马清友．全球银行业并购浪潮的成因及启示［J］．财贸研究．2001（06）．
[662] 马伟华．竞争与管制：中国电信业改革的思考［J］．经济与管理研究．2001（02）．
[663] 马卫华，王丽丽．加快制定有中国特色的反垄断法［J］．山西大学学报（哲学社会科学版）．2001（03）．
[664] 马亚雄．企业并购的风险分析［J］．财会月刊．2001（16）．
[665] 马衍军，成丹玉，郑宪强．新形势下重复建设的发生机制及治理［J］．财经问题研究．2001（09）．
[666] 马永波．我国地方保护主义存在的根源及入世后的应对策略［J］．华东理工大学学报（社会科学版）．2001（04）．
[667] 马勇．速度经济将代替规模经济［J］．中国工商．2001（03）．
[668] 马跃峰，耿玉玲，花俏溪．网络并购并非简单的整合［J］．改革与理论．2001（02）．
[669] 马忠东．试析马克思垄断理论及我国市场结构优化［J］．聊城师范学院学报（哲学社会科学版）．2001（06）．
[670] 卖楱者．最后100米警惕另一种垄断［J］．计算机周刊．2001（23）．
[671] 毛传新．转轨中的地方政府行为主体：一种分析框架［J］．上海经济研究．2001（12）．
[672] 毛劲宇．特许经营优势分析［J］．商业研究．2001（02）．
[673] 毛绍炯．建立信用制度与规范市场秩序［J］．中国特色社会主义研究．2001（05）．
[674] 毛新宇，陈忠岳，朱建武．打破电信垄断的通信网络新结构［J］．通信世界．2001（21）．
[675] 茅于轼．入世后的政府行为［J］．大经贸．2001（11）．
[676] 孟柏林，陈富坤．论市场经济条件下的政府决策行为［J］．湖北广播电视大学学报．2001（04）．
[677] 孟建柱．要切实加强社会治安、整顿和规范市场经济秩序与抓好安全生产［J］．农村发

展论丛．2001（Z5）．

［678］孟芊．垄断概念辨析［J］．当代法学．2001（05）．

［679］孟庆民，杨开忠．以规模经济为主导的区域分工［J］．中国软科学．2001（12）．

［680］孟婷．反垄断机构应拥有独立的审判权［J］．广西社会科学．2001（02）．

［681］孟玮．如何看待我国的价格垄断问题——兼论将价格政策的重心适时转向反垄断［J］．价格理论与实践．2001（04）．

［682］孟宪法，张咏梅．完全垄断市场呼唤"看得见的手"［J］．山东社会科学．2001（01）．

［683］孟祥瑞．合理规范政府行为边界——政府在推动农业产业化过程中应当注意的几个认识误区［J］．党政干部学刊．2001（04）．

［684］孟昭奇．我国经济体制中的寻租现象［J］．兰州商学院学报．2001（06）．

［685］苗海刚．论我国商标平行进口的法律规制——从一起商标平行进口侵权纠纷案谈起［J］．当代法学．2001（03）．

［686］闵宗陶，杨秀云．寡头垄断：优化产业市场结构的选择［J］．当代经济科学．2001（04）．

［687］明雨．打破垄断 开放市场［J］．科技智囊．2001（10）．

［688］穆恒星．抓好行政复议工作 规范政府行政行为［J］．地方政府管理．2001（10）．

［689］穆爽．从独家垄断到开放竞争——台湾石油市场与台湾中油公司转型［J］．石油企业管理．2001（10）．

［690］南雁．谁来对利益集团说不？［J］．南风窗．2001（02）．

［691］倪云虎，刘燕．垄断、竞争和技术创新的交融互促［J］．浙江金融．2001（03）．

［692］聂小明．地方保护是与非［J］．中国商贸．2001（21）．

［693］聂小明．地方保护何时休——访北京天则经济研究所执行理事、著名经济学家盛洪［J］．中国商贸．2001（21）．

［694］宁波．知识垄断与高等教育新论［J］．高等农业教育．2001（07）．

［695］宁艳芳，罗云峰．关于寡头垄断模型中先动优势的决策变量相关性研究［J］．商丘师范学院学报．2001（02）．

［696］牛冲槐，晁坤．实行兼并是我国加入 WTO 后国有企业迎接挑战的有效措施［J］．工业技术经济．2001（03）．

［697］牛桂敏．从过度竞争到有效竞争：我国产业组织发展的必然选择［J］．天津社会科学．2001（03）．

［698］牛先锋．知识经济·市场经济·政府行为［J］．河南师范大学学报（哲学社会科学版）．2001（01）．

［699］欧阳觅剑．数字时代的垄断与反垄断——透视微软垄断案的背后［J］．南风窗．2001（08）．

［700］欧阳旺东，胡庆和．企业并购重组的动因及风险分析［J］．河南金融管理干部学院学报．2001（03）．

［701］欧阳正仲．管制抑或征税——政府环境保护政策工具的一个比较分析［J］．财政研究．2001（12）．

［702］潘光军，王其增．垄断行业　是加强管制还是该引入竞争？［J］．中国改革．2001（06）．

［703］潘晓军，陈宏民，黄丹丹．具有网络外部性特征产品的配额限制与差异化策略［J］．系统工程理论方法应用．2001（02）．

［704］庞跃辉．WTO 与政府行为的变化及对策分析［J］．理论探讨．2001（06）．

[705] 彭红斌，兰天山．再论重复建设问题 [J]．山西青年管理干部学院学报．2001 (02)．

[706] 彭久麒．意识形态投资与遏制权力寻租 [J]．经济学家．2001 (02)．

[707] 彭荣胜．论土地整理与土地用途管制在耕地保护中的互补作用 [J]．中国土地科学．2001 (03)．

[708] 彭晓洁．国有外贸企业如何面对外资并购的挑战 [J]．国际经贸探索．2001 (06)．

[709] 彭正穗．非平权法对市场信息不对称的规制 [J]．广东商学院学报．2001 (06)．

[710] 皮洪琴．自然垄断产业的政府管制与改革取向 [J]．中国电力企业管理．2001 (04)．

[711] 戚汝庆．企业并购目标的选择策略 [J]．山东师大学报（人文社会科学版）．2001 (06)．

[712] 戚聿东．自然垄断产业改革：走出分拆误区 [J]．电力技术经济．2001 (05)．

[713] 戚聿东．垄断的判定及其测度 [J]．首都经济贸易大学学报．2001 (02)．

[714] 戚聿东．论中国的垄断管制与反垄断立法 [J]．经济评论．2001 (01)．

[715] 戚枝淬．对企业滥用市场支配地位的法律分析 [J]．安徽电力职工大学学报．2001 (02)．

[716] 齐安甜，张维．企业并购投资的期权特征及经济评价 [J]．系统工程．2001 (05)．

[717] 钱晋群．寻找竞争与管制的平衡点——从德、荷电信管制看中国电信业改革 [J]．中国电信业．2001 (09)．

[718] 钱静．风云际会 聚焦电信——经济学家谈电信竞争与反垄断 [J]．中国电信业．2001 (08)．

[719] 钱静．加强管制　促进电信有效竞争 [J]．中国电信业．2001 (09)．

[720] 钱敏霞．全球兼并浪潮带给国企的思考 [J]．现代经济探讨．2001 (05)．

[721] 钱彤，温海红．我国社会保险基金的入市与政府监管 [J]．西安金融．2001 (12)．

[722] 钱文荣．中国城市土地资源配置中的市场失灵、政府缺陷与用地规模过度扩张 [J]．经济地理．2001 (04)．

[723] 强永昌．环境规制与比较竞争优势 [J]．世界经济文汇．2001 (01)．

[724] 秦凤华．打破行业垄断的政策建议 [J]．中国投资．2001 (07)．

[725] 秦凤鸣．美国金融业的兼并潮与对外扩张 [J]．山东大学学报（哲学社会科学版）．2001 (05)．

[726] 秦军．我国的垄断与反垄断 [J]．经济论坛．2001 (12)．

[727] 秦萌，支兆华．反垄断与新经济 [J]．资本市场．2001 (03)．

[728] 秦兴俊．对当前反垄断问题的再认识 [J]．云南财贸学院学报．2001 (05)．

[729] 秦永方，郝红增．政府对非营利医疗机构的经济如何监管 [J]．中国卫生事业管理．2001 (10)．

[730] 丘勇．中美民航放松价格管制之比较及中国民航管制政策选择 [J]．特区经济．2001 (04)．

[731] 邱华炳，庞任平．加入 WTO 与中国证券市场交易秩序建设 [J]．投资研究．2001 (08)．

[732] 邱连中，张峰琳．科学管制 中国航空公司实施改革发展战略的基础 [J]．中国民用航空．2001 (03)．

[733] 邱鹭风．美国企业并购中的反垄断法律制度 [J]．南京大学法律评论．2001 (01)．

[734] 曲喆，孙涛．电信价格管制与创新 [J]．世界电信．2001 (07)．

[735] 让－克洛特·德罗奈，张慧君．金融垄断资本主义 [J]．马克思主义与现实．2001 (05)．

[736] 饶林. 美国公用事业价格管制的有效做法 [J]. 价格月刊. 2001 (01).

[737] 仁刚. 消费市场: 境外品牌该有多大份额? [J]. 中国电子商情. 2001 (10).

[738] 任红波, 李鑫. 网络产业竞争特性分析 [J]. 中国软科学. 2001 (12).

[739] 任敏. 政府行为与博弈 [J]. 武汉大学学报 (社会科学版). 2001 (03).

[740] 任伟林. 经济全球化趋势下的地方政府行为 [J]. 学习与实践. 2001 (04).

[741] 荣朝和. 关于运输业规模经济和范围经济问题的探讨 [J]. 中国铁道科学. 2001 (04).

[742] 荣朝和. 关于铁路规模经济与范围经济的探讨 [J]. 铁道经济研究. 2001 (04).

[743] 芮崑, 李国荣, 侯文兰. 政府管制下电力产品定价的经济学分析 [J]. 上海电力学院学报. 2001 (03).

[744] 芮明杰, 吴光飙. 全员激励盟约: 一个适用于知识型企业的缔约规制 [J]. 复旦学报 (自然科学版). 2001 (02).

[745] 伞锋. 市场垄断及反垄断建议 [J]. 企业改革与管理. 2001 (11).

[746] 桑昌禹, 赵世英, 姜明. 论大型商业零售业的过度竞争问题及对策 [J]. 商业研究. 2001 (01).

[747] 桑秀国. 跨国并购: 发展趋势及动因分析 [J]. 宏观经济管理. 2001 (06).

[748] 桑振翼. 打破行业垄断, 强化竞争意识, 深化基层电力体制改革 [J]. 管理世界. 2001 (02).

[749] 森华. 地方保护主义下的新闻宣传探微 [J]. 新闻记者. 2001 (04).

[750] 尚长风. 乡镇企业寻租活动分析 [J]. 农业经济问题. 2001 (10).

[751] 邵俊武. 论执行管辖的完善与地方保护主义的遏止 [J]. 当代法学. 2001 (06).

[752] 邵秋涛. 三问准金融寡头 [J]. 中国企业家. 2001 (03).

[753] 申小林. 企业家寻租行为及特征分析 [J]. 中国工业经济. 2001 (04).

[754] 沈海祥. 论政府行为与市场行为对高校财务管理的双重影响 [J]. 事业财会. 2001 (02).

[755] 沈晶. 浅析我国政府干预经济所处的两难境地 [J]. 理论月刊. 2001 (12).

[756] 沈敏荣. 论反垄断法中的违法确认原则 [J]. 云南大学学报 (法学版). 2001 (02).

[757] 沈敏荣. 国际反垄断法规则之形成及其不确定性 [J]. 宁夏社会科学. 2001 (02).

[758] 沈敏荣. 国际反垄断法的不确定性及其发展 [J]. 江苏公安专科学校学报. 2001 (01).

[759] 沈敏荣. 国际反垄断法的现状及其发展 [J]. 国际贸易问题. 2001 (02).

[760] 沈敏荣. 论国际反垄断法的不确定性 [J]. 社会科学. 2001 (01).

[761] 沈敏荣, 叶普照. 反垄断法不确定性及其克服 [J]. 深圳大学学报 (人文社会科学版). 2001 (06).

[762] 沈荣芳, 陆长生, 范柏乃. 发展风险投资业政府行为研究 [J]. 经济管理. 2001 (12).

[763] 沈卫平, 沈世平. 中国居民收入差距宏观调控的战略与对策 [J]. 现代经济探讨. 2001 (11).

[764] 沈晓倩, 刘小秋. 浅谈行政垄断 [J]. 山西经济管理干部学院学报. 2001 (03).

[765] 沈娅莉. 整顿经济秩序 规范市场行为 [J]. 财经科学. 2001 (S2).

[766] 沈禹钧. 西方国家政府对本国金融业监管方式的探讨 [J]. 财贸研究. 2001 (03).

[767] 盛洪. 借助民间力量反"垄断" [J]. 领导决策信息. 2001 (46).

[768] 盛虎, 左高山. 论不正当竞争广告行为及其规制 [J]. 湖南包装. 2001 (02).

[769] 盛继光. 菲律宾通信管制及对我们的启示 [J]. 通信世界. 2001 (07).

[770] 盛杰民. 规制行政性限制竞争行为是中国《反垄断法》的必然使命 [J]. 工商行政管理. 2001 (09).

[771] 盛世豪．试论我国市场准入制度的现状与改革取向［J］．中共浙江省委党校学报．2001（03）．

[772] 盛文军，廖晓燕．产品差异化战略：企业获得竞争优势的新途径［J］．当代经济研究．2001（11）．

[773] 盛文军，廖晓燕．转轨时期我国产业内过度竞争的成因解析与政策选择［J］．社会科学战线．2001（06）．

[774] 盛文军，孟辛．我国产业内过度竞争的成因分析与政策选择［J］．社会科学辑刊．2001（03）．

[775] 施海洋，徐康宁．转型时期地方政府行为倾向分析［J］．求索．2001（02）．

[776] 施欣．港口双寡头竞争的进入/遏制策略分析［J］．交通运输工程学报．2001（02）．

[777] 石冰．研究转轨时期中国产业市场的一部力作——《转轨时期国有产业退出壁垒研究》评介［J］．西北大学学报（哲学社会科学版）．2001（03）．

[778] 石军．巴西电信私有化及市场管制［J］．邮电企业管理．2001（15）．

[779] 石旭雯．反垄断法对企业合并规则的实体法研究［J］．甘肃行政学院学报．2001（04）．

[780] 石玉凤，王尚志．地方经济文化节庆活动规模及对地区经济发展作用的模型与分析[J]．科技进步与对策．2001（07）．

[781] 时和昌．电力垄断到何时？[J]．人大建设．2001（12）．

[782] 时杰，郑慧．对企业兼并审计的思考［J］．审计与经济研究．2001（01）．

[783] 史庆．从寻租谈反腐败［J］．上海管理科学．2001（06）．

[784] 史庆，许建标．谈政府干预弹性化与企业安排方式多样化［J］．上海管理科学．2001（03）．

[785] 史天林，温瑶．我国产业过度竞争的原因及对策分析［J］．山西财经大学学报．2001（04）．

[786] 佀俊泽．财政约束下的地方市场分割［J］．经济研究参考．2001（07）．

[787] 宋超．行政垄断及其法律控制［J］．广西社会科学．2001（01）．

[788] 宋春兰，沈铁东．论社会主义市场经济条件下的适度政府干预［J］．辽宁商务职业学院学报．2001（02）．

[789] 宋海丽．用规模经营和结构调整提高农业经济效益［J］．农村经济与科技．2001（10）．

[790] 宋继军，张卫国．国内外钢铁企业结盟联合新一轮战略整合概述［J］．河北冶金．2001（05）．

[791] 宋莉莉，彭涛．现阶段制度创新的“第一行动集团”——论在渐进的市场取向改革中地方政府的角色行为［J］．理论月刊．2001（01）．

[792] 宋嵩．发展规模经济之思考［J］．职大学报．2001（01）．

[793] 宋小娟．“气老大”牛气冲天惹恼百姓　断是非　政府出面制止垄断［J］．质量指南．2001（S1）．

[794] 宋则．中国反垄断需要采取特殊对策［J］．首都经济．2001（10）．

[795] 宋湛．制度壁垒与劳动力市场发育的理论研究［J］．人口与经济．2001（S1）．

[796] 苏国华．地铁车站轨行区顶部风管制安工艺及风口风量调试［J］．化工建设工程．2001（04）．

[797] 苏红光，白巍．企业并购走向法制化［J］．经济师．2001（10）．

[798] 苏孔孝．扩大公民政治参与 规范政府行政行为［J］．西南民族学院学报（哲学社会科学版）．2001（11）．

[799] 隋月娟．市场秩序评价体系的基本内容［J］．江苏商论．2001（09）．

[800] 孙百昌，陈良猷．对广告市场管制的博弈分析 [J]．系统工程理论方法应用．2001 (03)．

[801] 孙发国，赵祖伟．破除垄断意识 树立新的形象 [J]．群众．2001 (05)．

[802] 孙慧环，关忠良．企业并购的陷阱及其对策研究 [J]．数量经济技术经济研究．2001 (08)．

[803] 孙丽．卖完垄断卖什么 [J]．IT 经理世界．2001 (07)．

[804] 孙强．企业性质与对垄断的再认识 [J]．云南行政学院学报．2001 (02)．

[805] 孙涛．关于政府行为与地区经济发展的几点思考——天津市危改工程和经济开发区建设的启示 [J]．天津行政学院学报．2001 (03)．

[806] 孙天琦．"寡头主导，大、中、小共生"的产业组织结构研究 [J]．人文杂志．2001 (02)．

[807] 孙天琦．转轨经济中的政府行为研究——以商洛小额信贷扶贫模式变迁为例的分析[J]．当代经济科学．2001 (05)．

[808] 孙同鹏．寻租问题的法律思考 [J]．政法论坛．2001 (04)．

[809] 孙喜平．特许经营的优势及风险分析 [J]．经济师．2001 (09)．

[810] 孙亚忠．政府经济行为本体论 [J]．中国行政管理．2001 (10)．

[811] 孙亦方．市场经济转轨中的我国反垄断任务探析 [J]．上海经济研究．2001 (08)．

[812] 孙玉安，闫家安，闫泰山，等．联合兼并型医院重组模式探索与实践 [J]．中国医院管理．2001 (06)．

[813] 孙正甲．中国加入 WTO 后买办寻租现象透视 [J]．广东行政学院学报．2001 (06)．

[814] 覃文乐．张家界市市场价格秩序整治取得明显成效 [J]．中国物价．2001 (08)．

[815] 谭玲，夏蔚．论比较广告的法律规制 [J]．法学评论．2001 (02)．

[816] 谭融．美国的利益集团政治理论综述 [J]．天津大学学报 (社会科学版)．2001 (01)．

[817] 谭淑贞．国外电信界的非对称管制 [J]．邮电企业管理．2001 (01)．

[818] 谭雪梅．日本对过度竞争的抑制与我国的产业结构调整 [J]．东北财经大学学报．2001 (05)．

[819] 谭苑芳．我国旅游市场的过度价格竞争及对策 [J]．企业文化．2001 (08)．

[820] 谭苑芳．我国旅游市场的过度价格竞争现状和相应对策 [J]．社会科学家．2001 (02)．

[821] 谭臻．高科技企业在创业板市场上市的法律规制 [J]．南京大学法律评论．2001 (02)．

[822] 汤春来．试论我国反垄断法价值目标的定位 [J]．中国法学．2001 (02)．

[823] 汤敏，茅于轼．"寻租理论" 简介 [J]．湖北审计．2001 (05)．

[824] 唐畅．我国发展特许经营的制约因素分析 [J]．科学学与科学技术管理．2001 (05)．

[825] 唐瑾．新一轮农业结构调整中基层政府的行为优化 [J]．地方政府管理．2001 (06)．

[826] 唐绍欣．美国垄断与反垄断：案例、趋势和借鉴 [J]．国际经济评论．2001 (Z5)．

[827] 唐顺彦，杨忠学．英国与日本的土地管制制度比较 [J]．世界农业．2001 (05)．

[828] 唐伟强．关于燃气行业管制改革的几点思考 (续)．[J]．上海煤气．2001 (03)．

[829] 唐伟强．关于燃气行业管制改革的几点思考 [J]．上海煤气．2001 (02)．

[830] 唐小林．先锋文学与技术时代的合谋 [J]．文学自由谈．2001 (04)．

[831] 唐小我．二度价格歧视的进一步研究 [J]．管理科学学报．2001 (01)．

[832] 唐志成．再论政府行为与高校后勤社会化改革 [J]．中国高校后勤研究．2001 (03)．

[833] 陶广峰，杨仕兵．知识经济与反垄断法的发展趋势 [J]．甘肃政法学院学报．2001 (01)．

[834] 陶维国．虚拟企业集群：网络经济中规模经济的新形式 [J]．中国军转民．2001 (08)．

[835] 陶学荣，史玲．论我国产业进入和退出壁垒［J］．云南财贸学院学报．2001（06）．

[836] 滕海迪．关于反垄断的立法建议［J］．当代法学．2001（01）．

[837] 彤雪．互联互通管制与电信基础网络竞争［J］．中国电信业．2001（04）．

[838] 庹国柱．全球保险业垄断加剧及其成因［J］．中国保险．2001（11）．

[839] 万劲波，杨彩霞．环境技术引进的环境法律规制［J］．再生资源研究．2001（05）．

[840] 万照．浅析我国农业产业化过程中的"政府失灵"［J］．陕西经贸学院学报．2001（01）．

[841] 汪波．政府行为的经济学分析［J］．地方政府管理．2001（08）．

[842] 汪春信，王永海．谈企业并购与其资本结构的有关问题［J］．财会月刊．2001（16）．

[843] 汪家扣，林川．用AHP方法分析垄断竞争市场［J］．应用数学．2001（02）．

[844] 汪青云，张伟．关于完善我国市场秩序的思考［J］．经济体制改革．2001（06）．

[845] 汪全胜．知识经济时代政府行为的转化及法律规范［J］．宁夏大学学报（人文社会科学版）．2001（03）．

[846] 汪涛，李晶．不正当价格竞争及其管制［J］．学习与实践．2001（04）．

[847] 汪贤裕，肖玉明，钟胜．企业内的价格歧视与内部转移定价［J］．中国管理科学．2001（06）．

[848] 汪择．戚聿东博士观点：自然垄断产业不能简单拆分［J］．价格理论与实践．2001（07）．

[849] 汪择．经济学家胡鞍钢说：民航签订的联营协议是典型的"价格卡特尔"［J］．价格理论与实践．2001（04）．

[850] 王爱民．部门保护主义对地方立法的负面影响及法律对策［J］．当代法学．2001（04）．

[851] 王本宏，刘贤君．经济全球化与中国反垄断立法规制对象的取向［J］．广西政法管理干部学院学报．2001（04）．

[852] 王昌来，孟鸿志．论行政垄断及其法律规制［J］．黑龙江省政法管理干部学院学报．2001（03）．

[853] 王长江．论风险投资中的政府行为——兼论创业板市场［J］．生产力研究．2001（04）．

[854] 王长民．江苏私营经济发展中的政府行为［J］．南京化工大学学报（哲学社会科学版）．2001（01）．

[855] 王春娣．论反垄断法立法的价值取向——兼析微软讼案［J］．当代法学．2001（12）．

[856] 王纯，李红．全国国有及规模以上非国有工业企业经济发展情况综合分析［J］．数学的实践与认识．2001（04）．

[857] 王大为．整治垄断［J］．网际商务．2001（05）．

[858] 王大为．反垄断法是市场经济的重要象征［J］．网际商务．2001（05）．

[859] 王德禄．虚拟企业：规模经济与个性化的协调［J］．商业研究．2001（03）．

[860] 王德勤．工程建设呼唤着市场准入［J］．南通职业大学学报（综合版）．2001（02）．

[861] 王定元，聂祖荣．美国银行业并购绩效评析［J］．经济社会体制比较．2001（03）．

[862] 王恩胡，胡建春．美国政府反垄断政策转变的启示［J］．陕西经贸学院学报．2001（05）．

[863] 王革立，曹山河．论政府行为现代化［J］．湖南经济．2001（11）．

[864] 王桂香．俄罗斯金融寡头鲍·别列佐夫斯基［J］．东欧中亚研究．2001（01）．

[865] 王国生．垄断行业改革与重组问题讨论综述［J］．经济理论与经济管理．2001（10）．

[866] 王海英，张倩．论企业跨国并购的国内法调整［J］．法学．2001（12）．

[867] 王和平．对我国反垄断立法的比较性现实思考［J］．工商行政管理．2001（04）．

[868] 王后根. 英国电力产业规制改革及其启示 [J]. 中国国情国力. 2001 (Z1).

[869] 王甲午, 齐艳. 论农业产业化中的政府行为 [J]. 辽宁农业职业技术学院学报. 2001 (03).

[870] 王健. 中国的卡特尔与反卡特尔立法 [J]. 社会科学. 2001 (06).

[871] 王健. 国有企业的困境分析——兼论政府干预失灵及纠正 [J]. 中南财经大学学报. 2001 (06).

[872] 王健. 现代经济规制理论的新发展 [J]. 广西经济管理干部学院学报. 2001 (03).

[873] 王健. 美国规制改革与产业振兴 [J]. 国家行政学院学报. 2001 (02).

[874] 王金洲. 我国垄断变异的分析 [J]. 江汉石油职工大学学报. 2001 (04).

[875] 王菁哲, 王飏. 新时期政府对青少年事务管理的行为探析 [J]. 广东青年干部学院学报. 2001 (02).

[876] 王菁哲, 王飏. 社会转型期青少年事务管理的政府行为研究 [J]. 山西青年管理干部学院学报. 2001 (02).

[877] 王敬喜. 高射武器管理向政府行为转变 [J]. 国防. 2001 (06).

[878] 王珏, 曹立. 市场秩序与经济改革 [J]. 改革与理论. 2001 (11).

[879] 王俊豪. 论提高自然垄断经营产品价格管制的科学性 [J]. 价格理论与实践. 2001 (03).

[880] 王俊豪. 对中国竞争性产业进入与退出壁垒的分析 [J]. 财经论丛 (浙江财经学院学报). 2001 (01).

[881] 王俊豪. 中英自然垄断性产业政府管制体制比较 [J]. 世界经济. 2001 (04).

[882] 王俊豪. 对我国价格管制与放松价格管制的理论思考 [J]. 价格理论与实践. 2001 (02).

[883] 王雷. 论政府在国企资本运营中的行为 [J]. 上海金融. 2001 (09).

[884] 王磊. 反垄断法应当如何规制行政性垄断 [J]. 工商行政管理. 2001 (09).

[885] 王立健. 电信资费结构性调整效果如何? 权威调查显示——交叉补贴少了　本地电话不亏了　农民负担轻了　互联网发展了 [J]. 中国电信业. 2001 (12).

[886] 王丽琴, 黄登仕. 当前我国垄断现状及反垄断立法指向——兼论垄断与资源配置的关系 [J]. 世界科技研究与发展. 2001 (04).

[887] 王利明. 论社会主义市场经济法治秩序的建立和完善 [J]. 烟台大学学报 (哲学社会科学版). 2001 (03).

[888] 王林昌, 付华. 市场准入秩序内涵与构成要素分析 [J]. 中国工商管理研究. 2001 (11).

[889] 王明华. 规范地方政府行为 促进地方经济发展 [J]. 技术经济. 2001 (07).

[890] 王明华, 王淑贤. 文化整合与企业并购 [J]. 税收与企业. 2001 (08).

[891] 王能. 如何制止地方政府的越权行为 [J]. 广西市场与价格. 2001 (03).

[892] 王岐山. 下一步改革的重点是垄断行业 [J]. 当代经济. 2001 (06).

[893] 王岐山. 垄断行业的改革和重组 [J]. 资本市场. 2001 (05).

[894] 王祺明. 国有大中型棉纺企业破产及兼并的操作分析 [J]. 纺织学报. 2001 (03).

[895] 王庆国. 关于我国证券市场中政府行为的分析 [J]. 长沙民政职业技术学院学报. 2001 (02).

[896] 王庆新. 以并购方式吸收外商直接投资的调查与思考 [J]. 投资研究. 2001 (03).

[897] 王秋丽. 逆境中求生存——日本保险业兼并透析 [J]. 现代日本经济. 2001 (03).

[898] 王仁善. 健全水运市场准入机制的几点思考 [J]. 交通企业管理. 2001 (11).

[899] 王瑞生．加大市场建设力度　规范市场运行秩序［J］．经济论坛．2001（14）．

[900] 王胜章．“政府失灵论”及其对中国市场化改革的启示［J］．云南行政学院学报．2001（02）．

[901] 王淑贤，崔平．浅论中外企业并购动因及并购模式［J］．税收与企业．2001（12）．

[902] 王维真，吴军．试析政府行为失范的表现、原因及对策［J］．科技进步与对策．2001（05）．

[903] 王先林．从微软垄断案看知识产权滥用的反垄断控制［J］．法学家．2001（03）．

[904] 王先林．论我国知识产权领域的反垄断立法［J］．中国工商管理研究．2001（04）．

[905] 王先庆．中国教育业：垄断的最大牺牲［J］．中国改革．2001（10）．

[906] 王小强．白话“反垄断”［J］．中国税务．2001（09）．

[907] 王晓芳．论档案管理的规模经济［J］．档案学通讯．2001（06）．

[908] 王晓芳，郝永瑮．发展非公有制经济中政府行为研究——对甘肃陇南、陇东等五地市非公有制经济发展现状的调研与思考［J］．开发研究．2001（04）．

[909] 王晓莉．品牌兼并——跨国公司本地化的有效方式［J］．北方经济．2001（03）．

[910] 王晓南．建立完善的政府行为监督机制［J］．特区理论与实践．2001（04）．

[911] 王晓晔．政企分离的催化剂——我国反垄断立法核心问题分析［J］．国际贸易．2001（05）．

[912] 王鑫．中国反垄断浅议［J］．未来与发展．2001（05）．

[913] 王性玉，薛来义．寻租理论三方博弈模型分析［J］．财经问题研究．2001（11）．

[914] 王秀屏．独立管制机构的建立［J］．现代电信科技．2001（11）．

[915] 王绪瑾．完善环境与放松管制［J］．中国保险．2001（05）．

[916] 王绪君．培育有竞争力的市场主体的有益探索——《企业集团发展规模经济研究》评介［J］．理论学刊．2001（01）．

[917] 王学庆．垄断时期西方国家的电信资费政策［J］．中国物价．2001（04）．

[918] 王学政．政府依法干预市场的基本原则［J］．中国工商管理研究．2001（03）．

[919] 王雪莲，巴才芝．住宅金融发展中的政府行为［J］．中国房地产．2001（06）．

[920] 王亚星．“入世”后该如何规范政府管理经济行为［J］．首都经济．2001（09）．

[921] 王岩．规范政府行为的对策思考［J］．中共福建省委党校学报．2001（11）．

[922] 王艳．对我国反垄断立法的探讨［J］．郑州煤炭管理干部学院学报．2001（02）．

[923] 王艳萍．国有大中型企业依靠科技培育和发展规模经济的对策及途径［J］．生产力研究．2001（04）．

[924] 王艳萍．技术创新与动态规模经济的理论分析［J］．太原理工大学学报（社会科学版）．2001（01）．

[925] 王以中，应建国，黄彦华．政府对燃气市场的管制［J］．上海企业．2001（11）．

[926] 王以中，应建国，黄彦华．浅谈政府对燃气市场的管制［J］．上海煤气．2001（06）．

[927] 王瑛．日本企业安置冗员有招［J］．管理科学文摘．2001（04）．

[928] 王颖．集装箱船大型化的规模经济效益分析［J］．世界海运．2001（02）．

[929] 王永康．如何保护我国优良地方猪种［J］．中国牧业通讯．2001（06）．

[930] 王永亮．检验检疫应为中国葡萄酒参与“入世”国际竞争采取政府干预［J］．口岸卫生控制．2001（01）．

[931] 王勇军．从经济学角度分析电价管制及竞价上网［J］．东北电力技术．2001（03）．

[932] 王勇军．从消费者剩余分析政府对电力行业的管制和竞价上网的作用［J］．电力技术经济．2001（02）．

［933］王宇英．微软反垄断案最新透视力作出版［J］．出版参考．2001（07）．

［934］王禹涛，谢科范．公共寻租行为的风险收益分析［J］．武汉理工大学学报（社会科学版）．2001（05）．

［935］王玉芳，张振生，刘浩然，等．催化剂比例对单壁碳纳米管制备的影响［J］．光散射学报．2001（02）．

［936］王玉琮．利益集团与政策决策［J］．探索．2001（02）．

［937］王悦．用经济效益的观点探讨城市的合理规模［J］．经济师．2001（07）．

［938］王韵，刘新宜．成功的并购≠并购的成功［J］．企业管理．2001（08）．

［939］王湛．企业兼并中的财务协同效应［J］．财会月刊．2001（16）．

［940］王章留．地方政府经济行为与制度创新［J］．经济问题探索．2001（03）．

［941］王招转，吴友军，王永年．关于反垄断问题的思考［J］．中共太原市委党校学报．2001（06）．

［942］王振生．论“干预政府”是经济法的核心［J］．经济经纬．2001（04）．

［943］王致同，丛卫民，张国安．发挥价格职能作用 整顿市场经济秩序［J］．价格理论与实践．2001（06）．

［944］王智国，张耀辉．电信业为什么要放松规制［J］．生产力研究．2001（06）．

［945］王中华．企业跨国并购过程中的风险管理［J］．国际贸易问题．2001（04）．

［946］王竹，王虹．我国特许经营的现状与发展［J］．经济问题．2001（10）．

［947］王自力．利率管制的绩效、影响及政策选择［J］．金融研究．2001（05）．

［948］魏海燕．如何防范企业并购风险［J］．企业经济．2001（01）．

［949］魏后凯．我国工业重复建设辨析［J］．经济管理．2001（05）．

［950］魏建文．行政垄断之渊源与法律对策研究［J］．邵阳高等专科学校学报．2001（04）．

［951］魏健馨．中日对本国银行跨国经营法律管制的比较［J］．天津市政法管理干部学院学报．2001（04）．

［952］魏军，张玉玲．政府与建设工程招投标行为的规范化［J］．兰州铁道学院学报．2001（05）．

［953］魏威．网络规模经济的限度［J］．中国电子商务．2001（Z2）．

［954］魏文美．我国上市公司并购动因浅析［J］．财经理论与实践．2001（S1）．

［955］魏祥建．关于我国电信垄断的几点思考［J］．重庆工业高等专科学校学报．2001（S1）．

［956］魏雅华．悖论“重复建设”［J］．经贸世界．2001（03）．

［957］魏永刚．浅论企业并购的股权联合法［J］．经济师．2001（01）．

［958］温冬开．中国品牌要警惕“消灭式合资”——外商并购本土品牌的策略分析［J］．北京商学院学报．2001（02）．

［959］温国兴．特许经营应以传销为戒［J］．商业研究．2001（03）．

［960］温梅兰．中国迫切需要反垄断法［J］．粤港澳价格．2001（03）．

［961］温铁军．打破农村经济领域中的垄断——关乎八亿农民的命运［J］．中国改革．2001（08）．

［962］温铁军．“市场失灵＋政府失灵”：双重困境下的“三农”问题［J］．读书．2001（10）．

［963］温晓莉．论知识经济社会微观公共权力的法律规制［J］．法学．2001（12）．

［964］温择．经济学家胡鞍钢：行政垄断成为中国经济增长的最大制度瓶颈［J］．价格理论与实践．2001（09）．

[965] 温浙兴．政府行为与农业结构调整［J］．地方政府管理．2001（07）．

[966] 文炳勋．政府干预与自由经营争论的三个阶段［J］．株洲工学院学报．2001（04）．

[967] 文杰，张丽琴．反行政垄断中若干基本问题新探［J］．江西社会科学．2001（08）．

[968] 文晶．美国银行业并购浪潮：回顾与透视［J］．金融与经济．2001（03）．

[969] 文启湘，高觉民．商业的适度规模结构与适度市场壁垒［J］．商业时代．2001（09）．

[970] 文武汉．价格垄断的危害和治理［J］．广东社会科学．2001（06）．

[971] 文武汉．莫让价格垄断毁了市场机制［J］．价格理论与实践．2001（10）．

[972] 文武汉．关注价格垄断的危害和治理［J］．中国物价．2001（09）．

[973] 邬高峰．刍议经济领域的寻租现象［J］．探求．2001（03）．

[974] 邬文兵，张明玉，李秀花．运能、投资与铁路客运市场需求之间的相关分析［J］．预测．2001（02）．

[975] 巫勤．高效能：中国政府的行为选择［J］．江南社会学院学报．2001（01）．

[976] 吴彬．“规模不经济”原因及对策［J］．经济管理．2001（09）．

[977] 吴朝阳．城市公用事业价格规制改革研讨［J］．价格与市场．2001（05）．

[978] 吴丹．企业并购中负商誉的确认与计量［J］．财会研究．2001（01）．

[979] 吴凡，张卉．公用企业垄断法律规制原因及构想［J］．煤炭经济研究．2001（07）．

[980] 吴刚．入世与政府行为的适应性调整［J］．新视野．2001（04）．

[981] 吴汉洪，王刚．我国企业规模经济现状及实现途径［J］．经济理论与经济管理．2001（09）．

[982] 吴家庆．论地方保护主义的危害及遏制［J］．政治学研究．2001（01）．

[983] 吴建妍．打破垄断 鼓励竞争［J］．中国投资．2001（06）．

[984] 吴杰，董超．美国天然气管制的历史及启示［J］．石油大学学报（社会科学版）．2001（03）．

[985] 吴炯．反垄断法怎样保护国内市场［J］．网际商务．2001（05）．

[986] 吴莉芳．西部大开发中的政府行为定位初探［J］．成都行政学院学报（社会科学类）．2001（02）．

[987] 吴良根，张智灵．透析司法中的地方保护主义［J］．法制现代化研究．2001（00）．

[988] 吴亮，贺劲松．地方保护：隐隐作痛的经济“沉疴”［J］．开放潮．2001（12）．

[989] 吴亮，贺劲松．地方保护究竟保护了什么？——安徽“舒城现象”透视［J］．开放潮．2001（12）．

[990] 吴清烈，冯勤超，武忠．企业战略并购决策的信息结构与支持框架［J］．中国软科学．2001（05）．

[991] 吴秋敏．国产洗发水打破宝洁垄断的启示［J］．品牌．2001（02）．

[992] 吴瑞坚．新公共管理放松政府管制取向与行政法发展［J］．云南行政学院学报．2001（02）．

[993] 吴书霞，叶晓苏．地方政府行为与住宅产业化［J］．重庆建筑大学学报．2001（03）．

[994] 吴文龙．我国反垄断立法前景展望［J］．工商行政管理．2001（09）．

[995] 吴贤纶．FCC 拟采取防止有线电视网垄断交互电视的措施［J］．有线电视技术．2001（07）．

[996] 吴向恩．中国企业并购的发展研究［J］．北京商学院学报．2001（03）．

[997] 吴晓甦．关于天然气购货、支付合同和建立“西气东输”政府管制价格的建议［J］．城市煤气．2001（10）．

[998] 吴新耀．制止价格垄断行为立法探析［J］．粤港澳价格．2001（08）．

[999] 吴延坤，雷良海．论非金融性资产在企业并购融资中的应用 [J]．科学管理研究．2001 (05)．

[1000] 吴艳霞，杨水利．从秦川兼并宝仪看兼并对企业发展的影响 [J]．经济管理．2001 (14)．

[1001] 吴有根，袁华军．我国投资银行在当前企业并购中的作用与业务定位 [J]．福建师范大学学报（哲学社会科学版)．2001 (03)．

[1002] 吴志军．企业并购失败的原因分析 [J]．当代财经．2001 (12)．

[1003] 伍庆丰，范明献．电信垄断又一回 [J]．中国质量万里行．2001 (07)．

[1004] 武心莹．论网络经济对企业规模影响的弱化 [J]．江西社会科学．2001 (11)．

[1005] 奚秋生．我省整顿和规范市场经济秩序工作 开局良好 任重道远 [J]．江苏商论．2001 (06)．

[1006] 习海平．医疗保险制度改革的思考与对策 [J]．中国卫生经济．2001 (04)．

[1007] 席涛．个人、企业、政府行为主体：经济分析的一个理论框架 [J]．人文杂志．2001 (05)．

[1008] 係磊．走向开放经济的寻租行为及贸易效益——兼议入世对中国经济转轨期寻租现象的影响 [J]．国际商务（对外经济贸易大学学报)．2001 (01)．

[1009] 夏大慰，史东辉．市场经济条件下的政府规制：理论、经验与改革 [J]．上海社会科学院学术季刊．2001 (04)．

[1010] 夏德亚，梁剑锋．对反价格垄断的几点思考 [J]．价格理论与实践．2001 (12)．

[1011] 夏辉．企业并购中的政府行为分析 [J]．北方经贸．2001 (12)．

[1012] 夏绘秦．跨国并购与我国积极利用外资 [J]．经济师．2001 (10)．

[1013] 夏京文．发展中国家外资利用经济绩效的决定因素：环境、规模与结构 [J]．工业技术经济．2001 (03)．

[1014] 夏谦．理性和垄断 [J]．网际商务．2001 (09)．

[1015] 夏业良．警惕“政府失灵” [J]．新财经．2001 (12)．

[1016] 夏业良．电信竞争与激励性规制的理论基石——评《电信竞争》 [J]．新财经．2001 (09)．

[1017] 夏业良．药品管制的经济学分析 [J]．新财经．2001 (08)．

[1018] 相丽玲，张洪亮．信息市场中垄断行为和不正当竞争行为的表象及其法律特征——兼析美国政府诉讼微软案 [J]．情报理论与实践．2001 (01)．

[1019] 向俊波．我国电信产业中的垄断经营和政府管制分析 [J]．经济问题．2001 (06)．

[1020] 项国鹏．我国企业兼并过程中的企业家行为研究 [J]．经济问题探索．2001 (10)．

[1021] 项国鹏．国有企业经营者的企业兼并动机和兼并绩效分析 [J]．经济纵横．2001 (05)．

[1022] 萧泽晟，徐英军．对国有资产运营过程中地方政府行为的法律思考 [J]．行政与法．2001 (04)．

[1023] 晓浪．学者张昕竹谈：如何深化垄断行业的改革（摘要)．[J]．电力技术经济．2001 (04)．

[1024] 晓雅．张维迎：警惕三种新的行业垄断 [J]．当代经济．2001 (06)．

[1025] 晓雨．我国电信资费管制体系的缺陷与完善目标 [J]．通信世界．2001 (36)．

[1026] 晓雨．关于电信资费管制的思考 [J]．通信世界．2001 (26)．

[1027] 肖江文，罗云峰，赵勇，等．寡头垄断条件下环境污染税收的博弈分析 [J]．系统工程．2001 (02)．

[1028] 肖江文，罗云峰，赵勇，等．伴有环境税收影响的寡头企业竞争战略［J］．华中科技大学学报．2001（06）．

[1029] 肖江文，赵勇，罗云峰，等．寡头市场环境污染税收及政府调控模型分析［J］．华中科技大学学报．2001（06）．

[1030] 肖金林．外资并购国有企业初探［J］．中南财经大学学报．2001（05）．

[1031] 肖金明．关于政府抽象行为品位的思考［J］．法学论坛．2001（03）．

[1032] 肖文．从法庭裁定方法的选择看美国反垄断政策的演变［J］．国际贸易问题．2001（08）．

[1033] 肖兴志，张曼．美英日自然垄断型企业改革的共性研究［J］．中国工业经济．2001（08）．

[1034] 谢蔼，姜勇刚．“春运”超载问题的市场失灵与政府干预措施的改革［J］．交通企业管理．2001（01）．

[1035] 谢东鹰．论反垄断与发展规模经济的衡平——兼谈我国反垄断立法［J］．浙江省政法管理干部学院学报．2001（05）．

[1036] 谢非．利益冲突与金融管制“三墙”［J］．国际贸易问题．2001（02）．

[1037] 谢合明．土地利用分区与用途管制的探讨——以成都市都江堰市为例［J］．西南民族学院学报（哲学社会科学版）．2001（11）．

[1038] 谢建增．打破地区封锁和部门行业垄断建立和维护良好的市场经济秩序［J］．中国工商管理研究．2001（07）．

[1039] 谢敏，魏许莲，周锋．股份制公司兼并中补偿机制的非完全性问题研究［J］．当代经济科学．2001（04）．

[1040] 谢群松．财政分权：中国财产税改革的前景［J］．管理世界．2001（04）．

[1041] 谢玉红．治理重复建设的对策［J］．经济研究参考．2001（23）．

[1042] 谢玉红．对重复建设的再思考［J］．宏观经济管理．2001（01）．

[1043] 谢增虎．西部大开发中地方政府非规范行为分析［J］．甘肃社会科学．2001（06）．

[1044] 谢昭琼．并购：中国吸引跨国公司直接投资的新型定位［J］．经济与管理研究．2001（06）．

[1045] 辛波．特许经营——品牌商业企业西部扩张模式刍议［J］．商业研究．2001（09）．

[1046] 辛地．破垄断走市场是门学问［J］．上海综合经济．2001（03）．

[1047] 辛浩．上市公司关联交易的法律规制［J］．当代法学．2001（07）．

[1048] 辛子波，张日新．地方政府干预地方银行行为分析［J］．财经问题研究．2001（12）．

[1049] 邢进，王紫媛．紧锣密鼓反垄断［J］．改革与理论．2001（08）．

[1050] 邢伟琳，吕新阳．在网络经济中如何巧妙运用价格歧视［J］．商业研究．2001（11）．

[1051] 熊斌，杨华健．浅析我国企业并购行为中的误区［J］．企业经济．2001（07）．

[1052] 熊剑庆．我国金融市场寻租行为的分析［J］．广东商学院学报．2001（02）．

[1053] 熊铭．民间组织在整顿规范市场经济秩序中的地位与作用［J］．求实．2001（09）．

[1054] 熊培．以技术优势争市场份额——第一届国际TD-SCDMA高级研讨会评述［J］．通讯世界．2001（10）．

[1055] 熊庆年，王修娥．高等教育国际贸易市场的形成与分割［J］．教育发展研究．2001（09）．

[1056] 熊文辉．试论IT产业的跨国并购与法律协调［J］．科技进步与对策．2001（08）．

[1057] 胥朝阳．上市公司并购的投资视角分析［J］．管理现代化．2001（06）．

[1058] 徐阿玲．产品标准备案——产品进入市场的“准入证”［J］．航空标准化与质量．2001（06）．

[1059] 徐波．欧盟反倾销对中国欧盟市场投资准入的意义 [J]．当代财经．2001 (07)．

[1060] 徐刚．生命密码及其法律规制 [J]．律师世界．2001 (09)．

[1061] 徐宏毅，张子刚．价格战引出的资源优化配置：收购与兼并 [J]．华中科技大学学报．2001 (09)．

[1062] 徐继强．网络广告及其法律规制 [J]．上海市政法管理干部学院学报．2001 (04)．

[1063] 徐家良．转型期政府行为失范探析：成因与对策 [J]．行政与法（吉林省行政学院学报)．2001 (06)．

[1064] 徐雷，胡燕．多核 层级 网络——兼并型城市中心区形态问题研究 [J]．城市规划．2001 (12)．

[1065] 徐立军．企业知识联盟挑战企业并购 [J]．江西社会科学．2001 (08)．

[1066] 徐世伟，蒋明宣，冯仁德．加入 WTO 与打破电信垄断的再思考 [J]．财经科学．2001 (S2)．

[1067] 徐向艺，苗晓钢．中国企业规模经济的实证分析 [J]．山东大学学报（哲学社会科学版)．2001 (04)．

[1068] 徐学民．企业兼并的整合管理及其分析 [J]．社会科学战线．2001 (04)．

[1069] 徐雅丽．试论我国不正当竞争中的行政垄断 [J]．行政与法（吉林省行政学院学报)．2001 (03)．

[1070] 徐妍．我国企业合并亟待反垄断法规制 [J]．行政与法（吉林省行政学院学报)．2001 (03)．

[1071] 徐英军．规范国有资产运营中地方政府行为的制度设计 [J]．河北法学．2001 (05)．

[1072] 徐英军．对国有资产运营中地方政府行为监督机制的法律思考 [J]．山东省青年管理干部学院学报．2001 (03)．

[1073] 徐玉凤，王玉春，赵国经．我国企业并购存在的问题及对策 [J]．经济经纬．2001 (01)．

[1074] 徐再荣．里根政府的管制改革初探 [J]．世界历史．2001 (06)．

[1075] 徐兆铭．我国国有经济的规模及产业分布 [J]．东北财经大学学报．2001 (02)．

[1076] 徐振兵，张少云．体育产业化过程中的政府行为研究 [J]．上海体育学院学报．2001 (S1)．

[1077] 许立新，毛晋生，张咏梅．市场主体与环境失灵：国有商业银行的信贷资金配置问题研究 [J]．金融研究．2001 (09)．

[1078] 许庆明．试析环境问题上的政府失灵 [J]．管理世界．2001 (05)．

[1079] 许小虎．我国民航业的 SCP、价格规制及改革策略 [J]．山西财经大学学报．2001 (S1)．

[1080] 许晓华，甘峰．政府规制改革：目的与挑战——日美两国比较分析 [J]．浙江社会科学．2001 (02)．

[1081] 薛斌．公用企业垄断行为的表现形式及查处对策 [J]．工商行政管理．2001 (09)．

[1082] 薛克鹏．行政垄断不应由《反垄断法》调整 [J]．山西师大学报（社会科学版)．2001 (02)．

[1083] 薛克鹏．西部开发中政府干预手段的法律思考 [J]．甘肃政法学院学报．2001 (02)．

[1084] 薛丽娟，王海新．对我国寻租问题的探讨 [J]．现代经济探讨．2001 (09)．

[1085] 薛耀文，刘立功．对彩电行业寡头行为的辨析 [J]．山西高等学校社会科学学报．2001 (03)．

[1086] 薛耀文，武杰．对混合竞争性产业寡头行为的分析 [J]．生产力研究．2001 (Z1)．

[1087] 薛正亮，陈继祥．华东电力市场如何打破省际壁垒？[J]．上海经济．2001（04）．

[1088] 鄢显俊．信息资本与信息垄断——一种新视野里的资本主义 [J]．世界经济与政治．2001（06）．

[1089] 闫宏飞，茅于轼．邮政行业垄断是否自然？[J]．财经界．2001（09）．

[1090] 闫小龙．公用企业的政府管制和反垄断问题 [J]．河北法学．2001（04）．

[1091] 严峻伟．英国对外国银行的法律管制 [J]．金融信息参考．2001（05）．

[1092] 严若森．对我国推进反行业垄断的政策建议 [J]．计划与市场．2001（08）．

[1093] 阎坤，陈昌盛．财政分权中的再分配问题 [J]．财贸经济．2001（08）．

[1094] 阎宗庆，何丽萍．浅析西部经济结构调整中的政府行为 [J]．攀登．2001（06）．

[1095] 晏新平．要限制政府过度干预——政府干预市场的思考 [J]．中国经贸导刊．2001（03）．

[1096] 燕青．减少政府直接管理行为 充分引进市场竞争机制——浅谈如何规范当前机动车存车市场的价格行为 [J]．北京物价．2001（12）．

[1097] 阳穆哲．腐败问题的三方决策模型——委托人、代理人与寻租者的行为分析及反腐败政策建议 [J]．经济科学．2001（05）．

[1098] 杨波．遏制地方保护主义在于制度创新 [J]．保山师专学报．2001（02）．

[1099] 杨晨，唐震．特许经营“特”的思辨 [J]．商业研究．2001（04）．

[1100] 杨丹辉．外商投资企业竞争优势与市场份额分析 [J]．上海经济研究．2001（05）．

[1101] 杨冬艳．论企业兼并中的政府干预 [J]．经济经纬．2001（01）．

[1102] 杨冠琼．政府管制及其效率前提 [J]．经济管理．2001（04）．

[1103] 杨国民．国家药监局长郑筱萸指出——经营企业重复建设 制假售假品种繁多 虚假广告充斥媒体 铲除药品市场混乱“病根”任重道远 [J]．城市技术监督．2001（05）．

[1104] 杨国清，李自力．行政性限制竞争行为难以规制的原因及对策 [J]．中国工商管理研究．2001（10）．

[1105] 杨汉明．企业兼并整体价值定性评估方法 [J]．统计与决策．2001（09）．

[1106] 杨合湘．汽车市场的地方保护状况及对策研究 [J]．经济研究参考．2001（07）．

[1107] 杨红灿．“中美政府规制与行政许可研讨会”综述 [J]．工商行政管理．2001（18）．

[1108] 杨欢亮．对市场经济中“市场失灵”与“政府失灵”问题的思考 [J]．山东财政学院学报．2001（01）．

[1109] 杨蕙馨．集中度、规模与效率 [J]．文史哲．2001（01）．

[1110] 杨纪朝．阐述纺织“十五”规划及重复建设问题 [J]．中国纺织经济．2001（Z1）．

[1111] 杨继绳．政企不分是重复建设的病根 [J]．中国投资．2001（10）．

[1112] 杨建平，金维兴．垄断再认识与陕西省建筑产业结构调整目标模式 [J]．西安建筑科技大学学报（自然科学版）．2001（03）．

[1113] 杨剑慧．国际银行业并购对我国银行业发展的启示 [J]．金融理论与实践．2001（03）．

[1114] 杨剑慧．国际银行业并购的动因分析 [J]．农村金融研究．2001（02）．

[1115] 杨健，钟红英．浅谈企业并购的税务筹划 [J]．税务与经济（长春税务学院学报）．2001（05）．

[1116] 杨洁．试论垄断控制制度从结构主义到行为主义的变迁 [J]．经济师．2001（09）．

[1117] 杨洁．运用行政指导方式制止行政垄断 [J]．工商行政管理．2001（Z1）．

[1118] 杨颉．依势取强 并购求大——摩根·斯坦利 [J]．银行家．2001（01）．

[1119] 杨君培．应对WTO挑战 规范政府行为 [J]．发展．2001（06）．

[1120] 杨峻．按市场经济规律要求 探索土地流转新思路——田东县平马镇用租赁方式集中土地规模经营的初步经验［J］．延边党校学报．2001（05）．

[1121] 杨兰．市场经济体制下的政府干预——三亚市政府成功整治烂尾楼及其启示［J］．探索与争鸣．2001（09）．

[1122] 杨名舟．国外电力工业管制模式扫描［J］．中国电力企业管理．2001（04）．

[1123] 杨农．企业合谋和价格战的动态分析［J］．预测．2001（06）．

[1124] 杨农．竞争中的合作：企业合谋和价格战［J］．学术界．2001（02）．

[1125] 杨培芳．将电信融入整个网络产业——面对新经济环境的电信业（之一）［J］．中国电信业．2001（05）．

[1126] 杨朴宇．电力改革厂网分开垄断坚冰能打破吗？［J］．科技潮．2001（07）．

[1127] 杨仁争．优化政府行为［J］．求是．2001（23）．

[1128] 杨嵘．进入壁垒与石油产业组织效应［J］．当代经济科学．2001（02）．

[1129] 杨守业．秉公执法不搞地方保护主义［J］．劳动保护．2001（02）．

[1130] 杨枢立．垄断与反垄断的立法探析［J］．发展．2001（11）．

[1131] 杨伟文，江飞涛，李明清．企业破产中的政府行为及角色研究［J］．中南工业大学学报（社会科学版）．2001（03）．

[1132] 杨伟文，刘梦雨．产品差异化与重复建设引发过度价格竞争的博弈分析［J］．宁夏大学学报（人文社会科学版）．2001（05）．

[1133] 杨卫东，张合善．数字化进程中的政府管理行为初探［J］．图书馆学研究．2001（02）．

[1134] 杨渭源．垄断行业也要善待消费者［J］．北京工商管理．2001（11）．

[1135] 杨咸卯，汪达环．试析政府决策的行为取向［J］．河北科技大学学报（社会科学版）．2001（03）．

[1136] 杨晓玲，梁华．用发展的观点理解列宁关于垄断的理论［J］．教学与研究．2001（07）．

[1137] 杨筱燕．金融寻租行为透视［J］．煤炭经济研究．2001（11）．

[1138] 杨学华．“寻租”与社会中介机构的脱钩改制［J］．长沙电力学院学报（社会科学版）．2001（01）．

[1139] 杨雁征，王威．市场准入与民族产业发展［J］．天津商学院学报．2001（01）．

[1140] 杨宜苗．规模经济与我国连锁经营企业的扩张［J］．商业研究．2001（02）．

[1141] 杨宜勇．劳动力市场的行政分割［J］．经济研究参考．2001（27）．

[1142] 杨怡光，邓仲华，刘玮．双头独立判别寡头市场的动态仿真分析［J］．科技进步与对策．2001（09）．

[1143] 杨珍，郑令宇．当代西方利益集团的立法影响及评价［J］．人大研究．2001（05）．

[1144] 杨中军．特许经营在中国［J］．江苏商论．2001（09）．

[1145] 杨忠．国际兼并浪潮与企业核心能力构造［J］．经济管理．2001（04）．

[1146] 姚炳川．政府在农业产业化经营中的行为规范［J］．经济工作导刊．2001（21）．

[1147] 姚海英．规范政府行为与国际准则接轨［J］．兵团党校学报．2001（06）．

[1148] 姚力，李小玲．国有企业兼并中的博弈分析［J］．理论导刊．2001（03）．

[1149] 姚淑云．地方保护与名牌商标［J］．中国质量万里行．2001（12）．

[1150] 叶厚元．企业反并购八大策略［J］．管理现代化．2001（06）．

[1151] 叶厚元．企业并购决策的风险分析［J］．统计与决策．2001（09）．

[1152] 叶雪芳．上市公司审计合谋及治理对策［J］．财经论丛（浙江财经学院学报）．2001（03）．

[1153] 叶燕．中国：刮起反垄断风暴［J］．财会月刊．2001（19）．

[1154] 叶燕．反垄断——艰巨的战役［J］．安徽税务．2001（08）．

[1155] 叶燕．中国刮起反垄断风暴［J］．价格月刊．2001（08）．

[1156] 叶燕．行业垄断何时休?［J］．今日海南．2001（08）．

[1157] 叶育登．谈广电集团化运作中的政府行为［J］．中国广播电视学刊．2001（06）．

[1158] 叶育登．试论广电集团化运作中的政府行为［J］．浙江社会科学．2001（03）．

[1159] 易健华．管制内幕交易的自律机制——中国墙［J］．湖南财经高等专科学校学报．2001（05）．

[1160] 易小光．市场经济下寻求政府行为与市场主体的结合［J］．重庆行政．2001（05）．

[1161] 易雨．新世纪中国啤酒市场分割——优势企业抢滩占市［J］．中外食品工业信息．2001（01）．

[1162] 阴留军．企业并购中的风险分析［J］．财会通讯．2001（12）．

[1163] 殷国手．我国企业规模经济问题刍议——兼析甘肃轻纺工业结构调整［J］．兰州石化职业技术学院学报．2001（02）．

[1164] 殷少明，李飞．关于新疆地方保护主义的成因、危害及对策研究［J］．新疆财经．2001（05）．

[1165] 殷叙彝．弗里德曼批评美国政府借"9·11"事件干预经济生活［J］．国外理论动态．2001（12）．

[1166] 银温泉．我国有望5～10年打破地方市场分割［J］．领导决策信息．2001（35）．

[1167] 尹传贵，马幼平，李凤鸣．通过兼并促进医院的快速发展［J］．中华医院管理杂志．2001（10）．

[1168] 尹传贵，马幼平，李凤鸣．以医院兼并为契机 创办"院中院"的实践［J］．中国医院管理．2001（02）．

[1169] 尹剑．创新机制　规范行为　全面推行政府采购预算制度［J］．湖北财税．2001（21）．

[1170] 尹敬东．质量差异成本与产品差异的均衡定价分析［J］．数量经济技术经济研究．2001（02）．

[1171] 尹丽，徐洪，赵猛．世纪末银行业并购风潮的反思［J］．财经科学．2001（S2）．

[1172] 尹莲英．垄断价格行为与政府作用［J］．南京化工大学学报（哲学社会科学版）．2001（02）．

[1173] 应飞虎．市场失灵与经济法［J］．法学．2001（06）．

[1174] 应国良．我国乡村社会中政府行为的限度［J］．黑龙江社会科学．2001（06）．

[1175] 尤建新，陈宝胜．产品质量差异的经济分析［J］．世界标准化与质量管理．2001（12）．

[1176] 游钰．论价格卡特尔的界定［J］．法学评论．2001（04）．

[1177] 于吉．打破自然垄断的意义及采取的措施［J］．中国工商管理研究．2001（10）．

[1178] 于吉．引入竞争机制 打破自然垄断［J］．中国经贸导刊．2001（15）．

[1179] 于立，肖兴志．规制理论发展综述［J］．财经问题研究．2001（01）．

[1180] 于延东．试论优化和规范市场经济下的政府行为与效率［J］．东北财经大学学报．2001（01）．

[1181] 于兹志．特许连锁经营［J］．企业活力．2001（03）．

[1182] 余国杰．企业并购的财务经济学解释［J］．江汉论坛．2001（09）．

[1183] 余晖．被"绿荫"遮蔽的"阳光"——也谈邮政的垄断与竞争［J］．新财经．2001（09）．

[1184] 余晖．反垄断务必稳、准、狠 [J]. 工商行政管理．2001 (09).

[1185] 余惠芬．转型时期我国寻租现象的多维分析 [J]. 中国工业经济．2001 (09).

[1186] 余建年，戚名辉，刘津美．论行业垄断的打破与行业协会的发展 [J]. 江汉论坛．2001 (10).

[1187] 余江，方新．由IP电话发展看技术创新对垄断产业市场结构的冲击 [J]. 科学学与科学技术管理．2001 (12).

[1188] 余立智，翁春光．试论我国产权制度变迁过程中的寻租 [J]. 苏州大学学报．2001 (04).

[1189] 於娟．企业兼并中的所得税问题 [J]. 上海会计．2001 (03).

[1190] 俞冰，何霙霙．打破电信垄断的空间有多大？[J]. 中国改革．2001 (05).

[1191] 俞慧军．张家港市规模经济、外向经济、民营经济"三轮齐驱"[J]. 江南论坛．2001 (03).

[1192] 俞梅珍．网状产业从垄断走向竞争的趋势与中国的战略选择 [J]. 经济前沿．2001 (09).

[1193] 俞永炳．欧盟修改全面市场准入计划 [J]. 世界热带农业信息．2001 (06).

[1194] 渔洋．《反垄断法》为何难产？[J]. 科技智囊．2001 (05).

[1195] 虞锡君．嘉兴区域特色规模经济的特征、意义和展望 [J]. 中国农村经济．2001 (05).

[1196] 虞锡君．盲目重复建设缘何久治不愈 [J]. 嘉兴学院学报．2001 (01).

[1197] 禹来．寻租网络与国有企业的外部人控制 [J]. 学术研究．2001 (09).

[1198] 原小能．知识经济下的进入壁垒与技术创新 [J]. 经济论坛．2001 (03).

[1199] 袁持平．政府失灵的经济分析 [J]. 社会主义研究．2001 (05).

[1200] 袁富华．中国民航业的产权问题与价格管制 [J]. 价格与市场．2001 (08).

[1201] 袁建文．企业并购探析 [J]. 企业经济．2001 (03).

[1202] 袁坤．浅谈物业行业市场化进程中政府的干预、调节作用 [J]. 北京物价．2001 (01).

[1203] 袁翔珠．外资并购国有企业的法律规制 [J]. 企业管理．2001 (11).

[1204] 岳咏桥．打破垄断——银行商业化改革的必然选择 [J]. 中国农业银行武汉管理干部学院学报．2001 (03).

[1205] 臧乃康．论政府干预成本 [J]. 天津行政学院学报．2001 (03).

[1206] 臧跃茹．资产重组中的市场分割问题 [J]. 宏观经济研究．2001 (03).

[1207] 曾劲松．带培见习管制员工作中应注意的几个问题 [J]. 空中交通管理．2001 (06).

[1208] 曾培芳．论特许经营中搭售行为的非法性问题 [J]. 学海．2001 (05).

[1209] 曾文清．杂说反垄断 [J]. 广东经济．2001 (03).

[1210] 曾晓兰．关于我国目前过度降价竞争的一些思考 [J]. 北京工商大学学报（社会科学版）. 2001 (04).

[1211] 曾晓兰．价格战为何持续不断——浅析我国目前过度降价竞争原因 [J]. 决策咨询通讯．2001 (01).

[1212] 曾岩．发展中国家对外汇管制的利弊分析 [J]. 理论界．2001 (01).

[1213] 翟捷，王春峰，罗见春．全球金融业并购的影响分析 [J]. 国际金融研究．2001 (08).

[1214] 詹明月．规范国有资本营运中的政府行为 [J]. 淮北煤师院学报（哲学社会科学版）. 2001 (Z1).

[1215] 詹晓宁，滕维藻．东亚金融危机期间跨国公司的进入模式——兼论跨国并购对东亚国家经济恢复和发展的影响［J］．南开经济研究．2001（04）．

[1216] 张．知识经济下的进入壁垒［J］．资料通讯．2001（03）．

[1217] 张兵男．规范行政收费 消除行政垄断的建议［J］．辽宁财税．2001（09）．

[1218] 张持．反垄断与规模经济［J］．宁波经济．2001（06）．

[1219] 张创伟，周雯．浅析学校规模不经济的原因及对策［J］．教学与管理．2001（23）．

[1220] 张春．经济发展不同阶段对金融体系的信息要求和政府对银行的干预：来自韩国的经验教训［J］．经济学（季刊）．2001（01）．

[1221] 张春林．集体合谋：腐败的新动向［J］．理论与实践．2001（04）．

[1222] 张得让，陈金贤．政府采购中理性政府行为的角色分析［J］．财政研究．2001（11）．

[1223] 张德亮．企业并购的收益分析模型［J］．统计与决策．2001（05）．

[1224] 张登辉．河西地区农户规模饲养蛋鸡经济效益调查［J］．中国禽业导刊．2001（22）．

[1225] 张地生，陈宏民，贾红睿．开放经济环境中的横向兼并［J］．上海交通大学学报．2001（06）．

[1226] 张东平，吴祖峰．规范维护砂石运输市场秩序［J］．中国水运．2001（06）．

[1227] 张凡．关于拉美国家政府干预及其演变问题的思考提纲［J］．拉丁美洲研究．2001（03）．

[1228] 张刚，孟凡平．寻租和腐败的经济学分析［J］．南京航空航天大学学报（社会科学版）．2001（03）．

[1229] 张光远．垄断行业价格改革试探［J］．价格理论与实践．2001（09）．

[1230] 张国华．推动全球企业并购的两大动力及其影响［J］．上海企业．2001（05）．

[1231] 张海航．经济公正与政府对经济的适度干预［J］．发展研究．2001（10）．

[1232] 张海如．规模经济：理论辨析和现实思考［J］．经济问题．2001（01）．

[1233] 张海如．从过度竞争到有效竞争——中国产业发展的必然抉择与理性思考［J］．山西财政税务专科学校学报．2001（06）．

[1234] 张海如，李培如．规模经济：理论辨析与我国企业集团发展趋势［J］．太原科技．2001（01）．

[1235] 张海如，王纪山．消除过度竞争是中国产业发展的必然抉择［J］．生产力研究．2001（06）．

[1236] 张航．集装箱船大型化的规模经济效益［J］．集装箱化．2001（05）．

[1237] 张恒．公共选择理论的政府失灵说及其对我国政府改革的启示［J］．广西社会科学．2001（04）．

[1238] 张红凤．分工、纵向一体化与垄断问题探析［J］．理论学刊．2001（01）．

[1239] 张宏，苏爽．欲欲“维权”，反垄断！［J］．中国计量．2001（11）．

[1240] 张洪元，董伟文．浅谈国际纺织品市场的技术壁垒与对策［J］．中国检验检疫．2001（05）．

[1241] 张鸿．股份有限公司股份回购适用范围的法律规制［J］．经济管理．2001（06）．

[1242] 张晖明，王庆新．外资并购：国有经济战略性重组的可选择途径［J］．特区经济．2001（12）．

[1243] 张慧东，姚丽．西部开发中政府经济行为的分析与思考［J］．新疆农垦经济．2001（03）．

[1244] 张加文．经济全球化与传统内国反垄断法［J］．黑龙江省政法管理干部学院学报．2001（03）．

[1245] 张家泉．投资银行：与资本市场并购共成长 [J]．中国统计．2001 (05).

[1246] 张家泉．政府防范证券市场风险的行为研究（下）[J]．中国统计．2001 (10).

[1247] 张建华，隋月娟．对打破行政垄断的思考 [J]．群众．2001 (11).

[1248] 张建军．对国有建筑企业兼并问题的探讨 [J]．建筑经济．2001 (12).

[1249] 张键．品质是市场准入永恒的标准——加入 WTO 后我国农业的应对措施 [J]．国际经济合作．2001 (01).

[1250] 张杰军．从微软垄断案看美国政府在经济中的作用 [J]．经济工作导刊．2001 (07).

[1251] 张金胜．打破垄断 未到穷期 [J]．市场观察．2001 (03).

[1252] 张劲松．试论对国际性并购的法律管制 [J]．国际贸易问题．2001 (01).

[1253] 张晶．毛里求斯的电信管制与市场环境 [J]．世界电信．2001 (02).

[1254] 张井．垄断价格分析和低价竞销与倾销的区分 [J]．商业经济文荟．2001 (05).

[1255] 张井．反价格垄断的重点是反行政价格垄断 [J]．粤港澳价格．2001 (07).

[1256] 张静．论市场失灵与政府干预的逻辑联系 [J]．重庆广播电视大学学报．2001 (02).

[1257] 张久荣．关于当前我国经济生活中存在的垄断（限制竞争）行为的几个问题——访国家工商总局公平交易局局长刘佩智 [J]．中国工商管理研究．2001 (06).

[1258] 张久荣．鼓励竞争还是鼓励“重复建设”[J]．中国工商管理研究．2001 (04).

[1259] 张俊文．反垄断法中的市场界定 [J]．现代法学．2001 (03).

[1260] 张琅，于安功．垄断　众矢之的　反垄断　势在必行 [J]．价格理论与实践．2001 (04).

[1261] 张磊．对当前我国垄断问题的思考 [J]．首都经济．2001 (06).

[1262] 张蕾，何俊德．基于并购行为的公司商誉性质探讨 [J]．商业研究．2001 (08).

[1263] 张立新．内蒙古西部开发中劳动力市场的规制 [J]．内蒙古大学学报（人文社会科学版）．2001 (02).

[1264] 张丽琴．论反行政垄断中诉讼救济的完善 [J]．黑龙江省政法管理干部学院学报．2001 (03).

[1265] 张丽琴．我国反行政性垄断立法的现状与完善 [J]．行政与法（吉林省行政学院学报）．2001 (03).

[1266] 张利，吕兵．反垄断法与市场集中度的测算 [J]．科技与管理．2001 (03).

[1267] 张连起．整顿市场经济秩序 重塑社会信用基础——“黎明股份”与“湖北立华”事件之透视与反思 [J]．财务与会计．2001 (07).

[1268] 张明龙．论整顿市场经济秩序与完善市场规则体系 [J]．社会科学辑刊．2001 (05).

[1269] 张鸣胜．反垄断法中卡特尔豁免制度研究 [J]．南京航空航天大学学报（社会科学版）．2001 (03).

[1270] 张念瑜．国外市场经济国家公用事业价格规制的理论、实践与借鉴 [J]．广西市场与价格．2001 (10).

[1271] 张平，董安明．浅谈产品的差异优势及其运用策略 [J]．商业经济与管理．2001 (02).

[1272] 张启富．微软垄断案及其影响 [J]．国际市场．2001 (02).

[1273] 张启明．家电市场过度竞争的负面影响及对策 [J]．商业研究．2001 (11).

[1274] 张倩．适度政府干预的必要性 [J]．经营管理者．2001 (01).

[1275] 张卿．转轨时期地方政府行为引起的负外在性问题的研究 [J]．广东行政学院学报．2001 (04).

[1276] 张卿．政府失灵的主要经济表现及其矫正 [J]．江汉论坛．2001 (01).

[1277] 张卿．一种国有企业经营制度安排：托管制分析 [J]．华南师范大学学报（社会科学版）．2001 (03)．

[1278] 张群群．市场秩序建设与政府行为准则的确立和实施 [J]．经济评论．2001 (01)．

[1279] 张荣齐，白人朴．我国连锁店特许经营环境的再认识 [J]．商业经济文荟．2001 (01)．

[1280] 张蓉．全球银行业并购与中国银行业的未来 [J]．中国税务．2001 (01)．

[1281] 张锐．点评企业并购案例 [J]．管理现代化．2001 (03)．

[1282] 张锐．兼并战中的企业反兼并战略 [J]．企业活力．2001 (06)．

[1283] 张锐．并购快乐并痛着 [J]．中外管理．2001 (05)．

[1284] 张锐．慎重并购 [J]．企业活力．2001 (04)．

[1285] 张锐．裁判企业并购 [J]．企业管理．2001 (04)．

[1286] 张瑞萍．反垄断法应如何对待知识产权 [J]．清华大学学报（哲学社会科学版）．2001 (04)．

[1287] 张少峰．并购——企业发展的现实选择 [J]．中国审计．2001 (10)．

[1288] 张曙光．打破电力垄断为何这样难? [J]．改革与理论．2001 (05)．

[1289] 张曙光．公共财政的有效实现有赖于政府制度和政府行为的根本转变——对高培勇教授论文的评论 [J]．国际经济评论．2001 (Z1)．

[1290] 张曙光，郭金龙．放松政府管制 挖掘内需潜力 [J]．浙江经济．2001 (10)．

[1291] 张松滨．环境影响评价必须实行政府“垄断” [J]．上海城市管理职业技术学院学报．2001 (06)．

[1292] 张素霖．从跨国并购看供应链管理 [J]．山西财经大学学报．2001 (05)．

[1293] 张涛．论优化政府经济行为 [J]．山区开发．2001 (09)．

[1294] 张天明．法国政府采取措施打击信用卡舞弊行为 [J]．全球科技经济瞭望．2001 (06)．

[1295] 张威．兼并、新闻寡头和政府举措——当代澳大利亚报业研究（1920—1999）[J]．新闻与传播研究．2001 (01)．

[1296] 张巍，国丽娜．组织决策过程的寻租分析 [J]．北方经贸．2001 (10)．

[1297] 张维迎．垄断环境下生存的国企没有竞争力可言 [J]．领导决策信息．2001 (47)．

[1298] 张维迎．打破垄断 发展民营银行 [J]．财经界．2001 (04)．

[1299] 张文龙，刘烈龙．对“寻租”定义的批判 [J]．上海经济研究．2001 (10)．

[1300] 张文泉，曹景山．管制与放松管制理论及应用探讨 [J]．华北电力大学学报（社会科学版）．2001 (03)．

[1301] 张五常．入世：加速垄断权瓦解 [J]．南风窗．2001 (15)．

[1302] 张务锋．整顿和规范市场主体准入秩序亟需解决的认识问题 [J]．工商行政管理．2001 (16)．

[1303] 张熙．浅析垄断及反垄断立法的价值 [J]．玉溪师范学院学报．2001 (01)．

[1304] 张小蒂，李风华．技术创新、政府干预与竞争优势 [J]．世界经济．2001 (07)．

[1305] 张晓晶．中国的金融业垄断亟待打破 [J]．中国改革．2001 (07)．

[1306] 张谢定．论政府对土地供应市场的垄断 [J]．上海房地．2001 (02)．

[1307] 张昕竹．激励管制与电信改革 [J]．通信世界．2001 (23)．

[1308] 张新东．从“宝马”出售“罗弗”看并购 [J]．商业研究．2001 (06)．

[1309] 张馨．法治化：政府行为·财政行为·预算行为 [J]．厦门大学学报（哲学社会科学版）．2001 (04)．

[1310] 张轩，纪平．上市公司战略性并购探析 [J]．经济问题探索．2001 (02)．
[1311] 张学陶．国有商业银行经营规模与经济效益探讨 [J]．中国农业银行武汉管理干部学院学报．2001 (01)．
[1312] 张循宇，陈立毅．银行并购规模与效率 [J]．农村金融研究．2001 (11)．
[1313] 张亚芸．公司并购中少数股东权益的法律保护 [J]．管理世界．2001 (04)．
[1314] 张艳，邓迪贤．我国公用垄断产业存在的问题及对策 [J]．价格月刊．2001 (01)．
[1315] 张扬．呼吁"政府行为" [J]．政府法制．2001 (10)．
[1316] 张永学，蔡景致，韩华．试论打破地方保护主义对打假的作用 [J]．中国工商管理研究．2001 (08)．
[1317] 张勇．转型经济中寡头企业竞争模式及绩效研究——兼论中国石油石化两大集团竞争模式和政府管制问题 [J]．经济世界．2001 (02)．
[1318] 张勇．石油石化两大集团竞争模式及政府管制问题 [J]．中国石油和化工．2001 (03)．
[1319] 张勇，张世英，程振华．对自然垄断行业改革的思考与建议 [J]．西北农林科技大学学报 (社会科学版)．2001 (04)．
[1320] 张佑林．电影票价下降效应给我们带来了什么启示？——兼论价格歧视理论对我国电影消费市场的适用性 [J]．消费经济．2001 (04)．
[1321] 张玉光，彭友贵．生态经济中的政府干预行为 [J]．林业经济．2001 (05)．
[1322] 张圆江．谈谈中国的政府垄断 [J]．经济问题探索．2001 (06)．
[1323] 张远儿．试析政府与企业的行为模式——以珠江三角洲为例 [J]．华南师范大学学报 (自然科学版)．2001 (03)．
[1324] 张云云．我国自然垄断产业组织投融资改革的分析 [J]．经济问题探索．2001 (09)．
[1325] 张震．我国地方政府非规范性自主投资行为探讨 [J]．山东社会科学．2001 (03)．
[1326] 张芝苓，苏向东．地方保护主义阻碍地区经济的发展 [J]．技术监督纵横．2001 (04)．
[1327] 张志刚．继续推进整顿和规范成品油市场秩序工作 [J]．中国经贸导刊．2001 (15)．
[1328] 章寿荣．厂商竞争的政府规制 [J]．现代经济探讨．2001 (05)．
[1329] 章亚梅．论我国反垄断立法的迫切性 [J]．南通工学院学报．2001 (02)．
[1330] 章忠诚．略论信用缺失与政府行为 [J]．福建金融．2001 (12)．
[1331] 萍赵，王忠武．社会结构转型与政府经济行为变迁 [J]．理论与现代化．2001 (01)．
[1332] 赵滨．地方政府教育投资行为动机及特点浅析 [J]．教育探索．2001 (04)．
[1333] 赵波．论物业产品的差异化与无差异化策略 [J]．城市开发．2001 (11)．
[1334] 赵波．论跨国公司对中国产业过度竞争的影响 [J]．当代经济．2001 (08)．
[1335] 赵波，华德亚．对我国汽车产业进入管制失效的思考 [J]．首都经济贸易大学学报．2001 (06)．
[1336] 赵成霖．审计要为规范市场经济秩序服务 [J]．中国审计．2001 (10)．
[1337] 赵放．放松规制与日本政府经济职能的转换 [J]．日本研究．2001 (03)．
[1338] 赵国强，王庆功．竞争例外范围与我国自然垄断行业政府管制 [J]．商业研究．2001 (11)．
[1339] 赵宏．WTO 规则与政府行为 [J]．大经贸．2001 (12)．
[1340] 赵金龙，彭志强．反垄断：一个不容忽视的话题 [J]．经济论坛．2001 (11)．
[1341] 赵筠．适度垄断与规模经济 [J]．经济论坛．2001 (14)．
[1342] 赵俊杰．欧洲并购美国：搭建新经济平台 [J]．世界知识．2001 (05)．

[1343] 赵丽生. 高举反垄断利剑 维护社会主义市场经济秩序 [J]. 山西财政税务专科学校学报. 2001 (01).

[1344] 赵琳. 正确认识竞争政策 整顿市场秩序 [J]. 商业研究. 2001 (09).

[1345] 赵敏慧. 浅析我国混合型卷烟市场份额增长的原因 [J]. 玉溪师范学院学报. 2001 (S1).

[1346] 赵明, 徐斌. 论上市公司反收购的法律规制 [J]. 池州师专学报. 2001 (01).

[1347] 赵萍, 王忠武. 社会结构转型对政府经济行为的五项要求 [J]. 资料通讯. 2001 (02).

[1348] 赵庆海, 邹琳艳. 谈企业破产、转产、兼并的财务处理方法 [J]. 工业技术经济. 2001 (01).

[1349] 赵文华, 安立仁. 三层组织内的串谋理论分析 [J]. 西北大学学报 (哲学社会科学版). 2001 (03).

[1350] 赵晓峰. 当前政府收费行为的思考 [J]. 山西广播电视大学学报. 2001 (03).

[1351] 郑才林. 企业兼并中的资源整合管理研究 [J]. 中国软科学. 2001 (08).

[1352] 郑春荣. 宏观税负无法反映政府干预经济的真实水平 [J]. 税务研究. 2001 (04).

[1353] 郑海东. 市场准入条件下国民待遇原则的理解与应用 [J]. 财经研究. 2001 (03).

[1354] 郑琳. 反行政性垄断 迎接入世挑战 [J]. 前进. 2001 (06).

[1355] 郑茂刚. 论我国社会主义市场经济体制中的规制行政机构 [J]. 黔东南民族师专学报. 2001 (05).

[1356] 郑明川. 培育和发展风险投资业的政府行为研究 [J]. 浙江财税与会计. 2001 (07).

[1357] 郑鸣. 论银行业并购的战略意义 [J]. 国际金融研究. 2001 (10).

[1358] 郑鹏程. 论对我国自然垄断行业的法律调整 [J]. 中国软科学. 2001 (08).

[1359] 郑鹏程. 反行政垄断悖论及其消解 [J]. 忻州师范学院学报. 2001 (02).

[1360] 郑鹏程, 张重实. 论我国自然垄断行业的垄断特征与法律规制 [J]. 当代法学. 2001 (08).

[1361] 郑胜利. 日本反过度竞争的经验及其对我国的启示 [J]. 日本问题研究. 2001 (02).

[1362] 郑胜利. 论我国政府竞争管制体系的构建与实施 [J]. 社会科学. 2001 (02).

[1363] 郑兴无. 聚焦在市场准入——WTO 航空运输服务贸易自由化进程及特点 [J]. 国际贸易. 2001 (08).

[1364] 郑勇. 政府行为与农业产业化 [J]. 山东农业. 2001 (03).

[1365] 郑雨尧. 抽象市场经济的政府干预模型浅析 [J]. 经济师. 2001 (09).

[1366] 郑悦起. 网厂分开会形成寡头竞争吗? [J]. 大众用电. 2001 (02).

[1367] 郑志刚. 产权作为提供专用性投资激励机制的缺陷和通路管制理论 [J]. 南开经济研究. 2001 (06).

[1368] 郑作时. 垄断国企海外上市反思录 [J]. 南风窗. 2001 (11).

[1369] 中国人民银行沂南县支行课题组. 外部垄断与内部竞争: 论农村信用社的非制度性变迁 [J]. 金融研究. 2001 (12).

[1370] 中国注册会计师协会课题组. 自我管制、政府管制与独立管制——注册会计师行业管理模式比较研究 [J]. 中国注册会计师. 2001 (02).

[1371] 钟耕深, 张爱琴. 企业并购后业务流程再造的六项原则 [J]. 山东大学学报 (哲学社会科学版). 2001 (02).

[1372] 钟和. 一部研究中国市场秩序的力作——《通向公平竞争之路——中国转轨期间市场秩序研究》评介 [J]. 财贸经济. 2001 (11).

[1373] 钟宏．入世背景下打破垄断的政策走势［J］．宁波经济．2001（06）．

[1374] 钟健．四川举行世界遗产保护地方立法听证会［J］．城市规划通讯．2001（23）．

[1375] 钟瑞栋．从结构主义到行为主义——反垄断法的历史演进、发展趋势及我国的立法选择［J］．厦门大学法律评论．2001（02）．

[1376] 钟岩，桂杰．腐败是导致我国资源配置低效率的重要原因——兼论权力寻租的经济效应［J］．经济师．2001（01）．

[1377] 钟玉昆．科学运用政府行为，加快高新技术产业发展［J］．广东科技．2001（01）．

[1378] 种明钊，郑鹏程．论西部大开发中的政府高强度干预［J］．政治与法律．2001（01）．

[1379] 仲大军．中国入世的瓶颈：歧视与垄断［J］．华商．2001（03）．

[1380] 仲石．我国将实行农产品市场准入制［J］．全国商情（综合版）．2001（32）．

[1381] 周峰．人才市场外资准入意味着什么［J］．中国公务员．2001（12）．

[1382] 周国富．从资金流量表看我国政府的经济行为［J］．中国统计．2001（03）．

[1383] 周国庆，刘孝虎．反行业垄断要过好“五关”［J］．工商行政管理．2001（19）．

[1384] 周航，王丽丽．地方建筑的保护与开发［J］．宁波大学学报（理工版）．2001（02）．

[1385] 周华，许焕．论知识产权领域中垄断行为的立法规制［J］．平原大学学报．2001（03）．

[1386] 周均悦．谈政府干预与饭店环境管理［J］．能源工程．2001（04）．

[1387] 周立新．我国乡镇企业兼并行为分析及模式选择［J］．经济问题探索．2001（11）．

[1388] 周琳，张秋生．股票并购中目标企业估价的研究及换股比率的确定［J］．数量经济技术经济研究．2001（02）．

[1389] 周隆斌．企业并购中的财富效应分析［J］．财经科学．2001（05）．

[1390] 周明生．既破“大锅饭”又破行政垄断——国企分配制度改革述要［J］．中国改革．2001（12）．

[1391] 周平．农业产业结构调整中政府行为的着力点［J］．中国党政干部论坛．2001（07）．

[1392] 周其仁．农地征用垄断不经济［J］．中国改革．2001（12）．

[1393] 周其仁．透视电信垄断：境外上市 卖点在哪？［J］．科技信息．2001（04）．

[1394] 周其仁．扩大市场准入：拉动社会投资的关键［J］．中国改革．2001（07）．

[1395] 周其仁．管制改革与新经济［J］．IT经理世界．2001（Z1）．

[1396] 周琴．浅析企业并购中的文化整合［J］．企业经济．2001（07）．

[1397] 周文杰．入世后我国律师业市场准入问题的研究［J］．上海金融高等专科学校学报．2001（04）．

[1398] 周文水，李政．垄断大旗能永远不倒吗？——六问中国邮政［J］．时代潮．2001（15）．

[1399] 周小梅．试论自来水管制价格的形成机制［J］．价格理论与实践．2001（04）．

[1400] 周小全．垄断与竞争：“十五”期间中国银行业产业组织问题研究［J］．投资研究．2001（10）．

[1401] 周昕．合理行政垄断的法律界定［J］．行政与法（吉林省行政学院学报）．2001（05）．

[1402] 周欣华．市场界定与企业多元化经营的战略选择［J］．技术经济与管理研究．2001（03）．

[1403] 周焱，周彤．科技出版如何扩大国际市场份额［J］．出版发行研究．2001（11）．

[1404] 周昀．关于我国反垄断立法中的几个问题［J］．政法论坛．2001（04）．

[1405] 周志忍．政府行为规范化与公共政策［J］．国家行政学院学报．2001（04）．

[1406] 周作翰，李风华．从政府经济行为看地方保护主义［J］．湖南师范大学社会科学学报．

2001（02）.

[1407] 朱彬，崔崑．我国风险投资并购退出方式研究［J］．数量经济技术经济研究．2001（10）.

[1408] 朱成章．要研究电力工业的垄断和竞争问题——读戚聿东《中国现代垄断经济研究》［J］．煤炭经济研究．2001（06）.

[1409] 朱成章．电力管制面临的挑战［J］．电力技术经济．2001（02）.

[1410] 朱崇实，贺绍奇．经济全球化与国际反垄断法——在建立新的国际经济秩序中发展中国家面临的新挑战［J］．厦门大学学报（哲学社会科学版）．2001（02）.

[1411] 朱海燕，张锋．卡特尔的行为特征公式：从其数学模型看特质论的动态整合观［J］．学术探索．2001（04）.

[1412] 朱汉民．垄断、竞争与市场规制——美国的经验与中国的实践［J］．中南财经大学学报．2001（03）.

[1413] 朱宏文．论反垄断法的发展［J］．合肥联合大学学报．2001（04）.

[1414] 朱宏文．现代反垄断法的发展与我国的反垄断立法——以企业合并控制为中心［J］．社会科学研究．2001（03）.

[1415] 朱宏文，王健．现代反垄断法的发展趋势［J］．广西政法管理干部学院学报．2001（04）.

[1416] 朱杰堂．现代激励理论在规范地方政府行为中的作用研究［J］．郑州航空工业管理学院学报．2001（01）.

[1417] 朱锦余，雷光勇．审计合谋的制度分析及对策［J］．中南财经大学学报．2001（03）.

[1418] 朱明侠，白瑞德．论国际特许经营的管理与市场营销战略［J］．国际贸易问题．2001（04）.

[1419] 朱沛智．我国反垄断立法的思考［J］．甘肃行政学院学报．2001（01）.

[1420] 朱荣科．政府行为与X低效率［J］．北方经贸．2001（07）.

[1421] 朱彤．竞争、可竞争与政府管制［J］．世界经济．2001（04）.

[1422] 朱伟一．从“反托拉斯法”想到的［J］．中外企业家．2001（04）.

[1423] 朱文生．试论政府规制条件下的投资基金业［J］．国际商务（对外经济贸易大学学报）．2001（05）.

[1424] 朱文生．我国证券投资基金业的政府规制［J］．江西社会科学．2001（04）.

[1425] 朱文生．投资基金业的政府规制［J］．资本市场．2001（04）.

[1426] 朱宪辰，吴道明．兼并收购的博弈均衡［J］．南京理工大学学报（自然科学版）．2001（06）.

[1427] 朱小梅，陈志俊．政府采购的规制与激励机制［J］．数量经济技术经济研究．2001（09）.

[1428] 朱晓蓉，汪永大，王明和．我国西部大开发中的政府干预与产业升级［J］．发展．2001（06）.

[1429] 朱亚兵．建筑工程招投标中的政府行为与寻租的模型分析［J］．立信会计高等专科学校学报．2001（01）.

[1430] 朱彦．论我国反垄断法的立法障碍［J］．求实．2001（05）.

[1431] 朱泽山．我国政府在反垄断中的职责和重点指向［J］．经济体制改革．2001（05）.

[1432] 朱振中．莫要迷信市场份额［J］．华东经济管理．2001（05）.

[1433] 朱志明．规范市场秩序必须培育成熟的消费主体［J］．宏观经济管理．2001（11）.

[1434] 祝美群，白人朴．乡镇工业企业规模经济实证分析［J］．中国农业大学学报．2001（06）.

[1435] 祝美群，卢凤君. 资本运营 乡镇企业实现规模经济的捷径 [J]. 中国乡镇企业. 2001 (07).

[1436] 祝美群，卢凤君. 论企业规模经济的层次及乡镇企业实现规模经济的途径 [J]. 中国农业大学学报（社会科学版）. 2001 (02).

[1437] 庄保中. 论企业兼并投资的机会成本 [J]. 经济师. 2001 (11).

[1438] 庄贵军，周筱莲. 连锁经营规模对于零售企业产出效率的影响——一个初步的实证性研究 [J]. 商场现代化. 2001 (07).

[1439] 庄西真. 职业技术教育产权多元化的变革与政府干预 [J]. 教育科学. 2001 (02).

[1440] 卓晓辉. 中国出版业垄断行为浅析 [J]. 编辑学刊. 2001 (02).

[1441] 卓月. 打破垄断 公平竞争——中国电信业入世前的思考 [J]. 计算机周刊. 2001 (17).

[1442] 资欣. 关于外资并购我国国有企业的思考 [J]. 税务与经济（长春税务学院学报）. 2001 (01).

[1443] 邹丽君. 规制行政垄断的两点思考 [J]. 工商行政管理. 2001 (09).

[1444] 邹明波. 企业如何规避过度竞争风险？——美国知名企业家的"生态优化"思维探析 [J]. 中国商办工业. 2001 (03).

[1445] 邹学伟. 经济法——国家规制经济之法 [J]. 云南大学学报（法学版）. 2001 (04).

[1446] 邹昭晞. 论跨国公司的"价格歧视"策略 [J]. 数量经济技术经济研究. 2001 (03).

[1447] 邹志臣. 政府行为法治化研究 [J]. 社会科学战线. 2001 (03).

[1448] 陬人，王越. 中国开始全面炮轰垄断 [J]. 中国商界. 2001 (07).

[1449] 左京生. 网络经济发展与政府监管研讨会综述 [J]. 中国工商管理研究. 2001 (07).

[1450] 左令. 政府干预与市场配置——物权立法漫笔之五 [J]. 中外房地产导报. 2001 (12).

2000 年

[1] W. E. 哈拉尔，谢爱华，金吾伦. 新管理综合——内部市场与企业共同体的统一 [J]. 哲学译丛. 2000 (02).

[2] 艾芳，李铁铮. 纺织业：卸下重担稳步上路 [J]. 中国质量万里行. 2000 (06).

[3] 艾玫仁. 中国历代的酒业政策及其专卖 [J]. 中国酒. 2000 (04).

[4] 安秀梅，马海涛. 构建我国公共财政基本框架的思考 [J]. 中央财经大学学报. 2000 (01).

[5] 白凤峥. 我国市场进入（退出）机制失灵对重复建设的影响 [J]. 生产力研究. 2000 (06).

[6] 白戈. 析市场失灵及其经济对策 [J]. 兰州商学院学报. 2000 (03).

[7] 白明. "入世"后机电行业面临的处境及相关对策 [J]. 中国对外贸易. 2000 (08).

[8] 白让让. 一个合谋机制的模型及分析 [J]. 上海理工大学学报. 2000 (04).

[9] 拜晶. 自然垄断与人为垄断 [J]. 读书. 2000 (07).

[10] 包昌善. 瑞典组建火柴托拉斯公司 [J]. 火柴工业. 2000 (03).

[11] 包学松. 企业并购效应分析 [J]. 北方论丛. 2000 (02).

[12] 保建云，徐娟. 论我国政府区域调控的模式选择 [J]. 理论界. 2000 (01).

[13] 保健云．区域发展差距的成因、后果及调控对策之分析 [J]．绥化师专学报．2000 (04).

[14] 鲍杰．政府主导作用与价格管制模型 [J]．立信会计高等专科学校学报．2000 (02).

[15] 边恕．日本的贸易自由化与产业体制改革 [J]．日本研究．2000 (01).

[16] 卞向阳．WTO 背景下中国服装品牌在国内市场的若干问题和对策 [J]．江苏纺织．2000 (08).

[17] 卜红梅．我国反垄断法的两个问题 [J]．政法论丛．2000 (03).

[18] 卜建民，孟凡征．加入 WTO 对建设行业相关产业影响浅析 [J]．当代建设．2000 (02).

[19] 蔡斌．国有企业：走出技术创新的误区 [J]．天津经济．2000 (03).

[20] 蔡兵．企业强强联合的交易费用经济学解释 [J]．学术研究．2000 (07).

[21] 蔡德文．试论积极财政政策对农村经济发展的影响 [J]．理论月刊．2000 (Z1).

[22] 蔡典．如何看待彩电“价格战” [J]．价格理论与实践．2000 (02).

[23] 蔡国峰．西方市场理论的市场有效性评述 [J]．社科纵横．2000 (05).

[24] 蔡瑞梅．关于预算外资金管理调控浅议 [J]．锦州医学院学报．2000 (01).

[25] 蔡宇平．对社会主义市场经济初期市场失灵问题的认识 [J]．中国财政．2000 (07).

[26] 蔡育天．上海市房地产市场的发展趋势和相关政策的研究——在上海市房产经济学会第六次代表大会上的讲话 [J]．上海房地．2000 (01).

[27] 曹博．浅论我国反垄断法应当规制的限制竞争行为 [J]．中国工商管理研究．2000 (12).

[28] 曹建海．中国产业过度竞争的制度分析 [J]．河北经贸大学学报．2000 (03).

[29] 曹克俭．论构建公共财政的基本框架 [J]．财经理论与实践．2000 (03).

[30] 曹清，郭永芳．我国税费改革的基本思路 [J]．财会研究．2000 (04).

[31] 曹清，惠群．“费改税”基本思路初探 [J]．安徽税务．2000 (03).

[32] 曹小春，谈咏梅．“入世”与反垄断立法的问题研究 [J]．经济问题．2000 (01).

[33] 曹悦贤，赵森．国企改革摆脱困境浅探 [J]．大同医学专科学校学报．2000 (03).

[34] 查先进．论信息市场失灵与政府干预 [J]．中国图书馆学报．2000 (04).

[35] 长海．兼并潮反垄断及其他 [J]．投资北京．2000 (08).

[36] 常大年．我国市话市场与市话资费 [J]．邮电企业管理．2000 (12).

[37] 常胜．金融混业趋势下的金融监管模式选择及相应对策 [Z]．贵州人民出版社，2000.

[38] 常向东．试论建立现代公共财政——兼析关于公共财政的几种观点 [J]．兰州商学院学报．2000 (01).

[39] 陈灿华．浅论乡镇企业的区域性联合经营 [J]．池州师专学报．2000 (03).

[40] 陈朝龙，胡爱民．股价波动与证券市场多元利益主体的相关分析 [J]．技术经济与管理研究．2000 (06).

[41] 陈代云．网络产业的规制改革：以电力、电信为例 [J]．中国工业经济．2000 (08).

[42] 陈代云．产业组织与公共政策：规制抑或放松规制？[J]．外国经济与管理．2000 (06).

[43] 陈迪平．论国有垄断企业分配制度的创新 [J]．湖南商学院学报．2000 (01).

[44] 陈迪平，邹乐群．论加强我国国有垄断企业工资外收入的管理 [J]．财经理论与实践．2000 (02).

[45] 陈富良．自然垄断行业：效率来自民营化还是来自竞争 [J]．当代财经．2000 (04).

[46] 陈富良．政府规制中的公共利益理论与部门利益理论 [J]．北京市财贸管理干部学院学报．2000 (03).

[47] 陈高桐．国有经济的双重性和实现形式 [J]．经济研究参考．2000 (05).

[48] 陈国民．体制创新：20世纪60年代托拉斯和现代企业集团 [J]．党史研究与教学．2000 (02)．

[49] 陈国权，张洁珺．西方政府职能：转变历程、模式选择及其制约因素 [J]．中共浙江省委党校学报．2000 (04)．

[50] 陈国权，张洁珺．政府与市场：建构新型的伙伴关系——斯蒂格利茨经济学说中的政府理论评析 [J]．新视野．2000 (02)．

[51] 陈国圣，陈金炼．行政区域界线管理贵在"三化" [J]．民政论坛．2000 (02)．

[52] 陈红玲．地方政府机构改革人员分流对策探讨 [J]．经济工作导刊．2000 (03)．

[53] 陈宏民，贾红睿，何新宇．企业兼并理论研究进展 [J]．预测．2000 (01)．

[54] 陈宏民，张地生．网络效应与产品差异化 [J]．预测．2000 (04)．

[55] 陈宏伟．行政性垄断研究 [J]．商业研究．2000 (12)．

[56] 陈虹，吕忠梅．中国加入WTO后电信市场构建的法律思考 [J]．江汉论坛．2000 (10)．

[57] 陈淮．经济学家陈淮指出 价格垄断没有出路 [J]．领导决策信息．2000 (32)．

[58] 陈计旺．论缩小区域经济差距过程中政府的作用 [J]．山西师大学报（社会科学版）．2000 (01)．

[59] 陈君．财政支出增长理论述评 [J]．浙江社会科学．2000 (02)．

[60] 陈俊松．交易费用"敲竹杠"行为与企业边界 [J]．企业经济．2000 (11)．

[61] 陈骏程．论政府行为法治化 [J]．行政论坛．2000 (06)．

[62] 陈康团．政府行政能力与政府财力资源 [J]．开放时代．2000 (06)．

[63] 陈岚．中国经济转轨时期企业并购的困境与出路 [J]．福建论坛（经济社会版）．2000 (01)．

[64] 陈乐．高等工程教育与国际市场准入基本条件 [J]．高等工程教育研究．2000 (02)．

[65] 陈力峰．脱缰的石油价格终将回归理性 [J]．中国外汇管理．2000 (11)．

[66] 陈立．中国油气行业改革展望 [J]．瞭望新闻周刊．2000 (50)．

[67] 陈立旭．论文化对市场经济的影响和作用 [J]．上海社会科学院学术季刊．2000 (03)．

[68] 陈丽丽．对彩电"价格同盟"的思考 [J]．中国经贸导刊．2000 (14)．

[69] 陈奇志，刘竹林．实施有效企业兼并，形成纸业规模效益 [J]．中华纸业．2000 (08)．

[70] 陈清泰．法人治理结构是公司制的核心 [J]．当代经济．2000 (11)．

[71] 陈薇，武群丽．提高农业规模化竞争优势的困难与出路 [J]．农业经济．2000 (10)．

[72] 陈宪．中国体制转型期政府微观经济职能的思考 [J]．上海大学学报（社会科学版）．2000 (03)．

[73] 陈晓．我国企业并购的现状及问题浅析 [J]．四川师范学院学报（哲学社会科学版）．2000 (06)．

[74] 陈晓红，刘伟．煤炭产业内过度竞争的博弈分析 [J]．华北矿业高等专科学校学报．2000 (01)．

[75] 陈孝兵．政府的行为理性与经济权威 [J]．新东方．2000 (03)．

[76] 陈孝兵．政府的行为理性与政府的经济权威 [J]．江淮论坛．2000 (03)．

[77] 陈岩．解决国企冗员问题，促进国企走出困境 [J]．上海铁道大学学报（医学辑）．2000 (07)．

[78] 陈勇鸣．规制垄断：发展社会主义市场经济的迫切要求 [J]．党政论坛．2000 (12)．

[79] 陈宇星，刘徐波．我国转型期经济过剩问题浅议 [J]．甘肃省经济管理干部学院学报．2000 (01)．

[80] 陈照煌．市场经济中的适度政府行为 [J]．江海学刊．2000 (06)．

[81] 陈征宇．英国人如何改革国企［J］．中外管理．2000（07）．

[82] 陈支农．江苏省农村金融学会课题组，尹明华．依据市场规律建立和健全农业银行信贷准入和退出机制［J］．经济师．2000（11）．

[83] 陈知为．美国企业兼并的六大趋势［J］．了望．2000（22）．

[84] 陈至和．兼并和收购——轻涂厂发展趋势漫谈［N］．中国包装报，2000（2）．

[85] 陈志峰．美国有关外资并购的法规及对我国的借鉴作用［J］．国际经贸探索．2000（04）．

[86] 陈志宏．全球企业并购的现状、影响与启示［J］．世界经济研究．2000（01）．

[87] 程华．外部性、技术创新与政府作用［J］．经济问题探索．2000（08）．

[88] 程立耕．从西部大开发看我国政府经济职能的选择［J］．中国青年政治学院学报．2000（05）．

[89] 程杞国．政府功能的社会转型评价［J］．当代世界与社会主义．2000（02）．

[90] 程杞国．政府失效与政府供给［J］．社会主义研究．2000（04）．

[91] 程曙．关于建立公共财政体系的构想［J］．财贸研究．2000（06）．

[92] 程曙．市场失灵公共财政来弥补［N］．中国财经报，2000-06-30．

[93] 程治中．浅议农业产业化经营发展过程中的政府行为［J］．乡镇经济．2000（01）．

[94] 程竹汝，任军锋．选举与公共政策：美国的实践［J］．政治学研究．2000（01）．

[95] 程宗璋．关于我国电信业对外开放的立法构想［J］．芜湖职业技术学院学报．2000（02）．

[96] 程宗璋．国际反垄断法的若干探要［J］．内蒙古经济管理干部学院学报．2000（02）．

[97] 程宗璋．国际反垄断法若干问题的探讨［J］．成都师范高等专科学校学报．2000（03）．

[98] 程宗璋．论美国反托拉斯法的变迁机理［J］．郑州煤炭管理干部学院学报．2000（01）．

[99] 迟兴臣．经济的周期性波动与经济结构的调整［J］．发展论坛．2000（03）．

[100] 储敏．WTO规则与我国相关经济法律制度比较［J］．现代经济探讨．2000（10）．

[101] 楚益祥．打破垄断 铲平壁垒［N］．市场报，2000-12-22．

[102] 崔光胜．政府的自利性与行政权力畸变分析［J］．探求．2000（04）．

[103] 崔俊敏．全球企业兼并趋势及借鉴［J］．河北建筑科技学院学报（社会科学版）．2000（03）．

[104] 崔科增．聚乙烯市场相关分析［J］．中国塑料．2000（10）．

[105] 崔庆平，李京梅．外资零售业市场准入与发展我国零售业的对策思考［J］．山西财经大学学报．2000（S2）．

[106] 崔玉泉．有政府干预的市场经济条件下收入及价格的变化对公共物品使用率的影响［J］．经济数学．2000（02）．

[107] 戴斌．中国民航联合固定旅行社团队优惠票价案例研究——政府主导下的寡头垄断行业对竞争性行业的影响［J］．桂林旅游高等专科学校学报．2000（04）．

[108] 戴颂华．试论我国市场经济体制下的区域协调发展［J］．规划师．2000（01）．

[109] 戴维忠．黎平县招商引资有所扩大，对外开放有所加强［Z］．黔东南年鉴．2000．

[110] 戴学明．试论“执行难”的症结和根治［J］．中共南宁市委党校学报．2000（01）．

[111] 单葆国，杨露露，徐朋兵．从经济学的角度分析中国的电价问题［J］．电力技术经济．2000（02）．

[112] 邓传远．论自然垄断经营及其发展对策［J］．经济师．2000（08）．

[113] 邓道坤．加强和改善政府管理为国有企业改革发展创造良好的环境［J］．中国行政管理．2000（02）．

[114] 邓海武．适应形势发展新要求　建立市场监管新模式 [J]. 中国工商管理研究．2000 (02).

[115] 邓启惠．对若干垄断理论观点的重新思考 [J]. 经济评论．2000 (01).

[116] 邓启惠．中美竞争法规之比较 [J]. 黑龙江社会科学．2000 (05).

[117] 邓清明．政府在市场经济中的行为研究 [J]. 江苏商业管理干部学院学报．2000 (02).

[118] 邓小河．并购有道："思科"崛起的秘诀 [J]. 全国信息导报．2000 - 04 - 25.

[119] 邓效慧，王岩．政府在农业产业化中行为规范的理性思考 [J]. 山东经济战略研究．2000 (03).

[120] 邓宇翔，周骁男，李政．国有企业兼并中的博弈分析 [J]. 电力技术经济．2000 (06).

[121] 邓裕和．价格种种　不离其宗 [J]. 中学文科参考资料．2000 (07).

[122] 邓祝仁．"东亚模式"和政府主导型旅游发展战略 [J]. 桂林旅游高等专科学校学报．2000 (02).

[123] 刁伍钧，张华伦．中外企业破产兼并的对比分析 [J]. 陕西工学院学报．2000 (01).

[124] 刁秀海．法律手段和经济手段应是反垄断手段体系中的基本手段 [J]. 山东经济．2000 (02).

[125] 丁宝忠．德国电信并购美国一通信公司 [N]. 人民日报．2000 (7).

[126] 丁春贵．财务总监委派制：政府行为还是企业行为？[J]. 会计之友．2000 (12).

[127] 丁凤楚．论合法垄断——反垄断法的适用例外制度研究 [J]. 青海社会科学．2000 (06).

[128] 丁洪．当前粮改中的阻滞现象及改革方案 [J]. 现代金融．2000 (02).

[129] 丁煌．公共选择理论的政策失败论及其对我国政府管理的启示 [J]. 南京社会科学．2000 (03).

[130] 丁萍．关于政府经济行为的思辨 [J]. 青海民族学院学报．2000 (01).

[131] 丁萍．政府经济角色定位及其行为规范 [J]. 国家行政学院学报．2000 (02).

[132] 丁声高，曾鸣，程芸．我国电力市场的实施方案和相关问题研究 [J]. 电网技术．2000 (02).

[133] 丁文琦．电信开放与市场准入对策 [J]. 通信世界．2000 (17).

[134] 丁霞云，覃展辉．银行不良债权的产生：政府行为之考察 [J]. 财经理论与实践．2000 (04).

[135] 丁晓红，贾震．寻租与审计监督的经济学分析 [J]. 中国审计．2000 (08).

[136] 丁永健，原毅军．产业过度进入问题研究评述 [J]. 大连理工大学学报（社会科学版）. 2000 (03).

[137] 东艳．政府与市场间的互补与平衡 [J]. 吉林省经济管理干部学院学报．2000 (02).

[138] 董红锋，薛钢，曾翔．对我国政府间税收竞争的认识及规范 [J]. 涉外税务．2000 (08).

[139] 董柯．国家干预下的市场经济——中国城市土地利用的可持续发展之路 [J]. 城市规划．2000 (02).

[140] 董岚．论规模经济与反垄断法的关系 [J]. 财经理论与实践．2000 (06).

[141] 董其上，潘立亚．国有企业改革探究 [J]. 软科学．2000 (04).

[142] 董颖．对微软垄断案的思考 [J]. 知识产权．2000 (06).

[143] 董有德．产业结构调整中的过度进入与企业并购 [J]. 经济学家．2000 (02).

[144] 杜传忠．企业并购：产业组织调整的有效机制 [J]. 山东财政学院学报．2000 (06).

[145] 杜传忠．西方发达国家产业组织政策比较及启示 [J]. 淄博学院学报（社会科学版）.

2000（01）.

［146］杜创国．东亚模式与政府职能变革［J］．齐齐哈尔大学学报（哲学社会科学版）．2000（04）.

［147］杜创国．政府职能观及其启示［J］．中共浙江省委党校学报．2000（06）.

［148］杜国文．关于公共财政实践问题的若干思考［J］．中国财政．2000（05）.

［149］杜红平．速递业的垄断和竞争［J］．中国流通经济．2000（01）.

［150］杜鹃．国有企业实施债转股应注意的问题［J］．四川财政．2000（11）.

［151］杜雯．产业集中度与经济绩效的相关分析［J］．北方经贸．2000（02）.

［152］杜煊君．对公用事业规制的研究：芝加哥学派观点与评论［J］．北京市财贸管理干部学院学报．2000（03）.

［153］段钢．关于我国反垄断立法的构想［J］．政治与法律．2000（06）.

［154］樊长才．试论西方公共财政的发展和归宿［J］．兰州商学院学报．2000（03）.

［155］樊纲．关于我国反垄断、反不正当竞争的几个问题［J］．中国工商管理研究．2000（07）.

［156］范柏乃，沈荣芳，陈德棉．中国风险投资退出机制及相关法律制度研究［J］．证券市场导报．2000（09）.

［157］范晓宏，董正信，李林杰．定量研究我国经济增长方式转变的若干理论问题探讨［J］．河北大学学报（哲学社会科学版）．2000（03）.

［158］方洁．金融抑制、金融深化、金融约束——发展中国家金融政策制定中政府职能作用的演变与启示［J］．福建论坛（经济社会版）．2000（08）.

［159］方劲松．浅议网络经济对传统经济理论的影响［J］．当代建设．2000（06）.

［160］方军．中国电力工业改革与电力市场（之一）——为什么要改革［J］．中外企业文化．2000（20）.

［161］方热军．加入WTO对中国养殖业的影响［J］．科技致富向导．2000（01）.

［162］丰子义．正确认识政府在现代化进程中的作用［J］．中国特色社会主义研究．2000（06）.

［163］封禹，李筱蕾．国外政府管医院系列介绍（之四）——英国政府对医院的管理职能［J］．卫生经济研究．2000（03）.

［164］冯朝华．论现阶段中国政府权能定位及实现途径［J］．地方政府管理．2000（02）.

［165］冯杰 胡立新．我国铁路与其他交通行业外资利用状况的比较与分析［J］．铁道运输与经济．2000（08）.

［166］冯梅．也谈国有企业的效益问题［J］．管理现代化．2000（02）.

［167］冯秋雁．从“伯川德悖论”谈企业的战略行为——《产业组织理论》读后感［J］．改革与理论．2000（06）.

［168］冯务中．对腐败的经济学浅析［J］．人文杂志．2000（01）.

［169］冯延军 赵亚平．我国对内对外开放的相互关系及其影响［J］．发展．2000（10）.

［170］符维宁．政府同国有商业银行关系失范的问题［J］．海南大学学报（人文社会科学版）．2000（03）.

［171］符亚宁，杨谦，张振青．海南省 资产重组和结构调整：中国经济贸易年鉴［Z］．李荣融．中国经济出版社，2000.

［172］傅巧灵，章彰．政府干预与创业投资的发展［J］．财经理论与实践．2000（03）.

［173］傅晓东，张敦富．区域经济合作与区域分工问题研究［J］．长江论坛．2000（06）.

［174］甘峰．“政府失败”与NPM理论——西方发达国家行政改革的理论背景［J］．浙江大学

学报（人文社会科学版）. 2000（02）.

[175] 高桂林. 论我国反垄断法中行政垄断之界定 [J]. 石家庄经济学院学报. 2000（03）.

[176] 高晋康. 构建符合现代高科技产业特点的垄断评价与规制机构——从微软垄断案谈起 [J]. 财贸经济. 2000（11）.

[177] 高俊. 林业 四川省华通路桥集团有限公司兼并市木材厂 [Z]. 自贡年鉴. 巴蜀书社, 2000.

[178] 高黎明. 粮油业 企业改革 [Z]. 烟台年鉴. 2000.

[179] 高伶, 陈安国. 论社会主义市场经济条件下市场机制与政府作用关系 [J]. 石家庄经济学院学报. 2000（05）.

[180] 高培明. 中国商业保险市场结构问题探析 [J]. 社科纵横. 2000（03）.

[181] 高庆年. 政府的自利性及其法律调控 [J]. 探索. 2000（01）.

[182] 高树印. 推敲垄断提价的理由 [J]. 价格理论与实践. 2000（03）.

[183] 高天山. 建立和完善现代企业制度是国有企业改革的方向 [J]. 新疆社科论坛. 2000（02）.

[184] 高旺. 论市场和政府的功能关系 [J]. 东岳论丛. 2000（02）.

[185] 高纬. 医药价格: 何时走上健康轨道 [J]. 四川监察. 2000（02）.

[186] 葛颂茂. 上海房地产面临新的态势 [J]. 上海建设科技. 2000（06）.

[187] 葛兆强. 中国国有商业银行与政府关系问题研究 [J]. 宁夏社会科学. 2000（01）.

[188] 耿殿明, 张士强, 张兆响. 国有企业技术创新的特征与发展 [J]. 经济体制改革. 2000（03）.

[189] 耿浩, 赵进. 空调价格战的经济学分析 [J]. 现代经济探讨. 2000（09）.

[190] 公茂军. 烟草工业 将军集团成功兼并新疆卷烟厂 [Z]. 徐华东. 济南出版社, 2000.

[191] 古斋. 欧洲非寿险业并购大事记 [J]. 中国保险. 2000（11）.

[192] 谷洪波. 扩大内需与调整、优化结构 [J]. 湘潭大学社会科学学报. 2000（06）.

[193] 谷占升. 现阶段财政与经济的关系探析 [J]. 理论研究. 2000（01）.

[194] 顾福民. 我国机械工业结构调整思路明确 [J]. 杭氧科技. 2000（01）.

[195] 顾海兵, 李矿. 发展经济学五十年 [J]. 经济学动态. 2000（02）.

[196] 顾家麒. 培育健全和发展工业行业协会 [J]. 中国电力企业管理. 2000（04）.

[197] 顾丽梅. 论消除政府能力缺陷的路径依赖 [J]. 理论建设. 2000（04）.

[198] 顾丽文. 我国资产管理公司相关问题的探讨 [J]. 金融理论与实践. 2000（06）.

[199] 顾煜. 强化市场监管 维护市场秩序 [J]. 商业研究. 2000（09）.

[200] 顾越利. 对市场经济社会政府权力的合理定位及运作之探讨 [J]. 福建论坛（经济社会版）. 2000（01）.

[201] 顾越利. 论政府对企业发展的作用 [J]. 福建论坛（经济社会版）. 2000（10）.

[202] 管宇强. 如何对国企经营者实行激励和约束 [J]. 经济论坛. 2000（08）.

[203] 郭东强, 陈绍辉. 对地区性重复建设的一种解释及其对策 [J]. 福建行政学院福建经济管理干部学院学报. 2000（02）.

[204] 郭凤羽, 朱其红. 浅谈石油企业合并、分立与税收负担 [J]. 经济师. 2000（09）.

[205] 郭戈平. 中国特许经营发展特点及成绩 [J]. 中国商贸. 2000（01）.

[206] 郭贺立. 石油化学工业 企业改革进一步深化 [Z]. 洛阳年鉴. 中华书局. 2000.

[207] 郭红卫. 国有资产管理 服务国企改革, 促进国有资产合理流动和优化重组 [Z]. 太原年鉴社, 2000.

[208] 郭嘉莉. 浅谈我国电力市场的差别定价 [J]. 广西电力工程. 2000（01）.

[209] 郭建华．论政府职能的主题回归：从盈利到秩序——公共产品理论对我国改革的借鉴意义 [J]. 陕西经贸学院学报．2000 (04).

[210] 郭建宇．谈市场竞争中的价格大战 [J]. 财金贸易．2000 (10).

[211] 郭鉴镜．也谈加入世界贸易组织对我国铝行业的影响 [J]. 世界有色金属．2000 (04).

[212] 郭克莎．制造业生产效率的国际比较 [J]. 中国工业经济．2000 (09).

[213] 郭立卿，郭荣星．关于跨边界区域环境管理的若干问题 [J]. 科技导报．2000 (06).

[214] 郭圣莉．市场经济下的政府与法治 [J]. 行政与法．2000 (06).

[215] 郭天贵．交通运输企业　市航运公司被兼并 [Z]. 涪城年鉴．巴蜀书社．2000.

[216] 郭兴鲁．顺势而为　整合市场——山东省造纸工业协会发挥价格协调功能，维护公平竞争 [J]. 中华纸业．2000 (06).

[217] 郭耀煌，李靖华．占先优势：一个进入壁垒的系统分析 [J]. 上海经济研究．2000 (11).

[218] 郭义贵．论“经济宪法”——日本垄断禁止法的重要地位及作用 [J]. 中共福建省委党校学报．2000 (06).

[219] 郭永清．论地方财政风险的成因及防范对策 [J]. 湖北财税．2000 (02).

[220] 郭中信．加入 WTO 对我国相关行业影响分析 [J]. 中国投资．2000 (02).

[221] 国英．从美国企业反垄断历史看微软垄断诉讼案 [J]. 中外企业文化．2000 (19).

[222] 韩丽姣，刘艳．政府垄断——跨国公司政治行为的直接动因 [J]. 税务．2000 (11).

[223] 韩取文，芮训媛．浅析公共财政建立的基本框架 [J]. 北方经贸．2000 (03).

[224] 韩巍，张含宇．转轨时期国有企业兼并中的政府行为分析 [J]. 山西财经大学学报．2000 (03).

[225] 韩为方．论市场和政府的功能关系 [J]. 胜利油田党校学报．2000 (03).

[226] 韩文轩．加拿大安大略省配电电价设计方法及启示 [J]. 华北电业．2000 (09).

[227] 郝兆春，徐志京．发达国家垄断网上科技信息传播：可能性及对策 [J]. 中国煤炭经济学院学报．2000 (03).

[228] 何诚颖．加入 WTO 对我国金融业及上市公司的影响 [J]. 财贸经济．2000 (11).

[229] 何大清．论农业产业化经营中的政府行为 [J]. 理论与改革．2000 (05).

[230] 何方．国际银行业并购浪潮及其对我国银行业的启示 [J]. 国际经贸探索．2000 (03).

[231] 何翰．政府在电子商务中的功能 [J]. 株洲工学院学报．2000 (05).

[232] 何红青，胡艳，陈震红．我国企业并购过程中的政府行为剖析 [J]. 江汉石油学院学报（社科版）. 2000 (04).

[233] 何济川．从杰克逊棒打微软说起 [J]. 知识经济．2000 (05).

[234] 何立胜，管仁勤．市场结构与所有制结构调整相关分析 [J]. 社会科学辑刊．2000 (04).

[235] 何立胜，杨海生，管仁勤．市场结构与所有制结构调整相关分析 [J]. 安阳师范学院学报．2000 (03).

[236] 何平，邓小洋．西方产权组织制度演进及启示 [J]. 国外财经．2000 (04).

[237] 何奇松，夏业良，王欣．论政府行为的市场导向与制度创新 [J]. 军队政工理论研究．2000 (04).

[238] 何伟．应区分政府行为和企业行为 [J]. 经济研究参考．2000 (05).

[239] 何伟．治理重复建设在于改革 [J]. 南方经济．2000 (01).

[240] 何霞．全球信息业的兼并对我们的启示 [J]. 中国数据通讯网络．2000 (05).

[241] 何正文，陈骏程．论实现政府行为法治化的条件 [J]. 江西行政学院学报．2000 (02).

[242] 贺力．兼并也得让百姓叫好 [N]．中国消费者报．2000 (5)．

[243] 贺力平．关于垄断的新经济思考 [J]．网际商务．2000 (02)．

[244] 洪华．美法院裁定微软垄断 [J]．金融经济．2000 (01)．

[245] 洪正．重要的是反垄断精神 [N]．中国财经报．2000 (3)．

[246] 侯爱萍，修长柏．九十年代以来韩国农业政策的变化及对我们的启示 [J]．内蒙古农业大学学报 (社会科学版)．2000 (Z1)．

[247] 侯艳蕾．试论社会主义市场经济体制下的我国财政制度创新 [J]．现代财经 (天津财经学院学报)．2000 (07)．

[248] 胡鞍钢．民航垄断“自杀”又“杀他” [J]．经济月刊．2000 (11)．

[249] 胡鞍钢．开放我国空中市场加快民航体制改革 [J]．科技智囊．2000 (04)．

[250] 胡炳志．论银行业的有效结构和竞争模式 [J]．经济评论．2000 (02)．

[251] 胡国成．微软垄断案解析 [J]．美国研究．2000 (03)．

[252] 胡键．俄罗斯主导利益集团的演变与制度变迁 [J]．东欧中亚研究．2000 (05)．

[253] 胡坤，李钢．论建立竞争性的保险市场体系 [J]．保险研究．2000 (12)．

[254] 胡启志．微软垄断案 [J]．经贸导刊．2000 (10)．

[255] 胡少平．“入世”要特别关注三个层面 [J]．企业改革与管理．2000 (08)．

[256] 胡象明．论政府政策行为超域效应原理及其方法论意义 [J]．武汉大学学报 (人文社会科学版)．2000 (03)．

[257] 胡象明．论政府政策行为的价值取向 [J]．政治学研究．2000 (02)．

[258] 胡小兵．德国电信天价并购美国声流 [N]．中国信息报．2000-08-02．

[259] 胡晓平．麻江县　县水泥厂兼并改制焕发生机：黔东南年鉴 [Z]．况明勤．2000．

[260] 胡业勤，路·汤姆森，海·戴伯克．中国铁路改革：铁路行业的巨大挑战 [J]．铁道经济研究．2000 (02)．

[261] 胡亦琴．论企业资本运营中政府行为的正确定位 [J]．山东财政学院学报．2000 (02)．

[262] 胡迎春，王焰，马山水．美日两国的特许经营及其启示 [J]．经济论坛．2000 (10)．

[263] 胡远芳．微软垄断案断想 [J]．广州市经济管理干部学院学报．2000 (02)．

[264] 胡振飞．国企改革中政府行为的经济学分析 [J]．企业改革与管理．2000 (03)．

[265] 胡正群．美、欧、日汽车安全认证制度和进口汽车市场准入的做法 [J]．中国检验检疫．2000 (09)．

[266] 华国庆．从“微软垄断案”谈政府对经济的干预 [J]．安徽决策咨询．2000 (09)．

[267] 黄健．关于特许专营的几个法律问题的思考 [J]．南京工业大学学报 (社会科学版)．2000 (01)．

[268] 黄蓉芳．关于我国报业集团化的逆向思考 [J]．新闻记者．2000 (07)．

[269] 黄小瑞，张军，陈宏民．企业兼并与产品定价策略 [J]．系统工程理论与实践．2000 (04)．

[270] 黄雪平．上海凯托集团　凯托集团兼并鹏泰旅游用品厂：奉贤年鉴 [Z]．陈忠．上海社会科学院出版社，2000．

[271] 黄衍电．建立环保税收制度：中国环境税收政策的思考 [J]．福建论坛 (经济社会版)．2000 (09)．

[272] 黄燕．地方政府在高新技术产业发展中的作用问题研究 [J]．特区经济．2000 (07)．

[273] 黄志杰．加深认识 明确任务 [J]．工商行政管理．2000 (11)．

[274] 霍彦鹏，李景阳．垄断与激活——孝义市土地市场建设的探索 [J]．中国土地．2000 (10)．

[275] 机械工业规划审议委员会课题组．避免和减少重复建设的对策建议［N］．中国机电日报．2000-10-24．

[276] 纪良英．从思科的并购观说起［N］．中国石化报．2000-10-12．

[277] 纪庆福．政府是适应 WTO 规则的主体［J］．黑龙江对外经贸．2000（05）．

[278] 纪玉山．网络经济条件下经济周期波动变化探析［J］．长春市委党校学报．2000（06）．

[279] 纪昀．反垄断的迷思［J］．微电脑世界．2000（01）．

[280] 纪昀．微软垄断的创业启示［J］．企业文化．2000（08）．

[281] 纪昀．斟酌"反垄断"［J］．企业研究．2000（02）．

[282] 季洪跃 梁峰．怎样减轻国企的债务负担［J］．经济论坛．2000（10）．

[283] 贾康，马晓玲．财政职能进一步调整的思路［J］．经济研究参考．2000（52）．

[284] 贾墨月．试探国际银行的并购与重组［J］．首都经济贸易大学学报．2000（06）．

[285] 贾志永 罗良忠．论铁路的自然垄断及其规制［J］．铁道运输与经济．2000（02）．

[286] 简敏．权力·市场·腐败关系探析［J］．西南政法大学学报．2000（01）．

[287] 健生．市场转型期的广告战略［J］．企业文化．2000（02）．

[288] 渐枫．企业获取利润的五种方式［J］．物资流通研究．2000（05）．

[289] 江可申，李文绅．从美国航空市场的发展看市场竞争形态的演变［J］．世界经济研究．2000（04）．

[290] 江岚，张人骥．价格竞争、经济效率与政府管制［J］．经济科学．2000（05）．

[291] 江琴．美国经济增长与反垄断政策——由微软公司被起诉引发的思考［J］．云南经济管理干部学院学报．2000（02）．

[292] 江瑞平．日本的反垄断政策与垄断法人化——关于日本式经济体制形成背景的一种探讨［J］．日本学刊．2000（01）．

[293] 江山．美国司法部控告微软公司——20 世纪最大的反托拉斯案［J］．全球科技经济了望．2000（03）．

[294] 江晟．烟草行业 争创名牌，地产烟品牌集中度进一步提高［Z］．潘征．福建人民出版社，2000．

[295] 江世银．处于攻坚阶段的国有企业困境及其解困措施［J］．广西市场与价格．2000（01）．

[296] 江世银．攻坚阶段国有企业解困措施［J］．经济学动态．2000（04）．

[297] 江世银，叶耀培．刘少奇试办托拉斯的思想探讨［J］．高等教育研究．2000（02）．

[298] 江天．微软霸权的终结与网络时代的开启［J］．税收与社会．2000（07）．

[299] 江向东，林萍．上市公司与高科技联姻的模式分析［J］．中国软科学．2000（11）．

[300] 姜长云．乡镇企业产权改革的逻辑［J］．经济研究．2000（10）．

[301] 姜范，贾立言．打破垄断 胜于"入世"——韩康教授一席谈［J］．经济月刊．2000（11）．

[302] 蒋殿春．东道国市场进入壁垒：对外直接投资的一种战略意义［J］．南开经济研究．2000（06）．

[303] 蒋满元，肖岳峰．对"区域产业结构趋同"问题的再认识［J］．财经问题研究．2000（06）．

[304] 蒋明宣，徐世伟，马云甫．知识垄断对我国信息产业发展的危害［J］．重庆大学学报（社会科学版）．2000（04）．

[305] 蒋楠，马宇佳．兼并：历史与现实的必然选择［J］．生产力研究．2000（03）．

[306] 蒋瑞直，殷克东．产业结构的优化控制研究［J］．数量经济技术经济研究．2000（10）．

[307] 金碚．中国垄断现象研究的创新之作——《中国现代垄断经济研究》评介 [J]．财贸经济．2000 (02)．

[308] 金成晓，王锦功．中国国有企业资产重组中的公共选择问题 [J]．吉林大学社会科学学报．2000 (01)．

[309] 金度均，王世雄．市场经济条件下政府模式与政府职能的宏观分析 [J]．江西社会科学．2000 (06)．

[310] 金磊夫．中国企业家对加入 WTO 的看法与希望 [J]．冶金管理．2000 (12)．

[311] 金琳．北美地区钢铁工业并购和集中化进展 [J]．冶金经济与管理．2000 (05)．

[312] 金明路．论社会主义市场秩序监管体制创新 [J]．商业经济与管理．2000 (12)．

[313] 金太军．论政府干预经济的约束条件 [J]．社会科学动态．2000 (12)．

[314] 金太军，唐兴霖．论市场化进程中的政府经济职能多元性 [J]．中山大学学报（社会科学版）．2000 (01)．

[315] 金玉国．所有制垄断：转型时期行业工资差异的制度诠释 [J]．福建论坛（经济社会版）．2000 (09)．

[316] 金玉国．一个危险信号：垄断决定工资 [J]．计划与市场．2000 (09)．

[317] 金玉娟．烟草专卖　加强卷烟市场管理 [Z]．中国县镇年鉴社，2000．

[318] 靳俐．从政府干预理论看金融监管 [J]．现代经济探讨．2000 (03)．

[319] 久陵．提高准入门槛 规范汽配市场 [J]．汽车与配件．2000 (48)．

[320] 康建．“强弱”结合 罗格朗成功并购奥创利 [J]．每周电脑报．2000 (35)．

[321] 康建．法国电信 269 亿进补 [J]．每周电脑报．2000 (21)．

[322] 康兴洲．开放黄金市场对相关产业的影响 [J]．中国黄金经济．2000 (04)．

[323] 柯永果．政府的经济职能比较 [J]．国有资产研究．2000 (03)．

[324] 课题组．国家垄断经营产品价格问题——论国家垄断经营产品价格改革 [J]．国家行政学院学报．2000 (02)．

[325] 课题组．中国经济体制转轨期间市场秩序法制化规范化问题研究——完善市场秩序的政策研究 [J]．财贸经济．2000 (01)．

[326] 孔令栋．产权变革和寡头垄断——对俄罗斯私有化的政治分析 [J]．东欧中亚研究．2000 (05)．

[327] 寇铁军．关于我国财政政策取向的基本分析 [J]．财政研究．2000 (08)．

[328] 兰纪平．价格联盟是靠不住的 [J]．北京观察．2000 (08)．

[329] 兰振海．经济增长率：是政府行为还是市场机制？ [J]．鹭江职业大学学报．2000 (01)．

[330] 蓝菊．合理竞争还是“欺行霸市”——南京社会加油站投诉“国家队”不正当竞争 [J]．中国石油石化．2000 (02)．

[331] 雷承宝．试论当前我国对内开放与经济技术协作的现状及其对策 [J]．广西商业经济．2000 (01)．

[332] 雷达，于春海．国家竞争优势高于企业竞争优势 [J]．财经界．2000 (03)．

[333] 雷莹．对企业经营环境探讨 [J]．工业技术经济．2000 (01)．

[334] 雷勇，龚德恩，叶民强．柯布—道格拉斯生产函数条件下寡头竞争之比较分析 [J]．华侨大学学报（哲学社会科学版）．2000 (03)．

[335] 冷崇总．将竞争引入城市公共产品运营 [J]．粤港澳价格．2000 (03)．

[336] 黎展翔．打破垄断　解决市场封锁和行政性壁垒问题 [J]．广西教育学院学报．2000 (04)．

［337］黎志成，杨凡．上市公司重组中的政府行为研究［J］．首都经济贸易大学学报．2000（05）．

［338］李安定．丰田并购之外的空间［J］．资本市场．2000（07）．

［339］李宝库．胶粘剂及相关产品的市场潜力［J］．中国胶粘剂．2000（01）．

［340］李保明．假冒伪劣商品对经济的影响及其治理对策［J］．中国管理科学．2000（03）．

［341］李冰强，董玉明．试论政府在产业结构调整中的经济职责［J］．中国法学．2000（02）．

［342］李昌龙．论农业产业化与名牌战略［J］．农业经济问题．2000（10）．

［343］李承友，范诵．基于交易成本理论的企业兼并行为分析［J］．华北工学院学报（社科版）．2000（03）．

［344］李传新．煤炭采选业　深化改革［Z］．陕西年鉴．陕西年鉴社，2000．

［345］李凤双，曾华国．地方保护　难有赢家［J］．人民论坛．2000（09）．

［346］李冠．煤炭企业可探索特许经营［J］．煤炭企业管理．2000（05）．

［347］李光，杨小左．经济体制改革 梁河县外贸私企兼并国企［Z］．德宏年鉴．德宏民族出版社，2000．

［348］李国涛．不同经济地区实行合作医疗的探讨［J］．卫生经济研究．2000（11）．

［349］李国兴．运输产业的两重性与收费高速公路的公司化/特许经营［J］．公路．2000（10）．

［350］李宏，方虹，刘燕．我国特许连锁经营的现状及发展对策研究［J］．山西财经大学学报．2000（04）．

［351］李惠民，张丽丽．试论我国政府干预与宏观经济运行效率之间的关系［J］．理论观察．2000（03）．

［352］李火林．市场经济条件下政府职能研究综述［J］．资料通讯．2000（06）．

［353］李纪建．垄断条件下金融创新的经济博弈分析［J］．重庆商学院学报．2000（05）．

［354］李建国，田克俭．直接影响国有企业的四种社会力量分析［J］．河北经贸大学学报．2000（05）．

［355］李建忠．新橡胶卡特尔出现［J］．中国橡胶．2000（22）．

［356］李健英．市场失灵与市场缺陷辨义［J］．教学与研究．2000（09）．

［357］李杰珍．论我国市场经济的立法取向［J］．昌潍师专学报．2000（01）．

［358］李京梅．外资零售业市场准入与发展我国零售业的对策思考［J］．青岛海洋大学学报（社会科学版）．2000（04）．

［359］李京文．社科院学术委员会委员李京文答记者问　电力工业如何正确引入竞争［J］．领导决策信息．2000（45）．

［360］李开斌．现代西方产权结构理论与中国商业保险经济改革［J］．保险职业学院学报．2000（04）．

［361］李黎，马治国．论外商购并国有企业负面影响的法律规范［J］．现代企业．2000（01）．

［362］李良荣，李晓林．媒体发展的三大走势［J］．新闻实践．2000（05）．

［363］李良智，江祥春．制止低价倾销三题［J］．价格理论与实践．2000（07）．

［364］李林．经济发展盲目倾向的忧思［J］．经贸导刊．2000（03）．

［365］李茂松，夏洪胜．对空调价格战理性思考［J］．价格理论与实践．2000（06）．

［366］李明义．搞好产权改革是国有商业企业乃至整个国有企业迎接入世的唯一正确选择［J］．北京商学院学报．2000（01）．

［367］李明义．推进国有商业企业产权改革［J］．财贸经济．2000（05）．

［368］李鸥．转轨时期政府的经济行为［J］．天津行政学院学报．2000（02）．

[369] 李鹏程．关于中国反垄断立法的若干思考 [J]．合肥联合大学学报．2000 (01).

[370] 李平．国际银行业兼并重组对我们的启示 [J]．彭城职业大学学报．2000 (04).

[371] 李奇．“机构改革难”深层原因透视 [J]．经济体制改革．2000 (04).

[372] 李荣林．市场营销中的委托代理关系 [J]．上海管理科学．2000 (01).

[373] 李森森，李博．当今国际银行业并购探析 [J]．财经理论与实践．2000 (06).

[374] 李少斌．经济结构中流通与生产的优化配置 [J]．中南民族学院学报（自然科学版）．2000 (03).

[375] 李世宗．市场创新阻力的根源及对策 [J]．武汉金融高等专科学校学报．2000 (03).

[376] 李双侠，贾福清．企业集团资本扩张途径分析 [J]．航空科学技术．2000 (06).

[377] 李松龄．价值观念与交换制度 [J]．财经理论与实践．2000 (02).

[378] 李松龄．价值观念转变与国有企业改革 [J]．湘潭工学院学报（社会科学版）．2000 (01).

[379] 李太勇．网络效应与进入壁垒：以微软反垄断诉讼案为例 [J]．财经研究．2000 (08).

[380] 李汪洋．市场经济条件下领导决策科学化的相关因素分析 [J]．社会科学辑刊．2000 (05).

[381] 李伟．企业资产重组的误区 [J]．现代企业．2000 (01).

[382] 李希光．是福还是祸——新媒体寡头的出现 [J]．中国电子出版．2000 (01).

[383] 李希光．新媒体寡头的出现：福兮？祸兮？[J]．科技潮．2000 (03).

[384] 李先柏．垄断竞争均衡——从短期走向长期 [J]．北京理工大学学报（社会科学版）．2000 (02).

[385] 李显君．削减冗员，不是提高企业竞争能力的根本途径 [J]．经济纵横．2000 (04).

[386] 李晓红，张秀英．扩张性财政政策的制约因素及风险防范 [J]．中国财政．2000 (07).

[387] 李星君．国有企业亏损问题研究 [J]．经济师．2000 (02).

[388] 李秀英．医疗卫生服务的市场调节与政府作用的界定 [J]．中国卫生经济．2000 (11).

[389] 李雪萍，秦海轩．晋城市 国企兼并重组迈出新步 [Z]．侯文正，梁志祥．方志出版社，2000.

[390] 李艳军．种子产业经营权垄断的原因分析与对策探讨 [J]．华中农业大学学报（社会科学版）．2000 (03).

[391] 李艳军．种子产业中权力垄断现象的原因、后果、对策 [J]．种子．2000 (04).

[392] 李杨．在竞争与垄断的力量对比中寻求均衡点——市场经济条件下我国企业的现实选择 [J]．经济体制改革．2000 (03).

[393] 李永宁．“市场失灵”与“市场残缺”——简论我国政府宏观治理“两难”处境 [J]．苏州铁道师范学院学报（社会科学版）．2000 (04).

[394] 李豫湘．并购的边界研究 [J]．系统工程．2000 (04).

[395] 李越．我国转轨经济时期市场失序与无序及治理 [J]．北京市财贸管理干部学院学报．2000 (01).

[396] 李占荣．国有企业兼并的法律性质 [J]．甘肃理论学刊．2000 (02).

[397] 李湛，郑德渊，伍青生．兼并对企业 R&D 活动的影响研究 [J]．研究与发展管理．2000 (06).

[398] 李政军．寻租与 DUP 活动：一个比较分析 [J]．江汉论坛．2000 (09).

[399] 李志坚，林拓．电建企业何处去 [J]．电力建设．2000 (07).

[400] 李志强．对斯坦尔克伯格均衡存在性的质疑 [J]．中山大学学报（自然科学版）．2000 (02).

[401] 李志然，郭春峰．钢铁工业结构调整中的环境保护［J］．河南冶金．2000（01）．

[402] 李志文．西部大开发的智能建筑市场［J］．工程设计CAD与智能建筑．2000（09）．

[403] 李忠．我国电信体制改革的回顾与展望［J］．经济研究参考．2000（43）．

[404] 连云．市场经济下政府经济职能存在的技术依据［J］．江西行政学院学报．2000（01）．

[405] 连云．市场经济下政府经济职能的力度分层探析［J］．经济问题．2000（05）．

[406] 梁海桥，王秀梅．浅谈市场经济下的种子生产［J］．种子世界．2000（07）．

[407] 梁鸿．改革中的社会风险与社会保障［J］．社会科学．2000（05）．

[408] 梁已晴．调整产业结构要立足资源优势，发展特色经济［J］．改革先声（新视点）．2000（07）．

[409] 梁启华．我国通讯市场的竞争态势［J］．中国信息导报．2000-10-25．

[410] 梁启华．一种基于模糊度量的目标市场拓展方法［J］．技术经济与管理研究．2000（02）．

[411] 梁世雄．我国经济发展中的“热”症探析［J］．江汉论坛．2000（09）．

[412] 梁崧．产业结构趋同的原因及对内需启动的影响［J］．陕西省行政学院．陕西省经济管理干部学院学报．2000（03）．

[413] 梁小威．市场规制性壁垒的系统模糊评价初探［J］．管理工程学报．2000（03）．

[414] 梁艳芬．市场经济与政府干预［N］．国际经贸消息．2000-06-01．

[415] 廖炳万．力车胎分会召开价格协调会［J］．中国橡胶．2000（03）．

[416] 廖俊霞，顾海兵．国外学者对政府管制的研究综述［J］．开放导报．2000（05）．

[417] 廖强．试论企业收购与合并［J］．华南港工．2000（03）．

[418] 廖先玲，张兆响，耿殿明．对国有企业技术创新管理的认识与思考［J］．中国煤炭经济学院学报．2000（01）．

[419] 廖仲毛．售后服务更需重组［J］．监督与选择．2000（05）．

[420] 林红，黄绍臻．建立政府采购制度需要解决的几个问题［J］．发展研究．2000（04）．

[421] 林伦，初福君．殊途能否同归——对中国石油工业管理体制的再探讨［J］．中国石油石化．2000（01）．

[422] 林民书．中小企业的界定标准研究［J］．云南财贸学院学报．2000（06）．

[423] 林木．反“重复建设”不应成为行业垄断的借口［J］．税收与社会．2000（09）．

[424] 林树红．我国对外资银行市场准入监管存在的问题及其对策［J］．福建金融．2000（06）．

[425] 林文高，宋云鹰．对我国金融市场准入政策的反思［J］．南方金融．2000（10）．

[426] 林晓寒．中国网络业的方向［N］．福建日报．2000-07-14．

[427] 林孝文．汽车行业：中国市场进入壁垒失效个案分析［J］．经济问题探索．2000（04）．

[428] 林一斌，郑胜利．日本反过度竞争的经验及启示［J］．经济纵横．2000（06）．

[429] 林峥，王林昌．加入WTO与中国的反垄断对策［J］．中国软科学．2000（12）．

[430] 林峥，王林昌．关于市场监督管理体制的建构［J］．武汉大学学报（人文社会科学版）．2000（05）．

[431] 林志远．防止寡头垄断 改革财政体制［J］．团结．2000（06）．

[432] 临渊．从“盈科数码动力”并购“香港电信”说起……［J］．通信世界．2000（07）．

[433] 蔺晓霞，姜珍．“看得见的手”与“看不见的手”［J］．开发研究．2000（04）．

[434] 刘长旭．经济体制改革 放开搞活国有中小企业［Z］．黑龙江年鉴，2000．

[435] 刘春玲．宏观调控的适用条件分析［J］．中南财经大学学报．2000（01）．

[436] 刘德瑞．国有企业改革的基本思路探析［J］．商丘师范学院学报．2000（03）．

[437] 刘东．奥地利占领罗马尼亚三分之一的啤酒市场 [J]．啤酒科技．2000 (12).
[438] 刘芳，朱俊．国有企业资产重组过程中的政府行为研究 [J]．科技进步与对策．2000 (10).
[439] 刘纲，王元璋．论扩大投资对扩大内需的影响 [J]．经济与管理．2000 (03).
[440] 刘钢．德国农业企业热行联合之路 [J]．中国果菜．2000 (04).
[441] 刘钢，阳万雄．简论我国政府在社会主义市场经济中的作用 [J]．经济师．2000 (12).
[442] 刘国训．国外大石油公司发展趋势及对我国石化工业的启示 [J]．石油化工动态．2000 (02).
[443] 刘鹤．网络经济与中国经济的发展 [J]．财政研究．2000 (10).
[444] 刘坚．竞争与垄断 [J]．商业经济研究．2000 (02).
[445] 刘江丽，陶晓龙．政府规模选择与机构改革 [J]．福建论坛（经济社会版)．2000 (07).
[446] 刘戒骄．自然垄断产业的放松管制和管制改革 [J]．中国工业经济．2000 (11).
[447] 刘戒骄．从工业品市场竞争的新现象看竞争性产业的政府管制 [J]．福建论坛（经济社会版)．2000 (08).
[448] 刘静．论政府在金融深化中的作用 [J]．金融教学与研究．2000 (01).
[449] 刘军．东亚与西方的企业、市场及政府关系比较 [J]．求是学刊．2000 (04).
[450] 刘俊奇．中国市场经济与政府经济职能论要 [J]．西南师范大学学报（哲学社会科学版)．2000 (01).
[451] 刘骏．并购与企业目标初探 [J]．商业研究．2000 (01).
[452] 刘骏．论市场秩序与市场监管 [J]．宁波教育学院学报．2000 (02).
[453] 刘克谦，刘克锦．市场准入：能否“卡”住不合理住房入市？[J]．中国房地产金融．2000 (09).
[454] 刘连支．知识产品的垄断特征与占领科技制高点 [J]．特区与港澳经济．2000 (04).
[455] 刘林华．重视经济利益多样化中的思政工作 [J]．政工研究动态．2000 (01).
[456] 刘敏．人民生活 行业之间的收入差距继续扩大 [Z]．中华书局，2000.
[457] 刘宁．客运部门搭售保险应该吗 [N]．中国消费者报．2000 - 07 - 15.
[458] 刘宁元．中国的经济垄断问题研究 [J]．中国工商管理研究．2000 (12).
[459] 刘蓉．中国万网并购迈至科 [N]．国际商报．2000 - 10 - 31.
[460] 刘如海．价格战打破垄断经营的第一步 [J]．北京物价．2000 (06).
[461] 刘锐．外商投资企业合并、分立、股权重组后急需解决的几个税收管理问题 [J]．涉外税务．2000 (05).
[462] 刘赛中，徐印州．加入 WTO 与中国特许经营 [J]．商业经济文荟．2000 (05).
[463] 刘绍坚．中国服装企业特许经营的五大误区 [J]．纺织导报．2000 (06).
[464] 刘世锦，张文魁．我国民航运输企业改革与重组的思路研究 [J]．管理世界．2000 (04).
[465] 刘苏庆．市场秩序和市场功能辨析 [J]．山西财经大学学报．2000 (02).
[466] 刘铁明．论中国企业的五次兼并浪潮 [J]．湖南财经高等专科学校学报．2000 (01).
[467] 刘伟，周敏．国有重点煤炭企业非合作、合作与合并对策分析 [J]．数量经济技术经济研究．2000 (12).
[468] 刘文斌．现代化与市场经济 [J]．特区经济．2000 (01).
[469] 刘文献．以“特许经营”发展中国纺织服装行业 [J]．江苏纺织．2000 (02).
[470] 刘文燕．价格战的理性思考 [J]．经济师．2000 (11).

[471] 刘湘丽．外商投资对软饮料行业资源配置效率的影响［J］．管理世界．2000（03）．

[472] 刘晓梅．我省中小企业发展现状分析及对策研究［J］．兰州商学院学报．2000（03）．

[473] 刘星，王树荣．垄断是现代市场经济的重要运行机制［J］．山西财经大学学报．2000（12）．

[474] 刘雁翎．论反垄断法与规模经济［J］．贵州民族学院学报（哲学社会科学版）．2000（02）．

[475] 刘颖．简析公共财政体系下财政支出结构的调整［J］．财经问题研究．2000（11）．

[476] 刘永行．有竞争才有发展［J］．中国饲料．2000（01）．

[477] 刘宇．我国国有企业劳动关系调整模式探析［J］．北京市计划劳动管理干部学院学报．2000（03）．

[478] 刘宇鹏．资料 案例选登 长沙市交通局诉香港美光（集团）．股份有限公司及湖南美光船舶制造有限公司兼并合同案［Z］．长沙年鉴．中华书局．2000．

[479] 刘元蕊，陈浩．在西部开发中确立排他性产权的思考［J］．甘肃政法学院学报．2000（04）．

[480] 刘振华．我国市场经济条件下的政府作用［J］．生产力研究．2000（03）．

[481] 刘志彪．信息不对称、政府管制与企业的质量战略［J］．学海．2000（05）．

[482] 刘志强，林毅夫．中国的财政分权与经济增长［J］．北京大学学报（哲学社会科学版）．2000（04）．

[483] 刘志云．建立科学的保险公估业市场准入机制的建议［J］．上海保险．2000（10）．

[484] 柳长立．1+1>2：通用与菲亚特的战略联盟的启示［J］．汽车研究与开发．2000（04）．

[485] 柳长立．欧盟轿车市场价格的协调及其影响［J］．上海汽车．2000（12）．

[486] 柳凤．城市贫富：差距愈拉愈大［N］．西南电力报．2000-08-24．

[487] 龙柏林．国企改革主体错位现象探析［J］．阵地与熔炉（哲学社会科学版）．2000（01）．

[488] 龙正平．试论加入WTO后对我国产业组织的影响［J］．上海财经大学学报．2000（05）．

[489] 陇小渝，陈宏平．管制下的企业行为与绩效分析［J］．兰州大学学报．2000（01）．

[490] 卢萍．美国反托拉斯法对垄断行为失控的原因分析［J］．经济纵横．2000（03）．

[491] 卢莎．对我国市场化改革的思考［J］．经济论坛．2000（23）．

[492] 卢现祥．西方国家经济管制的理论与实践述评——兼论我国的行业垄断问题［J］．经济评论．2000（01）．

[493] 卢现祥．论制度变迁中的制度供给过剩问题［J］．经济问题．2000（10）．

[494] 鲁篱．公用企业垄断问题研究［J］．中国法学．2000（05）．

[495] 陆国庆．我国企业共谋的经济学分析［J］．财经问题研究．2000（11）．

[496] 陆汉祥．江滨乡4家乡办企业被收购兼并［Z］．中华书局，2000．

[497] 陆剑南，石盛奎．发展煤电铝联合企业 建设特色区域经济［J］．煤炭经济研究．2000（01）．

[498] 陆磊．信息结构、利益集团与公共政策：当前金融监管制度选择中的理论问题［J］．经济研究．2000（12）．

[499] 陆南泉．普京如何面对各路寡头的围追堵截［J］．东欧中亚研究．2000（02）．

[500] 陆小明，丁青．与规模经济相关问题的探讨［J］．集美大学学报（哲学社会科学版）．2000（02）．

[501] 陆志安. 微软反垄断案的启示 [J]. 探索与争鸣. 2000 (07).

[502] 路耀华. 我国市场管理的现状及对策研究 [J]. 吉林大学社会科学学报. 2000 (01).

[503] 路玉华. 市场失灵与政府介入 [J]. 济南大学学报. 2000 (04).

[504] 吕春生. 如何利用税收政策应对油价上涨 [J]. 税务. 2000 (12).

[505] 吕久琴. 论纵向合并的时机选择 [J]. 江汉论坛. 2000 (09).

[506] 吕凌. 转型过程中市场秩序建设的思考 [J]. 中国社会科学院研究生院学报. 2000 (01).

[507] 吕薇, 娄静, 黄渝祥. 威廉姆森的兼并福利权衡模型与启示 [J]. 华东经济管理. 2000 (05).

[508] 吕西萍. 从"微软案"看国际反垄断趋势 [J]. 科技. 人才. 市场. 2000 (06).

[509] 吕艳艳, 范源远, 金一, 等. 美国第五次并购浪潮与反托拉斯法的适应性探讨 [J]. 中国金融学院学报. 2000 (01).

[510] 吕政. 工业结构调整任务的变化 [J]. 经济理论与经济管理. 2000 (01).

[511] 吕政, 曹建海. 竞争总是有效率的吗?——兼论过度竞争的理论基础 [J]. 中国社会科学. 2000 (06).

[512] 栾伯彬. 经济体制改革 放开放活小型企业 [Z]. 邢台年鉴. 河北人民出版社, 2000.

[513] 罗斌, 刘前锋. 谈我国国有企业的社会责任 [J]. 冶金经济与管理. 2000 (03).

[514] 罗建华. 我国矿业产业组织合理化标准的研究 [J]. 中国矿业. 2000 (02).

[515] 罗明贵. 烟草业 专卖管理 [Z]. 总编黄福才. 香港天马图书有限公司, 2000.

[516] 罗赛军. 遥看后微软时代——分割微软 [J]. 中国科技信息. 2000 (15).

[517] 罗仲伟. 网络特性与网络产业公共政策 [J]. 中国工业经济. 2000 (10).

[518] 马冰. 2000 年西方铁矿石生产的 80% 将由 3 家公司控制 [J]. 国土资源情报. 2000 (16).

[519] 马超群, 舒坚华. 企业联合与规模经济互动关系研究 [J]. 湖南大学学报 (自然科学版). 2000 (12) .

[520] 马红漫, 陈雪. 零售业直面市场国际化挑战 [J]. 经济论坛. 2000 (24).

[521] 马建, 施锐利. "两税"收入与 GDP 增长关系的相关分析认识 [J]. 山东税务纵横. 2000 (10).

[522] 马建华, 刘家壮. 一般交叉规划与经济均衡模型 [J]. 经济数学. 2000 (03).

[523] 马金城. 政府在企业购并重组中的角色定位 [J]. 东北财经大学学报. 2000 (01).

[524] 马竟. 欧美化工企业掀起发展专用化学品热潮 [J]. 江苏化工. 2000 (04).

[525] 马骏. 金融合并与竞争法——兼论美国金融合并法及其对我国立法的借鉴 [J]. 齐齐哈尔大学学报 (哲学社会科学版). 2000 (03).

[526] 马克. 扩大内需与中期改革 [J]. 经济研究参考. 2000 (12).

[527] 马黎兵. 跨国并购与企业文化整合 [J]. 北方经贸. 2000 (05).

[528] 马林娥. 略论我国连锁商业的市场结构 [J]. 山西财经大学学报. 2000 (12).

[529] 马秋莲. 再谈行政行为的法治化——兼论市场经济下的政府行为浅论 [J]. 生产力研究. 2000 (03).

[530] 马荣华. 转型时期政府的经济职能 [J]. 管理世界. 2000 (04).

[531] 马文. 中国加入"世贸组织"对中国相关产业的影响及对策 [J]. 经济前沿. 2000 (Z1).

[532] 马文龙, 戚蕊. 构建西北民族地区的生态经济系统 [J]. 甘肃社会科学. 2000 (04).

[533] 马欣, 马松平. 天然气市场放开及其约束条件 [J]. 中国物价. 2000 (04).

[534] 马秀丽，孙晓峰．关于优化我国财政支出结构的几点思考 [J]. 财金贸易．2000 (12).
[535] 马勇．新经济时代的速度经济将代替规模经济 [J]. 经济纵横．2000 (11).
[536] 马与雄．欧洲兼并风头劲 [N]. 中华工商时报．2000 - 08 - 03.
[537] 满志弘．微软反垄断案的经济分析及对我国的启示 [J]. 山东经济战略研究．2000 (07).
[538] 莽景石．日本市场复归中的政府规制改革 [J]. 日本学刊．2000 (06).
[539] 毛勒堂，张云．对规制行政垄断的思考 [J]. 云南行政学院学报．2000 (02).
[540] 茅于轼．保护不是良策 竞争才能进步 [J]. 改革与理论．2000 (03).
[541] 梅德平．面对WTO：特许经营如何应对 [J]. 科技经济市场．2000 (06).
[542] 孟达．加油站特许经营发展及管理政策初探 [J]. 石油商技．2000 (03).
[543] 孟宪法，张咏梅．价格战中的经济学——从彩电降价谈起 [J]. 山东科技大学学报（社会科学版）. 2000 (02).
[544] 孟宪海．市场经济条件下的建设市场准入制度 [J]. 建筑经济．2000 (04).
[545] 米祖旭．论公平与效率 [J]. 重庆师专学报．2000 (04).
[546] 苗晨波，卢春龙．试析美国的利益集团及其产生发展的原因 [J]. 新视野．2000 (05).
[547] 苗月新．公共财政与社会主义市场经济建设 [J]. 山西财政税务专科学校学报．2000 (02).
[548] 缪玉林．政府投资：问题与对策 [J]. 经济师．2000 (03).
[549] 倪得兵，唐小我．垄断厂商在固定折扣率条件下的二度价格歧视研究 [J]. 运筹与管理．2000 (03).
[550] 倪晓萍．论铁路的分类与政府管制 [J]. 内蒙古科技与经济．2000 (12).
[551] 倪振勇．交通运输企业实施企业兼并有关问题的探讨 [J]. 辽宁省交通高等专科学校学报．2000 (01).
[552] 聂孝红．“买一送一”的法律性质 [J]. 观察与思考．2000 (10).
[553] 宁国良．论公共政策执行偏差及其矫正 [J]. 湖南大学学报（社会科学版）. 2000 (03).
[554] 牛宏利．试论特许经营在我国的发展 [J]. 河南商业高等专科学校学报．2000 (05).
[555] 牛明，刘钊．浅谈国际同业市场准入对国内法律服务业的影响 [J]. 天津市政法管理干部学院学报．2000 (S1).
[556] 牛荣．参与竞争 振兴零售商业 [J]. 商场现代化．2000 (09).
[557] 牛文文．“寡头”变身 [J]. 中国企业家．2000 (09).
[558] 牛志强，吴正宁，陈进．关于电信业政府管制的研究及其模式的选择 [J]. 邮电商情．2000 (18).
[559] 农业银行新疆兵团分行课题组．推进国企改革的探讨 [J]. 农村金融研究．2000 (01).
[560] 欧阳克海．基础电信服务贸易自由化与电信产业寡头竞争 [J]. 国际商务研究．2000 (03).
[561] 欧阳跳．联合是国有粮食企业走出困境的重要途径 [J]. 粮食科技与经济．2000 (04).
[562] 潘光军．走出垄断闯市场 [J]. 中国改革．2000 (08).
[563] 潘广涛．浅谈国有企业兼并模式及操作原则 [J]. 企业经济．2000 (10).
[564] 潘洁，吴衡．从博弈论观点看民航的统一价 [J]. 价格与市场．2000 (03).
[565] 潘燕．民航重组不应“夹生饭” [J]. 了望．2000 (41).
[566] 裴建军．英国邮政的邮递广告业务 [J]. 邮电企业管理．2000 (09).
[567] 裴振发．关于电信资费几个问题的思考 [J]. 安徽决策咨询．2000 (12).

[568] 彭春华. 我国产业垄断变异分析 [J]. 岭南学刊. 2000 (05).

[569] 彭亮. 市场自主性与政府干预的平衡器——行政指导 [J]. 河北法学. 2000 (05).

[570] 彭澎. 行政改革的难题: 政府角色定位 [J]. 中共四川省委党校学报. 2000 (03).

[571] 彭小平. 评梁启超对托拉斯的认识及意义 [J]. 湖南社会科学. 2000 (04).

[572] 鹏浩. 电信管制在由垄断走向竞争过渡期内的任务——FCC 实践给予人们的启示 [J]. 通信世界. 2000 (03).

[573] 鹏浩. 法国电信业: 法国电信仍是事实上的垄断者 [J]. 通信世界. 2000 (08).

[574] 平新乔. 论国有经济比重的内生决定 [J]. 经济研究. 2000 (07).

[575] 戚聿东. 关于垄断成因的系统分析 [J]. 北京市经济管理干部学院学报. 2000 (01).

[576] 戚聿东. 垄断的资源配置效应分析 [J]. 学习与探索. 2000 (01).

[577] 祁华清. 论产业政策的有效性 [J]. 武汉交通科技大学学报 (社会科学版). 2000 (02).

[578] 齐向前, 邱景红. 关于降价竞销的思考 [J]. 粤港澳价格. 2000 (01).

[579] 齐志宏, 吴昊, 刘曼. 试析竞争性产业的价格自律政策 [J]. 长白学刊. 2000 (05).

[580] 綦书环. 网络时代卷入购并浪潮 [J]. 中国工商. 2000 (11).

[581] 钱文荣. 试论我国农地利用及保护中的市场缺陷与政府不足 [J]. 浙江社会科学. 2000 (05).

[582] 钱晓勤. 加强政府监管 稳定金融市场 [J]. 中国保险管理干部学院学报. 2000 (01).

[583] 乔洪武. 经济自由和经济公平的合理范式——约翰·穆勒的经济伦理思想及其现实价值 [J]. 河北学刊. 2000 (03).

[584] 乔梁. 交通 兼并两运司, 资产大重组 [Z]. 巴中年鉴. 2000.

[585] 乔楠. 从垄断到竞争——"通信运营业管理和新业务国际论坛" 综述 [J]. 通信世界. 2000 (23).

[586] 秦建. 芬兰、瑞士: 管理国企有独到之处 [J]. 上海国资. 2000 (01).

[587] 秦苒, 张丽冰. 试论国际背景下的中国企业并购 [J]. 安阳师范学院学报. 2000 (03).

[588] 庆渝. 有线网络该统一了——对各地自行组建有线电视网络合资公司的思考 [J]. 广播电视信息. 2000 (02).

[589] 丘磐. 关于政府行为与发展知识经济的关系 [J]. 科学学研究. 2000 (03).

[590] 邱红. 强强联合: 企业并购的新趋势 [J]. 河南大学学报 (社会科学版). 2000 (01).

[591] 屈贤明, 张威, 黄开亮. 对重复建设的认识和探讨 [J]. 机电产品开发与创新. 2000 (02).

[592] 屈秀莉. 如何做好市场经济条件下的价格自律工作 [J]. 价格理论与实践. 2000 (10).

[593] 全强, 梁书彬, 吴永波. 浅析交通企业并购及意义 [J]. 黑龙江交通科技. 2000 (06).

[594] 任钢建. 试论社会主义市场经济条件下个人收入差距的必然性及适度差别原则 [J]. 金筑大学学报 (综合版). 2000 (03).

[595] 任启芳, 蔡志坚. 中国造纸业竞争力提升的基本思路 [J]. 中华纸业. 2000 (12).

[596] 任荣明, 张国英. 发展中国的特许经营 [J]. 国际商务研究. 2000 (02).

[597] 任维哲. 试论西部大开发的几个问题 [J]. 华北电力大学学报 (社会科学版). 2000 (03).

[598] 任晓东. 烟草专卖 专卖管理 [Z]. 中华书局, 2000.

[599] 任原记者. 医改税收政策助医疗改革 [N]. 中国税务报. 2000-09-21.

[600] 任兆璋. 21 世纪中小企业在经济增长中的地位 [J]. 统计与预测. 2000 (05).

[601] 荣朝和. 试论"网运分离"与铁路重组的关系 [J]. 北方交通大学学报. 2000 (03).

[602] 容缨．论经济法中的私权保护 [J]．河北青年管理干部学院学报．2000（04）．
[603] 阮振宇．立法与管制：德国电信的自由化 [J]．开放导报．2000（11）．
[604] 阮振宇．反倾销法与竞争法的关系——从 WTO“美国1916年反倾销法规案”谈起[J]．对外经贸实务．2000（10）．
[605] 山澜．微软向何处去？[J]．市场经济导报．2000（07）．
[606] 商检．欧盟出台反垄断新法案 [N]．国际商报．2000－11－18．
[607] 邵赤平．斯蒂格勒的管制理论与银行监管经济分析框架 [J]．国外财经．2000（01）．
[608] 邵建东．德国新修订的《反限制竞争法》介评 [J]．南京大学法律评论．2000（01）．
[609] 邵益生．中国水市场会向民间资本开放 [J]．中国企业家．2000（08）．
[610] 社科院课题组．国内成品油经销体系及存在的问题 [J]．中国经贸导刊．2000（22）．
[611] 申文果．浅谈特许连锁在我国的发展 [J]．价格与市场．2000（02）．
[612] 申尊焕．关于价格联盟的经济学思考 [J]．人文杂志．2000（05）．
[613] 沈俊．浅谈政府如何促进中小企业的发展 [J]．乡镇经济．2000（04）．
[614] 沈满洪．论环境问题的制度根源 [J]．浙江大学学报（人文社会科学版）．2000（03）．
[615] 沈敏荣．反垄断法与我国国有企业改革 [J]．中国工商管理研究．2000（07）．
[616] 沈敏荣．国际反垄断法及其发展 [J]．广西政法管理干部学院学报．2000（01）．
[617] 沈敏荣．市场经济与反垄断法 [J]．辽宁大学学报（哲学社会科学版）．2000（02）．
[618] 沈敏荣．国际反垄断法的不确定性及其发展 [J]．法学．2000（12）．
[619] 沈敏荣．论反垄断法的域外效力 [J]．山东社会科学．2000（02）．
[620] 沈敏荣．普通法国家反垄断法的特点 [J]．法学杂志．2000（02）．
[621] 沈敏荣．知识经济中反垄断法的新发展 [J]．贵州警官职业学院学报．2000（02）．
[622] 沈敏荣．反垄断法不确定性之克服 [J]．商丘师范学院学报．2000（03）．
[623] 沈荣芳，范柏乃．降低高技术企业市场准入门槛 [J]．企业管理．2000（07）．
[624] 沈荣芳，范柏乃．降低高技术企业市场准入门槛 促进我国高技术产业的发展 [J]．上海企业．2000（10）．
[625] 沈荣华．论地方政府规章的制定权限 [J]．行政法学研究．2000（01）．
[626] 沈山．市场经济体制下的政府角色与行为分析——对国有企业改革和发展环境的一种阐述 [J]．中国矿业大学学报（社会科学版）．2000（03）．
[627] 沈烨．国有企业兼并的规范化运作 [J]．云南经济管理干部学院学报．2000（02）．
[628] 沈越．加强和改善管理的几个理论认识问题 [J]．求是．2000（14）．
[629] 沈镇平．德拜耳并购 Lyonell 多元醇业务 [J]．皮革化工．2000（03）．
[630] 盛杰民．竞争法视野中的行政垄断 [J]．中国工商管理研究．2000（04）．
[631] 盛昭翰，唐文雄，吴广谋．企业集团化过程中政府作用的理论思考 [J]．中国软科学．2000（06）．
[632] 盛昭瀚，吴广谋．企业兼并的一种动因 [J]．东南大学学报（哲学社会科学版）．2000（02）．
[633] 石海安．需求约束如何启动农村消费市场 [J]．中国市场．2000（02）．
[634] 史蒂文·波斯特雷尔，张一峰．赢家、输家与微软公司：高技术领域的竞争与反托拉斯 [J]．国外社会科学文摘．2000（07）．
[635] 史经初．为了霸权基础的巩固——美国拆分微软公司的深层思考 [J]．世界知识．2000（12）．
[636] 寿立新．产权与规则 [J]．黑龙江财专学报．2000（04）．
[637] 舒建玲．对我国重复建设的思考 [J]．暨南学报（哲学社会科学）．2000（02）．

[638] 舒志毅. 打破垄断、开展竞争是电力工业改革的必然趋势 [J]. 华北电力大学学报(社会科学版). 2000 (04).

[639] 司家军, 杜传忠. 企业并购与市场结构调整 [J]. 天津商学院学报. 2000 (04).

[640] 四海. 思科: 兼并之王的奇迹 [J]. 企业家天地. 2000 (07).

[641] 宋长瑞. 市场经济制度与政府功能——兼论中国市场经济体制下的政府经济行为 [J]. 廊坊师专学报. 2000 (02).

[642] 宋长瑞. 市场经济制度与政府功能——兼论中国市场经济体制下的政府经济行为(续). [J]. 廊坊师专学报. 2000 (03).

[643] 宋长瑞. 中国市场经济体制下政府功能的思考 [J]. 理论学习与研究. 2000 (01).

[644] 宋继权. 论政府投资项目中创租及寻租的防范与控制 [J]. 怀化师专学报. 2000 (04).

[645] 宋劲松, 唐隆华. 西方经济学中的企业规模理论 [J]. 当代经济研究. 2000 (03).

[646] 宋晶. 微观规制与市场监管 [J]. 中国工商管理研究. 2000 (11).

[647] 宋俊杰. 不发达地区市场机制浅析 [J]. 成都行政学院学报. 2000 (01).

[648] 宋岚 李江涛.《服务贸易总协定》与我国金融业的市场准入 [J]. 社会科学动态. 2000 (10).

[649] 宋宪萍. 产业结构趋同的体制剖析 [J]. 理论界. 2000 (02).

[650] 宋宪萍, 张静一. 产业结构调整中的政府行为分析 [J]. 石家庄经济学院学报. 2000 (03).

[651] 宋则. 中国经济转型时期市场交易行为的规范化调整 [J]. 甘肃省经济管理干部学院学报. 2000 (01).

[652] 苏寒山. 电信新世界: 市场划分、技术与结构 [J]. 计算机与网络. 2000 (11).

[653] 苏华, 丁兆庆. 试论社会主义市场经济条件下政府干预原则 [J]. 山东社会科学. 2000 (06).

[654] 苏金生. 政府如何实行电信管制 [N]. 人民日报. 2000-07-24.

[655] 苏明吾. 制度变迁中地方政府经济行为分析 [J]. 经济经纬. 2000 (02).

[656] 苏宁华. 投资结构优化的税制结构选择研究 [J]. 税务与经济(长春税务学院学报). 2000 (01).

[657] 苏世隆. 探索公有制实现形式的理论先驱——刘少奇试办托拉斯思想再审视 [J]. 江西广播电视大学学报. 2000 (04).

[658] 苏素. 基于微观经济学的企业兼并理论 [J]. 重庆大学学报(社会科学版). 2000 (03).

[659] 苏雪串. 技术创新与市场结构——兼论美国的"新寡头经济"现象和微软垄断案 [J]. 世界经济与政治论坛. 2000 (05).

[660] 苏彦双, 潘向民. 改善国有企业资产负债结构 为国有企业改革与发展铺平道路 [J]. 黑龙江省财会. 2000 (07).

[661] 苏勇. 我国彩电业发展的问题与对策建议 [J]. 华东经济管理. 2000 (05).

[662] 隋阳. 关于开放国内市场的思考 [J]. 理论界. 2000 (04).

[663] 孙爱民. 为"传统工业"走向"网络经济"号脉 [N]. 中国电子报. 2000-08-01.

[664] 孙长青. 加强对外资金融机构市场准入的监管 [J]. 金融理论与实践. 2000 (02).

[665] 孙晨光, 李雷鸣, 黄昶生. 石油企业多种经营现存的主要问题分析 [J]. 石油大学学报(社会科学版). 2000 (01).

[666] 孙桂芝, 刘新萍. 市场经济条件下政府经济职能管窥 [J]. 山东经济. 2000 (01).

[667] 孙国昌. 构建中国公共财政的基本框架 [J]. 云南民族学院学报(哲学社会科学版).

2000（03）.

［668］孙建雯，姚明霞．市场经济效率的两个认识误区［J］．经济界．2000（05）.

［669］孙书艳，孙书春．刍议政府行为对税收的拖带运作［J］．北方经贸．2000（02）.

［670］孙天琦．目前我国产业组织演进中的体制性障碍——以所有制垄断为例的分析［J］．当代经济研究．2000（02）.

［671］孙天琦．卖方市场与买方市场条件下企业规模扩张的比较研究［J］．人文杂志．2000（01）.

［672］孙天琦．我国产业组织现状及诱因分析［J］．价格与市场．2000（09）.

［673］孙永杰．微软帝国：肢解的震撼［J］．微电脑世界．2000（26）.

［674］孙玉甫，黄保林，刘戒骄．数网并存下的游戏规则［J］．数量经济技术经济研究．2000（09）.

［675］孙钰．西方国家城市基础设施建设的经验及启示［J］．天津经济．2000（03）.

［676］孙振强，朱艳阳，欧继红．行业内企业的竞争与联合机制研究［J］．河南石油．2000（04）.

［677］谈镇，周明生，金太军．论当代中国政府经济职能的战略性重构［J］．学习与探索．2000（05）.

［678］谭静．世界石油业外部重组热结构性动因探析［J］．西安石油学院学报（社会科学版）．2000（02）.

［679］谭军良．国有垄断企业激励机制研究［J］．中共杭州市委党校学报．2000（02）.

［680］谭军良．论国有垄断企业激励机制的完善［J］．广西经贸．2000（03）.

［681］谭军良．完善国有垄断企业经营者分配机制初探［J］．中国审计．2000（05）.

［682］谭欣．论社会主义市场经济条件下的政府经济职能［J］．齐齐哈尔大学学报（哲学社会科学版）．2000（05）.

［683］汤大举．破除垄断建立新型电力市场［J］．中国电力企业管理．2000（10）.

［684］唐卡．邮资再涨与政府垄断［J］．税收与社会．2000（01）.

［685］唐榕．国企改革如何走出误区［J］．中华儿女（海外版）．2000（03）.

［686］唐小我，刘莉．支配型企业的价格领导模型研究［J］．电子科技大学学报．2000（06）.

［687］唐亚韫．对“退出论”的质疑［J］．金融信息参考．2000（03）.

［688］唐拥军．市场调节效率与市场调节失效［J］．改革与战略．2000（02）.

［689］陶传平．我国外贸体制改革进程述评［J］．外向经济．2000（06）.

［690］滕晓光，任柏强．政府职能与机构改革［J］．温州大学学报．2000（01）.

［691］田春生．适者的生存空间——从中国入世看国有企业改革与非国有经济发展［J］．国际贸易．2000（03）.

［692］田洪昌．中德竞争法律制度比较研究［J］．社科纵横．2000（03）.

［693］田桑．出版业：让品牌推动市场［J］．出版参考．2000（16）.

［694］童吉渝．市场经济条件下政府行为的若干理论思考［J］．江西行政学院学报．2000（02）.

［695］童年成．企业联合重组切忌主观主义［J］．北京经济了望，2000（10）.

［696］屠玉．垄断一级市场 服务经济建设——嵊州市建立土地储备制度的经验与体会［J］．中国土地．2000（08）.

［697］托马斯·索厄尔，禾士．也谈捆绑与掠夺性价格［J］．书城．2000（06）.

［698］万从明，陈火清．烟草　清理整顿卷烟市场秩序［Z］．中国县镇年鉴社，2000.

［699］万可佳．不正当价格行为研究［J］．中央政法管理干部学院学报．2000（06）.

[700] 万威武，刘新梅．基础设施产业制度创新及模式研究 [J]．铁道经济研究．2000 (01)．

[701] 万云．纽约“老保险”谈保险上市和并购 [N]．中国经营报．2000 - 07 - 18．

[702] 汪桔．对联合省内大企业开拓周边国家市场的构想 [J]．创造．2000 (02)．

[703] 汪力．反托拉斯与技术创新 [J]．全球科技经济了望．2000 (03)．

[704] 汪丽萍．地方保护主义：区域经济的障碍性因素 [J]．社会科学．2000 (02)．

[705] 汪前元．中国政府经济职能转换的原则、范围 [J]．湖北大学成人教育学报．2000 (04)．

[706] 汪尚．中国制定反垄断法迫在眉睫 [J]．金融信息参考．2000 (07)．

[707] 汪文．网络业从“圈钱”到“圈地” [J]．华南金融电脑．2000 (10)．

[708] 王爱君，乔万敏，杨尚玉．要重视解决区域产业结构同化问题 [J]．发展论坛．2000 (01)．

[709] 王安耕．电子商务时代更需反垄断法 [J]．信息系统工程．2000 (08)．

[710] 王宝石，胡健．WTO 与炼化产业重整——以中国石油天然气集团公司炼化产业为例的分析 [J]．西安石油学院学报（社会科学版）．2000 (03)．

[711] 王冰．寡头垄断市场及其评论 [J]．经济师．2000 (01)．

[712] 王昌运．经济体制改革工作 企业兼并、破产 [Z]．宝鸡年鉴．2000．

[713] 王长斌．反垄断法视角下的企业集团——一个比较法的研究 [J]．法制与社会发展．2000 (03)．

[714] 王长松．物价管理　实行公示制度 [Z]．张洪林．2000．

[715] 王长征．并购整合：通过能力管理创造价值 [J]．外国经济与管理．2000 (12)．

[716] 王成军．烟草专卖 整顿卷烟市场秩序 [Z]．毕吉玲．中华书局，2000．

[717] 王传辉，赵敏燕．政府与制度创新 [J]．广东行政学院学报．2000 (06)．

[718] 王春萍．关于我国国有企业并购中的障碍因素分析及对策 [J]．西安邮电学院学报．2000 (02)．

[719] 王道高，杜吉泽，高峰．绿色贸易壁垒的兴盛与我国的对策 [J]．华东经济管理．2000 (04)．

[720] 王德田，王苏喜．评中国民航的垄断经营 [J]．西安科技学院学报．2000 (03)．

[721] 王德秀．资费调整　突破垄断 [J]．电子科技．2000 (20)．

[722] 王栋．医药工业　万辉药业集团兼并北京制药厂 [Z]．北京年鉴，2000．

[723] 王恩成．我国垄断现状及反垄断对策 [J]．山西财政税务专科学校学报．2000 (05)．

[724] 王飞雪．市场经济呼唤反垄断法 [J]．山西财经大学学报．2000 (S1)．

[725] 王斐弘．地方保护主义对西部大开发的负效应及其对策 [J]．甘肃政法成人教育学院学报．2000 (03)．

[726] 王福平．水泥企业强强联合优势分析 [J]．水泥工程．2000 (03)．

[727] 王广辉．打破垄断：从市场经济理解电力改革 [J]．中国经贸导刊．2000 (17)．

[728] 王国华．市场经济条件下政府职能与财政政策刍议 [J]．华中理工大学学报（社会科学版）．2000 (02)．

[729] 王国明．打破行政垄断刻不容缓 [N]．中国工商报．2000 - 11 - 02．

[730] 王海运．俄罗斯国内局势发展中几个值得关注的问题 [J]．东欧中亚市场研究．2000 (07)．

[731] 王恒．从微软案看美国反垄断的法律依据 [J]．华东政法学院学报．2000 (05)．

[732] 王恒久，刘戒骄．反垄断还是反竞争——评竞争性产业价格规制中的固定价格行为[J]．福建论坛（经济社会版）．2000 (02)．

[733] 王恒久，刘戒骄．竞争性产业的价格规制［J］．中国工业经济．2000（01）．

[734] 王宏．对我国基础产业放松管制的再思考［J］．经济问题探索．2000（09）．

[735] 王洪彬．彩电“价格战”的经济学分析［J］．中国流通经济．2000（01）．

[736] 王虹．试论强强联合的企业文化［J］．上海管理科学．2000（04）．

[737] 王后根，上官忠东．透析“价格联盟”［J］．中外企业家．2000（10）．

[738] 王浣尘，贺卫．政府经济学中的寻租理论研究［J］．上海交通大学学报（社会科学版）．2000（02）．

[739] 王浣尘，贺卫．试论公共政策研究中的模型方法［J］．中国软科学．2000（01）．

[740] 王浣尘，贺卫．以制度创新抑制寻租的可能性研究［J］．江汉论坛．2000（04）．

[741] 王慧军．论经济全球化过程中的政府职能［J］．中共天津市委党校学报．2000（01）．

[742] 王坚勇．美国雪弗龙与德士古两大石油公司合并［J］．海洋石油．2000（04）．

[743] 王检贵．收入差距问题研究的进展及评价［J］．教学与研究．2000（03）．

[744] 王建辉．论我国转型期市场运行存在的问题及解决途径［J］．南都学坛．2000（05）．

[745] 王金茹．试论政府对旅游业的影响［J］．承德民族职业技术学院学报．2000（01）．

[746] 王金洲．国际石油价格理论的研究［J］．江汉石油学院学报（社科版）．2000（01）．

[747] 王锦功，金成晓．国有企业并购存在的主要障碍及解决途径［J］．经济纵横．2000（09）．

[748] 王进杰，阎坤．从财政分权理论看我国的税收分割［J］．财经科学．2000（05）．

[749] 王俊豪．对中国市场集中的实证分析［J］．经济问题．2000（06）．

[750] 王俊豪．对我国流通产业市场竞争度的探讨［J］．中国流通经济．2000（02）．

[751] 王莉，文家华．打破电力垄断 真正还利于民［J］．福建改革．2000（11）．

[752] 王立国．改革现行投资项目审批制度的思考［J］．财经问题研究．2000（07）．

[753] 王俐娟．推动房地产评估业规范发展［J］．浙江经济．2000（02）．

[754] 王明亮．政府在国有企业改革中的角色定位［J］．湖南行政学院学报．2000（01）．

[755] 王能民 王国顺．国有企业兼并中的产权问题［J］．有色金属工业．2000（03）．

[756] 王宁．当代财政改革与社会主义建设［J］．四川财政．2000（11）．

[757] 王沛．西部大开发要防治过度竞争［J］．甘肃理论学刊．2000（06）．

[758] 王平．国外金融业并购对我国的启示［J］．怀化师专学报．2000（06）．

[759] 王倩．“政企分开”要有“度”［J］．经济月刊．2000（03）．

[760] 王巧玲，李丽．论我国反垄断立法的规制对象及作用［J］．山东经济．2000（04）．

[761] 王庆湘．试论我国反垄断立法所应规制的垄断［J］．政治与法律．2000（06）．

[762] 王荣康．试论低价倾销行为［J］．中央政法管理干部学院学报．2000（02）．

[763] 王瑞芬．政府和市场关系——东南亚金融危机的启示［J］．甘肃行政学院学报．2000（04）．

[764] 王润栓．福利制度货币化问题的浅议［J］．经济师．2000（01）．

[765] 王生辉．对价格竞争的理性思考［J］．北京商学院学报．2000（06）．

[766] 王胜忠记者．创业板切忌政府干预［N］．中华工商时报．2000－11－06．

[767] 王盛．试析我国国有企业联合兼并的障碍——兼评国有企业“强强联合”策略［J］．福建理论学习．2000（04）．

[768] 王守军．企业并购动机的经济学分析［J］．山西财经大学学报．2000（S2）．

[769] 王树春．现代市场经济与政府经济职能［J］．南开经济研究．2000（01）．

[770] 王思茗．国企改革应抓的中心环节［J］．经济问题探索．2000（06）．

[771] 王铁，李怀．试论国有企业改革中的政府职能［J］．哈尔滨师专学报．2000（03）．

[772] 王婷睿．中国计算机市场的垄断与竞争［J］．企业文化．2000（01）．

[773] 王彤鸿．我国反垄断立法有关问题的探讨［J］．引进与咨询．2000（03）．

[774] 王维，张雯．发展我国特许经营探讨［J］．国际市场．2000（02）．

[775] 王伟光．技术创新障碍：一种产业组织学的方法［J］．学习与探索．2000（03）．

[776] 王习武．发挥市场作用 推进产业结构调整［J］．山西财经大学学报．2000（04）．

[777] 王先林．借鉴国外有益经验　制定符合我国需要的反垄断法［J］．中国软科学．2000（01）．

[778] 王先林．关于中国反垄断执法机构的设置与职责问题的探讨［J］．中国行政管理．2000（08）．

[779] 王先林．论市场支配地位及其滥用的规制问题［J］．中国工商管理研究．2000（06）．

[780] 王香谷．当前腐败问题的特点及对策［J］．党风通讯．2000（07）．

[781] 王晓红．财贸管理 流通企业改革改制［Z］．吴乔贵．德宏民族出版社，2000．

[782] 王晓华，黄志斌．产业生态化的经济学分析与对策探讨［J］．华东经济管理．2000（03）．

[783] 王晓晔．从微软案看中国的《反垄断法》［J］．中国律师．2000（09）．

[784] 王晓晔．加速制定反垄断法，迎接入世挑战［J］．中国工商管理研究．2000（07）．

[785] 王晓晔．论限制竞争性协议［J］．中国工商管理研究．2000（04）．

[786] 王晓晔．美国司法部为何指控微软［J］．国际贸易．2000（04）．

[787] 王晓晔．维护有序市场竞争——欧共体竞争法中企业合并控制［J］．国际贸易．2000（10）．

[788] 王晓晔．戒律强势——欧共体竞争法中的滥用市场支配地位［J］．国际贸易．2000（05）．

[789] 王晓晔．市场失灵时的国家干预——欧盟竞争法中的国家援助［J］．国际贸易．2000（03）．

[790] 王晓英．我国行业间职工收入差距分析［J］．山西财经大学学报．2000（05）．

[791] 王笑雨，张平．苦涩的糖厂　儋州春江糖厂兼并起风波［N］．中国乡镇企业报．2000－06－15．

[792] 王鑫，王宗起．用积极的政府行为促进社会主义市场经济的完善与发展［J］．工业技术经济．2000（05）．

[793] 王秀宝．目前上海出租汽车的市场特征［J］．交通与运输．2000（03）．

[794] 王学军．甘肃省零售业市场结构问题研究［J］．兰州大学学报．2000（04）．

[795] 王学军．我国连锁商业市场结构问题探索［J］．商业经济文荟．2000（01）．

[796] 王学政．市场与政府的作用［J］．中国工商管理研究．2000（07）．

[797] 王学政．政府依法干预市场的涵义［J］．中国工商管理研究．2000（12）．

[798] 王学政．我国建立社会主义市场经济体制过程中的政府作用［J］．中国工商管理研究．2000（08）．

[799] 王艳林．关于反垄断立法若干问题的思考［J］．中国工商管理研究．2000（08）．

[800] 王玉狮．当前农机市场形势与农机流通体制改革［J］．农机市场．2000（11）．

[801] 王育红，党大恩．国外出版管理概述［J］．商洛师范专科学校学报．2000（03）．

[802] 王远胜．国有企业资产重组要把握三大关系［J］．安徽决策咨询．2000（01）．

[803] 王运生．构建政府与市场的均衡机制［J］．理论与现代化．2000（06）．

[804] 王蕴，刘淑琴．构建符合中国国情的宏观调控体系［J］．经济纵横．2000（11）．

[805] 王蕴秀．从市场经济的两种形态看转型期我国政府干预的价值取向［J］．经济问题探

索．2000（01）．

［806］王振华．震动全球的美国微软垄断案［J］．记者观察．2000（06）．

［807］王震声，吕涛．当前我国煤炭行业价格竞争问题分析［J］．内蒙古煤炭经济．2000（05）．

［808］王征．我国连锁商业发展问题及对策［J］．经济论坛．2000（06）．

［809］王证．横向或相关兼并的管理协同理论及其启示［J］．现代管理科学．2000（03）．

［810］王治安，吴玉宗．当前中国政府行为模式初探［J］．中共成都市委党校学报（综合性思想理论）．2000（04）．

［811］王自勤．工业品市场的品牌战略［J］．商业研究．2000（07）．

［812］韦大乐．从微软公司垄断案看美国反不正当竞争法律（上）［J］．价格理论与实践．2000（01）．

［813］韦大乐．从微软公司垄断案看美国反不正当竞争法律（下）［J］．价格理论与实践．2000（02）．

［814］韦大乐．保护价格还是保护竞争？——彩电企业价格联盟违法性评析［J］．价格理论与实践．2000（06）．

［815］韦启福．美国出版业概况分析及市场准入［J］．中国出版．2000（06）．

［816］韦素琼．市场经济条件下政府行为对产业布局影响的分析——以我国为例［J］．福建地理．2000（01）．

［817］卫志民．自然垄断行业与自然垄断业务——在技术进步、竞争国际化的背景下重新认识自然垄断行业［J］．经济研究参考．2000（26）．

［818］蔚晶茂．外经贸企业动态　轻工集团兼并五矿公司工作全面启动：上海对外经济贸易年鉴［Z］．上海人民出版社，2000．

［819］魏文．并购竞争　看好了再出手［J］．电脑采购周刊．2000（37）．

［820］魏遥．论资产重组中的政府行为［J］．阜阳师范学院学报（社会科学版）．2000（01）．

［821］温桂胜．私人银行投石问路［N］．中华工商时报．2000－11－16．

［822］温海峰．“南北”产业内贸易分析［J］．广东商学院学报．2000（01）．

［823］文博．论政府管制与电力改革［J］．电力技术经济．2000（06）．

［824］文福拴，A. K. David．电力市场中的投标策略［J］．电力系统自动化．2000（14）．

［825］文海涛，徐艳．从铁路运输产品谈铁路属性［J］．内蒙古科技与经济．2000（S1）．

［826］文力，国建华．关于放松铁路运价管制问题的研究［J］．铁道学报．2000（03）．

［827］文修．欧洲航空维修业的并购与加强［J］．航空工程与维修．2000（02）．

［828］翁宝，李颖．王志东冷眼看微软［J］．南风窗．2000（06）．

［829］吴传凯．建立反垄断国家起诉制度的有关问题［J］．亚太经济．2000（06）．

［830］吴涧生．中国金融业就业结构与生产效率的宏观分析［J］．统计研究．2000（09）．

［831］吴景云．对我国产业升级换代的几点思考［J］．南昌高专学报．2000（03）．

［832］吴炯．反垄断法怎样保护国内市场［N］．市场报．2000－09－18．

［833］吴丽娜，张玉英．寻租与外商直接投资的关系分析［J］．华中理工大学学报（社会科学版）．2000（04）．

［834］吴丽萍，张乃侠．建立现代企业制度是公路经营企业的必然选择［J］．辽宁大学学报（哲学社会科学版）．2000（05）．

［835］吴绮敏．难有胜者的结局——透视微软垄断案［J］．人民论坛．2000（07）．

［836］吴清萍．21世纪家电行业的竞争特点［J］．价格月刊．2000（01）．

［837］吴伟，李慧中．对国内市场“反倾销”的经济学分析［J］．世界经济文汇．2000（04）．

[838] 吴文洁．体制转轨中政府的经济职能［J］．西安石油学院学报（社会科学版）．2000（02）．

[839] 吴先．健全销售网络 净化专卖市场［J］．云南师范大学学报（哲学社会科学版）．2000（02）．

[840] 吴贤纶．美国在线与时代华纳合并启示有线电视业的重要地位［J］．广播电视信息．2000（03）．

[841] 吴晓娟，刘尚希．理顺政府与市场的关系，促进经济发展［J］．内部文稿．2000（22）．

[842] 吴晓曼．论校办产业的管理与控制模式及其激励机制［J］．现代管理科学．2000（02）．

[843] 吴勇．政府失灵及原因研究［J］．郑州工业大学学报（社会科学版）．2000（03）．

[844] 吴勇．关于地区性重复建设投资对策分析［J］．技术经济与管理研究．2000（05）．

[845] 吴勇．经济市场与政治市场的经济人行为比较研究［J］．重庆工学院学报．2000（03）．

[846] 吴越．论企业集团与集团法及反垄断法的关系——德国法对我国的启示［J］．现代法学．2000（04）．

[847] 吴振国．我国反垄断法对企业兼并的规制［J］．中国工业经济．2000（02）．

[848] 吴振国．中国反垄断法应如何对企业兼并进行规制［J］．中国工商管理研究．2000（06）．

[849] 吴正宁，张映泉，范鹏飞．浅析中国移动通信行业市场环境及主体企业重要性［J］．移动通信．2000（04）．

[850] 吴忠培．论经济市场化中的环境管理［J］．山地农业生物学报．2000（01）．

[851] 伍奕．外资并购国有企业的法律管制问题［J］．海南大学学报（人文社会科学版）．2000（01）．

[852] 伍争荣．全城最低价——百货商店阻止价格战的策略［J］．价格理论与实践．2000（08）．

[853] 伍争荣．对"低价倾销"行为的经济学思考［J］．价格理论与实践．2000（01）．

[854] 武一．企业兼并与市场结构问题浅析［J］．中国社会科学院研究生院学报．2000（03）．

[855] 席西民，仲伟周．转轨中工商行政管理部门的角色定位与功能转换［J］．电子科技大学学报（社会科学版）．2000（01）．

[856] 夏大慰．从微软案看美国反垄断政策取向［J］．财经研究．2000（08）．

[857] 夏颖．对微软的纠正措施最明智的解决办法就是让微软自行拆分［J］．国际经济合作．2000（08）．

[858] 夏振坤．市场与政府［J］．江汉论坛．2000（01）．

[859] 夏志琼．垄断收费：宰你没商量［J］．经济月刊．2000（05）．

[860] 相秉军．中国的城市规划仍然是"向权力讲授真理"［J］．规划师．2000（04）．

[861] 向欣．关注中国特许经营［J］．中国商界．2000（03）．

[862] 萧峰．微软垄断挨了一大棒［J］．经济月刊．2000（05）．

[863] 小于．什么是消费者监督权［N］．中国企业报．2000－11－20．

[864] 肖谈．电子商务降低市场进入壁垒［N］．中华工商时报．2000－12－13．

[865] 肖晓冬．谈企业合并［J］．北方经贸．2000（06）．

[866] 肖兴志，孙强．自然垄断治理的比较制度评价及启示［J］．财政研究．2000（09）．

[867] 肖兴志，于立．自然垄断理论演进综述［J］．经济学动态．2000（06）．

[868] 肖严华．微软公司会被结构肢解吗？［J］．国际市场．2000（06）．

[869] 肖玉明．美国反托拉斯法实施中的矛盾与冲突［J］．理论导刊．2000（12）．

[870] 肖玉明．实现共同富裕需要制度和政策创新［J］．探索．2000（06）．

[871] 谢进城．论政府主导的市场化投融资策略在西部交通建设中的运用［J］．投资研究．2000（05）．

[872] 谢琦，徐生钰，聂成跃．解决冗员成本难题的探讨［J］．南京航空航天大学学报（社会科学版）．2000（04）．

[873] 谢晓戎，牛士宗．世界农机企业收购兼并联合的几个特点［J］．拖拉机与农用运输车．2000（06）．

[874] 谢玉梅．试析小企业产权制度变迁与寻租行为［J］．南京社会科学．2000（03）．

[875] 辛保平．晚放开不如早放开［J］．新财经．2000（05）．

[876] 辛家鼎．市场开放与制度制约［J］．山东电大学报．2000（02）．

[877] 辛向前．完善电信业市场准入规则［N］．经济日报．2000-08-03．

[878] 欣闻．美农业部对我国有关棉花市场准入的分析［J］．山东对外经贸．2000（12）．

[879] 邢才．美国的反垄断法：百年经验与总结［J］．唯实．2000（07）．

[880] 邢洪涛．略论国际反倾销法的性质［J］．河北法学．2000（06）．

[881] 邢淼．关于反垄断立法几个基本问题的看法——访安徽大学教授王先林、国家经贸委政策法规司副司长于吉、国家工商局公平交易局副局长时学志［J］．中国工商管理研究．2000（04）．

[882] 邢文杰．优化企业集团联合舰队［J］．中外管理导报．2000（03）．

[883] 熊世伟．政府与企业：在城市空间指向上的错位——上海市产业布局问题的理论分析［J］．现代城市研究．2000（04）．

[884] 熊卫．21世纪体育产业的市场结构与有效竞争［J］．体育函授通讯．2000（04）．

[885] 熊勇．国有企业改革与企业兼并［J］．中国工商管理研究．2000（04）．

[886] 胥朝阳．对拟并购目标企业的可行性分析［J］．武汉科技学院学报．2000（03）．

[887] 徐斌．市场类别与R［J］．郑州航空工业管理学院学报（社会科学版）．2000（01）．

[888] 徐长生．江都市信用联社　兼并16个合作基金会［Z］．江都年鉴．2000．

[889] 徐锋．市场国际化条件下优化中国流通产业组织的基本战略［J］．商业经济与管理．2000（09）．

[890] 徐广军．西方政府干预主义的体系分析与我国宏观调控政策选择［J］．华北水利水电学院学报（社会科学版）．2000（03）．

[891] 徐国义．转换政府职能建立政企新型关系［J］．理论导报．2000（04）．

[892] 徐寒．资本集中理论与国企改革［J］．江西行政学院学报．2000（04）．

[893] 徐江平．并购过程的管理整合问题研究［J］．洛阳大学学报．2000（03）．

[894] 徐接平，吴国华，汪胜林．现阶段国有银行信贷执法机制不完善的因素分析［J］．武汉金融．2000（01）．

[895] 徐景锋，曾剑秋．对英国电信改革之思考［J］．通讯世界．2000（10）．

[896] 徐朋兵，单葆国，杨露露．从经济学的角度分析中国的电价问题［J］．山东电力高等专科学校学报．2000（01）．

[897] 徐晴．让竞争更为公平——透视法国反垄断管理［J］．北京工商管理．2000（08）．

[898] 徐士英．外资购并国内企业的垄断问题［J］．中国工商管理研究．2000（05）．

[899] 徐曙娜．政府干预农业的范围研究［J］．农村财政与财务．2000（03）．

[900] 徐小刚．行政性公共支出的理论及增长控制［J］．财经论丛（浙江财经学院学报）．2000（02）．

[901] 徐晓冬．加入WTO与市场监管模式创新［J］．市场营销导刊．2000（04）．

[902] 徐晓敏．论企业并购后的融合管理［J］．经济问题．2000（03）．

[903] 徐学敏．论市场缺陷与政府缺陷［J］．经济评论．2000（02）．

[904] 许佳君，韩振燕．与资产重组相关问题的几点思考［J］．现代经济探讨．2000（01）．

[905] 许立群．我国体育产业市场及其类别划分［J］．人民论坛．2000（09）．

[906] 许晓华．论市场和政府在经济发展过程中的交互作用——兼谈近来政府管理体制中的NPM理论［J］．浙江师大学报．2000（06）．

[907] 许怡．美国电信管制政策经济理论基础的演变及对中国电信产业垄断竞争格局的思考［J］．邮电企业管理．2000（02）．

[908] 宣国良，张宇．高科技企业的兼并风险与控制方法［J］．科技进步与对策．2000（09）．

[909] 薛辉蓉，徐伟艳．从世界性并购浪潮看我国上市公司的并购［J］．辽宁财专学报．2000（05）．

[910] 薛建明．论再就业工程的政府行为——再就业工程行为因素分析之一［J］．福建师大福清分校学报．2000（03）．

[911] 薛誉华．规范政府收费的理论与行为［J］．中央财经大学学报．2000（04）．

[912] 薛兆丰．为什么要价格歧视［J］．书城．2000（08）．

[913] 薛志成．企业并非越大越好［J］．经济世界．2000（05）．

[914] 闫丽生，安振平，杜恒柱．试议国有商业银行资本运作的重新定位［J］．财金贸易．2000（04）．

[915] 闫明．拆除准入市场的樊篱［J］．北京工商管理．2000（01）．

[916] 严乐，薛波．国有资产流失问题探讨［J］．当代经济．2000（10）．

[917] 严瑜．加强宏观调控 完善社会主义市场经济体制［J］．山东行政学院，山东省经济管理干部学院学报．2000（04）．

[918] 龙正平．试论加入WTO后对我国产业组织的影响［J］．改革与战略．2000（02）．

[919] 阎明．警惕特许经营中的风险［J］．当代经济．2000（09）．

[920] 晏文胜，晏敬东．企业技术创新风险的政府防范［J］．武汉汽车工业大学学报．2000（04）．

[921] 阳美燕．我国报业集团发展的两个现实问题［J］．新闻记者．2000（03）．

[922] 杨灿明．地方政府行为与区域市场结构［J］．经济研究．2000（11）．

[923] 杨翠．中国彩电业浴火重生之梦［J］．决策与信息．2000（10）．

[924] 杨帆．2000年：反垄断至关重要［J］．福建改革．2000（01）．

[925] 杨帆．二〇〇〇年应该成为反垄断年［J］．市场经济导报．2000（04）．

[926] 杨帆．启动内需的关键在于克服垄断［J］．理论视野．2000（02）．

[927] 杨帆．持续发展中国经济需要重大战略调整［J］．开放导报．2000（12）．

[928] 杨帆．关键在于：行政权力退出市场［J］．中国工商．2000（06）．

[929] 杨帆．论加入WTO对中国产业结构的冲击［J］．国家行政学院学报．2000（02）．

[930] 杨帆中国社会科学院．另眼注目中国经济［N］．中国信息报．2000（3）．

[931] 杨凤祥．入世后技术壁垒对我国贸易的影响及相关对策［J］．现代管理科学．2000（06）．

[932] 杨根庆，赵红梅．市场经济中的政府经济职能定位初探［J］．曲靖师专学报．2000（05）．

[933] 杨光，郭利峰，翟海峰．浅论行政性垄断［J］．河北法学．2000（02）．

[934] 杨国才．国企必须退出竞争性行业——与周靖南商榷［J］．经济问题．2000（07）．

[935] 杨胡生．包装技术及产业发展方向与动态［J］．包装世界．2000（03）．

[936] 杨静．我国国有企业规模经济问题的探讨［J］．轮胎工业．2000（03）．

[937] 杨珺．体制改革 推进企业兼并、破产工作［Z］．戴锡礼．黄山书社，2000.

[938] 杨琨．旅游 兼并“丽江大酒店”：大理市年鉴［Z］．杨民．云南民族出版社，2000.

[939] 杨莉萍，韩振国．银行垄断与银行危机［J］．中央财经大学学报．2000（08）.

[940] 杨立岩．消费者剩余与完全差别定价［J］．消费经济．2000（03）.

[941] 杨明霞，姚卫平．打破垄断壁垒［J］．北京工商管理．2000（11）.

[942] 杨培芳．电信管制与网络经济理论思考［J］．通信世界．2000（23）.

[943] 杨庆媛，刘智勇．城市土地价格与政府行为的相关机制研究［J］．西南师范大学学报（自然科学版）．2000（02）.

[944] 杨琼．美日公司融资结构——治理结构变革的配合类型与启示［J］．商业研究．2000（08）.

[945] 杨秋梅．经济学 论我国的重点建设与产业结构趋同：山西年鉴［Z］．侯文正，梁志祥．方志出版社，2000.

[946] 杨瑞兰．政府在企业并购中的角色转换［J］．现代经济探讨．2000（01）.

[947] 杨少琳．论大学素质教育的实施途径［J］．金筑大学学报（综合版）．2000（02）.

[948] 杨仕辉．价格战与价格卡特尔［J］．价格月刊．2000（09）.

[949] 杨树绘．论垄断存在的合理性［J］．工业技术经济．2000（06）.

[950] 杨思斌．反垄断立法的比较研究［J］．皖西学院学报．2000（03）.

[951] 杨小群．“有所为有所不为”的辨证思考［J］．湖南财经高等专科学校学报．2000（03）.

[952] 杨晓峰．中国家电企业应该放弃“战争”走向“联合”［J］．大同职业技术学院学报．2000（03）.

[953] 杨晓玲．论技术垄断形态主导的市场结构的形成［J］．南开经济研究．2000（01）.

[954] 杨秀英．建立、完善与社会主义市场经济体制相适应的法律体系［J］．中国党政干部论坛．2000（02）.

[955] 杨艳．我国自然垄断产业的价格管制及其改革［J］．经济体制改革．2000（03）.

[956] 杨宜勇．收入差距为何拉大［J］．经济工作导刊．2000（13）.

[957] 杨玉田．从“规模效益”与“效益规模”谈起［J］．河北供销与科技．2000（07）.

[958] 杨振勇．浅谈石油市场价格机制及价格风险［J］．胜利油田党校学报．2000（02）.

[959] 姚和平．“德力西”集团成功并购“西子”［J］．中国机电工业．2000（02）.

[960] 姚继春．政企联手打假之我见［J］．监督与选择．2000（01）.

[961] 姚莉．从波音与麦道的合并看我国企业购并现象［J］．新疆金融．2000（06）.

[962] 姚庆丰．论“社会失灵”——在政府失灵和市场失灵之外［J］．河北学刊．2000（02）.

[963] 姚掌宏．跨国并购与反垄断立法的挑战［J］．上海经济．2000（06）.

[964] 叶明华．大型国企改革的“超优”思路［J］．上海国资．2000（04）.

[965] 叶卫星．英国电力民营化改革分析［J］．电力技术经济．2000（02）.

[966] 叶尤刚．打破市场封锁 反对地方保护［N］．中国工商报．2000（1）.

[967] 叶雨新．新经济时代的IT——经济理论与信息产业发展［J］．软件世界．2000（07）.

[968] 倚瑄．对重复建设和过度竞争的再认识——与国家机械局规划发展司副司长苏波一席谈［J］．中国机电工业．2000（17）.

[969] 亦凡．电信资费 调整结构［N］．中国质量报．2000（7）.

[970] 轶群．抓住机遇 迎接WTO挑战——加入WTO后我国反不正当竞争、反垄断面临的形势、任务和对策专题研讨会观点综述［J］．工商行政管理．2000（15）.

[971] 殷涛．酒类专卖治标不治本［J］．中国酒．2000（05）.

[972] 殷晓辉．一次跨世纪行业发展战略研讨盛会——北京“2000年中国汽车维修业发展的

研讨会”综述［J］. 汽车维护与修理. 2000（06）.

［973］尹凤玲. 福禄克并购韦夫特克测试仪器部［J］. 国外电子测量技术. 2000（01）.

［974］尹建芬. 施乐斥巨资并购泰克打印市场再添波澜［J］. 电子测试. 2000（02）.

［975］应亚珍. 政府干预理论的几点思考［J］. 湖北财经高等专科学校学报. 2000（01）.

［976］尤琳. 优化产业组织结构的对策［J］. 经济论坛. 2000（23）.

［977］于火. 经济学家建议把微软大拆四块［J］. 计算机与网络. 2000（06）.

［978］于晓蓉，万建民. 劳动力市场将全面实行就业准入制度［N］. 经济日报. 2000（9）.

［979］于延平. 论对外出口中的适度垄断［J］. 金融理论与教学. 2000（02）.

［980］余鼎章. 论高科技集团化和反垄断化［J］. 科技进步与对策. 2000（08）.

［981］余晖. 受管制市场里的政企同盟——以中国电信产业为例［J］. 中国工业经济. 2000（01）.

［982］余吉吉杨，朱乾宇. 影响公司并购绩效的因素分析［J］. 中南民族学院学报（自然科学版）. 2000（04）.

［983］余明桂. 寻租博弈：理论分析及对军费流失的一种解释［J］. 军事经济研究. 2000（01）.

［984］俞洁芳. 从规模经济看当代国际银行业并购［J］. 浙江大学学报（人文社会科学版）. 2000（03）.

［985］袁刚. 我国政府经济职能的定位与政企关系的重塑［J］. 河北大学学报（哲学社会科学版）. 2000（05）.

［986］袁宏明. 打破垄断：公交改革艰难下水［J］. 中国市场. 2000（09）.

［987］袁建文，陈文波. 网络的外部性［J］. 北方经贸. 2000（05）.

［988］袁其刚. 实施产品差异化战略应对国外反倾销起诉［J］. 国际商务（对外经济贸易大学学报）. 2000（05）.

［989］袁泉，李颖. 私企并购国企三道坎［N］. 中华工商时报. 2000（1）.

［990］袁睿华. 中小企业联合致胜以小博大［N］. 亚太经济时报. 2000（5）.

［991］袁晓初. “分时电价”导致双赢［J］. 价格与市场. 2000（06）.

［992］袁燕. WTO与中国电信产业体制改革［J］. 贵州社会科学. 2000（02）.

［993］袁易明. 再议科技产业化的行为主体［J］. 特区经济. 2000（11）.

［994］袁鹰. 我国银行业的市场结构及效应分析［J］. 金融教学与研究. 2000（05）.

［995］袁鹰. 我国银行业市场结构效应分析——兼论其对中小商业银行市场定位的影响［J］. 财经研究. 2000（12）.

［996］苑林娅. 收入分配及其调整［J］. 中国青年政治学院学报. 2000（03）.

［997］臧乃康. 转轨时期地方政府经济职能及其效应评价［J］. 理论探讨. 2000（04）.

［998］曾伏秋. 论国有垄断企业经营者收入分配制度的改革［J］. 湖南商学院学报. 2000（02）.

［999］曾和平. 企业并购的实质及其动因探析［J］. 科技进步与对策. 2000（02）.

［1000］曾剑秋，刘晓霞. 试析亚洲国家电信市场准入的管制及其开放问题［J］. 北京邮电大学学报（社会科学版）. 2000（02）.

［1001］曾鸣，陈晓. 当前我国企业兼并行为中的几个误区［J］. 财经科学. 2000（05）.

［1002］曾鸣，刘敏. 我国区域性电力市场中电价及其相关问题研究［J］. 电力系统自动化. 2000（03）.

［1003］曾青. 国防科技工业 二七二厂成功兼并七一五矿［Z］. 蔡四桂. 湖南年鉴社，2000.

［1004］曾宪荣. 调整农业结构 促进经济增长［J］. 政策. 2000（09）.

[1005] 翟玮荣．关于缩小地区差距中政府行为的思考［J］．新疆财经．2000（05）.

[1006] 詹新．加入WTO对中国汽车工业的影响及对策分析［J］．工业技术经济．2000（03）.

[1007] 战歌．盐业管理 平顶山盐厂被兼并改制：河南年鉴［Z］．王春生．河南年鉴社，2000.

[1008] 张爱邦．我国发展特许经营的几点思考［J］．辽宁商务职业学院学报．2000（03）.

[1009] 张榜奎．不同行业职工收入差距在扩大［N］．工人日报．2000－07－31.

[1010] 张婵媛，俞勤．试论外商兼并国企对我国拓展吸引直接投资方式的战略意义［J］．改革与战略．2000（04）.

[1011] 张成红，孙铭浩，高科学．谈国有企业的经营行为失控［J］．中共乐山市委党校学报．2000（03）.

[1012] 张春霞．缔结美满姻缘——话说企业强强购并［J］．企业经济．2000（06）.

[1013] 张春晓．入世后银行卡业务发展相关问题的研究［J］．中国信用卡．2000（09）.

[1014] 张德钧．反垄断立法与中国［J］．甘肃行政学院学报．2000（03）.

[1015] 张登升．5 企业改革 加盟出生机 改革促发展——三重机兼并改革的成效［Z］．陈江良．中国统计出版社，2000.

[1016] 张登升，钟智华．7 专题调研 兼并企业初见成效存在问题不容忽视——对三明市四家兼并企业的调查［Z］．陈江良．中国统计出版社，2000.

[1017] 张奋勤．跨国公司对我国产业安全的消极影响［J］．经济研究参考．2000（05）.

[1018] 张福荣，罗伯特 D. 托利森．寻租的福利分析［J］．东北财经大学学报．2000（02）.

[1019] 张革．中国服务贸易市场准入之法律问题研究［J］．南京大学法律评论．2000（01）.

[1020] 张亘稼．我国企业资产重组运作模式考察［J］．陕西经贸学院学报．2000（01）.

[1021] 张桂红，张明义，段柄仁．医药工业 万东公司兼并手术器械厂［Z］．北京年鉴社．2000.

[1022] 张国能，史秋华．刍议“市场竞争”与“重复建设”［J］．浙江统计．2000（11）.

[1023] 张国强．经济计划与管理 F000334 兼并浪潮与中国对策［Z］．杨牧之．湖北人民出版社，2000.

[1024] 张海冰．美国反垄断的几个案例及其对我国反垄断立法的启示［J］．兰州大学学报．2000（04）.

[1025] 张海庆，赵江涛，赵杰．支持环境保护的财政政策［J］．河南财政税务高等专科学校学报．2000（02）.

[1026] 张海如．论市场失灵与政府失灵［J］．山西财政税务专科学校学报．2000（05）.

[1027] 张鸿．论政府在市场经济中的作用——以日本的产业政策为例［J］．外国经济与管理．2000（08）.

[1028] 张继久．试论社会主义市场经济条件下可持续发展中的政府干预［J］．国土与自然资源研究．2000（03）.

[1029] 张坚，黄琨．新一轮全球银行业并购风潮与我国的对策［J］．科技进步与对策．2000（11）.

[1030] 张坚，康灿华．新一轮全球银行业并购风潮与我国的对策［J］．武汉金融高等专科学校学报．2000（04）.

[1031] 张建国．关于我国反垄断立法的若干思考［J］．宿州师专学报．2000（02）.

[1032] 张建民．服务贸易市场准入国际比较及借鉴意义［J］．中南财经大学学报．2000（04）.

[1033] 张健．公用事业消除垄断势在必然［N］．经济参考报．2000－08－18.

[1034] 张健，杨春红．外资银行市场准入监管法律问题研究 [J]. 长春市委党校学报．2000 (01).

[1035] 张劲松．政府角色错位的深层探析 [J]. 统计与决策．2000 (12).

[1036] 张京红．“彩电卡特尔”质疑——兼论我国彩电业发展 [J]. 中国物价．2000 (08).

[1037] 张京红．彩电价格联盟辨析——兼论我国彩电业发展 [J]. 粤港澳价格．2000 (01).

[1038] 张经．全球化面前中国国内市场的规范与监督的几个问题 [J]. 市场营销导刊．2000 (Z1)

[1039] 张静，唐守廉．电信资费及其管制 [J]. 电信科学．2000 (11).

[1040] 张康之．论政府职能模式的三种类型 [J]. 江南社会学院学报．2000 (01).

[1041] 张康之．限制政府规模的理念 [J]. 行政论坛．2000 (04).

[1042] 张堃，童锦治，刘瑞杰．市场残缺与财政调控 [J]. 中国财政．2000 (05).

[1043] 张蕾，周翼．透视微软“鸡与蛋的悖论”与微软垄断案 [J]. 探索与争鸣．2000 (07).

[1044] 张礼仁．江西省　综述 [Z]. 李荣融．中国经济出版社，2000.

[1045] 张立球．财政体制：理论思考与现实观照 [J]. 湖南财政与会计．2000 (12).

[1046] 张立伟记者．民航重组不能再拖 [N]. 中华工商时报．2000 - 09 - 28.

[1047] 张良明．企业战略性改组中兼并或收购标准的设定 [J]. 天津商学院学报．2000 (05).

[1048] 张列平，张新安．建立有效的特许经营控制激励体系 [J]. 南方经济．2000 (04).

[1049] 张林．粮油购销　粮油批发公司兼并木材公司 [Z]. 永善县年鉴．2000.

[1050] 张嫚．从产品差异中寻找利润空间——对中国彩电企业峰会的思考 [J]. 市场观察．2000 (10).

[1051] 张明慧．国有企业改造中有关问题的思考 [J]. 山西高等学校社会科学学报．2000 (06).

[1052] 张明霞．政府行为与企业兼并 [J]. 南京金融高等专科学校学报．2000 (03).

[1053] 张乃根．论与知识产权有关的反垄断法 [J]. 中国工商管理研究．2000 (04).

[1054] 张楠．股份制改革探析 [J]. 理论探讨．2000 (04).

[1055] 张鹏．并购为王——IT 企业的扩张之路 [J]. 软件世界．2000 (01).

[1056] 张旗．经济体制改革 1388 家镇村企业改制 [Z]. 嘉定年鉴．上海社会科学院出版社，2000.

[1057] 张启增．几种不正当价格行为 [J]. 北京物价．2000 (01).

[1058] 张琴．市场经济下政府经济行为的规范 [J]. 安庆师范学院学报（社会科学版）. 2000 (03).

[1059] 张群群．公开叫价、会员垄断与非赢利组织地位——论期货交易所传统交易机制与组织形式的关系 [J]. 财经问题研究．2000 (10).

[1060] 张群群．论市场交易组织的培育和发展 [J]. 南方经济．2000 (10).

[1061] 张蕊．网络经济运行规律初探 [J]. 福建论坛（经济社会版）. 2000 (08).

[1062] 张瑞娟．对转轨时期我国政府经济行为低效的剖析 [J]. 河南职技师院学报．2000 (03).

[1063] 张少霞．企业集团的适度规模研究 [J]. 技术经济与管理研究．2000 (01).

[1064] 张松岭，阎仕军，杜峰．对我国汽车工业作为主导产业来发展的理论分析 [J]. 汽车工业研究．2000 (03).

[1065] 张维迎．国有企业面临生死抉择　从国企病态现象看产权改革 [J]. 中外管理导报．

2000（10）.

［1066］张文魁．重组目标与手段的选择［J］．瞭望新闻周刊．2000（41）.

［1067］张文磊，姚建刚，付维生．电力市场中电价与能源及环境保护的研究［J］．中国电机工程学报．2000（05）.

［1068］张贤慧．我国企业并购中存在的主要问题［J］．武汉教育学院学报．2000（01）.

［1069］张相斌，张海燕．对腐败及其危害的再认识［J］．辽宁行政学院学报．2000（02）.

［1070］张翔，杨世坤．水路运政管理 全省严格水运市场准入管理［Z］．邓振胜．中华书局，2000.

［1071］张小明．市场与政府关系的理论再透视［J］．宁夏社会科学．2000（01）.

［1072］张晓青．中国“入世”风险规避剖析［J］．南方冶金学院学报．2000（06）.

［1073］张晓铁．关于电信资费形成机制改革的探讨［J］．通信世界．2000（06）.

［1074］张昕．反“掠夺性定价”立法与我国的价格战现象［J］．当代经济科学．2000（05）.

［1075］张幸福，吴泗宗．论国有企业资产重组中政府、市场、企业的行为定位［J］．同济大学学报（社会科学版）．2000（04）.

［1076］张秀冰．网络经济运行规律及其对传统经济理论的影响［J］．财金贸易．2000（08）.

［1077］张秀英．警惕扩张性财政政策的负效应［J］．甘肃省经济管理干部学院学报．2000（03）.

［1078］张旭．论政府对市场的宏观调控［J］．财经理论与实践．2000（05）.

［1079］张学银．运输业　对巴中市运司实行承债式兼并［Z］．巴中年鉴．2000.

［1080］张学银．运输业　兼并通江县运司组建巴中地运司通江公司［Z］．巴中年鉴．2000.

［1081］张训智．图书贸易壁垒的表现、危害及其克服［J］．出版发行研究．2000（12）.

［1082］张艳．Alcoa公司计划购买中国一家铝加工厂［J］．有色金属加工．2000（04）.

［1083］张杨彬，卞继伟．论农业产业化中的政府行为［J］．调研世界．2000（03）.

［1084］张冶寰．商业企业改革　连锁超市、便利店进入兼并联合、规模扩张时期：上海经济年鉴［Z］．凌岩．上海经济年鉴社，2000.

［1085］张晔．论有效需求不足对我国经济增长的制约［J］．辽宁行政学院学报．2000（02）.

［1086］张迎洲．假冒伪劣为何屡禁不止［J］．中国防伪．2000（04）.

［1087］张滢．联邦政府试图控制垄断［J］．国际经济合作．2000（04）.

［1088］张颖．安徽省 兼并重组［Z］．中国丝绸年鉴．丝绸杂志社．2000.

［1089］张宇．发挥国有经济主导作用的四个问题［J］．前线．2000（05）.

［1090］张玉山．是市场行为还是政府行为——论韩国企业结构调整中的政府作用［J］．东北亚论坛．2000（01）.

［1091］张玉双，吴戈．煤炭企业生产规模优化的定量分析［J］．山西煤炭．2000（02）.

［1092］张占国，唐守廉．电信普遍服务新概念［J］．电信科学．2000（10）.

［1093］张志．我国行政性垄断浅谈［J］．吉安师专学报．2000（02）.

［1094］张志敏．论政府宏观经济调控绩效的限制因素及改善方法［J］．湖南经济管理干部学院学报．2000（01）.

［1095］张志敏．政府干预的绩效评估标准［J］．理论学习．2000（04）.

［1096］张忠江，陈秀英．我国建立现代企业制度的一次有益探索——六十年代初我国试办托拉斯的历史启示［J］．理论探讨．2000（02）.

［1097］张自然．家电企业战略联盟［N］．中国电子报．2000（2）.

［1098］张宗和．政府对私营经济的引导和管理［J］．中共杭州市委党校学报．2000（01）.

［1099］章安友．区域经济发展与制度创新的若干思考［J］．昭通师范高等专科学校学报．

2000 (02).

[1100] 章建新．中外反垄断立法问题研究 [J]．企业经济．2000 (10).

[1101] 章建新，张运通．浅析全球企业并购中的反垄断问题 [J]．天津纺织工学院学报．2000 (06).

[1102] 章荣珍，武良矩．江苏省 企业破产兼并、债转股、扭亏脱困工作 [Z]．中国丝绸年鉴．2000.

[1103] 章铁生，林钟高．企业并购动机的财务分析 [J]．广西会计．2000 (07).

[1104] 章彰．政府干预与创业投资 [J]．中国科技论坛．2000 (03).

[1105] 兆富城．中青旅继续扩张并购连台 [N]．中国旅游报．2000 (B1).

[1106] 赵放．对垄断及其作用的再认识——站在后发国立场上的几点思考 [J]．社会科学战线．2000 (03).

[1107] 赵放．浅论日本近代市场经济制度中垄断的特征、功能及历史意义 [J]．日本研究．2000 (04).

[1108] 赵宏．过度竞争产生的原因与治理 [J]．福建建筑高等专科学校学报．2000 (02).

[1109] 赵怀勇．利率市场化改革从何入手？[J]．金融信息参考．2000 (03).

[1110] 赵剑飞，王继军．反经济垄断中的豁免问题研究——中国垄断性企业集团立法的合理性分析 [J]．经济问题．2000 (08).

[1111] 赵江林．经济篇　亚太地区企业并购及其对我国的影响 [Z]．张蕴岭．亚太地区发展报告．社会科学文献出版社，2000.

[1112] 赵经彻．调整和优化煤炭市场结构初探 [J]．科学中国人．2000 (08).

[1113] 赵景峰．加入 WTO 与中国国有企业的改革和发展 [J]．学术研究．2000 (08).

[1114] 赵立枝．俄罗斯金融工业集团走势前瞻 [J]．东欧中亚研究．2000 (03).

[1115] 赵丽生．市场经济与反垄断 [J]．东北财经大学学报．2000 (05).

[1116] 赵利胜，许建功．试论地方税费关系矫正 [J]．涉外税务．2000 (04).

[1117] 赵良启．第三生物生产业的沿革与发展趋势 [J]．山西化工．2000 (03).

[1118] 赵龙．兼并上司的立场 [J]．经理人．2000 (06).

[1119] 赵敏．杠杆收购在我国并购中的运用 [J]．温州大学学报．2000 (01).

[1120] 赵敏．企业并购后的整合 [J]．财经论丛（浙江财经学院学报）．2000 (02).

[1121] 赵萍，张丽丽．界定政府干预范围必须考虑的因素 [J]．理论观察．2000 (01).

[1122] 赵文华．从信息论的角度研究代理中控制串谋行为的方法 [J]．西北纺织工学院学报．2000 (03).

[1123] 赵西亮．自然垄断行业：竞争与管制的选择 [J]．理论学刊．2000 (06).

[1124] 赵旭．对预算软约束理论的评析 [J]．黑龙江财专学报．2000 (06).

[1125] 赵亚平．地方保护主义对我国国内统一市场形成的制约 [J]．兰州商学院学报．2000 (04).

[1126] 赵亚平．对解决我国地方保护主义问题的探讨 [J]．宏观经济管理．2000 (11).

[1127] 赵炎培．横向经济联合　促进跨省（区）市的企业联合：北京年鉴 [Z]．北京年鉴社．2000.

[1128] 赵友宝．寻租与治租：一种效用模型分析法 [J]．决策借鉴．2000 (01).

[1129] 赵云刚．医药工业 山东东方药业集团兼并济南中环医药集团：济南年鉴 [Z]．济南出版社．2000.

[1130] 赵振全，陈守东，李夺．迈向市场经济的中国资本市场 [J]．数量经济技术经济研究．2000 (06).

[1131] 赵中杰，王元璋．论再就业中的政府行为［J］．经济与管理．2000（01）．

[1132] 赵忠义．工会垄断与经济效率［J］．经济研究．2000（12）．

[1133] 甄荣军．B2B三种模式及其演变［J］．中国科技信息．2000（24）．

[1134] 甄翌．城乡电网建设与改造中政府采购制的弊端［J］．农电管理．2000（07）．

[1135] 郑海航．一部研究中国垄断经济的创新之作——评《中国现代垄断经济研究》［J］．管理世界．2000（01）．

[1136] 郑鹏程．论行政垄断的概念与特征［J］．山西师大学报（社会科学版）．2000（03）．

[1137] 郑胜利．日本反过度竞争的经验及其对我国的启示［J］．社会科学．2000（07）．

[1138] 郑胜利．日本反过度竞争的经验［J］．亚太经济．2000（03）．

[1139] 郑伟建．聚焦中国特许经营［J］．中国商贸．2000（06）．

[1140] 郑伟林．宏观经济调控的比较研究［J］．云南经济管理干部学院学报．2000（01）．

[1141] 郑玮．联想巨资入主赢时通［J］．每周电脑报．2000（33）．

[1142] 郑文勋．从同级财政预算执行审计看审计体制改革［J］．财会通讯．2000（04）．

[1143] 郑毅刚，史燕平．市场经济与政府干预的冲突——经济全球化与东南亚金融危机的再思考［J］．管理现代化．2000（01）．

[1144] 郑泽华．入世背景下国有银行业的发展对策［J］．华南金融研究．2000（05）．

[1145] 郑作时．中国市场为何与“寡头”无缘［J］．四川监察．2000（09）．

[1146] 知行，小山．保证在市场环境下的公平自由竞争——微软涉嫌违反反垄断法诉讼案的来龙去脉（上篇）［J］．北京工人．2000（06）．

[1147] 钟超．论国家在个体私营经济发展中的作用［J］．经济体制改革．2000（S1）．

[1148] 钟海清．对水路运输可持续发展与政府行为的思考［J］．珠江水运．2000（08）．

[1149] 周达．适度垄断：航空运输业有效的市场组织结构形式［J］．民航经济与技术．2000（08）．

[1150] 周达．适度垄断：航空运输业有效的市场组织结构形式（续）．［J］．民航经济与技术．2000（09）．

[1151] 周大仁．全球化背景下发展中国家政府的职能、权力和能力［J］．中国行政管理．2000（10）．

[1152] 周殿昆．我国东西部带际贸易中的不等价交换及互利机制分析［J］．社会科学研究．2000（06）．

[1153] 周放．中小企业产权交易市场正在加快联合［N］．中国乡镇企业报．2000（1）．

[1154] 周冯琦．转型期中国产业结构变动及其体制特征［J］．上海经济研究．2000（12）．

[1155] 周国林．转型时期我国区域间市场壁垒的性质及其效应［J］．江西财经大学学报．2000（02）．

[1156] 周国英．新形势下邮政企业发展战略的研究［J］．中国邮政．2000（02）．

[1157] 周和平．建筑市场管理面临的问题及其对策浅谈［J］．中外建筑．2000（03）．

[1158] 周怀峰 蒋爱先．浅论市场经济条件下的行政化垄断［J］．广西社会主义学院学报．2000（01）．

[1159] 周建．论企业战略联盟与卡特尔的差别性［J］．决策借鉴．2000（02）．

[1160] 周建军，王韬．刍议我国企业技术创新中的政府行为［J］．科技进步与对策．2000（11）．

[1161] 周洁贞．社会保障制度构建中的公平与效率关系探微［J］．新疆社科论坛．2000（03）．

[1162] 周景明．行政权力：限制，但不弱化［J］．中南财经大学学报．2000（06）．

[1163] 周俊，陈斌．简述政府在经济领域中的作用 [J]．经济体制改革．2000 (03)．

[1164] 周凯军，叶建丰．企业兼并若干问题的法律思考 [J]．福州大学学报（哲学社会科学版）．2000 (01)．

[1165] 周克瑜．论区际经济关系及其调控 [J]．经济地理．2000 (02)．

[1166] 周丽群．日本反过度竞争的调节措施及其对我国的启示 [J]．南方经济．2000 (12)．

[1167] 周林彬．所有权概念新探 [J]．贵州大学学报（社会科学版）．2000 (05)．

[1168] 周林松．核心竞争力：构筑进入壁垒的又一选择 [J]．市场经济研究．2000 (03)．

[1169] 周民良．不合理重复建设的形成机制与治理途径 [J]．改革．2000 (05)．

[1170] 周敏．试论我国煤炭产业内可持续的有效竞争 [J]．中国矿业大学学报（社会科学版）．2000 (04)．

[1171] 周勤．政府管制和寻租的控制理论模型与应用 [J]．南京经济学院学报．2000 (04)．

[1172] 周全．近 10 年俄罗斯工业的发展变化分析 [J]．数量经济技术经济研究．2000 (09)．

[1173] 周叔莲．所有制改革和政府在市场经济中的作用 [J]．技术经济与管理研究．2000 (05)．

[1174] 周伟．"盈动"现象对我国企业并购的启示 [J]．财税与会计．2000 (06)．

[1175] 周卫．市场失灵与规划调控 [J]．城市规划汇刊．2000 (02)．

[1176] 周文静．垄断性行业：腐败高发区 [J]．党政干部文摘．2000 (03)．

[1177] 周武光，曹建海．我国生产力布局的变化及评价 [J]．首都经济贸易大学学报．2000 (04)．

[1178] 周夕彬，王建瑞．环境资源配置中的市场失灵 [J]．石家庄经济学院学报．2000 (05)．

[1179] 周先平，肖德．浅述垄断优势理论的发展 [J]．湖北大学成人教育学报．2000 (02)．

[1180] 周向东．实施积极的财政政策应有效发挥政府投资作用 [J]．江西财税与会计．2000 (11)．

[1181] 周小梅，郑佑其．企业合并与商誉的有关问题探讨 [J]．黑龙江财会．2000 (09)．

[1182] 周新军．战略联盟与企业并购的综合比较分析 [J]．现代财经（天津财经学院学报）．2000 (10)．

[1183] 周新生．WTO 与我国汽车业 [J]．山西财经大学学报．2000 (02)．

[1184] 周新宇．对我国开放政府采购市场的利弊分析 [J]．吉林财税高等专科学校学报．2000 (04)．

[1185] 周耀东．市场竞争和政府管制——中国产业组织理论问题的综述 [J]．上海经济研究．2000 (11)．

[1186] 周业安．经理报酬与企业绩效关系的经济学分析 [J]．中国工业经济．2000 (05)．

[1187] 周业安．"金融约束论"批判 [J]．经济科学．2000 (03)．

[1188] 周业安．政府在金融发展中的作用——兼评"金融约束论" [J]．中国人民大学学报．2000 (02)．

[1189] 周业安．地方财政收支的国际比较 [J]．财经科学．2000 (03)．

[1190] 周翼．微软垄断案的网络经济学分析 [J]．世界经济．2000 (10)．

[1191] 周由强．试论国有企业改革中利益机制的构建 [J]．实事求是．2000 (04)．

[1192] 周志华．国有企业困境原因分析及脱困对策思考 [J]．学术论坛．2000 (02)．

[1193] 朱昌明．并购中如何评估目标公司价值 [J]．经济论坛．2000 (08)．

[1194] 朱冬林．我国企业兼并的动因分析 [J]．工业技术经济．2000 (04)．

[1195] 朱芳．国际金融业并购浪潮形成的原因、特点与启示 [J]．河南大学学报（社会科学

版）. 2000（03）.

[1196] 朱继才. 对“费改税”有关问题的建议 [J]. 珠江水运. 2000（02）.

[1197] 朱佳芳. 论消费者物质利益权的依法保护 [J]. 华东经济管理. 2000（06）.

[1198] 朱丽斯. 政府权力应用的偏移与社会经济 [J]. 改革与战略. 2000（04）.

[1199] 朱美琪，蒋惠园. 内河航运市场的准入和退出政策 [J]. 水运管理. 2000（07）.

[1200] 朱仁友. 彩电企业定价不能违背供求规律——评“价格联盟”的破产 [J]. 价格理论与实践. 2000（07）.

[1201] 朱伟. 企业经营者考核评价系统的建立与相关机制（体制）. 的形成 [J]. 湖州师范学院学报. 2000（04）.

[1202] 朱伟一. 新“巨人传”美国在线与《时代》—华纳的联姻 [J]. 中华儿女（海外版）. 2000（11）.

[1203] 朱旭初. 政府职能与公共财政职能 [J]. 财政研究. 2000（07）.

[1204] 朱晏. 从波音—麦道合并到肢解微软看中国反垄断立法 [J]. 当代财经. 2000（11）.

[1205] 朱勇坤. 一家说了不算 [J]. 经济世界. 2000（05）.

[1206] 朱运法. “中国规制与竞争：理论与政策”研讨会纪要 [J]. 数量经济技术经济研究. 2000（01）.

[1207] 朱泽华. “入世”对我国己内酰胺工业的挑战和对策 [J]. 合成纤维工业. 2000（03）.

[1208] 诸伟岳. 关于市场竞争有序化的探讨 [J]. 商业研究. 2000（09）.

[1209] 祝海，苏北. 中国网络业掀起并购潮 [J]. 浙江经济. 2000（11）.

[1210] 祝敏莉，侯华玲. 建立生态税收：我国可持续发展的必要手段 [J]. 华中理工大学学报（社会科学版）. 2000（02）.

[1211] 庄滇冠. 正视寻租现象 [J]. 江南论坛. 2000（08）.

[1212] 庄培章. 加入WTO与我国反倾销、反垄断的对策——兼论工商行政管理体制改革的切入点 [J]. 福建改革. 2000（11）.

[1213] 庄培章. 政府缺陷理论的现实意义刍议 [J]. 泉州师范学院学报. 2000（05）.

[1214] 庄严. 规模经济与企业的长期规划 [J]. 内蒙古林业调查设计. 2000（02）.

[1215] 宗文英，赵建国. 行业收入差别及其矫正 [J]. 经济研究参考. 2000（36）.

[1216] 左旭初. 打破“奇异”垄断 开拓“华生”天地 [J]. 中华商标. 2000（10）.

1999年

[1] 阿冰. 公平与效率：反垄断法的矛盾与张力 [J]. 世界知识. 1999（06）.

[2] 安刚. 对银行业管制的解释 [J]. 上海金融高等专科学校学报. 1999（03）.

[3] 白德全. 市场经济条件下政府职能的转变 [J]. 河北职工大学学报. 1999（02）.

[4] 包玉秋，石东坡. 论遏制行政腐败的法治对策 [J]. 沈阳师范学院学报（社会科学版）. 1999（03）.

[5] 保建云. 区域经济资源配置中的政府效应分析 [J]. 发展研究. 1999（05）.

[6] 保建云. 论区域市场失灵、区域财税制度及功能 [J]. 松辽学刊（社会科学版）. 1999（05）.

[7] 保建云，吴展. 论利用WTO机制改造我国垄断行业——以银行业改造为典型的分析 [J].

对外经贸实务．1999（12）．
[8] 鲍瑛．国外反垄断法的价值取向及启示［J］．中山大学研究生学刊（社会科学版）．1999（01）．
[9] 薄贵利．中央与地方权限划分的理论误区［J］．政治学研究．1999（02）．
[10] 蔡宇平．论国有企业弥补和矫正市场失灵的功能［J］．财政研究．1999（08）．
[11] 曹耳东，傅红岩．市场过度竞争的产权经济学分析［J］．学术月刊．1999（10）．
[12] 曹红英．中国反垄断立法中的若干问题［J］．工商行政管理．1999（04）．
[13] 曹建海．对我国工业中过度竞争的实证分析［J］．改革．1999（04）．
[14] 曹锐．竞争何需"地方保护"［J］．四川预算与会计．1999（04）．
[15] 陈富良．论政府规制的理论依据［J］．江西财经大学学报．1999（02）．
[16] 陈杰，罗鼐．政府规制：理论与实践的最新探讨［J］．上海经济研究．1999（12）．
[17] 陈凯．香港电信业：发展、管制及政策分析［J］．通讯世界．1999（08）．
[18] 陈培林．建立我国金融良性竞争机制［J］．金融与市场．1999（05）．
[19] 陈炜煜，顾煜．产业结构调整中的政府行为探析［J］．地方政府管理．1999（08）．
[20] 陈永森．寻租及其对寻租的治理［J］．山西财经大学学报．1999（02）．
[21] 陈桢．适度垄断与规模经济战略［J］．生产力研究．1999（05）．
[22] 程萍．对垄断价格的法律思考［J］．价格理论与实践．1999（06）．
[23] 仇建鸣．论税务系统寻租行为的抑制［J］．扬州大学税务学院学报．1999（03）．
[24] 邓保同．论行政性垄断［J］．辽宁公安司法管理干部学院学报．1999（03）．
[25] 邓保同．限制竞争行为与我国反垄断立法［J］．华中师范大学学报（人文社会科学版）．1999（01）．
[26] 邓代泽．行政权力腐败产生的根源及对策［J］．邵阳师范高等专科学校学报．1999（03）．
[27] 邓家倍．当前反腐败深层探微［J］．湖南医科大学学报（社会科学版）．1999（02）．
[28] 邓维龙．区域经济发展与政府职能转变［J］．中国农学通报．1999（04）．
[29] 丁德章．规范市场秩序 制止恶性竞争［J］．经济学动态．1999（01）．
[30] 樊丽明．西方学者政府缺陷理论述评［J］．经济研究参考．1999（20）．
[31] 范翠红．腐败成因剖析［J］．济南大学学报．1999（06）．
[32] 范继顺．地方保护与审计监督［J］．审计与经济研究．1999（04）．
[33] 冯继康．市场经济运行与权威中央政府［J］．云南行政学院学报．1999（02）．
[34] 高本权．政府在市场经济中的作用、行为与地位［J］．内蒙古师大学报（哲学社会科学版）．1999（05）．
[35] 高凛．论企业兼并的规范化与法律控制［J］．上海企业．1999（12）．
[36] 高明华．政府和企业的角色：从权利配置角度的分析［J］．经济科学．1999（01）．
[37] 高明华．制度定位下的政府、企业和市场［J］．财经科学．1999（01）．
[38] 高琦敏．谈电力企业的资本经营［J］．华北电业．1999（04）．
[39] 耿俊德．规制企业合并［J］．企业活力．1999（09）．
[40] 龚平．浅谈经济体制转变时期政府与企业的角色定位［J］．成才．1999（05）．
[41] 龚天和，施正明．析"保护"主义［J］．中国监察．1999（06）．
[42] 谷书堂，杨蕙馨．从进入退出角度对重复建设的考察［J］．南开学报．1999（05）．
[43] 谷文艳．美国反垄断法概览［J］．国际资料信息．1999（10）．
[44] 顾丽梅，刘文富．转型时期政府行为的失范及其对策思考［J］．理论与改革．1999（05）．

[45] 关海庭．转型时期政府干预模式转变的条件分析［J］．中国行政管理．1999（03）．

[46] 管化．巴西财政分权下的宏观管理［J］．经济社会体制比较．1999（06）．

[47] 郭立宏，胡海龙．转轨时期政府退出与国有企业改革［J］．西北大学学报（哲学社会科学版）．1999（04）．

[48] 郭戎．有效垄断的含义及其对我国的现实意义［J］．经济问题．1999（04）．

[49] 郭小龙．我国银行监管现状与问题［J］．吉林省经济管理干部学院学报．1999（05）．

[50] 郭志斌．政府与市场关系的行政法定位——东南亚金融危机的启示［J］．行政法学研究．1999（02）．

[51] 韩永生．企业税外负担过重的问题亟待解决［J］．中国审计信息与方法．1999（07）．

[52] 郝相余．如何对待政府价格违法行为［J］．价格与市场．1999（03）．

[53] 郝雪玲．对我国反垄断立法的探讨［J］．山西高等学校社会科学学报．1999（03）．

[54] 何宏金．现阶段中国政府经济职能的多维视角［J］．中国行政管理．1999（12）．

[55] 何晓华．国有企业兼并中政府行政行为的法律调控［J］．行政与法．1999（04）．

[56] 贺卫，王浣尘．市场经济与转型期经济中的寻租比较［J］．经济科学．1999（06）．

[57] 贺卫，王浣尘．寻租活动的经济分析［J］．系统工程理论方法应用．1999（04）．

[58] 胡世英．打破地区封锁　促进社会主义大市场统一开放格局的形成［J］．中国工商管理研究．1999（02）．

[59] 胡玉鸿．地方保护主义成因的理论分析［J］．江西社会科学．1999（09）．

[60] 黄国石．寻租、腐败及其防治对策［J］．厦门大学学报（哲学社会科学版）．1999（03）．

[61] 黄凯．行业垄断与变革动力［J］．科技与管理．1999（01）．

[62] 黄锡生．我国反垄断立法初探［J］．西南民族学院学报（哲学社会科学版）．1999（S4）．

[63] 黄勇．浙江“块状经济”现象分析［J］．中国工业经济．1999（05）．

[64] 黄振文．关于遏制价格违法行为的思考［J］．价格月刊．1999（10）．

[65] 江道源．领导干部在环境保护中应充当什么角色［J］．厦门特区党校学报．1999（04）．

[66] 江文清，陈庆．我国企业兼并、收购与垄断规制探讨［J］．重庆社会科学．1999（04）．

[67] 蒋满霖．乡镇企业产权改革中的政府行为［J］．农村经济．1999（08）．

[68] 焦士华，喻亮，栾义．建筑市场地方保护主义必须根治［J］．一重技术．1999（01）．

[69] 焦述．我国政府干预和政府缺陷初探［J］．江汉石油学院学报（社会科学版）．1999（04）．

[70] 金敏力．政府角色研究的新成果——《转型经济与政府干预》介评［J］．社会科学辑刊．1999（02）．

[71] 金太军．转型期的中国政府双重经济职能［J］．陕西青年管理干部学院学报．1999（01）．

[72] 康埃荣．论体制转轨中的政府经济职能［J］．经济科学．1999（02）．

[73] 孔祥俊．论反不正当竞争法中的竞争关系［J］．工商行政管理．1999（19）．

[74] 赖昭瑞．现代市场经济与政府职能耦合［J］．山东经济．1999（04）．

[75] 雷平，王孝德．权力寻租：“看不见的脚”踩住了“看不见的手”［J］．重庆社会科学．1999（02）．

[76] 李承友，王冰．论完全垄断市场形成的原因及对垄断市场的评论［J］．当代经济研究．1999（10）．

[77] 李春生．论我国竞争法律制度的完善［J］．内蒙古财经学院学报．1999（01）．

[78] 李国友．政府自身特殊利益问题初探［J］．社会主义研究．1999（05）．

[79] 李海翔．美国电力工业放松管制情况介绍［J］．浙江电力．1999（02）．

[80] 李赫．如何看市场经济的垄断——探讨我国大公司的发展战略［J］．兰州学刊．1999(03)．

[81] 李洪斌，陈全伟．证券市场中政府行为的国际比较——兼论我国证券市场中的政府行为［J］．湖南经济．1999 (09)．

[82] 李剑．关于我国反垄断立法的若干思考［J］．审计与经济研究．1999 (05)．

[83] 李良荣，林晖．垄断·自由竞争·垄断竞争——当代中国新闻媒介集团化趋向透析［J］．新闻大学．1999 (02)．

[84] 李明华．也谈重复建设——与傅丁松先生商榷［J］．广播电视信息．1999 (06)．

[85] 李武林，李世吉．也谈市场机制下企业发展并非政府干预越少越好［J］．现代企业．1999 (12)．

[86] 李晓峰，张国良．我国羊绒加工企业重复建设引起的思考［J］．实践．1999 (07)．

[87] 李新．关于反垄断若干理论问题的法律评析［J］．宁夏社会科学．1999 (05)．

[88] 李扬，李文国．我国反限制竞争立法若干具体问题探讨［J］．河南社会科学．1999(01)．

[89] 李英．公共选择理论与市场经济下政府干预经济的有效性［J］．东南亚研究．1999(01)．

[90] 李兆冰．论自然垄断产业引入竞争的迫切性和设想［J］．经济问题．1999 (02)．

[91] 李挚萍．略论政府在环境保护中的主导地位［J］．法学评论．1999 (03)．

[92] 梁军．敢问路在何方——国企改革二十年艰苦历程反思［J］．港澳经济．1999 (09)．

[93] 梁铄．政府与国企兼并［J］．重庆大学学报（社会科学版)．1999 (S1)．

[94] 刘桂清．适用除外的基本特征及对我国立法的启示［J］．山东法学．1999 (06)．

[95] 刘汉琴．论腐败产生的根源及治理的对策［J］．安顺师专学报．1999 (03)．

[96] 刘宏武，陈贵虎．试析行政权力与政府效能［J］．学术论坛．1999 (05)．

[97] 刘建平．产业进退壁垒：国有企业大面积长期亏损的另一种解说［J］．经济评论．1999(01)．

[98] 刘金光，刘吉山．市场经济呼唤反垄断法［J］．吉林人大工作．1999 (09)．

[99] 刘金铭．试论政府在资本运营中的“双刃剑”［J］．哈尔滨市经济管理干部学院学报．1999 (02)．

[100] 刘俊海．政府干预市场经济要法治化［J］．特区理论与实践．1999 (02)．

[101] 刘俊海．政府干预市场经济的法律形式［J］．企业改革与管理．1999 (03)．

[102] 刘克崮．财税体制改革及今后的任务［J］．党政干部学刊．1999 (10)．

[103] 刘亚湘，黄松林．加强区域合作 避免重复建设［J］．科技管理研究．1999 (05)．

[104] 刘毅．体制转型时期中国政府经济职能转变的原则探析［J］．理论与现代化．1999(03)．

[105] 刘玉杰．向重复建设用地亮“红灯”——简评《限制供地项目目录》和《禁止供地项目目录》［J］．中国土地．1999 (11)．

[106] 刘志国．我国反垄断立法的必要性及立法原则［J］．宿州师专学报．1999 (01)．

[107] 刘忠益，王彬生．财政分权体制下如何树立中央政府的权威［J］．湖南财经高等专科学校学报．1999 (01)．

[108] 卢斌．行政权力：生态特征及其腐败治理［J］．江汉论坛．1999 (10)．

[109] 卢现祥．论政府行为中的设租与寻租问题［J］．中州学刊．1999 (06)．

[110] 路阳．浅谈现代企业兼并中政府行为的可为与不可为［J］．安阳师专学报．1999 (03)．

[111] 罗能生．论国有企业改革中的政府行为［J］．财经理论与实践．1999 (06)．

[112] 罗振宇. 寻找市场失灵与政府干预的最佳结合点——对我国21世纪县级农业行政管理的若干问题的探讨 [J]. 地方政府管理. 1999 (08).

[113] 马春芳，徐开金. 论市场经济条件下的政府调控失灵 [J]. 青海师范大学学报（哲学社会科学版）. 1999 (03).

[114] 马建章. 对《论重复建设控制》一文的看法 [J]. 技术经济. 1999 (03).

[115] 孟辉，孟宪法. 完全垄断市场结构的弊病及其对策 [J]. 山东矿业学院学报（社会科学版）. 1999 (02).

[116] 孟庆国，薛澜. 美英政府与企业之间的关系 [J]. 国际经济评论. 1999 (Z5).

[117] 倪星. 论政府职能转变的廉政含义 [J]. 武汉大学学报（哲学社会科学版）. 1999 (01).

[118] 潘永江. 乡镇企业改制后政府角色定位与行为调适 [J]. 行政论坛. 1999 (06).

[119] 彭惠青. 中央与地方关系制度化建设 [J]. 地方政府管理. 1999 (04).

[120] 沈彬彬. 地方保护主义现象面面观 [J]. 计划与市场. 1999 (06).

[121] 沈敏荣. 国际反垄断法规则的分析 [J]. 合肥联合大学学报. 1999 (04).

[122] 沈敏荣. 知识经济与反垄断法的发展 [J]. 黑龙江省政法管理干部学院学报. 1999 (03).

[123] 沈益平. 试论我国反垄断立法的几个问题 [J]. 浙江省政法管理干部学院学报. 1999 (02).

[124] 石东坡. 当前我国行政腐败成因的再探讨 [J]. 柳州师专学报. 1999 (01).

[125] 石康，齐援军. 产业结构趋同符合客观经济规律　产品结构趋同违反市场经济规律 [J]. 经济经纬. 1999 (01).

[126] 石泰峰，罗志先. 反对地方保护主义 [J]. 瞭望新闻周刊. 1999 (12).

[127] 束小江. 特许专营中的反竞争问题研究 [J]. 外国经济与管理. 1999 (08).

[128] 宋安，景建学. 关于市场经济体制下垄断与效率的辩证分析 [J]. 生产力研究. 1999 (06).

[129] 宋惠昌. 职权平衡论——兼论对腐败滋生的一种制约机制 [J]. 理论学刊. 1999 (02).

[130] 宋京. 浅谈如何有效管理预算外资金 [J]. 财金贸易. 1999 (09).

[131] 苏金. 重复建设——中国市场经济的暗疾 [J]. 决策与信息. 1999 (04).

[132] 孙明军. 市场经济与政府经济权威 [J]. 理论学刊. 1999 (01).

[133] 孙业群. 我国反垄断立法中的几个问题 [J]. 法学天地. 1999 (05).

[134] 谈永磊. 论政府的职能转变和机构改革 [J]. 上海市建设职工大学学报. 1999 (02).

[135] 谭淑贞. 国外避免电信网络设施重复建设的研究（续）. [J]. 世界电信. 1999 (08).

[136] 谭淑贞. 国外避免电信网络设施重复建设的研究 [J]. 世界电信. 1999 (07).

[137] 唐秋凤. 政府干预方式的比较与选择 [J]. 学术论坛. 1999 (S1).

[138] 田桂林. 推进企业兼并的现实障碍 [J]. 经济论坛. 1999 (24).

[139] 田源孝. 临江之麋与地方保护 [J]. 建筑. 1999 (01).

[140] 佟占军，张宏志. 中国反垄断立法三题 [J]. 辽宁工程技术大学学报（社会科学版）. 1999 (03).

[141] 童吉渝. 转型时期地方政府行政行为失范成因的实证分析 [J]. 学术探索. 1999 (06).

[142] 童庆喜. 市场经济条件下国家的经济职能探讨 [J]. 计划与市场. 1999 (08).

[143] 涂书田，刘新熙. 论完善我国反不正当竞争法律机制的几个问题 [J]. 南昌大学学报（社会科学版）. 1999 (04).

[144] 汪春燕，於忠祥. 论土地资源配置中政府干预与市场竞争 [J]. 安徽农业大学学报（社

会科学版). 1999 (02).

[145] 汪贵浦, 陈金贤. 开放环境下我国电信产业政策的选择 [J]. 中国软科学. 1999 (12).

[146] 汪向东. 深化电信改革必须彻底破除"自然垄断教条" [J]. 数量经济技术经济研究. 1999 (07).

[147] 王桂娟. 财政合理分权与我国地方税的发展 [J]. 财政研究. 1999 (08).

[148] 王海英. 反垄断法的法经济学思考 [J]. 法律适用. 1999 (11).

[149] 王可佚. 政府在企业兼并中的行为与成效亟待改善 [J]. 改革. 1999 (02).

[150] 王磊. 完善中国竞争法律制度 [J]. 中国工商管理研究. 1999 (11).

[151] 王丽, 田虹. 反垄断法与国家利益 [J]. 北京航空航天大学学报 (社会科学版). 1999 (03).

[152] 王庆湘. 试论我国反垄断立法所应规制的垄断 [J]. 法学. 1999 (11).

[153] 王仕军. 放权让利式改革与国有企业改革僵局的形成 [J]. 社会科学战线. 1999 (03).

[154] 王铁男. 关于政府规范竞争行为的探讨 [J]. 管理世界. 1999 (04).

[155] 王伟光. 经济转型期企业兼并行为的理性选择 [J]. 辽宁大学学报 (哲学社会科学版). 1999 (01).

[156] 王伟民. 专家学者对电信发展几点看法 [J]. 世界贸易组织动态与研究. 1999 (10).

[157] 王文潭. 论不正当竞争与过度竞争的区别——兼论我国目前市场形势的性质和对策[J]. 商业研究. 1999 (04).

[158] 王晓晔. 巨型跨国合并对反垄断法的挑战 [J]. 法学研究. 1999 (05).

[159] 王晓晔. 公平竞争应是永远——论电信业的反垄断立法 [J]. 国际贸易. 1999 (08).

[160] 王兴顺. 我国乡镇政府行为转换趋势及对策 [J]. 辽宁行政学院学报. 1999 (03).

[161] 王雪萍. 试论中国转轨时期的寻租问题 [J]. 职大学报. 1999 (01).

[162] 王彦. 浅论我国的反垄断立法 [J]. 河北法学. 1999 (06).

[163] 王国学, 王玉君. 转型发展期的市场结构与政府干预分析 [J]. 北方论丛. 1999 (01).

[164] 王章留, 刘晓敏. 论政府在国有企业改制中的地位和作用 [J]. 郑州航空工业管理学院学报. 1999 (01).

[165] 王正明. 市场经济中的政府及其效率分析 [J]. 江苏理工大学学报 (社会科学版). 1999 (04).

[166] 王竹林. 浅析市场经济条件下行业垄断的负效应 [J]. 现代企业. 1999 (06).

[167] 王琢. 治"重复建设与寅吃卯粮" 的综合征 [J]. 财政研究. 1999 (03).

[168] 魏雅华. 悖论: "重复建设" [J]. 税收与社会. 1999 (11).

[169] 文勇. 有限行政: 对市场经济中政府行为的限度分析 [J]. 政治与法律. 1999 (02).

[170] 翁华建. 有效的竞争形式与市场机制的有效运行 [J]. 学术月刊. 1999 (10).

[171] 吴超林. 社会主义市场经济中的政府经济职能界定 [J]. 社会主义研究. 1999 (01).

[172] 郝云宏, 吴克强. 陕西实施有限度地方经济保护政策的内在合理性 [J]. 西北大学学报 (哲学社会科学版). 1999 (03).

[173] 吴硕安. 我国易拉罐生产重复建设现象严重 [J]. 有色金属加工. 1999 (03).

[174] 吴文洁. 试论市场经济下的政府干预 [J]. 西安石油学院学报 (社会科学版). 1999 (03).

[175] 吴振国. 反垄断法的国际比较研究 (上). [J]. 中国工商管理研究. 1999 (01).

[176] 吴振国. 反垄断法国际比较研究 (中). [J]. 中国工商管理研究. 1999 (02).

[177] 吴振国. 反垄断法国际比较研究 (下). [J]. 中国工商管理研究. 1999 (03).

[178] 吴振国. 反垄断法对企业兼并的规制 [J]. 经济研究参考. 1999 (A3).

[179] 肖信．“促进电信市场有效竞争机制建立的对策”研讨会综述［J］．宏观经济研究．1999（05）．

[180] 肖元．论市场失灵与政府作用［J］．贵州师范大学学报（社会科学版）．1999（03）．

[181] 谢旻荻．关于我国反垄断立法中的两个问题［J］．四川师范大学学报（社会科学版）．1999（S2）．

[182] 徐宝民，罗伟其．美国电信业改革与发展的历程及其展望［J］．邮电设计技术．1999（08）．

[183] 徐宝民，罗伟其．美英等国电信业发展的历程及其展望［J］．现代电信科技．1999（10）．

[184] 徐国宏，邵君．转轨时期界定政府职能的基本原则［J］．辽宁工学院学报（社会科学版）．1999（04）．

[185] 徐兰．应用规模经济理论分析重复建设严重亏损问题［J］．天津理工学院学报．1999（03）．

[186] 徐磊．区域经济与政府行为——海淀区、东莞市发展经济的经验和问题［J］．北京理工大学学报．1999（04）．

[187] 徐伟．当前经济结构调整中应注意的几个问题［J］．洛阳工学院学报（社会科学版）．1999（03）．

[188] 许俊．财税体制与重复建设［J］．中国经贸导刊．1999（13）．

[189] 许小华．反垄断立法若干问题探析［J］．广播电视大学学报（哲学社会科学版）．1999（03）．

[190] 许源源，江胜珍，卢斌．浅析行政权力腐败产生的原因及其治理——由行政权力系统的特征引发的思考［J］．武汉交通管理干部学院学报．1999（04）．

[191] 严桂林．标本兼治 制止重复建设［J］．党政论坛．1999（07）．

[192] 杨大平．论理性的政府干预——转轨过程中银行与政府的关系研究［J］．海南金融．1999（03）．

[193] 杨大平．何谓理性的政府干预——谈转轨过程中银行与政府的关系［J］．今日海南．1999（02）．

[194] 杨冬艳．加强反垄断立法对企业兼并的规制［J］．学习论坛．1999（12）．

[195] 杨宏山．论市场经济与有限政府［J］．云南行政学院学报．1999（01）．

[196] 杨聚岭．依法行政是遏制腐败的有效途径［J］．探索与求是．1999（03）．

[197] 杨兰品．论我国企业集团中的垄断问题［J］．湖北社会科学．1999（06）．

[198] 杨兰品．市场经济条件下垄断产生的原因及后果［J］．培训与研究（湖北教育学院学报）．1999（03）．

[199] 杨兰品．中国转型时期垄断的特殊性［J］．江汉论坛．1999（06）．

[200] 杨明娜．试论经济转轨时期政府行为的定位［J］．技术经济．1999（02）．

[201] 杨有志．对我国重复建设的分析［J］．基建管理优化．1999（01）．

[202] 姚庆丰．关于政府经济职能的讨论［J］．社会科学动态．1999（11）．

[203] 叶剑锋．关于地方政府职能转变艰巨性的理性思考［J］．江西行政学院学报．1999（04）．

[204] 尹廷．当前地方政府绩效管理与政府行为价值选择的扭曲［J］．天中学刊．1999（06）．

[205] 约瑟夫·斯蒂格利茨，张昕竹，汪向东，等．促进规制与竞争政策：以网络产业为例［J］．数量经济技术经济研究．1999（10）．

[206] 曾繁英，陈联仲．我国饭店业过度竞争态势对策研究［J］．华侨大学学报（哲学社会科

学版). 1999 (01).

[207] 詹小洪. 九大垄断行业不再铁板一块 [J]. 港澳经济. 1999 (11).

[208] 张亘稼. 市场集中度统计分析初探 [J]. 西安石油学院学报 (社会科学版). 1999 (04).

[209] 张广文. 如何判定价格歧视违法行为 [J]. 价格理论与实践. 1999 (11).

[210] 张军. "洋重复建设": 国家经济安全的新课题——访国家计委对外经济研究所林晨辉 [J]. 企业经济. 1999 (04).

[211] 张军, 陈宏民. 开放经济下的企业兼并与政府政策分析 [J]. 湖南经济管理干部学院学报. 1999 (01).

[212] 张俊霞. 论行政腐败的现状及对策 [J]. 铁道部郑州公安管理干部学院学报. 1999 (01).

[213] 张康之. 政府职能模式的三种类型 [J]. 广东行政学院学报. 1999 (04).

[214] 张利民. 简论经济司法中的地方保护主义 [J]. 兰州学刊. 1999 (05).

[215] 张宁俊. 对企业并购的理性思考 [J]. 财经科学. 1999 (03).

[216] 张勤. 转型期政府利益干预经济政策模式分析 [J]. 中国行政管理. 1999 (12).

[217] 张绍旭. 我国区域经济发展与政府行为的实证分析初探 [J]. 延边大学学报 (哲学社会科学版). 1999 (04).

[218] 张首魁. 浅议对国有企业改革中合谋行为的临控 [J]. 陕西省行政学院, 陕西省经济管理干部学院学报. 1999 (01).

[219] 张昕竹. 关于中国竞争政策的一些思考 [J]. 数量经济技术经济研究. 1999 (10).

[220] 张昕竹. 规制制度的交易成本与政治经济学——兼谈中国规制改革 [J]. 数量经济技术经济研究. 1999 (03).

[221] 张秀冰. 市场经济·政府·经济模式 [J]. 财金贸易. 1999 (06).

[222] 张旭昆. 试论文化商品市场的政府规制 [J]. 浙江大学学报 (人文社会科学版). 1999 (04).

[223] 张翼. 中国电信还能垄断多久? ——从 AT&T 的成功说起 [J]. 现代管理科学. 1999 (04).

[224] 赵声. 对非正常重复建设说"不"[J]. 经济论坛. 1999 (06).

[225] 赵伟, 邓曲恒. 企业并购与政府干预: 实证研究与理论分析 [J]. 浙江学刊. 1999 (06).

[226] 赵锡斌, 费显政. 政府行为与产业进入障碍分析 [J]. 鄂州大学学报. 1999 (01).

[227] 赵锡斌, 费显政. 政府利益及其对经济政策的影响 [J]. 中州学刊. 1999 (02).

[228] 郑春荣. 政府事务交由市场的四个途径 [J]. 四川财政. 1999 (12).

[229] 郑士贵. 资本运营——破除地区产业结构趋同的现实途径 [J]. 管理科学文摘. 1999 (03).

[230] 直言. 地方政府岂能这样"管理税收"[J]. 税收征纳. 1999 (11).

[231] 种及灵. 论国家干预 [J]. 现代法学. 1999 (06).

[232] 仲伟周. 公共权力的寻租行为分析及政策含义 [J]. 山西财经大学学报. 1999 (03).

[233] 周慧琴. 世界电信市场垄断与竞争态势的分析 [J]. 系统辩证学学报. 1999 (02).

[234] 周培胜. 我国信贷市场寻租现状及其成因分析 [J]. 金融与经济. 1999 (12).

[235] 周铁水. 如何走出政企不分的困境——重新审视国有股权设置的意义 [J]. 立信会计高等专科学校学报. 1999 (03).

[236] 周文. 中国转轨经济中的市场与政府 [J]. 云南经济管理干部学院学报. 1999 (03).

[237] 周兴维．向垄断“叫板”——中国电信业三个垄断案例的分析［J］．西南民族学院学报（哲学社会科学版）．1999（02）．

[238] 朱明春．制止重复建设 提高工业素质［J］．中国经贸导刊．1999（03）．

[239] 朱汝敬．我国船舶工业重复建设问题的思考［J］．船舶工业技术经济信息．1999（09）．

1998年

[1] 埃肯格林，杜丁丁，鹰子．金融市场的垄断［J］．国外社会科学文摘．1998（06）．

[2] 安兰柱天津．企业集中与资产重组［J］．经营与管理．1998（05）．

[3] 巴曙松．国际金融监管新原则与中国金融风险的防范与化解（上）．［J］．南方金融．1998（02）．

[4] 巴曙松．国际金融监管新原则与中国金融风险的防范与化解（下）．［J］．南方金融．1998（03）．

[5] 白帆．特许经营及其在我国的发展［J］．对外经贸实务．1998（05）．

[6] 白荣堂．加强对国有垄断行业的管理［J］．学习论坛．1998（03）．

[7] 白益民．制止恶性竞争规范市场秩序的思考［J］．集团经济研究．1998（11）．

[8] 白玉堂．在市场经济体制下加强对金融保险业的监管［J］．金融会计．1998（12）．

[9] 柏宝春，崔越．美国企业并购现状分析及对我国的启示［J］．山东财政学院学报．1998（01）．

[10] 包桂荣．企业兼并与政府协调问题探析［J］．科学管理研究．1998（01）．

[11] 包锡妹．关于反垄断法研究的回顾与前瞻［J］．齐鲁学刊．1998（03）．

[12] 本刊编辑部．风起云涌话“兼并”［J］．福建理论学习．1998（08）．

[13] 卞彬．国有企业兼并及破产的难点与对策［J］．探索．1998（02）．

[14] 宾建成．论收入差距与经济效率的关系［J］．北方经贸．1998（04）．

[15] 蔡朝军，杨立伟．浅谈医疗保障制度改革［J］．大庆社会科学．1998（01）．

[16] 蔡惠．企业并购及其对我国汽车工业发展的启示［J］．广东经济．1998（05）．

[17] 蔡立辉．市场经济条件下政府行为分析［J］．探索．1998（01）．

[18] 蔡文燕，黄锡钦．企业兼并若干问题探讨［J］．南方经济．1998（05）．

[19] 蔡文燕，邹丽芝．企业兼并若干经济问题的探讨［J］．理论观察．1998（03）．

[20] 曹国利．信息不对称：政府规制的经济理由［J］．财经研究．1998（06）．

[21] 曹丽君，温广义．市场与政府：经济模式的思考［J］．生产力研究．1998（05）．

[22] 曹士贞．论金融监管［J］．当代法学．1998（03）．

[23] 曹文辉，卢秋帆．浅谈克服地方保护主义［J］．人大建设．1998（01）．

[24] 曹欣．美国银行管制及其启示［J］．上海管理科学．1998（01）．

[25] 曹益生．试论国有企业监管［J］．财经研究．1998（03）．

[26] 曹占英，刘骊光．借鉴西方经验规范企业兼并中的政府行为［J］．决策借鉴．1998（05）．

[27] 柴三明．关于企业购并的研究综述［J］．中共山西省委党校学报．1998（02）．

[28] 常生林．政府干预的适度性［J］．中国改革．1998（07）．

[29] 车汉澍．发挥政府职能 推动企业兼并［J］．经济纵横．1998（08）．

[30] 车宏卿，尚文勇．企业并购谨防“泰坦尼克现象”［J］．经济前沿．1998（06）．

[31] 陈斌，崔万涛．金融监管管制与竞争 [J]. 现代商业银行．1998 (04).

[32] 陈传忠．提高集中度实现铝工业的资产重组 [J]. 轻金属．1998 (08).

[33] 陈大俊．要加强对海南金融业的监管 [J]. 今日海南．1998 (11).

[34] 陈富良．我国商业中的信息不对称与政府规制 [J]. 当代财经．1998 (02).

[35] 陈高升．打假先打地方保护主义 [J]. 价格与市场．1998 (03).

[36] 陈国东，余中连．对企业并购中的政府宏观政策的思考 [J]. 发展．1998 (06).

[37] 陈浩武．论政府对股票市场的监管 [J]. 金融研究．1998 (07).

[38] 陈丽华．论市场经济条件下的政府失灵和体制创新 [J]. 中共福建省委党校学报．1998 (10).

[39] 陈媚林．企业兼并探析 [J]. 广西师院学报 (哲学社会科学版). 1998 (02).

[40] 陈湘．浅谈我国信息服务业的规模经济 [J]. 情报杂志．1998 (01).

[41] 陈孝兵，令狐岩芳．市场失效与政府经济规制分析 [J]. 江西社会科学．1998 (01).

[42] 陈新力．西方国家政府对兼并的监管及理论依据 [J]. 重庆商学院学报．1998 (03).

[43] 陈星．从住房市场的特点看政府对住房市场的干预和作用 [J]. 社会学研究．1998 (06).

[44] 陈耀春．我国社会主义市场经济与政府行为 [J]. 人才瞭望．1998 (07).

[45] 陈已昕．扩大金融服务开放，加强金融监管机制 [J]. 复旦学报 (社会科学版). 1998 (05).

[46] 陈轶丽．政府在企业并购中的作用 [J]. 学习论坛．1998 (02).

[47] 陈予，汪少华．重构我国证券市场监管体制的思考 [J]. 经济体制改革．1998 (03).

[48] 成新华，王晓燕．收入差距的“喜”与“忧”[J]. 决策与信息．1998 (05).

[49] 程明高．政府缺陷：理论分析、实证考察及启示 [J]. 经济理论与经济管理．1998 (01).

[50] 程永来．欧洲电信市场取消管制 [J]. 通讯世界．1998 (02).

[51] 程永来．取消电信管制带来高机遇和高风险 [J]. 通讯世界．1998 (02).

[52] 程宗璋．论政府角色的把握与依法行政 [J]. 陕西青年管理干部学院学报．1998 (04).

[53] 池漫郊．论市场支配地位 [J]. 法制与经济．1998 (03).

[54] 李巍．从最新排名看国际银行业的并购浪潮及其对中国的启示 [J]. 国际金融研究．1998 (09).

[55] 崔春．效率理论与企业的并购行为 [J]. 中国城市金融．1998 (09).

[56] 崔婕，杨春鹏．关于我国证券市场监管体制的“博弈”分析与对策思路 [J]. 经济与管理．1998 (06).

[57] 戴建忠．论市场经济条件下的政府干预 [J]. 黑龙江社会科学．1998 (03).

[58] 戴翔东．规模≠规模经济 [J]. 经营与管理．1998 (07).

[59] 邓红辉．我国目前的竞争状况与政府对调节竞争的作用 [J]. 财经问题研究．1998 (12).

[60] 邓霆．垄断、跨国竞争与中国企业的对策 [J]. 世界经济文汇．1998 (04).

[61] 丁力．农业产业化经营与防止重复建设 [J]. 宏观经济研究．1998 (07).

[62] 董辅礽．要加快反垄断立法 [J]. 中国经贸导刊．1998 (05).

[63] 董炯．政府管制研究——美国行政法学发展新趋势评介 [J]. 行政法学研究．1998 (04).

[64] 窦争妍．我国特许经营发展初探 [J]. 北方经济．1998 (07).

[65] 杜涛，余谆．浅析政府管制的成本与收益 [J]. 地方政府管理．1998 (S1).

[66] 杜政清．美国大企业并购重组及对我国的启示 [J]．浙江经济．1998 (11).

[67] 段鹏，廉立．企业兼并的概念及我国的相关法规 [J]．中国物资流通．1998 (02).

[68] 段文斌，陈瑞香．“好的更好”与“糟的更糟”——正确认识个人收入差距扩大趋势 [J]．中国国情国力．1998 (11).

[69] 樊泓．兼并重组是国有企业改制的主要途径 [J]．人文杂志．1998 (01).

[70] 樊建新．《市场经济和政府干预》评介 [J]．高校理论战线．1998 (12).

[71] 范培和，宋晶．监管大市场的几个问题 [J]．中国工商管理研究．1998 (01).

[72] 范荣，阎钢．美国企业兼并的特点及其启示 [J]．山东大学学报（社会科学版）．1998 (02).

[73] 方平，杨启庸．金融监管问题观点综述 [J]．金融研究．1998 (12).

[74] 方琼．网络商业的兴起与发展 [J]．商业研究．1998 (05).

[75] 方少骅，周勤，张勇延．过度竞争与政府管制——VCD视盘机市场现状、起因及对策 [J]．唯实．1998 (12).

[76] 方小刚，李仁东．政府失灵与东亚模式危机 [J]．世界经济与政治．1998 (05).

[77] 方晓霞．国有企业兼并重组的发展趋势 [J]．中国经贸导刊．1998 (06).

[78] 冯启德．跨国公司购并国有企业研究 [J]．投资研究．1998 (10).

[79] 冯启德．企业购并动机与绩效的理论分析 [J]．理论月刊．1998 (11).

[80] 冯中越，蔡勇．产业组织理论与我国经济的反垄断指向 [J]．北京商学院学报．1998 (06).

[81] 冯钟．思考购并模式 [J]．中国企业家．1998 (02).

[82] 付彦勋．金融监管的理论分析与现实对策 [J]．华南金融研究．1998 (02).

[83] 傅进．加强保险市场监管 有效防范风险 [J]．福建金融．1998 (12).

[84] 傅新中，马致远．金融监管的策略 [J]．金融信息参考．1998 (07).

[85] 甘龙华，陈杰奕．对我国企业并购的若干思考 [J]．现代企业．1998 (02).

[86] 甘龙华．我国企业并购的经验与教训 [J]．经济经纬．1998 (02).

[87] 高峰，陈聚社．垄断价格理论研究的重要贡献——评《垄断价格机理研究》[J]．经济评论．1998 (01).

[88] 高宏贵，沈敏荣．经济权力的垄断与垄断的法律控制——美国反托拉斯法的演变分析 [J]．黄冈师范学院学报．1998 (02).

[89] 高会宗，樊增强．市场经济中的政府失灵及其防范 [J]．政治学研究．1998 (01).

[90] 高建华．关于建立我国土地用途管制制度的初步构想 [J]．中国软科学．1998 (03).

[91] 高静．规模经济与企业集团 [J]．科学学与科学技术管理．1998 (11).

[92] 高莉．“科斯的灯塔”与公共服务体制改革——兼谈公共服务的税费问题 [J]．涉外税务．1998 (08).

[93] 高扬．价格歧视原理分析及其在竞争行业中的运用 [J]．开封教育学院学报．1998 (01).

[94] 官芳．论国有企业强强联合 [J]．审计与经济研究．1998 (04).

[95] 龚惠琼．完善我国金融监管体制的几点认识 [J]．财经理论与实践．1998 (06).

[96] 龚宇富．新贸易理论关于规模经济的基本观点及其评析 [J]．国际经贸探索．1998 (03).

[97] 郭恩才．关于企业购并的几个理论问题 [J]．中国煤炭经济学院学报．1998 (01).

[98] 郭培杰．城市公用事业市场化的焦点——公用企业改革 [J]．经济体制改革．1998 (S2).

[99] 郭瑞萍．地方保护主义再析 [J]．新西部．1998 (01).

[100] 郭为．网络时代：中国现状和对策 [J]．管理世界．1998 (06).

[101] 郭晓林．论市场经济条件下的政府经济行为 [J]．计划与市场．1998 (10).

[102] 郭奕华．我国棉纺织业的过度竞争与退出 [J]．纺织器材．1998 (05).

[103] 郭子玉．适应竞争与监管 创造良性循环的营业环境 [J]．金融理论与实践．1998 (08).

[104] 哈尔滨市委党校权力寻租的政治成因及对策课题组．建立权力约束机制　防范"权力寻租" [J]．黑龙江社会科学．1998 (01).

[105] 海金玲．国有企业购并中的政府行为 [J]．国有资产管理．1998 (07).

[106] 韩洁．算一算，谁是冗员 [J]．企业管理．1998 (03).

[107] 韩颂善，周庆翔．论企业规模的扩大与规模经济的实现 [J]．学术交流．1998 (03).

[108] 韩学丽．浅淡如何完善我国证券市场监管与风险控制 [J]．经济与管理研究．1998 (04).

[109] 郝书辰，马海涛．企业并购过程中的政府行为 [J]．国有资产管理．1998 (05).

[110] 何海鹏，刘文辉，邵志永．我国特许经营存在的问题及对策 [J]．经营与管理．1998 (08).

[111] 何济川．回眸白酒——过度膨胀的生产与竞争 [J]．中国食品．1998 (06).

[112] 何剑中．全球化企业兼并浪潮的动力及对中国企业并购的思考 [J]．新疆财经．1998 (06).

[113] 何旭东．企业并购中值得注意的几个问题 [J]．四川财政．1998 (06).

[114] 贺莉．并购——你的理性选择? [J]．经济视角．1998 (09).

[115] 洪慧敏．市场经济下金融监管模式探索 [J]．武汉金融．1998 (12).

[116] 洪伟力．论证券监管的理论依据 [J]．上海金融．1998 (11).

[117] 胡金林，王长征．论转轨时期的市场缺失与政府越位 [J]．江汉论坛．1998 (08).

[118] 胡骏飞．职工医疗保障制度改革之我见 [J]．卫生经济研究．1998 (10).

[119] 胡麟．企业资产重组中的反垄断研究 [J]．南方金融．1998 (11).

[120] 黄范章．经济全球化与金融监管国际化 [J]．宏观经济研究．1998 (12).

[121] 黄飞，唐建新．关于基础设施产业经济效率与政府管制关系的若干思考 [J]．计划与市场．1998 (07).

[122] 黄继人．医疗保障制度改革的实践与思考 [J]．江苏卫生事业管理．1998 (05).

[123] 黄进．美国企业并购浪潮的启示 [J]．港澳经济．1998 (01).

[124] 黄梅波．引入特许经营　推动商业服务业改革 [J]．商业研究．1998 (05).

[125] 黄泰岩．我国特殊条件下的市场功能与失灵分析 [J]．中国人民大学学报．1998 (04).

[126] 黄宪．金融监管面临的挑战 [J]．经济学家．1998 (06).

[127] 姬中英．浅谈运输管制 [J]．武汉交通管理干部学院学报．1998 (Z1).

[128] 嵇永如．从南方公司看美国的特许经营 [J]．中国市场．1998 (10).

[129] 纪玉山．网络经济的外部性与联结经济效能 [J]．数量经济技术经济研究．1998 (08).

[130] 贾贵满．金融风险与地方保护主义 [J]．南方金融．1998 (11).

[131] 贾连．浅谈规模经济 [J]．经营与管理．1998 (10).

[132] 江国峰．我国经济转轨时期产业过度竞争现象分析 [J]．计划与市场．1998 (10).

[133] 姜霖．论国有企业集团化过程中的企业并购与产权重组 [J]．东岳论丛．1998 (02).

[134] 姜润宇．城市公用事业价格改革研究 [J]．广西市场与价格．1998 (08).

[135] 蒋少龙，孙淑萍．资产重组：政府行为还是企业行为 [J]．文明与宣传．1998 (06).

[136] 蒋晓光，朱晓姝．现阶段中国寻租现象探析［J］．华东交通大学学报．1998（04）．

[137] 蒋学毛．医疗保险改革：模式选择和难点问题［J］．中国改革．1998（09）．

[138] 金朝武．对“垄断”法律概念的反思［J］．广州大学学报（社会科学版）．1998（04）．

[139] 金继刚．专卖利弊两面观［J］．中国经贸导刊．1998（15）．

[140] 金太军，谈镇．政府失灵的对策研究［J］．晋阳学刊．1998（03）．

[141] 金太军．“政府失灵”的主要根源［J］．经济研究参考．1998（55）．

[142] 金太军．对中国市场化进程中政府失灵现象的重新思考［J］．浙江学刊．1998（06）．

[143] 金太军．政府失灵与政府经济职能重塑［J］．经济体制改革．1998（02）．

[144] 金鑫．在实践中探索公用事业发展之路［J］．城市公用事业．1998（06）．

[145] 荆林波．理论界关于期货监管的争论［J］．财贸经济．1998（03）．

[146] 瞿晓川．略论我国企业的兼并重组［J］．现代企业．1998（06）．

[147] 柯业毅．制止不正当竞争　维护企业权益　保护地方税源——关于茂名市高岭土不正当竞争的调查和对策建议［J］．南方论刊．1998（07）．

[148] 可星．西方企业购并理论对我国企业集团发展的启示［J］．昆明理工大学学报．1998（04）．

[149] 肯尼斯J. 梅尔，王维．规制及对规制的误解［J］．中国行政管理．1998（04）．

[150] 匡国建，孙春广．金融合谋与风险防范［J］．经济前沿．1998（01）．

[151] 赖柳柳．从规模经济到协同效益——世界保险业购并狂潮谈［J］．上海保险．1998（06）．

[152] 雷常理．医改三大难点［J］．中国社会保障．1998（06）．

[153] 雷常理．医疗制度改革三大难点及对策［J］．劳动理论与实践．1998（05）．

[154] 雷宏振．“市场失灵”抑或“市场失败”［J］．经济学家．1998（04）．

[155] 雷涯邻，彭剑琴，王亚禧．西方寻租理论与我国石油“内部市场”［J］．国际石油经济．1998（03）．

[156] 雷涯邻，彭剑琴．我国石油企业宜采取高集中度的组织结构［J］．企业改革与管理．1998（01）．

[157] 黎宇宁，张义鸿．对地方保护主义形成的思考［J］．学习月刊．1998（03）．

[158] 李爱荣．行政性垄断的法律思考［J］．政法学刊．1998（02）．

[159] 李崇强．过度竞争：发展中的另一种危机——对中国摩托车产业健康发展的粗浅思考［J］．摩托车信息．1998（01）．

[160] 李德才．当前烟草专卖管理工作面临的主要问题及对策建议——滇湘两省烟草专卖管理工作情况调查与思考［J］．华东经济管理．1998（01）．

[161] 李蝶．网络经济的新发展［J］．特区理论与实践．1998（09）．

[162] 李东风．健全社会保障制度促进企业改革［J］．理论与当代．1998（06）．

[163] 李飞．特许经营在中国的最大发展空间［J］．科技智囊．1998（11）．

[164] 李钢．企业并购——理论分析与现实对策［J］．上海金融学院学报．1998（03）．

[165] 李汉炎．美加州立法支持可再生能源发电——由专卖体制向市场竞争体制过渡［J］．太阳能．1998（01）．

[166] 李绩之．地方保护主义是必须清除的市场障碍——也谈反对不正当竞争［J］．中国工商管理研究．1998（11）．

[167] 李江涛．关于医疗保险制度改革的思考［J］．岭南学刊．1998（05）．

[168] 李金华．企业并购应理性化［J］．文明与宣传．1998（07）．

[169] 李金鹏．企业跨国购并的效应分析［J］．上海管理科学．1998（04）．

[170] 李金鹏. 企业跨国购并的效应分析和现实障碍 [J]. 经济工作导刊. 1998 (10).

[171] 李金鹏. 浅析我国企业购并美国企业的特殊经济效应 [J]. 企业家天地. 1998 (09).

[172] 李久鑫, 张少华. 企业并购的若干管理风险 [J]. 经济理论与经济管理. 1998 (05).

[173] 李君, 关正. 西方反购并手段 [J]. 经营管理者. 1998 (05).

[174] 李俊华, 孙福涛. 浅论我国社会保障制度改革的出路 [J]. 胜利油田职工大学学报. 1998 (01).

[175] 李克克, 唐小我. 关于电力行业价格规制的研究 [J]. 电子科技大学学报. 1998 (02).

[176] 李联民. 规模经济的认识误区探讨 [J]. 农场经济管理. 1998 (01).

[177] 李萍. 加强金融监管与化解金融风险 [J]. 工业技术经济. 1998 (03).

[178] 李秋波, 曾国安. 西方国家医疗社会保险制度的改革与启示 [J]. 管理世界. 1998 (06).

[179] 李胜良. 论税收征纳关系下的寻租现象 [J]. 税收与社会. 1998 (06).

[180] 李五四. 按市场划分整合产业结构 [J]. 管理世界. 1998 (01).

[181] 李学武. 关于反价格歧视的几点思考 [J]. 价格理论与实践. 1998 (07).

[182] 李燕华, 彭临涛. 我国企业收购兼并浅析 [J]. 山东经济战略研究. 1998 (06).

[183] 李扬. 推进和完善我国高速公路特许经营 [J]. 中国软科学. 1998 (08).

[184] 李业, 梁经锐. 论企业重组中的规模经济问题 [J]. 南方经济. 1998 (01).

[185] 李永, 纪昀. 转轨期的寻租行为与外贸体制改革 [J]. 河北经贸大学学报. 1998 (05).

[186] 李玉根. 垄断资本理论的重大推进——读《发达资本主义经济中的垄断与竞争——垄断资本理论研究》[J]. 当代经济研究. 1998 (06).

[187] 李泽影. 反腐需治本——刍议“权力寻租”及其治理 [J]. 经济体制改革. 1998 (06).

[188] 李振国. 河南省城乡居民收入差距现状分析 [J]. 信阳师范学院学报 (哲学社会科学版). 1998 (03).

[189] 李佐良, 陶维斌. 加强保险监管 防范保险风险 [J]. 武汉金融. 1998 (08).

[190] 连云. 市场化改革与政府经济职能的界定 [J]. 新东方. 1998 (05).

[191] 梁桂青. 浅论反垄断法的规制对象 [J]. 求索. 1998 (04).

[192] 廖富洲. 西方发达国家的金融监管与启示 [J]. 中国金融. 1998 (07).

[193] 廖涵. 我国航空运输服务及其市场准入策略 [J]. 民航经济与技术. 1998 (10).

[194] 廖黎明. 我国企业并购的发展方向 [J]. 经济管理. 1998 (03).

[195] 廖伟权, 邓伟根. 论“垄断中性”与产业组织合理化 [J]. 学术研究. 1998 (07).

[196] 林滨. 造船市场的竞争与垄断 [J]. 船舶工业技术经济信息. 1998 (08).

[197] 林瑞唐. 跨世纪的购并 [J]. 中国科技产业. 1998 (05).

[198] 刘北林. 医疗保险制度改革的难点与对策 [J]. 煤炭经济研究. 1998 (07).

[199] 刘冰. 垄断概念的比较 [J]. 现代法学. 1998 (05).

[200] 刘崇明. 我国金融监管的成就与方向 [J]. 中国金融. 1998 (12).

[201] 刘春芝. 重复建设: 一个需要澄清的话题 [J]. 辽宁经济. 1998 (12).

[202] 刘大洪. 关于优化政府经济行为的法律思考 [J]. 学习与实践. 1998 (06).

[203] 刘光敏, 江浩. 论道路运输产业的进入壁垒与有效竞争 [J]. 交通企业管理. 1998 (11).

[204] 刘国良. 国外政府对国有资产监管的机构设置与职责分工 [J]. 财政研究. 1998 (10).

[205] 刘怀德. 西方国家放松电力管制的原因分析 [J]. 长沙电力学院学报 (社会科学版). 1998 (04).

[206] 刘建国. 加强金融监管的几点认识 [J]. 财经科学. 1998 (01).

［207］刘九华．树立网络经济观念 实施网络经济战略［J］．邮电企业管理．1998（06）．
［208］刘澜．重复建设与垄断［J］．成人高教学刊．1998（06）．
［209］刘萍．浅析医疗保险改革的难点［J］．山东劳动．1998（04）．
［210］刘秋华．关于企业并购［J］．浙江大学学报（人文社会科学版）．1998（04）．
［211］刘溶沧．中国的“诸侯经济”将渐行消亡［J］．中国党政干部论坛．1998（06）．
［212］刘书楷．国外与台湾地区土地使用管制和农地保护的经验［J］．中国土地科学．1998（06）．
［213］刘树杰．市场经济国家与地区的电价管制［J］．中国物价．1998（09）．
［214］刘树杰．我国垄断性产业引入竞争机制的途径与前景［J］．宏观经济研究．1998（07）．
［215］刘伟，周敏．从进退壁垒角度看煤炭产业市场结构调整［J］．煤炭经济研究．1998（09）．
［216］刘学安．医疗保障制度改革趋势及政策走向［J］．政策．1998（07）．
［217］刘学功．推行医改工作保障基本医疗［J］．山东劳动．1998（11）．
［218］柳秉文，肖庆文．我国市场经济中的垄断性竞争问题初探［J］．西南师范大学学报（哲学社会科学版）．1998（05）．
［219］柳鹏，蒋志芬．全球金融业兼并合并浪潮探源及对我国的启示［J］．世界经济与政治论坛．1998（05）．
［220］龙敏．经济发展中的地方保护主义及其矫正［J］．桂海论丛．1998（01）．
［221］卢现祥．我国的渐进式改革及其寻租问题［J］．中南财经大学学报．1998（05）．
［222］鲁守东，熊轶伟．市场调节与政府干预——从企业兼并、收购和资产重组中得到的启示［J］．经营与管理．1998（10）．
［223］吕雪枫．论市场经济条件下的政府经济行为［J］．华中师范大学学报（人文社会科学版）．1998（S2）．
［224］吕宇．兼并、收购与重组——论企业资本运营的战略意识［J］．中国民营科技与经济．1998（04）．
［225］栾景明．论我国金融监管体系的改革与创新［J］．财经问题研究．1998（08）．
［226］栾志敏．美国医疗保险制度面临的挑战及对我们医改的启示［J］．山东劳动．1998（11）．
［227］罗建华，孙宗颀，高阳．论我国矿业规模经济［J］．中国矿业．1998（06）．
［228］罗丽英．横向联合：中国企业集团化经营问题探讨［J］．财经理论与实践．1998（02）．
［229］罗培新．浅析我国企业兼并中的问题及其规范［J］．改革与战略．1998（03）．
［230］罗志松．浅议基础产业的价格管制［J］．价格月刊．1998（03）．
［231］罗志松．我国铁路运价调整滞后的成因及对策分析［J］．价格月刊．1998（07）．
［232］马金书．对我国产业组织规模经济缺乏的实证分析［J］．经济问题探索．1998（12）．
［233］马敏，陈宏平．西方规制理论与我国商业保险监管的理论基础［J］．陕西师范大学学报（哲学社会科学版）．1998（S2）．
［234］马廷珍．对加强金融监管若干问题的思考［J］．金融理论与实践．1998（10）．
［235］马英华．企业购并与规模经营［J］．广西财政高等专科学校学报．1998（03）．
［236］马忠勤．垄断与反垄断［J］．北京工商．1998（12）．
［237］孟闽，张强．我国居民收入差距问题浅析［J］．理论与现代化．1998（03）．
［238］孟照罡．克服技术市场歧视性壁垒的途径［J］．管理科学文摘．1998（02）．
［239］木子．制止恶性竞争 规范市场秩序［J］．摩托车信息．1998（11）．
［240］穆良平，陈赤．公司购并的动因：理论与案例分析［J］．理论与改革．1998（01）．

[241] 聂常虹．强化金融监管 实行政府采购——东南亚金融危机给我们的启示［J］．财政研究．1998（05）．

[242] 聂党生．我国冗员的现状及再就业对策［J］．价格月刊．1998（03）．

[243] 欧明刚，夏德兴．论有效金融监管［J］．中央财经大学学报．1998（09）．

[244] 彭民安．国企并购：现实障碍及政策取向［J］．新东方．1998（04）．

[245] 彭声扬．浅议房地产市场的政府干预［J］．理论与现代化．1998（07）．

[246] 平立．由"减员增效"想到的［J］．社会．1998（11）．

[247] 钱津．国有资产经营的整体效率浅析［J］．南开经济研究．1998（03）．

[248] 钱蕊．土地用途管制将推行［J］．市场观察．1998（07）．

[249] 钱志发．过度竞争及防范［J］．华东经济管理．1998（03）．

[250] 乔炳炎，乔梁．国企：警惕步入规模经济的误区［J］．税收与企业．1998（09）．

[251] 乔文豹．设立反垄断法专门执行机构的若干问题［J］．云南大学学报（法学版）．1998（03）．

[252] 曲昭仲．购并——国有企业改革的有效途径［J］．生产力研究．1998（03）．

[253] 任明辉．我国城镇职工医疗保障制度发展与改革回顾［J］．当代医学．1998（01）．

[254] 任明辉．我国职工医疗保障制度改革及其影响预测［J］．当代医学．1998（02）．

[255] 任凭．政府行为与我国国有企业［J］．浙江社会科学．1998（03）．

[256] 任为民．中国航运市场准入政策［J］．水运管理．1998（08）．

[257] 荣朝和，王国祥．从垄断走向竞争［J］．经济体制改革．1998（S2）．

[258] 阮班会．市场失灵的几种形式［J］．理论与现代化．1998（03）．

[259] 刘建平．山西城乡居民收入差距的实证分析［J］．中国农村观察．1998（01）．

[260] 邵勋．要加强对国有企业的监管［J］．国有资产研究．1998（03）．

[261] 邵正强．关于企业兼并与重组的思考［J］．中国软科学．1998（03）．

[262] 沈坤荣．中国经济转转型期的政府行为与经济增长［J］．管理世界．1998（02）．

[263] 沈敏荣．美国、欧共体竞争法中有关垄断问题的比较及对中国的启示［J］．河南省政法管理干部学院学报．1998（04）．

[264] 沈守愚．浅议土地用途管制的有关法律问题［J］．中国土地．1998（01）．

[265] 沈伟．试论欧盟兼并管制制度的法源及其适用［J］．欧洲．1998（03）．

[266] 沈阳．深化医改要研究三个问题［J］．中国社会保障．1998（06）．

[267] 沈阳．医疗保险制度改善模式浅议［J］．劳动理论与实践．1998（02）．

[268] 沈志渔．全球购并缘何高潮迭起［J］．光彩．1998（11）．

[269] 沈志渔．我国自然垄断产业组织的市场结构分析［J］．学术研究．1998（07）．

[270] 盛国辉．煤炭企业冗员与解决办法浅探［J］．煤炭经济研究．1998（08）．

[271] 盛仕斌．职工医疗制度改革存在的问题及其解决思路［J］．中国卫生经济．1998（09）．

[272] 舒小斌．企业组织结构和集中度［J］．经济研究参考．1998（Z1）．

[273] 束华．企业兼并与市场结构问题初探［J］．开发研究．1998（02）．

[274] 宋福亭．试论市场经济条件下的政府效能［J］．临沂师范学院学报．1998（02）．

[275] 宋强，刘毅．全球产业重组及对中国的启示［J］．华北金融．1998（09）．

[276] 宋文兵．规模金融论——国有商业银行规模经济的实证研究［J］．华东师范大学学报（哲学社会科学版）．1998（05）．

[277] 苏东荣．中国金融期货市场的监管制度和监管模式［J］．财经理论与实践．1998（05）．

[278] 苏锡坤，刘永清．企业兼并收购中的问题和对策研究［J］．中国软科学．1998（01）．

[279] 苏晓艳，刘素斌．基础设施产业政府管制的经验及启示［J］．发展．1998（06）．

[280] 苏志．食品卫生管理与国际食品贸易规则［J］．中国卫生法制．1998（06）．

[281] 孙芳俊，张洪宝．如何打破行业垄断、部门分割、地区封锁 真正实现建筑市场统一管理［J］．建筑经济．1998（10）．

[282] 孙飞雪．变革时期的“政府失灵”及“权力分化”［J］．发展．1998（11）．

[283] 孙峰，陈平．论社会主义市场经济条件下的政府行为［J］．山东省工会管理干部学院学报．1998（Z1）．

[284] 孙平．垄断：日益逼近的课题——资产流动重组的前途［J］．开放潮．1998（02）．

[285] 孙天齐．产业的“产权”和产业发展中的过度进入［J］．山西财经大学学报．1998（05）．

[286] 孙天齐．价格歧视：理论、规制和应用分析［J］．价格与市场．1998（11）．

[287] 孙天齐．论我国产业发展中的地方政府行为与过度竞争［J］．人文杂志．1998（06）．

[288] 孙巍，盖国凤．生产资源配置效率及其测度理论研究［J］．当代经济研究．1998（03）．

[289] 孙霞，曾丽萍．企业并购中政府行为须审慎［J］．探索与争鸣．1998（12）．

[290] 泰来．中国电信，何时响起开放的风铃？［J］．决策与信息．1998（09）．

[291] 谭静．地方保护就是腐败行为［J］．中国技术监督．1998（06）．

[292] 谭立．我国国有企业兼并中存在的问题及对策［J］．财经论丛．1998（02）．

[293] 谭志浩，蒋美云．企业并购动机的经济学剖析［J］．社会科学家．1998（S2）．

[294] 汤春来．试论我国企业集团垄断问题的规制对策［J］．江汉论坛．1998（04）．

[295] 汤定宗．简论兼并［J］．中共福建省委党校学报．1998（03）．

[296] 汤敏轩，余军．转型期利益集团对民主政治的正面影响浅析［J］．地方政府管理．1998（S2）．

[297] 唐春晖．企业效率与国有企业改革［J］．沈阳师范学院学报（社会科学版）．1998（06）．

[298] 唐子成．企业并购风险分析［J］．经济研究参考．1998（35）．

[299] 田虹，李丽．市场经济条件下的电信行业管理研究［J］．中国软科学．1998（12）．

[300] 田野．企业并购中的反垄断问题［J］．经济管理．1998（09）．

[301] 童有好．美国反垄断的实践及启示［J］．上海管理科学．1998（06）．

[302] 徐日辉．土地资源永续利用与土地使用管制——’98海峡两岸土地学术研讨会综述［J］．中国土地科学．1998（05）．

[303] 王家．推行土地用途管制的思考［J］．中国土地．1998（07）．

[304] 汪发元．论市场经济条件下的政府经济行为［J］．行政与法．1998（01）．

[305] 汪宏．中国医疗保障制度改革与展望［J］．中国卫生经济．1998（01）．

[306] 汪绍铨，辛玉梅．澄清错误认识 坚持酒类专卖［J］．商业时代．1998（03）．

[307] 汪永成．论政府失灵的市场化治理［J］．深圳大学学报（人文社会科学版）．1998（04）．

[308] 王爱俭．论金融创新与金融监管［J］．现代财经（天津财经学院学报）．1998（12）．

[309] 王冰．市场与国家相互关系的理论分析［J］．南方经济．1998（03）．

[310] 王春娣．美国规制企业合并标准问题研究［J］．中国人民大学学报．1998（02）．

[311] 王福军，蒋迪艺．论我国经济转轨时期的寻租活动［J］．中山大学研究生学刊（社会科学版）．1998（04）．

[312] 王国样．运输市场：垄断与竞争［J］．交通企业管理．1998（01）．

[313] 王恒．论行政性垄断及其综合治理［J］．湖北商业高等专科学校学报．1998（01）．

[314] 王宏斌．刍议我国企业购并［J］．北京商学院学报．1998（05）．

[315] 王宏斌. 试析我国企业购并发展之路 [J]. 财金贸易. 1998 (07).

[316] 王鸿勇，袁长海，亓军，等. 山东省医疗保险改革进展、问题及对策 [J]. 中国初级卫生保健. 1998 (08).

[317] 王鸿勇，袁长海，亓军，等. 医疗保险改革中的问题及对策 [J]. 卫生经济研究. 1998 (04).

[318] 王华. 烟草行业市场集中度与绩效的实证分析 [J]. 江苏统计. 1998 (01).

[319] 王华生. 企业购并内在机制论 [J]. 河南大学学报（社会科学版）. 1998 (06).

[320] 王家梁. 农地保护利用与土地使用管制 [J]. 中国土地科学. 1998 (06).

[321] 王建中. 金融监管与地方经济发展 [J]. 青年思想家. 1998 (03).

[322] 王剑铭. 关于我国证券监管体制问题的探讨 [J]. 改革与战略. 1998 (04).

[323] 王晶晶. 解决国有企业冗员问题的难点和对策 [J]. 当代经济研究. 1998 (04).

[324] 王娟，万威武. 国企购并行为的市场化 [J]. 中国改革. 1998 (02).

[325] 王俊豪，胡冰星. 英国学术界对私有化、竞争与经济效率的争论 [J]. 世界经济文汇. 1998 (05).

[326] 王莉萍. 我国反垄断立法的两个基本问题初探 [J]. 中外法学. 1998 (02).

[327] 王丽霞，任泽洙. "市场失灵"与"政府失灵" [J]. 黑龙江财专学报. 1998 (04).

[328] 王梅. 有关我国职工医疗保障制度改革的基本看法 [J]. 群言. 1998 (11).

[329] 王梦茹. 加强金融监管防范化解金融风险 [J]. 经济论坛. 1998 (11).

[330] 王勉忠. 转变政府职能　加强卫生行业管理 [J]. 中国卫生经济. 1998 (11).

[331] 王启敏. 地方保护主义及其治理 [J]. 理论建设. 1998 (04).

[332] 王强. 关于市场经济条件下我国行业垄断的思考 [J]. 深圳大学学报（人文社会科学版）. 1998 (04).

[333] 王钦. 企业兼并中的政府行为选择 [J]. 发展. 1998 (06).

[334] 王荣江，叶立生. 论企业购并及其对产业结构调整的影响 [J]. 南京经济学院学报. 1998 (06).

[335] 王瑞东. 协同竞争：企业竞争新战略 [J]. 价格月刊. 1998 (08).

[336] 王若颖，陈宏民. 双头垄断市场重复博弈中的对策行为：实验研究 [J]. 数量经济技术经济研究. 1998 (11).

[337] 王世渝. 中国的并购环境 [J]. 中国外资. 1998 (09).

[338] 王守杰，邓宏图. 新产业与旧体制：对我国 Internet 产业的思考 [J]. 经济理论与经济管理. 1998 (05).

[339] 王婷婷. 产业援助政策：针对结构调整的政府行为——关于河北省产业结构调整援助政策若干理论和现实问题的研究 [J]. 社会科学论坛. 1998 (01).

[340] 王卫东. 特许经营的利弊分析 [J]. 商业研究. 1998 (01).

[341] 王卫东. 特许经营的新形态：次级特许经营 [J]. 中国流通经济. 1998 (03).

[342] 王先林. 反垄断法与规模经济 [J]. 中国改革. 1998 (02).

[343] 王宪榕. 公司并购的效应分析 [J]. 对外经贸财会. 1998 (12).

[344] 王小丁. 医疗卫生事业如何走出困境 [J]. 协商论坛. 1998 (10).

[345] 王晓芳. 公司购并解析 [J]. 辽宁大学学报（哲学社会科学版）. 1998 (03).

[346] 王晓晔. 莫以行政权力限制竞争 [J]. 企业改革与管理. 1998 (07).

[347] 王孝德. 权力寻租："看不见的脚"踩住了"看不见的手" [J]. 四川监察. 1998 (03).

[348] 王新南. 医疗社会保险制度改革之我见 [J]. 中国社会工作. 1998 (02).

[349] 王学军．甘肃省零售业的竞争状况和进入壁垒分析［J］．兰州学刊．1998（05）．
[350] 王学庆，王广利．发达国家电信业由垄断走向竞争的政策措施及启示［J］．中国物价．1998（03）．
[351] 王学庆．国外电信业引入竞争机制的经验［J］．通讯世界．1998（10）．
[352] 王雪莉．美国企业购并经验的启示［J］．中外管理．1998（04）．
[353] 王彦昕．浅析我国部门垄断的法制问题［J］．陕西师范大学学报（哲学社会科学版）．1998（S2）．
[354] 王艳君．浅谈我国的企业购并［J］．黑龙江金融．1998（05）．
[355] 王征李．浅议金融监管的基本原则［J］．武汉金融．1998（05）．
[356] 王志刚，赵亚平．专卖管理：我国治理酒类市场的有效途径［J］．中国商人．1998（08）．
[357] 王祖强．信息时代的文化产业建设与市场准入问题［J］．文化月刊．1998（06）．
[358] 韦新．企业并购与产业结构调整［J］．发展．1998（06）．
[359] 魏成龙．中国企业规模增长模式研究［J］．河南大学学报（社会科学版）．1998（04）．
[360] 魏莉华．美国土地用途管制制度及其借鉴［J］．中国土地科学．1998（03）．
[361] 魏立萍．缩小收入差距　促进经济增长的对策［J］．财政研究．1998（01）．
[362] 魏欣．我国企业并购应慎行［J］．金融信息参考．1998（09）．
[363] 文炳勋．论政府干预经济［J］．湖南财经高等专科学校学报．1998（03）．
[364] 文勇．有限行政：对市场经济中政府行为的限度分析［J］．学术界．1998（06）．
[365] 翁寒松．关于开放我国电信市场的若干思考［J］．中国软科学．1998（03）．
[366] 翁扬正，宗仁．浅析土地用途管制的内容与实现途径［J］．中国土地．1998（03）．
[367] 我国产业组织的概况［J］．经济研究参考．1998（Z2）．
[368] 乌家培．谈信息经济与知识经济［J］．情报资料工作．1998（04）．
[369] 吴汉洪．竞争需要控制［J］．中国改革．1998（11）．
[370] 吴江．我国居民收入差距的几种类型分析［J］．发展．1998（08）．
[371] 吴丕斌．重复建设危害多［J］．时事（时事报告中学生版）．1998（04）．
[372] 吴松林，朱敖荣．卫生保健市场为什么会失灵［J］．卫生软科学．1998（04）．
[373] 吴小丁．日本行政指导的经济分析［J］．社会科学战线．1998（01）．
[374] 伍柏麟，杨成长．转轨时期国有企业制度特征和经济行为分析［J］．上海经济研究．1998（03）．
[375] 武志．什么是特许经营［J］．经贸导刊．1998（05）．
[376] 习小林．“地方保护主义”问题探索两得［J］．地方政府管理．1998（S1）．
[377] 向文钧．略论我国体制转轨过程中的收入差距问题［J］．山东经济战略研究．1998（03）．
[378] 项扬，路薇，龚方方，等．上海市民对医疗保险制度改革的心理承受调查［J］．上海第二医科大学学报．1998（06）．
[379] 萧琛．从网络经济看东亚金融风暴——关于新型金融危机的思考［J］．世界经济与政治．1998（09）．
[380] 小丁．在并购狂潮中求生［J］．港澳经济．1998（02）．
[381] 晓江．必要的限制——企业兼并的反垄断法控制［J］．国际贸易．1998（04）．
[382] 肖妮．国企改制与国企监管［J］．国有资产管理．1998（03）．
[383] 肖怡．亚洲地区特许经营发展概况［J］．商场现代化．1998（02）．
[384] 谢显弟，周小林．经济增长方式转变与地方政府行为［J］．四川财政．1998（01）．

［385］邢方，李益民．也谈我国现阶段企业冗员产生的原因及其对策［J］．理论导刊．1998（05）．

［386］邢敏．企业并购：理论分析与现实对策［J］．经济体制改革．1998（02）．

［387］熊利民．当前我国企业并购的战略选择［J］．宏观经济管理．1998（07）．

［388］胥和平．中国产业组织结构变化的主要趋势［J］．经济管理．1998（10）．

［389］徐复．中国今后继续提高市场准入度的可行性研究［J］．南开经济研究．1998（04）．

［390］徐立军．企业并购中存在的几个问题［J］．集团经济研究．1998（01）．

［391］徐日辉．关于建立土地用途管制制度的探讨［J］．中国土地科学．1998（06）．

［392］徐晓冬．制度变迁与政府行为规范化［J］．世界经济文汇．1998（04）．

［393］徐学庆．必须加快我国反垄断立法的步伐［J］．理论探索．1998（05）．

［394］徐燕国，迟大明．对农机商品价格过度竞争的反思［J］．农机市场．1998（11）．

［395］徐杨．第五次购并浪潮对我国的启示［J］．经济纵横．1998（04）．

［396］许保利．一部研究企业兼并问题的力作——《企业兼并论》评介［J］．税务与经济．1998（03）．

［397］许敏，赵延民．铲除地方保护主义构筑市场经济发展的广阔空间［J］．北方经贸．1998（02）．

［398］许彦曦，彭补拙，李春华．土地用途管制与区域土地资源可持续利用研究［J］．土壤．1998（03）．

［399］薛弘．黑龙江森林工业规模经济存在问题浅析［J］．林业科技．1998（01）．

［400］刘辉．寻租与腐败［J］．新长征．1998（06）．

［401］闫之．垄断价格浅议［J］．价格与市场．1998（03）．

［402］严晓萍．医疗保险改革：难在何处？［J］．经济论坛．1998（18）．

［403］颜山．论银企寻租及治理［J］．青海社会科学．1998（02）．

［404］颜世勋．经济转轨中的地方政府行为与地区经济增长［J］．开放潮．1998（10）．

［405］燕兴．中国旅游业的购并与资本经营战略［J］．经济经纬．1998（04）．

［406］杨冰．企业兼并中地方政府行为的理论分析［J］．上海经济研究．1998（05）．

［407］杨代友，李佩毅．我国医疗保险制度改革的问题与对策［J］．发展．1998（07）．

［408］杨公科．论不合理重复建设的成因及治理的对策［J］．陕西师范大学学报（哲学社会科学版）．1998（S2）．

［409］杨辉苍．构筑水泥市场壁垒有悖于市场经济的发展［J］．中国建材．1998（08）．

［410］杨继绳．对重复建设要有分析［J］．中国企业家．1998（11）．

［411］杨江荔．完善我国企业购并的新设想［J］．经营管理者．1998（02）．

［412］杨萌．小议规模经济［J］．价格月刊．1998（04）．

［413］杨秋宝．政府宏观调控的依据——市场失效［J］．改革与理论．1998（08）．

［414］杨绍红．金融风险与金融监管［J］．今日浙江．1998（18）．

［415］杨文森．实现我国协同竞争市场结构的有效途径［J］．福建师大福清分校学报．1998（01）．

［416］杨咸卯．论经济转型中政府对企业的干预行为［J］．华夏星火．1998（05）．

［417］杨心宇，季诺．论市场化与政府职能［J］．学术月刊．1998（04）．

［418］叶巧玲．邮政改革难点之一：普遍服务［J］．邮电企业管理．1998（02）．

［419］叶生．横向购并——中国购并的主流［J］．经济问题．1998（S1）．

［420］叶世雄，葛寿昌，龚忆莼．深化医疗保险改革的几点思考［J］．中国社会保障．1998（03）．

[421] 叶一奇．健全保险监管体系 维护市场竞争秩序［J］．保险研究．1998（11）．

[422] 叶泽芳．浅论我国电价管制［J］．电力技术经济．1998（06）．

[423] 尹力．盲目重复建设要刹车［J］．企业活力．1998（12）．

[424] 尹援平．企业购并应慎行［J］．企业管理．1998（04）．

[425] 尹中余．企业购并：并非坦途［J］．经济论坛．1998（15）．

[426] 于国松．发展规模经济之研究［J］．经济理论与经济管理．1998（03）．

[427] 于静波．试论土地用途管制［J］．中国土地．1998（07）．

[428] 于奎．浅析国有企业冗员问题［J］．经济经纬．1998（01）．

[429] 俞宪忠．市场失灵与间接调控［J］．山东经济．1998（04）．

[430] 虞锡君．日本炼铝工业克服盲目重复建设的经验及启示［J］．有色金属工业．1998（01）．

[431] 虞政平．论国家对跨国企业合并的阻挠［J］．政法论坛（中国政法大学学报）．1998（02）．

[432] 袁管华．简论金融创新与金融监管［J］．金融与经济．1998（09）．

[433] 袁力．我国保险监管思路初探［J］．保险研究．1998（11）．

[434] 约瑟夫·E·斯蒂格利茨，吴先明．政府失灵与市场失灵：经济发展战略的两难选择［J］．社会科学战线．1998（02）．

[435] 曾国安，陶开宇．论垄断的不可避免性及其经济后果［J］．江汉论坛．1998（12）．

[436] 曾玉林．关于企业兼并问题的探索思考［J］．财经理论与实践．1998（02）．

[437] 张佰华，于正．市场份额的数量和质量的关系［J］．上海管理科学．1998（05）．

[438] 张崇康，王俊梅．国有企业战略改组中的政府行为［J］．中国行政管理．1998（06）．

[439] 张纯义．刍议地方保护主义［J］．上海标准化．1998（03）．

[440] 张凤超，卢剑鸿．经营性国有资产流失的“寻租”途径分析［J］．松辽学刊（社会科学版）．1998（04）．

[441] 张广文．对不同垄断类型商品价格应采取不同管理方式［J］．价格月刊．1998（02）．

[442] 张国发．中国航运市场管制的经济分析（上）［J］．管理现代化．1998（05）．

[443] 张国清，孙鸣放．试议我国证券监管体制的完善［J］．金融与经济．1998（04）．

[444] 张继东．不能忽视政府在医疗保险制度改革中的作用［J］．中国卫生经济．1998（11）．

[445] 张建民．中国专业服务贸易的市场准入［J］．中南财经大学学报．1998（04）．

[446] 张锦胜．收入差距中看垄断［J］．中国质量万里行．1998（05）．

[447] 张劲峰．论政府推动我国企业兼并的发展［J］．企业经济．1998（04）．

[448] 张昆仑．简论重复建设［J］．理论导刊．1998（03）．

[449] 张丽然．邮政业务市场与市场准入问题的研究［J］．中国邮政．1998（12）．

[450] 张明义．当前城市职工医疗保障制度改革中值得研究的几个问题［J］．中国卫生事业管理．1998（11）．

[451] 张绍学．企业兼并的管理学思考［J］．四川财政．1998（02）．

[452] 张舒．日本大企业合并对我国企业资产重组的启示［J］．马克思主义与现实．1998（04）．

[453] 张述存．市场经济条件下政府经济职能的科学界定［J］．山东经济战略研究．1998（06）．

[454] 张苏林．部门利益分割是发展非公有制经济的极大障碍——兼议新一轮机构改革的必要性［J］．西安金融．1998（06）．

[455] 张伟．从管制和放松管制看美国航空产业组织政策的演变［J］．综合运输．1998（10）．

[456] 张文礼．市场经济条件下的政府经济行为研究——政府失灵——政府经济行为的障碍[J]．开发研究．1998 (02).

[457] 张晓丽．对江苏工业集中度现状及提高方略的探讨 [J]．现代经济探讨．1998 (03).

[458] 张笑雪．铁路运价改革采取激励性政府管制方式的思路 [J]．铁道运输与经济．1998 (06).

[459] 张艳红．试论市场经济条件下政府经济职能限度的历史演变 [J]．理论学刊．1998 (03).

[460] 张耀辉，李乃文．论重复建设控制 [J]．技术经济．1998 (08).

[461] 张耀平，罗国雄．中国外贸运输业竞争结构浅析 [J]．物流技术与应用．1998 (03).

[462] 张颖，冯祈善，袁卫．论不同体制下的金融压制与金融管制 [J]．重庆大学学报（社会科学版）．1998 (04).

[463] 张颖．东南亚金融危机与我国金融监管 [J]．安徽大学学报（哲学社会科学版）．1998 (04).

[464] 张颖．浅析我国股票市场中的政府干预 [J]．计划与市场．1998 (09).

[465] 张玉茹．试论我国社会医疗保障体系的改革 [J]．现代财经（天津财经学院学报）．1998 (12).

[466] 张运书，王振猛．职工医疗保障制度改革的五个问题 [J]．经济论坛．1998 (15).

[467] 张正蝉．论烟草专卖体制的专卖专营 [J]．江西社会科学．1998 (10).

[468] 张志元．中国企业开展跨国并购的实践 [J]．经济研究参考．1998 (55).

[469] 张志中．降低市场准入成本，建立社会主义市场经济新秩序 [J]．中国工商管理研究．1998 (07).

[470] 张忠军．分业还是统一：金融监管体制的选择 [J]．教学与研究．1998 (11).

[471] 章月萍．试论价格垄断及其对策 [J]．福建商业高等专科学校学报．1998 (01).

[472] 赵滨．寻租现象浅议 [J]．理论导刊．1998 (04).

[473] 赵广耀．酒类专卖利大于弊 [J]．中国改革．1998 (06).

[474] 赵华荃．综合治理，防止重复建设 [J]．企业管理．1998 (11).

[475] 赵满华．山西省城乡居民收入差距研究 [J]．山西农经．1998 (05).

[476] 赵声，旭光．关于重复建设的几个问题 [J]．河北大学学报（哲学社会科学版）．1998 (04).

[477] 赵守日．美日等国的放松管制运动及其对深圳审批制度改革的启示 [J]．经济体制改革．1998 (05).

[478] 赵素卿．关于市场失灵与政府失效研究综述 [J]．中共山西省委党校学报．1998 (01).

[479] 赵万杰．在市场竞争中完善专卖体制 在强化专卖中发展市场经济 [J]．中国改革．1998 (10).

[480] 赵永行．论行政权力运行的控制 [J]．绵阳师范高等专科学校学报．1998 (04).

[481] 赵永行．论行政权力运行与行政道德规范 [J]．理论与改革．1998 (06).

[482] 赵玉山．关于我国反垄断立法的几点思考 [J]．政法论丛．1998 (06).

[483] 郝汉明，丁红玲，王秀梅．正确区分垄断结构和垄断行为 [J]．统计与咨询．1998 (05).

[484] 郑发．精雕细琢“经济宪法”——我国反垄断立法构想及问题探讨 [J]．国际贸易．1998 (04).

[485] 郑功成．论我国城镇医疗保障制度改革的若干政策问题 [J]．医学与社会．1998 (06).

[486] 郑海航．我国企业兼并的理论和经验 [J]．企业活力．1998 (01).

[487] 郑江平．浅谈国有企业的冗员问题 [J]．江西社会科学．1998 (05).

[488] 郑力．浅论我国股市中的政府行为 [J]．世界经济文汇．1998 (01).

[489] 郑琪玉. 简论金融监管 [J]. 武汉金融. 1998 (09).
[490] 郑新业. 混合兼并动机论 [J]. 财贸研究. 1998 (03).
[491] 郑秀峰. 国有企业并购障碍及对策分析 [J]. 河南社会科学. 1998 (04).
[492] 陈秀山. 政府干预要适度 [J]. 领导决策信息. 1998 (15).
[493] 董辅礽. 政府行为也要反垄断 [J]. 领导决策信息. 1998 (22).
[494] 张曙光. 政府职能的关键　打破部门垄断 [J]. 领导决策信息. 1998 (01).
[495] 何清涟. 中国当代的寻租活动 [J]. 北京观察. 1998 (05).
[496] 中国工商银行课题组. 关于解决重复建设问题的调查报告 [J]. 求是. 1998 (03).
[497] 钟建英. 规模经济探析 [J]. 陕西师范大学学报（哲学社会科学版）. 1998 (S2).
[498] 钟晓浜. 浅议不发达地区医疗制度的改革 [J]. 价格与市场. 1998 (03).
[499] 仲伟周. 寻求垄断特权的寻租理论综述 [J]. 当代经济科学. 1998 (06).
[500] 周宝妹，庄雪慧. 关于制定反垄断法的几点思考 [J]. 人民司法. 1998 (08).
[501] 周才裕. 论我国的重复建设 [J]. 宏观经济研究. 1998 (04).
[502] 周才裕. 重复建设　出现有因　避免有路 [J]. 中国经贸导刊. 1998 (10).
[503] 周才裕. 重复建设责任在谁 [J]. 经济工作导刊. 1998 (06).
[504] 周富祥，石康. 竞争性行业市场化与政府退出问题 [J]. 宏观经济管理. 1998 (02).
[505] 周洪武. 关于企业并购交易的思考 [J]. 经营管理者. 1998 (01).
[506] 周厚健. 重视企业并购 强化资本经营 实现集团的低成本扩张 [J]. 山东经济战略研究. 1998 (02).
[507] 周绿林. 论卫生事业发展与政府的职责 [J]. 卫生经济研究. 1998 (05).
[508] 周永波. 大病统筹　小病分流——我国医改模式的现实选择 [J]. 中国社会保障. 1998 (06).
[509] 朱成章. 美英对电力管制的异同 [J]. 电力技术经济. 1998 (04).
[510] 朱定均. 刍议食品卫生监督管理中值得注意的问题 [J]. 中国公共卫生管理. 1998 (04).
[511] 朱广新. 土地用途管制制度与土地发展权之比较 [J]. 中外房地产导报. 1998 (22).
[512] 朱国泓. 企业购并中的政府行为 [J].（财苑）. 湖南财经高等专科学校学报. 1998 (01).
[513] 朱进. 地方保护主义中的政府行为分析 [J]. 长江论坛. 1998 (03).
[514] 朱培元. 浅谈农村食品卫生监督管理 [J]. 中国公共卫生管理. 1998 (04).
[515] 朱雅文. 反垄断经济学 [J]. 国外社会科学文摘. 1998 (08).
[516] 庄启东，李建立，韩孟. 如何看待目前我国出现的收入差距问题 [J]. 内部文稿. 1998 (06).
[517] 宗仁. 论规划修编后的土地用途管制 [J]. 中国土地科学. 1998 (04).
[518] 邹欣. 国外对外资金融机构的监管与借鉴 [J]. 山东财政学院学报. 1998 (03).
[519] 邹永军. 我国的房价管制与房改 [J]. 城市开发. 1998 (06).
[520] 左令. 就价格管制析立法原则 [J]. 中外房地产导报. 1998 (01).

1997 年

[1] Mark Dowic. 并购是公司发展战略之一 [J]. 资本市场. 1997 (Z1).
[2] 巴劲松. 试论美国银行业的合并新浪潮 [J]. 外国经济与管理. 1997 (11).

[3] 包纯田．企业实施兼并的思路与具体操作办法 [J]．浙江经济．1997 (12)．

[4] 包锡姝．现代竞争法产生的条件及原因 [J]．济南大学学报（社会科学版）．1997 (04)．

[5] 包锡盛．推动异地并购加快企业集团发展 [J]．企业管理．1997 (11)．

[6] 包浙英．乡镇企业不正当竞争行为分析 [J]．资料通讯．1997 (12)．

[7] 编辑部．关于铁路运输面向市场的讨论 [J]．中国铁路．1997 (10)．

[8] 毕静．转换经济增长方式需要反行政性垄断 [J]．价格月刊．1997 (01)．

[9] 毕世杰．经济结构是经济增长的内生变量 [J]．吉林大学社会科学学报．1997 (06)．

[10] 毕肖辉．产业组织与政府兼并政策取向 [J]．理论与改革．1997 (05)．

[11] 卜海．世界性企业兼并对我国企业改革和发展的启迪 [J]．世界经济与政治论坛．1997 (06)．

[12] 卜宇．社会转型中反腐败对策的社会学思考 [J]．南京社会科学．1997 (09)．

[13] 蔡丽华，姚焕金．市场经济与政府干预 [J]．牡丹江师范学院学报（哲学社会科学版）．1997 (02)．

[14] 蔡平．对国有大中型企业重复投资问题的探讨 [J]．现代经济探讨．1997 (06)．

[15] 曹东，谭鲜明．垄断性行业的公司结盟及其稳定性 [J]．中南民族学院学报（自然科学版）．1997 (02)．

[16] 曹海晶，张晓梅．行政垄断赔偿责任初探 [J]．华中师范大学学报（哲学社会科学版）．1997 (05)．

[17] 曹建强，吴超．对企业兼并情况的思考 [J]．河北金融．1997 (03)．

[18] 曹艳，朱生球．浅议企业兼并估价方法的选择 [J]．现代企业．1997 (06)．

[19] 草雨田．我国行业的过度竞争问题 [J]．企业文化．1997 (05)．

[20] 柴振国．关于企业兼并立法的若干问题 [J]．社会科学研究．1997 (01)．

[21] 柴振国．关于企业兼并立法的探讨 [J]．中国工商管理研究．1997 (01)．

[22] 陈爱蓓，王勤俭．论上市公司的收购与兼并 [J]．学海．1997 (03)．

[23] 陈爱蓓．建立我国反垄断法律制度的几点思考 [J]．中央政法管理干部学院学报．1997 (05)．

[24] 陈宝领．浅谈美日市场的特点和我们的策略 [J]．天津师大学报（社会科学版）．1997 (03)．

[25] 陈宝森．谈谈西方跨国公司的两重性 [J]．世界知识．1997 (23)．

[26] 陈芳．试论垄断与限制竞争行为：两种不同的法律现象——兼论目前我国竞争立法的任务 [J]．法学评论．1997 (05)．

[27] 陈涵．浅谈我国企业兼并的制约因素和发展趋势 [J]．现代经济探讨．1997 (11)．

[28] 陈红军．如何进行企业并购 [J]．中外管理．1997 (09)．

[29] 陈华杰．论经济繁荣时期的企业兼并 [J]．复旦学报（社会科学版）．1997 (06)．

[30] 陈基添．我国企业兼并市场化运作的障碍及对策 [J]．福建理论学习．1997 (09)．

[31] 陈锦华．关于市场经济条件下政府的作用 [J]．宏观经济研究．1997 (02)．

[32] 陈蕾．资产重组的模式和案例分析 [J]．经济与管理研究．1997 (06)．

[33] 陈明添．浅析我国反不正当竞争行为 [J]．福建法学．1997 (01)．

[34] 陈乃怀，汪威毅．工商行政管理职能在企业兼并破产中的作用 [J]．政策与管理．1997 (10)．

[35] 陈乃怀，汪威毅．企业兼并破产中的工商行政管理职能到位 [J]．中国工商管理研究．1997 (10)．

[36] 陈妮亚．对两个被兼并破产企业的调查分析 [J]．创造．1997 (06)．

[37] 陈泉生．我国政府在市场经济中的角色［J］．人民检察．1997（05）．

[38] 陈尚前．规模经济：市场选择的结果抑或有效竞争的起点［J］．经济学家．1997（06）．

[39] 陈澍，李卓进．公共产品垄断的弊端及管理对策［J］．湖湘论坛．1997（05）．

[40] 陈文，胡善联，程晓明．发达国家药品价格管制政策的比较研究［J］．中国卫生经济．1997（10）．

[41] 陈文婷，焦方义，宋晓英．论市场机制与政府调控［J］．中国林业企业．1997（01）．

[42] 陈小苹．浅议企业兼并［J］．广西商业高等专科学校学报．1997（04）．

[43] 陈孝兵．市场失效下的政府行为［J］．财经科学．1997（03）．

[44] 陈欣荣．企业兼并浪潮中跨国公司的选择［J］．中国农业银行武汉管理干部学院学报．1997（05）．

[45] 陈旭东．企业兼并行为的动机和估价方法分析［J］．决策借鉴．1997（01）．

[46] 陈旭东．世界企业兼并潮引发的思考［J］．化工技术经济．1997（06）．

[47] 陈雅穗．试论规模经济中的连锁经营［J］．商业经济文荟．1997（02）．

[48] 陈跃雪．对企业控股兼并收购的调查分析与思考［J］．河南金融管理干部学院学报．1997（03）．

[49] 陈跃雪．美国企业购并的正效应与我国购并负效应的矫正［J］．河南师范大学学报（哲学社会科学版）．1997（05）．

[50] 陈云卿．公司的兼并与收购：述评［J］．管理科学文摘．1997（05）．

[51] 陈云生．政府职能的转变与政府行为的调整［J］．政治与法律．1997（04）．

[52] 陈忠卫．市场失灵与政府调控行为［J］．河北经贸大学学报．1997（01）．

[53] 陈竹梅．规模经济发展中应注意的问题［J］．辽宁经济．1997（04）．

[54] 陈子凡．美国并购浪潮对我国企业改革的启示［J］．投资北京．1997（12）．

[55] 程光明，唐五湘，陈一青．多品种生产企业规模经济问题研究［J］．技术经济．1997（11）．

[56] 程雪．企业并购透视［J］．市场经济导报．1997（10）．

[57] 丛树海．公共福利配置效应和均衡分析［J］．当代财经．1997（12）．

[58] 崔丽梅，李永福，许晓东．新一轮跨国企业兼并浪潮的启示［J］．辽宁经济．1997（04）．

[59] 崔卓兰，孙红梅．论市场经济下政府的角色与行为［J］．法制与社会发展．1997（01）．

[60] 戴武堂．香港国际竞争力的强化与经济政策［J］．中南财经大学学报．1997（04）．

[61] 党绥梅．对国有企业兼并问题的思考［J］．理论导刊．1997（04）．

[62] 邓保同，肖艳，白春花．行政性垄断：我国市场经济条件下必须解决的一个问题［J］．学习论坛．1997（05）．

[63] 邓力平，周岚．提高中小企业国际竞争力的探讨［J］．国际经济合作．1997（10）．

[64] 邓启惠．对寡占条件下企业规模经济的探析［J］．经济评论．1997（01）．

[65] 邓启惠．垄断概念界定及其法律界限［J］．中国工商管理研究．1997（03）．

[66] 邓启惠．垄断三题［J］．中州学刊．1997（05）．

[67] 邓启惠．论中国自然垄断产业的经济特性及其改革［J］．山东社会科学．1997（01）．

[68] 邓启惠．我国市场经济中的垄断及其综合治理［J］．黑龙江社会科学．1997（01）．

[69] 邓启惠．中国自然垄断产业及其改革思路探析［J］．求索．1997（03）．

[70] 邓杨丰．寻租理论与反腐败的思考［J］．广西师范大学学报（自然科学版）．1997（S1）．

[71] 邓毅．关于私营企业介入地方公共物品供给的研究［J］．财经研究．1997（12）．

[72] 丁品余．市场经济不容地方保护主义［J］．瞭望．1997（16）．

[73] 董崇利．论名牌的垄断优势 [J]．商业经济文荟．1997 (03)．
[74] 董锡健．从容对策　抗衡垄断 [J]．上海企业．1997 (04)．
[75] 杜宝贵．我国企业兼并难点分析 [J]．经济师．1997 (05)．
[76] 杜德富．对发展企业集团若干问题的思考 [J]．中国经贸导刊．1997 (11)．
[77] 樊学林．论经济特区企业兼并与经济增长 [J]．特区经济．1997 (08)．
[78] 范恒森．企业资本迅速扩张中的并购策略 [J]．上海经济研究．1997 (12)．
[79] 范化理．地方政府行为与企业集团的构建 [J]．经济与管理研究．1997 (05)．
[80] 范景来．浅谈政府违价行为 [J]．价格月刊．1997 (07)．
[81] 范连山．并购基金：物资流通业资产重组的探索 [J]．中国物资流通．1997 (07)．
[82] 范正斌．美国企业重组战略与策略的搭配 [J]．石油企业管理．1997 (01)．
[83] 方承武．企业集团经营与规模经济分析 [J]．财金贸易．1997 (03)．
[84] 方芳，张冬梅．实施名牌战略的几个问题 [J]．工业技术经济．1997 (02)．
[85] 方福前．当代西方公共选择理论及其三个学派 [J]．教学与研究．1997 (10)．
[86] 方江州．公司的跨国收购与兼并 [J]．经济师．1997 (12)．
[87] 方杰．国有企业破产兼并的法律思考 [J]．政法论坛．1997 (03)．
[88] 冯景雯．企业兼并及其市场组织 [J]．经济问题探索．1997 (11)．
[89] 冯俊扬．美国电脑行业大兼并 [J]．中国经贸．1997 (07)．
[90] 冯柔．企业兼并应成为资产重组的主角 [J]．扬州职业大学学报．1997 (02)．
[91] 冯苏宝．企业并购的功用——兼论对上市公司的制约 [J]．特区经济．1997 (01)．
[92] 夫正．世界进入垄断与反垄断的争夺时代 [J]．中外管理．1997 (09)．
[93] 福斯，谢青．论竞争政策的作用 [J]．国外社会科学文摘．1997 (05)．
[94] 傅京燕．外资并购国有企业的法律思考 [J]．企业经济．1997 (05)．
[95] 甘龙华，陈杰奕．对我国企业并购的若干思考 [J]．经济纵横．1997 (12)．
[96] 高明侠．美国反托拉斯法及其启示 [J]．云南大学学报（法学版）．1997 (04)．
[97] 高启．Gleason 兼并企业加速发展 [J]．世界制造技术与装备市场．1997 (02)．
[98] 高拴平．我国产业过度竞争的类型及其治理 [J]．财经研究．1997 (10)．
[99] 高勇，李明．差别价格及其确定方法 [J]．山东工程学院学报．1997 (04)．
[100] 葛兆强．“国家垄断信用”制度向“国家调控信用”制度变革论——兼论资本市场融资规模扩张与信贷资金平衡的非相关性 [J]．浙江金融．1997 (01)．
[101] 葛兆强．国家垄断信用制度的绩效评价与变革思路 [J]．中央财经大学学报．1997 (03)．
[102] 耕耘．企业兼并破产减员增效计划出台 [J]．中国石油和化工．1997 (05)．
[103] 耕耘．中国人民银行强调要规范兼并破产 [J]．中国石油和化工．1997 (04)．
[104] 弓劲梅．论我国金融增长方式的转变 [J]．金融经济．1997 (04)．
[105] 龚敏．合资啤酒挤占市场引出的思考 [J]．商业研究．1997 (09)．
[106] 苟文均．国际银行业的竞争与中国银行业的全球市场战略 [J]．世界经济．1997 (06)．
[107] 古保金．要注意把握企业兼并的“度” [J]．新乡师范高等专科学校学报．1997 (04)．
[108] 谷水．企业并购 [J]．实践．1997 (08)．
[109] 顾江．乡镇企业兼并的动力与方式 [J]．中国乡镇企业．1997 (06)．
[110] 顾永熙，吴尚鹰，嵇金宝．企业并购的内在动因分析 [J]．上海企业．1997 (12)．
[111] 关晓光．企业成功兼并的五大原则 [J]．技术经济．1997 (10)．
[112] 郭富青．论我国企业兼并的规范化与法制化 [J]．西北政法学院学报．1997 (04)．
[113] 郭戈平．连锁经营现状与发展态势 [J]．商场现代化．1997 (10)．

[114] 郭建平．掌握运用金融法规正确处理企业兼并及破产问题［J］．金融与经济．1997（02）．

[115] 郭剑平，郑朝霞，郭伟．论企业破产及兼并［J］．物流技术．1997（02）．

[116] 郭起耕．利用价格杠杆推动邮电公用事业发展［J］．中国物价．1997（06）．

[117] 郭卫文．企业兼并法律制度中存在的问题［J］．科学决策．1997（05）．

[118] 郭永昊．关于国有企业兼并的几个问题［J］．浙江经济高等专科学校学报．1997（01）．

[119] 国外银行界的购并行为分析［J］．城市金融论坛．1997（12）．

[120] 韩可卫，杨波．借鉴美国企业并购经验 促进我国企业并购发展［J］．经济导刊．1997（06）．

[121] 韩可卫，杨波．美国企业并购的发展历程、特点及启示［J］．决策借鉴．1997（06）．

[122] 韩可卫，杨波．美国企业并购的五次浪潮［J］．企业改革与管理．1997（08）．

[123] 韩可卫，杨波．美国企业兼并收购的发展历程与特点［J］．外向经济．1997（09）．

[124] 何惠．企业并购与规模经济［J］．经济经纬．1997（05）．

[125] 何渐鸣，赵振玉．现代企业制度建立与国有企业破产问题的研究［J］．国外建材科技．1997（01）．

[126] 洪银兴．地方政府行为和中国市场经济的发展［J］．经济学家．1997（01）．

[127] 侯兴钊．并购与我国投资银行业的发展［J］．上海金融学院学报．1997（04）．

[128] 侯致远，邹宏．对规范我国保险市场竞争的思考［J］．上海保险．1997（08）．

[129] 侯正涛．反不正当竞争法若干问题探讨［J］．贵州大学学报（社会科学版）．1997（04）．

[130] 胡国良．从美国的企业兼并看我国企业的资产重组［J］．现代经济探讨．1997（12）．

[131] 胡海峰．投资银行在企业兼并收购中的作用［J］．经济导刊．1997（01）．

[132] 胡继会．美国军工企业兼并又添新景［J］．世界知识．1997（16）．

[133] 胡坚．略论企业兼并［J］．金融科学．1997（01）．

[134] 胡松华．现代西方跨国公司理论的发展［J］．国际经贸探索．1997（06）．

[135] 胡嵩．决定企业经济规模及规模经济的产品内在因素的分析［J］．技术经济．1997（08）．

[136] 胡通吾．我国金融垄断现象分析［J］．金融科学．1997（01）．

[137] 胡雄飞．国家托拉斯如何过渡到企业集团［J］．石油企业管理．1997（08）．

[138] 胡燕．电信市场呼唤公平竞争［J］．中国改革．1997（06）．

[139] 怀铁铮．积极推进跨地区跨行业联合兼并［J］．中国机电工业．1997（06）．

[140] 黄百重．纵观世界企业兼并风潮［J］．中国纺织．1997（07）．

[141] 黄彩霞．关于反垄断立法的若干思考［J］．中州学刊．1997（05）．

[142] 黄登仕，湛垦华，汪应洛．双头垄断模型的统计周期性［J］．数量经济技术经济研究．1997（03）．

[143] 黄东梅．论企业重组与规模经济［J］．经济纵横．1997（06）．

[144] 黄积虹．析我国《反不正当竞争法》的性质［J］．云南大学学报（法学版）．1997（01）．

[145] 黄继农．坚持与发展劳动价值论——《垄断价格机理研究》评析［J］．经济学家．1997（03）．

[146] 黄建成，王从伟．企业并购后的管理组织整合［J］．华东经济管理．1997（01）．

[147] 黄进才．论竞争法之健全［J］．行政与法．1997（04）．

[148] 黄力，吕文宁．论企业组织制度的变革与创新［J］．现代管理科学．1997（06）．

[149] 黄松玲．西方竞争垄断理论评析 [J]. 天津师大学报（社会科学版). 1997 (02).
[150] 黄泰岩．论市场与政府的组合关系 [J]. 教学与研究．1997 (07).
[151] 黄希惠．“市场失败”与政府干预 [J]. 青海社会科学．1997 (06).
[152] 黄显芬．浅析中国不会产生剥削阶级的垄断经济 [J]. 惠州大学学报．1997 (01).
[153] 季秀平．论企业兼并中的政府行为 [J]. 宁夏社会科学．1997 (02).
[154] 贾维萍．规范市场秩序中的价格行为 [J]. 山西财税．1997 (12).
[155] 江西财经大学国际经贸系．不完全竞争市场中的国际贸易及其政策 [J]. 当代财经．1997 (12).
[156] 姜雅静．我国经济垄断成因分析及规制对策 [J]. 黑龙江财专学报．1997 (03).
[157] 姜钰．九十年代美国银行业兼并的特点及其原因分析 [J]. 黑河学刊．1997 (02).
[158] 蒋明新．企业兼并应规避风险 [J]. 财经科学．1997 (01).
[159] 蒋先立．关于我国反垄断法律制度的研究（上）[J]. 三明高等专科学校学报．1997 (01).
[160] 焦克源，田洪昌．依法宏观调控的法和经济学思考 [J]. 兰州大学学报（社会科学版). 1997 (04).
[161] 金宝相．对英国医疗服务准市场发展的思考 [J]. 国外医学．卫生经济分册．1997 (03).
[162] 金皓．产险市场价格竞争的成因 [J]. 金融信息参考．1997 (05).
[163] 金磊夫．美国政府是如何支持大企业的 [J]. 冶金管理．1997 (07).
[164] 金太军．“政府失灵”与政府经济职能的双向重塑 [J]. 中国改革．1997 (05).
[165] 荆海英，杨兆宇．对垄断的额外净损失的分析与预测 [J]. 预测．1997 (03).
[166] 景小龙．我国反垄断的策略选择 [J]. 文明与宣传．1997 (04).
[167] 匡素勋，丁永波．论政府投资的职能转换 [J]. 税务与经济．1997 (05).
[168] 匡素勋．企业兼并 ABC [J]. 吉林财税．1997 (11).
[169] 赖德胜．地区收入差距扩大的人力资本成因 [J]. 经济研究参考．1997 (37).
[170] 赖景生，朱淑芳．工农业结构演变与政府经济行为 [J]. 西南农业大学学报．1997 (04).
[171] 乐寿长，谢佑卿．防止行业垄断，加速科技进步 [J]. 群言．1997 (08).
[172] 李北陵．煤炭行业过度竞争问题 [J]. 煤炭企业管理．1997 (12).
[173] 李毕万．试论企业兼并破产 [J]. 商业时代．1997 (10).
[174] 李秉祥．实施大型化战略 推进多元化经营 [J]. 财经问题研究．1997 (01).
[175] 李匆．不可忽视兼并中的问题 [J]. 上海综合经济．1997 (06).
[176] 李大伦．着力做好企业兼并这篇文章 [J]. 人民论坛．1997 (01).
[177] 李海舰．外资进入与国家经济安全 [J]. 中国工业经济．1997 (08).
[178] 李含琳，张雄，林柯．关于端正当前我国垄断和反垄断研究思路的几个问题 [J]. 兰州学刊．1997 (01).
[179] 李红霓，蔡健．解决国有大中型企业债权债务的对策与措施 [J]. 软科学．1997 (03).
[180] 李金龙，孟春．试论《反不正当竞争法》的完善 [J]. 法学论坛．1997 (05).
[181] 李明．规模经济与非规模经济动机下的企业横向兼并分析 [J]. 中南财经大学学报．1997 (02).
[182] 李琴．看当前外资并购国有企业的热潮 [J]. 探索与争鸣．1997 (06).
[183] 李晟．企业兼并收购中的付款方式 [J]. 中央财经大学学报．1997 (12).
[184] 李士谦，袁亨川．试论地方保护主义产生的根源及遏制对策 [J]. 科学社会主义．1997 (04).

[185] 李世俊，刘英贤．谈谈国有资产优化组合问题［J］．企业活力．1997（10）．
[186] 李肃．美国五次兼并浪潮对我国企业重组有什么启示［J］．沪港经济．1997（06）．
[187] 李荧．垄断性经营的几个问题［J］．汉中师范学院学报．1997（04）．
[188] 李文薄．危困国有企业，破产还是兼并？［J］．中国工业经济．1997（08）．
[189] 李文珍．现阶段国有企业破产与兼并的优劣比较［J］．经济纵横．1997（10）．
[190] 李武好．基础产业发展中的政府干预和投资融资［J］．经济问题探索．1997（02）．
[191] 李先国，陈洁．论名牌战略中的政府行为［J］．中外企业家．1997（09）．
[192] 李颖，张成勇．土地资源配置中的“寻租”现象解析［J］．南方经济．1997（02）．
[193] 李玉东．地方政府投资行为探析［J］．唯实．1997（02）．
[194] 李玉萍，冀祥．论企业兼并及相关财务问题［J］．新西部．1997（03）．
[195] 李郁．论国有企业冗员的界定［J］．鄂州大学学报．1997（03）．
[196] 李愈茂．切实加强对垄断行业的价格管理［J］．经济论坛．1997（10）．
[197] 李兆熙．政府在市场经济中的作用［J］．中国行政管理．1997（11）．
[198] 李智平．市场竞争忌无序［J］．中国质量万里行．1997（11）．
[199] 梁冰．浅谈企业兼并［J］．浙江财税与会计．1997（09）．
[200] 梁军．对地租的再认识［J］．四川师范大学学报（自然科学版）．1997（04）．
[201] 梁秀伶．跨国经营基本战略［J］．国际市场．1997（12）．
[202] 梁栩凌．从国外兼并风潮看我国企业兼并［J］．山东经济战略研究．1997（07）．
[203] 林晖，王千华．国际航运经济中的反垄断立法及反垄断豁免［J］．水运管理．1997（12）．
[204] 林加群，李海峰．试论我国商业银行的垄断竞争［J］．浙江金融．1997（07）．
[205] 林康．资本集中的国际并购风潮及我们的理论与对策［J］．中共中央党校学报．1997（03）．
[206] 林巍然．规模效应与竞争优势——对国际银行业兼并的思考［J］．外向经济．1997（09）．
[207] 刘飞雄．企业兼并的再认识［J］．湖北汽车工业学院学报．1997（03）．
[208] 刘格非，徐丁．企业兼并破产与保全信贷资产［J］．中国国情国力．1997（07）．
[209] 刘光华．美国经济法的域外适用及其对我国立法的启示［J］．兰州大学学报（社会科学版）．1997（04）．
[210] 刘桂斌．全球性公司兼并、联合的规律、特点及我国企业的对策［J］．湖南经济．1997（06）．
[211] 刘桂斌．全球性公司兼并联合与我国国有企业资产重组［J］．湘潭大学社会科学学报．1997（04）．
[212] 刘建．企业兼并之我见［J］．财经科学．1997（04）．
[213] 刘可新，王浣尘，熊性平．企业并购战略分析［J］．上海综合经济．1997（06）．
[214] 刘可新，杨伟民，宣国良．制定企业并购战略的 Petri 网模型［J］．上海交通大学学报．1997（04）．
[215] 刘力智．企业兼并工作的一般程序［J］．中国石化．1997（12）．
[216] 刘芹英．全球企业兼并新浪潮的特点及对我国的启示［J］．决策探索．1997（07）．
[217] 刘青文．试论我国的反垄断立法［J］．南京社会科学．1997（09）．
[218] 刘清芳．积极推动优势企业的强强联合［J］．经济论坛．1997（24）．
[219] 刘曙光．美国企业的并购及出现的问题［J］．石油企业管理．1997（03）．
[220] 刘逖．汇丰银行的兼并战略［J］．南方金融．1997（09）．

［221］刘天成．对外资企业能否垄断中国市场的思考［J］．国际商务（对外经济贸易大学学报）．1997（05）．

［222］刘文通．论国际兼并收购活动［J］．经济界．1997（05）．

［223］刘宪平，卢艾社，王文庆．对国有企业兼并破产过程中保全信贷资产的思考［J］．中国城市金融．1997（10）．

［224］刘孝广，徐仁标．城市公用事业价格现状和改革思路［J］．中国物价．1997（09）．

［225］刘渝琳．企业兼并的决策分析［J］．重庆工学院学报．1997（03）．

［226］刘玉美，刘朝木，刘朝彬．企业兼并破产的信贷管理［J］．中国农村信用合作．1997（08）．

［227］刘跃斌．西欧各国市场监管体制比较及对我国的借鉴意义［J］．中国工商管理研究．1997（06）．

［228］刘云龙．美日银行业大规模兼并的动因及启示［J］．中国农业银行武汉管理干部学院学报．1997（06）．

［229］刘振英．从西方企业的兼并看我国国有企业的跨行业经营［J］．理论前沿．1997（24）．

［230］刘志彪．论抑制盲目重复建设和调整产业结构［J］．生产力研究．1997（01）．

［231］刘志彪．市场竞争优势：以质量为基础的产品差别化［J］．南京经济学院学报．1997（01）．

［232］刘志迎．寻租行为与反腐对策［J］．合肥工业大学学报（社会科学版）．1997（03）．

［233］卢东斌．推进企业兼并加快国有企业改革步伐［J］．经济理论与经济管理．1997（06）．

［234］卢生康．完善国有企业兼并行为初探［J］．兰州工业高等专科学校学报．1997（02）．

［235］卢世琛，张永建．对武汉市企业兼并的调查与思考［J］．中国工业经济．1997（12）．

［236］鲁舟．国有企业并购重组理论与实践研讨会观点综述［J］．中国工业经济．1997（08）．

［237］陆三育，李冰霜．关于反垄断法与产业组织理论的思考［J］．西安交通大学学报（社会科学版）．1997（02）．

［238］吕光明．当前国际企业兼并浪潮的特点与影响［J］．经济纵横．1997（06）．

［239］吕晖．群雄逐鹿的中国电信市场［J］．今日中国（中文版）．1997（03）．

［240］吕江林．一种解决国有银行不良债权问题的新思路［J］．当代财经．1997（12）．

［241］吕明瑜，耿俊德．关于企业合并管制的法律思考［J］．企业活力．1997（10）．

［242］吕明瑜．联合限制竞争行为及法律规制［J］．河南师范大学学报（哲学社会科学版）．1997（04）．

［243］吕明瑜．欧洲共同体竞争法的研究与借鉴［J］．郑州大学学报（哲学社会科学版）．1997（03）．

［244］吕志岩．兼并：解决国有企业亏损的有效途径［J］．浙江金融．1997（09）．

［245］罗伯特·费恩伯格，范智，高建良．贸易自由化和竞争政策对国内定价的影响［J］．国外财经．1997（04）．

［246］罗顺进，王琴．关于企业集团规模战略的思考［J］．乡镇经济．1997（02）．

［247］罗望，黄全祥，荣鸿琪．强弱结合 优势互补——关于国有企业兼并重组的调查报告［J］．西南金融．1997（10）．

［248］麻新平．外商并购国有企业的法律对策［J］．经济论坛．1997（19）．

［249］马达．方兴未艾的全球企业兼并潮［J］．经济导刊．1997（06）．

［250］马达．新一轮全球企业兼并潮及对我国的启示［J］．集团经济研究．1997（08）．

［251］马洪桥．论垄断结构促进资源优化配置［J］．攀登．1997（06）．

［252］马军．论西方企业兼并及对我国的借鉴［J］．内蒙古工业大学学报（社会科学版）．

1997（01）.

[253] 马司杰．现阶段我国垄断价格的特点及其治理［J］．中国物价．1997（06）.

[254] 马司杰．治理垄断价格问题之我见［J］．经济体制改革．1997（03）.

[255] 马永．竞争与我国产业组织的创新［J］．中国人民大学学报．1997（06）.

[256] 马子麟．在监督反垄断法执行情况方面开展反垄断管理工作的形式和方法［J］．管理科学文摘．1997（11）.

[257] 美国并购市场及其启示［J］．市场观察．1997（07）.

[258] 美国企业并购的法律环境［J］．经济研究参考．1997（51）.

[259] 美国企业并购典型案例分析［J］．经济研究参考．1997（51）.

[260] 美国企业并购现状分析与启示［J］．经济研究参考．1997（51）.

[261] 美国中介机构在企业并购中的作用［J］．经济研究参考．1997（51）.

[262] 美国资本市场在企业并购中的作用［J］．经济研究参考．1997（51）.

[263] 孟慧．传统跨国并购的问题及对策——兼论“共担风险的产权重组”新方式［J］．经济论坛．1997（09）.

[264] 孟宗元．论全球性银行并购［J］．金融教学与研究．1997（05）.

[265] 米加宁．论超巨型规模经济［J］．世界经济．1997（04）.

[266] 闵树琴．战略性贸易理论及其对我国的启示［J］．江汉论坛．1997（05）.

[267] 莫柏预．推进企业兼并的意义及应注意的问题［J］．广西商业经济．1997（03）.

[268] 倪文岚．规模经济与竞争［J］．中央财经大学学报．1997（06）.

[269] 倪星，何晟．公共选择理论的政治学含义［J］．探索．1997（04）.

[270] 倪星．论寻租腐败［J］．政治学研究．1997（04）.

[271] 宁艳岩，毛立新．从反垄断法看经济法基本理论问题［J］．黑龙江财专学报．1997（02）.

[272] 牛志强，李颖萍，吴玉华．当前企业兼并破产中存在的不规现象［J］．金融教学与研究．1997（06）.

[273] 彭星间，赵曼．卓有成效的锐意探索——读刘涤源、陈恕祥、徐长生的《垄断价格机理研究》［J］．中南财经大学学报．1997（03）.

[274] 彭涌．经济秩序与政府经济行为分析［J］．经济论坛．1997（01）.

[275] 戚事东，张天文．我国国有企业战略性改组的目标刍议［J］．中国工业经济．1997（06）.

[276] 戚聿东，张天文．我国国有企业战略性改组的目标初探［J］．学习与探索．1997（05）.

[277] 漆多俊．中国反垄断立法问题研究［J］．法学评论．1997（04）.

[278] 齐虹丽．日本产业政策的概念及政府与市场的关系［J］．经济科学．1997（01）.

[279] 企业兼并与破产问题研究课题组．对我国企业并购产生与发展的考察［J］．中国工业经济．1997（09）.

[280] 钱家骏．美英对公用事业的管制［J］．国际技术经济研究．1997（04）.

[281] 乔健康．我国市场竞争法的最佳立法模式［J］．法学杂志．1997（02）.

[282] 秦海，张显吉．我国经济结构变迁中的过度竞争与行业管制［J］．战略与管理．1997（04）.

[283] 秦秀平，朱伟．外商直接投资并购国有企业：问题与对策［J］．贵州财经学院学报．1997（03）.

[284] 邱鹭风．论外商并购行为的法律规制［J］．现代法学．1997（06）.

[285] 邱鹭风．我国电视广告业反垄断问题的探讨［J］．中国工商管理研究．1997（06）.

[286] 秋实．企业兼并新政策 [J]. 中国橡胶．1997 (08).
[287] 饶国平．国有企业兼并破产与相关金融政策 [J]. 新疆金融．1997 (11).
[288] 任春田．支持国有企业改革的金融思考 [J]. 经济改革．1997 (04).
[289] 任晓．现代市场经济中的市场监管模式 [J]. 河北经贸大学学报．1997 (03).
[290] 茹兰．外资并购对我国国民经济的影响 [J]. 发展论坛．1997 (01).
[291] 阮唯真．投资银行在企业兼并中的作用 [J]. 企业经济．1997 (06).
[292] 邵炳芳．国有企业结构调整与资产重组 [J]. 理论学习．1997 (11).
[293] 邵赤平，陈春艳．一部具有开拓性的垄断价格机理研究专著——《垄断价格机理研究》评介 [J]. 武汉大学学报 (哲学社会科学版). 1997 (05).
[294] 邵春．企业购并重组与经济发展 [J]. 社会科学研究．1997 (05).
[295] 邵建云．企业兼并与外资进入 [J]. 经济前沿．1997 (10).
[296] 申卫平．政府行为的经济分析——公共选择理论精要及若干启示 [J]. 理论学习与研究．1997 (01).
[297] 沈安．墨西哥银行兼并浪潮 [J]. 了望．1997 (30).
[298] 沈茂棠．马克思主义竞争理论与我国竞争模式的选择 [J]. 南京社会科学．1997 (01).
[299] 沈敏荣．卡特尔与反卡特尔法 [J]. 西北政法学院学报．1997 (06).
[300] 沈敏荣．垄断与反垄断法 [J]. 政法论丛．1997 (06).
[301] 沈敏荣．我国的反卡特尔法 [J]. 法学杂志．1997 (06).
[302] 沈孝泉．法国金融保险业的重要兼并 [J]. 金融信息参考．1997 (04).
[303] 沈悦．金融资本并购企业的积极作用 [J]. 经济研究参考．1997 (35).
[304] 沈志渔．国外企业的并购及对我国的启示 [J]. 中国工业经济．1997 (09).
[305] 盛洪．树立反垄断意识 [J]. 经济导刊．1997 (05).
[306] 盛杰民．论对跨国公司在华直接投资的反垄断对策 [J]. 政法论坛．1997 (04).
[307] 石晶．试论市场经济下反垄断立法与廉政建设 [J]. 兰州学刊．1997 (05).
[308] 石文龙．论我国《企业兼并法》应体现的基本原则 [J]. 云南大学学报 (法学版). 1997 (03).
[309] 石元蒙．对体制转轨中寻租行为的再思考 [J]. 兰州学刊．1997 (05).
[310] 史景星．国际企业的兼并浪潮及其启示 [J]. 上海企业．1997 (05).
[311] 史景星．我国企业兼并的障碍与对策 [J]. 华东经济管理．1997 (03).
[312] 史祥鸿．企业并购的观念与形势 [J]. 中外管理．1997 (12).
[313] 史祥鸿．企业兼并和收购浅析 [J]. 现代企业．1997 (09).
[314] 舒启茹．国有企业资产重组应注意的几个问题 [J]. 浙江金融．1997 (08).
[315] 宋炳方，田一恒．我国企业兼并问题探析 [J]. 税务与经济．1997 (03).
[316] 宋世明．公共选择理论与美国行政改革 [J]. 世界经济与政治．1997 (05).
[317] 宋雪梅．加强国有企业并购工作管理的几点建议 [J]. 交通企业管理．1997 (05).
[318] 宋中民．灰色垄断价格 [J]. 烟台大学学报 (自然科学与工程版). 1997 (02).
[319] 宋忠廉．简论经济法对市场的规制 [J]. 经济经纬．1997 (05).
[320] 苏声．对发展企业集团的几点反思 [J]. 中国改革．1997 (06).
[321] 苏岩．欧美企业并购的特点及对国企资本经营的启示 [J]. 大连干部学刊．1997 (06).
[322] 孙开．对地方公共产品有效供给问题的规范分析 [J]. 财政研究．1997 (07).
[323] 孙克任．承诺制的新古典经济学分析 [J]. 财经研究．1997 (10).
[324] 孙朔，周存胜．兼并收购：企业改革的现实选择 [J]. 新疆金融．1997 (08).
[325] 孙学玉．公共选择理论与当代公共行政 [J]. 唯实．1997 (11).

[326] 孙学玉. 我国后计划经济时期政府经济职能的选择与确立 [J]. 云南社会科学. 1997 (04).

[327] 孙雅贤，梁益源. 拉巴波特模型在企业兼并价格评估中的应用 [J]. 上海大学学报（自然科学版）. 1997 (06).

[328] 孙岩. 美国企业兼并的新特点 [J]. 经济导刊. 1997 (01).

[329] 孙耀唯. 公司并购与产权问题 [J]. 中国工业经济. 1997 (08).

[330] 孙早. 地方保护主义与制度创新 [J]. 管理现代化. 1997 (06).

[331] 孙章伟. 从“强强并购”的国外潮流看国企资产经营 [J]. 集团经济研究. 1997 (11).

[332] 孙志军. 发挥协会作用建立垄断的市场秩序 [J]. 中国氯碱. 1997 (07).

[333] 索艳丽. 规模经济对企业市场竞争优势的影响 [J]. 上海企业. 1997 (03).

[334] 覃家君，成金华，何琼. 我国资源产业的市场结构与市场绩效 [J]. 软科学. 1997 (03).

[335] 覃家君，成金华，刘国杰. 矿业竞争与矿业垄断及其合理选择 [J]. 经济问题. 1997 (08).

[336] 谭兴民. 对试点城市企业破产、兼并浪潮的剖析——兼论试点城市破产、兼并对银行资产的影响及对策 [J]. 经济研究参考. 1997 (28).

[337] 谭雅玲. 国际金融市场稳定同步，银行业跨国兼并风潮迭起 [J]. 世界经济. 1997 (02).

[338] 汤澄，吴健中. 无成本节约下横向兼并决策的均衡分析 [J]. 上海交通大学学报. 1997 (04).

[339] 汤春来. 企业兼并对策探析 [J]. 理论月刊. 1997 (09).

[340] 唐任伍. 论国有企业垄断性的危害及消除 [J]. 北京师范大学学报（社会科学版）. 1997 (06).

[341] 唐希倩. 银行在企业并购中的作用 [J]. 福建金融管理干部学院学报. 1997 (03).

[342] 唐小我. 二度价格歧视情形下垄断厂商收益最大化条件 [J]. 电子科技大学学报. 1997 (02).

[343] 唐小我. 两个生产厂商条件下的古诺模型研究 [J]. 电子科技大学学报. 1997 (01).

[344] 唐晓华. 推进我国企业兼并的对策选择 [J]. 陕西财经学院学报. 1997 (05).

[345] 唐晓华. 西方企业兼并浪潮的特点及成因分析 [J]. 世界经济与政治. 1997 (10).

[346] 唐宗，刘世锦，周厚健，等. 国有企业集团资产重组和资本经营案例研究 [J]. 经济研究. 1997 (11).

[347] 陶伟. 垄断与竞争 [J]. 质量天地. 1997 (03).

[348] 田郁玫，刘洪军. 论企业市场竞争行为及其规范 [J]. 商业时代. 1997 (04).

[349] 童珂. 垄断性行业价格问题研究 [J]. 广西市场与价格. 1997 (10).

[350] 涂强. 西方第五次企业兼并风潮浅析 [J]. 经济纵横. 1997 (10).

[351] 晚春东. 企业兼并：煤炭多种经营发展的有效途径 [J]. 煤炭企业管理. 1997 (07).

[352] 万仁德. 论社会主义市场经济条件下的政府行为 [J]. 社会主义研究. 1997 (05).

[353] 汪涛. 关于上市公司收购监管的几个问题 [J]. 山西财经大学学报. 1997 (02).

[354] 汪涛. 论社会主义市场经济中的垄断 [J]. 上海经济研究. 1997 (12).

[355] 汪向东. 国际信息业中的并购、合作与竞争 [J]. 数量经济技术经济研究. 1997 (07).

[356] 汪孝德，徐军亮. 市场经济与政府干预的失效 [J]. 财经论丛. 1997 (02).

[357] 汪志明. 日、美企业劳动用工制度中的竞争机制比较及借鉴 [J]. 中外企业家. 1997 (10).

[358] 王爱民. 杠杆收购促兼并 [J]. 上海经济. 1997 (02).
[359] 王冰. 论市场与国家的相互关系 [J]. 经济评论. 1997 (06).
[360] 王才良. 近年来席卷世界石油业的兼并浪潮 [J]. 国际石油经济. 1997 (05).
[361] 王彩波. 论东亚新兴工业化国家与地区政府对市场的培育 [J]. 东北亚论坛. 1997 (03).
[362] 王长平, 陈子凡. 美国第五次并购浪潮对中国国企改革的启示 [J]. 中国国情国力. 1997 (08).
[363] 王春娣. 试论认定企业合并构成垄断的原则 [J]. 中国人民大学学报. 1997 (04).
[364] 王春法. 九十年代世界企业兼并风潮探析 [J]. 了望. 1997 (30).
[365] 王聪. 美国投资银行在企业并购中的作用及其借鉴 [J]. 国际金融研究. 1997 (06).
[366] 王殿华. 格乌司原理与适度竞争 [J]. 科技智囊. 1997 (08).
[367] 王凤. 实施企业兼并中应注意的问题 [J]. 经济师. 1997 (11).
[368] 王海英. 论我国企业集团的几个问题 [J]. 烟台大学学报 (哲学社会科学版). 1997 (03).
[369] 王汉明. 关于规范国有企业破产兼并机制的若干构想 [J]. 财政与发展. 1997 (09).
[370] 王汉卿. 我国券商并购业务遇到的问题及政策建议 [J]. 证券市场导报. 1997 (07).
[371] 王继文. 从无序竞争看树脂行业的兼并联合 [J]. 中国石油和化工. 1997 (12).
[372] 王建强. 企业并购与投资银行 [J]. 上海综合经济. 1997 (06).
[373] 王建英, 路妍. 关于外商直接投资并购国有企业的思考 [J]. 辽宁经济. 1997 (08).
[374] 王俊豪, 顾春梅. 论我国商业竞争和进入壁垒 [J]. 商业经济与管理. 1997 (01).
[375] 王俊豪, 鲁桐, 王永利. 发达国家基础设施产业的价格管制政策及其借鉴意义 [J]. 世界经济与政治. 1997 (10).
[376] 王俊松. 企业兼并是公路运输企业快速发展的一条新途径 [J]. 交通财会. 1997 (08).
[377] 王可侠. 国企改革中的地方政府行为分析 [J]. 经济学家. 1997 (06).
[378] 王立. 中国东方航空公司兼并中国通用航空公司 [J]. 民航经济与技术. 1997 (10).
[379] 王强, 王浣尘, 陈宏民. 开放经济下企业间的横向合并 [J]. 系统工程理论方法应用. 1997 (04).
[380] 王清瑞. 我国企业兼并的几个法律问题 [J]. 中国集体工业. 1997 (12).
[381] 王时驾, 年桂芳, 谢健. 企业并购中的问题及其对策 [J]. 上海企业. 1997 (12).
[382] 王淑华, 王彩云. 论我国企业兼并的取向 [J]. 经济视角. 1997 (10).
[383] 王淑玲, 李泽章. 国有企业兼并的若干问题 [J]. 人民司法. 1997 (09).
[384] 王为农. 关于我国反不正当竞争法的几个理论问题 [J]. 财经问题研究. 1997 (08).
[385] 王玮. 加速结构调整 搞活国有经济 [J]. 发展研究. 1997 (02).
[386] 王先林. 略论反垄断法所规制的垄断 [J]. 法学杂志. 1997 (06).
[387] 王先林. 论我国反垄断立法中的两个基本问题 [J]. 中外法学. 1997 (06).
[388] 王小强. 德国电讯上市与英国电讯跨国兼并的启示 [J]. 经济导刊. 1997 (03).
[389] 王晓蓉. 美国反垄断管窥及启迪 [J]. 理论与现代化. 1997 (04).
[390] 王晓升. 政府失效与政府行为的优化 [J]. 中共福建省委党校学报. 1997 (09).
[391] 王晓晔. 关于规范我国公用企业的反垄断立法的思考 [J]. 工商行政管理. 1997 (21).
[392] 王新斌. 企业兼并刍议 [J]. 江西财税与会计. 1997 (12).
[393] 王玄玮. 中国反垄断立法问题研究 [J]. 学术探索. 1997 (03).
[394] 王璇. 欧盟委员会正式通过波音与麦道合并计划 [J]. 民航经济与技术. 1997 (08).
[395] 王学政. 对竞争立法模式的比较研究 [J]. 中国法学. 1997 (05).

[396] 王一士．谈企业合并与产权重组 [J]．发展研究．1997（02）．

[397] 王贻志，王虎．资本市场、并购与资产经营 [J]．上海经济．1997（01）．

[398] 王元龙．西方银行兼并潮评析 [J]．投资北京．1997（06）．

[399] 王远明，袁惠民．国有企业兼并中的问题与法律规制 [J]．财经理论与实践．1997（05）．

[400] 王振华．美国：企业兼并浪潮与竞争 [J]．了望．1997（30）．

[401] 王之亮．对现代商业银行与投资银行兼容趋势的思考 [J]．西南金融．1997（12）．

[402] 韦少晖，张强．试论欧共体有关销售协议的竞争政策 [J]．南开管理评论．1997（03）．

[403] 魏家军，张大海．浅谈国际企业兼并潮 [J]．经济导刊．1997（05）．

[404] 魏家军，张士海．第五次兼并浪潮综述——兼论对我国的启示 [J]．外向经济．1997（04）．

[405] 魏健馨．论中国对跨国银行的法律管制 [J]．国际经济合作．1997（07）．

[406] 魏杰．企业并购的六大障碍 [J]．经济研究参考．1997（25）．

[407] 魏文静．试论我国企业兼并的几个问题 [J]．经济改革．1997（04）．

[408] 文帆．西方企业购并活动的动机 [J]．党政干部学刊．1997（07）．

[409] 文灵丽．发展规模经济 促进经济增长方式的转变 [J]．计划与市场．1997（02）．

[410] 文爽．美国企业购并新浪潮探析 [J]．经济纵横．1997（03）．

[411] 文学．企业兼并的决策分析 [J]．财会研究．1997（06）．

[412] 文学国．竞争法与规范市场经济秩序 [J]．中国工商管理研究．1997（07）．

[413] 邬健敏．国有控股公司反垄断初探 [J]．中南政法学院学报．1997（01）．

[414] 邬培高．县域工业：如何面对世界并购浪潮？[J]．中国科技信息．1997（23）．

[415] 邬义钧，郭世根．企业价格行为与产业经济效率 [J]．中南财经大学学报．1997（06）．

[416] 吴安康．国有银行在国有企业兼并破产中应起的作用 [J]．金融理论与实践．1997（08）．

[417] 吴红日，吴红星．企业兼并中现存的主要财务问题 [J]．现代企业．1997（12）．

[418] 吴建斌．外国企业兼并程序简述 [J]．外国经济与管理．1997（08）．

[419] 吴建辉，李振佑．对社会主义市场经济条件下垄断问题的思考 [J]．长白学刊．1997（03）．

[420] 吴健中，汤澄．我国企业横向控股兼并行为的经济学分析 [J]．系统工程学报．1997（03）．

[421] 吴炯．马克思关于市场竞争的论述 [J]．法学杂志．1997（01）．

[422] 吴汝江，张晓飞，张保军．关于银行参与企业兼并的调查与思考 [J]．杭州金融研修学院学报．1997（01）．

[423] 吴世林．对企业兼并破产与银行资产保全的探讨 [J]．福建金融．1997（12）．

[424] 吴吟．论煤炭产业结构优化与煤炭企业购并（上）．[J]．煤炭经济研究．1997（10）．

[425] 吴吟．论煤炭产业结构优化与煤炭企业购并（下）．[J]．煤炭经济研究．1997（11）．

[426] 吴永林，范景军．实施大公司大集团发展战略的问题与策略 [J]．北方工业大学学报．1997（02）．

[427] 吴永林．企业并购动因和目的析论 [J]．北方工业大学学报．1997（04）．

[428] 吴志军．美国企业兼并浪潮及其启示 [J]．经营与管理．1997（09）．

[429] 武维国，周洪武．略论企业并购交易 [J]．政策与管理．1997（10）．

[430] 夏杰长．企业兼并是调整信贷存量结构的有效途径 [J]．中国农业银行武汉管理干部学院学报．1997（01）．

[431] 夏清华．国有外贸企业制度创新的悖论：政府行为的效率 [J]．学习与实践．1997 (03)．

[432] 夏蜀．民营资本进入基础性产业的问题研究 [J]．经济问题．1997 (01)．

[433] 萧苑雯．波特战略与物业市场竞争战略之我见 [J]．特区经济．1997 (08)．

[434] 晓峰．全球掀起企业兼并风 [J]．记者观察．1997 (08)．

[435] 晓芹．美国如何运用法律手段维护市场竞争秩序 [J]．航天工业管理．1997 (03)．

[436] 肖勤福．世界性企业购并新浪潮的新分析 [J]．世界经济与政治．1997 (05)．

[437] 肖升，王海鹰．公用事业企业深化改革的基本思路 [J]．沈阳师范学院学报 (社会科学版)．1997 (04)．

[438] 肖升，王海鹰．我国公用事业企业的改革思路分析 [J]．中国工业经济．1997 (04)．

[439] 肖淑芳．关于企业跨国购并的几个问题 [J]．中国人民大学学报．1997 (06)．

[440] 肖云，杨卫标．上海国有企业兼并的难点及对策 [J]．上海财税．1997 (05)．

[441] 谢晓军，邱燕．关于规模经济与长期成本曲线的讨论 [J]．工业技术经济．1997 (03)．

[442] 谢燮正．资源竞争与企业重组 [J]．软件工程师．1997 (04)．

[443] 谢一鸣，毛林根．论中国产业组织改革与创新的目标模式 [J]．军队政工理论研究．1997 (05)．

[444] 辛欣．国际金融业大兼并趋势 [J]．经营管理者．1997 (Z1)．

[445] 熊贤良．区分规模经济的层次及其相应对策 [J]．管理世界．1997 (04)．

[446] 熊蕴．流通企业兼并中若干问题初探 [J]．商业会计．1997 (09)．

[447] 熊蕴．如何解决企业兼并的两大难点 [J]．物流技术．1997 (05)．

[448] 熊蕴．推进企业兼并解决企业困难 [J]．商业会计．1997 (06)．

[449] 徐家和．城市基础设施的特点 [J]．上海城市规划．1997 (01)．

[450] 徐金发．“康凤并购”的受挫与启示 [J]．中国工业经济．1997 (08)．

[451] 徐伟平．我国企业兼并中现存的主要问题及解决对策 [J]．财经理论与实践．1997 (04)．

[452] 徐向艺，李海明，崔开华．关于外商并购我国企业的几个问题 [J]．山东经济．1997 (03)．

[453] 徐永和．企业兼并的文化磨合 [J]．企业文化．1997 (03)．

[454] 徐竹青．试论企业的收购与兼并 [J]．中共浙江省委党校学报．1997 (05)．

[455] 许明波．试论企业并购的财务协同效应 [J]．中国乡镇企业会计．1997 (07)．

[456] 许仁祥，薛飒飒．兼并破产与搞活国有企业 [J]．上海企业．1997 (06)．

[457] 薛建兰．论不正当竞争的法律特征及防治 [J]．财金贸易．1997 (07)．

[458] 薛业清．国有企业的兼并与联合 [J]．化工管理．1997 (07)．

[459] 严渝军．我国企业并购存在问题浅析 [J]．金融科学．1997 (04)．

[460] 阎书会．保定市的企业并购及其启示 [J]．企业改革与管理．1997 (12)．

[461] 颜山．论银企寻租及治理 [J]．社会科学论坛．1997 (01)．

[462] 杨飚．国内企业并购行为分析 [J]．中外管理．1997 (12)．

[463] 杨飚．企业兼并市场行为剖析 [J]．现代经济探讨．1997 (06)．

[464] 杨飚．企业兼并与收购行为市场透析 [J]．经营与管理．1997 (07)．

[465] 杨波．当前国有企业并购问题的思考 [J]．广西商业高等专科学校学报．1997 (03)．

[466] 杨灿明．浅析我国现阶段不同行政区企业之间的垄断与竞争 [J]．财政研究．1997 (01)．

[467] 杨灿明．我国行政权力替代经济权力的深层原因分析 [J]．中南财经大学学报．1997 (01)．

[468] 杨琤莹．国际银行间并购及我国银行业的对策［J］．天津财经学院学报．1997（03）．
[469] 杨帆．市场经济必须消除部门垄断［J］．文明与宣传．1997（01）．
[470] 杨鸽鹏．企业兼并中的风险与控制［J］．特区经济．1997（05）．
[471] 杨广喜．西方企业五次购并浪潮及对我国经济发展的启示［J］．财金贸易．1997（10）．
[472] 杨国彪，谢剑林．80年代以来英国的私有化政策［J］．世界经济研究．1997（04）．
[473] 杨海红．论国有企业规模结构调整中的资产重组［J］．中共浙江省委党校学报．1997（06）．
[474] 杨洪涛．国有企业资产重组战略抉择［J］．外向经济．1997（11）．
[475] 杨华．企业兼并必须注意的几个问题［J］．江西财税与会计．1997（02）．
[476] 杨华升．德国两大钢铁企业的"联姻"［J］．了望．1997（30）．
[477] 杨继学．企业并购与实现"两个转变"［J］．中国工业经济．1997（08）．
[478] 杨建文．中国产业组织的改革和创新［J］．上海经济．1997（01）．
[479] 杨健．发展投资银行　推进企业兼并［J］．经贸导刊．1997（12）．
[480] 杨洁．韩国的竞争法律制度［J］．中国工商管理研究．1997（02）．
[481] 杨洁．日本反垄断法与日本公正交易委员会［J］．中国工商管理研究．1997（06）．
[482] 杨金英．从垄断到市场——中国铁路改革的必由之路［J］．计划与市场．1997（11）．
[483] 杨鲁慧．东亚地区市场经济中的政府行为［J］．当代亚太．1997（04）．
[484] 杨佩礼，施洋．试析企业兼并的动机效应［J］．中国乡镇企业会计．1997（07）．
[485] 杨文森，许和木．论我国市场结构的失衡和重组［J］．福建师大福清分校学报．1997（04）．
[486] 杨咸月，何光辉．并购：世界医药产业发展的新焦点［J］．中国药业．1997（05）．
[487] 杨振华，任宝元．建立企业并购基金的若干思考［J］．投资研究．1997（06）．
[488] 杨政．析影响国有企业购并质量之因素［J］．审计与经济研究．1997（05）．
[489] 杨子强，张春，付士军，等．春都兼并模式的启示［J］．中国金融．1997（11）．
[490] 叶军凌．企业并购中的投资银行［J］．冶金经济与管理．1997（03）．
[491] 叶玉金，王佑明，郜太峰．应加速我国反垄断立法进程［J］．中国经贸导刊．1997（06）．
[492] 伊从宽，姜姗．国际反垄断政策的发展态势［J］．外国法译评．1997（03）．
[493] 易继明．国际领域的反垄断立法［J］．科技与法律．1997（Z1）．
[494] 易行，陈晨，Ю·В·梅尔库洛娃．论消除结构垄断的战略［J］．国外财经．1997（02）．
[495] 殷明．政府对垄断行业的征税效应［J］．扬州大学税务学院学报．1997（02）．
[496] 殷醒民．企业购并的混合合并方式［J］．上海经济．1997（04）．
[497] 殷允杰．对体制转轨中政府经济职能的思考［J］．中国煤炭经济学院学报．1997（04）．
[498] 银温泉．面临过度竞争的时代［J］．经济与信息．1997（08）．
[499] 银温泉．政府规制与企业融资——关于国有企业高负债的政策性解释及其涵义［J］．中国工业经济．1997（07）．
[500] 尹玉林，宋剑文．跨国公司海外投资的宏微观原因分析［J］．广西师范大学学报（自然科学版）．1997（S1）．
[501] 印韦华，言午．关于做好被兼并企业资产评估的几点浅见［J］．中国财政．1997（03）．
[502] 印韦华，言午．谈企业兼并的资产评估［J］．北京工商管理．1997（05）．
[503] 印韡，言午．企业兼并中的资产评估［J］．国有资产管理．1997（03）．
[504] 于立．公司治理结构的国际比较与选择［J］．天津社会科学．1997（01）．

[505] 于思邦．国际金融业的并购风潮 [J]．国际资料信息．1997 (02).

[506] 于文林．从美国的企业兼并历史看我国的企业结构调整 [J]．化工管理．1997 (04).

[507] 余晖．政府管制与行政改革 [J]．中国工业经济．1997 (05).

[508] 余晖．中国药业政府管制制度形成障碍的分析（上）[J]．管理世界．1997 (05).

[509] 余晖．中国药业政府管制制度形成障碍的分析（下）[J]．管理世界．1997 (06).

[510] 余远雄，王蔚．企业兼并行为的探讨 [J]．广西市场与价格．1997 (07).

[511] 俞红珠．上市公司资产重组并购引发的思考 [J]．市场经济导报．1997 (10).

[512] 俞亚丽，陈秀山．我国市场结构与企业市场行为分析 [J]．中国人民大学学报．1997 (04).

[513] 虞政平．企业合并：对传统企业产权制度的挑战 [J]．中国律师．1997 (10).

[514] 袁国良，张磊．不完全竞争条件下贸易利益公平分配机制研究 [J]．世界经济与政治．1997 (11).

[515] 袁吉．一部具有开拓性的新著——评介李晓著《东亚奇迹与"强政府"》一书 [J]．世界经济．1997 (12).

[516] 袁绍斌．我国企业兼并的现状及对策 [J]．决策探索．1997 (08).

[517] 袁卫亮．企业兼并的适宜条件分析 [J]．辽宁大学学报（哲学社会科学版）．1997 (04).

[518] 约瑟夫·斯蒂格利茨，盖建玲．政府在经济发展中的作用 [J]．经济导刊．1997 (06).

[519] 曾良山．西方第五次企业兼并浪潮 [J]．企业活力．1997 (08).

[520] 曾忠禄．国家竞争优势理论及其意义 [J]．当代财经．1997 (05).

[521] 翟景升．美国富国银行兼并的教训 [J]．金融信息参考．1997 (10).

[522] 张彬．大力推进企业兼并工作 [J]．中国工业经济．1997 (12).

[523] 张贡生，王秋梅．关于企业之间兼并与收购问题的观点综述 [J]．兰州学刊．1997 (03).

[524] 张贵友．尽快走出企业兼并中的误区 [J]．上海会计．1997 (05).

[525] 张宏．乡镇企业如何面对新挑战 [J]．乡镇企业研究．1997 (06).

[526] 张泓铭．对香港城市基础设施和公用事业投资管理的考察 [J]．上海经济．1997 (03).

[527] 张纪康．国际化产业中的美国寡占企业面临的挑战和竞争 [J]．世界经济与政治．1997 (07).

[528] 张纪康．美国的垄断寡头：今非昔比 [J]．亚太经济．1997 (03).

[529] 张纪康．美国垄断资本面临着挑战 [J]．经济研究参考．1997 (75).

[530] 张建勤．海外企业并购中国企业的现状及对策 [J]．湖北大学学报（哲学社会科学版）．1997 (02).

[531] 张井．论分配的公平与不公平 [J]．现代财贸（广东省财贸管理干部学院学报）．1997 (01).

[532] 张敬，孔琦．从现代西方企业购并浪潮看我国企业购并 [J]．经济纵横．1997 (11).

[533] 张静敏．"马歇尔两难"的解决与我国产业组织战略的选择 [J]．北京师范大学学报（社会科学版）．1997 (02).

[534] 张军，陈宏民．企业兼并模式抉择策略 [J]．系统工程理论方法应用．1997 (03).

[535] 张军果，秦松寿．试析转轨时期政府行为的规范化建设 [J]．系统辩证学学报．1997 (04).

[536] 张军果．试析转轨时期政府行为的规范化建设 [J]．现代管理科学．1997 (01).

[537] 张丽霞，李桂芹．浅析企业兼并 [J]．黑龙江对外经贸．1997 (02).

[538] 张满胜．全球并购，浪潮再起 [J]．经贸导刊．1997 (12)．

[539] 张萍．试析企业兼并的法律内涵 [J]．中共宁波市委党校学报．1997 (02)．

[540] 张青，陈澍．《垄断价格机理研究：垄断价格机构的理论探索和实证分析》一书评介 [J]．世界经济．1997 (02)．

[541] 张青．政府失灵的政治经济学分析 [J]．经济前沿．1997 (12)．

[542] 张卿．政府失灵：衡量、成因与治理 [J]．当代财经．1997 (10)．

[543] 张赛美．跨国并购法律监管问题初探 [J]．世界经济研究．1997 (04)．

[544] 张胜东，吴玉祥，张月玲．美国企业兼并浪潮的分析与启示 [J]．煤炭经济研究．1997 (08)．

[545] 张晓丹，徐蓁．我国保险市场现状浅评与发展对策 [J]．西南金融．1997 (07)．

[546] 张晓明．我国企业兼并重组的潮流 [J]．集团经济研究．1997 (11)．

[547] 张信东．走过兼并收购后的危险期 [J]．特区企业文化．1997 (04)．

[548] 张兴．企业并购中的几个问题 [J]．金融信息参考．1997 (04)．

[549] 张兴山．论我国油品销售市场的竞争 [J]．当代石油石化．1997 (04)．

[550] 张旭，王浩，赵建花．企业兼并中的投资银行 [J]．晋阳学刊．1997 (04)．

[551] 张颖．论加强我国外资立法对外商并购的监管 [J]．研究生法学．1997 (03)．

[552] 张志元．外资并购国有企业的有关问题探讨 [J]．中国工商管理研究．1997 (10)．

[553] 张志元．外资来华并购企业的现状、问题及对策 [J]．宏观经济管理．1997 (07)．

[554] 张志元．完善外资并购的政策措施 [J]．经济研究参考．1997 (75)．

[555] 张志元．中国企业的跨国并购实践 [J]．外向经济．1997 (12)．

[556] 赵红凌．过渡经济时期政府干预的依据、原则与职能 [J]．嘉应大学学报．1997 (01)．

[557] 赵红梅．浅析市场经济中政府宏观调控行为 [J]．经济师．1997 (10)．

[558] 赵力宾．论丝绸产业的垄断战略 [J]．经济体制改革．1997 (03)．

[559] 赵明．制定我国反垄断法的选择 [J]．福建法学．1997 (04)．

[560] 赵明．中国金融业的垄断及对策 [J]．海南金融．1997 (04)．

[561] 赵铁夫．“1+1>2”：资产重组的效应分析 [J]．辽宁经济．1997 (11)．

[562] 赵子瑜，侯斌，姜仁秋．西方国家企业兼并的形式和特点 [J]．山东经济战略研究．1997 (10)．

[563] 振岭．企业兼并的收受条件 [J]．中国储运．1997 (02)．

[564] 郑红．探索企业兼并的有效方式 [J]．社科信息文荟．1997 (05)．

[565] 郑敏，乔华法．关于发展企业规模经济的思考 [J]．中国集体工业．1997 (12)．

[566] 郑三土．廉政的经济学分析 [J]．江苏社会科学．1997 (05)．

[567] 郑士贵．反垄断调节：联邦和地区方面 [J]．管理科学文摘．1997 (04)．

[568] 郑士贵．反垄断活动的调节 [J]．管理科学文摘．1997 (06)．

[569] 郑士贵．来自私人资本的垄断化威胁 [J]．管理科学文摘．1997 (02)．

[570] 郑士贵．美国反托拉斯调节：应用经验 [J]．管理科学文摘．1997 (08)．

[571] 郑英隆．面向新世纪的信息企业购并与扩展动因分析 [J]．中山大学学报（社会科学版）．1997 (02)．

[572] 郑则壮．完善并购市场 组建企业集团 [J]．华北金融．1997 (12)．

[573] 郑紫衡，万仪．1995 年全球银行兼并风潮析 [J]．国际商务研究．1997 (01)．

[574] 周大胄．论国有企业国内竞争环境的营建与作用 [J]．经济问题探索．1997 (04)．

[575] 周东爱，邱贤成．民营企业参与兼并风波迭起 [J]．中国民营科技与经济．1997 (Z1)．

[576] 周富祥．西方发达国家政府干预经济的三种调节模式 [J]．经济研究参考．1997 (85)．

[577] 周光全. 塑造市场经济条件下政府新形象 [J]. 中国行政管理. 1997 (06).
[578] 周洪武. 略论企业并购交易 [J]. 中国信息导报. 1997 (11).
[579] 周家雷. 试论当代西方的企业并购 [J]. 社会科学家. 1997 (05).
[580] 周家雷. 西方企业并购理论与实践探析 [J]. 江淮论坛. 1997 (04).
[581] 周建波. 当前我国企业兼并的动机、效应和制约因素 [J]. 改革. 1997 (06).
[582] 周军. 浅析投资银行如何在企业并购中发挥作用 [J]. 经济师. 1997 (10).
[583] 周军. 新古典政治经济学政府行为理论评析 [J]. 云南财贸学院学报. 1997 (06).
[584] 周力生. 防止外资并购中国有资产流失的对策 [J]. 四川财政. 1997 (06).
[585] 周鸣, 赵爱和, 李明华, 等. 国有企业的兼并重组与金融创新 [J]. 华东科技. 1997 (01).
[586] 周平轩. 对优化国民经济结构的几点思考 [J]. 山东经济战略研究. 1997 (09).
[587] 周勤. 管制与市场 [J]. 南京大学学报 (哲学·人文科学·社会科学版). 1997 (03).
[588] 周睿, 施惠琳. 兼并收购、投资银行与资本市场 [J]. 审计与经济研究. 1997 (05).
[589] 朱国锾. 一分为二看垄断及我国反垄断政策的特殊性 [J]. 天府新论. 1997 (02).
[590] 朱明春. 近年来我国产业结构的演变与政策展望 [J]. 中国工业经济. 1997 (10).
[591] 朱乃肖. 对外贸企业进行兼并、收购的思考 [J]. 改革与理论. 1997 (05).
[592] 朱善祥, 陆文耀. 加快企业兼并　优化资本结构 [J]. 浙江经济. 1997 (01).
[593] 朱锡庆. 组建企业集团的理论与策略 [J]. 湖南经济. 1997 (03).
[594] 朱鲜野, 朱天晓, 李洪武, 等. 企业兼并中的资产评估方法 [J]. 工业技术经济. 1997 (06).
[595] 朱小梅. 多国营销与跨国兼并 [J]. 中南财经大学学报. 1997 (05).
[596] 朱筱瑾. 规范兼并　实现要素的有效重组 [J]. 企业活力. 1997 (06).
[597] 朱新蓉. 转轨时期政府行为的特殊性及实现问题 [J]. 学习与实践. 1997 (09).
[598] 朱亦宝. 购并企业要积极稳妥 [J]. 中国科技信息. 1997 (16).
[599] 朱奕宝. 企业兼并不能忽视科技 [J]. 中国科技信息. 1997 (07).
[600] 朱勇. 罗默的新增长理论述评 [J]. 中国人民大学学报. 1997 (05).
[601] 朱远. 企业家的兼并意识 [J]. 江苏经贸职业技术学院学报. 1997 (02).
[602] 祝玎, 袁炜. 兼并收购: 调整优化企业资本结构的现实途径 [J]. 武汉金融. 1997 (05).
[603] 宗炎, 侯国民. 影响资源优化配置的环境因素 [J]. 中国物资流通. 1997 (08).
[604] 邹杰华, 徐明辉. 关于依法规范公用企业经营行为的思考 [J]. 长春大学学报. 1997 (04).

1996 年

[1]《反垄断法》等今年可望出台 [J]. 资料通讯. 1996 (03).
[2] 美国企业横向合并指南 [J]. 外国法译评. 1996 (02).
[3] 政策法规 [J]. 中国民营科技与经济. 1996 (08).
[4] 国有经济应按经济性质分类 [J]. 商业经济文荟. 1996 (06).
[5] 如何完善社会主义市场经济秩序 [J]. 商业经济研究. 1996 (06).
[6] 工业企业合并兼并国家制定出新规定 [J]. 工业会计. 1996 (11).

[7] 国有企业兼并破产有新规定 [J]. 中国市场. 1996 (10).

[8] 加大企业破产工作力度 加速资产重组和产业结构的调整 [J]. 中国经贸导刊. 1996 (19).

[9] 加大企业兼并工作力度 [J]. 企业管理. 1996 (02).

[10] 产权流动出现新特点 [J]. 铁道物资科学管理. 1996 (04).

[11] 国有资产监督管理专题讲解（二）[J]. 商业会计. 1996 (11).

[12] 艾延河. "权力寻租"现象的形成及其矫正 [J]. 延安教育学院学报. 1996 (01).

[13] 巴曙松. 专利制度改革的经济分析 [J]. 经济研究参考. 1996 (J3).

[14] 白宏君. 公司购并在美国 [J]. 企业研究. 1996 (04).

[15] 包细姝. 我国反垄断法的立法现状及其评价 [J]. 中央政法管理干部学院学报. 1996 (05).

[16] 包细姝. 对中国反垄断立法的构想 [J]. 中国青年政治学院学报. 1996 (03).

[17] 贝钦. 外资垄断向我们走来 [J]. 侨园. 1996 (05).

[18] 薄根荷，徐海明. 西方企业兼并动因分析——兼评我国企业兼并的现状与特点 [J]. 社会科学研究. 1996 (01).

[19] 卜灵. EDF不接受电力市场放松管制方案 [J]. 国外核新闻. 1996 (07).

[20] 蔡祖敏. 论适应社会主义市场经济模式的行政管理体制 [J]. 南都学坛. 1996 (02).

[21] 曹凤岐. 资本市场、中介机构与企业改组和并购 [J]. 金融研究. 1996 (11).

[22] 曹海晶. 论我国反垄断行政执法机构的设置 [J]. 华中师范大学学报（哲学社会科学版）. 1996 (05).

[23] 曹俊杰. 论政府维护市场公平竞争的理论依据 [J]. 金融教学与研究. 1996 (01).

[24] 曹士兵. 论中国反垄断立法 [J]. 法制与社会发展. 1996 (03).

[25] 曹占英，刘沿军. 西方国有企业的扭亏对策 [J]. 技术经济与管理. 1996 (05).

[26] 陈超，马克仁. 加拿大的CATV业和电信业 [J]. 有线电视技术. 1996 (07).

[27] 陈朝阳. 正确把握市场缺陷与政府干预的关系 [J]. 求索. 1996 (05).

[28] 陈朝阳. 价格决策研究的展望 [J]. 世界经济. 1996 (11).

[29] 陈朝阳. 企业兼并的若干问题 [J]. 学术研究. 1996 (09).

[30] 陈朝阳. 企业兼并政策研究 [J]. 东南学术. 1996 (05).

[31] 陈朝阳. 企业并购理论与我国企业并购的特点 [J]. 学术交流. 1996 (06).

[32] 陈东琪. 国有企业产权重组的基本思路 [J]. 中国工业经济. 1996 (02).

[33] 陈华山. 论中国社会主义经济之特色 [J]. 桂海论丛. 1996 (03).

[34] 陈杰，赵丽芬，王玲. 组建控股公司应注意的问题 [J]. 华东科技. 1996 (07).

[35] 陈俊. 企业兼并是重要的经济增长点 [J]. 企业管理. 1996 (05).

[36] 陈书通. 市场经济下垄断性煤、电价格管理的目标模式探讨 [J]. 中国能源. 1996 (08).

[37] 陈书通. 我国能源价格中的垄断现象分析及对策研究 [J]. 中国能源. 1996 (03).

[38] 陈小洪. 对中国汽车工业发展战略和政策的若干看法 [J]. 中国机电工业. 1996 (12).

[39] 陈晓波，徐云国，周亚夫，等. 美国反垄断法及其政策述评 [J]. 江苏社会科学. 1996 (05).

[40] 陈玉范，屈广臣. 试论公用企业的垄断与市场竞争 [J]. 当代经济研究. 1996 (03).

[41] 陈云卿. 竞争市场信号与反托拉斯法之间的协调 [J]. 管理科学文摘. 1996 (10).

[42] 陈云卿. 外国经济的非垄断化和反垄断法（以日本为例） [J]. 管理科学文摘. 1996 (03).

[43] 陈云卿．美国公司兼并法 [J]．管理科学文摘．1996 (06).

[44] 程宝山．中国经济法定义和调整范围新论 [J]．郑州大学学报（哲学社会科学版）．1996 (04).

[45] 程建华．“市场失灵”与政府调控 [J]．河南师范大学学报（哲学社会科学版）．1996 (03).

[46] 崔亚娜．关于中国大企业跨国并购问题 [J]．中国煤炭经济学院学报．1996 (03).

[47] 笪恺，王宇峰．论三资企业转移价格的法律管制 [J]．深圳大学学报（人文社会科学版）．1996 (02).

[48] 戴冠来．我国反垄断立法需解决的几个问题 [J]．中国物价．1996 (03).

[49] 戴园晨．收购兼并与企业集团的发展战略 [J]．发展论坛．1996 (06).

[50] 邓启惠．西方三国反垄断法的比较与借鉴 [J]．世界经济与政治．1996 (12).

[51] 邓启惠．论社会主义市场经济中的合法垄断与非法垄断 [J]．中州学刊．1996 (04).

[52] 邓启惠．我国市场经济中的非法垄断行为及其法律调整 [J]．求索．1996 (06).

[53] 邓启惠．资本主义垄断理论研究中若干问题之我见 [J]．广东社会科学．1996 (02).

[54] 邓启惠．竞争四题 [J]．理论月刊．1996 (05).

[55] 邓启惠．美、德、日竞争法比较研究 [J]．江汉论坛．1996 (02).

[56] 邓启惠．垄断再议——兼与一些观点商榷 [J]．当代经济研究．1996 (05).

[57] 邓荣霖，李琦．现代企业制度下的企业并购 [J]．经济研究参考．1996 (ZM).

[58] 邓荣霖，李琦．企业并购市场的运行效率分析 [J]．国有资产研究．1996 (05).

[59] 丁巧林．关于垄断和反垄断法的思考 [J]．重庆师院学报．1996 (04).

[60] 丁荣．制止行政垄断　建立统一市场 [J]．中国市场．1996 (07).

[61] 丁忠明．论企业并购 [J]．集团经济研究．1996 (02).

[62] 董爱武，袁大胜．垄断与反垄断 [J]．技术经济与管理．1996 (01).

[63] 董爱武，袁大胜．反垄断号角劲吹 [J]．决策与信息．1996 (05).

[64] 董爱武，袁大胜．反垄断，刻不容缓 [J]．经济工作导刊．1996 (01).

[65] 董峻峰，孙江功．外商投资并购国有企业的法律思考 [J]．山东对外经贸．1996 (05).

[66] 董泰．国外运营网间互连互通介绍 [J]．通讯世界．1996 (07).

[67] 董小君．企业并购：产业结构调整的经济体制 [J]．中国工业经济．1996 (10).

[68] 杜爽．“外资并购”现象探原和对策 [J]．学习论坛．1996 (11).

[69] 杜政清．美对不同企业实施分类管理 [J]．企业改革与管理．1996 (01).

[70] 方刚．变数量垄断为价格垄断——改善丝绸出口状况的出路 [J]．丝绸．1996 (07).

[71] 方明．浅谈我国的反垄断立法 [J]．法学天地．1996 (04).

[72] 方生．竞争与垄断——走大企业战略之路 [J]．中国科技信息．1996 (09).

[73] 冯广京．呼唤管制 [J]．中国土地．1996 (12).

[74] 冯继康．外资并购：一个并不轻松的话题 [J]．社会．1996 (10).

[75] 冯蓉蓉．转变经济增长方式要向规模经济要效益 [J]．中南财经大学学报．1996 (05).

[76] 冯彦君．反垄断法论纲——兼论我国制定反垄断法问题 [J]．吉林大学社会科学学报．1996 (01).

[77] 福全．企业兼并中的问题与对策 [J]．中国储运．1996 (03).

[78] 高尔康．垄断行业及企业的价格调控设想 [J]．价格月刊．1996 (11).

[79] 高戈里．“寻租理论”的价值探讨——与杜晓智同志商榷 [J]．中国监察．1996 (01).

[80] 耿恒智．借鉴德国经验 加强我国中小企业的宏观管理 [J]．中外企业家．1996 (10).

[81] 古陵波．企业购并的态势与战略战术分析 [J]．经济体制改革．1996 (02).

[82] 郭舒权，韦人．并购——外商投资热点 国人关注焦点［J］．中国经济信息．1996（15）．
[83] 郭兴海．影响被兼并收购企业资产评估的两个因素［J］．经济研究参考．1996（ZH）．
[84] 海永国．日本垄断大企业的高积累政策［J］．价格月刊．1996（03）．
[85] 何诚颖．外资购并：警惕国有资产流失！［J］．中国改革．1996（07）．
[86] 何诚颖．外资购并：引进外资还是国资流失［J］．特区经济．1996（05）．
[87] 何非常．关于我国通信产业建设的几点意见［J］．电子展望与决策．1996（06）．
[88] 贺绍奇．公平竞争的法律调整［J］．中外企业家．1996（07）．
[89] 胡定核，王立武．企业收购与兼并的产权经济学分析［J］．开放时代．1996（03）．
[90] 胡建明．应对垄断行业的价格与工资收入实行综合治理［J］．价格月刊．1996（02）．
[91] 胡敏．并购市场能有多大［J］．中国经济信息．1996（16）．
[92] 黄涧秋．论我国反垄断立法的利益保护原则［J］．江南论坛．1996（07）．
[93] 黄进才．《反不正当竞争法》之不足和完善［J］．河南师范大学学报（哲学社会科学版）．1996（05）．
[94] 黄少青．谈外资并购对中国股市的影响［J］．贵州财经学院学报．1996（01）．
[95] 黄松玲．竞争·垄断·市场经济［J］．理论与现代化．1996（11）．
[96] 黄卫平．地方国企兼并的因素分析——兼论山区中小企业盘活存量资产的途径［J］．东南学术．1996（01）．
[97] 黄燕芬．试论企业兼并、收购与反兼并、反收购［J］．经济研究参考．1996（65）．
[98] 黄肇炯，刘全胜．关于我国反垄断立法的思考［J］．广西大学学报（哲学社会科学版）．1996（06）．
[99] 黄真．国有企业的破产、兼并与银行债权的保护问题［J］．国际金融研究．1996（08）．
[100] 季崇威，王志乐．怎样看待外资垄断和控股？［J］．中国外资．1996（08）．
[101] 贾文中，王炯．《企业兼并法》立法探究［J］．法制与经济．1996（04）．
[102] 贾晓峰．有关市场秩序的垄断与竞争的几个重要问题及其它定量分析［J］．审计与经济研究．1996（02）．
[103] 贾晓梅．企业购并后的整合问题［J］．决策借鉴．1996（01）．
[104] 贾晓梅．关于国外企业兼并的分析与研究［J］．财经论丛．1996（04）．
[105] 江小涓．产业政策实际效果的初步评价［J］．社会科学辑刊．1996（01）．
[106] 姜锡东．宋代商人的市场垄断与政府的反垄断［J］．中国经济史研究．1996（02）．
[107] 蒋栋楠．行政性垄断及其法律调整［J］．云南大学学报（法学版）．1996（01）．
[108] 蒋栋楠．寻租、腐败及其法律控制［J］．法学杂志．1996（02）．
[109] 蒋国平．谈我国企业并购中几个非市场化问题［J］．理论与现代化．1996（09）．
[110] 蒋少华．试论对转让定价实行管制性揭示［J］．经营与管理．1996（05）．
[111] 金彦平．我国农产品市场的现状和目标模式［J］．经济研究参考．1996（Z4）．
[112] 金雁．论政府对城市公用企业的管制［J］．南京社会科学．1996（07）．
[113] 金泽龙，黄芳．信息高速公路与印刷业［J］．广东印刷．1996（05）．
[114] 剧锦文．六十年代前期试办托拉斯的历史与经济分析［J］．中国经济史研究．1996（03）．
[115] 孔祥勇．对外商并购国有企业的思考［J］．开放时代．1996（06）．
[116] 兰振海．略论社会主义市场经济条件下的垄断经营［J］．鹭江职业大学学报．1996（Z1）．
[117] 乐嘉琪．电信业解除垄断的概况［J］．铁路通信信号工程技术．1996（01）．
[118] 冷崇总．垄断价格的表现形式、成因、危害及对策［J］．经济问题探索．1996（09）．

[119] 冷恩光．市场经济与反垄断 [J]．中国工商管理研究．1996 (07)．

[120] 李伯瑜．日本宏观调控计划及思考 [J]．日本问题研究．1996 (01)．

[121] 李德义．我国烟草经济中垄断问题研究 [J]．中国烟草学报．1996 (02)．

[122] 李冠霖．第三产业组织政策的理论依据及政策取向 [J]．现代财贸（广东省财贸管理干部学院学报）．1996 (02)．

[123] 李广才．国有资本在竞争中取胜的必要条件 [J]．现代企业．1996 (09)．

[124] 李含琳．论国有制经济中的垄断行为与内部人控制 [J]．前进．1996 (01)．

[125] 李含琳．论国有制经济中的垄断权力结构 [J]．甘肃理论学刊．1996 (01)．

[126] 李季泽．建立国资保值增值机制和制度存在的几个误区 [J]．经济研究参考．1996 (Z4)．

[127] 李建华．各国信息高速公路建设对我们的启示 [J]．软件工程师．1996 (05)．

[128] 李江帆．现代市场经济中的服务价格模式 [J]．学术月刊．1996 (05)．

[129] 李林茂．价格垄断的危害及对策 [J]．价格月刊．1996 (02)．

[130] 李凌．国外企业兼并盛行 [J]．中外管理．1996 (10)．

[131] 李庆中．美国的杠杆兼并及其对我国市场经济发展的启示 [J]．特区经济．1996 (05)．

[132] 李书田．价格同盟就是价格垄断 [J]．北京物价．1996 (07)．

[133] 李响．论反垄断和不正当竞争法律关系的构成要素 [J]．齐齐哈尔大学学报（哲学社会科学版）．1996 (05)．

[134] 李晓．论韩国工业化进程中的政策金融 [J]．世界经济．1996 (04)．

[135] 李亚光．对当前我国经济生活中垄断现象的几点思考 [J]．科学．经济．社会．1996 (04)．

[136] 李玉梅．依法监督管理市场　保护公平竞争权力 [J]．理论界．1996 (02)．

[137] 林端鸿．世界企业兼并收购趋势分析 [J]．中国工业经济．1996 (12)．

[138] 林莉，赵长茂．企业外部经营环境趋紧谈 [J]．中国市场．1996 (04)．

[139] 凌云志，王树荣．并购：'96 中国经济领域新热点 [J]．江苏商论．1996 (06)．

[140] 凌云志，王树荣．并购：国有企业改革新热点 [J]．金融与经济．1996 (04)．

[141] 刘朝．企业并购：警惕外商"抢滩" [J]．经济工作月刊．1996 (04)．

[142] 刘功仕．市场结构和航空运输业 [J]．中国民用航空．1996 (04)．

[143] 刘功仕．航空运输市场的基本特征 [J]．中国民用航空．1996 (06)．

[144] 刘国忱，宋晶．企业的联合、并购与垄断规制 [J]．中国工商管理研究．1996 (11)．

[145] 刘恒．略论企业兼并中的规制问题 [J]．南方经济．1996 (11)．

[146] 刘可新，高国富，卓连添．并购后企业组织结构的重新调整 [J]．上海企业．1996 (08)．

[147] 刘可新，莫京梁，吴振寰．企业并购战略的规模指数——市场增长率矩阵分析与评价方法 [J]．管理工程学报．1996 (04)．

[148] 刘群．西欧四国"国有企业"的管理与改革 [J]．江西财税与会计．1996 (09)．

[149] 刘树杰．价格管制：我国与发达国家的比较研究 [J]．中国物价．1996 (02)．

[150] 刘涛．企业并购必须解决的几个问题 [J]．上海企业．1996 (07)．

[151] 刘涛．企业并购必须解决的几个问题 [J]．上海企业．1996 (07)．

[152] 刘小华．试论企业集团的发展战略研究 [J]．中外企业家．1996 (Z2)．

[153] 刘新峰．禁止垄断建筑市场和肢解发包工程 [J]．中国市场．1996 (08)．

[154] 刘泳麟．失衡的天平——垄断现象透视 [J]．经贸导刊．1996 (05)．

[155] 刘玉芝．新形势下的电信业 [J]．投资北京．1996 (07)．

[156] 卢现祥．我国政府部门集体寻租的根源及其治理［J］．中国行政管理．1996（07）．

[157] 陆鹏．企业兼并理论综述［J］．外国经济与管理．1996（06）．

[158] 吕福新．石油产品供给的市场化和政府规制［J］．中国流通经济．1996（01）．

[159] 马静玉．对在技术创新与市场结构关系上几个问题的再明晰［J］．技术经济．1996（12）．

[160] 马艳．论人参价格的垄断性［J］．人参研究．1996（03）．

[161] 马治国，王炯．企业兼并与现代企业制度的关系及其法律问题［J］．现代企业．1996（06）．

[162] 马治国，王炯．兼并是建立现代企业制度的现实选择［J］．理论导刊．1996（10）．

[163] 茅宁．产业网络与企业国际化经营战略选择［J］．外国经济与管理．1996（10）．

[164] 梅新育．美国反托拉斯法域外管辖制度［J］．国际贸易．1996（09）．

[165] 孟长康．海外企业在华的并购现象及其对策［J］．中国改革．1996（02）．

[166] 闵雪松．论反垄断法与贸易保护［J］．国际商务研究．1996（06）．

[167] 齐灏．“垄断”导致腐败［J］．民主．1996（07）．

[168] 齐智慧．谈中国企业兼并市场化［J］．经济论坛．1996（02）．

[169] 黄杞宜．国有企业将按五种类型改制［J］．珠江水运．1996（10）．

[170] 钱津．论地方政府在企业并购中的作用［J］．扬州大学税务学院学报．1996（04）．

[171] 钱津．中国企业并购中的地方政府行为［J］．中南财经大学学报．1996（02）．

[172] 强世功．契约自由与垄断［J］．读书．1996（04）．

[173] 乔茜．试论中国反垄断立法对公司并购的管制［J］．研究生法学．1996（03）．

[174] 乔新生．企业兼并与反兼并六条经验［J］．中外管理．1996（11）．

[175] 乔新生．价格规制要完善立法［J］．探索与争鸣．1996（03）．

[176] 任燮康，刘毅．论规模收益与生产可能性曲线及市场竞争模式的关系［J］．中南工业大学学报（自然科学版）．1996（02）．

[177] 邵赤平，毕桃芬，陈春艳，等．《垄断价格机理研究》研讨会综述［J］．经济评论．1996（05）．

[178] 石玉平．市场失灵与政府的经济职能［J］．华南师范大学学报（社会科学版）．1996（06）．

[179] 史东辉．市场经济国家对竞争性产业中企业价格行为的管制［J］．外国经济与管理．1996（07）．

[180] 束华．产业组织理论及政策浅评［J］．开发研究．1996（04）．

[181] 孙广相．深化改革走科技兴贸的道路［J］．经济研究参考．1996（ZM）．

[182] 孙浩．国有企业改革的到位是国有资本的市场化经营［J］．天津社会科学．1996（02）．

[183] 孙浩．国企改革的到位是国有资本的市场化经营［J］．经济体制改革．1996（01）．

[184] 孙明贵．寡头垄断——日本产业竞争格局的新趋势［J］．外国经济与管理．1996（01）．

[185] 孙玉奎．世贸组织就放开电信业务市场的谈判进入最后阶段［J］．现代电信科技．1996（11）．

[186] 唐小我，傅崇伦．价格歧视有效性研究［J］．电子科技大学学报．1996（02）．

[187] 唐旭，崔春．利用外资与收购兼并问题［J］．中国城市金融．1996（09）．

[188] 陶侃，魏春初．论租借法在反法西斯战争中的作用［J］．绍兴文理学院学报．1996（01）．

[189] 万建平，钱伯骏，金鉴中，等．企业兼并是上海经济发展的新途径［J］．集团经济研究．1996（07）．

[190] 汪洪义．外资并购现象透视 [J]．现代商贸工业．1996 (05)．
[191] 汪洪义．外资并购现象多维透视 [J]．经济师．1996 (04)．
[192] 汪涛．西方国家对企业兼并行为的调节 [J]．外国经济与管理．1996 (10)．
[193] 王长斌．美国反托拉斯法以及对中国反垄断立法的启示 [J]．中国工商管理研究．1996 (04)．
[194] 王传辉．国外竞争法关于跨国兼并活动的管制 [J]．山东法学．1996 (01)．
[195] 王存．我国企业兼并法律制度的不足与完善 [J]．山东社会科学．1996 (02)．
[196] 王红梅．竞争环境下电信行业的普遍服务 [J]．世界电信．1996 (03)．
[197] 王家庭，于印辉，阿瑛．托管，国企改革的新思路 [J]．现代商贸工业．1996 (11)．
[198] 王金叶．外资并购早潮狂 [J]．上海经济．1996 (04)．
[199] 王珏．国有资产管理体制改革思路——统一管理、分散经营、集中使用 [J]．经济研究参考．1996 (ZA)．
[200] 王丽，宋国良．企业并购中若干法律问题简析 [J]．法制与社会发展．1996 (02)．
[201] 王鲁明．正确认识和处理市场经济条件下的分配不公问题 [J]．中国海洋大学学报（社会科学版）．1996 (03)．
[202] 王朋．外资购并国企是与非 [J]．中国市场．1996 (05)．
[203] 王朋．外资购并“狼”来了吗？[J]．文明与宣传．1996 (07)．
[204] 王朋．外资购并——是喜还是忧 [J]．外向经济．1996 (10)．
[205] 王绍岩，谢世昌．电信业务资费管制的理论基础及原则 [J]．长春邮电学院学报．1996 (02)．
[206] 王文君．产权并购浅议 [J]．中国民营科技与经济．1996 (09)．
[207] 王晓晔．社会主义市场经济条件下的反垄断法 [J]．中国社会科学．1996 (01)．
[208] 王晓晔．我国反垄断立法的框架 [J]．法学研究．1996 (04)．
[209] 王晓晔．美国企业横向合并指南（续）——1992 年 4 月 2 日发布 [J]．环球法律评论．1996 (03)．
[210] 王元．国有经济产业结构存在的突出问题 [J]．经济研究参考．1996 (ZH)．
[211] 王源扩．试论与知识产权有关的反竞争行为及其法律控制 [J]．政法论坛．1996 (04)．
[212] 王枝茂．关于我国反垄断法的探讨 [J]．山西财经大学学报．1996 (04)．
[213] 王枝茂．规范市场秩序：当务之急在于规范企业价格行为 [J]．价格月刊．1996 (07)．
[214] 王竹龄．企业兼并新走势 [J]．现代企业．1996 (05)．
[215] 维钢，黎明．禁止垄断与联合 [J]．英语沙龙．1996 (04)．
[216] 魏冬．西方企业购并理论综述 [J]．世界经济研究．1996 (05)．
[217] 吴国江，李福唐．兼并和收购振兴国有企业之捷径 [J]．经济师．1996 (03)．
[218] 吴甲．德国卡特尔局工作概述 [J]．北京物价．1996 (Z2)．
[219] 吴日天．美国的企业兼并 [J]．安徽科技．1996 (02)．
[220] 吴松海．略论政府管理中的“寻租”活动 [J]．温州师范学院学报．1996 (04)．
[221] 吴涛．美国企业兼并的研究与探讨 [J]．经济经纬．1996 (01)．
[222] 吴有根，陈基添．我国企业兼并市场化运作的难点及对策 [J]．东南学术．1996 (04)．
[223] 吴振龙．关于企业兼并的思考 [J]．武汉金融．1996 (08)．
[224] 夏牧．中国企业国际接轨的方式方法 [J]．中外管理．1996 (10)．
[225] 晓明辑．外资购并国企亟须把住几个关 [J]．经济纵横．1996 (06)．
[226] 晓芹．美国是如何运用法律手段维护市场竞争秩序的 [J]．中国技术监督．1996 (09)．
[227] 晓芹．美国维护市场竞争秩序的国家行为 [J]．电子质量．1996 (10)．

[228] 晓芹．美国运用法律手段维护市场竞争秩序的一些做法 [J]．中国信息导报．1996 (08)．

[229] 肖国安．反垄断——社会主义市场经济中的一个理论和实践问题 [J]．改革与理论．1996 (04)．

[230] 肖张．垄断市场：合资中的堪忧行为 [J]．乡镇企业科技．1996 (11)．

[231] 谢宏．竞争法之立法与市场经济秩序的维持——日本独占禁止法的经验与教训 [J]．中国工商管理研究．1996 (01)．

[232] 谢四平．企业并购：有效而现实的要素重组方式 [J]．上海经济．1996 (04)．

[233] 新黄浦．论上海企业重组的战略思路与预期目标 [J]．上海管理科学．1996 (04)．

[234] 邢敏．新闻纸生产商可能面临的反垄断价 [J]．西南造纸．1996 (02)．

[235] 邢毓静，巴曙松．企业购并活动的国际比较与反思 [J]．经济论坛．1996 (03)．

[236] 熊胜绪．论自然垄断与政府管制 [J]．国有资产研究．1996 (05)．

[237] 徐冬根．企业的收购与兼并 [J]．法学杂志．1996 (03)．

[238] 徐少伟．兼并——一条搞活企业的现实路子 [J]．北京物价．1996 (Z1)．

[239] 徐文超，刘京萍．垄断的经济学界定方法及适用中的问题 [J]．南京财经大学学报．1996 (01)．

[240] 徐燕．垄断资本主义发展之我见 [J]．东南学术．1996 (03)．

[241] 薛伟贤．美国新通讯法案对信息产业产生的影响 [J]．中国信息导报．1996 (06)．

[242] 薛耀文，辛申伟，牛志霖．试论政府对经济的微观调控 [J]．山西高等学校社会科学学报．1996 (03)．

[243] 杨承训，杨继．网络经济：社会主义市场经济的空间结构 [J]．文明与宣传．1996 (07)．

[244] 杨丹辉．我国垄断性商品出口：好货理应卖好价 [J]．国际贸易．1996 (08)．

[245] 杨东升．美国、日本企业兼并的特点及对我国的借鉴 [J]．武汉金融．1996 (04)．

[246] 杨桓兴，张琦．中国对跨国公司的管制 [J]．世界经济研究．1996 (01)．

[247] 杨洁．日本反垄断法与日本公正交易委员会 [J]．中国市场．1996 (02)．

[248] 杨君．外资并购国有企业的法律问题及对策 [J]．山东对外经贸．1996 (04)．

[249] 杨佩礼，施洋．企业兼并的决策分析 [J]．财税与会计．1996 (12)．

[250] 杨青．政府失灵与政府寻租——兼论腐败产生的经济根源 [J]．党风与廉政．1996 (08)．

[251] 杨思斌．我国反不正当竞争法的局限与未来发展 [J]．皖西学院学报．1996 (04)．

[252] 杨尧忠，徐前权．并购——重组存量资本的较优选择 [J]．经济评论．1996 (06)．

[253] 于强．企业托管经营的理论与实践思考 [J]．浙江经济．1996 (08)．

[254] 于振惠，岳建科，黄振庄，等．兼并及破产企业银行债务的分解与操作 [J]．河北金融．1996 (08)．

[255] 余光胜．对当前外商直接投资中热点问题的分析 [J]．中国工业经济．1996 (01)．

[256] 俞志．论市场经济体制下的政府干预 [J]．福建师范大学学报（哲学社会科学版）．1996 (03)．

[257] 雨文．对我国企业兼并和收购问题的讨论 [J]．中共山西省委党校学报．1996 (04)．

[258] 张宝宇．巴西石油公司结束垄断经营 [J]．国际石油经济．1996 (02)．

[259] 张炳光．垄断性企业也要走向市场 [J]．技术经济与管理研究．1996 (01)．

[260] 张春魁．“寻租理论”述评 [J]．学术研究．1996 (09)．

[261] 张道航．按照市场结构调整产业结构 [J]．大连干部学刊．1996 (03)．

[262] 张德霖．农业生态经济基础论［J］．经济研究．1996（06）．
[263] 张福炎．迎接信息时代的挑战［J］．电脑知识与技术．1996（06）．
[264] 张建华．产业组织理论研究的新进展［J］．经济学动态．1996（05）．
[265] 张杰．国外国有企业怎么个“活”法［J］．经济研究参考．1996（Z4）．
[266] 张颉．日本的规制政策［J］．日本研究．1996（04）．
[267] 张立君．连锁经营有可能导致垄断的出现［J］．价格月刊．1996（03）．
[268] 张千帆．美国经济的法律秩序［J］．法制现代化研究．1996（00）．
[269] 张强．国际竞争保护法的现状、问题及发展前景［J］．南开管理评论．1996（02）．
[270] 张世明．论外资介入与我国购并市场立法监管［J］．财经理论与实践．1996（05）．
[271] 张泰，张丹．规范市场竞争秩序［J］．中国国情国力．1996（07）．
[272] 张燕．健全市场规则实现公平竞争［J］．山东经济．1996（01）．
[273] 张智会，李家祥．对消除市场壁垒的思考［J］．理论与现代化．1996（09）．
[274] 张梓太．中国反垄断立法构想［J］．南京社会科学．1996（05）．
[275] 赵立新，李锋．加大兼并力度发展集团战略［J］．山东化工．1996（01）．
[276] 赵伟．简论日本的竞争政策［J］．日本研究．1996（04）．
[277] 赵晓华．西方企业的兼并风潮及对我们的启示［J］．探索与求是．1996（01）．
[278] 赵震江，李扬．我国反垄断立法的若干问题研究［J］．（中南政法学院学报）．1996（06）．
[279] 赵震江，李扬．市场经济下的公平竞争与反垄断立法问题研究［J］．中南政法学院学报．1996（01）．
[280] 郑国铎．论建立垄断竞争型城市土地市场模式［J］．理论探索．1996（04）．
[281] 郑士贵．竞争法之立法与市场经济秩序的维持——日本独占禁止法的经验与教训［J］．管理科学文摘．1996（11）．
[282] 郑士贵．在市场条件下企业价格政策的特点［J］．管理科学文摘．1996（09）．
[283] 郑士贵．俄罗斯经济中的价格调整问题［J］．管理科学文摘．1996（09）．
[284] 郑伟．兼并与多元化要慎重——美国企业的经验教训［J］．中外管理．1996（08）．
[285] 郑翔．国有控股公司与垄断［J］．法学论坛．1996（04）．
[286] 周风，陈建东．日美企业兼并的政策持和法律制之比较［J］．外国经济与管理．1996（03）．
[287] 周述实．垄新——竞争型市场与甘肃国有企业的分类管理　分类指导国有经济讨论之一［J］．发展．1996（11）．
[288] 周望军．价格改革与民航发展［J］．价格月刊．1996（05）．

1994～1995 年

[1]“行政经济”：地方保护主义的温床［J］．创造．1995（05）．
[2] 90 年代以来欧美日企业兼并的特点比较［J］．南方经济．1995（09）．
[3] 白明．研究当代资本主义的力作——《论国家垄断资本主义》简介［J］．世界经济．1994（08）．
[4] 卞昌久．建立和发展企业兼并市场［J］．现代法学．1994（01）．
[5] 卞昌久．论企业兼并的市场、立法和涉讼审理［J］．政法论坛．1994（04）．

[6] 卞昌久．审理企业兼并纠纷案件的难点处理［J］．法学．1994（01）．

[7] 蔡国昌．托拉斯效应与丰隆总公司［J］．公路与汽运．1995（01）．

[8] 蔡奕．暴利成因及各地对暴利界定方法介绍［J］．价格月刊．1995（06）．

[9] 蔡中兴．国外垄断资本主义经济理论研究概述［J］．学术月刊．1995（05）．

[10] 蔡仲建．专卖保供应　改革创效益　食盐专卖与经营改革刻不容缓［J］．中国井矿盐．1994（04）．

[11] 曹耳东．市场竞争与企业资产重组［J］．财经研究．1995（10）．

[12] 曹海晶．论反垄断法中行政法律责任的设定［J］．华中师范大学学报（哲学社会科学版）．1995（03）．

[13] 曹锐．论股份制企业兼并的基本原则——突变理论在企业兼并实践中的应用［J］．经济改革与发展．1995（09）．

[14] 曹巍，石丽明．寻租活动及对策［J］．中国流通经济．1995（05）．

[15] 常宇．浅析特许经营——谈现代经营管理新途径［J］．商业研究．1995（01）．

[16] 陈飞翔．论适度保护［J］．经济理论与经济管理．1995（03）．

[17] 陈国权．论经济体制转轨过程中的寻租现象与反腐败斗争［J］．经济体制改革．1995（06）．

[18] 陈华山．论国家垄断社会主义经济体制［J］．经济评论．1994（01）．

[19] 陈继祥．企业集团的产生发展和竞争共存［J］．上海交通大学学报．1995（04）．

[20] 陈家勤．我国垄断性出口商品集约经营的战略思考［J］．（对外经济贸易大学学报）．1995（04）．

[21] 陈建安．日本的产业组织结构与市场竞争［J］．现代日本经济．1995（01）．

[22] 陈明．日本的经济性规制政策及其启示［J］．学术研究．1994（03）．

[23] 陈明森．国有企业兼并：问题和对策［J］．中国工业经济．1995（04）．

[24] 陈明森．国有企业兼并行为与政府公共政策选择［J］．福建论坛（经济社会版）．1995（01）．

[25] 陈庆云．关于公共政策分析的理论思考［J］．北京大学学报（哲学社会科学版）．1995（06）．

[26] 陈全明，刘继兵．论产业组织适度垄断和有效竞争［J］．中南财经大学学报．1995（05）．

[27] 陈瑞豪．建筑企业冗员分流安置问题浅探［J］．建筑经济．1995（11）．

[28] 陈仕俊，吴健．国际电信改革综述［J］．邮电企业管理．1995（06）．

[29] 陈淑魁，李凤德．建立约束机制　遏止权利寻租［J］．财经问题研究．1994（12）．

[30] 陈万和．专业银行向国有商业银行转变亟待解决无序竞争问题［J］．武汉金融．1994（08）．

[31] 陈卫强．饥饿疗法：西泠兼并和救活亏损企业的成功创举［J］．浙江经济．1995（04）．

[32] 陈文鸿．过渡期香港产业空洞化与市场垄断化［J］．北京大学学报（哲学社会科学版）．1995（02）．

[33] 陈希平．自我加压上规模　培育优势再争先——城北建安公司积极培育规模经济［J］．建筑经济．1994（10）．

[34] 陈熙翘．对酒实行专卖制度立法势在必行［J］．北方经贸．1994（07）．

[35] 陈向荣．关于国家垄断资本主义的几个问题［J］．思想政治课教学．1994（01）．

[36] 陈孝兵．论我国企业集团的发展与管理模式［J］．经济评论．1994（06）．

[37] 陈欣荣，蔡希贤，史焕伟．日本联合研究开发及其借鉴［J］．外国经济与管理．1995（07）．

[38] 陈秀山．美国竞争政策的演变与实践 [J]．中国改革．1995 (03).
[39] 陈征．论社会主义城市垄断地租 [J]．东南学术．1995 (02).
[40] 从江苏看企业规模经济的发展 [J]．中国工业经济．1995 (02).
[41] 戴冠来，葛建营．对当前价格改革中几个问题的看法 [J]．中国物价．1994 (01).
[42] 戴园晨．利益激励≠寻租 [J]．改革．1995 (03).
[43] 戴园晨．企业重组与收购兼并 [J]．管理现代化．1995 (05).
[44] 单波，魏曙光．美国报纸集团化的源由探析 [J]．新闻知识．1995 (04).
[45] 当代市场经济国家竞争政策及其对中国的启示 [J]．财贸经济．1995 (12).
[46] 党小卉．从独家垄断到两家经营——记中国联合通信有限公司的诞生 [J]．经济与信息．1995 (09).
[47] 邓建勤．西方跨国公司与我国企业集团之差异 [J]．当代亚太．1995 (06).
[48] 邓启惠．对社会主义垄断成因和作用的理论思考 [J]．贵州社会科学．1994 (06).
[49] 邓启惠．规模经济刍议 [J]．湖南经济．1995 (12).
[50] 邓启惠．重新认识竞争与垄断的关系 [J]．经济问题．1995 (08).
[51] 邓启惠．走出垄断的误区 [J]．中南财经大学学报．1995 (01).
[52] 邓炜．中国外贸体制改革的新取向——规模经营 [J]．国际经贸探索．1995 (03).
[53] 邓翔．国外天然气价格制定的原则和经验 [J]．天然气工业．1994 (03).
[54] 邓翔．天然气行业建立现代企业制度需明确和解决的问题 [J]．天然气工业．1995 (04).
[55] 邓志雄．重构分配理论重组公职人员——对解决企业冗员问题的思考 [J]．中国党政干部论坛．1995 (05).
[56] 邓自力．对英美法系和大陆法系反垄断法的经济分析 [J]．中南政法学院学报．1994 (06).
[57] 丁安华．美国五次兼并收购浪潮及其启示（下）[J]．港澳经济．1994 (06).
[58] 丁安华．美国五次兼并收购浪潮及其启示 [J]．港澳经济．1994 (05).
[59] 丁其骅．产权多元化的企业监督约束新机制 [J]．特区企业文化．1995 (04).
[60] 丁振武．在改革中前进的广州公用事业 [J]．港澳经济．1994 (06).
[61] 董辅．从企业功能着眼 分类改革国有企业 [J]．改革．1995 (04).
[62] 董建俊，张永军．香港新兴管理方式——特许经营 [J]．价格月刊．1995 (06).
[63] 董锡健．反对市场垄断——反不正当竞争的一个重要方面 [J]．上海企业．1994 (03).
[64] 段德奇，邓自力．论日本公司合并购买的法律调控 [J]．中外法学．1995 (06).
[65] 范从来．存量的重组与增量的扩张：江苏培育规模经济的重要策略 [J]．江苏社会科学．1995 (02).
[66] 范亚军．试论大企业的多样化经营 [J]．经济纵横．1994 (03).
[67] 范裕棠，朱文锦，顾林土．政府强化调控土地一级市场问题研究 [J]．中国土地．1994 (07).
[68] 方善诗．在社会主义市场经济条件下如何贯彻按劳分配原则 [J]．江汉论坛．1994 (10).
[69] 方永强．利润、市场份额、自我进攻 [J]．经营与管理．1995 (05).
[70] 方佐行．国有商业企业要加快步伐走进市场 [J]．商业经济研究．1994 (05).
[71] 费方域，李耀生．关于企业集团的几个理论问题 [J]．财经研究．1995 (07).
[72] 冯德连，顾兰．反倾销与价格歧视 [J]．价格月刊．1995 (10).
[73] 冯德连．推进流通组织改革，构建有效竞争的流通组织体系 [J]．商业研究．1995 (07).

[74] 冯德连．推进我国外贸企业规模经营的思考［J］．国际贸易问题．1995（11）．

[75] 冯德连．中国产业组织政策的推进［J］．中国国情国力．1995（05）．

[76] 冯恭祺．试论企业规模与成本水平［J］．财经问题研究．1994（09）．

[77] 冯江．美国反托拉斯法与技术转让［J］．现代企业．1994（11）．

[78] 冯若游．竞争性投资项目需要新的市场研究方法［J］．价格与市场．1994（07）．

[79] 冯煜．经济增长中的公平与效率研究［J］．经济问题．1995（02）．

[80] 傅道臣．规模经济问题的经济计量分析［J］．数量经济技术经济研究．1994（03）．

[81] 傅轲，张信琼．特许连锁经营中受许方应注意的问题［J］．商业经济研究．1995（04）．

[82] 甘国屏．《反不正当竞争法》的法律地位、作用及其特点［J］．工商行政管理．1994（Z1）．

[83] 高波．规模经济发展与技术创新和技术进步［J］．江苏社会科学．1995（03）．

[84] 高长春，包君．规模经济与我国大中型企业的发展［J］．学术交流．1995（03）．

[85] 高帆，李岳德．市场经济与行政许可制度［J］．中国法学．1994（03）．

[86] 高永富．我国与西方发达国家有关竞争立法之比较初探［J］．国际商务研究．1994（03）．

[87] 高自元．综论企业兼并与收购［J］．企业经济．1994（10）．

[88] 葛建营．暴利：成因、危害及其治理［J］．经济工作月刊．1994（Z1）．

[89] 葛素洁．我国工业组织结构的现状及调整对策［J］．工业技术经济．1995（04）．

[90] 耿弘．如何对行政权力进行有效监督与制约［J］．党政论坛．1995（02）．

[91] 龚维敬．跨国企业兼并的动因［J］．世界经济．1995（11）．

[92] 龚维敬．企业兼并论［J］．复旦学报（社会科学版）．1995（04）．

[93] 龚维敬．西方企业兼并机制促进经济结构的调整［J］．世界经济文汇．1994（03）．

[94] 顾海良．对当代资本主义理论的新探讨——读《垄断资本概论》［J］．马克思主义与现实．1994（02）．

[95] 顾列铭．反垄断，从现在开始［J］．供销员之友．1994（12）．

[96] 顾松年．工业规模经济的市场导向与政府推动——“扬州现象”透视之二［J］．现代经济探讨．1994（08）．

[97] 顾速．论市场经济下的分配正义原则［J］．南京大学学报（哲学社会科学版）．1994（03）．

[98] 顾学宁．粮食托拉斯：粮食商品市场主体的重塑［J］．江苏商论．1994（02）．

[99] 关木．日本反垄断法的形成与发展［J］．中国招标．1995（04）．

[100] 关木．日本反垄断法的主要内容［J］．中国招标．1995（05）．

[101] 关木．亚太地区的反垄断立法［J］．中国招标．1995（03）．

[102] 关盛宏，刘孝广．同行议价的思考［J］．价格理论与实践．1994（10）．

[103] 关于我国反垄断立法若干问题的研究［J］．中国经贸导刊．1995（05）．

[104] 管永昌．发达市场经济国家政府干预经济的比较研究［J］．高校理论战线．1994（S1）．

[105] 规模经济是乡镇企业的出路［J］．农业经济．1994（05）．

[106] 规模经济与企业制度创新［J］．江海学刊．1995（03）．

[107] 呙中校．论企业的技术垄断与技术扩散策略［J］．科技进步与对策．1995（05）．

[108] 郭成会．试论企业集团及其发展经营战略［J］．经济师．1994（03）．

[109] 郭楚．银行“兼并潮”会在香港重演吗？［J］．港澳经济．1995（Z1）．

[110] 郭士征．论社会保障的经济性功能［J］．江苏社会科学．1994（04）．

[111] 郭小聪．试论行政监督对行政效率的制约机制［J］．中山大学学报（社会科学版）．

1995 (04).

[112] 郭宇. 90 年代发达资本主义国家跨国兼并的新浪潮 [J]. 国际经贸探索. 1994 (06).

[113] 郭振成. 日本政府管理市场的经验及对我们的启示 [J]. 经济问题探索. 1995 (10).

[114] 郭正忠. 从飞钱预购到纳榷请引——略议唐宋专卖对茶商资本的遏制 [J]. 中国经济史研究. 1995 (02).

[115] 国有企业联合推行股份制情况调查 [J]. 江西社会科学. 1995 (10).

[116] 韩朝华. 竞争与垄断——理解市场调节的关键点 [J]. 平原大学学报. 1994 (02).

[117] 韩文亮. "三金工程" ——中国公用事业的一场革命 [J]. 社会科学. 1995 (01).

[118] 韩文秀. 英国如何在垄断性基础产业中引入竞争机制 [J]. 经济改革与发展. 1994 (03).

[119] 郝铁川. 探寻权力经济模式的奥秘——评张中秋《法律与经济——传统中国经济的法律分析》(第一卷) [J]. 法学. 1995 (12).

[120] 何自力. 试论我国工业企业规模结构的特点及重组目标 [J]. 南开经济研究. 1995 (03).

[121] 贺绍奇. 反暴利综合治理的法律对策 [J]. 法学. 1995 (01).

[122] 贺卫. "寻租理论" 我国市场经济体制建设 [J]. 昆明理工大学学报. 1994 (02).

[123] 洪华喜. 自由放任市场经济与政府介入 [J]. 经济问题探索. 1995 (01).

[124] 侯军岐, 权菊娥. 粮食生产中的土地规模经济利用 [J]. 江西农业经济. 1995 (02).

[125] 侯军岐, 权菊娥. 论粮食生产中的土地规模经济及其利用 [J]. 西北农业大学学报. 1995 (06).

[126] 胡定核. 剪断愁云天更高——中国企业收购兼并面面观 [J]. 改革. 1995 (05).

[127] 胡定核. 论收购与兼并对股份公司的监督作用 [J]. 特区经济. 1995 (Z1).

[128] 胡海川. 市场经济条件下政府经济职能的几种模式 [J]. 理论与改革. 1995 (08).

[129] 胡家勇. 市场缺陷与政府干预 [J]. 经济纵横. 1994 (01).

[130] 胡家勇. 我国政府干预的成本——收益分析 [J]. 南方经济. 1994 (11).

[131] 胡家勇. 我国政府规模及干预的成本—收益分析 [J]. 社会科学辑刊. 1994 (06).

[132] 胡通吾. 我国金融垄断现象分析 [J]. 湖北农村金融研究. 1995 (07).

[133] 胡薇薇. 我国制定反垄断法势在必行 [J]. 法学. 1995 (03).

[134] 胡雄飞. 企业集团和科斯的经济理论 [J]. 社会科学战线. 1995 (03).

[135] 华桂宏, 金晓斌. 寡占效率与中国经济发展 [J]. 社会科学战线. 1995 (05).

[136] 黄百炼. 要克服反腐败工作中的地方保护主义和 "时间差" [J]. 中国行政管理. 1995 (09).

[137] 黄登仕, 刘纪纯, 湛垦华, 等. 竞争与合作共存的非线性模型 [J]. 系统工程. 1995 (05).

[138] 黄群慧, 张艳丽. 西方企业兼并探析 [J]. 外国经济与管理. 1994 (01).

[139] 黄少安. 论企业的性质和企业规模的变动——对科斯有关理论的质疑 [J]. 学术研究. 1994 (01).

[140] 黄文灼. 美国政府对市场运行的管理 [J]. 外国经济与管理. 1994 (06).

[141] 黄贤金. 绝对地租: 理论的赘瘤 [J]. 农业经济问题. 1994 (03).

[142] 黄泽民. 国际货币制度与国际金融政策协调——论寡头协调时期 [J]. 上海金融. 1995 (12).

[143] 纪良纲. 社会主义市场经济条件下的垄断 [J]. 重庆商学院学报. 1994 (02).

[144] 纪玉. 对县域规模经济发展的几点思考 [J]. 现代经济探讨. 1995 (10).

[145] 贾荣康，宋连升．刍论寻租理论在弱化银行信贷风险中的运用 [J]．农村金融研究．1995 (03)．

[146] 贾晓峰．对市场集中度的应用统计分析 [J]．财贸研究．1995 (03)．

[147] 贾新光．汽车工业与资本主义垄断 [J]．北京汽车．1994 (02)．

[148] 兼并：为何能提高企业效益 [J]．上海经济研究．1994 (04)．

[149] 江虹丽，吴东林．商海浊流——企业不正当竞争面面观 [J]．中国工商．1994 (02)．

[150] 江明．经济体制改革与烟草专卖制度 [J]．求是．1995 (07)．

[151] 江瑞平．政府主导，还是法人垄断——日本型市场经济的本质特征辩析 [J]．日本学刊．1995 (01)．

[152] 江苏省社会科学院调查组．"扬州现象"及其工业规模经济效应探析 [J]．中国工业经济．1994 (10)．

[153] 江苏省社会科学院调查组．论"扬州现象"——工业规模经济的区域效应 [J]．现代经济探讨．1994 (08)．

[154] 江小涓．市场经济条件下宏观经济政策与结构政策的矛盾及解决方法 [J]．社会科学辑刊．1994 (03)．

[155] 江小涓．市场竞争应该成为我国产业结构调整的基本途径 [J]．财经问题研究．1995 (08)．

[156] 江正银．镇江：医改运行日趋平稳新机制作用初步显现 [J]．财政．1995 (12)．

[157] 姜绍华，李百汉．我国中小企业组织结构合理化的系统分析 [J]．集团经济研究．1995 (11)．

[158] 姜旭宇．不公平竞争十大因素探析 [J]．吉林省经济管理干部学院学报．1994 (02)．

[159] 蒋国星，尹卫东．发展规模经济应把握好十个重要方面 [J]．中国党政干部论坛．1995 (05)．

[160] 蒋柳根．发展农业区域性规模经济的思考 [J]．求实．1995 (03)．

[161] 蒋选．适度垄断——我国企业集团的基本市场选择 [J]．中央财经大学学报．1994 (01)．

[162] 金慧华．外资收购与兼并的法学探索 [J]．国际贸易问题．1995 (04)．

[163] 金俊生．市场竞争应在两个前提下展开 [J]．经济师．1994 (09)．

[164] 金祥荣．中国幼稚工业及其保护机制的选择 [J]．国际贸易问题．1994 (09)．

[165] 金晓斌．企业集团形成机理的经济分析 [J]．世界经济文汇．1995 (03)．

[166] 瞿志民．反暴利势在必行 [J]．华东经济管理．1995 (05)．

[167] 柯锦．中国未来市场经济大趋势 [J]．机电信息．1995 (03)．

[168] 孔爱国．论公平与效率的统一 [J]．财经论丛．1995 (04)．

[169] 匡致远．合理发展电力工业　提高资源配置效率 [J]．软科学．1995 (03)．

[170] 拉丰．激励与新型规制方式 [J]．数量经济技术经济研究．1994 (10)．

[171] 赖峰莉．企业规模经济提高的有效途径 [J]．江西社会科学．1995 (01)．

[172] 劳苑．企业改革过程中冗员分离的障碍与对策 [J]．经济学家．1995 (01)．

[173] 雷定权．全面认识国家垄断资本主义的几个问题 [J]．当代财经．1994 (06)．

[174] 雷兴长．垄断机制与规模经济——兼论发展我国大型企业的规模经济 [J]．广东社会科学．1994 (03)．

[175] 冷崇总．西方反垄断价格的措施 [J]．价格理论与实践．1995 (08)．

[176] 冷恩光．美国反托拉斯管制一瞥 [J]．中国工商管理研究．1995 (06)．

[177] 李百汉，姜绍华．我国中小企业组织结构面临的问题及其调整思路 [J]．管理世界．

1994 (06).

[178] 李斌．反垄断，市场经济新课题 [J]. 社会．1995 (12).

[179] 李斌．竞争与市场结构 [J]. 管理科学文摘．1995 (03).

[180] 李秉．垄断利润新议 [J]. 厦门大学学报 (哲学社会科学版). 1994 (04).

[181] 李长峰．不正当竞争行为是鬼蜮伎俩 [J]. 北京工商．1994 (04).

[182] 李琮．再谈国家垄断资本主义是资本主义新的历史阶段 [J]. 世界经济．1994 (08).

[183] 李存训．刘绪贻先生对垄断资本主义发展史研究的新贡献 [J]. 世界历史．1994 (05).

[184] 李飞．政府职能的定位及其转变的轨迹 [J]. 经济社会体制比较．1994 (02).

[185] 李福唐．浅谈发煤站的规模经济 [J]. 经济师．1995 (S1).

[186] 李国津．跨国公司的战略联盟及其对我国企业国际化经营的启示 [J]. 南开学报 (哲学社会科学版). 1994 (06).

[187] 李国政．德国日本反不正当竞争法比较 [J]. 工商行政管理．1994 (09).

[188] 李海舰．日本企业集团的演进 [J]. 财经问题研究．1995 (12).

[189] 李海洲．煤炭企业必须依靠法制参与市场竞争 [J]. 煤炭经济研究．1995 (12).

[190] 李鸿阶．亚太地区企业兼并热剖析 [J]. 亚太经济．1995 (05).

[191] 李惠友．打破国际垄断 独立开发成功——QPQ 盐浴复合处理技术通过省级鉴定 [J]. 工具技术．1994 (06).

[192] 李记华．暴利与反暴利 [J]. 人民检察．1994 (12).

[193] 李戬，崔鹤芳，张法林．寻租理论与反腐败 [J]. 理论与改革．1995 (08).

[194] 李金．权力垄断与市场分化——中国社会双重秩序下的分层现实 [J]. 福建论坛 (经济社会版). 1994 (05).

[195] 李靖，马振江．关于企业兼并问题的思考 [J]. 东北师大学报 (哲学社会科学版). 1994 (04).

[196] 李军．中国公共部门收费与管理研究 [J]. 管理世界．1994 (03).

[197] 李军鹏．组建和培育政府控股的大型外贸企业集团 [J]. 国际商务研究．1995 (02).

[198] 李克穆．兼并——企业重组与扩张 [J]. 管理世界．1995 (04).

[199] 李腊生．追求规模经济值得注意的几个问题 [J]. 中国工业经济．1995 (11).

[200] 李林军．论商业银行在企业兼并中的地位与作用 [J]. 中央财经大学学报．1994 (08).

[201] 李林茂．论价格宏观调控的必要性 [J]. 价格月刊．1994 (09).

[202] 李岭．暴利风潮大扫描 [J]. 价格月刊．1994 (11).

[203] 李明生．试论规模经济 [J]. 江西社会科学．1995 (03).

[204] 李朴民．“科斯原理”与现代企业集团的形成 [J]. 经济学家．1994 (03).

[205] 李日琴，李风圣．效率优先与兼顾公平 [J]. 人文杂志．1994 (06).

[206] 李瑞芝．“市场失灵”、“政府失灵”论与社会拟市场经济 [J]. 经济评论．1995 (03).

[207] 李善昌，贺林峰，户锦华．日本、韩国的反不正当竞争 [J]. 北京工商．1995 (05).

[208] 李世义．反垄断，柳暗花明又一村——联通公司成立引出的话题之一 [J]. 瞭望．1994 (50).

[209] 李舒瑾．中国“抑兼并”思想的考察与辨析 [J]. 史学月刊．1995 (05).

[210] 李曙光．市场经济呼唤《企业兼并法》——起草《企业兼并法》(草案) 建议稿的基本立意 [J]. 法学．1994 (02).

[211] 李曙光．中国企业兼并面面观 [J]. 改革．1994 (02).

[212] 李万军，宋万党．一场兼并风波的启示 [J]. 经济经纬．1994 (06).

[213] 李微．农产品市场的公平竞争与政府职能 [J]. 农业经济．1994 (04).

[214] 李欣，于建平．规模经济——我国经济发展的战略选择［J］．黑龙江财专学报．1994（01）．

[215] 李延华，刘书文，杜万勇．发展规模经济 加速走向世界——记江苏华英集团［J］．集团经济研究．1994（09）．

[216] 李耀林，周桂萍．市场缺陷与政府管理机制重建［J］．经济改革与发展．1995（09）．

[217] 李政明．反垄断立法及其对保险业的适用［J］．中国保险．1994（08）．

[218] 厉为民．发达国家农业保护的历史轨迹［J］．世界农业．1995（08）．

[219] 中国社会科学院《竞争政策比较研究》课题组．联邦德国的竞争政策考察［J］．经济学家．1994（04）．

[220] 廖祖义．国有企业按市场结构分类的管理［J］．资料通讯．1995（10）．

[221] 林红．走综合商社式商业企业集团之路［J］．商业经济研究．1995（12）．

[222] 林积昌．以法治"暴"众望所归——上海反价格欺诈和牟取暴利规定实施后的联想［J］．价格理论与实践．1994（06）．

[223] 林珏，顾速．市场经济与主体行为规范［J］．思想战线．1994（04）．

[224] 林珏．市场经济中的主体行为规范［J］．财经问题研究．1995（02）．

[225] 林珏．战后美国对外贸易政策探析［J］．世界经济与政治．1995（05）．

[226] 林康．竞争与垄断的相互否定圆圈及其两极间的经济活力座标原理［J］．湖湘论坛．1995（01）．

[227] 林青．对建立商业银行兼并市场必要性的探析［J］．财经理论与实践．1995（02）．

[228] 林叶．论中国综合商社的理论基础——垄断竞争理论在综合商社发展中的应用［J］．国际商务（对外经济贸易大学学报）．1995（02）．

[229] 林叶．中国企业集团发展的思考［J］．国际贸易问题．1994（08）．

[230] 刘涤源．垄断价格机理研究——垄断价格机构的理论与实践［J］．经济评论．1994（03）．

[231] 刘东．发展规模经济与政府的作用［J］．江苏社会科学．1995（02）．

[232] 刘光杰．论市场经济下的政府干预［J］．山西财经大学学报．1994（05）．

[233] 刘红灿，慎海雄．反暴利 反欺诈 反垄断——关于京沪杭三城市暴利问题的调查［J］．瞭望．1994（23）．

[234] 刘继兵．我国产业组织中的垄断和竞争［J］．财经科学．1995（03）．

[235] 刘继兵．我国产业组织中的适度垄断和有效竞争［J］．江汉论坛．1995（09）．

[236] 刘景江．消除对外低价竞销 实施出口垄断竞争［J］．价格理论与实践．1995（11）．

[237] 刘景江．消除对外低价竞销，实现出口专业化垄断竞争［J］．国际贸易问题．1995（10）．

[238] 刘景然．乡镇企业规模经济与企业集团［J］．工业技术经济．1994（06）．

[239] 刘烈杰．社会主义市场竞争初探之二——市场竞争的形式［J］．（财苑）湖南财经高等专科学校学报．1995（02）．

[240] 刘文通．国有企业产权重组：从准兼并机制转向兼并机制［J］．经济学家．1995（06）．

[241] 刘文通．国有企业准兼并假说［J］．经济研究．1995（08）．

[242] 刘晓峰．从竞争到超竞争——市场观念的飞跃［J］．商业研究．1995（10）．

[243] 刘新立．加快我国企业规模经营外贸的对策思考［J］．上海企业．1995（10）．

[244] 刘旭明．美国的价格管理制度［J］．价格理论与实践．1994（01）．

[245] 刘旭明．绕不开的道路——法国政府对价格干预的选择［J］．价格理论与实践．1994（05）．

[246] 刘学灵．从“宝延风波”看企业兼并行为 [J]．政治与法律．1994 (01).
[247] 刘学敏，赵俊．论“政府干预失灵”[J]．兰州大学学报（社会科学版）．1995 (04).
[248] 刘玉瑾．公平分配原理与当前的分配不公问题 [J]．社会科学辑刊．1994 (04).
[249] 刘志彪．工业化中的市场与政府：理论与借鉴 [J]．江苏社会科学．1994 (02).
[250] 刘治海，周永舫．市场经济呼唤企业兼并法 [J]．经济与管理研究．1994 (03).
[251] 刘宗玉．反垄断中国在行动 [J]．统计与决策．1995 (06).
[252] 垄断法人化对日本经济高速增长的促进作用 [J]．日本学刊．1995 (02).
[253] 垄断与竞争 [J]．国际经济合作．1995 (06).
[254] 卢修敏，王家田．垄断、限制竞争行为、不正当竞争行为的区分及其对立法的意义[J]．中外法学．1995 (04).
[255] 卢中原．原苏联东欧国家在经济转型期的竞争政策 [J]．改革．1994 (06).
[256] 鲁济典．走出“寻租”误区 [J]．社会科学研究．1994 (06).
[257] 鲁桐．论公平收益方法在自然垄断管制中的应用 [J]．世界经济与政治．1994 (09).
[258] 陆建新．乡镇企业进入壁垒研究 [J]．江苏社会科学．1994 (06).
[259] 吕方．扬州规模经济发展中的企业家——“扬州现象”透视之六 [J]．现代经济探讨．1994 (08).
[260] 吕美行，顾帮朝．从医疗消费看卫生改革——关于医疗消费的一点断想 [J]．中国卫生经济．1994 (07).
[261] 吕志雄．地方保护主义是环保执法检查的一大障碍 [J]．中国环境管理．1994 (04).
[262] 马红生．在探索中前进 在改革中发展——从横向联合到企业集团 [J]．机械设计与制造工程．1995 (04).
[263] 马捷莎．论公平与效率的统一 [J]．北京师范大学学报（社会科学版）．1995 (02).
[264] 马立行．企业集团成功的秘诀：规模经济＋市场行为 [J]．上海经济研究．1994 (09).
[265] 马壮昌．市场失灵与政府调控 [J]．学术研究．1995 (02).
[266] 毛付根．企业兼并条件的确定与控股公司 [J]．财会月刊．1995 (11).
[267] 毛冀，屈荣杰．成功之路——江苏华纺（集团）公司发展规模经济调查 [J]．现代经济探讨．1995 (05).
[268] 毛义涛，王青松．反不正当竞争立法比较研究 [J]．华中师范大学学报（哲学社会科学版）．1995 (03).
[269] 梅慎实．公司收购与兼并之法律分析 [J]．政法论坛．1995 (04).
[270] 闵惠平．完善不正当竞争法的建议 [J]．法学．1994 (10).
[271] 缪林生．市场竞争秩序浅议 [J]．乡镇经济研究．1994 (05).
[272] 莫增斌，陈起林．论政资分开——从政府和企业的权力变迁角度分析 [J]．经济学家．1995 (04).
[273] 穆统．国家制定工业企业合并兼并新规定 [J]．经济改革与发展．1994 (02).
[274] 倪忠旗，干昌久．如何审查企业兼并协议的效力 [J]．政治与法律．1994 (03).
[275] 潘宝才．我国培育工业规模经济应注意的问题 [J]．世界经济文汇．1995 (06).
[276] 潘永纯．天然气市场体系的培育 [J]．天然气工业．1995 (03).
[277] 彭代彦．发达国家对农业发展的干预 [J]．世界经济与政治．1994 (12).
[278] 彭吉龙，刘明波．论政府职能转变与政府廉政建设 [J]．社会科学．1994 (07).
[279] 蒲勇健．斯塔克伯格垄断：世界石油产量与价格变动之谜的一种理论解释 [J]．经济科学．1995 (06).
[280] 戚聿东．关于垄断理论若干问题的再认识 [J]．经济科学．1994 (03).

[281] 荆门市人民银行调查组．企业兼联合对金融业的影响及对策 [J]．武汉金融．1995 (09)．

[282] 企业收购兼并要避免盲目性 [J]．北京商学院学报．1995 (05)．

[283] 企业收购与兼并将成热点 [J]．经济师．1994 (07)．

[284] 钱家骏．英国对公用事业的管制 [J]．中国工业经济．1995 (09)．

[285] 钱水土．我国粮食市场的特殊性及宏观调控问题 [J]．商业经济与管理．1995 (06)．

[286] 钱玉林．论公司兼并的法律控制 [J]．江苏社会科学．1994 (06)．

[287] 秦建伟．试论战后西欧国家垄断资本主义的发展 [J]．郑州大学学报（哲学社会科学版）．1994 (05)．

[288] 秦智杰．严肃法制　消除寻租 [J]．中国土地．1995 (04)．

[289] 秦尊文．企业集团的规模边界 [J]．集团经济研究．1995 (10)．

[290] 邱恩义．关于政府行为的理论思考 [J]．经济纵横．1994 (11)．

[291] 邱立成．技术垄断与西方跨国公司的发展 [J]．南开经济研究．1994 (01)．

[292] 邱立成．论跨国公司技术转让的垄断性 [J]．南开学报（哲学社会科学版）．1994 (03)．

[293] 泉欣，丽华．简论我国反垄断法的任务 [J]．中南政法学院学报．1994 (03)．

[294] 任新保，吴先满．借鉴扬州规模经济经验 促进江苏经济健康发展——“扬州规模经济的实践与理论”研讨会综述 [J]．现代经济探讨．1995 (01)．

[295] 任新保．扬州规模经济与区域经济发展——“扬州现象”透视之三 [J]．现代经济探讨．1994 (08)．

[296]“竞争政策比较研究”课题组．日本的竞争政策分析 [J]．财贸经济．1995 (11)．

[297] 戎文凤．选准发展突破口：培育工业规模经济 [J]．领导科学．1994 (03)．

[298] 荣朝和，蒋仁才．重新认识铁路的“垄断特性”[J]．中国铁路．1995 (11)．

[299] 桑思．腐败现象与“寻租”理论 [J]．高校理论战线．1995 (05)．

[300] 尚翱声．需要一个什么样的市场结构——建立石油市场体系的意见之二 [J]．石油企业管理．1995 (05)．

[301] 邵建东．德国竞争法对中小企业的特殊规定 [J]．南京大学法律评论．1995 (01)．

[302] 邵文杰．细说“特许经营”[J]．企业销售．1995 (03)．

[303] 邵晓光．保护公平竞争，维护市场秩序 [J]．中国工商管理研究．1994 (12)．

[304] 邵雪廉．跨国公司的垄断性与贸易利益的分配 [J]．财金贸易．1995 (04)．

[305] 邵勋．美国的企业兼并与兼并政策 [J]．经济纵横．1994 (12)．

[306] 沈国明．执法中的地方保护主义探因 [J]．法学．1995 (07)．

[307] 沈小平．灰色腐败：形形色色的“权力出租”[J]．社会．1995 (09)．

[308] 沈小平．垄断经营表现种种 [J]．党政论坛．1995 (06)．

[309] 沈晓阳．市场经济与社会公平 [J]．青海社会科学．1994 (02)．

[310] 沈扬．企业联合的新探索——中贸联实业有限公司介绍 [J]．商业经济研究．1994 (10)．

[311] 施祖麟，李巍巍．公平竞争及其效率问题的对策论研究 [J]．数量经济技术经济研究．1995 (04)．

[312] 石川滋．经济改革与市场经济的培育 [J]．中国工业经济．1994 (07)．

[313] 石奇，孙根荣．关于商业暴利的三个基本判断 [J]．财贸研究．1995 (06)．

[314] 石谦，杨锐．试析结构调整时期的企业兼并 [J]．云南社会科学．1995 (03)．

[315] 石兆文．绝对地租实现条件之我见——论绝对地租存在的客观必然性 [J]．价格理论与

实践. 1995 (04).

[316] 时庆祝. 论我国市场经济条件下市场竞争的主要形式 [J]. 烟台大学学报 (哲学社会科学版). 1995 (04).

[317] 史东辉, 程美芳. 发达国家反垄断政策的若干争论与启示 (续) [J]. 外国经济与管理. 1995 (12).

[318] 史岩. 特许经营——日渐盛行的经营方式 [J]. 黑龙江对外经贸. 1994 (04).

[319] 寿金蔚. 科斯理论与国有企业改革 [J]. 商业经济与管理. 1995 (05).

[320] 帅时远, 谢融. 收购与兼并战争方略 [J]. 江西社会科学. 1994 (11).

[321] 司元亨, 韩德平, 王建华. 留福村形成养牛业"托拉斯" [J]. 党建. 1995 (10).

[322] 宋德勇. 寻租与制度创新 [J]. 华中理工大学学报 (社会科学版). 1995 (02).

[323] 宋森刚, 栗政中, 韩淑荣, 等. 医疗服务价格与补偿机制研究 [J]. 中国卫生经济. 1995 (11).

[324] 宋文昌. 论市场价格体制下的政府职责 [J]. 经济改革. 1994 (01).

[325] 宋文舸, 赵郁馨. 医疗服务产品的属性与医院运行机制的选择 [J]. 中国卫生经济. 1995 (10).

[326] 宋锡祥. 论台湾《公平交易法》对企业营运的管制 (上) [J]. 外国经济与管理. 1995 (09).

[327] 宋小佳. 对外商直接投资并购国有企业问题的探讨——兼谈国有企业利用外资"嫁接"改造 [J]. 中国工业经济. 1995 (07).

[328] 宋小佳. 外商直接投资并购国有企业若干问题的探讨——兼谈国有企业利用外资"嫁接"改造 [J]. 福建论坛 (经济社会版). 1995 (04).

[329] 宋则. 关于解决市场秩序混乱两个要害问题的建议 [J]. 经济与管理研究. 1995 (03).

[330] 宋则. 价格模式转换与市场秩序的规范化 [J]. 财贸经济. 1994 (10).

[331] 孙凤珍, 李景峰. 浅谈日本资本主义的独特经济体系——卡特尔和K系列 [J]. 现代日本经济. 1994 (04).

[332] 孙桂玲. 外在性: 庇古与科斯——关于政府干预 [J]. 经济评论. 1995 (02).

[333] 孙继光. 土地确权中的地方保护主义要不得 [J]. 中国土地. 1994 (09).

[334] 孙林森. 略论不正当竞争中的地方保护主义 [J]. 人民检察. 1995 (09).

[335] 孙林岩, 臧国平. 转轨过程中企业寻租行为与通货膨胀生成机制 [J]. 经济研究. 1995 (06).

[336] 孙明贵. 调控市场经济的有效工具——政府市场 [J]. 兰州大学学报 (社会科学版). 1994 (01).

[337] 谭崇台. 寻租理论及其思想渊源 [J]. 经济评论. 1994 (03).

[338] 谭忠真. 论对市场不正当竞争的法律规制 [J]. 衡阳师范学院学报. 1995 (02).

[339] 汤永颖. 美国投资银行与企业兼并 [J]. 武汉金融. 1994 (12).

[340] 陶坚. 为了一个公平的竞技场——国外反不正当竞争的法律与实践 [J]. 世界知识. 1994 (11).

[341] 田华松, 张桂平. 垄断与竞争: 中国微观金融主体市场机能分析 [J]. 金融理论与实践. 1995 (02).

[342] 佟家栋. 中国市场准入障碍的探讨 [J]. 南开经济研究. 1994 (04).

[343] 佟淑清. 地方经济改革必须因地制宜 [J]. 商业研究. 1994 (04).

[344] 涂又红. 中国向行业垄断开刀 [J]. 华人时刊. 1995 (04).

[345] 庹震. "冗员"该往哪里"沉"? [J]. 山东劳动. 1995 (Z1).

[346] 汪红秋．特许经营——中小企业迅速发展之路［J］．管理评论．1994（03）．

[347] 汪绍铨．应当恢复和加强酒类专卖管理［J］．商业经济研究．1995（04）．

[348] 王长斌．垄断的定义——对西方国家反垄断法的研究［J］．工商行政管理．1995（14）．

[349] 王传仕，唐淑坤．价格协议行为及其管理［J］．价格月刊．1995（08）．

[350] 王存学．试论我国制定反垄断法的必要性和紧迫性［J］．现代法学．1994（04）．

[351] 王好能．我国企业兼并中存在的问题及对策［J］．经济师．1995（01）．

[352] 王红梅．竞争状态下的电信行业管制［J］．邮电企业管理．1994（10）．

[353] 王红梅．迎接竞争挑战的移动通信［J］．邮电企业管理．1995（02）．

[354] 王俊豪．论有效竞争［J］．中南财经大学学报．1995（05）．

[355] 王宁，李迪．政府、竞争与市场［J］．国外社会科学．1995（10）．

[356] 王庆一．市场经济国家如何管理煤炭工业 ④项目审批·竞争与兼并［J］．煤炭经济研究．1995（05）．

[357] 王水能，陈云波．九十年代我国企业兼并的新趋势［J］．经济师．1995（06）．

[358] 王玮．西方企业兼并风起云涌——本次兼并风潮更多出于经营战略方面的考虑［J］．国际经济合作．1995（09）．

[359] 王先林．从垄断与竞争的相对性看反垄断法的职能［J］．中央政法管理干部学院学报．1995（06）．

[360] 王先林．论反垄断法与国际经济贸易［J］．学术界．1995（01）．

[361] 王向东．反“暴利”的税收思考［J］．税务与经济．1995（02）．

[362] 王晓光．企业兼并：整体提高国有经济活力的现实出路［J］．瞭望．1995（42）．

[363] 王晓明．日本垄断企业分配结构及其特点［J］．日本学刊．1995（03）．

[364] 王晓晔．反垄断法与国际经济贸易［J］．国际贸易问题．1995（08）．

[365] 王晓晔．反垄断国际统一立法的现状和前景［J］．外国法译评．1995（01）．

[366] 王学川，杨千红．关于效率与公平的研究［J］．哲学动态．1995（04）．

[367] 王延龙．地方保护主义及其治理［J］．贵州财经学院学报．1995（02）．

[368] 王延仁，于慧琴．谈外延效益与内涵效益［J］．中国统计．1995（01）．

[369] 王艳宁．台湾《公平交易法》对大陆反垄断立法的启示［J］．经济论坛．1994（15）．

[370] 王忆华．企业购并在中国的发展与思考［J］．经济导刊．1994（02）．

[371] 王益民．“特许经营”的几个问题［J］．商业经济与管理．1994（06）．

[372] 王银忠．企业兼并联合中的政府行为［J］．领导科学．1994（08）．

[373] 王玉蓉，江华．珠三角在新发展格局中保护农业［J］．南方经济．1995（07）．

[374] 王云英．浅谈价格垄断及其危害［J］．价格理论与实践．1995（04）．

[375] 王忠民，孙天琦．价格机制的扭曲与政府的微观规制——暴利引出的思考［J］．当代经济科学（陕西财经学院学报）．1995（06）．

[376] 王忠民，王欢．政府行为不规范浅析［J］．改革与战略．1994（01）．

[377] 韦大乐．各地反暴利立法情况概述［J］．价格理论与实践．1994（09）．

[378] 文华远，宋莉．特许经营及其在我国现阶段的现实意义［J］．经营与管理．1995（09）．

[379] 吴八一，徐光启，张学先．浅谈美国与我国的企业兼并［J］．上海企业．1994（11）．

[380] 吴东林，江虹丽．黑色漩涡——不正当竞争面面观［J］．商场现代化．1994（03）．

[381] 吴芳．特许经营——香港新兴经营管理方式谈［J］．统计与决策．1995（02）．．

[382] 吴汉洪．地区封锁的成因及其制约对策［J］．广西社会科学．1995（01）．

[383] 吴家庆，易曙光．我国现阶段地方保护主义的理论剖析［J］．湖南师范大学社会科学学报．1995（05）．

[384] 吴杰．地方保护主义的症结何在 [J]. 人民检察．1994 (07).

[385] 吴敬琏．《腐败：权力与金钱的交换》再版前言 [J]. 经济社会体制比较．1995 (04).

[386] 吴丽娱．食盐的货币作用与折博制的发展——兼论钞引制的起源 [J]. 中国经济史研究．1994 (04).

[387] 吴明．日本企业惊人的技术垄断策略 [J]. 中外管理．1995 (09).

[388] 吴日天．美国的企业兼并 [J]. 江苏统计．1995 (08).

[389] 吴思明．企业兼并的若干法律特征 [J]. 企业经济．1994 (06).

[390] 吴铁宏．社会主义市场经济中的公平与效率 [J]. 决策探索．1994 (04).

[391] 吴先满．规模经济的形成与金融杠杆的运用——"扬州现象"透视之四 [J]. 现代经济探讨．1994 (08).

[392] 吴相平．关于我国《反垄断法》的立法思考 [J]. 中国工商管理研究．1995 (10).

[393] 吴允中．华东煤炭工业公司试办托拉斯的回忆 [J]. 企业经济．1995 (01).

[394] 吴振国．制止垄断，促进生产力发展——关于我国反垄断立法若干问题的探讨 [J]. 生产力研究．1994 (05).

[395] 伍学锋，黄涛．试析土地估价工作的部门垄断性和社会竞争性 [J]. 中国土地．1994 (05).

[396] 伍义林．纠正垄断行业不正之风——新时期职业道德建设的突破口 [J]. 道德与文明．1995 (04).

[397] 伍梓梁．改进医药商品价格管理的几点意见 [J]. 价格理论与实践．1994 (05).

[398] 席春迎．我国国有经济的产业定位及调整思路 [J]. 经济纵横．1995 (12).

[399] 夏申．论不完全竞争与国际贸易（上） [J]. 国际商务—(对外经济贸易大学学报). 1994 (01).

[400] 夏申．论不完全竞争与国际贸易（下） [J]. 国际商务—(对外经济贸易大学学报). 1994 (02).

[401] 柳晴．限制竞争和狭义的不正当竞争 [J]. 邮电企业管理．1994 (03).

[402] 晓亮．提倡正当竞争　反对不正当竞争 [J]. 中国物资流通．1994 (04).

[403] 肖国兴．煤炭资源开发利用中的国家行政权制度研究（上） [J]. 煤炭经济研究．1994 (01).

[404] 肖国兴．煤炭资源开发利用中国家行政权制度研究（下） [J]. 煤炭经济研究．1994 (03).

[405] 肖国兴．煤炭资源开发利用中国家行政权制度研究（中） [J]. 煤炭经济研究．1994 (02).

[406] 肖牧．反垄断政策和地区管理问题 [J]. 管理科学文摘．1995 (04).

[407] 肖灼基．兼并与破产的重要意义 [J]. 学术研究．1994 (01).

[408] 谢必如．建立垄断与竞争相结合的地产市场 [J]. 法学杂志．1994 (03).

[409] 谢宏．竞争法之立法与市场经济秩序的维持——日本独占禁止法的经验与教训 [J]. 科学学与科学技术管理．1995 (12).

[410] 谢惠平．关于实行酒类专卖管理 de 设想 [J]. 江苏商论．1994 (05).

[411] 谢剑琳，孙明贵．我国区域市场发育中的壁垒与介入问题研究 [J]. 兰州大学学报（社会科学版). 1995 (02).

[412] 谢千里，罗斯基．中国工业的内在革新、竞争及产权改革模型 [J]. 中国工业经济．1994 (08).

[413] 徐更生．论市场经济条件下市场与政府的作用 [J]. 世界经济与政治．1995 (11).

[414] 徐海焱，旷海滨．特许经营：跻身现代化商业时代［J］．江苏商论．1995（03）．

[415] 徐怀礼．推行企业兼并　搞活国有经济［J］．税务与经济．1995（05）．

[416] 徐澜波．价格管理的法治之路——论价格立法与政府对价格的干预［J］．政治与法律．1995（06）．

[417] 徐士英．美国反垄断法纵横谈［J］．政治与法律．1994（01）．

[418] 徐双芹．市场经济与政府宏观调控［J］．经济问题．1994（10）．

[419] 徐向艺．我国工业企业规模与规模结构的实证分析［J］．财经研究．1995（11）．

[420] 徐学明．解放思想必须克服地方保护主义［J］．理论与改革．1995（10）．

[421] 许和木．论我国市场结构的失衡与重组［J］．福建师范大学学报（哲学社会科学版）．1994（04）．

[422] 薛家骥．"氖灯"小巨人和市场进入壁垒——"扬州现象"透视之五［J］．现代经济探讨．1994（08）．

[423] 薛家骥．发展规模经济与优化规模结构——"扬州现象"透视之一［J］．现代经济探讨．1994（08）．

[424] 薛家骥．资源市场化配置和进入壁垒［J］．江海学刊．1995（04）．

[425] 薛绍斌．关于"规模经济"的现实思考［J］．经济问题探索．1994（10）．

[426] 薛小和．权钱交易探源——读《腐败：权力与金钱的交换》［J］．改革．1994（04）．

[427] 闫儒名．应识别和防止市场经济竞争中的垄断行为［J］．经济师．1994（09）．

[428] 颜志强．美国竞争法沿革探［J］．经济理论与经济管理．1995（01）．

[429] 晏维龙．不要让反暴利进入误区［J］．价格月刊．1995（02）．

[430] 燕云．论市场竞争及其法律调控［J］．青岛大学师范学院学报．1994（04）．

[431] 杨发．"寻租"现象析［J］．理论探索．1995（03）．

[432] 杨高群，张琼娥．论粮食市场化中的商业垄断［J］．商业经济研究．1994（07）．

[433] 杨国麒．关于盐业专卖的探讨［J］．中国井矿盐．1995（05）．

[434] 杨虹．浅析我国企业兼并的主要障碍与对策［J］．经营与管理．1995（10）．

[435] 杨思正．美国"反托拉斯法"和市场经济［J］．世界经济研究．1995（04）．

[436] 杨素友，钱亮．日本的价格管理及其启示［J］．价格月刊．1994（03）．

[437] 杨文增．试论我国报业集团化趋势［J］．新闻与传播研究．1994（03）．

[438] 杨兴斌．建立与石油价格模式相适应的石油行业企业模式［J］．中国物价．1995（03）．

[439] 杨姚源，杨英兰．行业垄断还是自由竞争？——武汉、洛阳、南京三市寻呼业降价大战透视［J］．瞭望新闻周刊．1995（17）．

[440] 杨永华．中国向市场经济体制转轨的热点问题——中国社会主义政治经济学史研究会第五次学术讨论会综述［J］．理论与改革．1995（01）．

[441] 杨仲山．谈谈我国企业兼并及其资产评估［J］．集团经济研究．1994（11）．

[442] 叶家聪．试论商业竞争的趋势［J］．商业经济与管理．1995（03）．

[443] 叶京生，潘龙飞．特许经营浅谈［J］．国际商务研究．1994（03）．

[444] 亦冬．关于反暴利立法问题讨论述要［J］．政治与法律．1995（02）．

[445] 易章纯，蹇明昌．浅谈政府垄断地产一级市场的途径［J］．中国土地．1994（01）．

[446] 殷立春．日本的企业兼并［J］．现代日本经济．1995（04）．

[447] 尹虹．发展我国特许经营的条件分析［J］．北京商学院学报．1995（05）．

[448] 于炳才，郭志荣．发展规模经济的思路与对策构想——兼论江苏省金坛市经济发展之路［J］．经济师．1995（08）．

[449] 于建．以特许经营方式发展连锁店［J］．商业经济与管理．1995（04）．

[450] 于晓媛．浅谈乡镇企业适度规模经营 [J]．理论探索．1994 (02)．

[451] 于震．企业规模与经济效益 [J]．江海学刊．1995 (01)．

[452] 余力．论信息垄断 [J]．管理科学文摘．1994 (05)．

[453] 余卫明．论市场规范与市场秩序——兼论我国当前市场秩序紊乱的原因与对策 [J]．民族论坛．1995 (04)．

[454] 余武．天然垄断没有必要扩大 [J]．企业销售．1995 (06)．

[455] 余学庆，胡军．向市场经济过渡的中国宏观经济管理 [J]．经济问题．1995 (01)．

[456] 俞宜国，吴学文．论日本市场经济体制的建立及特点 [J]．世界经济与政治．1995 (05)．

[457] 俞毅．论当代跨国企业的跨国兼并 [J]．国际贸易问题．1995 (04)．

[458] 臧跃茹．日本企业集团的发展经验 [J]．经济纵横．1995 (09)．

[459] 曾铮．企业竞争优势的建立与发展 [J]．国际商务研究．1994 (05)．

[460] 曾梓民．浅谈企业兼并 [J]．湖南社会科学．1995 (01)．

[461] 翟祝平．促进规模经济加快起步 [J]．农村工作通讯．1994 (10)．

[462] 张爱萍．医疗保险——公费医疗改革的根本出路 [J]．财政．1995 (02)．

[463] 张宝华．论市场竞争的刑法规制 [J]．江海学刊．1994 (01)．

[464] 张保振．论烟草企业的企业行为 [J]．企业管理．1994 (12)．

[465] 张代谦．发展国有物资专业公司适度垄断的生产资料市场 [J]．理论导刊．1995 (05)．

[466] 张德宝．两强合一强更强　八方竞争更激烈 [J]．国际金融研究．1995 (05)．

[467] 张德霖．兼并在我国改革与发展进程中的作用和意义 [J]．中国经贸导刊．1995 (19)．

[468] 张德霖．垄断与反垄断立法刍议 [J]．中国工商管理研究．1995 (10)．

[469] 张国云．怎样解决企业冗员问题 [J]．上海企业．1995 (06)．

[470] 张虹．寡头垄断的成因与国有企业改革 [J]．经济改革．1995 (06)．

[471] 张计民．论市场竞争战略的选择 [J]．经营与管理．1994 (01)．

[472] 张剑辉．市场经济下公平与效率的协调 [J]．经济问题．1995 (01)．

[473] 张敬前．外国反托拉斯管制公司购并的规定 [J]．国际经济合作．1995 (09)．

[474] 张蓝青．市场经济 计划调控与环境保护 [J]．青海环境．1994 (04)．

[475] 张立宏．我国价格振荡中的市场失灵 [J]．价格月刊．1995 (03)．

[476] 张立君．略析市场卡特尔现象 [J]．价格月刊．1995 (05)．

[477] 张廉．公平竞争的法律调整与对策 [J]．南京社会科学．1995 (08)．

[478] 张林．住宅建设：垄断竞争下的增益 [J]．中国房地产．1994 (10)．

[479] 张宁湘，许丹松．国际化经营的理论及实践 [J]．国际经济合作．1995 (04)．

[480] 张其中，方涛．企业兼并：我国现代市场经济的现实要求 [J]．技术经济．1994 (Z2)．

[481] 张戎．论政府对铁路运输的干预 [J]．铁道运输与经济．1995 (06)．

[482] 张锐．发达国家政府对垄断行为的调控 [J]．国际经济合作．1995 (06)．

[483] 张润森．战后国家垄断资本主义在挪威的发展 [J]．世界经济文汇．1994 (01)．

[484] 张尚学．论深化金融竞争 [J]．财经问题研究．1995 (02)．

[485] 张伟．企业兼并潮涌华夏 [J]．湖南经济．1994 (09)．

[486] 张旭．略论经济体制转换过程中的“政府寻租” [J]．理论探讨．1995 (04)．

[487] 张萱．竞争法研究的新进展——评邵建东新著《中国竞争法》 [J]．南京大学法律评论．1995 (02)．

[488] 张岩．竞争活力、经济规模与产业组织合理化 [J]．经济科学．1994 (06)．

[489] 张岩贵，盛斌．评《技术垄断、跨国公司与经济发展》[J]．南开经济研究．1995 (03)．

［490］张宇燕．国家放松管制的博弈——以中国联合通信有限公司的创建为例［J］．经济研究．1995（06）．

［491］张云钢．权钱交易的经济分析——腐败问题与市场经济秩序［J］．思想战线．1994（03）．

［492］张珍．浅析当前收入分配不公问题［J］．理论探索．1994（04）．

［493］张振藩．加大企业兼并工作力度　促进试点工作深入开展［J］．中国经贸导刊．1995（20）．

［494］张仲福．德国的市场竞争秩序［J］．经济导刊．1994（04）．

［495］赵坤．走规模经济的道路发展我国钢铁工业［J］．宏观经济管理．1995（04）．

［496］赵凌云．论传统行政权力对市场导向改革的侵蚀［J］．社会主义研究．1994（01）．

［497］赵汝棋，阮孝应，赵克钦．规模经济：福州再发展的战略选择［J］．福建论坛（经济社会版）．1995（05）．

［498］赵振宇．关于社会分配不公的几个问题［J］．社会科学战线．1994（01）．

［499］赵震江．论市场经济条件下的效率与平等原则及其法律对策［J］．中外法学．1994（05）．

［500］郑荣禄．论有效竞争与产业组织政策［J］．上海经济．1995（03）．

［501］郑士贵．价格紊乱原因的研究：产品的多相性、地区市场或地方市场势力？［J］．管理科学文摘．1995（10）．

［502］郑万河．规模化经营——国内零售商业的走向和经营对策［J］．管理现代化．1994（01）．

［503］中国工商银行株洲市分行课题组．推动企业兼并的新思路［J］．湖南经济．1995（11）．

［504］中国市场结构研究——上海市场竞争类型实证分析［J］．复旦学报（社会科学版）．1995（03）．

［505］中国最大工业企业的分布及规模经济状况课题组．中国最大工业企业的分布及规模经济状况［J］．中国社会科学．1995（05）．

［506］钟建华．论竞争法在保护国内市场中的作用［J］．法学家．1995（02）．

［507］钟建华．外国竞争法对我国举办海外合资经营企业的影响［J］．法律科学—西北政法学院学报．1994（04）．

［508］周克标．铲除“寻租”毒瘤［J］．党政干部论坛．1994（09）．

［509］周莉．反倾销：理论目标与现实冲突［J］．国际贸易问题．1995（04）．

［510］周明生．试述中国市场经济中政府宏观调控作用的特殊性［J］．经济问题．1994（10）．

［511］周育仁．美国政府对企业之管制政策［J］．深圳大学学报（人文社会科学版）．1994（04）．

［512］周作斌．不正当竞争行为的法律界定［J］．陕西经贸学院学报．1994（01）．

［513］朱宝宪．国家调节必须建立在市场机制之上——希克斯对宏观经济学微观化的最早研究［J］．清华大学学报（哲学社会科学版）．1995（03）．

［514］朱刚体．公司规模与国际竞争力［J］．世界经济与政治．1994（07）．

［515］朱晋，杨立军．发展规模经济的思考［J］．企业活力．1994（12）．

［516］朱晋，杨立军．关于发展规模经济的思考［J］．经济问题．1995（01）．

［517］朱荣璋．中国电信业，垄断？竞争？［J］．乡音．1994（03）．

［518］朱振江．政府要牵住规模经济和产权改革的牛鼻子［J］．经济社会体制比较．1994（01）．

［519］祝新昆．市场有效竞争与企业集团［J］．思想战线．1994（01）．

[520] 专家论我国反垄断立法 [J]. 工商行政管理. 1994 (14).

[521] 庄东泉, 邹爱民. 乡镇工业企业发展规模经济的主要障碍 [J]. 企业经济. 1995 (09).

1987 ~ 1993 年

[1] C. 尼基丁, 谷雨钤. 市场经济发达国家的反垄断政策 [J]. 国外社会科学. 1993 (07).

[2] в. и. 巴甫留琴柯, 肖永年. 论大规模经济 [J]. 管理世界. 1987 (03).

[3] с. б лавров, 张玉斌. 区域政策与区域经济 [J]. 地理科学进展. 1991 (01).

[4] 阿明·波内特, 张人骥, 洪中. 中国的社会主义商品经济能否直接运用社会市场经济的价格与竞争政策 [J]. 中国物价. 1989 (01).

[5] 安生, 王本年. 发展横向经济联合 [J]. 新疆社会科学. 1987 (02).

[6] 白成琦. 论我国的横向经济联合与企业集团 [J]. 宏观经济研究. 1988 (06).

[7] 白益进. 论我国经济中的垄断现象 [J]. 理论研究. 1987 (04).

[8] 白振声. 我国民族地区横向经济联合浅议 [J]. 中央民族大学学报 (哲学社会科学版). 1991 (02).

[9] 鲍恒, 张振民. 市场结构和竞争策略 [J]. 商讯商业经济文荟. 1987 (01).

[10] 鲍立先. 对企业兼并中几个问题的思考 [J]. 财会通讯 (综合版). 1988 (11).

[11] 本刊特约评论员. 从企业兼并说起 [J]. 中国农垦. 1988 (06).

[12] 边际. 企业集团的特征与功能 [J]. 华东经济管理. 1991 (04).

[13] 卞彬. 对我国企业兼并若干问题的探讨 [J]. 财经科学. 1992 (04).

[14] 卞昌久. 浅谈企业兼并的立法 [J]. 现代法学. 1990 (03).

[15] 蔡伯云. 开展横向经济联合 提高企业竞争能力 [J]. 中国资源综合利用. 1987 (01).

[16] 蔡东春. 论市场经济与反不正当竞争的立法思考 [J]. 科技与法律. 1993 (02).

[17] 蔡铃. 横向经济联合中生产力因素的流动与重新结合 [J]. 学术月刊. 1987 (06).

[18] 蔡旭. 经济管理体制转换与价格改革 [J]. 价格月刊. 1987 (06).

[19] 曹旭华. 美国的反垄断政策 [J]. 世界经济. 1989 (06).

[20] 曹志勃. 论企业兼并的不规范行为及对策 [J]. 理论观察. 1990 (04).

[21] 曹志勃, 王培杰. 再论企业兼并的倾向性问题及其对策 [J]. 理论观察. 1988 (05).

[22] 车丕照. 美国反垄断法对企业兼并的限制 [J]. 法学评论. 1990 (02).

[23] 车丕照. 论西方国家反垄断立法的社会基础 [J]. 当代法学. 1990 (04).

[24] 车丕照. 论企业兼并对市场的消极影响及相应的法律对策 [J]. 当代法学. 1989 (04).

[25] 陈殿阁. 企业兼并与经济结构调整 [J]. 辽宁大学学报 (哲学社会科学版). 1991 (05).

[26] 陈海福. 关于企业兼并的几点思考 [J]. 求实. 1989 (01).

[27] 陈佳贵. 在企业兼并中要注意理顺产权关系 [J]. 中国工商. 1989 (01).

[28] 陈家彦. 关于社会主义竞争和垄断的断想 [J]. 经济问题. 1987 (12).

[29] 陈键. 实行企业兼并财政应研究解决的几个问题 [J]. 财会通讯 (综合版). 1988 (12).

[30] 陈杰兴. 商业横向经济联合的几种模式 [J]. 商讯商业经济文荟. 1987 (01).

[31] 陈漓高. 美国大公司的兼并及其在竞争中的作用 [J]. 南开经济研究. 1990 (01).

[32] 陈立德, 曾纪木. 发展企业横向联合建设具有中国特色的企业集团 [J]. 开发研究. 1987 (02).

[33] 陈谋箴. 横向经济联合和社会主义生产集中 [J]. 厦门大学学报 (哲学社会科学版).

1987 (01).

[34] 陈文辉，黄鲁成．关于企业集团垄断与竞争的思考 [J]．学习与探索．1993 (05).

[35] 陈祥健．论横向联合的法律环境 [J]．福建论坛（社科教育版）．1987 (12).

[36] 陈小洪．规模经济初探 [J]．数量经济技术经济研究．1989 (07).

[37] 陈耀庭．关于垄断利润和垄断价格的几个理论问题 [J]．中国人民大学学报．1987 (06).

[38] 陈一献．横向经济联合简论 [J]．山东大学学报（哲学社会科学版）．1987 (S1).

[39] 陈一之．转变政府行为 把企业推向市场 [J]．创造．1993 (05).

[40] 陈宗兴．试论制定区域经济发展战略的若干原则 [J]．干旱区地理．1987 (01).

[41] 崔爱国，徐寿根．企业兼并：产业结构调整的捷径 [J]．经济问题．1991 (03).

[42] 崔正军．浅谈调整横向联合企业内部经济关系的法律手段 [J]．政治与法律．1987 (01).

[43] 邓国春．试论现代资本主义的垄断化趋势和分散化趋势 [J]．湖北大学学报（哲学社会科学版）．1987 (06).

[44] 邓建东．企业兼并与商品经济 [J]．理论学刊．1989 (06).

[45] 邓启惠．市场竞争模式研究 [J]．中南财经政法大学学报．1993 (03).

[46] 刁瑞庆．为横向经济联合立法势在必行 [J]．理论学刊．1987 (05).

[47] 丁晶源，魏振华．发展横向经济联合与增强企业活力的关系 [J]．现代财经——天津财经学院学报．1987 (03).

[48] 丁敬平．应当重视产业组织政策的研究 [J]．中国工业经济．1987 (04).

[49] 丁全新，郑正海．横向经济联合会产生垄断的双重后果 [J]．财经理论与实践．1987 (01).

[50] 丁全新，郑正海．横向经济联合会产生垄断的双重作用后果 [J]．经济纵横．1987 (07).

[51] 丁锡华．兼并为企业发展带来新契机 [J]．上海企业．1993 (10).

[52] 杜飞进．企业兼并问题论纲 [J]．中外法学．1989 (01).

[53] 范钦书．银行必须参与企业兼并 [J]．上海金融．1989 (05).

[54] 方大浩，谢德录．重庆市企业兼并的几个问题初探 [J]．探索．1988 (04).

[55] 方流芳．关于联营的几个法律问题 [J]．法学家．1987 (05).

[56] 方流芳．关于联营的两个法律问题 [J]．法学杂志．1987 (05).

[57] 房汉廷．企业行为与市场运行 [J]．管理世界．1988 (02).

[58] 冯穗芳．论企业兼并与信贷工作的双向作用 [J]．现代金融．1988 (10).

[59] 冯辛酉．论横向经济联合中的标准化工作 [J]．山西财经大学学报．1990 (03).

[60] 凤领．配套联营是个好方式 [J]．经营与管理．1987 (03).

[61] 符德群．破产处理与企业兼并的比较分析 [J]．中国工业经济．1989 (01).

[62] 傅晨．评当代西方经济学关于垄断的基本观点 [J]．四川农业大学学报．1992 (01).

[63] 傅鹏．回顾历史 思考现实——浅析我国烟草专卖管理的必要性 [J]．中国烟草学报．1993 (02).

[64] 高峰．集中和垄断仍然是当代资本主义的基本特征 [J]．高校理论战线．1992 (03).

[65] 高峰，刘鹏．企业兼并法律规制浅议 [J]．当代法学．1989 (01).

[66] 高庆林．企业兼并浪潮 [J]．瞭望．1988 (44).

[67] 高耀生．试论横向经济联合中的层次和模式 [J]．江苏冶金．1988 (05).

[68] 高占军，朱光明，孙国柱．加强企业横向联合 提高企业竞争能力 [J]．施工企业管理．

1991 (09).

[69] 高稚光. 浅谈企业兼并与深化改革 [J]. 中央财经大学学报. 1989 (05).

[70] 葛光日. 论控制固定资产投资规模 [J]. 经济问题探索. 1987 (11).

[71] 龚建中. 反垄断法对市场结构的调节作用 [J]. 当代财经. 1991 (08).

[72] 龚维敬. 当代垄断的特征 [J]. 世界经济. 1993 (12).

[73] 龚维敬. 当今垄断企业的经营策略——美国国际商业机器公司经营策略剖析 [J]. 世界经济. 1993 (08).

[74] 龚维敬. 当代西方经济学反垄断理论述评 [J]. 复旦学报 (社会科学版). 1993 (04).

[75] 龚维敬. 资本主义混合联合公司的发展及其形成原因 [J]. 经营与管理. 1987 (12).

[76] 古江. 企业集团的法律制度 [J]. 甘肃政法学院学报. 1991 (02).

[77] 关白，季杰. 天津市横向经济联合的发展与对策 [J]. 现代财经——天津财经学院学报. 1987 (02).

[78] 郭理. 积极推进企业兼并 [J]. 中国改革. 1989 (05).

[79] 过孝民. 环境保护与产业政策 [J]. 经济研究参考. 1993 (Z4).

[80] 韩德洋. 谈谈横向经济联合的法律责任 [J]. 法律适用. 1988 (02).

[81] 韩汉君. 规模经济理论的新发展 [J]. 上海经济研究. 1993 (04).

[82] 韩丽杰，曹殿义. 试论社会主义经济垄断 [J]. 理论探讨. 1987 (03).

[83] 何诚颖. 市场经济和经济秩序 [J]. 经济问题. 1993 (12).

[84] 何济川. 清除地方保护主义 [J]. 理论导刊. 1993 (07).

[85] 何培德. 垄断术 [J]. 经营与管理. 1988 (09).

[86] 何向东. 世纪性的兼并 [J]. 世界知识. 1989 (03).

[87] 何啸，瞿友喜. 论横向经济联合和统计产值的主体原则 [J]. 财经理论与实践. 1987 (02).

[88] 贺建强. 析个体商业开始垄断小商品市场 [J]. 上海企业. 1990 (09).

[89] 贺强. 横向经济联合与生产力发展 [J]. 中央财经大学学报. 1987 (02).

[90] 洪小林. 试论社会主义市场竞争与垄断 [J]. 商业时代. 1987 (08).

[91] 侯旭华. 企业集团垄断问题的辨析与对策 [J]. 财经理论与实践. 1991 (01).

[92] 胡逢吉. 社会主义垄断类型及应采取的对策 [J]. 经济纵横. 1987 (03).

[93] 胡谦. 横向经济联合条件下的行业管理 [J]. 经济问题探索. 1987 (06).

[94] 胡清玉. 横向经济联合需要公共关系学 [J]. 武汉大学学报 (哲学社会科学版). 1987 (01).

[95] 胡绍增，曹志勃，赵文高. 论企业兼并中的倾向性问题及其对策 [J]. 学术交流. 1988 (06).

[96] 胡晓詹，鲁海祥. 武汉市商业企业引入兼并机制的考察 [J]. 财贸经济. 1988 (11).

[97] 胡元奎. 价格改革必须打破垄断价格 [J]. 价格理论与实践. 1988 (10).

[98] 胡运龙，郑琦. 规模经济和我国小企业的发展 [J]. 生产力研究. 1987 (06).

[99] 胡运龙，郑琦. 论企业规模结构的优化 [J]. 上海经济研究. 1988 (02).

[100] 胡运龙，郑琦. 试论规模经济 [J]. 经济纵横. 1989 (01).

[101] 胡祖源. 社会主义制度下企业兼并的意义与特点 [J]. 新疆社会科学. 1988 (06).

[102] 华国庆. 企业兼并若干问题的法律思考 [J]. 法学家. 1989 (06).

[103] 黄斌，董克. 略论银行参与企业兼并的几种形式 [J]. 中国城市金融. 1989 (03).

[104] 黄斌，黄克. 论银行在企业兼并中的参与和选择 [J]. 学术论坛. 1989 (04).

[105] 黄奋. 美国的兼并风及其经济影响 [J]. 世界经济. 1987 (05).

[106] 黄洁．市场竞争的对策 [J]．广西财经学院学报．1988 (04).

[107] 黄黎明，肖桂山．论市场界域 [J]．财经研究．1990 (06).

[108] 黄流基．兼并在治理经济环境中的积极效应及其法律问题 [J]．法治论丛．1989 (04).

[109] 黄鸣．浅论横向经济联合的经济互补性 [J]．农村经济．1988 (01).

[110] 黄求燕．对横向经济发展中几个问题的看法 [J]．经济问题探索．1988 (11).

[111] 黄世雄．略论社会主义商品经济中的垄断与竞争 [J]．商业经济与管理．1989 (01).

[112] 黄泰岩．西方促进竞争的反垄断政策 [J]．江西社会科学．1992 (01).

[113] 黄薇，石钟．发展横向经济联合不可忽视签订合同 [J]．南方金融．1987 (03).

[114] 黄显峰，吴斯．浅谈企业兼并的现实出路 [J]．当代法学．1990 (01).

[115] 黄燕芬，杨宜勇．西方发达资本主义国家价格政策的主要内容 [J]．宏观经济研究．1993 (08).

[116] 黄倚衡，沈利群．社会主义市场经济与自由竞争 [J]．湖南大学学报（社会科学版）．1993 (01).

[117] 贾和亭．我国企业集团产生的客观基础 [J]．中国改革．1988 (07).

[118] 贾善来．关于横向经济联合与协作的思考 [J]．江西社会科学．1991 (02).

[119] 贾玉健，潘宇鹏，马民虎．关于制止不正当竞争法规的探讨 [J]．知识产权．1988 (01).

[120] 江红．论企业集团的现状与发展 [J]．江淮论坛．1991 (04).

[121] 姜建初．竞争法的历史曲线和完整组合 [J]．当代法学．1991 (01).

[122] 姜圣复．论战后美国国家垄断资本主义的发展 [J]．社会科学战线．1993 (05).

[123] 姜伟民，杨清仿．刍议企业兼并中产权转让价格的合理确定 [J]．财政研究．1989 (03).

[124] 姜作培．横向经济联合中的物质利益观 [J]．财经科学．1987 (04).

[125] 蒋长明．横向经济联合为啥变冷了 [J]．中国改革．1987 (09).

[126] 蒋冠群．发展横向联合　提高经济效益 [J]．农业机械学报．1987 (03).

[127] 蒋文军，范立韶，吴永生．试论社会主义初级阶段的企业兼并 [J]．江苏经贸职业技术学院学报．1988 (03).

[128] 蒋跃进．优化工业产业结构 组织新的经济优势——我省十县（市）经济信息网络第七次例会代表发言摘要 [J]．浙江经济．1989 (06).

[129] 金占明，洪源．国际市场的进入战略及其选择 [J]．世界经济．1993 (09).

[130] 晋晖．论规模经济 [J]．生产力研究．1987 (02).

[131] 晋平，肖峰．乡镇企业横向经济联合初探 [J]．经济问题．1988 (12).

[132] 卡门，杨炯．市场结构和创新 [J]．国外社会科学文摘．1991 (04).

[133] 康方，张宏博．企业兼并问题初探 [J]．中国改革．1988 (01).

[134] 孔凡静．日本的产业组织政策 [J]．日本研究．1987 (03).

[135] 赖祥麟．论 80 年代西方国家垄断资本主义政策的结构性调整 [J]．世界经济．1987 (12).

[136] 兰其云，甘辉．社会主义商品经济的垄断浅议 [J]．探索与争鸣．1987 (04).

[137] 蓝君．倾销与反倾销的经济分析 [J]．外国经济与管理．1989 (09).

[138] 劳苑．企业兼并与产业结构优化的矛盾及解决办法 [J]．财经问题研究．1990 (09).

[139] 雷永烨．论农业规模经营 [J]．上海交通大学学报（农业科学版）．1988 (02).

[140] 李百汉，姜绍华．企业兼并的难点与对策探讨 [J]．东岳论丛．1989 (06).

[141] 李贝顿．银行要多方支持兼并企业 [J]．西南金融．1988 (10).

[142] 李碧波．银行信贷结构调整与企业兼并 [J]. 中国城市金融．1988 (10).

[143] 李德身，王晋华．在治理整顿中推进企业兼并 [J]. 中国改革．1990 (04).

[144] 李广和，姚舜平．企业兼并与企业集团 [J]. 中国物流与采购．1992 (09).

[145] 李汉生，汪志勇．企业兼并要为发展生产力服务 [J]. 财会月刊．1988 (11).

[146] 李洪林．试论林业企业兼并 [J]. 绿色中国（理论版). 1989 (02).

[147] 李家祥．社会主义经济中垄断的两种基本形式及其发展趋势 [J]. 财经论丛．1990 (04).

[148] 李建华，张琪．企业兼并中的法律问题 [J]. 法学杂志．1988 (05).

[149] 李剑峰．企业兼并中的异化现象及金融对策 [J]. 农村金融研究．1989 (08).

[150] 李君．论横向经济联合在我国对外开放中的地位和作用 [J]. 中国工商．1993 (01).

[151] 李来学，杨清仿．谈谈企业兼并中的财务管理问题 [J]. 财会通讯（综合版). 1988 (11).

[152] 李鲁云．兼并是搞活企业的新途径 [J]. 财经科学．1988 (10).

[153] 李明义．企业集团与规模效益 [J]. 北京工商大学学报（社会科学版). 1989 (02).

[154] 李启明．正确处理好企业横向联合的几个关系问题 [J]. 经济问题探索．1987 (08).

[155] 李荣桂．企业兼并的客观基础和现实意义 [J]. 财会月刊．1988 (12).

[156] 李荣桂．企业兼并中几个问题的探讨 [J]. 财会月刊．1989 (01).

[157] 李士彦．企业兼并的动因与效应 [J]. 北京工商大学学报（社会科学版). 1989 (04).

[158] 李守身，孟力．关于市场准入若干问题的思考 [J]. 华东经济管理．1993 (03).

[159] 李述仁．西欧国家垄断资本主义的历史性变革 [J]. 世界经济．1988 (06).

[160] 李太原．试论社会主义商品经济条件下的企业兼并 [J]. 探索．1988 (03).

[161] 李文忠．对市场调节价格的管理 [J]. 价格理论与实践．1993 (01).

[162] 李晓鸣，汪良忠．关于垄断竞争模型的若干争论 [J]. 郑州航空工业管理学院学报（管理科学版). 1992 (01).

[163] 李兴源．运用利率杠杆 促进企业兼并 [J]. 中国城市金融．1989 (05).

[164] 李杨．国营企业和政府机构垄断行为对效益的影响 [J]. 开放时代．1989 (02).

[165] 李章忠．关于垄断问题的新思考 [J]. 学术论坛．1990 (02).

[166] 李震寰．论横向经济联合 [J]. 兰州大学学报（社会科学版). 1987 (01).

[167] 李仲达．论社会主义市场经济法律秩序的建设与保障 [J]. 理论导刊．1993 (10).

[168] 梁森宏．企业兼并初探 [J]. 甘肃政法学院学报．1991 (04).

[169] 梁朱林，林雅华．充分发挥银行在企业兼并中的作用 [J]. 福建金融．1988 (12).

[170] 廖丹清．农资专营及其对价格的控制 [J]. 江汉论坛．1989 (12).

[171] 廖鸣和．企业兼并的若干法律问题 [J]. 法律适用．1993 (02).

[172] 林凌．建立市场经济体制 政府必须自我革命 [J]. 经济管理．1993 (04).

[173] 林禧．论市场经济中的政府行为 [J]. 山东大学学报（哲学社会科学版). 1993 (04).

[174] 林叶．论中国跨国公司的竞争与垄断 [J]. 经济学家．1992 (04).

[175] 林玉天．制止把行业协议价变成垄断价的做法 [J]. 价格理论与实践．1987 (01).

[176] 凌小春，李立功．论企业兼并和股份化的若干问题 [J]. 企业经济．1988 (08).

[177] 凌晓东．市场经济中的政府干预 [J]. 管理世界．1992 (06).

[178] 刘宝荣．苏联外贸国家垄断制的发展与演变 [J]. 国际贸易．1987 (12).

[179] 刘传葵．浅谈银行参与企业兼并 [J]. 南方金融．1993 (12).

[180] 刘春田．关于制止不正当竞争法的几个问题 [J]. 知识产权．1992 (06).

[181] 刘海云．跨国兼并：企业集团国际化发展的重要选择 [J]. 集团经济研究．1993 (12).

[182] 刘宏谊．欧美各国向垄断阶段过渡的几个问题［J］．世界经济文汇．1988（05）．
[183] 刘家顺．我国规模经济形成机制初探［J］．河北理工学院学报．1993（03）．
[184] 刘锦彪．美国银行的企业兼并和风险管理［J］．上海金融．1990（01）．
[185] 刘兰．企业兼并需要注意的几个财务问题［J］．财会通讯（综合版）．1989（07）．
[186] 刘黎明，桂菊平．试论对垄断的法律规制［J］．中南政法学院学报．1990（03）．
[187] 刘茂才．竞争与稳定［J］．世界经济与政治．1992（07）．
[188] 刘树杰．浅议国家指导价格的强制性［J］．价格理论与实践．1987（02）．
[189] 刘兴桂．克服地方保护主义 加强宏观经济调控［J］．中南政法学院学报．1991（04）．
[190] 刘轶贤．社会主义商品经济中的竞争与垄断［J］．江汉大学学报（社会科学版）．1989（01）．
[191] 刘永斌，林汝辉．区域性银行垄断的危害及其整治［J］．福建论坛（社科教育版）．1990（01）．
[192] 刘永伟．论美国反托拉斯法对反倾销法的批评［J］．国际商务研究．1993（04）．
[193] 刘倬隆．横向经济联合分利原则的探讨［J］．财经问题研究．1988（07）．
[194] 柳随年．加强流通管理 整顿市场秩序［J］．党建．1989（05）．
[195] 卢传敏．亚洲企业跨国兼并的经验与教训［J］．国际商务研究．1993（01）．
[196] 卢嘉瑞．论社会主义垄断及其对策［J］．社会科学战线．1987（04）．
[197] 鲁明学．浅析马歇尔的垄断理论［J］．南开经济研究．1990（01）．
[198] 陆德明．改造产业组织 建立垄断竞争市场［J］．经济研究．1988（10）．
[199] 陆一香．关于我国农业规模经济问题的探讨［J］．南京农业大学学报．1987（03）．
[200] 罗步瀛．企业兼并应注意的几个问题［J］．武汉金融．1988（06）．
[201] 罗冠生．企业兼并必须充分发挥企业产权市场的作用［J］．财经研究．1989（03）．
[202] 罗玉珍，石柱华，柯昌辉．试论企业兼并的几个法律问题［J］．法学评论．1989（02）．
[203] 马春礼．市场垄断竞争特性的分析［J］．北京市经济管理干部学院学报．1991（03）．
[204] 马建堂．论进入壁垒［J］．江淮论坛．1993（02）．
[205] 马健生，曹焕忠．企业联合的发展趋势及其法律调整［J］．河北学刊．1989（04）．
[206] 马健行．再论当代资本主义与垄断［J］．社会科学战线．1990（02）．
[207] 马健行．当代资本主义与垄断——与童大林等同志讨论［J］．经济研究．1989（07）．
[208] 马双平．企业“兼并”析［J］．瞭望．1988（01）．
[209] 马学禄，高双良．谈企业兼并中的政府职能［J］．经济管理．1988（10）．
[210] 马阳．横向经济联系的发展趋势［J］．开发研究．1987（05）．
[211] 马壮昌．简论我国发展社会主义市场经济［J］．社科纵横．1993（03）．
[212] 孟宪陟．超经济垄断障碍社会主义市场发育［J］．经济纵横．1989（04）．
[213] 孟祥生．重视竞争对策的研究［J］．价值工程．1993（05）．
[214] 米尉中．企业联合法基本问题的比较探讨［J］．法律科学——西北政法学院学报．1991（02）．
[215] 苗伟，王锴．关于地方保护主义问题的讨论［J］．中共山西省委党校学报．1991（01）．
[216] 南行．横向联合 开花结果——三水避雷器厂简介［J］．电瓷避雷器．1987（01）．
[217] 倪志福．谈横向经济联合［J］．理论月刊．1987（01）．
[218] 牛桂敏，傅韬．积极发展外贸横向联合［J］．经营与管理．1987（04）．
[219] 牛西平．论股份有限公司在横向经济联合中的作用［J］．中南政法学院学报．1987（03）．
[220] 牛振亚．企业兼并问题的法律思考［J］．现代法学．1989（02）．

[221] 欧阳土中，陈君豪．厂所横向技术联合应注意的几个问题 [J]．科研管理．1987 (03).

[222] 潘石．略论地方市场保护主义 [J]．经济纵横．1990 (12).

[223] 潘熙珍．企业兼并行为初探 [J]．当代财经．1988 (04).

[224] 潘筱培．企业兼并是改革深化的必然趋势 [J]．安徽教育学院学报．1989 (02).

[225] 裴兆林．发展横向联合　搞活农村经济 [J]．新农业．1987 (09).

[226] 戚聿东．论社会主义市场经济条件下垄断的成因及其作用 [J]．学习与探索．1993 (01).

[227] 戚聿东．社会主义市场垄断的成因及作用 [J]．北京工商大学学报（社会科学版）．1993 (02).

[228] 钱育文．浅谈乡镇企业信贷结构优化与企业兼并 [J]．现代金融．1988 (10).

[229] 钱仲斌．横向联合企业总产值分配问题管见 [J]．经营与管理．1987 (07).

[230] 钱仲斌．横向联合与信息开发 [J]．经营与管理．1987 (01).

[231] 乔治·弗·考皮茨，李亚联．跨国联合企业集团多样化经营的起因和影响 [J]．特区经济．1990 (02).

[232] 秦元文，王春和．兼并是企业自求发展的好方式 [J]．前线．1993 (12).

[233] 邱立成．论资本主义技术垄断 [J]．南开经济研究．1993 (02).

[234] 裘元伦．市场 + 国家，垄断 + 竞争促使战后发达资本主义国家生产力迅速发展 [J]．世界经济．1988 (11).

[235] 让·克劳德·奥凯，孙健．法兰西国家垄断和商人市场 [J]．盐业史研究．1993 (02).

[236] 任祖耀．企业兼并联合与防止垄断 [J]．现代法学．1992 (04).

[237] 邵国良．社会主义企业兼并概念探讨 [J]．湖南社会科学．1990 (06).

[238] 申晓梅．对社会主义垄断现状的考察 [J]．经济问题．1989 (09).

[239] 沈弟高，陈景学．发挥联合优势，走集团化发展之路 [J]．湖北社会科学．1988 (08).

[240] 沈鹤云．银行要支持和促进企业兼并 [J]．财会通讯（综合版）．1989 (08).

[241] 沈惠臣．集结联合优势 发挥规模效应 [J]．中国改革．1987 (06).

[242] 沈志渔，徐小玫．关于保定市企业兼并情况的调查和分析 [J]．中国工业经济．1988 (07).

[243] 盛洪．论投机和垄断 [J]．天津社会科学．1990 (03).

[244] 盛时恩．发展横向经济联结的客观要求和途径 [J]．上海经济研究．1988 (05).

[245] 施天涛．技术转让与反垄断法的思考 [J]．法律科学（西北政法学院学报）．1989 (06).

[246] 石德宏．对垄断竞争理论的批判与理解 [J]．南开经济研究．1987 (02).

[247] 石少侠．对企业兼并几个问题的法律思考 [J]．经济纵横．1990 (01).

[248] 时春荣．试论国际石油卡特尔权力的转移 [J]．求是学刊．1990 (02).

[249] 史晋川．规模经济刍议 [J]．浙江经济．1991 (07).

[250] 束长星．略论横向经济联合 [J]．理论建设．1987 (01).

[251] 宋曙光．推动横向经济联合 积极发展企业集团 [J]．企业管理．1990 (03).

[252] 宋涛．横向经济联合和经济体制改革 [J]．中国人民大学学报．1987 (02).

[253] 孙宝存，张占鳌，柳民．企业兼并浅论 [J]．领导之友．1988 (06).

[254] 孙必标．企业兼并与增强银行信贷活力 [J]．中国金融．1988 (10).

[255] 孙必标．银行在促进企业兼并联合中的作用 [J]．武汉金融．1988 (05).

[256] 孙国强．企业兼并中存在的主要问题及治理措施 [J]．现代金融．1989 (09).

[257] 孙季苑，姜清伟．我国企业集团的现状及发展前景 [J]．中国改革．1990 (05).

[258] 孙南申．浅析美国反不正当竞争的法律制度及其影响 [J]．学海．1990 (04)．
[259] 孙伟化．论中国跨国公司垄断竞争价格决定 [J]．学习与探索．1992 (04)．
[260] 孙信益．开展横向经济联合加速企业发展 [J]．上海企业．1991 (01)．
[261] 孙彦彬，刘戒骄．产业进入壁垒机制与我国产业组织重塑 [J]．经济理论与经济管理．1992 (05)．
[262] 孙振清．经济联合促进企业活力 [J]．中国工商．1989 (09)．
[263] 谭兵益，张希荣．企业兼并与信贷管理 [J]．西南金融．1988 (10)．
[264] 谭君久，何宏非．论社会垄断资本主义 [J]．世界经济．1987 (10)．
[265] 谭显荣．企业兼并 分帐制 财政策略 [J]．经济问题探索．1989 (02)．
[266] 谭显荣，刘贵彬．企业兼并市场运行的困境与出路 [J]．经济问题探索．1989 (09)．
[267] 谭再求．发展横向联合的几点思考 [J]．前线．1987 (03)．
[268] 汤树梅．美国反托拉斯法的法律形式 [J]．法学家．1988 (05)．
[269] 唐惠民，范长龙．横向经济与金融改革 [J]．投资研究．1987 (03)．
[270] 唐杰．垄断竞争条件下的区域经济关系 [J]．南开经济研究．1992 (05)．
[271] 陶琲．发展横向联合 促进商业改革 [J]．商业时代．1987 (02)．
[272] 陶隆福．走联合兼并之路 [J]．中国改革．1992 (04)．
[273] 陶鲁笳．论横向经济联合与区域经济 [J]．经济问题．1987 (11)．
[274] 陶英．罗宾逊不完全竞争理论中的价格思想 [J]．中国物价．1992 (12)．
[275] 陶允．横向经济联合要唱好三部曲 [J]．经营与管理．1987 (01)．
[276] 田福庭．保定市的企业兼并 [J]．经济社会体制比较．1988 (05)．
[277] 田禾．横向经济联合中存在的问题 [J]．开发研究．1987 (01)．
[278] 田梅，许高珍．横向经济联合实践的思考 [J]．经济问题．1987 (06)．
[279] 田书勤，张良武，邹光裕．试论企业兼并与合并 [J]．财会月刊．1989 (01)．
[280] 屠端华，姜忠孝，张皓若，等．兼并：中小企业发展不可逆转的新趋势 [J]．当代经济科学．1988 (03)．
[281] 万典武，蒋惠英．关于组建商业企业集团的几点看法 [J]．财贸经济．1991 (03)．
[282] 万典武，张采庆．对我国市场壁垒的剖析 [J]．商业时代．1991 (01)．
[283] 汪国胜．企业兼并的存在和发展条件 [J]．财会月刊．1989 (09)．
[284] 汪志勇．对企业兼并经济法律关系的思考 [J]．财会月刊．1988 (09)．
[285] 王安邦．横向联合 硕果累累 [J]．经营与管理．1990 (02)．
[286] 王保畲．企业结构改革与规模经济效益 [J]．经济科学．1989 (06)．
[287] 王保畲．试论规模经济效益 [J]．江汉论坛．1989 (01)．
[288] 王彬．关于组建股份制企业集团的探讨 [J]．经济管理．1989 (04)．
[289] 王波．建立企业兼并市场刍议 [J]．企业活力．1988 (10)．
[290] 王德章．论农产品价格政策 [J]．价格理论与实践．1993 (03)．
[291] 王德章．论我国农产品价格政策取向的转变 [J]．中国物价．1992 (08)．
[292] 王殿国．谈谈横向联合中的几个辩证关系 [J]．企业活力．1987 (09)．
[293] 王丁，陆杨．横向经济联合中亟需解决的几个问题 [J]．经济管理．1987 (06)．
[294] 王冬青．企业兼并若干法律问题探讨 [J]．中南政法学院学报．1988 (04)．
[295] 王方明，秦尊文．企业兼并的法律思考 [J]．经济评论．1991 (03)．
[296] 王飞．上海企业兼并中的问题及对策 [J]．上海企业．1993 (08)．
[297] 王光璞．论竞争和垄断对经济发展的二重性作用 [J]．求是学刊．1991 (01)．
[298] 王海鸥．反倾销法的贸易保护主义倾向 [J]．法治论丛．1989 (01)．

[299] 王河．对经济联合中竞争与垄断的法制调控（续）［J]．甘肃政法学院学报．1990 (04).

[300] 王河．社会主义垄断及其对策［J]．财经科学．1990 (04).

[301] 王河．发展横向联合是搞活振兴经济的必由之路［J]．广东技术师范学院学报．1987 (01).

[302] 王河．论横向经济联合体的法律地位（续）[J]．甘肃政法学院学报．1987 (01).

[303] 王河．论横向经济联合体的法律地位 [J]．社会科学研究．1987 (01).

[304] 王河．论横向经济联合体的法律调整 [J]．法学杂志．1988 (02).

[305] 王河．对经济联合中竞争与垄断的法制调控 [J]．甘肃政法学院学报．1990 (03).

[306] 王槐．论企业兼并后的一体化经营管理 [J]．经济与管理研究．1989 (02).

[307] 王惠洪．美、欧、日企业与银行的兼并浪潮 [J]．现代国际关系．1990 (04).

[308] 王健刚．寻租理论 [J]．广西财经学院学报．1989 (03).

[309] 王居庆．横向经济联合与横向资金融通 [J]．华北金融．1987 (11).

[310] 王峻岩．论横向经济联合的法律形式及基本原则 [J]．武汉大学学报（人文科学版）．1988 (01).

[311] 王立江．推动横向经济联合向广度和深度发展 [J]．中国建材．1987 (02).

[312] 王明权．运用市场机制　实现企业兼并 [J]．财会月刊．1988 (06).

[313] 王平，周建国．竞争：企业兼并与破产 [J]．当代财经．1988 (12).

[314] 王全书．发挥优势搞兼并　调整结构促发展 [J]．企业活力．1992 (11).

[315] 王瑞华．企业兼并辨析 [J]．财务与会计．1989 (08).

[316] 王慎之．横向经济联系的动态考察 [J]．人文杂志．1987 (06).

[317] 王时杰，雷丰新．我国企业集团的趋势和障碍分析 [J]．中南财经政法大学学报．1991 (04).

[318] 王炜中．横向经济联合中的有关法律问题 [J]．企业经济．1987 (03).

[319] 王炜中．企业兼并的几个法律问题 [J]．企业经济．1989 (03).

[320] 王先林．浅论我国的竞争立法 [J]．安徽大学学报（哲学社会科学版）．1991 (04).

[321] 王由礼．谈横向经济联合的层次性 [J]．贵州社会科学．1987 (03).

[322] 王志华．横向经济联合与企业经济行为 [J]．世界经济文汇．1987 (02).

[323] 王忠民，宋田林．我国目前企业的规模经济透视 [J]．改革与战略．1988 (01).

[324] 韦开秀．横向经济联合与会计改革 [J]．经济问题探索．1987 (06).

[325] 韦月斌．对企业兼并行为障碍的思考 [J]．经营与管理．1989 (12).

[326] 魏剑．试论我国的反垄断立法 [J]．中外法学．1989 (03).

[327] 魏杰．论产业规模政策 [J]．贵州社会科学．1988 (03).

[328] 文启湘．关于横向经济联合的几个问题 [J]．财经理论与实践．1987 (01).

[329] 吴东林，张卫国．关于企业不正当竞争行为的法律思考 [J]．价格月刊．1992 (02).

[330] 吴桂英．构筑我国公平竞争保护法的思考 [J]．中国工商管理研究．1993 (03).

[331] 吴敬华．试谈发展社会主义横向经济联系的十项原则 [J]．现代财经（天津财经学院学报）．1987 (03).

[332] 吴以国．浅析公平与效率的结合 [J]．东北师大学报（哲学社会科学版）．1991 (04).

[333] 吴音．美国企业界兼并潮头正起 [J]．世界知识．1993 (23).

[334] 吴月英．论跨国企业目标市场进入的壁垒与对策 [J]．企业经济．1993 (12).

[335] 吴振寰，张东升．从美国企业兼并中得到启示 [J]．企业管理．1988 (12).

[336] 伍宇峰．企业兼并在改革关键阶段的重要意义 [J]．中国工商．1989 (01).

[337] 希文．西欧企业兼并浪潮方兴未艾［J］．国际展望．1987（19）．

[338] 席春盈．论国有企业兼并的产权界定［J］．许昌学院学报．1989（03）．

[339] 夏博辉．我国企业兼并及有关财务问题［J］．财经问题研究．1989（Z1）．

[340] 夏小军．试论我国企业规模不经济的原因［J］．中国工业经济．1989（02）．

[341] 项志国．兼并企业的产权评估人及应注意的问题［J］．财会通讯（综合版）．1988（11）．

[342] 项志国．企业兼并产权合理转让浅探［J］．财会月刊．1988（09）．

[343] 晓徐．武汉市企业兼并市场开业［J］．财会月刊．1988（06）．

[344] 肖德周．试论私人垄断资本主义生产关系的发展变化［J］．经济科学．1987（03）．

[345] 肖凡．企业兼并的形式和条件［J］．中国改革．1988（10）．

[346] 肖锡筑．横向联合 发展四川细瓷生产［J］．中国陶瓷．1987（03）．

[347] 谢科范，李必强．企业横向联合的对策分析［J］．管理科学．1990（01）．

[348] 谢勒，杨炯．市场结构［J］．国外社会科学文摘．1991（04）．

[349] 谢鲁涛．反倾销探源与应对［J］．国际商务（对外经济贸易大学学报）．1992（06）．

[350] 辛琪．非界定的产权与企业兼并［J］．经济科学．1989（04）．

[351] 辛琪．不界定产权的兼并是没有前途的［J］．金融研究．1989（07）．

[352] 邢玉卓．横向经济联合中企业投资问题探讨［J］．经济科学．1987（02）．

[353] 徐枫．试论横向经济联合在发展经济中的地位和作用［J］．集团经济研究．1990（02）．

[354] 徐敬君．以横向经济联合促进民族地区的经济发展［J］．经济问题探索．1987（02）．

[355] 徐孟洲．论市场竞争法［J］．法学家．1993（03）．

[356] 徐盼秋．社会主义商品经济和法制建设［J］．政治与法律．1987（02）．

[357] 徐日清，赵恺泰．大力促进横向经济联合是财政的新课题［J］．财经问题研究．1987（03）．

[358] 徐维龙．横向经济联合对标准化的要求［J］．海洋技术．1989（04）．

[359] 许长新．我国产业集中程度与企业规模经济的实现［J］．集团经济研究．1993（05）．

[360] 许信胜．对垄断资本主义生产关系的再认识［J］．世界经济与政治．1988（06）．

[361] 许质武．横向经济联合的可行性研究探讨［J］．技术经济．1987（Z1）．

[362] 颜惠兰．企业在横向经济联合中的苦衷［J］．金融与经济．1987（01）．

[363] 杨春堂．经济联合体的特点及其法律地位［J］．政治与法律．1987（02）．

[364] 杨东宏，王和，王海卿．市场经济·挑战·机遇［J］．煤炭经济研究．1993（10）．

[365] 杨洪有．横向经济联合与新旧经济体制交替［J］．绥化学院学报．1987（03）．

[366] 杨洹．浅议非价格竞争［J］．山西财经大学学报．1993（03）．

[367] 杨家林，王迅．论地方保护主义［J］．经济科学．1991（03）．

[368] 杨建斌．社会主义市场经济与反不正当竞争法［J］．学术交流．1993（06）．

[369] 杨建民，刘鹤，蔡泉．我国产业政策研究的回顾和深化［J］．宏观经济研究．1988（02）．

[370] 杨建顺．市场经济与行政调控［J］．法学家．1993（03）．

[371] 杨敏英．资源、环境与经济［J］．数量经济技术经济研究．1993（07）．

[372] 杨晓达．生产规模与生产社会化［J］．生产力研究．1987（04）．

[373] 姚迪生．社会主义市场经济的规范竞争［J］．江苏社会科学．1993（04）．

[374] 姚晓彬．平等竞争 自由竞争 公开竞争——浅析建立社会主义商品经济新秩序的必要条件［J］．经济与管理研究．1989（02）．

[375] 姚忠厚．谈企业兼并的若干问题［J］．施工企业管理．1993（10）．

[376] 叶金生，张汉生．企业兼并的理论与实践 [J]．武汉金融．1988 (07).
[377] 叶金生，张汉生，张天亮．企业兼并与所有制改革 [J]．社会科学．1988 (09).
[378] 叶金生，张汉生，张天亮．论现阶段企业兼并的动机 [J]．中国改革．1988 (10).
[379] 一凡．美国时代公司的兼并风波 [J]．中国记者．1989 (09).
[380] 易炼红，李登科，张建平．企业兼并的障碍及其消解途径 [J]．求索．1988 (04).
[381] 尹奉廷．企业兼并问题的探讨 [J]．宁夏社会科学．1988 (05).
[382] 尹霖初．对企业兼并联合的一些思考 [J]．甘肃理论学刊．1991 (04).
[383] 尹明道．企业兼并中的新问题探讨 [J]．浙江经济．1989 (12).
[384] 游古北．发展横向经济联合 增强企业活力——对重钢发展横向经济联合的调查与探讨 [J]．企业活力．1987 (01).
[385] 于永龙．市场经济与法制 [J]．青岛大学学报（工程技术版）．1993 (02).
[386] 俞国璋．关于企业兼并问题的思考 [J]．财经研究．1993 (07).
[387] 郁忠民．市场经济与政府职能 [J]．党政论坛．1993 (07).
[388] 元超群，付治忠．浅谈对商业亏损企业的兼并 [J]．商业时代．1988 (13).
[389] 袁剑波，袁剑文．企业兼并中存在的问题及对策 [J]．企业经济．1989 (07).
[390] 袁挺中．企业兼并有利经济调整 [J]．中国改革．1990 (05).
[391] 岳鸿昌．现阶段市场秩序与市场管理刍议 [J]．社会科学家．1990 (06).
[392] 岳毓常．美国企业兼并的新趋势 [J]．国际问题研究．1990 (04).
[393] 曾尔恕．美国反托拉斯立法 [J]．政法论坛．1991 (06).
[394] 曾宪林．关于社会主义市场经济若干问题的思考 [J]．理论前沿．1993 (02).
[395] 翟秀兰．浅谈横向经济联合 [J]．宝鸡文理学院学报（社会科学版）．1990 (01).
[396] 詹继生．横向经济联合与竞争 [J]．企业经济．1987 (03).
[397] 张安辉．企业兼并过程中的审计监督 [J]．财会月刊．1988 (08).
[398] 张邦辉．市场经济和国家干预 [J]．教学与研究．1993 (02).
[399] 张超．浅议横向经济联合与计划体制改革 [J]．开发研究．1987 (05).
[400] 张大力，杨华柏．我国亟需制定反垄断法 [J]．法学家．1988 (03).
[401] 张德霖．论行政性市场垄断 [J]．中国工商管理研究．1993 (12).
[402] 张荻秋．对横向经济联合合同的审查 [J]．政治与法律．1987 (03).
[403] 张贵孝，楼志刚．论全民所有制企业的改革方向 [J]．贵州社会科学．1987 (09).
[404] 张国典．汽车工业规模经济与进入世界市场的壁垒问题 [J]．工程建设与设计．1989 (01).
[405] 张华．从管理角度分析美国企业兼并失败的原因 [J]．外国经济与管理．1988 (09).
[406] 张纪康．论跨国直接投资中的行业进入障碍及其对策 [J]．世界经济．1992 (09).
[407] 张建智．横向经济和企业集团 [J]．技术经济．1991 (05).
[408] 张锦森．横向经济联合中的几个问题 [J]．浙江经济．1987 (09).
[409] 张进才．企业兼并依据 难点与配套改革 [J]．商业时代．1989 (02).
[410] 张景，毕志强，毕剑锋．兼并一条崭新的路 [J]．乡镇论坛．1993 (04).
[411] 张军，杨龙，罗靖，等．西方产业组织理论导论 [J]．世界经济文汇．1987 (05).
[412] 张康毅．试论企业兼并中的反垄断问题 [J]．河北法学．1990 (01).
[413] 张南保．横向经济联合与优化产业结构 [J]．经济问题探索．1987 (08).
[414] 张培春．浅论我国的企业兼并 [J]．渤海大学学报（哲学社会科学版）．1991 (03).
[415] 张其中，阎红．论企业规模经济与企业兼并 [J]．经济科学．1989 (06).
[416] 张强．试论美国反托拉斯法内在矛盾冲突 [J]．中外法学．1990 (04).

[417] 张清亮．企业兼并及其产值计算 [J]．郑州轻工业学院学报（自然科学版）．1991 (01)．

[418] 张世强．企业兼并大潮透视 [J]．中国民族．1993 (04)．

[419] 张天弓．横向联合应注意的几个问题 [J]．上海企业．1990 (03)．

[420] 张天亮，傅红兵．企业兼并与产业结构的调整 [J]．江汉大学学报（社会科学版）．1990 (02)．

[421] 张文才，余长江．论企业兼并的性质和法律程序 [J]．政治与法律．1989 (05)．

[422] 张问安．兼并是促进生产力发展的有效途径 [J]．中州学刊．1989 (03)．

[423] 张义华．论医疗服务市场的垄断性 [J]．中国卫生经济．1990 (11)．

[424] 张莹玉．当代垄断资本与中小企业 [J]．财经研究．1992 (06)．

[425] 张佑青．论市场经济下的政府经济行为 [J]．兰州商学院学报．1993 (02)．

[426] 张玉卿．西方反倾销法的渊源与差异 [J]．国际贸易．1990 (02)．

[427] 张蕴岭．西欧国家垄断资本主义体系及其调整 [J]．欧洲研究．1987 (06)．

[428] 张振斌．横向经济联合与宏观经济调节 [J]．财经问题研究．1987 (01)．

[429] 张振高．美国企业兼并利弊刍议 [J]．世界经济．1989 (04)．

[430] 张振亚．美国企业兼并与借力购并 [J]．世界知识．1988 (17)．

[431] 兆洪成．美国金融革新与企业吞并风 [J]．国际金融研究．1988 (01)．

[432] 赵峰．改革税收制度促进企业间横向联合 [J]．财政研究．1987 (02)．

[433] 赵凤彬．试论日本垄断企业股份资本占有结构的新变化 [J]．世界经济．1987 (02)．

[434] 赵进功，张平．青岛胶南县实行企业兼并的调查 [J]．南开经济研究．1988 (06)．

[435] 赵景胜．价格歧视谈 [J]．价格月刊．1987 (12)．

[436] 赵恺泰，俞茂法．进一步发展横向经济联合需待完善的税收资金政策刍议 [J]．财政研究．1987 (10)．

[437] 赵人伟．我国转型期中收入分配的一些特殊现象 [J]．经济研究．1992 (01)．

[438] 赵松山，刘子操．企业联合体适度规模初探 [J]．财经问题研究．1987 (07)．

[439] 赵伟．美、日、德三国市场竞争法规的比较 [J]．外国经济与管理．1992 (09)．

[440] 赵文钦．横向经济联合是我国国民经济发展的必然趋势 [J]．四川大学学报（哲学社会科学版）．1987 (01)．

[441] 赵玉华，李颖．企业兼并之我见 [J]．学习与探索．1992 (02)．

[442] 郑起月．支持横向联合　促进经济协作 [J]．财会月刊．1987 (05)．

[443] 郑原梦，陈雅丽．打破垄断　适度开放　立法管理——福建保险市场的对策研究 [J]．福建金融．1991 (04)．

[444] 钟建华．试论竞争法的调整范围 [J]．法律科学（西北政法学院学报）．1992 (S1)．

[445] 重庆市社科院企业兼并研究课题组．企业兼并问题探讨 [J]．财经科学．1988 (10)．

[446] 周常伦，邬学斌．试论企业兼并 [J]．财会月刊．1988 (08)．

[447] 周绯彦．横向经济联合中的律师实务 [J]．现代法学．1987 (02)．

[448] 周广根．试论我国康采恩集团发展的法律对策 [J]．中外法学．1993 (05)．

[449] 周健．论健全的市场 [J]．经济问题探索．1989 (06)．

[450] 周胜保．企业兼并的外部条件 [J]．中国改革．1989 (11)．

[451] 朱耀明．论企业集团的规模经济 [J]．管理工程学报．1988 (Z1)．

[452] 朱治平．企业兼并的观察与思考 [J]．武汉金融．1988 (05)．

[453] 邹东涛．资产阶级经济学家的竞争理论 [J]．西北大学学报（哲学社会科学版）．1987 (04)．

[454] 邹小平. 国外对企业兼并的动机研究综述 [J]. 外国经济与管理. 1989 (08).

[455] 邹小平, 覃广华. 企业兼并的成本与效益分析 [J]. 数量经济技术经济研究. 1990 (07).

[456] 邹一. 也论企业兼并 [J]. 上海企业. 1988 (11).

[457] 邹一. 论企业兼并 [J]. 科学学与科学技术管理. 1988 (12).

[458] 左昌鸿, 唐拥军. 产业组织政策对企业集团的倾斜指向 [J]. 广西大学学报 (哲学社会科学版). 1990 (05).

[459] 左大培. 通过企业兼并来改善企业的领导成份 [J]. 中国工商. 1989 (01).

1979～1986 年

[1] 陈其人. 关于垄断利润的必要性及其来源的探讨 [J]. 世界经济文汇. 1983 (02).

[2] 龚维敬. 论现代资本主义的垄断利润和垄断价格 [J]. 学术月刊. 1984 (02).

[3] 洪远朋. 简论绝对地租与垄断价格的关系 [J]. 学术月刊. 1984 (05).

[4] 胡宪荣. 怎样看待垄断固有的停滞趋势 [J]. 温州师范学院学报. 1980 (02).

[5] 黄亚钧. 生产跨部门集中中垄断发展趋势的变化 [J]. 世界经济文汇. 1985 (02).

[6] 李达昌. 试论垄断价格的价值基础 [J]. 学术月刊. 1984 (09).

[7] 李达昌. 也谈垄断价格——与魏埙同志商榷 [J]. 财经科学. 1981 (02).

[8] 李守身. 美国经济中的小企业 [J]. 江淮论坛. 1982 (04).

[9] 刘吉瑞. 论垄断价格 [J]. 中国社会科学院研究生院学报. 1983 (05).

[10] 任廷祚, 王光振. 战后跨国公司迅速发展原因的探索 [J]. 暨南学报 (哲学社会科学版). 1981 (01).

[11] 什么是垄断价格 [J]. 世界经济. 1980 (09).

1979～1986年

第六部分

反垄断与规制重要事件介绍

2009年反垄断与规制案例热点

[1] 百度竞价排名是否滥用市场支配地位

2009年12月20日，备受关注的唐山市人人信息服务有限公司与百度之间因竞价排名引发的垄断纠纷，由北京一中院作出判决。因唐山人人公司未能举证证明百度在“中国搜索引擎服务市场”占据支配地位，并存在滥用市场支配地位的行为，因此驳回了其全部诉讼请求。据悉，这是北京市宣判的首起反垄断案件。

据唐山人人公司在起诉中称，公司曾与百度签订了竞价排名协议，最初几个月，其运营的全民医药网在百度搜索中始终排名第一，但此后当唐山人人公司缩减了竞价排名的投入后，百度搜索上的链接骤然减少。唐山人人公司认为，百度因其减少投入而对全民医药网在自然排名结果中进行了全面屏蔽，导致了全民医药网访问量大幅降低。百度这种利用中国搜索引擎市场的支配地位对唐山人人公司网站进行屏蔽的行为，违反了反垄断法的规定。为此，唐山人人公司请求法院判令百度公司赔偿经济损失110万余元，并解除对全民医药网的屏蔽。

百度公司辩称，之所以采取减少收录全民医药网的措施，是因为该网站设置了大量“垃圾外链”，搜索引擎自动对其进行了作弊处罚。而这项处罚措施针对的仅仅是百度搜索中的自然排名结果，与唐山人人公司所称的竞价排名投入毫无关系，不会影响竞价排名的结果。至于所谓百度具有反垄断法所称的“市场支配地位”的说法，百度公司提出，百度提供的搜索引擎服务对于广大网民来说是免费的，因此与搜索引擎有关的服务不能构成反垄断法所称的“相关市场”。

法院经过审理认定，经营者是否具有市场支配地位，应该严格按照反垄断法的相关规定，但本案中相关市场是中国搜索引擎服务市场，而唐山人人公司只提交了两篇有关百度市场地位的新闻报道，并没有提供具体的计算方式、方法及有关基础性数据等证据使法院确信该市场份额的确定源于科学、客观的分析。也就是说，唐山人人公司未能举证证明百度在“中国搜索引擎服务市场”中占据了支配地位。

其次，百度公司虽然对全民医药网的自然排名结果实施了减少收录数量的技术措施，但其行为是对全民医药网存在“垃圾外链”行为进行的处罚，而且唐山人人公司在庭审过程中也承认了全民医药网确实存在着“垃圾外链”。而百度实施反作弊机制只是为了使搜索结果更为真实和可靠，从而保证广大搜索引擎用户的利益，这种措施本身是正当的，现有证据也无法证明百度的上述措施对唐山人人公司而言存在着歧视性或者胁迫性，不构成滥用市场支配地位的行为。

据此，法院判决，唐山人人公司没能举证证明百度在“中国搜索引擎服务市场”中占据了支配地位，也未能证明百度存在滥用市场支配地位的行为，其诉讼请求缺乏事实与法律依据，依法判决驳回其全部诉讼请求。

本案宣判后，主审法官佟姝介绍，在反垄断法中，“相关市场”是个非常重要和基础性的概念，在对任何垄断行为进行讨论之前，都要首先定义“相关市场”。而这里的“相关市场”是指经营者在一定时期内就某种商品或者服务进行竞争的范围，在这一范围之内，经营者提供的商品或者服务具有替代性，并存在着竞争关系。

在确定“相关市场”的基础上才能认定经营者是否具有市场支配地位。市场支配地位的认定原则上应当根据反垄断法第十八条所规定的市场份额、竞争状况、控制销售市场和原材料市场的能力等因素进行判断，而在经营者的市场份额能够予以准确确定的情况下，也可以根据反垄断法第十九条的规定进行市场支配地位的推定。但当反垄断民事诉讼中的原告选择适用上述推定条款来证明被告具有市场支配地位时，应当就其对被告市场份额的计算或者证明方式提供充分的证据予以支持。

本案中之所以没有认定百度具有“中国搜索引擎市场”支配地位，佟姝解释，主要是因为原告方唐山人人公司所提供的证据并不具有证明百度具有市场支配地位的证明力。

“公众所提到的‘使用率高’、‘知名度高’等等概念与反垄断法所称的‘市场支配地位’不是一个概念，后者一般要通过严密的经济分析的过程才能够予以确定。”佟姝说，反垄断法禁止的是占据市场支配地位的企业所实施的能够影响市场结构、破坏市场竞争秩序的行为和措施。

佟姝表示，本案的特殊之处在于承办法官在案件的审理过程中要面临法律与技术的双重挑战，在对反垄断法中相关法律问题进行研究的同时，还要对案件当中所涉及的与互联网技术有关的，比如搜索引擎的工作机制问题、反作弊措施的实施等问题进行分析，法律问题与技术问题的密切结合是本案中的亮点，当然也在一定程度上增加了审理难度。

[2] 鹤岗矿难与中国的安全生产问题

2009 年 11 月 21 日凌晨 2 时 30 分左右，黑龙江龙煤集团鹤岗分公司新兴煤矿发生瓦斯爆炸，事发时井下作业人员 528 人，共造成 108 人遇难。这一重大矿难的发生，又一次使人们聚焦中国的安全生产问题。

改革开放以来，我国经济发展取得了巨大成就，但是一些不可避免的问题随之逐渐显现出来，安全生产问题就是我国亟须解决的问题之一。据统计，2008 年，有 3800 名矿工在各种事故中丧生，2009 年仅仅上半年，煤矿就发生 749 起事故，死亡 1175 人。另外，我国每年因安全事故造成的直接经济损失，初步测算在 1000 亿元以上，加上间接损失达 2000 多亿元，约占 GDP 的 2.5%。由此可见，安全生产问题已经成为困扰我国经济社会发展的一颗毒瘤，对于当前社会经济发展而言，这一问题的解决已显迫在眉睫。

新中国成立以来，国家颁布并实施的有关安全生产、劳动保护方面的主要法律法规约 280 余项，同时国家还制定、颁布了 100 余项安全卫生方面的国家法规和标准。此外，各地区、部门也出台了一系列配套的法规。目前，我国安全生产管制制度框架已初步建立，并对提高企业安全生产水平、减少伤亡事故起到了积极作用，但这种体制存在的缺陷与不足也日益显现。

我国安全生产法律法规体系建立时间较短，虽然国家颁布的法律基本覆盖了安全生产的所有层面，但仍存在较大的缺陷。我国专业立法发展缓慢，直至 2002 年才颁布新中国成立以来第一部安全生产管制工作的基本法——《中华人民共和国安全生产法》，安全立法还有待于进一步发展。与工业发达国家相比，我国现行法律法规多为一些原则性的规定，可操作性差；各单项法规标准各自为政、单兵作战，有些法规还存在着重复和交叉；职业安全与健康标准也不健全。此外，执法过程中存在比较普遍的执法不严、违法不究、地方保护主义等问题，使得安全生产的法制效果大打折扣。

长期以来，我国实施计划经济体制，安全监察机构、监督管理模式变化比较频繁，造成我国政府安全生产管理机构存在一系列问题。首先，我国缺乏安全管制权威机构。美国职业安全与健康监察局，集立法、执法、技术管理于一体，具有很高的权威性。而我国，政府机构主要依靠行政手段而不是法律手段来管理安全生产，许多措施无法落实。其次，安全生产管制职能分散。我国的职业安全监察工作由国家安全生产监督管理局、卫生部、国家质量技术监督局等几个部门管理，部门之间缺乏沟通和协调。这就造成安全生产执法主体不明确，执法程序不规范，多头管理、多头处罚的现象时有发生。

目前我国安全监察缺乏有效的技术保障手段，安全生产信息、宣传、培训、应急救援等体系极不健全，安全检测检验、安全评估和鉴定、安全标识和安全防护用品管理等尚未在全国各行业普遍、有效地推行，安全生产监察工作难以有效开展。

国外发达国家重视生产安全，每年都投入大量的经费，美国职业安全健康监察局的经费预算一般都超过 5 亿美元。2002 年美国联邦政府预算中直接分配给国家职业安全研究院和事故伤害控制中心的经费为4.1亿美元，而我国每年直接用于安全科研和事故预防的经费不足2000万元，约为美国的二百分之一。多年来投入资金不够，使我国的安全生产在整体水平上和重大关键技术方面远不能满足安全生产工作发展的需要。因此，我国政府应加大安全生产管制投入力度，并像我国环保治理那样列为中央预算。

安全管制的一个重要原因就是生产过程中存在信息不对称，增加了导致工人受到伤害的几率。因此完善安全管制信息体系至关重要。首先，要建设一批安全生产行业性基础数据库，如煤炭、化工、冶金和建材企业的技术参数信息库，为信息加工、分析、预测提供基础数据。其次，政府应加大宣传力度，使企业工人了解更多安全生产信息和相关法规，减少生产过程中的信息不对称，让工人能够更好地保护自己。

许多企业生产条件不符合国家标准的根本原因是为了获得超额利益，因此，加大惩罚力度，提高违法成本，能够有效生产安全。加强惩罚力度一是要针对各种违法行为规定具体处罚标准，二是对受害的工人给予赔偿，这种赔偿不仅包括身体损害赔偿，还应包括精神损害赔偿。

[3] 商务部否决可口可乐收购汇源

2008年9月3日，汇源果汁在香港公布，可口可乐旗下全资附属公司大西洋公司将以179.2亿港元收购汇源果汁全部已发行股本。可口可乐公司自1979年在中国开展业务，并曾提出全面进军中国果汁市场。汇源属行业龙头，已占领竞争高地。然而，商务部2009年3月18日表示，可口可乐并购汇源未通过反垄断调查，因为收购会影响或限制竞争，不利于中国果汁行业的健康发展。这是反垄断法自2008年8月1日实施以来首个未获通过的案例。

2008年9月18日，商务部收到可口可乐公司收购中国汇源公司的经营者集中反垄断申报材料。经申报方补充，申报材料达到了《反垄断法》第二十三条规定的要求，11月20日商务部对此项集中予以立案审查，12月20日决定在初步审查基础上实施进一步审查。

商务部依据《反垄断法》的相关规定，从市场份额及市场控制力、市场集中度、集中对市场进入和技术进步的影响、集中对消费者和其他有关经营者的影响及品牌对果汁饮料市场竞争产生的影响等几个方面对此项集中进行了审查。审查工作严格遵循相关法律法规的规定。审查过程中，充分听取了有关方面的意见。

经审查，商务部认定：此项集中将对竞争产生不利影响。集中完成后可口可乐公司可能利用其在碳酸软饮料市场的支配地位，搭售、捆绑销售果汁饮料，或者设定其他排他性的交易条件，集中限制果汁饮料市场竞争，导致消费者被迫接受更高价格、更少种类的产品；同时，由于既有品牌对市场进入的限制作用，潜在竞争难以消除该等限制竞争效果；此外，集中还挤压了国内中小型果汁企业生存空间，给中国果汁饮料市场竞争格局造成不良影响。

为了减少集中对竞争产生的不利影响，商务部与可口可乐公司就附加限制性条件进行了商谈，要求申报方提出可行的解决方案。可口可乐公司对商务部提出的问题表述了自己的意见，提出初步解决方案及其修改方案。经过评估，商务部认为修改方案仍不能有效减少此项集中对竞争产生的不利影响。据此，根据《反垄断法》第二十八条，商务部做出禁止此项集中的决定。

反垄断审查的目的是保护市场公平竞争，维护消费者利益和社会公共利益。自2008年8月1日《反垄断法》实施以来，商务部收到40起经营者集中申报，依照法律规定立案审查了29起，已审结24起，其中无条件批准23起，对于1起具有排除、限制竞争效果的集中，商务部与申报方进行商谈，申报方提出了减少排除限制竞争的解决方案并作出承诺，商务部附加了减少集中对竞争不利影响的限制性条件批准了该集中。

在当前复杂的国际金融危机大背景下，这次可口可乐收购汇源案被否决传递哪些信号？会产生哪些影响？这些都引起国内外极大关注。

此次收购被否决，将对可口可乐以及汇源下一步的发展计划产生怎样的影响，目前还需观察。

对可口可乐来说，这个跨国巨头此前一直谋求在中国市场继续做大。可口可乐公司日前就表示，未来3年在中国的投资将超过20亿美元，这笔投资还不包括投入汇源果汁的24亿美元。有业内人士认为，此次收购案被否决，对可口可乐来说，实质影响不大，更多的是某种程度上的“面子损失”，但对汇源来说，则或许会面临品牌和资金的双重损失。汇源之所以愿意接受可口可乐收购要约，是因为近年来存在业绩下滑，资金链紧张以及渠道存在诸多问题。因此，如果能以一个好价钱卖给可口可乐，可以同时获得品牌、渠道以及资金的强大支持，而此次收购案被否决使这一想法完全落空。

值得关注的是，此次收购以及收购被否决本身，都引起国内外和业内外的极大关注。不仅在于它创造了迄今外资在华最大的收购案的记录，也在于它是《反垄断法》实施之后首个由中国政府主管部门否决的一起收购案，更在于在当前国际金融危机冲击下，中国今后将怎样对待外资在华收购，如何吸引外资在华投资等诸多相关问题。此次并购案也引起国外媒体广泛关注。法新社18日在发出的新闻中认为，“这笔高达24亿美元的迄今为止中国最大的一笔外资收购案被看成是中国如何应用其新实施的《反垄断法》的一次考验。”

商务部研究院研究员王志乐在接受新华社记者采访时表示，此次收购案被否决更大程度上还是从反垄断的角度进行的一次技术层面的操作，并不涉及贸易保护或是限制利用外资的问题。从商务部上报、立案的案例数量来看，仅一例否决的案例并不能说明释放出了不利于引进和利用外资的信号。相反，对于中国政府而言，第一次依法做出反垄断的否定裁决，对于合理健康地利用外资，无疑具有重要的意义，是值得赞赏的。王志乐建议，可口可乐公司应该重新研究一下其在华的发展计划，制定更加适合中国现状的长远发展战略。同时，王志乐也指出，对于汇源公司而言，收购计划的失败肯定会影响公司原定的企业发展战略，即便如此，汇源也不应悲观，要及时、积极地重新调整发展战略。当事双方都应该从此次否决案中汲取更多正面的信息。同时，其他的跨国公司与国内企业也应从此案例中汲取正面的信息，制定更加符合中国现实的发展战略与合作方式。

附：中国商务部2009年第22号公告

中华人民共和国商务部收到美国可口可乐公司（简称可口可乐公司）与中国汇源果汁集团有限公司（简称中国汇源公司）的经营者集中反垄断申报，根据《反垄断法》第三十条，现公告如下：

一、立案和审查过程。2008年9月18日，可口可乐公司向商务部递交了申报材料。9月25日、10月9日、10月16日和11月19日，可口可乐公司根据商务部要求对申报材料进行了补充。11月20日，商务部认为可口可乐公司提交的申报材料达到了《反垄断法》第二十三条规定的标准，对此项申报进行立案审查，并通知了可口可乐公司。由于此项集中规模较大、影响复杂，2008年12月20日，初步阶段审查工作结束后，商务部决定实施进一步审查，书面通知了可口可乐公司。在进一步审查过程中，商务部对集中造成的各种影响进行了评估，并于2009年3月20日前完成了审查工作。

二、审查内容。根据《反垄断法》第二十七条，商务部从如下几个方面对此项经营者集中进行了全面审查：

（一）参与集中的经营者在相关市场的市场份额及其对市场的控制力；

（二）相关市场的市场集中度；

（三）经营者集中对市场进入、技术进步的影响；

（四）经营者集中对消费者和其他有关经营者的影响；

（五）经营者集中对国民经济发展的影响；

（六）汇源品牌对果汁饮料市场竞争产生的影响。

三、审查工作。立案后，商务部对此项申报依法进行了审查，对申报材料进行了认真核实，对此项申报涉及的重要问题进行了深入分析，并通过书面征求意见、论证会、座谈会、听证会、实地调查、委托调查以及约谈当事人等方式，先后征求了相关政府部门、相关行业协会、果汁饮料企业、上游果汁浓缩汁供应商、下游果汁饮料销售商、集中交易双方、可口可乐公司中方合作伙伴以及相关法律、经济和农业专家等方面意见。

四、竞争问题。审查工作结束后，商务部依法对此项集中进行了全面评估，确认集中将产生如下不利影响：

1. 集中完成后，可口可乐公司有能力将其在碳酸软饮料市场上的支配地位传导到果汁饮料市场，对现有果汁饮料企业产生排除、限制竞争效果，进而损害饮料消费者的合法权益。

2. 品牌是影响饮料市场有效竞争的关键因素，集中完成后，可口可乐公司通过控制"美汁源"和"汇源"两个知名果汁品牌，对果汁市场控制力将明显增强，加之其在碳酸饮料市场已有的支配地位以及相应的传导效应，集中将使潜在竞争对手进入果汁饮料市场的障碍明显提高。

3. 集中挤压了国内中小型果汁企业生存空间，抑制了国内企业在果汁饮料市场参与竞争和自主创新的能力，给中国果汁饮料市场有效竞争格局造成不良影响，不利于中国果汁行业的持续健康发展。

五、附加限制性条件的商谈。为了减少审查中发现的不利影响，商务部与可口可乐公司就附加限制性条件进行了商谈。商谈中，商务部就审查中发现的问题，要求可口可乐公司提出可行解决方案。可口可乐公司对商务部提出的问题表述自己的看法，并先后提出了初步解决方案及其修改方案。经过评估，商务部认为可口可乐公司针对影响竞争问题提出的救济方案，仍不能有效减少此项集中产生的不利影响。

六、审查决定。鉴于上述原因，根据《反垄断法》第二十八条和第二十九条，商务部认为，此项经营者集中具有排除、限制竞争效果，将对中国果汁饮料市场有效竞争和果汁产业健康发展产生不利影响。鉴于参与集中的经营者没有提供充足的证据证明集中对竞争产生的有利影响明显大于不利影响或者符合社会公共利益，在规定的时间内，可口可乐公司也没有提出可行的减少不利影响的解决方案，因此，决定禁止此项经营者集中。

[4] 三鹿奶粉事件与《食品安全法》的施行

2008年的三鹿奶粉事件震惊了全国，也使消费者对整个奶粉行业失去了信心。三鹿集团公司，是目前国内较大的奶粉生产企业，"航天乳饮料及乳粉"唯一合作伙伴、全国唯一"航天乳饮料"专业生产企业；三鹿奶粉是国内第一批获得"免检"的奶粉，中国名牌产品，中国免检产品；邓婕、倪萍、薛佳凝、花儿乐队都做过产品代言人，然而正是有着如此耀眼光环的企业和产品，在神州大地上制造出了让一千多个家庭流泪的悲剧。700多吨奶粉被查出三聚氰胺污染，而这个三聚氰胺正是造成众多幼儿结石的罪魁祸首，三聚氰胺是一种非食品化工原料，按照国家规定，严禁用做食品添加物。而三鹿牌部分批次的婴幼儿配方奶粉中含有的三聚氰胺，却是不法分子为增加原料奶或奶粉的蛋白含量而人为加入的。

三鹿事件让人联想到其他的食品问题、饮用水问题、药品问题等等众多假冒伪劣产品，改革开放三十年以来随着国家市场经济的发展，假冒伪劣产品的生产和销售也日益猖獗，假烟、假酒、假钱、假化肥、假农药……无所不有。在当前市场上假冒伪劣产品屡禁不止，冒牌货、伪劣品防不胜防，假冒伪劣产品的不断出现成为我国经济生活中的一大社会公害。

当前，假冒伪劣商品泛滥成灾，不仅坑害了广大消费者，损害了国家利益，而且扰乱了社会经济秩序，严重地危害国家经济建设和人民生命财产的安全。据有关资料报道全世界假冒伪劣商品交易额已占世界贸易总额的5%～7%，每年高达1500亿～1800亿美元，是全球滋长速度最快的经济犯罪行为之一，是20世纪的工业瘟疫，成为仅次于贩毒的世界第二大公害。假冒伪劣在我国呈现屡禁不止的态势，甚至在部分地区还相当猖獗。报载，国务院发展研究中心近期调查结果表明，1998年我国市场上加工制造的商标标识假冒侵权商品约为1329亿元，实际上假冒商品的销售量已大大高于走私数额，已成为阻碍社会稳定和进步的不安定因素。

从三鹿毒奶粉事件到假冒下乡家电产品，掺杂掺假、以旧充新、以次充好、以假充真、以不合格产品冒充合格产品的假冒伪劣产品无孔不入，为什么假冒伪劣产品屡禁不止、层出不穷呢？原因是多方面的，包括道德、教育、体制、法律等多方面的因素，要杜绝假冒伪劣产品并不是一朝一夕的事情，而是一项长远而又艰巨的任务。法律是国家安定、社会稳定的重要保障，市场经济同样也是法治经济，杜绝假冒伪劣产品最重要的就是法律规制措施。

中国现已颁布的涉及产品质量、食品监管的法律法规数量多达几十部。但是，仍然不断发生三鹿毒奶粉、"蛆柑"、"毒蛋"等事件，这是分段立法，条款相对分散，单个法律法规调整的范围较窄，留下执法空隙和隐患的原因。针对三鹿奶粉事件和层出不穷的食品安全问题，十一届全国人大常委会第七次会议28日以158票赞成、3票反对、4票弃权表决通过了食品安全法。该法于2009年6月1日起施行，现行食品卫生法同时废止。

《食品安全法》承载起公众强大的民意期待，但是一部法律并非万能。一方面，必须先弥合当前在食品安全管理的法律与相关配套制度之间可能出现的断裂，从而建立完善的配套制度以确保这部法律从纸面走进生活时，不至于成为一纸空文。另一方面，食品安全管理是一个维系着复杂利益博弈的系统工程，当前必须真正铲除诸如"部门与特殊利益集团"的利益最大化问题，来解开相关行业背后那些捆绑在民生福祉与公共利益上的绳索。唯有如此，才能真正重建中国食品安全的公信力。应当制定出有利于消费者的事故救济途径和救济程度标准《食品安全法》中接纳了民间"损一罚十"的惯例，这是对《消费者权益保护法》第四十九条"损一赔一"的继承和升华。但食品和普通商品还是不一样的，如果一袋奶粉只有10块，"损一罚十"也只有100块，但消费者实际的身体、精神上的损失远不止这些。消费者权益保护法里有死亡赔偿金、残疾赔偿金等，这些都是可以再重新计算的。

《食品安全法》的出台在给无数人民带来希望的同时，也给人们带来了很多悲观的情绪，"到底这部法律能起到作用吗？能被认真贯彻执行吗？"这大概是人们真正关心的事情。每逢危机，政府和相关部门就采取紧急行动，这些彰显了政府的整治决心，危机之后相关部门又立即想到立法，法治观念有了很大的长进，但这么多的法规和条例，哪部法律严格执行过？法律本身具有滞后性，即使法律再完善如果得不到良好的执行，也是无济于事的。所以，在完善法律的同时，更加应该加强法的执行和监督的力度，从意识层面和行动层面一起减少这些事故的发生。

附：《中华人民共和国食品安全法》（部分内容）

《中华人民共和国食品安全法》已由中华人民共和国第十一届全国人民代表大会常务委员会第七次会议于2009年2月28日通过，现予公布，自2009年6月1日起施行。

目　录

第五章　食品检验
第六章　食品进出口
第七章　食品安全事故处置
第八章　监督管理
第九章　法律责任
第十章　附　　则

第一章　总　　则

第一条　为保证食品安全，保障公众身体健康和生命安全，制定本法。

第二条　在中华人民共和国境内从事下列活动，应当遵守本法：

（一）食品生产和加工（以下称食品生产），食品流通和餐饮服务（以下称食品经营）；

（二）食品添加剂的生产经营；

（三）用于食品的包装材料、容器、洗涤剂、消毒剂和用于食品生产经营的工具、设备（以下称食品相关产品）的生产经营；

（四）食品生产经营者使用食品添加剂、食品相关产品；

（五）对食品、食品添加剂和食品相关产品的安全管理。

供食用的源于农业的初级产品（以下称食用农产品）的质量安全管理，遵守《中华人民共和国农产品质量安全法》的规定。但是，制定有关食用农产品的质量安全标准、公布食用农产品安全有关信息，应当遵守本法的有关规定。

第三条　食品生产经营者应当依照法律、法规和食品安全标准从事生产经营活动，对社会和公众负责，保证食品安全，接受社会监督，承担社会责任。

第四条　国务院设立食品安全委员会，其工作职责由国务院规定。

国务院卫生行政部门承担食品安全综合协调职责，负责食品安全风险评估、食品安全标准制定、食品安全信息公布、食品检验机构的资质认定条件和检验规范的制定，组织查处食品安全重大事故。

国务院质量监督、工商行政管理和国家食品药品监督管理部门依照本法和国务院规定的职责，分别对食品生产、食品流通、餐饮服务活动实施监督管理。

第五条　县级以上地方人民政府统一负责、领导、组织、协调本行政区域的食品安全监督管理工作，建立健全食品安全全程监督管理的工作机制；统一领导、指挥食品安全突发事件应对工作；完善、落实食品安全监督管理责任制，对食品安全监督管理部门进行评议、考核。

县级以上地方人民政府依照本法和国务院的规定确定本级卫生行政、农业行政、质量监督、工商行政管理、食品药品监督管理部门的食品安全监督管理职责。有关部门在各自职责范围内负责本行政区域的食品安全监督管理工作。

上级人民政府所属部门在下级行政区域设置的机构应当在所在地人民政府的统一组织、协调下，依法做好食品安全监督管理工作。

第六条　县级以上卫生行政、农业行政、质量监督、工商行政管理、食品药品监督管理部门应当加强沟通、密切配合，按照各自职责分工，依法行使职权，承担责任。

第七条　食品行业协会应当加强行业自律，引导食品生产经营者依法生产经营，推动行业诚信建设，宣传、普及食品安全知识。

第八条　国家鼓励社会团体、基层群众性自治组织开展食品安全法律、法规以及食品安全标准和知识的普及工作，倡导健康的饮食方式，增强消费者食品安全意识和自我保护能力。

新闻媒体应当开展食品安全法律、法规以及食品安全标准和知识的公益宣传，并对违反本法的行为进行舆论监督。

第九条　国家鼓励和支持开展与食品安全有关的基础研究和应用研究，鼓励和支持食品生产经营者为提高食品安全水平采用先进技术和先进管理规范。

第十条　任何组织或者个人有权举报食品生产经营中违反本法的行为，有权向有关部门了解食品安全信息，对食品安全监督管理工作提出意见和建议。

[5] 微软黑屏，维权还是滥用市场支配地位

2008 年 10 月 20 日起，微软推出针对面向 XP 专业版操作系统用户的正版增值计划通知（简称“WGA”）和 Office 正版增值计划通知（简称“OGA”）。接受该验证计划但没有通过验证的操作系统用户，在开机后桌面背景将会变成黑色，尽管允许用户重新设置桌面，但每隔一小时依然会重新黑屏。而盗版 Office 用户也将每隔两小时受到一次对话框提醒等体验。

微软强调，上述计划的目的“是让大家知道自己使用的是不是正版”，是“善意的提醒”，用户也可以很方便地通过上述提醒进入到一个专门页面购买正版操作系统。不过，微软没有透露相关的可能的销售预期，并表示，此次计划与“和市场份额无关”，这一策略乃全球行动，并非针对中国市场。

当天上午，微软引用一组数据显示，目前有 20% 的盗版用户并不知道自己购买的是盗版。这一用户群非常庞大，而 XP 专业版也正是微软目前被盗版最高的操作系统版本。不过具体数据微软一直没有予以公布。但微软也表示，用户可以选择不参与上述计划，并且其正常使用和升级不会受到任何影响。如果用户不愿意参与该计划，只需在接到微软 WGA 和 OGA 下载更新提示时，不主动进行更新。但微软并不鼓励用户这么做，因为“盗版蕴涵了巨大的使用风险”。这些风险包括了遭受病毒攻击、木马程序等的威胁。

微软上述计划也引起了用户的质疑与不满。腾讯科技此间开展的相关调查显示，有 83. 60% 的网友对微软这一行为表示反对，其中一个主要的原因正是在于主动参加验证却被施以严厉提醒措施方面。对此，微软表示将会持续关注用户反应。此前微软在 Vista 操作系统的正版验证上也采取了类似的方法。但因为用户基数少，并未引起如此大的反应。而此后或者也会在其他版本的操作系统上开展类似验证计划。微软也认为，盗版行为不是通过上述验证行为（技术手段）能够解决，但是可以通过教育、执法等去解决。此间，微软多次强调教育、技术、执法这三大解决盗版问题的组合方式。

2005 年起，微软开始推广正版增值计划，一直受到用户关注，此间披露的相关数据显示，2005 年全球共有 5. 1 亿用户参与了正版验证，2006 年时也有超过 4 亿用户参与。其中，“中国用户绝大部分用户也参与了验证”。

微软此举与之前一改多年放水养鱼的沉默迅即出手打击番茄花园一样，既是维护著作权权益的正常行动，也正是中国反垄断法生效后，面对中国民间对其反垄断执法的呼声和巨大压力的应对举措，试图以此增加在反垄断执法和司法中与中国政府博弈的筹码。但是微软此举做过了头，已涉嫌违法，一是违反程序正义的基本原则，二是滥用市场支配地位，损害电脑用户权益。

在微软的老家美国，程序正义的理念几乎被提升到了无以复加的地步，可这次微软恰恰忘记了这个原则。尽管微软合法的维权诉求应该得到支持，但这次的黑屏等措施涉嫌违法，应立即停止，以免陷入更大的被动甚至导致诉讼等法律风险。

微软享有视窗操作系统和微软办公软件的著作权，如果中国电脑用户使用非正版软件，微软拒绝予以更新，当然无可厚非。但是，微软现在却走得更远，不仅不予更新，反而黑屏和在用户的电脑里面显示非经请求的信息，这类似于垃圾邮件，已对用户正常使用行为造成了骚扰，侵害了用户的权益。这就令事情的性质发生了根本变化。“风能进，雨能进，国王不能进”，说的是未经许可任何他人不得侵入私人的住宅，哪怕是难以遮风挡雨的小磨坊！在个人电脑上，这个道理应该是一样的，任何民事权利都是有限制、有边界的，微软未经充分提示并征得用户同意，在盗版用户电脑里面进行黑屏和显示非经请求的信息，显然是非法行为。

有人会问，中国著作权法允许著作权人采取必要的技术手段保护著作权，民法上也允许权利受到侵害的人采取“自助”的行为，那么，微软的这些手段是否构成技术保护手段或者是否属于“自助”行为呢？

著作权允许的技术保护手段必须有前提，那就是必须是保护受著作权保护的作品本身，并且不能侵害别的合法权利。微软可以设置技术手段禁止非法复制他的软件，拒绝对盗版软件更新，但是无权对用户的电脑进行任何其他操作。是否进行破坏性操作不是判断微软行为是否合法的要素，实施这一行为本身就是违法的。此外，微软的更新程序是根据什么来判断用户软件是否盗版的呢？想必要搜集用户的信息做分析，而这无疑涉嫌侵犯了用户的隐私权。

微软为什么能这么做呢？因为中国的绝大部分电脑使用者，尤其是个人用户，都是微软的客户。微软在中国市场上是毫无争议的市场霸主，市场份额远远超出50%，这与在世界的其他地方是一样的，因为没有选择的余地，无论定价高低，无论打击盗版严格与否，没有竞争对手能抢夺客户形成威胁，所以，微软有恃无恐。

这种有恃无恐，已经涉嫌违反了反垄断法。具体来说，由于微软的软件是美国总部开发全球销售的，中文版本汉化的成本和在华营运等成本相对其销售收入来说微乎其微，但是微软在中国的售价长期以来却非常高昂，而且微软的软件搭售 IE 浏览器、Windows Media 播放器、Windows Live Messenger 即时通讯工具等，涉嫌违反了《反垄断法》第 17 条，滥用市场支配地位，妨害了竞争，损害了消费者的利益。

这次因为微软的反击盗版引发的网络恐慌是值得我们反思的。众所周知，法律应当是最低的行为标准。究竟是高标准保护实际无法办到好，还是制定与现阶段适应的适当保护标准并且严格执行好？这恐怕还是值得讨论的。实践表明，虽然跨国公司游说立法能提高中国的知识产权保护水平，但在执行上无论美国怎么施加压力，也无法超越中国的经济和社会发展阶段。目前我国知识产权立法水平丝毫不亚于主要的发达国家，但问题在于执行，如果执法时根本做不到，那么这么高标准的知识产权保护立法除了戕害中国正在建设中的法治以外，比起稍微降低一点标准但是切实做到的立法来，究竟哪一种对保护知识产权更有利呢？

中国软件产业为什么出不了微软这样的优秀企业？为什么金山的 WPS 更适合国人的需求习惯且对个人免费下载，但却没有多少人去用？这些问题值得我们警醒和深思。保护知识产权肯定是正确的，所以，不管多少人反对，“番茄花园”还是会进入司法程序。当然，这次“黑屏”不同，保护知识产权不能成为微软跨界而侵害中国用户权益的抗辩理由，这完全是两回事。

［6］限薪令与中国的高管薪酬管制

2009 年 2 月 4 日，美国总统奥巴马宣布，得到政府资金救助的美国金融公司高管工资将受限制，最高年薪不得超过 50 万美元。该规定适用于花旗银行、美国银行以及美国国际集团等已受美国政府救助的金融企业，也适用于未来需政府救助的其他企业。如果企业给予高管超过 50 万美元年薪的股票奖励，则这些股票也必须在该企业还清政府贷款后方能套现。此外，政府还将要求受助企业加强对公务飞机使用以及招待等费用的管理。

奥巴马解释了他发布“限薪令”的原因：一些公司一方面在寻求纳税人资金救助，另一方面却仍给高管颁发高报酬，此举让民众感到“不安”。奥巴马的愤怒溢于言表。他说：“在当前的经济危机形势下，受援助的企业高管给自己开出如此高昂的薪酬不仅是一种品质低劣的表现，对企业来说也是一种极为糟糕的战略。作为总统，我不能容忍这种情况继续发生。”

企业高管高薪问题，在我国引发的争议也非常激烈，中国平安 2007 年年报显示，中国平安有 3 名董事及高管 2007 年的税前薪酬超过了 4000 万元，其中马明哲税前报酬为 6616. 1 万元，折合每天收入 18. 12 万元，刷新 A 股上市公司高管的薪酬最高纪录。另外，中国平安常务副总经理梁家驹税前报酬为4813万元，执行董事兼总经理张子欣税前薪酬为4770.4万元。

许多人对马明哲提出强烈质疑，并不是因为他拿的薪水高得离谱，而在于其高薪没有相应的业绩作为支撑，当中国平安的股价一落千丈，无数投资者黯然泪下的时候，马明哲的天价高薪所带来强烈的对比效应和刺激效应是不难想象的。一些投资者提出的“没有业绩的高薪可耻”的观点，之所以引起那么多人的共鸣，也与此有关。

在我国，由于民众缺乏能够代表他们行使权利的代言人，他们的利益诉求并不能直接传递给决策层。同时，中国平安又非国企，这给了中国平安更大的回旋空间。2008年7月，马明哲在股东大会上首次对高薪质问进行了回应：“平安高管的薪酬都是聘请独立的薪酬公司制定出来的，并经薪酬委员会、股东大会、董事会批准的……作为职业经理人要履行自己的职责，董事会根据我的表现给我薪酬。20年来我把平安带入世界500强，是我最大的荣耀。我是职业经理人，肯定是要领薪酬的，最重要的是我的贡献和表现对得起这份薪酬。”

马明哲的自信和底气十足，源于他的高薪经过了合法的“程序”，问题在于，“独立的薪酬公司”受聘于中国平安，它能独立吗？至于薪酬委员会、董事会，都是“自己人”在掌权，它们怎么可能在薪酬问题上严格把关？至于股东大会，在普通投资者处于少数地位的情况下，并不能起到决定性作用。

哪怕这些高管的薪酬高到非常离谱的地步，在合法程序的包裹下，依然变得顺理成章。与发达国家企业的高管不同的是，我们的企业高管可以在企业业绩下滑、投资者受损的情况下，依然堂而皇之地享受高薪。高管在享受高报酬的同时，却几乎不承担什么风险，这将制度的缺憾暴露无遗，而这也正是中国的高管高薪更容易遭到质疑的根源。

2009年2月3日，国泰君安证券的高薪事件再次引发民众的强烈反弹。2008年以来，由于A股巨幅下挫、交易量急剧下滑，靠天吃饭的国内各大券商纷纷采取降薪、裁员方式来应对此轮熊市。然而就在这样的背景下，国内首屈一指的大券商——国泰君安证券却大幅提高薪酬及福利费用至32亿元，较年初预算数增长57%，按照国泰君安3000多人的员工计算，平均每个人的收入达到了让同行瞠目结舌的100万元。而该公司2008年经纪业务、零售客户收入和证券投资业务的完成率分别为62%、61%和-2%，大部分部门均未完成年初制定的目标，业绩明显下滑，但就在这样的情况下，他们却大幅提高薪酬及福利费用，甚至超出年初预算数57%。以至于央视《新闻1+1》主持人如是质疑：“你的名字叫国泰君安，但是国不泰君何安？”与中国平安不同的是，国泰君安是大型国有相对控股股份有限公司。

国有企业的高管享有的升迁待遇本身，就是一种激励，姑且称之为“行政激励”，这个激励机制主要体现在政治方面和福利待遇方面。举个简单的例子，许多国企干部本身就享有行政级别（如中石油、中石化、中海油，各大国有电力公司、三大航空集团的一把手都是副部级），其中一些经营出色、管理有方的国企老总，更是直接被提拔到政府部门中担任要职。在分享“行政激励”的同时，如果这些国企的老总再享受市场化的天价高薪，事实上等于双重激励。当我们实行市场激励机制时，对应的应该是市场化的竞争体系，而现实的情况却是，许多国企机构臃肿，费用高昂，仅仅依靠其垄断地位获取的垄断利润支撑其发展，而这种“业绩”本身让民众付出了巨大的代价，凡是国企占垄断地位的领域，民众得到的往往是质次价高的服务。因此，相比之下，中国企业的高管，尤其国企的高管，更应该被限制薪水。

限薪之路并不平坦，尤其在我们这个相关制度缺位的国家，无论是大权在握的政府官员，还是处于垄断地位的国企高管，都有自我加薪的动力，而制度的缺位又使得这种加薪之举屡屡在几乎无阻力的情况下顺利进行。而在美国，为了抑制公务员工资的过快增长，防止公务员以权谋私，专门制定了《联邦工资比较法》，明确对公务员的工资标准和分级加薪作出规定，同时也严格禁止不合理收入。类似这样的法律还有德国的《联邦工资法》、日本的《一般职工工资法》等等。这是发达国家公务员工资增长速度和调整频率落后于国内称之为的“普通职工”的根本原因。

我国也在酝酿出台类似的法律。2008 年 1 月份，劳动和社会保障部工资司司长邱小平在接受记者采访时曾表示，《工资条例》正在起草中，意在建立职工工资正常增长机制，缩小收入分配差距。许多人对此寄予厚望，但是，这部法律即使正式实施，其作用仍然非常有限。因为，在我国的许多政府部门和国有企业中，工资以外收入往往是构成收入的主体。以公务员收入为例，1993 年推行的工资制度改革，建立了地方附加津贴制度，这成为公务员收入的一个重要组成部分。相关数据显示，地方政策性补贴和各单位工资外收入所占高达 67%，国家规定的工资仅占收入的三分之一。而从国际范围内来看，公务员和垄断企业的工资收入一般在总薪酬收入中的比重都占 80% 以上，这使得西方国家规范工资的法律能够发挥足够的影响力，而我国却不能。

必须明确的是，要限制的薪水，不仅包括工资，还包括福利待遇等。因此，我国要限薪，不仅仅是单纯的降低工资的问题，而必须首先对工资构成进行改革，使得政府官员、企业高管们的工资收入远低于福利等工资外收入的状况得以改变，否则，《工资条例》这样的法律对这些群体的工资增长将难以形成制约力量。

要限薪，还必须使民众有更顺畅的表达利益诉求的渠道。以国企为例，虽然它是全民所有，但在现实中，这里的“全民”往往被抽象化，或说虚拟化，民众在事实上被排挤在外，既没有人向他们汇报企业的运营情况，也没有人向他们分红，至于薪酬的安排民众更是没有投票权和监督权。这使得一些国企成为超然于公众之外的“独立王国”，一些国企老总挥霍无度、穷奢极欲，极尽浪费之能事。至于上市公司，如何让普通投资者在上市公司高管薪酬的制定和监督过程中发挥作用，是一个非常值得研究的课题。无论如何，有一点是明确的，企业高管或政府官员随意加薪，或拿高薪的现象，应该受到源于制度层面的制约。

2008 年反垄断与规制案例热点

[1] 英博并购 AB 公司案：第一个获得批准并进行公告的并购案

2008 年 11 月 18 日，中华人民共和国商务部发布公告，附限制性条件批准比利时英博啤酒集团斥资 520 亿美元收购美国 AB 公司。该公告标志着自《中华人民共和国反垄断法》颁布以来的第一个获得批准并进行公告的并购案，也是收购各方首次被要求在新法规制下为获得许可而同意做出承诺。该并购案对于理解和遵循在中国进行并购交易时如何进行反垄断审查申报具有很大的指导意义。

作为依据《中华人民共和国反垄断法》（以下简称“《反垄断法》”）负责进行并购控制（即经营者集中）审查的反垄断执法机构，中华人民共和国商务部（以下简称“商务部”）于 2008 年 11 月 18 日发布公告：附限制性条件批准比利时英博集团以 520 亿美元收购美国 AB 公司的交易（以下简称“英博公司收购 AB 公司案”或“该并购交易”）。

英博公司收购 AB 公司案是自《反垄断法》生效实施以来的第一个获得商务部批准并进行公告的经营者集中案件。同时，该并购交易也是收购各方首次被要求根据《反垄断法》为获得批准而同意做出承诺的案件。此前，少数其他对经营者集中不予禁止的决定已经做出，但尚未公布，预计商务部将仅就要求并购方做出承诺或者限制性条件的经营者集中案件发布公告。同时，该决定并未就该并购交易做出详细的分析（如相关产品市场或地域市场的界定），其亦未要求变更该并购交易，而是要求收购各方做出一定的承诺。该等承诺涉及收购各方在中国实施进一步并购的资格和能力。

此外，商务部反垄断局尚明局长于 2008 年 11 月 21 日就英博公司收购 AB 公司案回答记者关于经营者集中反垄断审查有关问题的提问（以下简称“反垄断审查问答”）。

结合该公告及反垄断审查问答，本文将会对商务部就经营者集中反垄断审查所采取的思路及它对中国未来的并购控制审查所产生的影响进行简要的评析。

一、申报标准

根据反垄断审查问答，由于2007年英博公司和AB公司在中国境内的营业额分别为57.64亿元人民币和44.9亿元人民币，达到了《国务院关于经营者集中申报标准的规定》（以下简称“《申报标准规定》”）的申报标准，根据《反垄断法》第21条，英博公司向商务部进行申报，商务部于10月27日予以受理。

由此可见，商务部是严格按照《反垄断法》第21条和《申报标准规定》对经营者集中案件进行受理的。

二、申报材料

根据《反垄断法》，第一阶段为期30日的初步审查应当自商务部认为经营者提交的申报材料完备之日起算。因此，商务部认为申报材料完备之日对于申报时间的计算则至关重要。

根据反垄断审查问答，经营者集中所需提交的申报材料就是《反垄断法》第23条规定的内容：（一）申报书；（二）集中对相关市场竞争状况影响的说明；（三）集中协议；（四）参与集中的经营者经会计师事务所审计的上一会计年度财务会计报告；（五）国务院反垄断执法机构规定的其他文件、资料。但是，商务部同时强调：由于每一个经营者集中案件在集中形式、参与集中的经营者及涉及的行业均有所不同，因此，商务部很难采取“一刀切”的方式而对所有案件的申报材料提出一个统一的要求。为此，反垄断局会根据每个案件的特点和对市场竞争产生的影响，对申报材料提出具体要求；这也就是反垄断法第23条第（五）项规定的内容，即国务院反垄断执法机构规定的其他文件、资料。

针对《反垄断法》对申报材料的规则比较原则，商务部也对目前的经营者集中申报提供一定的指导：首先，在具体的配套法律文件尚未出台之前，申报方可参考商务部为实施《外国投资者收购境内企业的规定》在网站上发布的申报指南，即《外国投资者收购境内企业反垄断申报指南》。该申报指南包含了比较具体的申报材料清单。其次，商务部对经营者集中案件实行申报前磋商制度。当申报方对申报存有疑问时，可以向反垄断局提出商谈或磋商申请，将所要讨论的问题以书面形式发给反垄断局。反垄断局收到申请后，对提出的问题进行研究，并将答复意见当面告知申报方。最后，申报方递交申报材料后，反垄断局要对申报材料进行审核，告诉申报方需要补充的材料。收到补充材料后，如果反垄断局认为符合要求，即可予以立案。

就如何让申报人知道申报已经被正式受理的问题，商务部在反垄断问答中给予了明确的答复：商务部并未被要求对其受理的经营者集中案件发出立案通知并予以公告；因此，实践中，一旦申报材料符合要求，商务部会以适当的方式包括采取口头的方式通知申报方。

就英博公司收购AB公司案而言，2008年9月10日，英博公司向商务部递交了申报材料，反垄断局审核时发现申报材料没有达到反垄断法第23条的要求，申报方于10月17日和10月23日先后提交两次补充信息。2008年10月27日，商务部对此案件申报进行了立案调查并发出了立案通知。

由此可见，在就申报材料内容进行细化的配套文件出台之前，申报方可参考《外国投资者收购境内企业反垄断申报指南》的相关内容，并积极采用申报前磋商制度，同时根据反垄断局的要求及时补充材料。

三、审查程序

根据反垄断审查问答，商务部再次强调，其经营者集中审查工作将依照《反垄断法》的规定分两阶段进行：一是为期30天的初步审查阶段，二是为期90天的进一步审查，必要时后者还可延长60天。初步审查阶段从正式立案受理之日起开始启动，30天届满前，商务部做出是否实施进一步审查的决定，并书面通知经营者，商务部做出审查决定前，经营者不得实施集中。

就英博公司收购AB公司案而言，自收购各方于2008年9月10日向商务部提交申请并于正式审查启动之前被要求补交几轮材料后，商务部于2008年10月27日就该并购交易进行立案审查。截至公告发布之日，商务部进行的初步审查已持续21日，此期间并未超过《反垄断法》第25条所规定的30日。

此外，商务部还表示其通过“众多的研讨会、座谈会和听证会”的形式征求第三方包括有关政府部门、品酒行业协会、国内主要啤酒生产企业、啤酒原料生产企业以及啤酒产品销售商的意见和建议。

四、审查标准

根据反垄断审查问答，商务部对经营者集中案件进行审查时将按照《反垄断法》第27条，主要考虑如下因素：（一）参与集中的经营者在相关市场的市场份额及其对市场的控制力；（二）相关市场的市场集中度；（三）经营者集中对市场进入、技术进步的影响；（四）经营者集中对消费者和其他有关经营者的影响；（五）经营者集中对国民经济发展的影响；（六）国务院反垄断执法机构认为应当考虑的影响市场竞争的其他因素。

就英博公司收购AB公司案而言，商务部在反垄断审查问答中强调：其对上述各方面进行了全面审查，并从地域市场、产品市场和竞争格局进行了重点审查。由于审查结果表明，该并购交易没有对中国啤酒市场产生排除、限制竞争的效果，商务部决定不予禁止，但是为了防止并购后可能导致有损竞争的结构出现，商务部附加了必要的限制性条件。

尽管商务部在该公告及反垄断审查问答中未就相关市场的界定及并购后竞争格局作出较为具体的经济分析和说明，但是，透过英博公司收购AB公司案，我们可以理解，商务部在对经营者集中的案件进行审查时所采取的执法思路基本是与目前国际的并购审查规范相近似，而且，商务部进行反垄断审查所采取的实体标准较接近于国外的实质减少竞争标准。

五、经营者集中救济措施

根据反垄断审查问答，商务部强调：就附加限制性条件批准的经营者集中案件，针对具体案件对相关市场竞争造成的损害不同，其可以附加三类限制性条件：一是结构性救济，即强制交易方对其部分资产进行剥离；二是行为性救济，即禁止并购企业从事某种可能产生排除或限制竞争效果的滥用行为；三是混合型救济，即前两种条件的结合，不仅强迫合并企业进行剥离，还要求对其并购后行为施加限制。

针对英博公司收购AB公司案，商务部作出的审查结果属于不禁止类中附加限制性条件的那种决定。商务部要求英博公司做出承诺并严格遵守审查决定中的限制性条件，如下：

1. 不得增加AB公司在青岛啤酒股份有限公司现有27%的持股比例；
2. 如果英博公司的控股股东或控股股东的股东发生变化，必须及时通报商务部；
3. 不得增加英博公司在珠江啤酒股份有限公司现有28.56%的持股比例；
4. 不得寻求持有华润雪花啤酒（中国）有限公司和北京燕京啤酒有限公司的股份。

同时，商务部要求英博公司不得违反其中任何一项；如果发生变化，英博公司必须事先向商务部及时进行申报或通报，商务部批准前，不得实施。从某种角度讲，并购方接受限制性条件是商务部批准该项集中交易的前提。

就商务部根据《反垄断法》就该并购交易作出附加限制性条件的决定而言，其所采取的方式显然与欧盟或美国所采取的并购审查方式有所不同：

首先，该公告明确表示该并购交易在中国并未对相关市场产生限制竞争的影响。因此，就竞争法视角而言，似乎没有理由要求收购各方签订具有约束性义务的协议以此约束其将来的行为。

其次，在尚未根据《反垄断法》对任何类似潜在收购进行申报或者分析之前，商务部就对英博公司未来在中国进行收购的能力设定限定条件。该做法似乎暗示商务部可能通过前述限定条件对《反垄断法》规定范围以外的行为实施一定程度的监督（换言之，可能在任何情况下，未来的此种收购均需要进行申报，即使该收购并不属于《反垄断法》项下的经营者集中）。同时，该做法暗示着商务部的经营者集中审查将不仅关注竞争格局的评估，其亦将考虑相关的产业政策和发展。

就英博公司收购AB公司案而言，我们可以理解，在《反垄断法》刚实施的最初时间里（如一年至两年），商务部对经营者集中案件进行审查时很可能大部分采取附加限制条件的不予禁止的方式，但其附加的限制条件可能与国外的实践有所不同。

六、后续问题：行政复议及行政诉讼

尽管反垄断问答未涉及该问题，但是根据《反垄断法》第53条，申报方如对商务部就经营者集中案件作出的行政决定不服的，可以先依法申请行政复议；如对行政复议决定不服的，可以提起行政诉讼。此外，根据《中华人民共和国行政复议法》，申报方可自知道商务部的决定之日起60日内提出行政复议。如申报方不服行政复议决定，则其可自收到复议决定书之日起15日提起行政诉讼。

就英博公司收购AB公司案而言，考虑到中国目前反垄断实践尚在发展和不断完善的过程，且商务部所附加的限制性条件仅针对英博公司未来收购的能力和资格，因此，申报方提起行政复议甚至行政诉讼的可能性不大。

最后，尽管商务部未就英博公司收购AB公司案作出具体和详细的分析，但可以预见的是，随着经营者集中审查在中国的不断发展和完善，商务部很可能在今后公布审查决定时将加上具体和详细的分析，以此作为其进行经营者集中审查的依据，从而应对申报方根据《反垄断法》提起的行政复议或行政诉讼。

总之，商务部首次根据《反垄断法》就经营者集中案件发布公告并就该案举行了反垄断问答，较为全面地介绍商务部根据《反垄断法》的相关规定（包括但不限于申报标准、申报资料、审查程序、审查标准及救济措施等）对经营者集中案件进行审查的实践。该案对于企业在进行涉及中国市场的并购交易之时如何履行反垄断申报并获得令其满意的审查结果具有很大的指导意义。

[2] 微软与雅虎的合作之路

（一）初战无果

2008年2月1日，微软宣布已主动向网络雅虎公司提出收购方案，总价接近446亿美元，为网络业内收购史上最高。雅虎当天发表声明，表示将“仔细、迅速地”研究这一收购方案，寻求最佳行动过程，以实现股东长远利益最大化。这是微软迄今最大的一次收购行动，如果得以完成，将改变全球互联网产业格局。但2月21日，雅虎董事会决定拒绝微软公司每股31美元的出价收购，认为这个价位严重低估了雅虎的价值，并且表示任何低于40美元的出价，雅虎都不会给予考虑。

分析人士认为，长远分析，如果微软成功收购雅虎，改变将是巨大的。尽管微软高管至今仍未明确透露，一旦交易成功，他们将如何处理雅虎品牌。不过鉴于雅虎在网络内容提供方面的优势，从中期来看，一些微软网络内容将会逐渐消失，或者添加到雅虎内容。而最大的改变可能在于两家公司的合作，将在网络与个人电脑连接方面创造出更佳的途径。使用手机和掌上电脑上网的用户可能将最先体验到微软—雅虎合并带来的变化，使用微软移动视窗操作系统的消费者将与雅虎内容进行更好的链接，同时可能享受到社交网络的服务。最终，鉴于微软视窗操作系统的垄断地位，两大巨头的合并，将使互联网内容自动接入电脑。

美联社认为，由于无法依靠自身力量超越谷歌在互联网领域的领先地位，微软于是选择收购雅虎，在挑战谷歌方面产生新一轮的角力。但分析师对微软收购雅虎带来的效果看法不一，而在鲍尔默看来，微软如能成功收购雅虎，将实现技术、资源和资本的深度整合。收购将在扩展规模经济、增强研发能力、提高运营效率和新增用户体验各方面产生协同作用，每年将至少增收10亿美元。

多姆德在文章中表述了他的忧虑，微软和雅虎联合可能会利用其垄断地位去打压竞争对手，限制网民自由登录他们对手推出的网络产品，如电子邮箱、即时通讯软件及其他网络服务，从而在互联网产业形成新的垄断。微软在计算机操作系统和网络浏览器已垄断市场余年，若与雅虎合作，等于是排名前两大的网络邮件、实时通讯和入口网站公司将合而为一。他呼吁美国政府阻止这宗合并案。微软则反驳，与雅虎合并只会形成在网络搜索和在线广告市场的第二大公司，仍落后于市场领导者谷歌。微软总顾 Brad Smith 表示，“合并若失败，网络业的竞争会变得较不公平。”微软还声称，谷歌目前垄断网络搜索市场，会被反托拉斯部门禁止收购雅虎的应该是谷歌，而不是微软。

即使微软收购不了雅虎，谷歌的问题和竞争也已经出现。分析家预计谷歌的成功将继续依靠其简单的搜索主导模式，但这并不能保证它的主导地位还能长期持续。全世界都在为打造更好的网络引擎做出巨大的努力。雅虎作为其中的一家公司，正不遗余力地为超越谷歌而努力。雅虎引擎提供的一个新功能是，在使用者始键入要寻找的字条时，便会弹出搜索词条建议，这也许能为使用者省去为了查找有用的结果而反复键入不同词语的烦躁过程。另一项功能是提供某类相关热门搜索的链接。例如，键入一部电影的名称，结果将出现电影预告片和当地放映时间的链接键入“餐馆”和一个城市的名称，便可通过区域、口味和受欢迎程度来缩小检查范围。微软也渴望提供新的搜索方法，将其 Windows Live Search 功能与其他的以个人计算机为基础的在线服务任务结合起来。

（二）终成正果

2010 年 2 月 18 日，微软与雅虎联合宣布，两家公司的搜索交易已获得美国和欧洲监管部门的批准。在交易获得批准之后，微软与雅虎将能够携手，来抵御谷歌在网络搜索市场的垄断统治。谷歌则对此未做反对。

在双方达成搜索交易之前，美国司法部曾在 2008 年表示将反对雅虎和谷歌的在搜索方面的合作。正是因为美国司法部的这一表态，才导致雅虎投靠了微软。微软曾提出整体收购雅虎，但遭到雅虎时任首席执行官杨致远及董事会的拒绝。

在美国司法部反对雅虎和谷歌的交易中，微软曾起到了关键性的作用。但是在微软结盟雅虎的问题上，谷歌并未公开反对。谷歌发言人亚当·科瓦塞维奇（Adam Kovacevich）表示，“我们的产业一直充满竞争，这将使我们保持竞争力，并对用户有益。”

在经历了近 7 个月的时间之后，欧盟与美国反垄断机构最终批准了雅虎、微软达成的为期 10 年的搜索和广告合作协议。微软最初在 2006 年年底开始与雅虎接触，在 2007 年两年公司再次就合作事宜进行接触。2008 年，微软向雅虎发起了收购要约，但最终雅虎拒绝了微软 475 亿美元的这一收购要约。

现如今，雅虎计划依赖于微软的搜索技术来推动公司业绩的增长。因为与微软的交易，将不仅使雅虎节约高额的研发投入，还能够获得稳定的营收。自微软在 2008 年 5 月放弃了每股 33 美元收购雅虎的收购要约之后，雅虎股价一直处于下滑之中。本周四，雅虎股价上涨 10 美分，报收于 15.54 美元。

微软则期待着与雅虎签署 10 年搜索和广告合作协议，来对抗谷歌在网络搜索市场的统治地位。由于谷歌在网络搜索市场的绝对统治地位，推动美国司法部与欧盟委员会批准了这一交易。美国司法部表示，“这一交易将使微软和雅虎同心协力，为市场带来更多竞争力。”

根据互联网流量监测机构 comScore 的统计，谷歌当前占据了全球搜索市场三分之二的市场份额；雅虎以 7.4% 的份额排名第二；百度排名第三，市场份额为 7%；微软市场份额仅为 3.2%。而在美国搜索市场，2010 年 1 月雅虎的份额为 17%，低于 2009 年同期的 21%，以及 2009 年 6 月的 19.6%。微软的市场份额为 11.3%，高于上年同期的 8.5%。谷歌的市场份额则从 2009 年同期的 63% 上升至 65.4%。微软在美国网络搜索市场的崛起，主要是该公司在 2009 年推出了新搜索引擎必应（Bing）。

微软与雅虎预计，双方的搜索广告合作交易将在年底完成，或至少届时在美国市场完成。两家公司表示，美国广告客户和发行商的交接工作将会在 2010 年圣诞节来临之前完成，但如果有必要，他们会等到 2011 年。全球客户与合作伙伴的交接工作将在 2012 年年初完成。

通过这一交易，雅虎将会获得更多收益。根据微软与雅虎 2009 年签署的协议，微软将获得雅虎搜索技术为期10年的独家授权，微软Bing（必应）将成为雅虎网站独家算法搜索和付费搜索平台。微软将在协议的前5年向雅虎支付88%来自雅虎网站的搜索广告营收，作为流量获得成本。雅虎预计该交易每年将提升公司运营利润5亿美元，并节省2亿美元资本开支。

从交易一开始，雅虎将获得来自微软的1.50亿美元现金，作为采用新技术的支出。雅虎将在2010年4月前收到首笔资金。此外，微软还将会招募400名左右的雅虎员工，预计双方之间的首次员工交接将发生在2010年。目前，雅虎在全球的员工总数约为1.39万人。

微软首席执行官史蒂夫·鲍尔默（Steve Ballmer）表示，“尽管我们的合作仅仅是开始，但是双方已达到了一个新的里程碑。我认为，微软和雅虎将向我们的客户、广告商及发行商，提供更多、更好、更具创新性的选择。”雅虎首席执行官卡罗尔·巴茨（Carol Bartz）则表示，“这一突破性的搜索结盟，意味着雅虎将能够专注于向用户提供创新性的搜索体验。”

[3] 执法机构与市场大鳄的战争——评欧盟微软案

十年的拉锯战，欧盟与微软终于于2009年年底在妥协中握手言和。自1998年Sun公司投诉微软时起，市场主体之间的竞争已经演变为代表东道国利益的执法机构与市场大鳄之间的博弈，结果就是：欧盟步步紧逼，微软撤兵移营。

2009年11月，微软公司宣布同意让用户自由选择最多12款其他浏览器，欧盟去年12月也宣布，撤销对微软的反垄断指控，并决定不对微软进行罚款。同时，微软承诺在未来5年内履行同欧盟监管当局签订的一项关联协议，该协议要求微软提供屏幕弹窗，允许用户用Firefox或者Chrome、Opera等浏览器替换IE浏览器。显然，双方已握手言和，但事实上，这却依然需要5年后的市场来进行检验。

跨国公司往往在东道国被复杂的眼光所关注，当地人认为他们都是“既可爱又可恨”的组织。在欧盟，微软同样扮演着这个角色。微软在充分满足欧洲消费者需求的同时，也被欧盟委员会施加着压力，不经意间，作为两个属性迥异的强大市场力量，欧盟和微软，在欧洲共同体市场中，已悄然博弈十多年，到2009年底，双方终于高挂免战牌。

作为全世界最大市场的欧洲贸易圈，对于微软公司而言，毫无疑问是极其重要的，它提供着巨大的商机，但同样也面临着严峻的考验。在这片土地上，有着微软公司众多产品和服务的购买者，也有着它直接的竞争者。

作为跨国公司，微软走出国门的根本目的当然是获取利润，当公司使用各种合法手段进行市场的竞争和利润的争夺时，一切显得令人信服。但问题是，如何确保合法呢？

东道国企业Opera的抱怨、不满和申诉，推动了竞争法律程序的启动。微软持续受到了欧盟反垄断法的监管和限制，仅欧盟委员会对微软的罚款，迄今为止已总计16.8亿欧元，约合24.4亿美元。

市场竞争最终变成了欧盟竞争法框架下的博弈。

以法律的名义：

法律博弈的起点是1998年12月，Sun公司向欧盟监管机构投诉，称微软拒绝提供Sun服务器软件与微软Windows桌面操作系统通讯所需要的互操作性信息，欧盟由此开始了对微软公司的漫长调查。随后，微软收到了欧盟开出的多次罚单。

微软辩称欧盟罚款是不公正的，四处鸣冤，并表示将继续上诉，美国外交官员也建议欧盟委员会以及欧盟25个成员国公平地对待微软。但2007年9月17日，欧洲初审法院仍然驳回了微软的上诉，支持罚款判决，并要求微软支付欧盟委员会主要费用。

然而，祸不单行。3个月后，12月17日，微软又收到挪威浏览器开发商Opera向欧盟委员会递交的反垄断投诉。在历经两年的调查后，欧盟委员会在2009年1月起诉微软。

这次，微软妥协了。为避免欧盟反垄断罚款，微软在Windows中提供竞争对手网络浏览器，并最终在 12 月 16 日为此事画上句号。

自 Sun 公司投诉时起，市场主体的竞争已经演变为代表东道国利益的执法机构与市场大鳄之间的博弈，结果就是：欧盟步步紧逼，微软撤兵移营。有趣的是，欧盟指控微软的行为有损消费者利益，但在整个博弈中，扮演重要角色的大都是作为竞争对手的企业，我们不禁要问，竞争法到底保护的是竞争者还是消费者?

消费者的保护伞：

启动法律程序有着严格的法律条件，但规则的适用同样需要道义上的借口。竞争法，正充当消费者免受市场侵害的保护伞。虽然自由竞争模式效率很高，但也不是没有缺陷，对竞争市场的干预也相应产生。垄断或破坏性竞争，就为执法机构对微软公司的监管提供了理由，消费者对商品或服务的自由选择权也通过欧盟执法机构的行动得到了实现。

欧盟通过竞争法来维护消费者的自由选择权，在其他国家或地区能否做到呢? 这至少应达到三个条件：有供适用的竞争法律；有适格的申诉主体或者合理的受害者；有强势的执法机构进行推动。这三者缺一不可，但更进一步说，还需要关于市场经济的法律体系能被国际社会所认可，在此前提下，竞争法的社会效果才能得以显现，有“经济宪法”之美誉的反垄断法才实至名归，跨国公司的承诺与让步也才成为可能。

在欧洲，公司与政府之间有着非常密切的关系，政府机构深入参与并帮助本区域公司向国外市场渗透，并且保护这些公司在欧洲市场免受域外公司的竞争。微软和美国政府已经让步，正是欧盟的政治与经济力量，决定了这一切能得以实现并得到保障。跨国公司所属国与所在国政府之间的关系非常关键，至少，对于目前的中国而言，要做到这么强硬，恐怕还需要走很长一段路。

[4] 如何理解反垄断法中的滥用市场支配地位——由上海市高级人民法院一例反垄断判决谈起

2009 年 12 月，上海市高级人民法院审结了一起针对网络文学的反垄断诉讼案件，该案成为自 2008 年 8 月 1 日我国反垄断法实施以来的少数几例反垄断司法判例。对未来反垄断司法审判具有标杆意义和重要参考价值。

一审原告北京书生电子技术有限公司（下称书生公司）运营的 www. du8. com（读吧网）和一审被告上海盛大网络发展有限公司（下称盛大网络）、上海玄霆娱乐信息科技有限公司（下称玄霆公司）共同经营 www. qidian. com（起点中文网）均是以网络文学为主要内容的网站。

笔名为“我吃西红柿”作者的作品《星辰变》在起点中文网上发表后深受广大网友的喜爱，一经推出点击轻松破亿。在该作品创作终结后，书生公司于 2008 年 5 月开始委托寇彬和李亚鹏，以笔名“不吃西红柿”创作作品《星辰变后传》，并在书生公司经营的读吧网上陆续发表。因两部作品笔名相似，且《后传》沿用《星辰变》中的人物、情节、环境等要素，造成读者一时难以分辨。在舆论压力下，寇彬和李亚鹏应起点中文网要求停止为读吧网创作《星辰变后传》，并在起点中文网上向作者“我吃西红柿”等发表致歉信。为此，书生公司提起诉讼，认为盛大网络以及玄霆公司滥用市场支配地位限定交易，要求确认共同经营起点中文网的盛大网络和玄霆公司构成滥用市场（中国网络文学市场）支配地位的行为。同时，书生公司还提出要求两被告立即删除两位作者的致歉声明、赔礼道歉、赔偿损失。

上海市第一中级人民法院审理后认为，两被告的行为均具有正当性，不构成垄断和不正当竞争，驳回了原告的诉讼请求。原告不服，提出上诉。上海高院审理后维持原判。

该案主要涉及两个争议焦点，一是被告是否具备了市场支配地位；二是被告是否存在滥用市场支配地位的行为。

一、如何理解市场支配地位

市场支配地位是反垄断法的基本概念。法律意义上的反垄断仅指反对“滥用”市场支配地位而不反对具有市场支配地位本身。而在认定相对人不具有市场支配地位的情况下显然无须进一步判断相对人是否构成滥用。

在本案中，原告曾试图依据我国反垄断法第 19 条规定举证。为证明被告具有市场支配地位，原告提交了来自于被告和相关媒体的网页公证，这些网页中有部分关于被告行业地位的评价。但是，二审法院在判决中认定，本案中原告提交用于证明被告具有市场支配地位的证据，均来自于被告的网站和第三方网站，尽管有“80% 以上”、“95% 以上”等关于市场份额的数据表述，但这些数据如何计算得出，具体数字是多少，是否真实均不得而知。因此，一审原告对被告市场地位的评价并没有建立在被告影响市场力度的度量基础上，原告对于被告的市场支配地位的评价缺乏测度依据。故法院没有采信原告的主张。

从法院的判决可以看出，认定市场支配地位的具体份额单凭媒体的报道和自身的陈述显然不够，需要有第三方的调查和翔实的数据，如果要认定一方具备市场支配地位，既要有第三方的调查数据，还需要有数据计算的基础与依据。不能单凭感觉。这也体现了司法实践对于市场支配地位推定原则的审慎态度。尽管从法理上说宣传内容也可以成为证据，但在本案中依据宣传内容就认定被告的市场份额其证明力显然不足。

二、如何理解市场支配地位的滥用

企业规模和市场占有率是我国反垄断法用来推算是否构成垄断行为的考虑依据之一，但垄断地位不等于违法。一方面，从国外反垄断实践来看，把企业的垄断规模作为是否采取反垄断措施根本标准的结构主义也早已被反复证明并不合理。另一方面，具有市场支配地位本身并不违法，只有对这种地位加以滥用才属于反垄断法规制的范畴。反垄断法第十七条第一款列举了七种滥用市场支配地位的行为，其中的第二、三、四、五、六项均以“没有正当理由”作为滥用的前置条件。因此，不论是否是低于成本价销售还是限制交易、拒绝交易行为均以“没有正当理由”为构成滥用的前置条件。

在本案中，原告认为两被告以胁迫的手段要求《星辰变后传》的两位作者停止为原告继续创作，并在起点中文网发表致歉声明，还限制其他网站转载该部作品，其行为符合我国反垄断法第十七条第一款第（四）项规定，即没有正当理由，限定交易相对人只能与其进行交易或者只能与其指定的经营者进行交易的行为。

而法院审理后认为，首先，原告的证据不能证明被告有胁迫作者的行为。其次，本案纠纷系因《星辰变后传》引发，从原告在读吧网上所作的声明以及《星辰变后传》两位作者在起点中文网上所作的致歉声明可以得知，《星辰变后传》的创作背景为“我吃西红柿”在起点中文网上发表后深受广大网友喜爱，在该作品创作终结后，原告委托寇彬、李亚鹏创作了《星辰变后传》。该两位作者采用与《星辰变》作者相似的笔名，并作创作中沿用《星辰变》小说的人物、情节、环境等要素，这种创作方式会使读者误以为《星辰变》与《星辰变后传》之间存在关联，其目的在于借助《星辰变》在网络上所积聚的人气，吸引那些喜爱《星辰变》的读者去关注《星辰变后传》，上述行为确有不当之处，故即便两被告确有要求两位作者停止继续创作或要求其他网站停止转载《星辰变后传》的行为，其行为亦在情理之中，而反垄断法第十七条第一款第（四）项认定构成滥用市场支配地位限定交易的前提条件是审查其行为是否有正当理由。因此，姑且不论两被告的行为是否构成限定交易的行为，从其行为的正当性判断，为此法院认定两被告的未构成滥用市场支配地位的行为。

［5］出租车停运事件

11 月以来，以重庆市出租车司机罢运为先导，全国各地相继发生一连串出租车罢运事件，使全社会聚焦于中国的出租车行业之“黑”，聚焦于全国 200 多万“的哥”群体遭遇的不公正待遇。（据官方公布的数据显示，目前中国已经有 100 多万辆出租车取得运营牌照，年客运量在 120 亿人次左右。）显然，此起彼伏的出租车司机罢运，绝非少数“的哥”的心血来潮，也绝非少数城市的行业现状，而是出租行业之“黑”长期积累的结果，以至于“的哥”们已经到了忍无可忍的地步。这个“黑”，在官方舆论的宣传中，似乎主要是指“黑车”，但实际上则是官权垄断之“黑”。与“份钱”对“的哥”的榨取相比，“黑车”抢走的那点儿生意，实在算不了什么。更重要的是，哪里有垄断，哪里就有“黑市”；哪里消除垄断，哪里的“黑市”就自动消失。中国出租车行业的“黑车”之害，恰恰源于现行的垄断性准入体制。中国的出租车公司，是一种典型的行政权力垄断下的权力经济模式，发展到现在，已经成为一块顽固的市场经济改革过程中的癌变肿瘤。在我国，各城市出租车行业一般都采取特许经营制。政府向出租车公司无偿颁发出租车经营特许权，并实行总量控制，使特许权成为稀有资源，拥有特许权的出租车公司垄断市场准入，提供统一服务的模式。但实际上在发展的过程中，出租车公司在获得这种经营特许权之后，便利用权力的垄断，将这种权力作为原始资本，空手套白狼。广大司机既没有成为股东，也没有成为雇员，而是沦为向出租车公司交风险抵押金、份子钱并完全承担所有生产运营成本的赚钱机器。表面上看，政府在这种经营特许制下，对出租车公司实现了对出租车行业的有序管理，并以稳定的秩序向社会提供公共服务，但实际上，因为行政权力的介入，出租车市场成为有形之手笼罩下畸形市场，随着时间的推移，积重难返，最终政府与出租车公司成为一个利益共同体，并形成各种各样或明或暗、千丝万缕的关系。这种行政权力垄断的出租车市场，普遍具有如下特征：

（1）法定垄断，市场禁入，限制自由竞争；

（2）绑定行政权力，价格管制构筑行业利益；

（3）低投入，利润独吞，成本转嫁，坐地收钱，旱涝保收；

（4）出租车公司成为暴利者，国家税收少，社会公众福利受损；

（5）从业者无保障，整体维护权益难，谈判地位不对等，频发群体维权事件；

（6）垄断体制外，黑市繁荣，难管制、难打击；

（7）改革阻力大，合规方案推进难。

中国模式的出租车公司已经成为市场上多余的一环，并不存在经济上的合理性，它已经成为一个权力笼罩下的盘剥者和当今中国社会最大的社会矛盾制造者之一，且直接导致了弱势群体对社会信赖的丧失。在自由市场经济观念日益普及的环境下，这种畸形的权力经济模式，也使出租车公司成为一个丑恶的既得利益者和改革的阻挠者。大量关注出租车问题的研究者均认为，出租车市场是一个没有必要实施政府管制的市场，不应该被垄断权力所笼罩。从世界经验和中国其他地方经验来讲，出租车是最适宜进行个人经营的领域，让个体司机自由进入市场，是最好的资源分配方法。而从现在的科技手段与管理手段上来看，政府完全有能力做到这一点。而从北京的情况来看，北京为数不多的，出租车市场早期产生的个体出租车运营者，其效益与秩序都非常好，也没有听说坑蒙拐骗消费者的事情专门是这些司机干的，所以，政府担心的个体经营会让出租车市场管理混乱，无法提供规范服务的担忧是多余的。实际上，山西有地方已经有了个体经营的成功经验，非常好，不久，我们将看到关于出租车个体经营模式的经验报道。

出租车停运事件以涉嫌政府行政垄断位列2008年中国垄断事件第八位。

［6］电子监管码事件

被称为反垄断法第一案的案件是8月1日由4家防伪企业开始发起的，此后增加到8家防伪企业。事件缘由，质检总局规定9大类69种产品范围内的所有企业（多达数十万家）无论需不需要防伪，都必须购买他们的服务；国家质检总局强制要求所有产品必须贴上这样一枚标签。

电子监管网的权属是属于中信国检的，中信国检是一家以营利为目的、独立的法人实体。中信21世纪为国家质检总局信息中心垫资与其成立合资公司，并使国家质检总局在不出资的情况下享有30%股权的利益，交换的正是国家质检总局的政策支持，这实际上就是权力寻租。质检总局在推广电子监管网之初并没有征求过任何防伪企业的意见或欢迎任何防伪企业的参与，电子监管码的实施，也未经过任何社会公开招标；而政策一旦实施，将首当其冲对防伪企业的生存空间予以致命挤压。

无论国家质检总局是否在中信国检持股，其动用行政权力去推广中信国检经营的电子监管网，对经营同类网络的其他公司来说，都是在限制和排除竞争行为，都是违背反垄断法和反不正当竞争法的。

［7］可口可乐并购汇源果汁

9 月 3 日上午，香港联交所发布的一则公告：可口可乐旗下的荷银亚洲将代表可口可乐全资附属公司大西洋公司，就收购汇源果汁全部股份、全部未行使可换股债券并注销汇源全部未行使购股权，提出自愿有条件现金收购建议。按照公告，这单涉及金额 24 亿美元的天价交易若能完成，将成为迄今为止中国食品和饮料行业最大一笔收购案。

汇源“100%果汁”占据了纯果汁 46%的市场份额，中高浓度果汁占据 39.8%的市场份额。同时，浓缩汁、水果原浆和果汁产品远销美国、日本、澳大利亚等 30 多个国家和地区。另有媒体披露的数据称，可口可乐公司在中国的果汁市场占有 9.7%的市场份额。按照这些数据，两家合并后的市场份额将超过 50%。另外，可口可乐旗下的果汁子品牌占有 25.3%，依此推算，两者若合并，将占 70%以上的市场份额。无论按照哪一种算法，这场并购完成后，可口可乐在中国果汁市场将一家独大。

根据国务院最新的规定，如果外资企业并购在香港上市的内地企业，满足以下两个条件之一即达到申请商务部反垄断审查的标准，即：（1）双方 2007 年在全球范围内的营业额合计超过 100 亿元人民币，并且双方 2007 年在中国境内的营业额均超过 4 亿元人民币；（2）双方 2007 年在中国境内的营业额合计超过 20 亿元人民币，并且双方 2007 年在中国境内的营业额均超过 4 亿元人民币。可口可乐收购汇源肯定达到了这一标准。

由于注册地在开曼群岛，汇源果汁的法律身份属于境外企业，但是这并不影响中国反垄断执法部门对这起并购案的审查。路伟国际律师事务所北京代表处合伙人满运龙介绍说，反垄断法已经明确规定，即使是发生在境外的垄断行为，如果对境内市场产生排除、限制影响的，也应该报送中国反垄断执法机构进行审查。

收购完成后，将垄断一半以上的渠道，加上可口可乐的财力支持，其他企业基本没有生存空间。强大的可口可乐变得更加强大，在中国的饮料市场更加龙行虎步，独步天下。在这样一个垄断或接近于垄断的新格局面前，消费者选择的空间被大大压缩，讨价还价的能力也被大大降低，消费者的口味和付费，都将被可口可乐单方面所规定。同时，果汁饮料与纯净水、碳酸饮料等其他饮料不同，还涉及上游果农的利益，由于果树的生长有周期、农时、丰歉等诸多因素，目前都是卖方市场，渠道和加工企业对上游供应商（特别是分散的农业小生产者）有决定性影响力，有可能出现上海早几年既已出现的大卖场被外资主导之后对炒货行业等上游供货商企业滥用市场支配地位的情形。考虑到我国大豆加工企业被外资全面攻陷之后我国大豆进口扩大，本土大豆种植陷入绝境的前例，可口可乐完成对汇源的收购后，将极有可能控制上游果园供应和品牌，对中国的果汁饮料行业会产生长远的不利影响。

纵观近几十年来外资对中国品牌的收购事件，在控制了中国品牌的所有权或使用权之后，外商就会利用自己的控股决策权，蓄意把中国品牌安排在低档产品上，或干脆将中国品牌弃之不用，同时大力培育外方品牌。几年不用，中国品牌就逐渐淡出消费者的视野，成了“历史记忆”了。品牌专家李光斗曾经总结过跨国公司对中国品牌的策略：“打得赢就打，打不赢就买，买了之后就束之高阁。”

综上所述，不论是从收购后所占市场份额，还是对上游果园供应的控制以及同类产品竞争上，此次并购都将产生垄断现象，如果任其实施，必将损害消费者的利益，降低市场经济运行效率。这符合《反垄断法》中控制企业合并行为的目标。因此，必须进行反垄断审查。

可口可乐对汇源的收购，以涉嫌合并后生成饮料行业垄断现象，名列 2008 年中国垄断事件第五位。

[8] 方便面联合涨价、大连房地产商不降价声明、电信重组

7 月 23 日，世界方便面协会中国分会事务局局长孟素荷在接受《京华时报》记者采访时表示，由行业协会参与，国内方便面巨头召开了 3 次内部价格协调会议，最近一次于 7 月初召开，最终达成一致意见：康师傅、统一、今麦郎、日清、农心等十多家知名企业全部参与此次统一调价，其市场覆盖率达到 95% 以上。与此同时，1 元钱以下低端面的价格调整，将由各企业为主，按地区分头推进，各企业根据自身情况采取不同的提价策略。从 7 月 26 日开始，以华龙、白象等为首，占据我国大部分市场的中低价方便面价格将整体上调。最高涨幅将达到 40%，平均涨幅在 20%。

此次涨价的方便面企业曾经是竞争对手，他们彼此残酷竞争，甚至恶意压价排挤对手的场面宛如昨天，但是，今天他们却坐在同一张桌子旁，“设计” 了一个统一的提价清单，商定在同一个时段全面出击。如果说，这些方便面企业以前涉嫌不正当的竞争行为，那么，他们现在统一涨价则是一种垄断行为。

据报道，康师傅、统一、今麦郎、日清、农心等十多家知名企业全部参与此次统一调价，其市场覆盖率达到 95% 以上，完全占据了方便面市场的主导地位。这意味着，市场上 95% 以上的方便面价格已经不是自由竞争自然形成的，而是在统一的 “价格联盟” 内商定的。几家企业如果结成牢固的 “价格联盟”、“利益联盟”，就如一只出笼的猛虎，可以在产业上游，通过限定和压低采购价格的办法，“咬伤” 原料供应商和大批农民；在产业下游，则可以通过集体提高统一售价谋取超额利润，“咬伤” 广大消费者。

固有生产成本的上涨，方便面涨价原是企业自有行为，本无可厚非，但行业协会参与、市场占有率前几位的企业召开价格协调会，相互串通，在全国市场联合提价，人为操纵市场价格，该种行为明显违法，已构成价格垄断，妨碍了市场的公平竞争，损害了广大消费者的合法权益，特别是其中浓重的 “价格联盟” 色彩，已经破坏了市场经济的良性规则，必须予以质疑和追究。企业涨价是正常的，但 “协商” 的对象是消费者，他们才是利益相关人。价格由市场调节，不能由行业进行调节。消费者的选择权、知情权、话语权需要认真考虑。

世界方便面协会中国分会与几家市场占有率很高的企业推动方便面涨价，核心是 “排斥竞争”。这种行为涉嫌违法操纵市场价格，违反了《价格法》和国家发改委《制止价格垄断行为暂行规定》的规定，侵害了广大消费者利益。

更可怕的是，一旦 “方便面列强” 坐在一起的行为被合法化之后，他们就可能经常坐在一起了，届时，谁能阻止这种明目张胆的垄断行动呢？

再来看房地产，大连、沈阳目前已有 72 家房地产商联合组建了一个 “不降价联盟”，并公开对消费者表示在一年之内不降价。联盟守则中规定：要是哪个联盟内的房地产商降价，就要承担这个差价，要进行补偿。也就是说谁要背叛，谁就要承担这个责任。其实 72 家房企的 “不降价联盟” 并非首创，2007 年上海就曾有 42 家房地产企业签署了类似的宣言。房地产商结成 “不降价联盟” 无非要达到如下目的：A. 传达房价不会降信息；B. 攻守同盟，操纵市场的价格；C. 应对目前房地产市场的低迷。

但这种不降价联盟，从现在新闻所发布的这些消息来看，它的确违法了。《价格法》第 14 条明确规定，经营者不得相互串通操纵市场的价格。那么这种价格联盟是否真的能像企业所设想，在市场不景气的情况下，保护企业自身 “基本利益” 呢？从近几年的经济现象和经济学原理来讲，价格串谋，很难维持。比如多年前，那时候彩电刚刚开始打价格战的时候，然后众多彩电打的都是几败俱伤，到最后大家说定一个联盟，但是很快就瓦解了。比如乳业，都选择降价、特价，买一罐牛奶再绑一袋牛奶。后来乳业内大家呼吁说都不要搞特价，也不要捆绑销售，我们要自律。结果到最后谁也没自律，一个月不到，就都垮了。而方便面联合涨价更是以涉嫌违反《价格法》，已被发改委叫停了。

如果想成功地达成一个价格的攻守同盟，至少要有两个条件：第一，这个市场上大部分的企业都在里面，但是在沈阳，尽管它有72家企业，可是只占大连、沈阳项目开发商的八分之一，远远没有囊括所有的房地产企业。第二，恰恰由于有72家企业，所以增加了达成集体行动的困难。人越多，这个时候实际上越难达成集体行动。比如桃园三结义的时候，只有三个人，这个时候有可能真的能做到同生共死。但是到了水泊梁山，一百单八将了，就该同床异梦了，有的想造反，有的想招安。价格联盟主要是想维持价格的稳定，防止市场出现非理性下跌，或者说价格下调情况的大面积蔓延。但是市场基本的供求关系，或者说在市场竞争的规则面，他们这种价格联盟，注定是一个短期的，或者说是不可能持续，不可能长久的。有相关评论认为：房地产的黄金十年基本上已经过去了，从1998年房改以后，房地产商就开始挣钱，那是因为当时对商品房的定义不太清，让商品房承担了部分公共产品的功能。所以大家觉得商品房就和生活利益密切相关。但是现在国家正大力投入资金建设保障性住房，那么居民的刚性住房需求还有多少呢？商品房就是商品。既然是商品，那么这种企业挣不挣钱，和地方政府都没有太大关系，房产降价也是市场优化资源配置的必然现象。

综上所述，方便面联合涨价和房地产不降价声明都是一种价格垄断行为，不仅仅违反《价格法》，而且企业自身也不能达到“价格联盟”的目的。在社会主义市场经济发展的初级阶段，应引起行业和国家的高度关注，避免类似经济事件的发生，规范企业行为，保证市场经济健康发展。

自由竞争和宏观调控，作为市场上看得见的手和看不见的手，左右市场经济的发展。在2008年度的经济事件中，我们很高兴看到，在电信领域，国家积极开展经济的宏观调控，促进竞争，避免垄断的形成。目前电信市场形成了一家独大的不平衡市场格局。2007年中国移动全年营业收入超过中国电信、中国网通和中国联通收入的总和，净利润更是高达871亿元，而其他三家运营商净利润之和仅有450．97亿元，只为中国移动的一半多一点。在用户市场上，截至2008年5月底，中国移动总用户数为4.07亿户，已经占据了移动市场70%的市场份额，更可怕的是，在新增市场上，中国移动占到接近87%的市场份额，照这样的趋势发展，实际上已经回到电信垄断时代。

由此可见，形成适度、健康、和谐的市场竞争格局，是此次电信重组的最主要目的之一。政府寄希望于电信行业重组，能够改变目前一家独大的失衡局面，形成相对均衡的电信竞争格局，使得整个行业良性发展。

三部委出台的“六合三”重组方案，即中国电信收购中国联通CDMA网，中国联通与中国网通合并，中国卫通的基础电信业务并入中国电信，中国铁通并入中国移动，从而三家都将成为既有移动，又有固定的全业务运营商。

重组方案已定，只有推行新的非对称管制政策，对强势企业有所制约，对弱势企业有所扶持，是顺利完成此次电信重组改革的重要保障，也是未来我国电信业做大做强的关键。同时，电信行业重组，从根本上讲是政府意识到中国移动在通讯行业一家独大的现象，为避免垄断的形成，促进行业的良性发展，而做的战略调整；保护了市场公平竞争，提高经济运行效率，维护消费者利益和社会公共利益，促进社会主义市场经济健康发展。

方便面联合涨价、大连房地产商不降价声明、电信行业重组，以价格垄断和制止行业垄断行为，保护市场公平竞争事件，共同入选2008年中国十大垄断事件之四。

[9] 华硕维权事件

被称为“陷害门”的官司缘由是消费者黄静从华硕公司代理商北京新人伟业科技发展有限公司购买了一台华硕V6800V型笔记本电脑，之后被检测到“该电脑内装有英特尔公司明确规定不能用于最终用户产品的工程样品处理器”。在维权过程中，黄静却被以涉嫌敲诈勒索刑事拘留，并被关押了 10 个月之久。

从事情表面上看仅仅是一起消费纠纷和维权事件，但事件的结果，以及整个过程暴露出来的华硕和英特尔两家大公司的潜规则，对英特尔的垄断可见一斑。

英特尔在处理器市场的主要竞争对手为 AMD，一直以来，英特尔几乎垄断了全球的 PC 市场，它拥有 PC 采购价的定价权，其商业供应政策和计划几乎没人能改变。此次英特尔又推出了新的商业计划，未来原始设备制造商在订购台式机 CPU 的时候不再享有折扣，而对于笔记本电脑芯片则可享有优惠，并且大力推行笔记本电脑配件的标准化。这无疑是欲增强对笔记本电脑市场的掌控力，从而掌控产品的定价权最终形成市场垄断。

华硕事件绝对是个转机，受害人有足够多的证据可以证明英特尔把这种质量不合格的产品提供给合作伙伴违规使用，那么也就是说，英特尔正在通过这种免费提供但质量不合格的 CPU 生产产品间接欺骗消费者，很明显这也是一种为了维持垄断而进行的不正当竞争。

一切只与商业利益有关。或许一般人都想不到著名的跨国公司会使用这样的方式来对付一名无辜的消费者，其实英特尔这样的世界五百强企业在面对商业利益的情况下，他们并不会比唯利是图、见利忘义往牛奶里面掺化学物质的犯罪嫌疑人高尚。他们可以请得起中国最负盛名的消费维权大律师，雇用最好的公关公司，用足够多的市场费用去堵住大多数媒体的嘴，甚至还有更多令人难以想象的手段。

华硕事件发生当年的消费者从一个单纯的女大学生一夜之间沦为新中国成立以来最大的敲诈勒索案主犯，被学校开除并在牢房里面忍受了各种屈辱与折磨，最终还要感谢司法的“公正”，虽然颇费周折最终还是确定了她是无罪的。而真正的作恶者却没有得到任何惩罚，引用来自利益一方的一句话，“你们愿意去起诉是你们的权利，我们不怕打官司。”

在中国作为厂商的违法成本有多低，厂商造假欺诈消费被发现的肯定是少数，消费者发现之后敢于进行维权的更是极少数。以华硕事件为例，作为正常维权的事件，反对不正当竞争，最终结果却是当事人黄静以欺诈罪入狱 10 年而后获国家赔偿金而不了了之。

反垄断法以保护市场公平竞争，维护消费者利益和社会公共利益为目标；华硕事件从侧面反映出垄断企业在处理危机事件时强大的公关能力，特别是经济垄断势力和政治垄断势力相勾结从而对消费者产生致命的伤害，普通消费者在对抗垄断企业，维护正当权益过程中的苍白和渺小又使得反垄断成为全民事业。笔者认为，华硕维权事件，表面上看是经济垄断带来的权利侵犯事件，但其实质是经济垄断侵入政治权力垄断，并与政治权力垄断相勾结从而产生的践踏基本人权的事件。事实上，笔者早就在《反垄断（中国）周刊》发刊词里就已经指出，中国反垄断事业不仅仅是反对经济垄断，更重要的是反对政治垄断，因为当年反垄断法诞生的根本目的不是害怕经济垄断的可怕，而是担忧这些经济垄断侵入政治垄断并与之勾结从而产生大面积的侵权事件。

华硕维权事件以涉嫌勾结政治权力垄断而共同损害消费者和社会公共利益，入选 2008 年中国十大垄断事件之三。

[10] 民营银行的诞生

民营银行能否破壳而出，是 2008 年银行业最热门的话题。“中国民营银行的积极倡导者”徐滇庆领导下的长城金融研究所历经两年多的试点经营，先后 7 次向中央呈交关于成立民营银行的报告。据悉，这 10 家筹备进行民营银行试点的机构，主要分布于广东东莞和深圳、江苏江阴、浙江台州和义乌等地，现在已经处于待批冲刺阶段。1 月 23 日，广东两会上广东团的 11 位民营企业家建议利用广州民营资本的优势，成立全省首个民营银行，破解中小企业“融资难”，甚至取好了银行的名字——粤商银行。

2008 年度民企正在经历一场严冬，外受金融危机的影响，国际基金为应对赎回压力，正在撤出中国大陆；内有从紧货币政策，银行信贷额度受到高压，一些银行信贷权收归总行，民间资本难以筹集，而地下融资成本早在20%以上，基本是官方利率的四倍以上，远超民企的承受能力。如此恶劣的融资环境，不仅会使弱小的民企退出市场，更大的危害是，具有优质竞争基因的民企同遭玉石俱焚之灾，这将是中国经济的自我毁灭。

我国资本市场的单一化，企业经营的融资渠道过分地集中在几个大的商业银行身上，这使得企业发展的资金受限，而银行由于防范金融风险而不敢轻易放贷，一方面是居民大量的储蓄存款在银行高居不下，另一方面是企业急需的发展资金无法获得，经营困难。完整的资本市场应当是银行和投资公司，企业投资主体和股票证券市场融资，以及民间投资者等多种形式并存的局面。如果说其他的非银行金融机构搞活了，那么银行的经营压力和风险也就变小。投融资渠道畅通了，也就是加速了资本的周转速度，这样资本的收益率就会增加，社会的商品流通和需求就会旺盛，有利于形成需求拉动型经济增长模式，也有利于金融业的竞争。国有银行打破官僚主义的经营作风，降低金融业的风险和经营成本、让普通人获得金融的支持而发展。

长期以来，一方面四大国有商业银行的不良资产居高不下，另一方面由于银行的垄断经营而规定的不合理的金融服务价格使银行成了最赚钱的行业。每年美国的世界财富500强企业排名中中国上榜的是四大国有银行。这些不和谐的金融业发展秩序已经使百姓和企业怨声载道。金融业发展滞后已经是我国经济发展的重要障碍了。

目前我国的银行业法律制度情况下，银行打着任何借口进行的任何向储户经营性收费的项目都是垄断性经营，是特权和不公平的法律体现。而以民营银行为代表的小银行，却没有进行收费，这说明大银行借助垄断地位优势和先前的国家银行资本优势进行欺行霸市、垄断性经营。很简单的道理，小银行使用计算机和软件成本很大，但是当客户或储户增多时这个成本就会被摊销。况且应用先进生产工具提高了生产率是成本的节约。

同时，银行的垄断心理也是不需再证实的老课题。五大商业银行系出国有血统，从中央到地方，行政级别的影子还是忽明忽暗地存在着。这种血统上的倨傲是很难从基因上去除的，所以对普通用户总有一种居高临下的态度。在各个网点，几乎都是同样的布局：偌大的银行服务大厅里，总有几个窗口“暂停服务”，几个窗口写着“VIP通道”，因此总有长队在等待。

为了限制银行垄断经营，促进资本市场多元化发展，政府应当出台法律规定：（1）限制银行业的垄断经营。对银行的利率和收费进行反垄断审查和分析，确属垄断经营行为的给予禁止或限制甚至分割；（2）所有银行都应注明有限公司或股份有限公司，淡化银行的行政主义色彩，强化平等的商业经营气氛；（3）出台鼓励民营和民间银行发展的制度措施，以及民间银行的并购收购措施和反垄断审查制度；（4）对外资金融机构并购我国银行的份额进行限制和约束，包括反垄断审查；（5）尤其是在大的银行或垄断性行业进行一系列的收费活动时应当接受公众的质询。建立牵涉大多数公众利益事项的企业或政府收费项目的公益诉讼制度，国家免除这种诉讼的诉讼费用，这是良法国家政府的责任。

［11］杨佳袭警事件

2008年7月1日，北京籍男子杨佳闯入上海市闸北区政法办公大楼，用刀连续袭击9名警察和1名保安，导致6名警察死亡、3名警察和1名保安受伤，杨佳当场被捕。上海市高级人民法院10月20日做出终审裁定，驳回杨佳上诉请求，维持原判，并依法报请最高人民法院核准后，于26日上午在上海执行死刑。

真相比一切都重要，是什么样的深仇大恨，能让他采取如此不计后果的残忍手段呢？根据网上公布的资料，是因为骑无牌照自行车，受到上海市公安局闸北分局芷江西路派出所巡逻民警薛耀盘查，在带回派出所进一步的审查中，警民双方发生争执而埋下了冲突的祸根。不仅仅杨佳袭警事件，2008年度先后出现了贵州瓮安事件、云南孟连事件、张家界强拆事件等多起暴力维权事件。中国大陆的群体性事件多源于房屋拆迁、土地征收、矿产开发等问题引发的经济利益纠纷和暴力执行。由于缺乏对行政机构形成有效制约的独立的司法机构，那些认为利益受损的民众往往难以找到维护自身权益的制度性渠道。纠纷发生时，承担社会治安维护职能的民警在更高政治权力的驱使下，总是以少数人（如开发商、矿井承包商等）经济利益守卫者的面目出现在纠纷现场。这既损害了政府公正性，也摧毁了警察的形象。政治制度中民主因素的缺失，既是群体性事件频发的根源，也是影响这些事件得到妥善处理的障碍。由于缺乏制约，政府权力经常沦为谋取私利的工具和手段，民众权益也经常被当权者以公共利益的名义加以侵害和剥夺。

"绝对的权力会导致绝对的腐败"，对于这一得到无数次确证的经验性政治定律，中国似乎也不具备特殊的免疫力。中国特色的政治制度最多是使其适用得更具中国特色，也就是使腐败更为普遍和严重。在中国，政府权力不但没有成为谨慎调节贫富差距的利益平衡机制，反而不断成为决定社会财富和社会资源分配的最主要因素之一。政治权力失衡造成的普遍腐败和严重的贫富差距，以及民众对政府信任的严重流失，造成了一种极易引发群体性事件的社会环境和社会心理基础。

在整个案件的审理过程中，警方拒绝记者查看杨佳在派出所的 5 个小时录像，法院采取拒绝杨母聘请的律师，而由官方指定辩护律师，拒绝媒体记者入场旁听，本地审理的做法以及匆忙地对杨佳执行死刑等种种滥用权力的做法，也使得杨佳成了英雄人物的代名词。许多人撰写诗歌和散文为他送行。不错，他是一个用自己单薄的身躯对抗庞大体制的侠客，他的悲剧在于人类生活在丛林时代还误以为真的在现代社会，当杨佳的壮举得到了众多褒贬不一的社会大讨论时，一批一批的杨佳后继者也在跃跃欲试，"杀了他一个，还有后来人" 历来是中国革命的优良传统，依靠粗暴的武力能解决一个杨佳，但解决不了千千万万的"杨佳"。

21 世纪中国将建设文明和谐的社会，如何提高政府公信力，调和各方面社会矛盾就显得尤为重要。经济决定上层建筑，政治反作用于经济发展。垄断从广义上讲不仅包括经济上的垄断行为，更包含政治权力的垄断集中、滥用、无监管；从某种程度上说，警察执法的不人性化盘查、傲慢与毒打，是杨佳袭警事件的直接原因。以杨佳袭警为代表的暴力维权事件，从侧面映射出目前中国社会的权力、法制垄断的弊端。

该事件入选 2008 年中国十大垄断事件榜首。

[12] WPP 与央视—索福瑞反垄断规制的法律分析

WPP、TNS 和 AGB 尼尔森股权和资产的变化，必然会对我国数据调研市场产生巨大的实质性影响。这一系列主动和被动的市场行为和法律行为，全面涉及我国反垄断法规定的垄断行为。主要包括：经营者达成垄断协议、经营者滥用市场支配地位和具有或者可能具有排除、限制竞争效果的经营者集中。虽然依据现有事实判断各方主体是否违反我国反垄断法还为时尚早，但是，与反垄断法有关的法律审查与竞争控制行为的实务工作，已经迫在眉睫。

WPP 要根据《反垄断法》主动防范并切实履行法律审查。据媒体资料显示：2008 年 9 月，WPP 获得欧盟的同意，以 11 亿英镑收购全球第三大市场研究公司 TNS（法国索福瑞集团）。TNS 与 AGB 尼尔森的视听率调查业务形成直接竞争关系，由于欧盟的反垄断条款，WPP 决定退出 AGB 尼尔森，并于 11 月将其所持的 AGB 尼尔森公司 50% 的股份与尼尔森集团其他业务进行交换。

一、WPP 的相关协议面临反垄断审查

据此人们推断可能存在如下事实：一是，WPP 收购 TNS 的相关协议中可能会涉及 TNS 及其关联公司（如央视—索福瑞）在中国市场的占有情况、营利能力、价格战略与竞争部署等；二是，WPP 在以退出 AGB 尼尔森与尼尔森集团的其他业务条件所进行交换的相关协议中，可能会涉及 AGB 尼尔森在中国市场的占有情况、营利能力、价格战略与竞争部署等；三是，上述系列协议的谈判、签署与执行的过程中，还可能会涉及在中国市场既得利益的维持、发展，与第三方的竞争策略以及与相对方的承诺等。

上述一系列协议，所涉及的各方主体有的是具有直接竞争关系的，有的可能会涉及交易相对

人。这与我国《反垄断法》第 13 条规定了六种禁止性垄断协议和第 14 条规定的三种禁止性协议，都有直接的关系。由于垄断协议既可以发生在处于同一经济阶段有着直接竞争关系的企业之间，也可以发生在处于不同经济阶段有着买卖关系的企业之间，但是无论是横向还是纵向，都表现为共同对商品或服务的价格、数量、地区、对象等进行限制，就中国数据调研市场而言，如果排除或者限制了相关市场内的竞争，其行为就可能违反我国《反垄断法》。

上述协议的谈判与签署可能并不是在中国，协议的法律依据可能不是中国法律，甚至协议的履行主要不在中国境内，但是如果产生了对中国数据调研市场限制竞争的后果，其合法性问题就不容回避。因为我国《反垄断法》第 2 条明确规定，境外的垄断行为，对境内市场竞争产生排除、限制影响的，适用本法。上述协议达成后，虽然暂时不具有限制竞争的后果，但是相关主体借此实施其他垄断行为或者损害消费者利益，也应当予以规制。并且，随着市场的进一步变化，比如 AGB 尼尔森在中国市场份额继续缩水甚至退出后，其前期协议的限制竞争的后果就非常突出。

二、WPP 关于经营者集中的法律判断

我国《反垄断法》第 20 条规定了三种经营者集中情形：（一）经营者合并；（二）经营者通过取得股权或者资产的方式取得对其他经营者的控制权；（三）经营者通过合同等方式取得对其他经营者的控制权或者能够对其他经营者施加决定性影响。该规定是否涉及 2008 年 9 月，WPP 获得欧盟的同意，以 11 亿英镑收购全球第三大市场研究公司 TNS（法国索福瑞集团）的事实，要根据该收购事实对央视—索福瑞所引起的实质性变化来判断。如果已经或者将要引起这种实质性的变化，就要依据《反垄断法》第 21 条和第 22 条的规定进一步判断是否需要申报。

基于如下两方面的事实，使经营者集中的法律判断稍显复杂：一是，TNS 与 AGB 尼尔森的视听率调查业务形成直接竞争关系；二是，WPP 决定退出 AGB 尼尔森将其所持的 AGB 尼尔森公司 50% 的股份与尼尔森集团其他业务进行交换。我国《反垄断法》第 22 条规定：（一）参与集中的一个经营者拥有其他每个经营者百分之五十以上有表决权的股份或者资产的；（二）参与集中的每个经营者百分之五十以上有表决权的股份或者资产被同一个未参与集中的经营者拥有的。有上述情形之一的，可以不向国务院反垄断执法机构申报。这里涉及 WPP 是要进行实质判断还是形式判断的问题，所以当前要结合《反垄断法》第 27 条的规定进行法律审查是必要的，也是有益的。

央视—索福瑞必须加强滥用市场支配地位的审查力度。本文就不得滥用市场支配地位的阐述，仅根据媒体获悉的相关资料，不作为对法律事实的论证，仅供业界分析时参考。据媒体报道的资料显示：中国的视听率调查市场规模超过 10 亿元，央视—索福瑞和 AGB 尼尔森所占的份额比例大概在 9 ∶ 1 和 8 ∶ 2 之间。央视—索福瑞依托央视的强大背景和营销优势一直占据着市场主导地位。

（1）认定市场支配地位是对其进行反垄断规制的基础。

市场支配地位的认定，是对企业滥用市场支配地位行为进行规制的一个基础性工作。判断一个经营者是否在竞争的过程中采取了限制竞争的行为，应该通过一种非常客观的、非常透明的经济学上的标准来衡量。但是市场支配地位的认定通常是困难的，认定央视—索福瑞是否具有市场支配地位也是如此，不能仅仅以某个组织、媒体的感觉或者体会为依据。

虽然我国《反垄断法》第 19 条规定，在相关市场的市场份额达到二分之一的，可以推定经营者具有市场支配地位，但是，该条并不是独立的，必须以我国《反垄断法》第 18 条规定为基础。认定经营者具有市场支配地位，应当依据相关市场的市场份额、竞争状况、控制能力、财力技术条件，考虑其他经营者对其交易依赖程度和其他经营者进入相关市场的难易程度，以及其他因素综合考虑。

（2）认定央视—索福瑞市场支配地位关键在于确定相关市场。

认定央视—索福瑞是否构成市场支配地位，其重要而复杂的环节是要确定相关市场。相关市场既是经济学也是法学上的一个重要的概念，是竞争关系中最为基础的要素，任何类型的竞争分析的出发点都是相关市场的界定。相关市场的界定的不同将直接影响到反垄断案件的处理结果。

仅从商品分类方面来讲，相关市场一般被认定为是由数个品牌构成的，但是根据竞争的具体情况，国外的司法实践也可以对单一品牌认定为市场。仅从品牌或品种而论，就争议很大。就具体而言，视听率调查是否界定为独立市场，如果是，央视—索福瑞的市场占有率可能是80%以上甚至更高，但是，如果视听率调查仅作为市场调查数据市场的一部分，这样相关市场就被扩大了，其市场占有率就会产生非常大的影响。更为重要的是，电视与网络的进一步融合，对市场产生了影响并客观地反映在数据调研上，使得相关市场的界定显得更为复杂。

三、滥用市场支配地位的几种主要类型

据媒体资料显示，AGB尼尔森每年的投入高达数亿元，然而由于体制的原因，市场份额一直难以有大的突破，在经营方面也一直亏损。基于此，媒体推测如果AGB尼尔森选择退出或许不是一个太坏的决定。假定AGB尼尔森在数据调研市场所占的份额进一步降低，那么央视—索福瑞面临滥用市场支配地位的压力将会大大地增加。

我国《反垄断法》规定，市场支配地位，是指经营者在相关市场内具有能够控制商品价格、数量或者其他交易条件，或者能够阻碍、影响其他经营者进入相关市场能力的市场地位。如果央视—索福瑞被认定为具有市场支配地位，按照我国《反垄断法》第17条的规定，不得实施如“以不公平的高价销售商品或者以不公平的低价购买商品”等七条滥用市场支配地位的行为。

在假定央视—索福瑞被认定为具有市场支配地位的前提下，结合目前的情况仅就最有可能出现的几种滥用市场支配地位的有关的行为进行分析，供业界参考。

（1）垄断高价与市场公平价格。

在市场调查数据领域，如何认定不公平价格，或者如何确定市场公平价格，是规制垄断高价行为的关键问题。可以考虑采用空间比较与时间比较的方法，即通过将央视—索福瑞的产品或者服务价格与其他地区或者国家同类产品或者服务价格进行比较，或者通过比较不同时期产品或者服务价格的变化进而确定一个价格是否公平。在选择比较的对象时要特别注意市场的相似性，还要注意不同时期的价格变化，比如央视—索福瑞在其成本无变化的情况下是否提高了价格。

（2）规制拒绝交易行为应当进行合理的分析。

并不是所有的拒绝交易的行为，都构成反垄断法上的滥用市场支配地位的行为。央视—索福瑞与其他的市场主体一样，有权选择其交易的对象拒绝与特定主体进行交易。所以，在对央视—索福瑞进行反垄断审查时要以合理性分析的方法来确定。确定央视—索福瑞拒绝交易的行为是否违反反垄断法的关键是认定其是否有合理的理由。主观上具有维护或者扩张垄断地位的目的而拒绝交易，是一种明显需要规制的行为。除此之外，还可以通过客观的利益比较方法判断其理由是否合理。

在研究央视—索福瑞是否具有拒绝交易的非法行为时，要注意这种行为可能与其他的滥用市场支配地位相互联系，比如与搭售行为、指定交易行为发生联系。拒绝交易有着多种形式，既有拒绝同上游市场的经营者进行交易，也有拒绝同下游的经营者交易。但是值得注意的是，如果AGB尼尔森与央视—索福瑞同时在上下游市场均有经营，AGB尼尔森可以在央视—索福瑞以外的交易渠道获得其必需的交易时，央视—索福瑞就没有义务必须与AGB尼尔森成交。当讨论的对象进一步扩大时，易言之央视—索福瑞负有维持竞争秩序的特殊责任。如果存在长期供应关系的交易对手，现在突然中止交易，如果不能证明拥有合理理由，则可能被推定为构成滥用行为。滥用行为在形式上是多样的，包括明确表示也包括制造借口、设置交易上无法逾越的障碍等。

（3）限制交易与附加不合理条件交易。

反垄断法禁止的滥用行为不仅仅包括滥用者限定交易对手只能与自己进行交易，也包括限定交易对手只能与自己指定的第三人进行交易。在研究央视—索福瑞的限制交易行为时，要考虑这种限制的理由是否合理。如果这些限制可以改善其产品或者服务，或者有利于推动技术和经济进步，并且可以使消费者得到适当的好处，或者这种行为还没有达到排除竞争的程度等，就可以被豁免。《反垄断法》第13条第（三）项，还规定了"分割销售市场或者原材料采购市场"的行为，这与限制交易的行为既有联系又有区别。

我国《反垄断法》第17条第5项还规定了禁止搭售行为和附加不合理条件的行为。该项的规定也与央视—索福瑞的反垄断规制有着密切的关系。在分析央视—索福瑞或者其他广告行业的经营者，将两个或者两个以上的产品在一起销售是否构成搭售时，应当考虑多方面的因素进行合理性分析。比如，首先要考虑是不是消费者的意愿，其次要考虑产品的使用功能，还有交易习惯和技术创新等。

（4）歧视待遇行为与非小额交易行为。

歧视待遇行为又称为差别待遇行为，是指占市场支配地位的企业没有正当理由而对条件相同的交易对方采取不同的价格或者其他不同的交易条件。这种行为不仅影响市场竞争，而且会损害消费者利益。在研究央视—索福瑞是否有歧视性待遇行为时，要考虑其是否有合理的理由。通过来讲，可能构成正当理由的包括以下几种情形：一是，情势变迁。如果卖方证明市场情况发生了变化以至于之前的价格已经不现实，就可以成立对差别待遇的不法性抗辩。二是，成本差别。如果不同销售合同之间的成本存在差异，价格或者交易条件的不同就是合理的。三是，由于买方不同给予不同的折扣，如因为卖方节省了生产、运输或销售费用而提供的合理性的折扣，竞争者为了回应竞争对手的价格，出于合法竞争的目的采用的公平低价等。

在广告业有一个现象被广泛关注：一般的广告公司根本就买不起自己数据公司所卖的数据，从另一个方面来看广告公司所需要的仅是数据产品或者服务的部分内容，而所需要的部分内容根本就不会分开销售。笔者把这种行为称为非小额交易行为。这种行为，被许多人认为是严重影响广告业发展的行为，似乎与广告业的垄断有着某种形式的联系。这种行为确实存在着问题，但是并不构成歧视待遇行为。

针对非小额交易行为要进行更深一步的研究，在分析其行为是否具有非法性时，要考虑多方面的因素：其他的竞争主体，是不是也不提供小额的交易；非小额交易行为是否存在合理的因素；除了央视—索福瑞以外，其他竞争主体是否具有提供小额交易的可能等。这个问题希望能够引起政府监管部门、广告行业协会、广告主协会以及广告公司的重视，建议能够进行深入研究，为促进广告行业持续性的健康发展提供科学的决策依据。

[13] 三部委发布电信重组通告　采用"六合三"方案

工业和信息化部、国家发改委和财政部联合发布了《三部委关于深化电信体制改革的通告》，通告指出，基于电信行业现状，为实现改革目标，鼓励中国电信收购中国联通CDMA网（包括资产和用户），中国联通与中国网通合并，中国卫通的基础电信业务并入中国电信，中国铁通并入中国移动。

另外，通告指出，改革重组将与发放3G牌照相结合，重组完成后发放三张3G牌照。如改革方案涉及公司重组、网络资产转让、上市公司合并等问题，实施中应遵循国际惯例，遵守境内外资本市场运作规则。

通告要求，中国电信、中国网通、中国移动、中国联通、中国卫通、中国铁通六家基础电信运营企业根据本通告精神，认真研究本单位参与深化电信体制改革的建议和意见，并尽快形成正式方案报相关部门。

通告还透露，针对重组后新的市场架构，将在一定时期内采取必要的非对称管制措施，促使行业格局向均衡发展，建立和完善与之相适应的监管体制。引导中外电信运营企业发挥各自优势，扩大和加强在研发和国内外市场开拓的合作，实现互利共赢，共同发展。

附：工业和信息化部　国家发展和改革委员会财政部关于深化电信体制改革的通告

电信业是国民经济战略性产业，电信网是信息化最重要的信息基础设施。电信业的健康发展对深入贯彻落实科学发展观，着力提高自主创新能力，加快转变发展方式，大力推进信息化与工业化融合，积极发展现代信息服务业，具有十分重要的意义。根据新形势、新要求，为形成更为合理、有效的市场竞争格局，促进电信行业健康、协调发展，应进一步深化电信体制改革，以改革促发展，增强创新能力，优化资源配置，完善竞争架构，提升服务水平。

一、深化电信体制改革的必要性

我国电信业从完全垄断到引入竞争，从政企合一到政企分开，从两个竞争主体到多个竞争主体，走过了一条"在发展中改革，在改革中发展"的道路。1994 年以中国联通的成立为标志，电信业打破垄断，引入竞争。1998 年后，进一步加大改革力度，实现了政企分开、邮电分设，重组了中国电信和中国联通，正式成立了中国移动。2001 年，以打破固定电信领域的垄断为重点，实施企业、资源、业务和市场重组，成立了新的中国电信和中国网通，形成了中国电信、中国网通、中国移动、中国联通、中国卫通、中国铁通六家基础电信企业竞争格局。

2001 ~2007 年，全国电信业务收入从 3719 亿元增至 7280 亿元，年均增长超过 11%，用户数从 3. 26 亿户增至 9. 13 亿户（其中移动电话 5. 47 亿户），年均增长约 1 亿户。固定、移动电话用户总数双双跃居世界第一，市场竞争更加充分，资费大幅降低，服务水平显著提高，改革发展进入新阶段。

近年来，全球范围内移动通信发展迅速，电信市场竞争日益加剧，行业发展面临着新的机遇和挑战。我国电信业在竞争架构、资源配置和发展趋势等方面出现了一些新情况、新问题，特别是移动业务快速增长，固话业务用户增长慢、经济效益低的矛盾日益突出，企业发展差距逐步扩大，竞争架构严重失衡。为形成相对均衡的电信竞争格局，增强自主创新能力，提升电信企业的竞争能力，促进行业协调健康发展，应充分利用现有三张覆盖全国的第二代移动通信网络和固网资产，深化电信体制改革。

二、深化电信体制改革的指导思想、主要原则和目标

深化电信体制改革的指导思想是：以发展第三代移动通信（以下简称 3G）为契机，合理配置现有电信网络资源，实现全业务经营，形成适度、健康的市场竞争格局，既防止垄断，又避免过度竞争和重复建设。

深化电信体制改革的主要原则是：把握一条主线，适应电信技术发展趋势和全业务经营的需要，通过深化改革，促进电信业持续健康发展。抓住两个中心环节，一是科学合理设计电信竞争架构；二是坚持自主创新。做好四项工作，一是促进资源优化配置，避免重复建设，实现国有资产保值增值；二是着力培育具有核心竞争力的世界一流电信企业；三是维护行业稳定，确保国家信息安全和特殊通信保障；四是兼顾各方面利益，既要保障国家利益和企业利益，又要维护消费者和境内外投资者的合法利益。

深化电信体制改革的主要目标是：发放三张 3G 牌照，支持形成三家拥有全国性网络资源、实力与规模相对接近、具有全业务经营能力和较强竞争力的市场竞争主体，电信资源配置进一步优化，竞争架构得到完善；自主创新成果规模应用，后续技术不断发展，自主创新能力显著提升；电信行业服务能力和水平进一步提高，监管体系继续加强，广大人民群众充分分享电信行业发展改革的成果。

基于电信行业现状，为实现上述改革目标，鼓励中国电信收购中国联通 CDMA 网（包括资产和用户），中国联通与中国网通合并，中国卫通的基础电信业务并入中国电信，中国铁通并入中国移动。

三、配套政策措施

（一）大力支持自主创新。一是结合新一代宽带无线通信重大科技专项实施，积极参与国际第四代移动通信技术标准制定。二是鼓励有关部门、企事业单位优先使用自主创新产品。三是引导金融机构加大对自主创新的支持，优先支持重点研发、制造企业在资本市场融资。四是政府有关部门利用对外优惠贷款、无偿援助及其他外贸出口政策推动自主创新产品的国际化发展。五是国有资产管理部门将自主创新作为考核电信运营企业的重要指标，科学、合理确定相关电信运营企业的网络建设和经营指标。

（二）加强电信行业监管。针对重组后新的市场架构，将在一定时期内采取必要的非对称管制措施，促使行业格局向均衡发展，建立和完善与之相适应的监管体制。通信行业管理部门将制定更加严格的行业监管政策，对变相阻碍、破坏互联互通、网间漫游的，给予企业经济处罚，对责任人给予行政处罚。鼓励移动通信运营商相互开放网间漫游业务，漫游结算等价格由政府制定。逐步扩大企业的自主定价权。

（三）促进行业协调发展。进一步推进电信运营企业建立和完善现代企业制度。以业务融合为切入点，积极推进三网融合，鼓励业务交叉竞争。积极支持应用软件开发、内容提供等信息服务行业发展。引导中外电信运营企业发挥各自优势，扩大和加强在研发和国内外市场开拓的合作，实现互利共赢，共同发展。

四、组织实施要求

（一）请中国电信、中国网通、中国移动、中国联通、中国卫通、中国铁通六家基础电信运营企业根据本通告精神，认真研究本单位参与深化电信体制改革的建议和意见，并尽快形成正式方案报相关部门。

（二）如改革方案涉及公司重组、网络资产转让、上市公司合并等问题，实施中应遵循国际惯例，遵守境内外资本市场运作规则。

（三）改革重组与发放3G牌照相结合，重组完成后发放3G牌照。

2007年反垄断与规制案例热点

[1] 反垄断法立法

2007年8月30日，十届全国人大常委会第二十九次会议通过了备受瞩目的《反垄断法》，从而为这部自1994年就列入全国人大立法计划、酝酿13年之久的法律出台，画上了圆满的句号。《反垄断法》被称为“市场经济宪章”，规定了经营者的三种垄断行为：垄断协议，滥用市场支配地位，具有或者可能具有排除、限制竞争效果的经营者集中以及行政垄断行为。《反垄断法》出台，对于推动政府转型，弘扬竞争文化，捍卫经济民主，以及构建一个维护和促进市场竞争的法治初始框架具有重要作用。《反垄断法》的出台昭示了国家保护消费者合法权益和民众利益的法律手段。

反垄断立法进程回顾

2007年8月24~30日，十届全国人大常委会第二十九次会议议程对《反垄断法》草案进行第三次审议并通过，于2008年1月1日执行。

2007年6月25日，十届全国人大常委会第二十八次会议对《中华人民共和国反垄断法》草案进行分组审议，与初审稿相比，草案主要增加了六项新规定。

2006年6月24日，《反垄断法》草案首次提请十届全国人大常委会第二十二次会议审议。

2006年6月7日，国务院总理温家宝主持召开国务院常务会议，讨论并原则通过《中华人民共和国反垄断法（草案）》。

2005年12月下旬，国务院法制办对《反垄断法》（草案）进行了一次较大改动，“禁止滥用行政权力限制竞争”一章被整体删除，其中包括行政垄断的概念、表现形式等内容，与此同命运的还有相应的法律责任条款。

2005年2月，《反垄断法》又一次被列入全国人大常委会通过的2005年立法计划。

2004年9月，商务部成立反垄断调查办公室，主要职责是“承担有关反垄断的国际交流、反垄断立法及调查等相关工作”。

2004年3月，商务部将《中华人民共和国反垄断法（送审稿）》单独提交了给国务院法制办。国务院法制办邀请全国人大、最高人民法院以及国务院的多个相关部门，成立反垄断法审查修改领导小组，并邀请高校和研究机构。

2003年12月，全国人大常委会将该法列入十届全国人大立法规划，并作为重要经济立法项目。

1998年，《反垄断法》再次被列入九届全国人大常委会立法规划。

1995年，国家工商总局在其公平贸易局下设反垄断处，其首要职责为“参加《反垄断法》的立法工作。研究拟定有关反垄断的规章制度及具体措施、办法。”同时该处还负责“市场垄断状况的调研和动态分析，搜集、处理”。

1994年，《反垄断法》被列入八届全国人大常委会立法规划，并由国家经贸委和国家工商总局组织起草。

1988年，原国务院法制局反垄断法起草小组提出《反对垄断和不正当竞争暂行条例草案》。

1987年8月，原国务院法制局成立了《反垄断法》起草小组。

那么，如何看中国的反垄断法?

无论从形式还是从内容上看，中国的反垄断法具有较高的“国际性”——中国立法吸收、借鉴了国际上公认的较为成熟的反垄断法基本原则和内容，反映了各国在反对限制竞争、维护竞争机制等重大问题上的共识。尽管如此，中国反垄断法特殊的“生长环境”决定了其在本质上与西方发达国家的反垄断法存在很大的不同。

与西方国家形成鲜明对比的是，中国市场经济的建立与发展不是自下而上的自发的过程，而是由上至下的谨慎的探索与“自觉”的引导。中国从中央计划经济向市场经济过渡与完善的过程，就是政府公权力不断让渡给市场，以及市场自发调节机制逐渐形成的过程。即便如此，当前政府对市场的干预仍然广泛存在，对市场机制威胁最大的并不是西方意义上企业的限制竞争行为，而是政府对市场的不适当干预。正是基于这一认识，中国的反垄断法专门规定了“行政垄断”一章，将政府对市场竞争机制的扭曲和干预加以限制。

截然不同的背景之下制定的反垄断法，尽管形似，却不“神似”。西方国家反垄断法的主要任务，是对人为的扭曲市场机制行为的矫正，使其恢复到自由竞争的状态；而在中国，现阶段反垄断法的主要任务还承载着培育和完善市场机制，使其充分发挥应有作用。特定的市场经济发展阶段决定了，中国的反垄断法肩负的责任不仅仅是维护竞争，它还必须“创造”竞争——反垄断法本身必须成为限制公权力侵蚀市场机制、扩展竞争机制作用发挥的利器。

目前，实施监管的行业（银行、电力、电信等）和依法（或依政策）成立的、在法律上或事实上具有独占地位的行业（石油、烟草）“垄断”了中国关系国计民生的重要行业，自然也成为反垄断法关注的对象，反垄断法与这些行业的关系也成为法律制定过程中争议最大的问题之一。

在反垄断法制定过程中，行业监管部门和独占企业表达了其严重忧虑，要求豁免适用反垄断法。对此，反垄断法数易其稿，最终对管辖权限采取了折中的态度，一方面肯定了其独占地位及专营专卖的权力，另一方面又对其经营活动作出了一定的限制。但是，对管制产业和独占企业的反垄断法适用问题及反垄断执法机构与行业监管机构的关系问题，反垄断法并未做出明确规定，将其留待在今后实践中加以解决和完善。这足以说明各方力量博弈之激烈。

对此问题需要澄清两方面的误区：一方面，有人认为行业管制（regulation）与反垄断法的适用是非此即彼、“势不两立”的；如果政府已经对某行业实行监管，则意味着豁免适用反垄断法。另一方面，也有人认为反垄断法针对的就是具有独占地位的大企业，反垄断法的实施意味着对这些企业的限制甚至分拆。

实际上，管制并不意味着对反垄断的完全排除，在放松管制（deregulation）成为全球的一种趋势的情况下，各国逐渐形成一个共识是，在实现管制的目的前提下应最大限度地适用反垄断法，把对竞争的损害降低到最小程度。比如，如果设置行业准入和事后监督两种方式都能够实现监管目标，那么应当采取事后监督的方式，尽可能地减少对竞争的损害。对于在法律或事实上占有独占地位的企业，反垄断法实际上并不挑战其依据特别法（或政策）而享有的独占地位及其派生的对市场准入的限制、对商品或服务价格的制定等行为，但独占企业的经营活动不得违反反垄断法，特别是不得违反有关滥用市场支配地位的规定。

这种最大限度适用反垄断法的共识在中国也得到了相当程度的肯定。尽管目前出台的反垄断法对管制行业和依法独占行业的回避态度让人对此心存疑虑，但在立法进程中各方代表角力之激烈，已经足以说明在这样一个市场经济基础薄弱、市场经济法律体系粗陋的国度，对竞争环境的渴求、对消费者利益的尊重的理念正在以前所未有的速度深入立法者的思维，和我们惯常所见到的赤裸裸的保护、密不透风的管制相比，这不能不说是一种巨大的进步。

毫无疑问，反垄断法的颁行是竞争文化培育和建设最为关键的一步。反垄断法的实施过程，对政府、企业乃至消费者而言也将是竞争文化逐步培育和发展的过程。通过反垄断法的实施，增强企业对市场竞争规则的认知能力、增强消费者对竞争文化的认同，增强政府对市场经济规律的理解，这些都将有力地推动中国市场环境中竞争文化的培育和形成。而这种竞争文化的形成，竞争意识的培养，也必将推动这部在市场经济发展初期出台的、并不完善的竞争法律得到有效的施行并不断发展进步，这些都是我们所期望看到的，我们也相信它能够在不久的将来得以实现。

总之，中国反垄断法有其明显的阶段性、局限性，但我们绝不能否认，这部法律的颁布体现了市场经济建设的巨大进步。对此有清楚的认识和把握，是中国反垄断法不断完善、竞争文化逐步形成的前提。我们有理由相信，中国的反垄断法必将在市场经济体系中发挥其应有的作用，与中国市场经济共同成长。

[2] 2007 年方便面集体涨价

2007 年 7 月 26 日起，国内 10 多家知名方便面企业宣布统一调价，最高提价幅度达到 40%，平均提价幅度在 20%。2007 年 8 月 16 日，国家发改委通报了方便面行业“涉嫌”串通涨价行为的调查情况：世界拉面协会中国分会多次组织、策划、协调企业商议方便面涨价幅度、步骤、时间；印刷会议纪要在《中国面制品》杂志刊发，向全行业传递龙头企业上调价格的信息；通过媒体发布方便面涨价信息，致使部分地区不明真相的群众排队抢购。国家发改委认定，世界拉面协会和企业相互串通操纵价格，方便面价格联盟违法。

国家发改委随即立案调查，并约见有关人员核实了解情况。现初步查明，2006 年底至 2007 年 7 月初，方便面中国分会先后三次召集有关企业参加会议，协商方便面涨价事宜。

一、基本事实

2006 年 12 月 26 日，方便面中国分会在北京召开一届八次峰会，研究棕榈油和面粉涨价引起的企业成本增加问题。会议商定，高价面（当时价格每包 1.5 元以上）、中价面（当时价格每包 1 元以上）和低价面（当时价格每包 1 元以下）涨价的时间和实施步骤。

2007 年 4 月 21 日，方便面中国分会在杭州召开一届九次峰会，再次研究方便面调价日程。会议明确了调价幅度和调价时间，高价面从每包 1.5 元直接涨到 1.7 元，计划 6 月 1 日全行业统一上调。

2007 年 7 月 5 日，方便面中国分会又一次在北京召开价格协调会议，部分企业决定从 7 月 26 日起全面提价。7 月 23 日，该会负责人接受媒体采访，公布了涨价消息，社会反响强烈。

有关企业按照以上会议协调安排，从 2007 年 6 月起，相继调高了方便面价格。

二、认定结论

国家发改委认定：方便面中国分会多次组织、策划、协调企业商议方便面涨价幅度、步骤、时间；印刷会议纪要在《中国面制品》杂志刊发，向全行业传递龙头企业上调价格的信息；通过媒体发布方便面涨价信息，致使部分地区不明真相的群众排队抢购。上述行为，严重扰乱了市场价格秩序，阻碍了经营者之间的正当竞争，损害了消费者合法权益。此外，方便面中国分会在被调查过程中，没有提供完整的会议纪要文本；接受调查后，通过媒体发表不实言论，否认串通涨价事实。

方便面中国分会和相关企业的行为，违反了《价格法》第七条“经营者定价，应当遵循公平、合法和诚实信用的原则”，第十四条“经营者不得相互串通，操纵市场价格”，第十七条“行业组织应当遵守价格法律、法规，加强价格自律”的规定，以及国家发改委《制止价格垄断行为暂行规定》第四条“经营者之间不得通过协议、决议或者协调等串通方式统一确定、维持或变更价格”的规定，已经构成相互串通、操纵市场价格的行为。

三、处理意见

国家发改委责令方便面中国分会立即改正错误；公开向社会作出正面说明，消除不良影响；宣布撤销三次会议纪要中有关集体涨价的内容。对方便面中国分会和相关企业的串通涨价行为，国家发改委将深入调查，并依法作出进一步处理。

国家发改委价格监督检查司有关负责同志指出，方便面价格属于市场调节价，企业有权自主决定。2007 年上半年，由于进口棕榈油、小麦粉（方便面面饼用料）价格大幅上涨，推动方便面生产成本上升。在这种情况下，企业适当提高方便面价格是可以理解的。但企业调整价格的行为必须符合《价格法》规定，严禁由行业组织牵头实施价格联盟，严禁企业之间采取相互串通等不正当竞争手段操纵市场价格。国家发改委提醒，所有行业协会和经营者要引以为戒，正在酝酿串通涨价的要立即停止；已经有串通涨价苗头和行动的要主动纠正，立即停止执行。

国家发改委价格监督检查司有关负责同志要求，所有行业组织都应当增强价格法制意识，依法开展行业协会工作，引导企业合法经营、正当竞争。所有企业都要正确行使定价权，遵循公平、合法和诚实信用的原则定价，严格遵守国家法律、法规规定，通过改善品质、创新技术、改革机制等途径，消化成本上升压力。

目前，按国家发改委的部署，各级人民政府正在全国集中开展主要食品价格及相关收费专项检查。各级价格主管部门要依法严厉查处经营者之间相互串通，或者通过行业协会、中介组织以协议、决议、会议纪要、协调、口头约定等方式合谋涨价；捏造、散布涨价信息，囤积商品，造成不明真相的群众排队抢购，导致商品价格出现大幅度上涨；以及通过抬高等级、短缺数量、以假充真、以次充好等欺诈手段变相提高价格的行为。对检查发现的典型案件将公开曝光，并追究相关责任人、领导人的责任。

国家发改委欢迎新闻媒体、社会各界和广大群众积极参与价格监督，发现、提供价格违法线索，随时向各级价格主管部门设立的“12358”价格举报电话投诉。国家发改委希望通过社会各界共同努力，坚决查处各类价格违法行为，切实整顿和规范市场价格秩序，维护广大群众的利益。

点评：

行业组织的这种串通涨价行为，严重扰乱了市场价格秩序，阻碍了经营者之间的正当竞争，损害了消费者合法权益。这种违反国家法律、违背行业自律宗旨的做法，给各类新生的行业组织敲响了警钟。同时也警醒社会，对行业组织串通导致的垄断行为，需引起高度警觉，加快行业协会立法将是规范行业协会行为、保护未来市场公平秩序的必然要求。

[3] **2007年食品安全问题**

2007年，国家工商行政管理总局组织对41种食品开展的质量监测结果显示，全国工商机关共监测食品等产品15.12万批次，平均合格率为80.19%，同2006年相比有新的提高。

一、龙凤与思念问题

“龙凤”、“思念”速冻食品检出致病菌后，深圳不少商场开始针对问题批次食品撤柜，并与经销商商定退货事宜。景田岁宝的有关负责人表示，经过商场自检，已经对“龙凤”、“思念”的速冻水饺和云吞进行了自查，在该店发现的两个问题批次产品已经全部撤柜，该负责人特别提醒称，对于问题批次产品，消费者可以持小票来退货。华润万家的有关负责人表示，目前也对问题批次进行了撤柜处理，但对于何种方式接受退货，商场还在和经销商进行联系。

“思念”速冻产品销售总监朱小姐表示，目前公司已经通知各经销商，把问题批次产品进行封存，同时还将对问题批次产品再次送检。朱小姐称，由于商品在生产时检测是合格的，而现在这样的事情发生，初步怀疑是流通环节出了问题，目前原因尚在调查中。对于消费者的退货问题，朱小姐承诺称，凡购买了“思念”品牌问题批次的消费者，即便没有购物小票，也可以拨通包装袋上的免费热线电话，联系退货事宜。

二、台湾地区婴儿配方奶粉检出致病菌

日前，国家质量监督检验检疫总局进出口食品安全局公布了2007年8月进境的不合格食品、化妆品信息，其中，台湾著名食品企业味全食品一批较大婴儿配方奶粉被检验出含有致病菌。

据公布数据显示，被检出阪崎肠杆菌的婴儿配方奶粉，总数为7.26吨，在2007年8月14日从香港进境时，被深圳检验检疫局检验出阪崎肠杆菌超标，检测值为0.92cfu/100g，进口商是东莞惠顺贸易有限公司。记者在公布的表格处理情况一栏中看到，该批次不合格产品已经按规定处理。

就此事，记者联系了杭州味全食品有限公司，该公司企划部的陈小姐也向记者表示，该批不合格产品已经按照国家相关规定处理，并没有流入市场。

同时，据中国国际商贸物流网2006年10月份的信息显示，2006年，一批2.772吨的产自台湾味全的较大婴儿配方奶粉S2在沙头角口岸入境时，同样被深圳检验检疫局抽检出阪崎肠杆菌呈阳性，深圳检验检疫局依法对该批不合格婴儿奶粉作出监督销毁处理。

市场暂未见不合格产品，为何这批产自台湾地区味全的婴儿配方奶粉会被检验出含有菌阪崎肠杆菌？究竟是哪个环节出现了问题？国内销售的味全较大婴儿配方奶粉是否有问题？

面对记者的疑问，杭州味全公司企划部的陈小姐则表示，因为该批次的产品产自台湾味全，记者想要了解更详细的信息，要跟台湾味全方面联系。但她表明，国内生产的味全婴儿配方奶粉主要供应国内的市场，均是按照国家的标准进行生产的，符合国家标准的要求，不会有问题。

同时，记者走访了广州多个大型超市均没有看到来自台湾地区味全食品工业股份有限公司所生产的较大婴幼儿配方奶粉。而记者在国内大型的网上交易社区淘宝网上也没有搜索到台湾地区味全较大婴儿配方奶粉交易的相关信息。

2007年8月23日，中共中央政治局委员、国务院副总理、国务院产品质量和食品安全领导小组组长吴仪在专项整治工作电视电话会议上强调：针对当前产品质量和食品安全方面存在的问题，中国政府决定，从现在起在全国范围开展为期四个月的产品质量和食品安全专项整治，农产品、加工食品、流通领域食品、餐饮消费、药品、猪肉、进出口产品和关系人身健康安全的产品成为这次专项整治的重点产品。各种农副产品生产基地、食品生产加工企业及小作坊，餐饮企业，以及药品生产经营企业等，成为整治的重点单位；农村、城乡结合部，食品生产比较集中的区域成为整治的重点区域。经过全国上下的共同努力，各地区、各部门的辛勤工作，截至2007年12月20日，专项整治的八大任务、20个工作目标及12个100%量化整治目标已经“全部实现”。

这是一场维护人民群众生命健康和切身利益、维护中国产品信誉和国家形象的特殊战役，显示出政府解决产品质量和食品安全问题的决心和能力。通过专项整治，我国产品质量和食品安全状况显著提高，全社会的质量安全意识普遍提高，特别是建立和完善了一批行政监管法规标准和产品溯源制度，将使我国产品质量和食品安全得到持续提高。

三、我国实施食品和儿童玩具召回管理

2007 年 8 月 31 日，国家质检总局发布《食品召回管理规定》和《儿童玩具召回管理规定》，明确实施食品和儿童玩具召回管理。《食品召回管理规定》要求，食品生产者必须按照程序，及时对不安全的食品通过更换、退货、补充或修正消费说明等方式，减少和消除不安全可能导致的危害，迅速有效处理不安全食品，有效消除或降低食品安全危害。《儿童玩具召回管理规定》进一步严格了生产者生产存在缺陷的儿童玩具的产品责任，明确规定了生产者是缺陷儿童玩具的第一责任人。规定要求，对于儿童玩具存在缺陷的，即使生产者生产的儿童玩具符合我国有关产品安全的法律、法规和强制性标准要求，但经过调查、评估认定存在缺陷的，生产者必须停止生产、销售，向社会公布有关情况，通知销售者停止销售和通知消费者停止消费，并向质量技术监督部门报告，积极通过完善消费说明、退货、换货、修理等方式，有效消除缺陷可能导致的损害。

对食品和儿童玩具实施召回管理，昭示着广大消费者期盼的缺陷产品召回管理制度渐行渐近，其他所有可能造成严重人身健康伤害的产品都可能纳入召回范围，将有力保护广大消费者的合法权益。

[4] 铁道部承诺铁路春运不涨价

春节是我们最为隆重的传统节日，回家过年造就了一个有“中国特色”的运输市场。在世界交通运输的历史上，任何国家都没有过这样的经历，每年总会有 1 个多月的时间，海陆空的运量超过 10 亿人次！如果说第二次世界大战中敦刻尔克大撤退是一次奇迹，那么，这样的“奇迹”在中国春运期，每天都在默默发生。

我们无法得知“春运”确切的缘起；然而，我们每年却都会被告知一个有确切起止的春运期。报纸上说，2005 年的春运期从 1 月 25 日起至 3 月 5 日止，其中节前 15 天，节后 25 天，一共 40 天。紧接着，各地的“涨价方案”纷纷出台。据《信息时报》报道，广东春运汽车票价最高上浮 65%。

官方如何确定这个春运期，想必自有一套“科学”的理论支撑。然而在笔者看来，或许主观的成分更大些——难道是到了 1 月 25 日那天，乘客就突然猛增，进入“春运”；而一到 3 月 5 日那天，人又突然减少，恢复正常？乘客可不是供使唤的奴隶，“规定”的春运期再“科学”也只能是“想当然”的。

“想当然”如果能有重要意义，也还罢了；问题是，给春运定个 40 天，究竟又有多大意义呢？加强安全监管？这本来就是相关部门的职责，没理由到了 1 月 25 日那一天，才着急地“高度重视”起来。确保旅客回家团圆？这和有没有一个春运期，根本就不搭界……想来想去，为春运定日子，最大的意义莫过于涨价了。说白了，春运期就是旅客的“劫”，是交通运输者的“节”——春运这 40 天，就是车票涨价期。

也许是经历涨价经历的太多了，虽然抑制不住涨价，可每次也会问个为什么。凭什么一到“规定”的 40 天，海陆空就全部涨价呢？依靠提价来调节旅客流量的说法，其效果如何，明眼人不问可知。相反，这明明是乘“节”打“劫”——“规定”出来的“节”。春运期间，旅客大增，这本身就足以增加许多收益，不提价也能赚个盆满钵满。按照正常竞争的规律，必然会有部分经营者选择不提价而抢占市场份额。可现在的情况却是，众经营者之间已经形成了“涨价同盟”，连乡间土路上旅客量根本没有波动的小面包也跟着翻倍地涨，理由是：春运嘛！在经营者的思维里，官方规定的春运 40 天，实际就是给他们的“福利”，给他们的“涨价节”。岂不是涨价有理吗？

2007 年 1 月 10 日铁道部宣布，2007 年铁路春运各类旅客列车一律不再实行票价上涨，今后也不再上浮。继中国铁路 2006 年春运对以农民工、高校学生为主要客流的所有临时旅客列车实行票价不上浮后，2007 年春运，铁路机构在更大范围内实行了这一惠民政策。政策实行后，数千万消费者得以从中受益。

铁道部叫停春运涨价制度的举动，为其他垄断性行业带了个好头。让部门的利益服从和服务于全社会利益的做法，体现了铁道部门新的管理理念，是新时期执政理念教育的一个成果体现，有利于和谐社会建设。

［5］银行卡 ATM 跨行查询费全部叫停

中国银行业协会自律工作委员会常务委员会决议，要求其下属的各会员银行于 6 月 20 日之前，开始停止向持卡人收取人民币银行卡境内 ATM 跨行查询费用。具体停止日期由各行根据各自系统调整所需时间自行决定。省建行、中行、工行及成都市商业银行均表示会按照银行业协会的要求在规定日期之前停止收费。

据了解，中国银联是从2006 年6 月1 日起向各国内银行征收跨行查询费，同时，这笔费用被正式转嫁给持卡人。此前，银联拟订的收取跨行 ATM 查询手续费的方案规定：对银联卡在境内的查询交易每笔收取 0. 30 元，其中，银联和受理行分取利润 0. 1 元/笔。银联曾经表示，0. 3 元/笔的收费标准仍明显低于自助设备查询交易的服务成本。

在叫停收取 ATM 跨行查询费的同时，银行业协会也称：银行卡跨行查询收取一定的费用，与目前的《价格法》和《商业银行服务管理暂行办法》并无抵触。

“我们会按照银行业协会的要求的时间停止收取 ATM 跨行查询费用。”中国银行业协会会员单位的省建行、中行、工行及民生银行、成都商业银行的相关负责人均表示，各银行会根据自己的系统来调整停止收费的时间，争取在 6 月 20 日之前停止收费。

截至 2007 年 1 月，中国银行业协会共有 70 家会员单位，包括政策性银行、国有商业银行、股份制商业银行、城市商业银行、资产管理公司、中央国债登记结算有限责任公司、中国邮政储蓄银行、农村商业银行、农村合作银行和农村信用社联合社。

清点零钞收费工行、农行、建行等银行普遍对清点 500 枚（张）以上零币收取每笔 4 元以上的手续费。

品牌服务费中国银联还将对贷记卡、准贷记卡跨行交易，按照交易金额的万分之二向会员行收取“品牌服务费”。

银行卡跨行取款收费 2003 年 4 月工行率先取消 ATM 取款“免费餐”，牡丹卡在同城他行 ATM 上取款，收取跨行取款手续费 2 元/笔，其他银行相继跟进；其后，银行卡开户手续费、异地存款手续费以及信用卡与借记卡年费开始征收。异地取款手续费同行之间汇款，按单笔汇款金额的 1% 收取手续费（最低 1 ~2 元、最高 50 元）。

在收取 ATM 跨行查询费不到一年后，银行业终于向消费者低头，答应要停止收费了，终于在他们的若干收费项目中删掉了一项。但是，昨天记者在街头随机采访时，很多市民还是提出了他们心中的疑问。

市场促使银行停止收费协会在其发布的新闻公告中称，ATM 跨行查询收费与目前的《价格法》和《商业银行服务管理暂行办法》并无抵触，是商业银行根据经营成本变化采取的一种市场化经营方式。关于停止收费的原因，其说法是“针对当前市场反应”“以客户为中心”“减轻持卡人负担，服务社会大众”。记者随机在成都街头采访时，市民均对停止收费表示欢迎，但并不认同银行是主动为了“减轻持卡人负担，服务社会大众”的说法，不少市民表示应该是市场因素促使银行停止收费。

更有市民担心，“银行将来会不会反悔哦，再二道收费？”王先生问记者。记者就此疑问多次致电协会自律工作委员会，电话均无人接听，协会其他部门则不愿对此发表意见。

协会公告发布不久，国内知名门户网站搜狐网迅速开通了“境内跨行查询收费被叫停”专栏，并开通“停止收取跨行查询费是受外资银行的影响吗”主题网辩，截至记者发稿时，认为“停止收费受外资银行影响，并非中国的银行觉悟高”的有3857人，认为“考虑中低收入人群，减轻持卡人负担，服务社会大众”的有122人。更有网友在论坛发帖称“并非中国银行的觉悟高，而是外资银行进入中国后，中资银行的这些霸王条款会将客户推向外资银行不得已的做法！”

除了即将停止的ATM跨行查询费外，还有小额账户管理费、跨行取款手续费、借记卡年费、电话银行网银查询费、短信服务收费、信用卡未激活年费等等，种类纷繁，各个银行收费的类型、规定也不尽相同。其中，小额账户管理费备受争议，不少人认为收费损害了社会中低收入者的利益，近10类排除收费范围的账户也仅是“暂时”，银行方面则认为，收费有利于节约资源、提高效率。

2006年反垄断与规制案例热点

[1] 中海油收购优尼科

中国海洋石油总公司是中国三大国家石油公司之一，在持续快速发展的同时，中国海油成功登陆国内外资本市场。为加速国际化进程，实现跨越式发展，中国海油近两年进行了一系列与核心业务紧密相关的并购。2004年年中，中海油通过对12家亚洲油气公司过去几年的收购情况研究时发现，靠收购区块资产的方式实现持续增长效果不彰。“必须从资产收购向公司收购转变。”傅成玉在中海油的一次内部会议上说。战略确定后，下一步就是选择收购目标。第一轮的筛选范围很大，北美、西非和里海等地的数十家独立油公司，甚至包括加拿大国家石油、科麦奇和莫菲这种中等规模的石油公司都进入了中海油的视线。按照“资产价值小于200亿美元；有储量和产量增长潜力；中海油的承受能力、中国LNG业务和可获得性”等各项指标，中海油在经过三轮的筛选后，最终将收购目标锁定在优尼科。中海油选择并购优尼科，主要看中的是优尼科在亚洲的油气资源。在优尼科已经探明的17.5亿桶油气储量中，70%位于美国本土以外，包括亚洲的印度尼西亚、泰国、缅甸、孟加拉国和阿塞拜疆等国及里海地区。优尼科的资产分布与中海油在中国东南沿海加紧实施天然气战略可谓“天作之合”——优尼科气资产分布最广、与中国地理最为接近的东南亚正是中海油沿海天然气市场最理想的气源地。

优尼科是美国第九大石油公司，有一百多年的历史。其在北美洲的墨西哥湾、得克萨斯以及亚洲的印度尼西亚、泰国、缅甸和孟加拉国等地都有石油和天然气开采资产和项目，公司目前的市场价值是117亿美元。业内人士认为，优尼科连年亏损，并曾经向美国政府申请破产，因此处在一个非卖不可的境地。作为一家小型企业，优尼科也不具有壳牌、BP那样的品牌影响，因此早就被列为收购目标。而优尼科选在国际油气价格偏高的时候出售油气资产，不失为良机。

2月27日，优尼科提供了初步资料，邀请中海油作为“友好收购”的候选公司之一。同日，中海油总公司党组和管委会在听取了有关人员的汇报后，正式认可优尼科是符合中海油长期发展目标的收购对象，并决定2月28日正式启动该项目。

2005年2月28日，“誓师大会”在中国海洋石油大厦举行。会上，中海油宣布成立由傅成玉、罗汉、蒋龙生、周守为等四名执行董事和曹云石、杨华、刘健等三位高管参加的项目领导小组，下设六个工作小组，涵盖技术、法律、财务、人力资源、公共关系及交易支持和价值评估等领域。同时中海油还聘请了各领域的世界知名顾问助战。投资银行是高盛和摩根大通；法律顾问是DPW、赫伯·史密斯（Herbert Smith）；税务顾问是德勤；技术顾问是米勒·伦茨（Miller Lents）；公关和媒体顾问是布伦瑞克（Brunswick），防扩散安全倡议（PSI）；政策顾问是Akin Gum。

项目启动后，经过8昼夜的紧张工作，3月7日，中海油决定向优尼科提出一个每股59~62美元的报价区间。该报价属于意向性报价，不具有约束性。“其目的是表明中海油对本次收购的诚意，争取一张进入优尼科收购者行列的入门券，以打开进入尽职调查阶段的大门。”傅成玉说。中海油这次报价的另一个目的在于“刺探”优尼科的心理预期价位。报价的同时，中海油当时还慎重提出和讨论了项目的风险，如储量/产量、环境责任、区块的有效期和合并后的整合等。

3 月 10 日，优尼科董事会接受了中海油的非约束性报价，允许中海油进行“确认性”尽职调查。时间为 2 周半。三天后，也就是 3 月 13 日，包括董事长威廉姆斯在内的优尼科十三名高管组成的特别小组杀到北京。他们此行的目的是就中海油关心的优尼科核心油气资产和储量等问题做现场陈述，并回答来自收购方领导小组的各种问题。根据中海油开列的问题清单，又提供了大量内部资料，作为对第一批资料的补充。尽职调查结束后，中海油收购项目组最终确定了优尼科公司的估值范围——51. 9 ~ 67. 7 美元/股。在北京这次关键的接触中，优尼科董事会跟中海油合并的意愿几乎完全确定下来，中海油一度接近成功的边缘。3 月 30 日，是按照约定由中海油向优尼科提交准确报价的最后期限。然而，由于中海油独立董事的犹疑，这一天召开的决定报价的董事会不欢而散。

5 天后，更大的变故出现了。4 月 4 日，美国第二大石油公司雪佛龙横刀夺爱，宣布以 25% 的现金（65 亿美元）、75% 的股票（1. 03 股雪佛龙股票换 1 股优尼科股票）收购优尼科公司。按照雪佛龙公司 4 月 1 日股票 59. 31 美元的收盘价，收购价约为 62. 07 美元/股。优尼科管理层初步接受了该报价。

独董风波后，中海油其实还有机会。按照美国法律，在美国证交所批准雪佛龙与优尼科的交易之前，其他公司仍有机会出价抢购。中海油管理层遂加紧了说服独董的过程。从 4 月 5 日开始，直到 5 月 21 日，与独董终于达成一致。6 月 22 日晚 6 点，再次就竞购优尼科的价格“拍板”的电视电话会议在中国海洋石油大厦 25 层进行。经过长达 6 个多小时的讨论，董事会最终授权管理层在 65 ~ 69 美元之间给对方进行报价。经过充分思考，北京时间 6 月 23 日凌晨 12 点半，傅成玉拨通越洋电话向优尼科董事长威廉姆斯进行了口头报价——67 美元/股（总价 185 亿美元），全现金收购。按当时的股价，超出雪佛龙报价 9. 4%。五个小时后，中海油以传真形式，正式向优尼科确认了这个价格。并于早上向香港联交所和美国证监部门发出了收购公告。当日，中海油的股票在香港和纽约分别上扬 1. 80% 和 3. 45%。

对中海油的高调登场，美国的媒体当时还显得比较克制，并无过于激烈的言论，甚至还带有欣赏的成分。但是一家中国公司、一家中国石油公司并购美国本土一家大公司，毕竟刺痛了很多人的神经，特别是美国国会一些议员的神经。他们以“可能影响美国国家安全”为由，加紧院外活动，试图阻挠中海油对优尼科的并购。所以从宣布报价开始，中海油就面临着两条战线上的较量：一条在商业层面，另一条在政治层面。

6 月 24 日，中海油报价后的第一天，美国国会能源商业委员会主席乔·巴顿（Joe Barton）和拉尔夫·霍尔（Ralph Hall）致信布什，表示了对中海油收购优尼科的担忧，称其对美国能源和安全构成“明显威胁”，要求政府确保美国能源资产不出售给中国。当日，共有 41 名国会议员向布什总统递交了公开信，要求政府对中海油的并购计划严格审查。随着时间的推移，向白宫写信“反映问题”的议员不断增加，据统计，前后共有 64 个国会议员参与到这场反对中海油收购优尼科的游说行列中来。这么多议员如此集中地对中海油的并购发表“反对意见”，似乎并不完全能用“担忧国家安全”来解释。据英国《金融时报》后来搜集的公开资料显示，反对中海油收购优尼科的部分美国议员从 2002 年起累计从中海油此次并购的对手——雪佛龙公司获得超过 10 万美元的政治捐款。《金融时报》称，这也引发了人们对雪佛龙涉嫌操纵政治力量、阻挠中海油收购的猜测。

当然，作为直接竞争对手，雪佛龙也不失时机地加入到这场质疑中海油收购企图的杂音合围中来。6 月 24 日，雪佛龙副董事长彼得·罗伯逊（Peter Robertson）在《纽约时报》发表讲话，称“雪佛龙与中海油进行的绝非商业竞争，而是与中国政府在竞争，这是不公平的。”6 月 27 日，52 位众议员联名致信总统布什和财政部长斯诺，要求财政部外国投资审查委员会（CFIUS）依据《埃克松—弗洛里奥修正案》（EXON - FLORIA）法案严格审查中国政府在这一收购案中扮演的角色。

在一片阴沉的政治气氛下，6 月 28 日，中海油代表团赴美与优尼科展开新的谈判。一到美国，首先参加了财政部为此次收购案举行的外国投资审查委员会会议。由于外部压力太大，听证会无果而终。接下来，中海油代表团马不停蹄地与优尼科开始谈判。然而，当初曾经主动向中海油示好的优尼科公司，此时却显得犹疑起来。优尼科表示，中海油的报价虽然比雪佛龙高，但是存在很大的不确定性。最大的不确定性来自于中国政府的态度和美国的《埃克松—弗洛里奥修正案》法案。该修正案以是否危害国家安全为标准衡量外国投资，若答案肯定，则监管机构有权中止一切投资活动。中国IT企业联想集团在收购IBMPC业务时，曾艰难地跨过这个门槛。作为一家中国的能源企业，中海油面临的局面显然要比联想复杂。除了优尼科董事会对“不确定性”的担忧外，由于雪佛龙报价在先，中海油在谈判中一开始就处在被动地位。经过近一周的艰苦谈判，中海油就包括以下主要问题在内的兼并协议达成了一致：（1）在中海油违约不进行交割的情况下，法院判决如何执行的问题（因为中海油在美国没有可供执行的财产，所以双方约定中海油要在美国一家银行的专用账户中存入20亿美元）；（2）为获得EXON－FLORIA法案的批准，资产的处理问题；（3）因为中海油的加入，如果导致雪佛龙与优尼科的谈判破裂，中海油需要向雪佛龙支付分手费（5亿美元）；（4）在兼并完成前，油价的保值问题。

在中海油与优尼科正式谈判期间，美国一些国会议员也没闲着：6月30日，众议院投票通过财政拨款修正案，“禁止财政部将拨款用于审查中海油并购优尼科”；7月11日，两位参议员写信给美国商务部，要求审查中海油的贷款是否违背WTO的规则；7月13日，众议院军事服务委员会举行了听证会，会议的内容亦主要围绕中国的崛起可能给美国造成威胁的内容展开。

7月14日，优尼科董事会召开会议，要求雪佛龙和中海油加价，并宣称如果双方都不加价，拟另觅买家；7月15日，优尼科董事长威廉姆斯给傅成玉打电话，第二次要求中海油加价；7月16日傅成玉回复对方说，可以加到69美元，但有三个条件：第一，优尼科付5亿美元分手费；第二，优尼科要站在中海油的立场游说政府国会；第三，承诺雪佛龙出局。但优尼科坚持加价应是无条件的，双方于是僵持不下。

在中海油5天坚持不涨价的情况下，7月19日，雪佛龙被迫加价，报价改为40%的现金，60%的股票，测算下来合每股63.1美元。当时，雪佛龙与优尼科达成了一个条件——不能将加价的消息告诉中海油。在雪佛龙加价后，中海油的价格优势已经基本丧失——中海油报的67美元同雪佛龙的63.1美元之间，虽有4块钱的差价，但这一差价尚不足以补偿“政治风险”和“时间成本”。失去价格优势的中海油并未急于再加价，而是采用了静观其变的方式。

7月21日，中海油发表声明，表示了三点意见：（1）对优尼科没有改变推荐表示遗憾；（2）认为中海油每股67美元的全现金收购依然有很强的竞争力；（3）鉴于维护自己公司股东最大利益的考虑，没有意愿改变价格，同时将继续关注市场发展的动态。当日，中海油在公司内部第二次召开“收购优尼科项目通报会”。会上，傅成玉带着遗憾地语气说：“从现在来看，事情的结局基本就这么定了，改变的可能性估计不大。”不过到了这个时候，干扰中海油竞购的政治压力依然没有减弱，并在7月30日达到了顶点。是日，美国参众两院通过了能源法案新增条款，要求政府在120天内对中国的能源状况进行研究，研究报告出台21天后，才能够批准中海油对优尼科的收购。这一法案的通过基本排除了中海油竞购成功的可能。8月2日，中海油宣布撤回对优尼科的收购要约。此时，距离8月10日优尼科董事会最后投票决定“谁是赢家”还有8天的时间。宣布退出当天，纽约证券交易所中海油股票价格2日终盘上涨4.15美元，升至每股73.49美元；雪佛龙公司股价上扬1.13美元，至每股59.56美元；优尼科公司股价上涨16美分，达到每股64.53美元。事实上，自6月23日开始，到8月10日，仅仅一个多月的时间，中海油市值就上涨30%以上，从220亿美元增长到300亿美元。在中海油竞购过程中三个大的关键点：6月23日宣布初始报价，7月21日决定不加价，到8月2日正式宣布退出，三个点上，中海油的股价都有明显上涨。中海油没有赢得结果，但赢得了过程。

[2] 凯雷收购徐工

2006 年，“凯雷并购徐工案”引发诸多争议，也引起了管理部门及社会公众对国内产业安全问题的关注。

背景分析：

被并购方徐州工程机械集团有限公司成立于 1989 年。1993 年，徐工集团发起组建徐州工程机械科技股份有限公司，徐工科技是目前工程机械行业规模最大的上市公司。2002 年 10 月 18 日，徐工集团工程机械有限公司成立。至 2005 年 8 月 30 日，徐工机械变为国有独资公司。截至本次收购前，徐工机械通过自身持有以及通过其控股子公司徐州重型机械有限公司间接持有徐工科技共 2.34 亿股股份，占徐工科技总股本的 43.06%。徐工集团自 1992 年起在全国各地收购了大量企业，加上政府委托管理的企业，规模迅速扩张，但负面效应也随之而来，机制不活、包袱太重、效益偏低，且资产质量十分低下。而一些民营企业纷纷进入工程机械制造领域，开始瓜分徐工的市场；同时，像卡特彼勒这样的国际知名大公司也大举进入中国市场，使工程机械市场的竞争更加激烈。体制的局限性一直限制着徐工的进一步发展，徐工改制势在必行。

并购方美国“凯雷投资集团”（The Carlyle Group），是全球最大私人股权投资公司之一，成立于 1987 年，总部位于美国华盛顿。2005 年 2 月 15 日，凯雷亚洲投资基金成立了全资子公司凯雷徐工机械实业有限公司，注册地是英属开曼群岛。该公司是根据国际惯例为本次收购徐工机械专门成立的公司。凯雷作为一个投资基金，其基本的经济功能是通过多元化投资来降低风险，以获取丰厚回报。鉴于中国政府对外资收购巨型国有企业的种种限制，凯雷集团在中国的目标设定为大型的国有企业，主要锁定省属以下的国有企业。徐工是一个理想的投资项目。最重要的是，徐工虽大，却正是属于“省属以下的国有企业”。与此同时，凯雷收购徐工项目为外资基金进入中国资本市场提供了一个“路线图”，即通过参与大型国企的改制重组，间接取得上市公司控制权。

事件的过程和结果：

2004 年初，引资工作正式展开。按照程序，徐工集团国有产权转让在江苏徐州产权交易所挂牌。

到 2004 年 10 月，徐州方面进行了三轮竞标，其标的为徐工机械 85% 的股权，摩根大通报价 4 亿美元左右，凯雷报价 3.75 亿美元，美国国际投资集团报价最低。

2004 年 10 月 21 日，徐工集团向徐州市政府提交的《徐工集团工程机械有限公司引进投资者第二轮竞标工作情况汇报》（下称《汇报》）称，经过徐州产权交易所和摩根大通证券（亚太）有限公司的工作人员对评委打分的现场统计，最后凯雷的最后得分为 89.18，摩根最后得分为 61.04。值得注意的是，在这轮竞标中，凯雷并非出价最高者，其实质出价比另一竞标者摩根大通低大约 10 亿元。但《汇报》称凯雷所获得高分的理由是：（1）在引进柴油机和载重汽车及底盘项目方面的承诺……（5）整体交易对价（3.7 亿美元）较具吸引力，且可以全部为旧股……

2005 年 9 月，徐工集团和徐工机械分别召开职工代表大会，以无记名投票方式表决与凯雷的改制方案，高票通过。

2005 年 10 月 25 日，凯雷徐工、徐工集团及徐工机械三方共同签署了《股权买卖及股本认购协议》及《合资合同》。根据这两项文件，凯雷徐工同意以相当于人民币 20.69 亿元的等额美元，购买徐工集团所持有的 82.11% 徐工机械股权；同时，徐工机械在现有注册资本人民币 12.53 亿元的基础上，增资人民币 2.41 亿元，全部由凯雷徐工认购。凯雷徐工需要在交易完成的当期支付 6000 万美元；如果徐工机械 2006 年的经常性 EBITDA（经常性 EBITDA 是指不包括非经常性损益的息、税、折旧、摊销前利润）达到约定目标，凯雷徐工还将另外支付 6000 万美元。上述股权转让及增资完成后，凯雷徐工将拥有徐工机械 85% 的股权，徐工集团仍持有徐工机械 15% 的股权，徐工机械变更为中外合资经营企业。

在中国资本市场风头强劲的凯雷集团，万万没有想到“半路杀出了个向文波”。国内机械工程同行业公司三一重工对这一并购发起强烈质疑。按照三一集团的说法：如果徐工被财力雄厚、具有国际垄断资本背景的凯雷俘获，民族基建工程机械的确将有沦陷的危险；同时，徐工的年收入170亿元，却以20亿元出让，这是严重的国有资产贱卖。随后引发了社会各界关于外资并购重点产业龙头公司的讨论。

这场讨论惊动了上层。2006年7月17日至19日，连续三天下午，商务部召集所有与凯雷徐工并购案相关的单位（不含外资），分批征求意见并详细询问。据悉，随后国家发改委也将举行类似会议。连续三天，相关单位头一次被集中起来表达意见，而徐工和三一则依然是官员们提问的焦点，但看起来，他们的回答并没有令“听证者”完全满意。据悉，三一被要求会后提交专门的书面材料系统陈述意见，徐工则在会议召开之前接到了商务部一批书面问题，会议结束之后再次接到商务部的另外一批问题，均要求书面详细解答。这一次，审批者主要的问题集中在：为什么选择外资，为什么徐工选择了金融资本（凯雷）而非产业投资者（如卡特彼勒），是否“贱卖”，交易完成后中方还有哪些话语权，是否会对产业安全造成影响等。此外，出让徐工股权的公开招标过程；国内民营企业机会是否获得平等竞标机会；凯雷并购的目的和打算，报价是否最高；有无少数人与外资联手串通嫌疑；徐工产品的市场占有率情况；中方权益如何保证（董事长由哪一方委派，中外双方董事席位比例）；外方今后转让股权的限制条件……诸如此类的问题，也都进入审批者的关注范围。听证会结束后，并没有具体的指导性意见传出。听证会结束后，由于并未传出不利于徐工方面的消息，使原本一边倒的大讨论开始回归平衡。但批复的消息也未出现。随着权威部门先后出场，大讨论的两个主要议题——贱卖论和威胁国家产业安全论，均由国家管理部门评估，讨论慢慢降温。

2006年10月16日，三方签署修订协议，将收购比例和增资价格进行调整，最终持股比例由原先的85%降至50%，金额则减少到约18亿元人民币，约折合2.25亿美金。修订的新方案取消了原有的对赌协议，但保留了毒丸计划与惩罚性条款。截至2006年11月11日，国资委已经批准了凯雷收购徐工的新方案。在等待商务部批准的过程中，三方于2007年3月16日签署了《股权买卖及股本认购协议》之修订协议（二），同日，徐工集团、凯雷徐工签署了《合资合同》之修订协议（二），收购的比例降低到45%，剩余股权全由徐州国资委持有，单位价格比第一次修改再次上升11%。此时距第一份收购85%股权协议已经507天，而凯雷的收购设想也从绝对控股变成了参股。

[3] 华润啤酒遭遇地方保护

30岁的温光全是华润雪花啤酒重庆49个一级批发商之一，从8月25日起他开始了提心吊胆的生活。8月25日，其在重庆黄桷园车站附近的库房被重庆市工商局查封，约900件啤酒被抄走。9月2日，工商局又将其转移的啤酒全部搜走。9月4日，重庆市工商局向媒体发布消息称，经调查，2005年1月至2006年6月，华润蓝剑（广安）啤酒有限责任公司（以下简称“华润广安公司”）通过付给销售商进店入场费、开瓶费、附赠现金或物品等手段，达到销售其旗下“雪花”、“蓝剑”系列啤酒甚至获得唯一促销权和专场销售权的目的。有报道称，“华润广安公司”以上述手段向重庆地区3000多户终端销售商支付了380多万元各种形式的“促销费”，销售“雪花”、“蓝剑”系列啤酒500多万件，销售金额达1亿多元。并且，“华润广安公司”在与终端销售商签订的协议中明确约定“禁止销售重庆啤酒及其他品牌啤酒”等排他性内容。通报指出，2005年1月至2006年6月，“华润广安公司”为占领重庆啤酒市场，与重庆市渝中区、綦江县、南川市等23个区市县的3000多户终端销售商（餐饮店经营者）签订合作协议，违规促销“雪花”、“蓝剑”系列啤酒。此外，“华润广安公司”还通过向其一级批发商“返点”的形式促销，提高市场占有率。重庆市工商局初步认定“华润广安公司”违法事实成立，目前，重庆市工商局已依法暂扣了部分一级批发商涉案的啤酒。

针对雪花啤酒在重庆市遭受“查封”并被市工商局有关部门公布为涉嫌商业贿赂的事件，华润雪花啤酒公司2006年9月5日发布《关于雪花啤酒在重庆市遭受市工商局有关部门恶意“封杀”

的声明》。

华润雪花称，8 月 23 日到 31 日，重庆工商局有关部门指令所属分局和所属县工商局，以涉嫌不正当竞争为由，扣留雪花啤酒所属四川广安公司在重庆地区 29 家经销商正在销售的雪花啤酒 15804 箱，现金 1.7 万元，并查封啤酒 1375 箱，使得雪花啤酒在重庆市以及所属各县销售渠道瘫痪，减少销量 3 万吨。华润雪花称，在没有接到任何通知的情况下，重庆工商局有关部门扣留啤酒的行为，不符合《反不正当竞争法》和《工商行政管理机关行政处罚程序暂行规定》。

是否涉及商业贿赂：

在重庆市工商局以商业贿赂之名查处华润雪花之前，快消品市场介于商业贿赂和行规之间的游戏普遍存在。提到酒类、饮料、食品销售，就不能不提进场费、开瓶费、回扣、礼品。目前在酒类市场上，这些费用都已经被算入营销费用中，而在《关于禁止商业贿赂行为的暂行规定》中，则属于商业贿赂。在整个行业都有这样一种不成文的规定下，如何界定企业是否涉嫌商业贿赂就成了工商部门的职责，也是工商部门手握的生杀大权。“没有具体的法律依据，因此如何与工商部门协调好关系成了企业必须面对的难题。”对于重庆市工商局的这种定性，华润并不愿意服输，并将向国家工商总局提出“申诉”。华润雪花提出，在重庆市场，这种营销手段非常普遍，重庆啤酒是重庆当地的最大啤酒商，也同样在当地通过进店费锁店，向经营者赠送款、物以排斥其他经营者进入市场（有合同、协议等书证为凭），并有大量的举报。如果非要以商业贿赂来界定，那么这个行业的所有品牌都难推其责。

地方保护的争论：

在华润啤酒重庆联络处负责人费继承看来，华润啤酒在重庆啤酒老巢增长强劲是导致这次事件的重要原因。据了解，在重庆本地，重庆啤酒销售达到 80% 的市场份额，而华润雪华则刚刚进入该市场，目前市场份额仅 10%。但由于华润雪花自 2002 年进入重庆市场以来，前几年一直保持着每年 10% 的增长率，今年的增长率达到了 30%。重庆啤酒担心市场份额丧失，才采取了这种明显的“地方保护”行为。其根据是，“山城啤酒也涉嫌一些不正当竞争行为，也有大量举报，但是却没有遭到重庆市工商局的查处。”声明提到，重庆工商局有关部门在查处过程中，没有采取竞争对手“回避”的合法做法。参加对雪花执法的有本地重庆啤酒的员工和经销商的员工，使用了山城啤酒（重庆啤酒旗下品牌）公司的车辆，并将所查处啤酒存放在重庆啤酒总经销公司的库房中。华润雪花啤酒市场总监侯孝海还指出，在重庆市工商局有关部门的执法过程中，部分执法人员口头警告雪花啤酒经销商“不要经营雪花啤酒，再进货，来一车扣一车”，“不卖雪花啤酒，不就没事了”。

[4] 国美收购永乐

背景：

2006 年 5 月，全球最大的家电连锁商“百思买”（Bestbuy），以 1.8 亿美元的价格收购了原国内排名第 4 位的“五星电器”，目前正寻求并购国内排名第 5 的“三联电器”。白思买是零售业开放以来，第一家进入中国市场的跨国公司，它的经营规模，几乎八倍于中国同行企业前三名之和，资金实力雄厚，拥有全球采购渠道，具备先进的供应链管理和较强的营利能力。对于习惯于在国内市场“争地盘”的企业来说，正面应对外来竞争的严峻挑战已经迫在眉睫。国美电器与中国永乐的合并便是在这一背景下发生的。两大连锁企业希望借助合并扩大规模，增强企业内部的文化、管理制度和流程的整合，合理调配资源、提高服务质量，提高自身的竞争力。

另外，永乐出售还有其特殊原因。2004 年 9 月摩根斯坦利注资 5000 万美元前后，一向稳健固守上海及周边的永乐展开空前规模的并购扩张，从 2003 年到 2006 年，永乐先后将广州东泽、河南通利、四川成百家电、厦门思文、灿坤悉数拿下，并购气魄一时无两。根据引进摩根斯坦利时双方签订的对赌协议，如果永乐 2007 年（可延后一到两年）的净利润超过 7.5 亿元人民币，外资股东将向永乐管理层无偿转让 4697.38 万股永乐股份；如果净利润不高于 6 亿元，永乐管理层将向外资股东无偿转让9394.76万股。永乐上市后的2005年年报显示，由于竞争加剧和网点增加的摊薄效应，永乐同店每平方米销售额下降了2.8%，毛利率也下降0.6个百分点至6.9%。由于业绩不被看好，永乐股份惨遭投资者“抛售”，股价从最高时的4.3港元“沦落”到跌破发行价，市值缩水超过六成。如今要完成当初的对赌，几成“不可能的任务”，出售成为永乐管理层守护利益的理性选择。

进程：

4月21日，永乐宣布通过股权置换方式收购大中。

6月20日，永乐股价跌破发行价，裁员、闭店、遭遇危机。关于国美收购永乐的传闻愈传愈烈。

7月初，国美高层秘聚北京稻香湖景酒店，召开上半年经营总结会。在此期间国美7人委员会做出了与永乐、大中合并的决定。

7月16日，黄光裕与陈晓达成有历史意义的合并初步协议。

7月17日上午，中国永乐在开市3分钟后突然停牌。

7月18日上午9点30分，国美电器也暂停买卖。公告声明，此次停牌是等待与中国永乐发表联合声明，欲全面收购永乐。

7月19日，永乐拒绝承认与国美正在谈判。业内传闻，陈晓不满意收购价格而“反悔”。

7月20日，黄光裕提高收购价格，双方达成协议。

7月25日晚19：30左右国美电器和中国永乐在北京联合召开全国视频新闻发布会，发布《国美、永乐合并背景及公告内容》，双方多轮博弈后达成的“股权+现金”收购方案是：永乐1股换0.3247股国美股份加0.1736港元现金补偿。按照此价格，永乐股份相当于以2.2354港元价格被收购，较7月17日永乐停牌价溢价9%。而国美在换股后，需向永乐再支付4.09亿港元现金。至此，国美为收购永乐付出的“总代价”为52.68亿港元，约合55.97亿元人民币。合并后，国美电器董事局主席兼总裁黄光裕将持有新公司51.2%的股份，永乐总裁陈晓通过合并公司和管理层共同持有12.5%的股份，摩根斯坦利持有2.4%左右。黄光裕将继续担任新集团主席，陈晓将成为并购后新公司的CEO。目前，新集团无具体公司名称，将采用双品牌的形式共存。并购完成后，永乐随即退市，但永乐品牌并不会消失。国美和永乐宣布合并之后，大中迅速向外界表明了自己的立场。大中表示，此次合并是国美的愿望、永乐的选择，与大中电器是否加入无关。大中电器于2006年4月与永乐签订战略合作框架协议并进行正常推进，但鉴于永乐单方面与第三方国美合作，大中于8月份单方面解除了与永乐签订的合并协议。

10月18日凌晨零点整，香港联合交易所发布了国美电器控股有限公司关于收购中国永乐电器销售有限公司的联合公告。国美于10月17日星期二下午4时整已就2，245，898，565股永乐股份接获收购建议的有效接纳，约占永乐已发行股本的95.3%，本次收购为无条件收购，在11月1日下午4时整之前仍接纳股份，之后，国美可根据法律强制收购未根据收购建议收购的永乐股份。在完成强制收购后，永乐将成为国美的全资子公司，并将根据香港上市规则，撤销永乐在联交所的上市地位。收购建议的最后截止日期现将为2006年11月7日。

商务部听证会：

10月27日商务部就国美电器收购永乐电器一案举行了一次听证会。此次听证是商务部根据上月实施的《关于外国投资者并购境内企业的规定》启动的反垄断调查程序，同时也是商务部对零售业的并购活动进行的首次反垄断调查听证会。听证会共设4个分会场，参加听证会的分别是行业协会与专家学者代表、同业竞争企业代表、家电厂商代表、消费者代表。每场时间为一个半小时。参与代表先是填写调查问卷，后进行口头阐述。

据了解，会议针对各个行业的代表发放了不同的问卷，对于苏宁、大中、五星等同业竞争企业的问题主要就是“国美、永乐的合并会给同业者造成什么影响”。在听证中，各方代表对于国永合并发表了不同的看法。大中电器认为，由于大中与永乐正在解除协议、大中与永乐目前在西安和青岛还有2个合资公司的售后事宜没有处理，希望商务部要考虑大中、永乐所处的特殊情况；而苏宁和五星认为，国美永乐合并会对行业产生不利影响；一些家电厂商代表也担心，国美永乐合并后会给供应商带来巨大压力，压低供应商利润；中国连锁经营协会等行业协会和专家学者代表，在听证会上的发言大都对合并案持积极鼓励态度，认为国内企业必须提高集中度，以应对外资巨头的竞争。

针对合并后是否会引起家电连锁行业垄断的质疑，国美电器指出尽管我国的家电流通零售商超过3.2万家，但家电销售市场集中度还不高。商务部统计数据显示2005年国美、苏宁、永乐等五大电器连锁企业约占市场总份额的24.4%，而前三大电器连锁企业的市场份额之和仅为19.3%，国永合并之后的市场份额也不超过12%，中国市场的集中度仍然大大低于其他国家相应行业龙头企业和主要企业的市场份额，尚不会引起垄断。

2005年反垄断与规制案例热点

[1] 苏丹红事件

背景材料：

苏丹红是一种人工合成红色染料，常用于地板蜡、鞋油、机油等产品的染色。据世界卫生组织的国际癌症研究机构1995年确定，苏丹红属第三类致癌物质，它能够使老鼠和兔子患癌症。但还没有直接证据表明对人有致癌作用，由于苏丹红诱发动物肿瘤的剂量远远高于人体可能摄入量。因此，偶然摄入含有少量苏丹红的食品对人体造成危害的可能性较小，但如果长期大剂量摄入会增加人体致癌的危险性。因而，我国及许多国家都禁止将其用于食品生产。2005年由于苏丹红而引发了一场全国范围内的食品安全事件。

时间进程：

2005年2月18日

英国食品标准署向消费者发出了“苏丹红一号”色素可能致癌的警告，并在网站上公布了359种含有“苏丹红一号”的日用食品清单，包括百胜、亨氏和联合利华等世界知名企业在内的多家食品生产商的产品都在被禁之列。截至2月21日清单上的产品增加到419种，英国食品标准署已下令召回上述食品。

2005年2月24日

国家质检总局紧急通知，要求各地出入境检验检疫部门对进口食品，特别是原产于欧盟的食品开展“苏丹红一号”项目检测，对含有“苏丹红一号”色素的食品一律禁止进口，同时，要对近期进口的可能含有“苏丹红一号”的食品或原料进行清查，各地质监部门要加强对食品生产企业的卫生监管，加强禁毒抽查检测，严禁含有“苏丹红一号”的食品进入流通领域。

2005年3月5日

亨氏美味源（广州）食品有限公司生产的“美味源”牌金唛桂林辣椒酱，被检查出含有“苏丹红一号”成为我国首例被发现含有“苏丹红一号”的食品，国家卫生部立即发出紧急通知，要求各地餐饮单位不得使用该公司生产的辣椒制品，并对已购入的辣椒制品就地封存，向卫生行政部门通报有关情况并在其监督下销毁。

2005年3月6日

亨氏紧急召回涉“红”产品，并表示正在积极配合国家有关部门进一步的抽查、检验工作，对于此次涉及的“美味源”牌金唛桂林辣椒酱，在没有弄清原因之前，亨氏将暂时停产。

2005年3月13日

长沙坛坛香调料食品有限公司生产的“坛坛乡”牌风味辣椒萝卜被检查出含有“苏丹红一

号”，消息一经披露，包括上海家乐福超市在内的诸多销售企业迅速对此产品进行撤柜处理。

2005 年 3 月 15 日

肯德基餐厅的“新奥尔良烤翅”和“新奥尔良烤鸡腿堡”两款产品的调料在检查中被发现含有“苏丹红一号”，17 日，中国百胜餐饮集团在上海发表公开声明，称其旗下餐饮品牌肯德基涉及“苏丹红一号”成分的“新奥尔良烤翅”和“新奥尔良烤鸡腿堡”已经全面停止加工、销售。

2005 年 3 月 19 日

继两款产品被检测出含有“苏丹红一号”后，北京朝阳区某肯德基餐厅的“香辣鸡腿堡”、“辣鸡翅”、“劲爆鸡米花”3 种产品所使用的“辣腌泡粉”原料再次被检出含有“苏丹红一号”，北京市食品安全办、北京出入境检验检疫局立即责令全市肯德基餐厅停止销售上述 3 种食品，待其调整配方，重新检测合格后方可上市。至此，肯德基已有 5 种产品因检出“苏丹红一号”而被停售。

2005 年 3 月 20 日

方便面企业响起红色警报。湛江市工商部门在对全市范围作突击检查时，成功查获珠海一企业生产的“公仔日式碗面”等系列涉嫌含有“苏丹红一号”的问题快食面 1000 多包（盒），上海食品药品监督管理局也公布了“涉红”食品名单，珠海公仔 doll 牌的公仔日式碗面牛肉味公仔米粉、公仔拉面屋红烧牛肉（两种）、公仔拉面屋红油排骨、牛肉味公仔面、劲辣牛肉味公仔面赫然在列。

2005 年 3 月 29 日

国家质检总局和国家标准委联合发布食品中苏丹红染料的检测方法。只要使用普通的高效液相色谱仪就能够准确完成检测。该标准自发布之日起实施。据介绍，该标准充分考虑我国的实际情况，采用正相吸附和固相萃取原理，一次性去除样品中辣椒色素和番茄色素对食品中苏丹红检测结果的影响，解决了国外检测标准适用范围窄、设备昂贵、操作复杂、成本高等不足。该标准还适用于含有“苏丹红一号”、“苏丹红二号”、“苏丹红三号”、“苏丹红四号”等添加剂的化学原料。

2005 年 3 月 30 日

北京市食品办公布最新抽查结果“靠山居”牌榨菜丝、“三元桥”牌红油辣花等 25 种榨菜、鲜辣酱、腐乳等食品相继被检出含有“苏丹红一号”成分，这些产品被责令予以全市下架。

2005 年 3 月 31 日

继广州亨氏美味源两种辣椒产品之后，广东省佛山市又发现 3 种辣椒油中含有“苏丹红一号”。根据检查情况，共计已有 2200 多瓶辣椒油流入了佛山市面。

观点争论：

食品安全事件层出不穷，如何建立一套高效的食品安全监管体系，进行良好的食品安全监管值得思考。

[2] 国内 VC 企业遭反垄断诉讼案

背景材料：

2005 年 2 月 7 日和 2 月 17 日，美国 Ranis 公司和 Animal Science Products Inc. 公司，向美国旧金山加利福尼亚州高等法院提出反垄断诉讼，称自 2001 年 12 月起，中国 6 家企业（维尔康（华北制药）、维生药业（石药集团）、江山制药（华源集团）、东北制药、石家庄制药（美国）有限公司、中国制药集团有限公司）在中国医保商会西药部组织的一次会议中达成 VC 出口数量和价格协议，联合操控出口到美国及世界其他地方的 VC 价格与数量，触犯了美国及加利福尼亚州的《反垄断法》，使这些公司蒙受损失。原告人表示要索取 3 倍的不明损害赔偿以及其他辅助赔偿。

中国维生素 C 产业对于全球市场的影响相当大，2004 年全球维生素 C 产能大约 12 万吨，中国这几家被诉的药厂产能合计 8.2 万吨，约占全球产量的 68%。专业人士预测，2005 年全球市场维生素 C 需求量可达 10 万吨，而中国这四家企业的总产量则超过 10 万吨，其中 85% 以上销往国际市场。另外，美国是世界上最大的维生素 C 消费国，2004 年中国出口到美国的维生素 C 占出口总量的31%，出口额为9000万美元左右。因此，中国VC价格变化对美国相关产业有较大影响。据业内人士分析，此次诉讼正是基于2004年下半年中国出口VC价格的上涨。美国包括药品、化妆品在内的大量企业都对VC原料有大量需求，对VC价格变化十分敏感，所以导致了此次诉讼。我国企业认为，2004年，我国出口到美国的VC平均离岸价格为4.57美元/千克，比全球平均离岸价格4.63美元/千克还要低。因此，即使中国VC价格上涨，其价格仍然低于其他国家医药企业（如巴斯夫等VC巨头）的价格，根本称不上是“垄断”。我方律师认为：“如果被起诉的事情是属于我们国家授权的行为，在《反垄断法》中，我们就可以提出申请‘国家行政豁免’，如果被认可，那么官司就不用打了。”

根据控告书所称，2001年12月几家被告的药厂在“中国医药保健品进出口商会西药部”组织的会议中，达成了维生素C出口数量和价格方面的协议，故意控制产量，造成全球维C市场供不应求，从而抬高价格，谋求高额利润。对此该部的主任乔海利指出，从2000～2001年底，国内众多制药企业盲目投资维生素C产品，造成生产能力过剩，维生素C出口价格由每千克5元一路狂跌到2.8元以下，至少给中国企业造成50亿元人民币的损失。那次行业会议是在当时“内忧外患”的情况下召开的，目的是讨论各企业发展问题，包括协商来年各自出口量。然而会议之后，随着2002年的维生素C价格调涨，在2003年期间，原告指称中国厂家所形成的企业联合作出的供给限制，加上非预期的SARS爆发，导致维生素C需求大增，为被告带来了显著的价格上涨，2003年4月份每千克维生素C价格高达15元。大约于2003年最后一个季度，虽然维生素C价格仍处于超竞争的程度，被告开始试图降价，以在广大的市场中求取更多销售量。而市场对维生素C的需求，吸引中国的厂家不断削价竞争，这场业界的价格战，最后促成了2003年11月、12月一场紧急会议，会中被告皆派出代表出席，讨论他们该如何合理化市场，并且控制产量以提高价格。事后在中国年度的“世界药品展览”中，紧急会议中的代表再次碰头，并就限制产量提高价格等问题，再度进行讨论。

在紧急会议以及中国厂家的运作之下，成功地于2003年底，将维生素C的价格由每千克4.20元调升至9元，虽然2004年价格有了些许的向下修正，但售价仍维持在市场之上，对于上述的价格变动以及协议过程，原告指称，这种企业联合是不法的行为，且这种违法行为一直延续至今。2004年12月，维生素C国际市场价格曾升至每千克9.5美元左右，处于比较高的水平，美国包括食品、化妆品和药品在内许多行业，都对维生素C原料存在大量需求。

我国之前对VC实行的出口预核签章管理制度，这个制度的根本原因则是两次国际“VC大战”的结果。

1995年10月，国际瑞士罗氏制药公司降价，VC从每千克13美元一直降到5美元以下。在这场大战中，我国的VC出口企业从原先的26家减少到主要的4家，分别是东北制药总厂、华北制药厂、石家庄制药厂、江苏江山制药厂，形成了国内VC行业的“四大家族”，同时也是这次被起诉的对象。

2000年，经过调整后的我国VC出口再次飙升，国际市场上产品供过于求，价格滑坡。致使自2000年5月至2001年12月底，VC出口价格由每千克5美元一路狂跌到2.8美元以下，造成直接经济损失约2亿美元，有关国家对我国反倾销起诉一触即发。

2001年11月16日，在中国医药保健品进出口商会的牵头下，包括“四大家族”在内的国内VC企业召开了一次行业会议，讨论发展问题，以及协商来年各自的出口量，并且后来形成了每年的例会。

2002年5月1日开始，维生素C被列为海关审价、商会预核签章商品。预核签章管理制度是1995年实施的“出口商品海关审价”，1997年改为预核签章，是指对特定的出口商品，我国的专业商会为了统一协调、控制出口价格，维持良好的出口秩序，要求所有出口商签订的外销合同，都必须传真到商会审核，商会对符合要求的合同盖章确认后，寄回出口商，出口商凭此份合同办理出口报关手续，海关凭此份合同验放货物。

其中，2004 年 1 月 1 日起，我国对包括 VC 在内的 36 种商品试行出口预核签章管理。根据规定，商会组织相关企业制定某一出口商品的同行协议最低价格，一旦价格确定后，所有出口该商品的企业都必须遵守。因为“这有利于提高我国相关商品的出口价格、减少国外对我国提起反倾销诉讼的风险、规范行业出口秩序”。

为更好地协调预核签章商品，各进出口商会还都成立了相关的商品分会或协调小组，但在这种管理中，商会的地位却变得十分微妙，在这次美国公司对我国 VC 的反垄断诉讼中就称，中国医药保健品进出口商会就是这四家 VC 企业形成“价格联盟”的组织者。

据悉，迄今为止，该反垄断案仍未有结果。

观点争论：

1. 中方 VC 价格比美国的当地价格低是不是还构成垄断高价?

2. 中国的“出口预签章管理”是否构成反垄断违法?

3. 美国反垄断法是否越界管理?

[3] VOIP 监管问题

背景资料：

VOIP（Voiceover Internet Protocol）简而言之就是将模拟声音讯号（Voice）数字化，以数据封包（Data Packet）的形式在 IP 数据网络上做实时传递。VOIP 最大的优势是能广泛地采用 Internet 和全球 IP 互联的环境，提供比传统业务更多、更好的服务。VOIP 可以在 IP 网络上便宜地传送语音、传真、视频和数据等业务，如统一消息、虚拟电话、虚拟语音/传真邮箱、查号业务、Internet 呼叫中心、Internet 呼叫管理、电视会议、电子商务、传真存储转发和各种信息的存储转发等。

VOIP 是一种以 IP 电话为主，并推出相应的增值业务的技术。VOIP 最大的优势是能广泛地采用 Internet 和全球 IP 互联的环境，提供比传统业务更多、更好、更便宜的服务。

VOIP 相对比较便宜。VOIP 电话不过是互联网上的一种应用。网络电话不受管制。因此，从本质上说，VOIP 电话与电子邮件，即时讯息或者网页没有什么不同，它们均能在经过了互联网连接的机器间进行传输。这些机器可以是电脑，或者无线设备，比如手机或者掌上设备等等。VOIP 服务不仅能够沟通 VOIP 用户，而且也可以和电话用户通话，比如使用传统固话网络以及无线手机网络的用户。对这部分通话，VOIP 服务商必须给固话网络运营商以及无线通讯运营商支付通话费用。这部分的收费就会转到 VOIP 用户头上。网上的 VOIP 用户之间的通话可以是免费的。如果用户想要将自己的家庭电话转化为 VOIP 拨号系统，他需要适配器的帮助。VOIP 软件可以单独预装在一种名为“模拟电话适配器”（analog telephone adapter）的硬件设备中，模拟电话适配器主要安装于家庭电话与宽带调制解调器之间。无线 VOIP（采用 WiFi 协议）在不久的将来会与传统无线通信实现并存和竞争的关系，而不是对传统无线通信的一种廉价替代物。

观点争论：

虽然网络电话被广泛使用，但网络电话业务目前还处于“灰色地带”，我国以前对 VOIP 电话采取了严格的管制制度，主要考虑了其对现有电话业务的冲击影响，将 VOIP 电话列为非法（2002 年，信息产业部、公安部、国家工商行政管理总局关于严厉打击非法经营国际电信业务违法犯罪活动的通告）。但是 VOIP 的发展势不可当，单纯限制不再合理。所以对于 VOIP 电话下一步的政府规制问题，必须在考虑到技术、市场、经济、安全、政策等多方面的因素后进行综合分析。

争论观点主要有：

1. 放松管制。类似于欧盟和美国的管理方式。基于促进新技术和新业务的立场，为不妨碍互联网的发展，欧盟和美国尚未对互联网上提供的服务或称网络电话服务进行直接管制，但都表示将密切注意其发展，必要时将其纳入电信业务管理。

2. 适当管制。类似于日本、新加坡及香港地区的管理方式。这些国家（地区）的政府分别于

1998～2000年间将VOIP纳入电信业务，采取较为简单的许可方式，并对其进行“轻手管理”。

3. 严格管制。类似于俄罗斯。该国政府于2005年立法对VOIP电话服务提供商实行许可制，要求提供VOIP电话的公司申请许可证。

2004年反垄断与规制案例热点

［1］矿难和生产安全规制

在中国民众的印象当中，2004年以来最黑色、最密集的灾难莫过于频发于各地的煤矿事故了。单就2003年10月至2004年的2月14日，短短117天时间里，河南大平、陕西陈家山、辽宁阜新孙家湾，连续发生三起死亡百人以上、特大恶性煤矿事故。其中，辽宁阜新孙家湾矿难，是中国近50年来最大的煤矿事故！三起矿难，528个鲜活生命瞬间消失……

有报道称，仅2004年一年，就有6000多人在中国采矿业的爆炸、透水、塌方和其他事故中丧生，占世界矿难死亡总数的80%。

2月23日，在温家宝总理亲自主持召开的常务会议上，国务院决然采取三大举措：辽宁省主管工业和安全生产工作的副省长刘国强被停职检查。这是迄今为止中国在处理煤碳事故中受停职处分级别最高的省部级官员。国家安全生产监督管理局升格为国家安全生产监督管理总局，同时专设国家煤矿安全监察局，以提高监察的权威性，强化煤矿安全监察执法。同一天，国务院启动五年来规模最大的安全检查。从当天开始至3月10日，21个检查组共105人分赴各地，对全国主要的45户国有煤矿企业进行重点安全大检查……

早有媒体分析称，中国最近的一系列矿难事故，具备两个显著特点：一是矿难的主体全部为国有大矿；二是矿难集中发生在全国性能源紧缺、煤炭价格快速上涨的背景之下。

有业内人士同样感叹，2005年元旦，温总理与陕西陈家山遇难矿工家属相拥泪下的情境仍历历在目之时，一场更惨痛的矿难又在辽宁阜新发生。如此强烈的对比，凸显了政府决心与矿难成因之间内在的尖锐冲突和激烈较量。长期以来，中国的煤炭企业曾挣扎于微利和亏损的边缘，直到近两年，经济的快速发展产生了巨大的能源需求，煤炭价格因而大幅上扬。面对20年一遇的市场机会，煤炭企业几乎全部超负荷生产。

在高额利润的刺激下，“资本”不管姓“私”还是姓“公”，都成了中国矿难频发的主要诱因。

专家认为，如果中国能源科技没有新突破，能源紧张状况还将持续，煤矿矿难频发态势将难容乐观。

经历了太多的生离死别，矿难已成为2004年以来，最受社会瞩目、最为沉重的话题之一。有专家建议，只有提高矿工死亡的赔偿标准，增加矿难成本，才能使安全机制真正发挥作用；也有人出主意，让矿长与矿工一起下井作业，生命安危同系一线，安全生产才有“基本保障”……

原国家安全生产监督管理局也早已表示，争取利用三年时间，补还国有煤矿安全欠账，加大煤矿安全设备投入。

惨痛事实就发生在“两会”前夕，可以预见，代表、委员关心的话题应该不只是矿难本身，而是如何根治这一社会文明的污点，如何真正体现以人民群众安全幸福为本的执政理念。

［2］航空价格改革

民航国内航空运输价格改革方案

一、改革的必要性

（一）为了促进民航运输业健康发展，国务院决定对民航体制进行改革。民航运价改革是体制改革的重要内容之一，必须与体制改革同步进行，以适应航空运输市场发展的需要。

（二）改革开放以来，我国民航运输业迅速发展。市场规模不断扩大，旅客构成发生了深刻的变化，市场竞争日趋激烈。民航国内航空运价的管理经历了从政府严格管制到逐渐放松管制的反复探索过程。价格政策对促进民航运输业的持续快速发展发挥了积极作用。

（三）由于宏观经济环境和市场供求关系的变化，我国民航运价形成，在体制和机制方面存在的一些深层次矛盾和问题逐步显现。主要表现在：价格形成机制不合理，价格形式单一，不适应市场细分、旅客多层次需求的要求；管理权限比较集中，市场配置资源的基础性作用发挥不够；民航价格管理法规及市场竞争规则不健全，管理手段落后，市场秩序不规范。

二、改革的指导思想、原则和目标

（四）指导思想：按照国务院国发〔2002〕6 号文件精神，从我国国情出发，在总结、借鉴国内外民航价格改革经验教训的基础上，积极稳妥地推进民航价格体制改革，逐步建立适应社会主义市场经济体制和民航体制要求的民航客货运输价格形成机制。

（五）基本原则：一是在政府宏观调控下，逐步扩大民航运输企业定价自主权，通过合理价格竞争，优化资源配置；二是建立通过市场竞争形成价格的机制，鼓励航空运输企业降低成本，拓展航空运输市场；三是规范企业经营行为，提高民航价格透明度，保护消费者合法权益；四是加强政府对价格活动的监督和调控，维护正常的价格秩序；五是适应现阶段经济发展水平，根据民航体制和企业制度改革进展情况，积极稳妥，分步推进价格形成机制改革。

（六）改革目标：建立适应社会主义市场经济体制要求，政府宏观调控、企业自主有限浮动、反映市场供求变化的客货运输价格形成机制。即政府根据航空运输的社会平均成本，市场供求状况，社会承受能力合理确定基准价及浮动幅度；航空运输企业在规定的幅度内，确定具体价格。加强对航空运输业的宏观调控，强化市场监管，防止恶性竞争。

三、改革的具体措施

（七）国内航空运价以政府指导价为主，政府价格主管部门由核定航线具体票价的直接管理改为对航空运输基准价和浮动幅度的间接管理。国家发展改革委会同民航总局，依据航空运输的社会平均成本、市场供求状况、社会承受能力，确定国内航空客货运输基准价和浮动幅度。

（八）民航国内航空旅客运输票价以现行航空运输企业在境内销售执行的各航线公布票价为基准价（平均每客公里 0.75 元）。

对方案执行过程中发现不合理的个别航线基准价，由民航总局商国家发展改革委适当调整。

（九）省、自治区内，以及直辖市与相邻省、自治区、直辖市之间的短途航线，已经与其他替代运输方式形成竞争的，实行市场调节价，不规定票价浮动幅度。具体航线目录由民航总局商国家发展改革委规定，并通过航空价格信息系统（AIRTIS. NET，下同）对外公布。

（十）除第（九）条规定航线外，民航国内航空旅客运输票价实行浮动幅度管理。

票价上浮幅度最高不得超过基准价的 25%。

票价下浮幅度，根据不同航线情况，按下列规定执行：

部分以旅游客源为主的航线票价下浮幅度不限，具体航线目录由民航总局商国家发展改革委规定，并通过航空价格信息系统对外公布。

航空运输企业独家经营的航线票价下浮幅度不限。

除上述实行市场调节价和票价下浮幅度不限的航线外，其他国内航线票价下浮幅度最大不得超过基准价的 45%；少数航线因特殊情况需要突破票价统一浮动下限的，由有关航空运输企业报民航总局商国家发展改革委批准后执行。

（十一）航空运输企业在政府规定的幅度内，自行制定具体票价种类、水平、适用条件，提前 30 天通过航空价格信息系统报民航总局、国家发展改革委备案，并对外公布后执行。

（十二）对革命伤残军人和因公致残的人民警察继续实行优惠票价，具体票价优惠办法，由民航总局依据有关法规制定。

允许航空运输企业对教师、学生等特殊消费群体实行优惠票价，具体票价优惠办法，由航空运输企业在不超过革命伤残军人优惠幅度的前提下自行确定，提前30天报民航总局备案，并对外公布后执行。

（十三）由国家发展改革委、民航总局制定民航国内航空运输定价成本审核办法，组织对航空运输企业社会平均成本的合理性进行定期评审。评审结果向社会公布，作为政府制定或调整航空运输价格和市场监管的依据。

（十四）为促进航空货运市场的发展，在继续对民航货物运价实行政府指导价的基础上，进一步完善国内货运价格体系。

四、加强国内航空运输市场监管

（十五）由民航总局、国家发展改革委通过航空价格信息系统，监控各航空运输企业票价执行情况。

（十六）由民航、价格、公安、税务、工商等相关部门，按照各自职责分工，坚决依法打击、取缔暗扣销售、非法经营机票的行为，实现对航空运输销售市场监管制度化、程序化。

（十七）国务院有关部门应组织对一个运输年度内，全部经营航线平均收入水平低于航空运输企业社会平均成本的航空运输企业，进行重点核查；对存在的违法、违规行为依法进行处理。

（十八）民航总局及民航各地区管理局应督促航空运输企业健全航空运输服务质量规范标准，努力提高服务质量，为消费者提供质价相符的航空运输服务。

（十九）各级价格主管部门、民航行业主管部门应建立消费者投诉举报制度，向社会公布投诉举报方式，认真受理消费者投诉举报，依法对消费者反映的问题进行核查、处理，发挥社会监督作用，切实保护消费者合法权益。

（二十）各航空运输企业及其销售代理人销售机票时，必须严格按政府价格主管部门的有关规定实行明码标价。航空运输企业在制定或调整票价时，必须通过航空价格信息系统，按规定时限提前对外公布各种销售票价及适用条件。各销售网点，应利用与民航统一订座系统联网的售票终端等形式，向购票旅客及时、准确、全面地提供票源、各种折扣票价的适用条件和价格水平等信息。

各航空运输企业及其销售代理人销售机票时，必须按照实收票款金额填开机票，严禁虚开票面金额。

（二十一）对航空运输企业及其销售代理人价格违法行为，由价格主管部门依法实施行政处罚；由民航主管部门依据《民航法》等有关法律、法规，给予相应的行政处理。

（二十二）方案执行过程中，如出现航空运输价格剧烈波动等异常情况，由国家发展改革委、民航总局，采取必要的干预措施。

五、配套措施

（二十三）由民航总局会同国家发展改革委按照《民航法》有关规定，抓紧研究、制定民航国内航空运输价格管理办法，报国务院批准后实施。为配合改革方案的实施，民航国内航空运输价格管理办法正式出台前，暂由民航总局会同国家发展改革委发布规范性文件，明确民航国内航空运输价格管理权限、审批程序等问题。

（二十四）整顿规范航空运输销售市场，坚决取缔非法代理，打击利用市场优势地位操纵、控制销售渠道或价格等不正当竞争行为。

（二十五）改变现行销售代理手续费管理方式，由现行民航总局统一规定代理手续费支付标准，改为实行幅度管理。允许航空运输企业与销售代理人按平等自愿原则，在规定幅度范围内协商确定代理手续费标准。

（二十六）加强对运力引进和投放的宏观调控，合理调整航线结构，促进航空运输枢纽建设，完善市场准入和约束机制，加快建立航线资源有偿使用制度，优化资源配置。

（二十七）各航空运输企业要加快建立现代企业制度，完善内控机制，降低经营成本，强化国有资产保值增值责任，不断提高经营管理水平。

［3］阜阳奶粉事件

自2003年以来，一些营养成分严重不足的伪劣奶粉充斥安徽阜阳农村市场，2003年4～10月最为猖獗，导致众多婴儿受害甚至死亡。就在阜阳市工商部门2004年年初查封33种伪劣奶粉后，伪劣婴儿奶粉改头换面，仍旧横行安徽阜阳农村市场。

2004年的阜阳“大头娃娃毒奶粉”事件，成为制定《食品安全法》的重要动因，不过当时主要目的是修订《食品卫生法》。

在阜阳劣质奶粉事件发生后，国务院办公厅印发了《食品安全专项整治工作方案》，在继续实施食品放心工程的基础上，针对当前食品安全工作中的突出问题，在全国范围内深入开展食品安全专项整治工作。

据新华社北京5月13日电，国务院13日召开全国食品安全专项整治电视电话会议，贯彻落实温家宝总理关于安徽阜阳劣质奶粉事件的重要指示精神，部署食品安全专项整治工作。中共中央政治局委员、国务院副总理、全国整顿和规范市场经济秩序领导小组组长吴仪出席会议并讲话。她强调，要认真吸取阜阳劣质奶粉事件的教训，增强责任感和紧迫感，以对人民高度负责的精神，深入开展食品安全专项整治，整合监管力量，加大监管力度，严厉打击扰乱食品市场秩序的违法犯罪行为，让人民群众吃得放心。吴仪强调，要着眼于建立长效监管机制，整合监管力量，加强信息沟通，积极推行联合执法和综合执法，切实解决多头执法、执法争利、执法扰民等问题。加强食品生产经营监管领域的信用体系建设，建立信用惩戒机制，使不讲信用者寸步难行。集中力量查处重大食品安全案件，依法严惩那些危害严重、社会影响恶劣的犯罪团伙和首恶分子。注重抓好日常监管和社会监督，尤其要抓好基层的日常监管。

2003年反垄断与规制案例热点

电价改革方案

一、深化电价改革的必要性

（一）改革开放以来，我国电价形成机制经历了一系列变革。从1985年以来，先后实行了“还本付息电价”。“燃运加价”、“经营期电价”等多项电价政策，对扭转我国长期存在的缺电局面，支持国民经济持续快速增长，促进电力企业加强管理、提高效率，起到了积极作用。但是，随着电力供求关系、市场结构的变化，上述定价方法及高度集中的电价管理体制已难以适应电力工业健康发展的要求。

（二）为了促进电力工业发展，提高国民经济整体竞争能力，国务院决定进行电力体制改革。作为电力体制改革的核心内容，电价改革势在必行。

二、电价改革的指导思想、目标和原则

（三）电价改革的指导，思想是：按照《国务院关于印发电力体制改革方案的通知》（国发〔2002〕5号）精神，在总结和借鉴国内外改革经验教训的基础上，从国情出发，立足长远、兼顾当前，逐步建立与社会主义市场经济体制相适应的电价形成机制，以优化资源配置，促进电力工业健康发展，满足全社会不断增长的电力需求。

（四）电价改革的长期目标：在进一步改革电力体制的基础上，将电价划分为上网电价、输电价格、配电价格和终端销售电价；发电、售电价格由市场竞争形成；输电、配电价格由政府制定。同时，建立规范、透明的电价管理制度。

改革的近期目标：在厂网分开的基础上，建立与发电环节适度竞争相适应的上网电价机制；初步建立有利于促进电网健康发展的输配电价格机制；实现销售电价与上网电价联动；优化销售电价结构；具备条件的地区，在合理制定输配电价的基础上，试行较高电压等级或较大用电量的用户直接向发电企业购电。

（五）电价改革应注重价格信号对电力投资的引导作用，并把提高效率、促进增长和保护环境有机结合起来。

（六）电价改革应与整个电力体制改革协调推进，与电力市场模式、企业重组等改革互相衔接。

（七）电价改革应总体设计、循序渐进、搞好试点、分步实施。应根据电力行业的技术、经济特性分轻重缓急，制定阶段性改革目标和措施，通过试点取得经验后逐步推广。竞价上网应在电力供大于求的情况下实施，竞价初期应保持电价水平总体稳定，确保平稳过渡。

（八）电价改革应坚持统一领导与分级负责相结合。按照改革的整体部署和原则，各地可根据本地区具体情况，因地制宜地制定电价改革实施办法，报国务院价格主管部门批准后实施。

三、关于厂网价格分开

（九）厂网分开时，为使原国家电力公司系统没有上网电价的电厂分离出来后能够正常运营，应对其核定临时上网电价。临时上网电价原则上以实施厂网资产分离前一年电厂发电成本、财务费用、税金和上网电量为基础确定，当年的成本、费用和上网电量情况不正常的，可进行适当调整。

四、关于上网电价改革

（十）上网电价改革的方向是全面引入竞争机制，价格由供需各方竞争形成。过渡时期，上网电价主要实行两部制电价，其中，容量电价由政府制定，电量电价由市场竞争形成；各地也可以根据实际采取部分电量竞价等其他过渡方式。

（十一）容量电价应为投资者提供部分收入保障，并能够引导电力长期投资。容量电价水平可按电力调度交易中心经营范围内发电企业平均投资成本的一定比例制定，原则上实行同网同价，并保持相对稳定。

（十二）电量电价的形成机制，既要促进有效竞争，也要避免价格的非正常涨落。各区域电力市场应选择符合本区域实际的竞价模式。同一区域电力市场不同调度交易中心的竞价模式应保持一致。

（十三）发电企业全部电量实行集中竞价上网的地区，在建立现货市场的基础上，应允许市场参与者采取签订差价合同等措施规避交易风险。在现货市场价格出现非正常涨落时，有关部门可规定最高或最低限价。

（十四）具备条件的地区，实行集中竞价的同时，在合理制定输配电价的基础上，应允许较高电压等级或较大用电量用户、独立核算的配电公司与发电公司进行双边交易，双边交易的电量和价格由买卖双方协商确定，交易办法另行规定。集中竞价的交易价格为供需双方的市场均衡价格。竞价初期，可制定相应的规则，对成交价格进行适当调控，确保市场交易平稳有序。

（十五）新建和现已具备条件的核电企业应参与市场竞争；风电、地热等新能源和可再生能源企业暂不参与市场竞争，电量由电网企业按政府定价或招标价格优先购买，电力市场成熟时由政府规定供电企业售电量中新能源和可再生能源电量的比例，建立专门的竞争性新能源和可再生能源市场。

（十六）符合国家审批程序的外商直接投资企业，1994 年以前建设并已签订购电合同的、1994 年及以后经国务院批准承诺过电价或投资回报率的，在保障投资者合理收益的基础上，可重新协商，尽可能使其按新体制运行。

（十七）改革中的“搁浅成本”问题，原则上通过企业重组或国有资产变现等办法解决。具体办法另行制定。

（十八）电力市场竞价前，各发电企业上网电价应严格按政府价格主管部门制定的标准执行。

五、关于输配电价改革

（十九）输配电价由政府价格主管部门按“合理成本、合理盈利、依法计税、公平负担”原则制定，并逐步实现政府定价的规范化、科学化。

（二十）政府对输配电价格的管理，作为方向性目标，可选择激励作用较强的定价方式。厂网分开时按电网平均销售电价扣除平均购电价格确定，竞价实施后，逐步向成本加收益管理方式过渡。要制定与价格管理相适应的成本规则，按社会平均水平确定电网运营成本，以电网企业有效资产和市场筹资成本为基础确定投资收益。

（二十一）输配电价格分为共用网络服务价格、专项服务价格和辅助服务价格。这些价格的制定，均与电网企业总收入水平统筹考虑。

（二十二）共用网络服务价格按电压等级制定，各电压等级价格应反映其对系统造成的成本耗费。竞价初期，同一电压等级的用户输配电价执行同一价格水平，原则上实行单一电量电价，条件成熟后，逐步引入更加科学的计价方法。

（二十三）专项服务价格分为电厂接入价、专用输电工程服务价和联网价三类。价格水平以成本为基础确定。

（二十四）辅助服务实行有偿提供，具体办法另行制定。

六、关于销售电价改革

（二十五）销售电价改革的方向，是在允许全部用户自由选择供电商的基础上，由市场定价。竞价初期仍由政府制定的销售电价，应逐步实现定价的规范化、科学化，并有利于同市场接轨。

（二十六）政府制定销售电价的原则是坚持公平负担，有效调节电力需求，兼顾公共政策目标，并建立与上网电价联动的机制。

（二十七）竞价初期销售电价由购电成本、输配电损耗、输配电价和政府性基金构成，输配电价中包含电力销售费用。

（二十八）根据用户用电负荷特性及便于与上网电价联动的原则销售电价的分类举行调整，目标是将用户分为居民生活用电、农业生产用电、工商业及其他用电三类，每类用户按电压等级和用电负荷特性定价。竞价初期，销售电价分类应根据用户承受能力逐步调整，工业用电、趸售用电价格可单独分类。

（二十九）对具备条件的用户普遍推行两部制电价，并合理调整基本电价在销售电价中的比重，使基本电价能准确反映用户对系统固定费用的实际耗费。

（三十）全面实行峰谷电价。具备条件的地区，也可同时实行季节电价、高可靠性电价、可中断电价等有利于系统平衡、降低系统成本的电价形式。

（三十一）销售电价的调整；采取定期调价和联动调价两种形式。定期调价是指政府每年对销售电价进行校核，如果年度间电价水平变化不大，应尽量保持稳定。联动调价指上网电价同方向变化超过一定幅度时对销售电价作相应调整，适用范围仅限于工商业及其他用户。

（三十二）电力市场开始竞价的第一年内，居民生活用电及农业生产用电价格水平原则上保持稳定。调整用户分类、扩大两部制电价范围等改革措施，在电力市场竞价开始半年后逐步实施。上述期间内如果上网电价变化幅度较大，电网企业增支或减支部分在以后调整销售电价时解决。

七、关于电价管理

（三十三）需由政府管理的电价，由政府价格主管部门按照统一领导、分级负责的原则进行管理。重大价格决策，应充分听取政府电力监管部门、电力行业协会及有关市场主体的意见。电力监管部门根据市场情况向政府价格主管部门提出调整电价的建议。

（三十四）电价管理原则和各电力市场的容量电价、输电价格由国务院价格主管部门负责制定。配电价格和对终端用户的销售电价，在输、配分开前，由国务院价格主管部门负责制定；输、配分开后，由省级人民政府价格主管部门负责制定（跨省的报国务院价格主管部门审批）。

（三十五）政府价格主管部门和电力监管部门按各自职责对电力市场参与者的价格行为进行监督和检查。

2002年反垄断与规制案例热点

[1] 中国网通收购美国亚洲环球电信

2002年9月23日，中国网通正式收购美国亚洲环球电讯公司，这是中国国有电话公司完成的首次跨国收购。通过收购，中国网通已取得对亚洲环球电讯的绝对控股权。

分析人士认为，对于中国网通来说，亚洲环球电讯从事的业务同中国网通关系并不大，亚洲环球电讯最有吸引力的资产很有可能是连接亚洲和美国的穿越太平洋的电缆。这些资产将减少网通对其竞争对手中国电信的依赖性。而目前中国与海外网络相连的线路主要为中国电信所拥有。

亚洲环球电讯是已经破产的美国环球电讯公司（GlobalCrossingLtd.）的亚洲子公司，其资产价值约为17亿美元。亚洲环球电讯共有3万多公里的海底光缆资产，主要包括横贯中国沿海的东亚光缆系统，以及连通亚洲与北美的跨太平洋光缆系统。拥有这些通信网络，实际上掌握了东亚主要城市同美国西海岸的大部分语音和数据通信。再加上环球电讯手头拥有的泛美光缆系统、北美光缆系统，就组成了全球最庞大的海底光缆通信网，连通着全球27个国家和地区的200多个重要城市。

耐人寻味的是，中国民营企业民盈电讯公司在与新电信规模最大的分公司上海电信公司秘密签署过一项涉及金额超过10亿元人民币的战略合作协议后，出人意料地加入到对亚洲环球电讯公司的竞购中。知情人士介绍，获得美国投资公司强劲的财务援助后，民盈电讯提交了对亚洲环球电讯的一份详细投资建议。竞标的提出早于亚洲环球电讯的财务顾问此前设立的最后期限。民盈电讯一共为其竞标调集了3亿美元的融资。

因此也有人认为，中国网通与民盈电讯对亚洲环球电讯竞投的背后是中国网通与中国电信之间的暗中较量。

11月18日，中国网通（控股）用8000万美元收购亚洲环球电讯。这是一个有意义的事件，中国IT加入WTO后不退反进杀出国门，说明中国IT正背靠高增长的市场站稳脚跟。回顾网通走过的路，我意外地发现其中一条有趣的规律："带宽增一分，市场大一圈；市场大一圈，带宽增一分"。模仿摩尔定律，把它称为"网通定律"。

"网通定律"字面的意义指的是：宽带技术和线路的发展，与市场领域的扩张，相互成正比促进关系。深层的意思是指：技术的跨越式发展，与高增长的市场环境相互耦合，成为中国一道非常独特的景观。网通最初技术上从国内普遍的窄带一举跨越到宽带，市场领域就从试验网扩张到运营网；网通的宽带网覆盖了全国骨干之日，它的市场领域扩张到吞下半个原中国电信（北电）和吉通；网通成为基础电信运营商获得正式的全国市场准入，接着就把骨干网伸到了亚洲。按此推论，下一步，也许是世界范围的一轮扩张？

意义何在？

先看背景：从中国在现有国际环境下的IT发展道路这个大局着眼，过去，一些学者曾有两个基本判断，现在看来都与实际不符，一是认为IT并非中国比较优势，反对IT优先和技术跨越；二是认为加入WTO，中国电信产业与国际电信巨头在市场上交手，中国将不堪一击。

现在情况正好相反，中国的电信业倒是蒸蒸日上，美国的电信业却一泻千里；WTO国门一开，还不等国外的巨鳄张嘴，中国龙就抢先一口把巨鳄给吃了。所以我说，那些学院派的学者，一定把某种重要的东西给算漏了。

正好，“网通定律”揭示了这些被算漏了的东西。“网通定律”显示：在中国特殊国情下，技术和市场两个势，要互相借势，火助风势，风助火势。技术不跨越，市场抢不到手；而市场的优势不发挥，也套不来技术的“狼”。

就拿这次中国网通（控股）用8000万美元收购亚洲环球电讯来说。环球电讯当年携400亿市值，横扫天下，何等不可一世。有点像曹操60万大军水陆并进，遮天蔽日，君临赤壁。如果孙权未战先怯，三国就别演了。纳斯达克就像一把火，烧了这个“曹操”的一字长蛇阵，环球电讯一败涂地，凤冠失落，到这时连鸡都不如了。李嘉诚1月份想以7.5亿美元的价格收购环球电讯时，她还死要面子不肯下嫁，到了8月9日，香港和记黄埔及新加坡科技电信传媒公司（STT）以2.5亿美元，就把她给“纳”了。《华尔街日报》当时评论说，这一交易说明“美国电信业已经一落千丈”。此前，有关分析人士曾估计，环球电讯仅非核心业务的价值就远远超过2.5亿美元。和李嘉诚比较起来，网通这回顶多算吃个鸡腿，不过，这只鸡腿是最肥的一块。

网通能以8000万美元代价，买到实际价值19亿美元的泛亚洲网络资产，有两个基本原因：

第一个原因，中国工业化高速增长，使这个庞然大物对IT技术有购买力；同时，中国太大了，这个市场又是自给的，并不受纳斯达克周期左右，因此，中国可以选择高吐低进的时机，它可以等对方跳累了，精疲力竭倒在地上的时候，把她收走；而且，网通的资本运营，也是以中国IT市场的强大为后盾的。中国工业化形成的IT市场优势，是促进信息化的一个基本国情条件。如果把这一点都算漏了，不要说宽带，就是手机、彩电等也没法玩了。

第二个原因，网通跨越式发展的技术路线，决定了它此次的市场扩张的基础。早在2001年，网通已经同亚洲环球电讯公司达成协议，向后者购买四根2.5G波长的光纤，接通香港、美国洛杉矶等地区。除此之外，中国网通还与亚洲环球电讯达成协议，后者的2.5G光缆将与中国网通宽带高速互联网CNCnet相接。通过这一交易，亚洲环球电讯的客户将与中国的重要商务中心（包括北京、上海和广州等地）实现专线互通。如果没有这个技术基础，网通不可能捕捉住战机。可以说，没有跨越式发展获得的较高技术起点，从中国市场向亚洲市场的扩张，是根本没有可能的，这是信息技术带动发展的生动案例。这两个方面，都是技术与市场在跃升期互动形成的机会。所以我说网通定律是“带宽增一分，市场大一圈；市场大一圈，带宽增一分”。它正好是信息化带动工业化，工业化促进信息化，实现信息技术跨越式发展的一个生动例证。

得失如何？正好是在上个月，有电信资深学者发表意见，认为网通如果真的收购亚洲环球电讯，将会引起国内电信运营商在国际线路上的恶性竞争，“收购势必挑起新的价格战”。因为“环球电讯的主要资产是国际传输线路，而目前在我国，国际传输能力已经过剩，在这种情况下，再增加生产能力只会加剧价格战”。学者的每一个论据都很充分，逻辑无懈可击。但我认为，学者算的是“将军账”，在这笔账之上，还应有一笔“元帅账”。让我们从大往小重新算一算。

网通收购亚洲环球电讯，从算“元帅账”的角度讲，最大的战略意义，是在中国和美国划分国际IT产业结构上下游价值链关系时，使国际产业结构向着中国期望的战略方向迈进了一步。

亚洲环球电讯是亚洲唯一一家拥有泛亚洲非俱乐部制海缆的电信运营商，拥有17900公里，覆盖日本、韩国、菲律宾、新加坡、马来西亚、香港等亚洲16个国家和地区200多个大城市间的庞大光纤网络。在亚洲独此一家，别无分店。

网通收购亚洲环球电讯，使中国IT界以极低的价格迅速进入高增长的亚洲电信市场，中国网通在国内的网络将同亚洲环球电讯的网络连起来，形成以中国为中心的巨大扇形结构，抢占高速增长的亚太电信市场，使网通“成为区域性电信公司”的战略构想变为现实。

这令我想起日本当年全盛时期收购美国文化产业的情景。如果说，网通收购亚洲环球电讯包含有风险，我想这是把赌注押在了亚洲经济基本面长期利好，中国不断强大这一点之上。与日本当年的冒失举动不同，网通进入的毕竟是家门口的亚洲而不是对岸的美国。

至于学者在国内视野中算的产业账，我们这样看：

第一，不管是网通，还是别的基础电信运营商，将来面对的竞争，是与国外电信厂商的竞争，而不可能是建立在长期保护假设基础上的低水平国内竞争。这意味着，在市场竞争背后，要充分看到技术进步的方向，要有利于先进生产力的发展要求。网通收购亚洲环球电讯，不能仅仅看做现有资源的量的重复，更要看到在新技术革命基础上形成的宽带数据业务的新提升。如果竞争的结果使新技术在市场上胜出，使中国电信企业整体竞争力增强，国家何乐而不为？

第二，不应从“窝里斗”这个角度观察网通收购亚洲环球电讯。把眼光放开，网通的战略意图在渗透亚洲市场，16 个国家和地区 200 多个大城市间的光纤网络，地儿大得很，怎么就光想着国内了？如果大家本身能力和线路真的都过剩了，为什么不向外发展。开个玩笑，如果哪天网通突然和铁通为了争夺加州的电信市场打起来了，那才有意思呢。

第三，还应看到，网通收购亚洲环球电讯，在带来运营商竞争的潜在可能的同时，也会带来国际（指亚洲）、国内两个市场新用户的增长，也不排除带来新的合作机会。

网通在战略上是务实的，表现在它抓住了技术和市场这两个根本做文章，而不是简单地圈钱，搞原有体制的扩大再生产。但是，对于网通来说，真正的考验还在后头，在市场战术的务实上。11 月 22 日，我在网上看到一种新说法：For Net Stocks，Cash Is King。希望“网通定律”，在这上面也灵。

[2] 北京供电公司滥用市场支配地位

1998 年 12 月 24 日国家经济贸易委员会发布了《第一批全国城乡电网建设与改造所需主要设备产品及生产企业推荐目录》，赛恩公司（本案原告）的 DDY87 – A 型单相电能表名列其中。此后的 1999 年 7 月至 2001 年 9 月，北京市朝阳区高碑店、双桥、十八里店、小红门、王四营五个乡的电管站分别购买了赛恩公司的上述产品，合计数量为 12388 台。2001 年 11 月北京市进行电力管理体制改革，实行政企分开，原属于乡政府的电管站改为基层供电所，上述五个供电所均隶属于朝阳供电分公司。

2002 年 6 月 11 日，北京供电公司（本案被告）计量管理所下发了《关于对农网改造所用表进行管理的通知》，其中北京富根公司、双翼公司、博纳公司、金巨升公司、富明公司等五家公司的产品同时适用于城网改造。

2002 年 8 月 9 日，朝阳区经济委员会、农业委员会共同作出《关于委托朝阳供电局代购二期农网电表的函》，要求朝阳供电分公司从专业角度把好质量关和价格关，采用比价采购的方式统一代购农网二期用表，防止一期农网电表中存在的质次价高问题。2002 年 8 月 9 日朝阳供电分公司致函北京供电公司计量管理所，请求组织专家进行综合评估，帮助选择农网二期改造所用电表。2002 年 8 月 28 日北京供电公司计量管理所推荐了四家企业的产品，即北京富根公司、博纳公司、金巨升公司、富明公司。2002 年 11 月 18 日朝阳供电分公司做出《关于农网改造工作中表计使用若干问题的通知》，除确定上述北京供电公司计量管理所推荐的四家企业外，又增加了一家企业大华厂，并指出来广营、将台、洼里三乡原使用大华厂产品，该厂产品虽不符合条件，但三乡不久将城市化，所需表量不大且大华厂产品价格不超过 245 元，故以上三乡仍使用大华厂产品。

2002 年 11 月，北京供电公司朝阳供电分公司下属的十八里店供电所、王四营供电所、小红门供电所向赛恩公司出具公函，声明其隶属于朝阳供电局，按照其要求，二期农网改造工程只能使用供电局指定的产品，不能向赛恩公司购买产品。2003 年 5 月，小红门供电所、王四营供电所、高碑店供电所、十八里店供电所、双桥供电所分别出具确认书，声明其从未有过在农网二期工程中继续使用赛恩公司电表的意向。

鉴于此，原告向北京市第一中级人民法院起诉，认为被告下属的朝阳供电分公司以文件形式，明确限令现与原告有合作关系的五个供电所只能购买由其指定的厂家的表具，客观导致了与原告有合作关系的五个供电所只能与原告终止合同，给原告造成了经济损失。被告的行为属于典型的公用企业限制竞争行为，严重侵犯了原告的合法权益，故请求法院判令被告停止不正当竞争行为。

人民法院经审理认为：我国《反不正当竞争法》第 6 条规定，公用企业或者其他依法具有独占地位的经营者，不得限定他人购买其指定的经营者的商品，以排挤其他经营者的公平竞争。北京供电公司属于《反不正当竞争法》第 6 条规定的公用企业。朝阳供电分公司以其接受委托，采取比价采购方式为由，下发了“京供朝阳〔2002〕24 号”文件，但其不能举证证明确定参加比价采购企业的标准，其最终确定的中标企业与比价采购过程中专家推荐的企业有所不同，故“京供朝阳〔2002〕24 号”文件在确定中标企业的程序上有不当之处。因此，朝阳供电分公司下发“京供朝阳〔2002〕24 号”文件的行为，限制了其他经营者的公平竞争的权利，已构成了不正当竞争。人民法院据此判决：北京供电公司于本判决生效之日起，立即停止其不正当竞争行为。

以下根据反垄断法的基础理论和我国新颁布的《反垄断法》的规定，结合本案的实际情况，简要分析上述问题：

一、市场支配地位及公用企业市场支配地位的认定

1. 关于市场支配地位。一般各国反垄断法均把禁止垄断协议、禁止滥用市场支配地位和控制经营者集中确定为反垄断法律制度三大支柱。这就足以体现出对滥用市场支配地位行为的规制，在反垄断法律制度中的重要性。由于本案系典型的以滥用市场支配地位为表现形式的反垄断案件，故本文认为，分析此问题应首先理清相关基本概念。

关于经营者的市场地位，是指经营者在与其有竞争关系的产品和服务市场中的影响力。据此定义，可直观地得出市场地位即是经营者的一种影响力，进而探讨这种影响力的作用范围就涉及相关市场的概念，其是指经营者在一定时期内就特定商品或者服务进行竞争的商品范围和地域范围。再把上述所谓“影响力”具体化，就不难得出市场支配地位的定义。根据《中华人民共和国反垄断法》（以下简称《反垄断法》）第 17 条之规定，市场支配地位，“是指经营者在相关市场内具有能够控制商品价格、数量或者其他交易条件，或者能够阻碍、影响其他经营者进入相关市场能力的市场地位”。

2. 公用企业市场支配地位的认定。依据我国法规规定，公用企业是指涉及公用事业的经营者，包括供水、供电、供热、供气、邮政、电讯、交通运输等行业的经营者。据此，本案中的被告北京供电公司，依法应属于公用企业。

对于认定市场支配地位的依据，我国《反垄断法》第 18 条规定：认定市场支配地位应考虑的因素包括经营者在相关市场的市场份额以及相关市场的竞争状况、控制销售市场的能力、财力和技术条件、其他经营者对该经营者在交易上的依赖程度等。

我国《反不正当竞争法》第 6 条把公用企业等同于“独占”地位的经营者。而一般认为，市场支配地位的极端形式就是独占，这是最狭义的垄断，是垄断的本义。因此，公用企业基于其自然垄断所形成的独占地位，构成了最为典型的垄断，故认定公用企业具有市场支配地位，无论是理论界还是实务界均是鲜有争议的。

本案中的北京供电公司作为北京市供电公用企业，其在供电市场的份额接近 100%，几乎没有竞争对手，控制电力市场的销售，像本案原告一样的其他经营者对其依赖紧密。因此，从北京供电公司的上述市场特征来看，完全符合我国法律规定的具有市场支配地位的法定因素，依法应认定其具有市场支配地位。

二、滥用市场支配地位的行为及本案强制交易排除竞争的行为特征

1. 滥用市场支配地位的行为。根据上文已阐明的市场支配地位等相关的基本概念，结合“滥用”一词的法律意义，我们就不难得出，滥用市场支配地位的行为一般是指，经营者在相关市场内以维持或提高市场地位、获取超额垄断利益为目的，以控制商品价格、数量或者其他交易条件等为手段的排除、限制竞争的行为。在实践中，滥用市场支配地位的行为常表现为：掠夺性定价、强制交易、拒绝交易、独家交易搭售、垄断高价、垄断低价等。我国《反垄断法》第十七条亦详细列举了七种滥用市场支配地位的行为。

公用企业作为一种典型的具有市场支配地位的经营者，其在实践中滥用市场支配地位的行为常表现为以下 4 种情形：（1）滥收费用行为；（2）强制交易行为；（3）拒绝交易行为；（4）内部业务交叉补贴行为。

2. 本案强制交易排除竞争的行为特征。本案中，人民法院认定被告北京供电公司行为，违反了我国《反不正当竞争法》第六条的规定，构成不正当竞争行为。那么，从反垄断法上来看，我国《反不正当竞争法》对公用企业限制竞争的规定，属于反垄断法对滥用市场支配地位行为的规制范畴。具体而言，我国《反垄断法》第十七条第一款第（四）项规定："没有正当理由，限定交易相对人只能与其进行交易或者只能与其指定的经营者进行交易"，即强制交易的行为，规定为滥用市场支配地位的行为。鉴于此，本案中，北京供电公司的行为依法应属于滥用市场支配地位行为中的强制交易排除竞争的行为。

公用企业强制交易、限制竞争的行为主要有以下特征：（1）依附于自然垄断；（2）违背用户意愿；（3）排挤其他竞争对手。本案中，被告北京供电公司正是依附于其在北京供电行业的自然垄断地位，通过发布行政性文件，指令下属供电所不能任意选择电表提供商，而只能向其指定的企业购买电表，该行为直接导致了本案原告无正当理由，在竞争中遭受非法排挤，造成利益受损。因此，本案被告的行为完全符合公用企业滥用市场支配地位进行强制交易行为的特征。

强制交易限制竞争行为，作为一种典型的公用企业滥用市场支配地位的行为，至今仍普遍存在。以本案涉及供电行业为例，根据国家电力监管委员会最新发布的供电监管报告，目前供电企业设置市场壁垒，直接或变相指定设计单位、施工单位、设备材料供应单位和产品，挤占用户利益（即"三指定"问题）十分突出。事实上，本案被告北京供电公司的行为，正是国家电监委在上述报告中所指出的"三指定"的违法行为。这也充分说明，国家对于公用企业强制交易行为的规制，趋于加强和完善。

［3］中国电力拆分重组成 11 家公司

国家电力公司拆分重组的 5 家发电集团、2 家电网公司和 4 家辅业公司在北京的揭牌亮相，宣告了中国电力工业新时代的到来。

原国家电力公司控制着中国这个世界第二大电力市场的绝大多数发电和输电能力。目前中国发电装机容量总共达到 3. 5 亿千瓦。这个拆分案涉及原国家电力公司近 200 万职工。在原国家电力公司的基础上，成立了 2 家电网公司、5 家发电集团公司和 4 家辅业集团公司。在人民大会堂举行的成立大会上，中共中央政治局委员、国家计委主任曾培炎说，中国电力新组建（改组）公司正式宣告成立，是中国电力体制改革的重要成果，是电力工业发展的新的里程碑，是社会经济生活中的大事。此次拆分，将原国家电力公司管理的电力资产按照发电和电网两类业务进行划分，在发电环节引入了竞争机制，实现了"厂网分开"。

原国家电力公司管理的发电资产被直接改组或重组为规模大致相当的 5 个全国性的独立发电公司，将逐步实行"竞价上网"，开展公平竞争。它们是中国华能集团公司、中国大唐集团公司、中国华电集团公司、中国国电集团公司和中国电力投资集团公司。5 家发电集团公司在各区域电力市场中的份额均不超过 20%，平均可控发电容量为 3200 万千瓦，权益容量为 2000 万千瓦左右。电网环节分别设立了国家电网公司和中国南方电网有限责任公司。国家电网公司下设华北、东北、华东、华中和西北 5 个区域电网公司。

此外，还成立了中国电力工程顾问集团公司、中国水电工程顾问集团公司、中国水利水电建设集团公司和中国葛洲坝集团公司等 4 家辅业集团公司。

为了对电力企业进行有效监管，国务院决定成立国家电力监管委员会，向区域电网公司电力交易调度中心派驻代表机构。监管委员会的主要职责是制定市场运营规则，监管市场运行，维护公平竞争；向政府价格主管部门提出调整电价建议；监督电力企业生产标准，颁发和管理电力业务许可证；处理电力纠纷；负责监督社会普遍服务政策的实施。

20 世纪 80 年代中期以来，中国的电力工业先后实施了多家办电、允许外商投资电力项目、撤销电力部成立国家电力公司等一系列改革。目前，中国独家办电的局面已被打破，多年的电力短缺问题得到缓解。但国家电力公司仍拥有占全国 46% 的发电资产和 90% 的输电资产，仍有着“巨无霸”的垄断地位。上述情形构成了中国实施彻底的电力体制改革的必然需要。

对国家电力公司进行拆分只是此次电改的重点之一，另一大看点就是新成立的国家电力监管委员会。电监会主席柴松岳 29 日透露，电监会的“三定”（定职、定编、定人）方案已上报国务院审批，预计将于近期挂牌。这是中国首次在垄断行业改革中设立监管机构，具有开创性的意义。电力改革专家刘纪鹏形象地指出，电监会将扮演“裁判员”角色，站在保护公众利益、有利环境保护以及国家能源战略的立场上行使监管权。这将改变以往政府是“教练员”的情况。

附：电力体制改革大事记

●1997～1998 年，全国电力行业实行“政企分开”，原电力部撤销，国家电力公司承接了原电力部下属的五大区域集团公司、七个省公司和华能、葛洲坝两个直属集团。

●2002 年 3 月，国务院批准了《电力体制改革方案》，由国家计委牵头，成立电力体制改革工作小组，负责组织电力体制改革方案的实施工作。

●2002 年 12 月，国家电力公司拆分为两大电网公司和五大发电集团，即国家电网、南方电网以及国电、华电、华能、大唐和中电投。

●2003 年 3 月，国家电监会成立，开始履行电力市场监管者的职责，实现了“政监分开”。

●2003 年 7 月，国务院出台了《电价改革方案》，确定电价改革的目标、原则及主要改革措施。

●2004 年 3 月，国家电监会、国家发展改革委联合下发的《电力用户向发电企业直接购电试点暂行办法的通知》，明确开展大用户直购电试点的指导思想、目的和原则。

●2004 年 12 月，国家发改委出台煤电价格联动机制措施。

●2005 年 2 月，《电力监管条例》颁布。

●2005 年 3 月，国家发改委制定了与《电价改革方案》相配套的《上网电价管理暂行办法》、《输配电价管理暂行办法》和《销售电价管理暂行办法》三个实施办法。

●2006 年 2 月，“十一五”电力体制改革任务确定。改革方向仍是解决厂网分开和主辅分离、电力市场体系建设、转变政府职能与市场监管等方面的问题。

●2007 年底，国资委同国家电网和南方电网及相关部委共同操刀的《电网主辅分离改革及电力设计、施工单位一体化重组方案》出台。

●2009 年 7 月，国家电监会、国家发展改革委、国家能源局发布关于完善电力用户与发电企业直接交易试点工作有关问题的通知，为直购电试点工作的展开提供了实施细则。

●2009 年 10 月，发改委和电监会联合制定《关于加快推进电价改革的若干意见（征求意见稿）》，确定了改革目标和原则，并提出电价改革的七个重点任务。

●2009 年 10 月，国家发改委、国家电监会和国家能源局联合批复辽宁抚顺铝厂与华能伊敏电厂开展直接交易试行方案，标志着电力用户与发电企业直接交易试点正式启动。

●2009 年 10 月，发改委、电监会、能源局三部门发布《关于规范电能交易价格管理等有关问题的通知》，要求进一步规范电能交易价格行为。

●2010 年 3 月，电监会发布规范直购电交易试点方案报送工作的通知，规定了试点方案的报送内容、审批形式和有关要求，目的为推进和规范电力用户与发电企业直接交易试点工作，加快报送和批复进度。

2001 年反垄断与规制案例热点

[1] 中国民航大重组

2000 年 7 月 21 日，民航总局向外界透露，民航总局直属的 10 家航空公司，即中国国际航空公司、南方航空公司、东方航空公司、西南航空公司、西北航空公司、北方航空公司、云南航空公司、新疆航空公司、长城航空公司、中航浙江航空公司，将以国航、东航、南航为基础组建三大航空运输集团公司，三大集团重组后可与民航总局脱钩。其后一些航空公司认为，重组应当按照市场规律，完全依照各公司自主原则进行重组。民航总局在考虑这些意见后并未公开重组计划，而特别强调了重组的两个原则：第一，组建集团，由企业自愿协商，政府引导，发挥集团优势，政府绝不“拉郎配”。第二，企业组建方案完成后，上报国务院审批，成熟一个，脱钩一个，民航总局不再干涉企业的任何经营活动。对此，民航总局的解释是：民航总局选择国航、东航、南航三大公司为核心，主要考虑到这三家公司资产规模、运输业务等在国内排前三位，并且是上市公司运营状况较好，比别的航空公司更有竞争优势。

2001 年 4 月，民航总局有关部门达成意向，中国民航总局直属的 9 家航空公司进行联合重组，组成三大航空公司。其中以中国国际航空公司为基础，联合西南航空公司和中国航空总公司组建新的航空集团公司；以东方航空公司为基础，联合云南航空公司，兼并西北航空公司组建新的航空集团公司；以南方航空公司为基础，联合北方航空公司和新疆航空公司，组建新的航空集团公司。

2002 年 3 月，有关民航重组的总体方案上报国务院批准。

2002 年 5 月，中国民航总局局长刘剑锋在全国民航重组工作会议上公布民航重组方案，中国国际航空公司兼并西南航空公司和中国航空总公司、中国东方航空公司兼并云南航空公司和西北航空公司及中国南方航空公司兼并北方航空公司和新疆航空公司组建新的三大航空集团公司。至此中国民航重组已经进入最后完成阶段。

2002 年 6 月，中国国际航空公司党委书记李家祥表示国航重组的内部章程和规范细则已经完成，只等上级批准即可挂牌。并表示重组后国航集团公司将接管国航、西南航及中航的非核心、业务及部分债务。

2002 年 10 月 11 日，三大航空集团和三大后勤服务集团公司在人民大会堂宣布成立。

中国民航大重组主要是受到以下三方面因素的推动：

（一）政府意图推动

20 世纪 90 年代以来，中国民航经历了两次重组过程。但是由于这两次重组主要是在国有资产之间进行，国有产权一元化的实质没得到根本改变，因此无论决策投资还是航线开辟、航班增减、飞机引进、价格确定乃至经营方式等，均要由民航最高决策层定夺，导致市场无法充分发挥对资源的有效配置作用，使航空运输企业运作效率低下，经济效益大幅下滑。从 1998 年中国民航首次出现行业亏损（亏损额高达 24.4 亿元人民币）开始，直到 2002 年上半年，仍然是全行业亏损（亏损额仍达 5.6 亿元人民币）。另一个更深层次的目标是改变民航企业政企不分，管理效率低下的局面，建立以市场为导向，从而形成航空企业间合理、适度的竞争环境。

为扭转全行业亏损的局面和有效地解决国有产权问题，在中国民航总局的牵头下，由有关各方对重组进行协商、谈判，组建了三大航空运输企业和三大航空运输服务型企业。

（二）谋求更深层次的增长以应对来自地方航空公司和国外航空公司的压力

在民航总局的直属航空公司之间的重组没有发生前，地方航空公司和直属航空公司之间的重组谈判却异常热烈。这本身就说明民航直属的一些航空企业自身的经营情况并不看好，而地方航空公司却对直属航空公司经营地位产生了一定的影响。

民航重组改革主要目的之一是参与国际竞争，中国加入 WTO 之后，中国民航不能再游离于国际大环境之外。当前世界航空运输业总的发展趋势是：市场竞争日益完全自由化，航空公司跨国联盟浪潮席卷全球。早在 1997 年 4 月 1 日，欧洲联盟的航空运输市场在经历 10 年的曲折之后，已实现了向新成立的航空公司开放运力分配、航线选择、定价及自由权，取消了欧盟各国内部关于国内航行权的各种限制，率先达到了完全自由化。北美地区自由化进程随着美加民航双边协定的签订也大大加快了。另外，根据中美签订的《中美民用航空运输协定》：从 2002 年 4 月 1 日起，美国的航空公司将通过代码共享使其通航的中国城市增加到 20 个。

因此，民航重组必须同时面对来自国内地方航空公司和国外航空公司的竞争，尤其是来自国外航空公司的竞争。此次民航重组将使三大航空集团的实力大大增强，使其在国际航协 40 多家大航空公司中的排名大幅前移，参与国际竞争的能力明显提高。

（三）提高企业本身的协同效应

一般情况下，资产一向是企业选择合作伙伴时首要考虑的因素，但是此次中国南方航空集团公司更看重“市场纽带”。这是因为中国南方航空公司（简称南航）与中国北方航空公司（简称北航）、新疆航空公司（简称新航）联合后，可形成大三角的架构。这种布局是由于北航地处东北地区。经济发展具有相当大的潜力，日后其民航业会有一个新的提高与发展，而位于乌鲁木齐的新疆航空公司，其地缘优势更加明显，该地区是连接亚欧的重要通道与桥梁。联合重组后，南航等于在中国版图的东西方向各掷下一枚棋子，三点撑起一个平面。

同样，中国东方航空集团公司（简称东航）看重的也是“市场纽带”。东航认为，两家民航企业联合，首先要考虑如何优化航线，使整个航线网络达到最佳布局，而不是简单地用加减法来计算联合后的航线航班。东方航空拿下西北航空，可以借此从东南沿海深入西北腹地，既可借力西部大开发的东风，又可把日本等国的传统旅客资源顺势疏导到西安、敦煌等著名旅游城市。

中国国际航空集团公司（简称国航）的优势在于国外航线，它所要寻找的合作伙伴应该是在国内航线中占有一定优势的航空公司。国际航空的优势是国际航线，西南航空就实力而言在国内航空公司中排名第 4，国际航空合并中国西南航空公司（简称西南航空）可以迅速扩大其在国内市场的份额。近年来国航在经营方面遇到困难，是三大骨干航空公司中唯一未获准上市的公司。而中国航空总公司则是以香港和澳门地区为基地进行资本运作的公司，分别控股澳门航空和港龙航空，合并中国航空可以弥补国际航空在资本运作方面的“短腿”。

由于国内多家航空公司重复经营一条航线，争夺有限的客源，结果是谁都吃不饱；并且由于国外航空公司给国内公司带来巨大的竞争压力，此次民航重组既可以说是迫于无奈，也可以说是势在必行。

国航重组的另一个原因在于规模效应。主要体现在如下几个方面：航材库存成本的减少；人工管理成本的大幅下降；资源的利用效率得到提高，主要包括飞机训练设备和系统的利用率得到提高；可以获得集团优势，主要指能享受政治和政策优势、提高集团在谈判过程中的地位。

按照政府最初的设想，民航的重组应在各集团对其内部资源的合理整合后进行。但现实情形中，这种“先整合，后重组”的思路被打乱，而“先挂牌，后整合”的做法在实践中也得到证明。

此次三大航空集团重组在理论上来说有三个好处：

首先，打破了民航业政企不分的局面，今后民航总局只承担行政管理的职能，而不能继续履行所有者职能，也不用再为直属民航企业的习惯性亏损承担责任。其次，塑造了一个良好的公平竞争环境，没有了直属航空企业和地方航空企业之分，所有航空企业都在一个规范的市场环境中平等竞争。最后，重组将使民航的服务质量和管理效率因其向企业化、市场化的转变而得到改善；在充分竞争下，也会有利于成本的节约，这最终会反映到机票的价格上，也就是说，乘客将从中得益。一句话，三大航空集团的重组将有利于中国民航的长远发展和参与国际竞争，并使中国民航的整体实力和角逐世界空运市场的能力大为增强。但是事实表明重组还远未能达到上述目标，此次重组只是民航运输业市场化改革的第一步并没有完全解决民航的有效竞争问题，三大航空运输集团主导的市场格局，并没有改变民航业的产权结构，三大航空集团的竞争，说到底仍然是国有企业之间的竞争。

[2] 中国电信南北分拆

2001年11月，国务院批准《电信体制改革方案》，对固定电信企业进行重组整合，组建新的中国电信集团公司和中国网络通信集团公司，并要求进一步加强电信监管工作，提出了“打破垄断、公平竞争、优化配置、加强监管”的指导方针。方案规定：以长江为界，将中国电信经营区域切分成南北两部分，长江以北10市与网通重组，长江以南和西北地区共21个省市仍归中国电信，长江沿岸均归入南方电信范围。另外，北方电信将以网通名称存在，南方电信则继承“中国电信”品牌。

重组整合后的中国电信集团和中国网通集团，是中国电信业两家实力相当的固定电信主体运营企业，双方在全国均拥有完整的长途干线传输网和所属地区完整的本地电话网，具备平等接入、比较竞争的基础条件，并具有本地电话、长途电话、国际电话和国际互联网业务经营权。两大集团公司可以各自在对方区域内建设本地电话网和经营本地固定电话等业务，双方相互提供平等接入与互惠服务。中国的固定电话领域将形成中国电信集团与中国网通集团两强互相竞争、新兴电信企业积极参与的基本格局。这次重组整合后，中国电信领域已形成中国电信、中国网通、中国移动、中国联通、中国卫星和铁通公司等6家基础电信企业和4000多家增值电信、无线寻呼企业相互竞争的市场格局。

这次拆分体现了两大原则：第一个原则是中国电信长途骨干网将按照光纤数和信道容量进行分家，其中北方十省与网通、吉通合并后的中国网络通信集团公司占有30%，南方和西部21省组成新的中国电信占有70%。第二个原则是本地接入网将按照属地原则划分，即北方十省的本地网资源归中国网通，南方和西部21省的本地网归新的中国电信。另外现网通在南方的分公司将继续存续，而新的中国电信也被允许到北方发展业务，这次重组暂时不涉及移动业务，而在重组过程中吉通公司消失。

早在2001年4月底，国家计委和体改办就着手分拆中国电信，立足点是打破垄断，并确定了横切、竖切两种方法并用的分拆方案：所谓横切就是按地域分成南北公司，竖切就是按业务分成市话、数据、长话三个不同的公司。如竖切，长话公司继续以“中国电信”名义经营，将数据业务划到网通，市话则成为一个单独的新公司，以看守老中国电信的网络和经营市话为主。如横切，中国电信只在南方存在，北方电信与网通重组。

据悉，进入8月后，中国11月入世已成定局，而环顾国内电信业，尽管有着世界第二大的电信市场，但却没有与之相匹配的电信企业。更重要的是，我们的电信市场观念极为落后，电信改革多是根据国内情况进行，似乎抱着国内电信市场就可高枕无忧了，而加入WTO后，中国电信最重要的问题是如何走向世界，拓展海外市场，提高国有企业的竞争力。为适应加入WTO的形势，中国电信市场应进行有效整合，将国内的电信企业重组为几家大规模的全业务电信集团，因此决策层原来的单纯拆分中国电信变成了国内电信业全面重组。

12月11日，国务院批准电信体制改革方案，中国电信现有资源划分南、北两个部分。重组后的两大集团公司仍拥有中国电信已有的业务经营范围，允许两大集团公司各自在对方区域内建设本地电话网和经营本地固定电话等业务，双方相互提供平等接入等互惠服务。南北两部分按光纤数和信道容量分别拥有中国电信全国干线传输网70%和30%的产权，以及所属辖区内的全部本地电话网。2002年5月16日，原信息产业部部长吴基传正式宣布中国电信集团公司和中国网络通信集团公司挂牌成立，两大集团公司的成立，是中国深化电信体制改革，应对加入世界贸易组织挑战的重大举措，标志着中国电信体制改革在前一阶段基础上取得了新的突破，全局性的战略重组基本完成。

附：电信产业重组历史（简史）

1. 邮电部成立　1949年11月1日，中央人民政府邮电部成立，朱学范为第一任邮电部部长；

2. 联通成立　1994年，为了效仿英国双寡头竞争的局面，当时的电子部联合铁道部、电力部以及广电部成立了中国联通，但主要还是经营寻呼业务；

3. 信息产业部成立　1998年3月，在原电子部和邮电部基础上组建了信息产业部，随后电信业实现了政企分开，为随后一系列的电信产业改革奠定了最基本的体制基础；

4. 中国移动成立　1999年2月14日，国务院批准中国电信改革方案。根据该方案的要求，信息产业部决定组建中国移动通信集团公司，2000年4月20日正式成立；

5. 中国电信南北拆分　2001年11月，国务院批准《电信体制改革方案》，对固定电信企业进行重组整合，决定组建新的中国电信集团公司和中国网络通信集团公司。2002年5月16日，中国电信集团公司和中国网络通信集团公司挂牌成立。

[3] 中国石化巨资收购资产

2001年6月12日，中国石油化工股份有限公司宣布与其主要股东——中国石油化工集团公司“中国石化集团”达成协议，收购中国石化集团全资附属公司中国石化集团新星石油有限责任公司（中国石化新星）百分之一百利益，作价为人民币64.461亿元（或约7.79亿美元）。这次收购将显著增强中国石化的上游资产实力，提高整体运营效益。

中国石化与中国石化集团于2001年6月11日订立收购协议，考虑到中国石化新星于2000年12月31日的净负债约人民币26.839亿元（约3.24亿美元）；收购价相当于人民币91.3亿元（约11亿美元），即中国石化新星的企业价值，相当于中国石化新星探明油气储量约6.22亿桶油当量，每桶油当量约1.77美元。

有关收购中国石化新星的代价，中国石化欲以2001年4月17日的公告所述中国石化建议发行的中资普通股（A股）所得的款项提供资金。摩根士丹利添惠亚洲有限公司和中国国际金融（香港）有限公司是中国石化此次收购中国石化新星的财务顾问。

中国石化是中国最大的一体化石油石化公司，于2000年10月18日、29日分别在香港、美国的纽约、英国的伦敦三地交易所成功上市，其经营范围包括：石油与天然气勘探开发、开采、销售；石油炼制、石油化工、化纤、化肥及其他化工的生产与产品销售、储运；石油、天然气管道运输；石油、天然气、石油产品、石油化工及其他化工产品和其他商品、技术的进出口、代理进出口业务；技术、信息的研究、开发、应用。中国石化在中国拥有加油站20259座及5200多个特许经营加油站。

中国石化董事长李毅中表示：“作为中国最大的一体化石化企业，我们不断寻找机遇壮大业务，并且积极完善整合一体化的配置。中国石化新星拥有丰厚的油、气储量，收购中国石化新星不但有利于实现中国石化上、中、下游优势互补、互利共进，而且有利于提高中国石化的整体竞争能力和资本回报率，以及进一步巩固我们的赢利基础。”

中国石化公司董事及总裁王基铭表示：“中国石化预计，于2005年，其炼油厂、化工厂及加油站每年将可消耗约1240亿立方英尺的天然气，作为原料或替代燃料。因此，中国石化新星并入中国石化，将在需求，发挥天然气资产商业效益。这次收购有助于扩大中国石化上游业务之规模。以2000年12月31日的数据为借考基准计算：中国石化的探明储量将可由31.18亿桶油当量增加20%至37.4亿桶油当量；其未开采探明储量由占探明储量总额的17%增至28%；其石油产量总额由2.47亿桶增加6%至2.63亿桶；其天然气产量由800亿立方英尺增加68%至1340亿立方英尺；及其生产成本由每桶油当量6.63美元减至6.2美元。”

附：中国石化新星公司简介

中国石化新星由原地质矿产资源部石油地质海洋地质局的若干员工及资产于1997年组建而成，其后于2000年并入中国石化集团，作为重组中国石油及化工业的一部分。中国石化新星是中国一家从事陆上及海上勘探为主要业务的公司。中国石化新星主要于六个主要油气储藏盆地进行勘探及开采活动，这些盆地包括：塔里木、四川、鄂尔多斯、松辽南、苏北及中国东海盆地。

截至2000年5月31日，中国石化新星拥有77个区域合共面积约为15.491万公里的勘探许可证，及24个区域合共面积约2721平方公里的开采许可证。截至2000年12月31日3个年度期间，中国石化新星在陆上已钻探221口勘探油井和300口生产油井，及在中国东海钻探了五口探井。

中国石化新星截至2000年12月31日经审核资产总值约为人民币73.3278亿元；而中国石化新星截至2000年12月31日年度的营业额为人民币24.0817亿元。中国石化新星截至2000年12月31日年度之税前溢利及留存溢利分别约为人民币8.3977亿元及人民币5.7958亿元。

截至2000年12月31日，中国石化新星的估计原油及天然气的探明储量约为2.21亿桶原油及2.409万亿立方英尺天然气（包括其应占联营公司的储量）。此外，截至2000年12月31日，中国石化新星的原油及天然气的控制储量为6100万桶原油及2.494万亿立方英尺天然气（包括其应占联营公司的储量）。

于2000年，中国石化新星共生产了1560万桶原油，及542亿立方英尺的天然气，1998～2000年期间原油的年复合增工率为200%，而天然气的年复合增长率为20%。

2001～2005年期间，中国石化新星计划投资6.07亿美元于勘探活动及20.03亿美元于原油及天然气开发及生产，包括发展基建及输送项目。

［4］中国加入世贸组织

世贸组织成立后，中国的复关谈判转为加入世贸组织的谈判。1995年7月11日，中国正式提出加入世贸组织的申请，自此从复关转为入世。同年11月，应中国政府的要求，“中国复关谈判工作组”更名为“中国入世工作组”。中国政府根据实际情况，多次重申了入世的基本立场，概括起来为以下三个基本原则：第一，根据权利与义务对等的原则承担与本国经济发展水平相适应的义务；第二，以乌拉圭回合多边协议为基础，与有关世贸组织成员方进行双边和多边谈判，公正合理地确定入世条件。第三，作为一个低收入发展中国家，中国坚持以发展中国家身份入世，享受发展中国家的待遇。

1996年3月，世贸组织中国工作组第一次正式会议在日内瓦召开，中国代表团出席了会议。同时，为加快经济建设及国内经济与世界经济接轨的速度，1996年4月1日和1997年10月1日，我国政府两次大幅度降低关税税率，逐步取消了各种名目繁多的非关税壁垒，在1998年4月中国工作组第七次会议上，中国代表团向世贸组织秘书处提交了一份近6000个税号的关税减让表。但总体而言，这一阶段的工作组会议与双边磋商进展缓慢。

1999年后，中国入世进程明显加快。1999年4月，朱镕基总理访美，与美国在市场准入谈判方面取得实质性进展，双方签署了中美双边协议中最重要的《中美农业合作协议》，并就中国加入世贸组织问题发表联合声明。然而1999年5月8日，以美国为首的北约轰炸了中国驻南斯拉夫大使馆，中国入世谈判被迫终止。1999年9月11日，江泽民主席和克林顿总统在新西兰亚太地区经济合作组织领导人非正式会议上举行会晤，同意两国恢复谈判。1999年11月10日，美国贸易代表团访华，与中国就中国入世问题进行双边谈判，最终在11月15日双方签署了《中美关于中国加入世界贸易组织的双边协议》，这标志着中国与美国就此正式结束双边谈判，也为中国与其他主要贸易伙伴的谈判奠定了基础。2000年5月19日，中国与欧盟达成双边协议。2001年9月13日中国与墨西哥签署双边协议，至此中国与要求与中国进行双边谈判的37个世贸组织成员方全部结束了谈判。

2001年9月17日，世贸组织中国工作组第18次会议举行正式会议，通过了中国入世的所有法律文件，其中包括中国工作组报告书、入世议定书以及货物贸易减让表和服务贸易减让表等附件，同时也结束了世贸组织中国工作组的全部工作。2001年11月10日，在多哈举行的世贸组织第四次部长级会议上审议并批准了中国加入世贸组织，我国随即递交了全国人大常委会批准中国加入世贸组织议定书的通知书。按照世贸组织的规则，一个月后，中国于2001年12月11日正式成为世贸组织成员。

2000年反垄断与规制案例热点

［1］彩电价格大战

2000年6月9日，康佳、TCL、创维、乐华、海信、上广电、熊猫、厦华、西湖等九家国内大型彩电生产厂家在深圳聚首，召开了“中国彩电企业高峰会议”并达成价格同盟。这次会议的主要内容是以规定彩电行业各型号彩电的最低售价的方式，力图缓解或避免彩电业的恶性价格竞争。会议引起国内各方面的强烈反映，经济学界主要有两种不同意见：一种意见是，彩电峰会是妄图回避竞争，形成垄断的卡特尔式的“价格联盟”；另一种观点认为彩电峰会表明“他们终于从价格的战争中走出，开始认真善待我们的市场，开始关注属于市场本身的制度建设和发展问题”。可以看出，两种观点争论的焦点在于我国的彩电业是否存在恶性竞争。然而，不可忽略的是，在我国存在的一种特有现象，那就是企业竞争的背后，暗藏着地方政府利益的争夺。

当人们对此次“价格联盟”还在争论不休的时候，彩电行业的价格大战已硝烟弥漫，在仅仅两个多月的时间里，国内几乎所有的彩电品牌都已卷入这场大战。

8月11日，深圳康佳宣布大幅度调低彩电售价，最大降幅为20%。

12日，四川长虹加入价格大战，降幅更高达35%。

14日，创维集团宣布对数码电视进行价格调整，最高降价1500元。

16日晚9时，乐华高层宣布，自将从本月18日起，在全国范围内调整几款彩电的价格，最高降价竟达1.5万元，创本轮价格战之最。

至此，“跳水台”上已是人头涌涌，论技艺则一个更比一个高，只惊得观众叫声一片。

原因：

那为何峰会刚一土崩瓦解便爆发价格血战呢？是彩电行业有不竭的利润空间，还是彩电企业已到了“破罐破摔”、真的无药可救的地步了？答案出人所料。在彩电业内看来，这是一场不得不打的“肉搏战”。

目前国内彩电年生产能力已经超过4000万台，而市场需求即使包括出口部分，也只有3000万台左右，供需差距1000万台。造成供需不平衡的根本原因就是重复建设，彩电生产企业最多时有200家以上，在20世纪90年代中期彩电产品从供不应求转向供过于求后，价格战显然是不可避免的。

成本线以下的价格战永远不会有赢家，但中国彩电产业的许多企业在价格战中败北后，仍能在市场中立足。为什么还会有这样的价格战？这是中国特有的现象，问题的根本就在于地方利益的分割。

重复建设导致了产能过剩，而重复建设的主体实际上就是地方政府，不同的企业代表了不同地方的利益，税收、就业，GDP增长率都要由企业来完成，所以当企业在市场竞争中落败后，地方政府往往会采取扶持政策，尽力避免企业破产（下岗问题）和被其他地方的企业收购（税收流失问题），“劣而不汰”这种与市场竞争“优胜劣汰”原则完全相反的事情就成了较为普遍的现象，该转移的资源转不出去，该减少的产量减不下来，使得企业始终处于低水平的“价格战”之中。

此次彩电降价是1996年四川长虹挑起价格战以来，规模和降价幅度都是最大的一次，它将对彩电行业产生深远的影响。首先，迫于竞争压力而引发的价格大战，因缺乏降价基础而极大地降低了彩电行业的盈利能力；其次，弱小企业将会被彻底挤出彩电行业，降低了市场竞争度，为形成行业垄断埋下隐患；更为重要的是，使中国彩电企业品牌形象和行业品牌形象双重受损。

以规模降低成本获得的利润无异于饮鸩止渴，未来商战是速度利润战胜规模利润的时代，通过自主创新、以速度经济和创新能力获得的垄断利润才是无限的。除了在技术等方面追求领先以外，还必须争夺品牌策略这个现代国际企业竞争的战略制高点，与外国企业进行水平对等的竞争，此外没有别的出路。当然，这一切都有赖于公平和透明的市场环境，所以，必须真正实现政企分开，让市场机制的作用得到充分发挥，才能实现资源的合理配置，价格大战才可休矣。

[2] 电信业的革命

我们用“革命”一词来形容中国电信行业在去年的经历是最恰当不过了，这场革命在中国电信业是几十年来前所未有的，它是内因（涉嫌垄断）与外因（WTO的即将到来）共同作用下产生的，但是革命的结果却并不令人乐观。

上篇：中国电信一分为四

1999年电信业最大的新闻当数垄断了多年的电信巨头分家了。

中国电信“一切为四”，是按业务类别“竖切”的方案，即把昔日的国有电信巨人分解为固定电话业务（含长途电话与数据业务）、移动电话业务、寻呼业务和卫星通信业务四大专业性公司，并已形成中国电信、中国移动、中国联通、卫星集团、吉通、网通六大主要电信企业集团，经营基本电信业务。

中国电信品牌由固定电话公司继承。固定电话在四大电信集团中依然是最庞大的，辖有原“中国电信”本地电话业务、长途电话业务、数据通信业务和国家电信基础网，总资产据估计在4000亿元人民币以上，用户数达1.08亿。中国电信集团独家拥有国家电信主干线、市内和长途电话业务用户、数据通信业务（ChinaNet是全国Internet主干网，实际上占据绝大部分国内市场份额）三张王牌，可以在很大程度上保住中国电信集团在基础电信业务领域的垄断地位和集团的盈利能力，一时半会儿难有敌手。

有资料显示，目前我国电话普及率还不到10%，不仅大大落后于发达国家的水平（40%），距世界平均水平（15%）也仍有不少差距，要实现2000年电话普及38%的既定目标还要付出巨大的努力。因此，固定电话业务在我国电信业务中的主体地位将会持续相当长的时间，中国电信近期内主要任务仍将是满足基本电话业务需求。据中国电信集团公司有关人士透露，1999年1～6月，中国电信新增用户数达到 1864 万户，提前半年完成全年放号目标。

但是被认为是最有发展的移动业务被拿掉后，中国电信就显得说话缺少底气，这也难怪，1999 年中国电信全年业务只增长了 11%，而中国移动增长了 66%。因此也才有了各地中国电信的企业蜂拥上马被称做“小灵通”的移动市话业务，试图从移动的碗里抢到一块肉。现在及未来竞争对手：联通的固定电话牌照、广电的宽带网、网通的宽带骨干 IP 网及大批外国电信商。

中国移动通信集团公司无疑是这几个电信企业中最具发展潜力的一个，它是在原中国邮电电信总局移动通信资产整体剥离基础上组建的特大型国有通信企业。集团公司主要经营移动通信业务（包括话音、数据、多媒体等）以及与移动通信业务相关的系统集成、漫游结算清算、技术开发等业务。

中国移动通信集团目前已经有 5000 多万用户，是全球第二大移动电话公司，1999 年除实现全国所有地市以上城市、98% 的县级以上城市网络覆盖外，还完成与 67 个国家和地区及 114 个运营商开通国际漫游。中国移动已在纽约、伦敦和香港等地股市上市。1999 年 10 月 6 日，中国移动（香港）宣布以 328.4 亿美元总代价向母公司收购中国四省区三市（北京、上海、天津、山东、河北、辽宁、广西）的移动电话网络。预计 1999 年年底中国移动通信集团将超过目前位居第一的英国沃达丰公司 5700 万用户，跃居世界首位。

现在及未来竞争对手：联通、中国电信及大批外国电信商。

中国联通目前是中国唯一一家持有全面电信服务牌照的电信公司，同时它还是目前唯一一家既能在香港提供对外电信服务，又在内地拥有国际通信经营权的电信服务供应商。

截至 2000 年 9 月底，中国联通公司 2000 年移动电话净增数突破 1000 万户，达到 1011 万户，网内用户数累计达到 1500 万户，市场占有率达到 21.5%。据有关消息，铁道部门的铁道通信网络去年底也将并入联通，届时联通将成为名副其实的“第二电信”。

现在及未来竞争对手：中国电信、中国移动及大批外国电信商。

中国卫星通信集团被称做是组合产物。

据媒体报道，现在正在筹建中的中国卫星集团不仅包括持有可经营卫星移动通信业务牌照的中国通信广播卫星公司，还有另一家成立于 1995 年的中国东方通信卫星有限责任公司（对外简称为“中卫公司”）。中卫公司据称是邮电部的，但又有“其他投资人”，公司实行董事会制，运作相对独立。其公开资料没有说明公司的其他投资人究竟系何人，但业内人士都知道那正是军方背景的保利集团，中卫公司的董事会构成也证明了这一点。如今，军队已与所属企业脱钩，保利集团按规定划于中央企业工委的领导之下。

现在及未来竞争对手：暂无。

1994 年 1 月彩虹集团、中国电子信息产业集团、国投电子公司等 10 家大型国有企业参股组建的中国吉通通信公司成立，成为金桥网的建设运营商，推出了 IP 电话业务和互联网接入业务。1999 年初，由中科院、广电总局投资的中国网通公司挂牌，重点发展高速宽带 IP 网，被称为“第三电信”，2000 年 11 月 16 日，由中国网络通信有限公司承担建设与运营的中国网通宽带高速互联网（CNCnet）一期工程正式开通，至 2000 年年底全长将达到 12000 公里。中国网通宽带高速互联网是我国第一条信息高速路。

中国电信、中国移动、中国联通、中国吉通、中国网通、中国卫星，这六大电信集团的成立被业内人士称为中国电信业的“版图重构”。政府改革的初衷是打破垄断，在竞争中增强民族电信业的实力。真正的改造才刚刚开始，体制如何转换、经营如何改善、服务如何提高、竞争力如何加强等是中国电信企业不得不面对的问题。

中篇：联通的上市经历。

2000 年 6 月 21 日、22 日，中国联通分别在纽约和香港上市获得成功，共筹资 64 亿美元，比它的最大竞争者中国移动（香港）在 1997 年 10 月的发股额高出 8 亿美元。

据介绍，联通公开发售24.59亿股，其中香港占5%。该公司股票上市首日大涨了8.9%，表现十分出色。据证券商说，联通股票在香港获得投资者两倍多的超额认购，而其全球配售连同公开发售共获4倍超额认购。业内人士指出，联通此次上市是中国有史以来筹集资金规模最大的一次，也是除日本之外的亚洲地区有史以来的最大型上市项目。

近一个时期以来，大陆手机单向收费传闻搅得香港股市没了方寸，中国联通的股价狂跌不止。基金经理们纷纷抛售手中股票，中国联通急跌10%。

2000年11月底中国联通跌至11.35港元，之后信息产业部部长吴基传抵达香港，澄清了有关内地电信资费调整的问题。第二天"中国移动"、"中国联通"在香港股市摆脱多日的抛售压力，迅速收复失地，到2000年12月19日记者发稿时，中国联通当天的收牌价为11.9港元，同日纽约股市联通股价为16.19美元。

下篇：搞不明白的电信听证会

2000年9月和11月，两次有关电信资费的听证会都是在遮遮掩掩中结束的，没有人在事前及事后说点什么，招致老百姓的强烈不满。人们原本希望看到电信价格听证会能使电信资费问题透明化，但由于听证会的神秘而使广大消费者一头雾水。媒体在事后对电信听证会的描述多是"神秘"、"听不明白"等词汇。

似乎连老百姓都明白，听证会的成员组成应当有消费者、生产者、经营者、政府有关部门的代表以及法律、经济、技术和有关业务方面的专家，听证会代表有权了解申请人的生产经营成本资料和经营管理情况及其他相关资料；有权要求申请人回答他们的质询；可以反映社会各方面对制定或调整价格的意见，同时可以提出自己对制定或调整价格的意见。

但在这两次的听证会，代表的资格问题都受到普遍的指责。听证会前始终没有听到关于推选消费者代表的任何消息，听证会本身也是严格保密，事前听证会的时间、地点，一律不为人所知。有报道说，一部分北京市民作为普通电信消费者代表参加了听证会，但我们无法了解究竟有多少市民参加，遴选这些市民的标准是什么。同样我们也了解不到有什么样的专家参与了听证会。

电信资费调整历来是社会敏感问题，一方面电信主管部门和电信运营企业出台着一项又一项名为有利于消费者的改革措施，另一方面我们的消费者对电信行业的满意程度并未增加，误解却日渐加深。

2000年12月25日，电信资费调整方案终于亮相，中国的消费者似乎是在新年来临之前收到了中国电信业的一份贺礼，但这一方案仍然引来了多方争论，但不管怎么说，电信业内部的竞争还是给老百姓带来了好处，尽管这种好处太少了一点。

1999年反垄断与规制案例热点

［1］苏州市住房基金管理中心强制消费者购买综合保险和被指定的经营者中国人民保险公司苏州分公司滥收费用案

1998年上半年，苏州市工商局根据群众对中国人民保险公司苏州分公司凭借住房基金管理中心和银行优势，强制收取公积金贷款综合保险费的投诉和举报，向中保苏州分公司提出了整改意见，要求其自查自纠，但该公司始终未有答复和整改措施。1999年6月2日，该局再次依据《反不正当竞争法》对基金管理中心和中保苏州分公司的强制保险、滥收险费的行为进行立案调查。

经查，苏州市住房基金管理中心和苏州市房改办实为两块牌子一套机构，为市政府的直属部门。1993年2月16日，该中心与人民银行苏州分行、建行苏州分行、中国人民保险公司苏州分公司四单位以推进住房改革的名义联合下发了《苏州市市区职工购、建住房低息贷款试行办法》，规定了借款人必须交纳综合保险费（财产险、责任险、保证险）后，才能取得公积金贷款。其中责任险和保证险未经上报主管部门备案同意，是擅自设立的险种。

苏州市工商局认为，苏州市房改办和苏州市住房基金管理中心指定的中国人民保险公司苏州分公司借此收取的责任险和保证险的保险费，属于《反不正当竞争法》第三十条规定的被指定的经营者借此滥收费用的行为。因此，苏州市工商局依据《反不正当竞争法》第三十条的规定，作出没收中国人民保险公司苏州分公司违法所得50万元的处罚决定。

同时，苏州市工商局将苏州市住房基金管理中心在办理公积金贷款中的强制保险行为，向其上级机关苏州市人民政府作了报告。苏州市人民政府认为，苏州市工商局根据《反不正当竞争法》，从维护消费者的根本利益出发，查处苏州市住房基金管理中心总结经验，在国家政策、法规允许的前提下，尽快研究制定既减轻借款人负担又确保住房公积金贷款安全性的办法，报市政府批准后执行。

这是一起典型的政府所属部门滥用行政权力强制交易和被指定的经营者借此滥收费用案。

（一）苏州市住房基金管理中心强制交易问题

《反不正当竞争法》第七条规定，政府所属部门不得滥用行政权力，限定他人购买其指定的经营者的商品。依据《反不正当竞争法》第三十条的规定，这种行政垄断行为应由上级机关责令其改正。本案中，苏州市住房基金管理中心和市房改办是两块牌子一套机构，为市政府的直属部门，其利用管理职工购、建住房低息贷款的权力，规定贷款人必须到中保苏州分公司参加责任险和保证险，才能取得公积金借款。这种强制贷款人接受其指定的保险业务的行为，违反了保险自愿原则，侵害了贷款人的自由选择保险险种的权利，同时也限制了其他保险公司的公平竞争，属于《反不正当竞争法》第七条规定的政府所属部门滥用行政权力限制竞争行为。苏州市工商局将调查了解的苏州市住房基金管理中心在办理公积金贷款中的违法情况报告给其上级机关苏州市人民政府，由苏州市人民政府责令其改正。

（二）被指定的经营者中保苏州分公司滥收费用问题

国家工商局工商公字〔1999〕第313号文件认为，滥收费用是指超出正常的收费项目或者标准而收取不合理的费用，包括应当收费而超过规定标准收取费用，或者不应当收费而收取费用。本案中，中保苏州分公司凭借的是苏州住房基金管理中心管理公积金贷款的优势地位，而非自身所具的优势，通过基金管理中心的指定，从而收取责任险和保证险不合法险种保费，属于不应当收费而收取费用的滥收费用的行为。因此，苏州市工商局依据《反不正当竞争法》第三十条的规定，作出没收中保苏州分公司滥收费用的违法所得50万元的处罚决定，定性准确，处罚有据。

［2］福州电业局在农网改造中滥收费用限制竞争案

1999年10月，有群众向福州市工商局反映，福州电业局在农村电网改造中强行收取“低压接户改造费”，谁不交费就不予安装电能表，甚至停电。福州市工商局及时委托马尾区工商分局进行调查。经查，1997年7月以来，福州电业局在对福州市马尾区进行农网改造中，委托福建省电力安装工程公司马尾分公司对安装20安培及以上电能表的用户加收150元/户的“低压接户改造费”，对拒绝交纳该笔费用的用户，不予安装20安培及以上电能表；共计收取了4274户“低压接户改造费”641100元。经省物价局证实，福州电业局加收“低压接户改造费”所依据的福建省电力工业局《关于农网建设与改造工程中有关问题的规定（试行）》，未经省物价部门核准。福建省工商局就此案的定性及处罚问题向国家工商局请示，国家工商局于2000年12月26日作出了《关于电业局在农网改造中滥收费用定性处理问题的答复》（工商公字〔2000〕第311号）。福州市工商局于12月28日依据《反不正当竞争法》第六条、第二十三条和《关于禁止公用企业限制竞争行为的若干规定》第四条第（六）项的有关规定，对福州电业局作出了责令停止违法行为并处没收滥收的费用641100元的处罚。

此案的处罚主要涉及两个问题，一是电业局是否属于公用企业作为行政处罚的主体；二是福州电业局所收取的“低压接户改造费”是否属于乱收费。

福州电业局称农网改造工作由电力工业系统独家经营，不存在排挤其他竞争对手的情况，且加收的“低压接户改造费”是依据福建省电力工业局有关文件精神实施的，不能认定为不正当竞争行为。关于公用企业的概念及范围问题，国家工商局在有关规定和答复中有过明确的解释，电业局属于公用企业，其行为应由《反不正当竞争法》进行调查。具体来讲，《反不正当竞争法》第六条和国家工商局 20 号令规定的公用企业是指通过网络或者其他关键设施（基础设施）提供公共服务的企业，如供水、供电、供气、邮政、电讯、交通运输等服务企业。公用企业具有以下特征：（一）其经营活动是通过网络或者其他基础设施进行的；（二）其经营活动受国家特殊管制；（三）其经营活动具有独占地位。网络是指在一定地域内为运送人员、货物或者传递信息而形成的系统。如铁路、公路运输网络。电业局的经营活动具有以上特征。目前我国电力工业改革已经进入政企分开、建立电力市场为主要内容的阶段，发电环节已打破垄断开始引入竞争机制。但是电力输送和分销仍然是垄断性的，县级供电部门的体制仍是政企不分，一县一公司（电业局）。经查，福州电业局的企业登记注册档案情况也是如此。

关于滥收费用，国家工商局在有关行政解释中明确答复：滥收费用是指超出正常的收费项目或者标准而收取不合理的费用，包括应当收费而超过规定标准收取费用，或者不应当收费而收取的费用。为了确认福州电业局所收取的“低压接户改造费”是否属于滥收费用，福州市工商局致函福建省物价局协助认定。福建省物价局明确回复：“电力部门在农村电网改造过程中向农民收取低压接户改造费属自立项目乱收费，应当予以查处”。因此，福州市工商局确认电业局滥收费用的定性是准确的。

在此案的处理中，福州市工商局还注意到了特殊管辖问题，值得借鉴。《反不正当竞争法》第二十三条规定，对公用企业限制竞争行为的查处，由“省级或者社区的市”工商行政管理机关实施。国家工商局《关于禁止公用企业限制竞争行为的若干规定》（20 号令）第七条规定“有查处权的机关，可以委托县级工商行政管理机关调查案情”。福州市工商局是此案有查处权的机关，为了及时有效地制止和处罚限制竞争行为，该局接到群众反映电业局滥收“低压接户改造费”的情况后，及时委托授权限制竞争行为发生地的马尾工商分局开展调查。马尾工商分局对有关违法事实进行了全面、细致的调查，收集到了电业局限制竞争行为的主要证据，为福州市工商局及时依法查处此案起到了积极的作用。

[3] 齐齐哈尔市信达糖酒批发站经销假冒他人注册商标商品案

1999 年 9 月，齐齐哈尔市公安局将齐齐哈尔市建华区信达糖酒批发站（以下简称信达糖酒批发站）经销假冒黑龙江北大仓集团有限公司“北大仓”牌白酒案移交给齐齐哈尔市工商局建华分局。该分局随即对此案进行立案调查。

经查，信达糖酒批发站于 1995 年开始经销从北大仓集团直接购进的北大仓牌系列白酒，购进价格一直较高。后来，信达糖酒批发站得知哈尔滨某批发商处的“北大仓”牌白酒价格较低，即于 1999 年 6 月，分两次从该批发商处购进“北大仓”牌白酒共计 300 箱，货款总计 46512 元，然后加价在当地销售。至调查日止，该批发站共售出该种白酒 87 箱，销售款 13920 元，获利 431.52 元。经北大仓集团鉴定，信达糖酒批发站经销的这批是假冒北大仓牌白酒，主要理由是：该批酒的北大仓商标样式、外包装、封条、防伪标志等与其使用的不同，酒的理化指标也不同。

建华分局在查证上述事实后认定，信达糖酒批发站违反了《反不正当竞争法》第五条第（一）项的规定，构成假冒他人注册商标不正当竞争行为。依据《反不正当竞争法》第二十一条第一款的规定，建华分局依照《商标法》及《商标法实施细则》的有关规定，对信达糖酒批发站实施了行政处罚。

商标是区别不同商品或者服务的标志，经商标注册机关依法核准注册的商标为注册商标，包括商品商标、服务商标和集体商标、证明商标。按照《商标法》的规定，商标注册人对其注册商标享有专用权，假冒他人注册商标则侵犯他人对该注册商标享有的专用权。但从市场竞争的角度看，由于商标具有识别作用，是消费者选择商品的重要依据之一，若假冒他人注册商标就会造成市场混淆，不正当地获得交易，排挤竞争对手，其不正当竞争的性质十分明显。因此，我国《反不正当竞争法》从维护市场竞争秩序的角度对这种行为作了禁止性规定。

《反不正当竞争法》规定的假冒他人注册商标行为是与《商标法》规定的侵犯注册商标专用权行为相一致的。2001 年 10 月修改后的《商标法》规定，有下列行为之一的，均属侵犯注册商标专用权：（一）未经商标注册人的许可，在同一种商品或者类似商品上使用与其注册商标相同或者近似的商标的；（二）销售侵犯注册商标专用权的商品的；（三）伪造、擅自制造他人注册商标标识或者销售伪造、擅自制造的注册商标标识的；（四）未经商标注册人同意，更换其注册商标并将该更换商标的商品又投入市场的；（五）给他人的注册商标专用权造成其他损害的。上述 5 种侵权行为均构成《反不正当竞争法》规定的假冒他人注册商标行为，其中未经商标注册人的许可，在同一种商品或者类似商品上使用与其注册商标相同或者近似商标的行为是假冒他人注册商标行为的基本表现形式，其他行为都是由此派生出来的。

本案经齐齐哈尔市工商局建华分局调查，信达糖酒批发站经销假冒黑龙江北大仓集团有限公司“北大仓”牌白酒的事实是清楚的，证据是确凿的。信达糖酒批发站从 1995 年开始由北大仓集团直接购进北大仓牌系列白酒进行经销，知道该酒的出厂价格是较高的，多年的经销也应该熟知北大仓牌白酒的一些外在标志，但其为能获得更大的利益，以较低的价格购进外包装与北大仓集团北大仓牌白酒不同而使用“北大仓”商标的白酒进行销售，应属销售假冒他人注册商标的商品，从而构成假冒他人注册商标的不正当竞争行为。按照《反不正当竞争法》第二十一条第一款的规定，对经营者假冒他人注册商标的行为，依照《商标法》的规定处罚。因此，齐齐哈尔市工商局建华分局对该案的处理是恰当的。

［4］上海市凤溪机动车驾驶员培训学校限制竞争案

1999 年 4 月，上海市凤溪机动车驾驶员培训学校在没有保险代理兼业代理资格的情况下，与大众保险股份有限公司签订了代理销售人身意外伤害附加意外医疗保险服务协议，随后私自印制了保险费为 100 元的代收据，规定由教练员向学员收取保险费，教练员未作自愿投保宣传，强制向学员收取人身意外伤害附加意外医疗保险费 100 元。上海市凤溪机动车驾驶员培训学校实际向大众保险公司投保的保险费是 50 元/人，向学员多收的 50 元由上海市凤溪机动车驾驶员培训学校账外留用；50 元保险费中，5% 由大众保险股份有限公司支付给上海市凤溪机动车驾驶员培训学校作为代理手续费。1999 年 4 月至 2001 年 4 月，上海市凤溪机动车驾驶员培训学校共向大众保险公司投保 30 期，人数 5709 人次，实收保险费达 570900 元，其中自留 285450 元，上交保险公司保险费 285450 元，获得保险代理费 14272. 5 元。

上海市工商局认为，上海市凤溪机动车驾驶员培训学校利用其优势地位强制学员购买保险且滥收费用的行为涉嫌违反《反不正当竞争法》第六条的规定。由于上海市凤溪机动车驾驶员培训学校未进行营业登记，只有民政部门颁发的民办非企业单位的登记证书，上海市工商局对本案主体性质如何认定把握不准，于 2001 年 9 月 7 日，向国家工商总局提交了《关于民办非企业单位的机动车驾驶员培训学校是否属于〈反不正当竞争法〉所指具有独占地位的经营者的请示》（沪工商经〔2001〕311 号）。

2001 年 9 月 29 日，国家工商行政管理总局做出了《关于机动车驾驶员培训学校主体认定有关问题的答复》（工商公字〔2001〕第 275 号）。该答复明确指出：机动车驾驶员培训学校是提供机动车驾驶员培训服务的经营者，属于《反不正当竞争法》第六条规定的依法具有独占地位的经营者。

根据上述答复精神，上海市工商局于2001年10月9日对上海市凤溪机动车驾驶员培训学校作出了行政处罚，责令其停止违法行为并没收违法所得285450元。

本案案情不复杂，事实也比较清楚，关键问题是要认定驾驶员培训学校是否属于《反不正当竞争法》第六条规定的依法具有独占地位的经营者。

（一）《反不正当竞争法》第六条规定的依法具有独占地位的经营者的理解

《反不正当竞争法》第六条规定的依法具有独占地位的经营者是指公用企业以外的依法从事垄断性经营或者具有其他优势地位，能够决定或者限制交易对方或者消费者的交易选择的经营者。认定依法具有独占地位的经营者一般考虑以下几方面因素。

1. 该经营者具有独占地位，即在特定的相关市场中没有竞争对手或竞争不充分，或具有经济或技术上的其他优势地位，使得交易对方或者消费者除了购买其指定的商品外别无选择，或购买他人的同类商品或替代商品代价较高或极为不方便，或对其提供的商品有着较强的依赖性。如驾驶员培训学校在特定的地区数量有限，没有竞争对手或者竞争很不充分，学员对其有很强的依赖性，选择异地的培训学校极不方便。

2. 该经营者的独占地位是依法取得的。这种独占地位是通过法律直接赋予的，不是通过市场竞争形成的。依法具有独占地位的经营者是依据特别的法律规定设立，并按照特别的法律规定从事经营活动。如驾驶员培训学校是根据《机动车驾驶员培训管理规定》等交通法规设立的，并按照有关交通法律的规定从事经营活动。

3.《反不正当竞争法》第六条规定的依法具有独占地位的经营者中的“依法”，指依照法律、法规以及不与法律、法规相抵触的规范性法律文件。凡法律、法规以及不与法律相抵触的规范性法律文件直接或间接赋予其独占地位的经营者，都可以认定为依法具有独占地位。

4. 从事经营活动。依法具有独占地位的经营者应当是从事经营活动的法人或其他经济组织。根据《机动车驾驶员培训管理规定》，驾驶员培训学校在获得交通运输管理机构颁发的培训许可证后，应当到工商、税务等部门办理有关手续后方可开业。对未办理营业执照的，交由工商管理机关按规定处罚。可见，驾驶员培训学校属于从事经营活动的主体。

（二）机动车驾驶员培训学校属于《反不正当竞争法》第六条规定的依法具有独占地位的经营者

根据国家有关规定，机动车驾驶员培训属于国家特殊管制的行业，由交通行政管理部门统一规则和管理。开办驾驶员培训学校必须向道路运输管理机构领取培训许可证，凭培训许可证到工商、税务等部门办理有关手续后方可开业。

机动车驾驶员培训学校是根据国家有关交通法规设立并实行特殊管制的行业经营者，机动车驾驶员培训学校提供驾驶员培训服务，属于《反不正当竞争法》第六条规定的依法具有独占地位的经营者。机动车驾驶员培训学校滥用其在驾驶员培训中的独占地位，强制学员购买保险，违反了《反不正当竞争法》第六条的规定，应当依据该法第二十三条的规定予以处罚。

[5] 江苏省某镇电力管理站强制用户购买电能表案

1998年11月至1999年7月，江苏省某镇电力管理站借电网改造之机，强行对本镇850户居民用电户移线换表，并限定用户购买其提供的电能表及表箱，总经营额为11万元。

扬州市工商局接群众举报后，经立案调查，认为该镇电力管理站违反了《反不正当竞争法》第6条的规定，构成了限制竞争行为。电力管理站提出该站所为是依据电力部第8号令《供电营业规则》第6章第72条的规定“计费电能表及附件的购置、安装、移动、更换、校验、拆除、加封、启封及表针接线等，均由供电企业负责办理，用户应提供工作方便”，其推销用电计量装置系执行上级文件规定，不存在违法行为。江苏省工商局及扬州市工商局认为：电力部第8号令系部门规章，效力低于《反不正当竞争法》，其与该法相抵触的规定无效；国家对计费电能表并未实行垄断经营，其他经营者可以从事电能表的生产，只要产品符合标准就允许销售；供电企业按照该规章的规定强行向用户推销用电计量装置的行为，违反了《反不正当竞争法》第6条的规定，构成公用企业限制竞争行为。为正确处理此案，江苏省工商局就有关问题的定性及法律的适用向国家工商局请示。国家工商局做出了《关于对供电企业限制竞争行为定性处罚问题的答复》（工商公字〔1999〕第275号）。扬州市工商局依据该答复精神，对该镇电力管理站处以罚款5万元的行政处罚。

此案的案情并不复杂，处罚的数额也不大，但该案引发的依法行政问题在社会上反响强烈，颇具典型意义。此案涉及的核心问题是，公用企业依照有关部门的“红头文件”实施限制竞争行为时，对该行为是否可以直接依据《反不正当竞争法》定性以及工商行政管理机关能否依法查处的问题。对此，国家工商局在答复中明确指出：“《反不正当竞争法》是调整市场竞争法律关系的基本法，适用于其所规定的所有不正当竞争行为，有关部门发布的规定不得与《反不正当竞争法》相抵触，妨碍公平竞争。除法律、行政法规另有规定的以外，工商行政管理机关应当直接依据《反不正当竞争法》认定和查处不正当竞争行为”。国家工商局的答复及本案的处罚，体现了以下观点：

（1）坚持了维护《反不正当竞争法》的统一性的立场。《反不正当竞争法》是调整市场竞争关系，规范市场竞争行为的基本法律，适用于其所规定的所有不正当竞争行为，任何其他规定不得与该法规定相抵触，妨碍公平竞争。这是维护统一开放、竞争有序的市场秩序和确保该法的实施所必须坚持的原则立场。

（2）明确了直接依法查处限制竞争行为是工商行政管理机关的法定职责。当前公用企业限制竞争行为的特点之一，就是以行政部门的“红头文件”为依据，“理直气壮”地实施限制竞争行为。个别行政部门在制定文件时，也没有考虑到《反不正当竞争法》的规定，有意或无意地做出了与《反不正当竞争法》相悖的规定。这些规定并不影响和妨碍工商行政管理机关依据《反不正当竞争法》对公用企业限制竞争行为的查处。

（3）主管部门的“红头文件”不能成为供电企业实施限制竞争行为的护身符。行为人的行为是否合法应当以其行为是否符合法律规定作为判断标准，而是否合法不但是指其行为的内容和程序是否合法，而且还包括实施行为的依据是否合法。如果以与法律规定相抵触的“红头文件”的规定作为依据实施行为，该行为从根本上就丧失了合法性。就本案而言，电力管理站是提供电能服务的企业，属于《反不正当竞争法》第6条规定的公用企业，应当受《反不正当竞争法》的调整。电力管理站利用其改造电网的垄断地位，以拒绝提供电能服务等措施强行向用户推销用电计量装置，损害了用户的合法权益，排挤了其他经营者的公平竞争，构成了典型的公用企业限制竞争行为。工商行政管理机关可以直接依据《反不正当竞争法》的规定对上述限制竞争行为定性处罚。

1998年反垄断与规制案例热点

［1］邮电分营

信息产业部于1998年4月30日发布《邮电分营工作指导意见》。

邮电分营方案要点主要包括：

1. 在组建国家邮政局的同时，组建中国电信集团，使邮政、电信各自成为面向市场、自主经营的经济实体。

国家邮政局既是负责国家邮政工作的行政管理机关，同时也是公共服务部门，负责全国邮政通信网络建设与经营服务，实行企业化管理。

中国电信作为国家公用电信企业，负责国家电信主干网（含本地、长途与国际）的建设、运行管理与经营服务工作，并在国家规定的范围内经营其他各种电信与信息服务，开展平等市场竞争。

2. 各省（区、市）分别设立省（区、市）邮政局、电信局，作为国家邮政局和中国电信集团的地区经营机构，负责该辖区内邮政网、电信网的建设、运行管理与经营服务工作。

3. 地（市）、县邮电局原则上都要实行邮电分营，根据开展经营工作的需要分别设置邮政局、电信局，纳入国家邮政局和中国电信系统，实行垂直管理。西藏、青海、内蒙古等个别省（区）少数规模过小的县邮电局，经管理局批准，可以暂不进行邮电分营，并整建制划归上级电信局或邮政局管理。

4. 城区有条件分设的营业厅和根据本地网规划设立电信端局的农村邮电支局（所），实行邮电分营，人财物按专业划分。不便于分设的城区邮电营业厅和不设立电信端局的农村邮电支局（所），划归邮政局管理，代办电信业务，并继续使用“邮电”的称谓，其电信机线设施和电信专业人员划归电信局，其余资产和人员划归邮政局，电信模块设备等生产经营设施占用房屋的面积可以长期使用，支付物业管理费。

由邮政局管理的邮电支局（所）、营业厅代办电信的业务种类和服务水平不得降低。邮政代办电信业务的管理办法与代办费标准在部确定的原则范围内，由管理局根据服务社会、方便用户、公平合理和自愿互利的原则制定，并监督执行。

5. 各省（区、市）的邮电分营工作在邮电管理局领导下进行。各管理局根据本指导意见，结合本地区实际情况，制订实施方案，报部批准后实行。

各管理局在制订实施方案的同时，组织开展财产清查工作，并在实施分营前完成。

6. 省（区、市）邮电分营工作自下而上逐级组织实施。县局的邮电分营工作由地市局在管理局的具体指导下组织实施，地市局的邮电分营工作由管理局组织实施。

7. 分营后邮政、电信局的机构设立要适应邮区中心局和电信本地网管理体制的要求，县局的职责应逐步转向营销和服务。各级邮政、电信局都要精简与撤并中层管理机构，减少管理层次，压缩非生产人员。分营后邮电两局中层管理机构和管理人员总数不得增加。

8. 资产、负债按属性能直接划归邮政、电信专业的，按专业属性划分；专业属性不明确的区别不同情况按相关比例划分；所有者权益不分属性全部按相关比例划分；总体控制资产负债率水平，分离后的邮政、电信资产负债率要与分营前大体水平相当，但邮政资产负债率可以相对略低一点。

资产、负债及所有者权益的具体划分原则另行发文。

9. 职工工资基金按分营后的邮政、电信在职职工人数比例划分，各类养老保险基金按分营后职工人数（含离退休）比例划分。

10. 人员划分要坚持服从工作需要和人随事走的原则，并按先生产人员，后管理人员，最后宣布班子成员的顺序进行。

邮政、电信专业生产人员和专业管理人员，按1998年3月31日所在岗位划分；综合人员原则上按邮政、电信专业人员的比例划分，适当考虑个人专业背景和直系亲属分开等因素。

离退休人员按离退休前所在工作岗位划分，离退休综合人员原则上按邮政、电信在职人员比例划分。

11. 邮电附属非通信企事业单位，原则上都要推向市场，并逐步改组、改制、改造；少数与邮政、电信运营密切相关的可根据实际需要分别划归邮政局、电信局；有些公共企事业单位可由邮、电两局继续联合兴办；后勤服务要逐步实行社会化。

12. 各级邮电企业兴办的多种经营企业都要与通信主业脱钩，依法建立规范的资产纽带关系。邮政、电信终端服务或延伸服务类多种经营企业，分别划归邮政、电信局，并合理照顾邮政、电信职工的合法利益。其他专业属性不明显的多种经营企业，可由两局以资本为纽带，实行联合经营。

13. 省（区、市）邮电管理局今年暂不进行机构改革，但要在现行机构框架内按邮政、电信两大专业分别建立计划、财务和业务管理渠道。下一步邮电管理局的分营工作，部将另行部署。

14. 邮电分营后，电信对邮政的交叉补贴问题，将在信息产业部的领导下，根据报请中央批准的方案，在两大企业总部之间进行明补。各地区在实施邮电分营时，应按本指导意见规定的划分原则进行操作。

邮政与电信从合营转向分营，是通信信息产业发展的必然结果。分营的关键问题，在于通过引入竞争机制，使邮政和电信成为效率高、成本低、服务好的系统。

一、邮电合营是通信发展初期生产力的反映

过去，在我们的概念中，邮电局是邮政和电信一起经营的，在这样一个体制下，人们把它作为国家的公用事业，同时在制度上把它看作自然垄断产业，一直没有把它当作企业来经营。要谈到邮电合营，就要了解邮政和电信产生的过程。我国和西方邮政最早都是以官办的形式出现的，以传递官方文件为主。现代邮政的产生，是以从传递官方文件为主到传递民间文件为标志的。邮政的发展历史比电信要早，那么电信为什么依附到邮政上来发展呢？这是由于邮政先发展，有了自己的网络。电报产生之后，尽管传输手段与邮政截然不同，电信是以有线或无线的方式，以声或光、信号的方式传递信息，邮政则是以实物的形式传递信息。但是电报是以点对点的方式传输的，要依附于邮政的网络。在这种情况下，邮政与电信合作经营，是与经济、现实的环境相一致的。

二、邮电分营是通信信息产业发展的必然结果

邮电分营的一个原因，是邮政、电信本身有不同的技术基础、网络设置和经营管理方式。尽管二者都属于信息通信业，邮政以实物传递为主，传递的主要是信函、包裹，电信是以声、光、电方式传递的信号，二者的技术基础不同。在网络设置上，是以光通信为主，数字微波、卫星微波为辅的一个主干网，延伸到本地用户。由于技术基础、网络设置不一样，经营管理方式就不同，这就决定了邮政电信必然分离。

另外，由于通信信息产业的技术进步，专业的分工更细，通信网络组织的优化，也要求邮电分营。邮电合营，使管理体制和财务结算方式混在一块儿，造成了专业分工不明显，专业核算也没有分开。在核算成本和进行管理中带来了很多问题。邮政每年都在亏损，到底亏了多少，亏在什么地方，哪些专业亏损，都说不清楚。邮政与电信之间存在着交叉补贴。要进行专业细分和建立现代的电信运营体制和邮政运营体制，邮电合营就不合适了，这就要求邮电分营。

三、我国现行的邮电管理体制和分营方案

我国邮电部下面有一个邮总，一个电总，它们与省管理局是相对平行的，但在业务上对管理局进行指导。还有一部分专业总公司，比如集邮公司、卫星公司，在业务上、网络上是相互交叉的，它们下面的一些专业公司又隶属于各省。这种管理模式比较复杂，在核算和换算上都非常不利。

1982 年，开始提出邮电改革，一个是邮电分营，一个是政企分开。邮电分营，在 1969 年和 1984 年都做过试点，但由于时机不成熟，都没有成功。到 1995 年，又提出了邮电分营的改革方案。为什么选择这个时机进行分营呢？因为改革开放后，我们的邮电发展很快，平均有将近 40% 的年增长速度，在世界上是最高的，正处在一个飞速发展的时期。有的人认为，既然邮电合营能发展这么快，就证明它还能适应我们现阶段的发展，否则就会产生很大的阻力，发展就不会这么快，所以邮电合营就应该再持续一段时间，到邮电合营的矛盾暴露得比较多的时候，再进行分营。但从另一个角度看，邮电合营，对专业划分不清楚，邮政有交叉补贴，电信内部各个专业之间也存在交叉补贴。由于没有分开经营，也没有单独核算，邮政亏损年年加重。再这样吃大锅饭，邮政的亏损就没法计算了，电信的发展也不能很好地发挥优势。另外，国家已经提出政企分开。如果邮电分营不进行，以后就再也没有人来主持这个工作了。对下一步的邮政、电信的经营，信息产业的发展，带来很多不利，从体制上留下很多后遗症。这就迫使我们选择这个时机，从 1997 年底到 1998 年 3 月制订方案，6 月执行方案。

邮电分营过程中，主要的难点在于，邮政和电信的局所建设、营业设施是合在一起的，要分开经营，就要重建一批营业所，成本很高，预计要 200 亿元以上的资金。另外，合营时邮政和电信的综合性人员也合在一起，管理人员、财务人员，都是既做电信业务，又做邮政业务，原来属于农村电话的人员怎么划分，也是个问题。

考虑到上述难点，邮政分营的方案有两种选择：一种是从省往下，到地、县、局、所，全部分开，各自经营。另一种方案，由于县以下的邮电局规模比较小，就不分营，邮政代办电信业务。

理想的模式是建立现代公司的邮政和电信，那么最好是一分到底。但从我们的承受能力和减少代价的前提下，县局不分是最好的。有几个好处：第一，可以使电信减少15万左右的职工，它的劳动生产率一下可从27万元提高到48万多元。另外，县以下的本地网已经建立起来，电信业务给邮政代理，是完全实现得了的。理想的模式与现实之间，存在着矛盾。如果县局不分，可以节约200亿元的成本，由邮政代办电信业务，它的劳动生产率也可以得到提高。但是，经过反复比较，还是选择了理想的模式。这个方案给今后的电信发展和改革奠定了基础，没有留下任何后遗症。一些规模较小的少数民族地区的邮电部门，也选择了彻底分营。

四、邮电分营中值得思考的问题与分营后的改革展望

邮电分营的目的，是要建立现代的企业制度，打破原来邮电的政企合一，使电信能适应市场经济的需要，把它过去承担的对邮政的义务划清楚，为下一步电信体制的改革做铺垫。邮政即使仍对国家承担一些义务、责任，但是一些专业的分工，还是应该实行企业化，不能因为它承担了一些义务和责任，它的亏损就完全由国家承担。应该通过分开经营，让它逐步减少亏损，逐步地走向企业化。

为了更好地实现邮电分营的目的，在分营过程和分营之后的具体改革中，应该考虑到以下若干问题：

第一，邮电分营中的“分”，应该是制度上的“分”，而不是行政上“分”。一个企业变成两个企业，关键不在于物质上的分开，而是要把这两部分的关系变成市场的合约关系，倒不见得一定要分房子。比如，原来的房子，可以归邮政所有，电信局租用，机器设备、管理人员，都可以计价提供服务，按这样的思路去分，就可以节约一大笔钱，大概远远不用200亿元。

第二，国有企业缺乏效率，改进办法就是改组产权，产权改组会直接影响企业效率。邮电分营，是产权改组，但是，改了之后，还是一个老板，没有新的产权所有者进入。它是行政分家，不是产权的重新介入，不会引进竞争机制。所以，在分营中和分营后，如何实现产权的多元化，是需要考虑的。

第三，分营的关键，是要使邮政和电信成为效率高、成本低、服务好的系统。这就必须通过引进竞争来实现。原来的邮电系统被大家公认为成本高，态度差，主要是由于缺乏竞争。分营之后，如果不引进竞争，继续保持垄断，这种状况就不可能从根本上改善。在考虑电信和邮政的某些业务时，不能想当然地把它们作为天然垄断的部门，不应把技术作为一个给定的约束，而应把技术作为一个内生的因素来考虑。因为技术进步取决于制度结构。如果引入一个竞争性的制度结构，像香港电信打破垄断，公开招标竞价那样，电信业就会按竞争的格局来开发技术，天然垄断的技术就没了。这在考虑电信业的有关立法和行业规定时，是非常重要的。

引入竞争的一个重要改革措施，就是打破电信业的物理网的垄断，使网上业务以公平的方式展开竞争，这将大大降低消费者支付的价格，也会极大地促进电信业和邮政业某些专业的改革。这是一个改变我们产业结构的很好的契机，如果抓住这个契机，将使我们在通信产业这个最新兴、最敏感的产业上获得国际竞争的优势。

第四，邮政业亏损的原因，大致可以归于它对政府所承担的义务和责任，包括免费军邮，大量的政府机构通信等等。这些责任和义务，应该以市场化的方式来解决，实行政企分开，使邮政走向企业化、公司化。邮政的某些业务，比如储汇、发送公司广告，都是可以使邮政扭亏为盈的，问题就在于，我们不能仍按过去的观念经营邮政企业，否则，亏损的局面将难以扭转。

邮电分营，不单纯是一个部门内部组织体制的分开经营。它代表了产业结构发展过程中一个重要方面，它标志着公用企业，在我们观念中自然垄断的企业制度上的变革，这是一个巨大的变革，是向工业社会的变革，将对我国产业结构的调整和下一步的改革带来深远影响。

［2］全国电力行业实行“政企分开”

1996年12月国务院以国发〔1996〕48号文件发出“关于组建国家电力公司的通知”，指出：“为有利于转变政府职能、实行政企职责分开、深化电力工业体制改革，国务院决定组建国家电力公司。”“国家电力公司按照有关法律法规和政企分开等原则组建。该公司由国务院出资设立，采取国有独资的形式，是国务院界定的国有资产的出资者和国务院授权的投资主体及资产经营主体，是经营跨区送电的经济实体和统一管理国家电网的企业法人，按企业集团模式经营管理。”“国家电力公司成立后，电力工业部继续行使对电力工业的行政管理职能，原由该部承担的国有资产经营职能和企业经营管理职能移交给国家电力公司。国家电力公司不具有政府行政管理职能，接受电力工业部等有关部门的行政管理与监督。中国电力企业联合会履行对电力工业的行业管理与服务职能。”“根据政企分开和精兵简政的原则，各省、自治区、直辖市电力局（公司）按照国务院的部署，在条件成熟时，将现承担的行政管理职能移交给地方政府综合经济管理部门，同时接受地方政府的指导与监督。地方各级政府均不再设电力专业管理部门。”1997年1月，国家电力公司挂牌成立，与电力部一个班子“双轨”运行，国家电力公司下属五大集团，七个省公司，两个直属集团公司。在这个系统中，五大集团下面所管辖的涉及20个省。其中有些省公司没在五大集团里面。直属集团公司，即华能公司和葛洲坝集团。国家电力公司管辖范围内的装机容量和发电量占全国电力行业的半数以上。

1998年国务院进行机构改革，撤销了包括原电力部在内的专业经济部门，原电力部的政府职能移交当时的国家经贸委行使，国家经贸委成立电力司；其行业管理职能移交给中电联。以此为标志，在中央层面上初步搭起了“政府宏观调控，企业自主经营，行业协会自律管理和服务”的新体制框架。为了在中央层面实现电力工业的政企分开，中央有关部委收回电力项目审批权和电价定价权。国家电力公司成为国务院直属企业，授权经营原电力部管理的国有资产。规制体制改革后，国家电力公司不再具有行政管理的政府职能，仅仅是一个生产厂商。各省电力公司也不再履行省政府管电职能，为政企分开迈出了决定性的一步，标志着我国电力工业从计划体制政府为主体的模式向市场体制大公司为主的模式转变。1998年中国政府决定在六个省份进行“厂网分开、竞价上网”的试点，其目的是探索打破电力工业垂直一体化垄断，建立市场竞争的规则，发展竞争型电力市场的实现途径。

继续深化电力改革，并完成地方电力部门从组织上的政企分开工作，根据当时变化了的新形势，国务院办公厅于2000年发出了《关于电力工业体制改革有关问题的通知》，要求各省、自治区、直辖市按照政企分开的原则继续结合地方机构改革工作，将电力局（公司）现承担的行政管理职能移交给地方政府综合经济管理部门，并接受其指导与监督。到2001年，各网局、省局根据国家经贸委的部署，结合中央和地方的机构改革，逐步完成了在组织上的政企分离，一些跨省的电力管理职能转移给国家经贸委等综合部门，省级电力行政管理职能转移给省级综合经济管理部门。到此为止，从组织上和法律意义上的政企分开任务基本完成。

1997年及其之前反垄断与规制案例热点

［1］康恩贝公司收购浙江凤凰失败案

这是一起因并购方未能事先识别出并购中存在的各种风险因素，进而导致并购决策失误和并购失败的案例。

1．浙江凤凰简介。

浙江凤凰是一家以生产日用化工产品为主业的上市公司，地处浙江兰溪市。从1992年开始，由于日化行业开始受到外资冲击，加之改制并不彻底，投资项目又未见收益，浙江凤凰的效益连年滑坡，至 1993 年底，账面利润只有 201.3 万元，完成年计划的 24.96%，在全国上市公司中名列倒数第一。面临管理层的黄牌警告，凤凰公司和地方政府都急于为公司寻找出路，以扭转凤凰公司的被动局面，而此时康恩贝公司正积极寻找融资渠道和机遇。

2．并购方式。

在地方政府的撮合和推动下，同样地处壮兰溪市的康恩贝公司于 1994 年 6 月协议受让了兰溪市财政局持有的浙江凤凰公司的国家股，成为持有凤凰公司股份 50.01% 的第一大股东，实现了对凤凰公司的控股。作为收购代价，康恩贝公司将其主导子公司制药公司的部分资产置换为凤凰公司对其的债权投资并相应地收取固定的回报。即在康恩贝实施并购时，缺乏现金注入凤凰公司，由兰溪财政局以该项股权转让收入 4500 万元贷给凤凰公司，康恩贝以对凤凰公司负债 4500 万元收购股权。这样，一方面康恩贝公司以负债形式控股了一家上市公司，另一方面凤凰公司又以债权投资形式改善了其盈利水平。

3．经营整合措施。

负债转让使得康、凤两家公司的负债水平大幅度增加，康恩贝公司对凤凰公司的经营管理虚化，凤凰公司董事会决策权虚化，致使经营风险增加。1994 年的配股资金继续投入到了亏损项目如脂肪酯、凤凰城和纸箱厂上，发展机遇没有抓住，反而背上了学生的包袱。1995 年 12 月，为扭转被动局面，又让浙江凤凰反向收购康恩贝公司的核心制药公司；并以制药公司为后盾，以上市公司的融资功能为基础，实现买壳上市，以便使公司走出困境。

4．并购结果——康恩贝退出凤凰公司。

由于康恩贝公司对并购中的困难估计不足，未能准确识别并购中的风险，致使并购陷入困境。1996 年初，中国证监会公布了关于配股的新规定，凤凰公司由于没有连续三年净资产收益率在 10% 以上的业绩而失去了配股资格，使凤凰公司筹资能力大大减弱，困难越来越大。3 月，康恩贝公司准备与凤凰公司合并，重整旗鼓，但是由于中国证监会关于上市公司与非上市公司合并“在国家有关管理办法出台前不得擅自行动”政策的出台，其合并方案未能获得证券监管部门批准。结果，康凤收购案不但没起到公司扩张的效果，反而使其背上了沉重的包袱。当年，凤凰公司主业收入负债增长，全年亏损 5687 万元，每股亏损 0.61 元，净资产收益率为 -60.46%，资产负债率为 78.57%。1996 年末，在入主凤凰期满 3 年后，康恩贝发现自己资金实力不仅难以让浙江凤凰摆脱困境，而且还有可能把自己也拖垮时，它选择急流勇退，转让其所持有的股权，全面退出浙江凤凰。

[2] 1994 年联通成立：电信改革肇始和深入

在联通打入手机市场后，消费者得到的是手机资费直线下降，同时也迫使电信运营行业服务不断提升。

从那时起，作为我国电信改革的标志，中国联通的发展一直受到业界的高度关注。在联通公司成立之前，我国公用通信网由邮电部独家垄断经营，邮电部集政府、企业两种职能于一身。

1994 年 7 月 19 日，中国联通在电信改革的序曲中诞生。联通的发展得益于中国电信改革，同时也见证了中国电信改革的进程。

大家仍还记得必须花上两三万元才能拥有“大哥大”，而现在几百元就能买到一部手机。同时，通信资费也迅速下降，手机普及率不断提高。这样的变化得益于对电信垄断的破除，而破除垄断的起点当属 1994 年中国联通的成立。

首启电信改革。

1992 年下半年，原电子部、电力部和铁道部联合向国务院正式提出组建联通公司的请示报告，报告特别指出，中国电信市场的供需矛盾十分尖锐，只有引入竞争，通信产业才能更快发展。

1994 年 7 月 19 日，原电子工业部、电力工业部、铁道部、国家经贸委，以及十大股东的代表共同见证了一个中国电信业发展史上的里程碑意义的时刻——中国联合通信有限公司成立。这是我国首度在基础电信业务领域引入竞争，它标志着我国电信业的体制改革正式开始。

在联通打入手机市场后，消费者得到的是手机资费直线下降，同时也迫使电信运营行业服务不断提升。

从那时起，作为我国电信改革的标志，中国联通的发展一直受到业界的高度关注。在联通公司成立之前，我国公用通信网由邮电部独家垄断经营，邮电部集政府、企业两种职能于一身。

中国联通正式挂牌成立，其主营业务除移动通信之外，还包括国际国内长途通信、数据通信、互联网及 IP 电话等。带着仅有的 13.4 亿元公司注册资金，联通成立了，然而，联通所要承担的，却是打破中国电信市场垄断的艰巨任务。

联通 1995 年在京、津、沪、穗 4 城市采用 GSM 数字移动通信技术建设中国第二个公用移动通信网。由于联通大胆推广 GSM，原中国电信被迫应战，这对 GSM 网的建设起到了推波助澜的作用，使移动电话的价格从当时的每部 2.8 万元陡然下降到 4000～5000 元。

承载着“打破垄断、引入竞争、发展电信事业”的使命，中国联通在我国基础电信领域艰难前行。

2002 年 1 月 8 日则是中国联通 CDMA 事业的起点。这造就了目前联通双网运营的局面。CDMA 是我国继 GSM 网络之后引入的第二种移动通信网络，它代表了中国联通与中国移动争夺市场优势的战略思想。而这也成为在目前电信重组的局面下，分拆联通的根源所在。

历史回溯到 2000 年，这一年，刚刚吸纳了国信寻呼并完成重组的中国联通，在国家有关部门的强力支持下，6 月 22 日由 12 省分公司组成联通红筹公司，在香港和纽约同时挂牌上市，融资高达 56.5 亿美元。之后的 2002 年 10 月，联通 A 股公司在上海证券交易所成功上市，成为第一家进入 A 股市场且流通股最大的基础电信运营企业。2002 年 12 月 31 日和 2003 年 12 月 31 日，联通公司又先后完成两次注资，基本实现了核心业务的整体上市。

三地上市和两次注资，不仅创造了中国企业上市的多个纪录，更加速了中国联通由小到大、由弱到强的发展进程。正是三地上市和两次注资融来的近 600 亿元资金，支持了中国联通的网络建设和业务发展，加快了中国联通“超常规、跨越式”的发展进程，使得联通成为中国电信市场上重要的竞争者之一。

促使改革深入。

我国电信改革采取了“三步走”的策略，分别为政企分家、邮电分营、引入竞争机制，中国联通的成立就是中国电信改革三步走的一部分。

在 1994 年中国联通进入后，另一个电信改革的标志时间是 1998 年信息产业部的建立。

1998 年，信息产业部组建，中国电信从政府机构中脱离，政企实现分离，标志着相对公平竞争环境的确立。通过这两次改革，打破了原来中国电信市场垄断经营和政企不分，形成了国有企业内部竞争、监管相对独立的制度框架。

1998 年以后，中国电信业又历经数次改革，先后对中国电信进行两次拆分，建立中国移动、中国卫通，重组中国网通，引入中国铁通，至此形成六家竞争的市场格局。

如 1999 年，刚成立 1 年的信息产业部即开始操刀对中国电信的拆分，在中国电信的拆分重组中，信息产业部将中国电信的寻呼、卫星和移动业务剥离。原中国电信拆分成新中国电信、中国移动和中国卫通等 3 个公司，寻呼业务并入联通公司。

而在两年后的 2001 年，中国电信再次分拆，在二次分拆时，南方二十省的电信公司组成新的中国电信，北方十省市的电信公司则和网通、吉通重组为新网通。最终形成了中国移动、中国电信、中国联通、中国网通、中国铁通和中国卫通的 5 + 1 格局。

而中国电信改革在经历了一个“黄金”时期后，目前处于停滞不前的状态，并面临着竞争不足、产权单一、三网融合缓慢以及监管体制亟待改革等各种问题。

2004 年上半年开始，有关运营商重组的传闻不断。重组方案大多围绕着合并或拆分联通进行。因为中国联通拥有两张移动牌照，且两张牌照之间事实上还存在竞争关系；而且，在中国政府发放 3G 牌照时，中国联通不可能获得两张牌照，因此多数人认为 3G 牌照发放前，拆分联通是经济可行的。

联通仍将在这样一场不断深入的电信改革中扮演关键角色。

附：它们曾经是被告——各国反垄断法经典案例回顾

在过去的一百年时间里，各国反垄断组织和垄断企业进行了艰苦卓绝的斗争，反垄断法在世界各国的经济法正扮演了越来越重要的角色，而它们的过去对于即将迎来《反垄断法》的中国显然具有积极的借鉴意义。

在美国，反垄断法被称为“自由企业的大宪章”、在德国被称为“经济宪法”、在日本被认为是“经济法的核心”，其地位凌驾于其他所有经济法规之上。但即便在已经实施反垄断法的全球 100 个国家和地区之间，它也是不同观念的争论焦点，已有的各国法律规则和实践相差之大，远超过其他法律部门。从一百年前诞生至今，反垄断法的精神、实质也发生了很大改变，研究发达国家的反垄断历程对我们了解中国《反垄断法》显然将会有所裨益。

一般认为，美国 1890 年颁布的《抵制非法限制与垄断保护贸易及商业法》是世界上最早的反垄断立法。因最初是由参议院议员约翰·谢尔曼提出的议案，故称《谢尔曼法》，由于当时企业兼并多是通过“托拉斯”的形式进行，所以这部法律也叫《反托拉斯法》。

利用《谢尔曼法》，美国政府曾成功地肢解了标准石油公司、美国烟草公司和 AT&T（美国电报电话公司）这三个最有名的托拉斯。

在欧盟成立后，竞争法也成为其体系中重要的法律。主要包括建立欧共体、欧洲煤钢共同体和欧洲原子能共同体等三个基础条约及相关文件，其法律效力凌驾于成员国的竞争法之上，后者不得与欧盟竞争法相抵触。

在亚洲，日本政府为了赶超英、美、德等发达国家，集中财产参与国际竞争，先是鼓励和保护垄断。但是在第二次世界大战以后，凭借美国政府的干预，日本依照美国的反托拉斯法于 1947 年 4 月颁布了严厉的反垄断法《禁止私人垄断及确保公正交易法》，成功地肢解了三井、三菱、住友和安田 4 大财阀，并在以后多次对该法律进行了修改。除此以外，日本政府还为该法律的执行特别设立了公正交易委员会。

从第一步真正意义上的《反垄断法》出台到现在已经有超过一百年的历史。尽管因国情不同，各国的反垄断立法以及司法实践存在着差异，但因为反垄断法基于的经济学原理相同，因此近年在内容上体现出很大的趋同性。

而各国反垄断法一个根本的原则就是：反对经济活动中的垄断行为，而不是反对企业的垄断地位。

国际反垄断成效之一：资源重组

在 1996 年宣布收购麦道后，波音公司就遭到了欧盟方面的巨大压力，但此案在波音作出巨大让步后最终得到了通过，其博弈过程显示了反垄断案件的复杂性。

1996 年 12 月 15 日，世界航空制造业第一巨头美国波音公司宣布收购世界航空制造业排行第三的美国麦道公司，在全球飞机制造业引起了轩然大波。按照 1996 年 12 月 13 日的收盘价，波音公司完成这项收购共需出资 133 亿美元。在波音公司和麦道公司合并之后，新波音公司的资产总额达 500 亿美元，净负债为 10 亿美元，员工总数 20 万人。1997 年，新波音公司的总收入达到 480 亿美元，成为目前世界上最大的民用和军用飞机制造企业。

在“二战”之后，波音公司以原有的 B－52 型轰炸机的生产设备和厂房为基础大量生产波音 707 大型民用客机，奠定了其在世界大型民用客机生产领域的垄断地位。1996 年，该公司赢得了 346 架订货，是 6 年内订货最多的一年。

而波音公司和空中客车公司的竞争对手麦道公司的竞争实力则正在不断下降，其占世界民用客机市场的份额已从原有的 22% 下降到兼并前的不足 10%。从军工产品来看，尽管麦道公司曾经是世界最大的军用飞机制造商，生产了著名的 F－15、FA－18 等战斗机，但在 1994 年，美国的洛克希德与马丁·玛瑞塔合并，组成了洛克希德·马丁与麦道公司展开了激烈的竞争。1996 年，洛克希德·马丁又斥资 91 亿美元，兼并了另一家军工大企业——劳若。三家公司联合之后的年销售额达到 300 亿美元，是麦道公司年销售额的两倍，极大地削弱了麦道公司的竞争实力。现实表明，波音公司通过兼并麦道需要扩大生产能力，增加生产技术人员，而陷入困境的麦道也需要通过被兼并来寻找生机。

此案争议的焦点在于，根据美国的有关法律，如此大规模的合并必须经过美国反垄断当局的批准。关于兼并的允许范围，法律中明确规定，如果两家公司合并以后市场份额的平方和大于 1800，公平交易部的反垄断处或联邦贸易委员会就有权立案调查。照此规定计算，波音所占的市场份额为 60%，仅其一家的平方就是法律条文规定的两倍，麦道所占的市场份额为 15%，两家市场份额平方和为 3825，是立案调查标准的两倍多，但最终还是获得了美国政府的放行。

由于这起合并事件使世界航空制造业由原来波音、麦道和空中客车三家共同垄断的局面变为波音和空中客车两家之间进行超级竞争，因此波音公司兼并麦道公司事件对欧洲飞机制造业构成了极大的威胁，在政府和企业各界引起了强烈的反响。1997 年 1 月，欧洲委员会开始对波音兼并麦道案进行调查；5 月，欧洲委员会正式发表不同意这起兼并的照会；7 月 16 日，来自欧盟 15 个国家的专家强烈要求欧洲委员会对这项兼并予以否决。美国和欧洲各主要国家的政府首脑纷纷卷入这场兼并和反兼并的冲突之中。

一时间，美国与欧洲出口企业之间酝酿着引发贸易大战的危机。最后，为了完成兼并，波音公司在 1997 年 7 月 22 日不得不对欧盟做出让步，其代价是：（1）波音公司同意放弃三家美国航空公司今后 20 年内只购买波音飞机的合同；（2）接受麦道军用项目开发出的技术许可证和专利可以出售给竞争者（空中客车）的原则；（3）同意麦道公司的民用部分成为波音公司的一个独立核算单位，分别公布财务报表。

经 15 个欧盟国家外长磋商之后，7 月 24 日，欧洲正式同意波音兼并麦道；7 月 25 日，代表麦道 75.8% 的股份，持有 2.1 亿股的股东投票通过麦道公司被波音公司兼并。1997 年 8 月 4 日，新的波音公司开始正式运行。至此，世界航空制造业三足鼎立的局面不复存在，取而代之的是两霸相争的新格局。

国际反垄断成效之二：终遭肢解

作为美国历史上最为强大的托拉斯，标准石油受到了美国政府长达 20 多年的起诉和打击，并最终遭到分拆，这一案例为美国乃至全球的反垄断提供了重要的参考。

作为全球第一家托拉斯（以高度联合形式组成的综合性企业集团），标准石油的解散无疑是全球反垄断史的一个标志性事件，其所造成的影响在一个世纪后的今天依然意义非常。

1870 年 1 月 10 日，洛克菲勒在俄亥俄州创建了标准石油这家有史以来最为强大的垄断企业，其定名是为了标榜该公司出产的石油是顾客可以信赖的“符合标准的产品”。到 1879 年底，标准公司作为一个合法实体成立刚满 9 年时，就已控制了全美 90% 的炼油业。自美国有史以来，还从来没有一个企业能如此完全地独霸过市场。

1882 年，洛克菲勒在他的律师多德首度提出的“托拉斯”这个垄断组织的概念指导下合并了 40 多家厂商，垄断了全国 80% 的炼油工业和 90% 的油管生意。1886 年，标准石油公司又创建了天然气托拉斯，并最后定名为美孚石油公司。1888 年，公司开始进入上游生产，收购油田。1890 年，标准石油公司成为美国最大的原油生产商，垄断了美国 95% 的炼油能力、90% 的输油能力、25% 的原油产量。标准石油公司对美国石油工业的垄断一直持续到 1911 年。

以标准石油为首，美国历史上一个独特的时代——垄断时代就此到来。托拉斯迅速在全美各地、各行业蔓延开来，在很短的时间内，这种垄断组织形式就占了美国经济的 90%。

在国际市场上，标准石油也迅速取得了支配性的地位。19 世纪 80 年代，由于美国的工艺已使标准公司的产品优于欧洲人的产品，因而标准公司赢得了欧洲大部分地区的煤油市场。在 19 世纪 70 年代和 80 年代，煤油出口占到全部美国石油产量的一半以上。从价值上说煤油占美国出口货的第四位；在工业制品中占第一位。欧洲则是它的最大市场，而其中至少有 90% 的出口煤油是经过标准石油公司之手出去的。

随着标准石油的不断膨胀，它也成为美国政府反托拉斯的头号打击对象，被作为“进行欺诈、高压、行使特权”的代表，首当其冲受到批判。1890 年，美国政府颁布《谢尔曼法》，美孚石油托拉斯不得不解散。但事实上，洛克菲勒的石油帝国仍然存在，各分公司仍然步调一致，协同作业；各公司的收入还是由以洛克菲勒为中心的委托人来管理。1899 年 6 月，洛克菲勒改组美孚石油公司，以新泽西州的美孚公司重新登记，美孚石油公司的石油霸主地位再次得以确立。但在 1908 年，西奥多·罗斯福出任美国总统，开始了托拉斯与反托拉斯之间最为激烈的对抗。罗斯福提出要将垄断市场、勾结铁路的美孚石油公司彻底铲除。1911 年 5 月，美国最高法院宣判美孚石油公司解散，洛克菲勒为之辛苦经营 40 年、耗尽毕生精力的石油王国轰然倒塌。美孚石油公司被分成 38 个独立的企业，各自成立董事会。

尽管被分拆已近一个世纪，但今天人们依然能看出当年这个石油帝国的庞大。如今全球排名前两位的石油公司埃克森—美孚和德士古—雪佛龙均来自于当年的标准石油，其中的埃克森—美孚更为《财富》杂志 2006 年度财富 500 强的首位。

国际反垄断成效之三：霸权受限

在全球 PC 机操作系统等软件市场占有巨大的市场份额的微软在 2000 年险遭美国政府分拆。尽管最终幸运地逃过了一劫，但微软在世界各地都长期陷入了反垄断诉讼的旋涡，微软的案例在经济学界也引起了巨大的争议。

身为全球最大的软件商，1975 年成立的微软公司在全球 PC 机操作系统等软件市场占有巨大的市场份额，经常被推上反垄断法庭。但其中最为危险的，莫过于 1998 年 5 月 18 日美国司法部向微软发起的反垄断诉讼。

在裁决书中，联邦法官托马斯·杰克逊在宣布微软是垄断机构。在其调查报告中称：微软在 Intel 个人电脑操作系统市场中，享有至高无上的权利。

此后形势立刻向不利于微软的方向发展。1999 年 12 月 8 日，美国 19 个州和司法部再一次起诉微软公司违背反垄断法《谢尔曼法》。随后 INTEL 宣布解除其与微软多年的同盟关系。主审法官杰克逊出具了《微软垄断明证》，进一步证实微软垄断是事实。媒体和政府不断提出拆分微软公司的可能性。

在 2000 年 4 月 4 日，法庭宣判微软违反了美国反垄断法《谢尔曼法》，使用阻碍竞争的手段维持微软的垄断地位，杰克逊称微软违反了谢尔曼反垄断法的核心部分。微软的三项罪名是：通过反竞争行为维持垄断；企图垄断浏览器市场和将其浏览器与操作系统捆绑。

2000 年 6 月，杰克逊法官作出将微软一分为二的判决，一个专营电脑操作系统，另一个则经营除去操作系统外微软目前所经营的其他内容，包括 Office 系列应用软件、IE 浏览器等，微软随后以法官杰克逊的司法公正性有问题提出上诉。2001 年 6 月，美国哥伦比亚特区联邦上诉法院作出裁决，驳回地方法院法官杰克逊作出的将微软一分为二的判决，但维持有关微软从事了违反反垄断法的反竞争商业行为的判决，判决微软利用在操作系统市场上的垄断力量打击竞争对手，与电脑制造商和软件开发商签订一些排他性合同违法，微软最终艰难度过风波。

国外反垄断大事年表

1624 年　英国颁布《垄断法》，它被认为是世界上第一部具有现代意义的专利法。

1890 年　美国国会通过《谢尔曼法》，全称《抵制非法限制与垄断保护贸易及商业法》。1890 年 7 月 20 日，该法在国会通过，成为世界上最早的反垄断法，也就被称为全球反垄断法之母。

1911 年 5 月 15 日　美国最高法院终审裁定美孚石油公司（即前标准石油公司）垄断贸易成立。勒令美孚必须在从 1911 年 6 月 1 日开始的 6 个月内把该垄断企业分成 34 家公司。

1911 年　美国反托拉斯局起诉美国烟草公司，利用掠夺性定价等方式垄断烟草业，控制 95% 的美国香烟市场。该公司被裁定有罪，勒令拆分为 16 家公司，现在仍在运作的包括雷诺士及英美烟草。

1911 年　美国司法部起诉美国钢铁公司，指其长期控制市场的 50%，但最高法院于 1920 年宣布其无罪。

1914 年　美国《克莱顿反托拉斯法》与《联邦贸易委员会法》颁布。

1947 年　日本颁布《禁止私人垄断及确保公正交易法》（一般简称为《垄断禁止法》）。

1949 年　美国司法部对美国电报电话公司（AT&T）提起了反垄断指控，要求 AT&T 公司与韦斯特公司相分离。但该案在 1956 年不了了之，其垄断地位并未受到损害。

1957 年　德国通过首部反垄断法即《反对限制竞争法》，维护德国自由竞争的市场经济。

1962 年　欧盟理事会通过了第 17 号条例，该条约规定了适用于限制竞争性做法和滥用支配地位的一般规则，确立了欧盟的反托拉斯法制度。

1969 年　反托拉斯局起诉 IBM 长期垄断计算机市场，将电脑硬件和软件捆绑销售。这宗诉讼是美国政府首次挑战电脑行业，拖延了 13 年之久，司法部在 1982 年将案件撤销。

1974 年　美国司法部再次向 AT&T 提起反垄断指控。AT&T 公司于 1984 年一分为八，保留原公司名称的 AT&T 只能经营长话业务，被肢解的七个小贝尔如西南贝尔、太平洋贝尔、大西洋贝尔等只能经营市话业务，并受政府的监督和管制。

1976 年　美国实行《反托拉斯改进法》，企业并购必须经联邦贸易委员会或联邦司法部的审批。

1992 年　美国司法部和联邦贸易委员会联合颁布了《1992 年横向合并准则》，重点规范企业间的横向合并，如果影响市场结构，就可予以起诉。

1998 年 5 月　美国联邦政府和 19 个州及哥伦比亚特区政府指控微软公司垄断。指控微软的罪状主要包括，将“探索者”网络浏览器与视窗 98 操作系统捆绑销售，以终止视窗操作系统的使用许可证为威胁，以捆绑销售的方式强迫 IBM、康拜等个人计算机制造商安装“探索者”浏览器，胁迫网络服务商放弃使用导航者而改用“探索者”。所有这些罪状都涉及微软公司的不公平商业竞争行为。

1999 年　美国首例维生素市场的反垄断诉讼，持续时间长达 5 年。最终，被告瑞士罗氏公司被处以 4.62 亿欧元的罚款，元气大伤后于 2002 年退出了维生素业务。

2000 年 6 月 7 日　美国最高法院推翻了哥伦比亚特区联邦地方法院法官托马斯·杰克逊将微软公司一分为二的拆分判决。

2004 年 5 月 1 日　随着反托拉斯法的执法环境发生了巨大变化，欧盟进行了反托拉斯制度的根本改革，正式实施新的反托拉斯执法制度。

第七部分

中国反垄断与规制机构介绍

国家电力监管委员会

一、内设机构及其职能

办公厅（国际合作部）：组织机关日常工作；负责公文处理和新闻宣传工作，承办重要会议；管理机关财务、档案、资产、保密、安全保卫、后勤服务和其他行政事务；负责电力市场统计，统一对外发布信息，负责组织建立电力监管信息系统；负责电力监管机构的内部审计工作；负责电力监管国际比较研究；管理电力监管派出机构的涉外事务和有关国际合作项目；负责组织国际交流合作活动、安排人员出访和接待国（境）外人员来访；负责办理人民来信来访。

政策法规部（电改办）：草拟电力监管法律法规，提出制定或修改建议；负责授权范围内的电力法律法规的解释和宣传工作；统一审核会内各类规章、规则和管理办法；按照国家对电力体制改革的决定和部署，组织实施电力体制改革方案，提出深化改革的建议；组织办理涉及电力监管机构的行政复议案件、行政诉讼案件和国家赔偿案件的应诉工作。

市场监管部：制定发电业务许可证管理办法，颁发和管理发电业务许可证；拟定电力市场运行规则；审定电力市场运营模式和电力调度交易机构设立方案；监督检查容量电价的执行情况；监管电力调度交易机构的调度、信息披露、结算等行为；查处操纵市场价格的行为；参与制定电源发展规划；参与制定发电企业技术、安全、定额和质量标准并监督检查；监管非竞争性发电业务。

输电监管部：制定输电及相关业务许可证管理办法，颁发和管理输电及相关业务许可证；参与制定输电企业技术、安全、定额、质量标准并监督检查；监督输电企业无歧视和公平开放电网；监督检查输电企业成本规则和输电电价执行情况；参与制定并监督实施电网发展规划，监督电网企业的投资行为。

供电监管部：制定供电业务许可证管理办法，负责指导供电营业区的划分，颁发和管理供电业务及其相关业务许可证；参与制定供电企业技术、安全、定额、质量标准并监督检查，制定供电服务投诉及处理程序，监管电能及供电服务质量；监督检查供电企业成本规则和销售电价的执行情况；监管供电企业信息披露；根据国家有关政策制定电力普遍服务计划并监督实施。

价格与财务监管部（稽查局）：研究提出容量电价、输电配电电价和销售电价的定价建议；监管各项辅助服务收费标准；按照国家规定，拟定输电和供电企业成本规则；协同环保部门对电力行业执行环保政策、法规和标准进行监督检查；按照公平竞争原则，对电力企业兼并重组提出建议；负责电力行政执法；拟定电力争议纠纷解决程序，处理投诉、申诉和电力争议纠纷；组织调查电力市场违法违规案件并提出处理意见，执行国家电力监管委员会对违法违规案件的处理决定。

人事培训部（机关党委）：拟定电监会机关及派出机构的人事管理制度；承办干部调配、任免、考核、培训、奖惩、交流、出国政审以及机关工作人员的工资福利、社会保险、离退休干部管理等工作；管理人事档案；负责机关、派出机构专业技术职务评聘工作；负责机关及在京直属单位和代管单位的党群工作。

党组纪检组（监察局）：监督检查本系统贯彻执行国家法律、法规、政策的情况；依法依纪查处违反国家法律、法规和政纪的行为；受理对监察对象的检举、控告和申诉；领导本系统纪检（监察）工作。办公厅承担的“负责电力监管机构的内部审计工作”，改由监察局负责。

安全监管局：负责全国电力安全及可靠性的监督管理工作；组织制定电力安全生产有关规章和标准，并对实施情况进行监督检查；组织电力安全生产大检查，督促落实安全生产各项措施；组织对电力企业安全生产状况进行检查、诊断、分析和评估；负责全国电力安全生产信息的统计、分析、发布；对全国电力行业发生的重大及以上安全生产事故组织调查；负责全国电力安全的业务培训、考核和宣传教育工作；组织安全生产管理新技术的推广应用；承办领导交办事项。

二、主 要 职 责

根据国务院批准《国家电力监管委员会职能配置内设机构和人员编制规定》，国家电力监管委员会按照国务院授权，行使行政执法职能，依照法律、法规统一履行全国电力监管职责。

（一）负责全国电力监管工作，建立统一的电力监管体系，对国家电力监管委员会的派出机构实行垂直领导。

（二）研究提出电力监管法律法规的制定或修改建议，制定电力监管规章，制定电力市场运行规则。

（三）参与国家电力发展规划的制定，拟定电力市场发展规划和区域电力市场设置方案，审定电力市场运营模式和电力调度交易机构设立方案。

（四）监管电力市场运行，规范电力市场秩序，维护公平竞争；监管输电、供电和非竞争性发电业务。

（五）参与电力技术、安全、定额和质量标准的制定并监督检查，颁发和管理电力业务许可证，协同环保部门对电力行业执行环保政策、法规和标准进行监督检查。

（六）根据市场情况，向政府价格主管部门提出调整电价建议；监督检查有关电价；监管各项辅助服务收费标准。

（七）依法对电力市场、电力企业违法违规行为进行调查，处理电力市场纠纷。

（八）负责监督电力社会普遍服务政策的实施，研究提出调整电力社会普遍服务政策的建议；负责电力市场统计和信息发布。

（九）按照国务院的部署，组织实施电力体制改革方案，提出深化改革的建议。

（十）承办国务院交办的其他事项。

三、部 门 规 章

电力用户向发电企业直接购电试点暂行办法

华东电力市场运营规则

华东电力市场技术支持系统功能规范

跨区跨省电力优化调度暂行规则

购售电合同（示范文本）

电力市场监管办法（试行）

电力市场运营基本规则

电力市场技术支持系统功能规范（试行）

《承装（修、试）电力设施许可证管理办法》（电监会6号令）
供电营业规则
用电检查管理办法
供电营业区划分及管理办法
供用电监督管理办法
电网调度管理条例实施办法
电力设施保护条例实施细则

国家工商行政管理总局反垄断与反不正当竞争执法局

一、内设机构

内设综合处、反垄断执法处、反垄断法律指导处、反不正当竞争处、案件督查协调处。

二、主要职责

拟订有关反垄断、反不正当竞争的具体措施、办法；承担有关反垄断执法工作；查处市场中的不正当竞争、商业贿赂、走私贩私及其他经济违法案件，督查督办大案要案及典型案件。

承办总局交办的其他事项。

三、法律法规

中华人民共和国反垄断法
中华人民共和国公司登记管理条例
中华人民共和国公司法
中华人民共和国公务员法
中华人民共和国行政许可法
中华人民共和国商标法
特殊标志管理条例
奥林匹克标志保护条例
中华人民共和国个人独资企业法
中华人民共和国行政复议法
中华人民共和国合同法

中华人民共和国合伙企业法
中华人民共和国乡镇企业法
中华人民共和国广告法
中华人民共和国反不正当竞争法
中华人民共和国中外合作经营企业法
中华人民共和国全民所有制工业企业法
中华人民共和国外资企业法
中华人民共和国食品安全法实施条例
物业管理条例（2007年修订）
信息网络传播权保护条例
北京市政府关于印发《实施细则》的通知
娱乐场所管理条例
国务院办公厅关于做好贯彻实施修订后的公司法和证券法有关工作的通知
中华人民共和国公司登记管理条例
直销管理条例（国务院令第443号）
禁止传销条例（国务院令第444号）
国务院办公厅关于推行行政执法责任制的若干意见
世界博览会标志保护条例
无照经营查处取缔办法
知识产权海关保护条例
互联网信息服务管理办法
产品质量认证管理条例
中华人民共和国国家工商行政管理局关于《烟草广告管理暂行办法》修改意见
国务院办公厅关于进一步做好工商行政管理和质量技术监督部门经费保障工作的通知
中华人民共和国商标法实施条例
国务院办公厅关于开展集贸市场专项整治工作的通知
指导外商投资方向规定
奥林匹克标志保护条例

国务院办公厅转发工商总局关于工商行政管理机关限期与所办市场彻底脱钩有关问题意见的通知

国务院办公厅关于继续深入开展严厉打击制售假冒伪劣商品违法犯罪活动联合行动的通知
商用密码管理条例

国务院清理整顿经济鉴证类社会中介机构领导小组、国家工商行政管理局关于经济鉴证类社会中介机构与政府部门实行脱钩改制的意见

中华人民共和国台湾同胞投资保护法实施细则
国务院关于全面推进依法行政的决定
国务院办公厅关于严格查禁非法进口“红油”的紧急通知
娱乐场所管理条例
期货交易管理暂行条例
饲料和饲料添加剂管理条例
房地产广告发布暂行规定
事业单位登记管理暂行条例（修正）
民办非企业单位登记管理暂行条例

社会团体登记管理条例

非法金融机构和非法金融业务活动取缔办法

国务院关于禁止传销经营活动的通知

中华人民共和国合伙企业登记管理办法

罚款决定与罚款收缴分离实施办法

营业性演出管理条例

中共中央、国务院关于治理向企业乱收费、乱罚款和各种摊派等问题的决定

印刷业管理条例

出版管理条例

特殊标志管理条例

国务院办公厅关于对在我国境内举办对外经济技术展览会加强管理的通知

国务院办公厅转发国家经贸委等部门关于深入开展打击生产和经销假冒伪劣商品违法行为意见的通知

企业国有资产产权登记管理办法

国务院办公厅转发国家经贸委等部门关于深入开展打击生产和经销假冒伪劣商品违法行为的意见

国务院办公厅关于大中城市工商行政管理分局执法权限问题的复函

国家赔偿费用管理办法

音像制品管理条例

中华人民共和国外资金融机构管理条例

国务院办公厅关于调整缉私部门罚没收入上交办法的通知

中华人民共和国城镇集体所有制企业条例

劳动就业服务企业管理规定

中华人民共和国档案法实施办法

国务院关于鼓励华侨和香港澳门同胞投资的规定

法规汇编编辑出版管理规定

中华人民共和国乡村集体所有制企业条例

外商投资开发经营成片土地暂行管理办法

盐业管理条例

国务院关于完善化肥、农药、农膜专营办法的通知

中华人民共和国种子管理条例

国务院关于化肥、农药、农膜实行专营的决定

中华人民共和国私营企业暂行条例

广告管理条例

城乡个体工商户管理暂行条例

汽车交易市场管理暂行规定

国务院关于严禁淫秽物品的规定

中华人民共和国中外合资经营企业法实施条例

城乡集市贸易管理办法

工商行政管理机关查处垄断协议、滥用市场支配地位案件程序规定

工商行政管理机关制止滥用行政权力排除、限制竞争行为程序规定

工商行政管理规章制定程序规定

关于对《反不正当竞争法》第五条第（四）项所列举的行为之外的虚假表示行为如何定性处

理问题的答复

商标印制管理办法

证券市场禁入规定

整顿和规范盐业市场秩序工作方案

总局刘玉亭副局长在全国工商行政管理系统开展整顿和规范盐业市场秩序专项行动工作会议上的讲话

整顿和规范盐业市场秩序工作方案

卫生部、国家中医药管理局、公安部、国家工商总局关于开展严厉打击非法行医　整顿医疗服务市场秩序专项治理工作的通知

国家工商行政管理局关于对企业及其产品在境外的市场占有率、排序的内容在广告中使用问题的答复

国家工商行政管理局关于《反不正当竞争法》第二十三条和第三十条“质次价高”、“滥收费用”及“违法所得”认定问题的答复

国家工商行政管理局关于集贸市场个体工商户短尺少秤行为适用《城乡个体工商户管理暂行条例》规定进行处罚是否恰当问题的答复

国家工商行政管理局关于工商行政管理机关应当依照《反不正当竞争法》查处邮政企业强制他人接受其邮政储蓄服务的限制竞争行为的答复

国家工商行政管理局关于贯彻国务院反假币工作会议精神的通知

国务院关于进一步整顿和规范期货市场的通知

国家工商行政管理局关于加强市场监督管理严厉惩治扰乱市场秩序违法行为的通知

国家工商行政管理局关于抽奖式有奖销售认定及国家工商行政管理局对《反不正当竞争法》具体应用解释权问题的答复

国家工商行政管理局关于在市场监管工作中推行市场巡查制的通知

国家工商行政管理局关于强化市场日常监督管理工作的通知

国家计委、国家经贸委、国家体改委、财政部、供销合作总社、中国纺织总会、中国人民银行、铁道部、农业部、中国农业发展银行、中国工商银行、国家工商行政管理局、国家技术监督局关于印发《全国棉花交易市场交易管理暂行办法》的通知

国家经贸委、国家工商行政管理局、海关总署、国家技术监督局、卫生部、国家商检局关于印发《进口酒类国内市场管理办法》的通知

国家工商行政管理局关于立即配合查缴反动、淫秽 VCD 故事片《’97 风流梦》的紧急通知

国家工商行政管理局关于金霸王电池广告图案是否违反《广告法》有关条款的答复

国内贸易部、国家计委、国家经贸委、财政部、国家工商行政管理局关于印发《加强民用煤市场管理进一步做好民用煤供应工作的意见》的通知

建设部、国家工商行政管理局关于禁止在工程建设中垄断市场和肢解发包工程的通知

国家中医药管理局、国家医药管理局、卫生部、国家工商行政管理局关于严格执行《整顿中药材专业市场标准　加强中药材专业市场管理》的通知

国家工商行政管理局关于纠正违反国家规定登记注册外商独资商业企业等问题的通知

国家工商行政管理局关于金霸王电池广告图案是否违反《广告法》有关条款的答复

国家工商行政管理局关于进一步贯彻实施《反不正当竞争法》的若干意见

国家工商行政管理局对《关于北京市集贸市场市场管理员着装的请示》的答复

国家食品药品监督管理局

一、主 要 职 责

（一）制定药品、医疗器械、化妆品和消费环节食品安全监督管理的政策、规划并监督实施，参与起草相关法律法规和部门规章草案。

（二）负责消费环节食品卫生许可和食品安全监督管理。

（三）制定消费环节食品安全管理规范并监督实施，开展消费环节食品安全状况调查和监测工作，发布与消费环节食品安全监管有关的信息。

（四）负责化妆品卫生许可、卫生监督管理和有关化妆品的审批工作。

（五）负责药品、医疗器械行政监督和技术监督，负责制定药品和医疗器械研制、生产、流通、使用方面的质量管理规范并监督实施。

（六）负责药品、医疗器械注册和监督管理，拟订国家药品、医疗器械标准并监督实施，组织开展药品不良反应和医疗器械不良事件监测，负责药品、医疗器械再评价和淘汰，参与制定国家基本药物目录，配合有关部门实施国家基本药物制度，组织实施处方药和非处方药分类管理制度。

（七）负责制定中药、民族药监督管理规范并组织实施，拟订中药、民族药质量标准，组织制定中药材生产质量管理规范、中药饮片炮制规范并监督实施，组织实施中药品种保护制度。

（八）监督管理药品、医疗器械质量安全，监督管理放射性药品、麻醉药品、毒性药品及精神药品，发布药品、医疗器械质量安全信息。

（九）组织查处消费环节食品安全和药品、医疗器械、化妆品等的研制、生产、流通、使用方面的违法行为。

（十）指导地方食品药品有关方面的监督管理、应急、稽查和信息化建设工作。

（十一）拟订并完善执业药师资格准入制度，指导监督执业药师注册工作。

（十二）开展与食品药品监督管理有关的国际交流与合作。

（十三）承办国务院及卫生部交办的其他事项。

二、下设机关司局

办公室（规划财务司）；政策法规司；食品许可司；食品安全监管司；药品注册司（中药民族药监管司）；医疗器械监管司；药品安全监管司；稽查局；人事司；国际合作司（港澳台办公室）；直属机关党委；驻局纪检组监察局；离退休干部司。

三、部令、局令

药品类易制毒化学品管理办法
餐饮服务食品安全监督管理办法
餐饮服务许可管理办法
医疗器械广告审查发布标准
医疗器械广告审查办法
药品召回管理办法
药品注册管理办法
药品广告审查办法
药品广告审查发布标准
药品流通监督管理办法
蛋白同化制剂、肽类激素进出口管理办法（暂行）
药品说明书和标签管理规定
国家食品药品监督管理局听证规则（试行）
进口药材管理办法（试行）
国家食品药品监督管理局药品特别审批程序
医疗机构制剂注册管理办法（试行）
保健食品注册管理办法（试行）
医疗机构制剂配制监督管理办法（试行）
医疗器械注册管理办法
医疗器械经营企业许可证管理办法
药品生产监督管理办法
医疗器械生产监督管理办法
直接接触药品的包装材料和容器管理办法
生物制品批签发管理办法
互联网药品信息服务管理办法
医疗器械说明书、标签和包装标识管理规定
国家食品药品监督管理局关于涉及行政审批的行政规章修改、废止、保留的决定
药品不良反应报告和监测管理办法
药品经营许可证管理办法
医疗器械临床试验规定
药品进口管理办法
药物非临床研究质量管理规范
药物临床试验质量管理规范
药品监督行政处罚程序规定
国家药品监督管理局行政复议暂行办法
国家药品监督管理局行政立法程序规定
中药材生产质量管理规范（试行）
医疗器械标准管理办法（试行）
药品监督管理统计管理办法（试行）

咖啡因管理规定
医疗机构制剂配制质量管理规范
药品行政保护条例实施细则
一次性使用无菌医疗器械监督管理办法（暂行）
医疗器械生产企业质量体系考核办法
药品经营质量管理规范
药品包装用材料、容器管理办法（暂行）
医疗器械新产品审批规定（试行）
医疗器械分类规则
麻黄素管理办法（试行）
戒毒药品管理办法
药品生产质量管理规范（1998 年修订）
处方药与非处方药分类管理办法（试行）

国家质量监督检验检疫总局

中华人民共和国国家质量监督检验检疫总局（简称国家质检总局）是中华人民共和国国务院主管全国质量、计量、出入境商品检验、出入境卫生检疫、出入境动植物检疫、进出口食品安全和认证认可、标准化等工作，并行使行政执法职能的直属机构。

国家质检总局内设 20 个司（厅、局），即办公厅、法规司、质量管理司、计量司、通关业务司、卫生检疫监管司、动植物检疫监管司、检验监管司、进出口食品安全局、特种设备安全监察局、产品质量监督司、食品生产监管司、执法督查司（国家质检总局打假办公室）、国际合作司（WTO 办公室）、科技司、人事司、计划财务司、督察内审司、机关党委和离退休干部局。另外，中共中央纪律检查委员会和国家监察部向国家质检总局派驻了纪律检查组和监察局。

国家质检总局对中国国家认证认可监督管理委员会（中华人民共和国国家认证认可监督管理局）（简称国家认监委）和中国国家标准化管理委员会（中华人民共和国国家标准化管理局）（简称国家标准委）实施管理。国家认监委（副部级）是国务院授权的履行行政管理职能，统一管理、监督和综合协调全国认证认可工作的主管机构。国家标准委（副部级）是国务院授权的履行行政管理职能，统一管理全国标准化工作的主管机构。

国家质检总局下设 15 个直属事业单位，即：机关服务中心、信息中心、国际检验检疫标准与技术法规研究中心、中国纤维检验局、中国检验检疫科学研究院、中国标准化研究院、中国计量科学研究院、中国质量认证中心、中国合格评定国家认可中心、中国特种设备检测研究中心，人力资源开发培训中心、中国质量报社、中国国门时报社、中国标准出版社和中国计量出版社，为质检决策和实施提供技术等方面的支持。

中华人民共和国 WTO/TBT 国家通报咨询中心和中华人民共和国 WTO/SPS 国家通报咨询中心设在国家质检总局。

经国家民政部批准，10 个行业学、协会挂靠在国家质检总局，即中国出入境检验检疫协会、中国国际旅行卫生保健协会、中国质量检验协会、中国计量协会、中国认证认可协会、中国标准化协会、中国计量测试学会、中国防伪行业协会、中国设备监理协会、中国质量万里行促进会。

为履行出入境检验检疫职能，国家质检总局在全国31省（自治区、直辖市）共设有35个直属出入境检验检疫局，海陆空口岸和货物集散地设有近300个分支局和200多个办事处，共有检验检疫人员3万余人。质检总局对出入境检验检疫机构实施垂直管理。

为履行质量技术监督职责，全国共设有31个省（自治区、直辖市）质量技术监督局，并下设2800多个行政管理部门，共有质量技术监督人员18万余人。质检总局对省（自治区、直辖市）质量技术监督机构实行业务领导。

（A）国家质量监督检验检疫总局内设机构：

办公厅、法规司、质量管理司、计量司、通关业务司、卫生检疫监管司、动植物检疫监管司、检验监管司、进出口食品安全局、特种设备安全监察局、产品质量监督司、食品生产监管司、执法督查司（国家质检总局打假办公室）、国际合作司（WTO办公室）、科技司、人事司、计划财务司、督察内审司、机关党委、离退休干部局。

（B）国家质量监督检验检疫总局直属事业单位：

机关服务中心、信息中心、国际检验检疫标准与技术法规研究中心、中国纤维检验局、中国检验检疫科学研究院、中国标准化研究院、中国计量科学研究院、中国质量认证中心、中国合格评定国家认可中心、中国特种设备检测研究中心、人力资源开发培训中心、中国质量报社、中国国门时报社、中国标准出版社、中国计量出版社。

（C）国家质量监督检验检疫总局挂靠单位：

中国出入境检验检疫协会、中国国际旅行卫生保健协会、中国质量检验协会、中国计量协会、中国认证认可协会、中国标准化协会、中国计量测试学会、中国防伪行业协会、中国设备监理协会、中国质量万里行促进会。

法律法规

国家质检总局负责组织起草有关质量监督检验检疫方面的法律、法规草案，制定和发布有关质量监督检验检疫方面的规章和制度。负责组织实施与质量监督检验检疫相关的法律法规，指导和监督质量监督检验检疫的行政执法工作。

主要依据以下法律法规履行质量监督检验检疫职责：

中华人民共和国进出口商品检验法

中华人民共和国进出口商品检验法实施条例

中华人民共和国国境卫生检疫法

中华人民共和国国境卫生检疫法实施细则

中华人民共和国进出境动植物检疫法

中华人民共和国进出境动植物检疫法实施条例

中华人民共和国认证认可条例

中华人民共和国农产品质量安全法

中华人民共和国可再生能源法

中华人民共和国水法

中华人民共和国广告法

中华人民共和国节约能源法

中华人民共和国农业法

中华人民共和国行政诉讼法

中华人民共和国消费者权益保护法

中华人民共和国反不正当竞争法
中华人民共和国行政处罚法
中华人民共和国国家赔偿法
中华人民共和国公民出境入境管理法
中华人民共和国外国人入境出境管理法
中华人民共和国海关法
中华人民共和国环境保护法
中华人民共和国进出口关税条例
中华人民共和国对外贸易法
中华人民共和国出境入境边防检查条例
中华人民共和国大气污染防治法
中华人民共和国固体废物污染环境防治法

此外，国家质检总局的局令、公告等部门规章及其他规范性文件也具有法律强制力。截止到2005年8月，现行有效的部门规章共316个，形成基本适应行政执法需要的质量监督检验检疫法规体系。

质量管理

根据《产品质量法》及其实施条例，国家质检总局组织实施国家关于质量振兴的政策措施，对全国质量管理工作进行宏观指导，组织实施国家质量奖励制度和推进“名牌战略”的工作，推广先进的质量管理经验和科学的质量管理方法，承办建立重大工程设备质量监理制度有关事宜，实施缺陷产品召回制度，推进开展“质量兴市”工作，组织国家宏观质量水平测评工作，组织建立企业质量信用制度，组织质量专业技术人员职业资格考试，组织重点产品质量事故的调查并提出整改意见，负责产品防伪的监督管理工作。

计量管理

根据《计量法》及其实施条例，国家质检总局对进出口计量器具进行检验和监督管理，主要包括：进口计量器具的型式批准、进口计量器具的审批和进口计量器具的检定等。负责推行法定计量单位和国家计量制度，组织建立、审批和管理国家计量基准和标准物质，制定计量器具的国家检定系统表、检定规程和计量技术规范，组织量值传递。负责规范和监督商品量的计量行为。

通关管理

国家质检总局参加国家对外开放口岸的规划和验收等有关工作，依法制定《出入境检验检疫机构实施检验检疫的进出境商品目录》，对涉及环境、卫生、动植物健康、人身安全的出入境货物、交通工具和人员实施检验检疫通关管理，在口岸对出入境货物实行“先报检，后报关”的检验检疫货物通关管理模式。

出入境检验检疫机构负责实施进出口货物法定检验检疫，并签发“入境货物通关单”和“出境货物通关单”，海关凭此放行；签发出境检验检疫证书至100多个国家和地区；依法对出入境检验检疫标志和封识进行管理；负责签发普惠制原产地证、一般原产地证、区域性优惠原产地证和专用原产地证及注册等相关业务。

2001年开始实行“大通关”制度，提高通关效率。国家质检总局通过“三电”工程建设，即出入境货物电子申报、电子监管、电子放行，大大提高了口岸通关速度，并实现了报检、检验检疫、签证通关、统计汇总的网络化管理，作为“金质工程”的重要组成部分，已在建设中的“中国电子检验检疫”，将形成整套电子执法系统，实现检验检疫执法管理的科学化、规范化和制度化。

出入境卫生检疫管理

根据《国境卫生检疫法》及其实施条例，国家质检总局负责在我国口岸对入出境人员、交通工具、集装箱、货物、行李、邮包、尸体骸骨、特殊物品等实施卫生检疫查验、传染病监测、卫生监督和卫生处理，促进国家对外开放政策的实施，防止传染病的传入和传出，保证出入境人员的健康卫生。

出入境动植物检疫管理

根据《进出境动植物检疫法》及其实施条例，国家质检总局对进出境和旅客携带、邮寄的动植物及其产品和其他检疫物，装载动植物及其产品和其他检疫物的装载容器、包装物、铺垫材料，来自疫区的运输工具，以及法律、法规、国际条约、多双边协议规定或贸易合同约定应当实施检疫的其他货物和物品实施检疫和监管，以防止动物传染病、寄生虫病和植物危险性病、虫、杂草以及其他有害生物传入传出，保护农、林、牧、渔业生产和人体健康，促进对外贸易的发展。

检疫的措施主要包括：风险分析与管理措施、检疫审批、国外预检、口岸查验、隔离检疫、实验室检测、检疫除害处理、预警和快速反应、检疫监管等。

进出口商品检验管理

根据《进出口商品检验法》及其实施条例，国家质检总局对进出口商品及其包装和运载工具进行检验和监管。对列入《出入境检验检疫机构实施检验检疫的进出境商品目录》中的商品实施法定检验和监督管理；对《目录》外商品实施抽查；对涉及安全、卫生、健康、环保的重要进出口商品实施注册、登记或备案制度；对进口许可制度民用商品实施入境验证管理；对法定检验商品的免验进行审批；对一般包装、危险品包装实施检验；对运载工具和集装箱实施检验检疫；对进出口商品鉴定和外商投资财产价值鉴定进行监督管理；依法审批并监督管理从事进出口商品检验鉴定业务的机构。

进出口食品安全管理

根据《食品卫生法》和《进出口商品检验法》及相关规定，国家质检总局对进出口食品和化妆品安全、卫生、质量进行检验监督管理，组织实施对进出口食品和化妆品及其生产单位的日常监督管理。对进口食品（包括饮料、酒类、糖类）、食品添加剂、食品容器、包装材料、食品用工具及设备进行检验检疫和监督管理。建立出入境食品检验检疫风险预警和快速反应系统，对进出口食品中可能存在的风险或潜在危害采取预防性安全保障和处理措施。

参与制定并实施《中华人民共和国动物及动物源食品中残留物质监控计划》及《中华人民共和国动植物源性食品农药残留物质监控计划》，参与在全国范围内对动物及动物源性食品进行农兽药残留监测。

特种设备安全管理

根据国务院颁布的《特种设备安全监察条例》（国务院总理令第373号），国家质检总局管理锅炉、压力容器、压力管道、电梯、起重机械、客运索道、大型游乐设施、场（厂）内机动车辆等特种设备的安全监察、监督工作；拟订特种设备安全监察目录、有关规章和安全技术规范并组织实施和监督检查；对特种设备的设计、制造、安装、改造、维修、使用、检验检测等环节和进出口进行监督检查；调查处理特种设备事故并进行统计分析；负责特种设备检验检测机构的核准和相应检验检测人员、作业人员的资格考核工作。

产品质量监督管理

根据《产品质量法》及其实施条例，国家质检总局组织实施国家产品质量监督抽查。拟订国家重点监督的国内产品目录并组织实施监督。组织实施 QS 标志制度。管理和协调产品质量的行业监督、地方监督与专业质量监督。管理质量仲裁的检验和鉴定工作。监督管理产品质量检验机构，管理国家产品质量监督抽查免检工作；管理工业产品生产许可证的工作。

食品生产监管

根据《产品质量法》、《食品卫生法》及其实施条例，国家质检总局组织实施国内食品生产加工环节质量安全卫生监督管理。组织实施国内食品生产许可、强制检验等食品质量安全准入制度。负责调查处理国内食品生产加工环节的食品安全重大事故。

执法督查管理

根据《产品质量法》、《标准化法》、《计量法》及其实施条例，国家质检总局组织查处违反质量、标准化和计量法律法规的行为。根据国务院授权，负责组织协调全国有关专项打假活动。组织本系统开展打击假冒伪劣产品的活动。负责组织协调跨省（自治区、直辖市）案件的查处和大案要案的督察督办工作。管理、指导质量技术监督行政执法机构和队伍建设。

国际合作

国家质检总局负责管理质量监督检验检疫方面的国际合作与交流。国家质检总局与世界大多数国家和地区的相关主管部门建立了合作关系，与许多国家和地区建立了双边磋商合作机制；积极参与双边、多边及区域经济体的合作，单独或参与外交部、商务部与有关国家进行磋商和谈判；以备忘录、议定书、会谈纪要、合作协议等多种形式，与50个国家和地区签署了多项双边合作文件。

国家质检总局参与许多国际组织和区域组织的活动，主要包括：世界贸易组织（WTO）、国际标准化组织（ISO）、国际电工委员会（IEC）、联合国食品法典委员会（CAC）、国际植物保护公约（IPPC）、国际米制公约组织、国际法制计量组织（OIML）、亚太经合组织（APEC）、亚欧会议（ASEM）、上海合作组织（The Shanghai Cooperation Organization）、亚太法制计量论坛（APLMF）等。

经国务院批准，国家质检总局为全国技术性贸易措施部级联席会议的牵头单位，负责全国技术性贸易措施的协调工作。国家质检总局负责 WTO《TBT 协定》和《SPS 协定》的实施和国家通报咨询的国内协调工作。中国 WTO/TBT、SPS 国家咨询点设在国家质检总局。

科技管理

国家质检总局作为专业技术性强、专业学科门类齐全、专业技术人员为基础的系统，始终坚持实施“科技兴检”战略，加大科技和财力投入，重视专业技术人才队伍建设，在国内和国外具有较高的科学技术水平。国家质检总局根据质量监督检验检疫工作的需要，在全国共建有食品安全、动植物检疫、卫生检疫、工业品检测等出入境检验检疫实验室近 700 个，其中国家级重点实验室 188 个，区域性中心实验室 318 个，综合性常规实验室 190 个；计量、质量检验、标准服务、特种设备检验、纤维检验等实验室 3473 个，其中国家产品质量监督检测中心 260 个。这些实验室拥有先进的仪器和经验丰富的技术人员，执行质量监督检验检疫的各项检验、检疫、检测任务，保证进出口贸易顺利进行，为总局决策提供有效技术支持，为我国国民经济建设和对外开放各个领域提供重要的检测技术服务。

认证认可监督管理

依据《中华人民共和国认证认可条例》，国家认监委负责制定、发布和执行国家认证认可、安全质量许可、卫生注册和合格评定方面的法律、法规和规章，协调并指导全国认证认可工作，负责监督管理认可机构和人员注册机构。

负责拟定国家实施强制性认证与安全质量许可制度的产品目录，制定并发布认证标志、合格评定程序和技术规则，组织实施强制性认证与安全质量许可工作。负责进出口食品和化妆品生产、加工单位的卫生注册登记的评审和注册工作，办理注册通报和向境外推荐事宜。

依法监督和规范认证市场，监督管理认证有关的中介服务和技术评价行为。负责认证有关机构的资质审核和监督，受理认证认可的投诉并组织查处。

负责管理相关校准、检测、检验实验室技术能力的评审和资格认定工作，组织实施实验室评审、计量认证、注册和资格认定工作。负责对承担强制性认证和安全质量许可的认证机构、检验机构和实验室的审批。

管理和协调以政府名义参加的认证认可国际合作活动，参加许多认证认可国际组织的活动，签署与合格评定有关的协议、协定和议定书。

标准化管理

依据《标准化法》及其实施条例，国家标准委负责起草、修订国家标准化法律法规的工作，拟定和贯彻执行国家标准化工作的方针和政策，拟定全国标准化管理规章，制定相关制度，组织实施标准化法律法规和规章制度。

负责制定国家标准化事业发展规划，负责组织、协调和编制国家标准的制定和修订计划。负责组织国家标准的制定和修订工作，负责国家标准的统一审查、批准、编号和发布。

负责协调和管理全国标准化技术委员会的有关工作，协调和指导行业、地方标准化工作，负责行业标准和地方标准的备案工作。

参加国际标准化组织（ISO）、国际电工委员会（IEC）和其他国际或区域性标准化组织的活动，负责组织ISO、IEC中国国家委员会的工作。负责管理国内各部门、各地区参与国际或区域性标准化组织活动的工作，负责签订并执行标准化国际合作协议。管理全国组织机构代码和商品条码工作。

中国保险监督管理委员会

一、机构设置

中国保险监督管理委员会（简称中国保监会）成立于1998年11月18日，是国务院直属事业单位。根据国务院授权履行行政管理职能，依照法律、法规统一监督管理全国保险市场，维护保险业的合法、稳健运行。2003年，国务院决定，将中国保监会由国务院直属副部级事业单位改为国务院直属正部级事业单位，并相应增加职能部门、派出机构和人员编制。中国保险监督管理委员会内设15个职能机构，并在全国各省、直辖市、自治区、计划单列市设有35个派出机构。其中，15个内设部门为：

（一）办公厅（党委办公室、监事会工作部）。拟定会机关办公规章制度；组织协调机关日常办公；承担有关文件的起草、重要会议的组织、机要、文秘、信访、保密、信息综合、新闻发布、保卫等工作。拟订派出机构管理、协调工作的规章制度，负责派出机构工作落实情况检查和信息收集整理等工作。负责保险信访和投诉工作；承办会党委交办的有关工作；负责国有保险公司监事会的日常工作。

（二）发展改革部。拟订保险业的发展战略、行业规划和政策；会同有关部门拟订保险监管的方针政策及防范化解风险的措施；会同有关部门研究保险业改革发展有关重大问题，提出政策建议并组织实施；会同有关部门对保险市场整体运行情况进行分析；对保监会对外发布的重大政策进行把关；归口管理中资保险法人机构、保险资产管理公司等的市场准入和退出；负责规范保险公司的股权结构和法人治理结构，并对公司的重组、改制、上市等活动进行指导和监督；负责保监会对外重要业务工作与政策的协调。

（三）政策研究室。负责保监会有关重要文件和文稿的起草；对保监会上报党中央、国务院的重要文件进行把关；研究国家大政方针在保险业的贯彻实施意见；研究宏观经济政策、相关行业政策和金融市场发展与保险业的互动关系；根据会领导指示，对有关问题进行调查研究；开展保险理论研究工作，负责指导和协调中国保险学会开展研究工作。

（四）财务会计部。拟定保险企业和保险监管会计管理实施办法；建立保险公司偿付能力监管指标体系；编制保监会系统的年度财务预决算；审核机关、派出机构的财务预决算及收支活动并实施监督检查；审核会机关各部门业务规章中的有关财务规定。负责机关财务管理。

（五）财产保险监管部（再保险监管部）。承办对财产保险公司的监管工作。拟定监管规章制度和财产保险精算制度；监控保险公司的资产质量和偿付能力；检查规范市场行为，查处违法违规行为；审核和备案管理保险条款和保险费率；审核保险公司的设立、变更、终止及业务范围；审查高级管理人员任职资格。承办对再保险公司的监管工作。拟定监管规章制度；监控保险公司的资产质量和偿付能力；检查规范市场行为，查处违法违规行为；审核保险公司的设立、变更、终止及业务范围；审查高级管理人员的任职资格。

（六）人身保险监管部。承办对人身保险公司的监管工作。拟定监管规章制度和人身保险精算制度；监控保险公司的资产质量和偿付能力；检查规范市场行为，查处违法违规行为；审核和备案管理保险条款和保险费率；审核保险公司的设立、变更、终止及业务范围；审查高级管理人员任职资格。

（七）保险中介监管部。承办对保险中介机构的监管工作。拟定监管规章制度；检查规范保险中介机构的市场行为，查处违法违规行为；审核保险中介机构的设立、变更、终止及业务范围；审查高级管理人员的任职资格；制定保险中介从业人员基本资格标准。

（八）保险资金运用监管部。承办对保险资金运用的监管工作。拟订监管规章制度；建立保险资金运用风险评价、预警和监控体系；查处违法违规行为；审核保险资金运用机构的设立、变更、终止及业务范围；审查高级管理人员任职资格；拟订保险保障基金管理使用办法，负责保险保障基金的征收与管理。

（九）国际部。承办中国保险监督管理委员会与有关国际组织、有关国家和地区监管机构和保险机构的联系及合作。负责中国保险监督管理委员会的外事管理工作；承办境外保险机构在境内设立保险机构，以及境内保险机构和非保险机构在境外设立保险机构及有关变更事宜的审核工作；承办境外保险机构在境内设立代表处的审核和管理事宜；对境内保险及非保险机构在境外设立的保险机构进行监管。

（十）法规部。拟订有关保险监管规章制度；起草有关法律和行政法规，提出制定或修改的建议；审核会机关各部门草拟的监管规章；监督、协调有关法律法规的执行；开展保险法律咨询服务，组织法制教育和宣传；承办行政复议和行政应诉工作。

（十一）统计信息部。拟订保险行业统计制度，建立和维护保险行业数据库；负责统一编制全国保险业的数据、报表，抄送中国人民银行，并按照国家有关规定予以公布；负责保险机构统计数据的分析；拟订保险行业信息化标准，建立健全信息安全制度；负责保险行业信息化建设规划与实施；负责建立和维护偿付能力等业务监管信息系统；负责信息设备的建设和管理。

（十二）稽查局。负责拟订各类保险机构违法违规案件调查的规则；组织、协调保险业综合性检查和保险业重大案件调查；负责处理保险业非法集资等专项工作；配合中国人民银行组织实施保险业反洗钱案件检查；调查举报、投诉的违法违规问题，维护保险消费者合法权益；开展案件统计分析、稽查工作交流和考核评估工作。

（十三）人事教育部（党委组织部）。拟订会机关和派出机构人力资源管理的规章制度；承办会机关和派出机构及有关单位的人事管理工作；根据规定，负责有关保险机构领导班子和领导干部的日常管理工作；负责指导本系统党的组织建设和党员教育管理工作；负责会机关及本系统干部培训教育工作；会同有关部门提出对派出机构年度工作业绩的评估意见。

（十四）监察局（纪委）。监督检查本系统贯彻执行国家法律、法规、政策情况；依法依纪查处违反国家法律、法规和政纪的行为；受理对监察对象的检举、控告和申诉。领导本系统监察（纪检）工作。

（十五）党委宣传部（党委统战群工部）。负责本系统党的思想建设和宣传工作；负责思想政治工作和精神文明建设；负责指导和协调本系统统战、群众和知识分子工作。机关党委。负责会机关及在京直属单位的党群工作。

二、主要职责

1. 拟定保险业发展的方针政策，制定行业发展战略和规划；起草保险业监管的法律、法规；制定业内规章。

2. 审批保险公司及其分支机构、保险集团公司、保险控股公司的设立；会同有关部门审批保险资产管理公司的设立；审批境外保险机构代表处的设立；审批保险代理公司、保险经纪公司、保险公估公司等保险中介机构及其分支机构的设立；审批境内保险机构和非保险机构在境外设立保险机构；审批保险机构的合并、分立、变更、解散，决定接管和指定接受；参与、组织保险公司的破产、清算。

3. 审查、认定各类保险机构高级管理人员的任职资格；制定保险从业人员的基本资格标准。

4. 审批关系社会公众利益的保险险种、依法实行强制保险的险种和新开发的人寿保险险种等的保险条款和保险费率，对其他保险险种的保险条款和保险费率实施备案管理。

5. 依法监管保险公司的偿付能力和市场行为；负责保险保障基金的管理，监管保险保证金；根据法律和国家对保险资金的运用政策，制定有关规章制度，依法对保险公司的资金运用进行监管。

6. 对政策性保险和强制保险进行业务监管；对专属自保、相互保险等组织形式和业务活动进行监管。归口管理保险行业协会、保险学会等行业社团组织。

7. 依法对保险机构和保险从业人员的不正当竞争等违法、违规行为以及对非保险机构经营或变相经营保险业务进行调查、处罚。

8. 依法对境内保险及非保险机构在境外设立的保险机构进行监管。

9. 制定保险行业信息化标准；建立保险风险评价、预警和监控体系，跟踪分析、监测、预测保险市场运行状况，负责统一编制全国保险业的数据、报表，并按照国家有关规定予以发布。

10. 承办国务院交办的其他事项。

三、部 门 规 章

人身保险业务基本服务规定
财产保险公司保险条款和保险费率管理办法
中国保险监督管理委员会行政复议办法
保险公司董事、监事和高级管理人员任职资格管理规定
《保险公司营销服务部管理办法》废止令
保险公估机构监管规定
保险经纪机构监管规定
保险专业代理机构监管规定
保险公司中介业务违法行为处罚办法
人身保险新型产品信息披露管理办法
保险公司管理规定
保险公司财务负责人任职资格管理规定
中国保险监督管理委员会政府信息公开办法
保险保障基金管理办法
保险公司偿付能力管理规定
保险公司养老保险业务管理办法
保险公司总精算师管理办法
保险资金境外投资管理暂行办法
保险许可证管理办法
金融机构客户身份识别和客户身份资料及交易记录保存管理办法
健康保险管理办法
保险公司设立境外保险类机构管理办法
非保险机构投资境外保险类企业管理办法
外国保险机构驻华代表机构管理办法
保险公司董事和高级管理人员任职资格管理规定
保险营销员管理规定
保险资金间接投资基础设施项目试点管理办法
中国保险监督管理委员会规章制定程序规定
财产保险公司保险条款和保险费率管理办法
中国保险监督管理委员会行政处罚程序规定
再保险业务管理规定
中国保险监督管理委员会信访工作办法
保险保障基金管理办法（已失效）
保险经纪机构管理规定
保险代理机构管理规定
保险公司非寿险业务准备金管理办法（试行）
保险机构投资者股票投资管理暂行办法
保险统计管理暂行规定
保险公司次级定期债务管理暂行办法

保险外汇资金境外运用管理暂行办法（已失效）
保监会行政许可事项实施规程
中国保险监督管理委员会派出机构监管职责规定
人身保险产品审批和备案管理办法
中国保险监督管理委员会行政许可实施办法
中华人民共和国外资保险公司管理条例实施细则
保险公司管理规定（已失效）
保险资产管理公司管理暂行规定
外国保险机构驻华代表机构管理办法
保险业重大突发事件应急处理规定
关于修改《保险公司高级管理人员任职资格管理规定》有关条文的决定
保险公司偿付能力额度及监管指标管理规定
再保险公司设立规定
保险公司高级管理人员任职资格管理规定
保险公司营销服务部管理办法
人身保险新型产品信息披露管理暂行办法
保险公估机构管理规定
中国保险监督管理委员会行政复议办法
关于印发《财产保险条款费率管理暂行办法》的通知
关于印发《保险兼业代理管理暂行办法》的通知
关于印发《长期健康险法定分保条件》的通知
关于重新印发《向保险公司投资入股暂行规定》的通知
关于印发《人身保险产品定名暂行办法》的通知
关于印发《人身险法定分保条件实施细则》的通知
关于下发《分红保险管理暂行办法》、《投资连结保险管理暂行办法》的通知

中国银行业监督管理委员会

一、机构设置

办公厅（党委办公室）；政策法规部（研究局）；银行监管一部（负责监管国有商业银行）；银行监管二部（负责监管股份制商业银行、城市商业银行和城市合作信用社）；银行监管三部（负责监管外资银行）；银行监管四部（负责监管资产管理公司、政策性银行和邮政储蓄银行）；非银行金融机构监管部（负责监管信托投资公司、财务公司和金融租赁公司等非银行金融机构）；合作金融监管部（负责监管农村信用社和农村商业银行）；业务创新监管协作部；银行业案件稽查局（银行

业安全保卫局)；融资性担保业务工作部；统计部；财务会计部；国际部（港澳台事务办公室)；监察局（纪委)；人事部（党委组织部)；宣传工作部（党委宣传部)；监事会工作部；机关党委；党校；银监会系统工会；系统团委；处置非法集资办公室；信息中心；培训中心；机关服务中心；金融工会；博士后工作站。

二、主 要 职 责

依照法律、行政法规制定并发布对银行业金融机构及其业务活动监督管理的规章、规则；

依照法律、行政法规规定的条件和程序，审查批准银行业金融机构的设立、变更、终止以及业务范围；

对银行业金融机构的董事和高级管理人员实行任职资格管理；

依照法律、行政法规制定银行业金融机构的审慎经营规则；

对银行业金融机构的业务活动及其风险状况进行非现场监管，建立银行业金融机构监督管理信息系统，分析、评价银行业金融机构的风险状况；

对银行业金融机构的业务活动及其风险状况进行现场检查，制定现场检查程序，规范现场检查行为；

对银行业金融机构实行并表监督管理；

会同有关部门建立银行业突发事件处置制度，制定银行业突发事件处置预案，明确处置机构和人员及其职责、处置措施和处置程序，及时、有效地处置银行业突发事件；

负责统一编制全国银行业金融机构的统计数据、报表，并按照国家有关规定予以公布；对银行业自律组织的活动进行指导和监督；

开展与银行业监督管理有关的国际交流、合作活动；

对已经或者可能发生信用危机，严重影响存款人和其他客户合法权益的银行业金融机构实行接管或者促成机构重组；

对有违法经营、经营管理不善等情形银行业金融机构予以撤销；

对涉嫌金融违法的银行业金融机构及其工作人员以及关联行为人的账户予以查询；对涉嫌转移或者隐匿违法资金的申请司法机关予以冻结；

对擅自设立银行业金融机构或非法从事银行业金融机构业务活动予以取缔；

负责国有重点银行业金融机构监事会的日常管理工作；

承办国务院交办的其他事项。

三、银监会监管工作所遵循的主要工作经验

必须坚持法人监管，重视对每个金融机构总体风险的把握、防范和化解；必须坚持以风险为主的监管内容，努力提高金融监管的水平，改进监管的方法和手段；必须注意促进金融机构风险内控机制形成和内控效果的不断提高；必须按照国际准则和要求，逐步提高监管的透明度。

四、银监会监管工作目的

通过审慎有效的监管，保护广大存款人和消费者的利益；通过审慎有效的监管，增进市场信

心；通过宣传教育工作和相关信息披露，增进公众对现代金融的了解；努力减少金融犯罪。

五、银监会监管工作标准

良好监管要促进金融稳定和金融创新共同发展；要努力提升我国金融业在国际金融服务中的竞争力；对各类监管设限要科学、合理，有所为、有所不为，减少一切不必要的限制；鼓励公平竞争、反对无序竞争；对监管者和被监管者都要实施严格、明确的问责制；要高效、节约地使用一切监管资源。

六、部门规章

融资性担保公司管理暂行办法
个人贷款管理暂行办法
流动资金贷款管理暂行办法
固定资产贷款管理暂行办法
汽车金融公司管理办法
中国银行业监督管理委员会非银行金融机构行政许可事项实施办法
中国银行业监督管理委员会关于修改《商业银行集团客户授信业务风险管理指引》的决定
中国银行业监督管理委员会关于修改《商业银行资本充足率管理办法》的决定
中国银行业监督管理委员会关于修改《金融机构衍生产品交易业务管理暂行办法》的决定
单位定期存单质押贷款管理规定
中国银行业监督管理委员会关于修改《金融许可证管理办法》的决定
商业银行信息披露办法
商业银行内部控制指引
中国银行业监督管理委员会关于修改《中国银行业监督管理委员会行政处罚办法》的决定
个人定期存单质押贷款办法
信托公司受托境外理财业务管理暂行办法
农村信用社不良资产监测和考核办法
农村资金互助社示范章程
信托公司集合资金信托计划管理办法
信托公司管理办法
金融租赁公司管理办法
企业集团财务公司管理办法（修订）
中国银行业监督管理委员会中资商业银行行政许可事项实施办法（修订）
中华人民共和国外资银行管理条例实施细则
电子银行业务管理办法
中国银行业监督管理委员会外资金融机构行政许可事项实施办法
中国银行业监督管理委员会合作金融机构行政许可事项实施办法
中国银行业监督管理委员会中资商业银行行政许可事项实施办法
中国银行业监督管理委员会行政许可实施程序规定
中国银行业监督管理委员会法律工作规定

金融机构信贷资产证券化试点监督管理办法
商业银行个人理财业务管理暂行办法
货币经纪公司试点管理办法
商业银行市场风险管理指引
商业银行内部控制评价试行办法
中国银行业监督管理委员会行政复议办法
中国银行业监督管理委员会行政处罚办法
银行业监管统计管理暂行办法
企业集团财务公司管理办法
中华人民共和国外资金融机构管理条例实施细则
商业银行与内部人和股东关联交易管理办法
商业银行资本充足率管理办法
金融机构衍生产品交易业务管理暂行办法
境外金融机构投资入股中资金融机构管理办法
商业银行集团客户授信业务风险管理指引
汽车金融公司管理办法
商业银行服务价格管理暂行办法
金融许可证管理办法
关于调整银行市场准入管理方式和程序的决定

中国证券监督管理委员会

中国证监会为国务院直属正部级事业单位，依照法律、法规和国务院授权，统一监督管理全国证券期货市场，维护证券期货市场秩序，保障其合法运行。

中国证监会设在北京，现设主席1名，副主席4名，纪委书记1名（副部级），主席助理3名；会机关内设18个职能部门，1个稽查总队，3个中心；根据《证券法》第14条规定，中国证监会还设有股票发行审核委员会，委员由中国证监会专业人员和所聘请的会外有关专家担任。中国证监会在省、自治区、直辖市和计划单列市设立36个证券监管局，以及上海、深圳证券监管专员办事处。

一、内部职能部门

办公厅；发行监管部；创业板发行监管部；非上市公众公司监管部；市场监管部；机构监管部；风险处置办公室；上市公司监管部；基金监管部；期货监管一部；期货监管二部；稽查局（首席稽查办公室）；法律部（首席律师办公室）；行政处罚委员会办公室；会计部（首席会计师办公室）；国际合作部；人事教育部；派出机构工作协调部；监察局；网络信息监控办公室。

二、主 要 职 责

依据有关法律法规，中国证监会在对证券市场实施监督管理中履行下列职责：

（一）研究和拟订证券期货市场的方针政策、发展规划；起草证券期货市场的有关法律、法规，提出制定和修改的建议；制定有关证券期货市场监管的规章、规则和办法。

（二）垂直领导全国证券期货监管机构，对证券期货市场实行集中统一监管；管理有关证券公司的领导班子和领导成员。

（三）监管股票、可转换债券、证券公司债券和国务院确定由证监会负责的债券及其他证券的发行、上市、交易、托管和结算；监管证券投资基金活动；批准企业债券的上市；监管上市国债和企业债券的交易活动。

（四）监管上市公司及其按法律法规必须履行有关义务的股东的证券市场行为。

（五）监管境内期货合约的上市、交易和结算；按规定监管境内机构从事境外期货业务。

（六）管理证券期货交易所；按规定管理证券期货交易所的高级管理人员；归口管理证券业、期货业协会。

（七）监管证券期货经营机构、证券投资基金管理公司、证券登记结算公司、期货结算机构、证券期货投资咨询机构、证券资信评级机构；审批基金托管机构的资格并监管其基金托管业务；制定有关机构高级管理人员任职资格的管理办法并组织实施；指导中国证券业、期货业协会开展证券期货从业人员资格管理工作。

（八）监管境内企业直接或间接到境外发行股票、上市以及在境外上市的公司到境外发行可转换债券；监管境内证券、期货经营机构到境外设立证券、期货机构；监管境外机构到境内设立证券、期货机构、从事证券、期货业务。

（九）监管证券期货信息传播活动，负责证券期货市场的统计与信息资源管理。

（十）会同有关部门审批会计师事务所、资产评估机构及其成员从事证券期货中介业务的资格，并监管律师事务所、律师及有资格的会计师事务所、资产评估机构及其成员从事证券期货相关业务的活动。

（十一）依法对证券期货违法违规行为进行调查、处罚。

（十二）归口管理证券期货行业的对外交往和国际合作事务。

（十三）承办国务院交办的其他事项。

三、部 门 规 章

关于缴纳证券投资者保护基金有关问题的通知

期货从业人员管理办法

期货公司董事、监事和高级管理人员任职资格管理办法

上市公司国有股东标识管理暂行规定

国有股东转让所持上市公司股份管理暂行办法

第3号——半年度报告的内容与格式（2007年修订）

第5号——公司股份变动报告的内容与格式（2007年修订）

金融机构客户身份识别和客户身份资料及交易记录保存管理办法

合格境内机构投资者境外证券投资管理试行办法

关于实施《合格境内机构投资者境外证券投资管理试行办法》有关问题的通知
关于基金从业人员投资证券投资基金有关事宜的通知
关于证券投资基金执行《企业会计准则》估值业务及份额净值计价有关事项的通知
关于印发《期货公司财务监管报备表》的通知
境外证券交易所驻华代表机构管理办法
中国证券监督管理委员会限制证券买卖实施办法
证券公司为期货公司提供中间介绍业务试行办法
期货公司风险监管指标管理试行办法
期货公司金融期货结算业务试行办法
期货投资者保障基金管理暂行办法
中国证券监督管理委员会行政处罚听证规则
关于会计师事务所从事证券、期货相关业务有关问题的通知
期货公司管理办法
期货交易所管理办法
关于境外上市公司非境外上市股份集中登记存管有关事宜的通知
证券公司缴纳证券投资者保护基金实施办法（试行）
第 13 号——季度报告内容与格式特别规定（2007 年修订）
证券投资基金销售业务信息管理平台管理规定
关于贴现国债实行净价交易的通知
律师事务所从事证券法律业务管理办法
关于废止部分证券期货规章的通知（第六批）
关于进一步规范上市公司募集资金使用的通知
关于完善证券投资基金交易席位制度有关问题的通知
第 7 号——新旧会计准则过渡期间比较财务会计信息的编制和披露
第 9 号——净资产收益率和每股收益的计算及披露（2007 年修订）
第 15 号——财务报告的一般规定（2007 年修订）
第 1 号——非经常性损益（2007 年修订）
上市公司信息披露管理办法
基金管理公司提取风险准备有关事项的补充规定
第 3 号——保险公司招股说明书内容与格式特别规定
证券公司董事、监事和高级管理人员任职资格监管办法
关于实施《证券公司董事、监事和高级管理人员任职资格监管办法》有关问题的通知
关于审计机关查询被审计单位在金融机构账户和存款有关问题的通知
关于进一步做好清理大股东占用上市公司资金工作的通知
基金管理公司投资管理人员管理指导意见
关于改革方案未获相关股东会议通过重新启动股改程序时间间隔问题的通知
证券发行与承销管理办法
关于规范证券投资咨询机构和广播电视证券节目的通知
合格境外机构投资者境内证券投资管理办法
关于实施《合格境外机构投资者境内证券投资管理办法》有关问题的通知
关于证券公司参与申购关联方承销的证券有关事宜的答复意见
关于基金管理公司提取风险准备金有关问题的通知
关于外国投资者并购境内企业的规定

第 15 号——权益变动报告书
第 16 号——上市公司收购报告书
第 17 号——要约收购报告书
第 18 号——被收购公司董事会报告书
第 19 号——豁免要约收购申请文件
关于已完成股权分置改革的上市公司原非流通股股份转让有关问题的通知
上市公司收购管理办法
中国证券监督管理委员会上市公司并购重组审核委员会工作规程
证券公司风险控制指标管理办法
关于发布证券公司净资本计算标准的通知
关于基金投资非公开发行股票等流通受限证券有关问题的通知
国债承销团成员资格审批办法
证券公司融资融券业务试点管理办法
证券公司融资融券业务试点内部控制指引
关于证券公司变更持有 5% 以下股权的股东有关事项的通知
证券结算风险基金管理办法
证券投资基金管理公司治理准则（试行）
证券市场禁入规定
公布关于个人债权收购有关问题的补充通知的通知
保荐人尽职调查工作准则
关于进一步加快推进清欠工作的通知
第 1 号——招股说明书
第 9 号——首次公开发行股票并上市申请文件
中国证券监督管理委员会发行审核委员会工作细则
中国证券投资者保护基金有限责任公司受偿债权管理办法（试行）
首次公开发行股票并上市管理办法
关于证券投资基金投资资产支持证券有关事项的通知
中国证券监督管理委员会发行审核委员会办法
第 10 号——上市公司公开发行证券申请文件
第 11 号——上市公司公开发行证券募集说明书
关于规范基金管理公司设立及股权处置有关问题的通知
证券投资基金管理公司督察长管理规定
上市公司证券发行管理办法
进入风险处置程序证券公司信息系统交接技术指引
关于证券公司信息公示有关事项的通知
第 3 号——弥补累计亏损的来源、程序及信息披露（2006 年修订）
证券登记结算管理办法
关于印发《上市公司章程指引（2006 年修订）》的通知
关于发布《上市公司股东大会规则》的通知
证券投资者保护基金申请使用管理办法（试行）
关于在打击证券期货违法犯罪中加强执法协作的通知
关于办理基金管理公司设立分支机构、变更名称及修改章程等行政许可事项有关问题的通知
关于基金管理公司设立分支机构、变更名称及修改章程等行政许可事项审核有关问题的通知

关于规范期货保证金存取业务有关问题的通知
关于贯彻落实《证券法》全面履行证券公司监管职责有关问题的意见
上市公司股权激励管理办法（试行）
外国投资者对上市公司战略投资管理办法
关于查询、冻结从事证券交易当事人和与被调查事件有关的单位和个人在金融机构账户的通知
中国证券监督管理委员会冻结、查封实施办法
关于发布《上市公司高级管理人员培训工作指引》及相关实施细则的通知
证券投资基金信息披露内容与格式准则第 7 号——托管协议的内容与格式
第 2 号——年度报告的内容与格式（2005 年修订）
关于证券公司借入次级债务有关问题的通知
关于发布《会员制证券投资咨询业务管理暂行规定》的通知
会计师事务所与资产评估机构证券期货相关业务监管责任制
关于货币市场基金投资银行存款有关问题的通知
创业投资企业管理暂行办法
关于规范上市公司对外担保行为的通知
关于转发《证券公司证券自营业务指引》，加强证券公司自营业务监管的通知
关于印发《对证券公司自营、资产管理业务账户和投资行为加强监管的职责分工方案》的通知
关于上市公司股权分置改革涉及外资管理有关问题的通知
关于发布《证券投资基金管理公司监察稽核报告内容与格式指引（试行）》的通知
关于进一步加强期货公司内部管理制度建设，完善法人治理结构的通知
关于做好申请人民法院冻结资金账户、证券账户工作的指导意见
关于货币市场基金投资短期融资券有关问题的通知
上市公司股权分置改革管理办法
关于上市公司股权分置改革的指导意见
关于香港、澳门服务提供者参股期货经纪公司有关问题的通知
关于股权分置改革中证券投资基金投资权证有关问题的通知
关于印发《中国证券监督管理委员会信访工作规则（试行）》的通知
上市公司与投资者关系工作指引
证券投资基金监管职责分工协作指引
证券投资者保护基金管理办法
关于证券公司个人债权及客户证券交易结算资金收购有关问题的通知
关于上市公司控股股东在股权分置改革后增持社会公众股份有关问题的通知
上市公司回购社会公众股份管理办法（试行）
关于进一步完善证券投资基金募集申请审核程序有关问题的通知
关于进一步做好股权分置改革工作的通知
关于基金管理公司运用固有资金进行基金投资有关事项的通知
关于做好股权分置改革试点工作的意见
关于进一步协助做好个人债权甄别确认工作的通知
关于转发《关于明确认定、查处、取缔非法集资部门职责分工的通知》的通知
中国证监会新闻发布暂行办法
关于规范类证券公司评审与监管相关问题的通知
关于废止部分证券期货规章的通知（第五批）
证券投资基金信息披露编报规则第 5 号——货币市场基金信息披露特别规定

关于货币市场基金投资等相关问题的通知
商业银行设立基金管理公司试点管理办法
国际开发机构人民币债券发行管理暂行办法
关于印发《证券公司高级管理人员诚信经营承诺书》的通知
关于保险机构投资者股票投资交易有关问题的通知
证券期货业网络与信息安全信息通报暂行办法
关于在股票、可转债等证券发行中申购冻结资金利息处理问题的通知
个人债权及客户证券交易结算资金收购实施办法
关于进一步加强对客户交易结算资金划转过程监控的通知
关于进一步做好《证券发行上市保荐制度暂行办法》实施工作的通知
上市公司股东大会网络投票系统技术管理规范（试行）
关于加强社会公众股股东权益保护的若干规定
证券投资基金托管资格管理办法
个人债权及客户证券交易结算资金收购意见
证券公司股票质押贷款管理办法
保险机构投资者股票投资管理暂行办法
关于证券公司开展集合资产管理业务有关问题的通知
关于修改《证券公司债券管理暂行办法》的决定
关于进一步加强证券公司客户交易结算资金监管的通知
关于企业年金基金证券投资有关问题的通知
关于实施《证券投资基金行业高级管理人员任职管理办法》有关问题的通知
证券投资基金行业高级管理人员任职管理办法
关于实施《证券投资基金管理公司管理办法》若干问题的通知
证券投资基金管理公司管理办法
证券投资基金信息披露内容与格式准则第 6 号——基金合同的内容与格式
关于期货经纪公司高级管理人员任职资格核准有关问题的通知
关于信托投资公司开设信托专用证券账户和信托专用资金账户有关问题的通知
关于对证券公司结算备付金账户进行分户管理的通知
货币市场基金管理暂行规定
关于推进证券业创新活动有关问题的通知
证券投资基金信息披露内容与格式准则第 5 号——招募说明书的内容与格式
关于报送《期货经纪公司监管报表》的通知
关于规范境内上市公司所属企业到境外上市有关问题的通知
期货经纪公司保证金封闭管理暂行办法
关于做好下放派出机构行政许可项目实施工作的通知
关于实施《证券投资基金销售管理办法》有关问题的通知
关于实施《证券投资基金运作管理办法》有关问题的通知
中国证券监督管理委员会行政许可实施程序规定（试行）
证券投资基金运作管理办法
证券投资基金销售管理办法
关于做好第三批行政审批项目取消后的后续监管和衔接工作的通知
中国证券监督管理委员会关于取消第三批行政审批项目的通告
证券投资基金信息披露管理办法

证券投资基金信息披露内容与格式准则第 1 号——上市交易公告书的内容与格式
证券投资基金信息披露内容与格式准则第 2 号——年度报告的内容与格式
证券投资基金信息披露内容与格式准则第 3 号——半年度报告的内容与格式
证券投资基金信息披露内容与格式准则第 4 号——季度报告的内容与格式
证券投资基金信息披露编报规则第 3 号——会计报表附注的编制及披露
证券投资基金信息披露编报规则第 4 号——基金投资组合报告的编制及披露
国有涉棉企业期货套期保值业务管理制度指引
关于开展国债买断式回购交易业务的通知
期货经纪公司治理准则（试行）
企业年金基金管理试行办法
关于发布《关于做好股份有限公司终止上市后续工作的指导意见》的通知
中国证券监督管理委员会股票发行审核委员会审核工作指导意见
关于依法做好证券、期货合同纠纷仲裁工作的通知
关于进一步提高上市公司财务信息披露质量的通知
关于证券公司执行《金融企业会计制度》有关事项的通知
关于实施《证券发行上市保荐制度暂行办法》有关事项的通知
证券发行上市保荐制度暂行办法
证券公司客户资产管理业务试行办法
证券公司治理准则（试行）
证券公司内部控制指引
关于加强证券公司营业部内部控制若干措施的意见
关于印发《派出机构监管工作职责》的通知
第 19 号——财务信息的更正及相关披露
关于废止部分证券期货规章的通知（第四批）
关于加强期货交易编码管理工作的通知
关于印发《关于证券期货审计业务签字注册会计师定期轮换的规定》的通知
证券投资基金信息披露编报规则第 1 号——主要财务指标的计算与披露
证券投资基金信息披露编报规则第 2 号——基金净值表现的编制与披露
资信评级机构出具证券公司债券信用评级报告准则
证券公司定向发行债券信息披露准则
第 20 号——证券公司发行债券申请文件
第 21 号——证券公司公开发行债券募集说明书
第 22 号——证券公司债券上市公告书
关于规范上市公司与关联方资金往来及上市公司对外担保若干问题的通知
关于向外商转让上市公司国有股和法人股职能分工的公告
《注册会计师执行证券期货相关业务许可证管理规定》的补充规定
关于合格境外机构投资者境内证券交易登记结算业务有关问题的通知
关于进一步做好合格境外机构投资者境内证券投资登记结算业务有关问题的通知
证券期货规章制定程序规定（试行）
关于由中国期货业协会承担期货经纪合同文本备案审查职责的通知

关于做好第二批行政审批项目取消及部分行政审批项目改变管理方式后的后续监管和衔接工作的通知

关于取消第二批行政审批项目及改变部分行政审批项目管理方式的通告

第 18 号——商业银行信息披露特别规定
关于执行《亏损上市公司暂停上市和终止上市实施办法（修订）》的补充规定
关于发布《证券公司年度报告内容与格式准则（2002 年修订）》及报送补充监管报表的通知
关于贯彻落实《国务院关于取消第一批行政审批项目的决定》有关问题的通知
关于取消律师及律师事务所从事证券法律业务资格审批的通告
关于第一批取消行政审批项目（32 项）的通告
证券业从业人员资格管理办法
证券投资基金管理公司内部控制指导意见
中国证券监督管理委员会行政复议办法
关于实施《外资参股证券公司设立规则》和《外资参股基金管理公司设立规则》有关问题的通知
关于向外商转让上市公司国有股和法人股有关问题的通知
关于赋予中国证券业协会部分职责的决定
关于发布《证券公司统计报表制度》的通知
关于进一步完善境外上市外汇管理有关问题的通知
关于社会保障基金理事会委托投资涉及的证券账户、交易席位和结算资金账户有关问题的通知
外资参股证券公司设立规则
关于授权证券交易所对面临退市的上市公司财务报告被出具非标准无保留审计意见进行调查处理的通知
关于废止部分证券期货规章的通知（第三批）
关于调整证券交易佣金收取标准的通知
第 17 号——外商投资股份有限公司招股说明书内容与格式特别规定
关于加强对通过发审会的拟发行证券的公司会后事项监管的通知
关于对《期货经纪公司年度报告参考内容与格式》做出部分调整的通知
上市公司治理准则
证券公司管理办法
第 6 号——支付会计师事务所报酬及其披露
第 14 号——非标准无保留审计意见及其涉及事项的处理
证券交易所管理办法
关于上市公司重大购买、出售、置换资产若干问题的通知
关于发布《亏损上市公司暂停上市和终止上市实施办法（修订）》的通知
关于证券公司增资扩股有关问题的通知
关于缩短新股发行结束到上市所需时间有关事宜的通知
第 5 号——分别按国内外会计准则编制的财务报告差异及其披露
关于发布《首次公开发行股票辅导工作办法》的通知
关于规范面向公众开展的证券投资咨询业务行为若干问题的通知
国有企业境外期货套期保值业务管理制度指导意见
关于执行《客户交易结算资金管理办法》若干意见的通知
关于上市公司涉及外商投资有关问题的若干意见
关于做好证券公司内部控制评审工作的通知
关于加强对上市公司非流通股协议转让活动规范管理的通知
关于股票发行上市辅导政策有关问题的通知
关于期货经纪公司营业部监管工作有关问题的通知
超额配售选择权试点意见

关于以公开征集形式转让上市公司非流通股有关问题的通知
关于在上市公司建立独立董事制度的指导意见
第 2 号——中高层管理人员激励基金的提取
关于做好非法证券期货交易和证券期货诈骗有奖举报工作的通知
国有企业境外期货套期保值业务管理办法
关于证券公司证券营业部跨省区迁址问题的通知
客户交易结算资金管理办法
关于证券公司担保问题的通知
关于对证券公司参与风险投资进行规范的通知
前次募集资金使用情况专项报告指引
上市公司董事长谈话制度实施办法
上市公司检查办法
关于发布《证券公司从事股票发行主承销业务有关问题的指导意见》的通知
证券公司公开发行股票监管意见书的内容和出具程序
第 12 号——公开发行证券的法律意见书和律师工作报告
关于规范证券投资基金运作中证券交易行为的通知
关于证券经营机构从事 B 股业务若干问题的补充通知
境内上市外资股（B 股）公司非上市外资股上市流通的办理程序
关于境内居民个人投资境内上市外资股若干问题的通知
第 10 号——从事房地产开发业务的公司招股说明书内容与格式特别规定
第 11 号——从事房地产开发业务的公司财务报表附注特别规定
关于加强证券投资基金交易行为监控有关问题的通知
关于首次公开发行股票公司招股说明书网上披露有关事宜的通知
证券公司高级管理人员谈话提醒制度实施办法
期货交易所、期货经营机构信息技术管理规范（试行）
第 8 号——证券公司年度报告内容与格式特别规定
证券公司检查办法
关于证券公司申请设立证券服务部有关问题的通知
第 5 号——证券公司招股说明书内容与格式特别规定
第 6 号——证券公司财务报表附注特别规定
关于清理规范证券营业网点问题的通知
关于境内上市外资股（B 股）公司非上市外资股上市流通问题的通知
关于做好全国证券回购债务清欠收尾工作的意见
关于加强证券服务部管理若干问题的通知
注册会计师执行证券、期货相关业务许可证管理规定
关于上市公司为他人提供担保有关问题的通知
财政国债中介机构转制为证券营业部审批工作实施细则
关于加强证券投资咨询机构变更与咨询人员流动管理的通知
关于上市公司股份分类有关业务处理事项的通知
上市公司向社会公开募集股份操作指引（试行）
证券公司网上委托业务核准程序
关于废止部分证券期货规章的通知（第二批）
关于加强期货经纪公司内部控制的指导原则

关于发布《网上证券委托暂行管理办法》的通知
关于规范证券开户代理业务有关问题的通知
关于协助做好地方登记公司清理改组工作有关问题的通知
关于安排上市公司转配股分期、分批上市的通知
关于做好期货经纪公司年度审计和报告工作的通知
关于报送《外资证券机构驻华代表机构年度工作报告表》的通知
关于印发《〈期货经纪合同〉指引》和《期货交易风险说明书》的通知
关于废止部分证券部门规章的通知
关于上市公司做好各项资产减值准备等有关事项的通知
关于清理"存折炒股"业务有关问题的通知
关于不得限制中介机构跨地区执行证券相关业务的通知
关于清理规范远程证券交易网点的通知
关于转发西安证券监管办公室《关于制止在证券交易场所擅自进行募股活动的通知》的通知
关于对证券经营机构及其营业部从事证券咨询及证券信息传播业务加强管理的通知
关于证券经营机构同城迁址审批工作的通知
关于证券投资咨询机构申请咨询从业资格及证券投资咨询人员申请咨询执业资格的通知
关于印发《证券投资咨询机构检查制度》的通知
关于坚决制止非证券经营机构经营证券业务的通知
关于企业申请境外上市有关问题的通知
关于加强证券营业部风险防范工作的通知
关于加强会员结算风险管理若干问题的通知
关于转发上海证券交易所《关于加强柜面系统技术风险防范和强化内部管理的通知》的通知
关于企业发行B股有关问题的通知
关于上市公司总经理及高层管理人员不得在控股股东单位兼职的通知
关于清理整顿证券交易中心有关事项的通知
外国证券类机构驻华代表机构管理办法
境外上市公司董事会秘书工作指引
关于进一步促进境外上市公司规范运作和深化改革的意见
关于境外上市公司进一步做好信息披露工作的若干意见
申请发行境内上市外资股（B股）公司报送材料标准格式
关于证券营业部审批工作有关问题的通知
关于进一步加强证券公司监管的若干意见
关于做好特别处理上市公司恢复正常交易有关事宜的通知
关于期货经纪公司变更登记等有关问题的通知
关于进一步做好清理整顿证券交易中心工作有关问题的通知
关于停止发行内部职工股的通知
关于境外中资证券类机构监管工作有关问题的通知
关于加强证券投资基金监管有关问题的通知
关于进一步明确在查处非法期货交易中职责分工的通知
关于B股上市公司中期财务报告审计问题的通知
关于加强证券交易所会员管理的通知
证券、期货投资咨询管理暂行办法实施细则
关于证券投资基金交易、收费有关问题的通知

关于发布《证券经营机构营业部信息系统技术管理规范（试行）》的通知
中国证券监督管理委员会证券监管专员办事处暂行办法
关于落实国务院《关于进一步加强在境外发行股票和上市管理的通知》若干问题的通知
关于加强证券期货信息传播管理的若干规定
关于发布《关于证券交易所报告制度的若干规定（试行）》的通知
关于历史遗留问题企业上市托管确认有关问题的通知
境内及境外证券经营机构从事外资股业务资格管理暂行规定
证券经营机构证券自营业务管理办法
关于上市公司聘用、更换会计师事务所（审计事务所）有关问题的通知
关于规范上市公司行为若干问题的通知
关于加强对地方报刊及其他媒体传播证券期货市场信息的监管的通知
股份有限公司境内上市外资股规定的实施细则
关于境外上市公司1995年召开股东年会和修改公司章程若干问题的通知
关于暂停中远期合同交易的通知
关于暂停大豆油期货交易和禁止借开展食糖中远期合同交易之名进行期货交易的通知
关于严厉查处非法外汇期货和外汇按金交易活动的通知
关于执行《到境外上市公司章程必备条款》的通知
关于健全查验制度防范股票盗卖的通知
关于坚决制止国债券卖空行为的通知
关于社会募集股份有限公司向职工配售股份的补充规定
关于境外上市企业外汇管理有关问题的通知
关于发行B股的企业在分红派息时如何确认利润分配标准的函
关于批转证监会《关于境内企业到境外公开发行股票和上市存在的问题的报告》的通知

中华人民共和国工业和信息化部

根据第十一届全国人民代表大会第一次会议批准的国务院机构改革方案和《国务院关于机构设置的通知》（国发［2008］11号），设立工业和信息化部，为国务院组成部门。

一、职责调整

（一）将国家发展和改革委员会的工业行业管理和信息化有关职责划给工业和信息化部，具体包括：研究提出工业发展战略，拟订工业行业规划和产业政策并组织实施；指导工业行业技术法规和行业标准的拟订；按国务院规定权限，审批、核准国家规划内和年度计划规模内工业、通信业和信息化固定资产投资项目；高技术产业中涉及生物医药、新材料等的规划、政策和标准的拟订及组织实施；组织领导和协调振兴装备制造业，组织编制国家重大技术装备规划，协调相关政策；工业

日常运行监测；工业、通信业的节能、资源综合利用和清洁生产促进工作；对中小企业的指导和扶持；国务院减轻企业负担部际联席会议的日常工作；国家履行《禁止化学武器公约》、稀土行业发展、盐业行政管理、国家医药储备管理的工作，管理国家烟草专卖局的职责。

（二）将原国防科学技术工业委员会除核电管理以外的职责划给工业和信息化部。其中组织协调武器装备科研生产的重大事项、保障军工核心能力建设等职责划给国家国防科技工业局。

（三）将原信息产业部的职责划给工业和信息化部。其中军工电子管理职责划给国家国防科技工业局。有关邮政管理职责划给国家邮政局，国家邮政局改由交通运输部管理。

（四）将原国务院信息化工作办公室的职责划给工业和信息化部。

（五）推进信息化和工业化融合，推进高新技术与传统工业改造结合，推进军民结合、寓军于民，促进工业由大变强，加快推进国家信息化建设。

二、主要职责

（一）提出新型工业化发展战略和政策，协调解决新型工业化进程中的重大问题，拟订并组织实施工业、通信业、信息化的发展规划，推进产业结构战略性调整和优化升级，推进信息化和工业化融合，推进军民结合、寓军于民的武器装备科研生产体系建设。

（二）制定并组织实施工业、通信业的行业规划、计划和产业政策，提出优化产业布局、结构的政策建议，起草相关法律法规草案，制定规章，拟订行业技术规范和标准并组织实施，指导行业质量管理工作。

（三）监测分析工业、通信业运行态势，统计并发布相关信息，进行预测预警和信息引导，协调解决行业运行发展中的有关问题并提出政策建议，负责工业、通信业应急管理、产业安全和国防动员有关工作。

（四）负责提出工业、通信业和信息化固定资产投资规模和方向（含利用外资和境外投资）、中央财政性建设资金安排的意见，按国务院规定权限审批、核准国家规划内和年度计划规模内固定资产投资项目。

（五）拟订高技术产业中涉及生物医药、新材料、航空航天、信息产业等的规划、政策和标准并组织实施，指导行业技术创新和技术进步，以先进适用技术改造提升传统产业，组织实施有关国家科技重大专项，推进相关科研成果产业化，推动软件业、信息服务业和新兴产业发展。

（六）承担振兴装备制造业组织协调的责任，组织拟订重大技术装备发展和自主创新规划、政策，依托国家重点工程建设协调有关重大专项的实施，推进重大技术装备国产化，指导引进重大技术装备的消化创新。

（七）拟订并组织实施工业、通信业的能源节约和资源综合利用、清洁生产促进政策，参与拟订能源节约和资源综合利用、清洁生产促进规划，组织协调相关重大示范工程和新产品、新技术、新设备、新材料的推广应用。

（八）推进工业、通信业体制改革和管理创新，提高行业综合素质和核心竞争力，指导相关行业加强安全生产管理。

（九）负责中小企业发展的宏观指导，会同有关部门拟订促进中小企业发展和非国有经济发展的相关政策和措施，协调解决有关重大问题。

（十）统筹推进国家信息化工作，组织制定相关政策并协调信息化建设中的重大问题，促进电信、广播电视和计算机网络融合，指导协调电子政务发展，推动跨行业、跨部门的互联互通和重要信息资源的开发利用、共享。

（十一）统筹规划公用通信网、互联网、专用通信网，依法监督管理电信与信息服务市场，会同有关部门制定电信业务资费政策和标准并监督实施，负责通信资源的分配管理及国际协调，推进电信普遍服务，保障重要通信。

（十二）统一配置和管理无线电频谱资源，依法监督管理无线电台（站），负责卫星轨道位置的协调和管理，协调处理军地间无线电管理相关事宜，负责无线电监测、检测、干扰查处，协调处理电磁干扰事宜，维护空中电波秩序，依法组织实施无线电管制。

（十三）承担通信网络安全及相关信息安全管理的责任，负责协调维护国家信息安全和国家信息安全保障体系建设，指导监督政府部门、重点行业的重要信息系统与基础信息网络的安全保障工作，协调处理网络与信息安全的重大事件。

（十四）开展工业、通信业和信息化的对外合作与交流，代表国家参加相关国际组织。

（十五）承办国务院交办的其他事项。

三、内 设 机 构

根据上述职责，工业和信息化部设24个内设机构：

（一）办公厅。负责机关文电、信息、安全保卫、保密、信访等工作；负责机关日常工作的协调和督察；承担政务公开、新闻发布等工作。

（二）政策法规司。研究新型工业化的战略性问题；组织研究工业、通信业、信息化发展的战略，提出政策建议；组织起草工业、通信业和信息化法律法规草案和规章；负责机关有关规范性文件的合法性审核工作；承担相关行政复议、行政应诉工作；承担重要文件起草工作。

（三）规划司。组织拟订工业、通信业和信息化发展战略、规划；提出工业、通信业和信息化固定资产投资规模和方向（含利用外资和境外投资）、中央财政性建设资金安排的建议；承担固定资产投资审核的相关工作。

（四）财务司。编报部门预决算和管理资金的使用；组织实施内部审计和绩效检查；提出行业财税、价格、金融等政策建议；负责机关财务、资产管理等工作。

（五）产业政策司。组织拟订工业、通信业产业政策并监督执行，提出推进产业结构调整、工业与相关产业融合发展及管理创新的政策建议；拟订和修订产业结构调整目录的相关内容，参与投资项目审核；制定相关行业准入条件并组织实施，会同有关方面实施汽车、农药的准入管理事项。

（六）科技司。组织拟订并实施高技术产业中涉及生物医药、新材料、航空航天、信息产业等的规划、政策和标准；组织拟订行业技术规范和标准，指导行业质量管理工作；组织实施行业技术基础工作；组织重大产业化示范工程；组织实施有关国家科技重大专项，推动技术创新和产学研相结合。

（七）运行监测协调局。监测分析工业、通信业日常运行，分析国内外工业、通信业形势，统计并发布相关信息，进行预测预警和信息引导；协调解决行业运行发展中的有关问题；承担应急管理、产业安全和国防动员相关工作。

（八）中小企业司。承担中小企业发展的宏观指导，会同有关方面拟订促进中小企业发展和非国有经济发展的相关政策和措施；促进对外交流合作，推动建立完善服务体系，协调解决有关重大问题。

（九）节能与综合利用司。拟订并组织实施工业、通信业的能源节约和资源综合利用、清洁生产促进政策，参与拟订能源节约和资源综合利用、清洁生产促进规划和污染控制政策，组织协调相关重大示范工程和新产品、新技术、新设备、新材料的推广应用。

（十）安全生产司。指导工业、通信业加强安全生产管理，指导重点行业排查治理隐患，参与重特大安全生产事故的调查、处理；负责民爆器材的行业及生产、流通安全的监督管理。

（十一）原材料工业司（国家履行《禁止化学武器公约》工作办公室）。承担钢铁、有色、黄金、稀土、石化（不含炼油）、化工（不含煤制燃料和燃料乙醇）、建材等的行业管理工作；研究国内外原材料市场情况并提出建议；承担国家履行《禁止化学武器公约》的组织协调工作；承担农业化学物质行政保护有关工作。

（十二）装备工业司。承担通用机械、汽车、民用飞机、民用船舶、轨道交通机械制造业等的行业管理工作；提出重大技术装备发展和自主创新规划、政策建议并组织实施；依托国家重点工程建设协调有关重大专项的实施，推进重大技术装备国产化；指导引进重大技术装备的消化创新。

（十三）消费品工业司。承担轻工、纺织、食品、医药、家电等的行业管理工作；拟订卷烟、食盐和糖精的生产计划；承担盐业和国家储备盐行政管理、中药材生产扶持项目管理、国家药品储备管理工作。

（十四）军民结合推进司。提出军民两用技术双向转移、军民通用标准体系建设等军民结合发展规划，拟订相关政策并组织实施，推进相关体制改革。

（十五）电子信息司。承担电子信息产品制造的行业管理工作；组织协调重大系统装备、微电子等基础产品的开发与生产，组织协调国家有关重大工程项目所需配套装备、元器件、仪器和材料的国产化；促进电子信息技术推广应用。

（十六）软件服务业司。指导软件业发展；拟订并组织实施软件、系统集成及服务的技术规范和标准；推动软件公共服务体系建设；推进软件服务外包；指导、协调信息安全技术开发。

（十七）通信发展司。协调公用通信网、互联网、专用通信网的建设，促进网络资源共享；拟订网络技术发展政策；负责重要通信设施建设管理；监督管理通信建设市场；会同有关方面拟订电信业务资费政策和标准并监督实施。

（十八）电信管理局。依法对电信与信息服务实行监管，提出市场监管和开放政策；负责市场准入管理，监管服务质量；保障普遍服务，维护国家和用户利益；拟订电信网间互联互通与结算办法并监督执行；负责通信网码号、互联网域名、地址等资源的管理及国际协调；承担管理国家通信出入口局的工作；指挥协调救灾应急通信及其他重要通信，承担战备通信相关工作。

（十九）通信保障局。组织研究国家通信网络及相关信息安全问题并提出政策措施；协调管理电信网、互联网网络信息安全平台；组织开展网络环境和信息治理，配合处理网上有害信息；拟订电信网络安全防护政策并组织实施；负责网络安全应急管理和处置；负责特殊通信管理，拟订通信管制和网络管制政策措施；管理党政专用通信工作。

（二十）无线电管理局（国家无线电办公室）。编制无线电频谱规划；负责无线电频率的划分、分配与指配；依法监督管理无线电台（站）；负责卫星轨道位置协调和管理；协调处理军地间无线电管理相关事宜；负责无线电监测、检测、干扰查处，协调处理电磁干扰事宜，维护空中电波秩序；依法组织实施无线电管制；负责涉外无线电管理工作。

（二十一）信息化推进司。指导推进信息化工作，协调信息化建设中的重大问题，协助推进重大信息化工程；指导协调电子政务和电子商务发展，协调推动跨行业、跨部门的互联互通；推动重要信息资源的开发利用、共享；促进电信、广播电视和计算机网络融合；承办国家信息化领导小组的具体工作。

（二十二）信息安全协调司。协调国家信息安全保障体系建设；协调推进信息安全等级保护等基础性工作；指导监督政府部门、重点行业的重要信息系统与基础信息网络的安全保障工作；承担信息安全应急协调工作，协调处理重大事件。

（二十三）国际合作司（港澳台办公室）。承担对外和对港澳台合作与交流相关事务；负责外事工作。

（二十四）人事教育司。负责机关和直属单位的人事管理、机构编制、队伍建设等工作；管理直属高校。

机关党委　负责机关和在京直属单位的党群工作。

离退休干部局　负责机关离退休干部工作，指导直属单位的离退休干部工作。

四、其 他 事 项

（一）工业和信息化部作为行业管理部门，主要是管规划、管政策、管标准，指导行业发展。要坚持政企分开的原则，不干预企业生产经营活动。充分发挥行业协会和社会中介组织的作用。

（二）工业和信息化部对外保留国家航天局、国家原子能机构牌子，代表国家参加国际航天组织、国际原子能机构及其他政府间国际组织和有关活动，履行有关职责。委托国家国防科技工业局承办国务院中央军委专门委员会的有关工作。

（三）炼油、煤制燃料和燃料乙醇的行业管理由国家能源局负责，其他石油化工和煤化工的行业管理由工业和信息化部负责。

（四）管理国家国防科技工业局、国家烟草专卖局。

（五）原信息产业部在31个省、自治区、直辖市设置的通信管理局划给工业和信息化部，实行垂直管理，行政编制500名。

（六）原信息产业部所属事业单位和原国防科学技术工业委员会的北京航空航天大学等7所直属高校，国家发展和改革委员会的中小企业对外合作协调中心、中国机电设备招标中心、中国机电设备成套服务中心由工业和信息化部管理。其他所属事业单位的设置、职责和编制事项另行规定。

五、部 门 规 章

武器装备科研生产许可实施办法
农业机械产品修理、更换、退货责任规定
烟草专卖行政处罚程序规定
通信网络安全防护管理办法
关于停止执行《汽车产业发展政策》有关条目的决定
软件产品管理办法
税控收款机生产企业资质管理办法
建立卫星通信网和设置使用地球站管理规定
无线电台执照管理规定
电信业务经营许可管理办法
工业和信息化部关于废止原邮电部《邮电部关于损坏通信线路赔偿损失的规定》等8部规章的决定
电信设备抗震性能检测管理办法
工业和信息化部行政许可实施办法
电子认证服务管理办法
互联网视听节目服务管理规定
电子信息产业统计工作管理办法
国防科学技术工业委员会行政复议实施办法
烟草专卖许可证管理办法
国防科学技术工业委员会听证规则
国防科学技术工业委员会行政处罚实施办法
国防科学技术奖励办法
水泥工业产业发展政策
无线电设备发射特性核准检测机构认定办法
中华人民共和国无线电频率划分规定

民用爆炸物品销售许可实施办法
民用爆炸物品安全生产许可实施办法
民用爆炸物品生产许可实施办法
食盐专营许可证管理办法
电子信息产品污染控制管理办法
互联网电子邮件服务管理办法
产业结构调整指导目录
汽车产品外部标识管理办法
互联网新闻信息服务管理规定
钢铁产业发展政策
武器装备科研生产许可实施办法
电信服务规范
中华人民共和国工业和信息化部令第4号
互联网IP地址备案管理办法
非经营性互联网信息服务备案管理办法
军工电子装备科研生产许可证管理办法
中国互联网络域名管理办法
农药生产管理办法
清洁生产审核暂行办法
能源效率标识管理办法
汽车产业发展政策
办理开采黄金矿产批准书管理规定
国防科工委行政审批管理暂行办法
电信网码号资源管理办法
摩托车生产准入管理办法
民用航天发射项目许可证管理暂行办法
通信行业统计管理办法
信息产业部行政复议实施办法
国际通信设施建设管理规定
国际通信出入口局管理办法
烟草专卖品准运证管理办法
核事故辐射影响越境应急管理规定
核进出口及对外核合作保障监督管理规定
国防基础科研管理办法
国防科技工业技术基础科研管理办法
电信建设管理办法
通信工程质量监督管理规定
高楼高塔高山设置无线寻呼发射基站管理规定
电信网间互联争议处理办法
核出口管制清单
电信设备进网管理办法
通信行政处罚程序规定
公用电信网间互联管理规定

空间物体登记管理办法
电信用户申诉处理暂行办法
电信服务质量监督管理暂行办法
互联网电子公告服务管理规定
通信建设项目招标投标管理暂行规定
国防科技工业计量监督管理暂行规定
民用爆破器材生产流通管理暂行规定
国防科技工业军用核设施安全监督管理规定
重点用能单位节能管理办法
烟草专卖行政处罚程序规定
《中华人民共和国监控化学品管理条例》实施细则
各类监控化学品名录
农业化学物质产品行政保护条例实施细则
互联网视听节目服务管理规定
互联网络域名管理办法
中华人民共和国信息产业部令
中华人民共和国无线电频率划分规定
公用电信网间互联管理规定
电信网码号资源管理暂行办法
乳制品加工行业准入条件
民用爆炸物品生产许可实施办法
民用爆炸物品销售许可实施办法
民用爆炸物品安全生产许可实施办法
空间物体登记管理办法

中华人民共和国国家发展和改革委员会价格监督检查司

一、处级机构

综合处，法制工作处，监督指导处，价格检查处，收费检查处，反价格垄断和市场监管处。

二、具体职责

（一）指导全国价格监督检查工作，制定价格监督检查方针、政策、任务、工作计划及实施意见。

（二）监督检查价格改革方案和价格调控管理政策措施的贯彻落实情况，提出加强和改进价格调控管理的建议。

（三）组织实施全国性商品价格、服务价格、国家机关收费、事业性收费监督检查，明确实施检查的法律法规依据和政策界限，协调解决检查中出现的政策问题。

（四）查处中央各部门、省级人民政府及部门、中央企事业单位、社会组织的价格、收费违法案件；协调处理省际间的价格、收费违法案件，查处重大价格、收费违法案件。

（五）负责反价格垄断执法工作，调查、认定和处理重大的价格垄断行为和案件。

（六）组织开展市场价格行为监管工作，调查、认定和处理重大的不正当价格行为和案件；负责市场价格异常波动监督检查应急工作。

（七）起草有关价格监督检查法规草案和规章，依法界定各类价格违法行为、价格垄断行为。

（八）受理不服省级政府价格主管部门行政处罚的复议案件和申诉案件。

（九）指导全国价格社会监督、公共服务、信用建设和价格举报工作。

（十）指导全国价格监督检查干部队伍的业务建设。

（十一）承办领导交办的其他事项。

三、政策法规

关于严厉打击注射甲流疫苗乱收费行为的紧急通知

第二届价格违法行为典型案例研讨会在黑龙江省牡丹江市圆满结束

福建省漳州市物价局积极开展规范行政自由裁量权工作

部分涉农收费政策摘编

医疗机构实行价格公示的规定

教育收费公示制度

关于实行涉农价格和收费公示制度的通知

关于标价方式监制问题的答复

广告服务明码标价规定

家用电器维修服务明码标价规定

物业服务收费明码标价规定

电信服务明码标价规定

价格违法案件举报奖励办法

价格违法行为举报规定

关于贯彻实施《价格违法行为行政处罚规定》有关问题的通知

价格行政处罚过错责任追究试行办法

关于《禁止价格欺诈行为的规定》有关条款解释意见的通知

价格监督检查案卷管理规定

价格监督检查案卷评查规定和价格监督检查文书评分标准

价格违法行为行政处罚实施办法

价格监督检查提醒告诫办法

关于制止低价倾销行为的规定

价格行政处罚程序规定

关于商品和服务实行明码标价的规定

国家发改委关于查处“违反公平、自愿原则，强迫交易对方接受高价”行为有关问题的通知

价格监督检查基层工作联系制度（修订）
哈尔滨市物价局等部门制定《商业零售企业促销行为规范》（试行）
浙江省《商业零售促销商品明码标价规定（试行）》
山东省物价局关于构成哄抬价格行为涨价幅度界定问题的意见
中华人民共和国价格法
中华人民共和国行政处罚法
价格违法行为行政处罚规定
禁止价格欺诈行为的规定
责令价格违法经营者停业整顿的规定
价格主管部门公告价格违法行为的规定
关于印发《物业服务收费明码标价规定》的通知

中华人民共和国环境保护部

一、环境保护部职责

（一）负责建立健全环境保护基本制度。拟订并组织实施国家环境保护政策、规划，起草法律法规草案，制定部门规章。组织编制环境功能区划，组织制定各类环境保护标准、基准和技术规范，组织拟订并监督实施重点区域、流域污染防治规划和饮用水水源地环境保护规划，按国家要求会同有关部门拟订重点海域污染防治规划，参与制定国家主体功能区划。

（二）负责重大环境问题的统筹协调和监督管理。牵头协调重特大环境污染事故和生态破坏事件的调查处理，指导协调地方政府重特大突发环境事件的应急、预警工作，协调解决有关跨区域环境污染纠纷，统筹协调国家重点流域、区域、海域污染防治工作，指导、协调和监督海洋环境保护工作。

（三）承担落实国家减排目标的责任。组织制定主要污染物排放总量控制和排污许可证制度并监督实施，提出实施总量控制的污染物名称和控制指标，督察、督办、核查各地污染物减排任务完成情况，实施环境保护目标责任制、总量减排考核并公布考核结果。

（四）负责提出环境保护领域固定资产投资规模和方向、国家财政性资金安排的意见，按国务院规定权限，审批、核准国家规划内和年度计划规模内固定资产投资项目，并配合有关部门做好组织实施和监督工作。参与指导和推动循环经济和环保产业发展，参与应对气候变化工作。

（五）承担从源头上预防、控制环境污染和环境破坏的责任。受国务院委托对重大经济和技术政策、发展规划以及重大经济开发计划进行环境影响评价，对涉及环境保护的法律法规草案提出有关环境影响方面的意见，按国家规定审批重大开发建设区域、项目环境影响评价文件。

（六）负责环境污染防治的监督管理。制定水体、大气、土壤、噪声、光、恶臭、固体废物、化学品、机动车等的污染防治管理制度并组织实施，会同有关部门监督管理饮用水水源地环境保护工作，组织指导城镇和农村的环境综合整治工作。

（七）指导、协调、监督生态保护工作。拟订生态保护规划，组织评估生态环境质量状况，监督对生态环境有影响的自然资源开发利用活动、重要生态环境建设和生态破坏恢复工作。指导、协调、监督各种类型的自然保护区、风景名胜区、森林公园的环境保护工作，协调和监督野生动植物保护、湿地环境保护、荒漠化防治工作。协调指导农村生态环境保护，监督生物技术环境安全，牵头生物物种（含遗传资源）工作，组织协调生物多样性保护。

（八）负责核安全和辐射安全的监督管理。拟订有关政策、规划、标准，参与核事故应急处理，负责辐射环境事故应急处理工作。监督管理核设施安全、放射源安全，监督管理核设施、核技术应用、电磁辐射、伴有放射性矿产资源开发利用中的污染防治。对核材料的管制和民用核安全设备的设计、制造、安装和无损检验活动实施监督管理。

（九）负责环境监测和信息发布。制定环境监测制度和规范，组织实施环境质量监测和污染源监督性监测。组织对环境质量状况进行调查评估、预测预警，组织建设和管理国家环境监测网和全国环境信息网，建立和实行环境质量公告制度，统一发布国家环境综合性报告和重大环境信息。

（十）开展环境保护科技工作，组织环境保护重大科学研究和技术工程示范，推动环境技术管理体系建设。

（十一）开展环境保护国际合作交流，研究提出国际环境合作中有关问题的建议，组织协调有关环境保护国际条约的履约工作，参与处理涉外环境保护事务。

（十二）组织、指导和协调环境保护宣传教育工作，制定并组织实施环境保护宣传教育纲要，开展生态文明建设和环境友好型社会建设的有关宣传教育工作，推动社会公众和社会组织参与环境保护。

（十三）承办国务院交办的其他事项。

二、下设机关司局

办公厅；规划财务司；政策法规司；行政体制与人事司；科技标准司；污染物排放总量控制司；环境影响评价司；环境监测司；污染防治司；自然生态保护司；核安全管理司；环境监察局；国际合作司；宣传教育司；直属机关党委。

三、环境保护部令

进出口环保用微生物菌剂环境安全管理办法

地方环境质量标准和污染物排放标准备案管理办法

环境行政处罚办法

新化学物质环境管理办法

限期治理管理办法（试行）

建设项目环境影响评价文件分级审批规定

环境行政复议办法

关于修改《放射性同位素与射线装置安全许可管理办法》的决定

建设项目环境影响评价分类管理名录

国家危险废物名录
危险废物出口核准管理办法
进口民用核安全设备监督管理规定（HAF604）
民用核安全设备焊工焊接操作工资格管理规定（HAF603）
民用核安全设备无损检验人员资格管理规定（HAF602）
民用核安全设备设计制造安装和无损检验监督管理规定（HAF601）
排污费征收工作稽查办法
关于废止、修改部分规章和规范性文件的决定
环境监测管理办法
环境信息公开办法（试行）
环境统计管理办法
国家级自然保护区监督检查办法
环境信访办法
关于废止、修改部分规章和规范性文件的决定
病原微生物实验室生物安全环境管理办法
环境保护违法违纪行为处分暂行规定
放射性同位素与射线装置安全许可管理办法
建设项目环境影响评价行为准则与廉政规定
国家环境保护总局建设项目环境影响评价文件审批程序规定
污染源自动监控管理办法
废弃危险化学品污染环境防治办法
建设项目环境影响评价资质管理办法
环境保护法规制定程序办法
环境污染治理设施运营资质许可管理办法
环境保护行政许可听证暂行办法
医疗废物管理行政处罚办法
全国环保系统六项禁令
专项规划环境影响报告书审查办法
新化学物质环境管理办法（自 2010 年 10 月 15 日起废止）总局令第 17 号
环境影响评价审查专家库管理办法
建设项目竣工环境保护验收管理办法
国家环境保护总局决定废止的部分环境保护部门规章和规范性文件目录
淮河和太湖流域排放重点水污染物许可证管理办法（试行）
畜禽养殖污染防治管理办法
近岸海域环境功能区管理办法
环境保护部门规章和规范性文件修正案
危险废物转移联单管理办法
国家重点环境保护实用技术推广管理办法
环境标准管理办法
环境保护法规解释管理办法
电磁辐射环境保护管理办法
环境监理人员行为规范
环境保护档案管理办法

防治尾矿污染环境管理规定
排放污染物申报登记管理规定
环境监理执法标志管理办法
国家环境保护局环境保护科学技术研究成果管理办法

中华人民共和国人力资源和社会保障部

根据第十一届全国人民代表大会第一次会议批准的国务院机构改革方案和《国务院关于机构设置的通知》（国发［2008］11号），设立人力资源和社会保障部，为国务院组成部门。

一、职 责 调 整

（一）划入的职责。

将原人事部、原劳动和社会保障部的职责整合，划入人力资源和社会保障部。

（二）取消的职责。

1. 已由国务院公布取消的行政审批事项。

2. 制定技工学校年度指导性招生计划。

3. 综合协调外商投资企业劳动工资政策。

4. 制定企业惩处职工的基本准则。

（三）划出移交的职责。

1. 将制定中国公民出境就业管理政策，境外就业职业介绍机构资格认定、审批和监督检查等职责划给商务部。

2. 将国际职员服务性工作交给事业单位。

3. 将技工学校评估认定工作交给社会中介组织。

（四）加强的职责。

1. 加强统筹机关企事业单位人员管理职责，完善劳动收入分配制度，充分发挥人力资源优势。

2. 加强统筹城乡就业和社会保障政策职责，建立健全从就业到养老的服务和保障体系。

3. 加强统筹人才市场与劳动力市场整合职责，加快建立统一规范的人力资源市场，促进人力资源合理流动、有效配置。

4. 加强统筹机关企事业单位基本养老保险职责，逐步提高基金统筹层次，推进基本养老保险制度改革。

5. 加强促进就业职责，健全公共就业服务体系，建立城乡劳动者平等就业制度，促进社会就业更加充分。

6. 加强组织实施劳动监察和协调农民工工作职责，切实维护劳动者合法权益。

二、主要职责

（一）拟订人力资源和社会保障事业发展规划、政策，起草人力资源和社会保障法律法规草案，制定部门规章，并组织实施和监督检查。

（二）拟订人力资源市场发展规划和人力资源流动政策，建立统一规范的人力资源市场，促进人力资源合理流动、有效配置。

（三）负责促进就业工作，拟订统筹城乡的就业发展规划和政策，完善公共就业服务体系，拟订就业援助制度，完善职业资格制度，统筹建立面向城乡劳动者的职业培训制度，牵头拟订高校毕业生就业政策，会同有关部门拟订高技能人才、农村实用人才培养和激励政策。

（四）统筹建立覆盖城乡的社会保障体系。统筹拟定城乡社会保险及其补充保险政策和标准，组织拟订全国统一的社会保险关系转续办法和基础养老金全国统筹办法，统筹拟订机关企事业单位基本养老保险政策并逐步提高基金统筹层次。会同有关部门拟订社会保险及其补充保险基金管理和监督制度，编制全国社会保险基金预决算草案，参与制定全国社会保障基金投资政策。

（五）负责就业、失业、社会保险基金预测预警和信息引导，拟订应对预案，实施预防、调节和控制，保持就业形势稳定和社会保险基金总体收支平衡。

（六）会同有关部门拟订机关、事业单位人员工资收入分配政策，建立机关企事业单位人员工资正常增长和支付保障机制，拟订机关企事业单位人员福利和离退休政策。

（七）会同有关部门指导事业单位人事制度改革，拟定事业单位人员和机关工勤人员管理政策，参与人才管理工作，制定专业技术人员管理和继续教育政策，牵头推进深化职称制度改革工作，健全博士后管理制度，负责高层次专业技术人才选拔和培养工作，拟订吸引国（境）外专家、留学人员来华（回国）工作或定居政策。

（八）会同有关部门拟定军队转业干部安置政策和安置计划，负责军队转业干部教育培训工作，组织拟订部分企业军队转业干部解困和稳定政策，负责自主择业军队转业干部管理服务工作。

（九）负责行政机关公务员综合管理，拟订有关人员调配政策和特殊人员安置政策，会同有关部门拟定国家荣誉制度和政府奖励制度。

（十）会同有关部门拟订农民工工作综合性政策和规划，推动农民工相关政策的落实，协调解决重点难点问题，维护农民工合法权益。

（十一）统筹拟订劳动、人事争议调节仲裁制度和劳动关系政策，完善劳动关系协调机制，制定消除非法使用童工政策和女工、未成年工的特殊劳动保护政策，组织实施劳动监察，协调劳动者维权工作，依法查处重大案件。

（十二）负责本部和国家公务员局国际交流与合作工作，制定派往国际组织职员管理制度。

（十三）承办国务院交办的其他事项。

三、综合性政策法规

企业职工带薪年休假实施办法

中华人民共和国劳动合同法实施条例

违反土地管理规定行为处分办法

中华人民共和国残疾人保障法

中华人民共和国劳动争议调解仲裁法

国务院关于修改《全国年节及纪念日放假办法》的决定
职工带薪年休假条例
中华人民共和国就业促进法
中华人民共和国劳动合同法
关于印发《中华人民共和国劳动合同法》宣传提纲的通知
中华人民共和国个人所得税法
中华人民共和国行政复议法实施条例
残疾人就业条例
中华人民共和国未成年人保护法
中华人民共和国企业破产法
中华人民共和国义务教育法
关于贯彻落实国务院关于解决农民工问题的若干意见的实施意见
国务院办公厅转发劳动保障部关于做好被征地农民就业培训和社会保障工作指导意见的通知
国务院关于加强和改进社区服务工作的意见
关于贯彻实施《行政许可法》深化劳动保障行政审批制度改革工作的通知
关于进一步加强和改进劳动保障宣传工作的意见
国务院办公厅关于印发2004年振兴东北地区等老工业基地工作要点的通知
关于对部分规范性文件的部分内容停止执行的通知
国务院办公厅关于贯彻落实全面推进依法行政实施纲要的实施意见
国务院关于印发全面推进依法行政实施纲要的通知
关于切实加强艾滋病防治工作的通知
国务院办公厅关于中央企业分离办社会职能试点工作有关问题的通知
关于劳动保障部门加强求真务实作风建设的意见
中华人民共和国民办教育促进法实施条例
关于印发《2004年执法监察工作的安排意见》的通知
关于进一步做好刑满释放、解除劳教人员促进就业和社会保障工作的意见
国务院关于推进资本市场改革开放和稳定发展的若干意见
关于贯彻实施《行政许可法》的意见
中共中央国务院关于进一步加强人才工作的决定
最高人民法院关于审理人身损害赔偿案件适用法律若干问题的解释
中国人民解放军军人配偶随军未就业期间社会保险暂行办法
国务院办公厅关于贯彻实施行政许可法工作安排的通知
最高人民法院关于人民法院审理事业单位人事争议案件若干问题的规定
最高人民法院关于在民事审判工作中适用《中华人民共和国工会法》若干问题的解释
关于贯彻实施《中华人民共和国职业病防治法》有关问题的通知
中华人民共和国民办教育促进法
中华人民共和国保险法（修正）
关于开展社会保险经办机构工作人员业务素质考核工作的通知
中华人民共和国职业病防治法
中华人民共和国工会法
关于职工在机关事业单位与企业之间流动时社会保险关系处理意见的通知
关于转发财政部国家税务总局关于个人与用人单位解除劳动关系取得的一次性补偿收入征免个

人所得税问题的通知的通知

关于取得国外永久性居民身份证回国工作人员在国内工作期间有关社会保险问题的复函

关于个人与用人单位解除劳动关系取得的一次性补偿收入征免个人所得税问题的通知

国务院关于印发减持国有股筹集社会保障资金管理暂行办法的通知

中华人民共和国税收征收管理法

煤矿安全监察条例

中华人民共和国外资企业法（修正）

关于贯彻国务院 8 号文件有关问题的通知

国务院关于切实做好企业离退休人员基本养老金按时足额发放和国有企业下岗职工基本生活保障工作的通知

中华人民共和国立法法

国务院办公厅关于继续做好确保国有企业下岗职工基本生活和企业离退休人员养老金发放工作的通知

关于进一步加强中央直属企业下岗职工基本生活保障和再就业工作的通知

城市居民最低生活保障条例

全国年节及纪念日放假办法

中华人民共和国招标投标法

关于做好国有企业下岗职工基本生活保障失业保险和城市居民最低生活保障制度衔接工作的通知

中华人民共和国行政复议法

关于贯彻两个条例扩大社会保障覆盖范围加强基金征缴工作的通知

社会保险登记管理暂行办法

社会保险费申报缴纳管理暂行办法

社会保险费征缴监督检查办法

国务院办公厅关于进一步做好国有企业下岗职工基本生活保障和企业离退休人员养老金发放工作有关问题的通知

社会保险费征缴暂行条例

流动人口计划生育工作管理办法

关于印发《国有企业下岗职工基本生活保障和再就业资金管理暂行办法》的通知

关于严格执行国有企业下岗职工基本生活保障和再就业工作有关政策的通知

中华人民共和国执业医师法

关于认真贯彻落实党中央、国务院《关于切实做好国有企业下岗职工基本生活保障和再就业工作的通知》的通知

关于进一步改善对中小企业金融服务的意见

关于印发《全国职工自学成才奖励条例》的通知

关于切实做好国有企业下岗职工基本生活保障和再就业工作的通知

国务院批转国家计委、国家经贸委、国家体改委关于深化大型企业集团试点工作意见的通知

中华人民共和国合伙企业法

中华人民共和国乡镇企业法

中华人民共和国老年人权益保障法

国务院关于建立企业扭亏增盈工作目标责任制意见的通知

关于印发《劳动部贯彻〈中国妇女发展纲要（1995～2000 年）〉实施方案》的通知

中华人民共和国行政处罚法

中华人民共和国保险法【已被修正】

关于印发《现代企业制度试点企业劳动工资社会保险制度改革办法》的通知

中华人民共和国商业银行法

中华人民共和国中国人民银行法

国务院关于在若干城市试行国有企业破产有关问题的通知

中华人民共和国审计法

中华人民共和国仲裁法

中华人民共和国劳动法

关于企业所得税若干优惠政策的通知

关于加强外商投资企业和私营企业劳动管理切实保障职工合法权益的通知【失效】

中华人民共和国公司法

国务院关于印发《国家公务员制度实施方案》的通知

中华人民共和国教师法

中华人民共和国消费者权益保护法

国家公务员暂行条例

全民所有制工业企业转换经营机制条例

中华人民共和国妇女权益保障法

中华人民共和国工会法

中华人民共和国未成年人保护法

中华人民共和国民事诉讼法

中华人民共和国残疾人保障法

国务院办公厅转发国家计委等部门关于“农转非”政策管理工作分工意见报告的通知

关于实施《企业思想政治工作人员专业职务试行条例》的若干规定

中华人民共和国行政诉讼法

中华人民共和国私营企业暂行条例

国务院关于发布《禁止向企业摊派暂行条例》的通知

中华人民共和国中外合作经营企业法

国务院关于发布《全民所有制工业企业承包经营责任制暂行条例》的通知

发布《关于开展大学后继续教育的暂行规定》的通知

关于征收奖金税、工资调节税有关问题的通知

化学危险物品安全管理条例

国务院批转国家经委、审计署、财政部关于制止向企业摊派的情况和意见的通知

中华人民共和国民法通则

国务院、中央军委批转国防科工委等部门关于解决三线艰苦地区国防科技工业离休退休人员安置和职工夫妻长期两地分居问题的报告的通知

国务院关于发布《中华人民共和国中外合资经营企业法实施条例》的通知【已被修正】

国务院关于颁发《国务院关于科技人员合理流动的若干规定》的通知

国务院关于颁发《关于城镇集体所有制经济若干政策问题的暂行规定》的通知

国务院关于颁发《国务院关于城镇劳动者合作经营的若干规定》和《〈国务院关于城镇非农业个体经济若干政策性规定〉的补充规定》的通知

关于印送《企业职工奖惩条例》若干问题的解答意见的通知

中华人民共和国宪法（第三次修正）

国务院关于发布《企业职工奖惩条例》的通知
中华人民共和国中外合资经营企业法【已被修正】
中华人民共和国劳动保险条例实施细则（修正草案）【部分失效】
中华人民共和国劳动保险条例【部分失效】

中华人民共和国商务部反垄断局

一、机 构 设 置

商务部反垄断局下设六个处，分别是：办公室、竞争政策处、商谈处、法律处、经济处、监察执法处。

二、重 要 职 能

（一）起草经营者集中相关法规，拟定配套规章及规范性文件。

（二）依法对经营者集中行为进行反垄断审查；负责受理经营者集中反垄断磋商和申报，并开展相应的反垄断听证、调查和审查工作。

（三）负责受理并调查向反垄断执法机构举报的经营者集中事项，查处违法行为。

（四）负责依法调查对外贸易中的垄断行为，并采取必要措施消除危害。

（五）负责指导我国企业在国外的反垄断应诉工作。

（六）牵头组织多双边协定中的竞争条款磋商和谈判。

（七）负责开展多双边竞争政策国际交流与合作。

（八）承担国务院反垄断委员会的具体工作。

（九）承担部领导交办的其他事项。

三、法 律 法 规

经营者集中申报办法
经营者集中审查办法
中华人民共和国商务部　中国人民银行　中国银行业监督管理委员会　中国证券监督管理委员会　中国保险监督管理委员会令 2009 年第 10 号
国务院关于经营者集中申报标准的规定
中华人民共和国反垄断法

中华人民共和国招标投标法
中华人民共和国价格法
中华人民共和国反不正当竞争法
制止价格垄断行为暂行规定
国务院关于整顿和规范市场经济秩序的决定
国务院关于禁止在市场经济活动中实行地区封锁的规定
关于禁止公用企业限制竞争行为的若干规定

第八部分

反垄断与规制经济学研究机构介绍

东北财经大学产业组织与企业组织研究中心

2000年，在东北财经大学工业经济研究所（成立于1993年）的基础上，按照教育部人文社会科学重点研究基地的模式与标准成立了“产业组织与企业组织研究中心”。研究中心立足于产业经济学国家重点学科，在国内率先按照国际公认的产业经济学（即产业组织学）进行学科建设和科研活动，致力于创立一流的产业经济学研究、人才培养、学术交流、信息文献及咨询服务和科研体制创新的重点研究基地。国务委员陈至立、教育部部长周济、商务部部长薄熙来等视察过研究中心。

研究中心实行主任负责制，设有产业组织研究室、企业组织研究室、产业政策研究室和案例研究室四个研究机构。研究中心与MBA学院优势互补，中心主任于立教授兼任MBA学院院长。中心研究队伍结构合理，学术水平较高，现有专职研究人员21人，兼职研究人员16人，其中26人具有博士学位，20人为博士生导师，平均年龄38岁。研究中心拥有近万册中外文图书，建有产业经济学经典文献数据库，拥有专用的书库、资料室、电子阅览室，为专职研究人员配有专用办公室，校外驻所研究人员提供专家公寓，可为有志于产业经济学领域研究的有识之士提供一流的科研条件。

研究中心与国内外著名院校、科研机构建立了长期合作关系，有来自美国、英国、法国、日本、韩国等国的专兼职研究人员。法国图卢兹大学产业经济研究所所长拉丰（J. J. Laffont）教授担任研究中心名誉主任，泰勒尔（J. Tirole）教授、阿顿（M. A. Utton）教授、黄速建研究员、金碚研究员、张昕竹研究员等国内外著名学者担任中心研究人员。研究中心与中国社科院工经所签订合作协议，在科学研究、人才培养等各方面实现优势互补。与国务院体制改革办公室、国务院发展研究中心等部门保持着密切的合作关系。

浙江财经学院政府管制与公共政策研究中心

本基地以政府管制政策制定、地方财税体制改革、资本市场信息披露制度创新为主要研究内容，为政府制定有关公共政策提供理论支持与实证资料。

基地坚持“以研究推动建设、以建设促进研究”的发展理念，形成了重点突出、特色鲜明、人员配置合理的三个相辅相成的研究方向：（1）政府管制与公共政策研究，研究电信、电力、铁路、民航、邮政和市政公用事业等垄断性产业政府管制的理论与应用问题；（2）地方财税体制与政策研究，研究浙江省财税体制改革与创新的成功经验及其一般规律，以地方政府公共支出管理与政策、公共收入的现状及可持续增长问题为重点，探索如何通过制度创新优化地方公共收支结构；（3）资本市场信息披露制度研究，研究资本市场信息披露的制度体系、市场效应以及信息披露对上市公司经营业绩所造成的实际影响。

基地涵盖我校经济与管理类5个省级重点学科，已形成由中青年教授、博士为主体的研究团队、专职研究人员27人。近5年来，共承担国家级研究项目13项，省部级研究项目51项；出版学术专著31部，在国家重要刊物上发表学术论文570余篇；省部级以上奖12项。

首都经济贸易大学中国产业经济研究中心

首都经济贸易大学中国产业经济研究中心（CCIE）成立于2001年，汇聚了学校工商管理学院、经济学院众多教授和学者等智力资源。中国产业经济研究中心（CCIE）致力于通过研究中国的产业经济问题，为中国产业经济发展提供智力支持；并致力于促进中国产业经济的研究、人才培养和学术交流，使中国产业经济研究中心（CCIE）成为国内一流的专业性产业发展政策研究机构。

本中心的重点研究领域为：产业经济学前沿理论；中国政府管制和竞争研究；中国反垄断理论和实践研究；基础设施改革和融资研究；中国产业绩效和竞争研究；中国产业组织和产业结构研究。

本中心承担的重要研究项目有：主持国家社会科学基金项目“自然垄断产业改革模式的国际比较研究”，2004.6—2006.6；主持国家社会科学基金“十五”规划重点项目“经济运行中的垄断与竞争问题研究”（编号：01AJY006），2002年9月完成；我国基础设施民营化改革的风险控制研究，中国博士后基金，2005～2006年；北京城市基础设施市场化改革的风险控制研究，北京市自然科学基金，2006～2008年。

江西财经大学产业经济研究院（规制与竞争研究中心）

规制与竞争研究中心是江西省普通高校人文社会科学重点研究基地之一，同时也是江西财经大学科研专职研究机构。原前身是产业组织与政府规制研究中心成立于1999年12月，与经济与社会发展研究中心合署办公。2003年4月被批准为江西省高校人文社会科学重点研究基地，独立成为产业组织与政府规制研究中心。2006年6月更名为江西财经大学规制与竞争研究中心。下设规制理论与政策、公共行政管理与政府管理、竞争政策等三个研究方向。

现研究中心目前专职研究人员5名（井冈学者1名、教授2名、副教授2名、讲师1名），兼职人员13名（首席教授2名、教授10名、副教授1名）专兼职研究人员均具有博士学位。中心在相关领域聘请了有重大影响的8位国内知名学者为特聘研究员。

中心自成立以来，以促进基础研究和应用研究协调发展、力争科学研究的整体水平达到全国一流水平为目标；以培养高素质的一流学术带头人和中青年学术骨干为己任；着重加强学术交流和咨询服务，深化科研体制改革。中心改革以后，明确了研究方向、研究结构合理，现已建立了一支高素质、高学历、科研能力强的研究队伍，进一步完善了中心的专业研究管理机制。

近年来，基地研究人员承担各级科研项目共96项，科研项目经费273.8万元。其中国家社科基金项目18项，国家自然科学基金3项，部级重大课题8项，省人文社科23项，省级重大课题8项，省人文社科重点基地课题12项，省科技、“十五”规划、教改课题共15项，校级重点课题9项等。公开发表论文496篇，被CSSI检索278篇。获省部级优秀科研成果一等奖1项、二等奖3项、三等奖12项。获江西省社科青年优秀科研成果一等奖1项、二等奖1项、三等奖4项。中心资助学术专著1部，主持编辑《规制与竞争前沿问题》专辑2部。中心成为中国工业经济学会理事单位。

规制与竞争研究中心本着“开放、流动、联合、竞争”的原则，设置了流动性专家研究人员工作室，并开展多种形式的国内外学术交流与合作研究，力争经5年的建设，把基地建设成国家重点研究基地。

中国社会科学院工业经济研究所产业组织研究室

一、概　况

中国社会科学院工业经济研究所于1978年4月5日正式建立，是中国社会科学院经济学科的主要研究机构之一。工业经济研究所现有在编人员90人，其中：具有高级职称的研究人员46人；博士37人，硕士15人；博士生导师18人，硕士生导师15人。著名经济学家马洪、蒋一苇、周叔莲、张卓元、陈佳贵、吕政曾也先后担任工业经济研究所的所长。

二、主要研究方向

研究领域为应用经济学和工商管理学中的三个分支学科：产业经济学（工业经济）、区域经济、企业管理。

三、机 构 设 置

工业发展研究室

主要研究方向：工业化理论、工业发展与增长、产业结构与产业政策、工业技术进步、工业发展的国际比较、部门经济、工业经济史。

能源经济研究室

主要研究方向：能源工业发展与运行规律、能源资源开发利用、能源管理体制、能源市场供求与价格、能源安全、能源的国际关系与国际合作、能源经济分析方法。

投资与市场研究室

主要研究方向：产业投资方向、投资规模与结构、投资与环境、投资效益、市场供求、跨国投资、工业品进出口贸易。

工业布局与区域经济研究室

主要研究方向：经济区位理论、城市与区域经济发展、区域经济政策、地区发展战略规划、区际经济关系、区域经济管理。

产业组织研究室

主要研究方向：产业组织理论、产业组织政策、市场结构、企业行为、市场绩效、市场中介组织、政府规制、行业管理、网络经济。

企业制度研究室

主要研究方向：公司理论、企业产权理论、企业治理结构、中小企业、政府管理企业的模式与体制、国有资产管理体制、国有企业改革、民营企业、企业集团、跨国公司。

企业管理研究室

主要研究方向：管理学基本理论、企业运行机制、企业组织、企业经营战略、企业人力资源、企业生产与技术管理、企业市场营销、企业文化、现代管理方法、管理思想史、企业管理史。

财务与会计研究室

主要研究方向：财务会计理论与实务、管理会计理论与实务、财务分析、企业融资与投资、企业股利政策、企业资产重组与并购、国际融资、风险管理。

四、学 术 团 体

中国工业经济学会

中国企业管理研究会

中国区域经济学会

中国社会科学院中小企业研究中心

中国社会科学院西部发展研究中心

中国社会科学院 WTO 研究中心

中国社会科学院管理科学研究中心

中国社会科学院食品药品监管研究中心

中国社会科学院工业经济研究所澳门产业发展研究中心

中国社会科学院工业经济研究所能源经济研究中心

五、主要获奖成果

《长江流域发展研究》获得国家科技进步三等奖，《中国产业政策研究》获国家社科基金优秀成果三等奖，《现代大中型企业的经营与发展》和《中国工业国际竞争力——理论、方法与实证研究》获中宣部组织的“五个一工程”优秀著作奖，《国家经济安全论》、《竞争力经济学》获“中国优秀图书奖”。

六、国 际 合 作

工业经济研究所积极开展各种形式的对外学术交流，派遣人员出国留学、进修、考察；参加双边和多边国际会议开展国际合作研究。自 1978 年以来，工业经济研究所同美国、日本、英国、法国、德国、俄罗斯、乌克兰、澳大利亚、比利时、荷兰、希腊、韩国、意大利、加拿大、印度、阿根廷、巴西、瑞典、波兰、新加坡、泰国、越南、肯尼亚等国家以及我国香港、台湾地区进行了广泛的学术交流。

天则经济研究所天则公用事业研究中心

天则公用事业研究中心由天则经济研究所首倡成立的非营利民间机构，从事有关公用事业市场化、民营化的理论研究、产业分析、政策评论、案例编写（地方政府案例、企业案例、中介机构案例），搭建企业、政府、中介机构交流平台，建立平等对话机制，为政府部门和企业提供政策咨询、企业战略咨询、招标、定价、融资、案例编写等服务，以及相关的培训服务，推动在公用事业领域中政府与企业合作机制的建立。天则经济研究所于2004年被聘为北京市发展和改革委员会全球20家咨询顾问机构之一。

随着我国城市消费水平的提高，以及农村城镇化的需要，对公用事业的需求将会大幅度增长。公用事业是一个具有极好市场前景、迅速成长的产业。一些研究指出，目前我国的公用事业体制，还是以传统的国有事业单位为主。这种体制缺乏效率、且受资金的制约，无法满足上述迅速的成长。民营化（或Public－Private Partnerships）将会改变这种状况。然而对于我国来说，公用事业民营化是一个完全崭新的形式，现在只有一些企业和地方政府在探索。现有的政策和法律制度还不能适应这样一种趋势，甚至阻碍了公用事业民营化的发展。对于公用事业本身，由于长期处于市场制度之外，也缺乏深入的数据积累和研究。由于公用事业民营化涉及政府管制的改进，而我国目前的政府官员没有受过相关的训练，也会减慢这一进程。

因此，建立一个民间的、联结政府部门、学者、企业和金融机构的研究中心，提供上述研究，为政府部门和企业提供相关的培训服务，就政策和法律问题建立各方的对话机制，同时提出公用事业民营化政策及其政府管制框架，就成为必需。

以公用事业领域为起点，天则公用事业研究中心将研究与咨询范围扩展到用市场化的方法推进整个城市化过程，包括城市基础设施的市场化、民营化，成片城区的投资、建设与运营，城市的发展战略、区位功能调整和文化概念提炼等领域。中心宗旨是，以学术研究为基础，推进中国公用事业改革进程，用市场化推进城市化，为政府提供改革思路、政策和法律建议，为企业寻求发展道路并提供问题解决方案，为社会提供高品质学术资源。

北京交通大学基础产业研究中心

北京交通大学为了落实《教育部关于进一步发展繁荣高校哲学社会科学的若干意见》，按照教育部人文社科重点研究基地的管理模式，成立了北京交通大学基础产业研究中心。北京交通大学基础产业研究中心以北京交通大学经济管理学院为依托。

基础产业是支撑社会经济运行的基础，它决定和支撑着社会经济活动所能达到的发展水平。一个国家的基础产业越发达，其经济运行就越顺畅、越有效，人民生活就越便利、生活质量就越高。基础产业的含义，有广义与狭义之分。狭义的基础产业，是指社会经济活动的基础设施和基础工业。基础设施主要包括交通运输、物流、通讯、水利和城市供排水、供气、供电等公用设施。基础工业是指能源（包括电力）工业和基本原材料（包括建筑材料、钢材、化工材料等）工业。广义的基础产业，除了上述基础设施和基础工业之外，还包括一些提供无形产品或服务的部门，如科学、文化、教育、卫生等部门，它们对社会经济活动的发展有着更为深刻和长远的影响。

中心的使命是成为基础产业领域的科学研究基地、人才培养培训基地、全国学术交流和资料信息基地、咨询服务基地，使中心的科研水平和参与重大决策的能力在基础产业研究领域居于国内领先地位。经过几年的努力，力争在基础产业研究领域具有较高的国际学术声誉。

主要研究方向为：基础产业理论与政策；基础设施发展与改革；基础工业发展与改革。

北京交通大学中国企业兼并重组研究中心

北京交通大学中国企业兼并重组研究中心（CCMAR，以下简称中心）创办于1995年，是集研究、教学、咨询和培训于一体的学术机构。中心是由北京交通大学与其他科研院所和社会中介机构等多方共同创办的并购学术和实务研究基地，汇集了一批杰出的国内外学者和专业人士，拥有一支理念先进、理论扎实、实务经验丰富的专职与兼职研究人员组成的百余人的专家团队。

中心以北京交通大学为依托，以推动中国并购知识传播为己任，以建立世界一流的并购研究与教学机构为目标，致力于加强企业并购领域的联合与协作，团结国内外有关专家学者，研究企业并购的理论，总结国内外有益的、适用的研究成果和经验，提供并购领域的咨询培训服务，培养企业并购的专门人才，推动我国企业并购重组理论和实务的发展，开展和促进与国际的交流。

中心的发展，得到了北京交通大学和社会各界的支持，凝聚了一批具有共同理想和信念的师生员工的心血。在未来的发展中，本中心将与时俱进，继往开来，努力为中国经济的改革和发展、为并购重组的教学和科研做出更大的贡献，使中国企业并购重组研究中心成为一所世界一流的科研、教学机构。

山东大学反垄断与规制经济学重点研究基地

山东大学反垄断与规制经济学重点研究基地是在山东大学反垄断与竞争政策研究中心和山东大学规制理论与政策研究中心的基础上，整合反垄断与规制经济学领域的科研力量组建而成的，2009年5月被山东省政府确定为省社会科学重点研究基地。基地主任为于良春教授。

山东大学反垄断与规制经济学重点研究基地现有教授9名，副教授11名，其中博士生导师8名；全部科研人员都获得了国内外著名高校的博士学位，多数科研人员具有海外访学经历。近年来，基地共完成国家级课题5项，省部级课题15项，国际合作课题2项，承接国家部委、大型企业和省市政府部门横向委托课题30多项；已出版反垄断与规制经济学领域专著5部，在国内外著名期刊上发表学术论文110多篇。2006年，以中心主任于良春教授为首席专家的科研团队承担了教育部社会科学研究重大课题攻关项目"转轨经济中的反行政性垄断与促进竞争政策研究"，标志着山东大学反垄断与规制经济学重点研究基地在反垄断和竞争政策研究领域已处于国内领先地位。

目前，山东大学反垄断与规制经济学研究基地内设 7 个研究分析中心：

品牌与竞争研究中心。该中心应用品牌经济学原理分析市场竞争现象、企业竞争行为和政府竞争政策。主要研究方向包括：（1）品牌经济学理论与实践；（2）竞争行为的品牌经济学分析；（3）竞争政策的品牌经济学分析。

规制理论与政策研究中心。该中心应用规制经济学和政治经济学的理论和方法研究产业发展中出现的问题及规制政策。主要研究方向包括：（1）规制理论及其性质研究；（2）自然垄断产业发展中的问题、规制方法和政策分析；（3）一般竞争性产业发展中的垄断行为及相关政策。

企业财务研究中心。该中心研究与反垄断和反不正当竞争相关的财务与会计问题，主要研究方向包括：（1）企业兼并收购中的财务与会计问题；（2）反倾销及其应对中的财务与会计问题。

反垄断法律与案例研究中心。该中心应用国际公法及国际经济法理论与方法研究国际国内反垄断法及案例，主要研究方向包括：（1）国外主要国家反垄断法的理论与程序实践对中国反垄断法的借鉴；（2）中国反垄断法的理论及程序实践；（3）跨国公司在中国的垄断行为分析；（4）国际国内反垄断案例分析。

产业组织与竞争政策研究中心。该中心应用产业组织理论与方法研究反垄断和竞争政策领域的理论与实践问题，主要研究方向包括：（1）企业并购和经营者集中的经济效应分析与反垄断政策；（2）市场结构、市场集中和市场势力测度的理论与方法；（3）中国竞争政策体系的形成及其相互协调；（4）企业策略性行为与政府规制政策。

反垄断与规制计量分析中心。该中心应用数量方法研究分析反垄断与规制领域的理论与实践问题，主要研究方向包括：（1）企业并购规制模型及计量分析；（2）价格规制模型及计量分析；（3）竞争政策效应的计量分析。

市场设计与模拟分析中心。该中心为政府、企业和其他研究机构提供市场设计及定价机制的相关政策建议和咨询服务。中心研究以拍卖理论及数据模拟为核心，结合实证计量分析，研究成果可应用于电信、电力、能源、金融等产业的交易与定价。

山东经济学院经济研究所

经济研究所是山东经济学院从事经济科学研究的专业科研机构，1984 年由山东省教育厅批准成立独立建制。经中共山东省委宣传部批准，“山东省政府规制与经济社会发展研究基地”设在经济研究所。山东省经济管理学会挂靠经济研究所。该学会成立于 1981 年 12 月，其前身是山东工业经济研究会，1995 年改名为经济管理学会，升格为省级学会。本学会秘书处一直设在我所。

张红凤作为经济研究所负责人，主持行政工作，同时承担科研、教学工作；其他人员为专职科研、教学人员。他们拥有良好的学术背景，扎实的专业基础，较强的科研能力，一定的组织协调能力，一定的可调动的学术资源，为提升经济研究所和我校在全国的学术地位和影响力奠定坚实的基础。

经济研究所以内部科研力量为主整合山东经济学院有关院系的科研骨干建立了四支学术团队：政府规制与公共政策研究团队、企业管理研究团队、农业经济管理研究团队、经济信息系统开发与应用研究团队。研究所目前已在规制经济学、公共经济学、企业理论等研究方向上形成独特的优势，积极开展经济理论、应用经济、管理科学及社会发展方面的高层次学术研究，承担了大量的国家级和省部级课题以及直接服务于政府和企业决策的横向合作项目，出版或发表了高水平论著。研究所多次参加国内外学术研讨会，邀请著名经济学家来校做学术讲座，注重与外界的学术交流。目前经济研究所积极探索与专业相近的二级学院进行紧密合作，已与工商管理学院、公共管理学院联合培养工商管理、劳动经济学专业、社会保障专业的硕士。

山东经济学院政府规制与公共政策团队是以经济研究所内部科研力量为主，整合工商管理学院、公共管理学院、经济与城市管理学院、财政金融学院、国际贸易学院等有关院系的科研骨干建立的创新团队。该团队已在规制经济学、公共经济学等研究方向上形成独特的优势，在政府规制理论、政府规制改革、环境规制、职业安全规制、食品安全规制、社会分配规制等方向上，进行了大量基础和应用紧密结合型的创新研究，取得了标志性成果。具体体现为：团队近三年来承担了数十项国家级、省部级自然基金项目、软科学项目、社科基金项目以及横向合作项目；在《新华文摘》、《经济学动态》、《经济社会体制比较》、《改革》、《经济评论》、《经济学家》、《光明日报》、《经济理论与经济管理》等核心专业期刊发表政府规制与公共政策方面的论文达百余篇；同时，这些成果还荣获省部级多项奖，如山东省软科学优秀成果奖、山东省社科优秀成果奖、山东省高校优秀成果奖等。团队取得的这些成果在学术界产生了重大的影响并起到学术引领作用，以及在政界和企业界的引致效应与咨询参谋作用。团队秉承“崇尚经济科学、服务社会进步、培养优秀人才的服务理念”，在山东省社会经济发展中发挥着越来越重要的作用。

经济研究所下设政府规制与经济社会发展研究基地。基地实行以山东经济学院领导挂帅，以经济研究所为主体，以相关二级院所为依托，联系省内外、海内外的专家学者以及党政领导和优秀企业家共同参与的开放式机制。研究成员由山东经济学院在职教研人员和外聘专家、学者组成。基地下设六个研究中心：公用事业规制研究中心、产业规制研究中心、HSE（健康、安全、环境）规制研究中心、分配公正规制政策研究中心、三农问题研究中心、政府规制政策计量研究中心。

华北电力大学产业经济研究所

产业经济研究所成立于2002年，隶属于华北电力大学工商管理学院，目前研究所有教授2人，副教授4人，讲师及其他人员10余人，另外，还与校内外相关领域的专家、学者以及专业研究人员具有广泛而密切的合作关系。在产业经济及相关领域中展开一定的理论研究，结合我国电力产业发展和经济改革的实践，与前沿理论研究相结合，以我国电力产业为重点，面向整个社会能源经济领域展开理论与实证研究，将研究工作与经济学的教学紧密结合起来，推动经济学相关学科的发展。

研究所主要围绕“电力产业管制与竞争理论及应用研究”、“电力产业结构优化理论及应用研究”、“电力产业绩效与结构关联关系研究”和“电力产业与国民经济及社会发展关系研究”几个方向开展研究工作。

目前已完成及承担国家社科基金、国家电网公司、美国能源基金会以及企业委托横向研究项目20多项，科研经费总计达300余万元，取得的代表性科研成果包括国家社会科学基金项目2项、国家电力公司（原）重点项目1项、国家电网公司软科学研究项目4项，美国能源基金会项目1项以及企业委托横向项目10余项，近三年在中国电机工程学报、电网技术、数量经济与技术经济研究、现代电力等刊物及国际会议上公开发表学术论文70余篇，出版专著2部。

河南财经学院产业经济研究所

河南财经学院产业经济研究所的前身是企业发展研究所，2007 年 3 月更名为产业经济研究所，是河南财经学院成立最早的独立性科学研究机构。本所的主要职能是进行学术研究、研究型教学和为地方政府与企业提供发展规划咨询服务。

目前，本所已初步建立起一支学历结构、职称结构、年龄结构比较合理的研究队伍。现任负责人刘美平，1970 年 6 月生，副教授，经济学博士，硕士生导师，河南省教育厅学术技术带头人，河南省优秀青年骨干教师，兼任“中国工业经济学会”理事。现有专职研究人员 3 名，兼职研究人员 10 名，其中，教授 3 人，副教授 7 人，讲师 3 人，拥有博士学位的 5 人，在读博士 2 人。设有“产业结构研究室”、“产业组织研究室”、“产业规制研究室”和“产业规划与区域发展研究室”。本所的主要研究方向是循环经济与环境规制、产业结构升级动力、城乡规划与再城市化模式、服务业创新机理等。

近年来，本所研究人员共在核心期刊上发表学术论文 40 余篇，主持完成国家社科基金项目 1 项，参与完成省级课题 4 项，出版学术著作 4 部，获得省社会科学优秀成果奖三等奖 1 项。

天津商业大学产业经济学研究所

产业经济学研究团队共有教授 13 人，副教授 8 人，讲师 10 人，其中，具有博士学位 25 人，具有硕士学位 8 人。近 5 年来，产业经济学取得了一系列的学术成果：已完成国家级项目 8 项；省部级项目 24 项；横向项目 42 项。目前在研项目 111 项，其中，国家及国务院各部门项目 10 项，国家社科基金项目 2 项；省部级 32 项；承担科研项目总经费 303 万元。发表论文 357 篇；出版专著 18 部；译著 4 部。获得省部级奖项 10 项，其他类型奖项 23 项。

目前，本学科在国内同类学科中占有一席之地，在天津市处于较为前列的位置，特别是在运用演化与创新经济学等新的产业经济学理论对服务创新的研究方面，已形成了实力雄厚、结构合理且具有一定发展潜力的研究团队，处于国内较为领先的地位。我校是中国工业经济学会的常务理事单位，学科带头人刘书瀚教授为该学会常务副理事长，在国内产业经济学界有较大影响。

产业经济学于 2002 年被确定为天津商学院重点学科，2006 年被确定为天津市重点学科，目前已经形成门类比较齐全的学科体系。设有产业经济学研究所及与此相关的经济学、金融学、国际贸易等本科专业。经过多年努力，本学科得到了长足的发展，取得了较为突出的成果，并凝练了四个研究方向，即现代服务业与服务创新；产业发展与资源、环境协调；公用事业的市场化、产业组织与政府规制；产业政策与区域产业发展。

服务业与服务业竞争力研究方向是当今世界产业经济学研究的新课题，国内学术界对此研究还比较薄弱，特别是应用新的理论和方法对服务创新的研究成果尚不多见。我院在本研究方向上侧重于三个特色领域，并取得了较为显著的成果。该方向侧重于三个特色研究领域：第一，服务创新体系与服务业竞争力研究；第二，服务业发展战略研究；第三，知识密集型服务业及其在我国传统产业改造中的作用研究。

产业发展与资源、环境协调方向主要从产业发展与资源和环境相协调的观点出发，研究在资源与环境制约条件下产业如何实现可持续发展的问题，这是产业经济学研究的一个新领域，也是我校研究的一个特色，更是我国今后亟待加强研究的一个新兴领域。

公用事业的市场化、产业组织与政府规制研究方向。在公用事业的产业研究上，我们形成了以下三个具有特色的研究领域：第一，公共物品的垄断和竞争、市场化配置与政府规制研究。第二，公用事业定价及其技术经济评价方法研究。第三，土地开发与公共基础设施的协调发展。在公用事业市场化改革研究中，目前国内只有“天则公用事业研究中心”一家专门的研究机构，在高校中，我校较早开展了这方面的研究。

产业政策与区域产业发展研究方向。其特色在于：（1）在区域产业发展方面，以重点研究县域产业发展和环渤海产业发展为特色。一是对县域产业结构和产业发展战略、农村产业与城市产业的交融，县域特色产业等方面的理论和实证研究为特色。二是以重点研究环渤海产业发展和产业创新、港口产业和环渤海产业集群、产业布局、产业战略研究为特色。（2）在产业政策的研究上，以突出考察国家产业政策区域层面的特殊性以及区域产业发展政策、产业关联政策、财政政策的区域效应和金融政策的区域效应为特色。

北京大学竞争法研究中心

竞争法学是经济法学的重要组成部分。北京大学经济法学科建设中，一直重视竞争法学的研究，并于 2007 年 11 月成立了北京大学竞争法研究中心。基于竞争法研究对象的特点，研究人员由经济法、民法、商法、知识产权法等多学科、方向的专家（拼音序）王成、韦之、肖江平、薛军、杨明、张双根等教授、副教授组成。中心的学术顾问为杨紫烜、盛杰民、张守文等教授，中心负责人为肖江平。中心还聘请了从事竞争法理论研究和实务工作方面的专家王红等为兼职研究人员。

中心的研究人员从多学科视角研究竞争法原理、反垄断法、反不正当竞争法、特别市场竞争规制制度（特别是能源、房地产、食品市场竞争规制制度）等方向的问题，在《中国社会科学》、《法学研究》、《中国法学》及其他核心期刊上发表论文数十篇，出版著作多部。中心的研究人员还主持国家社科基金、科技部、司法部、国家质检总局和国内外其他机构委托等的课题 10 多项。

中心的顾问和研究人员参与了国家大量的经济立法，在反垄断、反不正当竞争、特别市场竞争规制等方面法律、法规和商务部、国家工商总局、国家质检总局、国家知识产权局等部门规章的制定和修改方面，承担了许多起草、研究和咨询工作。

中心的研究人员还承担竞争法方向法学硕士的培养任务，法学本科、法律硕士相关方向的教学任务，为本科、法学硕士和法律硕士开设的课程有《竞争法》、《知识产权法》、《侵权行为法》、《竞争法专题》、《反垄断法》、《商标法》、《专利法》、《侵权法专题》 等。

上海交通大学凯原法学院经济法研究所

上海交通大学凯原法学院经济法研究所成立于2006年4月。是上海交通大学凯原法学院立足长三角经济中心，加强经济法学科建设，提高经济法教学与科研水平而作出的重要举措。

研究所主任由中国经济法学研究会常务理事王先林教授担任。研究所目前有专职研究人员5人，其中教授1人，副教授2人，讲师2人。4人具有博士学位，1人为在读博士。基本形成较为合理的科研、教学团队。同时，为了加强研究所与国内外经济法理论与实务界的联系和交流，研究所还聘请了多位知名法学教授、律师、法官作为顾问和兼职研究员，共同推进经济法学的发展。

尽管研究所设立的时间较短，但在竞争法、金融法和财税法方向上已经形成了自己的鲜明特色。经济法研究所教师承担的科研项目包括国家社科基金项目、国家自然科学基金项目、国家软科学计划重点项目、国家知识产权战略专题研究项目、中国博士后基金项目、国务院法制办委托项目以及上海市“曙光计划项目”、上海市教委科研创新重点项目等。相关的科研成果发表在《中国法学》、《现代法学》、《法律科学》、《法学评论》等专业法学刊物上，具有良好的反响。目前研究所开设的课程包括经济法总论、竞争法、财税金融法、房地产法和劳动与社会保障法等。

上海交通大学凯原法学院经济法研究所期待着与海内外的学界同仁交流、合作，为我国的经济法制建设贡献力量。

中国社会科学院法学研究所竞争法研究基地

鉴于竞争法在我国社会主义市场经济法律体系中的地位，鉴于我国迫切需要加强竞争法研究以推动市场经济法制建设，应对经济全球化的挑战，中国社会科学院国际法研究所成立了竞争法研究基地，目的是扩大竞争法领域的国内外学术交流，推动我国竞争法研究事业。

竞争法研究基地现有九名研究人员，王晓晔研究员任基地主任，蒋小红副研究员任副主任，黄晋博士任秘书长。竞争法基地主要推动下列问题研究：（1）不正当竞争及其法律对策，包括假冒、商业贿赂、虚假广告、侵犯商业秘密、诋毁竞争对手等不正当竞争行为。（2）限制竞争及其法律对策，包括垄断协议、滥用市场支配地位、企业并购控制、行政性限制竞争、知识产权与反垄断法、反垄断法域外适用、反垄断领域国际合作、贸易自由区竞争政策、反垄断法在被管制行业的适用、反垄断执法机关、反垄断法执法程序、反垄断法的私人执行等。（3）反倾销、反补贴、保障措施以及其他与对外贸易相关的竞争法律问题。

国际法研究所竞争法研究基地将以承担各类重要研究项目为依托，以论坛、出版物等形式作为竞争法领域科研人员、政府官员、实务工作者相互切磋、交流和信息沟通的桥梁，认真贯彻理论联系实际和法学研究为国家经济和法制建设服务的方针，使基地成为国家竞争政策和竞争法领域的“智库”，并且通过“民间外交”，大力推动中外竞争法学术交流与合作，推介我国在竞争法领域法制建设成就与科研成果。

竞争法是中国社会科学院国际法研究所和法学研究所的优势学科，在国内居领先地位，国际上也有很大影响。国际法研究所竞争法研究基地的建立将有利于发挥学科优势，进一步提高中国社会科学院国际法研究所和法学所在中外竞争法领域的学术地位。

中国政法大学法和经济研究中心

中心成立于 2005 年 3 月，系中国政法大学直属的在编教学与科研机构。中国政法大学法学一级学科为国家重点学科，法与经济学作为法学二级学科，经教育部备案批准，是我国现今唯一设立的法学二级学科；唯一授予法学硕士学位和博士学位的学科点。2008 年 1 月，法与经济学学科被评为北京市交叉学科重点学科。

中心的宗旨是：将经济学的理论和方法运用于对中国法律制度和法律问题的分析和评价，为完善中国法律制度和解决法律问题提供建议。

中心主要运用法与经济学的理论与分析方法，研究法律的形成、设计和实施，分析法律对社会、经济、环境产生的影响，对法律的运行做出评价，提出建议，使法律体系更加完善。

中心在国内最早设立了法与经济学的硕士点和博士点，已开设一系列法与经济学课程，并发表和出版了部分研究成果。

中心希望通过教学与科研两方面的工作，推动法与经济学在中国的发展，并为中国的法治建设做出有益的贡献。

对外经济贸易大学竞争法中心

对外经济贸易大学竞争法中心是为了顺应经济全球化以及与我国加入 WTO 所发生的一系列变化与要求，满足国内市场竞争中对合理竞争规则和竞争机制的迫切法律需要应运而生的。

作为新兴学术领域，以反垄断法为核心的竞争法的特点在于学科跨度大，实践性和政策性强，合法与非法的界限常常十分模糊，需要借助于较多的数据和事实才能对千差万别的商业实践作出合理的分析判断。正因考虑由于对外经济贸易大学自身具有在经济、管理、国际贸易等学科上的优势和积淀，便于在竞争法这一新兴而意义重大的领域开展多学科的复合性研究，学校决定专门成立以法学院为基地的竞争法中心，通过经济分析法学的研究回应现实的需求及挑战。

因此，竞争法中心从成立伊始，就是一个多学科交叉研究和交流的平台，同时也是体现对外经济贸易大学整体优势的一个窗口，并为沟通政府、企业、学术机构搭建了一座桥梁，运用自己的研究成果向政府献策、为企业服务、与同行相交。竞争法中心主任黄勇教授，作为我国竞争法领域的知名学者和专家，长期受邀参与我国《反垄断法》的立法工作，与各个相关政府部委协作，为《反垄断法》草案的逐步成熟和完善献计献策，多次提出立法报告，并受聘为国务院《反垄断法》立法专家顾问委员会委员。

为推动竞争法的研究，竞争法中心已经多次举办国内外学术研讨会，包括主办“跨国并购反垄断法国际研讨会”、“反垄断法理论与实务研讨会”、“反托拉斯法在美国医疗健康保险行业的适用国际研讨会”、“竞争法与产业政策论坛”、“反垄断法国际实施理论与实务研讨会”、“反垄断法与知识产权研讨会”等学术会议。这一系列活动，为政府官员、企业代表、学者提供了面对面交流的机会，加强了理论与实践的互动与平衡，美国司法部副部长也曾来中心访问。同时，竞争法中心成员也经常受邀出席国内外竞争法高层研讨会，发表自己最新的研究成果和观点，宣传和介绍我国的竞争法律制度，与国内外的竞争主管部门、有影响的国际组织和竞争法领域内的知名学者都建立了良好的长期关系。

竞争法中心自成立以来，已经完成或正在承担来自国务院法制办、国家发展与改革委员会、商务部、司法部等多个政府部门有关竞争法律领域的研究课题，也承担了中国—欧盟合作项目以及亚洲开发银行等组织和机构提出的竞争法课题，影响逐渐扩大。此外，竞争法中心还经常接受政府机关、非政府组织、在国外涉诉的企业、跨国公司以及其他单位就竞争法问题进行的咨询，积极服务以回馈社会。

安徽大学经济法制研究中心

安徽大学经济法制研究中心源于1993年成立的安徽大学法学研究所和2002年4月成立的安徽大学经济法研究中心。2002年9月，在整合这两个专门研究机构的基础上正式成立了安徽大学经济法制研究中心，作为专门研究经济法制问题的学术机构并申报安徽省高校人文社会科学重点研究基地，并于2003年10月正式获得批准。中心的首任主任为法学博士王源扩教授，第二任主任为法学博士王先林教授，目前中心由法学院副院长华国庆教授负责。中心建立了主要由校外专家组成的学术委员会，学术委员会主任由王源扩教授担任。

安徽大学经济法制研究中心的支撑力量是安徽省省级重点学科——安徽大学经济法学和安徽大学法学院经济法学、民商法学、宪法与行政法学、国际法学等相关硕士学位授权点。本中心现有专职研究员10人，另在省内外高校、研究机构和实务部门聘请了9人为兼职研究员。专职研究人员中现已全部具有教授职称，其中1人被选聘为安徽省“皖江学者计划”首批讲席教授，7人已在国内著名高校获得法学博士学位，多人被选拔为安徽省学术与技术带头人后备人选，其余也均为安徽省高校学科带头人培养对象、安徽省高校中青年骨干教师和安徽大学中青年学术骨干，1人获“全国模范教师”称号，1人被授予“杰出中青年法学家提名奖”。有1人担任国家商务部WTO贸易与竞争政策专家咨询组成员，1人被聘为教育部《高等教育法》修改工作组专家，2人被评为首届“安徽省优秀中青年法学法律专家”。

安徽大学经济法制研究中心自成立以来，在科研项目申报和完成、成果产出和获奖、学术交流、咨询服务、基地管理、基础设施建设等方面做了不少工作，取得了一些成绩。中心先后获得了国家社会科学基金项目、国家自然科学基金项目、教育部人文社会科学项目、司法部法治建设和法学研究项目、安徽省社会科学基金项目等多项，并接受科技部、国务院法制办、财政部、中国工商行政管理学会等委托，从事专题对策性项目的研究。以中心研究人员为主体申报的“经济法前沿问题研究”于2005年4月被安徽大学批准为首批学术创新团队项目之一（文科A类，经费为30万元）。中心完成的国家社科规划项目“中国反垄断立法研究”的成果摘要被编入供中央领导参阅的《成果要报》上，并在全国社科规划办网站上登载，《经济参考报》等媒体也有专门的介绍，还被编入《国家社科基金项目成果选编》（第一辑）（中国人民大学出版社2004年12月版）。

本中心主要研究方向为经济法主体法、竞争法和财税金融法。

经济法主体法方向获准主持的项目有教育部项目“21 世纪全球经济一体化与国际经济法的关系研究”、安徽省高等学校人文社会科学重点研究基地重大项目“中国涉外经济交往中的竞争法律问题研究”、“中国外资并购法律规制研究”以及安徽省社科项目和安徽省重点软科学项目等多项。

竞争法方向的梯队成员对竞争法进行了比较深入、系统的研究，尤其是在反垄断法与知识产权滥用规制方面在全国具有领先地位，王先林教授先后被聘为国家商务部 WTO 贸易与竞争政策专家咨询组成员、国务院法制办公室反垄断法审查专家顾问委员会成员和国家知识产权战略专家库专家，并先后获得“杰出中青年法学家提名奖”、“全国模范教师”称号，并享受国务院特殊津贴。

财税金融法方向的梯队成员对财税金融法主要方面都进行了研究，尤其对宏观调控法基本理论、财税法、金融法等进行了较为系统、深入的研究。其中，在财政法基本理论、预算法、税法、金融创新法律制度等方面的研究成果较具特色与优势。

ZHONGGUO FANLONGDUAN YU GUIZHIJINGJIXUE XUESHU NIANJIAN

反垄断与规制经济学学术年鉴

[2010卷] 

山东大学反垄断与规制经济学研究基地 编

经济科学出版社
Economic Science Press

图书在版编目（CIP）数据

中国反垄断与规制经济学学术年鉴．2010卷／山东大学反垄断与规制经济学研究基地编．—北京：经济科学出版社，2010.8

ISBN 978－7－5058－7923－2

Ⅰ.①中…　Ⅱ.①山…　Ⅲ.①反托拉斯法－研究－中国－2010－年鉴②规制经济学－研究－中国－2010－年鉴　Ⅳ.①D922.290.4－54②F069.9－54

中国版本图书馆CIP数据核字（2010）第151082号

责任编辑：吕　萍　于海汛
责任校对：徐领弟　刘　昕
版式设计：代小卫
技术编辑：邱　天

中国反垄断与规制经济学
学 术 年 鉴
（2010卷）
山东大学反垄断与规制经济学研究基地　编
经济科学出版社出版、发行　新华书店经销
社址：北京市海淀区阜成路甲28号　邮编：100142
总编部电话：88191217　发行部电话：88191540
网址：www.esp.com.cn
电子邮件：esp@esp.com.cn
北京中科印刷有限公司印装
880×1230　16开　107.75印张　3330000字
2010年9月第1版　2010年9月第1次印刷
ISBN 978－7－5058－7923－2　定价：200.00元（上、下册）
（图书出现印装问题，本社负责调换）

《中国反垄断与规制经济学学术年鉴（2010卷）》

编 辑 委 员 会

前　言

《中国反垄断与规制经济学学术年鉴》是国内首次编纂，按年度持续反映中国反垄断与规制经济学研究发展状况的文摘类权威学术著作，也是本研究领域内信息容量最大、资料索引最全面的大型工具书，可供经济学、法学、社会学等学科研究者及政府反垄断和规制机关使用。

《中国反垄断与规制经济学学术年鉴》的编纂上限为1979年，从2010年起每年出版一卷。本次出版的《中国反垄断与规制经济学学术年鉴（2010卷）》（以下简称《年鉴》）共200余万字，对我国1979～2009年反垄断与规制经济学领域的研究成果进行了罗列和评析，对我国反垄断与规制的重大事件进行了回顾和分析，并对我国反垄断与规制机构及相关学术研究机构进行了介绍，系统地反映了改革开放以来我国反垄断与规制经济学领域的研究成果和发展趋势。

一、《年鉴》编纂缘起与过程

随着市场化改革的进行，中国的反垄断和规制理论与政策成为理论研究者和政策制定者重点关注的领域，也为国内外产业界所瞩目。规制政策的制定，反垄断法律的颁布与实施，不仅关系着产业和国民经济的发展，也与众多利益相关者的切身利益息息相关。因此，这一时期反垄断与规制经济学的研究成果十分丰富。山东大学反垄断与规制经济学研究基地主要从事竞争政策、规制经济学及市场设计等领域的研究，2009年5月被山东省政府命名为省社会科学重点研究基地。山东大学反垄断与规制经济学研究基地成立以来，在完善自身学科建设的过程中，开始系统地搜集和整理国内外有关反垄断与规制经济学的学术成果，经数年积累，已经形成数千万字的资料。中心于2009年9月正式启动了《中国反垄断与规制经济学学术年鉴》的编纂工作，旨在择中心资料之精华，与国内外研究者共享。

《年鉴》的具体编辑工作由山东大学反垄断与规制经济学研究基地完成，中心二十余位研究人员参与了基础资料的整理和前期编辑。2010年6月，《年鉴（2010卷）》编纂完成。

二、《年鉴》的主题栏目

《年鉴》各卷的体例、格式和主要栏目相对统一，共分为八个部分。第一部分为中国反垄断与规制经济学的研究状况及学科发展的总体分析；第二部分为重点学术论文全文收录，共全文收录1979年以来重要学术论文近70篇；第三部分为重要学术论文观点摘录，共摘录1100余篇重要学术论文观点；第四部分为重要学术著作观点摘录，共介绍了50多部学术专著的主要内容和观点；第五部分为学术论文索引，为近20000篇学术论文编目索引；第六部分为反垄断与规制重要事件介绍，共介绍1997年以来重要反垄断和规制案例50多个；第七部分为中国反垄断与规制机构介绍，主要介绍我国反垄断与规制机构的职能、作用及其出台的相关政策法规；第八部分为反垄断与规制经济学研究机构介绍。

反垄断与规制经济学的研究涵盖经济学、法学、管理学、社会学等诸多研究领域，《中国反垄断与规制经济学学术年鉴》全面地覆盖了这些领域的相关研究成果，可以满足研究者、政策制定者和产业界人士的需求。通过《年鉴》的编纂，我国反垄断与规制经济学学科发展的历程被再次回顾和重新理解，年鉴的编纂，也是对反垄断与规制经济学深入研究的过程。

《年鉴》的编纂工作是相当艰辛和复杂的，伴随着编辑过程中的诸多探索，遗漏、缺失、缺陷甚至错误都可能难以避免，我们欢迎社会各界的批评和建议，以利于今后各卷的编纂。

于良春
2010年6月

目　　录

上　　册

第一部分　中国反垄断与规制经济学的研究状况及学科发展总体分析

第二部分　重点学术论文全文收录

第三部分　重要学术论文观点摘录

2009年

2008 年

2007 年

2006 年

2005年

2004 年

2003 年

2002 年

2001年

2000 年

1999 年

1998 年

1997 年

1996 年

1994～1995 年

1987～1993年

1979～1986年

下　册

第四部分　重要学术著作观点摘录

第五部分 学术论文索引

第六部分　反垄断与规制重要事件介绍

2005 年反垄断与规制案例热点

2004 年反垄断与规制案例热点

2003 年反垄断与规制案例热点

2002 年反垄断与规制案例热点

2001 年反垄断与规制案例热点

2000 年反垄断与规制案例热点

1999 年反垄断与规制案例热点

1998 年反垄断与规制案例热点

1997 年及其之前反垄断与规制案例热点

第七部分　中国反垄断与规制机构介绍

第八部分　反垄断与规制经济学研究机构介绍

第一部分

中国反垄断与规制经济学的研究状况及学科发展总体分析

中国反垄断经济学理论评述

于　立*

一、反垄断经济学的学科定位

如果说反垄断相关法律（特别是反垄断法）是市场经济的“经济宪法”，那么围绕竞争与垄断相关问题的研究则是整个经济学的核心。从广义的角度看，几乎所有的经济学都属反垄断经济学。但作为经济学的一个相对独立的分支——狭义的反垄断经济学，应该说是最近几年才逐渐成熟起来的。其中的突出标志是2008年由布西罗塞主编的《反垄断经济学手册》（于立、吴绪亮，2009）的出版。当然，对于反垄断立法与执法，也存在较大的争论、甚至基本对立的观点，但大家又都把反垄断经济学作为主要依据（薛兆丰，2008）。

关于反垄断经济学的学科定位，国内学者逐渐取得以下共识：

1. 反垄断经济学是基于产业组织理论（或产业经济学）的一门应用经济学学科。国内学界对产业经济学的理解逐渐消除误解，回归本源。早期一些产业经济学学者关注工业化过程、产业结构演变、产业集群等内容，现在已经清晰地认识到这些内容本属发展经济学或区域经济学的领域。准确的产业经济学就是产业组织理论，反垄断经济学是产业组织理论与政策的自然延伸。

2. 反垄断经济学是法律经济学的主要分支学科。法律经济学就是研究法律问题的经济学。尽管这一学科由于历史的原因最初取名为“Law & Economics”，但并不应称为“法与经济学”或“法经济学”，正如同Econometrics不应称为“计量经济学”，而应称“经济计量学”一样，因为后者本质上不是经济学，而是研究经济问题的计量学。在使用英语的学术界，“Economics of Law”（法律经济学）与“Law & Economics”和“Economic Analysis of law”（法律的经济分析）都是同义语。反垄断经济学由于其内容和成果的丰富，而逐渐成为独立的学科。但无论如何，它仍属法律经济学领域。

3. 反垄断经济学与规制经济学是紧密相关的姐妹学科。较早时期，反垄断与规制的区别不够明确，但近些年来，二者已经出现明显分工。反垄断经济学主要研究反垄断法相关的内容，而规制经济学则主要关注容许垄断经营，但要有所限制的领域。简单地说，前者是以禁止或打破垄断（如并购控制）为主，后者是容许垄断（自然垄断环节）但以限制其行为（如定价）为主。

4. 反垄断经济学是反垄断立法和执法过程中进行经济分析的基础。反垄断立法中对一些基本法律原则和执法指南或实施细则的确定离不开反垄断经济学。在实际的反垄断执法中，需要进行大量的经济分析，也需要大批经济学家的参与。

5. 反垄断经济学的主要研究方法是经济计量学、博弈论和案例研究。这与产业组织理论的研究方法是完全一致的。

6. 反垄断经济学同大多数其他经济学科一样，不以国别为界，但对于中国这样的转型经济，在

* 作者感谢张嫚和吴绪亮在写作此文过程中提供的协助和讨论。

较长的时期内，其研究对象内容（如对国企垄断和行政垄断的关注）会有较大的中国特色。①

二、中国反垄断经济学的研究主题及其演变

（一）研究主题

中国反垄断经济学的形成与发展伴随着中国市场经济的发展历程。反垄断经济学研究的主题围绕着反垄断相关法律与制度的酝酿与出台而展开。

比如，随着反垄断法的立法进程，国内学者围绕反垄断经济理论展开了广泛研究。在 1987 ~ 2009 年的 20 余年中，以论文、专著、研究报告等形式出现了大量的研究成果，涉及反垄断各个领域的核心与关键问题。大致包括四个方面：（1）对美国、欧盟等发达国家与地区反垄断法律与案例从经济学角度所进行的介绍与评述；（2）对国外反垄断经济学研究成果的引入、介绍与述评；（3）围绕中国经济垄断与反垄断问题所做的原创性经济学理论分析；（4）结合中国反垄断法律与制度的制定与实施所做的经济学分析。前两方面内容主要通过译著、文献综述和案例集等形式出现，后两个方面则主要以著作和学术论文的形式出现。

研究成果所针对的研究领域，包括了反垄断实践中的三大核心领域，也是主流反垄断经济学关注的三大领域，即：（1）结构问题（也称经营者集中或并购问题，包括横向并购、纵向并购与混合并购）；（2）垄断协议问题（包括横向协议与纵向协议，如卡特尔、默契串谋等问题）；（3）垄断地位滥用问题。比较而言，国内从改革开放迄今为止所公开发表的成果中关于垄断协议与垄断地位滥用的研究成果更为丰富，而针对结构问题的研究成果较为贫乏，只是在最近五六年左右的时间内才形成了一些针对性较强的成果，围绕着经营者集中所涉及的重要内容进行深入的研究。主要包括：市场界定；市场集中度及其变化的计算；经营者集中相关的其他可能限制竞争因素分析；利于竞争的效率辩护等方面。

除上述主流内容外，国内反垄断经济学研究还特别关注转型经济的特定问题。主要包括：（1）国际通行反垄断规则与做法在中国的“本土化”；（2）行政垄断及其约束；（3）国有企业垄断；（4）竞争政策与产业政策的协调；（5）经济发展与反垄断政策的适用；（6）反垄断政策与贸易政策的关系；（7）知识产权的反垄断法适用与实施。总体来看，在这些领域中都取得了一定的成果，形成了针对转型经济国家特点的分析结论和政策建议，但在反垄断经济学学科本身上的贡献还比较少见。

不仅如此，虽然有些研究主题的争论已在 2007 年所颁布的《反垄断法》的条文及相配套的实施细则中得到了原则性的回应，比如针对如何从反垄断的角度处理行政垄断问题的争论，对部分国有企业及专营专卖企业是否及如何适用反垄断法的争论，反垄断法适用除外领域的界定及豁免范围与条件等。这些原则上的回应并没有从实质上解决问题，而且对于其他许多问题，还没有明确的结论，都还有待于更广泛、更深入地研究。

（二）主题演变

国内学者经历了从关注产业组织理论和反垄断经济学的零散专题到系统性学科建设的过程。

① 本文所说的中国反垄断经济学，只是为了行文方便，主要是为了强调反垄断经济学在中国的引进与发展，不是说应该或者实际上存在一门有别于比如“美国反垄断经济学”的“中国反垄断经济学”。也许可以这样说，“中国反垄断法”或“中国竞争政策”是客观存在，但不等于也存在一门“中国反垄断经济学”。

从1978～1990年期间，国内学者对垄断问题的探讨主要集中在对西方垄断资本从私人垄断资本到国家垄断资本的分析与判断上，更多的是从传统政治经济学的角度，而不是现代反垄断经济学的角度。

进入20世纪90年代后，出现了更多产业组织与反垄断经济学方面的研究成果，如于立（1991）对国有企业进入和退出产业的障碍和效率损失的研究，于良春（2008）对行政垄断问题的系统深入分析，张昕竹（2009）对并购申报标准估计、并购控制政策效应进行的开创性研究，于立（2010）对纵向产业组织及其纵向限制的研究，于立等（2004）提出的“自然垄断的‘三位一体’理论”，等等。于立、吴绪亮（2009）对反垄断经济学的学科定位进行了系统的评述，并对布西罗塞的《反垄断经济学手册》进行了评论。

随着市场经济体制的逐步完善及反垄断立法进程的加快，对反垄断经济分析提出了更广泛的需求，出现了大量反垄断经济学的著作。国内学者自著的代表性著作主要有：《产业组织与反垄断法》（于立、吴绪亮，2008）、《反垄断的经济分析》（刘伟，2004）、《反垄断的经济学分析》（王传辉，2004）、《西方寡头市场理论与中国市场竞争立法》（吴汉洪，1998）、《反垄断与竞争政策：经济理论、国际经验及对中国的启示》（傅军、张颖，2004）、《反垄断经济学：理论与政策》（唐要家，2008）、《搭售的经济效果与法律规制》（李剑，2007）等。

翻译引进的代表性著作主要有：于立主持翻译的《反垄断经济学与政策前沿丛书》，包括《反垄断经济学前沿》、《反垄断研究新进展：理论与证据》、《反垄断政策的哲学基础》、《反垄断政策的国际化研究》等；林平、臧旭恒翻译的《反托拉斯革命：经济学、竞争与政策》；张群群、黄涛翻译的《反托拉斯经济学：兼并、协约与策略行为》；沈国华翻译的《竞争政策：理论与实践》，等等。

三、中国反垄断经济学研究经历的认识误区

反垄断经济学在国内作为一个年轻的学科，其形成和完善过程也是专家学者们不断学习的过程。在此过程中，有时也难免走些弯路，陷过误区，但令人高兴的是，大家正在走出这些误区，沿着更合理的路径开展反垄断经济学研究。

误区之一：经济发展与反垄断是否正相关?

中国的改革开放和高速经济增长始于1978年，而《反垄断法》的正式实施则始于2008年。都说反垄断法是市场经济的“经济宪法”，但中国经济和发展或“中国模式”的成功让一些学者提出疑问，经济发展与反垄断是真的正相关吗？因为中国经济三十年高速发展是在没有反垄断法的条件下实现的。其他国家，比如印度也曾有过类似的疑惑。这是反垄断经济学需要解决的首要问题。

商务部反垄断局曾专门立项研究这个问题。经过我们的初步研究发现，中国的连续长期高速发展的核心动力来源就是竞争，而竞争又是各种竞争政策作用的结果。虽然我们的反垄断法正式实施较晚，但体现反垄断法基本精神的竞争政策早就存在，而且日益成熟，反垄断法只不过是“临门一脚”。《反不正当竞争法》、《合同法》、《外贸法》、《引进外资法》等各种各样的法律，综合起来构成了竞争政策的基本要件。虽然没有名义上的反垄断法，但事实上实现了充分有效的竞争环境。另外，由于典型的中华传统文化，再加上时常“执法不力”的“因祸得福”，从实质上和根本上解决了名义上的反垄断法所难以解决的主要难题。

我们的基本研究结论是：各种意义的“小产权”解决了市场经济的前提[①]；广泛存在的“小金

---

① 比如，就土地由国家所有这一点说，中国的全部房产都只能是“小产权”。

库”向地方政府、企业和个人提供了充足的动力源泉①；“农民工”是中国经济参与国际竞争的主要比较优势②；无所不在的“双轨制”保证了中国模式实质上的效率③；政治上的“不折腾”显然是我们的“政治优势”④。这五个关键词都是市场经济发展必不可少的要素，是理解“中国模式”的金钥匙。

事实的确如此，中国近三十年经济增长虽然没有正式的反垄断法出台，但是一直有竞争政策作保障。从联产承包到抓大放小，从价格冲关到加入WTO，实际上中国改革开放的整个过程一直都伴随着竞争政策的有效实施，竞争一直是中国经济持续高速增长的源动力。这是一条根据反垄断经济学得出的值得国际借鉴的具有普适性的典型经验。

误区之二：市场界定可否按行业预先完成?

中国《反垄断法》出台前后，一些对反垄断经济学了解不足的人曾主张基于国家统计部门的数据，对中国典型行业逐一进行“相关市场界定”，并计算出各自的市场集中度等相关数据。部分执法机构也在做相关尝试。但是在进行这项工作的时候，有一个关键问题需要澄清，即相关市场界定是不可能预先完成的，只能就具体的案例，“因时因事”地去做，而且多数情况下还要通过估算替代弹性等间接办法，并不存在一成不变、一劳永逸的相关市场概念。

从反垄断经济学的角度看，这里的关键在于经济学中“产业 = 市场”的假定在现实中多不成立。统计机构通常依据国际通行的“同质性原则”来划分行业，即每一个行业类别按照相同性质的经济活动分类。分类依据的活动特征有：产品的生产工艺、产品加工和制造的原料材质、产品用途、劳务的服务对象、服务功能服务方式。而反垄断意义上的市场分类标准是“竞争性原则”。“竞争性原则”虽与“同质性原则”表面上有点类似，实际上相差万里。从这个意义上说，中国的反垄断经济学研究还任重道远。

误区之三：知识产权重在保护不足，还有反垄断问题吗?

关于知识产权政策，目前突出问题包括：一是只保不反的知识产权政策观。目前仍有较多学者和政策执行者理解知识产权政策只是保护，不了解知识产权反垄断的作用，认识不到二者兼顾、科学搭配的重要性。二是只守不攻的对美知识产权谈判。虽然中美在知识产权谈判中实现了“共赢”的结果，但中方多处退守境地，并常被指责为“小偷”，没能有效利用知识产权反垄断的武器去对付“强盗”。三是被动退却的民族品牌保护。面对众多知名的民族品牌被“改头换面”，没能在并购控制中主动地利用知识产权反垄断手段，维护应有利益。而归根结底，在于只保不反的知识产权政策观。2008年出台的《国家知识产权战略纲要》实际上只强调了知识产权政策保护的一面，对于知识产权反垄断政策明显重视不够，这种政策思路的误区也直接导致了执法实践的偏差。

中国作为发展中国家，面对发达国家在知识产权市场“强盗”般地强取豪夺、“垄断性收购”，应该采取“保反兼顾、内外协调”策略，否则守也守不住。中国知识产权亟须实施战略性调整，转向“保反兼顾、内外协调”。在对外政策上，甚至要“以反为主，以保为辅”。

误区之四：反垄断执法中经济学家的作用是什么?

提到反垄断法，人们直觉或是第一反应就是：这是一个法律问题，是法学家和律师应关注涉足的领域。在最初的反垄断立法讨论和反垄断执法过程中，法学家都占了较大比例，法学家的声音也

① 土地收入一般占到地方政府财政收入的1/2左右，城市居民工资收入也只占全部收入的较小比例，这些都说明，“小金库”是不忽视的客观事实。虽然存在不少弊端，但却是动力源泉。

② 数以亿计的“农民工”现象世间少见，虽然有人说中国经济已经到了“刘易斯拐点”，这一比较优势会持续较长时期。

③ 从“一国两制”到企业用工的“新老双轨”，从“横向价格双轨制”到“纵向价格双轨制”，可以说“双轨制”解决了从计划经济到市场经济的主要制度性障碍。

④ 国家主席胡锦涛总结的“不折腾”三个字是中国改革开放三十年的经验结晶，充满着“道家文化”的精髓。

更响亮。一些法学家不仅承担了应承担的法学研究任务，也积极地投身于反垄断立法与执法涉及的经济理论的关注与探讨之中。在这方面，王晓晔、黄勇、王先林、尚明、孔祥俊等法学家做出了突出贡献。

但随着反垄断实践的深入，反垄断执法日益细分与专业化，人们逐渐意识到反垄断立法与实施需要经济学家的更多参与，而且垄断问题更多地表现为经济学问题。立法解决了制度构建和司法程序问题之后，如何分析和应对垄断这一经济问题还应主要交由经济学家来完成。在这方面，林平、张昕竹、于立、吴汉洪、王俊豪、余晖、谭国富、戚聿东等经济学家做出了突出贡献。

反垄断研究需要经济学家与法学家分工合作，各司其职，因为这一领域本来就具有经济学与法学融合的特点①。法律经济学与经济法学虽然均属交叉学科，但学科基础和关注重点却有不同，前者是用经济学分析法律问题，后者是用法学研究经济问题。

四、中国反垄断经济学研究的重点与进展

在中国的反垄断经济学研究方面，有一些经济学家对几个重点问题进行了深入研究，取得了较重要的成果。

（一）反垄断执法原则

经过多年的反复讨论和草案修改，中国终于在2007年出台并于2008年正式开始实施《反垄断法》。在《反垄断法》出台前后，中国经济学者们围绕《反垄断法》的核心目的，经济行为是否合法的判别标准，违法行为应该实行等额赔偿还是多倍赔偿等问题展开了研究。

林平（2005）侧重从经济学角度探索反垄断法的精髓，关注中国在反垄断法执法过程中会遇到什么样的主要困难和障碍，执法人员应具备什么样的素质和思维方式。他后来还重点研究了反垄断执法过程中如何处理“单边效应”和“协调效应”以及知识产权的反垄断问题。

他认为，中国的反垄断法及其研究一直强调公平和社会正义，而利用市场机制达到社会资源最优配置这一效率目标未受到应有的重视。应充分发挥经济学在反垄断立法和执法中的作用。反垄断法保护的是竞争机制，而不是竞争者。中国应当建立真正符合竞争政策精神的思维方式，摒弃不相符的词汇和逻辑。中国应建立独立的有单一职责的反垄断执法机构，这不仅是消除行政垄断的必要，也是保证反垄断法的实施不受产业政策左右的重要条件。

他提出，中国应当把建立反垄断法的主要目标从维持社会公平和正义转向寻求社会资源的有效配置，判别企业行为是否违法应从道德标准转向效率标准，对违法行为的处罚应从“一对一”的等额处罚转向更符合经济学原理的“多倍赔偿”原则。竞争政策与产业政策之间的冲突是不可避免的。从长远看，竞争政策将逐步取代产业政策。

对于中国反垄断经济研究而言，这方面仍有许多关键问题需要深入研究。

（二）自然垄断

20世纪70年代以来，开始于发达国家的自然垄断产业实行放松规制、引进竞争的改革潮流波

① 在国际法律经济学学界，有两人是公认的开创者。科斯是经济学家研究法律问题的成功典范，他的著述数量不多，但篇篇都是经典，其代表之作《社会成本问题》是法律经济学学科创立的里程碑；而波斯纳是法学家从事经济分析的成功典范，他的著述几乎涉及法律经济学的各个领域，如《法律的经济分析》、《反托拉斯法：经济学视角》、《正义经济学》、《侵权法：案例及经济分析》等。

及全世界。张昕竹等人（2000）从全球范围内发生的加强竞争改变世界经济格局的大背景下，全面探讨广义网络产业，包括电信、电力、交通等行业在内的理论与实践创新对中国自然垄断产业改革的意义，并提出若干政策性建议。

由于各种原因，传统自然垄断理论对现代经济发展中出现的新问题难以给出令人满意的解释，也不能对改革实践提供进一步的指导。因此，突破以往自然垄断理论的束缚，并在新的理论基础上重新设计自然垄断治理的政策体系，是经济学家面临的迫切任务。于立、肖兴志、姜春海（2004）对此进行了尝试，为中国自然垄断理论的进一步发展和自然垄断产业反垄断执法提供了有益的借鉴。

过去对自然垄断理论的解释一般是从规模经济的角度，后来经济学家发现，规模经济既不是自然垄断的必要条件，也不是充分条件（于立、姜春海，2002）。美国经济学家鲍莫尔、潘泽与威利格等人利用成本劣加性和范围经济等概念来解释自然垄断。于立等人则试图从规模经济、范围经济、网络经济“三位一体”角度来构建新的自然垄断理论。他们应用自然垄断“三位一体”理论，分析了铁路产业的自然垄断性质，提出铁路产业应该实行“网运分离”的政策思路。具体说，就是在网络经济和自然垄断性质很强的路网部分应该实行政府规制下的自然垄断，而在虽然存在规模经济和范围经济，但网络经济和自然垄断性质较弱的运营部分，应该实行市场竞争。

中国经济近年来（特别是金融危机出现之后）的发展路径似乎与反垄断经济学的研究成果不相一致，但可以相信，现实经济是对经济学理论的最好检验，可以从正反两方面推进反垄断经济学的发展。

（三）过度竞争

竞争与垄断是市场经济的永恒主题。曹建海（2000）专门研究了所谓“过度竞争”的现象，提出应把强化竞争不一定增进社会福利的命题一般化。他认为，中国在向市场经济转轨的过程中有些产业发生的“过度竞争”现象，主要是制度性原因造成的，并提出了促进中国产业竞争从“过度竞争”向有效竞争目标模式过渡的措施和政策设计。

夏大慰、罗云辉（2001）分析了“过度竞争”的成因，认为国有企业的产权特性、产品的非差异化、行政垄断、不完善的市场体系、企业行为的短期化和高交易费用都是重要原因。他们认为，“过度竞争”会降低社会资源配置效率和福利水平，不利于民族工业的发展。

于立、吴绪亮（2007）认为，“过度竞争”并不是一个规范的经济学概念，随意使用会得出一些似是而非的结论和政策性建议。比如，通常人们所指的存在“过度竞争”的产业如汽车、制药、煤炭、钢铁等产业垄断现象非常多见，简单地判断为“过度竞争”，并往往开出“提高门槛、限制进入”的药方难免切不中要害，甚至南辕北辙。

他们从结构、行为、绩效与政策等方面分析了“过度竞争”概念的模糊性，并针对与此相关的种种误区，给予系统解疑。“过度竞争”多为表象或局部，实质或根源是经济垄断和行政垄断，或者说，这些相关产业往往竞争与垄断并存，“过度竞争”不可能单独存在。这是讨论产业政策和竞争政策，特别是反垄断执法中必须慎重对待的一个关键问题。后来，于立等人（2010）又提出纵向产业组织的理论体系，更进一步解释了现实经济中不少产业广泛存在上游竞争、下游垄断（如煤电、医药关系），或上游垄断、下游竞争（如房地产）现象。

从经济哲学的高度看，企业竞争的直接目的就是寻求自身的垄断地位，而从社会角度看，正是这种追求垄断的竞争促进了社会的进步。而一旦少量企业形成垄断对竞争机制产生较大负面影响之时，反垄断机构就有责任打破垄断，恢复竞争。这种“悖论”也许只有反垄断经济学家能够深悟其妙。

（四）行政垄断

行政垄断问题在中国反垄断立法前后广受关注。有的学者认为在我国当前滥用行政权力限制竞争十分普遍的国情条件下，反行政垄断应当成为我国反垄断法的主要任务（王晓晔，2009）。有学者甚至认为，不反行政性垄断，反垄断法没有意义。另有部分学者则主张在中国目前条件下，虽然对行政垄断批评不少，但实际上行政垄断的情况非常复杂，不能一概而论。其中，一部分属于政治体制改革的任务；另一部分与国家战略或特殊法人企业制度相联系，这些都不是反垄断法本身的题中应有之义。除此之外的行政垄断，包括地方政府分割市场的行为，行政机关滥用行政权力导致垄断的行为，公用事业等特定行业主管部门和经营者滥用优势地位的行为，则需要纳入反垄断法的约束范围（于立、吴绪亮，2006）。

中国反垄断经济学研究者的另一关注重点集中在行政垄断的测度方面。对行政垄断的测度是一个对制度性现象进行计量的问题，这在理论层面和技术层面上都有较大难度。于良春、余东华（2009）构建了ISCP研究框架，并以此为基础构建转型时期中国地区性行政垄断指数，用于分析和测量地区性行政垄断程度。他们编制了测量地区性行政垄断程度的三级指标体系，并对地区性行政垄断进行具体的测算和分析，得出了一些很有启示意义的结论。地区性行政垄断指数作为一个评价体系，对于分析各地区在体制改革、经济转型、市场化进程和区域政策效果等方面的差异，以及造成这些地区间差异的原因，都很有帮助。

胡鞍钢、余晖等人对行业垄断所造成的社会福利损失进行了估算。其中，胡鞍钢（2001）利用寻租理论计算了20世纪90年代后半期中国部分垄断行业因垄断定价而造成的社会福利损失，胡鞍钢、过勇（2002）则根据官方的统计数据，计算了部分垄断行业在1998~2001年之间收取的各类非法费用。这两项估算结果表明，中国的行政垄断已经造成了巨大的经济损失，成为腐败所造成的经济损失的一个重要组成部分，且远远超过了政府官员贪污受贿所造成的经济损失，从而成为中国当前最严重的腐败形式。

但这类研究往往存在这样一个问题，主要都沿用估算一般垄断损失的分析方法，难以分清垄断损失中行政垄断与经济垄断的区别。这是中国反垄断经济学研究中面临的一个难题。

（五）并购申报

作为各国反垄断执法中实施并购控制的通行制度，企业并购申报制度是指当一项计划实施的并购满足一定条件时（如达到申报标准、不属于适用除外情况等），需按照反垄断法或并购指南的规定，向反垄断机构申报。反垄断机构根据参与主体提交的相关信息，在规定的时间内就并购交易对效率和竞争的综合影响进行审查、评估，并做出是否允许交易实施，以及是否需要对参与主体行为加以约束的决定。目前，全球已有80多个国家制定了此类制度。

并购申报没有“放之四海而皆准”的标准，各国必须从本国国情出发合理设计申报制度体系。根据反垄断经济学基本原理，一国的最优反垄断并购控制政策设计受到多种因素的制约。不同国家在经济发展水平、产业政策、市场竞争状况以及反垄断执法经验等方面的差异，决定了所采取的具体申报制度也应有所不同。

张昕竹等人（2007，2008）采用实证方法对企业并购申报制度的机制设计问题进行了专题研究。他们首先研究了并购申报制度设计的影响因素，并结合有关数据，对中国的主要制度选择进行了预测。通过分析，不仅验证了现有申报机制选择的合理性，更重要的是明确了中国并购申报标准的设定方式。在此基础上，采用基准法（Benchmarking）对具体的申报门槛（Threshold）进行了估计。综合实证结果，借鉴国际经验，并考虑到现实国情，提出了中国企业并购申报标准的设计方案。

他们的建议方案考虑了并购参与主体的总体业务规模和对中国市场的实质影响，也重点关注了国内企业参与并购情况，并兼顾了国外企业对中国市场的潜在影响。2008年8月1日《国务院关于经营者集中申报的规定》，参考了他们的建议方案。

（六）其他研究

现实经济中存在大量与纵向产业关系有关的垄断现象，其中具有典型意义的如电信、电力、铁路、民航四大垄断行业的反垄断执法，超市与供应商之间的定价，制造商与分销商之间的价格和非价格控制，等等，都需要运用反垄断经济学加以深入分析。郁义鸿、管锡展（2006）从产业链的角度对一些基本问题提出了独到的看法。在以结构—行为—绩效—规制（SCP-R）为逻辑主线的基本框架的基础上，他们针对各种纵向控制策略进行了系统的梳理和分析，包括纵向整合、转售价格控制、独占交易、区域独占、共同代理、纵向价格歧视、双边市场和纵向合约等，并探讨了与之相关的反垄断政策含义。

双边市场理论是进入21世纪后才引起学术界和产业界重视的反垄断经济学前沿理论，对于软件产业、支付卡系统等典型产业的反垄断政策均有重要意义。陈宏民、胥莉（2007）对双边市场领域的理论框架和研究进展，对银行卡产业、传媒产业、操作系统软件产业、中介产业，以及正在兴起的第三方金融数字身份认证产业等典型双边市场的经营模式和市场特征，进行了比较深入的分析。他们的研究成果对于中国典型双边市场领域的反垄断执法实践具有重要的参考价值。

此外，王先林（2008）针对知识产权反垄断，石奇等（2008）针对通道费，刘岩、于左（2009）以及唐要家等（2009）针对卡特尔惩罚机制，刘伟（2009）针对并购控制的事件研究，张赞（2008）针对零售商纵向限制，田明君（2008）针对非横向并购控制等都做出了有益的探索。李剑（2007）针对搭售的经济效果与法律问题进行了系统研究。

五、中国反垄断经济学研究需要继续关注的重要问题

上述重点评述所涉及的问题大多仍需继续进一步探讨。除此之外，下列问题将是近期反垄断经济学研究需要关注的重点。通过对这些重点问题的研究与讨论，不仅对反垄断执法很有帮助，而且也能推动反垄断经济学的发展。

（一）经营者集中反垄断经济分析

经营者集中或并购的反垄断控制是反垄断法预防垄断宗旨的体现，也是反垄断经济分析的重要领域。经营者集中的反垄断分析具有较强的综合性特征，包括单边效应与协调效应的分析。针对经营者集中反垄断控制，中国反垄断经济分析面临许多紧迫问题需要研究，比如：（1）市场结构评估在竞争分析中的作用及对并购审查的影响？（2）安全港制度设计的理论依据与经验作用，有哪些重要影响因素？（3）如何识别并购特有的效率？效率辩护在反并购案审查中应起何作用，受哪些因素影响？（4）经营者集中申报标准的调整机制与调整窗口设计问题。

（二）反垄断执法机构的协调效率分析

中国的《反垄断法》采取“横向统分、纵向合作”的形式，这在世界各国的反垄断法执法机制设计中显得非常独特。企业垄断行为往往不是独立存在的，当设立多个执法机构并行执法时，不可避免地面临各个执法机构之间的协调问题。尽管中国建立了国务院反垄断委员会并期望履行协调职能，但对于能否有效协调，如何有效协调，都是未解之难题。根据中国以往的经验，可能期望不应过高。特别是在知识产权反垄断执法方面，需要更多机构的协调。因此，如何评估反垄断执法机

构之间的协调效率，并据以对中国反垄断法执法机制进行改进，是反垄断经济分析需研究解决的一个重要问题。

（三）反垄断与宏观经济运行

反垄断与宏观经济运行之间的关联问题，尤其是当经济出现周期性波动的情况下，如何看待和发挥反垄断执法的影响和作用，这在实施反垄断执法的各个国家中，都是亟待研究的问题。一般而言，反垄断执法与财政政策和货币政策明显不同，它不是一个短期可以见效的政策工具。在中国的情况下，作为微观市场失灵校正机制的反垄断政策工具，是否能够或者是否应该对宏观经济运行产生积极影响？影响机制是什么？反垄断执法是应随着经济周期变化而采取“相机选择”的原则，还是采取相对固定的执法规则？等等，反垄断经济学家有责任提出解决方案。

（四）反垄断执法案例效果评估

对反垄断案例执法效果的评估有助于未来更好地执法甚至修订法律，也有利于改进并丰富反垄断经济学理论。尽管中国反垄断执法时间较短，但已经积累一些并将积累更多的案例，如何对这些反垄断执法案例的执法效果进行“后评估”？有哪些评估方法和理论依据？这些问题都有待于反垄断经济学家和法学家一道做出回答。

（五）反垄断与国际竞争

在国际化竞争条件下如何协调反垄断执法力度与本国企业国际市场竞争优势？如何适当实施反垄断政策防止国外垄断企业的垄断地位滥用？汇率异常波动情况下如何从反垄断政策实施角度规避国际市场竞争风险？如何建立有效的国际反垄断规则变迁的预警机制以保证本国经济主体在国际竞争中的利益？这些都将是在国际竞争条件下反垄断经济学分析应当积极关注的问题。

（六）知识产权相关的反垄断执法与民族品牌保护问题

商标与品牌是知识产权保护的重要内容。中国的民族品牌与商标在过去的二十余年间在外资收购浪潮中大量消失，这是否是因为外资企业以此方式消灭竞争对手的原因？如果说消灭品牌市场中的竞争者，提高自身品牌的竞争地位是许多外资并购的唯一宗旨，如何进行实证研究？在反垄断执法过程中，应如何对外资并购对商标与品牌市场的影响进行评估，并积极利用知识产权相关的反垄断条款来有效避免外资企业收购对品牌市场有效进行所造成的潜在风险。这也在外资并购范围逐渐扩展的形势下反垄断经济学不能忽视的研究主题。

另外，如何在落实《国家知识产权战略纲要》的过程中，实施“保反兼顾、内外协调”知识产权政策，则是一个更需研究的课题。

参考文献：

1. 曹建海：《过度竞争论》，中国人民大学出版社 2000 年版。
2. 陈宏民、胥莉：《双边市场：企业竞争环境的新视角》，上海人民出版社 2007 年版。
3. 董维刚、张昕竹：《中国企业并购申报制度设计》，载于《中国工业经济》2008 年第 8 期。
4. 傅军、张颖：《反垄断与竞争政策：经济理论、国际经验及对中国的启示》，北京大学出版社 2004 年版。
5. 胡鞍钢、过勇：《从垄断市场到竞争市场：深刻的社会变革》，载于《改革》2002 年第 1 期。
6. 胡鞍钢：《腐败：中国最大的社会污染》，载于《国际经济评论》2001 年第 2 期。

7. 克伍卡、怀特著，林平、臧旭恒等译：《反托拉斯革命：经济学、竞争与政策》，经济科学出版社2007年版。

8. 李剑：《搭售的经济效果与法律规制》，中国检察出版社2007年版。

9. 林平、臧旭恒：《中国需要反垄断经济学——〈反托拉斯革命〉译者序》，载于《产业经济评论》2008年第7期。

10. 林平：《关于中国建立反垄断法体系的几个基本问题》，载于《管理世界》2005年第8期。

11. 刘岩、于左：《对国际卡特尔的有效威慑机制研究》，中国社会科学出版社2009年版。

12. 戚聿东：《资源优化配置的垄断机制——兼论我国反垄断立法的指向》，载于《经济研究》1997年第2期。

13. 石奇、岳中刚：《零售商对制造商实施纵向约束的机制和绩效评价》，载于《中国工业经济》2008年第5期。

14. 唐要家、唐春晖：《反垄断法能有效威慑卡特尔犯罪吗?》，载于《财贸经济》2009年第11期。

15. 唐要家：《反垄断经济学：理论与政策》，中国社会科学出版社2008年版。

16. 田明君：《非横向并购控制的反垄断理论与政策新进展》，载于《产业组织评论》2008年第2辑。

17. 王传辉：《反垄断的经济学分析》，中国人民大学出版社2004年版。

18. 吴汉洪：《西方寡头市场理论与中国市场竞争立法》，经济科学出版社1998年版。

19. 薛兆丰：《商业无边界——反垄断法的经济学革命》，法律出版社2008年版。

20. 于立、姜春海：《规模经济与自然垄断的关系探讨》，载于《首都经济贸易大学学报》2002年第5期。

21. 于立、吴绪亮：《产业组织与反垄断法》，东北财经大学出版社2008年版。

22. 于立、吴绪亮：《关于"过度竞争"的误区与解疑——兼论中国反垄断立法的"渐进式"思路》，载于《中国工业经济》2007年第1期。

23. 于立、吴绪亮：《试析反垄断经济学的学科定位——兼评布西罗塞〈反垄断经济学手册〉》，载于《经济与管理研究》2009年第4期。

24. 于立、肖兴志、姜春海：《自然垄断的"三位一体"理论》，载于《当代财经》2004年第8期。

25. 于立：《国有企业进入和退出产业的障碍分析》，载于《经济研究》1991年第8期。

26. 于立等：《纵向产业组织与中国煤电关系》，东北财经大学出版社2010年版。

27. 于良春、余东华：《中国地区性行政垄断程度的测度研究》，载于《经济研究》2009年第2期。

28. 郁义鸿、管锡展：《产业链纵向控制与经济规制》，复旦大学出版社2006年版。

29. 张昕竹、董维刚：《企业并购申报标准的估计》，载于《东岳论丛》2007年第1期。

30. 张昕竹、拉丰、易斯塔什：《网络产业：规制与竞争理论》，社会科学文献出版社2000年版。

31. 张赞：《零售垄断与竞争政策》，经济管理出版社2008年版。

32. 威廉姆森著，张群群、黄涛译：《反托拉斯经济学：兼并、协约和策略行为》，经济科学出版社1999年版。

33. 马西莫·莫塔著，沈国华译：《竞争政策：理论与实践》，上海财经大学出版社2006年版。

34. 温斯顿著，张嫚、吴绪亮等译，于立等校：《反垄断经济学前沿》，东北财经大学出版社2007年版。

35. 杰伊·皮尔·乔伊主编，张嫚、崔文杰等译，于立校：《反垄断研究新进展：理论与证据》，东北财经大学出版社2008年版。

36. 达芭著，肖兴志等译，于立校：《反垄断政策的国际化》，东北财经大学出版社2008年版。

37. 布兰克著，向国成等译，于立校：《反垄断的哲学基础》，东北财经大学出版社2010年版。

中国规制经济学理论评述*

王俊豪

一、引　言

规制经济学是以经济学原理研究政府规制科学性的一门新兴应用性学科。规制是具有法律地位的、相对独立的政府规制者（机构），依照一定的法规对被规制者（主要是企业）所采取的一系列行政管理与监督行为。“规制”是英文 Regulation 的翻译，通常被译为“规制”、“管制”或者“监管”。在学术界较多地使用“规制”或“管制”，而在实际部门，习惯使用“监管”。目前，对规制经济学的研究内容，学术界还存在一定分歧，即反垄断是否是规制经济学的研究范畴还有较大的争议。本文将反垄断规制作为规制经济学的研究内容之一，这样，规制经济学主要包括经济性规制、社会性规制和具有相对独立性的反垄断规制这三部分内容。1970 年，美国经济学家阿尔弗雷德·E·卡恩（Alfred E. Kahn）的《规制经济学：原理与制度》一书的出版，标志着规制经济学这门新兴学科的基本形成。规制经济学自 20 世纪 80 年代末、90 年代初引入我国以来，便受到国内学者的高度关注，目前一些学者已将其作为主要的研究领域。近 20 年来，在国内规制经济学研究领域已产生了许多研究成果，并为政府部门制定与实施相关政策提供了重要的理论依据。

尽管我国学者对规制经济学的相关领域进行一些研究，但由于技术创新、市场需求的不断变化以及日益重视对环境保护和民生问题，如技术进步和市场需求的急剧扩大，使电信、电力等自然垄断产业中原有自然垄断业务（或环节）部分转向竞争领域，政府和公众越来越关注医疗卫生、工作场所和食品药品安全及其环境保护问题，同时，《反垄断法》的立法和执法过程还需要完善，这些变化和不足迫切要求我们重新审视规制经济学的研究对象、研究内容和研究方法。分析国内规制经济学的发展演进过程、规制经济学的理论前沿和重要问题，这无疑有利于推动国内规制经济学的学科建设及其发展；有利于国内规制经济学研究与国际接轨，尽快缩短与发达国家的差距。据此，本文在分析国内规制经济学发展和演进概况的基础上，结合我国现实状况，分析国内规制经济学的理论前沿及其热点问题，并对国内规制经济学研究中需要解决的重要问题作一简要分析，以期引起大家关注，进行积极探讨，共同推动规制经济学这门新兴学科在我国的形成与较快发展。

二、国内规制经济学发展和演进的概况

虽然在 20 世纪 70 年代以前，经济发达国家的许多学者就发表了不少有关价格规制、投资规制、进入规制、对食品与药品的规制、反托拉斯规制等方面的论著，但这些论著各自在较小的领域就特定对象进行研究，缺乏相互联系；而且，运用经济学原理研究政府规制的论著更不多见。到了

* 在完成本文过程中，王岭博士生做了大量基础性工作，特此表示感谢。

20世纪70年代，一些学者开始重视从经济学的角度研究政府规制问题，并试图将已有的研究成果加以系统化，从而初步形成政府规制经济学。其中，美国经济学家斯蒂格勒发表的《经济规制论》等经典论文对规制经济学的形成产生特别重要的作用。80年代以来，美国、英国和日本等经济发达国家对一些自然垄断产业的政府规制体制进行了重大改革，并加强了对环境保护、产品质量与安全、卫生健康方面的规制。这些都为规制经济理论的研究提供了丰富的实证资料，从而推动政府规制经济学的发展。但至今，即使经济发达国家，规制经济学还没有成为一门完全成熟的学科，具体表现为学者们对规制经济学中的一些基本概念、基本理论还存在较大的分歧，特别是对社会性规制、反垄断规制的研究还比较薄弱，尚未形成比较完整的学科体系等。

我国对规制经济学的研究起步较晚，据我们所掌握的有限资料，最早介绍到我国的规制经济学著作是斯蒂格勒的《产业组织和政府管制》（潘振民译，上海三联书店1989年版），在这部论文集中，其中有4篇是关于政府规制方面的论文。随后，出版了日本学者植草益著的微观规制经济学》（朱绍文、胡欣欣等译，中国发展出版社1992年版），这是介绍到我国的第一本专门讨论规制经济学的专著，在我国有很大的影响。余晖等学者还翻译了史普博著的《管制与市场》（上海三联书店、上海人民出版社1999年版），产生了较大的社会影响。石磊、王永钦翻译了著名规制经济学家拉丰和泰勒尔的《政府采购与规制中的激励理论》（上海三联书店、上海人民出版社2004年版），聂辉华翻译了拉丰教授的《规制与发展》（中国人民大学出版社2009年版），这两本书反映了规制经济学特定领域的最新成果。

从20世纪90年代以来，国内学者在借鉴国外规制经济学论著的基础上，结合我国实际出版了许多论著，以出版年份和作者编排，据粗略统计，具有代表性的专著有：余晖的《政府与企业：从宏观管理到微观规制》（福建人民出版社1997年版）；王俊豪独著或主笔的《英国政府管制体制改革研究》（上海三联书店1998年版）、《中国政府管制体制改革研究》（经济科学出版社1999年版）、《政府管制经济学导论——基本理论及其在政府管制实践中的应用》（商务印书馆2001年版）、《中国自然垄断产业民营化改革与政府管制政策》（经济管理出版社2002年版）、《中国垄断产业结构重组、分类管制与协调政策》（商务印书馆2005年版）、《中国垄断性产业管制机构的设立与运行机制》（商务印书馆2008年版）；张昕竹等的《中国规制与竞争：理论和政策》（社会科学文献出版社2000年版）、《网络产业：规制与竞争理论》（社会科学文献出版社2000年版）；陈富良的《放松规制与强化规制：论转型经济中的政府规制改革》（上海三联书店2001年版）、《企业行为与政府规制》（经济管理出版社2001年版）、《规制政策分析：规制均衡的视角》（中国社会科学出版社2007年版）；郭志斌的《论政府激励性管制》（北京大学出版社2002年版）；肖兴志的《自然垄断产业规制改革模式研究》（东北财经大学出版社2003年版）、《公用事业市场化与规制模式转型》（中国财政经济出版社2008年版）；于立等的《规制经济学的学科定位与理论应用》（东北财经大学出版社2005年版）；于良春的《自然垄断与政府规制》（经济管理出版社2003年版）；夏大慰的《政府规制：理论、经验与中国的改革》（经济管理出版社2003年版）；李郁芳的《体制转轨时期的政府微观规制行为》（经济科学出版社2003年版）；王廷惠的《微观规制理论研究》（中国社会科学出版社2005年版）；戚聿东的《中国经济运行中的垄断与竞争》（人民出版社2004年版）；刘小兵的《政府管制的经济分析》（上海财经大学出版社2004年版）；张红凤的《西方规制经济学的变迁》（经济科学出版社2005年版）。此外，还有许多学者针对特定的产业的规制出版了专著。这些都为规制经济学在我国的形成与发展奠定了基础。

除了上述规制经济学著作，国内规制经济学者还发表了大量论文。回顾国内规制经济学的发展历程，不难看出规制经济学的研究领域由最初主要介绍规制经济学的基本理论、分析自然垄断产业的价格规制、进入规制等经济性规制，逐渐扩展到健康、安全、环境保护等社会性规制，以及垄断协议、滥用市场支配地位和经营者集中等反垄断规制，其研究成果的数量逐渐增加，质量逐步提升。为了从总体上把握规制经济学文献的研究趋势，我们以中国知网作为主要平台，选择经济与管理科学数据库进行分析，其中，检索的文献数据库为中国学术期刊网络出版总库，目标文献的内容特征选择题名，其余检索范围控制条件设置为“空”，文献内容特征可以根据是否包括“并含”内容来确定，如果包括“并含”内容则表明文献内容特征中选择并含后的文字内容。综观表1和表2，我们可以看出，20世纪80年代末、90年代初至20世纪末，国内学者将研究重心主要放在对国外规制经济学的基本理论的介绍、经济性规制理论（其中以自然垄断产业为题名的研究成果最多）以及环境政策的研究。进入21世纪，学术界扩大了政府规制理论的研究领域，成果的数量比20世纪明显增多。经济性规制和社会性规制并存、社会性规制成为规制经济学中的重要研究内容已是21世纪规制经济学的发展趋势。相对而言，由于我国《反垄断法》颁布时间较短，这导致了国内学者将反垄断规制作为其研究领域的时间较晚，成果数量较少（各个领域具体研究情况详见表1和表2）。

表1　　国内规制经济学学科建设及其经济性规制主要研究文献统计情况　　单位：篇

领域		篇名	1990～2000年	2001～2009年
规制经济学学科建设		规制经济学	8	40
经济性规制理论	投资规制理论	A－J效应	0	8
	价格规制理论	线性定价	0	4
		非线性定价	1	14
		两部定价	1	3
		高峰负荷定价	2	6
		差别定价	13	92
		多产品定价	0	3
	进入规制理论	可竞争市场理论	2	11
	垄断产业竞争理论	有效竞争（并含垄断）	4	16
经济性规制实践	自然垄断产业	自然垄断（并含理论）	1	36
		自然垄断（并含规制现状）	0	2
		自然垄断（并含放松规制）*	4	18
		自然垄断（并含价格规制）**	1	33
		自然垄断（并含竞争）	5	34
		自然垄断（并含改革）	5	107
		自然垄断（并含进入规制）	0	2
		自然垄断（并含规制失灵）	0	5
		自然垄断（并含规制政策）	0	10
		自然垄断（并含分类规制）	0	2
		自然垄断（并含边界）	0	6
		自然垄断（并含行政垄断）	0	6
	电信产业	电信产业（并含改革）	6	28
		电信产业（并含定价）	0	5
		电信产业（并含竞争）	5	24
		电信产业规制效果	0	2
		电信产业规制效率	0	1
		电信产业规制机构	0	1
		电信产业规制体制	1	3
		电信产业（并含行政垄断）	0	2
	电力产业	电力产业（并含价格规制）	0	11
		电力产业（并含放松规制）	0	8
		电力产业（并含普遍服务）	0	3
		电力产业（并含规制效果）	0	1
		电力产业（并含激励性规制）	0	6
		电力产业（并含规制改革）	0	8
		电力产业（并含行政垄断）	0	1

续表

领域		篇名	1990~2000年	2001~2009年
	自来水产业	自来水产业（并含效率）	0	1
		自来水产业（并含价格规制）	0	1
		自来水产业（并含规制改革）	0	4
		自来水产业（并含价格规制）	0	1
		自来水产业（并含民营化）	0	1
		自来水产业（普遍服务）	0	1
	铁路产业	铁路产业（并含改革）	0	2
		铁路产业（并含政策变迁）	0	1
		铁路产业（并含规制）	0	2

注：表1中的自然垄断产业所列示的数据是以自然垄断产业作为篇名进行检索的结果，事实上自然垄断产业包括电信、电力、自来水、铁路等产业，本文为了分析方便单独列出以“自然垄断”为篇名的检索情况。*：放松规制与规制放松同义。**：笔者认为价格规制与定价问题是同一类问题，所以对检索结果做相加处理。

资料来源：笔者根据中国知网检索结果整理。通过筛选，我们发现其中有些成果不是规制经济学的研究范畴，所以不计入这类成果。

表2　国内社会性规制、反垄断规制主要研究文献统计情况　单位：篇

题名		时间	1990~2000年	2001~2009年
社会性规制	食品安全规制	食品安全规制（并含失灵）	0	2
		食品安全规制（并含制度）	0	5
		食品安全规制（并含风险）	0	2
		其他食品安全规制问题	0	19
	药品安全规制	药品安全规制	0	1
		看病难、看病贵	0	26
	工作场所安全规制	煤矿（并含规制）	0	7
		煤矿事故频发的博弈解释	0	1
	环境规制	环境规制（并含影响）	0	58
		环境规制（并含经济增长）	0	1
		环境（并含经济增长）*	1	221
		环境规制（并含企业竞争力）	0	10
		环境规制（并含生产率）	0	2
		环境规制（并含外商直接投资）	0	14
		环境规制（并含技术创新）	0	14
		环境政策	26	120
反垄断规制	反垄断规制**	反垄断规制（不含反垄断法）	0	31
	垄断协议	垄断协议（并含规制）	0	2
	滥用市场支配地位	转售价格维持	0	2
		系统市场（并含排他）	0	3
		掠夺性定价（并含反垄断）	0	2
		特许经营（并含反垄断）	0	1
		买方抗衡	0	2
		纵向限制	0	5
	经营者集中	相关市场	0	11
		横向并购（并含反垄断）	0	2
		并购申报	0	5

*：这里所检索的环境（并含经济增长）的文献研究内容实质是环境库兹涅茨曲线的验证问题，这里通过人工处理略去环境规制（并含经济增长）的文献数量，因此笔者将分别检索题名为环境库兹涅茨曲线和环境（并含经济增长），并对结果进行加总，最后所得为环境（并含经济增长）文献的总和。

**：根据笔者所掌握的资料，国内学者以反垄断规制作为篇名进行研究的文献较多，所以这里单独列出。

资料来源：笔者根据中国知网检索结果整理。通过筛选我们发现其中有些成果不是规制经济学的研究范畴，所以不将这类成果进行加总计算。

综上所述，我们可以看出，近年来国内规制经济学者的研究领域在逐渐扩展，即由规制基本理论和经济性规制为主向经济性规制、社会性规制和反垄断规制并存的方向过渡。由于规制经济学是一门新兴学科，在研究内容、研究方法、学科体系等方面仍不完善，迫切需要国内规制经济学者结合我国实际，分析我国特色的规制问题。值得高兴的是，我国从20世纪80年代末以来，先后在航空运输、电信、电力等产业不同程度地进行了政府规制体制改革，随着健康、安全、环境保护等关系社会福利问题的矛盾日益突出，国内学者对这些相关领域的研究也在逐渐增多。同时，我国《反垄断法》的颁布与实施为国内学者研究反垄断问题提供必要的法律依据，这些都为国内学者进一步深入研究规制理论与实践问题提供必要的现实资料。我们不难预料，随着国内学者对规制经济学研究的深入、成果数量的增多和质量的提高，规制经济学将成为国内学者的重要研究领域，并可望在不久的将来，我国在规制经济学研究方面将有更大的发展。

三、当前国内规制经济学的理论前沿及重要的热点问题

国内规制经济学经过近20年的发展，已经初步形成与国情相适应的规制理论体系。目前，国内学者运用规范和实证两种分析手段对我国的规制问题进行了大量研究，但自然垄断产业的基本特征在发生变化，健康、安全、环境污染等问题备受关注，以及《反垄断法》还有待完善，反垄断执法过程中还存在不少误区，这些都迫切需要规制经济学者利用规制经济学的基本原理进行经济分析。

如何把握规制经济学的理论前沿及其重要的热点问题，是摆在规制经济学者面前的重要问题，也是使我国规制经济学研究缩短与发达国家差距的必然要求。结合国内外规制经济学学科发展趋势及其研究脉络，联系我国规制研究现状，我们认为在今后一段时期中，国内规制经济学的理论前沿和热点问题可能集中在以下四个领域：（1）规制的政治经济学；（2）垄断产业的竞争、产权和规制改革；（3）环境规制前沿问题；（4）并购申报的反垄断分析。

第一，规制的政治经济学问题。规制经济学的研究目的在于为政府相关部门制定规制政策提供理论依据。政府制定的任何规制政策都受政治、经济等多种因素的影响，通常是利益集团之间博弈的结果，而企业寻租、政企合谋会影响利益集团之间的博弈均衡，最终可能降低社会福利。目前已有国内学者运用新政治经济学的基本理论与方法分析我国的现实问题，如周黎安等（2004，2007，2009），聂辉华、李金波（2006）主要从晋升博弈、腐败问题、政企合谋与经济发展等方面进行论述，我们认为，他们的研究思路和方法可以运用于规制经济学中，分析规制政策制定和实施过程中的企业寻租、政治献金、规制俘虏行为，从而有助于正确分析规制政策的制定和实施的复杂过程，以及对可能结果进行前瞻性福利分析，以提高规制政策的科学性。

第二，垄断产业的竞争、产权和规制改革的关系问题。经济性规制是传统规制经济学的主要研究内容，其中垄断产业的规制问题又是经济性规制中重点内容。随着垄断产业部分自然垄断领域（或环节）转变为竞争领域，这势必要求探索新条件下垄断产业的改革问题。我国垄断产业经过一系列改革，目前已有一定成效，但不同垄断产业所进行的规制改革、竞争改革、产权改革的顺序是有差异的，那么是否存在最优的改革顺序，以及目前这种三类改革相融合的状态是否有利于垄断产业绩效的提升，这是回答规制改革、竞争改革以及产权改革三者是如何影响垄断产业绩效的问题。目前，国内学者就规制、竞争与产权对垄断产业绩效的影响问题进行一些尝试性研究，其中，刘小玄（2003）、胡一帆等（2005，2006）、郑世林（2010）分析了产权与竞争是否提升绩效，还没有将规制、竞争、产权作为一个统一整体，分析三者与垄断产业绩效的作用方式。肖兴志、陈长石（2008）将产权、竞争与规制纳入到一个框架，分析三者对电力产业绩效的影响，并对电力产业改革顺序的优化进行分析。赵卓（2009）将网络型垄断产业规制改革的三个维度纳入产业组织分析之

中，建立竞争制度、产权制度、规制制度与网络型垄断产业绩效关系的一般分析框架，并对影响规制改革绩效的原因进行分析。综上可知，国内学者将规制、竞争、产权纳入同一框架分析其对垄断产业绩效影响的文献还比较少见。因此，笔者认为寻求不同垄断产业的最优改革顺序及其不同改革内容的协调将关系到该产业绩效的提升，因此，深化垄断产业改革中，对该问题的研究可能成为学术界争论的焦点和研究热点。

第三，环境规制前沿问题。随着经济的发展，世界各国因为环境污染造成的损失以及治理污染支出数以十亿计，环境污染及其治理已经成为世界各国经济持续健康发展所必须考虑的问题。我国长期的粗放型增长模式导致对自然资源和生态环境的破坏比较严重，给社会带来严重的现实和潜在的危害。随着人们生活水平的提高，公众对高质量环境的需求在逐渐增加，寻求降低环境污染的路径是21世纪我国政府增加公众福祉、提升国家持续竞争力的关键，因此，环境规制问题势必成为研究的热点问题。目前，国内学者对环境规制问题的研究刚刚起步，主要研究领域有：（1）环境规制与国际贸易的关系；（2）环境规制本身的外部性；（3）环境规制对生产率的影响；（4）环境规制与企业竞争力；（5）环境规制对技术创新的影响；（6）环境库兹涅茨曲线的实证检验。综上所述，国内学者对环境规制的研究主要集中在运用国内数据对国外学者提出的环境库兹涅茨曲线、环境“波特假说”、污染天堂假说以及环境规制与外商直接投资之间的关系进行实证检验。现有研究成果偏于宏观和缺少对规制标准设计的过程的思考，基于此，我们认为环境规制强度与企业生产力的关系、环境规制与经济增长之间的作用机制、利益主体博弈下的环境规制标准设计、环境规制法律法规的评价、排污交易还是征收排污费更能降低环境污染、低碳经济下的制度安排和政策设计等环境规制问题，可能成为重要的前沿问题。

第四，反垄断的有关实践问题。我国《反垄断法》实施前后，国内学者对反垄断问题的研究逐渐增多，其中，法学家的研究成果占据很大比例。相反，运用经济学原理探讨我国反垄断立法与执法过程中的现实问题的文献还比较少见。我们认为对我国反垄断规制问题进行研究将是一个长期的过程，需要在借鉴英、美等国先进经验的基础上，结合我国实际，来分析我国反垄断规制中的现实问题。在这一研究领域中，对反垄断执法过程中价格操纵的认定、并购效果的实证检验、并购申报机制（是强制还是自愿）的理论与实证分析、并购中的产品差异化市场界定、单边效应、并购前后企业绩效比较的案例分析、并购模拟、反垄断是否促进经济增长等实践问题，可能成为国内反垄断规制研究的重点和前沿问题，值得国内学者对其进行深入研究。

四、国内规制经济学研究需要解决的重要问题

规制经济学是一门应用性学科，其研究成果对相关部门法律法规的制定与完善、规制程序的设计以及进行规制评价等都具有重要的现实意义。我们结合国内规制经济学的研究现状及其演进趋势，基于国内规制经济学的理论前沿及其重要的热点问题的分析结论，可以看出目前国内规制经济学还有许多问题亟须规制经济学者进行深入研究。这些问题主要有：

第一，规制政策的有效性问题。改革开放以来，我国政府采取了一系列的政策，旨在提高产业绩效，其中包括规制政策，那么所采取的规制政策是否发挥作用，是学者们需要回答的问题。近年来国外学者针对规制政策的有效性问题进行大量的研究，从研究手段或方法来看，主要有两种趋势，其一，运用计量经济学、数理统计学的分析工具对现实数据进行经验分析，验证规制政策的有效性；其二，对规制法律、规制手段等进行分析，从制度设计层面验证规制政策的有效性。尽管国外学者对规制政策的有效性问题进行大量富有针对性的研究，但国内研究文献仍十分少见，这与我国规制政策实施时间较晚、不易获知规制数据有一定关系。但无论现实约束如何，评价规制政策的有效性问题有助于完善现有规制法规，同时也是进一步制定新的、科学的规制法规的重要条件。由

此，我们认为规制政策的评价问题将是未来学术界研究的重点问题，也是现阶段国内学者需要研究的现实问题，这将有助于提高规制政策的科学性，提升规制效果。

第二，深化垄断产业改革中的规制政策问题。垄断产业的规制问题是规制经济学研究的基本内容，属于经济性规制的研究范畴。自20世纪80年代以来，国内学者将英、美等国家垄断产业规制的基本理论引入我国，并开始对垄断产业规制改革问题进行积极探讨，这为垄断产业的价格规制、进入规制、质量规制等方面的改革提供了理论支持。目前我国面临如何深化垄断产业改革问题，鼓励民营企业进入垄断产业，加强国有企业与民营企业之间的公平竞争，形成有效竞争格局，进而提升垄断产业的绩效，这些已成为理论界和政府部门的共识，并在深化近几年来的相关政策中得到体现。但垄断产业的民营化与促进竞争改革政策必然要求加强有效的政府规制，才能取得理想的改革效果，而我国对服务于深化垄断产业改革的规制政策的研究还比较薄弱，特别缺乏对垄断产业规制机构的研究。因此，垄断产业的有效规制政策问题将是学者们需要探索的实际问题。

第三，工作场所安全规制问题。由于我国矿难事件频发、危险化学品事故时有发生等原因，催生了规制经济学者对该领域的研究热潮。尽管国内学者在工作场所安全规制研究中积累了一些研究成果，但工作场所安全规制中还存在许多问题，值得深入分析。诸如，分析如何进一步降低我国工作场所伤亡率的思路与方法是工作场所安全规制中的首要问题；同时，分析我国工作场所事故发生前后的政策波动的动因及其效果也是国内学者需要解决的重要问题。工作场所安全规制的波动特征及其对规制绩效的影响、规制标准的制定原则及其影响因素、规制政策的执行情况及其对规制绩效的影响、规制效果或效率的影响因素、规制与经济增长之间关系的理论分析与实证检验等问题都是需要深入研究的重点问题。

第四，《反垄断法》的完善与有效实施问题。《反垄断法》是一部具有中国特色的新法律，与国际上通行的反垄断法在立法指向、法律调整对象等方面存在较大差异，在不少方面需要通过实践检验，并在积累反垄断实践的基础上加以完善，当务之急是要制定与《反垄断法》相配套的实施细则，提高《反垄断法》的可操作性。在此过程中，对于如何界定相关市场、如何判定垄断、允许并购的标准是什么、垄断机构的职能分配与协调等许多实践问题都需要具有较强针对性的理论指导，因此需要联系实际，加强这方面的理论研究。

五、结　　论

综上所述，规制经济学从20世纪80年代末、90年代初至今，其研究范围从以经济性规制为主，逐渐扩展到社会性规制和反垄断规制领域；从研究方法上看，计量经济学、激励理论、博弈论、新政治经济学、新制度经济学等分析手段和方法开始逐渐引入到规制经济学的研究中。

通过上述分析，笔者认为，国内规制经济学的理论前沿及其重要热点问题主要有：与规制政策制定与实施相关的利益集团博弈、企业寻租、政企合谋等规制的政治经济学问题；垄断产业改革所涉及的竞争、产权和规制改革等重点内容及其关系问题；环境规制与企业生产力和经济增长的关系、环境规制政策设计、节能减排、低碳经济等环境规制问题；反垄断中相关市场界定、并购申报机制选择及其修正、并购的经济影响、并购申报标准的修正、并购模拟等反垄断的有关实践问题。

基于我国规制研究现状及其存在的问题，笔者认为，规制政策的有效性问题、深化垄断产业改革中的规制政策问题、工作场所安全规制问题以及反垄断法规完善与有效实施等问题是现时期迫切需要解决的重要问题。

建立与完善社会主义市场经济体制的需要催生规制经济学在我国的引进、形成与发展，社会经济的快速发展变化，将不断产生规制经济学研究的新热点、新问题，这要求规制经济学者结合我国国情，把握规制经济学的这些重点、热点问题，不断创新研究方法，开拓新的研究领域，以理论顶天，实践立地的精神，加强规制经济学的理论创新，在服务于实践的过程中，推动我国规制经济学的不断发展。

参考文献：

1. 符森、黄灼明：《我国经济发展阶段和环境污染的库兹涅茨关系》，载于《中国工业经济》2008 年第 6 期。

2. 胡一帆、宋敏、郑红亮：《所有制结构改革对中国企业绩效的影响》，载于《中国社会科学》2006 年第 4 期。

3. 胡一帆、宋敏、张俊喜：《竞争、产权、公司治理三大理论的相对重要性及相互关系》，载于《经济研究》2005 年第 9 期。

4. 黄顺武：《环境规制对 FDI 影响的经验分析：基于中国的数据》，载于《当代财经》2007 年第 6 期。

5. 李强、聂锐：《环境规制与区域技术创新——基于中国省际面板数据的实证分析》，载于《中南财经政法大学学报》2009 年第 4 期。

6. 李郁芳、李顶峰：《地方政府环境规制的外部性分析——基于公共选择视角》，载于《财贸经济》2007 年第 3 期。

7. 陆旸：《环境规制影响了污染密集型商品的贸易比较优势吗?》，载于《经济研究》2009 年第 4 期。

8. 聂辉华、李金波：《政企合谋与经济发展》，载于《经济学（季刊）》2006 年第 6 期。

9. 肖兴志、陈长石：《产权、竞争、规制对电力产业影响的实证分析——兼论电力改革顺序的优化》，2008 年中国经济学年会会议论文。

10. 肖兴志、陈长石：《规制经济学前沿研究综述》，载于《经济学动态》2009 年第 1 期。

11. 解垩：《环境规制与中国工业生产率增长》，载于《产业经济研究》2008 年第 1 期。

12. 王兵、吴延瑞、颜鹏飞：《环境管制与全要素生产率增长：APEC 的实证研究》，载于《经济研究》2008 年第 5 期。

13. 王俊豪：《政府管制经济学导论》，载于《商务印书馆》2001 年版。

14. 王俊豪：《垄断性产业市场结构重组后的分类管制与协调政策——以中国电信、电力产业为例》，载于《中国工业经济》2005 年第 11 期。

15. 王俊豪：《管制经济学原理》，高等教育出版社 2009 年版。

16. 尹显萍：《环境规制对贸易的影响——以中国与欧盟商品贸易为例》，载于《世界经济研究》2008 年第 7 期。

17. 于良春：《自然垄断与政府规制》，经济管理出版社 2003 年版。

18. 于立：《规制经济学学科定位中的几个问题》，载于《产业经济研究》2004 年第 4 期。

19. 于立：《规制经济学的学科定位与理论应用》，东北财经大学出版社 2005 年版。

20. 于立：《产业组织与反垄断法》，东北财经大学出版社 2008 年版。

21. 张红凤：《西方规制经济学的变迁》，经济科学出版社 2005 年版。

22. 张红凤等：《环境保护与经济发展双赢的规制绩效实证分析》，载于《经济研究》2009 年第 3 期。

23. 陈富良：《放松规制与强化规制：论转型经济中的政府规制改革》，上海三联书店 2001 年版。

24. 陈富良：《规制政策分析：规制均衡的视角》，中国社会科学出版社 2007 年版。

25. 张文春：《管制经济学理论与实践 20 年的发展演变》，载于《财经问题研究》2004 年第 3 期。

26. 张学刚、钟茂初：《环境库兹涅茨曲线再研究——基于政府规制的视角》，载于《中南财经政法大学学报》2009 年第 6 期。

27. 赵红：《环境规制对产业技术创新的影响》，载于《产业经济研究》2008 年第 3 期。

28. 赵卓：《竞争、产权、规制与网络型基础产业绩效》，中山大学出版社 2009 年版。

29. 周黎安：《晋升博弈中政府官员的激励与合作——兼论我国地方保护主义和重复建设问题长期存在的原因》，载于《经济研究》2004 年第 6 期。

30. 周黎安：《中国地方官员的晋升锦标赛模式研究》，载于《经济研究》2007 年第 7 期。

31. 周黎安、陶婧：《政府规模、市场化与地区腐败问题研究》，载于《经济研究》2009 年第 1 期。

第二部分

重点学术论文全文收录

我国各省市金融垄断程度判断

——基于金融勒纳指数的分析

曹源芳

摘　要： 文章以勒纳指数作为衡量指标，对中国各省市金融市场垄断程度的差异进行实证研究，认为虽然经过多年的市场经济建设，但中国金融业整体上仍然表现出明显的垄断特征。各省市的金融市场垄断程度具有明显的不平衡性，且与各自经济发展水平呈负相关关系，即在经济发展水平较高的省市金融垄断程度较低，反之则金融垄断程度高。这表明金融作为现代经济的核心，中国的金融市场化改革能够显著推动经济的发展。文章建议可以从加速市场开放、打破地区封锁和资源配置的效率导向等方面加以完善，以降低因金融市场垄断而造成的社会福利损失。

关键词： 金融市场　垄断　勒纳指数

中图分类号： F832.3　**文献标识码：** A　**文章编号：** 1001－9952（2009）04－0049－11

金融活动在经济社会发展中起着举足轻重的作用，金融市场的融资、投资、价格发现和风险规避等基本功能的有效发挥既是经济健康发展的基本前提，也是社会再生产顺利进行的重要因素。金融市场效率与市场结构具有密切的关系，在不成熟和低效率的金融市场上，金融商品价格被少数主体操纵，市场不仅会因此而长期处于非均衡状态，而且对经济发展产生负面影响。然而，很多关于我国金融市场效率、金融市场结构的实证研究结果并不完全一致，其中的主要原因是忽视了金融市场总体效率与区域金融差异的关系问题。对此，本文将利用中国各省市经济时间序列数据，从多个视角对我国各省市金融市场垄断程度做出判断，以对我国金融市场发展的省市差异进行检验。

本文的结构为：第一节介绍相关的研究文献及所要研究的具体问题；第二节建立理论分析框架；第三节为实证数据；第四节介绍方法与计量模型；第五节报告经验检验结果；最后总结研究结论并讨论相关政策含义。

一、研究背景与研究问题

西方经典经济学理论根据市场企业数量、产品差异、企业进出市场成本及信息完全性等方面，将市场结构划分为完全竞争市场、完全垄断市场、垄断竞争市场与寡头垄断市场，后三种市场由于在不同程度上包含垄断成分，所以也将之统称为不完全竞争市场。阿罗和德布鲁（1954）证明了完全竞争市场体系中存在瓦尔拉斯一般均衡（Walrasian Equilibrium），[①] 而在不完全竞争市场中由于垄断因素的存在，价格高于边际成本，从而引起资源的无效配置，无法实现帕累托（Pareto）最优状态，所以与完全竞争市场相比，不完全竞争市场是一个无效率的市场。然而，经典理论只是对现实

① Arrow and Debreu, Existence of an Epuilibrium for a Competitive Economy, Econometrica 22: pp. 265－290.

经济内容的抽象概括，其理论内涵具有很强的假设前提与现实抽象，因此，在运用经典理论解释现实经济生活时，既需要考虑理论的基本内涵也需要考虑现实状况。金融市场是资金供应者和资金需求者双方通过信用工具进行交易而融通资金的市场，或者说是实现货币借贷和资金融通、办理各种票据和有价证券交易活动的市场。由于市场参与者的相对有限、金融产品的异质性与金融信息的非对称性等因素，金融市场的运行难以符合完全竞争市场的严格假设，因此金融市场应该是一个具有一定垄断力的不完全竞争市场。国内外许多研究文献认为，金融市场所具有的垄断特性对金融市场的绩效产生了重要的影响；同时，金融垄断与经济发展之间的关系也是研究的热点所在。

（一）金融市场结构与绩效

产业组织理论是较早研究市场结构与市场绩效关系的理论之一，特别是哈佛大学贝恩等人提出"结构—行为—绩效"（Structure-Conduct-Performance）的分析范式（简称SCP）认为，市场结构决定企业行为，进而决定市场绩效，因而市场结构对绩效起着非常重要的作用。在国内的研究中，史建平、官兵（2004）从我国金融业的整体结构入手，在SCP框架下得到了我国银行业效率低下的结论，并认为效率低下的原因源于政府的产权和金融控制所造成的市场垄断，但政府的金融控制有收益也有成本，而且金融控制的成本越来越高。因此当前的理性选择是金融产权的多元化，放松对金融业的控制，建立公平竞争的规则和引入竞争机制以促进金融系统健康发展。与此相反，刘伟、黄桂田（2002）则对运用SCP框架以揭示中国金融业特别是银行业主要问题的思路及相应的政策含义提出了批评，并认为在现代技术不断改变着银行运作机制、各个银行都努力追求规模经济和范围经济效应的背景下，中国银行业保持一定程度的集中率是符合国际银行业发展趋势的，并不能认为是效率低下的主要原因。于良春、鞠源（1999）的研究则从经营效率指标、成本费用指标、信用风险指标三方面对中国金融市场的经济绩效和竞争态势进行多纬度分析，并认为国内金融市场上金融机构的市场垄断能力与其获利能力与经济绩效呈负相关关系，且中国金融市场上的经营效率和盈利能力基本与经营规模无关。这一研究结论为通过促进中小银行的成立及有效发展来提高金融市场的竞争程度提供了有力的证据。而赵旭、蒋振声和周军民（2001）的研究在分析传统共谋假说与有效结构假说的基础上，运用DEA综合效率研究了我国金融市场中银行业市场结构与绩效之间的关系，得出的结论是，以市场集中度、市场份额为代理变量的市场垄断程度仍然很高且与效率负相关，而效率是影响银行绩效的重要因素。

（二）金融垄断与经济发展

王辰华（2004）研究了金融市场垄断对区域经济发展的负面影响，认为金融市场垄断造成金融市场发展受到严重压抑，金融改革进展迟缓，市场竞争力难以提高，资金配置效率低下，因此，金融市场垄断致使经济发展难以实现纳什均衡，导致经济发展缓慢。克莱因和赛登伯格（Klein and Saidenberg，2000）通过对美国金融市场的研究发现，金融业特别是银行可以从地域多元化及内部资本市场资源配置机会中获取利益。因此，多元化的经营可以使其持有较少的资本且比单一的资产组合提供更多的信贷，以获取更高的收益，用以补偿因内部机构增多及资产组合复杂化所带来的成本上升。研究同时发现，美国各区域的金融市场竞争程度具有较大差异，各区域金融市场的垄断强度与区域经济发展水平显著负相关。然而伯杰和杨（Berger and Young，2001）的研究则通过对7000家美国银行1993～1998年的数据分析，得出了银行地域范围的扩张、市场垄断能力与效率之间的关系并不明确的结论，但确定的是，美国区域金融的垄断程度与经济发展水平相关性较弱。

由于金融在现代经济中的突出位置，金融市场垄断问题早已引起我国理论界的重视并取得了一定的研究成果。但现有研究大多以国家作为一个整体进行研究，对我国各省市金融市场的垄断程度差异进行实证研究和判断，目前尚缺少深入的研究。因此，在我国金融发展的区域性和二元特征明显的情形下，要深入分析我国金融市场一体化和金融市场差异的问题，必须跳出国家视角而以省市为研究对象。基于以上思路，本文在已有研究的基础上，通过分析省市层面金融市场垄断程度的差异，以揭示我国区域金融市场发展的基本特征，从而为全国及各省市金融政策的制订与执行提供理论依据。

二、理论分析框架

市场垄断一般是指一家厂商或少数厂商控制一个行业的绝大部分供给或需求的市场结构，因此使得厂商在该市场上占有大部分市场份额和具有决定性的市场势力。为度量垄断厂商的市场势力的大小，产业组织理论通常把行业集中度（CR_n）与赫尔芬达尔—赫希曼指数（Herfindahl - Hirschman Index，HHI）两指标作为考察市场垄断程度的最常用指标。

行业集中度是指规模最大的前几位企业的有关数值 X 占整个市场的份额，它与市场中垄断力量的形成密切相关，其计算公式为：

$$CR_n = \sum_{i=1}^{n} X_i \Big/ \sum_{i=1}^{all} X_i \tag{1}$$

其中，CR_n 为某市场中前 n 家最大企业有关数值的市场比重；X_i 为任一企业 i 的相应数值。该指标的优点是简单易行，但也有不足之处，该指标只反映了市场规模分布的一个方面，只说明了几家大企业的总体规模，而忽略了其他企业规模分布情况，因而不能反映企业的个别情况；同时该指标也难以反映市场份额和产品差异程度的变化情况。更重要的是，金融市场是个多元化的市场，各种交易具有差异性的指标，因此，难以直接找到一个统一变量反映各种金融市场的共同特征，CR_n 指标无法反映金融市场垄断性的本质特征。

为克服上述不足，许多产业组织学家试图找出其他更具有代表性的指标，其中较好的一个指标即是 HHI 指数，其公式为：

$$HHI = \sum_{i=1}^{N} S_i^2 = \frac{1}{N} + N\sigma^2 \tag{2}$$

其中，S_i 为企业 i 的市场份额，σ 为企业规模的方差，说明 HHI 随着企业数量和规模的变化而变化，给定企业数量，企业规模的方差越大，市场垄断性越强。在完全竞争市场下，市场企业数 N 为无穷大，每个企业份额接近 0 的时候，HHI 就接近于 0；在完全垄断条件下，市场只有一家企业，HHI 则接近 1。一般 N 值越大，市场垄断力量就小，HHI 也越小。

但是与 CR_n 一样，HHI 在运用中的解释力也受到了质疑，其中最重要的一点是，若要确定市场结构对市场绩效的影响，则代表市场结构的变量应选取外生变量。另外实际情况是，无论是市场绩效还是市场结构都可能是由其他因素决定的内生变量，且该指数对数据的要求较高，含义不直观，所以很多学者对其可行性产生怀疑。为了建立更令人信服的模型，从而揭示市场垄断水平及其本质，一种更可行的方法——金融勒纳指数法开始在市场结构分析中得到重视和运用。

勒纳指数法的基本原理在于：不具有市场垄断力量的企业与具有市场垄断力量的企业对需求和成本的变化所做出的反应是不同的，这种差异可以用来估计企业或市场垄断力量的大小。因此，可以运用博弈论理论建立有关计量经济学模型，在估计边际成本的同时估计出市场的垄断力量。①

假设需求函数表示为：

$$P = P(Q,\ Y,\ \delta) \tag{3}$$

其中，Q 为总产出，Y 为需求的总体影响因子，δ 为需求函数的待估参数。

① 李明志、柯旭清编著：《产业组织理论》，清华大学出版社 2004 年版。

成本函数表示为：

$$C = C(q_i,\ W,\ \tau) \tag{4}$$

其中，q_i 为企业 i 的总产出，W 为供给的总体影响因子，τ 为供给函数的待估参数。

根据上式，分别得到相应的利润与成本函数：

$$\pi_i = P(Q,\ Y,\ \delta)\ q_i - C(q_i,\ W,\ \tau)$$

$$MC = \frac{dC(q_i,\ W,\ \tau)}{dq_i},\ MR = P + \frac{dP}{dQ} q_i(\lambda_i) \tag{5}$$

其中，λ_i 表示企业 i 对收益和价格的控制能力，即市场垄断力量的度量结果。由于 $MR = MC$，所以，

$$P = MC - \frac{dP}{dQ} q_i(\lambda_i)$$

$$LI = \frac{P - MC}{P} = \frac{1}{\varepsilon}(\lambda_i) \tag{6}$$

勒纳指数的定义表明，市场的垄断程度与商品的需求价格弹性成反比。由于市场结构的差异，勒纳指数的范围为 0 ~ 1，在竞争性越充分的金融市场上，厂商产品的定价水平越接近于边际成本，因此勒纳指数（LI）趋于零。在具体估计过程中，只要确定相应的需求价格弹性，从而确定 λ_i，就能够得到市场结构和垄断水平的度量结果。因此勒纳指数的理论性、实践性比 CR_n 和 HHI 更强，可以更好地为我国各省市金融市场垄断程度差异的判断提供理论基础和分析思路。

三、数　　据

需求价格弹性的度量涉及需求量和价格两个指标，因此要测算各省市金融勒纳指数必须就金融市场的金融需求量和金融市场价格两个变量进行考察。由于我国金融市场发展相对落后，且金融市场内部存在明显的非均衡性，资本市场、保险市场长期处于低水平运行状态，居民缺乏成熟有效的投资渠道，大量资金集中于银行市场，所以银行市场是我国目前金融市场的主体。银行市场的金融需求量一般可以由贷款余额和贷款增加额两个指标表示，而由于贷款增加额是一个流量概念，反映的是需求的变动量，体现了一定时期内金融市场上对金融资源有效需求的增加或减少，因而比贷款余额更具有说服力和解释力，且更符合需求价格弹性的基本内涵，故本研究中将各省市金融机构贷款增加额作为金融资源需求量的代理变量。与金融机构贷款增加额相适用的最优金融资源价格应该是贷款利率水平，但是由于我国利率市场化改革进程缓慢，一般为央行通过行政手段制订，导致全国一致的贷款利率水平既不能反映有效需求，更无法体现各省市的价格差异。因此，从可得性角度来看，物价指数成为反映金融市场价格的次优选择。在经济分析中，通常用消费物价指数（CPI）、批发物价指数（WPI）、工业品出厂价格指数（PPI）及国内生产总值缩减指数等来计算宏观价格水平。由于工业品出厂价格指数反映的是工业产品价格的变动趋势和程度，属于上游价格指数，所以会领先于最终产品的市场价格指数，从而更具敏感性和代表性。同时，该指数反映了货币购买力的高低，因此，该指标与货币需求具有明显的相关性。基于此，本文以各省市的 PPI 价格指数作为金融市场价格的代理变量。

为了保证数据的可得性、统一性与权威性，本文选取的样本数据均来自 CCER 经济金融研究数据库和各省市相应统计网站。同时，为避免各省市公开数据不完整与不匹配等原因所造成的实证环节中的困难，实证分析中需要舍弃某些不完整的样本数据。因此，本文以各省市和相应副省级城市为样本城市，形成 36 个基本观察样本，建立 2004 年 1 月至 2007 年 12 月共 4 年 48 个月的面板数据进行分析，最终共获得 1680 个样本观测值。

四、方法与计量模型

如前所述，金融勒纳指数有赖于通过面板数据进行需求价格弹性的计算。面板数据的一般模型为：

$$y_{it}=\omega_{it}+\lambda_{it}^{T}X_{it}+\varphi_{it},\ i=1,\ \cdots,\ N,\ \cdots,\ M \tag{7}$$

其中，X_{it}为解释变量向量，本研究中即为各省市工业品出厂价格指数；λ_{it}为系数向量；y_{it}为被解释变量向量，即各省市金融机构贷款增加额；φ_{it}为白噪声部分，白噪声部分独立同方差。

本研究在用面板数据进行计量分析时，出于直观反映工业品出厂价格指数对各省市金融机构贷款增加额的需求价格弹性的目的，对模型（7）采用双对数形式：

$$\ln y_{it}=\alpha_{it}+\beta_{it}^{T}\ln X_{it}+u_{it} \tag{8}$$

其中，α_i 为常数，$i=1,\ 2,\ \cdots,\ N(N=36)$为截面单元，$t=1,\ 2,\ \cdots,\ M(M=48)$为时序期数。由于：

$$\beta_{it}^{T}=\frac{\mathrm{d}\ln X_{it}}{\mathrm{d}\ln y_{it}}=\frac{\mathrm{d}X_{it}/X_{it}}{\mathrm{d}y_{it}/y_{it}} \tag{9}$$

从需求价格弹性的定义可以看出，偏斜率系数$\beta_i(i=1,\ 2,\ \cdots,\ 36)$即为我们本文讨论的工业品出厂价格指数对各省市金融机构贷款增加额的需求价格弹性，即在其他变量不变的条件下，解释变量 X_{it}每变动1%，则被解释变量 y_{it}变动β_i%。

面板数据模型主要有三种形式：混合估计模型、变截距模型和变系数模型。因此，在对面板数据进行计算之前，首先需要对模型的设定形式进行检验。在模型设定形式检验过程中，本文采用方差检验法对假设进行检验。

假设1：斜率在各截面上相同，但截距不同。

$$\ln y_{it}=\alpha_i+\beta^{T}\ln X_{it}+u_{it} \tag{10}$$

假设2：斜率和截距在各截面上均相同。

$$\ln y_{it}=\alpha+\beta^{T}\ln X_{it}+u_{it} \tag{11}$$

面板数据理论认为，如果接受了假设2，则没有必要进一步检验；如果拒绝了假设2，就应该检验假设1，以判断模型中的斜率是否都相等。最后，如果假设1被拒绝，则需要采用变系数模型。

五、经验检验结果

为了更全面地了解全国及各省市金融市场结构在样本期内的动态发展的趋势，本文在确定模型的基础上，从全国面板数据和各省市时间序列数据两个角度，利用 Eviews5.0 软件包对面板数据进行广义最小二乘法回归，计算需求价格弹性，进而对相应金融市场的垄断程度进行判断。

（一）模型设定检验

为了确定面板数据模型的具体形式，先对假设1、假设2进行 F 检验。由表1检验结果可知，由于F_1值（2.3522）$>F$临界值（1.22），而F_2值（0.0934）$<F$临界值（1.22），因此，全国数据的面板数据模型拒绝假设1，而接受假设2，模型应为同截距模型。由于金融市场的演进是一个缓慢而复杂的过程，在相应样本期内各省市的金融市场结构并没有发生根本性的变化，因此我国总体上在不同年份的系数遵循参数齐性的假设，即在各期的系数相同。

表 1 **模型设定检验结果**

F 检验	*F* 值	*F* 临界值（5% 显著性下）
F_1	2. 3522	1. 22
F_2	0. 0934	1. 22

（二）全国面板数据研究

根据上述面板数据的同截距模型设定，对我国相应 1680 个样本数据进行最小二乘法回归，回归结果如表 2 所示。

表 2 **全国面板数据回归结果**

变量	回归系数值	标准差	T 统计量	概率值
lnPPI	1. 28205	0. 00578	221. 808 ***	0. 0000
决定系数 R^2	1. 28205	因变量的均值	5. 619886	
修正决定系数 $\bar{R}^2$	0. 947865	因变量的标准差	1. 260284	
回归标准差	1. 246687	残差平方和	556. 413800	

注：*** 表示在 10% 显著性水平下显著。

表 2 的计量结果表明，本文设定的面板数据模型 T 的统计量大于 1% 显著性水平下的临界值，拟合优度也达 95%，回归结果比较理想。线性回归方程中自变量系数为 1. 28205，由此我国金融市场在样本期内的总体勒纳指数约为 LI = 1/1. 28205 = 0. 78。检验结果表明，虽然我国由计划经济向市场经济转轨已经经历了十余年，金融市场参与者数量不断增加，市场环境得到了一定改善，但由于众多金融领域的改革进行的并不深入，许多深层次矛盾依然突出，传统的经营体制仍占主导地位，市场竞争还不够充分，所以导致金融资源的配置远非帕累托最优效率，我国金融市场化改革亟待深入。

（三）各省市时间序列数据回归结果

为了从更微观层面判断各省市的垄断程度差异，本文利用各省市 2004 ~ 2007 年的月度时间序列数据，分别测算其需求价格弹性以计算勒纳指数的差异。实证结果如表 3 所示。表 3 显示模型的拟合优度也达到 95% 以上，且各省市回归均能通过 1% 的显著性水平检验，回归结果比较理想。

表 3 **各省市时间序列数据回归结果**

省（市）	变量	系数（需求价格弹性）	标准差	T 统计量	概率值	勒纳指数
北京	BJ – PPIBJ	1. 578672	0. 024023	65. 71505	0. 0000	0. 633444
天津	TJ – PPITJ	1. 354764	0. 132477	10. 22642	0. 0000	0. 738136
河北	HB – PPIHB	1. 213463	0. 085427	14. 20468	0. 0000	0. 824088
山西	SX1 – PPISX1	1. 196877	0. 038465	31. 11631	0. 0000	0. 835508
内蒙古	NMG – PPINMG	1. 109174	0. 081666	13. 58177	0. 0000	0. 901572
辽宁	LN – PPILN	1. 297693	0. 059619	21. 76633	0. 0000	0. 770598
大连	DL – PPIDL	1. 345815	0. 078818	17. 07503	0. 0000	0. 743044
吉林	JL – PPIJL	1. 165400	0. 052164	22. 34099	0. 0000	0. 858074
黑龙江	HLJ – PPIHLJ	1. 133630	0. 100533	11. 27623	0. 0000	0. 882122
江苏	JS – PPIJS	1. 543654	0. 055813	27. 65774	0. 0000	0. 647814

续表

省（市）	变量	系数（需求价格弹性）	标准差	T统计量	概率值	勒纳指数
浙江	ZJ - PPIZJ	1.564234	0.044931	34.81412	0.0000	0.639291
宁波	NB - PPINB	1.256870	0.059117	21.26079	0.0000	0.795627
安徽	AH - PPIAH	1.235643	0.033259	37.15265	0.0000	0.809295
福建	FJ - PPIFJ	1.293167	0.050714	25.49916	0.0000	0.773295
厦门	XM - PPIXM	1.236780	0.103211	11.98307	0.0000	0.808551
江西	JX - PPIJX	1.222361	0.061407	19.90586	0.0000	0.818089
山东	SD - PPISD	1.523080	0.038457	39.60441	0.0000	0.656564
青岛	QD - PPIQD	1.186836	0.063377	18.72654	0.0000	0.842576
湖南	HN - PPIHN	1.171547	0.143946	8.13879	0.0000	0.853572
湖北	HB - PPIHB	1.238636	0.087199	14.20468	0.0000	0.807340
河南	HEN - PPIHN	1.190047	0.146219	8.13879	0.0000	0.840303
广东	GD - PPIGD	1.613023	0.0505556	31.90541	0.0000	0.619954
深圳	SZ - PPISZ	1.373329	0.029675	46.27969	0.0000	0.728158
广西	GX - PPIGX	1.170822	0.043905	26.66742	0.0000	0.854101
海南	HAIN - PPIHN	1.110350	0.136427	8.13879	0.0000	0.900617
重庆	QC - PPIQC	1.235750	0.133189	9.27816	0.0000	0.809225
四川	SC - PPISC	1.325764	0.059398	22.32006	0.0000	0.754282
云南	YN - PPIYN	1.247867	0.048112	25.93697	0.0000	0.801367
陕西	SX2 - PPISX2	1.208671	0.055851	21.64112	0.0000	0.827355
上海	SH - PPISH	1.505316	0.068390	22.01063	0.0000	0.664312
贵州	GZ - PPIGZ	1.103530	0.051312	21.50614	0.0000	0.906183
西藏	XZ - PPIXZ	1.010133	0.073108	13.81706	0.0000	0.989969
甘肃	GS - PPIGS	1.023130	0.087769	11.65711	0.0000	0.977393
青海	QH - PPIQH	1.054782	0.041038	25.70253	0.0000	0.948063
宁夏	NX - PPINX	1.055639	0.040342	26.16697	0.0000	0.947294
新疆	XJ - PPIXJ	1.029357	0.052496	19.60818	0.0000	0.97148

统计量			
决定系数 R^2	0.958608	因变量的均值	7.350353
修正决定系数 $\bar{R}^2$	0.951901	因变量的标准差	3.956147
回归标准误差	0.867644	残差平方和	162.6062
F 统计量	142.9249	DW 统计量	1.704200

从表3及图1所示的各省市金融勒纳指数雷达图可以明显地看出，与商品市场相比，进行社会主义市场经济体制改革之后，金融市场由于其固有的特殊性，各省市金融市场仍然是垄断市场，垄断是其市场结构的基本特征。且由于我国尚处于计划经济向市场经济转轨的阶段，地方保护主义、政府的行政干预及转轨进程的地区差异使得全国范围内的统一市场远未建立，各省市金融勒纳指数有较大差异。金融市场竞争环境最好的是广东省，其金融勒纳指数仅为0.619954，其次是北京、浙江、江苏和上海，而金融市场垄断程度最高的是西藏，相应的金融勒纳指数为0.989969。虽同属于中国经济体的内部，但西藏的金融市场垄断程度比浙江省要高60%以上。其主要原因在于：广东、浙江、江苏和上海等省市经过30年的改革开放和自1994年以来的市场经济的建设，个体经济、私营经济和外资企业等非国有经济得到了非常大的发展，产权已经实现多元化，逐步改变了产权主体以国有为主的偏向，由原有的公平优先转变为效率优先，因而产权的多元化带动了对金融资源的强劲需求，金融市场参与者为了获取经济利益最大化，必须不断地参与市场竞争。而西藏地区的国有经济成分占比达70%以上，长期僵硬的管理体制制约着国有经济活力的发挥，抑制对金融的有效需求，金融市场发育滞后从而导致金融市场垄断性较强。

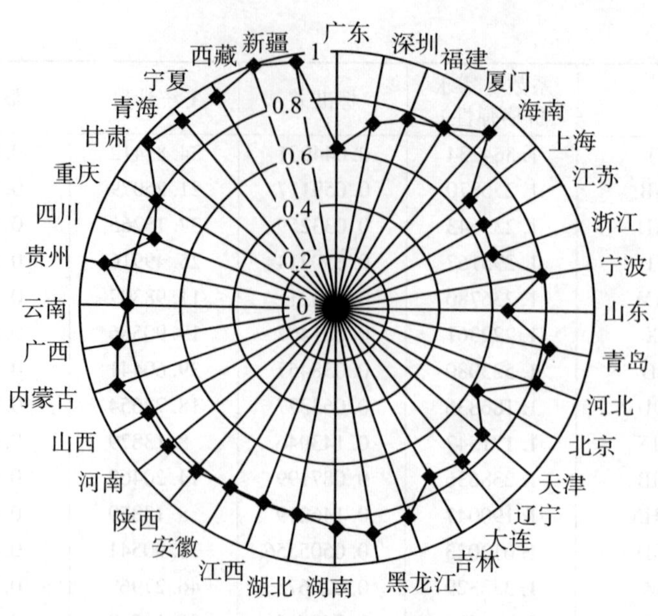

图 1　各省市金融勒纳指数雷达图

从金融地理特征来看，大多数经济发达的沿海省市金融竞争环境较好，如浙江、江苏、上海、广东、深圳、北京等，而经济欠发达的中西部地区金融竞争环境则较差，如青海、宁夏、西藏、新疆、湖南。这与经济发展的二元特征相类似，我国金融市场的发展也体现出典型的二元特征，既有竞争程度较为充分的沿海省市，也有高度垄断的中西部金融市场，金融市场结构由东、中、西三大经济区域呈“梯度”排列。因此，要建立全国统一的金融市场，促进金融资源的全国高效配置，关键是要促进中西部地区的金融发展与市场建设，从制度上推进全国金融市场的一体化进程，从而为地区经济甚至全国经济的健康发展提供良好的金融支持。

六、主要结论及建议

本文通过面板数据模型，利用金融勒纳指数，从全国层面和省市层面两个角度实证分析了金融市场垄断程度的差异。全国面板数据的测算结果表明，由计划经济向市场经济体制转轨以来，虽然我国金融市场的市场机制得到逐步完善，市场功能逐步发挥，市场经济建设取得了一定成就，但我国金融市场仍然是一个以垄断为特征的市场。

金融作为现代经济的核心，随着工业化和全球化的逐渐深入，金融活动已广泛地渗透到经济和社会生活的各个方面、各个环节，金融对经济发展的绝对影响力正在泛化。在金融对经济社会发展的作用越来越重要的形势下，我国金融市场的垄断特征将对经济体制改革、社会发展和资源配置产生显著的负面影响，从而有可能出现经济发展中的“金融瓶颈”现象。同时，我国各省市金融市场垄断程度具有较大差异且与经济发展水平高度相关，经济发展与金融发展都具有典型的二元特征和“梯度”特征，东部沿海地区经济发达，金融市场竞争较充分，垄断程度相对较低；而西北地区由于市场发育不充分，计划体制仍没有根本性转变，接近于完全垄断市场。这一结论直接证明了我国金融市场的二重性特征。另外，本研究再次证明了中国地区间金融市场发育程度和金融发展水平具有不平衡性的显著特征，对中国金融发展甚至经济发展的研究不能只停留在国家层面，必须深入到地区层面，才有可能把握基本的现实和得到合理的研究结论，从而为经济与金融发展提供恰当的政策建议。

本文认为，垄断导致社会福利的损失，竞争是效率实现的基本前提，只有在充分竞争的市场中资源配置才是有效的。因此，在由计划经济向市场经济转轨过程中，为了促使我国金融业的健康发展与社会福利的提高，必须从多个角度提高我国金融市场的竞争水平，相关的政策主要应从三个方面着手：第一，政府需要继续推进市场开放，大幅度降低市场主体的进入门槛，放宽准入条件限制，进一步营造宽松、良好的市场主体准入环境。第二，知识密集、技术密集、人才密集的金融业是现代服务业的重要组成部分，是地区经济发展的重要基础。针对我国各省市间金融竞争力与垄断力具有较大差异的现状，政府应主动采取措施打破地区封锁，增强金融资源的地区流动性，通过金融资源的高效流动为地区经济发展提供金融支持。第三，以效率为导向的金融资源配置方式必须深入贯彻下去。特别是在资金等几项核心资源的配置效率还比较低下，有违效率准则的地方保护主义、官商不分、垄断等情况在许多地方还比较严重的情况下，深化市场体制改革将能够有效抑制行政力量的扩张，实现市场资源的高效率配置。

参考文献：

1. 黄世平、肖洪钧、黄旭平：《我国银行集中度与效率：基于面板协整的分析》，载于《湖南师范大学学报》2008 年第 2 期。

2. 刘伟、黄桂田：《中国银行业改革的侧重点：产权结构还是市场结构》，载于《经济研究》2002 年第 8 期。

3. 史建平、官兵：《垄断、政府控制与金融制度演进》，载于《国际金融研究》2004 年第 6 期。

4. 王辰华：《新疆金融垄断的实证研究——以银行业为例》，载于《新疆社会科学》2004 年第 3 期。

5. 于良春、鞠源：《垄断与竞争：中国银行业的改革和发展》，载于《经济研究》1999 年第 8 期。

6. 赵旭、蒋振声、周军民：《国有商业银行效率实证分析》，载于《华南金融研究》2001 年第 1 期。

7. Berger A. N. , Udell G. F. , Relationship lending and lines of credit in small firm finance [J]. Journal of Business, 1995, 68: 351-382.

8. Dick A. A. . National wide branching and its impact on market structure, quality and bank performance [J]. Journal of Business, 2006, 79: 567-592.

9. Klein, Berger A. , Udell G. , The institutional memory hypothesis and the procyclicality of bank lending behavior [R]. BIS Working Papers. No. 125, 2001.

10. Jayaratne J. , Strahan P. E. , Entry restrictions, industry evolution, and dynamic efficien - cy: Evidence from commercial banking [R]. Journal of Law and Economics, 1998, 41: 239-273.

11. Saidenberg. Organization structure and the diversification discount: Evidence from commercial banking [R]. Federal Reserve Bank of Chicago, May, 2000.

（本文载于《财经研究》2009 年第 4 期）

反垄断机构自利与反垄断过度

——基于预算最大化模型分析*

陈志广

摘　要： 与一般文献不同，本文聚焦反垄断的负面影响。受自利动机的驱使，反垄断机构存在预算最大化的倾向，这会造成反垄断过度乃至掠夺企业的后果。因此，我国应该通过各种措施控制反垄断，如明确反垄断利益、明确反垄断权限、公开反垄断信息、加强反垄断监管等，以使反垄断机构尽责地为公共服务。

关键词： 反垄断机构　预算最大化　反垄断　方便面事件

2008年8月1日，我国《反垄断法》开始正式实施，但“徒法不足以自行”，接下来是法的实施问题，它决定着反垄断的成败和我国市场经济的健康发展。在我国的反垄断文献中，压倒性的是正面意见，极少涉及负面，因而本文将聚焦反垄断的消极一面，通过将尼斯坎南的预算最大化模型运用于反垄断，同时挖掘反垄断机构在“方便面事件”中已经体现出来的预算最大化倾向，探讨反垄断运行的可能弊端，以为我国反垄断机构的控制和反垄断的健康运行提供可能的警戒和政策建议。

一、反垄断机构的预算最大化问题

按照尼斯坎南的经典模型，公共机构追求的是部门预算最大化，而不是社会期望的公共收益减公共成本最大化，后者在公共机构那只是约束。预算最大化产生于主观、客观两方面因素：主观方面的，机构成员包括机构首脑和关键办事人员等都不可能脱离“经济人”属性，由于他们的自身利益，包括薪金、权力、名望等都与机构的预算规模呈正相关关系，所以他们有激励追求机构预算；客观方面的，公共机构的产出通常是含混、高度主观性的，监督机构或者社会其他监督力量确定机构投入怎样转化为产出以及监管这个传递系统是需要成本的，而且公共机构几乎总是比监督机构或者社会其他力量享有更多的相关信息，所以他们有片面追求预算的客观条件。

作为公共机构，反垄断机构逃脱不了一般的规律。例如商务部和工商总局在立法过程中的抢夺执法权，不否认它们有公共利益的动机，但部门利益也不会少，而且至少从整体言，它们的抢夺背离了公共利益。反垄断也存在信息不对称的问题，其中特别是相对无知的被规制者很难知道拥有专业优势的规制者究竟在做什么、做了什么和为什么那么做。例如，反垄断专家针对同一问题尚且有不同意见，那一般的企业和民众又如何评估、监督反垄断机构和反垄断工作呢？因此，反垄断不能规避尼斯坎南的预算最大化问题，而且在某些方面还有加剧的趋势。下面，本文通过需求函数和反垄断成本函数等的特殊设定，将尼斯坎南的经典思想运用于反垄断，挖掘机构预算最大化本性给反垄断带来的可能问题。

考虑一个最简单的反垄断情形。消费者面临的逆需求曲线是经过截距单位化的：

* 本文为国家博士后科学基金项目的阶段性成果（批准号：20070420193）。

$$p(q)=1-bq \tag{1}$$

其中，$b>0$。厂商为唯一的垄断厂商，成本为0。在没有反垄断的情况下，商品定价为 $p^M=\frac{1}{2}$，$q^M=\frac{1}{2b}$，厂商利润为 π^M，消费者剩余为 CS^M，社会福利为 W^M，它是厂商利润和消费者剩余的简单相加。引入反垄断机构，理想反垄断的目的是降低商品价格，扩大商品销量，并最终提高消费者剩余和社会福利。但反垄断是需要成本的，为能够处理，假设反垄断成本：

$$E(q)=\frac{a(q-q^M)^2}{2} \tag{2}$$

其中，$a>0$，$q>q^M$。由式（2）可得反垄断的边际成本：

$$ME(q)=a(q-q^M) \tag{3}$$

反垄断的成本函数表明，反垄断机构通过各种努力提高商品数量是需要成本的，而且总成本和边际成本都随着提高数量的抬高而抬高。在反垄断的引入下，社会福利变为厂商利润加消费者剩余减反垄断成本。

为比较，首先求解理想状态下的反垄断实施，此时反垄断机构的目标为：

$$\max_q \int_0^q p(x)\,\mathrm{d}x-W^M-E(q) \tag{4}$$

其中，前两项可以表示为反垄断机构带来的收益，后一项为反垄断机构的成本。根据一阶条件解得：

$$p(q^*)=ME(q^*) \tag{5}$$

具体的：

$$q^*=\frac{a+2b}{2b(a+b)},\ p^*=\frac{a}{2(a+b)}$$

上解可用图1中的 E 点表示，此时反垄断机构带来的边际收益等于边际成本，整个社会福利是需求曲线 p、反垄断边际成本曲线 ME 和坐标轴围成的面积，实际上是产量在 q^* 时的厂商利润加消费者剩余减反垄断成本。与垄断状态时相比，理想反垄断虽然出现了反垄断成本，但最终增加了净收益阴影部分 S。

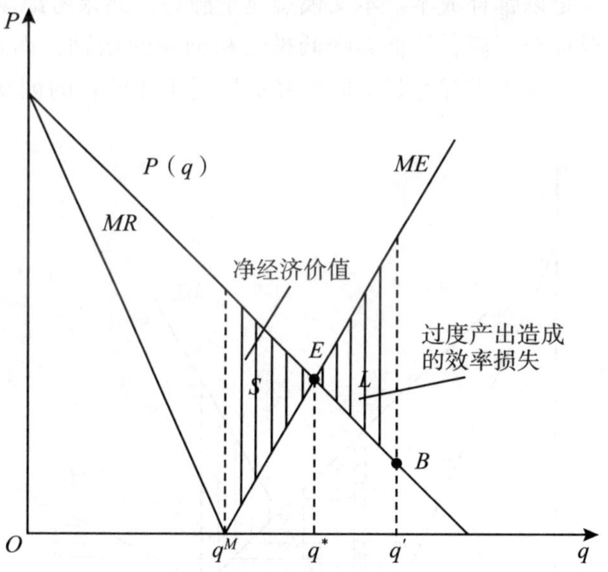

图1　社会福利最大化和预算最大化的反垄断产出

由于信息优势，反垄断机构能够实现预算最大化目标。就预算提供者而言，他愿意支付的最大预算是厂商加消费者整体因机构带来的获益，就反垄断机构而言，它的消耗不能超过预算，所以此时反垄断机构的目标和约束为：

$$\max_q \int_0^q p(x)\,\mathrm{d}x-W^M \tag{6}$$

$$\text{s.t.}\ \int_0^q p(x)\,\mathrm{d}x-W^M-E(q)\geqslant 0 \tag{7}$$

设定拉格朗日方程：

$$L=\int_0^q p(x)\,\mathrm{d}x-W^M+\lambda\left(\int_0^q p(x)\,\mathrm{d}x-W^M-E(q)\right) \tag{8}$$

根据一阶条件可解得：

$$p(q')=\frac{\lambda}{1+\lambda}ME(q') \tag{9}$$

$$\int_0^{q'} p(x)\,\mathrm{d}x-W^M=E(q') \tag{10}$$

具体的：

$$q'=\frac{a+3b}{2b(a+b)},\ p'=\frac{a-b}{2(a+b)}$$

比较式（5）、式（9），可以认为反垄断机构的“成本”降低了，因而反垄断机构的产出增加。由式（10）可知，反垄断机构给社会带来的收益完全被反垄断机构消耗了。这些在图 1 中用点 B 表示。在 B 点，社会福利与没有反垄断时的状况完全一致。一方面，反垄断机构确实为社会带来收益，它使得产量从 q^M 增加至 q'，虽然厂商利润下降，但消费者剩余上升了，而且厂商和消费者的整体福利也一定上升，在图中即增加了 q^M、q'和需求曲线、产量轴围成的面积。另一方面，反垄断机构也存在成本，而且它的成本使得反垄断的收益完全被冲抵。反垄断成本在图中即反垄断边际成本曲线与 q'、产量轴围成的面积，去掉图中反垄断收益与成本的公共部分，阴影部分 S 与 L 的面积恰好相等。联系社会福利最大化时的反垄断产出，S 正好是社会的净收益，但在预算最大化时，“自利”的反垄断机构完全“吞噬”掉这块净收益。

预算最大化模型表明，反垄断机构倾向于产出过度。更甚，反垄断机构可能打着消费者、社会的“幌子”掠夺厂商。根据 p'代数式，当 $a<b$ 时，商品的最后定价会小于 0，即低于生产成本。这表明，当反垄断的边际成本较低，或者商品的需求弹性较大时，厂商可能会遭受反垄断机构的“盘剥”，相关情形可以用图 2 表示。在图 2 左边，随着反垄断的边际成本从 ME_1 降为 ME_2，最后的均衡点从 B_1^C 降为 B_2^C，但在 B_2^C，厂商的收益还不足以弥补成本。亏本生意不是不可能，考虑到专用性资产和交易费用等的存在，厂商可能不得不忍受反垄断机构的掠夺。相同的情形也出现在图 2 右边，随着厂商面临的需求曲线从 p_1 变为 p_2，最后的均衡点从 B_1^D 降为 B_2^D，但在 B_2^D，厂商的收益也不足以弥补成本。本文模型属于静态，如果考虑动态，机构预算最大化的危害更明显。由于打击甚至掠夺厂商，厂商会降低投资和创新的激励，而这对于消费者福利和社会发展的负面影响是深远的。像需求弹性较大的产品更接近于熊彼特的创新型产品，所以反垄断过度扩张的危害更恶劣。

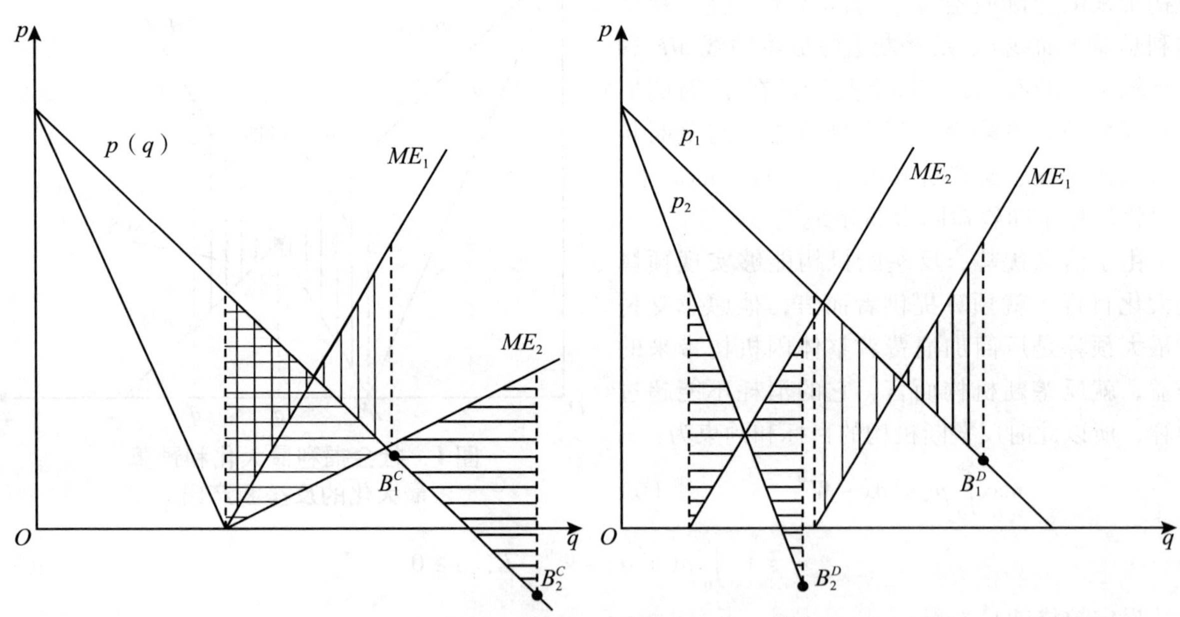

图 2　反垄断成本、需求弹性与反垄断过度

二、“方便面事件”中的过度扩张倾向

由于预算最大化模型的假设过于极端和简约，它在现实中属于极端，但公共机构的过度扩张现象是普遍存在的。通过我国反垄断立法中发生的沸沸扬扬的“方便面事件”，我们就可以窥探到反

垄断机构的过度扩张倾向。①

“方便面事件”的起因是“世界拉面协会中国分会”在2006年年底至2007年7月期间多次串通方便面企业联合涨价。方便面事件不仅受到人大委员的热议，甚至为其还在《反垄断法》中临时加入了几条。国家发改委也迅速采取对策，根据《国家发展改革委对方便面价格串通案调查情况的通报》，除责令方便面中国分会立即改正错误、公开向社会做出正面说明、宣布撤销三次会议纪要中有关集体涨价的内容外，发改委还宣称对方便面中国分会和相关企业的串通涨价行为要进一步调查、进一步处理，同时要求各级人民政府在全国集中开展主要食品价格及相关收费的专项检查工作。由于本身违法规则，方便面协会的串通行为肯定是违反了反垄断原则或者后来的《反垄断法》，所以应该受到禁止乃至适当的惩罚，但在整个事件中，更让人担心的是立法机关、执法机关的过度扩张嫌疑。②

就协议的竞争效应分析，方便面协会或者企业不可能产生垄断问题。第一是方便面企业间的协议，由于行为主体、竞争环境的复杂性和信息不对称，就是一般价格等协议的达成、特别是后续的鉴别和惩罚作弊都是困难的，因而达成一致特别是真正付诸实施的价格等协议往往很少，更不要说众多方便面企业之间的协议了。第二是方便面企业之间的竞争，由于各种方便面之间没有明显差异，竞争主要是价格竞争，所以垄断包括联合垄断对许多方便面企业是不现实、至少是不会长久的。第三是方便面行业的壁垒，难以想象连方便面行业都能够存在严重的规模壁垒、技术壁垒或者行政壁垒等，所以即使现有的方便面企业组成了卡特尔，行业外也会有企业进入，进而瓦解卡特尔。第四是消费者的选择，消费者在方便面和其他产品之间存在广泛的替代，所以消费者并不惧怕方便面涨价，方便面企业也不会无端涨价。

综上原因，“方便面事件”中协会和企业不可能造成垄断问题。即使是因拙劣的串通行为而触犯本身违法规则，反垄断也是象征意义大于实际意义，简单认定加简单发布禁止令足以，而其他像“进一步调查”、“进一步处理”、“集中开展主要食品价格及相关收费的专项检查工作”在反垄断内都属于“越域”。就是可能的罚款，如果考虑到协议的后果以及协会或者企业的负担、公平正义问题、反垄断机构本身的测度费用等，反垄断当局也没有必要实施。因为相关费用只是“无谓”支出，最多是利益从协会或者企业向公共机构的转移，而不会带来多少效率方面的改善，而且罚款还可能对企业或者协会造成破坏性影响。有一点需要澄清，本文不是否认串谋在短期内可能促成价格抬高，也不是否认反垄断机构需要介入，而是坚持市场竞争的力量本身就可以在人们期望的时间内瓦解串谋，更不要说在存在反垄断法和反垄断机构的情况下，也即成为“问题”的价格行为是不存在的，所以反垄断机构不能“过度”介入，至多是因本身违法规则而发布简单禁止令。

反垄断当局在类似“方便面事件”的场合投入过多还会加剧企业经营和市场运行的负担。反垄断规制到市场活动中的所有经营主体，经营主体也正是根据反垄断的标准和程序来调整自身行为，所以反垄断当局在类似方便面事件中投入“过火”会阻碍类似企业的定价自由和广泛合作。由于方便面的竞争性和卡特尔的困难，方便面企业的价格垄断是不可能的，因而它们的价格上涨肯定有其他合理理由，例如进口棕榈油、小麦粉的价格大幅上涨等，而现在反垄断当局投入“过火”会限制方便面企业的价格调整，进而给企业经营带来不利影响。竞争发展到今天，企业之间需要广泛合作，如建立协会、共享信息和相互学习等，而反垄断当局如果动辄调查企业之间和协会的协商活动，那将增加企业和协会的运行成本，影响企业之间的正当合作，进而给整个市场运行带来巨大的隐性机会成本。

---

① 笔者见过波兰转轨时期的一个案例：波兰的反垄断部门（Antimonopoly Office）认定国内唯一一个生产中型小轿车的企业因定价过高而违反反垄断法；但过后反垄断法庭（Antimonopoly Court）发现，企业根本就不足以构成垄断地位和垄断行为；而最后最高法院则更明确地指出，反垄断法和反垄断机构根本就不足以成为一个价格规制部门，所以其中连反垄断法庭的判罚都不应该成立。

② 限于篇幅，本文不可能去揣摩发改委在宏观调控等方面的含义，但从理想反垄断的角度而言，发改委的行动属于“过度”。

“方便面事件”能够在立法过程中引发热议，发改委也可以“大动干戈”，一方面是受知识、能力局限的社会普通民众对于反垄断一知半解，特别是根本不可能在全局上把握反垄断，所以反垄断当局有了过度扩张和脱离理想反垄断的客观条件。另一方面是受自利驱使的反垄断当局有操纵反垄断的嫌疑。对反垄断当局而言，拿没有多大经济势力和政治势力的对象“开刀”是他们最期望的，因为这正可以充分表现他们的功绩和价值，增加他们难得的“反垄断声誉”，同时体现出所谓的“反垄断价值”，为争取更多预算等增加足够的砝码。相应的，通过大肆渲染“方便面事件”，发改委等还可以转移社会注意力，规避老百姓深恶痛绝的垄断行业和大型国有企业等问题，但这就有误导社会的嫌疑，中国反垄断的重点、难点绝不是类似方便面的企业，而是垄断行业和大型国有企业等。

三、总结与政策建议

借鉴尼斯坎南的预算最大化模型，本文探讨了反垄断的实施问题。与一般公共机构相同，反垄断机构存在预算最大化的倾向，因而造成反垄断过度和背离公共利益的后果。特别是在反垄断成本较低，或者商品需求弹性较高的场合，过度反垄断还会造成掠夺厂商的后果，进而给整个经济发展造成恶劣影响。反垄断的过度扩张不是理论上的危言耸听，实践中也存在一定案例，在我国的反垄断立法过程中，“方便面事件”已经透露出发改委、立法机构等的不当扩张嫌疑。由于反垄断经验的不足，反垄断内外的控制、制衡机制也有待发展，而且社会、企业和民众也缺乏对反垄断的了解，所以在足够长的时期内，我国反垄断机构的过度扩张应该会不少。

由于自利动机和信息优势等的客观存在，反垄断机构过度扩张的倾向也是客观存在的，所以实践的一个关键问题是控制反垄断机构，使反垄断机构在法定的权限内工作、尽责地为公共服务。从预算最大化产生的原因入手，控制反垄断机构的过度扩张倾向可以主要从以下几条途径着手：

1. 明确反垄断利益。反垄断机构、反垄断人员具有自身利益不能简单压制，合理的是加以明确、正确引导加有效规范。反垄断机构应以理想的反垄断利益为本位利益，预算、评估都应以反垄断为标准。反垄断人员的利益应以理想的反垄断为主要载体，报酬、奖励、升迁等也应以反垄断绩效为标准。当然，反垄断利益的明确、坚持必须以内部、外部的制衡为条件，比如内部不同职能的制衡、不同级别的行政监管，以及外部其他机构、人大和社会公众等的监管。我国反垄断现在采纳多机构体制，该体制利益混杂，由于不同利益间的自由裁量和相应监管困难，容易诱发反垄断过度等问题。就长期而言，多机构应该向统一且单一职能的机构过渡，就短期而言，可以考虑相对独立反垄断机构，相对剥离其与所属部门的利益关系、上下级关系。具体的如：预算相对独立，预算“盘子”由国务院直接切割；机构领导虽然可以由部门提名，但应该交由反垄断委员会决议，经总理任命；部门虽然有权依法就应做出处分或者不应做出处分向具体反垄断机构做出一般性指示，但不得对个别案件做出特别性指示，具体反垄断机构处理个别案件享有独立权。

2. 明确反垄断权限。权限与利益一体两面、相互关联。反垄断应该明确哪些情形可以介入，哪些情形不可以介入。我国《反垄断法》存在许多不当扩张的陷阱，如上面提及的机构多职能，以及公共利益目标和相关适用除外等。在一般反垄断法中，“公共利益”不包含竞争利益，而主要出现在反垄断的适用除外中，如破产企业、衰退产业等情形。由于超越了竞争事务，公共利益的相关内容包括与竞争事务的权衡一般由反垄断以外的机构管辖。如德国，如果卡特尔“出于整体经济和公共利益方面的重大事由必须对竞争进行限制”（第八条），或者合并“对整体经济产生的利益可弥补对竞争的限制，或合并符合重大的公共利益”（第四十二条），则可由超越卡特尔局的联邦经济部长做出豁免。但在我国《反垄断法》中，反垄断不仅以公共利益为目标（如第一条），就是涉及其他公共利益的适用除外也属于反垄断机构的管辖范围（如第十五条、第二十八条等），这为反垄断机构的无端扩张提供了条件，所以相关内容应该尽快明确与完善。

3. 公开反垄断信息。反垄断执法的主要信息应该向社会公开，接受社会公众等的监督。公开信息应该包括市场集中、市场份额等一般信息，以及判罚的依据标准和适用推理等关键信息。反垄断属于一般性事务，判罚的依据也主要是一些一般性数据和原理，并不会涉及多少商业秘密，所以相关信息的公开应该不成问题。反垄断信息的公开不仅有助于社会其他力量的监管，也有助于从自身动机上促进反垄断机构和反垄断人员准确、高效、连贯一致的反垄断执法。充分信息的存在，意味着一个声誉市场或者资本市场的存在，因为反垄断机构和反垄断人员正是通过信息的不断释放积累着自己的声誉和资本，特别是对于反垄断人员而言，他们的声誉、将来的报酬、将来的升迁都取决于反垄断的历史信息，所以他们有激励高效完成工作、履行行政责任。

4. 加强反垄断监管。反垄断机构的利益明确、权限明确和反垄断工作的信息公开为问责反垄断机构提供了基础。根据《反垄断法》和后续的一些规定，反垄断委员会可以评估市场、发布竞争报告，却缺少评估具体反垄断机构和相关工作的职责。反垄断机构应该向反垄断委员会定期提交工作报告，接受反垄断委员会定期或者不定期的质询和检查。为规避部门利益，反垄断委员会的评估、检查可以主要依靠外来力量，比如经济、法律专家和审计部门等，评估依据也可以主要是一些通用指标，比如市场份额、市场集中度、价格升降、产量变化等。为防止反垄断委员会和反垄断机构的串谋，提高监管有效性，反垄断的监管应该拓展至人大监管和社会监管。

参考文献：

1. 威廉姆·A·尼斯坎南：《官僚制与公共经济学》，中国青年出版社2004年版。

2. 国家发展改革委：《国家发展改革委对方便面价格串通案调查情况的通报》，2007-8-16，国家发改委网站新闻中心（http：//www. ndrc. gov. cn/xwzx/xwtt/t20070816_ 154071. htm）。

3. 陈志广：《评博弈论在反垄断中的应用》，载于《浙江社会科学》2004年第6期。

4.《各国反垄断法汇编》编选组：《各国反垄断法汇编》，人民法院出版社2001年版。

5. Zhang X.，Zhang V. Y.. The Antimonopoly Law in China：Where Do We Stand［J］. Competition Policy International，2007，3（2）.

6. Varady，T.. The Emergence of Competition Law in（Former）Socialist Countries［J］. American Journal of Comparative Law，1999，47（2）.

7. Joskow，P. L.. Transaction Cost Economics，Antitrust Rules，and Remedies［J］. Journal of Law，Economics，and Organization，2002，18（1）.

（本文载于《财经科学》2009年第1期）

并购申报制度政策效应的实证分析*

董维刚　张昕竹

摘　要：并购申报制度诞生已三十多年，但关于其政策效应的研究还非常缺乏。运用对53个国家并购申报制度的调查数据，本文首次采用实证方法研究了并购申报制度的政策效应问题。我们发现，并购申报制度的存在的确有助于促进市场竞争和提高经济绩效。而从不同申报机制的对比看，本文的一个重要发现是，目前采取自愿申报机制的国家无论是从竞争效应还是经济效应看，都优于采用强制申报机制的国家。这对于各国并购申报制度设计和执行均具有重要警示意义。

关键词：反垄断　并购控制　并购申报机制　离散选择模型
中图分类号：F062.9　**文献标识码**：A

作为各国反垄断法中实施并购控制的通行制度，并购申报制度是指当一项计划实施的并购满足一定条件时①，需按照反垄断法或并购指南的规定，向反垄断机构申报。反垄断机构根据参与主体提交的相关文档，在规定的时间内就并购交易对效率和竞争的综合影响进行审查、评估，并做出是否允许交易实施，以及是否需要对参与主体行为加以约束的决定。

截至2007年年底，全球已有80多个国家制定了此类制度。当然，从强制与自愿申报机制的选择，到并购申报标准的设定，各国的具体规定都不一而同。然而，无论是国内还是国外，在并购申报制度的政策效应方面都鲜有研究。本文正是在此背景下进行的，其目的主要是评估不同并购申报制度的实施效果。对于刚刚开始实施反垄断法的中国来说，这无疑具有更特殊的现实意义。

一、文献综述

（一）并购申报制度的两重性

经济学理论和实证研究发现，并购申报制度的作用具有两重性。其积极作用主要体现在：（1）便于实施初步补救（Titus，1979）；（2）可能震慑违法并购（Evenett，2002）。然而，并购申报制度同样存在潜在缺陷。根据埃克伯（Eckbo et al.，1992）的分析，该制度固然会对阻碍竞争的交易产生震慑效应，但也可能阻止那些对社会有利的并购发生，造成“震慑过度”。不仅如此，它还可能给政府和企业带来过重的成本负担（Barros，2003）。波格（Pogue，1979）还发现，并购申报制度也为反垄断机构滥用权力创造了可能，因为它可能带来过多不必要的规则。

* 为配合反垄断法和经营者集中申报条例的起草工作，国务院法制办两次委托我们对中国企业并购申报制度设计进行专题研究。本文由我们向法制办前后提交两个报告的部分内容修改而成。感谢赵晓光及其他法制办同志提出的宝贵意见，感谢多次研讨会的参加者提出的意见，最后感谢国务院法制办和世界银行研究基金的资助。

① 如达到申报标准、不属于适用除外情况等。

（二）反垄断政策效应实证研究的新进展

可见，并购申报制度并非“天然”有效。实际上，一国的反垄断政策体系是否有助于改善市场竞争状况乃至社会整体福利，既与政策本身有关，又受到其经济、社会发展水平的影响。从这个意义上说，评价反垄断政策效应如何，很大程度上是个实证问题。因此，近年来采用实证方法考察反垄断政策效应的研究得到较快发展，这也为本文提供了重要借鉴。

1. 反垄断政策的竞争效应。传统认为，竞争对市场经济的健康运行至关重要。因此，一些经济学家从对竞争影响的角度，用实证方法考察了反垄断政策的实施效果。他们以反映反垄断政策效果的指标①为被解释变量，研究反垄断政策某些内容对竞争的影响。希尔顿和邓（Hylton and Deng，2007）通过 OLS 方法，在包含 102 个国家的样本下，不仅检验了反垄断政策范围对一国竞争程度的影响，还考察了反垄断政策三大支柱对竞争的影响。波罗尔和吉梅内斯（Borrell and Jiménez，2007）虽也是用 OLS 方法，但主要考察的是反垄断政策细节，如执法原则、并购指南有无的政策效应。他们发现，反垄断机构独立性、宽大方案（Leniency Programs）的存在等都对反垄断政策效果存在显著的正效应。

2. 反垄断政策的经济效应。反垄断政策的最终目标是改善整体经济绩效，因此，通过研究对经济绩效的影响来揭示政策效应，已成反垄断政策效应分析的重要趋势。此类研究基本思路与前面相同，只是被解释变量变成了全要素生产率等效率指标。沃伊特（Voigt，2006）在包含 96 个国家的样本下，证明反垄断法执法原则、反垄断机构独立性均会影响全要素生产率。类似地，波罗尔和托洛萨（Borrell and Tolosa，2007）则研究了反垄断政策总体对全要素生产率的影响。与上述研究不同，杜茨和哈伊里（Dutz and Hayri，2000）研究了反垄断政策有效性与经济增长率的关系，发现两者存在稳定的正相关关系。此外，纪和霍克曼（Kee and Hoeckman，2003）还从反垄断政策对产业利润加价影响的角度考察了其经济效应。

二、数 据 描 述

我们以莱克斯·盟蒂（LEXMUNDI）的《并购申报制度调查（2007）》为基本依据②，整理得到了 53 个国家的并购申报制度数据，包括并购规制、申报制度的存在性，申报机制等。同时，为反映上述国家的总体经济和制度环境，我们又计算和整理了这些国家全要素生产率、GDP、人均 GDP、开放程度、政府效率、反垄断政策有效性等方面的数据。表 1 给出了本文所用全部变量的含义与来源。

表 1　　变量含义与来源

变量名称	符号	基本描述	主要来源
生产率	TFP	2000 年全要素生产率指数。它是各国实际生产率与美国的比值。	作者
反垄断政策有效性	EAP	根据对各国“反垄断政策在贵国：1 = 较为宽松且无助于促进竞争，…，7 = 有效且促进了竞争”调查结果计算的反映反垄断政策实施效果的指数。	WEF（2006）
并购规制	RMA	若无并购规制制度，变量取值“1”，否则取值“0”。	Lexmundi（2007）

① 这类指标主要反映反垄断政策在促进市场竞争方面的作用，或者直接反映一国国内的市场竞争状况。

② 由于 LEXMUNDI（2007）本身存在一些明显错误，结合联合国贸发会议（UNCTAD）、国际竞争网络等其他可获得数据，我们对原始数据进行了修订，因此有些地方与 LEXMUNDI 的数据并不完全一致。

续表

变量名称	符号	基本描述	主要来源
申报制度	MN	若有并购申报制度，变量取值“1”，否则取值“0”。	Lexmundi（2007）
强制申报	MAN	若规定了强制性并购申报制度，变量取值“1”，否则取值“0”。	同上
反垄断经费	BGDP	反垄断经费预算占其GDP的比例（该变量为乘以10^4后的数值）。	作者
反垄断机构独立性	DEF	反垄断机构实际独立程度的指数。取值范围［0，1］，数值越大越独立。	Voigt（2006）
反垄断法基础	FB	各国反垄断法基础和内容完善程度的指数。取值范围［0，1］，数值越大水平越高，内容越完善。	同上
GDP	GDP	按现价计算的2004年各国国内生产总值，单位：百万美元。	World Bank（2007）
人均GDP	PGDP	按现价计算的2004年各国人均GDP数值，单位：美元。	同上
政府支出	GC	1989～2004年各国年均政府支出占GDP比例，单位:%。	同上
通货膨胀率	INF	按居民消费价格指数计算的1990～2005年平均通货膨胀率（%）。	同上
研发支出	RDE	1996～2003年各国研发支出占GDP平均比例（%）。	同上
开放程度	OPEN	按现价计算的2004年开放程度（即进出口总额占GDP百分比）。	Heston（2006）
政府有效性	GE	政府效率指数。取值范围［－2.5，2.5］，数值越大，效率越高。	Kaufmann（2006）
英国殖民	UK	若曾是英国殖民地，变量取值“1”，否则取值“0”。	Persson（2000）
葡西殖民	SAP	若曾是葡萄牙或西班牙的殖民地，变量取值“1”，否则取值“0”。	同上
其他殖民	OCL	若曾是英、葡、西外其他国家殖民地，变量取“1”，否则取“0”。	同上
虚拟变量1	DUM1	若反垄断机构预算比例数据缺失，变量取值“1”，否则取值“0”。	作者
虚拟变量2	DUM2	若反垄断机构独立性数据缺失，变量取值“1”，否则取值“0”。	同上
虚拟变量3	DUM3	若反垄断基础指数数据缺失，变量取值“1”，否则取值“0”。	同上
虚拟变量4	DUM4	若研发支出比例数据缺失，变量取值“1”，否则取值“0”。	同上

表2则是本文所用数据的基本统计量。

表2　　变量基本统计量

变量名称	样本数	均值	中位数	最大值	最小值	标准差	偏度	峰度
TFP	52	0.42	0.347	1	0.029	0.29	0.40	-1.16
EAP	53	4.61	4.6	6.3	2.3	0.99	-0.27	-0.69
RMA	53	0.06	0	1	0	0.23	3.95	14.14
MN	53	0.91	1	1	0	0.30	-2.86	6.40
MAN	53	0.77	1	1	0	0.42	-1.35	-0.20
BGDP	38	35.27	27.65	143.5	0.5	30.52	1.49	3.12
DEF	36	0.71	0.799	0.969	0	0.26	-1.60	2.29
FB	37	0.42	0.404	0.75	0	0.22	-0.38	-0.67
GDP	53	649922.04	116879	11679200	4498	1749866.55	5.27	31.51
PGDP	53	18121.92	10609	73185	500	16911.55	1.05	0.71
GC	53	21.31	18.88	47.69	8.36	7.55	1.03	1.38
RDE	52	1.20	0.795	4.93	0.05	1.11	1.35	1.61
INF	53	47.33	4.88	661.46	0.58	132.67	3.76	13.62
OPEN	53	87.90	79.09	270.78	24.35	48.43	1.45	2.96
GE	53	0.79	0.94	2.12	-1.01	0.87	-0.28	-0.84
UK	53	0.28	0	1	0	0.45	0.99	-1.06
SAP	53	0.21	0	1	0	0.41	1.48	0.21
OCL	53	0.28	0	1	0	0.45	0.99	-1.06

三、并购申报制度的政策效应

为分析并购申报制度的政策效应，我们首先考察并购申报制度差异对反垄断政策有效性有无显著影响，即主要关注并购申报制度对竞争的影响。在此基础上，进一步考察反垄断政策有效性是否会显著影响一国的全要素生产率水平，据此间接反映不同并购申报制度对经济效率的影响。之所以不直接考察并购申报制度的经济效应，是因为并购申报制度仅是一国制度体系中的一小部分，因此其对经济效率的影响很大程度上是细微的、间接的，难以捕捉到。但如果能通过前一步分析证明并购申报制度对反垄断政策有效性存在显著影响，同时又能证明反垄断政策有效性对全要素生产率也存在显著影响，就有可能证明并购申报制度对全要素生产率的影响。理论与数据所限，对并购申报制度政策效应的分析，本文采用缩减方程，运用 OLS 方法进行估计。

根据反垄断经济理论，不仅是并购申报制度，一国的经济、制度发展水平等也会对政策效果产生影响。例如一个国家经济发展水平越高，其通常就具有比较成熟、完善的制度体系，制度效率相对较高。其他条件相同时，反垄断政策效果自然会更高一些。再如即便是并购申报制度相同，反垄断政策实际效果如何，也要看执行过程。无论是资源的投入状况，还是反垄断机构独立性，都会影响政策实施效果。如果没有执行作保证，法律本身只是一纸空文，毫无意义。

因此，这部分的分析在用虚拟变量表示申报制度差异的基础上，分别引入了反垄断经费比例、反垄断机构独立性、反垄断法基础指数、GDP、人均 GDP、通货膨胀率和开放程度等作为控制变量。表 3 的（1）、（2）列分别给出了并购申报制度存在性、强制/自愿申报机制对反垄断政策有效性影响的估计结果。不难发现，总体而言，无论哪个层面，并购申报制度的不同都会对反垄断政策有效性产生比较显著的影响，估计系数至少能通过 10% 的显著性检验。不但如此，由表 3 还可以看出，反垄断经费投入情况、反垄断政策基础水平以及经济规模、发展水平等因素也都会对反垄断政策的执行效果带来一定影响。只有开放程度似乎并不会显著影响到一国的反垄断政策效果①。为检验是否存在异方差，我们对两个方程做了 White 检验，结果表明在 10% 的显著性水平上均不能拒绝同方差假设②。

表 3　　并购申报制度对反垄断政策有效性影响估计结果

解释变量	(1)		(2)		(3)	
	系数	标准差	系数	标准差	系数	标准差
RMA	-0.1485***	0.0884				
MN	0.1487****	0.0501				
MAN			-0.4328***	0.2559	-0.4971***	0.2542
BGDP	0.0013***	0.0007	0.0050**	0.0031	0.0044*	0.0031
DUM1	0.0362	0.0701	-0.0373	0.2399	-0.0969	0.2469
DEF	0.1878***	0.1051				
DUM2	0.1195	0.0875				
FB			-1.3474****	0.5164	-1.4041****	0.4938
DUM3			-0.8963****	0.3114	-0.8469****	0.3146
GDP	0.0377****	0.0171	0.1478****	0.0716	0.1055*	0.0784
PGDP	5.42e-06****	1.50e-06	2.80e-05****	6.03e-06	2.86e-05****	5.99e-06
INF	-0.0003***	0.0002	-0.0017**	0.001	-0.0014*	0.0010

① 当然，这也有可能是因为对外开放所导致的国内市场竞争加强和反垄断难度加大两方面作用相互抵消了。

② White 统计量和伴随概率分别为：（1）White 统计量 8.8，伴随概率 0.92；（2）White 统计量 15.7，伴随概率 0.41。

续表

解释变量	(1)		(2)		(3)	
	系数	标准差	系数	标准差	系数	标准差
OPEN	0.0008 **	0.0005	0.0005	0.0021	0.0006	0.0023
LAMDA					-0.5823	0.5082
CONS	0.6095 ****	0.2256	3.3924 ****	1.0927	4.0104 ****	1.1919
R^2	0.7181		0.6801		0.6922	
样本数	53		48		48	

注：1. *、**、***、**** 表示通过20%、15%、10%、5%的系数显著性检验，下同；2. 标准差均为系数异方差稳健标准差，下同；3.（1）中被解释变量和 GDP 为对数形式，其他为线性；4.（2）和（3）中 GDP 为对数形式，其他为线性；“LAMDA”为逆米尔斯比率；“CONS”为常数项。

由于对申报制度政策效应的考察，在申报制度存在的情况下才有意义，因而该方程实际运用的是48个国家的缩减样本，将无并购申报制度国家排除了。这一做法可能带来样本选择偏误问题，对此我们采用霍克曼两阶段法进行了修正比较。首先用概率模型估计一个申报制度选择方程

$$U_i^* = \alpha' Z_i + \mu_i \qquad Y_i = \begin{cases} 1, & 如果\ U_i^* > 0 \\ 0, & 如果\ U_i^* \leqslant 0 \end{cases}$$

其中，U_i^* 为隐含变量，表示选择建立并购申报制度时的净效用，Z_i 包含了影响 U_i^* 的主要因素，如经济规模、政府支出、制度水平等。Y_i 为可观察变量，当一国建立了并购申报制度时，该变量取值为“1”，否则取值为“0”。运用53个国家的数据，我们得到了表4所示的结果。

表4　　申报制度选择方程估计结果

解释变量	系数	标准差
GDP	2.22e-05 ****	6.50e-06
GC	0.0721 ***	0.0273
GE	1.1747 ****	0.6691
OPEN	-0.0162 ****	0.0079
似然值	-8.6647	
样本数	53	

注：方程中变量均为线性形式。

根据该结果计算出逆米尔斯比率，并与表3第（2）列的原有解释变量一起，重新回归，得到表3第（3）列的结果。由（2）和（3）的对比可以看出，尽管二者存在一定差异，但没有根本性变化。就强制申报解释变量来说，原方程估计系数为-0.4328，赫克曼两阶段法下估计系数为-0.4971，二者相差不足0.07。不仅如此，逆米尔斯比率的估计系数也很不显著。这说明对本文来说，样本选择偏误所带来的影响基本可以忽略。

由表3结果可以得到两点基本结论：第一，并购申报制度的存在提高了反垄断政策有效性。由表3第（1）列可知，无并购规制制度国家、有并购规制但无并购申报制度国家和有并购申报制度国家相比，最后一类国家的反垄断政策有效性最高，平均分别比前两类国家高出约35%和16%。这首先说明并购规制制度作为反垄断政策的重要组成部分，的确非常有助于限制以并购方式提高市场势力的企图，有利于保护和促进市场竞争。不仅如此，并购申报制度的存在进一步提高了这种保护竞争的效果，这就在一定程度上验证了并购申报制度在初步补救和震慑非法并购等方面的确具有积极作用。第二，采用自愿申报机制的国家反垄断政策效果更好。由表3第（2）列可以看出，其

他条件都相同时，自愿申报机制国家的反垄断政策有效性指数比强制申报机制国家平均高出 0.43。初看这似乎与各国主流趋势不一致，因为大部分国家采用的都是强制申报机制，但这却在一定程度上验证了崔和谢加（Choe and Shekhar，2006）的结论，即单从约束限制竞争并购①效果来看，自愿与强制申报机制大多是相同的，但前者却节约了许多成本。而反垄断政策有效性指数是通过被访者评分得来的，本身就含有很多主观综合评价成分，因此自愿申报下得分高就比较自然了。实际上据统计，以往各国绝大部分申报并购最终都得到了反垄断机构的批准，这就意味着并购申报制度要发挥的作用更多应是震慑性的，而不是真正要逐一去审查拟实施的并购。这种情况下，赋予企业自我选择权，同时做出可信承诺，对限制竞争并购加大制裁力度，政策效果可能更好。

当然，这一结果还可能缘于强制申报国家本身制度细节设计不合理。相对而言，自动等候期、审查期限等规定对强制申报国家影响更大，因为该机制涉及企业通常更多。因此如果自动等候期和审查期限过长，容易给企业带来过重的延误成本，甚至会使一些本来有利于促进市场竞争的并购也无从实施；过短则会造成对并购市场势力影响的评估不准确，反垄断政策效果也会打折扣。这就意味着采取强制申报国家至少应该更小心地去思考如何改进配套制度安排。

为考察反垄断政策有效性对全要素生产率的影响，我们参考豪和琼斯（Hall and Jones，1999）的方法，计算出了各国的全要素生产率，并以此作为被解释变量。如沃伊特（2006）所指出的，用实证方法研究全要素生产率的影响因素，是基于这样的假设：生产率差异是由经济、制度环境差异造成的，好的经济、制度环境有利于提高生产率。作为一国制度体系的重要组成部分，反垄断政策如果设计和执行得当，自然也有助于提高该国的生产率水平。为控制其他因素的影响，我们还引入了 GDP、通货膨胀率、研发支出水平等变量。表 5 给出了该方程的估计结果②。

表 5　　反垄断政策有效性对生产率影响

解释变量	系数	标准差
EAP	0.0807****	0.0129
GDP	2.60e-08****	9.48e-09
INF	-0.0003****	0.0001
RDE	0.1185****	0.0214
DUM4	0.3618****	0.0502
UK	-0.1851****	0.0578
SAP	-0.0128	0.0730
OCL	-0.1675****	0.0523
R^2	0.9077	
样本数	52	

注：方程中，所有变量均为线性形式。

可见，主要变量的系数都非常显著，通过了 5% 的系数显著性检验，这说明反垄断政策有效性、GDP、通货膨胀、研发支持力度、制度特点等都的确会对全要素生产率产生显著影响。特别是，反垄断政策有效性的估计系数为 0.0807，这意味着其他条件相同时，平均而言，一国反垄断政策有效性指数每提高 1 分，其生产率与美国同期生产率的比值就会提高超过 8%，影响程度是比较可观的。该结果也反映出，至少从本文使用的数据看，促进竞争和提高经济效率的目标是一脉相承的，这也与波罗尔和托洛萨（2007）的研究结论一致。结合前一层面的结果，从并购申报制度的经济效应看，可以得到两点结论：（1）并购申报制度的存在有助于提高经济效率；（2）至少从本文样本看，

① 在 Choe and Shekhar（2006）的分析框架下，限制竞争并购表现为带来的社会福利较低。

② 这是对全样本的估计，只是由于数据问题，卢森堡的全要素生产率数据未能计算出来，因此实际回归中缺少了一个样本点。异方差检验显示，该方程的 White 检验统计量为 5.9，伴随概率 0.91，因此不能拒绝同方差假设。

自愿申报比强制申报更有助于提高经济效率。

四、结　论

运用LEXMUNDI（2007）等的并购申报制度调查数据，本文首次采用实证方法研究了并购申报制度的政策效应。分别以反垄断政策有效性和全要素生产率为被解释变量，我们考察了不同申报制度的竞争效应和经济效应。结果发现，并购申报制度的存在的确有助于促进市场竞争和提高经济绩效。而从不同申报机制对比看，目前采取自愿申报机制的国家无论是从竞争效应还是经济效应来说，都优于采用强制申报机制的国家。这就警示各国，应慎重决定本国并购申报机制设计，至少是要反思如何设计合理的申报机制配套体系。

当然，有关并购申报制度的实证研究，未来无论是被解释变量的选取还是方程的设定，还有待于进一步深化。如果可能，还应尝试运用结构性模型考察并购申报制度的政策效应。随着数据的丰富，有必要在分析方法的严谨性上也有所加强，如采用工具变量法降低内生性问题等。

参考文献：

1. Barros, P. P.. Looking Behind the Curtain-Effects from Modernization of European Union Competition Policy, European Economic Review, 47 (4), 2003.

2. Borrell, J. R. and M. Tolosa. Endogenous Antitrust: Cross-Country Evidence on the Impact of Competition-enhancing Policies on Productivity, *Applied Economics Letters*, forthcoming, 2007.

3. Borrell, J. R. and J. L. Jiménez. The Drivers of Effectiveness in Competition Policy, mimeo, 2007.

4. Choe, Ch. and Ch. Shekhar. Compulsory or Voluntary Pre-merger Notification: A Theoretical and Empirical Analysis, http://ssrn.com/abstract=912925, 2006.

5. Dutz, M. and A. Haryi. Does More Intense Competition Lead to Higher Growth?, *World Bank Policy Research Working Paper No.* 2320 *and CEPR Discussion Paper No.* 2249, 2000.

6. Eckbo, B. E.. Mergers and the Value of Antitrust Deterrence, *The Journal of Finance*, 47 (3), 1992.

7. Evenett, S. J.. How Much Have Merger Review Laws Reduced Cross Border Mergers and Acquisitions? *In William K. Rowley (ed.): International Merger Control: Prescriptions for Convergence*, London: IBA, 2002.

8. Hall, R. E. and C. I. Jones. Why Do Some Countries Produce So Much More Output Per Worker Than Others? *The Quarterly Journal of Economics*, 114 (1), 1999.

9. Heckman, J. J.. Sample Selection Bias as a Specification Error, *Econometrica*, 47 (1), 1979.

10. Heston, A., R. Summers and B. Aten. *Penn World Table*, http://pwt.econ.upenn.edu/php_site/, 2006.

11. Hylton K. N. and Fei Deng. Antitrust Around the World: An Empirical Analysis of the Scope of Competition Laws and Their Effects, *Antitrust Law Journal*, 74 (2), 2007.

12. Kaufmann, D., A. Kraay and M. Mastruzzi. Governance Matters V: Governance Indicators for 1996-2005, *World Bank Policy Research*, 2006.

13. Kee, H. L. and B. Hoekman. Imports, Entry and Competition Law as Market Disciplines, *CEPR Discussion Paper No. 3777*, 2003.

14. LexMundi. *Pre-Merger Notification Survey*, http://www.lexmundi.com, 2007.

15. Persson, T. and G. Tabellini. *Political Economics: Explaining Economic Policy*, MIT Press, Cambridge (MA) and Londres, 2000.

16. Pogue, R. W.. Effects on other Merger Transactions: Does the Government Abuse Its Newly Granted Power, *Antitrust Law Journal*, 48, 1979.

17. Titus, J. W.. Stop, Look and Listen: Premerger Notification under the Hart-Scott-Rodino Antitrust Improvements Act, *Duke Law Journal*, 1, 1979.

18. UNCTAD. *Model Law on Competition*, http://www.unctad.org/en/docs/tdrbpconf5d7.en.pdf, 2004.

19. Voigt, S.. The Economic Effects of Competition Policy- Cross-Country Evidence Using Four New Indicators, *ICER Working Paper Series No. 20*, 2006.

20. WEF. *Global Competitiveness Report*, 2006.

21. World Bank. *World Development Indicators Online*, http://www.worldbank.org/data, 2007.

（本文载于《财贸经济》2009 年第 5 期）

不可再生资源、寡头垄断及税收的影响

孟凡强　赵　媛

摘　要： 本文应用微分博弈理论分析了双头寡占的厂商开采不可再生资源时的行为。在假设厂商采取开环策略的情况下，得到的主要结论表明：当厂商间的单位开采成本或者资源存量之间的差距达到一定程度时，某些厂商的资源开采路径将会近似于 Hubbert's Peak 的形状。另外，本文也分析了从价税和从量税两种税收形式对厂商行为的影响，表明从动态效率的意义上说，从价税的效果要好于从量税。而且为了达到完全竞争时社会最优的资源代际配置，在寡占的市场结构下并不用给予厂商补贴，只要征收从价税就好。

关键词： 不可再生资源　微分博弈　开环策略　纳什均衡　税收

一、引　言

不可再生的自然资源，尤其是其中的能源资源，对经济活动的影响是不言而喻的。这从近几年石油等能源产品价格上涨对世界经济的冲击之中就可见一斑。因此，如何在现有的经济、技术条件下开采使用这些储量有限的资源，使经济达到可持续发展的目标，一直是资源经济学领域研究的重点。而考虑到我国的特殊国情和经济发展的历史，在资源产品相关领域的改革更是举步维艰。本文在尽量考虑这些特殊因素的条件下，试图给我国在自然资源领域的相关改革措施和方法提供严谨的理论基础。

虽然在豪特林（Hotelling，1931）的具有开创性贡献的论文里已经注意到了资源开采行业的寡占或垄断性质，但限于数学方法的缺乏，作者并没有深入论述。后来随着最优控制和微分博弈等相关数学方法的发展，经济学家开始研究自然资源开采行业的各种垄断行为及其结果。可是由于石油这种最重要的能源行业的世界市场是由欧佩克（OPEC）这个巨大的卡特尔（Cartel）占支配地位，其他国家为从属地位的现实情况，因此经济文献上更多地研究了卡特尔与外围市场（Cartel-versus-Fringe）模型，相对来说古诺（Cournot）模型的研究要少得多（Krautkraemer，1998）。后者中最重要的是由刘易斯和理查德·施马兰西（Lewis and Richard Schmalensee，1980）以及洛瑞（Loury，1986）所做的研究。但是这两篇文献没有通过求解微分博弈问题而得到明确的解析解，因此其并没有进行细致的分析而得到更明确的结论。本文通过设计一个双头寡占（Duopoly）模型，得到的纳什均衡（Nash Equilibrium）显示了与前述两篇文献有一些不一样的结论。比如，本文证明不可再生资源的开采行业并不会如 Loury 所说的那样变得越来越趋于垄断，而是正相反，会变得越来越具有竞争性。另外，当寡占厂商间的单位开采成本或资源储量差距达到一定程度时，本文的结论表明单位成本大的厂商的产量路径将会近似于 H 峰（Hubbert's Peak），这种形状的路径才更符合现实情况。

对资源开采厂商征税会对其资源开采行为产生一定的影响。达斯格普塔和海耳（Dasgupta and Heal，1979）研究了完全竞争市场结构下税收的影响，而任贞彬（Jeong-Bin Im，2002）研究了完全垄断下税收的影响。但目前还没有文献研究寡头垄断的市场结构下税收对厂商资源开采行为的影响。本文在前面基本双头寡占模型的基础上，通过引入从量税和从价税，分析了两种不同税收形式的作用。得到的结论说明：从动态效率的意义上讲，从价税要比从量税的效果好。而且为了能达到完全竞争下的效率，并不用给予寡占厂商补贴，只要征收从价税就完全可以。从而为我国资源税的改革提供了理论基础。

本文具体安排如下：第二部分是基本的理论模型和分析结果。第三部分分析从量税的影响，第四部分分析从价税的影响。结论放在文章最后一个部分。

二、双头寡占模型及结果

设有两个以利润最大化为目标的厂商 $i=1$，2，开采同质的不可再生资源并在市场上出售。假设厂商所面对的需求曲线是静态的，并具有如下的线性形式：$P=a-b(q_1+q_2)$，其中 q_1 和 q_2 分别是两个厂商在某一期的产量。为了行文简便，本文在不易引起误解的地方都将各变量的时间下标略去。厂商的总成本函数为：$TC_i=(f_i-d_iS_i)q_i$，$i=1$，2，这意味着 $AC_i=MC_i=f_i-d_iS_i$，其中 f_i，$d_i>0$。即单位成本与厂商的资源存量 S_i 呈反向关系。厂商的初始资源存量已知且为 $S_i(t=0)=S_i^0$。当然，为了保证所分析的问题有实际经济意义，需要假设 $a>\max\{f_i, i=1,2\}$，即要求将有限的资源都耗竭完。另外，本文假设在博弈中两个厂商均采用开环策略（Open-Loop Strategies），即厂商的开采策略只和时间变量有关系，而与状态变量没有关系。因此，两个厂商的策略都可以写成如下的形式：$q_i=q_i(t)$。厂商 1 在给定厂商 2 策略的情况下最大化自己利润流的现值：

$$\begin{aligned}&\max_{q_1}\int_0^{\infty} e^{-rt}[Pq_1-(f_1-d_1S_1)q_1]\mathrm{d}t\\&\text{s. t. }\ \dot{S}_1=-q_1,\dot{S}_2=-q_2\\&q_1,q_2\geqslant 0,S_1,S_2\geqslant 0,\forall t\in[0,\infty);S_1(0)=S_1^0,S_2(0)=S_2^0\end{aligned}\tag{1}$$

其中，r 为市场利率，且假设两个厂商都用相同的市场利率。本文中在变量上面加一个实心点表示该变量对时间的导数，意即$\dot{S}_i=\mathrm{d}S_i/\mathrm{d}t$，两个点即表示对时间的二阶导数，等等。同理，厂商 2 在给定厂商 1 策略的情况下最大化利润流的现值：

$$\begin{aligned}&\max_{q_2}\int_0^{\infty} e^{-rt}[Pq_2-(f_2-\mathrm{d}_2S_2)q_2]\mathrm{d}t\\&\text{s. t. }\ \dot{S}_1=-q_1,\dot{S}_2=-q_2\\&q_1,q_2\geqslant 0,S_1,S_2\geqslant 0,\forall t\in[0,\infty);S_1(0)=S_1^0,S_2(0)=S_2^0\end{aligned}\tag{2}$$

这两个厂商博弈问题的纳什均衡如下（推导过程见附录 1）：

$$q_1=\max\left\{0,\ -\frac{c_1\lambda_1(d_2-d_1+g)}{d_1}e^{\lambda_1 t}-\frac{c_2\lambda_2(d_2-d_1-g)}{d_1}e^{\lambda_2 t}\right\}\tag{3}$$

$$q_2=\max\ \{0,\ \ -c_1\lambda_1e^{\lambda_1 t}-c_2\lambda_2e^{\lambda_2 t}\}\tag{4}$$

其中，c_1 和 c_2 分别是由式（1）和式（2）确定的积分常数，λ_1 和 λ_2 分别是由式（3）和式（4）确定的两个负的特征根，常数 g 由式（2）给定。下面分三种情况来讨论。

（一）两个厂商完全对称

此时要求 $S_1^0=S_2^0=S^0$；$f_1=f_2=f$，$d_1=d_2=d$，即两个厂商资源的初始存量相等，边际开采成本也相等。此时由式（1）和式（2）所确定常数简化为：

$$c_1 = \frac{a - f + dS^0}{d} > 0, \ c_2 = 0 \tag{5}$$

从而，根据式（3）和式（4）可知，此时两个厂商的资源开采路径完全一样，由下式给定：

$$q_1 = q_2 = q = -c_1\lambda_1 e^{\lambda_1 t} > 0 \tag{6}$$

同时，由 $\dot{q} = -c_1\lambda_1^2 e^{\lambda_1 t} < 0, \ddot{q} = -c_1\lambda_1^3 e^{\lambda_1 t} > 0$ 可以看出厂商的资源产量随时间以递减的速率单调递减，最终会趋于零，如图 1 所示。而此时的资源价格为：

$$P^2 = a + 2bc_1\lambda_1 e^{\lambda_1 t} \tag{7}$$

这里价格的上标 2 表示两个厂商同时都生产时的产品价格，相应的当只有一个厂商生产时的产品价格将会用上标 1 来表示。式（7）的一阶导数和二阶导数分别为：$\dot{P} = 2bc_1\lambda_1^2 e^{\lambda_1 t} > 0$，$\ddot{P} = 2bc_1\lambda_1^3 e^{\lambda_1 t} < 0$。这意味着产品价格随时间以递减的速率上升，最终趋近于常数 a，如图 2 所示。

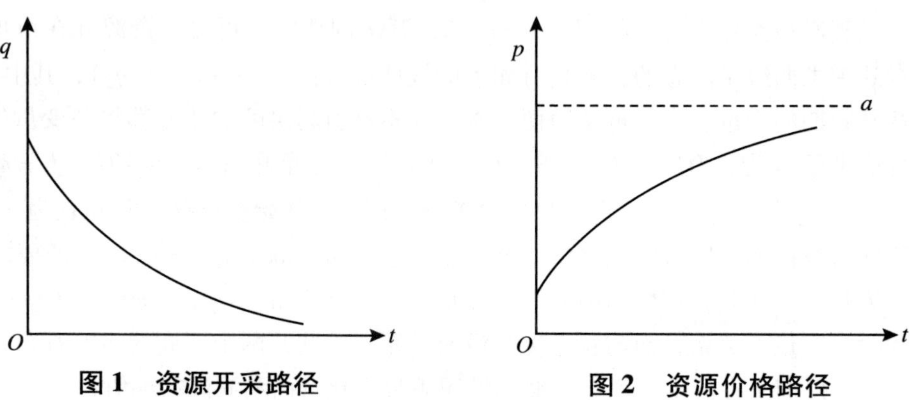

图 1　资源开采路径　　　**图 2　资源价格路径**

可以看出，这时的价格路径和产量路径与已有的研究结果并没有基本的差别。产量都是从最高点开始逐渐下降，而价格都是从最低点开始逐渐上升。

（二）单位开采成本不同

这时要求 $S_1^0 = S_2^0 = S^0$；$f_1 < f_2$，$f_1 + f_2 = 2f$；$d_1 > d_2$，$d_1 + d_2 = 2d$，即两个厂商的资源初始存量相等，但单位开采成本不同。而且为了和上面第 1 种情况比较，要求 $f_1 + f_2 = 2f$，$d_1 + d_2 = 2d$。此时，两个常数的具体值为：

$$c_1 = \frac{(g + d_1)(a - f_2)/d_2 + (f_2 - f_1) + (2d_1 - d_2 + g)S^0}{2g} > 0 \tag{8}$$

$$c_2 = \frac{(g - d_1)(a - f_2)/d_2 + (f_1 - f_2) + (d_2 - 2d_1 + g)S^0}{2g} < 0 \tag{9}$$

此时厂商 1 的产量由式（3）可得：

$$q_1 = -\frac{c_1\lambda_1(d_2 - d_1 + g)}{d_1}e^{\lambda_1 t} - \frac{c_2\lambda_2(d_2 - d_1 - g)}{d_1}e^{\lambda_2 t} \tag{10}$$

其中的两个常数 c_1 和 c_2 是由（8）和（9）两式给定，已与前面第一种情况时有所不同。经过简单计算可以看出：$q_1 > 0$，$\dot{q}_1 < 0$，$\ddot{q}_1 > 0$。因此厂商 1 的开采路径应和图 1 所示类似，依旧是向右下方倾斜，只是此时由于各系数的取值与前面第一种情况时不同，曲线起点（纵轴截距）会有所不同。

而对于厂商 2，当其单位开采成本大于厂商 1 单位成本的某一个倍数时，即：

$$f_2 \geqslant f_1 + \frac{2(a - f + dS^0)(\sqrt{9r^2b^2 + 12rbd} - 3rb)}{3(\sqrt{r^2b^2 + 4rbd} - rb)} \tag{11}$$

成立时，厂商 2 的开采路径会形成如图 3 所示的形状（推导过程见附录 2）。这种形状的开采路径更接近于现实。现有的文献都只能推导出类似于图 1 的，从一开始就单调下降的资源开采路径，然而现实情况绝不是如此。地质学家哈伯特（Hubbert，1956、1962）由于正确预测了美国低地 48 州的原油产量将会在 1970 年达到顶峰，从而其理论受到越来越多人的研究。他的基本观点是：由于像石油、煤等能源的地质储量是一定的，因此其累积产量会服从逻辑斯谛增长曲线（Logistic Growth Curve），从而其单位时间产量图形（一般为年产量）会是钟形曲线（Bell Shape Curve）。在钟形曲线达到顶点之前，能源的年产量一直增加，之后则会越来越少。这种形状的能源产品生产曲线现在被人们称为 H 峰（Hubbert's Peak）。

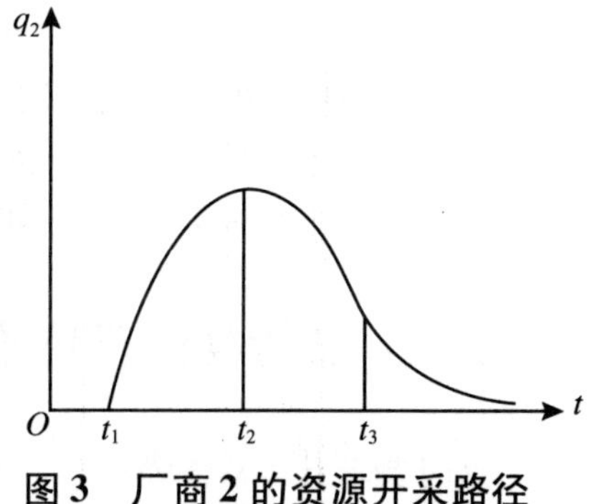

图 3　厂商 2 的资源开采路径

之所以厂商 2 的开采路径会呈现出这种 H 峰的形状，本文认为应该是因为开采成本和产品价格之间相互作用的关系。对于厂商来说，在最初一段时间内由于产品价格上升的作用超过了其开采成本上升的作用，因此其年复一年的增加产量是有利可图的。但最终总有一个时间，在此之后开采成本的上升起了决定性的作用，因此其产量只能日趋减少。这样就会形成如图 3 中先上升后下降的单位时间产量曲线。

而相对于厂商 2 的 H 峰型开采路径曲线，之所以厂商 1 的开采路径依旧保持如图 1 所示的形状，是因为此时相对于厂商 2 来说，厂商 1 在开采成本上具有绝对的优势，因此其在最初时就会选择生产较多的产量，这样才能将产品价格保持在较低的水平，阻止厂商 2 的进入，从而赚取完全垄断市场的利润。

两个厂商同时生产和一个厂商生产时的产品价格路径如图 4 所示（推导过程见附录 2）。其中 P^1 曲线表示只有一个厂商，即厂商 1 进行生产时的价格路径，其公式是式（2.7）。而 P^2 表示两个厂商从 $t=0$ 开始就同时进行生产时的价格路径，即（二、1）中两个厂商完全对称时的情况，所以其公式是式（7）。由于当只有厂商 1 进行生产时，即 $[0, t_1]$ 这段时间内，其产量会大于（二、1）中两个厂商完全对称时的产量之和，所以其价格的起点会较低，但上升却较快。这也是为了满足资源存量约束。总的来看，在 $[0, t_1]$ 这段时间内只有厂商 1 独自生产时，产品价格将按着较低的 P^1 曲线演进，在 $t=t_1$ 时厂商 2 开始生产，此后产品价格曲线将按着 P^2 曲线演进。而在 $t=t_1$ 时，刚好有 $P^1=P^2$。因此，总的价格路径应由图 4 中位于下方的两段曲线组成，而且在由厂商 1 独自生产过渡到两个厂商共同生产时，价格也没有发生跳跃。

另外，当两个厂商间开采成本的差距没有那么大时，即式（11）取小于号时，厂商 2 的开采路径会变成图 5 所示的形状（推导过程见附录 2），这时厂商 2 从 $t=0$ 就开始生产，但其依旧有 H 峰的形状。当两个厂商的成本越来越接近时，厂商 2 的开采路径会越来越趋近于厂商 1 的开采路径，直到成本完全一样时，两条路径完全一样，即又回到了（二、1）中两个厂商完全对称的情况。

无论两个厂商单位开采成本的差距如何，只要其并不相等，那么他们各自的使用者成本就不会相等，因为：

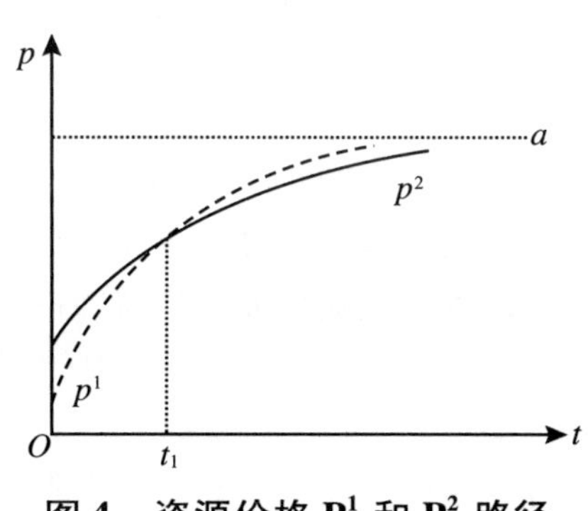

图 4　资源价格 P^1 和 P^2 路径

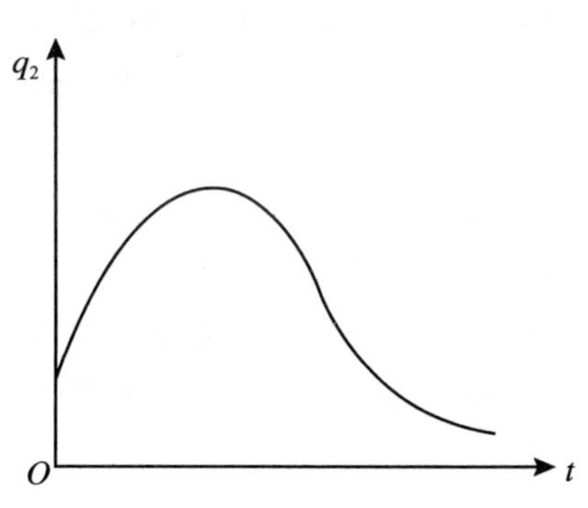

图 5　厂商 2 的另一种开采路径

$$m_1 - u_2 = -2dc_2e^{\lambda_2 t} > 0, t < \infty; \lim_{t\to\infty}(m_1 - u_2) = 0 \tag{12}$$

即单位成本大的厂商其使用者成本或说稀缺租较小。这是因为使用者成本也可以理解为地下的还没有被开采出来的资源的边际价值，所以开采成本大的厂商其储量的边际价值理应较小。但当两个厂商的资源最终都渐近地耗尽时，其资源租也会渐近地趋于相等。

（三）资源初始存量不同

这时要求 $S_1^0 > s_2^0$，$S_1^0 + S_2^0 = 2S$；$f_1 = f_2 = f$，$d_1 = d_2 = d$，即两个厂商的资源初始存量不同，并进而导致开采成本的不同。此时两个常数的具体值为：

$$c_1 = \frac{a - f + dS^0}{d}, c_2 = \frac{1}{2}(S_2^0 - S_1^0) \tag{13}$$

此时厂商 1 的产量由式（3）可知为：

$$q_1 = -c_1\lambda_1 e^{\lambda_1 t} + c_2\lambda_2 e^{\lambda_2 t} \tag{14}$$

简单可以看出，此时厂商 1 的产量路径依旧和图 1 所示形状类似，只是由于常数的取值不同，曲线的起点会有所不同。

对于厂商 2，直觉上告诉我们其也会有 H 峰形状的开采路径。经过与附录 2 中类似的分析过程，可知当厂商 1 的资源储量大于厂商 2 资源储量的某一倍数时，即下式：

$$S_1^0 \geqslant S_2^0 + \frac{2(a - f + dS^0)(\sqrt{9r^2b^2 + 12rbd} - 3rb)}{3d(\sqrt{r^2b^2 + 4rbd} - rb)} \tag{15}$$

成立时，厂商 2 在开始的一段时间内就会不生产，其路径就会如图 3 的形状一样，呈现出 H 峰的特点。此时的价格路径也会如图 4 所示一样的性质，在此不再详细地分析。

而当式（15）中取小于号时，则厂商 2 的开采路径就会如图 5 一样。当然其也会随着两个厂商储量的接近而越来越趋近于厂商 1 的路径，直至完全相同。

另外，对两个厂商的使用者成本进行比较可得：

$$m_1 - u_2 = -2c_2(b\lambda_2 + d)e^{\lambda_2 t} < 0, t < \infty; \lim_{t\to\infty}(m_1 - u_2) = 0 \tag{16}$$

这说明储量大的厂商其使用者成本或说稀缺租较低，但最终会趋于相等，因为两个厂商最后都会将资源耗尽。

综合以上第 2 种和第 3 种情况可以看出，当两个厂商的生产成本或是储量的差距达到一定程度时，就会导致开采成本高或储量小的厂商的开采路径近似于 H 峰。现实中所有的能源产品的生产曲线都会具有如此的形状。虽然本文的模型只考虑了两个厂商，但是其基本的结论应该可以顺利推广到多个厂商的情形。不可再生资源如煤和石油等是主要的能源产品，因此当有其他的替代能源具有更低的成本或更高的储量时，生产石油和煤等能源产品的厂商的开采路径就会都近似于 H 峰。比如，在发现煤炭和石油之前，人类主要的能源来源主要是原始森林的木材，用之取暖或煮饭等。很显然这些木材的生产成本会低于石油和煤炭，因此根据本文的结论，对木材这种能源产品的使用应该具有如图 1 所示的情况，即越来越少，而对煤炭和石油等能源产品的开采使用则会具有 H 峰形状的路径。

另外，洛瑞（Loury，1986）认为资源开采行业会越来越趋于垄断，即有些厂商会逐渐退出该行业，行业中剩下的厂商越来越少。而从本文的分析可以看出，资源开采行业并不会越来越趋于垄断，而是正相反，会越来越趋于竞争。因为最初只有开采成本小或储量大的厂商进行生产，而随着产品价格越来越高，那些最初没有生产的厂商会在某一时刻开始生产，即行业中的厂商会逐渐增多，更趋于竞争。

众所周知，在完全竞争这种能达到社会最优资源代际配置的市场上，开采成本不同的厂商不会同时生产，而是由成本最小的厂商先进行生产，待其资源耗尽之后才会由成本次之的厂商进行生产，以此规律进行下去（Conrad，Clark，1987）。而在本文这种寡头垄断的情况下，在成本小的厂商耗尽其资源之前成本高的厂商就已经进行生产，因此其偏离了社会最优的生产方式。

三、从量税（Specific Tax）的影响

对资源开采厂商征收从量税时是采取 vq_i 的形式，其中 v 为相应的税率。我国于 1984 年 9 月 18 日由国务院发布的《资源税条例（草案）》中就规定要征收资源税。但开始时的税目只有煤炭、石油和天然气三种，对其他矿产品则暂缓征收。征收方式是定率征收，实行超额累进税率，其实际上就是一种累进制的超额利润税。1986 年政府对资源税征收方式进行了改革，将定率征收改为从量定额征收。同时规定了“资源条件好，收入多的多征；资源条件差，收入少的少征”的原则，这是为了改善各企业因资源禀赋不同所引起的收益不同。如根据各个油田的不同情况，原油的税率范围是 8～30 元每吨。

可以将从量税直接引入上面的双头寡占模型，分析会对厂商的资源开采行为有什么影响。对每个厂商征税为 vq_i，$i=1,2$。其他假设与前文相同。这时厂商 1 所面对的问题为：

$$\begin{aligned}&\max_{q_1}\int_0^{\infty} e^{-rt}[Pq_1-(f_1-d_1S_1)q_1-vq_1]\,\mathrm{d}t\\&\text{s. t. }\ \dot{S}_1=-q_1,\dot{S}_2=-q_2\\&q_1,q_2\geqslant 0,S_1,S_2\geqslant 0,\forall t\in[0,\infty);S_1(0)=S_1^0,S_2(0)=S_2^0\end{aligned}\tag{17}$$

而厂商 2 所面对的问题为：

$$\begin{aligned}&\max_{q_2}\int_0^{\infty} e^{-rt}[Pq_2-(f_2-d_2S_2)q_2-vq_2]\,\mathrm{d}t\\&\text{s. t. }\ \dot{S}_1=-q_1,\dot{S}_2=-q_2\\&q_1,q_2\geqslant 0,S_1,S_2\geqslant 0,\forall t\in[0,\infty);S_1(0)=S_1^0,S_2(0)=S_2^0\end{aligned}\tag{18}$$

该博弈的纳什均衡如下（推导见附录 3）：

$$q_1=\max\left\{0,-\frac{c_3\lambda_1(d_2-d_1+g)}{d_1}e^{\lambda_1 t}-\frac{c_4\lambda_2(d_2-d_1-g)}{d_1}e^{\lambda_2 t}\right\}\tag{19}$$

$$q_2=\max\ \{0,-c_3\lambda_1e^{\lambda_1 t}-c_4\lambda_2e^{\lambda_2 t}\}\tag{20}$$

其中，c_3 和 c_4 分别是由式（13）和式（14）确定的常数，λ_1 和 λ_2 和基本模型中相同，即分别由式（13）和式（14）给定。

虽然在本小节也可以分别讨论三种情况下两个厂商的开采行为，但是通过由式（19）和式（20）所代表的纳什均衡可以看出，前文基本模型的结论依旧成立。因此只通过分析一种情况，就可以看出征收从量税会对厂商的开采行为造成的影响。所以，本文在此以及下节关于从价税的讨论中都只分析两个厂商完全对称的情况。

当两个厂商完全对称，即资源储量和开采成本都相同时，均衡中的两个常数简化为如下值：

$$c_3=\frac{a-f-v+dS^0}{d},\ \ c_4=0\tag{21}$$

根据式（19）和式（20）可知此时两个厂商的产量完全一样：

$$q_1=q_2=q=-c_3\lambda_1e^{\lambda_1 t}\tag{22}$$

由于 $\dot{q}<0$，$\ddot{q}>0$，因此其也是单调下降的。但与前文没有税时相应的情况（二、1）比较，因为此时的常数 c_3 小于（5）式中的常数 c_1，所以目前的产量路径不但起点更低些，也会一直处于无税时产量路径的下方，但随着时间演进，两者的差距会越来越小，如图 6 所示。相应的，此时的价格路径会处于无税时的价格路径的上方，因为价格现在为：

$$P^2 = a + 2bc_3\lambda_1 e^{\lambda_1 t} \tag{23}$$

由于上式的一阶导数大于零，二阶导数小于零，因此其和无税时的情况一样，价格也是单调上升的。同时，也是由于 $c_3 < c_1$，因此此时价格的起点较高，但也会越来越趋近于无税时的价格路径，如图7所示。

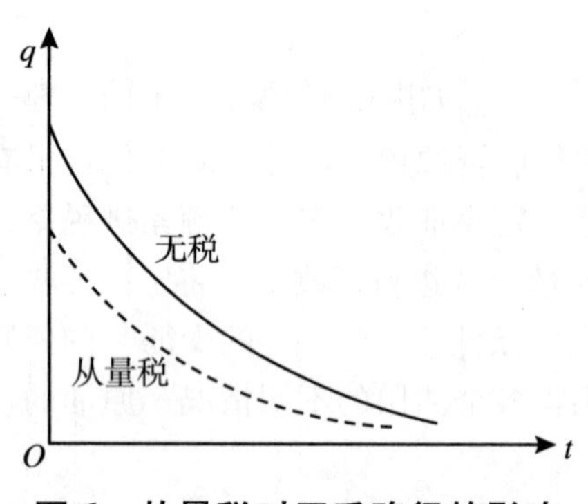

图6　从量税对开采路径的影响

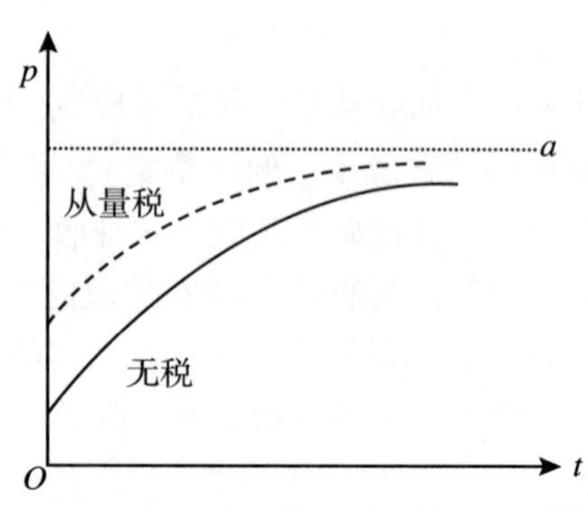

图7　从量税对价格路径的影响

这说明虽然对产品征了从量税，但只有在开始时有部分税负由消费者来承担（准确地说，在 $t=0$ 时消费者承担的税负为 $-2b\lambda_1/d$），而随后则渐渐地由厂商承担的越来越多。众所周知，对生产者所赚取的各种租金征税不会影响生产者的行为。因此，虽然对资源开采厂商征收从量税时，最开始时会影响厂商的开采行为，表现为产量减少价格增加，但这种影响会越来越弱，直至消失，即厂商会渐近地用所赚取的使用者成本（资源租）来承担税负。另外，Dasgupta 和 Heal（1979）的研究显示在完全竞争的市场结构下，对资源开采厂商征收从量税时在最初也会导致开采行为的扭曲，即开采量减少且价格上升。但是该研究没能说明随着时间演进这种扭曲会发生什么变化，而根据本文的结论，这种扭曲作用应该是越来越小。

四、从价税（AdValorem Tax）的影响

除了对厂商征收从量税之外，另一种比较重要形式的税收就是从价税（销售税）。假设政府对每个开采资源厂商的销售额都征收固定比例为 θ 的税，当然这里要求 $0<\theta<1$。其他假设与基本模型相同。这时厂商1所面对的问题为：

$$\begin{aligned} &\max_{q_1}\int_0^{\infty} e^{-rt}[(1-\theta)Pq_1-(f_1-d_1S_1)q_1]\,\mathrm{d}t \\ &\text{s. t. } \dot{S}_1=-q_1,\dot{S}_2=-q_2 \\ &q_1,q_2\geqslant 0,S_1,S_2\geqslant 0,\forall t\in[0,\infty);S_1(0)=S_1^0,S_2(0)=S_2^0 \end{aligned} \tag{24}$$

厂商2面对的问题如下：

$$\begin{aligned} &\max_{q_2}\int_0^{\infty} e^{-rt}[(1-\theta)Pq_2-(f_2-d_2S_2)q_2]\,\mathrm{d}t \\ &\text{s. t. } \dot{S}_1=-q_1,\dot{S}_2=-q_2 \\ &q_1,q_2\geqslant 0,S_1,S_2\geqslant 0,\forall t\in[0,\infty);S_1(0)=S_1^0,S_2(0)=S_2^0 \end{aligned} \tag{25}$$

该博弈的纳什均衡如下（推导见附录4）：

$$q_1=\max\left\{0,-\frac{c_5\lambda_3(d_2-d_1+g)}{d_1}e^{\lambda_3 t}-\frac{c_6\lambda_4(d_2-d_1-g)}{d_1}e^{\lambda_4 t}\right\} \tag{26}$$

$$q_2=\max\{0,-c_5\lambda_3 e^{\lambda_3 t}-c_6\lambda_4 e^{\lambda_4 t}\} \tag{27}$$

其中，两个负的特征根 λ_3 和 λ_4 已经与基本模型中的不同，现在分别取值为式（13）和式（14）。另外，两个常数 c_5 和 c_6 分别为式（15）和式（16）。

当两个厂商完全对称时，根据式（15）和式（16），此时两个常数化简为如下值：

$$c_5=\frac{a(1-\theta)-f+dS^0}{d},\quad c_6=0 \tag{28}$$

根据式（26）和式（27）可知两个厂商的产量完全一样：

$$q_1=q_2=q=-c_5\lambda_3e^{\lambda_3t} \tag{29}$$

简单计算可以看出 $\dot{q}<0$，$\ddot{q}>0$，因此产量路径依旧是单调下降，向右下方倾斜。与（二、1）基本模型中两个厂商完全对称的产量，即（6）式比较，由于 $|c_5\lambda_3|>|c_1\lambda_1|$，且 $|\lambda_3|>|\lambda_1|$，所以此时产量路径的起点更高，但下降更快，如图 8 所示。另外，此时的产品价格为：

$$P^2=a+2bc_5\lambda_3e^{\lambda_3t} \tag{30}$$

与式（7）没有税时的价格路径比较，可知此时价格的起点较低，但上升较快，如图 9 所示。

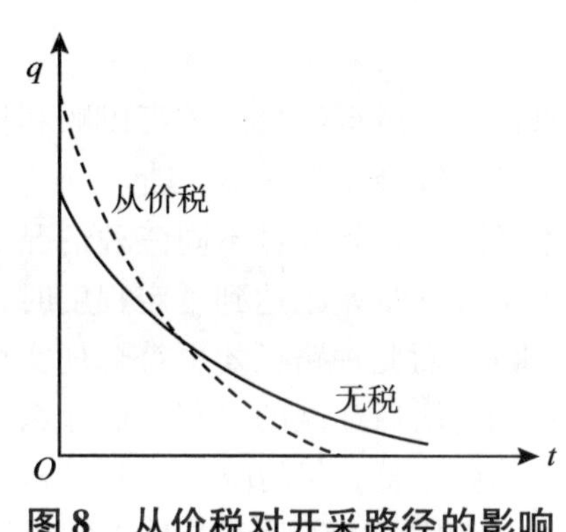

图 8　从价税对开采路径的影响

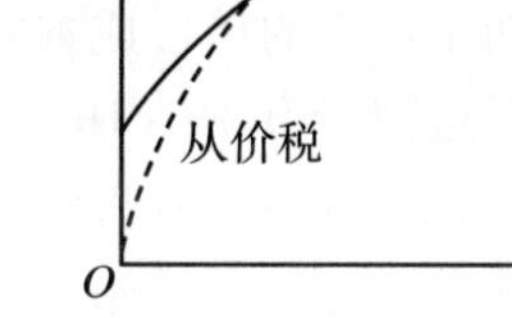

图 9　从价税对价格路径的影响

之所以资源开采厂商对征收从价税会有如此的反应，即与没有税时的情况相比，在前期开采更多的资源，而在后期开采更少，原因应该是：厂商通过理性预期（当然，假设厂商采取开环策略就意味着厂商对未来价格的预期必须是理性的），知道未来资源的价格会变得更高，而从价税又是针对销售额来征收，因此后期开采得越多则意味着需要缴纳更多的税，理性的厂商会在考虑折现之后通过适当改变开采路径来获得最大利润，即与没有税时的开采路径相比，厂商会将本打算在后期开采的资源放一些在前期开采。前面所研究的从量税之所以没有这种效果，正是因为其和资源价格没有关系，不会随价格上升而发生改变。这也可以通过另一种角度来解释。达斯格普塔和海耳（Dusgupta and Heal，1979）的研究显示在完全竞争的市场结构下，征收从价税和征收从量税的效果是一样的，即也会引起最初产量更少价格更高的扭曲。这与本文的结论刚好相反，其原因应该是所假设的市场结构不同所致。在完全竞争的市场结构下，厂商只是价格接受者，没有能力通过改变自身的产量路径进而影响价格路径，因此其在面对从价税的负担时，最好的办法就是在最初时减少产量以达到少缴税的目的。而寡头垄断的市场结构则不同，这时行业中每个厂商都有一定的市场力量。在面对同样的从价税时，寡头厂商可以在最初一段时间内通过提高产量，进而压低价格以达到少缴税的目的。

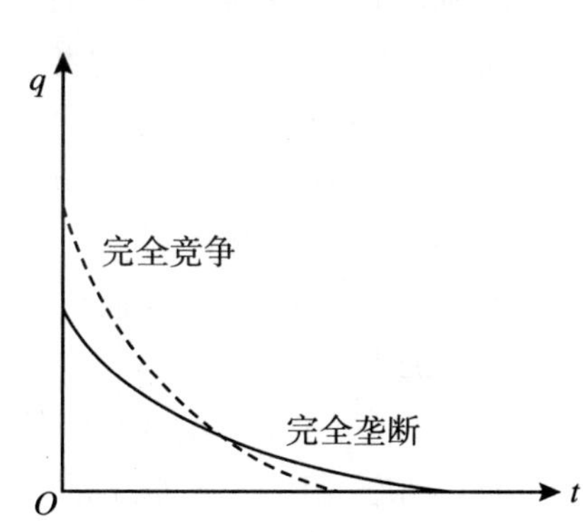

图 10　竞争和垄断的开采路径

另外，基本的资源经济理论显示（Conrad，Clark，1987），当不可再生资源开采行业的市场结构不同时，开采行为会有所不同。比如，完全竞争可以达到社会最优的资源代际配置，而完全垄断则不能。因为垄断的厂商会尽量推迟开采，以便能在价格更高时出售资源从而获得更多的资源租。因此，相比于完全竞争，完全垄断时最初的开采量较低，价格较高，但其资源开采的时间会更长久，如图 10 所示。但是一般认为完全垄断是动态无效率的，即本来可以通过代际间重新分配资源来达到帕累托改进。因为可以将后期开采的资源放到前期开采使用，同时通过在前期进行更多的储蓄以形成资本，从而保证后代人的消费水平至少不下降。寡头垄断会介于完全竞争和完全垄断之间，其开采行为也会趋于保守。因此，从这种动态效率的意义上来说，从价税会使寡头厂商的开采行为朝着完全竞争的效率方向上改进，使其在前期开采更多的资源，如图 8 所示。而前面所讨论的从量税并没有这种影响，因此说从价税会比从量税的效果好。更进一步说，任贞彬（Jeong-Bin Im，2002）的研究表明为了使完全垄断下厂商的开采行为达到完全竞争下的效率，无论是从量税还是从价税都应是一种负的税，即应该通过给予垄断厂商补贴才能诱使其开采行为达到完全竞争时最优的社会代际配置。而本文的结论表明，在更符合现实的寡占市场结构下，其实不用给予补贴，只要征收从价税就可以达到改进效率的目的。

五、结　　论

首先应该说明，虽然本文的基本模型应用的是双头寡占，但所得结论应该可以顺利扩展到多头寡占的情况，并无本质不同。只是在微分博弈的情况下，其计算会非常复杂繁琐。

本文通过详细分析两个厂商完全对称、单位开采成本及资源初始存量不同三种情况下厂商的开采行为，得到的结论认为当两个厂商的单位成本差距或者资源存量差距达到一定程度时，就会导致开采成本大的厂商的开采路径近似于 H 峰（Hubbert's Peak），而此种路径才更符合现实情况，所有的不可再生资源的单位时间开采量都会或者将会经历这种先递增后递减的过程。而什么时间产量开始递减是非常重要的，这意味着从这一天开始资源产品供给会年复一年的减少。由于本文的模型假设需求是静态的，因此只能反应供给方面对价格的压力。但现实经济活动中对能源产品的需求一般是随时间进展而在不停地增加，比如我们生活中越来越依赖于消耗汽油的汽车等。这样的话来自于需求与供给两个方面的压力会促使价格上升过快。孟和本特利（Meng and Bentley，2008）列出了很多研究 H 峰的文献都预测世界石油产量的峰值（Oil Peak）会在 21 世纪初到来，这或许正显示了近两三年世界石油价格高涨的原因。因此，这样看来我国这种长期对石油等能源产品定价过低、依赖财政补贴的政策确实到了需要彻底改革的地步，不然的话，不但能源使用效率较低，财政也将不堪重负。正如有人说过，人们对环境变化的反应及应对措施是决定人类未来命运的重要因素（戴蒙德，2008）。而除了让市场去真正决定能源产品的价格外，税收改革也是一项重要的内容。

我国对自然资源开采行业开征的特殊税费包括两种，即资源税和资源补偿费。前者实行从量定额征收，后者实行从价定率征收。本文正是在这种背景下，研究了从价税和从量税对资源开采厂商行为的影响。结论表明从动态效率的意义上说，从价税的效果会好一些，而且征收从价税也会使寡占厂商的开采行为朝完全竞争时的效率方向改进。这为我国目前正欲进行的资源税改革提供了一个理论基础。当然，本文的意思并不是说必须要征收从价税、从价税就是最好的，而是说在这两种税收方式之间比较的话，从价税是一个更好的选择。其实，要想体现自然资源的国家所有权，将使用权（采矿权）拍卖给私人厂商可能效果会更好。但值得注意的是，拍卖的使用权一定是无限期的。因为只要加上一个固定的期限，就会导致租金耗散，体现在不可再生资源产品上就是价格中不能反应使用者成本（稀缺租），而只能反应厂商的私人生产成本，从而达不到社会最优的资源配置（孟凡强、于远光，2008）。

附录 1　第二节中纳什均衡的推导

面对问题（1）的厂商 1 的当期值汉密尔顿函数（Current-Value Hamiltonian）为：

$$H_1 = (a - bq_1 - bq_2)q_1 - (f_1 - d_1S_1)q_1 - m_1q_1 - m_2q_2 \tag{1.1}$$

其中，m_1，m_2 分别是厂商 1 的与两个状态变量 S_1 和 S_2 相联系的共态变量。由最大值原理可得：①

$$\partial H_1/\partial q_1 = a - 2bq_1 - bq_2 - f_1 + d_1 S_1 - m_1 = 0 \tag{1.2}$$

$$\dot{m}_1 = rm_1 - \partial H_1/\partial S_1 = rm_1 - d_1 q_1 \tag{1.3}$$

$$\dot{m}_2 = rm_2 - \partial H_1/\partial S_2 = rm_2 \tag{1.4}$$

以及必要的横截性条件（Transversality Conditions）。同理，面对问题（2）的厂商 2 的当期值汉密尔顿函数为：

$$H_2 = (a - bq_1 - bq_2)q_2 - (f_2 - d_2 S_2)q_2 - u_1 q_1 - u_2 q_2 \tag{1.5}$$

其中，u_1，u_2 分别是厂商 2 的联系于两个状态变量 S_1 和 S_2 的共态变量。由最大值原理可得如下条件：

$$\partial H_2/\partial q_2 = a - bq_1 - 2bq_2 - f_2 + d_2 S_2 - u_2 = 0 \tag{1.6}$$

$$\dot{u}_1 = ru_1 - \partial H_2/\partial S_1 = ru_1 \tag{1.7}$$

$$\dot{u}_2 = ru_2 - \partial H_2/\partial S_2 = ru_2 - d_2 q_2 \tag{1.8}$$

及必要的横截性条件。联立式（1.2）和式（1.6）可得：

$$q_1 = \frac{1}{3b}a - \frac{2}{3b}f_1 + \frac{1}{3b}f_2 + \frac{2d_1}{3b}S_1 - \frac{d_2}{3b}S_2 - \frac{2}{3b}m_1 + \frac{1}{3b}u_2 \tag{1.9}$$

$$q_2 = \frac{1}{3b}a - \frac{2}{3b}f_2 + \frac{1}{3b}f_1 + \frac{2d_2}{3b}S_2 - \frac{d_1}{3b}S_1 - \frac{2}{3b}u_2 + \frac{1}{3b}m_1 \tag{1.10}$$

由于从式（1.9）和式（1.10）中可以看出，式（1.4）和式（1.7）的微分方程在这个微分博弈中并不起真正的作用，因此需要求解的只是由 $\dot{S}_1 = -q_1$，$\dot{S}_2 = -q_2$ 以及式（1.3）和式（1.8）四个微分方程所确定的非齐次线性微分方程组，其中 q_1 和 q_2 由式（1.9）和式（1.10）两式确定。其所对应的齐次微分方程组的雅可比矩阵如下：

$$J = \begin{pmatrix} -2d_1/3b & d_2/3b & 2/3b & -1/3b \\ d_1/3b & -2d_2/3b & -1/3b & 2/3b \\ -2d_1^2/3b & d_1 d_2/3b & r + 2d_1/3b & -d_1/3b \\ d_1 d_2/3b & -2d_2^2/3b & -d_2/3b & r + 2d_2/3b \end{pmatrix} \tag{1.11}$$

设：

$$g = \sqrt{d_1^2 + d_2^2 - d_1 d_2} \tag{1.12}$$

矩阵（1.11）的四个特征根如下：

$$\lambda_1 = \frac{1}{6b}\left[3rb - \sqrt{9r^2b^2 + 12rb(d_1 + d_2 - g)}\right] \tag{1.13}$$

$$\lambda_2 = \frac{1}{6b}\left[3rb - \sqrt{9r^2b^2 + 12rb(d_1 + d_2 + g)}\right] \tag{1.14}$$

$$\lambda_3 = \frac{1}{6b}\left[3rb + \sqrt{9r^2b^2 + 12rb(d_1 + d_2 - g)}\right] \tag{1.15}$$

$$\lambda_4 = \frac{1}{6b}\left[3rb + \sqrt{9r^2b^2 + 12rb(d_1 + d_2 + g)}\right] \tag{1.16}$$

由于特征根为两正两负，因此该系统的稳定性具有鞍点的性质。相应的非齐次线性微分方程组的通解如下：

$$S_1 = \frac{1}{d_1}[-a + f_1 + c_1(d_2 - d_1 + g)e^{\lambda_1 t} + c_2(d_2 - d_1 - g)e^{\lambda_2 t} + c_3(d_2 - d_1 + g)e^{\lambda_3 t} + c_4(d_2 - d_1 - g)e^{\lambda_4 t}] \tag{1.17}$$

---

① 本质上，在解最优控制问题时所有涉及到非负约束的地方都应该利用库恩－塔克条件（Kuhn-Tucker Conditions）写成类似于如下的形式：$\partial H_1/\partial q_1 \leqslant 0$，$q_1 \geqslant 0$，$q_1(\partial H_1/\partial q_1) = 0$。本文中在所有类似的地方都会采取如（1.2）式的简单形式书写，但在后面会详尽的讨论取边界解的情况。

$$S_2=\frac{-a+f_2}{d_2}+c_1e^{\lambda_1t}+c_2e^{\lambda_2t}+c_3e^{\lambda_3t}+c_4e^{\lambda_4t} \tag{1.18}$$

$$\begin{aligned}m_1=\frac{1}{d_1}\{&c_1[b(2d_2-d_1+2g)\lambda_1+d_1(d_2-d_1+g)]e^{\lambda_1t}+\\&c_2[b(2d_2-d_1-2g)\lambda_2+d_1(d_2-d_1-g)]e^{\lambda_2t}+\\&c_3[b(2d_2-d_1+2g)\lambda_3+d_1(d_2-d_1+g)]e^{\lambda_3t}+\\&c_4[b(2d_2-d_1-2g)\lambda_4+d_1(d_2-d_1-g)]e^{\lambda_4t}\}\end{aligned} \tag{1.19}$$

$$\begin{aligned}u_2=\frac{1}{d_1}\{&c_1[b(d_2+d_1+g)\lambda_1+d_1d_2]e^{\lambda_1t}+c_2[b(d_2+d_1-g)\lambda_2+d_1d_2]e^{\lambda_2t}+\\&c_3[b(d_2+d_1+g)\lambda_3+d_1d_2]e^{\lambda_3t}+c_4[b(d_2+d_1-g)\lambda_4+d_1d_2]e^{\lambda_4t}\}\end{aligned} \tag{1.20}$$

因为所考虑的问题（1）和（2）都涉及时间趋于无穷大，所以在稳定状态时上面通解中对应于两个正的特征根的积分常数都应为零，即 $c_3=c_4=0$。从而，应用两个初始条件 $S_1(0)=S_1^0$，$S_2(0)=S_2^0$，可以算出另外两个积分常数为：

$$c_1=\frac{(g+d_1)(a-f_2)/d_2+(f_2-f_1)+d_1S_1^0+(d_1-d_2+g)S_2^0}{2g} \tag{1.21}$$

$$c_2=\frac{(g-d_1)(a-f_2)/d_2+(f_1-f_2)-d_1S_1^0+(d_2-d_1+g)S_2^0}{2g} \tag{1.22}$$

进而将四个积分常数代入式（1.17）~式（1.20）的通解表达式，可以得到微分方程组的特解如下：

$$S_1=\frac{1}{d_1}[-a+f_1+c_1(d_2-d_1+g)e^{\lambda_1t}+c_2(d_2-d_1-g)e^{\lambda_2t}] \tag{1.23}$$

$$S_2=\frac{-a+f_2}{d_2}+c_1e^{\lambda_1t}+c_2e^{\lambda_2t} \tag{1.24}$$

$$\begin{aligned}m_1=\frac{1}{d_1}\{&c_1[b(2d_2-d_1+2g)\lambda_1+d_1(d_2-d_1+g)]e^{\lambda_1t}+\\&c_2[b(2d_2-d_1-2g)\lambda_2+d_1(d_2-d_1-g)]e^{\lambda_2t}\}\end{aligned} \tag{1.25}$$

$$u_2=\frac{1}{d_1}\{c_1[b(d_2+d_1+g)\lambda_1+d_1d_2]e^{\lambda_1t}+c_2[b(d_2+d_1-g)\lambda_2+d_1d_2]e^{\lambda_2t}\} \tag{1.26}$$

最后将所得到的结果代入式（1.9）和式（1.10），可以得到 q_1 和 q_2 的解如下：①

$$q_1=\max\left\{0,-\frac{c_1\lambda_1(d_2-d_1+g)}{d_1}e^{\lambda_1t}-\frac{c_2\lambda_2(d_2-d_1-g)}{d_1}e^{\lambda_2t}\right\} \tag{1.27}$$

$$q_2=\max\{0,-c_1\lambda_1e^{\lambda_1t}-c_2\lambda_2e^{\lambda_2t}\} \tag{1.28}$$

根据以上求解方法所产生的式（1.27）和式（1.28）即是此种微分博弈问题的唯一纳什均衡（Dockner et al.，2000）。

附录 2 （二、2）中哈伯特峰值（Hubbert's Peak）的推导

此时从式（4）可以看出，由于 $-c_1\lambda_1e^{\lambda_1t}-c_2\lambda_2e^{\lambda_2t}$ 中 $c_2\lambda_2>0$，所以此式整体有可能会小于零，这样厂商 2 的产量就只能取零值。因此，需要讨论两种可能的情况：

（一） $|c_2\lambda_2|\geqslant|c_1\lambda_1|$

这时在最初某一段时间内，厂商 2 的产量一直为零。由于直接化简此不等式非常繁琐，现假设

① 表面上此处的解应该只写成 $q_1=-c_1\lambda_1e^{\lambda_1t}/d_1-c_2\lambda_2e^{\lambda_2t}/d_1$，$q_2=-c_1\lambda_1e^{\lambda_1t}-c_2\lambda_2e^{\lambda_2t}$ 的形式。但当应用库恩—塔克条件后就需要将其写成正文中的形式。因为下文马上要讨论取边界解的情况，为了避免误解，现直接写成如此形式。

$d_1=d_2=d$，但依旧假设$f_1<f_2$，$f_1+f_2=2f$。可以看出做此简化处理并不会影响基本的结论，其依旧表示厂商2的单位开采成本大于厂商1的单位开采成本。经过此简化，现在c_1和c_2可简化为如下值：

$$c_1=\frac{a-f+dS^0}{d},c_2=\frac{f_1-f_2}{2d} \tag{2.1}$$

这时不等式$|c_2\lambda_2|\geqslant|c_1\lambda_1|$意味着：

$$f_2\geqslant f_1+\frac{2(a-f+dS^0)(\sqrt{9r^2b^2+12rbd}-3rb)}{3(\sqrt{r^2b^2+4rbd}-rb)} \tag{2.2}$$

此即表示厂商2的单位开采成本大于厂商1的单位开采成本某一个倍数时，厂商2在开始一段时间内会不生产。而由于$|\lambda_2|>|\lambda_1|$，因此随着时间的进展，$-c_1\lambda_1e^{\lambda_1t}-c_2\lambda_2e^{\lambda_2t}$中第二项会比第一项减少得更快，即在某一时间$0<t_1<\infty$时一定会有$-c_1\lambda_1e^{\lambda_1t_1}=-c_2\lambda_2e^{\lambda_2t_1}$。在这之后则会有$-c_1\lambda_1e^{\lambda_1t}>-c_2\lambda_2e^{\lambda_2t}$，这表示厂商2此后将会按正式的规则进行生产：

$$q_2=-c_1\lambda_1e^{\lambda_1t}-c_2\lambda_2e^{\lambda_2t}>0,t\in(t_1,\infty) \tag{2.3}$$

另外，在时间t_1之后q_2的一阶与二阶导数分别如下：

$$\dot{q}_2=-c_1\lambda_1^2e^{\lambda_1t}-c_2\lambda_2^2e^{\lambda_2t} \tag{2.4}$$

$$\ddot{q}_2=-c_1\lambda_1^3e^{\lambda_1t}-c_2\lambda_2^3e^{\lambda_2t} \tag{2.5}$$

由于在t_1之后的某一段时间内一定会有$|c_2\lambda_2^2|>|c_1\lambda_1^2|$，所以在这段时间内应有$\dot{q}_2>0$。同理，由于$|\lambda_2|>|\lambda_1|$会导致式（2.4）中等号右边第二项的下降速度比第一项快，因此经过一段时间后这两项终会相等，即设$t_2<\infty$时有$-c_1\lambda_1^2e^{\lambda_1t_2}=-c_2\lambda_2^2e^{\lambda_2t_2}$。在$t_2$之后$\dot{q}_2<0$则会一直成立。类似的分析也适用于$q_2$的二阶导数：设$t=t_3$时有$-c_1\lambda_1^3e^{\lambda_1t_3}=-c_2\lambda_2^3e^{\lambda_2t_3}$，即此时$\ddot{q}_2=0$，则在$t_3$之前$\ddot{q}_2<0$，在$t_3$之后则会有$\ddot{q}_2>0$。将以上的分析总结如下，则可以清楚地看出厂商2的产量曲线会如图3所示（其中$0<t_1<t_2<t_3<\infty$）：

$$\begin{aligned}&q_2=0,\ t\in[0,t_1]\\&q_2=-c_1\lambda_1e^{\lambda_1t}-c_2\lambda_2e^{\lambda_2t}>0,\ t\in(t_1,\infty)\\&\dot{q}_2>0,\ t\in(t_1,\ t_2)\\&\dot{q}_2<0,\ t\in(t_2,\ \infty)\\&\ddot{q}_2<0,\ t\in(t_1,\ t_3)\\&\ddot{q}_2>0,\ t\in(t_3,\ \infty)\end{aligned} \tag{2.6}$$

关于价格方面，在［0，t_1］的时间段内，因为只有厂商1进行生产，产品价格将按下式进行演进：

$$P^1=a-bq_1=a+bc_1\lambda_1e^{\lambda_1t}-bc_2\lambda_2e^{\lambda_2t} \tag{2.7}$$

这是由于式（10）中在假设$d_1=d_2=d$时经过化简而得到此时厂商1的产量如下式：

$$q_1=-c_1\lambda_1e^{\lambda_1t}+c_2\lambda_2e^{\lambda_2t} \tag{2.8}$$

在（二、1）中两个厂商完全对称时其共同的产量为$2q=-2c_1\lambda_1e^{\lambda_1t}$，与式（2.8）比较可以看出，由于$|c_2\lambda_2|\geqslant|c_1\lambda_1|$，所以此时厂商1单独的产量已经大于完全对称时两个厂商共同的产量之和。反映在式（2.7）和式（7）的价格路径上，可以看出P^1的起点会比P^2低，但由于$|\lambda_2|>|\lambda_1|$，所以P^1上升得会比P^2更快，如图4所示。

（二）$|c_2\lambda_2|<|c_1\lambda_1|$

这种情况意味着两个厂商间开采成本的差距没有前一种情况那么大，因此此时厂商2在最初就会进行生产。如果$|c_2\lambda_2^2|>|c_1\lambda_1^2|$成立，那么经过与前面第Ⅰ种情况时类似的讨论，可以得到此时

厂商 2 的产量路径如图 5 所示，与图 3 所示路径稍有不同之处在于起点的时间。只有当两个厂商的成本差距足够小时，才会有 $|c_2\lambda_2^2| \leq |c_1\lambda_1^2|$，即厂商 2 的产量 q_2 的一阶导数从 $t=0$ 开始就小于零，表示其产量从最初始就会单调下降。也就是说，当厂商 2 的开采成本越来越接近于厂商 1 的成本时，其开采路径也越来越接近于厂商 1 的开采路径，直到两个厂商的成本完全相同时，两者的开采路径也完全重合，这也就是又回到了（二、1）中两者完全对称的情况。

附录 3　第三节中纳什均衡的推导

此时厂商 1 的当期值汉密尔顿函数为：

$$H_1 = (a - bq_1 - bq_2)q_1 - (f_1 - d_1S_1)q_1 - vq_1 - m_1q_1 - m_2q_2 \tag{3.1}$$

由最大值原理可得：

$$\partial H_1/\partial q_1 = a - 2bq_1 - bq_2 - f_1 - v + d_1S_1 - m_1 = 0 \tag{3.2}$$

$$\dot{m}_1 = rm_1 - \partial H_1/\partial S_1 = rm_1 - d_1q_1 \tag{3.3}$$

$$\dot{m}_2 = rm_2 - \partial H_1/\partial S_2 = rm_2 \tag{3.4}$$

厂商 2 的当期值汉密尔顿函数为：

$$H_2 = (a - bq_1 - bq_2)q_2 - (f_2 - d_2S_2)q_2 - vq_2 - u_1q_1 - u_2q_2 \tag{3.5}$$

由最大值原理可得：

$$\partial H_2/\partial q_2 = a - bq_1 - 2bq_2 - f_2 - v + d_2S_2 - u_2 = 0 \tag{3.6}$$

$$\dot{u}_1 = ru_1 - \partial H_2/\partial S_1 = ru_1 \tag{3.7}$$

$$\dot{u}_2 = ru_2 - \partial H_2/\partial S_2 = ru_2 - d_2q_2 \tag{3.8}$$

经过与附录 1 中同样的求解步骤，可得到微分方程组的特解如下：

$$S_1 = \frac{1}{d_1}[-a + f_1 + v + c_3(d_2 - d_1 + g)e^{\lambda_1 t} + c_4(d_2 - d_1 - g)e^{\lambda_2 t}] \tag{3.9}$$

$$S_2 = \frac{-a + f_2 + v}{d_2} + c_3e^{\lambda_1 t} + c_4e^{\lambda_2 t} \tag{3.10}$$

$$m_1 = \frac{1}{d_1}\{c_3[b(2d_2 - d_1 + 2g)\lambda_1 + d_1(d_2 - d_1 + g)]e^{\lambda_1 t} + c_4[b(2d_2 - d_1 - 2g)\lambda_2 + d_1(d_2 - d_1 - g)]e^{\lambda_2 t}\} \tag{3.11}$$

$$u_2 = \frac{1}{d_1}\{c_3[b(d_2 + d_1 + g)\lambda_1 + d_1d_2]e^{\lambda_1 t} + c_4[b(d_2 + d_1 - g)\lambda_2 + d_1d_2]e^{\lambda_2 t}\} \tag{3.12}$$

其中，λ_1 和 λ_2 与基本模型中相同，即分别为式（1.13）和式（1.14），g 依旧为式（1.12）。而两个常数的取值如下：

$$c_3 = \frac{(g + d_1)(a - f_2 - v)/d_2 + (f_2 - f_1) + d_1S_1^0 + (d_1 - d_2 + g)S_2^0}{2g} \tag{3.13}$$

$$c_4 = \frac{(g - d_1)(a - f_2 - v)/d_2 + (f_1 - f_2) - d_1S_1^0 + (d_2 - d_1 + g)S_2^0}{2g} \tag{3.14}$$

进而得到该博弈的纳什均衡如下：

$$q_1 = \max\left\{0, -\frac{c_3\lambda_1(d_2 - d_1 + g)}{d_1}e^{\lambda_1 t} - \frac{c_4\lambda_2(d_2 - d_1 - g)}{d_1}e^{\lambda_2 t}\right\} \tag{3.15}$$

$$q_2 = \max\{0, -c_3\lambda_1e^{\lambda_1 t} - c_4\lambda_2e^{\lambda_2 t}\} \tag{3.16}$$

附录 4　第四节中纳什均衡的推导

此时厂商 1 的当期值汉密尔顿函数为：

$$H_1 = (1 - \theta)(a - bq_1 - bq_2)q_1 - (f_1 - d_1S_1)q_1 - m_1q_1 - m_2q_2 \tag{4.1}$$

由最大值原理可得如下必要条件：

$$\partial H_1/\partial q_1 = (1 - \theta)(a - 2bq_1 - bq_2) - f_1 + d_1S_1 - m_1 = 0 \tag{4.2}$$

$$\dot{m}_1 = rm_1 - \partial H_1/\partial S_1 = rm_1 - d_1q_1 \tag{4.3}$$

$$\dot{m}_2 = rm_2 - \partial H_1/\partial S_2 = rm_2 \tag{4.4}$$

厂商2的汉密尔顿函数为：

$$H_2 = (1-\theta)(a-bq_1-bq_2)q_2 - (f_2-d_2S_2)q_2 - u_1q_1 - u_2q_2 \tag{4.5}$$

由最大值原理得如下必要条件：

$$\partial H_2/\partial q_2 = (1-\theta)(a-bq_1-2bq_2) - f_2 + d_2S_2 - u_2 = 0 \tag{4.6}$$

$$\dot{u}_1 = ru_1 - \partial H_2/\partial S_1 = ru_1 \tag{4.7}$$

$$\dot{u}_2 = ru_2 - \partial H_2/\partial S_2 = ru_2 - d_2q_2 \tag{4.8}$$

经过与附录1中相同的求解步骤，可得微分方程组的解如下：

$$S_1 = \frac{1}{d_1}\{-a(1-\theta)+f_1+c_5(d_2-d_1+g)e^{\lambda_3 t}+c_6(d_2-d_1-g)e^{\lambda_4 t}\} \tag{4.9}$$

$$S_2 = \frac{-a(1-\theta)+f_2}{d_2} + c_5e^{\lambda_3 t} + c_6e^{\lambda_4 t} \tag{4.10}$$

$$\begin{aligned} m_1 = \frac{1}{d_1}\{ & c_5[b(1-\theta)(2d_2-d_1+2g)\lambda_3+d_1(d_2-d_1+g)]e^{\lambda_3 t} + \\ & c_6[b(1-\theta)(2d_2-d_1-2g)\lambda_4+d_1(d_2-d_1-g)]e^{\lambda_4 t}\} \end{aligned} \tag{4.11}$$

$$\begin{aligned} u = \frac{1}{d_1}\{ & c_5[b(1-\theta)(d_2+d_1+g)\lambda_3+d_1d_2]e^{\lambda_3 t} + \\ & c_6[b(1-\theta)(d_2+d_1-g)\lambda_4+d_1d_2]e^{\lambda_4 t}\} \end{aligned} \tag{4.12}$$

其中，g 依旧由式（1.12）给定。这时两个负的特征根已与基本模型中的不同，取值如下：

$$\lambda_3 = \frac{1}{6b}\left[3rb - \sqrt{9r^2b^2+12rb(d_1+d_2-g)/(1-\theta)}\right] \tag{4.13}$$

$$\lambda_4 = \frac{1}{6b}\left[3rb - \sqrt{9r^2b^2+12rb(d_1+d_2+g)/(1-\theta)}\right] \tag{4.14}$$

另外，两个常数现取如下的值：

$$c_5 = \frac{(g+d_1)[a(1-\theta)-f_2]/d_2+(f_2-f_1)+d_1S_1^0+(d_1-d_2+g)S_2^0}{2g} \tag{4.15}$$

$$c_6 = \frac{(g-d_1)[a(1-\theta)-f_2]/d_2+(f_1-f_2)-d_1S_1^0+(d_2-d_1+g)S_2^0}{2g} \tag{4.16}$$

进而得到该博弈的纳什均衡如下：

$$q_1 = \max\left\{0, -\frac{c_5\lambda_3(d_2-d_1+g)}{d_1}e^{\lambda_3 t} - \frac{c_6\lambda_4(d_2-d_1-g)}{d_1}e^{\lambda_4 t}\right\} \tag{4.17}$$

$$q_2 = \max\{0, -c_5\lambda_3e^{\lambda_3 t} - c_6\lambda_4e^{\lambda_4 t}\} \tag{4.18}$$

参考文献：

1. 戴蒙德：《崩溃》，中译本，上海译文出版社2008年版。

2. 孟凡强、于远光：《承包制下不可再生资源耗竭问题研究》，载于《中国人口·资源与环境》2008年第1期。

3. Conrad, J. M., Clark, C. W., 1987, "Natural Resource Economics" [M], Cambridge University Press.

4. Dasgupta. P., Heal, G., 1979. "Economic Theory and Exhaustible Resource" [M], Cambridge University Press.

5. Dockner, Engelbert J. et al., 2000, "Differential Games in Economics and Management Science" [M], Cambridge University Press.

6. Hotelling, H., 1931, "The Economics of Exhaustible Resources" [J], *Journal of Political Economy*, Vol. 31.

7. Hubbert, M. K., 1956, "Nuclear Energy and Fossil Fuels", API Conference, San Antonio, TX, (March 7-9, 1956).

8. Hubbert, M. K., 1962, "Energy Resources: A Report to the Committee on Natural Resources of the NAS-NRC", Publication no. 1000-D, NAS-NRC: Washington, DC.

9. Jeong-Bin Im, 2002, "Optimal Taxation of Exhaustible Resource under Monopoly" [J], *Energy Economics*,

Vol. 24.

10. Krautkraemer, Jeffrey A, 1998, "Nonrenewable Resource Scarcity" [J], *Journal of Economic Literature*, Vol. 36.

11. Lewis, T., R. Schmalensee, 1980, "On Oligopolistic Markets for Non-renewable Natural Resources" [J], *Quarterly Journal of Economics*, Vol. 95.

12. Loury, Glenn C., 1986, "A Theory of 'Oil' igopoly: Cournot Equilibrium in Exhaustible Resource Markets with Fixed Supplies" [J], *International Economic Review*, Vol. 27.

13. Meng, QY, Bentley, RW, 2008, "Global Oil Peaking: Responding to the Case for 'Abundant Supplies of Oil'", Energy, doi: 10.1016/j.energy.2008.04.001.

（本文载于《经济科学》2009 年第 3 期）

我国成品油政府管制策略研究*

——兼论我国成品油定价机制改革

仰　炬　耿洪洲　王新奎　张志超

摘　要：本文针对我国成品油政府管制，在归纳整理了包括美国、日本、韩国、墨西哥、比利时、新西兰、瑞典等国家的成品油政府管制历程的基础上，利用协整理论，以基于向量自回归(VAR)、格兰杰因果关系检验以及方差分解、冲击响应函数、GARCH模型，从多变量的角度尝试探讨国外原油市场与我国成品油（燃料油）市场相互关系，证明此次成品油定价机制改革采用的"原油成本法"的合理性，并就成品油政府管制进一步改革提出政策建议。

关键词：成品油　定价机制　协整　均衡　GARCH模型

中图分类号：F832　**文献标识码：**A　**文章编号：**1002－8102（2009）06－0109－06

一、引　　言

2008年12月18日国务院印发《关于实施成品油价格和税费改革的通知》，2009年1月1日实施成品油税费改革方案，由此，酝酿了十几年的成品油价税费改革终于启动。

回顾1994年1月我国海南省开始的"省内取消路桥费、养路费，按燃油售价60%征收燃油附加费"成品油价格和税费改革试点，至2008年国务院印发的《关于实施成品油价格和税费改革的通知》，经历了整整14个年头，可谓困难重重。在此期间国际油价宽幅震荡，国内"成品油荒"屡见不鲜；相应的，近年来国内两大石油巨头——中石油、中石化获得的国家财政补贴达上千亿元之多更是受到广泛质疑……而此次定价办法"放弃已经实行了5年的'三地成品油定价法'，采用'原油成本法'，加上炼油企业适当成本和利润"的做法亦被批评为"改革不彻底、保护垄断……"

表1简要归纳了美国、日本、韩国、墨西哥、比利时、新西兰、瑞典等国家成品油政府管制概况，可以发现不同的国家结合各自国情，针对成品油的政府管制具有各自的特点。

二、文献回顾及问题的提出

经济学理论和经济发展的实践已经证明：为实现经济的均衡发展，即便在高度发达的市场经济中，政府的作用也是不可或缺的。国内外学者就政府管制领域发表的研究成果对管制经济学的研究

* 本研究得到上海市教委重点学科建设项目（J51201）、上海市高校人文社会科学重点研究基地上海对外贸易学院国际经济贸易研究所、上海市教委科研创新重点项目（09ZS188）资助。

和学科的形成产生了很大的影响（Stigler，1971；Peltzmam，1976；Kahn，1980；布坎南，1988；Hahn Robert W.，& H. John，1991；植草益，1992；Hahn Robert W，1993；S. Andrei & V. S. Cass R. 1996；Geroge A. Steiner & John F. Steiner，1997；Richard A. Posner，2000；Schwartz A，2000；王俊豪，2001；H. Robert W. & S. Cass R.，2002；Skogstad，2003；宇燕、席涛，2003；G. Edward & A. Shleifer，2003；Djankov Simeon et al.，2003；Andreas，2004；茅铭晨，2007；仰炬、王新奎、耿洪洲，2008）。

表 1　　国外成品油政府管制

	政府管制	征税情况
美国	对于国内成品油市场价格，美国政府主要通过油品储备、利率等间接手段进行调控，并不直接干预市场。政府职能体现在通过加强科学技术研究，促进国家石油资源的合理开发与利用，同时负责制定有关国家安全事务。按照美国能源部 2006 年的统计，汽油平均成本中，55% 是原油，22% 是炼油环节，19% 是税收，4% 是批发和营销。	从量定额征收燃油税、消费税、销售税、环境税；平均汽油州燃油税和联邦燃油税合计为 9.95 美分/升；柴油为 11.37 美分/升；2006 年 7 月，美国 50 个州的州汽油税平均值是 28.4 美分/加仑，加上联邦燃油税后为 46.8 美分/加仑。
日本	1962 年 7 月，日本颁布了《石油工业法》规范管理石油市场。1968 年 1 月，实施《特定石油制品输入暂定措施法》（简称《特石法》）。该法是针对美国要求日本开放市场、促进贸易自由化的压力，而对本国石油工业采取的保护性法律，主要规定了只有石油公司才有进口的权利。1989 年 3 月至 1992 年 1 月，连续废除了汽油生产配额指导和原油生产指标，即取消了政府控制的汽油生产配额和对原油加工生产配额的限制。1996 年 1 月，允许任何有 70 天销售储备设施能力的公司都可以进口石油。1996 年，随着《特石法》废除，石油市场逐渐开放。日本国内各个环节上的成品油价格都是由市场竞争形成，日本政府不再采取行政手段来控制市场价格。	进口环节征收原油关税和石油税；在生产阶段征收航空煤油税、柴油税、汽油税和石油气税；在流通环节征收消费税。不同税款，专款专用。汽油税 45.6 日元/升；石油气税 17.5 日元/公斤；地方道路税 3.2 日元/升；轻油缴付税 32.1 日元/升；燃油消费税 5% 燃油税（包括汽油税、柴油税、石油液化气税）；电力开发税：CO_2 税；SO_2 税；中小企业购买能效设备可以享受购买成本部分 7% 的总体税收折扣；减免节能汽车的汽车购置税。
韩国	1993 年以前，政府根据成本定价及炼油厂利润定价，为控制消费指数，实行低油价政策和价格公告制。1994 年 1 月至 1996 年 12 月，政府根据上月进口原油价格调整国内成品油（包括汽油、煤油、柴油和重油）价格。1994 年 11 月通过建立与国际市场原油价格联动机制逐步与国际市场接轨。1997 年 1 月以后，石油价格市场化。	韩国政府对进口原油和成品油征收石油基金（1.7 美元/桶）和关税（到岸价的 5%）。成品油销售时政府征收特别所得税、地方公路税、教育税、销售税和增值税。政府对农业和渔业用油实行免税，并对出口油品实行退税。
墨西哥	由能源部、财政部、国家石油公司组成价格委员会，参照国际市场价格，同时考虑国内市场供求、汇率变化、政治经济状况和社会各方面的承受能力等因素制定（按月公布）全国统一的汽油、柴油零售价格，对汽、柴油以外的其他油品实行市场调节价；国家对石油行业实行高度垄断，企业收入全部上缴财政部，企业年度支出也全部由财政部按预算拨付，企业的主要责任是满足国内市场对成品油的需求。	增值税，一般税率为 15%，应纳税额为销项税减进项税（与我国增值税类似）。
比利时	从 1975 年开始，比利时政府就与由石油进口商组成的“比利时石油协会”签订了《计划合同》，以稳定石油的供应与价格。2006 年 10 月双方签订的新合同第一款便明确规定，比利时经济部将采取一切行政和管理手段，确保国内石油市场的供应与稳定。燃油零售价中共包括四个部分的费用：一是进口成本价；二是经销商的利润；三是消费税；四是增值税。其中，消费税相对固定，而增值税则是前三项之和再乘以一个固定的比例。比利时经济部每天对石油产品的最高限价做出精确计算，防止经销商哄抬价格。计算中主要的参考数据就是荷兰阿姆斯特丹的石油价格及当天美元与欧元的比价。	对汽、柴油消费课以重税，消费税和增值税约占汽油零售价的 64%，占柴油零售价的 50%。而在取暖用重柴油价格中，这一比例为 21%。《计划合同》规定，一旦汽油的零售价突破每升 1.50 欧元，柴油零售价突破每升 1.10 欧元，比利时政府就必须通过降低燃油税等手段加以调控。

续表

	政府管制	征税情况
新西兰	20 世纪 70 年代初，新西兰就开征燃油税。新西兰燃油税的纳税人为石油进口商和燃油的生产销售厂家，征税对象主要为车用汽油、天然气和少量液化气，征收对象主要是车辆用油。对于各种非公路用油，通过申请补偿方式予以退税。1978 年后不再对柴油征收燃油税，改为征收道路使用费。	柴油车的使用费与燃油税的负担比较接近，各车型的收费标准是根据车辆质量累进确定的，吨位越大，单位费额就越高。目前，新西兰每升汽油需缴纳的燃油税约为 32. 3 新元。
瑞典	瑞典的能源税（燃油税是能源税的一种）是从 1957 年开始执行的，主要是对石油、煤炭和天然气等征税。1980 年才开始对汽油征税，税率是根据汽油含铅量的多少确定的。1990 年又征收能源增值税，并相继开征了二氧化碳税、硫税、汽油税、甲醇税、里程税及汽油销售税。	对石油、煤炭、天然气征收一般能源税；能源增值税；汽油和甲醇税；里程税；机动车税；CO_2 税；SO_2 税；制造业、农业、林业及水产业可以全免能源税，碳税免 70%。

资料来源：赵丽娜（2006）、毕德东（2007）、刘宝新等（2007）、朱艳平（2007）、钟希余（2007），http：//api. org/statistics/fueltaxes；http：//www. fhwa. dot. gov/policy。

作为工业血液的石油，关系国计民生，其重要性不言而喻，国内外对石油和相关油品市场的研究由来已久。国外关于油品价格波动及预测的研究文献比较有代表意义的有 Hotelling（1930）提出了可耗竭资源模型。沿着豪特林（Hotelling）的研究思路后来的许多文献通过设定石油市场不同结构和参与石油市场的行为主体的不同行为，建立各类理论模型，引进各类相关参数来分析油价波动的原因和未来趋势，如后来的平狄克（Pindyck，1978）、盖特（Gately，1983、1984）、亚历山德罗·兰扎等（Alessandro Lanza、Matteo Manera、Margherita Grasso、Massimo Giovannini，2003），努尔丁（Noureddine Krichene，2005）；等等。现在除了仍有相当多文献采用上述类似的研究思路和方法外，还有相当一部分文献采用随机序列的方法进行研究。近年来新的研究方法不断出现，如目前使用较多的经济时间序列方法，包括格兰杰（1969）的因果关系方法，恩格尔和格兰杰（1987）提出的协整理论，恩格尔（1982）提出的条件异方差模型，以及九十年代兴起的 VAR 方法及最近出现的分形和混沌的方法等。

国外针对石油和成品油政府管制相关文献主要集中在强调社会公平和效率的能源和交通税制领域，其中比较有代表性的有：国家研究院（National Research Council，1992）、奎奈特（Quinet，E.，1997）、戈达尔和霍尔兹马克（Godal and Holtsmark，2001）、帕里等（Lan. W. H. Parry，Kenneth A. Small，2001）、唐·富勒顿和萨拉·E·韦斯特（Don Fullerton，Sarah E. West，2002）、罗伯特·普恩特和瑞安·普润斯（Robert Puentes、Ryan Prince，2003）、卡茨等（Bruce Katz，Rob Puentes and Scott Bernstein.，2003）、张中祥（Zhongxiang Zhang，2004）、提齐（Tizzi，2005）、劳伦斯和古尔德（Lawrence and Goulder，2005）、古尔德和施奈德（Goulder and Schneider，2005）等。

我国作为一个社会主义市场经济国家，政府管制具有一定的特殊性和复杂性。针对石油和成品油政府管制相关文献主要集中在能源体制改革、成品油定价机制改革及燃油税改革等方面。其中比较有代表性的有：杨纪镛、任相春（2000）、周若洪（2001）、董秀成（2005）、韦东（2006）、史丹（2006）、李书田（2006）、赵丽娜（2006）、赵盛伟（2007）、周立、熊志坚（2007）。

相关研究文献可谓汗牛充栋，他们都为这个领域的研究做出了重要贡献，但目前的研究还存在一些缺陷和不足。针对关系国计民生的成品油应该如何管理？此次成品油定价机制改革采用“原油成本法”是否合理？国外原油市场与我国成品油（燃料油）市场相互关系如何？此次成品油定价机制改革是否“改革不彻底、保护垄断”？我国成品油政府管制进一步改革应该采用何种策略？本文试图利用协整理论，以基于向量自回归、格兰杰因果关系检验以及冲击响应函数方法，从多变量的角度尝试探讨国外石油市场与我国成品油（燃料油）市场相互关系，结合我国国情，展开深入分析，从而为国家成品油定价机制进一步改革及有关部门制定能源相关政策提供理论支持。

三、研究方法、数据及统计检验

国际贸易原油是以纽约商品交易所（NYMEX）原油期货市场的合约价格为结算依据。本文采用实证研究方法，以路透财经咨询系统提供的纽约商品交易所（NYMEX，以下数据处理表格中简述为："NY"）原油期货"美原油连"（1990.6～2008.6）和上海期货交易所（SFE）燃料油（一种具有代表性的成品油）期货"燃油连续"（以下数据处理表格中简述为："SR"）（2004.8～2008.6），分别做单位根检验、协整检验、格兰杰检验及基于ARCH类模型的价格波动性分析，以探求上述两个市场运行特性及相关关系。上述数据均采用相同交易日逐一配对，即去除国内外期货市场因节假日不一致而没有交易记录的不匹配数据，由此保证数据的可比性和合理性。

1. 单位根检验。运用EViews5.1对上述市场的两个价格序列数据用DF、ADF、PP、KPSS、ERS法进行单位根检验，检验结果证明时间序列都是一阶单整的。

2. 协整检验。利用该特征值最大统计值统计量（max）和迹（trace）统计量与临界值比较，检验结果证明美国原油期货与上海燃油期货之间存在协整关系，也即存在长期均衡关系。

3. 格兰杰因果检验。实证研究表明：纽约原油与上海燃油之间存在长期均衡关系，纽约原油是上海燃油的格兰杰原因（见表2）。由此能够证明此次成品油定价机制改革采用"原油成本法"具有一定的合理性。

表2　　　　市场间协整关系与格兰杰检验

市场主体	协整关系	格兰杰因果检验
纽约原油期货与上海燃油期货	协整	纽约原油期货是上海燃油期货格兰杰原因

上海期货交易所和《中国石油化工集团公司年鉴》统计数据显示：中国虽然是世界第五大产油国，但近年来随着经济的腾飞，原油进口量稳步增加；而我国作为炼油能力世界排名第二的国家，本身成品油是净出口。因此，此次成品油定价机制改革了之前的"成品油价格浮动"的定价机制（因为我国是成品油净出口国，国外成品油价格对国内成品油影响显然没有我国直接大量进口原油的影响大）采用"原油成本法"（因为我国大量进口石油，原油价格变动对我国石油石化炼油企业的影响是巨大的）是合理的。

4. VAR模型（见表3）。

表3　　　　VAR模型

	NY	SR
NY（-1）	-0.112661 (0.03816) [-2.95257]	0.170001 (0.01164) [14.6032]
NY（-2）	-0.011994 (0.04329) [-0.27704]	0.030811 (0.01321) [2.33272]
SR（-1）	-0.022895 (0.12444) [-0.18399]	-0.272350 (0.03797) [-7.17370]
SR（-2）	0.053107 (0.11036) [0.48120]	-0.060280 (0.03367) [-1.79026]
C	14.05609 (6.21285) [2.26242]	3.724969 (1.89548) [1.96518]

5. 方差分解。由表4可知，对纽约原油价格变动长期作用部分的方差，总方差中来自于自身的部分较大，而来自于中国燃料油的部分较小。对中国燃料油价格变动长期作用部分的方差，随着滞后期的增加，总方差中来自于纽约原油的部分呈上升趋势，由此也可以印证格兰杰因果检验结果。

表4　　　　方差分解

Variance Decomposition of NY:				Variance Decomposition of SR:			
Period	S. E.	NY	SR	Period	S. E.	NY	SR
1	165.0959	100.0000	0.000000	1	50.36915	4.155099	95.84490
2	166.1707	99.99538	0.004616	2	57.93095	22.16916	77.83084
3	166.1988	99.96163	0.038369	3	58.20466	22.89227	77.10773
4	166.2107	99.95761	0.042393	4	58.21886	22.89021	77.10979
5	166.2114	99.95758	0.042417	5	58.22567	22.90278	77.09722

6. 脉冲响应。由图1我们可以看到纽约原油价格对上海燃料油期货价格脉冲响应在第二期有一个上升，然后才迅速衰减。而上海燃料油期货价格对于纽约原油期货价格的脉冲响应波动较弱而且不明显。

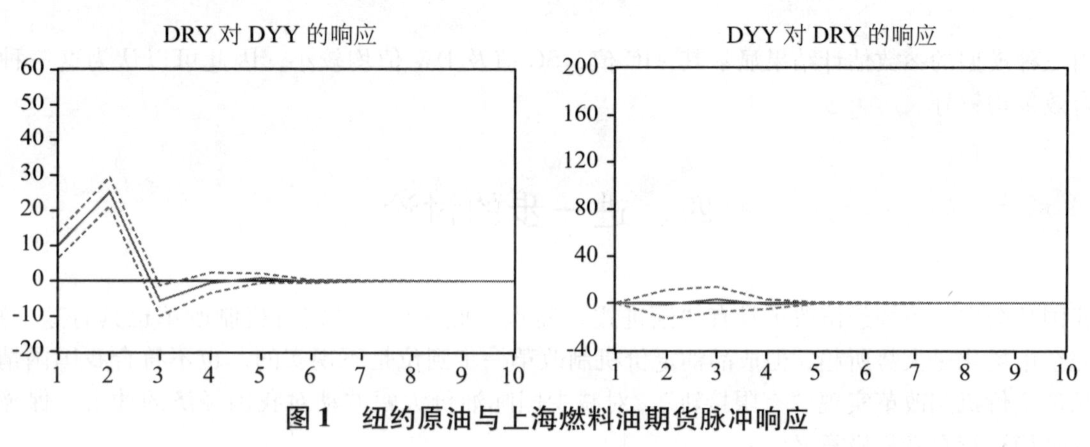

图1　纽约原油与上海燃料油期货脉冲响应

7. 波动性及杠杆效应分析。采用 $R_t = 100\ln(p_t/p_{t-1})$ 定义收益率，其中 p_t 为上述交易所连续现货月期货合约日收盘价。由收益序列基本统计特征及 ARCH－LM 检验可以推断收益序列具有条件异方差性，用 ARCH 类模型建模。在误差服从 GED 分布①的假设下，用极大似然估计法进行估计得到表5。

表5　　GRACH、EGARCH 及 CARCH 模型最大似然估计结果

	纽约原油期货			上海燃料油期货		
统计量	GARCH	EGARCH	CARCH	GARCH	EGARCH	CARCH
α	0.040040* [0.017188]	−0.065287* [0.068870]	−0.497956 [2.318300]	0.086891* [0.028227]	0.195285* [0.056359]	0.009288 [0.015939]
β	0.910071* [0.037549]	−0.355836 [0.229448]	1.263687 [2.552795]	0.814673* [0.062573]	0.899751* [0.046385]	−0.914972* [0.165117]
ω		−10.29191* [2.581697]	0.000507* [6.45E−05]		−0.051118 [0.041825]	2.775015* [0.240808]
γ		−0.133433* [0.052554]			0.014383 [0.020109]	
ρ			0.845939* [0.158161]			0.901993* [0.045213]

注：* 表示在5%水平下显著，** 表示在10%水平下显著；方括号内为标准误差。

① D. B. Nelson. ARCH models as diffusion approximations [J]. Journal of Econometrics, 1990, 45 (1－2): pp. 7－38.

由表6可知，半衰期由长到短依次为：上海燃油期货、纽约原油期货，两个市场的半衰期都较短，说明市场不健全。纽约原油期货市场的GARCH模型中，$\alpha+\beta=0.950111$ 说明波动性的持续性较长，市场波动冲击的半衰期为6。EGARCH模型中，γ 系数小于0，且显著，说明纽约原油期货市场负面信息的冲击大于正面信息的冲击。上海燃油期货市场的GARCH模型中，$\alpha+\beta=0.90$，说明波动性的持续性较长，但市场波动冲击的半衰期较短（仅为2），影响时期较短（CARCH模型中 ρ 为0.901993亦能加以验证）。EGARCH模型中，γ 系数大于0，且显著，说明上海燃油期货市场具有杠杆效应，正面信息的冲击大于负面信息的冲击，相同幅度的油价上涨比油价下跌对以后油价的波动具有更大的影响。实证证明了我国成品油易涨难跌的特性，由此也能较好地解释我国成品油市场存在市场投机和走私行为推波助澜造成油源短缺现象的原因。

表6　原油期货市场波动性检验汇总表

	$\alpha+\beta$	方差冲击半衰期	杠杆效应 γ	CARCHρ 验证
纽约原油期货	0.950111	6	-0.133433	0.845939
上海燃油期货	0.90156	2	0.014383	0.901993

由三种模型的参数估计结果显示其AIC值、SC值及DW值均较小，因此可以认为这三种模型的拟合效果均较好。

四、进一步的讨论

我国社会主义市场经济改革具有“渐进式”特点，此次成品油定价机制改革也具有这一特点。虽然完全市场化是大势所趋，但成品油定价机制改革一步到位是不现实的，也不符合我国国情。此次成品油定价机制改革实现“有限接轨”，对减少国际油价大幅波动对我国经济的冲击，保障国家经济的平稳运行有着积极意义。

而此次成品油定价机制改革采用“原油成本法”，加上炼油成本和适当的利润空间以及国内关税、成品油流通费等，共同形成国内成品油零售基准价的做法显然保障了炼油行业和成品油流通领域的利益。由此，以前的成品油定价机制下，成品油价格低于炼厂成本，炼油行业亏损即不复存在，国家财政也无需对炼油行业进行巨额补贴，转而由成品油消费者按需购买。由此将有效阻断已经形成的国外基金利用所谓的“中国因素”推高国际油价→我国政府为控制通胀、调控成品油价，对炼油行业进行巨额补贴→成品油价格机制失真、资源配置和使用不合理（不能起到节约能源的目的）→（粗放经济发展模式下）庞大的能源需求给国外基金继续利用所谓的“中国因素”进一步推高油价这一恶性循环。

我国作为世界第二大炼油产能国，应理顺成品油定价机制，保持国内两大石油巨头——中石油、中石化市场化竞争优势和国际战略地位，为后续进一步的市场化改革储备实力。诚然，从某种意义上而言，目前成品油定价机制改革确有“改革不彻底、保护垄断”之嫌，但这是我国成品油定价机制改革必经之路，此次成品油定价机制改革具有重要的战略意义。

成品油市场化定价是能源供应和资源配置的必然选择，是大势所趋。我国成品油政府管制的重点将由以前的直接管制价格逐步过渡到完善包括储备制度在内的相关法律法规及成品油价税费改革，通过调控成品油税费来间接调控成品油消费。

五、结　论

本文针对我国成品油政府管制，归纳整理了包括美国、日本、韩国、墨西哥、比利时、新西兰、瑞典等国家的成品油政府管制历程的基础上，利用协整理论，以基于向量自回归（VAR）、格兰杰因果关系检验以及方差分解、冲击响应函数、GARCH 模型，从多变量的角度尝试探讨国外原油市场与我国成品油（燃料油）市场相互关系，证明此次成品油定价机制改革采用的“原油成本法”的合理性，并就成品油政府管制进一步改革提出政策建议。

参考文献：

1. 华仁海：《国内国际期货市场期货价格之间的关联研究》，载于《经济学季刊》2004 年第 3 卷。

2. 茅铭晨：《政府管制理论研究综述》，载于《管理世界》2007 年第 2 期。

3. 史丹等：《中国能源工业市场化改革研究报告》，经济科学出版社 2006 年版。

4. 魏一鸣、范英、韩智勇、吴刚等：《中国能源报告 2006 战略与政策研究》，科学出版社 2006 年版。

5. Djankov, Simeon, Rafael La Porta, Florencio Lopez-de-Silanes, and Andrei Shilfer, 2003, The Regulation of Entry, *Quarterly Journal of Economics*, Vol. 117, No. 1.

6. Richard A. Posner, 2000, Cost-Benefit Analysis: Definition, Justification, and Comment on Conference Papers, *Journal of Legal Studies*, Vol. 29, No. 2.

（本文载于《财经研究》2009 年第 6 期）

试析反垄断经济学的学科定位*

——兼评布西罗塞《反垄断经济学手册》

于 立 吴绪亮

摘 要：本文结合评介布西罗塞主编的《反垄断经济学手册》，评述反垄断法的经济目标、反垄断经济学的发展历史、主要内容和学科体系，以及它与相关经济学科，如微观经济学、产业经济学、规制经济学和法律经济学的学科关联。

关键词：反垄断经济学 规制经济学 法律经济学

中图分类号：F062.9 **文献标识码**：A **文章编号**：1000－7636（2009）04－0012－08

一、《手册》的由来与反垄断经济学的发展

在经济学分支学科或我们所说的经济学二级学科或三级学科的发展中，有一个明显的规律，即随着经济活动的实践和学术上的探讨，总是由该学科的先驱者提出基本概念体系和研究框架，再由跟进者不断发展完善，直到比较成熟。而学科成熟的重要标志就是相应学科手册的出现。

在产业组织①或产业经济学领域及相关学科中②，有几套著名的手册。一是《产业组织手册》，现已出版三卷（Schmalensee and Willig，1989，第1～2卷；Armstrong and Porter，2008，第3卷）；二是《反垄断经济学手册》（Buccirossi，2008）；三是《经济规制手册》（Crew and Parker，2005）；四是《法律经济学手册》（Polinsky and Shavell，2007，第1～2卷）③。这些手册的共同特点是，以分篇或分章形式，由研究有关专题的世界一流学者研读该领域的重要期刊论文，并且评述其最新进展和发展方向。④

作为一种特定形式的研究成果。经济学手册具有下列功能和用途：

1. “学科定位功能”。手册可以起到确定体系框架，展示历史渊源的作用。特别是对于某些新兴学科或争议较大的学科，由一些大师级学者“把关定向”，可使他人少走弯路。

2. “经典文库功能”。手册可为研究生和同行学者列出推荐阅读书目，“一卷在手”，简捷方便。有的手册采取“归纳整理”的方式，有的手册也可收编少量的经典文献。

* 本文得到国家自然科学基金项目（70672036）和辽宁省教育厅文科基地项目（2008JD12）的资助。本文初稿曾在中国工业经济学会2008年年会上交流，感谢与会专家建设性的点评意见。

① 英文的“industrial organization”一般可简译成“产业组织”。但应注意，其含义至少可有三种理解，一是“组织业态”意义上的“产业组织”；二是“学科”意义上的“产业组织学”或“产业组织理论”；三是也完全可以意译为“产业经济学”。

② 国内学者前些年对产业经济学与产业组织理论的关系也有争论，其实很多是不必要的。没有偏见的学者都会认为，产业经济学与产业组织理论完全是一回事。国际经济学界也不存在国内某些人提出的“宽派”、“窄派”之分。

③ 据我们理解，《经济学手册》系列中没有列入《反垄断经济学手册》和《规制经济学手册》，一是由于二十多年前，这两个学科还不够成熟；二是由于这两个学科现在也不是能与产业组织和法律经济学并列的“二级学科”。

④ 这种手册编写方式更适用于相关的学者和研究生，简称“评论式”，但阅读面较为狭窄。比较适合一般读者的编写方式是“辞典式”。还有一种介于二者之间“导读式”，比如，我们应一家出版社之邀，撰写的《产业经济学名著精读》。

3. “工具辞书功能”。手册与辞书的功能有些类似，可作一般性阅读，也可“急用现学”，收“立竿见影”之效。

《产业组织手册》现已出版三卷，前两卷均由施马兰西（Richard Schmalensee）和威利格（Robert Willig）主编，第三卷由阿姆斯壮（Mark Armstrong）和波特（Robert H. Porter）主编。这三卷共分五篇，第一篇：企业与市场组织的决定因素；第二篇：市场行为分析；第三篇：实证研究方法与结果；第四篇：国际性议题与比较研究；第五篇：政府对市场的干预。第三卷没有分篇，主要是填补前两卷的空缺，并总结产业组织理论的最新进展。

近年来，深受《产业组织手册》的启发，我们也不自量力，试图借鉴其成功套路，为中国的产业经济学及相关学科发展做点工作。比如，我们完成的《产业经济学的学科定位与理论应用》（于立、肖兴志，2002）、《规制经济学的学科定位与理论应用》（于立、姜春海，2005）和《反垄断经济学的学科定位与理论应用》（于立、吴绪亮，2008），就是学习这些手册的“习作”，尽管限于水平，“照猫画虎”不能尽如人意，[①] 但这也正是我们学习进步、探索纠错的过程。

本文重点评介的是布西罗塞主编的《反垄断经济学手册》，它起源于2005年的一次有关竞争法的经济学研讨会，由阿姆斯壮（Mark Armstrong）、梯若尔（Jean Tirole）等二十几位国际著名产业组织学者参与，于2008年由MIT出版。

反垄断经济学发轫于20世纪20～30年代的美国，20世纪50～60年代得到较大发展，形成所谓的哈佛学派；转至20世纪70～80年代，部分地受到新制度经济学发展的影响，反垄断经济学再一次得到较大发展，并形成了所谓的芝加哥学派。面向新自由主义的回归是这一时期的主流，并影响了无数反垄断判例；20世纪80年代后期以来，由于博弈论等分析工具在反垄断分析中的广泛应用，新产业经济学（New Industrial Economics，NIE）和新经验主义产业组织学（New Empirical Industrial Organization，NEIO）渐成雏形。受此影响，反垄断经济学出现了革命性地发展，动态博弈理论、信息经济学、机制设计理论、拍卖理论、模拟技术以及非参数经济计量方法等正从方方面面重新塑造着当代反垄断经济学的概念范畴、分析框架和工具库（于立、吴绪亮、刘慷，2007）。

2006年莫塔出版反垄断经济学领域第一本本科层次教科书《竞争政策》，同年温斯顿出版反垄断经济领域第一本研究生层次教科书《反垄断经济学前沿》。2008年这部《反垄断经济学手册》（以下简称《手册》）的出版正式标志着反垄断经济学学科的进展和成熟。

二、反垄断法的经济目标

反垄断的经济目标是反垄断经济学的前提性问题。目标不同，或多个目标条件下目标函数的权重不同，会直接影响对垄断行为的评判标准、执法原则和政策导向。

一般而言，“竞争”是一种“共用品”，反垄断是一种旨在培育和促进竞争的公共政策。[②] 美国最高法院给予反垄断法“准宪法”的法律地位，可见其重要性之高。但“竞争”有时又是个含义模糊的概念。例如，如果自由签约是竞争的关键，那么限定自由签约的长期关系就是反竞争的，尽管长期合同可能更有效率；又如，竞争是一种发现过程和选择机制，政府干预必会使之受到影响，那么反垄断干预有时也会与保护竞争的目的出现矛盾。

布西罗塞在《反垄断经济学手册》序言中提出，解决这种矛盾的关键是要明确反垄断本身不是

① 《产业经济学的学科定位与理论应用》和《规制经济学的学科定位与理论应用》，均由东北财经大学出版社出版，并均已获得辽宁省社会科学成果奖。更有趣的是，《反垄断经济学的学科定位与理论应用》于2008年出版，算起来这几本书都恰好相隔三年。当然，我们非常感谢国内同行和国外学者给予我们的热情鼓励和帮助指导。

② “反垄断”与“保护竞争”是同义词。在《中华人民共和国反垄断法》（简称《反垄断法》）出台之前，1994年中国就公布了《中华人民共和国反不正当竞争法》。其实，双重否定不如简单地正面肯定，简称《竞争法》岂不更好？

目的，而只是实现公共目标的手段。按此思路，反垄断执法中就需要根据“双层标准”行事：首先要考察某种行为是否阻碍了竞争；然后再确认这种阻碍竞争的行为是否影响了公共目标的实现。第一条标准是前提，因为如果没有阻碍竞争则无需考虑第二条标准；但重点却是第二条标准，因为如果没有危害或危害不大，即使符合第一个标准也不必过虑。① 与此相应，对于反垄断的公共目标，主要有两种意见：一种意见是追求总福利（消费者剩余 + 生产者剩余）最大化，即配置效率最优化；另一种意见是只需考虑消费者福利最大化。

布西罗塞（2008）认为，赞成以总福利（配置效率）最大化为反垄断法政策目标的经济学家会多一些。应该说，总福利标准和消费者福利标准在很多情况下其实并不存在太大的分歧，正如莫塔（Motta，2004）所指出的，这两个标准“通常不会导致反垄断执法机构和法院做出明显差异的判决”。其背后的经济学道理是，在大多数情况下，总福利和消费者福利都会同向变化，即总福利的增加往往会带来消费者福利的增加。此时存在争议的焦点之一是，分配问题是否适用于反垄断法？有人指出，这个问题既不能也不应由经济学家来回答，经济学家只能说明，将反垄断法作为分配工具会有哪些成本和收益。比如说，为分配问题而禁止有效率的行为会产生哪些资源配置效率损失？是否会在相对贫穷公司股东与相对富有消费者之间出现收入再分配问题？而且，即使我们认为垄断行为产生的任何财富转移都是不合理的，但消除这些影响，是否也会成本过高？

但是的确也有总福利和消费者福利非同向变化的情形，最典型的就是垄断企业如果实行完全价格歧视，此时总福利全归生产者。另外一个常常被引用的例子是企业兼并时的“威廉姆森权衡”。兼并企业由于成本降低、效率提高而获得更多地生产者福利，但同时兼并带来的市场集中度的提高往往会抬高价格，从而降低消费者福利。当生产者福利的增加超过消费者福利减少的幅度时，总福利便会与消费者福利呈现反向变化。当然，总起来说，这些情况并不常见，因此将反垄断目标定为追求总福利最大化通常显得更有道理。如果再从动态效率的角度考虑，情况则更为复杂。

但是如果考虑到反垄断法的执行问题，情况会有所变化。近有研究表明，在某些特定情况下，对消费者剩余给予比生产者剩余更高些的权重，的确可以提高反垄断法执法的效率。比如，从政治经济学的研究角度来看，消费者由于更为分散，从而联合起来通过游说或其他手段捍卫自身利益的能力就比较弱，因此反垄断执法机构强调对消费者剩余的重视有利于生产者和消费者双方力量的均衡。又如，从信息经济学的研究角度来看，企业往往在成本等方面具有比反垄断执法机构更为充分的信息，因此反垄断执法机构在生产者剩余增加与消费者剩余减少之间进行“合理推定”或权衡的时候，难以公正计算出净福利效应大小，此时采取简单的消费者福利标准可以弥补信息不对称的影响，提高执法效率。

在我们看来，其实也可采取折衷的方案，即选择总福利最大化为反垄断法的目标，但通过调整其中生产者剩余与消费者剩余的权数来寻求平衡。极端情况下，若将权数全部归于消费者剩余，上面的两种意见就都变成了第二种意见。不然，如对二者赋予相同的权数，就变成了第一种意见。

就此观之，中国的《反垄断法》在目标表述上存在涵义不清、相互矛盾的问题。该法总则指出，“为了预防和制止垄断行为，保护市场公平竞争，提高经济运行效率，维护消费者利益和社会公共利益，促进社会主义市场经济健康发展，制定本法。”其中，“预防和制止垄断行为”和“保护市场公平竞争”有点同意反复，与前述第一条标准对应。“提高经济运行效率”也易引起疑义，有时（比如自然垄断情况下），竞争不一定能实现最高效率，那么追求效率就不一定反对垄断。“维护消费者利益”，对应前述第二个目标（消费者剩余），维护“社会公共利益”（消费者剩余 + 生产者剩余，即总福利）对应第一个目标，这两个目标是存在交叉重复的。“促进社会主义市场经济健

① 这两条标准正好对应反垄断法的两条执法原则。第一条原则是“本身违法原则”（per se rule）；第二条原则是“合理推定原则”（rule of reason）。应该说，这两个执法原则是国际惯例，中国的《反垄断法》虽未明确提及，但对其实质也有所借鉴。

康发展”，可能放在宪法层次更为适合，而放入《反垄断法》中则明显是非法律用语。总之，中国的《反垄断法》还存在许多需要深入研究的问题。①

三、反垄断经济学的学科体系

在反垄断经济学领域，有一本篇幅较小，但较有特色的著作，即由 M. D. 温斯顿（M. D. Whinston）所著，由于立和张嫚等译校的《反垄断经济学前沿》(2007)。该书的最大特点是“不求全面，只求重要”，全书只有四章，第一章为导言；第二章（对应“垄断协议”）讨论反垄断经济学中公认最为核心的内容，即“价格操纵”或竞争者之间达成限制产量、提高价格的协议；第三章（对应“企业兼并”）讨论最为常见的横向兼并；第四章（兼有“垄断协议”和“滥用市场支配地位”的内容）则讨论纵向排他性合约，特别是独家交易问题。如果说，反垄断问题可大体分为两类，一类是“合谋行为”，另一类是“排他行为”，那么该书第二和第三章主要涉及“合谋行为”问题，第四章则侧重讨论“排他行为”问题。②

作为教育部人文社科重点研究基地重大项目《中国反垄断法与反不正当竞争法的共同经济原理及其衔接》的主要成果，由我们所著的《产业组织与反垄断法》一书，为了与中国《反垄断法》保持一致，核心章节是“第三章：垄断协议”、“第四章：滥用市场支配地位”和“第五章：经营者集中”。中国的《反垄断法》用“经营者集中”代替“企业兼并”，与国际惯例相比名虽不同，实质相同。③

布西罗塞主编的《反垄断经济学手册》分为以下五部分，这也体现了反垄断经济学的学科体系，不同著作也都大同小异。如表 1 所示。

表 1　反垄断经济学的学科体系

分类	章	章名	一般内容
前提	1	反垄断的经济证据：市场定义与市场势力衡量	定义市场 衡量市场势力
企业兼并	2	横向兼并的单边竞争效应	横向兼并 纵向兼并 混合兼并
	3	兼并的协调效应	
	4	纵向一体化的竞争效应	
	5	欧盟兼并控制的混合效应分析	
垄断协议	6	卡特尔识别	卡特尔（合谋） 横向协议 纵向协议
	7	反垄断中的宽恕与举报人	
	8	便利做法	
	9	纵向限制经济学	
	10	独家交易与纵向限制：经验证据与公共政策	
滥用市场 支配地位	11	滥用市场势力	捆绑销售 价格歧视
	12	价格歧视	
特殊市场 政府干预	13	网络产业的公共政策	网络产业 知识产权 双边市场 拍卖与投标 政府干预
	14	知识产权的竞争政策	
	15	双边市场的竞争政策	
	16	拍卖与投标市场的竞争政策	
	17	欧盟政府援助控制：经济分析框架	

① 这也说明，反垄断经济学确实大有用武之地。

② 《产业组织手册》第三卷最后一章，也是该手册总共 30 章的最后一章《横向兼并的反垄断政策》，就是由该书作者温斯顿所撰写。

③ “集中”（concentration）、“兼并”（merger）和“购并”（acquisition & merger，简称 A&M）是含义相近的概念，但是后两个概念更为常用，而且集中在反垄断经济学中多用于表达其他含义，如“集中度”（CR_n）等。因此，严格地说，中国《反垄断法》用“经营者集中”取代“兼并”值得商榷。

第一部分：定义市场。如何定义产品，如何划定市场的地理界限，即定义反垄断法意义上的“市场”，是首要工作。否则，市场份额、市场集中度、市场势力滥用等都无从谈起。

第二部分：企业兼并。包括横向兼并、纵向兼并、混合兼并的竞争效应及其实证方法。

第三部分：垄断协议。包括卡特尔的分类与判别，与横向合谋有关的事前交流、信息分享、股权安排、价格协议等等。

第四部分：滥用市场支配地位。包括判别是否滥用市场支配地位主要有三种方法：“牺牲性检验”（sacrifice test）①、“有效竞争者检验”（as-efficient competitor test）②、“消费者损害检验”（consumer harm test）③，价格歧视（捆绑销售）的后果，纵向限制协议，独家交易等等。其中，纵向限制既属于滥用市场支配地位的范畴，也有垄断协议的可能，因此是垄断协议与滥用市场支配地位的“交集”。中国《反垄断法》第 14 条将转售价格的纵向限制问题放在垄断协议大类中，从而忽略了其滥用市场支配地位的可能性，给企业形成的印象是该行为本身违法，不纠正这一点则可能会对法律实施造成一定程度的误导。

第五部分：特殊市场与公共政策。包括存在网络效应的市场，反垄断法与知识产权保护，双边市场及其对反垄断法的影响，拍卖和招投标市场，政府干预对竞争的影响等等。

从这一学科体系可以看出，在市场经济条件下，产业组织（产业经济学）专业的学生和学者大有用武之地。很多政府行政部门、法院及法官、公司组织、律师业等，都需要反垄断经济学的知识和基本训练。不用说美国和欧洲各国，就是在中国，每天的报纸、电视、会议沙龙等等都越来越多地大量报道各种各样的垄断行为，讨论反垄断政策。在国际事务中，越来越多的跨国公司涉嫌在华垄断行为，中国走出去的公司也越来越多地由遭受“反倾销”起诉转变为“反垄断”指控。尽管中国的《反垄断法》已经出台，但我们的政府机构和司法系统远未准备好。很多言论和政府政策较多地只能被看做是意愿表达，但能否经得住反垄断经济学的“检验”则完全是另一问题。可以想象，如果中国的法律制度，都能用法律经济学“检验”一番，甚至几番，意义该有多么重大？国内一些大学的某些同行，一方面抱怨社会对产业经济学（产业组织）专业不够重视，另一方面又不把教学和研究重点放在学科的主流方向（即反垄断问题和规制问题）上，岂不是“自暴自弃”？

在中国现实经济中，反垄断问题随处可见，但大多远没有讨论清楚。如图书产业为何要维持转售价格？烟草产业反垄断豁免的法律依据是什么？自然垄断产业为何要进行“准入限制”？真正的自然垄断产业或环节有哪些？“降价是倾销、涨价是垄断、价格不变是合谋”疑团的症结是什么？到底是否存在行政垄断？药品产业、煤炭产业竞争激烈，为何还广存暴利？高速公路收费问题等等。

四、反垄断经济学的学科关联

（一）反垄断经济学与微观经济学

反垄断经济学属于微观经济学的范畴，其基本概念和分析框架都以微观经济学为基础。微观经济学与宏观经济学的划分是以“个体分析”还是“总体分析”为依据的，不是根据研究对象的范

---

① 亦称“若非检验”（“but for” test），即考察具有市场支配地位企业的某种行为“若非”为了削弱竞争，是否还有存在的借口（比如盈利）。该类检验对于驱逐对手定价行为尤为有效。

② 按照这种检验，具有市场支配地位企业的排他性行为，只有在排挤了不低于自己效率的竞争者的时候，反垄断法才应加以限制；如果被排挤者效率低于具有市场支配地位企业，则属正当市场竞争和优胜劣汰。

③ 按照这种检验，判定具有市场支配地位企业的排他性行为是否合法，需要考察被排挤者的存在是否有利于消费者利益改进。当然，这种检验的难点在于消费者福利的界定。

围大小平划分。过去有人提出"中观经济学"的概念，以为研究国民经济的就是宏观经济学，研究企业经济的就是微观经济学，研究区域或产业的便是"中观经济学"。持这种思路的人无论如何也理解不了"国际贸易"属于微观经济学，"国际金融"属于宏观经济学，二者合起来构成"国际经济学"的道理。

"成本—收益分析"是经济学中的一种重要分析方法，不仅在项目评价或项目可行性分析中经常用到，也是反垄断经济学的常用方法。基于微观经济学的福利经济学对于反垄断目标的确定和执法原则的实施意义重大。微观经济学中的寡头垄断理论既是产业组织的核心，也是反垄断经济学的基石。

（二）反垄断经济学与产业组织（或产业经济学）

产业组织或产业经济学是反垄断经济学与微观经济学的"桥梁"。产业组织来源于微观经济学，但比微观经济学更具体、更侧重于应用，尽管产业组织也有自身的理论问题。正是在这个意义上，产业组织或产业经济学属于应用经济学。

反垄断经济学借助产业组织的理论和方法，具体运用于判别垄断行为和实施反垄断法。基于产业组织理论和方法的产业组织模型，其主要用途就是解释市场的功能（S），研究企业行为（C）与市场绩效（P）的关系，以及识别影响这种关系的市场与制度因素。[①] 在国际流行的美国经济学会 JEL 分类体系中，产业组织（产业经济学）是与微观经济学、宏观经济与货币经济学、金融经济学、法律经济学、国际经济学、公共经济学等二十几个二级经济学并列的重要学科。[②]

在这些产业组织模型的基础上，反垄断经济学和反垄断法把重点放在三个核心问题上，第一，什么行为注定就是垄断行为（对应"本身违法"原则，per se rule）？第二，什么情况下需要具体分析（对应"合理推定"原则，rule of reason）？第三，如何识别垄断行为？

在反垄断法的执法过程中，会面临许多具体问题。如，反垄断机构和法院的据以决策的动机是什么？私人利益和公共利益如何影响反垄断竞争机构的执法行为？反垄断案件中什么样的证据可谓适当？为何有时反垄断法的私人执行更有效率？谁是提供经济证据的合适人选？计算垄断损害的最好方法是什么？等等。这些问题虽然都与反垄断经济学有关，但有的已经明显超出了反垄断经济学甚至经济学的范围之外，而与公共选择等领域更接近。经济学的长处不在于是否能够对所有问题给出解决方案，而在于确实能够提供一个一致性的分析框架。

（三）反垄断经济学与规制经济学

在《产业组织手册》中，反垄断与规制是合二为一的，早期一些学者的著作也是不加区分的。其实，分与不分没有绝对的好或不好，而是取决于学科发展和学科应用的方便。既可以放在一起，因为二者的共同经济学基础是产业组织或产业经济学；也可以一分为二，因为二者都已经相对成熟，可以分别独立成为一个次级学科。我们的总体意见，无论是分是合，二者的分工实际上是比较清晰的。

我们较早提出反垄断与规制（或反垄断经济学规制经济学）的分工，是因为这两个学科均已成熟，再探讨一些较深入问题时不分工就容易"名不正、言不顺"。[③] 现在，我们更加认为，在产业

---

① S－C－P（结构—行为—绩效）框架曾是产业组织的核心，现在仍有重要意义。虽然以梯若尔的《产业组织理论》为标志，产业组织更多地运用了博弈论及其他方法，出现了较大的理论性和应用性进展，但其核心问题较少变化。

② 参见国际流行的美国经济学会的 JEL 分类体系，http：//www. aeaweb. org/journal/jel_ class_ system. html。

③ 关于"反垄断与规制政策分工日益明显"的观点，参见于立、吴绪亮、刘康：《反垄断法的经济学基础：历史、趋势与难题》，载于《产业组织评论》2008 年第 1 辑；关于"自然垄断产业应以反垄断为主，还是以规制为主"的观点，参见于立：《自然垄断与规制经济学》，此文是于立给肖兴志所著《自然垄断产业规制改革模式研究》一书所作的序言，东北财经大学出版社 2003 年版；关于反垄断经济学与规制经济学是一个学科还是两个学科，参见于立：《规制经济学学科定位中的几个问题》，载于《产业经济研究》2004 年第 4 期。

组织或产业经济学的基础之上，再细分为反垄断经济学和规制经济学两个次级学科，已是大势所趋。[①] 这里，再举几例：

史普博在其所著的《规制与市场》[②]（史普博著，余晖译，1999）中提到，规制和反垄断代表两种对付市场失灵的制度：规制主要以行政手段，通常具有限制竞争的效果；而反垄断主要是法律手段，旨在鼓励竞争。

温斯顿在其所著的《反垄断经济学前沿》（温斯顿著，张嫚等译，2007）中指出，"反垄断法是规制经济行为的法律。但该法在许多重要方面与传统的上所谓的'规制（regulation）'有所区别。规制更倾向于针对特定产业，并且主要涉及直接的定价机制、产品标准，或市场准入条件。而这些规制行为通常是在定期的或专门举行的听证会之后开始实施的。比较而言，反垄断法的适用面更为宽泛，并侧重维持某些规则，使企业之间的竞争能够产生'良好'结果。反垄断调查与干预只是例外情况，只有当这些基本规则可能已遭违背的情况下才会实施。"

莫塔在其《竞争政策：理论与实践》（Massimo Motta，2004）一书的前言中，对竞争政策（与反垄断政策是同义词）与规制作了更具体的区分：第一，反垄断政策适用于市场功能可以正常发挥的产业，规制则适用于市场功能不能正常发挥的产业，主要是自然垄断产业；第二，反垄断机构只是关注企业行为是否合法，规制机构则会控制企业的价格、投资和产品选择；第三，反垄断机构通常事后干预，规制机构通常事前干预；第四，反垄断机构只是偶尔介入，规制机构则是长期持续介入；第五，反垄断机构更多地以寡头垄断理论为分析工具，而规制机构则更多以"委托—代理模型"为分析工具。

所以，虽然反垄断经济学与规制经济学存在一定的交互性，比如，关于规制行为的限制竞争效应问题，自然垄断企业如何纵向分拆，放松规制与反垄断法的衔接等等，反垄断经济学的规制经济学有"分而治之"已成为现实。

总体来说，反垄断政策、规制政策与产业政策均属于公共政策范畴，其依据的理论基础都是市场失灵。但是更进一步细分，发现三者存在较大差异。

其中，反垄断政策所主要关注的是垄断或不充分竞争问题，主要解决办法是促进市场竞争或防止滥用市场垄断地位；经济性规制政策主要关注自然垄断问题，主要解决办法是在保留垄断现状的前提下，通过控制价格、进退障碍和服务水平来尽可能减少垄断的弊端；社会性规制主要关注医疗卫生（health）、安全（security）和环境（environment）问题，因此有时也被称作"HSE规制"；产业政策主要关注产业竞争力、失业等问题，主要通过准入控制、投资控制等行政手段鼓励、保护或限制某一产业的发展。

现代经济学界广泛采用的美国经济学会《经济文献杂志》（Journal of Economic Literature）所创立的经济学文献主题分类体系——JEL分类体系，将"反垄断问题与政策"（L4）、"规制与产业政策"（L5）分别列为两大类，可见反垄断政策与规制政策、反垄断政策与产业政策均存在很大差别。从根本理念上来看，反垄断政策所推崇的依然是市场这只"看不见的手"，政府只是为了确保市场能够起作用而"偶尔"干预。而规制政策和产业政策则更信奉政府这只"看得见的手"，强调政府的"全程"干预。

如果说实施反垄断政策的目的是发挥市场的作用，而规制是当市场不能发挥作用时的政府干预，那么规制与产业政策就具有较多的相似之处。在JEL分类体系中，规制政策与产业政策同列一大类，表明二者在根本理念上存在很大的一致性。但在"规制与产业政策"（L5）这一大类下，又

① 在东北财经大学产业经济学国家重点学科和教育部人文社科重点研究基地的建设过程中，在完成前述一套（三本）"学科定位与理论应用""三位一体"系列丛书的同时，我们完成了另外一套"三位一体"的系列丛书，即《当代西方产业组织学》（于立、王询，1996）、《产业组织与政府规制》（于立、唐要家、吴绪亮、于左，2006）、《产业组织与反垄断法》（于立、吴绪亮，2008）。

② 中文译为《管制与市场》。"管制"与"规制"对应的英文都是"regulation"，但我们认为译为规制更好些。

细分为“规制经济学”（L51）与“产业政策、部门规划方法”（L52）两小类，由此可见规制政策与产业政策也不完全等同。经济性规制仅仅关注自然垄断产业这一领域，产业政策则要广泛得多；社会性规制主要追求安全、环保、卫生等目标，产业政策则追求竞争力、就业、稳定等目标。规制针对的主要是自然垄断或强势产业，强调的是对强势企业的控制和规范，防止出现过高的垄断利润。典型的强势产业如电力产业的电网，电信产业中的地方话网，铁路产业的路网等自然垄断环节。有时还包括由于信息不对称造成的消费者与企业间的矛盾。而产业政策则侧重对弱势产业的促进和扶持，比如对无利或微利产业的财政补贴或金融支持，以及对衰退产业的转型或退出进行的政策扶持。因此，规制政策与产业政策虽然在根本理念上趋于一致，但在适用领域、追求目标等方面依然存在较大差别。

在市场经济条件下，产业政策作用有限，名声不佳，越来越失去存在的必要性，而规制却彼伏此起，因而原有主管产业政策的政府机构便会顺理成章地乘机更旗换帜，但受思维定式和路径依赖的影响，仍然用传统的产业政策的旧思维和老办法，来处理与其实质差异很大的规制工作，这对于体制改革极为不利。近年来，这方面已经暴露出来的许许多多的问题，根源就在于此。

（四）反垄断经济学与法律经济学

法律经济学的英文是“Law & Economics”，表面可译成“法和经济学”，国内多译成“法经济学”。如果从其本意，即它是研究法律问题的经济学，或者说是法律的经济分析，那么最佳译法则是“法律经济学”。[①] 它虽然是近40多年来发展起来的一门法学与经济学交叉的边缘学科，却已成为当代经济学中的一个重要的学术流派。主要理由如下：首先，二者不是并列关系，而是一种特定（研究法律问题）的经济学；[②] 其次，作为经济学的一个分支，它研究的不光是正式颁布的法，也包括各种尚未正式成法的法章、条例、与法配套的实施条件，“法律经济学”恰如其分。

从学科性质来看，学者们公认，法律经济学已明确定位是一门“用经济学阐述法律问题”的学科。用波斯纳的话来说，法律经济学是“将经济学的理论和经验及方法全面运用于法律制度分析”的学科。具体地说，法律经济学采用经济学的理论与分析方法，研究特定社会的法律制度、法律关系以及不同法律规则的效率。法律经济学是一门运用经济理论（主要是微观经济学及其福利经济学的基本概念）来分析法律的形成、法律的框架和法律的运作以及法律与法律制度所产生的经济影响的学科。

一方面法律有多种多样，另一方面经济学也有多个分支。那么，法律经济学是一门还是多门？据我们所知，到目前为止，法律经济学还是一门，是“多对一”的格局，即主要是以微观经济学为基础，研究多个法律的相关问题。对于任何法律，都可以“××法的经济分析”为基本模式进行研究。

在法律经济学中，“效率学派”是占据主导地位的。其核心思想是法律如何实现效率，如果把“公平”问题考虑在内，则是如何制定法律或什么样的法律才会更有效率地实现公平。代表人物是波斯纳，他本人是个杰出的法官，又是杰出的法学学者。以他为代表人物的芝加哥学派坚持的“效率性”理念，认为法律的目的就是要实现经济效率，在做出制度性安排、选择和确定规则等决定法

---

① 有一个典型例子是浙江人民出版社1999年出版的译著《法与经济学》。该书“译者说明”的前两句是，“法与经济学是当今法学理论的重要组成部分。从经济学的角度解析法律制度，无疑是认识法律、把握法律的新方法。”该书译稿中，“法与经济学”、“法和经济学”、“法律和经济学”、“法律经济学”是随意混用的。

② 在引进国际学术成果、进行学科对应翻译中，有两种倾向值得注意，一是不分主次，如“law and economics”本来是法律经济学，即研究法律问题的经济学，核心是经济学，却译成“法与经济学”或“法和经济学”；二是主次颠倒，如“econometrics”，本应译为“经济计量学”，即研究经济问题的计量学，核心是计量学，却译成“计量经济学”。有的经济计量学家荣获“诺贝尔经济学奖”，并不意味着该学科就是经济学。例如，诺奖得主纳什（John Forbes Nash Jr）就很奇怪自己的研究领域博弈论属于数学，却得到经济学奖。

律制度的时候，应当以各种选择的方式及其结果是否有助于提高人们行为的效率性，作为最基本的评判标准。

这里有一个问题容易迷惑，即如果认同法律经济学是研究法律问题的经济学，或者是法律问题的经济（学）分析，那么反垄断经济学理所当然应属法律经济学学科范畴，但近年来常见的法律经济学教科书（例如，Cooter & Ulen，2008）却不包括反垄断经济学的内容，这是什么道理？

这种现象，恰好用道家的思想概括就是“过犹不及”、“福祸相依”。这样的例子有很多。如为什么不存在单独的“工业经济学”？就是因为整个经济学，特别是微观经济学，尤其是产业经济学（产业组织）的主要研究对象就是工业（或制造业）经济问题。相反，农业经济学倒可以单独存在。反垄断法有“市场经济宪法”之说，反垄断经济学因其内容十分重要，同时又有成熟的经济学基础——产业组织来支撑，已经可以单独成为一个学科，而其他的法律（如产权法、合同法、侵权法、刑法、司法程序等）则往往单独成篇或成章，再合在一起构成一般性的法律经济学。[①] 所以说，在整个经济学学科体系中，工业经济学因其重要而“兼济天下”，不能单独存在；而在法律经济学学科体系中，反垄断经济学则因其重要而地位显赫，反倒可以“独善其身”。[②]

法律经济学创建之初，理所当然地把反垄断法的经济分析包括在内。例如，法律经济学的开山名著之一是波斯纳的《法律的经济分析》。[③] 该书 1977 年第 2 版的第 10 章就是用经济学分析反垄断法，而且几乎涉及到了反垄断的所有主要内容。在《法律经济学手册》（Polinsky & Shavell. 2007）中，对反垄断法进行经济分析的有关内容也是包括在内的。[④]

这就是在法律经济学学科三级目录中，包括反垄断经济学的内容，但在一般的法律经济学教材中却不包括反垄断经济学的原因。同样道理，也可以说明规制经济学与法律经济学的关系。在标准的经济学分类系统中，法律经济学既包括反垄断经济学，也包括规制经济学。

另一方面，构成法律经济学基础的是微观经济学，而构成法律经济学属下反垄断经济学和规制经济学共同基础的却是产业组织理论。

参考文献：

1. 史普博，余晖等译：《管制与市场》，上海三联书店 1999 年版。

2. 温斯顿，张嫚、吴绪亮、章爱民译，于立、向国成校：《反垄断经济学前沿》，东北财经大学出版社 2007 年版。

3. 于立、肖兴志：《产业经济学的学科定位与理论应用》，东北财经大学出版社 2002 年版。

4. 于立、姜春海：《规制经济学的学科定位与理论应用》，东北财经大学出版社 2005 年版。

5. 于立、吴绪亮：《反垄断经济学的学科定位与理论应用》，中国社会科学出版社 2008 年版。

6. 于立、吴绪亮：《产业组织与反垄断法》，东北财经大学出版社 2008 年版。

7. 于立、吴绪亮、刘慷：《反垄断法的经济学基础：历史、趋势与难题》，载于《产业组织评论》2007 年第 1 期。

8. 于立、吴绪亮：《中国〈反垄断法〉的争议、成果与前景》，载于《产业组织评论》2008 年第 2 期。

9. Armstrong M.，R. H. Porter. Handbook of Industrial Organization ［M］. Volume 3，Elsevier，2008.

10. Buccirossi P. Handbook of Antitrust Economics ［M］. MIT Press，2008.

11. Cooter R.，T. Ulen. Law and Economics ［M］. Pearson Education，2008.

12. Crew M. A.，D. Parker. International Handbook on Economic Regulation ［M］. Edward Elgar，2005.

13. De Jong H. W.，W. G. Shepherd. Pioneers of Industrial Organization ［M］. Edward Elgar，2007.

① 可用庄子的“材与不材”的道理对此加以说明。庄子《山木》篇中说，庄子与学生行于山中，见多数大树皆因“成材”而不能终其天年，又在友人家中见其鹅因“不鸣”（即“不材”）而被杀。由此引发“材与不材”的哲学思考。

② 于立曾总结出一套关于儒、道、佛的体会。其一是工作上敬“儒”、治学上崇“道”、生活上尚“佛”，另一个是青年敬“儒”、中年崇“道”、老年尚“佛”，都是较好的组合。

③ 该书 2007 年已出至第 7 版。

④ 参见 http：//www. aeaweb. org/journal/jel_ class_ system. html#K。

14. Motta M. Competition Policy: Theory and Practice [M]. Cambridge University Press, 2004.
15. Polinsky A. M., S. Shavell. Handbook of Law and Economics [M]. Volume 1 ~ 2, Elsevier, 2007.
16. Posner R.. Economic Analysis of Law [M]. Little, Brown & Company, 1977.
17. Schmalensee R., R. Willig. Handbook of Industrial Organization [M]. Volume 1 ~ 2, North Holland, 1989.
18. Tirole J. The Theory of Industrial Organization [M]. MIT Press, 1988.

（本文载于《经济与管理研究》2009 年第 4 期）

中国地区性行政垄断程度的测度研究*

于良春　余东华

摘　要： 本文通过构建地区性行政垄断指数对转型时期中国各省市区的地区性行政垄断程度进行了测算和比较。转型时期中国地区性行政垄断指数由三级指标体系构成，包括4个一级指标、19个二级指标和49个三级指标，从制度、结构、行为、绩效等方面反映了行政力量对于市场竞争的影响。转型时期中国地区性行政垄断指数的编制和测算，为判断各省市区的地区性行政垄断程度及其动态演进提供了客观依据，为竞争政策和区域发展政策的制定提供了决策参考。地区性行政垄断指数作为一个评价体系，还能够用于分析各地区在体制改革、经济转型、市场化进程和区域政策效果等方面的差异，以及造成这些地区间差异的原因。

关键词： 地区性行政垄断　指数　ISCP框架　测度

一、引言：地区性行政垄断程度测度的理论基础

改革开放30年，中国发生了深刻变化：经济快速增长，社会全面进步，居民收入显著提高，社会保障体系逐步建立；主要商品的买方市场已经形成，市场在资源配置中的基础性作用得到初步确立；经济体制改革稳步推进，社会主义市场经济体制的基本框架初步形成。同时，也应该看到，在这一时期，“看得见的手”与“看不见的手”在经济活动中的相互交错，产生了一系列特殊的经济现象和问题，有些现象和问题已经成为发展和改革的掣肘。地区性行政垄断就是这一时期出现的、政府力量影响和限制市场力量发挥作用的典型经济现象。地区性行政垄断是指地方政府运用行政力量限制或排斥市场竞争的行为，造成了市场的非整合状态（金碚，2005）。地区性行政垄断的危害性很大，它阻碍商品和要素在全国范围内的自由流动，削弱了市场机制优化资源配置的有效性，不利于发挥地区比较优势和形成专业化分工，也不利于获得规模效益，往往导致重复建设、投资效率低下、地区经济结构趋同等问题，还是市场无序竞争的主要根源之一（于良春，2008）。地区性行政垄断的现有文献主要集中在对地方保护和市场分割的研究上，其中对地方保护的形成原因、表现形式、危害程度等方面的定性研究较多，而对地方保护程度的测量和地方保护对资源配置扭曲程度的定量研究相对较少（金煜、陆铭和陈钊，2006）。在本来不多的实证研究中，关于中国国内市场地方保护和市场分割程度及变化趋势的研究也没有取得一致的结论。一些学者认为改革开放以来中国国内的地方保护和市场分割程度是趋于上升的，即国内市场一体化的程度在下降（Young，2000；Poncet，2002，2003；郑毓盛等，2003）；而部分学者对此持反对意见，认为虽然中国国内市场还存在着地方保护和市场分割现象，但地方保护和市场分割的程度是趋于下降的，中国国内市场处于不断整合之中（Naughton，1999；Xu，2002；Fan and Wei，2003；白重恩等，2004，

* 本文系国家教育部哲学社会科学研究重大课题攻关项目“转轨经济中的反行政性垄断与促进竞争政策研究”（批准号06JZD0015）的阶段性成果之一。李真、王常雄、王进、刘玉刚、付强、孙宁、许开国、谭鹏、王青、李丽等参加了课题调研。张昕竹、戚聿东、范爱军、侯风云、张伟等参加了课题讨论并提出了意见。作者感谢匿名审稿人富有建设性的修改意见和建议，但文责自负。

2006；李善同等，2004，2006；陆铭等，2006）。对同一问题的不同实证研究，出现不一样甚至完全相反的结论，降低了对这一问题研究的可信度和决策参考价值。另外，地方保护和市场分割只是地区性行政垄断的主要表现形式之一，仅仅测度地方保护程度难以全面反映地区性行政垄断对市场竞争的干预和影响。因而，有必要在对已有的研究方法进行回顾和反思的基础上，进行方法论创新，形成取长补短、相互印证的方法论体系，对地区性行政垄断及其对资源配置的扭曲效应进行实证分析，尤其是亟须对地区性行政垄断进行全方位的量化测度，得到可资信赖的研究结论，从而为地区性行政垄断的治理和规制提供决策依据。

对行政垄断的测度是一个对制度性现象进行计量的问题，而这无论是在理论层面还是在技术层面上都是一个比较难以处理的问题。尤其是行政垄断所涉及的一些无法用变量进行替代和验证的软信息，使得人们难以直接对行政垄断进行测量，只能根据行政垄断的定义所确定的范围，在真正找到行政垄断的表现特征以及所造成结果的角度上来对行政垄断程度进行一种间接的测算。为了解决这一难题，我们构建了ISCP研究框架（见图1），并以此框架为基础构建转型时期中国地区性行政垄断指数，用于分析和测量地区性行政垄断程度。ISCP研究框架与产业组织理论中的SCP范式具有较大差异①。在地区性行政垄断的ISCP框架中，I（Institution）表示行政垄断得以形成和持续的制度性因素；S（Structure）表示反映行政垄断程度的市场结构、产权结构等结构类因素；C（Conduct）表示政府和厂商的行政垄断行为；P（Performance）表示具有行政垄断特征产业的绩效，包括微观层面效率、产业层面效率和宏观层面效率。

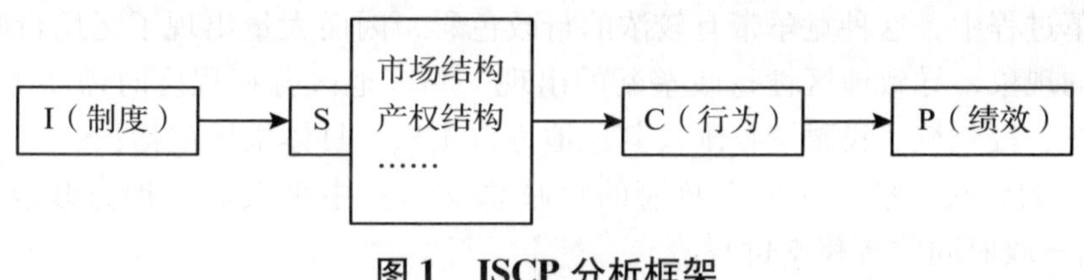

图1　ISCP分析框架

在ISCP框架下，我们通过设置三级指标体系构建地区性行政垄断指数，用于测度转型时期中国地区性行政垄断程度。在研究的第一阶段，我们构造了相对简单的地区性行政垄断指数并进行测量，然后将实际数据进行返回测试，并修正和细化各类指标，经过几次反复，逐步形成完善的指标体系，最终测算出转型时期中国地区性行政垄断程度指数。三级指标体系中，不同的指标对不同地区的行政垄断的测算具有不同的代表意义，在调查研究的基础上，我们赋予不同类别指标不同的权重。此外，每一类指标内的参数也赋予不同的权重，并最终将不同测算单位的参数都转化为分值的形式来对不同地区的行政垄断程度进行度量。各指标赋权的依据来自于两个方面：一是专家测评。我们征求了本领域专家的意见，对不同类型指标的权重进行了问卷调查；二是主成分分析。在研究过程中我们通过对下一级指标进行主成分分析得到其相应权重。在综合考虑两个方面因素的基础上，确定各指标的权重。

二、地区性行政垄断指数的指标体系及其测算方法

围绕转型时期中国地区性行政垄断指数的构建，根据指标体系设计的基本框架和基本原则，我

① 与产业组织理论SCP范式相比较，ISCP框架中除了增加行政垄断得以形成和持续的制度性因素I以外，S、C、P本身也与SCP范式中的结构（S）、行为（C）、绩效（P）的经济学含义不一样：S不仅包括市场结构，还包括产权结构等能够反映行政性垄断程度的其他结构类因素；C不仅包括与行政性垄断相关的厂商行为，而且包括影响市场竞争的政府行为；P是指与行政性垄断相关的绩效因素。

们设置了转型时期中国地区性行政垄断程度测度的三级指标体系。转型时期中国地区性行政垄断指数由4个一级指标，19个二级指标，49个三级指标构成。4个一级指标分别是制度类指标、结构类指标、行为类指标和绩效类指标。其中，制度类指标中包括地区分权程度、晋升激励强度、地方发展水平、政府规模指数等4个二级指标，财政支出的分权水平、财政收入的分权水平等13个三级指标。结构类指标中包括国有经济比重、财政收入比重、政府消费比重、省际贸易强度、市场分割度、省际劳动力流动指数、省际产业相似度系数、产业区位商指数、产品进入率指数、资源流出率指数等10个二级指标，国有经济产值比重、政府财政收入占GDP的比重等14个三级指标。行为类指标中包括政府行为、企业谋利行为、企业自主权等3个二级指标，政府壁垒性行为、政府补贴性行为等16个三级指标。绩效类指标中包括企业绩效和产业绩效2个二级指标，净资产贡献率、产业技术进步率等6个三级指标。

（一）制度类指标

在经济转型时期，中国政治经济体制的特殊性决定了测度地区性行政垄断程度时必须首先考虑制度因素，并且在测量地方行政垄断的指标体系中，制度类指标应该占有比较大的权重。我们采用了4个二级指标、13个三级指标来测度地区性行政垄断中的制度类因素。

1. 地区分权程度。中国的改革是以分权为主要路径的，正是分权使地方政府逐渐具备了发展的能力和动力。分权既增强了地方发展区域经济的自主性，也使地方政府之间形成了一种相互竞争的机制。在分权改革过程中，这种竞争带有较浓的行政色彩，因而大量出现了运用行政权力进行地方封锁、区域割据的现象，导致地区性行政垄断的出现。测度地区分权程度时需要考虑的因素包括，优惠政策，财政权、税收权、投融资权限及其他地方自主权。具体指标包括：

（1）财政支出的分权水平＝（地方政府的财政总支出—中央政府对地方政府的转移支付）/（全国财政总支出—政府间的转移支付）；

（2）财政收入的分权水平＝（地方政府的财政总收入—中央政府对地方政府的转移支付）/（全国财政总收入—政府间的转移支付）；

（3）人均财政支出分权度＝人均省级财政支出/（人均省级财政支出＋全国人均中央支出）；

（4）人均财政收入分权度＝人均省级财政收入/（人均省级财政收入＋全国人均中央收入）；

（5）优惠政策因素。按照改革开放以来各地区享有的优惠政策情况进行排序赋分和加权计算。

（6）特区、试验区因素。按照省市辖区内的国家级特区和开发区的个数进行排序赋分和加权计算。

2. 晋升激励强度。地方官员的晋升激励是地区性行政垄断产生的重要原因。政府官员追求个人利益的最大化是通过最大化其政治控制权收益的方式进行的。在当前的政治激励体制中，晋升是最重要的激励。本项指标的衡量和测算依据包括地方领导晋升速度、地方领导晋升比例和政绩评价机制3个三级指标，参考指标为GDP三年平均增长率指标等。

3. 地方发展水平。经济发展水平与该地区行政垄断程度反方向变化，经济发展水平越高，市场化程度越高，需要行政手段保持竞争优势的动机越弱。衡量标准为人均GDP指数（该地区人均GDP/全国人均GDP）。一般而言，经济发展水平落后的地区更加倾向于实施行政垄断。我们取其倒数计入指数。

4. 政府规模指数。一般来说，政府规模越大，越倾向于实施行政垄断（白重恩等，2004）。我们通过公务员和财政供养人数占就业人数比重、政府支出占GDP的比重和行政管理费用占政府支出比重等3个三级指标来测算政府规模的大小。

（二）结构类指标

结构类指标包括10个二级指标、14个三级指标。

1. 国有经济比重。地区性行政垄断与国有经济的比重密切相关。银温泉和才婉茹（2001）指出，在行政性分权体制下，地方企业（主要是国有企业）与地方政府有着千丝万缕的联系，为发展本地企业，地方政府常常越位阻击其他区域企业生产的产品进入本地市场。白重恩等（2004）运用对数据集的动态估计方法，发现在利税较高以及国有化程度较高的产业，地方保护更趋严重。因此，利用区域国有经济的比重指标测度地区性行政垄断具有较强的说服力。4 个三级指标包括，投资、就业、利税、产值的国有比重，具体计算方法为：

（1）产值：某省国有经济创造的产值/该省的总产值。

（2）就业：某省国有经济就业人数/该省的总就业人数。

（3）投资：某省国有经济固定投资规模/该省的总固定投资规模。

（4）利税：某省国有企业缴纳税收/该省总税收。

2. 财政收入比重。一方面，政府的财政收入越多，可支配的资源也就越多，地方政府实施地区性行政垄断的力量越就越大；另一方面，地区性行政垄断给地方政府带来的收益之一就是财政收入的增加。李善同等（2004）的调查研究显示，对经济增长和财政贡献大的行业被保护的力度也强，地方保护的直接目的是为了地方经济增长和地方财力的增强，所以，高的财政收入与地区性行政垄断存在着一定的双向互动关系。这一指标包括 2 个三级指标：地方财政占地域财政的比重，政府财政收入占 GDP 的比重。

3. 政府消费比重。政府消费反映了政府所支配的购买力，是地方政府干预市场的重要手段和形式之一。一般来讲，实施地区性行政垄断行为的地方政府会使政府的购买力流向本地企业，从而扭曲本地企业与外地企业之间的公平竞争，形成对本地企业的地方保护。我们采用政府消费占全社会最终消费的比重来对这一指标加以测算。

4. 省际贸易强度。省际贸易强度就是省际产品的流通量与两省产品总产出的比值，计算公式为：

$$M_{ij} = \frac{D_{ij} + D_{ji}}{Y} \times 100\%$$

其中，M_{ij} 为地区 i 和地区 j 之间制造业的贸易强度；D_{ij} 为地区 i 输出到地区 j 的制造业的产品量；D_{ji} 为地区 j 输出到地区 i 的制造业的产品量；Y 为地区 i 和地区 j 制造业总产出。对于 D_{ij} 和 D_{ji}，现有公开的统计资料中并没有直接反映它们的数据，只有借助区位商指数的演变形式进行估算。

假定当某地某一产业的产出占该地区总产出的比重高于背景区域的平均比重时，则可以近似认为该产业所提供的产品在满足了本地需求后还有剩余，可用于输出，因而成为了该地区的专业化部门。那么，地区 i 输出到地区 j 的产品的量为：

$$D_{ij} = \sum_{k=1}^{n} \left[1 - \frac{1}{\max(LQ_{ik},\ 1)}\right] \times Y_{ik}$$

5. 市场分割度。市场分割度是地区性行政垄断程度的直接度量指标，本文采用价格指数法计算各省的市场分割度。我们借助 Parsley 和 Wei（2000，2001）的方法，以相对价格的波动反映区域间市场分割程度的变化。相对价格法需要计算三个指数，一是相对价格差异 $|\Delta Q_{ijt}^{k}|$，二是价格差异残差 Δq_{ijt}^{k}，三是相对价格方差 $V(\Delta q_{ijt}^{k})$，用来反映市场分割度。

$$|\Delta Q_{ijt}^{k}| = |\ln(P_{it}^{k}/P_{jt}^{k}) - \ln(P_{it-1}^{k}/P_{jt-1}^{k})| = |\ln(P_{it}^{k}/P_{it-1}^{k}) - \ln(P_{jt}^{k}/P_{jt-1}^{k})|$$

$$\Delta q_{ijt}^{k} = |\Delta Q_{ijt}^{k}| - \hat{\beta} \times |\overline{\Delta Q_{t}^{k}}|$$

其中，i，j 代表不同的省（市），t 代表年度，k 代表某一类商品，$\overline{\Delta Q_{t}^{k}}$ 代表不同区域对某年某类商品交易量的均值。我们最终计算市场分割度 $V(\Delta q_{ijt}^{k})$，即对同年、同一区域的 Δq_{ijt}^{k} 求方差。

6. 省际劳动力流动指数。这一指标主要是计算省域之间劳动力流入与流出的比例。

7. 省际产业相似度系数。这一指标同时也反映了区域专业化分工程度，具体计算公式为：

$$S_{ij}=\sum_{k=1}^{n}(X_{ik}X_{jk})\Big/\sqrt{\sum_{k=1}^{n}X_{ik}^{2}\cdot\sum_{j=1}^{n}X_{jk}^{2}}$$

该系数是 1979 年由联合国工业发展组织国际工业研究中心提出的。其中，S_{ij}代表工业结构相似系数，i，j 代表两个相比较的地区；n 代表工业行业数；X_{ik}代表地区 i 中第 k 行业占整个工业的比重；X_{jk}代表地区 j 中第 k 行业占整个工业的比重。系数越大，相似程度越高。

8. 产业区位商指数。区位商反映了一个地区某一行业的专业化水平，该指标是地区性行政垄断程度的逆指标，地区性行政垄断程度越高，则专业化水平越低，从而区位商越小。区位商的计算公式为：

$$LQ_{ik}=\frac{Y_{ik}/Y_i}{Y_k/Y}$$

其中，LQ_{ik}为地区 i 中 k 产业的区位商；Y_{ik}为地区 i 中 k 产业的产出；Y_i 为地区 i 中制造业的产出；Yk 为地区 i 和地区 j 中 k 产业的产出；Y 为地区 i 和地区 j 制造业总产出。在计算了各地区分行业的区位商之后，我们采用了简单算术平均法将各行业的区位商综合成一个统一的指标，如果该指标较高，则说明该地区的总体的专业化水平较高，反之，则较低。

9. 产品进入率指数。计算公式为：

产品进入率指数 = 进入产品销售总额/本省零售商品销售总额

10. 资源流出率指数。计算公式为：

资源流出率指数 = 年流出资源数量/本省资源年产量

（三）行为类指标

行为类指标中三级指标大多属于定性指标，带有较强的主观性，难以直接量化，所以在测度过程中我们采取选择能够说明和表征我们所要研究问题的代理变量，在计算代理变量客观数值的基础上，划分区间按照 0 ~5 予以赋分，最大限度地保证测度的客观性和科学性。在赋分过程中我们参照樊纲等（2003）计算中国市场化指数的方法，根据代理变量计算结果，以 0 ~5 为区间计算各地区的指标取值。对于正指标，第 i 个省份得分 $=\frac{V_i-V_{\min}}{V_{\max}-V_{\min}}\times5$，其中，$V_i$ 表示某个地区第 i 个指标的原始数据，$V_{\max}$是与所有 28 个省区第 i 个指标相对应的年度数据中数值最大的一个，$V_{\min}$则是最小的一个。对于负指标，第 i 个省份得分 $=\frac{V_{\max}-V_i}{V_{\max}-V_{\min}}\times5$。行为类指标共包括 3 个二级指标、16 个三级指标。

1. 政府行为。政府行为指标中包含 7 个三级指标：

（1）壁垒性行为。在收集整理各地区影响产品进入和资源流出的政策法规的基础上，对各省（市、区）进行赋分测算。

（2）补贴性行为。我们选择的代理变量是“（科三费 + 挖潜改造支出）/财政支出”这一指标。科三费和挖潜改造占政府补贴的比重非常高，最能反映地方政府对企业的补贴强度。比例越高，补贴强度越大。

（3）强制类行为。主要考察强制购买程度、强制银行贷款、政府采购市场化指数等政府行为。

（4）歧视性行为。主要考察歧视性收费、歧视性价格、歧视性技术要求及检验标准、歧视性审批许可手段、招投标中的歧视性资质要求及评审标准等政府行为。

（5）限制性行为。市场化程度越高的地区，政府限制越少，非人格化交易越频繁，人格化交易和市场网络越健全（Grief，1994）。科技市场发育程度能够表明政府限制性行为强度。如果政府限制较多，市场交易往往受到影响，技术市场成交额往往较小。由于不能找到全部中介市场的数据，我们选用具有代表性的技术市场成交额来代替。

（6）干扰性行为。主要考察各类达标、检查评比等政府行为。

（7）谋利性行为。用预算外收入占财政收入比例表示，比例越高，地方政府谋利动机越强。就资金使用和支配的自主权而言，预算外收入远大于预算内收入，这导致地方政府具有将资金列为预算外资金的强烈动机（黄佩华，2003）。

2. 企业行为。主要是指企业利用行政垄断的谋利行为，包括 4 个三级指标：定价、广告、合谋和寻租行为。

3. 企业经营活动的自主权，包括 5 个三级指标：生产、投资、定价、分配与资产处置。

（四）绩效类指标

绩效类指标包括企业绩效和产业绩效 2 个二级指标，净资产贡献率、规模效率等 6 个三级指标。

1. 企业绩效。

（1）净资产利润率。净资产利润率指主营业务净利润与企业净资产（即所有者权益或股东权益）的比率，用以衡量企业的盈利能力。

（2）规模经济。这一指标主要是测算某一地区代表性行业内的主要企业的规模经济实现程度。把每一个企业看做一个生产决策单位，对规模报酬不变（CRS）和规模报酬可变（VRS）模型下的技术效率指标进行测算，当两者出现数值上的差异时，认为此生产决策单位存在规模非效率，用规模报酬不变的数值除以规模报酬可变的数值得到规模效率指数。在所考察的生产决策单位中，有一个生产决策单位是最有效的，其余生产决策单位与其相比得到规模效率指标。

（3）劳动生产率。该指标能够反映企业的生产效率和劳动投入的经济效益。计算公式通常为：工业增加值/企业平均从业人数。由于企业层面的工业增加值数据难以获得，本文以企业主营业务收入代替工业增加值，计算各企业主营业务收入与企业平均从业人数的比值，以此反映企业的生产效率。

2. 产业绩效。

（1）产业技术进步率。把每一个省看做一个生产决策单位，首先确定投入和产出指标，运用由法瑞等（Fare et al.，1994）改造的 DEA 方法构造在每一个时期中国的生产最佳实践前沿面。把每一个省的生产同最佳实践前沿面进行比较，从而对效率变化和技术进步进行测度。曼奎斯特指数可以分解为技术进步的变化、规模效率变化指数、要素可处置度变化指数和纯技术效率变化指数。

（2）规模效率。这一指标是通过 VRS 的 DEA 模型（CCGSS 的 DEA 模型）来进行测算的。使用产业技术进步率指标计算中已经处理的数据通过 VRS 的 DEA 模型即可获得规模效率值。

（3）产业集聚度。根据埃利森和克雷萨（Ellison and Glaeser，1997）的方法可以计算省域内代表性产业的集聚程度。行业集聚度 γ_i 计算方法如下：

假设某一经济体（国家或地区）的某一产业内有 N 个企业，且将该经济体划分为 M 个地理区域，这 N 个企业分布于 M 个区域之中。则行业集聚度 γ_i 计算公式为：

$$\gamma_i = \frac{G_i - (1 - \sum_r x_r^2)H_i}{(1 - \sum_r x_r^2)(1 - H_i)} = \gamma_i = \frac{\sum_r (x_r - s_r)^2 - (1 - \sum_r x_r^2)\sum_i z_i^2}{(1 - \sum_r x_r^2)(1 - \sum_i z_i^2)}$$

其中，G_i 是行业 i 在 r 个区域内的基尼系数，$G_i = \sum_r (x_r - s_r)^2$，$x_r$ 是区域 r 所有行业就业人员数占全国所有行业就业人员数的比例，s_r 是行业 i 在区域 r 的就业人员数占该行业全国就业人员数的比例，H_i 是行业 i 的赫芬达尔系数，$H_i = \sum_i z_i^2$，z_i 是企业 i 的就业人员数占行业 i（包括 1，…，i 个企业）就业人员数的比例。

在具体测算过程中，我们尽量使用正式出版物所提供的客观数据，计算出指标的实际值。考虑到数据的可获得性等问题，部分指标采取选择代理变量的方式进行测度，少数无法量化的指标采取问卷调查的方式进行赋分测算。

三、地区性行政垄断程度的测算

在调研和收集大量数据的基础上①，我们首先测算出各省市区的 49 个三级指标，然后根据相应权重计算出 19 个二级指标，最后汇总计算了 4 个一级指标②。在本项研究中，我们共测算了 28 个省市区的数据（重庆市、西藏自治区和海南省由于数据的可获得性问题没有列入计算）。结合专家建议和主成分分析的结果③，确定了 4 个一级指标的权重，其中制度类指标为 0. 275，结构类指标为 0. 225，行为类指标为 0. 315，绩效类指标为 0. 185。在此基础上分别计算了 1985 年、1992 年、1997 年、2000 年、2001 年、2002 年、2003 年、2004 年、2005 年和 2006 年共 10 年 28 个省市区的地区性行政垄断指数，全国的地区性行政垄断程度指数是由各省市区指数加总平均后获得的，具体数据如表 1 和表 2 所示。

表 1　　各年份地区性行政垄断指数（1985 ~ 2001）

地区	1985 年	1992 年	1997 年	2000 年	2001 年
北京	0. 5288506	0. 4898841	0. 3601615	0. 4042656	0. 4381328
天津	0. 5714136	0. 5308581	0. 4262161	0. 4521013	0. 4120076
河北	0. 6135687	0. 6243758	0. 4782976	0. 4783611	0. 4906498
山西	0. 6410682	0. 6195121	0. 5270224	0. 5449137	0. 5791465
内蒙古	0. 6145735	0. 5785948	0. 4767501	0. 4918029	0. 5636937
辽宁	0. 5832238	0. 5704592	0. 4683315	0. 4782629	0. 4861909
吉林	0. 6510974	0. 5937485	0. 5066083	0. 5646014	0. 5228397
黑龙江	0. 6101593	0. 5484312	0. 6744897	0. 4071854	0. 4642193
上海	0. 5620098	0. 5189766	0. 4119925	0. 4580447	0. 3996903
江苏	0. 6239157	0. 6414086	0. 4726082	0. 4650554	0. 4824569
浙江	0. 6431064	0. 6827347	0. 5453330	0. 4951687	0. 4598549
安徽	0. 6720843	0. 6357114	0. 5338394	0. 5100133	0. 5515011
福建	0. 6547396	0. 5864311	0. 4957163	0. 5026271	0. 4658305
江西	0. 6477174	0. 6686445	0. 5234265	0. 5621458	0. 5828579
山东	0. 6097981	0. 6154623	0. 5232708	0. 5208694	0. 5145306
河南	0. 6604895	0. 6530124	0. 5371726	0. 5315029	0. 5432872
湖北	0. 6097471	0. 6005272	0. 5119382	0. 4452445	0. 5042608

① 在一年半的研究时间内，课题组共收集和处理了大约 19 万个原始数据，数据主要来自于历年来正式出版的《中国统计年鉴》、《中国工业经济统计年鉴》、《中国贸易外经统计年鉴》、《中国财政统计年鉴》、《新中国五十年统计资料汇编》、《中国国内生产总值核算历史资料：1952 ~ 1995》和各省市相关年份的统计年鉴等统计资料，部分数据来自于国家统计局、国家发改委和部分省市统计局等相关政府部门，部分数据来自于 2007 年 12 月份开始的问卷调查，还有一些数据资料来自于互联网搜索和实地调研。

② 受篇幅限制，本文未能列出测算过程和三级指标体系的具体测算结果。本课题研究的子报告《转型时期中国地区性行政垄断的测度研究》已经完成，若有研究需要，可以向作者索取相关数据。

③ 关于各个指标权重的确定，我们采用了专家赋分和主成分分析相结合的方法。专家赋分主要来自于两个途径：一是学术会议现场调查。2007 年 11 月 18 ~ 19 日，我们在山东大学召开的"反行政垄断与促进竞争政策国际研讨会上"通过问卷调查的形式征求了 50 多名反垄断和规制领域的国内外专家的意见。二是信函调查。2007 年 12 月至 2008 年 5 月，我们先后发出了专家调查函 76 份，回收有效问卷 52 份。通过统计分析，专家建议赋权情况为，制度类指标 0. 3，结构类指标 0. 2，行为类指标 0. 3，绩效类指标 0. 2。通过主成分分析，各指标的权重情况为，制度类指标 0. 27603，结构类指标 0. 26152，行为类指标 0. 31196，绩效类指标 0. 15049。在综合专家意见和主成分分析结果的基础上，我们确定了各指标的权重。

续表

地区	1985 年	1992 年	1997 年	2000 年	2001 年
湖南	0. 6718592	0. 6188341	0. 5553279	0. 5320525	0. 5570521
广东	0. 5837546	0. 5656596	0. 4507088	0. 4625855	0. 4068556
广西	0. 6809586	0. 6561903	0. 4846948	0. 5384208	0. 5674392
四川	0. 6756061	0. 6701397	0. 4770929	0. 5808813	0. 5800005
贵州	0. 7377467	0. 7122404	0. 6634954	0. 7197359	0. 6892173
云南	0. 6369313	0. 6023642	0. 4742776	0. 4917075	0. 4525378
陕西	0. 6596745	0. 6262084	0. 5341119	0. 5354123	0. 5808345
甘肃	0. 6598336	0. 6453085	0. 5352667	0. 6210821	0. 7369405
青海	0. 5828952	0. 5982562	0. 4871309	0. 4458485	0. 5046726
宁夏	0. 6107228	0. 6102844	0. 5147357	0. 5266284	0. 5753652
新疆	0. 5987348	0. 5580869	0. 5093386	0. 7685057	0. 4967494
全国	0. 6269322	0. 6067204	0. 5122951	0. 5170829	0. 5202254

资料来源：根据本课题研究成果计算整理。

表 2　　各年份地区性行政垄断指数（2002～2006）

地区	2002 年	2003 年	2004 年	2005 年	2006 年
北京	0. 4130741	0. 4214351	0. 4235947	0. 5571543	0. 5054475
天津	0. 4570728	0. 4304584	0. 4152170	0. 4688574	0. 4480915
河北	0. 4756884	0. 4961734	0. 5023631	0. 5010592	0. 4489366
山西	0. 5813429	0. 5504271	0. 5484606	0. 5296431	0. 4893895
内蒙古	0. 5066231	0. 6025621	0. 5057592	0. 4976363	0. 4732791
辽宁	0. 4245251	0. 4761621	0. 4892875	0. 5467945	0. 5183744
吉林	0. 4653171	0. 4961442	0. 5135755	0. 5206277	0. 5279597
黑龙江	0. 4321639	0. 4249161	0. 4707365	0. 4920458	0. 4663539
上海	0. 3859962	0. 4130411	0. 4084905	0. 5350680	0. 5168193
江苏	0. 4773996	0. 4965999	0. 4982089	0. 5428937	0. 5168849
浙江	0. 4959285	0. 4914824	0. 4918915	0. 5102581	0. 5048902
安徽	0. 5509698	0. 5455133	0. 5373981	0. 5592283	0. 5362589
福建	0. 4833372	0. 5059446	0. 4910925	0. 5284584	0. 4733263
江西	0. 3628535	0. 5667429	0. 5452891	0. 7258785	0. 5487106
山东	0. 5171906	0. 5069026	0. 5140920	0. 5145016	0. 5041182
河南	0. 4284524	0. 5400151	0. 5599675	0. 5478451	0. 4999896
湖北	0. 4820102	0. 5109705	0. 5253376	0. 5514388	0. 5204174
湖南	0. 5385819	0. 5448311	1. 1745911	0. 5532575	0. 4990621
广东	0. 4356452	0. 4756435	0. 4833393	0. 5549989	0. 5262346
广西	0. 5424730	0. 5480801	0. 5683471	0. 5697135	0. 5696119
四川	0. 5921825	0. 5906937	0. 6098971	0. 5857581	0. 5613285
贵州	0. 7314612	0. 7148101	0. 6796387	0. 6769443	0. 6397019
云南	0. 5151271	0. 5218289	0. 4974517	0. 5601093	0. 5685138
陕西	0. 5219519	0. 5489632	0. 5708587	0. 5664173	0. 5114452
甘肃	0. 5981034	0. 5936634	0. 7145919	0. 6059134	0. 5840163
青海	0. 4837922	0. 5632428	0. 5153228	0. 5089596	0. 5771687
宁夏	0. 6684719	0. 5812846	0. 5507331	0. 5579963	0. 5131705
新疆	0. 4478674	0. 7751650	0. 4357571	0. 6727338	0. 4760521
全国	0. 4992426	0. 5312611	0. 5416671	0. 5525248	0. 5177131

资料来源：根据本课题研究成果计算整理。

四、地区性行政垄断程度的比较分析

（一）纵向比较

我们根据表 1 和表 2 绘制了转型时期中国地区性行政垄断指数的变化轨迹（见图 2）。从图 2 可以直观地看出，1985 年以来，中国地区性行政垄断程度是趋于下降的，地区性行政垄断指数由 1985 年的 0.627 下降到 2006 年的 0.518。这说明，随着改革开放的不断深入，中国各地区限制市场竞争的制度性壁垒逐步下降，行政性垄断行为逐步减少，市场经济体制逐步完善，市场机制逐步取代行政力量，成为资源配置的基本手段。分时间段看，1985～1992 年，地区性行政垄断指数由 0.627 下降到 0.607，七年时间下降了 0.02，可见体制改革的艰难；1992～1997 年，地区性行政垄断指数由 0.607 下降到 0.512，下降幅度是历年来最大的，这说明这一时期社会主义市场经济体制建设的力度加大，成效最为明显；1997～2002 年，地区性行政垄断指数由 0.512 下降到 0.499，地区性行政垄断程度降到了历史最低水平；2002～2006 年，地区性行政垄断指数又有所上升，由 0.499 上升到 0.518。地区性行政垄断指数回升的主要原因在于一些地方改变了地区性行政垄断的形式，一些隐蔽的"软"性地方保护措施开始作用于本地经济，形成了新型的地方保护和市场分割。这些软性的行政措施危害性更大，应该引起高度关注。具体变化如表 1、表 2 和图 2 所示。

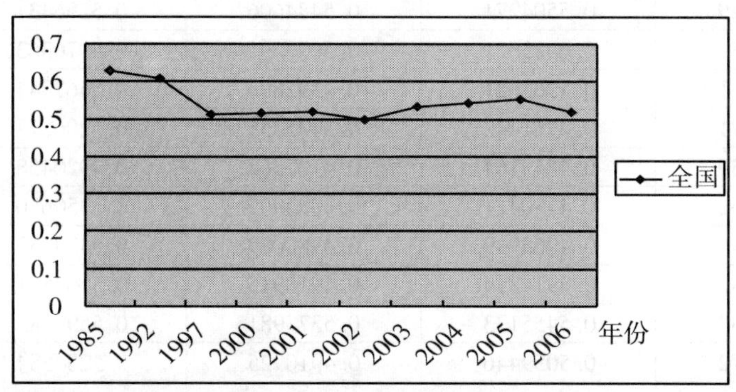

图 2　转型时期中国地区性行政垄断指数的变化轨迹

按照东中西三大经济地区（地带）的划分。东部地区包括北京、天津、上海、江苏、浙江、广东、山东、福建、河北、辽宁、广西、海南 12 个省、直辖市、自治区；中部地区包括山西、内蒙古、吉林、黑龙江、安徽、江西、河南、湖北、湖南 9 个省区；西部地区包括重庆、四川、贵州、云南、西藏、陕西、甘肃、宁夏、青海、新疆 10 个省、直辖市、自治区。为了比较各省市区的地区性行政垄断程度及其动态演进和变化，我们在三大经济区的基础上将我们所分析的 28 个省、直辖市、自治区划分为四大片：东部地区划分为两大片，北京、天津、上海、江苏、浙江、广东等 6 个省、直辖市为东部地区（一），山东、福建、河北、辽宁、广西等 5 个省、自治区为东部地区（二）；中部地区包括山西、内蒙古、吉林、黑龙江、安徽、江西、河南、湖北、湖南等 9 个省、自治区；西部地区包括四川、贵州、云南、陕西、甘肃、宁夏、青海、新疆等 8 个省、自治区。按照东中西地区分类的各省市地区性行政垄断指数变化轨迹如图 3～图 6 所示。

从图 3 可以看出，1985～2006 年，北京、天津、上海、江苏、浙江和广东这 6 个较为发达的东部省市的地区性行政垄断程度下降趋势明显，大于全国平均下降幅度。同时，这 6 省市的地区性行政垄断程度的差异不大，并且变化趋势基本一致。相对而言，浙江、江苏和广东的地区性行政垄断程度较高，并且一度在全国居于前列。这说明，经济发达地区的地区性行政垄断程度并不一定就必然较低。

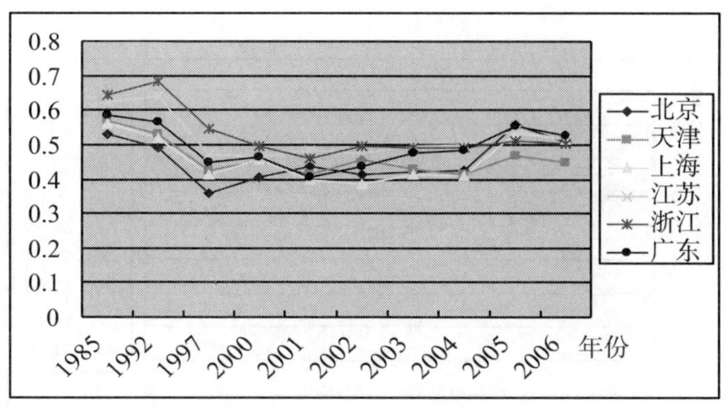

图 3 转型时期中国东部地区（一）的行政性垄断指数的变化轨迹

从图 4 可以看出，1985 ~ 2006 年，河北、辽宁、福建、山东和广西等 5 个省、自治区的地区性行政垄断程度也呈现出明显下降的趋势，这与全国的总体趋势是一致的。在这 5 个省、自治区中，广西的地区性行政垄断程度一直居于较高水平。

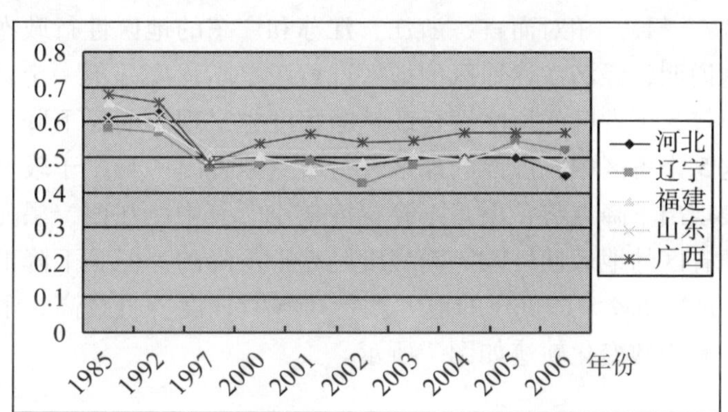

图 4 转型时期中国东部地区（二）的行政性垄断指数的变化轨迹

从图 5 可以看出，1985 ~ 2006 年，中部 9 省区的地区性行政垄断程度表现出下降趋势，但是下降幅度较小。其中，江西、黑龙江和湖南还出现了较大幅度的波动。

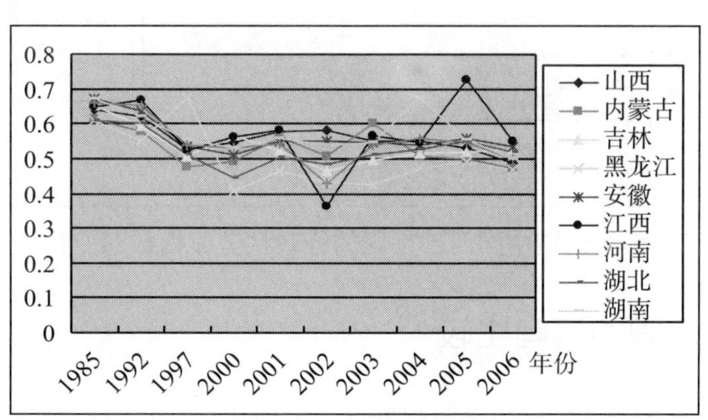

图 5 转型时期中国中部地区的行政性垄断指数的变化轨迹

从图 6 可以看出，1985～2006 年，西部 8 省区的地区性行政垄断程度是趋于下降的，但是下降的幅度是四大地区中最小的。8 省区中，新疆的变动较大，贵州的地区性行政垄断程度一直较高，下降幅度较小。

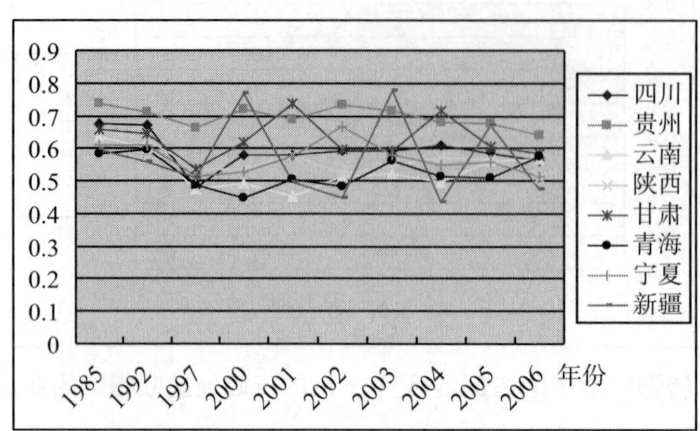

图 6　转型时期中国西部地区的行政性垄断指数的变化轨迹

1985～2006 年，北京、天津、上海、江苏、浙江和广东这 6 个较为发达的东部省市的地区性行政垄断程度下降趋势明显，大于全国平均下降幅度。同时，这 6 省市的地区性行政垄断程度的差异不大，并且变化趋势基本一致。相对而言，浙江、江苏和广东的地区性行政垄断程度较高，并且一度在全国居于前列。这说明，经济发达地区的地区性行政垄断程度并不一定就必然较低。河北、辽宁、福建、山东和广西等 5 个省区的地区性行政垄断程度也呈现出明显下降的趋势，这与全国的总体趋势是一致的。在这 5 个省区中，广西的地区性行政垄断程度一直居于较高水平。中部 9 省区的地区性行政垄断程度表现出下降趋势，但是下降幅度较小。其中，江西、黑龙江和湖南还出现了较大幅度的波动。西部 8 省区的地区性行政垄断程度是趋于下降的，但是下降的幅度是四大地区中最小的。8 省区中，新疆的变动较大，贵州的地区性行政垄断程度一直较高，下降幅度较小。西部地区各省市地区性行政垄断指数变化轨迹如图 7 所示。

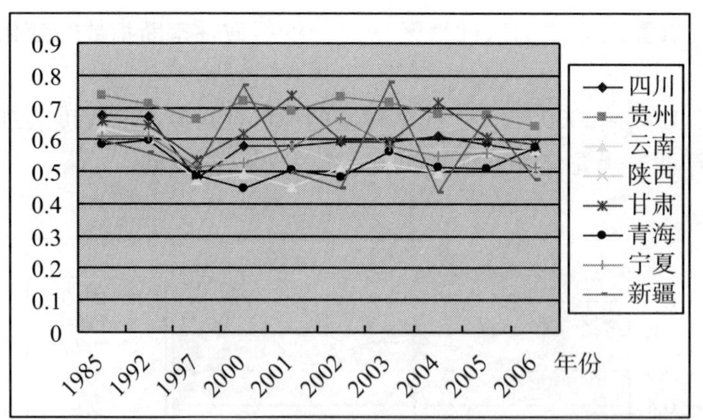

图 7　转型时期中国西部地区的行政性垄断指数的变化轨迹

（二）各省市之间的横向比较

为了便于对各省市区的地区性行政垄断程度进行横向比较，我们根据表 1 和表 2 对 28 个省市区 1985 年、1992 年、1997 年、2000～2006 年的地区性行政垄断指数进行了排序（见表 3）。

表 3　　各年份地区性行政垄断指数排序表（升序）

地区＼年份	1985	1992	1997	2000	2001	2002	2003	2004	2005	2006
北京	1	1	1	1	4	3	2	3	18	12
天津	3	3	3	5	3	9	4	2	1	1
河北	12	18	10	10	11	11	9	12	4	2
山西	16	17	20	22	23	24	20	20	10	7
内蒙古	13	8	8	12	20	17	26	13	3	4
辽宁	5	7	5	9	10	4	6	7	13	17
吉林	19	10	14	24	16	10	8	14	8	20
黑龙江	10	4	28	2	7	6	3	5	2	3
上海	2	2	2	6	1	2	1	1	11	15
江苏	14	21	6	8	9	12	10	11	12	16
浙江	17	27	25	13	6	16	7	9	6	11
安徽	25	20	21	15	18	23	17	18	20	21
福建	20	9	13	14	8	14	11	8	9	5
江西	18	25	19	23	26	1	22	19	28	22
山东	9	15	18	16	15	19	12	14	7	10
河南	23	23	24	18	17	5	15	22	14	9
湖北	8	12	16	3	13	13	13	17	15	18
湖南	24	16	26	19	19	21	16	28	16	8
广东	6	6	4	7	2	7	5	6	17	19
广西	27	24	11	21	21	22	18	23	23	25
四川	26	26	9	25	24	25	24	25	24	23
贵州	28	28	27	27	27	28	27	26	27	28
云南	15	13	7	11	5	18	14	10	21	24
陕西	21	19	22	20	25	20	19	24	22	13
甘肃	22	22	23	26	28	26	25	27	25	27
青海	4	11	12	4	14	15	21	16	5	26
宁夏	11	14	17	17	22	27	23	21	19	14
新疆	7	5	15	28	12	8	28	4	26	6

资料来源：根据本课题研究成果计算整理。

从表 3 可以看出，在所研究的 28 个省市区中，1985 年、1992 年、1997 年和 2000 年，北京的地区性行政垄断程度最低；2001 年、2003 年和 2004 年，上海最低；2002 年，江西最低；2005 年和 2006 年，天津最低。1985～2006 年，中西部省份的地区性行政垄断程度较高，贵州、甘肃、四川、广西等省（自治区）的地区性行政垄断程度始终处于较高水平。

（三）各省市排序变化的纵向比较

由于众所周知的原因，改革开放以来，部分经济指标的统计口径发生了变化。虽然我们在测算过程中考虑到了统计口径变化的影响，并最大限度地降低这种影响，但是统计口径的变化仍然使得运用地区性行政垄断指数来进行纵向比较有一些瑕疵。为了弥补这一缺憾，我们运用各省市地区性行政垄断指数的排序来进行纵向比较。由于每一年对不同省市的地区性行政垄断指数进行计算时所使用的统计口径是完全一致的，因而这一比较具有较强的说服力。我们根据表 3 计算出了各年份地区性行政垄断指数排序变化表，如表 4 所示。

表4　　各年份地区性行政垄断指数排序变化表

地区＼年份	1985～1992	1992～1997	1997～2002	2002～2006	1985～2006
北京	0	0	2	9	11
天津	0	0	6	-8	-2
河北	6	-8	1	-9	-10
山西	1	3	4	-17	-9
内蒙古	-5	0	9	-13	-9
辽宁	2	-2	-1	13	12
吉林	-9	4	-4	10	1
黑龙江	-6	24	-22	-3	-7
上海	0	0	0	13	13
江苏	7	-15	6	4	2
浙江	10	-2	-9	-5	-6
安徽	-5	1	2	-2	-4
福建	-11	4	1	-9	-15
江西	7	-6	-18	21	4
山东	6	3	1	-9	1
河南	0	1	-19	4	-14
湖北	4	4	-3	5	10
湖南	-8	10	-5	-13	-16
广东	0	-2	3	12	13
广西	-3	-13	11	3	-2
四川	0	-17	16	-2	-3
贵州	0	-1	1	0	0
云南	-2	-6	11	6	9
陕西	-2	3	-2	-7	-8
甘肃	0	1	3	1	5
青海	7	1	3	11	22
宁夏	3	3	10	-13	3
新疆	-2	10	-7	-2	-1

资料来源：根据本课题研究成果计算整理。

从表4中可以看出，1985～2006年大部分省市区的地区性行政垄断指数的排序都发生了变化。地区性行政垄断指数排名上升，意味着该省市区地区性行政垄断程度的相对位置的上升；地区性行政垄断指数排名下降，意味着该省市区地区性行政垄断程度的相对位置的下降。在所研究的28个省市区中，青海的地区性行政垄断程度排名上升了22位，上海和广东的地区性行政垄断程度排名上升了13位，辽宁的地区性行政垄断程度排名上升了12位，北京的地区性行政垄断程度排名上升了11位，湖北的地区性行政垄断程度的排名上升了10位。这说明以上省市区的地区性行政垄断程度在全国的相对位置有所上升。湖南的地区性行政垄断程度的排名下降了16位，福建的地区性行政垄断程度的排名下降了15位，河南的地区性行政垄断程度的排名下降了14位，河北的地区性行政垄断程度排名下降了10位，山西和内蒙古的地区性行政垄断程度排名都是下降了9位。这说明以上省区的地区性行政垄断程度在全国的相对位置有所下降。其他省市区的地区性行政垄断程度排名变化幅度不大。

五、结　　论

我们以ISCP框架为理论依据，构建了转型时期中国行政性垄断指数，编制了测量地区性行政垄断程度的指标体系，测度了1985～2006年中国的地区性行政垄断程度。通过对转型时期中国地区性行政垄断指数的测算和分析，我们得到以下主要结论：

1. 1985～2006年，全国的地区性行政垄断程度呈现出下降的总体趋势，其中1992～2002年中国地区性行政垄断指数下降最为明显。2002年以后，由于一些软性地方保护措施的抬头，地区性行政垄断指数有小幅回升，但是总体水平仍然低于改革开放初期。随着深入贯彻和落实科学发展观，区域经济相互融合发展的政策措施将逐步出台，长三角、珠三角、环渤海等区域和次区域合作步伐加快。可以预见，未来几年内中国地区性行政垄断程度将进一步下降。

2. 1985～2006年，东部省市区的地区性行政垄断程度下降幅度较大，高于全国的平均水平。改革开放初期，全国各省市的地区性行政垄断程度差距不大。随着改革的深入，东部地区率先发展，经济竞争能力显著增强，在国内的竞争优势逐步凸显，因而其实施地区性行政垄断的必要性显著下降，地区性行政垄断程度有了较大幅度的下降。

3. 1985～2006年，中部省市区的地区性行政垄断程度下降幅度与全国平均水平基本一致。改革开放以来，中部地区的地区性行政垄断程度的波动幅度较大。随着国家振兴东北等老工业基地和中部崛起等战略的实施，中部省市迎来了新一轮的良好发展机遇。可以预见，随着中部地区企业竞争力的提升，中部省市的地区性行政垄断程度将出现稳步下降的趋势。

4. 1985～2006年，西部省市区的地区性行政垄断程度下降幅度较小，低于全国平均水平。改革开放初期，西部地区的相对劣势并不明显，地区性行政垄断程度与东部地区和中部地区基本持平。随着时间的推移，西部地区在竞争能力上与东部地区的差距逐渐拉大，因而其实施地区性行政垄断的必要性显著增大，地区性行政垄断程度下降趋势并不是十分明显。由此可见，实施适当倾斜的区域政策，加快中西部地区的发展步伐，提升中西部地区的竞争力，提高中西部地区市场化程度，是降低中西部地区的行政性垄断程度的重要举措之一。

地区性行政垄断指数是一个由众多指标构成的复合型的指标，从制度、结构、行为、绩效等方面反映了行政力量对于市场竞争的影响。从理论价值上说，转型时期中国地区性行政垄断指数的测算可以成为学术研究中的一项基础性工作，为相关理论研究提供了基础工具和基本手段，可以丰富和深化垄断与竞争理论的研究。从实践价值上说，转型时期中国地区性行政垄断指数的编制和测算为判断各省市区的地区性行政垄断程度及其动态演进提供了客观依据，为竞争政策和区域发展政策的制定提供了参考。地区性行政垄断指数作为一个评价体系，还能够用于分析各地区在体制改革、经济转型、市场化进程和区域政策效果等方面的差异，以及造成地区差异的原因。

在后续研究中，一方面，我们将对转型时期中国地区性行政垄断指数进行细化和跟踪研究，深入分析各省市区的地区性行政垄断程度及其变动的原因，从源头上分析各省市区之间的地区性行政垄断指数存在差异的根本原因；另一方面，我们将利用转型时期中国地区性行政垄断指数对地区性行政垄断的资源配置效率等相关问题展开研究。

参考文献：

1. 国家统计局：《中国统计年鉴》各年份，中国统计出版社。

2. 国家统计局：《中国工业统计年鉴》各年份，中国统计出版社。

3. 国家统计局：《中国贸易外经统计年鉴》各年份，中国统计出版社。

4. 国家统计局：《中国财政统计年鉴》各年份，中国统计出版社。

5. 各省、直辖市、自治区的各年份统计年鉴，以及经济、财政、金融、劳动、贸易等方面的有关统计资料。

6. 白重恩等：《地方保护主义及产业地区集中度的决定因素和变动趋势》，载于《经济研究》2004年第4期。

7. 白重恩、陶志刚、仝月婷：《影响中国各地区生产专业化程度的经济及行政整合的因素》，载于《经济学报》2006年第2辑。

8. 金碚：《竞争秩序与竞争政策》，社会科学文献出版社2005年版。

9. 金煜、陆铭、陈钊：《中国的地区工业集聚：经济地理、新经济地理与经济政策》，载于《经济研究》2006

年第4期。

10. 陆铭、陈钊：《中国区域经济发展中的市场整合与工业集聚》，上海三联书店、上海人民出版社2006年版。

11. 银温泉、才婉茹：《我国地方市场分割的成因与治理》，载于《经济研究》2001年第6期。

12. 李善同等：《中国国内地方保护问题的调查和分析》，载于《经济研究》2004年第11期。

13. 李善同、刘云中、陈波：《中国国内地方保护问题的调查与分析——基于企业问卷调查的研究》，载于《经济学报》2006年第2辑。

14. 黄佩华：《中国省级支出考察报告》，《世界银行报告》，2003年。

15. 樊纲等：《中国各地区市场化相对进程报告》，载于《经济研究》2003年第3期。

16. 黄亚生：《改革时期的中国外商直接投资》，新星出版社2006年版。

17. 李涛：《国有股权、经营风险、预算软约束与公司绩效：中国上市公司的实证发现》，载于《经济研究》2005年第7期。

18. 夏立军、陈信元：《市场化进程、国企改革与公司治理结构的内生决定》，载于《经济研究》2007年第7期。

19. 于良春：《反行政性垄断与促进竞争政策前沿问题研究》，经济科学出版社2008年版。

20. Avner Grief, 1994, "Cultural Beliefs and the Organization of Society, A Historical and Theoretical Reflection on Collectivist and Individualist Societies", journal of Political Economy, Vol. 102.

21. Ellison, G. & E. L. Glaeser, 1997, "Geographic concentration in U. S. manufacturing industries: a dartboard approach". Journal of Political Economy, 105.

22. Fare, R., Grosskopf, S., and Norris, M., and Zhang, Z., 1994, "productivity growth, technical progress, and efficiency change in industrialized countries", American Economic Review, 84.

23. Farrell, M. J., 1957, The Measurement of Productive Efficiency. Journal of the Royal Statistical Society, A CXX, Part 3.

24. Fan, C. Simon and Xiang dong Wei, 2003, "The Law of One Price: Evidence from the Transitional Economy of China," working paper, Lingnan University.

25. Naughton, Barry, 1999, "How Much Can Regional Integration Do to Unify China' s Markets?" Conference for Research on Economic Development and Policy Research, Stanford University.

26. Parsley, David C. and Shang-jin Wei, 2000, "Explaining the Border Effect: the Role of Exchange Rate Variability," Shipping Cost and Geography, NBER Working Paper 7836.

27. Parsley, David C. and Shang-jin Wei, 2001, "Limiting Currency Volatility to Stimulate Goods Market Integration: A Price Approach," NBER Working Paper 8468.

28. Poncet, S.. "Measuring Chinese Domestic and International Integration". China Economic Review, 2003 (14): 1-21.

29. Wolfgang Keller, 2000, "Do Trade Patterns and Technology Flows Affect Productivity Growth"? World Bank Review, 14 (1)。

30. Xu, Xinpeng, 2002, "Have the Chinese Provinces Become Integrated under Reform?" China Economic Review, 13.

31. Young, A., 2000, "The Razor' s Edge: Distortions and Incremental Reform in China," Quarterly Journal of Economics, 115.

（本文载于《经济研究》2009年第2期）

环境保护与经济发展双赢的规制绩效实证分析*

张红凤　周　峰　杨　慧　郭　庆

摘　要：环境保护与经济发展的两难、环境承载阈值以及环境问题的负外部性等的存在，昭示以实现社会福利最大化为目标的环境规制的必要性。从实证视角看环境规制绩效究竟如何？本文基于山东经验，通过建立计量经济模型和统计测度来进行实证检验。本文选取污染密集产业的区位商、带动值和经济增长贡献率三个指标，对环境规制下污染密集产业的发展状况进行实证分析和评价环境规制绩效。本文得出结论是，山东环境规制严格于全国，并取得一定的规制绩效；严格而系统的环境规制政策，能改变EKC曲线形状和拐点位置；要改变单位产出能耗高、污染排放总量高而导致环境规制压力大的局面，还需配合产业结构配置政策的调整。

关键词：双赢　EKC　污染密集产业　环境规制绩效　产业结构配置

一、引　　言

环境问题一直是中国经济发展的焦点和热点问题。中国“十一五”规划纲要提出建设资源节约型、环境友好型社会的目标；党的十七大报告首次提出“生态文明”的理念。按照这一发展目标和发展理念，环境保护与经济发展理应相辅相成，二者双赢是走可持续发展之路的基础。但在市场经济实践中，环境保护与经济发展常表现为矛盾统一体，呈现出两难格局。根据物质不灭定律和能量守恒定律，超过环境容量的污染会积累在环境中，一旦超过了“环境承载阈值”（Threshold）①，不仅使经济发展难以为继，也给环境的恢复和治理带来较大的难度，甚至失去解决任何环境问题的可能性。再加上环境资源的公共品性质和环境问题的负外部性，以及微观经济主体的机会主义的存在，环境问题靠市场机制自身难以解决。因此，为实现社会福利最大化，政府需实施环境规制。

中国改革开放30年以来，经济获得快速增长，2007年中国GDP达到约3.38万亿美元，居世界第四位。与此同时，中国付出惨重的资源和环境代价，发达国家上百年工业化过程中分阶段出现的环境问题在中国已经集中出现。据世界银行最新统计，中国每年仅空气和水污染造成的经济损失相当于国内生产总值的8%～12%；另据一些学者的计量分析，中国经济增长尚未突破倒“U”型环境库兹涅茨曲线（Environment Kuznets Curve，EKC）的两难区间②；正是在这种情况下，节能减

* 本文为国家社科基金项目（06CJL014）、中国博士后科学基金项目（20060400128）、山东软科学项目（A200624－4）的阶段性成果。作者感谢匿名审稿人的宝贵意见和建议。当然，文责自负。

① 环境“承载阈值”即环境承载容量，是指某一环境区域内对人类活动造成的影响的最大容纳量。

② 环境库兹涅茨曲线是在关于环境变化与经济增长关系的研究中提出的。1991年格罗斯曼（Grossman）和克鲁格（Krueger）首次系统地研究了人均收入水平与环境状况之间的关系，并在1993年发表了两者之间存在倒“U”型曲线的关系的论文。1993年Panayotou进一步证实了人均收入水平与环境状况之间倒“U”型曲线的关系，并借用库兹涅茨对经济增长与收入分配关系研究所得到的倒“U”型曲线来描述环境质量与经济发展的这种关系。倒“U”型曲线存在拐点，拐点左边为环境质量与经济发展的两难区间，右边为环境质量与经济发展的双赢区间。

排被确定为中国基本国策。但在“十五”期间，唯独环境目标没有实现。据 2007 年全国单位 GDP 能耗和主要污染物排放情况，节能减排工作取得一定进展，比如二氧化硫排放量同比下降 4.66%，化学需氧量同比下降 3.14%，但与年初确定的下降 7% 和 5% 的目标，差距仍较大。

山东作为中国的一个经济大省，在经济发展中同样面临环境问题。据统计资料显示，山东经济已连续 17 年实现两位数增长。2007 年山东实现地区 GDP 25887.67 亿元，比上年增长 14.3%；其中第一产业实现增加值 2509.1 亿元，增长 4.0%；第二产业实现增加值 14773.4 亿元，增长 15.8%，其中工业实现增加值 13411.2 亿元，增长 16.7%；第三产业实现增加值 8605.2 亿元，增长 14.5%。三次产业比例为 9.7:57.1:33.2。从山东生产总值的构成可以看出，目前第二产业仍占最大比重，并且一直保持着较高的增长速度。这种增长模式和产业配置结构不可避免地带来环境污染物排放量增长、环境质量恶化问题。但近 30 年以来，山东出台了一系列环境规制的法律法规，建立了由命令与控制型政策、基于市场的规制政策、信息披露政策等组成的一整套环境规制政策体系，许多规制政策先于其他省份率先试点，从而使生态环境恶化得到一定控制，环境保护与经济发展双赢初显成效。据 2007 年山东环境状况公报显示：山东治污减排取得较大成效，环境质量得到持续改善。2007 年全省河流断面主要污染物化学需氧量、氨氮浓度年均值比 2006 年分别下降 7.76%、7.83%。水质污染总体程度有所减轻；废气中二氧化硫排放量、烟尘排放量和粉尘排放量分别比上年下降 7.12%、20.53% 和 6.05%；工业固体废物综合利用率 94.63%，比 2006 年上升 2.63 个百分点。

本文基于国内外相关问题的前沿研究成果，以山东为例对环境规制绩效进行评价，提出合理的政策建议，供政府决策部门参考。本文第二部分为文献综述；第三部分为环境规制下环境库茨涅兹曲线的实证分析；第四部分为环境规制下污染密集产业发展的实证分析；第五部分为结论与启示。

二、文献综述

国外对环境规制绩效的实证研究较早，这些研究主要集中在如下几个方面：第一，直接计量环境规制对于污染物排放的影响。马加特和维斯库斯（Magat and Viscusi，1990），拉普兰特和瑞斯通（Laplante and Rilstone，1996）验证了环境规制是否对美国和加拿大的纸浆和纸制品企业的生物需氧量和固体悬浮物的排放有影响。前者的研究表明环境规制能够减少企业大约 20% 的排放量。后者的研究结果显示规制及其产生的威慑能够减少大约 28% 的污染排放量。这两项研究还发现，规制能促使企业定期对污染排放进行报告，因此规制不仅对企业污染排放水平起作用，还为规制者提供了企业更多更准确的污染信息。纳多（Nadeau，1997）的研究发现环境规制能够显著减少美国纸浆和纸制品企业违反空气污染物排放标准的持续时间。达斯古普塔等（Dasgupta et al.，2001）具体分析了环境规制中的监管和污染收费对中国镇江污染企业环境绩效的影响。结果表明，在企业层面，与污染收费相比，监管对企业环境绩效更具有决定性的影响，它能减少大约 0.40% ~1.18% 总悬浮固体和化学需氧量引起的水污染。第二，将环境规制与 EKC 结合起来分析，以衡量或说明环境规制的绩效。帕那由托（Panayoutou，1997）运用 30 个发达国家和发展中国家 1982 ~1994 年间的数据进行分析，结果表明，政策和制度能够显著减少由于二氧化硫引起的环境退化，它们能够在低收入水平显著减少环境的退化，并且在高收入水平能够加速环境的改进，因此能使 EKC 曲线变得扁平，并且减轻经济增长所付出的环境代价。赫提格等（Hettige et al.，2000）利用巴西、中国、印度、美国等 12 个发达国家和发展中国家企业层面的工业污水排放的数据进行计量分析发现，使工业废水排放量随着收入增加而减少的主要因素是严格的环境规制。巴特拉伊和哈密格（Bhattarai and Hammig，2001）考察了拉丁美洲、亚洲和非洲 66 个国家森林采伐和经济发展的关系，结果表明，环境规制的改善能够显著减少森林采伐。达斯古普塔等（Dasgupta et al.，2002）通过研究指出，严格的环境规制使经济增长的每一时期污染排放水平都低于没有规制时的排放水平，拐点也可能提前出现，环境库兹涅茨曲线因此变得比较平坦且处于相对较低的位置。第三，分析环境规制对于污染密集产业的影响。康拉德和沃特（Conrad and Wastl，1995）对 1976～1991 年间德国污染密集产业的全要素生产率和环境规制的实证研究表明，环境规制可以减少污染密集产业的全要素生产率水平。格林斯通（Greenstone，2002）使用 175 万个企业的普查数据检验了环境规制对污染密集产业发展的影响，实证结果表明环境规制会限制污染密集产业的发展。

国内对环境规制绩效实证研究起步较晚，主要研究文献有：吴玉萍等（2002）和夏永久等（2006）借助环境库兹涅茨曲线对环境规制进行评价。吴玉萍等建立的北京市经济增长与环境污染水平计量模型的实证分析为评价北京市环境政策提供了依据。研究表明，北京市各环境指标与人均 GDP 关系轨迹呈现显著的环境库兹涅茨曲线特征，但比发达国家较早地实现了环境库兹涅茨曲线拐点，且到达拐点的时间跨度小于发达国家，这主要归功于北京近 10 年来有效的环境政策。夏永久等运用“环境库兹涅茨曲线”打破传统的二次方程描述环境库兹涅茨曲线的方法，采用三次曲线的分析方法，为兰州市环境政策评价提供数量依据。结果表明，近年来兰州市在经济基础相对薄弱、生态环境比较恶劣、公众环保意识较差的情况下，通过结合自身优势并实施一定的环境政策，不仅保持着经济的持续快速增长，而且城市环境质量也得到明显改善，基本遏制住了环境污染加剧的趋势，避免了发达地区同期经济发展水平下出现的严重环境污染事件。近几年，还有一批学者尝试着建立指标体系和指数来评价环境规制的绩效。曹颖（2006）按照压力—状态—响应（P－S－R）的因果逻辑关系，初步构建云南省环境绩效评估指标体系。王晓宁等（2006）采用层次分析法和专家评分法建立了对环境保护机构能力评价的指标体系，并以河南省 13 个县级环境保护局为例，评价了县级环境保护部门的能力。研究结果表明，地方环境保护机构能力总体处于较差水平并且区域差异较大。陈劭锋（2007）提出了资源环境综合绩效指数，并用其对 2000～2005 年中国及各省的资源环境绩效水平进行了综合评估。结果表明，这一期间中国资源环境综合绩效指数总体上呈下降态势，平均每年下降 2.7%。傅京燕（2002）和段琼等（2002）分析了环境规制对污染密集产业国际竞争力的影响，其实证结果都不支持环境规制对污染密集产业国际竞争力有负面影响这一假设，两者之间的关系是不确定的。

从这些研究可以看出，国内外学者在对环境规制绩效进行评价时，多忽略环境规制可能对污染密集型产业发展产生的影响，进而评价环境规制绩效。虽已有学者开始关注环境规制对污染密集产业的全要素生产率、产出、国际竞争力的影响，但对环境规制绩效进行全面评价，还应考察环境规制下污染密集产业的发展，包括区位商、带动值和经济增长贡献率的大小。本文试图克服以往研究的不足，首先引入全国的平均水平作为比较对象，① 通过实证计量山东和全国的环境污染随经济增长的变动轨迹——环境库兹涅茨曲线的差异，初步衡量山东环境规制绩效；然后分别采用污染密集产业的区位商、带动值和经济增长贡献率三个典型指标，对山东环境规制下污染密集产业发展状况进行实证分析，从而对山东环境规制绩效做出进一步的评价。

---

① 选择将山东与全国的平均水平相比，而不是将山东与经济发展水平较为相似的省份如浙江、广东、江苏相比，是基于以下原因：山东与浙江、广东、江苏等省份在产业结构、资源数量与结构、区位特征、发展进程等方面存在诸多差异，而在这方面山东与全国的平均水平更为相似。2007 年《山东经济蓝皮书》显示，山东与全国三次产业增加值结构的相似系数高达 0.9807；山东与全国一样，矿产资源种类多，储量大、品质优良的矿种众多；山东与全国的区位特征高度相似，发展进程也相似。因此，如果仅凭经济发展水平相似就将山东与浙江、广东、江苏等省份简单进行对比，将导致结论的不准确，而与全国平均水平进行比较则更为合理。

三、环境规制下环境库兹涅茨曲线的实证分析

（一）变量选取和数据来源

环境污染可以从多个维度进行度量，在研究环境污染与经济增长关系的实证文献中，较多地采用污染集中度、污染物排放量两类变量来度量环境污染。考虑到数据的可获得性，本文采用污染物排放量指标，其中污染排放物又可分为三类：液体污染排放物、气体污染排放物以及固体污染排放物。根据数据可获得性以及山东环境污染的主要污染源，本文选取的污染排放物变量包括以下 4 类指标（见表 1），数据来源由相应各期《山东统计年鉴》，《中国环境年鉴》、《中国统计年鉴》、《山东环境统计公报》以及《中国环境统计公报》整理、计算而得。

本文用人均 GDP 指标来度量经济增长。因为与总量 GDP 相比，人均 GDP 更能反映真实经济发展水平变化对环境污染的影响。数据根据历年《中国统计年鉴》整理、计算而得。具体采用 GDP 平减指数缩减后的实际人均 GDP，单位为按 1986 年为基期价格计算的元/人。

表 1　　各类污染排放物名称、单位及表示符号

污染排放物名称	单位	本文采用记号	污染排放物名称	单位	本文采用记号
人均化学需氧量排放量	千克/人	aCOD	人均工业烟尘排放量	千克/人	aSMO
人均二氧化硫排放量	千克/人	aSO_2	人均工业固体废物排放量	千克/人	aSOL

（二）模型的建立[①]

参考已有文献，本文采用经济增长与环境污染的简约对数形式回归方程来进行分析。因采用对数形式可有效消除数据异方差的问题，有利于模型估计的准确性，但估计系数的经济学含义也会随之改变。我们将模型基本形式设定如下：

$$\ln Y_{1t} = \beta_0 + \beta_1 \ln X_{1t} + \beta_2 (\ln X_{1t})^2 + \beta_3 (\ln X_{1t})^3 + \varepsilon_{1t} \quad (1)$$

$$\ln Y_{2t} = \beta_0 + \beta_1 \ln X_{2t} + \beta_2 (\ln X_{2t})^2 + \beta_3 (\ln X_{2t})^3 + \varepsilon_{2t} \quad (2)$$

其中，Y_{1t}为第 t 年山东环境污染排放物（包括化学需氧量、二氧化硫、工业烟尘、工业固体废物）的人均排放量，Y_{2t}为第 t 年全国环境污染排放物（包括化学需氧量、二氧化硫、工业烟尘、工业固体废物）的人均排放量；X_{1t}为第 t 年山东的人均 GDP，X_{2t}为第 t 年全国的人均 GDP；ε 为随机误差项。模型估计结果存在以下几种情况：

（1）$\beta_1 > 0$ 且 $\beta_2 = \beta_3 = 0$，经济增长与环境污染之间为正相关的线性关系；

（2）$\beta_1 < 0$ 且 $\beta_2 = \beta_3 = 0$，经济增长与环境污染之间为负相关的线性关系；

（3）$\beta_1 > 0$，$\beta_2 < 0$ 且 $\beta_3 = 0$，经济增长与环境污染之间为倒“U”型的关系，拐点出现在 $y^* = -\frac{\beta_1}{2\beta_2}$；

① 作者最初拟在简约对数估计方程中加入人口密度、环境规制和产业结构三个变量建立修正的 EKC 模型，从而说明环境规制等因素的作用。其中人口密度用每平方千米的人口数表示，环境规制变量用环境污染治理投资总额占 GDP 的比重表示，产业结构用工业增加值占 GDP 的比重表示。结果，受到了统计数据的严重限制：其一，增加变量的同时，需要扩大样本量。但山东省和全国对这四类污染物排放量的最早统计仅从 1986 年开始，找不到更早的数据；其二，利用面板数据来扩大样本量亦不现实。因为从全国具体到省的能查到的数据看，上面变量能查齐的年份从 1992 年开始；从山东省具体到市的工业增加值、土地调查面积、GDP 指数的统计值，无法通过计算获得产业结构、人口密度和实际 GDP 数值。所以，作者最终采用了经济增长与环境污染的简约对数形式，通过比较山东省和全国环境库兹涅茨曲线的差异来说明“山东省环境规制水平严于全国平均水平”。这样做还可以带来附加好处：在二维空间里比较山东与全国环境规制对环境影响的异同，而如果增加其他解释变量，则无法做到在二维空间的直观比较。

（4）$\beta_1<0$，$\beta_2>0$ 且 $\beta_3=0$，经济增长与环境污染之间为“U”型关系；

（5）$\beta_1>0$，$\beta_2<0$ 且 $\beta_3>0$，经济增长与环境污染之间为“N”型或“～”型；

（6）$\beta_1<0$，$\beta_2>0$ 且 $\beta_3<0$，经济增长与环境污染之间为倒“N”型或“∽”型。

（三）模型分析

利用1986～2005年间山东和全国的数据，分别对式（1）和式（2）4类污染指标与人均GDP的关系进行回归检验。我们的估计步骤是：首先对同时包括了人均GDP的平方项、立方项的方程进行估计，并根据估计系数的t统计值、R^2&A－R^2 和F统计值来判断是否存在三次曲线关系。如果人均GDP的立方项不显著，则对剔除了人均GDP立方项的方程重新进行估计。分别对4类污染指标与人均GDP之间的环境库兹涅茨曲线进行估计，得到如表2、表3所示的结果。

表2　　4类污染排放与人均GDP的估计结果（1）

	地区	常数项	Ln（aGDP）	Ln^2（aGDP）	Ln^3（aGDP）	R^2&A－R^2	F统计值
Ln（aGOD）	山东	－57.077** （－2.489）	14.893** （2.690）	－0.935** （－2.805）		0.685 （0.628）	11.966 （0.002）
	全国	－29.742* （－2.174）	8.387** （2.407）	－0.558** （－2.518）		0.760 （0.717）	17.451 （0.000）
Ln（aSO_2）	山东	－105.681** （－2.570）	39.942** （2.569）	－4.85** （－2.485）	0.195** （2.394）	0.622 （0.552）	8.791 （0.001）
	全国	－211.263** （－2.814）	83.23** （2.818）	－10.792** （－2.791）	0.467** （2.772）	0.810 （0.774）	22.738 （0.000）
Ln（aSMO）	山东	27.29*** （3.367）	－5.9** （－2.877）	0.34** （2.638）		0.747 （0.717）	25.076 （0.000）
	全国	42.963*** （4.060）	－10.336*** （－3.713）	0.65*** （3.563）		0.731 （0.700）	23.060 （0.000）
Ln（aSOL）	山东	610.938** （2.442）	－224.654** （－2.376）	27.812** （2.343）	－1.16** （－2.343）	0.960 （0.952）	127.874 （0.000）
	全国	1717.8*** （3.950）	－664.53*** （－3.884）	85.765*** （3.830）	－3.686*** （－3.780）	0.794 （0.755）	20.512 （0.000）

注：*、**、*** 分别表示在10%、5%和1%的水平显著。变量的估计结果中，括号内为T统计值：列首为“R^2&A－R^2”的列中，括号内为调整的 R^2；列首为“F统计值”的列中，括号内为伴随概率P值。

表3　　4类环境污染排放与人均GDP的估计结果（2）

污染排放物名称	地区	曲线形状	拐点（按1986年人民币不变价的人均GDP）
人均化学需氧量排放量	山东	倒“U”型	2997
	全国	倒“U”型	1792
人均二氧化硫排放量	山东	“～”型	1078，22808
	全国	“～”型	NA
人均工业烟尘排放量	山东	“U”型	5863
	全国	“U”型	2847
人均工业固体废物排放量	山东	“∽”型	NA
	全国	“∽”型	NA

注：拐点如果按2005年人民币不变价的人均GDP计算的话，人均化学需氧量排放量的拐点山东为6787元/人，全国为5592元/人；人均二氧化硫排放量的拐点山东分别为2441元/人和51650元/人；人均烟尘排放量的拐点山东为13277元/人，全国为8885元/人。

1. 人均化学需氧量排放量与人均 GDP 的 EKC 检验。回归结果表明，山东和全国的人均化学需氧量排放与人均 GDP 之间都存在库兹涅茨倒“U”型曲线关系，模型回归结果可以表示为：

$$\ln(aCOD_1) = -57.077 + 14.893[\ln(aGDP_1)] - 0.935[\ln(aGDP_1)]^2 \quad (3)$$

$$\ln(aCOD_2) = -29.742 + 8.387[\ln(aGDP_2)] - 0.558[\ln(aGDP_2)]^2 \quad (4)$$

由上式可进一步计算出，山东人均化学需氧量与人均 GDP 的倒“U”型曲线的拐点位于人均 GDP 2997 元/人的临界处，而全国倒“U”型曲线的拐点位于人均 GDP 1792 元/人的临界处。这一估计结果表明，当山东人均 GDP 低于 2997 元/人的临界水平时，随着人均 GDP 的上升人均化学需氧量排放量将增加，只有当人均 GDP 超过 2997 元/人的临界水平时，其人均化学需氧量排放量才开始出现下降趋势。即随着人均 GDP 的进一步上升，人均化学需氧量排放量将减少。从山东人均 GDP 的增长情况来看，从 1996 年开始其人均 GDP 超过 2997 元/人，人均化学需氧量排放量开始下降。如图 1 所示，通过与全国人均化学需氧量排放量与人均 GDP 的 EKC 曲线比较可以看出，山东人均化学需氧量排放量与人均 GDP 倒“U”型曲线虽然到达拐点的 GDP 要高于全国人均水平，但是在相同的 GDP 水平下，山东人均化学需氧量排放量远远低于全国人均化学需氧量排放量（见图 1）。

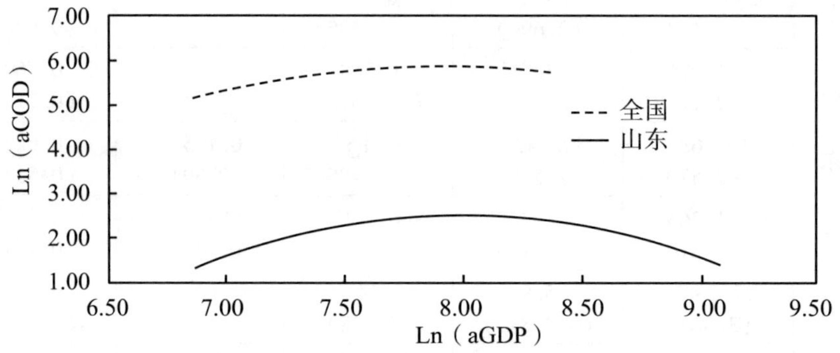

图 1　1986 ~ 2005 年人均 GDP 与人均化学需氧量排放量的关系

2. 人均二氧化硫排放量与人均 GDP 的 EKC 检验。模型回归结果可以表示为：

$$\ln(aSO_{21}) = -105.681 + 39.942[\ln(aGDP_1)] - 4.850[\ln(aGDP_1)]^2 + 0.195[\ln(aGDP_1)]^3 \quad (5)$$

$$\ln(aSO_{22}) = -211.263 + 83.230[\ln(aGDP_2)] - 10.792[\ln(aGDP_2)]^2 + 0.467[\ln(aGDP_2)]^3 \quad (6)$$

回归结果表明，山东人均二氧化硫排放量与人均 GDP 之间存在“~”型曲线关系，该“~”型曲线的两个拐点分别为人均 GDP1078 元/人和 22808 元/人，当山东人均 GDP 低于 1078 元/人时，人均二氧化硫排放量将随着人均 GDP 的上升而增加；一旦人均收入突破了 1078 元/人的临界值水平，此时人均 GDP 的继续提高将有助于降低人均二氧化硫排放量；随着人均 GDP 的进一步提高，在 22808 元/人的第二个临界点之后，人均二氧化硫排放量又将随着人均 GDP 的上升而增加。目前山东的人均 GDP 处于两个临界点之间，人均二氧化硫排放量随着人均 GDP 的上升而减少。而在全国人均二氧化硫排放量与人均 GDP 的方程中，虽然三次项系数已经通过了显著性检验，然而拐点处无实数解，因此无法确定拐点的具体位置。从图 2 可以看出全国的曲线更似一个斜向上的“~”型结构，因此人均二氧化硫排放量与人均 GDP 之间更类似一种正相关关系。从图 2 中山东的曲线与全国的曲线对比可知，在相同的 GDP 水平下，全国的人均二氧化硫排放量远远高于山东的排放量。

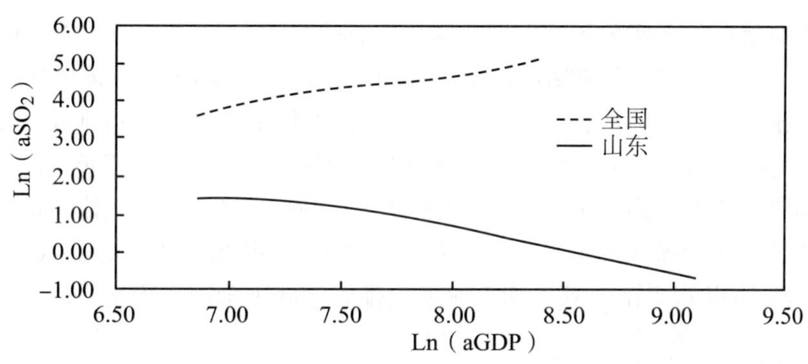

图 2　1986 ~ 2005 年人均 GDP 与人均二氧化硫排放量的关系

3. 人均工业烟尘排放量与人均 GDP 的 EKC 检验。回归结果表明，山东人均工业烟尘排放量与人均 GDP 之间存在“U”型曲线关系，模型回归结果可以表示为：

$$\ln(aSMO_1) = 27.290 - 5.9000[\ln(aGDP_1)] + 0.340[\ln(aGDP_1)]^2 \quad (7)$$

$$\ln(aSMO_2) = 42.963 - 10.336[\ln(aGDP_2)] + 0.650[\ln(aGDP_2)]^2 \quad (8)$$

由上式可以进一步计算出，山东该“U”型曲线的拐点位于人均 GDP 5863 元/人。这一“U”型曲线刻画了人均 GDP 变化对人均工业烟尘排放量的影响：当人均 GDP 低于 5863 元/人临界水平时，人均工业烟尘排放量随着人均 GDP 的提高而下降，一旦人均 GDP 超过了 5863 元/人的临界值，此时人均工业烟尘反而随着人均 GDP 的进一步上升而增加。目前山东人均 GDP 已经越过了该临界值。而全国该“U”型曲线的拐点位于人均 GDP 2847 元/人，将山东人均工业烟尘排放量与人均 GDP 的曲线与全国对比，两者有交点。如图 3 所示，当山东人均 GDP 和全国人均 GDP 在 2838 元/人时，其人均工业烟尘排放量相等；而当山东人均 GDP 低于 2838 元/人时，在相同的人均 GDP 下其人均工业烟尘排放量高于全国人均水平；而一旦山东人均 GDP 超过 2838 元/人，随着人均 GDP 的进一步提高，在相同人均 GDP 下其人均工业烟尘排放量将低于全国人均水平。

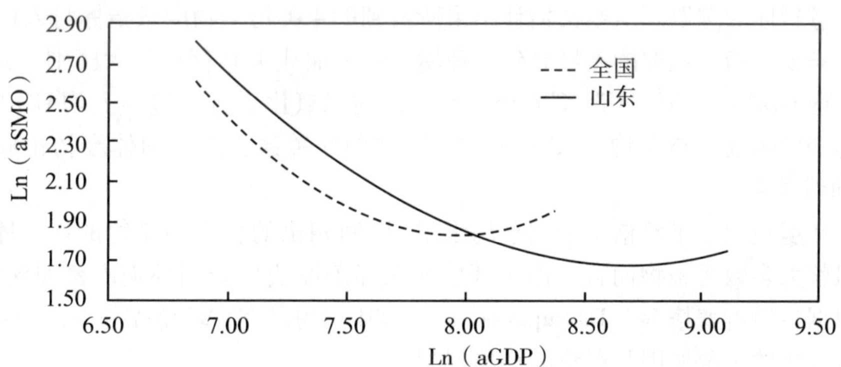

图 3　1986 ~ 2005 年人均 GDP 与人均工业烟尘排放量的关系

4. 人均工业固体废物排放量与人均 GDP 的 EKC 检验。模型回归结果可以表示为：

$$\ln(aSOL_1) = 610.938 - 224.654[\ln(aGDP_1)] + 27.812[\ln(aGDP_1)]^2 - 1.160[\ln(aGDP_1)]^3 \quad (9)$$

$$\ln(aSOL_2) = 1717.800 - 664.530[\ln(aGDP_2)] + 85.765[\ln(aGDP_2)]^2 - 3.686[\ln(aGDP_2)]^3 \quad (10)$$

回归结果表明，人均工业固体废物排放量与人均 GDP 之间并不存在库兹涅茨倒“U”型曲线关系。上式的估计系数表明，山东和全国的人均工业固体废物排放量与人均 GDP 之间是一种“∽”型关系。在山东和全国的人均工业固体废物排放量与人均 GDP 的方程中，虽然三次项系数已经通过显著性检验，然而拐点处无实数解，因此无法确定拐点的具体位置。由图 4 可以看出，山东和全国的曲线更似一个斜向下的“∽”型结构，因此，山东和全国人均工业固体废物排放量与人均 GDP 之间更类似一种负相关关系。即随着人均 GDP 的增加，人均工业固体废物排放量在下降。从图 4 中山东的曲线与全国的曲线对比可知，山东人均 GDP 和全国人均 GDP 在 1796 元/人的水平下，其人均工业固体废物排放量相等；而当山东人均 GDP 低于 1796 元/人时，在相同 GDP 水平下，其人均工业固体废物排放量高于全国人均水平；而一旦山东人均 GDP 超过 1796 元/人，随着人均 GDP 的进一步提高，在相同 GDP 水平下，其人均工业烟尘排放量低于全国人均水平。

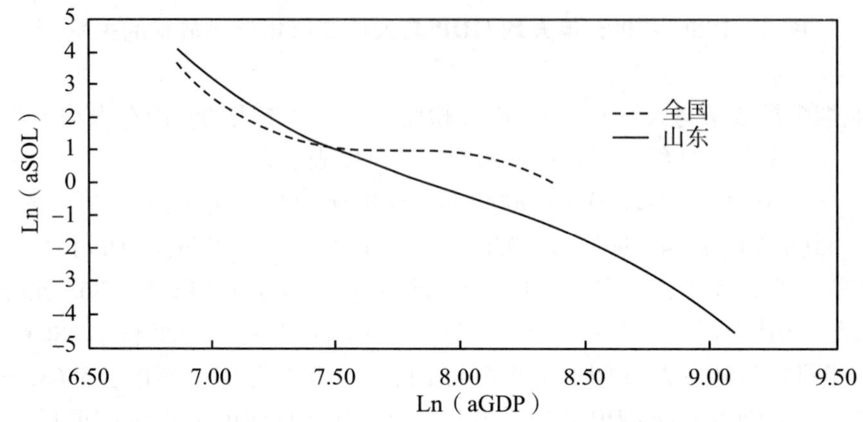

图 4　1986～2005 年人均 GDP 与人均固体废物排放量的关系

（四）初步的结论

综合上述 4 类环境污染指标与人均 GDP 的数据估计结果，我们初步得出以下结论：

第一，环境污染与经济增长之间的关系具有不确定性，因为环境库兹涅茨曲线的估计结果很大程度上取决于度量指标的选取。从本文估计结果所得到的 4 类污染物度量指标与人均 GDP 的曲线关系可以看出，污染度量指标选取的差异导致了环境—收入曲线关系存在较大区别，其中人均化学需氧量排放量与人均 GDP 具有倒“U”型曲线关系；人均二氧化硫排放量与人均 GDP 具有“～”型曲线关系；人均烟尘排放量与人均 GDP 具有“U”型曲线关系；人均固体废物排放量与人均 GDP 具有“∽”型曲线关系。

第二，山东环境规制水平严格于全国平均水平。[①] 回归出的各类污染物的环境库兹涅茨曲线形状尽管不同，但就大多数污染物而言，山东环境库兹涅茨曲线比全国环境库兹涅茨曲线更为扁平，位置也更低。根据达斯古普塔等（Dasgupta et al.，2001）的研究，环境库兹涅茨曲线变得比较平坦且处于相对较低位置的主要原因是严格的环境规制。

第三，山东环境规制绩效优于全国平均水平。将山东环境库兹涅茨曲线与全国进行比较，可发现近 20 年来山东环境库兹涅茨曲线与全国的库兹涅茨曲线的变化趋势是一致的，但在相同 GDP 水平下，山东人均污染排放量低于全国人均污染排放量。这表明山东环境规制绩效优于全国平均水平。

① 在检索到的大量相关文献中，都将环境库兹涅茨曲线扁平化的原因归于环境规制，这一观点已得到广泛认可，成为一种共识。而且，本文回归模型中所使用的数据都是在有环境规制下的统计值，从而回归出的环境污染排放量与经济增长关系的 EKC 与修正的 EKC 的内涵是一致的，因此可以利用达斯古普塔等（Dasgupta et al.，2001）修正的 EKC 标准来判断环境规制的力度。第五部分结论与启示中的判断标准亦是如此。

四、环境规制下污染密集产业发展的实证分析

自市场化改革以来，山东不断进行产业结构调整，初步形成工业化中期阶段的“二、三、一”的产业结构比例关系。2007 年三次产业比例为 9. 7∶57. 1∶33. 2。在三次产业的生产总值构成中，第二产业占最大比重，并且一直保持较快增长速度。而污染密集产业在第二产业中又占绝大比重，据 2006 年的统计数字表明，山东污染密集产业的企业总产值、工业增加值、利润具有绝对优势，分别占山东规模以上工业企业的 50. 5%、51. 5% 和 66. 0%。据一些研究显示，严格的环境规制往往对污染密集产业发展的负面影响会很大（Conrad and Wastl，1995；Greenstone，2002）。如果山东严格于全国的环境规制阻碍了污染密集产业的发展，势必在短期内对山东经济发展带来较大的冲击，难以实现环境保护与经济发展的双赢。因此，要证明山东环境规制是否取得了环境保护与经济发展的双赢绩效，还需对严格环境规制下的山东污染密集产业发展状况做实证分析。本文选取污染密集产业的区位商（LQ）、带动值及经济增长贡献率三个典型指标，对严格环境规制下的山东污染密集产业发展状况进行实际测度。

（一）山东污染密集产业的选取及发展概况

污染密集产业（Pollution-intensive Industries，简称 PIIs）是指在生产过程中如果不加以治理会直接或间接产生大量污染物的那些产业。其产业特征是：产出过程产生大量污染物，对生态环境及人类与生物的危害较大；生产技术和过程较复杂，运行过程对工人安全和健康产生威胁；处理和污染防治有一定难度，所需费用很大，需要大量的资本、技术和管理资源来建立合理的污染防止和处理系统；是环境管理政策和法规关注的重点。任丽军、尚金城（2005）曾经采用主成分分析法（PCA 方法），对山东经济和环境影响较大的 15 个主要污染密集产业的增加值、能源消耗量、废水排放量、化学需氧量排放量、SO_2 排放量、从业人员数 6 个指标，进行了各产业的可比性研究。研究结果表明，各产业中对生态环境造成较大影响的产业依次是造纸和纸制品业，电力、热力的生产和供应业，煤气及水的生产和供应业，化学原料和化学制品制造业，煤炭采选业，纺织业，非金属矿物制品业等。其中，造纸和纸制品业，化学原料和化学制品制造业对水环境压力大，电力、热力的生产和供应业，石油加工、炼焦及核燃料加工业，化学原料和化学制品制造业对大气环境的压力较大，纺织业、石油天然气开采业对社会经济的影响较大。

为了与本文的环境库兹涅茨曲线实证研究结果相对应，我们对 2006 年山东污染密集产业重点调查企业的污染物排放进行分析（见表 4），发现造纸和纸制品业、化学原料和化学制品制造业以及纺织业的工业废水排放量都在 1 亿吨以上。化学原料和化学制品制造业、黑色金属冶炼及压延加工业、纺织业的二氧化硫排放量分别为 9 万吨和 5 万吨以上，紧随其后的是造纸和纸制品业、石油加工、炼焦及核燃料加工业，分别为 4 万吨和 3 万吨左右。烟尘排放方面，化学原料和化学制品制造业和黑色金属冶炼及压延加工业的排放量位于前列。化学需氧量排放方面，造纸及纸制品的排放远远超出其他产业，排放量占到了 53. 16%，超过了其他污染密集产业排放量的总和。

因此，本文针对山东污染密集产业的实际状况，根据研究需要选取 18 个大类产业为主要研究对象，分别是煤炭开采和洗选业，石油和天然气开采业，黑色金属矿采选业，有色金属矿采选业，非金属矿采选业，农副食品加工业，纺织业，皮革、毛皮、羽毛（绒）及其制品业，造纸及纸制品业，石油、炼焦及核燃料加工业，化学原料及化学制品制造业，医药制造业，橡胶制品业，塑料制品业，非金属矿物制品业，黑色金属冶炼及压延加工业，有色金属冶炼及压延加工业，电力、热力

表4　　2006年山东污染密集产业重点调查企业污染物排放情况

行业名称	工业废水排放量（万吨）	二氧化硫排放量（吨）	烟尘排放量（吨）	化学需氧量排放量（吨）	固体废物产生量（万吨）
化学原料及化学制品制造业	17401	95737	28334	24778	936.62
造纸及纸制品业	45163	46418	17917	147073	232.48
饮料制造业	4890	6631	2674	9659	104.94
食品制造业	4912	9276	3238	11508	66.72
农副食品加工业	7817	27341	6768	18764	74.62
有色金属冶炼及压延加工业	1137	10636	1177	1548	295.05
黑色金属冶炼及压延加工业	2490	64155	31656	3061	1868.49
橡胶制品业	609	11389	2050	753	24.88
医药制造业	2626	2485	1179	4776	16.38
石油加工、炼焦及核燃料	5609	37590	15670	7884	76.24
皮革、毛皮、羽毛（绒）及其制品业	1233	1919	460	3221	6.20
纺织业	12089	58327	12774	25708	105.43
非金属矿采选业	108	1600	1611	79	11.14
有色金属矿采选业	679	11147	6697	278	1150.38
黑色金属矿采选业	492	274	277	341	261.41
石油和天然气开采业	3308	4382	449	6197	31.07
煤炭开采和洗选业	6401	8280	4501	4209	1508.66

资料来源：《山东统计年鉴（2007）》。

的生产和供应业。此外，食品制造业存在部分特殊工艺和原材料加工的行业，如发酵制品业、罐头食品制造业、调味品制造业；饮料制造业中的酒精及饮料酒制造业；部分金属制品、部分机械产品制造业、部分电气机械及器材、电子及通讯设备制造业中的部分产品，在其生产过程中污染排放也比较可观，但鉴于它们在产业统计中仅占部分比重，如纳入本文污染密集产业统计总量，将会产生较大偏差，所以未作选取。

根据统计，截至2006年，所选取的山东18个污染密集产业规模以上企业总产值为21988.26亿元，工业增加值为6846.85亿元，实现利润达1909.74亿元，分别占山东规模以上工业企业的56.7%、59.6%和72.5%。同期全国上述行业的全部国有及规模以上非国有企业总产值为177830.45亿元，工业增加值为53908.16亿元，实现利润12657.43亿元，分别为56.2%、59.2%、64.9%。与全国状况相比，山东的污染密集产业占国民经济比重增长状况良好，同时部分行业资源消耗强度和污染排放强度较大，如造纸业、煤炭产业、钢铁产业和纺织业等，仅从电力产业看，火电就占了99%以上。这种产业结构造成山东经济发展呈现出规模和速度发展状况良好，但单位产出能耗相对较高、污染治理任务严峻的局面。

（二）山东污染密集产业区位商的测度

区位商（Location Quotient，LQ）是反映产业区域分工优势的重要指标，通过区位商分析可以测定各工业产业部门在全国的相对专业化程度，来间接反映区域间经济联系的结构和方向。常用的测定指标有工业总产值（销售收入、增加值）等。其计算公式为：

区位商（LQ）=（某地区A部门产值/该地区全部产值）/（全国A部门产值/全国全部产值）

一般说来，LQ>1，表明A产业在该地区专业化程度超过全国平均水平，产品有一定的外向度，属于地区专业化部门，LQ值越大，专业化水平越高，产品输出越多。LQ=1时，表明该地区A产业的专业化水平与全国相当，产品基本自给自足。LQ<1，说明该地区A产业的专业化水平低

于全国，需要从区域外输入 A 产业的产品，来满足区域内的需要。运用 2007 统计年鉴数据对山东 18 类污染密集产业的 LQ 值进行测算，结果如表 5 所示。

表 5　　2006 年山东污染密集产业区位商排序

行业名称	区位商	行业名称	区位商
橡胶制品业	2.31	医药制造业	1.03
农副食品加工业	2.25	石油和天然气开采业	1.00
非金属矿采选业	1.88	石油、炼焦及核燃料加工	0.98
造纸及纸制品业	1.81	皮革、毛皮、羽毛（绒）及其制品业	0.87
非金属矿物制品业	1.53	黑色金属矿采选业	0.84
纺织业	1.52	塑料制品业	0.75
化学原料及化学制品制造业	1.38	黑色金属冶炼及压延加工业	0.72
煤炭开采和洗选业	1.37	电力、热力的生产和供应业	0.60
有色金属矿采选业	1.18	有色金属冶炼及压延加工业	0.66

资料来源：《山东统计年鉴（2007）》；《中国统计年鉴（2007）》。

从统计分析来看，当前山东的污染密集产业中具有分工优势的产业较多，优势比较明显的产业多数集中于轻工业和资源开采业。在所选定的 18 个工业大类产业中，具有分工优势的行业（LQ > 1）有 9 个，占半数。其中，资源开采类有四大类，轻工业有三大类，制造类有两大类。具有明显区域分工优势的行业（LQ > 1.5）分别是橡胶制品业、农副食品加工业、非金属矿采选业、造纸及纸制品业、非金属矿物制造业和纺织业等六个产业，占整体污染密集产业的三分之一。

另据统计分析，2000～2004 年间，山东工业 39 个大类产业中，LQ 值上升的产业有 17 个，其余 22 个产业 LQ 值都有不同程度的下降。在 2004 年具有分工优势的 17 个大类产业中，上升幅度比较明显的污染密集产业有化学原料及化学制品制造业（LQ 值增加 0.29），造纸及纸制品业（LQ 值增加 0.26）等；下降幅度比较明显的污染密集产业为有色金属矿采选业（LQ 值减少 0.28）。值得关注的是，石油加工、炼焦及核燃料加工业的 LQ 值转为 1 以下，从具有分工优势减弱为不具有分工优势。而 2004～2006 年间，LQ 值上升幅度较为明显的是非金属矿采选业（LQ 值增加 0.33）和黑色金属矿采选业（LQ 值增加 0.28），有色金属矿采选业则继续大幅下滑（LQ 值减少 0.82），石油和天然气开采业的下降幅度也比较明显（LQ 值减少 0.43）。统计显示，2006 年山东的煤炭净调入量为 15313 万吨，相当于全年煤炭产量的 1.09 倍，对外依存度为 52.8%；原油净调入量为 1122 万吨，相当于全年产量的 40.7%，对外依存度为 28.9%，所在行业的区位优势呈现逆转态势。

从各污染密集产业近年来动态发展的典型特征来看，山东正在由能源生产大省向能源消耗大省转变，资源开采领域的区位优势有升有降，但整体呈现下降趋势。进一步从各产业的产值和利润动态来看，大多数污染密集产业的经济效益状况与分工优势的高低有密切的正相关关系。

（三）山东污染密集产业带动值的测度

产业的带动优势一般采用投入—产出模型进行测定。投入—产出模型是用数学方程的形式来反映客观经济运行过程和经济结构，其中的完全消耗系数反映了某一产业部门每提供一个单位最终使用时，对其他各产业部门的货物或服务的直接消耗与间接消耗之和，从而测算出一定时期内对国民经济其他产业的全部带动力。本文运用第一次全国经济普查数据，参照 2002 年投入产出直接消耗系数，对山东工业大类产业的带动值进行分析，其中带动值在 100 以上的污染密集产业如表 6 所示。

表 6　　2004 年山东污染密集产业对其他产业的带动力　　单位：亿元

行业名称	带动值	行业名称	带动值
化学原料及化学制品制造业	16175.3	煤炭开采和洗选业	1259.9
农副食品加工业	12961.4	造纸及纸制品业	1010.8
黑色金属冶炼及压延加工业	12016.5	橡胶制品业	687.6
纺织业	10409.4	塑料制造业	456.5
非金属矿物矿品制造业	8693.9	石油和天然气开采业	398.8
石油、炼焦及核燃料加工业	3459.4	皮革、毛皮、羽毛（绒）及制品业	395.8
有色金属冶炼及压延加工业	1870.2	医药制造业	262.3
电力、热力的生产和供应业	1293.0	黑色金属矿采选业	103.9

资料来源：《第一次全国经济普查数据公报》，国家统计局，2004 年。

从投入产出角度来看，山东污染密集产业对全省经济的带动作用非常明显，18 个产业的带动值都在 100 以上，产业波及程度高，影响力大。其中，化学原料及化学制品制造业、农副食品加工业、黑色金属冶炼及压延加工业以及纺织业的带动值均达到 10000 以上，它们的规模都处于全省各产业总产值的前五位。因此，从产业的带动幅度来看，传统工业占据山东各产业的优势地位。另外，由于相互之间的影响率差异很大，再加上各产业提供的最终产品数量不同，使得各污染密集产业对其他产业的带动能力存在明显差异，带动力最大的化学原料及化学制品制造业与最小的黑色金属矿采选业相差超过 100 多倍。

（四）山东污染密集产业对经济增长贡献率的测度

这里分析的污染密集产业对经济增长的贡献率，是以各产业所占比重为权数对各自的增长率进行加权平均计算。计算公式如下：

假设 G_v 为 GDP 的增长率[①]，G_{vi}为第 i 产业增加值的增加率，P_i 为第 i 产业增加值占 GDP 的比重，第 i 产业的经济增长贡献率 D_i：

$$D_i = \frac{G_{vi}P_i}{G_v} \tag{11}$$

根据相关统计资料，山东污染密集产业对经济增长的贡献率如表 7 所示。

表 7　　2006 年山东污染密集产业对经济增长的贡献率

行业名称	贡献率	行业名称	贡献率
煤炭开采和洗选业	0.042	石油加工、炼焦及核燃料加工业	0.030
石油和天然气开采业	0.019	化学原料及化学制品制造业	0.072
黑色金属矿采选业	0.009	医药制造业	0.007
有色金属矿采选业	0.004	橡胶制品业	0.009
非金属矿采选业	0.006	塑料制品业	0.019
农副食品加工业	0.045	非金属矿物制品业	0.045
纺织业	0.052	黑色金属冶炼及压延加工业	0.022
皮革、毛皮、羽毛（绒）及其制品业	0.007	有色金属冶炼及压延加工业	0.038
造纸及纸制品业	0.011	电力、热力的生产和供应业	-0.013
		总值	0.436

资料来源：山东统计局：《山东统计年鉴》（2006 年、2007 年）；《2007 年山东国民经济和社会发展统计公报》。

---

① 为了保持全文统计口径的一致，此处的 GDP 及增加值是以 1986 年为基期价格换算的实际人均 GDP 和增加值。

以上数据表明，山东2006年18类污染密集产业增长率对整体GDP增长率的贡献率为42.4%，每个行业的平均贡献率为2.36%。采用同样的计算公式，我们得出2006年山东39个工业大类全部规模以上工业企业对GDP总量增长率的贡献率为67.8%，每个产业的平均贡献率为1.74%。因此，比较而言，所选取的18类污染密集产业每个产业的平均贡献率要高于整个产业的平均贡献率。根据表中数据，纺织业、农副食品加工业、化学原料及化学制品制造业和非金属矿物制品业的贡献率较高，说明以上四类产业对山东经济增长有显著带动作用。

五、结论与启示

首先，环境库兹涅茨曲线实证分析表明：在经济发展的大多时期内，山东环境规制严格于全国平均水平，取得了一定的环境规制绩效。表现为在相同的GDP水平下，山东人均污染排放量低于全国人均污染排放量，拐点出现也基本提前于全国。从回归出的各类污染物的环境库兹涅茨曲线形状来看，就大多数污染物而言，山东环境库兹涅茨曲线比全国环境库兹涅茨曲线更为扁平，位置也更低。根据达斯古普塔等（2002）的研究，环境库兹涅茨曲线变得比较平坦且处于相对较低位置的主要原因是严格的环境规制。山东改革开放30年已形成了严于全国平均水平的环境规制体系。2003年山东启动建设生态省建设的重大战略选择和原国家环保总局①将山东列为全国生态省建设试点省以来，一些力求有效解决经济发展与环境保护矛盾、保证经济与环境协调发展的环境规制举措纷纷出台。环境规制被纳入政府官员政绩考核的重要内容，建立和完善了责任追究制和“一票否决”制度，从而形成了今天特有的由众多利益主体参与的环境规制格局。本文的结论是：环境质量的改善不会自动发生，需要严格而有效的环境规制对环境污染加以改善。只有这样，才能避免过去那种“先污染、后治理”的传统环境转变路径，实现环境保护与经济发展的双赢。另一个结论是，经济发展不可避免面临环境—发展的两难，但可以通过环境规制政策来改变EKC拐点，从而使得在一个相对较低的环境污染水平越过倒“U”型曲线的拐点成为可能，取得环境规制绩效。正如达斯古普塔等（2002）在总结了关于各国EKC经验证据后指出，基于发展中国家样本的库兹涅茨曲线临界值一般要低于发达国家，其重要原因在于发展中国家通过环境政策所起到的环境规制与监督作用。

其次，污染密集产业发展实证分析表明：在污染得到一定控制的严格环境规制下，山东污染密集产业发展良好，初步实现了环境保护与经济发展双赢的规制绩效。这显示，严格的环境规制会导致产业结构调整，因此，实现环境保护与经济发展双赢的途径之一，是配合趋严的环境规制政策，诱导产业结构优化升级；其二，针对环境规制与污染密集产业发展的冲突，采取真正适用的环境规制政策。

最后，目前山东仍面临单位产出能耗高、污染排放总量高而导致的环境规制压力大的局面。按照国际经验，工农业的能耗和污染强度高于服务业，重化工业高于高技术产业。因此，在产业结构中，一、二、三次产业的比例关系，以及第二产业内部高耗能、高污染产业和高技术产业的比例关系，直接影响着社会整体的能耗水平。为建设资源节约型、环境友好型社会，实现环境保护与经济发展双赢的目标，在长期内，环境规制政策还须与产业结构配置优化政策相协调，后者的重心在于：控制污染密集产业、突出发展服务业、大力发展高新技术产业。

参考文献：

1. 曹颖：《环境绩效评估指标体系研究——以云南省为例》，载于《生态经济》2006年第5期。

① 2008年更名为国家环保部，由国务院直属单位变为国务院的组成部分，在参与国家有关重大决策方面拥有更大的“话语权”、更大的独立性和权威性。

2. 陈劭锋：《2000 ~ 2005 年中国的资源环境综合绩效评估研究》，载于《科学管理研究》2007 年第 12 期。

3. 段琼、姜太平：《环境标准对国际贸易竞争力的影响》，载于《国际贸易问题》2002 年第 12 期。

4. 傅京燕：《环境成本内部化与产业国际竞争力》，载于《中国工业经济》2002 年第 6 期。

5. 任丽军、尚金城：《山东产业结构的生态合理性评价》，载于《地理科学》2005 年第 4 期。

6. 王晓宁、毕军、刘蓓蓓、杨洁、石磊：《基于绩效评估的地方环境保护机构能力分析》，载于《中国环境科学》2006 年第 3 期。

7. 吴玉萍、董锁成：《北京市环境政策评价研究》，载于《城市环境与城市生态》2002 年第 4 期。

8. 夏永久、陈兴鹏、李娜：《西北河谷型城市环境政策评价研究——以兰州市为例》，载于《兰州大学学报（自然科学版）》2006 年第 4 期。

9. 张红凤：《西方规制经济学的变迁》，经济科学出版社 2005 年版。

10. 张卫国：《山东经济蓝皮书》，山东人民出版社 2007 年版。

11. Bhattarai. M. , and M. Hammig, 2001, "Institution and the Environmental Kuznets Curve for Deforestation: A crosscountry Analysis for Latin America. Africa and Asia", World Development. 29 (6).

12. Conrad, K. , and D. Wastl, 1995, "The Impacts of Environmental Regulation on Productivity in German Industries", Empirical Economics, 20.

13. Dasgupta. S. , B. Laplante, H. Wang. and D. Wheeler. 2002, "Confronting the Environmental Kuznets Curve", Journal of Economic Perspectives, 16.

14. Dasgupta. S. , B. Laplante, N. Mamingi, and H. Wang, 2001, "Inspections, Pollution Prices, and Environmental Performance: Evidence from China", Ecological Economics, 36.

15. Greenstone. M. , 2002, "The Impacts of Environmental Regulation on Industrial Activity: Evidence from the 1970 and 1977 Clean Air Act Amendments and the Census of Manufactures", Journal of Political Economy, 110 (6).

16. Grossman, G. M. , and A. B. Krueger, 1991, "Environmental Impacts of a North American Free Trade Agreement", NBER Working Paper.

17. Hettige, H. , M. Mani, and D. Wheeler, 2000, "Industrial Pollution in Economic Development: KuznetsRevisited", Journal of Development Economics, 2.

18. Laplante, B. , and P. Rilstone. 1996, "Environmental Inspections and Emissions of the Pulp and Paper Industry in Quebec", Journal of Environmental Economics and Management, 1.

19. Magat, W. A. , and W. K. Viscusi, 1990, "Effectiveness of the EPAS Regulatory Enforcement: the Case of Industrial Effluent Standards", Journal of Law and Economics, 33.

20. Nadeau, L. W. , 1997, "EPA Effectiveness at Reducingthe Duration of Plant-level Noncompliance", Journal of Environmental Economics and Management. 34 (1).

21. Panayotou, T. , 1997, "Demystifying the Environmental Kuznets Curve: Turning a Black Box into a Policy Tool", Environment and Development Economics, 2.

（本文载于《经济研究》2009 年第 3 期）

中国移动通信市场的规制与竞争

陈富良

摘　要：基于中国移动通信产业的发展，我们分析了电信产业的这一部分的市场结构与竞争行为，我们发现，他们与政府规制形式紧密相关。市场结构与竞争部分地是政府规制的结果，也是规避规制的创新结果。影响移动通信市场结构与竞争的因素包括技术进步、市场变化和规制等。

关键词：移动通信　规制　竞争

一、引　言

从20世纪80年代开始，以前作为自然垄断典型领域之一的电信产业，逐渐向竞争结构转化。美国在1984年拆分了电话电报公司。1989年，联邦通信委员会放弃了传统的对电报电话公司服务费率的规制，简化了电话收费系统，并于1995年取消了电报电话公司主导运营商的地位。英国在将英国电信公司民营化的过程中，在本地电话和移动电话两个领域均采取了双寡头政策。在电信产业的规制改革实践中，许多经济发达国家的一条最基本的经验就是在这一行业中不断引入竞争机制。许多文献对这一产业的规制改革进行了总结和评论。布雷耶（Breyer，1990）评述了美国电信产业的规制和反托拉斯政策，阿姆斯特朗、科安和维克斯（Armstrong，Cowan and Vickers，1994）在对英国经验所作的经济分析中，也专门讨论了英国电信行业的规制改革及引入竞争所导致的效率变化。拉丰和梯若尔（Laffont and Tirole，2000）在他们的著作中则认为，电信市场只能是规制下的竞争。相关机构如OECD也一直关注各国的规制改革并发表了相应的报告，如OECD（2000）对韩国电信规制改革的分析。最近，阿姆斯特朗和夏平顿（Armstrong and Sappington，2006）分析了规制、竞争与自由化的关系。

中国电信市场自1994年联通成立从而打破了电信市场的独家垄断局面，并经过1998年的产业重组和2001年的南北分拆之后，竞争格局逐渐形成。其间也有许多学者对中国电信业引入竞争的过程做过精彩的分析，如张宇燕（1995）对中国联通的成立过程的描述，郑杰等（2001）对中国电信行业的主垄断效应的分析等。

本文的目的不是针对整个中国电信行业的结构与竞争问题，而是针对中国移动通信市场的规制与竞争，特别是1999年中国移动通信公司独立之后的中国移动通信市场。由于政府放松准入规制和价格规制，以及为培育竞争对手而采取的不对称规制政策，使得这一市场的市场结构与竞争行为发生了较大的变化。我们的目的是，通过分析这一部分市场中的结构与运营商的行为，尽力说明这种市场结构的形成和与此相对应的企业行为与政府对电信产业的规制的关系，并试图解释是哪些因素影响了移动通信业的市场结构与竞争。

接下来的内容是这样安排的，我们在简要地回顾近年来移动通信市场的最新发展之后，对移动通信市场的市场结构和企业的竞争行为进行相应的描述，在文章的第四部分，我们将对影响这种结构的形成和企业竞争行为的相关因素进行分析，最后是结论与展望。

我们发现，中国移动通信市场的市场结构的形成和企业的竞争行为与政府规制的形式密切相关，市场结构与竞争部分地是政府规制的结果，也是企业规避规制的创新结果。影响移动通信市场结构与竞争的因素包括技术进步、市场变化与规制等。

二、中国移动通信市场的发展现状

从 1987 年引入蜂窝移动通信以来，中国移动通信业得到了快速的发展。众所周知，在中国移动通信市场上，目前存在两个运营商即中国移动和中国联通，两者在中国移动通信市场上形成了双寡头竞争格局。

我们可以从用户规模、业务量和业务收入等方面来看移动通信业的整体情况，及其在中国电信业中的地位。

首先看用户规模。

2006 年年底，中国移动电话用户总数达到了 46108.2 万户，比 2005 年年底新增了 6767.7 万户，移动电话普及率为 35.3 部/百人。而同一时期，固定电话用户总数为 36781.2 万户，固定电话普及率为 28.1 部/百人。到 2007 年 3 月，移动电话用户合计 48065.2 万户，比上年末新增 1956.9 万户。移动电话用户在总量上已经超过了传统固定电话用户①。

再从业务量来看。

移动电话通话时长（含本地）合计 4955.34 亿分钟，比上年同期累计增长 36.0%，移动短信业务量为 1357.8 亿条，比上年同期累计增长 37.4%。固定本地电话通话量比上年同期下降 6.1%，移动本地电话通话时长比上年同期增长 34.9%，移动电话对固定本地业务的替代效应持续增强（见表 1 和表 2）。

表 1　2007 年 1～3 月固定电话与移动电话本地通话量比较

指标名称	单位	2007 年 1～3 月	2006 年 1～3 月	增长率（%）
固定电话本地通话量	亿次	1657.4	1764.1	-6.1
移动电话本地通话时长	亿分钟	4631.7	3434.4	34.9

资料来源：www.mii.gov.cn。

表 2　2006 年 12 月移动电话通话量

指标名称	单位	2006 年 12 月	增长率（%）
移动电话本地时长	亿分钟	15882.7	34.7
国内长途时长	亿分钟	977.8	37.0
国际通话时长	亿分钟	4.2	24.5
港澳台通话时长	亿分钟	4.0	21.1
移动短信业务量	亿条	4296.7	41.0
移动电话互联互通通话时长	亿分钟	3633.5	19.4
短信互联互通业务量	亿条	720.1	40.3

资料来源：www.mii.gov.cn。

而从业务收入来看，中国移动通信业的业务收入近年来在中国电信业务收入构成中所占的比重一直达四成以上，并且保持着持续增长的势头（见表 3）。

① 本文资料来源，如无特别说明，均来自中国信息产业部网站：www.mii.gov.cn。

表 3　　中国电信业务收入构成

业务名称	比重	2005 年	2006 年	2007 年 1～3 月
移动电话	%	44.44	47.26	48.41
固定本地电话	%	29.91	27.29	26.73
数据通信	%	7.08	7.92	8.07
长途电话	%	18.41	17.42	16.72
无线寻呼	%	0.10	0.07	0.05
卫星通信	%	0.07	0.03	0.02

资料来源：www.mii.gov.cn。

三、中国移动通信业的市场结构与企业行为

1994 年中国联通成立，1999 年中国移动从中国电信分离而独立，在中国移动通信市场中，就只有这两个运营商。考察这一市场的市场结构时，我们可以从市场集中、产品差异、进入壁垒与替代品等方面进行。

两个运营商的业务收入水平和用户规模，能反映出这一市场的市场集中情况（见表 4、表 5）。

表 4　　2000～2005 年中国移动通信和中国联通移动业务收入比较

年份	2000	2001	2002	2003	2004	2005
中国移动（亿元）	1138.7	1146.8	1509	1719	2039.9	2430.41
中国联通（亿元）	256	379.8	508	667	707.4	728.9
倍数比	4.45	3.55	2.97	2.58	2.88	3.33

资料来源：www.mii.gov.cn。

由表 4 可以看出，中国移动和中国联通的业务收入悬殊较大，2001 年中国联通上马 CDMA 后，业绩在 2002 年开始呈现较快上升趋势，实力有所增强，但两个运营商的移动业务收入仍大致保持在 3∶1 的比例上。

表 5　　2000～2005 年中国移动和中国联通用户数比较

年份	2000	2001	2002	2003	2004	2005
中国移动（万户）	6652	10382	13800	17734	22145.5	24665.2
中国联通（万户）	1874	4100	6817	9135	11337	12779.4
同比倍数	3.55	2.53	2.02	1.94	1.95	1.93

资料来源：www.mii.gov.cn。

中国移动在用户规模上始终占有着绝对优势（见表 5），而且在未来几年，这种趋势将持续下去，原因是，一方面中国联通的 G 网和 C 网在短期内都不可能达到中国移动的网络服务水平，另一方面，中国移动的企业品牌及旗下的客户品牌比中国联通更能吸引新老用户。运用赫芬达尔指数的倒数 N 指数进行市场集中度的度量，更能说明问题。表 6 是按照相关数据计算并整理的近年来的 N 指数情况。

表 6　　按不同业务指标计算的 N 指数

年份	2000	2001	2002	2003	2004	2005
业务收入的 N 指数	1.43	1.52	1.60	1.67	1.62	1.55
用户规模的 N 指数	1.52	1.68	1.79	1.81	1.81	1.82

资料来源：www.mii.gov.cn。

我们选取业务收入指标和用户规模指标，通过计算得出各年的 N 指数值都不等于 2，说明目前的移动通信市场仍是一个极不对称的双寡头垄断结构。采用业务收入水平和用户规模两项指标得出的两个 N 指数的变动趋势也是不同的：前者明显地小于 2，后者则平稳地接近 2。原因可能是近年来运营商在争夺用户的过程中吸收的主要是低端用户，而其业务收入并未得到相应的提高。

在产品差异方面，两个运营商在适应通信技术上基本保持一致，但在通信质量、广告策略和服务便利性上的差异导致了用户对各企业的认同感产生差别，从而形成买方的主观性差异。如中国移动，作为主导运营商，其网络覆盖全国99%的城市，通信质量稳定，这对经常需要漫游的客户就具有较高的吸引力。目前中国移动在广告宣传中突出其作为移动电信专家的优势，针对不同的客户群分别推出全球通、动感地带、神州行等。而中国联通则以品牌整合营销资源，推动各项业务的快速发展。

在进入壁垒方面，由于无线电频率资源的有限性，为使资源得到合理利用，移动通信市场上只能容纳数量有限的运营商。而另一方面，基础网络建设和通信技术开发的高固定成本以及通信业务的规模经济性，使得政府对移动通信市场的规制成为可能。中国移动通信市场上的进入壁垒主要存在于制度方面的进入障碍，政府对于移动市场的准入方面实行严格的许可证管理，其他企业很难进入这一市场，从而形成对在位企业的竞争威胁。

在替代品的竞争方面。移动电话业务的一个主要替代品是无线市话业务。小灵通在一定程度上分流了移动电话的本地电话业务量。2007 年 1～3 月无线市话用户总数达 9067.8 万户，在固定电话用户中所占的比重为 24.4%，同期，无线市话通话量为 432.0 亿次。

移动电话在长途电话方面的主要替代品来自 IP 电话业务。据信产部资料，2002 年 IP 电话国内长途和国际长途业务的增长率分别为 196% 和 69.5%，而移动电话这两项业务的增长率分别为 41% 和 17.6%。

再来看企业行为。

在中国的移动通信市场上，企业的广告行为表现为一种典型的囚徒困境。有人以广告支出与利润情况反映了中国移动运营商在广告投入上的非理性（杨骞，2006）。由于运营商普遍对研发的投入较低，此项行为几乎可以忽略不计。至于投资行为，他们的固定资产投资都在下降，而针对业务的运营开销都在上升。

因此，在这里，我们只考虑运营商的价格行为。

中国移动通信市场的价格竞争由来已久。

1999 年入网费的竞争。北京移动的入网费降为 780 元，北京联通的入网费则为 680 元；南京移动刚宣布入网费为 300 元，南京联通则打出入网费为 200 元的价格。除去 SIM 卡的价格，这实际上等于取消了入网费。

2001 年资费套餐的竞争。2001 年信息产业部批准了中国移动的移动电话套餐资费方案，开始了中国移动和中国联通的全面的套餐竞争。尽管用户没有明显感到套餐收费所带来的实惠，但套餐收费模糊了月租的界限，改变了单一资费模式。

2003 年准单向收费竞争。为争夺用户，各运营商先后推出各种促销活动，各地分公司纷纷出台试行单向收费、准单向收费、接听来电包月、积分奖励等各式各样的优惠措施。

2004 年，优惠幅度继续加大。6 月，北京移动正式推出全球通 99 套餐，随后，北京联通快速推出几项针对 CDMA 用户的优惠政策。

2004 年 9 月，信息产业部在其公布的《关于调整部分电信业务资费管理方式的通知》中指出，今后手机国内漫游通话费实行资费上限管理，而上限为现行资费。运营商的省级分公司只要低于现行资费的上限并征得集团公司的同意，即可自行定价。此次移动资费的改革，标志着移动资费从政府规制的方式全面过渡到市场定价的方式，同时也意味着信息产业部将移动定价权交给了运营商。

四、因素分析

中国移动通信市场的结构变化与政府电信改革政策的变化高度相关。

1994 年联通成立而开始的中国电信改革，基本上参照了英国电信改革的经验，由政府组建第二家综合电信运营商形成双寡头垄断竞争，然后逐步向市场增发各类牌照，从而转向更全面竞争的体制。1999～2000 年拆分中国电信，则明显参照了美国分拆贝尔系统的经验。但中国拆分中国电信时，仍保留了中国联通的综合业务运营商的地位。第二次中国电信南北重组，又带有日本拆分 NTT 改革的痕迹，在削弱原中国电信的同时，更突显中国联通的地位，带有明显的不对称规制的性质。虽然中国联通目前的实际市场竞争力有限，但从牌照持有量的角度来看，中国联通独家拥有全业务运营商的地位，本身又是新形成的市场垄断的因素。

这种不同国际经验的独特组合，使得中国电信市场结构缺乏内在的逻辑一致性。

政府对电信市场的准入以及现有运营商的业务准入均实行严格的许可证管理。在移动电话市场上，只有中国移动和中国联通两个运营商。而且前者占有近 65% 的市场份额，小灵通业务在一定程度上成为移动电话的替代品。2005 年以来，小灵通在技术领域的进步十分显著，先后实现了短信在小灵通与移动和联通之间的互联互通，小灵通手机的机卡分离等，使得小灵通无线市话产业得到持续发展。实际上，面对巨大的市场需求，小灵通业务就是固定电话运营商规避政府的业务准入限制而创设的一种进入移动电话市场的方式。

在业务准入上的限制，使得中国电信市场的业务分布存在较为严重的不平衡。目前只有中国联通一家为全业务运营商，而占有中国电信市场份额最大的中国移动也只能经营移动电话业务。

产业内部的竞争压力主要来自于替代品和潜在的进入者，而产业内部同质竞争严重不足。无论是在移动电话市场上还是在固定电话业务之中，都表现为双寡头垄断的市场结构，而且总有一个寡头占有绝大多数的市场份额。因而在同一业务领域的同质竞争严重不足，目前较多的还是异质竞争，如固定电话与移动电话之间的竞争，小灵通与移动电话之间的竞争，IP 电话与传统长话之间的竞争。

而在中国移动与中国联通的同质竞争中，政府明确了中国联通的资费政策可以低于中国移动 10%～20% 的价格不对称规制政策，这一资费政策对中国移动通信领域的价格竞争产生了深刻的影响。

2000 年以来，中国电信企业的价格竞争行为经历了几次不理性的动作，政府在价格上的不对称规制一方面使后进入者或者弱势企业获得了表面上的优势，但同时，由于缺乏科学有效的规制手段，缺乏有效的流程控制，面对复杂的电信资费结构，无法做到准确衡量差异，造成了不对称定价的不可度量和不可操作性，20% 低价倾斜后进入者的政策实质上得不到有效的实现，同时，这一政策的存在又在一定程度上使后进入者存在对价格优势的预期和依赖，反而造成价格战的不断升级和行业利润的不断下降。

从广告和研发行为来看，不对称规制的目的是希望各运营商可以相对均衡的分享市场，而集中在业务准入限制、价格规制和互联互通等方面的不对称规制政策对电信企业的广告和研发行为形成了一种无形的导向，尤其是价格规制的不对称使运营商的经营行为更多地聚焦于价格和促销中，企业也确实希望通过价格和广告促销行为获得市场份额的阶段性的提升。非主导企业为了把握有利的不对称价格规制政策的时机，充分实施积极的营销策略，导致广告投入加大；主导企业为了降低不对称价格规制对自身市场份额减少的影响，迫切需要利用自身的成本和规模优势进行策略上的跟进，也需要在广告促销方面加大投入。另外，中国电信规制政策中对于如何有效鼓励电信企业加大研发投入方面缺乏相应的激励机制，这也是导致中国电信运营商在市场行为中普遍重广告而轻研发的原因之一。

五、结论与展望

中国移动通信市场的现有结构与竞争格局，既是政府规制政策的结果，也是电信企业规避规制政策的结果。影响市场结构与竞争的因素包括技术进步、市场需求的变化和政府的规制政策。

按照阿姆斯特朗和夏平顿（Armstrong and Sappington，2006）的研究结果，对在位厂商进行不对称规制可能是一种不好的策略。而中国对电信业自中国联通成立以来一直实行不对称规制政策，规制者一直未声明终止这一政策。而其中的某些工具，如不对称价格规制，随着各个运营商各种套餐资费形式的出现，已经名存实亡。政府的规制政策应当使消费者获得更多的福利，并能激励企业改进运营绩效，提高ARPU值和ARPM值。

未来中国移动通信发展最大的不确定因素来自3G牌照的发放，3G牌照的发放必然伴随出现新的移动运营商，新的技术和新的竞争者必然给移动通信运营业带来新的气息。尽管移动用户年增量有下降的趋势，但随着农村市场的深入拓展、新的移动运营商的介入，移动用户的年增量还将保持在较高的水平①。巨大的市场需求，使得中国移动通信市场的竞争格局将随着3G牌照的发放而面临着重大变数，新的运营商为快速进入市场，极有可能采取灵活的业务捆绑和资费政策，移动话音的综合资费有望进一步下调。快速推进的电信业的技术进步和业务创新，将不断开拓出新的市场和需求，并使企业减少对价格竞争的热忱和依赖；同时，随着市场规模的扩大，消费需求的变化也将引导电信企业最终采取差别化的竞争策略。

参考文献：

1. 张宇燕：《国家放松管制的博弈：以中国联合通信有限公司的创建为例》，载于《经济研究》1995年第6期。

2. 郑杰、易卫平、郁义鸿：《我国电信行业的主垄断效应研究》，载于《经济研究》2001年第6期。

3. 杨骞：《中国移动通信市场的产业组织分析》，载于《理论学刊》2006年第11期。

4. Breyer, S. , 1990. Regulation and deregulation in the United States. Telecommunication and antitrust. in G. Majone (eds.), 1990. Deregulation or Re-regulation? Regulatory reform in Europe and the United States. London: Pinter Publishers.

5. Armstrong, M. , S. Cowan. and J. Vickers, 1994. Regulatory reform: Economic analysis and British experience. Cambridge (MA): The MIT Press.

6. Laffont, J. and J. Tirole, 2000. Competition in telecommunications. Cambridge (MA): The MIT Press.

7. OECD, 2000. OECD reviews of regulatory reform: regulatory reform in Korea. Paris: OECD.

8. Armstrong, M. and D. Sappington, 2006. Regulation. competition and liberalization. Journal of Economic Literature, Vol. XLIV, No. 2.

（本文载于《财经论丛》2008年第1期）

① 一般预计，未来几年，中国的移动通信的潜在市场空间较大，每年约新增用户5000万~6000万左右。

航空运输业规制放松与反行政垄断

——基于自然垄断的强度分析

陈学云 江可申

摘 要：规制强度与自然垄断的强度呈正相关关系。航空运输业自然垄断的强度由于其自身经济技术特征的变化及外部需求的冲击，变得越来越弱。在行业内潜在竞争和行业外替代竞争的共同作用下，愈益表现为寡头垄断及其竞争的市场结构特征，对其规制的强度应减弱。中国航空运输业自然垄断和行政垄断并存，其中的四个相关主体为了各自的利益进行博弈，造成"规制失灵"。中国航空运输业反垄断的着力点是反行政垄断。在"大部制"体制下，需要制定适用于航空运输业以及"大运输业"的特别反行政垄断法。

关键词：自然垄断 航空运输业 规制放松 行政垄断

中图分类号：F420 **文献标识码**：A **文章编号**：1006－480X（2008）06－0067－10

一、引 言

航空运输业被认为是传统的自然垄断行业。近年来，随着技术进步和规制理论的发展，学术界对航空运输业的自然垄断性质及如何对其规制的认识发生了变化。贝利和潘泽（Bailey and Panzer，1981）认为美国国内大多数干线市场的航空运输符合可竞争市场假设。卡恩（Kahn，1988）认为，航空运输业并非属于自然垄断行业，引入竞争更有效率。查尔斯和西布赖特（Charles and Seabright，2001）运用欧美航空公司的有关数据对航空运输业引入竞争的效果进行了实证研究，结果表明，引入竞争可以大大提高生产效率。我国学者于立（2008）等人提出，目前航空运输业不再被认为是自然垄断行业，但航线和机场的垄断问题还需要进一步研究；秦占欣（2003），孙泽生（2004）等人对造成航空运输业的垄断性和竞争性因素进行了分析；王俊豪等人（2007）认为，航空运输服务属于（潜在）竞争性业务。王志永（2006）论证了航空运输业自然垄断的动态性特征，提出规制动态化和建立规模经济与市场竞争相兼容的市场结构；潘元生（2002）认为，中国航空运输业的垄断是行政垄断，但航空运输服务企业并不具有垄断的市场决策，这与我国的民航管理体制有直接关系。

从研究文献看，西方学者关注的是航空运输业技术经济特征、垄断所带来的福利损失以及引入竞争是否提高生产效率和福利水平，我国学者则更关注我国航空运输业的垄断性质问题。将两者结合起来的研究成果比较少。本文在厘清有关文献的基础上，对航空运输业的自然垄断性进行了研究，结果表明，其强度有弱化的趋势，相应地，对其规制也应放松。放松规制后的中国航空运输业反垄断的目标是反行政垄断。

从历史上看，中国航空运输业之垄断是行业主管部门和垄断企业"合谋"而形成的行政垄断。行政垄断是政府运用行政权力的结果，与技术经济特征没有必然联系。中国的行政垄断的形成并非基于自然垄断的制度选择，而是伴随着计划经济体制出现的。目前，它已经引起社会各界的高度关注和强烈不满[①]

---

① 根据胡鞍钢的测算，因为垄断所造成的民航消费者福利的损失为每年75亿～100亿元人民币之间。

（王俊豪，王建明，2007），打破行政垄断已成为学术界的共识。因此，对某行业的规制及放松规制，只能基于其自然垄断的性质、强度及其变化①。探讨航空运输业自然垄断的弱化，并考察垄断强度与规制强度的关系，对我国航空运输业规制改革有其学术价值和现实意义。

二、自然垄断的强度与规制方式选择

自然垄断的强度不同，对其进行规制的方式也应该作相应的调整。针对自然垄断的强度，适用恰当的规制方式，以提高企业效率、产业绩效和增进社会福利。我们用一个关于社会福利的损益矩阵来表示之。

为方便起见，我们首先把规制方式离散为"严格"和"放松"两种，借以表示政策取向；自然垄断离散为"强"和"弱"两种，借以表示市场性质。如图1所示，其中，a_{11}，$a_{22}>0$；a_{12}，$a_{21}<0$。

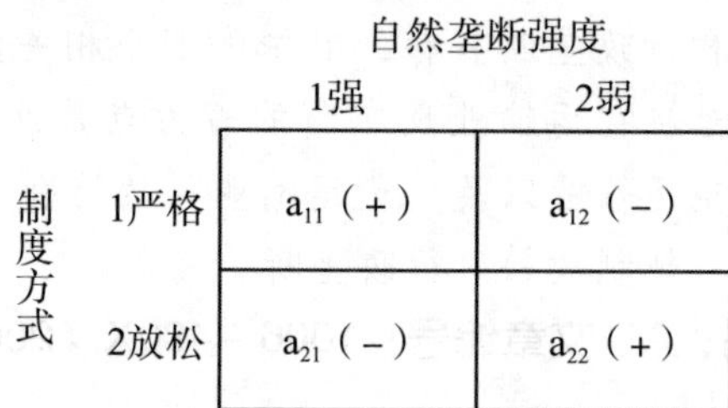

图1　自然垄断的强度与规制方式的关系

在图1中，a_{11}，a_{22}为正，表示对"强自然垄断"产业或业务实行严格规制和对"弱自然垄断"产业或业务放松规制会改进社会福利；a_{12}，a_{21}为负，表示对"弱自然垄断"产业或业务严格规制和对"强自然垄断"产业或业务放松规制会降低社会福利，导致社会福利损失。对自然垄断产业进行规制，要避免a_{12}或a_{21}的出现，以增进社会福利。值得说明的是，虽然在理论上来分析自然垄断的强度比较容易，但在实践中要想精确地判断某个产业的自然垄断边界以及"强自然垄断"与"弱自然垄断"的分界线是非常复杂的，很难精确地度量。我们只能定性地说"强自然垄断"垄断性因素相对占优，"弱自然垄断"竞争性因素相对占优。对某一特定行业的自然垄断性的判断，还要考察其市场容量、需求和供给因素。

下面，进一步考察连续的自然垄断强度和规制强度之间的关系。可用图2中的规制—垄断曲线来刻画之。

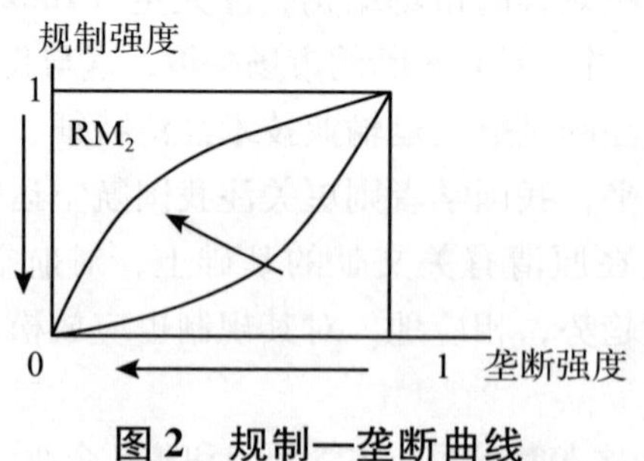

图2　规制—垄断曲线

① 产业规制一般有三个理由：自然垄断，信息不对称和公共物品。航空运输服务业由于竞争不足产生的信息不对称，在现代经济技术、规制水平和市场环境下，可通过引入竞争解决之；航空运输服务业不能归入公共物品，它不能满足公共物品的"非排他性"条件，具有很好的排他性，在公共物品的"非竞争性"条件上，只有空闲的飞机座位才具有"非竞争性"。因此，对其规制只能基于它的自然垄断特性。

假设垄断程度和规制强度都是从0均匀增长到1。0，1在垄断程度上分别表示完全竞争和完全垄断，在规制方式上分别表示取消规制和严格规制。从规制—垄断曲线RM_1和RM_2可以看出，随着垄断程度从0增加到1，规制强度也就从0增加到1。RM_1曲线上凹表示自然垄断强度的边际减少只需要越来越少的规制强度减弱；RM_2曲线下凹表示自然垄断强度的边际减少需要越来越多的规制强度减弱。RM曲线是上凹还是下凹以及它们的形状因不同的产业及其不同的发展阶段、不同技术状况和不同的市场环境而不同。总体而论，规制的强度与自然垄断强度呈同向变化，自然垄断性越弱，规制强度也越弱；反之则反是。

因此，我们认为，要综合考虑某产业或业务的垄断性和竞争性范围和程度。从纵向来看，在传统自然垄断产业中，由于技术、需求等条件的变化，某项业务甚或相对独立的产业，竞争性因素增长到一定程度时，则成为“弱自然垄断”产业或业务。航空运输服务是航空运输业的下游产业（业务），具有明显的竞争性特点。从横向来看，自来水、燃气、城市轨道交通等产业通常具有明显的地区性。在某一地区属自然垄断，超出该地区就具有竞争性，我们称之为“定域性”① 自然垄断，它也是“弱自然垄断”的一种表现形式。在航空运输业中，基地航空公司可能对其所在机场的某些航线具有垄断性，排斥其他竞争对手对航线的运营权。但超出该机场的航线范围，则垄断性消失。该种“弱自然垄断”同样体现在国内航空运输服务市场的垄断性和国际航空运输服务市场的竞争性之中。

三、航空运输业规制强度分析

（一）产业经济技术特征与规制

一般认为，造成航空运输业具有自然垄断特性的原因有三：一是规模经济、范围经济和网络经济的作用，使得大规模企业具有明显的成本优势和市场优势；二是航空运输业投入巨大，有很大的沉淀成本，资产专用性强；三是市场准入门槛高，竞争者不易进入，规制部门有保护在位企业的偏好，客观上导致航空公司、机场和航线资源供给的有限性。但是，随着经济和技术的发展，机场和航线资源约束逐步弱化。而且，原来往返于两城市的班机，如果从该航线退出进入另一航线，并不发生沉淀成本。航空运输网络与电力、电信等行业物理性网络不同，是虚拟网络，航线的沉淀成本不大。就一国航空运输业来说，运营商可以在国际市场上租赁飞机并可以实行外包维修和外包地面服务。在航空公司使用向其开放的机场、通讯设施和航线的情况下，不需要自己建设这些生产设施。因此，并不存在施蒂格勒意义上的进入退出壁垒。而且，航空运输服务企业得到相关技术的机会是相等的，在航空运营方面也不需要更大的经济规模。因此，用自然垄断性作为对航空运输业进行规制的条件并不成立，况且，规制会发生成本②。加之，由于技术的进步，其他运输形式由于在速度、服务上的改进，对航空运输服务的替代性越来越强③，这一点在短程航段或对价格敏感程度较高而对时间敏感程度较低的旅客上表现得尤为明显，航空运输企业也就无法维持垄断的价格，获取稳定的垄断利润④。因此，产业供给特征的变化、外部需求的扩大以及其他运输形式替代性增强，共同决定了航空运输业垄断性的弱化趋势，伴随着市场作用强化过程的是政府作用的弱化过程，可

① 这是现代物理学中的概念，意指物理现象的时空特征。本文借用它来说明自然垄断产业随着地域空间的变化而具有相对性特征。

② 美国联邦政府从1996～2006年的年规制成本在400亿～460亿美元之间（以2001年价格计算）。

③ 在我国实行“大部制”后，规制机构则要防止交通运输部内部各运输形式间可能产生的“合谋”和“交叉补贴”。

④ 白让让证明了在规制者默许的条件下，“京沪空中快线”价格联盟的稳定性和可行性。但在“京沪高速铁路”运营后，这种价格“合谋”机制由于外部条件的改变并不能保证价格联盟的稳定性。

实行图1中的弱自然垄断与放松规制的组合，以取得 a_{22} 的社会净福利，提高资源配置效率。

（二）产业可竞争性与规制

航空运输服务市场被认为是典型的可竞争性市场，而且航空运输业属高技术产业，面对着国际国内两个市场的竞争环境，使得图2中的RM曲线的形状变得更加陡峭，放松规制的“速率”随自然垄断的弱化而有加速的趋势。体现在图2中，规制—垄断曲线由 RM_1 向 RM_2 移动。在没有政府规制的条件下，由于可竞争自然垄断产业存在着经常性的潜在进入威胁，迫使在位航空公司提高效率，以最低成本提供运输服务，实行零超额利润，依平均成本定价。这种潜在竞争对行业内的厂商行为的约束作用，可作为行业内竞争的替代，它足以促使在位航空公司采取竞争行为，保持高效率的生产组织，达到垄断与效率并存的产业组织状态。如果对其进行严格的进入规制，则势必会减弱在位航空公司降低成本、提高效率的动力。同时为了避免在位航空公司滥用垄断地位和市场势力，在高度集中的市场结构下无谋取超额利润的机会，应放松市场进入规制①。与此相适应，可竞争的航空运输市场也就不需要用严格的价格规制来保证消费者的福利和控制企业的利润。情况恰恰相反，严格的政府规制降低了消费者福利的同时，企业利润水平因敏感于外部环境的变化而长期得不到稳定的提高。

另外，随着其他运输形式替代性的增强，消费者运输服务的消费结构会发生变化，航空运输服务的需求价格弹性会提高。如果在位航空公司以高于平均成本的垄断价格提供服务，对其需求量将大大减少，从而造成利润损失。这样，在位航空公司会以接近平均成本的价格提供产品或服务，而且有降低成本，提高效率的刺激。因此，在行业内潜在竞争和行业外替代竞争的共同作用下，亦即在潜在厂商进入和替代品竞争的双重威胁下，在位航空公司有接近平均成本定价的压力。况且，随着需求的扩张，需求曲线右移，沉淀成本占总成本的份额将会下降，使得该市场更具竞争性特征。因此，放松规制，引入竞争是航空运输业的必然选择。我国航空运输业在2002年大重组之后，总体上实行放松规制政策，其市场结构的逐步优化从一个侧面反映了放松规制的效果。

四、放松规制下的中国航空运输业市场结构分析

我国航空运输业从国家垄断发展到今天的垄断与竞争并存的市场结构格局，大致经历了三个发展阶段：1987年以前，高度垄断；1987~2002年，地方举办航空公司，航空运输业引入竞争机制，初步形成竞争性市场结构；2002年以后，逐步形成三大国有航空公司寡头垄断型市场结构，同时有地方航空公司以及新进入的民营航空公司参与竞争。相应地，我国航空运输业规制可分为四个阶段，如表1所示。

表1　　我国航空运输业规制阶段

1987年以前	1987~1997年	1997~1998年	1999~2002年	2002年至今
对航空公司的准入和票价进行严格规制。	放松进入规制，实现机场、航空公司和民航管理部门的分离。	放松价格规制，导致了航空公司间的恶性竞争。	重新强化规制，对航空公司的进入和票价进行严格规制。	有计划、有步骤的放松规制，也是民营资本和外国资本进入时期。

资料来源：笔者根据有关资料整理。

① 我国学者于立认为，自然垄断不能与“市场准入限制”共存，否则就有逻辑矛盾。

从表1可以看出，我国航空运输业的规制方式与市场结构并不完全符合RM曲线规则，而且对航空公司的进入规制与价格规制不同步，产业上下游改革也不协调[①]，规制时紧时松，这是造成我国航空运输业“规制失灵”、产业低效率的重要原因。而造成规制时松时紧的根本原因在于行业利益与规制机构利益的一致性。放松规制是在中国经济体制改革的大背景下产生的，而严格规制的背后是行业利益的驱动。1997年的价格规制放松，航空公司陷入价格战的漩涡，即出现了所谓的“过度竞争”，造成了全行业的亏损（民航总亏损额为24.4亿元人民币），为了“扭亏为盈”，出现了原民航总局主导下的“航线联营”和“价格联盟”这种典型的行政垄断现象，虽然在一定程度上遏制了恶性竞争，但增加了规制成本和航空公司间的交易成本。

因此，如果说中国航空运输业存在垄断的话，那只能说是行政垄断，从来没出现过因自然垄断原因而进行的规制。政府对其规制也不是基于对其经济技术特征的认识，更多地是服从于政治、军事和社会政策的需要。自然垄断应有之意在于“自然”二字，即通过竞争，优胜劣汰，只有一家或少数几家厂商得以在某行业中生存下来而形成的垄断。因为，垄断的形成是以充分竞争为前提的，竞争发展到一定阶段就会出现垄断，这是被现实证明且在学理上得到阐述的分析性结论（何大安，2007）。政府规制的主要原因在于自然垄断厂商会滥用市场势力，制定垄断高价，谋取垄断利润，从而造成生产效率和资源配置效率的损失。而中国航空运输业存在的垄断现象则相反，由政府规制造成并维持，其“自然垄断”性得到进一步加强，并不是在市场竞争中自发产生的，结果是自然垄断和行政垄断交织在一起。人为因素和自然因素共同造成的高进入壁垒和高票价，制约了中国航空运输业的发展，使其陷入了航空公司竞争力长期得不到提升和消费者福利一直难以改善的双重困境。政府的规制政策也在严格规制和放松规制之间摇摆，且进入规制和价格规制相分离。因此，为研究放松规制给市场结构带来的变化，本文选取中国航空运输业重组四年后的2006年有关数据，作为实证的依据。

中国航空运输业经历了几次大的调整和重组，形成了大小航空企业并存的局面。到2006年年底，中国航空运输服务市场共有23家公共航空运输企业，其中总周转量排名前四的航空公司在2006年运营指标如表2所示。

表2　　中国部分航空公司2006年运营指标

各航空企业	运营指标					
	总周转量（亿吨公里）	比重（%）	旅客运输量（万人次）	比重（%）	货邮运输量（万吨）	比重（%）
中国国际航空公司	86.8	28.37	3150	19.72	84.5	24.40
中国南方航空公司	71.3	23.30	4142	25.93	70.9	20.47
中国东方航空公司	56.9	18.60	3514	21.99	59.1	17.07
海南航空公司	23.8	7.78	1493	9.34	27.5	7.94

资料来源：笔者根据《国际航空》杂志2007年第6期第40～46页整理、计算而来。

首先，从表2可以看出，全行业20多家航空运输企业中，民航总局直属的三大航空集团各自的总周转量、旅客运输量和货邮运输量都接近或超过全行业总量的20%，总周转量三家合计超过总量的70%，旅客运输量三家合计也接近总量的70%，货邮运输量三家合计达到了总量的61.54%。总周转量与三大航空集团较为接近的有海南航空公司、中国货运航空公司、上海航空公司、深圳航空公司、厦门航空公司和四川航空公司，比重在2.5%～8%之间[②]。事实上，名列前茅的国内大航

① 航空公司对独家垄断的上游保障服务没有任何选择权。例如，航油完全由中航油提供，其价格高出国际市场30%以上。尤其在当前国际燃油价格猛涨的背景下，航油供给垄断对我国航空公司的竞争力，乃至整个航空运输业的发展产生了很大的负面影响。

② 具体数据见：《中国航空公司指南》，载于《国际航空》2007年第6期。

空公司垄断国内市场的局面一直在持续。南航、国航、东航与海航四家航空公司目前就已瓜分了中国 90% 左右的航空运输服务市场。

其次，为了反映行业中所有企业的市场占有率，同时照顾不同规模企业对市场的不同影响力，我们选定赫芬达尔指数（HHI）来反映中国航空运输服务业的市场集中度。赫芬达尔指数是企业市场份额的一个凸函数，它敏感于不均等的市场份额，能敏感地反映每个厂商的市场占有率的变化对于市场集中度的影响，兼顾了绝对集中度和相对集中度，因此它是为规制目的首选的集中度指标。

当行业中的企业数目或企业的市场份额分布变动时，HHI 的数值也会出现相应的变动。HHI 的最大值为 1，即完全垄断市场结构，HHI 的最小值为企业数目的倒数，即完全竞争市场结构。利用表 2 的总周转量数据，计算得到 2006 年中国民航市场的 HHI 指数为 0. 18202，属高度集中市场①，但该指数接近 0. 18，表明市场存在一定的竞争程度，其中包括各寡头航空公司之间的竞争、各小型航空公司在支线上的竞争以及低成本航空公司与大航空公司间的竞争，同时说明了机票打折现象背后的航空公司之间的竞争。因此，对目前中国航空运输服务市场的基本判断是垄断和竞争并存。

最后，考虑行业中最大规模的四家企业的累计市场份额，即集中率指标。利用表 2 总周转量的数据计算得到中国航空运输服务市场的 $CR_4 = 78.5$，根据贝恩的产业组织理论对市场结构的分类方法（Bain，1956），当 CR_4 大于等于 75 时，该产业寡占性极强。

为了研究规制政策的调整对航空运输业市场结构变化的影响，我们再对 1997 ~ 2006 年 HHI 和 CR_3、CR_4 的时间序列数据加以考察，如表 3 所示。

表 3　　1997 ~ 2006 年 HHI 指数和 CR_3、CR_4 指数

年份	1997	1998	1999	2000	2001	2002	2003	2004	2005	2006
HHI	0. 1369	0. 1433	0. 1470	0. 1514	0. 1470	0. 1555	0. 2228	0. 2156	0. 1934	0. 1820
CR_3	57. 9	63. 1	63. 8	64. 3	62. 8	64. 0	79. 7	78. 5	72. 7	70. 3
CR_4	65. 9	69. 6	69. 7	70. 0	68. 8	70. 0	86. 2	85. 5	80. 3	78. 5

注：在 2004 年总周转量的统计口径上，“2005 年中国航空公司指南”与《从统计看民航》（2005）不同，前者是依据重组后的大航空集团合并统计的，后者仍然分开统计。为了考察政府规制对市场结构的影响，本文采用前者的统计口径，这也是造成在该年度的集中度指数与有些学者的计算结果不一致的原因。

资料来源：笔者根据《国际航空》杂志 1998 ~ 1997 年间“中国航空公司指南”整理、计算而来。

由表 3 可知，这 10 年间，发生了 1997 年的价格放开、1999 年开始的航线联营和 2002 年的行业大重组，经历了放松规制到再规制再到有步骤地放松规制的历程。因此，这 10 年的有关数据能够较好地反映规制政策对中国航空运输服务业市场结构变化的影响力。

根据表 3，我们绘制了图 3 和图 4。从图 3 和图 4 看，HHI 指数和 CR_3、CR_4 指数的走势基本一致。1997 年后，HHI 指数上升，市场集中度提高，主要归因于 1997 年年底的机票价格放开即价格规制的放松。而 1998 ~ 2001 年航线联营的 3 年，市场集中度小幅波动，基本保持不变，说明了价格规制基本稳定了市场结构。2002 年之前，市场集中度比较低，这与放松市场准入后地方航空公司的进入有关。2002 年的航空运输业大重组，大幅度提高了 HHI 指数和 CR_3、CR_4 指数。2003 年的三项指标都比 2002 年有大幅提升，说明由原民航总局主导的行业重组对市场结构的影响巨大，三大国有直属航空公司获得了更强的垄断势力。其后，从 2005 年开始，HHI 指数、CR_3 和 CR_4 指数逐年降低，表明放松规制后，中国航空运输服务市场竞争加剧，特别是在国内干线市场上，每条航线参与运营的航空运输服务企业都在三家以上，2005 年三家民营航空公司进入市场也增加了竞争程度②，

① 我国学者夏大慰认为，当某市场 HHI 指数大于 0. 18 时，被认为是高度集中市场；当 HHI 指数介于 0. 10 ~ 0. 18 时，被视为适度集中市场；当 HHI 指数小于 0. 10 时，被视为集中度较低的市场。

② 2005 年年初，民航总局颁布了《公共航空运输企业经营许可规定》，导致了中国航空运输服务市场的规制放松，当年就有三家民营航空公司进入中国的航空运输服务市场。

提高了消费者福利，强化了航空公司的竞争力，产生了所谓的“鲶鱼效应”。图 3、图 4 还可以看出，2005 年的三项指标较 2004 年明显降低，表明该年的三个民营航空公司进入市场的确对市场结构产生了影响。但从 2003 年以来，CR_3、CR_4一直大于 70，又说明了原民航总局直属的三大航空运输集团在市场中的主宰地位，航空运输服务市场基本由这三大航空集团和海南航空公司所垄断。

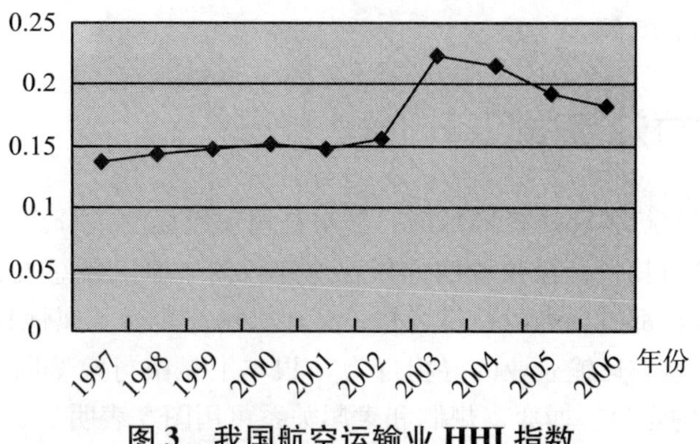

图 3　我国航空运输业 HHI 指数

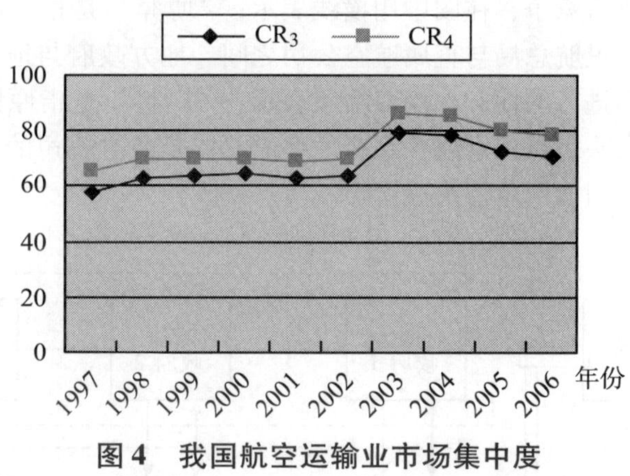

图 4　我国航空运输业市场集中度

经验说明，寡占型或垄断竞争型市场结构是航空运输业理想的市场结构，因此，中国航空运输服务市场结构在逐步放松规制的条件下，正在优化，符合图 1 中的弱自然垄断与放松规制组合能增进社会福利的预期。

五、放松规制后的中国航空运输业：反行政垄断

对航空运输业进行经济性规制的理论依据在于其具自然垄断性。根据国际经验，在自然垄断性弱化乃至失去之后，在放松规制的同时，对航空运输业要进行基于市场势力的反垄断。垄断造成的福利损失往往是与政府保护在位企业的行政管制紧紧联系在一起的（Posner，1975）。

（一）反行政垄断的经济学逻辑

我们通常所说的市场势力，仅仅是企业限制竞争的一种潜在能力。只有那些具有可维持性的市场势力行为才会产生严重伤害竞争的结果，成为反垄断法关注的重点。垄断势力可维持性的影响因素会因不同国家、地区，不同行业及其不同的发展阶段而不同，在现阶段的我国航空运输业中，行政垄断是最主要的因素（唐要家，2007）。因此，反垄断主要是反行政性垄断。

传统观点认为，航空运输业属自然垄断行业。这种思维模式使航空运输业长期处于政策的严格规制之下，且豁免适用反垄断法，结果导致了自然垄断和行政垄断并存于我国航空运输业。但随着航空运输业自然垄断的弱化，不需要用规制来维持其垄断性。这种由非基于自然垄断的规制而维持的垄断实质上是行政性垄断，行政垄断往往造成资源配置的扭曲、社会福利的损失、收入分配的不均以及地方保护和区域市场分割等恶性问题（于良春、杨骞，2007）。因此，应打破行政垄断以维护竞争自由和实现社会福利的最大化。

（二）四方博弈行为与行政垄断

我国航空运输业虽然实行了民航管理部门、航空公司和机场的三分离，但其中的利益关系相当复杂，再加上地方政府参与其中，存在着四方相互博弈行为，原民航总局是航空运输业的监管者，担当着规制者的角色。除首都机场和西藏机场外，其他机场都实行了属地化管理。这四个行为主体之间的复杂关系，造成了航空运输企业的寻租行为（根本上是由行政垄断所造成），从而耗散完企业的垄断利润①。这四方的竞争、博弈、规制和隶属关系可用图5表明。

这里的“竞争”是指同类型组织之间发生的利益争夺，在图5中表现为地方政府之间、航空公司之间为了各自的利益而进行竞争，在图中用横线表示；“博弈”是指不同类型组织之间的利益分配关系，在图5中表现为原民航总局与直属航空公司之间、地方政府与地方机场之间以及航空公司与机场之间为了利益分配而进行的博弈，用双箭头表示；“规制”是指原民航总局对航空公司和机场的行业监管，用空心单箭头表示；隶属关系指原民航总局是航空公司的行政主管部门以及地方政府是各自地方机场的主管部门，用单箭头表示。

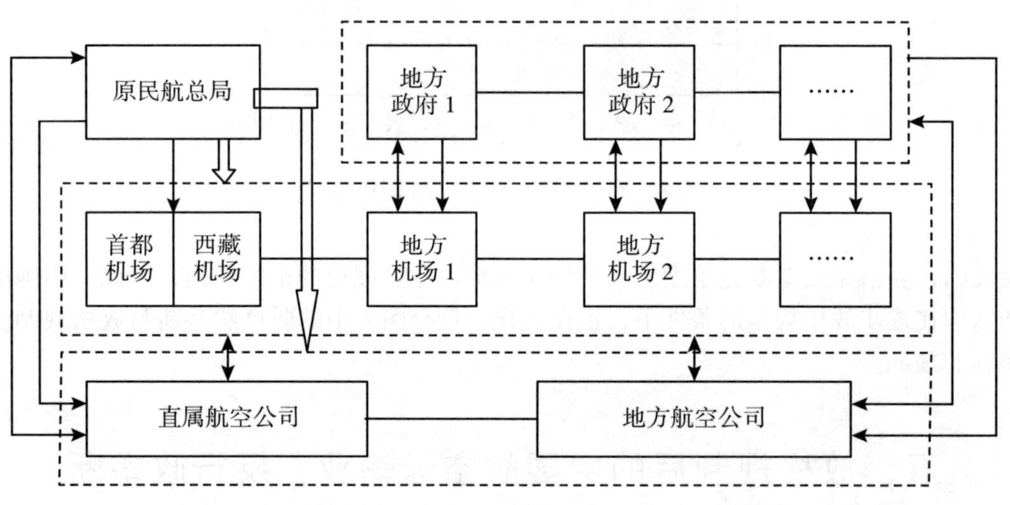

图5　航空运输业四个相关主体之间的竞争、博弈、规制和隶属关系

从图5可以看出，中国航空运输业的改革涉及到多方利益。行业的规制机构与该行业中的直属企业有着共同利益，其规制是“内生性规制”，容易造成行政性垄断；地方政府与地方机场也有共同的利益，机场的行政垄断是地方政府的合意垄断。行政性垄断又会造成寻租行为和退出机制的扭曲。由于行为主体追求的目标不同，利益存在冲突，规制改革必须要权衡各方利益，从而产生制度成本②。有关利益主体的博弈很难达到稳定的均衡，即使暂时达到均衡，其均衡点往往不在公共利

① 波斯纳（Posner）以美国航空业为例来说明放松规制的政策含义时引用了这一观点。

② 根据姜付秀等人的测算，1997～2005年，我国6个行业行政性垄断的制度总成本年均值在6022亿～9388亿元之间，占GNP总量的5.302%～8.300%之间。

益点上而有所偏向，造成"规制失灵"。而且，利益集团一旦形成，使反行政垄断的难度加大，成本增加。因此，反行政垄断刻不容缓。

反行政垄断的关键是解决好有关主体的利益分配问题。我国航空运输业四方利益关系是其滋生行政垄断的温床。因此，我们认为要把割断航空运输主管部门与直属航空企业间的垂直关系作为解决问题的突破口，真正实现政企分离，打破政企同盟。这一方面解决了歧视性规制问题，另一方面也为理顺地方政府、机场和基地航空公司之间的关系提供了前提。

（三）航线供给与行政垄断

航空运输业既存在行业性行政垄断又存在地区性行政垄断。行业性行政垄断在航线市场上主要表现为三大直属航空公司对主要航线市场的垄断。地区性行政垄断主要表现为地方政府对其所属机场的垄断以及由此造成的基地航空公司对某些航线、航班的垄断。三大直属航空公司的国内主要航线市场分布状况及其市场份额（见表4）反映了航线供给市场上的行业性行政垄断和地区性行政垄断的程度。

表4　　2007年三大直属航空公司部分航线分布　　单位:%

航空公司	北京—上海	北京—广州	上海—广州	上海始发	广州始发	北京始发	全国
国际航空	32.56	42.11	4.35	12.65	10.69	38.92	21.63
东方航空	41.86	0.00	26.09	34.26	13.36	16.47	21.85
南方航空	2.33	42.11	34.78	16.30	44.66	20.36	25.87
合计（CR_3）	76.75	84.22	65.22	63.21	68.71	75.75	69.35

资料来源：白让让，《国有企业主导与行政性垄断下的价格合谋——"京沪空中快线"引发的若干思考》，载于《中国工业经济》2007年第12期。

表4所列航线中，三大航空集团占了全国市场近70%的市场份额，每条航线的市场份额三家合计在63%～85%之间，存在明显的行业性行政垄断，即行业主管部门利用航线审批权对竞争进行的限制和排斥。表4的三大航线CR_3和$CR_2$①接近，说明在三个流量最大的航线上，始发地和目的地的基地航空公司对航线的垄断地位；这种垄断地位同样表现在三个始发站各有一个企业的市场份额远远高于其他两个企业之上，这两者都是地区性行政垄断的表现。国际航线经营权更是由少数航空公司所垄断，因为国际航线经营权来自于行业主管部门的"分配"。这种市场结构虽然具有技术经济上的优势，但更多的是行政安排和地方保护的产物（白让让，2007）。无论是行业性行政垄断还是地区性行政垄断都会损害公平竞争。

六、进一步讨论与政策蕴涵

（一）放松规制

1. 本文对航空运输业自然垄断的强度和规制强度的关联性进行了研究，结果发现两者呈正相关关系。随着该产业自然垄断强度的弱化，政府对其规制应该放松，通过引入竞争来提高规制效率。但问题是如何引入竞争以及在多大程度上引入竞争。本文认为，我国航空运输业，自然垄断业务由

① CR_2指数是指三大航线双寡头市场份额之和。

国有企业经营，以保证国有经济的控制力；竞争性业务，比如航空运输服务，可进行民营化改革。这就要求修改有关投资航空运输业的法规，为民营资本进入竞争性业务提供法律保护。当然，民营化是手段，不是目的，其真正的目的是打破行政垄断，引入竞争，增加整个产业的活力和国际竞争力。

2. 鉴于航空运输产业链条上既有垄断性业务又有竞争性业务，垄断和竞争的边界也是动态的。因此，规制政策应根据不同的业务及其边界而作调整，使竞争性业务得到充分竞争，垄断性业务以“激励性规制”为主。具体地说，航空运输服务是典型的竞争性业务，应放松经济性规制①。机场和航线网络属自然垄断业务，应对其实行规制。但在航空公司使用机场和航线上同样可以引入竞争机制，如航线经营权的拍卖和机场起降时刻的竞标。

3. 有些学者认为，中国的航空运输服务市场竞争过度，造成了航空公司间的价格战。机票价格一折再折，损害了航空公司乃至整个行业的利益，因此，政府有必要进行干预。笔者认为，航空运输服务市场并没有达到完全竞争的程度（完全竞争市场应以边际成本定价），更不存在“过度竞争”。直属航空公司在预算软约束下，在需求不旺时，有根据运营成本定价（或按平均可变成本定价）的动机，这才是航空公司价格战的真正原因。这一点也从另一方面诠释了上文讨论的航空公司民营化思路。

（二）反行政垄断

1. 放松规制后，政府的经济作用更多地表现为反垄断以维护公平竞争上。在我国，行政垄断是一切垄断的根源，反行政垄断是放松规制后的必然选择。但问题是，在反行政垄断的同时是否要反经济垄断？笔者认为，在当下的中国航空企业比较弱小的情况下，反经济垄断的条件并不成熟。相反，在市场中争胜的垄断企业是“有效率的垄断”。即使在发达国家，对经济垄断行为的认定也非常严格，最近美国的达美航空公司与美国西北航空公司合并成世界最大的航空公司，并没有受到反垄断调查和处罚。因此，《反垄断法》实施之后，对经济垄断行为的界定要慎重，应从严把握。

2. 现行的《反不正当竞争法》对行政垄断行为予以禁止，但是，由于航空运输业的“特殊性”，该法并没有发挥有效作用。“航线联营”、“票价联盟”以及“京沪空中快线”是政府主导下的以排斥竞争为目的的“合谋”行为，是一种典型的行政垄断，《反不正当竞争法》并没有对此加以调整。相反，2007 年国家发改委对方便面协会所组织的涨价行为进行了处罚。可见，行政垄断得到了《反不正当竞争法》的“豁免”。即将实行的《反垄断法》，对行政机构出于“公共利益”干预企业竞争行为并不限制，但公共利益的内涵和外延不清晰，容易出现反行政垄断审查不到位、借位现象。而且航空运输业是关系国民经济命脉和国家安全的行业，政府可以运用公权给予“保护”。大部门体制有利于协调航空、公路、水路运输的同时，也要防止出现由于在交通运输部主导下的三大运输形式间的“合谋”行为而造成的新的行政垄断现象。因此，需要制定适用于航空运输和整个运输业的反行政垄断特别法来规范行政主体的行为。

3. 有关反行政垄断的执法问题，可参照西方反垄断独立机构的运作方式。但问题是如何准确地对行政垄断进行认定？行政垄断的程度如何测定？《反垄断法》实施之后，行政垄断可能以隐蔽的方式存在，而且，行政垄断又与自然垄断交织在一起，这就大大增加了反行政垄断审查的难度。因此，航空运输业行政垄断的构成要件及其强度的测量至关重要，可作为未来的研究方向，为反垄断机构提供参考。

① 借鉴国外航空运输业改革经验，在放松经济性规制的同时，应加强社会性规制。2008 年 3 月 31 日我国发生的东航“返航事件”就暴露了在安全、服务质量等方面的社会性规制的不足。

参考文献：

1. 于立、吴绪亮：《运输产业中的反垄断与规制问题》，载于《中国工业经济》2008 年第 2 期。

2. 秦占欣：《国际航空运输业自由化的现状与中国民航的对策》，载于《中国民用航空》2003 年第 10 期。

3. 孙泽生、顾卫平：《中国航空运输业规制：实证分析与对策思考》，载于《中国民航学院学报》2004 年第 1 期。

4. 胡鞍钢、过勇：《从垄断市场到竞争市场：深刻的社会改革》，载于《改革》2002 年第 1 期。

5. 王俊豪、王建明：《中国垄断性产业的行政垄断及其管制政策》，载于《中国工业经济》2007 年第 12 期。

6. 王志永：《中国民航市场结构重组、分类管制与协调政策研究》，中国民航出版社 2006 年版。

7. 潘元生：《适度垄断，分层竞争——中国航空运输业的战略选择》，载于《中国民用航空》2002 年第 1 期。

8. 何大安：《厂商参与约束和激励约束之相容——一个关于地方政府与流通厂商之委托代理的理论探讨》，载于《财贸经济》2007 年第 11 期。

9. 于良春、杨骞：《行政垄断制度选择的一般分析框架——以我国电信业行政垄断制度的动态变迁为例》，载于《中国工业经济》2007 年第 12 期。

10. 唐要家：《市场可维持性与反垄断》，经济管理出版社 2007 年版。

11. 姜付秀、余晖：《我国行政垄断的危害——市场势力效应和分配效应的实证研究》，载于《中国工业经济》2007 年第 10 期。

12. 白让让：《国有企业主导与行政性垄断下的价格合谋——“京沪空中快线”引发的若干思考》，载于《中国工业经济》2007 年第 12 期。

13. Bailey, E. and J. Panzar. The Contestability of Airline Markets During the Transition to Deregulation [J]. Law and Contemporary Problems, 1981, 44.

14. Charles, Ng, and P. Seabright. Competion, privatisation and Productive Efficiency: Evidence from Airline Industry [J]. The Economic Journal, 2001, 111.

15. Kahn, A. The Economics of Regulation: Principles and Institutions [M]. Cambridge, Mass: MIT Press, 1988.

16. Hahn, R. and P. Tetlock. Has Economic Analysis Improved Regulatory Decisions? [J]. Journal of Economic Perspectives, 2008, 22.

17. Posner, R. The Social Costs of Monopoly and Regulation [J]. Journal of Political Economy, 1975, 83.

（本文载于《中国工业经济》2008 年第 6 期）

中国企业并购申报制度设计*

董维刚　张昕竹

摘　要：本文对中国企业并购申报制度的机制设计进行了实证研究。运用 Multinomial Logit 模型，我们首先分析了并购申报制度设计的影响因素，发现一国的经济发展特征、政府效率以及申报制度结构都会影响到对不同并购申报制度的选择。结合有关数据，我们预测出中国主要申报制度的选择概率，并在此基础上，采用基准法估计出中国的并购申报门槛。最后，综合实证结果，借鉴国际经验，我们提出了中国企业并购申报标准的设计方案，该方案已被国务院法制办采纳，成为《国务院关于经营者集中申报的规定（征求意见稿）》第三条对申报标准规定的主要内容。

关键词：反垄断　并购控制　离散选择模型　申报门槛

中图分类号：F062.9　**文献标识码**：A　**文章编号**：1006－480X（2008）08－0087－11

一、引　　言

作为各国反垄断法中实施并购控制的通行制度，企业并购申报制度是指当一项计划实施的并购满足一定条件时（如达到申报标准、不属于适用除外情况等），需按照反垄断法或并购指南的规定，向反垄断机构申报交易。反垄断机构根据参与主体提交的相关文档，在规定的时间内就并购交易对效率和竞争的综合影响进行审查、评估，并做出是否允许交易实施，以及是否需要对参与主体行为加以约束的决定。目前，全球已有 80 多个国家制定了此类制度。为有效实施并购控制，2007 年 8 月 30 日通过的《中华人民共和国反垄断法》规定中国也将实施并购申报制度，并对该制度的适用范围、申报机制、审查期限等做出了规定，但尚未明确最重要的并购申报标准条款。

本文首次采用实证方法对并购申报制度的机制设计进行了研究。运用 Multinomial Logit 离散选择模型，我们首先研究了并购申报制度设计的影响因素，并结合有关数据，对中国的主要制度选择进行了预测。通过该分析，不仅验证了现有机制选择的合理性，更重要的是明确了中国并购申报标准的设定方式。在此基础上，我们采用基准法（Benchmarking）对申报门槛（Threshold）① 进行了估计。综合实证结果，借鉴国际经验，并考虑到现实国情，我们提出了中国企业并购申报标准的设计方案。该方案已被国务院法制办采纳，成为《国务院关于经营者集中申报的规定（征求意见稿）》第三条对并购申报标准规定的主要内容。

本文接下来的安排：在第二部分文献回顾的基础上，第三部分分别从申报机制和申报标准两个层面深入研究并购申报制度选择的影响因素。第四部分在预测出中国两个层面申报制度选择概率的

＊ 受国务院法制办委托，在起草反垄断法和经营者集中申报条例过程中，我们对企业并购申报制度以及中国的申报制度设计进行了深入研究。本文基于我们向法制办前后提交的两个报告的部分内容修改而成。我们感谢赵晓光及其他法制办同志提出的宝贵意见，感谢多次中外研讨会参加者提出的意见，同时感谢国务院法制办和世界银行研究基金的资助。

① 需指出，本文的申报标准和申报门槛是有区别的，前者是指从什么角度去界定申报条件，如是从参与主体规模，还是交易本身的规模？是营业额，还是股份数额？……后者则是指每种标准下具体数值是多少。

基础上，重点估计并购申报门槛。第五部分则结合第三、四部分实证结果和国际经验，提出了中国并购申报标准的设计方案。

二、文献回顾

（一）企业并购申报制度的两重性

三十多年的经济学理论和实证研究发现，并购申报制度的作用具有两重性。其积极作用主要体现在：（1）便于实施初步补救。一方面，并购申报制度为反垄断机构提供了与并购相关的必要信息，使其能在交易发生前初步判断并购是否可能违背反垄断法；另一方面，又为反垄断机构提供了时间和机会，以期在交易完成前就阻止损害社会福利的并购发生（Titus，1979）。（2）可能震慑违法并购。理想的反垄断政策不是通过逐一审查企业行为实现政策目标，而应通过震慑违法行为，维护正常竞争秩序。艾弗奈特（Evenett，2002）发现，强制性事前申报制度会显著降低美国企业参与的跨国并购数目，这说明并购申报制度的震慑效应的确存在。与之类似，阿伦森（Aaronson，1992）、克兰德尔和温斯顿（Crandall and Winston，2003）、塞德斯拉奇兹等（Seldeslachts et al.，2006）也分别从不同角度验证了并购申报制度的震慑效应。

然而，并购申报制度同样存在潜在缺陷。根据爱克勃（Eckbo，1992）等的分析，该制度固然会对阻碍竞争的交易产生震慑效应，但也可能阻止那些对社会有利的并购发生，造成“震慑过度”，这显然对社会不利。不仅如此，该制度还可能给政府和企业带来过重的成本负担。并购申报给反垄断机构带来了大量的审查成本。随着经济的发展，申报交易数量剧增，审查负担势必日益加重。主要是这一原因，使得欧盟委员会从 1999 年开始试图对此项制度进行改革（Barros，2003）。而且，并购申报制度也为反垄断机构滥用权力创造了可能。波格（Pogue，1979）认为，HSR 法案①带来了过多不必要的规则，将许多不会对市场竞争产生显著负面影响的并购包含进了审查范围。而且，该法案提出的苛刻信息要求很容易给参与主体带来过重的申报成本和交易延误。

（二）企业并购申报制度设计

上述研究说明，企业并购申报制度不是“天然”有效的，要使其既有效阻止限制竞争交易，又不影响正常并购的进行，就必须非常小心地设计申报制度体系。为此，围绕企业并购申报制度的合理设计，也有一些初步探索。

1. 申报机制选择。尽管已经建立起并购申报制度的国家中，大部分采取了强制申报机制②，但也有像英国、澳大利亚这样的国家采取了自愿申报机制。针对两类机制的差别和选择问题，崔和谢加（Choe and Shekhar，2006）进行了比较深入的研究。在一个两阶段博弈框架下，他们发现，强制与自愿申报机制大多数情况下效果是相同的，二者的差别仅体现在两点：其一，自愿申报机制下参与主体的申报成本和反垄断机构的审查成本更低；其二，对于私人福利较低，但社会福利较高的并购，由于强制申报下是通过谈判达成最终结果，自愿申报下则有可能需要诉诸法院，当谈判成本不是很高时，强制申报就有机会实现比自愿申报更高的社会福利。因此，究竟选择哪种申报制度，需要根据各国的发展状况和制度水平进行选择，没有理论上的唯一解。

① 即美国的《哈特—斯科特—罗迪诺法案》（Hart-Scott-Rodino Act），它是全球第一个企业并购申报体系。

② 即要求满足一定条件的并购交易必须申报。与之相对应，自愿申报机制是指允许参与主体自己选择是否申报交易。当然，如果选择不申报，就会面临反垄断机构对并购合法性进行调查、评估，乃至对违法行为进行制裁的风险。

2. 申报标准设计。由贝赞和施普尔伯（Besanko and Spulber，1989）的研究不难理解①，信息不对称使得反垄断机构无力对所有并购都进行干预。当交易的调查成本过高，以至于高于其可能带来的收益②时，反垄断机构通常不应干预。并购申报标准很大程度上就是基于这一原则设计的，目的是从对竞争影响的角度尽可能甄选出那些对竞争威胁较大的并购，因为这样的交易通常才是"更"需要干预的。对于申报标准的具体制定，目前的研究主要是原则性的，鲜有深入分析，特别是对中国来说，相当一段时间内设计方案主要来自法学家的主观预测，如王晓晔（1996）。柳学信和戚聿东（2006）首次用实证方法对该问题进行了研究。通过比较各国并购申报门槛与 GDP 的倍数关系，他们建议将中国境内营业额申报门槛定在 20 亿元人民币左右③。尽管该研究在探索科学制定并购申报门槛的方法上迈出了重要一步，但缺陷也非常明显：一方面，仅用变量间简单的比例关系去寻找并购申报门槛设定依据，稳定性和准确性难免存在很大疑问；另一方面，所用数据将对全部参与主体的要求和对某家参与主体的要求混同，显然进一步降低了结论的准确性。受国务院法制办委托，张昕竹和董维刚（2006）首次用计量方法研究了中国并购申报标准的制定问题。结合 26 个国家的并购申报标准及 GDP、人均 GDP 等数据，该研究对中国并购申报门槛进行了估计，并在此基础上，提出了两类申报标准的建议门槛——境内总营业额申报门槛 8 亿元人民币，全球总营业额申报门槛 120 亿元人民币。采用此计量方法确实使此项研究的科学性和规范性都有所提高，但数据所限，该研究所用模型略显简单，这就使得估计结果的准确性有待进一步检验。

（三）离散选择模型与并购控制

近年来，在反垄断政策的实证研究中，一些学者开始尝试引入离散选择模型，以深入分析某些定性变量的影响因素，这也为本文的研究提供了重要参考。

科特和麦克切斯尼（Coate and McChesney，1992）运用概率模型，结合美国 1982 ~ 1986 年间的横向并购案件处理情况，分析了影响并购控制的因素。结果发现，HHI 指数变化、进入障碍、合谋风险、政治压力等都会显著影响联邦贸易委员会的政策执行。与之类似，威尔（Weir，1992）也是在概率模型下，分析了英国垄断与合并委员会（MMC）的并购审批与公共目标的关系。他发现，只有极少数公共目标会影响到 MMC 对并购的审批。只要不影响竞争、价格和国际收支，交易基本都能获得批准④。卡玛尼和夏皮罗（Khemani and Shapiro，1993）则运用排序概率模型，分析了加拿大反垄断机构在控制横向并购过程中所考虑的因素。通过对 1986 ~ 1989 年间 98 起案件的分析，他们发现，市场份额和集中度始终是影响案件处理的最重要因素。与科特和麦克切斯尼（1992）不同，卡玛尼和夏皮罗的研究认为，政治因素并未对加拿大反垄断机构的并购控制产生显著影响，这与伯格曼等（Bergman et al.，2005）对欧盟的研究结论类似。林夕等（Lindsay et al.，2003）对欧盟的研究也发现主要是市场份额和进入障碍情况决定了交易是否会被批准。此外，阿瓦洛斯和霍约斯（Avalos and Hoyos，2008）分别运用排序罗吉特（Logit）和多元罗吉特（Multinomial Logit）模型对墨西哥并购审批的影响因素也进行了深入分析。总体来说，目前离散选择模型在并购控制中的应用还主要是限于政策执行层面，尚未涉及政策设计层面。

三、企业并购申报制度设计的影响因素

由文献回顾可知，并购申报制度没有"放之四海而皆准"的，各国必须从本国国情出发合理设

① 尽管该研究是针对合谋行为的，但同样适用于并购交易。

② 更准确地说，是避免的损失。

③ 考虑到跨国并购对中国的潜在影响，他们还建议中国设立一个 30 亿 ~40 亿元人民币的全球营业额申报门槛。

④ 当然，Weir 也发现，恶意并购（Hostile Merger）通常不太可能得到 MMC 批准。

计申报制度体系。既然如此，随之而来的问题就是一国究竟应如何设计并购申报制度体系？哪些因素会影响到对不同申报制度安排的选择？根据反垄断经济学基本原理，一国的最优反垄断政策设计受到多种因素的制约。这些因素中既有属于一般性，对各国影响方式类似的，又有属于国别特征，体现国家之间差异的。企业并购申报制度设计也是如此。无论在哪个经济体，企业规模越大，其参与的并购交易对市场竞争的影响通常也越大，越需要反垄断机构的关注，但不同国家在经济发展水平、产业政策、市场竞争状况以及反垄断执法经验、水平等方面的差异，决定了它们所采取的具体申报制度也应有所不同。

基于这些考虑，本文采用多元罗吉特模型①分析并购申报制度设计的影响因素。假定共有 I 个国家、J 种不同的申报制度选择。令国家 $i(i=1,\cdots,I)$ 选择第 $j(j=1,\cdots,J)$ 种制度的效用为 U_{ij}。该效用受到 GDP、人均 GDP、政府效率等因素的影响。条件所限，本文采用缩减的方程形式描述各国选择不同申报机制的效用情况。设效用函数为：

$$U_{ij}=\beta' X_{ij}+\varepsilon_{ij}$$

其中，X_{ij}表示可观测到的、影响国家 i 选择第 j 种申报制度效用的变量。ε_{ij}表示随机效用部分，它综合反映了观察不到，但也会影响国家 i 选择第 j 种申报制度效用的变量的影响。

根据麦克法登（McFadden，1974），多元罗吉特模型下假定 ε_{ij}服从独立同威布尔分布，从而有：

$$F(\varepsilon_{ij})=exp(-e^{-\varepsilon_{ij}})$$

这样一来，国家 i 选择第 j 种申报制度的概率就是：

$$P_{ij}=\frac{\exp(\beta' X_{ij})}{\sum_{j=1}^{J}\exp(\beta' X_{ij})}\qquad j=1,\ \cdots,\ J$$

根据格林（Greene，2000），连续变量 x_i② 对选择概率 P_j 的边际效应为：

$$ME_j=\frac{\partial P_j}{\partial x_i}=P_j\left[\beta_j-\sum_{k=0}^{J}P_k\beta_k\right]=P_j(\beta_j-\bar{\beta})$$

它表示 x_i 的边际变化带来 P_j 变化的大小。对本文而言，P_j 表示一国做出第 j 种申报制度选择的概率；β_j 表示第 j 种申报制度方程的估计结果中，x_i 对应的系数估计值。

（一）数据描述

我们以莱克斯·盟带（LEXMUNDI）的《并购申报制度调查》（2007）（Pre-merger Notification Survey）为基本依据③，整理得到了 48 个国家的并购申报制度数据，包括申报机制、申报标准、申报时限、审查期限、违规制裁等。同时，为反映上述国家的总体经济和制度环境，又整理和计算了它们的 GDP、人均 GDP、经济增长率、通货膨胀、开放程度、政府效率等方面的数据，从而形成了本文运用的数据集。表 1 给出了本文所用全部变量的名称、符号、基本含义和来源。

① 详见 Greene（2000）。

② 对于二元变量来说，无法直接计算其边际效应，只能利用原始概率公式计算其对选择概率的影响。具体来说，如果 x_k 是一个二元解释变量，其他条件不变，x_k 从 0 变为 1 时，选择概率 P_j 的变化为：$\frac{\exp(\beta_0+\beta_1x_1+\cdots+\beta_{k-1}x_{k-1}+\beta_k)}{\sum_{j=1}^{J}\exp(\beta_0+\beta_1x_1+\cdots+\beta_{k-1}x_{k-1}+\beta_k)}-\frac{\exp(\beta_0+\beta_1x_1+\cdots+\beta_{k-1}x_{k-1})}{\sum_{j=1}^{J}\exp(\beta_0+\beta_1x_1+\cdots+\beta_{k-1}x_{k-1})},j=1,\cdots,J$。

③ 由于 LEXMUNDI（2007）本身存在一些明显错误，结合联合国贸发会议（UNCTAD）、国际竞争网络等其他可获得数据，我们对原始数据进行了核实修订，因此有些地方与 LEXMUNDI 的数据并不完全一致。

表 1　　变量含义与来源

变量名称	符号	基本描述	数据来源
强制申报	MAN	若规定了强制性并购申报制度，变量取值为“1”，否则取值为“0”。	莱克斯·盟带（2007）等
申报标准	NT	若未规定任何并购申报标准，变量取值为“0”；若仅规定了交易规模申报标准，变量取值为“1”；若仅规定了主体规模申报标准，变量取值为“2”；若既规定了交易规模申报标准，又规定了主体规模申报标准，变量取值为“3”。	同上
境内营业额 1	DST1	所有参与主体境内市场总营业额所需达到的申报门槛数值。这里已按现汇汇率将原始申报门槛统一换算成了以美元为货币单位的数值，单位：万美元。	同上
境内营业额 2	DST2	表示至少两家参与主体境内市场营业额均需达到的申报门槛数值，单位：万美元。换算方法同上。	同上
全球营业额	GT	表示所有参与主体在全球市场总营业额所需达到的申报门槛数值，单位：万美元。换算方法同上。	同上
审查期限	REVP	各国规定的企业并购申报审查期限长度，单位：天。	同上
违规制裁	PEN	各国对违反并购申报规定的主体所采取的最高经济制裁数额，单位：美元。	同上
事前申报	PRE	若采用并购事前申报制度，变量取值为“1”，否则取值为“0”。	同上
国内生产总值	GDP	按现价计算的 2004 年各国国内生产总值，单位：百万美元。	世界银行（2007）等
经济增长率	GDPG	按现价计算的 1990～2005 年年均 GDP 增长率，单位:%。	作者
人均 GDP	PGDP	按现价计算的 2004 年各国人均 GDP 数值，单位：美元。	同上
通货膨胀率	INF	按居民消费价格指数计算的 1990～2005 年各国年均通货膨胀率，单位:%。	世界银行（2007）等
开放程度	OPEN	按现价计算的各国 2004 年开放程度，用（出口总额＋进口总额)/GDP 表示，单位:%。	赫斯顿等（Heston et al.，2006）
政府有效性	GE	反映各国政府治理能力的指数。取值范围［－2.5，2.5］，数值越大，政府治理能力越强，效率越高。	卡夫曼恩等（Kaufmann et al.，2006）
虚拟变量 1	DUM1	若并购申报审查期限数据缺失，变量取值为“1”，否则取值为“0”。	作者
虚拟变量 2	DUM2	若申报制裁数据缺失，变量取值为“1”，否则取值为“0”。	同上
虚拟变量 3	DUM3	日本是样本数据中唯一一个按交易类型规定事前/事后申报制度的国家，故对日本，该变量取值为“1”，否则为“0”	同上
虚拟变量 4	DUM4	若采用“至少×家参与主体全球市场营业额均要达到×××”方式规定全球营业额申报门槛，变量取值为“1”；其他国家均采用了“所有参与主体全球市场总营业额要达到×××”的方式规定全球营业额申报门槛，变量赋值为“0”。	同上

注：本文整理数据的时间为 2007 年 5 月 18 日，故以当天汇率为准。

从样本数据看，并购申报机制方面，大部分国家采用了强制申报机制，只有 7 个国家采取的是自愿申报机制，这与全球基本趋势一致。申报标准方面，48 个国家可以分为四种基本情形①：一种

① 这种分类实际上是参考了美国 HSR 法案的分类标准，该法案分别从交易本身实际涉及到的规模和参与主体本身的规模界定了并购申报标准。与此不同，欧盟等尽管是从参与主体营业额的角度（相当于美国的主体规模申报标准）做出相应规定，但也将此认为是交易规模申报标准，这显然是一个更广义的概念，它实际上指的是与交易相关的任何规模，过于宽泛，不易区分差异。因此，本文采纳了美国的分类标准。

是只关注参与主体本身的规模①，即仅规定主体规模申报标准（Size of Person Test）；一种是只关注交易实际涉及到的规模②，即仅规定交易规模申报标准（Size of Transaction Test）；第三种是同时规定主体规模和交易规模申报标准③；最后一种是不规定申报标准，要求所有并购交易均须（可）申报。这四类国家的分布也与当前的主流趋势一致。而对具体申报门槛的设定，种类更为复杂。仅以主体规模标准为例，有的国家是依据参与主体的境内营业规模，有的是依据全球市场营业规模；有的是规定了全部参与主体的营业规模，有的只规定其中一家或几家参与主体的营业规模。表 2 给出了本文所用变量的基本统计量。

表 2　变量基本统计量

变量名称	样本数	均值	中位数	最大值	最小值	标准差	偏度	峰度
MAN	48	0.85	1	1	0	0.36	-2.07	2.39
PRE	48	0.79	1	1	0	0.41	-1.48	0.21
NT	48	1.67	2	3	0	1.00	-0.75	-0.56
DST1	36	12350.44	5106.5	68592	180	16772.39	1.93	3.39
DST2	15	2714.60	1466	8130	195	2902.79	1.09	-0.34
GT	15	41986.27	20270	162602	518	49438.90	1.56	1.89
PGDP	48	18123.48	13339	55371	500	15326.80	0.60	-0.85
GDPG	48	5.49	5.645	10.39	1.58	2.06	0.08	-0.28
INF	48	50.86	3.915	661.46	0.58	139.01	3.55	12.01
OPEN	48	84.64	72.97	207.64	24.35	42.92	0.85	0.21
GE	48	0.85	0.95	2.12	-0.83	0.83	-0.33	-0.76
REVP	40	40.58	30	120	10	27.06	1.84	2.74
PEN	26	454832.73	46621.5	3092800	0	743766.04	2.23	5.52

（二）申报机制选择

理论上说，经济发展水平、对外开放程度、政府效率以及并购申报制度结构都会对一国选择强制/自愿申报机制的概率产生影响。随着一国经济发展水平的提高，大企业实力逐渐增强。这种情况下，无论是大企业之间的联合，还是大企业收购小企业，对竞争的潜在威胁都更大，更需要引起反垄断机构的关注和监控，此时采取相对严格的强制申报机制更有助于提高社会福利。而随着一国开放程度越高，国内外经济联系越紧密，国外企业通过合并、收购等方式冲击国内企业，从而影响国内市场结构和竞争程度的可能性越大，所以需要本国反垄断机构更多关注，以防止这些企业为垄断国内市场而实施并购。这种情况下，采用更严格的强制申报机制相对而言自然更为有效④。政府效率方面，随着一国政府效率的提高，即便采用自愿申报机制，也有能力及时发现和惩罚那些对社会造成严重危害的交易，并进一步对可能危害竞争的潜在并购形成有效震慑。另外，此时采用自愿申报机制还给能够改进社会福利的并购提供了降低申报成本的机会，因为参与主体可以选择不申报。所以，政府效率提高可能使选择强制申报机制的必要性降低。此外，其他制度细节，如申报审查期限、违规制裁等也可能对申报机制选择带来影响。以申报审查期限为例，该时间越长，对交易主体而言，意味着越高的成本负担，这不仅包括向反垄断机构提供二次信息的成本，还包括因等待审查而耽误的盈利机会，它们都会对企业的正常交易产生负面影响。因此，随着申报审查期限的延长，允许企业首先自己根据市场势力评估决定是否申报交易，会节约许多不必要的申报和审查成

① 如营业额、资产等。

② 如交易金额、涉及股权份额等。

③ 这类国家有的是要求同时满足两个标准的交易才须申报，有的是要求只要满足任一标准就要申报。

④ 实际上，有些没有建立一般性并购申报制度的国家为控制外资并购，专门出台了相关规定，如马来西亚。

本，实现更高的社会福利。

基于这些考虑，在分析申报机制选择的影响因素时，我们主要引入了人均 GDP、开放程度、政府有效性、申报审查期限和违规制裁等解释变量。同时，因存在数据缺失情况，又引入了虚拟变量加以控制。表 3 是该方程的估计结果，估计过程中，我们将自愿申报机制作为了基准选择。由表 3 可以看出，各主要变量的估计系数均比较显著。其中，开放程度、申报审查期限、违规制裁的系数均通过了 5% 的显著性检验，政府有效性系数通过了 10% 的显著性检验，人均 GDP 的系数稍差些，但也能通过 15% 的显著性检验。这表明，经济发展水平、对外开放程度、政府效率、审查成本等的确会对一国的申报机制选择产生显著影响。人均 GDP、开放程度、政府有效性、申报审查期限的系数符号也与预期一致。特别是，从边际上看，政府有效性的边际效应为 -0.5646，可见其对申报机制选择的影响是非常重要的。由估计结果还可发现，申报违规制裁力度的加大，总体而言会提高一国选择强制申报的概率，因为申报违规制裁越高，强制申报下对违法并购交易的震慑效应越强，反垄断效果越好。而自愿申报机制下，对交易的审查往往是在完成后才能进行，这种审查通常需要经过漫长的过程，真正实施制裁的难度更大，成本更高，对企业而言更不可信。

表 3　　申报机制选择方程估计结果

解释变量	系　数	标准差	边际效应
PGDP	0.00019**	0.00012	2.27e-05
OPEN	0.03828****	0.01662	4.57e-03
GE	-4.73186***	2.44343	-0.5646
REVP	-0.07107****	0.03275	-0.0085
DUM1	-1.64421***	0.94124	—
PEN	0.00013****	0.00005	1.55e-05
DUM2	3.47668***	2.01414	—
似然值	-8.9892		
样本数	48		

注：（1） *、**、***、**** 分别表示通过 20%、15%、10%、5% 的系数显著性检验，下同；（2）表中所列的标准差均为回归系数的异方差稳健标准差，下同；（3）基准选择为自愿申报机制；（4）回归方程的 Pseudo R^2 为 0.7298。

（三）申报标准选择

如前所述，设定并购申报标准主要是为了甄选那些更需要反垄断机构关注的并购。相对而言，采用强制申报机制的国家应该更需要利用申报标准实现“初选”，因为自愿申报机制下参与主体拥有“自选择”的机会，根据市场影响状况，它可以首先预测交易是否需要申报①。这样，即便没有申报标准的甄选，也可以通过“自选择”避免一些不必要的申报和审查成本。而强制申报机制下，如果不规定申报标准，意味着所有并购都要申报，这就难免会产生大量不必要的申报行为，浪费反垄断资源。而随着一国经济规模的扩大，与之相伴的是企业规模也在不断成长，这种情况下，一些中小企业之间的联合通常不会对市场竞争带来明显影响，因而就没有必要要求所有企业均申报交易，对于正常的合并、重组，反垄断机构不但不应限制，很多时候还应大力支持。因此，设定并购申报标准就非常必要。

基于上述考虑，在申报标准选择方程中，我们主要引入了申报机制、GDP、政府有效性、经济增长率和通货膨胀率等解释变量。表 4 给出了该方程的估计结果。估计过程中，我们将不规定任何申报标准作为了基准选择。从结果看，各主要解释变量的系数都比较显著，大都能通过 10% 的显著

① 这里的“是否需要”是指如果不申报，是否会遭到反垄断调查，甚至提出指控，和强制申报下有所不同。

性检验。这说明一国的经济、制度水平和并购申报制度结构都会影响到其对申报标准的选择。而且，强制申报、GDP变量的符号也与预期一致。从边际效应看，由自愿申报到强制申报，会使一国选择规定主体规模申报标准的概率提高近0.7，这种影响显然是非常大的。由估计结果还可以看出，随着政府效率的提高，其制定申报标准的必要性也在增加。因为通过设定申报标准，不仅有利于免除正常并购交易的申报负担，同时节约了不必要的审查成本。而政府效率提高后，免除一些主体的并购申报任务不会导致市场竞争受到明显的负面影响，因为一旦出现旨在削弱市场竞争的交易，反垄断机构有能力及时发现并制止。进一步结合申报机制选择的分析结果，不难发现，实际上，政府效率的提高，总体而言允许一个国家采取更"宽松"的申报制度，以降低对并购活动的事前干预。

表4　　申报标准选择方程估计结果

解释变量	仅交易规模			仅主体规模			两类标准		
	系数	标准差	边际效应	系数	标准差	边际效应	系数	标准差	边际效应
MAN	5.4080****	2.5055	0.0079	6.3139****	2.9281	0.6960	5.2045***	2.7592	0.0136
PRE	-5.7664****	2.2738	-0.1496	-2.4295*	1.8883	-0.0265	-3.0457***	1.8243	-0.1466
DUM3	-206.4146****	3.2933	—	-210.9986****	1.8142	—	-172.1565	—	—
GDPG	-0.2676	0.2166	0.0200	-0.8456****	0.3719	-0.0770	-0.9826****	0.3634	-0.0429
GDP#	0.4320**	0.2808	0.0020	0.4443**	0.2803	0.0396	0.4501	0.2803	0.0135
INF	-1.0403****	0.3656	-0.0434	0.0056*	0.0042	0.0293	0.0086**	0.0047	0.0086
GE	2.7855***	1.6715	0.0510	1.8493	1.4527	0.0951	1.9099***	1.5057	0.0808
似然值	-28.1368								
样本数	48								

注：(1) 基准选择为无申报标准；(2) 回归方程的 Pseudo R^2 为0.5772；(3) 方程中GDP#是在GDP原始数据基础上除以10^4后的数值。

四、中国企业并购申报制度设计

根据上述实证结果，可以预测中国并购申报机制和不同申报标准的选择概率，这不仅可以检验中国《反垄断法》现行机制选择的合理性，更有助于回答中国应该如何设定申报标准，而后者正是当前一项十分紧迫的任务。

（一）基本制度选择

由国家统计局知，2007年中国GDP约34773亿美元，人均GDP约2644美元。根据表1各变量来源，1989年以来年均经济增长率为12.19%，通货膨胀率为5.28%，开放程度为47.37%，政府有效性指数为-0.11。中国《反垄断法》规定的第一阶段申报审查期限为30天，最高违规制裁数额为50万元，将这些变量代入申报机制和申报标准选择方程，可以预测出中国：(1) 选择强制申报机制的概率为0.9999，选择自愿申报机制的概率为0.0001；(2) 选择不规定申报标准的概率为0，仅规定交易规模申报标准的概率为0.0007，仅规定主体规模申报标准的概率为0.8，规定两类申报标准的概率为0.1993。从这两项结果看，中国《反垄断法》规定强制性并购申报机制是比较合理的。而在申报标准方面，尽管《反垄断法》尚未做出规定，但从预测结果看，应选择仅规定主体规模的申报标准。

（二）申报门槛估计

确定了从主体规模角度规定并购申报标准之后，下一步还要制定具体的申报门槛。对此，我们采用基准法进行估计。其基本思路是，决定不同国家申报门槛的因素是相似的，因此可以根据国外的申报门槛来预测中国。

1. 模型设定。由文献回顾可知，经济规模、政府效率等都可能影响到申报门槛的高低。以经济规模为例，一方面，在经济发展初期，通常一国总体经济规模较小，企业规模也比较小，因此申报门槛应定得相对低一些，否则就会漏掉对市场竞争有显著影响的交易；但另一方面，经济规模不是很大时，企业之间通过并购实现经济垄断的可能性也比较小①。为促进市场经济的培育，不影响正常并购重组，申报门槛又需定得相对高一些。因此总起来看，经济规模对申报门槛的影响不确定，实际影响取决于对这两种效应的综合权衡。而从政府效率角度看，一方面，张昕竹（1995）的研究表明，发达国家公共资金的社会成本远低于发展中国家②，这意味着前者的政府效率更高，因而相同公共支出下其能完成的并购交易审查数量就多于发展中国家。又因为申报门槛是决定反垄断机构工作量的重要因素，因此，其他条件相同时，发达国家的申报门槛应低于发展中国家。但另一方面，既然发达国家的政府效率更高，即便允许一些并购免于申报，一旦事后出现滥用市场势力的行为，其也能迅速做出反应，限制市场势力滥用。从这个意义上说，通过并购申报降低事后补救成本的必要性就会降低，同时却有利于节约反垄断机构审查成本和企业申报成本。因而政府效率越高，申报门槛也应该越高。所以，总体而言政府效率对申报门槛的影响究竟是正是负也是一个实证问题。

此外，申报机制、审查期限等也可能影响申报门槛的制定。因此，我们引入这些主要解释变量，设定三个方程，分别考察“所有参与主体境内总营业额”、“至少两家参与主体境内营业额③”和“所有参与主体全球总营业额”三类申报门槛的影响因素。

2. 估计结果。表5给出了三个方程的估计结果。需要说明的是，由于存在一定的异方差性，“所有参与主体全球总营业额”申报门槛方程采用了WLS法进行估计，以OLS估计结果残差的标准差为权，其他两个方程则是采用OLS法进行估计。

表5　　申报门槛估计结果

解释变量	境内总营业额		两家境内营业额		全球总营业额	
	系数	标准差	系数	标准差	系数	标准差
GDP	0.6341****	0.0362	0.4506****	0.0776	0.7010****	0.0708
GE	0.3524	0.3163	0.9467****	0.4232	1.0615***	0.5871
MAN	0.9714	0.8374				
REVP	0.0102*	0.0071	0.0174***	0.0092		
DUM1	1.0515****	0.4101	-0.3318	0.6097		
DUM4					-1.1014**	0.7000
R^2	0.9824		0.9913		—	
样本数	36		15		15	

注：数据所限，该方程估计不出 R^2，但是用OLS估计时的 R^2 为0.9864，可供一定参考。

从三组结果看，各主要解释变量的系数都比较显著。其中，GDP的系数均能通过5%的显著性检验，政府有效性、审查期限变量也基本能通过10%的系数显著性检验。这说明，不同的经济、制度和并购申报制度结构都会对申报门槛带来重要影响。具体来说，随着一国经济规模的扩大，申报门槛也需要相应提高。与之类似，政府效率越高，总体而言还是使得对并购进行事前干预的必要性下降了，反映到申报门槛上，就是门槛数值相应提高。而审查期限越长，尽管意味着有充足的时间

① 不考虑行政垄断。

② 发达国家的公共资金的社会成本一般为0.3，而中国的公共资金的社会成本为1.5以上。

③ 它表示至少两家参与主体境内营业额均要达到某一标准时，并购交易才须申报。

去调查评估并购的影响，但同时却给申报主体带来了更重的负担，不但提高了它们的申报成本，而且贻误了市场机会，因此应尽可能避免申报小规模交易。虽然强制申报机制变量的系数不够显著，但由于方程主要目的是预测，我们还是保留了该变量。从经济意义上说，申报机制的差别也应该对申报门槛高低产生影响。强制申报机制下，参与主体选择余地很小，为免除中小规模并购的申报义务，申报门槛自然应该相对高一些。为检验异方差是否存在，我们对前两个方程做了 White 异方差检验。结果显示，在 10% 的显著性水平上，均不能拒绝同方差假设①。

3. 预测中国。将中国数据代入上述估计方程，预测出三类申报门槛：（1）所有参与主体境内总营业额申报门槛点估计值为 18365.98 万美元，90% 的置信区间为（8787.10，38386.83）万美元；（2）至少两家参与主体境内营业额均须达到的申报门槛点估计值为 1336.99 万美元，90% 的置信区间为（232.45，7689.82）万美元；（3）所有参与主体全球总营业额申报门槛点估计值为 34268.91 万美元，90% 的置信区间为（4624.66，253932.27）万美元。

五、政策建议

（一）现实考虑

除了上述实证结果，为合理制定中国的并购申报标准，还需考虑以下现实问题：（1）尽管从理论上说，不同产业间企业规模差异明显，规定统一的申报标准②无法体现这一特征，但是任何国家又都是产业数目众多，要分别做出规定，无论是从制度设计成本，还是法律实施成本来说，势必非常高昂。从国际经验看，也没有哪个国家是详细分行业规定并购申报标准的，只是相当一部分国家对少数行业，如金融业等有专门规定③。综合考虑，中国也不宜分行业规定并购申报标准，但可以效仿大多数国家的做法，对金融机构做出特别规定。（2）中国目前仍处于较低的经济发展阶段，当务之急仍是提高国家的总体经济实力，在微观层面，还需在国家产业政策的指导下通过兼并、联合、重组等方式提高产业集中度和企业的国际竞争力。基于这一现实，申报门槛显然不应过低。（3）一国经济总体规模和企业规模都在不断成长壮大，申报标准设计也应反映这一趋势。

（二）建议方案

综合实证结果、国际经验和上述考虑，我们建议中国的并购申报标准设计采取如下方案：

规定：当至少两家参与并购主体上一会计年度在中国境内的营业额均达到 3 亿元人民币，并且满足下列条件之一：（1）所有参与主体上一会计年度全球总营业额达到 90 亿元人民币；（2）所有参与主体上一会计年度在中国境内的总营业额达到 17 亿元人民币时，并购交易需要向反垄断执法机构申报。金融机构另行规定。每年具体的申报门槛可由反垄断机构综合经济增长率或 CPI 变化进行调整。

该方案既考虑了并购参与主体的总体业务规模，又考虑了对中国市场的实质影响；既重点关注了国内企业参与并购情况，又兼顾了国外企业对中国市场的潜在影响。具体的申报门槛则基本是第四部分中国预测区间均值换算成人民币后的情况。《国务院关于经营者集中申报的规定（征求意见稿）》第三条关于申报标准的规定已采纳了该建议。

---

① 两方程 White 统计量和伴随概率分别为：①White 统计量 9.34，伴随概率 0.31；②White 统计量 8.89，伴随概率 0.26。

② 特别是具体的申报门槛。

③ 如欧盟、英国等。

参考文献：

1. 柳学信、戚聿东：《我国企业合并申报标准研究》，载于《广东社会科学》2006年第4期。

2. 王晓晔：《企业合并中的反垄断问题》，法律出版社1996年版。

3. 张昕竹：《中国公共资金成本的估计》，中国社会科学院规制与竞争研究中心工作论文，1995年。

4. 张昕竹、董维刚：《企业并购申报标准的估计》，国务院法制办报告，2006年。

5. Aaronson, R. Do Companies Take Any Notice of Competition Policy [J]. Consumer Policy Review, 1992, 2 (3).

6. Avalos, M. and R. E. D. Hoyos. An Empirical Analysis of Mexican Merger Policy [R]. World Bank Policy Research Working Paper No. 4527. 2008.

7. Baer, W. J. Reflections on Twenty Years of Merger Enforcement under the Hart-Scott-Rondino Act [J]. Antitrust Law Journal, 1997, 65 (3).

8. Barros, P. P. Looking Behind the Curtain – Effects from Modernization of European Union Competition Policy [J]. European Economic Review, 2003, 47 (4).

9. Bergman, M., M. Jakobsson and C. Razo. An Econometric Analysis of the European Commission's Merger Decisions [J]. International Journal of Industrial Organization, 2005, 23 (9–10).

10. Besanko, D. and D. F. Spulber. Antitrust Enforcement under Asymmetric Information [J]. Journal of Law, Economics & Organization, 1989, 99 (396).

11. Choe, Ch. and Ch. Shekhar. Compulsory or Voluntary Pre-merger Notification: A Theoretical and Empirical Analysis [EB/OL]. http://ssrn.com/abstract=912925, 2006.

12. Coate, M. B. and F. S. McChesney. Empirical Evidence on FTC Enforcement of the Merger Guidelines [J]. Economic Inquiry, 1992, 30 (2).

13. Crandall, R. W. and C. Winston. Does Antitrust Policy Improve Consumer Welfare-Assessing the Evidence [J]. Journal of Economic Perspectives, 2003, 17 (4).

14. Davies, S. and A. Majumdar. The Development of Targets for Consumer Savings Arising from Competition Policy [R]. OFT Working Paper No. 4, 2002.

15. Eckbo, B. E. Mergers and the Value of Antitrust Deterrence [J]. The Journal of Finance, 1992, 47 (3).

16. Evenett, S. J. How Much Have Merger Review Laws Reduced Cross Border Mergers and Acquisitions? [C]. In William K. Rowley (ed.): International Merger Control: Prescriptions for Convergence. London: International Bar Association, 2002.

17. Greene, W. Econometric Analysis [M]. Fourth Edition. Prentice Hall, 2000.

18. Heston, A., R. Summers and B. Aten. Penn World Table [DB]. http://pwt.econ.upenn.edu/php_site/pwt_index.php. 2006.

19. International Competition Network. The Analytical Framework for Merger Control [R]. Final Paper for ICN Annual Conference, OFT, London, 2002.

20. Kaufmann, D., A. Kraay and M. Mastruzzi. Governance Matters V: Governance Indicators for 1996–2005 [R]. World Bank Policy Research, 2006.

21. Khemani, R. S. and D. M. Shapiro. An Empirical Analysis of Canadian Merger Policy [J]. Journal of Industrial Economics, 1993, 41 (2).

22. Lex Mundi. Pre-Merger Notification Survey [EB/OL]. http://www.lexmundi.com, 2007.

23. Lindsay, A., E. Lecchi and G. Williams. Econometrics Study into European Merger Decisions since 2000 [J]. European Competition Law Review, 2003, 24 (12).

24. McFadden, D. The Measurement of Urban Travel Demand [J]. Journal of Public Economics, 1974, 3 (4).

25. Pogue, R. W. Effects on other Merger Transactions: Does the Government Abuse Its Newly Granted Power [J]. Antitrust Law Journal, 1979, 48 (4).

26. Seldeslachts, J. and J. A. Clougherty. Remedy for Now but Prevent for Tomorrow: The Deterrence Effects of Merger Policy Tools [R]. CEPR Discussion Papers No. 6437, 2006.

27. Titus, J. W. Stop. Look and Listen: Premerger Notification under the Hart-Scott-Rodino Antitrust Improvements Act

[J]. Duke Law Journal, 1979 (1).

28. UNCTAD. Model Law on Competition [EB/OL]. http: //www. unctad. org, 2004.

29. Weir, C. . Monopolies and Mergers Commission. Merger Reports and the Public Interest: A Probit Analysis [J]. Applied Economics, 1992, 24 (1).

30. World Bank. World Development Indicators Online [DB]. http: //www. worldbank. org/data, 2007.

（本文载于《中国工业经济》2008 年第 8 期）

中国自然垄断产业改革方向探讨*

李　怀

摘　要： 市场经济决定了中国自然垄断产业的改革方向。在走向市场经济的条件下，中国自然垄断产业和企业究竟向何处去。从产业来说，首要的是确定网络唯一性原则，其次才是在单一网络的覆盖下，开展适度竞争。从企业来说，要解决中国国有企业的根本问题，产权改革是关键，民营化是途径，引进外资是手段。总之，市场经济所通行的效率原则决定了中国自然垄断产业与企业组织改革与创新的方向。

关键词： 自然垄断产业　产业重组　产权改革　民营化

一、引　言

坚持改革的方向不动摇，这是中国走向繁荣富强的必要条件和可靠保证。在我国当前各个领域改革开放不断深化的情况下，自然垄断产业也处于改革的前沿，各种问题不断被提出来，引起各方面的争议。特别是涉及自然垄断产业改革方向性的重大问题，如自然垄断产业的垄断和竞争的界限如何划分，哪些行业需要引进竞争，哪些行业不宜引进竞争，继续维持垄断；垄断型国有企业如何改革，其长期存在的问题如何解决；不宜引进竞争机制的自然垄断产业是否可以引进民营企业；如何解决自然垄断产业的监管问题，即现行监管模式是否应当转变。诸如此类问题等等都需要我们做出回答。本文根据长期观察的结果，特别是自然垄断理论近年来所取得的进展，在汲取各家所长的基础上，结合西方发达国家的改革经验和教训，谈谈笔者的一些看法。

二、自然垄断产业市场结构与产业结构重组的方向

在自然垄断产业里，由于仅有一个或少数几个企业，其市场结构往往和产业结构是同一的，即市场结构就是其产业结构，往往都是处于一个企业占据整个市场或整个产业的垄断状态。此外，该行业还有一个特殊现象，即凡是规制体制上的畸形和弊端，最终都会体现在自然垄断行业的市场结构和产业结构的畸形与缺陷上。众所周知，我国政府对自然垄断企业的监管依旧沿袭传统的管理国有企业的那套行政手段和做法，甚至容忍和袒护中国电信业的高价位垄断和暴利，如通话费用过高和手机双向收费等，似有官商勾结的嫌疑。而外部厂商却因管制门槛过高而难以进入，形成国有企业圈子内部的合谋和有限竞争，影响了该产业的业务进展和正常发展。所以，从延伸的角度上来观察，在自然垄断行业的市场结构与产业结构上所存在的问题，也恰恰反映和说明了我国现行规制体制和监管模式的缺陷。一言以蔽之，中国自然垄断产业的改革，就是要进行产业重组和政府监管模

* 本文是教育部人文社科重点研究基地重大项目《中国垄断行业规制体制改革的实证研究》（批准号：02JAZD790013）的部分内容。特此致谢。

式的转型。在市场经济条件下，继续沿袭传统的行政管理模式是否适应市场经济条件下的自然垄断产业发展的需要，这确实是一个值得商榷的问题。也有学者认为，在从垄断到竞争的转型阶段，产业重组常常是政府监管改革的一个重要内容，并且它还是提升企业竞争力，形成有利于市场竞争的产业组织结构以及提高政府监管效率的一个前提（中国基础设施产业政府监管体制改革课题组，2002）。就此来说，产业重组和政府监管模式的转型是中国走向市场经济成功的必要环节。

产业重组是指对某产业的资产存量进行重新整合，它主要是通过资本市场和政府干预两种途径完成的。一是自然垄断企业在得到政府规制机构的允许后，承诺在不妨碍市场竞争的前提下，可以通过资本市场上的出售和购买行为来实现资本重组和产业重组。二是在资本市场不完善、而市场又处于完全垄断的情况下，政府规制机构出于公共利益的考虑，对垄断企业进行资产重组，如对中国电信的拆分等。无论采取哪种重组方式，都存在着一个产业重组或市场重组的方向性问题。下面我们就以电力产业为例来进行说明。

“十五”期间，我国电力改革的基本内容是“厂网分离，竞价上网”。具体来说，就是纵横双向拆分国家电力总公司，重组国有发电企业，确立新的电价形成机制。最终结果形成了国家电力监管委员会、国家和南方两大电网公司、五大发电集团和四大辅业集团。那么，如何看待和评价这一分拆结果呢？

根据笔者所提出的一贯思想（李怀，2003，2004），网络越大，其效益就越高。中国电网过去就没有完全实现联网，一直存在着网络区域化的问题，而现在又将电网分离为南北两块，进一步加剧了网络区域化的问题。我们知道，水电的成本不仅大大低于火电的成本，而且污染还小得多。我国的大型水电站多数地处经济落后的西部地区，用电量较小，如果没有全国大电网的连接作用，如何开展“竞价上网”呢？没有公平合理的电价竞争上网，用户的成本和环境的成本就会很高。而一旦分拆，形成各自独立的网络，接口和接入的问题就会成为令人头痛的难点。因为人们往往只顾自己和集团的利益，不顾整体和国家的利益，采取封、堵、拖延等不合作的态度将竞争者置于死地。如在嘉兴一带，竞争双方都在搞大电站，紧挨在一起。这边规划320万元，那边规划280万元。这不仅是重复建设和资源浪费，从环境容量角度讲，也是不允许的（丁宁宁，2004）。所以，这种产业重组严重损害了国家和人民的利益，破坏了环境，而可能仅仅有益于某些集团和个人的利益。所以，企业可以分拆，但网络不仅不能分拆，而且做得越大越好，越大网络经济效益就会越高。从理论上说，全国一个电力网络，竞价上网才有可能实现公平与公正。可以肯定，这种将网络分拆的改革方式将是失败的，因为它违反了效率原则，需要及时校正。

然而，许多人将传统自然垄断行业里的企业间引进竞争和网络的自然垄断性质混为一谈，认为既然要引进竞争，就应提倡网络间的竞争，搞多网竞争，反对网络的合并。其实，这是一种对自然垄断产业改革的误解。自然垄断产业的改革应当沿着两条思路进行。一是根据网络经济效益原理，一网的效率最高（仅对于网络来说），因此要尽可能地将网络做大，实行多网合一（李怀，2003、2004）。二是将企业做多，引入竞争（包括直接竞争与间接竞争）。即网络最好由一个企业来做，而与网络相联系的各种其他业务，可以由多个企业来做。如果网络过大，单个企业难以经营，也可以先分解成多个局部网，分别由多个企业经营。但需要监管者的强势监管，建立严格的互联互通制度，以保证网络之间接口的接入畅通和无障碍。这也可以称做多网合作模式。正是在这个意义上，严格地说，建立在规模经济基础上的传统自然垄断理论已经过时了，没有继续存在的必要了，因为我们从教科书上通过规模经济理论所理解的传统意义上的自然垄断已经消失了，当代所存在的是基于网络经济效益基础上的网络型自然垄断，而不是基于规模经济和范围经济基础上的自然垄断（李怀，2003、2004）。时代发展了，产业进化了，理论也必然随着这个时代的进步而进步。

反之，多网竞争，必然引起资源浪费。从全国政协委员杨贤足所反映的情况看，我国电信网络存在着严重的重复建设和资源浪费现象，所浪费的资金可以建设几个三峡！这里可以看出，按照本文分析所得出的上述结论，即如果一网能够满足需求，其效率就是最高的，任何新增网络都意味着竞争过度，必然导致资源浪费。由于我国电信产业监管不力，网络接入规则未能贯彻下去，接入企业被拥有网络的企业随意“揉搓”，导致其他企业不得不建立自己的电信网络，从而形成多网竞争的局面。

目前，多网合一的网络融合技术难题已经得到解决。中国联通在“多业务统一网络平台”（Uninet）上实现了由一个物理网络平台同时提供电信、计算机、视频等网络的多种业务服务。其网络质量在国家网络检测中心、中国电子学研究院、信息产业部等有关部门组织的多次测评中均优于各自独立建设的传统网络（吕贤如，2005）。

多网竞争只能在特殊的条件下短期存在。一是市场需求大于网络的供给能力，现有网络在满负荷的条件下仍无法满足市场需求，需要增加新的网络。二是历史上已经形成了多个网络，如电信网络，只能根据具体情况保持适度竞争。由于长远规划不周，我国历史上形成了多个独立电信网络，如中国电信系统、铁路通讯系统、军队通讯系统等，重复性建设非常严重。鉴于历史的成因，目前也只能继续维持，但也必须实现互联互通，一旦条件成熟了，就应逐步走向多网合一。

我国政府也肯定了三网合一的未来发展与融合趋势。应当说，按照笔者提出的自然垄断理论的创新观点，网络的唯一性应当是最优的选择。对此，我国现有的监管政策及监管工作中却没有很好地体现出这一基点，反而暴露出传统计划经济模式和行政化特征。其背后的原因还在于某些个人或单位的利益在作祟，无视国家和民族的最高利益，搞政企合谋，谋取私利。今后，我国应在网络建设和监管工作中坚决贯彻这一原则，力争做到资源的最优配置。

其实，上述原则不仅适用于电信网络产业，对于所有的网络产业来说，它都是有效的。因此，可以说上述网络产业的这一基本原则，确定了我国未来自然垄断产业的改革和创新的方向。即不论什么产业，只要存在网络并具有较高的网络经济效应，就毫无例外地适用上述原则。为了保证这一原则的贯彻执行，需要政府监管部门的监督和实施。这里首先需要解决的是政府监管人员的认识问题，可以采取监管人员知识化、专业化的方式来保证监管质量。除此以外，最有效的办法就是通过法律的形式将上述原则确定下来，强制执行，以避免因利益纠纷而导致的决策失误。

如上所述，我国目前仍然沿袭传统的行政化监管模式。该模式具有以下特点：第一，人治化倾向比较严重：仰望领导个人权威，轻视规章制度。长期以来，在我国现行体制下逐步生成了一种特殊的潜规则，即一切工作均以领导者的个人偏好为转移，而置规章制度于不顾。规章制度也只有在与领导个人偏好完全一致的情况下才可以采用，否则，即使最好的制度也只能束之高阁，成为摆设。实践证明，个人行为的随意性和随机性都很大，远不如制度可靠，因为即使最优秀的人也难免犯错误，而一旦失误，现行的行政机制又很难纠正，往往会导致谬误千里，延续很多年，损失惨重。第二，监管者与被监管者的合谋与勾结问题比较严重。由于我国行政体制长期缺乏有效的监督机制和制度设计，监管者的权力缺乏有效制衡，权力的边界得不到有效控制。而被监管者出于自我利益的追求，收买监管者结成共同利益集团，相互勾结与合谋，共同窃取国家和消费者的利益。在目前的体制下，监管者和被监管者的合谋与勾结现象极易发生。第三，行政化倾向比较严重。由于我国监管人员缺乏专业化知识和训练，完全搬用机关衙门的那套行政工作模式，把技术性很强的政府规制视同一般行政工作，导致外行监管内行的奇特现象。

发达国家在自然垄断产业改革的过程中，逐步建立起一套行之有效的政府规制模式。这套规制模式的特点是完全以可靠的制度为基础和依托，监管人员根据自己的责任和目标，按照既定的制度安排来履行自己的职责，即使是领导者也必须首先向制度负责。整个监管工作处于上司和全社会的媒体、消费者、司法部门等一切利益相关者的监督之下，不容许有任何违规行为，否则将受到新闻媒体的追踪和司法部门的指控。

汲取和借鉴西方发达国家成熟的监管模式和经验教训，中国必须努力实现三个转变。即由向领导者个人负责实现向制度负责的转变，由集中的监管权力实现向权力分散化的转变，由权力监督失衡实现向权力制衡转变，要将整个监管过程置于全社会的监督和控制之下。这是中国政府实现监管模式转变和制度创新的方向。

三、自然垄断企业的改革与创新方向

自然垄断产业市场结构与产业结构重组的方向一旦确定下来，需要我们继续进行讨论的就是自然垄断产业内部各企业的改革方向问题。应当说，虽然自然垄断产业和竞争性产业完全不同，但其产业内部的企业改革方向还是有着相同之处的。

（一）实行民营化投资和改造

1. 引进外资与产权改革的必要性。中国国有企业的最大问题来自于人们对企业利益的普遍漠视。以大连自来水企业为例。由于一直实行国有制，无论是普通员工还是经营管理者，人们普遍对企业内的国有资产关切程度不够，长期以来，形成了内外勾结窃水的现象非常严重，最为严重的一年里，“跑、冒、滴、漏、偷”的损失流量约占全部供水量的49%。现在这一问题虽然有所好转，但要真正解决问题，产权的改革恐怕是提高经营者对资产关切程度的最优选择了，否则，在现有框架内改来改去都不能从根本上解决问题。

毋庸置疑，问题的根源在于：第一，国有资产降低了人们对企业的关切程度，官员和国企经营者及员工不可能像关心自己的财产一样来关心国有企业。这样，其经营绩效就可想而知了。第二，一个缺乏信仰、无所畏惧的民族就只剩下金钱的寄托了，“一切向前（钱）看”正在成为许多人的“座右铭”。国企时下流行的是“不捞白不捞，捞了也白捞”的行为理念，国有资产成了“唐僧肉”，谁都想要捞一把。第三，缺乏一个好的有效制度的约束。权大于法，领导者的权威高于制度的权威，制度成为可有可无的摆设和装点门面的东西，完全因人而异。我国现有的“六会七方，八层领导”制，也就是由新三会（股东会、董事会、监事会）、老三会（职代会、党委会、工会）加上经营班子七套机构，再加上政府派来的财务总监，享受副总以上待遇的有14人之多。在管理层次上就更吓人，有国资委—投资管理公司—本集团—上市公司——级企业—二级企业—三级企业等等。上述层次主要是管理监督，不从事经营。这么多机构和官员却看管不住国有资产，完全成为一种“摆设”。第四，国有企业里的臃肿的机构，庞大的员工队伍，这么多吃闲饭的，企业搞不好是天经地义的。

因此，自然垄断产业的国有企业改革首先要从产权改革入手，彻底改变单一的国有国营和“一股独大”的国有产权状况。为此，国家有关部门和一些省市曾经专门发布了关于鼓励公用事业企业实行民营化的文件，积极推动外资和私人资本的进入。但是，该项改革也遭遇到传统体制与观念下的既得利益者的抵制。

不可否认，理论界在国有企业产权改革问题上存在着一些分歧。香港中文大学的郎咸平教授看到了中国大陆国有企业产权改革存在着严重的国有资产流失现象，就明确提出停止国有企业产权改革的建议。实际上，中国大陆国有资产流失情况要比他看到的严重得多，这在中国大陆现有体制下是无法避免的，因为中国大陆政治体制改革严重滞后，缺乏有效监督的权力一旦和经济决策搞到一起，腐败就在所难免。再者，国有企业产权改革是世界近些年来的潮流，无论任何国家，只要存在着国有企业，都会面临效率低下的问题，而解决国有企业的根本问题只能是产权改革。显然，郎咸平教授没有看到在中国大陆现有体制下如果不进行产权改革，国有企业不仅会被盗空，而且还会拖垮国有银行，严重损害政府财政收入。这就是中国现实所面临的困境：改革会导致国有资产流失，不改会拖垮整个国家经济。“两害相权取其轻”，所以，国有企业产权改革的方向是不能改变的，产权改革的路还是要继续走下去，而需要改变的是如何重新设计、改进和完善国有企业产权改革的方案，提高有效监督程度和透明度，从而尽可能地减少权力腐败的发生和国有资产的流失。

2. 产权改革的形式。

（1）“一卖了之”。中国的中小型国有企业改革的基本思路是产权出让。到目前为止，中小型国有企业的出让已经基本上完成了，现在正在进行部分大型国有企业的出让工作。不可否认，国有资产流失的现象确实存在着，但考虑到产权出让毕竟还能收回部分资金，解决部分企业员工的就业问题，总比最后完全垮掉和破产，还欠银行一大笔债务为好。所以“一卖了之”确实是在中国现有体制和环境约束下的无奈选择，但也是最优的选择。需要注意的是，国有资产是否应当出让和社会保障是两个不同的问题，不能以社会保障问题来否定国有企业改革和国有资产出让的必要性。当然需要注意解决好企业员工的就业和社会保障等问题，如果这个问题能像西方发达国家那样解决得比较完满的话，国有企业“一卖了之”的做法就不会有后顾之忧了。

自然垄断行业里的国有企业也可以采取产权出让的改革方式。产权出让和“一卖了之”的不同之处在于：产权出让的国有企业仍旧继续经营，只不过换了所有者；而“一卖了之”后的国有资产却往往移作他用。我国目前已有一批国有自然垄断企业搞了产权出让改革。例如，近年来哈尔滨市一家民营企业就连续收购了多家国有自来水公司。但这里有一个前提条件，就是政府监管必须到位，否则，私营企业就会利用垄断势力抬高价格，降低质量，从而损害广大消费者的利益。例如，我国个别城镇曾把自来水公司出让给私营企业，企业主通过收买政府官员的手段，大幅度提高水价，引发民怨，导致改革失败，最终不得不收回自来水公司由政府经营。

（2）实行股份制。股份制改革的直接目的是要通过所有权多元化来收回国有资金、转换企业管理模式和经营机制。股份制的形式有多种，只要能够达到目标，都可以进行尝试，但目前最糟糕的是国有控股的形式。在一些地方，许多国有控股企业往往未能转变传统的管理模式和经营机制，一切照旧，仅仅换了名称而已。这样的股份制改革虽然也能收回部分资金，但改革的总体效果并不理想。所以，股份制改革要避免国有控股形式，因为这样不仅收回的国有资金数量少，而且最为重要的是企业管理和经营的模式和机制未变。

（3）公私合伙制。现在许多城市都制定和发布了关于引进民营资本改造城市公用事业企业的政策和文件，但如何具体操作呢？英国的公私合伙制（Public Private Partnership，PPP）就很有参考价值。众所周知，民营企业的经营优势是较高的效率，政府的优势是行政的权威性，要发挥各自的优势，避免各自的劣势，就需要进行功能的组合。民营企业进入城市基础产业后，民营企业做不了的和不能做的，如征地等，就由政府来做；剩下的就可以交给企业来做，政府只承担监管职能。例如，要建设一套污水处理系统，企业可以建污水处理厂，政府铺设污水管道。因为铺设管道需要征用大量土地，政府做就比企业有优势。这样，成本可能就比较低，成功的把握就比较大。反之，如果由企业或政府单独来做，彼此的成本都会很高，风险也会很大。

3. 当前引进外资和产权改革中存在的问题。近几年来，中央和地方政府都颁布了专门的政策，鼓励、引导和规范公用事业民营化的发展进程。2000 年建设部颁布了《城市市政公用事业利用外资暂行规定》。规定对外资开放的公用事业扩大到城市供水、供热、供气、公共交通、排水、污水处理、道路和桥梁、市容环境卫生和园林绿化等所有公用事业领域。2001 年国家计划委员会颁布了《关于促进和引进民间投资的若干意见》。其第 2 条规定：“逐步放宽投资领域。除国家有特殊规定的以外，凡是鼓励和允许外商投资进入的领域，均鼓励和允许民间投资进入；在实行优惠政策的投资领域，其优惠政策对民间投资同样适用；鼓励和引导民间投资以独资、合作、联营、参股、特许经营等方式，参与经营性基础设施和公益事业项目建设。近期要积极创造条件，尽快建立公共产品的合理价格、税收机制，在政府宏观调控下，鼓励和引导民间投资参与供水、污水和垃圾处理、道路、桥梁等城市基础设施建设。”这里明确了公用事业对民间资本的开放。2002 年国家计划委员会、建设部、国家环保总局联合颁布了《关于推进城市污水、垃圾处理产业化发展意见》。该文件要求“市场引导，政策扶持。加快城市污水、垃圾处理产业化进程”。并规定：政府或其指定代理人与投资者之间的协议应体现“利益共享，风险共担”的原则，不得为投资者提供无风险的投资回报保证或者担保。各地方政府也相继颁布了推动公用事业民营化的政策，如北京、深圳、山东、宁夏、云南、江苏、四川、辽宁等省市，旨在鼓励和推动本地公用事业民营化进程。

但是，从几年来外资进入中国水务行业的实践来看，早期的引进外资工作基本上是失败的。最早进入我国水务市场的英国泰晤士水务、法国苏伊士昂帝欧水务、法国威立雅水务这世界上 3 大水务公司，已有 2 家退出中国市场。香港国泰国际 2003 年也正式退出经营 8 年的中国内地水务市场。英国安格利安水务公司曾在 2 年前与北京第 10 水厂进行合作，但现已处于中止状态。现在，除了法国威立雅和德国柏林水务比较活跃外，最初进入中国水务市场的外国企业都已经撤出中国内地（《经济参考报》2004 年 4 月 15 日）。

据业内人士分析，中国在水务市场开放的初期，外方出现了基于投机性的盲目投资问题，为了急于获取利润，抓住产权转让的时机，以不公平的合约条件进入。由于中方政府是国有企业的资产所有者和市场监管者，政府官员既是运动员，又是裁判员，却不必为自己的行为和决策承担任何责任，因此，他们只考虑引进外资的政绩效应，而很少考虑决策可能带来的风险，加上现有体制有效监督机制的缺欠和不透明，在行政命令的主导下，合资的结果往往使中方蒙受巨大损失，导致合约无法执行和毁约现象的发生，最终双方“双输”。此外，政策法规环境也存在着诸多缺陷，缺乏一个好的制度约束。再者，企业管理也不到位，仅引进投资，却没有引进管理，依旧采取传统计划经济老套子的管理模式，难以调动职工的积极性。

在其他自然垄断行业产权改革的过程中，也同样存在许多问题。第一，整个社会体制改革的滞后，特别是社会保障体系落后，凸显出了下岗失业人员的生存问题，从而形成了国有企业产权改革的障碍。第二，政治体制改革的滞后加大了国有企业产权改革的社会成本。由于政治体制改革没有跟进，权力系统缺乏有效的监督和约束，导致国有资产流失严重，影响了政府的信誉。第三，私营企业在取得国有产权后，在政企合谋和监管不力的情况下，会利用垄断势力提高价格，降低质量，导致民怨。最终造成国有企业产权改革失败，政府不得不回收产权。第四，我国自然垄断行业的规则不健全，法律法规严重匮乏，无法与国际通行的惯例和规则接轨，监管者与被监管者之间缺乏认同和理解的基础，在一些问题上，双方往往差异较大，难以形成共识，从而导致多数外资最终选择撤离。第五，政府考核指标体系存在着严重缺陷。许多地方政府的工作考核指标体系，都有关于引进外资和国有企业改革的具体指标要求，如引进外资数量、国企改制数量等等一系列指标。政府官员基于政绩的追求，往往只重视数量指标，忽视项目的风险和可行性研究。

不客气地说，许多合资项目的失败都可归因于此。有鉴于此，笔者建议：第一，坚决遵循“三个有利于”的方针，坚定改革的方向不动摇，迅速推进包括政治体制改革在内的社会全方位改革，坚决摒弃一切传统的教条和不合理的规定，实现全社会的和谐与进步。第二，多讲国际惯例，少讲本国特色。我国既然确立了市场经济的发展方向，就应接受国际社会的规则和惯例，按照国际社会的规则来改变自己长期形成的落后的传统行为方式。在自然垄断行业改革的过程中，我们更要认真研究发达国家市场经济通行的规则和惯例，为我所用，彻底摒弃传统计划经济的规则和做法。

（二）国有企业问题的实质与根源

对于尚未进行产权改革的国有企业，要进行公司化改革，逐步按照公司化的要求完善企业内部运营机制。目前从已经过公司化改革的国有企业状况来看，这种改革的效果最差，只不过是暂时尚未进行产权改革的国有企业所采取的一种“换汤不换药”的缓兵之计，旨在减小传统国有体制弊端可能产生的危害。所以，一旦时机成熟，产权改革则是国有企业的最佳选择，也只有在产权改革的基础上才能谈得上其他改革方式。为什么中国国企内部任何改革都不能解决根本问题，因而也不能代替产权改革呢？尽管国有企业的低效率和寻租现象已经成为人们的共识，但是，全世界没有一个国家会像中国国有企业经营得那么糟糕。德国“大众”就是国有控股，但其生存能力还是很强的，经营管理得很好，能够同其他企业展开竞争，并立于不败之地。这就说明国有企业在一定的条件下还是可以生存的，而不仅仅必须存在于垄断行业。显然，中国国有企业肯定存在着不同于国外同类国有企业的失败原因。据笔者观察，除了经营管理上存在的一般问题外，引发中国国有企业问题的深层次原因大致可划分为如下几类：

1. 传统的国有企业制度构成了国有企业的“制度陷阱”。我国国有企业产生并成长于传统计划经济的条件下，党和政府按照自己的政治理念、意识形态和权力模式建构国有企业，因此中国国有企业一开始就是传统政治理念、意识形态和中国官僚制度的“杂交”产物和复制品，生来注定和市场经济不相容。虽然国有企业已经过几轮的改革，但是问题仍然不少，实质问题没有得到解决。传统国有企业的制度框架所设定的陷阱，使其无法走出，需要借助于外部力量的改革才能最终解脱出来。但是，目前中国还不具备国有企业进行基本制度创新的条件，国有企业仍然难以摆脱传统体制框架的制约和束缚。

2. 传统政治体制是国有企业无法摆脱的“政治陷阱”。我国经济学家吴敬琏教授为东北振兴再度出谋划策时指出：必须消除苏联的影响。“东北地区在振兴过程中，一定要努力消除苏联式的经济增长模式和工业化道路的影响。”谈到经济发展模式的选择时，吴敬琏指出，苏联的发展模式和经济理论，是在特殊的历史背景下被“发明”的；20世纪60年代中期，苏联开始的所谓经济增长方式的转变，也被事实证明并没有获得良好的结果。而东北地区是最先建立起苏联发展模式的地区，曾全面推行苏联式的工业化路线。时至今日，虽经多年改革，影响仍未彻底消除。“要想振兴东北，就必须消除这种历史形成的影响。这种消除不是从意识形态意义上来消除，而是从理论上、道理上和历史经验总结的角度来消除。”（吴敬琏，2006）

那么，具体来说，苏联模式是如何影响国有企业的呢？从理论上说，国有企业是政府投资兴办的，政府作为所有者，理应对国有资产负有权利、责任和义务，政府可以行使所有者的权利，如对国有资产的占有权、使用权、处置权等。特别是在现有的国有企业制度下，国有资产大量流失，而缺乏有效监督则是致命的弊端。所以，政府加强对国有企业的监督是理所应当的。但是，随着政府不断地重复性地进行监督、检查等项工作的开展，国有企业也被束缚住了手脚，难以在市场竞争中和民营企业展开有效竞争。在现实生活中所出现的这种矛盾和悖论一直在困扰着政府和国有企业，并不断从一个极端走向另一个极端。一乱则管，一管则死，一死则放，一放则乱，周而复始，形成一个怪圈，成为中国社会现有体制下一个永远也解不开的“结”。能够解开这一死结的路径只有进行政治体制改革，建立起适宜企业创新和发展的政府，否则，中国国有企业的根本问题就永远也解决不了。

3. 理想、信仰和道德、信誉的缺失构成了中国国有企业问题的“文化陷阱”。中国国有企业的问题林林总总，造成这些问题的原因固然很多，但更深层次的根源恐怕非“文化环境”莫属了。几十年来，在中国大陆传统政治与意识形态的冲击下，儒家学说遭到彻底抛弃，中国传统文化的精华丧失殆尽，却没有出现能为百姓所接受的替代文化理念，因而出现了可怕的文化断层。特别是在中国大陆经历了几十年的“政治运动”的伤害后，许多人已经完全丧失了理想和信仰，沦落为无道德、无信誉、只识金钱和利益的畸形人格，最终形成了漠视一切、玩世不恭、麻木不仁的小市民文化。再加上长期的暴力宣传与战争教育，在大众层面上还形成了一种更为畸形的“痞子文化”，“愤青”即是典型，以骂人为职业，以狭隘的极端民族主义为基准，骂遍全世界。在这些扭曲和畸形文化的熏陶下，人们丧失了敬仰和畏惧，敢于做一切冒天下之大不韪的事，国有资产成为“谁见谁捞，不捞白不捞，捞了也白捞”的唐僧肉。总之，国有企业的一切问题都能够从文化上找到根源。因此，继承中国传统文化的精华，大力汲取现代西方文化的优秀成果，重构中华民族文化理念，是当代中国社会发展的重中之重，是解决中国当代一切问题的根本途径。

有鉴于此，离开上述根本问题，满足于对国有企业表面现象或浅层次问题的讨论是无济于事的，甚至可以说都是伪问题，根本不值得讨论。中国国有企业要走出困境，就必须在企业制度、政治体制、文化环境等方面进行重构，构建一个和谐的企业环境。在中国目前现有的体制框架下，最优的选择是：除了少数几个事关国家宏观经济调控和经济命脉的大型国有企业由国家直接掌控外，如银行、能源生产企业等，其余的国有企业都应当进行改制，采取股份制、民营或合营等存在方式。但是，需要特别指出的是，绝不能允许以“事关国计民生甚至国家安全”为由而继续维持垄断。在市场经济条件下，国家只能提供公共产品，承担那些企业不愿意做和无法做到的事情，如提供消费者不必直接付费的公共品、宏观经济调控等等，其余的事情最好交给企业和私人来办，包括军工产品也都应当采取政府采购的形式。实践证明，中国的国有军工企业是所有企业中效率最低的，如果把所有的国防采购订单交给市场来选择，就会节省大量的军费开支，政府也不必花钱来养活如此庞大的国有军工企业集团。只有这样，才符合市场经济的效率原则。

参考文献：

1. 中国基础设施产业政府监管体制改革课题组：《中国基础设施产业政府监管体制改革研究报告》，中国财政经济出版社 2002 年版。

2. 李怀：《自然垄断理论研究》，东北财经大学出版社 2003 年版。

3. 李怀：《基于规模经济和网络经济效益的自然垄断理论创新》，载于《管理世界》2004 年第 4 期。

4. 丁宁宁：《电力改革的出路》，载于《中国产业经济动态》2004 年第 15 期。

5. 吕贤如：《三网合一何以在我国梦想成真》，载于《光明日报》2005 年 3 月 31 日。

6. 吴敬琏：《振兴东北须消除苏联模式》，载于《报刊文摘》2006 年 8 月 18 日。

7. 罗仲伟：《网络特性与网络产业公共政策》，载于《中国工业经济》2000 年第 10 期。

8. 王俊豪：《政府管制经济学导论》，商务印书馆 2001 年版。

9. 乌家培：《信息社会与网络经济》，长春出版社 2002 年版。

10. 张昕竹、让·拉丰、安·易斯塔什：《网络产业：规制与竞争理论》，社会科学文献出版社 2000 年版。

11. 肖兴志：《自然垄断产业规制改革模式研究》，东北财经大学出版社 2003 年版。

12. 刘戒骄：《竞争机制与网络产业的规制改革》，载于《中国工业经济》2001 年第 9 期。

13. 郑新业：《从“互联网经济”的特征谈起》，载于《经济管理》2000 年第 5 期。

14. 张磊：《产业融合与互联网管制》，上海财经大学出版社 2001 年版。

（本文载于《财经问题研究》2008 年第 10 期）

深化垄断行业改革的模式与路径：整体渐进改革观*

戚聿东　柳学信

摘　要：从世界各国垄断行业改革30年历史经验看，改革取得了很大成绩，但也暴露出不少问题。垄断行业的竞争、产权、治理、运营、价格、规制等具体模式的选择以及改革路径和风险控制都极大地影响着垄断行业改革的进展和绩效。必须以系统化的思路进行垄断行业的改革。系统论的观点要求我们在进行垄断行业改革模式设计时，必须把产权模式、治理模式、竞争模式、运营模式、价格模式、规制模式等六大方面整体设计，渐进实施，并在推进过程中注重风险防范与控制。

关键词：自然垄断　改革模式　路径　风险控制

中图分类号：F062.9　**文献标识码**：A　**文章编号**：1006－480X（2008）06－0044－12

一、中国垄断行业改革的总体思路

垄断行业改革是一个系统工程，涉及政府、行业、企业、公众等多个层面和主体，涉及产权、治理、竞争、运营、价格、规制等多种内容，涉及众多外部约束条件和配套措施。而且，这些主体、内容、条件与措施之间又是彼此相互联系，互补性和制约性非常强。在这种存在互补性和制约性的情况下，“仅仅关注个别的改革使人们看到错误的转型全景”（罗兰，2002）。世界银行在调查关于国有企业改革成功的原因中，涉及产权处置、竞争、硬预算、金融部门改革以及改变国有企业和政府之间的体制关系等5个原因。而且发现：更多的改革成功国家采用了5种方法的大多数，“它们不是分别选择使用这些方法，而是把这些方法用作为一种总体战略中相辅相成的成分。我们样本中的另一些国家在使用单项改革方法进行改革时得益较少，并且很少采用综合战略”（世界银行，1997）。有鉴于此，中国垄断行业改革的目标模式，既不能简单冠以“民营化”，也不能完全理解为“放松规制”。在面临国情、基本政治经济制度、产业技术经济特征、社会历史文化等众多约束条件下，我们认为以“市场化”来概括中国垄断行业改革的目标模式是比较恰当的。

时下，关于市场化垄断行业的改革思路，为数不少的经济学家仍主张“竞争优先论”，如林毅夫、杨小凯、田国强、徐滇庆、江小涓、刘芍佳等；也有不少经济学家主张“产权优先论”，如吴敬琏、厉以宁、刘伟、张维迎、魏杰等；同时，绝大多数产业经济学家似乎更倾向于政府“规制优先论”，这一点从国内外有关垄断行业改革的理论文献几乎是“规制一边倒”的现象中就可看出；而中央政策则似乎更强调“治理优先论”，虽然没有直接专门阐述垄断行业的改革模式和路径，但1999年党的十五届四中全会通过的《关于国有企业改革和发展若干重大问题的决定》中早已把治

＊［基金项目］国家社会科学基金重大项目“贯彻落实科学发展观与深化垄断行业改革研究”（批准07&ZD016）；北京市哲学社会科学“十一五”规划项目和北京市教委人文社会科学研究项目“北京市垄断行业改革的模式与路径研究”（批准号BaJG143）。课题组成员张昕竹、王文举、于良春、李怀、李虹、张航燕、范合君、赵艳等参与了本文讨论。文魁、陈甬军、齐兰、朱成章、韦大乐、杨一平、肖文德等专家提出了修改意见。

理结构作为建立现代企业制度的核心和关键，“对国有大中型企业实行规范的公司制改革。公司制是现代企业制度的一种有效组织形式。公司法人治理结构是公司制的核心”。其实，从系统论的观点出发，任何单一要素的改进都无助于系统整体功能的强化，只有系统设计，协同动作，才是系统转换的根本路径。从这个意义上讲，既不是“战略决定成败”，更不是“细节决定成败”，而是“系统决定成败”。系统论的观点要求我们在进行垄断行业改革模式设计时，必须把产权模式、治理模式、运营模式、竞争模式、价格模式、规制模式等六大方面系统设计，形成“六位一体”的整体改革思路，具体思路和框架如图 1 所示。

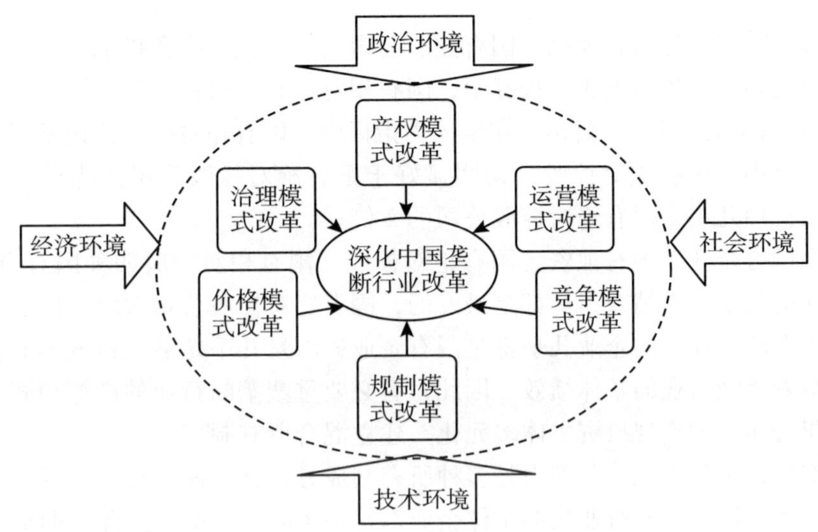

图 1　我国垄断行业系统改革的框架

二、中国垄断行业改革的具体模式

（一）产权模式改革

就国有经济内部比较而言，在国有企业、国有独资公司、国有控股公司三种形式中，虽然三类企业在周转率指标和偿债类指标上比较接近，但在效率类指标和利润类指标中国有控股公司明显好于国有企业和国有独资公司（见表 1）。

表 1　　国有企业、国有独资公司及国有控股公司财务绩效比较

财务指标	国有企业		国有独资公司		国有控股公司	
	2005 年	2006 年	2005 年	2006 年	2005 年	2006 年
全员劳动生产率（万元/人）	11.99	14.65	11.54	14.16	14.50	18.06
人均销售收入（万元/人）	35.80	44.45	34.33	41.67	45.64	56.21
工业增加值率	34.44	33.72	35.45	36.05	32.45	32.95
流动资产周转率	2.01	2.22	1.73	1.81	2.10	2.28
存货周转率	5.91	6.35	5.34	5.77	5.85	6.41
总资产周转率	0.62	0.64	0.62	0.62	0.73	0.75
资产负债率	55.26	54.55	59.38	57.70	56.66	56.24
已获利息倍数	5.30	5.37	4.80	6.00	6.32	6.95
流动比率	0.90	0.89	0.93	0.91	0.95	0.94

续表

财务指标	国有企业		国有独资公司		国有控股公司	
	2005 年	2006 年	2005 年	2006 年	2005 年	2006 年
流动比率	0.65	0.64	0.70	0.69	0.68	0.68
净资产收益率	9.00	6.73	10.27	8.81	12.88	11.91
总资产贡献率	10.86	11.32	9.66	10.54	11.87	12.92
成本费用利润率	7.23	7.09	7.20	8.89	8.44	9.35

资料来源：根据《中国工业经济统计年鉴》（2006，2007）有关数据计算得出。

进一步看，以北京市统计资料为例，国有控股公司内部，在效率类指标中，国有相对控股公司好于国有绝对控股公司；在周转类 3 个指标中，国有相对控股公司有 2 个指标（流动资产周转率和总资产周转率）好于国有绝对控股公司；在偿债类指标中，国有相对控股公司都好于国有绝对控股公司；在利润类指标中，国有相对控股公司明显好于国有绝对控股公司，特别是净资产收益率指标，国有相对控股公司几乎是国有绝对控股公司的 2 倍。

总体而言，在国有企业、国有独资、国有绝对控股、国有相对控股四种国有企业产权形式中，国有相对控股公司的几乎所有绩效指标都是最好的，国有绝对控股公司次之，国有独资公司和国有企业最差。而我国垄断行业中的企业几乎都是国有企业，而且几乎是清一色的国有独资公司。这种产权模式严重影响着垄断行业的整体绩效。因此，有必要重塑垄断行业的产权模式，按照国际经验和绩效导向，在母公司层面实现投资主体多元化，建立混合所有制。

建立混合所有制，不仅在社会范围内是多种所有制成分共存，而且在某一具体企业内部仍要实现混合所有制。鉴于全国性垄断行业内的主体企业都是国务院国有资产监督管理委员会直属的“中央企业”，在财产组织和产权结构上都是国有独资公司性质，所以，垄断行业的产权结构改革有必要从“中央企业”改起，而且从母公司改制入手，将现有的母公司（总公司）的国有独资公司先改制为国家绝对控股公司（国家持股 50% 以上），再逐步改制为国家相对控股公司。

20 世纪 80 年代末期以来，发达国家的公司产权结构发生了很大变化。美国的产权制度正在从由经理人事实掌握全权、不受监督制约的“管理人资本主义”向由投资人控制监督经理层的“投资人资本主义”转化。这一转化的一个明显特征就是资本市场结构的改变，各种机构投资者所占的比重越来越大。机构投资者在美国企业资产中所占的比重已经从 1950 年的 6.1% 上升到 1997 年的 48%。所以，垄断行业不仅要强调公司整体改制，吸收国内外战略投资者和国内民营企业投资入股，而且还要强调整体上市。积极支持资产或主营业务资产优良的企业实现整体上市。在我国，要在垄断行业发展多元股东持股的国有企业集团，必须大力培育各种机构投资者，包括证券投资基金、社保基金等各种基金、保险公司、证券公司、金融资产管理公司以及引进境外机构投资者等。由于资金投入量大，机构投资者有动力也有能力介入企业集团的法人治理结构建设当中。

深化垄断行业产权结构改革，必须建立有效的民营资本进入和国有资本退出的通道和机制。目前，我国垄断行业中国有资本比重过大，存在“一股独大”现象。国有资本“一股独大”现象的普遍存在，使得企业即使改组为股份有限公司甚至成为上市公司，企业集团母公司与作为子公司的股份有限公司的领导班子“两块牌子，一套人马”的现象比比皆是，法人治理结构的架构和运作仍然难以脱胎换骨，为此，必须建立有效的民营资本进入和国有资本退出的通道和机制，坚定不移地实行国有资本减持的方针。当前，在竞争性产业领域，要加大国有资本减持的力度。在垄断行业领域和公益事业领域，本着渐进的原则，不断减持国有资本的比重，以相对控股为目标。目前，我国非国有经济有了较快发展，为向有实力的民营企业有偿转让国有产权创造了一定条件。同时，应该鼓励经营者持股和管理层收购（MBO），完善职工持股会的运作机制。另外，要鼓励外商资本作为战略投资者买卖国有股份和收购国有资产。在这方面，中国证监会、财政部和原国家经贸委共同发布的《上市公司国有股向外商转让暂行办法》将对拥有上市公司的企业集团的产权结构调整和法人治理结构的规范化运作起到一定的促进作用。

（二）治理模式改革

目前的公司治理结构盛行股权逻辑，即股东利益至高无上。按照发达国家 1989 年以来的利益相关者实践，除了传统的股东外，党委、债权人、高管、职工、供应商、客户、社区以及其他外部主体都有必要介入公司的内部治理。对垄断行业国有企业而言，如此多的利益相关者都要介入公司的内部治理，虽然有助于决策的民主化和科学化，但毫无疑问要大大增加公司运行的成本。根据成本与收益比较原则，以及国有企业的特点，我们提出最有意义也最具有可行性的是增加债权人和职工两类主体介入公司内部治理。根据资本理论，企业由三类资本构成，包括自有资本、借入资本和人力资本。自有资本出资者控制和主导公司内部治理的一切理由和依据，对借入资本和人力资本同样成立。在这种情况下，借入资本出资者和人力资本出资者介入公司内部治理也就顺理成章。现有的制度安排是监事会由股东代表、职工代表、独立监事三部分组成，现需要增加债权人代表席位，建议重新调整监事会结构，股东代表、职工代表、债权人、独立监事四类利益相关者各占 1/4 的席位。如果企业资产负债率超过 50%，可由最大债权人担任监事会主席。比起外部董事、外部监事、内部职工、一般股东等利益相关者，债权人有更大的动机和能力介入公司内部治理。债权人的介入将有助于公司治理的规范化和民主化运行。

理顺企业干部人事管理是建立规范的公司治理结构的关键，而理顺企业干部人事管理的关键在于企业高层领导的产生机制。党的十五届四中全会通过的《中共中央关于国有企业改革和发展若干重大问题的决定》指出，要“积极探索适应现代企业制度要求的选人用人新机制，把组织考核推荐和引入市场机制、公开向社会招聘结合起来，把党管干部原则和董事会依法选择经营管理者以及经营管理者依法行使用人权结合起来。”这里，关于董事会依法选择经营管理者以及经营管理者依法行使用人权的问题，已经有了《公司法》的法定程序，问题的关键在于党委在企业中的作用及其实现的体制和机制。对此，2004 年中央组织部、国务院国资委党委联合发布的《关于加强和改进中央企业党建工作的意见》做了全面的阐述。该意见强调：坚持党的领导、发挥国有企业党组织的政治核心作用是一个重大原则，任何时候都不能动摇。要建立健全企业党组织发挥政治核心作用、参与企业重大问题决策的体制和机制，保证、监督党和国家方针政策在中央企业的贯彻执行。该意见明确了党组织参与国有企业重大问题决策的主要内容，并强调要坚持和完善“双向进入、交叉任职”的企业领导体制。国有独资和国有控股公司的党委成员可以通过法定程序分别进入董事会、监事会和经理班子，董事会、监事会、经理班子中的党员可以依照有关规定进入党委会。凡符合条件的，党委书记和董事长可由一人担任，董事长、总经理原则上分设。未设董事会的企业，可以实行党委书记兼任副总经理、总经理兼任党委副书记的交叉任职模式；根据实际情况，党委书记和总经理（厂长）也可由一人担任。已建立法人治理结构的国有独资和国有控股公司，党委会和法人治理结构要通过建立健全议事规则，完善党组织参与企业重大问题决策的程序和工作机制。未设董事会的企业可以采取联席会议方式，由党委成员和经营管理班子成员共同研究决定重大问题。企业党组织要积极推动企业重大问题决策的贯彻落实。但目前在垄断行业中，仍然存在公司党委书记、董事长、监事长、总经理等高级管理者队伍建设中的多头任命问题，包括组织部系统、国资委系统等。如现有 150 家中央企业中，有 53 家企业的“一把手”干部（包括党委书记、董事长、总经理）由中共中央任命，由中央组织部进行考核。而几乎所有垄断行业中的骨干企业都包括在这 53 家中央企业之中。多头任命势必引发企业领导人中“谁任命就对谁负责”的心理和做法，进而使得党委、股东大会、董事会、经理班子、监事会之间的关系难以规范和协调。在此，我们建议，按照现代产权制度和现代企业制度的内在要求，今后由中央任命和组织部考核的仅限于党委书记，董事长、监事长和总经理需要按照《公司法》的治理程序产生。此外，还需要从公司章程、各项工作规程和工作细则中明确党委职能的具体实现机制，包括党委参与决策和意见表达的内容、环节、方式。

目前，我国垄断行业国有企业董事、监事、经理层等高管队伍来源比较单一，特别是企业“一把手”的产生只有行政任命一条路径，这样一种“相马”机制，由于“伯乐”的局限性往往难以产生真正的“千里马”。因此，中央企业需要变“相马”机制为“赛马”机制，敞开门路，广纳人才，在总结企业高管副职公开招聘经验的基础上，实行企业高管“一把手”公开招聘，除了以往的招聘来源外，还需要特别注意招聘对世界500强中的外国企业高管和中国500强中的民营企业高管开放，形成中央企业董监管队伍的职业化和多源化。

在垄断行业中，应该鼓励已经上市的国有控股公司对于企业集团内的原有各级公司进行整合，由原有的“总公司—分公司”体制一律改组为“母公司—子公司”体制。为此，需要对垄断行业国有企业进行内部重组。目前，国有垄断企业组织幅度过宽，跨距过长，需要精简企业组织机构，对层级过多的下属企业进行清理、整合。按照2006年12月5日《国务院办公厅转发国资委关于推进国有资本调整和国有企业重组指导意见的通知》的精神，通过关闭、破产、撤销、合并、取消企业法人资格等措施，今后垄断行业内原则上将管理层次控制在三级以内，即母公司—子公司—孙公司。要完善大企业的母子公司体制，强化母公司在战略管理、资本运作、结构调整、财务控制、风险防范等方面的功能。

（三）运营模式改革——范围经济与竞争效率的权衡

过去在电信、电力、铁路、供水等垄断行业都采取一体化经营的运营模式，因为这些行业都具有垂直一体化的产业结构，在产业链中一般都具有垄断性或关键设施部分和潜在可竞争性业务。如铁路的轨道和信号系统与车辆运营和维护业务、电力配送和发电业务等。由于在位者拥有的一体化优势，对于任何希望进入市场的潜在竞争对手来说，只有通过接入在位者的这些关键设施，才能将产品和服务送到最终消费者手中。这种关键设施的存在使得在网络产业打破垄断、引入竞争变得十分困难。对在位者来说，不仅有很强的激励来限制竞争，而且也有能力来限制竞争，甚至有很强的激励采取市场关闭策略，使潜在的进入者无法进入下游市场（Joskow，2006）。

为了实现竞争，国内外的改革实践一般采取两种方法：接入规制和结构分离。在接入规制政策下，不对在位垄断者的垄断性业务和竞争性业务进行分拆，但要求垄断者在提供垄断性设施时，不得歧视性对待潜在进入者和自己的竞争性部门。接入规制的好处是保持了垄断行业的范围经济，而且可以避免结构分离带来的成本。但缺点是对规制能力提出了很高的要求，规制机构可能缺乏足够的信息和政策工具来消除企业的限制竞争行为。在结构分离政策下，一般将垄断在位者的垄断性业务和竞争性业务拆分，或限制垄断者经营竞争性业务领域，即纵向拆分，如美国对AT&T的分拆和业务限制，英国对电力的改革等。结构分离政策的好处是消除了垄断企业进行歧视的激励，可以实现竞争，而且便于规制，但缺点是丧失了范围经济，而且结构分离可能成本高昂。因此，垄断行业运营模式的选择实际上是范围经济和市场竞争效率的权衡。

很多发达国家崇尚竞争至上，往往对电力和铁路等行业采取结构分离政策，但结果却不尽如人意（OECD，2006）。近年来，美国加州电力危机和英国铁路改革的糟糕结果引起学者们关于结构分离政策的争论。罗伯特·迈克尔斯（Robert Michaels，2005）指出，过去15年里决策者对电力改革过于推崇结构分离政策，忽略了可能的范围经济和规模经济。这种结构分离政策的逻辑是希望通过大规模的社会—经济试验来创造一个类似市场的环境，从而促进效率提高。改革的决策者往往过于担心电力行业的纵向一体化会成为在位者滥用垄断势力的工具，而对学术界关于范围经济和规模经济的建议置之不理。这种不顾范围经济而对市场的人为干预可能达不到我们的希望。近年来，很多学者的实证研究发现，电力行业的范围经济十分惊人（Pablo，2008）。例如，科卡（Kwoka，2002）根据部分发达国家数据估计，对于9600兆瓦时的配送系统和8200兆瓦时的发电系统来说，范围经济带来成本的节约为 27%，而对于 15400 兆瓦时的配送系统和 13600 兆瓦时的发电系统来说，范围经济带来成本的节约上升为 42%。

中国在推进部分垄断行业改革时借鉴了国外发达国家的结构分离政策，如对中国电力分拆改革。在推进我国电力、铁路、供水等垄断行业未来的改革时，结构分离政策也必将成为一个主要的选择。但是，我们改革的目的是什么？这种政策是否真正能够达到我们的目的？在过去的改革中，我们往往给改革赋予了太多的目标，在有限的政策工具下，过多的目标不可能实现，甚至可能成为改革的制约。发达国家改革与我们的一个主要不同是改革的外部环境比较宽松。而目前中国垄断行业改革的外部条件偏紧，我们还在遭受短缺的威胁。从目前我国对政府决策的考核体系看，经济增长往往是评价改革成败的决定性指标；同时，由于电力、铁路等垄断行业关系国计民生，其产出增长还关系到社会稳定大局。这从我国几乎每年都要重复的“春运”对铁路的考验以及用电高峰加剧电力紧张现象可见一斑。因此，中国垄断行业改革其实还面临的一个隐含约束条件就是产出增长刚性约束。产出刚性约束必然使得垄断行业改革的首要任务只能是促进生产和吸引投资，而对于效率目标和社会公平目标只能处于次要地位。在目前的政治经济环境下，这是一种无奈的选择。如果我们必须以解决短缺为主要目的，改革就不应该忽略范围经济的影响。对于关注竞争效率的结构分离政策，在目前很可能并不是一个好的选择。另外，在一个不宽松的环境下进行改革，由于可供周转的空间有限，必然限制对于改革方式、程序和时间等方面的选择。我们必须立足于现实“此岸”，考虑如何构建一个可行的路径通向“彼岸”。因此，必须权衡结构分离政策带来的结果（这种结果能否实现还依赖于很多外部条件）与范围经济、交易成本、结构分离成本、行业系统稳定性和“接口”在何处以及“接口”平稳连接等因素。

目前看来，我国对电力等垄断行业的纵向分拆都已经显示了局限性，因为拆分的结果，原来的综合垄断商变成了专业垄断商，垄断依旧。因此，从经济效益、技术进步、国际竞争力等因素出发，在市场经济条件下，政府最好不要轻易限定企业的业务范围，究竟选择何种地域和何种业务，应该是企业自主权的范围。而塑造 3～5 家彼此业务重合的综合运营商为主体的寡头竞争模式，可能是一种较为理想的模式。这不仅可避免分拆式改革带来的巨大震荡，而且可以增进范围经济、关联经济和网络经济等经济效应，提高我国产业的国际竞争力。

（四）竞争模式改革——规模经济与竞争效率的权衡

自然垄断产业通向竞争之路，通常存在三种路径：一是分拆（主要是划分市场范围的横向分拆），二是培育竞争者，三是发展替代品。大多数国家也是交叉使用这三种途径或方法的。例如，在电信业，美国一方面采取分拆法，同时开放市场，大力培育竞争者。英国则采取了扶持新进入者的改革路径。在发展替代品行业竞争方面，电信行业有固定电话和移动电话之间的竞争，运输行业有铁路、公路和民航之间的竞争，以及邮政速递市场上邮政、铁路、民航和公路之间的竞争都是这种方法等。

在电信、电力、铁路等垄断行业，一个显著的特征就是网络特性，这种网络性会带来“赢者通吃”的规模经济，理论上全国一张网是最优的。过去我国垄断行业的改革主要是通过打破行业垄断来引入竞争，构建公平、有效的市场竞争环境。由于网络外部性和规模效应，对潜在进入者来说，进入市场具有很大的障碍，市场门槛过高。更重要的是，在位的国有垄断企业会利用其行政和市场垄断地位采取策略性行为来阻碍竞争者的市场进入；即使竞争者进入后，由于受到主导垄断者的打压，其发展的空间也十分有限。因此，垄断行业通过开放市场引入外部竞争者的改革方式行不通，只能通过分拆垄断企业从内部培育市场竞争。但改革到现在，电信、电力、民航、邮政等部门初步实现了政企分开、政资分开，新组建的公司与相应的行业管理机构脱钩，政府管理职能基本移交至相关的政府部门。部分垄断性行业形成了有利于引入竞争的市场结构，其中有些行业竞争的格局已经形成。因此，如果继续采取横向分拆的改革政策，可能并不能达到我们的目标。通过分拆来塑造有效竞争模式的一个潜在逻辑是：市场上只是存在同样技术和同质竞争，因此，必须要限制在位者的市场范围，以便给进入者留出一定的生存空间。实际上，从电信行业改革可以发现，由于快速的技术进步，新进入者往往采取了有别于在位者的技术，采取的是一种异质竞争。因此，在我国下一步的垄断行业改革中，应该考虑采取培育新的竞争者和大力发展替代竞争的方法达到我们的改革目的。如果继续采取划定市场的横向分拆方法，伴随着分拆成本和交易成本的上升，必然会带来很大的规模经济损失。

垄断行业改革强调竞争导向，要以有效竞争准则来评价垄断行业的改革成效。有效竞争一般多是寡头竞争结构。塑造寡头竞争的市场结构，政府一般容易诉诸于分拆重组现有垄断企业的思路。但是，通过横向分拆导入竞争的关键在于分拆后的各个企业能够彼此自由进入，否则只能是一个全国垄断商变成了多家区域垄断商，类似“军阀割据”局面，垄断依旧。例如，2001年，中国政府对中国电信集团公司进行横向分拆，经过重组形成了新的中国电信集团公司（经营南方21省固定电信业务）和中国网络通信集团公司（经营北方10省固定电信业务）。然而，电信3G技术的发展以及国际竞争的压力使得中国电信领域再次面临重组的迫切要求。这也是2001年电信第二次分拆重组留下的未决问题。因此，有效竞争市场格局的形成必须与运营模式有机结合起来，为适应技术进步和市场变化留下余地和空间，考虑到可能带来的规模经济损失。因此，伴随着中国国有垄断企业的重组，垄断行业的调整和重组也即将开始。在电信、电力、民航、石油、广电、邮政、铁路等全国性垄断行业，以3~5家综合运营商进行寡头竞争的有效竞争格局将会形成。

（五）价格模式改革

垄断行业改革的目标是按照产业运行的内在规律找到有效的市场化导向的企业运营模式，提高资源配置效率，强化产业的国际竞争力，真正做到“强企、兴业、惠民”。而这一切最终都要体现在价格上。目前，我国垄断行业的价格属于严格的国家定价或者国家指导价范畴，企业基本上没有自主权。现在看来，我国垄断行业（收费）总体价格偏高，价格结构不合理，价格运行机制不规范，互联互通的接入价格不合理，普遍服务机制没有充分建立起来，价格的市场形成机制远远没有建立起来，价格难以对资源优化配置起到有效调节作用。以电力价格改革为例，国务院办公厅在2003年7月颁布了《电价改革方案》后，电价管理有所规范，实行了差别定价和分时电价制度（如实施尖峰电价、避峰用电补偿办法、发电侧与销售侧峰谷电价联动和丰枯季节性电价），建立了煤电价格联动机制的政策等，但这些进展仍属于“小打小闹”式进展，价格的市场形成机制并未形成。近些年来，电力价格水平不降反升，就是明证。按照世界银行驻华代表处高级能源专家赵建平的评价，电价是在中国所有的资源型产品价格改革中最不成功的改革。原因在于，从2002年电力改革至今，审批立项、制定电价政策和核定电价的权力一直在国家发改委，特别是电价，行政审批的力度不但没有放松，反而有所强化。中国目前的电价定价机制与国家的资源节约型社会很不符合，在运行过程中不利于降低整个运行系统的成本，也不利于鼓励降低运行成本和降低整个电的消耗（祝慧，2006）。

所以，今后垄断行业的价格改革，总体趋势是需要根据竞争程度不断放松价格规制程度，通过不断强化市场竞争的方式促进价格水平的不断下降和价格结构的优化。当然，在不断放松进入规制和价格规制的同时，需要强调各个运营商普遍服务的义务。为此，自然垄断领域的各个产业都需要设立普遍服务基金，按照可获得性、可承受性和非歧视性的普遍服务要求，建立合理的普遍服务补偿机制，保证垄断行业提供的基本服务均等化，促进“惠民”与和谐社会建设。

（六）规制模式改革

现实中，为数很多的垄断并非自然垄断，它们不是来自经济需要，而是来自人为的安排，通常是通过政治权力的行使而产生的。在这些情况下，垄断通常是由政府授予的，并非出自鼓励引进新产品的目的。相反，一个供应者被授予独家经营一种现有产品或服务的权利，而其他所有供应者则被排除在外。这样，竞争的自然状态经过法令而转化为一种法定的行政垄断。人们看到的垄断的福利损失（无谓损失）更多地与此相关。垄断行业的低效率也更多地与此相关。中国规制改革总的来讲是要顺应世界潮流而放松规制，制止目前强化规制的倾向。在此，我们建议：

1. 强化竞争，放松规制。规制是竞争的剩余，凡是能够展开竞争的领域都要放开竞争，能不规制就不规制。即便是所谓“市场失灵”的领域，也不一定意味着规制的必然和必要，因为同样存在“规制失灵”问题，即规制得不偿失，规制成本大于收益。“在某些情况下，规制失灵加剧了市场失灵，尤其是政府可能会以加剧市场缺陷而不是减轻这些缺陷的方式推动无效率的结果的产生”（Viscusi，2004）。美国著名经济学家霍普金斯（Hopkins）曾估计，2000 年，美国联邦规制的直接成本将达 7210 亿美元，相当于对美国每个家庭年征税 6800 美元。2000 年联邦总支出的规模大约为 1.9 万亿美元，上述规制成本相当于联邦总支出的 40%。从实证分析的结果看，美国通过进入和退出规制的解除以及定价的自由化，1 年的总福利增加 350 亿～460 亿美元（1990 年价格）。其中，消费者从价格的降低和服务质量的提高中获得了 320 亿～430 亿美元，而生产者从效率的提高和成本的降低中 1 年获得大约 30 亿美元。若排除现仍存在的市场扭曲，每年还可获得 200 多亿美元的收益。这其中还不包括解除规制对创新的积极影响：这种创新可以使各产业运营成本降低 1/4～1/2。

目前，我国中央政府 1 年需要完成行政规制 28000 件，而日本只有 2800 件，韩国 3000 件（杜钢建，2005）。由此可以想象我国政府规制成本之高昂。对垄断行业而言，国有制和加强规制是相互替代的两种手段，但在我国，垄断行业的运营既保留纯粹的国有制（国有独资公司），同时又加强政府规制，可谓双管齐下。面对国外放松规制的浪潮，我国也应顺应国际潮流，总体上采取放松规制取向的改革。面对“市场失效”和“规制失效”这种“甘瓜苦蒂，天下物无全美”的境地，我们只能采取“两害相权取其轻”的态度，宁可容忍“市场失效”，不一定非要进行规制不可。正如美国总统里根执政时期在 12291 号总统令中所提出的：“除非管制条例对社会的潜在收益超过了社会的潜在成本，否则管制行为就不应该发生”（Viscusi，2004）。

2. 在规制机构设置上，成立综合性的规制部门。目前，我国规制部门的设置是专业规制的思路，如众所周知的金融领域的银监会、证监会、保监会等。专业规制体制容易分工过细，性质趋同，职责交叉，造成政出多门、多头审批、多头监管的弊病，可谓“上面千条线，下面一根针”，规制成本高昂。根据“大部制”的改革趋势，我们应该强调综合规制部门的设置，如成立能源监管委员会、交通监管委员会、金融监管委员会、通信监管委员会等，而不是在每一种能源领域、交通领域、金融领域、通信领域分别成立相应的非常细致的专业规制委员会。根据这一思路，今后应该重点整合电监会、煤矿安全监察局（现挂靠在国家安全生产监督管理总局）、国家发展和改革委员会能源局（目前实施对石油、天然气、煤炭、电力等能源的管理）等部门的职能，成立能源监管委员会；应该整合铁道、民航、公路、航运、出租车等部门职能，成立交通运输监管委员会；整合分散在众多产业部门的电信、广电、邮政等部门的职能，成立通信监管委员会，等等。2008 年 3 月进行的国务院机构改革，朝综合监管方向迈出了一大步，但尚不彻底。无论是交易成本还是管理效率，综合规制部门都要优于专业规制部门。从机构运行看，综合性规制有助于保持机构必要的稳定和衔接，避免频繁的行政机构改革使规制机构出现无所适从的“真空”状态。在政府规制体系内部，需要尽快理顺职能关系，解决越位、错位、不到位等“归位”问题。例如，电监会 2002 年成立以来已经 5 年多了，然而至今电价、投资等审批权仍然掌握在国家发展和改革委员会手中。电监会仍把组建区域电力市场作为主要职能实在是有悖于电力规制的使命。另外，立法先行是国外政府规制设立的一般经验，但由于我国规制立法滞后，往往造成规制机构成立后处于“无法可依”或“不合法”的尴尬境地。如电监会 2002 年成立，而 1995 年制定的《电力法》一直没有修改，该法确定的执法主体是当时的电力工业部，而 1998 年的政府机构改革中已经撤销了电力工业部，直到

2005年国务院《电力监管条例》颁布，电监会作为电力规制机构或监管机构的尴尬地位才有所缓解。

3. 在规制内容上，应该加强社会性规制，逐步减少经济性规制。涉及环境、健康、安全、质量等方面的规制无论如何都是长期需要加强的政府职能。而我们所倡导的放松规制主要是就经济性规制而言的，特别是进入规制（如投资审批、行政许可）和价格规制，更应该在尽快放松规制之列。市场经济的本质在于自由进退和供求调节，进入规制结果是保护了在位者的既得利益，固化了垄断利益。价格规制的结果扭曲了价格信号功能，容易造成稀缺资源的误配现象。如石油价格规制，政府让本已处于垄断地位的石油商固定价格，然后出数百亿元巨额财政补贴给石油商，无论对于民车还是公车而言，岂不是造成“穷人补贴富人”的效应？放松进入管制，特别是行政性和歧视性的进入管制，鼓励民营资本和外商资本进入垄断行业领域。而且，应该实质上取消对民营资本的“非国民待遇”和外商资本的“超国民待遇”做法，凡是对外商能够开放的产业领域应该首先对民营资本开放。

4. 在经济性规制上，应该加强市场秩序规制，慎用非对称规制。非对称规制有悖于公平竞争准则，一定要慎重使用。1994年以来，我国在电信领域对中国联通给尽了各种扶持政策，结果仍无济于事。最后，政府不得不诉诸于对原中国电信进行分拆的措施。目前，在电信、电力、广电等领域，无序竞争和恶性竞争的事件时有发生，甚至曾经发生过部门之间流血冲突的严重事件。例如，1997~2000年间，湖南电信部门和广电部门为争夺“有线电视传输权”，先后发生了上百次流血冲突，湖南省长沙、株洲、浏阳、临湘、湘潭、湘乡、邵阳、洞口、衡阳、怀化等40多个县市，流血冲突造成的人员伤亡超过100人。而且，双方都能拿出现行的法律法规当依据。即使在电信内部，恶性竞争事件也不时发生，例如，中国铁通在福建、上海、内蒙古、甘肃、重庆、河北等地的分公司通信设备遭其他通讯公司人为破坏、员工被殴打的事件。对于诸如此类的恶性竞争和无序竞争事件，恰恰是政府规制部门应该介入和管理的事情。

（七）六大模式之间的关系

我国垄断行业改革必须从企业、行业、政府三个层面，从产权模式、治理模式、规制模式、价格模式、竞争模式、运营模式6个维度进行全面、系统的改革设计。其中，产权模式和治理模式改革是企业层面的改革，是塑造市场主体的改革，是整个系统的基础；运营模式和竞争模式改革是行业层面的改革，是塑造市场结构和改善企业管理和运营活动的改革；规制模式和价格模式改革则是政府宏观调控层面的改革。具体模式之间的关系如图2所示。

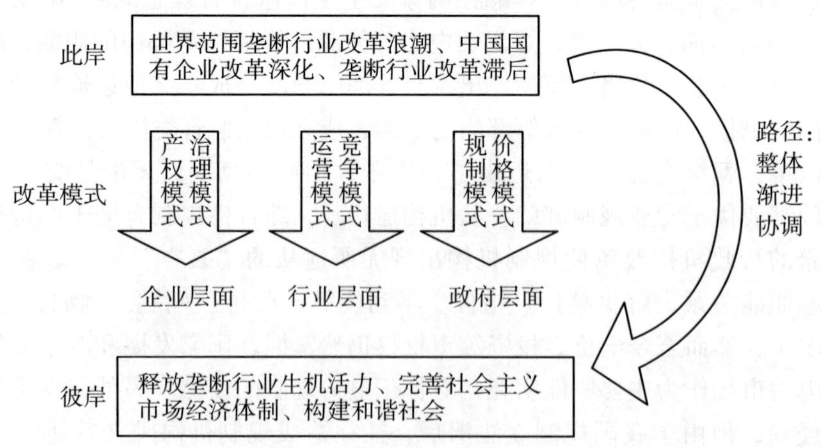

图2　我国垄断行业系统改革的模式与路径

三、中国垄断行业改革模式的路径选择

垄断行业改革模式的设计，仅仅为改革描述了“彼岸”的美好远景。可是，我们现在却在“此岸”。问题在于如何从“此岸”通往“彼岸”，是“摸着石头过河”还是“造船”抑或“修桥”等，这涉及改革的路径选择问题。

20 世纪 80 年代以来，从传统计划经济向现代市场经济的转轨过渡中形成了两种截然不同的思路和路径，即“激进式改革”和“渐进式改革”。“激进式改革”又称“休克疗法”，是俄罗斯和东欧各国进行经济和政治改革所采取的基本方式。“渐进式改革”则是中国在经济体制改革中逐渐形成的改革方式，具有鲜明的中国特色和深刻的历史文化背景。激进式改革和渐进式改革在众多方面都是不同的，对于他们的利弊优劣国内外经济学界和政治学界一直有着不同的看法。众多国外的专家学者以西方经济学理论为依据，认为激进式改革优越于渐进式改革，主张中国进行激进式改革向市场经济过渡。然而，渐进式改革在中国过去 30 年的改革实践中获得了成功，中国经济长期持续快速发展，被称为“中国的奇迹”；相反，激进式改革在俄罗斯和东欧各国却遭遇了惨败，引发了社会和经济的各种混乱。实践促使理论界进行反思。于是，对以中国为样板的渐进式改革的研究也就因此成了世界性课题，引发了广泛的理论探讨。然而，“激进式改革”还是“渐进式改革”的讨论，背景是发生在竞争性产业领域。能否适用于垄断性产业领域，目前理论上缺乏研究。我们认为，垄断行业的改革更是需要“整体渐进式”的改革思路，系统设计，同步配套，渐进实施。

从英美等发达国家垄断行业改革历程看，改革始终是围绕开放与竞争这条主线来展开的。为了竞争，首先需要政企分开，企业化经营。然后，为了竞争，政府在不同时期相继进行了运营改革、产权改革、价格改革、规制改革，而治理改革则是伴随着产权改革同时进行的。同时，在改革的力度、程度、进度等路径选择上，政府始终是分阶段按照步骤进行的，即走的是“渐进式改革”的路径。对中国而言，中国还是一个发展中国家，正处于全面的转型期，改革的范围、内容要比发达国家大得多，面临更多的约束条件，难度也自然大得多。在这种情况下，对垄断行业的改革，我们更是需要强调系统设计和整体推进，在产权、治理、竞争、运营、价格和规制等各个方面多管齐下，彼此相互衔接和策应，不能再孤军深入，一拆了之。在步骤、时序、速度、程度等改革路径安排上需要同步实施，循序渐进。在具体改革时序和改革策略安排上，应该是竞争和运营模式改革先行，产权和治理模式改革紧随其后，最后着手进行价格和规制模式改革（见图 3）。这些方面需要密切配合，步步紧跟，时间上不能相隔太长。否则，改革由于措施不配套容易半途而废。目前，电信、电力、石油、航空等行业引入竞争的改革已经有了一段时间，产权改革、治理改革、运营改革、价格改革和规制改革业已提到议事日程。从国务院国资委对中央企业的重组准备情况看，产权、治理、运营三大方面改革的条件和时机也已成熟，到 2010 年之前有望初步完成。待这些改革措施实施一段时间后，我们建议国家发改委立即着手启动价格和规制模式的改革。铁路、邮政、军工等中央企业目前应该按照上述先行改革的垄断行业模式和内容，尽快进入改革方案研究和方案制订阶段。

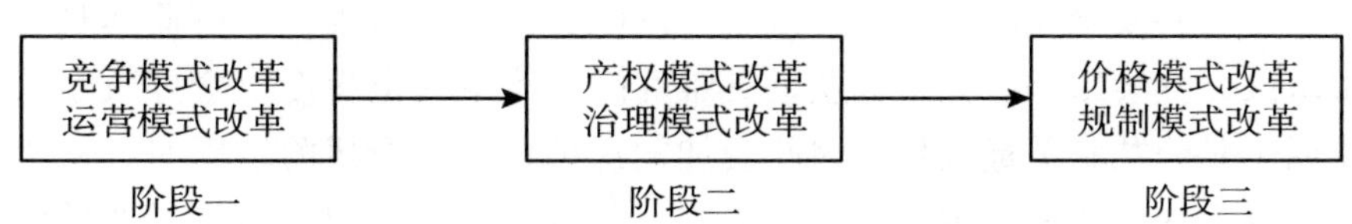

图 3　我国垄断行业系统改革的具体路径

垄断行业改革思路和模式上需要系统设计和总体推进，改革路径和策略上需要循序渐进。而且，对具体垄断行业而言，产权、治理、运营、竞争、价格、规制等每一方面也同样需要循序渐进。以产权改革为例，我国垄断行业基本上是国有企业一统天下，而且几乎是清一色的国有独资公司。在这种情况下，要从国有独资公司最终走向国有相对控股公司的产权结构改革目标，只能遵循渐进之路，即国有独资→国有绝对控股→国有相对控股。而完成这一过程大致需要2～3年的时间。在这一过程中，还需要规划产权改革的各种程序，进行精细化改革。

四、中国垄断行业改革的风险控制

整体渐进式的改革思路还要求我们必须考虑到改革中可能出现的各种风险因素，并采取切实措施进行有效的风险防控。对于改革而言，“在总和的和个别的层面上，结果的不确定性都是转型的关键特征”（罗兰，2002）。垄断行业作为中国渐进式改革的“深水区”，改革阻力越来越大。同时，从国内外改革的理论和实践看，我国的垄断行业在计划经济向市场经济过渡中进行改革，也缺乏成熟的理论指导和平行实践经验的借鉴。由于改革环境变化的不确定性和诸多利益集团的影响，加上垄断行业改革的系统性不足，使得我国垄断行业改革面临较多的风险。垄断行业改革的风险是指能够影响改革目标的不确定性，即由于改革结果偏离了目标，从而给消费者、企业、国家等利益相关人带来损失的可能性。由于大多数垄断行业处于经济和社会中非常重要的地位，一旦出现改革失误，不仅使得产业发展陷于困境，影响经济生产和广大人民群众的生活，而且还会给政府的威信和执政能力带来负面影响。

（一）中国垄断行业改革风险的特征

1. 消费者风险。一般来说，垄断行业往往是缺乏弹性的产品，其提供的产品或者服务都是消费者必不可少的。因此，垄断行业改革给消费者带来的风险主要体现在所提供产品或服务的价格和质量方面，以及对普遍服务的影响。同时，垄断行业改革后，在产品和服务的定价方面可能采取歧视性政策，也会造成消费者在公平方面的损害。

2. 产业发展风险。产业发展风险就是产业在有意识地追求一个发展前景之中时潜伏着或隐含着发生相应的不良结果的可能性。垄断行业改革的产业发展风险：一是垄断行业发展需要巨大的投资，且其投资具有沉淀性和专用性等特点，容易出现“套牢”问题；加上政府有限承诺能力和非对称信息存在，企业的投资风险和运营风险是相当大的。二是垄断行业在国有垄断经营时期存在不同服务的交叉补贴问题，如何理顺价格机制，也是吸引投资的关键之处；同时，相关的普遍服务责任安排也将影响产业发展。三是改革后的垄断行业可能仍是低效率的。

3. 国家（社会）风险。一是体制与政策风险。目前，我国垄断行业改革中很多深层次问题的解决更多依赖于相关经济体制改革和政治体制改革的成功。其中，现代企业制度和现代产权制度、国有企业股份制改革、公司治理结构、市场准入、投资主体和产权多元化、国有资产监管体制，以及政企分开、政资分开、政事分开等行政管理体制等方面的改革，已经成为深化我国垄断行业改革的前提和基础。二是公共安全风险。供水、供气、供电、公共交通等垄断行业本身具有较高的安全风险，一旦出现事故，社会影响巨大，甚至是灾难性的。改革一定程度上会导致经营者追求自身的经济利益最大化而不是公共利益最大化，因此会加剧这种公共安全风险。同时，从当前的国际国内环境看，我国也面临着如民族分裂主义的恐怖袭击、极端的反社会犯罪行为等非传统安全风险。三是国家经济安全风险。国家经济安全风险包括：由于垄断行业改革，国家政策得不到执行或不完全执行的政策执行风险；垄断行业改革导致国家的经济控制力下降的风险；由于国有资产价格低估、改革人为失误等原因而导致的国有资产流失风险；由于规模经济存在，还可能会出现垄断的风险；垄断行业改革过程中还会出现腐败风险；垄断行业往往是国家参与国际竞争的经济和技术载体，垄断行业改革可能造成国家竞争力下降的风险。四是社会安全风险。垄断行业改革往往伴随着失业问题，如何保护原国有企业职工的合法权益是一个十分重要的问题；垄断行业改革还会带来社会收入分配不公等问题；垄断行业改革也可能对政府合法性造成新的潜在风险，即影响公众对政府的认同、接受和支持。五是规制风险。体现在：垄断行业改革造成规制改革的压力；在改革背景下，可能造成规制的社会成本和规制失灵问题；垄断行业改革还会加大“规制俘虏”的可能性。

（二）如何控制垄断行业改革风险

由于风险的不确定性，实践中我们往往并不知道具体哪种风险会在垄断行业改革中出现。因此，关于垄断行业改革的风险控制并没有标准的“药方”。一般而言，在缺乏稳定的社会、政治和经济环境，缺乏健全的法律和制度，以及改革成为某种政治目的附属的情况下，垄断行业改革会面临很大的风险，消费者、产业或是国家（社会）都有可能遭受损失。特别是对于正在进行或是希望进行垄断行业改革的发展中国家来说，由于政治经济体制都还处在转型之中，垄断行业改革往往成为政府和集团获取收入以及满足政治利益的手段，因此，改革的风险大大增加。为了有效控制垄断行业改革的风险，一方面要在社会、政治和经济等宏观层面加强改革，努力为改革创造良好的外部条件，吸引投资，促进社会和经济发展，提升政府形象；另一方面，结合产业发展的技术和经济水平，以及传统的投资、规制和价格等方面的管理体制，分析改革面临的主要困难和约束条件，评估不同改革方案对消费者和企业等不同利益相关人的可能影响，并制定相应的应对计划。

具体来看，面对改革风险的广泛存在，为确保改革的顺利进行，垄断行业改革应由相对独立的综合机构统一进行（如国家发展和改革委员会），加强配套改革和制度环境塑造，构建改革中的利益均衡博弈机制，一方面要建立制度化、规范化、程序化、公开、透明、公正的利益表达机制和决策参与机制；另一方面要实现利益调控制度化、制度建设民主化、民主制度程序化、民主程序法治化。要在制度层次上形成科学有效的利益协调机制、诉求表达机制、矛盾调处机制、权益保障机制。在整个改革过程中坚持“讲政治”，可以说是中国垄断行业改革的优势和特色所在。

参考文献：

1. ［美］W. Kip Viscusi，陈甬军译：《反垄断与管制经济学》，机械工业出版社2004年版。
2. 世界银行：《官办企业问题研究——国有企业改革的经济学和政治学》，中国财政经济出版社1997年版。
3. ［比］热若尔·罗兰，张帆译：《转型与经济学》，北京大学出版社2002年版。
4. ［日］植草益，朱绍文译：《微观规制经济学》，中国发展出版社1992年版。
5. 李怀：《自然垄断理论研究》，东北财经大学出版社2003年版。
6. 戚聿东：《中国经济运行中的垄断与竞争》，人民出版社2004年版。
7. 王俊豪：《政府管制经济学导论》，商务印书馆2001年版。
8. 王梦奎：《改革攻坚30题：完善社会主义市场经济体制探索》，中国发展出版社2003年版。
9. 王学庆：《管制垄断》，中国水利水电出版社2004年版。
10. 张昕竹：《网络产业：规制与竞争理论》，社会科学文献出版社2000年版。
11. 杜钢建：《政府职能转变攻坚》，中国水利水电出版社2005年版。
12. 刘世锦：《垄断行业改革攻坚》，中国水利水电出版社2006年版。
13. 戚聿东：《我国自然垄断产业分拆式改革的误区分析及其出路》，载于《管理世界》2002年第2期。
14. 祝慧：《电价改革又陷困惑》，载于《中国经济时报》2006年7月14日。
15. Shley，Jon，and Bernard. Handbook for Evaluating Infrastructure Regulatory Systems［R］. World Bank，2006.
16. Paul L. Joskow. Markets for Power in the United States：An Interim Assessment［J］. The Energy Journal，2006，27（1）.

17. OECD. Regulatory Policies in OECD Countries：From Interventionism to Regulatory Governance [R]. 2002.

18. OECD. Report on Experiences with the Structural Separation [R]. 2006.

19. Pablo Arocena. Cost and Quality Gains from Diversification and Vertical Integration in the Electricity Industry：A DEA approach [J]. Energy Economics，2008，(30).

20. Sam Peltzman and Clifford Winston. Deregulation of Network Industries：What's Next [R]. Brookings Institution，Washington，D. C. 2001.

21. World Bank. Reforming Infrastructure：Privatization，Regulation，and Competition [R]. A World Bank Policy Research Report，2004.

（本文载于《中国工业经济》2008 年第 6 期）

零售商对制造商实施纵向约束的机制和绩效评价*

石　奇　岳中刚

摘　要： 本文研究零售商主导的纵向约束的性质。已有的文献运用为分析单边市场结构而构造的理论和模型，假定零售商处于买方垄断地位。以这种方式来研究具有双边市场特征的纵向约束关系是不恰当的，其结论也没有获得实证检验的支持。本文基于双边市场理论，分析在零售商主导的市场环境下顾客、零售商、制造商三者的利益关系，对零售商主导的纵向约束进行绩效评价，并寻求相应的规制含义。

关键词： 纵向约束　零售业规制　双边市场　差异化战略

中图分类号： F420　**文献标识码：** A　**文章编号：** 1006 -480X（2008）05 -0077 -10

一、问题描述与文献评论

关于近年来国内外频繁出现如家乐福、国美电器等大型连锁零售商凭借其销售渠道优势，向制造商收取名目繁多的通道费①（Slotting Allowances）的问题，有学者和实业界人士认为，通道费是限制竞争的市场行为，政府应该利用反托拉斯法对其进行规制；而另一部分人却认为通道费的产生与发展是对市场变化的自然反映，它的存在促进了竞争。据报道，在我国一家炒货企业与家乐福签订的促销服务协议中，这家企业为其产品进入家乐福，需要交纳包括特色促销活动、店内旺销位置优先进入权、进入商店的特权等六大门类的通道费用，达到该企业在家乐福卖场所实现销售额的36%②。另外，根据深圳供货商委员会的数据，2004 年深圳有 10 家 5000 ~10000 平方米的大中型超市倒闭，涉及 100 ~400 家供货商，半数以上超市是靠收取名目繁多的通路费和占用供货商的资金维系自己的无本经营，结果导致资金链断裂，损害了制造商的利益。

美国早在 20 世纪 30 年代就曾出现过连锁业强迫供应商接受各种苛刻条件和附加费用的情况，引起了强烈的反连锁店情绪，后来在中小制造商联合起诉的压力下，美国出台了连锁商店反价格歧视法。到了 20 世纪 80 年代，通道费随着大型零售企业的兴起而成为发达国家商品分销市场上的普遍现象。据德勤咨询公司的测算（Deloitte and Touche，1990），不含烟草业的美国日用品零售行业的通道费总计约为每年 90 亿美元，而另一项估计（Desiraju，2001）则是约 160 亿美元。通道费产生以来一直受到各国反垄断机构的关注，由于制造商并没有证据表明通道费降低了社会福利，因此通道费并未被法律文件所严格禁止。但美国、日本、法国等国家对通道费的类别、收取方式、排他性协议等进行了一定程度的经济规制，如日本的反垄断法明确规定，零售商只能收取三种通道费，

---

* ［基金项目］国家社会科学基金和江苏省高校哲学社会科学基金资助项目，项目编号分别为 07BJY077、苏教社政［2006］11 号。

① “通道费”是制造商为使自己的产品进入超市或商场的销售区域并陈列在货架上，而事先一次性支付或在以后的销售货款中扣除的费用。

② 刘英丽：《家乐福假茅台酒事件：供应链在中国遭到质疑》，载于《新闻周刊》2003 年 9 月 29 日。

其他的通道费用不得收取。我国2006年颁布实施了《零售商供应商公平交易管理办法》，由于缺乏相应的理论依据，也并未达到对通道费进行规范化管理的预期效果。尤其是，近来关于开放国内商品分销市场可能通过产业关联效应产生经济安全风险的讨论，使得针对“零供关系”的研究不仅必要，而且迫切。

马龙龙和裴艳丽（2003）把大型零售商主导的纵向约束行为概括为四个方面：特别价格折让、限制采购行为、收取通道费和延长账期。其中，“限制采购行为”和“延长账期”的不正当竞争性质是明确的，而且易于规制。因此，这两种行为在零售商主导的纵向约束中没有典型性。尽管“通道费”是制造商为进入现代化营销渠道而支付的市场费用，是一次性费用，而“特别价格折让”是零售商依靠规模采购而获得的一种歧视性定价，但在目前售后付款的商业操作中，二者已经无法明确区别，本文均视为“收取通道费”的行为。

从国内外相关文献来看，对于通道费的研究主要存在两种观点：一是以科雷（Kelly，1991）、楚（Chu，1992）、拉里维耶尔和帕德马纳班（Lariviere and Padmanabhan，1997）、沙利文（Sullivan，1997）为代表的“效率促进理论”，认为通道费是众多新产品竞争稀缺的超市货架空间的结果。通过收取通道费，零售商与制造商之间实现了新产品营销的成本分担和风险转移，不仅可以促使制造商提高新产品的研发水平，而且能够有效地促进零售价格的降低，从而可以提高整个产业链的运作效率。“效率促进理论”说明零售商对新产品收取通道费是合理的，但却无法合理解释市场上普遍存在的对成熟商品收取通道费的行为。二是以谢弗（Shaffer，1991）、麦卡沃伊（MacAvoy，1997）、马克思和谢弗（Marx and Shaffer，2004）为代表的“市场势力理论”，认为通道费是零售商实施其市场势力的结果，减弱了零售商之间或制造商之间的竞争。然而，“市场势力理论”的假定和结论都存在问题：一方面，其主张者普遍假定零售商处于买方垄断地位，这种先验的假定不仅使其论证失去了大部分的说服力，而且与人们对零售服务市场的经验判断也不一致。因为，与垄断的市场结构相比，零售服务市场似乎更接近于主导性厂商的市场结构。另一方面，“市场势力理论”的有关结论也没有获得实证检验的支持，如法里斯和艾拉瓦迪（Farris and Ailawadi，1992）通过对食品行业数据的分析发现，制造商的利润在20世纪80年代一直稳定增长，而同期的零售商利润却相当稳定，这些结果表明零售市场的集中并没有导致零售商相对于制造商的市场力量显著增大。梅辛格和纳拉辛汉（Messinger and Narasimhan，1995）分析了零售超市企业的会计及股票市场数据，发现产业利润并没有从制造商向零售商转移。

事实上，过于依赖分析同业市场结构的模型来研究纵向结构关系是不恰当的。本文基于新兴的双边市场理论，分析在零售商主导的市场环境下顾客、零售商、制造商三者的利益关系，对零售商主导的纵向约束进行绩效评价，并以此为基础引申出相应的政策含义。

二、零售商对制造商纵向约束的形成机制

现在人们越来越清楚，现代大型零售商具有双边市场的特性。阿姆斯特朗（Armstrong，2006）、罗歇和梯若尔（Rochet and Tirole，2004）等的双边市场理论认为，在经济交易活动中存在一类“平台（platform）”企业，这些平台企业向两类用户提供产品或服务，并通过一定的价格策略促使两类用户在平台上实现交易，具有这种特征的市场被称为双边市场（two-sided markets）。石奇和岳中刚（2008）已经严格证明了现代大型零售商的交易平台性质在于其为双边交易提供了匹配的便利，在上述证明的基础上，本文进一步探讨零售商对制造商纵向约束的形成机制，从而提出零售商对制造商的约束是零售商演化为交易平台的直接后果。

首先，在制造商一边，我们认为，制造商普遍采取的产品差异化战略是致使其在与零售商的博弈中处于劣势的根本原因。一直以来，零售商的职能被界定为“媒介商品交换”，这种界定概括了

零售商承担的产品分销职能，反映的是生产商主导零售商的理念。在产品差异度不高，零售商表现产品差异的重要性不足够大时，现代意义的大型零售企业缺乏生长的条件。然而，随着制造商出于增强自身市场势力的目的，越来越多地运用产品差异策略来压缩或减小消费者需求弹性，单个制造商追求的产品差异度越来越被过于广泛的产品差异所淹没，差异化产品越来越难以在铺天盖地的"差异渲染"中被识别出来，现代意义的大型零售企业应运而生：大型零售企业陈列众多的差异化产品，在差异化产品的相互比照中展示产品差异，充分发挥提高交易频率、增加交易对象、扩大交易范围的市场创造作用，提高了商品分销和纵向结构的效率。这样，大型零售商演变为双边市场中的交易平台，成为制造商展示商品的有效媒体，众多光顾商店的顾客成为商品展示的受众。从而，大型零售商的盈利模式也由通过销售商品盈利，转变成作为平台企业向两边用户——制造商和顾客提供服务而获取收益。

其次，作为双边市场交易平台的零售商具有一些与传统单边市场不同的特征：（1）具有"交叉网络外部性（cross-group network externalities）"特征。传统网络外部性是来自于同一用户的需求方规模经济，而双边市场的这种网络外部性主要取决于交易平台的另一类型用户数量，是一种具有"交叉"性质的网络外部性（Roson，2005）。罗歇和梯若尔（2004）进一步将这种网络外部性分为"成员外部性"① 和"交易外部性"②，交易平台相应地收取固定会员费和交易使用费。这意味着，制造商进驻零售卖场的需求主要取决于光顾零售卖场的消费者规模；同理，消费者光顾零售商的需求主要取决于进驻零售商铺的制造商数量。（2）作为双边市场交易平台的大型零售商，向供货商而不向消费者收取额外费项。这是因为，供货商既相互竞争，其产品的差别特性又无法通过中小零售商的服务行为得到显示，而不得不向大型零售商缴费以获取销售资源；同时，大型零售商是零售服务市场上的主导性厂商，面对众多从属性中小零售商争夺消费者的竞争，从而对消费者采取不收取额外费项的方式，以吸引其参与平台并进行交易。这样就形成了零售商交易平台对消费者一方采取低价甚至免费服务，相应地在供货商一方收费以弥补运营成本的盈利方式。也就是说，大型零售商如何把供货商需要的消费者吸引到交易平台上来成为其经营成败的主要影响因素。

最后，我们来探讨消费者一边与零售商互动的情况。通常，人们只注意到了产品与消费过程的关系。然而，在双边市场的分析框架里，我们可以更清楚地看到零售与消费过程的互动作用，而这种互动的本质就是零售商对消费者的引导。

第一，现代社会中广泛存在消费者自我虚拟身份的现象，而现代零售商提供了消费者所需的自我想象空间。许多情况下，零售环境经常与超现实概念联系起来，环境因素在零售过程中得到广泛应用。例如，在西方国家圣诞期间的百货商店就会发生很多变化，零售商们至少要为孩子们提供一些他们喜欢的"圣诞老人小屋"。越来越多的购物中心引入了"专有购物区"的概念，通过这种做法，他们可以根据商品的性质，有选择地为消费者安排理想化的现实与虚拟世界。尽管人们指责这种做法蒙蔽了消费者的双眼，但零售空间还是受到越来越多的重视。随着超现实理念的深入，商店展窗中出现了舞台造型，卖场里建造了一个个温馨时尚的家，为女孩们制造出晚会王后的美妙幻想。产品和幻境已经相互成为彼此的一部分，这些都使得我们必须将零售过程当做现代消费不可分割的一部分进行考虑。费瑟斯通（Featherstong，1991）对麦德龙中心（Metro Center）进行了评论："……远古的村落、虚幻的童话《威兹王的帝国》、古罗马风情的走廊这些象征手法，还有各种圣诞贺卡、带有肖像的巧克力盒子，无一不勾起了我们对以往的回忆。"

第二，现代大型零售场所满足了消费者对"社区"的渴望，而这是消费者在其他生活领域无法获得的。现代社会存在一种所谓"新部族"现象。科瓦（Cova，1996）认为，这种部落"代表了古代价值观的复苏，代表了当代人对身份、信仰、共同观念和群体的依恋感"。他进而指出，这种

---

① 成员外部性（membership externality）：当成员增加时，另一边市场成员会受益。

② 交易外部性（usage externality）：当互动或交易增加时，双边用户都会受益。

后现代时期的部落不具有内在稳定性，规模较小，没有固定的社会关系作为基础而是以情感为基础。他们因为同样的感情与精神信念，因为共同的生活方式和购物行为而聚集在一起。一个人在同一时间可能属于多个部落，而且人与部落之间的联系也是模糊而短暂的。因而，“新部族”这个词可以更好地描述这种现象。零售场所成为了许多新部族的聚集地。甚至中小零售商也会出现这种情况，比如经营“前卫”商品的店铺。如果你不是“部落”成员，在这里你不仅可能对所售商品一无所知，甚至他们的对话都像“外国话”。于是，这个零售场所就变成了部落中心，成为了他们进行表达、展示与聚会的地方。这个私人空间也就变成了一个进行公共展示的场所，创造出了一个“社区”。

在许多情况下，传统的公共场所逐渐失去了其原有的中心地位。零售场所过去部分承担着公共场所的任务，现在已逐步上升到主要的位置。鉴于零售场所已经成为社区发展的中心，零售商们就会考虑如何来促进这种转变以及由此可能带来的益处。哈斯洛普等（Haslop et al.，1998）描述了商业空间对于身份创造的重要性：这些“市场”就像村庄中心的广场一样，它是一个集会和文化交流的场所，也是一个创造身份和展示身份的地方。在这种情况下，消费者与市民之间的界限变得模糊起来。他们越来越成为这个商业空间的一部分。

第三，消费体验成为消费者进行文化表达的特殊途径。哈斯洛普等（Haslop et al.，1998）认为，象征性的文化资本只有一部分是通过所购买的产品表达出来的，还有一部分需要通过消费过程表达出来。而且，与产品本身相比，购物过程的重要性在不断加大。以这样的角度看，零售商的地位就更加重要了，站在舞台中央的正是他们，而不是他们所销售的产品。

所以，零售商可能在创造出超现实的同时，也创造了娱乐性因素。因此，零售商成为创造者，创造出一定的主题来反映特定的想象；也成为了管理者，管理私人空间并服务于公共目的，为社区的形成，进而为人们表达自我搭建了一个平台，而这个平台是人们展示象征性文化资本的舞台。在这种情境中，消费者不是被迫而是以创造性的方式进行消费，随时随地表现出自己是谁（或者说他们希望别人认为自己是谁），并不断地通过商品来进行表达：向外构筑社会象征，向内构筑自我象征。

由此可见，是现代消费者消费过程的“自我表达性”构成了现代零售商作为交易平台的社会需求基础。

三、零售商对制造商实施纵向约束的绩效评价

零售商作为制造商和消费者的交易平台，其利润主要来源于两个方面：向制造商提供紧缺的店铺位置，发挥高效率展示商品的媒介职能，收取包括进店费、上架费、端头费等通道费用；向消费者提供舒适方便的购物场所和相关的零售服务，通过进销差价获取相应的利润。在双边市场中，交易平台对参与交易的双边用户所制定的价格总水平固然重要，但更为重要的是其价格总水平在参与交易的双边用户间进行合理的分配，以使双边用户同时对交易平台的服务产生需求。由于双边市场的定价策略与单边市场迥然不同，本部分首先研究双边市场条件下区域性垄断零售商的定价策略。

（一）零售商实施纵向约束的比较静态分析

考虑某个城市存在一个由区域性垄断的零售商、n_S 个制造商以及 n_B 个消费者组成的市场。零售商为制造商提供销售渠道的成本为 c_S，向制造商收取的通道费为 f_S。假设消费者对产品的需求在 $[0,\ T]$ 上服从均匀分布，f_B 为产品的进销差价额，c_B 为消费者服务成本。在零售商向制造商收取一次性通道费、向消费者收取交易费的情况下，制造商和消费者的效用函数分别为：$u_S=\alpha_S n_B-f_S$；

$u_B=\alpha_B n_S-\frac{T}{2}f_B$。其中，$\alpha_S$、$\alpha_B$ 为网络外部性参数，$\alpha_S>0$ 衡量商品展示受众的增加给制造商带来的外部性，$\alpha_B>0$ 衡量可供选择产品种类的增加给消费者带来的外部性；$T/2$ 为预期的消费者需求数量。进一步将 n_S 和 n_B 表示为制造商效用、消费者效用的函数：$n_S=\phi_S(u_S)$，$n_B=\phi_B(u_B)$，$\phi_S(\cdot)$ 和 $\phi_B(\cdot)$ 为增函数。作为展示交易平台的零售商的利润函数为：

$$\pi=n_S(f_S-c_S)+\frac{T}{2}n_B(f_B-c_B) \tag{1}$$

$$\pi(u_S,u_B)=\phi_S(u_S)[\alpha_S\phi_B(u_B)-u_S-c_S]+\frac{T}{2}\phi_B(u_B)\left[\frac{2}{t}\alpha_B\phi_S(u_S)-u_B-c_B\right] \tag{2}$$

由利润函数的一阶条件 $\frac{\partial\pi}{\partial u_S}=0$ 和 $\frac{\partial\pi}{\partial u_B}=0$，可以求解零售商利润最大化的均衡价格满足：

$$f_S=c_S-\alpha_B\phi_B(u_B)+\frac{\phi_S(u_S)}{\phi_S'(u_S)}$$

$$f_B=c_B-\frac{2}{T}\alpha_S\phi_S(u_S)+\frac{2\phi_B(u_B)}{T\phi_B'(u_B)} \tag{3}$$

由此可见，零售商向制造商收取的通道费，取决于其为制造商提供销售渠道的成本（c_S）、产品多样化给消费者带来的外部性（$\alpha_B n_B$）及制造商对零售商的需求弹性因素 $\left(\frac{\phi_S(u_S)}{\phi'_S(u_S)}\right)$。与此类似，零售商从消费者一方获得的进销差价，取决于其向消费者提供多样化零售服务的成本（c_B）、消费者给制造商产品展示和销售带来的外部性（$\alpha_S n_S$）、消费者对零售商的需求弹性因素 $\left(\frac{\phi_B(u_B)}{\phi'_B(u_B)}\right)$ 及消费者自身交易的活跃程度（T）。因此，由公式（3）可以得到以下推论：

第一，通道费与制造商的品牌影响力成反比。对于已经具有了相当影响力的品牌产品，零售商一般不会收取太高的通道费率，甚至对一些知名品牌，零售商完全不收取通道费。由于知名品牌已经拥有了相当稳定的消费群体，知名品牌的进场也为零售商带来了消费群体，零售商用较低的通道费来补偿知名品牌的外部性。从通道费作为零售商前期投入和风险分担的角度来说，知名品牌商品在前期已经在市场开辟和稳定消费者群体上花费了很大投资，零售商销售知名品牌商品不存在太大风险。对于一些不知名品牌商品，零售商要承担销售风险和可能给消费者带来的负外部性，因此通道费要高些。

第二，通道费与产品的弹性系数成正比。一般而言，弹性系数小的生活必需品给消费者带来了较强的外部性，其通道费相应较低；而对于弹性系数比较大的商品，收取的通道费率也会高些。如连锁超市收取乳制品的通道费用平均为 2.33%，而收取休闲食品的通道费用平均为 9.64%，这在一定程度上反映了通道费的收取是按照商品给消费者带来外部性的强弱程度来区别对待的。

第三，通道费与零售商经营规模成正比。在商品日益充裕的市场条件下，制造商迫切需要高效率的传播媒体，来展示和宣传商品的特征、差异化程度。因此，连锁化、规模化、网络化的销售通道和销售场所是一种稀缺的流通资源，制造商对这种规模化的市场通道需求弹性较低，需要为此支付较高的通道费用。以乳制品为例，大型连锁超市平均收取的通道费为 3.39%，食品连锁超市为 1.96%，连锁便利店为 1.23%。此外，规模化零售商的消费者对制造商的外部性较强，零售商通常向消费者频繁降价促销，从而将其网络外部性内部化。

第四，通道费与产品市场的竞争程度成正比。一般而言，产品市场竞争激烈的商品对零售商的流通渠道需求弹性较低，零售商的谈判势力相对较大，制造商只能交纳更高的通道费来获得零售商有限的、展示位置较好的货架，实施一种限制性竞争策略。与此相反，零售商之间的竞争越激烈，制造商分销渠道的选择性越大，对单一零售商的依赖性越低，其支付通道费的意愿越小，支付额度越低。根据《中国连锁超市通道费研究报告》（2004）的调查，休闲食品、保健食品、洗化品、纸制品等一些竞争激烈且利润率高的产品交纳的通道费率较高。

第五，通道费与零售渠道中的区位优势成正比。在发达地区的中心城区以及大型零售商较为有利的销售区域，收取的通道费率就越高。由于高端市场中的有利销售位置更容易接近交易活跃的消费者，商品摆放在这些地方类似于高效率的广告宣传，零售商收取高的通道费率相当于供应商交纳的广告费。

第六，通道费与消费者交易的活跃程度成反比。如果消费者的交易活跃程度比较低，即公式（3）中 T 比较小，零售商将对消费者的网络外部性赋予更大的权重，采取更多的降价、打折、有奖销售、购物送礼券等促销措施，向消费者让渡更多的价值。为此，零售商只有通过向制造商收取高额的通道费作为其主要的盈利来源。

根据双边市场理论，通道费是零售商校正外部性带来的市场缺陷所必不可少的重要制度安排，是平衡双边市场收益，从而将外部性内部化的重要机制。收取通道费这一商业惯例目前在国内外零售行业已经普遍存在，成为了众多零售商的重要盈利模式。根据我国零售上市公司的数据显示，大部分大型零售商若扣除通道费收入，其经营将处于微利或亏损状态。以上海联华为例，2004 年上海联华主营业务收入 2.6 亿元，通道费收入 7.3 亿元，如果没有通道费，其亏损达 4.7 亿元。

从国内外通道费的征收方式来看，一般可以分为“与销售额无关的一次性通道费”和“与销售额相关的线性通道费”，前者如家乐福模式，后者如沃尔玛模式。关于通道费征收方式对社会福利影响的研究，汪浩（2006）认为大型零售商收取的线性通道费可以在相当程度上被制造商转嫁出去，转嫁的对象是其他市场份额较小的零售商，大型零售商将以此为手段来扩大市场份额。根据《中国连锁超市通道费研究报告》（2004）的调查显示，通道费的不同征收方式给制造商带来的实际成本开支是相同的。我国 2006 年颁布实施了《零售商供应商公平交易管理办法》，就零售商收取通道费的类别做了原则性的规定，规定了不可以收取的通道费的种类，如“条码费”、“店庆费”、“装修费”等。由于缺乏相应的理论和法律依据，《零售商供应商公平交易管理办法》的实施并没能制止零售商收取不合理通道费的行为。本文将进一步分析通道费不同的征收方式对消费者福利的影响，为通道费的有效规制提供必要的理论依据。

（二）通道费征收方式的绩效分析

本文使用豪特林价格竞争模型进一步拓展上述模型，假设区域性市场中有相互竞争的零售商 i 和零售商 j，消费者在长度为 1 的线性市场上服从连续均匀分布，零售商分别位于市场的两端，t 为消费者单位距离的运输成本，可视为零售商在消费者市场上竞争程度的参数。假设消费者仅选择某一零售商交易即单归属（single-homing），而制造商同时向零售商 i 和零售商 j 供货即多归属（multi-homing）。零售商为制造商和消费者提供交易服务的总成本函数 $C(n_B,\ n_S)=\frac{T}{2}n_Bc(n_S)$，零售商的通道费收益函数 $R(n_B,\ n_S)=\frac{T}{2}n_Br(n_S)$。其中，$c(n_S)$、$r(n_S)$ 分别表示零售商的总成本和通道费收益在单位产品上的分摊。

1. 按销售额收取通道费。零售商根据消费者的交易额，以特别价格折扣的形式向制造商收取通道费。由于这种通道费形式对制造商缺乏一种识别和筛选机制，为保证货架空间这种稀缺的销售资源被有效分配，假设零售商 i 最优的制造商数量为 n_S^*，且 n_S^* 满足 $\frac{d[\alpha_B n_S^i+r(n_S^i)-c(n_S^i)]}{dn_S^i}=0$。根据豪特林模型线性市场竞争的特征，零售商 i 的利润函数为：

$$\pi^i=\frac{T}{2}\left(\frac{1}{2}-\frac{f_B^i-f_B^j}{2t}\right)[f_B^i+\gamma(n_S^*)-c(n_S^*)] \tag{4}$$

在零售商竞争处于对称均衡的情况下，向消费者收取的均衡交易费用为 $f_B=c(n_S^*)-r(n_S^*)+t$。当零售商对消费者的竞争非常激烈（t 很小）或者征收的通道费（$r(n_S^*)$）很大时，向消费者收取的交易费用可能低于成本，甚至可能为负，如零售商竞相推出的“天天特价”商品。

2. 一次性通道费。当零售商向制造商收取一次性通道费时，使得制造商与零售商之间能够进行有效的成本分享和风险共担，只有那些高品质制造商才愿意支付通道费，低质量产品就不得不退出市场，从而能够协助零售商筛选出那些有风险的制造商。然而，为了保证足够多的制造商向零售商支付一次性通道费，需要考虑零售商的消费者数量对制造商的网络外部性效应。只有零售商在消费者市场上降价甚至低于竞争对手的销售价格时，才可以吸引更多的消费者光顾和购买，进而可以吸引足够多的制造商向零售商支付通道费。假设制造商对网络外部性的价值估计 α_S 是独立分布的，分布函数为 $F(\alpha_S)$。如果零售商 i 向制造商收取的通道费为 f_S^i，仅当 $\alpha_S n_B^i \geqslant f_S^i$ 时，制造商将选择向零售商 i 支付通道费，且数量 $n_S^i(n_B^i, f_S^i) = 1 - F(f_S^i/n_B^i)$。由于货架空间资源的稀缺以及零售商为保持交易平台的规模优势，本文假设 $n_S^i(n_B^i, f_S^i) > n_S^*$，零售商 i 选择 n_S^* 个制造商向其供货。根据豪特林线性市场模型，零售商 i 的消费者数量 n_B^i 满足：

$$n_B^i = \frac{1}{2} + \frac{\alpha_B n_S^*(n_B^i) - f_B^i - [\alpha_B n_S^j(1 - n_B^i) - f_B^j]}{2t} \tag{5}$$

对公式（6）的隐函数微分可得：

$$\frac{\partial n_B^i}{\partial f_B^i} = \frac{-1}{2t - \alpha_B[n_S^{*'}(n_B^i) + n_S^{j'}(1 - n_B^i)]} \tag{6}$$

零售商 i 的利润函数为：$\pi^i = \frac{T}{2} n_B^i \ [f_B^i + r(n_S^*) - c(n_S^*)]$ （7）

在对称均衡的情况下，可以推导出零售商向消费者收取的均衡交易费用 $f_B = c(n_S^*) - r(n_S^*) + t - \frac{1}{2} n_S^{*'} \left(\frac{1}{2}\right) [2\alpha_B + r'(n_S^*) - c'(n_S^*)]$。根据 n_S^* 的一阶条件，$f_B = c(n_S^*) - r(n_S^*) + t - \frac{1}{2}\alpha_B n_S^{*'} \left(\frac{1}{2}\right)$。由此可见，与按销售额收取通道费的方式相比，当通道费以一次性固定费用收取时，消费者承担的交易费用即进销差价更低。这是因为两种通道费方式对零售商在消费者市场上的竞争程度影响不同，一次性通道费的征收方式加剧了零售商在消费者市场的竞争，迫使零售商向消费者让渡更多的价值。因此，零售商收取一次性通道费应被认为是有效率的，是一种正常的商业经营模式，而某些与销售额相关的通道费形式，如“递进”扣率的销售返利等，有可能成为零售商规避法律规制、损害消费者利益的突破口，应视为政府审查并进行法律规制的对象。

（三）通道费与纵向结构的效率

上面的分析表明，通常情况下，通道费的收取并不必然损害消费者福利，甚至会改进消费者福利。现在，我们把着眼点转向收取通道费条件下的纵向结构效率。我们的结论是，大型零售商主导的纵向结构，其效率独立于通道费，即，大型零售商主导的纵向结构的效率是内生的。或者说，通道费的收取与纵向结构的效率无关。下面讨论这一问题。

如本文第二节指出的，制造商出于压缩消费者需求弹性的目的而普遍采取产品差异策略，从而单个制造商追求的产品差异度越来越被过于广泛的产品差异所淹没。现代大型零售企业陈列众多的差异化产品，在差异化产品的相互比对中展示产品差异，提高交易频率、增加交易对象、扩大交易范围，大型零售商的盈利模式因而由通过销售商品盈利，转变为平台企业向两边用户提供服务而获取收益，提高了纵向结构的效率。

就某种商品市场而言，我们假定有 n 个制造商，分别为 n 类消费者生产相应的偏好品。第 i 个制造商生产的商品由第 j 类消费者使用所产生的成本节约为 R_{ij}，其中的“成本节约”可以理解为“双方匹配”。如果 $i \neq j$，则 $R_{ij} = 0$，同时把 R_{ii} 标准化为 1。制造商在进行市场竞争时有两种战略，即“差别最大化战略”和“统货战略”。统货战略下生产的商品可能出现两种情况：（1）适合特定偏好的商品（记特定偏好为 s）。商品对特定偏好 s 的满足可能是源于企业的技术战略，也可能是源于商品自身的特点，商品 i 适合特定偏好的概率是 $\rho_i \in (0, 1)$，ρ_i 为制造商的"差别倾向"，且独立于其他商品。假定商品为偏好 s 的消费者提供了 e 单位的成本节约，为其他的消费者提供 e' 单位的成本节约；(2) 不适合特定偏好的商品。在这种情况下，商品为 n 类消费者提供 d 单位的成本节约。由此可见，R_{ij} 是随机变量，可能为 e、e' 或 d。进一步假定 $0 < d < e' < e < 1$，从而保证了在统货战略下为满足偏好 s 所生产商品的效率低于在差别最大化战略下的情况；同时也保证了统货战略下为满足偏好 s 所生产的商品，在效率上高于非为满足 s 所生产的商品（在不满足 s 的情况下，商品并非没有价值）。$e' > d$ 意味着，相对于不适合特定偏好的商品，消费者使用并非为其设计的适合特定偏好的商品时更有效率，定义 $\Delta \equiv e' - d > 0$ 是对这种优势的测度。

如果消费者对商品个性化程度要求不高，从而商品的差别度就不必很高，那么反映商品种类的 n 值就不会很大，这意味着有关 R_{ij} 价值矩阵的信息不经特别机制也易于公开。但随着消费者个性化需求的增长，制造商势必更多地采用产品差别化战略，n 值随之增大。为了向消费者说明、展示、显化自己产品的差别和个性，制造商需要借助于很多种其他产品的差别和个性作为比对和参照的对象。这种依靠其他产品的特性来展现产品差别的过程也正是公开 R_{ij} 价值矩阵信息的过程。大型零售企业的经营适应了这种要求，实现了"会展"机制的日常化，在比对展示中显化了产品个性，建立了一种 R_{ij} 价值矩阵信息的公开显示机制。

在上述框架下，我们能够证明如下结论①：在任何出价博弈的子博弈完美均衡中，对任意的经过零售商公开的成本节约 R_{ij} 矩阵，制造商生产的商品都出售给了相应偏好强度的购买者。

上述结论表明，大型零售商主导的纵向结构的效率是内生的，通道费的收取不影响纵向结构的效率。另外，正如本文第二节提到的，大型零售商收取供货商费用而不向消费者额外收费是因为，相互竞争的供货商无法通过中小零售商的服务行为显示其产品的差别特性；同时，作为主导性厂商的大型零售商，面对从属性中小零售商的竞争，采取对消费者不收取额外费项的方式吸引其交易，从而形成了零售商交易平台对消费者提供低价甚至免费服务，却对供货商收费以弥补运营成本的盈利方式。

（四）对大型零售商主导的纵向结构绩效的进一步讨论

对大型零售商主导的纵向结构绩效进行分析、评价，除了消费者福利水平和纵向结构的效率两方面，还应该包括通道费对中小零售商的影响和对制造商的影响两个维度。

汪浩（2006）运用一个双寡头市场模型讨论大型零售商的通道费。在该模型中，上游市场有两个制造企业生产相互替代的产品，产品通过下游的零售超市销售给消费者。下游的市场包括一个具有较大市场份额的低价超市，以及许多市场份额较小的中小超市，大超市和中小超市之间进行价格竞争。该模型假设只有低价超市有能力向制造商收取通道费，并集中讨论了按销售额收取的线性通道费的情况。汪浩（2006）首先讨论了通道费对中小零售商的影响：线性通道费从表面上看也是利益从制造商向低价超市的转移，但线性通道费是否也全部由制造商承担呢？如果不是，那么是谁分摊线性通道费的负担呢？其结论是，低价超市的线性通道费使得低价超市单位利润上升；相反，该通道费使小超市的单位利润下降，市场份额缩小。低价超市的线性通道费抬高了小超市的进货成本，对小超市具有排他性作用。汪浩（2006）在上述框架下研究通道费对制造商的影响，认为制造商的利润不受线性通道费影响。

我们在研究过程中，尝试在汪浩（2006）的模型中增加外部性变量，但结果表明，对消费者福利产生影响的平台外部性并不改变汪浩（2006）的以上结论。

① 证明过程可向笔者索取。

所以，可以认为，收取通道费是零售商市场势力的反映。固定收取的通道费全部由制造商承担，而通道费中与销售量成比例收取的部分可以在一定程度上被转嫁出去，转嫁的对象是其他市场份额较小的中小超市，并抬高了市场份额较小的中小零售商的进货成本。在这个意义上，政府的反垄断机构应在不影响市场效率的情况下，关注大型零售商对通道费的收取，防止滥用通道费的行为，并适当控制特大型零售企业的扩张。

四、结　　论

本文的研究说明，在竞争性市场中，大型零售商收取制造商的通道费一般性地增进了消费者福利，在保守的意义上，大型零售商收取制造商的通道费也不会对消费者福利产生负面影响。同时，现代大型零售企业通过显示产品差异提高交易频率、增加交易对象、扩大交易范围，提高了纵向结构的效率，而通过这种途径获得的纵向结构效率独立于通道费，大型零售商收取制造商的通道费不会改变纵向结构的效率。上海连锁经营研究所（2004）调查发现从 1996 年中国连锁超市向供应商收取通道费开始，超市经营的商品并没有出现价格上升的趋势，而一些周转快的商品价格反而有较大幅度下降；建立起标准通道费管理制度的公司，其所售产品质量都有较大幅度的提升。在一般市场竞争情况下，收取一次性通道费是一种正常的商业经营模式。当然，国内大型零售商收取某些商品通道费的理由、方式和额度的合理性值得质疑，应该成为政府监测并进行规制的对象。

然而，对平台企业进行政府规制不能简单地套用传统单边市场的政府规制理论，否则将导致错误的结论和规制政策。这些错误的结论和规制政策，不但不能识别双边市场中的垄断和竞争问题，反而可能导致平台企业不能健康地发展，进一步损害消费者和社会总福利。

从产业规制角度来看，基于单边市场的传统反垄断产业规制理论无法解释具有双边市场特征的平台企业行为。要对大型零售商进行有效的政府规制，必须注意以下几点：

第一，大型零售商对某一边价格的制定并不仅仅依据向该边提供产品或服务的成本或需求，而是依据向两边用户提供产品或服务的成本或需求。如果不考虑另一边用户价格的影响，而对某一边用户进行价格规制，这种规制将是没有效率的。一边用户需求或成本的变化会影响到另一边用户需求和价格的变动。

第二，对大型零售商主导的纵向约束行为的评估要综合考虑双边用户的价格总水平、价格结构和平台企业吸引双边用户参与的组织策略安排。大型零售商的价格策略与单边市场下企业的价格策略有着根本的不同，如果双边用户不参与到平台中来，大型零售商及其服务就不复存在。

第三，在双边市场中，定价问题是首当其冲的问题，双边市场定价的特殊之处在于其往往在平台的一边实行免费或者补贴，而在平台的另外一边收取相对高的价格以收回成本并盈利。有研究证明，这一“不对称定价”行为对于双边平台是一种普遍和理性的行为，并不属于“掠夺性定价”。其实从掠夺性定价的一般定义来看，掠夺性定价是一种不稳定的行为，企业采用低于成本的低价将竞争对手驱逐出市场后，会将价格恢复到一个高于成本的水平上以弥补其损失并掠夺消费者剩余。而关于双边市场的研究文献表明，即使是垄断平台，也会采用“不对称定价”行为，因此双边市场中的这种特殊的定价策略是在垄断和竞争的市场结构中的普遍行为，并不属于掠夺性定价行为①。

第四，对大型零售商主导的纵向约束行为进行有效的政府规制亟须建立一套新的、基于双边市场特征的产业规制理论。传统的基于单边市场特征的产业规制理论无法解释平台企业的经济行为，也就无法解决具有双边市场特征的主导纵向约束行为的垄断与竞争问题。

综合上述基于双边市场分析框架的绩效评价，我们认为，对零售商主导的纵向约束进行规制应

① 纪汉霖：《双边市场定价方式的模型研究》，载于《产业经济研究》2006 年第 4 期。

该考虑以下原则：

（1）规制以保护竞争和效率为前提，其中的效率应包括产品生产效率、产品销售效率以及消费者福利水平；

（2）通道费的收取以不扭曲价格形成机制为前提；

（3）合理的通道费应该是与商品销售有直接关联的费用；

（4）规制不以保护供应商既得利益或零售商既得利益为前提；

（5）收取通道费是零售商市场势力的反映，政府的反垄断机构应在不影响市场效率的情况下，关注大型零售商对通道费的收取，防止滥用通道费的行为，并适当控制特大型零售企业的扩张。

参考文献：

1. 纪汉霖：《双边市场定价方式的模型研究》，载于《产业经济研究》2006 年第 4 期。

2. 马龙龙、裴艳丽：《零售商买方势力的滥用及其对策研究》，载于《商业经济与管理》2003 年第 5 期。

3. 上海连锁经营研究所：《中国连锁超市通道费研究报告》，载于《中国商贸》2004 年第 2 期。

4. 石奇、岳中刚：《大型零售商的双边市场特征及其政策含义》，载于《财贸经济》2008 年第 2 期。

5. 汪浩：《通道费与零售商市场力量》，载于《经济评论》2006 年第 1 期。

6. Armstrong，M.，Competition in Two-sided markets［J］. Rand Journal of Economics，2006，37.

7. Chu Wujin. Demand Signaling and Screening in Channels of Distribution［J］. Marketing Science，1992，11（4）.

8. Cova，B. The Postmodern explained to managers：implications for marketing［J］. Business Horizons，1996，39（6）.

9. Deloitte & Touche，1990，"Managing the Process of Introducing and Deleting Products in the Grocery and Drug Industry"［M］. Washington，D. C.：Grocery Manufacturers of America.

10. Desiraiu，R.，2001，"New Product Introductions，Slotting Allowances and Retailer Discretion"［J］. Journal of Retailing，77.

11. Farris，P. W. and K. L. Ailawadi，1992，"Retail Power：Monster or Mouse?" Journal of Retailing［J］. 4.

12. Featherstong，M. 1991. Consumer Culture and Postmodernism［M］. London：Sage，103.

13. Haslop，C.，Hill，H. and Schmit，R. A. 1998. The gay lifestyle-spaces for a subculture of consumption［J］. Marketing Intelligence and Planning，16（5）.

14. Kelly Kenneth H.，1991. "The Antitrust Analysis of Grocery Slotting Allowances and New Product Introduction"［J］. Journal of Public Policy & Marketing，17（2）.

15. Lariviere，Martin A. and Padmanabhan V.，1997，"Slotting Allowances and New Product Introductions"［J］. Marketing Science，6（2）.

16. MacAvoy，Christopher J.，1997，"Enforcement Policy Regarding Slotting Allowances"［C］. ABA Section of Antitrust Law，45th Annual Spring Meeting. Washington，D. C.

17. Marx，Leslie，and Greg Shaffer，2004，"Upfront Payments and Exclusion in Downstream Markets"［J］. working paper.

18. Messinger，P. R，Narasimhan，C.，1995，"Has power shifted in the grocery channel?"［J］. Marketing Science，14.

19. Roberto Roson，2005，"Two-sided market：a tentative survey"［J］. Review of Network Economics，2.

20. Rochet，J. and J. Tirole.，2004，"Two-sided market：an overview"［J］. IDEI University of Toulouse.

21. Shafter，Greg. 1991，"Slotting Allowances and Retail Price Maintenance：A Comparison of Facilitating Practices"［J］. The RAND Journal of Economics，22（1）.

22. Sullivan，Mary W.，1997，"Slotting Allowances and the Market for New Products"［J］. Journal of Law & Economics，40（2）.

（本文载于《中国工业经济》2008 年第 5 期）

中国竞争政策的过去、现在和未来

吴汉洪　周　炜　张晓雅

摘　要：随着中国《反垄断法》的正式施行，中国竞争政策的基本框架已经形成。本文从历史的角度梳理中国竞争政策的发展历程，从经济政策的角度考察中国的反垄断政策，并从经济政策执行的角度对中国竞争政策的未来进行展望。

关键词：竞争政策　反垄断　反不正当竞争

中图分类号：F123.9　**文献标识码**：A　**文章编码**：1002—8102（2008）11—0102—09

中国实行改革开放近30年来，在经济体制方面的基本而深刻的变化，就是从计划经济体制转变为市场经济体制。众所周知，竞争是市场经济的本质特征，没有竞争就谈不上市场经济。但是，在现实市场竞争过程中，又会存在各种不正当竞争行为和限制竞争行为。因为处于市场竞争中的一些经营者为了追求利益的最大化，必然会通过各种手段，打击和排挤竞争对手，谋求垄断地位，获取经济利益。对此，如果不采取有效措施予以制止和控制，听任其发展，最终将会损害市场竞争和市场机制的功能，扼杀经济活力，阻碍技术创新和技术进步，损害消费者利益。对于上述市场"失灵"问题，靠市场机制本身是无法加以解决的，必须通过政府的"有形之手"对"失灵"进行"矫正"，使市场经济能够处于健康的运行状态。竞争政策的作用正在于此。

竞争政策可以被界定为，政府为保护和促进市场经济中的有效竞争而采取的行动措施、制定的法规条例和设立的监督实施机构的总和。与其他经济政策相比，竞争政策的一个重要特征是，它通常以有关控制竞争的法律为基础。换句话说，有关控制市场竞争的法律本身就构成了竞争政策的基本内容。从这个意义上说，竞争法律（或竞争法）和竞争政策基本上是同义语。从一般的意义上看，没有竞争政策对竞争的制度保证作用，没有对市场竞争过程中的不正当竞争行为和排除限制竞争行为的监察和制裁的竞争政策措施，就不可能展开真正有效和健康的竞争，市场经济的运行也就会偏离正常的轨道。总之，竞争政策是市场经济中的一项基本的、首要的、制度性的政策。本文的基本目的是梳理中国竞争政策的过去，认识中国竞争政策的现在和展望中国竞争政策的未来。

一、中国竞争政策的过去

改革开放以来，中国经历了一个从计划经济体制到社会主义市场经济体制转变的过程。与此相适应，中国竞争政策也经历了一个从无到有并不断发展和完善的过程。大体上说，中国竞争政策的发展历程可以分为三个阶段。

第一阶段，从1949年新中国成立至1978年改革开放前。这一时期，中国实行计划经济体制，一切由国家计划管理，不存在市场竞争，因此也就没有竞争政策。

第二阶段，从1978年改革开放开始，到1992年中共十四大提出建立社会主义市场经济体制的目标之前。在这一时期，中国实行有计划的商品经济，市场竞争机制被有限度地引进。但是由于我国自身经济发展的缺陷以及对竞争缺乏较全面的认识，使竞争在促使优胜劣汰，实现资源有效配置的同时，也产生了不正当竞争和排除、限制竞争等行为。为了维护市场经营者的合法权益，保证市场竞争机制能够在一种有效、合理、良性的状态下运行，我国加强了经济和市场方面的立法。

1980 年国务院颁布了中国最早的关于保护市场竞争的行政性法规——《关于开展和保护社会主义竞争的暂行规定》，首次提出了反垄断特别是反对行政性垄断的任务，对开展和保护社会主义竞争的必要性、打破地区封锁和行业垄断、采取合法手段进行竞争等问题作了原则性规定。规定中指出，“在经济活动中除国家指定由有关部门和单位专门经营的产品以外，其余的不得进行垄断，搞独家经营”，“开展竞争必须打破地方封锁和部门分割。任何地区和部门都不准封锁市场，不得禁止外地商品在本地区、本部门销售”。此后，关于竞争政策与法律日益受到重视。国务院在 1987 年发布的《中华人民共和国广告管理条例》、《中华人民共和国价格管理条例》等法规中，都不同程度涉及反垄断的问题。例如，在《中华人民共和国广告管理条例》中明确规定：“在广告经营活动中，禁止垄断和不正当竞争行为”。在《中华人民共和国价格管理条例》中认定“企业之间或者行业组织商定垄断价格的行为”是违法行为等。1988 年原国务院法制局成立了反垄断法起草小组，提出了《反对垄断和不正当竞争暂行条例草案》，由于客观上的原因，该项法规最终没有出台。但一系列有关竞争政策的初步探索，表明我国经济体制改革和经济发展对市场经济运行机制下的竞争政策和竞争立法问题已提上日程。

1990 年 11 月，国务院发布的《关于打破地区间市场封锁进一步搞活商品流通的通知》中指出生产企业在完成国家指令性计划产品调拨任务和购销合同后，有权在全国范围内销售产品，工业、商业、物资等部门的企业，有权在全国范围内自行选购所需产品，任何地区和部门都不得设置障碍，加以干涉。

第三阶段，从 1992 年中共十四大提出建立社会主义市场经济体制的目标，尤其是党的十四届三中全会通过了《关于建立社会主义市场经济体制若干问题的决定》至今。在这一时期，随着市场化改革在各个领域的全面推进，竞争机制在很多领域被广泛推行，与此同时，为了保护和促进有效竞争，维护消费者利益和社会公共利益，促进社会主义市场经济健康发展，中国关于市场竞争方面的立法也进入了一个重要的时期。

1993 年通过的《中华人民共和国反不正当竞争法》共规定了 11 种违法行为，其中属于垄断行为的包括串通投标、掠夺性定价、公用企业滥用市场支配地位、行政性垄断和搭售等 5 项；1993 年通过的《消费者权益保护法》从保护消费者权益的角度对经营者的市场竞争行为进行了规范；1997 年通过的《中华人民共和国价格法》对价格卡特尔、掠夺性定价、价格歧视做出了规定；1999 年通过的《中华人民共和国招标投标法》，对串通招、投标的行为及处罚做出了规定。

2000 年国务院颁布的《电信条例》规定“电信监督管理遵循政企分开、破除垄断、鼓励竞争、促进发展和公开、公平、公正的原则”。2001 年国务院颁布实施了《关于禁止在市场经济活动中实行地区封锁的规定》，其中对各种地方保护、地区封锁行为及其处罚做出了详细的规定；2001 年国务院又发布了《关于整顿和规范市场经济秩序的决定》，明确规定“打破地区封锁和部门、行业垄断。查处行政机关、事业单位、垄断性行业和公用企业妨碍公平竞争，阻挠外地产品或工程建设类服务进入本地市场的行为，以及其他各种限制企业竞争的做法”。国家工商局根据《反不正当竞争法》制定了《关于禁止公用企业限制竞争行为的若干规定》和《关于禁止串通招投标行为的规定》。另外，《外国投资者并购境内企业暂行规定》（2003）和《制止价格垄断行为暂行规定》（2003）两个部门规章分别对企业并购反垄断审查和制止价格垄断做出了规定。

2007 年 8 月 30 日，第十届全国人民代表大会常务委员会第二十九次会议审议通过了《中华人民共和国反垄断法》，同日，国家主席胡锦涛签发第六十八号主席令，公布了《中华人民共和国反垄断法》，自 2008 年 8 月 1 日起施行。这是我国为预防和制止垄断行为，保护市场公平竞争，提高经济运行效率，维护消费者利益和社会公共利益，促进社会主义市场经济健康发展而制定的一部重要法律。至此，中国竞争政策的基本框架已经形成。

二、中国竞争政策的现在

从竞争政策的基本概念和基本特征出发，笔者认为，中国竞争政策的基本框架主要由《中华人民共和国反不正当竞争法》和《中华人民共和国反垄断法》（以下称《反垄断法》）构成。鉴于反垄断法在竞争政策中占有最主要的地位，以及中国反垄断法已于2008年8月1日起施行，本文下面将从经济政策的视角对中国的反垄断法或反垄断政策进行考察和分析。

（一）中国反垄断政策的目标

竞争政策的目标就是保护和促进竞争，使市场竞争与价格机制发挥有效的调节功能。作为中国竞争政策的重要组成部分，中国《反垄断法》第一条阐述了该法的立法目的，同时也陈述了中国反垄断政策的目标。

第一条　为了预防和制止垄断行为，保护市场公平竞争，提高经济运行效率，维护消费者利益和社会公共利益，促进社会主义市场经济健康发展，制定本法。

根据上述表述，我国反垄断政策的目标包括以下五个方面：一是预防和制止垄断行为；二是保护市场公平竞争；三是提高经济运行效率；四是维护消费者利益和社会公共利益；五是促进社会主义市场经济健康发展。

要保护市场竞争就必须坚决反对各种损害市场竞争的垄断行为。本条中的“预防和制止”具有双重含义：一方面《反垄断法》对意图实施垄断行为的企业产生强有力的威慑，从而起到预防垄断行为的作用；另一方面，对已经发生的垄断行为，《反垄断法》通过追究这些垄断行为的法律责任，实现制止垄断行为的目的。

市场经济的本质特征就是竞争，只有通过竞争才能实现资源的有效配置。我国已经明确实行社会主义市场经济，发挥竞争在市场中的基础作用就成为必然要求。因此，我国《反垄断法》将保护市场竞争作为立法目的也就顺理成章。这里要特别说明的是，保护竞争并不是保护竞争者，有的竞争者在公平竞争中落败是市场竞争中优胜劣汰的结果。《反垄断法》对市场的干预不是为了保护竞争者，而是为了保护市场竞争秩序。

经济学已经证明，在一定条件下，竞争能实现社会资源的优化配置。竞争能够使任何一个竞争者为获得更高回报而努力。竞争给参与者带来相互的压力，并避免了垄断。这意味着竞争对提高社会经济运行效率具有重要作用，提高社会经济运行效率也因此成为我国《反垄断法》的重要立法目的之一。

消费者的利益与市场竞争有着密切关系，有效的市场竞争会使市场生产出更高质量、更低价格、更多种类的商品，如果企业之间不存在竞争或实施限制竞争行为，消费者在选择商品时就不能得到物美价廉的商品。反垄断政策通过禁止损害市场的反竞争行为，使市场竞争机制正常发挥作用，从而保护了消费者的利益。社会公共利益是一个非常抽象的概念，这种利益不能简单地等同于国家利益，也不是个人利益的简单相加，而是社会个体利益的有机统一。

最后，反垄断法本身就是市场经济健康发展的根本保障，我国《反垄断法》的制定和实施也必将促进我国社会主义市场经济健康发展。

（二）中国反垄断政策确立的几项主要制度

为了保护和促进竞争，预防和制止垄断行为，中国《反垄断法》确立了四大制度，它们是：禁止垄断协议、禁止滥用市场支配地位、控制经营者集中和禁止滥用行政权力排除限制竞争。中国《反垄断法》第二章至第五章分别对这四项制度做出了表述。其中，前三项制度通常被称为反垄断法的“三大支柱”或者“三块基石”。而第四项制度实际上是关于禁止行政垄断的规定，该项制度应该说带有明显的中国特色。下面对这四项制度逐一作进一步的说明。

垄断协议是指两个或两个以上的经营者，通过协议或者其他协同一致的行为，实施固定价格、划分市场、限制产量、排挤其他竞争对手等排除、限制竞争的行为。经营者之间达成垄断协议是一种比较典型的直接限制竞争的垄断行为，严重损害竞争秩序和消费者的利益，所以是各国反垄断法重点规制的对象。我国《反垄断法》第二章共4条，专门对垄断协议作了规定。该章遵循“原则上禁止、有条件豁免”的思路，首先，即第十三条明确禁止具有竞争关系的经营者之间达成垄断协议即所谓横向垄断协议，第十四条明确禁止了经营者与交易相对人之间达成垄断协议即所谓纵向垄断协议。其次，明确豁免的条件，即第十五条明确规定某些虽然具有限制竞争的结果但在整体上有利于技术进步、经济发展和社会公共利益的协议，依法予以豁免。此外，该章还对行业协会等社会团体不得组织经营者达成垄断协议做出了明确的规定。

所谓市场支配地位，是指经营者在相关市场范围内具有能够左右市场竞争或者不受市场竞争影响的市场地位。我国《反垄断法》所称市场支配地位，是指经营者在相关市场内具有能够控制商品的价格、数量或者其他交易条件，或者能够阻碍、影响其他经营者进入相关市场能力的市场地位。在不同的国家或地区，对此的称谓也不相同，有的称其为“独占”、“垄断势力”等。按照很多国家的做法，经营者通过竞争取得市场支配地位本身并不违法，但经营者滥用这种市场支配地位排除、限制竞争，就要受到反垄断法的规制。按照既要符合国际惯例，严格禁止典型的、世界各国普遍共识的严重限制、排除竞争的垄断行为，又要针对我国企业作为市场主体尚不成熟，市场存在着竞争不充分、不适度的实际情况，特别是各类企业发展不平衡，竞争能力亟待提高的客观要求，在制度安排上力求明确，宽严适度，便于掌握和运用，以有助于培养企业依法自主、自律、自强的能力，有利于改进技术，提高产品质量，有利于保护消费者权益的立法指导思想，《反垄断法》第三章对滥用市场支配地位作了以下两个方面的规定：一是明确禁止滥用市场支配地位的行为，即第十七条明确禁止具有市场支配地位的经营者从事不公平的高价销售或者低价购买等七种行为；二是明确规定经营者具有市场支配地位的认定因素和推定标准，即该章第十八条、第十九条的规定。

经营者集中，是指经营者之间合并，或者取得其他经营者的控制权、影响力的情形。我国《反垄断法》第二十条规定，经营者集中是指下列情形：（1）经营者合并；（2）经营者通过取得股权或者资产的方式取得对其他经营者的控制权；（3）经营者通过合同等方式取得对其他经营者的控制权或者能够对其他经营者施加决定性影响。经营者集中是经济活动的普遍现象，但其结果通常具有两面性，一方面有利于形成规模经济、提高经营者的竞争力，另一方面，又可能加强经营者的市场地位，从而形成垄断排除、限制竞争。各国反垄断法都对经营者集中做出规定，并实行必要的控制。我国《反垄断法》第四章共12条，对控制经营者集中做出了规定。该法根据我国的实际情况，参照大多数国家的做法，对经营者集中规定了事先申报制度。我国《反垄断法》第四章的内容包括：经营者集中的情形、经营者集中的申报、申报需要提交的材料、经营者集中申报的审查、审查的期限、审查需要考虑的因素、审查决定等。

行政垄断是指政府及其所属机构滥用行政权力限制竞争的行为。它们不属于政府为维护社会经济秩序而进行的正常经济管理，也不属于政府为实现对国民经济的宏观调控而采取的货币政策和财政政策。因此，认定政府及其所属部门的一个行为是否构成滥用权力，其依据是国家的法规和政策。如果国家的法律政策明确规定禁止政府及其所属部门从事某种限制竞争行为，而政府或其所属机构违背规定采取了这种行为，这就构成滥用行政权力限制竞争。行政垄断比较典型的表现形式，就是行业、部门垄断，即相关行业、部门的行政管理机关开办经营实体，利用手中相应的行政职权，参与同行业的不公平竞争。行政垄断与通常反垄断意义上的经济性垄断相比，有两个明显的特征：其一，行政垄断的行为主体是相关政府机关及其所属部门和具有管理公共事务职能的组织，而非市场的经营者或竞争主体。其二，行政垄断是由于相关政府机关及其所属部门或其授权的单位基于其所享有的行政权力将行政管理权直接或间接的作用于市场竞争活动而产生的。虽然从理论上和国际通行做法上看，行政性限制竞争主要不是由反垄断法解决的问题，反垄断法也很难从根本上解决这个问题。但是，从我国实际出发，在反垄断法这一保护竞争的专门性、基础性法律中对禁止行政性限制竞争做出明确、具体的规定，既表明国家对行政性限制竞争的重视和坚决反对的态度，又能够进一步防止和制止行政性限制竞争的行为。正是出于这样的考虑，我国《反垄断法》第五章专门对滥用行政权力排除、限制竞争做出了规定。第五章共6条，主要内容包括：滥用行政权力限定商品；滥用行政权力，妨碍商品在地区之间的自由流通；滥用行政权力、排斥或者限制外地经营者在本地投资或者设立分支机构；滥用行政权力，排斥或者限制外地经营者参加本地的招投标活动；滥用行政权力强制经营者从事垄断行为；滥用行政权力，制定含有排除、限制竞争内容的规定等。

（三）中国反垄断政策的手段

作为竞争政策的主体，反垄断政策的目标是预防和制止垄断行为保护和促进竞争，为了实现这一目标，必然运用相应的政策手段对市场竞争过程中经营者的行为施加影响。反垄断政策的手段大体上可分为三类，即法律手段、经济手段和必要的行政手段。

在全部反垄断手段中，法律手段是最主要的，它是其他政策手段的基础。在反垄断法中，法律手段最突出地体现在法律规定了对各种排除、限制竞争的垄断行为的监察和惩罚措施。我国《反垄断法》第六章是关于对涉嫌垄断行为的规定。该章共8条。主要内容包括：反垄断执法机构的调查、对涉嫌垄断行为的举报、反垄断执法机构的调查措施、反垄断执法程序、执法机构及其工作人员保密义务、被调查者的配合义务、被调查者及利害关系人陈述意见的权利、认定垄断行为的决定及其公布等。我国《反垄断法》第七章是关于经营者违反本法构成垄断行为的法律责任及反垄断机构工作人员渎职行为的法律责任的规定。该章共9条，主要内容包括：垄断协议违法行为的法律责任；滥用市场支配地位的法律责任；经营者违法实施集中的法律责任；反垄断执法机构确定具体罚款数额时的考虑因素；经营者实施垄断行为依法承担民事责任；滥用行政权力，实施排除、限制竞争行为的法律责任；妨碍反垄断执法机构执法的法律责任；反垄断当事人的法律救济途径；反垄断执法机构工作人员渎职行为的法律责任，等等。

反垄断政策的经济手段是指，根据法律规定，运用罚款、制裁等措施对市场竞争的保护。我国《反垄断法》第四十六条规定，经营者违反本法规定，达成并实施垄断协议的，由反垄断执法机构责令停止违法行为，没收违法所得，并处上一年度销售额百分之一以上百分之十以下的罚款；尚未实施所达成的垄断协议的，可以处五十万元以下的罚款。

经营者主动向反垄断执法机构报告达成垄断协议的有关情况并提供重要证据的，反垄断执法机构可以酌情减轻或者免除对该经营者的处罚。

行业协会违反本法规定，组织本行业的经营者达成垄断协议的，反垄断执法机构可以处五十万元以下的罚款；情节严重的，社会团体登记管理机关可以依法撤销登记。

反垄断政策的行政手段是指，反垄断执法机构在法律规定的范围内，直接运用行政权力对企业的市场行为进行干预、监察和管理。例如，建立经营者集中的申报审批制度，依法对涉嫌垄断行为的调查等。反垄断政策的行政手段实质上是法律手段在行政上的具体实现，反垄断执法机构的行政权力范围，行政手段的实施方式都是由反垄断法律明文规定的。例如，我国《反垄断法》第三十九条规定，反垄断执法机构调查涉嫌垄断行为，可以采取下列措施：

（1）进入被调查的经营者的营业场所或者其他有关场所进行检查；

（2）询问被调查的经营者、利害关系人或者其他有关单位或者个人，要求其说明有关情况；

（3）查阅、复制被调查的经营者、利害关系人或者其他有关单位或者个人的有关单证、协议、会计账簿、业务函电、电子数据等文件、资料；

（4）查封、扣押相关证据；

（5）查询经营者的银行账户。

采取前款规定的措施，应当向反垄断执法机构主要负责人书面报告，并经批准。

应当指出，在反垄断的执法过程中，法律手段、经济手段和行政手段是统一为一体的，不可截然分开。

三、中国竞争政策的未来

如上所述，中国竞争政策的基本框架已经形成。随着我国社会主义市场经济的发展，市场竞争机制将发挥越来越大的作用。因此，可以预期，中国竞争政策在为进一步深化经济体制改革，营造公平、合理、有序的市场竞争环境，保持我国经济活力，促进经济高效、健康和可持续发展等方面将发挥着基础的保障作用。另外，从国际环境来看，经济全球化已经成为一种潮流和趋势，我国与世界经济的相互联系与影响日益加深。因此，制定较为完善的竞争政策，将有利于进一步促进我国对外贸易和经济技术合作的发展。

中国竞争政策框架的建立和形成，应该说是我国改革开放 30 年来经济建设和发展过程中的一件大事。而站在未来的立场上，中国竞争政策给政府相关部门和学界提出了挑战，与此同时，也提供了机遇。

对政府相关部门来说，以反垄断法为主体的竞争政策具有较强的专业性和政策性。其专业性主要表现在，竞争政策的执行必须以相关的分析研究为基础，比如市场竞争状况的评估、相关市场的界定，市场支配地位的判断，进入市场难易程度的分析，等等，都要求政策执行部门及其相关人员不仅要有较高的法学素养，还要具有较扎实的经济学基础。其政策性表现在，竞争政策的执行还需要在产业政策、社会公共政策以及国家利益等各种政策目标之间进行平衡，以最终使消费者利益和社会利益最大化。竞争政策的专业性和政策性，也对中国竞争政策的相关执行部门及其人员提出了更高的要求。其一，相关人员需要补充和掌握相关的法律和经济方面的知识。对我国竞争政策领域的执行人员来说，虽然不少人已经学习了一些与市场经济有关的一些法律和经济方面的知识，但对于 2007 年 8 月颁布的《反垄断法》，也需要有一个认识、了解和把握的过程。例如，如何有效地界定相关市场，如何对某些企业行为进行相关的竞争分析等。

其二，我国《反垄断法》中涉及的很多问题，法律只作了一些原则上的规定，在今后执法中，还需作进一步的细化。例如，我国《反垄断法》第二十一条规定：经营者集中达到国务院规定的申报标准的，经营者应当事先向国务院反垄断执法机构申报，未申报的不得实施集中。这意味着，国务院有关部门还需要确定和明确经营者集中的申报标准。此外，为了使反垄断事务中的相关当事人更好地认识和理解相关的法律条文和规定，以便形成较为明确的预期，反垄断的执法机构也有必要制定和出台相关的法律实施细则或相关的指南。这些也都需要相当大的投入。

其三，我国真正意义上的反垄断执法毕竟才刚刚开始。我们还缺乏相关的执法经验。由于反垄断执法具有技术性和政策性的特点。在反垄断执法中常常会发生两类错误：一是实际的执法打击了公平击败竞争对手的诚实竞争者；二是没能禁止破坏公平竞争的行为。为了避免上述错误，除了反垄断的相关执法人员加强自身的业务素质外，还需要在今后的执法实践中逐步积累经验。同时还应注意吸收和借鉴国外反垄断执法的经验。在我国《反垄断法》正式施行之时，国家发改委价格监督检查司的领导说，制止价格垄断工作与查处一般价格违法行为的行政执法工作不同，传统的执法理念必须作相应调整。“今后执法，不仅要运用法律进行定性分析，更要运用经济学方法进行定量研究；不仅要考虑垄断行为本身的违法性，更要站在促进国民经济发展，维护国家经济安全的角度寻求产业政策与反垄断法的平衡点；不仅要以积极态度开展执法，更要注意贯彻合理分析和审慎执法原则。这些对我们的执法工作是全新的挑战。”

其四，注意竞争政策的国际合作。在当代，竞争政策的国际合作及协调是一个十分活跃的政策领域。虽然中国在建立和完善竞争政策过程中，就已经积极参加竞争政策的多边和双边国际合作。但在国际竞争政策的舞台上，中国的主张和观点并没有太多的空间和地位，这与中国这样一个发展中的大国的地位应该说很不相称。所以，如何在竞争政策的国际领域树立起中国的威望，也无疑是中国政府的一项任重而道远的任务。

对中国的学术界来说，竞争政策也给中国学者提出了一系列问题。例如，中国反垄断法的具体实施必须与相应的实施细则和配套规定结合。如经营者集中的具体申报制度、相关指南的编制、与知识产权有关的反垄断规则、行政垄断的规制，等等，这些都需要经济学专家和法学专家通力合作来完成。再比如，对反垄断执法而言，对垄断行为的认定具有相当的复杂性，其主要表现在：作为一种经济现象，垄断行为的认定需要大量数据支持。尤其是市场支配地位认定。不仅执法者很难获得这些数据，且这些数据常变动不定；在现代社会，企业组织形式越发严密。任何垄断行为的认定都需投入大量的人力、物力和财力，且反垄断执法周期经常旷日持久；垄断行为比其他领域的违法行为具有更高的隐蔽性，反垄断实施机构获得违法行为的证据十分不易，使不少垄断行为得不到有效追究或以昂贵支付为代价，如此等等。

另外，应当看到，中国竞争政策的进展也给我国经济学工作者提供了机遇，那就是，随着中国《反垄断法》的实施，经济学必将发挥越来越重要的作用。从抽象的意义上说，反垄断法的实施实际上是对经营者反竞争行为的识别和惩罚，而识别的标准是看给定的企业竞争行为是否导致了正常竞争过程的扭曲和经济福利的降低，而这些恰恰是经济学中的“专利”。经济学在反垄断领域中的作用可以体现在以下几个方面：

第一，帮助反垄断执行机构制定法律的实施细则和指南。我国《反垄断法》虽然已经颁布并施行，但很多法律条文的表述过于抽象和原则。例如，关于经营者集中的反垄断审查，《反垄断法》第二十七条只是罗列了应当考虑的一些因素，但对执法机构来说，如何对符合或达到申报门槛的经营者集中做进一步的反垄断审查显然缺乏可操作性。从国外的情况看，为了使并购的反垄断审查对当事方和执法者具有较明确的预期和可操作性。美国司法部于 1968 年颁布了《合并指南》[①]，该指南是由一组经济和政策专家与政府部门的职业律师共同制定的，其中蕴涵着经济学（确切地说，是产业组织理论）的分析框架。前不久成立的国务院反垄断委员会被赋予的一项职责，就是制定、发布反垄断指南。可以预见，我国反垄断执行机构在制定反垄断法的实施细则和指南工作中，经济学将发挥重要的作用。

第二，反垄断案件中的事实认定需要经济学分析。在反垄断案件诉讼过程中，很多情况下会出现，对同一个商业行为，不同的当事方会有完全不同的评价，这时各方为了支持自己的论点，都需要论据，而相关的论据都可能涉及市场、成本、价格，进入障碍以及福利等经济学的概念。这意味着，经济学分析可以作为证据或证言出现在反垄断案诉讼中。

第三，反垄断案件的审理和裁决需要经济学帮助。如上所述，虽然反垄断案件中的当事人可以借助经济学的帮助提供证据，但最终判定事实和给出裁决的仍然是法官。一般地，在反垄断诉讼中，法官的一个主要任务是审视法律的适用，而非认定事实，但当法官们意识到他们的判决对当事方和经济的影响时，他们要求用经济理论来支持其决定便是自然的了。美国著名反托拉斯领域的学者布克（Book）曾指出：虽然“首要的和最明显的，反垄断是法律”，但它同时“也是一系列持续

① 该指南分别于 1982 年、1984 年、1992 年和 1997 年做了修订。

演变的产业经济学理论的集合。”可以预期，随着我国反垄断事务的演进，诉讼判决对经济学的依赖将更加普遍。

四、结束语

在社会主义市场经济条件下，制定和实施中国的竞争政策是一项前无古人的工作，其意义和挑战都同样重大。作为一名经济学工作者以及作为中国《反垄断法》审查修改专家组成员，笔者有幸目睹了中国反垄断立法的基本过程。同时也强烈地感受到经济学分析必将在反垄断领域中发挥重要的作用。最后，笔者愿意引用美国反垄断领域的著名学者克伍卡（J. E. Kwoka）和怀特（L. J. White）所说的两段话作为本文的结束：

“第一，经济学在反托拉斯过程中至高无上的重要地位已被牢固确立。反托拉斯执法政策和法庭判决将在更大程度上以经济分析作为基础。现在政策问题的支持者和批评者均用竞争和效率概念来论证他们的观点，都明白无误地承认经济理论发挥的核心作用。

第二，经济学的这些进展将会继续不断改进反托拉斯政策的合理性和一致性。随着这些进展被接受，他们使政策选择的范围不断变窄。也就是说，通过证明某些观点不正确、缺乏普遍性或是有其他不足之处，这些进展降低了未来的政策选择会再重复这些有缺陷观点的可能性①。”

参考文献：

1. 《北京青年报》，2008 年 8 月 2 日。
2. 吴高盛主编：《中华人民共和国反垄断法释义》，中国法制出版社 2007 年版。
3. 张穹：《反垄断理论研究》，中国法制出版社 2007 年版。
4. J. E. 克伍卡、L. J. 怀特：《反托拉斯革命》（第四版），经济科学出版社 2007 年版。
5. Robert H. Bork，The Antitrust Paradox，New York：Basic Books，1978.

（本文载于《财贸经济》2008 年第 11 期）

① 克伍卡、怀特：《反托拉斯革命》（第四版）北京，经济科学出版社 2007 年版，第 4 ~ 5 页。

体制转型、财政约束与事业单位垄断形成机制*

——以广电部门为例

周晓艳　高春亮　余　晖

摘　要： 本文从财政支出结构视角以广电部门为例探讨了事业单位垄断的成因、结果与可能产生的影响。由于我国财政支出结构与事业单位公共服务供给的资本需求之间存在较大缺口，需通过市场化经营筹措营运资本，由此形成事业编制、市场运作的双轨模式。事业单位双重身份与财政支出模式僵化激励其行使垄断权力，限制了广告、影视等服务行业发展。本文认为区分事业单位提供的公共产品与私人产品并与财政筹资与市场化筹资相对应，方能有效约束事业单位垄断并促进我国服务业发展。

关键词： 体制转型　财政支出结构　事业单位垄断

一、引　言

我国渐进式改革的脉络是逐步厘清政府与市场的边界。但由于我国市场经济的许多微观主体产生于体制之内，在市场与政府边界的模糊之处，常有微观主体跨越市场与政府边界，以同时获得体制内外的利益，事业单位便是这种机构之一。一方面运用公权力或者影响公权力获得资源分配的好处；另一方面又透过所管辖企业参与市场竞争活动，将公权力的影响转换为经济收入。事业单位现有格局的形成是制度演进中历次机构改革多方博弈的结果，也是渐进式改革制度成本的重要内容。

由于事业单位所兴办企业大都集中于服务业领域，因而对我国发展现代服务业影响深远，在这种背景下讨论事业单位垄断形成机制的意义非常突出。由于缺乏各事业单位记录在案的意图垄断的证据，因此本文力图通过广电部门的案例，以制度变迁—激励机制—垄断行为为逻辑线索加以探讨，反观事业单位存在由公权力所促成的垄断行为，其必然推论是事业单位垄断必然导致社会福利损失。由于事业单位参与市场经济活动具有类似的模式，以广电部门为案例研究并不影响本文的结论。

二、相关文献回顾

事业单位是我国公共部门的重要类型之一①。大多数事业单位建立的目的是提供公共服务②，

---

* ［基金项目］本文为余晖研究员主持的中国经济体制改革研究会2007年重点课题“行政性垄断及其改革”的阶段性成果之一，感谢天则经济研究所的双周论坛上茅于轼、张曙光、盛洪、贾俊雪等的有益评论，以及中国人民大学史际春教授等人的建议，当然文责自负。

① 其他三类分别是党政机关、国有企业（包括国有金融机构）和国家发起的社会团体。

② 事业单位较为准确的译法为 public service unit，其他译法包括 public institutions，institutional units 以及 non-profit organizations。

但某些事业单位同时承担着政府职能，一些上级事业单位本身又是下级事业单位的“主管部门”①。我国事业单位改革历程中隐含的激励机制安排，影响事业单位基本属性和行为方式，政府财政投入规模主导着事业单位改革方向。在财政补助和经费自理的原则性区分下，单位内部的创收则往往与拨款相混淆，所提供的“公共服务”数量与质量也受两者影响。由于事业单位变迁嵌入渐进式改革之中，特别是财政体制变迁之中，因而需考察其演进制度之脉络，以探究形成现今格局的原因。

传统官僚体制常常以增加预算到最大限度的方法，来扩大自己的权力，同时提高个人收入（Niskanen，1971；McGuire，1981）。而官僚组织有时也会表现得过分热情，其所热衷的并不是个人报酬，而是执行公共政策，尤其是执行那些被认为会危害产业和强迫接受官僚片面裁定的公共政策（Wolff，1988；Booker and North，1994）。但当一个组织越来越远离其最初由法律规定的目的，转而由自己来界定所谓完善政策时，就可能出现官僚放任自流的现象（Shepsle，1992）。

马斯格雷夫（Musgrave，1981）将政府职能划分为：经济稳定、资源配置和收入再分配。其中资源配置即政府预算的基本职责，而政府预算规定了政府在一定期间内计划支配的财力总额及其结构，不仅关系到自身的资源配置效率，而且影响整个社会资源的配置效率。在市场经济体制中，政府是一种向社会提供公共物品的制度安排。然而在预算期间，即使经费只是逐步增长，但组织仍旧是支出扩张的根源。政府改革预算制度，试图消除经费不断增长的压力，但却由于各种原因而徒劳无功。因为只要有政府组织存在，就需要供养；而如果政治家无法做出裁撤组织的决定（Bothun and Comer，1979），那么公共预算的增加就不可避免。

既然公共机构或组织存在且财政支出规模日益膨胀，而财政收入总有上限，因此配置稀缺性财政收入资源，便成为需讨论的对象。在20世纪80～90年代公共财政管理实施以市场为基础的改革，所依据的市场原则之一，是将购买者与提供者分开，并建立内部市场（OECD，1993）。这种将提供者与购买者区分开来的管理体制，是为了降低成本和提高效率，说明不仅公务成本含有公共资金，而且资源利用的机会成本中也含有公共资金（Mellett and Marrioff，1995）。

在财政收入既定、支出规模日益膨胀的背景下，一个可行选择是调整财政支出结构。如果以此视角考察我国事业单位初期预算管理改革，显然有失公允。改革初期，国家财力已难以负担庞大的公共开支，此时制度安排倾向于鼓励事业单位自给自足。因而，20世纪80年代事业单位利润导向的激励机制使得其通过各种途径创收以弥补初始财政投入不足。尽管与国外支出规模膨胀原因不同，但问题解决方式却具有类似性。1994年分税制改革后，政府收入增长并未全部用于改革之初那些缺乏经费而被迫自给自足的机构，而是仍沿袭改革之初的做法，维持财政支出格局不变，并未将原本被迫放弃的政府职责收回；也由于机构已经习惯于游走在市场与政府间的模糊地带，其间又加入了政府机构改革安排人员分流至事业单位的因素，最终事业单位习惯于利用体制内资源以弥补其市场竞争的不足，利用制度形成的市场壁垒维持其较高收入水平。因此，事业单位垄断行为的深层次分析毫无疑问要从其财政来源入手以构造解释性框架。

三、财政支出结构、激励机制扭曲与利益部门化

（一）财政支出结构与公共财政目标不匹配

事业单位财政支出具有与“粘蝇纸效应”类似的特征。因曼（Inman，1988）提出转移支付对

① 20世纪90年代增设的行业监督、行业准入许可机关多为“事业单位”，如：中国证监会、中国银监会、中国保监会等政府机关是作为事业单位设立的。“一个机构，两块牌子”是众多具有行政职能的事业单位的常见方式。

地方公共产品需求具有收入效应和价格效应，会导致居民对地方提供的产品和服务成本的低估，需求相应增加，产生两个结果：一是地方政府对于上级政府的转移支付并没有本地税收收入增长带来的预算支出那样珍惜（Oates，1994）；二是上级政府的一般定额补助被“粘”在公共产品上而难以脱身。“粘蝇纸效应”分析的是上下级政府之间分配转移支付可能产生的现象，然而我们认为粘蝇纸效应中蕴涵转移支付与地方财政支出规模增加的累积循环、支出安排僵化两个显著特征可用于解释事业单位垄断的成因。

改革之初受财政支出规模缩减的影响，事业单位普遍投入不足而被迫进入市场，其后凭借“企业化运作”行使垄断权力，部门从中受益；因此政府对事业单位投入倾向于进一步减少，而参与市场经营所得远大于财政拨款，事业单位也更倾向于市场化经营，由此进入财政投入减少、经营意愿强化、垄断地位强化的累积循环之中；此局面一旦形成，原本既定的支出安排模式难以改变，财政拨款如同转移支付一样“粘”在预算部门，因此尽管我国财政实力增强也难以将增量部分用于补贴事业单位。

以广电部门为例，在完全由国家财政拨款的时代，我国广电业是国家垄断性质，主要作为政治斗争工具，而产业功能定位基本缺失。与我国经济改革轨迹相适应，1979 年后为适应经济建设的目标，除了作为党和政府喉舌以体现意识形态外，广电业进入转轨阶段。这一阶段具有三个鲜明特征：一是广电部门被划入“差额拨款”的事业单位，因此其从事市场经营活动成为必然；二是事业单位改革借鉴了企业改革经验——“放权”，扩大其经营自主权；三是未能就广电部门的双重属性给予明确界定，市场角色定位日趋模糊。

改革初期，投入不足限制了广电事业发展。由于体制内资源无法解决部门资金需求，广电部门利用所拥有资源进行产业化运作的改革思路很快在实践中得到体现。1984 年上海广电局的经营范围从广告经营发展到多种经营，当年多种经营创收达 1099 万元，到 1987 年第一次超过财政拨款。上海广电局更在 1987 年提出“只有发展产业，才能建设事业”的观点，并将社会化、专业化生产方式引进来。1993 年中央文件明确广播电视为产业，广电部门从此拥有事业和企业两种性质。尽管事业单位不直接参与经济活动，但通过所控制公司参与市场竞争，并且这种做法受到国家政策支持①。基本上只要履行必要手续，许多事业单位资产均可转为经营性资产。文件中也指出保证完成事业任务的三类资产不得用于经营性事业，然而这一界定过于模糊，无法保障所形成的固定资产不被用于经营。

上海市广电部门很具代表性：1988～1993 年，上海市广电局采取经营创收同上交财政资金、免征所得税和奖金税挂钩。承包期间全局经营创收按协议规定，70% 为事业经费支出，30% 为职工福利和奖励基金，同时，增加关于实行工效挂钩的条款。1993 年实际执行结果是，全局创收额超过协议规定数 70%，职工人均待遇比上年度增加 30%，使国家、集体、个人三者利益都得到保证②。从此，事业单位卷入市场经济的浪潮之中，由体制内转为内外兼顾，收入持续增加。

（二）财政事业支出与激励机制扭曲

洪银兴、曹勇（1996），以及杨瑞龙、杨其静（2000）认为我国市场功能不完善、行政性分权背景下，地方政府试图通过经济增长完成考核目标。从公共物品供给层面来看，1994 年分税制改革之后，随着财权上收和事权的逐级下放，纵向财政失衡日益严重，造成基层政府财政压力加剧，不得不减少公共服务供给。另外，地方政府支出大致可分为生产性公共物品和消费性公共

① 1998 年事业单位从事股权投资也已经完全合法化，参见国务院《事业单位登记管理暂行条例》（1998）。一些事业单位成为上市公司的发起人和大股东，如清华大学、北京大学、中央电视台等。且国家机关通过其控制的事业单位进行股权投资，也成为相当普遍的实践。

② 《上海广播电视志》，http：//www. shtong. gov. cn/node2/node2245/node4510/index. html。

物品，我国的财政竞争促使地方政府偏向于投入生产性公共项目，而对于消费性公共项目投入不足。由于两类支出给予政府官员带来的“租金”是不同的，而这些行动主体的寻租行为是决定政府支出结构的重要因素。那些带来更多“租金”的支出项目有可能在总财政支出中占据更高的份额。

因而，一方面地方财政无力为事业单位提供足够的财政支持，另一方面地方政府受GDP考核影响，将更多财政、资源和土地出让资金投向能够尽快促进经济增长的领域。导致财政分权化之后我国政府用于事业单位的支出占当年财政总支出的份额逐年下降，这表明事业单位必须要通过自身的“创收”来弥补财政经费的不足，因而具有强烈的创收激励动机。从某种意义上说，财政分权至少在中央层面上强化了事业单位的逐利行为。初始财政投入不足、利润导向的激励机制确立，财政分权后投入的进一步下降共同形成事业单位的激励机制：即鼓励事业单位参与市场经济活动。

（三）预算软约束和部门“分成”制度

“软预算约束”在转型国家普遍存在，“软预算约束”下下级政府和各部门有着突破已有预算限制、实现规模与权力扩张的冲动，且通过游说上级部门以获得预算外资源（David Li，1998）。但钱颖一和杰拉德（Yingyi Qian and Gerard，1998）认为上级政府和部门预算硬化措施的成效并不尽如人意，规模扩张冲动在抑制与扩张的循环中不断再现。随着上级政府和部门强化财政约束，各级政府、部门试图通过多种方式谋求计划外的财政收入或其他资源。

在广电领域，2000年后广电业进入集团化阶段，沿袭转轨阶段的制度安排，广电部门盈利功能日益增强。1998～2006年广电业广告收入占其总收入比例为50%以上，远大于约17%的财政收入，且广电部门收入总大于支出，因此广电部门总支出大部分来自于经营性资产的运作收益（见表1）。即便某些资产仍然被界定为非经营性的，但由于在实际营运过程中无法监督，因此广电部门的盈利功能增强。且由于财政投入资金仅占到总支出的17%左右，不足部分只能通过广告收入加以弥补。这也表明我国事业单位普遍存在的现象：透过某种途径参与经济活动，获得收入以弥补财政投入之不足。因而，在财政无法满足其预算支出的情况下，事业单位存在强烈创收激励，这使得其具有很强的动机去扭曲公共服务市场，通过经营性活动，事业单位能筹集到更多资金。

表1　　1998～2006年我国广播电视部门的收支结构　　单位：亿元，%

年度	总收入	总支出	财政收入		广告收入	
			实际数额	所占比例	实际数额	所占比例
1998	305.35	296.25	43.01	14.09	158.14	51.79
1999	364.3	341.86	44.67	12.26	184.65	50.69
2000	430.98	415.23	48.59	11.27	239.81	55.64
2001	476.86	448.61	57.43	12.04	254.79	53.43
2002	415.02	382.78	53.78	12.96	279.58	67.37
2003	567.79	522.42	73.71	12.98	325.81	57.38
2004	—	—	—	—	—	—
2005	653.64	623.7	109.05	16.68	398.29	60.93
2006	712.57	682.67	125.56	17.62	527.35	74.01

资料来源：http：//gdtj.chinasarft.gov.cn/Tiaomu.aspx？DocId=69，该数据表仅给出财政收入和广告收入，其中2005～2006年财政收入为财政补助收入，来自高校财经数据库，缺2004年数据。

而现实中，事业单位的经营性活动很难形成硬约束，其中原因包含三个层面：一是硬约束的条件尚不具备。尽管改革把大多数事业单位“推向了市场”，但市场高度扭曲。消费者没有足够权力限制事业单位行为，而事业单位的性质又使其能够影响政府部门的干预措施，其模糊性质使得硬约束难以实现。二是监管约束薄弱。建立完善的预算制度所必要的信息基础还处在缺失状态（世界银行，2005），因此对事业单位约束的基础亦难以存在。除了政府预算支出外，我国相当大一部分经济资源已经被投入到事业单位，包括60%的受过最良好教育的专业技术人员①、大量国有土地、大约2/3的非经营性国有资产②。这类预算外公共支出不仅对公众而言是不透明的，且由于政府职能的多元化，各级政府间以及财政与职能部门间财权事权划分界限不明确，导致甚至连政府亦不清楚这部分预算外支出的确切数额。在这种情况下，政府实际上无法对事业单位的财务运作进行有效监督和控制。此外，无形资产以及各种实物资产的定价问题，以及各种优惠政策所带来的种种好处无法计量，因而这类非预算支出本身从技术上也是难以度量的。三是缺乏法律约束。大规模鼓励本来以公益事业为固有职能的事业单位去创收，使得公权力和公益性的公共资源被商业化利用，且由于我国管制不正当经营的法律通常只是针对“企业”，因此，当事业单位从事营利性行为时，由于身份上还属于事业单位，使得这些法律无法适用③。

我国财政支出结构特征既赋予事业单位强激励进行企业化营运，也成为谋求部门利益的借口。现实表明其不仅能实现部门发展，还能向其他部门“分成”，共同组成利益共同体强化了部门的逐利行为。集团化发展之后，不仅广电部门从中获益，财政部门也从中获得分成，2000年广电部门创收为185亿元，纳税共计23亿元（张振华，2003）。由此看来，实践中的广电部门有更多动机从事营利性活动，且受到“分成”激励。

总的看来，在广电部门改革脉络中，“收益部门化”的激励机制安排趋向于强化，其主要特征是：（1）由于广电改革过程中，意识形态、党的喉舌功能模糊为广电经营单位的市场角色提供了便利；（2）模糊的市场角色强化了经营性功能，这一激励机制延续了改革之初的制度安排；（3）由此形成的产业集团可利用行政、规模优势限制市场竞争行为维持其收益最大，同时又因软约束和已经形成的“分成”制度安排强化了集团的行为动机，最终导致公共服务和营利目标之间的根本冲突。事业单位本应提供外部性强的产品或公共物品，当一项资源同时被要求用以提供公共物品和私人产品时，选择供给私人产品似乎是普遍选择。毕竟利他主义更多地是个人行为，而不可能是集体行为。因此尽管财政投入形成的资源本意是用于公共物品，但更多的时候被用于私人产品，从而导致供给不足或者消费者须额外支付更高费用。事业单位的营利性意味着公共权力和公共资源的私有化，作为公共服务的提供者，事业单位无偿从政府那里获得行业准入许可，且享有减免税待遇。但当事业单位利用体制内的公共资源来谋取私利时，它得到豁免和特许的正当性基础就不复存在。

事业单位是政府在公共服务领域的延伸。由于我国事业单位和政府以及其他公共部门之间的界限模糊不清，且事业单位的财务制度不像政府部门那么严格，政府机关通过它控制的事业单位来创收，以实现自己特定的经济利益。因而，事业单位习惯于游走在市场与政府间的模糊地带，以同时获得体制内外的利益。一方面可获得财政拨款、运用公权力或者影响公权力以获得资源分配的好处；另一方面又通过所管理的企业参与市场竞争活动，将公权力的影响转换为经济收入。事业单位垄断行为的本质在于其既具有公权力，又参与市场竞争，导致其他相关行业的经营行为亦被相应扭曲，扰乱了市场运行秩序。我国事业单位的特征表明这类组织与市场微观基础不符之处甚众，且能够形成垄断势力，干预市场。

① 该数据来自人事部，人事部定义的“专业技术人员”包括大部分脑力劳动者，如教师、医生、科学家等。

② 2001年，中国在教育、卫生、文化、科学技术和农业服务方面的支出占财政总支出的22.6%，政府行政开支为12%。这些资金的很大部分进入了事业单位。

③ 例如，一些事业单位可能同时又是若干上市公司的控股股东或发起人，其从上市公司获得的利润，能豁免“企业法人所得税”（方流芳，2007）。

四、事业单位垄断行为——以电视台为例

（一）垄断播放平台以操纵价格

电视台播放的各种节目可视为服务包，优化服务包供给以获得更多的观众是其主要目标。图1简要勾勒了广告产业链，广告产业链由媒体代理商、广告代理商、电视节目供应商和电台组成。广告主根据受众数量选择媒体和广告投放规模，受众规模决定了广告投放额，也决定了电视台收入规模。此外，电视受众规模还受到技术、制度等多种因素影响。

广告产业链的市场结构具有“下游垄断、上游竞争”的特征（见图1）。（1）播放平台垄断。因电视台属于特许经营，具有“寡头垄断”特征，从资源稀缺性角度看，电视台相对产业链中其他企业更具有垄断能力。（2）上游企业竞争相对充分。广告业上游的媒体代理商、广告代理商、电视节目供应商数量众多，竞争更为充分。电视台—媒体代理商之间的关系错综复杂，为电视台一体化经营提供了便利。

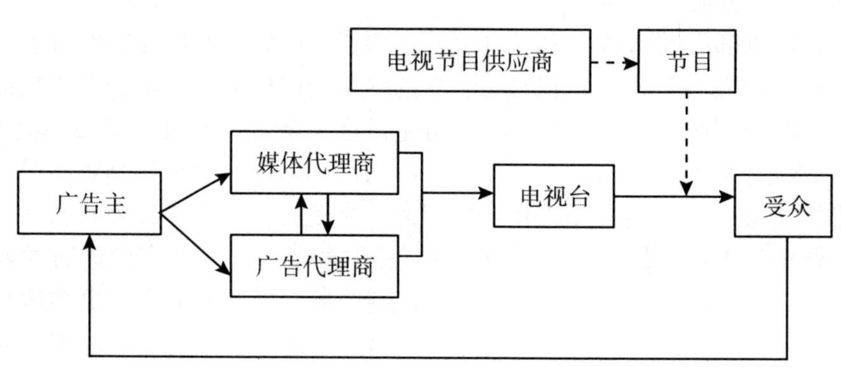

图1　广告产业链

广告收入是电视台收入的主要来源，包括贴片广告和独立广告两种播放形式，前者在电视剧和电视栏目中播出，而后者则独立播出。对于电视台来说，电视剧肩负70%的营收重担，贴片广告是广告播放的重要形式，也成为电视台收入的重要来源。既然电视剧是贴片广告发布的主要平台，因此电视剧质量将通过收视率影响到该电视剧广告额的投放。

较大规模的投入是高质量产品的必要条件，制作高质量影视剧所需的高额投资也需要较高的回报予以保障。由于电视台在两种播放方式中均处于垄断地位，由此产生较强的干预价格能力。目前发达国家电视节目在市场上的利润分配关系是制作占50%，播出媒体占25%；而当前中国电视节目的利润是完全倒向电视台的，制作方在总利润中仅占6%以下，且仍被电视台持续挤压（刘江华，李彦，2005）。2001年，上海文化广播电视电影集团（简称“文广集团”）成立后，旗下所有电视台的广告价折扣，由原来30%～35%不等，统一降低到25%，电视剧购买价由每集5万元降为3万元（周依亭，2003）。依托中央电视台（以下简称央视）成立的中视传媒，除个别年份外，1998～2006年间中视传媒营业利润率远远超过工业企业的平均利润水平（见表2），2006年我国全部国有及规模以上非国有工业企业利润总额为19504.44亿元，主营业务收入为313592.45亿元，工业企业平均营业利润率为6.2%，而中视传媒利润在9.86%，无疑垄断是重要因素之一。总的看来，市场结构决定了电视台主导行业利益分配，不仅决定广告收入分配，也决定了电视节目的利润分配。

表 2　　**1998～2006 年中视传媒公司利润率**　　单位:%

年份	中视传媒营业利润率	制造业企业营业利润率
1998	41.78	2.27
1999	31.27	3.28
2000	12.97	5.22
2001	11.53	5.05
2002	3.07	5.28
2003	-3.31	5.82
2004	0.7	6.00
2005	5.87	5.96
2006	9.86	6.22

资料来源：聚源数据库。

（二）纵向一体化

以电视台为核心的“一体化”经营模式形成市场壁垒。在节目制作与播出过程中，电视台利用其垄断优势，不仅参与广告制作也参与节目制作。纵向一体化存在的理由之一是为了降低由市场购买产品所存在的风险，但当前无论电视节目制作还是广告制作企业数量众多，市场购买所存在的风险极低，更何况电视台拥有网络传输和播出平台两种垄断资源，因此继续维持纵向一体化缺乏理论支持。

纵向一体化隐含着为谋求部门利益而滥用国有资源之嫌。以央视为例，下属未来广告公司为其全资子公司，2006 年其营业收入排名我国广告公司收入第十名，而未来广告公司收入是央视收入的 20%①。央视下属单位包含了节目制作、播放以及影视基地建设，在此情况下，央视所制作的节目无疑具有优先播放权。中视传媒代理央视多个时段广告并制作电视剧，其控股股东之一便是未来广告公司，在这种极强的纵向一体化经营模式下，民营影视发展受到挤压。纵向一体化也表现在自制节目播出比例上。2007 年央视自制节目比例达 73.9%，而北京电视台每天自制节目达到 22 小时②。电视台自制节目增加显然挤压了民营影视公司发展空间，由于竞争条件不平等，民营影视公司的发展受到限制。

民营影视公司缺乏自己的网络和播出平台，对播出平台的依赖导致其在市场上将长期处于弱势地位。2000 年以来，政策支持制播分离，然而，制播分离政策并未真正发挥作用，电视台自身增加供给以替代市场节目购买。至于民营影视制作公司主要涉足的电视栏目制作，则属于制作和盈利难度较大的类型，再加上电视台对于电视栏目的购买热情远不如电视剧，导致栏目提供商基本上只能以购买电视台贴片广告的形式来出售自己的节目，直接导致节目运营链条过长，以致无法实现盈利。

（三）搭售

以“搭售”限制民营节目进入播放平台。一方面，各电视台自己开办制作公司，所实现的是电视台里的“制播分离”；同时，电视台“自办”节目也在不断增加。另一方面，电视业还没有形成市场经济条件下完整的产业体系，电视台购买电视节目，基本使用目前通行的电视制作公司贴片广告政策，即利用电视节目播出的广告时间段，来交换电视节目，电视剧生产者往往只能拿到广告时间。这使得电视台广告收入的平均利润率远远高于制作节目的民营影视公司的回报率，而民营影视

① 该数据见未来广告公司网站，http：//cn34017.chinaw3.com/aboutus/018.htm。

② http：//web05.bjradio.com.cn/412/2006-3-9/2@20332.htm.

公司和社会资本却承受着巨大的经营压力。

北京和上海电视台提供了搭售的例子。2003年北京电视台规定，每个栏目的贴片广告长度为节目总长的10%，贴片广告时间的20%给制作公司，以30分钟的节目为例，30分钟节目带3分钟贴片广告，制作公司只能拿到45秒的贴片广告时间，在一些频道，电视台还要求制作公司同时必须以每月预付款的方式包销另外的2分15秒。在自身可支配贴片广告时间减少的同时，制作公司还要为电视台扮演广告代理商的角色。而上海电视台的做法是制作公司30分钟的节目只能拿到30秒的广告时间（李若愚，2003）。

五、垄断结果

（一）限制广告业发展

国家工商局认为实行广告代理制，使广告行业内部分工更为合理，同时也对佣金做了规范，制定广告代理费的收费标准为广告费的15%。根据贝恩（Bain，1968）的标准，本文计算的1997～2005年间媒体代理商的CR_4和CR_8均大于广告公司，也就是相比广告代理商而言，媒体代理商市场更倾向于集中。然而必须指出的是，在媒体代理商中无论CR_4还是CR_8，收入排序前4和前8位均为电视台下属的媒体代理商，因而所谓市场集中度只是在电视系统内部对市场格局的划分，竞争也因此具有系统内部竞争的含义，而不是一般意义上的竞争。媒体处于垄断性地位，广告代理商难以竞争，自然也无法顺利推动代理制。表3数据表明我国广告代理商主要集中于合资和国有经济之中，尽管营业额规模较大，但广告营业收入占营业额比重相对较低，营业额中的大部分支付给了播放平台。

表3　　2006年我国前十大广告代理商广告营业收入与营业额比重

名次	广告代理商	营业额（万元）	广告营业收入占营业额比重	企业性质
1	上海李奥贝纳广告有限公司	393796	0.11	中外合作经营
2	盛世长城国际广告有限公司	375102	0.13	中外合资经营
3	麦肯·光明广告有限公司	365432	—	美国麦肯世界集团、《光明日报》
4	智威汤逊广告有限公司上海分公司	350000	0.08	
5	北京电通广告有限公司	286379	0.25	日本电通，中国国际广告、大诚广告
6	上海新结构广告有限公司	273219	0.10	—
7	北京未来广告公司	237000	0.09	中央电视台下属企业
8	广东省广告有限公司	186000	—	
9	分众传媒（中国）控股有限公司	185000	—	—
10	上海广告有限公司	132300	0.28	世博集团直属公司

资料来源：列3、列4数据来源于聚源数据库，企业性质数据来源于各公司网站。

由于推行广告代理制是由行政部门主导的，但却因诸多利益的冲突及广告代理商的代理能力尚未健全，导致功能无法发挥。目前跨国广告代理商也已具有较强竞争力，我国6万多家广告公司，跨国广告代理商只占了0.5%，但这300多家外资广告公司，却占有近30%的广告市场（宋杨，2004）。表3也表明主要广告公司大都为合资企业。我们希望能够查到与外方合资的中方股东身份，但只获得较少数据。尽管是少量数据但也可以看到外资更青睐于和体制内关系较为密切的资本的合资，如光明日报、中国广告公司等。这种合资的结果从资本和制度两个层面确立了国有经济（外资）的垄断地位，体制内的企业具有网络优势，而外资则具资本和技术优势，两者合作的本身即意味着一般的民营企业难以与之竞争。如果继续延续现有发展格局，我国广告业很可能形成国外资本与国内平台合作企业为主，数量众多而规模较偏小的民营广告公司尾随其后的市场格局。

（二）限制影视业发展

2006 年我国全年生产电视剧 13840 集，仅播出近 7000 集；2007 年仅已报送审批的就达 1.7 万集，但有近 1 万集不能播出。目前，普通现代剧每集制作成本在 20 万～50 万元，古装剧每集成本在 30 万～80 万元。仅以未播出电视剧平均每集制作成本 35 万元计算，1 年有 1 万集电视剧未播出，就意味着三十多亿元资金的浪费。如果再算上还有一批未经报批就投入拍摄的电视剧，资金浪费是令人震撼的①。

2005 年我国电视剧制作投资额中，国家投资占到 47%，而社会投资仅占到 33.4%。国家投资电视剧并无不妥，但较高的份额颇令人意外。显然国家投资经由电视台或相应电视制作公司完成，从某种意义上限制了民营影视公司的进入。近年来，大批国际传媒集团纷纷进军中国影视节目行业，它们已与国内媒体在新闻资源、受众群体、广告市场和人才竞争方面展开了激烈的争夺。与此同时，国际传媒巨头更乐意选择拥有播出平台的电视台和国有广电企业合作，华纳和中影以及横店集团的合作就是一个例子，而与维亚康姆合作的也是中国第二大传媒集团——上海文广集团。这无疑将提高国内电视节目的制作成本，使民营公司处境更加困难。

（三）垄断与福利损失

电视台的垄断行为会带来高额的垄断利润，从而降低整体福利水平。但由于事业单位垄断的复杂性使得很难估算广电部门所产生的福利损失：一是由于上市公司数量较少，缺乏足够数据。据证监会行业分类，目前仅有中视传媒、广电网络、电广传媒和天威视讯属广电业，然而它们更多属于广电产业链中的节目制作环节或网络环节而难以代表整个产业链；二是由于广电部门财政拨款规模较小，因此经营收入部分也有较大部分被用于农村和西部广电建设，这也为估算福利损失增加了难度。

若假定垄断部门员工收入相对较高，则可通过员工报酬水平进行粗略分析。2005 年总局直属单位人均收入为 3.7 万元（央视直属广电总局），而同年全国人均从业人员报酬为 2.01 万元，特别是经济较为发达的地区，广电部门的收入明显高于当地平均收入水平。尽管尚不能将高收入完全归结于垄断，但无疑垄断是其高收入的重要原因之一。关于此方面的比较仍需指出其中包含了广播电台的从业人员报酬，而广播电台的广告收入相对较少，2005 年全国广播电台广告收入仅为电视台广告收入的 13%。可以想见，如果将广播与电视收入区分后，电视台从业人员的收入要显著高于各地职工的平均工资。

我们也根据 2006 年按细分行业职工平均工资口径计算了各行业收入离差与均值的比例，在参与计算的 92 个部门中，60 个产业部门离差为负。在离差为正的产业部门中，收入离差较高的部门由两个因素决定：一是人力资本存量较高的行业，如信息传输、计算机服务和软件业；二是垄断因素。如烟草制造业等。而广播、电影、电视的离差为正，我们认为相比之下，垄断是导致该部门高收益的主要原因之一。

---

① http：//cci. cuc. edu. cn/Html/Cyzh/B5/2007 - 12/19/20071219233407151. html.

六、结 论

本文在激励机制、行为与结果的逻辑框架内，分析了事业单位行为的诱因和可能产生的结果。尽管以广电部门为例进行分析，但其结果具有普遍意义。本文认为事业单位垄断是由两个主要原因导致：首先，财政支出结构与公共财政目标不匹配是事业单位垄断行为的重要诱因。改革初始阶段由于财政资金匮乏而被迫进行事业单位企业化运作以筹措发展资金，此为无奈之举。然而在财政收入持续提高的同时，财政支出结构仍停留在改革初始状态，增量部分的财政收入多用于其他用途，因而形成了较强的激励机制鼓励事业单位参与市场经营活动；其次，事业单位也因经营所得甚多而不愿退出，路径依赖较强。在此过程中，相关机构和部门也从事业单位的经营收入中分利，事业单位的管理方式和经营模式已经合理化。现有事业单位企业化运作的模式在广电、出版、医疗、教育等行业或多或少存在。事业单位垄断行为产生的直接后果是利用公权力形成事实上的垄断地位，由于事业单位与民营企业不平等的竞争关系，遏制了我国服务业的发展。在服务业正在成为国家发展重点的背景下，解除服务业发展的外部约束的意义重大，据此我们认为未来我国改革的重点应当从国有企业领域改革转向事业单位和行政机构，逐步解除垄断对服务业市场的负面影响，在此过程中设计合理的激励机制以遏制事业单位垄断应成为题中应有之义。

由于公共财政改革进展缓慢，事业单位改革难度正在加大。我国财政支出向公共财政的回归是消除事业单位垄断的前提，然而财政资金终究稀缺，不可能同时解决所有事业单位问题，仍需对事业单位进行渐进式改革，概括起来改革思路为：首先是对所提供的服务进行分类，可进行市场化的部门应鼓励民营资本进入，不可市场化的部门如涉及意识形态领域的部门应完全由财政承担其开支，对事业单位的公共部分进行全额补助；其次使用产业政策鼓励进入的民营资本快速成长，产业政策的核心是从形式上消除民营企业与事业单位两者不平等的市场地位，在行为上约束事业单位行使垄断权力。具体说来，限制事业单位垄断行为须同时从两个层面入手：一是将事业性质和企业性质予以区分，凡是能够市场化的应由市场完成，从而限制其垄断权力的运用；二是财政应给予足够补贴，以矫正扭曲的激励机制，减少事业单位可能对市场的干预：

第一，明确区分公共服务和市场化服务。在我国事业单位所提供的服务中，大都同时具有公共服务和可市场化服务两种属性，市场化意味着可通过私人资本在竞争性市场中提供服务产品，而公共服务则必须由财政支持，让其回归公权力控制之下。受意识形态所限，“喉舌”功能常常是事业单位改革的关键，对此本文认为适度划分服务产品属性，可考虑在公共服务和可市场化服务两者之间设立缓冲地带，改革的趋势是逐步压缩缓冲地带范围，最终实现公共服务业和可市场化服务两者的清晰划分。

第二，明晰资产产权。若明确区分了公共服务和市场化供给服务两类，那么明确各自提供服务所使用的投入则成为改革的关键。投入包括了资产、人力资源等多个方面，相比之下人力资源分割难度较大。由于我国实行事业单位企业化运作的模式中，现有人力资源的身份是模糊的，倘若人力资源边界不能清晰划定，改革难见成效。因此本文认为在可市场化的部门，事业单位应取消编制限制，鼓励人力资源合理流动，从而清晰界定人力资源身份属性。

第三，调整财政支出结构以改变寻租分利制度安排。调整支出结构是建立公共财政的重要内容，支出结构调整应朝向公共服务的供给，当支出结构中社会福利方面的支出占有较大比重时，寻租和分利的动机将会弱化，若仍延续现有支出结构，则事业单位仍然会通过经营性方式谋求部门利益。

第四，财政安排应回归公共财政。矫正扭曲的激励机制安排是限制事业单位垄断行为的又一关键。我国财政改革的一个重要问题是：改革之初由于财政能力匮乏而被迫选择市场化运营，可视为公共服务需求与供给之间存在财政缺口；然而随着经济增长和财政能力提高，增量财政收入并未弥补财政公共服务开支缺口，因此增量资金安排应考虑弥补这一缺口。

实践中，应当按先易后难的渐进式改革思路进行。尽管事业单位提供的产品千差万别，但都可按业务流程进行分拆，以市场化程度较高的电视台为例，可按其工作流程将电视台业务部门划分为三个环节：播放平台、播放内容制作、播放内容采购。(1) 播放平台。由于电视播放平台投资规模巨大，目前仍可由政府控制，也可考虑按地区成立国有控股公司进行营运管理。(2) 播放内容制作。在播放内容制作环节中，根据播放产品的内容可将其划分为意识形态类产品、公益类产品与营利性产品三类；在制作过程中意识形态类产品完全由中央财政承担开支；公益性产品突出文化、教育和传播等功能，此类产品可向民营机构开放，同时中央和地方财政可提供播放内容制作的指导目录，并由财政视情况提供资助；营利性产品如电视连续剧应完全由民营机构提供。(3) 播放内容采购。成立采购部门，对播放内容进行审查并采购那些符合标准的产品，并提供给播放平台播出。

按此构想进行事业单位改革可解决本文所提及的三个问题：首先，电视台业务流程三分后，通过播放平台独立营运可解决操纵价格问题。在收入分配上，可根据收视率和广告收入在节目制作部门和播放平台之间制定合理的收入分成制度，使其制度化；其次，由于制作播出相分离，搭售和一体化可望缓解；最后，播放内容制作还可解决人员属性问题。财政供养人员仅集中在意识形态类产品制作部门、播放内容采购部门，其余人员可完全社会化。

参考文献：

1. 方流芳：《从法律视角看中国事业单位改革》，载于《比较法研究》2007 年第 3 期。

2. 洪银兴、曹勇：《政府体制转轨时期的地方政府功能》，载于《经济研究》1996 年第 5 期。

3. 李若愚：《京沪电视台变招民营电视商愤怒》，载于《财经时报》2003 年 1 月 11 日。

4. 刘江华、李彦：《电视剧生存状况调查》，载于《中华新闻报》2005 年 6 月 8 日。

5. 世界银行、东亚和太平洋地区减贫与经济管理局：《中国：深化事业单位改革，改善公共服务提供》，中信出版社 2005 年版。

6. 宋杨：《风萧萧兮——中国广告业好混吗》，载于《动脑杂志》2004 年第 342 期。

7. 王珺：《增长取向的适应性调整：对地方政府行为演变的一种理论解释》，载于《管理世界》2004 年第 8 期。

8. 杨瑞龙、杨其静：《阶梯式的渐进制度变迁模型：再论地方政府在我国制度变迁中的作用》，载于《经济研究》2000 年第 3 期。

9. 周依亭：《上海电视业：垄断后的分离》，载于《经济观察报》2003 年 3 月 31 日。

10. 张振华：《中国广播电视概要》，北京广播学院出版社 2003 年版。

11. Bain, J. Industrial Organization. John Wiley and Sons, New York. [M]. 1968.

12. Booker, C. and North, R. The Mad Officials: How the Bureaucrats are. Strangling Britain, London: Constable. [M]. 1994.

13. Bothun, D. and J. C. Comer. The Politics of Termination: Concepts and Processes. [J]. Policy Studies Journal. 1979, 7.

14. David D. Li and Minsong Liang, Causes of the Soft Budget Constraint: Evidence on Three Explanations, [J]. Journal of Comparative Economics, Vol. 26, 1998.

15. Inman, R. P. The fiscal performance of local governments: An interpretative review. In P. Mieszkowski and M. Straszheim (Eds), Current issues in urban economics, [M]. Baltimore: The Johns Hopkins University Press. 1979.

16. Keen, M. and M. March and, Fiscal Competition and the Pattern of Public Spending. [J]. Journal of Public Economics, 1997, 66.

17. Mellett, H. and N. Marriott. Depreciation Accounting in the Public Sector: Lessons from the NHS. Public Money and Management 15, [M]. 1995, July.

18. McGuire, T. Budget Maximizing Government Agencies: An Empirical Test. [J]. Public Choice, 1981, 36.

19. Niskanen, W. Bureaucracy and Representative Government. Chicago: Aldine/Atherton. [M]. 1971.

20. Oates, Wallace E. Federalism and Government Finance, in Modern Public Finance. J. Quigley and E. Smolensky,

eds. Cambridge, MA: Harvard U. Press, [M]. 1994.

21. OECD. Internal Markets. Paris: Organization for Economic Cooperation and Development, Market-type Mechanisms [R]. 1993, seriesno. 6.

22. Richard Musgrave. The Theory of Public Finance. [M]. New York: McGraw – Hill Company. 1959.

23. R. North. The Mad Officials: How Bureaucrats Are Strangling Britain. [M]. London: Constable. 1994.

24. Shepsle, K. Bureaucratic Drift: Coalitional Drift and Time Consistency: A Comment on Macey. [J]. Journal of Law, Economics and Organization. 1992. 8.

25. Wolff. C. Markets or Governments? [M]. Cambridge: MIT Press; Booker, C. 1988.

26. Yingyi Qian and Gerard Roland, Federalism and the Soft Budget Const raint. [J]. American Economic Review, 1998 (88).

27. Zhuravskaya, E. V. Incentives to Provide Local Public Goods: Fiscal Federalism, Russian Style. [J]. Journal of Public Economics. 2000. 76.

（本文载于《中国工业经济》2008 年第 12 期）

中国行政垄断：利益主体的博弈与载体的泛化趋势*

陈爱贞　刘志彪

摘　要： 拥有行政垄断地位或政府权力资源的企业，是实现行政垄断市场效应的载体。为获取政府权力资源，国有企业、跨国公司、民营企业会与地方政府展开博弈，使政府权力资源向非国有企业渗透，出现行政垄断载体泛化趋势。由此，一些非国有企业也成为行政垄断载体，并依靠政府权力资源获取市场竞争优势。这不但扩大了竞争机会不均等的范围，而且也使一些行政垄断与经济性垄断等交织在一起，增加了行政垄断的隐蔽性，导致反行政垄断甚至反经济性垄断的难度加大。因此，应有效控制政府权力资源向更大范围的进一步蔓延，且在实施反行政垄断时，要从行政垄断载体而不是行政垄断企业的角度来判例。

关键词： 行政垄断　利益主体　载体泛化　政府权力资源

一、前　　言

行政垄断在转型经济国家中，是一种较为普遍的现象。我国在迈向社会主义市场经济过程中，同样也面临着行政垄断这个巨大的障碍。由于在行政垄断形成过程中逐渐形成的庞大利益集团，在干扰政府职能改革（胡鞍钢等，2002），因此，尽管2006年6月7日我国反垄断法草案已原则通过，但在经济转型时期，我国的反行政垄断将面临一个长期而艰巨的进程。

人为设置行政壁垒，既是行政垄断区别于一般垄断，也是其最根本的性质所在，即如下图所示，政府干预与特权赋予是行政垄断的源头，这也正是政府被称为行政垄断主体的原因。但行政垄断给市场与社会造成的各种后果，主要是由拥有行政垄断地位或政府权力资源的企业的垄断行为所致，也就是说，拥有行政垄断地位或政府权力资源的企业是行政垄断的载体。[①] 在计划体制下，行政垄断载体主要是国有企业。但在转型经济时期，不同类型企业会与政府展开博弈，由此一些跨国公司甚至一些民营企业也可能拥有一定程度的政府权力资源，致使我国行政垄断的载体出现泛化趋势（见图1）。典型的案例有：

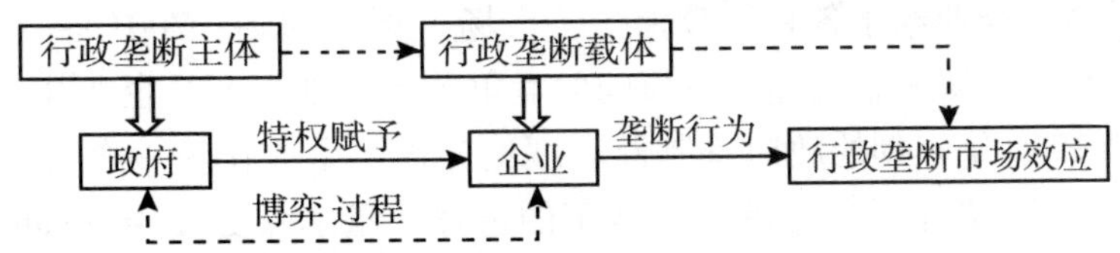

图1　行政垄断的主体与载体间的分层与博弈

* 本文获教育部哲学社会科学创新基地“南京大学经济转型与发展研究中心”子课题“经济增长与结构转型研究”项目，以及教育部长江学者特聘教授项目“经济转型时期我国的产业竞争秩序与竞争政策”资助。

① 不同市场主体能获得的政府权力资源主要有三类：优先权、特权与保护。

（1）我国政府对手机行业设置了行政壁垒，众多民营企业只能耗高成本“租照”经营，但外资企业进入国内手机市场却是一路绿灯。外资企业面临的行政壁垒低于民营企业所造成的机会不均等，引发了2004年奥克斯状告信息产业部手机牌照事件，并引起了先科通讯、维科电子、金立通讯等数家“租照”经营的民营企业的强烈反响。①

（2）在WTO规定的开放时间表之前，中央对外资零售企业的进入有所限制。但据报道，2003年在中国的300多家大型外资零售企业中，经商务部正式批准的只有70余家，近80%的外资零售企业是在地方政府不顾中央规定给予保护之下经营的，它们不但在地方政府的无条件协助之下大开分店，甚至还优先获得城市黄金地段，获得各种政策优惠。如家乐福，自2000年以来中央政府一直要其整改，但在地方政府保护下，在2004年零售业保护期结束之前，家乐福在华的分店已从2000年的27家扩展到41家，基本完成了在中国华北、华东、华中等重点区域的布局。②

（3）2004年的铁本事件中，当地政府为民营企业江苏铁本钢铁有限公司提供行政保护，为其违规征用土地6000多亩，提供虚假财务报表，骗取中行、建行、农行等六家金融机构授信43.39亿元，并把建设工程化整为零，使得一个高耗能、高污染、占用大量土地的项目得以上马。③

由这些案例可见，政府特权资源向部分非国有企业的渗透，使得我国的行政垄断不再单纯地表现为国有或国有控股企业垄断整个行业，一些非国有企业也能利用所拥有的政府权力资源，而（更容易）在市场竞争中占据经济性垄断地位或龙头地位或拥有一定的竞争优势。可见，政府权力资源向部分非国有企业的渗透，使得行政垄断载体并不都是行政垄断（国有）企业，行政垄断的边界出现了扩大化趋势。因此在政府改革的缓慢进程中，如何控制不同市场主体的“寻租投资”，是打破行政垄断的关键。蒂博尔（Tibor，1999）曾经指出，在经济转型国家中分拆处于行政垄断地位或主导地位的企业，是这些国家实现竞争的先决条件。而在转型经济时期，不但不同类型企业会与政府博弈以谋求政府权力资源，而且在破除国有企业的行政垄断进程中，可能会出现其他非国有企业转移这种垄断资源的情况（Paul et al.，1994）。

中国从1980年开始实施财政包干制以来，地方政府已逐渐成为影响企业市场行为的主要干预者。④ 同时，地方政府的讨价还价能力与政绩显示信号，很大程度上取决于当地的经济实力（杨瑞龙，1998），也即企业实力。因此地方政府与企业之间存在很强的相互依赖性，它们之间是合作博弈的关系（谭劲松，2003）。而在地方政府与企业之间的相互依赖关系中，政府作为特权的赋予者，对不同类型市场主体政策倾向的不同以及对市场不同程度的干预，会对不同市场主体的竞争地位产生直接或间接的影响。因此在现有的文献中，地方政府行为常常被居于更为重要的地位，企业往往是根据政府行为偏好而采取相应行为。在这些文献中，对地方政府行为的深层原因分析主要从两个角度展开，一是地方政府间的竞争，可以说最早始于Tiebout的“用脚投票”理论，以及税收竞争模型、怪兽模型等，是分析地方政府间的竞争关系对地方政府行为影响的理论基础。周黎安（2004）、张晔等（2005）在此基础上建立模型分析表明，地方政府官员的相对业绩比较的激励机制和害怕落后于其他地区的风险规避态度，使得地方官员间不愿意合作，并引发了地方保护主义和重复建设等问题；二是追求地方经济利益，即过度追求地方经济利益致使地方政府采用各种措施设置行政壁垒，对本区域内的企业给予各种行政保护、市场干预（宋则，2001）。而也正因为地方政府行为主要建立在追求地方经济利益与地方政府间的竞争关系基础之上，企业往往能在与政府博弈中俘获政府。施蒂格勒1971年开创的政府管制俘获理论分析了企业作为一个特定的利益集团，通过“寻租投资”以使政府管制者给予优惠的管制政策的过程。佩尔兹曼（Peltzmann，1976）在此基础

① 根据2004年10月28日《中华工商时报》相关报道整理。

② 根据赵爱玲的《零售业整体上不存在过度开放》（载于《中国对外贸易》2005年第1期）与2003年12月13日《南方日报》相关报道整理。

③ 根据2004年5月20日《南方周末》、2004年5月12日《经济参考报》等相关报道整理。

④ 如据国土资源部统计，目前中国查出的非法用地80%属地方政府行为。参见刘福垣、谢茂林：《区域竞争及其对地方政府职能行为的影响》，载于《江西社会科学》2005年第5期。

上进一步分析了各种利益集团为各自的利益相互竞争以影响政府制定管制政策的过程，表明垄断利润在企业间的分配决定于各企业的相对力量。

显然，在经济转型中地方政府行为对企业市场行为产生了重要影响，同时，企业会根据政府的行为偏好采取策略性反应，并对政府行为产生一定的影响，即地方政府与企业之间存在着互动关系。在互动过程中，政府也可能赋予一些非国有企业一定程度的权力资源，使其拥有一定的垄断优势。但这并不一定是企业俘获政府的结果，而可能是地方政府在现有体制下的一种“理性”选择。为此，本文主要通过分析不同类型企业与地方政府博弈过程中，地方政府的行为偏好与不同类型企业的策略性反应，分析经济转型时期不同类型企业获取政府权力资源，致使我国行政垄断载体出现泛化趋势的过程。

二、不同类型企业与地方政府间的博弈分析

（一）基本模型

本模型假设：

1. 市场上有三种类型企业：国有企业 s、跨国公司 f 与民营企业 p。① 地方政府主要根据自身目标最大化原则给予不同类型企业不同数量的权力资源。

2. 转型时期的地方政府的目标函数由两部分组成，一是非社会性目标（包括财政收入与官员自身所能获得的好处），记为$\left(\gamma_s+\frac{\alpha}{1+\alpha}\right)\pi_s+\gamma_f\pi_f+\gamma_p\pi_p$，$\frac{\alpha}{1+\alpha}\pi_s$② 为上交利润，$\gamma_i$ 体现的是地方政府从企业 i 中所能获得的非社会性报酬率，③ 也是企业 i 对政府非社会性目标的贡献率。由于政府在国有企业中占有股份，且现有体制下地方政府与国有企业间的“血缘”关系，因此可以假设 $1>\gamma_s>\gamma_f(\gamma_p)>0$。二是社会性目标（包括企业剩余 $\pi_s+\pi_f+\pi_p$ 与消费者剩余 CS）。地方政府的支付（te）也即其所能控制的是其手中的权力资源，e 表示政府所给予的权力资源（数量），t 表示政府每给予一单位的权力资源所支付的成本。

3. 政府权力资源给企业带来的收益，可体现为成本的降低与产量的增加。而政府给予的权力资源越多，企业成本的降低与产量的增加就越多，记为$\frac{\partial c_i}{\partial e_i}=-a$，$\frac{\partial q_i}{\partial e_i}=b$，$a>0$，$b>0$，$i\in\{s, f, p\}$。

4. 在技术差距不是过于悬殊的情况下，当地企业可以获得跨国公司一定的技术溢出效应或产业带动效应，带来生产成本的降低，记为$\frac{\partial c_s}{\partial q_f}=\frac{\partial c_p}{\partial q_f}=-\eta$，$\eta>0$。技术差距越大技术溢出效应或产业带动效应越大，即（$-\eta$）值越大。市场需求反函数满足 $p=d-Q$。

政府目标函数：

$$\max_{e_s,e_f,e_p} u_g=CS+\pi_s+\pi_f+\pi_p+\left(\gamma_s+\frac{\alpha}{1+\alpha}\right)\pi_s+\gamma_f\pi_f+\gamma_p\pi_p-t(e_s+e_f+e_p) \tag{1}$$

① 本文探讨的是不同类型企业与政府之间的博弈，其一方的对弈者为不同类型的企业，每种类型的企业中包含的企业数量不尽相同，构建模型时忽略了该因素。从实际情况来看，我国的政策也的确主要是按市场主体类型来划分，政府一般考虑的是某种市场主体的总体特征，与企业个数关系不是太大。

② 一般情况下，β 代表国有股比重时，国有企业的目标函数可表达为 $u_s=(1-\beta)\pi_s+\beta CS$，但本文为方便起见，把国有企业的目标函数标准化为 $u_s=\pi_s+\alpha CS$，则 $\beta=\frac{\alpha}{1+\alpha}$即代表国有股比重。

③ 这里 γ_i 并不仅仅代表税率，还包含地方政府从市场主体 i 发展中所获得的政绩或其他好处，因此并不一定 $\gamma_p>\gamma_f$。

$$\text{s. t.}\quad CS=\int_0^{\sum q}(d-x-p)\mathrm{d}x$$

$$e=e_s+e_f+e_p$$

$$u_s=\pi_s+w_s=R_s-q_s c_s+\alpha\int_0^{\sum q}(d-x-p)\mathrm{d}x$$

$$\pi_f=R_f-q_f c_f$$

$$\pi_p=R_p-q_p c_p$$

其中，u_s、w_s 和 R_i 分别表示国有企业的效用、替政府承担的社会责任与企业 i 的收益。一般情况下，$\frac{\partial R_i}{\partial e_i}>0$ 且 $\frac{\partial R_{-i}}{\partial e_i}<0$，$\left(\frac{\partial R_i}{\partial e_i}+\frac{\partial R_{-i}}{\partial e_i}\right)$ 表示政府权力资源带来的收入净效应，可设为相等且为 m；同样，也可设不同类型企业的 $\frac{\partial CS}{\partial e_i}$ 相等为 s。则整理各政策边际效用为：

$$\frac{\partial u_g}{\partial e_s}=(s+m-t)+a\,q_s\left(1+\gamma_s+\frac{\alpha}{1+\alpha}\right)+\left(\gamma_s+\frac{\alpha}{1+\alpha}\right)\frac{\partial R_s}{\partial e_s}\tag{2}$$

$$\frac{\partial u_g}{\partial e_f}=(s+m-t)+a\,q_f(1+\gamma_f)+b\,\phi\,q_s\left(1+\gamma_s+\frac{\alpha}{1+\alpha}\right)+b\,\phi\,q_p(1+\gamma_p)+\gamma_f\frac{\partial R_f}{\partial e_f}\tag{3}$$

$$\frac{\partial u_g}{\partial e_p}=(s+m-t)+a\,q_p(1+\gamma_p)+\gamma_p\frac{\partial R_p}{\partial e_p}\tag{4}$$

（二）模型分析

从理性角度来看，地方政府根据政策边际效用对不同类型企业给予了不同数量的权力资源。当 $e=e_s+e_f+e_p$ 为常数时，[①] 增加一种类型企业的权力资源需减少其他类型企业的权力资源，直到 $\frac{\partial u_g}{\partial e_s}=\frac{\partial u_g}{\partial e_f}=\frac{\partial u_g}{\partial e_p}$；当 $e=e_s+e_f+e_p$ 可变情况下，政府会增加各企业的权力资源，直到 $\frac{\partial u_g}{\partial e_s}=\frac{\partial u_g}{\partial e_f}=\frac{\partial u_g}{\partial e_p}=0$。因此政府会优先选择对政策边际效用最大的企业进行政策倾斜，即，政策边际效用大的企业将获得绝对（e 为可变时）或相对（e 为常数时）多的权力资源。从公式（2）~（4）可见，影响政府政策的主要因素是，各企业的产量及市场份额[②]、非社会性报酬率 γ_i 与跨国公司的技术溢出效应或产业带动效应（$-\eta$）。

在政府长期保护下，我国多数大中型国有企业积累了相对丰富的资源，总体实力有较大提升，其政策边际效用一般较大，即对政府政绩贡献较大，而且从其与政府的“血缘”关系来看，国有企业往往更有机会获得权力资源。即使在国有企业的利润 $\pi_s<0$ 情况下，只要 α 足够大，政府从国有企业中所获得的效用还是可能大于零。而且根据公式（2），国有企业的利润并不直接影响它获得权力资源。政府对国有企业的控制程度 α 及政府能从国有企业中获得的好处 γ_s 等，是直接影响政府给予国有企业权力资源的主要因素。因此国有企业要获得越多的权力资源，就要替政府承担越多的社会责任与给政府（官员）更多的好处，即增大 α 与 γ_s。因此，国有企业即使处于亏损状态，还是有可能获得政府政策性保护。则有命题：

命题 1：国有企业与政府间的“血缘”关系，使其能通过增大 α 与 γ_s 以增加政策边际效用，继续获得政府权力资源，保持行政垄断优势。

改革开放以来，国退民进与国退外进是中国经济发展的一种趋势。但是在一些行业内，由于国

① 这种情况主要存在于权力资源程度受到有关法规或当地财力等因素所限制的情况下。

② q_i 的绝对值决定了各政策边际效用的大小，其与其他市场主体 q_{-i} 的相对值则决定了它与其他市场主体政策边际效用的相对值。因此，在其他条件不变情况下，其市场份额越高，它相对于其他市场主体的政策边际效用越大。

有企业还占据绝对大的市场份额，政府财政收入与社会就业对其还有很大的依赖性，因此这些国有企业往往能继续获得权力资源。而且在存在“政策竞争”情况下，国有企业往往有动力通过贯彻政府意愿来获得政府权力资源，而越是亏损的国有企业其动力越大。由命题1还可进一步延伸，当政府财力无法弥补国有企业的亏损以使其正常经营时，由于对其控制能获得益处且其非社会性方面的贡献，政府要让其继续生存但又无力让其正常经营，此时，政府可能会让其他企业与其合资或合并，而不是让其破产。政府的这种行为可能为其他类型企业获得政府权力资源提供了机会。

从实际情况来看，跨国公司的技术溢出效应或产业带动效应的大小，取决于跨国公司与本土企业间的技术差距与相对规模。则当三种市场主体平分市场即 $q_s = q_f = q_p$，且跨国公司没有明显的技术优势时，$\eta \approx 0$，即跨国公司基本没有带来技术溢出效应或产业带动效应。而且由于目前跨国公司享受税收优惠，从财政收入角度来看，应该有 $\gamma_p > \gamma_f$。此时，$\frac{\partial u_g}{\partial e_f} \approx \frac{\partial u_g}{\partial e_p}$，即从理性角度来说，政府对民营企业与跨国公司应平等相待。但由于政府间的竞争关系，跨国公司选择余地大，可以选择在该地区落户，也可以选择在其他地区落户，使其与地方政府的讨价还价能力增强；而民营企业在翅膀硬有能力飞之前，往往需要依托当地的熟悉环境与资源。因此相对而言，政府政策对跨国公司投资选择的影响大，对民营企业影响要小些，即一般情况下，$\frac{\partial q_f}{\partial e_f} > \frac{\partial q_p}{\partial e_p}$。另外，在国家积极吸引外资政策引导下，一个地方能否吸引到绝对或相对于其他地区规模大的外资，成为衡量地方政府政绩的重要指标。这就使得 γ_f 相对于政府（政绩）效用的贡献要大于其对财政的贡献，而且从政府（政绩）效用角度，跨国公司的技术溢出效应或产业带动效应也要大于其实际的作用。这些都增大了跨国公司的政策边际效用。因此有命题：

命题2：由于跨国公司已被冠以产业带动等效应，其 γ_f 与（$-\eta$）对政府政绩效用的贡献要大于其实际的作用，由此增大了跨国公司与政府的讨价还价能力，使其可能获得政府权力资源，增强自身垄断优势。

其实在一些地区，跨国公司实际的技术溢出效应或产业带动效应可能非常小，但由于外资已被冠以这种效应，使得外资的引入即体现为地方政府的政绩，而不管其实际效应如何，即外资进入越多，其对地方政府的效用贡献也越大。因此，尽管全国各地的外资税收贡献要远远小于GDP贡献，但各地政府对外资的“优惠竞争”还在继续。即使已具备区位优势和经济优势的沿海发达地区，甚至在上海、江浙这样发达地区，为吸引更多的外资还在以远远低于成本的土地价格吸引外商，税收优惠也一再突破国家规定的底线。落后地区如许多内陆省市只好给予外商比沿海地区更灵活的政策与更优惠的条件。① 而跨国公司正好可利用地方政府间的竞争关系，与地方政府讨价还价，以超低成本进入中国市场，或在与国有企业合资中获取尽可能多的控制权，利用、侵蚀国有企业行政垄断优势，形成新的垄断。

从动态角度来看，在第 t 期企业 i 由于所占市场份额大，政策边际效用大，政府将增加对企业 i 的政策倾斜，则会造成 c_i 进一步降低与 q_i 进一步增加，相应地进一步增加了企业 i 的政策边际效用，使得 $\frac{\partial u_g}{\partial e_i}|_{t+1} > \frac{\partial u_g}{\partial e_i}|_t$，则在第 $t+1$ 期，政府将继续对该企业进行政策倾斜。由此就出现了，企业发展越好，越能获得政府权力资源以获益更多，而权力资源越对其倾斜其发展越好的马太效应。由于有 $\frac{\partial R_{-i}}{\partial e_i} < 0$，权力资源对一方的倾斜，会对其他企业产生排挤效应。

由以上分析可见，受排挤的主要是民营企业。为此民营企业往往也会想方设法谋求政府权力资源。根据公式（3），关键要增大 γ_p 或 q_p 或 $\frac{\partial R_s}{\partial e_s}$。为此，一些民营企业通过给当地政府官员个人好处

① 如洛阳市经济技术开发区曾允许外商享受3年的免税待遇，比经济特区给外商的免税期还多1年。

（即增大 γ_p）以换取政府权力资源，这些权力资源主要包括政府低价划拨土地、对污染问题视而不见、包庇其不规范行为等，这些也是我国地方保护主义还在延续的原因所在。民营企业集聚显然能增大 q_p 与 $\frac{\partial R_s}{\partial e_s}$，这是民营企业的一种积极反应。则有命题：

命题3：政府政策容易产生排挤效应，为此易受排挤的民营企业往往会有各种消极和积极反应，以增大政策边际效用，获取一定的政府权力资源，靠此谋求一定的竞争优势。

在不少行业内，民营企业需要同时面对跨国公司与国有企业的竞争。因此，当民营企业发展处于劣势时，其往往倾向于行贿当地政府官员，利用行政保护实施占用资源、生产假冒伪劣产品、内部成本外部化等短期化行为，以获取“成本优势”。而在民营企业集聚的地方，如温州、泉州、石狮等地，当地的经济发展主要依赖民营企业，一些大型民营企业可乘机要求各种政府权力资源，靠此形成一定的垄断优势。[①] 而地方政府为了稳定当地大型民营企业不形成外流，也乐于给予各种权力资源。

政府的目标函数公式（1）可按各企业贡献分解为 $u_g = (1-\alpha)CS + u_g^s + u_g^f + u_g^p$，$u_g^i$ 表示企业 i 对政府目标函数的贡献大小。一般情况下，企业对政府目标函数的贡献越大，其对政府政策的影响力越大，反之则反是。在第 T 期，$u_g^i|_{t=T} < u_g^j|_{t=T}$，尤其是当 $u_g^i|_{t=T} \leqslant 0$ 时，尽管 $\frac{\partial u_g^i}{\partial e_i}|_{t=T} > \frac{\partial u_g^j}{\partial e_j}|_{t=T}$，且到第 $T+k$ 期可实现 $u_g^i|_{T+k} > u_g^j|_{T+k}$ 和 $\sum_{t=T}^{t=T+k} u_g^i|_t \geqslant \sum_{t=T}^{t=T+k} u_g^j|_t$，即尽管在 k 期内，企业 i 对政府政绩贡献的累积大于企业 j，但是，其一，由于目前企业 i 对政府目标贡献小，其对市场政策的影响力小；其二，由于政府官员的任期是有限的，其任期 r 一般远小于 k，则在 r 期内企业 i 对政府目标函数的贡献明显小于企业 j，即 $\sum_{t=T}^{t=T+r} u_g^i|_t < \sum_{t=T}^{t=T+r} u_g^j|_t$，尤其是当 $\sum_{t=T}^{t=T+r} u_g^i|_t \leqslant 0$ 时，政府很可能会按任期 r 内的贡献大小加大对企业 j 而不是企业 i 的权力资源倾斜。由此一些企业可能通过给予政府短期好处以换取权力资源。由此有命题：

命题4：任期制造成的官员利益的短期化，是出现行政垄断载体泛化的重要原因，其与社会长期利益不一致。

三、行政垄断载体的泛化趋势

行政垄断主体与载体之间的关系，表现的正是不同类型企业与政府之间的博弈过程。以上分析表明，在地方经济利益与地方政府间的竞争关系的激励下，为了更快地发展本地经济，地方政府往往会对不同类型的投资者进行区别对待。这容易诱发不同类型、不同实力的企业为获取政府权力资源而采取相应的策略性行为。尽管一些地区由于经济集聚水平还不够而跨国公司实际的技术溢出效应或产业带动效应可能非常小，但由于其对地方政府官员的绩效贡献大，各地方政府还是竞相引资。目前全国很多地方政府包括发达的东部沿海地区都出现往下一级政府、部门下达吸引外资指标的现象。甚至民营经济最活跃的温州地区，2005年也启动了“一号工程”，以远远高于民营企业的优惠政策吸引外资。地方政府间由招商引资引发的激烈的竞争，使得跨国公司在与地方政府讨价还价中居有利地位，可以尽可能多地寻求政策优惠或保护，或在合资谈判中获取控股地位。就如毛寿龙[②]曾提出的警惕，他认为跨国公司在中国实际具有和大型国有企业相似的政治地位，外资在很多

① 其实不单是这些民营经济比较发达的地方，据了解不少地方的龙头民营企业都是在政府的各种政策扶持下成长起来的，其中包括在成长初期占用大量资源，发展过程中政府给予各种优惠与保护等。

② 引自邱海旭：《〈反垄断法〉要反什么》，参见 http：//www.southcn.com/news/china/gdspcn/200307280599.htm。

地方被视为地方政府的政绩，因此跨国公司可以利用这类政治影响力取得比国内企业更大的优势，进而形成垄断。

目前政府还掌握着国有企业资产的控制权和经营决策权，政府通常要把其所属的全部国有企业作为一个“企业整体”来经营，为了避免国有企业间的竞争造成市场势力削弱，政府需要在国有企业间进行协调与分配，包括对国有企业进行政策补贴。尽管1989年之后政府对国有企业的财政补贴开始减少，但2003年补贴金额还是高达226.38亿元。政企的这种关系使得国有企业会尽其所能地寻求政府政策支持与政策保护。但另外，国有企业也有一定的自身利益，其也面临市场不同程度的竞争压力，这些又迫使其不得不在市场上寻求机会，由此容易发生行政垄断资源被其他企业利用的可能。而实际上国有企业目标函数与其管理者个人目标函数 $U = I + F$ 是一致的，其中管理者个人经济收入 $I = \theta + \mu\pi_s$，直接关系到政治晋升的 $F = \varphi\alpha\int_0^{\sum q}(d - x - p)\mathrm{d}x$，$\mu$、$\varphi \in (0, 1)$。一般来说，$\frac{\partial I}{\partial\alpha} = \mu\frac{\partial\pi_s}{\partial\alpha} < 0$，$\frac{\partial F}{\partial\alpha} > 0$，即 α 值越大往往意味着企业与政府关系越近，从而企业能获得更多的政府支持，管理者政绩增加，但往往也使得企业利润和管理者经济收入受到影响。当 $\frac{\partial I}{\partial\alpha} + \frac{\partial F}{\partial\alpha} > 0$，管理者就会更热衷于“贯彻”上级政府的指示而牺牲企业利润，往往体现为追求企业规模扩张。国有企业经营盈利越差，其越有动力通过替政府承担越多的社会性负担，以获得越多的政府权力资源。而在合资企业中，当 $-\frac{\partial I}{\partial\alpha} = -\mu\frac{\partial\pi_s}{\partial\alpha} > \frac{\partial F}{\partial\alpha}$，即管理者减少对社会福利的考虑，其政治上的晋升虽然受到影响，但其经济收入的增加足以弥补政治上的影响。此时，中方管理者容易被合资的外方所收买，造成国有企业优势被外方转移，跨国公司控制了国有企业的行政垄断资源。

数量众多、规模偏小是民营企业重要特征之一，单个民营企业需要付出更大努力才能从政策扶持中受益，因此多数情况下，民营企业往往更倾向于通过私下给当地政府官员好处，获得权力资源，并靠此获取“成本优势”。当民营企业在某地区集聚，给地方经济发展产生相当大的影响时，民营企业对政府决策影响力增大，则一些大型民营企业往往能获取政府权力资源，在市场上获得垄断优势。

可见，在地方政府追求地方经济利益与地方政府间的竞争关系的基础上，不同类型企业与政府之间的博弈，使得一些跨国公司甚至一些民营企业也可能拥有一定程度的政府权力资源，致使我国行政垄断载体出现了泛化趋势，扩大了竞争机会不均等的范围。在这种情况下，如果还把反行政垄断简单等同于国有企业改革，其最终结果可能是垄断特权从一种市场主体往另一种市场主体转移，增加行政垄断破除的难度。

四、政 策 含 义

本文的政策含义主要有：政府干预与特权赋予是行政垄断的源头，由此，反行政垄断的重点是改革政府职能，控制政府的权力资源赋予。

在经济转型时期，我国的政府职能改革面临诸多的障碍与干扰，政府职能改革的渐进性决定了反行政垄断将是个长期而艰巨的进程。在这过程中，国有企业、跨国公司、民营企业都可能与政府展开博弈，获取政府权力资源，使得政府权力资源向非国有企业渗透。由此行政垄断载体出现泛化趋势，一些非行政垄断企业也成为行政垄断载体，并依靠政府权力资源而（更容易）在市场竞争中占据经济性垄断地位或龙头地位或拥有一定的竞争优势。这些不但造成了行政垄断优势向更多市场领域包括竞争性市场领域的延伸，扩大了不同市场主体竞争机会不均等的范围，而且也使得一些行政垄断与经济性垄断等交织在一起，增加了行政垄断的隐蔽性，这些都将增大反行政垄断甚至反经济性垄断的难度。在行政垄断载体泛化的趋势下，如果还把反行政垄断简单等同于国有企业改革，其最终结果可能是垄断特权从一种市场主体往另一种市场主体转移，行政垄断的破除将更加困难。

因此，一方面，在政府职能改革的渐进性决定的反行政垄断长期性的进程中，需要采取措施有效控制政府权力资源向更大范围的进一步蔓延；另一方面，在实施反行政垄断时，要从行政垄断载体而不是行政垄断企业角度来判例。可以说，在反垄断法起草过程中对反行政垄断的争论太侧重于是否要反行政垄断，而在该问题上的过多争论，很大一部分原因是反行政垄断的难度比较大。我们认为，控制行政垄断载体的泛化趋势，是推动反行政垄断实施的切实可行的第一步；根据行政垄断载体来判例，是反行政垄断最终得以有效实施的关键。

参考文献：

1. 胡鞍钢、过勇：《从垄断市场到竞争市场：深刻的社会变革》，载于《改革》2002年第1期。

2. 杨瑞龙：《我国制度变迁方式转换的三阶段论》，载于《经济研究》1998年第1期。

3. 谭劲松、黎文靖、谭燕：《企业合并中的多方利益博弈》，载于《管理世界》2003年第3期。

4. 周黎安：《晋升博弈中政府官员的激励与合作》，载于《经济研究》2004年第6期。

5. 张晔、刘志彪：《产业趋同：地方官员行为的经济学分析》，载于《经济学家》2005年第6期。

6. 宋则：《反垄断理论研究》，载于《经济学家》2001年第1期。

7. G. J. 施蒂格勒：《产业组织和政府管制》，上海三联书店、上海人民出版社1996年版。

8. 陈佳贵、王钦：《跨国公司并购与大型国有企业改革》，载于《中国工业经济》2003年第4期。

9. 王劲松、史晋川、李应春：《中国民营经济的产业结构演进》，载于《管理世界》2005年第10期。

10. Tibor Varady, 1999. "The Emergence of Competition Law in (Former) Socialist Countries." The American Journal of Comparative Law, Vol. 47.

11. Paul L. Joskow, 1994. "Richard Schmalensee, Natalia Tsukanova, Andrei Shleifer, Competition Policy in Russia during and after Privatization." Brookings Papers on Economic Activity. Microeconomics, Vol, 1994.

12. Peltzmann, S., 1976. "Towards a More General Theory of Regulation." Journal of Law and Economics, Vol. 19.

（本文载于《经济评论》2007年第6期）

企业在同质产品市场的差异化战略行为
——一个对我国反垄断立法的产业组织理论解释

董　诠

摘　要：我国在加入 WTO 后，一些重要的服务领域面临着全面对外开放。转换成本的存在，使得该领域中本来在购买前功能相近的同质商品或服务，在购买后成为异质的商品。企业因而拥有相对于消费者的事后垄断的权力。为此，企业有动机在初期采取战略行为吸引消费者。这既缓和了后续阶段的企业间竞争，也在整体上将该行业的产品价格维持较高水平。它可能会降低社会效率和消费者福利。本文通过分析企业间在同质商品市场竞争的市场效果和福利后果，为在我国该领域反垄断立法提供了理论解释。

关键词：转换成本　事前同质性产品　反垄断立法

一、引　　言

我国在加入 WTO 后，对外开放的过渡期结束，一些重要的服务领域，如金融服务、运输业、电讯业等，面临着全面对外开放。在这些行业，跨国公司进入中国的"门槛"进一步降低，其市场份额可能会出现较大的上升。市场中的主要参与者是国有大型企业和跨国公司。在该领域，目前出现的现象与传统的产业经济学普遍流行的观点有所不同。这些出自直觉观察的现象包括：在我国这些关键性行业（如金融服务、运输业、电讯业等）中，在跨国公司进入市场已成为确定行为的条件下，已经拥有相当市场份额的国有企业，为何并没有提前主动采取降价等积极扩张的行为来遏制对手，而跨国公司也没有以大幅度降价的方式来抢夺市场份额？这些行业的整体价格水平为何并未因引进新的进入者出现明显的降低？此外，在跨国公司快速进入市场的条件下，原来占据垄断地位的国有大型企业，何以仍能与外来竞争者均保持较高的垄断利润？

在上述的相关产业市场，大多属于转换成本特征较为明显的产业。它们其特征是：如果消费者要更换其服务供应商，需要承担较大的代价或不便。目前对转换成本较为一致的看法是（Farrell and Klemperer，2006）：转换成本的存在，使得本来在购买前看起来差异不是很大的商品，在消费者购买其中一种商品后，成为异质的商品。因而，转换成本使得企业一旦与客户建立联系之后，就在未来的一段时间内锁定了客户。在这种条件下，有必要强调转换成本的市场特征及其影响。

将转换成本正式纳入公司间战略行为模型，较早期的静态模型由冯·魏茨泽克（Von Weizsäcker，1984）所建立。他的研究结论是，厂商争夺市场份额的竞争会导致市场价格水平下降，因此基于转换成本的竞争行为会改善消费者福利。随后，柯伦伯（Klemperer，1987）得出了不同的结论，认为转换成本的存在并不必然改善消费者福利。二者结论差异的关键在于，企业是否能够保持价格稳定。如果给定已建立起的足够客户忠诚度的市场份额，企业将有动机提高价格以获得事后垄断利润。20 世纪 80 年代中期至今，由柯伦伯（1987，1995）拓展的研究范式已成为转换成本理论文献的一个主流①。它有助于建立对基于转换成本的市场均衡分析的经济直觉。我们拓展这一研

① 这一研究方向包括柯伦伯（Klemperer，1987，1995），帕迪拉（Padilla，1995），李和巴新（Lee and Png，2004）等。

究思路，以此来解释我国相关行业（如金融服务、电讯、运输业等）市场的上述一些现象及其福利后果。

董佺（2007）通过空间差异竞争模型，考察在异质性产品市场内，企业在转换成本条件下的博弈，解释了我国的关键性行业领域的市场结构及其福利后果。与差异化竞争相比，上述行业的事前同质性特征显得更为重要。同质产品没有功能上的差异性。在消费者看来，他们在购买前具有相同的功能，可以相互替代。因此，空间差异模型并不适用于我们所重点分析的同质产品竞争的情况。本文基于转换成本的角度，来分析企业间在同质产品市场的竞争对市场结构和竞争后果的影响。

二、模　　型

同质产品竞争可表述为一个两阶段博弈模型。在第一阶段消费者购买时没有转换成本，而在第二阶段当消费者转而购买其他企业的产品时要支付转换成本。与柯伦伯（1987，1995）等不同，我们对消费者并没有强调理性预期这一条件。在后面得出的子博弈完美纳什均衡表明，本文中消费者的短视行为本身是理性的。

（一）假设

A_1（消费者）：消费者具有单位产品需求。消费者购买商品后的剩余为 r，它在两个阶段相等。由于产品在购买前是同质的，两个企业产品功能相同，具有可替代性。设一个消费者从消费目前厂商的产品转而购买另一个厂商的产品，须一次性承担转换成本。与柯伦伯（1987，1995）不同的是，我们假设消费者不是理性预期的。在后面得出的子博弈完美纳什均衡表明，本文中消费者的短视行为本身就是基于其合乎均衡的信念而出现的。消费者转换成本低于某一水平 S 的概率为 $F(S)$，其密度为 $f(S)=\frac{\partial F(S)}{\partial S}\geqslant 0$。假设所有消费者都有高于0的转换成本：$F(0)=0$。

A_2（需求函数）：q 个消费者对其购买产品的保留价格为 $g(q)$，其反函数 $D(g)$ 相当于没有转换成本时的反需求函数。消费者在第一期和第二期是固定的。

A_3（企业）：两个寡头企业（A和B）。企业的边际生产成本相同：$c_A=c_B=c$。为集中分析企业间的战略互动，设企业在第一阶段为争夺后期的市场份额，策略空间为（q_1^i，q_1^j），而在第二期的策略空间为产品价格（p_A，p_B）。假设企业在不同期间可以索要不同的价格。我们不考虑企业发送信号的动机因素①。

我们对这个两阶段博弈用倒推法寻找子博弈精炼纳什均衡：先考察给定第一阶段的市场份额后，两企业在第二阶段的竞争，然后再分析第一阶段两个企业为获得相应的市场份额而进行的竞争。

（二）第二阶段市场竞争

在第二阶段，企业视市场份额$\left[\frac{\partial \pi_2^A}{\partial p_2^A}=q_2^A+(p_2^A-c)\frac{\partial q_2^A}{\partial p_2^A}\right]$为给定。设A、B的市场份额分别为 σ_A、σ_B。因此，在 σ_A 中的消费者购买B，与 $\sigma_B=1-\sigma_A$ 中的消费者购买A，都将面临转换成本。从A的角度看，在市场达到均衡时，如果 $p_2^A\leqslant p_2^B$，则A除了销售产品给自己的忠实客户外，还可能会争

① 针对跨国公司进入我国的质量价格信号分析，参见董佺、张诚（2006）。

夺到一定数量的 B 的客户。他们可分为两部分：一部分客户的保留价格低于 B 的价格却高于 A 的价格，且转换成本不超过这个价格差；另一部分的客户保留价格高于 B 的价格，但保留价格与转换成本的差却低于 A 的价格。因此 A 的均衡销售量是：

$$q_2^A = \sigma^A D(p_2^A) + \sigma^B F(p_2^B - p_2^A) D(p_2^B) + \sigma^B \int_{p_2^A}^{p_2^B} D(r - p_2^A)[-\mathrm{d}D(r)] \tag{1}$$

而 B 的销售量为：

$$q_2^B = \sigma^B [1 - F(p_2^B - p_2^A)] D(p_2^B) \tag{2}$$

相应利润函数的一阶条件：

$$\frac{\partial \pi_2^i}{\partial p_2^i} = q_2^i + (p_2^i - c)\frac{\partial q_2^i}{\partial p_2^i} = 0 \qquad i, j = A, B$$

在均衡时两个企业市场份额相同，且价格相等。又因为 $F(0)=0$，将式（1）代入上述一阶条件，整理得：

$$D(p_2^i) + \frac{cQ^*}{2} D'(p_2^i) = 0$$

其中：

$$Q^* = \sum q_2^i \qquad i = A, B \tag{3}$$

这与在没有转换成本时企业间相互勾结，以获得的联合利润 π^* 最大化的一阶条件相同。而 $F(0)=0$ 是获得上述均衡的充要条件。

命题 1　两个生产同质产品的企业在两阶段竞争条件下，$\exists S>0$ 使得当且仅当 $F(0)=0$ 时，有 $\pi_2^i = \pi^*/2$。

证明：假设给定 B 要价 p^m，A 可以要价 $p^{m'} < p^m$ 并以获得更多的市场份额，则必然有：$p^{m'} < p^m - S$，$\forall S>0$。因此有：$|p^B - p^A| > S$，$\forall S>0$。而这时 B 有动机降价以争夺市场份额，因此 p^m 不再是 B 所维持的价格。所以为使 $|p^B - p^A| > S$ 成立，只有使 $S \leqslant 0$。而这与假设 $F(0)=0(A_1)$ 相矛盾。根据对称性，给定 A 的要价，B 的情况也是如此。因此 $S>0$，即 $F(0)=0$ 构成充分条件。

对于必要性，假设 A 和 B 选择 $p^A = p^B = p^m$ 构成一个纳什均衡，且 $\exists S \leqslant 0$。考虑 A 的策略：给定 $p^B = p^m$，如果 A 的要价变动 S，则会在自己的市场份额内提高利润：$(p^m - S - c)q > (p^m - c)q = \pi^m/2$。根据对称性，B 也是如此。因此，二者都有变动价格的动机，$p^A = p^B = p^m$ 不是纳什均衡。而这与假设 $p^A = p^B = p^m$ 构成一个纳什均衡相矛盾。所以 $F(0)=0$ 也是必要条件。证毕。

命题 1 背后的经济学直觉是，在已经各自锁定一部分消费者的条件下，两个企业都不愿抢先降价去争夺市场，因为如果存在一定水平的转换成本，企业大幅降价虽然会吸引对手的边际消费者，却可能失去从基础客户那里得到的垄断利润。这样，从竞争对手那里争取到边际消费者而获得的收益，就低于抢夺对手边际消费者的成本，即已有的事后垄断利润。因此企业争夺市场份额的动机有所降低，同时也不必太担心对手来争夺市场份额。消费者因为被分割为两个市场，因而企业的竞争均衡趋向于没有转换成本时的勾结均衡。

为进一步阐明命题 1，我们分析线性的需求函数的例子。设需求函数为 $g(q) = a - bq$。将需求函数代入式（3），可知，只要 $S \geqslant \frac{(\sqrt{5}-1)(a-c)}{4}$，就能达到没有转换成本时联合利润最大化的水平。此时，两个企业都会索要没有转换成本条件下只有一个厂家时的垄断价格，而每个企业销售联合最优水平一半的产量。这个结果就像两个企业达成了勾结协议并在市场上获得垄断利润，然后各自分得一半的垄断利润一样。值得注意的是，上述例子中的充分条件：$S \geqslant \frac{(\sqrt{5}-1)(a-c)}{4}$ 远远低于垄断利润水平。我们将它与没有转换成本时的差异化竞争作比较：如果没有转换成本，需要足够大的差异（$t \geqslant \pi^m/2$）才能使企业间竞争产生勾结垄断均衡的结果。而较低的转换成本使得即使产品没有差异也会导致勾结均衡的出现，因此转换成本大大促进了企业间非合作博弈均衡向垄断水平靠近。

在对称条件下，将 $g(q)=a-bq$ 代入式（1），可以根据一阶条件求出第二期的价格水平 $p_2^i(F(0))$：

$$p_2^i=\frac{1}{F(0)}+\frac{a+c}{2}-\left[\sqrt{\frac{1}{F(0)^2}+\frac{(a-c)^2}{4}}\right] \quad i=A,\ B \tag{4}$$

上式中价格 p_2^i 是 $F(0)$ 的减函数。这是因为，具有较低转换成本的消费者比例高，企业的事后垄断势力越低，因此企业在第二期索要时候垄断价格的动机也越低。为了更直接地表述 p_2^i 是 $F(0)$ 的关系，我们设定参数（$a=50$，$c=10$）并考察当 $F(0)$ 从0.01逐渐提高时，企业价格变化的情况（见表1）。在这个例子中，转换成本较低的消费者比例不高于1%时，价格高至26.07，而当市场中的有10%的消费者转换成本较低时，价格即趋近于边际成本 $c=10$，此时企业间的价格均衡类似于伯特兰竞争均衡。

表1　转换成本较低的消费者比例 $F(0)$ 与企业定价 p_2^i 之间的关系

$F(0)$	p_2^i，$i=A$，B
0.01	26.077
0.02	22.554
0.03	19.617
0.04	17.251
0.05	15.359
0.06	13.837
0.07	12.599
0.08	11.578
0.09	10.723
0.10	10

（三）第一阶段市场竞争

在第一阶段，企业知道如果能争取到更大的市场份额，会直接增加第二阶段的利润，因而企业会激烈地进行市场争夺的竞争。

为简化分析，我们在第一期以产量作为战略变量竞争。显然有：$\frac{\partial\sigma^i}{\partial q_1^i}>0$，即第一期产量越大，锁定的消费者也越多，第二期的市场份额也就越多。企业在第一期选择产量时不仅要考虑它对第一期利润的影响，也要考虑它对第二期利润贴现值的影响。利润函数为：

$$\pi^i=\pi_1^i(q_1^i,\ q_1^j)+\delta\pi_2^i[\sigma^i(q_1^i,\ q_1^j)] \tag{5}$$

一阶条件为：

$$\frac{\partial\pi^i}{\partial q_1^i}=\frac{\partial\pi_1^i}{\partial q_1^i}+\delta\frac{\partial\pi_2^i}{\partial\sigma^i}\frac{\partial\sigma^i}{\partial q_1^i}=0 \tag{6}$$

因为 $\frac{\partial\sigma^i}{\partial q_1^i}>0$，所以只要 $\frac{\partial\pi_2^i}{\partial\sigma^i}>0$，即较高的市场份额会带来较高的第二期的利润，则有：

$$\frac{\partial\pi_1^i}{\partial q_1^i}<0$$

我们由此得到如下命题：

命题2　两个生产同质产品的企业在两阶段竞争条件下，如果厂商 i 在没有转换成本时的均衡价格策略为 p_1^*，则，$\forall p_1^i$，π_1^i，有：$p_1^i<p_1^*$，$i=A$，B。

命题2说明，企业在第一期的产量（在凹性利润函数条件下）超过没有转换成本时一期竞争的最优产量水平。这意味着，企业在第一期的竞争比没有转换成本时更为激烈。

价格水平整体上显示出在初期低于没有转换成本时的价格，而在后期又有明显提高的价格路径。企业利润变化也有相似的情况。在实际商业环境中跨国公司不乏这样的案例。例如，根据尼尔森（Nilssen，1992）的对汽车保险业的考察，汽车保险商从新顾客那里获得的利润较低，而从老顾客那里获得的利润却很高。此外的例子是，美国政府在1982年12月解除对银行业的行业管制，银行业推出一种新的金融产品："NOW"货币市场储蓄账户。在推出这个产品初期曾发生激烈的市场争夺之战，各银行为争夺储蓄客户除了赠送现金（25美元）之外，还以高于货币市场基金收益率10%的利率为新开户客户提供优惠。两年之后，银行给这些储户提供的利率却低于货币市场基金收益率的1.5%①。在20世纪90年代初，西班牙银行业也出现过类似的情况。

三、政策含义及对我国的启示

总的来说，转换成本使得同质产品变得具有差异性，因而竞争结果即使是非合作的，也可能导致两个企业像相互勾结的寡头那样安排，使联合利润最大化的产量和价格。转换成本在整体上提高了同质产品的价格水平，提高了企业的利润，并缓和了企业间的竞争。

本文的理论模型能够帮助我们进一步考察，在我国加入世界贸易组织之后市场全面对外开放的大环境下，跨国公司和国有大型企业的战略行为，以及在未来的竞争格局和消费者福利情况。较高的转换成本使得企业间的非合作竞争可能趋向于相互勾结的两个企业最大化联合利润时的效果。由于企业市场势力在平均水平上有所提高，因此价格水平在转换成本条件下要高于没有转换成本时的情况。这会降低消费者福利。本文中的企业行为在不同时期扭曲生产计划，降低了社会效率。如果消费者转向其他生产者，那么转换成本就成为一种社会成本。而事后垄断利润带来的收益并不能完全弥补在早期造成的社会成本损失。

我国在加入世界贸易组织后，对外开放的过渡期结束，一些重要的服务领域（例如，电信业、金融服务业和运输业等），面临进一步对外开放。有必要具体分析我国相关重要行业在未来一段时期内的竞争格局和发展趋势。根据上述分析，在给定跨国公司已进入我国市场的条件下，如果企业有意地利用消费者转换成本来弱化市场竞争机制，并导致社会效率的下降，特别是带来消费者福利的恶化，那么政府就有必要采取相关措施来限制这种行为。本文因此为我国加快反垄断立法的必要性提供了一个理论依据。

参考文献：

1. 董佺、张诚：《质量信号的选择与潜在替代压力》，载于《财经研究》2006年第2期。

2. 董佺：《战略锁定与企业间同时行动博弈——一个基于转换成本角度的分析》，载于《财经问题研究》2007年第5期。

3. Farrell, J. and Klemperer, P., "Coordination and Lock-in: Competition with Switching Costs and Network Effects", Oxford University Working Paper, 2006.

4. Klemperer, P. D., "Markets with Switching Costs," Quarterly Journal of Economics, 1987, 102.

5. Klemperer, P. D. (1995), "Competiton when Consumers Have Switching Costs: An Overview with Applications to Industrial Organization, Macroeconomics, and International Trade" Review of Economic Studies, 62.

6. Fredrik Carlsson and Åsa Löfgren (2004), "Airline Choice, Switching Costs and Frequent Flyer Programs", Working Paper in Economics No. 123, Januarary. Gothenberg University.

7. Kim, M., Kliger, D., and Vale, B. "Estimating Switching Costs: the Case of Banking", The Journal of Financial Intermediation, 2003, 12 (1).

① 《华尔街日报》，Nov. 21，1984。

8. Shy，O. （2002），“A－Quick-and-Easy Method for Estimating Switching Costs”，International Journal of Industrial Organization，20（1）.

9. Von Weizsäcker，C. C. （1984），“The Cost of Substitution”，Econometrica 52（5）.

10. Padilla，A. J. （1995），“Revisiting Dynamic Duopoly with Consumer Switching Costs，” Journal of Economic Theory，67.

11. T. Lee and Ivan P. L. Png（2004）“Lost Leaders：An Indirect Empirical Test”，Working Paper，Department of Information Systems，National University of Singapore.

12. Nilssen，T. （1992），“Two Kinds of Consumer Switching Costs”，RAND Journal of Economics，23.

（本文载于《财经研究》2007 年第 11 期）

管制与反垄断前沿理论和政策效率检验*

——一个基于实验经济学的研究模型

杜 云 张铭洪

摘 要：经济学界对管制和放松管制的态度模棱两可；理解管制与反垄断政策及其市场实施效率，却是真实而又关键。文章基于产业组织理论，从结构、行为、绩效三个角度来拓展垄断前沿理论，并借助实验经济学随机检验方法对政府价格管制政策效率进行研究，以用于阐述管制与反垄断政策的目标和基本原则，文章总体试图对我国管制与反垄断理论及政策制定提供理论参考。

关键词：管制与反垄断 随机试验 效率检验 实验经济学

中图分类号：F062·3；F062·9 **文献标识码**：A **文章编号**：1001－9952（2007）07－0004－13

一、管制思想

经济学界对管制和放松管制的态度是暧昧的。实际上，就促进市场独立性和经济福利而言，最好的政府公共政策或许就是自由放任而不是市场管制。这个观点不仅在政治意义上附和托马斯·杰弗逊所设想的“立宪政府”，而且在经济上和亚当·斯密所提倡的自由经济理论相吻合。但历史的发展并没有遵循这样的规律，市场失效使得公共部门的管制和反垄断得以产生和发展，布坎南（1998）认为，市场可能失败的论调被广泛地认为是为政治和政府干预作辩护的证据，即使政治和经济制度有所差异的国家都建立起了某种形式的经济管制。可以这样说，管制和反垄断已经成为大多数市场经济国家的政府公共政策“政策群”中重要和主要的组成部分。在一些特殊的情况下，政府与市场之间相互作用和博弈，政府依靠权力和制度设计来决定由谁来生产商品和服务以及如何生产它们，表现出若干具有刚性特点的管制和反垄断政策。

早期的管制经济学文献一般将重点放在对公共事业管制的研究上，但在管制思想的演进中，公共利益论、管制俘获理论以及管制经济论等多个理论流派纷纷表现出异化的观点。管制俘获理论的成功之处在于以现实中的经济观察为依据，它认为，管制的出现是应某些行业的管制需求而为的，这些行业有足够强大的能力俘获管制者（政府管制部门）。有鉴于此，斯蒂格勒（1971）也曾把政府管制看做是“为产业所需并按其利益设计并运行的国家权利”，而威廉姆森（1973）则认为政府管制是在消费者与企业之间、企业与企业之间组织交易的一种方法，这种方法在不存在政府管制的情况下，让具有不同市场力量的消费者和企业实现外部交易更为有效。佩尔兹曼（1976）在对市场失灵、对政府管制结果的预测，以及进而推断政府在经济管制上的有效性等三个层次上更全面地阐述了管制俘获理论。他认为，所谓管制，大多是有利于厂商的，它使得厂商能够在管制的“幌子”下保证和提高行业利润率，其背后的支持是政府。

---

* 实验经济学课题获厦门大学经济学院开放性实验项目基金资助（项目主持人：张铭洪、杜云），并感谢王斌、周红刚等人参与相关数模建立；此外，该实验课题及其方法另有细致成果或文章，有兴趣者可向笔者索取或交流。

基金项目：福建省社科研究“十五”规划项目：虚拟经济下的公共政策研究（2003B048）。

从效率角度上来分析，俘获理论认为受管制产业可能并不比无管制产业具有更高的效率和更低的价格，这得到一定程度的认同。事实上，市场的运行，日常生活亦然依赖于政治制度的各种强制性权力。国家运用这些权力，建立并保障市场上的权力，直接提供某些基本的服务，并间接地创造出信任、理解和有安全保障的环境，这种环境对企业的日常生产是生死攸关的。由此在俘获理论基础上，发展和建立起管制经济理论。该理论认为，在民主社会，管制是公共选择的结果。受管制影响的各个企业、利益集团，包括个体消费者（居民、议员）都会努力地影响管制当局的决策，其中，消费者的声音可能是政府最需要注重的，而这就可能使得政府实施的管制或反垄断政策最后充分体现管制政策性质。

而公共利益理论认定是自然垄断和外溢性导致了市场失效，这为公共部门干预提供了潜在的理由。也就是说，如果市场是垄断的，政府进行管制是回应公众要求的反响，是对市场失效进行纠正的行为。该理论同时强调，政府实施管制和反垄断应该而且主要应用于自然垄断行业，在其他领域不甚适用。正如亚当·斯密曾经指责政府在某些非自然垄断领域也实施管制的做法，他认为这些领域内不需要管制，政府之所以要实施管制纯粹是帮助零售商勾结起来反对公众。但是，现代经济运行中，无论是经营活动，还是公用事业、或者运输、通信甚至环境保护方面，管制和反垄断已经显现出显赫的地位和越发增强的机制和作用。即便在公共利益管制理论中认为，只有自然垄断行业的竞争才可能是破坏性的竞争。但是时至今日，不仅自然垄断行业内实施管制是必然选择，一些非自然垄断行业如环境保护也出现引入管制的需要。

管制不仅是反垄断，也企图防止过度竞争。在现实事务中，政府在市场失效和政府失效之间进行权衡和选择时，最终结果往往就是实施干预，或宏观或微观，或直接或间接。这种选择机制和选择动机其实是很单纯的，可以认为，这些管制机构促进竞争的行为更多的是出于“竞争促进创新”的直觉，而并没有一个严格的经济学分析基础。

本文将引入实验经济学的方法，用动态的观点来量化考察政府管制下（价格管制）各企业之间的博弈行为，和最终达到的消费者福利水平以及二者之间的关系。在多期的迭代模型中，企业和消费者每一期的决策都建立在上一期的市场结果基础上，通过求解各期的均衡状态去寻找市场的演化路径。显然在不同的管制政策下，市场会呈现出不同的演化结果，通过比较这些结果的差异就能判断该管制和反垄断政策是否是有效的，这正是本文的核心所在。

二、管制的基础和前提：重新认识垄断的判定

在不完美的政府政策下，垄断是一个机动的政策工具。现实经济中，通信行业算得上是一个典型的自然垄断部门。作为一个国家必不可少的公用事业部门，通信企业通常要向众多的消费者提供各种各样、可能还是首尾相连的服务。假定通信行业被视为垄断，其政府进行管制又是依据合法程序，显然这个管制过程将不可避免地涉及赋予公用事业、企业特许经营权，如颁发或收回电信营业牌照，甚至个别企业可能被政府赋予一种排他性的特许经营权。如此看出，确定行业（如通信业）是否触及垄断底线，理当成为管制的应有之意。

判断一个或数个企业是否处于垄断地位，应该注重这样的研究：一是要界定相关市场，包括产品市场与地理市场，因为可以从市场的界定中确定企业的市场力量和市场竞争条件；二是要证明企业在市场中持续拥有较高的市场占有率；三是要证明不存在实际的或潜在的竞争对手形成对企业优势地位的影响。第一点的研究可以从相关产品市场的概念入手。重视相关产品市场在于它能产生有效竞争。在可竞争性市场中，相关产品彼此之间存在相当程度的可替代性。从需求角度看，竞争产品之间的物理特征、价格、用途等方面都应予以考虑，是用户的偏好要素组成。此外，消费者对产品的依赖也应考虑。当消费者由于某种因素被“锁定”于某种产品时，即使存在替代性的产品，也

将无法替代。与此同时，从供给角度看，由于供给者大多是潜在的，则需要对潜在的市场进入障碍进行分析。一般而言，市场进入障碍可以分为四种类型：绝对成本的市场进入障碍、规模经济市场进入障碍、产品差异的市场进入障碍以及资本市场的市场进入障碍。

在明晰相关市场的定义之后，就完全可以依据产业组织理论，从结构、行为和绩效三个角度对企业在所处市场中的经济力量进行判断。

（一）结构标准

最直接的评估企业的经济力量的方法就是企业在相关市场中的市场占有率。在实践中，企业产品在相关市场中的市场占有率是执法机构在判断其是否构成垄断时的最主要的考虑因素，虽然各国对多高比例的市场占有率构成垄断的看法并不一致。

实证研究表明，高集中度指标标志着一个产业会有较高的价格—成本比率。传统的共谋假设认为，一个产业中集中度越高，厂商间竞争越不激烈，价格—成本比率也就越高。另外，随着厂商数目的减少，厂商之间的共谋将更容易达成。从这一理论出发，可以得出的一个合理的政策运用就是要打破产业的高集中度，这就为反垄断政策提供了依据。

对此，德姆塞兹（1980）提出了不同的观点，即所谓的不同效率假设（或高效率假设）：高集中度不会导致高价格—成本比率，相反，高集中度倾向于和高价格—成本比率共生。这一理论认为，一些产业倾向于少数具有与竞争对手不同优势的厂商。在这些产业中，优势厂商倾向于主导整个市场，因此集中度将会很高，并且有能力将价格定在成本之上，从而价格—成本比率和产业利润都会很高。这时，如果人为打破产业的高集中度，就会惩罚那些具有高效率的厂商，从而阻止它们提供更加物美价廉的产品，损害消费者的利益。实际证据有力地支持了不同效率假设：一个厂商的利润与其市场份额呈强的正相关关系，而产业利润和集中度之间只有微弱的正相关关系①。

市场占有率或市场集中度指标只关注实际存在的竞争而忽视了潜在的竞争。一般认为，一个可信的进入威胁将引导在位厂商更加激烈地竞争。只有在维持新的竞争的高进入壁垒时，既有的垄断地位才能得到保证。进入壁垒是一个充满争议的概念。乔·贝恩（1956）认为，进入壁垒是“在位厂商可以长时间把产品售价定在最小平均生产成本以上，而不会引起潜在进入者进入的程度”。显然，贝恩是从结果来定义进入的，这就使得其进入壁垒的范围极为广泛，包括了规模经济、进入的必要资本量、政府限制如专利和关税、在位厂商的绝对成本优势等等。斯蒂格勒（1983）为进入壁垒提出了一个完全不同的定义：打算进入某一产业的新厂商必须负担在位厂商无须负担的生产成本。这一定义着重指出了在位厂商和潜在厂商的成本差别，如新产品的推广费用，但并不包括规模经济等在内，其范围要较贝恩的定义为窄。不管进入壁垒如何定义，壁垒的消除都将有助于克服垄断，并对福利形成影响。

（二）行为标准

从世界经济领域看，企业跨国并购已经成为跨国直接投资和获取利润的首要方式。但是，在国际资本并购和竞争策略逐渐带来规模效益的同时，其垄断行为可能出现，并实际表现出类似于排挤民族产业、扭曲市场机制、威胁经济安全等问题。

即使从企业内部分析，企业自身的市场行为也可用于判断企业是否处于垄断地位。在位企业通过控制知识产权就可能在行业内实施专利联盟或者建立私有标准，前者意味着在位领先企业将各自的专利技术一起打包，对专利使用者实行捆绑销售并一揽子收费。如此，专利联营组织显然可以随

① 参见 W. 吉帕·维斯库斯等著：《反垄断与管制经济学》，机械工业出版社 2004 年版，第 84 ~ 86 页。

意抬高许可收费，甚至将不必要的专利也强行搭售，本质上可能构成滥用支配地位和联合限制竞争的垄断行为。后者则可能涉及私有标准这个极为敏感的问题，行业中的先行企业在产品中大量使用自己制定的秘密的、不可兼容的技术标准，从而迫使用户放弃后发竞争者的产品。显然在这一情况下，企业利用私有标准设置市场壁垒也可能构成滥用支配地位的垄断行为。

如果一家企业处于垄断地位，它将会不考虑其他企业的存在而独自行动，或进行价格歧视、掠夺性定价以及搭售，甚至拒绝交易等。从企业的外部客观行为来认定企业在相关市场中的地位，更符合反垄断的要求，因为这些行为不仅表明了其具有垄断地位，而且直接构成了滥用，削弱了市场竞争程度，损害了市场竞争秩序。这些行为也成为企业垄断的最突出的表现形式。但是，如何把握这些行为，或者这些行为达到何种程度，才是只有处于垄断地位的企业有可能做出的，在实践中存在一定的困难。

（三）绩效标准

根据企业的实际绩效来判断企业是否处于垄断地位也是一种由果溯因的方法。处于垄断地位的企业是价格的制定者，或者能够影响市场价格，从而可能获得较好的经营绩效。但是，这一标准存在两个问题：第一，垄断地位虽然经常与较好的绩效相联系，但却不是后者的必要条件，绩效的取得不能排除其他方面的原因，并且，垄断地位甚至也不一定是较好绩效的充分条件。第二，关于较好绩效本身，也存在确认上的困难。如何对绩效进行评估，选取什么标准进行衡量，都存在争议。

在实务中，结构标准、行为标准、绩效标准常常结合起来使用，从各个不同的角度出发，判断企业是否处于垄断地位并实施滥用这一地位的行为。总体而言，欧盟国家和日本等较注重市场结构，而美国近年来的判决则更注重市场行为。此外，如前所言，诸如时间因素也是考虑的一个方面。以市场占有率为例，如果企业的市场占有率很高，但维持这种情形的时间很短，该企业也难以对市场竞争形成真正的威胁，从而形成真正的垄断。

三、管制和反垄断政策的效率检验

一旦认定垄断成立，显然政府会以合法程序实施管制和反垄断政策，但是从制度设计原则而言，管制和反垄断政策的实施，其目的是促使市场朝着更高效率的方向发展，但它并不能保证市场演进的结果真正进入一个最优的状态，或者说，它很难预言管制会带来效率的多大变化。这里尝试引入实验经济学方法，仍以通信行业为例来进行实证检验。实验需要考虑的政策背景要素可以最一般意义的美国经济政策为基础，本文也认为美国对通信业的管制政策就是最好的实例之一。在这个管制政策中包括进入管制、数量管制、提供服务管制、设备管制和价格管制等五个部分，显然价格管制是政策中最基本的内容，同时又是核心组成。有鉴于此，本文采用 MATLAB7 编程建立模型，在此模型的基础上做一些有针对性的试验，之后再对市场的运行结果进行模拟，进而判断管制政策是否能达到了预想的效果，以及它是否还有理论上改进的可能性。

需要预先强调的是，模型建立时，应强调政府实施管制和反垄断政策的目的是使电信市场的价格管制达到三个目标：第一，价格管制可以增加分配效率，尤其可以阻止主要的运营商制定超额价格；第二，价格管制可以通过阻止掌握电信业命脉的运营商制定掠夺性价格来确保公平竞争；第三，价格管制可以增加技术效率。

具体实施价格管制的方法不外乎三种：自由定价法、回报率管制法和最高限价管制。前两种方法都在制度设计方面存在缺陷，已不多用，而最高限价管制是价格管制的一种，也是目前世界各国比较常用的一种以法规为基础的价格管制方法，这里我们就以此作为研究模本。

实施最高限价管制，其原理是通过一定的公式来定量测算并决定在特定的年限内受监管（管制）的运营商的业务价格增长的最高幅度。基本最高限价公式可以写为：

$$PCI_t = PCI_{t-1} \times (1 + Z_t - X)$$

其中：PCI_t 为第 t 年的最高限价；Z_t 为第 t 年的通货膨胀率①，X 是生产效率因素。此公式显示企业能够因通货膨胀而提高价格，但不能因为任何其他因素而提高价格。如果企业提高成产效率，使自己的生产效率高于 X，则企业可以获得额外的利益。因此，政府理论上认为最高限价管制有助于刺激企业提高生产效率。参数 a、b、c 分别为企业重视的利润指数、市场指数、创新指数；π_0、T_1、I、M_0 分别为企业初始资本设定值、每期迭代市场变动设定值、迭代最大期数、初期技术存量（0～1 间变动）；λ、μ、R、g 分别为市场贴现率、利润贴现率、决策因子、价格因子。

以下是从若干随机试验中得出的数据，限于篇幅，本文选取关键图表来帮助我们判断实施最高限价管制后的市场效率变化。

1. 一个企业的情况。假定市场上只有一个企业，模型各项参数取值如下②：$a=0.3$，$b=0.4$，$c=0.3$，$\pi_0=100000000$，$T_1=10000$，$M_0=\lambda=0.6$，$\mu=0.97$，$I=10000$，$g=0.03$，$R=0.1$，$Z_t=0$，$X=0.01$，$x=0.01$③，$C_0/Q_0=40$④，企业的创新效率为 0.2。本文将企业利润的期间贴现率都取为 0.97。

先考察没有最高限价管制时的情况，进行 200 次随机试验，结果如表 1 所示。

表 1　单个企业无价格管制下的市场效率

试验结果 / 指标	均值*	方差
利润贴现值之和	1.0690e+012	5.2751e-003
消费者剩余贴现值之和	1.0737e+012	1.6371e-003
最优技术存量	10000	0

注：*处均值和方差的值使用的是 MATLAB7 中默认的数值表示方式。3.0982e+011 表示 3.0982×10^{11}。

图 1 给出了市场的演化路径，在没有任何管制的条件下，垄断企业在市场上具有绝对的控制地位，可以任意制定价格来获取垄断利润。经过 50 期迭代后，消费者剩余贴现值之和与利润贴现值之和在数值上很相近。由于没有竞争、没有创新、没有技术进步，所以其还停留在原来的水平上。

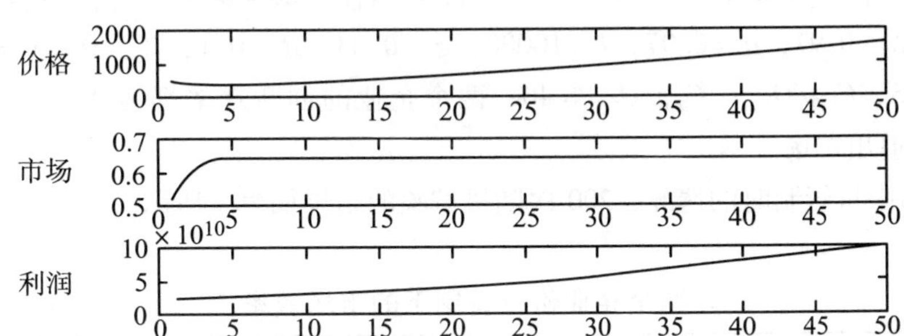

图 1　一家企业垄断的自由市场（横坐标为企业迭代期数，下同）

① 在我们的模型中，始终为 0，因为考虑的都是实际货币，不存在通货膨胀的影响。

② 本模型中，以取定初值的方式来判断市场演化结果的优劣，在其他初值条件下，本文的结论不会受到影响，由于篇幅的限制，不能将它们一一在文章中加以讨论，只能用一些有代表性的结果来说明问题。

③ X 表示政府确定的生产效率因素大小，x 表示企业实际的生产效率因素大小。

④ 企业初始的平均成本。

政府此时对企业进行最高限价管制，设 $PCI_1 = 200$，试验结果如表 2 所示。

表 2　　单个企业价格管制下的市场效率

指标＼试验结果	均值	方差
利润贴现值之和	3.0982e + 011	3.1832e - 004
消费者剩余贴现值之和	3.0827e + 012	1.4188e - 002
最优技术存量	10000	0

图 2 给出了在有最高限价管制时单个垄断企业的市场演化路径。价格上限随着期数的递增而递减，呈现不断下降的趋势。此时企业获得垄断利润的能力受到限制，利润贴现值之和由表 1 的 1.0690e + 012 缩减到表 2 的 3.0982e + 011；消费者剩余的贴现值由表 1 的 1.0737e + 012 增加到 3.0827e + 012，有了大幅的提升；通过比较，很容易得到我们的结论：在单个企业占领市场的条件下最高限价管制是有效的，它通过限制企业的垄断定价能力来达到增加分配效率的目的。在这样的管制政策下，消费者的短期整体利益得到了大幅提升。这样的情况在现实中很容易找到实例，例如，一般认为一个城市一个供水机构可能就足够形成规模经济，在价格管制下企业的垄断定价能力被约束，消费者福利得到提升。

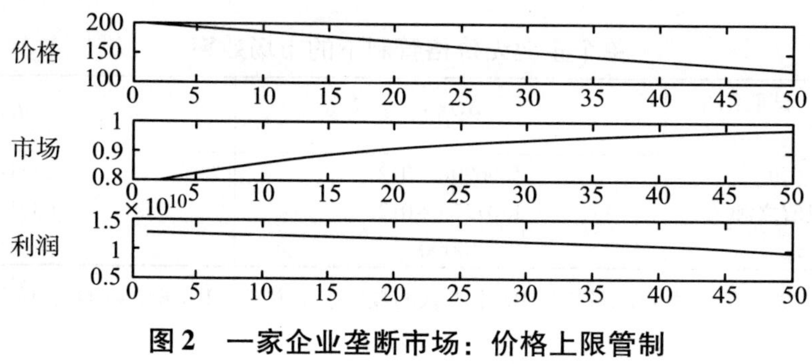

图 2　一家企业垄断市场：价格上限管制

2. 两个企业的情况。但是就市场而言，大多数情况是不止一家企业实施绝对垄断，现假定市场上存在两个企业，两者之间进行竞争，则模型中使用的各个参数赋值变化如下：

$a_1 = a_2 = 0.3$，$b_1 = b_2 = 0.4$，$c_1 = c_2 = 0.3$，$\pi_{1,0} = \pi_{2,0} = 100000000$，$T_{1,1} = T_{2,1} = 10000$，$M_{1,0} = 0.3$，$M_{2,0} = 0.6$，$\lambda = 0.97$，$\mu = 0.97$，$I = 10000$，$g = 0.03$，$R = 0.1$，$Z_t = 0$，$X = 0.01$，$x_1 = x_2 = 0.01$，$\beta_1 = \beta_2 = 0.3$，$C_{1,0}/Q_{1,0} = C_{2,0}/Q_{2,0} = 40$，两个企业的创新效率都为 0.2①。当企业亏损超过 10^{10} 时，就让企业退出市场。

同样考察最高限价管制时的情况，200 次随机试验的结果如表 3 所示。

表 3　　两个企业价格管制下的市场效率

指标＼试验结果	均值	方差
利润贴现值之和	7.5746e + 011	1.6218e + 011
消费者剩余贴现值之和	1.0543e + 013	7.7351e + 012
最优技术存量	1.2071e + 005	1.0573e + 005

① 0.2 只是本文在试验中的取值，管制机构应该根据实际情况来加以确认。

实施限制高价后，市场在价格既定情况下竞争，此时市场上的两个企业都有了竞争的压力，技术存量不再像单个企业垄断市场时一成不变，而是从初期的10000提高到了50期之后的1.2071e+005；在技术进步的影响下，消费者剩余贴现值之和也有了大幅增长，其均值为1.0543e+013。

在市场效率得到提升的同时，也出现这样的情况，最优技术存量的方差非常大，为1.0573e+005，这说明在不同的随机试验中最终的结果差别很大。并且在表3中，最优技术存量方差很大的另一个原因在于，有些时候小企业能够凭借正确的策略和“运气”熬过50期的迭代，此时竞争的压力促使企业持续进行研发投入并最终带来较高的技术水平。但是大部分时期，小企业总是在50期之前就被排除出市场。

由图3比较可得出这样的观点，企业2在企业1被排除出市场之前，总是倾向于制定一个比较低的价格，通过这样的方式来压低企业1占有的市场，并经过几次波动之后，这种带有“掠夺性”的定价行为最终将企业1击垮。此后，企业2迫不及待地提高价格，牟取垄断利润。同时，它也不再进行研发投入，技术进步停滞。所以，正如我们预想的那样，一个企业尤其是类似于通信企业的公共事业企业，其价格的制定过程更像是一个可反复进行（多期迭代）的契约谈判，而不是完全从头开始。现实经济中，当一个公用事业企业认为最高限价（或者最低限价）不甚适用，而要求改变所提供产品（公共产品）定价时，它理所当然地为其改变价格说明原因，并邀请价格管制部门对其进行核查。同时，持该主张的企业应该对公共产品的用户进行公开诉说，举行价格听证会。

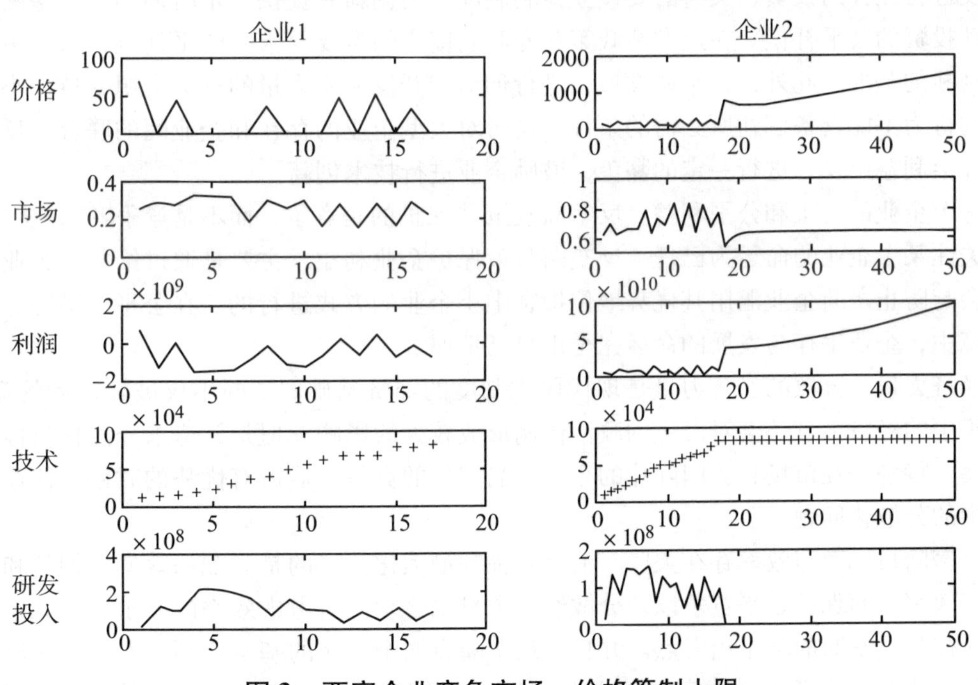

图3　两家企业竞争市场：价格管制上限

在早期的阿弗奇和约翰逊模型（A-J模型）中，总是认为价格管制尤其是最高价格实际上限制了企业的收益率，受管制企业追逐利润行为可能导致它为了使总收益最大化而扩大其价格基础。也正是如此，企业总是有动机夸大其成本，从而逼迫政府让步，使其提价，获得收益空间。但是，对此观点，德姆塞兹（1968）有不同看法，并提出公共特许权定价办法，他认为明智的管制政策不是一味压制价格，而应该是维护企业利润刺激，最好不要试图用政府的权利去固定某一类企业的利润率。事实上，一旦政府强行实施价格上限，可以看到，经过若干期的迭代（博弈）后，大部分小企业的生存空间无法得到保障。尽管有时候政府实施价格上限会使大企业将小企业排除出市场之后仍然不具备制定垄断价格的能力，但至少还有操纵价格的可能能力，此时消费者福利受到较大侵害。并且由上述随机试验结果得出的结论，也在一定程度上验证了政府应该实施价格帽或激励性管制。

四、管制和反垄断政策的目标和基本原则

管制和反垄断政策的根本目标是促进和保护竞争，将竞争作为资源分配的最基本手段，维持公众对市场体制的信心。竞争过程一方面将产生商品和服务的最低价格，另一方面也使得消费者对商品和服务的类型及质量有自由选择的余地。具体来看，这一根本目标又体现在以下各个层面。

消费者福利最大化。垄断带来产量减少，引起消费者剩余减少，并将其中一部分转移到拥有市场力量的企业手里。有学者认为，一些合并虽然引起了福利转移，但是由于效率提高，总体福利得以增加。福利分配应通过税收或其他途径，而不是反垄断政策来实现。主流的观点是反垄断政策既要避免或减少“超重损失”，同时也要避免或减少福利转移，以期实现消费者福利最大化。

促进创新和技术进步。创新反映了动态的效率，是创造社会福利的关键途径。垄断企业是价格的制定者，缺乏创新的激励。事实上，为了保护其垄断地位，他们还可能试图压制或者阻止其他企业从事技术创新。引入市场竞争机制将有效地鼓励创新。但是，为了克服“搭便车”问题，鼓励对研究和开发进行充分的投资，又有必要设立专利制度，为创新者提供一定时期的合法垄断，作为对其创新活动投资的公平补偿。在反垄断政策和专利制度之间需要寻求一个平衡点，这一平衡应当以效率作为判断的基准。此外，在某些领域，进行创新和开发需要大量的社会资源支持，小型的或者单个企业的行为不能具备创新所必需的条件，这时对大型企业的存在和企业间的联合，反垄断政策就应该从社会利益出发，进行一定的豁免，鼓励企业进行技术创新。

保护每个企业的公正和公平利益。反垄断政策“保护的是竞争，而不是竞争者”，从本质上讲，它并不以关注某个企业的命运为己任。反垄断政策保护企业利益，主要是通过给每个企业创造公平竞争的机会与防止垄断企业滥用其优势地位损害中小企业的方式进行的。在公平、平等、自由的市场经济环境中，企业生存与发展的命运完全由自己把握。

分散经济力量。分散的经济力量是现代民主制度的经济基础。垄断不仅破坏市场的竞争机制，而且过于集中的经济力量还会对民主的政治体制形成较大的影响。但是，追求分散化目标与效率可能存在冲突，特别是在市场日益国际化的今天，当国外的竞争产业占有优势的时候，往往很少考虑国内产业中的分散化问题。

以上反垄断目标都与效率存在关联。消费者福利最大化关注的是分配的效率，创新和技术进步着重于动态效率，而保护公平竞争以及分散经济力量也必须同时考虑效率的要求，因此，在很多时候，效率往往是反垄断的基本出发点。并且，反垄断有两个公认的基本原则：本身违法原则与合理原则。本身违法原则是指企业的某些限制竞争行为，不论其产生的后果如何，其行为均要受到法律的惩罚。合理原则是指，市场上的某些企业行为虽然存在限制竞争的事实，但经过仔细分析后，其行为对市场竞争产生的正面效果大于对竞争产生的负面效果，从而限制竞争的行为被视为合法。

这两个基本原则各有侧重，何者在政策制定和执行中居于主导地位，要视不同的时期及政府的政策取向而定。一般说来，本身违法原则适用简单，执行效率也比较高。合理原则涉及对限制竞争行为进行的经济分析与价值判断，由于经济分析的复杂性以及各方立场不同导致的对价值标准上的不同看法，在适用合理原则时，反垄断诉讼往往旷日持久且容易引发争议。在反垄断政策的制定中，一般对某些本身违法的行为进行直接的规定，而对合理原则情况给予明确的反垄断豁免。从政策的执行来看，随着放松管制的浪潮和技术的快速发展，以及相应的对效率的日益重视，适用合理原则的情况正逐渐增多。

五、结　　语

本文的随机试验是在充分讨论消费者选择和企业决策的基础上构建的，事实上它就是一个关于 N 次多期迭代的随机试验模型，模拟政府管制政策（价格管制）影响下的市场演化，以判断管制政策是否是有效率。模型模拟的初步结论是：以提高分配效率为目的的价格上限在市场充分竞争的条件下可能使短期利益上升，但最终损害消费者长期利益；潜在的价格下限管制保障了弱势企业的生存空间，并以促进竞争的方式提高了消费者福利；但是在全面互联互通、技术外溢性强的市场中，以及在考虑管制成本的前提下价格管制政策就不一定是有效的，这也就需要政府在实施管制时根据具体的市场特征把握好管制力度。本文强调，在管制实施时，对垄断的认定应非常谨慎，在垄断的判定上主张同时考虑结构标准和行为标准。中国目前正是一个典型的技术创新型社会，经济刚步入高速发展阶段，对市场而言，往往是高风险与高收益相伴随。如果单一采用绩效标准认定垄断，对在激烈的市场竞争中生存下来的企业可能并不公平，也不利于产业的长远发展。其次，由于特别的技术溢出效应[①]和垄断行业锁定效应的存在，市场上很有可能会形成占有较大市场份额的企业，如果单纯采用结构标准，以产品在市场上的占有率来判断是否形成垄断，无疑漠视了公用事业[②]、通信行业、运输行业等众多产业经济的本质特征。而这些大多隶属于德姆塞兹在不同效率假设中指出的优势厂商天然倾向于主导市场的产业，强行对这些优势企业实施反垄断政策，将会损害效率和消费者的福利。换句话说，从潜在的竞争角度看，这些产业经济均以技术和规模作为其基础，而相关技术发展速度极其迅猛，正是凭借技术优势，许多小企业迅速扩张规模，并占领市场，向暂时处于领先地位的企业形成冲击和挑战。在新奥地利学派看来，竞争的强弱是无法用集中度或企业数和市场占有率这些尺度来衡量的，因为竞争源于企业家的创业精神，而这种创业精神又是其他企业所无法夺去的。因此单纯的以结构标准来判断垄断显然不科学。

多数学者认为，中国的垄断模式更以行政垄断为主，行业和政府的联盟使“管制由行业谋取，并主要根据其利益被设计和运作”（斯蒂格利茨，1971），行业垄断的背后是政府。某种程度上说就是政府对干预经济的权利滥用造成行政性垄断行业的流行。在市场经济转轨过程中，这可能是一个中间过程，由于政策选择中的妥协现象，中国政府在很多产业政策制定中，事实上存在限制市场进入和限制市场竞争政策的制度设计，在这种情况下，中国的垄断并不是市场机制下形成的市场垄断，而表现为政府操控的垄断市场。对于这个现象，斯蒂格利茨（1989）解释说，一国的公民将公共权利委托给政府，这一委托责任也会给政府造成重要的压力如就业和公平压力，而这种压力使政府倾向于过度使用其拥有的权利。从另一个层面来说，亚历山大·汉密尔顿（1791）就说得更“露骨”了，他认为，只要政府认为有“必要”，他就会找出一些理由来实施经济干预。历史上各国政府政策的实质，从来就没有或者不是自由放任[③]。也正因为此，本文强调，在我国经济高速增长的同时，其规模经济和技术创新是核心组成，政府实施管制和反垄断政策，均应淡漠市场结构，而应重视消费者福利最大化和技术进步目标，即强调在竞争为主导的经济发展中，每个企业都可以是中心，置身经济领域内的每个企业都是平等的，其竞争架构就是一种天然的制约和平衡的制度，有助于实现市场力量的分散。但这并不意味着市场中就不存在不平等和力量的集中。事实上，由于技术创新和溢出效应的作用，即使若干非自然垄断性产业内也容易产生大规模企业。但是，如果一种市场行为或状态没有减少消费者的福利，甚至还有利于消费者福利的增加，那么就没有充足的理由制止这种行为或强行改变这种状态。如果这种行为或状态还有助于技术的进步和效率的提高，在目前

① 或称为外部性。

② 如城市自来水供给垄断性厂商是合理的，一个城市只有一个规模厂商可能就是社会福利最大化的基本条件。

③ 转引自小贾尔斯·伯吉斯著，冯金华译：《管制和反垄断经济学》，上海财经大学出版社2003年版，第6页。

经济已经在世界范围展开竞争的情况下，更不应简单地加以否定。

尚需指出的是，从反垄断的基本原则来看，本身违法原则与合理原则也需要同时运用。这一点在中国反垄断法没有出台之前更应重视。事实上，企业凭借其产品的成本优势或质量优势取得优势地位，其优势地位本身并不构成违法，政府判定垄断还需要结合其实际采取的行为。同时，即使存在某些限制竞争的事实，也需要运用合理原则，通盘考虑其对市场的整体影响，采取适当的反垄断措施。

或许这个例子可以加强本文的结论观点，也对中国政府实施管制和反垄断政策提供有益的启示。2004年4月，在欧盟委员会对微软做出严厉的处罚后不久，欧盟最高法院就如何判定一家公司是否存在垄断行为，确立了一套严格的判定原则。它强调，如果一家公司拒绝将其受到专利权保护的材料授权给竞争对手使用，要判定这家公司是否违反了反垄断法律，有三个“特别的条件”需要满足。这三个条件分别是：拒绝授权造成一种新的产品或者服务不能问世，而且市场对这种产品或服务具有一定潜在的需求；拒绝授权没有“客观公正的理由”；授权非常关键，如果没有它，就会造成相关市场竞争的缺失。

可以看出，这一原则和本文试图表达的观点一致，它考虑了专利制度和竞争两者之间的矛盾，从行为标准（这里是特定情况下的不作为）入手，强调了垄断的认定必须置于一定的相关市场背景，进而从消费者福利角度出发予以考虑。这一原则虽然对技术保护进行了限制，但是，从长远看，有利于技术的进步。同时，这一原则也采纳合理原则，规定了一定的豁免条件（“客观公正的理由”）。应该说，它对于我国政府区分行业垄断暴利和规模经济收益、区分促进经济发展和管制、反垄断、宏观调控的矛盾，乃至制定我国公共经济框架下的管制和反垄断政策体系具有重要的指导意义。

参考文献：

1. 斯蒂格利茨：《政府为什么要干预经济》，中国物资出版社1998年版。

2. 王俊豪：《政府管制经济学导论——基本原理及其在政府管制实践中的应用》，商务印书馆2003年版。

3. 张馨、陈工、雷根强：《财政学》，科学出版社2006年版。

4. Mark, A., Simon, C., John, V. Regulatory Reform: Economic Analysis and British Experience [M]. The MIT Press, 1994.

（本文载于《财经研究》2007年第7期）

美国兼并指南变迁中经济学家的作用及其对中国的启示*

王继平　陈甬军

摘　要： 本文考察了经济学家在促进美国兼并指南变迁中的作用，并从中得出了几点值得我们借鉴的启示：(1) 国内经济学家在研究拟议中的兼并时应将兼并对市场竞争的影响作为切入点；(2) 国内经济学家应该为中国兼并政策或者更一般地为中国反垄断法律和政策的制定和实施提供了理论基础和分析框架；(3) 国内经济学家应该运用现代产业经济学理论和工具研究具体的兼并案例；(4) 国内大学经济学院和商学院应该加强"反垄断与管制经济学"的教学。

关键词： 兼并指南　经济学家的作用　启示

一、引　　言

伴随着中国改革开放的不断深入以及市场经济的发展和完善，在经济全球化浪潮的冲击下，由市场力量所驱动的企业间的兼并便是不可避免的了。事实上，这样的兼并（包括收购、控股和狭义的兼并）在不断地进行之中，并有蓬勃发展之势。尽管"大鱼吃小鱼"是市场的"丛林法则"、"弱肉强食"乃司空见惯之事，但是，大型企业间的兼并、特别是国外大公司对国有大企业的兼并，还是引起了政府、企业界以及经济学家的广泛的关注。从有关的国内文献来看，似乎有两点不能令人满意。其一，许多经济学家在探讨大企业兼并的影响和开出政策"药方"时，更多地关注的是产业竞争力和国家产业安全，似乎忽视了兼并对市场竞争的影响。事实上，尽管企业兼并的表层原因可能是多方面的，但从根本来看，兼并是为了减少竞争对手，改变市场结构，弱化市场竞争强度，提高市场份额，并最终获得更大的利润。一个经济学家在评价大企业间兼并的效应时，忽视对竞争的影响是不可原谅的。其二，从理论研究的层面看，目前，国内经济学家对兼并的分析似乎也还没有一个较为一致的、主旨明确的一般框架。这种令人遗憾的状况有待改善。"他山之石，可以攻玉"。为此，我们考察了美国兼并指南的变迁历史，研究了经济学家在这个过程中的作用，并从中得出了几点或许值得我国经济学家借鉴启示。

二、美国兼并指南的演变

尽管早在1890年就通过的《谢尔曼法》(The Sherman Act) 宣布："限制贸易的联合"和"垄断"的行为都是非法的，但是，有关兼并的法律是作为1914年通过的《克莱顿法》(The Clayton

* 国家社科基金项目"应用经济学科基础理论研究：市场势力测度与福利损失估计的理论及其在我国的应用"阶段成果（批准号06BJY064）。

Act）的一部分被提出来的。依据《谢尔曼法》，两个企业合谋以便控制价格是非法的，但如果这两个企业合并为一个单一的实体继续它们对价格的控制却是合法的。《克莱顿法》第 7 款旨在解决这一问题：它禁止在竞争性企业之间进行可能具有贸易限制或创造垄断倾向的股票合并。《克莱顿法》第 7 款的这个措辞意味着并不禁止资产合并。为了堵上这个漏洞，1950 年通过《塞勒—凯弗维尔（The Celler-Kefauver Act）反兼并法》对《克莱顿法》第 7 款进行修正：禁止在任意的两个企业（无论它们是否是实际的竞争者）之间进行任何的（股权的和资产的）合并，如果这种兼并会削弱竞争或倾向于创造垄断的话。因此，在美国，兼并要受到法律的检验：即对被诉行为是否实质性地限制竞争或者有没有产生共谋的倾向进行检验。由此，禁止那些虽然没有产生垄断但使集中程度增加的兼并成为反托拉斯政策的基本核心。没有免费的午餐，法律的实施也是有成本的。为了尽可能地减少诉讼，降低执法成本，美国建立了兼并审查制度。

在美国，联邦贸易委员会（The Federal Trade Commission，FTC）和司法部（The Department of Justice，DOJ）掌管对兼并活动的监控与审查。司法部和联邦贸易委员会发布兼并指南，这些指南确定什么类型的兼并应该受到反对。尽管这些指南并不构成一项法律，而是建议对不受欢迎的兼并采取行动。但是，事实上，在联邦贸易委员会或司法部确定该兼并对竞争的影响之前，兼并是不会实际发生的。依据这种程序，很少几个案例被诉诸于法律。例如，从 1982 年到 1986 年的 4 年间，在报告的 7700 起案例中仅有 56 起诉诸于强制行动。因为在大多数案例中，联邦贸易委员会的评估足以向兼并企业提供它是应该继续进行兼并还是放弃兼并的信号。实际上，仅仅诉讼的威胁通常就可以扼杀一个兼并。

1968 年，美国司法部颁布了它的第一个兼并指南（下面称之为 1968 指南）。就水平兼并而言，该指南建立了两个标准：（1）如果在某个市场上，4 家最大企业的集中率达到 75% 或以上，则当兼并企业和被兼并企业都拥有 4% 或以上的市场份额，政府就要反对该兼并；当兼并企业拥有 15% 以上的份额，被兼并企业拥有至少 1% 的份额，政府也要反对该兼并。如果在某个市场上，4 家最大企业的集中率达到 75% 以下，则兼并和被兼并企业都拥有 5% 或以上的市场份额，政府就准备反对该兼并；当兼并企业拥有多达 25% 的市场份额，被兼并企业拥有至少 1% 的市场份额，政府也准备反对该兼并。（2）如果从第 2 到第 8 大企业共同拥有的市场份额在此前 5 年（或 10 年）上升多达 7%，则政府就要采取行动反对任何对拥有整个市场份额至少 2% 的被兼并企业的兼并。

第二个兼并指南是在 1982 年制定的。尽管该指南于 1984 年又做了修订，但没有实质性的变化，因此，以下简称 1982 指南。与 1968 指南相比，1982 指南的变化是革命性的。1982 指南的一个基础性贡献是为分析横向兼并对竞争的影响设定了一个统一的概念框架。这个框架分为五部分：（1）为评价兼并对竞争的影响定义了相关市场（relevant market）；（2）运用赫芬达尔—赫什曼指数（HHI）计算市场的集中度；（3）对市场进入难易度的评价；（4）对影响成功地合谋（collusion）的其他竞争因素的评价；（5）兼并的效率收益（主要是成本节约）分析。最后，权衡这五个方面，确定兼并对竞争的影响。正如萨洛普（Salop，1987）所言，“尽管该指南的重要方面在经济学家中存在很大的争论，但是，这个基本框架是一个非常有益的分析工具，不仅对兼并政策如此，而且对产业组织经济学也一样。”用富兰克林·费舍尔（Franklin Fisher，1987）的话说，这个框架是组织数据的一个合理的方式。

与 1968 指南相比，1982 指南的另一个实质性的变化是，将效率作为抗辩的理由。尽管贝恩（Bain，1958）早就认识到评价兼并时经济效率辩护的意义，但是，20 世纪 60 年代是市场势力分析繁荣的时代。正如奥利弗·威廉姆森所言，60 年代初，联邦贸易委员会采取的立场是：“对法规的违反的必要证明由各种类型的证据构成，这些证据显示，进行收购的企业在某些市场上具有显著的支配力或者它的全面组织使得它在效率上比小对手具有决定性优势。”换言之，效率和效率进一步改进的前景被联邦贸易委员会在考虑一种兼并是否得到允许时被当作不利因素处理。

这是效率推理的反面应用：不仅效率不能构成辩护，而且兼并带来效率正是兼并被攻击的理由，因为小的竞争者将因此而陷入不利的境地。依据 1968 指南，可能的经济效率不能作为对违法行为的辩护。

1982 指南的第三个变化是，尽管仍利用集中来识别有可能削弱竞争的兼并，但是，门槛要比 20 世纪 60 年代时更高一些，而且所用的是赫芬达尔—赫什曼指数（HHI），而非更加传统的 4 企业集中率（CR_4）。兼并审查当局不仅考虑兼并后的市场集中度，而且考虑兼并所导致的集中度的上升情况。1982 指南为兼并创建了一个“安全港”（safe harbor），如图 1 所示。那些不能进入这些“安全港”的兼并将通过进一步分析来确定它们是否应当受到质疑。

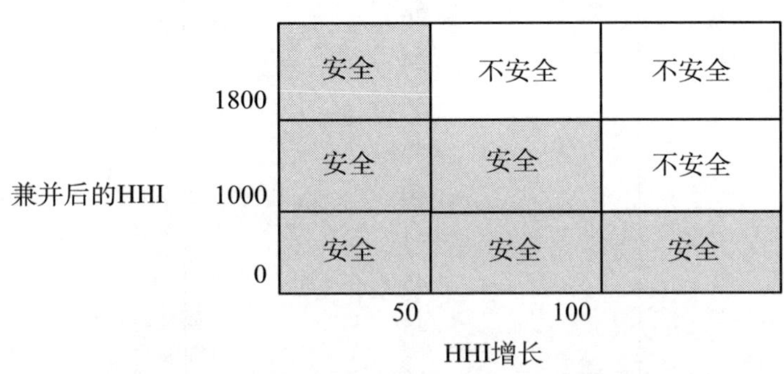

图 1　1982 年兼并指南下的兼并安全港

此外，该指南也考虑到市场中来自国外的竞争以及其他有利于竞争的因素的影响。

1992 制定了第三个兼并指南。该指南与 1982 指南很相似，这里不再赘述。

1997 年美国司法部和联邦贸易委员会修正了 1992 年兼并指南。1997 指南明确采用与奥利弗·威廉姆森（Williamson，1968）相一致的兼并福利分析框架。该指南考虑到兼并所产生的两种相互冲突的效应：一种是提价效应：兼并促进了市场势力的行使，并由此导致更高的价格；另一种是降价效应：兼并带来了成本节约，并导致了较低的价格。1997 指南聚焦于价格，强调兼并对消费者剩余的净效应。评价兼并的提价效应和降价效应的相对大小，唤起了经济学家对成本传递率的关注（cost pass-through rate）——成本变化传递为价格变化的比率。

综观美国兼并指南的变迁，我们可以发现，伴随着一次次的修正，兼并指南的经济学倾向性在一步步地增加。这种趋势的出现是经济学、特别是产业组织理论发展的必然结果，也是经济学家在反垄断公共政策中作用不断加强的具体体现。

三、美国兼并指南变迁中经济学的作用

尽管在《谢尔曼法》通过很久以后，美国的经济学家们才开始为反垄断法提供它具有经济效率的经济学原理的，但是，经济学和经济学家对反垄断政策制定和实施的作用在不断增强。司法部和联邦贸易委员会任职的经济学家的人数越来越清楚地反映了这个趋势（见表 1）。难怪康内尔法学院的乔治·A·海伊（George A. Hay）和美国司法部反垄断局的格雷戈·J·韦登（Gregory J. Werden）在考察了经济学与兼并法律和政策的关系后评论到：“在经济学知识的指引下，兼并的法律和政策已经走过了很长的路（1993）。”我们的研究发现，经济学在美国兼并指南变迁中的作用概括地讲有如下几点。

表1　　司法部和联邦贸易委员会任职的经济学家人数

年份	司法部	联邦贸易委员会
1913	—	—
1923	—	30
1930	—	44
1951	—	18
1955	—	26
1971	—	47
1972	21	53
1973	26	56
1974	24	66
1975	36	67
1976	43	73
1977	40	73
1978	44	81
1979	45	78
1980	45	80
1981	—	92

资料来源：1913～1981年数据来自施蒂格勒（Stigler，1982）附表1。

1. 经济学的发展为兼并指南的制定提供了理论基础和分析框架。任何试图对兼并设置限制的反垄断政策都必须有一个理论基础和分析框架。负责制定1968指南的是唐纳德·特纳（Donald Turner）。他是哈佛大学的经济学博士、张伯伦寡头垄断理论的拥护者。1968指南的经济学基础是以梅森、贝恩为代表的“哈佛学派”的“结构—行为—绩效”范式。产业组织分析方法的一些反托拉斯分支是由卡尔·凯森和唐纳德·特纳在《反托拉斯政策：一种经济学和法律分析》（Kaysen and Turner，1959）中建立起来的。因此，1968指南中限制性的市场份额和集中门槛无疑反映了哈佛学派的经济学智慧。

正如上面所提到的那样，1982指南的一个基础性贡献是为分析横向兼并对竞争的影响设定了一个统一的概念框架。这个框架是建立于由张伯伦（Chamberlin，1933）、费纳（Fellner，1949）和施蒂格勒（Stigler，1964）所发展并由博弈论的“囚徒困境”洞察所加强的标准的寡头理论基础之上的。它代表了产业组织领域中有关寡头问题上哈佛学派和芝加哥学派观点的平衡。它继续把集中的程度看成是一个重要的依赖因素，但又不再始终把集中作为检验合并是否合法的基础。换言之，该扩大了对拟议中的合并进行经济分析的范围。萨洛普（Salop，1987）指出，“在过去的10年中，经济学和经济学家在反托拉斯中扮演了更加重要的作用。所谓的反托拉斯的“芝加哥学派”为反托拉斯法在相当大程度上的放松提供了理论基础（intellectual rationale）。”威廉姆森（Williamson，1968）提出的权衡市场势力与经济效率的局部均衡福利经济学模型，为1997指南的福利分析提供了一个分析框架。

2. 经济学的发展为反垄断政策的具体实施提出了可供选择的模型菜单。对于特定的反垄断案例，经济学家所面临的一个中心问题是模型选择。为了选择一个明确的或隐含的适合所研究的情形的模型，经济学家通常必须考虑市场势力的来源及其大小以及所争论的兼并实践的经济含义。MIT斯隆管理学院（Sloan School of Management）的经济学教授理查德·施马兰西（Richard Schmalensee，1982）指出，一方面，新产业经济学融合了产业经济学的哈佛传统和芝加哥传统的合理因素，为分析家提供了大量的可供选择的市场模型菜单。沿着哈佛传统的研究承认了用完全竞争或纯粹垄断不能很好地描述市场的可能性，沿着芝加哥传统的研究强调了用明确的经济模型进行演绎推理的价值。特别是现代博弈论被运用于构造和分析各种各样的不完全竞争模型。另一方面，新经验产业组织理论的发展也为特定产业的经验分析（这种经验分析有助于在实践中选择模型）提供了可靠的工具。理论方法和经验方法的发展鼓励选择既与相关证据一致又与经济分析的一般原理一致的模型。总而言之，正是产业经济学的发展导致了对反垄断案例的更精确的分析。

3. 经济学的发展为反垄断政策的具体实施提供了可资利用的分析工具。一个例子是经济学家提出了定义相关反垄断市场的方法。审查一个拟议中的兼并的首要的和至关重要性的问题是，定义相关的反垄断市场。如果市场界定得很窄，那么高市场集中度便是无处不在的了；相反，如果市场界定的很宽泛，那么便会有低的集中度。例如，在美洲铝业公司案中，法庭的判决赞成采用较窄的市场定义（排除了铝的替代品），但在1956年的玻璃纸案中，法院认为对市场的定义应该包括其他有弹性的包装材料，从而判定杜邦公司无罪。又如，在历时13年的著名的针对IBM的反托拉斯案中，司法部把市场定义为“通用的电子数字计算机系统。”这就排除了通用系统的零部件供应商和诸如“微型计算机”这样的“特殊目的”系统的供应商。IBM则主张不应排除这些供应商，而且应该考虑全球市场而非区域市场。那么，如何确定市场的边界呢？罗宾逊（Robinson，1933）提出了一个确定市场边界的交叉价格弹性准则：首先从给定的商品开始，然后考察该商品的替代品，再考察这些替代品的替代品，依此类推，直到发现替代品链中的明显差别。这个差别确定了与该商品相关的市场界限。施蒂格勒和谢文（George J. Stigler and Robert A. Sherwin，1985）提供了确定市场边界的另一个准则。同一市场的商品往往面对相似的成本结构和需求冲击，因此它们的价格会倾向于相关。可以通过测量兼并企业在它们的销售领域内引发的该产品价格的变动与被认为是相近替代品的产品价格变动之间的相关性来确定它们是否属于同一市场。

另一个值得提出的例子是，经济学家提出了评价兼并是否带来规模经济效应的方法。兼并的成本—收益分析要求评价拟议中兼并带来的规模经济。经济学家为考察规模经济提供了可供选择的方法：（1）施蒂格勒（Stigler，1968）所提出的所谓“生存法则”。考察市场份额的趋势：如果与小企业相比，大企业正在夺取市场份额，可以推断，大企业由于其规模的缘故享有竞争优势。这种方法的缺点是它不能识别规模经济的存在，因为大企业的优势也许是因为享有政府补贴或别的原因。（2）确定规模经济存在与程度的另一种方式是把企业的成本与他们分规模联系起来（Morrison & Siegel，1999）。在其他方面相同的条件下，如果市场上较大企业的成本低于较小的企业，可以推断，大规模具有成本优势。这种方法的困难在于所需的数据常常无法获得或难以解释。（3）这是一种证明效率存在的间接方式。“事件研究”法：通过统计方法，使股市对一个事件（例如，公告一起兼并）的反应，与同时发生的、对该事件所涉及企业的价值可能有影响的其他事件分离开来。如果这样一个研究显示，公告将要进行的兼并导致兼并企业的联合价值上升，这跟该兼并能够产生效率是一致的，跟它能够带来市场份额也是一致的。但是，如果该公告导致了与其竞争的企业的股票价格上涨，这表明该兼并将有助于兼并所打造的新企业所取更高的价格，这显然有利于竞争者；然而，如果该公告导致了与其竞争的企业股票价格的下跌，这表明该兼并将创造出净效率，它降低了成本也因此降低了价格，从而打击了与其竞争的企业。

四、几点启示

通过对美国兼并指南变迁中经济学和经济学家的作用的考察，我们可以得出如下几点有益的启示：

一是国内经济学家应该把握好研究拟议中兼并的切入点。美国著名的经济学家赫伯特·斯坦因（Hamilton，1992）在总结他50多年的经济学研究时曾说，经济学家对经济并不知道多少。尽管如此，经济学家还是要比其他人（包括制定经济政策的政治家）知道的要多一些了，特别是在评价竞争是否有助于提高人们的经济福利方面。尽管经济学“帝国主义”甚嚣尘上，但是，如果离开了对经济问题的讨论，经济学家或许与马车夫相比也不占更大的优势。因此，经济学家对兼并的研究不应该走得太远，其基本问题仍然是兼并对市场竞争的影响。评价兼并对市场竞争的影响是经济学家考察兼并问题的基点。离开了这个基点而走得太远了，往往会不着边际地凭空乱发议论，贻笑于大方之家。我们的研究发现，美国经济学家在研究兼并的影响时，似乎从未离开过兼并对竞争的影响这个基点。也正因为如此，才使得他们在指南的变迁中扮演了至关重要的作用。

二是国内经济学家应该为中国兼并政策、或者更一般地为中国反垄断法律和政策的制定和实施提供了理论基础和分析框架。第一步是虚心地学习和消化国外先进的经济学理论和研究方法，然后，在此基础上建立适合中国国情的理论框架。经济学在本质上是动态的，新的研究会不断地修正（补充、完善）或推翻原有的理论。这意味着经济学家任重道远。美国兼并指南的变迁史表明，正是经济学家的不懈努力，正是经济学理论的不断发展，才推动了指南的一再修正。

三是国内经济学家应该运用现代产业经济学理论和工具研究具体的兼并案例。反垄断法草案已于2006年6月24日提请全国人大审议，我国反垄断法出台是迟早的事。反垄断法的实施离不开经济学家对具体案例的经济学研究，离不开评价拟议中的兼并对市场竞争以及经济效率的影响。无论是作为大公司的经济顾问，还是就职于政府的反垄断机构，经济学家将在反垄断法的实施中扮演非常重要的作用。

四是大学应该加强“反垄断与管制经济学”的教学。尽管国内已有一些反垄断和管制经济学方面的教材，如陈甬军主译的《反垄断与管制经济学》（机械工业出版社2004年版），但是，据我们所知，大部分大学的经济学院和商学院并未将反垄断和管制经济学纳入其本科教学计划，这种状况似乎亟待改善。在市场经济国家中，反垄断法占优极为重要的地位。在美国，反垄断法被称为“自由企业的大宪章”，在德国被尊称为“经济宪法”。毫无疑问，随着我国反垄断法的颁布，将需要越来越多的致力于反垄断研究和实施的经济学人才。未雨而绸缪，现在是加强“反垄断与管制经济学”教学的时候了。

参考文献：

1. Bain, Joe (1958). *Industrial Organization.* New York: John Wiley and Sons.

2. Chamberlin, E. H. (1933). *The Theory of Monopolistic Competition*, Harvard University Press.

3. Fellner, William (1949). *Competition Among the Few.* New York: Alfred A. Knopf, Inc.

4. Fisher, Franklin M. (1987). “Horizontal Merger: Triage and Treatment”, *Journal of Economic Perspectives*, Vol. 1.

5. Hamilton, Lee H. (1992). “Economists as Public Policy Advisers,” *Journal of Economic Perspectives*, Vol. 6, No. 3.

6. Hay, George A. and Werden G. J. (1993). “Horizontal Merger: Law, Policy, and Economics”, *American Economic Review Papers and Proceedings*, Vol. 83.

7. Kaysen, C. & Turner, D. F. (1959). *Antitrust Policy: An Economic and Legal Analysis*, Cambridge, Mass.: Harvard University Press.

8. Morrison, C. J. and Siegel Donald (1999). “Estimation of Scale Economies Underlying Growth and Productivity: The Implication of Data Aggregation,” *Southern Economic Journal*, Vol. 65.

9. Robinson, J. (1933). *Economics of Imperfect Competition*, London: Macmillan.

10. Salop, Steven C. (1987). “Symposium on Mergers and Antitrust”, *Journal of Economic Perspectives*, Vol. 1.

11. Schmalensee, R. (1982). “Antitrust and the New Industrial Economics,” *American Economic Review Papers and Proceedings*, Vol. 72, No. 2.

12. Stigler, G. S. (1964). “A Theory of Oligopoly”, *Journal of Political Economy*, Vol. 72.

13. Stigler, G. S. (1968). “The Economies of Scale,” in The Organization of Industry.

14. Stigler, G. S. (1982). “The Economists and the Problem of Monopoly,” *American Economic Review Papers and*

Proceedings, Vol. 72.

15. Stigler, George J. and Sherwin, Robert A. (1985). "The Extent of the Market", *Journal of Law and Economics*, Vol. 28.

16. Williamson, Oliver E. (1968). "Economies as an Antitrust Defense: The Welfare Tradeoffs." *American Economic Review*, Vol. 58.

（本文载于《产业经济研究》2007 年第 2 期）

中国垄断性产业的行政垄断及其管制政策*

王俊豪　王建明

摘　要：在现行体制下，中国垄断性产业除存在自然垄断外，还同时存在行政垄断，这是中国垄断性产业垄断的二元性，行政垄断又可分为合理行政垄断和不合理行政垄断，这是行政垄断的两重性。为从根本上打破行政垄断，需要根据垄断性产业垄断的二元性和行政垄断的两重性特征，制定有效的分类管制政策。

关键词：垄断性产业　行政垄断　管制政策

中图分类号：F121　**文献标识码：**A　**文章编号：**1006－480X（2007）12－0030－08

一、中国垄断性产业垄断的二元性

（一）垄断性产业垄断的二元性

电信、电力、铁路运输、航空、邮政、自来水和管道燃气等垄断性产业的一个共同的显著特征是具有网络性，即必须借助有形或无形的网络系统（电信网、电力网、铁轨网、航线、邮路、自来水管网和燃气管道网等），才能实现最终消费。建立与形成这些网络系统，往往需要巨大的投资，资产专用性强，沉淀成本大，规模经济显著。因此，从经济特征看，垄断性产业具有自然垄断（natural monopoly）特征。但是，并非垄断性产业的所有业务都具有自然垄断特征。从大量国内外文献资料看，自然垄断业务主要限于网络业务，其他业务则属于竞争性业务（或潜在竞争性业务）。例如，电力生产（发电）业务、移动通信业务、电信增值业务、报刊发行业务等都属于（潜在）竞争性业务。但在现实中，很多竞争性业务往往也是由一家或少数几家企业垄断经营。例如，移动通信业务至今仍由中国移动和中国联通双寡头垄断，报刊发行业务则由中国邮政垄断经营。显然，这种垄断是由行政权力（而不是技术经济特征）决定的。也就是说，这种垄断不是自然垄断，而是行政垄断（administrative monopoly）。行政垄断是政府运用其行政权力排斥、限制市场竞争的行为或状态。如果政府没有对垄断性产业施加行政约束、排斥竞争，就不存在行政垄断。反之，如果政府对垄断性产业施加了行政约束（不论其合理与否），那么行政垄断就实际存在。在中国现行体制下，很多垄断性产业都同时存在自然垄断与行政垄断。垄断性产业这种自然垄断与行政垄断并存的现象，我们称之为垄断性产业垄断的二元性，如图1所示。

在图1中，第Ⅰ象限的业务既有自然垄断性同时又存在行政垄断，如网络通信业务、输配电业务等；第Ⅱ象限的业务有自然垄断性，但不存在行政垄断（即政府对这些自然垄断业务的进入、退出完全没有行政干预），这种状况目前在中国几乎不存在；第Ⅲ象限的业务没有自然垄断性，但存在行政垄断，如报刊发行业务、移动通信业务等，从外部表现及其结果看，这些业务领域也是垄断

*［基金项目］国家自然科学基金项目“中国垄断性产业管制机构的设立与运行机制研究”（批准号70573087）。

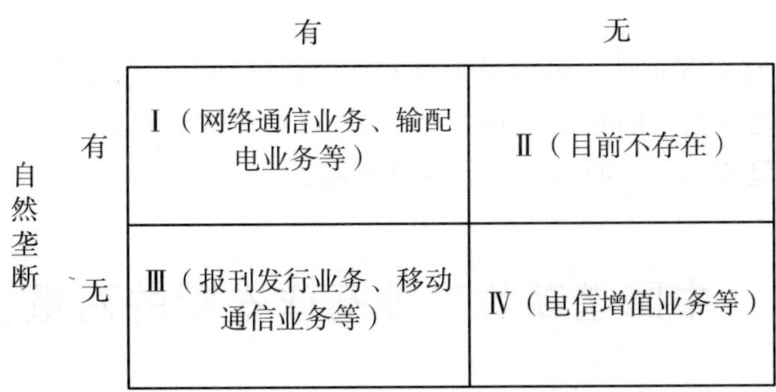

图 1　垄断性产业垄断的二元性

的；第Ⅳ象限的业务既没有自然垄断性，也不存在行政垄断，从外部表现及其结果看，这些业务领域是竞争性业务，如电信寻呼等增值业务。

对垄断的二元性，需要说明以下两点：（1）根据自然垄断和行政垄断的“有无”来刻画垄断的二元性，这只是为了便利而采取的简单维度化表述。更确切地说，自然垄断或行政垄断还有一个“程度”问题，而不仅仅是“有无”问题。例如，一般认为，根据成本弱增性（subadditivity）程度，自然垄断可细分为“强自然垄断”和“弱自然垄断”。同样，根据政府干预的程度，行政垄断也存在一个“程度”问题。当然，在实践中，行政垄断或自然垄断的“程度”往往很难精确地度量。[①]（2）垄断的二元性并不意味着自然垄断和行政垄断可以完全分离。尽管从理论上讲，自然垄断和行政垄断是不同的概念，有不同的特征和表现，是可以完全区分的。但在现实中，自然垄断和行政垄断往往交织在一起，自然垄断为行政垄断提供了必要性，行政垄断又强化了自然垄断。如何有效地分离自然垄断和行政垄断也是政策实践中的一个关键和难点问题。

目前，垄断性产业的自然垄断问题已经得到学者的普遍关注和深入研究，但对垄断性产业行政垄断问题的研究还有待深入。而且目前，行政垄断问题已经引起社会各界的高度关注和强烈不满。以致很多学者认为，在目前体制转轨阶段，中国的反垄断主要就是反行政垄断（张维迎，盛洪，1998；张昕竹等，2000；杨兰品，2006；朱智文，2007）。因此，本文着重讨论垄断性产业的行政垄断问题。

（二）中国垄断性产业行政垄断的基本特征

1. 行政垄断的主体是政府，包括中央政府、地方政府及其职能部门。有学者认为，行政垄断的主体是企业（石淑华，2006）。在我们看来，这里的企业实际上是受到政府保护和支持的特殊企业，一旦企业被割离了与政府部门（或其行政权力）的特殊关系，行政垄断便不复存在。因此，从本质上看，行政垄断的主体是政府。当然，从外部表现看，行政垄断的主体既可能直接体现为政府及其职能部门，也可能体现为代表政府及其职能部门意志或利益的经济实体（企业）。

2. 行政垄断来源于行政权力。行政垄断不同于自然垄断或法定垄断（statutory monopoly）。自然垄断由特定产业的技术经济特征决定。法定垄断通过立法产生，受到法律（甚至宪法）保护。与之相对，行政垄断是政府运用行政权力的结果，与技术经济特征没有必然关系。行政垄断既可能合法，也可能披着合法的外衣（如出于部门利益的立法）实际上并不完全合法，或者虽然合法但不合理。

① 一般认为，用勒纳指数（Lerner's Index）可以度量一产业的垄断程度。勒纳指数 $L=(P-MC)/P$，L 值越大，表示垄断势力越强。但对于自然垄断或行政垄断程度，目前则并没有公认的有效度量方法。当然，也有学者对之进行了探索。例如，石淑华（2006）认为，行政垄断程度可以从产业的国有化程度得到体现。笔者以为，用国有化程度度量行政垄断还缺乏足够的理论依据，因此并不一定合适。

3. 行政垄断具有强制性，属于一种强制性垄断（coercive monopoly）。显然，这种强制力主要来自政府及其行政权力。

4. 行政垄断的目标具有多重性。可能是公众和社会长远利益，可能是国家收入，也可能是某些行业的利益，甚至可能是少数人的利益（杨兰品，2006）。在这一点上，行政垄断不同于国家垄断。后者的目标一般是国家整体利益，而不是少数人的利益。

二、中国垄断性产业行政垄断的两重性

根据垄断的结果，行政垄断可分为合理行政垄断和不合理行政垄断。这是行政垄断的两重性。合理和不合理行政垄断的检验标准是市场绩效：合理的行政垄断能提高资源配置效率，增加社会福利；不合理的行政垄断则会降低资源配置效率，减少社会福利。问题的关键在于，什么样的行政垄断能提高资源配置效率、增加社会福利？一般来说，对于自然垄断业务（图1中第Ⅰ、Ⅱ象限），通过设置必要的行政性进入壁垒，限制市场进入、实行行政垄断往往有助于提高经济效率。反之，如果允许很多企业进入自然垄断业务（尤其是强自然垄断业务），必然会产生低效率的重复投资和过度竞争现象。由此，对自然垄断业务实行行政垄断具有一定的合理性。当然，这种合理性也是相对的。其相对性体现在两方面：一是从短期（静态）看，对于自然垄断业务（尤其是弱自然垄断业务），如果只允许一家与政府行政权力关系密切的企业垄断经营，这种强行政垄断往往会加剧自然垄断业务的低效率问题；二是从长期（动态）看，自然垄断业务的边界有相当的可变性（随着技术进步和市场扩展，自然垄断的边界会缩小），而行政垄断很可能阻碍自然垄断业务向竞争性业务的转变。

对于竞争性业务（第Ⅲ、Ⅳ象限），实行行政垄断则是不合理。这是因为，对竞争性业务来说，市场竞争机制能充分解决产业成本结构和产品价格结构问题，即能够提高产业生产效率和提高社会分配效率。一旦对竞争性业务实行行政垄断，必然会阻碍市场竞争机制作用的发挥，从而产生低效率。不合理行政垄断的特征与危害主要体现在以下几方面：

（一）导致企业经营管理的低效率问题

根据X低效率（X－efficiency）理论，企业经营管理效率很大程度上取决于外部环境，如果外部环境是竞争性的，企业内部就会从上到下产生一种外部压力，从而促使企业提高效率，降低成本；如果外部环境对企业没有什么竞争压力，企业各层次成员就会显露出惰性，久而久之，惰性便成惯性，从而产生低效率。在垄断性产业实行行政垄断的情况下，由于不存在外部竞争压力，企业没有追求成本极小化的激励，致使成本费用膨胀，最终使企业实际生产成本大大高于可能的最低生产成本。莱宾斯坦（Leibenstein，1966）的分析表明，垄断性产业的这种低效率绝非可以忽略不计，而是相当巨大的——占GDP的5%～40%。

（二）限制垄断性产业的投资和技术进步

在行政垄断的情况下，政府往往成为垄断性产业的主要投资者。而政府受财政支出限制，无力维持对垄断性产业的大规模投资，以适应其发展需要，结果必然使垄断性产业的供给与需求存在很大缺口，造成巨大经济损失。据专家测算，2000～2004年，我国电力产业行政垄断导致的“电荒”给国民经济造成的直接和间接损失超过1万亿元（李富永，2004）。此外，行政垄断导致垄断性产业普遍缺乏市场竞争压力，这在相当程度上抑制了技术和组织创新。我国垄断性产业的技术进步相

对竞争性产业来说相当缓慢，这就是最好的证明。

（三）滋生寻租和腐败现象

行政垄断是来自行政权力的垄断，如果缺乏对权力有效的监督与制约，就会使行政人员借行业利益、部门利益将公共权力私权化和个人化，产生寻租和腐败问题。测算表明，中国行政垄断造成的巨大经济损失，已成为腐败所造成的经济损失的重要组成部分，远远超过政府官员贪污受贿所造成的经济损失，成为当前最严重的腐败形式（过勇，胡鞍钢，2003）。

（四）加大收入差距和分配不公平

中国垄断性产业职工的平均收入大多高于全国平均水平。2005 年，全国职工平均工资为 18364 元，而电力、燃气及水的生产和供应业职工平均工资为 25073 元，超出平均水平 37%。电信和其他信息传输服务业职工平均工资高达 36941 元，超出平均水平 101%。这里，垄断性产业的高收入并不取决于其经营管理的高效率，而是由其行政垄断地位所产生。一个明显的例子便是，全行业亏损的邮政业，其职工平均工资也有 22321 元，超出平均水平 22%。更严重的是，近年来我国垄断性产业收入与全国平均收入的差距还在逐渐拉大。电力、燃气及水的生产和供应业的平均收入超出平均水平的比例从 2003 年的 34% 增加到 2005 年的 37%，交通运输、仓储和邮政业则从 14% 增加到 16%。

三、中国垄断性产业体制改革和行政垄断的变迁

（一）中国垄断性产业体制改革的主要内容

1. 放松进入限制，实现投资主体多元化。在电信业，1993 年 8 月放开无线寻呼等 9 种电信业务。同年 12 月组建中国联通，成为中国电信的第一个直接竞争者。1994 年成立吉通公司，1999 年成立网通公司，2000 年成立铁通公司。同时，有一批经营 IP 电话、增值电信业务的新企业相继进入电信产业。在电力产业，1985 年开始实行以“电厂大家办，电网国家管”为原则的“集资办电”政策，以吸引社会资金投资兴建发电。这使许多电力系统以外的企业进入电力产业，基本形成了投资主体多元化的格局。其他垄断性产业也都在不同程度上放松进入限制，实现投资主体多元化。

2. 对垄断性产业实行结构重组。在电信业，1999 年对中国电信按业务实行纵向分割，将其一分为四，即中国电信、中国移动、中国寻呼（1999 年划拨给中国联通）、中国卫星。2001 年再次对中国电信实行重组，将其分割为南、北两部分。北方部分和中国网通、吉通公司重组为“中国网通”，南方部分保留“中国电信”名称。至此，电信业形成了以中国电信、中国网通、中国移动、中国联通、中国铁通等为主体，同时存在多家 IP 公司和电信增值业务经营企业的市场结构。在电力产业，2002 年，对国家电力公司实行战略性重组，将其发电资产重组为中国华能、中国大唐、中国华电、中国国电和中国电力投资这 5 家发电集团公司。同时，将电网资产重组为国家电网公司和南方电网公司，并规定这两家电网公司不能经营竞争性领域的发电业务。结构重组为垄断性产业从垄断性市场结构改革成为竞争性市场结构奠定了基础。

3. 发行股票向国内外资本市场融资。在电力产业，从 1993 年开始，电力企业在沪、深两地股

市筹集资金，截至 2004 年，国内已有 50 多家电力企业在海内外上市。在电信业，主要电信公司也已多次大规模地发行股票，从国内外资本市场融资。上市融资不但大大增强了垄断性企业扩大再生产的能力，也优化了其产权结构，为进一步深化改革奠定了基础。

4. 组建管制机构（或对现行管制机构实行改革）以加强对垄断性产业的管制。在电力产业 1998 年撤销电力部，原电力部拥有的行政管理职能移交国家经贸委电力司；2003 年成立国家电力监管委员会，专司电力监管职能。在电信业，1998 年组建信息产业部，并按照政企分开、转变职能破除垄断、保护竞争与权责一致的原则，对信息产业部的职能进行配置。信息产业部不从事电信业务经营活动，这使电信业逐步实现管制职能与电信业务的分离。在城市公用事业，许多城市也对管制机构作了改革，如实行机构精简，把一些经营性机构剥离出去，集中实施对城市公用事业的管制职能，等等。

总的来说，打破垄断、引入竞争机制、提高经济效率，这是中国垄断性产业体制改革的主题。当然，由于不同产业在技术经济特征、科技进步与需求变化、改革的指导思想、受经济发达国家的影响、“入世”后面临的挑战等方面存在很大的差别，因此，不同垄断性产业在改革进程、改革内容方面也存在相当的差异。例如，电信、电力等产业已进行了相当程度的结构重组；而在铁路、邮政、大多数城市自来水和管道燃气产业，则尚未实行实质性的结构重组（王俊豪，2006）。

（二）中国垄断性产业行政垄断的变迁

1. 全面行政垄断阶段。在这一阶段，垄断性产业的所有业务（图 1 中第Ⅰ、Ⅱ、Ⅲ、Ⅳ象限）全部实施行政垄断。改革前，中国垄断性产业可以说处于全面行政垄断阶段。值得注意的是，中国垄断性产业行政垄断的形成，并不完全是为了弥补市场机制的失灵，而是一开始就作为市场机制的替代物而出现的（石淑华，2006）。也就是说，行政垄断的形成并非基于自然垄断的制度选择，而是伴随着计划经济体制而出现的。

2. 逐步放松竞争性业务的行政垄断阶段。在这一阶段，开始放松部分竞争性业务（如电信增值业务）的行政垄断（即从第Ⅲ象限向第Ⅳ象限转化）。同时，不少竞争性业务的行政垄断并没有放松，仍处于行政垄断的状态（第Ⅲ象限）。例如，报刊发行业务仍由中国邮政垄断经营。

3. 适度放松自然垄断业务的行政垄断阶段。在这一阶段，对于一些自然垄断业务（尤其是弱自然垄断业务），通过结构重组、放松进入限制等放松了行政垄断的力度。例如，从一家企业垄断经营的强行政垄断，转向少数几家企业寡头垄断的弱行政垄断。当然，对于多数自然垄断业务，政府行政垄断的力度仍旧没有放松，依然保持着过去的强行政垄断状态（第Ⅰ象限）。

四、中国垄断性产业行政垄断的管制政策

垄断性产业的政府管制与行政垄断是不同的概念。政府管制是具有法律地位的、相对独立的政府管制者（机构），依照一定的法规对被管制者（主要是企业）所采取的一系列行政管理与监督行为（王俊豪，2007）。政府管制包括三大领域：经济性（垄断性产业的进入、退出、价格、服务质量、投资等）管制、社会性（安全、健康、卫生、环境保护等）管制和反托拉斯（对垄断和不正当竞争、不公平交易等）管制。可见，政府管制的内涵比行政垄断要宽泛。即便政府管制中的进入、投资管制等，与行政垄断也只是形式相似，实质上存在本质差别。表 1 列出了政府管制与行政垄断在实施主体、实施目的、实施过程、实施形式、实施结果、实施公平性等方面的主要差异。

表1　垄断性产业的政府管制与行政垄断的差异

	政府管制	行政垄断
实施主体	相对独立的管制机构	政府行政部门及相关经济实体
实施目的	实现有效竞争	限制、排斥竞争
实施过程	按照特定的法律法规实施	通过行政权力实施
实施形式	监督、管理和规范	直接干预
实施结果	提高资源配置效率	可能降低，也可能提高资源配置效率
实施公平性	对所有企业一视同仁，实现公平竞争	容易偏向个别企业，造成不公平竞争
政府与垄断企业关系	没有特殊关系	关系特殊（政企不分或者政企同盟）

总体上讲，政府管制与行政垄断的本质差异在于：管制是通过依法监督管理以实现垄断性产业的有效竞争，从而提高效率。而行政垄断是通过行政权力以排斥、限制竞争（尽管这不一定是坏事）。目的的差异决定了其行为的差异：管制对所有企业一视同仁，实现公平竞争；而行政垄断容易偏向于某个企业或某几个企业，往往造成不公平竞争。

对行政垄断的管制，并非不加区别地禁止和消除一切形式的行政垄断，而是要根据垄断性产业垄断的二元性和行政垄断的两重性特征实行分类管制。这里，管制行政垄断的关键和重点是要根据特定垄断性产业的具体业务特征（即自然垄断的“程度”），合理确定行政垄断的“边界”和“力度”。对于竞争性业务，不合理的行政垄断应尽量消除或减少（即从第Ⅲ象限向第Ⅳ象限转化），以尽可能避免不合理行政垄断的危害。对于自然垄断业务，合理的行政垄断应予以维持，但也要尽可能减少行政垄断的“力度”或“强度”。鉴于自然垄断业务并非铁板一块（自然垄断不是简单的有无问题，还有一个程度问题），对于强自然垄断业务，一般只允许一家企业垄断经营，即应实行强行政垄断；对于弱自然垄断业务，则可以适度放松进入管制，允许少数几家企业垄断经营，即弱行政垄断是更合适的选择。此外，即便对于合理的行政垄断（不管是强行政垄断还是弱行政垄断），也应采取切实的管制政策措施以尽可能割裂政府行政权力与垄断企业的特殊关系，尽量避免行政权力直接介入导致的不公平市场竞争和低效率资源配置。根据上述思路，对中国垄断性产业行政垄断的主要管制政策措施是：

（一）加快体制改革、实现政企分离

政企不分是行政垄断的根源。在传统的政府管理体制下，中国垄断性产业的主要业务是由中央政府或地方政府垄断经营的。政府部门既是政权机构又拥有国有资产的所有权以及经营管理企业的职能，这种政企合一的政府管理体制为行政垄断提供了土壤和便利。显然，不实行体制改革，不改变政企关系，就不可能割裂企业和政府之间的特殊利益关系，也不可能消除不合理的行政保护和行政特权，从而不可能打破行政垄断。

政企分离的管制体制下，政府不再直接干预企业的生产经营活动，从垄断性产业的经营者转变为竞争性经营的组织者，其主要职能是通过设立专门管制机构以监督、规范企业的市场行为。企业作为市场主体，根据政府颁发的经营许可证的有关条款，按照市场经济原则开展生产经营活动，从而实现企业经营机制的根本性转换。可见，要打破行政垄断，必须加快体制改革，把政企合一的体制改革为政企分离的体制，割裂企业和政府之间的特殊利益关系，消除不合理的行政保护和行政特权。

（二）实行结构重组，形成可竞争性市场结构

实现政企分离是打破行政垄断的制度基础。但要真正打破行政垄断，还需要对垄断性产业实行结构重组，形成可竞争性市场结构。这是因为，在垄断性产业由一家企业主导的情况下，新企业一

般很难进入，即使进入后，也难以同原有垄断企业开展公平竞争。因为垄断企业可以通过在自然垄断业务和竞争性业务间采取交叉补贴（cross-subsidies）战略以驱逐竞争对手。为此，必须对垄断性产业实行结构重组，实现自然垄断业务与竞争性业务相分离，最终形成可竞争性市场结构。从经济发达国家垄断性产业改革的经验教训看，垄断性产业结构重组对于促进有效竞争、推进民营化改革都是十分必要的。

结构重组有狭义和广义之分。狭义结构重组是在短期内对垄断性产业的市场结构作重大调整，把垄断性市场结构改造成为竞争性市场结构。主要表现形式是对具有绝对市场垄断力量的主导企业实行纵向、横向分割政策。例如，1999 年对中国电信按业务实行纵向分割，2001 年对中国电信实行南北分割。广义结构重组还包括对垄断性产业实行放松管制政策，允许一定数量的新企业进入，逐渐把垄断性市场结构改造成为竞争性市场结构。例如，1993 年我国组建中国联通，成为中国电信的第一个直接竞争者。此外，相继成立吉通、网通、铁通公司，并允许一批经营 IP 电话、增值电信业务的新企业进入电信产业。实行广义结构重组（放松进入管制）必须考虑垄断性产业的具体业务类型。表 2 列出了 7 个主要垄断性产业的两类不同性质的业务领域。[①] 显然，放松进入管制应首先针对竞争性业务而不是垄断性业务。

当然，狭义和广义结构重组往往交叉在一起，共同发生作用。短期内政府可以运用强制性管制政策措施，通过较大幅度地重组或调整原有的市场结构（狭义结构重组），以形成有利于有效竞争的市场结构框架。但要从动态上保持有效竞争的格局，就必须采取放松进入管制政策（广义结构重组），通过允许一定数量的新企业进入，最终形成可竞争性市场结构。

（三）实行民营化改革，重塑市场主体

由于政府与国有企业是“父子关系”，体制改革和结构重组难以完全割裂政府与国有企业之间的特殊关系。因此，实行民营化改革，重塑市场主体是打破垄断性产业行政垄断的关键。民营化改革并非不加区别地整体民营化。要科学地制定垄断性产业的民营化改革政策，需要首先区分自然垄断业务和竞争性业务（见表 2）。自然垄断业务是垄断性产业的核心业务，其规模经济与范围经济非常显著，应由一家或少数几家国有企业控制，以保证国有经济对垄断性产业的控制力。竞争性业务的规模经济与范围经济并不显著，可由多家企业竞争性经营，以提高经营效率。由此，民营化改革应首先针对竞争性业务。这样，国有企业与民营企业在垄断性产业分布的总体格局是：国有企业主要分布于自然垄断业务领域，而民营企业主要分布于竞争性业务领域。

表 2　垄断性产业的自然垄断业务与竞争性业务

产业名称	自然垄断业务	（潜在）竞争性业务
电信	有线通信网络、本地电话	移动电话、长途电话、各种增值服务等
电力	高压输电、区域性低压配电	电力生产、销售业务、电力市场交易业务等
铁路运输	铁轨网络、信号基础设施	铁轨网的建设、列车的运行、设备生产与维修等
航空	机场、航线	航空运输、航空设备和用品的生产与维修等
邮政	邮政分拣网络	邮政快递、大件包裹、邮政汇兑等
自来水	自来水管道网络	自来水生产、销售业务等
管道燃气	燃气管道网络	燃气生产、储存、销售业务等

资料来源：笔者整理。

① 值得一提的是，随着垄断性产业的技术进步和市场扩展，存在着自然垄断性业务领域不断缩小、竞争性业务领域相应扩大的趋势。而且，由于不同国家在经济与技术发展水平、自然地理环境、收入与消费需求水平等方面存在较大的差异，这使各国对特定垄断性产业的自然垄断性业务与竞争性业务会有不同的认识。因此，表 2 只是根据目前和可预见的将来的技术经济特征，对上述 7 个垄断性产业的两类不同性质的业务作了粗略划分。

民营化改革可采取资本市场融资、BOT项目融资、特许投标、国有企业与民营企业合资经营、民营企业独资经营和转让出售等多种途径。对这些途径的选择及其最佳组合，不仅要根据特定产业自然垄断业务和竞争性业务的分布、技术进步、市场范围等因素而定，而且应根据同一产业民营化改革的不同阶段而定。在民营化改革过程中，一方面，政府须制定较为严格的资格审查和经营许可制度，确保拟进入垄断性产业的企业具有相应的资金、技术、管理能力；另一方面，政府应打破垄断性产业对民营企业的歧视，对符合要求的民营企业，降低进入障碍（如减少行政审批范围、规范审批程序、提高办事效率等），确保民营企业能够自由、平等地进入垄断性产业。

（四）实行有效管制，采取激励性管制方式

对于必须实行行政垄断的业务（自然垄断业务），为了促使垄断性企业提高效率，必须实行管制改革，设计有效的管制机制，尽可能采取激励性管制方式。限于篇幅，本文简要讨论特许经营（franchise bidding）、最高限价（price cap regulation）和地区间比较竞争（yardstick competition）这三种激励性管制方式。

1. 特许经营。特许经营强调在政府管制中引进竞争机制，通过拍卖形式，让多家企业竞争垄断性产业的独家经营权，在一定的质量要求下，由提供最低报价的企业取得特许经营权（Demsetz，1968）。这改变了直接以行政手段授予特许经营权的传统方法，通过特许经营权竞争，筛选出效率最高的经营企业，从而提高垄断性产业的经营效率。只要竞争是充分的，这种借助事前竞争的间接管制方式能够实现理想的实际效果。近年来，我国一些城市对市政公用事业实行了特许经营管制方式，并取得了较好的管制效果。

2. 最高限价。最高限价管制由李特查尔德（Littlechild，1983）首次提出。其基本模型为：$P_{t+1} \leqslant P_t(1+RPI-X)$。这里，$P_{t+1}$、$P_t$ 分别为垄断产品下一期和本期的管制价格；RPI 是零售价格指数，即通货膨胀率；X 是由管制者确定的，一定时期内生产率增长（成本降低）的百分比。这个模型意味着垄断产品价格的变化取决于 RPI 和 X 的相对值，如果 $RPI-X$ 是一个负数，企业必须降价，其幅度是 $RPI-X$ 的绝对值。最高限价管制的主要优势在于：模拟竞争机制，激励企业降低生产成本、提高生产效率；抑制成本价格的刚性上涨，切实保护消费者利益；抑制过度的投资需求（防止A－J效应）；减少管制信息需求，降低管制成本。

3. 地区间比较竞争。地区间比较竞争是一种借助政府管制机制，促进不同地区的被管制企业间竞争的一种激励性管制方式（Shleifer，1985）。如果某垄断性产业是由若干家地区性企业垄断经营的，政府可以通过比较不同地区性企业的经营绩效，以经营效率较高的企业经营成本为基准，并考虑各地区的经营环境差异，在此基础上制定管制价格，促使各地区性企业为降低成本，增加利润而开展间接竞争。在这种情况下，企业要取得较多的利润，就必须使它的成本水平低于其他企业的平均成本水平，而努力程度则高于其他企业的平均努力程度，这就促使企业竞争性地提高经营效率。

以上三种激励性管制方式的核心都是通过模拟市场机制，打破行政垄断，鼓励企业自觉调整自身行为以增进社会福利。制定和实施激励性管制方式应该在清晰、可预期的管制框架下，依据特定的法律，遵循特定的程序。构建清晰、可预期的管制框架，树立管制者信誉及管制可信赖性，这有利于确保激励性管制方式的成功实施，最终维护消费者和社会的长远利益。

（五）小结

以上是政府对垄断性产业行政垄断进行有效管制的四个基本要素。从四者的逻辑关系看，加快体制改革，实现政企分离是切入点和突破口；实行结构重组，形成可竞争性市场结构是基础和条件；实行民营化改革，重塑市场主体是重点和关键；实行有效管制，采取激励性管制方式则是保

障。可见，这四者有着一定的实施路径（或优先次序）。一般来说，必须首先实现政企分离，其次实行结构重组，再次进行民营化改革，最后引入激励性管制方式。

参考文献：

1. 过勇、胡鞍钢：《行政垄断、寻租与腐败——转型经济的腐败机理分析》，载于《经济社会体制比较》2003 年第 2 期。

2. 李富永：《全国电荒造成惨重损失大缺电三分天灾七分人祸》，载于《中华工商时报》2004 年 12 月 22 日。

3. 石淑华：《行政垄断的经济学分析》，社会科学文献出版社 2006 年版。

4. 王俊豪：《管制经济学原理》，高等教育出版社 2007 年版。

5. 王俊豪：《中国垄断性产业结构重组、分类管制与协调政策》，商务印书馆 2006 年版。

6. 杨兰品：《中国行政垄断问题研究》，经济科学出版社 2006 年版。

7. 张昕竹等：《网络产业：规制与竞争理论》，社会科学文献出版社 2000 年版。

8. 张维迎、盛洪：《从电信业看中国的反垄断问题》，载于《改革》1998 年第 2 期。

9. 朱智文：《我国垄断行业改革问题的研究进展与评述》，载于《经济学动态》2007 年第 1 期。

10. Demsetz，Harold. Why Regulate Utilities [J]. Journal of Law and Economics，1968，(11).

11. Leibenstein，H. Allocative Efficiency versus X-Efficiency [J]. American Economic Review，1966，(56).

12. Shleifer，A. A Theory of Yardstick Competition [J]. Rand Journal of Economics，1985，(16).

（本文载于《中国工业经济》2007 年第 12 期）

规制分权化对电力行业发展的影响

——基于中国省级面板数据的经验研究

吴一平

摘　要： 文章主要讨论了中国当前规制分权化背景下的地方规制机构与被规制企业之间的合谋问题，而合谋会导致规制低效率。基于面板数据，利用固定效应估计法对1998~2003年规制分权化的效果进行实证研究，结果表明规制分权化没有产生任何正面效应。因此，解决问题的关键是机制设计。

关键词： 规制分权化　电力行业　面板数据

一、引　言

中国电力行业改革一直在集权化与分权化间徘徊（Xu，2002）。在电力行业实行分权化改革时期，一些制度性因素使得地区性规制容易导致腐败。地方规制机构与当地被规制企业在地方政府的努力下会实施合谋。那么地方政府为什么愿意帮助当地企业？这可能与中国当前的政府官员晋升制度有关。以GDP增长为基础的晋升激励机制，使地方官员有激励劝说地方规制机构与当地企业合谋，与当地企业保持默契与合作，是地方政府的最优选择。最常见的合谋事实就是小电站的运营和关闭问题。由于国家实行放松进入规制政策，地方纷纷兴建小电站，但这些电站不仅效率低下而且制造大量污染，为此中央政府制定严格的规章以关闭它们。但规章并没有为地方政府严格执行，其结果是，小电站的数量只增不减。究其原因，主要是地方政府对地方规制机构施加压力，对中央政府的规章不予执行。具体表现在以下两个方面：一方面，地方政府与企业实施合谋，向中央政府隐瞒或伪造信息；另一方面，当中央政府派官员实地调查小电站时，地方政府事先命令小电站的经营者关闭企业，检查完毕后照常经营（Laffont，2004）。

对中国电力规制分权化与合谋之间的关系进行探讨的文献不多，但一些相关性的研究对于构建文章的理论基础十分有益。由分权政策导致的地方政府竞争的研究在西方理论界存在较大争议，西方理论界对地方分权问题提出质疑的最为著名的是“垄断寻租论”。垄断寻租理论是在委托—代理框架下解释地方政府行为的。由于分权化导致的地方政府作为中央政府代理人容易产生道德风险，地方精英群体的寻租和腐败行为以及与官员的合谋，使社会总福利损失（Christensen，1999）。冯用富（1996）研究了中国金融体制“分权型”情况下的国有专业银行经营风险，认为国有专业银行与企业利用信息不对称、外部环境的不确定性和国家没有“退出权”进行银企合谋，对国有资产蚕食。施端宁（2003）研究了温州模式成功的经验，认为在行政性分权的改革背景下，地方政府可支配的财力来源和经济利益很大程度上取决于本地区的经济发展水平，而中央、省级政府也往往根据地方政府发展经济的政绩来考核评价官员的优劣，官员个人利益与地方经济发展的总体利益有着密切的联系。这种权力—利益机制激励了地方政府与本地居民、企业合谋形成利益共同体。汪伟和史晋川（2004）认为，地方分权导致拥有一定进入管制权的地方政府或主管部门在区际和部门利益极大化的驱使下，放松对一部分企业的进入管制，甚至出现地方政府与企业合谋以突破管制性壁垒的情况。安德里奥（2002）研究过许多有关腐败和犯罪化进程的例子，根据他的分析，经济（规制分权化现象）在地方、部门和机构层级上的逐步社区化，导致腐败和犯罪化现象的扩大。以拉丰和梯若尔（Laffont and Tirole，1993）为代表的研究表明，规制机构与被规制企业之间的合谋行为影响了规制效率，降低了社会福利水平。

斯蒂格勒和弗里德兰（Stigler and Friedland，1962）是讨论规制效率的开创性论文，通过比较受规制与不受规制的供电企业，他指出规制可能根本没有收到预期的效果（降低电费）。他认为，这或许是规制机构不能控制企业的正常运行，所以受规制的企业仍能定高价；或许是规制的理由——供电企业是垄断企业的认定并不成立，这类企业也面临市场压力，所以即使不受规制，也不能索取垄断高价。莫尔（Moore，1970）发现，规制降低的价格不超过 5%。莫尔（1975）认为，因为规制实际上引发了高价格，所以规制产生了负面效应。古尔维（Courville，1974）对“阿巴契—约翰逊”效应进行了数量分析，通过观察电力企业横截面数据提出了该效应存在的证据。润格绥亚韦博恩和科埃利（Rungsuriyawiboon and Coelli，2004）使用美国 61 个电力生产企业、13 年的数据考察激励性规制对于全要素生产率的影响。关于规制改革对全要素生产率影响的假设检验显示，引入激励性规制并没有对企业的经济绩效产生正效应。实际上，他们发现绩效与新规制制度的引入呈负相关关系，这与理论预期相反。现有的文献局限于检验规制的价格效应、收益率效应和技术效应，基本上都是从企业角度来考察的，并没有从消费者需求的角度来观察问题。同时，文献所采用的数据都是单个企业数据，不能很好地反映规制的真正效果。因此，对规制效率的进一步研究是非常重要的。

本文主要关注中国电力规制改革的进程，检验规制分权化对电力行业发展的影响，以及规制分权化是否达到规制制度设计的初始目标。我们采用中国 1998 ~ 2003 年 29 个省的面板数据来考察规制分权化对消费者电力消费的影响，这是从需求的角度探讨规制分权化对电力行业发展的影响。本文采用面板数据对规制分权化的效果进行检验，以通过扩大样本容量进一步增强理论命题可靠性的程度。

二、电力规制制度的历史变迁：集权化与分权化

（一）电力体制改革概述

在重工业优先发展战略指引下，中国政府将所有的企业收归国家所有。国有电力企业在所辖省区和地理服务区拥有排他性特权，集生产、传输和分配活动于一身。这些垂直一体化的企业被置于电力部的管理监督之下。电力企业被组织成一个统一的科层式体系。电力行业受中央计划方针、政策的约束、治理。电力行业规制分权化开始于 1985 年，当时中央政府采取一系列政策降低电力生产的进入门槛，实施多元化投资政策，鼓励省和地方政府投资于自有的电力生产，因此省和地方政府被允许获得更多的对电力分配和当地电力发展的控制权。这一时期电力规制出现分权化的特征，但从制度安排上观察，规制仍属集中权化。1997 年开始第二阶段的经济改革，将政府行政管理与企业经营分离开来。对电力行业而言，中央政府实施了三项主要的改革措施：第一，1998 年电力部被取消。电力部的全部生产性资产股份及企业责任由国家电力公司接管，电力部的管理和制定政策的职能被移交给新建立的国家经济与贸易委员会电力司。电力行业组织和规制机构的平行分离在每一级政府中同时执行。第二，国家电力公司被重新组建，从一个管理部门变成一个公司。第三，国家电力公司在六个省电力生产市场实施批发市场竞争。我们可以发现，这并不是部门退出市场，而是政府转换了其角色，从通过再分配收益来直接控制电力行业以及通过部委法令指导到间接控制企业

进入资本市场融资。这一时期电力规制完全是分权化规制，每一个省的电力行业规制权分别交给省经济与贸易委员会，规制权力由中央政府移交给省政府。2002 年中国电力行业改革采用了放松规制的方式，这是一种标准的全球模式。电力行业经过重组，由两个区域电网公司一个完全国有，一个联合持有和五个电力生产公司组成，这五个公司将与独立电力生产商一起展开竞争。另外，2002 年国家成立了电监会——一个独立的规制机构，它的基本职能是建立竞争性电力市场的规则和电力质量的技术标准。此时电力行业的规制制度改革似乎背离了分权化的方向，开始向集权化靠近。

（二）分权化改革的成本—收益分析

在界定规制集权与分权之前，我们有必要对分权化改革的绩效进行讨论，以确定我们的研究倾向。改革开放以来，中央政府与地方政府之间的关系具有了一定的契约关系性质，它们在一定程度上成为具有不同权力和利益平等的经济主体。分权化改革充分调动了地方政府发展经济的积极性，促进了地方经济的繁荣改变了政府内部的组织结构、利益结构和信息结构，减少了集中决策的数量，弱化垂直的行政控制，扩大了市场取向的水平联系不同的地区形成了商品货币关系和相互竞争机制，强化了地方政府对市场的依赖，提高了地方政府在制度创新中的地位和作用（张宇，1996）。但分权化改革也产生了一些负面效应。分权化改革导致的严重后果就是市场分割和地方保护主义，同时频繁发生的矿难事故也与分权化改革和市场分割有关。

（三）电力规制集权化与分权化的界定

总体来说，中国的规制机构是一个混合型的，它是由跨产业和跨部门的中央和地方机构组成。因此，规制分权表现在水平分权和垂直分权。由于本文讨论的是中央政府和地方政府在电力行业规制方面的关系，所以我们主要研究垂直分权。

为什么选取 1998 年作为规制分权的起点？国家经济贸易委员会在《关于深化电力工业体制改革有关问题的意见》中明确指出：按照国务院的部署，根据政企分开和精兵简政的原则，各省、自治区、直辖市电力局（公司）要在地方政府机构改革时，将现承担的行政管理职能移交给地方政府综合经济管部门，同时接受地方政府指导、监督（《中国电力年鉴》1998～2004）。从该文件中，我们可以发现，本来属于中央规制机构下属部门（电力局）的规制权力被移交给地方政府机构（地方经贸委），这实际就是权力下放。另外，通过查找相关电力资料，发现国家经贸委在电力规制上通常只拥有名义权力，实际的规制权力在很大程度上被掌握在地方机构手里。以电力价格规制为例，国家经济贸易委员会电力司在电力价格方面的职责主要是："提出电、热价格政策意见，参与电价整顿、调整、改革及管理工作"（《中国电力年鉴》1998～2004）。显然实际电价制定权还是由地方机构掌握的。中央政府也认为，"电价中存在的最大的、最本质的问题是国家批准的目录电价水平不高，电价改革的目标远未达到，而一些用户实际承受的电费却达到很高的水平，超过了社会与企业的承受能力，反映在管理和审批权限层层下放，权限不清，越权审批"（《中国电力年鉴》1998～2004）。这些事实证明，1998 年以来电力规制权力在很大程度上已经由中央向地方转移。那么，为什么将 2002 年作为电力规制集权的起点？中央政府对电监会的定位是：制定电力市场运行规则，监管市场运行，维护公平竞争；根据市场情况，向政府价格主管部门提出调整电价建议；监督检查电力企业生产质量标准，颁发和管理电力业务许可证；处理电力市场纠纷；负责监督社会普遍服务政策的实施（《中国电力年鉴》1998～2004）。从中可以发现，电监会在进入规制、质量规制、价格规制等方面拥有权力，这是以往任何一个机构所无法比拟的，相关的规制权力开始逐步向电监会转移。因此，我们将 2002 年作为规制集权化的起点。

三、模型与数据

（一）模型

斯蒂格勒和弗里德兰（1962）在研究规制方面提供了一种评价规制影响的方法：比较那些存在授权规制州的企业绩效和没有授权规制州的企业绩效，把拥有不同州的政府规制政策的美国联邦体系转变为一个研究不同政府规制的实验室。其基本方法是：估计一组州在一些不同年份的电力价格的嗜好价格方程。该文认为，受规制电力价格受到投入品价格（燃料价格和水电资源的可获得性）、供电区域的地理特征（人口密度）以及用户的特征（居民的、商业的或产业的特征，以及相关电力需求）等因素的驱动。该研究所得出的结论是：州授权规制的存在对于价格有一个非常小的、负的，而且一般统计上不显著的影响（Joskow，2005）。对于他们的研究，乔斯科和罗斯（Joskow and Rose，1989）、佩尔兹曼（Peltzman，1993）认为，在模型设定方面存在三个重要缺陷，从而可能影响到研究结果。第一，文章在主要的嗜好价格方程中对规制这一虚拟变量的赋值是 10 而不是 1。如果不是采取该赋值方法，斯蒂格勒和弗里德兰（1962）的研究结论将不成立。第二，嗜好价格方程使用了常对数而不是自然对数，这大大低估了规制的效果。第三，该方法存在的一个重要问题是将价格规制等同于电费，却未考虑电费为两部定价（即电力价格由容量电价和电量电价两部分组成）。斯德恩和卡宾（Stern and Cubbin，2005）认为，在发展中国家，有效的规制可能与更高的产出及更快的消费增长相关联。因此，我们将电力消费量作为评价规制效果的指标。

根据马歇尔需求函数，我们可以推得电力需求函数为：

$$Q = f(Y,\ P) \tag{1}$$

其中，Q 为电力消费量；Y 为收入水平；P 表示电力价格。

又因为中国电力定价采用的是成本加成法，因此我们可以将电力价格表示为发电成本的函数，因此：

$$Q = f(Y,\ (1+\alpha)P_F)^{①} \tag{2}$$

其中，P_F 为发电成本；α 为成本加成比例。

由于发电的燃料价格无法获取，我们选取发电的标准煤耗作为衡量发电成本的指标，以人均消费水平近似表示消费者收入。据此，我们建立以下电力行业规制模型：

$$\ln Q = \alpha_0 + \alpha_1 \ln P_F + \alpha_2 \ln Y + \alpha_3 R + \varepsilon \tag{3}$$

其中，Q 为人均生活用电量（kW · h/人）；P_F 为发电标准煤耗（g/kW · h）；Y 为人均消费水平（元/人）；R 为虚拟变量，规制分权化的年份为 1，其他年份为 0。

我们对斯蒂格勒和弗里德兰（1962）的模型进行了改进。首先，我们采用人均电力消费量作为规制效果的评价指标，这可以克服两部定价所带来的不便；其次，将规制这一虚拟变量的赋值为 1；最后，我们在计量方程中使用的是自然对数，不存在低估规制效果的可能性。斯蒂格勒和弗里德兰（1962）认为，规制的效果会在两个方面表现出来：代表规制的虚拟变量的系数及包括与不包括规制时拟合优度（R^2）的差别。根据这两条准则，我们来考察规制分权化是否发生了作用。

① 根据瓦里安（1997）关于马歇尔需求函数的详细证明可知，该函数是 Y 和 P 即 Y 和 P_F 乘积的函数。因此，对该函数两边取对数可得到（3）式。

（二）数据

1. 规制集权化与规制分权化时间的划分。我们选取的时间跨度是 1998 ~ 2003 年（见表 1）。1998 年适逢中国开始实施电力规制分权化，这可以作为我们研究的初始状态。而 2002 年电监会成立，这标志着电力规制集权化时期的开始。1998 ~ 2003 年电力规制可以划分为两个阶段：1998 ~ 2001 年是电力规制分权化阶段，经济与贸易委员会（后来是发展与改革委员会）及地方经济与贸易委员会（发展与改革委员会）在行政上对地方政府负责。2002 ~ 2003 年是电力规制集权化阶段，电监会作为主要的规制机构。因此，虚拟变量（规制）在 1998 ~ 2001 年为 1，2002 ~ 2003 年为 0。

表 1　　1998 ~ 2003 年中国内地电力规制面板数据

年份	1998			2003		
变量	Q（kW·h/人）	P_F（g/kW·h）	Y（元/人）	Q（kW·h/人）	P_F（g/kW·h）	Y（元/人）
北　京（1）	235.99	344	5178	482.77	316	10584
天　津（2）	214.29	347	5209	313.87	327	7836
河　北（3）	110.64	370	2207	170.9	350	3452
山　西（4）	74.93	389	1835	107.89	366	2934
内蒙古（5）	77.1	371	2141	120.12	352	3742
辽　宁（6）	184.03	364	3725	257.12	348	5159
吉　林（7）	181.37	363	3015	200.42	348	4557
黑龙江（8）	169.2	390	3276	205.94	363	4645
上　海（9）	310.71	334	9202	484.35	381	15866
江　苏（10）	138.29	372	3498	201.85	331	5274
浙　江（11）	173.94	364	3784	324.86	348	6451
安　徽（12）	74.6	356	2370	98.26	325	3312
福　建（13）	169.83	362	3934	280.81	362	5324
江　西（14）	45.68	381	1973	100.19	332	2739
山　东（15）	120.35	364	2899	169.41	354	4385
河　南（16）	67.08	390	1862	109.9	361	3129
湖　北（17）	89.02	370	2706	146.52	376	3985
湖　南（18）	71.33	389	2471	122.88	363	3284
广　东（19）	229.09	358	4686	323.92	373	6190
广　西（20）	84.48	425	2040	126.73	338	2567
海　南（21）	71.4	370	2562	105.1	357	3275
四　川（22）	98.01	433	2121	151.04	435	2839
贵　州（23）	66.58	391	1511	86.46	379	1770
云　南（24）	56.79	416	2059	110.88	378	2495
陕　西（25）	73.17	381	1852	118.41	361	2548
甘　肃（26）	69.7	369	1612	91.17	351	2171
青　海（27）	48.49	453	2047	148.95	506	2895
宁　夏（28）	48.49	363	1947	142.41	340	2927
新　疆（29）	91.48	470	2745	114.62	418	3237

注：重庆和西藏的数据无法获得，因此笔者只考虑其余 29 个省（市、自治区）的数据。

2. 人均生活用电。因为本文是从消费者的角度来考察规制分权化对电力行业发展的影响，所以我们选择人均生活用电量作为被解释变量，需求旺盛表明行业发展状况良好，这是本文与现有文献不同之处。① 人均生活用电数据来自于《中国电力年鉴》（1998～2004）。

3. 发电标准煤耗。发电标准煤耗实际上是用来衡量电力生产的成本。由于数据的原因，我们无法获得动力燃料类煤炭的价格指数，因此就用发电标准煤耗来表示发电成本。发电标准煤耗数据来自于《中国电力年鉴》（1998～2004）。

4. 消费者人均收入。消费者收入从需求面直接影响电力价格水平，由于缺乏相关的精确资料，我们用人均消费水平代表消费者人均收入。在计量模型中，以 1998 年不变价格（消费者价格指数）计算。人均消费水平数据来自于《中国统计年鉴》（1998～2004）和《中国电力年鉴》（1998～2004）。

（三）变量的描述性统计分析

从表 2 可以得知，人均生活用电量的均值 148.852，标准差为 86.747，说明省份差距较大；发电标准煤耗均值 369.092，标准差为 30.830，说明发电标准煤耗差别比较小；消费者人均收入均值 1831.455，标准差为 1732.333，说明消费者人均收入水平差别比较大。

表 2　　变量描述性统计分析

变量	均值	标准差	最大值	最小值	观测数
Q	148.8522	86.74755	484.3500	45.68000	N = 174
P_F	369.0920	30.83093	506.0000	316.0000	N = 174
Y	1831.455	1732.333	10022.73	103.200	N = 174

四、分 析 结 果

（一）固定或随机影响模型的设定

面板数据中，可以依据豪斯曼（Hausman）检验结果在固定效应和随机效应之间做出选择。我们首先将模型作为固定效应，估计得到 LSDV 模型的解释变量的系数矩阵（b）及其方差矩阵，然后将模型作为随机效应，采用 FGLS 估计，得到解释变量的系数矩阵（β）及其方差矩阵，最后通过计算 Wald 统计量来决定模型的选取。

$$W = [b-\beta]' \sum{}^{-1} [b-\beta] \sim \chi^2(k)$$

其中，$\sum$ 是 LSDV 模型与随机影响模型经过估计后得到的估计量之差的方差矩阵。下面我们分别考察包括规制与不包括规制这两种情况下面板数据模型的选取。

1. 在包括规制的情况下，我们计算 $W = 12.79$，大于 95% 的 χ^2 检验值，因此选择固定效应模型。

2. 在不包括规制的情况下，我们计算 $W = 8.78$，大于 95% 的 χ^2 检验值，因此选择固定效应模型。

① 邢予青（2002）分析了日本移动通信领域的管制改革对移动通信市场发展的影响，也是运用计量模型检验放松管制对需求的影响。文章在邢予青（2002）的基础上建立了计量模型。

（二）计量检验

我们采用面板数据中的固定效应模型来进行计量检验，考察规制分权化对消费者需求的影响。在式（3）的基础上，我们建立如下计量模型：

$$\ln Q_{it} = \alpha_1 \ln P_{Fit} + \alpha_2 \ln Y_{it} + \alpha_3 R_{it} + \beta_1 W_1 + \beta_2 W_2 + \cdots + \beta_{29} W_{29} + \varepsilon_{it} \quad (4)$$

其中，$i=1$，2，…，29，$t=1998$，1999，…，2003；Q_{it}表示第 i 个省 t 年的人均生活用电 P_{Fit}；Y_{it}和 R_{it}的解释类似；W_i 是对应每一个截面样本（每个省）的虚拟变量，可以认为是省际特征。[①] 固定效应模型估计结果及参数值如表3、表4、表5所示。

表3　　固定效应模型估计结果

解释变量	包括规制	不包括规制
$\ln P_{Fit}$	-1.0325（0.0000）	-0.8990（0.0001）
$\ln Y_{it}$	0.8125（0.0000）	0.9057（0.0000）
R_{it}	-0.0241（0.0752）*	
R^2	0.9998	0.9998
Adjust R^2	0.9997	0.9998
DW	1.6204	1.5781

注：*是在10%水平上显著，其余变量都是在5%水平上显著。

表4　　固定效应参数值（包括规制）

参数	β_1	β_2	β_3	β_4	β_5	β_6	β_7	β_8	β_9	β_{10}	β_{11}	β_{12}	β_{13}	β_{14}	β_{15}
数值	4.64	4.46	4.91	5.25	5.43	5.32	5.70	5.40	5.91	4.69	5.24	4.48	5.43	4.61	4.48
参数	β_{16}	β_{17}	β_{18}	β_{19}	β_{20}	β_{21}	β_{22}	β_{23}	β_{24}	β_{25}	β_{26}	β_{27}	β_{28}	β_{29}	
数值	4.34	4.69	4.51	4.91	5.15	6.12	4.84	5.34	4.95	5.25	5.51	6.87	6.70	5.76	

表5　　固定效应参数值（不包括规制）

参数	β_1	β_2	β_3	β_4	β_5	β_6	β_7	β_8	β_9	β_{10}	β_{11}	β_{12}	β_{13}	β_{14}	β_{15}
数值	3.03	2.85	3.41	3.82	4.02	3.82	4.25	3.91	4.43	3.14	3.72	2.99	3.96	3.16	2.93
参数	β_{16}	β_{17}	β_{18}	β_{19}	β_{20}	β_{21}	β_{22}	β_{23}	β_{24}	β_{25}	β_{26}	β_{27}	β_{28}	β_{29}	
数值	2.82	3.18	3.01	3.34	3.68	4.81	3.31	3.94	3.50	3.82	4.13	5.60	5.45	4.34	

在上述固定效应估计法中，为了减少由于截面数据造成的异方差影响，采用了FGLS估计方法。从表3可以看出，在包括规制的情况下，$\ln P_{Fit}$的系数为负，且在5%的统计水平显著，表明随着发电标准煤耗的不断上升，人均用电量不断减少。也就是说发电成本的增加会降低人们的电消费量。$\ln Y_{it}$的系数为正，且在5%的统计水平上显著，表明随着人们收入水平增加，对电的需求也越来越大，这符合人们的需求规律。R_{it}的系数为负，在10%的统计水平上显著，表明规制分权化不但没有促进电力行业发展，反而起到了反作用；同时，我们根据斯蒂格勒和弗里德兰（1962）判断规制效果的两条准则发现，包括规制与不包括规制时 R^2 基本相同，变化极小，另外，虚拟变量的系数与其他解释变量相比较小，因此，我们可以做出如下判断：中国电力规制分权化没有发挥任何正面作用，反而阻碍了行业发展，可以说是一种效率低下的规制制度。

① i 代表省份，$i=1$ 代表北京，$i=2$ 代表天津，…，$i=29$ 代表新疆，其排列顺序同表1。

五、结　束　语

本文基于面板数据，通过固定效应估计法就 1998 ~ 2003 年规制分权化对电力行业发展的影响进行经验分析。结果表明，电力规制分权化并未发挥应有的作用，可以说是效率低下的规制制度。规制分权化导致了规制合谋，而规制合谋会影响规制效率，降低社会福利水平。因此，解决问题的关键在于通过必要的制度设计以减少合谋。

1. 对国有电力企业实施改制，通过产权改革切断其与政府之间的联系。由于政府产业政策及投资体制的影响，中国大多数电力企业都是国有企业。正是由于企业的国有产权性质，才使得它与政府形成利益集团。对企业实施规范的产权改革，建立多元化的产权结构约束。

2. 加强审计、法律等相关监督制度的建设和完善。现存的审计制度极不完善，必须加快审计机构独立化的进程；同时对审计人员进行教育培训，提高其业务素质。

3. 改革政府官员的政绩考核指标。应将政府定位在“守夜人”的角色中，其职能主要是为公众提供一些公共服务项目，进一步弱化政府干预市场的能力。

4. 在上述制度相对完善的基础上，引入高强度激励契约。由于现阶段存在规制机构非独立化、产权国有化等问题，不能贸然实施价格上限等高强度激励机制，否则会增加企业租金，进一步扩大合谋。在制度完善之后，应积极引入高强度激励契约，从根本上提高企业效率，促使企业降低成本。

参考文献：

1. 安德里奥：《分权腐败与犯罪化——从比较分析的角度看中国》，载于《当代中国研究》2002 年第 4 期。

2. 冯用富：《国有专业银行资产负债经营风险转嫁的理论证明》，载于《金融研究》1996 年第 6 期。

3. 国家统计局：《中国统计年鉴》（1998 ~ 2004），中国统计出版社。

4. 施端宁：《温州模式：转型时期的制度创新》，载于《社会科学战线》2003 年第 21 期。

5. 瓦里安：《微观经济学（高级教程）》，经济科学出版社 1997 年版。

6. 汪伟、史晋川：《进入壁垒与民营企业的成长——吉利集团案例研究》，载于《CCER 学刊》2004 年第 3 期。

7. 邢予青：《放松电信管制对日本移动通信市场发展的影响》，载于《经济学季刊》2002 年第 1 期。

8. 张宇：“集权、分权与市场化改革”，载于董辅礽等著：《集权与分权：中央与地方关系的构建》，经济科学出版社 1996 年版。

9. 《中国电力年鉴》编辑委员会编：《中国电力年鉴（1998 ~ 2004）》，中国电力出版社。

10. Christensen, . Edward. W. “An Exploration of Industry, Culture and Revenue Growth.” Organization Studies, 1999, 20 (3).

11. Courville, . Leon. “Regulation and Effiency in the Electric Utility Industry.” The Bell Journal of Economics and Management Science, 1974, 5 (1).

12. Joskow, . Paul L. “Regulation and Deregulation after 25 Years: Lessons Learned for Research in Industrial Organization.” Review of Industrial Organization, 2005, 26 (2).

13. Joskow, . Paul L, and Rose, . Nancy L. “The Effect of Economic Regulation,” in Richard Schmalensee and Robert D. Willig, eds. , Handbook of Industrial Organization Vol2. Amsterdam: North-Holland, 1989.

14. Laffont, . Jean-Jacques. “Management of Public Utilities in China.” Annals of Economics and Finance. 2004, 5.

15. Moore, . T. G. . “The effectiveness of regulation of electric utility prices.” South Economic Journal, 1970, 36 (April).

16. Moore, . T. G. “Has electricity regulation resulted in higher prices? An econometric evaluation using a calibrated regulatory input variable.” Economic Inquiry, 1975, 13 (June).

17. Primeaux, . Walter J. “What Can Regulators Regulate? The Case of Electric Utility Rates of Return.” Managerial and Decision Economics, 1988, 9 (2).

18. Peltzman, . Sam. "George Stigler's Contribution to the Economic Analysis of Regulation." Journal of Political Economy. 1993, 101 (5).

19. Rungsuriyawiboon, . Supawat, and Coelli, . Tim. "Regulatory Reform and Economic Performance in US Electricity Generation." CEPA Working Paper Series No. 6, 2004.

20. Stigler, . G, and Friedland, . C. "What can regulator regulate? The case of electricity." The Journal of Law and Economics, 1962, 5 (1).

21. Stern, . Jon, and Cubbin, . John. "Regulatory Effectiveness: The Impact of Regulation and Regulatory Governance Arrangement on Electricity Industry Outcomes." World Bank Policy Research Working Paper No. 3536, 2005.

22. Xu, Yi-Chong. Powering China: reforming the electric power industry in China, Dartmouth: Ashgate, 2002.

（本文载于《世界经济》2007 年第 2 期）

企业集团引发的反垄断难题*

于 左

摘 要： 本文从企业集团的界定、性质和域外管辖权三个角度提出了其所引发的反垄断难题。本文的主要观点是企业集团作为一种企业间组织，兼有“企业性”与“市场性”二重属性；企业集团的“二重性”是导致企业集团垄断行为隐蔽性和复杂性的根本原因；处理企业集团的反垄断问题需要准确判断企业集团行为的属性。本文通过对具体案例的研究，分析了美国和欧盟等在处理企业集团反垄断难题的一些典型做法，提出了处理企业集团反垄断难题的基本原则。

关键词： 企业集团 “二重性” 反垄断难题

一、企业集团的界定引发的反垄断难题

企业集团作为一种特殊的组织形式，是在20世纪50年代末期研究日本和韩国经济现象时被提出的。但对于什么是企业集团，各方有不同的理解。日本学者石方谦二（1987）认为企业集团是以银行和综合商社为中心的大规模的企业结合体。今井贤一认为企业集团是具有相互联合、互派董事或相互持股、合作行动的企业群体。奥村宏（1976）概括了企业集团的六项特征：即集团内企业交叉持股；集团代表所属企业共同投资，集团成立社长会；集团以银行为中心；以综合商社为中枢；业务多元化。日本公平交易委员会将企业集团概括为七项特征：社长会；相互持股；互派高级管理者；系列融资；集团内交易；共同投资；统一的商标和标记符号。宫崎义一（1990）认为企业集团除了具有社长会；相互持股；互派高级管理者；系列融资特征外，还包括技术协作；原材料、零部件和产品的垂直交易关系；外包关系；信息网络等8项特征。韩国公平交易委员会将韩国家族式企业集团（chaebol）界定为：由公司组成的集团，其中超过30%的股份由某些人或者这些人控制的公司所持有。英国学者斯考特（1989）认为：企业集团是通过股份持有、融资关系、交易关系以及董事兼任而形成的企业联合体。中国学者毛蕴诗等（2000）认为企业集团是企业的结合体或企业之间的联合发展的一种形式，这种在经济上与业务活动方面的统一控制、协调而法律上又各自保持独立的多法人联合体称作企业集团。中国工商行政管理局在《企业集团登记管理暂行规定》（1998）中对企业集团的界定为“以资本为主要纽带、以母子公司为主体，以集团章程为共同行为规范的母公司、子公司和参股公司及其他成员企业和机构共同组成的具有一定规模的企业法人联合体，企业集团本身不具有法人资格。”

以上界定从某些角度概括出了企业集团的一些特征，本文在此基础上，对企业集团界定如下：企业集团是由多个企业（法人与非法人企业）组成的企业间组织，由成员企业通过一定的纽带如资

* 本文为国家社科基金项目《企业集团引发的产业组织问题与规制》和教育部人文社科研究基地重大项目《中国反垄断法与反不正当竞争法的共同经济原理及其衔接》、《竞争政策的国际协调：机理、机构与法律》的阶段性研究成果。

本、人事、合同①等联结而成的企业联合体。从企业集团成员企业之间联系的紧密程度，可划分为狭义和广义企业集团，狭义企业集团是由联结紧密的企业组成的企业联合体，如从资本联结角度，包括具有实质控股关系的企业组成的企业联合体。广义企业集团包含的口径较宽，如从资本联结角度，还包括不具有实质控股关系的参股企业和其他关联企业等等。从成员企业联系的层次看，广义企业集团包含了：由全资子公司或控股子公司组成的核心层，由参股企业组成的紧密层，及由其他关联企业组成的松散层等几个层次（见图1），其中，在核心或参股层，因控股或参股链条的延伸，本身还可形成多个层次。

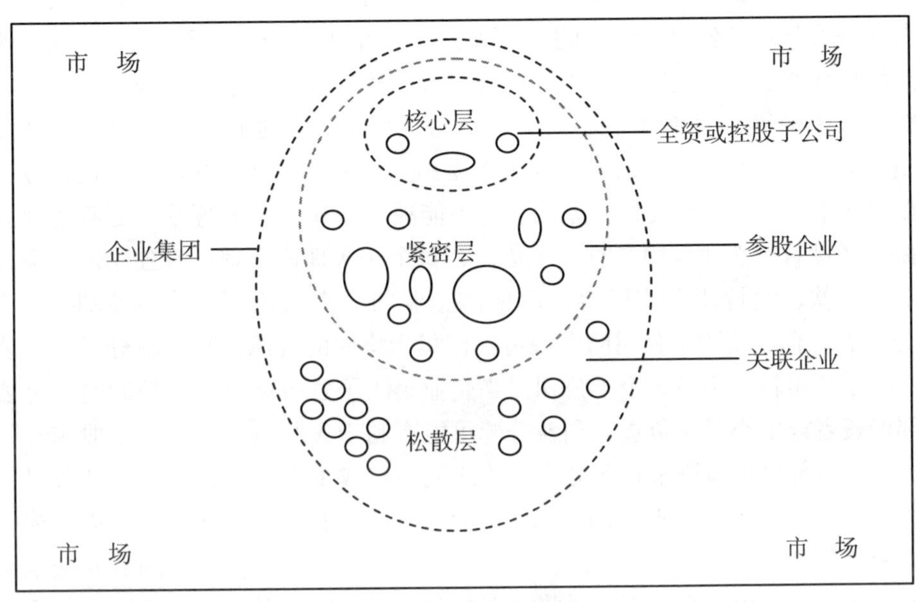

图1　广义的企业集团

企业集团本身容易使各方产生不同的理解，即使按本文所作归纳，仍存在狭义和广义口径问题，在涉及到企业集团反垄断问题时，如果对企业集团界定不清，则会导致反垄断对象不明。中国已出台《反垄断法》，根据《反垄断法》，反垄断的对象是经营者，包括个人、企业和其他经济组织。现实中真正具有垄断能力的企业往往是以企业集团的形式存在的，很多垄断行为是通过企业集团实现的。比如，对某个市场而言，集团中的某个单体企业所占的份额并不是很高，不具有市场支配地位，但是如果将集团内所有的成员企业的份额同时考虑进来，就具有市场支配地位，这时，在确定反垄断对象时，就不应仅计算某个单体企业了，而应将与单体企业相关的所有企业都要考虑进来，反垄断的对象实质上就是企业集团。由此引发出的问题是，依据《反垄断法》在计算企业集团所占的市场份额时，是按狭义的口径界定还是按广义的口径界定？无论是按狭义还是广义口径，如果企业集团的控股和参股具有许多层次，链条很长，应计算到哪个层次？如何准确地计算到某个层次的具体企业？现实中可能存在这样的情况，某些企业组成企业集团，但不冠以同一集团标识，有些企业之间存在控股关系，有些企业不存在控股关系，或实行参股，甚至不参股，不实行人事连锁，不签订合谋协议，但共同控制市场，实行垄断高价或其他限制竞争行为。根据《反垄断法》，如果按控股关系认定企业集团，只计算到具有控股关系企业所占的市场份额可能并不构成垄断或市场支配地位，而将所有成员企业都计算在内才构成垄断或市场支配地位。现实中很多企业保持或明或暗关系，表面上看不是企业集团，实际却按企业集团的方式运作，这给反垄断执法出了难题。

① 德国公司法规定了两类合同，一类是控制与利润上缴合同，另一类是利润共同体合同、部分利润共同体合同和承包合同。签订第一类合同意味着成员企业成为一个合同型康采恩（企业集团），成为一个经济核算单位和纳税单位，可以享受税收上的优惠；签订第二类合同也可以形成企业集团，但不构成一个经济核算单位和纳税单位。

二、企业集团的“二重性”引发的反垄断难题

（一）企业集团的“二重性”①

作为企业间组织，企业集团与单体企业存在很多区别。（1）从法人资格看，企业集团至少是由多个具有法人资格的企业（公司）组成的。构成企业集团的母公司、子公司或关联企业，无论规模大小，大多数都具有独立的法人资格，尽管母公司可以通过股权关系对子公司实行控制，但各成员企业的法律地位一律平等，而单体企业仅有一个法人资格，企业内的分支机构不具有法人资格。（2）从民事责任看，企业集团内各成员企业大多是独立法人，可独立核算、自负盈亏，独立承担民事责任。而在单体企业中，各分支机构原则上都不能独立核算、自负盈亏，更不能独立承担民事责任。（3）从融资角度看，企业集团具有多个法人，每个法人理论上都可以独立地从银行或资本市场融资，如从银行贷款、发行债券或股票，而单体企业的分支机构不具有独立性，不能独立融资。（4）从利益分配看，企业集团子公司的资源可被汇集为集团的资源并被重新分配，母公司可以将集团的资源从一个子公司转移到另一个子公司。当企业集团子公司被母公司控制时，母公司不一定对子公司的外部融资者或中小股东负责，利益分配可能有利于大股东，不利于小股东和债权人。而在单体企业中，虽然总部也可将资金在各分支机构之间转移或重新分配，但并不涉及投资者之间的利益分配问题。（5）从纳税看，企业集团的每个法人企业都应独立交纳所得税，而单体企业一般需要统一交纳所得税。作为企业集团，不同的独立企业可能会有赢有亏，盈利的需要交纳所得税，亏损的则不必交所得税。作为单体企业而言，将所有的分支机构的所得汇总后才确定需要交纳的所得税额。企业集团经常利用与单体企业在交纳所得税方面存在的差别进行避税。

企业集团通常由一个核心企业（母公司）对成员企业实行一定程度的控制。核心企业（母公司）对成员企业的干预程度取决于其和成员企业之间的关系。核心企业（母公司）对成员企业的协调也因此有很大变化。在一些企业集团中，核心企业对成员企业的各个方面实行几乎是完全的控制。而在另一些企业集团中，成员企业具有相对的独立性。在大多数的企业集团中，当成员企业之间的利益发生冲突时，或成员企业的利益与整个集团的利益发生冲突时，核心企业会对成员企业实施一定的压力或影响。由于成员企业是独立的企业，有时当核心企业鼓励某种行动时，成员企业未必完全按照核心企业的意志行事。当核心企业控制成员企业所需的资源，尤其是财务或人事资源时，成员企业通常会按照核心企业的意志行事。当核心企业拥有成员企业更多的股权时，核心企业对成员企业的影响力将增强。由此可见，在企业集团的内部，既存在母子公司之间按照类似于“层级制”原则来组织企业生产经营活动的控制与协调关系，又存在相互之间按类似于市场价格机制进行协调的市场交易关系。换句话说，整个企业集团成员企业之间的关系既存在一定程度的企业属性，又存在一定程度的市场属性。

企业集团成员企业之间的企业属性弱于作为单个企业的企业属性。同样，企业集团成员企业之间的市场属性弱于纯粹的市场上毫无关联的企业之间的市场属性。企业集团内部的企业属性或市场属性的强弱取决于集团内部企业之间关系的紧密或松散程度。例如，当控股（控制）关系由强到弱时，企业之间的企业属性也由强变弱，而企业之间的市场属性则由弱变强；又如，当从全资子公司变为关联企业时，企业间关系的企业属性则由强变弱，而市场属性则由弱变强。

① 关于企业集团性质与边界的详细分析可见于立、于左、陈艳利：《企业集团的性质、边界与规制难题》，载于《产业经济评论》2002年第2期。

总之，企业集团既不同于单体企业，又不同于纯粹的市场，是介于企业与市场之间的一种中间型的组织形态，其本质特征是兼有“企业属性”与“市场属性”的“二重性”。企业集团由于具有二重性，可利用企业属性在集团成员企业之间调拨和转移资源，同时又可利用市场属性作“掩体”，当企业集团有意滥用“二重性”时，在考察反垄断主体的行为时，很难决定某种行为是独立企业的行为还是非独立企业的行为，是一个独立（非独立）企业还是多个独立（非独立）企业的行为，反垄断问题远比独立单体企业的情况复杂，调查和判定的难度增加。

（二）“二重性”引发的反垄断难题分析

根据企业集团的“二重性”，可将企业集团的行为可划分为两类：Ⅰ类是企业集团内企业间的行为；Ⅱ类是与集团外企业间的行为。由于企业集团具有“二重性”，Ⅰ类行为不同于独立企业的行为，以下从合谋、价格歧视、搭售等几方面的具体案例予以分析。

1. 合谋与反垄断。与企业集团有关的合谋可划分为两种：一种是企业集团内成员企业之间的合谋，如企业集团内的母公司与子公司（全资子公司与非全资子公司）以及处于同一母公司控制下的姊妹公司之间的合谋；另一种是企业集团内成员企业与企业集团外企业的合谋。这两种合谋在性质上有所不同，不同的性质决定了合谋是否受反垄断法管辖。对于第二种合谋，一般认为应受反垄断法管辖，通常依据本质违法原则予以认定。对于第一种合谋，曾存在不同认识。例如，美国法院早期坚持的是企业集团内存在合谋原则，认为拥有共同所有权的母公司和子公司之间的合谋受《谢尔曼法》管辖。如法院在黄出租车（United States. v. Yellow Cab.）案中认为：“协议为《谢尔曼法》所禁止，问题的焦点是，是否存在限制州际间贸易的协议，或者说这一协议是否能从拥有共同控制的企业之间产生，法院认为该案中众多公司之间即使存在共同所有权或控制，也不能使该协议免受《谢尔曼法》管辖。”在基弗诉约瑟夫·E·西格拉姆父子公司（Kiefer-Stewart Co. v. Joseph E. Seagram & Sons, Inc.）一案中，法院认为：“被告的辩称与最高法院的判例相矛盾，共同所有权和控制不能使企业逃脱《谢尔曼法》的管辖，这是一条巡回法院坚持了30年的法律。”一些学者也坚持这一原则，认为这些做法和判定体现了本质违法原则，不考虑企业集团内母子公司之间的控制关系，不需将其与一般企业之间的合谋加以区别，应统一适用《谢尔曼法》。

但后来，美国法院的观点发生变化。1984年的包钢铜丝公司诉独立钢管公司（Copperweld Corp. v. Independence Tube Corp.）判例对企业集团内的企业合谋的处理具有里程碑意义。该案基本情况是：包钢铜丝公司（Copperweld Corp.）出资从李尔·西格勒（Lear Siegler）公司手中收购富豪钢管（Regal Tube）公司。富豪钢管公司原为李尔·西格勒公司内的一个没有独立法人资格的分部，在买卖完成后，富豪钢管公司成了包钢铜丝公司的全资子公司。在该交易中，李尔·西格勒公司承诺在被收购5年内不与富豪钢管公司竞争。然而，收购完成后不久，李尔·西格勒公司的一位职员却组建另一家名为独立钢管公司（Independence Tube Corp.），与富豪钢管公司公司竞争。独立钢管公司向一家名为约德（Yoder）的公司订购一部制管材料机器，包钢铜丝公司即通知约德，要求其采取一切可能的方法使李尔·西格勒公司信守与包钢铜丝公司间的不竞争协议。约德公司接到通知后只好放弃独立钢管公司的订单。法院最终判决母公司和全资子公司的合谋不违反《谢尔曼法》。法院认为，母公司与全资子公司间的关系仅算是单边的行动，因为它们的行为是由一个而不是两个独立的公司做出的，并指出：母公司与全资子公司总是有一致目的（unity of purpose）或共同设计（common design），无论母公司是否对子公司保持紧密的控制，它们都有共同的目的。如果子公司没有按母公司的利益行事，母公司可在任何时刻行使对子公司的完全控制。法院拒绝根据企业的结构形式而忽略了事实来决定集团内合谋，拒绝先前法院对母公司与全资子公司关系的认定。该判例确立的“包钢铜丝”原则明确区分了集团内合谋与集团外合谋，几乎对所有反垄断领域同类性质的问题都有重要影响。

母公司和非全资子公司的合谋问题更为复杂。与全资子公司只有母公司一个股东不同，非全资子公司有两个或两个以上股东，母公司只是其中占绝对或相对多数股份的股东，母公司不完全拥有对子公司的控制权，它只能部分影响子公司的决策，而不能完全支配子公司。“包钢铜丝”原则依赖于母公司对子公司的控制。无论母公司的股权是 100%、50%，还是更少，只要存在事实上的控制，母公司和子公司就有单一体目的，据此就不适合判定为集团内合谋。控制的存在使母公司和子公司的行为成为单边的。在诺瓦泰通讯（Novatel Communicications）公司诉蜂窝电话（Cellular Telephone Supply）公司案中，地区法院认为母公司持有子公司 51% 的股权，经确认行使完全控制后，判定母公司与子公司合谋不成立。

对于同一母公司或单独所有者完全拥有的姊妹公司是否能合谋？在世纪石油工具（Century Oil Tool）公司诉特种生产（Production Specialties）公司案中，涉及由同一所有者拥有的姊妹公司共谋违反《谢尔曼法》。两个公司有共同所有者，即由三个管理者共同管理和控制，在三个企业中，一个公司负责生产，其他两个负责销售。美国法院发现与企业集团的母公司和子公司间关系没有什么不同。法院强调公司统一体原则，在运用母子公司和姊妹公司时不考虑公司间的联系形式。姊妹公司间存在共同控制，至于通过什么形式实现控制相对不重要。

尽管“包钢铜丝”原则为企业集团内企业间合谋行为确立是否适用于《谢尔曼法》的一般标准，但并不意味着该原则当然地运用于所有的企业集团内企业间的合谋问题。“包钢铜丝”原则的核心在于控制权。对“包钢铜丝”原则运用的局限是实际控制与名义控制不同，存在调查难度。母公司行使控制的程度决定子公司决策的独立程度，关键问题是对控制的调查和判断。美国 1956 年的《银行持股公司法》，运用 5% 的股权建立控制的可驳回假设（rebuttable presumption）和 25% 的股权建立控制的不可驳回假设（conclusive presumption）。1935 年《公用事业持股公司法》运用 10% 的股权建立控制的可驳回假设，而 1940 年《投资公司法》运用 25% 的股权建立控制的可驳回假设，由这些法律得到的启示是，在制定企业集团的反垄断政策时，既不是简单地将 100% 的股权，也不是 51% 的股权作为控制权的判定标准。而应根据实际情况具体判断。“包钢铜丝”原则不能完全用来自动处理所有企业集团内企业间的合谋问题，最终仍需要运用合理推定原则。企业集团具有“二重性”，当“二重性”被企业集团用以规避反垄断政策时，对企业集团内企业间的控制进行调查和取证难度就会加大，企业集团的反垄断问题就会变得棘手和复杂。

2. 价格歧视与反垄断。美国《克莱顿法》和修改后的《罗宾逊帕特曼法》规定，任何人对于相同等级和质量的商品，对不同购买者实行有损竞争或垄断歧视性价格都是非法的。对于企业集团来说，从一个公司向另一公司转移财产是否违法？在“包钢铜丝”案之前，法院采用一系列标准，如绝对规则（an absolute rule）、控制实验（control test）、市场交易实验（an arm's-length dealing test），戳穿公司面纱司法程序（piecing the veil jurisprudence）来分析这样的问题。（1）绝对规则。一些判例认为集团内销售并不属于《克莱顿法》所描述的销售。美国第五和第二上诉法院采用绝对规则，认为在集团母公司和全资子公司之间的价格歧视不受《罗宾逊帕特曼法》限制，不必调查控制关系的性质。（2）控制实验。一些案例拒绝绝对规则，认为在一些情况下企业集团内交易是否受《罗宾逊帕特曼法》管辖，取决于控制的性质，可以通过：母公司是否对子公司行使完全的控制、子公司是否独立于母公司的控制、母子公司是否像一个一体化的企业等来推断集团内转移财产的标准。控制实验需要对每一案例的事实进行调查。在子公司受控制情况下，母子公司之间的交易没有竞争性，所以不受《罗宾逊帕特曼法》管辖。但如果子公司独立运行，则受《罗宾逊帕特曼法》管辖。（3）市场交易试验。其他法院运用市场替代标准，即是否按市场价格交易。（4）戳穿公司面纱。有些判例遵循“戳穿公司面纱司法原则”。在岛屿烟草（Island Tobacco）公司诉雷诺烟草（R. J. Reynolds）工业公司案中，法院认为作为一般的规则，从全资子公司购买好像是从如下的母公司购买：子公司是或仅是母公司的代理或工具，缺乏独立性和自身的价格政策，母公司与子公司是否被视为单一的销售者的关键因素是控制，特别是控制子公司的价格和分配政策。在“包钢铜丝”案之后，随着强调企业集团的统一体目的，企业集团内企业间的价格歧视问题被重新审定。在拉斯夸威克汽车清洗（Russ' Kwik Car Wash）公司诉马拉松石油（Marathon Petroleum）公司案中，美国第六巡回法院受“包钢铜丝”原则影响，认为母公司与子公司是一个经济单元。《罗宾逊帕特曼法》不考虑在它们之间的资源转移问题。法院指出在集团内企业间复杂的关系网中，价格仅是其中的一个因素，不能被单独实施经济审查。

对于母公司和子公司共同对不同的购买者实施不同价格的销售是否属于该法规定的价格歧视？美国第六巡回上诉法院认为作为绝对规则，母公司与子公司间的销售不受《克莱顿法》管辖，因为合谋的两个企业为单一经济实体。在巴吞鲁日阿珂姆冷藏（Acme Refrigeration of Baton Rouge）公司诉惠而浦（Whirl Pool）公司案中，法院区分了子公司作为第三方卖者的行为与子公司作为母公司买者的行为。他认为当子公司作为第三方的卖者和当母公司和子公司对同一商品向不同购买者索要不同价格时，只要母公司对子公司实施积极控制，就违反了法律。其他法院在处理对第三方的销售时，仅强调母子公司关系的证据是不充分，关键在于有母子公司间存在控制的证据。

《克莱顿法》还规定了禁止对不同买者实施价格歧视，即通过禁止卖者向有选择的买者提供服务或设备的条件与提供给其他买者的条件不一致。在什么情况下，企业集团的成员企业构成统一的卖者？《克莱顿法》的这种规定是广义价格歧视。美国法院根据事实上的控制决定企业集团成员企业组成统一卖者是否适用该法。

3. 搭配销售与反垄断。《克莱顿法》禁止搭配销售，构成对《谢尔曼法》的补充。如果企业集团内的某企业将买者从企业集团内其他企业购买另种产品作为销售条件，是否构成违反《谢尔曼法》和《克莱顿法》的搭售？在福特纳企业公司诉联合钢铁公司（Fortner Enterprises，Inc. v. United Steel Corp.）案中，美国高级法院应用《谢尔曼法》，子公司对借款人实行有条件的贷款，条件是购买母公司所盖的住房，大多数法院推断共同所有权和控制（母公司与全资子公司）适合被认为是同一个销售者。根据美国早期法院的判例，视两个独立的产品（信贷和住房）被两个独立的公司销售。现认为该案例涉及单一销售者销售两种不同的产品，贷款与房屋。尽管子公司是独立的法律实体，但由于存在控制和被控制，销售受到反垄断法的处罚。

三、企业集团域外管辖权引发的反垄断难题

反垄断法律域外适用的重要性和复杂性日益引起广泛关注。现实中，很多企业集团在国外设有子公司。当企业集团在不同国家的市场实施垄断时，如何对其垄断行为进行管辖？

对于企业集团的每个成员企业来说，在管辖地（jurisdiction）、审判地（venue）和服务（service）等环节都涉及反法垄断法的程序问题。例如，在什么情况下一国反垄断执法机构对依赖本国子公司的外国母公司的有可能限制或减少竞争、建立垄断的并购等私人反垄断问题具有管辖权？什么样的并购或限制竞争协议涉及本国母公司的外国子公司？除管辖地外，审判地在哪？什么样的服务对本国子公司是足够而对国外的母公司却不然？这样的程序问题很多。

从美国处理企业集团反垄断问题看，主要依据效果原则，尽管反垄断行为发生在国外，只要对美国具有实质效果（substantial effect），美国就享有管辖权。

在美国诉美国铝公司案中，法官根据《谢尔曼法》，判决美国母公司在国外的子公司和姊妹公司制定旨在限制美国对铝的进口的协议为非法。判决受母公司和企业集团内关联企业间的关系和母公司对子公司参与国外卡特尔情况了解程度的影响。尽管子公司设在加拿大，但母公司在纽约，几乎完全受母公司的管理与控制。

在美国诉通用电气公司案中，涉及跨国企业集团美国母公司的第一层子公司，该公司由美国完全拥有。法院发现母公司是一个积极的预谋者，在国外策划了市场分享卡特尔，包括在国外的第二

层全资子公司，第二层控股子公司和独立的公司，目的在于保护其在美国的市场免受外国竞争。尽管该合谋发生在国外，美国的母公司和美国的第一层子公司都不是协议签订者，美国的母公司和美国的第一层子公司也要对《谢尔曼法》承担责任。因为，母公司知道子公司的行动，企业之间定期进行人员交流。法院还了解到：表面独立公司实体使通用电气在企图垄断美国白炽灯产业和保护支配地位时免受竞争，通用电气的政策意图是通过公司面纱使国际通用电气它成为灵巧的工具，而它自己在背后充当积极的密谋者。

在美国诉瑞士银行案中，法院认为对于外国公司的两个美国子公司，尽管与美国没有其他方面联系，但并购决定被母公司所控制，其并购依然受美国管辖。与此类似，关于美国诉汽巴精化（CIBA & Geigy）案，涉及跨国制药集团巴塞尔的两家瑞士母公司合并，在取消合并公司的与美国子公司相同生产线的条件下，美国法院颁布了同意合并的法令。

美国母公司的外国子公司参与卡特尔或其他国外限制竞争协议，如果仅影响国外市场，它们不受美国的反垄断法管辖。但是，如果美国子公司参与了协议，并对美国的商业产生实质性影响，如限制美国进口或分配美国市场，美国母公司的外国子公司行为就违反了美国反垄断法。美国更多地采用合理推定母公司管辖权的办法，认定对美国母公司的国外子公司的管辖权。

美国母公司需要对参与国外子公司的非法行为承担责任。在缺少参与证据的情况下，垄断行为的认定更加困难。法院面临难题是，需要决定母公司是否对子公司实行控制，或母子公司的行为是否为高度一体化，在这方面，仅从股票所有权来考察是不完全的。

尽管美国法院对国外子公司没有司法管辖权，但当美国母公司涉及其中的垄断行为时，它们就具有反垄断管辖权。美国母公司的绝对控股子公司和其他控股子公司都受这样的管辖。在一些情况下，美国对国外子公司的管辖范围非常有限，如通常界定为，作为被告的国外子公司的行为完全发生在国外，它们的行为对美国商业或贸易有直接的、实质的与合理的可预见效果。外国公司的美国子公司当然受到美国反垄断法的司法管辖。

欧盟对于任何企业间的协议、企业集团的决议以及行为的相互协调是以阻碍、限制或者妨害竞争为目的，或者实际上能够起到这种作用，从而损害成员国间贸易活动，均予以禁止。对于企业集团的域外管辖权问题，欧盟坚持经济实体原则。设在欧盟领域内的子公司与其领域外控制其经营活动的母公司，虽然是两个独立的法人组织，但应视为同一经济组织。母公司在经营上对子公司有控制权，子公司限制竞争行为是母公司控制的结果，母公司应当对子公司的限制竞争行为负责。这一原则是欧洲法院在审理帝国化学公司有限责任公司（Imperial Chemical Industrial Ltd.）公司诉欧盟委员会时确立的。在该案中，帝国化学公司有限责任公司三家在欧盟领域外的燃料制剂公司通过它们所控制的欧盟领域内的子公司，就三家公司在欧盟领域内的产品销售价格达成一致协议。欧盟委员会到调查后认为：条约所规定的竞争规则适用于一切限制竞争，并在欧盟领域内产生条约所述后果的行为，而不必考虑实施限制竞争行为的主体是否处于欧盟领域内，分别对三家母公司及其在欧盟境内的子公司做出了罚款处理。被处罚的三家母公司不服欧盟委员会的处罚决定，向欧洲法院提出了上诉，欧洲法院审理后认为，三家外国公司在欧盟领域内的子公司虽然名义上不是，但事实上是卡特尔的主体，因为它们实际是在执行欧盟领域外母公司的决定，母公司应当与其子公司被视为同一经济实体。最终维持了欧盟委员会的处罚决定。

四、企业集团引发的反垄断难题的基本处理原则

（一）判定企业集团行为的性质

企业集团引发的反垄断问题之所以复杂和难以解决，关键在于企业集团既不同于市场，也不同

于独立的单体企业，既具有“企业性”，又具有“市场性”，这双重属性决定了企业集团可在表面上按“市场性”的要求运作，实际上按“企业性”的方式调拨资源，实施垄断或限制竞争行为，当企业集团滥用“二重性”时，不仅使现实中存在的企业集团难以界定，而且使即使可界定的企业集团的行为也难以识别。

尽管如此，在处理企业集团的垄断问题时，作为一条基本的原则，首先需要判定企业集团行为的性质，即行为是属于“企业性”还是“市场性”，如果属于“企业性”，则将整个集团视为统一经济体，在反垄断执法时就按统一经济实体的原则确定对反垄断法的适用及责任承担问题，而不考虑法律上独立法人资格。当企业集团借“市场性”的幌子，按“企业性”行事，需要打破其“市场性”，恢复其“企业性”。如果企业集团的行为属于“市场性”，就按独立法人企业的资格决定其对反垄断法律的适用及责任承担问题。尽管对企业集团行为属性的认定存在一定的难度，需要对是否存在实质控制以及控制程度进行取证和分析，但这条基本原则确立了处理企业集团反垄断难题的根本思路。

因企业集团存在“二重性”，其反垄断问题复杂，垄断行为难以认定和执行，各国在反垄断法中一般对企业集团的形成实行了一定的控制，如对企业合并、连锁董事等经营者集中行为实施控制，对企业集团的责任承担问题进行认定。企业集团引发的域外管辖权问题更为复杂，其处理需要竞争政策及其执行的国际合作。

（二）控制经营者集中

控制经济营者集中主要通过如下三方面的途径：一是实施合并控制；二是实施连锁董事限制；三是理清企业集团的责任承担。

1. 合并控制。合并控制的关键是对合并主体进行界定。德国《竞争法》对企业合并规定为：以合并或其他方式取得另一企业的全部或大部分财产；购置另一企业的股份，最终达到拥有25%（或以上）表决权[①]；与另一企业签订合同，形成康采恩（企业集团），或者扩大原有康采恩的范围，或者责成另一企业为本企业经营，或将其全部或部分利润缴纳给本企业，或将一个企业生产经营的全部或主要部分以租赁或其他方式转让给本企业；企业董事会、经理层或其他管理机构至少有一半成员同时为另一个企业该部的成员；其他形式的合并，一个或数个企业可直接或间接地对另一个企业实施控制。根据德国《竞争法》，参与合并的企业如果是支配企业或从属企业，或康采恩，在计算营业额及市场份额时，应将它们是做统一的企业，但集团内的交易不计算在内。

根据欧共体《企业合并控制条例》规定，企业合并是指两个或者两个以上相互独立的企业合为一个企业，或者企业间通过取得股权、财产或者通过订立合同或者其他方式，使一个企业取得对另一个企业的支配权。根据该条例，一种行为包括建立合营企业，如果目的是协调相互独立企业间的竞争，或者能够起到相互协调的作用，这种行为不属于企业合并，而是应当适用《欧共体条约》第81条[②]。如果建立的合营企业能够长期作为独立的经济实体进行活动，且其母公司之间以及母公司与合营企业之间不存在协调关系，这种合营企业的建立可被视为企业合并，适用欧共体《企业合并控制条例》。欧共体《企业合并控制条例》对两种合营企业实行区别对待，是因为欧共体法对卡特尔和企业合并有着不同的干预标准。对于卡特尔，只要限制竞争且不符合《条约》第81条的豁免

① 德国《竞争法》关于企业合并的定义与《公司法》中的定义存在相似之处。既包括通过购买企业的股份而形成的企业集团，也包括通过合同、人事连锁等其他方式形成的企业集团。《竞争法》中规定，购置企业有表决权的股份达到25%，也被视为合并，这拓宽了《公司法》所称一个企业拥有另一个企业多数资产或股份才能推定为控制企业和从属企业。

② 根据《条约》第81条第1款，凡企业间的协议、企业集团的决议以及行为的相互协调是以阻碍、限制或者妨害竞争为目的，或者实际上能够起到这种作用，从而损害成员国间贸易活动，则应予以禁止。这里所指的协议除了具有法律效力的合同外，也包括其他形式的协议或者企业间的共同计划。企业集团的决议也包括企业间尚未形成具有一定法律形式的组织时相互订立的共同计划。协调的行为方式则是指与市场竞争有关的、企业间有意进行的合作，如协调生产计划或价格。

条件①，就应视为违法。而企业合并既可能有积极的作用，也可能有消极的作用。只要合并不损害市场竞争机制，欧共体委员会对之不予以干预。欧共体《企业合并控制条例》规定了对符合以下条件的合并进行管辖：其一，参与合并的企业在全球的共同销售额超过25亿欧元；其二，参与合并的企业至少在欧共体3个成员国的市场销售额共同达到1亿欧元；其三，参与合并的企业至少有两个企业各自在欧共体上述3个成员国的市场销售额达到2500万欧元；其四，参与合并的企业中至少有两个企业各自在欧共体市场的销售额达到了1亿欧元。但是，如果这些企业各自在共同体市场销售额的三分之二是来自一个且同一个成员国，仍不需要欧共体管辖。实际上，根据欧共体《企业合并控制条例》，作为一个对共同体具有影响的合并，其前提条件中包括，参与合并的企业各自在共同体市场总销售额的三分之二不是来自一个且同一个成员国，这就使《条例》的适用范围受到了很大的限制。当前，欧共体成员国各自执行着差异很大的企业合并控制法。德国几乎限制所有的能够产生或者加强市场支配地位的合并。而法国和英国则对企业合并较为宽容。政府在审查合并时，除了考虑市场的竞争结构，还要考虑社会公共利益，特别是社会就业和企业资产负债的情况。

美国有关企业合并控制的法律规定主要有四部分组成：1890年《谢尔曼法》的有关内容；1914年《克莱顿法》的有关内容及修订所形成的法律；1968年美国司法部颁布的《合并准则》及修订；美国法院在审理企业合并案件过程中所形成的判例等。美国联邦贸易委员会和司法部是联邦层面合并规制机构。《谢尔曼法》对企业并购具有广义上的约束力，如该法规定，“任何合同、联合或预谋限制各州间或与外国间的贸易或商业是非法的，垄断或试图垄断的人是严重犯罪的”。《克莱顿法》是美国控制并购的主要法律，其中，该法第七条规定：“任何从事商业活动的公司，不得直接或间接地收购其他从事商业活动的公司的股票或股本的全部或任何部分，如果这种收购的结果会严重地削弱竞争或旨在形成垄断”。《克莱顿法》颁布后，先后进行了几次修订。与并购有关的修订有《席勒—凯尔福法》、《哈特—斯科特—罗狄洛法》等。除了这些法律外，美国先后有1968年、1982年、1984年和1992年的企业合并准则。1968年并购准则规定了一系列用以确定禁止并购的标准，主要是考察市场集中度，对纵向并购的限制较松，对混合并购几乎没有什么限制。1982年并购准则仍然以横向并购为主，但有两项主要改进：一是提出了新的划分市场范围的方法和规则；二是引进了新的方法即赫芬达尔指数（Herfindahl-Hirshman Index）来测定市场集中度。1984年的并购准则将外国的企业也纳入考虑范围，在审核并购方案时不仅考虑定性因素，还考虑如下定量因素，如市场结构的变化、企业财务状况、新企业市场进入的难度、小企业扩大产量的能力等。另外开始重视并购中的效率问题，如果并购能够大幅度地提高经济效率，则在审核时可适当放宽标准。1992年并购准则淡化了市场份额指标，突出了效率指标，强调了分析并购对竞争趋势的影响，提出了评价并购的竞争效应的分析框架和具体标准，详细地解释了如何分析并购行为是否导致反竞争效应。总结起来，美国的并购控制政策经历了如下变化：其一，由对横向、纵向、混合三种形式并购的控制转向对横向并购的控制。如1992年开始，“并购准则”的名称改为《横向合并准则》。其二，对并购的判定从“有罪推定”向“无罪推定”转变。有罪推定原则是1963年“费城银行并购案”确定的，含义是：如果企业的并购活动导致了市场份额的提高，同时也导致了相关市场集中度的大幅度提高，那么这种并购就其本质而言是减少竞争的，如果没有可信的证据证明这种情况没有发生，这些并购就会被法律禁止。1968年的并购准则反映了这一原则。1984年和1992年的并购准则放弃了有罪推定，转而要求反垄断机关对具体市场、市场结构及其发展进行分析，通过分析来决定是否禁止并购，并且提供了一套分析方法和判定标准。其三，对并购控制从“结构主义”向“行为主义”转变。1968年并购准则对三种并

① 根据《条约》第81条第3款，如果企业间的协议、企业集团的决议或者企业间协调的行为方式能够完全符合下列条件，则可以得到豁免。这些条件是：（1）有助于改善商品的生产和销售，或者有助于推动技术和经济进步；（2）消费者可以从中得到适当好处；（3）为了实现上述目的，限制竞争是不可避免的；（4）该限制尚未达到严重影响市场竞争的程度。

购形式都明确规定了并购企业和被并购企业所允许的最大市场份额，超过上限，并购企业就会受到反垄断机关的指控。1984 年和 1992 年的并购准则取消了所规定的并购企业和被并购企业所允许的最大市场份额。1992 年《横向合并准则》更明确地承认了企业合并的效率。根据美国的并购控制准则和并购控制法律，参与合并的企业，并不是指合并企业本身，而是指企业集团。合并是指一个企业拥有另一个企业至少 50% 有表决权的股票，或者在没有表决权的情况下，至少拥有另一个企业 50% 的利润，或者在破产清算情况下，拥有其资产的 50%；根据合同有权决定一个法人企业的至少 50% 的董事，或一个非法人企业的执行同类职能的个人[①]。

中国《反垄断法》明确规定控制经营者集中，经营者集中包括三种情形：一是合并；二是通过取得股权或者资产的方式取得对其他经营者的控制权；三是通过合同等方式取得控制权或者能对其他经营者施加决定性影响。

2. 连锁董事限制。德国《竞争法》在合并中包含了对连锁董事的规定，美国反垄断法中对连锁董事的规定十分详尽。如美国《克莱顿法》第 8 部分禁止在银行之间和在财富超过 100 万美元的公司之间实行连锁董事。《存款机构管理连锁董事法》通过详细的与存款机构相关的连锁董事条款补充第 8 部分。《克莱顿法》的第 8 部分规定，联邦储备系统的任何成员银行的董事不得同时担任其他银行的董事。任何人同时担任任何两家或以上公司的董事，任何一家公司的净资产超过 100 万美元，通过它们对业务的运营，使竞争者间减少竞争，将违反反垄断法。《克莱顿法》第 8 部分不仅要求连锁董事，而且要求公司也要按法律规定的方式进行竞争。根据这些规定，如果子公司董事在母公司供职，子公司间彼此竞争，或与其他母公司竞争，这种情况是否违反《克莱顿法》第 8 部分？答案一度曾远不明确。在"包钢铜丝"案之前，一些法院认为在一些条件下，子公司的竞争可归于母公司，因此，视连锁董事违反《克莱顿法》第 8 部分。地区法院在派拉蒙影业公司诉鲍德温·蒙特罗斯化学工业公司（Paramount Picture v. Baldwin-Montrose Chemical Co.）案判决中，支持应用《克莱顿法》第 8 部分，关联企业的竞争不被认为是决定竞争性母公司（子公司）间连锁董事合法性的条件。第九巡回上诉法院处理联邦诉克罗克国民公司（United States v. Crocker National Corp.）案时，支持《克莱顿法》第 8 部分，在应有标准方面，法院依赖母公司对子公司及其主要政策的实质控制。法院采取本质违法原则认定母公司选举子公司董事的能力。在犹他铜业公司诉飞鹰公司（Kennecott Copper Corp. v. Curtiss-Wright Corp.）案中，地区法院作为一般的规则接受《克莱顿法》第 8 部分，禁止母公司与竞争性子公司之间实行连锁董事。第 2 巡回上诉法院拒绝在这样的案例中应用《克莱顿法》第 8 部分，并认为子公司仅为 120 亿美元集团毛收入的 6.5 百万美元，母公司没有参与子公司的决策制定。联邦贸易委员会在考虑伯格诉华纳（Inre Borg-Warner Corp.）案问题时，案例涉及德国母公司和与德国母公司全资子公司竞争的美国公司间实施连锁董事。开始时，联邦贸易委员会拒绝依赖戳穿公司面纱的原则，取消母公司是否控制子公司日复一日的管理或企业集团成员是否存在同盟这样的标准，因为反垄断将影响公众利益和消费者利益保护。联邦贸易委员会建议实行两个试验。母公司是否实质性地影响子公司决策，如进行合谋并在竞争者间反竞争性转移信息？子公司业务经常地受到母公司董事会的影响？通过试验发现母公司的控制实践包括评价子公司计划与政策，联邦贸易委员会认定连锁董事违反法律。"包钢铜丝"判决，强调基于统一体目的或共同设计的母公司及其全资子公司和他的关联公司，是"一个经济体"，需要重新评价对《克莱顿法》第 8 部分标准的适用问题。"包钢铜丝"案有力支持了针对企业集团关联企业间连锁董事是否违反《克莱顿法》第 8 部分问题，应该采用本质违法原则。美国《克莱顿法》第 10 部分补充第 8 部分，要求共同承运人在处理任何一年总计超过 5 万美元证券、供货或其他商业条款，或建筑、维修合同时，与其实行连锁董事的公司需要竞标。《存款机构管理连锁法》禁止在非相关存

① 合并规模和标准是收购企业持有被收购企业有表决权的股票或资产的 2 亿美元以上，5000 万美元以上 2 亿美元以下，同时收购方至少有 1 亿美元的年销售额或总资产，并且被收购企业的总资产不低于 1000 万美元，或者从事制造业的被收购企业年销售额不低于 1000 万美元。这个标准随着美国经济增长在不断调整。

款机构或存款持股公司实行管理人员连锁，不仅包括董事，而且包括具有管理职能的雇主或管理者。虽没有要求任何竞争的主张，但是使用了替代的标准，即或者限定规模标准（机构或持股公司总资产 10 亿美元不能与其中的总资产超过 500 百万美元的连锁）或者限定为同一地理区域（同样的地理区域或同一城市、城镇或乡村或邻近地）。

中国刚出台的《反垄断法》中缺少对连锁董事的规定，需要在《反垄断法实施细则》中予以补充或在《反垄断法》的修改中予以完善。

3. 法律责任认定。企业集团的法律责任承担问题也是反垄断法中的难题。在什么情况下，母公司将在反垄断法下对子公司（或姊妹公司）的行为承担责任？在这方面，美国在反垄断实践中形成一些经验。如国民日用品生产公司诉联邦（National Dairy Products Corp. v. United States）案涉及状告减少竞争和固定价格的合谋违反《谢尔曼法》和破坏竞争，以不合理的低价销售牛奶，违反《罗宾森帕特曼法》。法院认为母公司应对子公司的违法行为负有责任，因为通过其不独立的全资子公司实施违法行为。母公司选择子公司的董事，批准子公司的投资，建立子公司的人事政策，包括子公司的管理人员纳入母公司的期权计划，允许子公司以母公司的品牌销售产品，获得子公司所有决策信息。母公司总裁可以否决子公司总裁的决定，母公司的管理者每月举行子公司销售人员的例会。根据这些事实，法院说："子公司被母公司经营，通过母公司的政策目标，子公司仅在形式上是独立的。在这种情况下，法院不同意按独立法律实体认定子公司的责任，子公司仅是算是母公司的一个运营部门。"墨菲拖船公司诉商人拖船公司（Murphy Tugboat Co. v. Shipowners & Merchants Towboat Co.）案，涉及母公司的一个全资子公司，它们是被同一个所有者控制的姊妹公司，公司有共同的主要管理者，他们在分红率、设备购买、劳动事务和运营方面有终极决策权。母公司的行动被限制在提供计算机和其他支持性的行政服务方面，母公司没有参与不合法的贸易实践，法院判决姊妹公司的共同管理者对违反《谢尔曼法》负有责任。

"包钢铜丝"原则对集团内反垄断的有限责任给了强有力的支持。对于牵涉到统一实体目的或存在"共同设计"和"单一企业"（single enterprise），母公司和子公司不能共谋，通过推定同样的事实，母公司对子公司反垄断违法行为承担责任。在 P. E. 科勒父子公司诉 FTC（P. E. Coller&Son Corp. v. FTC）案中，法庭认为第六巡回法院的申诉判决尽管仅涉及子公司和控制公司，但救济的范围可以包括整个集团关联企业。联邦贸易委员会对科勒的子公司发布了禁令。后母公司与子公司合并，设立了第二个子公司，使用母公司的名称、商誉和形式，误使公众认为它是母公司在办理业务。法院认为母公司组建了单独的企业目的是为了规避法律。母公司控制了子公司，做日复一日的决策。子公司不是独立的部分。法院认为，作为一个独立企业，母公司与新成立子公司适用于禁令。法院裁决母公司承担责任，尽管没有证据表明它参与新子公司的违法行为，但它有对子公司的终极控制权，并没有阻止子公司违反禁令。这个决定使母公司作为子公司的监督者适用禁令。当然，这并不意味着该判例可完全运用于所有企业集团中，对于企业集团一个子公司的禁令对其他子公司一般并不一定具有完全的普适性，事实上应有足够的证据表明母公司参与了子公司的违法行为。

在 1911 年的温斯顿诉联邦（Wilson v. United States）案判决中，高级法院认为公司管理者须对公司遵从禁令负责。指出法院的命令对公司来说是法定命令，如果没有采取有效的行动履行公司的责任，不仅仅是公司本身，公司的管理者也因犯有不服从罪而将受到惩罚。美国《联邦贸易委员会法》和《克莱顿法》下的反垄断判例发展成为针对控股股东和集团企业关联企业司法救济的实体法。几十年来，美国联邦贸易委员会对违反《联邦贸易委员会法》的官员、董事和控股股东及企业从事违法行为发布禁令，不论官员、董事和控股股东是否为程序的参与者，这些禁令也可运用于子公司的姊妹公司。

（三）协调国际竞争政策

美国和欧盟对于企业集团的域外管辖问题坚持效果原则，并考虑控制的性质。如果企业集团行为属于“企业性”，则将集团视为统一经济体，对其国外的母（子）公司行为享有域外管辖权。中国《反垄断法》第一条规定，中国境外的垄断行为，对境内市场竞争产生排出、限制影响的，适用中国的《反垄断法》。各国虽然确定了企业集团域外管辖权，但在域外管辖权实施中会产生冲突。例如，对于企业集团的跨国并购而言，如果涉及向十几个甚至几十个国家和地区申报批准时，究竟谁对合并具有管辖权？如果不同国家或地区行使管辖权时所依据的程序和标准不同，判决的结果可能不相同，有的国家或地区批准了并购，有的禁止了并购，特别是不同国家或地区之间的存在法律冲突和管辖权冲突，如何解决？与此相类似，企业集团的反垄断案涉及到很多国家的母子公司，在调查取证、服务及惩罚方面，需要不同国家反垄断执法机构的配合，但由于涉及不同国家的利益，有的国家可能支持反垄断执法，有的国家可能会反对反垄断执法，在实践中，如何协调各国利益和行为？

从原则上看，全球效率原则应是解决反垄断问题国际协调的根本出路。类似于WTO，起初很多国家因本国利益而不愿意开放本国市场，甚至采取以邻为壑的贸易政策，但最终全球效率催生了世界贸易组织的产生与发展。随着经济全球化，全球范围内配置资源的效率要求也会催生国际竞争组织的诞生。现有的一些国家之间的双边、多边合作和一些国际竞争组织所作的努力正是全球经济利益和经济效率的反应。随着市场全球化的不断深入，越来越多地国家会加入竞争政策的多边国际合作，竞争政策领域的国际合作会形成国际竞争规则，会要求国际竞争组织来执行这样的规则。欧盟地区在国际竞争政策方面的合作就是一个很好的典范。

参考文献：

1. 于立、于左、陈艳利：《企业集团的性质、边界与规制难题》，载于《产业经评论》2002年第2辑。

2. 于立、吴绪亮：《国际竞争政策的分歧、互动与展望》，载于《世界经济研究》2006年第9期。

3. 石方谦二：《禁止垄断法》，有斐阁，1987年。

4. 奥村宏：《日本的六大企业集团》，钻石出版社1976年版。

5. 宫崎义一：《对企业集团的批判》，载于《经济评论》1990年第6期。

6. 约翰逊·斯考特：《现代企业的所有与支配》，税务经理协会，1989年。

7. 毛蕴诗、李新春等：《企业集团：扩展动因、模式与案例》，广东人民出版社2000年版。

8. 王长斌：《企业集团法律比较研究》，北京大学出版社2004年版。

9. 沈乐平：《企业集团法律问题》，中山大学出版社2003年版。

10. 施天涛：《关联企业法律问题研究》，法律出版社1998年版。

11. 吴越：《企业集团法理研究》，法律出版社2004年版。

12. 银温泉、臧跃茹：《中国企业及团体制模式》，中国计划出版社1999年版。

13. 王晓晔：《欧共体竞争法》，中国法制出版社2001年版。

14. 黄勇：《国际竞争法研究——竞争法实施中的国际冲突与国际合作》，中国友谊出版社2003年版。

15. 吕薇：《从企业并购准则看美国反垄断法的实施》，载于《改革》2002年第3期。

16. 曼弗里德·诺伊曼著，谷爱俊译：《竞争政策——历史、理论及实践》，北京大学出版社2003年版。

17. 崔勤之：《我国企业集团法律规制的现状与课题》，载于漆多俊主编：《经济法论丛》（第二卷），中国方正出版社1999年版。

18. 陈婉玲：《韩国企业集团法律规制研究》，载于《华侨大学学报（哲学社会科学版）》2000年第1期。

19. 于左：《德隆危机：企业集团规制政策的反思》，载于《中国工业经济》2004年第11期。

20. Masahiro Shimotani，1997，The History and Structure of Business Groups in Japan，in the book Beyond The Firm：Business Group in International and Historical Perspective，Edited by Takao Shiba and Masahiro Shimotani，Oxford University

Press.

21. Michael L. Gerlach, 1997, The Organizational Logic of Business Groups: Evidence from the Zaibtsu, in the Book Beyond The Firm: Business Group in International and Historical Perspective, Edited by Takao Shiba and Masahiro Shimotani, Oxford University Press.

22. Sung-Hee Jwa and In Kwon Lee, 2004, Competition and Corporate Governance in Korea: Reforming and Restructuring the Cheabol, Edward Elgar.

23. Phillip I. Blumberg, 1989, Problems of Parent and Subsidiary Corporations under Statutory Law of General Application, Little, Brown and Company.

（本文载于《中国工业经济》2007 年第 12 期）

规制分权化、组织合谋与制度效率

——基于中国电力行业的实证研究

干春晖　吴一平

摘　要：本文运用规制合谋理论对中国规制分权化背景下的地方规制机构与被规制企业之间的合谋问题进行了理论分析，采用实证方法对电力行业规制的效果进行了检验，结果表明规制分权化没有显著的正面效应，即规制低效率。因此，规制分权化产生的合谋导致了规制低效率，而解决问题的关键是机制设计。

关键词：规制分权化　合谋　制度效率　电力行业

一、引　言

规制经济学中关于规制合谋的研究分为两派：一派是以斯蒂格勒（Stigler）、波斯纳（Posner）为代表的芝加哥学派，又称旧规制经济学派；另一派是以拉丰（Laffont）、梯若尔（Tirole）为代表的图卢兹学派，又称新规制经济学派。芝加哥学派没有自己的理论框架，几乎是经验研究。在传统的 A－J 模型和鲍莫尔（Baumol）等人的可竞争市场理论中，规制制度是外生的，他们研究的只是技术性的企业投入品选择和成本结构问题。芝加哥学派没有考虑到代理理论，忽略了信息不对称问题，也就是说并未涉及受规制企业的激励问题，而经济学在很大程度上已经成为研究激励的学科。另外，芝加哥学派在其关于政治决策和规制决策制定的研究中只集中讨论了“需求方面”，所有行动的发生都是由利益集团引起的。通过对“供给方面”的黑箱处理，忽略了官僚体系中政客及其代理人之间的重要代理关系。图卢兹学派将信息不对称引入政府规制，在委托—代理框架（完全契约）下予以分析。政府规制包含双层委托—代理关系，实际是一种科层式结构，其中最重要的问题是防止规制结构与被规制组织间的合谋行为。因为规制机构与被规制企业之间的合谋行为影响了规制效率，降低了社会福利水平。中国当前对电力等公用事业的规制呈现分权化的特征。具体来说，规制机构是混合型的，它是由中央和地方的各个行业和部门的机构所组成。而集权化与分权化问题是中国经济改革的中心，这一问题同样存在于电力行业中，它影响着中央政府与地方政府、政府与企业之间的关系。从中央政府到地方政府发生的权力转移主要通过投资再分配发生的。如果在一个国家，没有正式的联邦体制和以宪法作保证的权力分配，投资权再分配一般不会沿着从集权化向分权化的笔直道路前进。中国电力行业改革一直在集权化与分权化间徘徊（Xu，2002）。由于中国正处于经济转轨时期，有些制度相对不完善再加上中国传统的人际关系网络比较发达，电力规制分权化会导致当地规制机构与企业之间的合谋行为，这大大降低了规制制度的效率。

文章主要研究中国当前电力行业规制分权化背景下的地方规制机构与当地被规制企业之间的合谋问题，[①] 利用 1979～2001 年的时间序列数据采用计量方法对规制分权化的效果进行了检验，结果

① 文章讨论的电力行业规制指的是电力生产领域的规制，并不涉及其他领域的规制，因为电力传输仍处于高度垄断状态。

表明规制分权化并未产生任何正面影响，即规制失效。这间接反映了分权化规制产生的合谋问题导致了规制无效率，而解决问题的关键是重新设计激励机制。

二、计量模型与数据说明

在本节中我们对规制分权化效果进行计量检验，考察规制分权化究竟有无存在的必要性，从而为电力规制改革的政策方向提供经验证据。

（一）模型

我们在对中国电力规制效果进行计量检验时所采用的是斯蒂格勒和弗里德兰（1962）对美国电力规制效果进行研究的模型，斯蒂格勒和弗里德兰（1962）认为，对于一个不受规制的垄断者来说，决定电费高低的主要因素是：市场的规模和密度（会影响生产成本与运输成本）、燃料的价格（发电成本）以及消费者的收入。但两者之间有着一些不同之处：首先，斯蒂格勒和弗里德兰（1962）的模型是截面计量模型，而我们的模型是时间序列模型。其次，为避免多重共线性，我们剔除了其中的一个变量——水力发电比重，斯蒂格勒和弗里德兰（1962）用 1 度电的成本与水力发电比重同时表示燃料价格。再其次，由于中国处于经济转轨时期，市场集中度比较低，因此，市场规模和密度不能成为影响每度电平均收入的重要因素，我们将该变量予以剔除。最后，为便于处理，我们选取发电的标准煤耗作为衡量发电成本的指标，这样更加精确。另外，我们以人均国内生产总值近似表示消费者收入。这就是我们建立模型的理论依据。下面我们分别列出斯蒂格勒和弗里德兰（1962）与我们的模型，以供比较：

$$\log P = a + b\log U + c\log P_F + dH + e\log Y + fR \tag{1}$$

其中，P 为每度电的平均收入（美元）；

U 为城镇人口数（万人）；

P_F 为燃料价格（每度电所费的煤的价格，美元）；

Y 为人均收入（美元）；

H 为水力发电比重；

R 为虚拟变量，规制的年份为 1，其他年份为 0。

$$\ln P_t = a + c\ln P_{F_t} + e\ln Y_t + fR_t + \varepsilon \tag{2}$$

P 为每度电的平均收入（元）；

P_F 为发电标准煤耗（g/kW·h）；

Y 为人均国内生产总值（元）；

R 为虚拟变量，规制分权化的年份为 1，其他年份为 0；

ε 是随机扰动项。

式（1）是斯蒂格勒和弗里德兰（1962）的模型，式（2）是我们的模型。为便于处理，我们对式（2）进行了差分处理，处理后的差分模型如下：

$$\ln \frac{P_t}{P_{t-1}} = a + + c\ln \frac{P_{F_t}}{P_{F_{t-1}}} + e\ln \frac{Y_t}{Y_{t-1}} + f(R_t - R_{t-1}) + \varepsilon \tag{3}$$

$$t = 1980,\ \cdots,\ 2001$$

式（3）是我们将要检验的计量方程。

（二）数据

1. 规制集权化与规制分权化时间的划分。我们选取的时间跨度是1979～2001年。1980年适逢中国改革开放之初，是经济体制改革的起始点，可以作为我们研究的初始状态。而2003年电监会成立，这标志着电力规制集权化时期又将开始。1979～2001年电力规制可以划分为两个阶段：1979～1997年是电力规制集权化阶段，电力部及其地方直属电力局作为主要的规制机构，地方直属电力局在行政上对电力部负责；1998～2001年是电力规制分权化阶段，经济与贸易委员会（后来是发展与改革委员会）及地方经济与贸易委员会（发展与改革委员会）作为主要的规制机构，并且地方经济与贸易委员会（发展与改革委员会）在行政上对地方政府负责。规制制度由集权化向分权化变迁的标志是1998年电力部被撤销。另外，政策执行后的效果一般具有滞后性，因此，我们将虚拟变量（规制）滞后一期。虚拟变量（规制）在1979～1998年为0，1999～2001年为1。

2. 每度电的平均收入。为了便于处理的原因，因此我们将计量方程由式（2）转换成式（3），那么$\frac{P_t}{P_{t-1}}$就表示t年的电力价格指数了（见表1）。从总体上看，随着规制分权化程度加深，范围扩大，每度电的平均收入即电力价格攀高，不利于提高社会福利水平。

表1　　1980～2001年电力价格指数

年份	1980	1985	1990	1995	2000	2001
电力价格指数	98.4	103.4	107.4	109.5	102.4	102.3

资料来源：国家统计局编，《中国统计年鉴》（1980～2002），中国统计出版社。

3. 发电标准煤耗。我们用发电标准煤耗来衡量电力生产的成本（见表2）。

表2　　1979～2001年发电标准煤耗　　单位：g/kW·h

年份	1979	1980	1985	1990	1995	2000	2001
发电标准煤耗	422	413	398	392	379	263	357

资料来源：中国经济信息网 http：//www.cei.gov.cn。

4. 消费者收入。消费者收入从需求面直接影响电力价格水平，我们用人均国内生产总值代表消费者收入。在计量模型中，我们以1979年不变价格（GDP指数）来计算的（见表3）。

表3　　1979～2001年人均国内生产总值　　单位：元

年份	1979	1980	1985	1990	1995	2000	2001
人均国内生产总值	417	426.72	475.47	623.90	1052.47	1023.99	1028.50

资料来源：国家统计局编，《中国统计年鉴》（1980～2002），中国统计出版社。

（三）计量检验

表4　　1980～2001年电力规制数据

年份	$\frac{P_t}{P_{t-1}}$	$\frac{P_{F_t}}{P_{F_{t-1}}}$	$\frac{Y_t}{Y_{t-1}}$	$R_t - R_{t-1}$
1980	98.4	0.98	1.02	0
1981	101.6	0.99	1.01	0

续表

年份	$\frac{P_t}{P_{t-1}}$	$\frac{P_{F_t}}{P_{F_{t-1}}}$	$\frac{Y_t}{Y_{t-1}}$	$R_t - R_{t-1}$
1982	98.9	0.99	0.98	0
1983	105.6	0.99	1.00	0
1984	102.1	1.00	1.04	0
1985	103.4	1.00	1.09	0
1986	102.4	1.00	1.03	0
1987	103.1	1.00	1.03	0
1988	101.7	1.00	1.10	0
1989	105.9	1.00	1.07	0
1990	107.4	0.99	1.04	0
1991	116.9	0.99	1.05	0
1992	108.8	0.99	1.07	0
1993	135.9	0.99	1.13	0
1994	139.5	0.99	1.19	0
1995	109.5	0.99	1.12	0
1996	113.1	0.99	1.05	0
1997	114	0.99	1.00	0
1998	105.5	0.99	0.97	0
1999	100.9	0.99	0.97	1
2000	102.4	0.98	0.99	0
2001	102.3	0.98	1.00	0

三、计量检验结果

表 5 是计量检验的结果，我们可以发现，随着消费者收入水平的不断提高，电力价格也会不断上涨。因为人均收入水平的提高会增加对电力的间接需求，这可能会对电力价格产生正面影响。我们所关注的关键问题是：规制是否发挥了应有的效果？根据斯蒂格勒和弗里德兰（1962）的观点，规制的效果会在两个方面表现出来：代表规制的虚拟变量的系数及包括与不包括规制时拟合优度（R^2）的差别。根据这两条准则，我们来考察一下规制分权化是否发生了作用。研究结果显示，包括规制与不包括规制时 R^2 基本相同，变化极小；另外，虚拟变量的系数相对其他变量系数来说极小，对电力价格水平的影响很小。这就证明了中国电力规制分权化并未发挥应有的作用，可以说是效率低下的规制制度。

表 5　　计量检验结果

解释变量	不包括规制	包括规制
Constant	9.08（0.804）	50.904（0.311）
$\ln\frac{P_{F_t}}{P_{F_{t-1}}}$	118.677（0.001）*	−133.915（0.058）**
$\ln\frac{Y_t}{Y_{t-1}}$	155.639（0.000）*	85.717（0.000）*
$R_t - R_{t-1}$		5.805（0.000）*
R^2	0.995	0.993
Adjust R^2	0.995	0.991
DW	1.540	1.897

注：* 表示 0.05 的显著性水平，** 表示 0.1 的显著性水平。

四、电力规制分权化与合谋的理论分析

第二部分的计量分析证明了中国电力规制分权化是一种低效率的规制制度，那么造成低效率的原因是什么呢？根据现有的规制合谋理论与中国的经验事实，我们认为地方规制机构与企业之间的合谋行为是其中的关键因素。下面我们从历史变迁的角度对电力规制分权化与合谋进行理论分析。

新中国成立后，在重工业优先发展战略指引下，中国政府将所有的企业收归国家所有。同样，电力行业也只有一种所有权结构——国有产权。名义上，所有的资产归全体人民所有；但实际上，中央政府代表全体人民实施完全产权。政府指导产业内资产的管理，为了国家的利益分配收益，这一切都受政府预算支配。国有电力企业在制定的省区和地理服务区拥有排他性特权，集生产、传输和分配活动于一身。这些垂直一体化的企业被置于电力部的管理监督之下。电力企业被组织成一个科层式统一的国家体系。电力部控制该体系的每一个重要维度。电力部从国家长期能源战略的高度，通过技术研发决定投资资金筹集、电力工厂选址、设计和建设，甚至细到经营规章、复杂的费用计划、每日调度和终端用户配额的分配。1985 年中央政府采取一系列政策降低电力生产的进入门槛。多元化投资来源政策鼓励省和地方政府投资于其自有的电力生产，因此省和地方政府被允许获得更多的对电力分配和当地电力发展的控制权。比如，20 世纪 90 年代初中央政府扩大了双轨制，省和地方政府被允许“将新建设的国有电力企业每年剩余生产能力的 10% 作为其自有资源进行销售”。投资权的转移也增强了省和地方政府与中央政府就进入权、土地使用、资源分配、社会服务及当地经济发展等方面进行讨价还价时的谈判力。在电力改革之前，政府与企业之间的边界一直不清晰，许多国有企业持续亏损及缺乏创新导致中央政府在 1997 年开始第二阶段的经济改革来将政府行政管理与企业经营分离开来。对电力行业而言，中央政府实施了三项主要的改革措施：第一，中央政府于 1998 年取消了电力部。电力部的全部生产性资产股份及企业责任由国家电力公司接管；电力部的管理和制定政策的职能被移交给新建立的国家经济与贸易委员会电力司。电力行业组织和规制的平行分离在每一级政府中同时执行。第二，国家电力公司被重新组建，从一个管理部门变成一个公司。第三，国家电力公司在 6 个省电力生产市场实施批发市场竞争。我们可以发现，并不是部门退出市场，政府仅仅转换了其角色，从通过再分配收益来直接控制电力行以及通过部委法令指导到间接控制企业进入资本市场以获得项目批准。这一时期电力规制完全是分权化规制，每一个省的电力行业规制分别由省经济与贸易委员会负责，规制权力完全由中央政府移交给省政府。

现在并无结论表明，分权化机构和集权化机构哪一个更容易被俘获，但一些制度性因素使得地区性规制容易导致腐败。一方面，中央政府无法有效控制地方规制机构，而地方政府能够容易地影响其政策，这样的制度安排必然会引起对市场分割及偏爱本地企业的关注，因此，地方规制机构与当地被规制企业在地方政府的努力下很容易实施合谋。那么地方政府为什么愿意帮助当地企业呢？这可能与中国当前的政府官员晋升制度有关。地方经济发展影响地方官员晋升，20 世纪 80 年代初开始实施的官员选拔和晋升标准的重大改革使地方政府官员政绩考核标准单一化，唯一的指标就是地方经济发展绩效，也就是通常所说的国内生产总值（GDP）。中国政府官员晋升标准并未考虑整个社会的福利水平。[①] 如果一个地区的 GDP 比较高，超过邻近地区同期水平，那么该地区政府官员就会得到晋升机会。以 GDP 增长为基础的晋升激励机制在计划经济时代曾经发挥了重要作用，调动了地方政府官员发展经济的积极性，从本质上说，这实际上是鼓励政府对市场干预。当地生产增长可以增加就业和税收，这将有助于地方官员晋升。因此与当地企业保持默契与合作，是地方政府

① 自 20 世纪 80 年代初以来地方官员的选拔和提升的标准由过去的纯政治指标变成了经济绩效指标，尤其是地方 GDP 增长的绩效，系统的经验研究也证实了这一点（Li and Zhou，2004）。

的最优选择。随着市场经济的发展，该机制在对地方经济发展起到促进作用的同时，也暴露了其负面影响。另一方面，中国的社会网络比较发达和有效，这暗示地区性规制比国家性规制更容易俘获，合谋的成本大大降低。因此，规制合谋是在政府的推动和努力下形成的。地方官员有激励劝说地方规制机构与当地企业合谋，向中央政府隐瞒真实信息。这样一来，规制机构官员不仅可以赢得地方政府首脑的好感，为自己日后的仕途发展创造良好的条件；另外，他也可以从企业那收取好处。

五、政 策 建 议

中国电力严重短缺加上中央财政资金不足，无法建设足够的装机容量以满足国民经济发展的需要，因此中央以投资权转移为开端，逐渐将电力规制权力下放到地方。规制分权化诱使地方规制机构与企业之间实施合谋行为，这导致了规制制度低效率问题。为了解决规制分权化背景下的合谋问题，提高规制效率，我们应从以下几方面着手：

1. 建立独立的、集权式的电力监管机构。2003 年成立的电监会是电力规制改革的一个良好开端，它是中国吸收国际经验、实施现代化电力规制制度的起点。现今，国家对其职能的定位是“向区域电网公司、电力公司调度交易中心派驻代表机构”，这是远远不够的，并未体现规制的本质含义，会导致“规制”缺位问题。国家应尽快出台相关法律，进一步明确电监会的职能范围，将国家发展与改革委员会的有关电力规制的职权划归电监会所有，包括市场准入、企业投资项目审批、价格制定等，以法律的形式确定其为唯一的电力规制机构，同时在每个省设立电监局，相应地取代省发展与改革委员会的电力规制职能。国家电监会主要负责电力产业布局，制定一般性的规则和重大规制政策；区域电监会主要负责整个区域电力市场的运行；相应地，省电监局主要负责本省电力市场运行。通过成立电监会这样的集权式、科层制的电力规制机构，地方政府与其没有行政隶属关系，企业与其没有委托—代理关系，它是一个真正独立的行业规制机构。地方政府与企业所形成的利益集团无法运用行政手段影响其政策的实施，规制合谋的可能性大大降低。

2. 对国有电力企业实施改制，通过产权改革切断其与政府之间的联系。由于政府产业政策及投资体制的影响，中国大多数电力企业仍是国有企业。企业本身具有高度垄断性，可以带来高额利润，政府迟迟不愿放手。正是由于企业的国有产权性质，才使得它与政府形成利益集团。要想解决规制合谋问题，还必须从利益集团内部着手，瓦解它们之间的联盟关系。当前最有力的措施就是对企业实施规范的产权改革，建立多元化的产权结构约束。

3. 加强审计、法律等相关监督制度的建设和完善。规制机构的一个基本工具就是审计成本的能力，并且审计机构是独立的。但是，中国现存的审计制度极不完善。因此，我们必须加快审计机构独立化的进程，使其成为一个独立的、直接对全国人大常委会负责的机构；同时，对审计人员进行继续教育培训，提高其业务素质，购买先进的技术设备，从硬件上提高审计能力。完善的审计、法律制度一方面有助于提高企业成本信息的质量，从而提高规制效率；另一方面对官员和企业起到威慑作用，使其不敢实施违法行为。

参考文献：

1. G.J. 施蒂格勒：《产业组织与政府管制》，上海三联书店、上海人民出版社 1996 年版。
2. 让－雅克·拉丰、大卫·马赫蒂摩：《激励理论》（第一卷），中国人民大学出版社 2002 年版。
3. 让－雅克·拉丰：《激励理论及应用》，北京大学出版社 2001 年版。
4. 国家统计局：《中国统计年鉴》（1980～2002），中国统计出版社。
5. 中国社会科学院人口研究所编：《中国人口年鉴》（1980～2002），经济管理出版社。
6. 干春晖、李雪：《网络效应与自然垄断产业的分析：以电信业为例》，载于《上海管理科学》2003 年第 6 期。

7. William J. Baumol, John C. Panzar, Robert D. Willig. Contestable Markets and the Theory of Industry Structure [M]. New York: Harcourt Brace Jovanovich, 1982.

8. Jean-Jacques Laffont. A theory of incentives in procurement and regulation [M]. Cambridge: The MIT Press, 1993.

9. Jean-Jacques Laffont, Incentives and political economy, Oxford: Oxford University Press, 2000.

10. Li, H., and L. Zhou. Political Turnover and Economic Performance: the Incentive Role of China's Personnel Control. Memo, 2004.

11. Xu Yi-Chong. Powering China: reforming the electric power industry in China [M], Dartmouth: Ashgate, 2002.

（本文载于《中国工业经济》2006 年第 4 期）

医疗服务市场政府规制研究述评

李　丽

摘　要： 由于医疗服务市场的特殊性，各国政府都在不同程度上对该市场进行规制，而我国对这一领域的研究相对不足。基于此，本文对国外学者关于医疗服务市场政府规制的研究进展进行了介绍，主要包括公共利益规制理论和利益集团规制理论的不同观点、医疗服务价格规制效果的相关研究、投资审核制度效果的实证研究以及规制效果的理论分析，并对我国学者在该领域的研究方向进行了展望。

关键词： 医疗服务市场　价格规制　医院投资审核制度

由于医疗服务直接关系到人们的生命健康，各国政府从保障医疗服务市场稳定和公平、控制医疗费用增长等角度出发，都在不同程度上对该市场进行规制，即使医疗服务市场自由化程度最高的美国，也通过价格规制和医院投资审核制度等来约束医疗服务供给方的行为。医疗服务市场的政府规制是指政府依据法律、法规对医疗服务市场或医疗服务部门进行的干预，往往采用非市场的方法如许可证法、授权、价格、服务质量和数量等方面的强制性规制措施影响价格、数量、质量或者三者的组合（舍曼·富兰德等，2004）。国外学术界非常关注医疗服务市场政府规制问题，现有研究主要集中在是否需要规制以及规制效果等方面。

一、关于医疗服务市场政府规制需求的研究

尽管现实中各国政府对医疗服务市场进行了不同程度的规制，但理论界出于市场与政府作用的争议而对医疗服务市场是否需要规制仍然存在一定分歧。关于医疗服务市场政府规制存在的必要性主要有两种理论，即公共利益规制理论和特殊利益集团规制理论。

（一）公共利益规制理论

该理论认为政府是公众利益的保护者，利用规制政策纠正市场偏差具有合理性，规制可能提高社会福利，其理论基础是市场失灵。由于医疗服务市场的特殊性，该领域存在广泛的市场失灵：

1. 医疗服务市场中的公共品问题。费尔德斯坦（1998）认为在医疗卫生服务产品中有一部分具有公共物品属性，还有相当一部分虽不是严格意义上的公共物品，但因其具有较强的正外部性，具有准公共产品的性质，无法按“谁受益，谁分担”的原则进行补偿。

2. 公平问题。医疗保健被看做生存权的一部分，全体国民应该平等地获得该权利，而不管他们的生活状况或经济地位如何，单纯依靠市场机制的作用难以实现公平。WHO 在 1996 年倡议书《健康与卫生服务的公平性》中强调，公平意味着生存机会的分配应以需要为导向，而不是取决于社会特权，每个社会成员在需要时均有相等的机会获得医疗服务，达到基本生存标准。科尔奈、翁笙和（2003）也特别强调公平性问题在医疗领域更为重要，因为医疗服务与人们的生命健康直接相关。

3. 信息不对称性。阿罗（Arrow，1963）主要研究医疗服务供需双方的信息不对称性和医疗保健的不确定性。医疗服务技术的专业性和复杂性赋予医疗机构和医生优势地位，医生对患者的病情和治疗方案等情况了解得较清楚，明白怎样为病人多提供服务以取得高额酬金；医疗机构同样希望病人多花钱多治疗以增加收入。患者则相对处于信息劣势地位，对病情、可能的治疗方法、预期结果、其他服务提供者提出的价格水平、不同医疗机构、不同医生提供的服务质量及其差异不了解，只能依靠医疗服务提供者做出决定，为了早日康复，对供方的要求不敢怠慢。由此可能产生供给诱导需求问题。供给诱导需求理论可追溯到谢恩和罗默（Shain and Roemer，1959；Roemer，1961），他们发现短期内普通医院的每千人床位数和每千人住院数之间存在正相关关系。这一观察被称为罗默法则或者罗默影响，即“只要创造出新病床，就有人来利用它”。埃文斯（Evans，1974）在此基础上提出由于信息在医患双方之间的不对称分布，医疗服务需求是一种由供给方引导和决定的需求。他认为，由于医疗服务市场存在垄断和严重的信息不对称问题，传统意义上的市场供求关系并不适用于该特殊市场，在该领域过分强调市场化往往导致资源配置的低效率。

4. 在医疗服务市场存在垄断问题。不同医院提供的医疗服务具有差别性，消费者除了关注医疗服务的价格以外，还会关注医院的地理位置、从自己居住地区前往各家医院所花费的时间成本、医院提供的服务品种、质量和技术水平。而且医疗服务产品的需求弹性低，从这个意义上讲，医疗服务市场可以看成具有垄断性。有的经济学家认为，市场的集中度越高，医疗服务的价格越高。

公共利益规制理论认为医疗服务领域的市场失灵不容易通过某些形式的竞争得到纠正，应当强化对医疗服务市场的政府规制。莱弗勒（Leffler，1978）强调医患之间的信息不对称会降低医疗服务质量，并认为一个国家强制实施的医疗服务最低质量标准可以看做是对获取质量信息的高昂成本做出的有效反应。乌韦·莱因哈特（Uwe Reinhardt，1989）对医疗服务市场能够按标准的供求理论运行表示怀疑，认为如果消费者需求在很大程度上受供给者的影响，那么市场力量可能不足以约束价格、限制医疗服务的消费、实现资源最优配置，并主张如果供给诱导需求是医疗服务市场的一个主要问题，那么规制就应该成为一项政策选择①。根据公共利益规制理论，规制能够实现“公共利益”目标：公平，公民更好的健康状况，医疗资源更有效的配置。

（二）利益集团规制理论

利益集团规制理论假设政府的基础性资源是能使社会福利在不同人之间转移的强制权，规制的需求方和供给方都是理性的“经济人”，他们可以通过选择行为实现效用最大化。该理论强调特殊利益集团在公共政策形成过程的重要作用，认为利益集团通过寻求政府规制来增进其利益，因而政府规制是利益集团驱动的结果，是为满足特定利益集团追求其成员收益最大化的需要而实施的。斯蒂格勒开创的规制经济理论最具代表性，该理论将政治行为纳入经济学的供求分析框架，有力地解释了利益集团如何控制或者影响政府规制，提出一个集团成功获取规制的可能性取决于其预期在规制中所获收益与其组织成本之间的权衡比较，由于相对于数量众多的消费者而言，一个产业的成员人数比较少，更易于组织，并且从规制中获取的人均收益较大，所以产业影响政治的激励更大，规制者可能被产业集团所俘获。佩尔兹曼扩展和完善了斯蒂格勒的理论，并将其模型化。在佩尔兹曼模型中，政治支持是关于利益集团规制收益的函数，而每个利益集团（生产者和消费者）都包含不同的子集团，规制者将选择使其政治支持函数最大化的政策。贝克尔提出政治均衡模型，该模型关注于利益集团之间的竞争，贝克尔认为规制主要是用来提高更有影响力的利益集团的福利。

---

① 参见［美］舍曼·富兰德、艾伦·古特曼、迈伦·斯坦诺：《卫生经济学》，王健、孟庆跃译，中国人民大学出版社2004年中文版，第219页。

根据利益集团规制理论，政府规制限制了竞争，增加了特殊利益集团的收益，所以该理论主张放松甚至取消规制，包括医疗服务市场领域的规制，并认为通过自由的市场机制能够实现医疗服务领域的效率。

一部分学者就公共利益理论和利益集团理论进行了实证分析，得出不同结论。保罗（Paul，1984）的实证研究结果显示，在美国医学会登记的州人均医生数与开业许可证制度的实行年限有明显的负相关关系，该研究否定了医疗服务市场政府规制的公共利益说，证明了利益集团规制理论；格雷迪（Graddy，1991）也对两种假说进行了检验，她的证据则表明，医疗服务市场的规制在一定程度上满足了公共利益需求，其基本结论是，没有发现规制的单一主导动机，规制者会同时对利益集团、公共利益和其面对的立法环境做出反应①。

虽然理论和实证分析都证明了医疗服务市场政府规制过程中存在满足特殊集团利益需要的问题，但是并不能依此提出取消该领域的政府规制，因为单纯的市场机制并不能保证医疗服务领域的效率和患者权益。市场机制发挥作用并实现效率是有条件的，最基本的条件是消费者知晓所要购买的商品或服务的价值和成本、自己做出购买决策、得到所购买商品的全部价值并承担全部成本。但是在医疗服务市场中，需要在专业知识背景下迅速做出相应的治疗决策，患者没有足够时间评价他所享受的医疗服务的价值而且也缺乏相应的决策能力，这导致医疗服务的类型和成本主要由供给者决定，患者对医疗服务的选择受制于供给者；此外，第三方支付制度的存在使得患者并不承担所有成本。所以，上述三个条件中的任何一个都不能在医疗服务市场得以满足，市场机制不能保证效率的实现。加之医疗服务市场与人们的生命健康直接相关，通常用“人命关天”来形容它，需要通过政府规制保障患者的权益。因而，尽管关于医疗服务市场是否需要政府规制还存在争议，但从医疗服务市场的特殊性以及目前的实践来看，在该领域还没有达到不需要规制或者完全取消规制的阶段，问题在于如何将公共利益规制理论和利益集团规制理论的观点有机结合，通过设计更适宜的制度框架使规制行为尽可能地符合公众利益、降低规制俘获的可能性，而不是将上述两种理论视为完全对立。

二、关于医疗服务价格规制效果的研究

医疗服务价格规制是医疗服务市场中最重要的经济性规制，它规定了医疗机构得到补偿的条件。自20世纪70年代开始，在美国一些州开始采用设定费率这种价格规制方式。有关设定费率的早期研究侧重于它对医疗费用支出的影响方面。比利斯等人（Biles et al.，1980）、梅尔尼克等人（Melnick et al.，1981）以及斯隆（Sloan，1983）的实证分析没有涉及跨地区的比较，其结果表明，从总体来讲，费率规制降低了医院费用。莫里西等人（Morrisey et al.，1983）对美国实行费率规制的几个州分别进行分析并加以比较，这种跨州实证研究的结论是，各州的费率规制效果不同，纽约州的规制效果比平均水平要高。德兰诺夫和科恩（Dranove and Cone，1985）对上述研究结果表示怀疑，试图探究可观测到的医疗服务成本节约究竟是源自价格规制政策的成功还是源自“均值回归（regression to the mean）”现象（如果在某一时点上一些州的医疗费用异常高或者异常低，那么随着时间的推移，这些州的医疗费用将趋向于医疗费用均值水平），而“均值回归”现象可能导致对医疗费用的总体预测和跨州预测出现偏差。他们的实证分析结果表明，医疗费用确实存在“均值回归”现象，在医疗成本很高的州颁布费率规制法律似乎比在成本低的州颁布法律更有效，同时他们得出与莫里西等人相反的结论，但并没有否定比利斯、梅尔尼克、斯隆等人关于费率规制从总体上降低医院费用的结论。

---

① 参见舍曼·富兰德等：《卫生经济学》，王健、孟庆跃译，中国人民大学出版社2004年中文版，第387页。

美国联邦政府从1983年开始在医疗照顾计划（medicare）的住院服务中实行按病种预付制这种新价格规制方式以后，很多学者从理论或实证角度分析它对医疗服务成本和服务质量的影响。这些研究对预付制在降低成本方面的作用大都给予肯定，但是关于其对医疗服务质量的影响看法不一。施莱费尔（Shleifer，1985）提出标尺竞争理论，从规制经济学角度为按病种预付制在刺激医院提高效率以降低成本方面的作用提供了理论基础。普伊格（Puig，1999）从按病种预付制对医疗服务提供者所承担成本风险变化角度进行了分析，认为医院根据患者所属相关诊断组得到固定数额的补偿，实际治疗成本的增加意味着医院净收益的减少，医院承担一定成本风险，具有降低成本的动力。科尔奈与翁笙和（2003）认为医疗服务提供者承担的成本风险越大，在决定给患者提供合适治疗时所受到的预算约束也越大，越有动力控制成本。古特曼和多布森（Guterman and Dobson，1986）、德斯哈奈思及其同事（Desharnais and colleges，1988）、范格拉斯和霍洛韦（Feinglass and Holloway，1991）的研究表明预付制对住院日的影响是可信的、明确的，成本下降而服务质量并没有降低。范格拉斯和霍洛韦（1991）在一篇文献综述中提出：尽管在个别案例中有证据表明预付制导致医疗服务可及性和质量水平的下降，但是迄今为止，几乎还没有直接的和一般性的证据显示，预付制降低了医疗照顾计划患者所得到的医疗服务质量。后来的研究发现，按病种预付制在费用和服务等方面的大多数优势都得到实现，而且预想中的副作用至今也已经达到最小化（Coulam and Garmer，1991；Cutler and Zeckhaser，2000）[①]。

一些学者担心在预付制这种规制方式下，如果医院过分强调降低成本而通过过早地让患者出院或者避免接收高成本患者等方式减少服务，最终会影响服务质量。霍奇金和麦圭尔（Hodgkin and McGuire，1994）的实证研究发现，实行预付制的医院患者数量减少而没采用该制度的医院的市场份额有所提高，说明预付制导致医院采取风险选择行为。埃利斯和麦圭尔（Ellis and McGuire，1996）认为医疗服务支付方式的变化将对医院产生多种激励，他们进一步将预付制对住院天数的影响分解为“道德风险效应（moral hazard effect）”、“选择效应（selection effect）”和“行为风格效应（practice-style effect）”，并运用计量模型分析了美国新罕布什尔州医疗救助（medicaid）计划的预付制对精神病患者住院时间的影响，估计了上述三种效应的大小。梅尔策等人（Meltzer et al.，2002）利用加利福尼亚州的相关数据进行的实证研究表明，虽然从总体上看医疗服务质量没有降低，但高成本患者得到的服务质量降低，而低成本患者所享受的服务质量则有所提高。他们根据该分析结果提出的政策建议是，对于医疗服务质量的测量应该从医疗过程转向医疗服务结果，这是因为医疗过程检查很可能在某些患者得到较低服务质量的情况下得出所有患者得到的医疗服务质量平均水平高的结论，而对于医疗服务结果的检查则不会如此。

根据上述研究结果，从总体角度讲，美国医疗服务市场价格规制有效地控制了医疗费用，对服务质量的负面影响不大。但是如果突破对总体效果方面的分析，更为细致的研究则表明它对不同群体的服务质量所产生的影响差别很大，还需要采取相应的改进措施以提高规制效果。因此，任何一种规制不可能是完美无缺的，在执行过程中被规制者将对经济激励做出反应，通过调整其经济行为增加效用水平，而这种经济行为可能对其他经济主体产生消极影响，这需要理论学者不断深入研究，探索改善规制政策的方案。

三、关于医院投资审核制度规制效果的研究

对医疗服务数量和供给能力的规制一般是间接进行的，其中最重要的是医院投资审核制度（Certificate-of-Need，CON）。这种制度要求所有医院超过最低限额的新投资（如购买新病床和增置

① 转引自雅诺什·科尔奈、翁笙和：《转轨中的福利、选择和一致性》，罗淑锦译，中信出版社2003年中文版，第76页。

诊疗设备等）均须经过各级政府计划部门批准，其目的主要是防止昂贵设备的重复投资、降低成本。医院投资审核制度在20世纪60年代末期仅为美国少数几个州所采用，在《国家健康计划法案》（National Health Planning Act）通过以后，70年代中期大多数州都采用了这种规制。但是对于医院投资审核制度的实证研究几乎都证明它对降低医院成本所起的作用甚微。

萨尔凯维尔和比奇（Salkever and Bice，1976；1979）较早对医院投资审核制度的有用性进行了分析，研究发现该制度确实减少了医院床位的供给，但与此同时却导致每张病床的注册护士和持照护士数目增加，即导致单位病床投资的增加，这意味着医院利用其他形式的资本投资代替床位投资，因而投资规制并没有节省总资本投资。而且他们的研究也表明该制度对人均医疗支出并没有本质上的影响①。安特尔等人（Antel et al.，1995）在考虑到为以往研究所忽视的一些变量和不同规制方式之间相互影响、相互作用的前提下，利用1968～1990年48个州的面板数据，通过计量经济模型进行了回归分析，也认为医院投资审核制度对医疗成本没有产生影响。康诺弗和斯隆（Conover and Sloan，1998）在控制地区特征、其他规制形式（如设定费率）、竞争因素等条件下，评估了医院投资审核制度对于患者人均费用、医院供给、技术扩散、医院产业组织的影响。他们的实证研究结果表明，医院投资审核制度这种规制方式在控制医院成本和其他急诊服务成本方面所起的作用并不大；废除该制度以后，并没有证据表明医院会大量增加新设备投资或者成本随之上升；与继续实行医院投资审核制度的州相比较，取消该制度的州在医院成本和医生服务成本方面并不高。康诺弗和斯隆提出医院投资审核制度对医疗服务的巨大影响是值得怀疑的，不论这种影响是积极的还是消极的。

总之，这些研究表明CON规制在控制成本方面不如费率规制的效果明显。信息问题和医疗服务供给者的机会主义行为抑制了这种规制的效果。为了制定合理的规则，规制者需要很多关于成本和需求预测方面的详细信息，同时还需要评价临床诊断的功效并讨论项目的必要性。不对称信息的存在使得医院能够利用法律漏洞成功通过审查，或者采取机会主义行为规避政府规制。医疗服务供给者最常见的一种机会主义行为表现是，医院鼓励医生集团（该集团不受CON法律的规制）购买资本密集型的医疗设备，然后将其放在距离医院很近的地方。

四、影响规制效果因素的理论分析

费尔德曼和罗伯特（Penny Feldman and Marc Robert，1980）从博弈角度对医疗服务市场规制的效果进行了理论分析。他们认为规制者与被规制者所处的外部环境（政治环境、规制职能的纵向和横向分割、科学技术条件）特征和内部因素（被规制产业的利益一致性、动员政治资源的能力、掌握与规制问题相关的专门知识、有效组织的能力；规制机构内部成员的背景、职业目标、成员的稳定性和利益一致性等）都将影响规制双方的讨价还价战略、谈判力、谈判成功与否，因为内部因素决定经济主体的行为选择，而外部环境特征影响经济行为的结果。他们进而将这种分析延伸到医疗服务市场的政府规制领域，认为规制者在与被规制者谈判时处于相对劣势地位，因为目前医疗服务市场政府规制的一个重要方面在于强调控制成本，这意味着对医疗服务供给和医疗资源的控制更为严格，而由此获得的收益在广大公众之间分配时则显得微不足道，所以对特定医疗规制计划的政治支持既不广泛也不强烈；医疗服务对当地经济的影响以及人们对本地医生、本地医院的忠诚度等因素也使得规制者在贯彻执行规制政策时处于不利地位。此外，由于医疗服务供给方具有高度的组织性，在与政府部门讨价还价时有更强的谈判力，而在规制机构中因消费者代表缺位、被规制者处于

① 参见 Christopher J. Conover and Frank A. Sloan. Does removing certificate-of-need regulations lead to a surge in health care spending [J]. Journal of Health Politics, Policy and Law. 1998（23）: pp. 455－481.

主导地位、缺少与医疗专业人士相抗衡的专家组，加上官僚政治环境比较复杂以及缺乏协调规制活动的机制，所以医疗服务供给方能够对政府规制施加影响，并影响规制效果。

费尔德曼和罗伯特的研究为解释不同规制方式的效果问题提供了思路，对于医疗服务市场政府规制框架的设计也有一定的启示。

五、国外医疗服务市场政府规制研究的启示

医疗服务市场的政府规制问题属于规制经济学中较新的内容，通常被归为社会性规制或者 HSE（健康、安全、环境）规制，既涉及经济性规制，又涉及社会性规制，更为复杂。国外在这方面的理论研究和实证研究相对较多，对于规制内容的实证分析也比较深入、细致，对医疗服务市场政府规制实践具有指导意义。

从目前我国医疗服务市场运行情况来看，整个医疗服务领域的绩效比较低，严重影响到医疗服务的公平、效率与可及性。无疑，解决我国医疗领域突出问题需要从多方面着手，其中系统设计和不断改进医疗规制体系尤为迫切。而我国关于医疗服务市场政府规制的研究尚处于起步阶段，专门探讨这一问题的文献很少，该领域的实证研究几乎没有，而理论研究（钟东波，2003；余晖，2004；郑大喜，2004）主要从医疗服务市场政府规制整体框架的构建角度提出了总体思路。理论和实证研究的不足导致我国医疗服务市场政府规制实践缺乏相应的理论指导。

受国外学者研究的启示，笔者认为我国医疗服务市场政府规制中还有很多值得研究的问题，非常重要的内容包括以下方面：

1. 不同规制目标之间的权衡问题。政府对医疗服务市场进行规制的目标是力图控制医疗费用、实现公平和可及性以及保证服务质量，不同目标之间可能存在一定矛盾，所以需要规制部门根据不同时期、不同阶段所面临的主要问题进行权衡，决定优先实现何种目标。美国医疗服务市场的价格规制政策和医院投资审核制度都是针对当时不断上涨的医疗费用而采取的重要措施。而我国医疗服务市场中最突出的问题是健康不公平以及医疗服务的可及性问题，所以现阶段政府对该领域的规制中，如何赋予公平性和可及性更多权重是值得研究的重要问题，只有使目标更为明确才能制定适宜的规制政策。

2. 加强对我国现行医疗服务市场规制措施的实证性研究。从实证角度分析目前我国医疗服务市场价格规制、质量规制以及数量规制对医疗服务的公平性、可及性、服务成本和质量等方面的影响是亟待加强的研究方向。对规制方式进行的实证分析不能仅仅停留在其总体效果方面，应进行更为深入的分析，看其对不同群体产生的影响有无差别，进而决定是否需要采取相应措施以进一步提高规制效果，这样才能有的放矢地提出改进建议。

3. 转轨时期医疗服务市场政府规制的特殊性问题。医疗服务市场政府规制是在一定的医疗卫生体制下进行的，在分析过程中不能脱离特定的制度条件和特定时期的经济环境约束。我国医疗服务市场正处于转型期，在制度约束方面与国外有很大不同，所以该领域规制的特殊性以及转型期医疗服务市场规制体系的构建问题也需要更深入、具体的分析。规制体系的构建主要包括规制目标的设定、规制内容、手段等方面的具体化、独立规制机构的建立，此过程中政府相关部门的重组、职能的转变等。在进行制度设计时要考虑到利益集团规制理论的主要观点，认识到医疗服务市场的规制并不能保证有效纠正市场失灵、满足公众的需要、增加整个社会的福利，因为在某种规制制度下规制机构的公利性行为不能得以充分弘扬或者其自利性行为不能得以有效控制，所以设计规制制度时可以考虑增加代表消费者利益的集团，或者采取相应措施增强消费者博弈能力。

参考文献：

1. ［美］保罗・J・费尔德斯坦：《卫生保健经济学》，费朝晖译，经济科学出版社 1998 年中文版。

2. 雅诺什·科尔奈、翁笙和：《转轨中的福利、选择和一致性》，罗淑锦译，中信出版社 2003 年中文版。

3. ［美］舍曼·富兰德、艾伦·古特曼、迈伦·斯坦诺：《卫生经济学》，王健、孟庆跃译，中国人民大学出版社 2004 年中文版。

4. 余晖：《探索建立中国的医疗管制体系》，载于《医院管理论坛》2004 年第 1 期。

5. 钟东波：《我国医疗行业政府管制的制度框架》，载于《中国卫生经济》2003 年第 1 期。

6. 郑大喜：《市场机制下政府调节与医疗管制制度框架的构建》，载于《中国医院管理》2004 年第 8 期。

7. Arrow. Kenneth, J. (1963), "Uncertainty and the Welfare Economics of Medical Care", American Economic Review, 53.

8. Shain. Max and Roemer Milton (1959), "Hospital Costs Relate to the Supply of Beds", Modern Hospital, 92.

9. Roemer Milton (1961), "Bed Supply and Hospital Utilization: A National Experiment", Hospitals, 35.

10. Evans Robert (1974), "Supplier-induced Demand: Some Empirical Evidence and Implications", The Economics of Health and Medical Care edited by Mark Perlman, London: Macmillan.

11. Leffer Keith, B. (1978), "Physician Licensure: Competition and Monopoly in American Medicine", Journal of Law and Economics, 21.

12. Uwe Reinhardt (1989), "Economists in Health Care: Saviors, or Elephants in a Porcelain Shop", American Economic Review, 79: 337 – 342.

13. Paul Chris (1984), "Physician Licensure and the Quality of Medical Care", Atlantic Economic Journal, 12.

14. Graddy Elizabeth (1991), "Interest Groups or the Public Interest – Why Do We Regulate Health Occupations", Journal of Health Politics, Policy and Law, 16.

15. Biles, B., Schramm, C. J. and Atkinson, J. G. (1980), "Hospital Cost Inflation under State Rate-setting Programs", New England Journal of Medicine, 303.

16. Melnick, G. et al. (1981), "Effects of Rate Regulation on Selected Components of Hospital Expenses", Inquiry, 18.

17. Sloan, F. (1983), "Rate Regulation as a Strategy for Hospital Cost Control: Evidence from the Last Decade", Milbank Memorial Fund Quarterly, 61.

18. M. Morrisey, F. Sloan and S. Mitchell (1983), "State Rate Setting: An Analysis of Some Unresolved Issues", Health Affairs, 2.

19. David Dranove and Kenneth Cone (1985), "Do State Rate Setting Regulations Really Lower Hospital Expense", Journal of Health Economics, 4.

20. Andrei Shleifer (1985), "A Theory of Yardstick Competition", The Rand Journal of Economics, 16.

21. Puig Junoy (1999), "Managing the Conflict Between Competition and Risk Selection in health Sector Reforms", International Journal of Health Planning and Management, 14.

22. Guterman, Stuart and Allen Dobson (1986), "Impact of Medicare Perspective Payment System for Hospitals", Health Care Financing Review, 7.

23. Desharnais Susan, James Chesney, and Steven Fleming (1988), "Trends in Regional Variations in Hospital Utilization and Quality During the First Two Years of the Prospective Payment System", Inquiry, 25.

24. Feinglass Joe and James, J. Holloway (1991), "The Initial Impact of the Medicare Prospective Payment System on U. S. Health Care: A Review of the Literature", Medical Care Review, 48.

25. Hodgkin, D. and T. G. McGuire (1994), "Payment Levels and Hospital Response to Prospective Payment", Journal of Health Economics, 13.

26. Ellis, R. and T. McGuire (1996), "Optimal Payment System for Health Services", Journal of Health Economics, 9.

27. David Meltzer, Jeanette Chung and Anirban Basu (2002), "Does Competition Under Medicare Prospective Payment Selectively Reduce Expenditures on High-cost Patient", Rand Journal of Economics, 33.

28. Salkever David and Thomas Bice (1979), "Hospital Certificate-of – need Controls: Impact on Investment, Costs and Use", Washington: American Enterprise Institute.

29. John, J. Antel, Robert, L. Ohsfeldt, and Edmund R. Becker (1995), "State Regulation and Hospital Costs", Review of Economics and Statistics, 77.

30. Christopher J. Conover and Frank A. Sloan (1998), "Does Removing Certificate-of-need Regulations Lead to a Surge In Health Care Spending", Journal of Health Politics, Policy and Law, 23.

31. Penny Feldman and Marc Robert (1980), "Magic Bullets or Seven-card Stud: Understanding Health Care Regulation" Issues in health care regulation [C], Edited by Richard S. Gordon, New York: McGraw-Hill.

（本文载于《产业经济研究》2006 年第 5 期）

我国公用事业运营和监管改革研究

刘戒骄

摘　要： 我国公用事业正处于规模扩张和制度变革并举的新阶段。这个阶段公用事业改革核心是处理好非网络环节、网络环节和监管环节之间的关系，在开放竞争、健全监管的基础上推进民营改革。非网络环节引导和推动各类资本进入，加强市场结构评估和监管，着力营造多元投资主体、多家企业相互竞争的格局；网络环节注重发挥政府投资的拉动和引导功能，健全和推行特许经营制度，加强市场行为评估和监管，建立开放条件平等、接入价格合理、设施使用充分的制度；监管环节着力实现政企分离、政监分离，健全中央和地方两级监管机构，科学配置监管权，确保终端用户能够以合理价格取得充分、可靠、满意的公用事业产品和服务。

关键词： 公用事业　垄断　监管　竞争

一、公用事业的性质与三维分析框架

公用事业（public utilities）是指通过基础设施向个人和组织提供普遍必需品和服务的产业，从广义来讲包括电力、电信、邮政、铁路、有线电视、燃气、供热、供水和污水处理、公共交通、垃圾回收及处理等。在我国，公用事业可以进一步划分为以全国性网络和以区域性网络为基础的公用事业。电力、电信、邮政、铁路等产业已经形成了覆盖全国的网络，这些产业一般由中央企业或全国性企业来经营，并主要由中央政府的机构来监管。燃气、供热、供水和污水处理、公共交通、垃圾回收及处理、有线电视等产业的网络具有区域性的特点，没有形成跨区域的网络，这些产业一般由地方企业在市、县、乡镇行政区域内经营，并主要由地方政府机构监管。区域性公用事业与建设部所说的市政公用事业基本一致。

公用事业具有网络产业（network industries）的性质，其产品或服务的生产、传输、分销和用户消费等环节具有很强的纵向关系。正因为如此，也可以更直接地将公用事业定义为“以网络为基础进行经营的产业”（刘戒骄，2005）。其技术经济特征主要有：（1）民生必需性。公用事业提供的产品或服务是人们日常生活乃至维持生存以及从事其他经济活动不可或缺的必需品，经营者有广泛而公平地向其经营区域内的所有用户提供基本服务的义务，同时政府对提供公用事业产品和服务具有最终责任。（2）对传输网络的依赖性。公用事业网络传输服务可替代程度低，网络建设在经济和法律上存在很高的准入障碍，用户选择权受到限制，最终用户难以摆脱垄断的卖方。（3）网络的外部性和内部协调性。拥有基础网络的厂商可能采取增加网络连接难度和成本的方法排挤新厂商，阻止新用户加入新企业拥有的网络。（4）投资的专用性和沉淀性。专用性是指它只能传送一种或一类产品或服务，沉淀性是指投资一旦形成就不能移作他用或转移到其他产业去。沉淀成本较低的非网络环节，厂商可以更容易地进入或退出，因而可以存在多家厂商相互竞争。（5）公用事业提供的产品或服务具有准公共物品的性质。公用事业提供的产品或服务可以定价，经济主体按照商业原则和实际需求做出生产或消费的决策和选择，可以利用市场机制由私人部门来供给。（6）市场范围的地域性。相当部分公用事业只能在管网的覆盖范围内提供，除电信、电力等部分行业外较难建立覆盖多个城市的全国性传输、分销网络。(7) 产品或服务具有较弱的可替代性。公用事业传输设施多固定在一处，它们提供的产品或服务无法到别处交易，用户难以从他处得到替代品以满足自己的需求。(8) 产品或服务供给的连续性和消费的非均衡性。公用事业运营者必须按最大需求量来设计和建造生产、传输、分销设施，重视协调供给连续性和消费非均衡性之间的矛盾。(9) 产品或服务具有较强的外部性。公用事业能否及时提供规定质量的产品或服务，不仅影响用户效用，还会对社会生产和社会生活的许多环节造成影响。在公用事业发展初期，纵向一体化垄断经营成为解决外部性问题的一种常见制度安排。

上述性质和特征说明，公用事业改革的核心是如何处理非网络环节、网络环节和监管环节三者之间的关系。王俊豪（2005）等学者提出根据不同类型业务实施分类管制政策。本文根据公用事业的技术经济特征，主要是各环节内在的纵向关系，构造了一个明确区别非网络环节、网络环节和监管环节的三维分析框架（见图1）。

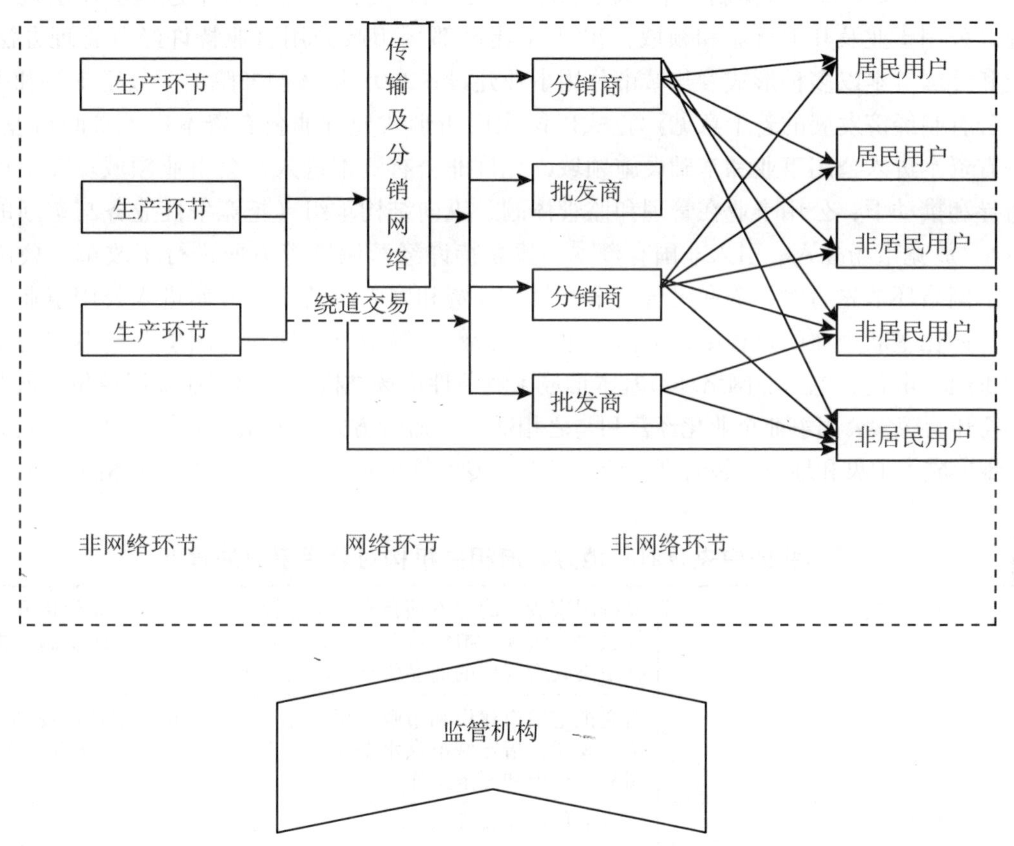

图1　非网络环节、网络环节和监管环节三维分析框架

三维分析框架从纵向一体化结构入手，把纵向产业链上产品或服务的生产从输送、分销等网络环节中独立出来，可以更清晰地观察非网络环节与网络环节和监管环节的差异，描述公用事业的两种基本供给方式——纵向一体化和纵向分离。纵向一体化是把各个环节整合在一个企业，其实质是利用厂商内部或行政手段来处理业务。纵向分离是分割能够产生竞争的环节（非网络环节），不能分割的环节（网络环节）继续维持垄断，通过监管限制垄断行为，实现两类环节之间的衔接。如何改革纵向关系，是否允许纵向一体化企业存在，事关公用事业的市场结构和企业行为，关系到产业绩效和改革路径。纵向分离虽然有助于在公用事业形成竞争性结构，却并非总是有效率的，纵向一体化与非纵向一体化各有优缺点。纵向一体化经营能够使公用事业的负外部性内部化，也有利于实现规模经济和范围经济。公用事业究竟应该采用纵向一体化还是非纵向一体化结构，没有非此即彼的标准答案，而是取决于不同地区、不同产业的发展阶段、市场规模、技术经济特点、监管能力等因素。一般而言，规模较大、监督计量手段较先进、管制法规较健全的城市在一些环节形成竞争性结构可以获得较好的效果；反之，对于规模较小的城市在生产环节引入多个企业相互竞争可能得不偿失。这个分析框架的目的是为更清晰地分析公用事业改革中遇到的问题提供一种分析方式，并不意味着一定要进行纵向结构分解。

二、我国公用事业改革状况及存在的问题

20 世纪 90 年代以来，公用事业垄断经营和政企合一、政监不分的弊端日渐突出，我国开始改革公用事业建设、运营和管理体制，并出台了相关法规和政策。2002 年建设部出台《关于加快市政公用行业市场化进程的意见》，明确提出公用事业市场化改革目标；2003 年中共十六届三中全会《关于完善社会主义市场经济体制若干问题的决定》指出：允许非公有资本进入法律法规未禁入的基础设施、公用事业及其他行业和领域；2004 年建设部《市政公用事业特许经营管理办法》鼓励社会资金和外国资本以多种形式参与城市公用事业建设；2005 年《国务院关于鼓励支持和引导个体私营等非公有制经济发展的若干意见》正式以国家政策形式允许非公有资本进入垄断行业和领域，允许非公有资本进入公用事业和基础设施领域，允许非公有资本进入社会事业领域。在上述法规和政策的引导和推动下，公用事业在管理和监管体制、纵向结构重组（把竞争性业务与垄断的网络环节相分离）、放宽市场准入、引入非国有资本、建立特许经营制度等方面进行了改革。公用事业各行业，包括网络环节先后对外资和民营资本开放，外资和国内民营资本开始进入公用事业领域。在重组纵向一体化垄断企业的过程中，电信、电力、天然气等中央管理的公用事业相继实行了政企分离、结构重组，电信、电力非网络环节基本形成了竞争性市场结构，公用事业基层单位的改革全面展开，市、县开始探索公用事业企业化经营和与之相适应的监管方式，公用事业传统经营方式开始发生变化，初步形成了中央和地方两级管理、两级经营，专业管理和综合管理相结合的体制（见表 1）。

表 1　目前我国中央政府和地方政府相关机构对公用事业的管理

中央政府	国家发改委	安排国家拨款的建设项目和重大建设项目；起草商品价格和收费方面的法律、法规，拟定重要商品价格和收费政策并组织实施，拟定和调整中央政府管理的商品价格和收费标准
	建设部	研究拟定城市建设和市政公用事业的发展战略、中长期规划、改革措施、规章；指导城市供水节水、燃气、热力、市政设施、公共客运、园林、市容和环卫工作
	信息产业部	负责电信产业管理
	水利部	水资源管理和监管工作
	国家环保局	环境保护、污水排放
	国家药品和食品监督管理局	自来水水质监管
	广电总局	负责有线电视的管理
	电监会	负责电力产业监管
	国资委	负责行使中央企业的国有股权
省政府	发改委、建设厅、信息产业厅、水利厅、药监局	在本行政区履行相应职能
市政府	市政公用局或建委	负责区域性公用事业的监管，有的还通过所属企业参与公用事业运营
	物价局	制定、调整由政府管理的重要商品、公共产品价格和收费标准并组织实施
	环保局	环境影响，监管污水排放

资料来源：笔者整理。

在中央一级，国家发改委和建设部负责公用事业的政策制定、发展规划、投融资、价格管理，同时有电信、电力、铁路、邮政等按行业设立的管理机构。在地方，省一级由建设厅、发改委等部门行使相应管理权力，市一级主要由建委或公用事业管理局、市政公用局等对区域性公用事业进行直接管理经营。我国公用事业管理的架构可以概括为，中央一级基本形成了由行业专业管理机构和综合性管理机构共同管理的体制，地方一级则主要由综合性机构进行管理。电信、电力等全国性公用事业由中央政府直接管理，并主要由中央企业经营。燃气、公共交通、水务等区域性公用事业由建设部和地方政府分级管理，并主要由地方企业经营。我国公用事业改革在整个经济体制改革中具有起步晚和相对滞后的特点，仍然处于探索和深化阶段。公用事业在健全法规、改善监管、强化激励、促进竞争并使竞争惠及终端用户方面仍有许多问题亟待解决。

第一，我国正在经历深刻的制度和结构转型，公用事业面临日益突出的结构性矛盾。一方面，随着社会经济快速发展和人均收入的提高，居民和产业对公用事业的需求持续增长；另一方面，公用事业产品和服务在数量和质量上不能满足需求。一方面，对环境保护和资源可持续利用的认识和要求在不断提高；另一方面，节制资源消耗的体制没有建立。一方面，产品和服务质量标准越来越高，需要的投资越来越大；另一方面，政府预算中相关投资比重越来越低，民间资本参与的渠道不畅。这些现实的矛盾和压力交织在一起，对公用事业现行运营和管理体制改革提出迫切要求。

第二，公用事业改革在地方与中央层面进展不平衡，地方滞后于中央。中央管理的公用事业，例如，电信、电力等产业，在纵向结构和政企关系上进行了较大幅度改革。地方管理的水务、燃气、垃圾、公交等公用事业普遍进行了公司制改革，部分城市在非网络环节初步形成竞争性结构。但是，地方建设部门、市政公用事业局等机构仍然存在政企不分、政监不分的问题，不少城市公用事业企业仍然隶属于公用事业管理机构，政府仍然是公用事业建设和经营的主角，国有及国有控股企业占公用事业固定资产投资的绝大部分（见表2）。设计、施工和服务单位依附于公用事业主业实施“搭车垄断”的情况依然存在。

表2　　2004年公用事业固定资产投资构成　　单位：亿元

行　业	总投资	其　中		
		国有及国有控股	私营个体	外商及港澳台
电力、热力生产和供应	4854.4	3924.5	87.5	391.5
石油和天然气开采	1112.3	1082.7	3.1	12.0
燃气生产和供应	209.8	141.4	5.9	39.1
水生产和供应	460.9	414.2	8.0	15.3
城市公共交通	391.3	331.4	2.0	42.3
管道运输	107.0	99.9	0.1	5.3
电信及信息传输	1589.9	1273.3	0.8	412.7
合计	8725.6	7267.4	107.4	918.2

注：根据《中国统计年鉴（2005）》，电信及信息传输业国有及国有控股、私营个体、外商及港澳台三项投资之和超过总投资。

资料来源：国家统计局，《中国统计年鉴（2005）》，中国统计出版社2005年版。

第三，分拆重组和民营改革没有打破市场分割和区域垄断。中央管理的电信、天然气、电力等产业进行了分拆和重组，电信和天然气仍然存在中央企业垄断和市场分割的问题，发电企业虽然在同一市场经营但竞争仍然没有展开。地方管理的公用事业仍然按行政区域和行业限定市场范围，跨行政区域、跨行业经营公用事业的大企业成长缓慢，区域性垄断比较突出，防治主导企业滥用市场势力的法规制度不健全。公交、燃气、供水等产业原有垄断者仍然占有过高的市场份额，新进入者的市场份额过低。

第四，用户选择权受到不合理限制。我国公用事业管理和监管程度不同地存在过多关注项目投资建设、关注企业利益、忽视用户利益的倾向，电信、电力、燃气等行业均存在没有按照技术提供的可能性放宽用户选择权的问题。

第五，价格形成和调整过多地考虑企业个别成本，不能有效地激励经营者降低成本。我国公用事业仍采取以成本为基础的定价制度，各级政府物价管理部门确定电信、电力、供水、燃气、公交等公用事业产品或服务价格的依据主要是运营企业自报的成本。以企业个别成本而不是社会平均成本来定价，不仅不会激励企业降低成本，而且还会诱使企业虚报成本，结果是成本涨多少价格涨多高，甚至出现价格有多高成本就涨多快、成本比价格涨得更快的现象。

第六，利益相关方参与有限，公众利益保障不力。公用事业提供的产品或服务主要作为基本必需品，价格弹性低，其效率和价格直接影响经济社会各个方面的发展。由于垄断经营，用户和公众参与公用事业投资和价格调整十分有限，企业不能对用户需求和用户投诉做出有效、灵敏的反应。

三、我国公用事业各环节改革的关键点

（一）非网络环节：竞争基础上的民营

第一，民营化和竞争是具有互补性又有所区别的政策，公用事业改革应把引入竞争和民营化有机结合起来。民营改革可以在维持垄断的情况下实施，也可以在竞争环境下实施。如果民营化后仍然维持垄断，运营者就不必担心在价格上涨或质量下降时用户流失，更不必为了占领新的市场和适应消费者的偏好开发新产品或新服务。只有采取措施增强市场的可竞争性，避免民营化造就新的垄断企业，用户利益和产业绩效才能得到有效提升。竞争虽然可以改进企业绩效，但竞争如果没有民营化改革相匹配，仍无法解决产权本身的弊端，生产效率与配置效率将低于竞争与产权良好匹配的状态。原因在于，竞争对企业效率的影响受政府对企业的干预程度和企业内部治理制度两方面的牵制。即使在充分竞争的环境下，政府官员通过选择和决定企业领导人，按照自己的偏好影响和操纵企业经营活动，也会损害效率。国有股东对经理人的监督难以达到民营的水平，所有权的差异因而成为影响公用事业效率的因素。

第二，民营化要求政府转变角色，但并不意味着政府放弃公用事业的供给责任。民营将改变政府直接从事公用事业产品和服务投资与建设、运营的体制，但不会改变公用事业的特征，不意味着政府放弃公用事业供给责任。推进市政公用事业改革，政府不能有“甩包袱”的想法，对公用事业非经营性项目所需费用、企业的政策性亏损和必要的改革成本，政府应予以补偿。

第三，制定防治网络经营者实施垄断行为的规范，避免在垄断环境下推行民营改革。许多经济学家，对将公共垄断转换为私人垄断持批评观点。维克斯和亚鲁（Vickers and Yarrow，1988）特别强调民营化和自由化之间的区别，前者是所有权的转移，后者是引入竞争。核心网络的垄断性质难以改变，公用事业民营需要可竞争性的网络服务，以便服务提供者能够接入网络。实现这个目的大体有两种模式：一是保留一体化运营商，他们拥有网络并提供网络服务，但要允许其他经营者以平等条件接入网络，这是我国水务、燃气产业所采用的模式。二是纵向分离，把网络所有者和需要网络提供服务的经营者分离，我国电力、电信改革采取了这种模式。这种模式可以解决一体化经营者排挤竞争对手接入网络的问题，但可能失去一体化的规模经济利益。这一点在电信产业比较明显，转换网络必须提供终端到终端的联结，同时还要计算呼叫的成本。相反，在天然气产业没有明显的理由维持一体化，天然气生产、传输、储存、本地分销和零售都可以由不同的经营者来承担。

第四，非网络环节的民营，并不要求网络环节的民营，网络环节仍然可以保留国有制。例如，很多国家水务产业仍然保留公共所有制。一些国家在发电环节民营化以后，输电、配电网络仍然保

留国有制。在铁路改革中，英国政府创设了一个准商业性的公共所有的机构——网络铁路（NetworkRail）来经营铁路网络（David M. Newbery，2003）。许多国家，铁轨仍然公共所有，但运输服务几乎都是私有的。网络民营化的主要目的是实行更有效的利润导向激励，摆脱公共所有制对管制可能带来的影响。同时，政府通过拥有网络施加的直接控制比通过管制施加的间接控制更能促进公共利益。所有者拥有剩余所有权，这种权利不限于合约规定的权利。管制限制了私有网络的权利，但不能对所有细节都进行限制，管制限制以外的权利通常由所有者行使。在政府所有的情况下，政府可以对网络施加日常控制。

（二）网络环节：开放接入、多元股权

由于产品或服务的生产、输送、分销、供应各环节具有垂直关系，公用事业曾长期采取纵向一体化的经营方式，并实行价格和准入管制。20 世纪 80 年代以来，许多国家开始探索公用事业纵向分离的可能性和网络环节开放接入方式。网络环节开放接入主要有两种做法。一是公用事业产品的生产者向网络运营公司出售产品，网络运营公司再将公用事业产品出售给地方分销系统或最终消费者；二是由网络运营公司与地方分销公司或最终消费者签订合同，后者租借网络运营公司的设备来输送产品。问题在于，无论是否保留一体化运营企业，都无法改变网络环节结构上的垄断。即使网络传输环节与非网络传输环节实现了纵向分离，仍面临竞争性环节从事经营的企业能否平等使用传输、分销网络的问题。如果保留纵向一体化运营企业，一体化企业一方面是独立企业（不拥有传输分销网络设施的企业）的竞争者；另一方面又是独立企业传输网络服务的垄断供给者。只有一体化企业向独立企业开放其传输网络，才能使独立企业无需重复建设网络设施而开展经营活动。

从国内外改革实践看，公用事业竞争范围随着放松管制和技术革新而扩大，某些产业的网络环节也可以引入有限的竞争。网络竞争包括为进入市场而竞争，绕过现存网络的竞争，以及网络之间的竞争（刘戒骄，2005）。为了营造有效竞争的环境，必须对网络开放、网络互联及网络使用费用给予适当管制。管制的内容包括：使网络运营者获得适当的投资回报，激励其扩大和改进网络设施；保证独立企业按非歧视、透明的条件接入现有网络设施；防止网络经营者实施掠夺性定价来排挤竞争对手；防止无效率的绕道，避免在现存网络未充分利用的情况下重复建造新网络，接入价格不能过高。

开放接入以后，公用事业应加快网络环节国有独资企业的产权多元化进程，降低国有股的股权份额，大力引进外资、外地资本和民营资本，通过合资、合股、合作的方式对国有大中型企业进行规范的公司制改革，改变网络运营企业国有独资和国有绝对控股的产权结构，尽快把网络环节的运营企业改造成为国有相对控股或参股的股份有限公司和有限责任公司，增强企业的资本实力和国有资本的控制力。对于具有强公共利益或难以吸收民间投资的网络设施，政府仍然要承担投资责任，但投资者不一定是建设者和经营者。具体方式可以采取政府投资，委托第三方建设，建成后由政府委托经营、租赁等方式授权市场主体进行经营。

（三）监管环节：健全机构、明确职责

第一，健全中央和地方监管机构，科学配置中央和地方两级监管权。一方面，按照行业与综合监管相结合、以行业专业监管为主的原则，调整和优化中央层面的监管机构。另一方面，根据公共交通、燃气供给、水务、垃圾处理等地方管理的公用事业所具有的区域性和公共性，监管目的和方式的类似性，按照跨行业综合监管的原则，调整和优化地方层面的监管机构。在大中型城市和规模较大的市县（包括县级市）组建公用事业监管委员会，克服多头管理弊端。无论中央监管机构还是地方监管机构，其设立、职能、监管方式、决策过程都要有法律授权，明确其职权范围以及受监管

机构管辖公司的义务，做到依法管制。

第二，完善监管权配置，促进专业监管机构和反垄断执法机构之间的分工、协调和配合。反垄断机构、监管机构和政府相关部门在各自职权范围内行使公用事业管理权。这种共同执行反垄断法和行业监管的权力配置体系有利于发挥反垄断机构与行业监管机构的积极性与专业性，实现多重政策目标与多种价值追求。反垄断法适用于所有产业和企业，反垄断机构根据反垄断法和竞争政策管辖所有产业，通过市场竞争状况评估和校正企业的限制竞争行为来改进产业绩效，着重事后监管。行业监管机构根据相关行业法律和产业政策制定特定产业的市场准入和价格法规，加强与反垄断机构之间的沟通和合作，着重事前监管。对于市场机制发挥作用的可竞争环节，应当以事后监管和竞争效果评估取代事前的市场准入、价格管制，逐渐缩小和降低专业监管机构的监管权，扩大和提升反垄断机构的监管权。

第三，随着市场改革的深入，尽快解决政、事、监、企不分问题。经过多年改革，中央层面基本实现了政企分离，但地方层面还存在运营企业隶属于监管机构的问题，地方监管机构与被监管企业在产权和管理上普遍没有脱离关系。实现政、事、监、企相互分离，关键是加快城市市政公用企事业单位脱钩改制步伐，实现公用企事业单位与主管部门脱钩。公用企业应按现代企业制度要求，完善法人治理结构，依法开展经营活动。同时，加快公用事业单位国有资产管理体制改革，建立健全公用企业国有资产管理、监督、营运体系，明确国资监管部门作为国有资产的出资人，逐步打破国有资产营运机构的行业和系统界限，促进国有资产跨行业流动和重组，完善资源优化配置。

第四，完善利益相关方参与和协商机制，提高用户和公众参与程度。在公用事业领域，存在政府、经营者、用户和公众多个利益主体，改革中涉及各方利益的重新界定和调整。我国公用事业虽然采取了包括价格听证在内的一些措施来平衡政府、企业、用户和公众利益，但公用事业监管仍然存在目标和定位偏重于保护经营者，没有按照市场体制要求着眼于反垄断和保护用户利益等问题。当前改革重点是建立具有广泛代表性的不同利益集团之间的协商机制，完善公示和征求公众意见的程序，并通过咨询、听证、论坛、对话等形式来实现。凡是直接涉及用户和公众利益的重大决策，包括补贴、价格和市场准入等事项，都要提前向受影响的各方及公众告知。

第五，改革价格管理体制，完善价格形成机制，推广价格上限管制。我国已经基本解决公用事业产品和服务价格偏低问题，今后应重点解决价格制定和调整中的监督机制不健全、用户参与不够的问题。公用事业应该遵循价格形成机制与市场结构的可竞争程度相适应的原则，根据市场结构和竞争程度变化来调整价格监管方式。随着竞争程度的提高，适时放宽价格管制，扩大市场竞争定价范围。总的思路是，对竞争环节和垄断环节、主导运营企业和非主导运营企业采取不同的价格形成机制，加强对非竞争领域价格的评估和审查。

参考文献：

1. 王俊豪：《中国垄断性产业结构重组分类管制与协调政策》，商务印书馆 2005 年版。

2. 刘戒骄：《垄断产业改革——基于网络视角的分析》，经济管理出版社 2005 年版。

3. Vickers, J. and G. Yarrow. Privatization: An Economic Analysis [M]. London: MIT Press. 1988.

4. David M. Newbery. Privatising Network Industries [R]. Paper Presented at the CESifo Conference on Privatisization, Held at Cadenabbia, 2003, (Oct. 31 - Nov. 3).

（本文载于《中国工业经济》2006 年第 9 期）

产权与竞争：关于行政垄断的研究

温观音

摘　要：产权是竞争的前提，竞争则是产权保护的逻辑延伸；产权制度具有使经济财富与政治权力相区分的功能。行政垄断起源于权力与财富相结合的经济、政治体制，是我国转型时期垄断的主要表现形式，其本质是产权失灵导致的腐败行为。消除行政垄断的反垄断法方案，不得忽视产权这一对竞争有重要影响的制度核心。

关键词：竞争　产权　行政垄断　反垄断立法

中图分类号：DF41　**文献标识码**：A

产权与竞争是市场经济的灵魂。从1980年10月我国第一个与竞争有关的规范性文件——国务院《关于开展和保护社会主义竞争的暂行规定》（以下简称《竞争规定》）发布至今，已有20余年的时间；从1994年5月第一个反垄断法起草小组成立至今，也有10余年之久。期间，我国反垄断法研究已有很大进展，关于我国转轨时期垄断的主要表现形式——行政垄断的研究已有大量的成果。人们对行政垄断的概念、特征、危害和规制方法等方面进行了广泛的热烈讨论。其中许多研究具有很高的理论和实践价值，无疑对我国反垄断立法具有促进作用。然而，奇怪的是，我国法学界，乃至整个学术界，很少，甚至几乎从未有意识地把产权与竞争联系起来进行研究，好像二者毫无关系。本文旨在从产权的角度审视行政垄断，希望能引起学界对这个问题的重视。

一、对行政垄断研究的简要回顾

我国法学界有学者认为，行政垄断的概念，始见于20世纪80年代末[①]。然而，1980年10月17日国务院《竞争规定》就已经提出："开展竞争必须打破地区封锁和部门分割"。这表明相关研究早已存在，至少该文件的起草者对后来所称的"行政垄断"已有较成熟的认识。

从笔者接触到的资料来看，对行政垄断进行研究的学术文献，主要出自经济学界和法学界。经济学界对于行政垄断的研究具有重要地位，不仅首先从理论上界定了行政垄断，而且在行政垄断的形成机理、行政垄断与产业政策、行政垄断与经济效率、行政垄断的竞争理论与竞争政策和政府管制改革等方面进行了广泛研究。法学界对行政垄断的研究成果在数量上大大超过了经济学界的研究成果，但研究的理论深度不如经济学界的研究成果。法学界对行政垄断的研究大都沿着行政垄断的定义—特征—表现形式—危害—成因—法律规制的路径展开。除了法律规制方案设计之外，法学界对行政垄断的研究取得了较广泛的一致。

法学界所设计的消除行政垄断的方案主要是通过制定反垄断法，并把行政垄断作为我国反垄断法的主要任务和中国特色。这是法学界的主流观点，其文献不胜枚举。对此，也有不少学者提出了质疑。就行政垄断形成的体制根源而言，有学者指出："严格说来，超经济的行政垄断……不是竞

① 王为农：《关于我国反垄断立法的再思考》，载于《中国法学》2004年第3期。

争法律和竞争政策调整的对象，它是由体制所决定，也只能通过深化体制改革加以解决。"① 有学者进一步指出，行政垄断实际上是一个政治问题，"对待行政垄断，应从政治改革、转换政府职能和完善行政法入手，而不应将政治问题用属于经济法的反垄断法来加以解决。"② 更为激烈的观点是彻底否认所谓"行政垄断"概念的科学性。史际春教授"曾经反复表达了这样一种意见，即：要在中国真正地、更好地反行政垄断的话，就应赶紧放弃'行政垄断'的提法，别再区分什么经济垄断与行政垄断了，因为这些都是不科学、不合实践要求的。"③ 此外，有人认为："垄断行为的一个特点，就是经济性。依据这一垄断判断标准，行政性垄断是不存在的。"④ "行政垄断形似垄断，而实质上并非垄断"；因行政垄断行为而发生的社会关系与反垄断法调整的因经济垄断行为而产生的社会关系不是同一类社会关系，所以行政垄断不应由反垄断法来调整⑤。

反垄断法反不了行政垄断，这是消除行政垄断的反垄断法方案遭到质疑的关键。如果按照法学界设计的方案，反垄断法将陷入"反行政垄断悖论"。"反行政垄断悖论在诸多反行政垄断措施中都存在，最主要的悖论有两个：一个是行政垄断主体与反行政垄断主管机关的同质性所内含的'自反'悖论；另一个是行政垄断与市场经济体制不完善间的因果循环所蕴涵的'自亡'悖论。"自反悖论源于行政垄断主体与行政垄断主管机关的同质性，即两者都是行政机关。结果出现"反行政垄断制度成了自己反对自己、自己剥夺自己利益的一种自我约束制度。这种制度是难以有效建立的，即使建立了，也不能发挥预期作用。""自亡"悖论意指学界提出的通过健全社会主义市场经济体制来消除行政垄断的命题，实质上相当于"通过消除行政垄断来消除行政垄断"，是将消除行政垄断的最后措施定位于行政垄断的自行消亡。这一悖论根源于"行政垄断既是市场经济体制不完善的结果，又是市场经济体制不完善的原因。"⑥ 反行政垄断悖论的存在，可以部分地解释反垄断法一直没有出台，反垄断机关一直没有成立的原因。而自《反不正当竞争法》颁布至今，行政垄断从未绝迹，由上级行政机关追究行政垄断者法律责任的案件一件也没有，则印证了悖论确实存在。

上述质疑是击中要害的，所以持主流观点的学者也开始对原有观点进行修正。王晓晔教授的观点具有代表性。她指出："行政性限制竞争是中国当前经济体制改革的难点和重点，这不仅要求政府贯彻依法行政的原则，而且要求国家实现经济民主，即经济权力不是过度集中在政府的手中，而是应当在企业和政府间适当分配，实现政企分开。因此，行政垄断问题确实不是一部反垄断法能够奏效的。"⑦ 既然反垄断法反不了行政垄断，那么，法学家应该提出更好的方案供决策参考，以免浪费立法资源，避免因"恶法"的出台而导致社会经济和政治出现混乱。

质疑反行政垄断的反垄断法方案的学者所提出的方案为"综合治理"：从法律的角度看需要建立以宪法为龙头，以反垄断法为核心，以公司法、税法、劳动法为配套的完整的法律体系⑧，尤其是行政法中的行政程序法和宪法层面上对中央与地方关系、政府与企业关系以及违宪审查机制做出制度安排⑨，"要让政府和各种公主体在竞争法面前与其他主体一律平等，有效地反'行政垄断'，分工、分权制约是法宝，靠的是法治，科学的行政和司法是题中应有之义。"⑩ 由于滥用行政权力涉及行政理念，同时还是行政伦理和行政文化问题，所以，彻底根除行政垄断还有待于大力培育市民社会的成长以根除长期以来普遍存在的占统治地位的官本位思想⑪，也有待于加强行政伦理建设，

① 陈秀山：《现代竞争理论与竞争政策》，商务印书馆1997年版。
② 沈敏荣：《法律的不确定性——反垄断法规则分析》，法律出版社2001年版。
③ 史际春：《反行政垄断要确立平等观》，载于《法制日报》2001年9月16日。
④ 吴宏伟：《竞争法有关问题研究》，中国人民大学出版社2000年版。
⑤ 薛克鹏：《行政垄断不应由反垄断法调整》，载于《山西师范大学学报》2001年第2期。
⑥ 郑鹏程：《反行政垄断悖论及其消解》，载于《忻州师范学院学报》2001年第2期。
⑦ 王晓晔：《入世与中国反垄断法的制定》，载于《法学研究》2003年第2期。
⑧ 曹士兵：《反垄断法研究》，法律出版社1996年版。
⑨ 郑鹏程：《论法律对行政垄断的综合规制》，载于《求索》2003年第1期。
⑩ 史际春：《反行政垄断要确立平等观》，载于《法制日报》2001年9月16日。
⑪ 郑鹏程：《反行政垄断悖论及其消解》，载于《忻州师范学院学报》2001年第2期。

以道德调控弥补法律调控之不足①。笔者认为，学术界对消除行政垄断的反垄断法方案的质疑，对我国反垄断法的理论和实践都是有益的，其中的多数观点是值得赞同的；但现有的观点还不够深入，缺乏深层的理论突破。本文接下来将通过对市场、产权与竞争的理论分析，把产权与竞争联系起来进行研究，以图将研究引向深入。

二、市场、产权与竞争

与被哈耶克称为“通往奴役之路”的计划经济不同，市场经济从亚当·斯密开始就深深地扎根于人的自然天性之中。市场经济所赖以存在的人性基础就是经济人的自利本性。出于自利，人们有“互通有无、物物交换、相互交易”的本能倾向；“我们所需要的相互帮忙，大部分是通过契约、交换和买卖取得的，所以当初产生分工的也正是人类要求互相交换这个倾向。”② 市场的最简单、最原始的定义就是人们相互交易的场所、方式和机制。根据人类学的观点，市场正是起源于人们为了满足自身需要而不断地重复进行的交易（默契交易），并最终形成了今天这样“完善的市场系统笼罩着整个资本主义社会”的状况。由于每个人自己最清楚自己的需要；也由于这是每个人的神圣权利，所以应该由每个人自己进行自主决策。“当经济学家提出应该主要依靠个人决策的论点时，他们的意思往往是，经济上的决策应该听任‘市场支配’。”③

作为一系列制度的结合，市场的最核心的组成部分是产权（私有财产）、契约（契约自由）和竞争（自由竞争）。私人产权为交易活动提供动力和激励机制；契约自由被看做是作为天赋人权的财产权的延伸；竞争自由既是契约自由的表现，也是市场对私人产权自动实现复杂而精妙限制的神奇作用机制，这神奇机制就是斯密所称的“无形之手”：“每个个人……通常既不打算促进公共的利益，也不知道自己是在什么程度上促进那种利益……在这场合，像在其他许多场合一样，他受着一只看不见的手的指导，去尽力达到一个并非他想要达到的目的。……他追求自己的利益，往往使他能比在真正出于本意的情况下更有效地促进社会的利益。”④ 这里的“无形之手”，就是建立在明确的产权基础之上的市场竞争机制。正是竞争，使得追求自身利益最大化的经济人采取理性行为，把个人追求自身利益的活动引导到有助于社会公共利益的轨道上来。竞争既是实现产权的机制，又是限制私有产权的负面作用的有效机制。

通过“无形之手”来实现个人利益和社会财富的最大化，需要以斯密所称的“正义的法律”为基础。斯密心目中的正义法律的核心，一是“天赋权利”，二是“自由竞争”。在《道德情操论》中，斯密强调“最神圣的正义法律就是那些保护我们邻居的生活和人身安全的法律；其次是那些保护个人财产和所有权的法律；最后是那些保护个人权利或别人允诺归还他的东西的法律。”⑤ 在《国富论》中，斯密强调“个人改善自身境况”的重要意义：“无数个人在那里普遍地不断努力改进自己的境况，节省哪、慎重哪，他们不动声色、一步一步地把资本积累起来。正是这种努力，受着法律保障，能在最有利情况下自由发展，使英格兰几乎在过去一切时代，都能日趋富裕，日趋改良。”⑥ “个人改善自身境况的权利”既包括通过劳动取得财富的权利，也包括通过订立契约获得自己需要的东西的权利。在斯密看来，这种权利既出自人的天性，又对社会繁荣最为重要。因此，正义的法律应不惜一切地设法予以保护。

每个社会成员为改善自己境况的努力必然引起全社会的普遍竞争。因此，对竞争自由的保护与

① 罗建文、高洪波：《行政垄断的道德反思》，载于《中国行政管理》2004 年第 12 期。

② ［英］亚当·斯密：《国民财富的性质和原因的研究》（上），郭大力、王亚南译，商务印书馆 1972 年版。

③ ［美］约瑟夫·E·斯蒂格利茨：《经济学》（上），黄险峰、张帆译，中国人民大学出版社 1997 年版。

④ ［英］亚当·斯密：《国民财富的性质和原因的研究》（下），郭大力、王亚南译，商务印书馆 1972 年版。

⑤ ［英］亚当·斯密：《道德情操论》，商务印书馆 1997 年版。

⑥ ［英］亚当·斯密：《国民财富的性质和原因的研究》（上），郭大力、王亚南译，商务印书馆 1972 年版。

保护天赋权利密不可分。事实上，也只有在自由竞争的作用下，每个人的努力才会与社会利益保持一致。斯密强调：一种事业若对社会有益，就应当任其自由，广其竞争。竞争愈自由，愈普遍，那事业亦就愈有利于社会。诚然，竞争也会使一些人破产，但这不值得国家去注意，更用不着国家去干涉。当事人应该自己小心。竞争之所以对社会有益，是因为每个人为了能在竞争中不至于被淘汰，总是能把资金（资源）投入到最有利于社会和国家的用途，并设法改进自己的技术和经营。斯密坚持认为，法律应该让人民自己照应各自的利益。人民是当事人，定然比立法者更能了解自己的利益。而且，用不着法律干涉，个人的利害关系与情欲，自然会引导人们把社会的资本，尽可能按照最适合于全社会利害关系的比例，分配到国内一切不同用途。相反，如果政治家企图指导私人如何运用他们的资本，那不仅是自寻烦恼地去注意最不需要注意的问题，而且是僭取一种不能放心地委托给任何人、也不能放心地委之于任何委员会或参议院的权力。把这种权力交给一个大言不惭地、荒唐地自认为有资格行使的人，是再危险也没有了。不仅如此，禁止人民大众制造他们所能制造的全部物品，不能按自己的判断，把自己的劳动，投在自己认为最有利的用途上，这显然是侵犯了最神圣的人权。在排除了一切对自由制度有损害的制度和做法之后，斯密经典地指出："一切特惠或限制的制度，一经完全废除，最明白最单纯的自然自由制度就会树立起来。每一个人，在他不违反正义的法律时，都应听任其完全自由，让他采取自己的方法，追求自己的利益，以其劳动及资本和任何其他人或其他阶级相竞争。这样，君主们就被完全解除了监督私人产业、指导私人产业、使之最适合于社会利益的义务。要履行这种义务，君主们极易陷于错误；要行之得当，恐不是人间智慧或知识所能作到的。"按照自然自由制度，君主只有三个应尽的义务：第一，保护社会，使不受其他独立社会的侵犯；第二，尽可能保护社会上各个人，使不受社会上任何其他人的侵害或压迫，就是说，要设立严正的司法机关；第三，建设并维持某些公共事业及某些公共设施①。

斯密深受重农学派的影响，魁奈关于"只有自由和私人利益才能够使国家欣欣向荣"② 的思想，贯彻到斯密关于自由市场经济的经典论述中，就形成了私人产权和竞争自由的核心地位。这一思想一直是现代经济学的主流观点。

科斯开创的新制度经济学同样十分重视自由和产权在制度中的作用，自由交易和私人产权被认为是交易的起点和节约交易费用的关键，法律应该首先严格地界定和保护产权，私人产权和自由交易能够有效解决诸如外部性这类的问题，而不必采取传统的庇古式国家干预方法③。新制度经济学关于比较体制的产权分析，还特别强调产权的另一功能："所有权的立宪保证把经济财富与政治权力分开来。"④ 按照斯韦托尔·平乔维奇的分析，在苏联式的集权体制中，经济利益与等级制度直接相关，就如同在封建等级制度下一样，一个人"在政治权力体系中的沉浮直接影响到经济财富"；如果被挤出权力体系，就会失去所有的经济利益。建立在财产私人所有基础上的自由资本主义制度，情况完全不同："资本主义中所有权割断了这种权力与财富之间的联系。失去政治权力的人并不失去其经济财富。"因此，"从总体上说，所有权缺失的重要后果是政治权力与财富的结合，而所有权存在的重要后果则是其分离。"⑤

新制度经济学的上述观点，很容易让人们把它同个人财产的立宪保护在限制国家公权力介入市场和市民社会、控制公权干预私权的近代立宪理念联系起来，对于我们分析行政垄断具有很大的启发意义。然而，产权经济学的结论如果被无条件地夸大，就会导致斯蒂格利茨所谓的"产权神话"。在科斯获诺贝尔奖3年后，斯蒂格利茨指出："科斯定理认为为确保经济效率而需要做的一切，就是使产权明晰。这一定理是完全不正确的。""这种神话是一种危险的神话，因为它已经误导许多处

① ［英］亚当·斯密：《国民财富的性质和原因的研究》（上），郭大力、王亚南译，商务印书馆1972年版。

② ［法］魁奈：《人口论》，载于《魁奈经济著作选集》，商务印书馆1986年版。

③ ［美］罗纳德·科斯：《社会成本问题》，载于科斯等：《财产权利与制度变迁——产权学派与新制度学派译文集》，胡庄君等译，上海三联书店、上海人民出版社1991年版。

④ ［南］斯韦托尔·平桥维奇：《产权经济学——一种关于比较体制的理论》，蒋王林奇译，经济科学出版社1999年版。

⑤ ［南］斯韦托尔·平桥维奇：《产权经济学——一种关于比较体制的理论》，蒋王林奇译，经济科学出版社1999年版。

于过渡中的国家把注意力集中在产权问题上，即集中在私有化问题上。”“竞争比私有化重要得多”；反之，产权清晰也不一定导致效率①。无独有偶，我国学者林毅夫也认为，中国改革（特别是国有企业改革）和发展的障碍不在于产权制度，而在于缺乏一个公平竞争的宏观环境，因此，创造一个公平竞争的市场环境是国有企业改革的充要条件和促进中国经济腾飞的首要因素②。笔者认为，在一定的约束条件之下，科斯定理的确抓住了问题的本质；斯蒂格利茨等人对滥用科斯定理的批评不能理解为对科斯定理自身的批评，但他对竞争的强调是至关重要的。关于产权与竞争，应当回归亚当·斯密，在产权与竞争之间寻求必要的张力与平衡，既维持经济活动的动力，又确保个人利益与社会利益的和谐。

三、行政垄断的产权分析

中国当前反垄断的首要任务是反行政垄断。由于行政垄断往往由政府的法律和政策造成，所以有人称其为“法定垄断”（statutorymonopoly）③。作为利益调节器，法律往往会赋予、剥夺、改变人们之间的法定权利，也就是说，改变人们之间的产权。我国在转型时期，由于法治不完善，国家治理往往表现为“政策之治”④；这里所谓的“政策”，实际上发挥着法律所应发挥的功能，同样对人们之间的产权关系有着重要影响。行政垄断本质上是一种产权行为，是通过寻租影响政府立法和政策，达到改变原有产权关系的目的；或者更明确地说，就是通过寻租把原本属于全民所有的公有财产和本应服务于全民的公共资源（包括制度资源），转化成为个人、群体、部门或地方利益的合谋行为。

已有的研究虽然广泛地认识到形成行政垄断的体制根源，但并未从产权的角度给予阐释。有学者敏锐地抓住了所有制垄断与行政垄断的关系，并分析了行政垄断对产业组织演进过程中有效所有制均衡的阻断和破坏作用⑤。另有学者详细分析了行政垄断中的腐败机理⑥。这些研究很有启发意义。本文在这些研究的基础上，运用产权经济学理论，对行政垄断作初步产权分析。

人们习惯于把所有制当作是制度的核心，所有制资源配置是全社会资源配置在产权形态上的表现。但奇怪的是，人们通常把体制因素看做是行政垄断的根源，却似乎不愿意把所有制（产权）这一内核当成是造成行政垄断的一个原因。然而，由于所谓转轨，实质上就是从以纯粹公有制为基础的计划经济过渡到多种所有制成份共存共生的“混合经济”。因此，所有制的变迁正是转轨和体制变迁的关键。转轨时期的市场失灵和政府失灵，在制度层面上可以主要解释为市场机制不完善和法治不健全；但从产权的角度看，“‘市场失灵’在一定程度上可以说是非公有经济的失灵，而‘政府失灵’的一个重要方面就是国有经济的失灵。”⑦ 因此，笔者认为，在转型期，无论市场失灵还是政府失灵，又都可归结为产权失灵。产权失灵，一方面，使政府无法供给治理好国有经济的制度和机制，为非国有经济成分的发展提供良好的制度环境（产权失灵Ⅰ）；另一方面，又使政府频繁寻租，使法治资源和政策资源为少数人服务（产权失灵Ⅱ）。下面我们把这两种不同类型的产权失灵运用于行政垄断的分析中。

产权失灵Ⅰ的集中表现就是所有制垄断，具体地说，就是国有经济垄断。由于国有经济处于垄

① 宋琳：《质疑科斯定理及张维迎等的产权理论——帕累托最优并不是制定国家经济决策的充分条件》，[DB/OL]. http://www.dajun.com.cn/pipanwq.htm，2006 年 4 月 7 日。

② 林毅夫、蔡昉、李周：《中国的奇迹：发展战略与经济改革》，上海三联书店、上海人民出版社 1994 年版。

③ 张维迎、盛洪：《从电信业看中国的反垄断问题》，载季晓南：《中国反垄断法研究》，人民法院出版社 2001 年版。

④ 李曙光：《转型法律学》，法律出版社 2004 年版。

⑤ 孙天琦：《目前我国产业组织演进中的体制性障碍——以所有制垄断为例的分析》，载于《当代经济研究》2000 年第 2 期。

⑥ 过勇、胡鞍钢：《行政垄断、寻租与腐败——转型经济的腐败机理分析》，载于《经济社会体制比较》2003 年第 2 期。

⑦ 孙天琦：《目前我国产业组织演进中的体制性障碍——以所有制垄断为例的分析》，载于《当代经济研究》2000 年第 2 期。

断地位，非国有经济失去发展空间；也由于垄断地位的存在，国有经济长期以来缺乏效率、没有活力。更为重要的是，公有制本身就是一种垄断。按照产权经济学的观点，排他性和可转让性是产权发挥功能的重要特性。然而，公有产权的排他性和可转让性都不如私有产权。表面上看，公有产权可以通过政府实际所有的方式实现排他性，但由于代理问题的存在，削弱了排他性的程度。由于公有产权一经转让其性质就发生了变化，将导致公有产权不复存在，所以公有产权不具有可转让性①。"排他性激励着拥有财产的人将之用于带来最高价值的用途；可转让性促使资源从低生产力所有者向高生产力所有者转移。"② 对所有权的排他性所作的大多数限制会缩小交易的范围，对所有权的可转让性所作的大多数限制排除了价格竞争。

笔者注意到，在改革之初，政策设计者同时注意到了产权和竞争的功能。在运用产权手段（包括扩大企业自主权、利改税、承包经营责任制和股份制改造等）激活国有企业及其职工的同时，出台了关于开展、保护和促进竞争的有关文件、政策和法规。第一个关于竞争的文件即《竞争规定》发布于1980年10月，比1979年7月国务院颁发《关于扩大国营工业企业经营管理自主权的若干规定》只晚了1年零3个月，此时国有企业的改革刚刚开始，处于扩大企业自主权的试点和推广阶段。在改革的过程中，有些改革措施也把产权和竞争结合起来进行设计。但遗憾的是，这种通过产权改革来促进竞争的措施并不多见。不彻底的产权改革当然不能带来有效的竞争，直接后果就是行政垄断盛行。可能带来突破性进展的措施直到1999年9月才出现，当时党的十五届四中全会通过的《中共中央关于国有企业改革和发展若干重大问题的决定》，提出推进国有企业改革和发展必须坚持的十个指导方针，包括：从战略上调整国有经济布局和改组国有企业；改革同改组、改造、加强管理相结合；建立现代企业制度，实现产权清晰、权责明确、政企分开、管理科学，健全决策、执行和监督体系，使企业成为自主经营、自负盈亏的法人实体和市场主体；建立企业优胜劣汰的竞争机制，实行鼓励兼并、规范破产、下岗分流、减员增效和再就业工程等等。此后，又明确提出了国有经济退出一般竞争性领域的战略措施；还出台了鼓励、支持和引导非公有制经济发展的措施。尤其值得提及的是，国务院《关于鼓励支持和引导个体私营等非公有制经济发展的若干意见》的核心措施就是，通过平等准入和公平待遇、允许进入垄断行业和领域等具体措施，放宽非公有制经济市场准入，消除影响非公有制经济发展的体制性障碍，确立平等的市场主体地位，实现公平竞争。笔者认为，实现国有经济的从竞争性行业的退出，同时建立真正有效的企业优胜劣汰的竞争机制，正是打破基于所有制垄断的行政垄断的基础性措施。

产权失灵Ⅱ的核心在于通过寻租达到垄断目的，从而改变原有的产权安排并从中谋利。人们所普遍关注的行政垄断正是基于产权失灵Ⅱ所形成的。有学者把行政垄断描述为腐败发生的过程；笔者在此则把行政垄断视为一种产权行为，其实质是通过寻租影响政府立法和政策，达到改变原有产权关系的目的。为了揭示行政垄断如何改变产权关系，让我们对寻租与行政垄断的形成机理进行必要的分析。

根据塔洛克的定义，寻租指的是那种利用资源通过政治过程获得特权从而构成对他人利益的损害大于租金获得者收益的行为③。有学者结合国外学者的研究，把寻租的方式概括为四种④：（1）国家捕获（state capture）：公共部门或私人部门的个人、群体或企业为了其自身的利益，通过向政府官员提供非法的、稳定性的个人报酬的方式来影响法律、规章、法令和政府其他政策的制定，它是上层腐败（grand corruption）的一种重要表现形式。（2）行政性腐败：通过向政府官员提供非法的、秘密的个人报酬的方式来为政府或非政府的参与者提供报酬，故意扭曲现行法律、规则和规章的执行，它主要表现为下层腐败或小腐败（petty corruption）。（3）影响（influence）：企业在没有

① 高程德：《现代公司理论》，北京大学出版社2000年版。
② ［南］斯韦托尔·平桥维奇：《产权经济学——一种关于比较体制的理论》，蒋王林奇译，经济科学出版社1999年版。
③ ［美］戈登·塔洛克：《寻租——对寻租活动的经济学分析》，李政军译，西南财经大学出版社1999年版。
④ 过勇、胡鞍钢：《行政垄断、寻租与腐败——转型经济的腐败机理分析》，载于《经济社会体制比较》2003年第2期。

向政府官员提供非法的、秘密的报酬的情况下，对法律、法令、规则和规章制度的制定施加影响。其与国家捕获最大的区别就在于它不通过向政府官员行贿的方式，而是利用企业自身所具有的在产权、规模、市场力量、与政府部门关系等方面的优势。(4) 关系：最常见的表现形式就是政府官员利用公共权力为其亲属和朋友谋取个人私利。

在寻租过程中，政府往往不仅仅是一个"捕获"的对象，它也具有创租的动力。有学者把租金的来源分为三类并运用于解释行政垄断腐败①：(1) 无意创租：主要是政府对经济生活进行干预、管制的结果，它产生于政府"良好的主观愿意"。改革开放初期的商品价格、利率和汇率双轨制就是典型的政府无意创租行为。(2) 被动创租：指的是政府由于受到既得利益集团的影响，利用其职权，创造和维护某些利益集团的既得利益。国家捕获和影响都属于此类。(3) 主动创租：主要是指政府部门预期到寻租行为为其带来的收益，从而通过行政干预主动创造租金，增加本部门、本地区企业的收益，这些企业向该政府部门提供部分租金报酬作为回报的行为。"从寻租经济学的角度来看，在属于渐进转型的中国，上层腐败的一个重要表现形式就是行政垄断，它来源于政府的主动创租行为。""中国对国有垄断部门的保护——我们称之为行政垄断（administrative monopoly）——是一种政府主动的行为，为了保护其原来所属企业的既得利益而主动'创租'。""恰恰是行政垄断才是转型经济所特有的上层腐败的形式，随着转型的结束，行政垄断腐败将逐渐减少。"②

从体制到行为，这就是法学界所指的行政垄断的发生规律。行政垄断体制和行政垄断行为的关系从哲学角度看是本质和现象、内容和形式的关系。因此在行政垄断的问题上，关键是行政垄断体制；但遗憾的是，我国现行反行政垄断的立法走了一条相反的路，侧重于行为，忽视或轻视体制③。笔者认为，这里所谓行政垄断体制，即学术界长期以来不愿点破的行政垄断根源，正是以国有经济垄断为核心的政治经济体制。在这种"财富与权力"紧密结合的体制的庇护之下，国有经济的代理人疯狂地由里向外扩展其关系圈并按照亲密程度源源不断地向受益人派送财富。国有产权就这样被静悄悄地以极不公正的形式被转化成为少数人的私有产权，造就中国大陆的富翁和既得利益集团，正是他们才是所谓行政垄断的唯一受益人；与此同时，全社会都在为此付出代价。

四、结　　论

初步的分析足以表明，行政垄断实质上是一种产权行为。以国有经济垄断为核心的体制因素是造成行政垄断的根源。这一结论与学术界视体制因素为行政垄断根源的普遍观点是一致的，但它没有停留在所谓体制的表面，而是深入到了体制的产权内核之中。根据产权与竞争的一般原理，产权是竞争的前提；竞争则是产权保护的逻辑延伸。只有建立有效的产权运行机制，才能出现真正的竞争，反垄断制度的合理性在于它在产权的层面上维护社会公正。很显然，如果要设计一种反行政垄断的有效制度安排，首当其冲的就是产权问题，这显然不可能也不应该是反垄断法的主旨；它应该是宪政层面上的问题，是市民社会在国家层面上的宏大契约安排，通过"所有权的立宪保证把经济财富的积累与政治权力的积累分离开来。"④ 就消除行政垄断的反垄断法方案而言，应当找到更好的理由来论证其合理性；法学家应当寻找比反垄断法更有效的消除行政垄断的法律方法。

参考文献：

1. 王为农：《关于我国反垄断立法的再思考》，载于《中国法学》2004年第3期。

---

① 过勇、胡鞍钢：《行政垄断、寻租与腐败——转型经济的腐败机理分析》，载于《经济社会体制比较》2003年第2期。
② 过勇、胡鞍钢：《行政垄断、寻租与腐败——转型经济的腐败机理分析》，载于《经济社会体制比较》2003年第2期。
③ 张淑芳：《行政垄断的成因分析及法律对策》，载于《法学研究》1999年第4期。
④ ［南］斯韦托尔·平桥维奇：《产权经济学——一种关于比较体制的理论》，蒋王林奇译，经济科学出版社1999年版。

2. 陈秀山：《现代竞争理论与竞争政策》，商务印书馆1997年版。

3. 沈敏荣：《法律的不确定性——反垄断法规则分析》，法律出版社2001年版。

4、11. 史际春：《反行政垄断要确立平等观》，载于《法制日报》2001年9月16日。

5. 吴宏伟：《竞争法有关问题研究》，中国人民大学出版社2000年版。

6. 薛克鹏：《行政垄断不应由反垄断法调整》，载于《山西师范大学学报》2001年第2期。

7、12. 郑鹏程：《反行政垄断悖论及其消解》，载于《忻州师范学院学报》2001年第2期。

8. 王晓晔：《入世与中国反垄断法的制定》，载于《法学研究》2003年第2期。

9. 曹士兵：《反垄断法研究》，法律出版社1996年版。

10. 郑鹏程：《论法律对行政垄断的综合规制》，载于《求索》2003年第1期。

13. 罗建文、高洪波：《行政垄断的道德反思》，载于《中国行政管理》2004年第12期。

14、18、19. ［英］亚当·斯密：《国民财富的性质和原因的研究》（上），郭大力、王亚南译，商务印书馆1972年版。

15. ［美］约瑟夫·E·斯蒂格利茨：《经济学》（上），黄险峰、张帆译，中国人民大学出版社1997年版。

16. ［英］亚当·斯密：《国民财富的性质和原因的研究》（下），郭大力、王亚南译；商务印书馆1972年版。

17. ［英］亚当·斯密：《道德情操论》，商务印书馆1997年版。

20. ［法］魁奈：《人口论》，载于《魁奈经济著作选集》，商务印书馆1986年版。

21. ［美］罗纳德·科斯：《社会成本问题》，载于科斯等：《财产权利与制度变迁——产权学派与新制度学派译文集》，胡庄君等译，上海三联书店、上海人民出版社1991年版。

22、23、32、38. ［南］斯韦托尔·平桥维奇：《产权经济学——一种关于比较体制的理论》，蒋王林奇译，经济科学出版社1999年版。

24. 宋琳：《质疑科斯定理及张维迎等的产权理论——帕累托最优并不是制定国家经济决策的充分条件》，[DB/OL]. http://www.dajun.com.cn/pipanwq.htm，2006年4月7日。

25. 林毅夫、蔡昉、李周：《中国的奇迹：发展战略与经济改革》，上海三联书店、上海人民出版社1994年版。

26. 张维迎、盛洪：《从电信业看中国的反垄断问题》，载季晓南：《中国反垄断法研究》，人民法院出版社2001年版。

27. 李曙光：《转型法律学》，法律出版社2004年版。

28、30. 孙天琦：《目前我国产业组织演进中的体制性障碍——以所有制垄断为例的分析》，载于《当代经济研究》2000年第2期。

29、34、35、36. 过勇、胡鞍钢：《行政垄断、寻租与腐败——转型经济的腐败机理分析》，载于《经济社会体制比较》2003年第2期。

31. 高程德：《现代公司理论》，北京大学出版社2000年版。

33. ［美］戈登·塔洛克：《寻租——对寻租活动的经济学分析》，李政军译，西南财经大学出版社1999年版。

37. 张淑芳：《行政垄断的成因分析及法律对策》，载于《法学研究》1999年第4期。

（本文载于《现代法学》2006年第4期）

规制经济学的若干基本概念及其关联

于　立

作为《产业经济学的学科定位与理论应用》的姊妹篇，我们最近又出版了一本《规制经济学的学科定位与理论应用》的书。由于国内的一些特殊原因，产业经济学（或产业组织理论）和规制经济学这两个相关学科至今还存在不少本不应出现的模糊看法。就其根本原因来说，产业经济学涉及的模糊看法是与过去不科学地划分工业经济学、商业经济学、投资经济学等学科有关。规制经济学涉及的模糊看法则主要与计划经济体制下形成的一些根深蒂固的思想观念有关。这里试图对规制经济学的若干基本概念及其关联作些简要的说明，既作为这本论文集的前言，也希望能对理清规制经济学的基本脉络有所帮助。

市场失灵（market failure）。市场失灵构成了规制经济学的前提。没有市场失灵，就没有政府规制的必要。根据经济学基本理论，特别是微观经济学的基本理论，市场失灵主要表现在共用品（public goods）、外部性（externality）、垄断（monopoly）（包括人为垄断和自然垄断）和信息不对称（information asymmetry）等方面。由于上述等方面的市场失灵，市场自身不能完善地发挥配置资源的基础作用，政府规制则正当其时。市场经济条件下，政府干预大致分成宏观调控和微观规制两个方面。宏观调控通常是指中央政府（广义）利用财政政策、货币政策等手段来平抑经济周期，促进宏观经济平稳运行，间接干预特征比较明显。微观规制通常是指各级政府（广义）或其附属机构对微观经济和非经济活动主体，在价格、数量、质量、时间等方面的更为直接的干预。从这一点看，规制经济学属于微观经济学，而且同产业经济学类似，也属于应用经济学。从内容上看，规制经济学由反垄断（规制）、经济性规制和社会性规制三大部分构成，分别主要针对人为垄断、自然垄断和信息不对称及外部性等三大类市场失灵问题。

规制失灵（regulation failure）。与市场失灵对应，政府规制也可能出现规制失灵。导致规制失灵的主要原因有规制者任职期限、自身利益、有限理性、有限信息等等，甚至出现“规制俘虏”，即规制者被规制者“收买”的现象。按常理说，如果市场失灵与规制失灵并存，应该“两害相权取其轻”，但现实中情况往往并不如此。因为政府规制是主观人为的，比如，一项规章尽管已经不合时宜，但通常不会自动退出或解除，很可能还有受到既得利益者的阻碍。这是市场失灵与规制失灵的重大区别，在研究规制问题时需要特别注意。或者说，有些情况下，政府规制的综合效果可能反倒不如默认市场运行的自然结果。

反垄断（antimonopoly or antitrust）。反垄断对于维持市场经济的正常运行至关重要，甚至说反垄断法（竞争政策的主要内容）是市场经济条件下的“经济宪法”也为不为过。但要注意，反垄断法反对的是人为的市场垄断，如滥用市场势力、不当的企业购并、严重影响竞争的串谋行为等等，而对自然垄断则通常予以豁免。如果说，广义的规制经济学也把反垄断（规制）包括在内的话，则必须注意这部分内容与产业经济学或产业组织理论的交叉。当然，也可以只把产业组织理论视为反垄断法或竞争政策的理论基础。

经济性规制（economic regulation）。经济性规制是规制经济学最核心的内容。它与社会性规制既有联系，又有区别。如果把规制对象大致分为经济性活动和非经济性（或社会性）活动，把规制手段大致分为经济性手段和社会性手段的话，那么就可以比较清晰地对经济性规制和社会性规制进行定义。即：对经济性活动进行的规制就是经济性规制，对非经济性活动进行的规制就是社会性规制。这种划分与运用什么样的规制手段并无直接关系。正如法律经济学是研究法律问题的经济学；社会经济学是研究社会问题的经济学；经济计量学是研究经济问题的计量学（注意不是经济学，因此也不应称为计量经济学）；规制经济学就是研究政府规制问题的经济学，或者说是用经济学分析规制问题，而不必在意规制对象是经济性活动还是社会性活动，更不必在意规制手段是经济性手段还是社会性手段。

在我看来，应该进一步明确的是，经济性规制也不是针对所有涉及市场失灵的经济活动，而主要是针对自然垄断的。非自然垄断（人为垄断）的规制主要是反垄断法的干预内容。这样，又可进一步明确，对于非自然垄断，主要交给反垄断机构去处理；而对于自然垄断，则允许它存在，但要规制垄断者行为。这样，从逻辑思路上看，就有可能大体解决产业组织理论中著名的“两难困境”，即规模经济与垄断弊端并存的问题。这里值得提出的一个问题是，经济学是已经证明，规模经济既不是自然垄断的充分条件，也不是必要条件。按我与其他同事提出的理论，规模经济、范围经济和网络经济“三位一体”才是自然垄断的较好解释。但从经济计量学相关分析的角度看，规模经济与自然垄断“相关系数”较高还是可以成立的。

社会性规制（social regulation）。社会性规制容易跑出经济学家的视野，这主要是因为不知不觉地受到“经济学帝国主义”指责的禁锢。非经济性活动或非人为垄断＋自然垄断的社会性活动，当然也存在成本与效益的关系，自然也是经济学的用武之地。而且，随着技术进步和社会发展，如果说经济性规制呈放松趋势的话，社会性规制虽然个别时候或许有些结构调整，但整体上一直呈加强趋势。社会性规制有时也称“HSE 规制”，那是由于经济学家到目前为止对医疗卫生（health）、安全（security）和环境（environment）问题研究较多的缘故。这当然不是说社会性规制只限于这几个方面。对中国而言，社会性规制方兴未艾，很多属于社会性规制的问题还非常缺乏规制经济学的研究，如比较突出的就有医药市场问题、矿难问题、排污权交易问题，等等。

放松规制（deregulation）。根据情况变化和经济与社会发展需要，各国政府有时放松或加强规制都是正常现象。但要注意，有时放松规制是特指某些国家的特定历史阶段的，比如，美国的里根时代和英国的撒切尔时代。通常所说的放松规制是专门针对传统上的自然垄断产业的。这可有多方面的理解，一是由于某些过去一般认为的自然垄断产业现在看来并不是真正的自然垄断，而是客观上存在相当程度的竞争；二是由于某些传统的自然垄断产业中有些业务本来就是可竞争的；三是政府规制在有些方面表现出较严重的规制失灵问题；四是经济全球化和 WTO 等国际组织的要求，等等。另外，而且根据鲍莫尔提出“进退无障碍市场”（contestable market）理论，如果进退基本无障碍，那么即使“垄断”程度很高，也不会产生多大的垄断弊端。这些原因都自然会导致放松规制。

加强规制（reregulation）。总的说，在全世界范围内，经济性规制呈放松趋势，而社会性规制则呈加强趋势。而且较多的经济学家倾向于认为，越是市场化程度高的经济和社会，社会性规制越有必要加强。这一点对中国来说更是成立，比如，在中国的医药产业，存在的很多重大问题还缺乏较有条理的研究，有的研究不是从规制经济学的角度进行，也明显不得要领。近些年国内不少学者利用国家自然科学基金和国家社会科学基金的资助，对所谓自然垄断产业进行了较深入的研究，但仍侧重在放松经济性规制方面，而对社会性规制研究较少，更谈不上深入。

激励性规制（incentive regulation）。传统的规制手段，如价格规制、收益率规制、市场准入、购并限制、纵向约束、专利保护、污染控制等，在实践中往往产生逆反作用，达不到期求的效率。这有些类似体制改革中的“一管就死”。那么，如何避免“一管就死”，又不会出现“一死就放”、“一放就乱”呢？关键在于尽量发挥激励性规制的效果。所谓激励性规制主要就是要研究出适当的规制规则和规制政策，使被规制者感到约束的同时，还有足够的动力去追求与规制政策一致的目标。可以说，激励性规制是规制经济学的关键内容，其中博弈论大有用武之地。因为产业经济学和规制经济学研究都有从“结构主义”向“行为主义”转变的趋势，企业与企业的博弈（竞争），企业与政府的博弈，越来越引起经济学者的兴趣，目前已有两次（多人）就因为研究博弈论而获诺贝尔经济学奖。

规制机构（regulation agency）。从市场经济的客观要求和中国体制改革的前景看，现存的规制机构设置肯定是要改革的，有的现在就已经不合时宜。从国家层面看，发展与改革委员会、工商总局、商务部、中国人民银行总行、环保总局等较为综合的机构，以及银监会、证监会、电监会，民航总局、铁道部、卫生部等部门性机构，都有相应的规制职能。经济学分析和实践都表明，发改委同时管宏观和微观，既管“计划”又管“市场（价格）”，思路是不通的；具有强烈部门利益的机构规管自己是不可行的；即将颁布实行的反垄断法的执法机构设置与分工需要认真研究；过于依赖信访机构和领导批示的行政协调急需改革；国际经济关系中的规制重点从“反倾销”向“反垄断”转变；规制机构与被规制者串通或被“收买”；等等。一句话，中国的产业政策和竞争政策制定需要产业经济学（或产业组织理论），中国的政府机构设置和职能定位需要规制经济学。政府官员和公务员加强这方面的素质培养具有特别重大的意义。

规制经济学领域需要深入研究的问题有很多。收入本论文集的是中国工业经济学会（原中国工业经济研究与开发促进会）会员单位学者们的最新研究成果，东北财经大学产业组织与企业组织研究中心为建设教育部人文社科重点研究基地，加强产业经济学国家重点学科建设，非常愿意同全国的同行一道共同努力，以便推进规制经济学的学科建设和发展。

（本文载于《产业组织与政府规制研究新进展》一书前言）

自然垄断产业的规制政策研究*

于　立　姜春海

摘　要：国家自然科学基金资助项目"自然垄断产业的规制政策研究"，提出了规模经济、范围经济和网络经济三位一体的"自然垄断新论"，可为科学制定自然垄断产业的规制政策提供更科学的理论依据。在此基础上，项目结合中国铁路、邮政等产业的规制实践分析研究了现实中存在的主要法律与政策问题。

关键词：自然垄断新论　规制政策　网络经济

一、目标与结果

市场经济条件下，针对"市场失灵"而进行的政府干预重点是垄断性产业。垄断分人为垄断（包括经济垄断和行政垄断）和自然垄断。对于人为垄断，主要是靠反垄断法或反垄断政策。而对于自然垄断，为了解决产业组织中著名的"两难问题"（既要获取规模经济，又要防止垄断弊端），通常都是允许垄断存在，但同时进行有效的政府规制。

20世纪80年代以来，有学者得出，规模经济既不是自然垄断的必要条件，也不是充分条件。这样，传统的自然垄断理论就遇到了严重挑战。同时，各个国家，特别是处于转型经济过程中的中国，对自然垄断产业的规制政策存在诸多现实问题。因此，理论和实践上都要求对相关问题进行深入研究。

本项目的研究目的主要是为中国自然垄断产业规制政策的制定和实施提供理论基础和政策建议。研究成果主要运用于中国电信、电力、铁路、邮政及城市公用事业等带有"自然垄断"特征的产业。具体来说，就是发展自然垄断理论以及相应的规制理论作为分析基础，借鉴国际经验，吸取国外教训，立足中国自然垄断产业的规制实践，探讨中国自然垄断产业规制政策研究中的有关重大问题，重点研究适应市场经济改革要求的中国自然垄断产业规制手段与方式、规制成本、规制效益、规制机构及相应的法律框架和政策建议。

在此背景下，"自然垄断产业的规制政策研究"项目由国家自然科学基金于2000年立项，第二年正式启动，2003年正式结题。2005年国家自然科学基金管理科学部项目绩效评估（"后评估"）中评为"优秀"。

二、内容与创新

（一）"三位一体"的"自然垄断新论"

已经可以在理论上证明，经济既不是自然垄断的必要条件，也不是其充分条件。那么，与此相关的自然垄断理论和相应的规制政策就都遇到挑战。本项目在对自然条件决定论、规模经济、范围

* 基金项目：国家自然科学基金资助项目（70073004）。

经济、成本劣加性的自然垄断理论演进历程进行回顾的基础上，通过对中国若干产业的实证研究，课题组发现，自然垄断产业中真正垄断的环节很大程度上与网络经济性有关。在借鉴已有研究成果的基础上，本项目明确提出"社会总价值或总效用和社会净收益的严格优加性"是比现有"成本劣加性"更好地定义自然垄断的概念，并进一步提出了将规模经济（economies of scale）、范围经济（economies of scope）与网络经济（economies of network）三者融为一体，建立供给分析与需求分析相结合，规模经济、范围经济、网络经济"三位一体"的"自然垄断新论"（neo-theory of natural monopoly）。这一理论已经完成，其主要成果也亦发表。

（二）微观规制与宏观调控

市场经济条件下，针对"市场失灵"的政府干预包括宏观调控和微观规制两个主要方面。我们过去习惯上把所有属于政府干预的都称为"宏观调控"。其实，真正属于宏观调控的比例并不大，更多的是微观规制。明确这一划分对于实施正确的政府干预至关重要，因为二者间在适应领域、政府目标、工具方法、法律框架、执行机构等多方面都有显著差异。

本课题主要研究了自然垄断产业规制的各种规制方法和政策的运行机制、目标、政策工具等核心内容，如价格规制、进入规制、投资规制等；重点研究了自然垄断产业规制的典型方式，包括传统的收益率规制，20 世纪 80 年代后发展起来的诸如价格上限规制、特许投标、标杆竞争等激励性规制，多产品自然垄断企业定价的拉姆齐定价方法等，以及这些规制方式各自的优缺点，特别是从规制成本与效益的角度。

（三）竞争性业务与垄断性业务

深入研究就会发现，自然垄断产业是个非常笼统的概念。随着科学技术的发展和社会管理水平的提高，过去所谓的自然垄断产业，如铁路、石油、航空、电力等，其中真正属于自然垄断业务的越来越少，竞争性业务越来越多。因此，关键问题在于如何使竞争性业务充分竞争，从而只对垄断性业务进行有效规制。进一步的研究发现，垄断性业务与有关产业的网络经济因素密切相关。这样一来，就有必要把网络经济与规模经济和范围经济一起进行研究，并特别突出网络经济的意义和作用。

今后，政府对自然垄断产业进行规制的重点只是垄断性业务，而应把其余的竞争性业务纳入《反垄断法》的调整范围。

（四）自然垄断产业规制改革的难点何在

中国的体制改革在许多方面都取得了重大进展，成效显著，但垄断行业的国有企业改革却难以突破。问题何在？

从研究思路上看，可以把产业分为垄断性产业和非垄断性产业，再把企业分为国有企业和非国有企业。那么就可清楚地看出，在四种组织中，非垄断（或竞争性）产业中的非国有企业（如民企）本身就不存在严重问题；非垄断产业的国有企业改革也比较成功；垄断产业中的非国有企业改革进展也很顺利；难以取得突破的只有垄断产业的国有企业。其根本原因在于，垄断产业中自然垄断与行政垄断交织在一起，自然垄断产业中竞争性业务与垄断性业务没能明确其界限，加之国有企业本来就是目标多元化。这诸多因素纠缠在一起，简单化的思维模式，如国有企业建立现代化企业制度，所有企业都要政企分开、自负盈亏，或国有企业就是要民营化，等等，显然都是行不通的。本课题提出的国有企业"二重性"理论可为理清改革思路提供帮助。在此基础上，对自然垄断产业的国有企业实施“分门别类，逐步推进”的改革方针具有更加明显的可操作性。

（五）特殊法人是自然垄断产业国有企业的典型形式

课题成果中比较重要的一个结论和政策性建议是，自然垄断产业中的国有企业主要不应采取“普通法人”的组织形式，而应把“特殊法人”作为典型组织形式。现行的《公司法》难以适应自然垄断产业中的国有企业。拟出台的《反垄断法》也要区别对待。

（六）自然垄断产业规制改革存在的重大误区

第一，自然垄断产业需要政府实施“市场准入”规制。理论上很清楚，需要限制“市场准入”的一定不构成自然垄断，只能是行政垄断。所以，说对自然垄断产业需要“市场准入”规制是不成立的。

第二，反垄断与规模经济不能并存。反垄断与规模经济是可以并存的。原因一是反垄断主要反对的是垄断行为，而不是垄断结构，绝不是企业规模大就会受到限制；二是对于真正的自然垄断，正确的政府干预是允许维持垄断格局，但在定价、质量、普遍服务等方面进行有效规制。

第三，自然垄断产业的国有企业也主要用《公司法》调整。这是一个比较普遍的错误认识。《公司法》属于私法（商法）范畴，基本上不适用于国有企业。课题组的建议是取消现行《公司法》的有关“国有独资公司”的条款，另外分门别类地针对自然垄断产业中的国有企业设立“特殊法人法”。

三、结论与建议

1. 明确指出并严格论证，规模经济既不是自然垄断的必要条件，也不是充分条件。从而提出了规模经济、范围经济和网络经济三位一体的“自然垄断新论”。

2. 提出“产业分解，区别对待，竞争与规制并用的政策思路”。即在自然垄断产业也要充分发挥竞争的作用，同时对真正的垄断环节进行有针对性的规制。这比笼统地说对自然垄断产业进行规制前进了一大步。

3. 自然垄断产业必然存在“市场失灵”，因而需要进行必要的政府规制，但规制不仅有成本，而且也会出现“规制失灵”。在“市场失灵”与“规制失灵”并存的情况下，规制政策的立脚点应是“两害相权取其轻”或寻求“次优的规制政策”。很多情况下，需要根据这种切实的“规制效益观”，对具体的规制政策进行重新设计。

4. 规制政策必须充分考虑到被规制者对规制者的“政策反应”或“博弈行为”，满足被规制者的“参与约束”和“激励相容约束”，否则难以奏效。

5. 即使是高度集中的市场结构，也不一定必然产生严重的垄断行为，现代经济中自然垄断规制的重点不是“市场结构”，而是“企业行为”。相应的规制政策重心也要作根本性的调整。

6. 应该建立包括规制机构、规制对象、规制工具、规制监督、规制法规体系、规制人才培养等在内的中国自然垄断产业规制政策的一般体系，并保证规制政策体系高效运转。任一环节的缺失或无效都可能产业负的系统效应。

7. 制定一系列的《特殊法人企业法》，规范自然垄断产业中的国有企业，而不是靠目前的《公司法》。国有企业的典型形式是特殊法人企业。现行的国有企业改革思路存在严重偏差，不可能取得较理想的结果。

8. 处理好自然垄断产业的《反垄断法》适用或豁免问题，并在将出台的《反垄断法》中有所体现。

四、人才培养与学科建设

项目主持人于立教授是东北财经大学产业经济学专业（国家级重点学科）首席教授和博士生导师。在项目研究期间，共指导多名博士研究生专门从事本方向的研究，有的已经毕业。其中一人荣获辽宁省优秀博士论文奖，两人在参与本项目研究的基础上，分别独立获得国家自然基金和国家社科基金项目资助，并在相关领域取得较好新成果。

另外，在长期持续研究，建立学术团队，形成相对稳定研究方向的基础上，经国务院学位办批准，学校专门设立规制经济学专业博士点和硕士点，并已招收多名博士生和硕士生。

五、著作与论文

反映项目研究成果的著作有5部①，主要论文有10篇。

1. 于立、姜春海：《规制经济学的学科定位与理论应用》，东北财经大学出版社2005年版。该书是本项目主要研究成果的结集，共分为三篇：一是学科定位与基础理论；二是自然垄断产业规制方式及其效果；三是中国自然垄断产业规制实践。香港岭南大学林平教授为本书写了书评，见《中国工业经济》2005年第7期。

2. 于立、肖兴志：《产业经济学学科定位与理论应用》，东北财经大学出版社2002年版。该书大半部内容研究的是自然垄断和规制理论。该书曾获辽宁省社科优秀成果一等奖。

3. 于立：《规制经济学学科定位中的几个问题》，载于《产业经济研究》2004年第4期，后被多家刊物转载。

4. 于立、肖兴志、姜春海：《自然垄断的“三位一体”理论》，载于《当代财经》2004年第8期，被人大复印资料《社会主义经济理论与实践》2004年第10期全文转载。该文提出了规模经济、范围经济、网络经济“三位一体”的“自然垄断新论”，发展了自然垄断理论。

5. 于立、姜春海：《规模经济与自然垄断关系探讨》，载于《首都经贸大学学报》2002年第5期。该文重新定义了规模经济和自然垄断的概念，澄清了规模经济与自然垄断关系的模糊认识。

6. 于立、张嫚：《美国政府规制成本及其经济影响分析》，载于《世界经济》2002年第12期。

7. 于立、于左：《美国收益率规制与英国价格上限规制的比较》，载于《产业经济评论》2003年第1期。

8. 姜春海：《自然垄断理论述评》，载于《经济评论》2004年第2期。

9. 肖兴志：《中国自然垄断产业规制改革模式研究》，载于《中国工业经济》2002年第4期。

10. 肖兴志、陈艳利：《纵向一体化网络的接入定价研究》，载于《中国工业经济》2003年第6期。

11. 吴绪亮：《中国基础设施产业的亲贫规制体系设计》，载于《改革》2004年第4期。

12. 姜春海：《政府视角下的规制成本与收益分析》，载于《管理研究》2004年第4期；被人大复印资料《体制改革》2005年第1期全文转载。

（本文载于《管理学报》2006年第5期）

---

① 另外，在本项目研究的基础上，项目组成员有三人以相关领域为题，完成博士学位论文，并正式出版。他们是李怀：《自然垄断理论研究》，东北财经大学出版社2003年版；肖兴志：《中国铁路产业规制：理论与政策》，东北财经大学出版社2004年版，荣获辽宁省优秀博士论文奖；张嫚：《环境规制约束下的企业行为》，经济科学出版社2005年版。

国有企业中的薪酬管制与在职消费*

陈冬华　陈信元　万华林

摘　要： 本文首度从我国国有企业中存在薪酬管制这一特殊的制度背景出发，对上市公司高管人员在职消费行为进行理论分析，并对在职消费的主要影响因素与薪酬管制的经济后果进行了实证检验。经验证据表明，我国上市公司在职消费主要受企业租金、绝对薪酬和企业规模等因素的影响；由于薪酬管制的存在，在职消费成为国有企业管理人员的替代性选择，说明在职消费内生于国有企业面临的薪酬管制约束；与民营企业中内生于公司的薪酬契约相比，国有企业中受到管制的外生薪酬安排缺乏应有的激励效率。上述研究发现，对国有企业经理人薪酬的后续研究具有启发意义，并为我国当前关于国有企业产权改革的争论提供了一个有益的视角。

关键词： 薪酬管制　在职消费　国有企业

一、引　　言

国有企业中的在职消费是一个普遍存在的现象，但这方面的实证研究依然鲜见。譬如，当我们把在职消费行为视作代理成本的一部分时，不同的公司治理因素对在职消费行为有何影响？我国国有企业中普遍存在着经理人薪酬管制，那么在职消费和薪酬管制之间存在何种关系？在不存在薪酬管制的非国有企业，其经理人在职消费行为与国有企业有何差异？以及，薪酬管制是否会影响国有企业中对经理人的激励效率？这些未知的问题新鲜而重要却长期没有得到我国实证研究的重视。本文在既有文献回顾和制度背景分析的基础上，首次对上述问题进行了理论分析和实证检验。

二、薪酬管制的制度背景与理论分析

自20世纪80年代以来，国企改革一直是我国经济体制转型的重点。至少部分出于为国企改革服务的目的，政府同时期也开始致力于经理人市场的建立和完善，试验性地推行企业高层管理权改革。经过一段长时间的苦心经营，我国的经理人市场已经处在逐步形成的过程之中，但是，由于我国的特殊国情，我国经理人市场尤其是国有企业的经理人市场仍在一定程度上受到管制（Grove，Hong，McMillan and Naughton，1995；Qian，1995；刘小玄，2001；陈冬华，2003）。与广为人知的经理人聘用政府管制相比，另一项针对经理人的管制——薪酬管制——长期没有得到学界的应有重视。世界各国在经理人薪酬上差异悬殊①，但多由市场自发调节。然而在我国，尽管在理论上对经

* 本文系国家自然科学基金课题（项目批准号70172008）和上海财经大学“十五”“211工程”现代会计与公司财务子项目课题成果。感谢香港中文大学范博宏教授的启发和上海财经大学李增泉副教授和朱凯博士的建议，但文中的错误由笔者负责。

① 1999年，美国大公司总裁的平均收入为1240万美元，是一般蓝领员工的475倍。相比之下，德国、日本高管人员薪酬与普通员工的差别要小些，德国企业高管人员收入是一般制造业员工的13倍，日本为11倍（朱克江，2003）。

理人的价值持肯定态度，但在实践中政府对经理人收入水平一直实施严格的管制，主要的管制手段是将经理人收入与企业职工工资水平挂钩。1986 年，国务院发布的《国务院关于深化企业改革增强企业活力的若干规定》规定："凡全面完成任期年度目标的经营者个人收入可以高出职工收入的 1~3 倍，做出突出贡献的还可以再高一些"。1988 年国务院发布的《全民所有制工业企业承包经营责任制暂行条例》和 1992 年劳动部、国务院经济贸易办公室发布的《关于改进完善全民所有制企业经营者收入分配办法的意见》进一步具体规定，全面完成任期内承包经营合同年度指标的；经营者年收入可高于本企业职工年人均收入，一般不超过 1 倍；达到省内同行业先进水平或超过本企业历史最好水平的，可高于 1~2 倍；居全国同行业领先地位的，可高于 2~3 倍。这些文件至今仍是当前确定大多数国有企业经营者收入的主要政策依据。2000 年，劳动和社会保障部发布《进一步深化企业内部分配制度改革的指导意见》，对"经营者持股数额"做出规定，以本企业职工平均持股数的 5~15 倍为宜，但"企业股份不能过分集中在少数人手里"。文件没有对经营者年收入水平做出新的规定，因此，实践中，各地基本上仍执行以前的规定，其控制的倍率一般掌握在 3~5 倍，少数地方略高一些，并附带有若干控制条件①。国务院发展研究中心等权威部门 2001 年公布的抽样调查显示，从年收入的水平看，国有企业 89% 的经营者收入在 10 万元人民币以下，其中 2 万元以下的占 41% 左右，2 万~4 万元的占 27% 左右，4 万~10 万元的占 19%。相比之下，非国有企业、上市公司和高新技术经营者的收入水平较高，年收入在 10 万元以上的占 21% 左右（钟清，2001）。上述资料表明，我国国有企业经理人货币性收入与世界上主要发达国家相比可能相对偏低，政府在国有企业经理人薪酬上实施了管制，管制的结果可能会扭曲国有企业经营者的相对收入水平。

国有企业的经理人所面临的薪酬管制，内生于国有资产的管理体制和政府的行政干预。面对众多的国有企业，作为所有者的国有资产管理部门（或政府）天然地处于信息的劣势，很难低成本地观察到国有企业的经营业绩，这也就意味着政府很难与国有企业的经营者事前签订有效的激励契约，也很难事后实施有效的监督。行政干预的存在，使得企业承受政策性负担（并获得政策性收益），企业目标由企业价值最大化转而变成目标多元化，导致企业业绩与经营者付出之间的因果关系模糊，进一步加剧了政府在这场信息不对称的交易中所处的劣势。与此同时，公有产权在国家性质中的地位，又使得政府作为一个整体很难退出这一场信息严重不对称的交易。也就是说，源于一些众所周知的约束，政府作为所有者有续约之义务，无拒约之权利。因此，内生于经营者业绩的不可观察以及所有者的不可退出，制定实施整齐划一的薪酬管理体制几乎是政府作为股东的唯一解。这一管制的实施，事实上剥夺了国有企业经理人进行薪酬谈判的权力，使得薪酬安排成为公司选聘经理事先给定的约束条件。如此整齐划一的薪酬契约在效率上很难媲美基于自由市场量身定做的薪酬契约，经理人员必须迁就这一事先给定的硬约束做出符合自身利益最大化的选择，这样的选择与置身于自由缔约的薪酬约束下的经理人行为存有较大差异。一方面，即使初始的薪酬管制可能是基于正确的判断而形成（其实这也不可能），由于经济环境的变动通常远超管制者成本允许的观察范围，并且调整众多国有企业的薪酬契约所要支付的成本也将会严重阻碍这些契约的及时调整，因此，随着时间的推移，薪酬管制通常会表现出刚性的特征。滞后而刚性的薪酬管制可能会逐步使得薪酬安排越来越脱离实际，从而引发一系列严重的道德风险问题。另一方面，基于业绩的薪酬安排既然无法有效实施，替代的制度安排可能就会应运而生，行政干预引致的企业价值最大化以外的多重目标通常可以在管制者可以承受的成本范围内被观察到（譬如下岗工人指标、税收指标，等等）。以行政为基础的考核指标自然需要以行政为依归的激励措施，譬如政治晋升等。因此，在受到管制的国有企业薪酬安排以外，又会替代性地形成多元的、不直接以货币为依归的报酬体系，在职消费

① 部分省市 1998~2000 年资料表明，经营者基本收入最低为河北亏损企业不超过 0.6 倍职工平均工资收入；经营者基本收入最高为北京，特大型或效益领先企业可达职工平均工资收入的 10 倍；各省市平均值为 3~5 倍职工平均工资收入（朱克江，2003）。

正是其中一种①。这是目前我国国有企业经营者报酬体系的大体现状，受管制的薪酬作为这一报酬体系的一部分而存在，而且并非孤立地存在，是与这一体系的其他部分互相影响着发挥作用，共生于转型中的我国经济政治现实。

作为公司正常经营的需要以及契约不完备性的产物，在职消费行为本身具有一定的合理性。在制度创新尚未成熟前，在职消费甚至可以成为经理人自我激励的方法。然而在很多国有企业，在职消费常常远超合理的水准，体现出这种自我激励的高昂成本。与经营者收入呈鲜明对比的是，一些企业经营者在职消费随意性强，过多过滥，甚至处于失控状态②。我们对 1999 ~ 2002 年的上市公司的在职消费和高管人员薪酬进行了初步的对比统计③，结果见图 1、图 2。图 1 分年度列示了上市公司 1999 ~ 2002 年之间的公司在职消费总额和高管人员薪酬总额的比较。可以看出，在每一个年度，高管人员的报酬总是远远小于在职消费，平均只占 1/10 左右，这表明，相对于薪酬，在职消费中存在很大的空间来帮助经理人间接地提高收入。图 2 分行业列示了上市公司 1999 ~ 2002 年之间的公

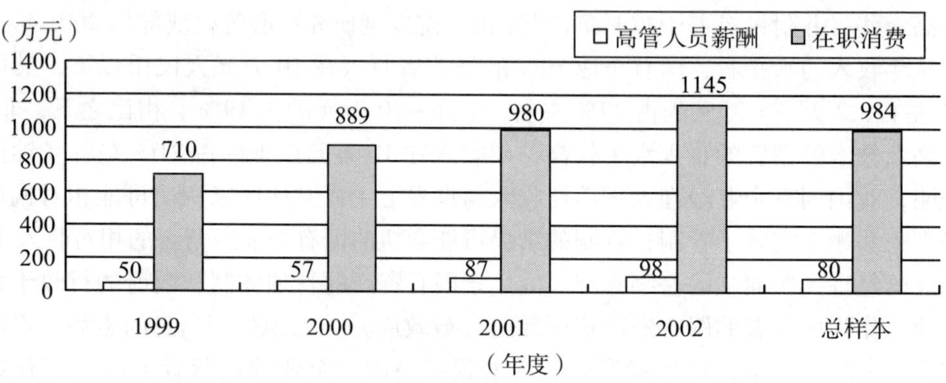

图 1　公司分年度薪酬与在职消费均值比较

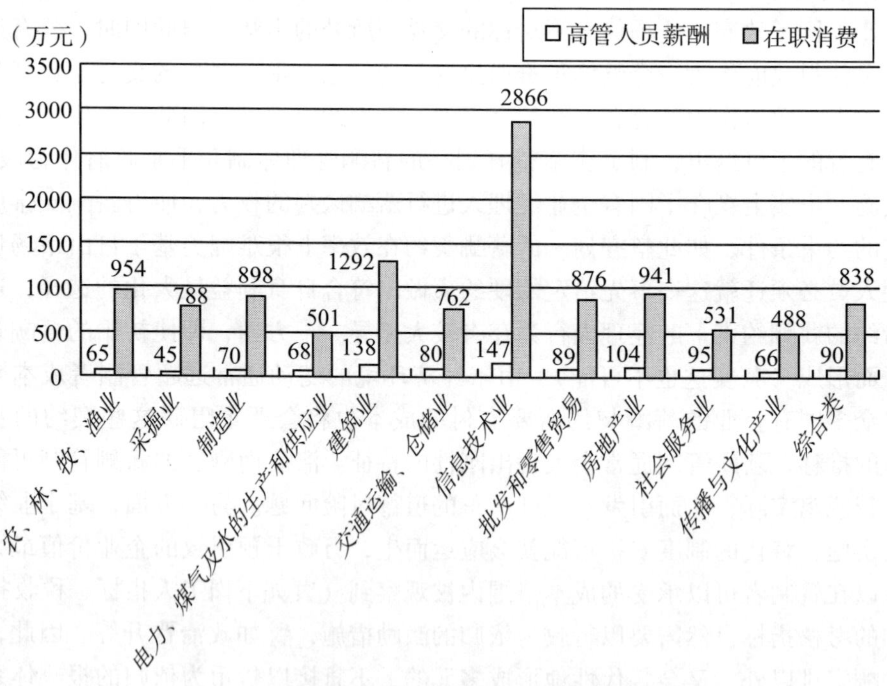

图 2　公司分行业薪酬与在职消费均值比较

① 本文要探讨的，是在职消费这部分，其他部分不再赘述。

② 经营者的职位消费水平一般在其工资收入的 10 倍以上（李旭红，2003）。

③ 样本的选择和指标的计算方法后面将进行介绍。

司在职消费总额和高管人员薪酬总额的比较。按均值看，信息技术业和采掘业上市公司的在职消费与薪酬总额相比比例最高，社会服务业最低。

三、文献回顾与研究问题

迄今为止，国外专门论述在职消费问题的实证研究很少见，关于在职消费问题的理论分析也主要散见于其他有关公司治理的论文中。经典的企业理论认为，公司的经理人与所有者的利益并不完全一致，两者之间的信息不对称又不能有效地消除，因此，经理人或多或少会存在一些与所有者利益不一致的行为。伯利和米恩斯（Berle and Means，1932）提出，当管理层仅持有少量公司股权，股东又太过分散时，公司资产可能被配置于造福管理者而非股东，包括卸责（shirking）、获取额外津贴以及追求非企业价值最大化目标，如销售增长率、建造个人帝国和增加雇员福利等。进一步地，詹森和麦克林（Jensen and Meckling，1976）从公司中的委托代理关系出发，代理人不会总是按照委托人利益最大化原则行事，委托人可通过建立激励和监督机制的方法限制代理人背离委托人利益的行为，但不可能完全杜绝该等行为。不考虑监督问题，经营者若可以自由选择津贴水平，由于他们只需要承担该成本的一部分，那么他们就可以通过增加其非货币福利来实现自身效用最大化；而且，经营者自身股份越少，其消费中自己负担的部分就越少，就会越倾向于享受更多的非货币福利。与上述学者将经营者的此类行为看做外生的机会主义行径不同，阿尔奇安和德姆塞茨（Alchian and Demsetz，1972）从信息成本角度阐释了在职消费的内生性，他们认为，为杜绝上述机会主义行为所要耗费成本可能高于由此带来的收益，因此，允许职员享有“特权、额外津贴和福利”内生于高昂的信息成本。另外，在职消费是否存在经济后果呢？詹森和麦克林（1976）分析认为，在职消费具有负面的经济后果，是经营者和外部股东的代理冲突的一种，会降低企业价值。但是，如果接受阿尔奇安和德姆塞茨（1972）的观点，在职消费是内生的产物，那么由于经营者享有的在职消费在可接受成本水平上无法减少，他们的货币报酬相应会降低，这隐含着，市场在这一点上已经达到了均衡，企业价值不会受到影响。

国内文献对本问题的研究则偏重强调我国特殊的制度背景，常将业绩与上市公司经理层薪酬激励相联系①。另外，许多学者就我国国有企业在职消费的成因也进行了探讨。颜剑英（2002）认为，现行国有企业经理激励机制主要存在货币报酬偏低及声誉、职业升迁激励的异化的弊端，并由此导致经理自我激励泛滥。这种经理的自我激励的泛滥主要表现在两个方面：一方面是利用非法手段侵占企业利润、侵吞国有资产；另一方面便是追求过度的在职消费。赵文红等（1998）同样认为，当经营者的工资数量偏低时，经营者就会寻求“在职消费”，但他们把国有企业经营者与非国有企业（尤其是私营企业）收入差距过大作为主要原因。张仁德和韩晶（2003）则从国有经济的腐败角度论述了在职消费问题，认为国有经济的结构特征可以用两大等级体系的委托代理链来描述，第一等级的委托人是全民，代理人是政府；第二等级的委托人是政府，代理人是国企经理。在经济中发挥实质性作用的是第二等级的委托代理关系。国有经济的腐败问题恰恰是第二等级的委托人和代理人共谋租金的结果。上述研究已经开始将在职消费与经理人货币性收入相联系，并进行了颇有成效的分析；但是，他们始终没有将经理人的货币性收入与政府管制联系在一起，这在一定程度上转移了学术界和政策界的视线，导致对经理人货币性收入高低的过度关注，而忽略了决定该货

① 研究表明，近年来我国上市公司经营者薪酬激励虽然逐年增加，但“零报酬”现象仍大量存在（林晓婉等，2001），并且上市公司高管人员薪酬存在行业差异，领薪的高管人员比例偏小，人均货币收入低，个体差异显著（樊炳清，2002）。李增泉（2000）发现，我国上市公司高管人员的年度报酬与企业绩效并不相关，而是与企业规模密切相关，并呈现明显的地区差异。魏刚（2000）、樊炳清（2002）的研究同样表明我国上市公司高级管理人员目前的薪酬结构仍然缺乏有效的激励作用。刘斌等（2003）的结论与上述不同，他们发现我国上市公司的CEO薪酬层面已经体现了一定的激励制约机制。

币性收入的深层因素的探讨。未知因，焉知果？如果对我国国有企业经理人报酬形成原因缺乏深刻的理解，尤其是忽略我国国企经理人报酬受到政府管制的现实，就断难在理论上廓清其经济后果，亦难予未来的政策以清晰有效的启发。基于上述分析，本文对以下两个问题进行实证检验：（1）在我国国有企业中，普遍存在经理人薪酬管制现象，在职消费和薪酬管制之间存在何种关系？以及在不存在薪酬管制的非国有企业，其经理人在职消费行为与国有企业有何差异？（2）薪酬管制是否会影响国有企业中对经理人的激励效率？这些是本文经验部分致力探讨的问题，并冀望获得新的发现。

四、样本、变量与描述性统计

本文选取1999～2002年深沪两市上市公司作为研究样本，所有数据都来自公开披露的信息。除在职消费数据为手工收集外，其他数据来自CSMAR数据库。在剔除无法获取在职消费数据或者其他相关数据缺失的公司后，最终的研究样本情况如表1所示。

表1　　研究样本

指标 \ 年份	1999	2000	2001	2002	合计
样本数	177	253	412	467	1309
上市公司总数	932	1084	1136	1183	4335
样本占上市公司总数百分比（%）	18.99	23.34	36.27	39.48	30.20

从表1可见，随着上市公司的信息披露逐年规范，披露在职消费数据的公司占全部上市公司的比率呈逐年递增趋势，但是，即使在2002年，能够获得的研究样本仍不足四成，显见还有相当多的公司未披露相关信息。

表2列出了本文主要变量的设计方法。需要说明的是，本文以在职消费作为企业高管人员在职消费的代理变量。该数据通过查阅两市年报附注中“支付的其他与经营活动有关的现金流量”项目收集。由于该项目的编报规则决定了企业支付的管理费用都包含在其中，企业高管人员的在职消费一般都计入管理费用，并且年报披露规则规定，该项目中大额的明细项目应予披露，因此有可能从其中获得在职消费的有关数据。本文将可能与企业高管人员在职消费有关的费用项目分为八类：办公费、差旅费、业务招待费、通讯费、出国培训费、董事会费、小车费和会议费，这些项目容易成为高管人员获取好处的捷径，高管人员可以轻易通过这些项目报销私人支出，从而将其转嫁为公司费用。公司的在职消费数据由上述各明细项目加总得到①。迄今为止，这几乎是通过公开信息度量公司在职消费的最好方法②。

表2　　变量定义

变量名称	变量符号	变量定义
在职消费	*PERK*	公司在职消费总额的对数
绝对薪酬	*APAY*	高管人员（本文包括董事、监事及经理人员，下同）薪酬总额的对数
相对薪酬	*RPAY*	经行业均值调整后的高管人员人均薪酬与员工人均薪酬之比值
管理层持股	*MSHARE*	经行业均值调整后的高管人员持股比例

① 通常上市公司都会披露其中的若干项，未披露明细项目金额定为0。若某公司未披露其中任何一项，则将其剔除出样本。

② 必须承认，在职消费信息可获得性的限制，对该领域的经验研究造成了一定的局限性，本文也不例外。

续表

变量名称	变量符号	变量定义
财务杠杆	*LEVERAGE*	经行业均值调整后的资产负债率
受保护行业	*PROTECTED*	虚拟变量，当公司为受保护行业时，令其为 1，否则为 0*
企业性质	*STATE*	虚拟变量，当公司性质为国有时，令其为 1，否则为 0
企业租金**	*RENT*	经行业均值调整后的企业毛利率
企业规模	*SIZE*	销售收入的对数
管理层规模	*MRATIO*	管理人员总数与企业员工总数之比值
地域性质	*DEVELOPED*	若上市公司所处地区为在东部或北京，令其为 1，否则为 0

注：* 设立这一变量是借鉴阿哈罗尼（Aharony，2000）在其研究报告中的分类，将全部上市公司分为保护行业和不受保护行业，其中保护行业包括石油化工、能源和原材料，其余全部为不受保护行业。

** 在支付了所有成员的参与约束条件后，企业所创造的总收益剩余，称为企业租金。换言之，就是企业总收益减去各要素参与企业的机会成本总和。在实际分配过程中，企业租金大体可以理解为企业可分配的超额利润或净利润。由于企业租金是组成企业的各种要素共同作用（即团队生产）的结果，那么，各要素的产权主体都有索取企业租金的权利，企业租金就必然得以某种形式进行分配（何燕和宋周，2004）。企业高管人员作为要素主体，自然要求获得企业租金的一部分。高管人员获取企业租金的途径之一就是获取非货币形式的在职消费等。在其他条件相同时，若企业租金越大，受到效用最大化约束条件的高管人员就可能将更多的企业租金转化为在职消费。

本文在计算相对薪酬时，高管人员人均薪酬是高管人员薪酬总额与领薪高管人数的比值，员工人均薪酬是（现金流量表中）“支付给职工以及为职工支付的现金流量”与员工人数的比值。尽管“支付给职工以及为职工支付的现金流量”这一项目既包括了支付给职工的薪酬又包括为职工支付的福利、保险等其他各项费用，但鉴于其他费用通常都按照职工薪酬的一定比例支付，因此以这一项目作为支付给职工的薪酬的代理变量是合适的。为避免变量偏度和峰度过高可能造成的影响，在后面回归检验时对各变量均进行了标准化处理。

五、国有企业面临薪酬管制的经验证据

如果薪酬管制只针对国有企业，那么在上市公司中，我们应该会发现国有上市公司高管人员的相对薪酬远远低于非国有上市公司。为此，我们进行了国有和非国有上市公司的相关数据比较，结果如表 3 所示。

表 3　　国有和非国有上市公司薪酬与在职消费比较

变　量	非国有企业均值（$n=214$）a	国有企业均值（$n=1095$）b	均值差异 T 检验（$a-b>0$）
绝对薪酬（对数）	13.18	13.22	-0.53
人均绝对薪酬（对数）	10.69	10.60	1.45
经行业均值调整后的薪酬总额与销售收入之比值	-0.003	-0.0008	-5.65***
经行业均值调整后的相对薪酬	1.09	-0.20	3.50***
未经任何调整的相对薪酬	3.99	2.50	3.68***
在职消费（对数）	15.36	15.45	-1.06
人均在职消费（对数）	12.44	12.46	-0.24
管理层持股	-0.02	0.02	-0.42
未经任何调整的管理层持股比例	0.0004	0.0012	-1.86*

注：*（** 和 ***）表示通过 10%（5% 和 1%）显著性水平检验，下表同，不再赘述。

表 3 的检验结果表明，无论是支付的绝对薪酬（或者人均绝对薪酬），还是在职消费（或者人均在职消费），国有企业与非国有企业均相差不大。但是，就相对薪酬（或者未经任何调整的相对薪酬）看，非国有企业显著高于国有企业。绝对薪酬总额相近而相对薪酬相远，这表明国有企业中高管人员与一般员工的薪酬差异不大。而且，高管人员相对薪酬较低，并没有换来公司绝对薪酬总额的下降，这说明国有企业中一般员工的工资高于非国有企业①。值得关注的是，若从（经行业均值调整后的）薪酬总额与销售收入比值看，国有企业则显著高于非国有企业，这说明，在控制了企业规模后，国有企业的薪酬总额并不低。这样，相对薪酬较低就有两种可能解释：一是国有企业高管人员人数多于非国有企业；二是由于薪酬管制常常与本单位员工平均收入的倍数挂钩，因此可能导致国有企业高管人员为了提高自己的收入而提高员工的收入。上述发现，与我国存在国有企业薪酬管制的理论预测是一致的，因此可以看做是国有企业存在薪酬管制的经验证据。另一个有趣的现象是，非国有企业的管理层持股比例低于国有企业，这可能是因为民营企业的管理者常常是上市公司的股东的股东，即终极控制人，较少需要运用管理层直接持股的方式来激励自己，因此这一变量可能难以有效衡量民营企业管理者在股权上受到的激励。

六、薪酬管制是否影响在职消费

为薪酬管制是否影响在职消费，本文建立如下回归模型：

$$PERK = \alpha_0 + \alpha_1 APAY + \alpha_2 RPAY + \alpha_3 RPAY \cdot STATE + \alpha_4 MSHARE + \alpha_5 LEVERAGE + \alpha_6 PROTECTED + \alpha_7 RENT + \alpha_8 SIZE + \alpha_9 MRATIO + \alpha_{10} DEVELOPED + \varepsilon$$

回归检验的结果如表 4 所示。

表 4　　全样本回归检验结果（1999～2002）[a]

变量名称	变量符号	全样本		非国有企业		国有企业	
		系数	T 检验值	系数	T 检验值	系数	T 检验值
截距	*INTERCEPT*	−0.08	−1.15	0.19	1.34	−0.12	−1.48
绝对薪酬	*APAY*	0.26***	8.70	0.28***	4.23	0.24***	7.57
相对薪酬	*RPAY*	−0.03	−1.09	−0.04	−1.58	−0.12***	−3.54
相对薪酬×企业性质	*RPAY·STATE*	−0.02**	−2.03				
管理层持股	*MSHARE*	−0.02	−0.92	−0.02	−0.27	−0.02	−0.85
财务杠杆	*LEVERAGE*	0.07***	3.33	0.07	1.47	0.07***	3.04
行业性质	*PROTECTED*	−0.16**	−2.41	−0.05	−0.24	−0.15**	−2.14
企业租金	*RENT*	0.09***	3.58	0.11**	2.58	0.08***	2.66
企业规模	*SIZE*	0.38***	13.93	0.42***	7.07	0.38***	12.20
管理层规模	*MRATIO*	−0.07**	−3.12	−0.02	−0.47	−0.10***	−3.50
地域性质	*DEVELOPED*	0.10**	2.10	0.00	0.02	0.12**	2.09
n		1309		214		1095	
Adj. R^2		0.33		0.42		0.30	

注：a 为回归中控制了年度虚拟变量，但限于篇幅没有报告。

表 4 的第 1 列对全样本进行了回归检验。可以发现，绝对薪酬、相对薪酬与相对薪酬的乘积项、财务杠杆、行业性质、企业租金、企业规模、管理层规模和地域性质都对在职消费具有显著的影响。国有企业的相对薪酬的回归系数为负，并在 5% 的水平上通过了显著性检验，这说明，相对

① 这可能也是政府薪酬管制的结果。

薪酬越低，国有企业高管人员以在职消费替代薪酬的边际愿望越强。财务杠杆与在职消费显著正相关，表明债权人对企业高管人员在职消费无法实施有效的制约；相反，可能由于银行的国有性质，造成更大的预算软约束，由此导致财务杠杆越高在职消费越大。与詹森和麦克林（1976）的预测一致，受保护行业的在职消费低于未受保护行业。

表 4 的第 2、3 列对非国有和国有企业进行了分样本检验。可以发现，国有企业和非国有企业有相似之处，绝对薪酬、企业租金和企业规模都对在职消费具有显著的影响。但是，国有企业和非国有企业有巨大差异。在国有企业中，相对薪酬与在职消费的关系显著为负，而这种负相关关系在非国有企业中没有发现。这些证据表明，在国有企业中，由于刚性薪酬管制的存在，在职消费成为管理人员的替代性选择，在职消费内生于国有企业面临的薪酬管制约束。而在非国有企业中，由于没有类似的薪酬管制，经理人的薪酬安排内生于公司各利益相关方的市场化谈判，因此，相对薪酬与在职消费之间的替代关系不显著。此外，国有企业中财务杠杆对在职消费具有显著的正的影响，而非国有企业则不存在该现象。这一结果显示，在国有企业中，国有银行负债导致的预算软约束问题比非国有企业严重。

为检验本文结论的可靠程度，我们运用不同的方法进行了敏感性检验[①]。首先，剔除极端值后重新进行检验，也得到了与前面基本一致的发现。其次，以高管人员人均在职消费的对数作为模型左边的被解释变量，并以高管人员人均薪酬的对数作为绝对报酬，进行回归后发现结果仍与前面基本一致。再其次，用股东权益收益率来度量企业租金，结果仍与前面基本一致。最后，由于部分上市公司未披露本文所需要的在职消费数据，本文的结论可能存在选择性披露的偏差。为此，我们还设计了间接计算在职消费变量的方法[②]。我们把这一间接计算所得的在职消费数据代入模型进行检验，但同时增加一个虚拟变量 *jjf*，当某一样本在职消费数据由间接法计算得到时，仍然得到了与前面基本一致的研究发现，这表明我们的研究结论不会受到样本选择偏差的重要影响。

七、薪酬管制是否影响激励效率

基于薪酬管制的薪酬契约和基于自由市场的薪酬契约相比，在激励效率方面可能有以下不同：一方面，薪酬管制引致的低货币薪酬对经营者可能难以起到和以市场为基础的自由契约相媲美的激励作用；另一方面，薪酬管制引致的在职消费其成本要远远高于货币薪酬，尽管其对经营者亦能有自我激励作用，但对企业而言，其引致的租金耗散，可能超过经营者自我激励给企业带来的租金增长，最终导致企业业绩下降。为检验薪酬管制对激励效率的影响，我们采用股票的年市场回报率（*YRETURN*）作为公司业绩的代理变量。考虑到公司公布年报一般集中在 4 月份，我们采用当年 5 月起至次年 4 月底的月市场回报率来计算年市场回报率，并建立以下回归模型进行检验：

$$YRETURN = \alpha_0 + \alpha_1 APAY + \alpha_2 RPAY + \alpha_3 PERK + \alpha_4 MSHARE + \alpha_5 LEVERAGE + \alpha_6 PROTECTED + \alpha_7 SIZE + \alpha_8 MRATIO + \alpha_9 DEVELOPED + \varepsilon$$

表 5 的第 1、2、3 列是全样本回归的结果[③]。从第 1 列可见，在控制了相关变量以后，绝对薪酬对公司业绩无显著影响，相对薪酬则对公司业绩有显著的正面影响，在职消费则对公司业绩有显

① 限于篇幅对本文没有报告敏感性检验的结果。

② 该方法是以“支付的其他与经营活动有关的现金流量”项目金额减去所有披露的与在职消费无关的支出项目，以此差额作为在职消费的衡量方法。这项差额包含了本文前述的在职消费所涉及的八个费用项目，但又不限于此，因此，按照这个方法计算的在职消费的代理变量比前文我们直接计算的要大。按照这个标准，样本观测值在 1309 的基础上增加了 375 个。其余的公司未作任何详细披露，既无法通过直接法也无法通过间接法计算在职消费数据。

③ 表 5 中调整后的拟合度较低，说明模型的设计可能还遗漏了一些相关变量，这是本文研究的局限之一。当我们采用中位数调整后的变量进行检验的时候，拟合度有显著提高，结论没有重要变化。

著的负面影响。①

表 5 的第 4、5、6、7、8、9 列分别对非国有和国有企业进行了回归检验。从第 4 列和第 7 列可见，非国有企业中，高管人员相对薪酬对公司业绩有显著的正面影响，说明其相对薪酬对高管人员起到了较好的激励作用；而在职消费对公司业绩则没有显著影响，说明非国有企业中高管人员并未通过更多的在职消费进行自我激励。国有企业的发现正好相反。相对薪酬对公司业绩无显著影响，说明相对薪酬对高管人员可能未起到激励作用；而在职消费对公司业绩则有显著的负面影响，表明在职消费作为自我激励的方法，具有较高的代价，抵消了其对公司业绩的正面影响。这些证据表明，国有企业薪酬管制的存在，不仅降低了薪酬作为经理人激励契约安排的效率；还从另外一个方面，诱发了高激励成本的在职消费的增加，对公司价值造成了双重的负面影响②。

表 5　　激励效率的回归检验结果（1999 ~ 2002 年）

变量名称	变量符号	全样本			非国有企业			国有企业		
		(1)	(2)	(3)	(4)	(5)	(6)	(7)	(8)	(9)
截距	*INTERCEPT*	−0.06 (−0.60)	−0.09 (−0.56)	−0.07 (−0.46)	−0.02 (−0.07)	−0.05 (−0.21)	0.09 (0.41)	−0.05 (−0.54)	−0.05 (−0.47)	−0.05 (−0.55)
绝对薪酬	*APAY*	−0.04 (−0.92)	−0.06 (−1.43)		−0.14 (−1.45)	−0.18* (−1.86)		−0.02 (−0.45)	−0.04 (−0.86)	
相对薪酬	*RPAY*	0.07** (2.45)	0.80*** (2.64)		0.09** (2.08)	0.10** (2.37)		0.05 (1.21)	0.06 (1.39)	
在职消费	*PERK*	−0.07* (−1.91)		−0.08** (−2.27)	−0.14 (−1.37)		−0.20 (−1.58)	−0.06* (−1.70)		−0.07* (−1.83)
管理层持股	*MSHARE*	0.03 (0.79)	0.03 (0.77)	0.04 (1.16)	0.07 (0.90)	0.05 (0.65)	0.11 (1.47)	0.02 (0.53)	0.02 (0.56)	0.02 (0.62)
财务杠杆	*LEVERAGE*	−0.07** (−2.02)	−0.07** (−2.17)	−0.05* (−1.79)	−0.04 (−0.50)	−0.05 (−0.60)	−0.03 (−0.34)	−0.07* (−1.94)	−0.08** (−2.07)	−0.07* (−1.81)
行业性质	*PROTECTED*	−0.002 (−0.03)	0.03 (0.11)	0.02 (0.02)	0.35 (1.36)	0.36 (1.39)	0.32 (1.22)	−0.02 (−0.28)	−0.01 (−0.18)	−0.02 (−0.23)
企业规模	*SIZE*	0.11*** (2.95)	0.02** (2.44)	0.04*** (2.69)	0.21** (2.28)	0.16* (1.89)	0.19** (2.04)	0.10** (2.33)	0.07* (1.89)	0.09** (2.23)
管理层规模	*MRATIO*	0.02 (0.42)	0.005 (0.57)	0.01 (0.15)	0.06 (0.92)	0.06 (0.95)	0.04 (0.68)	0.001 (0.01)	0.01 (0.18)	−0.01 (−0.14)
地域性质	*DEVELOPED*	0.07 (1.05)	0.10 (0.94)	0.09 (0.88)	−0.07 (−0.44)	−0.06 (−0.41)	−0.09 (−0.60)	0.09 (1.25)	0.08 (1.15)	0.08 (1.17)
n^a		1223	1223	1223	205	205	205	1018	1018	1018
Adj. R^2		0.0112	0.0047	0.0042	0.0215	0.0170	0.0039	0.0041	0.0023	0.0046

注：括号中是 T 值。

a 该部分样本剔除了个股月回报缺失值和极端值，因而较前面样本数略有减少。

八、结　　语

政府管制的弊病，大约有两个：一是容易被不同的利益集团用于谋求自己的私利（施蒂格勒和弗里德兰，1962；施蒂格勒，1971）③；二是管制常兼具脱离实际和刚性两项特征，会诱发机会主义

① 为进行敏感性检验，在第 2、3 列中分别进行了不含薪酬和在职消费的回归，结果无显著差异。

② 为进行敏感性检验，在第 5、6、8、9 列中分别进行了不含薪酬和在职消费的回归，结果无显著差异。

③ 施莱佛和维什尼（Shleifer and Vishny，1998）关于政府掠夺之手的理论也可以为此作一佐证。

行为，扭曲市场本可以自发演进的秩序（张五常，2002；陈信元、叶鹏飞和陈冬华，2003）①。本文从我国国有企业中存在薪酬管制这一特殊的制度背景出发，对上市公司高管人员在职消费行为做出了理论分析，并对在职消费的主要影响因素以及薪酬管制的经济后果进行了实证检验。研究结果表明：（1）我国上市公司在职消费主要受企业租金、绝对薪酬和企业规模等因素的影响；（2）在国有企业中，由于薪酬管制的存在，在职消费成为管理人员的替代性选择，说明在职消费内生于国有企业面临的薪酬管制约束；（3）与民营企业中内生于公司的薪酬契约相比，国有企业中受到管制的外生薪酬安排缺乏应有的激励效率。上述研究发现，对我国国有企业经理人薪酬的后续研究具有启发意义，并为当前关于国有企业产权改革的争论提供了一个有益的视角。

参考文献：

1. 陈冬华：《地方政府、公司治理与补贴收入：来自我国证券市场的经验证据》，载于《财经研究》2003 年第 9 期。

2. 陈信元、叶鹏飞、陈冬华：《机会主义资产重组与刚性管制》，载于《经济研究》2003 年第 5 期。

3. 樊炳清：《上市公司经营者薪酬激励现状与对策分析》，载于《企业改革与发展》2002 年第 11 期。

4. 何燕、宋周：《企业租金、专有性贡献与分配制度》，载于《生产力研究》2004 年第 2 期。

5. 李旭红：《国企老总要拿年薪了》，载于《市场报》2003 年 9 月 12 日。

6. 林晓婉、车宏生、朱敏、李姣：《中国上市公司经营者薪酬激励状况的三年比较研究》，载于《管理现代化》2001 年第 5 期。

7. 刘斌、刘星、李世新、何顺文：《CEO 薪酬与企业业绩互动效应的实证检验》，载于《会计研究》2003 年第 3 期。

8. 刘小玄：《中国企业发展报告：1990 ~ 2000》，社会科学文献出版社 2001 年版。

9. 施蒂格勒、弗里德兰：《管制者能管制什么？电力部门的实例》，载于《法学与经济学杂志》1962 年第 5 期；转引自勒布和穆尔主编，吴珠华译：《施蒂格勒论文精粹》，商务印书馆 1999 年版。

10. 施蒂格勒：《经济管制理论》，载于《经济与管理科学钟声杂志》1971 年第 1 期；转引自勒布和穆尔主编，吴珠华译：《施蒂格勒论文精粹》，商务印书馆 1999 年版。

11. 魏刚：《高级管理层激励与上市公司经营绩效》，载于《经济研究》2000 年第 3 期。

12. 颜剑英：《经理行为的激励方式与国有企业激励机制的改革》，载于《江苏大学学报（社会科学版）》2002 年第 4 卷。

13. 赵文红、李垣：《中国国企经营者“在职消费”行为探讨》，载于《经济体制改革》1998 年第 5 期。

14. 张仁德、韩晶：《国有经济腐败的委托代理因素分析》，载于《当代经济科学》2003 年第 2 期。

15. 张五常：《露宿街头还是有屋可住？——租务条例宣称的意图与实际效果》，转引自《经济解释——张五常经济论文选》，商务印书馆 2002 年版。

16. 钟清：《九成国企老总年薪低于十万》，载于《市场报》2001 年 4 月 22 日第一版。

17. 朱克江：《正确认识经营者收入与企业员工收入的差别》，载于《南京社会科学》2003 年第 1 期。

18. Aharony, A., Lee, C. W. J., and Wong, T. J., 2000, “Financial Packaging of IPO Firms in China”, Journal of Accounting Research, 38 (1).

19. Alchian, A., and Demsetz, H., 1972, “Production, Information Costs and Economic Organization”, American Economic Review, December.

20. Berle, A., and Means, G. C., 1932, “The Modern Corporation and Private Property”, Harvourt, Brace and World Inc., New York, revised edition 1967.

21. Groves, T., Hong, Y. M., McMillan, J., and Naughton, B., 1995, “China’s Evolving Mangerial Labor Market”, The Journal of Political Economy, 103.

22. Jensen, M. C., and Meckling, W. H., 1976, “Theory of the Firm: Managerial Behavior, Agency Costs and

① 张五常（2002）发现，在中国香港存在租金管制的阶段，房屋租金的显性实现受到影响，房东则转而以驱逐房客、要求房客支付钥匙费等隐性方式实现其房屋租金的补偿，甚至可能拆毁重建等方式逃避租金管制阻止租金消散以实现房屋的市场租金。陈信元、叶鹏飞和陈冬华（2003）来自中国证监会的配股管制刚性诱发了上市公司的机会主义重组行为。

Ownership Structure", Journal of Financial Economics.

23. Qian, Y. Y., 1995, "Reforming Corporate Governance and Finance in China," in Masahiko Aoki and Hyung-Ki Kim eds., Corporate Governance in Transitional Economies (Washington DC: World Bank, 1995).

24. Shleifer, A., and Vishny, R., 1998, "The grabbing hand: government pathologies and their cures", Cambridge, MA: Harvard University Press.

（本文载于《经济研究》2005 年第 2 期）

信息经济时代产业组织模块化与垄断结构

刘茂松　曹虹剑

摘　要： 信息经济时代产业组织的主导形态是呈横向一体化形态具有合作竞争性质的模块化垄断结构。模块化垄断结构有其独特的表现形态和具有效率的制度安排。为保护这种高效的可竞争性模块化垄断结构，我们要重视其市场制度与规制制度安排。

关键词： 信息经济　产业组织　模块化　垄断结构

一、引　言

经济学家熊彼特在《资本主义、社会主义与民主》一书中谈到垄断问题时曾指出，"自从马歇尔和埃奇沃斯时代起，已经发现对完全竞争附带地对自由贸易这个旧命题越来越多的例外"，因而动摇了从李嘉图以来怀有的对完全竞争的无条件的信任。可见即使在工业经济时代经济学家们就已经开始意识到垄断也可能是有效率的，而到了信息经济时代我们看到熊彼特的观点已经得到越来越多事实的佐证。以物质资本为主导的工业经济时代和以人力资本为主导的信息经济与知识经济时代起支配作用的经济规律有本质的不同。在工业经济时代，由于存在物质资本的稀缺性和技术进步的稳定性，所以在经济系统中呈现出边际报酬递减趋势。而到了信息经济与知识经济时代，这一切发生了根本的改变：其一，因为存在学习效应与知识溢出效应，人力资本的边际报酬呈递增趋势；其二，信息资源的可重复利用性和可再生性使得边际生产成本呈递减趋势；其三，由于技术发展快，产品生命周期短，能满足个性化需求，所以出现了需求由供给创造的现象，这使得一些产业出现边际报酬递增的趋势；其四，信息产品消费中的"网络外部性"效应与"锁定"等现象使得信息产业中存在边际报酬递增的现象。① 信息经济与知识经济时代的到来不仅改变了工业经济时代起支配作用的边际报酬递减规律，而且使人类的经济社会生活在全球范围内呈现一种全方位联系、交换和互动的趋势，真正形成了我们所谓的"经济全球化"。今天的经济全球化不同于以往的国际化，以往的国际化是各民族国家从自身的需要出发，通过国际贸易途径参与国际经济的过程，主要是以商业资本为主体的；而今天的经济全球化的目的是要在全球范围内实现资源的优化配置，是世界各国主动参与全球分工的过程，主要是以产业资本为主体的水平式分工。在这样的背景下，全球的产业组织范式也发生了巨大的变化。

二、信息经济时代产业组织范式的转换

产业组织范式是一定社会经济条件下产业组织所表现出的基本特征和行为规范及人们所持的基

① 尽管在信息经济时代许多产业中存在边际报酬递增的现象，但正如乌家培（2000）所指出的，那种认为在传统的工农业经济中只有边际效益递减规律，而在信息经济或网络经济中只有边际效益递增规律的观点是与现实相悖的。信息经济只是改变了"边际效益递减规律的作用范围，使它在经济活动中不再成为起主导作用的规律。"

本看法。自从马歇尔在工业经济时代提出著名的“马歇尔难题”以来，竞争与垄断的关系及其所体现的市场结构、行为特征与效率水平一直是产业组织理论研究的中心问题。总的来说，在经济全球化与信息化的今天产业组织范式主要有如下特点。

（一）产业组织理论关注重点是垄断范式

在工业经济时代，整个经济运行基本处于短缺经济时代，市场竞争主要表现为价格竞争，企业间容易通过合谋产生垄断行为，从而控制价格或划分区域以保持产品的高价位和企业的高利润，这种垄断的结果往往导致技术进步的停滞并严重损害消费者福利。所以，凡是存在垄断行为的地方，市场机制的功能就会受到严重损伤，市场效率便会大幅下降。所以在工业经济时代，市场经济体制强调竞争而反对垄断，这无疑是对的。然而，到了信息经济时代，随着市场由“短缺经济”过渡到“过剩经济”，那种价格联盟的垄断行为已行不通了，市场垄断开始进入以股权等联盟为主的经济垄断结构阶段。因为在过剩经济时代制约经济增长的主要矛盾是需求创造，而这种需求创造只有大量地、高层次地运用先进的科技知识去创造新产品和新产业，才能刺激消费者潜在的消费欲望，增加购买。在这里，需求创造所形成的新产品或新产业，必然会急剧扩大产品的差异性和多样性，从而形成市场的经济垄断，并获取高额利润。这种经济垄断是凭借新技术、新工艺、新产品所形成的，它本身就意味着市场高效率和技术进步，此外，这种经济垄断是在满足消费者的潜在欲望即效用最大化的基础上实现的，不仅没有造成消费者利益的损失，而且还大大降低了消费成本，提升了产品的品质，故增加了消费者剩余（刘茂松，2004）。所以，在信息经济时代，产业组织理论关注的重点也应由竞争范式向垄断范式转变。

（二）主导产业组织形式是横向一体化

在以物质资本为主导的工业经济时代，产业内分工主要表现为垂直分工，企业组织主要表现为科层的组织形式。在此阶段，产业组织形式往往表现出纵向一体化的倾向。之所以出现纵向一体化的原因在威廉姆森（2002）看来主要是因为纵向一体化可以减少资产专用性所带来的交易成本过高的问题。到了以人力资本为主导信息经济时代，柔性生产、敏捷制造、虚拟组织与模块化组织等新的生产组织形式使企业的资产专用性明显降低，从而大大减少了交易成本。这可以从下面两方面来说明。一方面，柔性生产等新的生产组织形式使资产的使用范围更广，功能增加，这使得资产在使用价值上具有较强的可分性，因此，资产专用性程度明显降低，交易成本减少。另一方面，企业的契约也柔性化，出现了所谓的柔性契约网络（flexible contract network），其条款较为灵活，一般不采取一次性合同，这降低了物质资本与人力资本的专用性与锁定程度，从而也减少了交易成本（刘茂松、曹虹剑，2004）。在信息经济时代，以前的纵向一体化反而可能因为层级过多，产业链过长，而产生信息失真与官僚失灵等诸多问题，并由此带来低效率。这时，为减少企业组织的层次，提高专业化分工的效率，产业内分工由纵向分工向横向分工转变，许多企业组织也呈现出网络化与横向一体化趋势。

信息经济条件下的横向一体化主要表现在下面几方面。第一，专业化的横向规模。如果某产品（或某生产环节）需求量大，具有规模报酬递增的特征，那么此时建立在专业化基础上具有规模经济效应的横向一体化就是有效率的。第二，多元化的横向范围。工业经济时代的纵向一体化往往是单一企业包罗万象的纵向一体化，而到信息经济时代，范围经济往往建立在具有相关性的不同生产环节横向联合的基础之上，企业可以通过模块化外包或虚拟组织等形式来实现范围经济效应，同时，这种有机的、多元的横向联合也大大促进了产业融合。第三，外部化的横向网络。企业为适应专业化生产的要求，需要利用企业内外部资源对产品价值链进行分拆、重组、整合，这时把企业内非专业化的生产环节外包或通过建立虚拟组织达到特定目标成为一种趋势，这样一来企业内部生产环节减少，管理层次也随之减少，企业组织呈现横向一体化、网络化的形态。

（三）企业的主导行为方式是合作竞争

经济理论界似乎有一种根深蒂固的观点，即强化竞争可以增进经济效率和社会福利，这几乎已成为一个不可争辩的定论（Stiglitz，J.，1981）。在传统经济学理论的影响下，以往的经济理论长期把市场低效率的主要原因归咎于垄断或竞争不完全，认为只有完全竞争才能提高市场效率，甚至有的理论把企业组织间有效率的合作都看成合谋的垄断行为，这也减少了对企业间有效率的合作行为及由此产生的垄断结构的研究。诚然，在工业经济时代的确有许多价格合谋、滥用市场势力等有损效率的垄断行为，但正如吕政和曹建海（2000）所论证的那样，过度的竞争也可能有损市场效率。不仅如此，我们认为非合作的竞争也可能会损害市场效率，尤其是在信息经济时代。在信息经济时代很多高效率的市场中存在所谓的“三的法则”，“三的法则”的出现有两个根本原因。其一，因为信息经济时代起主导作用的是“莫尔定律”、“梅特卡夫法则”与“马太效应”等规律，所以产生了快鱼吃慢鱼与网络的外部性等经济现象，使得强者愈强，赢者通吃的局面得以形成。其二，这些在各自市场上形成了经济上的垄断结构的企业都是合作竞争的代表，它们掌握了所谓的“新水桶原理”，在合作竞争的前提下，有资本优势、知识优势、信息优势和声誉优势企业通过柔性契约网络在全球整合资源，与其他企业结成同盟，从而在市场中形成有效率的垄断结构。

不同的时代企业间的合作也有本质的不同。在工业经济时代企业间的合作常常表现为纵向一体化的全能型的企业联合体，对市场的控制往往是通过价格控制实现的，这时企业间的合作就会表现出垄断行为的特征。到了信息经济时代，企业间的合作更多表现为横向一体化的网络形态，企业（网络）对市场的控制集中表现为对生产的控制，企业在市场上形成垄断结构主要依靠的生产效率的提高与需求创造等创新行为。所以工业经济时代企业间的合作常常表现为有损效率的垄断行为，而信息经济时代企业间的合作往往表现为高效率的垄断结构。

在信息经济条件下的产业组织范式转变过程中，模块化的生产组织形式对横向一体化、竞争合作趋势中市场垄断结构的形成起着举足轻重的作用，因此，模块化将会成为信息经济时代产业组织的主体形式。

三、模块化式垄断结构的表现形态

哈佛商学院两位院长鲍德温和克拉克（Baldwin，C. Y. and Clark，K. B.，1997，2000）通过对硅谷高科技风险企业模块化集群的分析，得出新经济时代就是“模块化时代”的结论；青木昌彦（2003）也认为模块化是新经济条件下产业结构的本质。把复杂的系统分拆成不同模块，并使模块之间通过标准化接口进行信息沟通的动态整合过程就叫做“模块化”。模块化又狭义和广义之分，狭义模块化是指模块化早期的产品生产和工艺设计的模块化，而广义模块化是指把一系统（包括产品、生产组织和过程等）进行模块分解与模块集中的动态整合过程。模块化经典理论认为，被模块化的复杂系统内部有两类信息，一类是“看得见的信息”（系统信息），另一类是“看不见的信息”（个别信息）。“看得见的信息”是复杂系统内部各子系统（模块）共享的信息，这类信息使各子系统之间建立明确的联系规则，它包括结构、界面（接口）和标准等三方面的信息；当然，在经济系统不断复杂化的今天，各模块之间的联系规则是不断进化、发展的，要依靠事后的不断改进来适应新的环境。“看不见的信息”隐含于各子系统内部，是其他系统看不见的私人信息，这类信息使各子系统可以独立、平行地展开工作，它可以被替代或事后进行再选择。正是因为模块化的组织形式具有上述特点，所以在信息化时代产业组织呈现出模块化的趋势，并直接形成具有垄断结构且高效率的市场形态。那么，模块化的生产组织形式为何会导致市场呈现出垄断结构？具体又呈现怎样的形态？我们可以从下面几方面展开分析。

（一）模块化的生产组织形式可促进创新

熊彼特（2000）非常强调创新在经济发展过程中至高无上的作用，他把创新或生产要素的“新组合”看成是资本主义的根本特征。熊彼特（2002）认为，在经济发展的过程中“新的生产方法或新商品（尤其是后者），即使只有单独一家企业使用或生产本身并不构成垄断……在那些企业家利润之中包含或者可能包含一种真正的垄断收益因素，它是资本主义社会颁给成功革新者的奖金，这是正确的。”垄断结构可以促进创新，可以说是“熊彼特假设”的一个基本结论。而卡曼和施瓦茨（Kamien M. and Schwartz N.，1981）、罗默（Paul Romer，1990）等人则从另一方面证明了创新的动力就是获得垄断（结构）利润。在信息经济时代，人们的消费需求已从数量消费、质量消费逐渐过渡到个性化消费，单凭产品的物理属性已经不能满足人们的消费需求，人们已经开始进入到追求自我实现与高峰体验的时代。在个时代，只有创新冒尖者（Tipping）通过不断创新，创造新的体验价值才能满足消费需求，才能获得垄断结构利润。

在信息经济时代，模块化的生产组织形式在创新或创造“新组合”方面有它特殊的优势。模块化系统内“看不见的信息”和“看得见的信息”使各子模块之间既独立又统一。正是模块化这种独特结构大大推进了创新，这可以从四个方面来说明。第一，模块化系统内各子模块之间“背靠背”竞争具有“淘汰赛”的激励效果。青木昌彦（2001，2003）在分析硅谷模式时认为，由于创新企业在模块产品设计时对其他模块依赖较小，因此硅谷模式的创新能力得以加强；而且，硅谷内往往是数十家企业同时为研究同一有前途的技术展开竞争，只有成功者才能上市或被收购，这种“淘汰赛”更能激励企业进行创新。第二，模块化系统是一个允许浪费的系统，系统内各子模块之间平行展开工作可以促进创新。一方面，子模块内部信息包裹化使每个子模块内创新项目免受外部干扰；另一方面也使得模块集成者有多个备选创新项目以对付风险与不确定性。第三，由于多个企业从事同一模块产品的设计工作，创新性产品系统不需要事先集中设计而可以自行演化，免去了彻底偏离现存模块组合方式时所产生的压力。第四，模块化能够通过子模块不同的排列组合实现创新，使得产品的品种更丰富，以满足个性化时代的需求。正是模块化组织形式在以上几方面具有创新优势导致了模块化垄断结构的形成。

（二）模块化使企业组织扁平化，企业边界柔性化

信息经济条件下组织模块化使企业组织出现如下特点。

第一，模块化使企业组织扁平化。以模块化为基础组成的企业间生产网络的出现使原来由一个企业从事生产经营的所有功能，现在由多个模块通过横向协调来完成，包揽生产经营活动全过程的垂直一体化企业的界限因此被打破（刘茂松、曹虹剑，2004b）。与马歇尔意义上的市场协调，威廉姆森的一体化组织相比，模块化的价值创造体系具有更高的组织效率，因为模块化组织更能调动内部各利益主体的积极性。模块化组织的兴起，使企业组织由金字塔型向扁平化转变，企业的管理层次也随之减少，再加上通用的沟通界面，使得企业内部信息沟通、处理能力大大加强，消除了科层结构带来的种种效率低下的问题。同时，企业模块化网络还使得各模块供应商的核心竞争力得到强化。彼特·奥格雷迪（Peter Ogrady，2001）在分析需求多变、复杂的 PC 产业时指出，当 PC 产业采取模块化的生产方式，它就适应了快速变化的市场，可以应付复杂的个性化定制，这也使得 PC 产业内数以百计的企业集中精力做一个自己擅长的模块，在此基础上不断发展、创新，从而使该模

块成为在其所在的产业内具有核心竞争力优势的企业。

第二，企业组织模块化使企业边界柔性化。在企业模块化趋势中，企业可以把非自己专长的业务外包给模块供应商或通过动态联盟整合价值模块达到一定的目标，这样一来使得企业可以把注意力放在自己的专长上，因而更具竞争力。企业在这样的模块化趋势中，通过选择多样化和灵活的动态契约组合建立“柔性契约网络”，这样模块化的契约组织形式可以使企业随内外部环境的变化排列、组合、增加或减少相应的契约，使企业能在全球整合资源，以达到减少生产成本与交易费用，赢得竞争优势的目的（刘茂松、曹虹剑，2004a）。在信息经济与经济全球化的今天，人们的消费需求已经从数量消费、质量消费发展到个性化消费，人们不仅根据产品的物理属性选择商品，而且会根据自己的偏好、气质、身份、地位和文化背景等来选择商品，因此企业面对是极富个性化且不断升级的消费需求。在这样动态的市场中，模块化的柔性契约网络就可以大显身手了。模块化的柔性契约网络可以不断对业务做出规划和调整，以创建一个不断变化的业务组合来满足人们个性化且不断升级的消费需求。①

企业组织的模块化、扁平化与企业边界的柔性化不仅提高了效率，而且使得模块化的企业在市场上的垄断结构进一步加强，这可以从下面三方面来说明：（1）企业组织扁平化使企业的管理层次减少，信息沟通、处理能力大大加强，企业可以通过通用界面横向连接各模块供应商扩大规模经济作用的范围，从而使自己的垄断结构不断延伸。（2）模块化使得各模块供应商核心竞争力得到强化，加速了创新进程，从而促进了垄断结构的形成。（3）具有知识优势、信息优势、声誉优势和社会资本优势，整合能力强的企业可以通过在全球范围内组成最低交易费用契约集合的柔性契约网络，在此基础上成为实现范围经济与规模经济的模块集成商，这样也可以促进垄断结构的延伸。

（三）模块化式产业集群可化解内生性风险

鲍德温与克拉克（2000）、青木昌彦（2003）等人都把硅谷的产业集群看做模块集群。这种以中小型模块供应商为主体的模块化式产业集群在创新方面有其特有的优势。不仅如此，模块化式产业集群的兴起还打破了产业集群地理邻近的观点，使得模块化式产业集群的竞争优势更加突出。不管在马歇尔的著作中，还是在克鲁格曼和波特的著作中都体现产业集群地理邻近的观点。在信息经济条件下，由于信息经济发展使得信息成本与交易费用大大降低，再加上模块化特有的通用接口与公开的系统信息作为连接手段，模块化虚拟群（virtual cluster）便可凭借着模块化网络这一运作单位，使虚拟组织在一定条件下打破地理接近条件的约束。模块化虚拟群的出现并没有否定产业集群的重要功能，而是使产业集群在内涵及其外延上有了新的发展。

传统的产业集群往往会因为进行了定向专用性投资的特质交易（idiosyncratic exchange）过多而带来内生性风险（朱瑞博，2004a）。模块化式产业集群可以通过减少资产专用性及避免锁定来化解产业集群的内生性风险。一方面，模块化式产业集群内“背靠背”与“淘汰赛”式的平行竞争使各模块的创新活动并不会因某个模块出现问题而停止，这减少了内生的系统性风险与各子模块资产专用性与锁定风险；另一方面，模块化式产业集群可以通过虚拟形式与外界进行信息交流或接口对接，这对于模块供应商与模块集成商双方来说对方的可替代性增强了，因此资产专用性与锁定程度

① 由于现实经济生活中各种限制条件的存在，企业的行为并非总是理性的，企业边界的确定也并非总是被确定于边际成本与边际收益相交之处，企业边界刚好被确定于边际成本与边际收益相交那一点可以说是理论上的偶然。而且，现代企业不一定只生产单一的产品，如果只生产一个产品，可以说企业边界刚好被确定于该产品的边际成本与边际收益相交那一点决定（即该产品的最佳生产规模决定），但现代企业往往是同时建立在规模经济与范围经济基础上的，是同时生产相关的多种产品以满足个性化的需要，此时，单一产品的最佳生产规模不一定是整个企业最佳规模，只有使所有产品同时达到最优规模点才可能是企业最佳规模点，但每种产品的最优规模点并不一定是同时被决定的，这样就可能存在一个时间上的动态不一致问题，导致因为时间上的问题而难以出现理论上的企业最佳规模。另外，在信息经济条件下企业边界在理论上可以呈现出无边界化的趋势（李海舰、原磊，2005）。所以，本书认为在信息经济条件下，企业边界趋向于模糊，是柔性的，有时甚至可能是没有边界的，特别是存在规模报酬递增时。

都降低了。此外，模块化的产业集群内平行竞争的性质还使得模块设计者有数个替代方案以应付未来的风险与不确定性。

由于模块化式产业集群可以通过减少资产专用性降低锁定程度化解产业集群的内生性风险，使得模块化的企业网络在市场上的垄断结构进一步延伸，这可以从下面两方面来说明：（1）模块化式产业集群内各价值子模块之间“淘汰赛”与“背靠背”式的竞争不但使得各价值子模块的创新愿望与能力不断加强，而且使市场上形成了赢者通吃的局面，具有相当大的激励效果，从而促进了各价值子模块在各自市场上垄断结构的形成。（2）模块化虚拟群内个别信息与系统信息的特别安排既促进了各模块供应商之间“淘汰赛”与“背靠背”式的竞争，又使得系统集成商可以在全球范围内选择价值最优模块供应商组成一个“最优价值系统”，这也促进了系统集成商在市场上垄断结构的形成。

（四）模块化使产业价值不断转移

价值转移是指市场收益率及市场价值随外部环境的改变而在产业之间、产业内部、公司之间乃至公司内部等层面转移运动的过程。在信息经济时代，由于技术的飞速进步，需求的复杂性与多变性与市场与日俱增的不确定性，使价值转移成为了一种普遍现象，这在一定程度上也促进了垄断结构的形成，我们可以从下面几方面进行分析。

第一，产业利润流向标准制造商。奥格雷迪（2001）认为，信息革命使得消费者的需求日益复杂化，这一趋势加速了市场转型。[①] 这是因为在新经济条件下，市场行为方式与以前会有所不同。一方面，因为产品的网络的外部性会产生“锁定”效应，这会导致众多模块制造商和系统集成商采用同一标准的模块化构件；另一方面，因为快鱼吃慢鱼的规则和市场知识产权保护的加强也导致了赢者通吃的局面。所以如今的市场往往是唯一的标准制定者占支配地位。英特尔公司是具垄断结构的标准制造商最好的例子。

第二，产业利润流向模块系统集成商。克里斯坦森（Christensen，2004）等人认为，随着技术的发展，产品性能已经能满足大多数顾客后，企业纷纷把竞争重点放在了便利性和客户定制上，这时，垂直整合不但没有优势，反而成了劣势。在这样的背景下，模块化整合就可以发挥自己的优势了。模块设计者与系统集成商以共享的、统一的界面为标准，通过自己的社会资本、知识与信息优势组建扁平状的虚拟组织，就可以较低成本在全球整合资源。根据“能力聚集效应”（Capacity Pooling Effect）理论，有竞争优势的模块系统集成商能与优质的模块供应商结合起来，把自己的创意转化为产品；而模块供应者也会选择有品牌优势的模块系统集成商进行合作。于是在品牌竞争中获胜的模块系统集成商就可以形成较高的产业组织利润。模块集成商戴尔公司成为全球市场占有率最高PC厂商的例子很好地说明了这一点。

第三，利润由低级资源位流向高级资源位。根据的系统经济学的资源位理论（昝廷全，2003），土地、资本等生产要素是初级资源，知识、技术等属于中级资源，而组织、网络、信誉和社会资本等是高级资源。如果把资源看做产业价值链中的模块，那么，在产品结构不断优化、产业结构不断升级的今天，在产业价值链中价值链的重心是不断由初级资源位模块流向高级资源位模块的。如今产业价值链的链主通常是较高资源模块的拥有者，它可以利用自己资源位的优势把产业组织模块化，按照效率分工和功能分工的原则优化整合产业内的资源，从而取得竞争优势，形成垄断结构。

① 模块化是一种使复杂问题简单化的信息处理方法。一般而言，越是复杂、越是信息处理要求高的系统就越需要模块化（刘茂松、曹虹剑，2004b）。美国信息产业著名杂志“Computerworld”总裁 David C. Moschella 认为，在“梅特卡夫法则”之后将是“转型法则”：一个产业的转型程度等于该产业信息（比特）处理活动百分比的平方。举个例子，如果A产业有90%为信息处理活动，那么A产业转型潜力（TP_A）等于：$0.9\times0.9=0.81$；如果B产业有30%为信息处理活动，那么B产业转型潜力（TP_B）等于：$0.3\times0.3=0.09$，故 $TP_A/TP_B=9$，也就是说A产业是B产业转型潜力的9倍。

第四，利润由内显性价值模块流向外显性价值模块。如果将产品价值理解为一个系统，则产品价值系统可分为功能价值子模块、体验价值子模块、信息价值子模块与文化价值子模块。功能价值子模块与体验价值子模块可以归为“内显性价值模块”，它依附于产品之上，由产品物理属性及其表征形成的价值。而信息价值子模块与文化价值子模块可归为“外显性价值模块”，它依赖于社会评价体系所形成的价值（胡晓鹏，2004）。一般来说，产品模块系统内价值流的转移是沿着功能价值、体验价值再到信息价值和文化价值这样一条由低到高的路径实现的。于是能不断创新，率先从功能价值过渡到体验价值，从内显性价值模块过渡外显性价值模块的模块供应商或集成商就可能在市场上形成垄断结构。在各自市场上具有垄断结构的微软、英特尔和戴尔都是这方面的先知先觉者。

（五）模块化组织可促进产业融合

“一旦由于技术革新开发出了替代性的产品或服务，或是由于放宽限制积极地展开了相互介入，各产业的企业群就会处于相互竞争的状态之中。产业融合就是这样通过技术革新和放宽限制来降低行业间的壁垒，加强各行业企业间的竞争合作关系”（植草益，2001）。近年来各国放松规制，特别是信息技术的迅猛发展大大促进了产业融合。信息经济的主要特征就是“数字化”，数字化产品的大量涌现使资产的专用性降低，不同产品借助数字化获得了通用界面，进而可以实现网络的外部性，这促进了产业融合。安藤晴彦（2003）认为，风险投资基金的主要方向是电脑、通信和生物技术等高科技产业，这些数字化的产业内硬件和软件对信息的处理有了爆炸性的进步，使得模块化处理方式变得十分有利，因为数字化提供了最简单明了的共同界面，它们为模块化的发展打下了很好的基础。在信息经济时代，模块化成为了标准化的高级形式，当产业采用模块化的组织形式后就会促进产业融合。产业融合改变了企业行为与市场结构。

从企业行为来看，产业融合使企业的合作竞争意识加强，但潜在产业标准制定者之间和各模块供应商之间的竞争会更激烈。在产业融合的趋势下，企业应该在战略上以模块整合代替行政协调，而模块整合的方法按青木昌彦（2003）的归纳，可分为金字塔型、信息同化型和信息异化型。从市场结构来看，产业融合不仅使纵向一体化的市场结构逐渐向横向一体化的市场结构转变，而且使得传统意义上的垄断结构的内涵有所改变。传统意义上的垄断结构有一个假设前提，那就是每一个产品市场的边界是明确的，可以对市场集中度进行测量。但在产业组织模块化并出现产业融合的条件下，这一切发生了改变。一些产品可能同时跨几个不同市场，这给市场的划分和市场集中度的测定带来了一定的困难，一个很好的例子是多媒体机顶盒（综合业务机顶盒），它可以支持几乎所有的广播和交互式多媒体应用，包括收看普通电视节目、数字加密电视节目、点播多媒体节目和信息、电子节目指南（EPG）、收发电子邮件、因特网浏览、网上购物、远程教育等。因此，信息经济时代，在产业融合条件下，垄断结构并不单只表现在某种产品的市场集中度上，而且反映在某一企业对相关互补产品和替代产品市场的控制力上；而且具垄断结构的市场主体往往表现为模块化的网络形态。在一个需要创造需求的信息经济时代，具有高级资源优势、创新优势、品牌优势和模块整合优势的企业会在相关市场上形成垄断结构。当然，这也不排除以前不具品牌优势，未形成垄断结构的企业凭借其反应迅速的创新优势在新的市场上利用率先进入的优势形成垄断结构。

四、模块化式垄断结构的制度安排

模块化组织之所以具有强大生命力和极高的效率是因为它特殊的组织结构及其制度安排。关于这一点我们准备从下面几方面展开。

（一）模块化企业的制度安排

1. 企业的内部性外部化。按照产权理论，如果将市场中的外部性内化，从而使个人（也包括每个企业）收益率与社会收益率一致，那么资源配置将得到优化。但工业经济时代与信息经济时代的主导资本不同，因而外部性所产生的范围与效果也不同。在物质资本为主导的工业经济时代，因为物质资本的外部性多为负，所以产权制度安排选择的是将外部性内部化；而在知识资本为主导的信息经济时代，因为知识资本的外部性很强，且多为正，所以理想产权制度安排选择的是将内部知识市场所产生的效果外部化（这里如果称之为“外部效果外部化”人们可能会摸不着头脑，为区别于科斯等人的理论，我们称之为企业的“内部性外部化”）。工业经济时代与信息经济时代对外部性产权制度安排的比较如图 1、图 2 所示。①

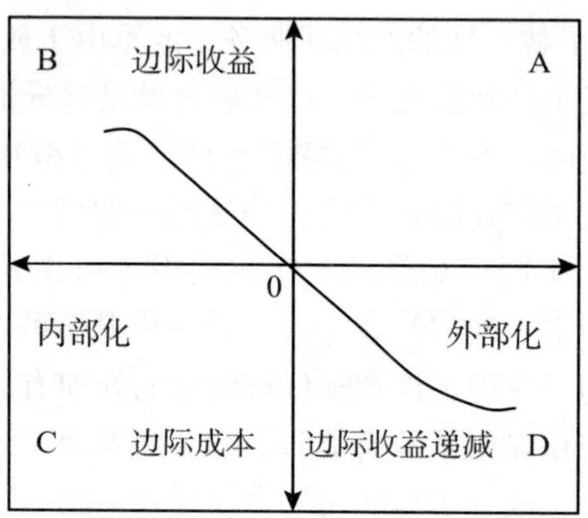

图 1　工业经济时代针对外部性的产权制度安排

资料来源：借鉴了姜奇平的观点。

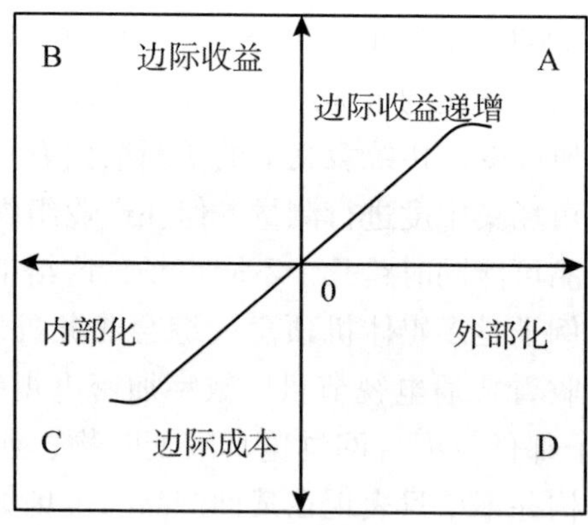

图 2　信息经济时代针对外部性的产权制度安排

资料来源：借鉴了姜奇平的观点。

图 1 表明在工业经济时代普遍存在物质资本的边际报酬递减现象，再加上将外部性内部化的收益小于成本，故将外部性内部化是理想的选择（图 1 中 B 象限）。图 2 表明在信息经济时代，经济系统中普遍存在规模报酬递增的现象（这往往是知识外溢效果与学习效应造成的正的外部性），这时将内部性外部化的收益会超过成本，故理想的产权制度安排将内部性外部化（图 2 中 A 象限），从而使整个社会资源配置优化。

① 感谢姜奇平先生发表在《互联网周刊》与“博客中国”（blogchina. com）的文章的有益启发。

模块化组织就是将内部性外部化的一种组织形态。在经济全球化与信息经济时代，技术的迅速发展，消费需求的多样化，竞争的全球化使得经济系统日趋复杂，企业需要处理的信息量剧增，显然，传统刚性的、封闭式的企业组织形式难以适用这样变幻莫测的市场环境，而柔性的、开放式的模块化组织可以应对这一挑战。一方面，统一的接口与界面，公用的系统信息等制度安排，合作竞争的理念使模块化的组织形成了一个开放的系统，可以与其他系统进行信息沟通与交流。另一方面，在保证核心创新能力“包裹化”（encapsulated）——受到保护的情况下，加强与其他系统的信息、知识的互换、互惠活动，会产生巨大的外溢效果，有助于双赢或多赢的局面形成。这也符合系统经济学与演化经济学的观点。

2. 企业的外部竞争内部化。传统主流经济学理论十分强调市场完全竞争对优化资源配置所起的作用。在信息经济时代，竞争也同样重要，只是在模块化组织中来自外部的竞争在很大程度上被内化掉了。模块化系统有一个很大的优势就是它是一个开放的、允许内部竞争的系统，这样不仅使得竞争内部化，而且使整个系统的效率与活力大大提高。这可以从下两方面的制度安排来分析。第一，模块化系统留有通用接口与公共信息使可供系统选择的子模块与潜在可供替代的模块供应商增加了，这也扩展了系统的兼容性，增强了系统对市场的控制力，从而使外部竞争内部化。第二，模块化系统内各子模块之间信息的“包裹化”，使得各个子模块之间具有竞争性质，有“淘汰赛”式的激励效果。在遵守共同界面标准的前提下，各子模块可独立地进行创新活动，因而具有“背靠背”竞争的性质。青木昌彦（2001，2003）对硅谷模式（模块簇群）的分析就证明了“淘汰赛”与“背靠背”式竞争可以促进创新，增加模块之间竞争的激烈程度。可见“淘汰赛”与“背靠背”式竞争使得模块化系统的创新动力与竞争活力大大增强。由于模块化系统具有外部竞争内部化的特点使得模块化系统更具竞争力，使模块化组织容易形成市场上的垄断结构。

图 3 表明了模块化系统 A 内部化的竞争及其与其他模块化系统之间信息交流的过程。模块化系统 A 内部有两个子模块系统 a 和 b，它们之间有信息沟通与交流。子模块系统 a 和 b 内又各有四个相互竞争的孙模块供应商（系统），这四个相互竞争的孙模块供应商产品具有替代或同质的性质，因此它们之间竞争很激烈，就像外部市场企业之间的竞争一样。当然，子模块系统 a 和 b 也可以是竞争关系；模块化系统 A 和其他同级的系统之间也同样可以是竞争的关系，而且 A 系统与其他同级系统又可以从属于更高级的模块化系统。通过描述可以看出，模块化系统内部具有市场的某些特征，同一系统内部的子模块供应商之间可以在一只“无形的手”的指引下展开竞争，但它们又从属于同一个更高级的模块系统；对于这个更高级的模块系统而言，这些相互竞争的子模块供应商都是它的利益相关者，这样就扩大了同一利益集团的作用范围，因而更高级的模块系统会具垄断结构的性质。显然，这种垄断结构并不会妨碍竞争，因为各子系统的从属方位并不是固定的，通用的对外接口使子系统有更多的选择范围，因此，更高级的系统之间也有竞争。另外，产业融合也使较高级的模块系统的潜在竞争对手大大增加了，这也减少了垄断结构向垄断行为转化的概率。

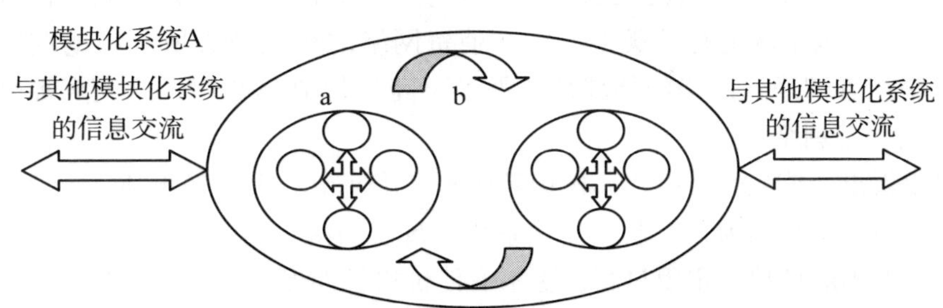

图 3　模块化组织外部竞争内部化

3. 满足组织内部最低层次的产权需求。昝廷全（1997，2001）从系统经济学的角度提出了“产权安排最低层次原理”，并证明了最低层次原理与系统经济学三大基本公理之一的世界最经济原理相吻合。其理论认为，“产权安排应当从层次尽可能低的产权主体（经济系统）开始，当低层次经济系统的产权需求被满足之后，再将产权安排给高一层次的经济系统。”这一理论与马斯诺的“需求层次论”有着相似之处，应该说在人类经济社会中有着普适性。模块化系统内的产权安排符合产权安排最低层次原理。我们假设存在 A、B、C、D、E 五个层次由高到低的模块化系统，它们之间存在以下关系：

$$A \in B \in C \in D \in E$$

根据青木昌彦（2003）的定义，模块是指“半自律性的子系统，通过和其他同样的子系统按照一定的规则相互联系而构成的更加复杂的系统或过程”，各模块有信息包裹化的功能，这样能确保各个子模块系统（不论低到什么层次）都是一个相对完备的系统，且具有相对独立的功能。我们可以看出模块化系统的产权安排显然符合产权安排最低层次原理：

$$A \leftarrow B \leftarrow C \leftarrow D \leftarrow E$$

模块化组织满足各级系统产权需求的制度安排能消除了以往科层组织的固有毛病，使每一个系统成为了一个具有独立“人格”的主体，从而激发了各层次产权主体的生产积极性。并且，各子系统的包裹化一方面使得模块内显性的核心能力得到保护，另一方面模块内的隐性知识也可以自由地发挥自己的作用。此外，模块化组织形式的制度安排比以往的分工形式更关注分工中的合作效率与分工后系统的自发演进问题，应该说这是一种巨大的进步。因为模块化系统是开放型的、具有强大潜在扩张能力的系统，并具有极强的活力和强大生命力，所以它在市场上形成垄断结构成为一种必然趋势。

（二）产业组织模块化条件下的市场制度安排

信息经济时代，产业组织模块化条件下的市场制度安排与工业经济时代有很大的不同，这集中反映在产品的定价上。在工业经济时代被认为是理所当然的边际法则在信息经济时代大大缩小了其作用范围，甚至已经不再起支配作用了。信息经济时代，因为第一件信息商品的生产成本非常高，而边际成本接近于零，如果企业按边际成本定价的话就很可能亏损，显然企业是难以按边际成本定价的。我们发现，信息经济时代定价与分摊成本和网络外部性相关。对于生产者而言，因为生产第一件信息产品的成本非常高，这就产生一个成本的跨时期分摊问题，第一件产品的高额成本必须随着产品的生产分摊到以后的各时期当中。企业往往是使最初的产品多分摊些成本，越往后分摊的成本就越少。也就是说，消费网络的规模越大所分摊的成本就越低。这种定价方式符合科斯经典论文《耐用品与垄断》（Coase，1972）中的猜想：耐用品生产的垄断企业往往会采取跨时期的价格歧视行为。这种定价把对新兴事物敏感与不敏感的人区分开来，对新兴事物敏感，愿意率先消费的人愿意出高价（这也满足了这部分人炫耀心理或其他的高层次需求），而对新事物不敏感或不愿意率先花高价消费的人而言，只要等一段时间就可以花较低的价钱消费同样的产品（服务），现在的手机市场就是此类典型。在消费网络的规模越大所分摊的成本降低，产品价格下降的同时，消费者却通过网络的外部性获得了更高的价值与效用，这大大提高了产品的性价比，从而增加了消费者剩余。

通过分析可以看出，信息经济时代不按边际成本定价使市场上容易形成垄断结构。但这种垄断结构并不会妨碍竞争。这是因为，企业（模块系统）现实与潜在竞争者多，加上消费者预期价格将下降等因素，使企业不敢把价格定得过高，更不敢使价格长期保留在较高位置，这导致企业获得创新利润的时间很短，企业只有不断创新，不断推出新产品（服务）、新业务组合才能确保获得高额的创新利润。这种定价方式不仅提升了企业不断创新的努力，而且保证了消费剩余，所以是有效率的，并不属于垄断行为。

（三）产业组织模块化条件下的规制制度安排

1. 由定义自然垄断产业到定义自然垄断环节。自然垄断应该体现自由竞争选择的结果（具有高效率特征）。由于产业横向一体化的发展，原来被认为整个产业都是属于自然垄断的产业，在产业组织模块化条件下，整个产业链被拆分、重组，分为一个环节（模块），其中许多环节变得可以自由竞争，比如，电信产业就是把基础设施与服务、内容供应商分开，服务商、内容供应商之间是可以竞争的，同样的道理也适合铁路等部门和产业。当然，这些自然垄断环节的地位也不是固定不变的，随着技术发展与组织结构的演进，这些环节也可以变得可以竞争，因为模块化组织形式提供了公共信息、通用界面与接口，这种产品的可替代性增加，潜在供应商（竞争对手）增加。此时，政府相关部门进行规制的方式也应该由运用行政手段设置进入障碍转向运用法律手段减少进入、退出市场的障碍。

2. 由规制市场结构到规制垄断行为。信息经济时代，具有网络外部性效应、创新优势等特征的模块化垄断结构往往是竞争选择的结构，它的出现使市场集中率不再成为判断垄断是否损害市场效率的标准，取而代之的标准是看垄断企业是否有损害效率的垄断行为。特别是在产业融合的情况下，市场集中度与定价标准非常难以确定，判别垄断结构的成本非常的高。这些都使得产业规制政策由规制结构向规制行为转变。所以，发达国家在放松规制的同时特别注重垄断结构的效率分析，不盲目地反垄断，提倡竞争，反的主要是有损效率的垄断行为。当然，我们也要防止垄断结构转化为垄断行为，做到这一点关键是规制者要减少潜在进入者可能发生的沉没成本，使市场向鲍莫尔所说的“可竞争市场”转变。

3. 由单纯规范企业行为到规范企业与政府自身行为。信息经济的发展，模块化垄断结构的形成需要我们进一步放松规制，包括降低市场准入门槛与放松对垄断结构的规制。在这一过程中，规范政府自身行为，反行政垄断与地方保护主义是必要的，因为在发展中国家最有损效率的往往是行政垄断与地方保护主义，它们是各利益相关部门与地区博弈的结果，其存在的根本原因是政府自己也是特定的利益主体，也有自己的利益需求。解决好行政垄断与地方保护主义要抓好法律制度建设，用法律手段规范政府行为。这主要是防止政府利用自己的行政权力按行业与地域来划分自己经济上的支配领域，一旦政府利用行政权力设置人为的市场障碍，政府就可以利用非对等的管理交易谋取利益。所以，一方面要使政府的行为受到法律的管辖与约束；另一方面要成立一个独立的反行政垄断与地方保护主义的机构，并鼓励行政垄断与地方保护主义的受害者起诉政府部门，减少受害者起诉的成本。规范政府行为的结果就要使政府公开、公正地运用激励性规制制度安排，比如，标尺竞争制度（yardstick competition）、特许投标制度（franchise bidding）等。

参考文献：

1. 乌家培：《网络经济及其对经济理论的影响》，载于《学术研究》2000 年第 1 期。

2. 李海舰、原磊：《论无边界企业》，载于《中国工业经济》2005 年第 4 期。

3. 姜奇平：《网络经济如何治理——关于新经济调控机制的思考》，载于《互联网周刊》2000 年第 11、第 13 期。

4. 刘茂松：《论经济全球化时代产业组织理论的范式创新》，载于《湖南师范大学社会科学学报》2004 年第 3 期。

5. 刘茂松、曹虹剑：《论经济全球化时代跨国公司垄断结构》，载于《中国工业经济》2004 年第 9 期。

6. 杜传忠：《产业组织演进中的企业合作——兼论新经济条件下的产业组织合作范式》，载于《中国工业经济》2004 年第 6 期。

7. 吕政、曹建海：《竞争总是有效率的吗？——兼论过度竞争的理论基础》，载于《中国社会科学》2000 年第 6 期。

8. 胡晓鹏：《价值系统的模块化与价值转移》，载于《中国工业经济》2004年第11期。

9. 昝廷全：《产权安排的最低层次原理及其应用》，载于《中国工业经济》2001年第10期。

10. 昝廷全：《系统经济：新经济的本质——兼论模块化理论》，载于《中国工业经济》2003年第9期。

11. 昝廷全：《系统经济学进展（Vol. 1）》，郑州大学出版社2003年版。

12. 朱瑞博：《模块化抗产业集群内生性风险的机理分析》，载于《中国工业经济》2004年第5期。

13. 朱瑞博：《模块化、组织柔性与虚拟再整合产业组织体系》，载于《产业经济评论》2004年第2期。

14. ［美］奥利佛·威廉姆森：《资本主义经济制度》，商务印书馆2002年版。

15. ［美］约瑟夫·熊彼特：《经济发展理论》，商务印书馆2000年版。

16. ［美］约瑟夫·熊彼特：《资本主义、社会主义与民主》，商务印书馆2002年版。

17. ［日］青木昌彦：《比较制度分析》，上海远东出版社2001年版。

18. ［日］青木昌彦、安藤晴彦：《模块时代：新产业结构的本质》，上海远东出版社2003年版。

19. ［日］植草益：《信息通讯业的产业融合》，载于《中国工业经济》2001年第2期。

20. Baldwin，C. Y. and Clark，K. B.. Managing in An Age of Modularity [J]. Harvard Business review，1997，Sep. -Oct.

21. Baldwin，C. Y. and Clark，K. B.. Design Rules：The Power of Modularity. Vol. 1 [M]. Cambridge：MIT Press，2000.

22. Stiglitz，J. E.，Potential Competition May Reduce Welfare [J]. American Economic Review，1981，Vol. 71.

23. Peter Ogrady. The Age of Modularity：Using the New World of Modular Products to Revolutionize Your Corporation [M]. Lowa City：Adam and Steede Publishers，2001.

（本文载于《中国工业经济》2005年第8期）

公用企业滥用优势地位行为的法律管制

王晓晔

一、中国公用企业滥用优势地位行为的表现

中国的公用企业行业长期实行事业化管理体制，即企业的市场经营与行业管理相结合，有着双重的法律地位。一方面，它们是供应自来水、煤气、电力，承担铁路、航空客货运输，从事邮电和电话业务的民事主体；另一方面，在管理机构的设置和职能上，它们又处于行业管理地位，是行政主体。在实践中，公用企业滥用市场优势地位的行为可以表现为以下三个方面：

（一）滥收费用

垄断理论表明，垄断者凭借市场结构，非常可能向市场提供比它实际可能的生产数量少得多的产品，与此相适应，索要与其生产成本相比不合理的高价。这种滥用行为也被称为剥削性的滥用。公用企业因为在价格方面受到了国家管制，其产品或者服务的定价一般要得到有关政府部门的批准，剥削性的滥用行为似乎没有存在的理由。然而，实际的情况是，尽管公用企业提供的产品和服务在价格上受到政府的监督，甚至由政府直接定价，但是出于盈利的动机，它们仍然会借各种机会，在不受政府价格管制或者政府价格管制不严的领域，设法为自己牟取不正当的经济利益。如有些电业局采取加大线路损失、加大变压器损失、加收协议电量、表外多计电量等种种手段，多收用户电费。①

（二）拒绝交易

拒绝交易即指企业在没有正当理由的条件下，拒绝出售其商品或者提供服务。在市场经济条件下，依照合同自由原则，企业有权决定与某个企业交易，或者与某个企业不交易。但是，企业拒绝交易的权利却不适用于在市场上占有支配地位的企业，尤其不适用于公用企业。这一方面是因为公用企业提供的产品或者服务与国计民生息息相关；另一方面是除了这些企业的产品或者服务外，市场上没有相同或者相似的产品或者服务供用户或者消费者进行选择。为了保障企业的正常生产活动和人民的生活，公用企业不得凭借其垄断地位在市场上抵制交易。

（三）强制交易

占市场支配地位企业的妨碍性滥用行为都有一个共性，即为了排挤竞争对手或者加强其市场支

① 如黑龙江省哈尔滨市宾县电业局在1994年1月到1995年12月两年期间，采取这些手段多收用户电费120多万元，且这个数据源于占全县1/10的线路。参见1996年4月14日《法制日报》。

配地位，它们总是设法使其竞争者难以接近交易对手，或者封锁竞争者接近买方或者卖方的渠道。在中国，这种行为主要表现为强制性交易，即强迫买受人接受从交易性质到习惯都与合同无关的商品或者服务。

二、中国规范公用企业的现行法律制度及其问题

我国当前在规范公用企业方面有两种法律制度，一个是《反不正当竞争法》；另一个是专门的行业立法。

（一）反不正当竞争法

中国关于禁止公用企业滥用行为的现行法规主要是《反不正当竞争法》第 6 条。它规定，“公用企业或者其他依法具有独占地位的经营者，不得限定他人购买其指定的经营者的商品，以排挤其他经营者的公平竞争。”为了使这一规定具有可操作性，而且也是为了能够遏制公用企业的其他滥用行为，国家工商行政管理局于 1993 年 12 月发布了《关于禁止公用企业限制竞争行为的若干规定》。但是，工商管理机关执法不力一直是一个比较突出的问题，其中有客观原因，也有主观原因。客观上讲，许多中国公用企业如铁路局至今身兼二职，有着管理行业和市场经营的双重身份。在这种情况下，工商管理机关查处这些企业的滥用行为时，不可避免地会遇到来自政府部门的阻力。主观上讲，工商管理机关的独立性较差。作为政府的一个部门，授权它们查处个别企业的不正当竞争行为尚还可以，若要查处对市场有着广泛影响的垄断行为，特别是查处行政性垄断行为，其权威性则显得很不够。

（二）行业立法

中国关于公用企业的立法也有规范这些企业市场行为的规定。如 1995 年颁布的《中华人民共和国电力法》，针对供电企业是垄断企业的特点，其中有很多反垄断的规定。例如，《电力法》第 26 条第 1 款规定，供电企业不得违反国家规定对其营业区内申请用电的单位和个人拒绝供电（不得拒绝交易）；第 41 条规定，供电企业必须对同一电网内的同一电压等级、同一用电类别的用户，执行相同的电价标准（不得歧视）；第 43 条和第 44 条规定，供电企业不得超越电价管理权限制定电价，不得擅自变更电价；除法律和行政法规另有规定外，不得在电费中加收其他费用；禁止供电企业在收取电费时，代收其他费用（不得滥收费用）；等等。

《电力法》上述禁止性的规定同《反不正当竞争法》第 6 条一样，起着监督的作用，目的是保证这些企业能够在竞争性的市场条件下，向用户和消费者提供价格合理的优质服务。然而，根据中国目前的经验，行业监管部门监管本行业垄断企业市场行为的做法不是很有效的主要原因是监管部门与被监管的企业常常有着相同的经济利益。一般的情况是，当这些企业与其他部门的企业或者与消费者发生争议时，行业监管部门注重保护本行业企业的利益，而不注重保护其他企业以及消费者的利益。另一方面，行业监管部门注重的是行业发展和安全生产，而不是如何监管企业的市场竞争行为，特别是监督占市场支配地位企业的滥用行为。这些机构的工作人员应当有相当强的反垄断意识和理念。然而，就中国目前的行业监管机构来说，这些机构的工作人员既不具备这种素质，也不具备这种能力。因此，尽管中国在 2000 年就颁布了《电信条例》，电信市场的限制竞争行为和不正当竞争行为仍然非常严重，甚至多次出现了破坏通信设施和砍断电缆的恶性事件，但是人们没有看到中国信息业监管机构在制止行业中的限制竞争行为和不正当竞争行为方面有过什么作为。更重要

的是，中国公用事业现行的行业监管法，大多是本行业自己起草的，或者是立法机关主要征求了行业内大企业的意见。这种情况下的行业立法不可避免地会保护垄断企业以及占市场支配地位企业的自身利益。

以上情况说明，中国目前关于公用企业的专门法在很大程度上不是保护竞争，而是保护垄断。在这种情况下，就决不能将制止公用企业的滥用行为的任务交给这些行业的监管机构。至少在目前，这些行业的行政管理机构还不能胜任这个任务。

三、关于监管公用企业滥用优势地位行为的法律思考

我国目前在规范公用企业以及其他占有市场独占地位企业的市场行为方面还没有建立有效的法律制度。根据其他市场经济国家的经验，这个任务主要是由反垄断法来承担的。传统的反垄断法在实体法方面有三大支柱，即禁止卡特尔、禁止滥用市场支配地位和控制企业合并。这三个方面都是依据市场经济的实践经验和经济学的基本理论制定出来的，即企业越是能够通过其市场地位限制竞争，它们就越是可能限制市场的供给，提高产品的价格。这个理论对任何条件下的垄断企业都是适用的。垄断企业不仅操纵市场和价格，而且还导致生产和技术的停滞，出现腐朽的倾向。因此，为了保护竞争，维护优化配置资源的市场机制，绝大多数市场经济国家都颁布了反垄断法。在市场经济国家的法律体系中，反垄断法占有极其重要的地位。在美国，它被称为“自由企业的大宪章”；在德国，它被称为“经济宪法”；在日本，它是“经济法的核心”。

公用事业在过去一般都可以从反垄断法中得到豁免。[①] 但是，随着 20 世纪 80 年代以来的经济自由化和放松管制的潮流，各国反垄断法逐步废除了对公用事业豁免的规定，特别是它们的滥用行为不得从反垄断法中禁止滥用优势地位的规定中得到豁免。根据公用企业滥用优势的方式，反垄断法对它们的滥用监督主要有剥削性滥用的监督和妨碍性滥用的监管两个方面。前者主要是指价格监督，即防止公用企业在提供产品或者服务时，对用户和消费者滥收费用，牟取不合理的垄断利润。我国《反垄断法》草案中也有一条规定，“具有市场支配地位的经营者不得以垄断高价销售商品。”根据外国的实践，可以通过以下三种方法认定企业的剥削行为：第一是空间比较。对于存在着可比价格的产品，例如在煤气公司的强迫交易中，如果煤气公司出售的煤气灶在价格上较竞争性市场上的同类产品超出 8%，一般就可以认定煤气公司在出售煤气灶中存在剥削性的滥用行为。第二是时间比较。对于不存在可比价格的产品或者服务，例如旅客或者货物的运输费，因国内只有一家铁路运输企业，该企业下属的集团公司利用“联营”或者“限制口”使车皮随意涨价，获取高额垄断利润的行为就难以通过比较两个市场的方法认定涨价的违法性或者不合理性。对于这种不能进行“空间比较”的产品或劳务，可以用它们过去的价格与现行价格进行比较，然后评价涨价是否有合理性。这种比较方法可以称为“时间比较”。第三是成本加合理利润的比较。这种方法首先是确定产品或者服务的成本，然后与成本相比较，判断企业所获得的利润是否有合理性。德国对医药行业就采取这种方式控制价格。[②] 但是，这种方法在实践中有时难以被人们接受，因为其后果是政府的直接限价。人们对此提出的问题是，如果因政府限价而使企业破产，谁应当为企业承担责任。而且，即便企业没有破产，谁又为企业扩大生产所需的资金负责。但是，这种方式毕竟是从产品定价的基本原则出发，具有很大的合理性，应当成为我国反垄断执法机关监管公用企业价格行为的重要手段。特别是当企业不遵守国家的定价规则，越权涨价或者滥收费用，就可认定是剥削性的滥用行为。

① 如第 6 次修订前的德国《反对限制竞争法》规定对能源企业给予豁免。

② Vgl. V. Emmerich, Kartellrecht, 6 Aufl. Munchen 1991, S. 271.

所谓妨碍性滥用的监管主要对于公用企业为了占市场支配地位和排挤竞争对手或者加强其市场支配地位，总会想方设法地使其竞争者难以接近交易对手，或者封锁竞争者接近买方或者卖方的渠道的行为的监管。这种行为主要表现为强制性的交易，即强迫买受人接受其指定的商品或者服务，甚至强迫他们接受与交易无关的商品或者服务。对此，我国《反垄断法》草案中也有规定："具有市场支配地位的经营者不得拒绝向购买者销售商品，不得以胁迫方法强制交易，排除或者限制其他经营者的公平竞争"；"具有市场支配地位的经营者不得搭售商品或者附加其他不合理的交易条件"。然而，就以网络设施为特征的公用企业而言，关于禁止滥用市场支配地位的规定中应当增加一个禁止"拒绝互联互通"的条款。因为在实践中，电信市场上的限制竞争行为主要表现为占市场支配地位的电信运营企业拒绝向竞争者开放网络，或者以不合理的条件开放网络，例如索取不合理的费用。这里我们应当借鉴德国《反对限制竞争法》第 19 条第 4 款第 4 项的规定。据此，一个占市场支配地位的企业作为一种商品或者服务的供方或者需方，如果拒绝支付适当报酬的企业进入其网络或者其他基础设施，而对方出于法律或者事实之原因，不进入这些网络或者基础设施就不可能在其上游或者下游的市场上与这个占市场支配地位的企业开展竞争，这个拒绝互联互通的行为将被视为是"滥用市场支配地位的行为"，除非这个占市场支配地位的企业能够证明，因经营条件的限制或者出于其他原因，进入网络或者使用基础设施是不可能的，或者是不合理的要求。这样的规定一方面有利于推动在与网络或者与其他基础设施相关的经济部门引入竞争机制，另一方面也有利于保护网络或者基础设施的所有权。

中国作为社会主义市场经济国家是否有必要制定反垄断法，这已经是没有争议的问题，因为社会主义市场经济体制必须要建立保护竞争的法律制度。我国的反垄断法，一方面需要制止限制竞争的卡特尔，如企业间商定价格、限制生产数量、划分销售市场；需要规范企业联合，防止产生或者加强市场支配地位；需要制止政府及其所属部门滥用行政权力搞地区封锁和部门垄断；需要对公用企业及其他具有独占地位的企业进行监督管理，防止它们滥用市场势力。另一方面，随着我国实行对外开放的政策，大批外国企业和外国商品涌进入我国市场，与我国企业和商品相竞争，因此，我们也迫切需要反垄断法规范外国的竞争者。因此，制定一个符合国际惯例的反垄断法不仅有利于我国经济与世界经济接轨，而且还有利于促进我国政府部门职能的转化，从而成为深化我国经济体制改革和加速政治体制改革的催化剂。

（本文载于《法学杂志》2005 年第 1 期）

我国反垄断法与产业政策、竞争政策目标

吴宏伟

摘　要：竞争的正常运行需要有法律保障，但成就于国家政策目标的落实与实现。我国反垄断法在制定过程中，应将产业政策和竞争政策主要体现于反垄断法的适用范围、规制对象和执法机构这三个问题上。

关键词：反垄断法　产业政策　竞争目标

研讨反垄断法与产业政策、竞争政策目标的关系，不仅仅是从竞争法理论上厘定反垄断法的价值取向与立法宗旨，更重要的是在此基础上创制相应的制度以保证落实和实现国家的政策目标。

一、竞争法成因分析

反垄断法是竞争法体系中的一个重要组成部分，属于国家法律的范畴，而产业政策、竞争政策属于国家经济政策的范畴，两者何以紧密结合并体现着天然的内在联系？探寻竞争法形成的原因，可以为研讨这一命题奠定理论与实践的基础。

关于竞争法的成因，笔者曾在《竞争法有关问题研究》中作了较为详尽的论述①。竞争是市场经济的必然产物，也是市场经济运行的基本机制。在理想化的竞争状态下，通过市场竞争主体的积极竞争，就能够促进主体的经济发展与整体生产力的提高，使得社会资源得到优化配置，保证满足消费者的需求。但是，市场竞争主体竞争的根本目的在于获取经济利益，在高额经济利益驱动下，主体会利用一切方法与手段去竞争，这样，在竞争过程中自然地就产生了包括不正当竞争行为、限制竞争行为和垄断行为等三大类反竞争行为。这些反竞争行为，主要从排挤或消灭其他竞争者、扭曲产品价格信息、提供不真实的供求信息等方面来阻碍、破坏和窒息竞争，乃至影响到市场经济整体的有序运行。可以说，竞争从其产生的那一天起就是一种正常竞争与非正常竞争并存的社会现象。对于竞争中所出现的反竞争行为，欲利用竞争规律本身去消除与禁止是不可能的。

竞争过程中反竞争行为的猖獗，尤其是限制竞争行为和垄断行为的产生，引发了经济、社会、政治等诸方面连锁的社会问题。解决“竞争缺陷”或曰“市场缺陷”的问题，客观上需要由具有协调与平衡社会利益功能的国家出面。西方国家往往信奉“国家干预市场竞争”的理论，并通过有效的措施与制度，将产业政策、竞争政策目标落实于市场竞争之中，以实现其管理经济的职能，协调与平衡社会各阶层的利益。

法律是社会关系的调整器。在竞争过程中出现的反竞争行为恰恰是竞争者个体实践“意思自治”的结果。因此，国家为了消除与禁止在竞争中的反竞争行为，为了利用规范竞争秩序的契机来落实与实现国家的产业政策和竞争政策，竞争法便随着社会发展的要求产生了。

---

① 吴宏伟：《竞争法有关问题研究》，中国人民大学出版社2000年版，第34~55页。

历史上形成的竞争法，完全可以说明这样一个法律现象：竞争法形成的直接原因在于竞争中出现的反竞争行为需要通过竞争法来给予消除与禁止，而竞争法产生的内在原因在于国家利用创制竞争法的契机来实现其产业政策和竞争政策。所以，我们可以得出这样一个结论：竞争法起源于竞争的正常运行需要有法律保障，但成就于国家经济职能（即国家政策目标）的落实与实现。

二、国家产业政策与竞争政策

（一）产业政策与竞争政策的一般含义

国家的产业政策，一般可以表述为：它是国家干预或参与经济的一种形式，是国家（政府）系统设计有关产业发展，特别是产业结构演变的政策目标和政策措施的总和。[①] 这里的“干预”应该是一个广义上的概念，包括规划、引导、促进、调整、保护、扶持、限制等方面的含义。[②]

产业政策的概念起源于日本对其国内某些特定产业的振兴。1963 年 11 月，日本产业结构审议会发表了题为“产业结构政策的方向和课题”的咨询报告。在该报告中，确定产业结构政策为“确定产业结构发展的方向，同时为实现这一目的确立必要的政策和经济机制”。我国使用产业政策这一概念，是从 20 世纪 80 年代后半期开始的，其目的也是为了保证国内产业的协调发展。[③] 国际社会广泛使用产业政策的概念，都与其本国整体国民经济发展有关。无论实行何种经济体制，即便是在市场经济条件下，一国的国民经济发展都会存在着一些不协调发展的可能性：随着社会经济的运行，有些产业获得了发展而需要保持发展趋势，有些产业停滞不前而需要予以刺激，有些产业面临倒退而需要给予扶持和振兴等。这种产业结构状态与趋势的不协调性，阻碍了社会经济的发展。此时，任由市场主体的“意思自治”来调整国家经济结构是不太可能的，只能由国家（政府）出面来规划和实施既定的国家产业政策，以期获得国民经济的协调发展。

国家的竞争政策，一般可以表述为：所有那些为保护和促进市场经济中的竞争而采取的行动措施、制定的法规条例和设立的监察实施机构的总和。[④] 也有学者从广义上认为，竞争政策是指规范竞争秩序的经济政策，其涵盖内容除了竞争法外，还包括其他规范竞争秩序的贸易政策、工业政策等市场政策。[⑤]

从竞争政策一词的出现到今天世界各国竞相适用竞争政策规范竞争秩序有其历史的必然性。现代国家根据其社会资源拥有的状况、社会资源可利用的范围、社会资源的供需情况、人们的消费心理与水平、市场经济运行的状况、市场经济的成熟程度、不同所有制成分企业的分布、企业的生产经营能力、社会保障制度的建立与完善、国际竞争的相关现状与发展趋势、其他经济政策的配套实施等综合情况制定自己的经济发展目标和规划，而这些经济发展的目标和规划又都需要在市场竞争的过程中实现，加之市场竞争中反竞争行为需要消除与禁止，因此，作用于竞争领域、竞争目标、竞争者、竞争活动、竞争秩序等诸多方面的竞争政策便应运而生。从政府力量介入市场竞争领域角度而言，竞争政策的落实与实施，其本质也是“政府干预经济”。

从理论的层面上，我们可以将一国的产业政策和竞争政策相区别，但是，在实践中，产业政策与竞争政策两者之间紧密相关很难截然分开的。

① 周绍朋、王健主编：《中国政府经济学导论》，经济出版社 1998 年版，第 298 页。
② 王先林：《产业政策法初论》，载于《中国法学》2003 年第 3 期。
③ 陈晓春：《日本产业政策理论与启示》，载于《国外财经》2001 年第 4 期。
④ 陈秀山：《现代竞争理论与竞争政策》，商务印书馆 1997 年版，第 33 页。
⑤ 程宗璋：《论经济全球化条件下发展中国家的竞争政策》，载于《江南社会学院学报》，2003 年第 1 期。

（二）国家产业政策与竞争政策的实现方式

产业政策和竞争政策是国家根据国际国内经济、社会、政治等诸方面的情况而做出的需要在社会经济生活中实施的经济政策。这时，就有一个采用何种方式予以实现上述政策目标的问题。

国家用于指导和组织社会经济生活的各种计划，从某种意义上说可将其理解为产业政策。在计划经济时期，我国基本上没有竞争政策，而产业政策则是通过计划的方式来实施的。从经济体制改革开始，由于实行现代市场经济体制，国家仍有必要制定相关产业政策，只是产业政策所涉及的领域要根据政府能克服"市场缺陷"并避免"政府缺陷"的"适度原则"予以界定。[①] 至于竞争政策，则是因为市场经济实为竞争经济，国家根据本国国情而制定的竞争政策必须作用于市场竞争。因此，在建立与完善社会主义市场经济体制的今天，国家产业政策和竞争政策的实施不能采用老办法即计划的方法，而应借鉴西方国家的经验，采用法律的方法来实现。

在西方国家，产业政策和竞争政策也是国家管理社会经济生活的基本方式，只是政策目标的领域与内容随着其社会经济发展的状况由国家做出相应的调整而已。西方国家的文化、经济、社会等历史发展状况决定了其政策目标的实施方式，即通过法律制度的权威性来实施国家的政策目标。

众所周知，法律是国家用以规范社会活动的准则，其权威性在于以国家强制力作为后盾。国家法律的内容与社会发展的程度与趋势有着紧密的关系，社会发展的要求决定着法律的实体内容和程序内容。在资本主义自由竞争时期，国家（政府）远离市场，通过私法的力量保障竞争者获得更多的经济利益，以实现竞争的效力。进入垄断阶段后，尤其是现代国家需用产业政策和竞争政策来实现国家经济目标时，国家还是通过法律来给予保障。这样做的积极意义在于：（1）遵循法治原则。初期的市场经济是以市场主体的利益追求为原动力的，而法律尤其是私法则是保护市场主体利益的。在这种背景下，如果采用非法律的方式落实现代国家的产业政策和竞争政策，会引起社会对国家奉行的依法治国理念的不满，同时，也会在社会行动上产生抵触情绪，最终影响到政策目标的实施。（2）国家以法律的形式落实既定的产业政策和竞争政策并以此指导和规范市场主体的经营和竞争行为，就具有了合法的属性，符合以往形成的法治文化的要求，有利于国家政策目标的强制实现。[②]（3）当既定的产业政策和竞争政策披上合法外衣后，国家就可以利用这一机会具体创制相应的制度包括执法机构的设置与职责权限、执法程序与要求、执法人员的配备等内容，解释因社会发展变化而变化的政策目标的含义，最终实现国家政策目标。法律是治国的根本手段。因此，西方国家以法律的形式落实和实现其产业政策和竞争政策并取得了满意的社会效果，值得我国学习与借鉴。

三、我国反垄断法与产业政策、竞争政策目标

江泽民同志在中国共产党第十六次全国代表大会的报告中指出，基于国民经济发展的状况与趋势及我国加入世界贸易组织的现实，我们应该"在更大程度上发挥市场在资源配置中的基础性作用，健全统一、开放、竞争、有序的现代市场体系"，并就实现上述政策目标提出了相应的原则性对策。这些论断与发展趋势说明了，在我国国民经济领域中同样存在着产业结构调整的问题，同样

① 在经济学界，人们在研讨市场与政府关系时往往根据经济运行规律的缺陷和政府管理市场的缺陷得出"市场缺陷"和"政府缺陷"的结论。如何避免两者的"缺陷"，作者认为，应取决于国家对经济运行规律的认识和对政府职能的审定；产业政策和竞争政策制定的合理性及其作用于市场经济运行的利弊分析；产业政策和竞争政策的实施后果的评价及其修正；产业政策和竞争政策与其他配套制度的协调。因此，在现代市场经济条件下，政府应根据国情奉行"适度干预"原则。实际上，现代国家都以这一原则来规范社会经济生活。

② 也正因为如此，学术界将产业政策和竞争政策与产业政策法和竞争法相提并论。

需要落实与实现竞争政策目标。

就市场经济从本质上说是法治经济而言，我国产业政策和竞争政策的落实与实现，不可能再采用旧的体制与方法即计划体制与计划方法予以保障，而应该借鉴西方市场经济国家的成熟经验将产业政策和竞争政策法制化，并以法律的权威与强制作保障予以实现。这样，就产生了如何将产业政策、竞争政策周密地纳入法律框架并通过相应的执法机构予以实施的问题。

（一）我国反垄断法基本框架的问题

经济体制改革以来，国家为规范市场竞争秩序，于 1993 年制定颁布了《反不正当竞争法》。该法在实践中取得了积极的社会作用。但是，遗憾的是，我国还缺乏更具基础性意义的《反垄断法》。[①] 尽管有各种主客观原因影响着反垄断立法的进程，但是，作为规范市场经济运行基本大法的《反垄断法》应该尽早出台。[②]

总结他国的立法与司法经验，反垄断法大致包括下列主要内容：（1）确定反垄断法的宗旨与目的。任何一个法律都有其立法目的，反垄断法的立法目的在于：在反对限制竞争行为和垄断（包括垄断状态和垄断行为）过程中，创制有序的竞争秩序，以保护消费者的权益，以实现国家的政策目标。为实现这一立法目的，反垄断法还应确立该法的基本原则、适用的范围、除外范围，以及保障制度与措施。（2）界定法律所要反对和禁止的限制竞争行为和垄断的种类。法律应该是明确无误的，因此，在法律上要明确描述限制竞争行为和垄断的种类，以便于社会民众的理解与遵守。与此同时，为调整新的市场反竞争行为的需要，为适应国家政策目标修正、变化等需要，还应对限制竞争行为和垄断做出抽象概念的描述，即要设置“兜底性条款”。（3）确定法律责任制度。任何法律都配置有强制性的法律责任制度。在反垄断法中，应确定以行政责任和刑事责任为主（公法责任）、民事责任（私法责任）为辅的综合调整手段与制裁体系，以此要求社会遵守规定。（4）设置竞争执法机构。竞争执法机构是竞争法、反垄断法、反不正当竞争法实施的必不可少的机构。反垄断法以法律的名义设置反垄断执法机构及其应有的职责权限，规定执法机构的执法程序，以保证该法的实施。[③]

我国《反垄断法》的制定，也面临着如何确定该法的框架与基本内容，涉及到反垄断执法机构的创制。他国的反垄断立法经验包括上述结构框架，都值得我们学习与借鉴。但是，我们不能在没有厘清他国反垄断立法经验教训的前提下毫无目的地简单抄袭。所以，在我国立法的过程中必须从经济的、社会的、政治的、法律的层面深刻地研讨竞争法产生的内在原因及其内涵；[④] 深入并具体地制定国家既定的产业政策、竞争政策及其发展趋势，并将其以法律条款的方式融合在竞争法、反垄断法的结构框架里；界定反垄断法的调整对象，并施以以行政责任、刑事责任为主，民事责任为辅的责任体系；摆脱现有行政体制的束缚，创建一个独立且高效的反垄断执法机构，配备具有经济学、经济法学、竞争法学等知识背景的专业队伍，以保证反垄断法的实施。

---

① 在学术界，就我国应采用何种竞争立法模式，存在着采用统一立法模式和分别立法模式的不同观点。由于在制定《反不正当竞争法》的过程中，还缺乏对垄断与反垄断的理性认识，因此，反垄断的问题搁浅至今，在立法模式上也就自然形成了分别立法的状况。但是，这种状况并没有阻碍学界对统一立法模式具有更多优越性的研讨。

② 反垄断立法不仅涉及法的价值取向和执法能力，更涉及本国的国情和国家政策目标的配套实施。因此，我国在立法中出现了赞同立法、暂缓立法等多种理论观点并影响着立法的进程。但是，无论如何，竞争法律制度是否完善，反垄断立法是否完善，则是考察一国市场经济体制的基本标志。

③ 尽管各国反垄断法的内容有所差异，但就其基本制度而言可以概括成几个方面。可参见美国、德国、日本、我国台湾地区的有关反垄断法的具体规定。

④ ［比］保罗·纽尔著，刘利译：《竞争与法律》，法律出版社 2004 年版，第 14、32 页。作者在论述竞争与法律关系时，就竞争这一社会现象所涉及的经济、政治、法律的相互影响作了多层面的分析与研究，得出竞争法律制度实质上是规范市场竞争的规则的结论。

（二）我国产业政策与竞争政策在反垄断法上的体现

根据产业政策针对的领域与实施的途径，可将实现产业政策的法律制度分为两大类：一类是其他立法；另一类是竞争立法。对于前一类来说，这种产业政策往往针对国家确定某一产业或者是某一方面需要整体促进、振兴等目标。如我国的《中小企业促进法》，它的政策目标就是通过实施积极的扶持措施来促进、振兴中小企业，提高其生存于市场竞争中的竞争力，从而满足社会的特定需求，解决社会就业问题。① 又如我国在引进外资时对“市场准入”的法律规定，其政策目标就是将投资领域分为鼓励、允许、限制、禁止几个层次来确定的。② 对于后一类产业政策而言，由于其是要通过市场竞争来实现，而竞争政策本身就是反垄断法的根本内容，此时，作用于市场竞争的产业政策与竞争政策两者便趋于一致，两者的称谓便可以替代使用，而反垄断法的规定则体现了产业政策和竞争政策两者的结合。从这个角度而言，竞争法体现的需通过竞争规律而实施的产业政策和竞争政策是一致的。

我国《反垄断法》正在制定过程中，应将产业政策和竞争政策主要体现于下列几个方面。

1. 反垄断法的适用范围问题。反垄断法的适用范围是指该法适用的对象，即该法效力的领域，哪些领域应适用，哪些领域不适用反垄断法。

综观西方国家竞争立法的发展与变化，我们可以发现一个这样的事实：在创制竞争法律制度的初期，由于要扶持、振兴、改善本国经济结构或者是要符合国家管理公共事务的要求，几乎无一例外地在强调市场竞争的同时界定了竞争法适用除外的领域和行业，包括自然垄断，如水、电、气等产业，这些领域和行业里的市场主体的经济行为不受竞争法的制约；随着国民经济的发展，当这些适用除外领域和行业的经济实力、竞争能力逐步提高时，国家就会根据这一趋势将这些领域和行业退出保护行列进入竞争法界定的竞争领域并受竞争法的制约。③ 这一现象说明了反垄断法的适用范围和适用除外制度取决于国家既定的政策目标以及以此为依据做出的具体规定。我国在创制该项制度时，要注意的关键问题是：科学地界定需要融合于竞争过程、融合于反垄断法能够在一段时期内有效的国家政策目标，并以此为依据界定反垄断法的适用范围和适用除外领域，否则，国家政策目标的变化无常而缺乏连贯性，将会影响反垄断法的法律效力；不能照抄西方国家现今反垄断法中减少适用除外领域和行业的规定，而应根据我国既定政策目标在反垄断法中界定适用范围和适用除外的范围，否则，我国欲扶持、振兴、完善的政策目标就有可能旁落。

在反垄断法中，与适用范围有关的还有一个问题，即反垄断法的域外效力问题。所谓域外效力，就是本国的反垄断法对国外影响本国竞争秩序的竞争行为有效。美国最早实践了这种制度。这种理论与实践，实际上否定了本国法律只能在本国有效的传统理论。域外效力制度的实施，可以从不同角度包括国际经济关系的要求、国内法的效力等诸多方面论证其合理性和合法性，但是，其本质就是要求其他国家的市场主体及其相关的竞争行为须遵守本国的体现本国政策目标的反垄断法。当这项制度在被各国借鉴并推广的情况下，自然就形成了反垄断法的国际冲突，引发了各国反垄断法的双边或多边的解决协议。这从一定意义上，给域外效力制度蒙上了报复手段或措施的色彩与特征。为了顺应反垄断立法的发展趋势，为了有效利用这一制度的积极作用，我国在反垄断法中，应适时地确定域外效力制度，以保障我国政策目标在境内境外得到全面实施。

2. 反垄断法的规制对象问题。依据分别立法模式的要求，在反垄断法中要界定法律所要反对与禁止的限制竞争行为、垄断状况和垄断行为的概念与种类。界定这些反竞争行为的前提，还是要从

---

① 为了实现扶持中小企业的产业政策，美国、日本、德国等都相应地制定了《中小企业促进法》。可见，即便是在较为发达的市场经济国家，也会出台产业政策并将其法制化。

② 《中华人民共和国对外贸易法》，国务院批准的《外商投资产业指导目录》等法律法规的规定。

③ 参见美国《谢尔曼法》、德国《反对限制竞争法》等法典。

是否有利于竞争、是否有利于国家政策目标实施两个方面进行。

从有利于竞争角度而言，由于反垄断法的基本目标是规范竞争秩序、保证竞争的有序进行，因此，凡是影响到竞争有序进行的行为均应纳入法律所要反对与禁止的行列。例如，企业以在市场中的独占地位实施的，或者是企业之间以合同、契约、协议等方式实施的滥用市场优势地位，包括价格垄断行为、瓜分市场份额行为、固定销售对象与销售区域行为等个体行为和联合行为；可能导致企业之间共谋以实施限制竞争为目的的联合行动，包括不恰当地互相持有对方股份、不恰当地互相兼任对方企业的董事、经理等行为；可能导致影响竞争格局或者有序竞争的合并行为，包括为了追求市场独占地位、为了控制市场竞争等目的而实施的企业合并行为。

从有利于国家政策目标实施角度而言，由于反垄断法的另一基本目标是保证国家政策目标的实现，因此，在界定反竞争行为时，就应将政策目标落实于法律条款中。例如，为了扶持与振兴中小企业，就应该允许中小企业实施一些对企业发展、对竞争与竞争秩序、对消费者利益保护均有利的联合行动或者是合并行为。无论何种企业，为了提高生产经营管理水平、实现技术进步和竞争能力而实施的竞争行为，只要不是为了限制竞争的目的，均应不在反对与禁止之列。法律上的这种豁免制度，实质上为国家适时地修正、解释其政策目标留下了空间。这应该是我们在立法中关注并运用的地方。

由于国家政策目标要落实于反垄断法的规制对象和豁免制度中，因此，在制定反垄断法的过程中应该合理、巧妙地运用法律制度，国家政策目标能够具体化的，就可以直接地将其法律条款化，不能具体的或者可能会发生变化的，就应确定内含政策目标因素的原则与精神，以供反垄断执法机构予以适时的解释。

3. 反垄断法的执法机构问题。基于反垄断法直接涉及国家政策目标的实施，西方国家在其反垄断的过程中创制了主要以反垄断执法机构实施的保障手段，没有反垄断执法机构，就谈不上反垄断法的实施；而无法实施，该法也就失去了存在于社会的意义。

根据反垄断法的本质要求及其他国家的立法经验，反垄断执法机构的职责权限主要有：根据反垄断法的原则规定和本国经济发展、竞争状况，适时制定和解释具体的适用于竞争的规章制度；裁判反垄断案件并公布于众，以作为市场主体竞争行为的规范。为了实现上述职权，国家应创制独立的且具有权威性的执法机构，并配备相应的包括具有经济学、法学及其他专业知识背景的专门人才。

由于我国竞争立法拟采用分别立法的方式，所以，在制定《反垄断法》过程中，应创制一个独立的、高度权威的执法机构，与反不正当竞争执法机构、人民法院形成一个相互配套又具高效力的执法体系。由于反垄断执法机构职责权限的要求，该机构必须配备能够掌握、理解、解释国家政策目标内涵的专业执法人员，并通过执法程序的规定与实施，保证国家政策目标的落实与实现。

（本文载于《法学杂志》2005年第2期）

基于模块化的企业价值网络及其竞争优势研究[*]

余东华　芮明杰

摘　要： 以价值模块化为基础，传统的集合型价值链经过解构、整合和重建形成具有差异化竞争优势的模块化价值链。不同企业的价值模块和模块化价值链在共同的界面标准内交叉连接、融会贯通，形成企业价值网络。企业价值网络集聚各成员企业的优势资源，将各种能力要素协同在一个无形的网络平台上，通过不同组织模块之间的协作、创新和竞争，能够产生新的竞争优势。企业以价值模块化为基础，对自身价值链进行整合，融入企业价值网络，能够分享网络内成员企业的优势资源和技术创新成果，共享模块化经济，增强企业核心竞争力和抗风险能力。模块化时代，企业之间的竞争已经演进为企业价值网络之间的竞争。

关键词： 模块化　企业价值网络　竞争优势

产品设计的模块化直接导致了企业能力要素和价值的模块化，企业组织也出现了模块化倾向，产生了模块化组织（Sanchez & Mahoney，1996）。模块化组织是各个高度自律性的分部，就相当于一个个“内部市场”，在不违反界面联系规则的前提下可以自主创新（李海舰等，2004）。不同企业的价值模块或价值链按照一定的界面标准相互交叉、融合，形成企业价值网络。价值模块化和基于模块化的价值链的解构、整合和重建是企业价值网络形成的基础，企业价值网络的形成能够提高网络内部成员企业的竞争能力。

一、价值模块化与企业价值链的解构、整合和重建

企业模块化包括产品（业务）模块化、价值模块化和组织结构的模块化（罗珉，2005）。产品（业务）模块化就是把复杂的产品系统拆分成各个模块，使这些模块之间能够在标准结构中通过标准化接口实现即插即用。价值模块化就是将产品价值链上的业务能力要素（产品开发、设计、制造、配送、市场网络管理等）独立出来，形成具有核心竞争力和自组织特性的价值模块的过程。组织结构的模块化就是将一个企业组织解构成若干个小的模块化单位，并使这些模块化单位之间实现关系契约化。产品（业务）模块化、价值模块化和组织结构的模块化是一个依次替进的过程，随着产品和价值的模块化，一体化的层级组织正在被非层级的实体所取代，这些实体表现出可渗透、内部化和模块化等特性，形成模块化的组织形式（Schilling & Steensma，2001）。模块化组织适应于模块化产品的生产，产品设计中的模块化也要求组织设计的模块化（Sanchez & Mahoney，1996），模块化的生产方式导致模块化的组织结构。模块化理论突出的是以产品模块化和核心竞争能力来重组企业内部的组织结构，追求速度、灵活性和创新是模块化组织的三大理念，模块化组织的精髓是构建一个具有高度自律性、灵活性、创新性的自组织经营实体。在企业内部，组织模块化的过程，表

* 基金项目：中国博士后科学基金一等资助项目（批准号：20060390145）；国家自然科学基金项目（批准号：70672082）。

现为围绕产品或功能的模块化来进行部门或分公司的模块化；企业价值链的分解过程，其实就是模块化的过程。在企业外部，组织模块化的过程，表现为企业之间通过外包、代工、联盟等形式组成模块集群化网络组织的过程。模块化组织是一个相对独立的经营主体，能够独立行使研发、生产等职能。模块化组织的形成还取决于产品价值链上的某一能力要素能否独立出来，能力要素模块化是组织模块化的基础和前提。

价值模块是指可组成系统的、具有某种确定独立功能的半自律性的子系统，可以通过标准的界面结构与其他功能的半自律子系统按照一定的规则相互联系而构成更加复杂的系统（朱瑞博，2003）。价值模块是企业价值链中一组可以为企业带来特定产出的能力要素集合，是构成价值链的价值元素，这些价值元素基于一定的资源基础，如知识、资产或流程。价值模块化是指对企业能力要素进行分解和整合，形成具有半独立性、半自律性的价值子系统的动态过程。传统价值链的解构和新价值链的形成，都是建立在价值模块化的基础上。价值模块分解是指将一个复杂的价值系统按照一定的联系规则（界面标准）分解为可进行独立设计的具有一定价值功能的半自律性的子系统（模块）的行为。价值模块整合是指按照某种联系规则（界面标准）将可进行独立设计的具有一定价值功能的模块整合起来构成更加复杂的功能系统。一般而言，企业进行价值模块整合包括定义模块、制定规则和协调模块三个步骤。定义模块就是将整个企业这个大模块分解为一个个子模块。制定规则就是明确各个子模块之间的界面联系规则，确保子模块之间相互兼容，符合统一的制式或技术标准。协调模块是模块整合的落脚点，包括维护和修改界面联系规则，保证最终产品具有统一性、兼容性以及相对于其他替代产品的竞争优势；与各子模块协调，调配子模块之间的资源流动，协调子模块之间的相互竞争，提高产品创新成功的概率。

价值链包括有形价值链和虚拟价值链。有形价值链又称为物质价值链，是指一种商品或服务在创造过程中所经历的从原材料到最终消费品的主要生产流程，包括采购进货、生产作业、市场营销、售后服务等直接价值创造活动和技术开发、人力资源管理、财务会计、法律咨询等辅助活动（波特，1985）。在信息技术高度发达的新经济时代，构成企业价值网络更为重要的是，具有知识经济属性的虚拟价值链。虚拟价值链又称为知识价值链，是由企业中的隐性知识和无形资产组成，包含了更多的创新元素，如产品设计、品牌管理和产品分类管理等。企业的有形价值链和虚拟价值链的各个环节在价值增值的过程中，既平行又相互关联。

有了价值模块和价值模块化的概念，我们就可以对企业价值链进行模块化处理，将企业的生产经营建立在更为基础的业务构成层面，并与优势互补的其他企业的某些部分进行重组，创造更具竞争性的结构形态。价值链的模块化是指企业传统价值链中纵向集成的战略经营单位（SBU）逐渐被一系列在企业内部实施交易的、具有差异化特征的独立业务结构实体所替代的过程。这些具有差异化特征的独立业务结构实体就是价值模块，在价值模块的基础上价值链被重新组合，使其价值得以更加充分有效地释放（奥瑞克等，2003）。价值链的模块化包括价值链的解构、整合和重建三个阶段。价值链的解构是指按照一定的界面标准将价值链分解为具有独立的交易主体地位、具备一定价值功能的价值模块的过程。价值链解构的实质就是将构成价值链的各个能力要素进行模块化。价值链的整合是指按照联系规则（界面标准）将独立的价值模块整合起来形成更加复杂的价值功能系统的过程。随着信息技术的发展，不同企业之间的交易成本持续下降，具有不同竞争优势的企业将单个价值模块进行跨企业的重新排列和组合，形成更有效力的价值链，这就是价值链的重建的过程，它包括企业内外价值链的形成和融通两个阶段。

二、价值模块整合与企业价值网络的形成

在信息技术的推动下，价值模块和价值链都存在着分解和整合的动态过程。在模块化背景下，

价值模块是构成价值链的“基因”，价值模块的整合是价值链模块化的基础。价值链是由一组价值模块按照某一界面规则构成的“基因组”。价值链模块化的过程，就是价值链解构、整合和重建的过程。也就是说，传统的集合型价值链通过裂变、分解，可以形成具有兼容性、可重复利用、符合界面标准的价值模块；这些价值模块按照新的规则和标准、在新的界面上进行重新整合，能够形成新的模块化价值链。为应对经济全球化和新经济时代的挑战，提升企业竞争力，具有不同价值链的企业纷纷采取合作战略，把各自的价值链连接起来，转化为企业之间的价值星系（Value Constellation），进而演变成包含供应商、渠道伙伴、服务提供商以及竞争者的企业价值网络（Callahan & Pasternack，1999）。企业价值网络将各种要素能力协同在一个无形的网络平台上，通过不同组织模块之间的协作、创新和竞争，全面满足用户的差异化需求，从而更好地适应环境的变化。

企业价值网络包括两个层次，即企业内部的价值网络和企业与企业之间的价值网络。企业的能力要素分为核心能力要素和一般能力要素，企业内部价值网络就是以某一（某些）核心能力要素为中心，由企业内部不同的价值链和价值模块组合而成的网络系统。一般而言，企业在规模变大的同时，将市场关系引入企业内部模块组织之间，使核算单元逐渐变小，形成各个独立的战略业务单位，并将企业内部价值链进行延伸、分解和网络化，形成企业内部价值网络。例如，海尔集团等企业通过构建企业内部价值网络的管理模式，尽量划小战略事业单位（SBU），形成模块化组织（李海舰等，2004）。企业外部价值网络是利益相关者之间相互影响而形成的价值生成、分配、转移和使用的关系及其结构，不同的企业价值链和价值模块相互交织组成价值系统，形成企业价值网络。企业价值网络是在企业价值链和价值模块的基础上形成的，当合作企业发现可以找到共同使用彼此的资源和能力的方法，使彼此都能够创造出自身的、新的、极难为其他企业所理解和模仿的核心能力时，合作企业就会主动对自身价值链进行分解，并与其他企业一起进行重新组合，形成价值网络。企业外部价值网络将模块供应商、业务流程与系统等合作伙伴结合在一起，在最快时间内开发出最适合用户需要的产品，全面提升企业的竞争能力。例如，美国硅谷、中国台湾新竹以及印度班加罗尔等地的IT产业通过价值模块化整合，形成了跨企业的价值网络。企业内部价值网络与企业外部价值网络共同构成企业价值网络。

企业价值网络的形成过程包括企业内部价值网络的解构与整合、企业外部价值网络形成与扩展、企业内部价值网络与外部价值网络的连接与融合等。在模块化时代，由于业务聚焦战略或业务归核战略（Focus Strategy or Refocus Strategy）逐渐取代了纵向一体化战略（罗珉，2005），企业内部价值网络趋于分解，业务组合有所缩减，企业的主要战略资源逐渐聚焦于核心业务，将一些非核心业务通过外包等形式转移到企业外部（Samulson，1994）。同时，随着业务、价值和组织结构等复杂系统的模块化，不同企业的核心能力要素相互连接，形成一个开放的企业外部价值网络，相关企业价值的创造、交换和共享分布在整个网络之中。企业内部价值网络的模块化整合，为企业融入企业外部价值网络提供了大量“接口”，通过这些精心设计的“接口”，企业内外价值网络相互连接、融合形成企业价值网络。

企业价值网络从组织形态上说是若干战略经营单位模块化所构成的虚拟组织；从业务形态上说是能够突出若干个模块化组织共同享有、互补的核心竞争能力的业务组合；从能力要素上说是以核心能力要素为主导的能力要素组合；从价值形态上说是具有网络外部性的价值模块的集合。企业价值网络的具体实现形式包括“外包”、“代工”、“虚拟企业”、“战略联盟”等。企业进入价值网络的方式包括两种：（1）以单个价值模块参与。企业向价值网络提供能够体现自身核心能力要素的单个价值模块，最大限度地挖掘和发挥该项模块的价值潜力，通过企业价值网络内的重新配置强化竞争优势，并与价值链的上、下游的价值模块实现“共赢”。（2）以价值链（价值模块组合）参与。企业首先对自身价值链进行有效整合，形成基于价值模块的、更具竞争力的新的价值链，再以模块化的新价值链参与企业网络价值网络的构建。

在跨企业的模块化整合中，绝大多数企业只能做节点，作为节点的企业根据自己的能力和核心资源，融入价值网络，就一点做深做透做强做精（李海舰等，2004）。一些具有较强协调能力和价值网络中核心能力要素的企业，脱颖而出成为企业价值网络中的核心企业。在价值模块的研发、重用和整合中，核心企业担任模块化产品设计规则的设计师，负责制定界面标准和模块之间的协调，并将信息显性化，让各个模块组织共享这些信息和由此带来的竞争利益。一般成员企业是模块设计者和制造者，一般成员企业设计和制造的模块，必须符合核心企业设定的结构、界面和试验规则（Badlwin & Clark，1997）。核心企业比其他网络成员企业有更多的外界资源优化和协作经验，具备不是所有成员企业都具备的核心竞争力，因而核心企业能够协调网络成员企业能力要素的配置，鼓励成员企业共享关键资源，共同推进技术进步。核心企业从提高整个企业价值网络的竞争能力出发，通过引入市场机制充分调动成员企业的创新积极性，同时要选择恰当的合作伙伴。核心企业在选择合作伙伴时，既要考虑合作伙伴的能力要素在多大程度上能够帮助企业价值网络获得竞争优势，也要考虑合作伙伴的能力要素与本企业所具有的能力要素之间有多大的互补性，能否有效地使用对方的战略资源（王伟，2005）。不同企业把各自的核心能力要素连接起来，通过紧密合作同其他价值链（企业价值网络）展开竞争，而且企业价值网络的成员企业根据需要可以不断地进行调整和优化组合。借助于企业价值网络，企业不仅可以快速进行自身资源的整合，更为重要的是可以快速进行跨企业的资源整合，实现能力要素的“强强联合”。

三、基于模块化的企业价值网络竞争优势

企业价值网络集聚各成员企业的优势资源，将各种能力要素协同在一个无形的网络平台上，通过不同组织模块之间的协作、创新和竞争，能够产生新的竞争优势，增强企业竞争能力。

1. 企业价值网络的形成，为企业通过价值创新拓展成长空间提供了新的平台。企业价值网络的形成过程，本身就是资源整合、服务整合、品牌整合和文化整合的过程，在企业间形成新型市场关系。随着这种新型市场关系的形成，企业价值网络的成员企业将战略、流程、人力资源、学习能力和外部资源的开发纳入到一个统一的平台中，既形成了企业价值网络的竞争力，同时也为自身发展增加了可供共享的资源，拓展了成长空间。更为重要的是，企业价值网络通过对不同企业的能力要素产出进行组合，使企业之间能够利用对方的资产来发展自己，实现“杠杆增长”（罗珉，2004）。也就是说，企业扩张并非总要拥有所需资产，如果企业价值网络内部其他交易主体拥有该项资产，企业可以调动这些资产来支持自己的增长计划。这样做，企业价值网络内部交易主体可以谋取增长带来的经济利益，同时又无须承担拥有资产所造成的经济负担。微软（Microsoft）和英特尔（Intel）等计算机产业巨头在发展初期就是抓住 IBM/360 型电脑运用模块化设计思想、进行模块生产的契机，通过融入以 IBM 为核心企业的企业价值网络并以此为发展平台，生产标准化的外接模块（从打印机、终端机到存储器、软件等），使企业迅速发展壮大。特别是在 1981 年，IBM 决定新推出的个人电脑部件采用微软和英特尔生产的模块化产品（关键部件），极大地促进了微软的 DOS 操作系统和英特尔微处理器的创新和发展速度。借助 IT 产业的企业价值网络平台，微软和英特尔迅速发展成为 IT 巨人，开始赶上甚至超越 IBM。

2. 企业价值网络内部引入竞争机制，能够形成网络内部市场，降低生产和组织成本，增强竞争能力。纵向一体化大型企业的组织规模扩大导致了组织成本的增加、官僚主义盛行和企业效率的降低，直接影响到企业内部的激励、活力、企业对外部环境的适应性和竞争力。随着网络信息技术的普及和应用，纵向一体化大型企业经历了基于能力要素的业务模块化、价值模块化和组织结构模块化。企业价值网络的形成，使得模块化组织成为独立的交易主体，大型企业内部模块化组织之间及与其他企业的模块化组织之间通过网络内部市场交易，能够降低大型企业内部的协调成本和整个价值网络的生产和组织成本。另外，模块化组织形成以后，企业内部可以通过模块整合取代行政协

调，从而节约组织成本。模块化组织是企业价值网络中的独立经营单位，具有自我生存、自我演化和自我进化的功能。模块化组织之间是竞争与合作的关系，既进行“面对面”合作，也进行“背对背”竞争。“面对面”合作是企业价值网络形成的直接动因，各成员企业在模块化的优势环节（关键成功因素）上展开合作，以取得整体利益的最大化。“背对背”竞争是指在价值模块的研发过程中，模块供应商之间不能观察到竞争对手的行为，只能观测到“看得见”的信息系统部分，在遵守共同界面标准的前提下，相互独立的完成各自的研发，具有“背对背”的特征（朱瑞博，2003）。模块化组织之间的合作，为价值模块的研发和整合提供了平台和共享资源；模块化组织之间的竞争，能够产生“淘汰赛”的激励效应，为在共同的界面标准下加快研发步伐、加大创新力度提供了动力。从本质意义上讲，企业价值网络是一个能力性组织。通过自组织方式，企业价值网络能够把复杂问题简单化，把简单问题数量化，把数量问题程序化，把程序问题体系化。企业价值网络的实质是打造体系，然后不断复制体系。企业的竞争力来自网络体系，而网络体系的竞争力来自各个成员企业的核心能力，网络体系是核心能力的最高态和集大成（李海舰等，2004）。

3. 基于模块化的企业价值网络能够通过供应链管理使成员企业共享模块化经济（modularity economy）。模块化经济是一个综合性的概念，它包括规模化经济、范围化经济、专业化经济、集群化经济、学习化经济和网络化经济等。企业价值网络是价值模块整合和价值链重组的结果。反过来，企业价值网络又能通过供应链管理，加快价值模块化和价值链的延伸和网络化，使网络成员企业共享模块化经济。供应链管理是指对制造商、供应商、渠道中间商和顾客之间的上下游关系进行整合，以更低的成本实现更大的顾客价值的过程。供应链整合通过信息技术手段实现供应链制造流程和物流的无缝对接，构建竞争对手难以复制的竞争武器。模块化经济来源于企业价值网络的“新木桶效应”。企业不再仅仅考虑自己的一个“木桶”，即仅仅着眼于修补自己的矮木板，而是将自己的“木桶”解构，拿出最长的一块或几块去与其他企业合作，共同构造一个更大的“木桶”，然后从新的“木桶”中分得自己的一部分。按照模块的观点，企业可以用自己的强势部分与其他企业的强项相结合，这种基于合作构建的“新木桶”的每一块木板都是最长的，从而使得木桶的容积达到最大。也就是说，企业价值网络是不同组织能力要素的最优组合，由于每个成员企业都把焦点放在它最擅长的业务领域，能够最大化地释放它的资源和能力的潜力。企业价值网络凸显每个交易主体的竞争优势，由各个模块化经营单位的核心竞争能力共同构成整个企业价值网络的竞争能力。企业价值网络内部成员企业按照模块化分工，从事专业化生产，能够通过扩大生产规模、“干中学”等获得包括规模化经济、专业化经济和学习化经济在内的模块化经济。

4. 企业价值网络具有组织柔性，能够实现柔性生产，更好地满足消费者多样化的需求，更快地适应环境变化。所谓组织柔性是指组织面对外部环境变化、市场机会等迅速做出反应并采取应对措施的能力。企业价值网络是以柔性化的模块化组织和模块化生产方式为基础。与大规模一体化生产方式相比较，模块化生产方式是一种柔性的生产方式。模块化生产柔性能力的高低在很大程度上取决于各级模块之间的协调速度的快慢。企业价值网络中，功能不同的价值模块，通过重用、改进、整合，如同“搭积木”一样，能够迅捷地制造出消费者个性化需求的产品，协调生产的规模化与需求的个性化之间的矛盾，真正实现生产上的“弹性精专”。以满足成组需求为目的的模块化组织具有高度的柔性和自组织特点，企业通过对模块化组织的整合，可以在不改变产权关系的情况下降低协调成本，更好地适应模块化消费。美国戴尔计算机公司利用企业价值网络创新自己的组织，将戴尔计算机作为模块核心，将供货方式创新和市场开拓作为自己的核心能力要素，从外部选择可靠的产品模块供应商并与之建立伙伴关系，使之成为以自己为战略核心企业的价值网络的一部分，与之共享数据库、技术、信息和资源，节约了交易成本，形成了以“快捷供应和完善维修”为特性的企业定位，满足了消费者多样化的需求，同时企业收益率也远远高于惠普、IBM 等竞争对手。

5. 企业价值网络是一个自组织系统，能够推动技术创新，增强系统内企业自生能力。所谓自组织，是指事物通过自己的自发、自行、自我组织起来，走向组织化或有序化的一个过程。作为自组织系统的企业价值网络无须外部指令就能够自行组织、自行创生、自行演化、自行创新、自行发展，不断从无序走向有序。借助于企业价值网络的自组织特性，企业能够利用知识创造新知识，从而提升自身的适应力、创造力、竞争力和自生能力。具备自生能力的企业不但其产业、产品、技术选择与经济要素禀赋结构所决定的比较优势相一致，并且借助于这种比较优势，自身能够成为企业价值网络的重要环节和节点。自生能力是指一个独立的经营主体通过正常的经营管理，能够在自由、开放和竞争的市场中取得社会可接受的正常利润的能力。企业获得自生能力的基础是要顺应相对要素禀赋所决定的比较优势。企业价值网络内部企业自生能力的获得是建立在价值模块的研发、复制、重用和整合基础上的。模块的研发是在遵循产品设计规则（界面标准）的基础上研制开发出具有半自律性的构件；通过验证和复制，一些基本模块往往成为可重用的模块，从而能够最大限度地继承与利用已有模块的开发成果，降低开发风险，节约开发费用，提高设计的效率和可靠性，最终增强企业的自生能力。

6. 企业价值网络具有较强网络外部性，能够引导企业从地理接近性向组织接近性过渡，更有利于企业集聚发展。价值网络中的成员企业通过共同遵守价值模块的界面标准，共享信息、技术和其他优势资源，能够表现出较强的网络外部性。构成网络外部性的元素包括网络规模和网络外部性强度，网络规模或网络强度的差异都将形成网络外部性的差异，网络规模越大外部性经济就越明显。为分享企业价值网络的网络外部性，具有地理接近性的企业将自发进行模块化整合，实现组织改造，以自身优势资源参与价值网络成为一个节点。即使是不具有地理接近性的企业，也可以通过组织模块化参与企业价值网络。模块化背景下的组织接近整合地理接近，有助于企业之间能力要素的互动与调整，优势互补，促进技术产品的研发生产，达到最终产品的最优。美国硅谷和我国台湾地区的新竹工业园依托企业价值网络的外部性，吸引相关企业集聚、进而形成本地IT产业集群；同时，新竹工业园主动引进和学习先进技术，在与硅谷互动的过程中，以组织接近整合地理接近，成功地以OEM（委托制造）和制造加工切入到硅谷的企业价值网络，成为硅谷在全球资源整合中的一个重要节点和全球IT产业链的重要一环（朱瑞博，2004）。目前，我国台湾地区制造了世界上80%的电脑主板、80%的图形芯片、70%的笔记本电脑、65%的微芯片和91%的扫描仪。

四、结　束　语

随着价值模块的整合、价值链的解构和重建，基于模块化的企业价值网络逐渐形成。企业价值网络集聚各成员企业的优势资源，将各种能力要素协同在一个无形的网络平台上，通过不同组织模块之间的协作、创新和竞争，能够产生新的竞争优势，使成员企业共享模块化经济、增强自生能力。企业以价值模块化为基础，对自身价值链进行整合，融入企业价值网络，能够分享网络内成员企业的优势资源和技术创新成果，增强企业核心竞争能力和抗风险能力。同时，企业价值网络为企业融入全球价值链、参与全球竞争提供了新的平台。在模块化时代，企业竞争力的大小，不仅取决于自身价值链，而且取决于企业对自身所在的企业价值网络的理解和适应，企业之间的竞争已经演变成企业价值网络之间的竞争。

参考文献：

1. 罗珉：《大型企业的模块化：内容、意义与方法》，载于《中国工业经济》2005年第3期。
2. 李海舰、聂辉华：《论企业与市场的相互融合》，载于《中国工业经济》2004年第8期。
3. 王伟：《基于企业基因重组理论的价值网络构建研究》，载于《中国工业经济》2005年第2期。
4. 青木昌彦、安藤晴彦：《模块化时代：新产业结构的本质》，上海远东出版社2003年版。
5. 朱瑞博：《价值模块整合与产业融合》，载于《中国工业经济》2003年第8期。
6. 奥瑞克等：《企业基因重组》，电子工业出版社2003年版。

7. 李维安等：《网络组织——组织发展新趋势》，经济科学出版社 2003 年版。

8. 余东华、芮明杰：《模块化、企业价值网络与企业边界变动》，载于《中国工业经济》2005 年第 10 期。

9. Baldwin, Carliss Y. and Kim B. Clark. Managing in An Age of Modularity. Harvard Business Review 75（5），1997.

10. Baldwin, Carliss Y. and Kim B. Clark. Design Rules: The Theory of Modularity. Cambridge, MA, MIT Press, 2000.

11. Callahan, C. V. and B. A. Pasternack. Corporate Strategy in the Digital Age. Strategy and Business, 1999（15）.

12. Miles, Raymond E., Charles C. Snow. The New Network Firm: A Spherical Structure Built on a Human Investment Philosophy. Organization Dynamics, Spring, 1995.

13. Slywotzky, A. J. Value Migration. Harvard Business School Press, Boston, 1996.

14. Sanchez, R. and J. T. Mahoney. Modularity, Flexibility and Knowledge Management in Product and Organization Design. Strategic Management Journal, 1996（17）.

15. Schilling, M. and H. K. Steensma. The Use of Modular Organizational Forms: An Industry-level Analysis. Academy of Management Journal, 2001（6）.

16. Samulson, R.. Global Mythmaking. Newsweek, May, 29, 1994.

（本文载于《中央财经大学学报》2007 年第 7 期）

土地市场秩序混乱与地方政府竞争

张　飞　曲福田

摘　要： 当前土地市场秩序混乱已严重威胁到经济社会的可持续发展。本文从理论和现实上分析了地方政府竞争对土地市场秩序的影响，指出地方政府间不当竞争是当前我国土地市场秩序混乱的重要根源。因此，要重建土地市场秩序就必须规范地方政府间的竞争。

关键词： 土地市场　地方政府竞争　土地市场秩序

改革开放以来，特别是近几年来，我国土地市场建设和管理取得了积极成效。国有土地有偿使用制度全面实施，经营性土地使用权招标拍卖挂牌出让制度初步建立，市场配置土地资源的基础性作用不断增强，土地管理的法律法规相继出台，政府调控土地市场的能力不断提高。但目前我国土地市场秩序仍很混乱，违法违规用地现象大量存在，已成为我国经济运行中的突出问题，严重威胁到经济社会的可持续发展。显然造成当前土地市场秩序混乱的原因是多方面的，但不可否认，地方政府是一个重要因素。在五部委联合进行的全国土地督察中，查出的10.1万起土地违规行为，其背后几乎都有地方政府官员的身影。因此，研究地方政府行为与土地市场秩序之间关系意义重大。当然这是一个很大的问题，要涉及许多因素。而本文仅集中讨论地方政府竞争与土地市场秩序之间的关系，将从理论和现实两个方面分析地方政府竞争对土地市场秩序的影响，指出地方政府间不当竞争是当前土地市场秩序混乱的重要根源。

一、地方政府竞争问题概述

政府竞争，源于布雷顿原先强调的“竞争性政府”（competitive governments）概念：在联邦制国家中政府间关系总体上来看是竞争性的，政府之间、政府内部部门之间以及政府与政府之外行为主体之间为了供给合意的非市场供给的产品和服务，提高自身的吸引力，就会围绕居民和资源相互竞争。[①] 政府竞争不仅体现在地方政府之间，而且也反映在政府各职能部门之间；不仅同级地方政府以及政府各部门相互之间展开横向竞争，而且上下级之间还展开纵向竞争。

一般来讲，地方政府竞争是指一个国家内部不同行政区域之间为了增强各自的竞争优势，围绕吸引具有流动性的要素而展开的跨地区政府间的竞争。虽然西方国家与我国都存在地方政府竞争现象，但由于政体不同，地方政府竞争行为存在着许多差异。在西方国家，地方政府官员是通过投票选取产生的，投票的主体是本辖区内的居民，地方政府的行为必须反映选民的意愿。地方政府吸引的资源越多，也就越能满足选民的意愿，政府的权力也越大。因此，地方政府竞争的源泉是来自于选民的压力；竞争的内容是合意的非市场供给的产品和服务的供给；竞争的结果是地方政府获得所需的权力和利益，当地居民获得所需的非市场供给产品和服务。而在我国，地方政府官员主要由上级政府任命的，对地方政府官员的激励和约束主要来自上级政府，而不是当地居民。由于信息不对

① 周业安等：《地方政府竞争与市场秩序的重构》，载于《中国社会科学》2004年第1期，第56~65页。

称，上级政府一般通过一些诸如就业、增长、税收等经济指标来考核地方政府。在这种情况下，地方政府竞争的源泉则是上级政府考核的压力以及官员晋升的动力；竞争的内容则是一些考核指标，在当前，主要是一些经济增长指标；竞争的结果是地方政府获得所需的权力和利益，但当地居民福利并不一定增加，甚至有的时候反而下降。但不管在西方国家，还是我国，地方政府竞争都是围绕吸引生产要素而进行的。哪个地方吸引的生产要素多，哪个地方在竞争中就能处于优势地位。

在我国当前，诸多的生产要素之中，资本无疑是最重要的。许多研究都证明了这一点。如王小鲁等人的研究结果表明，1979～1999 年间调整后的 GDP 增长率为 8.30%，而资本的贡献就达到 5.1%。① 可见，影响中国经济增长最主要的因素是资本，获取资本资源对地方政府来说是首位工作。所以当前地方政府一方面拼命挖掘本地的资本资源；另一方面将招商引资当作压倒一切的任务，绞尽脑汁，想尽办法。从这个意义上讲，当前地方政府竞争在一定意义上已变成“资本竞争”。

二、地方政府间不当竞争是当前我国土地市场秩序混乱的重要根源

（一）理论分析

1. 土地本身就是地方政府手中的一笔巨大的资产。由于土地资源的稀缺性和不可移动性，使土地可以被垄断占有，因而可以变为资产。目前土地是我国最大的国有存量资产。有人测算，全国土地资产总量为 25 万亿元左右，约占 2002 年全国全部资产性财产总量的 66%，相当于国有经营性资产总量的 2.11 倍。② 而这笔巨大的资产实际上掌握在地方政府手中，地方政府可以通过市场化运营使其变为最具活力的资本。另外土地资产还有一个最大的特点，即用途不同，其价格也不同。农用地转为建设用地，其价格可能狂升百倍千倍以上。而当前只有政府才具有将农用地转为建设用地的法律权力。

2. 土地是招商引资活动中所要考虑的重要因素。首先，土地是一切生产和一切存在的源泉，是各行各业发展必不可少的物质条件。吸引来的外资，无论投资于哪个行业，都离不开土地。其次，为了吸引外资，地方政府一方面必须提供“物美价廉”的公共服务，改善政府治安、法律、工商行政管理等服务，另一方面也要想方设法改善城市基础设施，加强各种硬件建设。而在大多数城市，土地出让金是基础设施建设费用的重要来源。再其次，追逐利润是资本的“天性”。一个地方投资成本越低，就意味着资本的盈利空间越大，就越能对资本产生吸引力。而自从土地资源从无价变为有价，土地方面的税费无疑是资本所要考虑的重要成本之一。

3. 土地与资本具有一定的替代关系，使得地方政府可以通过多提供土地来弥补资本的不足。假定企业的生产成本由资本、劳动和土地成本构成，则企业的成本函数可写成 $C = wL + rK + aT$，式中，w、r、a 分别为工资、利率和地租。如图 1 所示，在其他条件不变的情况下，土地价格下降，即等成本曲线由 CC 变为 CC'，等产量曲线由 q 变为 q'，资本和土地组合由 X 点变为 Z 点。可见，当地价下降时，资本投入量从 K_0 变为 K_1，这说明需要的资本减少了。其中，L_1L_2 和 K_1K_2 为地价下降所导致的替代效应。也就是说，当地价下降，资本就会变得相对昂贵，企业会少用资本，多用土地，同样能达到相同的产量。同理，当一个地方的资本较少时，地方政府可以通过降低地价、多提供土地途径达到相同的经济总量。

① 王小鲁、樊纲编：《中国经济增长的可持续性——跨世纪的回顾与展望》，经济科学出版社 2000 年版。

② 李明慧：《土地到底应该属于谁》，载于《改革内参》2004 年第 28 期，第 34～36 页。

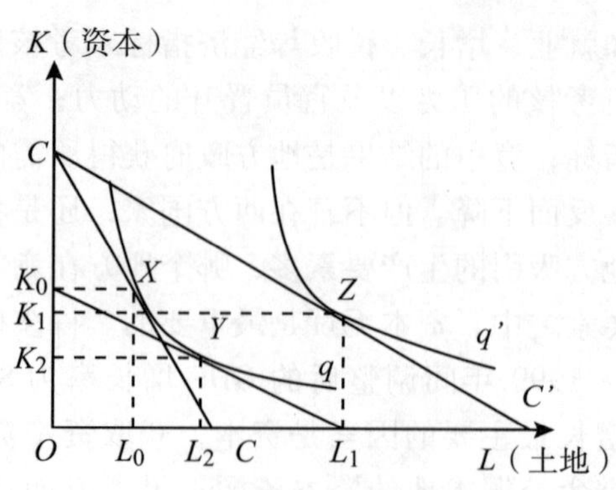

图 1　地价下降的替代效应

4. 目前地方政府集土地管理权与经营权于一身，其行为失去约束。市场经济体制下政府的主要职能是实施宏观调控，维持市场秩序，在市场交易活动中充当“裁判员”。但在目前我国的土地市场上，地方政府不仅是“裁判员”，又是土地交易市场的主体，充当“运动员”。当前地方政府具有土地利用规划的编制权、修改权以及土地征用权，高度垄断着土地一级市场。每个地方每年要进入出让市场的土地数量、位置和用途等，都由各级政府根据市场发展和土地利用规划、计划等事先制定。而在目前的体制下，能对地方政府行为构成约束的主要来自于中央政府。但是受制于自身的精力有限和土地管理中大量的信息不对称，中央政府不可能有效监督地方政府所有的土地利用行为。这样，在没有有效的监督下，地方政府为了实现自身利益最大化，就极有可能不是按照市场规律来配置土地资源，从而扰乱土地市场秩序。

土地是地方政府手中的一笔巨大的资产、是招商引资活动中所要考虑的重要因素以及与资本具有替代关系决定了土地对当前以资本竞争为重点的地方政府间竞争影响巨大。一个地方政府只要占有更多的土地，更快、更有效地将土地转化为资本，其在竞争中就可能处于优势地位。那么怎么才能做到这一点？是通过采用新技术、创新土地制度，从而提高土地利用效率，还是通过违法违规的手段来提高地方政府的土地占有量、土地资本的转化率？如果地方政府仅仅通过土地技术和制度创新来规范地参与竞争，那么其对土地市场秩序的发育就起促进作用。显然土地技术、制度创新不是一件容易的事情，一旦地方政府并不具备这一能力时，地方政府就可能采取行政、司法和财政手段直接干预市场竞争，从而扰乱土地市场秩序。而目前地方政府集土地管理权与经营权于一身，为地方政府在土地市场上利用非市场的手段、甚至是违法违规的手段参与竞争提供了便利。这就使得地方政府采取非市场的竞争手段的冲动很容易变成现实。在竞争的压力下，当一个地方政府采取非市场的竞争手段，其他地方政府感觉到这个地方政府因此而获得巨大的利益并已威胁到自己的竞争地位，作为一个“经济人”，其必然也会采取非市场的竞争手段，这样整个土地市场秩序混乱也就不可避免。

（二）现实分析

现实中，当前地方政府是如何违法违规地利用土地来增强其竞争力，从而扰乱土地市场秩序？笔者认为，这主要存在两种途径：一是地方政府本身的违法违规的土地利用行为直接扰乱土地市场秩序；一是地方政府默认其他土地市场主体的违法违规的土地利用行为，从而间接地扰乱土地市场秩序。这里侧重分析前者。地方政府直接扰乱土地市场秩序的行为主要体现在土地一级市场上，通过影响土地供给、土地需求以及土地价格，从而破坏正常的土地市场秩序，如图 2 所示。

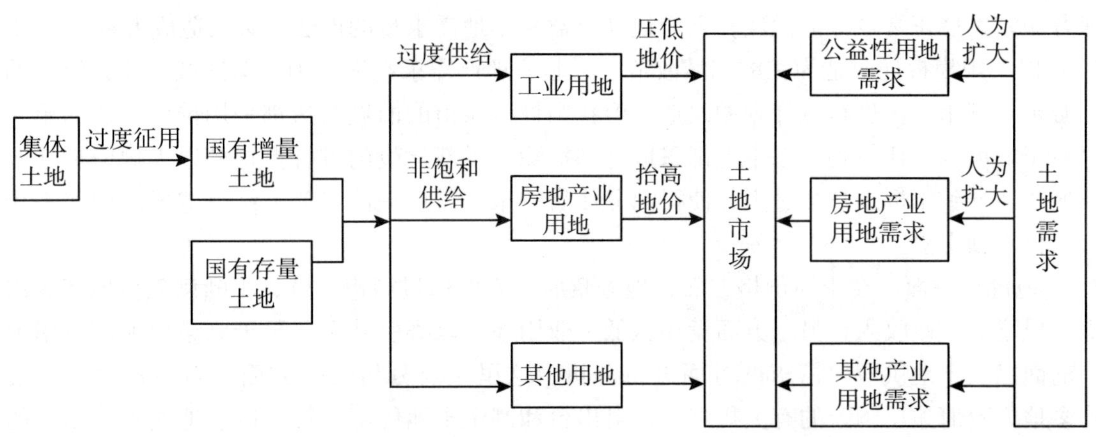

图 2　地方政府竞争对土地市场秩序的影响

1. 土地供给方面。在土地供给方面，地方政府一方面通过各种手段多征地，增加国有土地数量；另一方面也会采取“非饱和土地供应”，以促使地价、房价上涨。同时在出让土地时，为了追求经济政治利益最大化，也会存在一些违规现象。

（1）采取各种手段多征地，增加国有土地数量。多征地，一方面可以增加财政收入；另一方面可以满足资本对土地的需求。因此，当前全国各地纷纷采取诸如下放土地审批权、越权批地、更改土地利用规划、非法占地等手段盲目征地。这一方面造成了全国开发区林立，大量土地浪费。据国土资源部统计，全国共有各级各类开发区 3837 家，平均每个省（自治区、直辖市）有 100 多家，仅浙江一省就有各类园区和开发区 800 多个。一些省会城市或稍大一些的城市，其开发区数量常常多达五六个。① 另一方面也使得失地农民增多，社会矛盾突出。

（2）实行“非饱和土地供应”，以促使地价、房价上涨。一些政府基于所谓的“经营城市”理念，在土地一级市场上，实行“非饱和”供地，有意限制土地的投放总量，使土地市场一直处于饥渴状态，形成卖方市场，以提高土地的经营收益。杭州近年来地价、房价飞涨就与这一手段有关。如从 1999 年开始，杭州房地产市场出现供不应求的态势，但就是在这一年，杭州土地供应量却创造了历史新低，仅 500 亩，而 1998 年为 2100 亩。结果导致房价一路飙升。

（3）违法违规出让土地。这表现在：第一，该招标拍卖挂牌出让的却协议出让。虽然国家明文规定经营性土地必须实现招标拍卖挂牌出让，但现实中各地为了招商引资，在土地出让方式上，多采取协议出让。如 2002 年江苏省，全省全年共出让土地 10123 宗，其中协议出让 7784 宗，占 76.89%；招标出让 1250 宗，占 12.34%；拍卖出让 888 宗，占 8.77%；挂牌出让 201 宗，占 1.99%。② 第二，在招标拍卖中采取不规范行为。一种是压低地价的做法，比如有些地方招投标方相互勾结，尽可能压低出让金水平；还有的地方在拍卖土地时提出了优先获得信贷、税收优惠；等等。一种是抬高地价的做法，如有些地方强迫部分国有企业进入市场与其他类型企业一起竞拍，以抬高拍卖价格。

2. 土地需求方面。在土地需求方面，地方政府一般会人为地扩大土地需求。这可分为两种情况：一是为了提高对外资的吸引力和取悦于当地居民，扩大公益性土地需求；二是为了提高房地产价格，增加收入，扩大房地产业土地需求。

（1）脱离实际搞基础设施建设，人为地扩大公益性土地需求。在城镇化进程不断加速的今天，许多地方政府不顾实际情况，贪大求洋，建设“高标准”的广场，修建“设施先进”的大型市场，不断“提升城镇品位”。据建设部调查，2002 年年底，在全国 66 个城市和 2 万多个镇中，约有 1/5 城市的形象、政绩工程过多过滥；有的城市只有 5 万人口，但所建的广场竟可容纳 6 万人之多。③

① 史京文：《建设用地饥渴症成因及制度困境的分析》，载于《国土资源》2004 年第 8 期，第 28～29 页。

② 高珊等：《江苏省农村土地征用与收益分配研究》，载于《中国人口·资源与环境》2004 年第 2 期，第 54～58 页。

③ 张海旺等：《当前我国房价为何快速增长》，载于《中国国情国力》2004 年第 11 期，第 24～26 页。

这种违背城镇发展正常规律的做法，人为提高公益性土地需求量的做法，必然造成大量土地浪费。

（2）以大规模拆迁改造为主的旧城改造，引起房地产需求高涨。为了保证城市社会经济的持续发展，必须对城市旧区进行有计划的改造。但我国许多城市的旧城改造都采用推倒重建的单一开发模式。对于旧城区的建筑物，基本上都采取全部拆除、重新建设的方针。这种以大规模拆迁改造为主的旧城改造导致了拆迁户数过大，使得部分住房的未来需求提前释放，结果造成房地产市场供不应求，房价不断上涨。

3. 土地价格方面。在土地价格方面，地方政府一方面通过城市经营，不断刺激房地产业用地价格上涨，以增加财政收入；另一方面竞相压低工业用地，以吸引外资。至于刺激房地产业用地价格上涨，前面已从土地供应、需求两方面进行分析，这里主要分析后一方面。当前各地为了吸引外资，许多地方政府违反国家的有关规定，擅自出台和制定土地优惠政策，以土地成本价以下的价格招商已成为普遍现象。如在苏州，土地开发成本大约在每公顷 300 万元左右，而地价已降至每公顷 225 万元以下。江苏吴江以及浙江宁波和杭州等地则将地价直接压到了每公顷 75 万元，无锡甚至降到每公顷 30 万～45 万元以下，就是上海一些郊区也拿出了每公顷 75 万～90 万元的低价。① 有的地方采取了类似“税收返还”的办法，每年将新增税收的地方留成部分，全部或绝大部分返还给工业园区的建设主体，从而出现“零地价”或者“土地买一送一”现象，土地近乎免费供给。

三、规范地方政府行为，重建土地市场秩序

从前面的分析，可以看出当前不规范的地方政府竞争是土地市场秩序混乱的重要根源。因此，要整顿土地市场秩序，仅采取组织联合调查组，追究责任人的方法是远远不够的，更重要还在于加快制度创新，规范地方政府竞争行为。

（一）土地制度创新

1. 完善土地利用规划制度。一是应根据日常土地利用与管理需要提出日常编制规划的具体要求和日常操作规范，明确规划调整、修改、修编的条件和政策，建立相应的审批管理制度，使规划调整工作规范化，并注意及时公布规划调整的信息，更新规划管理的数据。以避免规划修改的“滥用”，维护规划的权威。二是应在规划编制和实施的各个阶段和环节，要采取包括社会听证、公告公示等多种方式，广泛听取各方面意见特别是不同意见，保障人民群众参与规划编制和实施的权利。三是应将土地利用规划实施情况纳入人大、纪检监察和地方政府考核等相关内容，强化对土地利用规划实施情况的监督考核。凡不按土地利用规划的用地、管地行为，均应承担法律和行政责任。

2. 改革建设用地管理制度。建设用地可分为经营性用地和非经营性用地。非经营性用地的目标是为公众提供社会公共需要，由政府征用、划拨；经营性用地，则通过市场优化配置，以促使土地利用者集约利用土地，实现土地的保值增值。

（1）非经营性用地。首先，应明确其范围。在国外，非经营性用地的范围仅限于道路、广场、环境物品和其他公用设施用地，而我国出于经济发展的需要，将科技、教育、文化、卫生以及游乐场、体育场馆等经营性用地也算作非经营性用地。对于这部分土地需要占用集体土地时，政府可以动用征地权，但必须改变征地补偿费用测算方法，按市场价格给予农民补偿；其转让，可仍由政府采取划拨的方法。但必须规范划拨行为，明确划拨用地范围，严格遵循划拨程序，对申请进行严格审查。

① 张准：《浅析招商引资中的土地问题》，载于《世界农业》2004 年第 5 期，第 18～20 页。

（2）经营性土地。对于这部分土地需要占用集体土地时经营性用地，政府不能动用征地权，而可让土地所有者——农民集体经济组织与用地方直接谈判和交易，国家通过税费和土地总体规划进行调控。这样，农民可以直接获得土地的增值收益；同时也有了农地市场价格，从而为合理补偿农民提供依据。这部分土地的经营权应由国有土地资产经营公司来行使，政府只具有监督管理权。具体来说，国资局代表土地所有权者作为委托人与国有土地资产经营公司签订信托合同形成信托关系。公司在不违反法律规定和信托合同约定的情况下，享有对信托财产有关的一切权益；国资局则负责对公司的资产运行状况和经营绩效进行监管。国有土地资产经营公司经营土地的收益应分作三大块：第一块是地租，交给土地所有权人国资局，也就是上交中央财政，中央政府再根据财政、事权对称的原则，将大部分的级差地租返还给地方政府；第二块是税收，按照税种，分别由中央政府、地方政府获得；第三块是利润，由国有土地资产经营公司享有。①

（二）其他制度创新

1. 深化政府体制改革。转变政府职能，将本来由社会、企业自身承担的事情交还给社会、企业，而把政府的工作重点放在做好地方社会公共事务的监督和管理，地方性软硬环境建设方面上；遵循依法行政原则，政府必须在法律规定的范围内行事，其行为也必须处于立法机关和社会舆论的监督之下；积极推行地方政府政务公开，具体规定公开的内容和程序。

2. 完善分税制财政管理体制。合理、明确界定各级政府间的事权范围，并按照事权与财权相对称的原则来划分中央与地方以及地方政府之间的税收分享；加快税费改革进程，逐步以规范的税取代非规范的费，实现预算的统一，促使地方政府之间以规范的税收手段进行横向之间的竞争；同时，还应完善财政转移支付制度，加大对向落后地区财政转移支付力度，以换取它们不规范的竞争行为。

3. 改革地方政府官员政绩考核制度。一方面应建立一套科学考核政绩的标准，标准应既有经济指标，又有生态指标、社会指标，像耕地保护、集约高效合理利用土地都应成为政绩考核的指标。但更重要的是应将自上而下的选拔制度变为自上而下与自下而上相结合的选举制度，充分发挥人民群众在官员考核中的作用，使地方政府在土地上既对“国家”负责，又对人民负责。

参考文献：

1. 况伟大：《土地政策与房地产业发展》，载于《改革》2004 年第 5 期。

2. 张帆：《地价房价一路高涨　谁人能解政府调控地价之谜》，载于《南方周末》2004 年 4 月 14 日。

3. 操小娟：《土地利益调整中的地方政府行为分析》，载于《中国软科学》2004 年第 5 期。

4. 祁兆珍：《“看得见的手”与“看不见的手”握手——拆迁、供需、价格分析》，载于《中国房地产》2004 年第 8 期。

（本文载于《社会科学》2005 年第 5 期）

① 朱青：《垂直管理与“三权分立”》，载于《国土资源》2004 年第 7 期，第 30 ~ 32 页。

发展中国家的普遍服务政策*

拉　丰　张昕竹

摘　要： 本文构建非对称信息模型分析普遍服务政策问题，其中政府对企业在农村提供服务的边际成本具有非对称信息。本文对区别定价和统一定价两种情形进行了对比分析。在实施区别定价时，不完全信息将提高农村地区的资费水平，并且降低相应的网络覆盖面积；而在实施统一定价时，农村地区的定价可能降低，但却是网络覆盖的减少为代价的。本文的政策结论是，在实施普遍服务政策时，需要综合考虑网络投资的激励和用户承受能力。

关键词： 普遍服务义务　非对称信息　经济发展

一、前　　言

在多数公共事业部门，普遍服务政策都产生了很大争议①。例如，在美国电信部门的最近改革中，普遍服务就是着重解决的问题之一。实际上，在1996年新电信法中，很大一部分篇幅都是有关普遍服务改革的，而且其规制机构联邦通信委员会（FCC）一直在努力推动这方面的改革。在其他正在进行电信改革的国家中，他们的政府已经将普遍服务作为一种社会义务，在规制改革中努力推行普遍服务政策。

在我国，随着近年来垄断行业的规制改革不断深入，普遍服务问题逐步显露出来，并开始引起政府的高度重视。在过去的垄断时代，普遍服务一直作为一种社会义务赋予垄断企业，并通过企业内部交叉补贴提供必要的资金。但普遍服务机制一直缺乏明确的法律框架，确切讲，既没有从法律上规定垄断企业必须承担这些社会负担，也没有明确规定交叉补贴机制的法律地位。比如电信行业的“村村通”工程，是作为企业的社会负担来实现的。但政企分开和引入竞争以后，这种默许的普遍服务政策受到市场竞争的强烈冲击，诸如“村村通”这样的公共目标的实施逐步处于停滞状态。

表面上看来，普遍服务是一个简单的由企业来承担政府职能问题，因此在竞争环境下，只需把这些社会负担从商业化的企业中剥离，而由政府来承担这些负担。但较高的公共资金成本和网络外部性等原因，以及财政支付的政治经济因素，使得简单的财政支付手段既不一定有效，同时也很可能不可行。正是在这样复杂的背景下，政府在明确普遍服务目标的同时，开始重新考虑普遍服务政策的实施问题②。在我国电信业，正在起草中的电信法正式明确了普遍服务目标，并开始酝酿出台

---

* 本文译自英文版的工作论文，并做了一些补充和修改。本文的第二作者在此感谢林涛对翻译此文所做的贡献。

① 最近的贡献可参见 Cremer et al.（2001）。

② 寻求新机制并不意味彻底放弃内部交叉补贴机制。对绝大多数经济学家来讲，交叉补贴似乎是一种魔鬼，因为根据经济学教科书最基本的常识，它意味着价格扭曲和由此带来的社会成本，但这个结论并没有考虑制度因素和交易成本：首先，政府补贴的社会成本取决于公共资金的影子价格；其次，产业交叉补贴方式或者普遍服务基金机制带来额外的执行成本或交易成本（影子价格为产业预算约束的拉格朗日乘子）。在上述两种成本都很大的情况下，尤其是对公共资金成本较高（发达国家为0.3左右，而根据我们的研究，中国大约为1.5～2.0），并且行政管理效率较低的发展中国家，只要合理地分摊普遍服务负担，企业内部交叉补贴（其影子价格为企业预算约束的拉格朗日乘子）很可能是更有效的实现机制。根据我们所知，是否应该用内部交叉补贴实现普遍服务的纯学术上的争议，最早源于1998年4月20～21日召开的世界银行ABCDE（世界银行发展经济学年会），本文的作者都有幸参

普遍服务实施办法；在电力行业，新成立的电力监管委员会也明确将普遍服务作为监管目标。

尽管多数国家已经在不同程度上对普遍服务政策做出承诺，但在改革过程中，普遍服务问题还是产生了很多矛盾。实际上，普遍服务政策引发了许多重要的理论问题和实践问题，其中争论的两个焦点问题与发展中国家密切相关①：首先，网络扩张的最优规模究竟应该多大？在发达国家，基础设施的建设已经不再成为一个问题，但发展中国家还没有建设足够的基础设施来提供服务，尤其是在农村地区，因此网络建设的投资激励是发展中国家的普遍服务政策需要考虑的一个重要问题。

其次，如何定价才能最好地实施普遍服务政策。在实践中，由于不能使用基本的财政手段，规制机构常常只能依靠价格政策来实现配置效率以及赋予的再分配目标。但是在基础设施部门实现自由化以后，这些政策就会面临新的挑战。在垄断时代，用交叉补贴机制实现普遍服务也许是可行的，但是在引入竞争之后，这种方法面临严峻的"撇奶油"问题，因此必须寻求实现普遍服务的新机制。在发展中国家，这个问题可能更为严重，其原因在于，这些国家缺乏在竞争环境中对基础设施进行规制的经验。

除了推动普遍服务改革的基本动机外②，越来越多的发展中国家认识到，普遍服务政策实际上是一个经济与社会发展问题。在发展中国家，政策制定者常常认为，普遍服务政策是提高经济发展水平的一个重要手段；我国也确立了用信息化带动工业化，实现跨越式发展的战略目标。由于信息化的关键在于解决普遍接入问题，所以普遍服务政策成为信息化战略的关键所在。

为了分析发展中国家的普遍服务问题，我们构建了一个简单的模型，在模型中我们假设，政府与垄断企业对于在农村提供服务的边际成本具有不对称的信息。我们使用该模型分析非对称信息对最优普遍服务政策的影响。在这里，最优的普遍服务政策通过两种规制手段来实现，即农村电信网络的服务定价和投资。我们对区别定价（城市和农村之间）与统一定价这两种定价机制对应的结果进行了比较分析。

我们得到的结果表明，与完全信息相比，在这两种定价机制下，非对称信息均会导致农村地区的资费上升和网络覆盖减小。尽管统一定价机制可能会降低农村地区的资费水平，但这是以减小网络覆盖为代价的。

本文的主要贡献在于，应用激励理论来分析发展中国家具体的公共政策问题。我们注意到，发展中国家的政府在制定普遍服务政策时常常有许多困惑，而且似乎又没有机会从理论和实践经验中学习。的确，作为一个公共政策问题，尽管普遍服务已经引起了广泛的讨论，但从现有的文献来看，还缺乏对普遍服务的理论上的分析。本文从规范经济学角度，对普遍服务政策的理论基础进行了分析，这是理解发展中国家的普遍服务问题的必要条件。

本文的安排如下：第二节是模型的基本设定，第三节讨论区别定价下的最优价格规制，第四节讨论统一定价下的最优价格规制，最后第五节是结论。定理的证明参见附录。

二、基本设定

考虑极大化福利的政府和垄断企业之间一个简单的委托—代理关系，该垄断企业在某地区提供

加了这次会议，并且作为特邀代表，拉丰作了主题发言。在演讲中，拉丰根据一系列学术研究结果提出，对于很多发展中国家，由于制度上的原因，选择实现普遍服务目标的最优机制并不现实，而内部交叉补贴可能是更现实的次优选择。这个观点在这样一个发展经济学最高规格的会议上提出以后，立即遭到了包括 Joskow 在内的很多主流经济学的批评。实际上，这种观点并不仅仅只是理论上的可能。尽管主流观点都赞同普遍服务基金机制，但这种看似非主流的思路也在实践中得到了应用，比如阿根廷就是由南北两个公司（与我国电信和网通的情形类似），通过交叉补贴方式在各自区域实现普遍服务目标。据悉，我国政府主管部门也在考虑采取内部交叉补贴方式，在竞争环境下实现普遍服务目标的可行性。

① 有关发展中国家的普遍服务，基本上没有学术文献可查。参见 Laffont 和 N'Gbo（2000），Gasmi et al.（1999）。

② 见 Laffont 和 Tirole（2000）。

业务（例如电信业务或电力服务）时受到政府的规制。这个地区分为低成本地区和高成本地区两个部分，或者称为城市地区和农村地区，这两个地区的人口比例分别记为 α_1 和 α_2，其中 $\alpha_1+\alpha_2=1$。

假设在城市提供服务的边际成本是 c_1，c_1 是共同知识。我们可以认为该假设是城市中充分竞争的简化形式。但是在农村提供服务的边际成本 c_2 却是企业的私有信息。为了简化分析，我们假设私有信息只有两种类型，即 $c_2\in\{\underline{c}_2, \bar{c}_2\}$，其概率分布分别为 $\Pr(c_2=\underline{c}_2)=v$，$\Pr(c_2=\bar{c}_2)=1-v$。假设 $\Delta c_2\equiv\bar{c}_2-\underline{c}_2>0$。

我们还假设，城市地区电信网络已经完全覆盖，而农村只实现部分覆盖。记 $\mu<1$ 是农村中已经享受电信服务的人群比例。因为仅有农村地区尚未实现完全覆盖，政府可以通过特定的网络投资政策和定价政策来实现农村地区的普遍服务。假设网络投资函数 $C(\mu)$ 是一个凸函数，满足 $C'(\cdot)>0$，$C''(\cdot)>0$。

假定城市和农村消费者具有相同的总社会剩余函数 $S(q)$，逆需求函数为 $P(q)$。为简化分析，我们不考虑消费者的接入意愿，也就是说，消费者能获得消费产生的所有剩余，网络容量可以得到充分利用。同样出于简化的目的，假设消费者的需求弹性为常数 η，并且 $\eta>1$。

整个博弈的时序如下：首先，企业得到自己的私有信息 c_2；其次，政府制定规制政策，决定城市和农村的网络覆盖面积和服务价格；最后，垄断企业进行农村网络投资，扩大农村覆盖面积，消费者做出相应的消费选择。

三、区别定价下的最优规制

在本节，我们考虑区别定价时的情形，假定规制机构在两个地区制定的价格分别是 p_1 和 p_2，两个地区消费水平分别为 q_1 和 q_2。企业的效用函数为：

$$U=t+\alpha_1P(q_1)q_1+\alpha_2\mu P(q_2)q_2-[\alpha_1c_1q(p_1)+\alpha_2\mu c_2q(p_2)]-C(\mu)$$

这里，t 是为实施普遍服务政策，政府对企业的转移支付。

假设极大化社会福利的政府的社会福利函数为：

$$W=\alpha_1[S(q(p_1))-p_1q(p_1)]+\alpha_2\mu[S(q(p_2))-p_2q(p_2)]-(1+\lambda)t+U$$

这里 $\lambda>0$ 是公共基金的影子成本，因为企业不受预算约束，λ 为外生变量。将 t 代入，可以将目标函数改写为：

$$W=\alpha_1[S(q(p_1))+\lambda p_1q(p_1)]+\alpha_2\mu[S(q(p_2))+\lambda p_2q(p_2)]-(1+\lambda)[\alpha_1c_1q(p_1)+\alpha_2\mu c_2q(p_2)+C(\mu)]-\lambda U$$

为了表达的简洁起见，我们引入以下符号：$\bar{p}_i$，$\bar{q}_i$ 和 $\underline{p}_i$，$\underline{q}_i$，$i=1, 2$，分别表示类型 $\bar{c}_2$ 和 $\underline{c}_2$ 对应的价格与消费；同样，记 $\bar{t}=t(\bar{c}_2)$，$\underline{t}=t(\underline{c}_2)$ 和 $\bar{\mu}=\mu(\bar{c}_2)$，$\underline{\mu}=\mu(\underline{c}_2)$。下面来讨论完全信息下的基准模型。

首先考虑企业的参与约束。容易得到，高成本（或坏类型）企业的参与约束为：

$$\bar{t}+\alpha_1\bar{p}_1\bar{q}_1+\alpha_2\bar{\mu}\bar{p}_2\bar{q}_2-(\alpha_1c_1\bar{q}_1+\alpha_2\bar{\mu}\bar{c}_2\bar{q}_2)-C(\bar{\mu})\geqslant 0 \quad (1)$$

低成本（或好类型）企业的参与约束为：

$$\underline{t}+\alpha_1\underline{p}_1\underline{q}_1+\alpha_2\underline{\mu}\underline{p}_2\underline{q}_2-(\alpha_1c_1\underline{q}_1+\alpha_2\underline{\mu}\underline{c}_2\underline{q}_2)-C(\underline{\mu})\geqslant 0 \quad (2)$$

这样，在完全信息下，政府的最优规制政策由以下规划决定：

$$\max_{\{\underline{q}_1,\underline{q}_2,\underline{\mu},\underline{U},\bar{q}_1,\bar{q}_2,\bar{\mu},\bar{U}\}} W=v\{\alpha_1(S(\underline{q}_1)+\lambda\underline{p}_1\underline{q}_1)+\alpha_2\underline{\mu}(S(\underline{q}_2)+\lambda\underline{p}_2\underline{q}_2)-(1+\lambda)(\alpha_1c_1\underline{q}_1+\alpha_2\underline{\mu}\underline{c}_2\underline{q}_2+C(\underline{\mu}))-\lambda\underline{U}\}+(1-v)\{\alpha_1(S(\bar{q}_1)+\lambda\bar{p}_1\bar{q}_1)+\alpha_2\bar{\mu}(S(\bar{q}_2)+\lambda\bar{p}_2\bar{q}_2)-(1+\lambda)(\alpha_1c_1\bar{q}_1+\alpha_2\bar{\mu}\bar{c}_2\bar{q}_2+C(\bar{\mu}))-\overline{\lambda U}\}$$

s. t. （1）和（2）

求解此规划可以得到：

定理1：如果 $|S''|$ 足够大，那么在完全信息和区别定价时，最优价格结构遵循拉姆士规则；在网络投资的社会边际成本与社会边际收益相等时，网络覆盖达到最优规模。具体有：

$$\frac{\underline{p}_1^* - c_1}{\underline{p}_1^*} = \frac{\bar{p}_1^* - c_1}{\bar{p}_1^*} = \frac{\lambda}{1+\lambda}\frac{1}{\eta}$$

$$\frac{\underline{p}_2^* - \underline{c}_2}{\underline{p}_2^*} = \frac{\bar{p}_2^* - \bar{c}_2}{\bar{p}_2^*} = \frac{\lambda}{1+\lambda}\frac{1}{\eta}$$

$$(1+\lambda)C'(\underline{\mu}^*) = \alpha_2[S(\underline{q}_2^*) + \lambda\,\underline{p}_2^*\underline{q}_2^* - (1+\lambda)\underline{c}_2\underline{q}_2^*]$$

$$(1+\lambda)C'(\bar{\mu}^*) = \alpha_2[S(\bar{q}_2^*) + \lambda\,\bar{p}_2^*\bar{q}_2^* - (1+\lambda)\bar{c}_2\bar{q}_2^*]$$

证明：见附录。

在完全信息下，规制机构仅需要满足垄断企业的参与约束，因此留给企业的信息租金为零；最优价格符合拉姆士原理，边际成本之上的加价取决于公共基金的社会成本。

在决定网络覆盖的最优规模时，需要考虑在农村提供服务的两个方面的收益：净剩余效应 $S(\bar{q}_2) - (1+\lambda)\bar{c}_2\bar{q}_2$ 和收入效应 $\lambda\,\bar{p}_2\bar{q}_2$，前者是使农村消费者得到服务的净收益，后者是消费者的消费带来的社会收益①。容易得到，$\underline{p}_1^* = \bar{p}_1^* = p_1^*$，$\underline{p}_2^* < \bar{p}_2^*$，以及 $\underline{\mu}^* > \bar{\mu}^*$，其含义是较高的边际成本导致农村地区价格高并且网络覆盖小（见图1）。

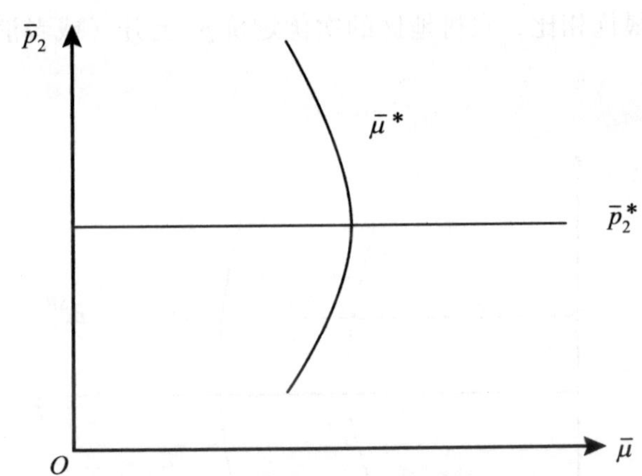

图1　区别定价、完全信息下最优定价与网络规模

在网络投资函数中，对 λ 微分后得到 $d\mu^*/d\lambda < 0$，也就是说，最优网络覆盖面积是公共基金社会成本的减函数。与发达国家相比，发展中国家的 λ 要大得多，因此从规范角度，发展中国家的网络覆盖面积相对较小。

假设规制机构只有 c_2 的不对称信息。根据显示原理，不失一般性，可以只考虑直接显示机制：

$$\{p_1(\tilde{c}_2),\ p_2(\tilde{c}_2),\ \mu(\tilde{c}_2),\ t(\tilde{c}_2)\},\ \tilde{c}_2 \in \{\underline{c}_2,\ \bar{c}_2\}$$

这里 $\tilde{c}_2$ 是垄断企业向政府显示的自己的类型 c_2。

以下分别是坏类型代理人和好类型代理人的激励相容约束条件：

$$\begin{aligned}&\bar{t} + \alpha_1\bar{p}_1\bar{q}_1 + \alpha_2\bar{\mu}\,\bar{p}_2\bar{q}_2 - (\alpha_1 c_1\bar{q}_1 + \alpha_2\bar{\mu}\,\bar{c}_2\bar{q}_2) - C(\bar{\mu})\\ &\geqslant \underline{t} + \alpha_1\underline{p}_1\underline{q}_1 + \alpha_2\underline{\mu}\,\underline{p}_2\underline{q}_2 - (\alpha_1 c_1\underline{q}_1 + \alpha_2\underline{\mu}\bar{c}_2\underline{q}_2) - C(\underline{\mu})\end{aligned} \quad (3)$$

$$\begin{aligned}&\underline{t} + \alpha_1\underline{p}_1\underline{q}_1 + \alpha_2\underline{\mu}\,\underline{p}_2\underline{q}_2 - (\alpha_1 c_1\underline{q}_1 + \alpha_2\underline{\mu}\underline{c}_2\underline{q}_2) - C(\underline{\mu})\\ &\geqslant \bar{t} + \alpha_1\bar{p}_1\bar{q}_1 + \alpha_2\bar{\mu}\,\bar{p}_2\bar{q}_2 - (\alpha_1 c_1\bar{q}_1 + \alpha_2\underline{c}_2\bar{\mu}\,\bar{q}_2) - C(\bar{\mu})\end{aligned} \quad (4)$$

政府的规划为：

$$\max_{\{\underline{q}_1,\underline{q}_2,\underline{\mu},\underline{U},\bar{q}_1,\bar{q}_2,\bar{\mu},\bar{U}\}} W = v\{\alpha_1[S(\underline{q}_1) + \lambda\,\underline{p}_1\underline{q}_1) + \alpha_2\underline{\mu}(S(\underline{q}_2) + \lambda\,\underline{p}_2\underline{q}_2] - (1+\lambda)[(\alpha_1 c_1\underline{q}_1 +$$

① 因为公共资金成本大于1，所以回收成本带来正的社会收益。

$$\alpha_2\underline{\mu}\underline{c}_2\underline{q}_2 + C(\underline{\mu})] - \lambda\,\underline{U}\} + (1-v)\{\alpha_1[S(\overline{q}_1) + \lambda\,\overline{p}_1\overline{q}_1] + \alpha_2\overline{\mu}[S(\overline{q}_2) + \lambda\,\overline{p}_2\overline{q}_2] - (1+\lambda)[\alpha_1 c_1\overline{q}_1 + \alpha_2\overline{\mu}\overline{c}_2\overline{q}_2 + C(\overline{\mu})] - \lambda\,\overline{U}\}$$

s. t. （1）、（2）、（3）和（4）

因此有以下定理：

定理 2：如果 $|S''|$ 足够大，在非对称信息下，最优规制政策满足：

（1）如果 $c_2=\underline{c}_2$，农村地区的最优定价与网络覆盖与完全信息时相同；

（2）如果 $c_2=\overline{c}_2$，与完全信息时相比，农村地区的价格上升，网络覆盖下降。

具体有：

$$\underline{p}_1^{SB}=\overline{p}_1^{SB}=p_1^*,\ \underline{p}_2^{SB}=\underline{p}_2^*;\ \underline{\mu}^{SB}=\underline{\mu}^*$$

$$\frac{\overline{p}_2^{SB}-\overline{c}_2}{\overline{p}_2^{SB}}=\frac{\lambda}{1+\lambda}\frac{1}{\eta}+\frac{\lambda}{1+\lambda}\frac{v}{1-v}\frac{\Delta c_2}{\overline{p}_2^{SB}}$$

$$(1+\lambda)C'(\overline{\mu}^{SB})=\alpha_2[S(\overline{q}_2^{SB})+\lambda\,\overline{p}_2^{SB}\overline{q}_2^{SB}-(1+\lambda)\overline{c}_2\overline{q}_2^{SB}-\lambda\frac{v}{1-v}\Delta c_2\overline{q}_2^{SB}]$$

证明：见附录。

在非对称信息时，为满足高效率代理人的激励相容条件，规制机构必须给予信息租金 $\Pi=\alpha_2\overline{\mu}\Delta c_2\overline{q}_2$。为了减少信息租金，当 $c_2=\overline{c}_2$ 时，农村地区的次优定价和网络覆盖面积均要发生扭曲。同完全信息时的社会最优相比，农村地区的次优定价 $\overline{p}_2$ 上升（或者消费量 $\overline{q}_2$ 下降），最优网络覆盖面积下降（见图 2）。

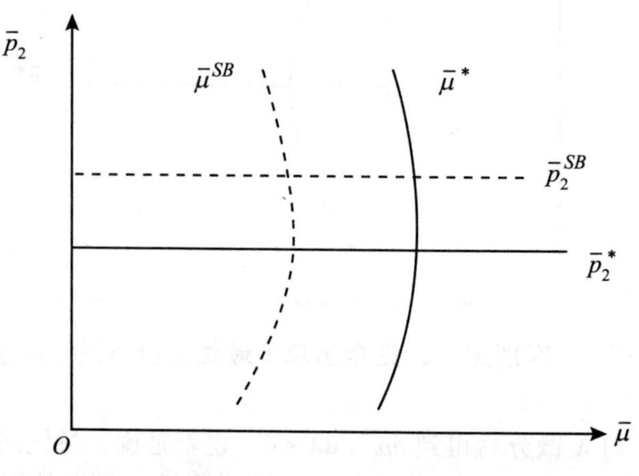

图 2　区别定价下非对称信息的影响

定理 2 表明，如果允许区别定价，在非对称信息时，农村地区的用户因为信息租金成本要面对更高的价格，从而消费量降低，而且由于信息租金使得投资成本上升，尚未接入网络的人接入网络的可能性下降。在这个意义上，已接入人群与尚未接入人群均要受到非对称信息的负面影响。

四、统一定价时的最优规制

本节讨论统一定价机制时的最优规制政策。同前面一样，先考虑完全信息时的基准模型，即先假设在农村提供服务的边际成本 c_2 是完全信息。为了简洁起见，引入以下记号：$\overline{p}=p(\overline{c}_2)$，$\overline{q}=q(\overline{p})$，$\overline{p}=p(\underline{c}_2)$，$\underline{q}=p(\underline{p})$，其他记号的含义与前面类似。

在完全信息时，必须满足参与约束条件。对于坏类型代理人，其参与约束条件为：

$$\overline{t}+(\alpha_1+\alpha_2\overline{\mu})\overline{p}\,\overline{q}-(\alpha_1 c_1+\alpha_2\overline{c}_2\overline{\mu})\overline{q}-C(\overline{\mu})\geqslant 0 \tag{5}$$

好类型代理人的参与约束条件为：

$$\underline{t}+(\alpha_1+\alpha_2\underline{\mu})\underline{p}\,\underline{q}-(\alpha_1c_1+\alpha_2\underline{c}_2\underline{\mu})\underline{q}-C(\underline{\mu})\geqslant 0 \tag{6}$$

政府的最优普遍服务政策对应以下数学规划：

$$\max_{(\underline{p},\underline{\mu},\bar{p},\bar{\mu})} W=v\{(\alpha_1+\alpha_2\underline{\mu})[S(\underline{q})+\lambda\,\underline{p}\,\underline{q}]-(1+\lambda)[(\alpha_1c_1+\alpha_2\underline{\mu}\underline{c}_2)\underline{q}+C(\underline{\mu})]-\lambda\,\underline{U}\}+$$
$$(1-v)\{(\alpha_1+\alpha_2\bar{\mu})(S(\bar{q})+\lambda\,\bar{p}\,\bar{q})-(1+\lambda)[(\alpha_1c_1+\alpha_2\bar{\mu}\,\bar{c}_2)\bar{q}+C(\bar{\mu})]-\lambda\,\bar{U}\}$$

s. t. （5）和（6）

最优规制满足以下条件：

定理3：在政府对 c_2 具有完全信息时，如果 $|S''|$，$C''(\cdot)$，α_2 都足够大，则与区别定价相比，统一定价时的农村地区价格和网络覆盖都降低。具体有：

$$\frac{\underline{p}^{**}-\dfrac{\alpha_1c_1+\alpha_2\,\underline{c}_2\underline{\mu}^{**}}{\alpha_1+\alpha_2\underline{\mu}^{**}}}{\underline{p}^{**}}=\frac{\bar{p}^{**}-\dfrac{\alpha_1c_1+\alpha_2\bar{c}_2\bar{\mu}^{**}}{\alpha_1+\alpha_2\bar{\mu}^{**}}}{\bar{p}^{**}}=\frac{\lambda}{1+\lambda}\frac{1}{\eta}$$

$$(1+\lambda)C'(\underline{\mu}^{**})=\alpha_2[S(\underline{q}^{**})+\lambda\,\underline{p}^{**}\underline{q}^{**}-(1+\lambda)\underline{q}^{**}\underline{c}_2]$$

$$(1+\lambda)C'(\bar{\mu}^{**})=\alpha_2[S(\bar{q}^{**})+\lambda\,\bar{p}^{**}\bar{q}^{**}-(1+\lambda)\bar{q}^{**}\bar{c}_2]$$

证明：见附录。

在完全信息时实行统一定价，实现最优配置不需要放弃任何信息租金，并且价格由拉姆士规则决定，但这里的成本为平均边际成本。当边际成本为 $\underline{c}_2$ 时，平均边际成本为$\dfrac{\alpha_1c_1+\alpha_2\underline{c}_2\underline{\mu}}{\alpha_1+\alpha_2\underline{\mu}}$，低于 $\underline{c}_2$；当边际成本为 $\bar{c}_2$ 时，平均边际成本为$\dfrac{\alpha_1c_1+\alpha_2\bar{c}_2\bar{\mu}}{\alpha_1+\alpha_2\bar{\mu}}$，低于 $\bar{c}_2$。但农村地区的平均成本要高于城市地区，因此统一定价的确具有再分配效应，不管网络覆盖如何变化，农村地区价格下降，城市地区价格上升，即 $p_1^*<\underline{p}^{**}<\underline{p}_2^*$，$p_1^*<\bar{p}^{**}<\bar{p}_2^*$。但下面将要看到，农村地区的价格下降是以网络覆盖的向下扭曲为代价的。

如果垄断企业具有高成本技术，即 $c_2=\bar{c}_2$，则农村地区网络扩张的边际成本为 $C'(\mu)$。同前，网络扩张具有两个方面的收益：消费的净剩余效应 $S(\bar{q})-(1+\lambda)\overline{q\,c}_2$，以及因为公共基金存在社会成本而产生的收入效应。但与区别定价时有所不同，这里的净效应 $S(\bar{q})+\lambda\,\bar{p}\,\bar{q}-(1+\lambda)\overline{q\,c}_2$ 在 $\bar{q}^{**}$ 处是 $\bar{q}$ 的减函数，而不是常函数，其原因在于，统一定价时农村地区的定价要向下扭曲，从而导致网络覆盖面积的扭曲，这样 $\underline{\mu}^{**}<\underline{\mu}^*$，$\bar{\mu}^{**}<\bar{\mu}^*$。

在实践中，人们常常发现普遍服务义务是通过统一定价（例如，邮政和电信业务）来实现的。尽管这一规制政策在实施上具有许多政治经济方面的优点，但人们不禁要问，这到底是不是一项有利于农村消费者的政策？毕竟，政府可以设计其他的再分配政策，例如改变目标函数中不同地区的消费者权重。具体来讲，假设政府赋予农村的净消费者剩余的权重为 $\omega>1$，这暗含着政府的政策倾向于农村消费者。经过简单计算，将政府的目标函数改写为：

$$W=\alpha_1[S(q_1)-p_1q_1]+\alpha_2\mu\omega[S(q_2)-p_2q_2]-(1+\lambda)t+U$$
$$=\alpha_1(S(q_1)+\lambda p_1q_1)+\alpha_2\mu\omega\left[S(q_2)-\left(\frac{1+\lambda}{\omega}-1\right)p_2q_2\right]-(1+\lambda)[\alpha_1c_1q_1+\alpha_2c_2\mu q_2+C(\mu)]$$

从而，

$$\frac{p_2^{\omega}-c_2}{p_2^{\omega}}=\left(1-\frac{\omega}{1+\lambda}\right)\frac{1}{\eta}$$

$$(1+\lambda)C'(\mu^{\omega})=\alpha_2\left\{\omega\left[S(q_2^{\omega})+\left(\frac{1+\lambda}{\omega}-1\right)p_2^{\omega}q_2^{\omega}\right]-(1+\lambda)c_2q_2^{\omega}\right\}$$

为了将以上结果与统一定价下的结果相比较，将 $p_2^{\omega}=\bar{p}^{**}$ 代入上面的定价函数得到：

$$\omega=(1+\lambda)\left[1-\frac{\bar{p}^{**}-\bar{c}_2}{\bar{p}^{**}}\eta\right]$$

从而，有：

$$\omega S(\bar{q}^{**})+(\frac{1+\lambda}{\omega}-1)\bar{p}^{**}\bar{q}^{**}-(1+\lambda)\bar{c}_2\bar{q}^{**}>S(\bar{q}^{**})+\lambda\bar{p}^{**}\bar{q}^{**}-(1+\lambda)\bar{c}_2\bar{q}^{**}$$

不难看出，在农村地区同样的价格下，统一定价会导致农村地区的网络覆盖减小，社会福利降低。由此我们可以得到结论，如果政策上可行，合适的歧视性价格比统一定价能更有效地实现再分配目标。

现在假设规制机构对 c_2 具有不对称信息，统一定价下的规制政策为如下的直接显示机制：

$$\{p(\tilde{c}_2),\mu(\tilde{c}_2),t(\tilde{c}_2)\},\tilde{c}_2\in\{\underline{c}_2,\bar{c}_2\}$$

坏类型和好类型代理人的激励相容约束条件分别如下：

$$\begin{aligned}&\bar{t}+(\alpha_1+\alpha_2\bar{\mu})\bar{p}\,\bar{q}-(\alpha_1c_1+\alpha_2\bar{c}_2\bar{\mu})\bar{q}-C(\bar{\mu})\\&\geqslant\underline{t}+(\alpha_1+\alpha_2\underline{\mu})\underline{p}\,\underline{q}-(\alpha_1c_1+\alpha_2\bar{c}_2\underline{\mu})\underline{q}-C(\underline{\mu})\end{aligned}\tag{7}$$

$$\begin{aligned}&\underline{t}+(\alpha_1+\alpha_2\underline{\mu})\underline{p}\,\underline{q}-(\alpha_1c_1+\alpha_2\underline{c}_2\underline{\mu})\underline{q}-C(\underline{\mu})\\&\geqslant\bar{t}+(\alpha_1+\alpha_2\bar{\mu})\bar{p}\,\bar{q}-(\alpha_1c_1+\alpha_2\underline{c}_2\bar{\mu})\bar{q}-C(\bar{\mu})\end{aligned}\tag{8}$$

政府的最优规制政策由以下规划决定：

$$\begin{aligned}\max_{(\underline{p},\underline{\mu},\underline{U},\bar{p},\bar{\mu},\bar{U})}W=&v\{(\alpha_1+\alpha_2\underline{\mu})[S(\underline{q})+\lambda\,\underline{p}\,\underline{q}]-(1+\lambda)[(\alpha_1c_1+\alpha_2\underline{\mu}\underline{c}_2)\underline{q}+C(\underline{\mu})]-\lambda\,\underline{U}\}+\\&(1-v)\{(\alpha_1+\alpha_2\bar{\mu})[S(\bar{q})+\lambda\,\bar{p}\,\bar{q}]-(1+\lambda)[(\alpha_1c_1+\alpha_2\bar{\mu}\bar{c}_2)\bar{q}+C(\bar{\mu})]-\lambda\,\bar{U}\}\end{aligned}$$

s. t. （5）、（6）、（7）和（8）

求解上述数学规划得到以下结论。

定理 4：假设政府具有 c_2 的非对称信息，如果 $|S''|$，$C''(\cdot)$，α_2 都足够大，则：

（1）当信息非对称程度 Δc_2 足够大时，

- 如果 $c_2=\underline{c}_2$，最优规制政策同完全信息下统一定价的结果相同。
- 如果 $c_2=\bar{c}_2$，同完全信息下统一定价相比，价格上升，网络覆盖面积下降；同完全信息下的区别定价相比，价格下降，网络覆盖面积下降。

具体有：

$$\underline{p}^{USB}=\underline{p}^{**},\ \underline{\mu}^{USB}=\underline{\mu}^{**}$$

$$\frac{\bar{p}^{USB}-\dfrac{\alpha_1c_1+\alpha_2\bar{c}_2\bar{\mu}^{USB}}{\alpha_1+\alpha_2\bar{\mu}^{USB}}}{\bar{p}^{USB}}=\frac{\lambda}{1+\lambda}\frac{1}{\eta}+\frac{\lambda}{1+\lambda}\frac{v}{1-v}\frac{\alpha_2\Delta c_2\bar{\mu}^{USB}}{\alpha_1+\alpha_2\bar{\mu}^{USB}}\frac{1}{\bar{p}^{USB}}$$

$$(1+\lambda)C'(\underline{\mu}^{**})=\alpha_2[S(\underline{q}^{**})+\lambda\,\underline{p}^{**}\underline{q}^{**}-(1+\lambda)\underline{q}^{**}\underline{c}_2]$$

$$(1+\lambda)C'(\bar{\mu}^{USB})=\alpha_2[S(\bar{q}^{USB})+\lambda\,\bar{p}^{USB}\bar{q}^{USB}-(1+\lambda)\bar{q}^{USB}\bar{c}_2-\lambda\frac{v}{1-v}\Delta c_2\bar{q}^{USB}]$$

（2）当信息非对称程度 Δc_2 比较小时，将出现混同解，最优规制政策满足：

$$\frac{p^{USB}-\dfrac{\alpha_1c_1+\alpha_2[v\,\underline{c}_2+(1-v)\bar{c}_2]\mu^{USB}}{\alpha_1+\alpha_2\mu^{USB}}}{p^{USB}}=\frac{\lambda}{1+\lambda}\frac{1}{\eta}+\frac{\lambda}{1+\lambda}\frac{v\alpha_2\Delta c_2\mu^{USB}}{\alpha_1+\alpha_2\mu^{USB}}\frac{1}{p^{USB}}$$

$$C'(\mu^{USB})=\alpha_2\left\{\frac{S(q^{USB})+\lambda p^{USB}q^{USB}}{(1+\lambda)}-[v\,\underline{c}_2+(1-v)\bar{c}_2]q^{USB}-\frac{\lambda}{1+\lambda}v\Delta c_2q^{USB}\right\}$$

证明：见附录。

当 $c_2=\underline{c}_2$ 时，最优规制政策与完全信息下的统一定价一样，也就是说，在顶端不存在扭曲。但是，当企业具有高成本技术时，为了使代理人报告真实类型，政府需要给予信息租金 $\alpha_2\bar{\mu}\Delta c_2\bar{q}$，因此，最优价格和网络覆盖都是效率与租金提取之间的权衡。

统一定价对定价决策产生两个方面的影响：其一是非对称信息导致价格上升；其二是统一定价影响平均边际成本，根据网络覆盖变化的大小，价格既有可能上升，也有可能下降。但如果信息非对称程度 Δc_2 足够大，在统一定价下，农村地区的价格会比完全信息时高（见图 3）。

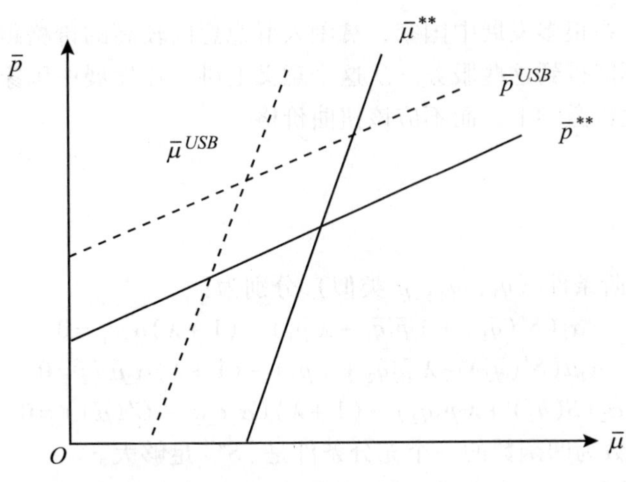

图 3　统一定价下非对称信息的影响

决定最优网络投资需要考虑三个因素。除了剩余效应和收入效应外，还要考虑非对称信息的直接影响。非对称信息导致网络覆盖减小，如果 Δc_2 足够大，所有效应的净效应是网络覆盖面积减少。

下面将以上结果与区别定价时进行比较。我们仍然需要考虑两方面的效应。现在，导致价格下降的平均边际成本效应有了一个相反的效应，但可以发现，与区别定价时相比，统一定价下的农村地区的价格始终要低。实际上，如果将区别定价下的平均价格记为 $\bar{\bar{p}} \equiv \frac{\alpha_1 p_1 + \alpha_2 \bar{\mu} \bar{p}_2}{\alpha_1 + \alpha_2 \bar{\mu}}$，给定网络覆盖面积，这恰好等于统一定价下的价格，即 $\bar{p} - = \bar{p}^{USB}$；而且与区别定价时相比，统一定价时的网络覆盖面积要小。由此可以得出的结论是，在非对称信息下，尽管统一定价有利于农村消费者，但这是以网络覆盖的减小为代价的。

当 Δc_2 较小时，在统一定价时存在一个有趣的现象，即出现混同解（pooling equilibrium）。在这种情形，社会福利最大化要求消费与网络投资是 c_2 的减函数。的确，当 α_1 足够大时，完全信息时最优解处的单调性条件满足；但在非对称信息下，如果 Δc_2 比较小，说真话的二阶条件就不成立。这样在统一定价时就不能得到分离解（separating equilibrium）①。

五、结　　论

本文通过正式建模，对与普遍服务义务相关的最优规制政策进行了分析，我们特别分析了统一定价和区别定价两种定价机制下，非对称信息对最优普遍服务政策的影响。模型结果显示，在两种定价机制下，非对称信息都会导致农村地区的价格上升和网络覆盖下降。另外还得出，尽管统一定价确实可以实现再分配目标，使农村地区价格下降，但这是以减少农村网络覆盖为代价的。

本文得出的主要政策含义是，当使用统一定价来帮助农村用户时，未接入网络的消费者可能会受到网络投资减少的负面影响，这样统一定价就不能实现政策制定者所希望达到的提高普及率的目标，而这在发展中国家恰恰是一个相当紧迫的任务；或者说，尽管统一定价确实帮助了农村消费者，但网络扩张的进度将会减缓。由此可以得到的一个一般性结论是，在制定普遍服务政策时，应该综合考虑网络投资的激励与定价政策。

因为发展中国家尚未建立足够的基础网络设施为全社会提供服务，所以网络扩张是这些国家重

① 关于一维模型中非反应性的解释，请参考 Laffont 和 Martimort（2002，P. 53）。

要的发展策略。实际上，在很多发展中国家，贫困人群愿意以较高的价格得到基本业务，但由于网络覆盖不够，他们最终不能得到这些服务。从这个意义上讲，在发展中国家，政府应该将更多的精力放在如何为网络投资提供激励上，而不应该扭曲价格。

附录：

定理1的证明：

关于 $\bar{q}_1$，$\bar{q}_2$，$\bar{\mu}$ 的一阶条件（$\underline{q}_1$，$\underline{q}_2$，$\underline{\mu}$ 类似）分别为：

$$\alpha_1(S'(\bar{q}_1)+\lambda\bar{p}_1'\bar{q}_1+\lambda\bar{p}_1)-(1+\lambda)\alpha_1 c_1=0 \tag{1}$$

$$\alpha_2\bar{\mu}(S'(\bar{q}_2)+\lambda\bar{p}_2'\bar{q}_2+\lambda\bar{p}_2)-(1+\lambda)\alpha_2\bar{\mu}\bar{c}_2=0 \tag{2}$$

$$\alpha_2(S(\bar{q}_2)+\lambda\bar{p}_2\bar{q}_2)-(1+\lambda)(\alpha_2\bar{c}_2\bar{q}_2+C'(\bar{\mu}))=0 \tag{3}$$

因为 $C''>0$，目标函数为凹函数的一个充分条件是 $|S''|$ 足够大。

根据拉姆士规则，等式（2）决定了 $\bar{q}_2$[①]，从而由 $\bar{q}_2$ 又决定了 $\bar{\mu}$。

定理2的证明：

因为只有 $\bar{q}_2$ 和 $\bar{\mu}$ 受到非对称信息的影响，所以只要考虑关于 $\bar{q}_2$ 和 $\bar{\mu}$ 的一阶条件：

$$-v\lambda\alpha_2\Delta c_2\bar{\mu}+(1-v)[\alpha_2(S'(\bar{q}_2)+\lambda\bar{p}_2'\bar{q}_2+\lambda\bar{p}_2)-(1+\lambda)\alpha_2\bar{c}_2]\bar{\mu}=0 \tag{4}$$

$$-v\lambda\alpha_2\Delta c_2\bar{q}_2+(1-v)[\alpha_2(S(\bar{q}_2)+\lambda\bar{p}_2\bar{q}_2)-(1+\lambda)(\alpha_2\bar{c}_2\bar{q}_2+C'(\bar{\mu})]=0 \tag{5}$$

易知，只要 $|S''|$ 足够大，就可以保证凹性条件。记：

$$U(c_2,\tilde{c}_2)\equiv t(\tilde{c}_2)+\alpha_1 p_1(\tilde{c}_2)q(p_1(\tilde{c}_2))+\alpha_2\mu(\tilde{c}_2)p_2(\tilde{c}_2)q(p_2(\tilde{c}_2))-$$
$$(\alpha_1 c_1 q(p_1(\tilde{c}_2))+\alpha_2 c_2\mu(\tilde{c}_2)q(p_2(\tilde{c}_2)))-C(\mu(\tilde{c}_2))$$

为 c_2 类型企业报告 $\tilde{c}_2$ 时所获得的效用，将 c_2 看成是一个连续变量，则讲真话的一阶条件为：

$$\dot{t}+\alpha_1(\dot{p}_1 q_1' p_1+\dot{p}_1 q_1)+\alpha_2\dot{\mu}p_2 q_2+\alpha_2\mu(q_2\dot{p}_2+p_2\dot{p}_2 q_2')-$$
$$(\alpha_1 c_1 q_1'\dot{p}_1+\alpha_2 c_2(\dot{\mu}q_2+\mu q_2'\dot{p}_2))-C'(\mu)\dot{\mu}=0$$

二阶条件为：

$$-\alpha_2(\dot{\mu}q_2+\mu q_2'\dot{p}_2)\geqslant 0$$

因为 $q_2'<0$，一个充分的二阶条件是 $\dot{\mu}<0$ 且 $\dot{p}_2>0$，这样可以利用通常的处理技巧，先不考虑二阶条件求解，然后再检验充分条件 $\dot{\mu}<0$ 且 $\dot{p}_2>0$ 是否满足（见 Guesnerie and Laffont，1984）。由于 $\bar{p}_2^{SB}>\bar{p}_2^*>\underline{p}_2^*=\underline{p}_2^{SB}$ 且 $\bar{\mu}^{SB}<\bar{\mu}^*<\underline{\mu}^*=\underline{\mu}^{SB}$，激励相容的二阶条件满足（见图2）。

定理3的证明：

关于 $\bar{q}$ 和 $\bar{\mu}$ 的一阶条件分别为：

$$(\alpha_1+\alpha_2\bar{\mu})(S'(\bar{q})+\lambda\bar{p}'\bar{q}+\lambda\bar{p})-(1+\lambda)(\alpha_1 c_1+\alpha_2\bar{c}_2\alpha_1\bar{\mu})=0 \tag{6}$$

$$\alpha_2(S(\bar{q})+\lambda\bar{p}\bar{q})-(1+\lambda)(\alpha_2\bar{c}_2\bar{q}+C'(\bar{\mu}))=0 \tag{7}$$

根据二阶条件，目标函数满足凹条件的充分条件是：

$$(\alpha_1+\alpha_2\bar{\mu})(S''(\bar{q})+\lambda\bar{p}''\bar{q}+2\lambda\bar{p}')<0$$

$$-C''(\bar{\mu})(\alpha_1+\alpha_2\bar{\mu})(S''(\bar{q})+\lambda\bar{p}''\bar{q}+2\lambda\bar{p})>(1+\lambda)\left[\frac{\alpha_1\alpha_2(c_1-c_2)}{\alpha_1+\alpha_2\bar{\mu}}\right]^2=0$$

因此目标函数为凹函数的一个充分条件是 $|S''|$ 足够大。

因为 $\frac{\alpha_1 c_1+\alpha_2 c_2\mu}{\alpha_1+\alpha_2\bar{\mu}}<c_2$，可以得到 $\bar{p}^{**}<\bar{p}_2^*$ 和 $\underline{p}^{**}<\underline{p}_2^*$，而且由一阶条件可知 $\bar{p}_2^*$ 最大化 $\frac{S(\bar{q}_2)+\lambda\bar{p}_2\bar{q}_2}{1+\lambda}-\bar{c}_2\bar{q}_2$，并且 $\frac{S'(\bar{q}^{**})+\lambda\bar{p}^{**\prime}\bar{q}^{**}+\lambda\bar{p}^{**}}{1+\lambda}-\bar{c}_2<0$，这样就可以得到 $\bar{\mu}^{**}<\bar{\mu}^*$；同理 $\underline{\mu}^{**}<\underline{\mu}^*$。最后可得：$\frac{d\bar{p}}{d\bar{\mu}}=\frac{c_1}{1-\frac{\lambda}{1+\lambda}\frac{1}{\eta}}\frac{\alpha_1\alpha_2(\bar{c}_2-c_1)}{(\alpha_1+\alpha_2\bar{\mu})^2}>0$，$C''(\bar{\mu})\frac{d\bar{\mu}}{d\bar{q}}=\alpha_2\left(\frac{S'(\bar{q})+\lambda\bar{p}'\bar{q}+\lambda\bar{p}}{1+\lambda}-\bar{c}_2\right)<0$，

---

① 当然，$\bar{p}_2$ 与 $\bar{q}_2$ 存在一一对应关系。

由此可知价格曲线与网络覆盖曲线均为 $\bar{p}$ 的增函数。

以下两式分别对 c_2 求微分：

$$\frac{p-\frac{\alpha_1 c_1+\alpha_2 c_2\mu}{\alpha_1+\alpha_2\mu}}{p}=\frac{\lambda}{1+\lambda}\frac{1}{\eta},C'(\mu)=\alpha_2\left[\frac{S(q)+\lambda pq}{1+\lambda}-c_2 q\right]$$

求解方程组可以得到：

$$\frac{\mathrm{d}q}{\mathrm{d}c_2}=\frac{1}{\Delta}\left[-\frac{q'\mu C''}{\left(1-\frac{\lambda}{1+\lambda}\frac{1}{\eta}\right)(\alpha_1+\alpha_2\mu)}+\frac{\alpha_1\alpha_2(c_2-c_1)qq'}{\left(1-\frac{\lambda}{1+\lambda}\frac{1}{\eta}\right)(\alpha_1+\alpha_2\mu)^2}\right]$$

$$\frac{\mathrm{d}\mu}{\mathrm{d}c_2}=\frac{1}{\Delta}\left[q-\frac{\alpha_2 q'\mu(S'(q)+\lambda p'q+\lambda p-(1+\lambda)c_2)}{\left(1-\frac{\lambda}{1+\lambda}\frac{1}{\eta}\right)(\alpha_1+\alpha_2\mu)(1+\lambda)}\right]$$

这里 $\Delta=-\frac{C''}{\alpha_2}+\frac{\alpha_1\alpha_2 q'(c_2-c_1)(S'(q)+\lambda p'q+\lambda p-(1+\lambda)c_2)}{\left(1-\frac{\lambda}{1+\lambda}\frac{1}{\eta}\right)(\alpha_1+\alpha_2\mu)^2(1+\lambda)}$。$\frac{\mathrm{d}q}{\mathrm{d}c_2}\leqslant 0$ 和 $\frac{\mathrm{d}\mu}{\mathrm{d}c_2}\leqslant 0$ 的一个充分条件是 C''和 α_2 均足够大（见文中图 3）。

若 $\bar{c}_2$ 不比 c_1 大许多，则式（6）、式（7）可以用图 3 来表示，从图中可以看出，除非 C''和 α_2 足够大，否则 $\bar{c}_2$ 变动带来的效应不明显，其二阶条件满足，定理 3 就是求解得出的结果。

定理 4 的证明：

容易得到一阶条件如下：

$$-v\lambda\alpha_1\Delta c_2\bar{\mu}+(1-v)[(\alpha_1+\alpha_2\bar{\mu})(S'(\bar{q})+\lambda\bar{p}'\bar{q}+\lambda\bar{p})-(1+\lambda)(\alpha_1 c_1+\alpha_2\bar{c}_2\bar{\mu})]=0$$
$$-v\lambda\alpha_1\Delta c_2\bar{q}+(1-v)[\alpha_2(S(\bar{q})+\lambda\bar{p}\bar{q})-(1+\lambda)(\alpha_2\bar{c}_2\bar{q}+C'(\bar{\mu}))]=0$$

目标函数呈凹性的一个充分条件仍然是 $|S''|$ 足够大。记 $U(c_2,\tilde{c}_2)\equiv t(\tilde{c}_2)+(\alpha_1+\alpha_2\mu(\tilde{c}_2))p(q(\tilde{c}_2))q(\tilde{c}_2)-(\alpha_1 c_1+\alpha_2 c_2\mu(\tilde{c}_2))q(\tilde{c}_2)-C(\mu(\tilde{c}_2))$ 为 c_2 类型企业报告 $\tilde{c}_2$ 时所获得的效用，将 c_2 看成是一个连续变量，则讲真话的一阶条件为：

$$\dot{t}+\alpha_2\dot{\mu}p(q)q+(\alpha_1+\alpha_2\mu)(p'\dot{q}q+p\dot{q})-\alpha_2 c_2\dot{\mu}q-(\alpha_1 c_1+\alpha_2 c_2\mu)\dot{q}-C'(\mu)\dot{\mu}=0$$

二阶条件为：

$$-\alpha_2\dot{\mu}q-\alpha_2\mu\dot{q}\geqslant 0$$

容易得出，二阶条件成立的一个充分条件是 $\bar{p}^{USB}>\underline{p}^{USB}$ 和 $\bar{\mu}^{USB}<\underline{\mu}^{USB}$，也就是说：

$$\frac{\alpha_1 c_1+\alpha_2\bar{c}_2\bar{\mu}^{USB}}{\alpha_1+\alpha_2\bar{\mu}^{USB}}+\frac{\lambda}{1-\lambda}\frac{v}{1-v}\frac{\alpha_2\Delta c_2\bar{\mu}^{USB}}{\alpha_1+\alpha_2\bar{\mu}^{USB}}>\frac{\alpha_1 c_1+\alpha_2\underline{c}_2\underline{\mu}^{**}}{\alpha_1+\alpha_2\underline{\mu}^{**}}$$

$$\frac{S(\bar{q}^{USB})+\lambda\bar{p}^{USB}\bar{q}^{USB}}{1+\lambda}-\bar{q}^{USB}\bar{c}_2-\frac{\lambda}{1+\lambda}\frac{v}{1-v}\Delta c_2\bar{q}^{USB}<\frac{S(\underline{q}^{**})+\lambda\underline{p}^{**}\underline{q}^{**}}{1+\lambda}-\underline{q}^{**}\underline{c}_2$$

因此，满足说真话的二阶条件的一个充分条件是 Δc 足够大，但是如果 Δc 比较小，就有 $\bar{p}^{USB}<\underline{p}^{USB}$，$\bar{\mu}^{USB}>\underline{\mu}^{USB}$，从而出现混同解，这样 $\bar{p}^{USB}=\underline{p}^{USB}=p^{USB}$，$\bar{\mu}^{USB}=\underline{\mu}^{USB}=\mu^{USB}$。

下面讨论 $\bar{p}^{USB}>\bar{p}^{**}$ 和 $\bar{\mu}^{USB}<\bar{\mu}^{**}$ 成立的充分条件。从一阶条件可以得到：

$$\frac{\alpha_1 c_1+\alpha_2\bar{c}_2\bar{\mu}^{USB}}{\alpha_1+\alpha_2\bar{\mu}^{USB}}+\frac{\lambda}{1-\lambda}\frac{v}{1-v}\frac{\alpha_2\Delta c_2\bar{\mu}^{USB}}{\alpha_1+\alpha_2\bar{\mu}^{USB}}>\frac{\alpha_1 c_1+\alpha_2\bar{c}_2\bar{\mu}^{**}}{\alpha_1+\alpha_2\bar{\mu}^{**}}$$

或者说，如果 Δc_2 足够大，有 $\bar{p}^{USB}>\bar{p}^{**}$。同样，当 Δc_2 足够大时有 $\bar{\mu}^{USB}<\bar{\mu}^{**}$。最后，因为 $\frac{\alpha_1 c_1+\alpha_2\bar{c}_2\bar{\mu}^{USB}}{\alpha_1+\alpha_2\bar{\mu}^{USB}}+\frac{\lambda}{1+\lambda}\frac{v}{1-v}\frac{\alpha_2\Delta c_2\bar{\mu}^{USB}}{\alpha_1+\alpha_2\bar{\mu}^{USB}}<\bar{c}_2+\frac{\lambda}{1+\lambda}\frac{v}{1-v}\Delta c_2$ 总是成立的，所以就可以得到 $\bar{p}^{USB}<\bar{p}_2^{SB}$。而且，由于 $\bar{p}_2^{SB}$ 是 $\frac{S(\bar{q}_2)+\lambda\bar{p}_2\bar{q}_2}{1+\lambda}-\bar{q}_2\bar{c}_2-\frac{\lambda}{1+\lambda}\frac{v}{1-v}\Delta c_2\bar{q}_2$ 的优化解，因此 $\bar{\mu}^{USB}<\bar{\mu}^{SB}$。

参考文献：

1. Cremer, H., F. Gasmi, A. Grimaud and J. J. Laffont, "Universal Service: An Economic Perspective", Annals of

Public and Cooperative Economics, 2001, 71.

2. Gasmi, F., J. J. Laffont and W. Sharkey, "Competition, Universal Service and Telecommunications Policy in Developing Countries", Information Economics and Policy, 1999, 12.

3. Guesnerie, R. and J. J. Laffont, "A Complete Solution to a Class of Principal-Agent Problems with An Application to the Control of A Self-Managed Firm", Journal of Public Economics, 1984, 25.

4. Laffont, J. J., and A. N'Gbo, "Cross-Subsidies and Network Expansion in Developing Countries", European Economic Review, 2000, 44.

5. Laffont, J. J. and D. Martimort, The Theory of Incentives I: The Principal-Agent Model Princeton University Press, 2002.

6. Laffont, J. J., and J. Tirole, Competition in Telecommunications, Cambridge, MA: MIT Press, 2000.

7. Laffont, J. J., and X. Zhang, "Universal Service Obligations in Developing Countries", 2003, RCRC Working Paper, CASS.

（本文载于《经济学（季刊）》2004年第3期）

价格规制合同设计中信息租金与配置效率的协调方式

王 燕

摘 要：网络产业所具有的自然垄断特性使政府规制成为必要，但在信息不对称的情况下，被规制企业所具备的信息优势使政府在设计规制合同时必须面对和解决逆向选择问题。本文在考虑了参与约束和激励约束的基础上，通过建立含有信息租金的社会福利最大化目标函数，分析了企业信息租金的存在形式及其与配置效率的冲突关系，并提出了政府如何在提高资源配置效率和减少企业信息租金之间进行选择的协调方式。

关键词：规制合同 逆向选择 信息租金 激励机制

一、问题的提出

在规制经济学里，把具有不同激励强度的成本补偿机制称之为激励性规制（张昕竹，2000）。现实经济活动中之所以要设计和采用不同强度的激励性规制，主要是由于规制目标往往不是单一的，没有哪种规制机制能够解决所有问题，在信息不对称的情况下顾此失彼的现象经常发生。因此，网络产业一般要根据自身的产业特性、需求状况以及政府的监控能力等具体情况量身打造最适合的规制框架。

政府对网络产业的规制是典型的委托—代理关系，委托人是代表公众利益的政府，代理人是被规制企业。詹森和麦克林将这类委托—代理关系视为一种合同，在这种合同下，委托人指定、雇佣代理人为其提供服务，并授予其某些决策权，然后根据代理人提供服务的数量和质量支付相应的报酬。由于人的自利性、有限理性、风险回避性以及委托双方条件的不同、需要上的差异、利益目标的不一致，所以，当双方当事人都是效用最大化者时，就有充分的理由相信，代理人不会总以委托人的最大利益而行动（詹森、麦克林，1976）。为此，政府就有必要设计出各种激励性的规制合同，采用多元化的途径防止网络企业在追求自身利润最大化过程中侵占过多的公众利益。然而，在委托双方的信息不对称、环境不确定性、契约不完善的共同作用下，有效的规制合同设计是一件相当复杂和困难的事情。

一般认为信息不对称是导致网络产业政府规制失灵的关键原因。实际上，如果政府能够掌握被规制企业目前的各种需求结构、相应的生产成本和未来技术变化的全部信息，则规制的任务是相对简单的。政府完全可以为企业设计每个时期合理的固定价格方案和税收结构，并可随时根据需求、成本和收入分配情况的变化对其进行及时而有效的调整。也就是说，政府所选择的这个固定价格可以是一个完美的且企业可以接受的最低价格，该最低价格排除了所有外在因素对企业收益的影响，使其成为企业无法寻租的高强度激励方案（让·雅克·拉丰，让·泰勒尔，2001）。遗憾的是，这种理想的状态在现实中几乎不存在，被规制企业所拥有的信息远比政府多得多，尽管政府可以要求被规制企业向政府相关的审计机构申报成本、价格、需求模式、技术变化等情况，在一定程度上能够削弱这种信息上的缺欠，而且随着规制经验的积累，审计和分析能力的提高，政府获取信息的能力也可以进一步得到改善，但仍然不可能完全消除这种信息的不对称。在信息不对称条件下，实施高强度的规制方案在理论上为企业降低成本提供了最大的激励，在价格确定条件下，企业每节约 1 单位成本就意味着增加 1 单位净收益，但与此同时也会产生配置效率的扭曲，因为不管企业是由于其内在的原因降低了 1 单位成本，还是由于其外在的原因降低了 1 单位成本，规制合同都要支付给企业 1 单位的报酬，即企业对其控制以外的成本因素拥有剩余索取权，这一事实导致了潜在的寻租。若政府不想让渡任何信息租金给企业，则只能选择投资回报率这类低强度的规制方案，由于这种规制合同中的收益率是固定的，成本是由政府全额承担，当外在因素使企业的成本降低 1 单位时，企业也并不能从中受益，因此被规制企业的信息租金几乎为零，减少了寻租的滋生空间。然而，这种方案最大的问题是，企业成本每增加 1 单位，就意味着政府要多支付 1 单位，被规制企业的盈利不会受到影响，因而企业根本不会关注成本问题，也不必对超支负责，这种成本责任的完全缺位，造成企业内部激励严重不足。

综上所述，在低强度规制合同中，信息不对称主要造成企业的隐蔽行为（hidden action），这种隐蔽行为使规制者无法观测到被规制企业生产投入的时间、工作强度等内生变量，导致企业产生“偷懒”的道德风险问题；而在高强度规制合同中，信息不对称主要造成企业的隐蔽信息（hidden information），隐蔽信息使规制者无法观测到被规制企业的技术选择、需求变动等外生变量，导致企业产生以“讲假话”或事前选择来榨取信息租金的逆向选择问题。本文侧重探讨逆向选择问题的解决方案，因此，激励性规制合同设计面临的挑战是：被规制企业和规制机构同处在一个成本机会、技术特征和相关收入分配变量等均不确定的环境之中，而且被规制企业总比政府更了解其经济运行环境，总是试图从消费者那里抽取部分租金作为它信息优势的所得，在这些约束条件下，政府必须在究竟是给予企业以激励还是捕捉其潜在的租金之间进行权衡，并开发出多元化的协调方式。

二、参与约束、激励约束及信息租金的产生

价格上限规制作为高强度激励性规制的典型代表，由于能够最大程度的刺激企业的生产效率而成为各国政府趋之若鹜的规制手段。但人们总是关注高强度激励机制所带来的好处，忘记了在高强度激励机制导致较好绩效的同时，也会留给企业大量的租金（张昕竹，2000）。因此，对信息租金产生机理的认识是极为必要的，也是配置效率与信息租金均衡机制分析的前提。

信息租金产生的条件是，企业的成本完全由外生给定，政府不知道企业的成本类型，高效率（低成本）企业通过谎称自己是低效率（高成本）企业，以模仿效应来榨取超额利润。设代表公众利益的规制机构委托被规制企业生产 q 单位商品，公众从 q 单位商品中获得的效用是 $S(q)$，其中 $S'>0$，$S''<0$，$S(0)=0$，即该商品的边际价值为正，且随着公众购买的商品数量的增加而严格递减。由于外部环境的影响，企业可能是高效率的（边际成本为 θ_1），也可能是低效率的（边际成本为 θ_2），为简单起见，不妨设固定成本为零。因此，两类被规制企业的成本函数为：

$$C(q,\ \theta_1)=\theta_1 q$$

$$C(q,\ \theta_2)=\theta_2 q$$

当公众的边际效益与企业的边际成本相等时，最优产出由下面的一阶条件决定：

$$S'(q_1^*)=\theta_1$$

$$S'(q_2^*)=\theta_2$$

所产生的社会福利为：

$$W_1^*=S(q_1^*)-\theta_1 q_1^*$$

$$W_2^*=S(q_2^*)-\theta_2 q_2^*$$

设社会福利是非负的，由于 q_1^* 是 $W_1=S(q)-\theta_1 q$ 的最优解且 $\theta_2>\theta_1$，所以有 $S(q_1^*)-\theta_1 q_1^*\geqslant$

$S(q_2^*)-\theta_1 q_2^* \geqslant S(q_2^*)-\theta_2 q_2^*$，从而证明了高效率企业所创造的社会福利高于低效率企业所创造的社会福利。

设规制合同对高效率企业的转移支付为 t_1，则政府规制效用为 $V_1=S(q_1)-t_1$，企业效用为 $U_1=t_1-\theta_1 q_1$；同样设规制合同对低效率企业的转移支付为 t_2，则政府规制效用为 $V_2=S(q_2)-t_2$，企业效用为 $U_2=t_2-\theta_2 q_2$。为了保证被规制企业能够有效的提供产品，规制机构必须允许企业获得的效用水平大于等于零，因此，高效率企业的参与约束可以表示为：

$$t_1-\theta_1 q_1 \geqslant 0 \quad (1)$$

低效率企业的参与约束可以表示为：

$$t_2-\theta_2 q_2 \geqslant 0 \quad (2)$$

也就是说，如果规制合同有能力分辨由外生决定的企业的效率水平，则对高效率企业实行 $t_1^*=\theta_1 q_1^*$ 固定合同，对低效率企业实行 $t_2^*=\theta_2 q_2^*$ 固定合同，这时的规制合同就是最优契约，信息租金为零，无论企业是高效率的还是低效率的，都只能获得正常利润。

然而，在信息不对称的情况下，理想化的最优契约难以付诸实践，因为规制机构无法对企业类型做出正确的判断，高效率的企业有积极性模仿低效率企业，通过隐蔽信息获取信息租金以达到效用最大化的目的。换句话说，最优契约与企业的配置效率激励是不相容的。政府若想杜绝企业或的超额利润，只能采用低强度的价格规制（如回报率规制），而低强度规制合同在解决了信息租金问题的同时，也将企业自行提高配置效率的激励降到了最低点，这也是政府所不愿接受的现实。目前，各国政府更偏好于选择高强度的激励性规制合同，通过出让部分信息租金，换取企业配置效率的提升。为此，规制合同不仅要满足参与约束，还要提供激励相容的机制。激励相容约束条件可通过图 1 所示的模型分析中推出。

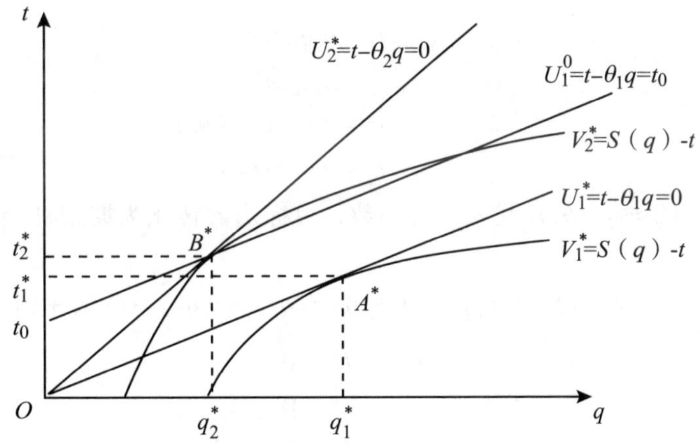

图 1　最优合同及其高效率企业的模仿效应

在图 1 中，高效率企业的零效用曲线与相应的政府规制效用曲线相切于最优契约均衡点 A*，对应的企业最优产量和政府最优支付分别为 q_1^* 和 t_1^*；低效率企业的零效用曲线与相应的政府规制效用曲线相切于最优契约均衡点 B*，对应的企业最优产量和政府最优支付分别为 q_2^* 和 t_2^*。但是高效率企业在信息不对称的条件下，不会接受这样的合同安排，而是积极模仿低效率企业将其零效用曲线平行上移（保持 θ_1 不变）使其通过 B*点，将效用水平从零提高到 t_0，从而获得超额利润。因此，为了使高效率企业保持低成本甚至进一步降低成本，政府应该接受企业的模仿效应，提供激励性约束：

$$t_1-\theta_1 q_1 \geqslant t_2-\theta_1 q_2 \quad (3)$$

同理，低效率企业的激励约束为：

$$t_2-\theta_2 q_2 \geqslant t_1-\theta_2 q_1 \quad (4)$$

只有满足了（1）~（4）的参与约束和激励约束条件，政府制定的规制合同在配置上才是激励可行的。

进一步推导高效率企业的激励约束（3）有：

$$t_1 - \theta_1 q_1 \geqslant t_2 - \theta_1 q_2 = t_2 - (\theta_1 + \theta_2 - \theta_2) q_2 = t_2 - \theta_2 q_2 + (\theta_2 - \theta_1) q_2 = U_2 + (\theta_2 - \theta_1) q_2 \qquad (5)$$

根据公式（5），即使规制合同可以做到使低效率企业的效用水平为零，但高效率企业仍然能够从模仿低效率企业的行动策略中牟取信息租金 $\Delta\theta q_2 = (\theta_2 - \theta_1) q_2$。该信息租金的存在是被规制企业具有私人信息优势的收益，对于规制机构而言，其主要任务就是在参与约束和激励约束的条件下，设计一种可行的规制合同，尽量减少被规制企业对信息租金的攫取。

三、基于信息租金的社会福利最大化机制

根据前面的分析可以得出，提供激励与减少租金之间存在着类似互补的关系，要提高效率就不得不出让信息租金，要减少租金也不得不以降低效率为代价。从这一角度看，低激励低租金的规制合同和高激励高租金的规制合同都不是完备的，其改进的空间就是合理权衡提高激励与减少租金的关系。我们可以将这种改进看成是信息不对称条件下当事人的对策及对策均衡的结果，因此，规制合同实际上是一组委托—代理均衡合约，该合约不仅要满足上述的参与约束和激励约束，还要力求委托人所获收益的最大化。

在政府是公众利益代表的假定前提下，规制合同可以采用政府期望效用最大化的目标函数。设企业是高效率的概率为 v，企业是低效率的概率为 $1-v$，政府规制合同的目标函数为：

$$\max_{\{(t_2,q_2);(t_1,q_1)\}} v[S(q_1) - t_1] + (1+v)[S(q_2) - t_2]$$

$$\text{s.t.} \quad t_1 - \theta_1 q_1 \geqslant 0$$

$$t_2 - \theta_2 q_2 \geqslant 0$$

$$t_1 - \theta_1 q_1 \geqslant t_2 - \theta_1 q_2$$

$$t_2 - \theta_2 q_2 \geqslant t_1 - \theta_2 q_1$$

将 $U_1 = t_1 - \theta_1 q_1$ 和 $U_2 = t_2 - \theta_2 q_2$ 代入目标函数，目标函数转化为期望社会福利与期望企业效用之差的形式：

$$\max_{\{(U_1,q_1);(U_2,q_2)\}} v(S(q_1) - \theta_1 q_1) + (1+v)(S(q_2) - \theta_2 q_2) - (vU_1 + (1-v)U_2)$$

$$\text{s.t.} \quad U_1 \geqslant 0$$

$$U_2 \geqslant 0$$

$$U_1 \geqslant U_2 + \Delta\theta q_2$$

$$U_2 \geqslant U_1 - \Delta\theta q_1$$

考虑该目标函数的四个约束条件，规制合同的优化设计应尽最大可能减少公众利益的损失，因此，必须使低效率企业的效用水平为零，即 $U_2 = 0$。由于前面已经证明了高效率企业的效用水平大于低效率企业的效用水平，所以当 $U_2 = 0$ 时，高效率企业的参与约束 $U_1 \geqslant 0$ 必然成立；同时，对于高效率企业积极模仿低效率企业的行动策略，规制合同应限制其信息租金处于最低水平，因此 $U_1 \geqslant U_2 + \Delta\theta q_2$ 的激励约束可改造为 $U_1 = \Delta\theta q_2$，而低效率企业的激励约束是无关紧要的，因为规制合同仅允许其参与而不允许其获得超额利润（$U_2 = 0$）。这样，在简化了约束条件的情况下，目标函数转化为具有信息租金的社会福利最大化形式：

$$\max_{\{(q_1,q_2)\}} v(S(q_1) - \theta_1 q_1) + (1+v)(S(q_2) - \theta_2 q_2) - v\Delta\theta q_2$$

$$s.t. \quad U_2 = 0$$

$$U_1 = \Delta\theta q_2$$

该目标函数由于允许高效率企业获得信息租金，因此它的解为次优解。从目标函数可以看出，最大期望社会福利必须割让出一部分作为高效率企业的期望信息租金，这部分信息租金是高效率企业利用自身的信息优势通过模仿低效率企业而得到的报酬，而低效率企业的效用水平为零，信息租金为零。而且，信息租金 $\Delta\theta q_2$ 的多少主要取决于低效率企业提供的产出水平 q_2。由于高效率企业所得到的期望租金并不依赖于本身的产出水平 q_1，因此目标函数的次优解对高效率企业的产出水平并不会产生扭曲，即对次优产出 q_1^{SB} 仍有 $S'(q_1^{SB})=\theta_1$，或者说高效率企业的次优产出恰好等于最优产出（$q_1^{SB}=q_1^*$）。而低效率企业产出的次优解 q_2^{SB} 必须满足 $S'(q_2^{SB})=\theta_2+\frac{v}{1-v}\Delta\theta$，显然，只要有信息租金的存在，很容易推导出低效率企业的次优产出将严格小于最优产出（$q_2^{SB}<q_2^*$），即低效率企业的产出水平发生向下扭曲。尽管低效率企业可以通过增加产出来提高配置效率，但这又会使高效率企业的信息租金增大，因此，规制合同没有意愿增减低效率企业的产出水平，也就是说，目标函数的次优解恰好表达了政府在配置效率与租金抽取之间做出的一种权衡。

四、减少信息租金，提高配置效率的多元化合同及选择

模型化的激励机制分析只是规制设计的理论基础，在规制改革的实践中还需要以此为导向，充分考虑不同国家的制度基础、不同市场的供需状况、不同产业的技术经济特点和技术进步速度，开发出可供选择的多元化规制合同，其主要目的是探索配置效率与信息租金的协调方式。

（一）甄别企业类型的方式

尽管价格规制合同存在着信息不对称，但随着规制期限的延长，规制机构观察和甄别被规制企业行为的机会不断增加，使被规制企业隐匿信息的成本相应提高，规制机构识别真实信息的成本则相应降低，从而降低信息不对称的程度。而且，随着规制合同期限的延长，规制机构识别被规制企业的背叛行为后，有时间实施惩罚策略。在被规制企业资产专用性强，退出成本很高的条件下，为避免惩罚，必然会减少隐匿信息和采取机会主义行为的可能性。因此，加大对被规制企业的监督力度和审计力度，提高甄别企业类型的能力，可以使规制合同逐步地向最优契约靠近，这是减少企业信息租金的最根本的途径。

甄别企业类型除了直接监管的方法外，还可以采用其他的手段，如费率听证和特许经营权投标等都能在一定程度上促使和迫使企业显示成本信息。费率听证制度是企业和消费者之间的讨价还价过程，涉及市场需求、成本、技术以及价格公式等方面的信息交流，听证结果虽然没有法律效力，但对政府规制部门的偏好会产生积极的影响；而特许投标方式则是通过事前的竞争机制引入，在企业竞标的过程中显示成本信息，迫使企业不得不放弃准租，从而减弱规制合同谈判中企业对信息租金的可占性。

（二）提供合同菜单的方式

对于规制机构来说，完全甄别企业类型是一件成本极高的工作，当甄别信息的成本超出信息租金时，也会导致市场运作无效率。因此，规制机构还需要致力于开发能够促使企业自主选择的合同菜单，这种合同菜单在保证低效企业愿意接受并选择服务成本合同的同时，不会留给高效企业太多的信息租金。合同菜单的设计类似于企业向客户提供不同的费率选项一样，如有的选项是低固定费率高使用价格，有的选项是高固定费率低使用价格。前者适应于使用次数少的客户，后者则针对使

用次数多的客户。实际上，企业为客户设计服务菜单与规制者为被规制企业设计管制菜单是同样的道理，都是为了更好地对对象进行筛选。低固定费率高使用价格的选项（与成本加成相似）只能吸引使用次数少的客户，而对使用次数多的客户并不划算，这类客户更关心的是变动成本，当边际成本过高且直接影响其效用水平时，会迫使这类客户转向为他们设计的选项（与最高限价相似），而方案中的高固定费率限制了使用次数多的客户的净收益，减少了寻租的空间。

当然，由于各方面因素的制约，很多国家的规制机构很难向企业提供规制合同菜单，只有那些制度基础比较雄厚、监管机制比较健全、规制经验比较丰富的国家和地区，才比较适宜选择这种方式。如美国电信业，一些州的规制机构开始允许企业进行合同选择，一方面可以继续保留服务成本规制，但是也可以选择高强度的价格上限机制。同时美国联邦通信委员会（FCC）为本地电话公司向长话公司提供的接入服务也设计了类似的激励合同菜单。

（三）低强度激励机制与高强度激励机制相融合的方式

考虑到高强度的激励机制（合同）会带来由信息租金而导致的社会成本，我们不能笼统地说是高强度激励工具好，还是低强度激励工具好。正如张昕竹（2000）所言，提供激励要求提供高强度激励机制，而减少租金要求提供低强度的激励机制。因此，规制合同的设计应该朝着这二者相融合的方向考虑以下两种机制或类似的方案。

1. 收益分享机制。这种机制以投资回报率为基础，为被规制企业设定一个收益率水平，当企业的收益率水平低于设定值时，企业可以全部保留其收益，当企业的收益率水平超过这一设定值时，超过部分就要与消费者按一定的比例分享。

2. 收入分享机制。在收益分享机制中，企业虽然有了减少成本的积极性，但是它是以纯租金为基数的一种分配方式，由于企业所得不多，从而为减少成本所做出的努力总是有限的。特别是，收益率分享机制在激励了企业进行显性投资的积极性的同时，却抑制了企业隐性投资的积极性。针对这种情况，如果采用收入分享机制，加大了企业分享利润的基数，企业会有更高的积极性去提高生产效率。

分享机制实际上是回报率规制向价格上限规制的延伸，或者说是价格上限规制向回报率规制回归的变通形式，通过二者的相互融合，可以使效率与租金的权衡得到一定程度上的优化。对于那些还不具备采取高强度激励机制条件的国家和产业，是一种值得考虑的方式。

（四）按业务竞争程度分类实施不同激励机制的方式

一般的规制合同大多建立在加权式的总体预算平衡的基础之上，对网络产业的业务类型不加区分，这样做的一个好处是使规制合同的操作比较简易可行，同时带来的问题是忽略了垄断性业务与竞争性业务的本质差别，使在位垄断企业容易采用内部交叉补贴的行动策略加大信息的不对称和抵制竞争环节上的进入者。为应对这种情况，可将企业的业务分为基本类、潜在竞争类、竞争类等几大类别，针对不同类型实行分类规制管理。对于基本类实施较严格的规制合同，对竞争类实施放松规制，对于潜在竞争类实施融合型的规制，通过分类管理，基本类业务获得较高信息租金，竞争类趋向于边际成本定价，潜在竞争类介于二者之间，同样能够达到兼顾提高效率和减少租金的目的。不过这种规制方式所要求的制度基础和规制能力是比较高的。

上述各种协调方式虽然不是最优的规制合同，但是在规制成本极为高昂、规制能力有待提高的情况下，次优的解决方案应该说是一种最明智的选择，它在一定程度上克服了逆向选择问题所导致的公众利益的损失，更重要的是它对避免企业的机会主义行为设置了制度安排上的屏障，从这个角度我们可以说，协调方式对推动网络产业的健康发展将起到积极的作用。

参考文献：

1. 张昕竹、让·拉丰、安·易斯塔什：《网络产业：规制与竞争理论》，社会科学文献出版社 2000 年版。

2. 让·拉丰、让·泰勒尔：《电信竞争》，人民邮电出版社 2001 年版。

3. 让·拉丰、大卫·马赫蒂摩：《激励理论》，中国人民大学出版社 2002 年版。

4. 丹尼尔·F·史普博：《管制与市场》，上海三联书店、上海人民出版社 1999 年版。

5. 胡迟：《利益相关者激励》，经济管理出版社 2003 年版。

6. 陈国富：《委托—代理与机制设计》，南开大学出版社 2003 年版。

7. 史金平：《国有企业：委托代理与激励约束》，中国经济出版社 2001 年版。

8. ROSS C. HEMPHILL，MARK E. MEITZEN，PHILIP E. SCHOECH，Incentive Regulation in Network Industries：Experience and Prospects in the U. S. Telecommunications，Electricity，and Natural Gas Industries，Review of Network Economics Vol. 2，Issue 4 – December 2003.

9. INGO VOGELSANG，Incentive Regulation and Competition in Public Utility Markets：A 20 – Year Perspective，Journal of Regulation Economics，22，2002.

（本文载于《中国工业经济》2004 年第 8 期）

电力市场中的市场势力及其治理*

叶　泽

摘　要：电力市场中市场势力受供给和需求刚性、市场竞争政策、制度安排和输电堵塞等因素影响表现出特殊性。电力市场势力不仅受到主导企业市场份额的影响，还更多地受到企业之间战略相互作用或博弈效应，市场需求弹性，竞争性边缘企业供给弹性，边缘企业的市场份额等因素的影响。这些因素与电力生产经营过程中的技术性结合在一起，使规制很难有效进行，在电力市场中产生了明显的市场势力结果。限制电力市场中市场势力的根本途径是设计特别的市场竞争政策和交易制度。

关键词：市场势力　计量　作用结果　治理

如何对市场中企业的市场势力做出一个定性和定量的判断，这是产业组织理论和微观经济学长期研究的课题。如果说一般意义上的市场势力计算方法和标准在理论上还存在争议，在实践中也难以操作，那么，与技术复杂性相适应的电力市场中市场势力的问题就更加复杂。

一、电力市场中市场势力的特殊性

（一）刚性的价格均衡过程

如图1所示，电力市场中供给曲线和需求曲线表现出十分明显的刚性特征。价格均衡过程和结

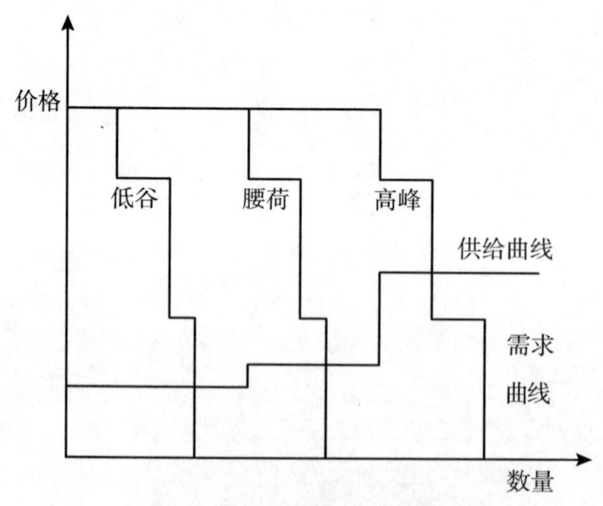

图1　刚性的价格均衡过程

*［基金项目］国家社会科学基金项目“电力工业规制与竞争改革的战略和政策研究”（批准号02BJY007）。

果不是连续的，而是阶段式的。这种市场均衡特征起到了放大和加剧市场势力作用的结果。如表1所示，兰德斯和波斯纳（Landes and Posner，1981）对需求与供给弹性和市场份额对市场势力的影响作了定量的分析。

表1　　不同需求和供给弹性下将市场价格提高到超过成本20%所需要的市场份额

		供给弹性	
		低（0.5）	高（3.0）
需求弹性	低（1.0）	23	61
	高（2.5）	44	46

资料来源：W. M. Landes and R. A. Posner，1981，Market Power in Anti-trust Cases，Harvard Law Review，19，转引自Mark N. Cooper，Back to Basis in Analyzing the Failure of Electricity Restructuring Accepting the Limits of Markets，May 17，2001，P. 37，Available at http：//www. google. com。

根据表1可知，企业将市场价格确定在超过边际成本20%的水平所需要的市场份额是随着需求和供给弹性变化而明显变化的。当供给和需求弹性较低时，较小市场份额（23%）的企业就能够将市场价格确定在超过边际成本20%的水平上；而当供给弹性和需求弹性较大时，至少两倍以上的市场份额才能产生相同的结果。在低需求弹性时，供给弹性高对市场势力的影响较大；而在高需求弹性时，供给弹性对市场势力的影响十分有限；但是不论在什么需求弹性下，供给弹性增加将限制企业的市场势力。而需求弹性对市场势力的影响在方向上是不确定的；在低供给弹性时，需求弹性的增加将降低市场势力；在高供给弹性时，需求弹性增加却有利于增加市场势力。

1999年美国加州电力市场短期供给弹性小于0.2。2000年高峰期供给弹性小于0.1，腰荷期供给弹性在0.1～0.15之间。由于供给弹性非常小，即使在需求较低的水平上，市场势力也能够发挥作用。另外，加州短期需求弹性甚至比供给弹性还小；2000年圣地亚哥（San Diego）、乔治亚州（Georgia）和杜克（Duke）的短期需求弹性，分别为小于0.03，在0.03～0.1之间，在0.04～0.1之间。这样小的需求弹性使买方无法限制市场势力的作用，结果不仅导致超竞争价格，还产生了更多的停电和限电（Brown Outs）（Mark N. Cooper，2001）。

（二）市场竞争政策或制度影响

市场竞争政策和制度安排包含十分广泛的内容。市场范围和层次首先影响市场势力。表2列出了Nordic电力市场及其成员国家市场的关系。在丹麦没有进入市场前，丹麦电力市场是国家性的，而通过输电线加入跨国电力市场后，丹麦电力市场就是地区性的。比如在作为北欧电力市场成员的

表2　　主要电力公司在全国和Nordic市场的份额

公司		在全国市场的份额	在NORDIC市场的份额
丹麦	ELASAM	61.6	6.0
	ELKRAFT	38.4	3.8
芬兰	FORTUM	35.9	6.4
	POHJOLAN VOIMA	30.4	5.4
挪威	STATKRAFT	27.3	8.9
	OSLO ENERGI	6.6	2.1
瑞典	VATTENFALL	52.9	21.1
	SYDKRAFT	18.3	7.3
	IRKA ENERGI	14.0	5.6

资料来源：Lars Bergman，2001，Regulation and Competition on the Nordic Power Market，P. 6，Available at http：//www. google. com.

丹麦电力市场，ELASAM公司的市场份额只有6.0%，市场结构是偏向完全竞争的；但是，在独立的丹麦电力市场，ELASAM公司的市场份额高达61.6%，属于典型的寡头垄断市场。

同样，不同的竞争模型设计和选择也会导致不同的市场势力。关于电力市场竞争的伯川德模型认为双寡头垄断竞争就可以使价格均衡到完全竞争的水平，即完全消除市场势力，这对交易量较小的实时市场可能是适用的。古诺模型认为双寡头垄断的价格比垄断价格低，比完全竞争价格高，这对于中长期合同市场和辅助服务市场的交易更有解释力。在加州电力危机中，一些发电寡头利用古诺模型调整产量，以“报修”的方式撤出一些机组，使其他高成本的机组处在必须运行的位置（Must-run），从而提高市场出清价格，获取暴利。伯格曼（L. Bergman，2001）等运用古诺模型研究了瑞典电力市场的市场势力问题。假设不存在传输约束，瑞典电力市场中的三家电力公司符合古诺模型，每家电力公司根据竞争者的产出水平和电力市场需求信息决定生产水平，使用电力市场改革时期的数据进行计算，所得的平均衡价格（不包括税收和网络费用），如表3所示。如果电力市场符合完全竞争条件，则得到了一个最低的均衡价格。在第三种情况中，假设企业符合古诺模型条件，在竞争中可以运用市场势力，这样产生了一个最高均衡价格，这种情况与瑞典电力市场的真实情况最为接近。第四种情况假设瑞典寡头电力公司在一个更大的市场上竞争，由于市场份额的相对降低，寡头电力公司的市场势力降低了。

表3　　瑞典电力市场均衡价格计算结果

序号	均衡类型	均衡价格（USC/KWH）
1	在放松规制以前	1.8
2	瑞典全国市场中的完全竞争结果	1.5
3	瑞典全国市场中的古诺竞争结果	2.4
4	整合的挪威和瑞典市场中的古诺竞争结果	1.7
5	Vatterfall一分为二以后瑞典全国市场的古诺竞争结果	1.7

资料来源：Bergman，L.，et al.，1995，Den Nya Elmarknaden（The New Electricity Market），Stockholm：SNS F. Lag. 转引自Elmarknaden 2000（The Electricity Market 2000），Swedish National Energy Administration，P. 12，Available at http：//www. google. com。

上述在发电或者售电市场上存在的市场势力被称为横向市场势力（horizontal market power）；同时经营垄断和竞争业务的电力企业利用交叉补贴等形式在竞争性市场使用的市场势力则被称为纵向市场势力（vertical market power）（Ole Jess and Klaus Skytte，2003）。纵向市场势力与电力市场竞争政策安排有十分密切的关系。其他因素如市场竞争模式即单一买电市场，批发市场和零售市场选择也直接决定供给企业数量，因此对市场势力有明显影响。不同交易制度对市场势力的影响已经在美国加州电力危机中得到证实。为了增加市场竞争的激烈程度，美国加州电力市场原来全部采用现货交易，结果却产生了市场势力滥用的结果。

（三）局部市场势力

由于发电企业和电网企业都能从不同的节点边际电价中受益，发电企业和电网企业有一种合作维持输电堵塞状况的激励，由此使原本是竞争性的大市场分成许多个小的容易产生局部市场势力（spatial market power）（Ole Jess and Klaus Skytte，2003）的子市场。纽约州电网在负荷低谷和部分高峰时期是一个大市场，其中有足够多的发电商竞争，每个发电商的市场份额都较小，不足以操纵市场价格。但是，在部分高峰期，尤其是夏季，纽约电网往往分成三个互相隔绝的市场。当市场一分为三时，坐落在纽约市及长岛地区的发电厂就不再与全州电网的电厂甚至外州的电厂竞争。维尔农·L·史密斯（Vernon L. Smith，2001）运用实验经济学方法，研究了输电堵塞和市场势力两个因素对实际价格（P_{ij}）和竞争性价格（PC，以边际成本为基础）的差异的影响模型，如式（1）所示。

$$P_{ij}-PC=\mu+E_i+\beta_1\times 市场势力_i+\beta_2\times 传输约束_i+\beta_3\times 市场势力_i\times 传输约束_i+\varepsilon_{ij} \quad (1)$$

模型中 i 表示时期，j 表示重复的交易日，ε_{ij}表示价格差随时间变化的随机效应，β_1，β_2 和 β_3 是回归系数。

其他许多因素也对市场势力构成特殊影响。由于发电企业所处电网节点位置的不同，从有利于电网安全可靠运行的角度，所提供的产品也就不同，产品差异由此影响市场势力的计算，甚至使一些小企业也出乎意料地获得了市场势力。

二、电力市场中市场势力的计量

市场势力可以用实际价格与成本的比较直接计量，也可以通过市场集中度等指标间接计量，如何选择主要取决于计算数据是否可以获得和准确。

（一）市场集中度的计量

集中度指数在美国司法部、美国联邦贸易委员会和欧盟委员会在兼并政策分析中扮演着重要的角色。如果市场的 HHI 超过了 1800，则被认为是寡头垄断市场；如果 HHI 在 1000～1800 之间，市场是适度集中的；如果 HHI 小于 1000，则市场没有集中度。也可以用集中度指数 C4，在 6 家规模相当公司的市场上，集中度指数 C4 为 67%，即如果市场的 C4 指数超过了 67%，则这个市场是寡头垄断的。谢泼德（W. Shepherd，2001）区分了三种寡头：如果 4 家大公司有 60%～100% 的市场份额，合谋相对容易，相应的市场称为紧密寡头市场；如果市场的 HHI 不超过 1000，即不低于 10 家规模相当的企业，市场是适度集中的；如果最大 4 家公司的集中度不超过 40%，合谋实际上不可能发生，这个市场称为松散寡头市场。美国联邦规制委员会（FERC）对电力市场采用的标准是，如果电力市场集中度不低于 5 家相同规模的公司，即市场的 CR_4 指数不超过 80% 时，将允许进行市场定价。

但是，HHI 应用在电力市场存在一个明显缺陷，它不能详细描述市场在不同负荷水平下的集中度分布情况，因为不同的负荷水平将导致不同的竞争边际机组的情况，参与竞争边际机组的发电商的市场占有率也必然在变化，市场集中度就不能通过静态的 HHI 来表示。为了正确反映这种情况，需要使用动态 HHI（DHHI）计量电力市场集中度（戴彦，2002）。

$$\mathrm{DHHI}=\sum x_{pi}^2 \ (i 从 1 到 m_p) \quad (2)$$

式中，m_p 代表负荷水平为 p 时具有序外（out-of-merit）机组（电能未全部被市场购买的机组）的电厂个数；x_{p_i}为在负荷水平 p 时以百分比为单位的第 i 个电厂的所有序外机组容量相对于市场的所有序外机组容量的百分比。

（二）市场势力计量

如式（3）所示，勒纳指数（Lerner Index）是计量市场势力的基本指标。

$$L=(P-MC)/P \quad (3)$$

W. Shepherd（2001）指出，由于缺乏成本、价格和利润数据，勒纳指数实际计算中存在困难，所以使用了一系列可以测量或估计的获利性指标，计算勒纳指数的近似值。勒纳指数的长期近似期可表示为：

$$L = (\text{超额利润} - \text{正常利润}) / \text{销售收入} \tag{4}$$

但是，式（4）中的有关数据实际上可能是更难获得的。兰德斯和波斯纳（Landes and Posner, 2001）对勒纳指数做过一个转换。

$$L = (P - C)/P = S/(e_m^d + e_j^s(1 - s_i)) \tag{5}$$

J. A. Ordover 和 R. D. Willig（2001）考虑企业之间相互博弈所产生的影响，对上面的式子进行了完善，如式（6）所示。

$$L = (P - C)/P = S(1 + K)/(e_m^d + e_j^s(1 - s_i)) \tag{6}$$

其中，S 主导企业的市场份额；K 为企业之间博弈效应；e_m^d 为市场需求弹性；e_j^s 为竞争性边缘企业供给弹性，s_i 为边缘企业的市场份额。

式（6）说明除主导企业的市场份额外，企业的战略相互作用也将对市场势力产生影响，如果战略相互作用使主导企业提高价格，K 取正值，结果是增大了企业的市场势力。市场需求弹性越小，市场势力也越大。最后调用机组供给弹性越小，市场势力也越大；而且这种市场势力的变化还与最后调用机组的市场份额有关，在相同的供给弹性下，市场份额越大，企业所获得的市场势力也越大。由于供给弹性前面有一个小于 1 的系数，因此，需求弹性比供给弹性对市场势力有更大的影响。如表 4 所示，库珀（M. N. Cooper，1986）专门研究了供给弹性、需求弹性和战略相互影响对市场势力的影响效果。

表 4　供给和需求弹性与战略相互影响对市场权力影响效果

战略相互作用	需求弹性			
	0.5		1.0	
	供给弹性		供给弹性	
	0.5	1.0	0.5	1.0
强（K=1）	44	31	28	22
弱（K=0）	22	15	14	11

说明：表中结果表示超过成本的百分比，最坏是 44%，最好也有 11%。假设市场份额是 20%。

资料来源：Mark N. Cooper，Industrial Organization and Market Performance in the Transportation and Communication Industry：A Review of Current Theories and Empirical Applications to the Railroad，Electric Utility，Airline，Telecommunications and Oil Pipeline Industries With Hypothetheses about Natural Gas Pipelines，January 1986，Available at http：//www. google. com.

这个表说明，强战略相互作用与没有战略相互作用在各种供给和需求弹性组合下普遍增加了 1 倍的市场势力。在弱战略作用和最高的供给与需求弹性组合下，企业的市场势力最弱；而在强战略作用和最低的供给与需求弹性组合下，企业的市场势力最强；两者正好相差 3 倍。

三、电力市场中市场势力作用的实证分析

在已经建立电力市场的国家，市场势力成为规制机构和经济学家甚至公众关注的焦点。

（一）市场集中度的实证分析

如表 5 所示，英国发电市场的 HHI 指数大大地高于标准，这显示发电企业拥有市场势力。

维尔农 · L · 史密斯（Vernon L. Smith，2001）在研究单一买电型模式下单边密封报价拍卖电力市场中发电企业所有权分布对市场势力大小的影响时对市场集中度的有效性提出了质疑。在所有权分布对市场势力有明显影响的情况下，如果使用 HHI 指数，中间负荷没有转移前的市场的 HHI 指

数是2200，而转移后没有市场势力的市场的HHI指数为2010，两者的差距很小，这说明HHI指数对于市场势力的检验是不敏感的。因为整个市场肯定集中于5家发电企业，所以在HHI指数变化不大的情况下，超竞争性价格可能有很大的变化。

表5　　英国（England and Wales）电力市场集中度

类　别	HHI
在超过90%的时间里集体地制定短期边际价格的机组	2774
所有燃煤和抽水蓄能机组	3024
褐色燃料市场的机组	3559
发电行业HHI标准	
Stephen Littlechid 提出的标准	1750
David Newberry and Richard Green 提出的标准	2000
Paul Joskow 提出的标准	2500

资料来源：Richard A. Brealey and Carlos Lapuerta，1997，A Report on Generator Market Power in the Electricity Market of England and Wales，P. 7，Available at http：//www. google. com.

（二）市场势力的实证分析

英国电力规制办公室（OFFER）发现电力市场中潜在的进入不是充分竞争的保证，市场的高度集中特征由产业的供给曲线所支持；如果供给曲线斜率很大，主导发电企业就存在较少的竞争性替代，当它们将系统边际价格确定在成本之上时，潜在的进入也不能构成有竞争性的替代。1994年国家电力公司（NP）和国家电能公司（GE）拥有70%总容量，两家公司提供大约90%腰荷以上需求，所属电厂自从1991年以来在超过90%的时间里确定系统边际价格。这些主导的发电企业采用不能用现行成本解释的战略性投标行为。1994年在OFFER的干预下，NP和GE同意卖出6000千千瓦发电厂，1996年由EASTERN公司租借全部6000千千瓦容量。虽然市场集中度降低，但是，市场并没有因此而更有竞争性，如表6所示，在6000千千瓦的电厂从NP和GE分离给EASTERN后的12个月中，系统边际价格不是明显降低而是明显增加了。

表6　　1996年英国电力市场勒纳指数

时　间	投标价格高于边际成本的比例（%）
1~6月	41
7~12月	54
全年	49
NP	50
GE	25
EASTERN	91

资料来源：Richard A. Brealey and Carlos Lapuerta，1997，A Report on Generator Market Power in the Electricity Market of England and Wales，P. 17.

本来作为三大发电公司中最小的公司，EASTERN公司有最大的激励去竞争性地投标，这是OFFER进行电厂重组的目标。但是，EASTERN电厂提交了更高的投标价格，从而使系统边际价格比当这些电厂属于NP和GE时更高，即集中度的降低反而增加了市场势力。进一步分析还发现，EASTERN公司明显使用了战略投标行为，因为EASTERN公司的投标价格相比于成本是极其易变的（Richard A. Brealey and Carlos Lapuerta，1997）。

以美国加州电力市场为例，由于市场供给和需求刚性，再加上不合理的规制政策，如美国联邦规制委员会为平衡供给和需求按效率最差的发电企业使用最高价格的资源来确定最高限价，加州电力规制政策将终端销售电价固定，批发市场价格从 1999 年 11 月的 40 美分/千千瓦时到 2000 年 11 月的 160 美分/千千瓦时再到 2001 年 2 月超过 360 美分/千千瓦时。表 7 列出了美国加州电力市场的勒纳指数，即投标价格高于边际成本的比例。

表 7　　美国加州电力危机时期勒纳指数

时　间	投标价格高于边际成本的比例（%）
1998 年	66
电力危机时期	
EELINANT	131
DUKE	132
SOUTHERN	115
DYNEGY	260

资料来源：Tyler Hodge. Market Power in Electricity Trading：Californias 2001 Electricity Crisis，Working Paper，June，2004，Available at http：//www. google. com.

如表 3 所示，瑞典电力市场也存在市场势力作用。相比于放松规制前的结果，电力公司使用市场势力将使价格上升 30%。相比于完全竞争均衡的结果，在相同的全国市场下，古诺均衡的价格高出 60%。这说明在放松规制条件下，寡头电力公司对消费者利益的损害可能是很大的。如果将全国市场条件下的古诺均衡价格与放松规制前的价格进行对比，古诺均衡价格也高出 33%。由此可以得出一个重要的结论，一个放松规制的电力市场如果不能有效地控制市场势力或者寡头电力公司的数量，古诺竞争的结果将使放松规制比不放松规制的效率更差。

四、市场势力治理

由于电力生产经营的特殊性，通过规制政策限制市场势力可能只是一种理想。电力市场中的市场势力需要规制政策和市场制度组合进行治理，其中市场制度是最根本和主要的。

（一）制定相关法规

普遍适用的市场法规不能很好地用于电力市场，英国等国家的电力市场实践证明了这一点，其根本原因在于电力市场本来就是在政府法规框架下建立的。比如市场范围和供给企业数量，在一般行业是由市场本身自由决定的，而在电力行业，许多国家的市场都是在法律或法规框架内完成的，而且国家或政府始终保留进一步调整的权力。如表 3 所示，关于瑞典电力市场的研究建议，政府规制机构可以通过扩大市场限制寡头电力公司的市场势力。将市场占有率达 52. 9% 的最大寡头电力公司瓦特弗（Vatterfall）一分为二后，四大寡头电力公司在全国电力市场达到古诺均衡的结果十分巧合地正好等于扩大市场的结果，这说明电力公司的强制分解和电力市场的扩大在限制市场势力和改善古诺均衡的结果方面能够产生相同的作用。横向市场势力的规制如果考虑规制信息成本、调整过程和结果，也与一般行业存在差异，需要制定特别的法则。

（二）所有权或控制权调整

所有权与控制权调整适用于对横向市场势力和纵向市场势力的治理。维尔农 · L · 史密斯（2001）的实验研究成果揭示，两个发电企业的潜在市场势力可以通过简单地分别转移它们的两台腰荷机组给其他两个发电企业而消除。经过这些容量调整，没有任何单一的卖者能够在腰荷时期通过超竞争水平的机组报价增加利润，因为，任何卖方单方面地偏离竞争结果都不会获利。值得注意的是，如果两家公司合谋决定提高中间容量机组的报价，市场均衡将在竞争性水平之上。但是，竞争性价格水平作为腰荷容量的报价是纯策略纳什均衡结果。在规制机构干预下，1994 年英国两大发电公司 NP 和 GE 同意卖出 6000 千千瓦发电厂，1996 年 EASTERN 公司以租借的形式获得全部 6000 千千瓦容量发电厂的控制权。

（三）有利于防止和控制市场势力的市场竞争和交易制度设计

已有理论研究和政策实践都证实，电力市场制度需要特别设计。维尔农·L·史密斯（2001）发现来自于批发和零售竞争模式下的需求侧投标可以完全中和市场势力的使用，消灭了价格钉（price spikes）。在一个对称的双边拍卖机制环境中，虽然卖方可以限制供给以提高价格，但是，买方也可以通过可中断电价自愿地控制高峰需求，从而使卖方提高价格的计划失败，结果证明双边拍卖的电力市场是非常有竞争性的。

规制机构引导电力企业公开自己的真实信息和制定针对虚假信息的规制政策也是重要的。1990～1997 年间英国电力市场容量电价变化极不稳定，根本的原因是发电企业利用自己的信息优势和规制政策的盲点操纵了失负荷概率 LOLP。发电企业可以通过操纵前一天可用容量申报和实际当天提供的可用容量之间的差达到抬高 LOLP 的目的。电力库（power pool）在确定 LOLP 时不区分造成发电不可用率降低的原因是腰荷段的计划检修还是峰荷时的故障。虽然规制机构 1994 年曾经采用过需求侧管理合同，以控制由于 LOLP 提高造成的容量电价提高，但是，发电企业对 LOLP 的过分影响依然存在。而且市场行为过分依赖于规制政策，说明市场结构本身不合理。

美国加州电力危机说明，更多地作用使用合同交易也有利于限制市场势力作用。但是，另一方面，合同交易也降低消费者对价格做出反应的动机和效果，因为消费者并不能从降低电价中受益。在美国，一些零售商通过集合缺乏反应能力的用户的用电需求增加高峰负荷时期的需求弹性，对限制市场势力起到了一定的积极作用。

（四）建立解决输电堵塞的经济机制

输电堵塞的存在将导致局部市场势力。从消除市场势力的角度，政府规制政策对电网建设的激励也是对电力市场的促进。在输电堵塞情况下，传输容量的较小变化能够单独地影响价格，或者与所有权分布共同作用，产生超竞争价格。虽然双边拍卖市场可以约束市场势力的运用，但是，它只能在分割的市场中体现。美国金融输电权（financial transmission right）是一种创新，但还缺乏普遍适用性。如果仍然执行传统的规制政策，局部市场势力与电网投资不足相伴随，可能成为电力市场中的一种经常现象。

（五）价格规制政策

根据市场集中度指数很难判断市场势力的存在和进行价格规制。如表 5 和表 6 所示，不仅斯蒂芬·利特尔（Stephen Littlechid）等人提出的标准存在较大差异，而且市场势力（市场份额）最小的公司 EASTERN 的投标价格高于边际成本的比例也最大。因此，需要根据价格行为或者结果而不是市场集中度等间接指标进行价格规制。事实上，规制机构可以根据低谷时期的报价间接获得发电企业的短期边际成本信息，或者如表 3 所示，通过模拟计算得出不同竞争模型条件下的均衡价格结果，将实际投标价格与相关信息比较后判断市场势力行为。然而，英国的经验说明，价格行为是否合理的鉴别通常与电力生产经营技术纠缠在一起；由于信息劣势，规制机构对市场势力治理依然显得无奈。

参考文献：

1. 田国强：《现代经济学与金融学前沿发展》，商务印书馆 2002 年版。

2. 戴彦：《浙江省电力市场竞价分析》，载于《电力系统自动化》2002 年第 9 期。

3. Cooper, Mark N.,（2001）, Back to Basis in Analyzing the Failure of Electricity Restructuring Accepting the Limits of Markets, Available at http://www.google.com.

4. Newbery D. M.,（1995）, Power Markets and Market Power. The Energy Journal,（2）.

5. Landes, W. M. and Posner, R. A.,（1981）, Market Power in Anti-trust Cases. Harvard Law Review.

6. Cooper, Mark N.,（1986）, Industrial Organization and Market Performance in the Transportation and Communication Industry: A Review of Current Theories and Empirical Applications to the Railroad, Electric Utility, Airline, Telecommunications and Oil Pipeline Industries With Hypothetheses about Natural Gas Pipelines.

7. Shepherd, W.,（1984）, Contestability vs. Competition. American Economics Review,（74）.

8. Brealey, R. A. and Lapuerta, Carlos,（1997）, A Report on Generator Market Power in the Electricity Market of England and Wales, Available at http://www.google.com.

9. Vernon, Smith, L.（2001）, Controlling Market Power and Price Spikes in Electricity Networks: Demand-side Bidding. Sweden: Nobel centennial symposium, Available at http://www.google.com.

10. Posner, R. A.,（1992）, Economics Analysis of Law. Little, Brown and Company.

11. Ole Jess and Klaus Skytte. Competition and market power in northern Europe in: Jean-Michel Glachant and Dominique Finon. Competition in European Electricity Markets: A Cross-country Comparison, Massachusetts: Edward Elgar Publishing, Inc., 2003.

（本文载于《中国工业经济》2004 年第 7 期）

晋升博弈中政府官员的激励与合作*

——兼论我国地方保护主义和重复建设问题长期存在的原因

周黎安

摘　要：过去大量的研究强调自行政性分权和财政包干改革以来地方官员的财政激励对区域经济发展及其互动的影响。本文建立了一个地方官员政治晋升博弈的简单模型，旨在强调地方官员的晋升激励及其对地区间经济竞争和合作的影响。由于政治晋升博弈的基本特征是一个官员的晋升直接降低另一个官员的晋升机会，即一人所得为另一人所失，这使得同时处于政治和经济双重竞争的地方官员之间的合作空间非常狭小，而竞争空间非常巨大。该模型对于理解我国区域经济竞争与合作问题提供了一个系统的视角和框架，它尤其有助于解释我国长期存在的地方保护主义、"大而全"的地区发展战略和地区间形形色色的产业"大战"和恶性竞争。

关键词：晋升激励　地方保护主义　重复建设　区域合作

一、引　言

由于我国地方政府长期以来对地区经济增长和发展具有至关重要的影响力，地方官员的激励与行为一直备受学术界的关注，成为分析地区经济现象的一个重要的透视点。迄今为止对我国政府官员、尤其是地方政府官员激励与行为的研究主要强调行政性分权和财政包干改革以来地方官员的财政与经济激励。沈立人、戴园晨（1990）分析了行政性分权和财政包干对中国"诸侯经济"形成的影响；埃（Oi，1992）、金、钱和维恩格斯特（Jin，Qian and Weingast，2000）强调了财政包干改革对地方政府推动地方经济发展、尤其是乡镇企业迅速发展的意义；杨（Young，2000）提供了中国地区间贸易保护主义和产业同构化的经验证据，并强调地方财政激励和扭曲的价格体系对产业同构化的影响。

毫无疑问，财政和经济激励构成地方官员激励最重要的组成部分之一，但这些激励本身仍然无法满意地解释很多地方官员的行为，比如长期困惑我国经济发展的两大顽疾—地方保护主义和重复建设问题。主流文献关于这些问题的解释主要是基于市场和经济竞争的逻辑（沈立人、戴园晨，1988；银温泉、才婉如，2001；Young，2000）：20 世纪 80 年代以来的财政包干体制强化了地方政府的财政和经济激励，各个地区为保护本地的资源、市场和税基而各自为战，为寻求高额利润而过度进入某一行业。可是这种解释并不完全令人信服。如果说地方官员的财税激励是地方保护主义存在的根本原因，那么，为什么同样面临税收激励的国家之间却可以通过双边和多边贸易协定达成市场开放和自由贸易，而同在一国之内的各地区却一直不能达成类似的协定？在刚刚结束的"两会"上，一位东北的人大代表在谈及振兴大东北过程中出现的"诸侯经济"现象时尖锐地指出：当市场

* 作者感谢朱玲、魏众、刘小玄、剧锦文、汪森军、陈烨以及中国社科院经济研究所学术研讨会的参与者对本文提出的富有价值的意见。在形成本文想法的过程中，作者也得益于车嘉华的评论，特此致谢。

渴望连接在一起也应该连接在一起的时候，政府官员们却没有坐到一起研究彼此间的协调发展，这种现象不仅在东北存在，在全国也存在。① 为什么市场渴望协调与合作时政府官员却迟迟不愿意坐到一起？这是传统解释所无法回答的。

关于重复建设问题的传统解释也存在一些未解的疑问：如果地方重复投资只为了寻求高额利润和相应的税收利益，那为什么有些地区在注定要亏损的前景下仍然要过度投资？更关键的是，在我国长期存在的一浪接一浪的重复建设"大战"中，各地区带有明显的"相互攀比"和"相互较劲"的色彩，这又如何用市场和财税动机来理解？

本文试图从一个新的角度对地方官员经济合作失败的深层原因提供解释。我认为，地方官员合作困难的根源并不主要在于地方官员的财税激励及他们所处的经济竞争的性质，而是在于嵌入在经济竞争当中的政治晋升博弈的性质。同一行政级别的地方官员，无论是省、市、县还是乡镇一级，都处于一种政治晋升博弈，或者说政治锦标赛（political tournaments）。自20世纪80年代初以来地方官员的选拔和提升的标准由过去的纯政治指标变成经济绩效指标，尤其是地方GDP增长的绩效，系统的经验研究也证实了这一点（Li and Zhou，2004）。不同地区的地方官员不仅在经济上为GDP和利税进行竞争，而且同时也在"官场"上为晋升而竞争。在政治晋升博弈中，给定只有有限数目的人可以获得提升，一个人获得提升将直接降低另一人提升的机会，一人所得构成另一人所失，因此参与人面临的是一个零和博弈。而在正常的经济竞争中，合作使得参与人实现"来自交易的收益"（gain from trade），合作博弈所对应的是一个正和博弈。"官场"竞争的逻辑将深刻地改变由官员所主导的经济竞争的方式和内容，而这一点正是被以往的研究所忽略的。

本文建立了一个非常简单的模型说明政治晋升博弈下官员的激励与合作倾向。在地方官员的行为对邻近地区存有"溢出效应"的场合，政治晋升博弈的基本特征就是促使参与人只关心自己与竞争者的相对位次，在成本允许的情况下，参与人不仅有激励做有利于本地区经济发展的事情，而且也有同样的激励去做不利于其竞争对手所在地区的事情（如阻碍外地的产品进入本地市场）；对于那些利己不利人的事情激励最充分，而对于那些既利己又利人的"双赢"合作则激励不足。这就是为什么处于政治锦标赛博弈中的政府官员不愿意合作却愿意支持"恶性"竞争的基本原因。作为一个运用，我将从政治晋升博弈模型出发对我国长期存在的地方保护主义和重复建设问题提出一个系统的解释。

本文的主要贡献在于从政府官员晋升激励的角度研究了政治晋升竞争对政府主导型的区域竞争和合作的影响，在一个全新和系统的解释性框架下理解我国区域经济发展、竞争与互动过程。本文另一隐含的贡献在于提供了转型经济中国有企业软预算约束的政治竞争方面的根源。② 在本文的模型中，地方官员依赖于对地方经济尤其是国有企业的影响力，通过恶性的经济竞争达到政治竞争的目的，这正是在改革开放条件下我国国有企业存在软预算约束的一个新的根源。众所周知，科尔奈对国有企业软预算约束的经典的解释是政府对国有企业的"父爱主义"倾向（Kornai，1979），这在计划经济体制下是普遍存在的动机；但在我国经济转型过程中，地方政府官员出于对晋升的政治激励而不惜以地方产业和企业的经济预算为代价参与地区竞争，已不再是简单的"父爱主义"的行动了。

本文的结构安排如下：在第2节，笔者将建立一个包含晋升博弈和经济竞争博弈的简单模型；第3节是模型的一个具体应用，主要对我国长期存在的对方保护主义和重复建设问题提供一个系统的解释；第4节讨论模型更多的一些运用；第5节是一个简短的结论。

---

① 据新华社电，转引自北京娱乐信报2004年3月11日的报道《"大东北"下还有"小东北"："诸侯经济"抬头》。

② Shleifer和Vishny（1994）也提出了一个关于软预算约束的政治解释，所不同的是，他们考察在一个民主政体下，政治家如何通过补贴企业来获取企业雇员对他们的政治支持，以赢得连任。

二、晋升博弈中的地方官员的激励与合作：一个简单模型

本节将试图建立一个非常简单的模型，以揭示具有锦标赛（tournaments）特征的政治晋升博弈的基本结构、政府官员的激励及其对经济合作的影响。本模型是对拉齐尔和罗森（Lazear and Rosen，1981）锦标赛模型的一个扩展。我们设想有这样一个晋升博弈，其中上一级政府对两个地区的地方政府首脑 A 和 B 的地区经济绩效进行考核，绩效较高者将获得政治提拔。① 每个地区的经济绩效由 y_i 代表，地方官员的努力与其所在地区经济绩效的关系可以由下列公式代表：

$$y_i = a_i + ra_j + e_i \quad (i = A,\ B;\ i \neq j)$$

其中，a_i 代表地方官员 i 的努力程度，a_j 代表地方官员 j 的努力程度。上述假设说明我们的模型适用的条件是政府官员的决策和行为（如重大投资决策）对地方经济或某些产业的影响力必须非常大。我们假定上级政府能够观察到 y_i，但无法观察到 a_i，a_i 只有官员 i 自己知道。这样，上级政府所能采用的激励机制都只能基于可观察的经济业绩。系数 r 代表官员 j 的努力对地区 i 经济业绩直接产生的边际影响，如果 r 不为零，则表明地方官员 i 的行为对地区 j 有“溢出效应”。为简化问题起见，我们假定 $|r| < 1$，即不论“溢出效应”为正抑或为负，任何一个官员的行为对自己业绩的影响要超过对别人业绩的影响。e_i 是一个随机扰动项，e_i 和 e_j 相互独立，我们假定（$e_j - e_i$）服从一个期望值为 0、独立和相同的对称分布 F。

假定政治锦标赛的规则是：如果地方 i 的经济业绩超过地区 j，即 $y_i > y_j$，那么官员 i 将得到提拔，获得 V 的效用，这时官员 j 则不被提拔，获得的效用为 $v(V > v)$。这个关于晋升标准的假设符合自从 20 世纪 80 年代初以来我国地方官员的考核和晋升的实际情况，即地方官员政绩考核的标准以地方 GDP 增长的绩效为主。由于（$e_j - e_i$）服从分布 F，官员 i 获得提拔的概率可通过下列运算得出，即对于 $i \neq j$，

$$\begin{aligned} Pr(y_i > y_j) &= Pr[a_i + ra_j + e_i - (a_j + ra_i + e_j) > 0] \\ &= Pr[e_j - e_i < (1-r)(a_i - a_j)] \\ &= F[(1-r)(a_i - a_j)] \end{aligned}$$

这样我们就可以得到官员 i 的效用函数：

$$U_i(a_i,\ a_j) = F[(1-r)(a_i - a_j)]V + (1-F)[(1-r)(a_i - a_j)]v - C(a_i)$$

由上式我们得到官员 i 实现效用最大化的一阶条件：②

$$(1-r)f[(1-r)(a_i - a_j)](V - v) = C'(a_i) \quad (i = A,\ B)$$

其中，$f(\cdot)$ 是分布函数 F 的密度函数。在对称性纳什均衡下，上述一阶条件变成：

$$(1-r)f(0)(V - v) = C'(a_i)(i = A,\ B)$$

为了理解上式所隐含的福利含义，我们可以将上述条件与社会福利最大化的一阶条件相比较。在社会最优（first-best）的安排下，我们将选择 a_i 和 a_j 使得社会剩余的期望值最大化，即对于 $i \neq j$，

$$\max_{a_i, a_j}(1+r)(a_i + a_j) - C(a_i) - C(a_j)$$

其一阶条件为：

$$(1+r) = C'(a_i) \quad (i = A,\ B)$$

比较这两个一阶条件不难发现，在社会最优的情况下，r 越大意味着地方官员激励应该越大，

① 本模型也完全适用于两个同级的政府部门和一个部门的两个科室的情况，或者一个大型 M—型公司的两个分公司，我们所需要的只是这些参与人处于同一级的晋升竞争，晋升的标准是参与人的相对绩效。

② 效用最大化的二阶条件要求 $\frac{\partial^2 U_i}{\partial a_i^2} = (1-r)^2 f'(\cdot)(V-v) - C''(a_i) < 0$，由于据我们的假定，($e_j - e_i$) 是对称分布，因此在对称的纳什均衡下，$a_i^* = a_j^*$，$f'(0) = 0$，又由于 $C'' > 0$，该条件将自动得到满足。

可是，在政治锦标赛下，r越大却意味着地方官员的激励越小。换句话说，如果一个地区的官员的发展经济的努力对其他地区也有积极（消极）影响，那么这种影响的存在会削弱（加强）该官员努力工作的激励。

在政治锦标赛中，每个官员都将自己行为的“溢出效应”内在化了，把对竞争对手有利的“溢出效应”当作对自己不利的事情。有趣的是，这与微观经济学所讨论的外在性问题有很大的不同。在那种情况下，个人通常不考虑其行为的“溢出效应”，如果有某种机制使其内在化这些“溢出效应”（如征税或产权的重新界定），那也是把利他之事当作利己之事，而不会反过来。然而，在存有“溢出效应”的场合，政治锦标赛的基本特征就是促使参与人只关心自己与竞争者的相对位次，在成本允许的情况下，参与人不仅有激励做有利于自己的事情，而且也有同样的激励去做不利于其竞争对手的事情；对于那些利己不利人的事情激励最充分，但是，对于那些“双赢”的合作则激励不足。

上述模型的结果可以系统地解释我国地区发展与互动的几个相互关联的现象：（1）地方官员出于晋升的考虑有充分的激励支持本地的企业和发展本地的经济，这解释了自20世纪80年代以来地方官员一直有非常强烈的动机推动本地经济的快速增长。（2）处于政治锦标赛博弈中的地方官员不愿意进行区域合作与分工，对于那些双赢的区域合作机会“反应冷淡”。这有助于解释我国长期存在的地区封锁、地方保护主义和“大而全”的地区发展战略。（3）地方官员为了提高自己的政绩位次、同时降低其竞争对手的位次，会“不择手段”地进行“恶性竞争”，这有助于解释我国自80年代中期以来地区间不断上演的形形色色的“大战”，从各种各样的产业大战、开发区建设热到吸引外资的“让利竞赛”。

三、关于我国地方保护主义和重复建设问题长期存在的一个解释

地方保护主义和重复建设问题自改革开放以来一直是困扰我国经济健康发展的两大顽疾。如前所述，经济学界对于这些问题的解释主要强调行政分权下的财政激励。[①] 这些因素固然非常重要，但它们并不足以解释一些非常困惑的现象。

比如说地区封锁和市场分割问题。经济学关于“来自交易的收益”的基本常识告诉我们，自由贸易可以扩大市场范围，提高各贸易地区的专业化水平，促进这些地区的经济发展。因此，更根本的一个问题是，当合作解对所有的参与方带来更好的经济收益的时候，为什么地方官员在经济上不合作？当然，在历史上，地区之间、尤其是国家之间的贸易战或税收壁垒经常出现，有时还演变得非常激烈，但同时我们也可以看到，国家间关税同盟、双边及多边贸易协定自“二战”以来越来越普遍，成为促成国际贸易合作的主要力量，当今的世贸组织和它的前身关税总协定所发挥的巨大作用就是一个极好的例子。从这个角度看，我国地区间长期的地方保护主义就变得很难理解了：为什么国家之间可以通过双边和多边贸易协定达成市场开放和自由贸易，而同在一国之内的各地区却一直不能达成类似的协定？国家之间出现贸易纠纷只能诉诸效力有限的国际法或多边协调机制，而中国的地区贸易纠纷可以诉诸中国法律，也可以诉诸强有力的行政协调，那么同处于一个政党系统领导和协调的地方官员为什么不能坐在一起达成一个双边或多边贸易协定？虽然政策界和理论界关于杜绝地方保护主义的呼声自20世纪80年代中后期就一直不绝于耳，但迄今为止，我们尚未见到任何关于协商开放地区市场的任何正式努力。从财政激励解释地方保护主义的理论无法解释这一点，

① 有些经济地理学家提出“行政区经济”的概念，强调行政干预和行政区划对市场分割的影响（如舒庆、周克瑜，2003）。但是，这种观点并没有进一步说明行政区划或行政干预为什么一定会导致市场分割和重复建设。

因为同是出于税收和经济发展的考虑，国家之间已达成各种形式、且行之有效的贸易合作协定，为什么中国的地区之间却不能这样做？况且中国的地方官员还同时处于一个行政系统，比国家之间的合作还多出一个监督和制约的渠道。

重复建设问题或产业同构化问题在最近温家宝总理的政府工作报告中再次被重点提及。温总理指出，今年宏观调控的一项重要任务就是坚决遏制部分行业和地区盲目投资、低水平重复建设。产业同构化问题在近年来人们讨论珠三角、长三角、京津冀以及东三省的区域合作问题时不断被涉及。各个地方竞相甚至过度进入同一行业或一拥而上从事每个国家重点项目，从 20 世纪 80 年代的轻纺热、90 年代的“开发区热”，到现在各地“造车大行动”、“机场建设大战”等。对此的一个可能的解释是，政府管制导致市场价格严重扭曲，垄断利润高。这在改革初期可能是其中的原因，但现在随着市场进一步的完善，价格方面的因素的比重应该逐渐下降。关键在于，这些重复建设的背后都有政府主导或推动的影子，而这些一拥而上、一哄而起的过程中包含着明显的相互攀比和相互较劲的动机，无法简单地用利润或财税动机来解释，否则，我们无法解释为什么各地方在同一产业或建设项目的竞争中会经常无视经济亏损这一现实。①

从上述的这些例子不难看出，我国长期存在的产业同构化和地方保护主义问题不是简单的企业为谋求高额利润而过度进入某行业和保护本地市场的问题，而是政府官员实施地区发展战略和产业政策的一部分，它包含着明显的政治收益的计算。基于上一节的模型，我提出一个基本解释是，与纯粹的经济竞争相比（如两个企业或两国之间的经济竞争），我国地方官员同时处于两种竞争之中，既有为地区的经济产出和税收而竞争，同时又为各自的政治晋升而竞争。为简化术语起见，让我们称这种竞争为“混合竞争”。这就使得地方官员在考虑竞争利益时不仅需要计算经济收益，而且还要计算晋升博弈中的政治收益，两者的总和才真正构成对他们行为的激励。作为政府官员，政治收益的计算也许更为重要。从这个角度出发，在前面提出的模型基础上，笔者尝试提出以下两个推论：②

推论 1：经济合作的政治激励约束。在纯经济竞争中，合作的正收益可以激发贸易和合作的发生，但对于混合竞争来说，只有当合作的净结果不改变参与人的相对位次时，合作收益才可能实现，否则合作很难发生。

推论 2：市场进入的政治参与约束。在纯经济竞争中，投资的负利润前景足以阻止市场进入行为，但对于混合竞争来说，如果进入后的竞争结果会有利于参与人的相对位次（relative ranking），那么，投资的负利润前景也不足以阻止市场进入。

推论 1 说明混合竞争的合作空间比纯粹的经济竞争的合作空间要小得多，好比“刀刃上的增长”一样困难，而且经济实力越是接近的地区越不容易合作。该推论有助于说明当市场渴望连接的时候，地方官员为什么不愿意坐在一起研究区域合作和开发市场的问题。我国长期存在的地区封锁、地方保护主义和“大而全”的地区发展战略都可以看做是地方官员在政治晋升博弈中做出最优反应的必然后果。

举一个例子，当振兴东北老工业基地的方案开始具体落实时，东三省都纷纷提出要发展石油化工，都把石油化工列为各自的支柱产业，而且自成体系、大而全地发展。这样一来，在“大东北”振兴战略之下，还有辽宁、吉林和黑龙江三个“小东北”振兴战略，三省互不相通，各自为战（转引自北京娱乐信报 2004 年 3 月 11 日）。在这种相互较劲和攀比的背后是地方官员那种争当龙头老大的心理和算计，是政治竞争导致的一种必然反应。另一个例子涉及京津冀区域合作的问题。据区

① 张维迎和马捷（1999）从产权制度和技术的角度解释了我国国有企业恶性竞争倾向，其中产权制度的影响主要体现在国有企业经理所面临的软预算约束问题。我们之间的区别主要在于，在我的解释中，产业过度进入或恶性竞争是政治竞争的锦标赛性质所致，企业面临的软预算约束是这种政治竞争的一个结果。

② 虽然从理论直觉上不能理解，但从前面的模型到以下的两个推论仍然存在一定的跳跃。关于这两个推论更严格的模型基础，参见周黎安、汪淼军（2004）。

域经济专家樊杰透露，20世纪90年代初原国家计委曾制定一个环渤海经济圈的发展规划，在规划中，北京的主导产业被确定为高新技术产业和现代服务业，天津被作为重型制造业的中心。然而，因北京和天津围绕着谁是环渤海经济区的龙头一直有竞争，导致北京一度成为在中国特大型城市里仅次于沈阳的重工业城市（参见《南方周末》2003年12月5日报道“环渤海经济圈前世今生”）。有专家认为，就区域合作而言，京津冀目前还处于停滞对抗型，京津对抗的结果是“北京吃不了，天津吃不饱”（参见《21世纪经济报道》2003年11月12日报道“环渤海经济圈合作新契机”）。

推论1不仅可以解释我国区域合作的困难，还可以进一步解释不同经济带区域整合程度的差异。为什么长三角和珠三角区域整合的程度要高于京津地区？在长三角，上海与邻近的浙江和江苏的经济实力之差要大于北京和天津之间的差距，而在珠三角，香港和广州的龙头地位是比较明显的。如果一个经济区“群龙无首”，那么地方官员推动产业整合和区域合作的激励会相对较小，而相互较劲和争当老大的激励会相对较大。这意味着经济实力越是接近的地区将越难合作，而发达地区与欠发达地区的区域合作则相对更容易一些。所以，本文虽然强调地方官员经济合作的困难，但绝非主张所有地区的经济合作都不可能，关键在于经济合作是否会影响地方官员之间的相对位次。

推论2的一个基本经济含义就是，政治晋升激励的考虑可能使得官员主导型的投资过度进入某个行业或项目，甚至进行“恶性竞争”。虽然长期投资的利润前景并不乐观，但如果市场进入可以阻止其竞争地区同一行业的业绩上升，有时即便两败俱伤，也可能是值得的。该推论有助于解释长期以来各地区对许多项目的投资在明显面临亏损的情况下“一哄而上”的现象。沈立人、戴园晨（1990）在描述我国“诸侯经济”的特征时指出：各个地方热衷于不顾条件搞速度攀比，展开“速度大战”；而且，“地方搞攀比，一个动机是为地方谋利益，另一个动机是显示政绩。这也不算错，只是如果把后者凌驾于前者之上，往往会不择手段”。这是20世纪80年代的情况。然而，20多年后的今天，问题的性质并未发生实质性改变。据媒体报道，[①] 长三角在新一轮经济发展的竞争中，各地正在上演新一轮的“机场建设大战”。有人做过统计，目前长三角地区每万平方公里的机场密度为0.8个，超过美国每万平方公里0.6个的水平。与如此高密度的机场布局相对应的是许多机场的资源闲置和大量亏损，但这仍然阻止不了一些地级市加入这场造机场运动的热情。其中苏州的一位政府官员在列举建机场的几大“利好”时特别提到，建机场有利于提高苏州的地位。也许机场数目多少本身不能完全说明重复建设的严重性，但有一点却是值得关注的，那就是，长三角不同地区的机场定位应该反映各地区的发展水平和地理位置的差异，如上海和无锡的机场定位就应该不一样。然而，许多地区在考虑机场发展规划时却都不愿意做“二级机场”，不愿意主动与上海机场进行分工协作。[②] 有意思的是，珠三角在经济高速发展的过程中也曾出现过这种类似的现象。

近年来我国各地的外资引进中的“恶性竞争”也可以用地方官员的晋升激励来解释。自改革开放以来，我国沿海地区借助其优越的区位和经济优势，一直对吸引外资非常重视，各地为争夺外资项目也因此处于激烈竞争之中，最近几年尤为明显，新华社记者将之概括为“门槛一降再降，成本一减再减，空间一让再让”。[③] 在许多地方，如上海、江苏、浙江等地纷纷以远远低于成本价的土地价格吸引外商，税收优惠也一再突破国家规定的外资优惠政策的底线。在这种“让利竞赛”的背后是各地政府级级下任务、层层压指标，招商引资被当作地方政府“一把手”工程，一些省市的主要媒体还定期公布下级政府和开发区招商引资的名次。在长三角和珠三角的许多城市活跃着一些来自全国各地的“招商游击队”，在东莞市，每年就有300多个招商团上门招商，有的还将招商办事处直接设在乡镇。更有甚者，一些地方政府还将机关干部的工资与引资数量挂钩，完不成任务指标的将被取消基础工资。引资竞争本身并不奇怪，但值得注意的是这种竞争所采取的形式和推进的程

① 参见新华网北京2003年12月11日电文和《国际金融报》2004年3月8日的报道“空中通道一掷‘亿’金，长三角机场困局谁来解惑”。

② 参见《中国青年报》2004年5月10日的报道“长三角机场建设‘多少’之争，谁愿做二级机场?”。

③ 参见新华社记者车晓慧、陈钢的报道《级级下任务层次压指标，招商引资成“让利竞赛”》，新华社2003年11月11日。

度。单单用地方政府财税激励是无法理解这种竞争所达到的“恶性”程度，而必须诉诸于地方官员对政绩的强烈追求和对落后于竞争地区的巨大恐惧才能理解。

四、模型的其他一些应用

由于晋升竞争属于所有科层组织（包括官僚组织）的一个基本特征，因此本文所提出的分析框架具有更为一般的意义。在官僚组织中普遍存在各部门之间相互封闭、相互扯皮的非合作现象，但人们通常将这一类现象笼统地归结为“官僚主义作风”或“官僚病”，而忽略了导致这种现象背后更深层的激励因素。我想强调的就是晋升博弈的性质对各部门或地区官员合作激励的影响。我国经济发展中的地方保护主义和重复建设问题只是其中的一个表现。下面简要讨论一下模型的其他一些应用。

近年来我国电子政务发展迅速，但也一直存在着严重的“互联互通”问题，其中一个突出的现象是所谓的“纵强横弱”现象，即一个政府部门内部的信息共享和交换相对容易，而不同部门之间横向的互联互通则相对困难，存在一个个分散的所谓的“信息孤岛”（参见张维迎、刘鹤，2004）。需要注意的是，互联互通的主要障碍不在于信息技术，因为在很多情况下是“联而不通”，数据库相接，但信息不能交换和共享，而且，如果纯粹是技术原因，就不应该有“纵强”与“横弱”共存的现象。这说明互联互通背后主要是一个激励问题。在本文模型的框架下，“纵强横弱”现象并不难以理解。首先，给定中央政府“三令五申”强调电子政务的重要性，各部门的电子政务的发展自然会进入到主管的政府官员的政绩当中；其次，为了在电子政务的锦标赛中引人注目，一些有条件的部门会有较强的激励发展本部门的信息化，所以，中国300亿电子政务投资绝大部分投在了纵向垂直部门；最后，部门之间的信息共享与合作属于利己又利人的事情，根据我们前面的模型，参与人的激励会很小，而且，“利人”成分越高，主管官员的激励就越小，这就是“横弱”的原因。

晋升竞争不仅仅只局限于政府部门，其激励后果也会反映在M型结构的公司中。M型公司的设计虽然赋予中层经理更多的权力，并便于设计带有同类竞争性质的（yardstick competition）激励合同（Maskin，Qian and Xu，2000），但中层经理所处的晋升博弈也会阻碍他们之间的有效合作，这是为什么各个利润中心必须尽可能在技术、产品或者区域上相互独立，以减少晋升博弈的不利后果。因此，本文的模型对于理解M型公司的组织和激励设计也会有一定的帮助。

五、结　　论

从激励结构来说，我国地方官员具有双重特征：他们一方面是“经济参与人”，即像任何经济主体一样关注经济利益，20世纪80年代以来的行政性分权和财政包干强化了地方政府的经济动机；但另一方面，这些地方官员同时也是“政治参与人”，他们关注政治晋升和政治收益，各地的官员不仅在经济上为财税和利润而竞争，同时也“官场”上为晋升而竞争。20世纪80年代初期实施的领导干部选拔和晋升标准的重大改革使地方官员的晋升与地方经济发展绩效挂钩。过去大量的研究从市场和经济竞争的逻辑出发强调行政性分权和地方官员的财政激励对区域间经济互动的影响。这种研究角度的一个缺陷是只注重于我国地方官员的第一种特征，而忽略了地方官员的第二种特征及其影响。本文建立了一个地方官员政治晋升博弈的简单模型，旨在强调地方官员的晋升激励及其对地区间经济竞争和互动的影响。该模型对我国地区经济发展和区域互动当中一系列相关现象提供了一个系统性的框架，尤其对我国地方保护主义和重复建设问题的长期存在的原因提供了一个新的解释。

以GDP增长为基础的晋升激励在调动地方官员发展地区经济的积极性方面曾发挥过重要的历史作用，这在经济改革初期、计划体制的束缚还相当严重的时候尤为如此。但随着市场的发育和完善，区域分工与整合的需求日益增加，这种激励机制的消极后果也越来越明显。因此，我们有必要对地方官员的政绩考核制度进行反思。目前中央政府特别强调地方政府的科学发展观问题，如淡化GDP指标、强调绿色GDP概念等等，正是改革传统政绩考核体系的一种积极举措。本文的研究有助于我们更深入地理解设计一项政绩考核机制所必须注意的问题，比如，为了尽量降低晋升激励所带来的消极后果，我们应该将地方政府的注意力集中在服务本地公众的能力和满意度等方面；另外进一步减少地方政府对市场的干预能力也是一种治本之策。

参考文献：

1. 沈立人、戴园晨：《我国“诸侯经济”的形成及其弊端和根源》，载于《经济研究》1990年第3期。

2. 舒庆、周克瑜：《从封闭走向开放：中国行政区经济透视》，华东师大出版社2003年版。

3. 银温泉、才婉如：《我国地方市场分割的成因和对策》，载于《经济研究》2001年第6期。

4. 张维迎、马捷：《恶性竞争的产权基础》，载于《经济研究》1999年第6期。

5. 张维迎、刘鹤主编：《我国地级市电子政务研究报告》，中国经济出版社2004年版。

6. Lazear, E., and S. Rosen, 1981: “Rank-Ordered Tournaments as Optimal Labor Contracts”, *Journal of Political Economy* 89.

7. Li, H., and L. Zhou, 2004: “Political Turnover and Economic Performance: The Incentive Role of China's Personnel Control”, memo.

8. Jin, H., Y. Qian, and B. Weingast, 2000, “Regional Decentralization and Fiscal Incentives: Federalism, Chinese Style”, memo.

9. Kornai, J., 1979: “Resource-Constrained versus Demand-Constrained Systems”, *Econometrica* 47.

10. Oi, J., 1992, “Fiscal Reform and the Economic Foundations of Local State Corporatism in China”, *World Politics* 45.

11. Maskin, E., Y. Qian, and C. Xu, 2000: “Incentives, Scale Economies, and Organization Forms”, *Review of Economic Studies* 67.

12. Shleifer, A., and R. Vishny, 1994: “Politicians and Firms”, *Quarterly Journal of Economics* 109.

13. Young, A., 2000: “The Razor's Edge: Distortions and Incremental Reform in the People's Republic of China”, *Quarterly Journal of Economics* 115.

（本文载于《经济研究》2004年第6期）

论中国自然垄断行业的改革方向

——解决自然垄断方式的一般模型及对中国的适用研究

陈甬军　晏宗新

摘　要： 本文通过讨论在自然垄断领域建立管制机构与实行公有企业经营的不同模型，比较其成本与收益，对当前中国自然垄断领域改革的方向提出自己的看法。本文的结论是：以中国经济的转轨特征为出发点，从自然垄断领域的解决方式看，在一个较长的时期内，实行国有企业经营仍是较优的选择，但从长期看，其改革方向不排除实行管制和特许权投标。从自然垄断领域变动的属性来看，对自然垄断领域的国有企业进行分拆和引入竞争是当前提高经济效率的关键。

关键词： 自然垄断　管制　公有企业　竞争

一、引　言

在反垄断经济学理论中，自然垄断被定义为成本函数是劣加的（subadditive），自然垄断的成本函数随需求和技术的改变而改变，因而，自然垄断范围也是变化的，有一个获得生产效率（productive efficiency）和配置效率（allocative efficiency）的权衡问题。在改革实践中，现有的文献基本上都认为中国自然垄断领域应该引入竞争，侧重于解决配置效率。但对中国自然垄断领域采取何种解决方式这一涉及生产效率的问题却基本上没有谈及。从西方实践看，解决自然垄断的实际方式有由私人经营设立管制机构和由公有企业经营两种，如美国较多的使用管制，欧洲非常广泛地使用公有企业经营。尽管欧洲如英国近年来开始私有化它的公有企业，代之建立管制。但各种方式各有利弊，从生产效率的观点来看，偏好于哪一种处理自然垄断问题的方法是一个经验性的问题（Viscusi，2000）。①

本文仅分析中国的自然垄断领域，而中国自然垄断领域基本上是由国有企业经营的，故分析的对象是自然垄断领域的国有企业。中国自然垄断领域的解决方案选择应以中国经济的初始条件为前提。我们通过建立管制机构与公有企业的两种解决方式的比较模型，结合中国经济的转轨特征进行分析。本文认为，从自然垄断领域的解决方式看，近期实行国有企业仍是较优的选择，但长期看，其改革方向不排除引入管制与特许权投标。本文第二部分对国内外关于自然垄断解决方案进行了理论回顾；第三部分分析自然垄断及其属性，这是理解竞争与管制的基础；第四部分讨论了自然垄断领域两种主要解决方式的一般模型，比较了其收益与成本；第五部分是结论，指出中国自然垄断领域国企改革的目标。

二、文献回顾

自然垄断的基本特性在于，由于规模经济的要求，往往只需要一家企业生产以获得经济效率，

① W. Kip Viscusi，etc，London，"Economics of Regulation and Antitrust"（second edition），The MIT Press Cambridge，MASSACHUSETTS，P. 463.

而当一家企业生产时产生的市场支配力会提升价格而损失消费者福利。于是对自然垄断的管制就应运而生。

管制理论的发展，大体上有以下五个层次方面的演进：一是认为对自然垄断厂商进行管制是建立在市场失灵和保护公共利益基础上的，主张以政府管制来纠正市场失灵，而且假定政府的管制可以带来更高的效率以及更低的成本。这一理论起初被称为“公共利益理论”，现在则更多地称之为“对实证理论的规范分析”，简称 NPT（Paul L. Joskow and Roger G. Noll，1981）。[①] NPT 至少存在两个主要问题。首先，NPT 并没有阐述潜在的净社会福利收益是如何促使立法者通过管制立法以及管制者如何采取适当行为的问题。就管制发生是为了纠正市场失灵这一点也没有提供可检验的预测，仅仅是假设而已。第二个主要批评是，存在大量反驳它的证据（Richard posner，1974），[②] 此外，即使对自然垄断行业的管制也并不总是能有效地限制企业的定价行为（George J. Stigler and Claire Friedland，1962）。[③] 总之，对管制的公共利益这一假定的合理性没有给出充分的证明，而进一步的理论和实证研究否定了这一假定。[④] 二是很大程度上由于经验证据与 NPT 不一致，经济学家和政治科学家建立了“俘获理论”（capture theory），简称 CT。俘获理论认为，管制的供给是应行业的管制需求产生的（换句话说，立法者被行业俘获），随着时间推移，管制机构会受行业控制（管制者被行业俘获）。[⑤] CT 阐述了不论是不是出于预谋，意欲对某一行业进行管制的机构都会最后被这一行业所“俘获”这一现象。其意义在于认为管制促进的是行业利润，而非社会福利。虽然有很多证据支持 CT，但是仍然有些经验规律与它不一致。也许反对俘获理论最有力的证据是存在一系列不受行业欢迎且导致低利润的管制。三是管制的经济理论。根据随后所阐述的一些理由，NPT 和 CT 实际上并不能算是理论，而只能说是根据管制经验所提出的假设和说明。这与管制思想演化的第三阶段即管制的经济理论（ET）形成了对照。以斯蒂格勒（Stigler）和佩尔特茨曼（Peltzman，1976）为代表的芝加哥学派的“经济管制理论”认为，“管制作为一种规则，是产业要求的，而且主要是为了产业的利益而设计和运行的”（Stigler，1971）。佩尔特茨曼（Peltzman，1976）通过扩展经济管制理论，对交叉补贴作了解释。芝加哥学派还利用交易成本理论对管制进行解释。ET 在某种恰当的意义上被当作是一种真正的理论，其原因在于，它提出的可验证的假说是基于一系列假定所得出的逻辑含义。尽管 ET 的出现是一个重要的进步，解释了美国在过去的 100 年中被观察到的一些管制活动，但仍有许多现象与这一理论不符。对经济管制理论的一个重要批评是，他们忽视了管制过程中的一些重要因素，因为他们假定利益集团可以对立法者实施完全控制而立法者又对管制者实施完全控制。最后，ET 理论忽视了司法部门的作用。法院已显示出在管制过程中能够扮演关键性的角色。历史资料的回顾揭示：虽然 ET 在理解政府干预方面是一个重大的进步，但仍有经验证据与之不完全一致。这表明：我们对理解为何管制会在当时出现以及为何采取那种方式方面还有很长的路要走。当我们考察特定行业的时候，要对管制的政治性的一面进行深入的分析。四是公共选择理论对管制理论也有所发展，尤其是克鲁格（Krueger，1974），提出的寻租概念是其对管制进行解

① 作为实证理论的规范分析（NPT）是用规范分析产生一个实证理论，即阐明管制是回应公众要求对市场失灵或者很不公正行为（如价格歧视或企业因行业条件的某些变化而获得暴利等）进行纠正的需要。Paul L. joskow and Roger G.. Noll，“Regulation in Theory and Practice：An overview”，in Gary Fromm（ed.），*Studies in Public Regulation*（Cambridge：MIT Press，1981）.

② Richard A. Posner，“Theories of Economic Regulation”，in Bell Journal of Economics and Management Science 5（Autumn 1974），pp. 335 - 358.

③ George j. Stigler and Claire Friedland，“What Can Regulations Regulate? The Case of Electricity”，*Journal of Law and Economics* 5（October 1962），pp. 1 - 16.

④ 首先，现实中，由于外部性、税收、不完全竞争和不完全信息等，管制在其他方面产生非效率。其次，为了社会公正、再分配而不惜降低效率，与管制一定提高效率的假设不符；最后，作为一种理论，应该有起码的预测力，但它无法预测哪一个行业或哪一个部门应该管制，以及采取何种管制方式（请参阅孙建国、李文缚：《从依靠管制转向依靠市场——自然垄断行业引入竞争机制的分析》，载于《东南学术》2002 年第 4 期）。

⑤ 管制机构生命周期假设的讨论见 Marver H. bernstein，Regulating Business by Independent Commission（Princeton，N. J.：Princeton University，1955）。

释的内核。五是鲍莫尔（Baumol，1983）提出了可竞争理论，它是建立在德姆塞茨（Demsetz，1968）的以潜在的竞争威胁作为约束机制的基础上的。可竞争使管制成为不是那么必要，政府要做的是废除那些阻碍潜在进入的措施，建立一个推动竞争的环境。换言之，管制者应当鼓励而不是阻碍其他厂商进入自然垄断市场。总之，国际上关于自然垄断并没有一个统一不变的解决方案。奥利费·E·威廉姆森（Williamson，1972，1974，1979，1984）运用比较性制度性类型的交易分析方法，对反垄断的经济学分析再一次表明，垄断的解决是一个不断调整变化的过程。

管制方式从大类上划分，有实行国有化和由私人企业经营并进行管制两种。但是从对自然垄断的具体管制形式上分类，可以分为三种管制方法国有化经营、以成本为基础的管制和以激励为基础的管制。国有化是对自然垄断行业最彻底的一种管制形式。一方面，国有化剩余索取权的安排使企业缺乏利润动机；同时，其治理结构使得国有企业在很大程度上受政治决策过程影响，即相关利益集团之间的竞争结果会起决定作用。同时，作为产业信息的来源，不容易像竞争性厂商那样认识所犯的错误，从而效率会下降。自然垄断行业主要由私人投资所有，并由政府进行管制。通常进行收益率管制。阿弗奇和约翰逊（Averch and Johnson，1962）用模型证明了收益率管制下厂商是追求最大化利润的，导致 A－J 效应，导致管制企业过度资本化和激励机制削弱，产生效率低下。同时，收益率的决策是通过价格听证会，决定管制机制必定非常脆弱。于是，一些国家采取激励性管制。有两种方式，实行价格上限和利润分享。尽管早期的文献对激励性管制的形式和效果大加肯定，但随后的理论工作的进展和管制实践显示，它并不像预期的那样好。劳（Law，1993）指出，以拉氏指数决定的价格上限的收益权数会引起厂商为了操纵权数而在第一期以减少消费者福利和增加厂商福利的方式定价，并且可能在第二期减少消费者福利。其他学者也讨论了其他形式的指数操纵方式（Fareman，1992；Sappington and Sibly，1995；Frase，1994；Armstrong，1995）。对于利润分享的研究显示，不但许多已有的问题继续存在，还会产生一些新问题。如管制者被厂商俘获问题（Mayer and Vickers，1996）。在上述三种管制方式的选择上，并没有一个一致的标准。但所有方式各有利弊，从生产效率的观点来看，偏好哪一种处理自然垄断问题的方法是一个经验性的问题（Viscusi tec，2000）。①

中国市场化改革的进程，促使国内的一些学者开始研究反垄断和管制问题。但对自然垄断领域的研究大多是针对具体的垄断行业的。如周其仁（2001）认为，要拆分电信公司以形成电信竞争市场。肖兴志（2002a，2002b）认为，要加快自然垄断产业中国有企业产权制度改革，进一步扩大股份制改造规模，构建激励性规制改革的微观企业基础。认为国有企业并不是传统报酬率规制的好的替代方式。相反，激励性规制与其他替代治理方式相比更有优势，绩效更好。王俊豪（1998，2001）认为自然垄断产业的政策思路是以规模经济与竞争活力相兼容的有效竞争作为自然垄断产业的目标导向。他分析了特殊投标竞争理论、区域间比较竞争理论、直接竞争理论，其主要倾向仍是放松经济管制的趋势。孙建国、李文溥（2002）认为，从依靠管制转向依靠市场，是自然垄断行业引入竞争机制的趋势。尽管他们认为，对不同的行业而言，充分竞争的条件是不一样的。在这些成果的基础上，现在需要对中国自然垄断行业的改革进行总体研究以进一步明确改革的方向。

三、自然垄断的特征竞争与管制的基础

如果一种产品或服务的生产由单个厂商完成而成本最小，我们就认为该产业属于自然垄断产业。典型的例子是，单个产品的生产对所有产出来说，长期平均成本（LRAC）下降。我们先简单

---

① W. Kip Viscusi，etc，London，"Economics of Regulation and Antitrust"（second edition），The MIT Press Cambridge，MASSACHUSETTS，P. 463.

回顾一下自然垄断产业的含义与特征，这有助于理解管制。

（一）自然垄断的定义是成本函数是劣加的

劣加性表明的是这样一种情形，即由一个厂商生产全行业产出更便宜，还是再增加一些厂商能以更低的成本生产。如图 1 中的平均成本曲线，平均成本下降直到产出 Q，然后平均成本开始上升。在产出低于 Q 时规模经济存在，当产出大于 Q 时出现规模不经济。对于产出小于 Q，很显然一个厂商生产是成本最小的解决方法。当产出大于 Q 时，为了获得生产效率，是否就立即需要引入新的厂商生产？

为了考查产出大于 Q 时的最小成本解决方法，我们引入了两个企业的最小平均成本函数。如图 1 所示。

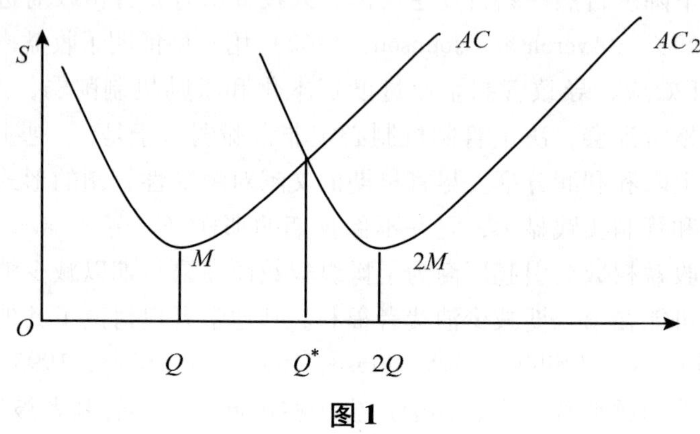

图 1

曲线 AC_2 是以同曲线 AC 相同的方式构建的。我们知道，对于最小成本生产，每一个厂商必须以相同的产出率生产，因而有相同的边际成本。因此，给定 AC 曲线上一点，简单的加倍产出率获得 AC_2 曲线上一点。例如，位于 AC 上最小平均成本点 M，加倍产出 Q 获得 $2Q$ 时，其对应于 AC_2 的最小点是 $2M$。AC 和 AC_2 相交于产出 Q^*，决定了劣加区域。对于所有少于 Q^* 产出，单个厂商以最小成本生产。因此，成本函数是劣加于小于 Q^* 的产出。劣加是确定自然垄断的最好方法。尽管在 Q' 和 Q^* 间规模不经济，但在该区域由单个厂商生产对社会是有利的。

（二）自然垄断可分为永久和暂时的自然垄断两种情形

永久和暂时自然垄断（permanent and temporary natural monopoly）。永久和暂时自然垄断的一个重要区别是，永久自然垄断的长期平均成本（*LRAC*）随产出增加连续地下降。无论市场需求多大，单个企业都能以最小的成本生产。暂时自然垄断如图 2 所示，其长期平均成本（*LRAC*）下降到产出 Q^*，从这以后变成固定不变。因而，在一段时期内，当需求为 DD 时盛行的是自然垄断，随着需求上升，当需求为 D_1D_1 时就成了可操作的竞争市场。

影响自然垄断属性的另一个因素是技术变化。在一个长的时期随着新的技术应用到生产过程，有可能使成本函数发生改变。因此，永久自然垄断或许是一种少有的一类。技术变化能改变成本函数而提供了竞争的可操作性。

本节的分析结论是，自然垄断的成本函数是劣加的，自然垄断可分为永久自然垄断和暂时自然垄断，由于需求和技术变化的因素，永久自然垄断是一种少有的事情，暂时自然垄断更为常见。其现实意义就在于市场需求或技术的改变，原来自然垄断领域可能需要放松管制并引入竞争，以便获得单一企业的生产效率（productive efficiency），又能得到引入竞争后的配置效率（alloctive efficiency）。

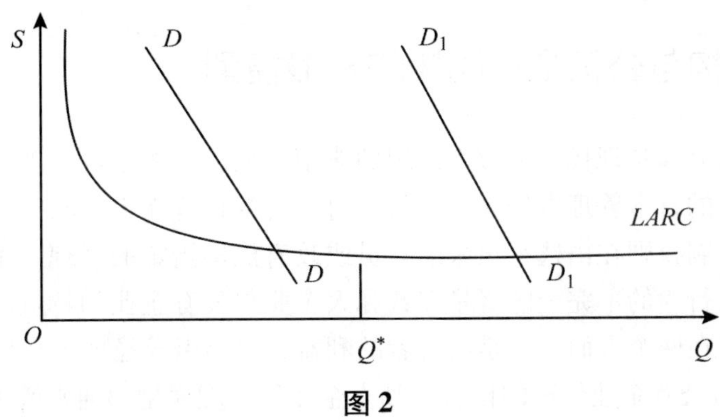

图 2

四、管制机构与公有企业的一般模型：分析与比较

一般模型分析与比较对于自然垄断问题，显然政府的最终目标就是要既能获得由单一企业生产的效率，又要有符合社会理想的定价水平。从政策的实际方案看，主要有管制机构和公有企业。管制机构的手段基础主要进行的是理想定价或特许权投标。理想定价是指假定私人是按照公共利益运作并且按效率价格进行生产。效率价格的最明显的代表当然是边际成本。其方法主要包括线性边际成本定价方案、非线性定价、拉姆西定价，以及由 Loeb 和 Magat 提出的引导利润最大化企业获得效率价格；特许权投标是让私人企业进行投标，由出价最低的企业获得垄断经营的特许权以解决自然垄断的问题。下面讨论建立管制机构与实行公有企业经营的一般模型，并分析与比较其成本和收益，作为理解对自然垄断解决方案的基础。

（一）管制（包括特许权投标）与公有企业的理论前提差异

1. 管制与特许权投标。使用管制或特许权投标，其基本思想前提是：对于自然垄断领域，为了获得单一企业生产效率，就将产品供给的垄断权利给予私人企业，为了利润最大化，显然该企业就会有效率地生产。但是，利润最大化的行为会导致一个高于社会最优的价格并因此导致社会福利的净损失。如何促使企业以符合社会效率的方式定价，有两种替代政策，一种是建立设定价格和限制企业赚取正常回报率的管制机构；另一种替代政策就是将特许权拍卖给对服务产品要价最低的企业。在实践中，特许权的竞标和管制不是类型的差异而仅是程度不同的差异。这两种政策的一个共同因素是：由私人企业提供服务产品，同时设计一个机构来迫使企业按社会最优水平定价。其思想就是要改变利润最大化的垄断者所面临的限制，以达到诱使其比在其他情况下定价更低的目的。

2. 公有企业经营。与管制和特许权竞标有本质区别的方法就是实行公有企业经营。其基本思想前提是建立在将企业目标由利润最大化转变为社会福利最大化的基础上。与私人企业相比较，一个公有（或政府）企业是由政府所有和运作的。这种方式的潜力在于公有企业的目标更可能与社会福利最大化保持一致。但是，与私人企业的经理相比较，私人企业经理对所有者负责，而公有企业的经理最终对选民负责。尽管用公有企业替代私人企业有各种原因（Viscusi，2000），[①] 但我们仅分析其在自然垄断领域的原因。

① 产生公有企业的原因主要有意识形态、财政利益目标、外部经济等，参阅 W. Kip Viscusi etc，London，“Economics of Regulation and Antitrust”（second edition），The MIT Press Cambridge，Massachusetts，P. 454。

（二）管制机构与公有企业比较的一般模型

所有权与控制权的分离是现代大多数大组织的典型特征。一般来说，现代私人公司的所有权由众多的股东拥有，企业的日常管理由经理来执行。对于公有企业而言也相类似，所有权在相关政治权限的老百姓手里，控制权则在由选举出来的官员或政府机构指定的经理手里。因此，所有权与控制权的分离以及对经理行为的不完全监督是多数私人企业与公有企业的特点。这样，两个组织结构中存在的差异主要表现在两个方面：一是所有者的利益；二是引导经理正确行动的机制。

1. 私人企业经理与公有企业经理的模型。私人企业的经理模型即通常所指的委托代理模型是我们众所周知的，本文将忽略其分析。以公有企业的经理模型而言，是否存在类似私人企业的情形使得公有企业的经理按照所有者的最大利益行动并且实现社会福利的最大化呢？由于两个原因，往往很难达到这种期待的结果。一是社会福利不像利润，其难以衡量；二是那种在私人企业中由资本市场对经理施加的约束显然不存在。缺乏资本市场对经理的约束，使公有企业经理在行动中有更大的自行处理权利。

尽管福利是难以衡量的，但当选的官员和选民可以采用其他的替代方式来测量公有企业的绩效。替代的方法主要有两个：一个是价格，另一个是产出的特征，比如公有企业提供服务产品的可靠性。如在电力公用事业中，对选民而言经常断电就表明拙劣的绩效。我们对公有企业行为理论是建立在此前提假设下：即经理按照政治支持的最大化来行动，并且这可以通过生产那些表明良好绩效的特征来取得。通过增加政治支持的方式，经理提高了自己的收入以及增加工作任期的可能性。皮尔茨曼提出了一种不同的理论①（Sam Peltzman，1971），在该理论中，一个公有企业的经理使用价格来使得政治支持最大化。其主要结论是：

第一个结论是：一个公有企业的经理会将价格定在低于利润最大化的水平。公有企业经理为获得政治选民的支持，要求对该公有企业的补贴减少。因为补贴越高，就越要增加税收收入，显然选民不喜欢增加税收。如果我们假定该公有企业即使准备增加新的资本也必须获得正常的回报率，那么补贴将为 $-\pi(p)$，这里 $\pi(p)$ 是在给定价格 p 条件下的利润。如果 $\pi(p)>0$，那么补贴为负的，就是作为公有企业给政府增加的收入。我们再假定价格越低选民的支持越大，因为选民也是消费者。我们考虑价格设定在利润最大化的水平，用 pm 表示。在价格为 pm 时的边际利润（即价格一个小变化引起的利润变化）必定为零。原因在于：如果边际利润是正的，那么通过提高价格能够增加利润，这与 pm 是利润最大化的价格的情况相矛盾。同样，如果 pm 是负的，那么通过降低价格就能够增加利润。因此，价格为 pm 时边际利润为零。现在考虑该公有企业的要价稍微低于 pm。这对政治支持具有直接的和间接的影响。直接的影响是选民作为消费者的角色对价格的关心。间接的影响是价格对利润的影响，这会影响政府补贴的数目。选民关心补贴的数目，因为他们也是纳税人。由于边际利润在 pm 时为零，价格稍微下降不影响企业的利润，因此它不会影响补贴的数目。那么，由要价稍微低于 pm 对政治支持的间接影响为零。另一方面，要求一个更低的价格的直接影响会提高政治支持，因为选民总是喜欢更低的价格，其余情况相同。由此可见，公有企业经理可以通过将价格定位低于利润最大化时的价格而得到更高的政治支持。这样可以认为，公有企业要价会低于私人企业的价格。

第二个结论是：对选民的价格会低于对非选民的价格。考虑一个位于政治区域 A 但其服务于 A 和 B 两个政治区域的居民。该公有企业的所有者是政治地区 A 的选民。通过对 B 政治区域的消费者设定更高的价格，该经理可以增加利润和减少税收，因此提高了政治支持。这无须提高对选举人

① Sam Peltzman, "Pricing in Public and Private Enterprise: Electric Utilities in the United States", Journal of Law and Economics 14 (April 1971): pp. 109 - 147.

（即在 A 区域的消费者）的要价就可以达到。当然，对 B 区域居民的要价有一个上限，因为他们可能总是在考虑，是组建自己的公有企业还是让一个私人企业来供应他们。

皮尔茨曼模型的第三个结论就是：一个公有企业为了向消费者提供更加一致的待遇，它将比私人企业追求更少的价格歧视。差别待遇可能减少政治支持，因为这会疏远某些选举人。因此，相对于私人企业，人们将预期在服务产品的工业用户与居民用户之间更少歧视。

2. 比较的结论。

（1）公有企业与不受管制的私人企业的比较。与不受管制的私人企业相比，公有企业可能定价更低，更少行使价格歧视以及赚取更少的利润。这主要由两个因素引起。第一个因素是，私人企业的经理靠增加企业的利润来提高收入和工作期限，而公有企业经理则是靠增加政治支持来提高收入与工作期限。这样导致公有企业价格更低且效率也更低，比如，在产品可靠性方面过度投资来取得消费者或选民的支持。第二个因素是，私人企业的经理受到来自资本市场的惩罚力量的威胁，存在替换他的机制。由于在公共企业情形下的所有权的不可转移，因此，对公有企业的经理就不存在相同的约束机制。那么，他就拥有更大的决定权来使用资源，使得自己的个人效用最大化，而不是使社会福利最大化。

（2）公有企业与受管制的私人企业之间的比较。显然，该比较很大程度上依赖于管制约束效果。但这种比较会有助于帮助我们理解管制与公有企业的绩效。

定价行为的比较主要有两个方面的差异，一是如果管制约束的程度不是太严厉，可以预计公有企业的定价将比受管制私人企业的定价更低。理由是，通过将价格设定在一个低于利润最大化的价格水平，公有企业的经理会增加政治支持，结果又增加了其收入和工作任期。二是公有企业追求更少的价格歧视。原因是更统一的价格会减少消费者群体的疏远，这趋向于增加政治支持。而且，因为他们更容易操作，一个更统一的价目表会增加工作中的非货币利益（皮尔茨曼，1971）。

分配效率的比较：这也主要表现在两个方面，一方面，由于公有企业定价更低，因此可以认为，在分配效率的基础上公有企业比受管制的私有企业表现得更好。因为私有企业的要价更接近利润最大化，即使价格通常要高于公有企业，私有企业会产生更大的无谓损失。但是，另一方面，尽管平均价格可能较高，但由于私有公用事业具有更广泛的价格歧视，反之会提高社会福利。皮尔茨曼在对电力公用事业的定价比较分析中证明：私有的公用事业实行的更大的价格歧视会导致更高的平均的电力销售量/消费者。在评估所有权的类型对平均销售量/消费者的影响时，他首先控制了可能影响平均销售差异的其他因素。这些因素包括收入、人口规模、地区差异以及平均价格。一旦保持这些因素不变，皮尔茨曼发现，私有公用事业比公有公用事业具有更高的平均销售量/消费者（皮尔茨曼，1971）。总之，难以判断哪种制度会产生更高的分配效率。尽管公有公用事业确实似乎定价更低，带来福利的增加，但私有公用事业表现为行使更大的价格歧视，也会带来社会福利的改善。

生产效率的比较：分析表明，无论自然垄断领域的私有企业还是公有企业都趋向于过度投资。前者这样做是为了在回报率管制的条件下通过基本费用的扩张来达到增加利润的目的，而公有企业在资本方面过度投资是为了生产那些能够集中政治支持为目的的产品。比如，为了减少断电、停电的可能性而增加电力生产能力。同样，由于公有企业拥有更大的经理自主权，可以预期，一个公有企业比一个私有企业生产效率更低。

如上所分析，首先，受管制的私人企业会比公有企业从事更广泛的价格歧视。其次，通过 A－J 效应可以知道，一个受回报率管制的私人企业同样具有过度投资的倾向。于是，它还不具备像公有企业那样低效率行事的决定权。甚至对一个受管制的私人企业，资本市场也能对低效率行为提供一个约束力量。因此，可以预期，一个受管制的私人企业比一个公有企业更有效率。再其次，无论受管制的私人企业还是公有企业都会经历生产的低效率。回报率管制导致私人企业过度投资，但是由于公有企业的经理对政治支持比对利润更感兴趣，所以他很少有动力提高效率。这再一次说明，从生产效率的观点来看，偏好哪一种处理自然垄断问题的方法是一个经验性的问题（Viscusi，2000）。

五、模型的修正与自然垄断领域的国企改革

在上述管制与公有企业模型的比较中，对公有企业的分析是建立在企业目标由利润最大化转变为社会福利最大化的基础上的。该理论是建立在该前提假设下即经理按照政治支持的最大化来行动，并且这可以通过生产那些表明良好绩效特征的产品来取得。通过增加政治支持的方式，经理提高了自己的收入以及增加工作任期的可能性。与私人企业相比较，一个公有企业是由政府所有和运作的。实行这种方式的潜力在于，公有企业的目标更可能与社会福利最大化保持一致。

由于政治体制与干部任用制度上与西方国家的差别，我国的国有企业虽然也是由政府所有和运作的，但运作的具体机制并不相同。受中国传统体制的影响，选民对政府官员的约束有限。同时，干部任用机制对下不对上，能上不能下的特征，也减少了对大型国有企业经理任期内绩效考核的压力。这些因素削弱了国有企业的生产效率。为了保证必要的效率，必须对国有企业本身的运行机制进行改革。尽管如此，我们认为，在自然垄断领域实行国有企业运营是较优的选择，至少暂时是一种理性的选择。

1. 无论从过渡成本看，还是从社会主义市场经济体制的要求看，我国自然垄断领域改革较优的选择是实行国有企业运营。

在对解决自然垄断问题的两种实际方案比较中，可以得出一些一般性的结论。从理论的角度看，似乎管制要好于采取特许权竞标的方式，而公有企业要好于采取管制方式。从对企业相对的约束而言，这种顺序关系同样存在。在特许权竞标的情形中，竞争是最激烈的，因为企业通过质量和价格来参与特许权的竞争。一个受管制的私有企业不会面对这样的竞争，但如果经营不好，就会受到被接管和对在位经理替换的约束的威胁。最后，公有企业不用面对这两类的约束，因此使之具有偏离效率的更大的自主权。但是在实际上往往难以对各方案提供一个顺序关系。因为，从生产效率的观点来看，偏好哪一种处理自然垄断问题的方法是一个经验性的问题。

我国从计划体制向社会主义市场经济体制的过渡，一方面要求国有企业主体市场化，另一方面要求维护公有制的主导地位。主体市场化的要求主要体现在竞争性领域。而自然垄断领域本身却对国有企业产生一种需求，利用这个需求实行国有企业经营，有利于维护公有制的主导地位。诺斯认为，国家的目标有两个：一是界定形成产权结构的竞争和合作的基本规则，以能使统治者的租金最大化；二是降低交易费用以使社会产出最大化。第二个目标包含一套使社会产出最大化而完全有效率的产权，即只有在有效率的产权的基础上才能使社会产出最大化，而第一个目标是试图确立一套基本规则以保证统治者自己收入最大化。故有人称其为“诺斯悖论”。在市场经济条件下，由国家的阶级性和社会性的双重属性、国家的建设性和破坏性的双重作用所决定，这一悖论在理论和实践上都是存在的。一方面，政府是积极的，公利的；另一方面，政府又是消极的、自利的。尽管欧洲的英国近年来出现了公有企业私有化，代之以管制的趋势，但公有企业在自然垄断领域经营仍不失为一种解决方案。将中国经济的特征变量结合进来考虑，中国不宜在自然垄断领域实行民营化并转向管制的完全“竞争政策”。因为，自然垄断领域的“企业改制”和“民营化”，将付出更多的改革成本，国有资本也会在改制中流失，而且客观上让少数人成为企业的所有者，会加快制造财富上的两极分化。当然，在自然垄断领域运用国有企业经营的形式时，原来产业的行政性垄断特征是必须进行改革的。

2. 对自然垄断领域的国企必须进行改革，根本转变国企运营机制，使政府从基础设施产业的垄断经营者转变为竞争性经营的组织者和监督者。

本文模型分析的一个前提是公有企业是为政治选民服务的，但是由于我国国有企业的生成历

程、社会环境、组织结构等方面与西方国家的公有企业不同（林木西、曹艳秋，2002），因此，即使在自然垄断领域实行国有企业经营，也必须对国企运营机制加强改革。对国有企业的管理体制，也要通过更加有效地解决公有资本运营中的委托人—代理人的途径，来保证市场经济必要的活力。

自然垄断行业的生成历程不同。在政府主导型的计划经济体制下，自然垄断行业的企业不是真正的企业，而是由政府决定企业的一切生产经营活动。改革后，虽然对某些自然垄断行业（如电讯、石油行业等），政府职能有了一定程度的转变，自然垄断行业开始面对市场，但时至今日，政企合一、政府垄断经营的体制并没有完全打破，政府既是管制政策的制定者和监督者，在很大程度上又是具体业务的垄断经营者。而在西方国家中，自然垄断行业的企业不论其所有制性质如何，一般都表现为真正的企业，政府只是管制者，而非经营者。

我国对自然垄断行业的管制是在非市场经济或不完全市场经济的大环境下形成的，这就决定了我们对自然垄断行业的管制带有浓厚的行政色彩，表现为一种人为垄断或行政性垄断。而西方国家对自然垄断行业的管制是在成熟的市场经济条件下进行的，对自然垄断行业的管制很大程度上是一种纯粹的经济行为。

中西方比较，被管制企业内部的产权结构、组织结构和管理方法不同，从被管制企业的产权结构看，我国绝大部分自然垄断行业的企业都是国有的，很多行业至今仍主要是国有独资公司经营，这种产权结构难以真正做到高效率运行。而西方国家除了少数自然垄断企业是国有企业之外，大部分企业是私有或公私共有的，尤其是在20世纪80年代私有化运动之后，政府的管制更多的是实行经济性管制。从被管制企业的组织结构看，我国的一些自然垄断企业虽然进行了公司制改造，但还没有完全建立起规范的法人治理结构，而西方国家被管制的企业无论其所有制性质如何，都有比较科学的组织结构，从而为经济性管制奠定了组织基础。从管理方法看，我国的方法相对落后，而西方则有一套独到而且有效的管理方法。因此，要切实实行政企分开，根本转变政府职能，使政府从基础设施产业的垄断经营者转变为竞争性经营的组织者和监督者，并加强经济性管制。

3. 随着技术与需求等条件的变化，其进入壁垒和退出壁垒已经被逐渐克服，使得管制的前提，即某些环节的自然垄断性不再存在，从而为竞争创造了条件。

自然垄断的条件是成本具有劣加性，它又分为永久自然垄断和暂时自然垄断。虽然自然垄断领域要求单一企业生产才能获得经济效率，但是，自然垄断领域又是有范围的。简单地说，一个小城镇的自来水供应是一个永久性自然垄断的例子，但随着城市规模的扩大，需求的增加，就成为暂时性自然垄断。显然，一个特大城市的自来水未必只由一家生产才是有效率的。尽管自来水领域仍然具有自然垄断性，但它永久的自然垄断性随着城市的扩张已变成暂时性的了，这时引入竞争就成为提高经济效率的必然。同时，技术变化也会使自然垄断的可维持性起变化。典型的例子是电信领域，通信和信息技术的发展已经导致自然垄断领域的范围及性质的变化。同时，自然垄断的特征是平均成本下降，生产效率（productive efficiency）要求该行业由单一厂商生产，然而，为了获得配置效率（allocative efficiency），往往要求有多个厂商参与竞争以便使价格趋向边际成本（marginal cost）。在生产效率和配置效率之间获得平衡，才能进而获得动态效率（dynamic efficiency）。

根据以上原理，我国的自然垄断领域的改革，在实行以国有企业经营为主的同时，还要注意由于技术条件和需求的变化所导致的市场结构从垄断到竞争的变化，并注意通过有意识地构造国有企业之间的竞争，实现生产效率和配置效率的动态平衡。

4. 在市场化进程中，放松管制的同时，也要求进行管制重建。从中国管制途径看，管制过程及内容的完善，主要包括四个方面①：一是对残存的自然垄断领域实施激励性管制。对自然垄断性领域，为了实现配置效率和生产效率的统一，仍需对企业的进入、价格以及服务质量等方面进行干

① 请参见常欣：《放松管制与规制重建——中国基础部门引入竞争后的政府行为分析》，载于《经济理论与经济管理》2001年第11期。

预。但为了尽可能地避免管制失效的出现，应引入激励性管制。如价格上限管制、区域间标尺竞争、特许投标制等激励性管制等可以使竞争受到利润刺激或竞争性刺激，对于促进企业削减成本、提高生产效率以及资源配置效率具有积极意义。激励性管制方案也都有其局限性和有限的适用范围，其作用不容忽视。二是对自然垄断与竞争的界面或从自然垄断向充分竞争过渡过程中，实现以保护有效竞争为目的的管制。为了过渡时期，在放松管制后虽有新的企业进入，但原有支配性主导企业（dominant firm）对于新进入的竞争性周边企业（competitive fringe firms）而言，有压倒性的先动优势（first mover's advantage，包括产品差异优势、成本优势、信息优势和策略优势），实施策略性行为（strategic behavior），所以，政府在此时实施具有过渡性质的不对称管制（asymmetric regulation），当市场开始形成真正有效竞争的局面时，把不对称性管制改为中性的干预政策。三是在充分竞争实现后健全反垄断管制。反垄断管制主要是在较发达的市场竞争体制下针对可竞争市场里的垄断行为（而为垄断结构），就现阶段中国而言，主要的管制是对自然垄断的直接管制和对具有过渡性质的不对称管制。反垄断的任务主要是反行政性垄断和国有资本垄断。新的反垄断理论认为，垄断结构本身并不说明问题，只有出现滥用集中优势的垄断行为时，才应运用反垄断法。目前在西方反垄断的实践中，运用推理性原则（a rule of reasoning，要求对被质询的行为造成的影响进行调查）而非本质原则（可以在不考虑某些行为造成的影响的情况下禁止这些行为）正在成为一种趋势；同时，注重行为效果而非行为人的意图，也是一个重要的政策发展。四是在推行上述经济管制的同时，要不断完善社会性管制。社会性管制是以保障劳动者和消费者的安全、健康、环境保护和防止灾害为目的，通过对物品和服务的质量及伴随它们的提供而产生的各种活动制定一定的标准，并从根本上限制特定行为的管制。从本质上说，社会性管制主要是为了应对经济活动中存在的外部性（特别是外部不经济）、非价值性物品、信息不完全以及提供某些公共产品而设立的，以增进社会福利为目的。中国向小康社会发展，社会性管制必将越来越成为管制的重要内容。

5. 反行政性垄断是转轨经济的重要内容。计划体制下，政府部门和国家资本通过行政力量和资本力量对一切经济领域实行双重垄断（林凌，2002）。鉴于其自然垄断领域性和公共性特征，中国的基础部门一直是由政府在行业的进入、退出和价格等方面实行严格的管制政策。但由于存在着规制机构与被规制企业之间的信息不对称问题、管制机构相对于上级政府或公众的代理问题、管制机构被利益集团俘获问题、管制机构只有有限承诺能力等问题，特别是管制条件下的竞争的缺乏及相应的激励不足等问题，使得管制的结果往往与初衷相背离，导致产业效率的低下和社会福利的损失，产生所谓的管制失效。政府管制的正当理由，即需要政府出面来进行修补的市场失灵与违反社会公共价值体系的行为，确定了政府管制存在的经济的或非经济的正当性。因此，我国转型经济中的政府管制改革，应走松紧结合的道路，建立松紧相宜的管制制度，既要放松管制，又要强化管制，而且是在总体放松管制的前提下，局部强化管制。一方面逐步放松原计划经济体制时期遗留下来的高度的计划管制；另一方面则逐步建立适应社会主义市场经济体制的管制政策与制度，并对现行管制进行完善，以逐步解决政府管制中的越位和缺位问题。

参考文献：

1. ［美］G·J·施蒂格勒：《产业组织与政府管制》，上海三联书店、上海人民出版社1996年版。

2. 常欣：《放松管制与规制重建——中国基础部门引入竞争后的政府行为分析》，载于《经济理论与经济管理》2001年第11期。

3. 林凌：《中国基础领域垄断的形成与反垄断之路》，载于《财经问题研究》2002年第4期。

4. 林木西、曹艳秋：《自然垄断行业管制的国际比较》，载于《经济学动态》2002年第4期。

5. 孙建国、李文溥：《从依靠管制转向依靠市场——自然垄断行业引入竞争机制的趋势分析》，载于《东南学术》2002年第4期。

6. 王俊豪：《政府管制经济学导论》，商务印书馆2001年版。

7. 肖兴志：《中国自然垄断产业规制改革模式研究》，载于《中国工业经济》2002年第4期。

8. 肖兴志：《自然垄断产业规制体制改革的战略思考》，载于《改革》2002 年第 6 期。

9. W. Kip Viscusi, John M. Vernon and Joseph E. Harrington, Jr. "Economics of Regukation and Antitrust" (second edition), The MIT Press, Cambridge, Massachusetts, London, England 2000.

10. Sam Peltzman, "Pricing in Public and Private Enterprise: Electric Utilities in the United States", Journal of Law and Economics 14 (April 1971).

（本文载于《产业经济评论》2003 年第 1 期）

交叉补贴与网络中介的价格竞争*

陈艳莹　原毅军

摘　要： 网络中介在定价上普遍采取了交叉补贴的方式。然而，由于网络中介服务特有的非对称网络效应，网络中介的交叉补贴与传统意义上的交叉补贴有着本质的不同，其作用不是削弱竞争，而是加剧竞争。当网络中介普遍采取这种做法时，整个行业的经济利润将趋于零。因此，从产业组织的角度来看，网络中介在定价上的这种交叉补贴行为是合意的，营造自由进入的产业环境应当是政府规范该行业发展的重点。

关键词： 网络中介　交叉补贴　非对称网络效应　价格竞争

一、引　　言

因特网的迅猛发展不仅改变了传统的经济运行模式，也造就了大量以因特网为载体的新兴行业，网络中介就是其中之一。与房屋中介、代理机构等传统经济中介不同，网络中介是纯粹的信息型中介，其以网站形式存在，通过为用户提供信息收集和加工服务，匹配买卖双方，促进交易的进行。近几年大量涌现的网上拍卖市场、虚拟商业街、专业搜索引擎等都是网络中介的典型例子。根据奥斯汀大学的研究，在与因特网直接相关的四类经济活动中，网络中介服务的产值已达总产值的20%，与B2B的产值相当，远远超过B2C的产值。

作为市场中以营利为目的的企业，网络中介的收入主要来自于用户交纳的接入费和交易费。接入费是经济个体成为网络中介的用户需要交纳的注册费，交易费则是用户通过网络中介达成一笔交易所需交纳的费用。然而，考察网络中介的定价模式会发现一个非常有趣的现象：虽然一家网络中介为其所有用户提供基本同质的信息服务，但多数网络中介并不是对所有用户都收取费用，而是只对其中的一部分用户收取接入费或交易费，另一部分用户则不但免费，甚至还获得其他形式的优惠。例如，国内最大的网上拍卖市场易趣只对注册为卖家的用户收费，注册为买家的用户则无须交纳任何费用，在免费使用网站提供的信息之外，还享受卖家答复通知、代理出价等附加服务。著名的网上交易平台阿里巴巴把用户分为诚信用户和普通用户两类，诚信用户为交费用户，对普通用户则不收取费用。

网络中介的这种定价模式是价格歧视吗？一般来说，厂商实行价格歧视主要利用的是不同顾客在支付意愿上的差异，而网络中介对收费用户和不收费用户的划分却与用户的支付意愿没有直接关系。很难说在易趣的用户中，买家的支付意愿就一定要比卖家的支付意愿低，即便如此，易趣也没有必要对买家实行免费，收费低一点就可以了。排除了价格歧视的可能性之后，我们就只能用交叉补贴来解释网络中介对部分用户免费的行为，也就是说，免费用户享受的服务源于另外一部分交费用户的补贴。那么，网络中介为什么要实行交叉补贴？这种做法对网络中介业的价格竞争有什么影响？反垄断法将交叉补贴列为不正当竞争行为，这是否意味着政府应当禁止网络中介的交叉补贴？

* 基金项目：国家社会科学基金资助项目“我国经济中介组织的发展及规范化研究”（02BJL028）。

本文试图从非对称网络效应的角度对这些问题进行回答。我们的研究将表明，由于网络中介服务特有的非对称网络效应，网络中介的交叉补贴与传统意义上的交叉补贴有着本质的不同，其作用不是削弱竞争，而是加剧竞争。当网络中介企业普遍采取这种做法时，整个行业的经济利润将趋于零。正因为如此，从产业组织的角度来看，网络中介在定价上的这种交叉补贴行为是合意的，不应成为政府反垄断的对象。政府推动该行业发展的重点应当是保证自由进入和规范网络中介不正当的锁定用户行为。

二、网络中介交叉补贴的成因

交叉补贴在垄断行业中经常存在，一个占据市场支配地位的企业出于打败竞争对手和限制竞争的目的，大幅度地降低竞争性业务的价格，同时提高垄断性业务的价格，用以弥补竞争性业务的损失。

与垄断企业的这种以驱逐竞争对手为目的的交叉补贴相比，网络中介的交叉补贴有两方面明显的不同。第一，垄断企业的交叉补贴通常发生在两类不同的业务或两个不同的细分市场之间，而网络中介的交叉补贴却发生在两类不同的用户之间，企业对一类用户收取费用，来补贴为免费用户提供的服务。第二，在多数行业中，只有个别垄断性的大企业能够实行交叉补贴，企业对某一业务或市场的补贴凭借的是其在另一项业务或市场上的市场支配力。但在网络中介业中，几乎所有企业都在定价上采取这种做法。这说明，在网络中介交叉补贴的背后，必定存在着不同于传统解释的原因。

在市场中，买卖双方完成一项交易需要付出搜寻成本，即寻找交易对象的成本。网络中介作为一类纯粹的信息型中介，其最根本的作用就是为用户提供潜在交易方的信息，节约用户的搜寻成本。那么是不是说，一个经济个体只要注册成为网络中介的用户就一定能够以更低的搜寻成本完成预期的交易活动呢？显然并非如此，因为通过网络中介做成一项交易的概率与网络中介联结的潜在交易对象的数目直接相关。如果我们按照交易中的分工将网络中介的用户简单地划分为买方和卖方两类的话，对每一类用户而言，注册到网络中介上的另一类用户的数量越多，找到合意交易对象的可能性越大，网络中介服务的价值也就越高。例如，一个网络中介拥有的卖方用户越多，吸引买方用户就越容易，因为挑选余地的加大提高了买方通过中介做成交易的预期概率。同样，因为潜在销量与买方用户的数量正相关，卖方用户在选择网络中介时也会非常关心买方用户的数量。由此可见，网络中介服务具有网络效应。但与常见的描述需求方规模经济的网络效应不同，网络中介服务的网络效应是一种非对称的网络效应，因为用户并不关心网络中介连接的同类用户的数量，影响其对中介服务质量评价的是注册到网络中介上的另一类用户的多少。

在这种非对称网络效应的作用下，一家新进入的网络中介会处于非常尴尬的境地：因为没有买方用户，卖方用户不会购买其服务；因为没有卖方用户，所以也无法吸引到买方用户。要想摆脱这种困境，争取到用户，唯一办法就是先对某一类潜在的目标用户实行免费，甚至提供某种形式的补贴。只有通过这种方式，经济个体才会愿意在预期交易量为零的前提下注册成为网络中介的用户。当一类用户的数量达到一定程度之后，另外一类用户就会愿意付费购买网络中介的服务。譬如，网络中介先对买方用户实行免费，并通过提供免费邮箱的方式，吸引大量的经济个体注册成为其买方用户。大规模的买方用户提升了中介服务对卖方用户的吸引力，他们将愿意购买网络中介的服务，成为网络中介的付费客户。同理也适用于卖方用户。

由此可见，网络中介服务的非对称网络效应是网络中介交叉补贴的根本原因。在现实生活中，众多的网络中介之所以将用户分为免费和收费两类，并不是为了驱除竞争对手，而是迫于网络中介服务的特点所不得不采取的一种争夺市场份额的理性行为。那么，这种特殊的定价模式对网络中介业的价格竞争有什么影响？是否会给企业带来市场支配力？我们将通过下面的模型对此进行回答。

三、网络中介价格竞争的基本模型

（一）模型的基本假设

假定有两类经济个体，记为 i 和 j，其代表的可以是买方和卖方，上游的供应商和下游的用户，电子商铺和顾客，等等。每类经济个体包含的用户总量为1，一个 i 类用户只愿意同一个特定的 j 类用户进行交易，如果匹配成功，二者获得的效用分别为 u_i 和 u_j，且 $u_j > u_i$。但由于数量过多，每一个经济个体都无法自行寻找交易对象，如果没能找到对方，则效用为0。

假定存在一种能够加工、挑选和处理经济个体信息的网络技术，拥有这种技术的厂商成为网络中介，帮助经济个体在其注册的用户中寻找相匹配的交易对象。网络中介的搜寻是有效率的，只要潜在交易对象是其注册用户，中介就一定能够找到它。为了简化分析，假定所有的经济个体除了希望交易的商品不同之外，在其他方面都是同质的，因此，对于给定的网络中介，经济个体的接入决策与其希望交易的商品无关。如果在均衡时，连接到中介 k 上的 i 类用户的数量为 n_i^k，则在均匀分布的假定下，一个 j 类用户通过中介 k 找到相匹配的 i 类用户的概率为 $n_i^k \in [0, 1]$，其预期收益为：

$$E_j^k = n_i^k(u_j - t_j^k) - p_j^k \tag{1}$$

其中，p_j^k 是中介 k 对 j 类用户收取的接入费，t_j^k 是用户通过中介 k 完成一项交易需要交纳的交易费。由于交易费的收取在很大程度上取决于网络中介对交易过程的监控能力，因此，我们将分别考察能够收取交易费和不能收取交易费两种情况。另外，假定 $u_j \geqslant t_j^k \geqslant 0$，即交易费不能为负，但 p_i^k 可以为负。负的接入费可以解释为用户除了免费使用网络中介的信息服务之外，还可获得其他的好处，如免费邮箱、竞标代理等。

（二）完全垄断的情形

为了说明交叉补贴对网络中介业价格竞争的影响，我们先考察完全垄断，即只有一家网络中介的情形。

假定作为垄断企业，网络中介先制定其价格决策 $P=(p_i, p_j, t_i, t_j)$，然后，市场中的两类经济个体分别决定各自的接入决策。在非对称网络效应的作用下，经济个体是否愿意注册为该网络中介的用户在很大程度上取决于其对另一类经济个体接入决策的预期。假定 j 类经济个体预计垄断性的网络中介能够争取到的 i 类用户的数量为 $\tilde{n}_i$，那么只有当 $p_j \leqslant \tilde{n}_i(u_j - t_j)$ 时，其才会注册成为该中介的用户。同理也适用于 i 类用户。由于经济个体会根据实际的用户量调整预期，因此，在均衡时，$\tilde{n}_i = n_i$。

对于不同的中介服务价格 P，必定会存在悲观预期 $n_i(P)=0$ 和乐观预期 $n_i(P)=1$。前者表示 j 类经济个体认为，不管网络中介如何努力，都无法吸引到 i 类用户。后者则代表在 j 类经济个体看来，所有的 i 类经济个体都是网络中介的用户。对于第一种情况，当 $P \geqslant 0$ 时，网络中介的两类用户量都将为零。而对于第二种情况，如果网络中介的价格满足 $p_j \leqslant (u_j - t_j)$，$p_i \leqslant (u_i - t_i)$，则所有经济个体都会注册为该网络中介的用户。

作为一个垄断企业，网络中介可以把两类用户成交时的交易剩余都转变为自己的利润，其所能获得的最大利润为 $\pi^M = u_i + u_j$。如果网络中介将价格定为 $P=(u_i, u_j, 0, 0)$，即不收取交易费，但按两类用户的交易剩余收取接入费，则在乐观预期情况下，网络中介能够获得最大利润 π^M，但当经济个体做出悲观预期时，其利润则将为0。为避免悲观预期导致的损失，网络中介会不收取接入费，但按照交易剩余收取交易费，即 $P=(0, 0, u_i, u_j)$。由于无须交纳接入费，并能获得某种形式的好处，即使预计做不成交易，经济个体也会注册成为网络中介的用户。此时，网络中介由交易费获得的利润将为 π^M。因此，在垄断情况下，不管经济个体如何预期，网络中介通过调整定价策略都能获得最大利润。

四、交叉补贴、价格竞争与网络中介的市场支配力

（一）中介服务的接入费竞争

讨论了完全垄断的情况之后，我们下面开始引入竞争因素。我们首先考察不完全竞争的情况，即假定网络中介不能有效监控用户的交易过程，因此只能使用接入费一种价格工具。而且，不同中介机构提供的中介服务具有排他性，每个经济个体只能选择一个网络中介，不能同时成为多家中介的用户。

假定网络中介业是一种极端非对称的市场结构，均衡时只有一家厂商能够获得正的市场份额。中介 I 作为在位厂商具有绝对的市场支配力，中介 E 是一个新进入的厂商，暂时没有用户。如果单纯考虑均衡时的厂商数目，我们这里分析的网络中介市场似乎也是一个完全垄断市场，但实际上，由于不存在进入障碍，新厂商的进入带来的竞争压力会对在位厂商构成威胁，厂商的行为和市场配置结果都将明显不同于完全垄断状态。

如果在位厂商中介 I 选择的定价策略为 $P^I=(p_i^I, p_j^I)$，中介 E 作为新进入厂商会如何制定其价格呢？假定最初的时候，两类用户都对中介 I 持乐观预期。以 j 类经济个体为例，其认为，所有的 i 类经济个体都会注册为中介 I 的用户，即 $n_i^I=1$。在这种情况下，由于非对称网络效应，中介 E 将很难争取到 j 类用户。要想获得市场份额，中介 E 的接入费价格必须满足：

$$-p_i^E > u_i - p_i^I \tag{2}$$

即其需要对 i 类用户进行补贴，并且补贴的数额要大于 i 类用户连接到中介 I 所能获得的收益。当中介 E 按照（2）式定价时，选择中介 E 成为 i 类用户的优势策略，理性的 j 类经济个体将不再认为 $n_i^I=1$，相反，其会相信 $n_i^E=1$。此时，j 类经济个体连接到中介 E 的预期收益为（$u_j-p_j^E$），连接到中介 I 的收益为（$-p_j^I$），不使用网络中介服务的收益为0。只有当选择中介 E 的收益高于其他两种方案时，j 类经济个体才会注册为中介 E 的用户。因此，要想争取到 j 类用户，中介 E 除按（2）式对 i 类用户进行补贴之外，对 j 类用户的接入费还需要满足：

$$p_j^E < u_j - \max\{-p_j^I, 0\} \tag{3}$$

因此，新进入厂商中介 E 所能获得的最大利润为：

$$\pi_E^* = p_i^I - u_i + u_j - \max\{-p_j^I, 0\} \tag{4}$$

由于一旦新厂商进入，在位厂商的市场份额将减少为0。因此，中介 I 会想方设法阻止中介 E 进入。由（4）式可知，中介 E 的预期利润与中介 I 的价格有关。只要中介 I 预先调整自己的价格，使中介 E 的预期利润为0，就可以成功阻止中介 E 的进入。满足该原则的价格策略和市场均衡结果见命题1。

命题1：由于潜在进入者的竞争压力，在位厂商中介 I 会将价格定为：$p_i^I=\min\{-u_i, u_i-u_j\}<0$，$p_j^I=u_j$。均衡时，中介 I 拥有全部市场份额，中介 E 的市场份额为0。中介 I 的利润为 $\pi_I=\min\{u_i, u_j-u_i\}>0$。

在竞争压力下，网络中介在定价上采取了交叉补贴的做法。因为 $u_j > u_i$，j 类用户在交易中获得的效用更大，网络中介以接入费的方式将这部分用户的交易剩余全部转变为自己的利润，来补贴在交易中获得效用较小的 i 类用户。当（$u_j - u_i$）$> u_i$ 时，中介 I 补贴 i 类用户的目的是为了阻止新进入厂商中介 E 将价格定为 $p_i^E = p_i^I - u_i$，$p_j^E = u_j$，以补贴 i 类用户的方式争取 j 类用户。而当（$u_j - u_i$）$< u_i$ 时，中介 I 的定价目的则是为了阻止中介 E 补贴 j 类用户，以吸引 i 类用户。通过交叉补贴，中介 I 虽然维持了支配性厂商的地位，但利润却低于完全垄断的情况。因此，潜在进入者的竞争是有效的，削弱了在位厂商的市场支配力。

（二）交易费的竞争

以上分析假定网络中介无法有效监控交易过程，因此不能收取交易费。下面考虑网络中介可以同时使用接入费和交易费两种价格工具的情况。

如果在位厂商中介 I 的价格策略为 $P^I = (p_i^I,\ p_j^I,\ t_i^I,\ t_j^I)$，新进入厂商中介 E 将如何反应呢？因为非对称网络效应，只有当 i 类经济个体由中介 I 获得的收益小于中介 E 的补贴时，其才会转而注册为中介 E 的用户。因此，中介 E 必须将接入费定在（$t_i^I + P_i^I - u_i$）之下。由于这一补贴，不管 t_i^E 是多少，选择中介 E 都是 i 类经济个体的优势策略。于是，中介 E 可以按照 $t_i^E = u_i$ 收取交易费，这使其吸引 i 类用户的成本降低了 u_i。此时，j 类经济个体会认为 $n_i^E = 1$，当满足下列条件时，其将注册为中介 E 的用户：

$$p_j^E + t_j^E < u_j - \max\{-p_j^I,\ 0\} \tag{5}$$

中介 E 能够获得的最大利润为：

$$\pi_E^* = p_i^I + t_i^I + u_j - \max\{-p_j^I,\ 0\} \tag{6}$$

同样，为了阻止中介 E 进入，中介 I 会通过调整自己的定价策略将中介 E 的预期利润减少为0，竞争的均衡结果见命题2。

命题2：当网络中介同时使用接入费和交易费两种价格工具进行竞争时，中介 I 虽然能够维持其支配性厂商的地位，但利润为0。

在将中介 E 驱逐出市场的前提下，中介 I 的利润最大化的定价策略为：$p_i^I = -u_i - u_j$，$t_i^I = u_i$，$p_j^I = 0$，$t_j^I = u_j$。中介 I 对 j 类用户收取的费用全部补贴给了 i 类用户，其所能获得的利润减少为0。由此可见，当网络中介可以使用更为复杂的定价工具时，潜在进入厂商的竞争压力是非常有效的，中介 I 虽然是市场中的支配性厂商，并采用了交叉补贴的定价方式，实际上却并没有任何的市场支配力。

五、结论与政策建议

通过上面的分析可以看出，网络中介的交叉补贴在成因和市场效果上都与一般的交叉补贴存在本质的区别。传统的交叉补贴总与企业的垄断地位联系在一起，一个企业只有在特定的业务拥有市场支配力才能用该业务的垄断高价去补贴其他的竞争性业务，通过这种做法，企业可以达到驱除竞争对手的目的。而网络中介的交叉补贴则是因为网络中介服务特有的非对称网络效应，在竞争的条件下，要想获得市场份额，网络中介就必须对部分用户补贴，只有锁定一类用户，才能吸引另一类用户付费购买网络中介的服务。由于所有的网络中介在定价上都不可避免地会采取这种做法，交叉补贴非但不会削弱竞争，反而会使竞争更加激烈。特别是，当网络中介同时使用接入费和交易费两种定价工具时，交叉补贴将使行业的经济利润减少至零，即便一个网络中介获得了支配性厂商的地位，也不可能拥有任何的市场支配力。

产业组织的核心是竞争与垄断的关系。从交叉补贴对网络中介价格竞争的影响可以看出，网络中介这一新兴产业天然是一个高度竞争的产业。只要不存在人为的进入限制，厂商很难获得垄断势力。因此，针对该产业的产业组织政策，重点应放在营造自由进入的产业环境上。从目前的情况来看，网络中介业的自然进入壁垒较低，影响新厂商进入的主要因素是在位厂商采取的一些不正当的锁定用户的行为。例如，很多网络中介通过用户的手机收取服务费，个别中介的网站上只有用户注册菜单，而没有解除用户关系菜单，因此，用户一旦注册，网络中介就会自动从其手机话费中扣除服务费，即使用户不想使用网络中介的服务，也很难结束交费。这种收费方式由于加大了用户的转换成本，限制了用户对网络中介的自由选择，客观上成为阻止新厂商进入的障碍。如何规范这些不正当的用户锁定行为，保证厂商的自由进入，是当前推动网络中介业健康发展急需解决的问题。

参考文献：

1.《网络时代的新型中间商》，http：//www.21eok.com/cobible/2002－9－30/2002930112029.htm。

2. 刘易斯、卡布罗：《产业组织导论》，人民邮电出版社2002年版。

3. 朱彤：《外部性、网络外部性与网络效应》，载于《经济理论与经济管理》2001年第11期。

4. Kaplan，S.，Sawhney，M. E-hubs：The new B2B marketplace [J]. Harvard Business Review，78（2000）.

5. Mitrabarun Sarkar，Brian Butler，Charles Steinfield. Cybermediaries in electronic marketplace：toward theory building [J]. Journal of Business Research，41（1998）.

6. Katz，M.，Shapiro，K. Network externalities，competition and compatibility [J]. American Economic Review，75（1985）.

7. Katz，M.，Shapiro，K. System competition and network effects [J]. Journal of Economic Perspective，8（1994）.

（本文载于《财经研究》2003年第10期）

从竞争范式到垄断范式

冯 丽 李海舰

摘 要：本文以新经济为时代背景，综合经济全球化、经济网络化和经济知识化这三大基本趋势，从企业自身和社会福利角度对垄断效应进行了深入分析。探讨了现代垄断不同于传统垄断的重要特征，指出从竞争范式向垄断范式过渡的合理性和必然性。在此基础上，对我国企业和产业政策提出了若干建议。

关键词：竞争范式 垄断范式 经济全球化 经济网络化 经济知识化

一、引 言

竞争和垄断究竟哪一种市场结构更有效率、能使企业更具竞争优势，一直是企业界和学术界关注的焦点问题。历史上的争论大致分为两大派别：一类是以哈佛学派为代表的企业行为理论，他们认为竞争是一个动态的过程，市场结构与市场行为是双向决定的关系，从而否定了 SCP 范式，为垄断存在的合理性和必要性提供了理论支持。到了现代，有关垄断和竞争的争论仍在激烈地进行着。部分观点仍然把垄断作为竞争的对立面来看待，认为垄断抑制了竞争，影响了资源的最优配置，并给消费者带来福利损失，在政策上主张实施严格的反垄断措施。而越来越多的观点则认为，垄断形成的原因在于产品的差别化，竞争根源于产品的替代性。垄断与竞争，都是市场经济运行的一种手段，而非目的。经济发展、技术进步、消费者福利最大化才是经济运行的目的。垄断是市场对竞争成功者的一种奖赏。企业的竞争优势主要表现在具有较高的市场占有率、盈利率，拥有较强的技术进步和创新能力等。还有观点进一步提出，在网络经济条件下应该建立“网络型寡占市场结构”（杜传忠，2003）。

进入 20 世纪 90 年代以来，世界经济呈现三大基本趋势：经济的全球化、经济的网络化、经济的知识（信息）化。这三大趋势共同促进了美国 20 世纪 90 年代新经济形态的形成，对世界各国都具有非常明显的导向作用。各国企业加强了对全球市场份额的争夺，纷纷通过内部扩张、横向一体化、跨国并购等形式，扩大企业规模，以争取市场垄断地位。各国政府也进一步放松了对垄断政策的实施。以往的理论已经跟不上国际市场竞争的现实走势，其基本的假定和前提条件都受到了实践的冲击。目前，虽然部分研究开始涉及新经济领域，但遗憾的是，它们多数仅以新经济某一方面的特征为背景，忽视了其他方面。而经济全球化、网络化和知识化恰恰是导致由竞争范式向垄断范式转移必不可少的外生变量，它们共同决定了新经济条件下垄断的现代特征。本文基本于新经济的大背景，在借鉴前人理论的基础上，将经济全球化、网络化和知识化综合起来加以研究，指出企业必须做大做强，建立自己的垄断优势，才能获得核心竞争能力，才能在竞争中立于不败之地。

二、新经济背景下的垄断效应分析

（一）经济全球化背景下的垄断效应分析

在经济全球化浪潮兴起之前，各国处于相对封闭的经济状态，企业一般都把目标局限于国内市场资源的合理配置，企业只要占据了国内足够的市场份额，就具备了在本国产业内的竞争优势。但20世纪90年代以来，在经济全球化的推动下，各国的市场开放程度越来越高，企业面临的威胁常常来自国外企业和全球市场，不得不在全球范围内配置资源。

1. 基于核心能力的企业重构。经济全球化的发展从本质上讲是国际分工深化和细化的结果。新的国际分工体系是一种由"产业内分工代替产业间分工→企业内分工代替企业间分工→产品内分工"演变的格局。企业的运行机制也相应发生了重大变化，基于核心能力的企业重构成为提升产业国际竞争力的一条捷径。企业重构主要通过收购、兼并、分拆、外包、战略联盟等方式进行外部资源的有效整合，不再拘泥于传统的企业边界。因为随着信息技术的发达与外包的盛行，企业间业务的互联度越来越明显，传统的纵向一体化运营越来越被横向一体化、虚拟一体化运营所代替。传统的企业边界逐渐模糊，可以说，企业既有边界又没有边界。因此，企业以培育核心竞争力为基本目标，收缩业务范围，集中力量垄断其具有竞争优势的关键环节，而一些辅助性的工作完全可以虚拟化、由合作者来完成。同时，分工的深化和细化客观上要求更高效率和更高层次上的协作与融合（整合），只有在分工的基础上实现有效的融合才能创造价值。

2. 价值链的分工与整合。在经济全球化背景下，现代企业竞争优势的基础已经超出了单个企业自身的能力和资源范围，它越来越多地来源于企业与产业价值链上下各环节的有效整合中，现代企业的竞争已经演绎为企业所加入的产业价值链之间的竞争。一是在价值链之间的竞争，核心企业针对市场的快速变化通过调用、整合价值链上所有资源的优势来快速响应市场，链上所有节点企业都是合作伙伴、企业之间由单纯的竞争关系转变为竞争与合作并存的竞合关系。它在全球范围内实现企业资源优势的整合，以更灵活、快捷的"柔性"响应用户与市场的个性化要求。这里，价值链联盟中的企业无论处于核心地位或非核心地位，都面临着被联盟外的企业所替代的威胁，从而促使它们在技术、管理等方面不断创新。因此，它能最大限度发挥系统中个体的优势，在协作、整合的基础上提升产业与企业的竞争力。二是企业的竞争优势来源于企业价值链上的战略环节或称关键环节。战略环节是企业拥有垄断优势并能够为企业带来较高附加值的环节，是价值链上的制高点，抓住了价值链上的战略环节也就抓住了整条价值链。因此，企业可以集中力量控制其战略环节，而把不具有竞争优势的非战略环节分离出去。目前，价值链的控制权和利润区呈现向末端转移的趋势，亦即下游企业控制上游企业，以流通企业为核心整合价值链，处于下游的企业可以获得较高的利润回报和竞争优势。三是行业中领先的企业还要积极应对价值链上价值重心的不断转移和变化，使自己始终处于高价值的关键环节中，保持竞争优势。同时，还要密切关注所在行业的发展和演进，主动承担起管理整个价值链的责任，这样才能获得价值链的合理结构和高效的协同效率。引领整个行业去应对其他行业的竞争冲击或发展要求，以保持整个行业的竞争力，谋求产业价值链的利益最大化。

3. "三的法则"。经济全球化改变了全球竞争的"游戏规则"，全球范围内的分工与融合导致全球市场结构的竞争效率在很大程度上被垄断效率所取代。许多行业正逐步呈现一种基于核心能力的全球垄断市场形态。20世纪60年代，全球共有52家大型汽车制造商，到1997年仅剩下19家，世界汽车行业不久的发展结果将是5～6个跨国公司占据汽车市场大部分的份额。在大型客机制造领域，自麦道和波音公司合并后，全世界只剩下美国的波音公司和欧洲空中客车公司相抗衡。有专家预计，随着石油行业不断掀起并购浪潮，未来全球也将仅存5～6家巨型石油公司。在全球化背景下，企业要想在产业中拥有竞争优势，必须遵循“三的法则”。即许多公司在一个成熟的市场中参与竞争，最终能够存活下来，起主导作用的只能有3～5家，这3～5家企业占领和控制着本行业60%～70%的市场份额，即使是其中实力最弱的企业也要占据市场份额的10%以上。同时，这种3～5家控制市场的格局也因为受到潜在进入者等的影响而不断被新的企业所打破。目前看来，全球各产业的“链主”已是各领域为数不多的3～5家超级跨国公司，“三的法则”已经而且必将在更多的产业中发挥作用。

当今的世界是开放的世界，任何国家不得不顺应经济全球化的潮流，积极参与国际分工和国际交换，各国企业都将成为国际生产链条上的一个部分或环节，在国际竞争中分享平均利润率下的“净化”产品价格，无法操纵定价。

（二）经济网络化背景下的垄断效应分析

1. 边际收益递增。从供给方角度看，网络化会产生供给的规模经济效应。在网络经济下，企业生产的主要是信息技术产品，这类产品普遍具有共享性、外溢性、扩散性的特征，这使得信息技术产品存在特殊的成本结构。它们大多在前期研究中需要大量的开发投入，意味着生产第一件产品的成本非常高昂，而再生产成本即复制成本则很低。所以，信息技术产品的边际成本是不断下降并趋于零的，从而其边际收益递增。信息技术产品不仅自身具有收益递增的特点，还具有正的外部性，会使其他投入要素的收益递增，并改变各要素在生产过程中的结合方式，产生一个“收益递增的增长模式”。而且这类产品的低复制成本能使它在不追加投资的基础上反复利用，减轻了资本稀缺性的约束压力。这一特性为企业规模的扩张开辟了广阔的空间。企业的有效管理经验作为一种智力产品一旦形成，就可以将其模块化，低成本甚至无成本地克隆到企业内部的其他部门或进行企业间的转移。

2. 网络的外部性。从需求方角度看，网络化会产生需求的规模经济效应。即使用某一产品或服务的用户人数越多，消费者从事得到的价值越大，这就是所谓的梅特卡夫法则（Metcalfe Law）。按此法则，网络的价值等于网络节点数的平方。这说明网络效益随着网络用户的增加呈指数增长。这种爆炸性增长必然带来网络效益的飞速高涨。所以，在网络外部性作用下，信息产品一旦拥有了足够大的顾客基础，市场就自然而然地建立起来了。当然，在未达到消费的临界容量之前，产品定价往往高于边际成本。这种需求方的规模经济不同于通过扩大生产规模实现成本下降意义上的规模经济，它只有通过大量的消费和使用才能构成规模化，是有利于生产者和消费者的规模经济。网络外部性产生的关键原因是网络自身的系统性和网络内部各组成成分之间的互补性，如信息及其硬件设施之间的互补性，消费者之间的互补性，消费者和供给者之间的互补性等。

3. “赢者统吃”原理。边际收益递增和网络外部性的存在，使供给和需求之间出现正反馈。在信息活动中由于人们的心理反应和行为惯性，在一定条件下，优势或者劣势一旦出现，就会不断加剧而自行强化，出现滚动的累积效果，形成信息活动中优劣势强烈反差的马太效应（Mattthews effect）。消费者由于最初选择而产生的依赖，最终促成了被选择厂商在市场中难以动摇的市场力量，并且市场需求会进一步扩大，当产品达到临界容量，产品就能占领市场成为标准，如IBM所确立的PC产品标准，微软确立的操作系统标准等。在经济网络化时代，垄断表现为对技术和标准的垄断。标准成为企业的核心竞争力，企业控制了产业标准，也就确立了自己在市场中的垄断地位，并在很大程度上操纵产业发展的方向，使潜在进入者在竞争中处于被动地位。这样的竞争格局容易导致市场上仅剩一个赢家，单个企业的产品或技术击败了所有的竞争对手，独霸市场，形成“赢者统吃”局面。“赢者统吃”是网络经济中特有的一种垄断形式。

4. 互联网下的“三零”问题。互联网产生以前，由于时空限制，分工在促进效率提高的同时，却增加了搜寻、信用、谈判、购买和销售等方面的困难，从而提高了交易成本，导致资源配置的不合理和低效率。进入互联网时代后，信息网络技术的应用打破了时间和空间的限制，使企业与外部资源之间形成需求和供给的低成本对接，实现了近乎零时间、零距离、零成本的交易。这样，一方面企业的管理成本大大降低，企业规模扩张带来的边际管理成本的增加速度也呈现递减的趋势，从而降低了发生“X—低效率”（X-lnefficiency）的可能性，提高了企业的最小有效规模（MES），有效发挥了规模经济效益，另一方面，虚拟公司大批出现，企业虚拟化特征日益明显。企业在生产领域的投入比重越来越小，在产品开发设计和销售领域的投入比重越来越大，形成“哑铃式”的企业组织，甚至生产与产品开发设计、销售完全分离，成为纯粹的虚拟企业。

5. 范围经济效应。如果一个企业同时生产多种产品的成本小于多个企业分别生产的成本，就会存在范围经济，它是由厂商的范围而非规模带来的经济。从供给方的角度看，网络产品虽然具有边际收益递增性，但高固定成本的投资只有能够为不同的产品所用，才能降低成本、减少风险。而范围经济就是降低资产的专属性，使资产的应用范围加大。需求方的范围经济就是网络的外部性，商品的需求取决于有多少买家，平均利润随着范围扩大而提高。规模经济效益的提高是依靠资本投入的增加来增大，而范围经济效益的提高依靠的则是功能投入的增多。在网络经济中，企业应实现从规模经济到范围经济的转变，纵向打到底，横向打到边，以此建立和巩固垄断地位。在注重范围经济给企业带来竞争优势的同时，必须考虑何种方式的“大而全”、“小而全”才是最经济的，不顾行业变迁和技术进步往往并不能给企业带来竞争优势。

（三）经济知识化背景下的垄断效应分析

1. 物质产品和智力产品的区别。工业经济时代，物质产品是主要的资源形式；而在知识经济时代，智力产品成为具有决定意义的资源。智力产品有多种表现形式，如专利权、特许经营权、商标、商誉、计算机软件等。物质产品和智力产品存在以下区别。（1）物质产品在消费上具有排他性，在市场关系中表现为市场需求曲线是单个消费者需求曲线的水平加总；而智力产品的市场需求曲线是单个消费者需求曲线的垂直加总。每个消费者都消费与总消费量相等的智力资本，但对这个总消费量所支付的全部价格却是所有消费者支付的价格的总和。可见，智力产品具有非排他性，即具有共享性和社会性的特征。（2）物质产品的消费具有一次性；而智力产品是一种无形产品，具有一次性开发的特征，无须支付重复开发和研究的费用就可以无限次地学习和复制。（3）物质产品伴随消费过程其数量在不断减少；而智力产品不但不会因为消费而减少或消失，反而通过智力产品的使用创造出新的智力产品。（4）物质产品在其他因素不变条件下，供应量越大则价格越低；而智力产品的供应量越大价格越高，如品牌、商标等，它们的信息传播量越大，获得信息的人越多，消费者对该产品的评价就越高，就越愿意出高价来购买。（5）物质产品的生命周期相对较长；由于知识和技术的创新速度加快，智力产品更新换代的频率大大提高，使得它的生命周期越来越短。

2. 垄断在知识经济时代具有合理性和科学性。正是由于物质产品存在排他性和生命周期长等特征，垄断在工业经济时代才是低效率的，但在知识经济时代，由于智力产品具有公共属性，就不可避免地出现“搭便车”行为，知识一旦被创新者创造出来，其他人无须付费就能受益，这就导致人人都想获益而不愿支付成本，从而造成对创新者创新积极性的破坏。因此，有必要对知识的创新活动给予充分的保护，以保持创新的积极性持续不断。这样，智力产品的创造者就有可能通过垄断获取超过智力产品自身价值的高额收入。当然，对智力产品创新的保护必然带来垄断，造成知识产品普遍的垄断高价，从表面上看，这似乎与知识、技术的迅速传播和利用是相悖的。但是，由于在知识经济条件下，任何企业都处于激烈的市场竞争中，智力产品的生命周期呈现越来越短的趋势，产品更新换代的速度大大加快，没有哪一个企业能长久地拥有一项垄断技术，而只有竞相进行新产品的开发和创造，才能在竞争中站稳脚跟。这就使暂时的垄断取代了长期的垄断。所以，对智力产品创新的保护是有一定期限的，当保护期满后，该创新就被允许无偿使用，创新利润也就相应消失，社会福利从长期看没有受到损失。对专利权等知识产权的保护就是一个很好的说明。“拥有一项专利，则拥有一个市场”。面对世界高新技术竞争加剧的态势，企业要在国际竞争中占领一席之地，首先要在已经具有技术优势的领域，抢先建立自己的技术体系，保护好专利。同时，把知识产权许可的转让和改进结合起来。

三、现代垄断的重要特征

（一）现代垄断有利于推动产业技术进步

西方主流经济学认为，完全竞争的市场结构是最有利于技术进步的，而垄断必然使企业减少产量，提高产品价格，企业不思进取，技术进步停滞、萎缩等。对此持相反观点的是“熊彼特假定”和“加尔布雷恩观点”。熊彼特认为大企业或垄断是适合技术创新的。因为，垄断或大企业能够承担创新风险，而且对垄断利润的预期可以成为创新的激励机制；大企业对创新的追求增进了竞争，竞争必然走向垄断；完全竞争下的小厂商无法为R&D支付最佳费用。所以，“完全竞争不仅是不可能的，而且是低劣的，它没有权力树立为理想效率的典范”（熊彼特，1979）。美国制度经济学家加尔布雷恩从对大企业和小企业的比较优势的总结中进一步得到大企业是最适合于技术创新的观点。

工业经济时代，传统垄断的副作用之一是垄断导致技术进步的停滞。这是因为，在传统经济中，厂商的盈利主要来自规模效益和寡头厂商之间合谋形成的产量限制和垄断高价。这种唾手可得的超额利润，使经营者变得短视，不再追求技术创新，从而阻碍整个社会的技术进步步伐。而在以全球化、网络化和知识化为特征的新经济时代，经济普遍处于过剩状态，呈现买方市场的格局，企业和产业外部普遍存在着大量的闲置技术和资本，形成潜在的过剩生产能力。这样，生产领域的不断优胜劣汰和流通领域中消费者权益的不断强化成为必然趋势。传统垄断的手段受到市场份额和需求的约束，无法再获得稳定的盈利与竞争优势地位。当市场份额不断下降，需求日益饱和时，任何生产的低成本和厂商的合谋行为都无法阻止厂商竞争地位和盈利水平的下降。正如中国的彩电行业，众多企业在几近饱和的市场中通过竞相降低价格来维护市场地位，可谓实现了“充分竞争”。然而，激烈的价格大战带来的只有行业普遍的利润下降，致使企业疲于“价格战”而无力进行新产品的研制与开发，最终抑制整个产业的技术进步。面对这种状况，企业只有从根本上转变竞争方式，由操纵市场产量转向寻求技术进步和产品创新，才能获取市场垄断优势。

经济的全球化趋势导致各国开放程度的提高，任何一国的垄断企业都面临国际范围内垄断企业的竞争。为争夺产品创新和技术进步的优势，垄断企业不仅面临部门内替代品的竞争，还面临部门间替代品的竞争以及相关产品的竞争，这种竞争是全方位的，也是异常激烈的。同时，在经济网络化、知识化下，高新技术产品的生命周期大大缩短，任何公司的创新型产品推向市场后都只能有短暂的垄断，一个企业的新发明，用不了多久就会被大量更新的产品所淹没。在这种被熊彼特称之为“创造性毁灭”的创新竞争中，企业不但要把生存立足点放在发明创造上，而且还要坚持不懈地进行创新速度的革命，不但要针对同行企业的产品创新，进行攻击对方的毁灭性创造，而且更要以自己为对手，进行老产品的创造性毁灭。这样的竞争格局必然导致在资本和技术密集的产业领域形成垄断竞争和寡头垄断的市场结构，垄断企业尤其是大型跨国公司由于具备产品开发、核心技术、基础研究、全球科技创新的合作平台等优势，在现代技术的创新中必然处于主导地位。

理论和实践均表明，只有形成少数大企业（3～5家）处于相对领先或垄断地位，带动下面无数小企业的垄断竞争的产业结构，实现从制造领域规模经济向研发领域规模经济的转变，才能提升产业效率。所以，在新经济背景下，垄断不但没有抑制技术进步，反而在更激烈的竞争中加速了产业技术进步的实现。

（二）现代垄断有利于避免社会福利损失

威廉姆森曾经运用局部均衡福利经济学的分析工具来进行兼并的福利权衡。我们将模型中的兼并扩展为一般的垄断势力（经济行为而非行政行为）将同样适用。假定市场结构是不完全竞争的，且存在规模递增效应。这一假定更符合新经济条件下显示的经济状况。如图 1 所示，P_1和 MC_1分别表示垄断前的价格和边际成本水平，P_2和 MC_2表示垄断后的价格和边际成本水平。其中，垄断所带来的效率的提高由成本节省表示，垄断使得经济支配力增长从而给消费者造成的损失由消费者剩余的减少（总福利损失）度量。净福利效应由图中两个阴影部分的面积（$A-B$）给出。面积 $B=(MC_2-MC_1)Q_2=[\Delta(MC)]Q_2$，而 $A=1/2(P_2-P_1)(Q_2-Q_1)=1/2\Delta P\Delta Q$。则净经济效应为正的条件是 $[\Delta(MC)]Q_2-1/2\Delta P\Delta Q>0$。将这一不等式除以 P_1Q_1，将 ΔQ、Q_1用表达式 $\eta(\Delta P、P_1)$ 代替，其中 η 表示需求弹性，而且 $P_1=MC_1$。所以 $\Delta(MC)/MC_1-1/2\eta Q_1/Q_2(\Delta P/P_1)^2>0$。这一不等式说明，如果边际成本下降的比率超过了价格上升比率的平方、需求弹性的一般和最初与最终产除比率三者的乘积，垄断的净配置效应就是正的。依据威廉姆森的模型，垄断一方面会带来经济效益，由于存在规模经济，企业通过兼并等行为会造成边际成本下降，这种成本节省效应带来效率的增长，对消费者有利；而垄断的代价是企业的垄断力量的增强，对消费者不利。垄断的总效应就是这两种方向相反的效果的综合，是否对消费者有利要视情况而定。基于以上理论，我们知道，衡量垄断的社会福利效应需要对垄断带来的成本和收益进行权衡。而显示中影响其成本和收益的因素是多方面的，很难通过模型加以量化。我们将通过实证分析来判断是否存在垄断的净配置效应为正的可能性。

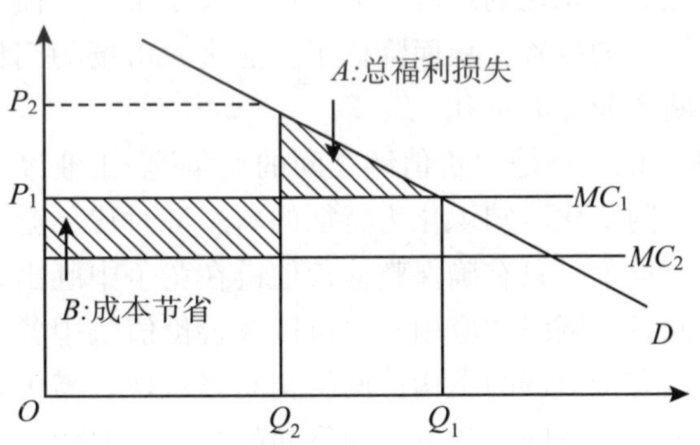

图 1　垄断的局部均衡福利分析

如果说在短缺经济时代市场竞争主要表现为价格竞争，那么在进入“过剩经济”时代之后，这种价格联盟模式的垄断行为已经完全行不通了。制约经济增长的主要矛盾是需求创造，他受制于消费者的消费欲望，增加购买量，以达到市场供求的平衡。这种需求创造必然会扩大产品的差异性，形成市场的经济垄断，并获取高额垄断利润。但是，这种经济垄断是凭借新技术、新工艺、新产品所形成的，是在满足消费者潜在欲望即效用最大化的基础上实现的，它本身意味着市场的最高效率和技术的不断进步，不仅没有造成消费者利益的损失，反而大大增加了消费者剩余。同时，新经济时代物价持续走低是一个必然趋势。而且经济权利已经发生转移，定制权、定价权等都由生产者转向消费者手中，消费者主权取代了生产主权。垄断企业的需求曲线仍有待于消费者的认可，即垄断企业仍然面临着客户和消费者这一环节的竞争。如价格听证会制度，产品或服务的价格不再由企业一家说了算，而是企业、政府、客户三方主体共同决定产品或服务的价格。企业经济时代已经被客户经济时代所代替，垄断企业必须实施“客户导向”战略，在质量、品牌、服务等方方面面迎合顾客的需求。反之，如果不顾客和消费者的利益而滥施垄断权利，客户和消费者就可以实行推迟购买，减少购买量，或改变偏好进行强制代替，最终垄断企业将受到来自客户和消费者的惩罚。可见，在新经济下，客户经济时代的到来和消费者主权的确完全有可能降低总福利损失而加大成本的节省，从而减小垄断的危害程度甚至带来社会福利的增加。

（三）现代垄断有利于促进企业有效竞争

1. 垄断与竞争的关系。张伯伦和罗宾逊夫人的垄断竞争理论认为，实际经济是垄断和竞争并存的市场结构。其理论缺陷在于据此推出垄断的市场结构导致了垄断的市场行为、从而在产业政策上主张实行严格的反垄断措施。斯蒂格勒（George Stigler）和鲍莫尔（William Baumol）等人反驳了这一观点，认为是绩效和行为决定了结构，否定了垄断的市场结构必然导致垄断行为这一单向和静态的模式。上述理论告诉我们，垄断有垄断结构和垄断行为之分。垄断结构并不必然导致垄断行为，从而并不必然产生低劣的市场绩效。因为，过剩经济时代，垄断企业要以市场需求为导向，切实维护客户和消费者的利益，否则就难以实现由经济资源到财富的转变，即使是完全垄断和独占这种最高程度的垄断也不能高枕无忧地把竞争排斥在外。此外，垄断企业还面临着与替代品、潜在进入者等的竞争，它们同样会削弱垄断企业的竞争力和市场地位。垄断结构改变的只是竞争形式，而不是竞争本身。垄断从竞争中产生以后，虽然可能在压制和排斥竞争的一面，但也促进竞争的进一步扩展从而把竞争引向高级化。经济全球化以后，即便在国内高度垄断的企业，在广阔的国际市场竞争中仍可能变得无足轻重。许多垄断企业一开始就把眼光盯在国际市场上，以国际市场作为自己产品营销的目标市场，是国内市场的垄断导致了国际市场竞争的激化。从动态的角度看，垄断是不会无限持续下去的。在长期内，企业可能在固定资本和人力资本的生产要素的转换中逐步丧失自己的垄断优势，再加上经济的网络化和知识化的发展趋势，使得股票市场、债券市场等迅速发展起来，虚拟资本的投资日益取代实体资本的投资，从而降低了企业进入市场的门槛，使得一些企业完全有可能打入垄断领域，与在位垄断企业分庭抗礼。

2. 垄断和竞争方式的新变化。一是“价值链之间的竞争”。工业经济时代，竞争多是企业与企业之间的竞争。在以全球化、网络化、知识化为特征的新经济时代，竞争已经从单个企业间的竞争演变为价值链与价值链之间的竞争，只有确保整体价值链在竞争中胜出，作为此价值链成员的单个企业才能获得价值和收益。同时，网络的应用不仅可以改善价值链中各部分的沟通，提高价值链的效率，更重要的是网络将会改变价值链的结构，网络交易将对现有零售和分销及服务方式带来极大的改变。企业间的竞争日益被价值链间的竞争、网络间的竞争所取代，企业日益融入到一个价值链中，融入到一个网络体系当中。面对这种竞争方式的改变，垄断方式也相应地从企业垄断上升为一个价值链的垄断，甚至一个网络体系的垄断。企业通过垄断价值链的下游环节和核心环节，抢占价值链的制高点，以此建立自己的核心竞争优势。二是“入围的竞争”。过去，市场竞争的结果往往是排在产业末尾的企业遭到淘汰，众多中小企业通过“充分竞争”占据市场份额，分享平均利润。新经济时代，在全球经济一体化的大趋势下，企业首先面临的是入围的竞争，任何企业，必须融入某一产业链中才能生存发展（李海舰，2003），然而只有某一专业领域排名第一的企业才有资格入围，其他企业均遭淘汰，形成“赢者统吃”的局面。虽然竞争的结果是少数几家企业垄断市场，但竞争是异常激烈和残酷的。这一竞争规则要求企业具备超常的综合实力和规模优势，走战略重组和强强联合之路。三是“异质化的竞争”。新经济时代，企业在长期的发展过程中积累起自己的核心知识和能力，这种核心知识和能力成为企业关键性的生产要素，它是独特的、有价值的，并且由于缺乏竞争性，无法通过交易从外部获得，从而难以模仿和替代，企业由此具有了异质性。现代企业间的竞争是一种“异质化的竞争”。企业依据其核心能力实现垄断，获得持续的竞争优势和超额利润。没有核心能力的垄断是不能长久的，是注定要失败的。四是从竞争到“竞合”。在经济全球化、市场一体化趋势日益强化的格局下，加之以IT为代表的信息产业的兴起，国际市场范围大大拓宽，资本流动加强，从而加深了国内地区间，以及世界各国经济的相互依存，使地区分工、国际分工与专业协作的程度越来越高。在这样的时代背景下，无论多有实力的企业都离不开其他企业的有效合作。只有通过合作，才能实现企业间的优势互补，使资源在国内外范围内得到优化配置，才能摆脱行业竞争越激烈、行业利润水平越低的“竞争力悖论”，才能把企业不断地做大做强。企业在竞争中合作，在合作中竞争，已经成为世界经济发展的一个必然趋势。竞争关系转化为竞合关系，竞争时代转向合作时代，竞争范式演变为垄断范式。企业进行合作的主要形式有战略联盟和企业集群。企业战略联盟放弃了以往过度竞争、两败俱伤的竞争模式，通过研发联盟、制造联盟、销售联盟等多种形式，在企业间进行知识的转移、核心能力的融合，实现各种资源的无限次重复使用，使企业得以共用一个网络、共用一个平台、共用一个渠道，从而达到充分有效的合作。企业集群是关联企业在空间上的集聚现象，其竞争优势来源于集群所拥有的资源禀赋及其资源整合能力。企业集群对外高度一致，而对内则存在充分竞争。在集群中，由于地理空间上的接近性，企业对于竞争压力的感受也更为直接，群内企业总是有足够的竞争动机，集群内部实行淘汰制，并不排斥潜在进入者的竞争。集群整体竞争优势在群内企业的良性竞争中得以提升。集群内企业间是一种动态的竞合博弈模式。

四、结论和政策建议

范式作为人们看待事物的一种思维方式（进而决定行为方式），是在一定条件下形成的，并随着条件的变化而改变。经济理论界似乎一直普遍推崇竞争范式，认为只有竞争才能提高企业竞争力和增进社会福利，并将竞争与垄断对立起来。虽然不同学派的经济学家对垄断和竞争理论提出了不同的观点，但多属于假设条件和研究方法上的分歧。受经济理论的影响，政府的法律和经济政策也倾向于强化竞争，而将垄断结构和垄断行为一概排斥在外。但是，当今我们所处的是一个崭新的时代，是一个经济全球化、网络化、知识化浪潮兴起的时代，世界经济环境发生了重大变化。垄断在新的经济时代具备不同于传统垄断的一系列新特征：推动而不是抑制技术进步，提高而不是损失社会福利，促进而不是阻碍有效竞争，从而使传统垄断的诸多缺陷在新时代得到解决和克服，从竞争范式向垄断范式过渡已经成为时代的必然趋势。

既然垄断范式在新经济时代成为必然选择，那么，有必要适时对我国的企业和产业政策做出相应的调整。一是实施大公司大集团发展战略。在新经济条件下，只有大型企业集团才有实力参与国际竞争。我国目前的主要问题不是垄断过度问题，而是产业普遍的市场集中程度过低，规模过小，企业尚不能垄断国内市场更谈不上存在具有国际性垄断地位的企业或企业集团。因此，我国的产业组织政策应侧重于支持企业间的兼并、联合、重组，鼓励企业在更大规模、更高层次上参与全球的垄断性竞争。要实施我国的大公司大集团发展战略，还要在规模经济显著的产业如汽车、电子、重型机械制造业中，根据产业的最低规模经济标准限制企业的市场进入行为。而对仍处于幼稚阶段的中国高科技产业，要鼓励企业间的合作研究和收购兼并活动，逐步形成寡头竞争的市场结构。没有必要步发达国家自由竞争道路的后尘，完全能够以较少的代价实现赶超任务。二是整合价值链上下游各相关主体，注重协同竞争。在全球经济一体化市场上，任何一个企业要想跨越整条价值链，并将每个环节做好是不可能的，价值链上的各相关主体应该通过着眼于自身的核心优势，实现资源共享、优势互补、合作共赢、规模运作，从而将核心企业与客户、分销商、供应商、服务商连成一个完整的网链结构，形成一个极具竞争力的战略联盟。三是抢占价值链上的制高点，把握其关键环节，培育核心竞争能力。在企业的价值活动中，并不是每个环节都创造价值，只有那些真正创造价值的“战略环节”才是企业应该把握的。企业要保持的竞争优势，实际上就是企业在价值链的战略环节上的优势。这就要求企业培育特定的品牌、技术和服务以及整合这些资源的能力，使其能够实现和强化价值链的战略环节，从而建立起企业的核心竞争能力。四是加入 WTO 后，竞争规则发生改变，面对产业和生产的全球化发展，我国企业应抓住跨国公司价值链整合的机会与之协作，在国际分工体系中着力加强技术创新环节，将提高企业的技术创新水平作为提升我国企业国际竞争力的基本手段，力争成为跨国公司全球产业链条上的重要环节。

以上主要是针对经济型垄断而言的，而我国目前仍存在着大量的行政型垄断。行政垄断不是通过经济手段由市场竞争形成的，而是伴随着国内的经济转型，由政府行政管制和行业保护长期形成的。它们在本质上排斥竞争，通过垄断高价获取高额垄断利润，导致行业效率低下。对于行政型垄断行业，必须通过引入市场竞争机制的方式，使其过渡到经济型垄断上来。政府部门应尽快制定和完善符合我国国情的反垄断法，将反对和瓦解行政型垄断作为反垄断法的重心，而对经济型垄断加以规范和引导，促进其发挥应有的效率和优势。

参考文献：

1. ［奥］熊彼特：《资本主义、社会主义和民主主义》，商务印书馆 1979 年版。
2. 威廉·谢佩德：《市场势力与经济福利导论》，商务印书馆 1980 年版。
3. ［美］彼德·德鲁克：《管理——任务、责任、实践》上册，中国社会科学出版社 1987 年版。
4. ［美］迈克尔·波特：《竞争优势》，华夏出版社 1997 年版。
5. 王松青：《竞争与垄断——关于跨国公司及其市场结构的分析纲要》，上海社会科学出版社 1997 年版。
6. 戚聿东：《中国现代垄断经济研究》，经济科学出版社 1999 年版。
7. ［美］威廉姆森：《反托拉斯经济学——兼并、协约和策略行为》，经济科学出版社 1999 年版。
8. 曹建海：《过度竞争论》，中国人民大学出版社 2000 年版。
9. 马士华等：《供应链管理》，机械工业出版社 2000 年版。
10. 戴伯勋等：《现代产业经济学》，经济管理出版社 2001 年版。
11. 高山行：《专利权的经济学分析》，西安交通大学出版社 2001 年版。
12. 黄速建等：《现代企业管理——变革的观点》，经济管理出版社 2002 年版。
13. 管益忻：《企业核心竞争力》，中国财政经济出版社 2002 年版。
14. 李显君：《国富之源——企业竞争力》，企业管理出版社 2002 年版。
15. 李海舰：《跨国公司进入及其对中国制造业的影响》，载《中国工业经济》2003 年第 5 期。
16. 李海舰、聂辉华：《企业的竞争优势来源及其战略选择》，载《中国工业经济》2002 年第 9 期。
17. 杜传忠：《网络型寡占市场结构与中国产业的国际竞争力》，载《中国工业经济》2003 年第 6 期。
18. 沈蕾：《跨国竞争对反垄断的抑制作用》，载《中国工业经济》2003 年第 6 期。
19. 廖理等：《探求智慧之旅——哈佛、麻省理工著名经济学家访谈录》，北京大学出版社 2000 年版。
20. Bain，J.，1949，A Note on Pricing in Monopoly and Oligopoly. American Economic Review，39.

（本文载于《中国工业经济》2003 年第 9 期）

我国自然垄断产业市场化改革的几个关键问题研究

吕志勇　陈宏民

摘　要： 近20年来，放松管制、引入竞争、产权私有已成为世界各国自然垄断产业市场化改革的主导趋势，与此同时，我国在相关领域的改革也已展开。本文对改革过程中急需解决的有关市场开放的路径选择、产权改革与市场结构调整相适应、市场开放后的管制变革以及独立监管和依法监管等关键性问题进行了论述，并提出了一些有针对性的建议。

关键词： 自然垄断　管制　改革　竞争

近20年来，放松管制、引入竞争、产权私有已成为世界各国自然垄断产业市场化改革的主导趋势，与此同时，我国在电信、航空、电力、铁路等相关领域的改革也已展开。总体来看，这种改革难度较大：自然垄断产业多集中于一些关系国计民生和国有经济主导作用的公用事业，改革成效受到各方面广泛关注，改革风险较大；自然垄断产业多属于服务性行业，其生产过程同时就是用户消费过程，改革中必须保持服务的连续性和稳定性，产品价格、产品质量和产能分配不能变动太大；公用事业性质和服务性行业特征决定必须维护改革过程中的效率和公平，对社会弱势群体和市场机制失灵的相关领域应重点关注。对此，当前尤其要重视和处理好以下几个关键性问题。

一、市场开放的路径选择问题

从各国改革实践来看，自然垄断产业的市场开放主要有分割垄断厂商和引入产业外竞争厂商两种典型路径，而分割垄断厂商又可分为按业务种类的纵向分割和按地域分布的横向分割两种。纵向分割一般是将各产业垄断厂商的非垄断性业务剥离，在取消交叉补贴、推动市场竞争的同时仍限制垄断性业务市场准入。因为渠道建设的高昂成本使得相关产业存在决定用户基础（subscriber base）的瓶颈设施（bottleneck facility）（见表1），再加上需求有限导致的成本弱增性，纵向分割就能避免重复建设、减少社会成本。例如，电信市场上数据业务、增值业务和基础业务（尤其是市话）的分割，电力市场上发电和配电分割，铁路和航空市场上路网和运输分割，邮政市场上信函和快递业务分割等。但纵向分割的不良后果是：拥有瓶颈设施的上游厂商会向下游厂商寻租，市场力量延伸仍将使消费扭曲；而且，纵向外部性导致的双重加价和厂商间协作的交易成本增加也使社会净福利受损，与纵向分割不同的是，横向分割通常将垄断厂商按区域分割，该措施的最大好处是能迅速造就若干对称的市场主体，避免在位厂商的先动优势使竞争受阻，但其不足是会破坏瓶颈设施的全程全网性，而且分割后会面临区域垄断厂商的潜在合谋，管制负担加重。除此以外，引入产业外竞争厂商，并辅之以相应政策（如互联互通规定和不对称管制等）也在各国广泛应用，只是新进入厂商的竞争弱势地位和在位厂商的策略性行为可能会削弱改革实际效果。

表 1　　若干自然垄断产业的瓶颈设施和网络特征

产业	瓶颈设施	网络类型	监管重点
铁路	车站和铁轨	单程网	单向接入
航空	机场和空管设施		
电力	输配电网		
基础电信（包括固定、移动和无线寻呼业务）	本地接入网		
增值电信、数据通信	本地接入网	双程网	双向互联
城市燃气（自来水）	煤气（自来水）管道		
公共卫生	医院和医生		
国际电信、长途电信和移动通信	各国固定通信网、移动通信网和 CATV 网		
金融服务业	各金融网点和自助设施		

资料来源：作者整理。

总之，上述路径各有利弊，在实际采用时需权衡比较，并充分考虑各产业固有特征。以我国改革较早的电信产业为例：最初是采取了引入竞争模式，联通公司在 1994 年就进入市场，但电信总局的策略性行为却使得有效竞争格局迟迟未能形成，直至国务院在 1999 年对其纵向分割后，移动通信产业才得以迅速成长（见表 2）。表 2 显示，1999 年前的移动通信市场几乎被电信总局独家垄断，用户普及率也很低；1999 年后联通份额和用户普及率都迅速上升；2000 年还是联通抢占市场最快和全行业业务增幅最多的一年。可见，1999 年纵向分割对于推动市场竞争、加速产业发展确实成效显著。当然，其他产业因自身情况有别，市场开放路径或效果可能有所不同，例如我国航空和电力产业近年来也分别采取纵向分割措施，前者将民航总局直属各航空公司的航材、油料、信息等业务剥离，单独组建三大辅助集团，并积极推动各地机场的属地化改革以实现航空运输企业的专业化经营，同时引入产业外竞争来推动市场开放（如海南航空、上海航空等地方公司已对国航、东航、南航构成很大的竞争压力）；后者则通过组建五大发电集团和两大电网公司实现厂网分离，推动竞价上网。只是两者间的区别在于，前者市场化改革较早，垄断竞争格局的诸多弊端促使国家在纵向分割的同时通过各地航空公司的跨区域横向兼并联合向寡头垄断过渡，后者则通过原国家电力公司和其他部门所属电力资产的分地域横向划拨来推动发电和输配电领域的有效竞争。由于两产业纵向分割刚刚完成，横向重组也是行政指派而非市场行为，所以目前改革成效尚未显现，当务之急是要加速整合各厂商内部资源，取消区域垄断和行政割据，并对上游瓶颈设施加强监管以有效规避分割重组可能带来的诸多弊端。再如我国铁路、城市公用事业到目前为止还基本处于行政垄断，政企合一的经营模式导致厂商缺乏降低成本、提高效率的内生动机，所以可在维持国有垄断的前提下，引入产业外竞争，通过所有权和经营权分离并采取特许权投标的方式促使其改善运营，提高效率，只是具体操作时要防止原经营单位利用行业监管和行政庇护对新进入厂商采取竞争扼制的策略性行为，要确保投标的公平、公开、公正。

表 2　　1996 ~ 2001 年中国联通和中国移动公司（分割前为电信总局）业务对比情况

年份	联通用户数（万户）	市场份额（%）	移动用户数（万户）	市场份额（%）	用户总量（万户）	增幅（%）	普及率（部/百人）
1996			165		685.3	89	0.56
1997	42	6.1	641	93.9	1322.9	93	1.07
1998	142	7.6	1732	92.4	2499.0	89	1.89
1999	521	13.6	3308	86.4	4323.8	71	2.99
2000	1847	22.0	6652	78.0	8526.0	97	6.70
2001	4100	28.3	10382	71.7	14481.2	70	11.20

资料来源：根据信息产业部 1996 ~ 2001 年通信发展情况的统计数据整理而成。

二、产权改革与市场结构调整相适应的问题

伴随各国自然垄断产业市场化改革的另一个显著特征就是各产业主导厂商的股份制或私有化改造，总体来看，这种产权改革通常因为：国有企业技术改造和设备更新需要大量资金，财政危机导致的投资不足迫使政府向社会公开发售股权以吸引私人资本进入；为取消行政垄断、完善企业法人治理结构而进行产权改革。毋庸置疑，私营企业与国有企业相比确实能最大限度地减少个人行为的外部性，规避集体行动难以逾越的“囚徒困境”；能够缩短委托—代理机制链条，使所有者到位并减少官僚作风，提高企业运营绩效；而且，产权改革对于推动各产业监管独立和监管公正也非常关键。

但我们同时应该看到，产权改革尤其是对主导厂商的私有化改革必须与市场结构调整紧密联系，互动推进：市场结构不变的私有化不仅无用，而且非常危险，私有垄断在某种程度上比国有垄断危害要大得多。英国撒切尔夫人执政时代大力推进的私有化浪潮并未取得理想效果，垄断厂商产权私有后的种种表现与改革初衷相去甚远，政府还反倒失去了对企业的控制权。众多自然垄断产业关系国计民生，改革涉及面广，可谓“牵一发而动全身”，市场结构不变的私有化可能会造成一些社会不稳定因素。即便像法国这样典型的资本主义国家，在对法国电信、法国电力等大型国有垄断企业进行私有化改革时也是多方权衡，并时有反复。而我国相关产业到目前为止市场竞争格局和市场定价机制都尚未最终形成，各项法规也不健全，贸然的产权改革不仅风险大而且难以操作。市场开放初期的产权国有还有一定的竞争推动作用，因为国有企业在对政治资源的争夺上通常都会优于私营企业，新进入厂商产权国有会有助于其获取相应优惠政策，推动市场竞争。联通若是私营企业的话，可能早就被电信总局扼杀在摇篮里了。

针对当前中国各产业现状，做到产权改革与市场结构调整相适应，关键是要把握以下几点：产权改革必须以行政垄断破除为前提。因为行政垄断正是自然垄断产业多年来效率低下的根源，不废除不合理的行政保护和行政特权就贸然实施产权改革只会阻止有效竞争格局的形成。产权改革必须以市场竞争推动为目的，因为只有竞争才能从根本上降低厂商成本、提高生产效率，减少消费扭曲，改善社会福利。现阶段针对电信、航空等市场化程度较高，国内竞争局面已初步形成的产业，产权改革的重点就是要促使各厂商早日成为境内外上市公司，通过吸纳社会资源和公众化运作推动其参与国际竞争，实现长远发展。针对电力、能源、金融服务等市场化进程刚刚开始的产业，则应加速其股份制改造，在国有资本占据主导的前提下引进部分民营或境外资本，通过产权主体多元化来打破行政垄断，提高市场可竞争程度。对于铁路、城市公用事业等完全垄断行业则要抓紧实现政企分离，通过将经营性资产划拨独立的国有资产管理机构并与行业主管部门脱钩来完善其国有独资的法人治理结构，并借助特许权投标等方式引入经营权竞争，待其适应市场运作后，产权再向境内外非国有资本开放。产权改革可采取分业务渐进开放的双轨制模式。一方面，各产业瓶颈设施的成本条件和需求特征共同决定现阶段仍需维持其垄断或寡占经营模式，所以产权国有暂时不能改变，因为与产权私有加行业管制相比，前者能更直接、更有效地控制厂商行为并更易兼顾其他社会效用；另一方面，各产业纵向分割后的下游竞争性业务可完全放开，通过“国退民进”和管制放松逐步实现其市场化运作，政府也可因对企业经营活动的减少介入而更集中精力于公共事务管理和宏观经济调控。

三、市场开放后的管制变革问题

（一）管制重点的转移

按照管制经济学家丹尼尔·史普博（1999）的观点，管制作为替代市场的一种资源配置方式，应

基于三种典型的市场失灵而存在：阻碍性交易（进入壁垒）、缺乏合法的必备条件的交易（外部性）和产生低效率的交易权属（内部性）。所以，随着自然垄断产业的市场开放和引入竞争，管制重点也应发生转移，即由过去的以价格和进入管制为重点转变为以网间协调、稀缺资源控制（为解决外部性）和普遍服务（针对内部性）为重点，单纯的经济性管制为兼顾效率、公平的社会性管制所取代。

第一，自然垄断产业多为网络性产业，必须保证所有用户能享受全程全网式服务，不同厂商网间互联就成为市场开放后的管制重点，比如电信呼叫中的异网终接、铁路运输中的统一调度、航空市场上的航线配置、电力输送中的网间协调以及金融服务中的通存通兑和转账划拨等。如表 1 所示，针对各产业瓶颈设施单程网和双程网的固有特征，单向接入和双向互联中的四类厂商策略性行为就成为监管重点：①垂直一体化在位厂商凭借单向接入交叉补贴其竞争性业务的行为。该现象在各产业开放初期几乎普遍存在，联通公司当年的遭遇就是明证。②纵向分割后上游厂商凭借单向接入向下游厂商寻租的行为。如我国电力产业厂网分离后，两大电网公司的区域垄断将直接决定竞价上网能否最终实现，应予重点监管。③优势网络凭借双向互联扼制劣势网络的行为。例如，新西兰电信厂商 Telecom 当年就利用 Clear 公司因网络覆盖有限，不得不借助双向互联提供电信服务的机会，将网间接入费设定过高使其难以为继，以致被诉至英国枢密院（Carter and Wright，1999）；中国信息产业部出台《电信网间通话费结算办法》也是为解决国内市场上的类似纠纷。再如，电力改革后国家电网公司的网络优势可能导致它在输配电业务上对南方电网采取策略性行为使其覆盖区域内的各供电厂商的低价电（如云电、贵电等）根本输不出去，西电不能东送，竞争无法产生。而且，两公司内部各省网间的区域割据也须破除，否则西部水电、北部火电、东部核电还是不能连续输送、有效竞争（刘戒骄，2001）。④各厂商凭借双向互联潜在合谋的行为。该现象虽然国内尚未出现，但随着网络开放恐难避免，故也应未雨绸缪。

第二，普遍服务和稀缺资源控制因单一市场机制难以实现也成为产业开放后的管制重点：一方面，要保证各产业基本服务价格不超过贫困居民支付水平，保证需求稀少和高成本地区服务供应；另一方面，要有效规避稀缺资源的破坏性开采和浪费性使用这种典型的外部不经济现象。目前，国外解决上述问题的常规做法是：通过各厂商利润抽成或税收渠道建立普遍服务基金，再公开招标或指定专门厂商承担普遍服务义务，并由该基金向其提供补贴。例如美国在 1984 年取消民航管制后就通过为期 10 年的各种补贴给小社区提供航空服务，期满后阿拉斯加和夏威夷仍获得豁免，因为飞机经常是这些州唯一可行的交通方式（卡尔顿、佩罗夫，1998）。通过公开拍卖将稀缺资源公有时的外部性内部化，如英国曾采取一级密封价格拍卖的形式来分配无线频谱资源。当前，我国各产业改革的重点是要在兼顾效率、公平的基础上通过市场手段解决上述问题，彻底杜绝行政指派和行政分配，管制者的任务在于完善机制设计、监督市场运作并根据市场变化及时调整普遍服务内容。

（二）管制方式的改变

从国外改革实践来看，随着自然垄断产业的市场开放，管制方式也会发生改变。传统的收益率（ROR）管制因导致各厂商缺乏降低成本的内生动机，再加上逆向选择行为产生的“A－J”效应，就要为基于厂商业绩的激励性管制所取代，限价管制（price-caps）、特许权投标（franchise bidding）、标尺竞争（yardstick competition）和社会契约（social contracts）等措施近年来比较盛行。限价管制最早由英国电信业实行，其最大优点是满足激励相容约束，厂商会主动削减成本，但实际执行时，由于信息不对称，管制机构将不得不借助被管制厂商提供的成本数据来确定和调整价格上限，“棘轮效应”（ratchet effect）就使该措施效果有限；而且，各厂商因要完全承担质量改进成本，所以有降低质量趋势，如限价管制实行后英国电信的服务质量就开始恶化（拉丰、泰勒尔，2001）。除限价管制外，其他激励性管制也各有利弊：特许权投标使垄断租金为管制机构攫取，但并不能导致特许经营厂商的边际成本定价，消费扭曲仍将使净福利受损；而且厂商会扩大经营品种，并在未规定业务上获利；标尺竞争能有效改善信息不对称，但会面临各厂商潜在合谋，社会契约则会加重管制负担，违背市场开放的本意。与国外不同的是，我国对相关产业的管制一直采取政府定价的形式（见表3），考虑信息不对称导致最优定价难以实行和各产业开放趋势，当务之急是要加速形成市场定价机制并对管制方式作相应调整：民航、电信等开放较早领域可实行限价管制来推动市场竞争；电力改革由于刚刚开始，ROR管制可暂时实行一段时期；铁路则应抓紧实行特许权投标以早日降低成本、提高效率。而且无论何种管制，都应充分意识到其内在缺陷并力求规避。

此外，不对称管制作为推动市场开放的常规做法在国内外也多有应用，但其弊端是最优的不对称幅度和有效实行时间难以确定：优惠过少、时间过短，对进入厂商扶持有限，不能取得预期效果；优惠过多、时间过长又会削弱进入厂商争取市场份额的努力，扭曲市场信号，不利于资源有效配置，所以也应斟酌使用。

表3　　相关产业市场格局和监管现状

产业	监管机构①	主导厂商	市场格局	行业法规
铁路	铁道部	北京、上海、郑州、南昌、兰州、沈阳、柳州等铁路局和广铁集团	垄断	《铁路法》（1990.9）
航空②	民航总局	运输：国航、东航、南航 辅助：航材、油料、信息	寡头厂商主导，竞争性从属众多	《民用航空法》（1995.10）
电力③	能源部（1998） 电力工业部（1993） 经贸委电力司（2002）	供电：国家电网、南方电网 发电：华能、大唐、华电、国电、电力投资	供电：不对称双寡头垄断；发电：寡头垄断	《电力法》（1995.12）
电信④	邮电部（1998以前） 信息产业部（1998以后）	电信、网通、移动、联通、卫通、铁通	基础电信寡头垄断；增值和数据业务完全竞争	《电信条例》（2000.9）

注：①现行《价格法》规定我国商品有政府定价、政府指导价和市场调节价三种定价方式，下列产业因属于前两种范畴还受国家物价局统一监管；②民航改革时分别组建三大运输和辅助集团，此外还有海南航空、上海航空等竞争性从属；③电力产业1988年前分别由水利电力部和电力部监管，国务院于1996年筹建国家电力公司进行国有资产管理，2002年又成立电监会并实行厂网分离；④除了1999年纵向分割，电信产业还于2001年进行横向分割并组建了新的网通和电信集团。

资料来源：作者整理。

四、独立监管和依法监管的问题

除了上述问题，独立监管和依法监管也是当前我国亟须解决的关键问题，因为监管不独立导致的管制不公和立法滞后导致的对管制者监管不力已成为各产业发展的最大障碍。应该看到，监管不独立既与各产业自身特征有关，更有体制上的原因：计划经济下的国有企业就是政府的代言人，不存在真正的市场主体，各产业无须单独监管；普遍服务要求在赋予垄断厂商诸多政策性义务的同时也给了他们相应特权，管制自然向其倾斜；现行国有资产管理体制使得管制者兼具行业监管和国有资产管理的双重职责，利益关联阻碍监管独立；现行双重领导体制下的各地监管机构呈矩阵式分布，既受有关部委纵向领导，还受同级政府横向领导，地方保护主义的干扰也使监管难以独立。

针对上述情况，当前一要深化国有资产管理体制改革和国有企业产权改革，杜绝管制机构跟各厂商产权联系。垄断领域国有资产应划归独立的国资管理机构，竞争领域国有资产应尽快退出。例如，铁道部直属的广州铁路局曾于1993年改制为广铁集团以实现企业化经营，其所属的广深股份公司还于1996年在中国香港和纽约挂牌上市，但其他各铁路局仍然政企不分，改革任务非常艰巨

（见表 3）。再如，民航产业 2002 年重组三大运输集团和三大辅助集团后，资产都划拨中央企业工委，但各地机场的属地化改革却进展缓慢，民航总局仍承担很多经营性职责，改革任重道远。二要深化行政体制和干部人事制度改革。随着第十届全国人民代表大会第一次会议后国有资产监督管理委员会的设立，财政部管资产、经贸委管运营、组织部管人事的国有企业分散管理格局终告结束，人、财、物三权得以统一。当前的任务是要在国资委这个"董事会"的主持下，真正实现各企业市场化运作，在不违背"党管干部"原则的同时，推动经营者由行政官员转变为真正的企业家。三要加速独立的监管体系建设，监管机构应较多吸纳系统外专家和技术官僚，加强对各地分支机构的纵向领导并在干部升迁、福利待遇上与地方脱钩。也可在适当时候成立各产业专门的监管委员会或综合的公用事业委员会。此外，还应注意产业升级导致的管制融合问题，因为技术进步使得关联产业间的准入壁垒不再明显，统一监管成了市场开放后的新趋势。例如，美国联邦通讯委员会（FCC）近年来已由单一电信监管拓展至互联网宽带传输、产业竞争政策、无线频谱分配和媒体产权规制四个方面的监管（Kwereletal，2002）；英国也打算将电信办公室（OFTEL）跟有关广播影视机构合并。

除独立监管外，管制立法和依法监管也是当务之急。目前的现状是，我国各产业要么无法可依，要么法规陈旧，很难适应市场变化和改革所需。如电信改革虽持续多年，却一直无法可依，1986 年六届全国人大常委会第 18 次会议通过的《邮政法》没有涉及电信产业，2000 年 9 月国务院第 31 次常务会议通过的《电信条例》也只是行政规定，此后信息产业部出台的一系列行业管理办法也多为一些应急性措施。再如民航、铁路、电力等虽有专门法律，但都制定于产业改革前，其核心内容和指导思想就是保证各产业安全运营，根本未涉及市场，所以有关法律的制定和修订迫在眉睫，但具体操作时需注意以下几点：立法和执法要分离。管制立法从某种意义上来说就是目标差异下的一个机制设计过程，如果由执法者来立法，他们就会比较多地考虑自身利益，比如执行难度和执行成本等，法律将有失公正甚至会对管制者监管不力，造成立法俘获；在起草成员中，消费者代表、厂商代表、行业监管机构、技术和法律专家应占据一定比例，草案成文后应举行公开听证以广泛征求各方意见；加快制定专门的《反垄断法》。我国现行的《反不正当竞争法》是 1993 年八届人大常委会第 3 次会议通过的，其最大缺陷是对厂商合法的策略性行为不能予以约束，《反垄断法》将有助于各产业的双重监管和竞争推动。以美国为例，AT&T 在 1984 年被迫解体并非违反《电信法》，而是违反了《反垄断法》，对其提起诉讼的也是司法部（DOJ）而非 FCC。事实上，当年 MCI 公司进入市场也遭到 FCC 的反对，但却获得 DOJ 的支持，正是《反垄断法》开启了美国电信竞争的大门。再如，新西兰在 1990 年电信改革后采取"放手管制措施"（light-handed regulation），取消了电信专管机构和专门法规，但所有厂商都须遵循《反垄断法》，法院就曾据此对 Clear 和 Telecom 诉讼做出判决，可见《反垄断法》对于自然垄断产业的市场化改革确实作用显著，必不可少。

参考文献：

1. 丹尼尔·F·史普博著，余晖等译：《管制与市场》，上海三联书店、上海人民出版社 1999 年版。

2. 丹尼斯·卡尔顿、杰弗里·佩罗夫著，黄亚钧等译：《现代产业组织》（下册），上海三联书店、上海人民出版社 1998 年版。

3. J·J·拉丰、J. 泰勒尔著，胡汉辉等译：《电信竞争》，人民邮电出版社 2001 年版。

4. 刘戒骄：《自然垄断产业的放松管制和管制改革——对中国实践的初步分析》，载于《江苏社会科学》2001 年第 2 期。

5. 张维迎、盛洪：《从电信业看中国的反垄断问题》，载于《改革》1998 年第 2 期。

6. Carter M. C. and Wright J. （1999）：Interconnection in Network Industries，Review of Industrial Organization，14.

7. Domon K. and Ota K. （2001）：Access Pricing and Market Structure，Information Economics and Policy，13.

8. Kwerel E. （2002）：Economic Issue at the Federal Communications Commission，Review of Industrail Organization，21.

（本文载于《中国工业经济》2003 年第 8 期）

自然垄断产业进一步放松规制的理论依据

——基于对成本曲线的重新理解

罗云辉　夏大慰

摘　要： 基于对成本曲线的重新理解，本文对20世纪80年代以来的新自然垄断理论进行了部分修正，进一步压缩了自然垄断产业管制的范围，剔除了新自然垄断理论中"进入无障碍、企业无承受力"情况下管制的必要性。这一结论有利于我国当前对行政垄断行业的市场化改革。

关键词： 自然垄断　成本曲线　行政垄断

经济学上讲的垄断大体可分为三种类型：一是自然垄断；二是厂商合谋行为导致的行为垄断；三是由政府限制竞争的法律或政策导致的法定垄断，亦即行政垄断。行政垄断存在的依据，一是为在具有自然垄断性质的行业中实现规模经济，政府将某产业的经营权特许给某个企业而禁止其他企业进入该行业；二是提供一种产权保障，以使外部性内在化，促进市场主体的权责对等和激励相容，如为保护和调动发明创造的积极性而设置的专利权等；三是政府（或官员）分割垄断利润的寻租行为引致的垄断。然而，这第三种损害效率的行政垄断类型在现实中往往以行业实际未必存在的自然垄断特性为借口。比如美国20世纪90年代初期"星球大战"计划的搁浅，导致了洛杉矶市的12%失业率，这对关乎政治领导人前途的经济发展、社会稳定及大选造成较大的消极影响。在这种情况下，美国政府开放了航空、电信、电力、市政和公益事业等所谓的"自然垄断"行业，在短短几年内，洛杉矶市的国民收入和就业迅速回升，而美国这些传统上视为"自然垄断"的行业，在开放后业绩和竞争力亦大幅攀升。又如，根据周其仁的研究，我国早在明朝永乐年间（1403～1424）就有了由宁波帮商人创建的比较正式的邮递组织——"民信局"，远早于1866年官办的"海关拨驷达"（post的音译）。至光绪年间，全国民间大小民信局达数千家之多。这些民间邮政机构的消失源于1930年南京国民政府严令查禁。尽管如此，这些机构在缺乏产权保障的情况下还存续了多年。美英两国早年的经验也类似：国会靠立法和执法才将效率更高的私营邮递公司赶出市场。在本文中，我们试图基于对成本曲线的重新阐释来对1980年以来的新自然垄断理论作部分修正，以期拆除上述第一、三类型行政垄断借以合理存在的樊篱，为市场竞争机制引入自然垄断产业提供更充足的理论支撑。

一、自然垄断理论的进展

早期的自然垄断是指某些产业所必需的自然资源条件集中于一地而无法竞争或不宜于竞争所形成的垄断。随着技术进步带来的替代品增加和运输费用的减少，这类垄断在经济当中的份额和影响已逐渐变小。如马歇尔所言："某种商品的市场愈大，一般说来，它的价格变动愈小，而商人在经营此商品中所取的周转利率也愈低。"现代的自然垄断概念常常和规模报酬递增相联系。在规模报酬递增产业中，多企业共存会分割总产量，使得平均成本相对较高。因此，由政府进行行业进入管制被认为可以节约总成本，提高社会福利。平均成本递减说明边际成本总是小于平均成本，如果以边际成本等于价格的社会福利最大化原则定价，企业必然亏损。如果以边际成本等于边际收益的原则定价，企业就会获得垄断利润，损害社会福利。这种定价的矛盾使得政府对平均成本递减（规模报酬递增）行业的价格管制也成为必要。

20 世纪 80 年代以来，人们对自然垄断又有了新的认识。1982 年，鲍莫尔等认识到自然垄断需建立在单一企业生产所有产量的成本小于多个企业生产的总成本，即“一加一小于二效应”，而不是规模经济的基础上。自然垄断产业认识上的这一转变导致对政府管制范围的重新认识。此前的认识是自然垄断产业须政府的进入管制和价格管制。新的认识扩大了自然垄断的范围，意味着只有当行业进入没有障碍，同时在位企业不具有承受力时，政府的进入和价格管制才是必要的，原因在于进入管制保证现存企业不被挤出市场。对于平均成本下降的强自然垄断而言，价格管制使价格介于边际成本和垄断价格之间，既不致使企业亏损，又不允许垄断价格存在。对于平均成本上升，但满足“一加一小于二效应”的弱自然垄断而言，价格管制迫使垄断企业制定边际成本价格，此时社会福利最大化，同时企业盈利。与传统的认识相一致。如果在位企业具有承受力，其他企业进入的可能性会对在位企业形成潜在的竞争压力，有利于企业绩效的改善。具体来讲，进入有障碍，需要价格管制，不需要进入管制；进入无障碍且企业有承受力，不需任何管制。

上述对自然垄断的新认识尽管扩大了自然垄断的范围，但在引入在位企业的承受力、进入有无障碍等因素后，需要管制的范围反倒有可能减少，因而往往被认为是理论对于 20 世纪 70 年代以来西方国家放松管制为特点的管理改革的反应（张帆，1999；于立等，2000）。但这一点不宜过分强调，因为新的自然垄断理论增加了对弱自然垄断的管制范围。尽管与传统理论相比较，新的自然垄断理论更具说服力，我们认为，这一理论实质上也是不尽妥当的，一方面，作为该理论成立基础的新古典成本曲线需要重新理解，另一方面，这种理论仍然保留了过多的管制范围，导致资源的合理流动受阻（主要是进入无障碍、在位企业无承受力时的全面管制）。事实上，当前很多还维持行政垄断的部门正是以这种新的自然垄断理论作为继续进行管制的依据的。

二、成本曲线的重新理解

上述对自然垄断的认识都是基于新古典经济学对成本曲线的理解。对 1980 年以来新的自然垄断理论进行修正的关键在于对成本曲线的重新理解。

（一）新古典经济学对成本曲线的推导

新古典经济学对成本曲线形状的推导基于边际实物报酬递减法则——在一种可变投入的情况下，如果技术水平不变，那么随着该投入数量的增加，投入增量所带来的产出增量在超过一定限度后将会递减。这个法则保证了平均产量曲线和边际产量曲线的倒 U 形状。如果将劳动力作为可变要素，则平均产量 $AP=\frac{Q}{l}$。平均可变成本 $AVC=\frac{TVC}{Q}=\frac{Wl}{Q}=W\frac{1}{AP}$。假设工资率 W 不变，则平均可变成本与平均产量 AP 有倒数关系，因此，平均可变成本呈 U 形状。由于总固定成本不变，平均固定成本曲线必然随着产量的增加而下降。这样，作为平均可变成本与平均固定成本之和的平均成本也是 U 形的。新古典经济学还探讨了长期成本曲线。“长期”基于所有投入都能调整。由于一切投入都可调整，假设固定成本可以无限细分，短期平均成本曲线有无数条，从而每一种产量都有一个特定固定成本的工厂使平均成本最低。这样的无数条短期平均成本的包络线便是长期平均成本曲线。新古典经济学认为该条成本曲线也是U形的。

（二）新古典经济学对成本曲线理解的矛盾之处及调整后的结论

从上面新古典经济学关于成本曲线的推导过程可以发现，短期成本曲线U形的成立实际上依赖于几个强假设：技术不变、增加任何要素都不存在交易费用。问题在于任何产业的技术都是可变的，而增加要素总是需要交易费用的。另外，新古典经济学成本曲线中的短期、长期之分并不是基于时间的长短，而在于是否所有要素均可调整。若部分要素不可调整，则为短期，若所有要素都能调整，则为长期。这个理解有可取之处，因为一方面无从判定部分要素调整的时间一定短于所有要素调整的时间；另一方面新古典经济学的成本曲线中，横轴对应的产量是没有时间长度的“一刹那”，唯其如此，才可以将长期、短期曲线置于同一图中，于是又形成生产过程不需要时间的强假设。但是，生产过程往往都是一件耗时的事情。这种根本假设上的脱离现实大大弱化了理论的解释力和应用范围①，导致“强假设，弱定理”。但更为严重的问题是：既然技术和要素价格不变，长期平均成本曲线为什么会是“U”形（或严格单调）的呢？短期平均成本曲线U形受边际实物报酬递减规律的制约，但长期中，所有要素均可调整，技术又假设不变，边际实物报酬递减规律是无法发挥作用的，怎会不是一条水平线呢？毕竟，没有任何依据可以证明短期成本曲线的包络线是“U”形、右上或右下倾斜的。许多教科书认为长期成本曲线下降是因为规模经济、专业化经济和集中采购可节约费用，但新古典成本曲线推导过程中生产技术不变、要素价格不变和交易费用为0的假设排除了这几点理由。有的认为长期成本曲线右上倾斜是因为“后来规模再扩大，出现了不经济性，并且不经济性超过了经济性。规模过大造成的不经济性是指企业对规模失控，管理效率递减，从而提高了产品的单位成本”（杨君昌，1998）。既然长期中所有要素都可调整，且交易费用为0，管理也是一种要素，为什么不可以相应地增加呢？不是说不存在规模经济、专业化分工、集中采购的好处以及管理效率递减，而是理论的论证应当前后逻辑一致，不应在论证某一问题时假设某些因素成立，但论证过程中又假设其不成立。

这就是说，新古典经济学长期成本曲线的形状在其假设范围内只能是一条水平线，其他形状是不可能出现的。事实上，企业从自身利益出发，在交易费用为0的前提下一定是要素组合有必要调整就会调整，其行为必然是受长期而不是短期成本曲线支配的。既然长期成本曲线为水平线，生产者既可以是一个，也可以是无穷多个，自然垄断产业的定价矛盾和“一加一小于二效应”就不复存在，因而对自然垄断产业的管制没有存在的必要。

（三）对成本曲线的新阐释

早在1959年，阿尔钦（A. Alchain）就对传统的成本曲线提出了完全不同的理解。2002年，张五常在阿尔钦和谢舍雷夫（J. Hirshleifer）的基础上对成本曲线进行了全新的阐释。这种新认识能否进入主流尚待时日，但论证的说服力和理论的解释力远远超过了传统的成本曲线。大体说来，在张五常等人的成本曲线中，横轴“产量”是对应一定时间的，不是传统成本曲线要求的“一刹那”。成本曲线不需要分为长期、短期，成本曲线是最大化自身利益的生产者在约束条件下选择的结果，经济学家是不应人为地限定某些要素变、某些要素不变，或所有要素

① 要素价格变化一般而言并不妨碍从倒“U”形边际产量曲线导出“U”形边际成本曲线，价格固定在短期成本曲线的推导中可以只是为了便于论证，不作为一个强假设条件。

都变[①]。生产的技术、要素价格均可变，交易费用为正。看得出，这些假设与现实大大接近了。成本曲线的形状依赖于这样几点根据：边际产量递减规律及其推论；生产率不变，总产量增加，则平均成本下降；总产量不变，生产率增加，则平均成本上升。

要求某种生产要素保持不变的边际产量递减规律可引出两个推论。一是生产要素不限于两种，而是多种，则若某一要素不变而其余皆增，到一定的程度，增加要素的边际产量必定下降；二是各种生产要素均可增加，但增加的过程中，某一要素与其他要素之间的比例越变越小，则到一定程度，比例不断增加的要素，其边际产量必定下降。边际产量递减意味着边际成本递增，因为将边际产量曲线横轴的要素量乘以要素价格即为成本，再将横轴、纵轴互调即转变成边际成本曲线。

若生产率不变，当总产量增加时，则平均成本下降。生产率不变，即每单位时间的产量不变，这时，总产量越大就有以下情况：可供选择的降低成本的生产方法越多。如洗一件衣服，较之用洗衣机，手洗成本可能更低，但若待洗衣服颇多，就会使用洗衣机的“生产”方法[②]；“干中学”的机会越多，熟能生巧，平均成本因此降低；分工就会有利可图，降低平均成本（这是斯密定理的基本推论了）；平均产量的交易费用越低。

若总产量不变，生产率增加时，则平均成本上升。这是因为：加速生产，生产要素不易同时调整，这时，边际产量下降（边际成本上升）定理就会发生作用；加速生产时，生产要素的耗费程度会增加。比如冲刺200米显然要比走同样距离吃力得多，而机器的高速、连续运转也往往产生金属疲劳和误差增大；与增加产量导致可供选择的降低成本的方法增加相反，生产率增加可能迫使生产者运用高平均成本的方法。如一堆待洗衣服，若不赶急，用洗衣机洗平均成本较低，但若要求很短时间内全洗好，可能只好增加人数同时用手洗了；生产率加大往往会提高平均产量的交易费用，从而提高平均成本。比如，若不赶急，一份文书的送达只需0.8元的平信邮费，但若赶急的话，就得使用特快专递，该项交易费用就急升至12元。其他情况不变，越快捷的服务，价格越高。

有了上述认识，具有时间内涵的成本曲线的形状就清楚了。在一定时间内，随着产量的逐渐增加，节省成本的技术可被采用，“干中学”会降低平均成本，分工往往有利可图，单位产品交易费用可能减少，因此，会产生促使平均（边际）成本曲线下降的趋势。但随着该时间段内产量的继续增加。

生产过程就变得越来越不从容，为在特定的时间内完成越来越多的产量，各种生产要素越来越不易无摩擦地实现合理搭配，因而边际成本趋于上升，与此同时，可能被迫采用高成本的生产方法，而生产要素的耗费和交易费用随之增加。一开始，增加产量带来的成本节约效应可能大于生产率增加引致的成本增加效应，表现为边际成本曲线下降。但是在一定的时间限度内，技术和熟练程度的进步、分工的好处以及交易费用的节省都是有界的，而随着产量的不断增加，单位产品生产所能分配到的时间越来越少，这个强约束使得单位产品成本越来越高，甚至可能迫使已有的降低成本的方法退回到高成本的方法。从极限上讲，产量的无限增加使得单位产品生产只拥有可忽略不计的时间，所有的生产要素都来不及做任何反应。显然，这时的边际成本是无限大。所以说，产量的继续增加最终必然导致成本曲线向上倾斜，形成U形的成本曲线[③]，如图1所示。

---

① 新古典经济学短期成本曲线的形状是受制于某些生产要素数量不变，这里的“不变”不是不能变，而是主观的假设。当然，作为论证长期成本曲线形状的一环，这样做是逻辑演进的需要，但在新古典经济学的文献中，直接把整条短期成本曲线（而不是与长期成本曲线的切点）作为真实成本曲线来求解均衡的情况毫不鲜见。新古典成本曲线在其假设范围内，短期成本曲线只有在作为推导长期成本曲线的工具时才是有意义的。

② 由此注意到，这里并不要求假设技术不变。

③ 当然，也可能在一定时间内，一开始就没有随产量增加而可以降低边际成本的余地。这时的成本曲线是右上倾的单调增函数。但不存在单调递减的成本曲线。

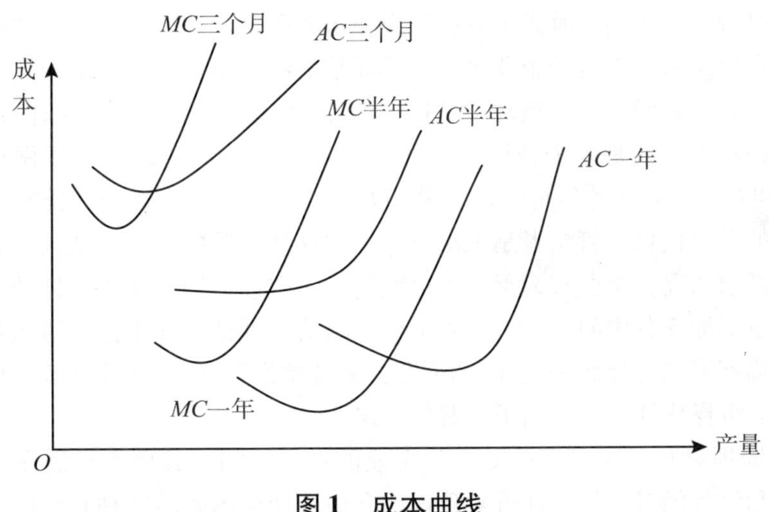

图 1　成本曲线

三、对自然垄断的新诠释

与早期相比较，20 世纪 80 年代以来的自然垄断理论更具有说服力和应用性，但正如我们所分析的，上述理论都是基于传统的成本曲线右下斜或 U 形的结论。但事实上，在传统成本曲线的假设范围内，能解释企业行为的长期成本曲线只可能是一条水平线。这个结论掀翻了新自然垄断理论成立的根本支撑。好在，在放松和改变新古典经济学关于成本曲线的一系列假设的基础上，我们得出了更具说服力的成本曲线，并且很大程度上避免了新自然垄断理论陷入更大的尴尬，强化了自然垄断行业放松管制的理论基础。与此同时，我们发现，有了新的成本曲线，自然垄断理论的某些结论需要重新诠释。

1. 强自然垄断和弱自然垄断的区别不再是成本曲线一个是右下倾、一个是 U 形，而在于需求曲线的位置不同。因为所有成本曲线都是 U 形的，不存在单调递减的情况，因而若成本曲线的下降部分与需求曲线相交，则相当于强自然垄断，若其上升部分与需求曲线相交，在认可“一加一小于二效应”的情况下，可视为弱自然垄断。这与鲍莫尔等人的划分是有区别的。而且，由于在不同的时间段内成本曲线的形状是不同的，比如在较长时期内的成本曲线下降的一段可能对应较短时间内成本曲线上升的部分，因此，所谓的强自然垄断和弱自然垄断是相对的，取决于企业对成本曲线（时间）的选择和相应时间段内的需求曲线位置。所以，传统的基于强自然垄断（平均成本下降）基础上断定需要价格管制和进入管制的结论是一种无稽之谈，因为管制者无法确知企业选择怎样的时间段进行生产以及该时间段内的需求曲线位置。结果往往会造成人为的低效率行政垄断。更为严重的是，如果不顾这种信息要求，由于时间足够长，在很大的产量范围内，任何行业平均成本曲线都可以是下降的，这样，就产生了管制者想对任何行业进行行政垄断都有理论依据的局面。当然，这种与现实的不符反过来证伪了传统的自然垄断理论，因为这种理论成立的话，必然意味着计划经济比市场经济更为高效。

2. 上面的分析又意味着，信息——企业选择成本曲线的时间、相应的成本曲线形状和需求曲线位置——是进行有效管制的前提。新的自然垄断理论尽管在某些方面减少了政府管制的范围，但对于企业“无承受力”的情况，还是得出了需要价格管制和进入管制的结论。而企业有无承受力显然取决于各个在位企业和潜在进入者不同时间段内的成本状况和相应的需求状况。如果这些情况不能确知，是不能以在位企业无承受力为依据进行行政垄断的。而事实上，管制者不可能满足上述信息的要求。企业成本曲线的选择往往在很大程度上依赖于企业家才能及其对瞬息万变的环境的判断、利用、再决策，由于各个企业家的决策不同，技术、市场等外部因素变化的不确定性，企业采用的成本曲线往往会随时调整。在同一时点上，有的企业可能采用加速生产，实行“抢先占领市场”的策略，成本增加也在所不惜。而有的企业可能在其面临的约束条件下，谋求长期的低成本（比如该企业以低成本融到资金，从而利息负担轻，贴现率高）。与此同时，各个时间段内的需求曲线也是难以确知的。不要说政府，就是各个企业也往往不能对自己面临的需求曲线做出判断。在这方面Aghion、Bolton、Jullien、Lazear 等经济学家都做了大量的研究工作。企业只能在不断试错的情况下才能得到部分有用的需求信息，管制者是无法全面了解这些情况的，更无法代替企业试错。既然无法判断成本状况和需求状况，企业有无承受力也就是一句空话。退一步讲，即使能够准确得知在位企业没有承受力，也不能充分说明进行进入和价格垄断的合理性。如果潜在进入者有承受力，其进入市场带来的社会福利增加为什么一定小于所谓“重复建设”的社会福利损失呢？这同样无法确知。垄断理论既缺乏可操作性，又遭到了实践的否定。

3. 新的自然垄断理论对在位“无承受力”企业的进入管制，其理念是潜在进入者的进入造成在位企业生产能力和设备闲置，是一种重复建设，有损于社会福利。这种观念的存在在于没有真正理解经济学中“成本”和“租”的概念，是经不起推敲的。企业投资之前，其匡算的投入是成本，一旦投入，历史成本，准确地讲，沉淀成本就成为“泼出去的水”，不再是成本，因为这种“成本”没有了“机会”，不影响选择。这种投入的回报多少不影响沉淀成本的供给，因而要从“租”的角度理解。所以真正意义上的成本是事前成本，企业进行成本收益分析时所用的成本也是这一真正意义上的成本。

如果企业决策的结果是“入不敷出”，难道非要助其收回全部投资吗？这种投资决定收益的思路是荒唐的。我们难以想象，如果一页纸经过万里传递，就应该价格上扬千倍。如果真是如此，投资者就不用承担投资风险，投资全部可以收回，没有亏损的可能，只有赚多赚少的问题，任何人都可以背着一块大石头跋山涉水，再把它卖个好价钱。企业家才能便无用武之地，而人类的福利则会大大降低。所以，以在位企业没有承受力为由进行进入管制是一种缺乏经济学基础的谬见，管制的结果往往是在位企业缺乏竞争压力，提供的产品质次价高，高效率的潜在进入者丧失了投资机会。当然，尽管不管制，某些行业也可能只有一家企业，但这与行政垄断本质上是不同的。市场当中的竞争者不仅包括看得见的竞争者，还包括看不见的潜在竞争者，行政垄断则排除了后者。反过来，一项投资成败与否也不应着眼于多年以后投资设备是否还能使用，而在于能否收回投资并得到社会平均利润水平。这好比人们买衣服的根本目的不是因为不够换，也不是要谋求多年以后还可以穿，而是效用大于支出即可。从我国电冰箱和洗衣机行业的情况来看，1980 年上马的许多项目在需求热潮过后，资产闲置。但大多数项目都在较短的时期内收回了全部投资，并获得可观的收益，因而这些项目应该说是成功的。如果当时政府管制成功的话，这些利润和对应的消费者剩余都无法实现，我国洗衣机和电冰箱行业也不会有今天的绩效。

再补充一点，“一加一小于二效应”是一个可用的概念，但经济学家们应该意识到，这个概念不会有很强的现实应用性。“一加一小于二效应”的引入扩大了自然垄断的范围，使其不再仅仅局限于平均成本下降的状况。但从我们的分析可见，成本曲线上升在于时间的紧迫性引发的一系列因素，这样，多个企业某一时间段内的产量堆积到一个企业，一方面使单一企业产量增加，促使平均成本下降，另一方面单位产品生产的时间更为紧迫，促使平均成本上升。如果这种边际上的成本降低效应大于上升效应，则无非说明各个企业的产量及产量之和都处于平均成本曲线下降的部分①。这时，概念的应用面与传统的以平均成本递减界定自然垄断相比没有扩展。而若从成本曲线上升的部分着眼，多企业产量置于一个企业显然又会导致单位成本的陡然上升而不是下降，“一加一小于二效应”不能实现。因此这一理论创新拓展了人们看待自然垄断问题的视角，但并不具有实质性的意义。从现实情况来看，一家印刷厂在一定时间内，比如说新学期之前要印制好相当数量的课本，

① 注意，“一加一小于二效应”的论证前提是各企业事先是同一的，即任何一个企业都是“代表性企业”。

它可能为节约成本而将部分任务发包给其他印刷厂。但我们很难看到几家印刷厂将其所有印制任务统统交给一家，再从总成本节约中分得好处。当然，这里面有交易费用的制约，但“发包”也需要交易费用，这二者互为逆过程，交易费用是大致相当的。

综合上面的分析，我们在更具解释力的成本曲线的基础上，挽救了新自然垄断理论的部分有用结论，而且进一步压缩了自然垄断产业管制的范围，剔除了新自然垄断理论中“进入无障碍、企业无承受力”情况下管制的必要性。这样，剩下来可能需要管制的情况只有进入有障碍时的价格管制。这种情况比较复杂，我们暂时无法说明不需管制的依据，正如赞成管制者无法严格论证他们的依据一样。大体说来，困难在于衡量进入的障碍是什么，有多大，需求的状况如何，等等，都很难一般化地比较并得出普遍性的结论。尽管如此，上述分析进一步弱化了以某产业“自然垄断”为由进行管制的依据，这对于我国在行政垄断行业引入竞争机制的市场化改革是有积极意义的。

参考文献：

1. 乔治·斯蒂格勒：《产业组织与政府管制》，上海三联书店、上海人民出版社 1996 年版。

2. 约瑟夫·斯蒂格里茨：《政府为什么干预经济》，中国物资出版社 1998 年版。

3. 丹尼尔·史普博：《管制与市场》，上海三联书店、上海人民出版社 1999 年版。

4. 保罗·萨缪尔森：《经济学》（下），中国发展出版社 1995 年版。

5. 马歇尔：《经济学原理》（下），商务印书馆 1997 年版。

6. 简·泰勒尔：《产业组织理论》，中国人民大学出版社 1997 年版。

7. 植草益：《微观规制经济学》，中国发展出版社 1992 年版。

8. 江小涓：《体制转轨中的增长、绩效与产业组织变化——对中国若干行业的实证分析》，上海三联书店、上海人民出版社 1999 年版。

9. 夏大慰、罗云辉：《中国经济过度竞争的原因及治理》，载于《中国工业经济》2001 年第 11 期。

10. 杨君昌：《微观宏观经济学》（新一版），立信会计出版社 1998 年版。

11. 于立、肖兴志：《自然垄断理论演进综述》，载于《经济学动态》2000 年第 6 期。

12. 张帆：《对自然垄断的管制》，载于汤敏、茅于轼主编：《现代经济学前沿专题》（第二集），商务印书馆 1999 年版。

13. 张五常：《经济解释》，载于《21 世纪经济报道》，2001～2003 年各期。

14. 周其仁：《“自然垄断”不自然》，http：//www. ccer. edu. org，2002 年。

15. Baumol，W. J，Panzar，J. C and Willig. R. d，1984，Contestable Market：An Uprising in the Theory of Industrial Structure，American Economic Review，73.

16. Lazear. E. P，1986，Retail Pricing and Clearance Sales，American Economic Review，76.

17. Mas-Colell. A. Whinston. D and Green. R，1995，Microeconomic Theory，Oxford Press.

（本文载于《中国工业经济》2003 年第 8 期）

纵向一体化网络的接入定价研究*

肖兴志　陈艳利

摘　要： 中国铁路、煤气、自来水、邮政等绝大多数网络型产业的结构改革将选择纵向一体化与自由接入作为突破口，研究纵向一体化网络的接入定价理论和政策已成为中国网络型产业规制政策研究的一个重要问题。本文首先依据资源最优配置、次优配置、生产效率等原则，研究了不同的接入定价理论，详细探讨了不同的接入定价方法，最后进一步分析了纵向一体化网络在不同政策目标下的接入定价政策选择。

关键词： 网络型产业　纵向一体化　接入定价

一、网络型产业的市场结构与接入问题

（一）网络型产业的市场结构

网络型产业（network industries）一般是指需要固定物理网络来传输其产品和服务的基础设施产业，主要包括煤气、铁路、自来水、电力、电信、邮政等产业。大体上与传统意义上的"基础设施产业"的内容相当，区别在于概念的角度有所不同。基础设施产业多从这些产业在国民经济发挥作用的角度来定义，而网络型产业更能体现这些产业的技术经济特征。网络型产业大体由两部分组成：一类是传输网络部分；另一类是具体产品生产或服务提供的部分。由于这些产品或服务必须通过固定网络来传输，所以这些传输网络部分还被称为网络型产业的"瓶颈"或基础设施。

网络型产业的市场结构通常呈现出三个基本特征：其一，传输网络设施由于规模经济、网络经济等原因，由一家企业垄断经营会避免低效率的重复建设，即网络型产业的"基础设施（网络）"具有较强的自然垄断性，宜保持垄断型的市场结构。其二，在具体产品生产或服务提供的部分具有较强的竞争性，宜保持竞争型的市场结构。其三，存在着纵向关联市场。所谓纵向关联是指最终产品的生产或服务的提供由"上游"至"下游"的不同业务按一定的顺序联结而完成，如电力产业由发电、输电、配电、供电等业务将电力传送给最终用户。网络型产业整体的市场结构将随着网络"瓶颈"的规制程度以及网络所有者被许可生产经营具体产品和服务领域的变动而变化。

（二）网络型产业的接入问题

由于技术和管理水平限制，加之网络型产业内两类业务领域之间本身存在着较强的纵向一体化经济（关联经济）性质，所以网络型产业的组织结构过去多是实行纵向和横向一体化，保持着完全

* ［基金项目］本文是教育部人文社会科学研究年度项目（02JA790010）和国家自然科学基金青年项目（70203002）的阶段性成果之一，项目负责人为肖兴志副教授。

垄断的市场结构。为积极引入竞争机制，各国纷纷打破了网络型产业垄断型市场结构，进行结构改革，其基本政策导向是趋向于分解原有庞大的大一统体系，实现非自然垄断业务的有效竞争和自然垄断业务的有效规制的合理组合。目前，绝大多数网络型产业结构改革主要有两种途径：纵向结构分离、纵向一体化与自由接入混合式结构。

1. 纵向结构分离（vertical separation）。彻底的结构分离或分拆改革，是把网络的所有权与基于网络提供服务的所有权进行分离，以保证所有的产品服务供应商有平等的接入网络的权利。纵向结构分离可以避免为保证接入的平等性而产生的规制问题，减小了接口问题的规制难度，但仍然需要一个有效的接入定价政策，以解决基础网络的投资激励问题；结构分离还将产生较为严重的协调问题，造成关联经济的损失，并产生一些不必要的交易成本；此外，在很多情况下，运营商之间很可能难以形成有效的竞争，这样就会使这种改革方式的最主要收益难以实现。由此可以看出，在某个特定的网络型产业中，纵向结构分离并不一定是解决政府规制问题的最好办法。

2. 纵向一体化与自由接入（vertical integration with liberalisation）。这种方式不要求对原有在位垄断企业进行重组，但竞争性领域应同时允许其他竞争对手参与经营。本质上讲，纵向一体化与自由接入是一种“纵向一体化下的竞争”。一般认为其主要优点是可减少实行完全纵向结构分离所带来的许多问题，比较有利于网络传输部分与基于网络而提供产品服务部分之间的协调，形成一定的纵向一体化经济，可以节省一定的交易成本。不足之处在于，既有的纵向一体运营商具有较强的歧视新进入者的动机，所谓的市场关闭理论描述的就是这种情形。所以规制者必定要确保在新进入者与在位者的竞争中有能力通过网络为消费者提供服务。这种改革方式一般会增加政府规制成本。而新规制经济学则将歧视动机归结为是由于政府规制政策不当所造成的。为促进网络型产业有效竞争的形成，营造良好的规制环境，有效接入定价政策的确定便成为关键。

在上述两种方式中，目前中国铁路、煤气、自来水、邮政等绝大多数网络型产业的结构改革将选择纵向一体化与自由接入作为突破口，即首先在竞争性环节引入竞争机制，而保持一定的纵向一体化结构。有关研究也证明，对网络型产业实行纵向一体化与自由接入混合式结构的帕累托效率将优于完全的纵向结构分离和简单的纵向一体化（陈代云，2000）。由此，研究纵向一体化网络的接入定价①理论和政策便成为中国网络型产业规制改革的一个关键环节，对总体上提升中国网络型产业的经济效率具有重要意义。

二、纵向一体化网络的接入定价理论：基本原则

制定纵向一体化网络的接入定价，可依据资源最优配置、次优配置、生产效率等原则来考虑，采取不同的接入定价理论。

（一）最优配置原则：边际成本定价

根据福利经济学的基本理论，只有当价格等于边际成本时社会总福利才最大。假设 c_0 为网络运营商提供接入服务的边际成本；F 为网络运营商的固定成本，即网络系统的设置成本，或网络运营商因履行社会义务而承担的成本；a 为网络运营商向潜在进入者收取的单位接入费。如果竞争性业务领域的所有企业生产同一产品或服务，且在技术和成本方面相似，这些企业将会进行价格竞争直

① 相对纵向一体化网络的接入定价而言，纵向结构分离中的接入定价政策要简单一些，主要包括边际成本定价、平均成本定价、拉姆塞定价，而这几种定价方式也将包括在本文对纵向一体化网络的接入定价研究中。同时在完全纵向一体化下的网络型产业中，不存在实质意义上的接入定价问题，所以本文研究的纵向一体化网络的接入定价，实质是在纵向一体化与自由接入结构中的单向接入问题。

至市场中经济利润为零，则最终用户支付的价格应等于每个企业的边际成本，这就是市场最优配置下的边际成本原则。遵循这一原则，潜在进入者支付给在位垄断运营商的接入费用应为在位垄断运营商提供接入服务的边际成本，即 $a=c_0$。假设用 c 表示除单位接入费之外的任何其他单位成本之和，则进入者向最终用户收取的价格 $p=a+c$。接入费用越低，产品或服务的最终价格就越低，最终用户消费的产品或服务总量就越高。

最优配置下的接入定价，可实现社会福利最大化。但接入费按边际成本定价的结果，一方面使潜在进入者对网络“搭便车”，必然造成竞争性市场的无效率进入；另一方面，由于原垄断运营商承担回收全部的固定成本，因而会设法将其转嫁到其具有市场势力的市场即利用市场支配力在其他服务上加成，这将破坏潜在进入者与原垄断运营商之间的公平竞争。

（二）次优配置原则：拉姆塞定价

在边际成本定价下，在位者仅能收回变动成本，如果无法获得政府的直接补贴，将承担固定成本 F 大小的损失。因此，必须寻求满足预算约束下的有效接入价格，这就是理论上的次优配置原则。总体上讲，下游企业的供给总量依赖于接入费用的高低（$Q^S(a)$ 表示既定接入费用下产品或服务的供给量），仅当接入费用能够平均补偿固定成本时，即 $a=c_0+F/Q^S(a)$，在位垄断企业才会存续下去。由于供给总量必须等于用户的需求总量，即 $Q^S(a)=Q^D(p)$，而 $p=a+c$，则接入费用为 $a=c_0+F/Q^D(a+c)$。

而在实践中，规制者面对的下游企业通常提供多种最终产品或服务。即使最终产品或服务的物理属性相同，用户对其价值评估也不尽相同。因此，应向最终用户收取不同的价格以补偿固定成本。这实际上是在确保原有在位企业收支平衡的次优原则下的价格结构选择问题。假定规制者以社会福利最大化为目标确定接入价格，则最优的接入价格结构为拉姆塞价格结构：

$$\begin{cases}(p_0-c_0)/p_0=\lambda/(1+\lambda)\times 1/\hat{\eta}_0\\(p_1-c_0-c_1)/p_1=\lambda/(1+\lambda)\times 1/\hat{\eta}_1\\(p_2-c_0-c_2)/p_2=\lambda/(1+\lambda)\times 1/\hat{\eta}_2\end{cases}$$

上式中，$i=0$，1，2 分别代表上游垄断者、下游在位者与下游进入者，p_i 分别表示各主体提供最终产品或服务的价格；c_i 分别表示各自提供最终产品的边际成本；λ 为预算约束下的影子价格，$\hat{\eta}_i$ 为价格超弹性，即经过修正的考虑产品或服务之间相互替代和互补关系的需求弹性。η_i 为普通的需求弹性。如果需求是相互独立的，产品或服务的超弹性等于普通弹性；如果产品或服务是相互替代的，则超弹性小于各自的普通弹性，即 $\hat{\eta}_i\leq\eta_i=|\partial q_i/\partial p_i\times p_i/q_i|$。关于接入价格的拉姆塞公式由 Laffont 和 Tirole（1994）提出，拉姆塞最优接入价格 $a=p_2-c_2=c_0+\lambda(1+\lambda)\times p_2/\hat{\eta}_2$。

在满足财务预算约束时，拉姆塞定价提供了次优指导。由于既考虑了边际成本因素，又考虑了不同需求之间的互补与替代因素，拉姆塞定价法可将因固定成本回收而产生的经济扭曲降为最小；因顾及了“撇奶油”和网络穿越（bypass）[①] 的可能性，可使原垄断运营商的剩余需求弹性增大；同时，拉姆塞定价法还考虑了不同服务之间的互补性或者替代性。然而，由于需要大量的信息，导致其应用受到一定的限制。

（三）生产效率原则：有效成分定价

假定最终产品或服务的价格是固定的，则接入费用对配置效率不会产生影响。规制者关注的是成

① “撇奶油”指新进入者追求利润最大化，不愿经营亏损性业务，而只愿从事高利润业务。网络穿越即为市场绕道，是指大用户不利用原垄断运营商提供的接入服务而与新进入者直接相连，与网络的重复建设含义有一定差别，重复建设主要是指潜在进入者不使用在位者的网络，而是自己重建网络。

本补偿和生产效率，即有效进入和成本最小化，这种集中于生产效率的接入定价方法被称为有效成分定价原理（ECPR）[①]。ECPR 由威利格（Willig，1979）和鲍莫尔（Baumol，1983）首先提出，因此又被称为 Baumol - Willig 规则。该原理表明，当最终产品或服务同质且处于进退无障碍市场（Contestable market）时，即企业可以自由进入和退出，不存在沉淀成本，企业可以实行“打了就跑”（Hit-and-run）策略，在位垄断运营商收取的接入费应为允许进入者使用基础网络的机会成本，也就是最终价格与竞争性业务的边际成本之差，接入价格。

$$a = p - c_1 = c_0 + (p - c_0 - c_1)$$

当原有垄断运营商为新进入者提供接入服务与为自身下游企业提供接入服务的成本相等、提供竞争性生产和服务的成本相等、竞争性市场需求相同、新进入者没有市场支配力时，即满足完全对称条件时，符合效率原则的最优接入定价正好等于 ECPR。ECPR 是一种在进退无障碍市场领域引入真实竞争的参考模型[②]。在理论方面，它提出机会成本这一有用概念，随服务的不同替代程度或网络穿越的可能性而变化。从实践角度分析，ECPR 相当简单，如果不存在固定成本的回收问题，静态的生产效率成为唯一追求目标，ECPR 则是提升效率的有效指导。对于潜在进入者而言，只有其单位总成本（c_E）小于或等于最终价格，$a + c_E \leqslant p$，即 $c_E \leqslant c_1$ 才能确保其生存并获利。因此，该原则向新进入者传达了正确的信号：只有进入者比从事下游业务的在位者更有效率，进入才是有利可图的。同时，新进入者的市场准入不会影响垄断运营商的利润，即 ECPR 是利润中性的，否则垄断运营商可能降低接入质量，破坏公平竞争的市场环境。

有效的接入价格通常需要考虑成本因素，也需要考虑需求因素。拉姆塞接入定价就是较好的理论基准，而这正是 ECPR 所不具备的，ECPR 只关心生产效率，对于在位垄断者和其竞争者之间的生产配置问题也缩小了考虑范围。人们通常还认为，如果不与补充性工具（如对在位垄断者实行最终价格规制，价格上限/下限）综合运用，ECPR 会使在位者获得垄断租金，然而这种指责并不完全准确。因为 ECPR 是假定最终价格为最优的（最终市场是竞争的）。如果进入者比在位者更有效率，所有下游生产应由进入者接管，在位者应退出下游业务部门，此时的网络型产业变为事实上的纵向结构分离，对在位者的最终价格规制显然是不必要的；如果进入者缺乏效率，它就根本不会生产以致该产业变为完全的纵向一体化，也就不存在实质意义的接入价格。最后，由于垄断运营商通常拥有比规制者更多的信息，如果不提供其他方面的适当激励，在位的垄断运营商不会产生降低成本的动力。

综上所述，有关纵向一体化网络的接入定价原则及其特征描述，如表 1 所示。

表 1　　纵向一体化网络的接入价格

基本原则	接入价格	适用条件	优点	缺点
最优配置	边际成本定价	竞争性市场的所有企业生产同质产品，且在技术和成本方面相似	实现社会福利最大化	无效率的市场进入；固定成本无法得到补偿
次优配置	拉姆塞定价	多产品或服务；受在位垄断运营商收支平衡的约束	将消费结构的经济扭曲降为最小	一般而言需要较多信息
生产效率	有效成分定价	最终产品或服务同质；且处于进退无障碍市场	符合静态效率原则；操作简单	部分定价规制；未提供在位者降低成本的激励*

注：*鲍莫尔教授认为，降低成本的激励应由其他规制工具来完成，而不是 ECPR 接入定价政策的任务。

① ECPR 原理最早是在讨论铁路问题时提出的，针对当时从事铁路运输的企业必须向竞争对手租用铁轨这一问题。该原理由鲍莫尔和斯达克于 1994 年进一步扩展。

② 史普博等人还在进退无障碍市场基础上进一步分析了寡头垄断市场模型（假定产品同质而进入成本各异）和垄断竞争模型（假定产品差异化与进入成本差异同时存在）下的 ECPR 接入定价。结果表明，在每一种背景下，ECPR 都存在着共同特征：其一，提供有效进入的动力。如果进入者比原垄断运营商具有成本优势，进入便会发生。其二，接入费与价格下降和产量扩张（相对于规制价格和产量）相一致。

三、纵向一体化网络的接入定价方法：扩展性描述

在实际确定接入定价费用的过程中，往往在垄断运营商提供接入服务的边际成本之上存在加成的问题。加成的目的，并不是因为在位者实施垄断势力，而是由于弥补在位者亏损的考虑，允许提供接入服务的在位垄断运营商补偿其间接费用或共同成本①。

接入定价中的加成主要有以下几种形式：其一，零加成，即前面所分析的边际成本定价。其二，等额加成或统一加成，可使在位者补偿所有相应成本。平均增量成本定价（Average Incremental Cost，AIC）是零加成定价向统一加成定价转变的一种过渡。而完全可分配成本定价（Full Distributable Cost，FDC）、长期增量成本定价（Long Run Incremental Cost，LRIC）则属于这种统一加成范畴。其三，差异化加成，即以需求为基础进行区别性的加成②，拉姆塞定价属于这种情形。其四，机会成本加成，反映在位垄断运营商从最终产品或服务中获得的增量成本③（incremental cost）之上的盈余，ECPR 属于这种情形。从接入定价的基本原则分析，第一种加成遵循的是最优配置原则，第二、第三种加成追求的是次优配置原则，第四种加成遵循的是生产效率原则。本节分析的接入定价方法实质是对接入定价原则的进一步细化和深入。

（一）平均增量成本定价

平均增量成本（AIC），是指在位者及新进入者提供的产品或服务总量中平均分担在位者提供相应接入服务的附加成本总额。AIC 定价起源于进退无障碍市场理论，即假定整个市场由一家企业以最低的平均增量成本提供产品或服务。在 AIC 定价方法下，提供具体接入服务的规模经济效果被基于网络的所有产品服务总量平均地分担。因此，网络型产业的平均增量成本超过边际成本，即 AIC > MC。这就意味着接入定价高于所花费的边际成本，存在一定的加成，是朝向次优配置方向的一个进步。然而，AIC 最终还解决不了共同成本的补偿问题，使提供接入服务的在位者难以收回总成本，甚至无法维持有效率的运营。

（二）完全可分配成本定价

完全可分配成本（FDC）定价是允许提供接入服务的在位者在可归属成本（与经济学中的 AIC 概念相似）之上征收统一加成，即规制者承诺垄断运营商回收投资成本并保持收支平衡，这是一种相对简便的定价方式。尤其在发展中国家，FDC 仍具有普遍性。但 FDC 并不符合效率原则，主要表现在以下方面：其一，导致无效率的市场准入和网络穿越。该定价方法是一种低效率回收接入亏损的方式，容易产生扭曲的价格结构；而由于统一加价，在引入竞争时，会导致无效率的市场准入和网络穿越。其二，由于基于历史成本定价，FDC 不能提供降低成本的激励。其三，定价过程繁杂，会造成价格规制政策的延误。

由于 FDC 的弊端所在，应采用最有效率的成本标准（以可能利用最有效的生产技术且功能相同的替代资产的成本）而非在位者的实际成本来确定接入价格，这种基于前向成本确定接入费用的方法，被称为长期增量成本（LRIC）定价法。在位者一旦面临收入约束，可以采用 LRIC 之上的统

① 即不可归属成本（unattributable cost）。由于规模经济的存在，提供一组服务的共同成本不能直接由某个服务承担，必须以适当的比例在不同的服务中进行分配。

② 接入定价大于边际成本为加价，接入定价小于边际成本则为补贴。

③ 简单地说，就是因提供一个“增加量”而引起的成本。当趋向于无穷小时，该概念就成为边际成本。

一加成。事实上，LRIC 定价是 FDC 方法的一种，只是采用前瞻性视角而非后向成本定价。现在，LRIC 定价已成为比较主流的接入服务的定价方法，如英国 Oftel 从 1995 年开始采用该方法；在 1994 年的 WIK/EAC 报告中，欧盟也倡导该定价方法；而美国 1996 年颁布的《电信法》以及美国 FCC 随后颁布的执行条例中，也接受了 LRIC 定价概念。但 LRIC 的确定具有很强的任意性，将增加规制者的自由裁量权。即使能够客观公正地加以确定，依此确定的接入价格可能仍然不符合效率原则，因而意味着存在经济扭曲。由于严格地限制在位者通过提供接入服务而赢利，LRIC 会刺激在位者在提供接入服务时，设法偏向自己的附属企业而打击其竞争对手。因此，规制者对在位者这种不正当的行为应进行严格规制，使得接入费用的确定需要更多的规制资源。

（三）拉姆塞定价

在拉姆塞定价下，共同成本或间接费用以加成形式得到补偿，加成主要集中于需求弹性敏感的产品或服务。就最终产品或服务而论，拉姆塞定价体现了超弹性原则的应用，即边际成本之上的加成与需求的价格弹性紧密相关（忽视交叉价格弹性）：如果网络接入用以提供的最终产品或服务对价格不敏感，接入服务的加成相对较高；相反，如果网络接入用以提供的最终产品或服务对价格变化敏感，接入服务的加成相对较低。换言之，接入价格在考虑产业的竞争性市场结构的同时，还将依据最终产品或服务的价格需求模式而定。

由于拉姆塞定价需要较多的信息，且企业比规制者拥有更多的需求信息，因此，可考虑在既定价格指数约束下，由企业自行决定接入的相对价格。拉丰和梯若尔（Laffont and Tirole）于 1996 年提出最具创新性的方法，对在位者全部产品设置整体价格上限。在该方法下，网络的接入服务可视为一种最终产品且包含在价格上限的计算中。该方法要求各种服务的加权平均价格不超过某一特定价格。假定 w_i 表示由外部因素决定的第 i 种产品或服务的权重，与预计的相关产品或服务量成比例变化；p^c 为价格上限，则在位者设定的接入价格满足价格上限的制约，即 $w_0p_0+w_1p_1+w_aa\leqslant p^c$。对于纯粹的价格上限，权重应该等于该产品或服务的实际提供量，因为被规制企业会运用自己掌握的成本与消费者偏好的有关信息，来设定满足整体价格上限的中间与最终产品或服务的价格，根据企业利润最大化条件可以得到拉姆塞价格结构。由于受价格上限的约束，企业设置权重时，将消费者盈余以一定比例（比例系数是最高限价制约的影子成本）内部化，即企业将某种产品或服务的价格每提高一个单位，消费者净剩余的减少数量正好等于该种产品或服务的消费。

通过整体价格上限方法，规制者原则上可以大体得到市场需求信息，从而将拉姆塞定价通常所认为的需要较多信息的弊端给予解决，但这又取决于对不同产品或服务权重系数的估计。同时，整体价格上限只是一揽子产品或服务的平均价格，在位者会据此实施掠夺性竞争行为，即通过提高接入价格而降低最终产品或服务的价格来满足整体价格上限，利用交叉补贴以价格挤压（price squeeze）方式打击新进入者。而对于在整体价格上限约束下在位者掠夺性竞争行为，其防止方法或规则还很不完善（张昕竹，2000）。一般认为，ECPR 可以作为防止掠夺性竞争的一个合理手段。

（四）有效成分定价

ECPR 的假定较为严格，如果完全对称条件不满足，要使 ECPR 满足效率原则，必须对 ECPR 进行适当的修正，则最优接入定价可能低于或高于 ECPR 水平。比如可以去除同质产品的假设。如果进入者提供了新产品或服务，在位者机会成本为零，则合适的接入价格应为增量成本，这将刺激新产品或服务的提供。对于在位者生产无效率或享有经济利润的估计可以进行调整。鲍莫尔提出，对于在位者的垄断势力，应通过适当的规制体系进行控制，而非通过接入定价。必须进行的调整在于，允许将接入定价设定在某一水平，使在位者能够补偿其全部成本，维持有效运营且无垄断利润。

近年来，一些学者对于 ECPR 的应用进行了争论，尤其是西达克和斯普尔伯（Sidak and Spulber）于 1997 年提出了市场决定的 ECPR（M－ECPR）观点。M－ECPR 与 ECPR 的差异在于进入者能以较低于在位者的价格提供最终产品或服务，则在位者收取的接入费应等于进入者最终价格与竞争性业务的边际成本之差。如果在位者的最初价格处于较高水平，M－ECPR 会降低最初的价格扭曲。依此而论，M－ECPR 对于在位者享有剩余租金时，ECPR 未能促进最终市场竞争的事实进行了部分校正。然而，对 ECPR 的大部分评论同样适用于 M－ECPR。在一些相关的政策讨论中，很多国家的规制者对 ECPR 提出很多疑义。比如英国的 Oftel 在 1994 年公布的咨询文件《有效竞争的框架》中明确反对使用 ECPR。美国的 FCC 认为，由于 ECPR 不是基于成本定价，并且不能使零售价格达到竞争水平，所以它不是确定接入费用和网络要素价格的正确方法。ECPR 的发明人鲍莫尔和威利格也反复强调，美国并不满足 ECPR 所要求的规制环境。但从理论上讲，ECPR 仍然是一种非常有意义的接入定价方法。

图 1 描述了不同接入定价方法所决定的接入价格的变动范围，其中平均独立成本（average stand-alone cost）是指在放弃任何规模经济效益下提供独立接入服务的单位成本。该种计算接入成本的方法有时被用作价格上限，来决定接入价格是否具有反竞争性。如图 1 所示，接入价格的变动范围取决于两个基本因素：其一，根据总成本中共同成本的比重大小，来决定提供接入服务的在位者回收其接入成本的平均加成规模。一般来讲，从左到右表示平均加成规模逐渐增大，从左下角所示的边际成本定价为零加成，然后依次为平均增量成本定价、完全可分配成本定价、有效成分定价。这样，与从左到右所示的定价方法相对应的接入费用也逐步增加。而拉姆塞定价则是差异化加成，所以平均加成规模的变动范围较大。其二，根据零售价格结构的确定，或由规制者固定，如前面评述有效成分定价时所提到的对在位垄断者实行最终价格规制；或以需求因素为基础，如拉姆塞定价。图 1 中的虚线表示各种接入定价方法在纵向并不存在什么确定关系。

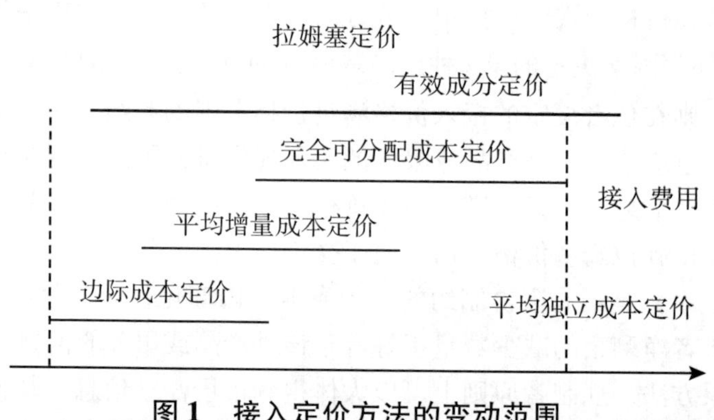

图 1　接入定价方法的变动范围

四、纵向一体化网络接入定价政策选择

制定合理有效的纵向一体化网络接入定价政策，除了需要把握基本理论和方法之外，还需要进一步分析影响接入定价政策制定的相关因素，最主要的是政策目标。一般说来，不同的政策目标必将导致不同的最优接入定价。接入定价政策目标至少主要应包括：促进市场进入；避免无效率的网络穿越和重复建设；鼓励网络所有者对网络进行投资和维护。较好的接入定价应能反映多重目标。但有时这些目标之间又相互冲突，所以在确定接入定价时不宜盲目追求过多目标。在接入定价政策的制定中应体现各种规制工具的相互作用和弥补。

（一）促进市场进入的接入定价政策

当规制者以促进网络型产业的市场进入作为政策目标时，则规制者应从总体上降低接入价格以促进市场进入。新进入者的竞争会带来网络型产业总体经济效率的提升，带来产品多样化效益；从长期来看，进入者的初始成本超过在位者可能具有福利效应，或者更有效率的进入者接管在位企业，或者更有可能的情况是，市场的进入推动着在位企业也达到较高的效率、质量和创新水平。但降低接入价格的政策可能会影响到固定成本的补偿，政府可选择直接补贴政策，这样不会造成价格扭曲。此外，由于市场初期往往存在着各种进入障碍，规制者应实施平等的接入政策以消除进入障碍，推动有效竞争的真正形成。

（二）考虑网络穿越和重复建设的接入定价政策

当网络穿越具有较大的规模经济性时，进行网络的重复建设即自建网络比网络穿越技术更有效率。如果重复建设确实是一种最优选择，则可以利用补贴工具促进接入网络的重复建设；如果不能利用补贴方式，则可以通过制定较高的接入费用，鼓励潜在进入者建立自己的接入网络，而不接受在位者提供的接入服务。而制定较低的接入费用虽然可以避免无效率的网络穿越，但会加大在位者的亏损。因此，为避免无效率的网络穿越，缓解重复建设，可考虑实行非线性定价体系，给予较大规模的进入者以适当的数量折扣。

（三）考虑在位者的投资活动的接入定价政策

在位企业在假定全部成本能够回收并且竞争性进入未被完全预料的情况下，从事规制者批准的基础网络投资活动。而在自由化改革过程中，由于提供接入服务而导致竞争得以加剧，这引出了在位者搁置成本（stranded cost）的补偿以及分配问题。可通过订立长期合同，调节规制者与被规制的在位企业之间的关系，在规制合同中应确保补偿所有已发生的成本。另外，竞争者在签订合同之后还存在着机会主义倾向，即进入者不愿分担新投资的融资成本，在位者则会因承担大于公平份额的成本而终止营运。如果在位者对此有所预期，且因网络资产专用性等因素，这种风险将会阻碍在位企业的初始和未来投资，所以可通过在规制合同中承诺接入费的设定不会过低来解决。在真正意义的竞争性下游市场，进入者从事机会主义行为的空间越来越小。而且，对于煤气、电力等网络型产业，透明的即期和远期交易市场可供投资者选择以满足其不同的需要。此外，提供接入服务后，如果预期需求较少，在位者会形成过剩的生产能力。在某些情况下，在位者可征收峰时定价，以此来转移部分风险。

在网络型产业引入市场竞争时，规制者应考虑可能造成的规制侵占①，并对其进行补偿。更一般的问题是，在设计网络型产业的接入政策时，应对市场进入带来的收益与对垄断运营商的投资激励产生的负面影响进行权衡。

（四）不对称信息下的接入定价政策

接入定价政策大都需要较多的信息，而在网络型产业在位者向进入者提供接入服务时，由于信息不完全，规制者并不能分离在位企业上游和下游活动的成本。而在位者通常提供较高的边际成本信息，以便实施价格挤压，并获得下游市场的超额利润。这就说明，接入定价政策的有效制定需要其他规制工具来辅助完成。

① 如果规制者没有对在位者做出合适的补偿，引入竞争就是一种违背规制合同的行为，会侵占原垄断运营商的资产，即规制侵占。在网络型产业环境中，很多规制行为都有可能构成规制侵占，如新进入者支付过低的接入费不足以补偿在位者的沉淀成本；规制者对新进入者的市场进入进行补贴；当原运营商面临竞争威胁时，规制者严格地控制服务资费；规制者对运营商的经营范围进行限制等。

如果在位者对固定成本在不同产品或服务间的分配权限较小，规制者则可利用其他规制工具要求在位者对上下游业务分别提供会计报告。依据会计数据，在位者必须对新进入者和自身下游企业收取相同的接入费。从原则上讲，这种方法既可获得一体化收益又能降低反竞争性行为。同时，会计分离使得成本更加透明，并增加规制者的信息总量。当进入者应用与在位者相似的技术时，规制者可以将进入者的绩效作为标尺以改进在位者的效率。然而，缺乏有效控制的会计分离往往并不会成为有效的规制工具。在位者为获取高于真实成本状态下的利润水平，自然会产生会计操纵的激励。当会计操纵难以检查时，ECPR 的应用也就存在着一定的风险，即刺激在位者尽可能夸大机会成本的重要性，而将成本从下游部门转移到上游部门。

如果规制者只拥有部分成本以及削减成本所付出努力的信息，采取激励机制必然会留给在位企业额外的信息租金。而接入定价对新进入者产量具有直接影响（较高的接入费降低产量），同时还会间接作用于在位者（进入者产量降低，则在位者产量提高）。因此，应依赖成本特性对所有企业实行激励性规制。如果考虑成本补偿问题，规制者应采取较低强度的激励机制，否则接入成本可能会很高。

参考文献：

1. 拉丰、泰勒尔，胡汉辉等译：《电信竞争》，人民邮电出版社 2001 年版。

2. 张昕竹等：《网络产业：规制与竞争理论》，社会科学文献出版社 2000 年版。

3. 卡布尔，于立等译：《产业经济学前沿问题》，中国税务出版社 2000 年版。

4. 陈代云：《网络产业的规制改革：以电力、电信为例》，载于《中国工业经济》2000 年第 8 期。

5. 肖兴志：《自然垄断产业规制改革模式研究》，东北财经大学出版社 2003 年版。

6. Laffont，J. J. and J. Tirole，Access Pricing and Competition，European Economic Review（38），1994.

7. Martin Cave，Peter Crowther and Leigh Hancher，Competition aspects of access pricing，Report to the European Commission，1995.

8. Tommaso M. Valletti and Antonio Estache，The theory of access pricing：an overview for infrastructure regulation，Report to the World Bank，1999.

（本文载于《中国工业经济》2003 年第 6 期）

强自然垄断定价理论与中国电价规制制度分析*

于良春 张伟

摘　要： 强自然垄断行业由于其定价方面的两难困境需要规制者对其产品定价进行规制以在厂商利润与社会福利之间进行权衡。边际成本定价原则并不适合于对强自然垄断厂商进行定价。本文在规制定价理论以及激励规制理论的基础上对中国电力定价问题进行了分析，认为电价改革的第一步应在发电环节中引入竞争的基础上，对不同效率类型的电力厂商设计不同激励强度的定价机制，另外本文尝试着对不同技术效率的电力厂商开列出了不同激励强度的价格规制方案菜单。

关键词： 强自然垄断　电价模型　规制政策

一、电力产业的基本特征与电价规制的基本原则

现代经济学意义上的自然垄断，指的是厂商具有平均成本随产量的增加而持续下降所带来的规模经济的特征。一般认为自然垄断行业应具备以下几种技术经济特征：（1）网络性；（2）规模经济和范围经济效应显著；（3）关联经济效应显著；（4）有大量的沉淀成本；（5）普遍服务性；（6）国家赋予特定企业以垄断经营权。很明显，电力行业符合自然垄断的技术经济特征。传统经济理论认为，从社会总体利益的角度出发应对自然垄断进行规制，而且，经济学对规制的理论和经验的研究曾集中于考察某些特殊产业的价格和进入的规制上。对自然垄断产业的定价进行规制的原因来自垄断产业定价的两难困境。如图 1 所示，*AC* 为厂商的平均成本，*MC* 为厂商的边际成本。由于自然垄断厂商的平均成本随产量的增加而降低，因而边际成本曲线位于平均曲线下方。我们知道，只有当产品价格等于其边际成本时，社会总福利才能最大化。但如果自然垄断厂商将其产品价格定于边际成本时，厂商将会出现图 1 中由 *abfe* 所围成阴影面积的亏损，厂商将无法维持其财务的稳定性，这即是自然垄断行业定价的基本矛盾。这一矛盾使社会陷入一种两难困境，必须由政府出面对价格进行规制，在社会福利与厂商利润之间进行权衡。鲍莫尔（Baumol）、潘札（Panzar）与威利格（Willing）于 1982 年用成本次可加性的概念对自然垄断重新进行了定义，认为规模经济对于自然垄断的存在既不是充分条件，也不是必要的条件。

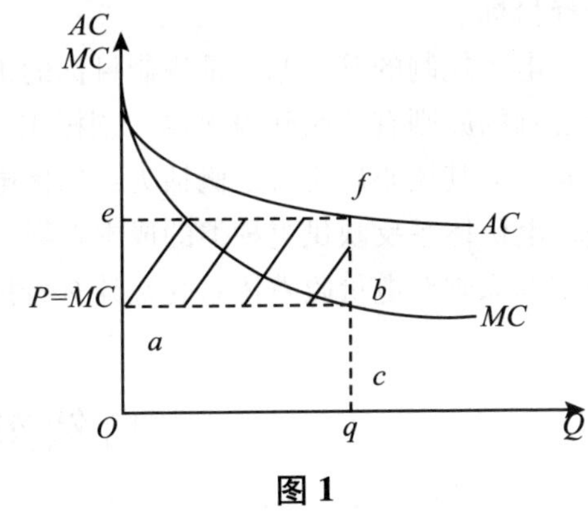

图 1

* 本文是国家社科基金课题“垄断与竞争：自然垄断性行业竞争机制与相关产业组织政策研究”的阶段性成果之一。燕峰、刘宗明、张卉、董丽娃等参加了讨论。

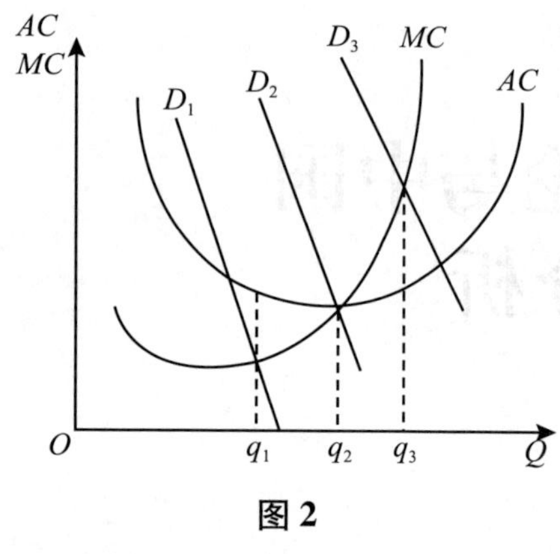

图 2

由成本次可加性我们可以将自然垄断划分为强自然垄断和弱自然垄断。如图 2 所示，MC 为边际成本，AC 为平均成本，D_1，D_2，D_3 为不同的需求曲线，当厂商按边际成本定价时，则产量由需求曲线与边际成本曲线所决定。当需求为 D_1 时，产量为 q_1，此时平均成本处于下降阶段，$MC < AC$，厂商亏损，边际成本定价矛盾存在；当需求为 D_2 时，产量为 q_2，此时 $p = MC = AC$，厂商盈亏平衡；需求曲线为 D_3 时，产量为 q_3，平均成本处于上升阶段，$MC > AC$，厂商赢利。第一种情况下的自然垄断为强自然垄断，而第二以及第三种情况下的自然垄断为弱自然垄断。很明显，在弱自然垄断下，边际成本定价同时满足了社会福利最大化及厂商利益的约束条件，而在强自然垄断下，规制者则必须对厂商的进入以及定价进行规制，使厂商的定价高于边际成本以消除亏损，同时避免出现垄断价格。

电力产业属于强自然垄断产业，电力产品有着与普通产品不同的产品特征，它们之间最大的不同在于电力产品的生产者与消费者必须以实体的方式链接在一起，对电力产品供给以及需求的任何变化都会在一个完整的网络中以光速传播开来。由于电力产品的不可储存性，因此其供给与需求要求时刻保持着平衡。另外，电力对于一个国家的经济安全、经济的发展以及日常生活来说都是一种必需品。在短期内，电力产品的需求价格弹性约为 0.13，大大小于 1 的水平。电力产品与一般公共产品也存在着差别，电力产品是一种可以形成价格的产品，电力产品的共同必须性与价格的可形成性使其成为一种准公共产品。由于电力产品具有价格的可形成性，因此各个国家都在积极探索电价的收费水准以及可行的收费体系，并在实践中出现了多种多样的收费模式。人们期望通过对电价的规制来达到经济规制的几个目标：（1）实现资源的有效配置；（2）确保企业内部效率；（3）避免收入再分配；（4）企业财务的稳定性（植草益，1990）。

电价规制的最终目标如前所述，即在自然垄断厂商维持收支平衡的前提下最大化社会总福利，但短期内规制的目标在不同的阶段中也应有其一定的针对性。中国的国民经济要在 2020 年实现再翻两番的目标，那么 2003 ~ 2010 年全社会年均用电量的增长速度将保持在 6.6% ~ 7.0% 的水平上，而 2010 ~ 2020 年全社会年均用电量的增长速度将保持在 4.5% ~ 5.5% 的水平上。因此，在短期内我们对电价进行规制所要达到的目标应是吸引投资，建设充足的发电容量，推进电力基础设施的扩建与升级，确保系统的安全性及可靠性，而降低电价，提高效率及为用户提供更多的选择将成为次选择目标。

电价规制的基本原则是规制目标的进一步体现，各市场经济国家和地区有关电价的法规都对电价规制的原则有着明确的规定（刘树杰，1999）。各个国家电价规制的基本原则表述形式虽然有着不同，但其核心思想可以概括为：确保电力企业有能力正常经营；公平对待每一用户并提供普遍服务；电价体系反映供电种类的成本差异；有利于环境保护；便于理解及执行。可以看到，电价规制的基本原则对电价收费体系的设计有着指导性的意义。

二、自然垄断定价模型的理论分析

市场效率的高低，从根本上取决于交易制度，维尔农 · 史密斯（Vemon L. Smith，1992）认为：数据和分析有力地表明，制度之所以造成差异，是因为规则能造成差异，而规则之所以造成差异，是因为它们能影响个人激励。不可能设想存在一种没有制度而又可以维持的经济。制度确定产权规则，而只有借助这种规则，经济活动主体才能在蕴涵的界限和机会之内交往式交换、转让产品。这实际上是指出了激励对于制度的重要作用，而这也正是激励规制思想的渊源之所在。伯格和车赫特（Berg and Tschirhart，1988）对自然垄断定价有关理论也提出了一些创造性的见解。在下面的论述中，我们将首先对激励性规制之前的强自然垄断定价模型进行理论上的分析。

（一）拉姆士定价

拉姆士（Ramsey，1927）定价是在厂商收支平衡条件下实现经济福利最大化的定价模型，其一般的表达形式为：

$$\frac{P(Q_i)-MC}{P(Q_i)}=\frac{R}{\varepsilon_i}$$

式中，$P(Q_i)$ 为第 i 种产品（市场）的逆需求函数；MC 为边际成本；R 为拉姆士值；ε_i 为需求弹性。这种定价模式考虑了不同产品（不同市场）的需求弹性，因此对不同的用户来说产品定价是不相同的，拉姆士定价（Ramsey Pricing）以收支平衡为前提将经济福利最大化，因此它是一种次优的收费方式。但在实际操作中，拉姆士定价却缺乏可操作性。首先，规制者无法获得关于边际成本的足够信息来制定拉姆士价格；其次，拉姆士价格试图根据需求弹性的不同在不同用户间分摊福利损失，需求弹性小则价格高，而需求弹性大则价格低，这势必会损害需求弹性较小的那部分消费者的利益，以一种在消费者内部进行转移支付的形式造成了新的不公平。因此，拉姆士定价的理论价值在于为强自然垄断厂商定价模型的设计提供了一个参照系。

（二）完全成本分摊定价

由于拉姆士定价缺乏可操作性，因此在实践中经常采用的是完全成本分摊定价（Fully Distributed Cost，FDC）方式。FDC 是当厂商生产多产品时，从将固定费及公正报酬（两者都被看做是共同费）公平地分摊给消费者这一观点出发所采取的收费方式。FDC 定价有很多种不同的表述形式，其中布鲁蒂格（Breautigam，1980）的论述最具代表性。设厂商为一个多产品自然垄断厂商，其生产 n 种不同的产品，$q=(q_1,\cdots,q_n)$，消费者对这些产品的需求是独立的，厂商由第 i 种产品得到的收益为 $R_i(q_i)=p_i(q_i)q_i$。假设厂商的成本函数为 $C(q)=\sum_{i=1}^{n}C_i(q_i)+CC$，其中 $C_i(q_i)$ 是厂商生产产品 i 时可以确定的生产成本，CC 为生产 n 种产品的共同成本。FDC 定价方式要求厂商的每一种产品都要能生产足够的收益以弥补其生产成本，因此我们有 $R_i(q_i)\geqslant f_iCC+C_i(q_i)$，$i=1$，…，$n$。其中 f_i 为分摊在第 i 种产品上共同成本的权数。不同的 FDC 定价方式就在于对 f_i 选择的不同上。布鲁蒂格考察了以产量、成本以及收入为衡量指标的三种不同 f_i 的确定方式，即产量法用某一产品产量占总产量的比重作为权数来分配共同成本；成本法以及收入法则分别用某一产品的成本（或毛收入）占全部成本（或毛收入）的比重来分配公共成本。虽然 FDC 定价方式在实践中被大量地采用，但由于其对 f_i 的选择有很大的随意性，而且它缺乏严谨的理论基础，与拉姆士定价相比，FDC 定价只考虑了弥补成本，不考虑提高效率，因此会引起产量的扭曲，不能达到社会福利的最大化，而且我们可以看到 FDC 定价方式中边际成本的概念并没有出现，因此，最优定价中的理论基石在这里被忽视掉了。

（三）非线性定价

拉姆士定价以及 FDC 定价都属于线性定价模式。非线性定价则是指受规制的强自然垄断厂商根据消费者的需求，将成本结构详加分类以设计出各种收费体系，将成本公平地分摊给消费者的定价形式，如在实践中常被采用的二部收费（Two-part tariff）。二部收费最早可以追溯到霍普金森

（Hopkinson，1892）的电力收费模型，在模型中他在取决于产品使用的成本以及不取决于产品使用的成本之间做出了区分。二部收费由与使用量无关的按月额或年额支付的基本费与按使用量支付的从量费两部分构成；即消费者所支付的价格总额为 $pq+t$，其中 t 为基本费，而 p 为单位产品的价格。在电力产业中曾广泛地使用了递减的复合两部收费体系，即当对产品的购买量增加时，边际成本价格将会减少。在二部收费中，基本费的确定是为了弥补厂商所承担的共同成本的支出，但基本费如果定得过高的话，将会使一部分消费者退出市场。在电力产业中由于产品的不可存储性以及出于调峰和提高设备负荷率的需要，经济学家们提出了高峰负荷收费理论，这也是经济学上边际成本价格形成理论在产业方面最充分的运用。植草益（1990）考察了六种不同的高峰负荷收费模式，他的分析结果证明高峰收费体系的逻辑关系与拉姆士定价是相同的。

三、激励性规制与中国电价规制制度的理论分析

对强自然垄断厂商进行价格规制的核心是确定强自然垄断厂商的成本结构，如果规制者能够掌握关于厂商生产充分信息的话，那么其就能够为厂商制定相应的收费模型并实现资源配置的帕累托最优。但在实际中，正是由于信息不对称的存在使得定价成为一个由规制者、强自然垄断厂商以及消费者三方所参加的一个博弈过程。激励性规制之前的规制制度主要存在以下几个问题：（1）企业内部无效率的产生；（2）规制关联费用的增加；（3）规制当局的自由裁决权和寻租成本的产生；（4）由规制滞后产生的企业损失。我们认为，无论是公正报酬率定价所导致的 A－J 效应，还是厂商内部 X－非效率的产生，均是由于激励不足或是激励机制设计不当所产生的结果。目前，规制经济学研究的重心正在向激励性规制转移，并在实践中进行了大量的应用。德姆塞茨（Demsetz，1968）将特许投标制在理论上重新提出并引起了人们的注意；雪理佛（Shleifet，1985）提出了关于区域间竞争的模型分析；美国在其电力事业部门中则实行了社会契约制度，而英国则在其自然垄断行业的价格规制方面运用了最高价格上限模型。劳伯和马盖特（Loeb and Maget，1979）将规制看作为一个委托—代理问题，并用劳伯—马盖特（LM）机制解释了信息不对称情况下的规制问题。他们从激励相容的角度，根据规制机构的目标（消费者剩余与厂商利润之和最大化）与被规制厂商的目标（利润与补贴之和最大化）相一致的原则提出了规制结构给予被规制厂商与消费者剩余相等的补助方案。

当前激励性规制研究的着眼点在于促进强自然垄断性厂商的积极性的同时，又要在行业中引进并鼓励厂商之间的竞争，也即要求规制者在提高激励强度与厂商提取信息租金之间进行取舍。在电力价格规制方案的设计方面，这一点要求规制者通过设计合理的价格结构以形成相应的电价水平，而且这一电价水平要既能有效地收回电力供应过程的供电成本，又能有效地刺激电力厂商提高其运行效率。电价规制方案的设计也即一个经济机制的设计问题。一般认为，一个好的经济机制应满足三个要求：实现资源的有效配置，有效利用信息，以及激励相容（田国强，2003）。机制的有效资源配置是要求资源得到有效利用，有效利用信息要求机制的运行具有尽可能低的信息成本，而激励相容要求个人理性与集体理性相一致。历史上，中国电价机制的形成及改革大体上经历了三个阶段：第一阶段（1952～1978 年），全国统一的电价制度，在很大程度上缓解了当时电力严重短缺的状况。第二阶段（1979～1984 年），调整电价制度。由于当时煤炭和运输价格上调，导致电力企业资金利润水平下降，为了解决这个问题，政府对电价采取了局部调整的措施，以改善电力企业的效益水平。第三阶段（1985 年至今），多种电价制度。这种电价制度一方面可多渠道筹集资金，满足电力产业较高的投资需求，另一方面也能够使电力企业得到合理的补偿。目前中国有几百种电价，而这些电价都是由原国家计委审批出来的审批价，也就是在申报成本的基础上加一个人为确定的平均利润，而由这种独特的还本付息定价机制确定的电价在各地的差异较大，在短期内也不太可能统

一。从经济机制的设计标准来看，目前中国的电价规制方案显然不能满足一个好的经济机制所应达到的标准。

在下面的分析中，我们假设规制者最大化的目标函数是消费者剩余与被规制厂商利润的加权平均。假设规制者委托给电力厂商生产 q 单位的电力产品，则规制者由 q 单位电力产品中得到的效用为 $S(q)$，$S'>0$，$S''<0$，$S(0)=0$，即电力产品的边际价值为正。考虑到中国的实际情况，我们设 θ 为一个能够影响电力厂商生产效率的外生变量，$\theta \in \Theta=\{\underline{\theta},\ \bar{\theta}\}$，电力厂商可能是高效率的（$\underline{\theta}$），也可能是低效率的（$\bar{\theta}$），其概率分别为 v 及（$1-v$）。影响外生变量 θ 分布的因素除了单纯的技术因素之外还包括各电力厂商的制度成本、电厂基建成本、还本付息所引发的成本等。设 $\Delta\theta=\bar{\theta}-\underline{\theta}>0$ 为电力厂商外生变量 θ 的不确定性幅度，规制者无法翔实地了解电力厂商的生产成本，但生产 q 单位电力产品的固定成本 F 以及 θ 的分布却是双方都了解的事实，而且电力厂商了解自己的类型 θ。电力厂商的成本函数为 $C=\theta q+F$，其利润函数为 $U=t-\theta q$，t 为厂商的转移支付。根据拉丰及蒂若尔（Laffont and Tirole，2000）的分析，对于一组契约 $\{(\bar{t},\ \bar{q});\ (\underline{t},\ \underline{q})\}$ 来说，如果这组契约满足激励相容的条件，那么高效率 $\underline{\theta}$ 类型的厂商通过模仿低效率 $\bar{\theta}$ 类型厂商所能够获得的效用水平满足：

$$\bar{t}-\underline{\theta}\bar{q}=\bar{t}-\bar{\theta}\bar{q}+\Delta\theta\bar{q}$$

很明显，即使低效率厂商的效用为零的话，那么高效率厂商也可能凭借自身的技术、成本等方面的比较优势获得效用 $\Delta\theta\bar{q}$，这个值也即高效率类型厂商获得的信息租金。规制者的问题即在于尽可能降低 $\Delta\theta\bar{q}$ 的同时设计激励合同以提高厂商的资源配置效率。由显示原理我们知道，达到同样配置结果的规制机制都可以通过一个厂商如实报告自己类型的直接机制所实现，因此我们只需考虑当厂商如实报告自己成本类型时的价格规制机制。我们可以发现，在同一激励合同条件下低效率类型厂商的产出水平将低于不完全信息条件下的产出水平，因而资源配置效率有所降低。如果低效率厂商的利润 $\bar{U}$ 严格为正，那么高效率厂商就有积极性通过模仿低效率厂商的行为从而获得严格为正的信息租金 $\Delta\theta\bar{q}$，这一结论对中国的电价规制有其明确的现实意义。因为在未来可预见的一段时期内，由于各电力厂商在制度成本、技术等方面存在着的结构性差距会使得影响厂商效率参数 θ 分布的各因素在短期内很难得到有效的控制，而且这些因素中很大一部分由于历史原因形成而难以改变；另一方面，中国经济的高速增长也需要一些低效率的电力厂商提供其能够承载的电力产量，$\bar{q}$ 也将保持在低效率厂商最大生产能力的规模水平上。由这两点我们可知目前中国高效率的电力厂商将会获得一个较高的信息租金。

在强自然垄断厂商产品定价水平方面，拉丰和蒂若尔（2001）证明，偏离拉姆士的定价不会减少信息不对称或者减少留给企业的租金。直观地讲，当且仅当规制者能够减少厂商的寻租行为时，对拉姆士价格的背离才是合理的。这就是著名的分离原则，即价格的作用只限于资源配置，而利润分成工具则用来减少租金。英美等国家在电价形成机制的设计中以价格上限模型取代了由公平报酬率形成的收费规制，在规制机构和被规制厂商之间以类似于社会契约制度的形式签订价格规制合同，规定价格上限，使价格原则上只能在这个上限以下自由变动。但拉丰（Laffont，1996）认为最高限价模型由于规制者信息的缺失将使价格的设定成为一个问题，而且这个模型缺少跨期时段的最高价格上限，从激励的角度来看，它会导致棘轮效应。沃格尔桑和芬辛格（Vogelsang and Finsinger，1979）在信息不对称的理论基础上分析了规制方案的动态特性，规制者根本不知道什么是拉姆士价格，他们分析的目的就在于如何在缺乏有关成本和需求信息的情况下使厂商最终采用拉姆士定价。他们的模型允许垄断厂商在每个时期按照不超过给定水平的加权平均价格选择各种产品的价格，但在第 t 时期各产品价格必须满足这样的条件：在这些价格水平上，前一时期（$t-1$）的产出所获得的收益不能超过前一时期所发生的总成本，在 t 时期的价格应满足：

$$\sum p_i^t Q_i(p^{t-1}) \leqslant C[C(p^{t-1})]$$

它表明厂商如果缺乏远见，在一静态的环境中，分配会收敛于拉姆士定价，也即在最高限价公式中的权值向最佳数量收敛。

由以上分析我们认为，中国电价规制方案应消除电力厂商寻租的空间，即应以拉姆士价格作为最优价格水准进行价格规制。由于反映中国电力厂商效率的外生变量指数 θ 的分布区间较广，因此规制者应对不同效率类型的电力厂商设计不同激励强度的价格规制方案。首先对不同效率类型的厂商做出甄别，利用电力收费价格体系对厂商做出区分的机制应满足信号传递博弈中的单交叉条件：

$$\frac{\partial U^{\bar{\theta}}(p)}{\partial p} > \frac{\partial U^{\underline{\theta}}(p)}{\partial p}$$

即收费水准的改变对不同类型电力厂商利润的影响是不相同的，尤其对低效率类型 $\bar{\theta}$ 厂商利润的影响更为明显，而且正是因为不同类型厂商对价格这一信号的敏感度不同才使得价格信号传递博弈分离均衡得以存在。规制者应为不同效率类型的电力厂商设计不同的价格规制菜单使厂商自己进行选择。而在激励与提取租金之间存在着一个基本的权衡问题：激励要求高激励强度的规制方案，但在存在着逆选择的情况下，提取租金需要低激励强度的规制方案。因此规制者所设计的方案应使高效率的电力厂商选择高强度激励合同，而使低效率类型的厂商选择低强度激励合同，为此需要规制者开列出适合不同效率电力厂商的价格规制菜单。在对中国电力厂商效率类型进行甄别之后，根据中国的实际情况，并借鉴经济发达国家的价格规制模型，我们认为对技术效率较低的电力厂商应采用公正报酬率规制方案。考虑到这部分厂商基本为国有企业，而公有制企业的一个基本特征为非市场合约性（周其仁，2002），因此这部分厂商需要在正常的生产运营成本之外再承担一部分非市场成本，所对应的公正报酬率规制方案我们建议为：

$$\phi = a_1 \frac{D}{V}i + a_2 \frac{F}{V}r + a_3 x \quad \sum_i a_i = 1$$

其中，ϕ 为公正报酬率，D/V、F/V分别为电力厂商自有资本（D）、借贷资本（F）占电力厂商总资本（V）的份额，i 为全社会平均资本盈利率，r 为银行借贷利率，x 为国家租金激励率，a_i 为权重值。x 的选择我们认为应以电力厂商所承担的非市场成本与其总资本的比率来确定，但应注意对 x 的选择是一种权宜，而且赋予 x 的权重值 a_3 将随这部分电力厂商产权制度改造的进程而不断降低。而对技术效率较高，特别是 1992 年后以中外合资、外资独资以及 BOT 等方式新建的发电厂应采用高激励强度的价格上限（RPI－X）规制方案，并允许这些高效率的电力厂商在一定时期内取得较高的信息租金以有利于电力行业融资的需要。由于发达国家所采用的价格上限规制模型只单纯地考虑了经济效率因素而忽视了技术效率的影响，因此并不适用于中国具体的国情。作为一种初步探讨，我们提供一种可供选择的价格上限规制模型：

$$P_{t+1} = P_t(1 + RPI - X) + aP_{t+1}\Delta\theta$$

在这个模型中，$P_{t+1}\Delta\theta$ 为接受价格上限规制的高效率类型（$\underline{\theta}$）电力厂商所获得的信息租金。经简单变形我们得到：

$$P_{t+1} = \frac{P_t(1 + RPI - X)}{1 - a\Delta\theta}$$

其中，P_{t+1} 为下一期的规制价格，P_t 为本期规制价格，RPI 为零售价格指数，即通货膨胀率，X 为生产效率增长率，$\Delta\theta$ 为高效率类型（$\underline{\theta}$）电力厂商与低效率类型（$\bar{\theta}$）电力厂商平均利润之差，a 为修正系数。根据王俊豪（2003）的分析，中国缺乏一个合理的发电基价 P_1，因此我们建议对 P_1 的选择可以借鉴其他发展中国家（如智利、阿根廷）的发电电价数值，以标尺竞争的理念在类似制度环境下确定一个较为合理的电力基价，另外规制者对修正系数 a 的选择能够有效地影响电力行业的融资能力。规制者所设计的价格规制方案应满足动态一致性的要求，即规制方案不仅在制定阶段应是最优的，而且假设没有任何新信息出现的条件下，方案在执行阶段也应是最优的。由于规制者与电力厂商之间的博弈实际上是一个长期的重复博弈过程，而且博弈的均衡解在不同的规制目标下将会表现出多样性。因此规制方案只有在满足动态一致性要求的条件下，理性的电力厂商才会按照博弈的规则选择自己的行动。

四、完善中国电价规制制度的政策建议

由以上分析我们认为，目前中国的电价体系不能有效地促进电力厂商提高其技术效率，因而中国的电价规制体系需要在规制制度方面进行调整。一方面，对电力厂商而言，规制者应在对电力厂商效率进行甄别的基础上对不同效率的电力厂商设计不同激励强度的激励合同；另一方面，规制者应根据消费者需求弹性及购买电力产品数量的不同设计不同收费水准的价格结构，并允许用电大户直接与电力厂商以契约方式签订用电合同。根据强自然垄断厂商价格规制理论以及中国的实际情况，我们认为在下一步的电价规制改革中应注意以下几个问题：

第一，先应完成电力企业的产权改造，并对电力企业强自然垄断以及非强自然垄断的经营范围做出区分。只有在一个完善的产权制度的基础上我们才能在规制者与厂商各自的约束条件下对电价的形成通过动态的博弈过程进行研究。

第二，对电力价格体制的改革要逐步进行。配电市场的价格放开需要比较严格的市场条件，而中国目前则不具备这样的环境，在电价形成中引入竞争目前只可局限在发电电价的形成方面，而且更应限制在电量电价或平段电价的形成方面，而高峰电价仍应由国家规定。

第三，在具体的电价交易模式的选择上，我们认为应首先保证普遍服务的原则。我们建议，在生命线定价——即向低收入者提供生活必需的电力产品的基础上，首先建设起库联营的电力交易模式。现时定价模式是最为理想的一种电力交易模式。现时电价是系统总成本对某一用户在某一时刻用电的偏导数，它既反映了系统的经济特性，也反映了系统的安全可靠性。但中国目前由于软硬件及相关法规等方面的不足还不能采用。应该看到，在市场经济发达的美国，加州电力危机最主要的教训是忽视了电力消费的基本特征，采用了没有库联营的纯经济人交易模式和具有易变性的单一电价体制，并在运行辅助市场中采用现时采购的模式与定价方法，以至于在市场机制与体制上出现了问题。

第四，电价的形成过程是一个不断调整的长期动态规制的问题，电价的形成对整个电力行业的规制有着重要的影响，电价的设计应随规制目标的变化而相应地变化。在保证厂商获得一定利润的基础上，应在发电电价形成过程中引入竞争以激励厂商降低成本，提高效率，在一个次优选择的基础上最大化社会总福利。

第五，由于中国现在成立了五大发电集团，因此，在电价制定方面还应注意电力厂商由自然垄断向行为垄断过渡的问题。行为垄断是指由少数厂商的合谋所引致的垄断行为。我们认为，在电价形成机制中应充分引入竞争，在拍卖经济学的理论基础上设计合理的博弈机制，以消除寡头垄断所带来的福利损失。

参考文献：

1. 丹尼尔・F・史普博：《管制与市场》上海三联出版社 1999 年版。
2. 刘树杰：《垄断产业价格改革》中国计划出版社 1999 年版。
3. 让・雅克・拉丰、让・蒂若尔：《电信竞争》，人民邮电出版社 2001 年版。
4. 让・雅克・拉丰、让・蒂若尔：《激励理论》，中国人民大学出版社 2002 年版。
5. 田国强：《经济机制理论：信息效率与激励机制设计》，载于《经济学季刊》2003 年第 2 期。
6. 王俊豪：《政府管制经济学导论》，商务印书馆 2003 年版。
7. 维尔农・史密斯：《新帕尔格雷夫经济学大辞典》，约翰・伊特韦尔等编，经济科学出版社 1992 年版。
8. 于良春、郭松山：《论我国电价制度的利弊与改革思路》，载于《经济评论》2000 年第 6 期。

9. 于良春、赵西亮：《中国电力行业的改革与发展》，载于《中国工业经济》2000 年第 4 期。

10. 植草益：《微观规制经济学》，中国发展出版社 1992 年版。

11. 周其仁：《公有制企业的性质》，载于《经济研究》2002 年第 1 期。

12. Averch，H and L. L. Johnson . 1962，“Behaviour of the Firm under Regulatory Constraint”，American Economic Review，52.

13. Braeutigam，R. R . 1980，“An Analysis of Fully Distributed Cost Pricing in Regulated Industries”，Bell Journal of Economics，Vol. 11，Spring.

14. Demsetz，H . 1968，“Why Regulate Utilities?”，Journal of Law and Economics，11. Hopkinson，J . 1892，“The Cost of Electric Supply ”，Transactions of Junior Engineering Society.

15. Loeb，M and Magat，W . A，1979，“A Decentralized Method for Utility Regulation ”，the Journal of Law and Economics，22.

16. Ramsey，F. R . 1927，“A Contribution to the Theory of Taxation ”，Economic Journal，37.

17. Sanford，V . Berg and John Tschirhart . 1988，“ Natural Monopoly Regulation”，Cambridge University Press.

18. Severin Borenstein. 2002，“The Trouble with Electricity Markets ：Understanding California’s Restructuring Disaster” Journal of Economic Perspectives，Vol. 16，No. 1，Winter .

19. Shleifet，A . 1985，“A Theory of Yardstick Competition”，Rand Journal of Economics 16.

20. Vogelsang，I and J，Finsinger . 1979， “A Regulatory Adjustment Process for Optimal Pricing by Multiproduct Monopoly Firms”，Bell Journal of Economics 10.

（本文载于《经济研究》2003 年第 9 期）

自然垄断行业的竞争与管制问题研究

——以中国民航运输业为例

曹建海

摘　要：本文用实证分析的方法系统分析了中国民航运输业的竞争和管制状况，提出了政府过度管制下民航运输业存在的产业规模偏小、高进入壁垒和高退出壁垒的市场结构、刚性成本结构、低效率和低利润率等问题，并从放松政府管制、引导产业升级、改善公司治理、制定反垄断和公平竞争法规等方面提出了促进竞争、提高民航生产效率的政策建议。

关键词：民航运输业　竞争　管制

截至2001年年底，中国民航已拥有飞机1115架，其中运输类飞机603架，通用类飞机512架，运营的航线总数已达1143条，航线营运总里程为222万公里。2001年中国民航共完成运输总周转量140.4亿吨公里、旅客运输量7524万人和货邮运输量171万吨，分别为1978年的47倍、29.1倍和26.8倍，23年的平均增长速度分别为18.3%、15.8%和15.4%。民航增长速度约为同期国民经济增长速度的两倍，也远远快于同期整个交通运输业和世界民航业的发展速度。根据国际民航组织公布的数据，2001年中国民航的运输总周转量已居世界第六位，加上港澳地区排名第二，成为全球规模最大和最具增长潜力的区域市场之一。

到2001年，全行业共有航空公司20家（按中国民航总局规划司统计口径，不包括被控股的航空公司）。其中民航总局直属企业9家，分别为中国国际航空公司、中国南方航空公司、中国东方航空公司、中国西南航空公司、中国西北航空公司、中国北方航空公司、新疆航空公司、云南航空公司和中国航空公司。[①] 其余11家，包括上海航空公司、中国联合航空公司、四川省航空公司、武汉航空公司、海南航空公司、中国新华航空公司、长安航空公司、深圳航空公司、山东航空公司、邮政航空公司和山西航空公司等，为1984年以后民航总局帮助地方和部门建立的非直属航空公司。

一、中国民航运输业的结构、行为和绩效分析

（一）市场结构

1. 行业集中度。在全行业的20家民航公司中，中国国际航空公司为最大航空公司，2001年完成运输总周转量34.4亿吨公里，占全行业的24.5%，为国内民航企业的龙头公司。与国航规模接近的有中国南方航空公司和中国东方航空公司，2001年完成航空运输总周转量分别为29.96亿吨公里、23.9亿吨公里，分别占全行业运输总周转量的21.3%和17%。1999～2001年三大航空公司运

① 2002年10月11日，经国务院批准，民航总局将其直属的9家航空公司重组为中国航空集团公司、中国东方航空集团公司、中国南方航空集团公司三大航空运输集团，民航总局作为国务院主管全国民航事务的直属机构，不再代行六大集团公司的国有资产所有制职能，而主要承担安全管理、市场管理、空中交通管理、宏观调控及对外关系等方面的职能。

输总周转量在全行业中的比重分别占到63.7%、64.3%和63.9%，表现为极为稳定的市场领导型结构。与三大公司最为接近的集团为中国西南航空公司、中国北方航空公司、中国西北航空公司、云南航空公司、乌鲁木齐管理局、上海航空公司和海南航空公司，1999～2001年运输总周转量在全行业中的比重稳定在3%～6%之间。其他13家公司规模较小。1999～2001年运输总周转量在全行业中的比重在0.1%～2%之间，其中山西航空公司规模最小，1999～2001年完成的运输总周转量只有全行业的0.01%、0.02%和0.06%（见表1）。

2. 进入壁垒和退出壁垒。从企业进入障碍和退出障碍方面进行产业的市场结构分析，如果只考虑进入和退出障碍只分为高低两种的简单情况。在中国，民航业是一个高进入壁垒的行业。根据《民航法》规定，设立航空公司应当具备符合国家规定的适应保证飞行安全要求的民用航空器、有必需的依法取得执照的航空人员、有不少于国务院规定的最低限额的注册资本和法律、行政法规规定的其他条件。这从资金规模、技术水平等方面对企业进入形成了一定的壁垒。例如，购置1架空中客车需耗费1亿美元以上，一架宽体波音777价值1.5亿美元，1架波音747货机1.6亿美元以上。如果要组建航空机队，需要数十亿元人民币的资金。除了资金和技术的要求外，阻碍航空公司进入的最主要的壁垒是航空公司的行政审批。中国《民航法》规定，设立公共航空运输企业，应当向国家民航总局申请领取经营许可证，并依法办理工商登记。中国现有30余家航空公司（含航空公司的子公司）均是在1984年至1996年批准设立的，但自1996年迄今中国邮政航空有限公司成立以来，民航总局没有批准新的航空公司设立，显示中国航空运输业企业进入较高的进入壁垒。此外，航空公司经营定期航班运输的航线，暂停、终止经营航线，应当报经民航总局批准。与高进入壁垒相对应，中国民航运输业同样面临着很高的退出壁垒。由于航空公司在经营管理上受民航总局干预过多，企业亏损多以政策性亏损进行解释。1998年以来，中国民航业进入了全行业亏损的局面，个别企业如国航、东航亏损严重，但迄今没有一家企业通过破产方式退出；企业并购行为虽有发生，但主要限于小型航空公司的产权划拨，并没有改变我国航空运输业运力过剩的问题。航空公司退出困难除了资产专用性、契约关系等自然因素外，主要由于其“预算软约束”产权体制、高负债引起的国有债权人（国有银行）的挽留等。高进入壁垒和高退出壁垒的市场结构可维持行业内竞争的稳定性，但由于中国航空企业在经营上受民航总局或地方政府干预过多，以及国有企业体制固有的产权弊病，中国民航运输业的竞争结构表现为过度竞争、低利润率的状况。

3. 成本结构。中国航空运输企业成本高，这在很大程度上降低了消费者对在企业生产成本的基础上，进行正常利润加成的航空运输价格对其他运输方式的竞争性，成为制约中国民航业总体规模的根本因素。从短期分析，民航运输企业的成本由固定成本和变动成本构成，固定成本的主要部分是民用航空器的折旧费用，由于飞机购置价格很高，加之中国民航的行业会计准则规定飞机、发动机的折旧期限是10～15年，远低于国际通行会计准则的20～25年，由此仅直属航空公司每年的成本增加十几亿元。高额折旧加上由于管理粗放居高不下的管理费用，形成航空公司巨大的固定成本；从变动成本分析，由于航空油料供应的垄断体制，造成中国航油高出国际市场60%到1倍，航空油料约占航空公司飞行成本的2/3，航油成本占到航空公司运输成本的30%～40%，其他如维修、备件等相应供应链企业设立和业务由于受到严格管制和高关税政策，价格居高不下（飞机维修的航材成本占到飞机价格的1/3，部件的维修成本更高，库存占用资金和成本都很大），造成我国民航企业单飞变动成本处于较高水平。综合两项成本形成了我国民航企业单位成本随运输规模增加向下倾斜十分明显的曲线，但最低平均成本水平与国外航空公司相比处于较高水平。不难看出，从长期来看，除非中国民航的油料供应体制、行业会计准则以及国家对民航引进飞机和航材的关税政策等做出一定调整，否则，就现在的条件而言，中国航空运输成本以及航空运输价格的下调空间十分有限。

表 1　　1999～2001 年中国各航空公司完成运输总周转量及其比重

各航空公司＼指标＼年度	1999		2000		2001	
	运输总周转量（万吨公里）	比重（%）	运输总周转量（万吨公里）	比重（%）	运输总周转量（万吨公里）	比重（%）
中国国际航空公司	295485	27.85	331492	27.06	344222	24.51
中国南方航空公司	196199	18.49	242772	19.82	2299618	21.34
中国东方航空公司	184627	17.40	213662	17.44	238706	17.44
中国西南航空公司	62677	5.91	67986	5.55	77523	5.52
中国北方航空公司	60438	5.70	71592	5.84	84100	5.99
中国西北航空公司	41824	3.94	45734	3.73	50117	3.57
云南航空公司	40922	3.86	36874	3.01	44928	3.20
乌鲁木齐管理局	32351	3.05	37322	3.05	37756	2.69
中国航空公司	3629	0.34	8975	0.73	12237	0.87
长城航空公司	7980	0.75	3804	0.31	—	—
上海航空公司	30317	2.86	39322	3.21	50353	3.59
海南航空公司	26310	2.48	37919	3.10	47580	3.39
四川省航空公司	19536	1.84	23020	1.88	28213	2.01
中国新华航空公司	13502	1.27	14058	1.15	21941	1.56
深圳航空公司	11833	1.12	15127	1.23	24349	1.73
山东航空公司	9870	0.93	13270	1.08	18150	1.29
中原航空公司	1944	0.18	5786	0.47	—	0.00
武汉航空公司	7996	0.75	8685	0.71	11786	0.84
中国联合航空公司	4133	0.39	4621	0.38	6317	0.45
长安航空公司	593	0.06	887	0.07	2822	0.20
贵州航空公司	4219	0.40	—	0.00	—	—
邮政航空公司	1660	0.16	1884	0.15	2579	0.18
山西航空公司	132	0.01	215	0.02	833	0.06
总计	1061127	100.00	1225007	100.00	1404130	100.00

资料来源：《从统计看民航》（1999、2000、2001 年卷），中国民航出版社；《中国民用航空》2002 年第 1 期。

4. 纵向一体化。目前除总局直属的新疆航空公司、云南航空公司和地方的海南航空公司同时经营和管理机场外，其他航空公司自 1987 年民航总局实施政企分开、组建航空公司和机场以来，与机场公司各自经营，航空公司使用机场向机场公司缴纳场地使用费。随着航空公司经营权限的逐步扩大，航空公司前向一体化行为开始出现，如南方航空公司进入航空快递和物流业务。

近年来，随着机场公司企业化运作的逐步成熟，民航总局倾向于进一步放开机场公司的社会资本和外国投资的进入，并将机场企业从中央下放给地方政府。虽然航空公司与机场公司存在着普遍的相互参股的倾向，但是基本上属于一种联盟倾向，一家航空公司控股机场和机场公司控股航空公司的情况还很鲜见。这主要是源于中国支线航运不发达，在以干线航空为主的航线结构条件下，航空公司普遍缺乏以机场为基地组织的轮辐式航线结构。今后，随着空中管理体制的进一步合理化，航空公司航线进入得更加自由化，出现在航空公司和机场公司之间的并购和一体化行为将大大增加。

（二）企业行为

1. 价格竞争。长期以来，中国对民航运输价格实行严格的管制政策，中国民航总局对航空企业制定统一运价，严格限制航空企业降低运价进行竞争。由于运价过高和工作中的低效率，民航系统遭到了来自各方面的批评。1997 年年底以来，民航总局实行“一种票价、多种折扣”办法，放松了对航空价格的管制，但是由于航空公司提供服务的无差异性，加之对销售代理管理的失控，民航公司之间的竞争很快演化为一场价格大战，客观上影响了整个行业的经济效益。总局于1998年5月再次上收企业定价权力，严格禁止民航公司的机票折扣行为。然而迫于竞争压力和任务指标，航空公司的各种暗扣行为使得民航总局的禁令流于形式。2001年3月8日民航总局宣布国内7条航线票价放开，实行多等级舱位，票价明折明扣；从2001年5月20日起，民航总局批准海南往返京沪穗等国内8条航线机票将试行特惠价，这8条航线的团队票价最低可打到5折，散客票价最低可打到6折。此举旨在通过"航线联营—明折明扣—真正意义的多等级舱位票制"的步骤有计划地推进价格市场化，至此我国民航企业定价和通过价格进行竞争的格局初步形成。

2. 服务竞争。随着国内民航运输市场价格大战的偃旗息鼓，航空公司进入了服务竞争阶段。

目前，国内一些航空公司通过了ISO9000认证，基本上做到了服务"标准化、规范化、程序化"。中国东方航空公司2001年获得了美国优质服务协会授予的2000年度"五星钻石奖"，表明中国航空运输企业的服务水平得到了国际上的认可。目前，国内主要航空公司通过整合资源、强化管理、增加竞争能力等手段，从价格、网络、服务等深层次上开拓市场。例如，海航集团下属的海南航空与新华航空联合在首都机场推出中转旅客引导服务；东方航空公司推出了全新改造的飞机公务舱，还从美国本土招收了数名美籍乘务员，在中美班机上为外籍旅客服务，在国际航班上推行本土化服务，缩小了与国外航空公司在细微服务上的差距。在加强日常性服务质量的同时，目前几乎所有的航空公司都推出了自己的常旅客计划，特别重视对商务旅客和常旅客的服务，对这部分旅客提供较高档次的服务。目前国航的旅客忠诚度最高，达到了52.91%，与该公司的常旅客工作有着必然联系。

3. 品牌和广告竞争。航空运输产品——客公里具有极高的同质性，为了获得竞争优势，航空公司需要将自己的产品和服务与其他供应者区分。虽然突出微笑服务、推出优质餐饮或赠送礼品等措施达到了差异化的目的，但这些措施肤浅和极易模仿性很快使各公司的产品趋于雷同。而通过塑造品牌差异、个人差异与沟通差异，可以凸显公司形象，实现服务延伸，增加公司价值创造、增加品牌资产、创造与顾客间独特的沟通，是提高企业竞争力的关键措施。根据零点调查公司在中国"入世"时对一部分城市消费者的抽样调查，国内消费者对民航公司认知度的排名为：东方航空（34.6）、南方航空（30.8）、国航（13）、西北航空（2.3）、美国联合航空（2.2）。为强化品牌竞争力，各主要航空公司都特别注意宣传自身形象的广告；针对某个新推出的产品也会适时推出专门的有针对性的宣传，在第一时间告知旅客，满足其需求；此外，各航空公司也注重建立与媒体的良好关系，充分利用现代社会媒体宣传的导向作用。

4. 新技术竞争。目前国内航空公司基本上都已引进了国外制造的现代化飞机，有些还是最先进的机型。除了飞机以外，国内航空公司普遍引进或开发了网上订座、电子客票、无缝隙转机等设施和技术，给乘客带来了极大的便利。另外，航空公司也加快了自身的信息化发展步伐。各航空公司都围绕企业管理和市场营销开发了飞行运行管理、收益管理、财务管理、机务航材管理和常旅客管理等信息系统。例如海航集团对旗下20多家子公司提出了至少3%的运营收入投入到信息化系统的建设和运营上的强制性要求，同时成立海航信息公司，专门提供计算机系统软硬件解决方案以及相关技术咨询服务；在信息化建设的同时，公司着眼于利用信息技术改造既有商务模式，实现管理创新，由此引起了一场新商务革命，提高了公司整体运营效率。

5. 企业并购和重组行为。目前民航企业的兼并和重组主要是在政府主导下进行的。根据国务院批准的《民航体制改革方案》，2002年10月11日民航六大集团公司在京挂牌，分别是中国航空集团公司、中国东方航空集团公司、中国南方航空集团公司三大航空运输集团，以及中国民航信息集团公司、中国航空油料集团公司、中国航空器材进出口集团公司三大航空服务保障集团。中国航空集团公司是以中国国际航空公司为主体，联合中国航空总公司和中国西南航空公司组建而成的，资产总额573亿元，运输飞机119架，经营航线307条。中国东方航空集团公司是以东方航空集团公司为主体，兼并中国西北航空公司，联合云南航空公司组建而成的，资产总额473亿元，运输飞机142架，经营航线386条。中国南方航空集团公司是以南方航空（集团）公司为主体，联合中国北方航空公司和新疆航空公司组建而成的，资产总额501亿元，运输飞机180架，经营航线666条。中国民航信息集团公司的资产总额为47亿元，中国航空油料集团公司的资产总额为152亿元，中国航空器材进出口集团公司的资产总额为19亿元。与此同时，地方航空公司也走向了联合重组之路：海南航空公司兼并长安航空、控股新华航空和山西航空公司、上海航空、山东航空、深圳航空、四川航空等6家地方航空公司正式组建中国中天航空企业集团。这种单纯提高产业集中度而非企业竞争力的购并效果如何，还有待实践的检验。

6. 谋求企业战略联盟。经济全球化的发展和国际国内航空市场竞争的加剧，航空公司之间进行战略联盟和代码共享，同时逐步“开放天空”成为中国航空业谋求生存与发展的重要选择。“代码共享”是国际航空业中合作双方为规避各国政府不对外国航空公司开放本国市场的限制，以双边航空代码共享协议的方式，按对等原则互相利用对方经营航线的权利，从而取得进入对方天空的权利。这种办法可以扩大市场，增加航班，降低成本，提高营销率，而且对进一步扩大国际间的合作都会发生深远影响。例如中国国际航空公司和德国汉莎航空公司签署了代码共享合作协议，双方将在北京—法兰克福、上海—法兰克福之间各自的航班上置挂对方的航班号，国航还将在法兰克福至德国境内的汉堡、柏林和慕尼黑的汉莎航班上实行代码共享，即挂国航的代码；国航和汉莎的旅客在乘坐代码共享的航班时都将赢得奖励里程；此外，协议内容还涉及：双方的订座系统互相联网，实行通程登机，无缝隙服务，为乘客提供同等质量的服务等。作为企业联盟的高级形式，目前航空产业联盟已经得到了迅速发展，现有的寰宇一家、合格联盟、明星联盟、翼之盟和天合联盟等5家全球航空战略联盟，已经占有了全球航空运输市场70%的份额。世界航空运输业已经从航线竞争、中枢竞争、中枢群竞争发展到联盟竞争。因此，航空公司之间跨国、跨地区的联盟与合作已成为航空公司提高竞争力的重要选择。

（三）经济绩效

1. 生产效率。中国民航几十年来虽然发展速度很快，但航空运输规模仍然较小。中国民航企业收入仅相当于世界总量的2.8%，占国际航线市场的1.1%，在国际民航市场份额甚至不如人口仅为1700万人的澳大利亚民航市场，远远不能适应国民经济和社会发展的需要。基础设施仍然比较薄弱，机场密度、航班频率都较低，全行业的管理水平和人员素质与快速发展的民航事业还不相适应。多数航空公司仍沿用着行政化的组织结构和管理方式，主要依靠以外延扩张的方式实现量的增长，忽视了依靠集约型管理实现质的提高，导致层次重叠，机构臃肿，经营成本居高不下，适应能力差，竞争能力低。高成本引致的高价格严重抑制了市场对航空运输服务的需求，导致航空运输市场近年出现了供大于求的局面，对行业生产效率和经济效益产生了不良影响。

2. 消费者剩余。中国航运购买价格其实极其昂贵，据胡鞍钢的测算，因为垄断而造成民航消费者的福利损失每年在75亿~100亿元之间。从绝对价格水平来看，中国航空公司相同飞行里程机票价格水平要比国外航空公司高得多。从相对价格水平来看，按实际购买力平价计算，中美人均GDP之比为1∶8，如果单位里程机票价格之比是4∶1，那么中美两国单位里程机票相对购买价格之比则是32∶1。从世界民航业的发展趋势看，由于技术进步速度加快和交通革命，单位飞行里程价格水平是持续性大幅度下降，即飞机票价愈来愈便宜，飞行时间愈来愈短，服务质量愈来愈好。但是中国却出现了与此相反的趋势，国内航线票价连年上升，极大地损害了消费者的利益。

3. 行业经济效益。目前世界前100家最大航空公司的平均销售收入利润率约5%，世界民航运输业平均销售收入利润率在1.6%左右。中国民航在1997年以前，由于实行高度计划管理体制，一直处于盈利状态。1997年民航总局开始放开机票价格，由于多数企业陷入价格战的漩涡，中国民航首次出现24.4亿元的亏损，其中直属企业亏损24.3亿元，原来盈利的国航、东航、南航等也成为全国大中型企业亏损的第一、二、五名。1999年和2000年民航总局通过对直属航空公司削减运力、减少非盈利航班、减少成本支出、实施减员增效等，全行业实现了扭亏为盈。2001年上半年民航总局直属企业亏损就达14亿元，再加上20多家地方航空公司和其他方面的统计数据，民航业总计亏损约21亿元。从直属企业和地方企业的比较看，直属企业经济效益要大大低于地方企业的效益，例如东方航空2001年销售利润率只有1.07%，1998～2001年净资产收益率平均为-1.04%，而地方企业海南航空2001年销售利润率为3.08%，近4年净资产收益率平均为6.98%，说明航空公司大不一定强。

二、产业开放状况和产业管制分析

（一）开放状况

1. 市场开放。在对WTO的承诺上，民航总局在相关的领域早已给予了相当宽松的市场环境。例如在飞机修理和维修服务市场，中国早在1989年就成立了中德合资的AMECO北京飞机维修工程有限公司和中美合资的GAMECO广州飞机维修工程有限公司等多家中外合资公司；在航空运输服务的出售与营销服务领域，外国一些航空公司的做法实际已经超越了中国承诺条件，不少外国航空公司已在各大媒体刊登自己的广告；在国际航线客运市场分配上，外国航空公司占有明显优势；民航总局已经允许在华有经营销售权的外国空运企业委托代理人进行销售；在计算机订座系统（CRS）服务上，外国航空公司不仅可以使用自己的网络，而且由于他们的ICS与中国CRS的无缝联接，使中国的CRS也为他们及其代理人服务。加入WTO后，国外航空运输、航空器材、航空维修与维护、航空销售系统和航空收入结算系统等航空产品，都有可能进入国内航空市场，并且其竞争力随关税的降低而更加增强。加入WTO后，中国航空市场竞争趋于多元化，中国民航企业将面临中国将降低诸如润滑油和燃料、零备件等许多航空产品进口税率的利好，更直接面临着国外航空企业竞争的挑战。对于国内航空公司而言，目前最直接的威胁来自于外国航空公司对国际航线市场份额的争夺。例如，英国航空公司目前每周提供对华飞行18个航班，其中包括每天到香港地区的2个直飞航班和直飞北京的每周4个航班。英航已公开声明，它下一步的兴趣是开设伦敦和上海之间的航班，以及伦敦和中国西部地区其他城市之间的航班。法航在过去几年来已经扩展了它对中国的服务，它的航班频率已经从1997年的每周4个航班增加到目前的每天1班。如果启动它与中国东方航空公司2000年4月份签署的代码共享协议，那么，法航将提供从上海到巴黎每周5个航班和从巴黎到上海每周4个航班。

当然，加入WTO会过快地影响中国的航空运输业，因为航空权及其利益也要通过双边航空协议来解决，有关的条例和标准将通过国际民航组织或者每一个国家的国家代表机构来解决，因此加入WTO在未来数年内将几乎不会对中国民航业产生明显的冲击。

2. 投资开放。1994年，中国民航总局和国家有关部门就进一步扩大民航对外开放、放松外商投资中国民用航空业的限制颁布了政策规定。根据这个规定，中国民航允许外商以合资或合作经营方式在中国境内投资建设民用机场。除优先考虑投资建设机场飞行区外，可投资建设候机楼、货运仓库、飞机维修、地面服务、航空油料等项目。中国政府公布的《外商投资产业指导目录》，把民用机场的建设和经营列入鼓励外商投资产业目录，为外商投资中国民航业提供了政策依据。截止到1999年年底，共融资租赁飞机348架用外资约170亿美元，使用外国政府贷款约14.7亿美元进行基础设施建设。中国东方、南方、中航等公司在境外上市，加速了民航业投资多元化，筹集了发展资金。同中国签订航空运输协定的国家增至90个，还有20多个国家与中国草签了协定或备忘录。

2002年8月1日国务院批准实施《外商投资民用航空业规定》，从投资范围、投资方式、外商投资比例、外商投资管理权力等四个方面明确和完善外商投资中国民航运输业的政策和导向。该规定允许外商投资公共航空运输企业投资现有的任何一家公共航空运输企业；外商投资通用航空领域，除涉及国家机密项目外，其他通用航空领域均可投资。在投资方式上，外商除了以合资、合作方式投资民用航空业外，还可以通过购买股票参与投资等新的投资方式和“其他经批准的投资方式”。外商投资比例，由原来规定民用机场外商投资比例不得超过49%，放宽为“外商投资民用机场，应当由中方相对控股”；原来规定公共航空运输企业外资比例不超过35%，有表决权比例不得超过25%，改为外商投资公共航空运输企业，中方应当控股，同时，一家外商不超过25%。在外商管理权力方面，由原来规定外商投资民用机场、航空运输企业，董事长和总经理必须由中方担任，改为对外商投资的民航企业董事长、总经理是否由中方或外方人选担任，没有限制条件，按《公司法》等法律法规办理。新出台的外商投资民航业规定，对外商投资的导向政策更加明确和完善，将进一步加快吸引外商投资中国民航运输业的步伐。

（二）产业管制

1. 对企业设立和经营的管制。中国政府对民用航空实行严格的管制政策，中国民航总局是国务院指定的行政主管部门。航空公司的设立、航线进入、票价和收费项目等均由民航总局批准。多年来，中国民航总局将民用航空特别是直属公司作为一家企业进行经营。2002年虽然民航六大集团成立后名义上与民航总局脱钩，但总局在飞机购置、人事管理等方面仍握有很大的权力。对行业的统一定价和航线进入的限制使得航空公司的竞争手段局限于航班设置、服务的改进和营销方式的改善上，作为市场竞争重要武器的价格竞争的作用被大大限制了。由于缺乏竞争，多数企业管理水平低下，企业普遍缺乏在竞争形势下越来越重要的收益管理和成本管理手段和方法，以及开放经济条件下的营销理念和营销组织技术。1997年年底以来民航总局实行“一种票价、多种折扣”办法，放松了对航空价格的管制，但是由于航空公司提供服务的无差异性，加之对销售代理管理的失控，民航公司之间的竞争很快演化为一场价格大战，总局于1998年5月再次上收企业定价权力。经过几次对价格管制的收放循环，目前正朝着企业定价体制发展。

2. 空中交通管制。目前，中国空中交通管制实行的是统一管制、分别指挥的体制，即在国务院、中央军委空管委员会领导下，全国的飞行由空军实行统一管理；在空军统一管制下，军用航空器由空军和海军航空兵指挥，民用航空器和外国航空器由民航设施指挥，空军和中国民航分别在全国划分了管制区和飞行指挥区。随着民用航空业的迅速发展，上述体制的弊端日益明显：（1）军民航飞行管制区域划设不统一，空域结构不够合理，空域没有得到充分、合理、有效的利用；（2）飞行指挥不统一，在一个空域由多家指挥，航空器遇到紧急情况，需要临时改变飞行状态时，因请示层多，有时得不到及时答复，容易失时误事，酿成事故；（3）航空设施建设不统一，设备陈旧，管制手段落后，不同程度地影响了空中交通的通畅和效率。虽然空军已将北京—广州—深圳全航线交由民航管理指挥，但这仅仅是一个开始。空管体制给航空公司营建航线网络，特别是辐射式航线网络带来了很大的障碍，既限制了民航事业的发展，也不利于中国空域资源的最优利用，必须尽快改革。

3. 航油和航材供给管制。中国航油供给由中国航空油料总公司（简称中航油）独家经营，中航油完全垄断油源和全国机场的储供油设施，实行高出国外市场50%～100%的垄断价格，这是造成中国航空公司成本居高不下、缺乏竞争力的重要原因之一。中国航空器材总公司隶属民航总局，全权代表中国各航空公司对外采购飞机，实际上扮演垄断性中间商的角色，航空公司不可能绕开它直接向飞机制造公司订货，从而影响了航空公司的利益。由此，尽快改革中国航空油料和航空器材供销体制，拆除中航油和中航材独家垄断的藩篱，形成竞争性航油和航材市场，是当前中国民航体制改革的一项重要内容。

三、促进竞争、提高效率的政策建议

（一）打破垄断、放开竞争，为培育和提高中国民航运输业国际竞争力创造良好的外部环境

中国航空运输企业长期以来一直在民航总局和地方政府的呵护和干预下成长，一定程度上造成民航企业过度进入、重复建设问题。由于航空公司普遍规模小、竞争力低下，加之企业资产负债率高，导致经营成本居高不下。因此，有必要通过联合、兼并等方式对现有存量进行重组和优化配置，使企业达到合理的规模，获得规模经济效益并增强竞争实力。其中组建大集团、大公司是一个重要手段。目前政府主导下的民航企业重组虽然使企业规模大大提高，但在企业机制不改变的情况下，合并现有企业以求做大，不仅可能无法享有企业整合资源带来的效益提升，反而可能由于烦琐的决策程序和管理上的失控造成“大企业病”。在实现企业平均规模扩大的同时，也不能排除个别小而高效的小型航空公司的存在，是否进行联合、兼并要以能够提高企业竞争力为衡量标准，绝不能为做大而做大。提高民航运输业国际竞争力的着眼点，是打破垄断和保护、放开竞争，特别是开放市场，进行国际竞争，这是培育和增强中国民航运输业国际竞争力的根本方向。根据这一要求，应降低甚至完全拆除民航运输业的国内资本进入壁垒，鼓励各种类型企业特别是民营航空企业的发展，积极吸引外商直接投资，给予不同性质的企业以平等的市场竞争机会，通过优胜劣汰的市场竞争过程，形成强有力的市场竞争结构，带动中国民航运输业国际竞争力的根本提高。

（二）依据市场需求变化趋势，实施产业结构调整和升级政策

调整民航运输产业结构，鼓励发展货运航空，大力扶持现有航空货运公司，鼓励成立新的航空货运公司，在航线安排、飞机租购、航材供应、航务保障等方面积极协调航空货运与其他运输方式的关系，建立统一的货运网络体系；鼓励发展支线航空，引导地方航空公司开辟支线航线，建设好连接支—干航线的轴心，逐步形成合理的航线网络体系；鼓励发展通用航空运输，鼓励和支持各方兴办通用航空。逐步建立多种形式的、分散的、适应市场不同需求的通用航空企业结构；科学规划机场布局，建立支—干线机场配套机场分布体系；大力推进空管体制的改革，在此基础上建立安全、高效、优质的空中交通管理系统，提高空中交通管制和通信、导航、气象等综合管理水平和保障能力；保证辅助服务的适度超前发展，建立适应市场经济需求的灵活的辅助服务体系，使航空企业降低运营成本，提高国际竞争能力。加强民航运输服务的信息化建设，用电子信息技术改造民航业，推进民航业的产业升级。“十五”期间，民航运输业要全面贯彻国家信息化建设指导方针，加强信息资源的开发和利用；加强信息网络基础设施建设，实现互联互通，逐步融合；建成全球分销系统（GDS），实现集中信息系统的互联；加快发展电子商务，推广应用电子客票；以航空运输企业为主体，推进航空公司和机场的信息系统建设；加强空管信息化建设，实现空管、通信、导航、气象、情报系统的集成；大力推进政府信息化，基本实现电子政务；建立适应发展要求的信息管理体制，规范信息化市场。

（三）加快国有民航企业和国有控股民航企业体制改革，优化公司治理机制，提高企业运营效率

在国有民航企业中大力推行规范化的公司制改造，引入非国有投资，健全法人治理结构，真正转换经营机制；强化企业内部改革，改革收入分配制度，建立对企业经营者有效的激励和约束机制；鼓励和支持符合条件的民航公司和民航企业集团到境外上市；采取多种形式放开搞活中小民航企业，有步骤地做好中小民航企业的收购兼并工作。对于国家控股的民航上市公司，尽快实施国有股减持战略，形成多个股东相互制衡的所有权结构；建立股东大会议案中的否决制度；完善以董事会为核心的公司治理机制；强化强制性信息披露制度；完善保护包括小股东在内的投资者权利保护法律和司法制度。对于政府参与划拨重组的三大航空集团和地方航空集团，要高度重视购并之后的整合问题，不可一组了事，因为很大一部分重组失败可以归因于整合不力。

（四）加快制定反垄断和公平竞争法规和政策

在寡头的市场结构下，企业为了获得超额利润，很容易实施相互勾结、串谋等措施抬高票价，损害消费者利益。例如，2001 年 3 月底国内 24 家航空公司续签了 2001 年国内航线收入联营协议，取消了各航空公司之间结算的价差上限，增加了违约条款并明确了赔偿标准。这是一种典型的“价格联盟”式的垄断行为，但由于此举使联营各家公司的收益水平大大提高，有利于全行业 2000 年扭亏增盈，民航主管部门给予肯定的评价，并称为保证国有资产不受损失的良好举措。民航总局通过行政力量组建了三家航空集团，使得行业内企业的数目大幅度减少，更容易助长企业之间的默契和勾结行为，妨碍航空市场的有效竞争。此外，目前风靡世界民航业的代码共享和产业联盟等企业，极有可能为跨国航空公司在某些分市场形成垄断势力、谋取垄断利润创造机会。政府应瞻前顾后，充分估计航空全球化和大企业集团形成可能造成的垄断现象及其危害，加快反垄断和公平竞争政策的制定。政府通过健全管理机构，完善法规，加强对企业经营活动的监管，为企业间的自由竞争创造条件，而不是继续插手企业经营管理事务。

参考文献：

1. 曹建海、谢兴权：《竞争与管制：“十五”时期中国民航运输业产业政策研究》，载于《改革》2000 年第 2 期。
2. 陈晓宁：《中国民航票价构成分析》，载于《证券日报》2002 年 1 月 13 日。
3. 《经济学家胡鞍钢献策民航改革》，中国宏观经济信息网，2001 年 4 月 18 日。

（本文载于《中国工业经济》2002 年第 11 期）

电信行业管制的国际比较及对我国的启示

曹艳秋　林木西

摘　要： 电信行业的管制改革，不论从降低信息成本的角度讲，还是从增强我国竞争力的角度讲，都具有非常重要的意义。本文在对美、英、日三国电信行业的管制改革进行比较的基础上，进一步分析了我国电信行业管制的现状，并提出了进行改革的理论思索和政策建议。

关键词： 电信　行业管制　制度变迁　比较

加入 WTO 后，根据《电信基础协议》，我国电信行业亟待改革和发展。由于电信行业是传统的自然垄断行业，具有规模经济、范围经济、大量的沉淀成本和成本弱增性等特点，要进一步发展电信业，当务之急是进行电信行业管制的改革。本文在借鉴美、英、日等各国电信行业管制改革经验的基础上，对如何深化我国电信行业管制改革、促进电信行业的发展进行分析。

一、美、英、日对电信业的管制及其改革

20 世纪 80 年代以前，国外电信行业有两个特点：一是被视为管制性产业，受政府严格管制；二是实行垄断体制，基本电信业务由一家企业（或法人组织）经营和运作。但是，各国情况不尽一致：美国的管制机构包括联邦通信委员会、司法部、州公益事业委员会等多个部门，而其他国家大都是一个机构—邮电部。而且，同为垄断体制，在美国，AT&T 是私人股份公司，而日、欧则为国有企业或国有事业单位（江小涓，1999）。80 年代以后，由于电信技术的改进，动摇了基本电信业务的自然垄断特点，各国都在进行以放松管制为主要内容的改革，然而改革的具体进程和内容以及结果却存在差异。下面首先分析美、英、日三国改革的进程及异同点。

（一）美国对电信行业的管制及其改革

由于美国的电信业是私人企业靠政府的许可制发展起来的，而且其反垄断法适用于电信行业（日欧的反垄断法则不适用于电信业），所以，20 世纪 80 年代初以前，美国电信业已经在不同程度上引入了竞争。到 1984 年，AT&T 被分解，将原贝尔系统的地方通信公司分拆为 22 个地区贝尔公司（BOC），分别由 7 家地域性的公司（RHC）持股，与 AT&T 分离进行独立经营，同时允许其他公司经营长途通信业务。由此，美国的电信业由独家垄断变为“长途基本通信寡占竞争、市内基本通信独家垄断、非基本通信自由竞争”的竞争性结构。1996 年，美国再次对电信法进行修改，允许电信公司和有线电视、卫星通讯等公司业务交叉，全面引入竞争。在支解 AT&T 之后，经过 12 年的分业竞争，最终确立了“互相进入”和全方位开放的市场竞争框架，并且迅速形成若干可以提供全球范围各类电信服务的“全能”（Full）电信营运商。此外，美国对电信行业的价格管制也有了一定的变化，联邦通信委员会对 AT&T 的价格管制已经由原来的认可制改为价格上限认可制。

（二）英国对电信行业的管制及其改革

在放松管制之前，英国的电信行业由 BT（国有企业）公司垄断经营。1984 年，英国修改了电信法，允许水星通信公司（Mercury Communication Ltd.）经营基本电信业务，改变了一家独占的垄断体制。1991 年，又结束了双寡头竞争体制，到 1995 年已有 15 家公司被批准经营国际、国内长途或区域基本电信业务。伴随着引入竞争，BT 公司在 1984 年改制为股份公司，并部分出让政府持有的股份，1991 年出让了全部股份，仅保留黄金股。在价格管制上，与美国一样，也由价格认可制改为价格上限认可制。因此，英国管制改革的特点是从“双寡头竞争”过渡到“全能电信企业”模式，经过十多年的市场竞争，锻炼出一批全球全能电信营运商。

（三）日本对电信行业的管制及其改革

日本的电信业体制的变化始于 1985 年。在此以前，电信电话株式会社（旧 NTT）和 KDD 分别垄断国内和国际通信业务。1985 年 4 月，日本颁布了《电信产业法》（Telecommunication Business Law），勾勒出日本第一波电信市场改革的基本框架，其主要内容是：第一，改变 NTT 公司的国有公司性质，通过向市场出售股权改为上市公司，1986 年出让了 34.5% 的国家股份，KDD 出让了全部国家股份；第二，在国际长途、国内长途、地区性通信、卫星通信、移动通信、讯呼等七个电信服务市场，引进新的电信营运商（New Common Carriers，NCCs）参加与 NTT 的竞争。简言之，开放民营和市场竞争，构成日本电信业 1985 年改革的两大要点。1989 ~ 1995 年，实行第二波电信市场改革，即在保留 NTT 独家综合电信经营商特殊地位的前提下，对 NTT 实施了若干改革：（1）1992 年，NTT 的移动通信本部从 NTT 分离出来，组成独立经营的 DoMoCo 公司，但仍然由 NTT 控股；（2）允许竞争者在任何存在 NTT 交换设备的点接入 NTT 网络；（3）通过裁员和改善内部管理提高经营绩效，并在此基础上数次降低接入费和通信资费。但是，由于 NTT 凭借对市话的独家垄断来加强其不平等竞争优势，故仍为日本电信市场的一个基本缺陷。因此，1997 年日本国会终于通过“重组 NTT”（而不是拆分）的新法律：原 NTT 改为控股集团公司，分别成立绝对控股的 NTT 长话、东 NTT 和西 NTT（两个地区性电话公司）以及 NTT 多媒体工程公司，同时仍对原来在 NTT 系统内独立的经营公司（如 1998 年已经上市的 NTT 移动）实行控股。这就是说，原来庞大的 NTT 分拆方案系统仅仅在经营层面上按照不同的电信业务“分立”，但是在股本结构上，所有“独立经营”的 NTT 系列的电信公司都受控于同一个财务资本集团。1999 年 7 月，也就是日本邮电部第一次提出分拆 NTT 方案的 10 年后，NTT 完成了挂牌重组。现在，法律授予 NTT 控股集团公司新的职责，即其旗下上百家控股公司和参股公司，统统在控股集团公司的“协调”之下。不过，虽然新 NTT 的资本实力较强和组织规模较大，但其经营实力、管理整合性和全能服务经验等方面，与全球一流电信公司相比，仍有不小的距离（周其仁，2000）。可见，与美国和英国相比，由于日本保留了 NTT 的独家垄断地位，其改革是不彻底的，而这种不彻底的改革使日本电信业的实力与美、英公司相比存在一定的差距。

二、美英日对电信行业管制改革的异同点及成因

（一）美英日对电信行业管制改革的共同取向

通过观察和研究美英日对电信行业管制的改革，可以看出，三国的改革大体上围绕四个方面展

开：首先是放松管制，引入竞争。这三个国家都放松了价格管制和进入管制，允许更多的电信运营商进入电信行业，从而形成竞争的局面。其次，在放松管制的同时进行产权改革，除美国外，其他两国都进行了民营化的改革，而美国没有进行民营化改革是因为改革前其电信企业已经是民营性质。英国和日本（乃至世界上大多数国家）在20世纪80年代以后都不同程度地出售了国家股份。再次，为了解决管制带来的低效率问题，在具体的管制方法上更多地使用了激励性管制，如在价格管制上，从价格认可制改成了价格上限认可制。最后，随着经济全球化程度的加深，电信业的开放程度也在不断扩大，尤其是1997年《电信基础协议》签订以后，各国纷纷开放自己的电信市场，从而使国际化程度不断加深。

（二）美英日对电信行业管制改革的差异

虽然美英日对电信行业管制的改革在引入竞争、产权改革、增加激励性管制和国际化等方面是相同的，但又有不同的特点：首先，美国虽最早进行了放松管制的运动，但并未伴随产权改革，而日本、英国和欧洲的改革比美国多了一个内容，就是实行以民营化为主要内容的产权改革。其次，改革的具体过程或体制变迁的具体途径不同。美国从1984年拆分AT&T开始，引入的是分业竞争，但到1996年，发现面对国际市场必须培养有实力的综合运营商，所以开始允许全方位的市场竞争。英国改革的路径却与美国完全不同，1985年即允许另一家综合电信运营商进入电信领域，20世纪90年代初允许其他企业进入电信领域，从而展开全面竞争。日本则由于1985年的改革保留了NTT独家垄断的地位，迄今为止也难以形成公平竞争的局面，纵使日本最大的电信企业NTT亦难以与世界一流电信企业抗衡。再次，由于改革的路径不同，各国管制改革的成效也不尽相同。由于美国和英国90年代后都致力于培养若干个有实力的综合运营商，从而形成了真正的竞争格局，有力地促进了本国电信行业的发展，日本则稍逊一筹，只能望美、英之项背。

（三）改革存在差异的主要成因

由上可知，美、英、日三国电信行业管制改革的过程和结果显然存在区别，产生这些差异的一个关键原因就在于改革的起点不同，或者说体制传统不同。比如，美国的AT&T在放松管制以前就是私营股份公司，而英国和日本的电信企业在改革前都是国有企业，效率低下，在放松管制的同时必然进行民营化的改革。另外，美国、英国、日本管制改革的具体措施和变迁过程不尽相同，也与其体制惯性相一致，或者说存在一定的路径依赖的因素。比如美国反垄断的一贯做法就是拆分，所以其改革以拆分AT&T开始；而英国的电信行业则由国有企业独家垄断，要提高效率必须从引入第二家综合运营商开始；日本则长期实行“政府主导型”体制，所以改革以保留NTT独家综合运营商的身份为起点亦不足为奇。可见，在对电信行业进行管制改革这个问题上，存在一个路径依赖的问题，改革的起点和原有的体制在一定程度上制约着各国改革的路径乃至成效。

三、美、英、日电信行业管制改革经验对我国的启示

至此，我们可以得出结论，对电信行业管制的改革与一国的体制传统密切相关。因此，探讨我国电信行业管制改革的路径必须首先找到我国的体制传统，然后才谈得上电信管制改革的具体问题。

（一）从美、英、日电信行业管制的改革看我国电信行业管制改革的方向

从以上三国改革的共同取向可以看出，我国的电信行业也必须放松管制、引入竞争、开放民营、加强激励性管制。但对于我国来说，应注意以下两个问题：首先，应该强调的是“开放”的两层含义：一是对外开放；二是对民间资本开放。由于我国已经加入了WTO，根据承诺，电信业在两年后必须部分对外开放，五年后全部对外开放。而对于向民间资本开放，则由于政治原因和体制传统及电信产业本身的特点，在目前存在着一定的困难。其次，加强激励性管制是建立在对电信行业进行适度管制基础上的，而我国现在对电信行业的管制还有强烈的计划色彩，存在着严重的行政性垄断，尚未真正建立与市场经济相适应的管制体制。对于我国来说，必须实行以市场化为主要内容的管制改革，消除行政性垄断，继而弱化自然垄断。而建立一种新体制无疑会由于受到既得利益集团的阻碍而困难重重、进展缓慢，这说明“供给主导型”的经济体制已经走到了尽头。那么，如何才能实现这种制度变迁？关键的问题就是引入竞争从而实现“需求诱致型”的制度变迁。因为竞争既是改革的内容，也是改革的手段，市场竞争往往是知识和信息（从而也是制度）的发现过程。只有通过竞争，才能带来电信企业的大发展。所以，要发展电信业，当前最重要的问题就是引入竞争，这是我国当前电信行业进行管制改革的必然趋势。

（二）我国电信行业管制改革的过程及其与西方国家的差异

我国在20世纪80年代前对电信业一直采用计划管理模式，亦即国家独家垄断经营模式，80年代后开始进行市场取向的改革。迄今为止，我国电信行业的管制改革大体分三个阶段：

改革的起步阶段（1980～1993年）：由于1980年之前，我国电信业主要由政府，原邮电部/直接垄断经营，国家对电话资费实施严格管制，电信业基本不盈利甚至亏损，电信基础设施及服务短缺成为经济增长的瓶颈之一。从1980年起，开始实施电信管理体制改革并放松价格管制，对邮电业实行中央和地方双重领导，允许邮电部门征收电话初装费。在此过程中，电信业“政企合一”体制下的行政性垄断矛盾日益突出，公众对电信服务高价低质很不满意。

引入竞争阶段（1994～1998年）：为了实现政企分开、提高效率，国家电信局开始从邮电部独立出来，并相应成立了中国联通公司，由邮电部独家垄断国内电信市场的局面开始改变。双垄断寡头的竞争使基本电信服务市场效率得到一定的改进。在联通公司进入的移动通信市场，邮电部门大幅降低了入网费和资费。但电信市场的有效竞争并没有形成，联通公司的资产只有中国电信的1/260，1998年其营业额也仅为中国电信的1/112，其在全国通讯市场的份额只有23%（周其仁，2000）。1998年，在原邮电部、电子部的基础上成立了信息产业部，“联通”和“中国电信”均归信息产业部进行管理。信息产业部的成立虽然在一定程度上理顺了对电信业的管制体制，但与市场取向改革的目标还有很大的差距。

深化改革和行业重组阶段（1999年至今）：1999年2月，信息产业部决定对中国电信拆分重组，将中国电信的寻呼、卫星和移动业务剥离出去。原中国电信拆分成新中国电信、中国移动和中国卫星通信公司等公司，寻呼业务并入联通公司。此外，为强化竞争，政府又给网通、吉通和铁通公司颁发了电信运营许可证。由此，国内电信市场共有中国电信、中国移动、中国联通、网通、吉通、铁通和中国卫星通信等7家电信运营商，初步形成电信市场分层竞争格局。但由于分层市场上垄断力量依然较强，新运营商进入时间较短，电信业的有效竞争局面仍未形成。2001年，信息产业部又决定进一步将中国电信根据南北进行拆分，南中国电信依旧称中国电信，北中国电信与网通、吉通等组建了新网通，以便形成一个有效竞争的局面。然而南北中国电信的拆分也有一定的局限性，一方面是南北中国电信目前在业务经营上有着地域限制，不能形成全国范围内的竞争；另一方

面南北中国电信的所有者和具体管理者都是信息产业部，都不是独立的经济主体，因而，从目前情况看，通过南北拆分以便促进竞争的效果并不明显。

我国电信行业 20 年的管制改革进展缓慢，主要问题在于我国与美、英、日等国电信行业制度变迁的路径不同，改革的成效当然也不一样。更重要的是我国电信行业的管制改革，绝不简单等同于美、英、日等国的局部改革，而必须进行基础性的改革，就是建立社会主义市场经济体制。从一定意义上说，只有真正实行政企分开、政资分开，借鉴市场经济国家的某些成功经验，并结合我国的实际加以改进，我国电信管制改革才能最终获得较好的成效。

（三）深化我国电信行业管制改革的思索

由上面的讨论可以看出，我国电信行业管制改革面临很多问题，当务之急就是更好地开展竞争。尽管从 1994 年组建联通开始，我们就在努力引入竞争，但是，迄今只是形成了数网并存体制，政府只是发出了两个或两个以上的经营许可证，而实际的市场竞争却并没有形成。就目前来说，要解决的问题是如何使当前的“数网并存”的可竞争的市场真正能够竞争起来。为此，应在“供给主导型”体制的基础上，注重“需求诱致型”的制度变迁的作用，而且，在引入竞争时，要注意发挥一种特殊制度创新主体的作用，这种特殊主体所起的作用，与杨瑞龙的“中间扩散型的制度变迁”（杨瑞龙，1999）有一定的相似之处，那就是，在当前电信企业不能民营化（经济和政治两方面的原因所决定）的前提下，政府可在成立独立管制机构的基础上通过发放许可证，在电信市场促进不同的经济利益集团的形成，而不同经济利益集团的竞争或许会发现或创造出新的体制。

为什么强调特殊经济利益集团的作用？因为只有形成具有独立经济关系的利益主体，才能真正形成市场主体之间的竞争。现在对中国电信进行南北拆分的新举措，显然不能解决实质性问题，因为南北中国电信的管理者都是信息产业部，他们的利益是统一的，这种拆分只是在划分市场，不可能形成真正的竞争。而要发挥特殊利益集团的作用，在已经形成的“数网并存”的体制下，政府可以通过给已经建成网络的各部门发放综合电信运营的许可证，并采取多种方式促进竞争。由于各市场主体的经济利益是独立的，有时又是矛盾的，从而有利于在利益竞争的基础上诞生一种新体制。

此外，对电信行业的管制问题涉及很多方面，如管制机构的设立、电信法的完善、具体管制措施的制定和实施等等问题，这都关系到改革的成败以及改革的绩效。

参考文献：

1. 江小涓：《体制转轨中的增长、绩效与产业组织变化》，上海三联书店、上海人民出版社 1999 年版。

2. 杨瑞龙：《“中间扩散”的制度变迁方式与地方政府的创新行为——江苏昆山自费经济技术开发区案例分析》，《中国制度变迁的案例研究》第二集，中国财政经济出版社 1999 年版。

3. 张昕竹：《中国规制与竞争：理论和政策》，社会科学文献出版社 2000 年版。

4. 张昕竹、让·拉丰、安·易斯塔什：《网络产业：规制与竞争理论》，社会科学文献出版社 2000 年版。

5. 彭伟斌：《论中国电信产业的有效竞争》，载于《中国软科学》2000 年第 11 期。

6. 林木西、曹艳秋：《自然垄断行业管制的国际比较》，载于《经济学动态》2002 年第 4 期。

（本文载于《经济社会体制比较》2002 年第 6 期）

不完全信息与网络产业激励性规制改革

唐晓华　唐要家

摘　要： 规制体制改革的核心是解决信息不对称下的最优激励问题，规制体制设计的关键就是要设计有效的激励合约，为企业提供适当的激励以达到成本效率。从激励角度看，价格上限规制的效率最高。竞争是重要的激励性体制，网络产业竞争体制形成的关键是约束在位运营商排斥竞争行为和建立有效的互联资费政策。

关键词： 不完全信息　激励性规制　排斥竞争的行为　互联资费

一、不完全信息和规制体制设计

规制是克服市场失灵的一种代替竞争政策的治理机制。根据契约理论，产业规制体系实质上是政府规制者和产业之间的一系列规制合约。在中央政府或地方政府的规制机构与公用事业单位之间，都存在着某种形式的隐含的或明确规定的规制合约。在规制体制下，规制者不仅关注配置效率，而且更为关心企业的生产效率，即企业是否以成本最小化进行生产。通常，公用事业企业的成本不是外生的，它依赖于企业的努力程度。企业或经营者的努力程度越高或降低成本的投资越大，企业的成本就越低。在完全信息的情况下，规制者可以确保获得配置效率和成本效率。因为如果规制者能够观察到企业的努力水平，它可以简单地指挥企业以某一努力或降低成本的水平进行运营。通过补贴或两段收费等方式，企业可以获得直接补偿它的投资或努力成本。但在不完全信息的情况下，情况并非如此。企业拥有关于成本和需求（隐藏信息）以及降低成本的投资和努力程度（隐藏行动）的信息优势。由于信息不对称使规制变得复杂起来，因为它为企业提供了策略性行动并增加收益的机会。由于企业和规制者的利益目标不同，如果企业能使规制者确信它的成本较高，则虚报高成本就能为企业带来收益。如果规制者无法观察到企业降低成本的努力，则企业就有激励报告说他付出了较多的努力，但实际上他努力较少。因此，规制体制改革的核心是解决信息不对称下的最优激励问题，规制体制设计的关键就是要设计有效的激励合约，为企业提供适当的激励以达到成本效率。一个高明的规制者应当认识到信息不对称带来的机会主义和激励问题，并设计出相应的规制体制。

（一）完全信息基准

假设一个单一产品企业且具有可加性成本函数，当价格等于平均成本时使企业发生亏损。最优产出包括在价格等于边际成本处定价，并付给企业以补贴。如 q 是使价格等于边际成本的产出，则补贴为：$S=-[MCq-C(q)]$，这是当企业制定边际成本价时，收入与成本之差。它或者通过补贴或者两部收费之中的固定费用来实现补偿。假设 $MC=c-e$，C 是当努力 e 为 0 时的边际成本，e 是努力，努力的成本是 $s\ (e)$。完全信息下的 p 和 e 是多少呢？给定努力水平，最优使用价格为 $p=c-e$。企业的目标是使总成本最小化，总成本是：$C(q,\ e)=(c-e)q+(e)$。增加努力的好处是导致成本降低，增加努力 e 的边际收益是等于 q。因为成本每降低 1 元，企业节省 q 元。对于任何的 q，最优的努力水平是努力的边际收入等于边际成本，即 $q(p)=ds(e)/de$。在完全信息的情况下，企业被允许通过接入价格来补偿其固定费用 $s(e)$。规制者通过两段收费：$T(q)=s(e)/n+pq$ 来实行有效规制。上述分析说明，如果规制者拥有关于公司成本的完全信息，通过签订一个固定价格合同，使价格等于边际成本并提供一个等于固定成本的补贴，规制者就可以给予公司以充分的激励。

（二）隐藏信息下的最优规制机制

假设规制者知道规模收益是固定的，厂商可能是低成本或高成本。其中高成本 $C_1=\theta_1\cdot q$ 的概率是 x，低成本 $C_2=\theta_2\cdot q$ 的概率是 $1-x$，θ 是厂商的边际成本。企业知道自己的类型，但规制者不知道。此处假设不存在隐藏行动，只有隐藏信息（逆向选择）问题。此时的规制体制是一个典型的不完全信息博弈的机制设计问题。根据梅耶森的显示原理，任何一个机制所能达到的均衡配置结果都可以通过一个满足代理人参与约束和激励相容约束的直接机制（信号空间即为类型空间）得以实现。因此，在不完全信息带来的逆向选择情况下的规制机制设计，必须针对企业的类型空间，设计出在其类型给定的情况下对每一个参与者都是一项最优策略的诚实执行机制。为了使企业诚实的报告其成本情况，规制者必须为低成本企业提供恰当的激励以使其不虚报成本信息。一个可行的方式是提供一个包含两种合同的清单——固定价格合同和成本加成合同，并让公司自己去选择。固定价格合同被设计成对具有低成本的公司而言，刚好收支平衡。由于公司在完全补偿了成本以后没有收益，因此低成本的公司将不会选择成本加成合同。在公司高成本时，因为固定价格会给公司造成损失，公司将选择成本加成合同。通过这样一个自我选择机制，规制者可以给企业提供有效的激励。

由于只有两类企业，合同菜单是（P_1，T_1）和（P_2，T_2）。第一个是针对高成本企业设计的，第二个是针对低成本企业设计的。这里会产生两个贝叶斯纳什均衡结果：混同均衡和分离均衡。

先让我们来看一下混同均衡结果。一个最优的合同菜单是以边际成本定价却不存在转移支付，即（θ_1，0）和（θ_2，0）。在第一个菜单下，高成本企业盈亏平衡，它选择第二个菜单则亏损。该菜单满足了高成本企业的激励相容约束条件，选择说实话可以实现约束条件下的利润最大化。但第二个菜单并不是低成本企业的最优选择，因为它报告低成本则利润为零，即 $T_2=0$，$P_2=\theta_2$。如果它宣称是高成本企业，则可获得 $\pi_2=[\theta_1-\theta_2]q_1>0$ 的收益。因此，低成本企业就有激励虚报成本。这样该菜单不满足高成本企业的激励相容约束要求，产生一个混同均衡结果，所有企业报告都是高成本，所以它不是一个精炼的结果。

再来看一下分离均衡结果。在分离均衡情况下，低成本企业说实话的收益必须大于宣称它是高成本企业的收益，即 $\pi(P_2, T_2, \theta_2)>\pi(P_1, T_1, \theta_2)\pi_1(P_1, T_1, \theta_1)\ =0$。此时规制者面临的问题是设计满足低成本企业的激励相容约束和高成本企业参与约束的规制合约，以最大化总剩余：

$$ETS=x[CS(P_1)-\theta_{1q}]+(1-x)[CS(P_2)-\theta_{1q2}]$$

该问题的结果可特征性地总结如下：①$T_1=0$ 和 $P_1=\theta_1$，高成本企业在价格等于边际成本下生产，不存在转移支付，利润 $\pi_1=0$。②$T_2=[\theta_1-\theta_2]q_1$。低成本企业也在价格等于边际成本处生产，但得到一个等于虚报成本时获取的利润数量的转移支付，此时利润 $\pi_2=T_2>0$。其中利润 T_2 也称信息租。规制者通过支付信息租实现了低成本企业说实话机制。信息租的存在说明逆行选择情况下的“直接选择”规制机制的效率要低于完全信息下的效率。但这种损失是为了诱使不同类型企业说实话，它的效率要高于混同均衡结果，它促进了效率的提高。

（三）隐藏行动下的最优规制机制

规制者也会面临由于信息不对称导致的事后机会主义——道德风险问题。道德风险是指公用事业企业的行为无法被观察到的情况，尤其是企业的降低成本努力无法被观察到时的情况。拉丰和梯若尔（Laffont and Tirole，1986）建立了一个包含逆向选择和道德风险的模型，该模型显示在道德风险情况下，单一的固定价格合约不会被企业接受，这会产生低产出。如果企业可以拥有一定的社会剩余索取权，低生产问题就可以避免。企业拥有剩余索取权导致分配成本较高，但通过补偿企业部分成本，使企业承担一定的风险，可以部分缓解这种高成本。显然在不完全信息的情况下，诱使企业说实话（成本加成合同）和诱使企业努力（固定价格合同）导致一个"成本部分分担的激励合同"，即 $t(q)=s(q)+k(q)[c(q)-c]$，其中 $s(q)$ 是随产出增长的固定价格合约，$k(q)[c(q)-c]$ 是根据事后观察的成本与最优成本的差额给予企业的成本加成合约。该合约既能补偿成本又能激励企业改进成本。

（四）不完全信息与规制体制设计

根据上面的分析，在不完全信息情况下，最优的规制合同菜单应具有如下的特征：（1）对于低成本企业，价格等于边际成本；（2）规制者给低成本企业提供激励以充分调动其有效的努力水平；（3）规制者对高成本企业提供激励，该激励得到一个低效的低水平努力；（4）高成本企业定价在等于边际成本处，它的边际成本是低效的。

当存在隐藏信息时，一个最优的规制合约对企业的信息优势非常敏感。规制合约应激励企业利用其信息优势来增加效率，而不是用以增加利润。一个完美的规制合约应激励企业获得同在规制者拥有同样信息下经营一样的结果。一个好的规制合约应能在不同成本类型的企业之间区别对待。这意味着企业应被提供一个固定价格和部分成本补偿的合约菜单，使低成本的企业具有制定低价的激励。由于对所有类型企业提供同样的合约菜单会导致混同均衡的结果，低成本企业必须被提供一个相应数量的转移支付，使根据说实话的利润至少应等于虚报高成本时所获得的利润，即低成本企业获得等于虚报成本时获得的信息租的数量。从社会福利来看，规制者支付信息租以诱使企业说实话可以为社会带来较低的价格并减少配置低效率。在不完全信息下，规制者面临如何在配置效率、生产效率和信息租之间进行权衡的问题。

二、规制实践：服务成本规制（COS）与价格上限规制（PC）的激励性差异

目前英美等国正在进行的对网络产业的激励性改革具有双重目的：一方面要提高在位运营商的积极性，激励在位运营商充分考虑其成本因素，以提高企业效率；另一方面又要鼓励企业之间的竞争，促使在位运营商有更多的自由以根据通行的商业标准来设定费率。其中英美等国网络产业规制体制改革的一个重要措施是逐步由传统的服务成本规制（COS）向更具激励性的价格上限规制（PC）转变。

在服务成本规制下，受规制公司能够补偿其运营成本并能给其总资产带来公平回报率的价格收费，它的主要方式是收益率规制和 FDC 规制。规制合约的主要特点是能够保证企业回收成本。从激励经济学的角度看，服务成本规制的主要问题是缺乏对企业降低成本的激励，它是一个低能的激励合约。因为当企业经过努力降低成本时，由于成本效率提高带来的收益将导致消费者购买价格的下

降，收益全部转移到消费者手中，企业的利润不会上升。相反，如果企业的成本上升，则价格也同步上升，企业仍然获得固定的收益率回报。由于企业和经营者对成本效率提高带来的收益增量不拥有剩余索取权，而且规制者也无法对企业经营者的成本浪费行为做出有效的惩罚，企业收益增量和企业或经营者的不相关性决定了经营者偷懒的可能性上升，降低了企业投资于降低成本的努力。结果，高成本和低效率成为公用事业单位的突出现象。经济学家很早就对服务成本规制提出批评，阿弗奇和约翰逊（Averch and Johnson，1962）指出收益率规制下的公用事业企业行为会背离成本最小化，企业具有过度进行资本投资，通过提高资本/劳动比率以增加收益的倾向。在多产品企业既在竞争性市场又在非竞争性市场服务时，FDC 规制的实施非常困难且企业具有在竞争性市场进行以低于边际成本销售的倾向。服务成本规制通常采取听证会制度，它需要规范的行政程序和充分的信息收集，还要经过不同意见的争论才能确定，其行政成本较高。服务成本规制对信息的完全性依赖较强，在信息不完全、技术变革快的条件下，它的缺点会更突出，此时激励企业采用新技术和提供新服务的激励性规制体制就更可取。

服务成本规制的低效率导致规制改革转而采取激励性规制。目前代替服务成本规制的激励合约主要是综合性激励合约。综合性激励合约是以企业全部降低成本的努力或者高效运营所带来的利润为基础的合约。在规制者和企业之间信息越不对称的情况下，激励合约包括的内容越多就越有意义。综合性激励合约给企业留有更大的空间利用其信息优势，以降低成本、提高效率。目前替代服务成本规制的主要的综合性激励合约是价格上限制（RPI - X），它事先限定了一个在一定时期内相对固定的各个公司不能超过的平均价格水平（每年按通货膨胀率和预期的技术进步率进行调整），在此基础上，企业可以自由地调整单价。英国最先在私有化后的网络产业大量实行以 RPI - X 规则为核心的价格上限规制。从激励效能的角度看，价格上限规制是高能激励合约。因为在价格上限规制下，企业拥有更大的自由决策权，由于价格和成本的分离，企业对由成本效率带来的收益增量部分拥有剩余索取权，成本节省 1 元意味着利润增加 1 元，企业就有较强的激励降低成本，根据市场变化调整价格结构，进行有效的投资，开发新产品和引进新技术。在价格上限制合约下，规制者对信息的依赖降低，通过实行将定价决策分散到运营商这一分权化的体制，减少了规制的信息需要量且收集信息更经济可行。但价格上限制也带来三个问题：一是由于保证和提高质量的成本由企业负责承担，企业就有降低产品和服务质量的激励；二是由于环境的变化，价格上限的确定往往较困难，企业降低成本带来的利益改变，使政府往往在规制的 5 年期中间进行修改，这使政府执行规制合约的承诺可信性降低，并会产生棘轮效应，因此它要求政府规制机构具有较强的规制承诺；三是由于高能激励信息租的存在，它更可能会产生规制俘获和规制剥夺问题。

COS 规制与 PC 规制的比较如表 1 所示。

表 1　　COS 规制与 PC 规制的比较

	COS	PC
主要方式	收益率规制、FDC 规制	RPI - X 规制
特　点	（1）成本为基础的价格和收益率 （2）企业无定价的决定权 （3）单一性特指某一产品 （4）一定时期内价格较稳定	（1）规定价格上限 （2）企业有一定的定价决定权 （3）适用于一揽子商品 （4）灵活性大
性　质	（1）企业不拥有剩余索取权 （2）低效能激励合约	（1）企业拥有剩余索取权 （2）高效能激励合约
缺　点	（1）过度资本投资的 A - J 效应 （2）降低成本激励不足 （3）新产品引进不足 （4）规制成本高 （5）排斥竞争企业进入	（1）不确定性大 （2）提高质量的激励不足 （3）规制者的承诺可信性低 （4）规制俘获的激励大

续表

	COS	PC
主要方式	收益率规制、FDC 规制	RPI－X 规制
优　点	（1）保证投资 （2）以成本为基础定价 （3）提供高水平服务的激励强 （4）规制透明度高	（1）成本最小化 （2）引进新产品 （3）制定拉姆齐相关价格 （4）不排斥竞争性进入
适用条件	（1）信息充分、行业技术变化慢的行业 （2）公开听证制度完善	（1）技术变革快或允许竞争性进入的行业 （2）企业内部产权关系和治理关系完善

资料来源：作者根据有关资料整理。

三、放松规制与竞争性体制的生成

（一）标尺竞争和信息性激励

人们相信竞争是有益的。正如 Caves 所说，“经济学家都确信竞争是偷懒的敌人”。竞争有益的观点不仅反映了一个竞争性的经济体产生有效的资源配置，而且也反映了竞争的压力促使企业降低成本，改善管理，促进技术进步，甚至激励高效组织的成长。竞争为什么会影响公司的绩效呢？通常的答案是由于垄断企业的股东尤其是管理者和工人的垄断租金不存在被争夺的威胁，造成网络产业企业激励不足，产生偷懒，使企业缺乏降低成本的努力。但垄断企业的股东或规制者实际上同样具有阻止经理偷懒的激励，问题在于由于信息的不对称，经理具有明显的信息优势。由于垄断企业没有其他企业作为参照，因此，股东和经营者没有其他标准来判断企业经营的有效程度。霍姆斯特姆（Holmstrom，1982）、纳尔巴夫和斯蒂格利茨（Nalebuff and Stigliz，1983）的分析显示，市场中的竞争企业越多，显性激励计划的激励强度越大。这是因为竞争为相对业绩比较提供了更大的可能，相对业绩作为一个充足统计量可以大大减少信息不对称的影响，使经理的报酬与其个人努力的关系更加密切，调动其努力工作的积极性。这样的激励报酬合约具有风险分享、激励和灵活性的优点，要优于其他单边激励报酬合约。贝尔托莱蒂和波莱蒂（Bertoletti and Poletti，1997）的分析认为，竞争如果真能改变企业的低效率，它必须能够改变经理的激励。如果企业之间的成本相关，经理的信息优势将丧失。如果企业间的成本不相关，最优的经理激励合约不依赖于市场结构，产品市场竞争对企业效率只有间接的“规模效应”，企业的数目越多，每个企业的产出越低。因此，在不完全信息下，放松规制，引进局部竞争，采用拍卖、标尺竞争等方式，具有重要的激励作用。

从实践来看，英美等国家网络产业放松规制，引入竞争的主要措施有：（1）分解在位运营商的服务；（2）有效地接入规制，接入应对所有企业平等、非歧视的开放；（3）短期内限制在位运营商在竞争性市场的市场势力，也可能通过剥离在位运营商的资产以产生竞争者；（4）资助社会业务，减少交叉补贴。上述四个方面其实主要与网络产业的纵向结构和企业的纵向约束行为有关。国际经验显示，简单的分解和新企业的进入并不会产生竞争性激励体制。网络产业的竞争性体制的形成关键在于限制在位运营商在竞争性市场的排斥竞争行为和制定有效的互联接入政策。

（二）对经营自然垄断环节的在位运营商的行为进行规制

限制经营自然垄断环节的受规制的垄断企业进入竞争性市场的主要原因是，该企业会运用受规制的垄断服务利润去交叉补贴它的竞争性市场业务，以规避规制并谋取垄断利润。受规制的垄断企业还可以通过歧视性的接入政策或搭售互补产品排斥竞争市场上的竞争对手，使竞争处于不公平的境地。

假设一个垄断企业在受规制市场 R 上的价格等于边际成本，非规制市场是 U。因为在 R 市场上，规制有效地控制了企业市场势力和垄断利润，企业就有激励规避规制以谋取垄断利润。假设 U 市场产出需要一单位 R 加一单位劳动，其成本是 1 美元。垄断企业每单位 R 的成本是 1 美元。在竞争性市场 U 上。还有另外一种替代投入，其单位成本为 3 美元。如果垄断企业没有受到规制也没有进入 U 市场，它可以定价 3 美元，单位利润为 2 美元。价格 3 美元等于替代投入价格，此时替代要素供应商的利润为零，垄断企业成为投入的唯一供应商。如果垄断企业实行纵向一体化并拒绝其他企业的接入，它可定价 4 美元，这是其他企业能所取得最低价格，此时它的单位利润是 2 美元。一体化与否并不影响该企业的利润，但垄断企业却成功地排挤了对手。

交叉补贴带来的问题主要体现在两个方面：一是内部价格转移。赖尔登（Riordan，1998）的分析显示，主垄断企业进入竞争性上游企业的后向一体化会引起投入和产出价格的上升。二是成本错误配置。在企业进入竞争性市场后，企业会采用两种方式的交叉补贴，会计成本的配置和管理成本的配置，即将成本从竞争市场转移到受规制市场，或者将重要资源配置于竞争市场上。成本错误配置会导致受规制市场价格上升，而竞争市场上一体化垄断企业以低于边际成本定价，通过恶性价格战排挤高效企业的市场份额。上述分析显示受规制企业的一体化会导致排斥竞争，因此不应允许其进入未受规制的市场。

（三）制定有效的互联政策

纵向分解本身不会产生竞争性体制，它只是竞争性体制生成的第一步。因为纵向分解后，竞争性环节不能脱离自然垄断性环节而独立存在，如发电厂需要有电网来输送电力，长途电话业务需要本地网来接通电话。这些互补性自然垄断环节也叫“瓶颈”，由于高额的沉淀成本，新进入企业必须有效接入。如果纵向分解后，潜在竞争环节中的下游新进入企业不能公平有效地接入由上游在位垄断运营商提供的互补性自然垄断环节，则在位垄断运营商仍会行使市场势力。通过在下游市场排挤竞争对手，在位垄断运营商会获取全部的垄断租金。从社会福利来看，这会降低消费者福利，消费者会支付更高的价格和面对更少的产品选择。

实践中，不同的接入资费水平会带来不同的效率后果。较高的互联费将形成新企业的进入壁垒，使在位运营商在潜在竞争市场上保持垄断地位，它还会带来低效的市场绕道（BYPASS）或者扩大在位运营商的瓶颈。相反，较低的互联资费会导致低效企业的进入或进入过多，它也会导致在位运营商拒绝新企业的接入或降低对瓶颈环节——网络的投资。同时，由于规制者信息的缺乏和利益集团的寻租活动，使接入资费的确定比较困难。制定明智的互联政策必须考虑多重目标。它们必须促进网络的有效利用，鼓励网络所有者进行投资，同时最大限度地降低成本，并有效地投资于公共设备和服务领域，并以较低的规制成本来完成。

目前，有效成分定价规则（ECPR）为解决引入竞争但同时不导致产生低效率问题提供了一个较好的答案。根据这一规则，在位运营商可以收取相当于它在竞争领域的机会成本的接入费用。ECPR 是供给上获得经济效率的一个必要的定价条件。它是基于纵向一体化企业向竞争者提供一单位接入的成本来确定的。企业为此的机会成本包括：提供一单位接入所增加的成本，加上由于它失去了在竞争市场向进入这一单位销售所发生的机会成本。有效成分定价规则（ECPR）阻止了无效的进入者，它保证进入是有效的，生产不会转向高成本的生产者。它表明独立的厂商只有在能与纵向一体化的厂商的相竞争时才能生存，这意味着 ECPR 的运用会带来最大化的生产效率。有效成分定价规则（ECPR）意味着进入不会影响在位者的利润，这种中性特点有三个含义：（1）它保留了在位企业定价中的交叉补贴；（2）它意味着在位企业有较少的激励对进入者的接入条款进行歧视；

(3) 保留在位企业的收益，它有激励继续进行瓶颈设施——网络的维护和升级投资。但有效成本定价规则在实践中也受到批评，因为它不是以成本为基础定价，可能产生低效率的后果；而且它的实行需要大量信息，这使在竞争性市场上对边际成本和机会成本的计算往往难以十分准确。尽管有这些局限性，但 ECPR 目前仍被大多数欧洲国家解决电信互联问题的采用方案。

参考文献：

1. 让·雅克·拉丰、让·泰勒尔：《电信竞争》，人民邮电出版社 2001 年版。

2. Averch, Harvcy and Johnson, Leland, 1962. Behavor of the Firm under Regulation Constraint, America Economic Review, December, 52.

3. Armstrong M, C Doyle, and J Vickers, 1996. The Access Pricing Problem: A Synthesis, Journal of Industrial Economics 44.

4. Baron, D. P. and R. B. Mycrson. 1982: Regulating a Monopolist with Unkown Cost, Economic 50.

5. Holmstrom, 1982: Moral Hazard in Team, Bell Journal Economic 13.

6. Jowskow, 1974: Introducing Compotion into Regulation into Regulated Network Industries: From Hicrarchies to Markets in Electricity, Industrial and Corporate Change 5.

7. Laffont, J. J. and J. Tirole, 1986: Using Cost Observation to Regulate Firms, Journal of Political Economy 94.

8. Laffont, J. J. and J. Tirole, 1994: Acccss Pricing and Competition, European Economic Review, December, 38.

9. Laffont, J. J. and J. Tirole, 1996: Creating Competition through Interconection; Theory and Practice, Journal of Regulatory Economics 10.

10. Michael H. Riordan, 1998: Anticompetitive Vertical Integration by a Dominant Firm, America Economic Review, 88.

11. Nalebuff and Stigliz 1983: Information, Competition, and Markets. America Economic Review 73.

12. Pint, E 1992: Price-cap versus Rate-of-return Regulation in a Stochasic-cost Model, RAND Journal of Economics.

13. Sohmalencee R. 1989: Good Regulatory Regimes, RAND Journal of Economics 20, pp. 417 – 436. Economics.

（本文载于《中国工业经济》2002 年第 6 期）

中国自然垄断产业规制改革模式研究*

肖兴志

摘　要：本文在描述归纳中国自然垄断产业规制体制特征的基础上，结合自然垄断产业规制改革的一般规律，推导出中国自然垄断产业规制改革的基本模式，并进一步分析了模式构成中的各种关键因素。

关键词：自然垄断　规制改革　模式研究

自20世纪70年代以来，自然垄断产业的规制改革活动日渐盛行。各国实践证明，以引入竞争机制为目的的规制改革明显改善了自然垄断产业的经营效率和服务质量。而在中国，近几年对自然垄断产业的规制改革也较为重视，开始在一些传统自然垄断产业打破垄断，引入竞争机制。伴随自然垄断产业规制改革活动的开展，这方面的研究也日渐丰富。然而，对于中国自然垄断产业规制改革的基本模式或框架是什么，主要应包括哪些基本因素等问题还不甚清晰，这对中国自然垄断产业改革正处于由局部改革向整体推进转变的关键阶段来说尤为不利。本文试图对此做一探讨。

一、中国自然垄断产业规制体制描述

自然垄断产业由于其自身性质，一般都需要政府对其进行治理。而治理方式从大类上划分有国有化和规制两种。新中国成立以来，对自然垄断产业实行的是由政府直接投资、垄断经营的政府规制体制。其主要特征是：企业由政府建，企业领导由政府派，资金由政府拨，价格由政府定，盈亏由政府统一负责，不存在什么经营风险。即实行政企高度合一的规制体制。由于在自然垄断型国有企业是经营主体，因而作为规制者的主管部门或地方政府与企业之间政企不分甚至政企一体化现象十分严重。这样，产业主管部门既是规制政策的制定者与监督执行者，又是具体业务的实际经营者。与此同时，中国对自然垄断产业的进入、价格、投资等方面实行了严格的规制政策。从历史发展的角度看，这种政企合一集中式的规制体制在新中国成立后的一定时期内，在集中大量资金投资建设自然垄断产业方面曾发挥了相当大的作用。但是，随着中国市场经济的发展和技术的进步，中国自然垄断产业的这种规制体制的弊端就日益明显。

推进中国自然垄断产业的发展，必然需要改革现行的规制体制。从20世纪80年代末以来，中国对部分自然垄断产业的规制体制进行了初步改革。从整体上看，规制改革在近些年取得了一定程度的进展，但同其他方面的改革相比，这一改革还处于较为滞后的状态。目前中国自然垄断产业规制改革以及规制体制运行中还存在一些明显的弊病：（1）政企仍然不分。中国自然垄断产业长期实行的政府直接规制的体制，政企不分是一个普遍问题。虽然近些年电信、电力和民航等产业进行了一定程度的政企分开改革，但离真正意义的政企分开还有一段距离。电力、民航等产业在地方层面政企仍然没有分开，而铁路、港口和邮政等产业政企分开的改革还仅仅处于论证阶段。当然，政企

* ［基金项目］国家自然科学基金项目《自然垄断产业规制政策研究》（项目批准号70073004）的阶段性成果。

不分的根源还在于中国自然垄断产业的企业产权关系以及长期实行计划经济体制的惯性。由于政企不分的存在，自然垄断产业行政垄断行为十分严重。（2）自然垄断价格规制机制不合理。目前中国对自然垄断产业价格大都由政府直接定价。通常采用的原则是保证企业能获得正常利润，这样企业的利润便与其成本无关，企业缺乏足够的激励去降低成本。而且政府定价以企业上报的成本为依据，由于政府通常难以掌握企业成本的完全信息，因而往往企业上报多少，政府批多少。结果导致一方面企业缺乏创新的动力；另一方面企业却能凭借垄断权获取高额垄断利润。（3）经济效率低下，服务质量差。由于价格扭曲及缺乏有效竞争等原因，中国自然垄断产业经济效率仍然低下。另外，与从事一般企业相比，自然垄断产业整体服务质量差，收费透明度低，已成为消费者投诉的众矢之的。[①]（4）缺少透明和全面的规制法律框架。目前中国规范自然垄断产业行为的法律主要有两类：一类是规范一般市场竞争行为的法律，即 1993 年 9 月颁布的《反不正当竞争法》及其配套的规章。另一类是特定领域的产业法，如《铁路法》、《电力法》等法律及其与其配套的一系列法规。《反不正当竞争法》对自然垄断产业有关的规定过于简单粗糙。而现行《电力法》、《铁路法》等产业法大多制定于规制改革以前，其指导思想往往是为了保证国家基础设施的安全，而不是为了规范产业中各市场主体的行为。

从总体上分析，目前中国自然垄断产业的规制改革还停留在政企分开以及对原有国家垄断格局的分拆上，而对如何进一步重组政府规制机构、如何依法对自然垄断产业进行规制以适应中国加入 WTO 要求、规制机构与反垄断机构如何协调、私有部门在自然垄断产业的、将发挥何种作用、非对称规制应如何调整等问题缺乏深入探讨。从规制制度角度分析，中国自然垄断产业规制改革中最核心的问题即由谁规制，规制什么，规制谁，谁来规制“规制者”等问题并没有真正得到解决，而这些问题正是构建中国自然垄断产业规制改革模式所涵盖的基本问题。

二、中国自然垄断产业规制改革的基本模式

自然垄断产业规制改革的实质意义可理解为自然垄断产业治理方式的变革。原有方式治理失灵迫使政府寻求新的治理方式，从现代规制比较理论看在于实行激励性规制改革；同时在自然垄断性质已经发生变化的领域逐步取消规制，实行竞争机制和自由化，这就涉及到分割重组自然垄断产业，放松甚至取消规制；同时在实行规制的自然垄断业务与实行竞争制度的非自然垄断业务之间，有很广阔的中间领域，即兼有竞争和规制部门的特性。从整体上讲，竞争制度与规制制度关系的演进趋势呈现出一种竞争日渐增长的势头，规制范围日渐缩小。这也符合世界各国规制改革的一般趋势。规制制度的构建一般包括规制机构（规制主体）、被规制企业（规制客体）以及保障规制活动健康有序运行的规制法律。实行竞争制度自然需要建立反垄断制度，最基本的因素就是反垄断机构和反垄断法律。

作为转轨经济条件下的国家，中国自然垄断产业的规制改革一方面是对以前严格规制的放松，另一方面又是一个新的规制制度与规制政策的建立和实施过程，即是一个放松规制与强化规制的混合体（陈富良，2001）。这是由中国经济转型的特点所决定的。对于中国自然垄断产业规制改革而言，基本要求就是在非自然垄断环节充分利用市场机制，让市场价格信号引导企业的经济行为，同时在自然垄断环节建立起科学合理的规制体系。这就涉及到中国自然垄断产业规制改革模式的合理设计问题。

根据前面所论述的自然垄断产业规制改革的一般规律，结合中国自然垄断产业规制改革实际，中国自然垄断产业规制改革的基本模式可以用图 1 来描述。

---

① 见 http：//www.sina.com.cn，2000/12/01。

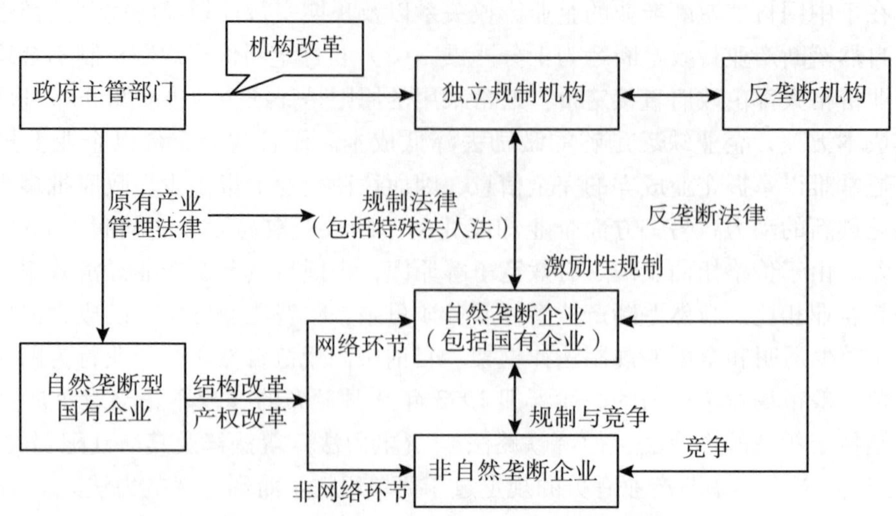

图1　中国自然垄断产业规制改革的基本模式

图1的左面描述的是中国自然垄断产业规制改革的逻辑起点。中国过去治理自然垄断产业的方式主要是建立国有企业垄断经营，政府设立产业主管部门进行管理，管理的法律依据是原有的产业主管部门主导下的立法规章。从改革的层次上大体可划分为政府层面和企业层面，而不仅仅是政企分开的问题。不对政府机构进行改革和重组，就不可能真正实现政企分开。机构改革包括组建规制机构与反垄断机构两个方面。自然垄断产业改革的法律构建主要包括新型规制法律和反垄断法律的确立，其中针对自然垄断产业中的国有企业还可采取特殊法人组织形态，自然需要确立专门的特殊法人法。

从自然垄断产业规制改革的企业层面分析，主要包括产权改革和结构改革。通过产权制度改革重塑自然垄断产业规制改革的微观企业基础，通过结构改革形成原有自然垄断产业中非自然垄断业务的有效竞争。在自然垄断产业的、自然垄断业务中，规制机构对其进行激励性规制。传统的报酬率规制实质是一种成本加成合同，因为被规制企业只是简单地将自己的绩效成本和投入要素费用转嫁出去。其所产生的“A－J”效应，导致受规制企业过度资本化和激励机制被削弱等问题，带来了自然垄断产业效率的普遍低下。经济学家提出了从配置效率和X－效率的角度看比报酬率规制效果更好的规制方案。如洛伯和马盖特（1979），福格桑和凡辛格（1979），克鲁，克林多佛尔和萨迪特（1979）等人提出了激励性规制方案；而李特查尔德在1983年设计出RPI－X价格上限规制方案，该方案最早于1984年由英国运用于电信业，目前已成为实践中最有影响的激励性规制方案。与传统的报酬率规制合同不同，激励性规制合同是一种固定价格规制合同或剩余索取权合同。最新的理论表明，为了更好地利用被规制企业的私有信息，最佳的规制机制是通过提供这样一种合同选择，即或是较低产量但盈亏平衡的合约，或是最优产量但利润最大化的“激励相容”合约，来在市场效率与信息垄断二者之间求得平衡。各种激励性规制方案并不是尽善尽美的，也都有其局限性和有限的适用范围。

一般来说，在传统自然垄断产业中真正形成有效竞争并不是一件容易的事，特别是在对自然垄断产业进行垂直分解以后，承担产品传输分销的网络环节仍由一家企业垄断经营，在竞争性环节从事经营的企业必须借助于其网络才能将其产品销售给最终用户。如果缺乏有效的规制措施，网络运营者就可能滥用其垄断地位，损害竞争效益。因此，对网络运营者滥用垄断地位的规制就成为自然垄断产业中引入竞争机制的重要组成部分。同时在放松进入规制后，自然垄断产业中的非自然垄断业务的有效竞争还需要政府采取适当的非对称规制措施。

三、中国自然垄断产业规制改革模式的进一步分析

前面我们简要描述了中国自然垄断产业规制改革的基本模式，而在具体改革过程中，还必须结合实际情况做进一步的深入分析。

（一）独立规制机构的设置及其与反垄断机构的合作模式

规制改革必然引出规制机构的组建问题。在中国自然垄断产业规制改革过程中，政府各部委逐步从所有者、管理者、经营者过渡到规制者，具有产业管理职能和市场准入规制职能。由原来的部委充当规制者的最大特点是，规制者同时又是产业主管部门，甚至是原有企业的老板。在中国由于缺乏规制规制者的市场，规制者在制定规则的时候，容易偏向原来管辖企业。为使规制者保持中立立场，改变“政企一体”传统规制模式，防止改革过程中“政企同盟”的形成，必须改革政府既是规制政策的制定者与监督执行者，又是具体业务经营者的状况，同时针对原有部委充当市场规制者情形加以改进完善。这涉及到现有政府机构的改革和调整，应在自然垄断产业设立独立规制机构来执行政府规制新职能。

除了设置规制机构之外，伴随着竞争机制的引入和规制的减少，自然垄断产业过去多成为反垄断法（竞争法）例外范围的传统情况正在改变。反垄断机构与竞争法在自然垄断产业治理结构中的地位越来越突出，这就涉及到规制机构与反垄断机构的配合问题。一种模式是规制机构行使自然垄断产业规制权和反垄断处理权，规制机构有权就竞争问题做出决定而不受反垄断机构的审查。这种模式应该说随着近年来的规制改革浪潮已经发生了很大变化，适用范围越来越小。另一种模式是废除规制机构，反垄断机构行使规制权力。这种模式的优点是形成了反垄断法律适用的统一性，不会出现规制机构与反垄断机构之间的管辖权冲突和对法律的不同解释，但缺陷是不能保证某些规制目标，如普遍服务、互联互通的实现。尤其对于经济体制转轨国家而言，仅仅依靠废止规制并不能导致竞争格局的自然形成，因此这种模式在中国也不具有操作性。还有一种模式就是规制机构和反垄断机构相互合作。反垄断机构与规制机构之间的合作形式可以多种多样，从权力构架上分类，可分为分权型合作与权力共享型合作。① 分权型合作是指反垄断机构与规制机构各自行使自己的职权，反垄断机构执行反垄断法，规制机构执行规制法。这种模式对于自然垄断产业而言应该是最为基本的形式。权力共享型合作是指规制机构与反垄断机构共同执行反垄断法律，但由于政策目标不同，共同执行反垄断法可能会出现执法上的差异，也有资源重复和浪费问题。为了避免共同管辖权的冲突，必须建立一个独立的司法制度，从根本上解决双方之间可能发生的冲突。

此外，有关规制机构设置还存在一些值得进一步思考的问题，比如，在一个自然垄断产业设置一个规制机构，还是几个相关产业设置一个规制机构。自然垄断产业的技术进步导致产业融合的趋势越发明显，原来建立在界限明显的产业基础上的规制框架已经不能完全适应新技术的要求，这就要求在产业融合之后调整规制机构设置办法。比如信息技术的迅速发展使电信、邮政和广播事业的联系变得更为紧密，由单个通信规制机构对这些服务领域进行统一规制可能取得更高的规制效率。从实际情况看，在美国联邦层次和多数欧盟国家，设立了多个“特殊部门”规制机构，而在澳大利亚和美国的许多州，却设立了一个“全能型”规制机构，来规制所有被规制产业的活动。眼下，英国也正在考虑对那些规制内容比较接近的规制机构实行合并，如将天然气和电力两个规制机构合并成一个能源规制机构。中国自然垄断产业规制机构的设置也应考虑相关规制机构的合并问题。

① 有关这个问题的详细分析，可参见周汉华：《监管机构与反垄断机构的权力配置》，载于《中国经济时报》2001年6月22日。

（二）规制法律、反垄断法律与特殊法人法

在自然垄断产业中，规制机构与反垄断机构应相互合作。同样，规制法与反垄断法的制定也是同等重要。规制改革应以规制立法为先导，按法定程序进行。而中国自然垄断产业规制改革沿袭一种先改革，后立法的传统，规制法律体系严重滞后。即使颁布相应法律，也是由产业主管部门起草的，具有较大局限性。更重要的是，在已颁布的一些法规中缺乏明确的、统一的、具有权威的专门执法机构进行统一执法。为提高政府对自然垄断规制效率，监督规制者公正执法，必须针对自然垄断各产业的经济技术特征，对规制机构设置、责权划分、市场结构的重大调整、被规制企业的权责利关系，有关价格、服务质量、市场准入条件等政策内容做出规定，还应特别明确规制机构在反垄断执法体系中的地位和作用。目前应加快建立和修改完善《电信法》、《电力法》、《铁路法》、《航空法》等自然垄断产业规制法。

随着中国自然垄断产业政企分开、产权多元化改革以及竞争机制的日益深入，特别是在中国加入WTO之后的今天，一部反垄断法的重要性越发明显。目前的反不正当竞争法难以起到反垄断法的作用。在反垄断权力分配与执法体制上，反垄断法与这些自然垄断产业规制法的关系是普通法与特别法的关系。规制机构和反垄断机构的相互合作，在规制权和反垄断权的划分和协调方面必须由规制法和反垄断法共同加以规定。

在自然垄断产业领域，尤其是在自然垄断环节，还可能存在一部分国有企业垄断经营的情况。这类国有企业在日本被称为“特殊法人”。作为特殊法人设立和运行所依据的特殊法人法，不是指所涉及的产业内所有企业的产业法，而只是涉及所设立企业的特别法。特殊法人企业的组织形态、企业设立程序、企业权利义务、规制主体、规制内容等都由特殊法人法规定，特殊法人法未规定的事项才受普通法规范。从这个意义上讲，所谓特殊法人法实质上是规制法律体系中的一种，反垄断法与特殊法人法的关系仍然是普通法与特别法的关系。

（三）加快自然垄断产业中国有企业产权制度改革，进一步扩大股份制改造规模，构建激励性规制改革的微观企业基础

国有化是治理自然垄断产业的一种方式，国有化与规制可以进行选择，同时竞争机制的建立与国有企业产权制度改革也应该同步进行，必须加大自然垄断型国有企业产权制度改革的力度。对于非自然垄断业务，应逐步降低甚至取消产业进入门槛，大力引入民间资本和国外资本，实现竞争主体多元化。股份制改造是引入民间资本和国外资本的最佳途径，可采取债权转换、出售部分国有资产、发行股票吸收民间资本，改变企业股权结构等多种方式。对于严格的自然垄断业务，不一定要求国有独资公司来经营，也可采取股份制企业特许投标争取垄断经营权或委托经营等方式。

加快自然垄断产业中国有企业产权制度改革，将为中国私有部门的进一步发展提供广阔机会。但这并不是说中国的自然垄断产业全部应改由民营经济负责，毕竟还有中国经济发展阶段和体制传统的约束。对于发展中国家而言，自然垄断产业的范围相对发达国家来说要广泛一些。按照经济学的通常认识，由于市场需求处于较低水平，发展中国家经济自然垄断特征可能更为明显。由此，政府干预的广度和深度相对就大一些。并且自然垄断产业的一次性投入巨大，沉淀性很强，所以在经济发展水平较低阶段往往多需要政府出资经营，即选择国有化方式。这种论断可能与许多认为在自然垄断产业应发展国有经济的观点有一致的一面，但其中原因或逻辑基础却并不相同。

（四）竞争机制、产业分割与非对称规制

除了构建规制主体、规制法律以及改革微观企业产权制度外，在推进自然垄断产业规制改革过

程中，还必须研究改革的路径问题。中国传统自然垄断产业采取的是大一统模式，即一个企业既经营自然垄断业务，同时又垄断经营非自然垄断业务，从组织结构看可称为纵向一体化结构。为更多地引入竞争机制，提高自然垄断产业的运营效率，必须考虑对原有自然垄断产业的组织结构进行分割重组。而这又包括多种情况：第一种为垂直分割结构。垄断厂商仅限于从事自然垄断活动，其价格受到规制。垂直分割将使得垄断厂商放弃潜在竞争活动而由其他厂商进行竞争，比如各种增值服务。但各种潜在竞争活动领域的竞争必须通过垄断者的基础网络，由此存在其他厂商与垄断者之间的接入价格规制（access price regulation）问题。第二种为纵向一体化与自由进入混合式结构。自然垄断部门仍然由垄断厂商经营，但竞争性领域同时允许其他竞争对手参与经营，两者间明显存在不对称，这种不对称可能要求垄断厂商的所有价格继续受到规制，甚至在潜在竞争活动中也不例外。同时存在其他厂商与垄断者之间的接入价格规制问题。第三种为基础网络与服务活动分离式结构。垄断者只负责基础网络而不参与其他活动和服务，改由其他经营者负责。其他经营者必须通过基础网络，由此存在垄断者与其他经营者之间的接入价格规制。同时需对从事其他自然垄断活动的其他经营者实行一定的价格规制。当然，实际改革情况远比上述几种模型复杂，改革措施也在随着社会经济技术条件的变化而不断改变。总的政策导向是趋向于分解原有庞大的大一统体系，实现非自然垄断业务的有效竞争和自然垄断业务的有效规制的合理组合。

对自然垄断产业而言，产业分割仅仅是形成竞争机制的一种手段，还必须放松甚至取消非自然垄断业务领域的规制，允许新企业的准入。但是在引入竞争后的最初一段时间，与新企业相比，支配市场的原有企业在竞争方面具有压倒性的先动优势，同时它还可以凭借这种先动优势实施各种策略性行为。此时单纯从反垄断规制的角度对原有企业的排他性行为进行监督和限制是不够的，还应对其实行严格的规制，而对新进入企业实行简化规制，这被称为非对称规制。非对称规制政策的实行往往会引起一些争议，偏向新进入者的非对称规制政策可能对原有企业并不公平，如长期实行，必定扭曲价格信息、恶化资源配置。所以，非对称规制是一种特殊时期的特殊政策，当市场真正形成有效竞争的局面后，政府就可以逐步取消对新进入企业的优惠措施，把非对称规制政策改为中性的干预政策。从总体趋势上看，非对称规制将随着市场竞争的不断发展逐步减弱实施力度。在注重培养新进入者的同时，也应当注重对新进入者的政策制定，以防止非效率准入带来的不良后果。并且实行非对称规制政策的对象，不应是传统经营者，而应是占支配地位的主导企业，两者内涵不一定一致。

参考文献：

1. 陈富良：《放松规制与强化规制》，上海三联书店 2001 年版。

2. 周汉华：《监管机构与反垄断机构的权力配置》，载于《中国经济时报》2001 年 6 月 22 日。

3. 肖兴志：《自然垄断型国企改革的战略思考》，载于《改革》2001 年第 3 期。

4. 肖兴志、张嫚：《美英日自然垄断型企业改革的共性研究》，载于《中国工业经济》2001 年第 8 期。

5. Crew, M. A., P. R. Kleindorfer and E. F. Sudit, Incentives for Efficiency in the Nationalised Industries: Beyond the 1978 White Paper, *The Journal of Industrial Affairs*, 1979.

6. Littlechild, S., *Regulation of British Telecommunications Profitability*, London: HMSO, 1983.

7. Loeb, M. and W. A. Magat, A Decentralized Method for Utility Regulation, *Journal of Law and Economics*, 1979.

8. Vogelsang, I. and J. Finsinger, A Regulatory Adjustment Process for Optimal Pricing by Multiproduct Monopoly Firms, *Bell Journal of Economics*, 1979.

（本文载于《中国工业经济》2002 年第 4 期）

关于进一步破除垄断问题的研究

俞燕山

摘　要： 开放政府垄断的产业和市场，扩大市场竞争的范围，是解放和发展生产力，提高国民经济竞争力的关键之举。本文通过对我国产业领域垄断状况的分析，提出了进一步打破产业领域垄断的基本思路和主要政策措施。

关键词： 垄断　改革　反垄断

一、我国产业领域垄断的基本情况和问题

（一）垄断的基本概念

就概念的一般含义而言，垄断主要是指独家或少数几家企业占有市场的大部分甚至全部，控制价格，排斥他人的进入和竞争，从进入障碍和产生的原因看，垄断可划分为四种类型：

一是市场垄断。这种垄断是企业在市场竞争过程中，凭借产品和服务的技术、质量、价格和效率，通过企业联合与兼并等竞争手段逐步形成的，它是企业在市场竞争中自发形成的结果。

二是自然垄断。这种垄断是指受自然禀赋条件和经济、技术特点的决定，在一些行业，独家生产比多家生产的成本低、效率高，如铁路网、机场、输电网、电话网、城市各种管网设施等。

三是资源垄断。即关键资源由一家企业拥有后，其他企业很难进入而形成的垄断。关键资源可以是物质性的，如油气、黄金等矿产资源，也可以是非物质性的，如专利、发明、版权等。

四是行政垄断。这种垄断主要是基于法律和行政权力而产生的独家或少数企业对市场的垄断。它是建立在政府强制权力基础之上的，是一种政府行为，是只有凭借政府权力才能形成的垄断。行政垄断的表现形式多种多样，如政府专营、行政准入限制、计划配置资源、地方保护和封锁、党政机关兴办行政性公司等。

（二）对产业领域垄断状况的基本判断

1. 经过20多年的改革开放，全局性的国家垄断已被打破，但局部垄断现象依然存在于国民经济的各主要领域。新中国成立以后，我国逐步实行了高度集中的计划经济体制，由政府对各主要产业国有国营。从市场准入、原材料的提供，到价格的制定、产量的规定以及产品的销售，政府都直接进行干预和控制。政企不分，单一的所有制结构，国家行政权力和经济权力紧密结合，形成了全局性的国家垄断。在此体制下，无论是经营生产资料的企业，还是经营生活资料的企业，不仅绝大部分归国家所有，也在实际上归国家统一经营。并且，除日用消费品的供应采用商品交换形式外，生产资料几乎全部由国家调拨。国家既是最大的买者，也是最大的卖者，整个社会生产处于封闭的状态。这种全局性的国家垄断是和高度集中的计划体制紧密联系的，它借助行政组织、行政区域和

行政隶属关系，以拥有的人力、物力、财力为后盾，以行政指令为运行手段。

1978 年开始的经济体制改革，从根本上动摇了全局性的国家垄断体制。经过 20 多年的改革开放，政府控制一切、包揽一切的国家垄断及其全封闭的管理体系基本解体，竞争的局面逐渐形成。首先，国家行政权力和国家所有权从合并行使走向分别行使。目前，除铁路等极少数行业外，国家不再直接经营企业，而企业则依照民法通则和企业法、公司法的规定成为以营利为目的的市场主体；其次，单一公有制的经济结构已经改变，公有制为主体、多种经济成分共同发展的所有制结构正在形成。在现存企业中，除了国有企业、集体企业外，还有大量的私营企业、外商投资企业以及多种经济成分组成的股份有限公司、有限责任公司。以就业为例，2000 年国有商业单位的从业人员比重已降低为 11.61%，制造业降为 17.8%，建筑业降至 11.04%。再次，政府对经济的管理，已经和正在从高度集中的计划经济体制下的无所不包的干预向适度干预过渡，指令性的直接控制已经压缩到了很小的程度，并正在被间接管理为主的宏观调控所代替。价格开始反映市场供求关系的变化，政府定价的商品从改革初期的上百种下降到目前的 13 种，重要商品及服务的经营也逐步从国家指令经营转向特许经营和专卖。最后，最为重要的，是改革中确认了我国实行社会主义市场经济的经济体制模式，市场机制被作为资源配置的主要手段。市场经济的本质是竞争，市场只能是统一的大市场，均已成为社会广泛的共识，并已成为指导人们行动的理念。

但是，经济体制改革只是打破了全局性的国家垄断。换言之，它只是使依靠行政权力实施的垄断不再具有全局性，它还没有依靠行政权力实施的垄断全部绝迹。由于改革是一个渐进的过程，经济体制还没有最终转变为社会主义市场经济体制，旧的经济体制所惯用的依靠行政权力管理经济生活的残余还存在，它只是伴随市场机制的采用，从对经济生活的全面的直接的控制变成了局部的对市场准入的限制。在原先属于国民经济命脉产业的许多重要领域，局部性垄断现象还大量存在。这些领域主要是：基础产业和公用事业，包括电力、铁路、港口、民航、电信、邮政、供水、煤气、公交等；战略性资源产业，包括石油、天然气、有色金属、黄金等；经济安全和国防产业，包括金融（银行、保险、证券等）、军工（航空航天、核工业建设、船舶、兵器）等；重要商品流通和服务业，包括烟草、粮食、食盐、药品等；以及其他特殊垄断产业，包括铸币、民爆物品等。

2. 与市场经济发达国家主要在自由竞争的基础上形成的市场垄断不同，我国现存的垄断主要是在长期计划经济体制下通过行政性限制准入和计划配置资源而形成的，基本特征是亦政亦商的行政垄断。竞争是市场经济的内在要求。竞争给经济带来了活力，给企业带来了压力和动力，促进经营者不断开发和采用新技术，提高管理水平，使资源得到合理配置。但正如事物往往具有两面性一样，竞争也可能带来一些消极后果。在市场竞争的过程中，企业也会因为各种原因形成市场的集中和垄断。因此，发达国家反垄断的重点，主要是针对那些具有市场支配地位的市场垄断者。与这些国家不同，对我国来说，市场机制的引入只有不到 20 年的历史，市场垄断的现象比较少见，诸如四川长虹、青岛海尔、北京联想这些在市场竞争中形成的国内大型企业还不能拥有市场支配地位，形不成垄断。可以说，目前我国还没有名副其实的竞争性市场垄断。我国产业领域的垄断主要是建立在非市场竞争基础之上、主要由计划配置资源和行政限制进入而形成的，具有典型的行政垄断特征。其主要表现是：

（1）在投资建设上，主要依靠国家的政策性投入和投资贷款，无偿获得大量特殊公共资源（如航线、频谱、路权等）及特许资源（如专卖权、发行权等）的使用权。这些排他性独占权力构成了行政垄断的基础，后来者要么得不到政府的进入许可，要么因为没有这些政府优惠和保护而处于不平等竞争地位。

（2）在业务范围上，既承担政府下达的政策性任务，也从事一般的商业性经营。正是因为承担着政府的政策性任务，垄断企业才有了低效经营的借口，企业预算约束软化，即使亏损也能够依靠政府补贴生存下去。

（3）在经营机制上，不是按商业化原则进行企业的经营管理，而是仍然套用行政部门的管理方式，按行政区划设置业务分支和进行业务管理，实行严格的行政等级制度。内部分配不是按市场化原则决定报酬高低，而依据“官本位”进行收入分配。

（4）在价格形成方面，对垄断性环节和竞争性环节不加区分，由政府实行统一定价。

（5）在对企业的行政管理上，政府不是把这些行业作为一般的国有企业，按商业化原则进行考核和管理。而是更多地把这些行业作为政府控制社会经济生活的工具，按一般的行政事业单位下达各种计划和任务，赋予这些待业参与政治经济活动的各种特权等（见表1）。

表1　　我国主要垄断性产业的垄断特征

行业	垄断特征
铁路	带有自然垄断特征的行政垄断行业
港口	带有自然垄断特征的行政垄断行业
民航	带有部分自然垄断特性的行政垄断行业
电力	带有自然垄断特性的行政垄断行业
电信	带有自然垄断特性的行政垄断行业
城市公用事业（自来水、煤气、供暖等）	带有自然垄断特性的行政垄断行业
石油天然气	带有资源垄断特性的行政垄断
有色	带有资源垄断特性的行政垄断
特殊行业（黄金、特殊矿产等）	带有资源垄断特性的行政垄断
邮政	行政垄断
城市公交	行政垄断
烟草、食盐、粮食、药品等重要商品流通	行政垄断
军工	行政垄断
铸币	行政垄断
银行、保险等金融业	行政垄断

3. 尽管破除行政垄断的改革取得积极进展，但造成行政垄断的体制性根源没有消除，旧体制遗留下来的政企不分、行政限制准入、行政审批过多等问题没有从根本上解决，改革探索中又出现了国家垄断利益部门化、政府监管失效等许多亟待解决的新问题。具体表现在：（1）政府行政职能与经营活动交叉混同，行政权力广泛渗透到经营领域，排斥和限制市场竞争。政企（事）不分，政商不分，政府运用行政权力（有些甚至是行业法规）名正言顺地设置市场进入壁垒，排挤市场竞争对手，大量采用行政方式和手段选择项目、确定价格和经营范围、指定重要产品和服务的经营主体，严格控制垄断业务，在人事、分配、经营等诸方面对企业进行不同程度的直接干预，极大地排斥着竞争机制的引入，也使得垄断经营主体可以凭借垄断地位，通过行政手段不断把竞争性业务纳入垄断经营，导致垄断范围广泛延伸，市场竞争机制在很多领域无法正常发挥作用。行政权力延伸到经营领域，破坏了市场秩序，妨碍了各种生产要素在全社会范围内的合理流动和优化组合，阻碍了企业的自由发展。官商合一、政企法分，阻碍了市场竞争，助长了权钱交易等腐败现象，严重减弱了社会的投资机会和意愿。（2）国家垄断利益大量转化为部门和企业利益，加剧了社会收入分配不公。计划经济时期政府在分配资源方面形成的行政配置体制，使垄断企业无偿获得了国家拥有的特殊资源（如航线、频谱、频道、路权等）和特许资源（如专卖权、各种指标等），由此带来的垄断利润归国家所有，由国家支配。改革开放后，国家在放权让利的同时，并没有相应将这些无偿分配的资源收归国有，而是继续以行政方式分配给了垄断企业和部门。仅以电信业无线频道的占用为例，德国仅仅拍卖第3代移动通信所需频谱，政府就获得了高过450多亿美元的收益，而这些收益在我国一直都由中国的电信企业无偿占用。与此同时，为促进垄断行业的发展，政府以行政方式将国家投资贷款等资源分配给垄断企业，在价格、收费、税收等方面制定了一系列有利于垄断企业的

政策，使这些企业和部门凭借经过国家无偿拨付、优惠政策得到的资源和特许垄断权，形成自己独特的“成本优势”，参加追逐市场利益，获得超额利润。本该属于国家的垄断利益，被转化成了垄断企业和部门的利益，进而转化为企业和部门个人的收益，引起收入分配严重不公和人民群众的强烈不满。（3）企业效率低下，经营机制落后，改革动力不足。由于可以凭借垄断地位和特殊政策，通过行政性提价、收费等方式，将成本转嫁给消费者和社会，加之国家大量无偿的政策性投入和投资贷款，致使垄断企业缺乏有效的成本约束，可以任意增大投资和经营成本，不仅导致企业不顾实际条件和需要大量安排子女和亲属内部就业，大量兴办超过其他行业的福利设施和第三产业，而且使得这些企业推进内部改革和加强企业管理的压力、动力远远低于竞争性行业。垄断企业优越的垄断地位和依赖吃国家政策饭的体制，使得这些企业在建立现代企业制度、分离辅业、精简机构、削减人员、深化内部用工、分配等各项改革严重滞后，企业管理落后，效率和效益低下的问题比一般国有企业更加突出。我国垄断行业经营效率只有国外同行的几分之一甚至几十分之一，竞争能力很弱。过多的行政性保护，使得企业可以随意侵害消费者利益，乱加价、乱收费，强行搭售，吃拿卡要，服务质量低劣等问题长期得不到根本解决，抑制了这些行业的市场需求，这些部门提供的产品和服务，价格上升的幅度大大快于社会平均价格指数，从而大大增加了国民经济中其他部门的运营成本，降低了其他部门的市场竞争力。例如，改革开放以来，我国一般竞争性行业的产品和服务价格有了较大下降，唯独垄断行业的产品和服务价格攀升较快。1998 年与 1978 年相比，电力价格、铁路货运价格、邮政资费的提高，均大大高于同期我国工业品出厂价格和零售物价上升的幅度。比同期工业品价格总水平上升幅度高 254%。售电价格由每千瓦时 0.0658 元涨到 0.339 元（全国平均价，不含电力建设基金），上涨 4.15 倍。铁路货运按吨公里收取的费用由 0.0144 元提高到 0.0755 元（含铁路建设基金），上涨 4.24 倍，如果再加上杂费分摊约 0.06 元，货主实际支付的运费约为每吨公里 0.12 元多，则上涨 7.33 倍。邮政资费国内信函由 0.08 元/件（外埠），相当于 1978 年的 10 倍。煤气、自来水、公共交通价格均有较大幅度的提高。其中，煤气价格由每立方米 0.05 ~ 0.10 元涨到 0.70 ~ 1.20 元，上涨 10 倍多；自来水价格由每吨 0.17 元左右涨到 0.90 元左右，上涨约 6 倍；公交票价由 0.05 元左右涨到 0.50 元以上，上涨 9 倍多。（4）政府监管的“缺位”与“越位”并存，监管严重失效。市场经济往往对一般竞争行业有比较明确的划分，对一般竞争行业只制定竞争规则维护公平竞争，同时通过一般性的社会和技术性监管以保证社会成本最小。对特殊垄断行业则在执行社会和技术性监管的同时，根据各行业不同特点制定不同的经济管制规则，从投入到产出、从服务到价格实行全方位严格管理。而我国现阶段的管理基本采取的是同一的管理规则，未能对不同的产业实施不同的监管。在管理机构的设置上，计划经济体制下部门分割的痕迹仍然明显，管理职能被分散在多个政府机构，多头管理与无人负责并存。承担主要监管责任的政府主管部门，集政策制定、分配资源、行政管理和行业监管等于一身，监管职能附属于其他职能之上，这些部门的确主要精力又集中于分配资源和行政审批上，往往是用政策目标取代监管目标，大大削弱了政府监管的力度和效果，极不利于规范市场秩序和提高行业的整体效率。在管理方式上，政策性业务与经营性业务不分，竞争性环节与垄断性环节不分。使得垄断企业难以完全按商业化原则进行经营，作为所有者的政府无法准确评价垄断企业的经营活动，更无法追究企业经营不善和亏损的责任。垄断企业借助经营政策性业务的优惠政策，吃国家的“大锅饭”，将政策性业务的收益转移到经营性业务，牟取行业或企业的不合理收益。在管理内容上，无论是竞争性行业还是垄断行业，基本停留在对企业市场准入的前置性审批和项目的审批等初级层面上，对垄断行业管理所要求的成本控制、技术保障、安全标准、环境保护、消费者保护特殊内容基本没有涉及。对管制价格的制定往往缺少必要的、基本不掌握管制对象管制业务的真实成本；在技术监管方面，虽然制定了相当多的技术和安全标准、规范（甚至许多是强制性的），但缺少监督管制对象执行的方法和工具；此外，环境保护等涉及公众利益的内容并未纳入管理的范畴。在管理手段上，社会目标的实现（如普遍服务等）和各类经济关系的确立，基本上依靠政府行政协调的力量，而不是依靠法律进行规范和约束。即使是颁布了相应行业的利益和国家对这些行业的控制，而不是为了规范产业中各主体的行为。随着企业化改造和引入市场竞争，原有的利益格局发生了重大变化，政府的目标与市场化动作的企业的目标之间存在一些冲突，单纯地依靠政府的行政协调已无法适应新形势的需要，监管效率以及政府监管的公平和公正。在对管理机构和人员的约束还不健全的情况下，这种体制使得监管效率低下的问题更为突出。出现上述问题的原因是多方面的，从发展的过程来看，政府垄断国民经济的命脉部门，占领经济的制高点，是在一定的历史背景下发生的，有其存在的合理性。从体制上看，深层次原因则是经济体制改革不到位。首先是政府与企业及市场的关系没有理顺。由于国有资产出资人制度没有建立起来，政资不分，出资人的权力被各级政府和不同的部门或企业集团分散行使，致使真正意义上的政企分开很难实现；其次是产业组织结构不合理，垄断环节和竞争性环节的产业组织结构和经营方式，使得市场竞争机制很难发挥作用；第三是现代企业制度还很不完善，企业产权激励和产权约束不力，法人治理结构不健全，内部监督和制约机制薄弱，竞争性的市场主体没有建立；第四是政府管理体制改革滞后，职能转变缓慢，缺乏市场监管的有效手段。

二、解决我国行政垄断问题的总体思路

解决行政垄断问题，不同于一般意义上的“反垄断”，其实质主要不是处理垄断与竞争的关系，而是处理政府与市场的关系。因此，需要在分清问题性质的基础上，立足于我国国情，借鉴国内外改革的成功经验，坚持市场化取向，努力适应我国加入 WTO 后改革开放的新要求。基本思路是：坚决贯彻中央“打破垄断、引入竞争”的方针，按照建立社会主义市场经济体制的要求，以政府职能转变为重点，明确划分政府行政行为和企业经营活动，规范政（事）企关系，在一切可以竞争的领域和环节开放市场，对需要控制和垄断的领域实施有效监管，建立完善的现代企业制度和公正透明、统一高效的现代监管体制，形成适度竞争的产业组织结构和竞争有序的市场格局，提高效率，改进服务，促进发展。我国20多年改革开放的经验表明，只要基本思路明确，就会产生逐步推进改革的力量。

必须指出，解决行政垄断问题是在大部分传统体制已经进行了多年的改革后展开的。在以往的改革过程中，国家的管理职能已逐步减少，并集中于这些垄断领域；国有资产的比重逐步下降，并以越来越大的比重配置于这些领域，国家实施各项政策的政策手段也主要依靠这些领域发挥作用。在这样的背景下，这些行业的改革具有更大的难度，并涉及到更为广泛和深刻的问题：（1）较大的分离难度。这些行业大多承担着具有公益性、政策性目标，或存在自然垄断环节。在实际运行中，这些业务与竞争性业务相互交叉。相当一部分竞争性业务较难通过简单分离的方式，形成独立经营的主体。同时在财政资金无法保障的条件下，政策性和公益性目标需要通过竞争性业务形成的收益给予补偿。分离竞争性业务必须考虑这些因素的影响，并做出相应安排。（2）现有企业利益将受到较大影响。以往的改革大体上是国家对企业的放权让利，企业和职工是改革的受益方。但垄断待业改革是高速垄断待业的不合理的集团利益，将这些行业的垄断利益、行业性群体的过高收入、行业的潜在收益收归国家，返还社会和人民。垄断行业和企业将对社会和其他竞争者出让部分既得利益（有些甚至是政府收益）这一局面是在多年改革中极少出现的。（3）对建立监管制度有较高的要求。在一般竞争性行业中，强制性监管主要集中在环保、技术标准、质量标准、安全性标准、卫生标准等通用标准和规则方面，并主要由技术监督局、环保局、卫生局、消防部门等公共管理部门负责。这些监管又成为社会性监管。放开或取消行业性行政管理对这些监管活动并不会带来实质性影响。除这些技术性指标的监管外，垄断行业中带有特殊性的监管则更多地集中在交易规则、定价、行为准则、关联交易、交叉补贴等较难以用技术性指标加以衡量和评价的方面。在放开准入、引入竞争的同时，需要优先建立相应的监管体系以保障这些行业的稳定运行。（4）垄断行业在国民经济

发展和社会稳定中具有更重要的地位。在国有经济的战略性调整中，垄断行业是国有资产集中和发挥国有经济主导地位和控制力的主要领域。因此在分离竞争性业务、放开准入、引入竞争的过程中，保持国有经济的地位和控制力是各方面高度关注的问题。

因此，在深化改革的过程中，需要具体把握好以下原则：

（一）坚持政企分开，转变政府职能

我国产业领域垄断的本质是政企不分的行政垄断，当前反垄断的重点就是反对行政垄断。因此，政企能否真正分离是关系到反垄断成败的关键性因素。政企分开就是要根据不同的行业情况，对仍然政企不分的，要回忆政府与企业脱钩的步伐，取消政府对企业的直接管理；对政企已经初步分开的，则应进一步划分政府与企业的职能界限，限制政府部门对企业过多的行政保护；对垄断企业仍然保留的行政权力，一律取消。政府与其直接管理的企业，以及企业化经营的事业单位在人财物方面彻底脱钩后，其承担的国有资产所有者职能转交相应的国有资产出资人机构，把其企业承担的中介职能转交独立的中介组织，把其承担的行业准入、价格制定、成本和服务质量临近等监管职能，移交给独立的行业监管机构承担。政企分开后，政府的经济职能主要是经济调节、市场监管、社会管理和公共服务。

（二）坚持以提高效率、促进发展、改进服务为目的

我国是一个发展中国家，垄断领域许多产品的人均占用量和服务的普及率比较低，与世界平均水平相比还有较大差距。随着我国人民向较富裕文明的小康生活迈进，西部大开发和城市化等经济结构战略性调整步伐逐步加快，保障这些行业的产品和服务的有效供给对“十五”乃至今后更长一段时间国民经济发展的快速、稳定、健康发展有着决定性的意义。垄断行业又是我国加入世界贸易组织以后外资竞争的重点，能否在竞争中形成有国际竞争力的民族企业，关系到我国总体经济竞争力和国家经济安全。而实现这一切，必须有效解决基础设施行业在效率、价格和服务方面存在的诸多问题。因此，垄断行业改革必须紧紧围绕提高效率、改进服务、促进发展来展开。

（三）坚持引入竞争和加强监管并举

垄断行业的改革，要从社会主义市场经济的本质要求出发，在市场能够发挥作用的领域和环节，按市场原则分配资源和选择投资经营主体，按市场规律进行行业或企业重组，按市场要求进行经营和管理，要在市场竞争中培养有竞争力的国有企业，增强国有经济的控制力。对需要保留国家垄断的领域和环节，也要分离竞争性业务和垄断性业务，用市场的办法进行管理。最大限度地发挥市场机制的调节作用，与一般竞争性行业和领域不同，目前仍然存在垄断的行业是社会经济发展的命脉部门，影响面广，有的带有自然垄断性特点，有的具有很强的公益性，有的对宏观经济的稳定具有关键作用，有的还直接关系到社会安全和国家安全，许多行业本身的系统稳定性要求高，在这些行业引入市场机制的同时，必须建立起有效的监管体制，才能保障这些行业的有序竞争和健康发展，这也是20世纪80年代以来发达国家反垄断的重要经验。因此，必须坚持引入竞争和加强监管并举的方针。

（四）要兼顾改革过程中各方的利益

垄断行业的改革，涉及方方面面既得利益关系的调整。改革过程中，既要打破现有利益格局，又要从实际和可能出发，统筹兼顾，防止操之过急；既要保障投资者和企业的合法权益，又要坚决维护国家利益，切实保护消费者权益；既要对现有垄断企业进行适当分拆和重组，以促进有效竞

争，又要保持企业必要的规模，提高企业的竞争力；既要尽可能吸收国内外社会投资，促其快速发展，又要考虑到国家经济和社会安全，确保国家对重要领域的必要控制。特别要注意妥善处理投资者、经营者和消费者之间的利益矛盾，避免过渡时期严重的利益冲突。

（五）坚持整体规划，循序渐进，分步实施

垄断行业改革事关我国经济体制改革和发展的全局，任务艰苦巨而复杂。首先，这些行业影响面广，多与国家重大的经济和社会政策目标，以及人民群众的直接利益密切相关。改革过程中需要综合考虑经济安全、社会稳定、国有经济控制力、国际竞争等各种因素，需要处理好一系列重大关系。其次，这些行业本身特殊的技术经济特性，使其内部的各个环节和各项业务之间组成了一个有机联系的复杂系统，任何一项局部的改革，都会对整个行业系统稳定性产生重大影响，牵一发而动全身。第三，这些行业已经形成特殊利益格局，各种利益矛盾比较尖锐。加上长期近亲系列而形成的行业内部错综复杂的人际关系，使改革和重组的难度很大。因此，推进垄断行业的改革，必须从战略高度统筹规划，循序渐进。在推进的步骤上，先易后难，逐步放开。一时难以放开的行业和领域，创造条件。分步实施逐步加以解决。在推进的方式上，先放开可以竞争的环节和领域，随着技术进步和需求结构的变化，适时将竞争性业务从垄断性业务中剥离出来，不断缩小政府垄断的范围。

在国民经济命脉产业中进一步破除行政垄断，是一项长期而艰巨的任务。长期目标是，在一切可以进行竞争的领域（或可以市场化动作的领域），放开市场进入限制，向组成社会主义市场经济的各类合法经济主体开放市场，通过各种形式的竞争，达到资源的有效配置和经济的快速增长。为实现这一长期目标，一定要立足于我国的特殊国情。一是我国具有几千年官商不分的历史传统，长期处于国家垄断的体制之下；二是我国还处在社会主义市场经济体制还很不完善的阶段，市场主体的培育还需要一定时间。因此，与发达国家不同，我国难以通过简单宣布消除市场禁入政策，就可以期望马上出现与在位垄断商势均力敌的竞争对手，很快形成一个竞争性的局面。相反，我国必须对原来行政垄断的产业部门，首先由政府实施大刀阔斧的重组，形成一个大体可操作的竞争性框架，然后再经过市场性重组的手段，走向长期目标。没有政府主动充当“第一推动力”，打破既得利益的传统格局、形成竞争性市场的过程将极其漫长。

三、近期改革的重点和政策建议

（一）推进政企分开

推进政企分开的重点是改革政府管理体制，积极探索行政决策、执行监督既相对分离制约，又协调高效运转的体制，使政府国有资产管理、政策制定和行业监管职能相对分离，形成自主经营的市场主体和权责明确的监管制度，为从根本上打破行政垄断和实现有效竞争奠定基础。

1. 加快国有资产管理体制改革，按照党的十五届四中全会《决定》的要求，政府部门要与其直接管理的企业在人财物方面彻底脱钩，尽快建立国有资产出资人机构，把其承担的国有资产所有者职能转交相应的国有资产出资人机构，实现政资分离。

2. 撤销和归并政府部门。进一步推进政府机构改革，在分离国有资产管理和行业监管职能、中介职能的基础上，对原有政府各部门承担的制定和实施行业发展规划、产业政策等职能，区别不同情况进行归并。有的可以移交给相应的综合经济管理部门，原主管部门撤销；有的可以由归并后的

大行业管理部门来承担，以减少管理主体，提高管理效率。

3. 进一步深化审批制度改革，减少审批事项，一是要严格按审批制度改革方案抓好落实，并进一步精简审批事项。二是建立行政责任制和严格的行政过错追究制度。坚持权责一致的原则，掌握审批权力的部门和负责人要负起相应的管理责任，对因管理出现疏漏造成严重社会后果以及行政不作为行为坚决追究责任。三是建立科学、合理、高效的部门工作程序和办事方式，大力提高政府部门尤其是权力部门的服务水平和服务质量。

4. 提高政府工作透明度，切实保障人民群众对社会经济事务的参与权、知情权和监督权。一是完善民主决策制度，健全行政决策咨询体系和论证制度，把公示、听证、专家论证等民主决策制度所应包括的决策事项、程序、规则等以法定化的形式予以明确，并向社会公布。二是进一步完善行政法规、行政职能、行政决策、行政审批、行政信息的公布机制，政府各部门的规范性文件，都必须经法制部门审核，政府各部门的规范性文件，都必须经法制部门审核。凡有审批事项的政府部门不仅要公开办事要求、办事时限、办事程序、办事结果，还要公开办事依据、办事规则等。三是加快电子政务建设，推进信息化，完善面向社会的政府信息服务系统。

5. 推进公共财政改革。一是全面推行部门预算，硬化预算约束，增强预算透明度。继续落实“收支两条线”管理，取消收支挂钩，按比例返还等做法，不允许任何部门自行提留，“坐收”、“坐支”。二是严格财经纪律，加强对政府各部门资产和资金的管理，改变把政府资产变为部门收入的现象，把原分属各部门单位搞创收的国有资产、物业，全部收回由政府物业管理部门统一经营管理，收入全部进入国库逐步建立统一、规范、透明的政府公务员津贴福利制度，向以薪养廉方向迈进。

（二）开放市场准入

按照引入竞争、充分发挥市场机制作用的要求，采取多种方式放开准入限制，从各方面为开放竞争创造条件。

1. 依次放开竞争性业务的市场准入限制。按照中国加入 WTO 的协议和《外商企业投资目录》所确定的开放领域，对国内外所有符合资质条件的投资人开放市场，取消种种基于所有制、地区和部门的或明或暗的限制。当前，应该从刺激投资效果比较明显的基础产业部门和我国加入 WTO 协定已经做出承诺的领域入手，抓紧电力、电信、铁路、民航、石油石化、煤气、供水、金融等行业的市场开放步伐，确立开放市场的范围、步骤和关键环节，系统修订原来由行业部门起草、旨在保护行业部门和利益的法律法规。

2. 改革市场准入管理方式。逐步缩减政府行政审批的范围和事项，将行政指定经营主体改为依法核准或市场招标选择经营主体。对国家拥有的特殊资源或特许资源，通过市场招标或拍卖选择使用者，收益归国家所有。对于可以替代竞争的行业，如公路、水运、航空、铁路等，消除对“替代服务”的限制。对于替代效果相对较弱的行业，采取“多家投标进入”的竞争。

（三）推进行业适度重组

在一些行业，仅是简单地放开市场准入政策，很难较快产生与在位垄断企业有力竞争的对手，形成有效竞争的格局，而有些行业随意放开准入则会形成过度竞争。要结合我国各产业领域垄断的实际情况，在放开市场准入限制的同时，对部分行业，特别是带有自然垄断特性的行业进行适度重组，以形成有效、有序竞争的产业组织结构。当前，重点做好以下几项工作：

1. 分离政策性业务和经营性业务。垄断行业中的政策性业务或公益性职能，原则上应设立企业进行独立经营，实现其发展目标。对只能由企业承担的政策性业务及公益性职能，必须给予必要的成本补偿。既防止政府因实施政策性目标而转嫁负担，扭曲企业的经营行为，又防止企业以行政政策性职能为由排斥竞争者或转嫁额外成本、推卸亏损责任。

2. 分离自然垄断业务与竞争性业务。对自然垄断业务与竞争性业务一体化经营的企业，可在分离竞争性业务的基础上，对具有自然垄断特性的业务领域，严格限制其业务经营范围，切实加强监督。

3. 根据竞争条件，采取不同的重组方式。对由单个企业主导市场，而又不能通过放开准入、较快形成有效竞争的领域，可按同一业务领域和同一市场应有两个以上经营主体有效竞争的原则，对现有主导企业进行适当分拆和重组。对一旦放开市场准入，便会出现企业过多过滥、过度竞争的领域（如航空运输、有线电视、出版等），鼓励采取多种方式进行以产业集中为特征的兼并和重组。

（四）深化垄断行业国有企业改革

1. 推进企业公司制改造，加快建立现代企业制度。要通过中外合资、企业互相参股、资产重组，特别是境外规范上市等方式，实现投资主体多元化，按照现代企业制度的要求，建立规范的公司法人治理结构。

2. 加大企业内部改革的力度。推进企业后勤服务社会化改革、分离辅助系统，精干主体企业。深化企业人事、用工制度改革，全面推行员工公开招聘、竞争上岗。改革企业分配制度，实行以岗位工资为主的基本工资制度，加大对经营者和技术、业务骨干的激励力度，打破内部分配中的平均主义。要切实加强企业内部管理，提高企业经营效益。

（五）加快建立现代监管制度

建立现代监管制体制，要求以实现行业持续发展和维护公平竞争的市场秩序为目标，组建独立的法定监管机构，制定明确的监管法规和透明的监管程序，按照公开、公平、公正、有效的原则，依法对行业的准入、成本、价格、服务内容和质量、安全、环境、普遍服务等实施专业化监管。

1. 健全行业监管的法律法规。要针对不同行业的特点，分别制定和修改相应的行业性法律、法规，明确各个行业市场准入、价格管理、网络接入、安全以及服务质量等监管内容，制定与之相适应的监管规则和公开透明的监管程序。具体来说，包括抓紧修改与自然垄断行业监管有关的电力法、铁路法和民航法，制定电信法、石油天然气法、城市公用事业监管法等行业性法律；制定或完善与经济安全有关的金融业监管法规，与生命安全有关的医疗、制药、危险品行业的监管法规，与国家安全有关的军品生产及配套行业的监管法规，与社会安全有关的传媒、娱乐等服务业的监管法规等。

2. 组建独立的监管机构，依法实施监管。近期，可设立直属于国务院的监管机构，根据国务院授权实施监管，待条件成熟时逐步向法定的独立监管机构过渡。监管机构的人员组成，必须既有行业管理工作经验的人员，也要有综合部门工作经验和地方工作经验的人员；既要有专业技术人员，也要有经济、法律、财务、审计等方面的专业人员。要防止简单地将现有行业主管部门直接翻牌为监管机构。监管机构及其人员必须依据法律、法规和规则履行监管职能，切实提高监管的公正性和有效性。

3. 加强对监管机构的监督，建立必要的制衡机制。要通过行政复议和司法仲裁，纠正监管机构的失误；发挥行业协会、消费者组织及舆论监督等方面的作用，防止监管机构滥用职权。

（六）加快价格和投融资管理体制改革

1. 改革现行的价格管理体制。要根据不同行业的具体情况，逐步建立既有利于降低价格水平，又有利于激励投资的价格形成机制。对自然垄断业务、政策性业务以及竞争性业务分别实行不同的价格形成机制。其中，自然垄断业务、政策性业务的价格，在价格听证的基础上，按保本微利的原则，实行政府定价；竞争性业务的价格主要由市场决定。要规范垄断性产品和服务的成本构成及各种折扣，建立健全包括人工成本在内的成本控制和约束机制。要清理整顿价外加价和价外收费。要在政府价格管理部门和监管机构间形成合理分工，分别依据价格法和价格监管规则进行管理。其中，价格管理部门主要负责价格政策的制定、价格政策落实情况的监督检查和对监管部门价格管理行为的监督。监管部门负责垄断环节价格的核定和调整以及对价格违法违规行为的处罚。

2. 改革投融资体制。按照国家投融资体制改革的方向，要尽量缩小政府直接投资的领域和范围，政府的财政投资主要集中用于国家需要垄断和控制的领域和环节的直接投资，以及普遍服务和政策性业务的投资或财政补贴；其他领域和业务，主要鼓励各类投资者进行投资。要改革政府管理社会投资方式，减少和取消政府对投资项目的行政性审批，主要通过产业政策对各类投资进行引导。要加强对国家投资项目的监督检查，落实政府投资主体责任。

参考文献：

1. 王保树：《反垄断法对行政垄断的规制》，载于《中国反垄断法研究》，人民法院出版社 2001 年版。

2. 周其仁：《竞争、垄断和管制》，国务院体改办课题报告，2001 年。

（本文载于《改革》2002 年第 5 期）

竞争机制与网络产业的规制改革

刘戒骄

摘　要：能否以及如何在铁路运输、电信、电力、城市公用事业等网络产业引入竞争机制是我国经济体制改革攻坚阶段面临的一个重大而富有挑战性的课题。本文分析了我国网络产业现行体制的弊病以及垄断对其规模经济和范围经济的损害，就该类产业引入竞争机制，弱化其对特定传输网络的依赖，从而通过强化市场机制和厂商内在激励改进其供给效率提出了政策建议。

关键词：网络产业　政企关系　竞争机制　自然垄断　规模经济

一、我国网络产业的基本状况及现行体制的弊病

本文所说的网络产业是指在产品或服务的生产、传输、分销和用户消费等环节具有很强垂直关系，生产厂商必须借助于传输网络才能将其产品或服务传递给用户，用户也必须借助于传输网络才能使用厂商生产的产品或服务的产业。这些产业长期以来受到政府的规制，市场准入、产品或服务的价格以及经营方式受到严格控制，市场结构呈现为独占垄断、区域垄断或寡头垄断的特征，具体包括铁路、电力、电信、供水、供气等产业。时下，人们通常把网络（Network）理解为互联网（Internet），一提到网络产业就想到以互联网为特征的产业，其实这既不准确也不完整。本文之所以将产品特征和技术性质具有根本差异的这些产业统称为网络产业，是为了强调这些产业的网络特征，并以传输网络环节为切入点来分析这些产业的垄断问题。美国、日本和中国的投入产出表显示，网络产业的产品或服务几乎被用于每个部门的生产过程。作为基本投入要素的供给者，网络产业即便不能被称为牵动经济活动的火车头，也是促进经济发展的“车轮”。产业革命以来的经济史表明，技术革新及其所引起的技术、经济特征的变化不断改变着网络性产业产品和服务的供给方式，无论是引入竞争机制还是规制，网络产业都面临着一些特殊的技术障碍和问题，规制和竞争之间的关系实质上是资源配置的两种方式在网络产业的反映。

改革开放以前，我国一直将网络产业视为公益性事业。与长期以来的中央计划体制相适应，网络产业采取的是国有企业垂直一体化垄断经营和低价格、高财政补贴的机制，价格基本不受供求关系和成本变动的影响。改革开放，特别是20世纪90年代以来，我国对网络产业的这一传统体制进行了一系列改革，如减少或取消财政补贴、实行以个别成本为基础的定价制度等。但是，从总体上看，网络产业则是20年间改革幅度和变化都较小的产业，传统体制的弊端不仅没有消除而且随着规模的扩大表现得日趋明显和严重。与建立市场经济体制的基本要求相比，我国网络产业的现行体制存在着一些亟待解决的问题。

（一）政企分离进展不平衡，某些产业政企不分及由此导致的低效率相当严重

20世纪90年代以来，政府行政主管部门或垄断企业既是“裁判员”又当“运动员”的传统框

架有了较大改变，这种改变主要体现在电信、电力产业。与电信、电力产业政企关系的革命性变革相比，铁路运输产业和自来水、供气等城市公用事业政企分离的步伐相当迟缓。作为国务院主管铁路产业的政府部门，铁道部代表国家行使管理铁路运输产业的政策制定和调控职能；同时，铁道部还行使铁路运输企业的所有权和日常经营职能，经营庞大的全国铁路网，直接控制铁路运输产业的生产指挥系统，统一下达和审批运输生产计划，发布命令，指挥、调度全路的机车、车辆及设备。各城市人民政府几乎都设有公用事业管理局或类似的政府机构，既负责整个产业的管理工作，又由其所属的企业垂直垄断公用事业的经营活动。在产权和管理体制上，公用事业局与其所属的公用事业运营企业之间的政企不分表现得尤为严重。公用事业的投资决策由公用事业局制定，公用事业的生产、经营计划由公用事业局编制；公用事业运营企业的经营者由公用事业局委派和考评；公用事业的亏损通过公用事业局获取财政补贴。政企不分的结果是，运营企业作为政府机构附属物的状态没有改变。其结局必然是以行政区划为界限来划分企业的市场范围，由行政区划界限内的运营者垄断经营。这种画地为牢式的垄断虽然便于政府对所属企业的直接管理，但企业经营的市场范围受制于政府的行政区划往往有悖于经济合理和规模经济原则，造成经济上的低效率和社会资源的浪费。更为严重的是，垄断经营企业在垄断了产品或服务供给的同时也垄断了生产经营成本、费用等信息，这必然会导致受规制企业谎报运营成本和费用水平，规制者也难以发现，从而导致政府规制的低效率。

（二）没有传输网络的独立运营商严重受制于一体化运营商，网络垄断的弊病十分突出

改革以前，我国网络产业基本上采取垂直一体化的组织结构，由政府授权某个企业独占整个产业的生产、输送和分销环节。改革以来，这种垄断结构首先在电力产业的发电环节被打破。“六五”、“七五”期间，在电力严重短缺的背景下，国家陆续在电价、税收、利率、折旧、资金筹集等方面实施了一系列鼓励多方办电的政策。在这些政策的激励下，集资办电迅速由少数沿海经济发达省、市发展到除个别地区以外的所有省、市、自治区，由集资搞电厂扩建、改建发展到新建火电厂、水电厂、送变电工程。到1999年年底，无论从装机容量还是发电量来看，与国家电力公司无产权关系的独立电站已经拥有一半的市场份额。1994年电信产业也引入了新的竞争者，截至2001年上半年，中国联通业务收入占整个电信产业的比重为9.6%，且呈现出远远超过中国电信和中国移动的增长态势。但是，近年来的改革没有从整体上动摇和削弱网络产业的垂直结构，国家电力公司在垄断高压输电、配电环节的同时仍然通过股权控制占全国市场份额50%的发电企业；虽然有3个本地电话运营企业，电信产业本地电话仍然为中国电信独占；铁路、城市公用事业的独占格局更为严重（见表1）。结果出现了越来越多的运营者凭借其垄断优势任意延伸垄断范围损害独立厂商、消费者利益和限制用户选择权的问题。[①] 其实，《中华人民共和国反不正当竞争法》第六条就禁止公用企业或者其他依法具有垄断地位的经营者滥用垄断优势，以强行要求、设置服务障碍、胁迫、推荐、差别待遇等方式，强制或者变相强制他人购买其指定的经营者的商品，进行强制交易、限制竞争的行为作了明确规定。如何加快网络产业改革的步伐，通过产业链的垂直分离，切断网络运营者与生产、分销企业的股权和行政隶属关系，打破一体化厂商的垄断格局，防止关联交易、幕后交易和对独立厂商的排挤已经成为网络产业下一步改革的核心问题。

① 近年来，我国网络产业的一体化运营者凭借其垄断地位，排挤独立厂商和指定用户必须在某处购买某种产品从而将垄断势力延伸到竞争性产业的情况非常严重，其例不胜枚举。据2000年10月19日《中国工商报》报道，河南省电网对用电大户河南焦作铝厂的供电价格是每千瓦小时0.33元，而距焦作铝厂不远的焦作电厂的上网电价是每千瓦小时0.263元。由于国家电力公司所属的河南省电力公司的反对，焦作铝厂无法使用焦作电厂的便宜电。

表1　　改革以来中国网络产业的市场结构变化

产业	1980年	1999年
铁路		
旅客周转量（国家/地方/合资）	中央铁路独占	97.8%/0.1%/2.1%
货物周转量（国家/地方/合资）	(99.8%/0.2%/0%)	98.0%/0.3%/1.7%
电信		
固定电话（电信/联通/铁通）	中国电信独占	99.8%/0.2%/0%
移动电话（移动/联通/其他）		*75%/25%/几乎为0%
IP电话（电信/联通/吉通/网通）		*76.5%/18.4%/3.6%/1.5%
业务收入（电信/移动/联通）		*52.4%/37.6%/9.6%
电力		
发电量（国家电力公司占比重）	中央企业独占	51.7%
装机容量（国家电力公司占比重）	中央企业独占	49.2%
输电线路长度（国家电力公司占比重）	中央企业独占	97.5%
变电设备容量（国家电力公司占比重）	中央企业独占	85.9%
自来水	独占垄断	独占垄断
供气	独占垄断	基本独占垄断

注：带*的为2001年1~6月份的数据，国家电力公司的数据为其全资、控股和参股之和，输电线路长度和变电设备容量为500千伏部分的数据。

资料来源：笔者根据国家统计局（1980，2000）和中国电力年鉴编委会（2000）计算而得。

（三）以个别成本为基础的低效率价格形成机制

政府有关部门确定网络产业产品或服务价格水平的依据主要是受规制运营企业自报的成本，这种成本是垄断企业的个别成本而不是合理的社会平均成本。按企业的个别成本定价，不仅企业不会有降低成本的压力，而且还会诱使企业虚报成本，结果是成本涨多少价格也涨多少，甚至出现了价格有多高成本就涨多快、成本比价格涨得更快的低效率现象。由表2可见，近年来我国网络产业价格上涨幅度很大，远远高于同期居民消费价格指数涨幅。在价格巨幅上涨的同时，网络产业的总体经济效益没有多大变化，许多企业一直处于微利甚至亏损状态，其原因虽然复杂多样，但肯定与以个别成本为基础的价格形成机制有很大关系。

表2　　1985年以来我国网络产业产品和服务价格的变动情况

项目＼年份	1985	1990	1995	1998	1999
铁路运输					
货物运价（元/吨·公里）	0.02090	0.02590	0.03650	0.04150	0.04150
普通硬座（元/人·公里）	0.01755	0.03861	0.05861	0.05861	0.05861
自来水（元/吨）	0.07	0.17	0.66	0.86	1.00
管道煤气（元/立方米）	0.05~0.10	0.26	0.71	1.28	1.41
居民消费价格指数	以1985年为100，则1997年为303，1998年为330，1999年为334				

资料来源：中国物价年鉴编辑部（1986，1991，1996，1999，2000）和国家统计局城市社会经济调查总队（1998）。

二、重新认识网络产业的规模经济和范围经济问题

从经济学角度看，自然垄断理论是对网络产业施以垄断经营的基本依据。主张网络产业属于自然

垄断产业的基本论据主要有规模经济和范围经济理论。规模经济是指网络产业在提供产品或服务时所依赖的网络系统具有规模经济性。也就是说，网络产业都有为提供产品或服务所需的网络设施，这类网络设施需要庞大的固定资本投资，固定成本在总成本中所占比重很大。一般来讲，这类产业的需求量越多，每一单位需求分担的固定成本就越少，因而规模经济效益也越显著。范围经济是指网络产业在垄断的情形下，能收到生产与分配的纵向统一利益和对多种用户提供多种服务的复合供给利益。①

其实，规模经济利益和范围经济利益仅是自然垄断成立的必要而非充分条件，② 以上依据仅仅从技术上说明网络产业存在规模经济和范围经济的可能性，这种可能性能否转化为现实性还受很多因素的影响。20 世纪 60 年代以来，很多实证研究表明，网络产业的垄断会产生企业内部无效率，③从而抵消规模经济和范围经济收益带来的成本节省。值得注意的是，我国的网络产业同样普遍而严重地存在企业内部无效率问题。从 20 年来我国网络产业规模与成本的变动关系（见表 3）来看，垄断并没有带来规范分析所说的成本节省。网络产业的成本不仅没有随着规模扩大而降低，反而呈现出比同期物价指数更高幅度的上涨。90 年代中后期以来，我国物价涨幅回落甚至负增长时期，网络产业的产品或服务的成本仍然保持快速上涨的态势。据国家计委宏观经济研究院的一项研究，铁路、电力两个产业自 1985 年以来对生产要素的使用效率大大低于全国平均水平，一些大型企业自建小型火电站的发电成本已经低于目前的购电价格。这些产业的规模不经济态势，从实践上对垄断能否给网络产业带来规模经济提出了质疑。

表 3　　中国网络产业规模与成本的变动关系

产　业	1981 年	1985 年	1990 年	1995 年	1998 年	1999 年
铁路						
运输总成本（元）/旅客周转量（人公里）	0. 047	0. 046	0. 097	0. 181	0. 225	0. 218
运输总成本（元）/货物周转量（吨公里）	0. 012	0. 014	0. 024	0. 049	0. 068	0. 070
电力：单位发电量的销售成本（元/kW · h）		0. 053	0. 105	0. 249	0. 367	0. 405
自来水：单位供水量的销售成本（元/吨）			0. 101	0. 263	0. 411	0. 471
煤气：单位供气量的销售成本（元/立方米）			0. 369	0. 774	0. 893	1. 369

资料来源：笔者根据国家统计局（1981，1986，1991，1999，2000）和调查数据测算。

莱本斯坦（Leiben Stein，1966）提出的 X 非效率理论，从理论上对自然垄断的传统看法进行了有力批驳。他认为，自然垄断的传统观点假定企业能有效地购买和使用生产要素，垄断的弊病只是价格和产量的扭曲。但实际上，如果企业因管理上的问题而未能有效地购买和使用生产要素，它所引起的潜在福利损失要比哈伯格三角形和寻租耗费的成本大得多。追求成本最小化只是竞争市场结构中的厂商行为，而不是那种没有竞争压力的垄断市场结构中垄断者的行为。受规制产业中的垄断

① 许多企业生产一种以上的产品。例如，铁路公司提供的客货运输甚至不同次别的客运列车，供水公司提供的不同质量、不同用途的水都可以看成是不同的产品。在许多情况下，追求生产优势或者成本优势是企业生产联合产品而不是单一产品的基本动机。范围经济产生于联合生产两种或两种以上产品时的成本小于单独生产其中每种产品时的成本这种状态，亦即，范围经济来自那些共享的或联合使用的并且没有完全拥挤的投入要素。

② 准确地讲，即使在规模不经济的情形下自然垄断也能够成立，亦即是成本的次可加性而非规模经济构成了自然垄断成立的必要条件。此外，一个产业是否属于自然垄断不仅取决于生产函数的性质，而且取决于产业总需求的大小。在产业总需求量超过某个限度以后，自然垄断的合理性可能不再成立。

③ 根据植草益（1992）的归纳，企业内部无效率主要表现在：规制动辄维护被规制企业，从而削弱了被规制企业改进生产效率和开发新技术的积极性；由于规制手续繁杂、缺乏竞争以及技术革新停滞等原因，服务多样化和包含各种减价在内的收费体系多样化进展缓慢；收费往往高于竞争条件下的水平。有关上述问题的研究不少，其中具有代表性的卡恩（Kahn）教授对规制提出了严厉批评：美国的规制压制技术革新，姑息无效率性，引起工资和价格螺旋式上升，发生严重的资源无效率配置，引起成本推动型通货膨胀那样的无益竞争扩大，拒绝采取在竞争市场中所提供的收费多样性和质量选择。这些想法，20 世纪 70 年代初在中立的研究人员中占据了统治地位。正是由于这种规制失败，要求放松规制的呼声愈发强烈，美国终于在 70 年代开始放松规制，其后是英国和日本，现在已经波及几乎所有国家。

者丧失了追求成本最小化与利润最大化的能力，从而导致了 X 非效率。① 对垄断企业导致 X 非效率的机制，莱本斯坦的解释是：外部环境对企业产生的影响先作用于企业经营者，然后再作用于下属各部门负责人员，最后再传导到企业的其他成员身上。这是一种从上至下的逐级传导过程。在竞争性市场环境中，企业内部会从上至下产生一种压力感，从而导致该企业提高生产效率、降低成本，即产生 X 效率；在受规制的垄断市场环境中，垄断企业从上至经营者下至作业者的每个成员都会显露出人的惰性，久而久之，惰性变成惯性，垄断企业内部就产生了 X 非效率。②

网络产业的运营实践，促使人们从多种角度对自然垄断的传统理论和以传统理论为依据的规制进行全面反思。

第一，自然垄断理论认为，在成本函数次可加性的条件下，由单个企业独占市场比由多家企业共同生产能节省生产成本和生产设备的重复投资。但是，在受规制的自然垄断产业中，企业利润主要不是来自成本节省而是来自凭借垄断力量提高价格的能力，规制带来的 X 非效率会扼杀生产效率。

第二，以信息技术和其他高技术为代表的技术革新的结果，在某些自然垄断产业内形成了新企业进入和多家企业共同竞争所需要的技术基础，可能使一个产业或一个产业的某些环节从自然垄断变为寡头垄断或竞争性结构，通过规制来维持垄断的市场结构的理由已经被大大地弱化了。从经济史上看，铁路本来是作为运河的竞争对手产生和发展起来的，在 19 世纪逐渐取得了垄断地位。但是铁路在 20 世纪所处的环境又发生了较大变化，随着高速公路的延伸和飞机场的建设，火车、汽车、飞机之间彼此竞争并可以互相替代，旅客可以根据自己的需要在不同运输方式之间进行选择，原来意义上的自然垄断性和国家垄断经营的依据就自然弱化了许多。近年来的技术革新已经降低了电力、电信产业的最小有效规模，使小规模生产技术同样具有竞争性，③ 小规模网络系统正在逐渐替代大规模网络系统。在这些因技术革新而使产业融合出现进展的产业，规制的自然垄断依据也在弱化。这种伴随技术革新进展的放松规制，不仅在电信、电力产业，而且在其他网络性产业都有可能实施。

第三，自然垄断理论一般没有考虑产品和服务质量的度量成本问题。经验告诉我们，几乎所有的产品和服务都有许多质量维度，④ 而且有时度量某一质量维度的成本可能超过潜在的收益。在竞争性市场结构中，企业有强烈的动机提供适当质量的产品或服务，原因在于如果卖方的产品或服务质量有所下降，那么买方不是更换卖主就是要求卖方降低价格。在垄断的市场结构中，消费者没有选择其他卖主的权利，卖方的动机是在满足政府强制性标准的条件下尽可能地降低产品或服务质量，确保垄断企业提供适当质量的产品或服务是政府规制的重要内容。但产品和服务质量的多维数

① 与以 X 非效率表示来源不明的低效率相似，人们以 X 效率表示来源不明的高效率。X 效率包括自由市场或其他机制在任何给定的技术条件下，降低成本、提高产量的能力——这种成本降低和产量提高是通过刺激组织结构调整、增加工人和管理部门的激励以及全面地改进经营决策，如雇用和解聘、推销、工资和奖金、空间的分配、设备、电话、停车设施等来实现的。市场是否较其他机制能够更多或更少地推进这些结果，取决于市场是否相对来说具有更大或更小的动态效率，即 X 效率。

② 对 X 非效率的解释还有另外一种观点。这种观点认为，垄断厂商与竞争性厂商同样有追求利润最大化的愿望，这必然促使其在选定的产量水平上使其成本最小化，因而垄断厂商和竞争性厂商同样有降低成本、改进效率的动机。问题是垄断厂商未必具有与竞争性厂商一样有效地组织生产经营的能力。其原因在于，竞争性产业中的厂商至少可以观察到它自己的生产成本是在市场价格之上还是之下，而市场价格反映了产业中其他厂商的成本和效率。如果某个厂商的成本相对于市场价格过高，它就知道自己应该提高效率。与此不同，垄断厂商没有其他厂商作参照，也没有适当的标准判断其有效经营的程度。结果，垄断厂商比竞争性厂商更难以监督其内部效率，竞争性厂商比垄断厂商更有条件提高效率（丹尼斯·卡尔顿和杰弗里·佩罗夫，1998）。

③ 这一点在电信产业最为典型。近年来的技术革新使电信网络的性质发生了明显变化。终端机的高密度电话网已不再由许多专用线路组成，微电子技术已可能在同一线路上传送多种信号，并在地方电话网络上设置许多小型交换机，利用并非所有终端机都在同时使用这一特点，把许多终端机的线路集中于少数线路上。这就降低了单位生产能力成本，从而也降低了地方电话网络规模经济的重要性，为业务量较大的用户放弃公众网络、建立单独的通讯网络提供了经济可能性，削弱了厂商实施垄断的技术基础。不仅如此，这些革新所创造的需求，使得较小的体系也能利用规模经济利益。

④ 实际上，质量维度就是衡量产品和服务的技术指标。例如，供电质量包括供电频率质量、电压质量、供电可靠性和安全性 4 个方面；煤气的质量除了热值、洁净性以外，通常还包括煤气设备的供应、安装、维修以及在处理煤气泄漏等紧急事故方面的保证程度。新制度经济学特别强调产品和服务的质量维度和度量成本，并认为其对于契约结构和规制制度具有系统性的影响。

和度量成本问题告诉我们，规制者难以精确地规定产品或服务的质量。如果规制者只控制一个或几个质量维度，受规制的企业多半会在其他未受控制的维度做出抗衡性的调整。虽然逻辑上规制者可以将规制扩大到更多的维度，但由于度量成本很高往往难以取得成功。

第四，市场容量和市场范围的扩大可能使得一家企业独占市场不再具有合理性。经济学告诉我们，一个产业的自然垄断结构能否成立，或者说一个产业应该由一家大厂商来独占还是由多家厂商共同生产，取决于该产业内厂商的平均成本曲线和整个产业需求曲线间的关系。如果使平均成本达到最低的厂商产量水平相对于市场规模而言比较大，该产业就具备自然垄断的技术基础；反之，随着市场容量和范围的扩大，使平均成本达到最低的厂商产量水平相对于扩大了的市场规模而言比较小，该产业就具备多家企业竞争的技术基础。

第五，由政府授权取得的垄断根本有别于通过市场竞争优胜劣汰形成的自然垄断。从历史上看，自然垄断本来是市场竞争而不是政府干预的结果。自然垄断与由政府授权取得的垄断的根本区别在于“自然”二字。“自然”的含义，是说明这种垄断不是通过政府规制人为地阻止其他厂商进入市场形成的，而是通过厂商间的价格和非价格竞争使处于劣势的厂商被击败并退出市场，潜在竞争者又因达不到市场现有的成本价格水平而无法进入所形成的。

此外，网络产业长期以来被用作政治、军事、社会和经济政策的战略工具，例如获得更大的政治凝聚力和保障社会的稳定。同时，由于其所具有的技术经济特征以及由此产生的一系列独特问题，人们确信解决这些问题必须由政府做出积极的反应，相信在市场力量无能为力的地方可以借助于政府力量改善效率。近年来的实践和研究表明，非市场机制不能像市场机制那样在增加供给和降低成本方面有效地发挥作用。人们已经认识到，割裂成本和收入之间的联系是非市场机制低效率的根源。无论市场机制如何不完善，厂商的收入都主要取决于出售给买者的产品数量和销售价格，而且买者有权决定是否购买以及购买多少，厂商的成本也必须通过销售收入来回收，成本和收入两者之间的联系是通过价格建立起来的，而且这种价格的高低取决于消费者的支付意愿和支付能力，即消费者是否买和买哪个厂商的产品。而非市场机制则割裂了这种联系，因为在非市场机制下，厂商收入的一部分甚至主要部分来自由政府规定的价格以及与价格无关的因素，如政府的财政补贴、政府拨款、政府保护、有保证的销售等。这些收入直接提供给运营者，使得非市场机制产出的价值同生产它的成本割裂开来，致使资源配置低效率的可能性和程度大大增加了。

三、用户选择权与交易路径多样化引起的竞争

（一）交易路径多样化引起的直接竞争

放松规制以前，网络产业多由垂直一体化厂商垄断经营，产品或服务的生产、传输、分销以及用户所需要的终端设备均由该一体化厂商垄断，用户别无选择。在放松规制过程中，不是将传输网络从垂直产业链中独立出去就是垂直一体化厂商与非一体化厂商并存，传输网络以外的环节首先形成了竞争结构。这时，根据技术可能性适时地弱化生产者、分销者和用户对特定厂商和特定传输网络的依赖，扩大它们的选择性，赋予它们是否使用特定传输网络传输产品或服务的选择权，强化交易路径的多样化引起的直接竞争，是约束传输网络经营者实施垄断行为的有力手段。对此，美国的天然气产业提供了成功例证。天然气产业拥有典型的垂直产业链，管道部门与生产者、分销商和用户之间的关系是规制者面临的基本问题，其发展与天然气的运输方式和有关垂直产业链的规制密切相关。关于公用事业公司的州法律和 1935 年的《联邦公用物品公司法》制约着州际管道与天然气经销商的合并，地方天然气经销商依赖独立的州际管道获得天然气，然后销售给用户。州际天然气

管道提供天然气供应和运输服务，根据天然气经销商和管道部门之间的合同确定价格。天然气管道部门与天然气生产者签订长期合同购买天然气，并向地方经销商提供天然气，天然气经销商不能直接从产地购买天然气。所以，管道部门不仅是天然气的输送者，而且是天然气的垄断经营者。1978年年底，美国国会通过了《天然气政策法案》。该法案允许州际管道部门将天然气运输和销售分离，允许州际管道部门向自己所属的天然气经销公司和独立的地方经销公司自由地提供运输服务。某些特殊利益集团提供一揽子经纪服务，他们从某些产区得到相当数量的低价天然气，租用管道以压缩气的方式运输到消费地，再提供给特殊的地方经销商或用户。1985 年联邦能源规制委员会认为，需要实行更彻底的规制改革，以便永久地改变管道部门的经营方式。基于此，联邦能源规制委员会开始实行一项长期政策，该项政策要求管道部门为到产地购买天然气的竞争性经销商、彼此竞争的终端消费者等提供公开的非歧视性压缩气的运输服务。特别值得一提的是，联邦能源规制委员会不鼓励影响公开进入和限制竞争者进入市场的压缩气运输的许可证制度。通过开放交易路径，允许用户自行决定是直接向生产者还是向经纪商、地方天然气经销商购买天然气，有效地降低了天然气成本和价格，扩大了对天然气的需求（保罗·L·约瑟考和罗杰·G·诺尔等，2000）。美国开放用户选择权的做法，已经成功地被许多国家用于电力、电信产业改革之中。

（二）替代品的间接竞争

在促使网络产业向竞争结构转化的过程中，在开放用户选择权的同时，还要重视来自替代品的间接竞争。与交易路径多样化引起的直接竞争不同，替代需要存在与一种产品或服务具有相同功能但不是同样形式的产品或服务，替代品可以具有更狭窄或更广泛的功能。如果替代品能够给用户正在使用的产品或服务提供更高的功能价格比，就会引起替代。替代的威胁和来自替代品的竞争限制着垄断企业的垄断行为并给其带来压力，有时这种压力非常强大甚至导致垄断企业不得不采取提高消费者福利的措施，近年来铁道部实施的提速工程就是一个有说服力的例证。中国铁路运输产业虽然由铁道部及其所属企业垄断经营，但一直面临着日趋激烈的其他运输方式的竞争，在很多线路上客货运输已经被公路、航空运输和内河航运所替代。为了增强竞争力，1996 年铁路运输部门开始在广深、沪宁、京秦线上进行提速实验。1997 年启动第一次提速工程，以北京、上海、广州、沈阳、武汉等大城市为中心，开行了最高时速 140 公里的快速列车和 78 对夕发朝至列车。1998 年再次大面积提高列车时速，京广、京沪、京哈三大干线提速区段运行时速达到了 160 公里。其实，其他网络产业也面临着替代品的竞争，例如，电信产业的放松规制在一定程度上是微波通信和交换机的计算机化对传统技术替代的结果。又如，一家天然气企业可能是一个垄断企业，但是，作为中间产品的天然气只是生产电力的一种可能的要素，除此之外也可以使用水能、石油或煤炭，作为最终产品它可以被电等产品替代。当来自替代品的竞争强大到能够导致消费者和用户替代的程度时，就会对垄断企业的垄断行为施加有效约束，这时如果垄断企业继续维持原有的垄断行为将会丧失市场份额和利润。所以，借助于替代品的竞争而不仅仅依靠规制来约束垄断者的行为，有时其效果要好得多。

参考文献：

1. 保罗·L·约瑟考、罗杰·G·诺尔等：《经济规制》，载于费尔德斯坦主编：《20 世纪 80 年代美国经济政策》，经济科学出版社 2000 年版。

2. 丹尼斯·卡尔顿、杰弗里·佩罗夫：《现代产业组织》中译本，上海三联书店、上海人民出版社 1998 年版。

3. 国家统计局：《中国统计年鉴》（1981，1991，1996，1999，2000），中国统计出版社。

4. 国家统计局城市社会经济调查总队：《中国物价及城镇居民家庭收支调查统计年鉴》，中国统计出版社 1998 年版。

5. 金碚：《产业组织经济学》，经济管理出版社 1999 年版。

6. 刘树杰：《垄断性产业价格改革》，中国计划出版社 1999 年版。
7. 迈克尔·波特：《竞争优势》中译本，中国财政经济出版社 1988 年版。
8. 中国电力年鉴编委会：《2000 年中国电力年鉴》，中国电力出版社 2000 年版。
9. 中国经济年鉴编委会：《中国经济年鉴》，中国经济年鉴出版社 1999 年版、2000 年版。

（本文载于《中国工业经济》2001 年第 9 期）

论中国反垄断的行为指向与结构规制*

戚聿东

摘　要：垄断结构与垄断行为必须加以区分。提出垄断结构是资源优化配置的结果，反过来也是资源优化配置的组织载体和制度安排，因此我国反垄断立法不应该指向垄断结构，而应该指向垄断行为。对于垄断结构本身，适当的政府规制是必要的，但要致力于规制方法的科学性和创新性，防止规制失效。

关键词：反垄断　垄断行为　垄断结构　规制

一、垄断的结构与行为维度

自从经济学大师马歇尔在《经济学原理》中提出著名的“马歇尔两难选择”（Marshall's Dilemma）命题以来，垄断与竞争的关系始终未能得到圆满地解释。时至今日，在绝大多数经济学家看来，垄断与竞争仍是彼此截然对立而不相容的。在政策取向上，仍然普遍地一概反对垄断。甚至在自然垄断产业领域，各国也同样把斗争的锋芒指向了垄断本身，即分拆自然垄断企业。这里，我们不禁要问：垄断与竞争真的是冤家对头吗？难道“大”本身真的成了一种过错？解决这些问题的关键是必须区分垄断的维度。

垄断，可以从多个维度进行观察和分类，如从成因来看，可以分为经济性垄断与行政性垄断。对经济性垄断而言，又可以区分为垄断结构和垄断行为两个方面。垄断结构相对于竞争结构，属于市场结构范畴。市场结构是指某一市场中企业数量多少、企业规模大小的问题。如果某一市场中企业数量特别多，企业规模特别小，我们就称这种市场为竞争性的市场结构，简称竞争结构。相反，如果某一市场中企业数量比较少，企业规模特别大，或者说少数企业在投入或产出中占据了整个市场的绝大部分比重，我们即称这种市场为垄断性的市场结构，简称垄断结构。而垄断行为相对于竞争行为，属于市场行为范畴。市场行为是指企业在市场中的产品开发、定价、渠道安排、促销以及企业的横向、纵向或者混合的扩张行为。如果企业的上述行为决策是独立做出的，并且没有针对交易对方（企业客户或消费者）限定不利的交易条件或者索取高额价格，那么这种市场行为就称竞争行为。反之，如果企业的上述行为决策是企业之间共同做出的，旨在限制竞争，对交易对方安排种种不利的交易条件或者索取高额价格，这种行为即为垄断行为。

根据集中度的高低，垄断结构包括完全垄断、双头垄断、寡头垄断、垄断竞争等具体类型，其中寡头垄断是垄断结构的典型形式。“寡头”是指少数几家，可以从3家到10家不等。垄断结构与垄断行为的区分为我们解决“马歇尔两难选择”悖论提供了一把钥匙。马歇尔看到的是在规模经济基础上成长起来的大企业垄断，只能说是垄断结构。而妨碍和限制竞争的只能说是垄断行为。从理论上讲，垄断结构的出现只是为垄断行为的开展提供了一定的便利条件，垄断结构既不是垄断行为

＊　本文系戚聿东主持的国家社会科学基金“十五”重点项目《经济运行中的垄断与竞争问题研究》（批准号：01AJ Y006）的阶段性成果之一。课题组成员：王文举，邹昭唏，曹建海，姚红，朱成章，王绪君，赵艳，李怀，周斌等。

的必要条件，也不是充分条件，二者没有必然联系。垄断结构或竞争结构，并没有改变企业的目标。任何企业，只能是在一定约束条件下追求利润最大化。任何降低成本的努力都是有助于企业实现利润最大化目标的。垄断结构只是改变了企业的外部竞争环境，并没有改变竞争的实质。竞争的实质在于“消费力对生产力的关系”，消费者手中的“货币选票”仍决定企业利润的最终实现。所以，为了追求利润最大化，垄断结构下的厂商仍必须致力于用降低成本的方式维持和开拓市场，而用垄断价格的方式只能导致厚利限销，并不是厂商的理性选择。

二、垄断结构是资源优化配置的结果，不应该成为反垄断的指向

既然垄断有结构与行为两个维度，而且二者没有必然联系，反垄断法的锋芒就不应该指向垄断结构。垄断结构是资源优化配置的结果，反过来，垄断结构也只能是维护资源优化配置和促进经济效益提高的组织载体和制度安排。具体而言，垄断结构对资源优化配置和经济效益提高的促进，主要体现在以下方面。

（一）生产效率的提高

垄断结构对生产效率提高的作用主要是通过规模经济实现的。规模经济存在的根本原因在于生产要素的不可任意分割性。企业要从事生产经营，总得有一定的厂房、机器、设备、照明、通讯、仓储、运输等设施，无论产出量多大，这些投入都是相对不变的，即使变动，也属弱变，即并不是随产量成比例增加。这样，客观上就产生了与产量大小相对无关的固定费用。如果产出量扩大，那么分摊到单位产品上的固定成本就自然会降低。这就是人们熟知的固定成本习性，即固定成本总额是相对不变的，单位（平均）固定成本是相对递减的。因此，随着企业规模的扩大，势必有助于生产成本的节约和生产效率的提高。

由于规模经济的作用，企业只有建立大批量生产经营体制，才能有效利用规模经济效应。而规模经济、大批量生产经营体制必然要引起资本积聚和资本集中，产生垄断结构。因为在市场容量既定的前提下，少数具有规模优势的企业足以提供和满足全部市场需求，而不能容纳更多的企业。这就不难理解为什么在汽车、钢铁、机械、航空、电子、石化等规模效应显著的产业中，大多数国家的市场结构都呈现出寡头垄断结构的原因了。这种在规模经济作用基础上形成的垄断结构，显然促进了资源配置的优化。

（二）交易费用的节约

垄断结构对市场交易费用节约的作用主要是通过范围经济来实现的。范围经济是指厂商在一定规模下同时生产经营多种不同商品的成本低于多家厂商分别生产经营其中一种商品的成本总和。范围经济存在的根本原因在于成本弱增性（subadditivity）。具体而言，成本弱增性的产生在于具有不完全可分性的生产要素能够产生功能的多样性、经济价值的多重性、组装性能的多重性以及厂商的无形资本在扩大的品种范围上的重复使用性。对于企业来讲，利用范围经济最主要的形式是多角化经营，包括同心多角化、水平多角化、垂直多角化和混合多角化。实践证明，企业实行多角化经营，有利于充分利用市场潜力和生产潜力，有利于产业间关联方式优化，有利于减缓和分散市场不确定性所带来的风险，一句话，有利于企业市场交易费用的节约。因为在确定性的市场环境中，包括搜寻信息、发现相对价格以及谈判签约等市场交易费用是如此之大，以至于使单纯的社会性专业

分工不合算，于是才有作为市场机制替代物的企业的诞生以及企业规模的扩大。因此，实行多角化经营的厂家，把大量的外部交易内部化、组织化，大大加速了资本的积聚和集中，从而形成了相对于生产集中而言更为本质的垄断结构——资本垄断结构。正因为如此，世界上大多数垄断组织都不是单一功能的垄断组织，而是集多种功能于一身的跨行业垄断集团。所以说，基于多角化经营这种范围经济效益而形成的垄断结构是节省市场交易费用的结果。

（三）技术效率的提高

垄断结构本身就是技术进步的产物。技术进步一方面使得既定资源投入能够具有更大产出，从而覆盖更多的市场占有率；另一方面能够制造出差别化产品，包括全新产品、换代产品、改进产品、新牌子产品，尤其是全新产品（即新发明产品）的出现，使得现实中很难找到相关替代品。这两方面无疑都是促进生产和市场集中的因素。而在技术进步基础上形成的并且受到专利法保护的垄断，反过来又会促进技术的进一步发展，这不仅在于垄断保护了技术进步的动因，而且也在于业已形成的市场势力又为进一步组织技术开发奠定了雄厚的物质基础。据创新学派经济学家莫尔顿·卡曼（M. Kamien）和南赛·施瓦茨（N. Schwartz）研究揭示，竞争程度、企业规模和垄断力量共同决定着技术创新。竞争引起技术创新的必要性，企业规模影响技术创新所开辟的市场前景，而垄断力量则影响技术创新的持久性，即企业的垄断程度越高，它所进行的创新越能耐久，越不容易在短期内被仿制。所以，对于技术创新来说，最有利的市场结构是介于完全垄断和完全竞争之间的市场结构。于是，卡曼和施瓦茨提出，技术创新可以分为两类，一类是垄断前景推动的技术创新，一类是竞争前景推动的技术创新；所谓垄断前景推动的技术创新，是指一个企业由于预计自己所进行的创新能够获得垄断利润的前景而采取的创新。所谓竞争前景推动的技术创新，是指一个企业由于担心自己目前的产品可能在竞争对手模仿或创新之下丧失利润，从而采取的创新。如果只有前一种创新而没有后一种创新，创新活动到一定阶段就会停止；如果只有后一种创新而没有前一种创新，那么创新活动就很难出现，因为人人都想成为花费较小代价和冒较小风险的模仿者，而不想成为冒很大风险花费很大代价的创新者。企业家自然就会考虑到，既然创新的结果没有垄断利润可得，即没有预期的最大利润的前景，那又何必过早地投入较多的研究与开发费用呢？卡曼和施瓦茨的创新与市场结构的观点获得了西方很多经济学家的赞同，被认为是填补了垄断竞争理论和熊彼特创新理论之间的空白。近些年来，在美国颇有影响的年轻经济学家保罗·罗默（Paul Romer）在其主张科技优先的新增长理论体系中，也特别指出，垄断力量是有用处的，它能刺激和引导各企业去进行技术研究。因为，如果人们对于新产品没有任何垄断权的话，谁也不会耗费人力物力去生产新产品。据统计，在资本、技术密集型产业中，几乎所有的重大技术创新都源于垄断性大企业。从投入方面也是如此。如美国最大的 100 家垄断企业的研究和开发费用支出曾达到全国科研支出总额的 82%。这一比例数值在英国、法国、意大利、荷兰等工业发达国家分别为 70%、81%、93%、93%。在日本，资本在 10 亿日元以上的大公司所承担的科研及设计工作占全国总量的 86%。所以说，技术、工艺和产品的创新都离不开垄断结构的依托。

（四）经验曲线效应

经验曲线也称学习曲线（learning curve），是指一种产品的生产过程中，产品的长期平均成本随着企业累计产出的提高而逐步下降的趋势。这与规模经济有些相似。但规模经济依赖于每一阶段的产出规模，而经验曲线强调的是累计产出。二者的共同点都是引起企业的长期平均成本曲线下降，只是下降的原因或来源不同。经验曲线强调的是随着累计产出的提高，工人和管理者在熟悉了他们的工作时，吸收了新的技术、管理和操作知识，具有了更多的生产经营经验。所以，经验曲线表达的是企业累计产出与企业生产单位产出所需投入数量之间的关系。经验曲线的来源在于：(1) 工人们在起初几次完成一定的任务时，需要较多的时间。当他们变得越来越熟练时，他们作业的速度就会加快。(2) 经营者在从材料的流进流出到生产本身的组织方面学会了如何将生产过程安排得更有效率。(3) 原先对产品设计十分谨慎的工程师们也掌握了能够估计设计中不增加缺陷而节省成本的经验，更好的和更专业化的工具以及工厂组织也能够降低成本。(4) 材料供应者可能学会如何处理企业所需的原料，并且可能将此优势以较低材料成本的方式传递给该企业。(5) 随着经验的增加，市场营销、分销、后勤以及生产经营中的管理费用都会下降。总之，经验曲线的来源就是我们通常讲的熟能生巧的道理。

经验曲线在企业的生产经营中是非常重要的。20 世纪 50 年代后期到 1972 年的一项关于 37 种化工产品的调查表明，化工行业成本的下降直接与累计的行业产出和对改良的资本设备的投资相关，而与规模经济的相关程度较低。实际上，对整个化工产品来说，平均成本以每年 5.5% 的速度下降。这项研究进而表明，企业规模每增长一倍，平均成本下降 11%；而累计产出每增长一倍，平均成本则下降 27%。可以说，越是具有高劳务成本的行业，经验曲线效应就越显著。而在某个产业中，成本随经验增加而下降，并且如果原有企业能够保持这种经验，那么其结果便是建立起一种进入壁垒。因为没有经验的新进入企业的成本自然高于原有企业，新进入企业必须承受初始阶段的严重亏损。而原有企业，尤其是市场占有率位居行业之首的企业，经验积累的速度最快。如果在累计产出已经很大的条件下，成本仍随产品增加而持续下降，则新进入企业就可能永远赶不上原有企业。这就构成了基于经验而形成的市场进入壁垒和垄断结构。特别是在大多数情况下，经验曲线与规模经济、范围经济结合起来发挥作用，经验曲线效应就更明显。

综上所述，由于垄断结构是企业追求规模经济、范围经济、技术创新和组织经验的结果，如果反对垄断结构，也就意味着对规模经济、范围经济、技术创新和组织经验的抑制，整个经济也就失去了增长的源泉。大部分产业组织学家都认为，垄断结构下的大企业开展垄断行为的可能性大，所以大企业应该成为《反垄断法》的重点规制对象。更有甚者，有些法官和经济学家主张垄断行为不好确认，取证困难，与其规制垄断行为，还不如直接规制垄断结构。如曾任约翰逊总统反托拉斯局局长的特纳认为，问题的关键在于一家厂商是否具有来源于垄断的市场结构的“市场力量本身”。不论厂商的行为如何，具有“市场力量本身”就是拆散厂商的初步依据。美国历史上的一些反托拉斯案例确实就是这么判决的。这种做法表面上是维护竞争，实际上是对正常竞争的最大打击和抑制，因为竞争在很大程度上讲就是市场份额的竞争，拥有较高的市场份额正是具有竞争力的表现。因为有了较高的市场份额就去裁抑它，就像美国学者所评论的，无异于“永远是把下金蛋的鹅拖到反托拉斯的切肉墩子上去。”在美国政府对解散 IBM 的诉讼案中，政府控告 IBM 在 1967 年控制了市场的 76%。此外，政府还控告 IBM 用许多办法阻止其他公司的竞争，包括用降低价格以阻止其他公司进入该行业，以及引进新产品以减少其他公司的吸引力。在此，我们根本就看不出这些对 IBM 的指控有任何道理，因为竞争就其本质而言，肯定是要伤害竞争对手的。对此，IBM 进行了顽强有力的抗争，认为政府是在惩罚成功者，而不是惩罚反竞争行为。“曾经被动员起来进行竞争的成功的竞争者不应该在它获得成功时被作为法律的对象”，政府的所作所为是对预见到计算机革命的巨大潜力并通过“高超技术、预见和产业”而统治了该行业的企业进行惩罚。这一案件一直拖到 1982 年，在放松反垄断规制的大背景下，政府决定以“没有必要”为理由撤销了这一案件。近些年来，美国司法部和法院对待微软公司垄断案件的处理也是一样。微软公司的个人电脑操作系统已经拥有 95% 的世界市场份额，从垄断结构的观点看，微软可以说是近乎完全垄断的程度了。但垄断结构本身不是过错，微软今天的垄断地位是不断创新的结果，这是任何人都否认不了的。对微软来讲，过错可能在于拥有一系列垄断行为的事实，如把操作系统和网络浏览软件（IE）捆绑销售。但问题的要害在于：当垄断结构下的厂商出现一些垄断行为时，我们究竟是处罚过错还是分拆企业？如果像美国司法部和法院坚持的对微软“一分为二”式的肢解的话，岂不是“把洗澡水和婴儿一块倒掉了”吗？据此，美国240位经济学家1999年曾联合致信给当时的克林顿总统，反对有关当局对微软等公司的反垄断起诉。对于美国的反垄断法，美联储主席格林斯潘尖锐地指出：“这个国家的整套反垄断法，是经济无知和冲动的大杂烩。”诺贝尔经济学奖得主弗里德曼对此也是深有体会，指出：“多年来，我对反垄断法的认识发生了重大变化。我刚入行的时候，作为一个竞争的支持者，我非常支持反垄断法，认为政府能够通过实施反垄断法来推动竞争。但多年的观察告诉我，反垄断法的实施并没有推动竞争，反而抑制了竞争，因为官僚总舍不得放弃调控的大权。我得出结论：反垄断法的害处远远大于好处，所以最好干脆废除它。”尽管这些评价并不全面，有的甚至有些偏激，但对于国外反垄断法指向垄断结构的教训，应该足以引起我们的注意。

三、我国反垄断法的行为指向

资源优化配置的垄断机制是就垄断结构而言的。一般来说，垄断结构与垄断行为虽没有必然联系，但也不是任何可能的关系都没有。垄断行为作为滥用市场势力以谋求高额垄断利润为目的的一系列活动，既可以产生垄断结构，也可以产生竞争结构。因为垄断行为对资源配置具有劣化作用，所以应该成为反垄断法的指向。具体而言，垄断行为对资源配置的劣化作用表现在以下方面。

（一）福利损失

西方经济学理论认为，垄断结构下的厂商必然产量较低，价格较高，由此造成了垄断的福利损失。据介绍，垄断的福利损失也称无谓损失（deadweight loss），是指实际收入的损失，或由于垄断、关税、配额或其他破坏所引起的消费者剩余和生产者剩余损失。有不少经济学家据此对垄断的福利损失进行了测算。一项早期的关于美国制造业由垄断而引起的福利损失的研究是由阿诺德·哈伯格（Arnold C. Harberger）进行的。哈伯格通过计算，估算出1924～1928年期间垄断的福利损失为国民生产总值（GNP）的0.1%，在现在的经济中这一损失总计约为60亿美元。对此，有的经济学家嘲笑道，“经济学家去灭火和消灭白蚁也比试图抑制垄断对社会做出的贡献要大”。其他一些经济学家对哈伯格的估计结果不满意，重新进行了估计，如武斯特（D. A. Worceter）的估计结果为6%。而最近得出的一个概括性的结论是：在美国，由于垄断的资源配置失误所引起的浪费的福利损失占国民生产总值的0.5%～0.2%之间。在我国，垄断的福利损失更为严重。根据胡鞍钢的测算，我国主要自然垄断行业的垄断租金情况为：电力行业为900亿～1200亿元，交通运输业700亿～900亿元，邮电通讯业215亿～325亿元，民航运输业75亿～100亿元。上述四项合计为1300亿～2020亿元，占GDP的比例为1.7%～2.7%。

（二）垄断价格和消费者剩余的减少

在完全垄断或勾结型的寡头垄断中，垄断企业可能是市场价格的制定者，它们可以实行各式各样的垄断价格，如价格领导制、价格歧视、搭配售卖等等。无论是什么具体形式的垄断价格，都表现为垄断企业较高的垄断利润和消费者剩余的减少。几乎所有的研究都表明，在各个产业的集中度和利润率之间都存在着一定程度的正相关关系。如果单纯从利润率方面进行考察，还无法判断高集中度下的较高利润率究竟合理与否。因为较高的利润率既可以是垄断价格的结果，也可能是资源优化配置的结果。但各种实际案例告诉我们，垄断企业的较高利润率中至少包含着消费者损失的成分。在美国，许多地方市场通常有某种程度的固定价格（面包、牛奶和建筑业是普遍的例子），同时这种现象也经常在全国性市场上出现。据推测，现在美国经济中存在着几千个规定价格的勾结安排。这些勾结都是为了提高价格和增加成员企业的利润。在其他一些国家，由于企业之间的协同行为在相当长的时期内一直是合法的，因此固定价格的程度要更严重一些。从 1930 年到 1956 年，英国工业部门中大约出现过 2500 个固定价格和分配市场的勾结型协议安排。其他西欧国家的情况也大体与此相当。

在我国，垄断行为非常普遍，如竞争性行业的价格联盟，自然垄断行业的高价格、价外收费、强制搭售等以及形形色色的地方保护主义行为。根据国家计委对全国电信资费的检查，查出 1998 ~ 2000 年 7 月底违法所得 21. 7 亿元。另据国家计委对 1998 年以来的电力价格检查，截止到 2000 年 5 月底，从 2637 个单位查出价格违法金额 27. 4 亿元。固定价格的结果，就是消费者的损失。

四、我国对垄断结构的规制

关于垄断行为，可以直接用反垄断法进行约束。而对于垄断结构，政府规制或国有制是对付包括自然垄断在内的垄断结构的两种基本制度安排。在我国，两种制度安排双管齐下。规制的基本理由在于市场失灵。具体原因有：首先，垄断结构存在定价悖论。垄断结构具有较高的资源配置效率，平均成本较低，但在垄断结构条件下，垄断厂商有可能凭借其垄断势力制定垄断价格，消费者由此受害。为此，需要由政府介入实施价格规制。其次，垄断结构存在效率悖论。在垄断结构下，既定的市场容量只能容纳少数几家甚至一家最有效率的厂商存在。如果任由厂家自由竞争，则存在巨额重复投资，尤其是网络的重复建设。多家厂商的平行竞争，彼此都无法生存。在这种情况下，只能由政府出面，进行进入规制。最后，信息不对称。信息不对称是普遍存在的，但在自然垄断产业中非常明显，相对于生产者而言，消费者具有明显的信息劣势，以致消费者在购买和消费过程中根本无选择自由。在这种情况下，也需要政府实施市场规制，以使消费者得到安全可靠和公平合理的服务。

传统的规制手段一般是对收费水平、服务质量以及市场准入进行规制。在保证服务质量和控制市场进入的条件下，重点对收费水平进行规制。在收费水平规制上，大体上有两种办法。一是公平报酬率（ROR）方式，即以边际成本为基础决定收费水平，如拉姆塞（Ramsey）价格、高峰负荷收费等。二是完全成本分配（FDC）方式，即对需求者公平地分摊共同费用，如二部收费、复合二部收费、三部收费和按距离收费等。每一种办法又有很具体的做法。但无论是公平报酬率方式还是完全成本分配方式，由于规制滞后必然会带来被规制企业内部的低效率和企业损失，因此，如何解决受规制企业的效率问题成了规制政策要解决的重点问题。在这种情况下，激励性规制应运而生，到目前为止，各国实行过的激励性规制的具体办法主要有特许权投标（franchise bidding）、标尺竞争（yardstick competition）、价格上限管制（price cap regulation）和社会契约（social contracts）或成本调整契约等四种。通过实施激励性规制，既在一定程度上解决了受规制企业的激励不足和规制滞后而引发的低效率问题，同时也有助于提高规制过程的效率。在我国，引入激励性规制方式具有紧迫性。

在市场进入规制方面，近些年来出现了一种值得注意的趋向，即非对称性规制（asymmet ric regulation）。在规制过程中，由于原有的优势企业与后来新加入的企业在实力上严重不对等，原有企业多为垂直一体化和多角化经营的企业，而新进入者仅仅从事特定服务领域的独立企业。在这种情况下，原有优势企业很容易运用交叉补贴（cross subsidy）策略把新进入者排挤出市场。所以，仅仅从反垄断法的角度对优势企业的排他性行为进行规制是不够的，还必须对原有优势企业进行严格的规制，而对新进入者实行宽松的规制（streamlined regulation），即非对称性规制。美国、日本及中国的通信产业，放松规制后都实行了非对称性规制。非对称性规制的目的在于为竞争者之间创造公平的竞争环境，具体的办法很多，如对优势企业进行分拆，对优势企业各个事业部的会计分离（separation of accounting）等，以限制交叉补贴的运用机会。非对称性规制的出发点是创造公平对等的竞争条件，提高社会福利水平。但其运用的手段却是有悖于公平竞争和社会福利原则的。对此，很多经济学家已经提出了严厉批评。按照芝加哥学派的观点，反垄断法保护的是竞争，而不是竞争者，所以，关键不在于看某种行为是否损害了竞争者或排斥竞争对手，而在于看它是否促进了社会的经济效益。在最近几年美国司法部和法院对微软垄断案件的控诉中，经济学家也表现出同样的担心，其中一个重要原因就是证词往往都是竞争对手提供的。所以，对非对称规制尤其是通过分拆垄断结构来实现非对称规制的做法，我国更要慎重采用。

参考文献：

1. 罗志如等：《当代西方经济学说》，北京大学出版社 1989 年版。
2. 平狄克等：《微观经济学》，中国人民大学出版社 1997 年版。
3. 萨缪尔森等：《经济学》（上册），首都经济贸易大学出版社 1996 年版。
4. 克拉克森等：《产业组织：理论、证据和公共政策》，上海三联书店 1989 年版。
5. 植草益：《微观规制经济学》，中国发展出版社 1992 年版。
6. 戚聿东：《中国现代垄断经济研究》，经济科学出版社 1999 年版。
7. 胡鞍钢：《反垄断：一场深刻的社会经济变革》，载于《中国改革》2001 年第 7 期。
8. Viscusi etc. , 1992, Economics of Regulation and Antitrust, D. C. Health and Company.

（本文载于《经济与管理研究》2001 年第 6 期）

自然垄断产业放松规制的理论观点及其分析

唐晓华　张保胜

摘　要：本文从传统自然垄断产业规制理论出发，根据国际上对电力、电信、铁路等自然垄断产业放松规制的实践，分析了放松规制的理论依据，对其中的观点进行了探讨，并提出了几点具有现实指导意义的看法。

关键词：自然垄断产业　规制　沉淀成本　分业经营

经济学对规制理论和经验的研究，最早集中于考察某些特殊产业的价格和进入的控制上。这些产业包括：公用事业（电力、管道运输）、通讯、交通（公路货运、铁路、航空）。这种规制被称为"老式"的规制。直到 1970 年，大部分早期的规制文献都将焦点放在自然垄断产业的规制上。卡恩（Kahn，1970）曾在其经典教科书中将自然垄断产业视为"竞争性市场模型明显不能描述甚至无从描述"的经济。传统的自然垄断产业的内涵主要是指具有规模经济、资源稀缺性、网络性、范围经济效益及固定成本沉淀性的产业。后来，鲍莫尔等人提出了自然垄断行业的成本弱增性（subadditivity）概念，进一步丰富了自然垄断产业的内涵。自然垄断产业的特点表明，单纯依靠市场无法满足社会对基础设施的需要，无法满足公共利益，应由政府进行规制。

斯蒂格勒在 1971 年的《经济管制论》中指出，管制通常是产业自己争取来的，管制的设计和实施主要是为受管制产业的利益服务的。至此，管制理论出现了两个极端观点，从管制机构的偏好出发，绝对倾向于消费者偏好的政策被解释为满足了管制的"公共利益"的观点；而绝对倾向于企业偏好的政策则被解释为管制的"俘获理论"（capture theory of regulation）。后来美国的丹尼尔·F·史普博（1999）则认为，管制也不一定是一种理想的社会选择机制，在社会偏好和管制者偏好序列之间往往隔着强烈的过滤装置，不要对管制者期望太高。所以他把管制者作为消费者和企业之间的一个仲裁者来看待，也就是在消费者利益集团和生产者利益集团的博弈过程中，管制机构是不作为博弈方存在的。

1968 年，德姆塞茨（Demsetz）建议用特许权拍卖来取代对自然垄断产业的费率管制，用获得市场所进行的竞争来代替市场内的竞争，以促使垄断企业提高效率。这样，竞争性进入才能产生平均成本定价。但这种观点受到威廉姆森的质疑，认为由于质量的可变性，特许权拍卖不一定能产生最佳的质量组合。后来丹尼尔在这种质疑的基础上，提出了"特许权竞争制度"，通过企业向消费者集团提供服务契约，以求消除特许权人的垄断租金。

20 世纪 80 年代初，鲍莫尔的"可竞争性市场理论"对自然垄断产业的改革产生了有益的影响。与此同时，乔斯克（Joskow）和诺尔（Noll）对规制的研究也取得了突破性进展，他们全面总结了竞争与非竞争领域里的价格和进入的规制，以及对"质量"（环境、健康、就业安全及产品质量）的规制。1981 年，斯蒂格勒也扩展了规制的范围，认为规制不仅包括"老式"的对自然垄断行业的规制，还包括对要素市场的公共干预。

随着可竞争市场理论的引入，西方各国逐渐认识到了对自然垄断产业的过度规制会导致企业内部的低效率，并明显地制约经济的发展。另外，随着科学技术的发展和产业间的相互融合，使部分产业的自然垄断特性逐渐弱化。从此，各国开始放松对自然垄断行业的规制。

一、国际上对自然垄断产业放松规制的实践

（一）从传统方式向激励性规制转变

激励性规制主要包括最高价格上限规制（price cap regulation）、区域间竞争（yard stick competition）、特许权投标（franchise bidding）等规制方式。最高价格上限规制主要是指规定价格浮动的上限，使企业能在这个范围内自由变动，从而给了企业提高效率、降低成本的积极性；区域间竞争是指将受管制的企业按地区划分，鼓励区域间竞争，从而刺激企业提高效率的一种方式；特许权投标制度指政府在一定时期内给企业以特许权，特许期结束后重新竞争投标。这些方式能够克服管制者与被管制者的信息不对称现象，对改善经营管理具有重要意义。

1989 年 3 月，美国在电信业中实行价格上限规制，规制对象为 AT&T 公司以及地方电话服务公司（LECS）。同时，英国也在电力、煤气、电信等自然垄断产业采取了激励性规制方式。而日本相对较晚一些。

（二）私有化改革为其显著特征

20 世纪 80 年代初，英国在自然垄断行业进行了私有化运动，主要采取了三种方式：一是出售国有资产；二是放松规制政策，打破国家对行业垄断的格局，取消限制新企业进入的政策法规；三是通过招投标，鼓励私人部门提供可市场化的产品和服务。英国采取这种方式的原因主要是在 80 年代之前的很长时期内，自然垄断行业主要采取国有形式，“政企合一”现象严重。当然这一时期的国有企业也就成了政府干预宏观经济的主要方式。日本在 80 年代的放松规制的活动中，建议对电信电话公司进行民营化改革，并在其他自然垄断行业引入了竞争，1987 年 4 月，又对国铁实行了民营化改革。比较而言，美国在放松规制的改革中进行得较为彻底，这主要与其长期信奉自由经济和市场机制的传统有关，在政策选择上更倾向于完全放松的模式。

（三）传统自然垄断产业的分业经营

英国 20 世纪 90 年代将电力公司的发电、输电、供电业务分开，形成一家输电公司多家发电和供电公司的竞争格局，英国国家电力公司的市场份额也从改革初期的 48% 下降到 1998 年的 12%；日本 90 年代上半期，原则上解除了发电部门的进入许可制度，建立了剩余电力收购制度，使发电部门新企业的进入成为可能，形成了供给主体的多元化。日本的网络部门主要遵循“向竞争市场的参与者提供无差别服务”的原则，但这种服务并不是无偿的。在电力的输出端，主要进行了零售市场的自由化改革，这是电力规制改革的重要一步。

除了以上谈到的英美日等国家以外，阿根廷、西班牙、新西兰、澳大利亚等国家对自然垄断产业放松规制的改革也取得了很大的成就。1990 年 11 月，当阿根廷政府将安普瑞萨国民电信公司（Empresa Naclonal Detelecommun icaciones，ENTEL）卖给私人投资者时，使其正式加入了电信私有化国家之列。该国电信私有化的背景主要是由于 ENTEL 公司长期以来融资困难，不能有效满足日益增长的市场需求。为了引进资金，阿根廷 1989 年通过了《国家改革法》，并于 9 月 12 日公布了

ENTEL 公司私有化的行政法令，修改了 1972 年《国家电信法》与私有化工作不相容的条款，取消了政府对电信业的专营权。最后通过 ENTEL 公司 60% 股份的国际竞争招标，完成了私有化改革。阿根廷的电信私有化改革对于推进电信业市场化进程和满足国内需求起到了积极作用。但是在当时的环境下，其进行的市场化改革颇显仓促，以至于没有建立一个私有化过程的规范框架，导致投资的风险溢价提高，政府收益减少。

二、自然垄断产业放松规制的依据

（一）需求和技术变化是放松规制的关键因素

如果一个企业具有一个 U 形的平均成本曲线，则其成本劣加性的产出范围是受到约束的，假定出现市场需求大幅右移，成本最小化就要求市场由两家或更多的企业来服务，如图 1 所示，AC_1 为单个企业的平均成本曲线，AC_2 是由两个或两个以上的企业提供整个产量的平均成本曲线。当产业需求为 D_1 或 D_2 时，自然垄断行业的规模经济效益或范围经济效益是明显的。当需求扩大至 D_3 时，独家垄断就不能成立，两个或多个企业就更有效率。① 另外，市场需求增大，会造成沉淀成本占总收入的比重变小，也可能使产业趋向于“可竞争”。技术的变化最明显的表现是可降低平均成本。同时，技术进步也可能使企业的最小有效规模降低，这就可能允许有两家或多家企业服务于市场，另外，由于技术进步使得原来不能移做他用的具有沉淀成本性质的投资现在也变得易于转售和移做他用。按照拉丰和泰勒尔的观点，就是技术创新得益于不完全竞争，但同时也推动了规制的放松。

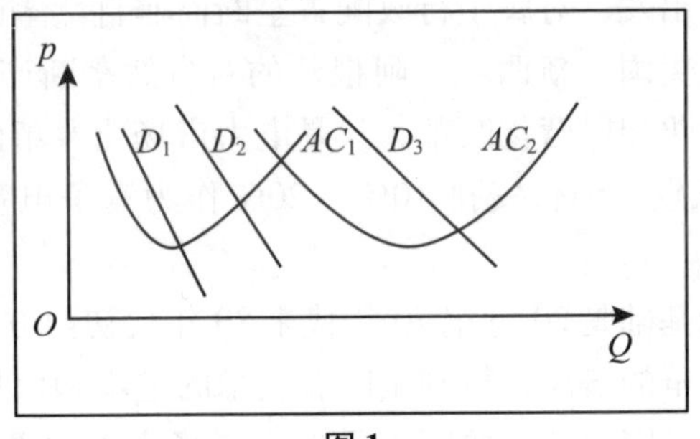

图 1

资料来源：门建辉，1999。

当然，某些替代品的出现也往往是与技术的进步相关的。目前电信业中的现象最能说明问题。如果说原来电话线路和交换机设备的投资具有沉淀成本性质的话，则目前的微波系统和卫星传输系统的应用使传统线路面临挑战。在运输业中，铁路、航空、公路之间具有替代作用；能源业中，电力、石油、煤气之间具有替代作用，等等。针对替代性，乔斯克和施玛尔仁西（Joskow and Schmalensee，1983）曾进一步提出，即使在发电和输电设备上不存在替代性（竞争性）产品，竞争也是可行的。他们指出，大型的工业用户可以重新安置在不同的服务区内，而处于服务区域边缘的用户也能接通供电者。因此，公用设施的非流动性可以借助于用户的流动性来解决。

（二）产业融合使自然垄断产业的规制点发生变化

产业内部的企业群、企业之间通常处于竞争关系，但不与产业以外的企业产生竞争关系（这

① 关于“U”形成本曲线，不同行业存在争议，有学者认为由于电信业与新经济相融，其平均成本曲线是单调递减的。

也正是称为“产业”的原因）。但是由于技术进步使替代产品或服务的产生成为可能，特别是跨产业的替代产品使产业之间的界限变得模糊，各产业的企业群就会处于相互竞争的状态之中（植草益，2001）。不同产业中企业间的相互竞争使得原来各产业内部的规制点失去了意义，从而也推动了产业规制的放松。我国产业融合方面的典型是电信业。1999 年 11 月，国务院办公厅转发的信息产业部和国家广电总局《关于加强广播电视有线网络建设管理的意见》中规定，电信和广电不得交叉，但该文件同时给了上海以“试点”的资格：“对各类网络资源的综合利用暂只在上海进行试点”。到目前，电信网、有线电视网、互联网三网合一早已不是一个技术难题，而是一个政策难题。可见，随着技术进步的加快，制约竞争的瓶颈（网络）的位置也将发生改变或弱化。2000 年 10 月，国家“十五”计划明确提出：要加快用户接入网建设，扩大利用互联网，促进电信、电视、计算机三网融合。从上海的试点我们也可以得到一个信息，放松对电信产业的传统规制方式，使规制内容转向普遍服务、市场准入等方面，已是大势所趋，也就是走“规制—放松规制—再规制”之路。

三、自然垄断产业放松规制问题的进一步探讨

（一）分业经营问题

分业经营在我国主要表现在电力行业的市场化改革上，根据党的十五届四中全会精神，要使电力国有资本通过股份制吸引和组织更多的社会资本，就要让电力工业实施重大的资本结构重组。从我国国情和电力工业自然属性出发，对属于行政配置垄断而非自然垄断型的电力产业，应加快所有制改革步伐。与国际上英国、美国、新西兰、阿根廷的对自然垄断产业充分民营化和自由化相比，我们的改革属于有限制的自由化和民营化改革，只是电力市场化改革的一个阶段。目前，我国对电力行业已开始“竞价上网”试点，但仅安排 10% ~20% 作为竞争电量。虽然有很多问题，却是一个可喜的开端。

与这种实践相适应的理论基础是 20 世纪 70 年代末 80 年代初西方的网络开放理论，即自然垄断产业的非网络经营业务具有竞争的潜质，特别是随着技术的进步和市场环境的变化，自然垄断的特性将会被减弱。按照这一理论，国内的主要观点是电力市场应走“两头放开，中间规制”的道路，即供电、售电领域引入竞争，使用户（包括售电公司）发电商的双边交易成为电力交易的主要形式。在电信业三网合一的情况下，情况与此类似，也就是建立一个三网融合的骨干传输网络平台，由政府控制，共同享用，两头引入竞争。但以下问题不得不引起我们的重视：如果在某产业中不存在其他传输设备的话，设备的拥有者掠取垄断租金的现象是否会发生，传输系统的用户们是否会抱怨传输网络是一种“瓶颈”，进入传输设备的定价问题能否通过提供无歧视的服务来解决。如果寻求政府对其的严格规制，是否会产生被规制者的寻租行为，以及在我国公平竞争缺乏保证的情况下，能否达到预期的规制目标等等。

（二）规制的效率标准问题

经济学家在谈到规制的效果时，往往以规制的经济效率为标准。比如他们常常考察对自然垄断行业的规制如何抑制了经济的发展，如何阻碍了公平竞争，等等。但从现实情况看，如果总是以效率标准来评判，规制机构往往有很多不足之处（肯尼斯·J·梅尔，1998）。市场的优势是效率高，但投资者在市场中往往只关心资金的短期回报而忽视了社会的长远利益。阿根廷目前已经出现了投

资者不愿意投资水电的情况，但是要使资源得到合理利用，环境得到合理保护，社会得到可持续发展，就必须由政府规制机构从社会的角度进行长期规划。像我国的西电东送、水电、火电、核电、风力发电的发展战略和开发比例等全局性问题都不是简单地仅从经济效率方面来考察的。另外，现实中的某些规制措施常常缘于政治原因而不是经济原因。

（三）分业经营与规模经济问题

"规模经济"作为自然垄断产业的特征之一，为"寻找对其规制的理由"做出了贡献。所以有人说，对自然垄断产业的分业经营有损于规模经济，特别是面对WTO的挑战，跨国公司的进入，我们应谨慎行之。规模经济是指随着企业生产规模的扩大，产品或服务的平均成本呈下降的趋势。但是按上面述及的平均成本曲线的一般规律，规模经济也是有一定限度的，况且何种规模（或多大范围内的规模）才算经济也没有一个具体的标准。斯蒂格勒在《规模经济》一文中曾谈到，各个历史时期所有经济学家对几乎每个产业的厂商最佳规模都是无知的，这种无知是我们理解决定最佳规模诸因素的难以逾越的障碍。针对测定规模经济的难点，斯蒂格勒提出了"生存技术（survivor technique）"法。也就是说，如果一个企业能在现存环境中比其他同类企业更有效地生产产品，并以较低的价格出售产品，这个企业就是规模经济的。以我国自然垄断产业来说，具体去分析多大规模才算经济这个问题，无论从纯技术角度还是从"生存技术"的角度，都有不少困难。因为技术分析往往缺乏翔实的资料，"生存技术"分析又缺乏与竞争者的对比。况且分业经营以后也不一定规模不经济，却有可能是竞争和规模经济的有效结合。

（四）规制机构的独立性问题

从国际上自然垄断产业规制机构的形式来看，有的是政府中某一部门的分支；有的是独立的规制机构，却是政企合一的；还有的是政企分开的独立规制机构。关于"独立"的概念，目前有两种看法，一种是既独立于政府又独立于企业的规制机构，它具有准立法和准司法职能，如美国的FCC、英国的OFTEL等电信管制机构与此类似；另一种是只独立于企业而不独立于政府的规制机构，这是目前的大多数。独立的规制机构也正是适应国际上对自然垄断产业放松规制的潮流而出现的。一般来说，市场经济越发达的国家，规制机构的独立性越强，对于正向市场经济过渡（或市场经济还不成熟）的国家，其规制机构也处于过渡期。我国长期以来的典型的政企合一的规制体制，随着改革开放和市场经济体制的确立，政企不分的现象有所好转。所以我们呼吁要建立真正独立的规制机构，保证规制机构和企业没有任何形式的连带关系，保证决策的公正性和过程的透明性。

参考文献：

1. 丹尼尔・F・史普博：《管制与市场》，上海三联出版社、上海人民出版社1999年版。
2. 泰勒尔：《产业组织理论》，中国人民大学出版社1997年版。
3. 卡布尔：《产业经济学前沿问题》，中国税务出版社2000年版。
4. G・J・斯蒂格勒：《产业组织和政府管制》，上海三联出版社、上海人民出版社1996年版。
5. 戴伯勋、沈宏达等：《现代产业经济学》，经济管理出版社2001年版。
6. 余永林：《关于电力工业市场化改革的几点思考》，载于《经济理论与经济管理》2001年第4期。
7. 埃利斯・希尔：《阿根廷：电信私有化及规制的后果》，载于《经济社会体制比较》1999年第3期。
8. 植草益：《电信业的产业融合》，载于《中国工业经济》2001年第3期。

（本文载于《中国工业经济》2001年第12期）

A－J效应与自然垄断产业的价格管制模型

王俊豪

摘　要： 由自然垄断产业的技术经济特征所决定，政府有必要对其实行价格管制。本文讨论了投资回报率价格管制下产生的低效率的"A－J效应"，分析了在经济发达国家最具典型意义，又有较大差别的两种价格管制模型，即美国的投资回报率价格管制模型和英国的最高限价管制模型及其对中国的借鉴意义。在此基础上，文章提出了中国自然垄断产业的价格管制模型，并对其作了理论分析。

关键词： A－J效应　自然垄断产业　价格管制　模型

一、问题的提出

电力、有线通信、铁路运输、管道燃气和自来水供应等自然垄断产业的显著特点是需要巨额投资，投资回报期长，投资形成的资产专用性强，规模经济和网络经济非常显著。因此，为了有效地配置和运用社会资源，在一定范围内，通常由一家或极少数家企业垄断经营这些产业。但由于这些企业拥有相当大的市场垄断力量，如果不存在任何外部约束机制，它们就成为价格制定者（price maker），而不是价格接受者（price taker），就有可能通过制定大大高于成本的垄断价格，把一部分消费者剩余转化为生产者剩余，以取得垄断利润，其结果必然扭曲社会分配效率，损害消费者利益。所以，世界各国都在不同程度上对自然垄断产业实行价格管制。但在管制者（政府）和被管制者（企业）之间存在严重的"信息不对称"状况下，如何科学地制定管制价格，一直是世界各国政府在价格管制实践中的难题。长期以来，中国在自然垄断产业的价格管制实践中，没有按照经济原理，而在相当程度上是出于政治和社会安定考虑制定管制价格的，过多强调自然垄断经营产品（或服务）的公益性，忽视其商品性。其结果是自然垄断产业的固定成本（主要是投资）基本上由政府负担，管制价格构成中的成本主要是可变成本。因此，这种管制价格实际上不仅低于由固定成本和可变成本共同构成的平均成本，而且低于边际成本。近几年来，中国政府放松了对部分电信、电力产品（服务）的价格管制，结果价格大大高于平均成本，导致这些自然垄断产业中的某些业务领域过度进入，无序竞争。因此，从另一极偏离了价格形成的经济原理。可见，中国迫切需要针对自然垄断产业的技术经济特征，按照经济原理，建立一种有效的价格管制模型。

二、投资回报率价格管制下产生的低效率的A－J效应

政府管制者面临的一个难题是：在缺乏信息的状况下，如何以经济效率为准则来制定价格管制政策。对投资回报率管制是一种传统的价格管制方法，它要求被管制企业以合理的资本投资回报率作为定价标准。但这种管制方法会产生三个问题：（1）什么是合理的投资回报率？（2）怎样确定

投资回报率的资本基数？（3）企业是否会通过投资决策影响和企业定价与利润直接相关的资本基数，并会产生怎样的扭曲后果？在上述问题中，显然，最后一个问题对管制者来说最为棘手。阿弗契和约翰逊在其著名论文《在管制约束下的企业行为》中，对这一问题提供了一个较好的答案（Averch and Johnson，1962）。他们的研究表明，在投资回报率管制下，企业会产生一种尽可能扩大资本基数的刺激，以在规定的投资回报率下，能获得较多的绝对利润。这样，为生产特定产品，企业会运用过多的资本投资以替代其他投入品，其结果造成生产低效率。这被后来的研究者称为“A－J 效应”（A－J effect）。

A－J 模型假定一个生产单一产品的垄断企业运用劳动力和资本这两种投入品。企业利润等于企业收入减去投入品（劳动力和资本）成本。对企业来说，关键是要选择一定数量的投入品以实现利润最大化。用数学模型表示，就是使（1）式最大化：

$$\Pi = R(K,L) - wL - rK \tag{1}$$

其约束条件是：

$$\frac{R(K-L) - WL}{K} \leqslant S \tag{2}$$

在上面两式中，Π 为利润；R 为收入函数；K 为资本数量；L 为劳动力数量；w 为劳动力价格；r 为资本价格；S 为政府规定的投资回报率。在投资回报率约束条件，即等式（2）中，分子为总收入减去劳动力成本，然后除以资本数量，这就是说，投资回报率是以资本为基数的。

在 A－J 模型中，一个关键的假设是 $S>r$，这是因为，如果 $S<r$ 是一种长期状况，企业将会停止生产；如果 $S=r$，由于企业无论如何选择投入品，其利润总是等于零，企业就不会关心资本和劳动力各自的投入数量。

假设使利润函数（即（1）式）最大化的目标函数为 H，运用拉格朗日乘数方法（lagrangian multiplier method）可得下式：

$$H = R(K,\ L) - wL - rK - \lambda[R(L,\ K) - wL - SK] \tag{3}$$

设 MR_L 为边际劳动力收益（marginal revenue of labor，即 $\frac{\partial R}{\partial L}$），$MR_K$ 为边际资本收益（marginal revenue of capital，即 $\frac{\partial R}{\partial K}$，分别对 L 和 K 求偏导数，由（3）式可得：

$$(1-\lambda)\ MR_L - (1-\lambda)w = 0 \tag{4}$$

$$(1-\lambda)\ MR_K - (1-\lambda)r - \lambda(r-S) = 0 \tag{5}$$

即：

$$MR_L = w \tag{6}$$

$$MR_K = r - \frac{\lambda(S-r)}{1-\lambda} \tag{7}$$

（7）式除以（6）式则有：

$$\frac{MR_K}{MR_L} = \frac{r}{W} - \frac{\lambda}{1-\lambda} \times \frac{S-r}{W} \tag{8}$$

令：

$$\alpha = \frac{\lambda(S-r)}{1-\lambda}\ (\alpha > 0)$$

则：

$$\frac{MR_K}{MR_L} = \frac{r-\alpha}{W} \tag{9}$$

在上面推理公式中，拉格朗日系数的取值范围为：$0<\lambda<1$，其经济含义是用来度量在允许利润率下单位投资增长而引起企业利润的增长。我们可用图 1 来解释上面的推理结果。在图 1 中，无差异曲线 $Q=Q^*$ 表示被管制企业所选择的产出水平 Q^*，横轴和纵轴分别为生产 Q^* 所需的资本和劳动力数量。

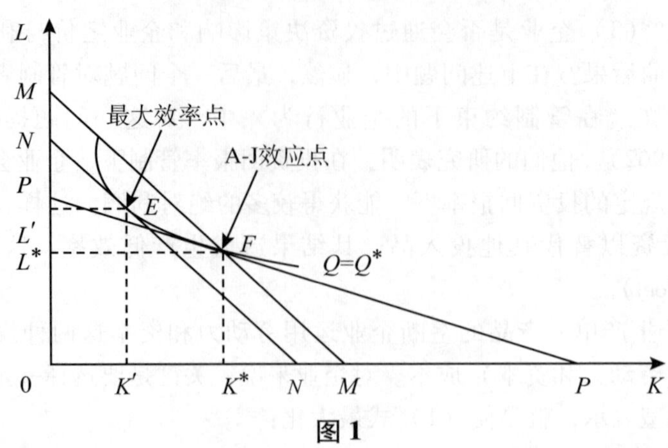

图 1

生产理论要求企业以最小的成本生产数量为 Q^* 的产品，这要求反映两种边际投入品比率的产量无差异曲线的斜率与投入品价格的比率相等。等式（9）意味着，只有当 $\alpha=0$ 时，才能满足这一要求。但是，由于 $\alpha>0$，因此，在企业看来，似乎资本成本仅仅是 $r-\alpha$，比现实的资本成本（r）更为便宜。

在图 1 中，假设 MM 和 NN 的斜率等于 r/w，PP 的斜率等于（$r-\alpha$）$/w$，则使生产 Q^* 单位产品成本最小的最大效率点是 E，因为 E 处 NN 的斜率正好等于产量无差异曲线切线的斜率；可是，为了取得更多的绝对利润，被管制企业将会选择 F 点，在这个位置上，PP［或者（$r-\alpha$）$/w$］的斜率与产量无差异曲线切线的斜率相等。这一结果表明，与最大效率点的资本投入量（K'）和劳动力投入量（L'）相比较，被管制企业使用过多的资本（K^*）和过少的劳动力（L^*）。这样，A－J 效应就导致了生产的低效率。

三、发达国家自然垄断产业的价格管制模型及其分析

美国对自然垄断产业实行投资回报率价格管制具有悠久的历史，其投资回报率价格管制模型为：

$$R(p\cdot q)=C+S(RB) \qquad (10)$$

在上式中，R 为企业收入函数，它取决于产品价格（p）和数量（q）；C 为成本费用（如工资、税收和折旧等）；S 为政府规定的投资回报率；RB 为投资回报率基数（rate base），即企业的资本投资总额。管制价格（P）等于企业总收入（R）除以总产量（Q），即：$P=R/Q$。从（10）式的右边可见，由于企业的成本费用一般容易估算，管制者对企业价格管制的难点是确定投资回报率水平（S）和投资回报率基数（RB）。投资回报率水平问题是要找到一个合适的 S 值，使企业能取得正常的投资回报；投资回报率基数问题则是要合理确定资本投资的范围和计量方法，它直接关系到企业在一定的 S 值下的利润总额。

对于投资回报率水平问题，通常是经过管制双方“讨价还价”解决的。被管制企业往往向管制者提供详细的财务资料，以证明按照现行的投资回报率水平制定的价格太低，要鼓励企业投资就应该提高投资回报率，并提出相应的投资回报率水平。而管制者往往认为企业所要求的投资回报率水平太高，价格不可能上升到企业所期望的水平。经过反复论证，管制者最后确定他们认为合理的投资回报率水平（即 S 值）。假定管制者所确定的 S 值高于现行水平，则在其他因素不变的情况下，企业就可以相应提高价格。

在美国有多种投资回报率基数计量方法，近年来，美国的许多管制机构倾向于按照“原始资本成本法”（original cost method）来计量投资回报率基数。运用这种方法比较简单，只要把企业历年

用于建厂房、购设备等方面的投资加以累计。但这种方法会受通货膨胀因素的干扰，例如，按照现行的价格水平，建立一个与20年前所建立的具有同样生产能力的发电厂，它所需要的投资可能是20年前的5倍之多。由于合理的管制价格应该反映当前的边际成本，因此“原始资本成本法”往往会使管制价格定得太低。为此，有人提出了其他计量投资回报率基数的方法，如按照现行的价格水平对过去建成的工厂和形成的设备进行估价，以计量投资回报率基数。有人则指出这种方法没有考虑技术进步因素（即固定资产的精神磨损），主张以形成一定的生产能力所需要的投资额来计量投资回报率基数。

英国的最高限价管制采取 *RPI* - *X* 模型，*RPI* 表示零售价格指数（Retail Price Index），即通货膨胀率，*X* 是由管制者确定的，在一定时期内生产效率增长的百分比。例如，如果某年通货膨胀率是5%（即 *RPI* = 5%），*X* 固定为3%（即 *X* = 3%），那么，企业提价的最高幅度是2%。这个简单的价格管制模型意味着，企业在任何一年中制定的名义价格（nominal price）取决于 *RPI* 和 *X* 的相对值。如果 *RPI* - *X* 是一个负数，则企业必须降价，其幅度是 *RPI* - *X* 的绝对值。这样，如某企业本期的价格为 P_t，则下期的管制价格（P_{t+1}）为：

$$P_{t+1} = P_t(1 + RPI - X) \tag{11}$$

显然，在英国的 *RPI* - *X* 模型中，政府和企业谈判的焦点是 *X* 值的确定问题。

为防止企业滥用垄断力量而进行政府管制的重点无疑是价格。美国的价格管制模型是通过对投资回报率的直接控制而间接管制价格的。其中一个理论依据是，自然垄断产业通常需要很大的投资，用投资回报率价格管制模型有利于鼓励企业投资。但这种模型也存在明显的缺陷：一是企业在一定时期内按照固定的投资回报率定价，几乎不存在政府管制对提高效率的刺激机制；二是由于投资回报率的基数是企业所用的资本，这就会刺激企业通过增加资本投入而取得更多的利润，所以这种价格管制模型就会产生 A - J 效应，企业过度投资会增加生产成本，降低生产效率；三是管制双方不仅要就投资回报率的水平（*S*）问题进行反复的讨价还价，而且，管制者还要为正确计量投资回报率的基数（*RB*）大伤脑筋。

英国试图通过直接管制价格以避免美国投资回报率价格管制模型的上述不足。英国的 *RPI* - *X* 价格管制模型的基本优点是，在一定时期内固定价格的上涨幅度，这就刺激企业只有通过降低成本才能取得较多的利润。因此，它能使企业获得效率增长之利。同时，价格管制限制了企业的利润率，这促使企业对生产要素实行优化组合，但不至于出现在投资回报率价格管制下存在过度资本密集化的现象。此外，从以下几个方面看，英国的价格管制模型也相当简便：（1）它不需要详细评估企业的固定资产、生产能力、技术革新、销售额等变化情况。（2）它不需要每年调整价格，而是把3~5年作为价格调整周期。如果调整周期太长，企业的价格就会受许多不确定因素的影响；反之，若调整周期太短，就显得价格管制太滥，使企业缺乏努力提高效率，增加企业利润的刺激。（3）它不直接控制企业利润。企业在给定的最高限价下，有利润最大化的自由，企业可以通过优化劳动组合、技术创新等手段降低成本，取得更多的利润。

同时，从理论上分析，美国的投资回报率价格管制模型与英国的 *RPI* - *X* 价格管制模型具有根本性的差别，表现为：从利润水平管制到价格水平管制的转换，将会产生风险与利益在企业和消费者之间的转移。在投资回报率价格管制下，消费者是增加成本引起的风险与降低成本带来的利益的承受者；而在最高限价管制下，这种风险与利益都由企业来承担和享受。也就是说，在投资回报率价格管制下，消费者只能通过企业降低成本才能获得利益，但企业却没有降低成本的动力，因为企业只有通过提高投资回报率水平和增加资本基数才能取得更多的利润；而在价格水平管制下，由于企业受最高限价的制约，它们只有通过降低成本才能取得较多的利润。因此，相比较而言，英国的价格管制模型更有利于刺激企业提高生产效率。笔者认为，尽管英国的最高限价模型具有较好的性能，但我们不能照搬这种模型，其主要原因是：（1）英国的最高限价模型实质上只是规定管制价格的上升（或下降）率，它是以有一个合理的基价为假设前提的，而基价的决定必然要以成本为基础，这就决定了中国在构建价格管制模型时不能回避成本问题。(2) 如前所述，在近期内，中国的不少产品价格（特别是一些生产资料价格）还属于价格调整阶段，零售价格变动幅度较大，而且不稳定。同时，某些非价格因素会引起零售价格指数的变化，但不会导致企业成本的相应变化，这会使企业利润并不完全取决于企业的生产效率。(3) 虽然美国的投资回报率价格管制模型会产生低效率的 A－J 效应，但另一方面，英国的最高限价模型会抑制企业投资，特别是越接近价格调整期，企业的投资动力就越小，甚至会停止投资，从而影响正常投资的连续性。因此，中国在借鉴经济发达国家的价格管制模型时，应充分考虑这些因素，以建立符合中国特点的自然垄断产业价格管制模型。

四、中国自然垄断产业价格管制模型的构建

（一）价格管制模型构建中考虑的主要因素

1. 成本。这里的成本包括费用。主要由工资、原材料费、资产折旧费、修理费、销售费用、管理费用、财务费用等构成。成本是管制价格构成中的主体部分。其中，一些成本是外生成本，对企业来说具有外在客观性。但多数成本项目既有客观性，更有主观性，企业通过提高生产效率和管理水平，在相当程度上存在降低成本的潜力。

2. 零售价格指数。零售价格指数是一个综合性的价格变动指数，自然垄断产业的管制价格应和零售价格指数相联系，反映零售价格指数的变动趋势，这不仅有利于适应自然垄断产业中生产经营企业的成本变化，也有利于适应消费者（用户）的心理承受能力。

3. 质量。自然垄断产业的产品与服务质量和成本有关，管制价格应与质量指标挂钩，促使企业自觉提高和保持较高的质量水平。

4. 价格调整周期。正常的价格调整周期以 3～5 年为宜。近期内，由于需要逐渐将价格调整到正常水平，调整周期以 1～2 年为宜，随着价格调整逐步到位，调整周期也可逐渐延长。

5. 利润。在正常情况下，自然垄断产业的生产经营企业应取得合理利润，以满足投资的需要，实现扩大再生产，但其前提条件是企业应具有较高的生产效率。

（二）价格管制模型设计的基本原则

在现行的自然垄断产业价格管制实践中，由于企业在特定的范围内实行独家垄断或寡头垄断经营，因此，主要是以企业的个别成本作为定价依据的。这样，企业成本越多价格就越高，这种价格形成机制，对企业缺乏努力提高生产效率、不断降低成本的刺激。在实践中，由于政府与企业之间对成本信息存在严重的不对称性，政府只能在相当程度上默认企业发生的实际成本。事实上，如何控制成本一直是世界各国政府在自然垄断产业价格管制实践中的难题。针对这一问题，制定中国自然垄断产业价格管制模型的一个重要原则是成本约束原则，其基本思路是：虽然政府不能观察企业成本的实际运行过程（它是一个“黑箱子”），但政府能发现成本的运行结果，通过控制成本的变化，促使企业自觉提高效率，降低成本。

（三）价格管制模型的构建

$$P = C_0(1 + RPI - X) + P \times r \qquad (12)$$

（12）式等号右边的第一项为单位成本项，第二项为单位利润项，经整理并考虑质量系数（Q）可得：

$$P = \frac{C_0(1 + RPI - X)}{1 - r} \times Q \tag{13}$$

其中，P 为电力、有线通信、铁路运输、管道燃气和自来水供应等自然垄断产业的管制价格；C_0 为基期平均企业成本、费用（单位成本）；RPI 为零售价格指数（Retail Price Index）；X 为生产效率增长率（成本下降率）；Q 为自然垄断产业的产品与服务质量系数；r 为销售利润率。

（四）价格管制模型的功能说明

在上面的模型中，C_0（$1+RPI-X$）为成本上限控制项，在制定下一期自然垄断产业的管制价格时，首先要考虑基期的成本情况和成本变动因素。在影响成本的众多因素中，零售价格指数（RPI）是一个综合性因素，随着 RPI 的变化，企业的原材料、工资成本等也会发生一定的变化，因此，在决定下一期的成本水平时，在 C_0的情况上，加上 $C_0 \times RPI$（在正常情况下，RPI 是一个正数，因此，$C_0 \times RPI$ 为成本增量）。同时，为了促使企业提高生产效率，降低成本，政府为企业规定一个下一期必须达到的生产效率增长率（X 值），即成本下降率，因此，C_0X 为成本减量。如果 $RPI-X>0$，则在下一期的管制价格中，成本可以增加，其净增量为 C_0（$RPI-X$）；反之，如果 $RPI-X<0$，则下一期的成本必须减少，其净减量为 C_0（$X-RPI$）。由于 RPI 是客观的，对企业来说是一个外生变量，而 X 是由政府规定的，因此，在销售利润率一定的情况下，企业要取得较多的利润，必须使企业实际的生产效率增长率大于政府规定的 X 值。这就会刺激企业自觉提高生产效率，努力降低成本。而成本降低的结果将在价格调整后，使消费者享受较低的价格，分享因企业提高生产效率而带来的利益，从而提高社会分配效率。

在上面模型中，实行质量系数（Q）与管制价格挂钩的办法，目的是促使企业在成本上限控制的情况下，符合政府规定的产品与服务质量标准，向消费者提供较好的质量。

在上面模型中，不是以投资利润率而是以销售利润率决定企业的利润水平，主要是为了避免在投资利润率下企业可能进行的过度投资，从而产生低效率的“A－J 效应”，而且，对企业资产的正确核算也是一件比较复杂的工作。相比之下，销售利润率比较客观，因为销售额的大小取决于销售量和销售价格，其中销售价格受政府约束，销售量受市场约束，企业要增加销售量就必须通过增加投资，扩大经营范围，提高产品或服务质量等措施，以更好地满足市场需要。

从总体上说，上述模型能刺激企业自觉提高生产效率，降低成本，使消费者能享受到较低的价格。政府能使企业获得合理的销售利润，而且，只要企业实现的生产效率高于政府规定的生产效率，企业就能获得较多的利润，从而使企业具有一定的发展潜力。因此，合理使用上述价格管制模型，能实现自然垄断产业价格管制的三大政策目标。

（五）价格管制模型中各项要素的确定思路

1. C_0的确定。C_0为自然垄断产业基期的成本项。在第一次使用模型时，确定初始的 C_0特别重要。从理论上讲，C_0应该是单位销售额（营业额）所分摊的各项成本的加总数。但在价格管制实践中，求出这个加总数既有技术方面的困难，也有充分掌握成本信息方面的困难。因此，一种可供选择的变通途径是：如果认为特定自然垄断产业现行的管制价格（P_0）是基本合理的，那么，可以从模型（13）中倒推出 C_0，其方法是令模型中的 RPI、X 为零，Q 为 1（即暂时不考虑这些因素），再确定一个管制销售利润率（r_0），则 $C_0=P_0(1-r_0)$。如果认为现行的管制价格（P_0）不够合理，则先确定一个理想的管制价格（P_0），再用上面的方法确定 C_0。

2. *RPI* 的确定。从理论上讲，零售价格指数（*RPI*）是由政府统计部门公布的，具有客观性，它反映零售的生产资料价格和主要生活消费品价格的综合变动情况，*RPI* 的增长通常会引起自然垄断产业生产经营成本的增长，因此，实行成本和 *RPI* 挂钩的办法。但在实践中，可能 *RPI* 不能完全反映企业成本的变化，如职工工资水平提高后，*RPI* 可能没有发生相应的变化。因此，需要对 *RPI* 作相应的微调（如实行 *RPI* 和工资增长率加权平均的办法）。

3. X 值的确定。在模型中，参数 X 值的确定是一个难点。确定 X 值要考虑的主要因素是：（1）企业现有生产效率与国外同行先进生产效率的差距，如果现有生产效率较低，则挖掘生产效率的潜力越大，X 值也应较大，反之亦反。（2）特定自然垄断产业的技术进步率。技术进步能降低成本，技术进步率应作为确定 X 值的重要因素。由于各自然垄断产业的技术进步率不同（如电信产业的技术进步率较大，而自来水产业的技术进步率相对较小），这就决定了特定自然垄断产业之间的 X 值必然有较大的差异。（3）管理效率。即考虑提高管理效率的潜力。X 值应综合反映根据企业的实际能力应该达到的生产效率增长率（或成本下降率），它应该是企业通过努力不仅可以达到，而且能够超越的，以刺激企业努力降低成本。

4. Q 值的确定。质量系数 Q 的最大值一般为 1，如果企业提供的产品与服务质量完全达到政府规定的标准，则质量系数为 1，否则，按照实际质量水平确定 $Q<1$。如果目前难以客观确定 Q，也可以在价格管制模型中暂不考虑这一项，而根据具体情况实行经济制裁。

5. r 值的确定。模型中的 r 为销售利润率，在确定初始 r 值时，也可以参考投资利润率和销售利润率的转换值，即：

$$\text{利润额}=\text{投资额}\times\text{投资利润率}=\text{销售额}\times r$$

$$r=\frac{\text{投资额}}{\text{销售额}}\times\text{投资利润率}$$

r 值确定后就应相对稳定，把企业的"兴奋点"引向如何通过努力，使企业的实际生产效率增长率超过政府规定的 X 值上。

参考文献：

1. 王俊豪：《论自然垄断产业的有效竞争》，载于《经济研究》1998 年第 8 期。

2. 王俊豪：《英国政府管制体制改革研究》，上海三联书店 1998 年版。

3. 王俊豪、鲁桐、王永利：《发达国家基础设施产业的价格管制政策及其借鉴意义》，载于《世界经济与政治》1997 年第 10 期。

4. Armstrong，M.，Cowan，S. and Vicker，J.，1994，Regulatory Reform：Economic Analysis and British Experience，The MIT Press.

5. Averch，H. and L. Johnson，1962，"Behavior of the Firm under Regulatory Constraint"，American Economic Review 52.

6. Boyes，W. J.，1976，"An Empirical Examination of the Averch-Johnson Effect"，Economic Inquiry，March.

7. Littlechild，S.，1983，Regulation of British Telecommunications Profitability，London：HMSO.

（本文载于《中国工业经济》2001 年第 10 期）

跨国并购、战略联盟与网络型寡占市场结构的形成

杨丹辉

摘　要：20世纪90年代中期以来，跨国并购和战略联盟的迅速发展正在改变跨国公司所处的传统市场结构，网络型的寡占结构随之形成。在这种以知识为基础的新型寡占结构下，跨国公司之间的竞争重点由对国际、国内市场的争夺转为全球范围内的不断创新，而企业驾驭战略关系的能力也成为其竞争成败的关键。

关键词：跨国公司　跨国并购　战略联盟　网络型寡占

一、第五次并购浪潮：特点与成因

（一）第五次并购浪潮的特点

1. 跨国并购主要发生在发达国家之间，并购已成为发达国家之间乃至世界范围内直接投资的主导形式。1995～1999年，发达国家不论作为跨国并购的母国还是东道国，其并购额均接近或超过了全球并购总额的90%（见表1）。同时，并购作为国际直接投资（FDI）的主导方式，1999年全球跨国并购总值与FDI总流量的比值达到了4/5，其中，发达国家这一比值超过了90%，而由于国内基础条件和政策导向等原因，流入发展中国家的直接投资仍以绿地建设为主（约占投资额的2/3）。但近年来，针对发展中国家企业的并购也在快速增长，并购额占流入发展中国家FDI的比重由1987～1989年间的10%增至1997～1999年间的33%，其中，拉美和加勒比地区增幅最大，由18%上升到61%，亚洲国家和地区也由8%上升至21%。

表1　　**跨国并购的地区分布**　　单位：亿美元

国家/地区	出售额				收购额			
	1995年	1997年	1998年	1999年	1995年	1997年	1998年	1999年
发达国家	164.2	234.7	445.1	644.6	173.7	272.0	511.4	677.3
欧盟	75.1	114.6	187.9	344.5	81.4	142.1	284.4	497.7
美国	53.2	81.7	209.5	233.0	27.6	80.9	137.4	112.4
日本	0.5	3.1	4.0	15.9	14.0	2.7	1.3	9.8
发展中国家（地区）	16.1	64.3	80.7	63.4	12.8	32.4	19.2	41.2
非洲	0.5	1.7	0.7	0.6	0.1	—	—	0.4
拉美及加勒比	8.6	41.1	63.9	37.2	4.0	10.7	12.6	24.9
欧洲	—	—	—	0.3	—	—	—	—
亚洲	6.9	21.3	16.1	25.3	8.8	21.7	6.4	15.9
太平洋	0.1	0.3	—	0.1	—	—	—	—
中东欧国家[a]	6.0	5.8	5.1	10.3	0.1	0.3	1.0	1.6
世界[b]	186.6	304.8	531.6	720.1	186.6	304.8	531.6	720.1

注：a包括前南国家和地区；b包括无法归类的国家和地区。

资料来源：UNCTAD：World Investment Report（2000），P. 108。

2. 并购行业主要集中在电信、金融、汽车、制药、传媒及互联网行业（见表2），新兴行业与传统产业的融合也是本轮并购的亮点之一。随着知识经济的发展，传统产业开始积极向新兴行业进军，以实现企业生产经营转型，而新兴行业的发展同样需要以传统行业为依托，二者的兼并融合也就成为必然。AOL对传统传媒巨子时代华纳的并购、盈动数码收购香港电讯等案例则充分体现了这一特点。

表2　　第五次并购浪潮的重大并购事件

兼并双方	资本金额（亿美元）	并购时间	所属行业
AOL/时代华纳	1840	2000年	互联网/媒体
MCI世界电信/斯普林特电信	1290	1999年	电信
埃克森石油/美孚石油	810	1999年	石油
葛兰素—威康/史克必成医药	760	1999年	医药
辉瑞制药/沃纳—兰伯特	710	1999年	医药
花旗/旅行者	725	1998年	银行
西南贝尔/美国科技	626	1998年	电信
美国国民银行/美洲银行	616	1998年	银行
沃达丰/空中联系通信	603	1998年	电信
美国石油/阿莫科	480	1998年	石油
Telecommunications/AT&T	480	1998年	电信
Zuerichvers/BAT	355	1997年	医药
戴姆勒—奔驰/克莱斯勒	350	1998年	汽车
AHP/孟山都	400	1998年	A医药、化工

资料来源：根据中国企业在线购并网新闻资料整理。

3. 并购个案金额巨大，强强联合此起彼伏。此次并购浪潮中惊世的并购消息不时传出，上千亿美元的并购时有发生，超百亿美元的并购比比皆是，而且并购基本上都是各行业巨型航母之间的整合（见表2）。

4. 并购动机多元化。此轮并购中，跨国公司的并购动机已不再仅局限于传统意义上的规模扩张，其他动机还包括新市场寻求、提高市场进入效率和控制力、增强协同效应、融资便利以及经理人的个人愿望等。

5. 敌意收购明显减少。与以往并购浪潮相比，20世纪90年代中期以来的并购主要基于合作和战略发展的需要，违背并购对象意愿的敌意收购并不多见。托马逊金融数据公司的调查结果显示，1999年全球发生的17000件并购中仅有30件属于恶意收购，而同年在跨国并购中，带有敌意性质的事件仅占全部并购的0.2%，其交易额也仅占并购总额的不足5%。非敌意性的并购大大降低了并购成本，缩短了并购企业的磨合期，为并购企业的后续运营打下了良好基础。

6. 在全球并购高潮中，跨国银行起到了推波助澜的作用。跨国银行的迅速成长（这种成长本身也很大程度上是靠并购实现的）以及相关融资规则的变动，不仅满足了跨国并购的巨额资金需求，而且还不断创造出新的融资方式，降低了并购风险。

（二）第五次并购浪潮的成因

1. 技术革命与新经济。被称为第三次科技革命的信息技术的突飞猛进正改变着社会生活的方方面面。信息技术的发展赋予了企业特别是与信息技术密切相关的电信、互联网企业实施并购等资产重组战略的压力和动力。同时，技术的突破与创新促进了产业结构的调整和跃迁。在新建与并购之间，企业选择并购作为实现产业升级和组织结构调整的手段，有助于缩短投入产出时间，降低进入壁垒，获得最新技术。因而，以信息技术为代表的技术革命无疑是此次并购浪潮的主导力量和发展源泉。

2. 经济全球化。经济全球化的不断推进使跨国公司不得不面对更多的竞争对手，越来越多的企业开始感受到国际竞争的残酷性和巨大的生存压力。同时，经济全球化使各国内部市场与外部市场的界限日趋模糊，跨国公司要取得竞争优势就需直接面向全球市场，而跨国并购则是企业国际化扩展的理性选择。

3. 政府的放任。此轮并购中，各国政府对并购涉及的市场力量集中以及可能产生的垄断采取了放松管制的态度，而由于法律管辖权的问题，目前政府对企业的跨国并购行为在很多方面还无力监管。有的国家政府为保护本国企业在全球竞争中的利益，还对企业跨国并购实施了一些鼓励措施。同时，由于世界各国普遍加快了贸易、投资和资本市场自由化的进程，取消了部分服务业的进入限制，因而，国内市场的开放程度提高，并购机会也随之增加。

4. 管理创新。企业内部管理幅度和跨度是制药企业规模扩张的重要因素。企业规模过大，极易出现官僚主义、人浮于事、对市场变化反应迟钝、管理成本上升等问题，但随着计算机网络技术的应用发展，企业内部管理特别是购销管理和人事管理的效率大大提高，使管理超大企业成为可能，从而解除了大跨国公司之间并购的后顾之忧。

二、跨国公司战略联盟的发展趋势

跨国公司建立战略联盟的出发点可能不同，但都是跨国公司对国际经济、技术和竞争环境变化的一种战略反应。根据泰比提出的战略缺口（strategic gap）假说，在当今国际竞争环境下，跨国公司依靠自身力量所能取得的市场效益与其战略目标之间总存在一个缺口。这种战略缺口促使跨国公司由单纯的自我发展（go-it-alone）转为寻求联合（look-for-alliance）。造成战略缺口同时也是促使跨国公司结成战略联盟的主要因素有：（1）技术因素。由于技术创新费用激增，创新风险日趋加大，巨额投资使跨国公司单独从事新技术研究开发越来越力不从心，甚至几家公司联手有时也会捉襟见肘。同时，随着技术在生产与竞争中重要性增强，在世界范围内建立统一的产品技术标准就更有必要。这也要求企业之间的协调与配合。（2）市场结构与竞争格局。目前，世界上跨国化程度较高的行业多属寡头或垄断竞争的市场结构。这些产业竞争格局的波动会对整个产业发展造成较大冲击，跨国公司结成联盟不仅便于克服行业进入和退出壁垒，而且还有利于巩固或提高各自市场地位。（3）生产经营多元化与全球化趋势。现代大跨国公司大都在世界各地众多产业中形成了自己的全球化经营网络，但单个公司在多元化与全球化经营中常常顾此失彼，与相关公司联合则可以尽快克服短项，赢得全面发展。可见，从根本上讲，战略联盟是跨国公司迫于全球化市场竞争压力而设计的特殊安排，且往往是资源共享需要或存在并购障碍的结果，其准组织性的形式和特点可以在企业之间维系一种若即若离的制度结构，不但在应对市场变化的不确定性方面效果显著，而且还避免了大规模内部化所带来的高额成本。

20 世纪 90 年代末以来，跨国公司战略联盟发展十分迅速，并出现了一些新趋势。到 1998 年，跨国公司共建立各种战略联盟约 31000 个。战略联盟形式也多种多样，既有联合开发、交叉许可证交易和交叉分销等非股权方式，如索尼公司与菲利浦公司之间关于制定 CD 盘统一技术标准的协议；也有股权投资方式，如福特公司与马自达公司通过交叉控股建立的战略联盟，跨国公司战略联盟合作的内容也相当广泛，从研究开发到最终产品分销，涉及产品价值链的各个环节。其中，技术合作和全球电子采购成为近年来跨国公司建立战略联盟的重点领域。

（一）跨国公司 R&D 的国际化与技术联盟的发展

由于 R&D 活动固有的溢出效应，即技术创新产生的非排他性和搭便车行为等外部效果，以往跨国公司在安排R&D活动时较为谨慎，其有限的海外R&D主要是针对国外市场的特殊需求做应用性研发。但随着全球信息化进程的加快，作为世界技术创新和技术扩散的主要载体，跨国公司的R&D也开始呈现出日益国际化的特征。一方面，为了给海外子公司及时提供技术支持以及充分利用全球R&D资源，跨国公司R&D机构的区位配置越来越分散化。赫威尔斯和米奇埃（Howells，JandMichie，J.，1997）的研究表明，1995年跨国公司海外R&D机构占其R&D机构总数的比例已达38.6%，1988～1995年间，美国公司海外研发投资以年均6.1%的速度递增，高于同期美国公司国内R&D投资4.2%的年增长率。值得一提的是，促使发达国家跨国公司增加子公司R&D投入的某些因素同样适用于发展中国家的跨国公司，如韩国的三星公司已在全世界建立了11个研发中心。再如，印度的WIPRO计算机公司也在硅谷设立了R&D机构，以便紧跟行业技术更新的步伐。另一方面，技术合作成为跨国公司缔结战略联盟的重点领域。目前，技术联盟在跨国公司战略联盟中处于核心地位，有1/4～1/3的战略联盟都与技术交换和合作研发有关。在跨国公司技术联盟中，以知识密集型产业的联盟居多。其中，信息技术产业跨国公司签订的各种技术协议在全部协议中一直居于首位，1980～1996年间，该行业跨国公司之间的技术协议占跨国公司全部技术协议的比重高达37%，其数量也逐年大幅度增长，从1980～1983年间的年均47项增加到1992～1996年间的年均249项；制药业，特别是生物制药业的技术联盟也出现了迅速增多的势头，1980～1995年，该行业跨国公司的各种技术协议翻了两番，在全部技术协议中的比重也由1980～1992年间的14%提高到1996年的28%。

（二）跨国公司全球采购联盟及其电子化

竞争的压力使跨国公司在欲图扩大国际市场份额的同时，开始同步采取适时适当的国际采购战略，以期用最低的成本支持公司的扩张和发展。20世纪90年代末以来，世界著名跨国公司如戴姆勒—奔驰、本田、西门子、宝洁、雀巢、联合利华、吉列、菲利浦、IBM、拜尔、索尼、花旗银行等纷纷调整其采购策略，逐步实行全球采购，而电子商务尤其是B2B的兴起与迅速成长，为跨国公司在全球范围内采购原材料和中间品、优化供应链创造了条件，同时，也使不同行业之间甚至互为竞争对手的企业之间结成采购联盟变为现实。2000年以来，跨国公司之间通过电子商务开展多样化的采购合作成为跨国公司战略联盟发展的一个引人注目新特点。这些采购联盟的建立为采购的买家提供了最佳、最有效的供应商资源和渠道，大大降低了采购成本。目前，基于B2B采购联盟的规模不断扩大，如世界汽车行业组成了联盟科维森特（Convisint）——其成员包括通用、福特、戴姆勒—克莱斯勒、雷诺和日产，该交易平台自建立运行起，每年处理的交易额达到了7500亿美元，其中仅通用汽车一家的采购流程成本就因此下降了90%。

三、网络型寡占市场结构的形成及其特征

（一）市场集中度与传统寡占的变化

集中度是判断某个行业出现垄断或寡占的传统指数，从直观上推论，20世纪90年代中期以来的并购高潮将会提高市场集中度，特别是提高并购活动最活跃的信息技术产业和汽车业的集中度，但1985～1997年间，全球信息产业的集中度却呈现出下降的趋势，行业内最大4家公司和最大10家的销售额比重（C_4 和 C_{10}）分别由1985年的43.1%和47.2%降至1997年的31.3%和44.1%。同一时期，汽车工业也出现了类似的情况，行业中 C_4 明显下降，由1985年的58.3%下降到1997

年的47.8%，而C_{10}也仅有小幅上升，由1985年的69.6%上升到71.6%。并购与集中度之间这种看似矛盾的变化关系可以从两个方面寻求解释：（1）用于分析寡占型市场结构的传统工具并没有将战略联盟考虑在内。但同时产业组织理论又认为，当企业在多种产品市场上相遇时，研究对方战略的机会将会增加，联合的刺激也会得以加强。海外投资扩大了跨国公司之间的合作空间，一定程度上助长了它们彼此合作的可能性，而战略合作无疑有利于增强跨国公司的市场控制力。由这种情况导致的市场控制程度增强，却很难用传统的集中度方法测算。（2）跨国公司经营的全球化趋势模糊了各行业间的原有界限，同时，部分行业尤其是高新技术产业规模急剧膨胀，行业中企业频繁进出，因此，诠释集中度的变化并将其与特定行业的竞争条件联系在一起就更加困难。比如在信息技术产业，由于产品和技术更新步伐加快，该行业内跨国公司的经营范围处于不断整合的状态，这势必对连续考察其某项业务的市场份额造成了一定障碍。

由此可见，仅用集中度指标已不足以充分解释市场结构的变化。同时，知识经济时代竞争加剧和全球化进程加快也动摇了传统寡占市场结构赖以维系的三个相对稳固的支柱：可以识别的少数竞争对手、存在寡占倾向的产品或行业以及这些产品和行业的技术轨迹。目前，由于新技术和新产品不断涌现，不仅在全球市场中识别潜在竞争对手越来越困难，而且难以预期的行业技术突变使跨国公司业已存在的寡占开始出现了动态化趋势，这种动态化趋势不同于一般意义上的企业市场力量的此消彼长，而是形成了以知识和创新为基础的网络寡占结构。

（二）以知识为基础的网络型寡占的特征

与传统的寡占结构相比，网络型寡占市场结构主要具有以下4方面的特征：（1）以知识为基础，涉及到对新知识生产、使用和发展进行控制和合作。因此，这种寡占是动态的，并试图组织、管理和监控知识的变化，而不仅仅出于维护技术优势的需要，尽力控制技术的扩散和溢出。（2）构筑规模优势等静态进入壁垒已不再是寡头们努力的唯一方向，确立行业未来的界限和技术轨迹（包括内部竞争标准和规则）成为其共同目标，而这些规则本身就形成了动态的进入障碍。（3）寡占结构由跨国公司网络而不是单个跨国公司组成，其中各种战略联盟的地位日益突出，在网络型寡占结构中承担着联系框架和纽带的作用。（4）在组织方面，新型的寡占既可存在于行业内部，又可以跨行业形成，甚至二者兼而有之。以知识为基础的网络寡占与传统寡占的区别如表3所示。

表3　　传统寡占与网络寡占的比较：电力与信息技术行业的情况

	传统寡占	以知识为基础的网络寡占
基础	规模	知识
竞争方式	成本、国内及全球市场份额争夺	全球范围内的不断创新
管理基础	能管理包含在专利中的能力存量，这种存量是根据公司在寡头垄断中的地位积累而分配的	能通过利用新知识、合作研发、生产和销售承诺等多种方式控制知识流动
管理方法	协商安排，包括“技术卡特尔”领导企业间的交叉许可、通过合作项目的专利共享和市场分割。其中，专利共享使领导企业迫使被许可人购买整个专利，以形成阻止进入的成本壁垒，确保寡占企业可以选择被许可人，并在专利使用上强加一些限制性条款，通过法律制度保证这些企业不再获得更优惠的专利使用条件而寻找其他技术来源，因此减少了被许可人成为未来竞争对手的可能性。即时福利效应是价格上升	正式和非正式的安排，包括合作研究、设置进入的研究屏障、协同行业内的多样化布局、确定影响新产品标准的研究方向、选择商业化的时机和市场出售价格。竞争者之间的合作研发可将未来的竞争对手排除在外，而与使用者合作研发可以锁定未来的客户，与以往垂直一体化一样有效地垄断上游市场

资料来源：Mytelka，L. K. &DelapierreM.（1999），P. 134。

从网络型寡占的特征中可以看出，在这种新型寡占市场中，跨国公司之间的竞争重点由对国际、国内市场份额的争夺逐步转为全球范围内的不断创新，包括技术、组织结构和战略行为的创新，其竞争格局和市场力量的配置与其说取决于整个行业中企业的绝对数目，不如说取决于企业驾驭战略关系的能力。从这一角度来讲，行业中的原有寡头并不会因寡占形式或基础的改变而丧失其市场地位。相反，这些大跨国公司恰恰是新型寡占结构的缔造者和新竞争规则的制定者。以半导体及数据处理行业为例，尽管20世纪90年代以来这一行业的竞争范围大幅度扩大，并已经形成了网络寡占的基本框架，但目前这一框架中的各种结点仍然主要围绕着该行业的传统寡头IBM、AT&T、摩托罗拉、德州仪器、西门子、菲利浦、富士通、索尼、NEC等大跨国公司而建立，从而使这些大跨国公司得以在网络寡占结构中继续生存，并根据新的标准和技术组合重新界定行业界限和竞争对手，以保持和提高其固有的统治地位。

参考文献：

1. 曾忠禄：《公司战略联盟组织与运作》，中国发展出版社1999年版。
2. 联合国跨国公司中心：《世界投资报告》（1998，1999），中国财政经济出版社2000年版。
3. 邱立成：《跨国公司研究与开发的国际化》，经济科学出版社2001年版。
4. Falvey，R（1998）．“Mergers in open economy”，The World Economy. Vol. 12（Nov）pp. 1061 – 1076.
5. Faulkner，D.（1995）. International Strategic Alliances，Co-operating to Compete，McGraw-Hill Book Company.
6. UNCTAD. World Investment Report（2000），UNCTAD，NY，2000.
7. Mytelka，Lynn K，and Delapierre，Michel（1999）．“Strategic partnerships，knowledge-based network oligopolies and the state”，in C. Cutler，V. Hauflei and T. Porter，eds，Private Authority and International Affairs（Binghamton：SUNYU niversity Press），pp. 47 – 70.

（本文载于《中国工业经济》2001年第12期）

从电信业看中国的反垄断问题

张维迎　盛　洪

一、引言：中国反垄断的首要任务是反政府部门的垄断行为

经济学上讲的垄断，大致可以分为三种类型：一是由生产技术上的规模经济导致的“自然垄断”；二是由少数厂商的合谋行为导致的“行为垄断”；三是由政府限制竞争的法令和政策导致的“法定垄断”。

（一）自然垄断

传统经济学理论定义的自然垄断是指如下情况：由于生产技术具有规模经济的特征，平均成本随产量的增加而递减，从而，最小有效规模要求只有一个企业生产。20 世纪 80 年代，经济学家对自然垄断作了重新定义（张帆，1995）。新的定义建立在弱可加性而不是规模经济的基础上。在单一产品的情形，弱可加性意味着由单一企业生产给定产量的总成本小于由多个企业生产时的总成本；在多产品情形，弱可加性意味着由单个企业生产给定数量的多种产品的总成本小于由多个企业生产该产品组合时的总成本。根据 Baumol 等人的定义，一个行业被称为是自然垄断的，如果在有意义的产出区间，成本函数是弱可加的（Baumol，Panzar and Willig 1982）。可以证明，在单一产品的情形，平均成本下降意味着弱可加性，但弱可加性不一定意味着平均成本下降；在多产品情形，自然垄断不一定要求非平均成本下降不可。

当一个行业具有自然垄断性质时，政府可能需要对该行业实施进入管制，以避免重复建设带来的无效率。另一方面，当只有一个垄断生产者时，垄断者就会索取垄断价格，从而造成资源配置的扭曲。为了防止这种扭曲，政府就要对垄断企业实施价格管制。

不过，成本弱可加性并不是政府限制进入的充分理由。当政府与垄断企业关于生产成本或需求的信息不对称时，政府可能无法定出有效率的价格。缺乏竞争的压力会导致垄断者的 X－非效率行为。政府必须在规模报酬（要求一个企业生产）与通过竞争获取信息并激励企业降低成本（要求多个企业）之间做出权衡取舍。只有当让单个企业生产得到的规模效率超过 X－非效率时，独家垄断才应该出现。

另外，根据鲍莫尔（Baumol）等人的“可竞争性理论”，如果所有企业都可得到相同的技术，并且没有沉淀成本（但允许有固定成本），那么，即使市场上只有一个垄断企业，潜在进入的威胁也会使垄断者有像竞争性企业一样的行为，因为，如果垄断者用垄断价格赚取超额利润，就会遭受进入者的袭击。这一理论强调的是潜在进入（而不是现实进入）的作用，它迫使经济学家重新考虑对自然垄断企业的传统规制理论。

（二）行为垄断

一个经济社会中称得上是自然垄断的行业是很少的，更多的情形是有数个具有相当市场力量的寡头企业生产该行业的大部分产品。寡头市场的潜在危险是寡头企业通过形成卡特尔组织或默契合谋联合操作市场，提高价格，损害消费者的利益，扭曲资源配置。尽管一次性博弈中，企业间的卡特尔协议和默契合谋是难以维持的，但在无限期重复博弈中，卡特尔协议和默契合谋是可以维持的。寡头市场的另一种可能是，少数占主导地位的企业通过“价格战”消灭竞争对手，最终实现对市场的垄断。寡头企业也可能通过设置进入障碍阻止潜在进入者的进入。

寡头企业的这些反竞争行为是损害效率的。为了维持竞争秩序，政府需要通过立法和行政措施限制寡头企业的反竞争行为。可以说，发达国家的反托拉斯法，如美国的谢尔曼法和克莱顿法，主要是针对寡头企业的反竞争行为而制定的。寡头企业反竞争行为的可能性与市场的集中度有关。市场的集中度越高，卡特尔协议和默契合谋越容易维持。因此，反垄断的一个重要措施是通过限制单个企业的规模来降低市场集中度。不过，限制企业规模也可能导致规模经济的损失。政府要在资源配置效率与生产效率之间做出取舍。

（三）法定垄断

法定垄断是由政府的法律和政策造成的垄断。法定垄断可以划分为两类，一类是增强效率的，另一类是损害效率的。

增强效率的法定垄断也可以划分为两类，一类是在具有自然垄断性质的行业，为了实现规模经济，政府将经营权特许给某个企业，不允许其他企业进入该行业。由于规模经济的一个主要原因是巨额沉淀成本或固定成本的存在，对进入的限制可以避免重复建设导致的浪费。另一类增强效率的法定垄断是政府为外部经济的内在化而授予企业和个人特定的垄断权，如为保护和调动发明创造的积极性而设置的专利权。

损害效率的法定垄断与上述增强效率的法定垄断不同，它是由政府本身的寻租行为导致的。无论是过去还是现在，出于获取垄断利润的目的，政府常常创造一些人为的垄断。比如说，产业革命早期，英国政府通过授予特许权的办法增加财政收入。

要在增强效率的法定垄断与损害效率的法定垄断之间做出区分常常是困难的。许多损害效率的垄断恰恰是在增强效率的借口下做出的。比如说，许多情况下，政府是以自然垄断为由而对本不属于自然垄断行业施加进入限制的。

在市场经济国家，反垄断的主要任务是反寡头企业的反竞争性行为。但对中国这个处于转轨中的国家来说，最为严重的反竞争行为似乎不是来自企业本身，而是来自政府部门的政策，或政府与国有企业之间的合谋。中国实行了几十年的计划经济。计划经济的一个基本特征是垄断，几乎所有的行业，从行业进入，到产量、价格的制定，都是由政府垄断的。到20世纪80年代初，中国经济学家还在讨论社会主义经济是否应该允许企业间的竞争。1979年之后，政府相继放松了管制，大部分行业出现了竞争局面。但是，一方面，政府在对一些仍然处于垄断地位（自然垄断或法定垄断）的企业没有按照市场经济的规则加以管制，而是听任政企不分的垄断者自行其是，损害消费者的利益，另一方面，各级政府部门常常以行业管理和维护市场秩序为名，通过法令、政策、行政手段从事各种各样的反竞争活动。

中国政府部门的反竞争行为主要表现在以下方面：（1）对本不属于自然垄断的行业实行进入限制；（2）对不同企业之间实行歧视性对待，特别是对私有企业和非直属企业实行歧视；（3）由政府部门出面帮助企业进行卡特尔式定价；（4）对公共资源实行垄断；（5）用行政手段实行地区间的封锁。

虽然中国立法机关已颁布了《反不正当竞争法》，但这部法律远不是一部《反垄断法》。它针对的是企业，并没有将政府本身的垄断行为纳入反垄断的范围。事实上，中国经济学家也只是最近才开始讨论反垄断的问题（张宇燕，1996；盛洪，1997）。下面，笔者将以电信业为例，说明本文的主题：中国当前反垄断的首要任务是反政府部门的垄断行为。

二、中国电信业开放的背景

技术上讲，电信业包括电信网及运营、网上服务、通讯设备（如电话机、传真机等）三部分，其中电信网包括本地网、国内长途网和国际长途网，网上服务包括基本服务（市话、长话）和增值服务 VANS（由于国外企业的进入，通信设备供给的竞争已相当激烈，故本文不予讨论）。

在 1994 年之前，中国公用电信业的基本体制特征是电信网的运营与基本网上服务合二为一，由邮电部独家垄断经营。邮电部既是公用电信业的经营者，又是公用电信业的政府管理机构。尽管 20 世纪 90 年代初开始，许多企业进入到一些增值服务（主要是无线电寻呼），但一则增值服务的比例很小，二则进入增值服务需要邮电部的严格审批，没有任何与邮电部抗衡的力量。简单地说，邮电部是中国公用电信业的法定垄断者。此外，邮电部也是邮政业的法定垄断者（还应该提到的是，在计划体制下，除邮电部垄断经营的公用网之外，中国还有 30 多个专用网，如军队通信网，铁路专用网，电力专用网等）。

1980 年之前，尽管邮电部是法定垄断者，但由于国家对电话资费有严格的价格管制，电信业基本上是一个不盈利甚至亏损的行业。从 1980 年开始，为了实现“以话养话”，加快电信业的发展，国家开始松动了价格管制，主要措施包括：（1）1980 年国家特别批准市话企业收取电话初装费，从而使之成为电话资费的重要组成部分之一；（2）1986 年国务院批准准许各省市区政府在长话、电报和邮政等业务中收取附加费，作为通信建设资金的重要组成部分。此外，1982 年，国家对邮电部门在财政上实行了“倒一九分成”的优惠政策，即邮电部门利润或所得税只上缴 10%，非贸易外汇收入亦仅上缴 10%。同时，国家允许地方参与电信业投资（张宇燕，1996）。

价格管制的放松和财政优惠政策的实施大大促进了电信业的发展。但在放松价格管制的同时，由于没有引入竞争，也导致了邮电部门的垄断定价行为。最显著的是电话初装费的节节上涨。比如说，在北京，住宅电话的初装费由 20 世纪 80 年代初的 200 元，上升到 1996 年的 5000 元。移动电话的价格最高达到 2. 8 万元。据北京天则经济研究所的一项研究，中国电话初装费、长途电话费（特别是国际长途电话费等）都大大高于存在着竞争的其他国家，如美国。（天则研究所，1997）。

在资费节节上涨的同时，电信服务的质量并没有明显改善。比如说，1994 年之前，电话安装时间在半年以上。在很长一段时期，甚至连 114 查询台都很难接通。此外邮电部门还普遍存在着强行销售和价外勒索等不合理行为（天则研究所，1997）。

对电信业需求的快速增长和电信业的独家垄断，使得中国的电信业成为一个高盈利行业，由此吸引了众多的潜在进入者跃跃欲试。

最先登台的是中国人民解放军总参谋部所属的通信兵部。1988 年，总参通信兵部上书有关部门，寻求经营电信业之特许权。

1992 年 6 月，中国电子学会、中国通信工业协会和《中国电子报》联合召开了旨在加速发展通信行业的研讨会。该研讨会的主要参加者大多不是来自邮电部门，因而其基本倾向是，中国电信业管理体制改革势在必行，邮电部门要政企分开，打破垄断，引入竞争，开发市场，充分发挥专用网的作用。几个月后，电子部、电力部和铁道部联合向国务院正式提出组建“联通公司”的请示报告，要求进入公用电信业。

这可能是邮电部有史以来面临的最大挑战。针对三部成立联通公司的报告，邮电部为了维持自己的垄断地位，在多种场合陈述其反对组建联通公司的如下理由：（1）通信具有全程网络、联合作业、高度统一的特征，具有自然垄断性；（2）电信业既是社会公用设施，又是国家的神经系统，事关国计民生、国家安全与主权，非同一般竞争行业；（3）由国家统一掌握、统一规划、统一建设，资源可以充分利用，低水平的重复建设可以避免；（4）世界各国在其电话网建成之前，无一不是由国家或国营公司垄断经营；（5）统一经营也有利于公用网标准的制定，从而使公用网的通信质量得到保证；（6）统一或垄断经营本身并不排除垄断企业内部的竞争。邮电部唯一的让步是：在加强法制建设和行业管理前提下，对部分非基本通信业务逐步放开。

值得庆幸的是，尽管邮电部对开放电信业持反对态度，但中国政府领导人似乎早已认识到打破电信业独家垄断格局的必要性。早在 1989 年，两位资深通信专家、中国科学院院士叶培大和张煦教授就向中央领导提交了一份报告，建议有控制地开放电信市场，得到了中国最高领导的高度重视。这次，对于铁道部、电子部和电力部的报告，朱镕基批示：“看来是件好事，有助于加强通信事业，缓和电话不通的矛盾”，并特别指出“我国的通信事业要发展，必须在统一规划下充分发挥各方面的积极性，不能一家垄断。”同时责成有关方面“共同商量，促成此事，成立股份集团”。邹家华批示：“邮电部不应用垄断全国通信网的思想来指导工作。……全国邮电行业包括电信的统一规划、统一标准、统一制式、统一的安全要求等，是必须由邮电部来做的工作。但通信网不应由邮电部垄断，而应支持现有的其他通信网力量发挥作用，或进一步扩大。这对整个电信事业的发展是有利的。”

在几个回合的讨论之后，国务院于 1993 年 12 月 14 日正式同意电子部、电力部和铁道部共同组建中国联合通信有限公司（简称联通），并发布国务院有关文件。国内外对此反映强烈，许多部门、地方及单位纷纷表示投资入股，有的甚至试图另行组建通信公司。1994 年 4 月 15 日，邹家华副总理主持会议，听取联通公司筹备工作的汇报。这次会议确定或重申了通信政策的几条基本原则：国家授权经营电信业务的只有邮电部和联通两家；三部以外的其他专用网可以参股联通，但不能另行独立组建电信公司；电信业反垄断是分步骤进行的，绝不是国家撒手不管的自由竞争。这实际上确立了电信业的“双寡头垄断”政策。这次会议还议定：联通公司按有限责任公司组建，挂靠国家经贸委，享有邮电企业的各项优惠政策和进出口权；邮电部和国家无线电管理委员会应对联通公司予以支持。

1994 年 7 月 19 日，联通公司正式成立，有 16 家股东，注册资本 10 亿元人民币。从此，中国公用电信业由邮电部独家垄断变成邮电部和联通公司双寡头垄断。

三、邮电部的反竞争行为

联通进入电信业，打破了邮电部的独家垄断，但中国电信市场上的双寡头格局是不对称的：第一，邮电部在所有电信业务上占据绝对主导地位；第二，邮电部集经营者与管理者于一身，既是运动员又是规则制定者和裁判。也就是说，一个小的、新进入的寡头企业必须接受另一个大的、已垄断市场的寡头“企业”的管理。这样的格局是不可能保证公平竞争的。应该指出的是，形式上，联通进入之前经营电信业的是一个独立的企业——中国电信总局，邮电部只是中国电信总局之上的行业主管部门。但实际上，邮电部是中国电信总局的所有者，对电信总局在资金和人事上直接管理，并且，邮电部和电信总局在职能和机构上是互有交叉的，因而是一个政企不分的体制。事实上，连邮电部自己也不敢说他们实行了政企分开。在联通的词汇里，“邮电部”和“中国电信总局”是一回事（盛洪，1997）。

理论上讲，联通进入之后，邮电部有以下三种策略可以选择：（1）将联通公司收购或入股控制联通，以继续维持实际上的独家垄断；（2）通过卡特尔协议或默契合谋，与联通共同瓜分市场；（3）利用自己的先入优势和作为行业管理者的权力，通过各种各样的不公平竞争手段，最终将联通赶出市场，或者至少将联通的业务限制在很小的范围内。

邮电部实际上选择了第三种策略。作为电信业的主导经营者和行业管理者的邮电部，选择这样的策略是理所当然的。从联通进入电信业的过程来看，第一种选择是不现实的。不过，需要指出的是，为了协调联通与邮电部之间的矛盾，邹家华曾建议过邮电部入股联通。从邮电部的实力和所拥有的行政权力看，选择第二种策略是不甘心的。或许，邮电部对联通的“遏制”政策有“杀鸡给猴看”的意思，因为对联通的友好可能会招致更多的进入者。

联通公司进入后，邮电部的反竞争行为（或不正当竞争行为）主要表现在以下几方面：

（一）对联通公司的市场进入实行限制

联通公司成立一个月后，邮电部就在北戴河召开旨在“最终占领市场和为用户提供优质服务”的“通信市场与服务工作研讨会”。邮电部部长吴基传在其长篇讲话中，在表示通信市场竞争局面的出现是市场经济发展的必然结果的同时，又特别强调了邮电部门的行业管理及维护国家通信秩序保障用户权益的职能。针对联通公司，他专门谈到：“第一，联通公司在某一地区经营某一基本业务，都要经邮电部的批准；第二，联通公司可以设立分公司，作为其办事机构，但不能设立子公司。分公司不是独立法人，经营基本业务要由邮电部审批。第三，各地无权成立经营电信基本业务的、具有法人资格的经济实体，不管其名称是子公司还是分公司（张宇燕，1996）。”

总的情况是，联通进入任何一项电信业务，都必须得到邮电部的批准，而同样的业务，邮电部所属的电信局不经申请就可以进入。

国务院 1993 年有关文件对联通公司的主要业务规定为：“对铁道部、电力部的专用网进行改造、完善，在保证铁道、电力专用通信需求的前提下，将富余能力向社会提供长话业务；在公用市话网覆盖不到或公用市话能力严重不足的地区，可开展市话业务”；同时还明确规定，联通可以经营无线通信（包括移动通信业务）和电信增值业务。由于这个文件对联通公司经营长话和市话业务的特许权作了一些限定，这些限定又可以有多种解释，而解释权又在邮电部，就出现了对联通公司不利的情况。（盛洪，1997）特别是，由于联通开展任何一项业务，都要邮电部的批准，邮电部总是以各种各样的理由限制联通的业务发展。

联通公司成立不久，就开始了大规模的长话网和市话网的投资，到 1996 年 5 月，已累计投资 3 亿元。在投资建设的同时，联通公司多次向邮电部提出与邮电网互连互通的要求和开展长话和市话业务的申请，但邮电部根据其对国务院有关文件的解释，否认联通公司拥有经营一般长话和市话的特许权，一些省级邮电部门更明确地指出：“长途电话、电报、市内电话等电信基本业务由本省各级邮电局含邮政局、电信局统一经营，其他任何单位无权经营。”联通公司曾向邮电部报送了在 27 个城市建设长话、市话接口局的可行性研究报告，但邮电部在复函中指出，关于长话业务，联通公司应在对利用专用网做出安排后，再行申请；关于市话业务，则提出“你公司没有必要在上述城市建立覆盖全市的与公用网重叠的市话网”，指令联通在与当地的邮电通信主管部门获得共识后，再向邮电部申请。而当地邮电通信部门则要求先得到邮电部的批准后再与他们讨论。

除了明确地禁止联通公司的市场进入外，邮电部在审批联通的业务申请时还用拖延的办法限制联通的进入。据联通公司的反映，邮电部的审批程序最长的达 2 年之久，最短的也有 3 个月。联通在天津的市话网已于 1997 年 7 月 18 日安装就绪，但至今没有批准开通。由于邮电部的限制和拖延，导致联通公司的大量投资不能及时投入运营，不仅使其蒙受直接的经济损失，而且在客户面前丧失了信誉。

邮电部对联通进入市场限制的结果是，在联通成立 3 年之后，联通的电信业务仍然只限于移动电话和无线电寻呼服务。

（二）在互连互通上对联通公司接入市话网进行限制

电信业的一个重要特征是其垂直结构：长话、移动电话及其他增值业务只有接入市话网才能提供服务，市话服务是长话及其他服务的一种必不可少的投入要素。由于邮电部垄断着市话网，没有邮电部的准许，联通公司不可能提供任何的电信服务。

如果说在长话和市话业务方面，有一个对国务院有关文件的解释问题，那么，对联通公司经营无线通信业务（包括移动电话）方面，有关文件则有明确的规定。但联通公司在开展这一业务也不是一帆风顺的，主要的麻烦是邮电部在互连互通上设置障碍。第一个障碍是邮电部的不规则的审批程序。没有一个明确的时间限制。例如，对联通公司 1995 年 4 月 5 日“于建设联通公司京、津、沪、穗等城市的接口汇接局的报告”，邮电部 5 个月后予以批准，这 4 个城市的联通移动电话网直到当年 12 月才开始运行。第二个问题是接口的技术安排、从而也是费用分摊问题。邮电部坚持的一些互连互通的技术安排，如规定联通的一个 GBS 移动交换机（MSC）只能覆盖一个本地网（邮电部的可以覆盖几个本地网），如规定联通网与邮电网互连采用“一对一”接口局的方式，都会在投资费用上对联通不利。

邮电部在互连互通上设置的障碍，大大地阻碍和延缓了联通公司业务的发展，如 GSM 移动电话是联通先于邮电部建立，但邮电部只是在自己的系统开通之后，才批准联通开通。更为难以理解的是，邮电部竟然不允许联通公司的 130 移动电话打入如 119、110、120、122 这样的特种服务。

（三）在网间付费方面，对联通实行垄断定价

在互连互通的问题上，邮电部限制联通的另一个方面在网间往来话费的收取和结算问题上。邮电部把联通公司视为一个普通用户，而不是一个平等的公用电信网，在收取网间话费的安排上，不能实行对等原则。如联通 GSM 移动电话接入邮电市话网时，联通要将收入的 80% 支付给对方，而相反方向的电话接入时，邮电网只需支付收入的 10%。并且，由于邮电部、电信总局及其各地的分支机构实际上控制着中国主要的公用电信网资源，联通和中国电信实际向对方支付的网间话费相差更大。如由于中国电信不向联通提供主叫用户的标志，除北京地区外，联通公司长时期收不到网间话费；天津等城市的电话局坚持要将地方附加费计入网间话费结算，否则不予开通；广州规定联通要向邮电支付全额话费和地方附加费，邮电呼入联通网的电话，邮电不付费；上海规定先按联通打邮电市话 0.09 元/3 分钟，郊区 0.24 元/1 分钟，邮电打通联通不付费的方法统计预交。据统计，1996 年 9 月、10 月两个月，联通付邮电和邮电付联通的网间话费的比例为 98.1∶1.6。

邮电部在向联通公司的收费上，是不考虑成本的。比如说，一条中继线要收取 1 万元，而据联通公司方面讲，合理的价格在 0.2 万～0.3 万元之间。

（四）在号码、无线电频率等公共资源的分配上，对联通实行限制

电信服务离不开诸如电话号码、无线电频率、卫星频道、行业技术标准这样一些公共资源。因为这些资源被控制在邮电部手里，只要邮电部不同意分配这些资源给联通公司，联通就自然被关在长话和市话的门外。联通进入电信业后，在获得这些公共资源方面，受到邮电部的歧视。例如，联通公司在成立之初（1994 年 9 月 15 日），就开始申请联通网使用的号码资源，但几经周折，直到 1996 年仍然没有如愿以偿。在邮电部 1996 年 4 月 24 日下发的《关于联通公司通信网编码等问题的批复》中，邮电部再次强调国务院有关文件对联通公司的限制词，并提出“不采取预分局号的方

法”。“从目前已报邮电部的市话项目看，邮电部没有批复联通任何一个城市的市话号码。……同时‘批复’中没有分配联通长途网的网号或过网号，联通公司还是不能开展长话业务”。一种特殊的公共资源是行业技术标准。联通进入后，邮电部将原来的行业标准改为企业标准，对联通实行封锁。此外，邮电部规定不许将富余管、线出租给联通公司使用；个别地方即个别地方即使愿意出租，也以极高的价格收取租金。

（五）通过交叉补贴、低价倾销，进行不正当竞争

邮电部—中国电信从事多种业务，联通公司的业务比较单一（现在只有移动电话和无线电寻呼）。交叉补贴在过去也存在，但在邮电部独家垄断时，是一个与竞争无关的问题。但是，当联通进入后，邮电部就将交叉补贴用来实行不正当竞争，其基本做法是降低竞争性服务（移动电话和无线电寻呼）的价格同时提高垄断服务的价格（如市话），与联通（和其他提供增值服务的电信企业）展开不正当竞争。

一个例子是无线电寻呼。比如说，1997 年 10 月 20 日，南京电信寻呼台宣布，在公证部门的监督下，根据摇号结果，凡南京市电话号码尾数为 0、4、7 的用户，均可获赠一台江苏全省联网的数字寻呼机。10 月 24 日一天就赠送了 2 万台寻呼机，同时还送出年内有效的 2 万张赠机券。随后，电信台又宣布，他们将在今后两个月内再投入 16 万～18 万台寻呼机，向南京市民大赠送。南京电信台的这一做法的目的显然是消灭联通等竞争对手，但作为行业主管部门的江苏邮电管理局不仅没有干预，反而向全省邮电局发出通知，要求从 11 月 1 日起，在全省范围内大赠送。类似南京市电信局这种不正当竞争的行为在其他城市也时有发生。

另一个例子是移动电话由双向收费到单向收费的改革。中国移动电话网开通以来，一直是双向收费，即不论是使用移动电话打出还是接听从移动电话上打来的电话，用户双[①]方都要付费。最近，邮电部提出将双向收费改为单向收费的方案。这一方案将移动电话上少收的话费（部分地）转加到市话上，由于联通公司没有市话业务，这意味着邮电部门得到补偿，而联通得不到补偿。特别是市话用户拨叫联通 130 网时，使用了联通网，但不向联通交费。尽管单向收费对消费者是一件好事，但显然，邮电部门在固定电话上的垄断地位决定了其收费方式的倾向性，包含着交叉补贴的因素。

（六）其他反竞争行为

例如，中继线切断，破坏联通公司在客户中的声誉。

四、政策选择

邮电部的反竞争行为显然不是企业行为，而是地地道道的政府行为。邮电部完全是利用自己作为行业主管部门的身份和权力来扼杀商业上的竞争对手。解决邮电部的反竞争行为要求中国政府在整个电信业的管理体制上做出大的变革。这里，我们提出几点建议供中国政府有关方面和立法机关参考。

（一）组建新的“国家电信管理委员会”（或电信管理局）

像电信业这样的行业，没有一个国家管理机构大概是不行的，但管理机构必须是一个独立于企

① 1997 年 11 月 11 日，南京市 9 家社会办的寻呼台已向江苏省高级人民法院起诉南京电信局。

业的机构。现在流行的说法是，在邮电部内部实现政企分开：邮电部作为国家的电信业管理者与经营电信业务的“中国电信”分开。但从中国的实际情况看，在邮电部内部实现政企分开即使不是完全不可能的，也是十分困难的，至少需要相当长的时间。即使形式上分开了，实际上仍然是藕断丝连。一个更为有效的办法是，由国务院责令国家计委、经贸委和体改委牵头，组建新的“国家电信管理委员会”（或称电信管理局），作为政府的电信业管理机构，接管邮电部的行业管理职能。原邮电部解体为“中国电信公司”和“中国邮政公司”（两公司相互独立），其管理人员一部分可以吸纳进入新的“国家电信管理委员会”，但为了真正保证该机构的超脱地位，由邮电部转移过来的人员不应超过该机构总人数的1/3。电信管理委员会应雇佣一定数量的经济学家、法学家参加。

国家电信业管理委员会类似英国的 Oftel、澳大利亚的 Austel，其主要职能是：（1）对电信业的进入管制；（2）价格管制；（3）资源管制；（4）制定电信业的技术标准；（5）调解和仲裁电信企业之间的关系；（6）制止电信企业的反竞争行为。

（二）将长话经营与市话经营分离

由于市话具有较强的自然垄断特征，如果一家公司对市话和长话实现一体化经营（如中国电信），不可避免地会出现该垄断公司对其他经营竞争性业务（如长话）的公司采取反竞争性行为，特别在互连互通和交叉补贴方面。解决问题的办法是将长话业务与市话业务的经营相分离，让作为垄断者的市话经营者面对同等的多个长话经营者。这样做也有利于简化管理。

如果这样做没有可能，可以考虑要求中国电信将市话与长话实行财务独立核算，以便于管理部门对交叉补贴做出监督。

（三）将中国电信分解为几个公司

中国电信市场非常大，从长远看，双寡头的市场结构不足以形成有效竞争，需要引入更多的竞争者。为此，一个见效快的办法是将现在的中国电信分解为几个独立的公司。分解的办法是，先按区域分开，然后允许跨地区交叉经营（至少长话应该如此）。这方面，中国民航的改革经验很有借鉴意义，国外也有不少好的经验（如美国）。

（四）将邮电部的一部分电信网划拨给联通公司

如果邮电部的中国电信局没有可能分解，要靠联通公司自然成长到可以与中国电信抗衡的地步即使不是没有可能，恐怕也需要相当长的时间。为了加速联通公司的成长，国家需要在政策上对联通倾斜，如联通公司进入市话网时，只按边际成本交费，不要求联通公司承担固定投资费用。另一个更有效的办法是将现在邮电部——中国电信总局的部分网（如广东、北京）划归联通所有，这样可以有效地提高联通在与邮电部谈判中的对等地位。

（五）由独立的机构起草《电信法》

《电信法》的目的是为了维护电信市场的公平竞争秩序。目前《电信法》起草过程中，已是几易其稿。但负责起草《电信法》的是邮电部。根据邮电部这几年来的反竞争行为，人们有理由怀疑邮电部是否能起草出一份旨在维护公平竞争的《电信法》来。建议政府设立独立于邮电部的起草机构，该机构应吸收经济学家和法学家参加。

五、结　束　语

本文的基本思想是中国当前反垄断的首要任务是反政府部门的垄断和限制公平竞争的行为。我们相信，这不仅适用于电信业，也适用邮政通信、电力、铁路等行业。我们希望，中国政府和立法机关在起草《反垄断法》时，对政府部门的垄断行为予以足够重视。

（本文载于《经济研究参考》2001 年第 48 期）

我国电信行业的主垄断效应研究

郑 杰 易卫平 郁义鸿

摘 要： 本文针对我国电信行业的特点构架了一个双产品主垄断模型，得到 Stackelberg 产量领导均衡结果。通过对企业行为引起的企业绩效的各种关系进行分析，引入前向纵向控制，发现主垄断企业的各种行为会引起各种不同的效果，其中前向纵向控制会引起行业内利润下降的反竞争效应。

关键词： 主垄断 双产品模型 Stackelberg 产量领导模型 纵向控制

近几年，我国电信行业经过了大规模的重组，已经在原来中国电信的基础上组建了 7 大电信集团。在市内固话、固定长话、数据传输、移动通信等电信经营领域形成了一家占领市场主要份额，其他一家或数家占领少数市场份额的主垄断格局，其中主垄断厂商（dominant firm）分别为中国电信和中国移动。考虑到我国加入 WTO 的进程和国内电信重组的趋势，未来一定时期内在市内固话、固定长话、移动通信经营领域仍将保持主垄断竞争态势。本文将以一个产业内主垄断模型为基础，分析我国电信行业主垄断竞争的各种效应。

企业间的纵向关系非常复杂。纵向控制（vertical control）指除纵向一体化之外的对上下游厂商的约束行为，包括对定价、生产等运营决策行为的限制或干预。纵向一体化是纵向控制的极端形式。实行纵向控制并不一定是纵向一体化的结果，可能往往是由于非产权原因，甚至是由于胁迫、非交易关系和非合同关系等原因。芝加哥学派认为，纵向整合是反竞争的，至少不是促进竞争的（Perry，1989）。在 20 世纪 70 ~ 80 年代，美国的纵向合并案例逐渐减少，但是各种各样的纵向控制却广泛存在。我国由于企业兼并市场还未形成，因此纵向整合行为很多并非市场行为，但是，和发达国家一样广泛存在着纵向控制行为。

本文第一节根据我国电信行业的实际情况提出了一个双产品模型；第二节分析了模型均衡结果下的主垄断效应；第三节引入前向纵向控制，分析其对行业内企业的影响；第四节是结论。

一、我国电信行业主垄断模型

主垄断企业一般指一个行业内市场占有率超过 50%，或者即使市场占有率低于 50%，但其他竞争者的市场份额要比之低得多的企业。同行业内的其他竞争者称为跟随企业（fringe firm）。主垄断企业和跟随企业相比，一般有一定的成本优势或者规模效益。我国电信行业中，固定市话中国电信市场占有率超过 95%，竞争者包括联通和铁通；长话（包括 IP 电话）虽然竞争者包括联通、吉通、网通、中国移动，但是中国电信仍然保持大大超过 50% 的主垄断地位；移动通信领域中国移动通信集团（包括下属中国移动通信公司）市场占有率约为 80%，唯一竞争者中国联通占有剩余的 20%；数据通信领域目前中国电信仍居主垄断地位，但是随着网通、吉通、联通、教科网等其他网络以及新兴的宽带网的高速发展，主垄断地位将最先被打破。这里把电信运营商提供的服务分成两种产品：一为传统产品，称为产品 1，如传统的通过 PSTN 进行的市话和长话、数据服务，以及移动话音服务等，为了提供该产品，主垄断厂商已经有大规模投资，边际成本比跟随企业低，但是因为跟随企业进入时间较晚，其平均成本（财务成本）比主垄断企业要低；另一个是技术创新产品，称为产品2，包括技术含量较高的新兴光纤数据和话音服务（高速主干网和IP电话等）。以及移动领域的数据服务甚至第三代移动通信等，该产品的平均成本和边际成本对两种企业一样，不考虑规模经济；或者跟随企业规模已经足够大，实现了和主垄断企业同样的规模经济。

本文的模型把跟随企业假设为一致行动和一致选择的企业集合，在斯坦科尔伯格（Stackelberg）数量领先模型中作为一个企业同时行动。因此产业内只存在两个企业：主垄断企业和跟随企业，分别用下标d和f表示。

成本函数包括两部分，产品1和产品2。产品1的成本函数假设为不变边际成本的线性成本函数，产品2的成本函数是边际成本为e的线性成本，无固定成本，或者固定成本和产品1合并在一起。成本函数如下：

主垄断企业：
$$C_d(x_{d_1},\ x_{d_2}) = a + bx_{d_1} + e^* x_{d_2} \tag{1}$$

跟随企业：
$$C_f(x_{f_1},\ x_{f_2}) = c + dx_{f_1} + e^*_{f_2} \tag{2}$$

其中，x_{d_1}为主垄断企业产品1的产量，x_{d_2}为主垄断企业产品2的产量；x_{f_1}为跟随企业产品1的产量，x_{f2}为跟随企业产品2的产量。因为资本折旧等原因，主垄断企业的产品1边际成本要比跟随企业的边际成本低；但是主垄断企业产品1零产量下的固定成本要高于跟随企业，也即满足条件$0<b<d$；$0<c<a$。

另外，成本函数还假设，在目前产量下主垄断企业的平均成本要比跟随企业在较高产量情况下的平均成本要低，因此更具竞争力；但是跟随企业在产量较低的情况下平均成本要低于主垄断企业较高产量时的平均成本。所以，跟随企业会相对维持一个较低的产量以维持其竞争力，如图1所示。

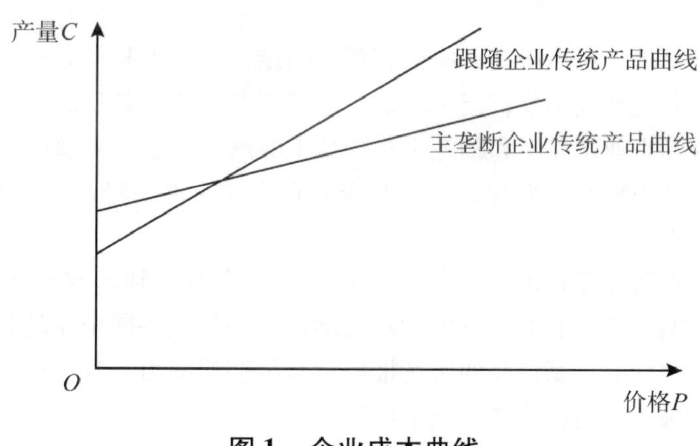

图1　企业成本曲线

产品2的成本函数假设两种企业无差异。这里不考虑规模经济、边际成本的差异，假设边际成本均为e。作为两产品模型，下文将偏重于分析两种产品之间的相互影响与企业行为和绩效的关系。对双产品的需求函数为：

$$D_1 = 1 - P_1 + P_2 \tag{3}$$

$$D_2 = \gamma - P_2 \tag{4}$$

其中，D_1和D_2分别为对产品1和产品2的需求，P_1和P_2分别为产品1和产品2的价格。这里γ代表产品2的需求函数的变动，可以代表企业推广新产品的强度，是我们可以分析的控制参数。方程（3）表示第二种产品的需求增加会导致第一种产品的需求的下降，二者之间存在替代关系，但是第二种产品的需求是独立于第一种产品的。在电信领域，新产品如手机的短信息服务肯定对话音服务有替代效应，但是反过来却不会；IP电话相对传统长途、宽带服务相对传统数据服务等都如此。

基本模型还假设厂商之间无信息不对称，双方都知道对方的成本信息。所以主垄断企业在产品1上拥有规模成本优势使得它具有产量主导权，能够在生产投资、确定产品和服务供应规模上居主导地位，该模型构成一个斯坦科尔伯格产量领导模型。

主垄断厂商根据跟随企业的反应函数确定利润最大化价格。跟随企业的利润函数如下：

$$\pi_2 = P_1x_{f_1} + P_2x_{f_2} - C_f(x_{f_1}, x_{f_2}) = P_1x_{f_1} + P_2x_{f_2} - (c + dx_{f_1} + e^*x_{f_2})$$

其中 P_1 和 P_2 分别为反需求函数，代入后分别对 x_{f_1} 和 x_{f_2} 求导得到一阶条件：

$$x_{f_1} = 1/3(2 + \gamma + e - 2d - 2x_{d_1} - x_{d_2})$$

$$x_{f_2} = 1/3(-1 + \gamma - 2e + d + x_{d_1} - x_{d_2})$$

Hessen 矩阵为负定。将上述一阶条件代入主垄断厂商的利润函数：

$$\pi_1 = P_1x_{d_1} + P_2x_{d_2} - C_d(x_{d_1}, x_{d_2}) = P_1x_{d_1} + P_2x_{d_2} - (a + bx_{d_1} + e^*x_{d_2})$$

计算结果表明 Hessen 矩阵为负定。从一阶条件可以得到 Stackelberg 均衡产量：

$$x_{d_1} = \frac{1}{2} - \frac{2}{3}\gamma - b + \frac{1}{2}e + \frac{1}{2}d \text{；} x_{d_2} = \frac{5}{6}\gamma - \frac{1}{2}b - \frac{1}{2}e - \frac{1}{2}d$$

$$x_{f_1} = \frac{1}{3} + \frac{1}{2}\gamma + \frac{1}{2}b \text{；} x_{f_2} = -\frac{1}{6} - \frac{1}{6}\gamma - \frac{1}{2}b - \frac{1}{3}e + \frac{2}{3}d$$

均衡价格为：

$$p_1 = \frac{1}{6} + \frac{2}{3}\gamma + \frac{11}{6}e - \frac{1}{6}d \text{；} p_2 = \frac{1}{3} + \frac{5}{6}\gamma + \frac{1}{2}b + \frac{7}{6}e + \frac{1}{6}d$$

二、企业行为分析

我们分析一下均衡结果，可以得到一些很有意思的结论。首先我们看产量和价格变量与各参数变动方向的关系。假设其他情况不变，当γ增加，或者说企业推广新产品的强度增加使得产品2的市场规模扩大后，主垄断企业产品1和跟随企业产品2的产量减少，主垄断企业产品2和跟随企业产品1的产量增加，市场份额交叉变化，主垄断企业在产品1的份额减少，在产品2的份额增加。两种产品的均衡价格都上升。

γ的变化对两类企业利润变动的影响如下。对主垄断企业，利润变动和（5）式的符号有关，如果下式为正，则主垄断企业的利润随γ的增加而增加，如果主垄断企业的行为是以利润最大化为目标的话，下式为负，将使它对新产品的市场推广没有足够的动力。我国电信企业在推进某些新技术和新产品的过程中的极不情愿就来自于这个原因。

$$\frac{\partial \pi 1}{\partial \gamma} = -\frac{1}{3} - \frac{5}{18}\gamma + \frac{1}{2}b + \frac{1}{2}e - \frac{1}{4}d \tag{5}$$

对跟随企业来说，利润的变动和下式的符号有关。

$$\frac{\partial \pi 2}{\partial \gamma} = -\frac{1}{4} - \frac{7}{18}\gamma - \frac{1}{3}d + \frac{1}{4}d + \frac{1}{12}d \tag{6}$$

当上式为正的时候，跟随企业将有足够的动力推进新技术的应用，加大新产品推广的市场强度。例如，我国的联通在推进 CDMA 方面意志逐渐坚决，可能是这个原因导致的。

郭茨（Gotz，1999）分析了在有产品差异的垄断竞争中新技术的采用和扩散问题，发现竞争增加导致技术扩散。但是在我们的分析中，新技术的采用与否与当时的市场结构有关。上述判断原则中的γ、b、e、d几个参数都是可以从市场中观察到的，这里的分析对于管制者获取市场结构信息，然后针对性地对企业的某些决策变量进行管制，推进产业技术进步和社会福利的增加，是十分有价值的。

其他三个变量的影响如下：

b 代表主垄断企业的产品 1 的边际成本，当 b 增加（例如主垄断企业管理效率降低）时，产量变动趋势和 γ 的影响效果一致，主垄断企业产品 1 的份额减少，产品 2 的份额增加；产品 1 的均衡价格上涨产，产品 2 的均衡价格不变。

d 代表跟随企业的产品 1 的边际成本，当 d 增加（例如行业进入障碍增加）时，产量变动趋势和 b 的影响相反，主垄断企业在产品 1 的份额增加，在产品 2 的份额减少，而跟随企业相反。说明跟随企业将主要进攻新产品市场；产品 1 的均衡价格下降，产品 2 的均衡价格增加。

e 代表新产品的边际成本，我们可以认为 e 的高低代表新产品的不同种类，例如，IP 电话的边际成本是很低的，对这类产品，e 应该较低；移动数据传输的边际成本较高，对这类产品 e 应该较高。当 e 增加时，主垄断企业和跟随企业的产品 1 的产量都相应增加，产品 2 的产量都会降低，两种产品的价格都会上升；e 降低时，则变动方向相反。实际上这里我们可以看到这样的结论：引入更高成本的新产品，可能会导致传统产品的价格上升；只有引入更低成本的新产品，才会导致传统产品的价格降低。这解释了固定数据服务领域新的成本较低的网络技术的引入导致传统数据服务价格下降；而移动领域 WAP 等高成本新技术的引入并没有导致移动话音服务的价格下降。

下一节我们将在这个模型中引入纵向控制。对于通信产业，上游投入主要为通讯设施，包括硬件和软件；下游厂商包括网络应用服务商、网络商务供应商、电信服务零售商。我们引入主垄断企业对下游销售商和服务商的纵向控制。由于主垄断企业拥有产量主导地位，因此，如果对下游的纵向控制也导致在零售和应用服务领域构成主垄断，则主垄断企业与下游中间商一起构成双重主垄断。这种双重主垄断可能导致产品的价格上升（Spengler 双重加价模型，泰勒，1997），会极大地影响社会福利和跟随企业的行为。下一节主要分析这种纵向控制的效应。

三、纵向控制效应分析

由于其特殊的成本优势和市场优势，主垄断企业纵向控制行为是很容易实现的。赖尔登（Riordan，1998）给出了一个关于纵向控制的模型，证明了主垄断企业向上游企业的后向纵向整合使投入和产出价格均上升，主垄断企业的成本优势可能会，也可能不会抵消提高价格的社会福利损失。赖尔登引用了 20 世纪初美国钢铁公司作为主垄断企业收购铁矿的案例，其后向整合通过提高铁矿石的价格减少了其他追随企业扩张的速度。

本文的模型中对成本函数的假设与赖尔登有非常大的区别。在赖尔登的模型中，主垄断企业直接地拥有成本优势，没有考虑平均成本随产量的变化。另外，本文分析对成本函数的分析，也更加符合实际的情况。

我们假设纵向控制不是直接对价格进行控制，而是使主垄断企业的市场份额高于斯坦科尔伯格均衡点。如下面的案例：

在市场竞争中，我国某地方移动通信公司 A，在与当地联通公司进行业务竞争的时候，在联通的进攻下，新增用户中的市场占有率持续降低到 70%。公司采取了有效的纵向控制手段阻止了这种下降趋势，成功地保住了市场份额，并使之有所提高。

A 公司采取的手段是控制下游的零售商店。该地区共有 500 多家专营通信零售商店，而在该公司采取纵向控制行为之前，这 500 多家专营店均同时销售该公司和联通公司的号码，而由于营销和服务上的强势，专营店里联通的号码销售量日渐上升。A 公司决定和这 500 多家通信专营店重新签定协议，要求商店或者专售 A 公司的号码，而不准销售联通的号码；或者不被获准销售 A 公司的号码。协议规定了惩罚措施，包括：如果发现有签约店私自销售联通的号码，则予以一定的罚款，多次被发现的则不再代理销售 A 公司的号码。

结果所有专营店均签了协议，在最初的几个星期内，A 公司明察暗访，发现有不少专营店仍然销售联通的号码，公司选择其中几家按照“协议”进行了罚款。再过几个星期，由于销售 A 公司的商店并不必然排斥非一体化的上游厂商，同时可能导致下游最终产品价格下降（Salinger, 1988）。但是由于直接控制价格会导致上下游产品价格同时上升（Riordan，1998），从而招致竞争对手和消费者的强烈反响，所以主垄断企业一般不会采取直接控制价格的纵向控制形式，而采取例如上述 A 公司的控制销售终端等纵向控制方式。这里假设这种纵向控制发生在最优定价发生之后，而价格又因为管制和市场声誉拥有一定的刚性，在纵向控制行为发生之后并不立即改变，我们有如下的结论：

定理：对传统产品进行纵向控制引起的市场份额增加在一般情况下使得主垄断企业的利润增加，但是肯定会使得跟随企业的利润下降，以及整个行业利润减少。

证明：纵向控制后主垄断企业和跟随企业的利润将发生变化。如果由于纵向控制，产品 1 的产量从跟随企业向主垄断企业转移 1 单位，则主垄断企业的利润变化为：

$$\frac{\partial \pi_1}{\partial xd_1} - \frac{\partial \pi_1}{\partial xf_1} = \frac{1}{3} + \frac{1}{2}\gamma - \frac{1}{2}b + \frac{1}{6}e - \frac{1}{6}d$$

我们观察上式，由于第一节中对需求曲线的假设，b、d 代表产品 1 的边际成本，一般要低于 1，而 γ 代表产品 2 的市场规模，一般比较高，例如，超过 0.5，特别是在 e 较低的情况下。只有在产品 1 的边际成本足够高，而同时新产品的边际成本足够低、企业对推广新产品 2 毫无动力的情况下才会使得上式小于 0。因此上式在大多数情况下是大于 0 的，也即大部分情况下，主垄断企业的利润将增加。

产品 1 的产量从跟随企业向主垄断企业转移 1 单位，跟随企业利润的变化为：

$$\frac{\partial \pi_2}{\partial xd_1} - \frac{\partial \pi_2}{\partial xf_1} = -\frac{1}{3} - \frac{1}{2}\gamma - \frac{1}{2}b - \frac{1}{6}e - \frac{1}{6}d$$

也即跟随企业的利润必然减少，上面两式的和为 $-b-d/3$，绝对小于 0，即纵向控制的效果是整个行业的利润减少。在上述分析中，由于第一轮纵向控制没有考虑引起价格和需求曲线的变化，所以消费者福利没有变化，因此我们得到：

推论：如果价格没有发生变化，对传统产品的纵向控制只会引起行业内利润总量的减少，而不会引起消费者福利的变化。

在大多数情况下，主垄断企业的利润提高，使得其对上游投入品的需求增加，可能导致上游投入品的价格上升，但是也可能导致主垄断企业的谈判能力增强，对上游投入品供应商的要价地位提高，可能导致投入品的价格下降，对这两种效应的分析不是本文分析的内容。

帕伦特等（Parente and Prescott，1999）的研究发现，如果要素提供者合作成为下游厂商的垄断供给者，使得均衡产出是应用较差的技术以较低的效率实现，将使得穷国相对更穷，而消除垄断权力会使得相关行业的国内生产总值提高 2 倍以上。另外，从模型上看，纵向控制使得主垄断企业的利润在大多数情况下增加，但是根据租金耗散假说（rentdissipation postulate），垄断企业会将从消费者剩余转移过来的利润耗尽，从而社会总福利减少。因此，考虑纵向控制引起的社会总福利变化，不仅应该考虑行业总利润的减少，同时还需要考虑主垄断企业维持垄断地位而耗散的租金。总之，管制主垄断企业的行为，促进产业内的竞争，对于增加社会福利和国民财富是十分必要的。

四、结　论

本文构架了中国电信行业的双产品模型，并利用得到斯坦科尔伯格产量领先均衡结果分析了行业内企业行为的效应，包括新产品的应用和推广激励、新产品成本的影响、传统产品进入障碍的影响，以及纵向控制的反竞争效应，可以进一步研究的主题包括更精确的社会福利效应、管制者的引入。另外，本文的成本函数假设是可以进一步完善的，特别是随着电信企业的改革和上市融资等将彻底改变其财务结构，这方面的因素对未来行业内竞争态势有着深远的影响。

本文结论大致如下：

1. 行业内任何企业推广新产品的强度增加会使得主垄断企业在产品 1 的市场份额减少，在产品 2 的市场份额增加。两种产品的均衡价格都上升。

2. 企业是否有足够的动力推广新技术或新产品，与具体的市场结构有关，管制者可以利用从市场中获得的市场结构信息，针对性地对企业的某些决策变量进行管制，推进社会福利的增加。

3. 电信行业引入技术创新产品的过程中，如果该产品成本较高，会导致传统产品的价格上升；如果该产品成本较低，会导致传统产品的价格降低。

4. 在引入对传统产品市场份额的纵向控制后，我们得到结论：进行纵向控制引起的市场份额的增加在绝大多数情况下使得主垄断企业的利润增加，但是肯定会使得跟随企业的利润下降，以及整个行业利润减少。

参考文献：

1. 泰勒：《产业组织理论》，中国人民大学出版社 1997 年版。

2. G. J. 施蒂格勒：《产业组织和政府管制》，上海三联书店、上海人民出版社 1996 年版。

3. 路易斯·普特曼，兰德尔·克罗茨纳编：《企业的性质》，上海财经大学出版社 2000 年版。

4. Michael H. Riordan, 1998, "Anticompetitive Vertical Integration by a Dominant Firm", American Economic Review, Vol. 88, No. 5, December, 1.

5. Charles F. Mason, Owen R. Phillips, 2000, "Vertical Integration and Collusive Incentives: An Experimental Analysis", International Journal of Industrial Organization, 18.

6. Deok-Joo Lee, Hiroshi Katayama And Hyung-Sik Oh, 1997, "Vertical Integration in the Telecommunication Market", Computers Ind. En2 Gag, Vol. 133, No. 3 – 4.

7. Gary Biglaiser, Ching-To Albert Ma, 1995, "Regulating a Dominant Firm: Unknown Demand and Industry Structure", Rand Journal of Economics, Vol. 26, No. 1, Spring 1995.

8. Georg Gotz, 1999, "Monopolistic Competition and the Diffusion of New Technology", Rand Journal of Economics, Vol. 30, No. 4, Winter1.

9. Karl Morasch, 2000, "Strategic Alliances as Stackelberg Cartels-Concept and Equilibrium Alliance Structure", International Journal of Industrial Organization, 18.

10. Masahiro Abiru A1, Babu Nahata B1, Subhashis Raychaudhuri A1, Michael Waterson C, 1998, "Equilibrium Structures in Vertical Oligopoly", Journal of Economic Behavior & Organization Vol. 37.

11. Michael A. Salinger, 1998, "Vertical Mergers and Market Foreclosure", The Quarterly Journal of Economics; Perry, Martin K, 1978, "Vertical Integration: The Monopoly Case", American Economic Review, September.

12. Stephen L. Parente and Edward C. Prescott, 1999, "Monopoly Rights: A Barrier to Riches", The American Economic Review, Vol. 89, No. 5, 1999 December.

（本文载于《经济研究》2001 年第 6 期）

网络特性与网络产业公共政策

罗仲伟

具有网络特性的产业历来是世界各国公共政策的主要内容之一。如今，各国政府针对网络产业的公共政策已经扩大到具有网络要素的众多行业。

对网络产业长期实施公共政策并非偶然，因为网络产业通常表现出两种重要的、公认的潜在市场失灵形式：明显具有垄断潜力的规模经济与外部性。然而，对过去实施的公共政策是否促进了网络产业的效率一直存在着很大的分歧和争论。但是，美国、英国等相继对大量网络产业放松经济管制则受到普遍欢迎。近来，美国地区法院裁决微软公司违反了美国《反垄断法》，再次把围绕网络产业公共政策的争论推向高潮。

一、网络产业的基本概念

近年来，“网络产业”已经变成一个外延不断扩张的、什么都包含进去的概念，似乎包括几乎任何呈现互补性成分的合成商品或服务。例如，计算机硬件和软件、录像机和录像带、压缩光盘和CD播放机，等等。因而，首先澄清网络产业的概念，是进一步分析的前提。

网络由多个结点和联系结点的连接构成，自身形成一个网状配置系统，网络功能①的体现和天然发挥就需要多个网络成分共同参与。因而，网络成分之间是相互补充的。网络一般由可观的固定成本、较低的边际成本、弱替代使用以及某种基本形式的物理连接等特点所刻划。具有网络性质的产业就是网络产业。一个物理连接的配置网构成网络产业的实体基础，② 要进入网络产业首先必须能够接入这一配置网。同样，网络产业通常有很高的固定成本（如计算机微处理器或操作系统的研究与开发、交通网络的建设等）和很低的边际成本（如一旦开发出来的软件、建成后的交通网和互联网等）。

网络一般可以分为单向网络和双向网络。在理解网络外部性时，单向网络与双向网络之间的区别非常重要。

单向网络中，某些非中心结点与其他结点存在差别，有意义的交易只能够向一个方向进行，相同类别的结点之间进行交易也没有意义。单向网络系统，如广播、有线电视、电力、输水管道、垃圾收集系统、输油管道、天然气管道、垃圾处理系统、航空计算机订票系统、银行自动取款机系统、银行贷款卡系统、信用卡系统、互联网中的万维网等。

双向网络中，交易可以向任何方向进行，即交易可以在任何非中心结点开始，在任何非中心结点终结。双向网络系统，有电话、铁路和高速公路、公共交通、货物运输、航空、内河水运、远洋

---

① 如在一个商业网络结构中，提供特定的商品或服务。

② 通常认为，网络呈现两种相关的状态：物理状态和虚拟状态。本文主要就物理状态展开讨论。虚拟网络产业状态通常是指建立在数字化基础之上、跨越时空限制、协调统一的产业网络组织状态，它是围绕无处不在的标准来组织的。英特尔微处理器与微软操作系统联姻产生的Wintel就为个人计算机定义了这样一种标准。另一个例子是DVD的标准规格。美国太阳公司试图把java软件作为一个综合软件平台也是一个实例。需要指出的是，网络产业的成本因素将限制任何一个时候起作用的标准的数量。此外，虽然与具体的网络产业无关，需求方的因素或者网络外部性也将施加压力限制现有标准的数量。

船运、邮政服务、包裹投递系统、银行支票和支付清算系统、互联网电子邮件和聊天室等。

二、网络的基本特性

网络的基本特性决定了网络产业运行中不可避免地存在着市场不完全、市场失灵现象，有时甚至非常严重。网络外部性、与外部性密切相关的规模经济、网络成分的相容性和相关标准等构成了网络的基本特性，其中最重要的是外部性。理解网络外部性是理解网络产业乃至网络经济的前提。

（一）网络外部性

作为产业组织理论基本概念的外部性有正、负之分。正的外部性意味着商品的单位价值随着单位商品销售量的增加而增加。一般情况下，网络具有正的外部性，即某个网络的参与者越多，这个网络的价值就越高。由此不难理解，在极端情况下，网络正外部性可以导致"赢家通吃"的市场，即单个企业、技术或标准击败所有的对手。可见，网络外部性是对网络经济起支配作用的梅特卡夫法则的本质。① 产生网络外部性的关键原因是网络成分之间的互补性。

双向网络：假设一个新成员加入一个已经有 n 个结点的网络，那么现在有 n+1 个结点。这时，除了原有的 n 个潜在的交易（呼叫）对这个新成员开放外，新成员现在也是来自原有 n 个成员交易（呼叫）的潜在接受者。只要这个网络有容纳额外交易（呼叫）的足够能力（即新来者没有对原有网络成员造成明显的拥挤或干扰成本），或者以小于或等于提供原有成员服务的平均边际成本来增加足够的能力，网络的价值对原有成员而言就是增加的（因为他们现在没有增加成本就可以接受来自新成员的呼叫，并向新成员发出呼叫）。这是一种直接的技术外部性。

单向网络：既然交易指向只在一个方向上发生，在单向网络中就缺乏双向网络创造外部性的交互式指向。换言之，单向网络的外部性以一种较为间接的方式通过开发未被利用的规模经济而产生。这里有两种可能的途径：第一种途径正好涉及直接存在着的规模经济。例如，假设一个新来者成为一个电力网络的消费者。如果在发电和输电中存在未被利用的规模经济，那么新来者减少了网络为所有其他成员服务的成本。第二种可能途径涉及规模经济和多样化价值。设有 a 个银行构成一个自动取款机网络，对自动取款机服务的估计使它们只提供 b 个自动取款机位置（即因为一台自动取款机运行的规模经济，更大数量的自动取款机将是不合理的）。如果自动取款机服务需求增加（例如，更多的消费者进入相应的地理区域），那么银行可能发现值得在一个额外的位置增加一台取款机，因而现在有 b+1 台自动取款机。这个增加的自动取款机位置将为现有的使用者提供额外的方便（减少了交通成本或交易成本）。换言之，当网络扩大时，会有更多的互补性产品和服务供给，同时促使相对或绝对价格降低。

（二）规模经济

网络连接和（或）中心结点通常（虽然并非总是）为某些技术和某些大量交易展示出明显的规模经济或范围经济。② 前面论述的网络外部性的讨论表明，未被利用的规模经济在单向网络中处于外部性的核心地位，而不是规模经济就是持续的规模性收入支撑了双向网络的外部性。

① 梅特卡夫法则（Metcalfe Law）：网络的价值等于网络结点的平方。

② 规模经济的严格概念是，对于狭义的商品或服务，当生产的数量提高时单位成本降低；相比较，范围经济体现的是这样的概念，在单一的所有权单位中生产多种产品的总成本小于在分离的所有权单位中生产相同数量的产品总成本。对于类似的但不完全相同的商品或服务，"规模经济"和"范围经济"有时可互换使用。

需要强调的是，如此重要的规模经济并不需要在所有时间都渗透到所有网络的所有连接（或结点）的所有方面。对于某些技术而言，充分大的交易量可能明显地消耗规模经济，或者推动一个充分大的企业运转，其管理困难可能超过任何技术性驱动的经济。对这些充分大的数量而言，提供服务的边际成本和平均成本可能是关于数量的常数，或者随数量递增。对一个网络整体或网络中的某些部分而言，这种消耗规模经济或规模不经济都可能是真实的。如北京与上海之间的交通量（例如，航空、铁路、公路或电话）可能比北京与昆明之间要大得多（以可比的价格和质量）。服务于前一对城市的规模经济①完全可能被大量消耗，② 而服务于后一对城市的规模经济还未被完全利用。还有，对直接连接到中心结点（此例中的北京）的全部城市对的累积交通而言，在每个城市对中，密度效应的分布将有是否存在规模经济还是规模不经济的问题，以及是否存在来自单个实体的多重连接所有权的范围经济还是范围不经济的问题。

（三）相容性

如果要成功地在一个网络内进行交易（如一个呼叫、一项航运等），那么各种各样的结点和连接就必须是相互可相容的。也就是说，结点和连接必须采用相同的技术或者足够类似的技术，以便交易成本不致过度地增加。

这里，相容性并不一定是一种必需竭尽全力的条件。“接近的”技术可以允许交易以某种质量（例如，一个电话呼叫时的闪电干扰）或功能（例如，一个脉冲拨号电话不可能实现一个音频拨号电话可以进行的许多功能）的损失，或相对较高的成本继续进行。某种转换装置或技术可能让其他不相容的技术充分地或部分地相容，尽管会存在某种成本增加或质量降低。③ 另外，相容性不仅涉及“正式的”技术基础（例如，电子学），而且涉及具体的装置（例如，插头和插座、铁道轨距距和车轮间距等）。

转换努力的效果、取得相容性的成本和相容性的收益是网络产业中备受关注的内容。一般说来，网络成员为取得相容性进行了大量“可持续互补资产投资”，当相容性的转换成本非常高时，网络成员就被有效地“锁定”在原来的网络系统或标准之中。

（四）标准

网络成员取得相容性的一个方法是大家都赞同一组标准（当然，这一组标准既要覆盖网络正式技术，也要覆盖网络具体装置）。如果网络是由某个单一实体所拥有（例如，美国 1984 年以前的 AT&T 或者 1991 年以前的花旗银行自动取款机），那么获得标准和所导致的相容性往往要经过法令许可。如果多个当事人各自拥有网络的某一部分，那么将需要某些形式的明确协议或隐含理解。

三、网络产业一般公共政策难题

网络的基本特性可能造成网络产业市场无效率，似乎当然地要求公共政策予以弥补。无论如何，几乎没有任何产业完全符合完全竞争的微观经济学教科书模型，市场不完全实际上可以在现实世界里的任何产业中发现，这就要求广泛的政府干预。因而，从网络产业比较发达的国家来看，其政治和经济体系都相应发展了一种精细而复杂的公共政策安排来处理网络产业的市场失灵，其中以

① 在网络环境下，这样的情况通常被称为密度经济。
② 可能是由于技术性规模经济的“自然”消耗，或者是由于管理更大的组织逐步增加的困难。
③ 例如，虽然目前欧洲和美国的电视系统是不相容的，但是两套系统现在都能够发送和接收相互的电视播送。

美国的政策效果最为明显。从实践上看，这些国家的网络产业公共政策无非是管制、反托拉斯和政府所有制等三个主要方面。

那么，网络产业中会出现哪些形式的市场不完全呢？

（一）外部性

随着正的外部性，某个网络参与者的行动把无需要求补偿的利益传送给网络中其直接市场接触之外的其他人。在这样的情况下，与合适的社会水平相比较，即与社会边际利益等于社会边际成本相比较，会发生非常小的相关行动，并且对加强这种外部性做出贡献的努力会非常小。[①] 如果一个网络中存在明显的外部性，那么网络将会小于社会最优时的情况。大体上，网络的现有成员可能会对他们自己征税以便提供补贴，鼓励网络拥有更大的成员群，这样，现有成员的状况可能还会更好。这就是网络产业中现有垄断者在一定条件下甚至会邀请其竞争对手加入自身行列的原因，也是网络产业中竞争行为不同于其他产业的特征之一。

（二）规模经济

如果在商品或服务的生产中存在未被利用的规模经济，那么最有效率的生产安排是把生产合并给某个单一生产者。如果该商品或服务是充分差别的，那么这个单一生产者将形成垄断并将拥有市场势力，即拥有限制投入、扭曲质量、把价格维持在长期边际成本以上、获取垄断租[②]等的能力。既然未被利用的规模经济是网络中某些成分的特性，垄断就成为一个潜在的问题。

不过，垄断并不必然是网络的唯一结果。如果网络主要成分的规模经济可以在商业可行的数量上被消耗掉，或者竞争的网络可以充分地使自己差别化，那么在某些或全部其连接中，多个重叠网络的竞争就具有现实的可能性。事实上，竞争性的网络存在于铁路、货运、航空、长途电话、地方蜂窝电话、航空计算机订票系统、信用卡系统、广播网，甚至有线电视系统等行业中。此外，技术和数量效应可能让竞争在网络的某些连接和某些结点上出现，而在其他位置却不出现。例如，可能有6条航线提供北京与上海之间的竞争性直接服务，而北京与昆明之间却只有一条航线提供非竞争性直接服务。

即使在大多数网络成分中存在竞争，正好在某单个成分中的垄断也可能从使用这一成分的交易中获取全部潜在的租金，因为连接成分相互间通常以固定的比例配置使用。对于获得来自交易的任何租金，任何网络成分或连接之一的垄断所有权都应当是充分的。如果两个或更多的垄断者拥有相联系的连接，那么在他们为垄断租索取权讨价还价时，达成协议的困难或近视可能引起更高的价格、更低的产出和更大的无效率；同时也减少了为自己所得的垄断租。[③] 对连接实行统一所有权，即垂直一体化是对这一问题的一种解决办法。

如果某个单一连接的垄断所有者能够吸收全部潜在租金，那么垂直一体化，即向邻近连接扩张所有权，不会干扰网络交易的效能，如果存在真正的垂直一体化经济或者如果因此消除了双头垄断问题，甚至会改善效能。还有，邻近连接中存在竞争不会阻碍单个连接的垄断者吸取可得租金的能力。但是，如果邻近的连接也为其他市场服务，并且在那些邻近连接中存在明显的规模经济，那么垂直一体化可能会加强垄断者的力量并降低网络效能。类似地，如果初始连接的垄断者被某种方式（例如交易成本或管制）制约不能吸取全部潜在租金，那么与压价相结合的再次垂直一体化会加强

① 这是负外部性的镜像。在负外部性的情况下，价格非常低，产出非常高，并且对减少这种外部性做出贡献的努力会非常小。大多数外部性问题的核心是错误地定义或实施产权。

② 当然，需要者的支付意愿、他们的收入状况，以及相似替代的可用性等都限制着垄断者吸引租金的能力。

③ 这一点通常被称之为双重加价（double marginalization）问题。

垄断者的市场势力，降低网络效能。

此外，解决外部性问题的一个普通方法是把对初始当事人而言是外部的成本或利益内部化。似乎一个网络的某个单一所有者能够使外部性内部化，并且（与来自一组竞争者的结果相比较）能够改善网络的效能。不过，如果该所有者是一个垄断者并且不可以实施价格歧视，那么限制产出的垄断者激励就可能超过任何来自内部化的影响，垄断的结果（更低的产出，更高的价格）将低于竞争的结果。

（三）相容性和标准

当存在一个单一所有者时，通过法令许可，网络连接和结点中对相容性的要求很容易解决。然而，当存在多个实际的或潜在的参与者时，就可能出现问题。一项技术或标准的采用可能非常有利于某些参与者而不是其他人。产出结果可能由技术本身的性质，以及参与者的谈判力量所决定（可能关系他们的市场份额、绝对规模、甚至纯粹谈判技能）。作为限制竞争和加强市场势力的方法，现有参与者可能商定某种使潜在进入者处于不利地位但只“略为影响”现有参与者的技术。因此，获得最大技术和配置（定价）效能的产出结果并不一定产生，除非网络是许多竞争网络中的一个，并且网络中的竞争过程对于限制市场势力的实施和淘汰无效率的技术是充分的。简言之，某些网络参与者可能利用相容性或标准设立或提高技术门槛，排斥竞争者，阻碍进入者；同时，可能导致网络所采用的技术不是最佳的或最充分的。

另一种情况是，就某些网络类型而言，当多种新技术出现时，某些是与现有设备不相容的（正如40年代末期美国首先开发出彩色电视时的情况），使用者手中现有设备的无形磨损和功能丧失，可能使人们针对已建立的设备基础，在由不相容的新技术提供的较高质量与由相容的老技术提供的较低质量之间进行转换抉择。已经建立起来的基础越大，这种抉择可能越困难。[①] 这就是前面所说的总转换成本带来的锁定效应，由此也可能妨碍新技术的采用，产生市场无效率。

（四）定价

如果网络是一种真实的垄断，那么其服务的定价将反映其市场势力，与遵循竞争性原则（即价格等于长期边际成本）的时候相比，价格会更高，而产出会更低。即使多家公司在提供某种垄断网络服务时相互间进行竞争，它们中的某个合资企业（例如，为了拥有和维持某种不可分割的成分，或者为了保证技术决策的可相容性）可以成为让它们共同实施市场势力的工具。如果进入网络受到限制，那么这个合资企业可能对获得网络垄断租的、其成员的交易收费根据非量敏感原则（non-volume-sensitive formula）把收益返还其成员（以便阻止因竞争而消灭租金）。相应地，在其成员定价和其他行为方面，应该对这类合资企业实施多少控制，存在着严重的问题。虽然对这种合资企业可以有合法的增强效率的理由，约束其成员的行为（例如，在一个自动取款机网络中，不同机器同一自动取款服务的不同价格可能使顾客糊涂和愤怒，从而降低了整个自动取款网络的数量和价值），但是行为约束也可以成为成员们共同实施市场势力的一种工具。

如果某个企业拥有网络中一个或多个成分的垄断力，但是与其他企业在其他成分中竞争，这个企业的垄断地位就不可能充分地让它得到全部可获得的租金。所以，垄断在互补成分中可能产生一体化其实际或潜在竞争者，或干脆拒绝与其打交道的激励。同样地，在互补性成分中垄断者可能会力图对其竞争者实行压价，虽然并不十分明显。一般情况下，对其竞争者使用其垄断成分，垄断者会在“接入”服务条款中索取高价。

---

① 另一方面，无管制的市场能够完成这些技术转变。大约10年时间，光盘及播放机就完全替代了唱片及电唱机。

再一种情况就是利用网络互补成分中的垄断地位实行配售或捆绑式销售，以排挤网络其他成分中的竞争者，借以不断扩大网络垄断成分。这也是指控微软的重要罪状之一。

在美国，就判断垄断者对其互补性成分竞争者实行垄断服务定价的配置效率而言，众所周知的一个重要建议是“有效成分定价规则”（ECPR）。ECPR 说明应该允许一个垄断者索取弥补其机会成本的价格，包括在其互补性成分的销售中放弃的净收入。虽然通过保证只有比垄断者效率更高的竞争者能够生产互补性成分以及“接入”服务，ECPR 的应用将鼓励技术效率。但是，实践表明，这种应用也阻止了可能由较低效率竞争者产生的价格递减竞争挑战。

四、公共政策的不完全性

只弥补市场不完全的政府完全干预，这样的概念同样是教科书中虚构的故事，现实世界的政府干预也有其不完全性。由此可见，市场不完全的存在并不自动地为政府提供干预的理由。不受束缚的市场与潜在的政府干预构成了一个连续“光谱”，在其间进行的选择，应该依赖于由理论指导下的实证经验和观察。

从理论上讲，无所不知的政府通过明智的、细致的公共政策设计和应用，网络产业中存在的上述潜在的问题是易于纠正的。由合适的定义和实施产权或某种适当的税收和补贴组合，外部性问题就可以消除。垄断问题也可以通过税收与补贴组合，或者通过要求价格等于长期边际成本的管制法令加以解决。[①] 一个明智的政府将确保网络只选择合适的、最高效率的技术。

实际上，政府并不是无所不知、无所不能的。与政府正竭尽全力去影响的当事人相比，政府几乎总是处于信息劣势，部分原因是因为政府存在固有的委托—代理问题，部分原因在于政府机构混杂而不清晰的激励结构。因此，甚至在承担把某种垄断利润限制在相应的竞争性收益率这样“简单”的任务时，在决定被管制实体的效率成本水平以及决定关键的需求参数和适当的利润水平等方面，政府管制机构总是比被管制实体处于严重的劣势。

如果管制机构允许的利润水平太高，那么垄断不仅将使产品和服务的价格太高，而且由于过度地投资于资本设备，以及选择过度资本密集的技术并提供更为资本密集的产品和服务而浪费资源；如果管制机构把利润水平约束在太低的水平，那么价格会太低，垄断者将力图放松质量。管制者将发现，决定在任何既定时点企业是否运行有效率，当技术改进可利用时企业是否有效地采纳了技术，都是困难的。事实上，如果管制者成功地把垄断者的利润正好控制在竞争水平，那么垄断者将不会有什么激励或根本就没有激励去采纳新技术，因为由此不可能获得超额利润。

进一步分析，政府不可能是教科书中慈善的公正实体。受政府决策影响的当事人完全可能花费资源来影响这些决策。[②] 一项政府决策的影响越大越集中，对当事人而言，游说或者企图影响决策结果的激励就越大。因此，在某个网络的技术标准决定中，包括政府实体在内都可能简单地把讨价还价和谈判的焦点转移到政府，从而根本不能保证决策结果是较优的。至于垄断管制，受影响的当事人不可能满意对利润的限制，而是可能为特定的价格水平或价格形式进行游说。如果这些价格需要交叉补贴，[③] 那么新企业可能企图进入高价格领域，“摘樱桃”（cherry-pick）或“撇奶油”（cream-skim）；或者技术的改变可能减少决定性的经济规模水平并且允许进入，这在获利最丰的领域最有可能发生。这样，对管制机构限制进入的压力可能是巨大的。

对于不同的政策，某个产业中的企业完全可能简单地得出结论，竞争是不愉快的并且共同游说

① 当然，当普通成本不能由等于长期边际成本的价格弥补时，将需要某种形式的拉姆齐定价（Ram sey pricing），以最小化配置无效率。

② 这就是具有广泛影响的管制俘获理论（the capture theory）。

③ 即在某些领域的价格在长期边际成本之上，超额的利润可以用于补贴其他领域低于长期边际成本的价格。

以获得管制保护，以避免它们自己之间的竞争和潜在进入者的竞争。

值得注意的是，信息时代的到来，技术经济条件发生急剧变化，一方面，网络产业的价值和规模经济效应出现变动，产业间替代竞争加剧。因此，传统政策调整的对象已经变化，需要及时进行政策内容及方式的更新与转换，但政府的行动往往迟缓，存在极为严重的时滞。另一方面，网络产业中的互补性日趋增强，标准在竞争中的作用越来越大，而面对层出不穷的“新标准”，政府通常既没有足够的技术判断能力，又缺乏有效的影响方式。

总之，政府解决潜在网络问题的努力完全可能失误，即在错误的时间、错误的地点做出错误的公共政策决定。对这种可能性的认识应该贯穿在对管制行动的所有建议之中。

五、小　　结

网络产业的外部性、规模经济、相容性和标准等特性，决定了其往往成为公共政策的重要对象。但同样由于这些特性，使针对网络产业的一般公共政策产生悖论。公共政策因其不完全性而陷入尴尬的境地。从各国目前的实践看，放松政策取得了良好的效果。然而，完全取消网络产业公共政策的极端也不可取。如何进行政策选择，依赖于理论指导下的实证经验和观察。遗憾的是，理论往往滞后，这正是需要经济学家努力去改变的严峻现实。

应当承认，以市场导向、维护自由竞争为基点的中国产业公共政策还十分幼稚，某些传统的产业行政管理和既得利益的行政性政策保护还非常顽固，严重地阻碍了相关产业的发展。尽管中国网络产业在发展阶段、运行环境、市场发育程度等方面与发达国家有着很大差别，不能简单地照抄照搬它们关于网络产业的公共政策，但是中国发展市场经济的基本方向已经不可更改。因此，如何学习、掌握市场经济的游戏规则成为最大的挑战，总结和借鉴世界各国的政策经验也就具有了重要的意义。

参考文献：

1. 郑新业：《从“互联网经济”的特征谈起》，载于《经济管理》2000 年第 5 期。

2. 泰勒尔：《产业组织理论》，中国人民大学出版社 1998 年版。

3. 夏皮罗、瓦里安：《信息规则》，中国人民大学出版社 2000 年版。

4. Nicholas Economides, *The Economics of Net work*, International Journal of Industrial Organization Vol. 14, No. 2 (March 1996).

5. Nicholas Economides and Lawrence J. White, *Net works and Compatibility: Implications for Antitrust*, European Economic Review, 38 (April 1994).

6. Randal C. Picker, *Regulating Net work Industries: A Look at Intel*, Chicago Working Paper in Law and Economics no. 84 (October 1999).

7. Law rence J. White, *U. S Public Policy Tow ard Net work Industries*, New York University Center for Law and Business, Working Paper # CLB2982019.

（本文载于《中国工业经济》2000 年第 10 期）

论国有经济比重的内生决定

平新乔

摘　要： 本文讨论了生产成本函数形状、企业生产目标函数的变化对于国有经济或国有企业在产业乃至经济中的比重的影响。本文贡献了一个关于社会福利极大化目标在企业产量决策中的权数 θ 与产量水平 q 的两阶段古诺—纳什博弈的混合寡头模型，分析了在等边际成本与线性的市场需求反函数条件下，国有企业目标函数的变化与私有企业进入对于国有经济相对地位的效应，论证了在上述条件下国有经济在国民经济中的比重不会趋于零。

关键词： 国有企业（或公共企业）　混合寡头　社会福利　体制转轨

一、引　言

在中国经济改革过程中，国有企业的经济发展速度大大低于乡镇企业、国内私人企业与外资独资的私人企业的经济发展速度，国有工业企业的产值在工业总产值中的比重逐年下降。这个客观事实理所当然地引起了理论工作者的关注。这方面的讨论就其内容来说，不外是两类：第一类问题是属于规范经济学的范围，即国有企业在什么意义上是必要的？如果它有存在的必要，那么它在什么样的产业部门中必须存在？其存在所依赖的条件又是什么？第二类问题是属于实证经济学的范围，即客观上国有企业是如何运行的？国有企业究竟在国民经济中会趋于一个什么样的地位？国有企业的产值在某一个产业中的比重最终会趋于一个什么样的均衡值？是否在所有产业中国有企业产值的比重都会下降？若下降则会降至一个什么样的均衡值？该均衡值是否为零？在什么条件下，当允许私人企业进入时，国有企业产值的相对比重会急剧下降？在什么样的条件下，国有企业在某产业中的相对优势会继续得以保持？最后，从社会主义生产目标（即为了最大限度地满足全体社会成员的福利）出发，在国有经济与私人经济“合资”的条件下，为了保持国有企业的产值的相对比率，国有经济成分究竟占多大控制比例才是合适的？国有经济的“主导”地位在量上应当如何确定？“主导”是否一定等同于“50%”以上？

本文的写作动机是试图从理论上回答上述两类问题。撇开政治上社会主义国家从维护社会主义经济的稳定与实现控制这一层考虑，本文仅仅是从经济当事人决策与行为的分析层面上考察，当国有企业在一定的目标函数驱动下遵循约束条件求最优解时，国有经济的相对比例会趋向于什么样的均衡值？正是从这一意义上，我们所讨论的国有企业或国有经济的相对比重，是内生地决定的，即国有经济的相对比重值是国有企业最优决策与非国有企业最优决策的互动过程的一个均衡解。本文试图讨论的是，在不同的生产条件（成本条件）与市场需求条件外生地给定时，这个内生决定的均衡可能具有若干特殊形式与特殊数值。我们的讨论所要揭示的是，国有企业或国有经济的相对比重实质上与国有企业的目标函数有关，甚至可以说，是依赖于国有企业的目标函数的。从20世纪80年代后期开始的近10年来国有经济相对地位的下降，与私有企业进入有关，但也在相当程度上与国有企业改变目标函数有关系，从这个意义上甚至可以说，国有经济地位的下降是国有企业自找的。

这种讨论的动机是由国内文献与国外文献两方面激发的。樊纲（2000年）最近论证，无论非国有经济在开始时多么弱小，只要其效率及增长率比国有部门高，则J_t作为国有经济在整个经济中的比重（在时期t）将趋于缩小，当$t\to$时，$J_t\to 0$。当然，在同一篇论文中，樊纲也指出，J_t在现实中并不一定就趋于0，而是趋于一个比较小的均衡值。这就引出了两个问题：一是J_t是否一定趋于零？二是，如果J_t趋近于一个大于零的均衡值，那么，如何从理论上描述与刻画这个均衡机制？

在国外的经济学文献里，从20世纪80年代以来，关于国有经济在混合经济中的相对地位，有不少讨论。本文的理论出发点是贝亚托和马斯—科莱尔（P. Beato and A. Mas-colell，1984年）的模型。这是一个特殊的古诺双头寡头竞争模型，它在边际成本MC为正，需求函数为一线性函数（$p=a-bx$，这里p为价格，x为产量，$a>0$，$b>0$）的假定下，把国有企业视为一个斯塔克伯格（Stackelberg）领导者，并指出，如国有企业背离纳什均衡点，引入非国有企业的进入，是会增进社会福利的。1989年，德弗嘉和德尔波诺（G. DefraJa and F. Delbono）在《牛津经济文汇》上发表论文，从贝亚托和马斯—科莱尔的环境里引入了二次成本函数，并分析比较了国有企业是继续国有、或者私有的不同方案对于市场结构均衡结果的影响，这实质上给出了一个关于国有企业与非国有企业双头博弈的混合寡头模型。弗雪曼（C. Fershtman，1990）给出了一个“合营”企业或部分国有化企业与另一个私人企业双头博弈的模型，正是这个模型实质上讨论了国有成分作为一个控制变量的内生性。在上述讨论的基础上，巴苏（K. Basu，1993年）综述了混合寡头模型的主要论点，他这份于1989~1991年在普林斯顿大学经济系的讲稿是启发本文作者思考这一问题的直接思想资料。

在上述文献的基础上，这里，我首先考察国有企业的目标函数是如何作为一个限制非国有企业进入的手段而发生作用的。由此引发的思考是，当国有企业的目标函数发生了变动时如何启动了非国有企业的进入的？因此，国有企业是否应当存在？国有经济是否应当保持相对优势？其根本的经济学论证，应当从是否应当追求最大限度地满足全体人民福利这一目标的论证中去寻找。如果这一目标在相当程度上仍应当坚持，则在等边际成本函数条件下，国有企业就不会趋于消亡，国有企业的相对地位（比重）也不会趋于零。其次，本文扩展了弗雪曼的模型，论证了在由两个部分追求利润极大化的国有企业的双寡头模型里，纳什均衡解是回归于传统的国有企业体制的。因此，如果只就国有企业内部进行渐进式的体制转换，改革是不会有出路的。这是本文的一个主要贡献。本文的第三项工作是，试图将企业目标函数与国有企业的市场份额（S）联系起来，并在双寡头模型中建立了s与国有化在生产目标中的权数θ之间的函数关系。

本文基本上是一种静态分析，即在技术条件、市场需求函数给定的前提下，在一个同时求解的古诺模型中来讨论国有企业与私有企业的市场结构。但这里的分析对于动态分析也是有意义的，即它指出了国有经济相对地位的动态趋势是有条件的，我们应该引入决策当事人的决策优化过程。

在下述行文里，第二节专门分析追求社会福利极大化与国有企业存在理由的内在一致性，这实质上是对国有经济必要性的重新论证。第三节给出两个局部追求利润的国有企业双头寡头博弈的模型，并会推导出作者分析中发现的三个结论（命题）。最后，在第四节，总结本文并阐述其政策含义。

二、社会福利极大化与国有企业或国有经济存在的必要性

我们的讨论从国有企业的目标函数出发。国有企业既然由政府掌握其产权，其目标函数当然也应是政府的目标函数。政府的目标函数是多维的，我们只能就每一个所讨论的问题来澄清政府的某一维目标。在以下的讨论中，我们视政府在策略意义上的角式与经济当事人没有什么两样。这样，国有企业的目标，也即是政府在定位国有企业时的目标，应会与私有企业有所区别。在这里，我们沿用尼斯坎南（Niskanen，1975），波斯（Bos，1988），德弗德和德尔波诺（Delbono and DeFraja，

1987），瑞斯（Rees，1988）的假定，认为国有企业是追求社会福利极大化的，而社会福利被定义为是消费者剩余与生产者剩余与利润之和的。尽管上述经济学家所讨论的是西方市场经济中国有企业的目标，但由于今天中国的国有企业事实上已处于非国有私人企业的包围之中，又由于追求社会福利极大化事实上与我们传统所说的社会主义生产目的有着一致性，所以运用这样的假定有其合宜性。当然，这并不是说，对国有企业的目标函数不可以进行改革。相反，我们在下一节的分析会澄清，讨论国有企业目标函数的变化正是本文的重要之点，并且，今天国有企业的地位也是与在目标函数上的改革有关的。

一旦确定国有企业的目标函数为追求社会福利极大化，就会引出两个结论：一是，若市场需求函数为线性，边际成本为常数，则国有企业的垄断地位便不会动摇；二是，在二次成本函数的生产条件下，追求社会福利极大化的国有企业不可能阻止住私有企业的进入；但若社会坚持福利极大化的目标，则国有企业在集中度高的产业不会趋于零。

显然，第二个结论（定理）比第一个结论（定理）要微弱得多。这说明，生产成本函数是我们讨论国有企业地位时不应忽视的条件。以上两个结论（定理）不是本人的发现，因此，在这里我只是叙述这两个定理，但对第一个定理，我给出自己的证明；同时，通过挖掘其内涵要阐明今天中国的国有企业是否从某一产业退出的判别条件。

定理1：若某行业生产的边际成本是一常数，则国有企业会成为垄断者。

设一行业有 n 家私有企业，m 家国有企业，市场需求的反函数为：

$$P = p(x_1 + x_2 + \cdots + x_{n+m}) = a - b \cdot \sum_{r=1}^{n+m} x_r \tag{1}$$

每一企业 i 的总成本函数为：

$$C_i = mx_i \tag{2}$$

这里 $m>0$ 是一常数。

对于私有企业 $i\in\{1,2,\cdots,n\}$来说，其支付函数为

$$\pi_i(x) = p\left(\sum_{r=1}^{n+m} x_r\right)x_i - mx_i \tag{3}$$

这里，$x=(x_1, x_2, \cdots, x_{n+m})$。

而对于国有企业 $j\in\{n+1, n+2, \cdots, n+m\}$来说，其支付函数为：

$$W_j(x) = \int_{t=1}^{\sum X_r} p(t)\,\mathrm{d}t - \sum_{r=1}^{n+m} c(x_r) \tag{4}$$

（4）式表明，单个国有企业的目标函数就是作为国有企业总体的目标函数。

在上述条件下，我这里用博弈论的方法来证明：在一个产业处于均衡状态时，必然是全部（n 个）私有企业退出，而让国有企业100%地占有市场份额。

[证明]：均衡意味着对于所有的 $i\in\{1,2,\cdots,n\}$来说，都有 $\pi_i(x^*)\geqslant\pi_i(x^*\backslash x_i)$；且对于所有的 $j\in\{n+1, n+2, \cdots, n+m\}$来说，都有 $W_j(x^*)\geqslant W_j(x^*\backslash x_j)$。这里 x^* 是指均衡产量。而这个 x^* 必然是 $x_1=x_2=\cdots=x_n=0$，并且在 m 个国有企业之间市场份额的分割可以任意进行，因每个国有企业并无独立的利益。

这里的关键之点在于要论证，为什么在等边际成本（规模报酬不变）的条件下，私有企业会竞争不过国有企业？其原因在于，均衡要求 x^* 使（3）式与（4）的一阶导都为零，但（3）式的一阶条件与（4）式的一阶条件分别为：

$$\tilde{p}\left(\sum_{r=1}^{n+m} x_r\right) = \tilde{p}(\tilde{x}^*) = m + bx_i \tag{5}$$

与

$$p\left(\sum_{r=1}^{n+m} x_r\right) = p(x^*) = m \tag{6}$$

显然，若 $x_i>0$，（5）式与（6）式不能同时满足，如果社会选择 $\tilde{x}^*$，则国有企业 j 可以通过增加产量使价格下降最终达到（4）式的极大化。而私人企业唯一可以采用的对策是减缩自己的产量 x_i 以维持市场高价，但一旦国有企业一直增加产量 x_j，则会逼退私有企业的产量 $x_i \to 0$。这说明在（5）式成立时，国有企业会有背离行为使均衡难以成立。但是反过来，若（6）式成立，x^* 使价格等于边际成本，则非国有的私人企业 i 无论生产多少其利润只能为零，这时，私有企业无法通过改变产量来使国有企业就范。因私人企业的产量唯一能改变的方向只是减少，但任何减少私人企业产量的行为都可由国有企业同样幅度的产量上升所抵销，最后非国有企业会由于 $P=M$ 而无利可图，进而全部被逼退。而在 $x_i=0(i\in\{1,2,\cdots,n\})$ 时，（5）式与（6）相同。说明均衡定义满足。从而，定理1成立。

定理2：当一个行业的生产成本曲线为二次曲线时，即使社会追求福利极大化，在该业中私有企业个数（n）大时仍有理由对国有企业实行私有化；但若该行业中私有企业个数（n）小，国有企业就有存在的合理性。

笔者的证明运用德弗嘉和德尔波诺（1989）的计算结果。

设成本函数为：

$$C_i = c + \frac{k}{2}x_i^2 \qquad (c>0,\ k>0) \tag{7}$$

又设需求函数中的参数 $b=1$，即反需求函数为：

$$p = a - \sum x_r \tag{8}$$

为简单起见，只考虑一个有 n 家私有企业一家国有企业（$m=1$）的极端状态。

按德弗嘉和德尔波诺的计算，当国有企业追求社会福利极大化，而每一家私有企业追求利润极大化时，在混合寡头均衡时，国有企业的均衡产量为：

$$x_{n+1}^* = \frac{a(k+1)}{(1+k)^2+nk} \tag{9}$$

并且每家私有企业的产量为：

$$x_i^* = \frac{ak}{(1+k)^2+nk} \tag{10}$$

与上述产量相对应，这个混合寡头均衡所产生的社会福利水平为：

$$W^* = \frac{a^2(1+k)^3+nk(nk+2+4k+k^2)a^2}{2[(1+k)^2+nk]^2} - (n+1)c \tag{11}$$

这里，不妨设想一下这样的情形，若对这唯一一家国有企业实行私有化，使其目标函数也改为追求利润极大化，则相应的社会福利水平为①：

$$\widetilde{W} = \frac{a^2(3+k)+a^2(4+k)n+a^2n^2}{2(2+k+m)^2} - (n+1)c \tag{12}$$

比较 W^* 与 $\widetilde{W}$，即比较（11）式与（12）式，我们会发现下列结果：

（1）只要 $k>0$，若 $n\to\infty$，则 $\widetilde{W}=W^*$；

（2）只要 $k>0$，若 n 足够地小，则有 $W^*>\widetilde{W}$。比如，若 $n=1$，则显然有 $W^*>\widetilde{W}$。

当然，事实上由于有成本项 $(n+1)c$，从社会福利的角度来说，一个行业的私有企业个数不可能也不允许任其趋于无穷大。但上述比较结果明显地说明，若成本函数是二次函数，无论 $k(>0)$ 是怎么大的数值，即无论边际成本 kx 的递增速度 k 为多大，当一个行业中的私有企业个数已经非常大时，即使是从社会福利极大化的目标出发，保持国有经济或国有企业，并无什么充分的理由，因国有化并不比私有化为社会带来更多的社会福利。但是，若某行业私有企业的个数很少，则坚持企业的国有并坚持社会福利极大化的生产目标是会增加全体社会成员的福利总水平的。

① 计算过程请查阅 De Fraja 与 Delbono 1989 年的原文，见"Oxford Economic Papers" 41（1989），第306页。

这样说有点问题。因为这等于是说，一个行业开始若是国有企业垄断，就越有理由由国有企业垄断下去，私有企业越是无理由进入；而一旦由私有企业进入，随着私有企业个数 n 的增加，国有企业存在的合理性就会越来越不足。在 n 与 w 都由国有企业内生地进行选择时，是会发生上述问题的。但是，若一个行业的市场需求本身就限定了企业个数，即若市场规模本来就限定该行业的企业个数 $n+m$ 不能超于 N，当然有 $n<N$，当 N 充分小时，就不难推知国有企业有存在的必要性与合理性。

总结一下我在这一节的讨论，可以得出以下结论：

国有经济或国有企业在某一行业的存在的合理性，是依赖于该产业的成本状态的。若边际成本是一常数（规模报酬不变），则国有企业可以运用社会福利极大化这一目标函数逼退全部的私有企业的。在这里，社会福利极大化既是目的，又成了一种与非国有企业进行竞争的有力的手段。这里，国有企业的合理性与行业中企业个数（$n+m$）无关。但若某行业是规模报酬递减的，即边际成本递增的，则国有企业存在的合理性光凭追求社会福利极大化的目标就显得不充分了，而应进一步考虑市场需求规模所限定的行业可容纳的企业个数 N 与 k（k 为边际成本递增速度）。若 N 很小，则就是在二次成本函数下，国有企业在均衡时也不会趋于零。在私有企业个数 n 很小时，国有企业是否必要，如以社会福利最大化衡量，也会依存于 k 值，而 n 小或 N 值小的经济含义是该行业的集中度高。

因此，笼统地说国有企业要从竞争性产业中退出，要在垄断性产业里保持，显得有些含糊。这里的分析说明，边际成本为常数，或者边际成本递增，这本来都可与垄断相联系，但国有企业存在的合理性却会有所不同。我们应该更进一步从分析成本函数的形状出发，根据社会福利极大化原则，确定国有企业是否发展或退出产业的政策导向。

三、国有企业目标函数的改变

与国有企业相对地位下降的内在联系。

前一节我假定国有企业的目标函数为追求利润极大化。这一节我们来讨论，若国有企业对这一目标进行了改革，对于国有经济本身的主导地位会产生什么影响？

这种讨论的立论是有历史依据的。我们的国有企业改革是1979年最早由“放权让利”政策启动的。“让利”会鼓励国有企业至少部分地追求利润，而“放权”又会允许国有企业至少部分地按市场竞争形势对非国有的私有企业的策略做出反应。这样，国有企业就会按演进方式逐渐地进入与私有企业进行混合寡头博弈的格局。

我们首先论证，如果没有这种改革，国有企业仍然不追求利润，仍追求社会总福利极大化，则非国有企业在等边际成本条件下便不会进入。

设某一行业只有两个企业，按第二节给出的市场需求函数与等边际成本条件（$C_i=mx_i,\ i=1,2$）。不难推知，在纳什均衡时，追求利润极大化的私有企业的均衡产量为：

$$\hat{q}_i=\frac{a-bq_j-c}{2b}\qquad(j\neq i)\tag{13}$$

这里，我们假定 $a>c$。

若两个企业中有一个企业是追求社会福利极大化，按社会福利是消费者剩余与生产者剩余之和的定义，可知社会福利为：

$$W(q_1,q_2)=\frac{1}{2}[a+\{a-b(q_1+q_2)\}](q_1+q_2)-c\cdot(q_1+q_2)\tag{14}$$

给定 q_j，追求社会福利极大化的国有企业在均衡时的均衡产量为：

$$\tilde{q}_i(q_j) = \frac{(a - bq_j - c)}{b} \qquad (i \neq j) \tag{15}$$

以上是讨论的出发点。现在引入“放权让利”，政府让企业留一定比例的利润，使国者有企业的经营目标成为一个关于追求利润与追求社会福利极大化的加权平均数，假定企业1是这样一个处于改革过程中的国有企业，则企业1的反应函数就会变成：

$$\begin{aligned}\psi_1(\theta_1, q_2) &= \theta_1\tilde{q}_1(q_2) + (1 - \theta_1)\hat{q}_1(q_2) \\ &= \frac{(a - bq_2 - c)(1 + \theta_1)}{2b}\end{aligned} \tag{16}$$

这里，θ_1为国有企业生产目标中追求社会福利水平最大化的权重。

把公式（16）与公式（13）联立，解出处于改革中的国有企业1与另一家私人企业2在混合均衡中的产量：

$$q_1^* = \frac{(1 + \vartheta_1)(a - c)}{(3 - \vartheta_1)b} \tag{17}$$

$$q_2^* = \frac{(1 - \theta_1)(a - c)}{(3 - \theta_1)b} \tag{18}$$

如果 $\theta_1 = 1$，马上可知 $q_2^* = 0$。这说明，如果国有企业不追求利润，在等边际成本条件下，非国有企业便不会进入。于是，我们有定理3：

定理3：在等边际成本、线性反需求函数的条件下，非国有企业进入的一个必要条件是，国有企业开始追求利润。

定理3的上述论证实质上只是我对弗雪曼（1989年）混合寡头模型的一种引申。

下面我在弗雪曼模型的基础上，来证明如果所有的国有企业都开始追求利润，这本身并不能引起非国有企业从国有企业中产生出来：

定理4：在等边际成本、线性反需求函数的条件下，国有企业部分地追求利润极大化（即 $0 < \theta_i < 1$，$i = 1, 2$），则纳什均衡解是返回 $\theta_1 = \theta_2 = 1$，即回归于传统的社会主义国有经济体制。

[证明]：设在上述等边际成本、线性反需求函数的条件下市场上只有两个部分追求利润极大化（它们同时还得服从于社会福利极大化的目标）的国有企业，按公式（16），这两家国有企业的反应方程分别为：

$$q_1 = \frac{(a - bq_2 - c)(1 + \theta_1)}{2b} \tag{19}$$

$$q_2 = \frac{(a - bq_1 - c)(1 + \theta_2)}{2b} \tag{20}$$

这里，每一家企业都有两个选择变量（q_i，θ_i）($i = 1, 2$)。我用一个两阶段古诺—纳什模型来讨论 q_i与 θ_i的决定。在第一阶段，每一家企业先确定 θ_i($i = 1, 2$）的最优值，即决定自己在多大程度上根据国家计划、依照社会福利极大化的目标来决定其生产计划；在第二阶段，确定自己的最优产量 q_i($i = 1, 2$)。

按照反向归纳方法，我们先讨论，若 θ_i在第一阶段已经确定下来，企业会选择什么样的最优产量？显然，在第二阶段的古诺—纳什均衡中，处于改革进程中的单个国有企业的最优产量为：

$$q_i^* = \frac{(1 + \theta_i)[(a - c)(1 - \theta_j)]}{b[4 - (1 + \theta_i)(1 + \theta_j)]} \qquad (i \neq j,\ i,j = 1,2) \tag{21}$$

相应地，每家企业的利润水平为：

$$\begin{aligned}\tilde{\pi}_1^* &= \tilde{\pi}_2^* = (p - c)q_i^* \\ &= \frac{(a - c)^2(1 - \theta_2)^2(1 - \theta_1)^2}{b[4 - (1 + \theta_1)(1 + \theta_2)]^2}\end{aligned} \tag{22}$$

当每家企业在第一阶段的起点选择 θ 值时，都会设法找出 θ_i与 $\tilde{\pi}_i^*$($i = 1, 2$）之间的最优关系，从而，我们可以从 θ_i 对利润 $\tilde{\pi}_i^*$ 最优的一阶条件出发。

$$\frac{2\tilde{\pi}_i^*}{2\theta_i}=0$$

获得两个关于 θ_1 与 θ_2 之间的反应方程：

$$\theta_i=\frac{1+\theta_j}{3-\theta_j}\qquad(i\neq j)\tag{23}$$

从公式(23)出发,再经第一阶段两个企业(处于改革过程中)关于 θ_1 与 θ_2 的古诺一纳什均衡值，显然,$\theta_1^*=\theta_2^*=1$ 是唯一的古诺—纳什均衡值。(证毕)

定理4的经济含义是丰富的：若由每一家企业自己来选择 θ_i，那么，当另一家国有企业的 θ_j 值给定时，自己的 θ 值越大便对自己越有利。因为从公式（21）可以看出，当 θ_j 给定时，θ_i 越高，就意味着 q_i^* 值越大，企业在市场中的份额越大，同此 θ_i 实质上相当于斯塔克伯格解中的领导者欲望指标：θ_i 值越大，说明企业 i 越是服从于政府的社会福利极大化目标，与政府的关系越强。θ_i 越高，说明企业 i 越是不在乎利润极大化目标，似乎其自身利益会受影响。但是，θ_i 与利润（π_i）在改革过程中其实都是国有企业的激励与动力；追求 π_i^* 固然是企业的目标之一，因利润留成可以改善企业处境；但是，追求 θ_i 意味着在市场上更大的强势，更高 θ_i 意味着与政府目标更近的距离，从而获得更多的政府支持。当然 θ_i 与利润目标之间是又是相矛盾的，企业实质上在它俩之间可以有无穷多的选择，而极端状况不外是两个：要么 $\theta_i=0$，国有企业就与私有企业一样追求利润极大化，但这要以与政府支持完全脱钩为代价；要么是 $\theta_i=1(\theta_j>0)$，这意味着企业 i 的利润为零（见公式(22)），但 $\theta_i=1$ 意味着企业仍能从政府获得资金、物资甚至政治上的支持，$\theta_i=1$ 表示企业与政府仍然是一体的。这就是说，对于每一个处于改革过程中的国有企业来说，如果市场反需求函数是线性的，若处于等边际成本状态，那么其在选择服从政府目标与追求利润极大化目标之间是面临得失权衡（trade-off）问题的，而定理4表明，若没有外来的私有企业进入，没有外来的推动，国有企业靠自身改变企业目标，引入局部的利润追求机制，经济中不存在私有经济，则最后改革是不会使国有企业改变原模式的，纳什均衡的结果是重返 $\theta_1=\theta_2=1$ 的状态，退回到改革前的模式中去。在那里，企业从微观层面上不会在乎利润，也无企业自身利益可言。

定理5：在国有企业1局部追求利润极大化（$0<\theta_1<0$）时，在等边际成本，线性的市场反需求与函数的条件下，我们有：

①非国有的私有企业2会进入；

②国有企业的最优 θ 值为 $\frac{1}{3}$；

③国有企业在国民经济中的相对地位（即国有企业的市场份额 $s(=\frac{q_1}{q_1+q_2})$ 是 θ_1 的增函数。当 θ_1 下降时，国有企业的相对比率（市场份额）以 θ_1 下降速度的一半的速度下降。

关于定理5的三个结论的理由是非常简单的：

①从公式（18）中，可以发现，当 $0<\theta_1<1$ 时，$q_2>0$。而这里企业2是追求利润极大化的私人企业，企业1是部分追求利润极大化且又部分服从政府计划目标的国有企业。

②在公式（23）中，令 $i=1$，$j=2$，当 $\theta_2=0$（私人企业只追求利润极大化）时，$\theta_1^*=\frac{1}{3}$。

$$s=\frac{1+\theta_1}{2}\tag{24}$$

③将 $\theta_1^*=\frac{1}{3}$，$=0$ 代入（17）式与（18）式，再运用市场份额 $s(=\frac{q_1^*}{q_1^*+q_2^*})$ 的定义，可以得到

显然，$\frac{\mathrm{d}s}{\mathrm{d}\theta_1}=\frac{1}{2}$，即国有企业的市场份额会以企业改变目标函数的速度一半的速度而下降。

当然，如果 θ_1 只是企业生产决策中社会福利极大化目标的权重刻画，哪怕 $\theta_1=0$，国有企业的市场份额仍会有$\frac{1}{2}$。但是，若将 θ_1 视为一个政府国有控股在企业 1 的所有权中的比重，或者将某一产业中的含公有成分的所有企业视为一总体，而将该产业中的所有纯私有经济成分视为另一总体，那么，该产业的混含寡头博弈就可以视为是上述两大实体之间的博弈，那么 $\theta_1^*=\frac{1}{3}$就可以解释为在合营经济实体中国有产权的最优比率，相应地，$S^*=\frac{2}{3}$就相当于说国有、集体与各种合作经济在国民经济中的相对比重为$\frac{2}{3}$。而在这种比例关系中，纯国有制企业的市场份额就为：

$$\tilde{S}=\frac{\theta_1^* q_1^*}{q_1^*+q_2^*}=\frac{1}{3}\times\frac{2}{3}=\frac{2}{9}\approx 22\%$$

把上述简单的计算结果与近年来我们从统计年鉴获得的关于中国国有经济、集体经济与各种合作经济在国民经济中的相对比率的印象对照一样，我们不难发现某种相似之处。这说明什么？是否说明等边际成本的假定与线性的市场反需求函数的假定对现阶段的中国经济有其合理性？是否说明国有经济部门的目标函数调整正处于最佳值上？是否说明国有经济的相对比重实质已由各种微观经济单位的理性行为而内生地决定了？笔者不敢对此轻率下结论，而只是作为问题提出来，目的是寻找决定国有经济相对比率的内生的均衡机制与均衡值。

四、结　　论

严格说来，本文只是一个读书笔记。是在读国外学者关于国有经济企业与私有经济企业在产业中进行混合寡头博弈的文章时写下的若干思考。本文认为：国有企业或国有经济在我国社会主义经济中的地位不仅要从政治上、意识形态上加以论证，也应当从经济学上加以论证。当生产条件与成本函数特征、市场需求函数与市场规模等方面外生地给定后，国有企业追求什么样的目标？企业作为决策者如何求解有约束的最优化问题？这实质上是决定国有企业地位的内生机制。笔者这里进行的就是所谓国有经济相对地位的内生决定分析。

在线性的市场反需求函数、等边际成本条件下，若国有企业完全服从追求社会福利极大化的目标 $\theta_1=1$，则国有企业经济的相对比重不但不会趋于零，而且根本不会动摇国有经济的垄断地位。在二次成本函数条件下，国有经济的必要性仅仅靠社会福利极大化的目标来加以论证就显得不足，这时，国有经济是否必要，还取决于市场需求规模所容许的限度与现有企业的集中度。如果现有行业的市场集中度已经很高（n 很小），则从社会福利极大化出发，国有企业仍有存在的合理性。在等边际成本（规模报酬不变）的生产条件下，社会福利极大化目标在国有企业产量决策中的权数 θ 实质上会成为非国有企业的进入门槛。如 $\theta_1=1$，则会堵住私有企业进入。但是，θ 太高也有负面作用。若不存在非国有的私有经济的进入压力，光凭国有经济内部的利润目标的部分引入，即 $0<\theta_i<1$（如苏联 20 世纪 60 年代的利别尔曼式的改革），是走不出国有经济原来的计划体制的；国有企业改革的某些成功，使国有经济与非国有经济在处于改革的社会主义市场经济中各自都有所发展并且互利，是存在 $0<\theta_1<1$ 的国有企业与 $\theta=0$ 的私有企业进入共同作用的结果，即是“改革”（部分放弃追求社会福利极大化、部分引进利润目标）与“开放”（允许非国有的私人企业进入）共同作用的结果。

对于处于改革过程中的国有企业来说，选择什么样的 θ 值，即在产量决策变量上让政府目标占有多大的权重，实质上是在以企业自身的利润目标为一头，以企业与政府之间距离为另一极的两端之间进行权衡，θ 与利润事实上都是国有企业的激励源泉。θ_1 不光代表政府目标，而且是政府在资源上对企业支持的象征，是国有企业在市场上扼制私有企业扩张的武器。一旦国有企业选择 $\theta=0$，实质上便会失去政府的资源支持，而全力追求利润极大化。而若国有企业不选择 $\theta=0$，则事实上就不可能与政府脱钩，也就不可能全心追求利润极大化目标。在决定最优的 θ 与最优产量 q 的两阶段的古诺—纳什博弈中，国有企业是先决定自己与政府之间的关系 θ^*，然后才确定最优的产量水平 q^*。由反向归纳解出的 θ^* 值，在等边际成本与存在私有企业的前提下，不应为 $\theta^*=0$。由此推理，当经济中已经存在追求利润极大化的私人企业时，国有企业即使要追求自身利益极大化，也不应该完全仿效私人企业，因为 $\theta>0$ 是有利于国有企业控制市场份额的。在等边际成本与线性的市场需求反函数的条件下，在私有企业可以进入的前提下，撇开技术上国有企业与非国有的外资企业的差异与管理上的效率差异不论，国有企业或国有经济的相对比重不会趋于零，而是趋于一个大于零的值。

当然，上述讨论完全抽象掉了国有经济与非国有经济在技术、管理与组织上的差异，因而对现实生活中国有经济比重的下降原因的说明，是极不完全的。本文主要讨论企业目标的改变对国有经济相对地位的影响，分析也只限于静态与比较静态分析，因此只是一孔之见。

参考文献：

1. 樊纲：《论体制转轨的动态过程》，载于《经济研究》2000 年第 1 期，第 11～21 页。

2. Basu. K.，（1993）；*Lectures in Industrial Organization Theory*，Blackwell.

3. Beato. P. and Mas-collel. A.，（1984）：“The Marginal cost Pricing as a regulation Mechanism in mixed Markets.” M. Marchand，P. Pestieau，and H. Tulkens（eds）：“The performance of public Enterprises”，Amsterdam：North-Holland，1984.

4. Bos，D.（1988 年）：“Recent Theories of Public Enterprise Economics，” European Economic Review，（32）.

5. De Fraja，G and Delbono，F，（1989）：“Alternative strategies of a public Enterprise in oligopoly，” oxford Economic paper，（41）.

6. Fershtman. C.（1990）：“The Interdependence Between Ownership Status and Market Structure：the Case of Privatization，” Economica，（57）.

7. Niskanen，W. A.（1975）：“Bureau crats and Politicians”，Journal of law and Economics，（18）.

8. Rees，R.（1988）：“Inefficieny，Public Enterprise and Privatization.” European Economic Review，（32）.

（本文载于《经济研究》2000 年第 7 期）

竞争性产业的价格规制

王恒久　刘戒骄

近年来，企业间的价格竞争及政府对竞争性产业①的规制特别是价格规制引起了我国经济理论界的争论。1998 年 5 月 1 日《中华人民共和国价格法》开始实施，同年 9 月 10 日国家经贸委下发了《关于部分工业产品实行行业自律价的意见》，1999 年 8 月 3 日国家计委发布了《关于制止低价倾销行为的规定》以下依次简称《价格法》、《意见》、《规定》。竞争与反竞争的较量，实际上是市场体制建立过程中计划与市场两种观念的冲突，是不同利益主体站在各自立场上的交锋，是工业化和现代化进程中各种矛盾的集中体现。产业革命以来的欧洲、世纪中叶以来的美国、第二次世界大战以后的日本等几乎所有国家在工业化和现代化过程中都曾经面临过类似的问题，许多产业都经历了从竞争到生产的集中化这个过程。

一、竞争性产业不宜实行统一的价格规制

《意见》选择了若干行业实行以行业平均成本为基础确定的自律价，并要求参加自律的企业都必须遵守。这实际上是人为地规定了一个行业的统一价格。更为严重的是，出现了以落实《价格法》、制止恶性竞争为名直接规制企业价格的事件。笔者将这种试图以政府或协会定价取代主要由市场机制形成价格的行为称为统一的价格规制。通过政府的价格规制和其他规制来减轻自然垄断厂商自主决定价格对消费者剩余和社会福利造成的危害，是经济学的经典理论。但是，对于竞争性产业，如果企图采取统一的价格规制，通过限制产出和固定价格来提高整个产业的盈利水平，则很难实现。

第一，统一的价格规制不稳定。如果一个竞争性产业的主要厂商能够组织起来像一个厂商那样行事，就可以通过提高价格和控制产量来增加这个产业的利润，统一的价格规制的组织者正是要达到这个目的。但是，并非每个厂商的边际成本曲线和需求曲线都相同，厂商根据其自己的成本和需求确定的最优价格也不同。所以，只有一部分厂商，即其边际成本不低于边际收益的厂商愿意遵守价格限制。边际收益高于边际成本的厂商有削减价格、扩大产量以增加其利润的动机，率先削价的厂商相对于反应滞后的厂商可以获得更高的收益。在这种情况下，每个厂商都希望其他厂商恪守价格限制，而自己一有机会就会秘密或公开地削价以增加销售量。更多的厂商这样做时，统一的价格规制甚至会瓦解。

第二，替代品竞争和产业外厂商的潜在进入威胁使统一的价格规制更为脆弱。技术进步使产品和服务面临着日益增多的替代品的竞争，在消费者意识到由于价格规制使某种产品或服务的价格较高时便会转向更多地消费其替代品，这样必然减少受规制产业的需求。一个典型例证是，20 世纪 90 年代以来受基因技术革命和克隆生物品种诞生等新技术影响，传统药品正受到生物基因药这种替

① 微观经济学将市场结构划分为自然垄断、寡头垄断、垄断竞争和完全竞争四种类型，本文所说的竞争性产业，是指市场结构为寡头垄断或垄断竞争型的产业，也叫不完全竞争产业。

代品的竞争。同时，过高的价格将引致更多的新厂商进入该产业，其产品和服务需求的价格弹性特别是长期价格弹性会增大，统一的价格规制不仅难以维持，而且对整个产业来说会因需求状况的变动而不再具有合理性。

第三，统一的价格规制会延缓或阻止被规制产业的产业重组和产业集中度的提高，而只有通过这种重组和生产的集中才能消除当前我国许多产业中存在的过度竞争。一个产业的产业组织结构究竟是竞争性的还是垄断性的，或者说一个产业应该由少数大厂商来寡占还是由许多中小厂商共同生产，取决于该产业内厂商的平均成本曲线和整个产亚需求曲线间的关系。如果使平均成本达到最低的厂商产量水平相对于市场规模而言比较小，该产业就是竞争性的，反之就是垄断性的。考虑到个别厂商不能决定产业需求曲线，在垄断性产业中只有那些成本较产业平均水平低的厂商能有幸成为垄断者。只有通过价格竞争，即管理和技术效率高的厂商利用其低成本优势率先降低价格，占领和扩大市场，促使低效率厂商退出或被兼并，生产才能向高效率厂商集中。由政府控制产品价格的确能延长低效率厂商的寿命，还会鼓励无效率进入，这些低效率投资的回收乃至盈利是以对消费者剩余的剥夺和动态效率的牺牲为代价的。①

第四，价格规制应平衡地保护消费者、厂商和社会利益，并以追求所有各方利益总和而不是某一方或某几方利益的最大化为目标。这实质上就是经济史上著名的是要几棵大树还是一片丛林的问题。② 统一的价格规制充其量只能使部分厂商即根据其个别边际成本与边际收益确定的价格刚好与规制价格相等这部分厂商受益，成本较低、效率较高的厂商和消费者会遭受损失。这一点可以从一部分厂商要求价格规制的同时总有另一部分厂商和消费者对价格规制进行抵制和反对得到反证。那么，放松统一的价格规制能否损害国家利益呢？这要从动态、整体、长期角度来分析，不能把一个企业、一个产业的利益等同于国家利益，一个企业、一个产业中若干个企业的削价竞争乃至破产未必使国家利益受到损害。国家从一个企业、一个产业遭到的损失可以从另外一些在竞争中发展起来的高效率企业、产业得到更多的补偿。

二、价格规制不应一概禁止企业以低于成本的价格销售产品

《价格法》规定，经营者不得为了排挤竞争对手或者独占市场，以低于成本的价格倾销，扰乱正常的生产经营秩序，损害国家利益或者其他经营者的合法权益。可见，《价格法》所禁止的低于成本销售是有条件的，即其目的必须是为了排挤竞争对手或者独占市场，而且必须有如上所述的不良后果。但是，从我国的规制实践看，除依法降价处理商品外，几乎所有的低于成本价格销售均被视为低价倾销予以谴责或禁止。这既是对《价格法》的滥用，也是对市场固有运行规律的背叛。从经济学角度看，价格是决定产品市场竞争力的第一个因素，③ 低于成本销售经常是厂商采取的正当经营策略，在一定条件下不仅不会危害反而还会有利于社会利益。

第一，从长期看厂商不能以低于平均成本的价格销售其产品，但短期内其销售价格完全可以低于平均成本而高于平均可变成本。之所以低于平均成本，是因为平均成本中包含由过去决策形成的固定成本，固定成本中的相当一部分具有专业化、难以转为他用的沉淀性质，厂商当前价格决策不应受其影响。只要价格高于平均可变成本，虽然厂商处于亏损状态，但可以通过弥补部分固定成本来减少亏损。如果强迫厂商以不低于平均成本的价格销售，厂商的销售量从而产量会减少，产量减少会使单位产品分摊到的固定成本增加，最终是平均成本增加，增加了的平均成本又可能高于原来的规制价格，厂商的状况更为恶化。也就是说，禁止以低于平均成本销售可能使厂商陷于难以自拔

① 谢伟、吴贵生、张晶：《彩电业的发展及其启示》，载于《管理世界》1999 年第 3 期。
② 克拉潘：《现代英国经济史》（上卷第 1 分册），商务印书馆 1964 年版，第 255 页。
③ 金碚：《何去何从——当代中国的国有企业问题》，今日中国出版社 1997 年版，第 209 页。

的恶性循环之中。

第二，动态地看，为通过扩大市场占有率和规模经济追求长期利润，在一定时限内厂商需要以低于当前成本的价格销售其产品。虽然现在的价格低于成本，但低价销售引起的销售量和产量扩大能使固定成本分摊到更多的产品中，可以通过减少单位产品分摊到的固定成本降低平均成本。正是这种价格竞争才使得高效率厂商击败低效率厂商，固定成本数额大、规模经济效益显著产业的生产集中多是以这种方式实现的。此外，新进入的厂商有时需要以这样的价格策略吸引消费者注意和购买，以这样的方式来测度其价格弹性以供企业决策所需。[①]

第三，厂商以低于成本的价格销售其产品也可能是迫于技术进步引起的无形贬值和替代品竞争而不得不采取的措施。近年来，由于科学技术进步和日趋激烈的市场竞争，产品更新换代的周期明显缩短，像我国改革以前很多产品几十年基本上不做改进的状况恐怕永远成为历史了。每一次技术创新产生的替代产品必然会引起原有产品的贬值和价格大幅度下降。

第四，不能把经济领域中出现的一些问题不加分析地归结为低于成本销售。有人列举了低于成本销售的若干弊端，如企业为了维护长期的过度的价格竞争，而不提折旧、不摊费用，弱化了维持简单再生产和扩大再生产的能力导致销售收入和利润减少，加大亏损面和亏损额，减少了税收和国有资本收益，银行贷款呆坏账大幅度增加，为了降低成本，造成假冒伪劣商品充斥市场，扰乱竞争秩序。[②] 还有人说，降价导致了国有资产流失，吃亏的是国家。但是，这些分析却没有对低于成本销售是如何导致这些问题的给出有说服力的解释。无可否认，在我国经济生活中确实存在上述问题。但是，这些问题只不过是我国经济多年来积累的深层次矛盾在价格竞争中的体现，没有一个是价格竞争的结果。这些问题的解决必然要经历一个痛苦的生产由分散趋于集中的过程，在这个过程中能够决定厂商生死攸关的价格竞争绝不是低层次竞争。

三、竞争性产业价格规制的内容不是制定和控制价格而是纠正厂商运用市场力量引起的低效率

作为资源配置的基础方式，市场机制有其自身的功能。“看不见的手”是通过经济主体对自身利益的追求和价格发挥作用的，在市场机制能有效发挥作用的地方就无需国家的价格规制和其他干预。[③] 但是，在某些场合由于厂商拥有市场力量或信息不对称等原因，由市场机制形成的价格会带来经济效率问题，这时就需要通过价格规制予以防范和纠正。

（一）掠夺性定价

《价格法》禁止的“为了排挤竞争对手或独占市场以低于成本的价格倾销”就是经济学所说的掠夺性定价。采用这一策略的厂商将竞争对手挤出市场，将价格压低至成本以下，待击退竞争对手后再行抬高价格，垄断市场。其危害是，厂商通过承担短期损失来把竞争性产业转换为垄断产业，消费者利益将遭到长期损失。禁止掠夺性定价是市场经济体制国家的通行做法。由于低于成本销售未必是掠夺，实践中的难题就是掠夺行为的界定。最模糊的恐怕就是成本标准，即掠夺性定价中所指的成本是指哪一种成本。《价格法》未对掠夺成本做出规定，有人将其解释为生产经营成本，[④]

① 丹尼斯·卡尔顿、杰弗里·佩罗夫：《现代产业组织》，上海三联书店、上海人民出版社 1998 年版。

② 吴魏：《运用法律手段规范市场竞争秩序——国家计委经济政策协调司副司长韩永文谈制定与实施〈关于制止低价倾销行为的规定〉》，载于《价格理论与实践》1999 年第 9 期。

③ 植草益：《微观规制经济学》，中国发展出版社 1992 年版。

④ 卞耀武、田燕苗：《中华人民共和国价格法释义》，法律出版社 1998 年版，第 59 页。

《规定》分生产和流通两种情况对其进行了界定，其中生产企业是指包括制造成本和由管理费用、财务费用、销售费用构成的期间费用在内的生产成本。《规定》实际上是把掠夺成本界定为短期平均成本。由于价格低于平均成本可能出于非掠夺目的如本文第二部分所述，这使得本来就很复杂的掠夺行为的判定变得更为复杂和困难。正是基于这个原因，各国反托拉斯实践中在界定掠夺行为时通常使用边际成本或在难以确定边际成本时使用平均可变成本。① 将掠夺成本界定为边际成本的逻辑推理是，厂商总是在边际成本等于边际收益处实现利润最大化，非出于掠夺性目的厂商不可能将价格定得低于边际成本。

也有学者建议，应使用长期边际成本而不是短期边际成本。其理由是存在边干边学效应时厂商可能将价格定得低于短期边际成本。边干边学是指这样一种效应，由于厂商在提高产量时会学到如何更有效地生产的诀窍，其生产成本会随着产量的提高和经验积累而降低。也就是说，当前所定的低价有助于厂商扩大销售量，销售量增大所引起的产量增大能使厂商积累经验，经验的积累会使厂商降低成本。所以，在这里低于短期边际成本的价格不是掠夺价格，而被视为有利于未来的发展投资。

（二）厂商间相互串通制定价格

这种行为是指厂商间基于共同的利益关系，相互勾结、彼此配合、联手操作，制定垄断价格，损害消费者利益的行为，《价格法》将其归入不正当价格行为。它的重要特点是相互串通，参与的厂商至少是两个。串通主要是暗中勾结，也可能是半明半暗的甚至是公开的勾结，不一定签订书面协议，只要是几家厂商在定价问题上事先打过招呼，就构成串通。

从经济学角度看，由于垄断净损失三角形的存在，这种不当价格行为造成的损害是非常明显的。禁止这种行为有比制止掠夺性定价更为坚实的经济学基础。正因为如此，厂商间串通制定价格是美国反托拉斯法律限制得最严格的。只要厂商间有这种企图，即使是没有达成一致意见，或者是在协议达成以后未能成功实施，或者是协议确定的价格不高于竞争水平，无论是否给消费者造成了损失，仅串通定价的企图就已经构成违法行为。② 以这个标准为依据，我国已经出现了厂商间串通定价行为。据报道，1999 年 5 月底在中国彩色显像管市场占有率 90% 以上的 8 家厂商在北京举行会议，达成了“制止恶性竞争维护行业稳定的八点协议”，并宣布从 1999 年 6 月 28 日起停产 1 个月，削减产量 300 万只。根据《价格法》，企业对市场价格的干预只能由个别厂商独立进行，多个厂商联手干预属不正当价格行为。但这种图谋垄断市场的不当价格行为至今尚未引起我国规制当局的注意。可以预见，随着市场取向改革的深入，由于相互串通垄断市场产生的利益驱动会使这种不当价格行为日渐增多，制止并惩罚这种行为将成为执行《价格法》和竞争性产业价格规制的重要内容。

（本文载于《中国工业经济》2000 年第 1 期）

① 丹尼斯·卡尔顿、杰弗里·佩罗夫：《现代产业组织》，上海三联书店、上海人民出版社 1998 年版。

② 林平：《美国反托拉斯法的主要内容及最新发展》，载于汤敏、茅于轼编：《现代经济学前沿专题》（第 3 集），商务印书馆 1999 年版，第 221 ~ 249 页。

地方政府行为与区域市场结构

杨灿明

广义的市场结构包括很多含义，如市场商品结构、市场所有制结构、市场网点结构等，但本文取狭义的理解，即市场结构用竞争程度和垄断程度来衡量。市场结构的不同状态就是从完全竞争到独家垄断的一系列过渡形态，表现为厂商数量从趋向无穷大逐渐减少，直至独家垄断。

我国正处在计划经济向市场经济转换的过程中，不但未能与国际市场完全接轨，而且统一的国内市场也尚未形成，呈现出一种区域性差别较大的独特的市场结构。换言之，在我国的不同区域或地区之间，竞争抑或垄断的方式与程度有着明显的区别。这既缘于不同区域社会经济发展的不平衡，又会并且事实上正在进一步加剧这种不平衡，因而必须引起高度重视。笔者认为，我国区域市场结构的独特性与政府行为特别是地方政府的行为有着极为密切的关系，这在很大程度上又缘于长期以来我国政府的行政管理职能与经济管理职能的合二为一，以及中央与地方的分权改革不到位。本文试图从改革开放的梯度推进与政府间财政分权两个角度来探讨地方政府行为与区域市场结构的这种相关性。

一、对外开放的梯度推进、地方政府行为与区域市场结构

如果说我国传统体制下的对外封闭，主要表现为政府行为，那么20世纪70年代末以来的对外开放，也是基本上由政府直接主导的。这反映了各国开放中的一般特征，因为对外开放涉及到国家的主权问题，没有政府的主导是不堪设想的。但是，在一个国家内部，如何来规划和推动地区之间的对外开放呢？在我国，政府直接行政控制的特征似乎更为明显。开放的范围、开放的进程以及开放的力度等，主要由政府直接控制。这可以从我国区域对外开放的梯度推进看出来。

具体说来，我国对外开放的梯度推进可划分为以下三个阶段：第一阶段，1978～1983年，突出先富区重点，宣布对同港澳台毗邻的广东、福建两省实行特殊政策，试办经济特区，并确定经济特区先由深圳、珠海试点。第二阶段，1983～1988年，扩大汕头、厦门特区范围，开放北起大连，南到北海的14个沿海城市。1985年进一步扩大沿海开放地区，开放了长江、珠江和闽南三个三角洲地区。1987年成立海南省，实行比特区更加特殊的政策。1988年又实施沿海战略，加快发展沿海地区外向型经济，使东部沿海形成经济特区、开放城市、开放地区整体开放的新格局。第三阶段，1988年至今，以明确东西部均衡发展为主要特征。1989年邓小平指出了实行东西结合的问题，1990年进一步指出上海是我们的王牌，抓上海是大措施，三峡工程看准了，就下决心，不要动摇。1991～1992年在南巡时反复强调上海和沿江经济发展的重要性。1995年，中央进一步指出要把战略重点转移到内地包括西部地区。特别是从1997年开始，随着东南亚金融危机爆发和我国经济陷入不景气，中央在实施相应的货币政策和积极财政政策的同时，及时提出了西部大开发的问题。这无疑是通过先富带后富、最后达到共同富裕的一项重大举措。其重要性在于：第一，以中央区域政策的逐步统一来缩小地方政府制度内寻租的空间，达到地区间协调和一致；第二，在内需不足的情

况下，西部市场的开发也就是消化东部产品的过程，而这一过程明显有利于两个区域市场差异的消除。

我国是一个幅员广阔的国家，各地经济发展极不平衡，在地区间对外开放的问题上有所区别，是正常的。然而，值得注意的是，在政府的社会行政管理职能与经济职能未完全分离，政企也未真正分开的情况下，完全由政府（中央政府）来决定哪些地区开放，哪些地区不开放，哪些先开放，哪些后开放等，是否符合经济过程内在的效率原则是存在疑问的。更何况中央的决定还会受地方政府所进行的院外活动的影响。而在政府本身实行分权，即由中央政府和若干地方政府来共同参与资源配置，却又并未形成一个规范化的分权架构时，地方政府各自利益的渗入就将使问题更加复杂化。我们知道，当区域的发展主要是由“看不见的手”来调节时，起主导作用的就是各地区的资源禀赋、投资环境、市场容量等经济性因素，各地方政府、利益团体的院外活动也将受到限制，因为人们不可能向市场机制“寻租”。但当区域的发展主要由“看得见的手”来调节时，行政性的因素就将起主导作用，既然实施调节的主体（中央政府）是看得见的，调节者和被调节者之间是类似于父子般的关系，人格化的交易就变得普遍化，各种院外活动也就成为必然。其结果，平均主义就很可能渗入区域经济发展的战略决策中。而且，在这样的体制下，地方不仅在大的开放举措上通过院外活动影响中央决策，而且它自己也可以直接搞中小型的开发项目，我国各地区能几乎同步地大搞开放开发区就证明了这一点。其结果就象巴克奈尔所指出的：“由于中国的一些城市和其他地区在经济方面对外商给予了更多的优惠政策，故特区现在已不如过去那样对外商有吸引力了。”（Bucknall，K. B.，1989）此外，在一定时期，虽然一国的贸易比较利益是一定的，但在内部各地区（和企业）之间的分配比例却是可变的。于是，各地方和企业就会围绕外贸领域的收入源泉而展开利益竞争，甚至相互之间发生价格竞争，在外商面前竞相压低出口价格，等等。

我国改革开放的梯度推进，从长远看有利于地区间的均衡发展，但由于实施中一些方式方法的原因，客观上对区域市场结构产生了一定的负面影响。

首先，由于开放先后的不同，一些地区较早地接触国外资本，较早地参与国际市场竞争，较早地发展起各种非国有经济。在这些地区，价值规律的作用更为明显，竞争机制和风险机制（虽然也不健全）较早地引入，在其市场结构中，从竞争与垄断的关系来看，竞争的程度要高一些，从垄断本身来看，除了行政垄断，也有较大成分的经济垄断。而那些开放较晚的地区，则仍然在较大程度上维持着传统体制所形成的市场结构。

其次，中央对某些地区实行政策倾斜，其他地区则一方面也去（包括采取各种“寻租”手段）积极争取中央的政策倾斜，同时自己也对外商制定一系列内部的优惠政策，结果出现各地区之间在优惠政策上的竞赛，这无疑是一种扭曲的、过度的甚至是恶性的竞争。

再其次，中央实行过分的地区倾斜，过多地把发展重点放在沿海，而忽视西部及内地，这样在放权竞争条件下，西部及内地就不甘于只是充当沿海的市场，于是引起利益摩擦，产生相互攀比、相互封锁、地方保护，导致产业结构失衡和地区产业结构趋同，影响国家经济整体的协调发展。这种区域市场结构中的矛盾，从另一个方面反映出全国性统一市场的被肢解。

最后，中央对各地区实行不同的开放政策，意味着中央给予了各地区不同的政策性垄断力量，因而必然导致地区之间的不平等竞争。这种不平等竞争并非毫无积极意义，如可以鼓励一部分地方先富起来，但若强度过大，就会导致地区差距的迅速拉大，扩大社会分配不公、资源配置扭曲等一系列问题。

二、分权模式、地方政府行为与区域市场结构

影响地方政府行为，进而影响区域市场结构的另一个因素，是政府间分权（本文更多地讨论财

政分权）的模式。在我国，地方的权力究竟应该有多大，并没有一个科学的分界。在传统的计划经济体制下，中央政府集中了几乎所有的大权，然后从中挤给地方一点权力。20 世纪 80 年代以来，开始朝着经济型分权迈进，取得了显著成就，但传统行政性分权的色彩依然很浓。某种意义上说，历次改革还并非真正是中央直接与地方划分行使权力，只是中央政府给了地方一些权力。在这种分权模式下，地方政府虽然有了一些权力，但并未得到根本上的治理权，仍不能真正发挥一级政府的管理作用（从财政的角度看，某种意义上是分钱而不是分权）对上不能独立决策，只有继续为本地区争权益；对下无根本的治理权，也就不承担实质性的责任，或者说责任约束并不是刚性的。

应当承认，地方政府作为地方的代表，向国家争项目、争投资、争一切可能得到的利益，是由来已久的，也是合乎情理的。如果这一过程中出了问题，首先应看是不是约束规则出了问题，或者对地方政府的行为有没有约束规则，如果没有或不完善，那么问题和责任就不全在地方。以卢卡斯为主要代表人物的“理性预期”学派认为，人们的心理是有理性的，对未来的经济变化具有足够的应对思想准备，并会采取各种积极的预防性措施，例如“留一手”、“打埋伏”、加大“保险系数”等。在这种情况下，政府预定的政策效果往往会被人们的“理性预期”所抵销，政府干预的预定目标往往会落空。即便人们第一次可能由于不警觉而被政府的短期政策所“要弄”，但政府再重复使用此政策就会归于失败。（马克·威而斯，1985）不可否认，“理性预期”学派的观点有夸张的成分，但其中也有合理的内核。即便是一些凯恩斯主义者，也不得不承认“新古典主义的合理预期学说是有一点有限的用途的”（萨缪尔森，1995）在我国政府间分权改革的实践中，就存在着类似的情况。例如出现了“上有政策、下有对策”以及“诸侯经济”等地方政府行为不尽规范的问题。

对于“上有政策、下有对策”或“诸侯经济”问题，实际上应从中央和地方两方面来看。从中央来说，政策制定一般有两种可能的情况：一是政策本身严重脱离实际，在执行中无法操作；二是政策虽然适合某一些地方的情况但并不适合另一些地方的情况，这样在执行中就难免出现“一刀切”的问题。在这两种情况下出现“上有政策、下有对策”，责任不全在地方。一地的资源总是一定的，要增加本地的产值，就要获得更多的资源。一是要努力从外地引进资源。但若每个地区都这样做，也就都难以从别的地区得到足够的资源。结果只能是努力保住本地的资源，做到“肥水不流外人田”。这无疑是导致我国地方本位主义和区域封锁的重要原因之一。二是向上级政府要资源。对下级政府而言，上级政府所掌管的资源无疑是“大锅饭”，谁要到归谁，谁先要谁先受益，并且几乎是没有成本的（要有的话，主要是进行游说和寻租的成本）。从而使争投资、争项目成为各级地方政府部门增加本地产值的最简单、最直接的办法。同样，那些投资多、周期长、收益慢的项目，地方并不会重视，只有由中央来投资，如果中央财政也力所不能及，这些投资也就必然滞后。此外，企业具有行政隶属关系，而一部分财政收入又是按隶属关系划分的，要增加本地的财政收入，就要增强本地政府所属企业的实力，或者增加本地所辖企业的数量。于是，围绕确保本地的财政，一方面地方政府极力发展本地的企业，使各种“五小”企业遍地开花，重复建设，盲目建设，肢解了统一的全国市场，阻止资金、技术、劳动力在地区间流动，妨碍跨地区分工协作的发展；另一方面，地方政府努力实施保护政策，用行政手段强行在本地区为企业指定经营伙伴或协作单位，规定特定的进货渠道和销货渠道，采取内外有别的双重市场制度（对内优惠，对外歧视）等等。无疑，导致这一结果的责任也不全在地方，而与中央政府的制度安排有很大的关系。地方的行为在某种程度上正是对中央的政策在理性预期的基础上所做出的某种反应。

从地方来看，一般也有三种情况：一是地方为了局部的利益，而不顾全局利益，任意对中央政策做出不适度的变通，这种做法当然不可取。二是地方结合自身的实际情况，对政策做出合理的变通，包括实施细则的制定和对某些具体问题的灵活处理，既不会损害全局的利益，又能提高局部效益，这种做法是无可厚非的。三是地方在政策运用过程中打“擦边球”的问题。之所以会出现这一现象，首先来自于一个前提条件，即政策的运用程度有一个可以伸缩的范围，虽然这一范围是有限的。另外，政策实际上是一种资源，这一资源的利用有一定的收益。在政策运用过程中，要使其边际收益最大，必然会导致“擦边球”现象的出现。

实践证明，导致地方本位主义或“诸侯经济”的主要原因，并不是中央给了地方太多的权力，而是政府与企业的关系未理顺。一方面，政企不分，企业就不可能真正按照利润最大化的原则来从事经营，包括按规模经济原则和产业关联经济原则进行专业化分工和跨地区横向联合等。政府的地域性与市场的统一性之间就必然发生冲突；另一方面，只要这种模式不变，作为中国经济主导的国有制经济必然会日益衰退，效益将日益下降，使得整个国家的经济实力不强，可供分配的剩余产品价值相对过少。在这种情况下无论中央还是地方都面临越来越严重的困难，而在越来越严重的困难面前，必然会出现某种程度的争夺既得利益和搞短期行为的现象。所以，财政分权改革决不是产生“诸侯经济”的根源。甚至可以说，我国地方的权力并不是大了，而是不规范，不是中央从法律上给了地方很多的权力，而是地方自我扩张了许多“灰色”权力。而这正与财政分权改革不到位有关。从实行联邦制的一些大国的情况来看，地方的权力都是较大的，但并未出现“诸侯经济”现象。只要国家保持政治上的集中领导，掌握着主要经济杠杆，控制着重要经济命脉，国家的统一就不会削弱。因而，分权体制并不必然导致地方的独断专行。

总之，要承认我国政府间分权改革已取得重大进展，但又要注意到分权改革还并未真正到位，中央与地方之间，以及地方与地方之间，还并未达到一种制度规范下的力量均衡。实际上，政府间的分权改革还应有另一个重要的层面，那就是这种分权不仅仅表现为是否降低了整个政府内交易的费用，还要看它是否实现了政府内交易、企业内交易和市场交易之间的最合理的替代组合，是否节约了包括市场交易费用和企业内交易费用在内的整个交易费用。而在这一个层面上，我国所进行的改革是很有限的。分权改革的结果，分配上的问题没有得到根本解决暂且不论，它带来了市场的分割、区域间交易费用的提高和地方政府对地方企业控制的加强，却是十分严重的。我国政府间分权改革起始于20世纪80年代初，而真正提出市场经济却是20世纪90年代。这一滞后是不可忽视的，说明分权改革一开始并没有把促进市场经济发展作为明确的目标，改革在很大程度上只是对计划经济条件下政府间分权体制的量变。加之政府与企业关系改革的滞后，使之在政府内部分配问题上考虑较多，而在政府交易、企业交易、市场交易如何合理替代组合上考虑较少，也就是必然的了。

正因如此，使得分权改革不仅未能从根本上解决分配问题，而且对市场结构特别是区域市场结构产生了重大的影响。

首先，在地方这一层次上，出现了传统行政垄断型市场结构的复归。虽然我国传统体制下存在着按照多层次的行政区划组织的“块块经济”，但是，受苏联模式的影响，按职能部门—公司—基层企业这样的纵向关系组织的“条条经济”，仍然是占主要地位的。在这一时期，主要是按行政系统直接管理企业，这是中央计划经济的一个重要特征。20世纪80年代以来扩大地方政府的权限，但由于改革不配套和不规范，使得条条的影响并未完全消除的同时，又出现了块块封闭。从条条来看，部门行政管理是以自上而下的控制为依托的。在这种体制下，不仅行政性工业主管部门直接干预企业经济活动，而且，人为组成的所谓全国性的大垄断公司，同样也窒息企业的生产经营能力，造成新的分割与封锁。从块块来看，它以多层次的行政区域分权为基础，筑起层层行政壁垒，造成了社会经济多层次网络状分割的格局。改革以来，曾经历了几次放权和收权，但效果不佳。在中央政府的干预减少的同时，地方政府的干预并未减少，甚至有所增加。这实际上是用“地方计划经济”来代替“中央计划经济”。正因为计划经济的特征在地方这一层次上得到了某种程度的保留，就使得中央计划经济体制下行政性垄断为主的市场结构如今在地方这一层次上重现出来。过去是以中央政府的行政垄断为主的，而今在中央的行政垄断未完全消除的同时，又增加了地方政府的行政垄断，形成了一种条条行政垄断、块块行政垄断和一定程度的市场竞争机制相结合的复杂的市场结构。

其次，相互分割的“块块经济”既限制区域的空间竞争，又在实际上抑制了部门内和部门间的竞争。从运行的结果来看“条条经济”中的决策权力主要集中在中央，其优点是可以在全国范围内选择最佳区位来有效地配置资源，其缺点则是条条之间缺少协调，以及不能充分地动员地方资源和调动地方积极性。而“块块经济”则对资源和整个经济实行切块控制，其基本优点是可以动员地方资源，减轻中央重负。缺点则在于，由于分权模式仍未完全从行政性分权转向经济性分权，分权没有更多地从法律意义上加以保障等原因，地方出现了诸多不规范行为。块块之间相互封闭，资源难于在全国范围内有效地流动和配置，产生了地方本位主义甚至“诸侯经济”倾向（胡汝银，1988）。特别是出现了地区之间产业结构的严重趋同。据测算，我国中部与东部工业结构的相似率为93.5%，西部与中部工业结构相似率为97.9%。为什么会如此呢？主要原因是体制方面的。如前所述，在新旧体制转轨过程中，地方政府仍然是投资的主体，地方政府对政绩追求的内在冲动和外在刺激乃是我国产业结构趋同现象周期性出现的根源。如果不是地方政府在投资、资金筹措、技术及人员的配备等方面直接或间接地干预以及参与，那么在全国出现同时上某一个产品的情况就是不可能的。虽然地方政府通过行政的力量在一定程度上实现了资源的重组和规模经济。但是，它不是根据经济规律和比较优势来发展产业，而是根据政绩的需要来确定产业政策；在竞争中斗不过别人时就实行地方保护主义以维持本地企业的生存。这实际上表明这样一个事实：不同行政区域企业之间的竞争演化成了不同地区政府之间的竞争。

在这种格局下，正常的竞争机制被扭曲，难以在地区与地区之间有效地横向传导。也就是说，区域的空间竞争受到抑制。而我们知道，部门内竞争和部门间竞争总是同空间竞争交织与重叠在一起的，或者说，它们总是包含着空间竞争：完整的部门内竞争必定包含着生产地点和销售地点的竞争，即包含着区位竞争；充分的部门间竞争也必定意味着资金和劳动力等要素在空间上的完全流动。所以，对空间竞争的限制，实质上也是对部门内和部门间竞争的限制。

最后，不同地区之间的市场结构存在较大差异。前面分析了对外开放的梯度推进给区域市场结构带来的影响。实际上这种影响是与政府分权改革给区域市场结构带来的影响结合在一起的。

一方面，在一个大国范围内推行分权改革，总不可能均齐地进行。这种非均齐性表现在对有些地区和企业放权早一些和多一些，对另一些地区和企业则后一些和少一些，这就使得各地区之间事实上处在不平等竞争的境地。对于先改革的地区和企业来说，由于大量仍基本处于旧体制下的企业的存在，缺乏竞争的外在强制力，从而使改革难以达到预期目标；对后改革的地区和企业来说，由于束缚了手脚，只能眼看着享受了特殊政策的邻近地区发展，其积极性会比全部企业都处于旧体制时更低。另一方面，由于不尽规范的分权模式，地方政府并未拥有足够多的被界定清楚了的权力。正是因为没有明确地方可行使哪些权力，也就不能充分明确地方不可以做什么。在法制和监督体系不健全的情况下，地方也就事实上具有较多的机动权。这就出现了一个悖论：地方既没有多大权，又有很大的“权”。地方的这种实际权力是有特定原因的。一是中央这些年来确实给了地方一些权力，如对大的政策制定具体实施细则的权力。但如何制定这些实施细则，中央的规定往往是原则性的，地方政府往往有较大的自主空间；二是对于中央政府来说，决策的依据多取自基层政府和企业，这就使地方政府拥有某种信息上的优势，并通过向中央政府提供于自己有利的信息而间接行使某种配置资源的权力。这种权力，类似于委托—代理关系中所说的“信息租金”；三是对一个大国来说，中央在行使权力时事实上存在着能力上的局限。当这种局限较大时，在某些方面对地方往往就鞭长莫及，地方政府也就能够灵活地行使某种权力，制定“土政策”，如在不能收税的情况下进行税外收费，在不能发行地方公债的情况下搞有偿集资等。

然而，地方所拥有的上述权力并不是规范的，缺乏法律上的明确界定，与责任也不对称。因此，究竟如何去获取并行使这些权力，就往往是因地而异、因人而异。而不同地区在不同程度上，用不同方式行使其机动权力，也就必然对各地区的市场结构带来不同的影响。例如，有些地方政府能较好地顾全大局，注重效益，重复建设与盲目建设等短期行为就会少些，反之则相反。还如，有的地方政府及其主要领导人观念解放，鼓励竞争，那么市场结构中竞争的程度就会高一些。有些则观念保守，仍用传统办法管理企业，则市场结构中行政垄断的程度就会高一些。

三、收益与成本分析

事实上，不但财政体制属于一个政府间分权的问题，而且对外开放优先区域的选择和方式与力度的确定，其实也是一个政府间分权问题。这样，我们可以得到一个能将本文第一、二部分统一起来的关于中央与地方政府行为的收益与成本的坐标图（见图1）。在这个图中，我们试图将中央与地方在梯度推进和财政分权中的策略选择与均衡做一个直观的描述，并评判这种均衡过程对总收益的影响。为此，我们做出如下假设：中央政府偏好于全局性的收益，而地方政府偏好于区域性的策略选择；中央与地方最终行为的选择实质上是两者偏好或策略协调与妥协的博弈过程。

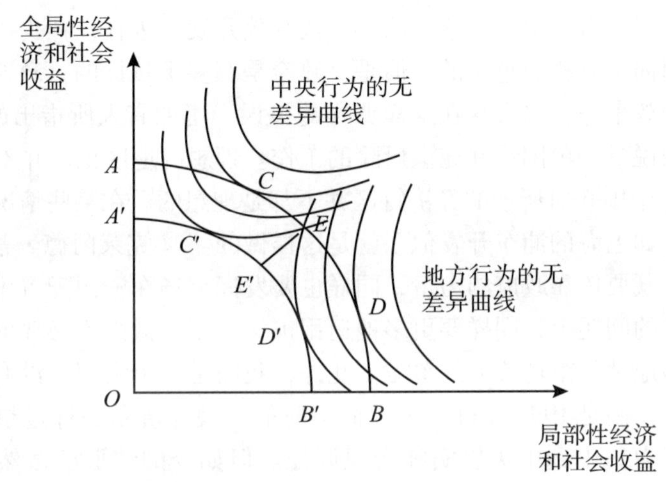

图1　收益与成本分析图

在图1中，AB 和 $A'B'$ 曲线是某项体制或政策的全局性和区域性收益的可能性曲线，曲线与 O 点的距离越远越反映收益的改进；中央与地方的偏好用两组无差异曲线表示，中央的无差异曲线斜率的绝对值小于地方，这是符合假设1的条件的，同样无差异曲线的外移说明两者效用的递增。我们运用该图来分析政府间分权和对外开放梯度推进对社会总收益的影响。

某权利体系在中央与地方间的划分会产生不同的效果：权利体系设计的收益可能性曲线是 AB，中央希望权利使用的最佳效果是 C 点，而地方对权利使用的最优选择在 D 点，线段 CD 即为中央与地方分权的制度选择集，这个区域越大，地方的机动性及其与中央讨价还价的空间也就越大。

因此，中央为达到全局的协调，就需要付出更大的监督和约束成本，以使对方的选择趋向于 C 点；而地方为追求自身的最大效用，将努力保持 D 点的利益。所以双方最终的均衡选择是介于 C 和 D 之间的 E 点。虽然，此时中央获得较 D 点为高的效用，地方也获得了优于 C 点的效用，但是两者对权利收益的评价均低于各自的最优点，按照双方此时的无差异曲线，与它们相切的总收益可能性曲线内移到 $A'B'$，从成本分析的角度来讲，这部分收益的损失是和两者间博弈与协调的交易成本相对称的，即等于 EE'。换言之，中央和地方从最初的各自选择 C 点和 D 点到后来的确定为 E 点，是一个充满策略性选择的博弈过程，是要付出相应成本的，这个成本就是上图中 EE' 所示的部分。而且，成本 EE' 的大小与 C、D 两点的距离呈正相关关系。

在这种情况下，要实现收益的改进，就必须使中央与地方间偏好差异缩小，即从制度安排上使 C 点和 D 点尽可能接近（完全一致的情况只是一种理想状态），从而使两者无差异曲线的相似程度提高，而这种改进能否实现，主要取决于三个方面：一是能否进一步推进和规范政府间的分权，使地方政府拥有更多的规范的权利，而减少由“土政策”等自我扩张行为所带来的不规范的或灰色的权力；二是在区域经济发展的政策制定上，能否尽可能充分地考虑资源禀赋、要素流动等市场机制的内在要求；三是中央政府制定的对地方的约束规则以及收益评价体系是否合理及执行力度是否足够。如果答案是肯定的，那么两者偏好的一致性将提高，或者说，地方的偏好将被规范于全局性战略之下，分权的结果将最终有利于总收益的增进。

四、政策建议

在市场经济国家，对于地区间的对外开放，政府更多地是间接引导，地区开放开发的先后、要素的流动，更多地由成本—收益等经济原则决定，国家主要是从维护主权和实施宏观贸易政策的角度来进行必要的干预。这与我国上述的开放模式是不同的。当然，在发展中国家，由政府更多地主导地区之间的开放与发展，可以少走一些弯路，加快开放开发的进程，减少由企业和市场进行交易所产生的交易成本，因而是有积极意义的。但是，政府是有多重目标的，政府也是有缺陷的，由政府来直接控制地区的开放事务，也会存在这样那样的失误。正如有人所指出的："选择合适的增长中心或区域，对政府来说是一项困难并充满风险的工作。理想的地区也许并不会被选择来实现'强制的'或优惠的增长。中国政府所选的经济特区并不都是理想的。在某些情况下，根据现有的地区实力来建立也许更好，如上海的浦东开发似乎就是这样做的。"（克莱门德·蒂斯坦尔，1995）这表明，区域经济的发展，既要依靠政府的力量，同样也要发挥市场在资源配置中的基础作用。在发展长江流域和西部大开发的问题上，同样要更多地运用市场机制，减少不必要的政府行政干预，以免重蹈政府行政手段过多地替代市场势力的覆辙。此外，我国是一个大国，没有适度的政府间分权是不现实的。现行的财政体制是1994年确立的，而当时的宏观经济是一种过热的泡沫经济，所以在体制上更多地强调把权力集中到中央以实施宏观调控。但如今的情形已截然相反，是有效需求不足，经济不景气。要启动需求，发展经济，就必须调动包括地方政府在内的一切积极因素。实际上，近20多年来，我国的许多改革方案与措施是由地方发明，而后经中央认可在全国推广的，如农村的联产承包责任制、苏南发展乡镇企业、广东顺德进行机构改革等，表明地方蕴藏着许多的创新潜能。可以说，没有20世纪70年代末以来的放权改革，就不会有今天的成就，同样，进一步地推进和规范政府间分权，很可能是我国经济和社会发展的一个新的增长点。

参考文献：

1. 马克·威尔斯、丹尼·贝尔、欧文·克里斯托尔主编：《经济理论的危机》中译本，上海译文出版社1985年版。
2. 萨缪尔森：《诺贝尔经济学奖得主专访录——评说中国经济与经济学发展》中译本，中国计划出版社1995年版。
3. 杨灿明：《论中央与地方财政分配关系中的五大问题》，载于《财贸经济》1994年第10期。
4. 胡汝银：《垄断与竞争：社会主义微观经济分析》，上海三联书店、上海人民出版社1988年版。
5. 马洪、孙尚清主编：《中国的经济发展》，中国发展出版社1995年版。
6. Bucknall, K. B. 1989, *China and the open door policy*, Allen and Unwin, Sydney and London.

（本文载于《经济研究》2000年第11期）

垄断与竞争：中国银行业的改革和发展[*]

于良春　鞠　源

摘　要： 本文以中国银行业20年来改革演进为基础，对银行业市场结构的变化及其对银行行为和行业效率的改变作实证研究，并分析我国银行业放松管制改革的成功与不足，特点与意义及其发展取向。本文认为，中国对银行业实施的放松管制改革打破了银行业的垄断状态，市场竞争度上升，市场组织体系趋于完善，初步实现了由传统向现代的过渡，行业经济绩效不断提高。但是，银行业的高度垄断的市场结构并没有实质性改变，竞争度与开放度仍然有限，过多的严格管制限制了银行业的进一步发展和经济绩效的改进，不利于民族银行业国际竞争力的提高。因此，应在既有改革的基础上，根据整体经济发展状况继续对银行业实施有控制的放松管制的改革，推动中国银行业的现代化和国际化，迎接国际竞争。

一、对中国银行业市场结构的实证分析

（一）基本市场结构划分与度量

市场结构是指特定的市场中，企业间在数量、份额、规模上的关系，以及由此决定的竞争形式。依据垄断程度从低到高的次序，市场结构一般被划分为四个类型，即完全竞争、垄断竞争、寡头垄断和完全垄断。哈佛大学的梅森（Mason）和贝恩等人在理论上构造了市场结构（structure）—企业行为（conduct）—经济绩效（performance）的分析框架（简称SCP框架），其基本含义是，市场结构决定企业在市场中的行为，而企业行为又决定市场运行在各个方面的经济绩效。

一个特定的市场属于哪种市场结构类型，一般地取决于下面三个要素：

1. 市场份额。是指某个企业销售额在同一市场（或行业）全部销售额中所占比重。一般而言，某市场中，企业越多，单个企业所占比重越低，即市场份额越小，该市场的竞争程度越高。对于银行业来说，这一要素可以通过四个指标说明，即存款比率 R_d，贷款比率 R_l，总资产比率 R_a 和利润比率 R_p，单个银行指标值越大，即所占市场份额越大，垄断程度也就越高。

R_d = 某银行存款总额/国内同期金融机构存款总额

R_l = 某银行贷款总额/国内同期金融机构贷款总额

R_a = 某银行资产总额/国内同期全部金融资产

---

* 本文是中欧合作研究项目“竞争、管制与国有企业改革的比较研究”的成果之一。魏如山、刘东峰、胡雅梅、王铮、王普参与了有关讨论。

R_p = 某银行利润总额/国内同期银行利润总额

2. 市场集中率。是指某一特定市场中少数几个最大企业所占的销售份额。一般地，集中度越高，市场支配势力越大，竞争程度越低。市场集中率是在市场份额的基础上计算得来。市场集中度的计量方法有多种，本文选择 CR_n 指数和赫芬达尔（H）指数两个指标来说明。

CR_n 指某行业中前几家最大企业的有关数值的行业比重，式中 n 通常取 4 或 8（见公式（1））。一般地讲，这一指标数值越高，表明行业垄断性也就越高。它同时综合反映了企业数目及规模分布这两个决定市场结构的重要方面，具有较强的说服力。但是它不能反映最大的几家企业的个别情况，也难以说明市场份额和产品差异程度的变化情况。

赫芬达尔指数（Herfindahl Index），简称 H 指数，则较好地克服了 CR_n 指数的不足（见公式（2））。

$$CR_n = \sum_{i=1}^{n} X_i / \sum_{i=1}^{\text{全部}} X_i \tag{1}$$

$$H = \sum_{i=1}^{n} (X_i/T)^2 \tag{2}$$

式（2）中，H = 赫芬达尔指数； T = 市场总规模； X_i = 各个企业的有关数值； n = 该行业企业总数。

显然，在完全竞争条件下，H 指数将等于 0；在完全垄断条件下，因为只有一家企业，所以 H 指数将等于 1；如果市场中所有企业规模相同，H 指数将等于 $1/n$。一般说，H 指数越小，越接近于 0，竞争度则越大。

考察银行业市场集中率，也分别用存款、贷款、资产总额、利润额等数值形成的 CR_n 指数来说明。鉴于某些统计数字较难获取，而 H 指数又对数据要求较高，因此，只采取总资产和利润额来计算 H 指数。

3. 进入壁垒。是指进入某一特定市场所遇到的各种障碍的总和。主要有国家立法、机构政策禁止或限制某些厂商进入一些特定行业所形成的政策性壁垒；因资源分布的区域性导致某地厂商无法取得该资源而不能进入特定行业的资源性壁垒；影响潜在进入者进入某一行业的技术性限制所形成的技术性壁垒；使潜在进入者增加进入成本和运营成本的因素所构成的成本性壁垒及已存在企业为了抵制潜在进入和现实进入而采取不利于进入者的措施而形成的抵制性壁垒。

就我国银行业而言，其进入壁垒主要是指国家法规及审批管制所构成的政策性壁垒。

（二）对中国银行业市场结构的量度

中国的银行业市场结构随着计划经济向市场经济的转轨而不断变化。1979 年以前在计划经济环境下，中国人民银行是国内唯一的一家银行，基本上承揽了全部金融业务，因此，1979 年以前的银行业市场结构是典型的完全垄断市场；从 1979 年到 1984 年，中、农、工、建四家专业银行，打破了中国人民银行一统天下的局面，但由于当时四家银行存在较为严格的专业分工，业务条块分割，服务对象范围相对固定，互不交叉，每家银行都对自身业务范围拥有绝对的垄断地位，不存在竞争对手，如中国农业银行对农村业务的占有量达 95% 以上。因此，这一阶段的银行业市场结构仍旧是高度垄断的；从 1986 年到现在，随着中国人民银行央行地位的确立，国有专业银行的商业化改革以及众多商业银行的成立，加上外资银行的大量进入，中国银行业市场结构发生了重大变化，新的市场组织体系形成。

以下通过几个市场结构指标量度现阶段中国银行业的市场结构状况。

1. 市场份额。如表 1 所示。

表 1　　国有银行市场份额 R_a、R_p、R_d、R_l 一览表（期末数）　　单位:%

银行 \ 年份 \ 指标	R_a			R_p			R_d		R_l	
	1994	1996①	1997	1994	1996②	1997	1996	1997	1996	1997
中国工商银行	34.18	34.59	34.13	19.4	12.73	11.04	27.37	27.32	28.03	26.63
中国农业银行	16.26	13.98	13.69	2.41	10.25	2.84	13.11	13.47	13.34	13.09
中国银行	23.85	20.08	19.04	24.82	25.36	21.25	18.02	16.7	16.54	15.50
中国建设银行	18.13	20.26	26.33	12.8	10.59	6.79	15.39	15.89	14.22	14.80

说明：1994 年资产总额来自 14 家商业银行。①②的数字为在 14 家商业银行基础上加入民生银行、海南发展银行、烟台住房储蓄银行、蚌埠住房储蓄银行及城市合作银行的有关数据而来的。

资料来源：据《中国金融年鉴》有关年份、《中国金融》1998 年第 7 期、1998 年第 8 期整理而成。

通过表 1 可以看出，随着业务经营范围管制的放松和专业银行商业化改革的深入，四大商业银行之间的竞争开始出现，并一直呈现较为激烈的态势。其中，中国工商银行在资产、存款、贷款三个指标方面占据了较为突出的地位。中国银行则在经营利润方面拥有明显优势。因此，从市场份额上看，目前中国银行业的市场结构具有寡头垄断特征。

2. 市场集中率。先看一下表 2，从中可知，四大国有商业银行在资产方面，占据了国内市场 90% 左右的份额，利润额比重接近 60%（但呈现出一种较为明显的递减趋势，若将外资银行利润额考虑在内，则更将突出这一特点），存款和贷款比重则一直在 70% 以上。这几个指标的居高不下，说明四大商业银行作为国有独资的产权性质集体，在中国银行业中居高度垄断地位。但从利润、存贷款指标看，其他商业银行也开始占有一席之地，这样一个变化则更具有说服力：国有商业银行以外的金融机构新增贷款占全部金融机构新增贷款的比重，由 1990 年的 22%，上升到 1996 年的 49%（据《中国金融年鉴 1998》）。

表 2　　市场集中率 CR_n 一览表（n =4 期末数）　　单位:%

项目 \ 年份	1994	1996	1997
资产总额	92.42	88.92	93.19
利润额	59.43	58.93	41.92
存款总额	72.5	73.89	73.38
贷款总额	—	72.13	70.02

资料来源：据《中国金融年鉴》有关年份、《中国金融》1998 年第 7 期、1998 年第 8 期整理而成。

由于具体数据获取的困难，表 3 中赫芬达尔指数只能在 14 家主要商业银行的范围里得出资产和利润两类的值，但它的解释力仍然是很强的，因为除了这十四家银行外，还有两家住房储蓄银行和一些城市商业银行，它们均规模较小，对 H 指数的影响可以忽略不计。N 指数可以辅助说明市场结构状况。从资产和利润两指标看，从 1994 年到 1996 年 H 指数均有一定程度的下降，表明行业竞争度有所加强。从较为直观的 N 指数看，市场中约有 4 家资产规模相等的银行或 6 家利润额相等的银行，它们在市场中拥有较大的份额和控制力，由此也可以说明当前中国银行业尚具有较高的垄断度。若从前四家银行均为国有商业银行这一角度分析，则更加说明在这一行业中国有产权占据绝对垄断地位。但动态地看 N 指数的变化，可以知道，1994 年市场中约有资产规模大致相当的银行 4.260 家，而 1997 年则有 4.326 家；1994 年约有利润额大致相当的银行 5.706 家，而到 1997 年则有 8.124 家，这表明，除原有的四大银行外，其他银行成长较快，竞争力提高，整个银行业市场的竞争度，尤其体现在利润额方面得到了相当程度的上升。

表 3　　赫芬达尔指数（H）、N 指数一览表（期末数）

项目 \ 年份 \ 指数	H 指数				N 指数			
	1994	1995	1996	1997	1994	1995	1996	1997
资产总额	0. 23476	0. 24012	0. 23259	0. 23116	4. 260	4. 165	4. 299	4. 326
利润额	0. 17524	0. 16896	0. 15232	0. 12309	5. 706	5. 919	6. 565	8. 124

说明：按 14 家商业银行计算，N 指数是 H 指数的一种转化形式，N 指数 N = 1/H，N 是一种“当量值”，它等于规模相等的企业数目。

资料来源：据《中国金融年鉴》相关年份整理而成。

3. 进入壁垒。政策性壁垒是主要的中国银行业进入壁垒，突出表现在政府的进入管制上。

长期以来，由于计划经济的影响，我国对于银行业的认识较为褊狭，加上银行业自身的特殊性、重要性以及我国金融发展滞后的状况，我国一直对其实施非常严格的政府管制制度，避免竞争，维护垄断，力图将银行业及整个金融业牢牢地控制在国家手中。但是，这一严格的管制制度随着改革的发展而发生了显著变化。一般的，一国的经济发展必然伴随着金融深化与金融开放的过程。经济体制改革是中国银行业市场演变的根本原因，改革开放政策的实施和市场经济体制的建立都要求有一个多元的、开放的、竞争的和发达的现代银行体系。

从行业进入的角度总起来看，随着改革开放的发展，我国银行业从业家数不断增多，不同规模、不同产权性质的银行大量出现，原来的高垄断度不断降低的趋势是很明显的，银行业已初步形成垄断竞争的市场结构。

二、中国银行业企业行为和经济绩效的实证分析

（一）中国国有银行企业行为的演变

面对变化了的市场结构，国有独资银行随着内部经营机制的商业化改革，其行为特征转到市场化方向上。在相同的市场组织结构中，众多市场行为主体面临日趋激烈的市场竞争，都企图在容量一定的情况下扩大自己的市场份额，确立自己的地位，求生存、求发展，这其中尤其是四大国有商业银行行为特征的前后转变对比显著，它们不得不改变过去垄断时期的行为方式，行为目标转向利润最大化，改善服务、拓展业务、立足市场、开展竞争。市场结构的改变，市场化企业行为的出现和发展以及市场竞争机制的建立促使中国银行业由传统走向现代，市场绩效大大提高（见表 4）。

表 4　　不同市场结构下的国有独资商业银行行为特征

	严格管制时期，完全垄断的市场结构	放松管制，专业银行商业化改革后形成的竞争性市场结构
企业行为目标	完成信贷计划，行政性行为目标	利润最大化，企业生存发展
分支机构设置	按行政规划和行政级别设立分支机构	调整机构网点，通过撤销、合并及机构改革，实现资源的合理分配，有效利用
经营方式	粗放型经营	集约化经营
服务质量	服务意识差，服务质量较低	服务意识增强，提供优质服务以赢得客户
业务种类	种类单一，除传统的信贷业务外，缺乏其他业务品种	业务多元化，大力开展中间业务并根据市场需求，提供新的业务品种
技术与业务创新	缺乏创新动机，技术更新缓慢	积极开拓新的业务领域，应用新技术提高竞争力

续表

	严格管制时期，完全垄断的市场结构	放松管制，专业银行商业化改革后形成的竞争性市场结构
广告宣传手段	广告宣传意识较弱，不注重形象塑造	导入企业 CI 形象设计，注重广告宣传和企业形象的塑造，把广告宣传作为重要的竞争手段
价格策略	严格执行国家统一利率，没有价格策略	尽管央行制定统一利率，仍旧不同程度地存在“高息揽储”现象（降价动机明显，竞争一度进入无序状态，扰乱金融秩序），后经整顿得以改观
降低消耗	不重视降耗挖潜，经营成本高	重视降低消耗，内部挖潜，通过降低成本提高竞争实力
行为约束	行为软约束，缺乏外部压力，内部无激励约束机制，“大锅饭”现象严重	行为硬约束，市场压力大，建立激励约束机制，追求高效率，高效益
经营自主权	行政干预色彩浓，缺乏经营管理自主权	享有经营自主权，行政干预越来越少

（二）新兴商业银行的行为特征与竞争力分析

新兴商业银行主要有两类，一类是交通银行，中信实业银行、招商银行、深圳发展银行、福建兴业银行、广东发展银行、中国光大银行、华夏银行、上海浦东发展银行等若干家商业银行，它们均非国有独资，而是经历了规范的股份制改造，自成立之日起就基本上作为单纯的商业银行面貌出现；另一类是地方性的城市合作银行，它在各自区域的城市信用社基础上组建而成，目前发展迅速，是渐趋显要的地方性金融力量。

由于要在四大银行绝对垄断形势下“夹缝中求生存”，担负着四大国有独资银行所不具有的生存发展压力，因而这些新兴银行从一开始就注重按照标准的现代商业银行管理运营模式确立内部管理机制，规范企业行为，基本上都建立了以公有制为主体的股份制结构，产权清晰，制约力强，虽然得不到政府补贴，但不承担国家政策性贷款业务，很少有政府干预，在企业利润最大化和生存发展的行为目标指引下，管理严密，机制灵活，经营规范，服务完善，利用竞争手段开拓市场，其行为特征的市场化和竞争性远较国有独资商业银行为甚。以招商银行为例，它重视内部管理，提高服务质量，于 1996 年 8 月 25 日率先推行储蓄服务 ISO9001 质量保证体系，并于 1997 年 3 月 26 日成为国内第一家通过 ISO9000 认证的商业银行。并且，这些新兴商业银行在人事制度上比较灵活，人员可以选聘，可以辞退，工资待遇与效益相结合，一些银行还取消了过去的行政级别制度，这就使得新兴银行在人才竞争上占有较大优势。另外，中国银行业的并购重组行为也首先出现在这些新兴银行间，经中国人民银行批准，1996 年广东发展银行收并中银信托投资公司，1998 年 12 月，中国投资银行并入国家开发银行，1999 年 3 月 18 日中国光大银行整体收购原中国投资银行 29 个分支行的 137 家同城营业网点，则是我国银行业首例两家银行机构真正按照商业原则进行转让、资产重组的并购行为。这些都表明新兴银行已开始考虑运用并购扩大规模、降低成本、拓展业务空间，增强自身竞争实力。正是由于具备这些优势，新兴银行克服自身所处的不利境况，初步打破了银行业中国有独资商业银行高度垄断的状态，并以优于国有独资商业银行的经营业绩确立了竞争优势。交通银行自成立以来，创造了骄人业绩，近 7 年来，人均利润始终在 12 万元以上，且自 1996 年起，连续三年被权威杂志《欧洲货币》评为中国国内最佳银行。招商银行的资产收益率数年来居国内前茅，按照英国《银行家》杂志 1996 年 7 月的排名，招商银行已经跨入世界 1000 家大银行的行列，尽管按一级资本额和总资产额排名分别居第 622 位和 516 位，但按平均资本利润率和资产收益排名，均居第 11 位，从《银行家》1998 年 7 月份公布的数据看，该银行按一级资本额已升至 442 位。

当然，由于这些新兴银行大多规模较小，抵御风险的能力有限，倘若经营不善，亏损倒闭就不可避免，如 1998 年海南发展银行倒闭一事就是一个明证。

地方性商业银行由于在掌握本地信息方面更具优势，经营也较为灵活，适合对地方中小企业进行融资，因而已成为地区性银行业竞争的一支重要力量，只是经营不规范和受地方政府干预现象较为严重。

（三）各类银行效率对比分析

在上文对各类银行行为特征分别加以分析的基础上，再综合起来，就各类银行的经营效率进行对比分析，从中可以看出在目前的中国银行业市场结构下的具体竞争状况和效率差异。

1. 经营效率指标分析。在此主要通过资产利润率、收入利润率、人均创利率，人均存款率和机构平均存款率等指标来分析各银行的获利能力和经营效率。

先看一下表5。银行作为金融企业有其特殊性，它的资产利润率一般都很低，平均在3%以下。四大国有独资商业银行的资产利润率近年来平均值为0.26%，且呈下降趋势；十家新兴的综合性商业银行则表现较好，平均为1.70%，为国有独资商业银行的6.5倍，且呈稳中有升之势，其中深圳发展银行和招商银行则分别达到2.90%和2.52%，接近世界上最佳银行的资产利润率水平；由于数据获得上的困难，外资银行的资产利润率只能以税后账面利润与资产总额之比来代替，所以外资银行的真正资产利润率要大于表中数字。

表5　　中国银行业资产利润率、收入利润率比较　　单位:%

	资产利润率				收入利润率			
	1995年	1996年	1997年	平均值	1995年	1996年	1997年	平均值
中国工商银行	0.15	0.16	0.08	0.13	—	0.77	0.38	0.58
中国农业银行	0.35	0.32	0.05	0.24	3.65	3.58	0.64	2.62
中国银行	0.52	0.55	0.26	0.44	7.42	8.24	4.16	6.61
中国建设银行	0.36	0.23	0.08	0.22	5.91	4.04	1.54	3.83
四大国有独资商业银行综合平均值	0.35	0.32	0.12	0.26	—	4.16	1.68	3.41
交通银行	1.69	1.45	1.16	1.43	22.15	19.82	18.19	20.05
中信实业银行	1.17	1.46	1.59	1.41	20.00	11.91	23.55	18.49
中国光大银行	1.59	1.89	2.66	2.05	17.16	22.03	33.22	24.14
华夏银行	1.62	1.83	1.32	1.59	29.63	34.25	25.26	29.71
中国民生银行	—	0.14	2.11	1.13	—	4.04	46.79	25.42
广东发展银行	1.15	0.53	0.35	0.68	13.55	7.00	5.23	8.59
深圳发展银行	2.49	3.06	3.15	2.90	24.08	35.23	35.86	31.72
招商银行	2.74	2.62	2.21	2.52	35.74	35.85	34.46	35.35
福建兴业银行	1.09	1.11	1.98	1.39	11.28	8.77	14.58	11.54
上海浦东发展银行	1.61	1.92	1.62	1.72	21.87	24.18	18.94	21.66
十家综合性商业银行平均值	1.68	1.60	1.82	1.70	21.72	20.31	25.61	22.57
城市合作银行①	—	2.00	0.91	1.46	—	—	—	—
在华外资银行②	0.73	0.61	0.67	0.67	—	—	—	—

注：①1996年为18家，1997年为61家；②其资产利润率为税后账面利润与资产总额之比。
资料来源：据《中国金融年鉴》相关年份计算得出。

收入利润率是净收入与经营总收入（即营业收入）之比，是衡量银行获利能力的重要指标。从表5中看，四大国有银行收入利润率仅为3.41%，新兴综合性商业银行为22.57%，是前者的6.6倍。

因此，从资产利润率和收入利润率两个指标看，国有商业银行的经营效率远低于新兴综合性商业银行、地方商业银行和外资银行，这与其在中国银行业中的规模和地位极不相符。这说明银行的规模与其资产利润率关系不大（这从十家综合性商业银行之间的对比也可看出），但倘若就此断定国有银行经营能力低下则为时过早。因为由于体制原因，国有银行有沉重的历史包袱和繁多的社会责任，经营决策和利润的实现在很大程度上不能由自己控制，在这种情况下，用资产利润率来反映银行效率会产生较大的扭曲现象。所以现结合人均指标等作进一步分析，如表6所示。

表6　　1997年银行业其他经营效率指标与成本费用指标一览表

	人均创利率（万元）	人均存款率（万元）	机构平均存款率（万元）	存款费用率（%）	贷款费用率（%）	资产费用率（%）	人均费用（万元）
中国工商银行	0.55	402.5	5783.3	1.31	1.48	0.73	5.28
中国农业银行	0.16	220.7	1761.0	1.90	2.15	1.34	4.19
中国银行	3.49	816.8	9022.3	1.65	1.95	1.02	13.46
中国建设银行	0.56	396.6	4307.7	2.87	3.39	2.25	11.38
四大国有独资商业银行平均	1.19	459.2	5218.6	1.93	2.24	1.34	8.58
交通银行	11.49	656.1	—	1.54	2.23	0.94	10.08
中国光大银行	64.00	1872.3	42294.6	0.86	1.21	0.67	16.13
华夏银行	28.23	1423.9	48516.4	1.60	2.81	1.07	22.84
中信实业银行	37.89	1935.5	57080.4	1.23	2.39	1.00	23.87
中国民生银行	44.48	1580.5	80882.4	1.36	3.60	1.02	21.49
深圳发展银行	—	—	—	2.17	2.72	1.68	—
福建兴业银行	—	—	—	3.85	5.25	2.41	—
上海浦东发展银行	—	—	—	1.28	1.90	0.99	—
综合性商业银行平均①	37.22	1493.7	57193.5	1.74	2.76	1.22	18.88

注①：因数据披露有限，银行业经营效率指标只能计算此五家综合性商业银行的相关数据而得出；经营成本费用指标只能计算以上八家银行的相关数据而得出。

数据来源：据《中国金融年鉴》相关年份整理计算得出。

由人均创利率可知，其他综合性商业银行平均为国有银行的31倍。倘若这种对比的悬殊尚相当部分地归因于国有银行由于多种原因利润较低的话，那么，人均存款率和机构平均存款率两个指标所表明的差距则是真正意义上的经营效率差别。就人均存款率看，综合性商业银行是国有商业银行的3.25倍；就机构平均存款率看，前者则是后者的11倍。这就进一步说明，在目前中国银行业中，经营效率与规模的大小无关。

2. 成本费用指标分析。营业费用定义为银行投入，它是为取得产出而必须支出的资金，由于我国尚未实行利率市场化，故利息成本不是反映银行经营状态的良好指标，而用营业费用来考察一定产出水平下的成本耗费节约程度来分析银行效率则更为恰当，如表6所示。

从存款费用率、贷款费用率和资产费用率三项指标看，中国银行业间没有明显的效率差别，四大国有商业银行并没有因为存在规模优势而使成本费用得到显著降低，相反，中国光大银行、华夏银行等银行尽管无论从存、贷款或资产规模而言都无法与四大银行相提并论，却在控制成本费用方面成效突出。这就至少对中小银行不具备成本费用优势的观点构成有力的驳斥。

另外，就人均费用指标看，国有商业银行则明显低于综合性商业银行，后者是前者的2.2倍。这个数据的比较说明了重要的经济含义，也说明了两类银行的行为差异。新兴的综合性股份制商业银行可以用十分优厚的工资、福利、待遇来吸引最优秀的经营管理人才和高素质职员，这些人才的综合素质所产生的经营管理效率是难以估量的，而国有商业银行现有的庞大冗员职工队伍和繁多的管理层次和机构，产生了巨大的工资福利成本总量压力，使之只可能以较低的平均待遇来平衡行内各方利益，它带来的必然结果是较低的激励强度和优秀人才的流失。随着金融技术的飞速发展和竞争的加剧，国有银行落后僵硬的经营机制和较低的员工素质，特别是大量中间管理层的素质不高，将成为进一步发展的最大障碍。

3. 信用风险指标分析。信用风险指标反映了信贷资产质量方面的问题。由于我国商业银行不良资产比率的准确数字目前还无法得到，因而只能从不同渠道的披露中作大致的衡量。有学者估计我国国有商业银行不良资产比率 1995 年为 12.93%（李元旭、蒋永祥、吴小静，1998.5），1996 年为 24.44%（李欣欣，1998），有的则估计这一数字为 30%（社科院课题组，1997），而外界传媒则普遍报道这一数字高达 25% 甚至 50%（《国际金融信息报》1998.1.19），中国人民银行行长戴相龙则估计 1997 年中国各银行的不良贷款（逾期、呆滞和呆账）占银行总贷款的 24%，而真正意义上的坏账约占贷款总额的 5% ~6%（《国际金融信息报》1998.1.19），而新兴的综合性商业银行，其不良资产比例约为 2.36%（李元旭、蒋永祥、吴小静，1998.5）。国有商业银行不良资产比例的准确数字虽然尚无法得到，但比例过高却是一个普遍接受的事实；而在这方面，新兴商业银行由于经营良好，没有体制原因造成的历史包袱，因而不良资产比例较低，资产状况较好，较之国有银行有明显优势。

通过对比分析上述三类指标，可以总结出对目前中国各类银行经济绩效和竞争态势的三点认识：

第一，中国银行业放松管制的改革使得新兴银行得以进入，从而在竞争发展中得以对各类银行的经济绩效进行有效对比，暴露了国有独资商业银行的弊病和效率低下状况；

第二，四大国有独资商业银行尽管在国内银行业居于垄断地位，但其获利能力和经营绩效则明显低于新兴综合性商业银行和外资银行；综合性商业银行和城市合作银行虽然成立较晚、规模较小，但具有较强的盈利能力，经营效率远高于四大国有银行；外资银行虽然就规模而言尚无法与其他类银行相比，但其良好的财务状况、盈利能力和发展前景无疑是中国银行业潜在的巨大威胁；

第三，认真比较各类银行，包括外资（国）银行的具体经营指标，可以发现，除了个别总量指标外，银行的经营效率和盈利能力基本与规模无关，这给中小银行的成立与有效发展提供了有力的证据并且现实中也的确如是，新兴商业银行，包括各地城市合作银行的成立以及良好的增长势头和发展潜力，改变了中国银行业低效垄断的面貌。

三、中国银行业组织体系与管制制度的前瞻和思考

（一）一个总的趋势

一国的银行业是该国金融业的核心，它的发展状况直接影响到本国经济的稳定和健康发展。从上文的实证分析中可以看出，中国银行业自 1978 年以来所进行的改革迄今已取得了阶段性成果，主要表现在垄断的打破，从业家数增多，竞争程度上升，银行服务质量与经营效率提高以及较为完善的现代化多元银行业组织体系逐步建立等方面，改革成功的原因从政策导向和具体措施上看，关键在于管制的放松。但是，无论从国内还是国际两方面看，这场改革还远未达到其最终目的：从国内的发展状况看，四大国有商业银行不良资产比例过高，资本充足率低，经营状况不容乐观，银行业垄断程度仍然较高，在市场进入和业务经营上仍旧有严格的管制，缺乏公平的竞争环境，对外开放度有限，银行业的组织体系建设方面还有许多欠缺；从国际比较看，我国银行业的发展尚比较幼稚，整体效率有待提高，国际竞争力差，缺乏有实力的超级跨国银行。因而，只有通过在管制制度上做进一步改革，以此促进银行业的健康协调发展，才能最终在我国建立起具有较强国际竞争力的、完善高效的现代银行体系，进而不断推动经济的发展。

面对这样的银行业现状和改革任务，结合世界银行业发展潮流，中国银行业未来的改革趋势也就有了一个清晰的轮廓：通过按经济区域设立分支机构等措施减少政府干预，强化银行业的独立

性，推动商业化进程；继续对整个行业实施放松管制的改革，从市场进入、价格放开、打破经营限制，提高开放度等方面促进行业多元化局面的出现并提高竞争度，以此促进行业效率的提高；政府实施合理调控和严格监管，维护银行业的安全发展并促进市场有效竞争；继续完善银行业组织体系，通过向海外拓展业务和商业并购实施行业的高水平发展和有效集中，推动民族银行业国际竞争力的上升。

（二）具体的政策措施

第一，继续放宽行业进入限制，鼓励民营银行和外资银行的设立和发展，提高开放度、促进市场竞争。

尽管有一批新兴股份制银行和地方性银行成立，但我国银行业的垄断度仍然居高不下，四大国有独资银行占有70%以上的市场份额。且地区竞争呈不均衡状况，新兴商业银行在设立分支机构方面受到严格限制，不利于它们开展跨地区业务和壮大规模。民营银行的进入和发展尤其受到压制，迄今为止，只有中国民生银行一家民营性质的商业银行，外资银行在分支机构的设立和业务开展方面也都受到严格管制，再考虑到其他股份制银行的国家股绝对控股地位，更加强化了中国银行业的高度国有化特征。而真正成熟的市场竞争必然是在不同产权主体之间展开的，由于缺乏民营和外资成分，市场整体产权性质趋同，国有化程度过高，这就大大削弱了中国银行业的竞争程度。我国银行业目前虽已打破垄断，但竞争水平不高，放松行业进入的管制应将重点放在准许非国有产权主体的建立和发展上。

第二，放松价格管制，推进利率市场化。

依据罗纳德·麦金农和爱德华·肖的金融深化论，发展中国家金融改革的核心部分是利率市场化，这时利率会带来储蓄、投资、技术创新，就业和收入五大效应。撇开利率市场化这一层次上的意义不谈，单就银行业自身改革发展来看，它也是极其重要的。价格竞争是最重要、最核心的竞争手段，管制利率政策必然是以扭曲的银行竞争行为为代价的，并且造成银行经营的风险，资源的浪费，使国内银行与外资银行相比由于筹资成本原因而处于不利地位。只有放开价格管制，才能真正达到银行业的有效竞争。而我国目前的银行业发展水平和在有限放松贷款利率管制方面的经验都为此项改革打下了一定基础。

第三，放松分业经营管制，提高行业绩效。

尽管依据当前央行的监管水平和商业银行的自律机制，银、证分业经营无疑是正确的选择。但从国际银行业的实践和发展趋势看，商业银行的投资与贷款构成了商业银行的两大资产业务，这是银行资金运用的最主要途径和收入的最主要来源。并且银行业与保险、证券、信托及其他金融业务的日渐融合是主流发展趋势，德国和日本的银行资本与产业资本的融合对这两个国家的经济起飞发挥了重要作用。全能模式是中国银行业的必然选择，分业经营必然不利于未来中国银行业的发展壮大和国际竞争力的提高，它的存在只能是暂时的，应根据市场体系的发育状况和宏观监管的水平在适当时机，逐步取消分业经营限制。

第四，对国有独资商业银行进行产权改革。

面对国有独资商业银行资本金不足的问题，依靠财政继续发行特别国债是不现实的，不仅是困难的财政所不能承受的，也是难以根本解决问题的，因为在现代货币经济条件下，金融资产的增长速度大大超过财政收入的增长速度，即使财政状况好转也难以满足国有银行巨大的资本金需求。所以，要充实银行资本金、维护金融稳定和健康发展，就必须按照现代企业制度的要求，进行国有银行的产权改革，通过股份制改造，吸纳新的资本，并且可以促进国有银行的商业化进程，提高四大银行的经营效率。

此外，还应当拓展海外业务，推动我国跨国银行的发展，在“国际竞争国内化”的基础上，实现“国内竞争国际化”；鼓励兼并联合，提高民族银行业的国际竞争力；建立存款保险制度，完善银行业组织体系建设；有控制地放松管制，加强监管，建立公平的竞争环境。

四、简短的结语：中国银行业放松管制改革的意义

中国银行业放松管制的改革其实质是在过渡（转型）经济中实现银行业的市场化。由于在本行业内目前已基本完成了由计划体制向市场体制的转轨，竞争开放、完善多元的银行业组织体系初步建立，因此成为世界上此类改革中迄今为止首次最为典型的成功案例，从而在理论和实践上都具有开创性和现实性，具有意义。

本次改革采取渐进的策略，政府在其中发挥了主导作用，对整个行业进行有控制的逐步的放松管制，避免了激进改革造成的剧烈震荡和衰退（譬如俄罗斯等国对银行业采取激进措施导致的恶果）。增量主义是中国银行业组织体系改革的另一个显著特征，通过在庞大的国有银行体系之外增生新主体、打破垄断、加强竞争，保证了在平稳发展中提高行业效率，基本达到了以增量带动存量的目的。“垄断→竞争→竞争基础上的有效集中”是中国银行业改革的基本发展方向，由于历史和体制的原因造成了我国银行业的高度垄断和高度国有特征，因而只有先行经历一个鼓励进入、扩大竞争的阶段，才有可能在将来效率提高的前提下进行适度集中以促进国际竞争力的上升。此外，银行业放松管制改革的成功说明对于提高行业效率和竞争力而言，产权改革与内部管理改革固然重要，市场结构的改革更不容忽视。

中国银行业放松管制的改革是发展中国家实施经济转型过程中对银行业转轨进行的首次成功实践，它一方面从转型经济银行业发展的角度丰富了银行业经营管理理论和产业组织理论，从而对其他类似的经济体有明显的启示性；另一方面也对我国其他行业进行市场组织方面的改革以提高经济绩效具有重要的借鉴意义。

参考文献：

1. 刘逖：《跨国银行与金融深化》，上海远东出版社 1998 年版。
2. 戴相龙、桂世镛：《中国金融改革与发展》，中国金融出版社 1997 年版。
3. ［美］丹尼斯·卡尔顿、杰弗里·佩罗夫：《现代产业组织》，上海三联书店、上海人民出版社 1998 年版。
4. 李元旭、蒋永祥、吴小静：《国有商业银行竞争力分析》，载于《财经问题研究》1998 年第 5 期。
5. 林佳洁：《中外资银行业务竞争不均衡态势分析》，载于《上海金融》1998 年第 9 期。
6. 严红波：《90 年代美国金融改革探析》，载于《世界经济》1998 年第 4 期。

（本文载于《经济研究》1999 年第 8 期）

论自然垄断产业的有效竞争*

王俊豪

近几年来，我国在一些具有自然垄断性质的基础设施产业中，通过改革政府管制体制，日益重视运用市场竞争机制的积极作用，以提高经济效率。本文在讨论自然垄断产业经济特征的基础上，分析自然垄断与竞争的比较效率问题，着重提出在自然垄断产业实现有效竞争的政府管制政策思路。

一、自然垄断产业的经济特征

电信、电力、铁路运输、自来水和煤气供应等基础设施产业被公认为属于自然垄断产业，但人们对自然垄断的经济特征具有不同的认识。如克拉克森等经济学家主要是从规模经济的角度来说明自然垄断的经济特征（Clarkson，Miller，1982）。在他们看来，自然垄断的基本特征是，在一定的产出范围内，生产函数呈规模报酬递增状态，即生产规模越大，单位产品的成本就越小。因此，由一个企业大规模生产，要比由几家较小规模的企业同时进行生产能更有效地利用资源。沃特森则认为，自然垄断是这样一种状况：单个企业能比两家或两家以上的企业更有效率地向市场提供同样数量的产品（Waterson，1988）。而夏基和鲍莫尔等著名学者则认为，自然垄断最显著的特征是其成本函数的弱增性（Subadditivity）（Sharkey，1982；Baumol，1977）。为便于用图形说明自然垄断的经济特征，我们先分析单一产品的自然垄断。图 1 显示了单个企业的成本曲线。在产量达到 Q'之前，平均成本是不断下降的，当产品超过 Q'后，平均成本就开始上升。即当产量小于 Q'时存在规模经济，产量大于 Q'时则存在规模不经济。

成本弱增性所要讨论的是，由一家企业提供整个产业的产量成本较低还是这家企业与另外的企业共同提供相同产量的成本较低。显然，当产量小于 Q'时，由一家企业生产能使成本最小化，所以，在这一产出范围内，成本当然是弱增的。为了考察当产量大于 Q'时能使成本最小的方案，我们可引进两个企业的最小平均成本函数，在图 2 中，我们假定这两个企业具有相同的生产效率，则 AC_2 就是这两个企业的平均成本曲线，而 AC_1 则是从图 1 中复制过来的单个企业的最小平均成本曲线。

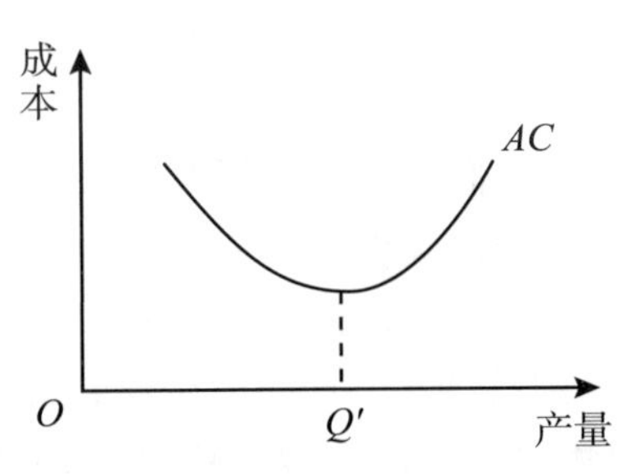

图 1　单个企业的平均成本曲线

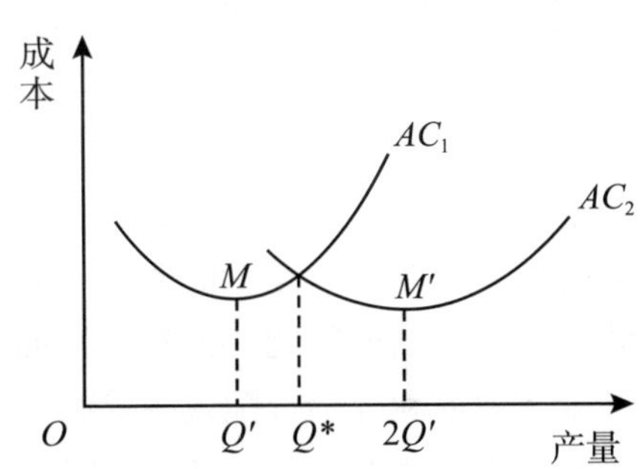

图 2　两个企业的平均成本曲线

* 本文是国家社会科学基金项目“中国基础设施产业政府管制体制改革研究”的阶段性研究成果。

在图 2 中，AC_1 和 AC_2 在产量 Q^* 点处相交，Q^* 点决定了成本弱增的范围，当产量小于 Q^* 时，由单个企业生产成本最低，所以，在此范围内成本函数是弱增的。值得注意的是，成本弱增性是描述自然垄断经济特征的最好方法，尽管在产量 Q' 与 Q^* 之间存在规模不经济，但从社会效率看，由一个企业生产效率最高。由此可见，规模经济并不是自然垄断的必要条件，决定自然垄断的是成本弱增性。

在现实经济生活中，一个企业通常不只是生产一种产品（或服务），而是同时生产多种产品。在多产品自然垄断的情况下，成本弱增性与规模经济的区别更为明显。多种产品的总成本不是简单地取决于各个产品的规模经济，而主要取决于各种产品成本的相互影响，这种相互影响可用范围经济（economies of scope）描述：假设 $TC(Q_X, Q_Y)$ 表示一个企业生产 Q_X 单位的产品 X 和 Q_Y 单位的产品 Y 所发生的总成本，$C(Q_X)$ 表示一个企业只生产 Q_X 单位的产品 X 而发生的成本，$C(Q_Y)$ 表示另一个企业只生产 Q_Y 单位的产品 Y 而发生的成本。则存在范围经济的条件可用下式表示：

$$TC(Q_X,Q_Y) < C(Q_X) + C(Q_Y)$$

即由一个企业同时生产产品 X 和产品 Y，比一个企业只生产产品 X，另一个企业只生产 Y 所花的成本较少。这时，同时生产两种产品的那家企业在生产某一种产品时，可能具有规模经济性，也可能不具有规模经济性。规模经济通常是按照不断下降的平均成本函数来定义的，而范围经济通常是以一个企业生产多种产品和多个企业分别生产一种产品的相对总成本来定义的。因此，多产品自然垄断的成本弱增性主要表现为范围经济性。即在某一多产品的产业中，只要一家企业生产所有产品的总成本小于多家企业分别生产这些产品的成本之和，该产业就是自然垄断产业。

二、自然垄断与竞争的效率比较问题

许多学者认为，从自然垄断产业的经济特征可见，由一家企业提供产品（在成本弱增的范围内）或由少数几家企业提供产品（超过成本弱增的范围）能达到最小平均成本，即实现最大生产效率。如果垄断企业按照成本订价，就能使消费者以最低的价格购买产品，从而实现社会福利最大化。同时，由于自然垄断产业存在很大的沉淀成本，一旦新企业对原有企业的生产设施进行重复投资，就难以退出市场，新企业和原有企业就必然会进行价格竞争，导致企业不能取得正常利润甚至亏损。因而，自然垄断产业内的竞争会导致浪费性或破坏性竞争（Foster，1992）。有的学者从另一角度来阐述这一观点：如果在电力等自然垄断产业允许直接竞争，就必然会提高生产经营成本和消费者价格，由自然垄断的成本状况所决定，竞争结果最终是一家企业把其他竞争企业赶出市场（Veljanovski，1989）。从这些观点看，在自然垄断产业是不宜进行竞争的，否则，既可能导致生产低效率和资源配置的低效率，又会损害社会福利。上述观点为政府制定限制进入的管制政策提供了理论依据，即认为在自然垄断产业，只存在极少数几家（甚至一家）大型企业比存在多家较小规模的企业具有更高的经济效率。因此，需要对自然垄断产业设置政策性进入壁垒。

可是，不少学者与上述传统观点相反，提出了一些新观点，他们认为，市场竞争机制能自动解决两个相关的效率问题：一是它能解决高效率的产业成本结构问题，实现生产成本最小化；二是它能解决高效率的价格结构问题，消费者按照等于边际成本或平均成本的价格购买产品。即市场竞争力量能促进生产效率和社会分配效率提高（Waterson，1988）。因此，某一产业内企业数量越小，市场垄断力量就越大，垄断企业在不存在市场竞争机制约束的状况下，就会放松内部管理和技术创新，从而导致生产低效率；垄断企业也不会自觉按照边际成本或平均成本制订价格，而往往会制订垄断价格，从而导致社会分配的低效率。有的学者还通过对电力产业的实证研究来说明竞争不仅有利于提高生产效率，还有利于提高分配效率（Primeaux，1989）。他们发现，从那些同时存在两个电力供应企业的城市和只存在一个电力供应企业的城市所收集的可比较成本数据看，并不符合由一个企业提供电力比两个企业提供电力具有较高效率的自然垄断理论。竞争不仅没有导致较高的生产经营成本，反而降低了成本水平。竞争迫使垄断企业减少了各种低效率现象，竞争所产生的这种对降低成本的积极影响大于所牺牲的部分规模经济效益。其净影响是竞争企业能以较低的成本供应电力。这一研究成果揭示了传统自然垄断理论的一个基本弱点：一旦它经不起实证研究的检验，建立在这一理论基础上的许多结论也就难以成立。例如，自然垄断理论认为，如果存在竞争，就会导致较高的生产成本，消费者就必须支付较高的电价，从而使消费者受害。可是，如果竞争降低了成本，消费者会因竞争而必须支付较高价格的结论就不能成立。事实上，有关研究结果表明，电力企业的直接竞争降低了消费者价格而不是提高了价格。而且，消费者在竞争性电力市场得到了更好的服务质量，竞争企业比垄断企业更关心消费者福利，从而使消费者得到更大的满足。相比较而言，缺乏竞争刺激的垄断企业的服务质量往往较低，难以满足消费者的需要。所以，消费者并没有因竞争而遭受损失，而是从竞争中得益。因此，旨在保护消费者利益而制定的限制竞争的政府管制政策，实际上是损害了消费者利益。笔者认为，造成这种现象的根本原因是，这种政府管制政策是建立在有缺陷的自然垄断理论基础上的，这一理论忽视了这样一个事实：在任何企业中，垄断会哺育低效率。即在缺乏竞争的环境中，垄断企业不可能自觉追求高效率，其结果是实际效率与最大可能效率存在相当大的偏差，而自然垄断理论则是建立在垄断企业能实现最大可能效率基础上的。上述新观点为政府制定放松管制政策，在自然垄断产业重视运用市场竞争机制的作用提供了理论依据。

从政府管制实践看，自20世纪70年代以来，美国、英国等经济发达国家在自然垄断产业都先后采取了放松政府管制的政策，允许一部分新企业进入产业，积极培育市场竞争力量，以发挥市场竞争机制的积极作用，并取得了举世瞩目的政府管制体制改革成效。从这些国家的经验教训看，问题的关键是，自然垄断产业的哪些具体业务领域应运用竞争机制？如何把握市场竞争度？以及如何处理竞争与管制的关系？

三、自然垄断产业如何实现有效竞争

有效竞争是规模经济与竞争活力相兼容的一种理想的竞争状态，它是各国政府制定产业组织政策的目标导向。笔者曾论证并多次指出，有效竞争是一个由企业适度规模与适度竞争相结合的区域状态（王俊豪，1995a，1995b，1996）。根据自然垄断产业的经济特征，要在自然垄断产业实现有效竞争，政府在制定管制政策时，应该同时考虑自然垄断产业的成本弱增性和竞争机制的积极作用，其目标是两者所发挥的综合作用能使社会经济效率极大化。

从整体上而言，电信、电力、铁路运输、煤气和自来水供应等产业都属于自然垄断产业，但这并不等于这些产业的所有业务都是具有自然垄断性质的。例如，电力产业包括电力设备供应、电力生产（发电）、高压输电、低压配电和电力供应等业务领域，其中只有高压输电和低压配电属于自然垄断业务，而电力设备供应、电力生产和供应则是非自然垄断性业务。从大量的国内外文献资料看，多数学者认为，自然垄断性业务是指那些固定网络性操作业务，如电力、煤气和自来水供应产业中的线路、管道等输送网络业务，电信产业中的有线通信网络业务和铁路运输中的铁轨网络业务。其他业务则属于非自然垄断性业务。因此，在自然垄断产业实现有效竞争，首先要区分具体产业中的自然垄断性业务和非自然垄断性业务，并实行区别对待的管制政策。对于非自然垄断性业务，政府应放松进入壁垒，允许多家新企业进入，以较充分地发挥竞争机制的作用。但政府仍然要控制进入非自然垄断性业务领域的企业数量，并要求这些企业必须达到最小经济规模的要求，以避免低水平的过度竞争现象（目前，在我国的无线寻呼业务领域实际上已存在这种过度竞争现象），实现有效竞争。而对于自然垄断性业务，由于这些业务需要大量的固定资产投资，其中相当部分是沉淀成本，如果由多家企业进行重复投资，不仅会浪费资源，而且会使每家企业的网络系统不能得到充分利用。因此，政府管制的基本政策是严格控制新企业进入这些企业领域。至于在自然垄断性业务领域，政府只允许一家企业还是允许两家或两家以上的企业经营，这需要考虑具体业务领域成本弱增的范围，自然垄断与竞争的比较效率等因素。从原理上讲，当某种业务的需求量超过了成本弱增的范围时，就应该允许两家或两家以上的企业共同经营这种业务。即使在成本弱增的范围内，为了打破垄断，发挥竞争机制的作用，对于成本弱增程度较低的业务，也可以考虑由两家企业实行竞争性经营，以实现有效竞争。对此，问题的难点是，政府管制政策制定者如何对自然垄断性业务的成本弱增的范围及其程度、自然垄断与竞争的比较效率做出技术和经济上的判断。

由于自然垄断产业几乎都是多产品（业务）产业，因此，我们需要对多产品自然垄断的有效竞争问题作进一步的讨论。如前所述，多产品自然垄断的成本弱增性主要表现为范围经济性，国内外的实践已证明，非自然垄断性业务只由一家或极少数几家企业经营是低效率的。因此，当非自然垄断性业务由多家企业竞争性经营后，是否应允许经营垄断性业务的一家或极少数几家企业同时经营那些非自然垄断性业务，这就在相当程度上取决于企业对自然垄断性业务和非自然垄断性（竞争性）业务实行垂直一体化经营的范围经济性。同时，还应充分考虑到实行垂直一体化经营的企业在垄断性业务和竞争性业务间，采取交叉补贴战略，以排斥竞争企业的可能性。以中国电信产业为例，其经营业务包括通信设备供应、移动电话、无线寻呼等增值业务、长途电话和市内电话等，其中只有长途电话和市内电话（特别是市内电话）属于自然垄断性业务。中国邮电电信总局（简称“中国电信”）几乎同时经营上述所有业务。由于其他业务必须通过市内电话网才能最终向消费者提供服务，这就为中国电信在垄断性经营的市话业务与其他竞争性业务间采取交叉补贴战略提供了可能。从有关文献资料看（张维迎、盛洪，1998），这种可能性已成为现实性。如中国电信所属的南京电信寻呼台为吸引顾客，用摇号的方式向消费者赠送寻呼机；中国电信在竞争性的无线寻呼、移动电话等业务领域降低收费价格，而通过一定的方式增加市内电话的收费，等等。中国电信的这种不正当竞争行为显然扭曲了市场竞争机制，从而导致效率损失。笔者认为，在光纤技术、通信卫星等通信技术已发展到相当水平的今天，电信产业中的不少业务之间已不存在较显著的范围经济性。因此，抑制中国电信采取交叉补贴战略有两种可供选择的政策思路：一是将中国电信所经营的通信设备供应、移动电话、无线寻呼及其他增值业务从自然垄断性的长话和市话业务中分离出来，成立独立的经济实体，与其他企业实行公平竞争。并对具有潜在竞争性的长话业务和自然垄断性较强的市话业务实行财务上的独立核算。这是一种改革幅度较大的政策思路。二是将中国电信所有的业务分别由相应的子公司经营，各子公司实行财务上的独立化，并由审计部门进行监督。这种政策思路虽然改革幅度较小，但在近期内有较强的可操作性。

对电信产业的上述分析也基本适用于其他多产品自然垄断产业。如英国对电力产业实行政府管制体制改革过程中，把发电、输电和电力销售业务实行垂直分离，由独立的企业分别经营；而在煤气供应产业，则允许英国煤气公司对煤气管道输送、煤气销售业务实行垂直一体化经营，但要求该公司对不同的业务实行财务上的独立核算。这样既保持产业的范围经济性，同时，又能监督检查企业是否在不同业务间采取反竞争的交叉补贴战略。可见，在多产品自然垄断产业中，实现有效竞争的关键是，如何从技术、经济上对有关业务间的范围经济性和企业可能采取的交叉补贴等反竞争战略行为做出判断和经济效率比较。显然，这对政府管制者来说，是一件十分艰苦的工作。

参考文献：

1. 王俊豪：《论有效竞争》，载于《中南财经大学学报》1995年第5期。
2. 王俊豪：《市场结构与有效竞争》，人民出版社1995年版。
3. 王俊豪：《中国市场结构理论模式研究》，载于《经济学家》1996年第1期。
4. 王俊豪：《中国基础设施产业政府管制体制改革的若干思考》，载于《经济研究》1997年第10期。

5. 张维迎、盛洪：《从电信业看中国的反垄断问题》，载于《改革》1998 年第 2 期。

6. Baumol, W. J., 1977, "On the Proper Cost Tests for Natural Monopoly in a Multiproduct Industry", American Economic Review, December.

7. Clarkson, K. W., R. L. Miller, 1982, "Industrial Organization: Theory, Evidence, and Public Policy", McGraw-Hill Book Company.

8. Foster, C. D., 1992, "Privatization, Pubic Ownership and Regulation of Natural Monopoly", Basil Blackwell.

9. Primeaux, W. J., 1989, "Electricity Supply: An End to Natural Monopoly", in Cento Veljanovski (eds.), "Privatization & Competition: A Market Prospectus", Billings & Sons Limited.

10. Sharkey, W. W., 1982, "The Theory of Natural Monopoly", Cambridge University Press.

11. Veljanovski, C. (eds.), 1989, "Privatization & Competition: A Market Prospectus", Billings & Sons Limited.

12. Waterson, M., 1988, "Regulation of the Firm and Natural Monopoly", Basil Blackwell.

（本文载于《经济研究》1998 年第 8 期）

设租与寻租行为的经济学分析

陈喬金

自20世纪80年代中期以来，我国经济学家日益重视现代经济学的寻租理论，并用这一理论分析我国的腐败现象，从而在寻租和设租的基本性质、社会条件、社会后果等方面已有许多共识。例如：认为双轨差价、平等竞争规则缺失或不完善等等是出现寻租和设租现象的现实原因。这方面的探讨和共识的总结（吴敬琏，1993），形成了许多理论成果，但设租和寻租的机理仍有待进一步分析。本文试图基于人们普遍认同的理论基础概念，对权力个体（简称权人）的设租和寻租行为做出新的分析。

“设租”（rent setting）是权人利用权力在政府对经济活动的干预和行政管理过程中阻止供给增加，形成某种生产要素的人为的供给弹性不足，造成权人获取非生产性利润（unproductive profit，简称DUP）的环境和条件（DUP即为“租金”（rent）。）“寻租”活动是个体利用合法或非法手段获得特权以占有租金的活动。在“权—钱”交易过程中，设租是从“权”到“钱”，寻租则往往是“钱—权—钱的增量”（表示为“G—H—G”）。实际上设租和寻租是一个过程的两个方面，权人既然参与了整个过程，对这两方面就始终都起作用。因此，在分析权人设租行为时也不能不论及它所引致的寻租活动。

一、权力效用和权人剩余

个体一旦拥有权力就可以带来一种利益或好处，我们把它叫做“权力效用”（用U表示）。包括权人使用权力而产生的对社会的“好处”和对权人自身的“好处”，前者为“权力利他效用”（用U_1表示），后者为“权力利己效用”（用U_2表示）。在建立市场经济体制的过程中，U_2的膨胀因对政治体制改革的滞后等原因而有了条件。权人权责不明晰，便于权人越权擅权；监督机制的缺失，便于权人以权谋私；政企未脱钩，便于“官商”获益，等等，都构成U_2的膨胀条件。U_2膨胀的基本含义是权人直接获取其职薪以外的最终产品和货币的超额收入。职薪虽然也是权力个体获取的高于非权人的“好处”即“利己效用”，但它不是直接由权力的行使带来的“权力利己效用”，不属于U_2。它只是政府给权人的服务的报酬，也是权人行使权力的基本物质保障之一。因此，职薪是独立于U_2之外的因素（用U_3表示）。

“高薪养廉”的经济学含义是职薪大于“利己效用”，小于“权力利他效用”。使“权力利己效用”没有刺激力和诱惑力。可用公式表示：

$$U_2 < U_3 < U_1 \tag{1}$$

但在权人能力平庸或低下的情况下，由于无论职薪多高，它都只能与U_2进行“比赛”，进而“压倒”U_2，而刺激不了U_1的明显增大，甚至完全不能增大。因此，即使是“高薪养廉”，也会出现职薪大于“权力利己效用”也大于“权力利他效用”的情况，即：

$$U_2 < U_3 > U_1 \tag{2}$$

在权人品质恶劣，不思正当用权的情况下，由于权人欲壑难填，职薪再高也无法改变其增大

"权力利己效用"的个体偏好。因此，便会出现职薪小于"权力利己效用"，却大于"权力利他效用"的情况，即：

$$U_2 > U_3 > U_1 \tag{3}$$

权人若身在其位不谋其政，秘书为其服务，代劳一切，即使这权人不谋私，他的"权力利己效用"也趋于增大。因为在他所享受的非权人没有的衣、食、住、行等待遇大幅度提高的情况下，他的行为与之极不相称。这样，会出现职薪小于"权力利己效用"，也小于"权力利他效用"的情况，即：

$$U_2 > U_3 < U_1 \tag{4}$$

（1）式为 U_1最大化（但 U_2和 U_3也会随之增大）；（2）式为 U_3最大化（U_2会随之增大）；（3）式为 U_2最大化（U_3既定，U_1只会减小不会增大）；（4）为 U_3最小化（但既可能出现 U_2偏大，也可能出现 U_1偏大的情况，后者是权人与秘书关系所构成综合效用的特殊情况）。这四种情况都可出现"权力利他效用"加上"权力利己效用"之和大于权人职薪的情形，即：

$$U_1 + U_2 > U_3 \tag{5}$$

由（5）式可推导出如下公式：

$$U_1 + U_2 - U_3 > 0 \tag{6}$$

（6）式大于 0 的数，我们称之为"权人剩余"，用"m_u"表示。公式为：

$$m_u = (U_1 + U_2) - U_3 \tag{7}$$

"权人剩余"的存在，意味着权人在使用权力的过程中存在自动或被诱发产生追求更大的"权人剩余"的冲动的条件。"权人剩余"扩张的冲动化为行动时，权人会在利己偏好的作用下，增大"权人剩余"中的"利己效用"，减少"权人剩余"中的"权力利他效用"。由于设租和寻租恰好有这种"增"、"减"并存并用的效果，且在"增"、"减"的过程中还有从表面上掩饰这两个不同效用的边界的虚饰性，这使权人易于由此受诱而进行设租或寻租。

我们知道"高薪养廉"在国家较穷、经济实力较低的情况下，无力"养"；在权人素质低劣的情况下，无可"养"；在社会对权人的"公仆"角色的期待甚殷的情况下，无处"养"。从中国本土实际情况来看，倡廉从制度经济学而言，只能在 U_3 既定（定于社会对权人"公仆"角色期待的心理界限内）的情况下，力求 U_1最大化。最直接的设想是权人在行使权力时，全部精力用于为人民服务"权力总效用"等于"权力利他效用"，这是理想状态：

$$U = U_1 \tag{8}$$

在这种情况下，$U_2 \leqslant 0$。但考虑到如果 U_2小于零，则会因权人物质条件处于委顿状态而使"权力总效用"下降，从而"权力利他效用"下降。因此，在理想状态中，$U_2 = 0$，而不要其呈负数的情况成为常态。

由于"高薪养廉"不可能在短期内实行，个体一旦成为权人，政府立即在安排住房、配专车、配秘书等方面予以特殊供给。这些供给几乎涉及了衣食住行等一切方面，且不要权人以同时提高的职薪偿付，其职薪也无法全部偿付，甚至部分偿付都难。这些超出职薪部分的效用，即为"权力利己效用"。因此"权力利己效用"为零的情况，是纯理论假设，现实情况是，权人一开始掌握权力，其"权力利己效用"（严格地说是"拟权力利己效用"，因权人未行使权力）就大于零。即：

$$U_2 > 0 \tag{9}$$

因此，现实中的权人只要做到"权力利他效用"的实现优于对"权力利己效用"的追求，"权力利他效用"大于职薪，即为廉洁。其公式是：

$$U_1 / U_2 > 1$$
$$U_1 > U_3 \tag{10}$$

U_1和 U_2都有赖于权力的行使才能得以进一步实现，并且二者往往是实现于同一个时域，不可能在过程性上分开来，这使 U_1 和 U_2 易于混淆。权人可以在增大 U_1的口号下增大 U_2，其设租和寻租具有隐蔽性。在体制不顺的情况下，“权力利他效用”的评估有时会失实和扭曲，上一级权人作为“评估者”，其意见有时有决定性作用。这易于使权人为保持权位或提高权位将“权力利他效用”中的“利他”的本质含义：“利全社会”，变为“利上级评估者”，亦即间接地利权人自身。因此，形成（10）式的颠倒状态：$U_2/U_3>1$；$U_1<U_3$。权人这时利用权力寻租和利用权力设租的现象往往并存。因为“权力利他效用”的评估失真，使权人看到自身权力增大的途径不在于增大“权力利他效用”，它即使归零也可以被评估为“无限大”。权人要获得“权力利他效用”的“最佳评估”，就要以一种特殊方法使“评估者”的意向商业化。为此，用寻租的方式获取上级“评估权人”的“看得见的手”的庇护是见效最快的使权力增大的途径。这种商业化途径一旦打开，权人有限的职薪无力维持这“途径”的畅通，他就要利用权力设租。权人以权力换取钱，再通过“钱—权”交换获取更大的权力（即：H→G→H）。在这个过程中，U_2不断膨胀，U_1不断缩小，二者逆相关。

二、权人设租和寻租的博弈模型

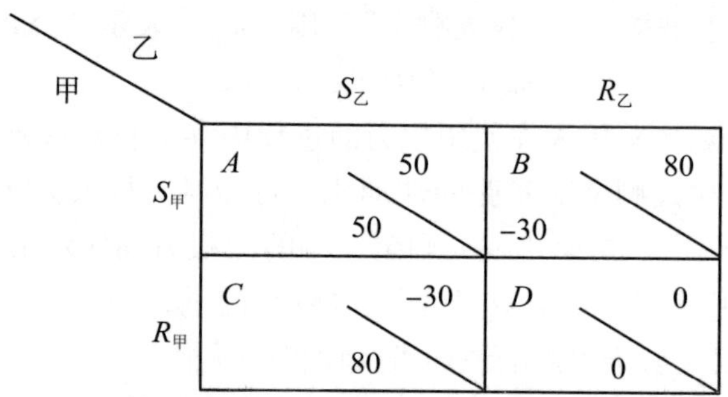

图 1　权人设租和寻租的博弈

权人设租时，他与寻租者之间的关系构成如下图的典型博弈态势。设租权人为甲，寻租个体为乙。*S* 代表甲、乙双方讨价还价过程中的最低竞租价，为 50（千元）。*R* 代表甲、乙双方讨价还价过程中的最高竞租价，为 100（千元）。在博弈过程中，甲方可以选择一个博弈局作为其设租策略。乙方同样力图以一个对其有利的博弈局的选取为其寻租策略。在 *A*、*B*、*C*、*D* 四个博弈局中，左下方的数字表示甲方在设租过程中在不同竞租价下所能取得的“租金”，右上方的数字则表示乙方所能取得的“租金”。在博弈局 *A* 中，甲、乙双方均获得 50（千元）“租金”。甲方是通过“权—钱”（H—G）交易获得，乙方通过“钱—权—钱的增量”（G—H—G）交易获得。即乙方扣除支付给甲方的 50（千元）后净获 50（千元）“租金”。但如果甲方事先估计到乙方由寻租可产生非生产利润总额在 100（千元）左右，甲会恃其权力的“稀缺性”，而移至 *C* 局，选择 $R_甲$ 的策略，甲方在这里就可获取 80（千元）“租金”。乙方则得 20（千元）“租金”，即：50（千元）-30（千元）。

但乙方寻租目的也是“租金”的最大化，他一开始就力图往 *B* 局中移动。在甲方不知乙方可产生 100 千元非生产利润的情况下，甲方会同意移至 *B* 局。但在 *B* 局中，乙方存在的风险较大，一旦甲方知道乙方获益情况，会另寻竞租对象。而在 *C* 局中，甲方存在风险较大，因其获益太大，乙方可能告发。而乙方要回到 *A* 局，甲方除了由于上述原因而不愿意移回去外，乙方还顾虑其他竞租者入局将其位子挤掉。因此，在 *A*、*B*、*C* 三局中，甲、乙双方之间的关系都会处于非均衡状态。只有移至 *D* 局时，甲、乙双方处于相互“威胁点”或相互“狡诈点”上，任何一方采取既定策略，另一方都无法寻出更好策略。甲方采取 $R_甲$ 策略，乙方无法寻出更好策略。反之亦然。这时，排除甲、乙双方对抗性因素，可以设定双方的租金的常量为零。只有在 *D* 局里，双方才处于均衡状态。这是纳什均衡，其均衡局为（$R_甲$，$R_乙$）。设常量为 0，是因为甲方的设租本来就是“无本万利”的。乙方虽然表面上看对甲方支付了“寻租成本”，但乙方并不是从自己的固有的资金中支出。他的所谓“寻租成本”都是计入“寻租”成功后必定要收回冲抵的部分中，也就是在乙方的账上“寻租成本”只是“寻租”所获“租金”中扣除的一个份额而已。在现实中，甚至连这一份额都可能是“预先许诺”，在乙方获取“租金”后才付给甲方。在过程性上看，如果乙方先付“租金”给甲方，则它通常是乙方上一次“寻租”所得。在A局中，甲方所得假设为r_1，则r_1是乙方“寻租”后所得项目获利总金额（设为P）减去生产性利润（设为M）再乘以1/2（即双方平分），再乘以风险系数加常数之和（设二者分别为L和N），风险系数在1与0之间。即：

$$r_{甲} = (P - M)/2 \times (L + N) \tag{11}$$

乙方所得以此类推。在D局中，风险系数L和常数N一样为零。纳什均衡的条件是：

$$r_{甲} = r_{乙} = 0 \tag{12}$$

在甲、乙双方讨价还价而相持不下时，甲方如果没有另寻竞租者而没撇开乙方，则甲方可能会中止与乙方的勾结，而采取“公事公办”的办法，在这种情况下，呈现均衡状态。

在现实中，甲、乙双方移到C局或B局中，也有形成暗中协议从而寻租成功的情况。在C局中，乙方会感到很“亏”，就必然会在其所获取的特权的使用过程中寻回“补偿”。如果乙方在C局中获取的特权是包揽一个城建项目，乙方就会在这项目中以偷工减料等手段寻回“补偿”。在B局中，甲方如果感到“亏”，一是可能会在事后再向乙方讨些“好处”，这种事后的讨价，在乙方不准备再与甲方勾结的情况下会被乙方拒绝或敷衍了事。在乙方拟与甲方再行勾结的情况下，则乙方会投甲方所“好”，给甲方较多“好处”，作为下一轮寻租的“铺垫”。二是，甲方可能加快设租速度，缩短“设—寻”周期，以“薄利多销”的办法出卖权力，扩张“权力利己效用”。但这一办法对甲方来说风险很大，不但被人发现的机会增多，而且勾结的对象也增多，从而被告发的几率增大。所以甲方往往竭力寻求在C局“交割”，因此，加大“租金”是博弈的一个可能性最大的结局。

“租金”的增大是“寻租需求”和“设租需求”共同作用的最终结果。由于权力稀缺，加上“设租”风险的存在，单个“寻租”主体的寻租需求和单个设租主体的设租需求不可能对设租总次数的增多构成明显拉动作用，但二者会对“租金”增大构成拉动作用。博弈局的非均衡性会引致两种结果：一是设租权人一次性博弈了结。这会使他追求高额“租金”，心里虽然可能忐忑不安，但有侥幸心理，打算“过关”后“金盆洗手”，一次获益终生受用，再也不干了。二是设租权人既紧张又刺激又陶醉，一发而不可收拾，不断“博弈”，设租—寻租不止。这种“博弈”增多会引发社会寻租需求和设租需求总体上的增大。这二者不仅可以对“租金”增大起拉动作用，而且对设租和寻租次数的增多有拉动作用。这种拉动主要是通过寻租个体和设租个体的增加以及设租和寻租过程的缩短亦即“设—寻”的时间成本的缩小来实现的。这种“缩短”或“缩小”，使“设—寻”的一个周期与另一个周期呈现衔接现象，即为“连环设寻”。有时这种“设—寻”周期可连环多次才终了。假设“设—寻”周期的个数为W，它与单个“设—寻”周期的时间（设为T_n）成反比，与单个“设—寻”周期的“租金”（设为R_n）成正比。即：

$$W = R_n / T_n \tag{13}$$

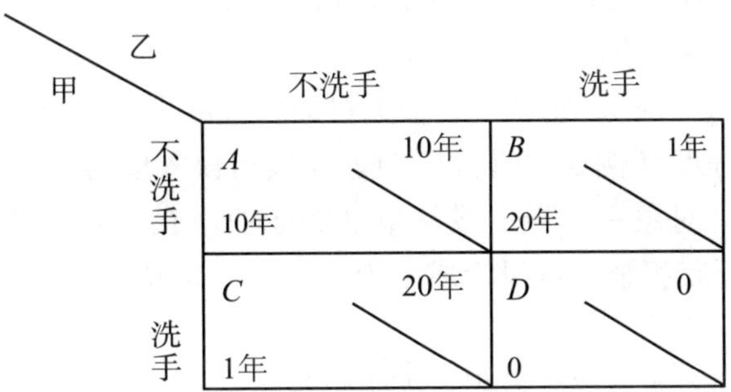

图2　甲、乙双方“洗手”与否的博弈

但实际上起作用的还有设租个体和寻租个体的偏好因素，以及法制健全因素和社会心理因素等。这些在本文范围之外，此不赘述。这里须分析的是甲、乙双方“洗手”与否的博弈。如图 2 所示，甲、乙双方一次性博弈后，在没有外在因素干扰的情况下，如果乙不“洗手”，甲也不“洗手”，甲、乙双方可继续“博弈”10 年。这是 A 局内的情况。移至 B 局，乙“洗手”，但甲坚决“不洗手”并极力拉住乙继续“博弈”，则乙勉强与之“合作”一年。一年后甲继续与其他寻租者“博弈”，其时间可延长至20 年。移至 C 局，甲“洗手”，乙“不洗手”，把甲“拖”住一年才作罢。乙另寻“设租者”，继续“博弈”，也延至 20 年。只有移至 D 局，甲、乙双方均“洗手”不干，双方“博弈”年数才归零。

上述博弈局是最简单的情况。比较复杂的情况要将“洗手”不干的乙方（或甲方）是否坦白并检举对方，以及检举后的情况加以考虑。这样会构成“检举有效”和“检举无效”的博弈，以及“检举危及自身利益”和“检举不危及自身利益”的博弈。从目前经济运行过程的实际情况来看，“检举有效”但“危及自身利益”和“检举无效”且“危及自身利益”的情况仍然存在。此点虽无具体数字可资参考，但通过随机调查方式即可得以了解。更复杂一些的情况是设租权人与政府的“博弈”，其中有“政府能规制权人”、“权人无法钻政策空子”和“政府不能规制权人”、“权人可钻政策空子”之间的“博弈”。政府的因素虽是外在的，但它即使在设租个体和寻租个体双方“博弈”时也要对双方产生影响作用，有时甚至是决定作用。同时，双方中任何一方在对方“洗手”时，另寻“寻租”或“设租”的“博弈者”，都产生“外溢”效应。这是一种二向性的“外溢”，一个方向是“溢”向政府，使政府必须费时费力进行整治。另一个方向是“溢”向另一权人，产生新的“设租权人”，或“溢”向另一非权人，产生新的“寻租”个体。

三、权人设租和寻租的“外溢”效应

严格地说，在以上分析中，未正面论及权人“寻租”情况，只是将权人“设租”所引致的“寻租”连带加以分析。从逻辑上和“设”“寻”相连的实际情况上看，将“寻租”实现的原因及直接后果首先归结到“设租”权人头上，是无可置疑的。但实际上，权人自身对更高级权人或其他权人实施“寻租”的现象成为其“设租”的“补充”或“背景条件”的情况并非理论假设，而是现实。由此构成的“外溢”效应是我们不能不加以分析的。

权人设租获益后，如果他不再继续设租，是因其有“东窗事发”的担忧、恐惧等心理压力作用或一次性设租或若干次设租后所获收益使之满足等因素使然。这时，寻租个体如果也因故中止寻租，则不存在“外溢”问题。但他若继续寻租则必然“外溢”：寻求或“造成”其他设租个体。原设租权人若不甘心看着寻租者去寻求其他设租个体，就要继续设租，则“外溢”效应不会产生。但长期设租权人的风险成本问题比较突出。风险成本包括设租权人未露“马脚”时，用于防止露“马脚”的费用，以及露“马脚”后收拾“败局”的费用等。由于设租权人如果失去权位，凭他个人能力去从事其他职业，最高收益也较其在权位上的职薪为低，因此，他要将设租所得租金的一部分资金用于社会活动，构筑“关系网”，以留“后手”。这部分费用也是风险成本。这种营造“关系网”的活动是隐性的“设租外溢”，它看上去似无目的，实际上会不断增强设租权人的“安全感”。在这种“外溢”达到一定程度（例如“外溢”对象与设租权人成为“至交”的程度），设租权人可以辞去权位而去和“外溢”对象一起经商或从事别的职业。在“设租外溢”的过程中，设租权人的风险成本始终小于设租所获租金。设风险成本为 F，租金为 R，公式是：

$$F < R \tag{14}$$

在这个条件下，设租权人才会继续设租，如果反过来，$F > R$，则设租权人会因难以为继而停止设租。设租权人在没有造足“舆论”，没有更高一级权人庇护等情况下不会贸然辞去其职而离开权位，以免引起人们怀疑、议论和查究。在这种情况下，设租权人会产生对更高一级权人实施“寻租”的“外溢”动机。这对设租权人来说，是可使风险成本最小化的事。因为权力虽然稀缺，但在权人之间的设租和寻租活动的竞租价的“初始点”可以最小化。因为权人之间原有的非商业化气氛使“初始价”太高往往反而会超过初行设租的上一级权人当时的心理承受力。

更重要的是，在设租过程中，权人的风险成本、时间成本等构成的设租“投资”与设租所获“租金”之间并没有正相关的关系。通常在无意外因素干扰时，风险成本和时间成本等越大，“租金”相对地显得越小。这使“投资”与设租所获“租金”之间关系的函数曲线从较高起点向右下方斜降（见图3）。与此相反，寻租的“投资”与“租金”的函数曲线通常可以向右上方斜升（见图4）。

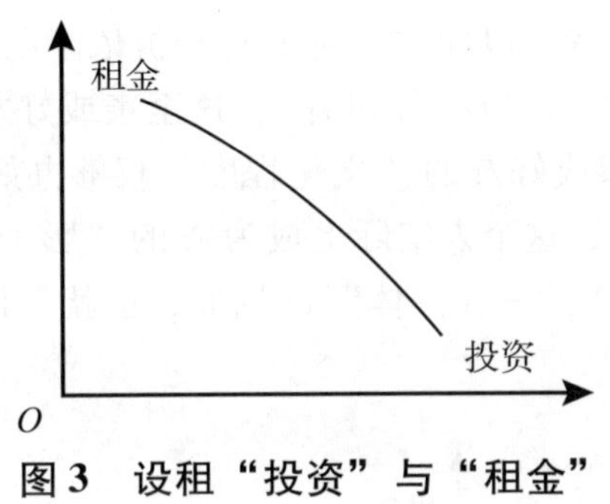

图3　设租“投资”与“租金”

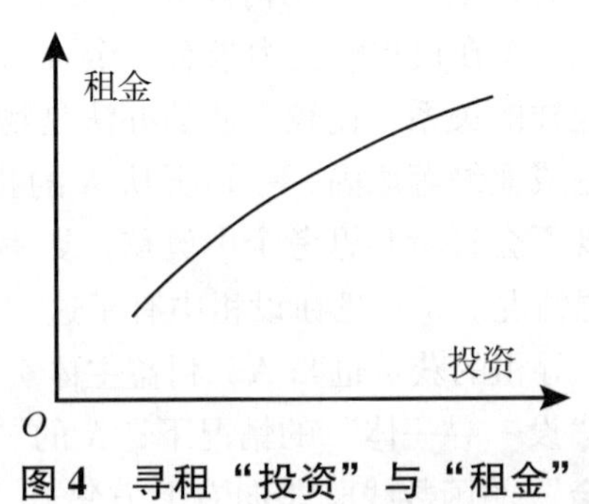

图4　寻租“投资”与“租金”

其一，权人设租是“权—钱”交易，时间越长，风险越大，单位时间内的“租金”越小。权人寻租往往不是一次“交割”，对上一级设租权人的投资是一个过程，在该过程中可边“投资”边受益，“投资”越多，往往“租金”越大。其二，权人设租时间越长，意味着寻租个体支付租金的时间越久，或是久拖未付，或是一笔“租金”分多次支付，随着物价的上升和权人风险成本的加大，“租金”实际价值越来越小。权人寻租时间越长，意味着他得到上一级设租权人的“权力支付”的时间也越长，对寻租权人来说，权力就是金钱，他得到的“租金”只会越来越多。其三，权人设租而获租金的时间越长，它用于寻租的“周转率”越低，其所获“租金”实际价值越低。权人寻租时间越长“风险成本”的来源保持越久，而且为寻租创造的条件越好“租金”越高。

这两条函数曲线若要构成“互补”关系，使权人得到一条平稳上升的函数曲线，他就要在设租的同时或其后进行寻租，使其利益最大化。这样，设租权人的寻租“投资”实际上直接构成其设租的“风险成本”。这种“权力寻租”的隐蔽性很强，因在其过程中通常可不直接涉及具体工程项目之类的有形因素，而是表现为所谓“感情投资”、“印象投资”之类的无形因素。

权人设租和寻租最直接的“外溢效应”在于，使政治体制在某些环节变形，使权人的晋级和非权人转变为权人，与他们的能力和工作效率无直接的正相关的关系，而与他们“权力寻租”中“感情投资”等有直接关系。在上一级设租权人眼中，德行、能力和工作效率之类成为“仅供参考”的可有可无的因素。甚至能力“倒置”或“变形”，无能的寻租者可以成为“能者”。这使下一级寻租权人与上一级设租权人的超经济的依附和被依附关系的形成有了所谓“信任”等心理条件。这种关系的形成伴随着权力效用“转移链”的形成，即上级设租权人和下级寻租权人之间定向的权力移交、效用转移如同铁链一样不可轻易扯断。上一级设租权人在位时可向上推荐下级寻租权人，让其任更高职务。上一级设租权人退休前则有提拔下级寻租权人或提议让其接替自己权位的偏好。

总之，权人设租和寻租的“外溢效应”意味着“经济性”的活动，最终会“外化”为或“溢出”经济范围而成为“政治性”活动，这是腐败病的机理所在。

四、“设一寻一体”和两种“租金”

权人既设租又向更高权人寻租，虽然可获得较高“租金”，而且实际上可使“风险成本”直接成为寻租“投资”，但他毕竟接触的对象增多，“投资”也须增加或减少地变动。对象增多会使“双人博弈”变成“多人博弈”。权人A设租时的寻租者B在一定条件下会越过A与上一级权人C打交道，如果C是A寻租时的设租者，就存在C发现A的设租行为的机会。而B在结识C并与之打交道之后，B增加了在与A打交道时讨价还价的“筹码”，构成对A的威胁因素。这样，A在设租和寻租时，陷入“三角博弈局”或“多角博弈局”后，会出现既受制于C，又受制于B的尴尬局面。因此，A在设租时会力求有一个可以受制于A的寻租者，以建立一种依附和被依附的关系。A要建立这样的关系，比较方便的办法是物色一个至亲或好友充当“寻租者”，这至亲或好友出于感情、家庭或血缘等原因，一切听从A的指挥。同时这至亲或好友的“文化程度”仅够办好A吩咐的事，既不会打听和思考个中奥秘，更不会与A讨价还价，这个人实际上成为A的“影子”。这是A的理想情况。A一旦在设租中有了这“影子”，就构成“设—寻一体”的局面，也就是设租获益全归A，寻租的获益也归A。利益主体实质上只有一个。

在“设—寻一体”的情况下，A的“投资”和其所得“租金”的函数线既非向右上方斜升，也非向右下方斜降，而是陡峭或笔直上升（见图5）。因为他的“投资”量可以基本不变或完全不变。而且也不存在被寻租者认为竞租价过高的问题，初始阶段一切都取决于A的需要、偏好和判断。在“设—寻”周期多次循环后，A可视“影子”的情绪，稍给他一点“利益”增额即可，但幅度不会提高太大，总体上看这函数线趋于笔直。

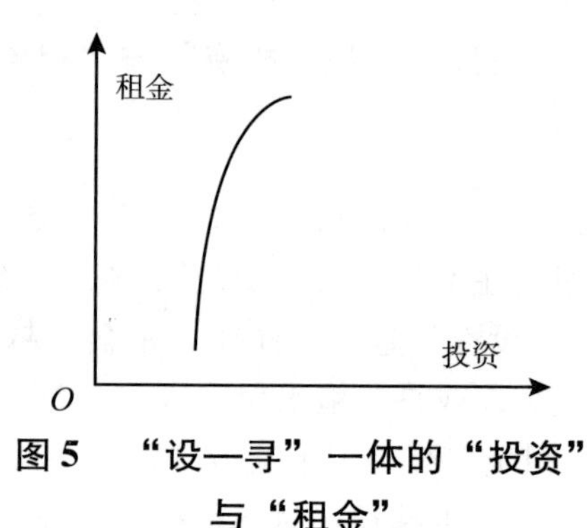

图5 “设—寻”一体的“投资”与“租金”

设租权人对于“影子”式的“拙”的寻租者的偏好心理，会“迁移”到他自己作为“权力寻租者”的情境中，使他对上一级设租权人做出一副“拙”相。他这种“拙”当然是投上级权人所好的“伪拙”，而他在下级权人或非权人面前则要表现出“大智”、“大巧”，力求使下级权人、非权人对其钦佩、恭敬。这种现象可以使设租权人以拥有“天赋租金”的假象来掩饰其通过设租来追求“非天赋租金”（设租所获“租金”均为“非天赋租金”）的获取的真相。这是设租权人在其行使权力而产生的“权力效用”分裂为“权力利他效用”和“权力利己效用”的基础上扩张后者，无限缩小前者的需要使然。一句话“权力效用”的分裂引起权人人格的最终分裂。正是设租权人人格的分裂，使之在欺骗他人的同时也需要欺骗自己，把自己想象成或真的当作仅获取职薪而远未得到自己应得的“天赋租金”的受“委屈”者的形象。这样，设租权人在设租过程中就多了一道自我平衡的心理“屏障”。

五、结论和政策建议

以上对设租与寻租的经济学分析，至少可以得出以下结论和政策建议：

1. “权力利己效用”的存在是“权力效用”“分裂”的原因。它是否引致权人一心追求“权力效用”中的“权力利己效用”的扩张，取决于权人偏好、权人“天赋”、权人剩余、权人职薪、社会心理、法律制度等综合因素。因此，只有进行综合治理，才能防止权人设租和寻租的“冲动”。

2. 所有的权人，在未有设租和寻租的“念头”之前，都不会讨厌“权力利他效用”的正确评估。对这个评估的认识是权人自我认识的基点之一，这个评估失之过高，权人会忘乎所以，这个评估过低，权人会怨怒不平，两种情绪会引发不健康的偏好，由此可能步入设租和寻租歧途。因此，评估权人—任用权人—监督权人，三个环节要从第一个抓起，第三个毫不放松，控制好第二个环节。这可简称为“攻头，保尾，控中间”。

3. 权人设租和非权人寻租的“博弈局”一旦败露，可视情对前者依法从严惩处或组织处理从严，对后者可依法从宽处理或组织处理从宽。这一“严”一“宽”，是从加剧“博弈局”的不平衡来考虑的。因为“博弈局”中的双方在经济上是“命运攸关”的，打破这种关系才会有“博弈局”的有关各局的不均衡。如果造成经济和非经济的各种条件均不平衡，其中一方易于告发，则另一方风险成本加大，便不易或不敢勾结成“局”。

4. 权力的“稀缺性”被权人所利用才会引致设租和寻租。权力的“稀缺性”要为政府或社会所利用，就不会引致设租和寻租。其一，权人要在类似的权位上多移动，使之不易构成设租局面。其二，权人的聘用要面向社会，公平竞争，在位权人参与竞争，适时淘汰能力低下的权人。使在位权人时时感到竞争的压力。其三，权人能力难胜任某一职务时，要及时降职降薪使用，体现权人“价值”与“职薪”相对称原则，防止出现这二者不对称引致权人寻租以求依附上一级权人的现象。

参考文献：

1. 吴敬琏：《腐败：权力与金钱的交换》，经济出版社 1993 年版。
2. 劳埃德·雷诺兹：《微观经济学》，商务印书馆 1993 年版。
3. 郑也夫：《代价论——一个社会学的新视角》，生活·读书·新知三联书店 1995 年版。

（本文载于《经济研究》1997 年第 4 期）

资源优化配置的垄断机制

——兼论我国反垄断立法的指向

戚聿东

垄断理论是微观经济学的重要内容。然而从历史和现实来看，中外绝大多数经济学家对垄断基本上都是持否定和批判态度，即认为它作为竞争的对立面，必然扭曲市场机制，妨碍技术进步和创新，降低资源配置效率；同时认为处于垄断地位的企业作为谋求垄断利润的组织，必然造成较低产量较高价格，使"消费者剩余"（consumers' surplus）减少，引致社会分配不公平，等等。正是基于这些看法，垄断似乎已成一切弊病的始祖，成为世界各国反垄断立法的锋芒指向。也同样是基于上述认识，我国的反垄断立法工作时下正在紧锣密鼓地进行。

政策也好，法律也罢，必须根植于全面的理论认识和现实基础，才能在实践中行之有效，否则，基于思维定势或片面模仿国外的法律制度而为立法而立法，则这种法律在现实中一来是软弱无力，难以奏效；二来即使奏效，这种效果也很可能是反面的，即为拣芝麻结果丢了西瓜的舍大求小的效果。长期以来，人们对垄断作用的看法仍停留于古希腊亚里士多德和中国孟子时代的认识层次，对垄断的消极作用往往看得过重，而对垄断社会化大生产条件下对资源优化配置的积极作用估计不足。若仅仅停留在认识上倒也无关宏旨，问题是一旦把这种认识体现到我国目前正在起草的《反垄断法》中，则可能产生"把洗澡水同婴儿一块倒掉"的危险倾向。下面，笔者拟先探讨垄断与资源优化配置的关系，然后再就我国反垄断立法的指向问题谈谈自己的看法。

一、资源优化配置的垄断机制

首先应该指出，垄断有垄断结构（monopolistic structure）与垄断行为（monopolistic conduct）之分，有经济集中型垄断与行政割据型垄断之别。而本文所分析的垄断如无特别说明，都是指经济集中型的垄断结构，即产业中少数甚至一家厂商控制大部分市场份额的状态。而且这种垄断是就全国统一市场范围内在资本积聚和资本集中基础上形成的。至于我国特殊的行政性的行业垄断和地区割据型垄断对资源优化配置的劣化作用，笔者已做过分析（参见戚聿东，1993），在此不再赘述。

我们知道，传统及现代垄断理论依据福利经济学理论总是把垄断与资源配置低效率联系在一起。实际上，这种观点是基于古典经济学的完全竞争假设前提而推演出来的。而完全竞争又依附于一系列严格苛刻的条件，如厂商规模小，产品无差异，生产要素自由流动，信息充分且对称，零交易费用，没有政府干预，等等。然而实践证明，这些条件中的任何一个在现实中都很难具备，更谈不上同时具备了。因而完全竞争使资源配置最优化的一系列结论便失去了可靠的现实基础，以完全竞争为参照系来判断垄断优劣的做法也就失去了科学性。实际上垄断是社会化大生产和科技进步过程中资本积聚和资本集中的必然产物。在这一过程中必然伴随着资源配置效率的提高。具体来说，主要表现在以下方面。

（一）生产效率的提高

垄断对生产效率提高的作用主要是通过规模经济（economies of scale）机制实现的，一个企业，若是长期平均成本曲线在该企业相关的产出范围之上下降，亦即发生成本相对于收益的弱增效应，那就是规模经济的缘故。规模经济存在的根本原因在于生产要素的不可任意分割性。企业要从事生产经营，总得有一定的厂房、机器、仓储、运输等设施，无论产出量多大，这些投入都是相对不变的，即使变动，也属弱变，即并不是随产量成比例增加。这样，客观上就产生了与产量大小相对无关的固定费用。如果产出量扩大，那么分摊到单位产品上的固定成本就自然会降低。如工业生产的“乘 0.6 法则”所揭示的：当设备生产能力增加 1 倍时，投资大约只增加 0.6 倍。因此，随着企业规模的扩大，势必有助于生产成本的节约和生产效率的提高。

由于规模经济的作用，企业只有建立大批量生产经营体制，才能有效利用规模经济效益。而规模经济、大批量生产经营体制必然要引起资本积聚和资本集中，产生垄断结构。因为在市场容量既定前提下，少数具有规模优势的企业足以提供和满足全部市场需求，而不能容纳更多的企业。这就不难理解为什么在汽车、钢铁、机械、航空、电子等规模效应显著的产业中，大多数国家的市场结构都呈现出寡头垄断结构的原因了。这种规模经济作用基础上形成的垄断结构，显然促进了资源配置的优化。

（二）交易费用的节约

垄断对市场交易费用节约的作用主要是通过组合经济（economies of scope）机制来实现的。所谓组合经济，也称范围经济，系指厂商在一定规模下同时生产经营多种不同商品的成本低于多家厂商分别生产经营其中一种商品的成本总和。组合经济存在的根本原因在于具有不完全可分性的生产要素能够产生功能的多样性、经济价值的多重性，组装性能的多重性，以及厂商的无形资产在扩大的品种范围上的重复使用性。对于企业来讲，利用组合经济最主要的形式是多角化经营，包括同心多角化、水平多角化、垂直多角化和混合多角化。实践证明，企业实行多角化经营，有利于充分利用市场潜力和生产潜力，有利于产业间关联方式优化，有利于减缓和分散市场不确定性所带来的风险，一句话，有利于企业市场交易费用的节约。因为在不确定性的市场环境中，包括搜寻信息，发现相对价格以及谈判签约等市场交易费用是如此之大，以至于使单纯的社会性专业分工不合算，于是才有作为市场机制替代物的企业的诞生以及企业规模的扩大。正如科斯所指出的：“市场运行是有成本的，通过形成一个组织，并允许某个权威（一个‘企业家’）来支配资源，就能节省某些市场运行成本。企业家不得不在低成本下行使他的职能，这是鉴于如下的事实：他可以以低于他所代替的市场交易的价格得到生产要素，因为如果他做不到这一点，通常也能够再回到公开市场。”（科斯，1990）因此，实行多角化经营的厂家，把大量的外部交易内部化、组织化，大大加速了资本的积聚和集中，从而形成了相对于生产集中而言更为本质的垄断结构——资本垄断结构。正因为如此，世界上大多数垄断组织都不是单一功能的垄断组织，而是集多种功能于一身的跨行业垄断集团。如日本的六大垄断财团，都已成为“从方便面到原子弹”无所不经营的垄断组织。1970 年美国最大的 500 家工业企业中，94% 是从事多角化经营的。目前，在英国、意大利、法国、原联邦德国等国家的 100 家最大企业中，从事多角化经营的企业的比例数分别为 94%、90%、84%、73%。所以说，基于多角化经营这种组合经济效益而形成的垄断结构是节省市场交易费用的结果。

（三）技术效率的提高

以往垄断理论认为，垄断组织缺乏同行竞争的压力效率，在技术上必然具有墨守成规的守成倾向和高枕无忧的催眠作用，因而势必妨碍技术进步和创新。这种观点在现代产业经济实践面前已显得软弱无力。垄断本身就是技术进步的产物。技术进步一方面使得既定资源投入能够具有更大产出，从而覆盖更多的市场占有率；另一方面能够制造出差别化产品，包括全新产品、换代产品、改进产品、新牌子产品，尤其是全新产品（即新发明产品）的出现，使得现实中很难找到相关替代品。这两方面无疑都是促进生产和市场集中的因素。而在技术进步基础上形成并且受到专利法保护的垄断，反过来又会促进技术的进一步发展，这不仅在于垄断保护了技术进步的动因，而且也在于业已形成的市场势力又为进一步组织技术开发奠定了雄厚的物质基础。正如制度经济学家加尔布雷思（J. Galbraith）在其《美国资本主义》一书所总结的："说技术进步是小人物受竞争的压力，应用他们世罕其匹的聪明才智，为了过得比邻居好而努力的结果，无疑只是一个美妙的虚构，但令人不快的是……由于发展是高成本的，这必然导致只有有资源而且有相当规模的企业才能够胜任。"（J. Galbraith，1952）创新学派大师熊彼特也曾考察过技术进步与市场结构的关系，认为："只要我们深入事物的细节，追踪进步最惊人的个别项目的进步的由来，那么，我们不会追踪到工作于比较自由的竞争条件的商行门上，却分明会追踪到大企业门上。"（熊彼特，1979）技术创新的实践也确实证明了垄断与技术进步的这种正相关性。据统计，在资本、技术密集型产业中，几乎所有的重大技术创新都源于垄断性大企业。投入方面也是如此。如美国最大的100家垄断企业的研究和开发费用支出曾达到全国科研支出总额的82%，这一比例数值在英国、法国、意大利、荷兰等工业发达国家分别为70%、81%、93%、93%。（J. E. Parker，1974）在日本，资本在10亿日元以上的大公司所承担的科研及设计工作占全国总量的86%（M. 舍列舍娃，1991）。所有这些都充分证实了列宁的一个著名论断："竞争变为垄断。结果，生产的社会化有了巨大的发展，特别是技术发明和改进的过程，也社会化了"（列宁，中文版，1972）。

二、资源优化配置的垄断机制与竞争机制

上述讨论的垄断对资源优化配置的作用隐含着这样一个命题，即在资源优化配置过程中形成的垄断并没有排斥和妨碍竞争机制的作用。否则，垄断机制对资源优化配置的作用再大，也会被由于缺乏竞争机制引致的消极作用所抵消。那么，垄断与竞争的关系到底是怎样的呢？解决这一问题必须首先区分垄断结构与垄断行为这两个概念。垄断结构是指同一目标市场上厂家数量少规模大的问题，而垄断行为是指同一目标市场上的厂家为获取垄断利润而对市场供给和价格的控制和支配。传统垄断理论关于垄断和竞争相互关系的一系列观点看法之所以经不住实践检验，其症结正在于没有正确区分垄断结构与垄断行为这对完全不同的概念，而是将其混为一谈，认为垄断结构必然产生垄断行为，从而产生低劣的市场绩效。实际生活告诉我们，垄断结构与垄断行为并非一一对称的关系。垄断行为既可以来自厂家数量较少的垄断结构，也可以来自厂家数量较多的竞争结构，而垄断结构并不一定产生垄断行为。众所周知，自本世纪初开始，美国汽车市场一直呈现寡头垄断的格局，但美国汽车市场竞争的激烈程度是谁也否认不了的。其他众多产业也大都如此。世界各国的产业组织历程表明，市场上很少真正存在所谓的"马歇尔两难选择"现象。垄断虽然是在竞争的基础上产生的，但在竞争中成长起来的垄断并没有消除竞争，垄断结构改变的只是竞争形式，而不是竞争本身。恰恰相反，如果放眼于更长的时间跨度和更广的空间范围，垄断结构反而使竞争更激烈。正如马克思当年所讲的："在实际生活中，我们不仅可以找到竞争、垄断和它们的对抗，而且也可以找到它们的合题，这个合题并不是公式，而是运动。垄断产生着竞争，竞争产生着垄断……垄断只有不断投入竞争的斗争中才能维持自己。"（马克思，中文版，1972）。其实，马歇尔在晚年也修正了早年关于垄断与竞争彼此绝对不相容的观点，认为"虽然垄断与竞争在理想上可以完全分开，但在实际上他们是按不易觉察的程度相互渗透：几乎在一切竞争企业中都有某种垄断因素的存在，

而几乎一切具有实际意义的现代垄断企业均系在不确定的情况下维持其权力，如果他们忽略了直接和间接竞争的可能性，他们将很快失去此种权力。”（马歇尔，1919）在晚年，马歇尔还针对英国当时经济状况，论证了政府裁抑垄断政策的局限性。他看到德国和美国的资本主义生产的迅速发展已经严重地威胁着英国在国际市场的地位，以及美国和德国在国际市场争夺问题上托拉斯和卡特尔等垄断组织所起的作用，因此，他对英国经济政策的最后忠告是：“把一切垄断都认为是坏事是毫无充分理由的简单化。”“建设性的竞争和联合形式对于破坏性的形式的优越地位，对于英国，比其他国家都更为重要……如果她追随美国扩大生产组织的规模……她将要富强起来；但是她在任何方面有所松懈，她就是要从她的优越的地位上摔下来。”（马歇尔，1919）由此可见，马歇尔晚年的经济思想更加趋于成熟和面对现实。他的这些观点对时隔不久而发生的由张伯伦和罗宾逊夫人发起的被萨缪尔森称为“垄断竞争革命”的经济理论的兴起起了很大的影响作用（特纳，1991；胡寄窗，1988）。实际上，就起源和运行来讲，垄断与竞争一样，原本就属市场机制范畴，二者如同哲学上所讲的静止与运动的关系，垄断只是绝对运动的竞争中的一个个相对静止点，不含垄断因素的竞争和不带竞争因素的垄断从来就是不存在的。在某一市场范围内具有垄断势力的，一旦越出该市场区域，往往就会变成范围更大程度更高的竞争，这不仅是指垄断组织内部仍存在着围绕核心企业而展开的零部件和中间产品市场的竞争，而且更主要的是垄断组织之间以及垄断组织与非垄断组织之间的激烈竞争。这还只是就封闭型的一国经济而言。如果考虑到国际市场，那么即便在国内高度垄断的企业，也仍会面临人家进来和自己出去的竞争，从而使得自己在国际市场竞争中无足轻重，在全球化经济趋势越来越明显的当代，国际垄断组织之间的竞争也越来越趋于白热化。所以，从增强竞争力特别是增强国际竞争力的角度来看，在一些规模经济效应显著的产业中，设法提高国内市场的集中度，塑造少数厂家占有较高市场份额的寡头垄断结构，是一种非常现实的明智选择。

三、关于我国反垄断法的指向

到目前为止，发达国家基本上都有了《反垄断法》。我国从 1987 年开始起草《反垄断法》，期间数易起草机构。1993 年八届全国人大常委会和中共中央 1994 年 2 号文件将《反垄断法》列入了立法规划。目前由国家经贸委和国家工商局联合起草小组正在紧锣密鼓地工作。笔者认为，反垄断立法是非常必要的，但关键是反垄断的什么方面，即存在一个反垄断的指向问题，从各个国家的实际情况来看，有的国家指向垄断结构，有的国家指向垄断行为，有的国家则是兼而有之。不管出于何种动机和目的，笔者以为反垄断结构是没有道理的。这是因为：

第一，垄断结构是企业追求规模经济、组合经济和技术创新的结果，如果反对垄断结构，也就意味着对规模经济、组合经济和技术创新的抑制，整个经济也就失去了增长的源泉。有种观点认为，规模经济纵然在一些产业有提高经济效益的功效，但规模经济并不如人们想象的那么重要。即便它在其他地方可以带来效益，它也不能被上升为价值标准，作为评判反垄断法的依据（曹士兵，1996）。此种不考虑经济效益而单纯从维护经济秩序出发而制定出来的反垄断法，实属为立法而立法，真不知这样的法律在实施中会是一种怎样的效果。实际上，规模经济是经济发展的内在规律和要求，它在经济增长和发展中的重要地位已为无数经济学家所论述并证实过，如美国经济学家登尼森估计，1929～1957 年间，规模经济使美国经济增长率增加了 0.34%，1948～1969 年间则使经济增长率增加了 0.4%。1950～1962 年间，西欧经济增长率的 0.93% 是由规模经济提供的。1953～1971 年间，日本年均国民收入增长率为 8.77%，其中 1.94% 是由规模经济提供的（范家骧，1980）。由此可见规模经济对经济增长的巨大推动作用。也正因为如此，在 1996 年 3 月 17 日八届人大四次会议通过的《中华人民共和国国民经济和社会发展“九五”计划和2010 年远景目标纲要》中，对规模经济强调到了无以复加的程度，提到大力发展规模经济的场合前后达 10 余次。另外，

《纲要》中提出的我国大公司大集团发展战略，其主要依据也正在于提高我国企业的规模经济水平，以此增强我国企业的国际竞争力。所以，从大力发展规模经济的角度出发，我国应该鼓励企业走兼并、合并、收购等扩张道路，鼓励企业通过参股控股方式形成多层次网络化的企业集团。在此基础上形成的产业的垄断结构是不应受到《反垄断法》指控的。

第二，垄断行为是令人憎恶的。不论是卖方的联合抬价还是买方的联合压价，无论是公开的联合还是隐蔽的串通，也无论是价格协议还是划定地域，等等，古往今来都是遭到唾弃的限制竞争的垄断行为，亚里士多德笔下的那个西西里岛"铁矿人"及孟子笔下的"贱丈夫"实际上都是指的垄断行为。而垄断行为与垄断结构没有必然联系。大部分产业组织学家都认为，垄断结构下的大企业开展垄断行为的可能性大，所以大企业应该成为《反垄断法》的重点监视对象。更有甚者，有些法官和经济学家主张垄断行为不好确认，取证困难，与其规制垄断行为，还不如直接规制垄断结构。如施蒂格勒主张大厂商应被拆散为许多小单位。曾任约翰逊总统反托拉斯司司长的 D. F. 特纳也认为，问题的关键在于一家厂商是否具有来源于垄断的市场结构的"市场力量本身"。不论厂商的行为如何，具有"市场力量本身"就是拆散厂商的初步依据（萨缪尔森，1982）。美国历史上的一些反托拉斯案例确实就是这么判决的。如 1945 年美国铝公司案，该公司拥有铝产品市场份额的 90%，尽管没有发现任何不利的后果，但法官还是判为有罪，并道出惊人之语：国会没有规定好的垄断还是坏的垄断，垄断本身就是违法（参见张强，1990）。这种做法表面上是维护竞争，实际上是对正常竞争的最大打击和抑制，因为竞争在很大程度上讲就是市场份额的竞争，拥有较高的市场份额正是具有竞争力的表现。因为有了较高的市场份额就去抑制它，就像美国学者所评论的，无异于"永远是把下金蛋的鹅拖到反托拉斯的切肉墩子上去"（参见周叔莲等，1988）。所以，反垄断法的指向应该是垄断行为，而且是构成不正当竞争的垄断行为。不论是垄断结构还是竞争结构，只要出现不正当竞争的垄断行为，法律都应该予以禁止和制裁。从我国的实际情况来看，不正当竞争的垄断行为恰恰多来自高度竞争的产业。如 1987 年全国 27 家造纸厂联合压低芦苇价格，1987 年部分轴承厂和 108 家电器制造厂分别开会商定在国家定价基础上再提价 20% ~30%，1994 年年底哈尔滨市 51 家寻呼台联合限制 BP 机的价格为 2600 元，等等。不难看出，诸如此类的市场垄断行为皆源自高度竞争的产业。相反，一些高度垄断的产业，厂商的行为却是高度竞争的，典型的产业是各国的汽车业、航空业、电信业、计算机业，等等。所以，我们所要反对的是垄断行为，而不是垄断结构。而反对垄断行为，可以单独立法，如《反垄断行为法》，也可以合并立法，把有关垄断行为列举到《反不正当竞争法》中的有关条款。而既然垄断行为均属于不正当竞争行为，所以笔者更主张合并立法，即修改现行的《反不正当竞争法》，把有关的垄断行为列入其中。

第三，主张反对垄断结构的观点认为，垄断结构下厂商必然谋求垄断利润，从而造成较低产量，较高价格，使消费者利益受到损失。现实经济生活中的一些实证分析也显示出了垄断与利润的一定程度的正相关性。然而，垄断结构下厂商所具有的较高的利润率究竟是垄断价格的结果，还是资源配置效率提高的结果？这不能一概而论，有待于进行具体的因素分析。从各种可能性上考虑，垄断厂商并不必然谋求垄断利润，因为前已述及，垄断并没有消除竞争，反而使竞争在更长的时间跨度、更广的空间范围和更高的程度上展开。退一步说，就是在垄断者的垄断区域内，垄断者也绝不会全然置消费者的利益于不顾而滥施垄断特权，因为在这种场合下，"竞争的实质就是消费力对生产力的关系"（马克思，中文版，1972），即垄断者的需求曲线还有待于消费者的认可。所以，即使是独占垄断者，也要面临熊彼特所说的创新竞争，这种竞争所打击的不是现存企业的利润和产量，而是打击这些企业基础，危及它们的生命。这种竞争和其他竞争在效率上的差别，犹如炮击和徒手攻门间的差别，因此……实业家总是感觉到他正处在竞争局势之中，即使独处在战场上，四周渺无一人……其实，这种竞争在长期内，在许多（即使不是全部）事例中会实行和完全竞争十分类似的行为。（熊彼特，1979）既然垄断没有妨碍竞争，那么对于一个理性的垄断者来说，其目标同一般市场主体并无二致，即都在一定约束下追求最大化的利润。而最大化利润的取得，可以在厚利限销和薄利多销两者之中选择。而一般情况下，理性的垄断者总是倾向于舍前者而取后者。这不仅是因为在高利润高价格下消费者可能实行强制替代，减少垄断者的总销售量，而且又有可能招致国内和国外的潜在竞争者的进入，从而使自己的垄断地位削弱甚至完全丧失。这方面的例子可谓俯拾皆是。如圆珠笔生产的开创者雷诺兹国际钢笔公司，1945 年在成本只有 80 美分的情况下，却把销价定在 12 ~20 美元，结果一下子招致了 100 多家企业蜂拥而入，最后到了 1948 年该公司的圆珠笔市场占有率已下降为零（参见高峰，1993）。所以，垄断者并不必然要谋求垄断利润。在公用事业领域之外，即使是一个独家卖者，一般也只能在他行动得不像一个垄断者时，才能够争取到并在几十年内保持这种地位（熊彼特，1979）。因此，我们没有必要随意预先排除或事后拆散垄断结构，只有在垄断结构下的厂商出现垄断行为时，才有必要进行法律干预，但这种干预不是针对垄断结构，如不是把大企业一分为二或更多，而是针对垄断行为，如《克莱顿法》第四条所规定的三倍损害赔偿诉讼（Treble Damage Suits）。

最后，关于行政割据型的行业垄断和地区垄断，很多学者主张也应该纳入反垄断法的指向。笔者认为，基于“条条”、“块块”所形成的行业垄断和地区保护主义性质的行政垄断，基本上是一种体制现象，绝不是一部法律所能解决得了的。鉴于已有学者早已提出并论证过这种观点（参见张曙光，1993），笔者在此不再赘言。

参考文献：

1. 罗纳德·哈里·科斯：《企业，市场与法律》，上海三联书店、上海人民出版社 1990 年版。

2. 熊彼特：《资本主义，社会主义和民主》，商务印书馆 1979 年版。

3. M. 舍列舍娃：《世界资本主义市场竞争中的专利和许可证》，载于《世界经济文汇》1991 年第 3 期。

4. 《列宁选集》第 2 卷，人民出版社 1972 年版，第 48 页。

5. 《马克思恩格斯选集》第一卷，人民出版社 1972 年版，第 142 页。

6. 玛乔里·谢泼德·特纳：《琼·罗宾逊与两个剑桥之争》，江西人民出版社 1991 年版。

7. 胡寄窗：《一八七〇年以来的西方经济学说》，经济科学出版社 1988 年版。

8. 曹士兵：《反垄断法研究》，法律出版社 1996 年版。

9. 范家骧：《经济增长论——登尼森对美国、西欧和日本等国经济增长因素的比较分析》，载于《国外经济学讲座》第一册，中国社会科学出版社 1980 年版。

10. 萨缪尔森：《经济学》中册，商务印书馆 1982 年版。

11. 张强：《美国反托拉斯法域外效力探讨》，载于《南开经济研究》1990 年第 2 期。

12. 周叔莲：《国外产业政策研究》，经济管理出版社 1988 年版。

13. 高峰：《关于垄断资本的几个问题》，载于《南开学报》1993 第 1 期。

14. 马歇尔·C·霍南华：《美国反托拉斯法与贸易法规》，中国社会科学出版社 1991 年版。

15. 张曙光：《关于反垄断的几个问题》，载于《经济体制改革内参》1993 年第 23 期。

16. 威聿东：《论社会主义市场经济条件下的垄断成因及其作用》，载于《学习与探索》1993 年第 1 期。

17. J. K. Galbraith，1952：American Captalism，Boston：Houghton Mifflin.

18. J. E. Parker，1974，Economics of Innovation，Longman.

19. Alfred Marshall，1919，Industry and Trade.

（本文载于《经济研究》1997 年第 2 期）

论政府干预必要性的依据

方福前

近几年来，我国经济运行出现一些紊乱，失业、通货膨胀、收入分配不公和多数国有企业经济效益不好，成为经济生活中的四大问题，成为公众关注和议论的焦点，这推动了学术界重新思考政府干预的必要性。在这个问题的讨论中，学术界似乎有一种倾向，这就是用市场失灵理论作为政府干预的依据。市场失灵固然为政府干预提供了理由，但是，仅仅从市场失灵方面不足以说明我国经济生活中政府干预的必要性。因为，第一，市场失灵是市场经济的共同特征，从而也是政府干预的共同理由或原因。用这种共同的理由或原因不足以说明社会制度不同的市场经济下政府干预的必要性。第二，以市场失灵为依据来论证政府干预的必要性是西方经济学家的一贯思路，照搬这个思路未必适合中国实际。市场失灵是指在完全竞争条件下，各个经济主体对自身利益最大化的追求并不能导致最大化的社会福利也是指在健全的市场体系和完善的市场机制前提下，一些经济活动领域或经济活动的某些方面，市场机制无法实现其调节功能或调节的结果是无效率的。我国的市场体系和市场机制还处在培育、构造和形成过程中，社会主义市场经济体制的基本框架还未形成。因此，我们现在的主要问题不是市场失灵，而是市场机制不完善，市场调节不能到位，市场机制无法发挥它应有的资源配置功能。第三，以市场失灵为依据来论证政府干预的必要性是以市场功能与政府功能具有完全的替代性作为假定前提的，即在市场失灵的地方政府可以取而代之。这种假定有两个问题，首先，在我国经济活动中，市场调节和政府调控都是覆盖全社会的，二者的功能和作用是互补的、兼容的，而不是板块式分工的。政府调控也不限于运用财政政策和货币政策进行宏观调控，还包括通过价格政策、产业政策、反不正当竞争政策、消费政策等进行微观调控。其次，由这个假定不难得出如下推论：政府的职能和作用应当退缩到公共物品领域，公共物品以外的一切经济领域实行自由放任。这个主张不符合现代市场经济的实际，在实践上也是有害的。

我们认为，我国经济运行之所以要有政府干预，其原因或依据主要是以下两个方面。

一、社会主义市场经济是有政府的市场经济

从历史上看，资本主义市场经济经历了自由竞争和垄断包括国家垄断这样两个历史时期。自由竞争资本主义市场经济的微观基础是分散的、原子式的私人企业和竞争性的市场，经济活动的主体只有居民户和厂商，这种经济基础客观上需要经济活动的自由放任，政府只是充当“守夜人”。垄断包括国家垄断，资本主义市场经济的微观基础则是垄断的、高度集中的大企业和寡头垄断市场，这为政府干预经济提供了物质基础。在现代资本主义市场经济中，政府不仅是守夜人，而且是经济活动的三个主体之一，它直接参与投资，兴办企业，介入生产、分配和消费活动。并且，自20世纪中期以来，政府在经济活动中的作用有不断扩大的趋势。在号称自由市场经济的美国，政府雇用的劳动者占劳动者总数的18%，政府购买大约占GNP的20%，税收大约占国民收入的25%。当今发达国家的财政收入一般占GNP的40%～50%左右。

与资本主义市场经济相比，社会主义市场经济是市场经济的更高形态，是一种更先进的经济制

度，从理论逻辑和历史逻辑上说，社会主义市场经济应当是有政府的市场经济。

无论是现代资本主义市场经济还是社会主义市场经济，都是建立在生产社会化的基础上的。在社会化大生产中，分工和专业化得到空前发展，各个企业之间、各个经济部门之间、社会再生产各个环节之间的相互联系更加密切、更加复杂，社会生产过程是一个有机的整体。这就要求资源在各种生产用途中按比例分配，以保持经济运行和经济增长的连续性和稳定性。社会化大生产的按比例要求是由生产的技术条件和社会需要决定的。当生产的技术条件一定时，社会生产的按比例要求就由社会需要来决定。社会需要不仅为生产和再生产创造了动机，而且为生产这门社会烹饪活动提供了菜单。如果社会生产在总量和结构上满足了社会需要，经济就会正常运行下去，否则就会出现失衡和波动。在自由放任、没有政府干预的资本主义市场经济中，私人企业生产的出发点是私人利润而不是社会需要，私人企业“生产什么”服从于利润最大化目标。私人生产者只按照私人边际成本等于私人边际收益来确定产出规模，社会成本和社会收益并不进入他的生产函数。私人生产者着眼的只是具有潜在利润的那部分市场需求，社会需要并不在他的视野范围内。在市场机制这只“看不见的手”自发调节下、无数私人生产活动的总和便是社会总供给。没有理由认为这个总供给恰好符合社会需要。因为市场机制在协调个人目标与社会目标，个人需要与社会需要方面是自发的、盲目的，因而其结果是不确定的。19 世纪 30 年代以来的资本主义市场经济发展的实践证明，自由放任的市场经济并不是一部能够自行调节、运行良好的机器，由追求私人利益最大化的动机所决定的社会总供给在数量和结构上并不总是满足社会需要。20 世纪 30 年代大萧条突出表明自由放任的资本主义市场经济不能满足社会化大生产的按比例要求。由这次大危机孕育产生的凯恩斯理论证明，在自由放任下，总供给满足充分就业所要求的社会需要是一种特例，一般的情形是有效需求不足；未来的不确定性和投资风险会在市场上造成投资不足的倾向，市场机制自发调节的正常结果是小于充分就业的均衡。于是，政府干预不但在市场经济中找到了它的位置，而且在需求管理、资源充分利用方面扮演了重要角色。

社会主义市场经济不同于资本主义市场经济的本质特征是建立在生产资料公有制为主体的基础上，这就决定了各个企业有其各自的个别利益和局部利益，也有整体利益和共同利益，在根本利益上具有一致性。这种根本利益上的一致性媒介着共同的社会目标。这个共同的社会目标就是满足人们日益增长的需要。但是，在社会主义市场经济中，作为相对独立的商品生产者和经营者的企业追求利润最大化仍然是它的主要动机和生产目的，它仍然要根据有盈利潜力的那部分市场需求来决定“生产什么”，它的动机和行为有可能偏离社会需要。因此在社会主义市场经济中，政府必须诱导、协调各个企业的经济活动，使之符合社会目标。企业在不违背社会整体利益的情况下，也像在资本主义市场经济下的企业一样关心和追求自己的利益，努力提高自己的效率。它在为社会生产更多的剩余产品过程中获得自己利益的最大化。因此，在社会主义市场经济体制下，按比例要求的实现机制或资源配置机制不能只是单纯的市场机制，还必须依靠政府这只“看得见的手”，是市场调节和政府调控的有机结合。

社会主义市场经济的微观基础是在国民经济中占主导地位的国有企业和有关国计民生的产业或市场，这是政府干预或调控的物质基础和支撑点。国有企业的经营活动受政府政策约束和影响，政府的发展战略和政策意图是其经营决策的重要参数。政府对国有企业的投资和生产的调控，成为克服经济运行不稳定或波动的有力手段。政府对有关国计民生的产业的控制、有助于保持经济稳定和社会稳定，有助于把握经济发展方向和长期发展势头。

二、现阶段需要强化政府干预

我国现阶段正处在向社会主义市场经济体制转轨的关键时期，传统体制还在相当大程度上发挥作用，而新体制尚未建立起来。如果依靠新体制“自然而然”地生长出来，这个阵痛过程可能是漫长的，体制转换的成本可能是很高的，因此，必须通过政府介入和扶持来缩短这个过程。

具体说来，体制转轨时期需要政府担负以下职责并发挥相应的作用：

（一）建立和健全市场体系

现代市场经济是建立在发达、完全的市场体系基础上的。我国目前的商品市场比较发达，但是金融市场、劳动力市场、技术市场和信息市场还未成型，尚不规范。市场信号扭曲还有待矫正，市场机制的调节范围还很有限。这需要政府通过深化改革财税体制、金融体制、投资体制、价格体制、就业体制和社会保障体制，来建立市场体系，完善市场机制。当前，中央政府应当采取切实有效的措施和手段，拆除地方保护主义，以利于建立全国统一的大市场。

（二）界定并维护产权

产权界定和维护是市场经济有效运行的首要前提。市场价格作为信号机制的效率依赖于经济主体对损益刺激的反应，这种反应是建立在经济行为和经济活动权责利关系明晰基础上的，产权就是对这种权责利关系的法律规定。当存在外部经济效应、交易过程涉及较多的当事人时，私人协商不易明晰产权或交易费用高昂，必须由政府出面界定产权和维护有关各方当事人的合法权益。当前主要是要明晰、界定和维护国有企业的产权。

（三）促进和保护竞争

市场经济是一种竞争性经济，竞争迫使生产者使用有效率的生产技术，从而解决“如何生产”的问题。改革开放以来，竞争机制已经引入经济生活并已发挥作用，但是目前的竞争程度仍然大大低于应有的水平。政府必须通过帮助建立不同所有制性质的经济主体，创造公平竞争环境，规范市场竞争秩序，消除阻碍资源自由流动的刚性结构，促进市场社会化。通过发展信息搜寻、储存和传递手段，为生产者和消费者提供真实而迅速的信息，促进和保护有效的、正当的竞争。

（四）调整和优化经济结构

我国现阶段既是体制转轨时期，同时也是经济结构调整和转换时期。历史和传统体制两方面原因造成我国经济结构不合理。这表现在：（1）区域发展不平衡：东部和东北部发达，基础较好，中西部相对落后；近几年沿海地区发展很快，内地多数地区发展较慢。（2）由于长期推行优先发展重工业的产业政策和发展战略，产业结构失衡，传统产业比重较大，新兴产业比重较小。（3）城市和城市工业相对发达，农村和农业相对落后，城乡经济发展程度和收入水平差距较大，二元经济结构依然存在。经济发展过程是一个结构变化过程，如果单纯依靠市场机制来矫正经济结构失衡，这个过程可能是一个缓慢的过程。并且，由于发达地区（或产业）和不发达地区（或产业）、城市（工业）和农村（农业）不是处在同一个起跑线上，自由放任的结果很可能不是缩小这些差距，而是拉大这些差距。当存在价格扭曲时，经济结构不合理还会导致资源的错误配置。因此，必须由政府实施倾斜的产业政策和区域政策，切实支持农业和农村发展，进行经济结构调整。

（五）推进和加快经济发展

我国现阶段正处在经济起飞的关键时期。我国是一个发展中大国，人口压力大人均收入低，资本不足，要加快经济发展，实现经济起飞，政府必须承担以下任务：（1）动员社会储蓄，鼓励民间投资，积极吸引外资，促进资本形成和技术进步；（2）培育和扶持新兴产业、关联系数高的产业和主导产业；（3）采取一定的保护措施，提高本国企业和产品在国际市场上的竞争力，抵御外国资本对本国市场的过度冲击。

（六）整顿和治理秩序

体制转换过程是一种规则由破到立，秩序由乱到治的过程。在新体制成长的过程中，旧体制会顽强地表现自己。新旧体制的摩擦和碰撞必将导致经济活动的某些混乱，一些人将会浑水摸鱼，中饱私囊。在这种情况下，如果只放不管，只要自由不要干预，将会加剧这些混乱，从而延缓转轨进程，增大改革成本。当前经济生活中突出的问题有：国有资产流失，化公为私，经济诈骗，制假售假，无序竞争，哄抬物价，分配不公。这些问题需要通过政府完善立法、加强执法，制定经济活动的交易规则、服从程序和行为规范来解决。

即便在未来社会主义市场经济体制建立和完善以后，由第一方面原因产生的政府干预将仍然是必要的、不可或缺的，由第二方面原因现阶段的特殊性产生的政府干预其范围将会缩小，但也不能完全取消。立法，确立市场经济活动秩序和规则，维护产权，限制垄断，发展公共经济，仍然必须是政府担负的职责。

（本文载于《中国人民大学学报》1995 年第 5 期）

试论企业集团的垄断与竞争

陈文辉

作为现代市场经济中一种重要的经济组织形式，企业集团具有垄断和竞争相统一的市场特征。国际经验表明，只要对企业集团实行有效管理，就能使其保持竞争活力。我国企业集团尚处于发展的初期阶段，正确分析我国企业集团的垄断与竞争现状，选择好市场结构，对于我国企业集团的健康发展意义重大。

一、企业集团垄断与竞争的两重性

（一）企业集团的垄断性

企业集团的垄断性，主要是指少数大企业集团或某一企业集团控制着某些种类商品生产、销售的全部或大部分，从而能按自己的意志控制价格和市场，以便获取高额利润。

企业集团的垄断性，主要通过其核心企业的垄断性表现出来。企业集团中的核心企业通过持股、分工、协作等形式，实现了对一系列企业的控制，较之单个大企业垄断行为具有更强的市场控制能力与价格控制能力。企业集团的垄断性主要表现在：

第一，企业集团使生产集中和市场占有率集中。根据 1989 年《幸福》杂志的资料，在最大的 500 家公司中，按照 27 个部门分类，每个部门最大 5 家公司的销售额占该部门销售总额 50% 以上的共有 23 个部门，占 90% 以上的有 7 个部门，其中计算机、汽车、橡胶制品、烟草和运输设备 5 个部门，一家公司的销售额就占该部门销售总额的五分之二以上。① 英国最大的 5 家公司销售额占各该部门销售总额的比重在 60% 以上的产品，1968 年为 157 种，1975 年增加到 167 种。1975 年，原联邦德国最大的 3 家公司销售额占各该部门销售额 10% 以上的，在 33 个工业部门中就有 21 个部门，占 57.7%。② 据韩国《东亚时报》报道，至 1989 年末，电视机产品“金星社”、“三星电子工业”和“大韩电线”的市场占有率合计为 90.85%；轿车产品，“现代汽车”、“新韩汽车”与“东亚产业”的市场占有率合计为 90.73%；摩托车产品，“起亚机械工业”和“晓星机械化工业”的市场占有率合计为 94.65%；平板玻璃产品，“韩国玻璃工业”的市场占有率为 90.23%。③ 1983 年，日本公正交易委员会曾选择 450 个重要产品调查其生产集中程度，其中六大企业集团在产值或产量上占有首位的有 154 种，约占全部选择产品的 34%。六大集团在有色金属产品上占 80%，在纸浆和纸制品上占 53.3%，在化学产品上占 49.4%。④

第二，企业集团使资本迅速集聚。1966 年，美国 4 大公司资产额占各该部门资产总额 50% 以

① ［美］《幸福》1989 年 4 月，第 194 ~ 205 页。

② 经济合作与发展组织：《集中与竞争政策》，1979 年日译本，第 96、65 页。

③ 赝贵春：《南朝鲜企业集团的形成与特点》，载于《社会科学战线》1988 年第 3 期。

④ 彭晋璋：《日本的企业集团考察报告》载于《改革》1989 年第 6 期。

上的行业近200个，约占整个行业的一半，其中占70%以上的行业三分之一左右。[①] 日本六大企业集团1987年度拥有上市股票约1/4的所有权，六大集团的金融机构向股票上市企业提供的贷款额大约占这些企业贷款总额的39.37%，约有1510家股票上市企业与六大企业集团有金融交易关系，因而这六大集团对日本大企业拥有很大的支配权。[②]

第三，企业集团在技术创新和对外贸易上都有一定的垄断性。这种垄断性首先在于企业集团具有强大的经济实力，它可以设立专门的机构，动用巨额资金进行科学研究、技术创新和对外贸易，这种专业化分工可以大大提高效率，达到事半功倍的效果，而这是中小企业无法做到的。例如，美国国际商业机器公司的科研机构有2.9万人，在国内拥有21个研究所，在西欧和日本设有9个研究所。美国政府和垄断企业从1955年到1974年的20年中，在科研上的投资达3920亿美元，其中垄断企业占40%左右。[③] 其次在于企业集团一般都是跨国公司，它们可以利用自己在国外的子公司、分公司或办事机构直接获得国外的最新技术信息和商业信息，引进新技术，保持自己的技术优势和外贸上的主动权。例如香港的汇丰银行1983年有海外分支机构1059家，到1991年则发展到1300多家，怡和集团70年代海外业务迅速拓展，1973年海外资产占61%，海外盈利占60%，1984年宣布今后的业务发展以香港与海外并重，并在百慕大设立新的控股公司。其海外业务包括销售、房地产、自然资源、运输与服务、财务、保险、工程与建筑等。[④] 事实上，世界上一些主要企业集团都是大的跨国公司，它们在国外都有许多分支机构，[⑤] 这为它们开拓海外市场起了积极作用。

（二）企业集团的竞争性

虽然企业集团具有垄断性，但这并不表示企业集团的存在就会扼杀竞争。由于社会经济的不断发展及企业集团内部组织结构等特点，企业集团也具有竞争的特征。企业集团是垄断和竞争的统一。企业集团的竞争性主要表现在：

第一，企业集团与企业集团之间存在着激烈竞争。企业集团之间的相互竞争，主要从两个方面表现出来：首先是处于同一部门的企业集团之间的竞争。企业集团为了取得本部门的更大市场份额，必须努力降低成本。由于企业集团相对于中小企业来说，有着更强的经济实力和研究开发能力，因此，企业集团间的这种垄断竞争是一种更高层次的竞争。从某种意义上来说，这种竞争更有利于技术的进步、产品的开发和成本的下降。其次，对于原来不处于同一部门的企业集团来说，其竞争主要表现在企业集团实行多角化经营，进入不同的生产领域，从而造成了企业集团间的激烈竞争。

第二，企业集团与一般企业之间存在着激烈的竞争。虽然企业集团占据垄断地位，但在现实经济生活中，中小企业还是大量存在的，这些企业也在努力，在与大企业集团相抗衡。企业集团与一般中小企业之间的竞争表现在两个方面：一是二者生产同一类产品，它们之间存在存在着一种直接的竞争，相互争夺消费者。竞争使产品质量不断提高，成本不断下降。二是二者是协作关系，它们之间存在的是一种间接的竞争关系，也就是通过协作伙伴的选择，不断迫使对方给予合作伙伴更优惠的合作条件。

第三，企业集团内部企业之间的竞争。企业集团是企业法人联合体，集团内的企业都是独立自主、自负盈亏的企业法人。在企业集团内部，企业之间不论是生产同一产品，还是属于协作关系，它们之间都存在着与集团外企业完全相同的竞争关系。例如某集团内处于协作关系的企业，如果觉

---

① ［美］威廉·谢发德：《市场权力与经济福利》，纽约1975年版，第106页。

② 彭晋璋：《日本的企业集团考察报告》，载于《改革》1989年第6期。

③ 褚葆一主编：《当代美国经济》，中国财政经济出版社1981年版。

④ 《企业集团研究资料》1992年4月，第65页。

⑤ 叶刚著：《遍及全球的跨国公司》附录，复旦大学出版社1989年版。

得协作对方的条件不如集团外的企业，那么它就可以放弃该协作企业而到企业集团外去寻找。

第四，企业集团内企业内部组织结构的合理设计可以达到竞争效果。对于集团内企业的组织结构进行合理设计和有效管理，可以使竞争机制企业内部化，从而达到竞争的效果。例如，对于一些大企业，采取事业部制，即大企业的总部成为一个投资决策中心，建立事业部（分公司），充分分权，使其成为利润中心，再在工厂一级建立成本中心，这样就可以在企业内部建立起对外的竞争机制，以利于促进竞争。

（三）市场扩张与垄断权力的变化

亚当·斯密说："市场容量决定分工"。这就是说，随着容量的扩大，市场对某一商品的需求量增加，生产者有必要、也有可能进行专业化的生产分工。其必要性表现在商品需求量的扩大要求生产者提高效率，而专业化分工是提高效率的重要途径：其可能性表现在由于市场扩大，专业化分工迅速提高的生产能力有其产品的销售市场。市场容量的扩张，使大规模生产有了市场保证，随着大企业规模扩大，企业将获得规模经济效益。

从分工、规模经济效益角度来考察市场容量，可知它们之间的关系是：市场容量与专业化分工程度、企业规模大小成正比关系。那么，市场容量与垄断的关系又是怎样的？笔者认为，垄断受市场容量的影响也是很大的，市场容量与垄断是成反比的关系。对于一定的经济集团，市场容量越大，则该经济集团的垄断能力越小。反之亦然。市场容量与垄断组织的这一关系可以纵向历史地、横向区域地考察中看出。从纵向来看，在商品经济发展初期，由于各地区的封锁与割据，人们的消费水平较低，总的市场容量较小，这时，即使是规模较小，实力较弱的经济垄断组织也能对市场实行有效的控制；而商品经济比较发达的今天，市场容量已大大扩张，因此，尽管一些经济垄断组织的规模、实力都有了大幅度的增长，但其对市场的控制能力却没有加强的趋势，它们仍处于激烈的竞争中。从横向看来亦如此，在一些国家和地区，由于地区分割、市场封锁，实际市场容量很小，一些规模小、效益差的企业竟然也能取得垄断地位，获得高额利润，损害了消费者的利益，也阻碍了企业的进取、发展；而另一些国家由于市场容量大，特别是把企业推向国际市场，即使企业规模大、产品新、企业也时时感到竞争的压力，企业不断变革技术、降低成本，既保护了消费者利益，也加强了企业的竞争能力和地位。由此我们可以得出这样一个结论：市场扩张将导致垄断组织对于市场控制能力的减弱，加强经济主体间的竞争。

综上所述，垄断和竞争的二重性是企业集团的一个重要特点。虽然企业集团具有垄断性，但由于经济发展导致市场扩张以及集团独特的组织结构，对企业集团采取有效的管理，就能使企业集团保持竞争活力。

二、关于我国企业集团的垄断竞争问题

（一）对我国企业集团垄断竞争与竞争情况的基本判断

我国的经济体制正处于激烈的变动之中，社会主义市场经济体制是我国经济体制改革的目标模式，但现在还远未形成；我国的企业集团尚处于发展的初级阶段，还很不成熟。这一切，都使我国企业集团在垄断与竞争方面呈现出许多与国外企业集团，特别是发达国家企业集团不同的特征。正确地分析我国企业集团的垄断与竞争的现状，选择好市场结构，对于企业集团的健康发展和促进整个国民经济的协调发展都有着较为重要的意义。总括起来，我国企业集团竞争与垄断的情况具有以

下特点：

第一，企业集团的规模普遍偏小。我国的企业集团，与一些发达国家所拥有的大跨国公司相比，其规模就显得很小。例如，国家试点的55家企业集团中上海宝山钢铁集团的核心企业上海宝山钢铁总厂的固定资产值为199亿元，1990年的净值为176亿元，中国东北电力集团的中国电力总公司的固定资产原值为229亿元，1990年的净值为158亿元①，这两个集团是国家试点集团中最大的两家，代表了我国企业集团的规模实力。而美国电话电报公司（AT&T）1988年总资产为351亿美元，营业额为352亿美元，② 差距是十分明显的。据统计，国家试点的55家企业集团，1990年的销售收入合计为1200亿元（约合210亿美元，仅为美国通用汽车公司销售额1269.8亿美元的1/6，与日本的新日铁公司销售额207.71美元相当）。③ 由以上数据就可以看出，我国企业集团规模实力还是很弱的。在国际竞争中，我国的企业集团还很难与国际上的大跨国公司相抗衡。

第二，企业集团行政性垄断严重。由于传统体制的影响，我国的垄断主要是以行政性垄断为主。随着经济体制改革的深化，行政性垄断往往又通过各种经济方式表现出来，我国企业集团行政性垄断主要表现在以下几个方面：

（1）企业集团本身尚具有行政职能。严格意义上的企业、企业集团应当是独立核算、自负盈亏的经济实体或其联合体。但我国的企业集团却与政府有千丝万缕的联系。有相当一部分企业集团，过去就是一级政府的经济行政管理局，它们肩负着政府的行政职能，拥有政府的行政权限，代表着国家行使各种垄断权力，与其他竞争者相比，具有无法比拟的优势。它们的特殊地位使它们能够垄断价格，倒买倒卖，牟取暴利，造成市场秩序混乱。有的则背靠政府拥有极大的市场销售权，垄断着某种产品的销售而成为全国最大批发商。例如，在国家试点的55家企业集团中，就有华能集团、东北电力集团、华东电力集团、华中电力集团、西北电力集团等几个大电力集团及黑龙江森工集团等几个大森工集团至今尚有行政职能。像黑龙江森工企业集团，就与一个地区行政公署属于一套人马、两块牌子，是一个完完全全的地方政府机构，还拥有自己的法院和森林警察。当然，这些问题的存在，有其历史的原因和现实的特殊性，但它也说明我国的企业集团确确实实存在着严重的行政垄断。对于一般企业集团来说，由于各种不正常的企业集团组建行为的干扰，较之试点企业集团这一问题更为突出。

（2）由于政企不分，使企业集团拥有某些特权，从而形成垄断。我国的企业与政府机关有着千丝万缕的联系。尽管改革以来，我们努力想使政企分开，但由于在一个企业集团中，国有企业成员较多，政府是集团财产最大的拥有者，集团、公司领导人大都由政府部门任命，企业生产所需的资金、原材料、技术人员也大多由政府提供，政企实难分开，政府常常干预企业的经营活动，集团的行为受到政府的直接控制并充分体现政府的意志。地方政府为了本地区的利益，也积极参与经济活动，成为参与市场竞争的重要角色。一些政府部门，一方面主管一批企业，另一方面又有一些行政职能，因此，在竞争中，它们往往把一些特权授予自己主管的企业。如果把这种竞争看做一场比赛，该主管部门既是比赛的裁判，又是参赛者。显然，竞争是不公平的。例如，对外经济贸易部下属的若干大外贸公司，事实上是各自垄断了一部分产品的外贸进出口权。由此看来政企不分，必然导致企业集团行政垄断的产生。

（3）有一些企业集团的经济垄断格局的形成，是通过行政手段促成的。通常认为，经济性垄断是由竞争而产生的生产集中和资本积聚的结果，而我国的企业集团则不是这样形成的。我国企业集团的形成，往往是通过政府行政捏合。如中国船舶工业公司、中国石油天然气总公司、中国统配煤矿总公司，中国石油化工总公司等垄断企业集团的形成，主要是靠政府行政命令形成的。一些小的垄断集团的形成也是通过这样一些手段。

① 数据来自各试点企业集团上报国务院经济贸易办公室的资料。

② 数据来自国家体改委、国家计委和国务院生产委三家1990年对该公司的考察报告。

③ 陈全生、陈文辉：《我国企业集团的现状及进一步发展的思路》，载于《中国工业经济研究》1992年第11期。

第三，一部分企业集团具有了一定程度的经济垄断。我国当前的产业集中度，相对于经济发展水平来说还是比较低的。据资料介绍，日本的人均国民收入和重化工比率1960年分别为378美元和58.2%，和我国目前的状况比较接近，但从表1可以看出，我国目前的产业集中度远远落后于当时的日本，足见我国目前企业规模结构分散化是何等严重。不仅如此，近几年来，企业规模结构分散化还有加重的趋势。

表1　　中国与日本若干产业集中度比较

产　业	集　中　度	
	中国（1985年）	日本（1963年）
食品制造业	1.39	65.83
纺织业	1.92	46.4
造纸及纸制品业	7.74	78.40
化学工业	13.43	68.91
石油加工业	47.28	75.00
橡胶制品业	3.70	76.00
建筑材料及非金属矿物制品业	1.90	65.56
黑色金属冶炼及压延工业	31.86	76.44
有色金属冶炼及压延工业	21.03	77.29
机械工业	3.47	63.47
电气机械及器材制造业	3.61	68.53
交通运输设备制造业	11.17	72.57

注：集中度为产业内最大8家企业销售收入合计占全产业销售收入比重。

资料来源：中国部分根据国家统计局《工业统计年报》1987年、1988年有关资料计算；日本部分取自植草益著的《产业组织论》。

尽管如此，一些大型企业集团在一些行业、产品上所占市场份额还是比较高的，从而产生了一定的垄断性。例如，国际、南方、东方三家航空公司的运输周转量占全民航局比例的70.7%，其中国际航空公司占38.4%；三家航空公司的旅客运输量占全民航局的65.5%，其中南方航空公司占29%；三家航空公司的货邮运输量占全民航局的72%，其中国际航空公司占全民航局的27.8%；从以上数据可以看出，在国内航空运输中，这三家航空公司占有举足轻重的地位。又如，哈电集团的电站成套设备在国内市场占有率达40%，东北输变电集团的大型变压器占全国产量的50%，一拖集团的履带式拖拉机达到国内市场的90%左右；等等。企业集团对市场的垄断，不外乎以下几个原因，或是几个集团对某一类产品已形成规模经济，如三家航空公司、一汽和东风汽车集团等；或是由于独特的技术，工艺而形成垄断，如天津渤海化工的一些产品，洛阳玻璃集团的浮法玻璃；有的则是由于独特的地理环境，如几大电力集团、几大森工集团；等等。当然，我国企业集团的市场垄断，与国外一些大跨国公司相比差距还很大，特别是我国企业集团跨国经营能力还很弱，在国际市场上所占的地位还很低，一旦进行国际化经营，逐步开放国内市场，若不采取有效的对策，我国企业集团在国内市场的占有率将急剧下降，这对我国的企业集团不能不说是一个十分严峻的考验。

第四，我国企业集团竞争不足与竞争过度并存，正当竞争与不正当竞争并存。竞争不足主要表现为我国的企业尚未成为真正独立的经济法人，政企不分现象还存在，对于一些行业来说，进入壁垒还很高，也就是说，由于行政垄断的作用使企业竞争不足。另一方面，由于改革后各级地方政府、各部门、各经济实体对利润追求的冲动，使得资金大量涌入价高利大的产业，而且这种涌入是各自为阵，企业规模小型化式的涌入，加之企业只负盈不负亏，“只生不死”，在一些行业中，存在着大量的低层次的过度竞争。① 正当竞争悬崖勒马改革后企业竞争意识加强，注重产品的质量、花

① 陈文辉：《中国产业组织的现状、目标和对策》，载于《中国社会科学院研究生院学报》1992年第2期。

色品样、售后服务等，而不正当竞争则表现在随着商品经济的发展，人们追求个人利益的意识加强，但法制建设没有跟上，因此出现采取种种不正当竞争手段的现象。[①] 总之，目前企业的竞争形式是多种多样的，复杂无序的。

综上所述，可以对我国企业集团目前的垄断与竞争做出如下判断：我国企业集团规模还比较小，因此，单个集团的市场占有率还比较低，经济垄断能力比较弱，特别是在国际市场上，实力越显越弱；与此相对，由于传统体制的影响，我国企业集团的行政垄断则较严重。由于经济体制的改革，竞争正成为经常性的经济活动，但由于法制建设的滞后，我国的市场竞争秩序尚未形成。

（二）处理好我国企业集团垄断与竞争关系的几点思考

处理好企业集团的垄断与竞争关系，有利于企业集团的发展，根据我国企业集团垄断与竞争的现状，有以下几个问题值得思考。

第一，企业集团大型化与高层次的竞争。目前我国企业集团规模偏小，在国内市场上的占有率还不算高，在国际市场上的占有率则微乎其微。很显然，企业集团规模偏小不利于企业参与国际竞争。那么，企业集团规模的扩大对竞争有没有影响呢？会不会抑制竞争呢？笔者认为，企业集团规模的扩大，只要注意适度，并采取有效的反垄断措施，非但不会抑制竞争，而且会提高竞争质量。大企业集团之间的竞争是一种高层次的竞争，能使产品质量不断提高，花色品种不断创新。当然，为了使大企业集团之间真正形成一种有效竞争的局面，不仅要促进大企业集团之间的竞争，还要注意促使集团内部的竞争，以及各层次企业之间的竞争。在这方面，日本企业发展的经验值得借鉴。日本存在着大企业和一系列有协作关系的小企业组成的双重结构，由于注意协调企业之间的竞争关系，使大企业与大企业竞争，小企业与小企业竞争，促进了企业的协调竞争。

第二，逐渐消除企业集团的行政性垄断。企业集团的经济垄断具有两重性，既有有利于经济发展的一面，又有阻碍经济发展的一面。因此，对于经济垄断应该具体问题具体分析。而企业集团的行政性垄断则不然，特别是在市场经济条件下，一旦行政权力与个人的经济利益结合起来则其害无穷。因此，必须消除行政性垄断。

要消除行政性垄断，企业集团首先必须转换经营机制，主动走向市场，改变企业长期以来主要领带政府的现象。当前，由于企业还缺乏应有的竞争意识和实力，而市场不规范、不健全，待业、养老、医疗等社会保障体系不完善，也使企业难以进入市场。在这种情况下，企业很难放弃对政府的依赖，行政性垄断也就难以消除。

要消除行政性垄断，政府职能必须转换。正是政府部门与企业长期以来形成的“父子”关系，才使企业能从政府职能部门获得进行行政性垄断的权力基础。转变职能后的政府在经济方面的主要职能应该是：（1）制订大政方针，诸如产业政策、金融政策、财政税收政策等；（2）组织、协调各职能部门贯彻、实施各项政策，并做好监督工作，努力营造一个尽可能公平的市场环境。

第三，企业集团的市场选择问题。存在着大量的买者和卖者的市场无疑是竞争性的，也是能够通过竞争激发企业活力的。但是，企业数量的增加，在市场容量一定的时候，势必要以缩小企业规模，减小单位企业产量为代价，否则，市场上某种产品的数量将过剩。这也就是说，这种竞争将有可能带来企业规模经济的丧失，企业产品质量水平的下降，企业之间可能只能在低水平基础上竞争，以致带来一定程度的效益下降。只有一家企业生产某种产品的完全垄断，从理论上说，尽管可以充分获取规模经济，但丧失了竞争压力后的企业将会产生各种机能退化的现象，以致产品质量下降，价格却居高不下，这种市场结构是万万不可取的。企业集团的大规模决定了它很难有许多生产者存在于同一市场中，但若只有一家企业集团，对消费者，对企业集团自身发展也未必有多少好

① 胡汝银：《竞争与垄断：社会主义微观经济分析》，上海三联书店、上海人民出版社1988年版，第8章。

处。因此，构建一个存在若干家企业集团，在同一市场中既存在竞争、又有垄断的结构，应该是一种比较现实可行的选择。当然，在一国之内，某一市场企业集团数量的多少，还与其对外开放度紧密相连，这事实上是一个市场容量是否扩张的问题。

第四，加强法制建设，保护竞争秩序。改革后，我国企业（集团）间的竞争大大加强，但是，既存在合理的竞争，也存在大量不合理、不正当的竞争，竞争呈现为一种杂乱、无序状态。这些不正当的竞争，与行政垄断一样有害。为了使企业间的竞争呈有序状态，保护正当竞争，反对不正当竞争，就必须加强法制建设。在市场经济体制下，政府的行政管理将呈现一种长期的规划、协调，日常经济活动的监督只能通过法律手段来约束，否则，将出现一个无人管理的真空地带，这时，市场秩序混乱就不可避免。当然，法制建设将是一个长期、艰苦的工作，这就要求政府在过渡时期对市场秩序肩负更多的责任。

（本文载于《经济学家》1994年第1期）

第三部分

重要学术论文观点摘录

2009 年

[1] 白让让．买方主垄断：政府规制与电煤价格的长期扭曲 [J]．世界经济．2009 (08)．

本文从产业组织和政府规制的视角解释了电煤价格的扭曲现象。理论模型证明，随着电煤消费比重的增加和煤炭产业集中度的下降，电煤价格的扭曲度明显加大，而政府对电煤价格的干预则成为扭曲的体制根源。对 1980 ~ 2006 年的经验分析还发现，在“规制重建滞后和下游产业垄断”的背景下，政府的行政性干预和“完全”的市场化改革，都无法消除价格扭曲的发生。只有转变经济增长的模式、抑制垄断者的市场势力，煤炭和电力产业之间的不和谐因素才会被减少。初步的协整检验和回归分析在一定程度上支持了理论假设实际考察的结论。

[2] 白让让，王小芳．中国煤炭和电力产业互动机理及效应分析 [J]．经济学家．2009 (09)．

在资源耗费型的经济增长模式下，政府具有压低煤炭价格创造 GDP 效应的激励；电力产业的高集中度和严格的管理体制，使它在与煤炭和政府的三方博弈中获得了影响力；而政府对计划干预手段的依赖也限制了市场机制作用的发挥。在煤电关系扭曲的三个北京条件还未得到有效改观的条件下，短期的强制干预只会掩藏产业矛盾，并不能为未来改革路径的设计提供依据。随着中国成为煤炭的净进口国、上下游主垄断，以及主导企业纵向扩展等新情况的出现，煤电关系的走向就显得更为复杂或具有不确定性，需要在进行系统化研究和科学判断的基础上，审慎地做出改革模式或机制设计的选择。

[3] 白让让，王小芳．规制权力配置、下游垄断与中国电力产业的接入歧视——理论分析与初步的实证检验 [J]．经济学 (季刊)．2009 (02)．

本文构建了一个“上游竞争、下游垄断”结构下接入歧视的简化模型，分析了部分纵向一体化的买方垄断者对独立发电企业实施接入价格和数量歧视的动机和条件。在揭示歧视行为与规制重建滞后之间的特征性事实的基础上，我们利用 500 多家发电企业和区域电网的相关数据，从统计描述和回归分析两个方面对理论假设进行了初步的检验，结果证明了两类接入歧视，特别是价格歧视的存在。

[4] 白雪洁，宋莹．环境规制、技术创新与中国火电行业的效率提升 [J]．中国工业经济．2009 (08)．

基于效率的视角，本文对 2004 年中国 30 个省（自治区、直辖市）火电行业的环境规制进行分析。首先利用三阶段 DEA 模型排除经营环境与统计噪音对中国火电行业效率的影响，然后从非规制、弱规制、强规制三个层次分析环境规制程度与中国火电行业整体的效率水平，总体上存在技术创新激励效应，但并非适用各个地区。最后本文根据环境规制与技术效率的关系，将中国各地区火电行业的发展模式划分为内力驱动环境友好型，环境弱友好型和外力推动环境友好型三种，并给出各自适应的规制建议。

[5] 曹锦周，戴昌钧．中国民航业规制改革及其绩效的实证研究 [J]．经济管理．2009 (05)．

规制制度重构对业务总量有显著正作用，对机票价格无显著作用，对利润率有显著负作用，对经济效率有正作用但不显著；国有权比率对业务总量有显著正相关，与机票价格有显著正相关，与利润率有显著正相关，与经济效率有正相关但不显著。提出提高中国民航业规制改革绩效的政策建议：一是提高民航规制质量，矫正如票价幅度规制制度被扭曲的市场行为，建立规范有效的市场竞争体系；二是暂停新企业进入民航市场，逐步消除过度进入引致的负面影响；三是促进航线网络向辐射型中枢结构转型；四是在竞争中巩固国有产权结构的控制力、影响力和推动力。

［6］陈富良，廖鹏．中国天然气产业规制的基本经验与教训［J］．经济与管理研究．2009（03）．

中国天然气资源相对丰富，但开放程度较低；工业利用为主，民用和发电利用偏低；管输极不发达，单程运输管线为主；消费比例远低于国际水平；天然气供应商单一，天然气定价不科学。中国天然气产业规制改革的不足包括：天然气价格管理体制不适应中国市场经济发展的要求；天然气行业缺乏市场竞争，其价格不能反映市场供求；政府部门职能不清晰，欠缺相关的政策、法律；天然气的价格结构不合理。许可证方式对于行为的规制是有效的，而规制方式则适用于对程序的管理。

［7］陈剑，夏大慰．价格歧视、不对称竞争与不对称规制——以电信市场“单向携号转网”规制政策为视角［J］．中国工业经济．2009（06）．

如果电信运营商能够实行“基于行为的价格歧视”，那么在两期动态 Hotelling 模型框架下，政府规制部门针对电信市场实施的“单向携号转网”不对称规制政策的效果，依赖于消费者和运营商对这项规制政策是否有正确的预期。只有在消费者与运营商没有预期到未来此规制政策的实施时，它才能够达到预期效果：强势运营商的利润与市场份额下降，弱势运营商的利润与市场份额增加，消费者福利也将增加。基于此，本文认为既然工信部已提出“单向携号转网”规制政策，那么就应该尽快实施，否则将减弱甚至扭曲此项规制措施的效果。

［8］陈雯，谢武斌．电力市场高峰定价的数理模型建构——基于对古典高峰定价模型的修正［J］．产业经济研究．2009（04）．

在无规则、短期的情况下，非高峰段不仅要支付边际电量成本，还要支付边际投入容量成本，而高峰段的定价只要支付边际电量成本即可。在无规则、长期的情况下，非高峰段要支付边际电量成本和边际投入容量成本，高峰段则要支付边际电量成本和边际容量成本。引入高峰出现的概率后，高峰段的高价与高峰出现的概率成反比，高峰出现的概率越大，定价越低。高峰定价能够起到削峰添谷的作用，在一定程度上减轻高峰期的用电压力。

［9］陈信元，陈东华，万华林，等．地区差异、薪酬管制与高管腐败［J］．管理世界．2009（11）．

本文从我国转型环境中地区差异得角度出发，以薪酬管制为制度背景，以上市公司为样本，对如下两个问题进行了实证检验：（1）地方政府实施薪酬管制受到哪些因素的影响？（2）薪酬管制会否导致更多得高管腐败？研究发现：对不同地方的国有企业，薪酬管制明显受地区市场化进程、贫富差距、财政赤字和失业率等因素的影响；薪酬管制得存在与高管腐败发生的概率正相关。本文的发现，为理解我国国有企业薪酬结构的成因及其经济后果提供了有益的帮助。

［10］陈修素．寡头市场的一类动态博弈模型［J］．数学的实践与认识．2009（19）．

在不考虑技术等因素的前提下，一个企业进入某行业预期的利润值跟三个因素有关：一是它进入该行业的时机；二是之前每批进入该行业的厂商数；三是和它同批进入该行业的厂商数。后一批进入该行业的所有厂商的总利润低于前一批进入该行业的每一个厂商的利润，这说明了先入行业的厂商具有先动优势，而后进入行业的厂商知道前面厂商所选择的产量，知道更多的信息，相比之下未能收益增大，反而获益（利润）减少。

[11] 陈志广．反垄断规制的成本分类——以我国反垄断机构的设置为例 [J]．产业经济研究．2009（02）．

反垄断规制的成本可以划分为两部分：一是反垄断制度包括组织的启动成本，它是相关主体在创设反垄断制度和组织中的各项支出；二是反垄断制度包括组织的运行成本，它是相关主体在反垄断法实施中的各项支出。在总成本中，运行成本占绝对份额，在运行成本内部，环境成本特别是反应成本占绝对份额。在成本分类的基础上，本文最后又分析、比较了我国反垄断机构的一些设置方案。

[12] 储菲菲．中国房地产市场价格卡特尔的反垄断法规制——以价格领导行为为例证的分析 [J]．江南大学学报（人文社会科学版）．2009（01）．

中国房地产市场上不断攀升的房价，极大地损害了消费者福利和社会整体利益。文章从经济学视角详细论述了中国房地产市场结构，以及由此产生的特定价格竞争行为。并以其中的价格领导行为为例证，从竞争法的视角指出其本质是房地产市场上一种以协同行为形式出现的价格卡特尔，并仔细分析其构成要件和具体要素，必须以反垄断法对其进行规制。这也是从反垄断法路径提出的平抑房价的可能性方案。

[13] 崔秀花．论我国自然垄断行业消费者权益保护问题 [J]．广西社会科学．2009（02）．

自然垄断行业是一个关系国计民生的特殊行业，由于我国相关法律体系的滞后性以及社会关注度的不足，现实生活中自然垄断行业侵犯消费者合法权益的现象时有发生。对此，应从立法、行政管理及社会三方面加强对消费者合法权益的保护。第一，应强化综合立法。目前我国对自然垄断的规制主要是《反不正当竞争法》和《反垄断法》，其中《反不正当竞争法》于 1993 年颁布实施，距今已有十几年的时间，面对我国经济的持续快速发展的形势，相关规定已经显得相对滞后，规制的功能也相对减弱。再者《反垄断法》是于 2008 年 8 月 1 日起才开始施行，这期间也出现了一些法律空白、规制不力的现象。第二，行政管理包含三个方面：工商行政管理部门的保护、反垄断执法机构的保护、价格管理部门的保护。第三，社会对消费者权益的保护目前最主要的就是消费者协会。我国相关法律赋予消费者协会一系列职能例如向消费者提供信息和咨询服务、受理消费者的投诉、支持受损害的消费者提起诉讼等职能以加强对消费者权益的保护。

[14] 丁启军，王会宗．规制效率、反垄断法与行政垄断行业改革 [J]．财贸研究．2009（04）．

行政垄断行业，大多是国有经济占控制地位的关系国民经济命脉和国家安全的行业，《反垄断法》对合法经营予以保护，因而对行业行政垄断表现形式的研究特别重要。行业行政垄断有三种一般的表现形式——政府部门不适当的行政进入壁垒、规制机构低效率的规制行为、行政垄断企业滥用其市场支配地位的垄断行为；通过研究分析，我们发现：被判定为行政垄断的 11 个行业，基本都存在市场失灵，也基本属于《反垄断法》中关系国民经济命脉的行业；对这些行业来讲，基本存在着关系国民经济命脉以及国家安全等政府进行行政垄断的理由，不适当的行政进入壁垒尽管在这些行业的部分领域内仍然存在，但已经占据了相对较小的份额；这些行业内存在的低效率的规制行为和垄断企业滥用其市场支配地位是当前行业行政垄断的主要表现形式，应该成为行政垄断行业进一步改革的重点。

[15] 范爱军，孙宁．地区性行政垄断导致的国内市场分割程度测算——基于边界效应法的研究 [J]．社会科学辑刊．2009（05）．

2002 年我国省级贸易的边界效应值和省级贸易壁垒的等价关税，较 1997 年都略微上升，虽然政策导向和消除地方分割的行动产生了一定的效果，在一定程度上遏止住了省际贸易壁垒继续扩大的态势，但是我国国内市场分割情况依然比较严重。为减轻国内市场分割、推进我国市场一体化，应严格贯彻实施《反垄断法》等相关法律法规；修订和完善国内贸易的法律和行政法规；进一步改革财税体制，完善地方税收体系和财政转移支付制度；在宏观规划和地区协调的基础上，培育区域市场，逐步形成全国统一大市场。

［16］范合君，戚聿东．自然垄断产业的竞争性举证：从国际经验出发［J］．改革．2009（6）．

竞争模式改革是世界各国自然垄断产业改革的重要内容。20 世纪 70 年代以来，各国纷纷对本国自然垄断产业的竞争模式进行改革，形成竞争性的市场结构。在梳理发达国家以及发展中国家自然垄断产业竞争模式与路径选择基础上，针对我国特殊国情提出我国自然垄断行业应通过重组方式建立竞争性市场结构模式的改革路径。

［17］范合君，王文举．中国自然垄断产业放松规制改革时机选择与时序设计研究［J］．当代财经．2009（07）．

中国自然垄断产业改革的一个重要趋势是放松规制。垄断产业放松规制改革需要恰当的时机实现阶段性突破，放松规制改革的实施需要满足放松规制改革的净收益大于补偿受损利益集团的社会成本这一硬性约束条件。同样，放松规制改革的时序设计业十分重要，不同的时序选择会导致不同的改革效果。我国自然垄断产业放松规制改革可以采取先易后难的改革战略，分阶段进行。

［18］冯果，辛易龙．论我国产业政策与反垄断法的时代调和［J］．武汉理工大学学报（社会科学版）．2009（04）．

产业政策与反垄断法的冲突主要体现在：具体政策目标上的冲突，具体作用对象上存在冲突，具体干预措施上存在冲突，具体实施后果上存在冲突。我国产业政策与反垄断法时代调和的可行性在于：我国产业政策与反垄断法有着共存的时代背景，产业政策与反垄断法调和存在法理基础，世界各国的产业政策与反垄断法的关系正从对立冲突逐渐走向调和。我国产业政策与反垄断法调和的措施包括：合理确定反垄断豁免制度的适用范围，适时颁布反垄断指南，加强反垄断法执法程序立法、确保执法主体的自由裁量权的公正运用，完善我国反垄断执法机构的设置、反垄断执法权回归反垄断委员会。

［19］巩永华，李帮义．移动通信业务组合定价理论与方法研究［J］．财贸经济．2009（04）．

定制服务队通信企业传统的产销模式提出了极大的挑战，无论是个人定制、行业定制或者一定规模的定制，都必须进行精确化管理，根据用户对业务的获取方式、使用习惯以及客户感知进行市场细分，为不同的客户群提供不同的量身定制的综合信息服务解决方案，形成新的优化组合并制定相应的价格。此外，消费者的定制行为向运营商透露了更多的个人偏好信息，从而有利于企业制定出更具竞争力的价格。

［20］郭锐欣，张鹏飞．进入管制与黑车现象［J］．世界经济．2009（03）．

本文从黑车角度出发，通过构建数理模型，分析“北京模式”下的出租车管制政策所造成的影响。模型用单位时间内城市居民愿意以出租车方式出行的里程数定义居民对出租车的需求，分别对正规出租车司机、黑车司机以及执法机构建立效用函数，以分析政府管制政策以及执法机构打击黑车的努力程度对黑车数目、黑车司机利润、正规出租车的利润和空驶率的影响。本文的主要结论是：现有的、固定不变的数量和价格管制使出租车缺乏应对需求变化的灵活性，从而使得歧视性进入管制政策和僵硬的数量管制政策直接导致了严重的黑车问题；严厉打击黑车不能从根本上解决问题，反而有可能促使团伙的形成。

[21] 韩朝华，周晓艳．国有企业利润的主要来源及其社会福利含义 [J]．中国工业经济．2009 (6)．

对1999年以来我国国有工业利润增长源的分析显示，这种利润增长的主要源泉不是国有企业的高效率，而是国有工业在部分基础工业领域中的垄断地位以及由此而来的厂商定价权势。从社会整体的角度来看，这种高盈利意味着工业资源的低效率配置和潜在的社会福利损失。因而，进一步扩大和深化国有企业的产权改革，鼓励非国有企业的发展，提高基础工业领域的竞争性，将能显著改善我国工业的资源配置状况并增进社会的整体福利。

[22] 何大安．产业规制的配置效率与生产效率 [J]．经济学家．2009 (05)．

在短期内，配置效率与生产效率之间的相关性是不明显的。无论配置效率还是生产效率，既取决于政府的决策行为，也取决于自然垄断产业的行业特性及企业的行为方式，这两种效率在现实中往往是交织在一起的。生产效率是验证配置效率的实证依据，可以认为较高的生产效率意味着较好的配置效率。将委托代理中的激励约束作为理解政府产业规制的配置效率和生产效率的一种制度载体，有利于我们对配置效率和生产效率的认识。

[23] 何寿奎，傅鸿源．基于服务质量和成本的公共项目定价机制与效率分析 [J]．系统工程理论与实践．2009 (09)．

对称信息条件下消费者剩余和社会福利均高于非对称信息条件，但对称信息条件是一种理想状况，在实际社会中难以实现；而非对称信息条件政府不进行价格管制时私人公司的利润最高，而消费者剩余和社会福利均低于管制条件。政府应该进行价格管制；科学地进行机制设计，激励私人公司报告真实成本；根据需求弹性与质量弹性，确定规制策略与转移支付；基于质量和成本信息来进行价格规制。

[24] 何霞．我国电信行业管制中的上限价格理论应用 [J]．北京工商大学学报（社会科学版）．2009 (04)．

实施上限管制是电信资费管理方式改革的主要内容，同时也是提高消费者福利的重要手段。通过梳理上限管制的理论、国外实践、趋势判断与中国电信资费监管存在的问题，阐述了我国电信行业的价格上限管制的改革的必要性与可行性，描述了上限管制的制度创新与发展历程，并首次对长途电话业务的上限管制政策的实施效果进行评估，最后提出了我国上限管制存在的问题及完善措施。

[25] 黄文平．健康和安全领域政府管制的研究和反思——以美国联邦政府的管制实践为例 [J]．河北经贸大学学报．2009 (01)．

随着生产力水平的不断提高和人民生活水平的逐步改善，人们对健康和安全就会有更高的要求，因此，政府在健康和安全管制方面的改革应持续不断地完善。在一个资源稀缺的环境里，政府必须在分析的基础上，赋予健康和安全一个恰当的价格，以期提高资源的利用效率，进而挽救更多的生命。在政府管制的过程中，采用“风险对风险”的比较分析方式将能有效提高政府管制的效率。

[26] 黄勇，蒋涛．非横向企业合并的反垄断规制——以欧盟《非横向合并指南》为基础展开 [J]．清华法学．2009 (02)．

非横向合并主要包括纵向合并和混合合并，是反垄断法中企业合并控制制度的重要内容之一。

由于其与横向合并在对竞争的促进和限制方面有着截然不同的影响，因此，世界各国和地区的反垄断执法实践对非横向合并形成了相对独立的评价标准和体系。本文结合欧盟委员会于2007年11月颁布的《非横向合并指南》，试分析非横向合并对竞争的影响和各种矫正因素，归纳较为成熟的做法，并对我国刚刚开始的反垄断执法提出建议。

[27] 黄有光，张定胜．平均成本定价、报酬递增和最优产出：比较家庭生产和市场生产[J]．云南财经大学学报．2009（04）．

在忽略管理成本和间接影响（如寻租）的条件下，即使家庭和市场部门都具有报酬递增条件，并且没有实现存在的税收，向家庭部门征税以便给市场部门提供补贴仍然是有效率的。因为作为价格接受者的消费者，不会考虑大量消费通过报酬递增或固定成本的公共品性质所带来的平均成本以至价格降低的效应，这会导致市场部门的生产不足。而补贴则可以抵消这一生产不足。在市场生产内部，向固定成本更高、产品间替代弹性更低（差异化价值更高）、偏好的重要性程度更低的部门提供更多的补贴是有效率的，因为这些因素都会增加报酬递增的程度。

[28] 黄再胜．企业高管薪酬规制理论研究：动因、实践与启示[J]．外国经济与管理．2009（08）．

现实生活中，企业高管薪酬实践受到来自政府及相关机构税收、会计和信息披露等方面政策的制约和影响。由本次国际金融危机引发的全球“限薪”浪潮，使得企业高管薪酬治理带有越来越浓厚的政府规制色彩。本文主要对企业高管薪酬规制的动因、全球实践和主要效应进行了深入的理论分析，进而对如何提升政府薪酬规制效率这个问题进行了思考。

[29] 黄再胜，王玉．公平偏好、薪酬管制与国企高管激励——一种基于行为合约理论的分析[J]．财经研究．2009（01）．

转型期政府目标函数是追求公众利益的最大化。进而，政府的经济决策不仅追求资源配置效率，而且也要关注社会公平。社会公平状况牵系着社会稳定，而社会稳定是继续深化改革，促进国民经济又好又快发展的社会基础和根本前提。特别是在中央提出构建社会主义和谐社会的目标后，重视和关注社会公平成为各级政府施政的重要内容。因收入分配差距过大而引致的潜在的或现实的社会压力，自然转化为政府对国企初次收入分配的公平偏好。进而，政府主管部门存在着对国企高管薪酬进行管制的冲动。转型期政府主管部门的公平偏好是国企高管薪酬存在政府管制的内在根源，而国企高管身份的模糊性导致其保留收入的不确定性，则为政府主管部门能够对国企高管薪酬进行严格管制提供了现实条件。

[30] 江飞涛，曹建海．市场失灵还是体制扭曲——重复建设形成机理研究中的争论、缺陷与新进展[J]．中国工业经济．2009（01）．

在重复建设形成机理的研究中，以“市场失灵”来解释重复建设、产能过剩形成的研究思路占据相对主流的位置，政策部门则以这些理论为依据，始终将对投资和市场准入的行政管制作为“重复建设”治理政策的核心。本文重新审视遵循这一思路的主要研究文献，发现这些研究在理论上均存在根本性缺陷。进一步的研究表明，体制扭曲下地方政府不当干预微观经济的行为。通过成本外部化效应、投资补贴效应和风险外部化效应扭曲企业的投资行为，正是导致企业过度投资、产能过剩和行业重复建设的主要原因。本文的核心观点是，以行政性管制政策治理“重复建设”是不合适的。解决“重复建设”问题，需要在土地产权、金融体制、财政体制等方面进一步推进改革，发挥市场竞争对企业投资决策的影响。

[31] 姜春海．基于机会损益的双向接入定价政府规制分析 [J]．产业经济评论．2009 (03)．

网络产业放松规制、引入竞争的改革使得“瓶颈”环节和竞争性环节出现“业务分离”，从而催生出“接入问题”，并成为网络产业规制改革能否成功和有效竞争的关键。在多瓶颈情况下，不同网络企业之间必须实现双向接入才能正常运营。双向接入有助于提高全网价值。但对小网络价值提高较大，对大网络价值提高较小；若不进行双向接入，小网络的机会损益要高于大网络；理论上，主导在位企业有理由要求进行不对等结算。

[32] 金碚．资源环境管制与工业竞争力关系的理论研究 [J]．中国工业经济．2009 (03)．

当前，中国工业发展仍然处于资源和环境形势相当严峻的时期，必须继续走过重化工业更大发展的大规模消耗资源阶段。中国工业生产对资源的浪费和环境的污染仍然相当严重。正因为如此，加强政府的资源环境管制并提高管制有效性，仍然是现阶段中国工业化过程中的一个极为重要的问题，甚至是一个十分沉重的问题。政府实行资源环境管制，最根本的目标：一是实现资源节约和环境保护的可行目标；二是维护有效和公平的竞争秩序。有效可行的资源环境管制方式，应既要确保节约资源、保护环境政策目标的实现，又要有助于产业和企业竞争力的长期提升，特别是要保持公平竞争规则下中国工业国际竞争力的不断增强；适度合理的管制强度，应既要对企业行为形成有效约束，又不能过分超越产业和企业竞争力现状所决定的最大限度承受能力，特别是要实现经济效率准则和社会效益准则的合理平衡。

[33] 李光德．经济转型期中国社会性管制中的问责研究 [J]．财经问题研究．2009 (01)．

在经济转型期，通过对管制员的问责以追求最低乃至于零的事故概率，虽是人本政府理念的体现，但在既定的技术和资源条件下，这一追求并不是最优的选择。从效率上说，政府管制的最优防范水平是在边际防范成本等于边际预期成本点上。所以，虽然问责制对中国民主政治制度的建设具有重要意义，但它在社会性管制领域却并非是一个有效率的制度安排。

[34] 李虹，张昕竹．相关市场的认定与发展及对中国反垄断执法的借鉴 [J]．经济理论与经济管理．2009 (05)．

相关市场是与经济学中的市场不同的一个概念，它仅仅是为了反垄断目的而界定出来的市场。相关市场界定理论的产生晚于其司法实践，它是伴随着经济学理论的发展而产生发展起来的。产业组织理论中的哈佛学派揭示了反垄断中相关市场的含义，构建了一套用以分析反垄断所有领域的经济学和法律问题的系统分析框架；其后的芝加哥学派完善了相关市场界定的理论方法，提出了具有里程碑意义的、目前国际通行的 SSNIP 检验法。

[35] 李怀，赵万里．中国食品安全规制制度的变迁与设计 [J]．财经问题研究．2009 (10)．

制度有着自己的“生命周期”，存在着效率递减的规律，超过一定的临界值，就会出现危机，进而产生制度变迁。中国食品安全规制制度在频繁的食品安全事故中经历了相继的制度变迁。在制度变迁中，体现了制度设计的原则和要求。制度功能应建立在完善的制度体系下，食品安全规制不是单靠某一法律所能解决的。制约中国食品安全问题的关键因素是监管制度、激励制度和法律制度。

[36] 李剑．百度“竞价排名”非滥用市场支配地位行为 [J]．法学．2009 (03)．

从反垄断法理论角度来分析，百度“竞价排名”并不需要承担相应的反垄断法责任。首先，竞价排名是以搜索引擎为基础的产品、服务推广方式，参与竞价排名的企业是以此为平台进行商业广告。而在商业广告的相关市场上，百度公司明显并没有市场支配地位，从而不成立市场支配地位滥用。其次，即便缩小相关市场范围，从而认定百度具有市场支配地位，但商业模式、契约自由、外部性的内部化等都可以成为作为百度豁免反垄断法上责任的“合理理由”。

[37] 李双燕，万迪昉，史亚蓉．公共安全生产事故的产生与防范——政企合谋视角的解析 [J]．公共管理学报．2009 (02)．

从政企合谋视角对公共安全生产事故的产生与防范进行解析，建立了一个中央政府—地方政府—企业的三层委托代理模型，考察了公共安全生产事故产生的机理，发现中央政府在对待政企合谋问题时，主要是在公共安全生产事故被披露时所造成的社会成本和对地方政府所付出的激励报酬之间进行权衡：存在一个临界值，当公共安全生产事故被披露时所造成的社会成本较高时，中央政府应对地方政府采取激励契约；当公共安全生产事故被披露所造成的社会成本较低时，则政府对地方政府采取固定报酬契约。进一步对模型相关参数进行比较静态分析，并据此对现实中的现象给予解释：（1）中央政府反合谋力度与社会发展阶段密切相关；（2）地方政府官员绩效考核体系不完善诱发政企合谋；（3）对企业惩罚的不可信加大了中央政府的防合谋成本；（4）公众监督降低了中央政府的防合谋成本。

[38] 李眺．生产要素投入、电价规制改革与火电企业的效率——来自 A 股上市公司的随机前沿证据 [J]．财经研究．2009 (04)．

在 2001 ~ 2007 年间，火电上市企业正从装机机组容量不足的“硬短缺”转为电煤投入不足的“软短缺”，电煤数量成为发电量增长的最重要生产要素。火电企业的能源使用效率越高，企业的技术效率就越高。2005 年来以激励规制为导向的上网电价改革显著地提高了火电上市企业的效率。但是，当前企业的电价水平与企业的技术效率并不显著相关。因此，进一步深化激励性规制导向的价格规制方法仍是今后上网电价改革的可行方向。

[39] 李振军，李晔．我国基础设施领域国有经济垄断问题的再思考 [J]．华东经济管理．2009 (02)．

2006 年 12 月 18 日国务院国资委首次明确军工、电网电力、石油石化、电信、煤炭、民航、航运等七大行业将由国有经济控制。国有经济的垄断在很大程度上导致了这些行业的低效率、高利润和高工资等有损社会福利和公平的现象，引起了社会民众的普遍不满。学术界和社会民众普遍期待尽快在这些行业通过引入竞争来打破国有经济的垄断，所以国资委的这一举措无疑使一部分民众和学者深感失望和不满。本文认为：一、有效规制的不足使得国有经济对我国电信业等一些基础设施行业的控制成为合理的或必然的选择；二、在有效的市场竞争格局尚未出现之前，国有经济对电信等一些基础设施行业的控制有利于其合理市场结构的形成；三、放弃国有经济的控制很可能导致我国电信等一些基础设施行业为国外资本所控制；四、电信等一些基础设施行业的国有企业也可以取得良好的经营绩效；五、目前在保持国有经济控制力的前提下，应在我国电信等基础设施行业中积极促进市场竞争程度的加深和适度推进民营化。

[40] 廖理，曾亚敏，张俊生．外资并购的信号传递效应分析——加剧竞争压力抑或提高并购概率 [J]．金融研究．2009 (02)．

外资并购事件可能向目标方竞争对手传递竞争压力加剧的信息，亦可能传递再次并购即将发生的信息。本文以 89 次外资并购中国上市公司的事件为样本，实证考察了外资并购传递的信息内容。本文实证结果发现，在外资并购首次宣告时，目标方竞争对手的市场反应显著为负；而一旦外资并购被终止，竞争对手的市场反应则显著为正。该结论表明，外资并购事件在目标行业传递了行业竞争压力即将加剧的信号。本文进一步分析显示，在外资并购成功实施后，目标方的盈利能力、经营效率、流动性以及偿债能力都逐渐超过竞争对手。

[41] 廖卫东，肖可生，时洪洋．论我国食品公共安全规制的制度建设 [J]．当代财经．2009 (11)．

外部性、公共性、信息不对称以及食品供给链主体的机会主义行为，使食品生产和销售主体在追求利润极大化时不择手段地攫取处于模糊边界的公共资源，损害消费者的利益，造成整个社会的福利损失。食品安全规制主体同时也是一个利润极大化的经济人，在食品安全规制的过程中，必然会遵循自己的成本—收益原则，也可能会做出损害消费者的行为。建立适宜的规制模式，保证食品公共安全已成为构建和谐社会进程中亟待解决的核心问题之一。

[42] 林平，李嫣怡．外资并购的国家安全审查：概念、国际经验和政策建议 [J]．产业经济评论．2009 (01)．

本文回顾国内近期对外资并购的国家安全审查的讨论，概述美、英、法、俄、印等国的相关审查制度，提出国防安全、经济安全和产业安全之间的集合图示关系。外资并购的国家安全审查包括国防安全审查和关键产业安全审查的并集，但并不包括产业安全的全部。国家安全审查的标准是安全，而不是竞争力本身，也不是竞争。把经济安全（即关键产业安全）的边界划得过宽，会使得国家安全审查制度变为产业政策的一种工具。反垄断、国家安全审查和产业政策均是公共政策的不同领域，各自目标函数不同，应当各司其职，而不是相互利用。

[43] 林卫斌，苏剑．中国电力产业的重组模式及其局限性 [J]．改革．2009 (05)．

基于可竞争市场理论，根据电力行业的经济技术属性，分析电力市场竞争的两种基本模式：批发竞争模式与零售竞争模式。中国电力体制市场化改革所采用的“厂网分离，竞价上网”模式无法实现有效的电力市场竞争。深化中国电力体制改革的中间模式，在保留配电企业的零售业务的同时，开放市场准入，逐步引入用户选择权，简历用户影响机制。

[44] 刘大伟，唐要家．公用事业价格听证中的消费者利用信息能力与有效参与研究 [J]．产业经济评论．2009 (02)．

管制本质上是对信息的处理过程。有限理性的消费者个体存在着参与不是和“羊群效应”两大问题。消费者组织所具有的自身特点和运作机制则能够有效地克服消费者个体有限理性及行为模式所带来的缺陷。因此，必须保证消费者组织的有效参与、选拔具有参与志愿和一定专业性的消费者代表和对消费者代表的激励与约束。

[45] 刘大勇．横向兼并、福利增进与反垄断政策 [J]．财经科学．2009 (12)．

在对企业横向兼并行为的反垄断审查中，存在两个重要指标：市场份额与产业集中度。本文将企业横向兼并行为的三种反垄断判断标准（福利标准）归纳为两种福利增进情况。并且，根据这两种福利增进的情况，建立均衡福利模型，得出实现福利增进所必须满足的市场条件，从而做出更加明确的反垄断判定。结合我国新出台《反垄断法》后第一起也是唯一的一起兼并失败案（可口可乐兼并汇源失败）进行分析，并基于我国反垄断现状和模型结论，提出相关建议。

[46] 刘轩，平力群．规制概念的再认识 [J]．产业经济评论．2009 (03)．

规制是指在市场经济条件下，政府等公共机构基于一定的法律法规对某些具有自然垄断性、网络型等特点的特定产业或经济领域的微观经济主体直接才去的限制性行为或活动。规制本质上是一种政府管理行为，它具有一定的强制约束性、制度依赖性、有限理性、成本效益性和规制主体约束性等特征。

[47] 刘亚平．中国食品监管体制：改革与挑战［J］．华中师范大学学报（人文社会科学版）．2009（04）．

我国食品监管经历了从行业管制向社会管制的变迁，同时，政府一直尝试通过调整主管机构和设置综合协调机构来解决管制机构重叠冗余的问题。一再出现的食品安全事件表明，自上而下的监督和横向监督存在较大的问题，因而是时候跳出原有的改革设计，引入公民监督。中国食品安全监管图景大致如下：农业部负责农产品生产环节的监督；国家质量监督检验检疫总局负责食品生产加工环节和进出口食品安全的监管；国家工商行政管理总局负责食品流通环节的监管；SFDA负责餐饮业、食堂等消费环节食品安全监督；卫生部承担食品安全综合协调、组织查处食品安全重大事故的责任。新的食品监管治理环境要求改变政府权力的运营机构，一是实现从行业管理想社会管制的转变；二是管制结构的设置方面，以公民监督补充互补式管制。

[48] 陆旸．环境规制影响了污染密集型商品的贸易比较优势吗？［J］．经济研究．2009（04）．

根据"污染避难所效应"，为了躲避本国严格的环境标准，发达国家的污染工业将到发展中国家选址；或发达国家扩大污染产品进口以替代本国的污染产品生产，这两种情况都是由发达国家污染密集型商品比较优势的变化引起的。自20世纪90年代以来，很多学者都对环境规制是否影响了全球贸易模式给予了特别的关注，但得到的结论并不一致。本文采用了2005年95个国家的总样本和42个国家的子样本，在HOV模型基础上进行了经验分析，结果表明：（1）以CIESIN计算的"环境监管"指标进行估计时，环境规制并没有影响五类污染密集型商品的比较优势；（2）将人均收入作为内生环境规制指标时，虽然内生环境规制并没有影响"非金属矿产品"和"非铁金属产品"的比较优势，但是，内生环境规制却显著地提升了"化工产品"、"钢铁产品"以及"纸和纸浆产品"的比较优势。因此，政府通过降低环境规制水平以获得污染密集型商品比较优势的做法是不可取的。相反，适度地提高环境规制水平却可以获得污染密集型商品的出口竞争优势。

[49] 吕荣胜等．可竞争市场理论与我国自然垄断行业规制［J］．经济学动态．2009（09）．

夏基和鲍莫尔等人于1982年首次提出了可竞争市场理论，20多年来，西方国家运用这套理论对自然垄断行业进行了改造，其中有成功的经验也有失败的教训。本文对我国自然垄断行业的规制问题进行了分析，并提出了自然垄断行业规制中应采取的方式和注意的问题。

[50] 罗吉文．产业俘获测度问题研究述评［J］．经济学动态．2009（09）．

本文简述了产业俘获测度的困难性与必要性，阐述了国际上对转轨国家产业俘获测度的主要机构与主要俘获指数，以及根据腐败指数对世界有关腐败程度的分类；综述了该领域的主要研究成果；分析、评述了测度产业俘获水平的四大基本方法；分析了中国的产业俘获现象，提出了转轨国家产业俘获测度研究理论对我国的启示以及我国应对产业俘获的对策。

[51] 罗云辉．政府产业重组规划、信号博弈与企业兼并行为［J］．财经研究．2009（11）．

政府对有效进行产业重组的相关信息缺少完全的掌握，这可能会造成低效的行业重组案例，进而促使部分高效率的中小企业采取"承诺性"手段来摆脱可能可能被低效重组。对境外非盈利资产的收购只是这种"承诺性"手段中的一种，而这种选择就其本来意义上说可能是低效的。在全球产业价值链分布变动频繁、资本跨境流动易变的大趋势下，我们确需注意国内原本试图增强产业竞争力的重组，客观上导致有效率、有潜质的中小企业非合宜地采取有损其效率的行为。

[52] 孟大文，田国强．网络外部性与补偿激励下的非线性定价［J］．经济学（季刊）．2009（02）．

本文构建了一个一般性模型用以说明在非对称信息与网络外部性并存时，垄断厂商如何设计非线性价格合约甄别不同类型的消费者。模型表明两者的并存修正了经典逆向选择模型中“顶部无扭曲”和“单向扭曲”的基本结论。具体的消费量扭曲方式取决于网络是否存在拥挤：对于非拥挤性网络，消费量表现为单向扭曲；对于拥挤性网络，表现为双向扭曲；而对于中性网络则仍为顶部无扭曲。此外，本文还分析了引起双向扭曲的另一种原因，即由类型依赖的保留效用引起的补偿激励问题。

[53] 牛帅．行政性垄断导致行业生产成本低效 [J]．财经科学．2009 (10)．

行政性垄断对行业生产成本的不利影响主要体现在两个方面。一是行业产权构成中国有化比例过高。而国有企业固有的所有者缺位、薪酬过高和激励机制扭曲等特点造成了其配置效率低下、行业冗员以及劳动力成本过高等现象，这直接影响了行业整体的成本效率。二是地方政府出于局部私利考虑，运用行政权力在省际之间的要素或产品流动方面施加多种限制，影响行业的合理地区布局。破除行政性垄断对行业生产成本的不利影响，促进行业生产效率的提高，关键在于国有企业管理体制的改革和对地方政府不当干预行为的限制。

[54] 潘志成．析商务部禁止可口可乐收购汇源的相关理由 [J]．法学．2009 (07)．

商务部禁止可口可乐收购汇源的三点理由，均可以进一步完善。通过搭售传导市场支配地位需要特定的市场条件，并且要求搭售品与被搭售品之间在使用或功能方面具有必不可少的关联性，而本案中相关市场缺乏相应的市场条件，碳酸饮料和果汁饮料也缺乏必要的关联性。果汁饮料市场中小型企业的生存空间受到挤压，若对于以整体经济效益和消费者利益为关注焦点的反垄断执法而言，并非意味着当然违法。可口可乐的广告投入和品牌影响力，将导致果汁饮料市场的进入障碍提高，这应是禁止可口可乐收购汇源比较合适的理由。

[55] 戚聿东．中国垄断行业引入竞争机制的国际背景、进程和模式选择 [J]．首都经济贸易大学学报．2009 (04)．

深化垄断行业改革是现阶段国有企业改革的主要内容，引入竞争机制是垄断行业改革的前提和关键。竞争模式改革的主要形式是政府对具有市场垄断力量的主导性垄断企业实行纵向、横向分割政策或采取放松进入管制等重要管制政策。垄断行业实行市场结构重组的基本目标是形成规模经济与竞争活力相兼容的有效竞争的基本格局。对自然垄断行业改革的主要宗旨就是引入市场竞争。竞争企业的形成主要有三种途径：培育新的进入者，对原有企业进行拆分，大力发展替代品。

[56] 戚聿东，范合君．放松规制：中国垄断行业改革的方向 [J]．中国工业经济．2009 (04)．

垄断行业改革的重要趋势就是放松规制，20 世纪 70 年代以来，美国、英国等成熟市场经济国家纷纷对本国垄断行业与公用事业放松规制、引入竞争。改革使得传统垄断行业焕发生机活力，成为社会经济发展和技术进步的重要引擎。本文系统梳理了国外垄断行业放松规制的起因、历程及效果，并对我国垄断行业改革方向、改革内容、改革战略、改革路径等提出了建议。

[57] 齐兰．垄断资本全球化对中国产业发展的影响 [J]．中国社会科学．2009 (02)．

垄断资本全球化的一个集中体现，是发达国家跨国公司对全球贸易、投资和技术的主导和控制。跨国公司对我国产业发展的影响，从时间和空间的总体层面看，其积极效应大于负面效应；但随着跨国公司全球战略在华布局的实现，负面效应逐渐凸显并呈强化趋势。其中，汽车和家电业所受跨国公司的影响比产业经济总体层面所受影响的程度更为强烈，且前期产生的正面效应与目前显现的负面效应形成很大反差。其根本原因在于中国引进跨国公司的过程中，严重忽视和缺乏对产业自主创新能力的建造。

[58] 曲创，秦阳洋．中国煤电谈判势力的来源与比较［J］．财经问题研究．2009（10）．

我国煤电冲突的主要原因在于煤炭企业和电力企业双方在电煤市场上的谈判势力不相上下。本文从经济依赖性、市场结构、政府规制三个方面分析了煤炭企业和电力企业各自所拥有的谈判势力，并从收入水平方面大致比较了双方谈判势力的相对大小，可以得到以下三点基本结论。第一，煤电双方较高的经济依赖性决定了二者之间的矛盾会长期存在，因此不管煤电冲突的最终解决途径是什么，都应该是长期的和可持续的，不应在每年“电荒”或是煤电冲突已经出现再临时解决。第二，煤炭和电力的基础性能源地位以及各自较高的市场集中度决定了煤电双方均具有一定的市场势力，在市场经济体制下，煤电冲突的解决不能依靠政府强制力，而应基于双方自愿互利的前提下。政府对煤电双方的协调应以降低谈判势力、促进自愿协议的达成为原则。第三，煤电双方之间相比之下发电方具有更强的谈判势力，这与我国电力企业与政府的关系、电力体制改革刚刚起步等历史和体制因素高度相关。解决煤电冲突的一个可行思路是削弱发电方的谈判势力，在综合考虑公平与效率的前提下促成煤电双方达成自愿协议。

[59] 曲创，杨超，臧旭恒．双边市场下大型零售商的竞争策略研究［J］．中国工业经济．2009（07）．

本文研究双边市场中大型零售商的竞争性策略，大型零售商为双边市场中的平台厂商。研究发现，大型零售商会在竞争初期采用优惠手段吸引大量消费者，以利用交叉网络外部性在市场竞争中占据优势；基于利润最大化目的，大型零售商会对交叉网络外部性较大的一方，即消费者采取较低策略，而对交叉网络外部性较小的一方，即供应商采取高收费策略。大型零售商收取的通道费的零售价加价补偿了其部分服务成本，并进行了市场中外部性的重要分配。

[60] 任重，周云波．垄断对我国行业收入差距的影响到底有多大？［J］．经济理论与经济管理．2009（04）．

从整体上看，改革开放 30 年来，我国行业收入差距呈现先缩小而后持续增大的变动趋势。但是，行业间的收入分布格局总体呈现单峰状态，并未出现整体性的两极分化的现象。由于体制改革不彻底形成的垄断与部分垄断是形成收入差距的主要因素，其贡献率合计占行业差距的 65% 以上。随着一些行业的逐步开放，部分垄断对行业收入差距的影响在逐步缩小。行业人力资本状况和就业规模对行业收入差距的影星啊不大，只有 6% ~7%，并且其影响程度在逐渐缩小。未来政府的主要职责在于进一步推动经济体制改革，转变职能，逐步取消行业的进入壁垒，促进对一些垄断行业的行政控制。

[61] 沈丽，于华阳．中国自然垄断性行业收入问题现状与合理性分析［J］．宏观经济研究．2009（08）．

中国自然垄断性行业收入的不合理性体现在两个方面：一方面，与国外发达国家的相同自然垄断性产业相比，中国电力等自然垄断性行业的每元工资增加值偏低；另一方面，中国电力等自然垄断性行业在职职工的实际收入平均达到 14 万元人民币的时候，中国电力等自然垄断性行业在职职工的每元工资增加值就趋近于 1，这就意味着该行业内从业劳动力新创造的价值是零。自然垄断性行业高收入的问题不仅仅是一个行业收入不合理的问题，可能还涉及到国有资产流失以及保值增值的问题。

[62] 石奇，孔群喜．接入定价、渠道竞争与规制失败［J］．经济研究．2009（09）．

除了信息不对称、规制被俘获以及规制机构承诺能力的不完全性以外，规制过度也会造成规制失败。现代零售商既是网络产业，也是具有双边市场特征的竞争性交易平台，进场费的费率就是供货商接入零售商网络向消费者提供产品时的接入价格。平台之间的竞争会迫使零售商收取费用的水平向拉姆齐最优定价逼近，从而《零售商供商公平交易管理办法》是在最优价格已然形成时实施的过度规制。所以，其规制失败的表现主要不是未能实现规制目标，而是这一规制本身破坏了通道费自发调节机制，减弱了零售商的规模经济性。

[63] 石奇，孔群喜．消费网络效应与专业零售商买房势力规制 [J]．中国工业经济．2009 (10).

耐用品消费的网络效应导致大型专业零售商收取通道费的价格水平偏离了拉姆齐最优价格结构，这是实施政府规制的基本要件。同时，与非专业化大型零售商的情况不同，大型专业零售商经营的商品品相对较少，品类规格相对简单，从而使得真对大型专业化零售商展开相应的经济规制具有经济上的可行性。所以应该在周密调查和研究以后，推出针对大型专业化零售商的纵向约束行为的规制措施，一方面提高纵向结构的效率，另一方面提高社会福利水平。

[64] 宋玮，李植，王冬丽．中国银行业市场结构与绩效的实证分析 [J]．经济理论与经济管理．2009 (06).

影响我国商业银行绩效的主要因素有：市场份额、市场集中度、资本资产比率和营业费用率。对中国银行业整体而言，市场份额、市场集中度、资本资产比率这 3 个变量与银行绩效负相关，而营业费用率与银行绩效正相关。对于股份制银行，市场份额、市场集中度、营业费用率 3 个变量与绩效正相关，而资本资产比率的回归系数为负。对于国有银行而言，市场份额、市场集中度与银行绩效负相关，而营业费用率、资本资产比率的回归系数为正。

[65] 孙敏．利益集团理论视角的药品安全问题解读 [J]．财经问题研究．2009 (03).

近年来，药品安全问题特别引人注目。本文认为权力制衡制度、监督机制的缺失致使规制机构的行为缺乏监督和约束，导致其不断迎合“特殊利益”集团的需要是药品安全问题的根源。为此，本文提出一种分析框架，即把规制机构看成是规制设计者和制药企业这两个具有不同偏好和利益的共同代理人，运用利益集团竞争理论来解读规制机构的行为以及药品安全规制效果。

[66] 唐晓华，杨灵．全球化背景下的电信产业标准竞争 [J]．中国工业经济．2009 (02).

在电信产业标准竞争中，安装预期而非传统意义上的安全基础是标准竞争的关键因素；一国的产业政策能够也应当通过影响安装预期来支持本国产业标准竞争优势。网络效应下的标准竞争不仅局限于信息产业领域，信息技术在社会方方面面的广泛应用本身使整个经济社会具有一定的网络特性，传统领域也不例外，只是网络效应的或多或少而已。标准竞争是产业竞争中的源头，标准竞争的实质是对市场的争夺，在这种市场争夺中，产业政策能够通过改变消费者的安全预期来改变消费者的选择，从而最终改变市场份额的多寡。

[67] 唐要家．中国垄断行业促进竞争政策研究 [J]．中国地质大学学报（社会科学版）．2009 (04).

市场竞争是促进经济效率和消费福利不断改进的最基础力量。放松管制、引入竞争是垄断行业改革的基本路径。由于市场开放不充分、缺乏有效竞争的市场机制和持续的搞垄断收益，说明中国垄断行业引入竞争改革没有达到预定目标，总体上是竞争不足。因此，促进铁路、邮政、民航等垄断行业的有效竞争成为进一步深化垄断行业改革的重点。促进垄断行业竞争的政策重点是，深化行政体制改革，实现政企分开，完善结构充足的配套政策，在自然垄断业务领域建立程序公正的激励性管制体制。

［68］唐要家，唐春晖．宽大政策瓦解卡特尔的最优机制研究［J］．经济评论．2009（05）．

有效的反价格合谋政策应该能够改变企业参与合谋的激励。宽大政策通过增加卡特尔企业的背叛激励、降低卡特尔惩罚的严厉性和增加卡特尔企业之间的不信任，来成功的瓦解卡特尔。最优的宽大政策设计要发挥威慑效应应该确定最优的发金额度，并根据反垄断机关的执法能力和执法效能来灵活设计，以保证宽大政策的执法有效性。

［69］陶长琪，常贵阳．基于电信重组后新市场格局下网间互联的非合作博弈分析［J］．产业经济评论．2009（03）．

立足于我国新一轮电信重组后形成的市场格局，结合我国电信网间互联质量低下的现实，本文对我国电信网间互联的问题进行探讨。通过设计一个两阶段博弈模型，本文分析指出，运营商在非合作的情况下进行互联博弈，（不联通，不联通）形成一个占优战略均衡，而且当某个运营商的市场份额高达一定的值时，纳什均衡（不联通，不联通）是帕累托有效的；当运营商网络资源相差不大时，纳什均衡（不联通，不联通）不再是帕累托有效的，局势（联通，联通）是对纳什均衡（不联通，不联通）进行帕累托改进的结果，同时，这个局势也意味着社会福利最大。进一步的分析发现，当运营商的市场份额相等时，局势（联通，联通）的稳定性最强。进而指出政府的管制目标是促进合作局势（联通，联通）的形成，并通过平衡市场力量，设计罚款机制等措施保证其稳定性。

［70］万解秋，刘亮．跨国并购效应研究新进展［J］．经济学动态．2009（05）．

跨国并购已成为全球外商直接投资的主流形式，新的理论与解释也层出不穷。学术界对企业实施跨国并购动因及其效应的最新研究倾向于从战略和企业的双重角度去解释。其基本的结论是跨国并购能降低国际间因市场环境变化而产生的国家风险和投资的不确定性，提升公司的治理水平；在一定程度上能提升公司的技术研发能力、经营绩效和股东财富。此外，跨国并购对东道国与投资母国都能产生一定得积极效应，有利于资本形成、技术进步、经济增长和全球资源的优化配置。

［71］王丙毅，刘法力．医疗市场的政府管制改革与制度变迁及其启示［J］．经济体制改革．2009（03）．

新中国成立以来，医疗市场政府管制的模式及其制度体系始终处于不断改革与完善的过程中，特别是经过改革开放以来的一系列重大变革，中国的医疗管制已经完全不同于计划经济下的行政性全面管理模式。尽管成熟的医疗管制模式及其制度尚未完全确立，但制度的雏形已日趋显现，向“有管制的竞争”模式迈进的步伐正在加快。多年的医疗管制改革及其制度变迁为今后的改革进程带来极为深刻的启示：（1）没有市场竞争机制的医疗服务体系是不可持续的；（2）缺乏政府有效管制的医疗市场是难以为继的；（3）间接管制方式及其相应的管制制度，是规范医疗市场行为，控制医疗费用不合理上升的合理选择；（4）有效的社会性管制制度是实现医疗服务公平与普遍可及性的重要保障。

［72］王传荣，安丰东．城市公共服务市场化与定价管制［J］．财经科学．2009（07）．

投资博弈模型表明，在城市公共服务产品的价格无法预知的条件下，只有给投资商预定的利润率才能吸引资本进入，而预定的利润率却进一步降低了成本激励。基础设施供给厂商和规制者合谋的子博弈完美纳什均衡表明，预定的投资收益率管制并非激励相容机制，直接管制定价反映出城市公共服务产品产业的低效率、高成本、高价格状态，远远偏离于政府管制的消费者福利最优化的初衷。

［73］王凤丽，刘冰．外资并购中国企业的立法问题研究［J］．财经科学．2009（04）．

我国现行外资并购立法主要存在如下缺陷：立法散乱、不系统，缺乏体系；相关法律不协调、不衔接，甚至自相矛盾；内容不完备，法律漏洞多；不同的“地方政策”的存在有损国家法律、法规的统一性。我国利用外资并购的立法建议包括：尽快出台并逐步完善反垄断法的配套法规；加强对反垄断法的宣传，加强对相关机构执法人员的专业培训；制止行政垄断；制定一部内外资统一适用的《企业并购法》，防范不规范的外资并购国有企业行为；制定和完善外资并购主体法；完善《知识产权法》，修改《反不正当竞争法》等法律。

[74] 王俊豪，李云雁. 民营企业应对环境管制的战略导向与创新行为 [J]. 中国工业经济. 2009 (09).

民营企业在金融危机中面临内外需求下降和环境管制加强的双重压力。面对环境规制，根据企业的战略差异可以将其分为“主动型”和“防御型”，而企业是否采用绿色技术的决策很大程度上取决于企业的环境战略导向。在环境管制趋于加强的趋势下，“主动型”企业较“防御型”企业更倾向于改进绿色工艺或者开发绿色产品。本文以浙江纺织行业为例，实证分析了民营企业应对环境管制的战略导向与绿色技术创新行为，并为我国制定和实施针对民营企业的环境管制政策提供建议。

[75] 王融，张志利. 论电信监管与反垄断管制的关系 [J]. 北京邮电大学学报（社会科学版）. 2009 (01).

电信监管和反垄断管制都是政府对市场行为的干预和规制活动，两者既存在一定的区别，同时又存在一定的重合和交叉。电信监管和反垄断管制在建立和维护公平的市场竞争秩序方面具有一定的共同性但作为不同政府规制活动，两者在规制目标以及规制内容、作用和效果等具体方面又有较大的不同。从监管目标看，电信监管主要包括三个方面的内容：一是以保障网络与业务的安全顺畅运行为目标，对设备、标准、频率实施技术性管制；二是以破除垄断和促进公平竞争为目标，对电信企业市场行为实施经济性管制；三是以保护消费者权益为主要目标，为防止市场失灵而实施社会性管制。与电信监管相比，反垄断管制的任务和手段都相对单一。反垄断管制其主要功能在于预防和制止反竞争行为，反垄断执法机构主要对经营者达成垄断协议、经营者滥用市场支配地位、行政垄断和排除、限制竞争效果的经营者集中四类行为进行规制。

[76] 王万珺. 横向兼并的均衡分析：对价格、利润和福利的影响 [J]. 南京财经大学学报. 2009 (04).

本文在 Salant 古诺模型的基础上尝试建立了一个新的模型来分析横向兼并对企业利润、市场价格和社会福利的影响。但是，与 Salant 模型不同的是，本文不再假定企业在兼并前后始终保持古诺竞争策略，而是假定当兼并发生之后新企业采取的是斯塔伯格竞争策略，而未参与兼并的企业仍然采用古诺竞争策略。结果表明：参与兼并的企业存在很强的兼并动机，而且对于企业而言有利可图的横向兼并在一定条件下可以降低市场价格，也有利于消费者福利和社会总福利的增长。

[77] 王孝莹，张可成. 行政垄断影响石油开采业微观绩效的实证研究 [J]. 经济评论. 2009 (04).

从总的变化趋势上看，石油开采行业的微观绩效是上升的，与之相对应，石油开采业的行政垄断程度总体上是降低的。影响石油开采业微观绩效的因素很多，但从上文的分析可以看出，石油开采业的行政垄断状况变化与微观绩效变化趋势非常吻合，可见行政垄断是影响石油开采业微观绩效的主要因素。从我国石油开采业体制变革过程对应微观绩效动态变化的情况，发现石油开采业限制竞争的制度、政策的加强与微观资源配置效率的提高负相关，即行政垄断程度与微观效率负相关。

[78] 王铮，吴秋璟．串谋的实验经济学研究述评［J］．经济学动态．2009（02）．

串谋（collusion）是竞争政策中的一个重要问题。反垄断当局的主要目标是：阻止互相竞争的企业制定高于竞争性的市场价格；追查和惩罚涉嫌参与价格或数量操纵协议的企业。经济理论提供了理解串谋的一个分析框架，实证经济学为评估市场是否存在串谋提供了有用的分析工具，实验经济学则为判断哪些制度设置更易于催生串谋提供了更深入的洞见。本文回顾了关于串谋的实验经济学文献，尤其关注信息和沟通的作用。通过实验结果对理论文献进行了检验，并就其政策含义进行了评述。

[79] 危怀安．垄断市场的形成与发展机理［J］．天津社会科学．2009（05）．

从自由竞争市场转向全球化垄断市场，是市场经济条件下市场结构演进的基本趋势，是生产力发展和技术进步的必然要求。在垄断市场的形成与发展过程中，企业并购与反垄断法始终发挥着主导作用。企业并购能否有效发挥做大做强企业的效能，在很大程度上取决于反垄断执法的目标与原则。在规模经济显著的产业中，建立一批实力雄厚、市场占有率高和竞争力强的超大型企业或企业集团，从而提升我国部分产业国际竞争力尤其迫切。突出反垄断执法的经济目标，坚持效率与创新并重原则，有利于发挥企业并购在做大做强民族企业中的加速作用，从而增强产业国际竞争力。

[80] 魏琼．反行政性垄断执法模式的现实与理想［J］．法学．2009（09）．

行政性垄断的主体既可能是政府及其职能部门，也可能是法律、法规授权的具有管理公共事务的职能组织。目前我国反行政性垄断执法的症结在于，反垄断执法机构依法所享有的处理建议权与反垄断执法的管辖权是相分离的，以至于行政权力难以制约行政权力。在完善我国反行政性垄断执法程序上，应以概括性的规定和列举式的规定，来明确反垄断执法机构或者行政性垄断主体的上级机关作为被请求主体时的行政协助义务。工商机关在反垄断执法中必须认识到，反垄断执法分权格局的现状，虽其表象特征在于“分”，但通过反行政性垄断执法中处理建议权的行使，旨在彰显反行政性垄断执法分权格局的核心价值，即其价值在于“合”——裁量、协作乃至合作。

[81] 吴振球．规制重构中自然垄断性行业经济效率的分析——基于国家铁路运输业等三个行业的研究［J］．宏观经济研究．2009（10）．

随着资本存量的递增和劳动存量的递减，国家铁路运输业、自来水生产与供应业、电力蒸汽热水业资源配置改善的空间尚有一些，但已经不大。自然垄断性行业垄断经营的生产效率与分配效率是低下的，但是低下的程度远没有人们所想象的那样大。在自然垄断性行业，政府应该尽量掌握被规制行业的市场需求函数、生产成本函数，判断各个业务环节是否具有自然垄断性。对不具有自然垄断性的业务环节，应该将其从垄断经营业务中“剥离”出来，打破垄断，展开充分的、自由的竞争。

[82] 肖江平．滥用市场支配地位行为认定中的“正当理由”［J］．法商研究．2009（05）．

《中华人民共和国反垄断法》在界定具体的滥用市场支配地位行为时，以“没有正当理由”作为限定条件。对“正当理由”，至少可以从主体、主观方面、行为后果和认定程序等方面进行考察。其中，对行为后果需要从提高效率、增进公平、维护竞争等三个方面去理解其本义，以便细化配置的法规、规章。

[83] 肖俊极，唐昕．中国民航业价格竞争实证分析［J］．南开经济研究．2009（02）．

目前我国的民航业中存在一定的竞争，航空公司的定价行为受到其他航空公司价格变动的影响。在高集中度的航线上，由于航空公司的垄断势力，通常不会采用低折扣。航空公司的自身特点，比如营销方式、常客计划等的实施对其自身的品牌效应会产生较大的影响，进而影响公司的定价。

[84] 肖兴志，陈长石．规制经济学理论研究前沿 [J]．经济学动态．2009 (01)．

规制经济学作为一门学科自20世纪70年代诞生以来，在理论研究和实践应用等方面获得了较快的发展。准确、及时地把握规制经济学最新的发展方向对于推进我国规制研究具有重要的意义。本文在梳理规制经济学发展脉络的基础上，从研究理论的发展、研究视角的演进和研究领域的扩展等方面总结归纳了当前规制经济学的最新发展。其中，现代经济学中一系列前沿的新理论、新方法引入到规制问题研究，对推动规制经济学发展起到十分关键的作用，丰富和提升了规制经济学的学科地位和解释能力。

[85] 肖兴志，赵杨．煤矿安全规制的委托—代理模型分析 [J]．财贸研究．2009 (03)．

中国煤矿安全生产形势不容乐观。究其原因，在很大程度上与政府煤矿安全规制的不当密切相关，从理论层面分析，可以归结为没有正确认识和处理好煤矿安全规制中的委托—代理关系。在中国煤矿安全规制中，不仅存在着中央政府与煤矿企业关于安全生产的委托—代理关系，同时还存在中央政府与地方政府关于安全监管的委托—代理关系。在这样一种特殊的委托—代理关系下，地方政府就可能与煤矿企业合谋，从而可能对安全规制政策的制定及规制的效果产生很大的影响。

[86] 辛清泉，谭伟强．市场化改革、企业绩效与国有企业经理薪酬 [J]．经济研究．2009 (11)．

本文结合国有企业市场话改革的制度背景，就市场化改革对国有企业经理薪酬契约的影响进行了理论分析和实证检验。研究发现，市场化进程增强了国有企业经理薪酬之于企业业绩的敏感性，同时，相对于会计业绩而言，市场业绩在薪酬契约种的作用有逐步增加的迹象。进一步研究表明，行业保护和政府控制级别影响了市场力量塑造国有企业经理薪酬契约的能力。研究还发现，市场化改革可能降低了国有企业的在职消费水平。本文为市场力量推动国有企业治理结构的动态变迁这一假说提供了经验证据。

[87] 徐忠，沈艳，王小康．市场结构与我国银行业绩效 [J]．经济研究．2009 (10)．

本文研究了我国银行业市场结构与银行绩效之间的关系，发现市场份额与银行资产回报率之间有显著正向相关关系，市场集中度和资产回报率之间存在显著负向相关关系。如果以逾期贷款和呆滞贷款占比为银行绩效的衡量指标，市场集中度越高的地区这类不良贷款的比重越高。这一结论在一定程度上支持了关于市场结构和银行绩效关系的“相对市场力量”假说。同时，研究还发现，无论对于资产回报率还是不良贷款占比，效率总是影响金融机构绩效的重要因素。另外，降低市场集中度会有利于提高银行的效率，降低不良贷款占比。

[88] 闫星宇．可竞争市场理论综述 [J]．产业经济研究．2009 (01)．

可竞争市场理论的成立基于一些重要的假设条件，进入厂商进入前视在位厂商的价格不变，进入后在位厂商削价打进进入存在一定时滞，进入厂商可以在进入之前与消费者签订合同预防在位厂商报复，不存在沉没成本，不存在金融市场的交易成本，也不存在产品差异等等，这些假定的合理性直接影响可竞争市场理论的应用范围。进入厂商的价格接受假定并不合理；报复需要的时间与实践相关减弱了潜在竞争的作用；长期合同可使潜在竞争确保最优绩效难以服人；不存在沉没成本的假定局限了可竞争市场理论的适应范围；金融市场不存在交易成本的假定不切实际；不存在产品差异的假定限制了可竞争市场理论的应用。

［89］杨骞，刘华军．中国烟草产业行政垄断及其绩效的实证研究［J］．中国工业经济．2009（04）．

中国烟草产业是典型的行政垄断行业，具有行业行政垄断与地区行政垄断的双重特征。专卖制度下的中国烟草产业进入壁垒极高、烟草制品实行完全的政府定价；产权完全集中于国家、市场集中度较国际水平偏低；企业行为异化严重，过度投资、排斥竞争、以“指标联合”为目标的兼并重组行为不利于中国烟草产业整体合力的提高。1983～2007 年中国烟草产业空间集聚程度呈下降趋势，表明地区行政垄断程度仍在加剧。2003～2006 年行政垄断造成中国烟草产业总的效率损失约为 35.2%。

［90］杨秀玉．我国电信行业规制效果分析［J］．中央财经大学学报．2009（07）．

随着电信规制对象的改变，我国电信规制无论是规制的目标，还是规制机构的职能、规制的方法与手段都发生了深刻的变化，放松规制是我国电信改革的基本方向。通过对我国 1983～2007 年电信行业规制效果的评价，发现随着规制改革的深入，规制效果越来越明显。在电信行业打破垄断引入竞争以后，维护电信行业市场公平和持续有效的竞争环境成为对电信行业进行规制的重要内容。

［91］叶永刚，张培．中国金融监管指标体系构建研究［J］．金融研究．2009（04）．

金融监管是需要建立在系统性的定量分析框架基础之上的，而金融监管指标体系的构建是整个定量分析框架的核心，本文从这一思想出发，建立了我国的金融监管指标体系，反映了金融监管的效果，为系统性定量分析框架的建立奠定基础。本文首先提出了金融监管指标体系的概念，然后对我国金融监管指数的构成因素及权重进行了分析，接着构建了我国金融监管指标体系并运用主成分分析法对我国金融监管指数进行了估计和分析，最后根据估计结果提出结论和政策建议。

［92］叶泽，张新华，曹永泉．考虑价格上限的发电容量投资模型与分析［J］．管理科学学报．2009（05）．

运用实物期权理论，将价格上限管制因素纳入发电容量投资决策模型，运用 MATLAB 软件进行算例分析，探讨市场变量和管制变量发生变化时发电企业的投资行为及其市场均衡效应。结果表明：1）企业对未来需求增长的预期较高时，将延迟投资并在投资时提高装机容量；2）需求波动率比需求增长率对投资决策有更大影响；3）合理的价格上限水平对减缓投资波动有明显效果；4）提高容量电价能够降低投资临界值并增加一次性投资数量，同时也会降低资源配置效率，不利于电源结构优化调整；5）不确定需求条件下，高容量电价和低价格上限的管制政策组合是实现电力市场长期均衡的有效途径。

［93］于立宏．规制俘获与规制权力分离理论述评［J］．江苏社会科学．2009（06）．

政府规制的本意是消除市场失灵，保护公共利益。但由于规制机构本身存在的利益驱动，它们完全有可能被产业俘获。为了防止俘获，政府机构设置具有规制权力分离的性质，这种设置被作为防止俘获与合谋的机制。本文总结了近二十年来在新规制经济学框架中发展起来的规制俘获理论以及防止俘获的规制分离理论，并提供了大量实证研究的成果。

［94］于良春，牛帅．中国电力行业行政性垄断的损失测算分析［J］．经济与管理研究．2009（01）．

将电力行业行政垄断的影响分为三个方面：电力行业行政性垄断造成的微观效率损失、行政性垄断的宏观经济影响（主要考虑电力短缺对经济增长的影响），以及地方电力市场分割对经济运行成本的影响。就中国电力行业而言，总体上存在正的利润。因此，由于定价低于成本而导致的电力供应不足只能是局部的和短期的，电力短缺是由于电煤的短缺和投资的不合理所致。电煤的短缺源于不合理的能源价格体系；电力投资不足则彰显了行政垄断导致的电力投资的短视性和投资激励的扭曲。

[95] 岳中刚．纵向压榨抑或市场治理——基于通道费规制失效的分析 [J]．财经问题研究．2009 (10)．

大型零售商在信息技术和组织创新的共同作用下，已经演化为双边市场中的平台型企业。本文将双边市场的分析框架引入通道费问题的研究，由此发现通道费是零售商平衡双边用户需求、内部化用户间网络外部性的市场治理方式，其制定和协调是通过零售商之间的渠道竞争而实现的。《零售商供应商公平交易管理办法》是在最优价格已经形成时实施的过度规制，破坏了通道费自发调节机制，对通道费问题的解决不会有实质性意义。

[96] 曾亚敏，张俊生．从可口可乐并购汇源案看外资并购的信号传递效应 [J]．中国工业经济．2009 (07)．

本文以可口可乐并购汇源为例分析了外资并购中国企业的信号传递效应。数据显示，对可口可乐并购汇源的首次宣告，饮品企业平均市场反应为负；而随着案件进入反垄断审查阶段，饮品企业的负市场反应逐渐消失；当案子最终被商务部否定时，饮品企业平均市场反应为正。数据结构支持了竞争效应假说，即外资并购传递了“目标行业竞争压力即将加剧”的信号。对饮品企业的单独分析显示，盈利能力与汇源果汁较为接近的饮品企业手案件的冲击更为明显：它们对案件首次宣告表现出更强的负市场反应，而对案件中止宣告表现出更强的正市场反应。

[97] 张富田．我国国有资本监管新模式的探讨 [J]．当代财经．2009 (09)．

以国资委为唯一国有资产监管者的国有资产管理模式的建立，虽然在一定程度上促进了国有资产监管质量的提高，但是没有从根本上解决我国国有资产监管“政企不分”、“政资不分”的弊病。借鉴发达市场经济国家市场化资本配置模式管理国有资本，将是化解我国国有资本监管困境的一种好方法。所以，应根据国有资产的不同类型，将国有资本分别转化为社会资本、普通股权资本和优先股权资本。

[98] 张会恒．政府规制的供求均衡及其有效性 [J]．商业经济与管理．2009 (05)．

政府规制的规范性目标是弥补由于自然垄断等造成的社会福利的损失，理想的规制供给和需求的均衡点由规范性目标决定。但是政府行为、产业行为、成本约束等因素使实际的均衡点往往偏离理想的均衡点，从而造成政府规制的低效。同时，由于自然垄断性等是变化的，理想均衡点也呈现变动的趋势，即如果政府规制的供给不能随规制需求的变动而及时调整，也会降低规制的有效性。

[99] 张庆霖，苏启林．政府规制失灵：原因与治理 [J]．经济学动态．2009 (04)．

实践证明政府规制并不是解决经济系统缺陷的“灵丹妙药”，同市场失灵一样，政府规制也会产生失灵问题。本文回顾了国内外学者对政府规制失灵问题的研究，说明政府规制失灵产生的原因及治理手段，并讨论了当前中国政府规制失灵的一个特殊原因——行政垄断。

[100] 张小蒂，赵榄．基于渠道控制的市场势力构建模式特征分析 [J]．中国工业经济．2009 (02)．

渠道控制能力是研究竞争市场中市场势力构建的核心，其形成对我国企业改变在全球价值链中被低端锁定的现状，增进比较利益至关重要。由销售网扩大导致的市场份额提升带来的规模经济和范围经济可以压低产品进价，导致要素的报酬递增并获取丰厚利润；利用先进的信息技术可以降低公司的长期平均成本，尤其是节约物流、订单等环节的运营成本，提高企业的交易效率；通过构建于供应链内关联企业的战略联盟，形成激励相容，可以获取“链”内外部经济和专业或分工带来的效率提升，使得市场份额扩大与先进信息技术引致的成本下降和利益增进可持续。

［101］张小强，卓光俊．论网络经济中相关市场及市场支配地位的界定——评《中华人民共和国反垄断法》相关规定［J］．重庆大学学报（社会科学版）．2009（05）．

网络经济有两个主要特征：其一是经济体之间作用的方式是网络；其二是网络外部性，也被称为网络效应。正是这两个不同于传统经济的特征给反垄断法提出了挑战。网络经济的静态市场特征、动态市场特征以及交易形态都与传统经济有所区别，可从这三个方面入手来考察网络经济的特征对界定相关市场的具体影响。在网络经济中要正确界定市场支配地位，除了考察市场份额，更应该考虑网络经济效应等因素带来的进入壁垒。

［102］张燕．环境管制视角下污染产业转移的实证分析——以江苏省为例［J］．当代财经．2009（01）．

外商通过投资将污染产业转移是造成我国环境污染的主要原因这一说法在江苏省并不完全成立。严格来说，江苏省的环境污染是由外商投资企业和国内企业共同造成的。这主要是因为基于江苏省的政策扶持和劳动力丰富的特点，外商对江苏省的投资主要集中在纺织业、纺织服装鞋帽、通信设备和计算机及其他电子设备等轻度污染产业，总体对环境影响不大；与此相反，国内企业目前所投资的产业关系到江苏省整体经济运行的污染行业领域，由于受到地方保护主义影响，政府放松了管制力度，目前正呈现明显上升趋势。

［103］张晔．新兴战略性产业的进入管制与管制绩效——以我国手机“牌照制度”的实践为例［J］．产业经济研究．2009（01）．

本文建立了一个简单的进入管制模型，并以信产部的手机“牌照制度”的实践为例，分析了新兴战略性产业的进入管制与管制绩效。本文发现，与认为进入管制容易引发垄断低效率的传统观念不同，在开放经济下新兴战略性产业初期由于外部性和高风险而导致本国企业进入不足：进入管制能够为先驱企业提供某种“专利”租金的机会，从而有助于企业提高产量，降低价格，增加社会总剩余。从长期来看，进入管制存在成本和容易激发企业的短视行为而影响产业效率，因此有必要逐步放开管制。另外，建立明确的竞争程序和规则来挑选进入者也是提高管制绩效的重要方面。

［104］张志奇．相关市场界定的方法及其缺陷［J］．北京行政学院学报．2009（04）．

相关市场的界定方法为经济理论界和反垄断执法机构所重视。界定相关市场的方法可以分为需求交叉弹性法、运输数据法和SSNIP方法。本文旨在介绍这三种相关市场界定方法的理论背景、内涵，分析各种方法在理论上的缺陷和应用时的困难所在，提出不存在一套科学完善的相关市场界定方法，也不存在对各种情况均适合的基础指标。相关市场的界定问题，要服务于我国反垄断工作的中心目标，实施过程中要对具体问题加以具体分析和判断。

［105］赵连阁．中国煤炭安全监督低效：官商勾结还是权利滥用［J］．中国工业经济．2009（09）．

中国煤矿事故频发的根源不在于政策缺失，而是制度落实困难：多级委托—代理关系下的监督人权利滥用是煤矿安全监督低效的制度根源。本文分析表明：如果只有官商勾结或权利滥用是可能的，委托人可以通过消除非官方活动的物质基础或动机来阻止官商勾结或权利滥用；当监督人权利滥用时，则不存在委托人对限制监督人自由选择权与激励机制间的权衡，政府政策设计的核心是降低监督人的自由选择权；监督人的权利滥用导致监督人和矿长的最优激励合约依组织结构和监督技术效率变化而变化。监督人的权利滥用为官商勾结奠定了基础，权利滥用有利于矿长而非监督人，监督人的权利滥用为矿长主动的官商勾结提供了激励。权利滥用而非官商勾结才是中国煤矿事故频发的根本原因，防止监督人权利滥用是解决中国煤矿事故频发的关键所在。

[106] 中国社科院金融所课题组．西方金融监管改革的动向、趋势与中国金融监管改革再审视[J]．经济学动态．2009 (11)．

本次金融危机爆发之后，人们对当前的金融监管体系的批评之势愈发强烈。为应对这些质疑，西方各主要国家和地区纷纷出台了相关政策法规，完善和健全金融监管制度，以此维护岌岌可危的金融市场。各金融监管改革方案的出台给了我们可供比较和借鉴的素材，我们认为，经过金融危机的检验，中国应当继续坚持已有的监管理念和目标，并在监管的核心、基础、保障、重心、趋势、热点等方面加以完善。

[107] 周海珍．保险市场准入监管分析[J]．财经论丛．2009 (05)．

目前我国保险市场存在的最主要问题不是供给主体不够，而是各公司提供的产品之间无差异，在这种状况下，完全取消进入门槛并不可取，相反会造成社会福利的损失；而且，在目前的市场状况下，也不能单纯依靠增加保险公司的数量来使市场达到完全竞争；更何况，由于保险经营的特殊性，保险公司应具有一定的偿付能力，这也要求新企业进入保险市场要有一定的资本准备。

[108] 周慧，胡汉辉．携号转网对于加强电信市场竞争效应的研究[J]．中国软科学．2009 (01)．

我国的电信产业正在经历着第三次重大的重组改革，在此基础上即将试行的携号转网业务能否起到促进形成实力与规模相对接近的市场竞争主体、构筑公平有效竞争格局的作用，成为广泛关注的焦点。本文研究了携号转网对于电信市场的竞争效应，研究结果表明：实施携号转网可以降低电信市场竞争的不对称性，使主导厂商的价格、市场份额和利润下降，弱势厂商的价格、市场份额和利润得以提升。从长期看，除价格竞争外，厂商会积极采取各种措施提高服务质量、开发新业务，使电信市场的竞争更为多元化，同时，总的市场规模也将得到进一步的扩大。

[109] 朱琪，陈乐优．垄断企业工资分配的规制合谋[J]．经济社会体制比较．2009 (01)．

垄断企业工资分配问题对社会经济各方面都产生了重要影响，导致了福利的损失，减少了劳动者的流动及其对人力资本的投资，也加剧了社会收入的不公平。垄断企业收入分配规制中出现的合谋会对政府的规制效果产生很大的影响。政府规制垄断企业工资出现的规制合谋有其自身内在的原因，表现在：垄断企业所有者缺位导致政企合谋容易发生；政企合谋内生于行政垄断；地方政府与垄断企业的利益关系增加合谋可能性；在政企合谋下，政府可以对企业实行体制性保护；政府对垄断企业处罚的概率和力度低下。

[110] 朱琪，陈乐优．垄断行业工资改革的可行性研究——基于国际垄断行业视角[J]．财经科学．2009 (01)．

在垄断行业中，员工的工资一般高于其他行业，表现出收入分配的不平等。引起垄断行业工资问题的原因很多，垄断行业工资问题也对社会经济各方面产生着重要影响，导致公共福利受损，减少了劳动者的流动及其对人力资本的投入，加剧了社会收入的不公平。对于垄断行业工资所引发的种种问题已经受到社会各界的重视，各国政府已开始采取措施解决这些问题，把竞争机制等改革引入垄断行业。

［111］卓越．价格规制与企业资本结构的选择——来自我国上市公司的经验证据［J］．财贸经济．2009（05）．

企业面临的价格规制越严厉，其负债水平越高。单纯的政府价格规制难以避免高负债的价格影响效应，从规制有效性出发，资本结构的规制应纳入政府规制范围；价格影响效应发挥作用的机制依赖于规制机构不希望规制下的企业陷入财务危机，引起产出的大幅度波动。减少价格影响效应的根本途径在于降低行业进入壁垒、引入民营资本，通过增加生产的可替代性来减少受规制企业通过高负债提高谈判地位的可能性。

［112］邹琳华．管制和垄断对房地产成本的影响估计——基于 SFA 模型及 30 个城市面板数据的分析［J］．统计研究．2009（02）．

由于管制和垄断的存在，实际房地产开发成本将远高于有效率的成本，造成社会福利损失。本文尝试利用 2004～2006 年 30 个城市的房地产开发面板数据，构建 SFA 模型，估算了管制和垄断对我国房地产开发成本的共同影响。结果显示，管制与垄断显著增加了我国房地产开发的成本。从总体看，管制与垄断因素使分析期内房地产开发平均成本上升了 94%；从动态看，这种作用有逐年增大的趋势；分区域看，对中、东部地区开发成本的影响要大于西部不发达地区，对珠三角地区开发成本的影响要大于其他所有地区。改善房地产开发相关管制，促进房地产市场的竞争，是提高我国土地利用效率、降低房地产开发及城市化成本的必要手段。

2008 年

［1］白让让．结构“豁免”、规制弱化下的国企垄断行业改革［J］．经济社会体制比较．2008（03）．

欧美等国的经验表明，反垄断和政府规制的融合是规制放松进程中的内生现象，二者在相关领域内的互补和替代关系，将提高政府产业监管的效率。在国企垄断结构和行为被法律和法规部分豁免的条件下，要扭转“强垄断者、弱规制者”的格局，必须围绕竞争性市场结构的重组、规制权力的协调性和制约性配置，以及监管组织的独立性等三个问题，逐步形成以激励性规制和反垄断法为基础的产业监管体系。

［2］常修泽．“破垄”、民权和宏观调控机制创新——经济体制改革的三个“短板”［J］．中国经贸导刊．2008（08）．

第一，从整个国家经济体制革的格局来分析，迫切需要在 2008 年加快垄断性行业的改革。第二，从兑现“入世”承诺和参与全球化的角度看，也需要推进垄断行业改革。中国入世对部分行业（如电信、民航、铁路等）开放是有承诺的，下一步参与全球化过程，面临提高产业竞争力的挑战，这种挑战，将“倒逼”垄断性行业改革。第三，随着政府改革和社会管理体制改革的推进，垄断业行业改革也要推进。特别是从分配公正和社会和谐的角度来讲，要缩小垄断业行业（如石油石化、电力、烟草）与非垄断行业的收入差距。第四，2008 年 8 月 1 日起我国《反垄断法》正式实施，该法设专章针对“行政性垄断”进行规管，也逼着要把垄断业改革提到重要位置上来。

[3] 陈启清.监管竞争和监管合作：争论及启示 [J].经济理论与经济管理.2008 (09).

无论是监管竞争还是监管合作，都各有优劣之处，也各有其发挥作用的环境和条件。监管竞争和监管合作之间并不是简单的互相取代的关系，而是可以相互共存的关系。不同的发展阶段，不同的环境，不同的行业和领域对监管竞争和监管合作的需要各不相同。经济全球化和经济一体化的发展，可以使监管竞争更好地发挥作用，但也使得监管竞争的负面作用更加明显，对监管合作提出了更加强烈的需求。从政府角度来看，其内在地有着监管竞争的动机和冲动，因此，从政策角度来看，监管合作更需要强调。

[4] 陈锐，许萍."经济人"假设与利益集团管制理论的局限性 [J].当代经济研究.2008 (06).

在西方管制经济学的发展过程中，公共利益理论和利益集团理论长期以来一直存在争论。导致这种分歧的深层原因并不是政府与市场关系的二元对立认识，而是源于对"经济人"假设的适用范围存在着根本性的认知差异。利益集团管制理论的局限性就在于，其对"经济人"假设的极端化运用，不仅混淆了政府行为与市场主体行为之间的根本性差异，而且给政府管制改革带来了严重的误导性影响。

[5] 陈欣.美国反垄断法对我国保险业的启示 [J].保险研究.2008 (12).

在分析了美国反垄断法对保险业的适用及豁免条款后，陈欣指出《反垄断法》的根本目的就是要保持竞争，而保持竞争的含义一方面是要防止垄断和市场势力，另一方面则是要防止过度竞争和不合理竞争以营造一个良好的竞争环境，这一点是尤其值得我们思考的。此外，其还在文中具体分析了保险业中垄断行为主要涉及的四个方面：联合定价、标准保单格式、保险营销模式和共保联营。

[6] 陈学云，江可申.航空运输服务自然垄断强度的弱化与规制放松 [J].财贸经济.2008 (07).

行业规制强度应随该行业自然垄断强度的变化而变化。总体而论，两者呈现正相关关系。航空运输服务业由于其自身经济技术特征的变化及外部需求的冲击，自然垄断的强度越来越弱。在行业内潜在竞争和行业外替代竞争的共同作用下，愈益表现为寡头垄断及其竞争的市场结构特征，对其规制的强度应减弱，以提高企业生产效率、产业绩效和社会资源配置效率。这一点，同样从重组后中国航空服务运输业市场结构中得到了佐证。

[7] 陈学云，江可申.谈弱自然垄断与规制放松的可能性 [J].商业时代.2008 (12).

以成本弱增性为基础的现代自然垄断理论根据自然垄断的强度，把自然垄断细分为强自然垄断和弱自然垄断，从而提高了对放松规制实践的解释力。在需求曲线与上升的平均成本曲线相交的自然垄断产量区间，有可能实施边际成本定价，实现社会福利的最大化，同时保证厂商盈利，从而存在不需要价格规制的可能性。因此，必须根据特定行业及其不同业务领域的特点，分别实施不同的规制政策。

[8] 陈甬军，胡德宝.不确定性下的垄断势力测度问题 [J].山西财经大学学报.2008 (03).

对垄断问题的分析以及对垄断势力的测度是产业组织理论一个非常关心的问题，以经济分析为基础，测度垄断造成的福利损失对反垄断政策的制定与实施有很重要的意义。传统的方法主要关注确定条件下垄断势力的测度问题，然而事实上，现实世界充满不确定性，决策者的选择行为存在风险，因此，对不确定性条件下的垄断势力进行测度成为一个需要深入研究的问题。

[9] 程鉴冰. 最低质量标准政府规制研究 [J]. 中国工业经济. 2008 (02).

在信息不对称和产品差异化的前提下，存在政府最低质量标准规制的必要性和必然性，而最低质量标准“阈值”的设置会对社会福利产生关键性影响。在此基础上构建了国内最低质量标准对贸易的促进和国外最低质量标准对我出口影响的模型。实证检验发现：GB18401 国内最低质量标准政府规制对出口纺织服装产生正向影响；国外（以日本《肯定列表制度》为例）政府最低质量标准规制对我国出口产生负向影响。

[10] 董理. 价格上限规制的反竞争效应研究 [J]. 江西财经大学学报. 2008 (03).

通过设定一种“Laspeyres 型”的价格上限规制结构，运用博弈论方法，分析了面临现实和潜在竞争的被规制厂商的策略性定价行为。结果表明，价格上限规制具有反竞争效应：被规制厂商可以利用价格上限约束来提高其采取激进定价行为的可置信程度，从而阻止潜在竞争厂商进入。在位厂商的这种策略性定价行为将不利于产业的公平竞争，长期来看会损害社会整体福利。

[11] 董理. 信息不对称和不确定条件下垄断产业成本转嫁研究 [J]. 当代经济研究. 2008 (07).

不同的规制结构赋予了被规制厂商不同的成本转嫁能力和激励水平。在信息不对称条件下，代表社会福利的规制者在规制结构设计时权衡激励效应和租金抽取，最优成本转嫁比率与厂商的信息优势、努力的边际成本以及规制者的租金抽取比例成正比。在不确定性条件下，消费者和厂商的风险规避偏好对最优成本转嫁比率有重要影响，规制者在提供激励和保险间进行权衡，确定最优成本转嫁比率。

[12] 董理，吴佳婕. 自然垄断产业的所有制改革与规制研究 [J]. 商场现代化. 2008 (22).

其研究了自然垄断产业的所有制改革与规制的关系，发现国家垄断经营实质上是建立了一个特殊的规制框架。在这种模式下，没有独立的规制机构，却自动的实现了对自然垄断产业在进入、投资、价格等方面的规制，保证了自然垄断产业规制所应该考虑的社会目标。而自然垄断企业民营化改革使得政府从原来基于财产关系的全面控制转向基于法律关系的依法行政，包含着某种形式的规制改革。在此基础上，其还对两种所有制下自然垄断产业规制进行了比较分析，发现它们在规制范围和效率上存在差异。就提高规制效率而言，与竞争更兼容的民营化改革更有效。

[13] 董维刚，张昕竹. 我国企业并购申报制度的实证分析与设计 [J]. 产业经济评论. 2008 (04).

其对中国企业并购申报制度的机制设计进行了实证研究。运用 MultinomialLogit 模型，首先分析了并购申报制度设计的影响因素，发现一国的经济发展特征、政府效率以及申报制度结构都会影响到对不同并购申报制度的选择。结合有关数据，其预测出中国主要申报制度的选择概率，并在此基础上，采用基准法估计出中国并购申报门槛。最后，综合实证结果，借鉴国际经验，其提出了中国企业并购申报标准的设计方案，该方案已被国务院法制办采纳，成为《国务院关于经营者集中申报的规定（征求意见稿）》第三条对申报标准规定的主要内容。

[14] 樊慧玲. 政府社会性规制的成本与收益 [J]. 山东财政学院学报. 2008 (05).

市场是在各种或隐或现的规则里发挥其功能的。精简、高效的政府机构对于市场的运行是不可或缺的，强化政府的社会性规制是解决市场失灵、保障市场有效运行、发挥功能的必要条件。而对社会性规制的成本、收益分析，则有利于对社会性规制的测度及其变革的理性选择。首先，需要完善社会性规制的法律体系，这是强化政府社会性规制的基础；其次，设立具有相对独立性的社会性规制机构与中间性组织，提高执法效果；最后，建立社会监督体系，充分发挥社会监督的重要作用。

［15］方德斌，王荣富．发电市场政府激励性监管机制研究［J］．武汉理工大学学报．2008（01）．

其运用多头发电企业垄断的博弈模型，分析发电寡头垄断竞争的效率性问题，对发电寡头垄断市场中进入的厂商数目配制的管制提出一种思路，并在此基础上建立发电寡头垄断竞争管制的博弈模型，同时确定出发电市场竞争管制问题的社会最优解。分析表明该文的方法为政府对发电市场的管制提供决策依据，特别是将寡头厂商数目作为政府的管制变量，便于实施操作，同时也能有效避免社会资源不必要的浪费。

［16］方军雄．政府干预、所有权性质与企业并购［J］．管理世界．2008（09）．

其考察了在存在地方政府干预的背景下不同所有权性质与企业并购决策的关系，研究发现，地方政府直接控制的企业更易实施本地并购、更多的实施无关的多元化并购，而中央政府控制的企业则可以突破地方政府设置的障碍，实现跨地区并购。其研究表明，地方政府干预的确对企业的并购决策产生了影响，也一定程度支持了我国存在市场的地区分割的结论。

［17］冯永晟，马源．论输配电网的自然垄断属性［J］．电力技术经济．2008（02）．

输配电网的自然垄断属性是输配电管理体制改革的理论基础。其从输配电网的技术经济特征入手，结合已有文献，对输配电网的自然垄断属性进行了深入研究。输配电网的自然垄断属性主要表现为规模经济和范围经济；规模经济和范围经济存在于输配电网的多个方面。理论和实证两方面的论据都支持或者不能否认输配电网的自然垄断属性。同时，其还指出中国亟待进行相关研究，以便为电力体制改革提供理论指导。

［18］冯永晟，张昕竹．输配电网管理体制改革与接入监管［J］．电力技术经济．2008（05）．

针对目前中国输配电网管理体制改革的争论，输配电改革实质是一个单向接入问题，是否认识到这一点，是目前输配电分离与输配电一体化两种观点的分界点。有效的接入定价监管可以保证输配电网对售电侧企业的有效接入，促进电力市场竞争。最后其指出，在保持输配一体化条件下，有效的接入定价管制是保证售电侧有效竞争的关键，现实中具体监管方法的选择应根据实际情况加以权衡。

［19］傅娟．中国垄断行业的高收入及其原因：基于整个收入分布的经验研究［J］．世界经济．2008（07）．

中国垄断行业的高收入问题近年来受到广泛关注，但这方面的经验研究并不多，而且相关文献讨论的都是平均收入，但均值只是描述变量分布的一个指标，并不能完全反映分布的实际情况。其感兴趣的问题是：垄断行业的相对高收入是只存在于平均水平，还是分散于整个收入分布？造成行业收入差距的主要因素是什么？分位数回归的结果表明，垄断行业与其他行业的收入差距显著地存在于不同收入阶层，而且差距随着收入层的提高而逐渐扩大。然而，教育水平和企业盈利状况因素却只能解释一小部分收入差距。通过运用 DiNardo 和 Lemieux（1996）的分解技术作类似 Oaxaca 的歧视分解，其发现这些大量不可解释的差距正是歧视造成的。

［20］高金超，于琳．天然气行业垄断行为的经济学分析［J］．经济与管理．2008（05）．

作为关系国计民生的天然气行业一直受政府的规制，实行国有垄断经营。应规避天然气行业的垄断弊端，对该行业进行天然气定价机制，使天然气行业具有竞争性；打破行业垄断，培育有效市场竞争，提高资源配置效率；建立合理管理体制，加强政府规制的有效性；加强法制建设，在加强执法、完善法律法规的基础上，健全执法体系，加强监督检查，依法实施管理，确保天然气行业健康、快速发展。

［21］高锡荣．中国电信市场的去垄断改革与技术进步［J］．经济科学．2008（06）．

基于省级Panel数据，分析了中国电信市场去垄断改革之后所发生的技术进步。DEA全要素生产率测算表明，在2002～2004年间，中国电信市场经历了一个显著的技术进步过程，并且这种技术进步主要是通过注入更加先进的生产技术来实现增长的。从DEA效率的跨年度变化可以看出，中国电信市场的有效前沿发生了明显的前移。Cobb－Douglas生产函数估计同样显示，改革中的中国电信市场是一个由技术进步所驱动的市场，技术进步因素对中国电信市场发展的相对贡献份额到达了61%以上，从而印证了中国电信行业的改革效果。

［22］郭利华，毕海燕．反垄断管制放松的内在原因：对四种限制竞争行为的福利评价［J］．北方经济．2008（21）．

其分析了传统上被认为是《反垄断法》所限制的垄断行为的福利效应，这些垄断行为包括：掠夺性定价、价格歧视、拒绝交易行为和限制竞争协议与合并，通过对这些行为的分析，其认为人们逐渐对这些行为采取了宽容的态度，反垄断管制存在着放松的趋势，而对于微软等新型企业的竞争行为更是采取了新的标准，最后得出：我国的《反垄断法》作为经济宪法，要真正保护竞争而不是竞争者，还任重而道远。

［23］何继新，刘莹．不完全合作、非合作博弈的逻辑：企业与行业协会价格串谋行为分析［J］．经济经纬．2008（01）．

串谋企业涉及的利益主体主要是企业、行业协会与监管者，频频发生的行业协会参与企业价格串谋实际上是不同利益主体之间博弈的结果。他们之间的博弈是不完全合作、非合作博弈。其建立了串谋企业及其行业协会、监管者之间的博弈分析模型，认为影响企业及其行业协会价格串谋概率高低的主要因素是制度安排、串谋成本与监管力度等。

［24］侯风云，张凤兵，王会宗．自然垄断产业多元化的厂商合谋：假设及论证［J］．山东大学学报（哲学社会科学版）．2008（05）．

自然垄断产业的特性决定了市场结构改革的方向只能是寡头垄断。但是，在这种市场结构下，由于厂商数目少，特别容易达成合谋。合谋有利于在位厂商，但不利于社会福利增进。这便违背自然垄断产业多元化改革实现厂商效率和社会福利水平增进的初衷。在假定自然垄断产业多元化后在位厂商合谋存在的基础上，对合谋机制、现实性及其成本进行了论证。

［25］胡苏皓．竞争、自然垄断与组织结构——关于铁路行业改革思路的探讨［J］．实事求是．2008（02）．

其研究了技术进步与市场需求扩大引起的自然垄断边界的变化，利用DEA（数据包络分析法）方法对中国电信业市场竞争效率进行了评价和分析，认为改革措施必须要适应自然垄断边界的动态变化性，才能实现有效的竞争效率。要取消对现有电信运营商的分业监管模式，给固网运营商发放移动牌照，确立起几个均衡的全业务市场竞争主体；对目前的规制机构实施重组，可以考虑将电信业与广电系统的规制职能合并，建立类似于美国联邦通信委员会（FCC）的独立规制主体。

［26］胡苏皓．自然垄断的边界变化与竞争效率——对中国电信业改革的探讨［J］．华东经济管理．2008（04）．

其研究了技术进步与市场需求扩大引起的自然垄断边界的变化，利用DEA（数据包络分析法）方法对中国电信业市场竞争效率进行了评价和分析，认为改革措施必须要适应自然垄断边界的动态变化性，才能实现有效的竞争效率。要取消对现有电信运营商的分业监管模式，给固网运营商发放移动牌照，确立起几个均衡的全业务市场竞争主体；对目前的规制机构实施重组，可以考虑将电信业与广电系统的规制职能合并，建立类似于美国联邦通信委员会（FCC）的独立规制主体。

［27］黄涛．基于一体化经营的自然垄断产业规制模式创新［J］．商业研究．2008（05）．

基于成本的收益率规制模式不能激励企业进行降低成本的R&D投资，而价格上限规制合约取得较好绩效的同时，也会留给企业大量的信息租金。低激励低租金的资本收益率规制和高激励高租金的价格上限规制都不是完美的，如果能够找到一种相互融合、优势互补的模式也许不失为一种理性选择。构建一体化经营决策模型，可以论证在收益率规制基础上的联合成本分担的融合规制模式，有助于诱导企业一体化经营，激励企业进行R&D投资以降低成本。而成本的降低能够使管制价格不断降低，消费者剩余得到动态提高。

［28］籍涛．论烟草产业的政府管制——基于市场结构与绩效的分析框架［J］．社科纵横．2008（01）．

烟草是一种嗜好品，具有特殊的市场形态，其价格弹性和收入弹性都不同于普通产品，而其市场结构亦呈现出独特的运行规律。对这类产业的政府管制既要考虑国际通例，也要结合中国的市场特性。烟草产业政府管制要在市场结构与绩效的分析框架内实行稳健的管制变迁，从而使得市场结构在动态的变化中始终朝着“有效竞争”的状态演进。

［29］姜春海．网络外部性下的ECPR接入定价规则研究［J］．河北经贸大学学报．2008（02）．

随着网络产业规制改革的进行，接入定价已经成为规则和竞争理论与政策中迫切需要深入研究的一个重要问题。其基于网络产业接入定价理论中的有效成分定价规则（ECPR）的基本表示形式及其主要优点和缺陷，将网络外部性定义为一个新网络与一个旧网络实行互联互通，而不是旧网络的消费者数量增加，得出存在网络外部性时ECPR的表示形式。并指出在存在网络外部性时，ECPR的表示形式和最优性质将会发生变化，所确定的接入价格要低于原来不存在网络外部性时ECPR确定的接入价格；另外，机会成本的概念变得更加复杂，ECPR原来具有的利润中性、市场准入信号和简单易行等某些最优性质将不再成立。

［30］姜树元，姜青舫．基于自然垄断现代观点的垄断性行业分类规制研究［J］．商业研究．2008（10）．

其指出以可竞争市场理论为核心的自然垄断现代观点，对政府授予自然垄断以垄断特权的规制政策的基础提出了前所未有的挑战。对垄断性行业的各类业务按强、弱自然垄断性进行区分，按照分类规制的原则，结合我国有代表性的垄断行业自身的特点，可以显示出对垄断性行业进行分类规制的必要性、可行性。

［31］蒋红娟．产权、竞争、规制与电信产业绩效［J］．商业时代．2008（07）．

其指出产权、竞争与规制是影响电信业绩效的三个重要因素，其以产权、竞争与规制的关系作为理论基础，对我国电信业的绩效进行分析，最后提出了促进我国电信业发展的建议：逐步放开电信市场，实现行业充分竞争；建立综合性且独立的电信规制机构；根据电信业所经营业务的性质，分层次、多环节地推进引入民间资本的改革措施，实行以国有企业为主、多种所有制度并存的所有制结构。

［32］李丹丹．浅谈我国政府的价格管制［J］．法制与社会．2008（12）．

其指出市场的管制改革是近年来理论界研究的一个热点，价格管制改革则是其核心环节，而自然垄断行业又是价格管制的主要对象。为此，其以传统自然垄断行业的价格管制作为本文主要研究对象，通过强调价格管制的必要性和对我国价格管制的现状分析，探讨了如何完善我国的政府价格管制。要合理定位政府职能，实现计划型管制向市场型管制的转变，实行政企分离，政经分开，加快建立政府规制的法治框架，加强价格管制机构的管制能力。

［33］李东卫．我国银行业监管有效性研究［J］．金融发展研究．2008（11）．

其依据国际金融监管的相关理论，分析了银监会成立以来我国银行业监管的实践，以及监管过程中面临的诸多困难，提出监管当局应参照国际上银行业发达国家的监管手段和方法，在整体上与国际金融业在监管技术和监管内容要求上接轨，依据我国银行业发展实际和面临的监管困难，从改进和创新监管方法、兼顾公平与效率，引进模块化分析制度，注重信息披露效果，建立分层次的监管协调平台等五个方面着手实现我国银行业监管的有效性。

［34］李光德．产权理论框架下政府社会性管制的统一性分析［J］．江汉论坛．2008（11）．

由信息不对称而导致的内部性市场失灵在本质上是由交易中的产权未能完全明晰所产生。在此基础上，其运用现代产权理论基本分析框架，深刻揭示了政府内部性社会性管制的产权基础。因此，无论是内部性，还是外部性的市场失灵，都可以统一于产权理论分析框架内。

［35］李建标，王光荣，巨龙，等．产品差异度与双寡头厂商行为的实验分析［J］．产业经济评论．2008（04）．

其沿着 Bertrand 理论渊源构建模型，并以此为基础设计实验，在实验室环境中检验产品差异度与双寡头厂商的行为。论文首先表明：1）产品差异度越小，双寡头厂商的博弈平均价格就越低；2）博弈期数越多，博弈冲突反而越大，这与俗定理相冲突；3）对背叛行为的惩罚越具有普遍性，惩罚策略主要是针锋相对，惩罚强度随产品差异度减小而增强；4）产品差异度对共谋的稳定性影响不显著，这与理论预测相悖；5）折现与平均价格及共谋关系模糊。

［36］李龙．“暴利并亏损着”是垄断伎俩［J］．经济研究参考．2008（12）．

现在很多行业一面享受着垄断暴利，一面又高喊着亏损，其意图无非就是亏损之后就有了提价的理由。例如，中石油和中石化近来一直叫苦不迭国际原油价格高涨，而国内成品油零售价格却跟不上国际油价的涨幅，因此，炼油企业亏损严重。可年上半年，中石化净利润为 362 亿元，比 2006 年同期增长 65.5%，而亚洲最赚钱公司——中石油也创下了上半年净利润 818 亿元的新高。电力、煤气等垄断行业都有这种毛病——他们深谙“会叫的孩子有奶吃”的道理，只要一叫亏损，补贴就来了，价格就提了，何乐而不为。

［37］李姝．中国石油价格管制难题与化解［J］．东北财经大学学报．2008（05）．

石油价格管制扭曲了石油价格形成机制，不利于资源的有效配置。在石油价格上涨的过程中，石油价格管制的存在一方面造成石油产业链的不均衡发展，另一方面会加剧石油行业的市场垄断程度。要解决这些问题，必须要取消价格管制，不断推进石油价格市场化，仅仅依靠取消价格管制并不能完全解决中国石油价格体制深层次的问题，还需要建立非歧视性的石油市场准入制度，修改带有歧视性的管理制度，培育有竞争的市场环境。

[38] 李涛，周业安．财政分权视角下的支出竞争和中国经济增长：基于中国省级面板数据的经验研究 [J]．世界经济．2008 (11)．

本文利用 1994～2005 年中国省级面板数据，研究了政府竞争、公共支出、经济增长三者之间的关系。主要研究发现包括：其他地区的总体财政支出或文教科学卫生事业财政支出水平的增加能够显著地促进本地区的经济增长，而其他地区的基本建设财政支出或行政管理费财政支出的水平或比重的增加的作用截然相反；本地区更低的预算外财政支出水平、更多的人力资本积累或更高的贸易开放度都对本地区的经济增长有着显著的积极作用；地区财政分权程度的空间策略性互动以及地区财政分权本身对本地区的经济增长没有显著且稳定的影响。

[39] 李晓宁．国有垄断与所有者缺位：垄断行业高收入的成因与改革思路 [J]．经济体制改革．2008 (01)．

其指出许多学者在讨论垄断行业高收入问题时，只关注到垄断的存在，却忽视了“所有者缺位”的影响。实际上，国有垄断是行业高收入的“救生圈”，垄断行业凭借国有垄断地位，获得了高额的垄断利润；同时，所有者缺位是行业高收入的“怂恿者”，因为国有股份的“所有者缺位”，使得本该归全民或国家所有的垄断利润在行业内被瓜分。国有垄断与所有者缺位两方面因素形成垄断行业高收入。基于此，有两套改革思路可供选择。第一套改革思路：放松规制、强化竞争机制，多管齐下、配套改革；第二套改革思路：进行产权改革或确立国有股份所有者“人格化”机制，建立合理有效的监督和激励约束机制。

[40] 李兆前，齐建国，吴贵生．从 3R 到 5R：现代循环经济基本原则的重构 [J]．数量经济技术经济研究．2008 (01)．

其从循环经济的环境目标入手，对起源于企业生产领域以成本最小化为目标的古典循环经济 3R 原则进行了剖析，并在理论分析的基础上，结合城市推进区域循环经济发展的实际经验，对现代循环经济原则理论进行拓展，提出了由减量化（reduce）、循环再生利用（recycle）、资源再配置（relocate）、资源替代（replace）和无害化储藏（restore）组成的现代循环经济新 5R 原则，文章对这些原则的内涵进行了深入的分析。

[41] 廖卫东，时洪洋．日本食品公共安全规制的制度分析 [J]．当代财经．2008 (05)．

其指出为提高规制效率，日本建立了机构相对单一、独立的食品公共安全规制机构，并建立了日趋完善的法律规制体系和食品安全检测标准、程序等，并辅之以完善的执行机制。这一机制还具有开放性和时效性的特点，使其能根据实际情况的需要，随时进行制度更新。其受产业和国家利益的驱动，在相关利益集团压力下，表现出较强的路径依赖。规制的结果是：市场交易成本不断下降，食品公共安全水平处于较高水平。

[42] 林汉川，王皓，王莉．安全管制、责任规则与煤矿企业安全行为 [J]．中国工业经济．2008 (06)．

其认为我国煤矿安全生产问题已成为国内外关注的热点。其将安全视为煤矿企业特殊的产品供给，发现在缺少安全管制、责任规则的情况下，安全产品收益的滞后性、安全产品的外部性以及煤矿企业的高风险偏好都会导致安全产品的供给不足。因此，事前的安全管制与事后的责任追究是诱导煤矿企业增加安全供给的必要条件。在信息占有、资产约束与执行成本方面，安全管制与责任规则各具局限性。鉴于此，要激励煤矿企业增加安全供给，政府安全管制与责任规则一定要有效结合。

[43] 林治波．“打破垄断”是正确的观点吗 [J]．人民论坛．2008（06）．

应当大力改革的是垄断行业的利润分配、竞争机制和服务态度问题，而不是垄断地位问题。如果盲目地“打破垄断”，其结果必然是加剧国内的两极分化，或者导致巨额财富外流，进而引发国家安全问题。实践已经证明，市场不是万能的，看不见的手解决不了所有问题，所以世界上没有一个国家实行完全的市场经济和完全的私有化。有的国家，在新自由主义的“忽悠”下，倒是一度试验了完全市场化和私有化，结果碰得头破血流。

[44] 刘金涛，杨君，曲晓飞．“预算外”财政分权过度及其对我国经济增长的不良影响 [J]．辽宁师范大学学报（自然科学版）．2008（03）．

预算外资金是我国财政体制改革过程中一个较为特殊的问题。通过对我国1994～2004年“预算外”财政分权指标DCX与经济增长之间关系的实证分析，得出结论：我国的“预算外”财政分权已处于过度状态。如果继续提高财政分权度，或者是放松对地方预算外资金的管理，将对我国经济产生诸多不良影响。

[45] 肖兴志，王靖．中国电信产业规制效果的实证分析 [J]．财经论丛．2008（05）．

其运用时间序列模型，在总量、价格、利润和普遍服务水平四个方面对中国电信产业的规制效果进行了实证研究。在研究的过程中，其将规制指标分为规制框架、规制机构和规制对象三个方面，更加全面具体地验证了规制的效果。计量分析结果表明，目前针对中国电信产业的规制已经取得了很大的成绩，市场结构趋于合理，普遍服务质量得到了很大的改善，但是在电信产业总量增长提高方面效果并不显著。

[46] 龙苗，郑勐．市场与地方保护主义：一个基于市场产权的分析框架 [J]．商业研究．2008（03）．

过去大量的研究强调行政性分权和财政包干下地方官员的财政激励是地方保护主义长期存在的主要原因。建立了市场产权模型，从市场产权角度研究地方保护主义，强调市场产权成本对地区间经济竞争和合作的影响。市场产权成本包含确定排他性产权成本和内部治理成本，打破地方保护主义实施地区市场共享将会导致这两类产权成本的变化，不同的变化会影响到地方政府之间的合作空间和竞争空间。

[47] 陇小渝，张芳．兼容性对电信竞争的影响及对管制政策的启示 [J]．当代财经．2008（02）．

其指出以兼容性为特点的电信业技术进步改变了电信网络的经济特征，推动了电信市场逐渐由垄断向竞争结构的发展，同时也改变了电信运营商的竞争行为，使得电信竞争从基于网络规模与技术差异的竞争向基于业务、服务、品牌、价格等方面的多元竞争转变。通过对电信兼容进行分类分析得出结论：兼容的发展是由技术进步、规模经济和范围经济、市场竞争和消费者的需求共同推动的。

[48] 聂辉华，谭松涛，王宇锋．创新、企业规模和市场竞争：基于中国企业层面的面板数据分析 [J]．世界经济．2008（07）．

其利用2001～2005年中国规模以上工业企业构成的面板数据，运用Tobit模型考察了影响中国企业创新活动的因素。以研发密度衡量创新活动，其发现企业的创新与规模、市场竞争之间均呈倒U型关系，一定程度的规模和市场竞争有利于促进企业创新；与其他所有制企业相比，国有企业具有更多的创新活动，并且这种相对优势伴随企业规模变大而更加显著；国有企业的创新效率较低，私营企业的创新效率较高。我们特别区分了市场势力和市场集中度，发现后者可能不适合作为衡量市场竞争程度的指标。

[49] 潘红波，夏新平，余明桂．政府干预、政治关联与地方国有企业并购 [J]．经济研究．2008 (04).

其以2001~2005年间发生的地方国有上市公司收购非上市公司的事件为样本，研究地方政府干预、政治关联对地方国有企业并购绩效的影响。研究发现：地方政府干预对盈利样本公司的并购绩效有负面影响，而对亏损样本公司的并购绩效有正面影响。这说明，出于自身的政策性负担或政治晋升目标，地方政府会损害或支持当地国有上市公司，这为政府"掠夺之手理论"和"支持之手理论"提供了实证支持。我们还发现，盈利样本公司的并购绩效与政治关联正相关。这表明，政治关联可以作为法律保护的替代机制来保护企业产权免受政府损害。

[50] 庞博，范爱军．我国成品油行业反行政垄断与促进竞争问题研究 [J]．当代财经．2008 (10).

其指出我国石油工业改革的重大问题是垄断与反垄断，要打破成品油行业行政垄断格局不仅需要实现政企分开，引入多种市场主体开展竞争，还需要正确区分石油行业的垄断性业务和竞争性业务，出台有效的专门法规以遏制垄断势力的进一步扩张，进而根本解决我国成品油行业现存的行政垄断问题，对于竞争性业务，政府应放松进入壁垒，允许多家新企业进入，而对于垄断性业务，控制新企业进入，避免多家企业重复建设。

[51] 曲延芬．转轨经济中自然垄断产业的动态性分析 [J]．生产力研究．2008 (03).

自然垄断存在的理论基础在于生产成本与市场需求两个决定性条件。如果影响这两方面条件的因素发生了变化，自然垄断的边界就发生了变化，相应的规制政策也要随之变化。对于转轨经济而言，企业内部高昂的交易成本经济转轨带来的市场需求的迅速扩张，使得自然垄断产业内竞争的引入有了可能。鉴于中国实施渐进的转轨方式，部分放松规制将是规制改革政策的首选。

[52] 塞尔达·达克尔，弗雷德里克·r·沃伦-博尔顿．价格、市场界定和合并的效果：Staples-Office Depot 合并案 (1997) [J]．产业经济评论．2008 (02).

其详细具体地介绍了美国 Staples-OfficeDepot 并购案，从价格、市场界定和合并效果的角度分析了联邦贸易委员会在反对此项合并所使用的证据，从案例的角度生动地向我们展示了反垄断法在具体的执行和判定过程中的应用，而兼并双方所声称的效率提高必须是兼并本身造成的才行。另外，虽然兼并后价格仍然可能会下降，但没有合并的话价格可能下降得更加厉害，这就造成了对于竞争的损害。

[53] 陕西省物价局课题组，李宗显．深化资源垄断价格改革和监管是贯彻实践科学发展观的必然选择——学习实践科学发展观的体会和思索 [J]．价格与市场．2008 (12).

价格工作与国民经济各个领域以及人民生活密切相关。贯彻实践科学发展观，价格工作必须为经济发展服务，发挥价格杠杆在促进社会全面进步和人的全面发展方面的作用，引导生产要素流通和实现供求均衡，促进经济社会又好又快发展，在加强和改善宏观调控中确保社会稳定和收入分配的公平。

[54] 石俊华．日本产业政策与竞争政策的关系及其对中国的启示 [J]．华东经济管理．2008 (10).

其通过战后日本产业政策与竞争政策关系的演变，评介了日本政府与市场和企业的关系。日本政府根据不同经济发展时期的实际需要及时调整产业政策与竞争政策关系的经验，对目前处于经济转型期的中国具有积极的借鉴意义。在经济体制转型过程中，有效的竞争体系的建立成为市场合理配置资源的基础。随着市场逐步全方位对外开放，政府应积极鼓励企业参与全球竞争，通过竞争，增强我国企业的竞争力。

[55] 石奇，卢靖．基于零售商优势地位的规制比较研究 [J]．南京财经大学学报．2008（01）．

滥收通道费阻碍了中小生产商的销售渠道，使中小生产者进退两难。另外，由于大型零售商普遍对新产品收取上架费，无形中加大了新产品的研发成本。对于通道费的滥收现象，已经不能再用“正常的市场行为和企业行为”来界定，应当由法律进行必要的规制，目的正是将之控制在“正常的市场行为”范围内。

[56] 石奇，岳中刚．大型零售商的双边市场特征及其政策含义 [J]．财贸经济．2008（02）．

其研究了零售商主导的纵向约束的性质。已有的文献运用为分析单边市场结构而构造的理论和模型，假定零售商处于买方垄断地位。以这种方式来研究具有双边市场特征的纵向约束关系是不恰当的，其结论也没有获得实证检验的支持。其基于双边市场理论，分析在零售商主导的市场环境下顾客、零售商、制造商三者的利益关系，对零售商主导的纵向约束进行绩效评价，并寻求相应的规制含义。

[57] 石涛．自然垄断产业规制改革过程中的风险研究 [J]．经济问题．2008（02）．

其指出我国在社会主义市场经济体制建立过程中，逐步开始了以引入竞争、提高效率为目标的自然垄断产业规制改革。但是，在规制改革过程中，要面临许多不确定的风险。国内外对自然垄断产业的规制经验、教训表明，能否有效地控制规制过程中引发的风险在很大程度上决定了规制改革的绩效，甚至影响到对规制改革本身的评价。引发规制风险的因素很多，但总的来看，主要集中在规制本身、市场、政府规制行为不规范这三个方面。通过分析上述三方面所引发的规制风险产生的原因，并根据我国目前自然垄断产业规制现状其提出了若干建议，以化解规制改革中面临的风险。

[58] 史晋川，李建琴．价格管制、行政垄断及利益集团的博弈——中国转型时期蚕茧价格管制的原因分析 [J]．浙江社会科学．2008（10）．

其指出中国转型时期，在大多数农产品价格逐渐放开的同时，蚕茧、烟草等农产品的价格一直受到政府管制。为了达到控制农产品价格的目的，政府还不得不把对价格的管制，扩大到对产品流通乃至整个产业经营和流通的管制。其对中国转型时期蚕茧价格管制的分析表明，蚕茧价格管制的实质是行政垄断，而行政垄断的原因在于转型过程中政府、企业与农民之间的博弈及其结果。

[59] 孙敏，张秋生．铁路运输企业分拆重组效率分析 [J]．生产力研究．2008（22）．

其以我国铁路 2005 年分拆重组为背景，运用 DEA 模型，对我国铁路运输企业的纯技术效率和规模效率进行评价，从实证角度分析了铁路运输企业分拆重组绩效，得出了分拆的结果可能使铁路运输企业的规模效率上升，也可能下降，分拆对铁路运输企业的影响不可一概而论的结论。

[60] 孙巍，李何，何彬，等．现阶段电信业市场结构与价格竞争行为关系的实证研究 [J]．中国工业经济．2008（04）．

其采用 2001 ~2006 年我国各地区电信业和经济发展的有关数据，选择面板数据模型，研究了我国电信业的垄断程度与电信服务价格水平之间的关系，旨在揭示电信业的价格竞争策略对市场结构的作用机理。实证分析结果表明，我国电信服务的综合价格水平一直在下降，电信市场的垄断程度也在逐年地降低，但电信服务的综合价格水平却对其市场结构表现出显著的负影响，说明我国的电信市场已不再是一个典型的寡占市场而是呈现出非合作价格竞争的新特征。

[61] 孙雪梅．我国电信业实现有效竞争的瓶颈及对策 [J]．商业时代．2008 (06)．

其指出市场重组为展开有效竞争构筑了一个初步的竞争性市场框架，但有效竞争并不能单纯靠市场重组，因为垂直一体化分离为主的市场重组带来了新的接入问题。与其他产业不同，由于并不是这类产业的所有环节都引入了多家企业的竞争，这就很容易形成基础网络的垄断运营商把基础设施市场的垄断带到竞争性的市场上来，从而难以在竞争领域形成有效竞争。因此接入问题的分析、解决成为促进电信业形成有效竞争的新课题。其通过分析垄断运营商接入方面的行为，探讨如何解决这些问题，从而促使竞争领域形成有效竞争。

[62] 孙艺军．大型零售商滥用市场优势地位及应对策略 [J]．北京工商大学学报（社会科学版）．2008 (05)．

其通过分析可以认定大型零售商已经具有市场支配地位，并且滥用其优势地位，导致供应商的利益受到严重侵害，生存状况十分严峻。因此，应当尽快制定和完善相关法律、法规，特别是发挥行业协会的协调、谈判机制，引入公益诉讼制度，在现有法律框架下帮助中小供应商维权。

[63] 唐松林，任玉珑．协调监管：电力监管体制与理论创新 [J]．管理世界．2008 (07)．

其在以往协调理论研究的基础上，提出电力协调监管的概念，分析其内涵；结合中国国情，提出包含 4 个层次的中国电力协调监管的组织结构，以及 3 方面的沟通和协调机制；最后，进一步提出中国电力协调监管的措施建议，要实行政监分离，加强电监会的监管权，建立一个竞争的、高效的电力市场，将环境保护纳入到统一的监管框架中来，将社会公平目标纳入到统一的监管框架中来。

[64] 唐昭霞，罗增永．论政府规制对发电市场结构演进的影响 [J]．经济体制改革．2008 (03)．

其指出政府利用准入规制控制发电市场主体进入市场，是政府对发电市场结构进行规制的主要手段，决定了竞争性发电市场结构的形成。政府对市场力的规制可以防止发电厂商滥用市场力逐利，损害竞争，导致社会福利无谓损失，从而保护竞争性发电市场结构。同时，政府还需要建立非对称规制，对基本和重要业务的新进入者实行比对原有垄断经营者更优惠的待遇和简化的规制，以促进发电市场竞争性市场结构的良性发展。

[65] 万安之．我国电信业从垄断到竞争的绩效分析及思考 [J]．当代经济．2008 (05)．

改革开放以来，我国电信业进行了以打破垄断，引入竞争，政企分开为核心的改革，其改革措施表现在市场结构、政府管制、服务质量等方面，使电信市场充满了竞争活力。但仍存在以下问题：无序、恶性和过度竞争现象严重；国有资产流失，互联互通不畅；行政管理费用大。为解决这一问题，需要调整市场结构，避免不良竞争；加强产权资本治理及多元化；开拓市场，积极创新。

[66] 王海杰．我国自然垄断产业产权制度改革：超越简单的私有化逻辑 [J]．生产力研究．2008 (03)．

我国自然垄断产业领域存在的问题不容回避，但自然垄断产业的改革决不是简单的产权私有化，自然垄断产业与国有产权制度具有天然的契合性。我国自然垄断产业的应然绩效与实然绩效之间“悖论”的原因在于：行政垄断；企业的多委托人代理与多重任务代理；强势利益集团控制。改革的基本逻辑是，依据新的标准重新界定自然垄断产业，分离自然垄断业务与竞争性业务，分别构建不同的产权制度和规制制度。

[67] 王俊豪．垄断性产业管制机构的几个理论问题 [J]．经济理论与经济管理．2008 (05)．

其指出垄断性产业的管制机构不同于一般政府行政机关，具有较高的管制效率；管制机构的相对独立性是维持其权威性，保持管制执法公正性的基本前提；应以现代管制理念为基本原则设立高效率的管制机构；管制机构的基本权力是履行其管制职能的法律基础，主要体现在准立法权、行政权和准司法权；只有当管制机构的管制收益大于成本时，管制机构才是有效的，两者的对比关系是评价管制机构有效性的重要指标。

[68] 王丽华，孟鹏，曹媛春．电信规制体制层次结构分析 [J]．工业技术经济．2008 (10)．

电信业是一个需要政府规制的行业，就目前我国电信规制体系而言，尚有待完善。建立一个独立的、结构合理的电信规制体系迫在眉睫。其从系统论出发，建立了由政府、运营商、消费者及仲裁机构、新闻媒体组成的电信规制体系的层次结构模型，分析了层间依存关系，为规制机构提供了系统框架。

[69] 王明远．我国天然气输配管网经营准入制度研究 [J]．清华法学．2008 (06)．

尽管我国天然气输配管网系统已基本形成，但地域分布不平衡、行业垄断尚未打破，三大国有石油公司竞争激烈。现行天然气输配管网法规体系和内容不完整，政策与立法内容存在冲突，缺少独立监管机构，未能充分发挥市场机制的积极作用。我们应顺应市场调节与政府监管相结合的发展潮流，借鉴欧美市场发达国家的成熟经验，制定专门的天然气立法，重视相关立法的支持和配合，理顺管理体制，尽快实现管道中立，引入第三方准入机制，并视情况采取差别性对策。

[70] 王廷惠．反垄断政策批评：知识约束及对过程竞争的威胁 [J]．经济评论．2008 (02)．

反垄断政策的有效实施必须依赖万能政府的假设，即政府具备所需相关息。实际上，政府机构并不比具有特定时空知识的当事人拥有更为完备的信息，反垄断政策的实际效果必然受到知识约束。但更重要的问题是，政府实施反垄断政策，往往构成对过程竞争的威胁，阻挠市场发挥知识发现和利用过程之功能，窒息经济增长的源泉。

[71] 王艳艳．医疗市场信息不对称问题：美国的经验及其对我国的启示 [J]．经济体制改革．2008 (02)．

信息不对称是医疗服务市场的基本特征。信息不对称所引起的医疗乱收费问题是导致我国医疗费用过快增长的原因之一。以信息不对称问题的应对为出发点对美国 20 世纪 80 年代医疗体系的变迁加以考察，对于我国当前医疗体制改革有如下启示：一是处方管理在解决医疗市场信息不对称问题上起着关键性的作用；二是在基本条件存在巨大差异的情况下，能否实行“第三方支付”需要深入研究。鉴于现阶段我国还面临诸多条件限制，能否依靠引入医保机构形成“第三方购买”发挥作用值得认真考虑。但是，处方管理作为一个发展方向，政府应当发挥主导作用，组织医疗专家做好基础性工作，并积极营造外围条件。

[72] 吴光芸．分类适度管制：放松管制背景下的我国政府管制结构重构 [J]．当代经济管理．2008 (07)．

伴随着西方放松管制改革的浪潮，国内学术界也开始呼吁放松管制，但目前我国的政府管制面对的主要是行政垄断问题以及管制结构的不合理。因此，我国政府管制改革，不是“放松管制”的问题，而是管制结构重构的问题：一方面要消灭原来计划体制的管理体制、管理办法和管理方式，消除行政垄断；另一方面要转变管制重点实行分类管制，即根据垄断性产业的业务进行划分实施放松管制的政策；根据不同产业以及同一产业不同时期实施放松管制政策。

[73] 吴清萍，忻红．我国零售商买方势力的反垄断规制研究 [J]．商业经济与管理．2008 (10)．

随着我国零售市场的日益集中，零售商在上游市场的买方势力愈来愈明显。供应商对零售商的相对经济依赖性促成了零售商买方谈判势力的形成，现实中一些零售商由于把握好零供关系中的三重角色而具有了买方谈判势力。在我国，对零售商行使买方势力行为的反垄断规制应以“相对经济优势地位”为逻辑起点，遵循论辩规则对零售商进行反垄断调查。

[74] 吴绪亮，孙康，侯强．存在治理垄断的第三条道路吗？——买方抗衡势力假说研究的近期突破 [J]．财经问题研究．2008 (06)．

其比较系统全面地综述了国内外在买方抗衡势力假说这一领域的研究成果，针对买方抗衡势力能否成为规制和竞争之外的治理垄断的第三条道路，学者们从消费者价格、卖方投资和创新动力等方面论证了这个理论得以成立的条件，吴等主要从博弈论模型、经验研究、实验研究和政策分析等角度评价了该领域的近期主要进展，并认为买方抗衡势力将对各国反垄断法的制定和执行产生重要影响。

[75] 吴一平．财政分权、腐败与治理 [J]．经济学（季刊）．2008 (03)．

财政分权对经济发展的影响已经成为转轨经济学研究的重要问题之一。大多数经济学家往往只看到财政分权对经济发展的促进作用，却忽视了在制度供给失衡的情况下，尤其是对像中国这样的转轨经济而言，它对长期经济发展是不利的，会产生诸如腐败等问题。文章运用中国省级面板数据检验了财政分权与腐败之间的关系。结果表明，财政分权恶化了腐败问题。因此，有必要通过完善财政分权体制来缓解其负面效应，这将有利于中国经济健康发展。

[76] 肖兴志，陈长石．我国垄断行业规制效果评价体系探讨 [J]．财政研究．2008 (12)．

其提出了一整套的垄断行业规制效果评价体系，其中，评价标准包括四个：总量标准、价格标准、利润率标准和公平标准；评价指标也相应的包括四大部分：总量指标、价格指标、利润率指标和公平指标；在谈到评价方法时，其推荐了以下几种方法：计量经济学的虚拟变量法和向量自回归方法；统计学的聚类分析法和统计测试法；其他方法换包括模糊评价法和评分法。

[77] 邢子政，马云泽．规制经济理论的动态演进——基于三种研究范式的分析 [J]．生产力研究．2008 (21)．

随着经济发展进程中“自由放任”与“国家干预”两大对立经济思潮的兴衰交替，西方国家的规制实践也进行着动态调整：从政府规制到放松规制，从放松规制到激励性规制。政府规制实践的改革促进了规制理论的动态发展：“公共利益”理论—“部门利益”理论—“激励性”规制理论。规制经济理论的动态演进呈现出明显的“分异”与“融合”特征。

[78] 胥朝阳，沈斌．大型企业并购替代品制造商的福利效应研究 [J]．管理科学．2008 (03)．

并购绩效的评价分为宏观和微观两个层次，宏观并购绩效的评价侧重于并购对社会的整体影响。通过对经典威廉姆森模型的适度扩展，将企业在替代品市场的并购与威廉姆森福利权衡模型相结合，是对并购宏观绩效（即社会净福利）进行相关分析的有益尝试。大企业在替代品市场的并购往往不单纯是为介入这一市场，而在于对这一替代品市场拥有一定的市场支配力。当企业在某个市场拥有一定的市场支配力后，便具备一定的价格支配能力，提升替代品市场上的价格很可能影响原产品市场的产品需求，即引起企业原产品市场需求曲线向右上方移动，进而影响社会净福利的大小，对特定条件下社会净福利变动方向等相关问题的研究有助于寻求增加社会福利的新途径。

［79］许敏兰，罗建兵．转型经济中的合谋与监管：一个博弈的解释［J］．华东经济管理．2008（08）．

通过区分所有者为知情和不知情两种类型，分析了转型经济中知情的控股股东与管理层合谋与监管问题。研究表明：在所有者都不知情的条件下，所有者监管的概率取决于监管成本、监管收益以及管理者可能进行合谋的概率；而管理者合谋的概率取决于合谋收益、所有者监管概率以及合谋失败后所带来的损失和惩罚；在所有者分为知情的内部大股东和不知情的、分散的外部小股东的时候，知情的监管者因为有合谋带来的收益，将会降低其监管的主动性，使合谋的概率上升。

［80］晏小红．自然垄断行业的管制与竞争理论研究［J］．经济研究导刊．2008（01）．

随着知识经济的兴起和世界经济一体化趋势的逐渐形成，20 世纪末，全球掀起了以市场化为导向的经济改革浪潮，发达国家对一些长期实行国有化和政府管制的自然垄断行业进行了以市场化和竞争为导向的改革，一些中央计划经济国家和广大发展中国家也纷纷引入和建立市场经济体制。这场改革运动的影响极其深远，它是推动 20 世纪 90 年代全球经济增长的基本动力之一。其中，对燃气、电信、电力等公共服务行业的管制改革极大地推动了高科技领域的创新和发展，成为 20 世纪 90 年代后期全球经济增长的主要动力。

［81］杨绍政．政府管制的理论演进及我国经济转轨期政府管制的理论假说［J］．经济体制改革．2008（03）．

市场失灵理论和管制俘虏理论对西方发达市场经济国家存在的政府管制进行了解释，这两种理论认识是逐渐深化的。市场失灵理论和管制俘虏理论不能对我国传统计划经济和经济转轨时期的政府管制给出合理解释，因此，产生了解释我国传统计划经济为什么存在政府管制的林毅夫教授的比较优势学说。由于比较优势学说不能有效地解释我国转轨经济时期存在的政府管制，因此产生了另一种理论假说——我国转轨时期政府管制存在的主要原因是渐进式改革内生存在的计划经济体制的大量遗留管制。

［82］杨永忠，游文城．民营经济进入航空运输业的结构性壁垒分析——基于制度间关系的视角［J］．中国工业经济．2008（12）．

其建立了制度间关系模型对我国航空运输业的结构性壁垒进行分析。研究发现，民营经济进入航空运输业的结构性壁垒以替代关系为主，其中社会习俗、伦理等所形成的松散层内在制度进入壁垒对民航相关法规、反垄断法、行政法和行政诉讼法所形成的外在制度进入壁垒形成了替代，后者又对核心层的内在制度进入壁垒形成了替代；互补关系的结构性壁垒次之，其中行业协会、新闻媒体构成的紧密层内在制度进入壁垒与外在制度进入壁垒形成了互补，后者又与人治和法治共存的社会规则形成互补；中性关系的结构性壁垒所占比重最少。研究提出，应重视进入壁垒间的替代与互补关系，通过制度组合和制度传导，以及正确的制度改革顺序以寻求降低民营经济进入航空运输业的结构性壁垒的路径。

［83］余东华．地区行政垄断、产业受保护程度与产业效率——以转型时期中国制造业为例［J］．南开经济研究．2008（04）．

转型时期，以地方保护和市场分割为主要表现形式的地区行政垄断扭曲了投入—产出关系，降低了资源配置效率，从而损害产业效率。其以转型时期的中国制造业为例，通过构建产业受保护程度指数和产业效率指数等主要变量，实证分析了地方保护、市场分割等地区行政垄断对产业效率的影响。实证分析结果表明，产业受保护程度与产业效率之间是负相关关系，产业受保护程度越高，产业效率越低。这就说明，地方保护和市场分割等地区行政垄断行为导致了制造业产业效率损失。打破地区行政垄断、形成全国统一大市场，有利于企业长远发展和产业效率的提升。

[84] 余东华．美国反垄断政策的演进及对我国的启示 [J]．亚太经济．2008 (01)．

在110多年的反垄断实践中，美国反垄断政策的价值目标、判定原则和理论基础保持了动态演进。美国反垄断政策演进的基本动力是社会经济条件和国际环境的变化，经济学思潮也扮演了积极的促进角色。回顾和反思美国反垄断政策的演进历程和阶段性特征，对于我国制定和实施反垄断政策具有一定的借鉴意义和启示作用。

[85] 俞忠英，汤玉刚．当代中国经济高社会成本—低产品成本模式研究——改革开放30年政府转型与经济发展分析框架 [J]．财经研究．2008 (11)．

文章试图分析改革开放30年中国经济发展的高社会成本—低产品成本模式。依次研究了该发展模式的特征表现、成因机制、利益相关方和转型路径。产出最大化而非社会福利最大化目标以及围绕这一目标的政府间行政性垄断竞争是高社会成本—低产品成本发展模式的根源所在。从高社会成本—低产品成本模式向低社会成本—低产品成本模式的转变是中国经济增长方式转变、产业结构升级的必然需要。成本模式转型的关键点在于政府，但转型的速度要考虑相关各方的承受能力，温和转型更为可取。

[86] 袁春平．民营企业进入垄断行业的理论依据、条件及面临问题 [J]．商业时代．2008 (14)．

一些发达国家对垄断行业的民营化改革实践表明，民营企业的进入能促进垄断行业经营绩效的改善。随着我国非公经济的迅速发展，一些民营企业进入垄断行业的时机日趋成熟，合理的引导和规范民营企业进入垄断行业将极大地提高这些行业的运行效率。解决这一问题的关键在于政府管制体制的变革和民营企业大规模进入垄断行业后可能存在的普遍服务问题。在这个改革过程中，除了前面提到的管制机构非行政化和市场性管制扩大化之外，还要加强对管制者的管制。

[87] 臧传琴．产权多元化后自然垄断产业的政府规制——西方国家的实践及其对我国的启示 [J]．贵州社会科学．2008 (01)．

自20世纪80年代以来，随着私有化浪潮的兴起，西方国家的自然垄断产业出现了产权多元化的倾向：国有股份逐渐缩小，而私人股份、外资股份逐渐增多，相应地，政府对自然垄断行业的规制也逐渐由传统的公正报酬率规制向激励性规制转化。同样，近年来随着中国自然垄断产业的改革，其产权结构也出现了多元化的倾向，但对于自然垄断产业的规制体制改革并未相应到位。因此，我们应借鉴西方国家的实践经验，并结合我国的实际，积极探索适合自己的规制方式。

[88] 于良春，付强．地区行政垄断与区域产业同构互动关系分析 [J]．中国工业经济．2008 (06)．

地区行政垄断对区域产业结构的形成有着重要的影响，本文构建了地区行政垄断与区域产业结构趋同互动关系的理论模型。在此基础上，提出了影响省际产业同构程度的假说和相应的测量指标，并采用产业结构相似系数对中国1983～2006年29个省份的省际产业结构相似程度进行了测算，将省际产业结构相似程度的变化趋势分为六种类型，发现省际产业同构存在着某种传导媒介。

在理论和实证分析的基础上提出了测算合意产业同构度的思路和相关政策建议。

[89] 臧传琴．市场结构重组后自然垄断产业的规制政策设计 [J]．云南社会科学．2008 (03).

自然垄断产业市场结构重组后，政府对自然垄断产业应在自然垄断环节加强激励性规制；在竞争性环节主要利用市场机制和《反垄断法》调节、规范；在竞争性业务与垄断性业务联结时要强化接入规制。政府在确定一种科学公正的接入价格时，有效成分定价规则（The Efficient Component Pricing Rule，ECPR）提供了一种新思路。

[90] 曾宏，廖蕾．不同竞争形态下公司投融资决策的互动关系研究 [J]．统计与决策．2008 (19).

文章选取垄断竞争和完全竞争上市公司为研究对象，通过建立资本结构与投资行为两期的实证模型，对比研究两种竞争形态下两者互动影响机理的差异，研究发现：垄断竞争行业中两者之间是相互促进的；而完全竞争行业中两者未表现出明显的相关性，企业财务政策总体上看比较保守，容易产生投资不足。

[91] 曾世宏．产业演化、产业规制与企业家才能配置——以中国制造业产业价值链升级为例 [J]．河北经贸大学学报．2008 (06).

在具有信息不对称、信息不完善、外部性和行政垄断性的产业组织里，政府的产业规制政策即使通过给企业家一定的报酬激励，鼓励企业家的创新才能配置，通过数理模型的分析，我们仍然可以发现企业家还存在逆向选择和道德风险的机会主义行为，只有提高对企业家创新活动丰厚报酬激励和对企业家从众行为惩罚的可信承诺，企业家的产业组织活动和政府的产业规制博弈才有纳什均衡解。

[92] 翟胜明．不要误解了“打破垄断”的原意——与林治波同志商榷 [J]．人民论坛．2008 (09).

国内学者和经济学家的“打破垄断”，是要打破一些国企凭借垄断地位控制市场、控制物质、控制价格，进行不公平交易和获取不正当利润。并不是林治波同志理解的那样，“打破垄断”就是卖掉国企。相反，在国内鼓吹新自由主义和私有化的人，并不是借口打破垄断才主张卖掉国有企业，而是认为“国有企业没有高效率”，“是浪费资源的大户、创造财富的小户”，“只能给国家和人民带来负担”等。而提出“打破垄断”的学者和经济学家，很少有人把“打破垄断”和出售国有企业（私有化）画等号。所以我说是林治波同志误读了“一些学者特别是经济学家”“打破垄断”的原意。

[93] 张春虎，吴能全．自然垄断产业国有企业垄断经营的弊端及其改革 [J]．现代管理科学．2008 (01).

其分析了自然垄断产业国有企业垄断经营的弊端及其原因，结合我国自然垄断产业的组织管理状况，指出我国自然垄断产业市场化改革的效果与西方发达国家甚至发展中国家的改革相比，还有相当的差距，还没有建立起规范和完善的市场化供给的有效模式，自然垄断的各产业内存在的供给不足、规模效益不显著和企业低效率问题并没有找到适合国情的新制度机制来解决，严重影响了经济建设的步伐和城市居民生活水平的提高，更为紧迫的是各产业内经营企业没有建立起自己的竞争优势。

[94] 张洪武．市场失灵、政府失灵与政府治道变革 [J]．理论导刊．2008 (08).

在提供公共物品上的市场失灵和志愿失灵，促使人们把提供公共物品的责任推给政府。公共物品的提供不是通过市场机制，而是通过投票机制和协商民主等反映出来的，但即使这些机制能够准确反映公民的需求偏好，政府在公共物品供给和生产方式上因循守旧，同样会导致政府失灵。实行政府治道变革，吸纳营利组织和非营利组织参与公共服务的供给与生产，并在生产中采用契约、外包、代币券等市场手段，将是避免政府失灵、促进公共产品提供最优化的重要选择。

[95] 张建君．“局部改革的陷阱”：层次性分析及理论拓展 [J]．经济理论与经济管理．2008 (04)．

“局部改革的陷阱”是转型经济学的重要理论范式。在早期的研究中，既得利益集团往往被视为局部改革的结果，容易成为改革的反对力量；但后期的研究证明，局部性改革存在两种相反的可能性，即获得继续改革的动力或者形成改革的阻力。在拓展的研究中，从市场经济制度层次性的角度来看，既得利益集团的形成并不是某种特定改革方式的结果，而是市场经济改革的必然产物；无论是全面推进的改革，还是局部先行的改革，改革都必须建立在全民福利增进的基础上，并保持阶段性利益调整和体现社会公平的本质，否则，改革的陷阱就难以有效避免。

[96] 张璟，沈坤荣．财政分权改革、地方政府行为与经济增长 [J]．江苏社会科学．2008 (03)．

其将我国财政分权改革、地方政府行为和经济增长纳入一个统一的框架内，试图对我国的经济增长的制度动力做出合理的解释。本文认为，中国的财政分权改革在实现中央和地方政府经济分权的同时，保留了政治上的中央集权。这种独特的财政分权制度事实上导致了我国地方政府之间竞争的加剧，造成了地方政府间关系的变化，形成了地方政府“为 GDP 增长而竞争”的竞争态势。这种竞争态势是构成我国经济高速增长的动力之一，但同时也通过对我国地方政府的行为和目标取向的影响对我国的经济增长产生了一些负面的影响。

[97] 张璟，沈坤荣．地方政府干预、区域金融发展与中国经济增长方式转型——基于财政分权背景的实证研究 [J]．南开经济研究．2008 (06)．

其运用中国 1991 ~ 2005 年的省际面板数据，研究了财政分权背景下地方政府干预和区域金融发展对经济增长方式转型产生的影响。研究发现，区域金融发展有助于促进省际增长率的提高，并有效抑制了资本的“粗放式”积累，这有助于经济增长方式从“粗放型”向“集约型”转变。但在财政分权的背景下，出于自身财政压力和政治晋升压力等原因，地方政府会直接或间接干预金融机构的资金运用，这会固化中国目前依靠资本投入和积累速度提高的“粗放型”经济增长方式，因而对经济增长方式转型产生极为不利的影响。同时，金融发展和财政压力的地区差异，也会造成落后地区以更为“粗放”的方式实现增长。这会加剧落后地区金融风险的积累，不利于我国宏观经济的稳定。因此，协调中国的财政体制与金融体制改革，对促进经济增长方式转型和经济增长效率的提升极其重要。

[98] 张菊梅，史安娜，石莎莎．制度变迁与自然垄断行业发展的实证研究——以水电燃气的生产供应业为例 [J]．工业技术经济．2008 (07)．

其认为制度变迁（即改革）对自然垄断行业发展起着重要作用。其以非国有经济比重作为测度制度变迁的指标，运用回归的方法分析行业增长率与包括制度在内的诸要素之间的关系，结果表明，制度变迁对自然垄断行业的发展做出了重要的贡献。但市场化改革需要进一步深入下去，目前关于改革带来部分不和谐现象不在于改革本身，而是改革过程中机制设置和具体的措施有待于进一步优化。

[99] 张群．自然垄断产业规制现状及改革的目标体系构建 [J]．北方经济．2008 (17)．

其认为我国的自然垄断行业不同于西方通过市场竞争的优胜劣汰长期演化而成的自然垄断，主要表现在政府的特殊角色、国有企业的经营主体、缺乏国际竞争和缺少全面透明的规制法律框架四个方面，所以，要从四个方面进行改革，建立四位一体的中国式规制框架，提高行政效率、主体效率、市场效率和法律效率。并以电信业为例，具体阐述了建立四位一体的中国规制制度体系。

［100］张晓涛，孙长学．我国食品安全监管体制：现状、问题与对策——基于食品安全监管主体角度的分析［J］．经济体制改革．2008（01）．

食品安全监管诸多问题中，监管主体的设置与职能分配是核心问题。我国政府在对食品安全的管理上，基本采取以政府多个部门实行切块分段共管的模式。在这一模式的运行中暴露出部门之间的协调性问题、中央与地方的关系问题、食品安全监管行业参与不够问题以及食品安全监管中消费者的作用发挥问题，必须对其进行改革。改革思路是将多部门监管体系转变为综合部门监管体系，加大协调力度和完善协调机制。其具体措施：一是成立国家食品安全委员会；二是对政府食品安全管理机构进行合理分工；三是充分发挥地方食品安全管理体系的作用；四是建立消费者组织、中介组织、企业和政府间相互沟通的机制。

［101］张耀辉，蔡晓珊．行政垄断、放松规制与产业绩效——基于原油开采业的实证分析［J］．当代财经．2008（02）．

我国原油开采业是行政垄断而不是自然垄断，而行政垄断下原油开采业的市场绩效表明了其危害性。其通过对我国原油开采业 1998 年的隐性放松规制进行界定，建立计量模型对这次放松规制的效果进行了实证分析，从理论和实践两方面证实了放松规制有利于我国原油开采业产业绩效的提升。另外，其指出必须将反行政垄断纳入到《反垄断法》中，真正建立我国市场的反垄断体系。

［102］张耀伟．双重垄断下中国垄断行业改革：逻辑次序与路径选择［J］．经济理论与经济管理．2008（08）．

我国的垄断现状是由传统的计划经济体制衍生而来的，其本质特征是寄附于自然垄断之上的过度行政性垄断。垄断行业改革涉及竞争、产权、规制与治理等多个层面，它们之间的不同组合及其协同互动关系共同决定了特定行业的产业绩效水平。中国的垄断行业改革，必须遵循优先重构规制体系、分类渐次破除行政性垄断的总思路，从产权、竞争、规制与治理等各个层面做出相应的制度安排。

［103］赵卓．竞争、规制与网络型基础产业绩效［J］．经济问题．2008（05）．

竞争与规制是网络型基础产业治理的两种制度安排，并非是相互孤立，而在很多方面是相互补充的。规制具有竞争效应，竞争也具有规制效应，竞争与规制的有机组合有利于竞争活力和规模经济相兼容，从而达到有效竞争的目的。网络型基础产业规制改革的实质就是通过竞争与规制有效发挥作用的制度安排，提高产业绩效，实现社会福利最大化目标。

［104］郑曙光．民营企业准入自然垄断产业制度缺失与构建［J］．浙江学刊．2008（02）．

民营企业准入自然垄断行业已经成为我国自然垄断行业改革的一个必然趋势，目前已得到政府层面的支持，但尚缺乏与准入制度相配套的稳健性方案，缺乏清晰明确的准入方式，准入途径以及准入监管制度，因此，需要从宏观上对民营企业准入自然垄断产业相关的基础性制度做出必要的构建和完善。此外，还要建立健全对管制机构进行监督的体系，以保证管制机构的透明性和管制责任性。

［105］周德田，丁春香．美英日垄断产业规制改革的经验借鉴［J］．经济纵横．2008（10）．

20 世纪 70 年代以来，垄断产业放松规制改革成为世界潮流。美英日三国建立了完善的垄断规制法律法规，组建了独立的垄断性企业规制机构，建立激励性规制制度，并将竞争机制和分业经营引入垄断产业。我国应借鉴美英日三国的经验，逐步放松对垄断产业的规制：制定和完善垄断产业规制法律法规；组建独立的规制机构；构建激励性规制改革的微观企业制度；合理分割原有垄断型企业，引入竞争机制。

［106］周清杰．论我国当前食品安全监管体制的制度困局［J］．北京工商大学学报（社会科学版）．2008（06）．

2008 年 9 月爆发的三鹿奶粉事件向人们昭示，我国的食品安全形势不容乐观。通过梳理我国当前多部门共同负责的食品安全监管制度，可以发现其中存在的一些主要问题，包括法律制度建设滞后，监管职责不固定，食品药品监管部门定位不清，分段监管体制弊端明显，食用农产品初级生产阶段监管失控等。尽快出台构造科学的食品安全法是解决当前制度困境的一个重要条件。另外，强化问责制，理顺监管体制，强化食品链源头和终端的监管等也是完善监管体制的有效措施。

［107］朱富强．分配体制缺失与收入差距扩大——基于社会原则的分配问题研究［J］．改革与战略．2008（10）．

文章认为，收入本质上是一定分配制度的产物，它不是基于贡献原则而是基于社会原则。正因为收入体现了一个社会的分配体制和法律制度，因而收入差距的拉大实际上也反映了市场机制的不健全性以及法律制度的不公正性。因此，完善社会制度、理顺公共领域以缩小收入分配就是政府的核心职能。要纠正当前的分配扭曲问题，不仅要关注法律如何规定，还要关注法律是如何执行。就当前我国的经济问题而言，其问题的核心不在于资金如何来源，而关键在于谁来管理资金，如何监督拥有权势的人的行为。

［108］朱卫红，陈亚飞．“具体规定”到底可以多具体——对地方环境行政许可规定的若干思考［J］．法治研究．2008（12）．

《行政许可法》第 16 条第 2 款至第 4 款规定，地方性法规、地方政府规章在不增设行政许可、不增设违反上位法的其他条件的限制下可以在上位法设定的行政许可事项范围内，对实施该行政许可做出具体规定。该文结合司法实践，对地方环境行政许可规定的现存问题、可能面临的挑战及完善途径做了若干思考。地方如何积极地“执行”中央立法，须在不违背上位法的前提下予以具体化或变通，在不断地调适中贯彻国家政令并平衡利益冲突，最大限度寻求利益一致。

［109］朱晓艳．发达国家垄断产业管制机构模式分析［J］．当代财经．2008（09）．

管制机构及其运行机制设置是各国垄断产业管制改革的重点问题之一。美国、英国和日本垄断产业管制机构的独立性由强到弱，深入分析它们的形成背景、组织形式以及运行机制，对我国尽快建立具有合法地位的、相对独立的管制机构有借鉴作用。借鉴发达国家的经验，反垄断机构应着重事后管制，即通过市场竞争状况评估和校正企业的限制竞争行为来改进产业绩效。垄断产业管制机构则根据相关法规条例进行市场准入和价格管制，是事前管制。在垄断性业务环节中，应以专门管制机构的事前管制为主，对于市场机制发挥作用的可竞争环节，则应当以事后监管和竞争效果评估取代市场准入和价格管制，逐渐缩小和降低管制机构的作用，扩大和提升反垄断机构的权力。

［110］邹文英．基于设施的竞争——实现本地电信有效竞争的方式［J］．上海经济研究．2008（11）．

其指出目前，无论是发达国家还是中国，本地电话市场的有效竞争仍然没有实现，自由选择本地电话服务商依旧是用户的奢望。如何制定科学的本地电话竞争政策，打破本地电话领域的垄断经营格局，成为各国电信改革的难点问题。其认为，本地电话市场的竞争，完全可以通过同质替代竞争以及异质竞争实现。监管当局不应拘泥于原有的改革思路，而应采取更为开放的姿态，扩大市场准入，这不仅符合产业融合发展的趋势，也避免反复重组造成的国有资产的流失，从而最终实现电信业的有效竞争。

[111] 杨居正，张维迎，周黎安．信誉与管制的互补与替代——基于网上交易数据的实证研究 [J]．管理世界．2008 (07)．

信誉和管制都是维持市场经济秩序的基本手段，两者之间存在着交互作用。本文利用网络交易的数据，实证研究了不同管制环境中信誉发挥作用的效果差异，发现和识别出了信誉与管制之间的互补和替代关系：必要的管制措施为信誉发挥作用提供了基础，同时，管制政策在边际意义上相当于用“基于制度的信任”取代“基于信誉的信任”，信誉的作用会随着管制力度的加强而削弱。网络交易实证结果为我们理解传统市场经济的信誉与管制提供了参考。

2007 年

[1] 安果，伍江．基于协同效应的横向兼并的模型研究 [J]．当代财经．2007 (10)．

本文在拓展 SALANT 模型的基础上，研究了存在协同效应的情况下，同质企业横向兼并发生的条件及社会福利变化情况。结果表明：当协同效应足够大时，企业不仅有兼并动机，而且有利于社会福利的提高，为普遍存在的兼并行为和政府规制政策标准提供了理论依据，破解了 Repall 的“兼并悖论”。作者提出，为了提高兼并的成功几率，企业必须对兼并后的协同效应进行单独、深入的专项论证，论证中不仅要从企业文化差异、管理体制等等因素进行定性分析，而且必须对兼并后的协同效应进行量化预期，使兼并企业和政府对兼并有更加充分的判断依据。

[2] 安果，伍江．外资并购国内企业与国家产业安全——基于 Stackelberg 博弈模型的解释 [J]．广东社会科学．2007 (6)．

在开放经济和反垄断法尚未推行的背景下，国家技术创新能力不仅成为产业动态的核心竞争力，而且是能否确保产业安全的关键因素。作者以动态的 Stackelberg 产量竞争博弈为基础，说明外资并购中国企业会成为持续性的动态过程。如果对外资并购不做任何规制，产业内普遍存在着弱肉强食，不仅国家总体福利水平会持续下降，而且技术创新能力受到抑制，国家产业安全受到威胁，政府有必要通过政策体系维护产业安全，即以反垄断法和审查机构来规制外资并购；探索新的产业结构政策体系，促进涉及国家经济安全的产业的快速发展；在全局上坚持竞争政策，加快对民营企业准入的操作。

[3] 安玉兴，田华．电信网络竞争与接入理论综述 [J]．辽宁大学学报．2007 (11)．

电信网络的竞争与接入问题越来越引起人们的注意，本文全面梳理了国外关于电信网络竞争与接入的经典文献，以期对中国电信业的竞争引入与放松规制提供理论框架和分析基础。总结分析发现，电信业的网络性决定了竞争的必要条件是平等接入，实现互联。对新的电信运营商而言，通过互联可以迅速提高其网络规模；对在位电信运营商而言，提供互联意味着其垄断经营的业务市场受到新进入者的冲击。在独家垄断的局面被打破以后，由互联互通产生的瓶颈资源的利用和控制便成为竞争的严重障碍。因此，电信产业发展、有效竞争的关键在于制定明智的互联政策。互联互通能否高效率地执行，核心问题就是一个网络接入到另一个网络的时候接入资费的确定。

[4] 卞彬．论公用事业行业垄断价格的特征与规制 [J]．经济体制改革．2007 (01)．

公用事业行业垄断的成因无论从理论上还是实证上，都是一个非常复杂的问题。中国公用事业垄断兼具行业垄断与行政垄断的双重特性，不适合于以“市民社会—政治国家”的二元结构进行分析，应采用“市民社会—团体社会—政治国家”三元结构来分析。依据政府规制理论的基本原理，揭示公用事业行业的自然垄断产品技术经济的独特征，作者提出，抓住规制垄断价格这个标本兼治的关键，再造公用事业行业的管理体制：用新的观念界定公用事业垄断适用除外运用的范围；加强对公用事业垄断行业价格监管；选择适合国情的垄断行业价格的定价方式；建立有效的成本约束机制；规范和执行价格决策程序；建立公用事业引进竞争机制的立法模式。

[5] 陈昆玉，王跃堂．公用事业行业的价格管制缺陷及其治理途径——基于南京市公交行业涨价的案例研究 [J]．软科学．2007 (08)．

研究了公用事业行业价格持续上涨背后的价格管制缺陷及其治理途径。以南京市公交行业的涨价事件为案例，研究表明：在现行价格管制下，公用事业行业涨价的深层次原因并不是企业的亏损问题，而是公用事业行业作为一个利益整体与政府、社会公众等利益集团博弈的结果；在公用产品市场处于寡头垄断的状况下，企业间合谋是价格上涨的主要原因，而企业合谋的成因在于对公用产品的无限期经营和对亏损的直接补贴这两方面的制度缺陷；有效的治理途径是建立规范的特许权经营制度和改变现有的亏损补贴政策。

[6] 陈红．证券信用交易：海外规制经验与中国制度建设 [J]．财贸经济．2007 (12)．

证券信用交易是海外证券市场普遍、成熟的一种交易制度。由于证券信用交易的发展有极强的路径依赖，不同国家地区的文化、法律背景的差异、政府监管理念的不同、市场发达程度的不一，其交易模式与监管模式的选择也各不相同。中国的证券信用交易规制是在海外发达国家地区的立法和实践经验基础上制定的，作为资本市场一项典型基础制度创新，证券信用交易制度的建设，除需移植海外发达国家地区的制度精髓外，还应根据我国证券市场的特色，进行本土化选择与创新。

[7] 陈颖．银行业市场进入与退出分析：统一的市场角度 [J]．中央财经大学学报．2007 (05)．

市场进入与市场退出是组成市场的两个必不可少的方面，两者之间存在着密切的联系。市场进出制度的建立，是建立、完善社会主义市场制度的重要组成部分。一个健全、稳定、高效、创新和可持续发展的市场，必然应该是市场进入与市场退出协调合理、互为前提的市场。从商业银行的角度看，市场进入与市场退出之间存在着相互影响和制约的关系：商业银行的市场准入影响和制约着商业银行的市场退出；商业银行的市场退出反作用于其市场进入，因此，应该将市场进入与市场退出放在同一个框架中进行研究；而在实践中也必须注意两者之间的关系。作者提出，在我国应尽快建立完善的银行市场进出入制度，以形成一个既可以保证银行体系安全，又具备竞争力的银行业市场结构。

[8] 丁若．进军初期寡头市场 [J]．经济研究参考．2007 (34)．

通常认为，在一个存在产品差异的寡头垄断市场，由于进入障碍的存在，新厂商的加入是一件很困难甚至是不可能的事情。但由于高额利润的吸引，必然会有新厂商加入进来。作者从国内电脑刺绣机控制系统行业来进行分析，讨论新进厂商如何生存。通过分析，作者认为，寡头市场在初期是可以进入的，通过仔细运作，完全可以成为新的寡头企业。关键在于挖掘市场潜在需求，创造属于自己的先动优势。由于初期市场不完善，可供挖掘的需求很多，此时适宜进入市场。虽然经过一番运作后的市场平均利润必然下降，但只要利润依然存在，就值得为之去努力，因为努力的结果不光是获得了利润，同时还带动了整个行业的发展，更多地创造了社会价值。但如果错过了初期阶段，结果就很难说了。

［9］董维刚，张昕竹．银行卡产业特征与反垄断难题［J］．数量经济技术经济研究．2007（06）．

本文基于最近银行卡经济学的发展，分析银行卡产业的经济特征对传统的反垄断规制所带来的挑战。深入理解这些问题是正确运用反垄断制度、维护市场竞争和保护消费者利益的基础。作者指出，无论是联合定价、高于成本定价、禁止额外收费，还是同一品牌下所有卡通用原则等都与银行卡产业的特征和运作机制密切相关。因此，这就使得结合该产业的特征，探寻适合该产业的反垄断标准、原则和方法，具有重要的理论和现实意义，也成为未来研究的方向。

［10］高景芳．政府经济性规制失灵的表现、成因及其矫治［J］．改革与战略．2007（11）．

政府经济性规制旨在弥补市场失灵之缺陷。但政府经济性规制本身也存在失灵情况。政府经济性规制失灵的原因在于规制过度、规制机构自身的固有缺陷和信息有限性及规制者为被规制者所俘虏。作者认为，政府经济性规制失灵并不能彻底否定政府经济性规制的必要性，理性的做法是尽力避免规制失灵或尽力消解规制失灵的负面影响，并提出矫治政府经济性规制失灵的对策是放松规制、依法规制和谦抑规制。文章拟先探讨政府经济性规制失灵的表现，然后对其原因进行解析，进而提出矫治政府经济性规制失灵的对策与建议。

［11］郭蕾．论我国城市公用事业规制边界的动态变迁［J］．理论与改革．2007（4）．

城市公用事业因其具有自然垄断特性而成为政府规制的传统领域之一。随着科学技术的不断进步、需求扩大以及市场范围的变化，城市公用事业自然垄断的边界不断地发生变化，使得政府规制的边界也相应地随之发生变化，导致政府规制政策的制定、实施更加困难，因此，要求规制者必须根据自然垄断产业的动态变化特征，不仅对已经发生变化的产业取消或放松规制，或者调整规制的具体方法，而且要求政府必须把握技术进步对有关产业的影响以及对政府规制所提出的新挑战，及时调整规制的思路、范围和具体方法，从而进一步促进我国城市公用事业的发展。

［12］贺虹，吕凡．浅谈并购协同效应计算方法的不足与完善［J］．商业会计．2007（12）．

协同效应是 20 世纪 70 年代以来金融经济学家解释企业并购的著名理论之一。西方的研究开始较早，我国在 20 世纪末才开始具体考虑如何计算企业并购中的协同效应。国内外这些方法从不同的视角对协同效应进行了计算，并且取得了一定的成果。今后在对我国企业并购协同效应计算方法的研究中，作者认为还可以尝试从企业业绩评价和价值评估的理论与方法着手来设计协同效应的计算方法和模型：利用财务数据以折现现金流量来设计协同效应计算方法，将财务指标和非财务指标结合起来，运用定量分析和定性分析相结合的方法来测量协同效应。

［13］侯强．独占交易的经济分析与反垄断政策［J］．产业经济研究．2007（01）．

本文通过对独占交易经济分析的回顾，阐述了独占交易经济效应的基本理论和观点，以及独占交易的市场效应和对社会福利的影响，根据独占交易的经济分析，作者认为对独占交易的反垄断认定原则应采用合理推定原则，美国和欧盟的执法也显示出这一特点。基于独占交易的经济分析和国际执法实践，本文提出了独占交易的反垄断检验规则，作者认为欧共体的竞争法律制度对中国来说是更为值得借鉴和参考的竞争法律制度，这为独占交易反垄断立法和执法提供一定的理论依据。

［14］黄隽．银行竞争与银行数量关系研究——基于韩国、中国和中国台湾的数据［J］．金融研究．2007（07）．

本文采用前沿的非结构法中的 PR 模型，对韩国、中国台湾和中国的银行业 1996～2005 年 10 年银行业市场竞争程度进行度量，然后用相关分析等方法研究了竞争、集中与银行数量之间的关系。实证结果表明：(1) 银行业的基本业态为垄断竞争；(2) 集中和竞争可以并存；(3) 银行的竞争与银行的数量没有必然的联系。对中国的借鉴意义是，政府需要对银行业市场结构进行定位及制定发展规划，在竞争的质量和深度上下功夫；同时要规范政府的行为，减少对银行的直接干预。

[15] 淮建平，刘桦．论行政垄断对建筑业组织演进的影响 [J]．山西建筑．2007 (10)．

分析了由政府行为导致的地区封锁、部门分割等行政垄断现象对我国建筑业组织演进的不利影响，进而总结了行政垄断对建筑业产业组织演进的不利影响主要是通过对市场结构和对市场行为的影响，进而影响着市场绩效，反过来，市场结构和市场行为又影响着行政垄断。消除行政垄断对建筑业产业组织演进的不利影响主要依赖于中央和地方的政府机构改革。在实行政企职能分开、建立现代企业制度的基础上，建立跨部门、跨地区、跨所有制的企业集团，打破行政垄断，促进建筑业产业组织的合理化，从而为削弱进而消除行政垄断对建筑业组织演进的不利影响，为促进建筑业健康发展提供一些思路。

[16] 贾丽虹．论市场经济中自然垄断产业的价格管制——基于政府目标函数的分析 [J]．湖北经济学院学报．2007 (05)．

鉴于垄断产生的基础是差异，而自然垄断者在超过成本递增的范围之后，仍然可以通过品牌或者成本优势以及其他因素，继续对市场实施一定的控制，所以自然垄断者的垄断地位具有内在持续性。在对自然垄断进行价格管制的过程中，政府的目标函数在不同的时点上是存在着差别的，进而会影响价格管制工具的选择。在自然垄断领域放松管制的趋势下，价格管制也日益宽松。作者认为，垄断可以诱发外部性，但同时垄断的出现可以自发地消解外部性，从而构成外部性的一个市场解。

[17] 江飞涛，陈伟刚，黄健柏，焦国华．投资规制政策的缺陷与不良效应——基于中国钢铁工业的考察 [J]．中国工业经济．2007 (06)．

本文系统研究 1994 年以来旨在防治“产能过剩”的中国钢铁工业投资规制政策。理论探讨表明此政策存在三个缺陷：一是不能从根本上治理产能过剩；二是相关部门不可能进行准确预测和制定合意的投资规划；三是这一政策会干扰市场过程，并导致不良后果。对历次预测的考察表明：钢铁工业投资规制政策的预测与规划一直与市场实际运行存在很大偏差。钢铁工业投资规制政策对固定资产投资影响的 HP 滤波分析进一步揭示：此政策阻碍了市场对固定资产投资的自发调整，造成一些不良政策后果，采取此类政策应审慎。

[18] 姜付秀，余晖．我国行政性垄断的危害——市场势力效应和收入分配效应的实证研究 [J]．中国工业经济．2007 (10)．

本文通过对 1997 ~ 2005 年我国行政性垄断行业的福利损失的测算，以及这一研究区间行政性垄断行业与其他行业职工收入差异的分析，实证检验了行政性垄断对我国经济社会的危害，进而强调了打破行政性垄断的必要性和紧迫性。作者认为，我国的行政性垄断对社会福利性损失已经到了严重威胁国民经济平衡发展和导致初次收入分配严重不均衡的地步，利益集团的形成有可能使改革难以深化，从而危及执政的社会基础。行政性垄断的改革势在必行！

[19] 姜广东．中国行政垄断规制方式探究 [J]．大连海事大学学报．2007 (06)．

行政垄断是竞争市场的最大障碍。目前，我国对行政垄断的规制手段单一，规制主体和客体合而为一。作者阐述了行政垄断的分配效应以及中国行政垄断现状，认为对行政垄断企业的规制目的首先是提高资源的配置效率，建立健全的上游产业；其次是缩小收入差距，实现公平。与对其他类型垄断的治理有明显的区别，作者着重从校正收入分配的角度对适用于中国行政垄断的规制方式进行分析，认为对中国目前行政垄断的有效治理必须采取工资规制与利润规制相结合的方式，同时提出对行政垄断的短期与长期的具体治理措施。

［20］金志云．民营化与政府规制：公用事业改革的路径选择［J］．改革与战略．2007（12）．

公用事业改革的基本问题在于政府是否应该介入其中，政府应该在什么样的条件下持有所有权以及进行民营化。中国公用事业民营化与发达国家的民营化有区别。文章在把握我国公用事业民营化的基本特征的基础上，进一步从公用事业的性质、政府规制的制度性效益缺失等角度，揭示了良好的政府规制是公用事业民营化改革成功的关键。因此，要对我国政府规制所出现的问题进行有效地改革，以更好地完善公用事业民营化进程中的政府规制体制改革。作者提出，要以破除行政性垄断为突破口，构建公用事业政府规制体系，完善法律体系，进行依法管制，同时加快放松规制的改革。

［21］李国良．基于成本优势的企业横向兼并行为分析［J］．流体机械．2007（08）．

以具有技术兼容的同质产品企业为研究对象，从供应链的角度，对这些企业采取横向兼并行为以获取竞争优势的有关问题进行分析研究。作者研究表明，在n－m家零售商兼并后不改变零售层定货决策权威对称性的情况下，兼并不可能同时使供应链中所有成员都增加收益；但在一定的条件下，兼并能使供应链中部分成员增加收益，当零售层企业很多且仍有较多的零售商未参与兼并时，若兼并企业能减少单位运作成本且减少幅度不超过临界值，就能同时保证所有零售商的收益增加，但使供应商的收益减少；反之，只要兼并所减少的单位运作成本幅度超过临界值，兼并将使参与者和供应商的收益增加，而未参与兼并的零售商收益减少；但只要零售商兼并后稍微具有成本优势，就能提高整个供应链的收益。

［22］李莉莎．我国电信业的垄断问题及其法律规制［J］．广西社会科学．2007（11）．

人们对电信业性质的认识转变引起了国际上电信产业垄断体制的变迁，而目前我国电信业的垄断格局仍然明显，严重阻碍着电信业开放化、市场化的步伐。本文从法律层面对电信垄断问题及其解决做探讨，分析我国电信业进一步打破垄断的必要性。作者认为，要对我国电信业的规模经济与竞争活力进行新的选择与平衡，需要在借鉴外国成功经验的基础上尽快构建起电信业的反垄断法律规范体系，加快《电信法》的出台，制定《反垄断法》，加速电信业的法治化，培育开放、有序的电信业竞争市场。

［23］李善杰，杨静，谢作诗．垄断利润与寻租行为：塔洛克四边形及行政垄断的社会成本［J］．河北经贸大学学报．2007（07）．

作者认为，以塔洛克四边形的形式而存在的垄断利润未必一定导致非生产性寻利活动。如果垄断的原因不是行政因素，而是有利的成本结构或者专利技术等等，那么导致的将不是寻租这样的非生产性寻利活动，而是努力降低成本和潜心发明创造这样的生产性寻利活动。塔洛克四边形不应该算做一般垄断的社会成本，而只是行政垄断的社会成本。即使是行政垄断，我们也不能对多大比例的垄断利润应该算做行政垄断的社会成本做出一般结论。

［24］李雪苑．我国自然垄断行业的现状、管制和竞争引入［J］．经济研究导刊．2007（01）．

自然垄断行业在我国国民经济中占据重要地位，但由于本身的低效率，又造成了社会生产资源的浪费和福利的损失，并可能导致“市场失灵”状况的发生。自然垄断行业如何发展成为经济学领域的一个重要研究课题。目前，我国某些自然垄断行业带有行政垄断色彩，并存在服务价格高、法律法规滞后、进入壁垒难以突破等问题，需要在政府价格管制的基础上引入市场竞争，通过垄断、竞争和管制协调配合，最终建立合理有效的市场竞争机制。作者指出，由于自然垄断行业的业务分为强自然垄断、弱自然垄断和非自然垄断，所以在自然垄断行业引入竞争机制必须考虑很多情况，权衡竞争是否可行或者竞争是否值得。

[25] 李郁芳，李项峰．地方政府环境规制的外部性分析——基于公共选择视角 [J]．财贸经济．2007（03）．

经济学者们通常识别环境外部性并要求政府规制纠正这种外部性，但他们很少认识到规制本身带来的外部性。规制外部性是政治过程的一种结果，即指一部分人通过集体行动对另一部分人施加的外部成本（或收益）。在地方层次上，环境规制的外部性既表现为不同利益群体之间的财富转移，还体现在成本或收益的区间和代际溢出上。本文在公共选择理论的基础上对这种外部性进行了分析，并提出了改革思路和政策建议，作者认为，现实的情况要求我们对政府的规制行为进行重新定位。

[26] 李莜，王婧．我国垄断行业现状分析 [J]．时代经贸．2007（10）．

中国的事情必须按中国的实际加以解决，我国的垄断行业的形成和发展、问题与矛盾都有其特殊性。我国的改革不能背离社会主义市场经济体制这个大方向，也不能照搬国外的经验，尤其是要分清自然垄断和行政垄断。作者进一步指出，当前我国最大的环境就是处于社会主义初级阶段。从改革开放到现在，我们一直在摸索中国特色社会主义建设，我们就在这个环境中来分析国企的垄断问题。最后作者总结了垄断所带来的不利影响并给出了相应的对策，即在尊重国情的同时，打破垄断，加强竞争，重视民营力量的发展。

[27] 栗向鑫．我国电力行业价格管制模型分析 [J]．中国电力教育．2007 年管理论丛与教育研究专刊．

输配电系统由于经济和技术的原因，具有典型的规模经济效应和成本弱可加性，具有很强的自然垄断性。电价问题已成为制约中国电力改革的一大瓶颈，政府如何在电力市场化改革中对各环节的电价实施有效管制是中国政府和理论界面临的一大难题。作者根据管制经济学理论，并结合目前国际电力市场采用的方法，对输配电价管制模型进行探讨，结合我国现阶段的具体情况及电力市场发展的现状，提出了适合我国电力行业发展的输配电价管理模型。作者认为，我国电力等自然垄断行业进行管制的过程中，不能照搬别国现成的管制模式，而要进行深入的研究，探索出我国具体国情的价格管制方法。

[28] 梁家强．战略联盟的稳定性：基于博弈论的观点 [J]．工业技术经济．2007（06）．

伴随着全球经济一体化、区域经济集团化以及科学技术的迅猛发展，企业战略联盟这种新的组织形式也取得了爆炸性的增长，承受不起如此快速的发展，联盟的不稳定性和解体率一直呈现一个较高的水平。本文以古诺寡头竞争为例，利用重复博弈理论，对战略联盟稳定性的机理进行了博弈分析。通过分析发现，对于战略联盟，只要持续足够的时间，其参与者具有足够的耐心，都着眼于未来的长远利益，就一定能够使联盟合作维持在一个稳定的状态。这就是说，战略联盟本身具有内在的稳定性，在现实中所表现出的较高水平的联盟不稳定性，说明战略联盟的运作管理是复杂的，因此，加强对战略联盟的管理是增强联盟稳定性的关键。

[29] 刘雷．大型煤炭企业的交易规制结构研究 [J]．财经问题研究．2007（11）．

作者通过分析大型煤炭企业交易规制结构演进的四个阶段和目前煤炭交易环境与存在问题，运用交易费用理论和企业网络理论，提出适合大型煤炭企业市场环境的交易机制模式——竞标交易和双边交易组合模式，并提出了包括市场自发协调实现价格均衡机制、类比定价协调实现价格均衡机制的竞标交易与双边交易互动机制，最后给出了竞标交易和双边交易的价格互动策略：一是竞标交易拉动双边交易策略；二是竞标交易支撑双边交易策略；三是竞标交易与双边交易并重策略。

［30］刘涛．对中国保险业垄断问题的思考［J］．时代金融．2007（05）．

有关中国保险业的垄断问题曾经备受关注并且引起过广泛的讨论。但近年来国际保险业的并购热潮以及中国加入 WTO 以后外资保险巨头陆续进军国内保险市场使得人们对竞争与垄断这一原本清晰的命题产生了新的困惑。本文试图针对这一困惑提出作者自己的看法。竞争并不能解决现今中国保险业所存在的所有问题，但是缺乏竞争却是现在保险业面临的许多难以解决的重要问题的根本弊病所在。另外，我们在破除垄断，引入竞争机制的同时，也要注意防范和控制随同竞争淘汰一起产生风险，而这又对保险监管和保险法律法规体系的建设和完善提出了更高的要求。

［31］刘新民，高珣琇，王本锋．具有双曲需求无成本协同效应的横向兼并分析［J］．山东师范大学学报．2007（09）．

本文以直角双曲需求函数，且在各寡头企业间无成本协同效应的条件下，对同质产品市场上企业的横向兼并动机进行了研究。研究结果表明，在传统线性需求函数条件下所成立的一次有利可图的先置兼并行为会引发系列兼并行为的结论在直角双曲需求函数下将不再成立，而且企业间的系列兼并将会对行业中的所有企业带来更大的损失。因此，作者指出，企业在发展的过程中不应盲目地选择兼并，因为兼并不一定会带来更高的利润，而且当兼并更加复杂时，企业可能会遭受更大的损失。这对企业兼并策略的制定具有一定的启示作用。

［32］刘勇．银行业产业组织研究：综述与展望［J］．财经问题研究．2007（03）．

近年来，关于银行业产业组织的研究大量涌现，迫切需要进行梳理评价。本文按照产业组织研究框架，从银行市场结构、银行市场行为、银行市场绩效以及相关反思评价四个方面对国内银行业产业组织研究进行了全面综述。作者在总结我国银行业产业组织研究的特点并和国外研究对比分析的基础上，结合我国银行发展的具体情况，给出了转轨经济中银行产业组织研究的一般框架，进一步提出一些可能的研究方向，例如银行业集中度和绩效之间的附相关关系；不同类型银行之间的竞争问题等。

［33］陆伟刚，刘志阔．电信网络外部性的一个注释及管制实践含义［J］．当代财经．2007（06）．

网络外部性的存在使相关利益主体权利边界模糊，从而限制了电信网络竞争业务领域的可竞争性，同时理论上网络效应与网络外部性的混同，使管制政策与工具选择无力消除外部性，反而使现有的分拆式结构管制政策本身出现矛盾。本文的意义在于为网络性产业的合理管制路径提供一个基于外部性视角的理解。作者提出，由于各外部性在电信网络的表现形式不同，它们对于市场绩效的影响也不同，故相对的管制政策也是不同的。本文中重点分析网络外部性的管制。作者认为，应侧重于对电信业市场结构进行改革。

［34］陆菁．国际环境规制与倒逼型产业技术升级［J］．国际贸易问题．2007（07）．

本文引入产品的消费负外部性和政府战略性补贴，拓展了 Fischer 和 Serra（2000）消费外部性条件下政府最小技术标准制定行为的分析模型。并对我国天然蜂蜜贸易进行了经验研究，发现欧美高于中国的环境标准，对中国传统产业产品的出口产生了重大影响，中国企业针对减少消费负外部性进行技术研发投入，与欧盟不断提高的环境规制进行博弈。研究表明，政府通过对本国企业减少消费负外部性的技术改进和技术创新的战略性补贴，可以推动传统产业实现“倒逼”型产业升级。

[35] 马茹萍. 反垄断法应规制行政垄断 [J]. 经营与管理. 2007 (02).

随着市场经济的不断发展和经济规模的迅速增长，行政垄断成为我国目前垄断的主要形式。在我国由计划经济向市场经济转变的不完全的市场经济过程中，行政垄断不仅没有彻底摆脱，而且愈演愈烈，其负面影响也日显突出。危害：破坏了社会主义市场经济秩序；严重损害了公共利益；损害了政府形象。建立和完善统一、公平、规范有序的市场经济体系就必须有效地遏制行政垄断行为。一方面，要进一步完善行政管理体制，转变政府的管理职能，推进政府决策的民主化、科学化和法制化，依法从政，从严治政；另一方面，要逐步完善反垄断法体系，从法律上严格规制行政垄断行为。

[36] 磨玉峰，王文辉. 公用企业改革与政府规制的博弈分析 [J]. 改革与战略. 2007 (09).

公用企业由于其自身行业的自然垄断性，传统体制下一直由政府垄断经营。这种完全由政府生产和供给的传统模式导致了资源配置的低效率和供给的严重不足。公用企业改革是公用事业发展的必然趋势。文章从博弈的角度分析了市场进入规制和定价规制，作者认为，要通过有效的政府规制推动我国公用企业改革，必须从以下方面入手：第一，实现政企分开、政资分离，转变政府职能，建立统一的具有权威的公用企业监管部门；第二，建立与市场经济相适应的公用企业的完善配套的法律体系；第三，建立由政府公用企业管理部门、公用物品和服务供应商与公民组成的对话协调机制，扩大公用企业管理和经营的透明度，以维护公众的利益。

[37] 欧阳蕾，沈伯平. 金融规制和监管理论在我国的实践 [J]. 改革与开放. 2007 (04).

对西方金融规制与监管理论的系统研究表明：由于金融市场失灵的存在，为政府的金融规制与监管提供了理论基础；但是，政府规制也有失灵的时候，政府的金融规制并不是包治百病的“灵丹妙药”。中国政府的金融规制实践至少存在以下几个方面的缺陷：第一，重政府而轻市场；第二，金融规制重“形似”而轻“神似”；第三，重视对规制对象的规制而轻视对“规制者的规制”。作者提出，我们应该更多的重新审视政府与市场的关系问题，正确把握政府规制的“度”，更多地发挥市场机制自身和产业自我规制的作用，从而形成政府规制和自我规制良性互动的局面；同时，必须通过政治体制改革强化对规制者的规制，尽量减少政府规制被利益集团俘获的可能性。

[38] 单向前，李建伟. 我国行业垄断问题的经济学分析 [J]. 河南社会科学. 2007 (03).

行业垄断问题受到人们越来越多的关注。在中国经济又好又快发展的整体思路下，垄断行业问题解决得好坏，关系着中国的经济发展是否遵循了科学发展观，是否在营造和谐社会，成为我国经济发展过程中一个无法回避的大问题。我国的行业垄断主要集中在基础设施和公用事业这些具有自然垄断特征的行业，如电力、铁路、民航、电信、邮政、天然气等行业。在这些自然垄断行业里，由于政企不分，自然垄断与行政垄断混淆在一起，误导了人们的判断。作者指出，垄断行业的改革是一个渐进的过程，这些行业所具有的自然垄断属性增加了改革的难度，只有全面把握行业特征，分清垄断行业中的竞争和非竞争环节，才能更好地实现政企分开，深度推进垄断行业的改革。

[39] 石良平，刘小倩. 中国电力行业规制效果实证分析 [J]. 财经研究. 2007 (07).

2002 年国务院批准的《电力体制改革方案》确定了电力体制改革的基本方针，据此，国家采取了诸多规制手段，目的是通过合理规制自然垄断环节，促进相对有效竞争，提高经济效率。4 年过去了，中国电力改革的效果究竟如何呢？文章从价格水平、价格结构、行业利润和经济效率等方面进行了实证分析，以检验我国电力行业的规制效果，结果显示：规制制定了合理的价格水平和价格结构，改进了电力行业效率，但在规制垄断利润和制止A-J效应方面仍未成功。

[40] 石涛．自然垄断产业规制重构：基于要素演化的视角［J］．中国工业经济．2007（10）．

作者认为，从要素演化的视角对自然垄断产业进行规制重构为规制自然垄断产业提供了新视角和新思路。对有形要素主导型自然垄断产业而言，应以限制性规制为主，避免因无序竞争而带来资源浪费、负外部性扩大，确保有限的有形要素得到充分利用；同时，针对规制过程中出现的风险，要建立规制风险预警机制来加以防范。对无形要素主导型自然垄断产业而言，应以激励型规制为主，放大其本身具有的正外部性；同时，引入竞争机制推动无形要素自身向高级化演进。

[41] 宋华琳．药品价格规制的比较与借鉴［J］．中国处方药．2007（12）．

在世界不同国家，药品价格规制模式是不同的。本文将对英国、法国和加拿大药品价格规制的法律框架和制度加以简要地勾勒，并在此背景下对我国药品价格规制制度予以反思。作者指出，在未来应对药品价格规制策略加以进一步细分，针对专利类药品、原研制类药品、仿制类药品等不同类型的药品，进行区分定价；同时应逐步发展对刚性规制的替代性方式，让规制重心不再着力于对固定价格数值的设定，而可以借鉴国外经验，发展更为弹性的规制策略，逐步实现对期间费用率、销售利润率和流通差价率的控制。

[42] 宋君卿．中国银行业规制性进入壁垒研究［J］．辽宁大学学报．2007（03）．

银行业规制性进入壁垒是影响我国银行业市场结构、银行机构市场行为的重要因素，也是影响我国银行业绩效与可持续发展的关键问题。对银行业进入规制进行改革，降低规制性进入壁垒，确保银行业进入规制的科学与适度，是进一步深化我国银行业改革，提高银行业整体绩效的必由之路。文中作者指出了我国银行业规制性进入壁垒存在的主要问题，并给出了具体的建议。作者认为，基于我国银行业规制性进入壁垒所具有的正负效应，目前我国银行业的进入规制既要坚持降低规制性进入壁垒的改革路径，又不能忽视进入规制放松有可能带来的银行金融风险。

[43] 谈传生．基于政府管制的我国电力产业价格研究［J］．商场现代化．2007（05）．

电力行业是国民经济中的基础部门，是对整个社会经济影响极大的自然垄断产业，这就决定了政府应该对电力产业的发展进行必要的管制。作者首先分析了我国电力行业的自然垄断特性，从而政府对其进行管制。我国政府对电力产业的管制主要采取价格管制和进入退出管制。价格管制措施主要采取最高限价的指导性定价；进入退出管制措施是供电营业许可证、营业执照；电力管制的法规是《电力法》。通过分析，作者发现我国电力产业价格政府管制存在一系列问题，应该做到政企分离；定价方法、监管对象的确定与调整以及监管程序规范化；监管方式多样化，以优化我国电力价格的制定和执行。

[44] 田志成．企业如何适应市场准入准则？［J］．今日工程机械．2007（01）．

中国工程机械行业企业在应对环境变化的同时也促进了行业发展。当前国内企业如何尽快适应国外市场准入规则，提升中国产品的竞争力变得尤为重要。作者从国内外市场准入规则，特种设备管理和CE认证的差异，CE认证给企业带来的影响等3个方面来分析探讨这个问题。由于CE认证是欧盟的市场准入规则，基本可以认为是世界最高的市场准入规则。作者认为，中国产品通过CE认证，就可以销往世界各地，消除各国的技术壁垒。这对增强企业的形象，扩大市场影响力都是十分有益。

[45] 汪秋明.政府规制失灵的发生与解决：基于信息不对称角度的研究综述 [J].产业经济研究.2007 (06).

近年来，西方发达国家的规制理论取得了较大进展，为我国自然垄断产业的规制改革提供了宝贵的经验借鉴。本文首先对政府规制中的信息不对称问题进行了简要阐述，然后分析了这一问题产生的后果，最后提出了激励性规制合约清单的设计、标尺竞争监控机制和特许合约的拍卖机制以解决规制机构与被规制企业之间的信息不对称，并提出价格听证制度以解决规制机构与消费者之间的信息不对称问题，同时，对这些制度的理论基础、应用方式、实践效果以及发展前景进行了较为详细的述评。

[46] 王斌，蔡宏波.中国电信服务市场准入管制的随机试验模型分析 [J].财经研究.2007 (12).

文章针对我国电信市场的行业特征，在充分讨论消费者选择和企业决策的基础上构建了一个N次多期迭代的基于随机试验的模型，模拟政府管制政策影响下的市场演化，以判断当前的市场准入管制是否有效率。研究结论认为：在技术存量不足和创新效率不高的条件下，依靠外国资本无法提高本国的消费者利益和最优技术存量。不仅如此，中国电信企业将因此而失去对本国市场的主导地位和控制力，所以作者提出，我国暂不具备允许外资设立独资电信企业的条件。

[47] 王飞.空间双寡头竞争下的创新扩散——基于博弈论的模型 [J].南开经济研究.2007 (03).

关于创新空间扩散的研究一直没有关注空间竞争对于创新采纳的影响。本文在双人博弈的框架下构建了一个空间双寡头竞争模型，假定厂商已经拥有关于创新的信息，单纯地考察空间竞争对于创新采纳的影响。分析结果表明，即使同质的厂商同时获得了创新的信息，在竞争的作用下，创新的采纳很少会同时进行。先采纳者具有先发优势，且随着运费率的下降，先发优势愈发得以强化。最后作者还分析了空间竞争和技术扩散反梯度现象间的关系，结论是空间竞争至少是反梯度现象产生的一个原因。

[48] 王峰，王树军，周升飞.药品使用领域监管问题及对策分析 [J].中国药事.2007 (02).

《药品管理法》提出了“药品使用”的概念，但是缺乏统一、明确的规定，导致出现监管盲区。作者指出，由于市场准入缺位，重医轻药的原因使得药品使用领域产生诸多问题，本文结合莱芜地区实际，站在确保使用环节用药安全有效的角度，对完善法规体系，加强药品使用环节的监管，提出应该明确药品使用的概念和范围；实行药品使用许可证制度，强化市场准入监管；实行药品使用质量管理规范，强化使用过程监管；责权统一，强化对违法行为的处罚力度。

[49] 王俊豪，程肖君.自然垄断产业的网络瓶颈与接入管制政策 [J].财经问题研究.2007 (12).

自然垄断产业的市场结构重组和民营化改革凸现了网络瓶颈的接入问题，它已成为自然垄断产业改革中最重要的理论和实践问题之一，也是促进自然垄断产业实现有效竞争的关键。作者以讨论网络瓶颈作为切入口，指出自然垄断产业中竞争性业务领域的经营企业在向消费者提供产品或服务过程中，必须通过的由主导性企业垄断经营的网络系统便成为网络瓶颈。分析了拥有网络瓶颈资源的主导性企业的策略性行为，并提出相应的以促进竞争为导向的接入管制政策，即强制性接入政策；不对称接入管制政策；激励性接入定价政策；接入的监督与协调政策。

[50] 王怀章，朱晓燕.论证券投资基金管理人在证券民事诉讼中的缺位及其规制——以投资

者权益保护为视角 [J]. 经济研究导刊. 2007 (09).

证券投资基金管理人在证券民事诉讼中的缺位，严重损害了证券投资者的合法权益。作者通过分析导致这一现象的原因发现，既有制度设计等客观方面的，也有证券投资管理人主观方面的。这一现象的危害是：直接侵害了基金持有人的合法权益；放纵了证券市场的违法违规行为，间接损害了证券投资者的合法权益有悖于基金信托义务的要求，打击了投资者信心。作者认为，为更好地保护证券投资者利益，可以从信托义务及其责任的设定、赋予证券投资基金管理人在证券民事诉讼中的优先地位、完善证券仲裁制度等方面着手，提出具有针对性、可操作性的对策。

[51] 王立成. 我国自然垄断行业价格管制问题与对策 [J]. 科技促进发展. 2007 (04).

与竞争性行业相比，我国自然垄断行业价格管理体制的改革相对落后，主要表现在立法、管制机构、管制原则以及管制方法等多个方面。目前我国自然垄断行业价格管制存在很多急待解决的问题：自然垄断行业价格管制的法律法规很不完善；价格管制的原则和定价方法不明确、不合理；价格管制机构职能单一、缺乏约束；定调价程序中监督机制不完善等。因此，为保护消费者和其他相关主体的利益，提高资源配置效率，实现全社会最大福利，我们必须完善和建立有效的价格管理模式，保证价格形成的合理性，适应市场经济的本质要求，采取相应对策对自然垄断行业进行有效的价格管制。

[52] 王利军. 道路运输业规制改革探讨 [J]. 交通标准化. 2007 (2/3).

受国内外经济和政治环境的制约，现有道路运输政策暴露的问题越来越多，已经不适应新时期道路运输业发展的需要，因此研究我国道路运输业政策的问题就显得非常急迫和重要，这就要求我国道路运输规制政策必须要因时制宜，兼顾并协调好“数量控制”与“质量控制”的关系。应用规制理论，对我国道路运输业从市场准入、运价及税收、社会性规制等方面提出规制改革设想，有益于我国道路运输业改革的深入。

[53] 王千红. 我国银行信用卡市场特征的经济博弈分析 [J]. 经济理论与经济管理. 2007 (05).

近年来基于审慎经营的要求和全球流动性资金过剩的事实，以及 20 世纪 90 年代以来信息技术的发展提供了技术支持，国内外银行都将市场拓展的重点放在了以信用卡为核心的零售业务上。本文运用相关博弈策略对我国信用卡市场的特征进行了分析，作者认为，信用卡透支消费还有待培育，信用透支利息只限于极少数的高端客户；签约商户的交易回佣费收入水平过低；信用卡年费豁免成为银行市场渗透的基本条件，了解银行信用卡市场收入的这些特征将有助于我国信用卡市场的良性发展。

[54] 王馨. 银行业准入退出管制的动态改进问题研究 [J]. 金融研究. 2007 (09).

由于银行业准入、退出管制在很大程度上规定了银行业竞争度及其数量关系，因而对银行市场份额、市场集中度乃至市场绩效具有决定性影响。我国现行的、以垄断和保护为特色的银行业准入、退出管制在先前具有一定合理成分，但目前却明显滞后于经济、金融发展的实际需要，并使银行业乃至整个经济体系陷入规模不经济之中。对其进行动态改进已势在必行。作者认为，动态改进的总体原则是放松管制、降低门槛，流量注入、存量盘活，区别对待、分层供给；总体目标是规范政府的金融管制行为，开展有质量和深度的金融竞争。

[55] 王再平. 中国烟草产业组织分析 [J]. 新西部. 2007 (04).

随着近年来卷烟企业的大规模兼并重组，我国烟草行业的产业结构发生了很大变化。作者利用传统的SCP分析方法，对烟草产业进行了全面的产业组织分析。从结构角度来看，我国卷烟产业应该属于高度集中寡占型市场结构，而且随着烟草企业兼并重组的进一步推进，烟草产业市场集中度还会进一步提高；从而使得我国烟草业经济效益与世界烟草巨头之间存在巨大差距。

[56] 王兆君，孙延华．我国公用事业价格管制存在的问题及对策研究 [J]．哈尔滨市委党校学报．2007（02）．

在对公用事业进行管制的过程中，价格管制无疑是所有管制内容中最重要的一个方面，它对公用事业的经济效率产生很大的影响。目前我国公用事业价格管制不尽合理，管制机构设置不合理，法律法规不完善，价格制定不合理且形式单一。作者总结了公用事业行业的两种常用价格管制方法。针对价格管制中存在的问题作者提出建立公用事业价格管制新机制来完善，具体包括：区分自然垄断性业务和非自然垄断性业务；实行价格听证制度；培育和发展相关的社会中介组织。

[57] 王中美．在华跨国并购的垄断影响及其规制 [J]．世界经济研究．2007（02）．

作者认为，一系列的跨国并购暴露出中国政府对跨国并购的垄断规制不当：一是由国企改制而引发的问题只会层出不穷；二是对优质资产的横向兼并是主流；三是在跨国并购市场方面，过多的政府干预，必然诱发寻租，最终提供扭曲的市场信号。跨国并购往往比国内并购更容易完成，其规模也更大，影响更深远。如果因为忌惮反垄断对国内产业重组和整合的影响，而放弃反垄断法在对并购市场方面将起到的重要规范作用，后果之一就是垄断在国内各产品和地理市场的普遍形成以及竞争的严重受损。

[58] 王中美．外资在华并购的反垄断规制问题研究 [J]．世界经济研究．2007（08）．

作者总结发现，在华跨国并购的几个特点反映出非按市场运作的特点。与国际趋势比较，可以说目前的在华并购市场是存在相当程度的扭曲，许多并购不当形成或加强了垄断地位。本文建议对在华跨国并购应从事前加以反垄断规制，并提出了具体建议，即：首先，对于跨国兼并的反垄断规制，不能单独适用一些条件，而应当与国内兼并一视同仁，这是国民待遇的基本要求。其次，对于兼并的规制，可以归入反垄断法中，也可以单独订立一法规加以具体规定。再者，关于兼并反垄断规制的原则，应当是保护消费者，维护市场竞争。

[59] 卫伟．自然垄断行业定价探讨 [J]．机械管理开发．2007（02）．

自然垄断行业企业由于规模经济特性而成为市场的唯一卖者。如果没有来自他方的约束，给予其定价自由，垄断行业企业会毫不犹豫地将价格定在高于边际成本的价格水平上以谋取利润最大化。这种定价方式直接导致消费者剩余转向生产者剩余，形成低分配效率。作者致力于分析自然垄断行业理论定价原理和弊端，探讨美、英在自然垄断行业实施的价格机制并为定价法简单分析。作者主张采用两部定价法，在实施过程中，还要根据一些自然垄断行业的特点辅之以高峰负荷定价的策略。

[60] 吴晓静，李荣华．双寡头合谋的经济学分析——以中国电信、中国网通两大集团《合作协议》为例 [J]．现代管理科学．2007（09）．

双寡头企业规模大，垄断性强，它们之间势均力敌，彼此间垄断竞争破坏性大，会导致整个部门的波动。所有这些因素，导致垄断企业成本上升，效率下降，给整个经济带来了不良后果。作者运用产业经济学、垄断竞争理论，以中国电信、中国网通两大集团《合作协议》为例，分析了寡头垄断与我国固定电信企业的集中度，阐述了双寡头合谋行为的危害和成因，最后作者提出，通过准入管制，强制垄断者提供已有网络的互联权；开展全业务经营；建立独立的电信规制机构，组建新的“国家电信管理委员会”或“电信管理局”；倾听用户意见，保护消费者利益，来打破寡头的垄断合谋。

[61] 向川，杨东民，张红旗，李风鹤. 从信息不对称角度看自然垄断行业与政府管制 [J]. 管理视界. 2007 (09).

自然垄断行业具有特殊性。由于这种特殊性质，使得政府在对其进行管制的过程中存在着信息不对称性，诱发了寻租、道德风险等行为，最终造成了市场资源配置的效率下降，对社会经济福利产生了不良影响。本文从自然垄断行业的特殊性入手，通过对寻租、道德风险现象的分析，作者认为，改进政府对自然垄断行业管制的现状，应该科学设置管制机构；建立和完善管制法律；促进自然垄断行业的竞争；加强对管制者的管制，从而提高自然垄断行业的运行效率。

[62] 肖英才，黄志芳. 引入市场准入规制模型解决要价虚高问题的理论分析 [J]. 商场现代化. 2007 (08).

本文对药价虚高的根源进行了初步探究，作者总结发现，药品价格虚高药品行业之所以会出现如此惊人的虚高价，其根源在于医院的以药养医体制和国家规定的加价政策，利益的驱使使得医院更加变本加厉。在承认药品流通领域潜规则存在的情况下，尝试引入市场准入规制模型解决药价虚高问题，在合理假设的基础上进行了理论上的分析。作者认为要解决问题必须对整个药品流通体制进行改革，可行的办法是由政府制定药品终端零售价，间接控制药品出厂价格，从根本上降低药品价格。另一方面，政府应提高药品生产厂家的行业准入条件，整顿制药企业生存环境，鼓励技术革新，特别是扩大高端医药市场的占有率。

[63] 肖兴志，王钠. 转轨期中国煤矿安全规制机制研究——基于激励相容的视角 [J]. 产业经济评论. 2007 (06).

煤矿事故在政府屡次严厉整顿下依然得不到有效遏制，已经成为中国构建和谐社会以及实现可持续发展的一大难题。作者从激励相容的角度出发，通过中央政府与地方政府、地方政府与煤矿企业、煤矿企业与矿工之间三组委托代理关系的深入分析，研究各个主体之间利益趋于一致的具体条件，针对煤矿安全规制链条的三个主要层次进行激励相容设计，并进一步提出实行以负激励为主的激励方式；建立安全生产基金；加强煤矿工会组织建设等政策建议，以完善转型期中国煤矿安全规制的激励相容机制，降低煤矿事故率。

[64] 忻展红，陈玉保. 从修正的拉姆塞定价公式看当今电信业的问题 [J]. 南京邮电大学学报. 2007 (09).

通过对拉姆塞定价公式假设前提的修正，将消费者、生产者与投资者的利益统一而不是割裂，使需求函数随产业景气而变动，从而推导出更明确的修正的拉姆塞定价公式。这一定价公式表明电信产业的业务定价具有天然的交叉补贴特性，可以解释当今电信业发展中的若干问题，并提出要解决这些问题：话音业务需要行业“最低”保护价格；电信竞争格局需要调整；让国内消费者成为电信业的投资者。作者认为，避免电信产业沦为农业的最好的市场手段，就是尽快在境内上市，并减持国有股，使国内消费者与生产者和投资者的利益得到统一。

[65] 苑韶峰. 我国房地产市场现状与政府规制 [J]. 价格理论与实践. 2007 (03).

包括对权利主体和客体的类型、取得房地产的面积、取得房地产的方式以及租佃的期限等方面做出限制的保有量规制；主要包括房地产登记制度、房地产估价制度、交易许可制度、交易申报制度等。如德国的房地产登记制度规定，房地产权利的取得或变更若未登记于官署设置的公簿上将不发生效力，得不到法律的保护。政府对房地产交易价格的规制从其约束力的角度大致可分为强制性的价格规制与指导性的价格规制两种。

［66］于良春，丁启军．自然垄断产业进入管制的成本收益分析——以中国电信业为例的实证研究［J］．中国工业经济．2007（01）．

本文主要分析了政府进入管制带来的管制费用、社会福利损失、被管制企业成本增加等诸多负面影响；同时，在对政府进入管制的成本和收益进行一般理论分析的基础上，对中国电信业进行了相关的实证研究。通过定量分析，作者认为，针对自然垄断行业的管制，应该区分自然垄断产业内自然垄断性业务和可竞争性业务，从而实行不同的产业管制政策；对于自然垄断产业内的自然垄断性业务应当保持进入管制还是引入竞争，不能简单地根据传统的自然垄断理论进行推论，而是要对管制的成本与收益进行实证研究；引入竞争可能没有必要一定要增加重复投入的固定资产额，而只需要对原来的电信企业进行一些合理的拆分、重组，就可以达到同样的目的；中国的自然垄断产业的进入管制依然带有浓重的"行政性垄断"的色彩。

［67］于良春，杨骞．行政垄断制度选择的一般分析框架——以我国电信业行政垄断制度的动态变迁为例［J］．中国工业经济．2007（12）．

行政垄断是政府机构利用行政权力对竞争进行限制和排斥，会造成资源配置扭曲、社会福利损失、收入分配不均以及地方保护和区域市场分割等问题。但现实中行政垄断是客观并普遍存在的，在特定的经济环境中，行政垄断作为资源配置的一种手段发挥了市场调节无法实现的作用。本文借鉴新比较经济学的社会制度选择分析框架，建立了行政垄断制度选择的一般分析框架，并以此来重新思考行政垄断制度选择问题，最后应用该一般分析框架分析我国电信产业行政垄断制度的动态变迁过程。为我国行政垄断制度的改革提供一个一般分析框架和相应的理论指导乃本文目的之所在。

［68］于良春，王冠．中国银行业进入壁垒的理论与实证分析［J］．当代财经．2007（07）．

中国银行业在市场化改革过程中，暴露出了许多与市场化紧密联系不足的问题，如供给短缺、资本金不足、收益率低、业务创新缓慢等。这些都与银行业进入渠道不畅通及进入数量不足密切相关。只有消除银行业进入的经济性壁垒和政策性壁垒，允许民营资本进入银行业，才能更好地解决因供需失衡引发的中小企业融资困难、解决民营资本缺少合理出路、解决商业银行资本金不足等问题。

［69］袁俊．市政公用事业特许经营权招标、拍卖中存在的问题及监管对策［J］．特区经济．2007（11）．

招标、拍卖是我国市政公用事业特许权出让的法定形式，也是"最优"的公共资源配置方式。但实际操作中存在的缺乏以招标、拍卖方式出让的意识，投标中的竞争不足、拍卖中的过度竞争诸多问题却使这些"最优"特性难以实现。因此，应当通过对市政公用事业特许经营实施方案的审查、竞标者的资格审查、招标和拍卖程序的合法性审查，以及对拍卖中过度竞争的监管等手段加强对市政公用事业招标、拍卖的监管，以实现对公共资源的合法、科学的配置。

［70］岳中刚．银行卡产业运作模式与反垄断问题研究［J］．当代财经．2007（03）．

银行卡产业是传统金融业务与现代信息技术有机结合的新兴产业，由于银行卡产业的特殊性，使得这种新兴支付方式受到多方质疑。作者在分析银行卡产业的运作模式和产业特征的基础上，对争议较大的同一品牌所有卡通用规则、双重会员制和排他性规则以及交换费的反垄断问题进行了探讨，认为对具有“双边市场”特征的银行卡产业进行规制不能简单地运用传统的“单边市场”规制理论来解释，应结合产业的发展阶段、网络规模和市场规模，对竞争效应和网络效应予以权衡，以促进产业的有效竞争；对交换费的规制措施必须先考虑如何使更多的用户参与到银行卡交易中来，使交易量最大化，这对银行卡产业的发展尤为重要。

[71] 张承耀．垄断与竞争百姓心自明 [J]．经济．2007 (01、02)．

作者认为国内企业和国际大亨竞争当然很好，鼓励企业“走出去”。但是，垄断与竞争的态势怎样，大家心知肚明，一把尺子清清楚楚：产品价格下来了，质量上去了，就是竞争的结果，就是老百姓欢迎的。不管是企业还是政府，是促进竞争还是乱用垄断，人们不会相信你说得天花乱坠，一看事实就完全明白了。永远不要忽视了老百姓心中的那杆秤。

[72] 张德昌，林木西．一体化经营与降低成本的 R&D 投资激励——自然垄断产业融合规制的一种思路 [J]．改革与战略．2007 (11)．

文章通过构建一体化经营决策模型，发现规制者通过适当增加企业非垄断收入中联合成本的分担比例，能够诱导一体化经营企业增加降低成本的 R&D 投资以降低成本。这种融合规制模式吸收了收益率规制和激励性规制的优点，在降低成本和提高效率的基础上，消费者剩余也不断增加，能够实现生产效率和配置效率的统一，使社会福利得到动态改善。作者认为，现阶段我国自然垄断产业全面实行价格上限规制的条件尚不完全具备，在范围经济明显的自然垄断产业采用融合规制模式也许不失为一种次优的选择或过渡形式。

[73] 张航雁，李婧．浅析规模经济与自然垄断的关系 [J]．经济问题．2007 (08)．

随着自然垄断产业放松管制和引进竞争机制改革的深化，传统自然垄断理论的可解释性越来越差。自然垄断理论在理论上存在过于抽象化、缺乏动态性、片面追求产出成本最低等不足之处；在实践上存在操作性和解释力不强等缺陷。回顾建立在规模经济层面上的自然垄断理论，得出结论：规模经济不是自然垄断的成因，但是自然垄断一定具有规模经济性。作者指出，政企不分是在垄断行业表现最明显的问题。其内在原因是缺乏有效的激励机制和约束机制，关键是要打破行业准入门槛，政府找准职能定位，转变观念，对企业实行改制，实施有效的激励和约束机制，加强基础管理，引进和强化竞争力量，不一定非拆不可。

[74] 张伟，于良春．信息、串谋与自然垄断产业规制 [J]．经济评论．2007 (02)．

串谋现象的存在破坏了机制设计中的直接显示原理，使机制设计的信息空间维数增加从而使机制设计变得更为复杂。在转轨经济国家的自然垄断产业规制过程中，内部规制者对自然垄断厂商信息结构上的改进使规制政策的设计倾向于低激励强度的成本加成契约，而且串谋现象的存在使规制过程更带有规制掠夺的特征。同时，这一事实也成为转轨国家中多部门共同参与对自然垄断产业进行规制的重要原因。作者认为，通过引入一定数量的外部规制者可以促进内部规制者获得关于垄断厂商分布类型更好的信息结构，而且，通过引入更多的独立机构可以解决规制规制者中可能存在的问题。

[75] 张枝．试析我国自然垄断行业的改革 [J]．黑龙江对外经贸．2007 (03)．

自然垄断产业是政府管制的领域之一，政府管制的环境是市场经济。本文结合自然垄断及管制理论，从我国电信行业改革历程及其存在的问题入手分析了我国自然垄断产业的特殊性，指出我国实际上从未有过市场经济大环境下的政府管制，有的只是计划经济下的行政管理，也就无所谓“放松管制”。因此，目前我国自然垄断产业改革的关键是管制制度的改革，改革的方向是构建规范政府管制制度，即是用市场经济体制下的政府管制代替原有的计划管理，以规范的管制制度对自然垄断行业进行规范管理的问题。

[76] 赵选民，朱刚刚．我国电信业的市场结构分析 [J]．商业时代．2007 (16)．

自改革开放以来，国家对于我国电信业的调整就从未间断过，本文对我国电信业改革的历程和现状进行了回顾和总结，进而运用微观经济学中的市场结构理论对我国电信业的改革方向进行了分析，从而得出了电信业市场结构应该是寡头垄断而不是完全垄断市场结构的结论。作者指出，检验电信业是否存在自然垄断非常困难，而且近年来电信技术的不断发展，已经使某些业务领域竞争加剧，基础电信业务在现有技术条件下进行完全竞争，将会造成巨大的资源浪费，即通常所说的规模效益和投资壁垒。这就决定了在现有条件下，电信业不可能形成完全竞争的市场结构。同时，从世界各国和我国实践来看，完全垄断会造成电信价格居高不下，服务水平低下等问题，所以也不是电信业理想的市场结构。因此，电信业可能的市场结构应是寡头垄断。

[77] 赵卓．技术进步、自然垄断边界与规制政策选择 [J]．江汉论坛．2007 (04)．

技术进步是决定自然垄断边界的基本要素，由于技术进步、市场需求等因素的变化使得自然垄断边界具有动态性。自然垄断边界动态性决定了规制边界的动态性，呈现出规制逐步弱化，竞争逐步增强的变化趋势，但这种变化趋势并不是无止境的，并不会出现竞争完全取代规制。在自然垄断性较强的领域，应采取激励性规制政策，在可竞争性领域，应采取反垄断政策，而在竞争与规制并存领域，应采用有效的接入政策，阻止厂商垄断势力对竞争的破坏性作用，确保竞争行为的开展，使竞争与规制共同发挥协同效应。

[78] 郑湘明，钟德强，刘辉．企业横向兼并理论及模型研究综述 [J]．中国包装工业．2007 (08)．

新技术革命的发生和经济全球化步伐的加快使得企业面临的外部环境发生了巨大的变化，企业通过兼并扩大规模来分摊巨额开发成本，实现规模经济。企业兼并既对经济发展起到了重要的推动作用，但也有一定的负面效应，如导致垄断、削弱竞争等。作者首先分析了企业横向兼并战略产生的背景，然后分别从外生兼并行为、内生兼并行为和动态兼并行为角度系统地介绍同质产品市场企业兼并动机与效应、异质产品市场企业兼并动机与效应以及网络外部性产品市场企业兼并动机与效应等各种理论研究模型，并评述了各种理论研究模型的结果与存在的局限性。

[79] 周勤，李家平．什么是好的管制者？——对新加坡公用事业的法定机构的实证分析 [J]．产业经济研究．2007 (01)．

本文以新加坡公用事业的监管体制为研究对象，重点对法定机构的形成发展从理论和实证两方面做了较细致的研究，认为在考虑信息不对称和利益集团对管制机构的俘获能力，新加坡公用事业的监管机构是好的管制机构，具备了好的管制机构的基本条件，进一步分析了好的管制机构在现有公用事业的市场条件的管制领域和重点，结论认为新加坡法定机构在监管上的成功主要是依靠了国有体制的主导地位、独立的司法裁量权、法定机构在行政权力和监督权力的一致性、较薄的科层制和政府承担资源分布不均导致的外部性成本。尽管新加坡监管体制本身具有一定的特殊性，但是，它至少为我们提供了一个好的监管者的参照系。

[80] 周玉江，刘智华，崔建业．中国电信产业发展模型研究 [J]．企业经济．2007 (12)．

在对中国电信产业发展进程进行分析研究的基础上，本文建立了电信收入和电信客户数量的经济模型。根据此模型，可预测以下结果：移动用户和宽带用户上升趋势显著，未来几年仍会以比较快的速度增长，而固定电话业务无上升动力支撑，形势不容乐观，网络电话未来几年也很难遏制逐步下滑的趋势。

[81] 周小梅．基于信息不对称理论的药品质量管制研究 [J]．价格月刊．2007（08）．

近年来我国连续出现药品安全事件，暴露出目前我国药品质量管制政策存在的弊端。由于药品安全问题直接关系到公众生命健康，当务之急必须尽快构建我国药品质量管制的整体性政策框架。本文将从信息不对称导致的药品质量管制需求以及药品质量管制的整体性政策框架两方面进行分析。作者提出，药品质量管制应从原来的着重于事后管制转为着重于事前管制。而构建有效的质量管制整体性政策框架是确保药品安全性和有效性的前提。首先要建立药品质量管制的法律法规体系；制定药品标准体系；严格药品准入制度；对药品质量信息进行管制。

[82] 周小梅．论自来水产业的市场结构重组及其管制政策 [J]．工业技术经济．2007（10）．

在城市公用事业中，自来水产业属于垄断性较强的产业之一。但是，根据自来水产业的业务特点，可以将其进一步划分为竞争性业务和自然垄断性业务。本文在探讨自来水产业市场结构重组主要问题的基础上，研究发达国家的自来水产业改革趋势，进而分析中国自来水产业市场结构重组及其政策。作者提出，为提高自来水产业的运营效率，应对其进行市场结构重组，并实施分类管制政策。可通过引入竞争促使竞争性业务实现有效竞争；而自然垄断性业务在一定的激励性管制制度的设计下获得规模经济带来的效率。放松管制后的自来水产业，竞争将淘汰一大批不具规模的自来水企业，有助于提高整个自来水产业的生产效率。

[83] 周小梅．开放经济下的中国食品安全管制：理论与管制政策体系 [J]．国际贸易问题．2007（09）．

我国连续出现食品安全事件，暴露出目前我国食品安全管制体系存在的弊端。并且，随着各国经济的不断开放，食品进出口贸易将不断增加，使得食品安全问题不再是局限于对一国范围内公众生命健康的影响，而是直接关系到其他进口食品国家公众的安全。从食品安全对公众生命健康以及食品进出口影响角度看，当务之急是构建完善的中国食品安全管制体系。首先要建立食品质量管制的法律法规体系；制定食品标准体系；严格食品准入制度；对食品质量信息进行管制。

2006 年

[1] 白让让．行政权力、纵向约束与管制困境 [J]．财经问题研究．2006（09）．

通过对相关案例的分析表明，在缺乏有效规制和监管的条件下，“行政性垄断”与市场势力相结合，严重地阻碍了这些产业的市场化进程，突出表现就是垄断企业依托行政性权力，通过市场进入、产权安排、价格制定、技术标准和市场划分等诸多手段来限制有效竞争的形成，即通过市场圈定将潜在的进入者从市场中排斥出去，以创造和维持非经济意义上的垄断势力。但是，由于行政权力与规制权力的非平衡配置，规制机构缺乏独立性和权威性，以及政企合谋的存在，这些反竞争行为却无法得到有效的规制和约束。

[2] 白让让．制度偏好差异与电力产业规制放松的困境——“厂网分开”引发的深层思考 [J]．中国工业经济．2006（03）．

本文利用“芝加哥”学派利益集团理论的基本假设，对我国电力产业内部人势力的形成、强化及其行为对市场交易的扭曲进行了详尽的分析，从而为当前电力产业规制困境的发生提出了一个基于制度偏好和企业行为的解释。结果表明，在缺乏有效规制的背景下，对自然垄断产业实施等同于一般产业的“放权让利”式改革，为利益集团的成长提供了制度条件和资金支持。由于管制权力分散在诸多的“条块”之间，“厂网分开”后也没有建立权威性的专业机构，不同利益取向的参与者之间的博弈使电力产业的规制放松陷入困境。

[3] 别涛. 中国环境公益诉讼的立法建议 [J]. 中国地质大学学报（社会科学版）. 2006 (06).

公益诉讼是许多国家遏制损害环境公益行为的有效机制。针对侵害环境公益的行为，除直接受害人外，其他公民或者依法登记的环境保护民间组织，应当有权向法院提起环境民事公益诉讼，请求法院判令侵害环境公益的行为人停止侵害行为，排除危害；或者提起环境行政公益诉讼，请求法院判令环保主管部门履行监管职责。特殊情形下，检察院也可以提起公益性质的环境民事或行政诉讼。

[4] 曹啸，计小青. 管制经济学的演进——从传统理论到比较制度分析 [J]. 财经研究. 2006 (10).

在政府和市场关系认识上的对立的二分法恰恰是传统管制理论的共同缺陷。新制度经济学的发展为新的管制理论提供了一个有用的视角——比较制度分析方法。比较制度分析的管制理论放弃了市场和政府之间对立的二分法的传统观点，而把市场和政府统一起来分析各种现实的制度安排之间相互作用的过程和结果，强调了一个合意的、有着较好社会经济绩效的管制目标的实现，需要一系列的制度安排相互补充、相互牵制，从而能够有效地控制经济活动参与各方的行为，以最小的社会成本实现最佳的社会经济绩效。

[5] 陈淮，张智. 我国地方市场分割的交易成本分析 [J]. 经济与管理研究. 2006 (11).

统一市场自然有利于资源和要素的自由流动及资源配置效率的提高。然而，在交易成本为正的世界中，许多资源本身是无法实现自由流动的，而统一市场就不见得有效率。我们可以有这样几点结论：(1) 在交易成本为正的情况下，企业有时候会根据自身的经济条件选择主动封锁市场，或主动放弃进入其他地区市场的战略选择。(2) 地方政府的地方保护行为确实在一定程度上造成了地方市场分割、统一市场的竞争局面无法形成以及统一市场的竞争均衡无法实现，而且地方政府的这种行为，在我国特有的政治体制下也是一种必然的行为。但是，从交易成本的角度来看，地方保护主义的行为也在一定程度上具有其合理性。因此，从理论上来说，我们不能将统一市场不完善的主要责任完全归咎于地方政府的地方保护行为，地方市场分割也未必是不可取的，而是在特定约束条件下的一种相对的均衡状态。

[6] 陈继杰. 外商直接投资对可持续发展影响的研究综述 [J]. 经济社会体制比较. 2006 (06).

外商直接投资对可持续发展的影响是制定吸收外资政策的主要依据之一。可持续发展包括经济增长、社会发展和环境保护三个方面。学界对外商直接投资对经济增长和社会发展的影响关注很多，但对环境保护的影响关注比较少。从经验的角度看，FDI 对中国环境的影响（水、空气污染、固体废弃物、自然和土地）既产生了正面的效应，也带来了许多负面的影响。因此，需要寻找更为复杂的原因。

[7] 陈锦昌. 试论遏制地方政府的非经济手段扩张 [J]. 湖北经济学院学报. 2006 (02).

地方政府非经济手段扩张，主要表现在：一是职能位势紊乱；二是以行政手段为主推动辖区内的经济发展。究其原因主要在于：制度外部性、体制内生性、利益趋动性、政绩引力性和习惯偏好性。非经济手段扩张抑制改革的进程，降低资源配置效率，扰乱市场经济秩序，导致寻租与腐败，影响社会和谐发展。为此，必须树立以人为本的理念和依法治权的方略，采取循规有为与普选唯效的科学方法，遏制非经济手段扩张，促进经济管理方式的转变。

[8] 陈柳．外资优惠政策与外资企业垄断［J］．产业经济研究．2006（02）．

在华外资企业形成垄断势力的原因不仅仅在于所有权优势、内部化优势等传统跨国公司理论指出的因素，还在于我国实施多年的外资优惠政策。同时，外资企业利用垄断势力进行产业控制和限制竞争的行为已经非常明显。对外资优惠政策进行战略性调整、削弱外资企业依靠非市场因素取得的垄断势力已经迫在眉睫。

[9] 陈明．城市公用事业民营化中的腐败与削减［J］．财经科学．2006（10）．

民营化的负面效应的确存在，腐败就是民营化中的主要负面效应之一。与民营化有关的腐败主要表现为以下两种形式：第一种腐败是城市公用事业企业出售中的国有资产流失；第二种腐败表现为民营化后的寻租，又分为价格寻租、竞标寻租和社会规制寻租。腐败在城市公用事业民营化中是不可避免的，但作为良性民营化的要求而言，腐败数量显然不能过大。削减民营化中的腐败应把握两大原则：一是必要的削减；二是必要的容忍。从经济学的角度，反腐败制度设计可归纳为三点对策：高薪养廉、放松规制和强化监督。

[10] 陈勇．烟草产业规制——基于需求面的分析框架［J］．财经问题研究．2006（12）．

烟草是对健康有害的嗜好品，它有特殊的市场形态，其价格弹性和收入弹性都不同于普通产品。对这类产业的规制也不同于普通产业，其规制目标是产业促退而不是产业促进。中国的烟草产品又有区别于发达国家和其他发展中国家的独特市场形态，规制政策选择既要考虑国际通例，也要结合中国的市场特性。烟草产业规制要在规制效率、规制成本和社会公正之间寻求平衡。

[11] 杜云．网络经济中的垄断与公共政策分析［J］．当代财经．2006（03）．

网络经济下的垄断与传统经济中的垄断不尽相同，表现在三个方面：第一，网络经济下特有的网络外部性所引致的正反馈效应；第二，网络经济下的垄断还体现在企业对其消费者群体的锁定上；第三，网络经济下的垄断者往往通过产品差别化增加其产品的不可替代性。网络经济下竞争市场不一定就很有效率，利润也不会等于零。进一步地，政府主张的限制利润、增加效率的竞争政策和反垄断策略应该有一个前提和范围。

[12] 高旺．西方国家公用事业民营化改革的经验及其对我国的启示［J］．经济社会体制比较．2006（06）．

公用事业部门通常是指邮政、电信、电力、供气、供热、供水、排水、公共交通等与人民生活和国民经济密切相关的领域。所谓“民营化”，大体指政府从总体上减少介入的程度，更多地依靠民间机构、多样化的所有制形式与运作关系，满足公众对产品和服务的需求的运动，与“市场化”、“公司化”等概念相近。根据国外公用事业改革的经验，基于效率和公平的考虑，打破垄断，维护公用物品提供中的竞争环境，创造消费者在服务中的自由选择机会，是民营化的关键。主要的民营化方式有：合同竞争承包、特许经营、补助与凭单制、出售、民间补缺和分拆。民营化成功的关键并不在于是公营还是私营，而在于是垄断还是竞争。从基本思路看，我国公用事业的民营化改革包含三层含义：一是政府行业管理机构“掌舵”（决策），具体的公用事业服务单位“划桨”（执行）；二是构建公用事业服务部门的竞争格局；三是公用事业服务的消费者自由选择服务供给者。

[13] 管毅平，邵长卫．监管者介入对发电厂商默契合谋行为的影响 [J]．经济理论与经济管理．2006 (02)．

本文构建的模型，分析了设定条件下客户—发电厂商—监管者三方博弈的行为。在模型中，监管者对于客户投诉的应对行为至关重要。监管者积极介入，能够鼓励客户在发电厂商采取高价格策略时进行投诉。如果在客户投诉概率达到一定程度时，监管者介入和接管发电厂商，将给发电厂商行为得益带来有效率的约束，迫使发电厂商不敢轻易采取高价格策略，从而维持电力市场的运行效率，激励厂商发电厂商将更多的精力用于降低成本，以此途经获取超额利润。

[14] 郭海涛．市场势力理论研究的新进展 [J]．经济评论．2006 (03)．

传统的结构主义（SCP 范式）认为市场集中度对利润率的正的影响可以作为运用市场势力的证据。如何正确的估计市场势力的运用程度，产业组织的经验研究在 20 世纪 80 年代以后分成了传统的结构主义和新经验研究两个方向，前一个方向是对 SCP 范式的一个发展，而后一个方向则是采取了新的研究方法。具体地，较新的结构主义研究则运用推测变差的方法建立了企业推测其竞争对手的行为并依据这种推测行事的结构主义模型，为结构主义的研究提供了理论基础；20 世纪 80 年代以来兴起的新经验产业组织研究认为市场势力不可以直接观测，但是可以通过计量分析推断出来。此外，他们也认为厂商销售利润率与经济学意义上的边际成本也是不能直接观察的，其研究更多的集中于单个产业层面或厂商层面。

[15] 郭萍．信息不对称与医疗服务市场的规制 [J]．兰州学刊．2006 (02)．

信息严重不对称不但使医疗服务市场缺乏经济效率，甚至会危害消费者的生命健康权益，所以，对医疗服务市场的合理、有效地规制成为社会基本秩序维系的迫切问题。对于医疗服务市场的规制，仅靠“市场—政府”的制度安排是不够的。要突破这种规制困境必然要求第三方专家系统的建立。第三方专家系统如医疗质量评估中介的引入具有降低交易成本的优势，但考虑到其潜在的制度风险，第三方专家系统应该与市场竞争机制、政府规制及社会监督共同进行合作规制。而在我国医疗服务市场的规制实践中，政府职能不清、第三方专家系统严重发育不良、难以独立、客观地进行医疗质量的评估等制度缺陷已经成为医疗服务市场健康发展的潜在隐患。

[16] 郭勇，李一军，梁雪峰，等．美国 UNE 政策失败的原因与启示 [J]．中国软科学．2006 (12)．

从 UNE 的规制时间来看，采用指令手段强制在同一市场进行竞争的双方进行不情愿的合作，最终难以达成促进竞争的目的。过分的规制难以奏效，只有解放并依靠市场力量，才有助于竞争局面的形成。采用多个网络之间相互竞争的方式，才是将竞争引入电信产业的最好方法。

[17] 韩金华．我国反垄断的经济理论基础——马克思主义垄断理论 [J]．中央财经大学学报．2006 (02)．

近年来许多学者在研究和探讨反垄断的经济理论基础时，往往选择西方经济学的竞争理论而忽视马克思主义的垄断理论。马克思主义的垄断理论最早源于马克思的资本积累理论，之后恩格斯、希法亭、列宁等马克思主义者对马克思的垄断理论进行了发展和创新，列宁是马克思主义垄断理论的集大成者。笔者从垄断产生的原因、垄断与竞争关系和垄断的双重作用三个方面来介绍马克思主义的垄断理论，并进一步论证马克思主义垄断理论作为我国反垄断的经济理论基础的科学性与合理性。

[18] 何大安．跨国公司投资与流通产业管制 [J]．财贸经济．2006（08）．

在一个面临体制转轨的国度中，如果跨国公司对流通产业的投资规模不大，通常不会在该产业中形成规模经济以及与此相对应的垄断反之，如果跨国公司的投资规模扩大以至于形成一定的规模经济水平，进而出现局部的垄断时，该国的流通产业就会产生自然垄断。但是，随着我国全面加入WTO，政府对外资商业实施全面或严厉的进入管制、价格管制等都是行不通的，并且流通产业的竞争性特点也不支持和不允许这样做。因此，我们只能采取间接管制的政策：可考虑通过鼓励或限制政策不让一国的外资商业或同一跨国公司麾下的外资商业控制某一地区的流通产业，从制度安排上重视对投资环境的重塑，同时应将产业经济学相对成熟的经济性管制和社会性管制的理论结合起来以应用于防止外资商业在我国流通产业形成自然垄断的间接管制中。

[19] 何大安．产业自然垄断与政府产业管制 [J]．商业经济与管理．2006（09）．

产业管制是由自然垄断的物质规定性所塑造的，产业管制在加固自然垄断企业的规模经济、递增规模技术报酬、成本劣加性等特征的同时，也会在制度安排上削弱市场机制的作用，从而通过反作用以形构出产业自然垄断的格局。经济体制转轨增添了自然垄断产业运行中的由行政和市场相混合而成的新变量，这些变量会制约政府有限理性的发挥，政府对自然垄断产业实行管制的困难逐步变大，并且自然垄断与产业管制之间的相关性会随着这些变量的出现而模糊起来，以至于政府很难制定出符合现实的产业管制政策。

[20] 贺振华．寻租、过度投资与地方保护 [J]．南开经济研究．2006（02）．

过度投资和地方保护一直是困扰中国经济发展的顽疾。为了更好地解释过度投资和地方保护现象，我们考虑了寻租动机对于地方政府行为的影响。在考虑了寻租动机后，我们发现，本地企业的最初的决策产能大于后期实际利用的产能。也就是说，存在我们通常说的产能过剩。为了利用这部分未被利用的产能，一个办法是本地企业独占市场，排挤外地厂商，要达到这一目的，只能通过提高外地厂商的成本，也就是实行地方保护主义。

[21] 胡敏洁．特许、行政法与规制工具 [J]．国家行政学院学报．2006（05）．

作为政府规制的一种方式或工具，特许在当下社会背景中发挥着越来越多的作用。特许推动私营企业提供服务，是新公共管理运动的缩影，也是契约型安排在行政法中兴起的缩影。对于政府而言，其对于特许最重要的规制是通过程序而实现。特许也被恰当的认为是一种程序，既包括授予特许权的措施的设计与运作，也包括特许管理规则之下的监督、谈判与制裁，其中寓藏着充足的裁量余地。在这一过程中，行政法及其他法律法规发挥着重要的规制功能。

[22] 黄群慧．管理腐败新特征与国有企业改革新阶段 [J]．中国工业经济．2006（11）．

国有企业管理腐败呈现出从以侵吞国有资产为主的国有企业领导人个人腐败逐渐减弱、以行政垄断腐败为主的国有企业群体腐败日益严重的新特征。相对以前单纯以改善国有企业效率为改革目标的国有企业改革而言，现在必须强调在打破行政性垄断的前提下改善国有企业效率，我国进入了一个以解决垄断性产业改革问题为核心的国有企业改革新阶段。

[23] 黄新华．政府管制、公共企业与特许经营权竞标——政府治理自然垄断问题的政策选择分析 [J]．东南学术．2006（01）．

政府治理自然垄断问题的三项政策选择各有利弊，在实践中对各种可选择性方案提供一个优先顺序是很困难的。但是，从理论的角度看，特许经营权竞标优于政府管制，而政府管制优于公共企业，因为就企业面临的竞争性约束程度而言，在特许经营权竞标中竞争是最为激烈的，企业必须通过质量与价格参与竞争获得特许经营权。一个受管制的私有企业不会面对这样的竞争，但如果经营不好，就会受到被接管和对在位管理者替换的约束的威胁，但是公共企业不用面对这两类约束，这样便允许其有更大的自由处置权而偏离了效率。因此，如果要选择一个提供最大潜力的方案，那么可能就是特许经营权竞标。

[24] 姬兆芬. 环境保护问题的法律调整模式分析 [J]. 上海交通大学学报（哲学社会科学版）. 2006 (02).

政府直接管制与基于市场的经济手段在环境公共政策的调整领域都有其有利的地位，环境政策的关键在于寻找市场调节与政府直接干预的均衡点，以达到环境保护与经济发展协调的目的。本文从外部性、公共产品、信息不对称三个使“市场失灵”的角度分析了环境保护问题的法律调整模式，认为解决环境问题需要“看得见的手”和“看不见的手”兼而用之。

[25] 贾爱玲. 公法与私法融合的法律调整模式——环境管理中经济刺激手段的运用 [J]. 行政与法. 2006 (06).

在解决环境外部性的问题上，经济手段会比行政手段产生更大的利益激励机制和效率弹性。经济手段的作用在于通过对环境资源予以定价，将同环境污染与利用等相关的外部成本全部反映到企业的生产成本中，促使企业基于利益最大化的考虑，做出最有利于环境的经济决策。因此，在环境政策的执行中加大运用收费、补贴、押金、排污权交易、环境税、环境责任保险等经济手段的力度是大势所趋。对环境问题的调节，在法律层面上，要求的是既具有私法的建立在意思自治基础上的内在激励机制，又有公法从整体利益出发保障国家介入经济活动的干预机制。

[26] 姜春海，于立. 网络产业单向接入定价理论研究 [J]. 产业经济评论. 2006 (02).

接入问题可以分为单向接入和双向接入两类。接入问题的内容主要包括接入定价、接入标准和接入质量三大方面，其核心是瓶颈部门的运营企业应该如何向瓶颈设施使用者收费，即接入定价问题。本文主要研究单向接入定价理论。解决接入问题主要有两种机制：一是反垄断制度；二是政府规制，即由规制机构对接入价格、标准、质量和时间等问题进行规制控制。总的来看，在单向接入情况下，存在三种主要的接入定价理论，即最优的边际成本定价方法接入定价方法，即接入价格等于提供接入的边际成本，加上在位企业的机会成本同时确定在位企业的最终零售价格和接入价格，以最大化社会福利的接入定价方法。对于上述三种接入定价理论的经济分析和观点常常是互相矛盾的，例如，每种接入定价理论都拥有强烈的支持者。

[27] 姜正新. 我国电信产业不对称双限资费规制模式 [J]. 经济理论与经济管理. 2006 (03).

目前我国电信资费规制采取的是类似于西方发达国家（例如美国、英国等）普遍采用的上限规制模式。尽管相对于政府直接定价或回报率管制等方式而言，对电信资费实行上限资费规制是一个较大的进步。但是在我国电信资费规制的实际运作中，该模式并没有能够完全实现其规制目的，反而出现了混乱。笔者认为该规制模式失效的基本原因主要有以下两点：其一，由于电信资费模式的多样化和复杂性，导致政府主管部门很难对企业价格实行有效的审批和监管。其二，由于委托代理关系的影响，导致部分电信运营商片面追求市场份额。要避免由于资费模式以及委托代理关系给我国电信资费规制带来的负面影响，推动弱小运营商规模进入上述马歇尔缓冲区间以实现整个产业的有效竞争，必须突破当前单纯上限规制的基本模式，而要实行上限和下限两个层面规制，并对不同类型运营商实行政策倾斜，这种差异化规制模式本文称之为“不对称双限规制模式”。

［28］蒋殿春，杨超，盛明泉．火车票定价与社会福利［J］．经济研究．2006（12）．

一般认为火车票市场之所以存在"倒票"都是因为价格管制的结果。价格管制导致了市场中存在套利机会，但是本文应用一个动态博弈模型论证了：对于票券这类供给有限的商品，在当前的统一定价方式下，即使价格提高到市场出清水平，依然有可能出现套利机会；涨价不但不能解决我国火车票市场的"倒票"行为，而且还会产生进一步的福利扭曲。接下来，我们结合我国火车票市场的实际情况，设计了一种两期差别定价方案，它既可以消除市场的"倒票"行为，同时又保证了消费者和铁路部门的利益；在第二期定价水平恰当的条件下，社会福利得到改善。

［29］蒋满元，唐玉斌．地方保护主义与过度竞争现象形成的关系分析［J］．东北财经大学学报．2006（05）．

从总体上分析，地方保护主义对过度竞争现象的影响突出表现在以下两个方面：地方保护主义因分割了统一的市场体系，因而易于引发过度竞争现象；地方保护主义及其所导致的分工水平低下的状况，在强化了产品同质性的基础上，也无形中促进了过度竞争现象的形成。如果地方保护主义的樊篱能够降低或是撤销，那么在提高社会福利的同时，也会有助于消除或弱化已经存在或是潜在的过度竞争问题。

［30］景玉琴．产业安全评价指标体系研究［J］．经济学家．2006（02）．

本文通过产业国内环境评价、产业竞争力评价、产业控制力评价三个方面，政府规制环境、市场环境、绩效、结构、产业受控状况、国别集中度等六大影响因素，借助于政府行政能力、产业软环境、金融环境、生产要素环境、市场需求、产业绩效、产业结构、外资产业控制、外资国别集中度等九个影响因子，建立起新的产业安全评估模型，尽可能全面地考察产业安全状况。

［31］李伯侨，吴晔．行政垄断的反垄断法反思［J］．广西社会科学．2006（02）．

行政垄断是兼具行政违法性与经济违法性双重属性的竞合违法行为，但行政违法性才是其本质属性。以反垄断法这样一部典型的经济性法律对行政垄断进行调整缺乏基本的理论支持。在实践当中，无论行政主体以行政裁决、抽象行政行为或具体行政行为等方式实施行政垄断，反垄断法的规制作用都是相当有限的。综合理论与实践两方面的分析来看，将反行政垄断纳入到反垄断法当中，只能是一种错位的选择。这样将会破坏法律体系的协调性，并最终使反垄断法成为过渡性失败立法的牺牲品。改革和完善行政救济手段，以行政法规制行政垄断才是最佳选择。

［32］李长健，江晓华，王悦．我国食品安全监管的困境及对策——基于经济法与行政法双重角度的思考［J］．上海政法学院学报．2006（02）．

安全是食品的最基本属性，食品监管是保证食品安全的重要手段，食品安全监管于民众权益、社会秩序、经济的持续发展有重要意义。食品安全监管存在立法漏洞、政府组织机构紊乱、传统文化辩证性、城乡二元经济等障碍；故立一部食品安全法成为必然，但目前学术界存在两大致命性弊病：一是食品安全监管中诸多重大关系未厘清；二是没有结合行政法与经济法来思考食品安全的立法。在食品安全监管的具体过程中既要涉及技术监督，也要涉及监管体系的完善。所以，笔者认为食品安全监管主要应从两个方面着手，即技术监督与监管体系的完善。

［33］李长杰，王先甲，范文涛．信息不对称约束下用水许可证拍卖制度设计［J］．运筹与管理．2006（06）．

用水许可制度是国家对开发利用水资源实施统一管理的一项重要的法律制度，对水资源的综合开发利用、节约用水、计划用水以及缓解我国水资源的紧缺状况都有十分重要的意义。目前，在我国用水许可配置过程中，采用“申请—审核—颁发许可证”方式，是单方面、非公开审批的用水许可分配。本文针对信息不对称约束下水行政机构利用行政手段配置用水许可证的效率问题，分析由于信息不对称带来的弊端和不足，然后引入市场手段，利用拍卖理论在不对称信息下的揭示信息功能、提高资源配置效率的功能，设计了基于拍卖理论的用水许可证拍卖模型，提高用水许可证配置的效率。

［34］李怀．自然垄断产业的分类管制模式与政策取向［J］．首都经济贸易大学学报．2006（04）．

根据当代自然垄断理论的最新研究成果，基于自然垄断产业已经收敛到网络经济效应较强的产业上这一事实，自然垄断产业可划分为信息传输型网络产业和物理传输型网络产业。根据不同产业的性质，分别采取不同的产业政策和管制办法，才能符合效率的原则。为此，本文探讨了不同类型自然垄断产业的管制类型以及不同类型自然垄断产业的管制政策。

［35］李怀，戚聿东．我国自然垄断行业规制体制改革研究［J］．经济管理．2006（24）．

传统自然垄断行业的改革是我国走向市场经济的一个难点。本文基于自然垄断理论模型的最新发展成果，从我国现实情况出发，指出了我国自然垄断行业存在的诸多弊端，特别是现有规制体制的问题。在此基础上提出了我国规制体制进一步改革的方向，并讨论了未来改革的一些对策性问题。

［36］李莉．银行监管的原因、失灵及其改进［J］．世界经济文汇．2006（03）．

银行体系本身的脆弱性使得银行业市场失灵现象甚为严重：不完全竞争所导致的高贷款利率扭曲了金融资源的有效配置，信息不对称所带来的逆向选择和道德风险，以及外部性所引发的银行挤兑的蔓延则加剧了银行体系所面临的金融风险；而与此同时，法律的制定和实施又无法完全解决这些银行业自身难以避免的市场失灵问题：一方面法律具有内生的不完备性，只能事后惩戒无法事前制止，另一方面法庭缺乏足够的激励调查取证公正执法，因此单纯依靠法庭执法无法达到最优。因此，在高风险的银行业引入监管者以弥补银行市场的失灵和法律的不完备是必然的选择。无论哪项监管工具都有利有弊，银行监管的改进伴随着银行监管失灵问题的出现，一直在进行。

［37］李启家，蔡文灿．论我国排污许可证制度的整合与拓展［J］．环境资源法论丛．2006（00）．

排污许可证制度是许多国家在环境监普管理领域中，较为普遍采行和优先适用的常规性、多种适应性的重要法律制度，也是我国环境保护基本法律制度之一。本文首先论述了排污许可证制度的功能和价值，说明实行该制度的必要性，接下来分析了实行排污许可证制度的正当性和可行性。在剖析了我国排污许可证制度现状及其缺陷的基础上，就排污许可证制度的适用范围、基本原则、审批机关、与总控制的关系、监督检查和法律责任等重点问题提出立法设想。

［38］李寿德．排污权交易市场秩序的特征、功能与制度安排［J］．上海交通大学学报（哲学社会科学版）．2006（02）．

排污权交易市场秩序在本质上是一种利益和谐、竞争适度、收益共享的环境资源配置状态和利益关系体系。构建排污权交易市场秩序的关键是对排污权进行立法等必要的法制建设、排污权交易市场的政府管制以及完善排污权交易制度；在此基础上进行利益关系的和谐，以便消除各种经济主体之间、地方政府之间以及政府与各种社会经济主体之间的利益冲突，保障排污权交易市场的有序性，从而实现利益和谐。

[39] 李项峰，李郁芳．地方政府规制与规制外部性 [J]．江苏社会科学．2006 (03).

地方政府对外部性的规制可能会产生另一种外部性，即规制外部性。规制外部性是政府在制定与实施规制政策的过程中因自身的无效或被规制者的影响而产生的成本和收益转移。它是政府失灵的一种表现。与市场外部性不同，规制外部性可能影响配置、稳定、分配或增长。因此，有效的规制政策应该足够考虑到政策的这些影响。一旦预期产生的规制外部性超过了原来存在的市场外部性，此时政府进行干预的理由变得不再充分。

[40] 李勇军，张大成．市场经济条件下对我国自然垄断规制的思考 [J]．财贸研究．2006 (01).

导致我国目前规制之不利的现状有一些深层次的原因，主要集中在以下两个方面：一是计划经济体制下的权力运作模式与经济运作模式的结合在自然垄断行业仍有较深的烙印，致使该行业的行政权力膨胀极为突出；二是团体力量的缺失导致团体利益的漠视，公民参与规制的积极性较低，最终造成社会保护机制的缺位。由于自然垄断行业本身的复杂性和规制方法的多元性，规制应遵循一种有步骤、分阶段的渐进策略，切忌搬抄别国经验、草率制定规则。

[41] 李月军．西方社会规制研究关注的主要问题及其启示 [J]．公共管理学报．2006 (04).

西方政府的社会性规制兴起于20世纪60年代末70年代初。进入20世纪80年代以来，经济规制放松，但在健康安全、环境保护等方面的社会规制却迅速增多。研究者们试图追问社会规制过程这个黑匣子中究竟发生了什么。为此，他们深入社会规制行动者内部，借用委托—代理理论、博弈论等研究方法，分析了作为规制者的政府内部的不同层次之间的关系及其对规制实施的影响，作为被规制者的企业内部因素，如雇主的法律意识、雇员在健康安全方面对雇主所施加的压力等，对被规制者行动策略乃至规制效益的影响，提出了一些与旧有规制经济学不同的观点；研究者们还运用流行的制度主义理论探讨了规制制度设计与变迁，规制制度与行动者之间的互动等问题。

[42] 李月军，侯尤玲．美国社会规制研究的三种路径 [J]．湖北经济学院学报．2006 (06).

20世纪80年代以来，规制经济学中的公共利益理论和规制捕获理论被运用到社会规制研究中，但由于二者都把规制过程看做是一个黑匣子，都没能很好地解释政府规制的具体而复杂的过程。近年来的研究试图提供更具有解释力的理论途径，主要致力于打开规制过程这个黑匣子，其中以下三种研究路径最为重要：经济学的成本效益分析路径；公共选择分析路径；制度主义分析路径。

[43] 林关征．政府管制与管制放松的制度经济学分析 [J]．经济体制改革．2006 (06).

从制度经济学角度，尤其是在产权经济学意义上，管制属于一种特殊的公共产权，政府通过管制有意制造的、纳入“公共领域”的资源价值形成了管制租金，各利益集团通过博弈力量的对比共同分享了管制租金。管制放松作为制度变迁，其发生必然受一定的因素或力量影响。首先，技术水平的进步改变了管制的边界。其次，市场容量和范围的变化改变了管制的边界。最后，各利益集团谈判力量的变化推动了管制边界的改变。

[44] 林平，马克斌．宽恕政策 (Leniency Program) 与卡特尔的反垄断控制 [J]．产业经济评论．2006 (02).

世界各国经验证明，建立宽恕政策是防止和侦破卡特尔的一个有效手段。有效的宽恕政策必须满足三个基础条件：严厉的处罚威慑，强有力的反垄断执法系统和宽恕政策的可预见性和透明度。鉴于卡特尔已在中国经济运行中大量出现和它对社会的有害性，我们建议中央政府尽快建立明确有效的卡特尔宽恕政策，特别是引入对卡特尔的刑事处罚，并最好在《反垄断法》立法时同步进行。

[45] 刘宁元．论反垄断法实施体制运作的推动力量 [J]．时代法学．2006 (02)．

在各国反垄断制度体系中，存在众多推动反垄断法实施体制的运作力量。这些力量主要有法院、反垄断专门机构和私人。它们相互之间的衔接、合作、制约，决定了反垄断法实施体制运作的效率和公平性。

[46] 刘笋．国际投资与环境保护的法律冲突与协调——以晚近区域性投资条约及相关案例为研究对象 [J]．现代法学．2006 (06)．

经济一体化所带来的环境损害已成为国际社会关注的焦点问题之一。国际社会已开始尝试运用贸易投资条约防范贸易投资自由化带来的消极环境影响。以《北美自由贸易协定》为代表的国际投资法立法新模式，在其投资章节中规定了环境条款，试图兼顾投资自由和环境保护两种利益需求。虽然实践表明，该协定仍然没有有效协调投资与环境保护之间的关系，并在执行上出现了诸多法律冲突，但该协议所彰显的贸易投资自由化不得以牺牲环境为代价的立法理念和原则，可能会成为未来国际经济法中重要的理念和原则，将会对未来国际投资法和国际经济法的发展产生重大而深远的影响。

[47] 刘燕，潘杨，陈刚，等．双二元经济结构下的生态建设补偿机制 [J]．中国人口．资源与环境．2006 (03)．

新中国成立初期，我国政府所采取的赶超战略和改革开放后的地区不平衡发展战略是联系双二元经济同环境污染现状的历史渊源。在双二元经济结构的约束条件下，生态建设供给的博弈均衡应是由东部发达地区和城市先进部门承担绝大部分甚至是全部的生态建设成本。因此，我国生态建设补偿机制的构建方向就应该是构建一个有效完善的跨区域、跨部门的生态建设补偿机制，以平衡生态建设者和生态建设收益者之间的成本和收益，这是保障生态建设可持续发展的关键。

[48] 柳捷，谢东鹰．社会性规制及其法律制度安排 [J]．社会科学辑刊．2006 (06)．

社会性规制的目标主要是保护社会公众的健康、安全和环境权益。市场机制和民法调整的局限性以及社会性规制和经济法、社会法的优势，使得社会性规制直接干预经济生活具有了必然性。社会性规制的立法应当有社会公众的广泛参与，充分体现其意志。

[49] 骆品亮．3G 背景下电信竞争模型与接入规制政策研究 [J]．产业经济研究．2006 (01)．

垄断运营商缺乏提供普遍服务的激励。电信的市场化改革机制一般是引入竞争机制或分拆垄断在位者。在网络规模非对等下，引入电信竞争通常是社会低效率的；在位者提供瓶颈资源的接入定价是社会低效率的，可以采用基于机会成本的有效元素定价对接入服务予以规制。

[50] 马可，秦鹏．产品环境标志制度研究 [J]．重庆大学学报（社会科学版）．2006 (06)．

产品环境标志制度是调动公众参与环境保护、塑造生态消费行为的一种理想制度，是使环境管理由单纯的强制性行政管理逐步转化为强制性和指导性相结合的管理模式。环境标志是一种证明商标，保护环境标志的手段是证明商标登记。环境标志保护的另一个措施是国家与环境标志使用者签订环境标志使用合同。

[51] 穆随心．试论职业安全保障中的政府行为 [J]．北京行政学院学报．2006 (04)．

职业安全立法是市场经济国家对劳资关系积极干预的结果，因此各国政府通过政府行为来保障职业安全立法的贯彻实施，便是其中应有之意，政府行为亦获得其妥当性。职业安全保障中的政府行为，有抽象行政行为和具体行政行为之分。我国职业安全保障中的政府行为还存在着问题亟待解决，表现为：政府抽象行政行为的违法不作为，即依法具有制定行政法规、规章等规范性文件的行政机关，应当制定而没有或者没有适时地制定的一种不作为行为；政府具体行政行为存在的问题主要是一些地方领导干部、工作人员严重玩忽职守、失职、渎职，甚至官商勾结、徇私舞弊。

［52］聂辉华，李金波．政企合谋与经济发展［J］．经济学（季刊）．2007（01）．

造成中国经济高增长率和高事故率的制度性原因是，在片面强调 GDP 的官员绩效考核制度和分税制下，由于生产成本的信息不对称，地方政府和企业会合谋。以最优的防范合谋契约为基准，我们解释了造成当前政企合谋大量存在的若干重要原因：中央政府防范合谋的成本太高、地方政府缺乏长远预期、企业被过度抽税、第四方监督失效和惩罚不可置信等。

［53］农卫东，谢海光，徐晋．放松管制与社会福利［J］．上海交通大学学报．2006（04）．

在不存在寻租的情况下，政府放松管制将促使社会福利增加；在存在寻租的情况下，政府放松管制对社会福利的影响和在位企业与潜在进入企业的相对数目相关。只要潜在进入者数目相对在位企业数目足够多，即使存在寻租的情况，放松管制仍然可以提高社会福利。这从一个角度解释了为什么我国在目前行政管理体制改革滞后、地方保护主义、权力寻租依然存在的情况下，实行放松管制等经济改革措施能够提高社会福利。

［54］戚聿东，柳学信．中国垄断行业的竞争状况研究［J］．经济管理．2006（02）．

近年来我国对自然垄断产业进行了一系列改革。总的看来，我国垄断行业的改革取得了如下方面的进展：（1）在部分垄断性行业初步实现了政企分开，行政性垄断的问题得到一定程度的解决；（2）在部分垄断性行业形成了有利于引入竞争的市场结构，其中有些行业竞争的格局已经形成；（3）垄断性行业中特大型国有企业的改革取得了一定的进展。进一步，本文系统分析了我国自然垄断产业目前的市场结构和存在的市场进入障碍以及限制竞争行为，提出了关于我国垄断行业进一步强化竞争机制的政策建议。

［55］漆多俊．反垄断立法中的行政性垄断问题［J］．时代法学．2006（02）．

行政性垄断是国家机关滥用行政权力造成的，虽然就其结果而言它也是一种经济垄断，但它有着和一般经济性垄断不同的许多特点。这决定了法律对它的规制也有着许多特殊性：反行政性垄断的主管机关必须具有较高权威性和拥有充分的职权；它们应独立办案而不受干预；反行政性垄断的程序应当明确具体，可操作性强，不给人以规避的机会；要处理好反垄断专门机关办案程序同司法程序的衔接关系，并应充分发挥司法程序的作用；制裁措施要恰当和有力。

［56］秦国荣．我国反垄断立法的制度功能与历史任务［J］．南京社会科学．2006（09）．

在现代市场经济体制尚未完全建立，地方的、部门的、行业的等各种行政力量渗透进经济领域，对市场自由竞争构成严重妨碍的客观形势下，中国反垄断立法的主要任务在于规范政府和市场主体之间的关系，遏制乃至消除各种限制竞争的行政垄断行为，创设和维护公平竞争的市场秩序，最终为竞争型市场经济体制的建立提供法制保障。它与以自由竞争市场经济的充分发展为基础而产生的西方发达国家的反垄断立法相比，有着截然不同的制度与历史任务。

［57］任端平，潘思轶，薛世军，等．论中国食品安全法律体系的完善［J］．食品科学．2006（05）．

食品安全形势严峻的主要原因是：现行食品安全法律体系的构建并不以食品安全为目的；现行

食品安全法律体系强调以制裁为特征的“强法”，忽视以强调纲领、政策和原则为特征的“软法”；中央政府食品安全管理职能尚且没有法制化，食品安全公共管理部分职能缺失；食品安全监管职能横向与纵向的交叉和冲突严重；食品安全标准的含义以及强制性标准的法律性质和法律位阶的模糊不清。我国食品安全法律体系完善的构想：制定食品安全基本法；清理和完善现行食品安全监管法；建立食品安全监管部门之间、地方与中央之间及地方与地方之间的协调机制。

[58] 石磊，马士国．市场分割的形成机制与中国统一市场建设的制度安排 [J]．中国人民大学学报．2006 (03).

由于没有相应的制度约束，财政分权制使中国在获益的同时，也导致了地方保护和市场分割。地方政府间的策略行为是地方保护和市场分割形成的重要因素。但除了地方保护因素之外，还存在着自然的市场分割因素。因此，可以将地方保护分解为合理的地方保护和不合理的地方保护，将市场分割分解为由地方保护形成的市场分割，以及由运输费用、风俗习惯等非地方保护因素形成的自然市场分割。自然市场分割水平在相当长的时期内是难以改变的。对于消除不合理的地方保护，我们的政策建议是：除了向经济落后地区进行财政转移支付和司法体制改革外，地方政府从竞争性产业中退尽也是必要的，这将使得地方政府在保护的企业中没有“私人”利益，削弱地方政府对当地企业提供保护的积极性。

[59] 石淑华．政府俘获理论的比较分析——芝加哥学派与弗吉尼亚学派 [J]．福建论坛（人文社会科学版)．2006 (12).

芝加哥学派和弗吉尼亚学派是公共选择理论的两个重要学派，它们都从经济学角度对规制领域中的政府俘获问题（或利益集团问题）进行了深入研究，提出了规制机构为特殊利益集团服务的观点。但是，二者在理论假设、研究内容、研究方法、竞争影响、租金耗散等问题上观点迥异，从而形成20世纪七八十年代政府俘获理论研究上的不同派别。

[60] 史建三．完善反垄断立法中并购申报制度的一点思考 [J]．法学．2006 (12).

立法者既要鼓励国内企业进行并购以提升国内企业的实力与国际竞争力，又要限制外资并购以防止外资企业垄断我国市场；既要鼓励国内企业通过兼并做大做强，又要防止过分兼并导致产业过于集中形成的市场垄断。目前的《反垄断法》草案主要还是着眼于防止外资垄断，因此，对经营者集中实行了较为严格的事先申报制度，申报标准定得偏低。目前拟定的这一事前申报制度并未能够解决上述两个矛盾，不但无法促进国内规模企业的形成，甚至还可能连原本规制外资并购的目的也无法实现。因此，应提高申报的门槛。目前世界上大多数经济发达国家对待企业并购采用的都是事先审查制度，但是事后备案制度和自愿申报制度也有其生存的法律基础和经济基础。

[61] 孙广生，田海峰．面向供应链的环境治理组织模式研究——基于交易费用视角的考察 [J]．中国工业经济．2006 (11).

环境治理的组织形式既可以是单个企业的末端治理，也可以是具有纵向关系的企业间合作治理。后一种环境治理组织方式在激励机制、节约信息成本和治理成本等方面具有的优势，已经越来越成为政府环境治理和企业提高竞争力的重要途径。本文试图借助交易费用理论，从供应链的视角考察具有纵向关系的企业间合作环境治理的组织形式与结构，并进一步探讨供应链上环境治理的驱动者与驱动方式的选择问题。分析表明，面向供应链的环境政策是末端治理政策一个很好的补充与替代。但面向供应链的环境政策必须能够降低供应链上企业环境治理的交易成本，并依据纵向关系或供应链的组织特征而有所差异，才能提高企业间协调环境治理效率。

[62] 唐要家．反垄断法豁免制度的比较分析 [J]．中南财经政法大学学报．2006（01）．

反垄断法豁免制度是反垄断法的重要组成制度。通过对美国、德国、日本和欧共体反垄断法豁免制度的比较分析，得出如下的结论：豁免的法律规定应将普遍性与特殊性结合起来；豁免应以效率为导向；行为豁免是反垄断法豁免范围规定的主体；豁免政策应是有条件的，并具有动态性；豁免制度的执行要形成对行政审批权力的制衡机制；豁免制度要注重国际协调的发展趋势。

[63] 田明君．横向并购的产业组织理论与反垄断政策 [J]．财经问题研究．2006（06）．

横向并购的经济分析可归纳为一个两阶段、六步骤的过程。第一阶段要评估横向并购是否满足相应的市场结构条件；第二阶段要评估并购对竞争产生的影响，分别从并购的反竞争效应和促进竞争效应两方面进行分析，并对正反两方面效应进行权衡以判断并购是否会对竞争产生实质的损害，从而决定是否批准该起并购。两个阶段又可以细分为六个步骤。步骤一：界定相关市场、计算集中度指标，评估是否符合并购控制的结构条件。步骤二：根据产业、产品的特点，从合谋或单边效应角度分析并购潜在的反竞争效应。步骤三：从进入进行分析，评估是否存在进入障碍，进入能否及进、充分、可能地阻止或抵消反竞争效应。步骤四：评估并购能否产生足够大的效率改进以抵消反竞争效应。步骤五：评估是否存在足以抵消反竞争效应的其他因素。步骤六：在上述评估的基础上决定并购是否被阻止。

[64] 王宏强，张晔．交易成本、寻租与制度变迁——对矿难事件的制度经济学思考 [J]．经济问题探索．2006（06）．

本文以制度经济学为视角，分析了在煤炭安全生产中存在的交易成本对生产成本的替代现象，以及煤炭行业管制所带来的寻租和官商勾结问题。本文认为矿主和地方官员作为“代理人”，虽推动了国家煤炭产权和安全制度变迁，但把外部性成本转嫁给矿工，并未解决制度结构不均衡问题；中央政府只有推动制度结构的变迁，注重政策实施的总体效果，解决正式制度供给不足问题，才能真正修补矿难背后的制度缺陷，根本解决外部性侵害问题。

[65] 王建明，李颖灏．价格上限管制的应用：理论基础、关键问题和实施对策 [J]．经济评论．2006（05）．

在垄断性产品的价格管制中，多数学者大致认同价格上限管制“不劣于”（“优于”或“类似于”）投资回报率管制。但实践表明价格上限管制也可能潜在问题，应用不当也不会产生有利的效果。价格上限管制的有效性取决于三个关键因素：合理的管制模型（主要是 RPI 和 X 值）、合适的管制范围与结构以及能适应不确定性。特别需要指出的是，价格上限管制的应用需要在确定、可预期的管制框架下，而绝不仅仅是设立价格上限管制模型。

[66] 王建明，彭星闾．城市固体废弃物规制政策研究综述——推进循环经济的前沿领域 [J]．外国经济与管理．2006（09）．

固体废弃物规制的目标是使垃圾生产的社会边际成本等于私人边际成本（即垃圾外部性内部化），从而减少市场失灵，最终实现固体废弃物减量化、再利用和再循环。经济学家和规制者提出了一些具体的固体废弃物规制政策。在这些规制政策中，垃圾收费政策属于下游政策，直接针对家庭垃圾处理和消费行为；原生材料征税、再生材料补贴、生产者责任延伸制度、循环材料含量标准、产品耐用性标准等政策属于上游政策，它们直接针对厂商的生产行为；预收处理费用和押金返还制度则是综合性政策，它们同时影响厂商和家庭的行为。

[67] 王健，田禹，安实．基于环境保护的拥挤定价下公交收费策略研究 [J]．系统工程学

报 . 2006（02）.

拥挤定价是消除原有的模糊产权制度所造成的道路使用外部性的有效手段，其合理制定，不仅能够缓解交通拥挤，同时还将削减的私人机动车出行，使之转化为常规公交和地铁等人均污染小或无污染的出行方式，从而有效地减少交通污染。本文设计了基于环境保护拥挤定价下的公交收费策略，为拥挤定价和公交收费政策如何实现减少交通污染目标提供了量化操作依据。

[68] 王金南，葛察忠，高树婷，等 . 打造中国绿色税收——中国环境税收政策框架设计与实施战略 [J]. 环境经济 . 2006（09）.

环境税不仅可以改变污染者的行为，而且其税收收入还可以用来保护环境和改善税收结构，实现环境、经济和社会“三赢”。环境税收政策采取先易后难、先旧后新、先融后立的实施战略，首先消除不利于环境保护的补贴和税收优惠政策；其次，综合考虑环境税和环境收费；再其次，实施融入型环境税方案对现有税制进行绿色化；最后，引进独立型环境税。

[69] 王俊豪 . 网络产业的市场结构重组、民营化与网络瓶颈 [J]. 财经论丛（浙江财经学院学报）. 2006（06）.

在传统体制下，电信、电力、铁路运输、管道燃气、自来水等网络产业基本上是由国有企业垄断经营的。因此，以促进竞争为导向的市场结构重组与民营化是这些网络产业改革的两大主题。但网络产业的市场结构重组与民营化相结合不仅将使网络瓶颈由可能性变为必然性，而且将使网络瓶颈由“软性”变为“硬性”，从而凸现网络瓶颈。网络瓶颈问题将成为影响中国网络产业改革成效，制约网络产业顺利发展的一个重要问题。网络瓶颈问题难以通过企业协商自行解决，必须借助于有效的接入管制。

[70] 王俊豪 . 英国公用事业的民营化改革及其经验教训 [J]. 公共管理学报 . 2006（01）.

英国公用事业的民营化改革具有深刻的经济、政治原因，英国采取了多种民营化形式，并取得了一定的成效；英国民营化后建立了由政府管制立法、执法和社会监督组成的管制框架；英国民营化改革的经验教训是多方面的，其中包括：法律制度是公用事业民营化改革的准则，政企分离是公用事业民营化改革的关键，竞争是提高公用事业经济效率的根本途径，有效竞争是制定公用事业管制政策的目标导向，政府应按照经济原理制定公用事业的管制价格。

[71] 王俊豪，吴晶晶 . 基于国家经济安全的跨国公司并购管制 [J]. 经济与管理研究 . 2006（10）.

随着跨国公司来华并购的发展，跨国公司并购行为将在一定程度上给我国经济安全带来威胁，为此需要政府对跨国公司并购进行有效管制。基于国家经济安全，借鉴国际经验，制定透明、稳定的跨国公司并购管制政策，有效制约跨国公司的并购行为已成为维护我国经济安全的一项重要管制工作。有效的管制政策的基本思路为如下四个方面：构建以《反垄断法》为基础的跨国公司并购法规体系；完善国家产业政策体系，明确规定跨国公司并购投资的产业导向；设立专门的跨国并购审批机构，对跨国公司并购进行严格审查；建立跨国公司并购预警机制。

[72] 王丽娟，梅林 . 相对优势地位滥用的反垄断法研究 [J]. 法学 . 2006（07）.

相对优势地位不同于市场支配地位，通常是指市场中不具有绝对优势地位的企业，在特殊情况下，对于依赖其进行交易的相对人具有类似于垄断企业的支配性影响力。由于在学术上对将优势地位区分为“相对优势地位”和“绝对优势地位”还存在很大的争议，因此，世界各国反垄断法中确立规制滥用相对优势地位行为的制度都比较晚，世界主要国家对滥用相对优势地位的行为采取迥异的立法态度，至今仍未形成普遍的规定。笔者认为反垄断法是应该对滥用相对优势地位的行为进行规制，主要理由是：其一，滥用相对优势地位的行为损害了竞争秩序；其二，滥用相对优势地位的行为损害了消费者的利益。

[73] 王迁．美国转基因食品管制制度研究 [J]．东南亚研究．2006（02）．

在管制理念下，美国主张“可靠科学原则”强调管制必须以科学证据为基础在管制方法上，美国反对对转基因食品采取不同于常规食品的特殊管制方法，而是同样适用“自律”管制，要求食品开发商自行确保食品安全美国也不认同消费者的“知情权”，因而不要求在转基因食品上张贴强制性标签。可以看出，美国的经验是很难加以效仿的，更不符合我国的国情。我国管制转基因食品的立足点应当是以保障我国人民身体健康为首要目标，同时在符合规则的前提下合理运用“非贸易壁垒”，如强制审批要求、强制标签要求等适度抑制转基因食品的进口。

[74] 王庆功，杜传忠．网络经济与政府反垄断改革 [J]．齐鲁学刊．2006（06）．

网络经济作为一种新的经济运行形态，具有与工业经济不同的特征和运行规律，在产业市场的垄断形成机理及其绩效表现方面，与传统工业经济相比也发生了巨大的变化。在网络经济条件下，导致垄断形成的主要因素包括：（1）网络外部性、正反馈与需求方规模经济。（2）技术兼容性与标准竞争。（3）市场临界规模及其形成的市场进入壁垒。由于网络经济条件下垄断形成机理及其表现出的绩效发生了变化，从而政府在反垄断的目标、内容及方式上都需要进行相应的调整。

[75] 汪秋明．规制定价机制的激励强度权衡与模型设计——以我国电信产业的规制定价总体模型设计为例 [J]．中国工业经济．2006（03）．

本文分析了我国目前的制度特征如何影响我国自然垄断产业规制定价机制激励强度的权衡，在此基础上，尝试提出适合我国目前制度特征的电信产业规制定价总体模型——基于收益率规制并加入动态激励因素的规制定价模型。现阶段（过渡阶段）的规制定价机制如果实施顺利，并且各项基础制度和相关政策改革均已到位，那么在此基础上，未来阶段的总体定价模型应向价格上限模型过渡；在被规制企业已逐步适应，并且规制机构也取得足够经验的情况下，可将接入定价也一并容纳进来，也就是采用激励功能和企业自主性更强的整体价格上限定价模型。

[76] 王晓晔．论竞争法在市场经济法律体系中的地位 [J]．中南大学学报（社会科学版）．2006（01）．

竞争法在市场经济法律体系中的地位十分重要。首先，市场经济体制是依靠市场竞争机制配置资源的，因此，维护市场经济秩序的竞争法是经济法的核心；其次，自由竞争是市场经济内在和本质的属性，因此竞争法与私法的关系十分紧密，竞争法对私人所有权制度和合同自由制度具有重要的影响；再次，竞争政策与产业政策密切相关，因此它对国家产业政策的制定和执行有显著的影响；最后，因为政府的行为也会影响市场竞争，竞争法也应规制行政垄断行为。

[77] 王燕，李文兴．回报率规制中道德风险问题的模型研究 [J]．中国软科学．2006（05）．

我国政府对电力、铁路以及多数城市基础设施产业的自然垄断环节仍然采用这种规制手段或类似做法。政府规制机构面临的挑战是，如何在无法验证企业努力程度的非对称信息条件下，对回报率规制进行合约上的改进，以便尽可能钳制住企业逃逸努力的机会主义行为。运用委托—代理理论和机制设计方法，本文尝试提出克服企业机会主义行为的改进方案，为我国自然垄断行业的规制改革提供参考。

[78] 文青．外资并购反垄断控制的困惑与解决思路［J］．世界经济研究．2006（01）．

一方面，外资并购对我国经济发展存在着不可避免的负面效应，其中最重要的一点就是可能导致外资垄断势力的形成。另一方面，为了尽快提高本土企业的国际竞争能力，各国政府采取了默认、鼓励甚至支持本土企业之间并购行为的政策，我国政府也不例外。显然，这种政策放纵了内资并购的垄断行为。由于我国加入协议中所承诺的国民待遇原则要求内外资并购的同等待遇，从而国际竞争在某种程度上也同样弱化了政府对外资并购反垄断控制的力度。因此，面对时下外资并购的潮流，我国政府在外资并购反垄断控制中将存在"两难选择"的困惑。为此，我国实施有限制的循序渐进的国民待遇原则，建立以《反垄断法》为核心的反垄断法律体系。

[79] 吴汉洪，安劲萍．卡特尔协议限制竞争行为的规制［J］．中国人民大学学报．2006（01）．

随着我国反垄断法在不久的将来的施行，规制卡特尔协议将成为反垄断的重要内容。笔者认为，在未来的反垄断执法中可能遇到如下问题：第一，本身违法原则如何与合理原则相结合；第二，对国有企业，特别是国有大中型企业之间的卡特尔协议的处理；第三，执法队伍的建设和执法人员的素质问题。基于上述分析，笔者提出如下政策建议：第一，加强反垄断法的宣传；第二，加强对反垄断问题的经济学分析；第三，加强反垄断理论和实践方面的人才培养。

[80] 吴景丽，尹栾玉．社会性规制的法经济学分析［J］．学习与探索．2006（04）．

为适应构建和谐社会的需要，政府必须加强社会性规制职能。立法程序决定了法规的性质和内容，因此必须建立和完善我国的立法听证制度。立法规制的对象不应仅限于微观主体，也需要加强对规制者的规制。针对我国规制现状应当进一步细化有关国民健康和安全的法律规则，使执法行为规范化和制度化，并且加大农村的执法力度，建立起城乡统一的社会性规制体系。

[81] 吴玉岭．美国反垄断领域的福利转移市场——利益集团对反垄断法目标的异化［J］．经济经纬．2006（06）．

本文从利益集团寻租理论出发，将企业、国会、法院与执行机构作为利益集团，探讨它们是如何将惩治垄断的利器，异化为谋取私利的工具。

[82] 武恒光，刘长翠．声誉机制对环境规制效率的影响研究——基于环境保护财政资金的绩效评价视角［J］．审计与经济研究．2006（06）．

本文从环境保护财政资金的绩效评价视角，探讨环境保护财政资金使用者的声誉机制对环境规制效率的影响。发现，声誉机制作为资金使用者信守契约的隐性约束因素，对于促使资金使用者保证财政资金使用绩效、提供最大价值的环境保护至关重要，声誉缺失可能引致财政资金使用绩效低下，环境规制无效。

[83] 徐平，陈丽华．论政府规制的适度性把握［J］．经济与管理研究．2006（10）．

政府规制是政府部门依据一定的规则对企业活动进行限制的行为，其目的是为了修正市场制度的缺陷，避免市场经济运行可能给社会带来的弊端。但由于信息不对称等原因，政府规制也存在一些难以克服的弊端。因此，要强化政府规制的正面效应和弱化政府规制的负面影响，就必须把握政府规制的适度性问题。"适度性"至少应当包括如下四个方面：适当的政府规模、适宜的统筹协调、适度的政策把握和适时的规制调整。如何把握政府规制的"适度性"，如下方面应当引起人们的特别关注：确定市场状态、明确实现路径和检验规制效果。

[84] 许洁．论政府价格规制中的公众参与 [J]．财贸研究．2006 (03).

有效的政府价格规制政策应该是利益相关者之间不断地讨价还价和信息交换而达成的一致性的结果，这一结果反映了规制者的偏好或者参与者的相对谈判能力。在政府价格规制政策的形成过程中，公众参与是确保政策符合民意以及政策合法化的根本途径。引入公众参与机制，其形式取决于政策质量和公众接受程度两者的权衡。

[85] 许石慧．管制与反垄断的法律制度比较研究 [J]．江苏社会科学．2006 (02).

管制和反垄断代表两种对付市场失灵的制度。弥合市场竞争缺陷是管制与反垄断相通的法律接点。同时，反垄断与经济管制作为市场经济两项主要的调控制度，在产生背景、组成内容、规制工具等方面都有着明显的差异，这正是各自的制度价值所在。显性的比较结果是，管制通常具有限制竞争的效果，而反垄断被视为由反垄断机构和法院通过执行反垄断法而采取的旨在鼓励和保证竞争的行动。构建科学的现代管制体系和反垄断法为主线的竞争法制，是我国市场经济体制发展完善中的急迫任务，两者不能偏废，应通过法律资源的合理配置，发挥好各自的制度价值。

[86] 许石慧．社会性管制的法律变革与绩效分析 [J]．河北法学．2006 (07).

社会性管制有着不同于经济性管制的法律特质，其立法勃兴从福利经济学、法律社会化方面可以找到思想基础。评价与衡量社会性管制的法律绩效不应单纯从经济成本—收益出发，而更多的应关注其促进社会福利、大众正义、整体和谐的深层价值所在。具体地，社会性管制的法律绩效包括以下四个层面：第一，在防范风险上的低成本；第二，社会性管制增进了整体福利；第三，社会性管制促进了法律价值的协调统一；第四，社会性管制帮助私人获得了较低成本且更有效的法律救济。

[87] 杨海坤，郭朋．公用事业民营化管制与公共利益保护 [J]．当代法学．2006 (05).

民营化倡导私人部门替代公共部门承担社会公共产品和服务的供给功能，借以提升公共产品和服务的品质和质量。民营化背景下，公用事业管制的行政行为方式主要是行政特许。基于公益保障的理念基准，行政许可的制度塑造应该从保护计划经济下的垄断行业利益转变为民营化背景下的公益保障价值基准。同时，为了使公用企业有效承担起公益保障的责任，应该将公用企业纳入到行政主体范畴中来，使其承担相应的公法义务，避免政府通过民营化方式规避其传统的公法义务。

[88] 杨培鸿．重复建设的政治经济学分析：一个基于委托代理框架的模型 [J]．经济学（季刊)．2006 (01).

采用标准的委托代理模型，发现只有是政府主导的投资才有可能是重复建设。在信息对称和不对称情况下，寻租导致投资量低于社会最优量，在信息不对称的情形下尤甚。所以，重复建设不等同于过度投资，它完全可以在投资不足的情况下发生。

[89] 杨天宇．政府管制、收入差距与社会各阶层的利益冲突 [J]．上海经济研究．2006 (04).

我国居民收入差距的扩大，可以从两个根源上去寻找，一是市场机制按生产要素分配所造成的收入差距；二是政府管制所造成的收入差距。前者可以通过常规的收入再分配政策来解决。由政府管制失灵造成的收入差距，根源在于政府资源配置职能的“越位”，具体表现为政府主导的资源配置在城乡之间偏向城市，在城市内部偏向城市正规部门，在城市正规部门内部偏向机关、事业单位或其他待遇好、工作稳定的特定群体。显然，这种由政府管制失灵造成的收入差距，以及由此而引发的社会利益冲突，是难以通过常规的收入再分配政策来解决的，必须对现行政府资源配置职能进行改革。具体地，第一，消除政府在行使资源配置职能时的城市偏好，实现资源配置上的平等化；第二，改革现行有关制度，允许包括劳动力在内的生产要素自由流动。

［90］杨洵，师萍．多主体预算配置低效与我国食品安全监管缺失［J］．安徽大学学报．2006（03）．

本文通过构建单主体和多主体的预算博弈模型，分别求出其均衡解，将两者对比，结果发现，同单主体参与预算博弈相比，在多主体参与博弈的条件下，尽管国家实际财政支出规模不变，但食品安全监管部门获得的预算总规模减小。即使不存在委托—代理问题，各监管部门和人员都尽忠职守，也会造成食品安全总体监管能力削弱。现行的食品安全监管预算配置模式是一种不经济、非效率的选择。改革的具体方向为：第一，应尽快成立国务院级食品安全委员会；第二，在上述高度集权的监管机构成立后，应改革我国现行食品安全监管预算分配模式，变多元主体参与模式为单一主体参与模式。

［91］杨永忠．自然垄断产业管制演变：从引入竞争到控制风险［J］．当代财经．2006（01）．

早期基于规模经济的考虑，各国政府对自然垄断产业一向采取严格的管制措施，从20世纪70年代起，沿着自由化与国际化的发展方向，自然垄断产业广泛放松管制、引入竞争，促使了自然垄断产业内部环境较以往大幅变动，外部环境的不确定性也愈来愈高，加剧了自然垄断产业的运行风险，风险管制必然上升为政府管制的重要内容。现阶段自然垄断产业的风险主要是指自然垄断产业引入有效竞争机制后，由于竞争而产生的竞争环节的投资不足风险、竞争与垄断环节间的关联性降低风险、消费环节的供给质量下降风险和管制失灵风险。以上风险构成了现阶段自然垄断产业风险管制的主要内容，并对政府管制提出了新的挑战。

［92］杨永忠．自然垄断产业改革的国际比较及启示［J］．亚太经济．2006（02）．

在自然垄断产业，究竟是国有化或民营化效率更高，目前并无明确的实证结论。规制改革的总原则应是调整规制行业结构，缩小规制范围；完善规制政策，引导企业竞争；采取有力措施，保障消费利益。在开放背景下，如何处理规模与国际竞争力，是自然垄断产业市场化改革应该面对的新问题，由此涉及到一国产业组织政策的制定。在市场开放程度较高或将要面对开放市场的竞争时，国家的产业组织政策应鼓励企业扩大规模，鼓励产业兼并和重组，使企业具备参与开放市场竞争的国际竞争力。

［93］姚战琪．东道国对外资并购的规制研究［J］．南开经济研究．2006（04）．

本文在梳理已有研究成果的基础上，着重以外资并购对东道国市场结构的竞争与反竞争影响，以及资源转移中的政府和跨国公司的博弈作为理论分析的主要内容，认为东道国和跨国公司在选择外资进入东道国的两种方式（新建进入和并购进入）时存在不一致的经济利益，在技术等重要资源转让成本不同的条件下，作为东道国应制定相应不同的引资政策以使利益最大化。本文评价了中国20世纪90年代以来外资并购规制政策的变化，提出外资并购规制的政策取向和战略规划，以推动这一领域的研究。

［94］姚战琪．跨国公司进入方式规制的理论与政策研究［J］．财经研究．2006（09）．

跨国公司采取直接投资进入东道国有两种方式：跨国并购和新建投资。在进入方式的选择上，在不同的约束条件下跨国公司和东道国具有不同的收益和成本。东道国政府和外国企业的利益不一致是政策分析的前提，在技术转让成本较低时，外国企业倾向于选择并购进入，而东道国倾向于选择新建进入；在技术转让成本较高时，外国企业倾向于选择直接新建进入，而东道国政府鼓励并购进入。政策含义是东道国政府在制定政策时，要综合考虑进入方式的竞争影响和技术转让的影响，发展中国家政府制定的很多限制外资股权收购比例以鼓励外国新建投资的政策有很大的风险。

[95] 叶卫平．行政垄断规制悖论解析——兼谈行政权与经济调节权分际 [J]．时代法学．2006 (06)．

行政垄断在本质上属于滥用经济调节权的结果，是政府调控、规制经济的副产品；反垄断法可以“揭开行政权的面纱”，对行政垄断进行复合调整；在建构竞争秩序的过程中为防止公权力的滥用或者公权力作用的相互抵消，应该协调行政法、经济法在法学理论与制度上的冲突，对行政权、经济调节权做出一体化规制。

[96] 尹栾玉．中国社会性规制模式探析 [J]．湖北经济学院学报．2006 (01)．

社会性规制是以保护国民健康和安全为目的的规制。建立“适度型”社会性规制模式主要有三个方面要求：一是规制者职能必须适度，要完善激励—监督机制，加强对规制者的规制以及审计规制，并积极实行多元共治；二是规制立法程序必须规范，确保利益集团的均衡博弈，逐步完善规制法规；三是必须引入竞争机制，提高规制效率，降低规制成本，实现经济效益与社会效益的统一。

[97] 尹希果，陈刚，潘杨．分税制改革、地方政府干预与金融发展效率 [J]．财经研究．2006 (10)．

由于分税制改革切断了财政收入与支出的联系，使得地方政府面临着沉重的财政负担，从而导致了其普遍加强了对金融信贷行为的干预，不利于金融部门发挥其价值发现与企业监管的职能，进而也必然导致金融信贷资金配置的低效率。其政策含义是：将财政体制、金融体制和政府体制改革纳入同一个框架中将有利于减少制度转型过程中的“摩擦成本”。

[98] 于左．反垄断执法权力配置与行政垄断规制困境——泰国两则反垄断案例的启示 [J]．财经问题研究．2006 (05)．

反垄断法本身并不能自动促进竞争，其起作用的关键是执法权力的配置。在国有经济比重高、行政垄断广泛存在的经济体中，反垄断执法机关应具有独立性与权威性。行政垄断需要区别对待，有些行政垄断是反垄断法需要约束的对象，有些则应归属政治体制改革的任务，如果不能将二者分开，则势必影响反垄断法的实施效果。

[99] 袁芳．锦标赛、内生性制度创新供给与地区博弈——以各地物流园区布局为例 [J]．财贸研究．2006 (04)．

地方政府边际制度创新的努力成本不仅取决于整个社会对制度创新的认可和接纳程度，而且还取决于锦标赛中胜负收益差。屡禁不止的重复建设热及物流园区热的背后的一个重要原因就是地方政府出于抬高锦标赛中对手成本的动机，同时又可将不能被中央政府观察或证实的因素以显性化的方式而得以被中央政府所证实，从而达到战胜对手的目的。

[100] 曾国安．竞争、垄断与政府管制 [J]．福建论坛（人文社会科学版）．2006 (10)．

在市场经济中，市场自发因素会引起垄断，政府管制也是引起垄断的重要原因，垄断对经济效率和社会福利会造成损害，因此政府应该限制或者消除垄断。政府对由市场自发因素引起的垄断应该采取对垄断进行管制的政策予以限制或者消除，对由政府管制造成的垄断则应该采取取消管制或者放松管制，并对管制进行结构性改革的政策予以消除或者限制。政府管制垄断和取消或者放松导致垄断的政府管制旨在维护和促进自由竞争和公平竞争。

[101] 曾国安，胡晶晶．封闭经济与开放经济条件下政府反垄断政策的比较 [J]．湖北经济学

院学报.2006（05）.

在封闭经济和开放经济中，垄断产生的原因、垄断主体、垄断产生的经济影响、垄断程度的判别、垄断对经济体内部市场竞争的影响、对国际市场竞争的影响、经济体内部的垄断结构等等都存在差别，由此导致政府反垄断的对象、范围、手段、效力、主体、约束力量、博弈对象、竞争目标等也存在差别。一国经济在由封闭经济走向开放经济的过程中，应该充分考虑这些差别，从而制定出合理而有效的反垄断政策。

[102] 张晨颖.反垄断法的适用与豁免——兼论我国烟草专卖制度的存与废 [J].法学.2006（07）.

从法律规定及机构设置来看，我国的烟草行业实行的是垄断经营，即国家垄断、地区性行政垄断。烟草专卖制度的存废之争已经成为我国反垄断立法关注的焦点之一。目前世界各国均承认某些在形式上符合反垄断法禁止条款的行为，由于其符合免除责任的规定而排除适用相关禁止条款。就国际通行的立法例而言，在垄断禁止的一般原则下并存着对行业、行为的豁免。这一原则在烟草专卖制度中体现在两个方面：摒弃行政权力滥用和适度保持行业垄断。

[103] 张红凤.西方政府规制理论变迁的内在逻辑及其启示 [J].教学与研究.2006（05）.

迄今，西方国家的政府规制实践其经济经历了规制—放松规制—再规制与放松规制并存的演进过程，而社会性规制则呈现了持续加强的态势。在这一动态框架下，政府规制理论在“市场失灵与政府的矫正措施、检验规制政策的效果、寻求规制政策的政治原因、规制中的激励问题”四次主题转换的基础上，经历了公共利益规制理论、利益集团规制理论、激励性规制理论、规制框架下的竞争理论四大理论的变迁。它对我国政府在发展社会主义市场经济过程中如何执行微观经济的干预职能有一定的启示与借鉴。主要表现在以下几个方面：第一，关于自然垄断结构与规制的动态性；第二，关于“最优”政策的选择；第三，当打开政府的“黑箱”，考虑委托人（国会）、规制者、利益集团之间的对策性互动，特别是利益集团和规制者之间的合谋时，利益集团范式下的激励性规制理论提供了很强的政策见解；第四，公共利益与利益集团利益的权衡；第五，规制与竞争的权衡。

[104] 张红凤.利益集团规制理论的演进 [J].经济社会体制比较.2006（01）.

利益集团规制理论是当代西方规制经济学的一个重要分支，它是在对公共利益规制理论质疑和批判的基础上，在“寻求规制政策的政治原因”的研究主题下产生和发展起来的。迄今已经历了规制俘获理论、规制经济理论、新规制经济理论、内生规制变迁理论、利益集团政治的委托—代理理论的演进。如果将利益集团规制理论置于规制经济学整个发展史中来看，一方面，它实现了规制经济学的两次“革命”：第一次是关于政府、政治家或规制者特性的假设以及相应的研究方法上的“革命”；第二次是关于政府“黑箱”假设的革命。另一方面，在利益集团规制理论的发展过程中，各个分支理论之间表现“扬弃”式演进。从利益集团规制理论的两次“革命”和分支理论的“扬弃”式演进中，可以看出它实现了规制经济学关于政府“为何规制”和“怎样规制”两大研究重心的融合。同时，在假设国会和规制者规制目标差异的基础上，利益集团政治的委托—代理理论实现了“公共利益范式”和“利益集团范式”两大范式的融合，化解了规制经济学中已存在的“范式危机”。因此，利益集团规制理论的演进使规制经济学更加贴近现实，更具预言力和解释力，发展更加安全。

[105] 张晖，曲延芬.经济转轨中自然垄断行业规制改革——竞争、所有制与激励机制选择 [J].财经科学.2006（09）.

竞争与所有制改革是目前自然垄断行业规制改革的主要趋势。但原有的理论和经验都是针对发达国家而言，对于转轨国家如何协调经济转轨与自然垄断行业改革却没有现成的理论与经验。所以，本文从转轨国家自然垄断行业引入竞争可能性以及所有制改革模式的选择入手，研究在加入策略性激励机制后竞争与所有制模式的不同组合对自然垄断企业绩效的影响。研究发现，转轨国家自然垄断行业改革进程取决于转轨国家市场发育程度以及改革的初始条件；混合所有制的企业竞争模式比完全私有化的社会福利水平要高，也更适合于转轨国家自然垄断行业改革的所有制选择模式。

［106］张丽娜．我国政府规制理论研究综述［J］．中国行政管理．2006（12）．

政府规制在我国是一个舶入概念，关于规制方面的研究，我国虽起步较晚，但也取得了较为丰富的研究成果。本文从规制概念、规制理论基础、规制影响评估、规制改革四个角度，对目前我国学界关于政府规制的理论研究做了较为全面的文献梳理。

［107］张亚丽．中国：转轨时期的掠夺之手及其防范［J］．经济体制改革．2006（06）．

在我国，政府对经济相对较高的控制度、税制改革对地方政府的激励不足、强政府弱社会格局下的政府主导型改革以及政府机构缺乏有效的权力约束，是地方政府及其部门掠夺行为的深层原因。转轨时期我国政府的掠夺性行为可以概括为以下几个方面：首先，政府机构的掠夺；其次，政府官员的掠夺；最后，私人通过政府权力的掠夺。促进政府从掠夺之手向扶持之手转变，现阶段应当着手进行的工作是：弱化政府对微观经济的控制、改革税制，推进简化我国行政层级的改革试验、在政府主导型改革中引入民主化的决策机制，建立真正的法治社会来形成对政府的约束。

［108］张元友，叶军．我国环境保护多中心政府管制结构的构建［J］．重庆社会科学．2006（08）．

环境保护在我国起步较晚，发展较缓慢，本文从探讨在我国构建环境保护多中心政府管制结构的理论基础和现实条件入手，论述了在政府、社会及市场三者之间构建一个有区别的多中心的政府管制结构。在多中心环境保护政府管制结构中，政府将扮演“管制—服务者”的角色，市场将扮演“参与—执行者”的角色，公民社会将扮演“参与—监督者”的角色。

［109］张治栋，虞爱华，樊继达．我国条块分割成因及治理分析［J］．岭南学刊．2006（01）．

我国条块分割有其很大特殊性，并有着深刻的体制性根源：政府作为利益主体为条块分割提供了内在动力；政府功能定位不合理为条块分割提供了可能；政绩考核不科学为条块分割提供了激励机制。打破条块分割的出路和对策在于：第一，改变政府市场主体地位，消除条块分割的现实基础；第二，深化财税体制改革，消除条块分割的内在动力；第三，改革政绩考核制度，消除条块分割的激励机制；第四，反垄断，打破条块分割的堡垒。

［110］赵君，蔡翔，梅小敏．政府监管视角下的腐败行为博弈分析［J］．软科学．2006（05）．

从政府监管的角度引入道德因子，对寻利人与政府、公务员与政府之间腐败与反腐败行为建立了两个更加细化和完整的博弈模型。给出了在对寻利人和公务员的监督中，政府如何对被监督者的腐败行为进行控制的问题。通过博弈分析得出的结论，提出以下防治腐败的政策建议：提高政务信息的透明度；健全法制，严惩腐败行为；适当提高公务员待遇；加强社会德育建设。

［111］赵玲玲，胡大见．论政府规制失位［J］．广东社会科学．2006（03）．

当前政府规制失位的主要表现：政府部门自身的政府规制观念模糊；企业体制改革中，折射出法规性规制失位；多发的社会性问题，折射出社会性规制失位；自然垄断行业，折射出经济性规制失位。当前政府规制的失位原因分析：第一，我国目前的政府规制并不是严格意义上的政府规制；

第二，这种夹生状态下政府规制往往无法达到预期效果，甚至适得其反；第三，市场经济中出现的各种问题超乎人们的预期，在市场化的过程中，经济主体已经走在经济体制的前面，甚至可以左右政府以及某些市场；第四，我国政府行政人员经济理论缺乏，对市场经济建设缺乏经验。

[112] 赵万一，马丽莎，方娇．反垄断法中的合并控制法律问题研究 [J]．广东社会科学．2006 (03)．

合并控制的意图是调整市场的运作行为，而企业合并本来是由商事主体的自主决定的领域，但由于企业合并行为涉及到公共利益，因此就需以公权力进行干涉。世界各国的反垄断法虽然因不同的国情存在不同特点，但控制企业合并都是反垄断法的主要内容。近年来，世界各国有关此方面立法明显存在着以下共性与发展趋势：(1) 对企业的横向合并实施严格的控制；(2) 对企业的垂直合并和混合合并控制较为宽松；(3) 判断企业合并违法与否的具体标准，多是以企业所占市场份额为基础兼顾其他因素的方法来确定，市场份额的具体法定限额又随着经济发展的具体情况而不断变化；(4) 对企业合并普遍确立了审查、管制制度；(5) 有专门机构对企业合并进行审查、裁决。

[113] 赵晓，董栋．权力导致的收入分配差距分析 [J]．山东社会科学．2006 (12)．

导致中国当前收入差距持续扩大的原因有许多，但最为严重，最令社会不能容忍，最需要治理的是权力（包括权力垄断、权力腐败、权力资本化）所导致的收入分配的扩大。可以说，政府权力过大并且不受制约，市场化不足而不是市场化过度才是当前收入差距过大的根源。克服由于权力导致的收入分配差距，必须针对权力过大及缺乏制约这个要害，从体制上进行综合治理。要加快推进政府职能转换，防止政府权力越位；减少政府对经济活动的干预，切断权力与金钱之间的联系，建立民主廉洁的政治制度；打破权力垄断，放开管制，引入竞争机制；完善监督制衡机制等。

[114] 赵宇，李洪波，张宗益．垄断行业的进入博弈及管制绩效评价研究 [J]．系统工程学报．2006 (06)．

对于社会平均成本较高的行业，进入管制会使社会总福利降低，因此，应放松管制，增加竞争，促使企业降低成本；对于社会平均成本一般的行业，进入管制虽使消费者剩余降低，但能使社会总福利增加，可以适当增加管制，避免重复投资产生资源配置的低效；对于社会平均成本较低的行业，由于进入者的进入对在位者不构成威胁，管制对社会总福利和消费者剩余没有任何影响。

[115] 钟甫宁，陈希，叶锡君．转基因食品标签与消费偏好——以南京市超市食用油实际销售数据为例 [J]．经济学（季刊）．2006 (03)．

强制性标签政策可能对转基因产品的消费和贸易产生很大影响，其程度主要取决于消费者对转基因产品的接受程度，以及转基因标签对消费者态度和行为的影响。本研究利用超市实际销售数据分析转基因食用油强制标签政策的实施是否影响消费者的购买行为，发现标签政策实施后转基因食用油的市场份额下降，下降幅度虽然不大但统计学上显著。

[116] 周晓艳，汪德华．西方产业组织理论买方垄断势力衡量方法的述评 [J]．产业经济研究．2006 (02)．

按照产业组织理论的发展脉络，买方垄断势力的衡量方法分为结构行为绩效范式及其发展，以及新实证产业组织理论方法及其拓展。以上两种衡量买方垄断势力的方法，各有利弊。然而在现实经济生活中，随着大的买方的出现，特别是市场势力从制造业转移到零售业，如何正确和较为容易地衡量买方垄断势力，已成为产业组织理论的一个新的研究领域。

[117] 周应恒，彭晓佳．江苏省城市消费者对食品安全支付意愿的实证研究——以低残留青菜为例 [J]．经济学（季刊）．2006（03）．

本文以江苏省城市消费者为调查对象，通过假想价值评估法，运用 Logit 回归模型，分析消费者对食品安全（以低残留青菜为例）的支付意愿及其影响因素。相对蔬菜中食品安全的生产成本，我国消费者对于蔬菜中的食品安全有着更高的 WTP，并且该 WTP 已远远超出生产厂商的相应生产成本。因此，仅就我国的安全食品产业中的安全蔬菜而言，该产业的发展将具有很大的发展空间。针对造成食品安全市场失灵的症结——信息不对称——加强有效的信息供给，我国的食品安全问题完全可以通过市场机制得以解决，安全食品行业将在市场中良性地发展。

[118] 朱玉明．地方利益、政府利益与官员利益——对地方政府行为的经济分析 [J]．东岳论丛．2006（01）．

地方政府行为具有明显的利益取向性，地方利益的最大化是地方政府行为的合理化目标。但现实中，由于制度安排中的缺陷和政府官员的经济人特性驱使，地方政府行为的利益回报会分化为地方利益、政府利益、官员利益三个层次。地方总利益的渗出会降低地方政府行为的行政效率和地方经济的产出水平。地方政府利益和官员利益的膨胀首先归因于目前地方政府行为的制度环境，同时与转型期我国政府官员的从政心态密切相关。提高地方政府行为的效益水平，优化利益结构，需要标本兼治，关键是改进和完善地方政府执政的制度环境。

[119] 朱钟棣，孙瑞华．入世后评价产业安全的指标体系 [J]．世界贸易组织动态与研究．2006（05）．

入世后产业受到多方面的安全威胁，因此需要构建一个全方位、多层次而又能够系统地反映产业安全状况的指标体系。本文根据国外和国内产业安全方面的具体情况和研究成果，从产业的生存环境、产业国际竞争力、产业对外依存度和产业控制力等方面着手，逐层分解并细化了 33 个能有效反映产业安全并且可以计量的指标。

[120] 踪家峰．中国地方保护的研究进展 [J]．上海经济研究．2006（06）．

地方保护和地方分割是受到当政者和学者们普遍关注的课题。本文从地方保护的表现形式、产生发展原因、经济效应以及治理等方面进行了综述。目前对地方保护的研究主要利用省一级的数据来分析省际之间的分割问题，而对省以下地区的地方保护的理论和实证研究还很缺乏；在经济全球化时代，全球化对我国地区保护的影响分析仍比较欠缺，而且在治理地方保护和地区分割的措施时，如彻底放弃地方政府的经济发展战略对经济发展的影响等诸多问题，仍需要深入研究。

2005 年

[1] 巴曙松，华中炜．企业年金投资监管模式比较及我国的路径选择 [J]．中国金融．2005（05）．

随着一国资本市场的深化、企业年金规模的壮大及监管者水平的提高，各国一般会逐步从定量限制监管模式向“审慎人”监管过渡，放松对投资工具和比例的限制，这也促使企业年金的投资工具呈现多元化的趋势。即使是遵循“审慎人”规则的美国和英国，其养老金进入股票市场的比率也是渐进。我国对企业年金投资的监管基本上遵循了定量限制的思路。但是，无论从监管实效、投资收益还是演变趋势来看，“审慎人”规则都是较为完善的企业年金监管模式的规则选择。因此，我国当前对于企业年金监管的限制应根据年金规模的壮大和资本市场的深化而有计划、有选择地放宽。

[2] 巴曙松，刘清涛，牛播坤．中国资本充足监管框架的形成及其市场影响——兼论巴塞尔新资本协议与《商业银行资本充足率管理办法》的比较 [J]．财经科学．2005 (01)．

从全球范围看，资本充足率要求已成为业内衡量银行综合经营能力和风险抵御能力的最重要指标之一，新巴塞尔资本协议的出台进一步强化了资本监管在全球金融市场的核心地位。为尽快实现与国际监管规则的接轨，中国银监会颁布了《商业银行资本充足率管理办法》。本文通过《办法》与巴塞尔新资本协议的比较，分析中国资本监管的发展趋势。

[3] 陈工孟，高宁．我国证券监管有效性的实证研究 [J]．管理世界．2005 (07)．

本文旨在探索中国证券监督管理委员会与上海、深圳证券交易所对上市公司的违规处理行为是否会对公司股票的价格造成显著影响。我们分析了 1999～2001 年我国证券市场违规处理事件的特征并对其市场反应进行研究，结果表明，我国证券市场对违规处理公告表现出负面反应，这与以往有关成熟市场违规处理的研究结果相一致。较为特殊的一点是，在上市公司违规处理事件中，公开谴责、警告和罚款的处罚方式均会为股票带来负的超常收益，但公开批评这一方式却几乎不会对市场产生任何影响。研究表明有 3 种违规行为对股票价格有显著影响，即夸大利润、对虚假陈述和信息披露违规。最后，回归结果显示在违规处理中，由上市公司最先公布、公开谴责的处罚方式、对虚假陈述造成的违规的处理以及财务报告的审计单位造成的影响明显大于其他因素。

[4] 陈丽苹．论专利权滥用行为的法律规制 [J]．法学论坛．2005 (02)．

随着科技的发展和技术贸易量的加大，专利权滥用行为的问题日益突出。专利权作为一种合法的垄断权，其被滥用同样会损害他人及公共的利益，构成对专利法等民事法律立法宗旨的违背和对反垄断法的违反。本文对专利权滥用行为理论进行了一般分析，并对世界主要国家与我国专利权滥用控制法律制度作了比较研究，在此基础上，提出了建立我国专利权滥用行为反垄断法控制制度的相关建议。

[5] 邓大松，吴小武．协同论在企业年金基金风险监管中的应用研究 [J]．武汉金融．2005 (05)．

随着我国养老社会保障体系的不断完善，作为社会保障体系第二支柱的企业年金必将大有所为。而加强对企业年金基金的监管，控制基金运营的风险对于促进企业年金基金事业的规范发展具有深远意义。本文在阐述协同论一般原理的基础上，揭示该理论体系对我国企业年金基金监管的启示，从而提供了一种新的视角和启迪。

[6] 邓胜梁，林华，肖德．中国银行业的市场结构与规模经济分析 [J]．世界经济．2005 (07)．

以中国四大商业银行 1985～2002 年的数据为对象，引入 Cournot 垄断模型对中国银行业规模经济经营绩效进行了检验。研究结果表明，中国银行业的市场结构为寡头垄断型，并且存在较为微弱的规模经济效应。因此，单纯的扩大经营规模是不可取的。但是，中国银行业的低效率与整个国家经济发展及全球经济一体化背景的不对称，以及银行业本身的改革与发展愿望和有益的改革尝试，使得中国银行业目前的“规模经济”还存在发展空间。所以，在不妨碍市场竞争机制的前提下，中国银行业合理的兼并与重组将有益于社会。

[7] 段登伟，刘俊勇，牛怀平，等．基于标尺竞争模式的配电侧电力市场综述 [J]．电网技术．2005（08）．

配电运营模式的市场化改革是大势所趋，国外传统的配电管制正在向激励性管制转变，基于标尺竞争的配电市场模式由于其内在优势受到各国重视。作者对配电侧放松管制和管制重建进行了分析，介绍了标尺竞争的基本理论及其优点和存在的问题，总结了标尺竞争在各国配电市场中的应用和经验，结合我国的实际提出了我国配电侧引入标尺竞争的基本框架。

[8] 房绍坤，王洪平．公司瑕疵设立的法人格规制 [J]．中国法学．2005（02）．

公司瑕疵设立是公司法中的一个重要问题。各国对公司瑕疵设立的法人格规制主要有三种形式，即公司法人格之维持、公司法人格之否认与公司法人格之扩张。我国公司法应当在借鉴国外经验的基础上，建立科学、合理、完备的公司瑕疵设立的法律调控机制。公司法对公司瑕疵设立的法人格规制，应当遵循“原则维持、尽量补正、例外否认”的立法原则。

[9] 冯晓琦，万军．从产业政策到竞争政策：东亚地区政府干预方式的转型及对中国的启示 [J]．南开经济研究．2005（05）．

以日本和韩国为代表的东亚国家和地区曾经通过产业政策有效地推动了产业结构升级和国民经济持续高速增长，这种以积极干预经济为特征的“发展型政府”及其推行的产业政策一度成为许多发展中国家争相效仿的典范。但东亚金融危机使人们认识到：尽管在经济发展的初期政府干预是必要的，但随着市场发育的逐渐完善，政府的职能应当从经济活动的干预者转变为竞争秩序的维护者。因此，近年来东亚国家相继进行了经济改革，政府推动产业发展的政策正在实现从产业政策向竞争政策的转型。

[10] 葛敏，席月民．我国金融衍生品市场统一监管模式选择 [J]．法学杂志．2005（02）．

国际金融衍生品市场的过度投机交易所引发的一系列金融危机，使人们充分认识到加强金融衍生品市场监管的重要性。虽然我国的金融衍生品市场尚处在发展初期，但市场监管问题同样不可小觑。本文通过对实行统一监管模式的必要性以及结构和体系的分析，着重论述了该种监管模式的比较优势，并就构建和完善我国金融衍生品市场监管法律制度提出了具体建议。

[11] 耿建新，崔宏．国有资本监管理论与实务创新 [J]．财经科学．2005（02）．

新的国有资产管理体制的高效运行离不开对国有资本的有效监管，新形势下有必要对国有资本的监管做出新的创新并给予理论解答。本文从国有资本监管基础理论出发，重点探讨了国资委对国有资本监管的创新方式，以及国资委履行国有资本监管职责的监管机制，最后简要论及了国有资本监管基础制度建设问题。

[12] 郭跃．美国反垄断法价值取向的历史演变 [J]．美国研究．2005（01）．

经济效率作为美国反垄断法的价值取向并不是从《谢尔曼法》开始就已经确立。反垄断法最初的价值目标是模糊的，或是想同时追求多重目标。在后来的发展过程中，受到美国传统的社会政治理念影响，平民主义的价值观念曾主导美国的反垄断法。直到 20 世纪 70 年代以后，由于国内外经济环境的变化，再加上芝加哥学派对以往反垄断政策的批评，美国反垄断法才把经济效率作为其基本价值取向。

[13] 韩立余．欧盟合并控制法的根本变革 [J]．当代法学．2005（02）．

在全球经济一体化、欧盟实施货币一体化、成员增加之际，欧盟开始了对欧盟合并控制制度的进一步完善。2004 年年初，欧盟理事会通过了新的合并控制条例，欧盟委员会通过了与之配套的欧盟历史上第一个合并评估准则，代表着欧盟的合并控制制度发生了根本性的变化。欧盟新合并条例，实体上采取了新的合并控制标准，由支配地位标准改为重大阻碍有效竞争标准；程序上在坚持单一程序原则的基础上，实行欧盟委员会与成员国双向移交的模式。合并评估准则建立了合并效果评估的法律框架和评估因素，在合并评估中正式认可了效率的积极作用。

［14］郝蕾，郭曦．卖方垄断市场中不同担保模式对企业融资的影响——基于信息经济学的模型分析［J］．经济研究．2005（09）．

在利率管制下的卖方垄断型信贷市场中，担保额是银行甄别企业风险的有效工具，但这依赖于企业的风险收益特征。第三方担保可以帮助禀赋不足的企业融资。由于不同担保机构对企业信息了解程度不同，文章通过模型证明，在对会内企业担保时，互助担保比政府担保具有优势。互助担保不会引起利益的重新分配。因为存在市场分割，政府担保是不可或缺的。政府担保会引起风险转嫁，导致收益在企业内部、银行与企业之间重新分配。

［15］何卫刚．规模经济与范围经济的适用性［J］．经济问题．2005（04）．

随着经济全球化和信息技术的迅猛发展，企业所面临的生存环境发生了很大变化。如何在新形势下获得企业发展所必需的竞争优势，是所有从事跨国经营的企业考虑的最多的问题之一。有条件地实施规模经济和范围经济的发展战略，不但能够使企业获得保持行业领先地位的竞争优势，而且还能够使企业的发展从此走上一条良性的发展道路。对于入世后部分行业中的中国企业来说，实行规模经济和范围经济的发展战略，将是它们再造企业竞争优势的必由之路。

［16］洪艳蓉．资产证券化监管：巴塞尔委员会的经验与启示［J］．证券市场导报．2005（01）．

银行全面介入资产证券化和可能产生的资本套利等问题，使相应的金融监管成为必要。巴塞尔委员会历时 12 年的资产证券化金融监管探索与举措，将随着新资本协议的全面实施对银行的证券化活动产生深远的影响。这一系列总结证券化先进国家监管经验并经多方意见征求与实践验证的监管理念与框架，必将为我国的证券化金融监管提供有益的借鉴。

［17］洪银兴．经济转型阶段的市场秩序建设［J］．经济理论与经济管理．2005（01）．

建立完善的市场体系和市场秩序需要自觉的行动，要根据市场经济体制建设的要求打破市场分割和行政垄断，自觉地建立市场秩序，而不能让市场竞争机制充分发挥作用来自发地形成市场秩序。市场秩序建设既涉及正式的制度安排，也涉及非正式的制度安排，两者不能偏废，必须相互配合，形成制度合力。

［18］胡定寰．农产品“二元结构”论——论超市发展对农业和食品安全的影响［J］．中国农村经济．2005（02）．

农产品安全越来越受到各方面的重视。然而，在这方面，中国面临着不断增长的对安全、优质农产品的市场和出口需求同大量分散的、无组织的小规模家庭生产的矛盾。如果不能有效地把分散在千家万户的农产品生产组织起来，在技术上进行辅导，在生产过程中加以监督，它们显然难以大量地、持续稳定地供应安全、优质农产品。超市的迅速发展为中国生产安全、优质农产品创造了有利的、无可替代的客观条件。社会和政府部门对超市供应链的管理和监督成本远远低于对传统的农贸市场和批发市场的管理和监督成本。因此，中国可以采用“超市 + 龙头企业（农产品供应商）+ 农户”的模式，引导千家万户的小规模农户进入超市供应链，加快普及安全、优质农产品的步伐。

[19] 胡向婷，张璐．地方保护主义对地区产业结构的影响——理论与实证分析［J］．经济研究．2005（02）．

在一个厂商投资行为模型中，从改变地区间贸易成本和政府直接投资两个方面引入地方政府行为变量，讨论政府行为对地区产业结构的影响。模型分析发现贸易成本的增加会促使地区间产业结构趋同，而政府直接投资对产业结构的影响并不确定，在一定情况下会促进地区间产业结构差异化。趋势分析发现样本年间我国地区产业结构差异的全国平均水平在逐年增大。而以地区为着眼点的计量回归分析则发现，在控制了运输条件、地区资源差异和产业结构等历史因素之后，政府变量对地区间产业结构差异变化有显著影响。政府设置贸易壁垒增加地区间贸易成本，会促进地区间产业结构趋同。政府的投资行为则在整体上促进了地区间产业结构的差异化。

[20] 黄群慧．国资委亟待改进对国有企业的监管方式［J］．财经科学．2005（01）．

国有企业改革方向的正确性和科学性是毋庸置疑的。当前，国有资产监督管理委员会的具体职责定位和监管国有企业的方式问题，是当前国有企业改革的关键。本文针对国资员会成立以来的工作，提出了国资委在监管国有企业方式上亟待改进的三方面问题。

[21] 黄宪，马理，代军勋．资本充足率监管下银行信贷风险偏好与选择分析［J］．金融研究．2005（07）．

对银行的资本充足率监管正逐渐发展成为银行监管的核心。新巴塞尔协议调整后的资本充足率监管将会影响银行信贷选择的风险偏好和行为，并对经济产生值得关注的效应。一方面，严格的资本充足率监管和新巴塞尔协议下资本充足率计算方式的调整，必然使银行以更为谨慎的态度调整信贷行为，银行在贷款选择中会降低风险偏好；另一方面，作为银行整体行为调整的效应，它将会导致银行信用紧缩。这两方面的影响的结果，在我国将最终导致银行大幅降低对中小企业的贷款。在目前我国银行业缺乏补充资本金的途径的情况下，对中小企业的影响从逻辑上而言可能会日趋严重。

[22] 江春，许立成．金融监管与金融发展：理论框架与实证检验［J］．金融研究．2005（04）．

本文运用 80 个国家的数据首次系统检验了各种金融监管理论的有效性。我们首先从理论上划分了关于金融监管的四种理论：公共利益理论、政治理论、权衡理论和法律理论。最后实证检验结果基本上支持政治理论、权衡理论和法律理论，但并不支持公共利益理论。在中国金融全面开放的背景下，积极进行国有金融产权制度改革、加强银行业的竞争水平、提高金融监管机构的独立性、改善投资者权利的法律保护以及扩大社会的开放，对中国金融的进一步发展具有重大的意义。

[23] 蒋海岩，张卉．浅析烟草专卖体制［J］．山东经济．2005（01）．

由于烟草所特有的性质，我国烟草行业实行专卖制度，统一领导、垂直管理、专卖专营。但这种制度本身还存在许多问题。为应对我国加入 WTO 后的竞争形势和对烟草行业进行改革的要求，目前，我国烟草实行了工商分离的举措，发展大的企业集团以面对激烈的竞争。但由于烟草问题的根本在于政府主管部门集多重身份于一体，并且地方性的利益导向作祟导致烟草专卖变成了地区专卖，因而工商分离是治标不治本。故为构建全国统一畅通的大市场、大流通渠道，必须从政府职能转变和机构改革入手。

[24] 金雪军，张学勇．银行监管与中国上市公司代理成本研究［J］．金融研究．2005（10）．

本文在回顾西方杠杆治理理论的基础上，从理论和实证两个方面分析了银行监管与中国上市公司管理者行为的相互关系。杠杆治理之所以在我国失效是因为我国国有商业银行低效的监管体制导致企业预算软约束，自1999年后实行的针对降低银行不良贷款比例的银行业改革已大大加强了企业的预算约束并引发了企业代理成本的显著降低，但杠杆治理的作用仍然没有显现，银行业的改革还需进一步深化。

[25] 雷光勇，姚晗．会计制度变迁和会计寻租 [J]．财经理论与实践．2005 (01)．

会计准则具有的经济后果是利益相关者之间利益冲突与协调的结果。在会计制度的变迁过程中，原有会计制度的均衡状态被打破，与准则相关的利益集团围绕新的会计准则制定展开新一轮的博弈并达到新的均衡。我国会计制度的“双轨制”变迁模式是利益相关者的利益冲突重新协调与折衷的结果，会计寻租对此起到了推动作用，“双轨制”反过来又进一步促使会计寻租的发生。

[26] 李广斌，谷人旭．政府竞争：行政区经济运行中的地方政府行为分析 [J]．城市问题．2005 (06)．

从政府竞争的角度，为行政区经济形成构建了一个政府行为分析框架。通过对政府竞争和博弈三个层面的考察，揭示区域经济发展中的各层级政府间互动关系，对行政区经济形成的深层次原因提供较为系统的解释。

[27] 李桂琴．我国银行业竞争格局分析和国有商业银行应对策略研究 [J]．金融论坛．2005 (04)．

本文以波特的五种竞争力量模型为分析工具，力图解析当前我国银行业的竞争格局，认为国有商业银行面临着外资银行稳步进入、股份制中小银行和城市商业银行迅速壮大、直接融资资本市场逐渐完善等诸多市场主体的竞争挑战。因此，国有商业银行从发挥在国家金融运营体系中的主导作用并进而维护我国金融安全的战略要求出发，实施制度创新、组织创新、服务创新、产品创新和技术创新，提高创新能力；同时，培育风险管理文化、扩大风险管理范围、加强风险管理制度建设，构建全面系统的风险管理体系，提高风险掌控能力是提升国有商业银行核心竞争力的策略选择。

[28] 李宏瑾．我国房地产市场垄断程度研究——勒纳指数的测算 [J]．财经问题研究．2005 (03)．

房地产市场的一个重要性质就是竞争的不完全性和垄断力量的存在。本文分别针对我国和各省（市、区）的面板数据、各年截面数据以及我国和各省（市、区）的时间序列数据等样本，对房地产市场的勒纳指数（即市场的垄断程度）进行了测算。结果表明，我国房地产市场的垄断程度相当严重；虽然随着市场经济进程的深入和经济的发展，房地产市场的竞争状况逐渐好转，但这一过程非常缓慢；为了确保房地产市场的长期健康发展和居民福利的提高，今后政府应将促进房地产市场竞争作为一项基本的方针政策。

[29] 李虹，黄成明．国外特许经营研究的理论综述 [J]．经济纵横．2005 (02)．

特许经营是一种从事商业活动的方法，即受许人被赋予在由特许人设计的营销模式下从事提供、销售或分销产品或服务的权利，特许人允许受许人使用其商标、名称和广告。企业实施特许经营后，拥有的门店可分为直营店和加盟店两类。

[30] 李华民．寡头均衡、绩效改善与金融稳定——中国银行业结构变迁的政策取向 [J]．金融研究．2005 (08)．

市场集中度过高，曾被主流理论认为是中国银行业微观效率过低的罪魁祸首，但中国银行业外部竞争引进的微观绩效改善效果却十分不理想。其原因在于，在政府主导的行业垄断中，外部竞争引进并没有能够动员起来国有商业银行参与行业竞争，反而在银行机构大量进入后因为提高了行业经营成本而降低了行业利润率。多种因素决定了银行业保持较高的市场集中度具有现实合理性。我们的结论在于，中国银行业如果要引入行业竞争，应该是在位寡头银行之间的竞争，而不是通过制造更多的银行机构与在位寡头银行进行竞争。寡头竞争均衡在维持金融稳定方面具有其比较优势。

[31] 李剑．搭售理论的经济学和法学回顾 [J]．云南大学学报（法学版）．2005（02）．

本文从经济学和法学的角度分析了搭售理论的发展过程。古典搭售规则尽管在经济学理论上没有完整而清晰的基础，但因为符合人们在现实生活中的一些实际的实际感受，因而对司法实践的影响巨大；芝加哥学派和后芝加哥学派通过构建各种理论模型，推翻了搭售一定有损竞争的古典规则，使得对搭售行为本质的认识更为深入，然而却对司法的影响有限。这种理论发展和实践的偏差的其原因可能是在于理论研究和应用之间的时间迟延，以及法院处于“审判经济”的考虑。

[32] 李世英．市场进入壁垒、进入管制与中国产业的行政垄断 [J]．财经科学．2005（02）．

本文在对中国产业行政垄断研究的基础上，从产业组织理论的角度对该问题给予了较全面的论述。其基本逻辑过程是：如果不存在市场的进入壁垒，那么，没有外力干预的市场竞争机制将导致最优的社会福利结果。如果存在市场进入壁垒，则可能是技术进入壁垒、企业战略性进入壁垒和政府进入管制，如果这些进入壁垒的效应有利于市场竞争机制的有效发挥及社会福利，那么政府对此就无须进行干预；反之，就应存在着政府干预，而且这种干预的程序和方法都应该具有有效性和公平性。如果我们将这种干预称作政府管制的话，就不应该存在所谓政府对产业的行政垄断。本文从上述分析逻辑给出行政垄断的定义，并对在我国建立完善有效的产业政府管制以及消除产业的行政垄断提出建议。

[33] 李秀峰．我国政府规制研究的现状分析与启示 [J]．中国行政管理．2005（04）．

本文以 1997 年至 2003 年国内学者公开发表的 640 篇规制研究论文为样本，重点对论文的研究内容、研究方法和研究者学科背景进行了客观描述和评价，并对我国行政学界在日后的政府规制研究中所可能做出的贡献做了一次初步的探索。本文认为，政府规制研究理应成为行政学研究的重要领域，它在比较行政学、政策学、组织管理、制度理论和行政改革研究方面取得的成果，对深化我国规制理论和规制改革实践的研究具有十分重要的意义。

[34] 梁爽，姜楠，谷树忠．城市水源地农户环境保护支付意愿及其影响因素分析——以首都水源地密云为例 [J]．中国农村经济．2005（02）．

城市水源地建设和保护对于维持城市水资源可持续供给具有重要意义。而水源地农户对于水环境的保护起到至关重要的作用，其环境保护支付意愿直接影响到水源地环境。本文以首都水源地密云为例，通过支付意愿调查方法，利用密云水库周边实地调查的数据，得到水库周边农户的环境保护支付意愿，并通过 Logistic 回归模型对农户环保支付意愿的影响因素进行了分析。研究结果表明，59%的农户没有支付意愿，有支付意愿的农户年支付额平均只有 11.16 元；家庭年均收入、环保意识、年龄、是否有非农收入以及受教育水平是影响农户支付意愿的主要因素。

[35] 廖成林，李忆．竞争性网络间的互联互通问题分析 [J]．中国管理科学．2005（03）．

竞争性网络的运营商基于自身利益可能拒绝互通或合谋相互征收高额接入费，这两种行为都将损害消费者福利，因而需要政府规制。本文在考虑网络外部性、运营商的市场份额、市场容量和用户的转换成本等因素影响的基础上，通过构建一个包含“防降价均衡”机制的三阶段博弈模型来分析运营商的服务定价、互通决策、政府的接入费规制决策以及社会福利变化，发现存在合理的接入费区间使得运营商有动力互通且社会福利得到改善。

[36] 林平．关于中国建立反垄断法体系的几个基本问题 [J]．管理世界．2005 (08).

中国的竞争法及其研究一直强调公平和社会正义，利用市场机制达到社会资源最优配置这一效率目标未受到应有的重视。中国应充分发挥经济学在竞争法立法和执法方面的作用。竞争法保护的是竞争机制，而不是竞争者。中国应当尽快建立真正符合竞争政策精神的思维方式，摒弃与“看不见的手”不相符的词汇和逻辑。在中国经济日益融入世界经济体系的过程中，竞争政策不应作为保护和扶持国内企业，限制国外竞争者的工具，竞争政策不是产业政策的替代品。中国政府应充分尊重市场机制，建立和展示对市场机制的信任，让竞争发挥调节经济活动的作用。建立独立的有单一职责的反垄断执法机构不仅是消除行政垄断的必要，也是保证竞争法的实施不受产业政策左右的重要条件。

[37] 刘丹，侯茜．中国市场准入制度的现状及完善 [J]．商业研究．2005 (12).

市场准入从经济学角度说，是指主体和交易对象被政府准许进入市场的程度和范围；从法律角度说，是“市场准入制度”的简称，它是指国家规制市场主体和交易对象进入市场的有关法律规范的总称。中国市场准入制度是伴随改革开放逐渐发展的，现行市场准入制度由于主、客观上的原因，存在许多问题，因此我国应借鉴发达国家的经验，参照 WTO 的要求，对我国市场准入制度进行改革。

[38] 刘革，邓庆彪．国外企业年金基金监管模式比较及启示 [J]．财经理论与实践．2005 (03).

国外企业年金基金监管模式主要有审慎性监管模式和严格限量监管模式两种，如果把审慎性监管模式认为是企业年金基金监管的第一个层面，那么严格限量监管模式可以被认为是鉴于第一层面力度不够而又叠加上去的第二个监管层面，而这两个层面需要哪个发挥更大的作用取决于各国的实际情况。

[39] 刘国常，韩春生．上市公司审计合谋的博弈分析和治理策略 [J]．审计与经济研究．2005 (02).

本文分析了我国上市公司审计市场中审计合谋的动因，指出了审计市场中信息不对称的现象及其对审计行为和审计结果的影响，并分析了审计监管和审计控制的弱化以及社会诚信建设对审计合谋的影响，从博弈论的角度对审计合谋的市场选择及其治理策略进行了探讨，提出了应当采取综合性的措施规范我国注册会计师审计市场的建议，特别是当前应当加强对上市公司审计的治理。

[40] 刘和平．欧美并购控制法实体标准比较研究 [J]．法律科学．2005 (01).

实体标准是整个并购控制体系的核心，也是反垄断法的重要内容之一。欧盟最新并购控制立法确立的“严重妨碍有效竞争”实体标准与美国奉行的“实质性减少竞争”标准一样都反映着并购控制的本质。欧美采取大同小异的并购实体标准有利于推动国际跨国并购审查结果的一致性，促进并购活动的发展。我国应确立“严重妨害正当竞争”实体标准并配套颁布并购评估指南，注重并购审查的经济分析。从欧盟条例立法经验分析，我们应在以下方面加以借鉴：(1) 采取结果型实体法标准，并颁发配套实施指南；(2) 在反垄断法中，对滥用支配性地位行为与并购控制行为分别采取行为型和结构型标准；（3）注重并购审查的经济分析，并坚持多元化并购控制标准。

［41］刘明辉，徐正刚．中国注册会计师行业的规模经济效应研究［J］．会计研究．2005（10）．

本文利用中国注册会计师协会披露的会计师事务所排名信息数据，结合 CD 生产函数采用双对数线性回归模型，对注册会计师行业所处规模报酬阶段进行了验证，结果发现：会计师事务所处于平均规模报酬递增阶段，同时还结合我国实际情况简要地分析了会计师事务所规模经济效应问题。

［42］刘培林，地方保护和市场分割的损失［J］．中国工业经济．2005（04）．

本文运用数据包络分析方法对 2000 年中国 30 个省区市 21 个制造业部门的经济绩效进行了分析。结果表明，如果消除各省区市产出配置结构扭曲，以及生产要素在省区市之间配置结构扭曲，可以在不增加任何投入的情况下，使中国该年度制造业产出增长大约 5%。即使这些扭曲当中直接归因于地方保护和市场分割的部分只有一半，其对国民经济的影响也是非常可观的。如果不能矫正这些扭曲，那么其损失就是国民经济福利的净损失。

［43］刘守英．政府垄断土地一级市场真的一本万利吗［J］．中国改革．2005（07）．

土地问题的核心，是一个制度问题，是一个在土地级差收益上涨过程中，谁有权及谁应该分享多大收益的问题。但这一看似简明的问题，却因已经形成的利益格局而使之复杂化。

［44］刘煜辉，熊鹏．股权分置、政府管制和中国 IPO 抑价［J］．经济研究．2005（05）．

本文报告了中国市场异常高的 IPO 抑价。我们发现，经典文献关于 IPO 抑价的种种动机的假说在中国缺乏立论基础。中国市场“股权分置”和“政府管制”的制度安排是导致极高的 IPO 抑价的根本原因。“股权分置”扭曲了正常的市场利益机制，异化了 IPO 参与各方的行为方式，割裂了一、二级市场的套利行为。“政府管制”产生的寻租行为增加了一级市场投资者的成本，因此产生更高的 IPO 抑价。本文研究证实了，如果不解决影响市场正常运转的“股权分置”和过度“政府管制”问题，任何局部的、技术的 IPO 变革措施都不可能平抑一、二级市场的异常价差。

［45］马骏．体制不协调与监管瓶颈：我国会计监管体制的演变及路径选择［J］．会计研究．2005（08）．

我国的会计制度改革是为满足国企改革的需要而启动展开的，是我国体制转轨中的一项基础性制度建设。在改革起点上，首先是解决市场会计规则的制定和施行问题，通过新、旧会计制度转换，为国企产权改革提供支持。当国企进入以现代企业制度建设为目标的改革阶段之后，随之出现的大面积会计行为失范和会计秩序混乱，从反面提出了加强会计监管的改革需求。本文认为，在我国体制改革初期制定的会计监管框架与委托代理关系的企业制度存在脱节和错位，会计监管之所以成为制度瓶颈，原因在于对现行会计监管安排的路径依赖。

［46］马英娟．监管的语义辨析［J］．法学杂志．2005（05）．

清楚地界定“监管”的内涵和外延，是科学构建政府监管制度的基础。而“监管”自身是一个难以精确定义的概念。我国应采用最狭义的监管概念，将政府的宏观调控职能与微观监管职能适度分离，区分政府监管与非政府监管，同时重视非政府监管在解决市场失灵中的作用。

［47］孟雁北．论产业政策与反垄断法的冲突与协调［J］．社会科学研究．2005（02）．

产业政策是国家为了实现其经济发展目标而制定的政策，但由于产业政策更多关注产业的发展，如何与维护竞争的反垄断法相协调就是一个需要解决的问题。本文基于反垄断法和产业政策的统一和冲突，从反垄断法的立法和法的实施两条路径来探讨反垄断法与产业政策的协调问题。

[48] 宁立志，胡贞珍．美国反托拉斯法中的专利权行使 [J]．法学评论．2005 (05)．

本文考察了美国反托拉斯法与专利制度关系的历史发展以及美国反托拉斯法中专利权行使的立法与案例，并试图对我国反垄断立法提出若干建议。

[49] 任晓红，任玉珑，张渝．中国电力产业价格管制模型 [J]．重庆大学学报（自然科学版）．2005 (02)．

引发加利福尼亚州电力危机的原因是多方面的，但至关重要的一点是政府在电价管制中未反馈电力需求。论文在对当今国际电力市场管制中两类主要的价格管制模式做比较研究的基础上，结合中国电力产业的实际，模拟了竞争市场构建能反馈电力需求变化的激励性价格管制模型，为政府电价管制提供理论参考。

[50] 任志安．知识共享与规模经济、范围经济和联结经济 [J]．科学学与科学技术管理．2005 (10)．

知识共享不仅可带来规模经济和范围经济优势，而且可带来联结经济优势。知识共享的规模经济优势主要产生于具有相同角色的知识共享过程中，范围经济优势主要产生于具有不同角色的知识共享过程中，而联结经济优势则主要产生于具有互赖关系角色的知识共享过程中。在企业网络中，知识共享的经济利益大小主要受结点数目、结点本身的知识生产能力、结点的吸收能力、结点间的知识相似程度、结点间的互赖关系以及网络的知识共享能力等因素影响。

[51] 盛杰民，叶卫平．反垄断法价值理论的重构——以竞争价值为视角 [J]．现代法学．2005 (01)．

我国法学界以经济学上的有效竞争理论诠释反垄断法上竞争的含义，视竞争为圭臬，将竞争作为反垄断法特有的法律价值和传递其他价值的手段的观点有失偏颇。竞争价值对反垄断法所要调整的经济现象并不具有完全的解释力。竞争理论、交易费用经济学以及管制经济学都应当成为影响反垄断制度供给的理性认识；因此，有必要对反垄断法价值理论进行重构。

[52] 盛学军．冲击与回应：全球化中的金融监管法律制度 [J]．法学评论．2005 (03)．

经济全球化尤其是金融全球化对各国金融监管法制带来了强大的冲击与挑战，包括市场准入、业务限制、资本流动到价格方面似乎都无一例外地出现了放松管制的趋向。然而在上述监管法律嬗变的过程中，一些深层的制度问题并未得到厘清，如国内金融市场的保护与开放、监管者职能的转换、监管模式的调整，等等，而这也是中国金融法制现代化进程中必须着力解决的重大课题。

[53] 史际春，肖竹．反公用事业垄断若干问题研究——以电信业和电力业的改革为例 [J]．法商研究．2005 (03)．

反公用事业垄断与公用事业引进竞争机制、民营化及其政府规制改革等问题密切相关、相辅相成，反公用事业垄断的成功需要这些体制改革的支持。公用事业企业的滥用优势地位、横向卡特尔和反竞争性结合等垄断行为都需要凭借反垄断法政策性、灵活性的特点和反垄断法执法机关的公正、自由裁量及其与公用事业监管机构的良性配合，才能得到有效规制。

[54] 史际春，肖竹．《反垄断法》与行业立法、反垄断机构与行业监管机构的关系之比较研

究及立法建议 [J]. 政法论丛. 2005 (04).

如何处理《反垄断法》与行业性规制立法、反垄断机构与行业监管机构的关系是《反垄断法》起草中所需要解决的重要问题。参照其他国家（地区）的相关立法及在结合我国实际的基础上，本文提出了理解《反垄断法》和行业立法在反垄断规制问题上的“一般法”和“特殊法”关系的基本原则，及合理配置反垄断机构与行业监管机构管辖权的具体思路，并在上述分析借鉴的基础上提出了相应的立法建议。

[55] 史晋川，刘晓东. 网络外部性、商业模式与 PC 市场结构 [J]. 经济研究. 2005 (03).

本文基于 PC 市场规模经济和网络外部性的特点，构建了扩展的豪泰林模型，研究了 PC 市场结构的决定因素和形成机理及厂商的不同商业模式：在规模经济明显和网络外部性强的 PC 互补品市场上往往呈现出双寡头竞争格局，先进入 PC 市场的厂商较传统产业享有更大的成本优势和网络外部性优势，后来厂商不得不强化传统的价格和产品差异化等竞争手段，采取不同的商业模式参与竞争；在规模经济不明显和网络外部性弱的 PC 互补品市场往往呈现出多家企业进行垄断竞争的格局，双寡头市场上的厂商则根据不同的比较优势与垄断竞争市场的相关厂商进行合作或竞争。

[56] 史小龙，董理. 利益集团政治影响的经济学分析：一个理论综述 [J]. 世界经济. 2005 (10).

利益集团对政治过程有着重要影响。经济学家们的研究表明，利益集团的形成和发展是个人理性选择的结果，集团参与政治决策的过程类似于某种特殊的市场交易，诸多模型刻画了理性的个人选择通过集团政治活动影响政治决策的作用机制。作为政治产出的需求方，利益集团间相互竞争，通过捐款、游说等行为影响政治决策过程。作为供给方的政治家（政府官员）为了赢得尽可能多的选票，必须综合考虑各方的利益，制定具体政策。利益集团的政治活动会产生再分配效应和产出效应，并对社会福利产生复杂的影响。

[57] 孙铮，刘凤委，李增泉. 市场化程度、政府干预与企业债务期限结构——来自我国上市公司的经验证据 [J]. 经济研究. 2005 (05).

本文以我国上市公司 1999 ~2003 年的经验数据为样本，实证分析了地区市场化程度对当地企业债务期限结构的影响。结果表明，企业所在地的市场化程度越高，长期债务的比重越低。进一步分析发现，上述差异主要归因于政府对企业干预程度的不同。基于此，本文分析认为，当司法体系不能保证长期债务契约得以有效执行时，“政府关系”是一种重要的替代机制。

[58] 谭晶荣，张德强. 对我国利用 FDI 项目中环境保护问题的思考 [J]. 国际贸易问题. 2005 (05).

我国自 1979 年开始，利用外资规模逐年加大，特别是近几年来，利用外商直接投资（FDI）的额度每年都上新台阶。外商直接投资对我国经济发展起着重大的作用。但往往人们在注重经济发展时，却忽视了环境污染问题。通过论证利用外商直接投资与保护环境的关系，提出了一些解决问题的对策。

[59] 谭燕芝，蔡伟贤. 发达国家金融衍生品市场监管模式比较与启示 [J]. 求索. 2005 (04).

本文就发达国家金融衍生品市场的三种典型监管模式进行了实证研究，从中总结出各国对该类市场进行有效监管的共同特征及手段；并从衍生品的特殊性和金融契约不完全的角度论证了对该类市场进行监管必须进行国际合作。提出了对我国金融衍生品市场监管的几点启示。

[60] 佟福玲，杨宏山. 从管制型政府走向服务型政府——"服务型政府与和谐社会"学术研讨会综述 [J]. 中国行政管理. 2005 (10).

2005 年 6 月 18 ~ 19 日，北京大学政府管理学院、北京大学政治发展与政府管理研究所（教育部政治学重点研究基地），联合举办了"服务型政府与和谐社会"学术研讨会。本次研讨会得到北京大学、中国人民大学、台湾大学、香港中文大学、澳门大学等 20 多所著名高校和研究机构的积极响应，共有 60 多位著名学者参加会议。本次研讨会共收到学术论文 40 余篇，论文主题涵盖了"服务型政府的概念和含义"、"服务型政府建设的目标与途径"、"和谐社会的概念和内涵"、"构筑和谐社会的政策选择"、"服务型政府与和谐社会的内在关系"等研究领域。与会学者针对这些重大问题，从多个分析视角分别进行了研讨。

[61] 汪永成. 公用事业市场化政策潜在的公共风险及其控制 [J]. 江海学刊. 2005 (01).

我们认为，根据理论的分析和国内外的实践，公用事业市场化政策将可能在经济效率、社会公平、公共安全、政府廉洁和政府合法性等层面产生损害公共利益的潜在风险。对公用事业市场化公共风险的分析，不是旨在反对这一改革趋势，而是旨在使之更为顺利，更有利于人民，有利于长远的公共利益。这也是积极推进这一改革的政府的政治责任。在新的发展观下，这一点更为重要。我们认为，公共性风险必须通过公共政策、政治参与等公共性途径加以防范。

[62] 汪永成，黄卫平，程浩. 社会利益集团政治化趋势与政府能力建设 [J]. 武汉大学学报（人文科学版）. 2005 (01).

社会利益集团不断形成并进入政治过程是新形势下我国政府行政环境的一个重要特点。在社会利益多元化、利益主体组织化、利益集团政治化条件下，中国政治发展的一个必然要求是加强政府能力建设，提高政府对各利益集团的调控能力、整合能力和自主能力。

[63] 王俊豪. 垄断性产业市场结构重组后的分类管制与协调政策——以中国电信、电力产业为例 [J]. 中国工业经济. 2005 (11).

20 世纪 80 年代以来，许多国家都采取不同方式，在不同程度上对垄断性产业实行市场结构重组政策。国内外有关经验证明，垄断性产业的这种改革效果，在相当程度上取决于市场结构重组后政府所制定并实施的分类管制与协调政策的有效性。本文以中国电信、电力产业为例，简要分析垄断性产业的市场结构重组及其面临的问题，着重讨论市场结构重组后垄断性产业的分类管制与协调政策问题。

[64] 王俊豪. 中国垄断性产业管制机构的改革——以中国电信产业管制机构为例 [J]. 中国工业经济. 2005 (01).

管制机构对垄断性产业的经济效率具有重要影响。本文将分析中国垄断性产业现行管制机构存在的主要问题，具有独立性的管制机构的优越性，讨论美国和英国等经济发达国家管制机构的特点，最后探讨中国垄断性产业管制机构的设立与规范问题。

[65] 王名. 改革中国民间组织监管体制的建议 [J]. 中国改革. 2005 (11).

要改变中国民间组织（NGO）的现状，首要的是要想方设法使中国社会中的各种 NGO 都能浮出水面来，其中最为重要和基本的是要改变中国 NGO 现行的登记监管体制，并以此为基点构建一个全新的法律制度框架。在这方面，英国的经验很值得我们借鉴。

[66] 王威，顾海英. 中国乳品加工业的过度竞争分析 [J]. 中国农村经济. 2005 (02).

本文以产业过度竞争的判断标准为理论依据，对中国乳品加工业的竞争进行了深入分析。本文认为中国的乳品加工业处于过度竞争阶段；市场过度进入、乳品的产品特性和企业退出障碍是乳品加工业出现过度竞争的主要原因。因此，应当通过提高进入壁垒、加强技术研究、改进产品标识和降低退出成本等方式引导产业发展，使乳品加工业尽快摆脱过度竞争的困扰。

[67] 王先林. 在华跨国公司知识产权滥用的反垄断法分析 [J]. 知识产权. 2005 (06).

伴随着跨国公司在中国市场上利用知识产权优势加强其竞争地位的过程，一些涉嫌滥用知识产权的行为也不同程度地表现出来了，并且往往与限制竞争或者垄断行为联系在一起。这尤其突出地表现为拒绝许可、搭售、价格歧视、掠夺性定价、过高定价等方面。我国亟须建立和完善以反垄断法为核心的规制包括在华跨国公司在内的知识产权滥用的法律制度。

[68] 王雄元. 自愿性信息披露：信息租金与管制 [J]. 会计研究. 2005 (04).

自愿性信息披露是解决信息问题的重要手段，对间接信息租金的追逐是经营者自愿披露信息的核心动机。单纯受利益驱使的自愿性信息披露必然存在一些问题，因而有必要对自愿性信息披露进行有效的管制。建立基于声誉的经理人市场和法律事后惩罚机制，有助于保障自愿性信息披露的信息质量。

[69] 王耀忠. 食品安全监管的横向和纵向配置——食品安全监管的国际比较与启示 [J]. 中国工业经济. 2005 (12).

本文从行政监管和社会管制的角度研究了食品安全监管权的横向和纵向配置，系统地比较分析了发达国家食品安全监管体制的特点、经验和教训及近年来的改革趋势；并在分析我国现行食品安全监管体制存在问题的基础上，提出食品安全监管系统性改革的建议。

[70] 王玉辉. 日本反垄断法损害赔偿制度探讨 [J]. 现代财经——天津财经学院学报. 2005 (07).

在日本，反垄断法的运用以公正交易委员会的活动为中心，为防范其执行过小，活化反垄断法运用，强化了民事损害赔偿制度。日本的损害赔偿制度是以公正交易委员会做出的确定审决为前提，针对特定的四种行为实行无过错单倍损害赔偿原则，并且在损害赔偿诉讼中公正交易委员会承担着协助义务。

[71] 魏风华，梁振杰，张樑. 解决矿山生态环境保护问题的对策建议 [J]. 中国国土资源经济. 2005 (02).

文章根据三部门矿山生态环境保护专项执法检查督查情况，分析了目前矿山生态环境保护监管存在的问题，提出了解决矿山生态环境保护问题的对策建议：(1) 提高对矿山生态环境保护重要意义的认识；(2) 强化法律约束和政策指导；(3) 建立三部局联合执法检查制度，加大执法力度；(4) 赋予国土资源部门对矿山环境监督管理的职能；(5) 建立矿山环境恢复治理新机制，加大资金投入。

[72] 魏琼. 中国反垄断法中的诉讼请求程序初探——兼评2004年《反垄断法（送审稿）》[J]. 政治与法律. 2005 (01).

法律的程序是任何法律最终成为规范市场秩序、推动社会进步的现实力量。一部法律的程序制度是否健全、合理，决定着该法律在多大程度上能够真正地成为“活的”法律。目前，制定一部适合中国国情的《反垄断法》的呼声日益高涨，其立法框架也初见端倪。但是，就该法之中辅之以怎样的程序制度，却鲜有人论及。即使涉及，也仅止于反垄断法执法机构及权限的研究。本文系统阐释了反垄断法程序制度中的诉讼请求程序，旨在为中国反垄断法的建构提供一点补充意见。

[73] 魏朱宝．注册会计师审计独立性弱化：市场缺陷与政府失灵 [J]．审计研究．2005 (05)．

独立性是注册会计师职业的灵魂，如果注册会计师审计缺乏独立性，就很难做到客观公正。近年来随着上市公司造假大案的相继曝光，一些会计师事务所的违规事件也纷纷浮出水面，注册会计师审计独立性备受质疑，本文从市场缺陷和政府失灵两个方面对我国审计独立性弱化进行分析，并从政府与市场互补的角度就如何强化审计独立性提出了构想。

[74] 吴光芸，方国雄．市场失灵、政府失灵与非营利组织失灵及三者互动的公共服务体系 [J]．四川行政学院学报．2005 (01)．

市场失灵、政府失灵和非营利组织失灵的共存表明，在为社会大众提供公共物品活动之中，仅有市场、仅有政府或仅有第三部门都是不够的，一个健全的社会体系必须同时包含这三种机制和三种力量。应充分发挥政府、市场和第三部门“三只手”的作用，建立新的公民与政府、市场之间的联系与交往方式，构建充满竞争和活力的公共服务体系，寻求政府、市场和社会在公共服务供给领域的均衡点，建立公共服务供给的多中心体制和互补机制。

[75] 吴海华，王志江．食品安全问题的信息不对称分析 [J]．消费经济．2005 (02)．

食品是我们日常生活中必不可少的一部分，食品安全问题涉及到广大群众的身体健康。本文从我国食品安全问题的现状入手，分析了由于信息不对称在食品安全方面带来的危害，并提出通过发送市场信号和政府干预等措施来减少食品安全方面的问题。

[76] 吴军，邹恒甫．存款保险、道德风险与银行最优监管——一个分析框架及其在中国的应用 [J]．统计研究．2005 (02)．

存款保险盒道德风险之间的关系是建立存款保险体系的根本原因。本文构建了一个从银行角度考虑这个关系及应用的模型。本文的结论是道德风险的程度不依赖于存款保险体系的类型，而是依赖于存款保险体系的参数。对于中国来说，从内部隐形存款保险体系转到外部显性存款保险体系，能够有效地提高银行监管水平，降低道德风险的发生。

[77] 吴联生．审计意见购买：行为特征与监管策略 [J]．经济研究．2005 (07)．

审计意见购买是国际会计学界的重要研究课题，也是世界各国政府所关注的重大问题。本文通过建立动态博弈模型，分别分析了变动收益和固定收益下的审计意见购买的行为特征及其最优监管策略。研究结论表明，审计师所要求的审计意见购买收益的分成比例，取决于审计师与经营者的贴现因子；但审计师要求的固定收益分成比例，高于变动收益分成比例。监管者的最优监管策略并不能杜绝审计意见购买行为，不同监管者对变动收益下审计意见购买行为所采取的最优监管策略各不相同，但对固定收益下审计意见购买行为的监管，其最优策略是一致的；同一监管者对变动收益下和固定收益下的审计意见购买行为，其最优监管策略可能存在差异。变动收益下的审计意见购买必定损害监管者的福利，而固定收益下的审计意见购买则不一定会损害监管者的福利。

[78] 吴晓隽．欧洲旅游中介服务业纵向一体化剖析 [J]．外国经济与管理．2005 (03)．

纵向一体化是最近几年出现在欧洲旅游中介服务业的一种普遍趋势，并在产业组织层面引发了结构、行为和绩效方面的显著变化。本文试图通过分析欧洲旅游中介服务业纵向一体化的特征和动因，来对纵向一体化行为在欧洲旅游中介服务业造成的影响及后果进行研究和总结。

［79］吴燕，陈国庆．国外的环境税及其借鉴——兼论我国环境保护税的构建［J］．涉外税务．2005（06）．

国外环境税一般采取税收中性政策，环境税改革的核心是将税负逐步从对收入征税转移到对环境有害的行为征税，并注重税率差别和税收减免的调节作用。我国应尽快开征符合我国国情和税制改革趋向的环境保护税。

［80］项卫星，傅立文．金融监管中的信息与激励——对现代金融监管理论发展的一个综述［J］．国际金融研究．2005（04）．

本文是对现代金融监管理论发展的一个综述。金融市场的不完全性和金融市场的失灵，导致政府有必要对金融机构和市场体系进行外部监管；但金融监管作为一种以政府为主导的行为，其效果实际上受政府解决市场信息不完全性这一问题的能力和愿望的限制，而且市场中的信息问题也无法仅仅靠一个政府机构的监管就能解决。如果处理不妥当，可能使问题变得更糟。为此，在理论上需要寻找一种激励监管者行为的框架，在实践上需要建立一种具备激励及自我约束的制度，将市场中最有比较优势的监管者选择出来，并激励它们承担起监管任务。

［81］谢红慧．欧盟竞争法中的“必要设施原则”［J］．北京政法职业学院学报．2005（02）．

“必要设施原则”是竞争法在司法实践过程中出现的一个概念。对其进行研究和探讨，可有助于从微观层面了解竞争法的基本原理、立法框架和在司法活动中不断丰富和完善的历史。由于我国即将颁布的反垄断法以欧盟模式为主要的立法参照，因此，研究欧盟法的有关规定，并对其将在中国法律领域产生的影响进行评价十分必要。

［82］谢志华，崔学刚．信息披露水平：市场推动与政府监管——基于中国上市公司数据的研究［J］．审计研究．2005（04）．

公司信息披露主要受市场和监管两种力量的促动，本文试图研究这两种力量对我国上市公司信息披露水平的影响。公司信息披露水平通过信息披露指数予以衡量。研究结果显示样本年度政府监管大大促进了强制性信息披露水平的提高，而公司的自愿披露水平也得到相应提高。公司若干特征对信息披露水平产生重要影响，它们是公司规模、上市地点、股权结构。公司盈利水平与债务杠杆对公司强制披露与自愿披露分别具有不同程度的影响。

［83］阎庆民．银行业公司治理与外部监管［J］．金融研究．2005（09）．

银行业具有较高的风险聚集性和很高的财务杠杆，信息不对称性的存在使得银行的公司治理从根本上有别于一般公司。保护存款人的利益是银行业公司治理的关键，这使银行业需要政府监管职能的介入以实现有效治理。在我国，政府或行政直接干预和银行承担无限责任是国有银行公司治理缺失的根本原因。根据现代公司治理的要求，对国有银行进行股份制改造，是我国国有银行改革的根本出路。

［84］颜运秋．反垄断法的终极目的及其司法保障［J］．时代法学．2005（06）．

反垄断法的目的具有宣示性和导向性，为所有的实体规则和程序规则提供价值基础。如果反垄断法的目的设置不当或者混乱，将增大反垄断法实施的难度，削弱反垄断法的主题。传统观点认为，反垄断法的目的只在于维护有效的公平竞争秩序，但相对于保护消费者权益的终极目的而言，这种目的只是工具性的。这在立法上有明显的体现，在学理上有充分的理由并在司法上有广泛的实践。我国未来的反垄断立法、执法与司法应当将保护消费者权益作为其终极目的。

[85] 杨兰品．行政垄断问题研究述评 [J]．经济评论．2005 (06)．

行政垄断问题已引起学术界的广泛关注，国内理论界对行政垄断问题的研究主要涉及行政垄断含义、形式、成因、后果和反行政垄断的措施等。学者们在该领域进行了深入的研究，并取得了一批重要的研究成果，其中不乏合理的见解，富有启发性的理论观点，但几乎在行政垄断问题的各个方面都存在着严重分歧，而且在认识上还存在诸多不足之处。所以，关于行政垄断问题的研究还有待进一步深入。

[86] 杨立新，张国宏．论构建以私权利保护为中心的性骚扰法律规制体系 [J]．福建师范大学学报（哲学社会科学版）．2005 (01)．

性骚扰以及规制性骚扰，既是一个社会问题，也是一个法律问题。从法律上研究性骚扰和规制性骚扰，一方面是要研究性骚扰行为的性质和构成以及法律制裁，另一方面更为重要的是要研究规制性骚扰制度的构建。后者的意义和价值更为重大。世界各国的规制性骚扰制度的历史，从一开始就是沿着两个方向发展的，一个是以职场的劳动者保护为中心，一个是以人的私权利保护为中心。中国特色的规制性骚扰法律制度，应当以人的私权利的保护为中心，保护人的性自主权不受非法侵害。

[87] 杨晓玲．垄断势力、市场势力与当代产业组织关系 [J]．南开经济研究．2005 (04)．

在微观经济学理论中，生产集中和产品差异常常被认为是市场结构形成的两个重要因素，生产集中导致形成垄断和寡头市场结构，而产品差异与生产集中密切联系，但它又是一个重要的、独立的市场结构因素，即垄断竞争市场结构形成的重要因素。事实上，生产集中和产品差异在成为市场结构形成的两个重要因素的同时，又会导致形成两种性质完全不同的市场控制行为，并且，这两种控制行为产生的经济绩效和福利影响也完全不同。对这两种市场控制行为性质的区分，不仅有助于我们深化对产业组织理论的认识，也有助于我们了解和把握当代产业组织关系的重大变化和发展趋势。

[88] 杨勇，达庆利．不对称双寡头企业技术创新投资决策研究 [J]．中国管理科学．2005 (04)．

许多研究技术创新投资决策的期权博弈文献忽视了企业之间的投资成本和经营成本的不对称性，本文研究成本不对称双寡头企业技术创新投资决策问题。首先，导出企业投资收益函数和投资临界值。接着对存在的三种均衡，即抢占均衡、序列均衡和同时投资均衡进行了分析讨论，结果表明，成本不对称程度较小和先动优势不大情况下，企业将同时投资；当先动优势较大的情况下，低成本企业将先投资成为领先者；当企业成本不对称程度很大时，企业将序列执行投资期权。最后，结合案例进行数值计算，验证了理论分析结果。

[89] 姚洪兴，徐峰．双寡头有限理性广告竞争博弈模型的复杂性分析 [J]．系统工程理论与实践．2005 (12)．

对有限理性动态古诺模型进行了改进，并将其引入到广告市场中，同时也综合考虑了广告成本和生产成本的影响，使得该模型更加符合实际。在此基础上，对改进后的模型的演化过程进行了分析，指出了 Nash 均衡的稳定区域及其影响因素。通过理论分析和数值模拟计算研究模型中各参数的变化情况，发现当企业为获取前期的竞争优势，而加快广告投入量的调整速度和提高单位广告所产生的平均需求时，将会导致系统的不稳定，从而使系统陷入混沌状态这一经济现象。

[90] 尹龙．金融创新理论的发展与金融监管体制演进 [J]．金融研究．2005 (03)．

20 世纪 90 年代末期以来金融创新理论和实践的发展证明，金融风险也是一种可资利用的“资源”，同样存在着风险的“资源配置”问题。市场化的风险资源配置可以直接节约社会资金资源的占用。随着信息化和竞争加剧，金融组织的社会经济职能逐渐“进化”为资金资源配置中介和风险资源配置主体双重角色。相应地，金融风险的市场化配置成为金融监管的有益补充，金融创新也就成为提供金融监管效率的重要手段。我国金融监管体制改革，应当重视金融创新与金融监管两者之间的互补关系，规范并鼓励金融创新的发展。

[91] 于立，吴绪亮．纵向限制的经济逻辑与反垄断政策 [J]．中国工业经济．2005 (08)．

本文分析了纵向限制的内涵和主要类型，通过整合并扩展近期关于纵向限制行为的理论研究，重点考察了纵向限制的私人和社会福利效应。本文提供了一个针对纵向限制行为的“动机→条件→效应”三阶段经济分析框架，借此甄别在何种情况下何种纵向限制的“恶性”效应会超过“良性”福利效应（或相反），以期为中国的反垄断立法提供借鉴。

[92] 于良春，杜琼．中国电力均衡的市场机制与政府监管 [J]．财经问题研究．2005 (07)．

中国经济的快速增长和经济增长方式的转变同时对电力均衡机制提出了挑战；决策权的分散化与“厂网分开，竞价上网”的产业组织形式为实现电力均衡奠定了微观基础，实现电力市场的长期均衡还必须建立电力期货市场和科学的进入退出机制；针对市场主体、要素市场、电力需求方的特殊性以及政府监管的不完善造成的中国电力均衡的体制性障碍，应进一步调整市场结构，充分发挥市场机制和政府监管在电力均衡中的作用。

[93] 于良春，葛铸聪．自然垄断产业政府规制机构独立性研究 [J]．广东社会科学．2005 (06)．

政府规制机构缺乏独立性是导致自然垄断产业政府规制失灵的一个重要因素，因而加强政府规制机构的独立性建设应当成为当前政府规制体制改革的一个重要方面；规制机构的独立性受到规制立法、规制机构设置、资金来源等多种因素的制约；中国目前在规制机构的独立性方面存在许多问题，应当根据规制机构独立性的要求，从规制立法、机构设置和规制监督体系等方面加强自然垄断产业政府规制机构的独立性建设。

[94] 于良春，黄进军．环境管制目标与管制手段分析 [J]．理论学刊．2005 (05)．

环境管制目标具有双重性。影响该目标实现的因素有信息的完备程度与管制制度的完善及管制机构的健全。我国目前环境管制的主要手段是排污收费制度，这一制度对于环境管制目标偏离程度较大，对效率损害较严重。为此应从改革现行的排污收费制度，加强管制制度、管制机构的建设以及建立信息披露机制入手，来改进我国环境管制工作，以实现可持续发展目标。

[95] 余东华．中国家电行业的市场集中：从过度竞争到有效竞争 [J]．石油大学学报（社会科学版）．2005 (04)．

在经济转型时期，中国家电行业过度竞争的形成是重复建设、重复引进和盲目投资的结果，同时也存在体制性和机制性的原因。中国家电行业从过度竞争向有效竞争演进的历程表明，推进市场集中和产业组织结构优化，需要培育和完善市场经济体制，充分发挥市场竞争的优胜劣汰作用；打破地区封锁和市场的行政性割据，降低企业退出壁垒。同时，辅以产业政策的引导，加快企业改革，赋予企业的市场主体地位。

[96] 余冬平，邱菀华．R&D 投资决策的不对称双头垄断期权博弈模型 [J]．系统工程．2005 (02)．

两企业进行 R&D 投资，考虑其间的研发成本不对称更贴近于现实。为此，本文建立了 R&D 投资决策的不对称双头垄断期权博弈模型，首先给出了领先者、追随者和同时投资者的价值函数和投资临界值点；通过引入混合策略法则证明了混合策略均衡的存在，并给出了不同情况下的两企业最优投资均衡策略规则；最后，数值分析表明了一个完美纳什均衡的存在。

[97] 袁和平．规范地方政府行为　促进区域经济发展［J］．宏观经济研究．2005（02）．

地方政府在区域经济发展中行为的现状和问题随着改革的不断深化，影响地方政府行为的利益机制已不断得到调整，地方政府在区域经济发展中的行为也逐步得到规范，发展经济工作的重点也逐步向优化发展软环境、改善基础设施、推进国企改革等方面转变。

[98] 张炳生．论我国反垄断执法机构的设置——对现行设计方案的质疑［J］．法律科学．西北政法学院学报．2005（02）．

反垄断执法机构的科学设置，事关反垄断法的命运，其重要性是显而易见的。发达国家和地区的反垄断法在对该机构的性质定位、职能设置、程序安排诸方面都进行了周密的设计，赋予该机构显要的地位和超强的权力，以保障其执法的有效性。我国的特殊国情决定了我国反垄断法的主要使命将是如何消除和防范行政垄断，其斗争将是异常惨烈的。反垄断执法机构也将经受严峻考验。反垄断法讨论稿设计的反垄断执法机构设置方案，存在着严重缺陷，据此而行，反垄断法实施的效果是令人疑虑的。我国反垄断执法机构的设计必须废弃作为现有行政机关下属机构的思路，凸现其权威性、独立性和专业性。

[99] 张岑遥．城市房地产价格中的地方政府因素：成因、机制和效应［J］．中央财经大学学报．2005（10）．

部分地方政府对城市房地产市场的介入，源于一种双重压力：分税制以后地方事权的比重普遍高于财权带来的压力、地方政府作为中央政府或上级政府的代理机构的压力。在双重压力之下，面对资源的约束，依据现有土地供给制度，地方政府介入城市房地产开发，推动房地产市场的景气，动员社会各种资源进入房地产市场，达到财政增收、GDP 高增长等社会经济目标。这种介入也对城市房地产价格有直接、间接推动作用。

[100] 张飞，曲福田．从地方政府之间博弈的角度看土地市场秩序［J］．经济问题探索．2005（06）．

由于地方政府，是地区土地市场的管理者、需求者以及唯一供给者，因此土地市场是否有序首先取决于地方政府之间在土地市场上的博弈。而在目前体制下，地方政府之间在土地市场上的博弈，无论是土地供应博弈，还是土地价格博弈，都是非合作博弈，所以当前土地市场秩序是混乱的。因此要规范土地市场秩序，首先就要实现地方政府在土地市场上的合作博弈。

[101] 张琳，王慧萍．论我国养老保险基金的投资与监管［J］．财经理论与实践．2005（03）．

人口老龄化、养老保险基金缺口、基金来源的刚性及基金管理上的漏洞等方面彰显出我国养老保险基金迫切需要投资。从风险管理的角度，养老保险基金投资的风险分为法律政策风险、战略管理风险、操作风险及资本市场风险。构建风险监管体系，可在宏观、中观和微观三个层次上进行，宏观上以社保部门为监管核心，中观层次上成立专门的养老基金投资监管司，微观主体强化内部风险控制，以达到专业监管、权利制衡。

[102] 张奇峰．政府管制提高会计师事务所声誉吗？——来自中国证券市场的经验证据［J］．管理世界．2005（12）．

本文以 2001～2003 年的上市公司及其主审会计师事务所为样本，研究了政府管制对审计定价以及事务所声誉的影响。用公司市场价值与盈利能力的相关系数来计量事务所声誉，本文发现，整体上来看，与其他事务所相比，首次获得 IPO 专项复核资格的事务所收取了更高的审计公费，但是投资者认为其审计的公司盈利并不更可信；经国内十大事务所审计的公司盈利的可信度与其他事务所没有显著差异；而经国际四大事务所审计的公司盈利更具可信性。这表明仅靠政府对供给方的管制并不能为会计师事务所带来市场声誉，政府应将工作重心转向培育市场对高质量审计服务的需求。对于会计师事务所而言，提高专业能力、保持高度的独立性才是建立市场声誉的有效途径。

[103] 张永建，刘宁，杨建华．建立和完善我国食品安全保障体系研究 [J]．中国工业经济．2005 (02)．

食品安全问题举国关注，世界各国政府大多将食品安全视为国家公共安全，并纷纷加大监管力度。从当前来看，应尽快建立健全食品安全法律体系；统一协调、权责明晰的监管体系；食品安全应急处理机制；完整统一的食品安全标准和检验检测体系；食品安全风险评估评价体系；食品安全信用体系；食品安全信息监测、通报、发布的网络体系；中介及研究单位的推动体系等九大体系，促进食品安全水平的全面提高。

[104] 赵全军．公用事业民营化及其在中国的适用性问题 [J]．理论与改革．2005 (01)．

20 世纪 80 年代以来，在世界性的行政改革浪潮中，公用事业民营化作为西方国家“再造”政府运动的重要内容之一，已逐渐成为西方公用事业改革，乃至治理模式变革的基本潮流，并对后发展中国家的行政改革产生了巨大的示范效应。本文对公用事业民营化众说纷纭的理论主张和纷繁复杂的实践举措进行了梳理，并结合中国在局部范围内引入这一改革思路所进行的探索，对公用事业民营化的治理模式在中国的适用性问题进行了分析。

[105] 郑鹏程．美国反垄断法“本身违法”与“合理法则”适用范围探讨 [J]．河北法学．2005 (10)．

“本身违法”与“合理法则”是美国反垄断法中的一对重要法则，两者各有其相对独立的适用范围。“本身违法”适用于价格固定、市场划分、联合抵制、搭售安排及转售价格维持等案件，“合理法则”适用于纵向非价格限制、联营、企业合并等案件。20 世纪 80 年代，受芝加哥学派思想的影响，“合理法则”与“本身违法”的适用范围有所模糊。由于美国是一个多元社会，而“本身违法”与“合理法则”具有重要的协调反垄断法多元价值目标冲突之功能，所以，两者的适用范围仍清晰可辨。

[106] 郑友德，范长军．反不正当竞争法一般条款具体化研究——兼论《中华人民共和国反不正当竞争法》的完善 [J]．法商研究．2005 (05)．

反不正当竞争法一般条款系规范性法律概念。它一方面具有灵活性，另一方面也具有不确定性的特征。克服其不确定性有赖于法官在司法中对一般条款中的“诚实信用”和“善良风俗”等抽象概念具体化为判决规范。与德国、瑞士两国的立法、司法相比较，《中华人民共和国反不正当竞争法》存在缺乏定义性规范和授权性规范、保护法益有悖于立法旨意、“诚实信用”原则错位等缺陷，致使法官在审理相关案件时对一般条款解释空泛，适用不当。因此，我们应参照瑞士法关于一般条款的结构，并借鉴德国法关于一般条款的司法经验，修订《中华人民共和国反不正当竞争法》一般条款，并使之具体化。

[107] 周光礼．重构高校治理结构：协调行政权力与学术权力 [J]．中国高等教育．2005 (19)．

改革高校内部管理体制，建立现代大学制度已成为我国高等教育改革的中心论题。高校内部管理体制主要体现为权力在管理的各阶层和高校内各个不同利益群体间的分配，以及它们相互间的权力作用关系。这种权力结构，实际上就是高校的治理结构。

[108] 周煊．企业价值网络竞争优势研究 [J]．中国工业经济．2005 (05)．

以价值模块化为基础，传统的集合型价值链经过解构、整合和重建形成具有差异化竞争优势的模块化价值链。不同企业的价值模块和模块化价值链在共同的界面标准内交叉连接、融会贯通，形成企业价值网络。企业价值网络集聚各成员企业的优势资源，将各种能力要素协同在一个无形的网络平台上，通过不同组织模块之间的协作、创新和竞争，能够产生新的竞争优势。企业以价值模块化为基础，对自身价值链进行整合，融入企业价值网络，能够分享网络内成员企业的优势资源和技术创新成果，共享模块化经济，增强企业核心竞争力和抗风险能力。模块化时代，企业之间的竞争已经演进为企业价值网络之间的竞争。

[109] 周雪光．"逆向软预算约束"：一个政府行为的组织分析 [J]．中国社会科学．2005 (02)．

本文以"逆向软预算约束"概念概括基层政府自上而下地向所管辖区域中的下属组织和个人索取资源的行为，并从组织分析角度探讨这类现象产生的渊源：在微观层次上，干部晋升制度的机制和信息不对称导致了基层政府官员追求资源密集型政绩工程的短期利益，为不断突破已有预算约束、追求预算外资源的政府行为提供了激励；在宏观层次上，组织制度自上而下的约束机制由于上下级政府官员的共同利益联合而难以有效运行，自下而上的企业或个人的抵制活动因组织程度的不对称而无法奏效，而权、责、利三位一体在实际运行中的分离导致责任目标制度的失败。因此，宏观组织制度难以对政府官员的行为实行有效约束。

[110] 周耀东，余晖．政府承诺缺失下的城市水务特许经营——成都、沈阳、上海等城市水务市场化案例研究 [J]．管理世界．2005 (08)．

BOT 和特许经营权是现代合同式管制的主要实现方式，但机制设计和政府管制体制重建是其所面临的重要问题。前一个问题涉及如何确定资本回报率，后一个问题涉及政府的承诺的可信度。本文从我国公用事业 BOT 和特许经营的市场化案例入手，对目前我国公用事业管制改革过程中面临的这两个问题进行了剖析。认为资本回报率是给定目前政府承诺缺失条件下无奈的选择，因此建立正式的制度（法律、独立管制机构）是解决政府与被管制企业之间风险分担问题最根本的途径。

[111] 朱光磊，孙涛．"规制—服务型"地方政府：定位、内涵与建设 [J]．中国人民大学学报．2005 (01)．

20 世纪的最后几年，中国基本完成了向"经济建设型"政府的转型，并开始着力建设"公共服务型"政府。当前，政府发展的双重历史任务要求正视地方政府管理中对法的"政治定位"的理解和管理体制的"职责同构"问题，树立"以公共服务为导向，以规制治理为手段"的理念，将资源更多的配置到社会管理和公共服务领域，并给予社会公正以更多关注。通过施政创新，建设具有时代特征和民族特色的"规制—服务型"地方政府，实现社会发展、政治发展与政府发展、公共行政发展的良性互动，促进经济社会全面、协调、可持续发展。

[112] 朱希伟，金祥荣，罗德明．国内市场分割与中国的出口贸易扩张 [J]．经济研究．2005 (12)．

本文将国内市场分割和边际成本与固定成本之间的反向关系引入 Melitz（2003）的模型，构建了一个开放经济模型。文章证明了国内市场分割导致不同生产技术的企业都首选进入国外市场。这似乎解释了中国出口贸易的强劲增长其实是严重的国内市场分割导致企业无法依托巨大的国内需求、发挥规模经济而被迫出口的扭曲现象。

[113] 朱新力，宋华琳．现代行政法学的建构与政府规制研究的兴起 [J]．法律科学．西北政法学院学报．2005 (05)．

早期行政法学普遍经历了从行政科学到法律科学的转向，而现代行政法学则从以司法审查为中心转向以行政过程为中心。发轫于 20 世纪六七十年代的政府规制理论为现代行政法学提供了一个强有力的分析工具，有助于革新传统行政法的概念架构和学理体系，建立起对真实世界行政过程有解释力的现代行政法学体系。

[114] 庄尚文．网络经济条件下的产品内分工与模块化生产 [J]．南京财经大学学报．2005 (04)．

产品内分工、模块化生产是与网络经济紧密联系在一起的，生产和供应过程不同工序、区段和环节在不同的空间完成，然后在同一个地方形成最终产品，这样的生产方式实际上就是网络经济条件下一种典型的生产方式，因而必须遵循网络经济条件下的规则，并且其本身也具有一定的规律性。本文就网络经济条件下产品内分工的根源、模块化生产的特征及作用进行了探讨，旨在加深对分工问题的认识以及获得解决一些现实经济问题的启示。

[115] 邹薇，钱雪松．融资成本、寻租行为和企业内部资本配置 [J]．经济研究．2005 (05)．

本文构造了一个两层次委托代理模型，强调了外部资本市场和内部资本市场之间的相互作用，分析表明，资本配置扭曲和资本使用效率低下的关键是外部资本市场运作不完善对企业内部管理者的寻租行为的影响。本文的分析表明，融资成本偏低的外部资本市场不仅会促使企业 CEO 过分扩大融资规模，而且会加剧企业内部管理者的寻租行为，导致资本配置不当、投资缺乏效率的不良后果。本文的政策含义是，必须改变融资成本偏低的现状，并加强公司治理结构建设，才能解决我国企业融资过热、资本使用效率低下等一系列问题。

[116] 刘培林．地方保护和市场分割的损失 [J]．中国工业经济．2005 (04)．

本文运用数据包络分析方法对 2000 年中国 30 个省区市 21 个制造业部门的经济绩效进行了分析。结果表明，如果消除各省区市产出配置结构扭曲，以及生产要素在省区市之间配置结构扭曲，可以在不增加任何投入的情况下，使中国该年度制造业产出增长大约 5%。即使这些扭曲当中直接归因于地方保护和市场分割的部分只有一半，其对国民经济的影响也是非常可观的。如果不能矫正这些扭曲，那么其损失就是国民经济福利的净损失。

[117] 胡向婷，张璐．地方保护主义对地区产业结构的影响——理论与实证分析 [J]．经济研究．2005 (02)．

在一个厂商投资行为模型中，从改变地区间贸易成本和政府直接投资两个方面引入地方政府行为变量，讨论政府行为对地区产业结构的影响。模型分析发现贸易成本的增加会促使地区间产业结构趋同，而政府直接投资对产业结构的影响并不确定，在一定情况下会促进地区间产业结构差异化。趋势分析发现样本年间我国地区产业结构差异的全国平均水平在逐年增大。而以地区为着眼点的计量回归分析则发现，在控制了运输条件、地区资源差异和产业结构等历史因素之后，政府变量对地区间产业结构差异变化有显著影响。政府设置贸易壁垒增加地区间贸易成本，会促进地区间产业结构趋同。政府的投资行为则在整体上促进了地区间产业结构的差异化。

[118] 尹龙．金融创新理论的发展与金融监管体制演进 [J]．金融研究．2005 (03)．

20 世纪 90 年代末期以来金融创新理论和实践的发展证明，金融风险也是一种可资利用的“资源”，同样存在着风险的“资源配置”问题。市场化的风险资源配置可以直接节约社会资金资源的占用。随着信息化和竞争加剧，金融组织的社会经济职能逐渐“进化”为资金资源配置中介和风险资源配置主体双重角色。相应地，金融风险的市场化配置成为金融监管的有益补充，金融创新也就成为提供金融监管效率的重要手段。我国金融监管体制改革，应当重视金融创新与金融监管两者之间的互补关系，规范并鼓励金融创新的发展。

[119] 刘和平．欧美并购控制法实体标准比较研究 [J]．法律科学．2005 (01)．

实体标准是整个并购控制体系的核心，也是反垄断法的重要内容之一。欧盟最新并购控制立法确立的“严重妨碍有效竞争”实体标准与美国奉行的“实质性减少竞争”标准一样都反映着并购控制的本质。欧美采取大同小异的并购实体标准有利于推动国际跨国并购审查结果的一致性，促进并购活动的发展。我国应确立“严重妨害正当竞争”实体标准并配套颁布并购评估指南，注重并购审查的经济分析。从欧盟条例立法经验分析，我们应在以下方面加以借鉴：(1) 采取结果型实体法标准，并颁发配套实施指南。(2) 在反垄断法中，对滥用支配性地位行为与并购控制行为分别采取行为型和结构型标准。(3) 注重并购审查的经济分析，并坚持多元化并购控制标准。

2004 年

[1] J. J. 拉丰，张昕竹．发展中国家的普遍服务政策 [J]．经济学季刊．2004 (04)．

当使用统一定价来帮助农村用户时，未接入网络的消费者可能会受到网络投资减少的负面影响，这样统一定价就不能实现政策制定者所希望达到的提高普及率的目标，而这在发展中国家恰恰是一个相当紧迫的任务；或者说，尽管统一定价确实帮助了农村消费者，但网络扩张的进度将会减缓。由此可以得到的一个一般性结论是，在制定普遍服务政策时，应该综合考虑网络投资的激励与定价政策。

[2] J. 罗伊思·古阿什，罗伯特·W·汉恩．规制的成本与收益：对发展中国家的寓意 [J]．经济社会体制比较．2004 (01)．

规制的成本与收益问题可以通过一般经济分析进行系统化研究，同时规制也会对经济增长产生重大的不利影响。特别是当规制以控制价格和市场准入为目标以免市场无序竞争时，更有可能降低增长并对一般生活水平产生不利的影响。此外，过程规制能显著提高经济成本。不过，如果社会规制经过精心构思，它仍可能给普通消费者带来很大的净收益。发展中国家可以考虑采用不同的政策来改进规制的一般方法。适当的规制方法和结构取决于多种因素，包括官僚政治技能、资源可用度、行政约束及经济影响等。通常需要增强地方及国家层次的规制评估能力。

[3] 白让让．拍卖、激励与公共资源使用权的竞争性配置——我国牌照发放滞后引发的思考 [J]．经济社会比较．2004 (06)．

以最高价格限制、有约束的收益率等激励性定价机制代替成本加成这一垄断定价规则。在政企合一、政资合一、管运合一的体制下，当需求增加时，成本加成必然演化为垄断甚至超额垄断定价的合理依据，而一旦出现需求萎缩，企业可以依此向政府索取亏损补贴或设置最低价格。它既不能促进企业生产效率提高，也无法防止企业对消费者剩余的不断侵占。

［4］白让让，郁义鸿．价格与进入管制下的边缘性进入——一个理论模型分析［J］．经济研究．2004（09）．

本文从产业组织和企业行为的视角，探讨了二元（价格与进入）管制下边缘性进入发生的技术、需求和结构性条件，从而对管制放松的初始诱因提出了一个新的解释，即管制放松是技术进步（在本文特指新产品的出现）、需求结构变化和原有管制下的产品特制、产业组织结构及权力结构安排的内生现象。由边缘性进入引发的放松是一个渐进性的“多赢”结局，不会导致由强制性管制放松所引起的管制无序甚至缺失现象。

［5］白重恩，杜颖娟，陶志刚，仝月婷．地方保护主义及产业地区集中度的决定因素和变动趋势［J］．经济研究．2004（04）．

产业区域专业化的水平在以往享有较高利税率和国有成分比例较高的行业里，其区域专业化的程度比较低，反映了地方政府有动机保护这两类地方产业。本文还提供了较强的证据来支持规模经济理论对专业化的解释，对外部经济理论对专业化解释的支持则相对较弱。地方保护主义的作用在决定区域专业化水平中超过了外部经济性和规模效用，仅次于历史影响的作用。除了提供地方保护主义重要性的证据，本文还考察了中国产业区域专业化水平的整体趋势，在经历了早期的微弱下降后，在经济改革的近几年来有显著的提高。这个结论与 Young（2000）相反，却与 Naughton（1999）一致。

［6］陈富良．利益集团博弈与管制均衡［J］．当代财经．2004（01）．

在利益集团理论和寻租理论的框架下，管制机构的结构、管制者对管制权的争夺以及管制权所受到的法律约束，在供给层面上影响着管制制度。被管制者之间进入市场瓜分租金的博弈，在需求层面上影响着管制制度。管制者和被管制者之间的互动，合谋、收买，公共权力的寻租，则直接影响着管制制度的均衡。

［7］陈宏民，余润．中国航空货运业的竞争格局与发展趋势［J］．产业经济评论．2004（01）．

在国内航空货运的主要市场上，国内航空运输企业与外国公司的竞争已经形成；随着该市场的进一步开放，外资会继续大幅度进入，市场竞争会不断加剧；我国三大航空集团的重组会有利于该市场规模经济的实现和国内航空企业竞争力的提高。对未来市场的预测显示，今后几年中国的航空货运需求的年增长速度大约在 12% ~14% 之间，其中国际航线的增长速度略高于平均速度。

［8］陈明．城市公用事业民营化的政策困境——以水务民营化为例［J］．当代财经．2004（12）．

如果对城市政府在民营化中实行强化规制，即市政府受到强规制有两个方面的效应，一个方面是正面效应，可减少城市政府在民营化操作中的随意性与“暗箱操作”等还可以鼓动民营化的进一步展开，如政府受到强规制会改善承诺等；另一方面则是负面效应，城市政府受到强规制会减少甚至扼杀更创新意义的民营化模式或民营化方案。这是由于在民营化初期，城市公用事业民营化还没有形成较为理想，容易仿照借鉴的固定模式，需要城市政府发挥自身的积极性和创造性去努力探索符合市情的民营化模式或民营化方案。

［9］陈雨军，晏宗新．新论中国自然垄断行业的改革方向——解决自然垄断方式的一般模型及对中国的适用研究［J］．产业经济评论．2004（02）．

以中国经济的转轨特征为出发点，从自然垄断领域的解决方式看，在一个较长的时期内，实行国有企业经营仍是较优的选择，但从长期看，其改革方向不排除实行管制和特许权投标。从自然垄断领域变动的属性来看，对自然垄断领域的国有企业进行分拆和引入竞争是当前提高经济效率的关键。

［10］陈志光．评博弈论在反垄断中的应用［J］．浙江社会科学．2004（11）．

对于博弈论引入反垄断，反垄断中各方行为主体的态度是不同的。以专门的反垄断机构而言，它们有激励运用博弈论，因为它们会有更大的空间拓展自己的专业和活动，随之也会有更大的空间操纵博弈论分析的结果偏向于自己，以展现自己的专业价值。受反垄断法起诉的企业也有运用博弈论为自己辩护的激励，因为如果聘请到足够高明的经济学家，大可以证明自己的行为没有排斥竞争对手，而摆脱垄断的不良形象，使自己免于责任和惩罚，比如微软聘请 Schmalensee 和 Tirole 等。对于危害消费者和社会的企业而言，这使它们逃脱法律的制裁，并继续掠夺消费者和社会的福利。对于没有危害消费者和社会的企业而言，这也是一种资源浪费，使得企业相对减少了在效率增进上的投入。

［11］陈志广．是垄断还是效率——基于中国制造业的实证研究［J］．管理世界．2004（12）．

一般而言，产业或企业利润率与产业集中度和市场份额存在着正相关的关系，可能是串谋等垄断因素的结果，也可能是规模经济等效率因素的结果。垄断因素、效率因素的混合作用，形成了中国制造业中利润率与产业集中度、市场份额的正相关关系。所以，在为改善经济绩效而扩大企业规模、提高产业集中度的同时，不能忽视维护和完善市场竞争的问题。

［12］陈志俊，张昕竹．科研资助的激励机制研究——分析框架与文献综述［J］．经济学季刊．2004（10）．

如果不给科研人员一个稳定的支付，则由于事前投资的专用性，科研人员的投资积极性就会减弱。从事后的角度看，给予科研人员的终身制是一个弱激励，但从事前的角度看，这是一个强激励。而社会计划者的一个最优决策问题就是决定一个最优的选拔比例，即从研究人员的队伍中选拔合适的个数作为终身教授或研究员，并确定相应的支付。

［13］常欣．新阶段中国垄断性行业改革的三线推进战略［J］．中国工业经济．2004（02）．

垄断性行业的改革是中国新阶段经济体制改革能否取得战略性突破的“关键之战”。在经济加快发展、市场化深度推进和经济全球化的新形势下，推进中国垄断性行业的改革必须要有新思维。本文提出，中国新阶段推进垄断性行业的改革应实行“三线推进”战略：一是以“引入竞争机制、构筑规模型竞争格局”为核心的市场结构改革；二是以“引入非公有资本，实现公私资本相机参与”为特征的产权制度改革；三是以“放松管制与重建规制并重”为内容的政府监管改革。只有实行上述“三线推进”战略，方能使垄断性行业的改革取得实质性突破。

［14］褚荣伟．寡头市场产量与价格推测变差之间的关系［J］．中国管理科学．2004（08）．

一是单个企业如何做出产量和价格的决策，两者之间存在着逻辑上的关系，而且不管企业所在行业的结构是多么复杂，企业只需要做出某种推测，它就可以保证自身的利润最大化；二是该推测变差的核心是推测竞争对手关于战略变量变化的敏感度，或者是行动的预测，这个理念可以运用到企业的大部分战略决策中，如广告预算，从而为企业的战略开发和执行提供了经济学的依据。

［15］阙光辉．电力市场交易模式——理论分析与中国的选择［J］．产业经济评论．2004（01）．

在考虑电力行业独特技术经济特征的基础上，为了保证短期调度的经济效率性，并为长期发电、输电投资提供正确的经济激励。中国应该考虑放弃发展两部制电价机制，转向发展单一市场出清价格式的完全成本库DA和RT市场交易模式。同时，考虑到中国电力改革正处于转型期，我们认为，在双边契约，电力交易所和电力库三种完全成本库交易模式中，短期内的最优选择是强制性电力交易所，而在长期内，我国应该大力促进双边交易的发展。

［16］范合君．我国输电网络扩展的激励规制与市场化方法的比较研究［J］．产业经济研究．2004（02）．

我们发现在输电网络扩展中，市场化运营模式虽然比社会最优的投资水平要低，但是比政府激励规制输电网络公司的效率要高。因此我国在对输电网络的扩展中，应当引入市场机制，扩展输电网络容量，提高运行效率，并降低传统监管方式所带来的效率损失，并支持输电网络的公开、无歧视准入。即允许输电网络公司采用TCC传输阻塞契约模式，收取相应的TCC收益，实行“谁投资，谁受益”的政策。政府应当不介入输电网络扩展，或者只是监督而不是对输电网络公司进行过多规制。另外，Joskow & Tirole（2003）也认为，现阶段最现实的方法是让电网公司从事网络扩展，并同时向电网公司提供激励监管机制。

［17］方芳，付长文．中国证券业集中度、规模对绩效的影响［J］．金融研究．2004（01）．

以产业组织理论的SCP框架为出发点，实证分析检验我国证券业集中度、规模对绩效的影响作用，我国证券业集中度与绩效呈正相关，意味着提高证券业集中度可以提升绩效水平；我国证券业规模与绩效呈负相关，表明目前我国证券行业还没有达到规模经济状态。

［18］龚恩华．论公用事业民营化与政府规制［J］．常州工学院学报．2006（04）．

公用事业是属于市场机制不能发挥作用或作用发挥不好的“市场失灵”领域。因此，公用事业直至今天仍然主要依靠政府出资兴办，但是，公用事业由于存在多方面的问题，已经成为制约经济发展的瓶颈，如今公用事业民营化已经成为一种潮流。政府规制是政府的微观管理职能，旨在为市场运行及企业行为建立规则，确保市场的有序运转。中国长期存在的政府行政性管制已成为市场经济体制建立的重要障碍，构建适合公用事业民营化的行政规制体制已成为当务之急。

［19］何广涛，阚光辉，蒋靖浩．网络扩展中的合谋与信号发送［J］．世界经济．2004（12）．

综合而言，考虑到多个网络公司并存的现实，基于公众福利的考虑，监管机构应该尽可能增加网络公司信息交流的成本，降低网络公司进行合谋的可能性。此外，考虑到当多个网络公司存在时，监管机构可以利用标尺竞争手段改善规制合同菜单，当网络的分割不影响规模效益时，监管机构可以适当的增加网络公司个数。综合考虑本文的命题和中国现实，研究支持将全国性的基础设施网络分拆为两个或多个网络的决策。

［20］姜春海．自然垄断理论述评［J］．经济评论．2004（02）．

自然垄断理论演进过程经历了萌芽阶段、早期阶段、现代阶段和当代最新进展4个阶段，其理论基础依次是自然条件决定论、规模经济和成本劣加性。当前自然垄断理论在理论上存在过于抽象化、缺乏动态性、片面追求产出成本最低等不足之处；在实践上存在操作性和解释力不强等缺陷，“在既定的条件下，只有一套自然垄断设施是最优的社会福利最大化”仍然是新自然垄断理论的本质特点，但“自然垄断设施”未必只能由一个企业拥有和运营，完全可以由多个企业共同拥有和运营，也可以由多个企业分别部分拥有和运营。

［21］孔淑红．中国电信业市场竞争格局、竞争策略及发展对策［J］，经济评论．2004（03）．

中国电信业通过体制改革，寡头垄断竞争的市场格局已经初步形成。在电信业务最主要的几个领域，我国均有两个主要参与者，提供相似的产品，构成了典型的寡头竞争市场结构。在这样一种市场上，电信厂商的最佳策略行为是与对手展开激烈的竞争，以最大化自己的市场份额和利润。中国电信企业应该积极利用国外的资金和技术，使中国电信业向宽带化、智能化、综合化和个性化发展，提高市场竞争能力，利用各种有利因素实现电信资源的优化配置。

［22］孔云龙，聂泳祥．自然垄断产业的经济特征分析——基于资产专用性与交易成本理论的思考［J］．基础理论研究．2004（04）．

交易成本框架下自然垄断经济特征分析较传统理论的优势。透过资产专用性与交易成本理论分析，我们可以对自然垄断经济特征有更深的了解：自然垄断业务成本弱增性的形成原因是企业生产成本节约和交易成本节约总和比较的结果，并非仅仅是独家生产成本与两家生产成本比较的结果；该产业自然垄断业务与非自然垄断业务一体化或市场化生产选择的条件和原因，若仅限于生产成本分析，则无法解释。自然垄断业务成本弱增性，以及自然垄断业务与非自然垄断操作业务的分离与一体化都是交易成本包括企业内部交易成本和市场交易成本与生产成本共同作用的结果。在此分析基础上，我们可以认识到自然垄断业务与非自然垄断业务阶段分拆生产的前提条件，管制当局努力的方向是制定合理有效的接入成本和结算规则，降低市场交易成本。

［23］阙光辉．网络扩展激励研究：以输电网络为例［J］．经济研究．2004（01）．

不对称信息将导致扩展容量向下扭曲。而垂直一体化结构是否导致网络扩展容量扭曲则取决于该公司是否获得传输拥塞契约（TCC）支付：如果公司没有获得TCC支付，则其扩展容量肯定存在向下扭曲，而如果公司获得TCC支付，则是否存在扭曲不确定。市场机制的效率和网络互联现状、电力需求弹性以及公共资金影子成本直接相关。毫无疑问，如何实现基础设施网络容量扩展具有非常强的理论意义和政策含义，一些最新的激励监管和市场化分散投资机制研究成果已经对各国的政策选择产生了重大的影响。

［24］李光德．我国食品安全卫生政府管制变迁的特征及其完善［J］．管理研究．2004（07）．

我国食品安全卫生政府管制变迁的特征：（1）法律法规在管制变迁的动态博弈过程中走向均衡；（2）持续存在的负内部性是管制变迁的动力；（3）遵循直接互动与间接互动相结合的管制方式；（4）管制模式在基本目的清楚的基础上进行动态调整；（5）渐进管制路径遵循“帕累托改进”原则；（6）管制成本表现为政府承担与外部转移相结合。由于这些特征勾勒出了我国食品安全卫生管制变迁的总体模式，而该管制模式却存在许多不足之处，需要加以完善。

［25］李杰，孙群燕．从啤酒市场整合程度看WTO对消除地方保护的影响［J］．世界经济．2004（06）．

1994年的税制改革，明确了中央与地方政府之间的税收分配按照分税制的原则进行，地方的税收留成比例大大增加，这就给地方政府提供了进行地方保护的激励。微观经济学的基本理论告诉我们，一个政府在考虑实施一项政策决策时，它必须同时兼顾厂商与消费者两方面的利益。实施地方保护政策往往会增加厂商的利润，但同时也会损害消费者的利益。在中国，从政绩考核的角度考虑，同保护消费者利益相比，地方政府会更倾向于保护当地企业的利益。并且，如果国家对外保持比较高的关税水平，外国企业对本国企业的竞争压力就会比较小，因而实行地区间的贸易保护政策就会比较奏效。这就能够在一定程度上解释，为什么中国的啤酒行业在中国加入WTO之前市场分割现象如此普遍，其主要的影响因素是分税制的作用。

［26］李善同，侯永志，刘云中，陈波．中国国内地方保护问题的调查与分析［J］．经济研

究.2004（11）.

综观 20 多年来的情形，中国国内地方保护虽然已有很大程度的减轻，但依然存在，而且其手段、方式、内容和对象发生了深刻的演变。随着中国经济逐步由短缺过渡到相对过剩的状态，地方保护的内容由保护当地资源为主转变为以保护当地市场为主，保护手段由直接的硬性的规定为主转变为间接的隐形的手段为主，保护范围从产品市场逐渐扩大到了要素市场。当前，地方保护仍然是影响企业生产经营活动的重要因素之一，消除地方保护将有利于促进企业的有序竞争。

[27] 李义平．当前制度框架中地方政府的行为分析 [J]．当代经济科学．2004（09）．

地方政府扮演市场主体的角色，相对于市场经济体制的负面效应日益显现。地方政府进一步改革的方向取决于社会主义市场经济体制的要求。在市场经济体制中，政府，包括地方政府应当退出市场主体的地位，通过提供公共服务，创造经济发展良好的环境，其中包括投资环境、市场秩序、社会治安，保障公民基本的生命财产，制定当地经济社会发展的规划，提高产业发展趋势的信息，实现经济社会健康发展。

[28] 李郁芳．转轨时期政府规制过程的制度缺陷及其治理 [J]．管理世界．2004（01）．

规制立法阶段存在的主要问题有：（1）规制部门及其所属垄断企业基本垄断了规制立法过程，在不同程度上排除了相关利益主体的参与。由于目前我国还缺乏一部统一的行政程序法典，作为行政程序核心的听证制度尚未完全建立，规制立法基本上没有运用和启动立法听证程序。（2）缺乏公开性。除了与政府关系密切的大垄断企业外，一般的企业和消费者不仅被剥夺了参与立法的权利，还常常被剥夺了知情权，处于严重的信息不对称状态。更由于规制立法的不公开并非对所有市场主体而言的，只有部分市场主体处于信息真空状态。而信息真空者可能因得不到相关信息做出错误决策，利益由此受到伤害，这是很不公平的。（3）部门利益、局部利益法规化。目前，几乎每个政府部门都有立法权，并都制定了法律法规或规定、条例等等。而在非程序性、非公开性等条件下制定的法律，只会更多地反映部门或局部利益。当部门或局部利益一旦以法制的形式固定下来，就必然造成各部门法规、地方法规相互打架，下级制定的法规与上一级法规互相矛盾的状态。其直接结果是：行政垄断横行、国内市场被人为割据。

[29] 李虹．电力市场设计：理论与中国的改革 [J]．经济研究．2004（11）．

沿用最新的规制经济学和电力经济学的分析工具和分析框架，本文首先对电力市场设计中的核心基础理论——节点价格体系、双边契约机制和电力市场中的风险规避进行了详细的研究和分析。结果表明，采取节点边际价格体系以及相应的支撑体系，即两部清算机制和传输权市场等可以最优化短期经济调度，可以保证和促进行业发电、输电的长期投资，保证行业的持续健康发展。随后，在分析中国电力行业特殊的制度和经济约束条件的基础上，给出了中国电力市场机制改革的若干政策建议。

[30] 林木西，和军．自然垄断行业所有制改革研究 [J]．经济社会体制比较．2004（02）．

自然垄断行业是否需要进行民营化改革的关键在于成本—收益的分析。不能先入为主地设定自然垄断行业应该是国有企业控制还是实行民营化，可以将国有企业看做资源配置的一种方式或国家进行宏观调控的微观基础，同样道理，也不能将民营化作为改革的目的，为民营化而民营化。自然垄断行业所有制改革的根本目的在于提高效率，这一点应该是检验所有制改革的最终标准。当前，在我国社会主义市场经济体制仍未完全建立的情况下，由国家控制自然垄断行业，其成本—收益的比较可能要优于由私有企业经营，因而在国有经济控制自然垄断产业的框架内引入竞争机制、打破垄断不失为一种有效的制度安排。

[31] 刘灿．试论我国自然垄断行业放松管制的所有制基础与企业改革 [J]．经济评论．2004 (04)．

应该把自然垄断行业的放松管制改革纳入中国的渐进式改革过程，充分重视一个产业的所有制结构调整与企业制度改革对于市场结构变化的特殊作用。在我国基础产业部门放松政府管制，不仅仅是开放市场、引入竞争，还必须选择一个合理的所有制结构，进行所有制改革。这种改革是我国自然垄断产业改革的重要内容和核心部分。产业内民间资本的进入和多元主体的形成，对于基础产业部门的所有制结构改革来讲是不可缺少的内容。

[32] 刘伟，唐小我，马永开．连续垄断的上下游企业在价格管制条件下的产品定价研究 [J]．中国管理科学．2004 (06)．

改革开放以来，尤其是最近几年，我国对垄断行业改革的步伐较快。但是，由于可能存在较大的交易成本，在某些上下游同时垄断的行业中，政府管制机构并没有要求它们必须进行纵向一体化，如某一地区的发电企业和电力销售企业。针对不适宜纵向一体化的情况，对上下游垄断企业进行价格上限管制可以降低产品的销售价格、增加产品销量，从而增加消费者的福利；在投资报酬率管制下，产品价格将有可能比没有政府管制时高，因此，应辅之以产量管制，才可能使管制价格低于没有受管制时的价格。

[33] 刘戒骄，杨晓龙．网络竞争与网络产业改革 [J]．中国工业经济．2004 (07)．

以竞争为基础的监管和监管指导下的竞争是网络产业改革唇齿相依的两个方面，两者结合起来就成为有管理的竞争机制的基本架构，机制的核心目标是保护和促进市场竞争，确保竞争机制在网络产业发挥有效作用，从而提高生产效率和资源配置效率，并惠及最终用户，在网络产业建立有管理的竞争机制，关键是针对引入竞争的特殊技术障碍和问题，协调好网络外部性和竞争收益之间的关系。

[34] 刘新梅，刘胜强．我国电信管制机构改革研究 [J]．经济社会体制比较．2004 (06)．

根据新形势下对电信管制机构的要求和我国当前电信管制机构所存在的实际问题，笔者认为必须重建我国的电信管制机构，并且在重建的过程中应解决以下三个关键问题：管制机构必须从政府机构中独立出来；管制机构必须彻底斩断与运营商在人事、财务上的直接联系；将立法、行政、司法权分别赋予三个不同的机构。

[35] 柳学信．网络产业接入定价与互联互通管制——对我国电信业互联互通问题的分析 [J]．中国软科学．2004 (02)．

接入价格是实现有效互联互通的经济基础，接入价格应被设计为仅仅实现有效互联互通目标，而不能兼顾其他政策目标；过低的接入价格水平是目前电信业互联互通不畅的主要原因；我国目前应该选择以长期增量成本为基础的接入定价；在接入成本的计算方法上，应以长期增量成本法为主，短期内可以采用完全分配成本法作为一种过渡手段。

[36] 龙怒．中外烟草业发展比较研究 [J]．产业经济研究．2004 (02)．

由于中国烟草业经营实行着计划经济的模式，计划指标刚性分配，且烟草产品为高税收产品，中国卷烟实行在生产环节纳税的政策，烟草税收又是地方财政收入的重要来源，因此各地方政府为保证地方财政收入，纷纷加大对本地卷烟企业的保护，对外地卷烟进入本地市场严加封锁，导致了产地与销地利益关系长期以来一直难以平衡，那些生产经营主要以外地市场为依托的大型卷烟企业的利益受到损害。地方保护和市场封锁造成资源浪费和竞争无序，使各烟草企业间没有形成公平竞争的市场环境，烟草业的生产结构与布局难以优化调整，企业的组织结构得不到有效地整合，规模经济无法形成，产品结构也得不到调整。现行的这种税收体制和经营模式不仅加剧了大型烟草企业开发市场的成本，更限制了大型烟草企业的发展壮大。

［37］蒋传海，陆懋祖．权力寻租对激励机制扭曲的博弈分析［J］．数量经济技术经济研究．2004（02）．

假定提升作为激励政府工作人员努力工作的机制，是否提升取决于上级对其成绩的评定。如果政府工作人员的成绩评价受其行贿力度或其他因素的直接影响，那么政府工作人员就会把主要精力用于行贿和发展个人关系，降低个人努力工作的程度和效率，从而使提升的激励机制产生扭曲。

［38］卢明湘．构建基于网售分开的竞争性电力市场研究［J］．产业经济研究．2004（01）．

在垂直一体化垄断下电力产业陷入电力短缺和电价过高的两难困境。国内的改革思路大多局限于在发电侧引入竞争。在借鉴国外的改革经验，并在我国厂网分开的基础上提出网售分开的观点。通过建立区域批发市场和零售市场降低电力的生产成本和零售成本，通过建立具有价格联动的销售电价将竞争的效益有效地传递到电力用户，从而在我国建立起完整的竞争性电力市场，有效化解我国电力产业的两难困境。

［39］陆铭，陈钊，严冀．收益递增、发展战略与区域经济的分割［J］．经济研究，2004（01）．

由于发达地区在高技术产业拥有比较优势，且通常具有较快的技术进步速度，所以往往在贸易利益的分享中得到了较大的份额。而落后地区如果选择暂时不加入分工体系，它将失去当期分工的收益，但却可以提高自己在未来分配分工收益的谈判中的地位，甚至可能实现对发达地区的赶超。落后地区的战略性行为虽然在一定条件下对于其自身是有利的，但却造成了社会总产出减少和资源配置效率的损失。中央政府的财政转移可以促使落后地区加入分工体系，这时，财政转移就兼有了改善收入分配和资源配置效率两种功能。

［40］陆奇斌，赵平，王高，黄劲松．中国市场结构和市场绩效关系实证研究——从消费者角度识别两者的关系［J］．中国工业经济．2004（10）．

中国目前市场结构和市场绩效之间的关系与美国目前的市场结构与市场绩效之间的关系不同。其原因可能是中国正在从计划经济向市场经济过渡，产业从国家垄断向自由竞争方向发展；而美国的情况，是市场经济达到相当成熟阶段，自由竞争形成垄断。从这个意义上讲，一些学者提出的中国应该学习美国等西方国家的产业管理方式，通过控制产业内竞争者个数，进而提高市场绩效的看法是值得商榷的。正如中国社会科学院工业经济研究所课题组指出的，竞争机制的引入不应该是只停留在原有垄断企业的分拆上，某些产业的分拆实际蜕化成垄断企业之间的利益瓜分，全国性垄断为区域垄断所替代。因为，如果人为增加产业内竞争者数量，中国产业的市场效率将比更加自由的竞争低，同样，增加企业进入壁垒以维持较高产业集中度的举措，对提高市场绩效的作用不大。

［41］聂胜．我国经济转型期间的劳动力市场分割：从所有制分割到行业分割［J］．当代经济科学．2004（11）．

有关中国劳动力市场分割的研究中，所有制分割一直是批评和关注的焦点。然而我们认为，20 世纪 90 年代中期，我国劳动力市场的分割从所有制分割向行业分割演化。一方面，1990 年以来，我国国有企业改革深化，非国有经济进一步发展，劳动力在不同所有制单位间的流动性加强，所有制分割不断弱化。另一方面，改革开放以来，我国在对大多数行业引进市场竞争机制的同时，仍对某些行业实施行政垄断，开放与垄断行业的劳动用工、工资福利制度不同，收入水平差异日趋明显。

[42] 欧国立．中国铁路运输业引入竞争机制的理论依据及可行性分析 [J]．世界经济．2004 (06)．

与一些国家的铁路不同，中国铁路到今天从总体上来说仍然是短缺的，这种情况在短期内可能不会有根本性的变化，短缺意味着发展不够；从另外一个角度讲，铁路运输具有规模经济特点，这就意味着由少数几个企业提供服务可能更具效率。在这种情况下如何在不同运输企业之间引入竞争，是一个十分重要而又比较难的问题。建议通过建立可竞争性运输市场，实现非在位企业对在位企业的潜在竞争，规范和约束在位企业的行为；在条件具备的地区和线路，培育多个运输企业间的直接竞争。实行更加灵活的激励性管制政策，逐步放松铁路运输市场的进入和退出管制，降低铁路运输市场的进入和退出壁垒。在存在区域性公司的情况下，应当实行标尺竞争管制政策，推动不同公司间的比较竞争。中国铁路应当积极探索引入竞争机制，通过竞争提高行业经济效率，增进全社会的福利。

[43] 齐新宇．普遍服务与电力零售竞争改革 [J]，产业经济研究．2004 (02)．

传统的电力事业由于自然垄断特性而受到政府的管制，一个以垄断者身份经营的电力企业必须同时承担电力普遍服务义务。放松管制后，零售竞争一方面打破垄断、提高效率，但另一方面却可能对电力普遍服务义务的实现产生不利影响，并导致管制成本的增加。

[44] 邱风．"柠檬"市场和国有行政性垄断市场质量供给的比较与对策研究 [J]．财经论丛．2004 (05)．

受进入威胁的垄断企业的质量决策与价格决策具有很大的相似性，即产品质量太低同样可以引致潜在进入者的进入。因为生产成本与产品质量存在正相关关系，当垄断者的产品质量与生产成本脱节时，潜在进入者就可以同等价格、较高质量与垄断者竞争，这在相当大的程度上保证了垄断者的质量供给不会太低。与此同时，受进入威胁的垄断企业由于潜在进入者的压力，不得不努力创新。如果潜在进入者由于创新能将平均成本降到 p 以下，或在同等价格下将质量提高，则进入就会成功，从而将垄断者逐出市场。

[45] 沈芳．环境规制的工具选择：成本与收益的不确定性及诱发性技术革新的影响 [J]．2004 (06)．

首先，规制者对污染成本的不确定是与政策选择无关的，因为它对由此政策造成的实际污染量是没有影响的。其次，当不确定因素不是边际社会成本而是污染的边际收益时，情况就完全不同，边际社会成本曲线和边际收益曲线之间的相对斜率将决定哪一种工具能使福利损失最小。边际收益曲线越平，边际社会成本曲线越陡，使用数量工具造成的社会福利损失就会越低于价格工具造成的社会福利损失，政策选择会偏向于数量工具。最后，在存在诱发性技术革新时，事前最优污染数量比不存在诱发性技术革新时要低。第一阶段边际收益曲线和潜在边际收益曲线之间的相对斜率将决定在数量工具和价格工具之间是否应该重新选择。

[46] 苏素．公用事业间接管制定价 [J]．重庆大学学报．2004 (05)．

对公用事业间接管制定价的资本收益率定价法、上限管制定价法及其利弊进行分析表明，资本收益率定价法交易成本高，并可能产生 A－J 效应，形成过度投资；RPI－X 上限管制定价中，

RPI－X的确定不尽合理。提出的公用事业综合间接管制定价思路为：综合收益率管制与上限管制的优点，形成扩大生产能力与提高生产效率的双重激励。新增项目初期定价可采用资本收益率定价法以激励资本投入，项目建成使用的后期宜采用上限管制机制以提高企业效率。

［47］孙建国，李文溥．电力行业管制改革与市场风险防范［J］．经济学家．2004（01）．

我国目前的电力体制源于20世纪80年代后期实施的政企分开、省为实体、联合电网、统一调度、集资办电的体制改革，当时的情况是电力供给非常短缺，而中央政府的财政收入在实施财政包干制度后占国民收入的比重不断下降，这使传统的高度集中的计划体制已经无法为电力工业的发展提供足够的资金支持，为了调动地方政府集资办电的积极性，实施了省为实体的电力体制改革，将电力投资和管制的权力下放给省级政府，这种省为实体的新体制尽管有助于吸引电力投资，但却存在着由地方政府的行政审批制度决定的电价水平过高，以及电力市场高度分割的问题，特别1997年后在全国大部分地区都已经消除了电力短缺现象，电力供求关系出现了供大于求的局面，这就为解决上面两个问题创造了条件，开始以厂网分开，竞价上网为主要内容的新一轮改革，以便在发电领域引入竞争，建立区域性的电力市场。

［48］汤吉军，郭砚莉．沉淀成本、通货紧缩与国企战略退出［J］．财经研究．2004（02）．

由于我国大型国有企业自身缺乏比较优势，在竞争中也很容易产生亏损，同时又因国有企业的固定资本投资的沉淀成本而无法退出市场，造成过度竞争，进而使价格下降，利润率下降，投资减少，形成通货紧缩。因此，从沉淀成本角度提出治理通货紧缩的政策处方，在于有效地实施国有企业的战略退出以及降低沉淀成本数量。

［49］汤吉军．沉淀成本退出壁垒与产业重组经济模型与政策涵义［J］．产业经济评论．2004（01）．

从无形/有形要素沉淀成本和契约性沉淀成本角度分析产业重组所导致的经济后果。在打破完全竞争市场模型假设前提的基础上，通过引入沉淀成本范畴发展不完全竞争市场经济模型，从而分析出影响产业重组经济效率和福利水平的基本经济因素是沉淀成本之大小，而不是固定成本之大小。同时，结合体制转轨时期国有企业改革中强调战略调整或产业重组等问题给予重新审视，并且指出，在重组过程中必然伴随以降低或补偿这些沉淀成本为原则的制度创新或者政策创新，否则各类生产要素不能充分流动，无法通过重组手段达到提高国有企业经济效率和福利水平的最终目标。

［50］唐要家，唐春晖．转型中的国有所有权集中与工业产业绩效［J］．经济评论．2004（05）．

不同的国有所有权集中度对中国工业产业绩效有着重要的影响。国有所有权垄断是与较高的垄断利润、较低的生产效率紧密连在一起的。国有所有权垄断并不具有经济效率意义上的合理性。非国有所有权进入和带来的市场竞争会明显促进产业经济效率的提高。国有所有权集中实际上是建立在严格的行政性进入限制的基础上的。因此，打破国有所有权垄断，降低非国有所有权的行业进入壁垒，创造不同所有权公平竞争的市场，用竞争的所有权结构代替垄断的所有权结构是中国工业组织绩效改进的重要的基础。

［51］王镭．产品市场竞争秩序与政府管制定位——模型分析与国外经验借鉴［J］．经济与管理研究．2004（06）．

由于厂商对提高质量的行为的不可观测性，在有限责任条件下，厂商并不具有充分防范的动力，如果考虑到保险市场的不完善，那么消费者将不得不承担厂商的风险转移。另外，以厂商资产为界限的责任承担，则意味着潜在责任在超过厂商的承担能力时，所谓的侵权法律效应将受到抑制，消费者将更加处于不利的境地。如果考虑到诉讼成本高昂问题，那么诉讼费用也将是责任规则设定时不得不考虑的重要因素。自然，在厂商不具有防范动力，其行为难以被观测，在一个缺乏责任且不会造成市场"稀薄"的条件下，政府的严格责任规则设计将是减轻信息约束和维持市场运行的有效方式。

[52] 王万山．市场规制理论研究述评 [J]．江苏社会科学．2004（06）．

市场规制理论发展与西方国家的规制改革和规制实践紧密相连，从20世纪30年代中叶后的强化规制，到70年代后的放松规制，再到80年代后的激励性规制、引入市场竞争规制等，市场规制理论都在其中起着解释、指导和推波助澜的作用，使每一时期的市场规制理论都带有明显的实践痕迹。现代规制理论的普遍共识是：市场机制的局限性和市场失灵是政府或公共机构进行规制的前提，针对市场失灵的现象，政府或公共机构需要设济主体的行为，以保证市场规范有序地运行。但市场规制是把双刃剑，因为市场规制一方面可减少市场失灵，但另一方面规制主体的运作过程必须花费大量的社会成本。而且更重要的是，政府在规制过程中由于规制者寻租、被产业所俘虏等原因，容易形成政府失灵。如何在防止市场失灵的同时防止政府失灵，将是下一阶段市场规制理论研究的主题。

[53] 王燕．网络产业价格规制模式的多元化及其适用性分析．2004（10）．

网络产业所具有的自然垄断特性，使政府的价格规制成为必要，但价格规制的复杂性在于它不仅受到多重目标导向不一致的困扰，还必须在信息不对称条件下进行设计，使得这类制度安排难以达到理想的效果。当政府只有企业的不完全信息时，在设计规制契约时就处于进退两难的境地，也就是说，政府必须在提供较强的降低成本的激励和设法减少留给企业的租金之间开发出可供选择的多元化规制合同，做出权衡和判断，从而能够较好地解决规制合同设计中的道德风险和逆向选择。

[54] 王燕燕，李文兴．网络产业价格规制对投资行为的扭曲及改进方案．2004（08）．

不同价格规制所造成的投资行为的扭曲必须通过制度的重新安排加以解决。但从目前的规制实践看，规制者在信息不对称条件下设计捆绑式制度安排的能力非常有限，规制目标越多元化，理想方案越难以开发，而且目标之间的交互影响也很难判断。因此，目前的规制改革主要致力于通过适当的规制设计和监控措施尽量避免最坏的不平衡，其激励效果的不尽如人意也是在所难免的。

[55] 王俊豪．自然垄断产业市场结构重组的目标、模式与政策实践 [J]．中国工业经济．2004（01）．

自然垄断产业既有自然垄断性业务，又有竞争性业务，因此，要在自然垄断产业实现有效竞争，就首先要区分自然垄断性业务和竞争性业务。在此基础上，政府制定相应的管制政策。其基本思路是：允许一定数量的新企业进入自然垄断产业的竞争性业务领域，尽可能发挥竞争机制的作用，而把自然垄断性业务领域作为政府管制的重点，严格控制经营企业的数量，以保证规模经济效益。但在具体实施这一有效竞争政策时遇到的一个难题是：在特定自然垄断产业由一家垂直一体化垄断企业主导的情况下，新企业很难进入，即使进入以后，也难以同原有垄断企业开展公平竞争。因为垄断企业可以通过在自然垄断性业务和竞争性业务间采取交叉补贴战略，以掠夺性定价方式把新进入的竞争对手驱逐出去。

[56] 杨农．全球航空业联盟网络和竞争管制 [J]．经济社会体制比较．2004（01）．

全球航空业正在经历结构性的变化，这种变化来自于政府管制政策的放松、信息技术的进步和对航空运输日益增加的需求，虽然航空运输已经进入全球化时代，但是，航空业还仍然是一个受到严格管制的产业，因此，航空公司之间的竞争是在特定的市场环境和产业组织结构中进行的，呈现出网络化竞争的态势。航空业战略联盟的形式多种多样，从选择航线的代码共享 codesharing 到一体化航空公司的网络化服务体系等等，联盟网络的出现也给航空业的发展提出了许多新的问题和挑战，诸如联盟的竞争效应、消费者福利改善的评估、反垄断诉讼和航空市场管制的国际协调等，国际航空业的发展正处在重要的历史关头。

[57] 杨永忠．自然垄断产业改革——从有效竞争到有效市场 [J]．产业经济评论．2004（02）．

有效竞争这一理论本身是针对一般产业提出的，而自然垄断产业具有特殊性，有效竞争应用于自然垄断产业存在理论上的缺陷，因此，应重新建立实现自然垄断产业效率的基本模式和分析框架。现代自然垄断产业效率是自然垄断效率与竞争效率的有机结合，以有效竞争为基础，构建市场结构、市场行为、市场绩效“三角互动”的自然垄断产业有效市场模式，实现竞争与规模兼容、竞争与规制兼容、竞争与垄断兼容、国有与民营兼容、效率与公平兼容，是实现自然垄断产业效率的必然取向。

[58] 于立，刘劲松．中国煤电关系的产业组织学分析 [J]．中国工业经济．2004（09）．

中国煤电关系紧张的根源在于煤电企业之间所形成的纵向价格双轨制关系。煤电企业之间的纵向价格双轨制关系必然会引发煤炭企业、电力企业和政府之间的三方博弈，进而影响经济运行的效率并降低国民的福利水平。因此，从产业组织学的角度对煤电关系进行重新审视是很有必要的。在当前的形势下，缓解中国煤电关系的较优途径是电力企业和煤炭企业进行纵向一体化，因为纵向一体化不仅能减少乃至于消除煤炭企业、电力企业和政府三方之间的博弈成本，还能有效地减少煤炭企业和电力企业之间的交易成本以及它们之间交易的不确定性等。但值得注意的是，根据纵向价格双轨制理论，煤炭企业与电力企业实行纵向一体化虽然是一种较优的选择，但一体化后的企业也还会存在其他的一些问题。其中的一个主要问题就是加大了政府对一体化后的垄断企业的规制难度。

[59] 于良春．经济发达国家电力产业的规制改革 [J]．当代财经．2004（03）．

电力产业作为“自然垄断”产业，需要国家垄断经营的观念根深蒂固。因此，几乎所有国家的电力产业都曾是纵向一体化的垄断产业，或者实行国有制；或者受到规制。然而，由于电力产业的低效率、高价格愈来愈引起公众的不满，世界上许多国家开始探索电力产业改革之路。世界上一些发达国家将开放、自由的电力市场作为改革的最终目标，并在十多年的探索实践中取得了一定的经验。不同国家由于具体国情不同，规制改革的模式也不尽相同，基本上可以认为有三种模式：美国大部分电网采用的纵向整合模式、英国的纵向拆分模式和日本的引入有限竞争的单一买方模式。虽然采用的模式有所不同，改革的目的都是要打破垄断、引入竞争以提高效率，降低电价。中国电力产业的规制改革已经拉开序幕，发达国家改革的经验与教训对中国电力产业的进一步改革有着重要的借鉴意义。

[60] 于良春，于华阳．自然垄断产业垄断的“自然性”探析 [J]．中国工业经济．2004（11）．

一般认为，在自然垄断产业中的竞争性业务领域中，应当放松管制，引入竞争，而网络部分的生产经营则依然是自然垄断的领域，政府在这一领域仍然要实行进入管制，限制竞争，以获取规模经济或范围经济带来的利益。本文认为，在自然垄断领域中，是否应当保持进入管制政策，不能简单地按照传统的理论假设进行推论，而是要对有关产业管制的成本和收益进行实证分析。因此，政府是否要对自然垄断产业进行进入管制并不是一个简单的理论问题，实际的情况要比现有自然垄断理论所描述的复杂得多。只有当管制的收益大于成本时，管制才有意义。因此，有必要对自然垄断理论认为应在自然垄断的领域中实行进入管制的论断进行再考察。

[61] 于良春．论自然垄断与自然垄断产业的政府规制 [J]．中国工业经济．2004 (02).

本文就自然垄断与政府规制的几个有关理论问题提出了一些见解。关于自然垄断特性的认识，指出了传统理论认识的局限性，在范围经济和规模经济的基础上对自然垄断的特性进行了分析和论证；对于自然垄断产业的政府规制，在对自然垄断状态深入分析的基础上，提出了应当根据自然垄断的强度和可维持性的状况来决定政府规制政策的设计；在自然垄断与经济效率关系的问题上，强调了人们所忽视的自然垄断对于经济效率的正面影响；对中国自然垄断产业规制改革的认识，提出作为转轨经济条件下的国家，中国自然垄断产业的规制改革，应是一个放松规制与强化规制同步进行的制度变迁的过程。

[62] 余东华．政府与市场：一个管制经济学的视角 [J]．经济体制改革．2004 (01).

政府管制和市场机制是市场经济条件下可以相互替代的调节经济活动的两种方式。市场经济的发展和健康运行需要政府规范和系统的管制，同时，政府管制不是一成不变的，随着市场条件的变化、市场结构的动态调整和管制绩效的变化，政府管制行为也应相应进行调整。市场失灵与管制失灵在理论上界定了政府与市场的行为边界，这种行为边界的动态演变决定了政府管制与市场机制的相互替代是一个动态调整的过程。

[63] 曾国安．管制、政府管制与经济管制 [J]．经济评论．2004 (01).

经济管制和社会管制之间相互联系，相互制约。从管制的实施和管制目标的实现来看，社会管制既可能为经济管制的实施和经济管制目标的实现创造有利的条件，也可能损害经济管制的实施和经济管制目标的实现，从而损害经济发展。反过来，经济管制既可能为社会管制的实施和社会管制目标的实现提高有利的条件，也可能损害社会管制的实施和社会管制目标的实现（例如进入管制过宽、过度，失业可能增多，生活水平可能下降，生活条件可能变差，感染传染病的人数可能增加，患精神病的人数也可能增加，社会管制的实施）难度就会增加。经济管制和社会管制之间的这种相互联系、相互制约的关系需要政府协调好两者之间的关系。

[64] 张炳申，李华民．寡头竞争均衡、效率促进与市场稳定——一个福利经济学视角 [J]．中国工业经济．2004 (04).

多种条件约束决定了真实经济世界的资源配置效率必然偏离古典微观经济学完全竞争均衡模型关于效率问题的推演逻辑。短期边际成本定价趋势与固定成本长期补偿之间的矛盾决定了完全竞争均衡结构内生着不稳定性。“产品竞争度周期假说”在一定程度上证伪了传统的市场结构进化理论。寡头结构有寡头垄断均衡和寡头竞争均衡之别，后者作为市场结构自然演化的结果，能够增进组织绩效和提高行业效率，并实现市场稳定。因此，市场行为基础上自然演进的行业集中度提高是有益的。市场从竞争到垄断都不惠顾社会公平问题。市场结构、组织效率与经济稳定之关系研究无论对产业组织理论创新还是对产业政策制定来讲都具有重要的现实意义。

[65] 赵卓，孙燕东．自然垄断产业放松规制的理论依据及政策取向 [J]．当代财经．2004 (11).

规制改革的目的是使被规制企业在提高效率尽可能地增加社会福利的同时，提供产品和劳务合理的定价，不吞噬消费者利益。但是，传统的收益率规制方式导致垄断厂商缺乏降低成本的内生机制，可能产生“A－T”效应。因此采用科学有效的规制方式是实现规制改革目标的有力工具。中国的自然垄断产业改革应根据各产业的特点，采用最高价格上限规制、区域间竞争、特许权投标和社会契约等激励性规制方式。虽然各种规制方式都存在一定的缺陷，但与传统的规制方式比较，有明显的优点。在使用中，应逐步改良这些规制方式，力求规避存在的缺陷。

［66］周春应，黄涛珍．产业效率、政府管制与基础设施领域改革［J］．河海大学学报（哲学社会科学版）．2004（06）．

垄断结构对于生产效率只是必要条件，而非充分条件。一旦引入政府管制，垄断采取法定垄断方式，生产效率所需要的竞争条件无法得到保证。因为垄断企业没有竞争压力，不会积极地降低成本、加强管理、改进技术。正如莱本斯坦的研究所表明，当垄断企业没有外部竞争压力，就不可能将产出推进到生产可能性边界之上，由此出现了大量的 X 低效率现象。因此，基础设施领域生产效率的实现所需要的垄断结构必须是竞争的结果。

［67］周汉华．行业监管机构的行政程序研究：以电力行业为例［J］．经济社会体制比较．2004（12）．

现代监管机构与传统的行政管理部门相比，以其独立性、透明度、高效率、行为的可预期性、专业性和责权一致性等特征而著称。监管机构只有具备了这些特征，才能保持市场的公平竞争，平等保护所有投资者和消费者的合法权益。可以说，监管机构的权威与合法性很大程度上取决于其程序，监管机构设立后，必须根据现代监管理念设计相应的监管行政程序。然而，由于我国目前尚无系统的行政程序法律，加之监管制度的建立尚在探索过程之中，没有现存的程序规则可资借鉴，因此有必要探索现代监管制度在程序上的具体要求，为监管制度的建立奠定基础。否则，一个残缺、武断的监管制度很有可能滥用权力，阻碍竞争，加大市场主体的交易成本，有违建立监管机构的初衷。

［68］朱敏．垄断的间接社会福利效益分析［J］．产业经济研究．2004（03）．

在分析垄断的社会福利时，不能忽略由垄断间接效应造成的福利正效应，在同时考虑正负效益的基础上分析垄断造成的社会净效益。首先，在考虑了垄断间接社会福利效益后，垄断造成的福利三角形损失有可能被弥补，只要满足一定的条件，垄断对社会的净福利效益可能为正。其次，税收作为垄断效应传导的中间变量，它的变动对垄断社会净福利效益有很关键的影响。由于税收是个外部可控变量，这意味着只要垄断行业的比例税率合适，最后垄断行业对社会的总的福利就可能是正的，这也暗示政府通过税收手段对垄断行业进行干预的结果是有外部正效应的另一方面，也提出了政府作为公共产品提供部门，必须提高公共产品的转化效率，这样才能创造出更多的社会福利。

［69］朱世艳，王宇龙．自然垄断行业民营化改革的若干问题［J］．财经科学．2004（01）．

由于自然垄断行业的特殊性，一般允许一家或少数几家进入。民营化很大程度上是为了解决垄断的问题。民营资本进入垄断行业之后，事实上也将处于一种“经济性垄断”的特殊地位。民营企业追求的是利润最大化和公用事业服务于公众、谋求全社会福利最大化的目标必然产生冲突。很多人提出这样的疑问：民营企业是否会凭借其垄断地位制定高价，长期占有垄断利润，损害公众利益？这个问题不处理好，就会带来很严重的社会和经济问题。解决这一困境的方法，就是政府在自然垄断行业市场中，模拟市场建立一个利于行业发展的制度环境，构筑竞争机制，使企业置身于市场制度中，同时解决“定价”和“竞争压力”问题，从而既避免了市场的弊端，又借用了市场的力量。在自然垄断行业市场，有两个要点，一是“招标”；二是“定价”。

2003 年

[1] 陈艳莹，原毅军．交叉补贴与网络中介的价格竞争 [J]．财经研究．2003 (10)．

网络中介在定价上普遍采取了交叉补贴的方式。然而，由于网络中介服务特有的非对称网络效应，网络中介的交叉补贴与传统意义上的交叉补贴有着本质的不同，其作用不是削弱竞争，而是加剧竞争。当网络中介普遍采取这种做法时，整个行业的经济利润将趋于零。因此，从产业组织的角度来看，网络中介在定价上的这种交叉补贴行为是合意的，营造自由进入的产业环境应当是政府规范该行业发展的重点。

[2] 陈雨军，晏宗新．论中国自然垄断行业的改革方向——解决自然垄断方式的一般模型及对中国的适用研究 [J]．产业经济评论．2003 (01)．

本文通过讨论在自然垄断领域建立管制机构与实行公有企业经营的不同模型，比较其成本与收益，对当前中国自然垄断领域改革的方向提出自己的看法。本文的结论是以中国经济的转轨特征为出发点，从自然垄断领域的解决方式在一个较长的时期内实行国有企业经营仍是较优的选择，但从长期看，其改革方向不排除实行管制和特许权投标。从自然垄断领域变动的属性来看，对自然垄断领域的国有企业进行分拆和引入竞争是当前提高经济效率的关键。

[3] 段安石，胡小红．对地方保护主义经济分析和制度分析 [J]．求实．2003 (01)．

市场经济排斥地方保护主义，但由于历史原因我国的地方保护主义仍十分严重，阻碍了经济的发展。本文用制度经济学的方法加以分析，以期为进止地方保护主义提供经济学和制度学上的依据。

[4] 冯丽，李海舰．从竞争范式到垄断范式 [J]．中国工业经济．2003 (09)．

本文以新经济为时代背景，综合经济全球化、经济网络化和知识经济化这三大基本趋势，从企业自身和社会福利角度对垄断效应进行了深入分析。探讨了现代垄断不同于传统垄断的重要特征，指出从竞争范式向垄断范式过渡的合理性和必然性。在此基础上，对我国企业发展和产业政策提出了若干建议。

[5] 葛结根．价格歧视战略与福利效应分析 [J]．中南财经政法大学学报．2003 (03)．

在完全竞争市场条件下，竞争均衡可实现帕累托最优效率。垄断市场一般很难提供价格等于边际成本的产量水平，其产量与价格选择对社会来说不是最优的。垄断厂商以内生范畴和外生范畴为基础对消费者进行分类，使得价格歧视成为一种可行战略。由于定价策略存在差异．小同类型的价格歧视便具有不同的福利效应。

[6] 郭宗杰．价格歧视立法问题研究 [J]．暨南学报．2003 (09)．

价格歧视是指有市场优势地位的企业对同样的商品或服务，在不同地区或对不同对象采用不同价格并有害于竞争秩序的行为。在一定市场上占据优势地位的企业，可以通过有选择性地实施价格歧视战略，从而实现控制市场、获取超额利润的目的。因此，价格歧视被各国反垄断法所禁止。我国《价格法》首次对价格歧视问题进行了规范，但由于理论和技术上的原因，现行立法中存在诸多问题。本文通过对价格歧视有关理论和国外立法实践的考察，对如何完善我国价格歧视立法提出了意见和建议。

[7] 过勇，胡鞍钢．行政垄断、寻租与腐败——转型经济的腐败机理分析 [J]．经济社会体制比较．2003 (02)．

本文试图利用寻租经济学的方法，对中国渐进转型过程中所产生的特有的腐败形式——行政垄断的本质、成因、形式、特征进行了分析；基于现有对转型经济中腐败现象的研究，提出了转型经济中腐败现象新的分类；并对行政垄断，主要是行业垄断的经济损失规模及租金的耗散等问题进行了初步的研究；最后，回顾了中国反垄断改革的进展，并提出了进一步改革的议程。

[8] 闵宗陶，杨秀云，刘斌．民航企业价格行为历史演进的产业组织分析 [J]．山西财经大学学报．2003 (06)．

中国民航业是寡头垄断市场结构，民航企业价格行为演进的过程，是一个在价格管制逐步放松后寡头市场中市场行为与市场结构相适应的过程，如果企业和政府不能及早认识并遵守这一市场结构下的企业行为规则，就会导致不良行为出现，给社会和产业发展带来损失，并推延这一适应过程。

[9] 胡炳志．金融管制的产业经济学分析 [J]．产业经济研究．2003 (01)．

本文借用可竞争市场理论（特别是沉淀成本的概念），证明了合理的市场结构并不一定是有效结构，因而对合理市场结构要进行适度的管制；由于存货款市场的沉淀成本较高，说明对存货款市场的管制不能放松。本文认为，金融管制在历史上起到了避免破坏性竞争的作用，现在仍然需要金融管制发挥这种作用。金融管制的目的不是限制竞争和保护垄断，而是为了保证金融体系的安全与稳健。

[10] 刘冬梅．对中国农村反贫困中市场与政府作用的探讨 [J]．暨南学报．2003 (09)．

“市场失灵”的不可避免和“政府失灵”的客观存在，使中国农村反贫困中市场与政府如何结合成为一个亟待解决的问题，本文在具体划分农村反贫困中公共物品和非公共物品的基础上，提出政府应通过制度创新成为公共物品的唯一提供者或提供者之一，而通过其在营利性领域与企业的合作以及在非营利性领域内与 NGO 组织的合作来最大限度地发挥市场的作用，实现政府与市场的有机结合。

[11] 刘茂松．论自然垄断性行业产业组织制度的改革——以湖南大小电网资源优化整合为例 [J]．产业经济评论．2003 (02)．

本文运用现代产业组织理论，以湖南电力产业为案例对目前国家大电网与地方小电网并立运行的矛盾和症结进行分析，独创性地提出新形势下整合大小电网资源的产业组织模式，即有效竞争与有效垄断相结合的效率型可竞争电力产业组织模式，从一个方面提示了我国垄断性产业组织改革的趋势。

[12] 刘伟，杨波，梁铄．美国和香港的投资报酬率管制模式比较及其启示 [J]．中国软科学．2003 (05)．

本文对自然垄断产业的基本特征以及我国自然垄断行业的定价模式作了简单介绍，并比较分析了美国和香港特区在自然垄断产业所采用的投资报酬率管制模式；针对投资报酬率管制模式的不足以及我国自然垄断行业的特点，对我国自然垄断行业的价格管制改革提出了几点建议。

［13］刘志铭．中国经济体制转型中的自然垄断、政府垄断及规制改革［J］．经济问题．2003（11）．

自然垄断与政府垄断是完全不同的两种垄断形式，但是人们却常常将两者混为一谈。在很多情况下，政府是以自然垄断为由对本不属于自然垄断的行业或不再是自然垄断的行业施加进入限制的。自然垄断理论因此往往被一些部门或行业用作政府垄断的理由。在我国，这种情况更为普遍。在经济体制转型过程中，我国的垄断现象具有特殊性，经济生活中的垄断行为主要不是来自于经济力量，而是来自政府认为的制度或政策性安排，同时存在以行政性审批为主的过度规制现象。因此，反对政府垄断行为以及改革行政性审批制度，成为我国当前改革的重要内容。

［14］卢洪友．公共品供给的政府效率解及其条件分析［J］．财经问题研究．2003（03）．

传统经济理论认为，在任何一个集体中，因任何一种公共品的成本分摊与收益分享，都普遍存在着“搭便车”者的个人理性行为以及由此导致的集体非理性的结局——人人都无“车”可搭的“公共”悲剧，断言公共品供给是市场失贬的领域，必须由政府替代。用斯密的市场秩序概念来处理所有的私人品，用霍布斯的主权国家概念来处理所有的公共品，也是市场经济国家资源配置制度安排的普遍选择。我认为，“搭便车”或经济人理性行为是合乎公理的经济学假设，但“搭便车”问题并不一定非由政府强制来解决不可。从理论上说，公共品的供给存在政府效率解，但政府效率解有严格的约束条件，公共品供给中的政府职能与政府失灵也都走相对于其效率条件以及满足这些条件的程度而言的。

［15］吕志勇，陈宏民．我国自然垄断产业市场化改革的几个关键问题研究［J］．中国工业经济．2003（08）．

近20年来，放松管制、引入竞争、产权私有已成为世界各国自然垄断产业市场化改革的主导趋势，与此同时，我国在相关领域的改革也已展开。本文对改革过程中亟须解决的有关市场开放的路径选择、产权改革与市场结构调整相适应、市场开放后的管制变革以及独立监管和依法监管等关键性问题进行了论述，并提出了一些有针对性的建议。

［16］罗云辉，夏大慰．自然垄断产业进一步放松规制的理论依据——基于对成本曲线的重新理解［J］．中国工业经济．2003（08）．

基于对成本曲线的重新理解，本文对20世纪80年代以来的新自然垄断理论进行了部分修正，进一步压缩了自然垄断产业管制的范围，剔除了新自然垄断理论中“进入无障碍、企业无承受力”情况下管制的必要性。这一结论有利于我国当前对行政垄断行业的市场化改革。

［17］潘新兴，汪贵浦．垄断行业发展与产权制度改革［J］．经济问题探索．2003（08）．

本文从理论的角度探讨了竞争、垄断、管制、产权制度与效率的关系，提出垄断的存在会降低社会经济运行效率，而竞争最终能对这种低效率状况加以矫正，现存的很多政府管制措施如进入管制、价格管制等实际上破坏了竞争的展开，妨碍了效率的提高。要提高效率必须引入竞争，而竞争又必须以有效的产权制度为前提，因此，建立有效的产权制度、维护有效的竞争秩序才是政府管制的核心内容。

［18］彭文兵，裴育．政府采购中的寻租经济学分析［J］．上海财经大学学报．2003（04）．

政府采购中的寻租与腐败问题早已引起世人的关注，但其形成机理，目前学术界研究的较少。所以，本文从纯经济学的角度对分散性政府采购过程中的寻租形成过程、寻租对经济和社会的影响进行了较为系统的分析。通过研究发现：单靠非经济手段（如制度、法律、教育等）无法完全解决政府采购中的寻租问题，只有通过经济手段和非经济手段双管齐下方能成功。

[19] 彭正银，宋蕾．企业与政府的双轨博弈分析 [J]．中国软科学．2003（12）．

本文从双轨制——计划轨与市场轨的视角运用动态的博弈过程模型对企业与政府关系进行剖析，认为政府干预经济的运行轨迹通常与企业的内在运行轨迹存在差异，而随着政府直接干预程度的减小，政府和企业的租金收益与成本差值将会增加，进而增加政府和企业的总收益。

[20] 沈蕾．跨国竞争对反垄断的抑制作用 [J]．中国工业经济．2003（06）．

跨国竞争的出现使各国的反垄断政策模式从结构主义转向行为主义。为了追求在国际市场竞争中的规模经济效应，各国纷纷放松了对垄断的管制。本文从垄断与竞争的相对性角度剖析了跨国竞争对当今各国政府反垄断的抑制作用及其原因，指出跨国竞争中的垄断是具有提高企业竞争力作用的，不应成为政府干预的对象。这对我们重新认识垄断在经济发展中的角色以及反垄断的目的具有一定的启示意义。

[21] 史先诚．中国经济转型和市场竞争规则建设 [J]．南京大学学报．2003（06）．

我国经济转轨过程中，市场竞争经历了从国家垄断到市场竞争、从局部竞争到普遍竞争、从初级竞争到高级竞争、从国内竞争到开放竞争的转化。竞争模式的转型亟须改变当前市场竞争规则与其不相适应的状况。借鉴发达市场经济国家竞争法和竞争政策的经验。建立健全以反垄断法和反不正当竞争法为主体的竞争规则体系，成为当前我国建立健全市场经济体制和经济一体化的要务。

[22] 史占中，王亚民．欧洲风险投资业产业竞争力研究 [J]．中国软科学．2003（04）．

本文基于现代产业组织理论SCP框架对欧洲风险投资业产业竞争力进行研究。结果表明，欧洲风险投资业较低的市场集中度水平、较高的退出壁垒决定了欧洲风险投资业投资行为特征，即欧洲风险资本主要流向非科技企业的后期发展阶段，并最终导致欧洲风险投资业相对较低的产业竞争力。

[23] 唐晓华．产业过度竞争测度基准及聚类分析 [J]．中国工业经济．2003（06）．

20世纪90年代中期以来，中国许多产业出现了过度竞争的现象，但国内外对过度竞争测度的基准过于模糊，可操作性较差。本文试图建立过度竞争测度的基准，并在此基础上进行聚类分析，以便准确判断出现过度竞争的产业及这些产业的共同特征，为探讨过度竞争的形成原因及规制提供依据。

[24] 王辰华．中国金融垄断的一个例证 [J]．中财经大学学报．2003（11）．

随着股份制商业银行的壮大和中小企业金融机构的兴起以及外资银行的进入，我国国有银行一统天下的局面有了很大改观，但是国有商业银行的垄断地位却没有发生根本性改变。国有商业银行依然凭借其垄断地位，直接或间接地获取垄断利润。本文从国有商业银行存贷款利差分析入手，阐述了实际利差扩大化的产生机理，指出国有商业银行垄断地位是实际利差扩大化的制度基础，从而表明实际利差扩大化正是我国金融垄断的一个有力证据。

[25] 王海燕，吕平．美国的反托拉斯法促进美国的技术创新了吗 [J]．中国软科学．2003（03）．

经济和科技的全球化对美国的反托拉斯法提出了严峻的挑战。在运用反托拉斯法的过程中，反托拉斯法与技术创新的关系成为焦点问题。回顾美国的反托拉斯法的百年发展历史，对我国的科技立法有很好的借鉴意义。

[26] 王万山，庄小琴. 市场规制失效与反规制治理 [J]. 求实. 2003 (09).

市场因外部性、公共性等原因会发生失灵需要政府作为规制者介入进行规制以求提高市场运行效率，但现实的情况是，作为市场规制的执行机构，政府在市场规制中也常常出现政府失灵。通过何种制度安排来制约规制者和对规制者实行反规制，以提高市场效率，这是必须解决的现实问题。

[27] 王燕. 论铁路业不同重组模式的垄断与竞争格局 [J]. 中国软科学. 2003 (07).

改革开放以后，随着经济发展、技术进步和市场环境的巨变，我国铁路大一统经营模式的缺陷逐渐暴露，由绝对垄断导致的竞争缺位造成了严重的效率损失和财政困难，因此，采取产业分割的方式分解原有庞大的基础设施产业以形成有限竞争格局已成为政府从经济上和政治上解决这一难题的可行方案。本文试图通过对各种重组模式的市场结构特征的分析，探讨重组模式选择的问题。

[28] 王玉霞. 政府规管的若干理论问题 [J]. 东北财经大学学报. 2003 (09).

政府规管问题近几年引起人们足够的重视，政府规管的内涵包括哪些，政府规管有什么弊端以及政府规管的概念如何界定，均在探索之中，本文就这个问题提出了自己的看法。特别是对政府失灵的原因做出较深入的分析从而论证政府规管是一项成本很高的活动。

[29] 夏大慰，罗云辉. 地方保护与过度竞争的形成——以分工与交易费用的关系为线索的解释 [J]. 东南学术. 2003 (05).

产品的同质化、企业数目和成本增加等因素是此前已被证明了的直接引致过度竞争的因素。本文力图以分析地方保护与这些因素形成之间的因果关系为基本路径，以分工与交易费用的关系为切入点对地方保护与过度竞争形成之间的作用机理提供一个形式化的解释。

[30] 肖兴志，陈艳利. 纵向一体化网络的接入定价研究 [J]. 中国工业经济. 2003 (06).

中国铁路、煤气、自来水、邮政等绝大多数网络型产业的结构改革将选择纵向一体化与自由接入作为突破口，研究纵向一体化网络的接入定价理论和政策已成为中国网络型产业规制政策研究的一个重要问题。本文首先依据资源最优配置、次优配置、生产效率等原则，研究了不同的接入定价理论，详细探讨了不同的接入定价方法，最后进一步分析了纵向一体化网络在不同政策目标下的接入定价政策选择。

[31] 谢地，吴英慧. 自然垄断领域改革发展与国有经济角色定位研究——以城市自来水行业为例的考察 [J]. 产业经济评论. 2003 (02).

鉴于自然垄断行业经济特征及其在国计民生中不可或缺的地位，决定了在国有经济战略性调整过程中，自然垄断行业不应该也不可能是国有经济逐步退出的领域，而应该是增强国有经济控制力的所在。因此，我国自然垄断产业的改革与发展问题研究不能脱离其中的国有经济的调整改革，而孤立展开。本文拟以城市自来水行业为例，对我国自然垄断行业改革发展与国有经济的相应角色定位问题进行结合研究，并提出有利于自然垄断领域国有经济改革与发展的政策建议。

[32] 徐康宁，冯春虎. 中国制造业地区性集中程度的实证研究 [J]. 东南大学学报. 2003 (01).

产业地区性集中是市场经济条件下生产要素自由流动、自由配置的结果。共享的劳动力市场、中间产品供应、技术外溢是产业空间集聚产生的市场因素。对中国 28 个制造业地区集中度的实证分析表明。中国产业向地区集聚的特征已十分明显，并呈强化趋势。尽管不同产业的地区集中度高低不同。但东部沿海地区在大多数产业中占有绝对主导地位，珠江三角洲、长江三角洲及胶东半岛已成为电子、家电、纺织等产业的全国性生产集聚中心产业地区性集中一方面促进了东部地区的经济发展，同时进一步拉大了东部与广大中西部地区经济的差距。产业地区化对政府正确制定地方产业政策具有重要指导意义。

[33] 杨宝良，朱钟棣. 地方政府两种寻租动机不一致性的假说及检验——我国区域比较优势与产业集聚的非协整发展与成因 [J]. 财经研究. 2003 (10).

文章首先建立了一个一般均衡模型，提出了地方政府在国内外市场上寻租动机不一致性的假说：即地方政府在国际市场上发挥比较优势的动力比国内市场要大，而寻租的动机则比国内市场要小。然后通过考察各地区比较优势与产业集聚的发展关系以及省际边界效应和国际边界效应，对该假说进行了实证性检验。

[34] 杨天宇. 政府审批制度改革与民营企业的市场准入 [J]. 财经问题研究. 2003 (11).

我国现行的政府审批制度，通过两种方式转化为民营企业的产业进入壁垒：一是为保护产业内国有垄断企业利益而对民管企业实施的“进入阻挽”；二是政府审批收费和寻租行为阻碍民营企业进入的“逆向选择效应”。这两种进入壁垒阻碍了民营企业的市场准入，抑制了民营经济的发展，常要通过改革政府审批制度来加以消除。

[35] 俞小江，孙天法. 论市场结构范式 [J]. 中南财经政法大学学报. 2003 (05).

在经济理论研究中市场结构范式一直是一个令人无所适从的重大理论问题。由于受到斯密中心价格理论的影响，完全竞争模式被视为理想市场结构模式。由于经济理论研究没能科学地解决垄断问题，更多的经济学家倾向于完全竞争模式。特别是在 E. F. 舒马赫提出了他的“小的是美好的”理论以后，世界各国都普遍采取了保护中小企业、肢解垄断企业的做法。随着技术进步和经济理论研究的深入，需要重新审视反垄断理论，在一定的条件下，垄断可以成为市场结构的理想范式。

[36] 张文晋. 从过度竞争到有效竞合——中国产业发展的必然选择 [J]. 山西财经大学学报. 2003 (04).

过度竞争也称为恶性竞争，它对我国产业的发展有着极其不利的影响，不仅阻碍了技术进步，而且也扰乱了市场秩序。消除过度竞争，实行有效竞合，是我国产业发展的迫切需要与必然选择。

[37] 赵晓丽，李春杰. 电力市场结构与有效竞争 [J]. 产业经济研究. 2003 (03).

本文从市场结构与有效竞争关系的一般性分析入手，结合中国电力市场改革的实践研究了中国目前的电力市场结构下对有效竞争的影响。文中主要讨论了五个问题：有效竞争与最优竞争强度；电力市场结构与规模经济的理论分析；中国目前的电力市场结构对规模经济的影响；电力市场竞争活力的理论分析；中国目前的电力市场结构对竞争活力的影响。

2002 年

[1] 安同良，杨羽云. 易发生价格竞争的产业特征及企业策略 [J]. 经济研究. 2002 (06).

价格竞争已是我国企业惯常采用的策略行为。本文以彩电行业为例，从产品特征、产业生命周期等六大方面揭示了易发生价格竞争的产业特征，提出产业内企业可行的价格战应对策略，其结论具有一般性，并为预测价格战的发生提供了微观基础。

［2］毕秀水，李松涛．国有企业建立现代企业制度的市场化路径［J］．当代经济研究．2002（10）．

目前，我国国有企业公司制改造过程中存在的诸多市场障碍已成为现代企业制度建立的严重羁绊，究其深层原因，很大程度上是由于在理论上和实践中将现代企业制度的建立与市场制度孤立开来。本文认为，现代企业制度是以完备的市场制度为条件的，其变迁必然受市场制度发展的制约。建立完善的外部市场制度体系是我国国企建立现代企业制度的根本保证。

［3］曹建海．我国重复建设的形成机理与政策措施［J］．中国工业经济．2002（04）．

本文从经济理论的角度讨论重复建设的含义，主张以过度竞争的概念取代重复建设。以规模收益递增的寡头垄断行业为例，分析了重复建设产生的机理。针对我国重复建设问题十分严重的状况，从产业管制与垄断、地方政府竞争、企业预算软约束、企业退出障碍等方面进行了制度分析。最后提出打破重复建设、重复生产恶性循环，实现我国产业有效竞争的政策建议和应对措施。

［4］陈炳水．论政府行政行为的规范化建设［J］．社会科学．2002（01）．

本文从界定和分析政府行政行为的概念和内涵入手，立足现实，对政府行政行为规范化的现实意义、价值取向等作了理论上的分析和阐述。在此基础上，联系目前我国政府行政行为的实际，提出了加强政府行政行为规范化建设的4种途径。

［5］陈俊．WTO与中国反垄断立法［J］．北京大学学报（哲学社会科学版）．2002（01）．

当前国内市场已经大量出现WTO所不容的垄断行为。中国已经入世，对反垄断国际通行规则的接纳在即。反垄断立法对调整我国产业结构、履行入世承诺、提高国企竞争力等具有重大意义。WTO规则要求竞争政策的国际协调。我国反垄断立法要借鉴国际通行规则，同时要结合行政垄断等国内突出问题，在具体的立法模式选择和立法运作设计上对制定综合性的反垄断法等事项做出妥善安排。

［6］陈小洪，马骏．关于中国电信资费体系改革的基本看法［J］．中国工业经济．2002（01）．

本文综述了电信资费的有关理论和方法，分析了中国电信资费体系的现状和问题，以及电信市场改革和加入WTO对电信资费体系的影响，总结了国外电信资费改革的经验，提出了分阶段推进中国电信资费体系改革的建议及相应的政策措施。

［7］杜传忠．从分散竞争到寡头垄断：中国工业市场结构调整的路径选择［J］．人文杂志．2002（01）．

从分散竞争转向寡头垄断是市场经济条件下市场结构演进的基本趋势，也是生产力发展和科技进步的基本要求。相对于其他类型的市场结构而言，寡头垄断市场具有更高的效率。现阶段，我国工业市场结构总体上呈现出分散竞争型特征。实现这种市场结构向寡头垄断市场结构的转换，既要充分发挥市场竞争的作用，同时也要发挥政府的推动作用。

［8］段卫平．国有商业银行与股份制商业银行竞争力比较分析——兼论中国商业银行的增量改革［J］．中央财经大学学报．2002（07）．

国有商业银行改革是中国金融体制改革的关键，目前已成为整个金融体制改革进展的“瓶颈”。

国有商业银行的产权改革能够改善其 X 效率，但只是改善金融资源配置效率的必要条件，改革成功的充要条件是打破国有商业银行的市场垄断地位，允许大量非国有金融机构的进入，并与国有商业银行形成有效的市场竞争。

[9] 胡鞍钢，过勇．从垄断市场到竞争市场：深刻的社会变革［J］．改革．2002（01）．

随着我国市场化进程的不断演进，反垄断已成为改革的一大焦点。文章从中国经济反垄断的背景、当前我国垄断现象的主要表现形式、行政垄断的特点及成因等，对垄断现象进行了剖析，并提出了反垄断改革的方向。

[10] 黄河，徐德敏，李永宁．论社会主义市场经济条件下的行政干预与行政垄断——兼论反垄断法对行政垄断的豁免［J］．法律科学．2002（06）．

反垄断法不宜规制行政垄断，中国与俄罗斯及东欧国家虽同为转型期国家，但由于改革手段、目标的不同，反垄断的规制领域也不一样。中国渐进式改革决定了应采取适度干预的政策，以保证社会公正和整体效率。

[11] 江小涓．跨国投资、市场结构与外商投资企业的竞争行为［J］．经济研究．2002（09）．

实力雄厚的跨国公司在中国大量投资是否会导致垄断行为，是国内外长期关注和争论的一个问题。本文以汽车、移动通讯设备和洗涤用品这三个技术特性和经济规模有较大差异的行业为案例，分析吸引跨国投资与中国制造业市场结构的变化，及这种变化对外商投资企业竞争行为的影响。结论是：虽然跨国公司有垄断愿望，但是随着中国不断深化的开放与改革，跨国公司不仅本身以竞争行为为主，而且成为促进中国竞争性市场结构形成的重要因素。

[12] 姜彦君．中外行政性垄断与反垄断立法比较研究［J］．政法论坛（中国政法大学学报）．2002（06）．

无论是市场经济国家还是转型国家，只要存在行政垄断，就有反垄断法的规制。我国反行政垄断法律制度尚不健全，应借鉴国外经验，制定统一的反垄断法；要规定行政性垄断的法律责任；要建立权威性的执法机构。

[13] 李乾文．美国反垄断理论、实践及其启示［J］．世界经济与政治论坛．2002（03）．

美国反垄断的实践丰富多彩，也伴随着不断的理论创新。本文从分析美国反垄断的理论与实践入手，分析其可借鉴之处，以提供有益的启示。

[14] 李眺．论可竞争市场与放松规制——以美国民航业为例［J］．外国经济与管理．2002（09）．

可竞争市场理论对美国等西方国家放松民航业规制产生了深远的影响。本文通过对放松规制后的美国民航业的考察，指出了由于进入壁垒、沉淀成本和产品差异化等因素，民航业并不是一个完全可竞争市场。对中国民航业来说，可竞争市场理论不能作为放松规制的理论依据，温和的规制改革是一种更明智的选择。

[15] 李曦辉．国有企业对产业竞争力的影响［J］．中国工业经济．2002（11）．

本文首先在理论上阐明了国有企业对产业竞争力的影响，指出国有企业是市场经济的补充，它可以通过直接和间接途径塑造产业竞争力，甚至是经济全球化背景下发展中国家增强产业竞争力的主要手段。随后分析了国有企业对竞争性产业、垄断性产业、战略性资源产业和战略性高技术产业竞争力的影响。本文的结论是：单一的市场机制不足以支撑主导产业的竞争力，国有企业有利于增强主导产业的核心竞争力，私有化应该是有限度的。

[16] 李政军．寻租理论在我国的研究与发展 [J]．经济社会体制比较．2002 (03)．

寻租理论是由经济社会体制比较杂志于 1988 年首先引入我国改革理论的研究的，这一理论为我国理论界分析转轨过程中腐败问题提供了新的方法和新的视点，也为我国政府适应市场经济体制的要求转变职能提供了新的思路。经济社会体制比较既注意刊载国外寻租理论的经典文献，又注意关注我国理论界的讨论热点，并从比较中提出了改革的对策，对推动我国改革理论的深化发挥了重要作用。20 世纪 90 年代以后，寻租理论广泛应用于各类经济行为和现象的研究，特别是转轨经济的研究，至今这一趋势仍在继续。

[17] 林凌．中国基础领域垄断的形成与反垄断之路 [J]．财经问题研究．2002 (01)．

本文首先从社会主义也存在垄断，也要反垄断的理论视觉出发，全方位地探讨了基础领域垄断的形成，反垄断的难点、措施，并战略性地提出了培育大型企业集团的策略。

[18] 刘戒骄．英国电信产业的放松管制和对主导运营商 BT 的再管制 [J]．中国工业经济．2002 (01)．

自 1980 年起，英国电信产业先后实施了邮政、电信分离，建立独立的管制机构，对开放市场准入和私有化以后仍然居于主导地位的运营商——英国电信公司 BT 实施包括价格上限管制在内的一系列管制，促进了英国电信产业向竞争性结构的转化。目前，我国电信产业同样面临着放松管制以及放松管制以后如何重组和再管制主导运营商的棘手难题。本文拟对英国电信产业 20 余年的改革经验进行比较系统的回顾和评析，以期对我国电信产业的下一步改革有所启示。

[19] 刘伟，黄桂田．中国银行业改革的侧重点：产权结构还是市场结构 [J]．经济研究．2002 (08)．

本文对运用 SCP（结构—行为—绩效）框架及其从行业结构的角度揭示中国银行业主要问题的思路及提炼出的政策含义提出了批评，认为在现代技术不断改变着银行运作机制、主要发达国家的银行业的行业结构进一步向集中化发展、各个银行在努力追求规模经济和范围经济效应的背景下，中国银行业保持一定程度的集中率是符合国际银行业发展趋势的。中国银行业的主要问题是国有银行产权结构单一，而不是行业集中的问题。从行业结构的角度为突破口的改革将可能导致中国经济的震荡。正是中国银行业的资产与市场份额集中于带病的国有商业银行，改革的侧重点就不能从行业结构的调整为起点，而是相反，要充分利用进入 WTO 后的有限过渡期，在国有银行的市场份额发生显著萎缩之前，坚决地进行国有商业银行的产权改革，努力避免潜在金融风险的总爆发。

[20] 刘志彪．产业的市场势力理论及其估计方法 [J]．当代财经．2002 (11)．

研究市场势力及其测量方法，对我国正在制定的反垄断法具有重要的现实意义和理论意义。我们通过计算市场势力，分析因垄断所造成的社会福利损失，讨论测量市场势力的经济效应的方法。

[21] 龙朝晖．自然垄断产业的规模经济性和范围经济性与管理体制改革——以铁路运输业的管理改革为例 [J]．中山大学学报（社会科学版）．2002 (04)．

自然垄断产业具有规模经济性和范围经济性的特征，但也会由于垄断而导致诸如生产效率降低、社会福利损失、组织管理低效率和动态技术低效率等负面效应，因此应该对自然垄断产业中的自然垄断业务与非自然垄断业务进行合理划分，在非自然垄断业务中引入竞争，以逐步消除自然垄断产业传统管理中垂直一体化经营和行政垄断的弊端，但改革中应正确区分垄断结构和垄断行为，实施渐进的改革战略，我国铁路运输业管理改革取得的成效对其他自然垄断行业的管理改革具有借鉴意义。

［22］卢文鹏．金融抑制、路径依赖与中国渐进改革中的制度性公共风险［J］．复旦学报（社会科学版）．2002（04）．

在渐进改革的逻辑框架下，政府采取了一系列的金融抑制措施保证国有企业获得大量社会资源。金融抑制不仅导致了资源配置的扭曲和效率损失，更重要的是通过转型期风险的转嫁机制而自我强化，具有很强的路径依赖性质。改革过程中的特殊制度安排使制度性公共风险得以大量积累，并开始逐步向财政领域集中。防范和化解制度性公共风险的根本途径在于放松管制，建立起市场对公共风险的分摊机制。

［23］罗云辉，夏大慰．市场经济中过度竞争存在性的理论基础［J］．经济科学．2002（04）．

本文论证市场经济条件下过度竞争的存在性。通过对过度竞争概念的界定和将其模型化为非对称成本伯川德竞争，我们把过度竞争的存在性归为放松模型中的产品无差异、一次性博弈和生产能力无约束三个强假设条件后，非对称成本伯川德竞争的结论仍然会成立的可能性。为此，文章分别弱化三个强假设条件以论证这些条件要么并不影响结论，要么可以被更为宽松的假设条件所替代。这样，一旦具备这些有现实性的条件，过度竞争就会出现。

［24］马捷．国际多市场寡头条件下的贸易政策和产业政策［J］．经济研究。2002（05）．

国际多市场寡头是 Bulow（1985）提出的多市场寡头概念在国际贸易领域的自然延伸。在本文中，市场之间联系的纽带是本国企业具有规模收益递减的生产技术。本文的主要结论是，第一，如果本国企业与外国企业在外国市场进行价格竞争，那么，最优干预组合包括国内生产补贴与出口税，它们对本国福利的作用是一致的。第二，如果本国企业与外国企业在外国市场进行数量竞争，那么，最优干预政策组合包括国内生产补贴与出口补贴，它们作用于本国福利的方向是不一致的，这时，本国政府用国内生产补贴执行反托拉斯职能，用出口补贴执行利润转移职能。第三，作为模型的一个应用，本文论证了出口退税政策会加剧国内市场的扭曲；而且它不一定能够提高本国福利。

［25］马亚明，张岩贵．寡头竞争、策略互动与对外直接投资［J］．世界经济．2002（04）．

本文用非合作博弈的思想方法，分析了企业间策略互动对 FDI 决策的影响，FDI 可能是不同条件下博弈的结果，在缺乏企业特定优势的情形下，企业之间的策略互动可能促成 FDI 的发生。在全面展现寡头厂商之间的抑制与反抑制、策略行动与反策略行动对企业 FDI 决策影响的同时，我们证明了企业优势虽然是一个重要决定因素，但它既不是 FDI 的充分条件，也不是必要条件，因此在一定程度上对主流跨国公司优势理论进行了补充和完善。

［26］马宇文．我国居民收入分配差距扩大的制度分析［J］．改革．2002（06）．

当前我国居民的收入分配差距日趋扩大。如果市场机制能正常发挥作用，只要决定收入分配的过程是公正的，由此而引起的分配结果无论如何都是公正的。但我国处于社会转型期，市场经济很不健全，居民收入分配的不公是导致差距扩大的真正原因。本文分析了造成我国居民收入分配过程中机会不均等的制度原因并提出了具体的政策建议。

［27］戚聿东．我国自然垄断产业分拆式改革的误区分析及其出路［J］．管理世界．2002（02）．

本文针对我国自然垄断产业分拆式改革的思路，提出了自己不同的看法。认为自然垄断产业改革应该立足于改制而不是分拆。主要根据在于：自然垄断产业多为网络性产业，必须考虑其全程全网联合作业和统一兼容性质；而且具有显著的规模经济性和范围经济性，分拆必然导致经济效益的丧失。从总体上看，自然垄断产业的真正症结在于政企不分而不是垄断；就反垄断目标而言，由于我国自然垄断产业的垄断多为行政割据型垄断，而不是经济集中型垄断；经济集中型垄断只是一种垄断结构，与垄断行为没有必然联系，所以我国自然垄断产业的反垄断应该指向包括行政割据型垄断行为在内的各种垄断行为，而不应该指向垄断结构，特别是经济集中型垄断结构。在加入 WTO 的背景下，这一点尤为重要。因此，自然垄断产业改革的出路应该立足于改制，而不是分拆。

[28] 齐羽，齐丽雅．论电力产业自然垄断的不完全与有效竞争的实现 [J]．经济问题探索．2002 (04)．

传统的经济学理论认为，电力是公共产品，电力产业是具有自然垄断性经济特征的公共产业和网络性产业，应该高度管制和实行垄断经营。中国受计划经济体制的长期影响，一直实行高度垄断的管制政策。本文分析了电力产业自然垄断的不完全和多业务领域的范围经济性，认为电力产业管制体制改革的目标是通过市场化改革、适度管制和发挥自由竞争的作用，维持动态的"有效竞争"状态。并且提出了实现有效竞争的若干思路和改革建议。

[29] 权衡．转型时期中国经济增长的收入分配效应及其机理分析 [J]．上海经济研究．2002 (02)．

本文在客观描述转型以前即改革开放前我国收入分配关系特点的基础上，重点分析了体制改革和对外开放条件下我国经济高速增长所产生的收入分配效应，并从经济运行内在机制角度分析了产生这种效应的深刻背景和原因，认为在经济转型时期，从总体上说中国经济增长所产生的收入分配恶化效应强于增长所带来的收入分配改善效应；而之所以产生如此结果，就是因为有其产生的内生性原因和内在的作用机制，因而具有内生性和必然性特点。

[30] 史东辉．关于改进当前我国产业组织政策的探索 [J]．财经研究．2002 (03)．

本文通过对当前我国产业组织政策现状与问题的分析，指出必须结合当前及今后我国经济发展和体制改革的实际情况，提高产业组织政策在我国政府产业政策体系中的地位，实现政府产业政策体系由以产业结构政策为中心向产业结构政策和产业组织政策并重的转换。在此基础上，本文着重从反垄断政策、针对自然垄断产业的直接规制政策和中小企业政策等三个方面阐述了改进现阶段我国产业组织政策的若干建议。

[31] 史忠良，刘劲松．网络经济环境下产业结构演进探析 [J]．中国工业经济．2002 (07)．

随着网络经济的不断发展，一种新的市场结构——竞争性垄断市场结构在信息产业中出现了，这种市场结构大大地促进了信息产业的发展。信息产业的发展又对传统产业产生了直接和间接的影响，从而带动整个产业结构的演进。本文对网络经济环境下产业结构的演进进行了分析，并提出了促进我国产业结构优化升级的政策建议。

[32] 孙天法．市场结构范式的标准与构建措施 [J]．中国工业经济．2002 (11)．

市场结构理论是整个经济学的构筑要件与基础。在熊彼特淋漓尽致地批驳了完全竞争模式的子虚乌有和容易感染经济萧条的霉菌的特点以后，各种市场结构模式的缺陷暴露无遗，经济研究进入了无所适从的艰难时期，经济实践也陷入了盲人瞎马的混乱局面和夜半临池的危险境地。所以，建设市场结构范式是经济学的当务之急。本文试图通过一系列的反垄断把垄断改造成为市场结构范式。

[33] 孙钰．公营公共物品的X非效率与政府管制改革［J］．南开经济研究．2002（03）．

长期以来，公共物品被政府垄断经营，政府的公营企业垄断经营造成的X非效率不利于最大限度地发挥公共物品的积极效应，而传统的政府对公营的管制亦存在种种缺陷。所以，本文就此设计了提高公营效率的政府管制改革方案，以期通过政府的适当管制来提高公共物品经营效率。

[34] 王金祥，吴育华，刘喜华，孙巍．电力工业的非参数效率测度分析［J］．北京科技大学学报．2002（04）．

对资源优化配置的非参数模型在电力工业中的应用进行了研究。选择了国内部分电网的数据，从纯技术效率、规模效率以及投入可处置度、投入组合效率、投入综合效率的角度对部分电力企业的资源配置效率进行了横向分析，结果表明，不同的电力企业之间的资源配置效率差距较大，电力企业总体上生产性投资的要素组合比例不合理，利用率较低。

[35] 王俊豪．我国自然垄断产业民营化改革的若干思考［J］．商业经济与管理．2002（01）．

民营化改革是深化我国自然垄断产业政府管制体制改革的必然选择。本文讨论了自然垄断产业民营化改革的理论依据与实践经验，民营化对自然垄断产业真正实现政企分离的推动作用；提出并论证了自然垄断产业民营化改革的目标是有效地促进竞争，国有企业与民营企业的分布应取决于自然垄断产业业务领域的性质，我国自然垄断产业民营化改革应是一个渐进的过程等观点。

[36] 王俊豪．英国自然垄断产业企业所有制变革及其启示［J］．财经论丛．2002（01）．

在20世纪40年代末、50年代初，英国经历了一次令世人注目的国有化运动，主要在自然垄断产业，把一批分散的小型地方政府企业和私有企业变革为少数大型国有企业。三四十年后，在20世纪80年代初以来，英国又经历了一次更为举世瞩目的私有化运动，对自然垄断产业的国有企业实行了私有化。本文从政治经济的角度，着重分析英国自然垄断产业企业所有制变革的原因与成效，并探讨其对中国自然垄断产业实行民营化改革的启示。

[37] 王廷惠．自然垄断边界变化与政府管制的调整［J］．中国工业经济．2002（11）．

自然垄断是政府管制的传统领域之一。技术水平变化、需求扩大以及市场扩张，都在不断地改变自然垄断的传统边界，政府管制的边界也随着发生很大的变化，管制的方法也更多地借鉴市场和竞争的思路。我国自然垄断具有自然和人为双重垄断因素，更多地具有政府垄断的特点。由于制度变革、技术变迁和市场扩大的共同作用，我国自然垄断的边界以及政府管制范围和方法也在发生着深刻的变化。

[38] 王新生．论对自然垄断行业的反垄断规制［J］．财经理论与实践．2002（11）．

由于自然垄断行业的特殊性，反垄断法对自然垄断行业的基本制度是反垄断适用除外。但是这种适用除外只能是相对的，自然垄断企业如果滥用其优势地位实施限制竞争行为，仍应受到反垄断法的规制。随着自然垄断行业的科技进步和产业发展，原有的自然垄断特性逐渐消退，竞争制度正逐步引入到自然垄断行业，自然垄断行业因其竞争特性的加强而将会受到反垄断法更为严格的规制。

[39] 闻中，陈剑．网络效应、市场结构和进入壁垒［J］．系统工程理论与实践．2002（02）．

用一个序贯博弈模型研究了网络效应对市场结构、行业进入壁垒的影响，研究了在位者的先发优势、在位者和后来者的竞争行为？研究表明，不同强度的网络效应将会造成不同特点的市场结构，赋予在位者获取超额利润的权利。

［40］武少俊．我国居民收入差距剖析［J］．金融研究．2002（06）．

我国居民收入分配差距从总体上看还不是很大，但已经处于偏大的区间，且分配差距扩大的速度惊人。同时，居民收入差距的结构存在很大问题，例如城乡居民收入差距。我国居民收入分配差距中的主要问题是存在大量不合理的因素。国家除了解决收入分配中急迫的不合理问题外，更应从根本上解决收入分配的公平问题。

［41］邢予青．放松电信管制对日本移动通信市场发展的影响［J］．经济学季刊．2002（01）．

本文分析了日本移动通信领域的管制改革及其对移动通信市场发展的影响。基于垄断竞争模型的分析表明，移动电话服务商的个数和移动电话服务的边际成本，是影响日本移动通信的需求和价格的关键因素。以移动通信市场自由化为目标的一系列管制改革，刺激了移动通信服务商的增加，降低了移动通信服务商的边际成本，从而促进日本移动电话通信市场的蓬勃发展。基于一年期间季度数据的经济计量模型，证实放松电信管制对移动通信服务的价格和需求都有显著影响。此外，本文还推测了移动电话通信的需求曲线和价格弹性。

［42］徐传谌，等．我国商业银行规模经济问题与金融改革策略透析［J］．经济研究．2002（10）．

本文通过对中国商业银行1994～2000年的经营情况的实证分析，估算出了各大银行的成本—规模弹性。在此基础上，本文指出：商业银行经营过程中长期存在的不良贷款沉淀以及放款上的所有制偏好等问题已成为现阶段影响我国金融机构成本—规模弹性的重要因素，而隐藏于它们背后的产权制度安排上的缺陷、金融领域的长期垄断，以及民营银行的“国民待遇”等问题则应成为下一步改革的关键。

［43］薛伟贤，冯宗宪，陈爱娟．寡头市场的博弈分析［J］．系统工程理论与实践．2002（11）．

竞争是市场经济的本质属性，本文通过构建的博弈模型，对寡头垄断市场上寡头之间的博弈进行了分析，认为一味的价格竞争对整个行业是有害无益的，主要厂商在技术等领域真正走向全面合作才是行业发展的根本出路。

［44］杨艳．对自然垄断理论的评价与再认识［J］．经济科学．2002（02）．

传统理论从规模经济和次可加性定义自然垄断的概念，这种抽象的个量分析与静态分析存在不足。本文试图从需求与自然垄断的强弱程度、科技进步与自然垄断的范围、自然垄断产业的社会效益三方面对自然垄断理论提出新的看法。

［45］叶康涛．垄断限价、代理商进入与社会福利——兼评中国民航市场价格维持政策［J］．中央财经大学学报．2002（07）．

自从中国民航总局于1999年实施“国内民航机票禁止打折”政策以来，不少民航公司仍在暗中通过机票中间代理商低价倾销机票。本文试图从社会福利角度出发，分析在卡特尔组织实行垄断定价政策情况下，中间代理商的进入对社会福利的影响，简要评价了中国民航市场现行价格维持政策的福利效，并提出若干相应建议。

［46］于良春，黄莉．英、美电信产业管制体制之比较研究及其对我国的启示［J］．经济评论．2002（05）．

近年来，中国电信业的管制与竞争问题已成为政府和学术界研究的热点。然而在这股研究热潮中，人们更多地将目光放在放松管制和电信市场SCP模型的分析研究上，却忽略了电信管制机构本身的研究，而管制机构本身的体制问题有可能直接影响到管制的效率。本文拟就英、美两国成功的电信管制体制进行比较研究，从中总结出适宜于完善和健全中国电信管制体制的经验。

[47] 张光远．垄断行业价格改革［J］．改革．2002（02）．

市场经济发展证明，只有在市场竞争压力下，企业才会降低成本，提高效益。也只有在市场竞争中，有限的社会资源才能得到最有效配置，经济才能持续发展。对于垄断性行业，应引入竞争机制，创造形成竞争的条件，放开已经具备竞争条件或经过努力创造条件可以放开的竞争环节的价格，充分发挥市场配置资源的基础性作用。

[48] 张晖明，邓霆．规模经济的理论思考［J］．复旦学报（社会科学版）．2002（01）．

规模经济是困扰中国企业和理论界的重大问题之一。规模经济难题的根源在于对模型认识上的误解，把工厂模型和公司模型混为一体是导致这一问题长期存在的原因。文章指出，工厂模型是实物模型，公司模型是价值模型，工厂模型是由技术条件所决定的，并且多数产业的工厂模型会随着技术的发展而不断提高最低产出要求。企业的目标是：能达到工厂模型要求的规模就不要放弃追求由工厂模型带来的成本节约好处，如不能达到这一要求也不意味着在竞争中没有前途，因为优秀的管理能够弥补这一缺陷。对达到工厂模型要求的企业来说，规模没有边界，唯一制约它们扩张的因素是管理。无论是大企业还是中小企业，提升管理水平是实现规模经济的第一手段，不应片面重视技术经济规模。

[49] 张克中．政府失灵、规制与我国反垄断［J］．上海经济研究．2002（01）．

本文从政府失灵、规制的角度分析中国在市场取向改革进程中存在的特殊垄断现象，我国目前存在行政性垄断过度而在竞争基础上衍生的经济性垄断不足的现象。正确认识行政性垄断的危害，矫正政府失灵，重构政府规制是我国反垄断的关键所在。

[50] 张向达．政府寻租及寻租社会的改革［J］．当代财经．2002（12）．

寻租理论一直是人们最为关注的领域。它既与公共选择学派分不开，又与传统政治经济理论相区别。公共选择学派的观点和现实生活中政府的寻租行为使得人们对政府的作用及其越来越多的限制个人行为的偏好产生极不信任的态度。通过对政府寻租、寻租的社会变革以及寻租产生的根源分析，可以发现，用制度创新来抑制寻租将会更加灵活和多样化，也更加有效。

[51] 赵春玲，胡建渊．地方政府保护主义经济行为的博弈分析［J］．经济体制改革．2002（04）．

基于Salop圆形城市模型，研究了网络效应环境下企业横向兼并的动机及其社会福利，讨论了兼并对企业价格竞争行为的影响。结果表明，网络效应环境下，企业普遍具有兼并动机，未兼并企业在竞争中始终处于相当不利的地位。当网络效应很强时，未兼并企业将被逐出市场，兼并企业成为市场的垄断厂商。通过对企业兼并前后社会福利的分析发现，当网络效应较强时，即使未兼并厂商被逐出市场，市场形成垄断，社会福利仍会改善。因此，政府应放宽对存在网络效应的行业中企业兼并的管制。

[52] 周业安，赵晓男．地方政府竞争模式研究——构建地方政府间良性竞争秩序的理论和政策分析［J］．管理世界．2002（12）．

地方政府之间的贸易壁垒仅仅是交易成本的一种反映，由于改革以来形成的特定的中央和地方的制度安排以及各地方经济发展的严重失衡，导致中国经济增长分结构看不具备内在的一致性，也就是说，虽然落后地区的要素成本低于发达地区，但资源仍然向发达地区聚集，结果各地区为确保本地的就业和经济发展，采取贸易壁垒来分割市场，导致地区间的交易成本增大，同时也导致价格水平在地区之间呈离散分布，没有一个统一的市场价格。行政区划的严格限制、地区之间制度创新的程度、分税制的规范程度以及地区经济分工和专业化的程度对一个地区的竞争模式起着决定性影响，在这些影响因素的背后，则隐含着财政体制和政治体制的不合理成分。因此，要降低地区间的交易成本，提高落后地区的竞争力，只有通过制度创新来提高地区间的分工和专业化水平，在良性竞争的基础上实现各地区之间的平衡发展。

［53］朱志明．深化改革是解决当前垄断问题的关键——由垄断价格问题看垄断治理［J］．改革．2002（03）．

目前我国垄断价格问题相当严重，已经引起社会各界的广泛关注和强烈反映。本文通过深入分析造成垄断价格问题的深层次原因，认为造成垄断价格问题的根源在于行政和自然垄断的不规范及其权力的延伸，真正由于竞争而形成的经营性垄断还不明显，即使存在也与体制改革滞后有着千丝万缕的联系。建议通过深化改革解决我国当前的垄断问题，并提出了具体改革设想和政策思路。

［54］邹璇．信息不对称条件下区域经济中地方政府行为异质性［J］．上海经济研究．2002（09）．

本文试图用委托—代理结构理论来分析区域经济发展中地方政府道德风险问题——地方政府行为的异质性。通过一系列的经济数学模型推导出：由于严重的经济方面的政治性负担导致目前我国区域经济发展中地方政府存在着严重的异质性行为。而要解决区域经济中地方政府的异质性行为，就必须加快宏观政策的改革，消除以前加在区域经济开发者——地方政府身上的政治性负担，使区域经济发展面临一个公平竞争环境，从而改善区域经济发展中的激励相容机制，加快区域经济的发展步伐。

2001 年

［1］陈富良．新经济的行业初始垄断经营权研究［J］．经济与管理研究．2001（06）．

新经济是以信息资源、人力资本、技术创新、风险投资等为增长动力的经济。在新经济的发展初期，追求一定时期内的经营垄断是新经济发展的一个动力源，是促使新经济发展的一种特殊的激励机制。这是新经济中的公共品的垄断性与私人品的竞争性的本质矛盾所决定的。企业追求垄断是为了谋求效率和扩展市场势力。实践证明，初始垄断能促进整个产业的迅速发展，并推动企业进行技术创新。因而新经济中的初始经营垄断是一种具有相对性的有效垄断。

［2］陈淮．“价格战”与价格垄断并存的经济学分析［J］．财经科学．2001（02）．

2000 年经济运行过程“价格战”与价格垄断行为并存的现象所揭示的是提供价格与需求价格之间矛盾的激化，供给价格主要取决于供给方的平均成本。需求价格是需求方的群体出价。消费者对产品的效用评价决定其出价高低。供给与需求双方都坚持自己的出价，供给价格与需求价格之间矛盾就无法通过利益妥协获得协调。体制性缺陷是供给价格与需求价格之间矛盾激化的根本原因。缓解供给价格与需求价格之间矛盾的主要政策指向应当是反垄断。

[3] 陈平．论建立城市公用事业管制价格新机制［J］．中国物价．2001（07）．

城市公用事业是向社会公众普遍、有偿提供服务的，但具有一定公益性的基础设施产业及其活动，主要包括自来水、管道煤气和城市公共交通等。其中，自来水和管道煤气属于典型的自然垄断经营产品，其技术特征是需要巨额投资、投资回收期长，资产专用性强，规模经济性和网络经济性显著。因此为有效配置和运用社会资源，在一定区域范围内，通常由一家或少数几家企业垄断经营。

公共交通虽然不具有自然垄断性，但也存在相当的规模经济性和社会公益性，而且我国大多数城市对公交基本实行独家企业垄断经营。由于上述产业经营企业拥有相当大的市场垄断力量，如果不存在外部约束机制，它们就将成为价格制定者，而不是价格接受者。其结果是它们有可能通过制定大大高于社会必要成本的垄断高价扭曲社会分配效率，损害消费者利益。因而，如何对这些产业实施科学、有效的价格管制受到了社会的普遍关注，成为我国当前城市管理体制改革中不可回避的热点问题。

[4] 陈志民．试论我国的反垄断立法［J］．南方经济．2001（11）．

我国目前的反垄断立法状况尚不能适应“入世”的需要。为规制我国目前存在的行政性垄断行为、经济性垄断行为和行业垄断行为，与WTO规则接轨，我国必须尽快制定出台一部专门的《反垄断法》。这部法律应有反对行政垄断的内容，应禁止滥用市场支配地位的行为，禁止严重限制竞争的协议，应控制企业的合并行为；还应提高反垄断法执行机构的法律地位与职权等。

[5] 董正青．国家与所有权——转轨时期政府行为分析［J］．中国人民大学学报．2001（01）．

国家与所有权之间存在着持久的冲突，它们之间很难直接博弈，从而使双方调整策略，实现两者的一致。中国在处理国家与所有权冲突的过程中，采用了一种既完全不同于西方“市民阶级公共领域”，又不完全是新兴产权主体与国家博弈的机制。中国经济体制改革的着眼点在于通过政府行为的改变，调整国家与所有权的冲突，寻找二者之间的制衡机制。对于中国这样的传统集权的国家而言，地方政府这一新的博弈主体，作为国家与所有权冲突的制衡力量，使得中国政府的行为逐步向理性化方向转变，带来了中国经济的持续增长。

[6] 杜丹清．成本黑洞、放松、管制与我国垄断产业的发展战略［J］．科技进步与对策．2001（11）．

我国长期以来对自然垄断产业实行政府管制，传统的管制价格定价方法对企业缺乏成本约束，形成“成本黑洞”，不利于企业生产经营成本的降低与经济效益的提高，垄断性产业放松管制，应首先在其内部区分纯粹的自然垄断部分与可竞争部分，政府的规制应严格限定在纯粹的自然垄断部分，并积极研究，引进具有成本控制力的管制模式，以促进产业发展。

[7] 杜文学．垄断与竞争：制度安排与价值决定——反垄断与充分竞争的法经济学思考［J］．兰州铁道学院学报．2001（05）．

以维护自由公平竞争秩序为己任的反垄断法是现代市场经济的基本法律之一，是现代经济法的核心。竞争和垄断无论在法学还是在经济学中都是两个很重要的范畴。反垄断既是一个法律问题，又是一个极其复杂的经济问题，它不仅与市场价格、市场定义等问题有关，而且包含规模经济、行业结构、股权结构、资产重组等变化因素。当代经济学的理论和实践表明，充分有效的竞争模式是竞争的唯一现实模式，也是经济价值和法价值双赢的模式。法律和经济的融合，也再次得到充分体现。笔者从法律和经济相结合的角度，即运用经济分析法学的方法对反垄断和充分竞争及我国存在的垄断行为的相关问题作一些分析。

[8] 冯根福，吴林江．我国上市公司并购绩效的实证研究 [J]．经济研究．2001 (01)．

国内外的研究结果表明高自由现金流量低成长性公司在并购后绩效会出现明显的下滑，并把绩效下滑归因于代理成本。文章力图在自由现金流量与并购绩效之间搭建一座桥梁，深入分析导致并购绩效下滑的直接客观原因。通过利用我国上市公司2001～2003年436次并购事件进行实证分析的结果表明，支付过高的并购溢价是导致高自由现金流量低成长性上市公司并购绩效低下的直接客观原因。

[9] 国家计委宏观经济研究院课题组．打破地方市场分割对策研究 [J]．经济研究参考．2001 (27)．

报告指出了我国当前存在于产品和要素市场以及产权市场中的大量市场分割现象及其主要表现形式，分析了导致地方市场分割的主要原因，提出了打破地方市场分割、建立全国统一市场的政策建议。该报告以路径依赖理论为分析工具，从历史的、国际比较的角度论证了地方市场分割是经济转轨过程中出现的特有现象，强调以财政包干、大量国有企业事实上的地方所有制为基本特征的行政性分权是导致这一现象出现的深层体制原因而传统体制遗留的工业布局、地区间经济发展不平衡、地方领导干部的业绩评价等现实因素，都强化了地方市场分割倾向。如果抓住主要矛盾，主要是体制性问题，积极制定恰当的政策措施，深化改革，我国完全可能在今后一年内基本打破地方市场分割，完成国内市场的整合，建立一个全国一体化的大市场。

[10] 侯怀霞．行政垄断的成因、类型及法律对策 [J]．山西大学学报 (哲学社会科学版)．2001 (03)．

行政垄断是传统计划经济体制的伴生物，其生存的土壤是资源配置的高度计划性与行政性。在体制转轨时期，行政垄断不仅普遍存在，而且严重阻碍着有序竞争和市场经济体制的形成。文章分析了行政垄断形成的原因及表现形式，在此基础上提出了规制行政垄断的法律对策。

[11] 吉炳安，周祥龙，罗云峰．寡头垄断中的“囚徒困境”与卡特尔联盟分析 [J]．华中科技大学学报．2001 (04)．

对寡头垄断市场中厂商的决策行为进行了研究。分析了寡头垄断市场中厂商间的相互依存性以及由此而产生的“囚徒困境”，并对厂商为摆脱“囚徒困境”而形成的卡特尔联盟的有效性进行探讨，给出了卡特尔厂商的产量分配原则，并对卡特尔联盟不稳定性的原因进行了探讨。

[12] 金波．对我国反垄断的几点建议 [J]．山西财经大学学报．2001 (S2)．

文章分析了我国反垄断的现状，区分了“自然形成的垄断”与“行政形成的垄断”，提出了反垄断的具体建议如下：第一，对竞争性行业的反垄断，重点放在垄断行为上；第二，对垄断性行业的反垄断，重点放在行政性垄断上，具体体现在以破除垄断、强化竞争为改革的基本目的；建立、健全相应的法律体系，以规范竞争和打破垄断；重建监管制度；所有制结构的变化等方面。

[13] 李果，徐立新．国有企业、劳动力冗员与就业的增长——1986～1996年期间中国各省的经验 [J]．经济学 (季刊)．2001 (01)．

对于决定国有企业劳动力过剩和就业岗位的因素，人们所知甚少。这种知识上的差距使得决策者很难为中国劳动力冗员问题对症下药。本文运用1986～1996年中国各省的数据来对这个问题进行具体的估计。我们发现：(1) 释放所有剩余劳动力将会使城市平均失业率升值25%；(2) 国有企业劳动力过剩被证明是创造就业岗位的主要障碍；（3）创造就业岗位绩效主要由诸如国有企业劳动力过剩、受教育程度、铁路里程、与港口的距离等结构性变量来解释；（4）相反，诸如GDP增长率、贸易依存度、外国直接投资（FDI）流入等需求变量的解释力度则不强。

［14］李怀，高良谋．新经济的冲击与竞争性垄断市场结构的出现——观察微软案例的一个理论框架［J］．经济研究．2001（10）．

文章对新经济的考察以信息资源本质作为基点，并由此逻辑地导出技术的市场不相容性定律。这一定律在标准化的约束下导致竞争性垄断市场结构的出现。正是由于传统经济理论对新经济现象缺乏解释力，微软一案才出现较大的争议。微软案例表明，竞争性垄断市场结构是无法通过企业拆分手段来消除的。

［15］李明月，唐小我，马永开．非线性定价下的双头垄断企业行为分析［J］．运筹与管理．2001（04）．

本文采用了泰勒尔的消费者基本效用函数模型，从消费者剩余效用最优化的角度分析了双头垄断企业的市场行为，得出了如下结论：企业非线性定价条件下，任何类型的消费者都存在一个最优消费数量；双头垄断竞争有助于扩展市场、提高产品质量、降低产品价格；但双头垄断在非线性定价下的最终市场均衡是达到完全垄断，而政府管制行为可以防止完全垄断的形成，等等。

［16］李轶男．垄断、竞争与管制：中国铁路改革［J］．经济问题．2001（05）．

西方产业组织理论中的SCP基本框架对中国铁路行业的市场结构、企业行为和经济绩效进行实证分析很有效。中国铁路行业相当高的行业集中度、规模经济性以及进入退出障碍表明中国铁路行业是一个高度垄断的产业；其政企合一、运输质量低下、运价不合理等行为弊端亟待解决。从主要技术指标和经济效益指标来看，中国铁路改革空间很大，兼顾竞争与管制，从政企分离，非自然垄断与自然垄断业务相分离的原则出发，网运分离是中国铁路运输管理体制改革的必然选择。

［17］廖进球，陈富良．政府规制俘虏理论与对规制者的规制［J］．江西财经大学学报．2001（05）．

本文首先评析了政府规制俘虏理论，这一理论为政府科学地制定和实施规制政策提供了理论前提。在此基础上，从政府无意创租、被动创租和主动创租三个方面，分析了政府规制中的创租与寻租机制。政府的规制行为首先表现为依法行政，而从程序上加以规范容易对规制行为加以控制。所以，文章最后主要从行政程序法典化的角度，提出了确立和强化对规制者的规制的基本思路。

［18］刘怀德．论国有经济的规模控制［J］．经济研究．2001（06）．

国有经济的效用和国有经济的运行成本都是国有经济规模的函数，并共同决定国有经济的规模，使之表现出时间的非线性。评价国有经济的规模经济性，可以使用利润率法和生存法则。我国的国有经济规模并没有处于经济规模区间，需要进行重组，基本思路是从国有经济的产业分布选择出发，进行企业组织和内部结构重组，实现国有经济的规模控制力。

［19］刘戒骄．自然垄断产业的放松管制和管制改革——对中国实践的初步分析［J］．江苏社会科学．2001（02）．

滥觞于竞争性产业的中国经济体制改革，一直以实现竞争性产业的政企分离、企业间相互竞争并建立与之相适应的制度框架为重点，与此形成鲜明对照的是垄断性产业的改革则严重滞后，原有体制下的许多僵化和扭曲现象继续存在，经营绩效与消费者和所有者的要求相距甚远。经济体制改革在竞争性产业和垄断性产业的不平衡正在严重地阻碍中国经济的市场化进程，自然垄断产业的放松管制、管制改革及竞争性结构的形成已经成为中国经济体制进一步改革不可回避的焦点课题。

[20] 刘伟．指定专营是否涉嫌垄断——电信行业的一个案例研究 [J]．经济研究．2001 (06).

文章针对上海移动指定专营制度是否涉嫌垄断这一现实问题，运用经济学和法学理论，结合美国司法部的纵向限制指南和有关判例，分析了指定专营存在的理论依据，指出了一些学者在这一问题上的不正确观点。文章认为，我国反垄断立法对指定专营这一类纵向限制行为的适法性宜采用合理性原则，对该行为的市场绩效进行经济学分析，要协调好电信行业的非对称管制政策与反垄断法的关系。

[21] 骆品亮，王安宇．微软垄断案的启示——产业组织理论角度的思考 [J]．科研管理．2001 (06).

微软垄断案已尘埃落定，但留给人们很多的法律思考。文章从产业组织理论的角度对微软垄断案进行经济学再思考。在追述微软垄断案的简况后，分析了垄断与垄断链的社会成本，探讨垄断性市场结构对技术创新激励的破坏，最后研究微软垄断案对我国制定反垄断与促进竞争政策的启示。

[22] 潘琦．从微软垄断案看中国反垄断法政策的取向 [J]．福建论坛（经济社会版）．2001 (12).

文章从分析美国微软垄断案入手，探讨了主流经济学在垄断问题上的谬误，提出中国反垄断的重点是反计划经济遗留下来的行政性垄断，以利于加入 WTO 后制定企业竞争规则和反垄断法。

另外，文章指出，反垄断法并不会限制自然垄断领域（如供水、供气系统）企业的活动，因为反垄断法适用"除外原则"。中国还应该注意运用反垄断法来限制外商滥用垄断优势的行为加以强化市场的公平竞争。

[23] 彭绍初，曾荣．打破行政垄断和地区封锁建立有序开放的茧丝市场 [J]．四川丝绸．2001 (04).

现行丝绸管理体制是计划经济的产物。丝绸行政垄断经营不利于引入竞争机制；不利于有效利用社会资源；不利于参与国际竞争；不利于丝绸经济发展。打破丝绸行政垄断和地区封锁，实行政企分开，减少行政干预，引入竞争机制，制定维护茧丝绸市场秩序的法律、法规，保障丝绸业健康有序发展。

[24] 彭雪梅．垄断与竞争：中国保险业的改革与发展 [J]．当代财经．2001 (12).

遵循市场结构—企业行为—经济绩效的分析框架，在对中国保险业产业组织进行实证分析后，笔者认为中国保险业的完全垄断虽然被打破、竞争程度虽然有所上升，但垄断程度依然较高、依然缺乏公平的竞争环境；从国际上看，我国保险业的发展尚比较幼稚，国际竞争能力不足。因此，中国保险业的改革还远没有结束，中国保险业的未来发展需要有产业政策的支持。

[25] 戚聿东．自然垄断管制的理论与实践 [J]．当代财经．2001 (12).

通过对自然垄断的含义及技术经济特征的阐述和对发达国家自然垄断实践的研究，得出结论：发达国家对自然垄断的管制、放松管制与重新管制是不断重复的；管制或国有制是发达国家对付自然垄断产业的两种制度选择；自然垄断产业的反垄断不要轻易动用分拆措施；应注意管制方法的科学性和创新性，防止"管制失效"。

［26］沈剑飞，张文泉．自然垄断的起因与属性分析［J］．管理世界．2001（06）．

文章从理论上探讨了自然垄断形成的因素，并分析了其本质属性。通过垄断的主要形成因素、自然垄断的成本分析、显著性特征及可维持性几个方面对自然垄断进行了较为详细的论述。

［27］盛郁，牛露华．网络经济的产业结构特征——微软反垄断案及其启示［J］．中国工业经济．2001（06）．

文章指出了以网络外部性为基本特征的"网络产业"有许多新的市场规律，在这些规律的作用下，厂商的行为、产业的结构都呈现出新的特点。从这个角度说，"新经济"确实存在，并已深刻影响着经济和社会。这些特点包括：一个厂商可以自由选择技术、具有较强网络外部性的市场是一个"赢者通吃"的市场，在这个市场里，存在着相差悬殊的市场份额和利润水平；在网络外部性的作用下，一个产品拥有的市场规模越大，它所产生的网络收益越大，进而使消费者剩余和生产者剩余更大；虽然市场的"不平等"是其自身均衡的结果，虽然在没有进入壁垒的情况下竞争也很难改变市场结构，但这并不意味着竞争是微弱的。

［28］宋则．反垄断理论研究［J］．经济学家．2001（01）．

反垄断是现代市场经济理论的最基本命题之一，本文结合中国经济转型时期的特殊背景、特殊现象，重点讨论商品市场流通领域垄断和反垄断的理论问题，并针对中国反垄断存在的特殊性，有针对地提出改革建议。

［29］王凤鸣．反垄断的指向与基础［J］．当代财经．2001（11）．

反行政性垄断是我国当前反垄断面临的主要任务，舍此，反垄断就没有实质性意义。反垄断的基础是政企分开、政资分开。我们在讨论打破垄断、促进竞争问题时，既要重视技术层面上的方案、措施设计，但更要大力构筑方案、措施实现的基础；没有政企分开、政资分开这一基础，政府就难以做到公正监管、推进公平竞争，政府职能就难以转变，司法制度就难以改进，反垄断的法律通道就难以畅通，因而任何技术层面上的方案、措施都有可能失效。我国反垄断的当务之急是大力推进垄断领域的政企分开、政资分开的改革，其关键是要缩短国有经济战线，对国有企业进行彻底的产权改造。

［30］王国松．中国的利率管制与利率市场化［J］．经济研究．2001（06）．

中国政府的金融约束政策在维系金融体系稳定、促进经济发展和金融深化等方面曾取得令世人瞩目的成就，但利率管制的金融约束政策也付出了一定的代价。随着中国加入WTO的临近和中国金融市场的开放，利率市场化已经成为历史的必然，然而目前实施利率市场化仍然存在着众多的约束。只有解除这些约束，中国利率市场化改革方可稳健地进行。

［31］王俊豪．中国自然垄断产业政府管制体制改革［J］．经济与管理研究．2001（06）．

阐明了中国加入WTO后自然垄断产业政府体制改革的法律制度建设，政企合一政府管制体制的主要弊端以及政企分离的关键作用，分析了放松进入管制形成有效竞争格局，以合理成本为基础制定管制价格，投资主体多元化等主要问题。

［32］王岐山．中国垄断行业的改革和重组［J］．管理世界．2001（03）．

自20世纪70年代末以来，中国进行了由计划经济转向社会主义市场经济的伟大变革。众所周知，计划经济的实质是政府控制一切、包揽一切，因此，这一变革过程，实际上是不断改变一个个方面、行业、领域的政府垄断的过程。近几年来，改革的触角已从一般的生产流通领域深入到难度极大的基础设施与公用事业领域。在这方面，中国政府推出了一系列重大举措，并取得了积极的成效。第一，初步实现了政企分开，政府管理基础设施与公用事业的方式有了较大转变；第二，市场竞争格局初步形成，垂直一体化的垄断经营开始被打破，行业重组和企业的公司化改造取得重大进展；第三，适应市场经济要求和行业特点的相关法律体系框架正在逐步建立。

［33］王秋石，吴朝阳．萨缪尔森与斯蒂格利茨微观规制理论比较及其启示［J］．江西财经大学学报．2001（06）．

微观规制理论一直是经济学中一个重要的研究领域。(20 世纪 70 年代后，西方各主要国家都相继实行了由规制向放松规制的巨大转变。对于这一趋势，理论界进行了激烈的争论。萨缪尔森与斯蒂格利茨作为当代最具权威的两位经济学家，对微观规制理论均有系统而透彻的研究。深入比较两者微观规制理论的异同，探寻两者最后都趋向于放松规制的原因，对我国正在进行的规制改革无疑具有重要的借鉴意义。

［34］王向阳．市场机制与政府干预的界定—— 一种新的量化分析［J］．东岳论丛．2001（06）．

市场机制、政府干预可以看成是一种“政策”产品，政府或公共决策机构可以看成是“厂家”，而真正参与市场竞争和被干预的企业可视为这两种“政策”产品的消费者。这样，市场机制和政府干预就可以像其他一般产品一样，被“最优化”地确定出来。

［35］王小鲁．中国粮食市场的波动与政府干预［J］．经济学（季刊）．2001（01）．

文章考察政府的粮食定购和价格控制对稳定中国粮食生产的影响。使用了计量和模拟方法对这一影响进行了研究。结果表明，由于政府不能灵活的对需求和供给变动做出及时的反应，粮食供应的短缺或者过剩不能及时纠正，因而会随时间而积累；当达到一个显著的数量，会导致政府对定购价格的重大调整，因此又可能进一步导致粮食生产的波动。因此，政府干预的结果是放大而不是缩小了市场波动。

［36］王宇光．关于自然垄断经营行业价格管理问题的思考［J］．价格理论与实践．2001（11）．

电力、通信、铁路、公路（收费）和自来水等行业具有自然垄断性的特点。如何科学地制定自然垄断经营行业的管制价格，一直是世界各国政府在价格管制实践中的难题。我国在制定与调整价格时，对自然垄断行业没有建立有效的外部约束机制，使其价格时常偏离市场经济原则，损害消费者利益。而价格主管部门在制定和调整自然垄断行业价格时往往因机制和信息的原因，缺乏客观的定价依据，表现出较大的主观性和随意性，其价格形成在相当程度上取决于政府与企业之间讨价还价的能力和各利益集团之间的利益协调程度。结果是近几年来，我国许多自然垄断经营产品价格持续上升，消费者不满意，政府也不满意。如何解决这一问题已经成为价格改革的重要环节和步骤，文章提出了一系列的相关建议。

［37］吴立峰．论邮政专营权［J］．西安邮电学院学报．2001（04）．

《中华人民共和国邮政法》第八条规定：“信件和其他具有信件性质的物品的寄递业务由邮政企业专营。”正在修改的邮政法讨论稿也对邮政专营权做了类似的规定。但是，随着市场经济运行体系的建立和逐步完善，人们对邮政法关于邮政专营权的规定提出质疑，甚至出现坚决反对赋予邮政专营权的观点。文章对是否应该赋予邮政专营权、赋予哪些业务的专营权、邮政专营业务与邮政普遍服务业务的关系等问题进行探讨，提出相应的观点。

[38] 夏大慰，罗云辉. 中国经济过度竞争的原因及治理 [J]. 中国工业经济. 2001 (11).

国有企业的产权特性、产品的非差异化、行政垄断、不完善的市场体系、企业行为的短期化和高交易费用是造成过度竞争的主要原因。过度竞争会降低社会资源配置效率和福利水平，并不利于民族工业的发展。要从根本上解决我国经济中的过度竞争现象，应进行产权制度和金融制度的创新、放松行政垄断行业的进入管制。除此之外，还应制定一定的以市场化为导向的产业调整援助政策，改善地方政府和官员的政绩考核标准。

[39] 徐华. 我国自然垄断行业的价格管制：问题与对策 [J]. 东南学术. 2001 (06).

文章从《价格法》对政府定价和政府指导价的要求出发，分析了我国当前自然垄断行业价格监管体制存在的实质性问题。针对这些问题，提出了规范我国价格监管体制的改革方向，主要有：(1) 定价方法的规范化；(2) 监管对象确定与调整的规范化；(3) 监管程序的规范化；(4) 监管组织体系的规范化；(5) 价格监管方式的多样化；(6) 实现政企分离等。

[40] 肖兴志. 自然垄断行业改革的新视角 [J]. 中国工商管理研究. 2001 (05).

中国国有企业改革下一步重点领域在自然垄断行业，这是中国市场经济发展以及加入的必然趋势。文章从国有企业是一种自然垄断治理方式新视角入手，分析了自然垄断行业改革的实质在于治理方式变革或者规制体制改革，探讨了自然垄断行业改革的基本框架，并研究了改革过程中的路径问题。

[41] 肖兴志，张曼. 美英日自然垄断型企业改革的共性研究 [Z]. 2001.

文章在分析了美英日自然垄断企业改革的共性的基础上，提出了对中国自然垄断型企业改革的政策。第一，制定新型的自然垄断行业规制法律，确定独立规制机构的法律地位和法定权力，规范政府规制行为及自然垄断型企业运营；第二，组建新型的保持利益中性的规制机构；第三，合理分割原有自然垄断型企业，引入竞争机制；第四，应加大自然垄断型国有企业股份制改造力度，构建激励性规制改革的微观企业制度基础。

[42] 肖兴志，王萍. 规制研究中的若干理论问题 [J]. 上海行政学院学报. 2001 (02).

规制是现代市场经济条件下政府行为的一种重要方式，随着我国市场经济的进一步完善，政府规制将发挥着越来越重要的作用。研究规制活动的特点，分析规制与市场失灵的关系，探讨现代政府规制行为的动机目标，都是规制研究中重要的基础性问题。

[43] 杨德勇. 垄断与效率：我国银行业市场结构现状分析 [J]. 当代财经. 2001 (12).

文章通过运用市场份额、市场集中率和进入退出壁垒等指标分析我国银行业的市场结构状况，指出我国银行业具有明显的垄断色彩。垄断造成了消费者及社会福利损失、信用体系的缺失及银行业风险的累积、信贷配给的歧视等效率损失，要求我们必须果断采取措施，打破银行业的垄断格局，充分发挥银行业的功效。

[44] 杨德勇，王桂贤. 我国银行业垄断与效率的经济学分析 [J]. 财贸经济. 2001 (12).

本文通过运用市场份额、市场集中率和进入退出壁垒等指标分析我国银行业的市场结构状况，指出我国银行业具有明显的垄断色彩。银行业的垄断似乎使现存银行兼得短期利润和进入的低风险，利于金融创新，增强银行体系的稳定，但从长远来看，银行业的垄断将导致银行业的低效运行、制约货币政策的有效传导、造成信用体系的缺失和银行业风险的累积，最终推翻“垄断有理”的任何解释。我们必须果断采取措施，打破银行业的垄断格局，充分发挥银行业的功效。

[45] 袁金卫，张卫东．从价格大战到市场垄断——对垄断问题的几点看法 [J]．三峡大学学报（人文社会科学版）．2001（08）．

在市场竞争中，价格大战产生了不同的经济影响。充分的价格竞争将导致市场的垄断，而垄断的打破又将产生新的价格竞争。当前，我国由于价格改革而使市场竞争激烈化，同时，由于各种各样原因而存在多种形式的垄断，如由竞争导致的垄断、行业垄断、行政垄断等，对此，一方面应积极发挥市场竞争机制的作用，另一方面应完善我国法律体系，防止由于垄断造成的资源浪费、排挤竞争和对消费者的伤害，以创造良好的市场秩序。

[46] 银温泉．打破地方市场分割　建立全国统一市场 [J]．经济研究参考．2001（27）．

地方市场分割是当前我国经济运行面临的重大问题之一。严重的地方市场分割，干扰了经济的正常运行，不利于实现全社会的资源最优配置，不利于我国经济结构进行战略性调整升级，阻碍了社会主义市场经济体系的建立和完善，严重不适应经济全球化和我国即将加入 WTO 所形成的对外开放局面。

文章以路径依赖理论为分析工具，从历史的、国际比较的角度论证了地方市场分割是经济转轨过程中出现的特有现象，强调以财政包干、大量国有企业事实上的地方所有制为基本特征的行政性分权是导致这一现象出现的深层体制原因而传统体制遗留的工业布局、地区间经济发展不平衡、地方领导干部的业绩评价等现实因素，都强化了地方市场分割倾向。在以上分析的基础上强调，如果抓住主要矛盾，主要是体制性问题，积极制定恰当的政策措施，深化改革，我国完全可能在今后一年内基本打破地方市场分割，完成国内市场的整合，建立一个全国一体化的大市场，并以此提出了相关建议。

[47] 银温泉，才婉茹．我国地方市场分割的成因和治理 [J]．经济研究．2001（06）．

本文以路径依赖理论为分析工具，指出地方市场分割是经济转轨过程中出现的特有现象，以财政大包干、大量国有企业事实上的地方所有制为基本特征的行政性分权是其深层体制原因，传统体制遗留的工业布局、地方领导的业绩评价等现实因素，也强化了地方市场分割倾向。在此基础上，本文提出了有关政策建议，强调只要制定恰当的政策措施，深化改革，我们完全可以在今后 5 到 10 年的时间内，从根本上扭转地方市场分割局面，建立一个全国一体化的大市场。

[48] 叶欣，郭建伟，冯宗宪．垄断到竞争：中国商业银行业市场结构的变迁 [J]．金融研究．2001（11）．

本文运用目前国际上在银行业市场结构研究方面所广泛采用的两类指标——市场集中率和 H 指数，对中国商业银行业的市场结构特点进行量化分析，得到中国银行业正由高度集中的寡头垄断型市场结构向竞争性较强的垄断竞争型市场结构转变的重要结论。该结论不仅揭示了以商业银行为代表的中国金融市场竞争程度的演变，而且为 WTO 下中国商业银行业竞争力的提升以及中国金融市场化的各项改革的推进提供了现实依据。

[49] 喻在岗．市场经济下的反垄断问题 [J]．软科学，2001（06）．

文章在分析反垄断产生原因及其弊端的基础上，探讨了新经济条件下垄断发展的新特点，并结合我国的反垄断，提出要正确认识垄断与规模经济的关系，以及相关的反垄断措施，具体如下：加快反垄断立法，加大执法力度；开放垄断性行业，培育公平竞争的市场环境；处理好中央政府与地方政府的关系，促进全国统一市场的形成；重视技术进步等。

[50] 张东辉，徐启福．过度竞争的市场结构及其价格行为 [J]．经济评论．2001（01）．

过度进入是市场经济条件下的正常现象，中国目前出现的过度竞争现象主要是由政府干预退出，使产业集中的自然趋势中断造成的。这种干预主要来自于中央政府及其行业主管部门，而不是通常认为的那样，主要来自于地方政府。政府的保护和“补贴”对那些产品差别较小的行业更为有效，因而这些行业更易引发过度竞争。价格竞争是这些行业的主要竞争手段，只要存在反应时滞以及其他一些附加条件，降价就是理性的而不是盲目的选择。

［51］张嫚．规制制度变迁及其对我国经济改革的启示［J］．东北财经大学学报，2001（01）．

规制问题是产业组织学研究的重要领域之一。作为正式理论起源于 19 世纪对具有自然垄断特征的铁路运输产业的研究。本文对规制制度发展历程及各阶段的主要理论观点进行了回顾与分析，提供了对规制制度变迁的较为完整的描述。规制制度变迁对中国的经济体制改革有着重要借鉴意义，本文通过对国外规制理论与实践的介绍，以期对我国政府职能转变及某些传统自然垄断部门的改革有所启迪。

［52］郑鹏程．反垄断法适用除外制度探微［J］．山西师范大学学报，2001（04）．

垄断对经济发展作用的双重性是适用除外制度生成的经济基础；结构松散、形式灵活及以社会整体利益为基本价值取向是适用除外制度的基本特征；修补反垄断法的不足是适用除外制度的基本作用；建议运用适用除外制度加速我国反垄断法的立法进程。

［53］郑月萍．垄断、竞争与政府政策［J］．统计与预测，2001（06）．

文章将垄断划分为竞争性经济垄断与非竞争性行政垄断，对不同类型垄断的特征及与经济发展的关系进行分析研究，同时分析了垄断与竞争的性质及二者与经济的发展关系，最后，针对我国市场经济中一些有规模经济效益的行业经济垄断不足，而大量的行政垄断普遍存在的特征，政府对不同行业要采取不同的政策措施。

［54］周小梅．关于自来水管制价格形成机制改革的思考［J］．价格月刊，2001（06）．

目前，自来水价格的调整已在各大城市陆续进行，价格对资源的配置作用已初见成效。我们应该按照建立社会主义市场经济体制和转变经济增长方式的要求，逐步建立起有利于促进城市供水事业发展、促进节约用水、促进水商品化的自来水管制价格形成机制，充分发挥价格的杠杆作用，实现水资源的优化配置，保证水资源的可持续开发利用。

［55］张显东，李宇宏．寡头垄断市场中企业兼并的一般均衡分析［J］．复旦学报（自然科学版）．2001（02）．

提出了一种生产者具有超额垄断利润的一般均衡模型，并将该模型扩展到寡头垄断市场，考虑寡头生产者按古诺模型进行博弈的情况下，产品市场、劳动力市场和资本市场的全局均衡。在该模型框架下，分析了企业兼并的福利效果，指出由企业兼并引起的全部产品产量的变化所导致的消费者效用变化是社会福利分析的基础。该模型提供了一种比局部均衡分析更具有全面性的分析方法。

2000 年

［1］竞争是市场经济的灵魂——中国反垄断法国际研讨会综述［J］．中国经贸导刊．2000（04）．

一、对中国制定反垄断法的总体评价。专家认为，反垄断法大纲的框架和内容是全面的，立法原则和精神符合国际通行做法，大纲在借鉴国际上有关反托拉斯法和竞争法的经验的同时，也考虑了中国的特殊经济状况。二、反垄断法如何规制滥用市场支配地位的行为。有专家提出，中国反垄断法应对垄断高价进行规制。反垄断法对滥用市场支配地位行为的规制应侧重于排斥竞争对手的行为，对攫取垄断利润的行为可以不作规定。三、反垄断法如何规制垄断协议。垄断协议的核心是共谋，不论其有无书面形式。外方专家认为，根据实践经验抓住它很难，最好的方法是“抓住重罚”。四、反垄断法如何控制限制竞争的企业兼并。与会专家认为，反垄断法应对超过一定规模的企业兼并规定申报、批准程序。五、反垄断法如何规制行政性垄断。六、反垄断法的适用除外。七、反垄断法执法机构的设置。专家认为，反垄断法应当创设一个独立的专门执法机构，在审理反垄断案件中具有高度的权威性和独立的裁决权，不仅可以制定国家的竞争政策，也有权参与制定其他方面的产业政策或经济政策。八、反垄断法的域外适用。九、加快中国反垄断法出台的步伐。

［2］白让让．一个合谋机制的模型及分析［J］．上海理工大学学报．2000（04）．

合谋是产业组织理论长期关注的一个领域，它的发生和稳定无论是对产业还是产业之中的企业，都有着重要的影响。本文应用显示原理，设计了一个由 N 个成本不同的企业组成的产业的合谋｛p＊，y｝安排模型，在比较静态分析的前提下，构造出机制可行性与可执行性的个人理性不等式与激励相容不等式，将合谋作为机制设计问题进行了理论分析。分析表明，只要不同成本的企业从长期利润最大化出发，在惩罚路径的制约下，有效的合谋是可以预期的。

［3］蔡兵．企业强强联合的交易费用经济学解释［J］．学术研究．2000（07）．

企业在进行强强联合时，无论是采取组织合并方式，还是采取联盟方式，都是企业根据自身发展需要、竞争形势的变化的重大决策。本文运用交易费用经济学的基本理论，分析在市场机制作用下，企业强强联合形成的一般合理条件，及企业对组织合并型联合与非组织合并型联合的选择机制，并对政府对强强联合进行干预的理论根据进行了探讨，出以下几点结论：（1）目前，在世界范围内都广泛存在的企业强强联合现象。（2）节约交易费用是企业强强联合的一个重要动力。如强强联合不是企业自身选择的重组形式，而是政府“拉郎配”的结果，往往并不能起到节约交易费用的效果。（3）企业在进行强强联合时，应当根据内部与外部环境的变化选择适当的联合方式和具体形式。（4）由于强强联合常常具有加大垄断和加速技术创新的双重效果，因此，政府应当对其进行干预。放大其在创新方面的积极作用。（5）与一般行业中的企业强强联合相比，科技产业各行业中的企业强强联合有对科技创新较明显的加强作用，政府应当在政策上对科技企业的强强联合进行重点引导和扶持。

［4］陈灿华．浅论乡镇企业的区域性联合经营［J］．池州师专学报．2000（03）．

笔者主张让乡镇企业实施跨地区的区域性联合经营，以图缓解各种矛盾、重振乡企雄风。一、内涵。让众多的、特别是中小型乡镇企业打破传统的、完全以乡、村、镇的资源条件和经济条件为依托、各自为营的封闭性的经营方式和管理方式，而按地缘、经济、市场等方面的客观联系，突破行政区划的条块分割的限制，实行原属于不同乡镇、不同县区、甚至不同省市的乡镇企业之间通过或挂靠、或协作、或兼并、或相互参股等方式进行一体化、集团化的经营，以实现规模扩大、资源共享、资金互助、技术进步、管理创新、结构改善，从而提高经济效益，增强竞争和发展能力，加快乡镇企业二次创业的进程。二、必要性。有制于提高资源利用效率；有利于提高经济效益；有利于增强市场竞争能力；有利于产业结构的优化。三、条件。实行乡镇企业的区域性联合经营不仅非常必要，而且因为社会、经济的发展也有在各方面为之提供了有效的基础和条件而是切实可行的。四、方式。（1）协作；（2）联营；（3）兼并；（4）股份制；（5）连片开发。

[5] 陈代云．网络产业的规制改革：以电力、电信为例 [J]．中国工业经济．2000 (08)．

非捆绑使得网络元素的组合具有更大的灵活性，降低了成本并增加了市场的竞争，但管理和建设非捆绑元素的成本和交易费用决定了非捆绑的可行性。同时非捆绑是网络互联中又一个引起争议的问题。一方面，非捆绑有助于提高电信市场的竞争性；另一方面，它又可能牺牲因捆绑而带来的范围经济性，或者因为交易成本和规制的原因，非捆绑的成本太高而无法实行。因此，尽管有大量的研究表明现有电信业者使用捆绑作为反竞争的手段，有些规制当局对非捆绑的推行还是非常审慎的。

[6] 陈富良．自然垄断行业：效率来自民营化还是来自竞争 [J]．当代财经．2000 (04)．

自然垄断理论的发展为民营化提供了基础，通过对英国自然垄断行业。民营化前后的效率变化进行比较之后，以英国自然垄断行业民营化的做法为基础分析说明，英国自然垄断行业效率的提高不是来自民营化，而是来自竞争。这意味着民营化并不一定是提高效率的灵丹妙药。把垄断企业简单地从公共部门转入私人部门丝毫不会刺激竞争，因为这没有影响市场结构。不仅私有制与竞争具有兼容性，公有制与竞争同样具有兼容性，竞争机制的作用范围和程度不是决定于所有制形式，而是决定于在特定所有制形式下所采取的政府规制体制。自然垄断理论的发展为民营化提供了基础，但自然垄断行业效率的提高不是直接来自民营化，而是来自竞争。这对我国自然垄断行业的改革无疑是有现实意义。

[7] 陈宏民．网络效应与产品差异化 [J]．预测．2000 (04)．

现代通讯技术的迅速发展，将整个社会推入网络时代，消费者正消费着各式各样的具有网络特性的产品。由于产品的网络特性，人们在选择产品时不但考虑其单独消费时的价值，而且还要考虑其网络效用。而一个产业中的产品往往是存在差异的，产品的差异性丰富了市场，为消费者提供了多种选择，但也带来了不兼容问题，降低了消费者的网络效用。因而，网络效应的存在将会影响企业对产品的定位决策。

本文研究了存在网络效应时的两企业的选址问题，研究表明有类似文献的结论，当网络效应足够大时，企业选址时将偏离最大差异化原则，以求部分地内部化产品的网络外部性，这一动机使得企业陷入产品定位的囚徒困境。

[8] 邓启惠．对若干垄断理论观点的重新思考 [J]．经济评论．2000 (01)．

几乎所有的经济学论著和教科书都有这样一种说法，即竞争必然导致垄断。事情果真必然如此吗？即使竞争在一定条件下引起生产集中，但生产集中并非等于垄断。传统的经济理论把集中与垄断等同起来，显然是片面和错误的。生产集中只是垄断形成的必要条件，只有在市场进入壁垒足够高，从而使潜在竞争者难以进入市场的情况下，生产集中才导致垄断。

传统垄断理论认为到了垄断资本主义阶段，垄断组织通过垄断价格获得垄断利润，使其丧失了竞争的动力和压力，在技术上必然墨守成规，不求创新，因而阻碍技术进步和生产发展。这种观点与资本主义经济现实不相吻合。须知，垄断本身就是技术进步的产物，是适应新的物质技术手段和生产更高程度社会化要求的资本社会化形式。而在技术进步基础上形成的垄断，反过来又促进了技术的进一步发展。这主要在于垄断企业较之单个企业有更强烈的追求技术进步的动机和革新技术的财力。

只要我们翻开政治经济学教科书垄断资本主义部分就不难发现这样一种似是而非的说法：垄断的目的是为了获得高于平均利润的高额垄断利润，从而造成较低产量，较高价格，使消费者受到损害。笔者认为，这是一种与客观经济现实不相符合的偏见。

长期以来，人们认为，现代资本主义经济越来越集中和垄断化，这似乎已成为政治经济学资本主义部分的一条公理。然而，这条“公理”却与现实情况相悖。客观经济现实表明，资本主义经济的发展不是单向的越来越集中和垄断化，而是多向的。在集中和垄断化趋势发展的同时，还有小型化、分散化的趋势，中小企业的数量在增加，其作用在增强。

[9] 董有德．产业结构调整中的过度进入与企业并购 [J]．经济学家．2000 (02)．

西方产业组织理论告诉我们，产业的过度集中会导致反竞争效应与对社会福利的损害，政府政策的目标是限制企业并购。从我国目前的产业组织结构来看，主要问题不是过度集中，而是过度进入，也就是人们通常所说的“重复建设”或“散、乱、小而全”。

过度进入不仅降低了资源配置的效率，也是我国不少行业效益低下、国有企业亏损的重要原因。消除过度进入和重复建设是我国当前产业组织政策的一个重要内容。要从根本上解决过度进入问题，需要通过体制改革形成合理的企业进入行为，才能从根源上消除过度进入形成的机制。消除体制的原因后，就有可能通过企业并购逐步解决历史遗留下来的问题，从而形成合理的产业结构。

[10] 杜传忠．企业并购：产业组织调整的有效机制 [J]．山东财政学院学报，2000 (06)．

现阶段，产业组织不合理已成为制约我国经济增长的重要因素。调整和优化产业组织结构可以采取多种方式，而企业并购是其中的一种较为有效的机制。企业并购调整、优化产业组织的机理是：第一，企业横向并购有利于迅速扩张企业规模，是企业获得规模经济的有效途径。第二，企业通过纵向并购有利于实现企业生产组合的优化，提高企业的专业化协作水平。第三，企业并购有利于构筑适当高度的市场进入壁垒。企业并购对调整我国产业组织的作用：第一，企业并购有利于迅速扩大我国企业规模，提高市场集中度。第二，企业并购是进一步发展我国企业集团的有效途径。第三，企业并购有利于克服不对称的产业进入、退出壁垒。

[11] 国家垄断经营产品价格问题课题组．论国家垄断经营产品价格改革 [J]．国家行政学院学报．2000 (02)．

在社会主义市场经济条件下，对我国现行由国家垄断经营的行业或产品范围进行重新界定既是必要的，又是可行的。现行由国家垄断生产经营的产品价格，无论在其形成方面，还是在其构成和水平方面，以及在管理方面，都存在一系列问题需要研究和解决。(1) 价格水平问题。(2) 价格结构问题。(3) 价格形成问题。(4) 价格管理问题。我国国家垄断经营产品价格改革的目标是建立科学、合理、规范的价格形成机制和价格管理体制。垄断经营产品价格改革取决于这些行业管理体制的改革。

[12] 韩巍．转轨时期国有企业兼并中的政府行为分析 [J]．山西财经大学学报．2000 (03)．

既有的西方兼并理论，是以完全资本市场为前提的。其中，政府行为是外生的，只为企业提供一定的制度环境。而目前我国国有企业的并购活动，是在不完全资本市场中进行的，这使政府成为企业并购活动中的内生因素。政府以其特有的行政资源，左右着并购双方的行为，同时又受到双方企业行为的影响和制约。因此，我国国有企业并购行为，具有特殊的动因和形成机制，从而也导致了一系列特殊问题。

[13] 何红青，胡艳，陈震红．我国企业并购过程中的政府行为剖析 [J]．江汉石油学院学报(社科版)．2000 (04)．

在我国，企业并购尚处在初步阶段，往往是替困难的国有企业寻找出路不可避免地带有浓厚的政府行为色彩：(1) 解决富余人员的安置。(2) 财税体制与地方利益的障碍。(3) 难以正视破产问题。

为了发挥政府在我国企业并购过程中的作用，必须结合我国实际情况，给政府角色进行正确的定位。(1) 加快以政资分开为主要内容的国有企业产权制度改革的步伐，这是我国并购问题中要解决的重要问题而且是首要问题。(2) 进一步健全和完善社会保障制度。在实施企业并购战略过程中，将使隐性失业逐步显性化，对富余人员需进行有效分离。(3) 转变思想，转换观念。

[14] 贾康，马晓玲．财政职能进一步调整的思路 [J]．经济研究参考．2000 (52)．

一、财政职能调整需要区别不同政府的级次。首先，是提供公共产品与服务的层次性和差异性。其次，是介入生产性“重点建设”的层次性和差异性。二、财政职能调整需要区分不同发展阶段。在这个渐进过程中，财政职能的调整，有必要从实际出发，在正确的大方向下，按全国而言的不同发展阶段乃至按不同区域的不同发展阶段，区别对待。与此相似，政府退出经营性、竞争性领域，在各区域也应分阶段掌握。其中的基本原则是将财政“退出”程度与市场发育水平相联系。三、财政职能合理范围需要细化和具体化。在具体考虑政府和财政职能调整的操作问题时，仅仅停留于大的原则往往远远不够，即使是某些“公认的”合理范围的界定，也需要细化和具体化。与此相似，“竞争性领域”的概念其边界也是比较复杂并会发生漂移的。四、财政职能调整转换必须紧密联系财政职能实现方式的创新。(1) 总体而言，实现财政职能所运用的管理方式要从非规范向规范化转变。(2) 政府对公共产品的供给要由直接生产为主转为组织协调为主。(3) 财政资金的供给要力求“四两拨千斤”。(4) 在调节收入分配方面，要由行政手段为主，转向经济手段为主。

[15] 贾志永．论铁路的自然垄断及其规制 [J]．铁道运输与经济．2000 (02)．

铁路是程度较强的自然垄断行业。国家必须按对铁路实行管制，使铁路定价高于边际成本以消灭亏损，同时避免垄断价格，禁止潜在竞争者进入铁路行业。

在我国，不论现阶段还是将来一个相当长的时期内，铁路都是主要的运输力量，与工农业生产和人民生活息息相关，因而不能放松管制。但为了提高我国铁路的内部效率，建议实施区域竞争的激励性规制：(1) 将客运与货运分开，把全路铁路局（总公司）分别改组为铁路客运总公司和铁路货运总公。使客运公司之间、货运公司之间展开间接竞争。(2) 将铁路线路的经营权划归中国铁路建设总公司，中铁建负责修建、管理铁路线，向各家客、货运公司收取线路使用费。(3) 铁道部不再直接经营上述企业，而主要对其进行监管，搜集各家公司的成本、服务信息，将成本最低、服务质量最好的公司作为标准，指导其他公司提高内部效率。(4) 时机、条件成熟之后，可对客、货运公司进行股份制试点，如果试点成功，则可全面推广。国家股份必须在 51% 以上，其余可考虑吸收民间资金。股份公司更能提高公司的活力和效率。

[16] 金成晓，王锦功．中国国有企业资产重组中的公共选择问题 [J]．吉林大学社会科学学报．2000 (01)．

在我国目前的经济体制下，若政府对国有资产重组进行干预，则会导致寻租行为的产生；而政府若不干预，则又会导致国有资产流失。在国有资产重组中实行拍卖制度和随机分配制度将有助于这一矛盾的解决。我们针对并购、股份制改造以及破产这三种资产重组方式建立了公共选择模型，得出的结论是：并购的实施阻力较大；股份制改造是人们普遍接受的一种制度安排；破产机制的实行困难重重。因此，建议国家采取相应的政策措施，解决好资产重组中的问题。

[17] 金玉国．哪行儿挣钱多 [J]．中国国情国力．2000 (08)．

一、转型时期我国行业职工工资格局的演化。(1) 行业间职工工资差别不断扩大；(2) 最低职工工资行业基本稳定；(3) 职工工资最高的行业变动频繁但有规律可循。二、行政性垄断是怎样决定行业工资的。（1）垄断性行业较竞争性行业更容易获得超顺利润，为行业职工工资的提高创造条件；（2）与竞争性行业相比，垄断性行业在利益分配上有更强的向个人倾斜的倾向；（3）行政性的垄断行业几乎没有市场压力，即使存在，它也可以更容易地将增资带来的压力转化出去。

行业职工工资水平由行政性垄断程度决定，是我国经济体制转型时期的一种特殊现象，其消极作用是显而易见的。要消灭这种现象，只有靠深化改革来实现。当务之急是削弱国家对某些行业不合时宜的控制，消除和限制行政性垄断。

[18] 李纪建．垄断条件下金融创新的经济博弈分析 [J]．重庆商学院学报．2000（05）．

我国金融创新滞缓的根源是缺乏相应的制度安排。金融创新的动力来自于创新者对利润最大化的追求，处于主导地位的国有银行因为垄断利润的获得，使之缺乏创新动力实际上在目前利润最大化不是国有银行的唯一目标甚至不是第一目标。对于非国有银行因受业务限制和政策歧视，金融创新具有较大的外部性，在缺乏创新激励和创新保护时，它更习惯于模仿和等待，结果就会出现金融创新中的囚犯困境难题。推动我国金融创新的兴起，必须打破原有的诱致性制度变迁的路径依赖，选择强制性制度变迁的金融创新的路径，这需要政府的推动。因而当前最需要创新的不是银行，而是政府部门和原有的制度安排。以制度性金融创新推动市场性创新是我国金融创新的方向。具体的政策措施有：（1）降低政策性进入壁垒，鼓励市场竞争；（2）改革国有银行产权；（3）推动利率市场化；（4）建立金融创新激励和保护机制。

[19] 李志强．对斯坦尔克伯格均衡存在性的质疑 [J]．中山大学学报（自然科学版）．2000（02）．

通过介绍完全信息时双寡头垄断的企业产量决策的静态模型，得到的均衡是库诺特均衡；然后介绍完全信息时寡头垄断情形的产量决策的动态模型，这时得到的是斯坦尔克伯格均衡；在此基础上分析了后者的局限性，得到在理性假设的前提下，斯坦尔克伯格均衡不是一个稳定的状态，完全信息时的双寡头垄断产量决策的动态博弈的结果必然是最终趋近于静态博弈的结果。

[20] 梁启华．我国通讯市场的竞争态势 [J]．中国信息导报．2000（10）．

近十年来，随着世界通讯网络技术以及我国经济的快速发展，我国通讯产品市场需求迅速膨胀。从最初的产品和技术引进到自主研制与开发，通讯产品的市场竞争不断升级，竞争态势日趋复杂。（1）移动电话——寡头垄断市场已经形成。爱立信、诺基亚和摩托罗拉，以其在中国市场的先占优势以及雄厚的技术研究与开发实力，形成“三大霸主，共管天下”的格局。（2）有线电话——呈现垄断性竞争格局。近几年，在我国电话机企业中一大批电话机知名品牌脱颖而出，如步步高、泰丰、佳信、万德莱等。在我国的电话机行业中，TCL 的市场占有率始终保持在 25% 与 40% 之间。（3）通讯系统设备——寡头垄断，生产相对过剩。以巨龙、大唐、中兴、华为为首的四家公司，占有绝大部分市场份额。竞争不仅表现在通讯设备的技术、质量、服务等方面的竞争，而且还表现在价格竞争。

[21] 林峥．加入 WTO 与中国的反垄断对策 [J]．中国软科学．2000（12）．

中国加入世贸组织后，经济环境的变化将出现新旧垄断并存交错，即旧有垄断未打破，新生垄断又不断产生；旧有垄断不断试图巩固原有地位，新生垄断又积极尝试打破原有格局的现象。在反击力量还不够强大的条件下，新旧垄断作用将直接导致垄断结构加剧、垄断行为复杂、垄断领域扩大、垄断危害加深的后果。在严峻形势下，反垄断工作不仅要使市场免受垄断的危害，维护市场机制的有效运作，确保市场的活力与效率，还要与国际接轨，增强本国企业的竞争实力，维护国家的经济安全。一是法律的健全与完善。首先，根据目前及加入世贸组织后我国垄断经济的特征，政府管制体制及经济发展的目标等因素，由全国人大颁布相应的反垄断法。其次，建立竞争法律体系。二是经济政治体制的改革。首先，对政府的改革。其次，加快对社会中介机构，尤其是非官方的行业组织的建设。最后，积极推进现代企业制度的建立，提高国内企业的主体地位。三是反垄断执行机构的设置与人员的培训。

［22］刘戒骄．从工业品市场竞争的新现象看竞争性产业的政府管制［J］．福建论坛（经济社会版）．2000（08）．

一、我国工业品市场竞争的新现象。（1）市场需求已经取代生产要素成为制约工业品制造业发展的最显著因素。（2）竞争的广度和深度不断拓展，价格和品牌已经成为争霸市场的两大利器。（3）生产向优势企业集中的态势受到现有制度的严重。二、现象背后的本质：从全球视角对产业竞争现状的分析。对工业品竞争新现象的分析离不开当前和今后我国工业发展所处的环境。其中最值得注意的是中国即将加入WTO，经济的开放程度和经济体制的市场化程度将越来越高，这就要求我们必须从全球视角而不是国内市场来分析我国工业品的竞争问题。三、有效管制：从内容到体制的战略调整。（1）企业竞争行为应成为政府管制的重点。（2）在放松产品市场管制的同时必须同步配套放松主要投入品市场的管制。（3）协调好促进产业集中和保持产业可竞争性之间的关系。

［23］刘戒骄．自然垄断产业的放松管制和管制改革——对中国实践的初步分析［J］．中国工业经济．2000（11）．

滥觞于竞争性产业的中国经济体制改革，一直以实现竞争性产业的政企分离、企业间相互竞争并建立与之相适应的制度框架为重点，与此形成鲜明对照的是垄断性产业的改革则严重滞后，原有体制下的许多僵化和扭曲现象继续存在，经营绩效与消费者和所有者的要求相距甚远。经济体制改革在竞争性产业和垄断性产业的不平衡正在严重地阻碍中国经济的市场化进程，自然垄断产业的放松管制、管制改革及竞争性结构的形成已经成为中国经济体制进一步改革不可回避的焦点课题。

［24］陆国庆．我国企业共谋的经济学分析［J］．财经问题研究．2000（11）．

我国虽然具备了企业共谋产生的条件（寡头垄断+过度竞争），但不具备企业共谋有效的条件（察觉成员欺骗行为+处罚能力），各种各样的企业共谋无疑是要流产的。因此，指望通过企业共谋来克服恶性竞争、稳定市场秩序是不现实的。我们应该牢记：竞争始终是市场经济的灵魂，是经济成长之动力。我国家电产业的巨大成就也无不说明了这一点，没有竞争，就不可能有国际竞争力的中国家电产业。价格战虽然有不利的一方，但它是市场经济的产物，是企业自然选择、适者生存的机制，过剩的生产能力只能通过价格战的形式才能迫使其退出市场。否则，只要有利可图，谁也不愿意退出市场，恶性竞争就不可能根除。

［25］路耀华．我国市场管理的现状及对策研究［J］．吉林大学社会科学学报．2000（01）．

在现代市场经济体制下，市场可以有效地提供私人品，却不愿提供公共品。企业受市场机制的引导必然以盈利作为自己的唯一或最终目标，政府的首要目标应该是公平而不是效率。当然，必须看到政府在管理社会事务当中往往是有多重目标的，仅从某一层面或角度来看，政府所追求的每一目标都会有其合理性，但当“鱼与熊掌”不可兼得时，政府唯一的选择应该是公平和秩序。如果把经济体制改革看做是一项公共产品的话，那么，中国的这场经济体制改革就只能由政府提供。事实正是如此。由于中国渐进式改革是采取了自上而下的方式，所以，在处理政府、市场、企业三者合理关系时，政府既是改革者，自身又是被改革者，因此，在整个改革过程中，政府处于特别重要的地位，政府自身改革将对整个改革进程发挥特别重要的作用。目前改革能否进一步深化和最终取得成功，关键就在于政府能否走出盈利的误区，真正履行其维护社会公平和秩序的责任。

[26] 吕薇，娄静，黄渝祥．威廉姆森的兼并福利权衡模型与启示 [J]．华东经济管理．2000 (05).

如果兼并在提高市场效率的同时，导致了集中度的提高，是否就要反垄断？如果不是，那么如何衡量两者造成的利弊？在什么情况下，兼并更容易引起的垄断？威廉姆森（Williamson）的福利权衡模型就是通过比较兼并带来的成本的降低（效率的提高）和可能造成的市场支配力的上升（垄断力的增强）来分析兼并对社会福利的影响，社会福利主要是指生产剩余与消费者剩余之和。

福利权衡模型给我们的启示。首先，上述的分析结果可以部分地缓解我们对兼并可能带来垄断的担忧。其次，这并非就是说对任何兼并都要支持。因此从社会福利的角度来说，我们应该慎重对待那些市场需求弹性大、集中度较高的企业的兼并，特别是同时具备两者的企业的兼并。但如果对这种情况下的兼并强调成本控制，也能有效降低市场集中带来的负面效应。

[27] 吕凌．转型过程中市场秩序建设的思考 [J]．中国社会科学院研究生院学报．2000 (01).

本文认为，在传统计划经济体制下，市场秩序的建立主要采取行政手段体现为通过行政组织体系和管理层次，运用行政手段和方法对微观经济主体进行直接管理。在中国经济从计划经济转向市场经济的过程中，由于部门行政管理力量十分强大，渗透于行业管理各个过程和每一环节，形成部门管理和行业管理相互重叠，管理职责难以界定，政府管理职能与行业组织管理职能相混淆行业组织管理尚未作为一个独立的管理层次确立起来。作者指出，市场制度是市场秩序的制度基础之一，应建立市场秩序管理体制的新模式。(1) 完善的市场法律制度是维护市场秩序的有效手段。(2) 界定政府与行业组织在建立市场秩序中的职能。(3) 建立市场秩序管理体制的新模式。

[28] 马克．扩大内需与中期改革 [J]．经济研究参考．2000 (12).

当前，我国经济运行的基本特征是：(1) 在政府一系列扩大内需的宏观经济政策作用下，经济下滑趋势有所抑制；(2) 政府启动经济的财政货币政策力度空前，但经济并未像以往那样迅速跃出低谷，而是表现出“盘整”态势且上扬无力；(3) 经济增长的潜力巨大，但受体制性因素制约较强，以致社会投资与消费预期反而持续走弱。问题的症结在于，改革二十余年来，我国经济的市场化程度已经大大提高，市场机制在经济运行中日益取得了主导地位，但政府管理经济的方式和宏观经济决策的着力点尚未从传统的政府主导的惯性中走出来，实现向市场主导的方向转变。在当前经济发展面临着运转机制、增长方式、发展战略和既有结构均需做重大转换与调整的关口，政府经济决策管理体制滞后的矛盾便越发显得突出。

[29] 欧阳克海．基础电信服务贸易自由化与电信产业寡头竞争 [J]．国际商务研究．2000 (03).

通过对主导厂商和次要厂商寡头竞争的分析，透析了在全球基础电信服务贸易自由化的背景下，全球未来基础电信市场的寡头竞争趋势和市场进入障碍的逐渐形成，具体分析了主导厂商和次要厂商群在未来电信上的竞争态势，并前瞻了基础电信市场竞争格局：(1) 有限的寡头电信公司提供综合性一体化的全球性业务，分割国际通信市场。(2) 在寡头竞争市场的丰厚利润预期的驱动下，众多通信公司将源源不断地出现。(3) 国营电信公司将面临冲击。

[30] 戚聿东．关于垄断成因的系统分析 [J]．北京市经济管理干部学院学报．2000 (01).

本文把分工协作的内在矛盾作为垄断形成的深层基础。在此基础上，分别从公共产品、资本积聚和资本集中、市场进入壁垒、政府偏好等方面系统地探讨了垄断形成的原因。最后，从产品生命周期、规模不经济、经济增长与市场竞争、政府政策和反垄断法等方面分析了为什么垄断成长不会是无限的。

[31] 戚聿东．垄断的资源配置效应分析 [J]．学习与探索．2000 (01)．

垄断对资源配置的阻碍作用被认为主要体现在垄断有可能阻碍技术进步和创新，降低资源配置效率；大的垄断组织采用较高价格生产较低的产量，使消费者利益减少并造成社会福利的无谓损失引致社会分配不公平等。而垄断对资源配置的促进作用可以表现在：通过规模经济和范围经济的作用，垄断可以促进生产效率的提高；生产集中的大企业有利于技术的进步与创新、垄断与竞争相互促进相互转化，共同促进了企业的发展，后者直接指导了第二次世界大战后反垄断管制的放松实践。

[32] 荣朝和．试论“网运分离”与铁路重组的关系 [J]．北方交通大学学报．2000 (03)．

铁路行业内部技术联系密切的特点使其具有纵向一体化的要求，但运输市场竞争的加剧、技术及管理手段的改进已经使这种一体化现象发生改变。“网运分离”并不是一个绝对的和一成不变的概念，我国国铁目前实行的就是一种效率较低的“网运分离”形式。论文提出“网运分离”只能作为铁路改革与重组的手段和形式，以便使作为市场主体的高效率铁路运输企业能够真正形成，还提出了铁路重组可供选择的四种方案。

从“网运分离”的角度看，我国铁路行业重组可以选用的形式大体可以分为四种，这里姑且把它们分别称作“三分方案”、“二分方案”、“一分方案”和“0分方案”。其中“三分方案”指的是比较彻底的“网运分离”，即不但线路与运营分离，而且客货分离；“二分方案”指的是只做线路与运营的“网运分离”，但客货不再实行分离；“一分方案”指的是只把客运与货运分离，多家客运公司是纯粹的上部公司，但货运公司保留“上下合一”的形式；“0分方案”则是指不实行“网运分离”，且保持客货运输合一的运输组织形式。无论哪一种方案，新组建的客货运输公司都不能再以过去铁路局的管界作为企业边界，而要服从整体路网效率和运输市场竞争的需要。

[33] 舒志毅．打破垄断、开展竞争是电力工业改革的必然趋势 [J]．华北电力大学学报（社会科学版）．2000 (04)．

现代市场经济本质上是一种竞争经济，它在供求规律的作用下，通过竞争机制实现价值规律，从而达到优化资源配置的目的。从电力行业特性看，电力属于带有自然垄断性的行业。但在带有自然垄断性的行业中，不是所有的环节都是垄断的。垄断性的行业集团内部，不是所有的企业都必须垄断经营。垄断情况下仍存在一定的竞争，如行业之间的竞争，有的竞争还十分激烈。当前以打破垄断、开展竞争、提高效益、改进服务为基本趋向的电力工业改革是世界潮流。电力企业职工应树立市场竞争的意识，将思想观念转变到以市场需求为导向，以效益为中心的轨道上来。通过竞争不断扩大电能在能源市场上的份额，使电力市场由卖方市场向买方市场转变，这是市场经济不可逆转的趋势。

[34] 谭军良．论国有垄断企业激励机制的完善 [J]．广西经贸．2000 (03)．

笔者认为，完善国有垄断企业的激励机制，可以从以下几方面入手：一、完善经营者收入分配激励机制。(1) 国有垄断企业的发展，要靠经营管理人员来组织实现。(2) 现代企业制度是国有垄断企业发展的基本方向。(3) 完善经营者收入激励机制是解决垄断企业面临的现实问题的迫切需要。(4) 在国有垄断企业中稳步推行以年薪制为主的多种激励机制，是国有企业改革的必然结果。二、完善员工的收入分配激励机制。(1) 坚决打破不合理的工资奖金制度。(2) 针对国有垄断企业的特殊性进行创新。三、建立福利分配和利润、成本节约分享激励机制。(1) 建立国有垄断企业福利分配激励机制。(2) 探索国有垄断企业利润、成本节约分享机制。

[35] 谭军良．国有垄断企业激励机制研究 [J]．中共杭州市委党校学报，2000 (02)．

随着我国社会主义市场经济体制的建立和完善，国有经济战略性调整的实现，对国有垄断企业的发展提出了新的要求。但由于多方面原因，我国国有垄断企业现行的收入分配制度还存在着一些不合理的地方，特别是激励机制不完善，导致企业经营者和职工缺乏应有的发展企业的动力和压力，严重影响着国有垄断企业的发展。因此，改革国有垄断企业的分配制度，完善对经营者、职工的激励机制，以实现利益的科学合理分配，调动各层次劳动者的积极性，已成为我国国有垄断企业进一步发展的一个重要条件。笔者认为，完善国有垄断企业的激励机制，应主要从以下几方面入手：一、完善国有垄断企业经营者收入分配激励机制。二、建立国有垄断企业的福利分配和利润、成本节约分享激励机制：（1）建立国有垄断企业福利分配激励机制。（2）探索国有垄断企业利润、成本节约分享机制。

[36] 唐小我，刘莉．支配型企业的价格领导模型研究［J］．电子科技大学学报．2000（06）．

应用支配型企业价格领导模型的关键是主导厂商能确定出自己的需求函数。文中提出了在市场需求函数以及主导厂商和跟随厂商的成本函数已知的条件下，主导厂商准确确定其需求函数的方法，给出了有关的计算公式，通过两个具体算例验证了该方法的可操作性，并对主导厂商需求曲线与市场需求曲线的关系进行了分析。

[37] 王检贵．收入差距问题研究的进展及评价［J］．教学与研究．2000（03）．

本文分别对20年来我国城乡收入差距、地区收入差距和行业收入差距的基本情况及其成因、发展趋势进行了分析，并着重对学术界关于收入差距问题的研究成果做了综合性评析。

[38] 王进杰，阎坤．从财政分权理论看我国的税收分割［J］．财经科学．2000（05）．

公共部门的高效运行有赖于各级政府机构之间事权及财权的划分，而税收分割则是财政分权中的重要组成部分，关系到政府事权的履行及职能的承担。本文在探讨财政职能的适当归属与税收分割关系的基础上，分析税收分割在概念及管理上的限制性因素，评价了1994年的分税制改革，进而对以后的税制改革提出一些合理化建议。

[39] 王俊豪．对我国流通产业市场竞争度的探讨［J］．中国流通经济．2000（02）．

进入壁垒（barrierstoentry）是新企业进入特定产业（或市场）所面临的一系列障碍。在一般情况下，进入壁垒越高，市场竞争度就越低，反之亦然。因此，进入壁垒是决定市场竞争度的一个重要因素。市场集中（marketconcentration）是反映在某一特定产业，市场份额控制在少数大企业手中的程度的一个指标，市场集中度越高，则市场竞争度越低，反之亦然。因此，市场集中是决定市场竞争度的又一重要指标，通常可采用绝对集中度指标来衡量市场集中度。新企业进入流通产业的规模经济壁垒较低。与流通企业的低进入壁垒相适应，我国流通产业的市场集中度也必然较低。体制性因素进一步降低了我国流通产业的市场集中度。因此，整个流通产业的经济效益很不理想。针对我国流通产业过度竞争的状况，我们可以采取以下两条基本途径，以降低市场争度：第一，适度提高进入壁垒，对流通企业实行数量控制。第二，积极利用市场竞争的优胜劣汰规律，促进流通企业间的兼并、联合和部分企业的破产倒闭。

[40] 王晓英．我国行业间职工收入差距分析［J］．山西财经大学学报．2000（05）．

近几年，我国各行业职工收入差距呈明显扩大趋势。这其中有一定的合理成分，但不合理成分居多。（1）与收入分配制度的转换有关。（2）目前我国的高收入行业主要集中在国家垄断性行业。这种垄断或表现在市场进入的限制上或表现在享有国家特殊的优惠政策上，而且还表现在劳动力进入这些行业的人为壁垒上。

我国在当前的体制转轨时期，行业间的工资收入差距不断扩大，这是多种因素作用的结果。其中虽有合理部分，但相当大的部分是由不合理因素造成的，其不良影响，已成为我国体制稳定转轨的重大隐患，必须尽早采取有效措施，切实加以解决，形成合理的行业间工资分配关系。（1）加快培育劳动力市场，发挥市场机制在劳动力资源配置中的基础性作用。（2）改革现行国家收入分配管理办法，加强宏观调控。（3）对于目前的国家垄断性行业，能引入竞争的要逐步引入竞争，通过竞争使这些行业的职工收入保持合理的水平。（4）采取有效措施，切实保障困难职工的基本生活。

[41] 文海涛．从铁路运输产品谈铁路属性 [J]．内蒙古科技与经济．2000（S1）．

目前铁路运输产品应定性为准公共品。这是之所以强调“目前”是因为公共品和私有品的区别关键在于外部性，但随着技术进步、法规制度的完善，可以逐渐将外部性内部化，因此说某一物品是公共品或私人品都应是在一定历史条件下提出的，而非一成不变的。比如过去被认为是天然垄断的行业如电信、电力业等，已经由于技术进步而成为竞争性行为，其管理体制也发生了根本改变。延续多年的铁路行政性行业垄断成本极高，已明显阻碍了铁路的改革与发展。经济学研究的结果和各国铁路发展的实践都已经证明，单独的市场或单独的政府不能保证铁路实现成本最低的资源配置，所以必须进行铁路运输管理体制改革，把铁路运输业创造的一部分社会效益企业化，增强铁路运输业的活力，加快铁路运输业的发展和运输条件的改善。

[42] 吴振国．我国反垄断法对企业兼并的规制 [J]．中国工业经济．2000（02）．

一、西方发达市场经济国家反垄断法中企业兼并的内涵。二、我国反垄断法中企业兼并的含义。实际上反垄断法所调整的企业兼并，其涉及的范围要比企业法中的“企业兼并”广泛得多。因此，我国在进行反垄断立法时，应当注意区别以下有关企业兼并的概念。三、控制企业兼并的程序。（1）建立企业兼并的申报制度。（2）关于企业兼并的审查期限。四、禁止企业兼并的实质性标准。根据反垄断法将垄断遏制在其形成之前的立法原则，只要依据兼并企业所取得的市场地位，推断兼并可能会产生限制竞争的影响，反垄断执法机构就可以禁止这个兼并。在这里，禁止企业兼并具有预防的性质，防止产生垄断和滥用市场支配地位。五、禁止企业兼并的例外情形。六、违反反垄断法对企业兼并规制的法律措施。

[43] 夏大慰．从微软案看美国反垄断政策取向 [J]．财经研究．2000（08）．

随着我国社会主义市场经济体制的逐步建立，市场和竞争机制在配置社会资源中正在开始起着基础性的作用。但如同在其他市场经济国家一样，竞争机制在调动了市场主体的积极性、促进了资源的合理配置的同时，也伴生出不少垄断现象和限制竞争行为。如近年来频频发生的一些生产企业相互勾结，通过行业自律价、最低限价、分割销售区域等形式共同操纵市场、生产和销售企业联手排除竞争对手等。特别是因为我国目前仍处于经济体制转轨阶段，政企不分，行业垄断、地区封锁等行政性限制竞争的现象尤为突出，而我国目前由于没有反垄断法，还难以对这些经济垄断和行政性限制竞争行为进行有效防范和规制。因此，我们应当吸收和借鉴包括美国在内的其他市场经济国家反垄断政策实施的经验和教训，及时地制定适合我国国情的反垄断政策法规体系，这不仅是我国建立充满竞争活力的社会主义市场经济体制所必需，同时也有利于我国在进入世贸组织后能有效地与国际惯例接轨，从而维护我国在对外经济和贸易往来中的正当权益。

[44] 谢琦．解决冗员成本难题的探讨 [J]．南京航空航天大学学报（社会科学版）．2000（04）．

要减少国企冗员，就需要对原有的劳动就业制度加以变革，赋予企业和劳动者自主用工和择业的权利。因此，在一定意义上，解决国企冗员问题的过程就是劳动就业制度变迁过程。其实，还有一种合理可行的方法——划拨部分国有资产作为下岗职工的安置费用。划拨部分国有资产给下岗职工，说它具有合理性，是因为对国家来讲这只是同一支付在形式上的转换而已。在可行性方面，即在国有资产有无能力承担下岗职工的安置费用问题上，回答是肯定的。当然，划拨部分国有资产作为下岗职工的安置费用，还存在由谁来划拨和怎样划拨等具体问题，但终究它是一种合理可行的劳动就业制度变迁成本来源。

[45] 杨莉萍．银行垄断与银行危机 [J]．中央财经大学学报．2000 (08).

银行垄断不必然产生无效率，更不用说银行危机了。但是这一状况却出现在我国的四大专业银行上。在这篇文章里，作者指出，由于我们在国有银行作用定位上的错误，强使它们承担了许多本不属于它们的社会和政治的义务，从主观和客观两方面确定了其垄断地位，因此产生了许多严重的问题，如资本金不足、技术上的破产等，尤其是潜在的银行危机。

[46] 杨树绘．论垄断存在的合理性 [J]．工业技术经济．2000 (06).

竞争与垄断的关系一直以来都是经济学家们争议较多的一个领域。长期以来，在此问题上一直存在着一个悖论：一方面，认为自由竞争促进生产集中，最终将引起垄断，由此推出，竞争必然产生垄断；另一方面，又否认垄断存在的必要性和合理性，认为垄断会扼杀自由竞争，损害市场效率，将垄断视为万恶之源。我们认为垄断可以分为垄断行为和垄断结构，随着时代的发展，社会经济环境的变化，垄断的形式发生了改变，竞争与垄断的关系有了新的变化，垄断的效率性与合理性问题也受到关注。

在新经济条件下，由于供给方规模经济性、需求方规模经济性及范围经济效应的存在，市场必将日益集中，形成垄断市场。如果没有市场压力的约束，这种垄断势力将变成垄断行为，破坏市场效率，损害消费者利益。但正如前所述，在新经济时代，市场环境已发生巨大变化，企业需要面对市场的全方位竞争，这种竞争压力保证了垄断企业供给方规模经济和需求方规模经济及范围经济的效率，将这种效率最终反馈到社会，提高了消费者福利。因此，在新经济时代，政府在制定反垄断政策时，不能盲目地反垄断，应注重垄断结构的效率。

[47] 杨艳．我国自然垄断产业的价格管制及其改革 [J]．经济体制改革．2000 (03).

本文认为，当前价格体系的主要问题是：(1) 价格功能弱化，不能对产业效率形成有效的激励作用；(2) 价格构成不合理；(3) 价格结构不合理。目前我国价格管制体制中存在诸多缺陷，需进行重建：(1) 确立明晰可行的管制目标和管制原则；(2) 制定规范、合理的定价标准和方法；(3) 建立职能完备的价格管制机构；(4) 建立健全价格的社会监督约束体系。

[48] 叶明华．大型国企改革的“超优”思路 [J]．上海国资．2000 (04).

自然垄断性企业是中华人民共和国最早的国有企业，我国政府采用世界通行的做法对自然垄断性企业进行经济性管制，管制的内容主要在于行业管制和价格管制两个方面。但是，随着国有企业改革的不断深入，自然垄断性企业存在的深层次问题也日益突出，它的发展受到极大的挑战。总之，加快推进自然垄断性行业的改革刻不容缓。

对策：其一，做小自然垄断企业，降低垄断成本；其二，科学决策，努力减少政府和企业成本；其三，改善政府和企业关系，降低管理成本；其四，引进竞争，加强管理，降低企业生产成本。

[49] 张人骥，江岚．价格竞争、经济效率与政府管制 [J]．经济科学．2000 (05).

本文的目的是在回顾已有的关于产品市场价格竞争理论的基础上，对中国目前市场上广泛发生的价格竞争给出一个理论上的解释，并希望对我们的管制政策有所启示。全文安排如下。第一节是导论，指出文本的写作目的，说明我们为什么要研究中国的价格竞争。第二节是文献回顾，对已有的关于价格竞争的研究作一简短介绍，并给出研究中国价格竞争的一个分析框架。第三节对中国目前发生的价格竞争进行理论分析。特别地，我们将对几种可能的价格竞争类型进行区分和比较。基本的观点是，目前发生在中国的价格竞争主要的是一种纯粹的市场竞争中企业的个体策略性行为，我们不能仅从看上去非常激烈的价格竞争而简单的推断这种竞争是恶性竞争或者有损于社会福利。第四节是小结。总结全文并提出我们的观点及政策含义。

［50］张晓铁．关于电信资费形成机制改革的探讨［J］．通信世界．2000（06）．

世纪之交，我国电信市场正处于由计划经济向市场经济转变的过程中，“十五”期间，电信业将进一步快速发展，市场竞争格局初步形成，竞争环境逐步规范，竞争主体出现多元化，电信技术进步加快。多变、复杂的市场环境给电信资费的管制工作带来巨大的挑战。在市场经济条件下，应充分发挥价格杠杆的宏观调控作用，实现电信资源的有效控配置。实现信息产业和相关产业的发展，电信资费形成机制的改革至关重要。

［51］赵文华．从信息论的角度研究代理中控制串谋行为的方法［J］．西北纺织工学院学报．2000（03）．

到目前为止，有关串谋的理论研究仍不完善，而随着组织层级结构的复杂化及信息的不对称性，组织内的串谋已成为代理人的一理性选择，成为重要的代理问题之一，特别是在我国国有企业复杂的多层级的委托代理关系中，像地方保护主义，企业领导和会计联合贪污，“假破产，真逃债”，以及国有企业股份制改制过程中，国有股股权代理人与企业之间的串谋低估、漏估国有资产，承包制下地方政府与企业的讨价还价，压低承包指标等。本文作者试图从信息论的角度，在理论上探讨一些控制串谋行为的措施和方法。

［52］赵西亮．自然垄断行业：竞争与管制的选择［J］．理论学刊．2000（06）．

电力、电信、煤气、自来水供应等自然垄断行业属于公用事业，具有巨大的社会效益，影响国计民生，这些行业又多是上游产业，影响国民经济的发展。因此政府对它们进行管制，使之提供一定质量水平的产品来满足社会需求，就是一种理所当然的事情了，但是，自 20 世纪 70 年代以来，发达国家纷纷对电信、电力、煤气、自来水供应等自然垄断行业放松管制，其主要原因为：（1）政府管制带来的弊端。（2）自然垄断行业自身的变化。

我国的电力行业改革前也是完全由国家垄断经营，随着技术进步和需求的扩张，我国的电力管制体制也逐步松动。总的说来，中国电力行业仍为高度垄断经营，即以国家电力公司这个发输配电统一的垂直一体化企业为中心，独家经营输电和大部分发配电业务，而发电企业则处于从属地位。这种严格的管制体制是造成中国电力行业效率低下的重要原因。

为提高我国电力行业效率，促进国民经济发展，我国电力管制体制改革应借鉴西方发达国家改革的经验，从以下几方面着手：（1）真正实行政企分开。（2）将电力的发、输、配三部分业务分开。

［53］赵旭．对预算软约束理论的评析［J］．黑龙江财专学报．2000（06）．

本文综述了“预算软约束”有关理论，介绍了钱颖与 A·Rolard 于 1998 年建立的三级科层预算软约束模型，该理论是用来解释中国转型经济中的有关问题，认为财政分权有利于加强对预算约束程度，地方政府改革的动力来自于财政分权和地区间竞争，而地区间竞争又引发了民营化，从而硬化企业预算约束。最后简要评析了该理论，归纳出了预算软约束理论发展的两大特点。

[54] 周殿昆．我国东西部带际贸易中的不等价交换及互利机制分析 [J]．社会科学研究．2000 (06)．

经过20年的改革，原先居于主流地位的价格结构缺陷型不等价交换问题已经基本上化解，而居于非主流地位的生产效率差距型不等价交换问题则被凸显出来，成为今后影响东西部带际贸易利益关系的主要因素。然而数学分析证明，即便是在生产效率差距型不等价交换条件下，东西部间无论是以具有抑或是不具有比较优势的商品或生产要素进行带际贸易（以具有比较优势的商品或生产要素进行带际贸易，其交换比例为K，只要满足条件$\frac{Q \cdot M}{P \cdot N} < K < \frac{F \cdot M}{E \cdot N}$），其结果总是互利的。且经济相对落后的西部，还能从带际贸易中获得“追赶效应”，加快自发展。因此，对于发展带际贸易，国家权力机关应当通过加强立法和司法监督予以保护，各级政府应大力加以倡导。

[55] 周冯琦．转型期中国产业结构变动及其体制特征 [J]．上海经济研究．2000 (12)．

中国改革开放20年来，产业结构变动的主要特征可粗略划分为两个阶段：一是1978年至20世纪90年代中期为产业结构扩展阶段；二是90年代中期以来的产业结构优化阶段。转型经济时期中国产业结构调整的体制特征表现为（1）产业结构调整中市场和政府的双重影响；（2）中央政府影响力的弱化与地方政府影响力的强化；（3）“过度竞争”与“冷反应”；（4）从“进口替代”转向“出口替代”的“溢出效应”。

[56] 周国林．转型时期我国区域间市场壁垒的性质及其效应 [J]．江西财经大学学报．2000 (02)．

区域间市场壁垒主要有三种类型，即经济性市场壁垒、行政性市场壁垒和法规性市场壁垒，在转型期它们各具自己的特点和性质。适度的经济性市场壁垒具有正面效应，但过高的壁垒也会产生负面效应而行政性市场壁垒和法规性市场壁垒的负面效应远远大于正面效应：（1）对宏观经济的影响。①阻碍全国统一市场的形成；②削弱国家宏观调控能力；③导致宏观经济总量失衡；④阻碍宏观经济结构调整。（2）对地区经济的影响。①保护主义使地区经济利益“先甜后苦”；②行政性和法规性市场壁垒的保护主义使地区经济总体利益减少。（3）对微观经济的影。首先，行政性和法规性市场壁垒限制了竞争，保护了落后，不利于产品结构的调整；其次，行政性和法规性市场壁垒会导致价格扭曲或失真；最后，由于行政性和法规性市场壁垒的强制性、随机性和主观性，大大增加了企业的市场进入成本。

[57] 周怀峰．浅论市场经济条件下的行政化垄断 [J]．广西社会主义学院学报．2000 (01)．

垄断作为竞争的伴生物，与市场和市场经济同属一个经济范畴。我国在经济转轨时期，垄断现象主要表现为行政化垄断。行政化垄断具有一般意义的垄断内容与特点，同时又具有其独特之处。行政化垄断对我国的经济健康发展造成极大的危害，建立社会主义市场经济必须打破行政化垄断。

[58] 周景明．行政权力：限制，但不弱化 [J]．中南财经大学学报．2000 (06)．

长期以来，我们对权力制衡缺乏应有的认识，相当一部分权力机关和权力行使者在事实上没有受到行之有效的制约和监督。目前，越来越多的人认为，对权力滥用不能仅仅停留在感情化的宣泄和表面化的批判层次，在进行必要的“外科手术”的同时，还需要通过“内科”的办法，从体制上去防止腐败病毒的扩散。许多人认为：“当前的腐败实质是一种体制性的腐败”。针对行政力量对市场的无节制干预，进一步限制行政权力，实现“小政府，大社会”已成为一种有影响力的主张。但是，在向市场经济转型的过程中，却面临着两难的处境：一方面，政府是改革的对象，另一方面，政府又是改革的推动力量之一；一方面，要缩小行政权力的活动范围，另一方面，又要承认国家干预经济生活的合理性。政府的角色究竟如何定位，如何在行政权力与社会的互动之中，促进市场秩序的发育并遏制权力滥用的蔓延之势，仍是一个需要继续讨论的问题。

[59] 周业安. 政府在金融发展中的作用——兼评“金融约束论” [J]. 中国人民大学学报. 2000 (02).

人们一般认为，亚洲和拉美的金融危机是由不恰当的金融自由化引起的，由于金融市场的失灵，必须引入政府干预。本文则显示，即使给定稳定的经济环境，只要经济主体追求利益最大化，政府对金融市场的干预就必然阻碍技术创新和经济增长。东亚金融发展与经济增长的关系只能由银行业的竞争等金融深化机制来解释，政府的作用在于维护市场秩序和协调交易关系。第一，政府通过供给作为共同知识的制度安排，在经济中培养一种维持自由试验环境的能力，即保证新制度能自由地建立，以及允许现有制度不断地被那些更成功的制度所取代。第二，政府通过协调各市场的发展速度来促进市场的整体进步。

[60] 周业安. 地方财政收支的国际比较 [J]. 财经科学. 2000 (03).

通过文中的国际比较中可以看出，我国地方的财政收支无论是总量上还是规模上都存在不合理的一面，表面上似乎只要压缩地方财政支出规模、优化地方财政收支结构就可以解决问题，但实际上中国式的经济联邦制必然会带来地方支出的膨胀，一旦地方收入跟不上，就会迫使地方寻求制度外收入。所以，要建立有效支持中央财政政策的制度基础，只有在事实上的经济分权的基础上，逐步进行政治上的分权，一方面，逐步赋予地方立法机构开征地方税种、制定和调整地方税率，以及制定地方税征管办法的权利；另一方面，要加强财政监督，不仅财政体系内部要进行预算制度和监督机制的改进，更重要的是要逐步扩大纳税人的直接监督权利，即通过地方政府政务公开和财务公开制度的实行，赋予纳税人直接介入财政预算的制定、管理和执行过程。

[61] 周由强. 试论国有企业改革中利益机制的构建 [J]. 实事求是. 2000 (04).

我国国有企业改革已进入决战阶段，各种深层矛盾凸显出来，集中表现为物质利益问题。笔者认为，通过理顺企业内、外各种利益关系，其中主要是国家与企业、企业与职工的利益关系，使企业的利益机制驱动力和制动力的双重作用协调运作，是国企改革成功的关键环节。一、坚持利益原则是推进企业发展的源动力。二、构建合理的利益机制是利益主体多元化的需要。三、利益机制是国有企业改革的中心环节。四、构建利益机制必须处理好几种关系：主要有三类，一是企业的横向经济利益矛盾，即企业与消费者包括生产性消费和生活性消费的经济利益矛盾。二是企业的纵向利益关系，即企业与国家的利益矛盾。三是企业与社会的利益矛盾，如企业生产所造成的生态环境污染问题等。在这三类矛盾中，企业与国家的利益矛盾是前企业利益关系体系中的主要矛盾。

[62] 朱冬林. 我国企业兼并的动因分析 [J]. 工业技术经济. 2000 (04).

一、我国企业兼并的客观动因。(1) 企业兼并是深化企业改革的必然结果；(2) 证券市场的发展有力地推动了我国企业兼并的发展；(3) 企业兼并是提高固定资产利用率的必然要求；(4) 企业兼并是优化宏观资源配置的必然要求。二、我国企业兼并的主观动因。(1) 政府出于减少亏损企业的目的是我国企业兼并的主要动因；(2) 企业谋求发展的动因；(3) 低价购入资产的动因；(4) 获得专项资产动因；(5) 建立紧密的企业集团的需要；(6) 多角化经营的动因。

[63] 宗文英，赵建国. 行业收入差别及其矫正 [J]. 经济研究参考. 2000 (36).

目前我国的行业收入已经出现差别过大的问题。收入较高的行业有工商、税务，还有银行、保险、证券、电力、电信等行业。传统行业职工收入相对较低，开采业、制造业职工人均月收入只有620~644元。物质利益分配的不公平，有多种表现。而行业之间收入差别过大同样是分配不公的重要表现，它对社会的最大危害主要表现在两个方面：一是挫伤多数社会成员的生产积极性，阻碍社会生产力的发展；二是这种差距拉大到一定程度就会引起社会其他成员的极度不满，从而使社会不稳定的因素加大。目前实际存在的行业收入差别过大，已经对社会发展产生了有害影响，并在社会成员中造成了不良影响。

尽量减少垄断所造成的行业高效益和高收入。除国民经济发展所必需和国家安全所必要的垄断外，应当尽可能地解除某些不必要的垄断，从而缩小行业之间的过大的收入差别。应该建立国有资源的有偿占有和收益评价制度，对占有国有资产的单位应该通过资源税等形式对其收益进行调节。对某些国家行政执法部门的经济收入，必须建立健全合理的机制，同时还要有有效的监督机制，税务部门是否也搞完成任务“提成”或“提留”，很值得怀疑。同时，必须坚决消除这些执法部门的腐败现象。

1999 年

[1] 白益民．关于制止恶性竞争规范市场秩序的思考［J］．广西商业经济．1999（02）．

在加快投资体制改革的同时，进一步完善和严格项目审批制度，严防新一轮的地方和部门为追求“大而全”、“小而全”而复制旧项目、旧结构；加强法律意识，运用法律手段。当前要坚决执行《价格法》和《反不正当竞争法》。在市场上既要反对“哄抬物价”，又要反对“价格欺诈”；建立健全行业价格自律协调机制，加强行业内企业间合作和自律；尽快建立行业协调体系，在同行业中协调制定自律价格，共同严格遵守；要加强对重要商品进出口的调整力度，控制长线产品的过量进口。

[2] 卜希颖．地方政府与区域经济发展［J］．延边大学学报（哲学社会科学版）．1999（04）．

地方政府要走出固步自封的误区，意识到合作对于发展和进步的重要意义，积极地步入发展的潮流，为地区的发展找到更加宽广的道路；以多元化发展模式替代以往的“单中心”发展理念，构建地方政府合作的模式基础：一种途径是“中心结构”模式，也称做“极核模式”、“龙头模式”。另一种途径是“多中心结构”模式，即“多中心集聚模式”。选择合适的发展模式能够减少地方政府合作过程中的阻力，更有利于地方政府之间的合作；从税收制度着手，改某些行业的增值税为消费税，克服重复建设，削弱地方政府对抗的基础；在国家层面上设立区域协调管理机构，以解决地方政府合作过程中产生的诸多问题。

[3] 陈罡．论中国电信市场的不完全性及政策选择［J］．北京市财贸管理干部学院学报．1999（04）．

营造消除垄断，促进竞争的法律环境，《反垄断法》的制定将保证未来中国电信市场的有效运作，避免新的垄断的形成；引入民营企业参与市场竞争，具有规模、经营灵活、服务优质、观念更新的民营电信厂商的成长将提高民族电信产业在电信市场开放后的竞争地位；跨国电信公司在技术和资本上具有明显竞争优势，更重要的是它们拥有丰富的管理经验和成熟的市场竞争行为规范；在竞争市场形成初期，政府对弱势企业的合理保护，包括对民族电信产业的合理保护是十分重要的，否则弱势企业很可能在短期内被优势企业所扼杀，而最终无法形成有效竞争的市场格局。

[4] 陈锦昌，陈茂泉．制止重复建设的思考［J］．兵团党校学报．1999（03）．

一是健全和完善统一开放竞争有序的市场体系；二是地方政府或部门必须树立全局观念，真正做到局部利益服从全局利益；三是造就良好的竞争环境。规范地方政府行为：一是建立注重质量的指标体系和评价、考核标准；二是强化地方政府预算外资金的管理。强化产业政策的作用，如产业政策中要进一步明确允许新建的项目，限制兴建的项目和禁止再建的项目。深化金融体制改革，加快商业银行改革步伐，落实银行经营自主权，真正实行银行的商业化经营。注重法制监督，比如，企业因盲目决策形成重复建设，开工之日即为亏损之时，那就必须依法追究行为人的经济责任，严重的要追究法律责任，予以惩治。

［5］陈文．我国行政性垄断浅论［J］．广西师院学报．1999（01）．

行政性垄断不是市场经济运行的必然产物，与行政权力有一定的关系，与西方国家的经济垄断有区别。目前我国经济生活中的行政性垄断主要表现为行业垄断和地区垄断两方面，它们的存在给我国经济生活带来的消极影响是显而易见的。行业垄断使全国的消费者毫无权利可言；地区壁垒使全国统一的市场被人为地分割成一个个狭小的地方市场，使生产者和经营者的利益受到很大的损失。面对具有危害性的行政性垄断，我国目前的立法还十分落后，没有形成一个完善的法律体系，所以制定专门性的反垄断法是一项十分重要的工作。

［6］陈小洪．中国电信业：政策、产业组织的变化及若干建议［J］．管理世界．1999（01）．

强化竞争是发展电信业的基本政策。竞争是提高中国电信企业竞争能力的基本条件；不对称干预应是电信业竞争政策的基本原则。这是因为电信业存在仅靠新进入者本身努力不能改变的“不对称竞争”，电信业已有的垄断经营者的垄断地位和特有优势都是在国家支持下形成的；按有效竞争原则分类管理；建立有利于竞争和扩大电信消费的资费政策；政企分开，包括中国电信和联通，所有的国有企业（含国家控股企业）都要政企分开。

［7］程鸿．对自然垄断行业改革的思考与建议［J］．基建优化．1999（05）．

要促进我国自然垄断行业的发展，必须首先在政府管理体制上进行重大改革，不仅要改变政企合一的现状，而且要从体制上避免出现政企同盟现象；对于那些具有基础连接网络的自然垄断性业务领域仍需要实行政府控制，由特许企业垄断经营，但需引入激励性规制方式，同时也可运用竞争机制；市场经济是一种法制经济，特别是面临我国即将加入 WTO 的挑战，自然垄断行业改革必须适应市场经济游戏规则的要求；扩大多种经济成分规模，培育市场竞争主体；加强行业协会的作用，行业监管与自律相结合，防止在网络型企业中出现新的“网霸”。

［8］戴斌．论政府规制与旅行社业不正当竞争——一种产业组织经济学的观点［J］．桂林旅游高等专科学校学报．1999（01）．

要放开旅行社业进入规制。具体来说，就是以放松国内市场的非国有资本进入规制和国际市场的配额管理规制为先导；受到不正当竞争威胁的旅行社要学会用法律的手段来保护自己；加快旅游立法，尽可能地以法制性规制取代经济性规制，比如变更旅游质监所的行业管理权限，即不仅仅受理旅游者对旅行社的投诉，也受理旅行社对旅行社之间不正当竞争的投诉；在规制逐步放松以至取消后，政府旅游行政管理部门把更多的精力放在积极培育旅游市场，特别是国内旅游市场上来；加强旅游行业协会、特别是旅行社协会的工作力度，增加抑制不正当竞争的非政府调节渠道；加强教育工作。

［9］丁开盛，梁雄健．中国电信业的改革与竞争［J］．通讯世界．1999（05）．

适当通过拆分重组手段改变目前中国移动一家独大的垄断格局，防止在位企业的行为垄断造成进入壁垒；取消对现有电信运营商的分业监管模式，给固网运营商发放移动牌照，确立起几个均衡的全业务市场竞争主体；放宽民营资本的进入限制，在电信市场的非自然垄断环节以及新增市场、新增业务，允许民营资本充分进入并参与竞争；借鉴国际电信市场“三网合一”的发展趋势，推动数网竞争，充分利用现有资源，引进广电网络系统参与电信市场竞争；对目前的规制机构实施重组，可以考虑将电信业与广电系统的规制职能合并；加快出台适应新时期电信市场发展的《电信法》，从法律上确立规制主体和规制权力。

［10］杜两省．重复投资：理论分析与政策选择［J］．大连理工大学学报（社会科学版）．1999（01）．

对于那些行业内厂商数量很多、产品没有差别或差别不大、新厂商进入和退出障碍都比较小的竞争性领域，例如轻工业行业，政府对待重复投资可以采取不直接干预的方式；对于那些规模经济要求很高、进入和退出障碍很大、行业内只有少数企业提供产品便可以满足市场要求、接近于寡头垄断的领域，例如石油、化工、钢铁以及汽车制造等重工业部门，政府既要用产业政策加以引导，必要时也可以进行直接干预，坚决制止不合理的重复投资；对于基础设施部门，仍需防止重复投资。改革基础设施投资体制，消除重复投资的制度基础。随着经济的发展，基础设施将有越来越多的部分改由私营部门和外商进行投资，从而使这一领域重复投资的可能性降低。

［11］封丽萍．行政垄断与我国反垄断立法［J］．浙江大学学报（人文社会科学版）．1999（05）．

反垄断法对行政性垄断规制的完善：一方面，明确列举行政性垄断的表现形式；另一方面，对行政性垄断进行明确定义，由反垄断机构根据具体情况做出合理解释。在行政责任方面，既要规定行政性垄断主体的行政责任，又要规定直接责任人的行政责任。在刑事责任方面，我们可以在制度安排上进行一些灵活设计，以避免追究行政性垄断主体的刑事责任，而追究其责任人员的刑事责任；设立具有独立性和权威性的反行政性垄断执行机构。

［12］龚培兴．从维C产业重复建设看科学坚持党的思想路线——用哲学观点分析案例［J］．理论前沿．1999（13）．

解放思想、实事求是不能把从现实出发等同于从实际出发，我国维C产业的重复上马，投资者显然是把市场潜力的现实和市场按自身规律运行必然出现的实际混淆了起来，从而导致了人力、物力、财力的损失；解放思想实事求是必须把良好的愿望和动机同科学的方法结合起来。竞争规律告诉我们，能生存发展者，只是那些有规模效益、技术含量高、管理水平高、经营策略优的企业；解放思想、实事求是必须允许探索、允许犯错误，但必须及时总结经验教训，降低因失误而支付的成本（即代价）；解放思想实事求是必须有科学健全的制度、政策作保障。必须深化投资体制改革、金融体制改革、分配体制改革、干部管理体制改革；解放思想、实事求是必须提高行为主体的素质。

［13］顾丽梅，刘文富．论市场经济中政府行为的缺陷与对策［J］．学术探索．1999（05）．

从划桨到掌舵，政府的决策行为和执行行为的适当分离，使政府的关怀从政策执行的投入和过程转向输出和结果，集中精力制定政策，减少决策的失误，削减财政开支。从垄断到竞争，将竞争机制引入公共服务领域。另外，在现代政府行为的重塑过程中，培育社会中介组织和机构以代替政府行使部分调控及组织公共产品供给职能，协助政府办具体事务，接受政府委托管理某种事务，起到沟通政府与企业之间的关系，使政府宏观管理措施在微观的企业层面得以贯彻。从行政专断到制度约束，使政府行为法律化、制度化。一方面，将政府行为主体纳入法制化轨道；另一方面，政府行为的客体在法律的约束与监督下运行。

[14] 郭丹，姜涛．我国垄断现象现状分析及对策 [J]．黑龙江省政法管理干部学院学报．1999 (02)．

垄断作为市场结构的一个范畴，是市场经济高度发展的产物。我国实行了几十年的计划经济体制，目前正处于一个由高度集中的计划体制下的行业性垄断、地域性分割向竞争型的市场经济发展的进程中。垄断现象在我国有其自身的特殊性，因此，研究目前存在的垄断现象对防止、限制垄断的出现和发展有着极为重要的意义。

[15] 郭强，李培科．加强区域经济合作 避免重复建设 [J]．安阳师专学报．1999 (01)．

健全投资体制。首先，要健全国家对各地区的投资。政府对各地区的投资依据各地区的实际情况侧重点应有所不同。其次，要改善地方政府对本地区的盲目投资。中央政府有关部门应及时提供一些信息及宏观指导给地方政府，使其及时了解市场的供需情况。最后，政府应加快统一大市场的建设，改善区域之间的交通、通讯联系，对于区域之间的合作提供良好的外部环境。各地区部门管理层应转变思想，树立“双赢”的观念。各地方政府应积极加强同外界的联系和合作，把地方企业真正推向市场，发挥地方的资源优势和产品特色。鼓励跨地区的兼并、收购，支持组建大型企业集团。当然，兼并、收购应建立在市场的基础上，以市场为导向，而不能由政府横加控制。

[16] 高明华．制度定位下的政府、企业和市场 [J]．财经科学．1999 (03)．

目前，中国仍处于“双轨”过渡中，市场上权利主体（即权利人）特别是国有企业的交易自由仍受到一些权力限制，其主要原因在于经济制度和法律规范对权利交易的作用尚未达到预期的目的和效果。虽然市场经济制度已经明确，但是，一是市场制度并未最后确立，二是规范的市场也无法按照制度在短时期内简单地复制；同样，法律规范虽然也根据市场规则明确了市场交易模式，但是，一是法律制度并不完善，二是市场交易行为亦不能按照模式在短时间内自然地规范。要保护市场权利的平等和自由交易，一方面要加快现代市场制度建设步伐，促进市场发育，严禁权力介入；另一方面要加强立法和执法，以法律强制力保障市场交易秩序。

[17] 韩康．秩序效率与政府职能转变 [J]．内部文稿．1999 (15)．

政府职能应当从过多地参与微观资源配置转变为更多地承担秩序职责。由于经济体制转轨时期的复杂性，政府还需要选择一些重要的经济部门继续行驶资源配置的职能。但是，这种资源配置职能的行驶，应该同过去的政府资源配置行为有完全不同的思路和方法，即不再是对社会的微观经济活动进行计划控制，而是为了达到提供社会公共服务和保证国家安全利益不受损害的目标。政府应当关注秩序职能的基本道理在于，秩序本身就是影响经济效率的一个重要因素。如果市场活动的秩序环境比较规范，秩序条件比较完备，交易的成功率就会比较高，交易活动付出的精力和费用就会得到节省，市场当事者就会有比较高的市场进入积极性。

[18] 韩耀洪．执法中的地方保护主义成因及对策 [J]．山东纺织经济．1999 (04)．

法院在人事方面实行垂直领导。各级法院的法官由下而上逐级选拔，上级法院的法官由下级法院产生；下级法院的院长、副院长由上级法院选拔。法院系统的办案经费实行专款专用，由国家财政直接划拨到最高人民法院，最高人民法院逐级下拨到各级人民法院，形成独立的财政体系。严格按照《中华人民共和国民事诉讼法》中的执行程序依法执行。搞好法院内部的协调，充分发挥上级法院指导和协调作用，真正在全国法院系统执法工作形成一盘棋，公正执行，严肃执法。对于通过法律程序发布执行公告，下达执行书等措施仍不予履行生效法律文书的当事人，一是通过新闻媒介进行曝光；二是提出司法建议或采取组织措施；三是要毫不手软的采取强制措施。

[19] 洪功翔．国有经济之间过度竞争的危害性及对策研究 [J]．华东冶金学院学报（社会科学版）．1999（01）．

解决国有经济之间的过度竞争，一方面可通过完善市场机制，发挥市场竞争机制的作用来实现生产集中；另一方面通过中央政府介入，对国有经济进行重组和协调国有经济之间的生产经营行为，以实现规模经营，避免过度竞争。具体分析如下：打破条块分割、地方割据，组建行业性集团公司；让国有企业之间交叉持股。国有企业之间的交叉持股，尤其是同行业的交叉持股，有利于加强国有企业之间的分工协作，有利于从整个国民经济或行业发展来制定发展战略，发挥国有经济的整体优势，避免过度竞争；通过政府的直接规制政策，维护有效竞争；建立相应的决策风险机制；减少地方政府对企业的不必要干预。

[20] 胡世英，鲍文久，王林，等．从打破啤酒壁垒入手探索解决市场封锁问题 [J]．工商行政管理．1999（22）．

从强化依法治国、依法确权入手，加快酒类市场管理法规政策的清理和优化其办法措施的制定工作，使酒类管理市场真正有法可依，有章可循。从规范政府和领导行为入手，进一步明确政府和各级领导打破市场封锁和地方保护主义的工作职责，切实纠正思想认识错位，加大打破市场封锁和地方保护主义的查处力度。从增强竞争实力，开拓市场入手，研究组建啤酒行业集团，以大型企业为龙头，发挥名牌优势，运用广告宣传策略，用规模带效益，提高产品的竞争力，大力开拓国内外市场。

[21] 黄力生．怎样认识区域产业结构趋同问题 [J]．特区与港澳经济．1999（04）．

我国原有的经济体制是高度集中的指令性计划经济体制。长期实行的计划经济是导致区域经济产业结构趋同的根本原因。由于计划配置资源所形成的产品结构和产业结构与市场上形成的需求结构严重脱节，人为地设置地区分工，使各区域内的产业结构无一例外地实行工业“以钢为纲”、农业“以粮为纲”，片面地追求高产值，导致区域经济产业结构雷同重复。实行改革开放以后，我国目前仍处于计划经济与市场经济交替阶段，计划经济带来的弊端还不可能马上扭转，产业结构趋同不可能很快得到调整和改善。

[22] 贾春晓．重复建设的成因与对策 [J]．宏观经济管理．1999（05）．

重复建设是市场供需失衡的结果。重复建设主要是地方政府行为推动。从政府行为看，一些地方通过运用财政资金、干预银行信贷等多种方式，直接推动开发区和城市建设项目投资的同时，还通过提供土地、税收减免和资金支持，为企业投资于热点行业创造条件。重复建设是非科学发展观的直接后果。决策者盲目追求经济增长速度，习惯于用上项目、铺摊子的办法来拉动经济，追求短期效益，看重局部利益。重复建设是宏观调控体系不健全的具体表现。首先，由于地方政府和中央政府的利益点不同；其次，中央政府可供支配的资源相对有限，削弱了中央政府的调节能力；最后，中央政府的调节手段单一。

[23] 雷华峰，李海峰．经济转型时期政府在经济活动中的角色问题——从陕西“大证券”的重组看政府如何发挥作用 [J]．理论导刊．1999（08）．

要实行企业自愿与政府推动相结合的原则。强调以企业自愿为主原则，是市场经济的要求；重视政府的必要推动，是现阶段的客观需要。将两者结合起来，并坚持以企业自愿为主要原则，是目前实施企业重组应当遵循的重要原则。要尊重市场规律，讲求科学性。政府参与资产重组，必须尊重市场规律，要本着合理配置资源、优化产业结构的原则，建立在科学基础上。注意身份，不能越俎代庖。只有当市场失灵造成经济的不稳定时，再考虑直接介入企业重组。要选择最佳的参与方式。政府参与经济活动选择方式可以有：（1）为投资主体提供动力；（2）提供一定的补贴；（3）在地方税收上给予调节引导；（4）命令投资主体采取行动。

［24］辛本禄，李帅帅．我国垄断现象的特殊性［J］．资料通讯．1999（01）．

破除条块分割，完善市场体系。必须加快现代企业制度建设、转换企业经营机制。加强宏观间接调控，优化市场经济发展的环境。国家需要通过财政、金融、物资、外汇等经济手段，实行倾斜政策，促使规模大、效益好的企业不断扩大自己的实力，尤其是在国际市场上的竞争实力。对大型骨干企业实行垄断经营，建立以大企业为核心的产业组织体系。强化竞争机制，实行公平竞争和充分竞争。要充分发挥市场竞争的作用，就必须实行公平竞争、充分竞争。必须完善竞争机制，打击行政垄断以及垄断行为。制定和完善各种经济政策、法规，建立有效的政策保障体系，保证竞争有序进行，为市场经济的发展创造良好的外部条件。

［25］李金华，张光勤．浅谈行政性限制竞争行为［J］．华北水利水电学院学报（社科版）．1999（04）．

王晓晔博士主张："法律应以列举的方式明确行政性限制竞争行为的各种表现。""法律还应当规定一个反对行政性限制竞争行为的总则性条款。"理由如下：一是在现实条件下，行政性限制竞争行为最突出地表现为几类，法律通过明确列举的方式，"不仅有利于反垄断执法机构迅速地对各种行政性干预市场的行为做出判断，而且还可以提高政府及其所属部门的思想意识，有利于它们明辨是非，对自己行为的后果有预见性。"二是通过一个总则性条款可以防止挂一漏万。最后，由于我国行政性限制竞争行为泛滥，单靠上级机关的监督检查和工商行政管理部门的市场管理是不行的。《反垄断法》应建立一个足以适应此要求的拥有较大独立性和权威性的执法机构，由其执行和实施国家的竞争政策。

［26］李利．试论我国转轨时期行政体制改革问题的成因及对策［J］．社会主义研究．1999（01）．

应降低投资成本，最佳方法就是"精兵简政"。另外，行政人员必须实现思想观念的更新，重塑政府价值观，把谋取公共利益最大化为其行政道德价值取向，把承担公务、维护公正为其自律意识，树立为市场服务、为企业导航的责任感，为机构的精简、统一、效能真正清除思想障碍。要明确随着经济体制改革的深化，应如何调整职能，然后在界定的职能内，来合理配置职能，理顺上下左右关系。第一，政企分开；第二，理顺关系。要健全和完善行政的透明制度，防止权力滥用。

［27］李友德．克服重复建设合理布局企业生产［J］．商业研究．1999（12）．

必须加大结构调整力度。调整优化企业结构，一是在主要的基础性和支柱性产业中，应着力建立一体化的生产经营体系。二是实施大公司、大集团战略。克服重复建设，建立现代企业制度，企业就必须学会资本经营。根据市场导向，采取政策引导。政府部门的行政管理方法仅为宏观调控的辅助手段·产业政策的实施，主要依靠非行政手段的应用，由有限的选择性干预转向功能性干预。转化科研成果，推动技术升级。在建设过程中必须引导企业加强研究开发和技术创新，促使大企业集团成为科技开发和投入的主体，提高企业的产品和技术创新能力。

［28］李振佑．现阶段我国行政性市场垄断的表现及对策研究［J］．甘肃理论学刊．1999（06）．

紧密结合中央和地方的机构改革、职能转变和反腐败，坚决剔除行政性市场垄断；借鉴市场经济发达国家反垄断的理论和实践，通过制定并施行反垄断法来禁止和限制经济垄断；利用构建现代企业制度和国有资产战略改组的有利时机，积极培育规模经济，增强企业及产业的竞争力，尤其是国际竞争力。

［29］刘澄，商燕．“囚犯难题”与地区产业结构协调［J］．国土经济．1999（Z1）．

改革现行地方政府的投资管理体制，抑制地方政府的投资冲动，这是构筑地区产业合作机制的前提。首先，必须改变地方政府的经济发展思路，摆脱急功近利的思维方式。其次，要改变现行的政绩考核机制，以杜绝好大喜功的弊病。最后，改革现行的财税管理体制。充分发挥产业协会的信息沟通与产业协调作用，建立地区产业结构磋商协调渠道，从而为构筑地区产业合作机制提供了制度保障。强化企业投资行为约束，积极开展资本运营，这是进行地区产业结构协调的必然途径。

［30］刘建业．根治重复建设刻不容缓［J］．经济论坛．1999（02）．

要强力推动和引导企业不断增强建设有中国特色现代工业的经营思想。要尽快形成国家产业政策刚性约束机制。严格实施进出口计划，严厉打击假冒伪劣商品制售活动，不断加强反倾销工作力度，有效推行行业自律工作。企业内部盘活知识资本存量、培育吸纳知识资本增量，切实加强对高新技术产业发展的政策支持力度。为强化新产品开发的责任心和压力感，政府应把新产品贡献率作为刚性指标对企业进行严格考核，形成产品创新刚性管理机制。促进产品结构优化，推进存量重组，出重拳治劣，大力开拓国际市场。

［31］刘阳平，叶元煦．电力产业的自然垄断特征分析［J］．哈尔滨工程大学学报．1999（05）．

在发电领域中，由于没有网络系统，因此不存在密度经济，而范围经济也仅仅体现在热电联供上，对发电领域的自然垄断性影响不大。输电领域具有较强的自然垄断性。输电领域的自然垄断主要来自于规模经济、密度经济和固定成本沉淀性。输电领域存在较大的规模经济，这种规模经济主要体现在两个方面：一是扩大电网规模可以使电网覆盖更多的供电区域；二是扩大电网规模可以更好地获取“网络的外部经济效益”。配电领域也具有较强的自然垄断性，但这种自然垄断主要来源于密度经济、范围经济以及固定成本沉淀性。

［32］刘阳平，叶元煦．规制经济学与电力市场规制［J］．辽宁工程技术大学学报（社会科学版）．1999（04）．

规制是指依据一定的规则对构成特定社会的个人和构成特定经济的经济主体的活动进行限制的行为。电力市场的规制一直是规制经济学的一个重要研究方向。进入80年代以来，电力市场中放松规制的呼声不断增加，政府对电力市场的规制逐渐由严格规制向放松规制的方向转化。电力市场是最早受到政府规制的行业市场之一。在我国，独立的政府规制体系尚未得到确立，政府的规制职能与宏观调控和微观管理相混淆，这种局面必然要影响到规制方法的设计、规制的实施和规制的效果，进而影响到电力市场的发展。为改变这种状况，应尽快做好以下几个方面的工作：正确认识政府的规制职能，实现政企分开是规制得以实施的前提，尽快设立独立的规制机构，明确规制职责。

［33］刘哲．我区西部电煤市场不正当竞争刍议［J］．前沿．1999（06）．

强化法制管理和法制手段；合理调整工业及产业结构，树立大局意识；引导电煤市场走法制化经营道路。在市场经济条件下，政府依靠行政手段制裁经济纠纷的做法已经很不适应，运用法律手段解决经济纠纷的做法已成必然；加强宏观调控的法制化管理；提高“煤电转换”战略的认识，有力促进电力建设发展；打破不正当竞争等非市场经济行为；开创电煤以区内销售为主、区外销售为辅的多渠道经营道路。

［34］卢福财．恶性价格大战的经济学解释［J］．当代财经．1999（10）．

恶性价格大战是中国体制转轨时期特有的经济现象，其形成的原因非常复杂。从表面看，生产能力过剩与过度竞争是恶性价格大战的直接导因。无论是传统经济学理论还是现代企业理论都说明，在发达的市场经济中，价格竞争只是企业的一种主要竞争手段，由于存在各种市场的约束和制度规范，企业价格竞争不会演变成普遍的、广泛的、持久的恶性价格大战。中国目前的恶性价格大战，从表面看，生产能力过剩与过度竞争是其直接导因，但从深层次看，企业缺乏有效的产权约束和市场经济体制不完善等制度因素则是其形成的关键。

[35] 鲁志国. 规范企业行为，抑制恶性价格竞争 [J]. 南方经济. 1999 (05).

对严重扰乱市场价格秩序，损害国家和其他经营者及消费者合法权益的恶性价格竞争行为，要依法予以严惩，防止其进一步蔓延。建立健全行业内部自律的价格协调机制，加强自律，制定相对科学、合理的自律价，以行业自律价来约束企业的价格行为。政府有关部门要加强指导。形成创新机制，提升企业的竞争层次和竞争力。只有我国企业形成充满活力的创新机制，以技术和产品创新作为竞争的主要手段，来不断地开拓市场，才能提升企业的竞争层次和竞争力，有效规避低层次的单一价格竞争，获得较高的价格—收益率。

[36] 林幼平，晓郭. 中国垄断及反垄断问题研究述评 [J]. 经济评论. 1999 (06).

对于垄断所采取的政策的总的原则应是在避减垄断的条件下区别对待，具体来说：

（1）对自然垄断应采取保护、管制和增加竞争的政策。

（2）对于非自然垄断的规模经济行业的垄断应采取限制垄断和增加竞争的政策。

（3）对于由技术优势所造成的垄断政府应采取保护的政策。

（4）对由信息优势所形成的垄断应采取消除、限制垄断和增加竞争的政策。

（5）对由企业实施垄断策略建立起来的垄断应采取禁止和消除的政策。

（6）对由排他性产权所形成的垄断政府应采取限制与促进竞争的政策。

（7）对于由产品差异和由非产权进入成本所形成的垄断政府应采取增加竞争的政策。

（8）对于由市场处于非出清状态所形成的垄断政府应实行行业调节和宏观调节相结合的政策。

（9）对于在竞争过程中由于生产集中的形成的垄断应采取禁止、消除、限制垄断和增加竞争的政策。

[37] 马思萍. 试析企业合并及其反垄断规制 [J]. 南京社会科学. 1999 (09).

我国在构建企业合并法时，判明合并是否构成垄断的标准也应采取双重标准：（1）经济竞争的标准。具体来说，在裁定合并是否应被禁止时，主管机构首先要确定相关的市场。其次，确定市场份额的垄断临界点，依照市场份额推断企业是否取得了市场支配地位。（2）公共利益标准。指合并虽然一定程度上限制了竞争，但合并有利于整个社会利益，主管机构可批准该合并。另外，企业向主管机构申报合并计划后，主管机构必须在一定期间内进行审查，对不影响竞争的合并，批准其实施；对严重影响竞争的合并，做出不批准的决定，并负责说明理由。

[38] 欧阳仁根，钟琴. 反行政性垄断初探 [J]. 江淮论坛. 1999 (06).

中国经济体制改革的目标是建立社会主义市场经济体制，然而市场本身并不具备维护公平竞争的机制，在中国现阶段市场不成熟和市场机制不完善的条件下，限制竞争的现象频频出现，如企业联合限价、分割销售市场及企业滥用其经济优势等经济性垄断。但尤其需要指出的是，由于中国当前政企不分的情况尚未完全改变，来自政府方面对市场非法干预的力量仍十分强大，这就形成了人们通常所说的行政性垄断。

[39] 皮修平. 论治理重复建设的营销对策 [J]. 湘潭大学学报（哲学社会科学版）. 1999 (02).

打破地区封锁和条块分割，以经济联系为纽带，以盘活存量资产和优化资源配置为目的，支持和鼓励企业跨地区、跨行业的兼并、联合和资源流动；以实行资产重组，优化资源配置和组建企业集团为手段，以创造规模经济效益为目的，增强企业的市场竞争力。市场经济条件下打破地区利益、行业利益对产业合理布局的阻滞，关键是要摆脱地区属性、行业属性，能够使企业在更广阔的范围内组织集中化生产的大型、超大型资本集团，使我国在20世纪末21世纪初形成一批在国民经济中占有举足轻重的地位，具有像发达国家那样拥有巨大实力和影响的大型、超大型产业资本集团。从国际市场看，兼并和联合已成为跨国公司竞争与发展的一种新战略。

[40] 邵建．当前地方保护主义及其对策思考 [J]. 资料通讯．1999 (04).

深化政治体制改革，实行政企分开，是消除地方保护主义的体制基础。只有真正实现了政企分开，政府的经济职能从直接管理转向间接管理，从微观管理转向宏观管理，逐步从市场抽身，企业才能真正成为一个独立的自主经营、自负盈亏、自我发展、自我约束的商品生产者和经营者。改革现有的价格体系，制定合理的经济政策，切实保护原材料产地的合法权益。首先，地方政府必须克服狭隘的、自给自足的自然经济意识，树立现代化大生产协作意识；其次，国家要形成合理的价格机制，制定合理的经济政策，切实保护原材料产地的合法利益。改革现有的干部任免、考评、晋升制度，建立科学的行政绩效评价指标体系。“德、能、勤、绩”诸方面全面兼顾。

[41] 沈彬彬．消除市场经济肌体上的“毒瘤”——地方保护主义 [J]. 计划与市场探索．1999 (05).

加强对地方各级干部的教育。要从讲政治、讲正气、讲学习的高度，抓好地方各级干部的教育管理，努力引导他们树立三种思想：一是树立全国一盘棋思想；二是树立正确的发展意识；三是树立强烈的法制意识。强化中央政府的调控职能。要进一步深化财税体制改革，既要调动地方组织财政收入的积极性，又要规范其行为，保证取之合理、合法。继续发挥地方政府在宏观管理过程中的积极作用。一方面要通过地方产业政策调控地方经济，引导社会资源合理配置，另一方面要制定和执行地方性的经济法规。进一步加大检查监督力度。要严肃政务纪律，强调令行禁止，保证政令畅通，使中央的各项决策在基层得到落实。

[42] 宋则．中国垄断现象的特殊性及特殊对策 [J]. 财贸经济．1999 (02).

中国特有的垄断现象，存在着一个极其鲜明的共同点，即都是在经济学意义上的经济规模集中度非常低下的情况下发生的，尚缺乏从公平竞争自然衍生垄断的普遍基础。在经济规模集中度普遍不高的场合，能够导致垄断的，只有行政权力这个唯一合理的解释。或者说，中国的垄断主要不是凭借生产集中度，而是凭借行政权力。中国反垄断对策的基本思路是：行政化垄断要剔除，经济垄断要限制，规模经济要培育。实现这一基本目标，需要紧紧抓住三大主题：一是解决反垄断与规模经济的矛盾；二是将反垄断的最主要注意力放在消除行政化垄断上；三是加快发展名副其实的、非官方的民间协会、商会等社团组织。

[43] 孙亦军．地方财政体制需要进一步完善 [J]. 中央财经大学学报．1999 (04).

建立完善的转移支付制度，规范省以下转移支付方式。首先必须打破原有的利益格局；其次应想办法扩大均等化转移支付的规模；最后应建立完善的省对地县的财政转移支付制度。应赋予地方政府一定的自主权，适当扩大地方财政调控经济的能力。完善地方财政管理，提高管理效率，加强乡镇财政建设。第一要实行规范的分税制；第二要健全乡镇财政职能；第三要加强税收征管；第四要加强乡镇预算外资金的管理。加强财政监督，逐步将财政管理引入法制轨道。首先要注意财政监督的有效性问题；其次应强化对财政资金使用效益的监督。充分利用少数民族地区的边疆、边贸、资源以及政策优势，加快少数民族地区财政改革和建设的步伐，广辟财源渠道。

[44] 唐守廉，曹英．竞争是电信发展的必由之路 [J]．电信科学．1999（11）．

中国电信通过上市进行民营化改革，但国家应保留50%以上的股份。通过上市，使中国电信真正实现政企分开。同时，通过国家的控股保证电信的普遍服务。放松电信业的进入限制，可以考虑在有线电视部门实现企业化经营的基础上，允许其进入电信业务领域，特别是基本电信业务领域。允许联通与有线电视部门合并，使之成为一个能与中国电信展开竞争的大型电信企业。制定电信法，确立公平的开放竞争的市场环境。

[45] 田虹．电信行业的反垄断政策取向 [J]．通讯世界．1999（09）．

国家应尽快制定出一部《电信法》，把电信行业主管部门与电信企业彻底分离，完成政企分开的转变；真正意义上的竞争，至少有两个势均力敌的竞争者，而中国联通无论从哪方面来看，都无法与中国电信相抗衡，不能形成真正有效的竞争，所以有必要大力扶植中国联通；让更多公司经营电信网络和业务；允许有线电视经营普通电信业务；对中国电信进行解体和重组；电信行业主管部门应制定网间互联事项的谈判框架与原则；电信行业主管部门应掌握编号的管理权；电信行业主管部门应加强对频率资源的管制，提高频谱利用率。

[46] 田虹，张向群．我国电信行业反垄断政策取向 [J]．经济纵横．1999（10）．

制定行业法律和反垄断法律，共同推进我国电信业的改革与发展；突出重点，培育市场竞争主体：大力扶植中国联通、培育多种电信经营公司经营电信网络和业务、允许有线电视经营普通电信业务、对中国电信进行重组；制定措施，保护公平竞争：制定网间接续费的结算方法、公平分配号码资源、加强对频率资源的管理、禁止交叉补贴等不正当竞争行为；提高通信技术水平，增强国际竞争力，向国外开放市场；我国电信行业推进反垄断改革进程仍需坚持适度原则。

[47] 汪丽萍．区域经济发展与地方政府 [J]．战略与管理．1999（06）．

树立并宣传地方政府成功合作的榜样，唤起某些地方政府的合作意识。中央政府要加大对这些案例的宣传力度，或者高一级的行政区组织本地有合作条件的地方行政首长到这些地方考察学习，都可以唤醒某些地方政府合作的意识。以多元化发展模式替代以往的“单中心”发展理念，构建地方政府合作的模式基础。从税收制度着手，改某些行业的增值税为消费税，克服重复建设，削弱地方政府对抗的基础。在国家层面上设立区域协调管理机构，以解决地方政府合作过程中产生的诸多问题。区域政府合作机制的建立离不开中央政府的直接介入，尤其是在中国这样一个制度不完善，而中央政府又掌握了大量资源配置权的国度里。

[48] 王德．关于中国电信改组的思考 [J]．北京邮电大学学报（社会科学版）．1999（02）．

中国电信应在整体不分解，统一于“中国电信”旗下，引入内部竞争机制和有效利用价格机制的杠杆，逐步深化电信企业改革——电信经营、管理体制改革和财务、人事制度改革以及提高服务水平。既然目前电信实行的是政策性定价和企业定价相结合的定价方式，那么在需要调节电信行业的高利润率、过高工资水平、经营管理效率低下等种种问题时，就可以大胆地采用价格机制——降低电信价格，包括调整和降低各类电信业务资费，降低和取消电话初装费、月租费等不合理收费。

[49] 王丽萍．知识经济与政府职能的调整 [J]．理论前沿．1999（06）．

国家宏观经济和结构政策的调整余地逐渐减少，微观经济政策日益重要。用新的政策观念取代落后、保守的地方保护主义观念，用“互利”取代“以邻为壑”的竞争观念。政府政策既要鼓励知识创新，同时又要鼓励创新的迅速而广泛的扩散，以利于实现社会与经济效益的最大化。政府政策既要鼓励锐意创新的主体，同时还要保护他们免受不正当竞争和滥用市场力量所带来的威胁。政府政策要强化其协调能力，把金融、科技、就业、教育与培训等各项功能结合起来，以使市场经济的效能最大化。政府政策既鼓励创新，又反对知识经济中出现的轻易获利和两极分化现象。

[50] 王乃芬．对自然垄断产业的再认识 [J]．北京市财贸管理干部学院学报．1999（01）．

传统的自然垄断理论认为，自然垄断性业务是不宜进行竞争的，竞争只会导致较高的生产经营成本和资源的浪费。传统的自然垄断理论与实际之所以会出现偏差是因为这一理论忽视了竞争机制的积极作用，假定国有企业会自发地追求公共利益。但在任何企业中，垄断都会哺育低效率，在缺乏竞争的环境中，垄断企业不会自觉追求技术创新，自觉降低成本和价格，提高服务质量。事实说明，即使在一些自然垄断性业务中，也可以考虑由两三家企业实行竞争性经营，以打破垄断，发挥竞争机制的积极作用，使消费者需求得到更好的满足。

[51] 王乃芬．传统垄断性产业也需要引入竞争 [J]．经济体制改革．1999（06）．

西方国有公用事业民营化的改革表明，竞争是市场经济发展的动力，竞争机制不论在一些产业领域，还是在公用事业服务领域，都是改善服务质量，提高经营效率，促进产业发展的有力杠杆。考虑到竞争机制的积极作用，一些学者认为，在一些规模经济性不太显著的自然垄断性业务中，也可以考虑由两三家企业实行竞争性经营，以打破垄断，竞争所产生的积极影响将大于它所牺牲的规模效益。在有些场合，竞争即使不能降低成本，也可以抑制较高的垄断价格，使消费者需求得到较好的满足。

[52] 王学庆．阻碍电信业有效竞争机制建立的主要因素分析 [J]．广播电视信息．1999（08）．

阻碍电信业有效竞争机制建立的因素，主要来自五个方面：一是传统观念认识；二是传统电信政策、传统管理体制、管理方法和产权制度；三是部门利益和经营者社会功能的拖累；四是现存垄断；五是对电信发展现状和趋势的模糊认识。要在电信业建立竞争机制，就必须在转变观念的基础上，对电信的经营和管理体制进行根本改革。

[53] 王学政．清除市场障碍的关键在于规范行政行为 [J]．中国党政干部论坛．1999（01）．

除各级地方政府可在宪法、法律和行政法规的规定范围内享有一定的自身利益外，任何行政机构不应在国家利益之外享有部门利益。要求行政监管与市场经营性活动彻底脱钩，行政机构与其下属的市场中介服务机构彻底脱钩，实行财政收支两条线等。这是保证行政权力正常运行的根本条件。只有在这种条件下，监督和保障行政机关严格依法行使行政权，才具有重要的现实意义。要在重视队伍的政治素质、业务素质和作风素质提高的同时，加速制度建设。以科学、严格的制度保障行政执法人员具备应有的素质，并促进和保障行政执法人员的素质不断得以提高。

[54] 王远明，于定勇．论上市公司收购的反垄断监管 [J]．湖南财经高等专科学校学报．1999（04）．

在《上市公司收购监督管理暂行条例》中应对上市公司收购的反垄断监管做出可操作性的规定；在中国证监会下设立一个独立的、临时性的上市公司收购反垄断监管职能部门，在反垄断主管机构尚未正式成立之前临时履行监管职能，待反垄断主管机构正式成立之后再将其撤销；规定收购当事人在首次向国家证券管理机构和证券交易所提交有关收购的报告之前，应当就收购的打算或意向向国家反垄断监管机构进行登记或申报。该机构在接到申报或登记之后一定时期内对其进行书面或形式审查，然后做出答复是否需要全面的实质性调查，在此时间内未予答复或超期答复视为同意收购。

[55] 吴亮．经济转型期行业市场“过度进入”的成因及对策 [J]．商业经济与管理．1999 (04)．

制定和完善各种政策法规，创造平等竞争的经济环境。(1) 加快制定和完善有关市场自由化的各项政策法规；(2) 规范企业市场行为和市场秩序方面的政策法规，禁止“恶性竞争”；(3) 严格破产法的执行。围绕创造有效需求，最大限度地消除行业攫取效应和沉淀成本。创造有效需求，包括两方面：一方面是对现有的有效需求，企业应尽力满足；另一方面，创造新的有效需求。加快建立社会主义市场经济体制，建立和完善商品市场与各类要素市场。以法律为依据，取消地方保护主义，创建全国性大市场。同时，要明确政府与企业的关系，使企业成为具有真正独立决策权的市场主体。

[56] 吴强．加大治理重复建设的力度 [J]．内部文稿．1999 (18)．

进一步完善市场经济体制，充分发挥市场对资源的配置作用。完善市场经济体制，关键是要消除各种市场壁垒，特别是要消除地方保护主义。要加强政府的宏观调控和政策引导作用。继续实行政企职能分开，使国有企业成为真正的投资主体。落实企业投资决策责任制和项目法人责任制，增强企业的投资主体意识。加快金融体制和国有银行运行机制改革。理顺投资体制，确立银行经营自主权，建立项目投融资责任制。

[57] 肖惠军，王元京，张维迎．重复建设根源在产权制度 [J]．中国投资．1999 (07)．

企业收益实际上可以分解为控制权收益和货币收益两部分。在公有制下，一方面，控制权收益由在职经理或相关的政府官员占有，尽管在职经理和相关官员对货币收益拥有相当的事实上的“占有权”，但这种事实上的“占有权”只能通过控制权来实现，一旦失去了控制权就会失去一切。另一方面，公有制企业中还不存在“赎买”经理抵抗兼并的机制。即使兼并带来的货币收益非常大，“全体人民”也不可能用“赎买”的方式贿赂经理和官员，这不仅是因为贿赂是非法的，更主要的是人民太多，“搭便车”行为使任何人都没有这样做的积极性。尽管大家都知道重复建设一般会损害本地的整体利益，但由于会增加政府官员的控制权收益，地方政府就有积极性追求重复建设。

[58] 徐士英．市场秩序规制与竞争法基本理论初探 [J]．上海社会科学院学术季刊．1999 (04)．

对竞争秩序的规制包括：对垄断的规制。垄断是指垄断主体（市场主体或行政主体）对市场的经济运行过程进行排他性控制或对市场竞争进行实质性的限制，妨碍公平竞争秩序的行为或状态。对限制竞争行为的规制。限制竞争行为是指企业滥用优势地位，或通过订立协议、团体决定或其他方式排斥或限制市场竞争的行为。对不正当竞争行为的规制。1993年颁布《反不正当竞争法》开始完整地规制不正当竞争行为。对欺骗性交易行为、虚假广告宣传行为、商业贿赂行为、诋毁他人声誉行为以及不正当低价竞销等7种不正当竞争行为进行了专门的规定。

[59] 徐世伟．对电信垄断及其解决途径的理性思考 [J]．重庆商学院学报．1999 (03)．

首先应该真正建设一张独立于“中国电信”基础网之外的另一基础信息网。在有线电视网上建立和发展基础信息网有其自身的优势，若再利用铁道系统和电力系统内部网共同发展，建立以光纤网络为依托的具有足够带宽的高速网络，这一网络不仅具有有线电视网的固有功能，还能够提供节目点播等服务。其次逐步开放电信市场。最后是完善和加强电信政策法律的制定，制定出台比较完善的《电信法》。

[60] 徐晓鹏，孔文．论规范企业兼并行为 [J]．大连大学学报．1999 (03)．

(1) 提高企业兼并认识。(2) 减少政府直接干预，政府作用的模式应从以行政手段为主的直接模式，转到以经济手段为主、以行政手段为辅的模式上来。(3) 合理界定企业产权：①界定财产所有权与法人财产权；②界定国有产权与非国有产权；③界定中央与地方的产权。(4) 准确评估企业资产。首先要规范企业兼并中资产评估程序。其次规定评估机构采取民营有限责任公司形式，不属于任何政府部门或集团、个人。最后，资产评估公司必须切实保证资产评估结果的客观性、公正性、权威性。(5) 妥善处理企业债务，必须规范先破产后兼并的方法，使之更加完善。(6) 完善产权交易市场：①建立全国统一产权交易市场；②设置全国性产权交易管理机构。(7) 加强企业兼并的社会保障。

[61] 鄢圣华．论政府角色的错位 [J]．中国国情国力．1999 (05)．

进一步明晰政府、社区二者各自的职责。另一方面，健全社区自治组织工作的制度化、规范化运行机制，如民主选举、决策、管理制度，奖优罚劣的激励机制，整体调控与社会协商机制及民主监督的制约机制等。发挥“掌舵”功能，推进社区建设进程。构建“服务型政府”，提高公共服务水平：(1) 理顺各级政府的公共产品供给责任，加快完善公共财政体制，确保财政支持农村社区建设资金总量稳定增长，提高资金的使用效率。(2) 建立市场化、多元化的投资机制，拓展集资渠道。制定和完善支持新型农村社区发展的相关优惠政策。(3) 调整财政支持农村社区建设结构，扩大公共财政覆盖面，提供充足的农村公共产品。

[62] 杨兰品．中国转型时期垄断问题研究 [J]．经济评论．1999 (04)．

政府对垄断的态度应明确，既不可放任自流、听之任之，也不可一概而论，同一对待，必须要有所为，有所不为；以反行政性垄断为主，兼反经济性垄断，旨在尽可能地减少垄断造成的负面效应，提高全社会的经济效益，建立有效竞争的市场结构；深化体制改革是消除产生行政性垄断和部分经济性垄断根源的最有力也是最有基础的措施，同时也是其他反垄断措施实施的前提和条件；通过强化竞争来抑制垄断的负面作用的产生是各国常用的反垄断措施之一；只有制定和执行具有足够的强制力、公正性的法律，才能禁止不合理的垄断行为的不断产生及扩大趋势。

[63] 杨述贤．论我国的重复建设与产业结构趋同 [J]．山西师大学报（社会科学版）．1999 (02)．

充分利用重复建设、结构趋同的可利用因素。一是通过对市场份额的重新分配，引导传统制成品工业生产重心转移。二是加强对现有资源存量的技术改造和人员的培训，提高产业人员的素质和产品的质量。深化体制改革。强化国家宏观调控和管理，建立区域产业结构改造政策。(1) 对企业实行适度而有效的准入限制。(2) 制定产业投资法规。(3) 制定地区市场间反贸易壁垒的法律规定，严格规定制止区域之间、行业之间的保护主义，促进社会资源通过全国统一的开放大市场，跨地区、跨行业合理流动，实现资源优化和组合。(4) 建立区域产业结构改造政策。提高思想认识，加强理论学习，彻底转变观念。

[64] 杨万铭．地方政府摊派行为分析 [J]．天府新论．1999 (06)．

“摊派”是指逸出法律的轨道之外，政府及其各部门以行政手段强制要求法人和自然人提供财力、人力和物力的行为。它是在政府预算资金无法满足政府公共产品的“生产”需求时，以行政命令配置资源而进行再分配国民收入的一种方式。摊派是一种违法行为，其危害性主要表现在：第一，它侵蚀税源；第二，破坏了商品经济法则；第三，背离经济改革方向；第四，滋生腐败。由于“摊派”大多是“暗箱”操作，缺乏权力制约机制，必然是腐败的催化剂。

[65] 杨栩，郭庆才．国有企业兼并与政府干预分析 [J]．黑龙江金融．1999 (02)．

(1) 要明确规定各级政府所承担的主要职能。(2) 将政府部门原先承担的管理国有资产职能逐步剥离出去，交由专门设立的国有资产经营机构行使。(3) 明确划分和界定中央政府和地方政府的权力和责任。提高政府人员的办事效率，引进市场竞争原则于政府部门，打破政府独家生产公共产品的垄断，建立竞争机制。纠正一些形改质不改的机构改革方式。尽快建立产权关系清晰，权责分明的国有资产管理监督和运营体制。真正落实国有资产管理部门专司国有资产所有权管理的职能，削弱和消除行政部门对国企兼并的直接干预。

[66] 杨艳．对我国行政性垄断的分析 [J]．天府新论．1999 (06)．

行政性垄断是一种超经济垄断，即由市场之外的原因引起的垄断，是行政力滥用的体现和结果，其产生的基础与市场要素及市场运行规律没有直接的联系。因此，行政垄断不同于经济垄断：经济垄断是市场运行规律的反映，是市场经济发展到一定阶段的产物，其典型的运动轨迹是“竞争—生产集中—垄断”；而行政垄断并非市场运行规律的体现，其产生的根本原因在于权力的恶性膨胀和行政权力的滥用。行政性垄断以行政权力为支撑，借助于行政权力权威干预经济，具有鲜明的强制性。

[67] 叶育新，李世源．治理地方保护主义的主要障碍及其对策 [J]．湖南商学院学报．1999 (03)．

强化各级领导干部及工作人员的国家利益至上观，提高克服地方保护主义的自觉性。建立健全科学合理的利益分配、协调机制。缩小地区差距，实现地区经济平衡协调发展。地区差距与地方保护主义相辅相成。要从根本上解决地方保护主义，就要努力缩小我国目前业已存在的过度的地区经济发展差距，缩小地区间在生产技术条件方面的差别，实现平衡协调发展，形成各具优势的生产力布局，使地区间互相分工，各具优势，在经济上互相依赖，互相补充，从而铲除地方保护主义得以生存的土壤。深化各项体制改革，消除地方保护主义得以生存的体制基础。加强监督，加大惩戒力度。

[68] 于良春，胡雅梅．管制、放松管制与中国电信业改革 [J]．中国工业经济．1999 (04)．

放松管制是趋势，但是放松管制的过程，同时是国有企业产权明晰的过程。政企不分使电信管制机构失去中立性，很容易使引入的竞争变质。故而，管制要高效，要确保“信息产业部”从经营事务中脱离出来要确保“信息产业部”不与某个单独的被管制者利益相连。放松管制要在加大市场开放度、提高市场可竞争性上做文章。今后管制放松应逐步取消政策性进入壁垒，加快与国际市场对接。放松管制应注重竞争力的培育，而不是盲目反垄断。这样，一方面，基础网络公开化，既迎合了信息技术进步、规模经济的要求，又有利于保留国家实力、便于宏观调控、总体规划另一方面，网络服务供应领域则形成多主体、多层次竞争格局。

[69] 于左．论我国电信市场的有效竞争 [J]．中央财经大学学报．1999 (11)．

电信改革，引入竞争，首先应该是在法律框架的规范下进行，应当由电信法决定电信的基本政策、主要的改革政策和步骤。比较彻底的改革方案是不仅要实现电信业管理的政企分开，而且要实现电信政策的制定权与管理权分开，要对电信政策的制定与管理实行有效的监督，从制度设计上保障电信企业在平等的基础上竞争。重组中国电信业的原则就是使中国电信市场能够实现有效竞争，即实现电信业的竞争与规模经济、有效利用资源的协调统一。中国电信市场的有效竞争仅有法律环境、管理体制与开放竞争的压力还不够充分，还必须从根本上改造中国电信企业单一的公有制产权形式。

[70] 余公. 电信垄断与重复建设 [J]. 广播电视信息. 1999 (06).

以竞争克服重复建设。我国的实践证明，电信垄断并不能避免电信网络的重复建设。而且从长远看，电信垄断也必然带来相对较高的价格。当用户用不起或经济上不合算时，只好另起炉灶，所以今后电信垄断也不能消除重复建设。适度的重复建设反而更能激发竞争各方要充分挖掘自身资源潜能的欲望和主观能动性，这时竞争各方拼的是对各种资源的有效管理和充分利用，拼的是创新意识和对用户的服务质量。各国的实践证明，电信竞争并不完全等同于重复建设，它反而是消除不必要的重复建设的重要手段。

[71] 曾国安，王嵚. 试论政府反垄断政策的原则与手段 [J]. 江汉论坛. 1999 (06).

对自然垄断采取保护、管制和增加竞争的政策。对于非自然垄断的规模经济行业的垄断，采取限制垄断和增加竞争的政策。对于由技术优势所造成的垄断，政府应采取适度保护的政策。对由信息优势所形成的垄断，应采取消除、限制垄断和增加竞争的政策。对由企业实施垄断策略建立起来的垄断，应采取禁止和消除的政策。对由排他性产权所形成的垄断，政府应采取限制与促进竞争的政策。对于由产品差异和由非产权进入成本所形成的垄断，政府应采取增加竞争的政策。对于由市场处于非出清状态所形成的垄断，政府应实行行业调节和宏观调节的政策。对于竞争过程中由于生产集中而形成的垄断，应采取禁止、消除、限制垄断和增加竞争的政策。

[72] 张斌. 放松电信产业政府管制的若干思考 [J]. 现代管理科学. 1999 (06).

实现电信行业的政企分离是政府放松管制的关键；在是否允许企业通过垂直一体化战略，同时经营自然垄断业务和非自然垄断业务方面，要测度不同经营环节间的范围经济效益；在放松管制初期，考虑到新进入企业与原有企业并不处于同一条起跑线上，政府应采取“非对称管制”策略，培植进入者的竞争实力；从放松管制的渐进性方式上考虑，对具有自然垄断性、放松管制不能一步到位的业务领域，要制定规范的、激励性价格管制标准，对其价格构成进行细化和量化；建立、健全经济法规，使法制建设适应放松管制的要求。

[73] 张传玖. 重复建设也要治罪 [J]. 中国土地. 1999 (04).

制止重复建设不从用人制度和体制这个根本上下功夫，就不能斩草除根，目前急需要做的是两件事。一是考察干部的“标准”问题。实实在在的效益，老百姓生活质量的提高是领导“政绩”最标准的体现。表面的项目与数字再也不能作为考核干部的唯一依据了。二是工程建设要实行项目负责人制。对低水平重复建设给国家和百姓造成重大损失的，一定要追究负责人的责任，以事实为依据，以法律为准绳，该怎么处分就怎么处分，而且党政处分不能作为法律处分的挡箭牌，更不能以易地做官代替惩罚。釜底抽薪才是解决问题的上策。盯紧决策领导者，在中国目前的国情之下，实在是制止重复建设的好法子。

[74] 张海如. 对重复建设的理论分析和政策建议 [J]. 山西财政税务专科学校学报. 1999 (03).

政府投资将主要放在：(1) 公益性项目；(2) 建设周期长、投资大而收益较低的基础设施和部分基础工业项目；(3) 直接增强国力的符合经济规模的支柱产业项目。除社会公益性项目外，政府用于基础设施、基础产业等经营性项目的投资。规范银行信贷行为：(1) 要对基本建设贷款、技术改造资金贷款和流动资金贷款，区别对待，分类管理。（2）中央银行加强对基本建设贷款和技术改造资金贷款的统计和协调工作。（3）加强金融企业建设，提高金融企业素质，把每个金融企业变成信贷中心、信息中心、技术中心。加大企业改革力度：（1）强化投资约束机制，规范企业的投资行为。（2）改革固定资产管理体制，加速固定资产折旧，加快企业技术改造步伐，提高产品的开发能力。

[75] 张淑芳．行政垄断的成因分析及法律对策［J］．法学研究．1999（04）．

限制行政垄断权力的法律对策：确立行政权的非经济化规则、确立地方权力的国家权构成化规则、确立部门权力的行政权分支化规则、确立行政权在市场活动中的良性运行规则；约束行政垄断行为的法律对策：市场主体资格的行政确认行为程序化、市场业务的行政管理行为有限化、市场秩序的行政监督行为公开化；追究行政垄断责任的法律对策：事后责任与事中责任的统一、组织责任与个人责任的统一、行政责任与刑事责任的统一、精神责任与物质责任的统一；消除行政垄断社会后果的法律对策：停止垄断行为的执行、垄断受益方向受害方补偿、垄断主体对市场参与者的重新平衡；疏通行政垄断行为救济的法律对策：垄断行政行为立法审查的法律救济、垄断行政行为司法审查的法律救济、垄断行政行为行政途径的法律救济。

[76] 张昕竹．对我国竞争政策的一些思考［J］．中国工业经济．1999（10）．

当存在市场壁垒和市场集中时，企业合谋的可能性会增加。因此，兼并政策除了考虑静态因素外，还应考虑合谋的动态因素。从这个角度讲，已有的理论结果表明，不对称的市场份额使合谋更难以维持，从而有利于有效竞争的形成。在中国，信贷市场或者资本市场不完善的问题比较突出，合同的执行机制更加不完善。因此，与西方经济相比，利用价格战或蚕食政策获得垄断地位的可能性增加，从这个意义上讲，在反垄断政策的实践中更应重视蚕食策略问题。同时它也说明，尽管某些用于完善信贷市场的横向协议看起来有悖于竞争的目标，但是可能具有某些效率含义。

[77] 张亚芸，潘建亭．对公司并购的反垄断规制——兼论我国的反垄断立法［J］．中国工业经济．1999（10）．

（一）由计划合并的大企业向反垄断执行机构事先提出合并申报。计划合并的企业，如果其规模达到了《垄断指南》规定的申报标准，则应该在实施合并前向反垄断执行机构提出合并申请并递交合并计划。（二）反垄断执行机构进行实质审查。即反垄断执行机构接到合并申请后，应在一定期限内，对合并申请进行实质审查，并做出是否准予合并的决定。（三）合并的事后报告。企业合并后的规模达到《垄断指南》规定的事后报告标准时，企业必须在合并完成后的一定期限内向反垄断执行机构报告企业合并后的市场集中度等情况。（四）复议程序。如合并企业不服反垄断执行机构的裁决的，可以在一定的期限内向法院申请复议。

[78] 赵鹤冲．保护竞争　反对垄断［J］．北京物价．1999（04）．

我国的垄断现象主要包括自然垄断、行政垄断和经济性垄断。我国的垄断现象带有浓厚的行政色彩，旧体制的遗留以及相关法制的缺位加上市场自身的缺陷，极易导致地方政府和某些部门的机会主义行为。改革开放以来，尽管我国政府一直强调转变政府职能与政企分开，但在新体制尚未完善之前，规范政府行为还存在很大困难。行政上的分权和财政税收上的分灶吃饭导致地方政府和某些部门不得不重视自己的收入。因此在其默许下，垄断行为有了广阔的生存空间。企业利益与政府财政收入间的密切关联，使政府对企业的垄断行为大开绿灯，导致企业的经济垄断行为扰乱公平的竞争秩序，更严重的是政府直接为企业谋取垄断地位，以取得垄断收入。

1998 年

[1] 曹建海．我国汽车工业过度竞争实证分析 [J]．中国工业经济，1998 (12)．

解决汽车市场过度竞争的方法不是创造新的政策性壁垒，而是恢复汽车工业自然存在的进入壁垒。着眼点应放在消除各部门和地方政府分化自然进入壁垒政策性“负”壁垒与政府和企业“割不断、理还乱”的关系上，需要通过尽可能快的政府机构改革和行政职能的转变，以及“分税制”的完善等措施加以解决。投融资体制和企业经营体制建设必须跟上改革步伐。近期政府政策的重点应放在鼓励汽车制造企业跨地区、跨所有制的实质性破产、收购、兼并、合并等资产重组和企业内部专业化协作的生产整合等活动上。对汽车进口和跨国公司以直接投资方式进入汽车行业可进行一定程度的限制，将来自国外的竞争和潜在生产能力控制在我国现有生产规模和市场结构能够容纳的范围内。

[2] 陈宏平，马敏．规制的困惑 [J]．陕西师范大学学报 (哲学社会科学版)．1998 (S2)．

对一些规模经济十分显著的行业，政府应制定宽松的反垄断政策，使企业通过联合、收购、兼并等手段，在短期内提高生产集中程度，快速扩张至规模经济，而不是一概而论地等同于恶意垄断。对于自然垄断行业，首先，需要考虑行业的特性，只有真正的自然垄断行为才可考虑实施规制，其次，应尽量保持规制政策的利益中性，缩小理性企业的逐利空间，防止寻利行为而造成的资源浪费及其引发的社会成本。最后，对受规制企业自身的非效率因素，可通过同时放松价格规制和进入规制，引入更多的竞争机制来克服。此外，政府规制应考虑市场调节和政府干预的效率边界。

[3] 陈秀山．政府失灵及其矫正 [J]．经济学家．1998 (01)．

矫正“政府失灵”，必须正确认识和把握市场与政府的关系，政府与市场在许多场合两者是相互补充的关系；矫正“政府失灵”，必须严格划定政府活动的范围，采取合理、适度的干预方式。国家的干预调节应始终保持“与市场一致原则”。即使由政府垄断经营的行业，也可以在可能的条件下引入市场竞争机制，这样才有利于政府效率的提高；矫正“政府失灵”的核心问题是提高政府机构效率，关键是在各级政府机构内部建立竞争激励机制，把市场竞争原则引入非市场组织的政府机构之内，真正实现“择优上岗”，并在一定程度上把决策者的决策权限与个人对决策后果承担的政治、经济责任联系起来；矫正“政府失灵”，必须加强社会的监督与约束。

[4] 陈耀．产业结构趋同的度量及合意与非合意性 [J]．中国工业经济，1998 (04)．

第一，解决我国地区产业结构趋同问题应当区分不同性质。对于属于综合发展要求和竞争性行业要求的产业趋同，政策应不予干预，否则将不利于区域经济协调发展和市场配置资源的机制正常运作。第二，对于非合意性趋同，政府政策的着力点应放在技术与规模指向型产业。目前突出的是汽车、石油化工和电子工业。解决的办法，一方面要加快市场化改革，打破地方和部门的行政分割，另一方面还要加强政府调控力度。现阶段的审批管制依然是有效的。最后，随着经济开放的扩大，国家对这类工业的地区结构趋同应尽快采取有力措施，实行兼并联合，组建跨行业、跨地区、跨国经营的大型企业集团，以增强这些行业抵御外国资本冲击的能力和国际竞争力。

[5] 陈晔，曲连刚．从亚洲金融危机看我国金融监管体制改革 [J]．世界经济文汇．1998 (03)．

对于我国的监管体系建议一元多头式与集中单一式进行综合，在两者之间寻找一种最佳的结合方式，对于金融监管全局的制度体系就采用一元多头式，而对于个别金融部门的监管则采取集中单一式，同时辅之以民间的自律性金融监管机构。要确立中国人民银行在金融监管体系中的核心地位；以法律的形式保证其实施货币政策和行使监管职能的独立性；按经济区域面而不是行政区域来设置中国人民银行的分支机构；对监管职责按中央银行的上下级进行区分；纠正过分依赖中央银行的金融监管，而忽视各商业银行和非银行性金融机构的自身监管的做法；还应坚持分业管理的原则，将目前仍旧归中央银行负责的一些非银行金融机构的监管职能分离出去，对这些部门进行单独监管。

[6] 陈振明．非市场缺陷的政治经济学分析——公共选择和政策分析学者的政府失败论 [J]．中国社会科学．1998 (06)．

尽管公共选择和政策分析学者的“政府失败论”因政府干预行为的局限而往往得出反对国家干预、否定政府作用的保守主义结论，但它们对政府失败现象的表现、类型和根源进行了相当深刻的分析，并提出了纠正及防范政府失败的某些行之有效的建议。它提醒我们：必须随市场经济发展及经济体制变革，及时进行政治—行政体制改革（尤其是转变政府职能）。必须在政府机构中引入竞争机制，用市场的力量来改进政府的工作效率。必须加强公共决策和政府管理的法制化建设，尽快实现依法行政、依法治国。反腐败必须釜底抽薪，从体制及制度的创新上下功夫，从根本上消除寻租及腐败滋生的土壤与条件。

[7] 崔民选，张存萍．我国企业规模效益比较与评价 [J]．中国工业经济，1998 (05)．

不同行业规模效益有一定差别。在规律效益显著的行业，规模提高有利于效益提高；而在规模效益不显著的行业，规模提高并不见得有利于经济效益提高。经济效益与制度特别是产权结构有相当的关联。市场化水平高的部位经济效益较明显，产权界区较清晰的部位效益较显著，即不同的所有制对效率的提高具有显著的影响，因而对资源的配置也有相当差别。

[8] 邓保同．市场集中的法律问题 [J]．学习论坛．1998 (07)．

我国反垄断立法应该支持和鼓励积极有益的市场集中。关于我国控制企业联合与合并的标准的制定应以注重社会经济效益为原则，效率优先，兼顾公平。在这一前提之下，是否可以考虑采用这样的企业联合和合并标准，企业的联合或合并至少符合如下要求的一项或几项：(1) 有利于先进技术和科学管理方法的推广，或提高劳动生产率，提高产品质量和产量，或节约能源和材料；(2) 有利于企业的技术改造，能做到投资少，见效快，收益大；(3) 有利于提高企业的市场竞争力，特别是参与国际市场竞争的能力，而对于违反国家法律的，或违反国家产业政策的，或损害国家和企业利益的，或不利于宏观调控的，或超越规模经济上限的企业联合和合并予以禁止。

[9] 邓保同．论行政性垄断 [J]．法学评论．1998 (04)．

对行政性垄断进行科学分类的关键是是否能够把握最能反映行政性垄断的实质的特点，而行政性垄断最本质最一般的东西就在于行政权力与企业经营的结合，所以，用行政性垄断中行政权力的辐射范围和辐射方向的不同作为行政性垄断分类的依据应该是比较理想的选择。由此可将行政性垄断分为两大类：地区性行政垄断和行业部门性行政垄断。反行政性垄断和反经济性垄断可以且有必要合并立法。在反垄断立法中，必须规定政府行政机关在实施垄断限制竞争时与企业实施垄断限制竞争时处于同等的法律地位，同样地受反垄断法律的调整，违法时同等地接受法律制裁，亦即政府行政机关在限制和排斥竞争方面除非有国家特别授权外，不享有特权。

[10] 邓保同，邓明健．对我国反垄断立法必要性的再认识 [J]．学习与实践．1998 (11)．

从理论上讲，反垄断立法至少可以从一个方面减轻市场缺陷，从另一个方面恢复竞争机制。反行政性垄断和反经济性垄断可以而且有必要合并立法。在反垄断立法中，只要规定了政府行政机关在滥用权力限制竞争时与企业限制竞争时处于同等的法律地位，同样地受法律调整，不享有特权，就使反行政性垄断问题容易解决多了。反垄断立法与规模经济并不是矛盾对立的两个方面，它们可以共存。结构主义的反垄断立法不仅反对垄断和限制竞争行为，而且反对垄断结构，不适合我国。

[11] 邓启惠．政府对公用垄断产业的经济规制 [J]．中南财经大学学报．1998 (05)．

第一，强化政府规制的激励机制，采用成本调整契约制度、特许投标制度、价格上限规制、分割方式。第二，放松规制。自然垄断性较强，但又同时存在不同程度的竞争因素的企业，规制应有较大放松。自然垄断程度较弱、竞争因素较大的行业，可实行申报制、注册制等。逐步放松价格（收费）规制，过渡到由大部分公用企业自行定价，国家监控、审批、备案的方式，一些领域还可实行弹性价格、浮动价格和基准价格等，对不同类型的公用企业实行不同的定价方式。第三，改变政府对公用垄断产业的经济规制结构。按照私法原则改组、改造一些国有公用企业，使它们取得有限责任公司的法律身份。第四，必须加强和完善对规制者的规制和监督。

[12] 邓启惠．我国市场经济中的垄断与反垄断问题研究 [J]．经济评论．1998 (01)．

垄断即寡占，其在现代经济学意义上是指一种经济行为，用以表示若干个企业在相关市场上限制竞争的垄断行为。这种行为是动态的，表现形式多种多样。企业之间通过协议共同操纵价格、分割市场是其主要内容。当垄断用来表示某种状态时，这种状态是静态的，它在有些国家并不违法，法律并不予以禁止，垄断行为和垄断状态的关系是，垄断行为可能但不一定必然产生垄断状态，而在垄断状态下更容易发生垄断行为。因此，垄断行为通常是违法的，是法律所禁止的。我国当前经济生活中存在两种限制和排斥竞争的垄断形态：行政性垄断和经济性垄断。

[13] 邓启惠．反垄断：中国竞争法制建设的下一个课题 [J]．社会科学研究．1998 (02)．

法律上的垄断概念是指若干市场主体违反反垄断法和公共利益，通过合谋性协议、安排和协同行动，或者通过滥用经济优势，在某一生产领域或流通领域内实质上排斥和限制竞争的行为。法律上的垄断概念比经济学上的垄断概念的内涵和外延要小得多，它除了具有经济学上的垄断概念的一般含义之外，还有其他一些明显特征：一是公害性，即破坏公平竞争秩序，阻碍社会生产力的发展。二是违法性，即垄断行为违背国家法律、法规的本质属性。三是侵权性。制定并实施反垄断法不仅不会损害规模经济。中国反垄断法必须将反对行政垄断作为首要和迫切的任务。必须设立独立于政府机构之外的具有较高层次和权威的反垄断执法机构。

[14] 樊正棠，刘建利，余爽，等．金融创新与金融风险、金融监管——经济模型与实证分析 [J]．西北大学学报（哲学社会科学版）．1998 (04)．

金融创新在很大程度上起到了规避风险的作用，同时，金融监管对防范风险也取得了显著成效。金融创新对金融监管具有极高的敏感性，在利润动机的驱使下，金融监管的力度越大，创新的频率越低，每一次创新的力度则越强烈。而我国金融创新的主要动机出自于规避政府管制，在整个金融创新中，出于风险防范的创新所占比重较小，政府推动的规避管制的创新占有极大比重。金融监管对金融机构的利润影响强烈，超过了利率调整对利润的效应。但由于金融监管的力度过大而使金融机构的利润减少。因此要加大规范性金融监管力度，减少扭曲性监管。

[15] 高明华．权利博弈及政府对企业的行为 [J]．天津社会科学．1998 (01)．

本文所说两种权利是指规范性权利和失范性权利。规范性权利意味着一个有资格的权利人必须使其谋取利益的行为不超出其权限，或者说，一个人享有一项权利必须与其承担的义务相对称。相反，如果本应有的权利不存在，或者已经有的合理的权利被剥夺，或者权利与义务不对称，就都应视为失范性权利。任何制度中都存在着规范性权利和失范性权利的博弈，但这种博弈在"双轨"制度中最典型，且呈常态。不过，本文的分析对象不是泛指一切"双轨"制度中的两种权利的博弈，而是特指从传统计划制度向现代市场制度过渡时期中的两种权利的博弈。在这个过渡时期，两种制度已不具有其完整的意义，传统计划制度因素在衰落，现代市场制度因素在增长，因此，两种权利的博弈呈现一种规范性权利逐渐压倒失范性权利、博弈强度逐渐减弱的趋势。

［16］高拴平，董明会．论企业"过度"进入行为对我国市场结构和经济绩效的改善［J］．当代财经．1998（02）．

我国近年来企业的"过度"进入行为对产业组织的改善是明显而多样的。首先，它改善了我国加工工业的市场结构。其次，它全面地提高了经济绩效。最后，及时满足了消费者的消费需求，增加了消费者剩余，提高了消费者的福利水平。至于目前的市场秩序混乱问题主要是由体制转轨时期制度不完善和实施乏力造成的，与企业"过度"进入无直接关系。企业的"过度"进入行为对市场结构和三层次经济绩效的正面效应远大于其负面效应，而其中所谓的负面效应的"市场秩序混乱"主要是由体制转轨时期制度不完善造成的，"非规模经济效应"则存在不同区域及行业的差异性。

［17］国家计委市场与价格研究所访日考察团．日本垄断性产业价格管理及其启示［J］．中国物价．1998（09）．

日本对垄断产业价格管理的实践，为我们进行改革提供了有益启示：（1）垄断性产业价格体制的转换，决定于诸方面条件是否具备：市场供求平衡或供给大于需求；要求企业组织形式的转换，即生产企业与供给网络的分离，并实现网络开放；科学技术的发展使生产企业与网络分离在技术上不存在障碍；垄断产业的网络（尤其是城市公用事业网络）要具有一定规模。（2）应积极探索和推进在垄断性产业引入竞争机制。（3）在引入竞争条件不完备的情况下，政府仍有必要对垄断性产业及其价格进行管理。垄断产业价格管理应加强以下几个方面的工作：政府的管理要法制化；创造垄断产业不同行业发展所需要的平等的价格环境；逐步实现审定价格的程序化；完善销售价格结构。

［18］国家统计局．没有公平的竞争，就不会有公平的分配——垄断性行业职工收入与其他行业职工收入的对比透视［J］．调研世界．1998（05）．

行业之间收入差距的扩大是伴随着体制改革和价格放开而产生的。政策的倾斜也是造成行业收入差距扩大的致因之一。不同所有制之间职工收入差距的扩大即是如此。行业间不合理收入差距的存在和扩大，对社会经济的发展有着极大的负面影响，影响了人才的合理配置和生产力的发展。诱发了一些社会不正之风。找工作要通过关系已是普遍存在的现象。必须打破垄断，全面引入竞争机制。当前有必要从宏观上进行适度可操作性调控，以遏制垄断行业职工收入过高所造成的行业间职工收入差距非良性拉大，并有效消除其恶劣影响。

［19］何枫．论国有资产重组中的合谋行为及其对策［J］．当代经济科学．1998（06）．

对于其他利益主体来说，其合谋动机完全依赖于自己的合谋行为被披露以后所带来的惩罚期望值与其所导致的效用增加的比较。政府要对企业的经营者建立一套有效的激励—监督机制。要加大惩罚的力度。建立完善的社会保障机制来稳定无竞争力的职工。打破此合谋具体从以下方面入手：全体人民对政府官员要建立一套有效的激励—约束机制。增大惩罚值，即增大惩罚力度和增大披露的几率。如果官员之间已经存在有合谋行为，并且形成了一个稳定的合谋体，有如下公式：进行合谋所获得的预期净效用 = 进行合谋所获得效用 - 合谋被披露以后的惩罚期望值；合谋被披露以后的惩罚期望值 = 惩罚力度 × 披露几率；进行合谋的机会成本 = MAX（检举合谋得到的效用；不进行合谋得到的效用）。

[20] 何旭强．国有企业购并过程中的政府功能及角色定位 [J]．财经问题研究．1998（08）．

在分析我国国有企业兼并的典型特征的基础上，从现有的体制框架和经济背景出发，探讨了政府在国有企业兼并中正、反两方面作用，其正面效应主要体现在中介替代、部门协调、产品政策导向及保障相关者利益等方面，负面效应主要体现在追求部门利益导致的产权交易的行政性垄断及资源配置效益低下等方面。从动态的角度看，我国政府在企业兼并中的职能转换及角色定位应遵循以下两条：其一，在体制转轨过程中，政府出于经济权力和信息能力方面的优势，对企业兼并的适度干预是必要的；其二，从长期看，作为目标模式，政府应致力于在企业兼并的政策、法律和监控等方面发挥积极作用。

[21] 何旭强．企业的强强联合：理论假说及现实意义 [J]．经济理论与经济管理．1998（05）．

传统的兼并理论有两个方面的缺陷：一是传统理论对企业兼并的分析一般都是结果导向型的；二是传统理论没有把企业管理者作为分析对象，舍弃了管理者对自身利益追求而对合并产生的影响。结论：（1）在三类大企业之间实行强强联合，比较容易实现的是Ⅰ - Ⅰ联合、以Ⅱ为主体的Ⅱ - Ⅰ 联合和以Ⅲ为主体的Ⅲ - Ⅰ联合，政府对强强联合的推动政策应主要针对这三种方式。（2）努力改善国有企业管理者的收入构成，增加与利润正相关的货币收益比重，同时加强非货币收益的规则化和公开化。（3）积极发展经理市场。（4）积极推动Ⅲ - Ⅰ联合。

[22] 简兆权，李垣．我国空调行业价格竞争的成因及其影响 [J]．中国工业经济，1998（12）．

近来空调价格竞争的深层次原因在于空调行业的进入壁垒低、退出壁垒高。持续发生的价格战，其有利方面是降价竞销启动了市场。而恶性的价格竞争，使得各企业不得不削弱其他方面的投资，导致消费者在享受优惠价格的同时却受到诸多限制。价格竞争对行业的发展也极其不利。价格竞争导致了国有资产流失。一些厂家之所以不惜血本，一味降价，就因为是国有亏了有国家和地方政府兜着，结果价格越降越低，谁也不心疼。价格竞争对于流通体制的改革会产生不利的影响。恶性的价格竞争使厂家和商家挖空心思去钻政策的空子，搞一些不正当的竞争，这将阻碍流通体制的完善化和规范化。

[23] 李岚清．关于当前医疗保险制度改革的若干意见 [J]．中国卫生质量管理．1998（06）．

医药卫生体制改革应当重点抓好以下几个方面的工作：第一，实行医药分开核算、分别管理的制度，打破医药不分的垄断体制，建立药品流通的竞争机制，合理控制医疗费用增长。第二，深化医药卫生体制改革，医疗保险主管部门在指定医疗机构时应引进竞争机制，促使医院加强管理，减员增效，降低成本，提高医疗质量和效率。第三，理顺医疗服务价格，体现医务技术劳动价值。第四，不断提高医务人员的素质，努力提高医疗服务质量。第五，调整医疗机构布局，优化卫生资源配置，发展社区卫生服务。

[24] 李绍光．养老金基金的政府管制 [J]．当代经济科学．1998（04）．

政府管制可能会是自增强的，而且这种自增强一旦开始发挥作用便很难再能得到有效的遏止，所以针对一个转轨中的经济而言，政府要本着一个反管制的原则去对它施加管制，规定交费制的养老金基金可以不要政府施加如此之多的直接管制措施。基金负债的政府管制短期来讲，也许会向着最能够提高总产出效率的那个目标倾斜，但长期来看，政府对此制定一个中性的标准也许会比采取一种偏向性的政策会更有效，政府把管制政策定位于这两种调整各自所带来的总产出的边际效应相等的那一个均衡点上，即在两者的边际替代率相等的那一点上，才是一个最优的选择。由单一机构执行的集中化的管制应该比多个机构执行分散化管制更加有效。

[25] 李太勇．进入壁垒理论评述 [J]．经济学动态．1998 (12)．

进入壁垒是非完全竞争市场结构存在的根本条件。如果不存在进入壁垒，厂商可以自由进入或退出某一市场，则市场可以达到完全竞争或可竞争状态（后者由鲍莫尔等人于 1982 年提出的又一市场结构的理想标准）。虽然进入壁垒是影响市场结构最重要的因素之一，但是这一问题直到 20 世纪 50 年代才开始引起经济学家的重视。贝恩在 1956 年对此进行了开创性的研究，从此也在产业组织研究中引发了一场进入壁垒理论研究的热潮。从理论实证到经验实证，文献不断涌现，尤其是博弈论的加入，使进入壁垒理论的研究跃上了新台阶。本文试图对进入壁垒理论的有关内容作简要的介绍。

[26] 廖伟权．垄断再论与产业组织合理化 [J]．财经问题研究．1998 (04)．

我国的产业组织合理化目标模式应是多数主导产业改革为以寡头垄断为主的市场结构，并采取以股份制为基础的企业集团、企业系列等企业组织形态，这样可以构建以大企业为核心带动一大批中小企业的产业组织形式，形成集团内部小企业围绕核心企业展开竞争和集团之间相互竞争的分层竞争格局，有效地避免过度竞争与过度垄断，从而达到适度竞争和适度垄断的均衡状态，不排除一些产业形成垄断竞争或近似完全垄断的市场结构。必须先加快完善市场机制，转变政府经济职能，破除行政性垄断，通过产权改革重塑产业组织的自组织自调节机制，推动企业之间兼并联合的企业重组，培育一批世界级的大企业或企业集团，以逐步实现产业组织合理化的目标模式。

[27] 林国忠，张强．欧盟《合并规则》及对我国合并控制立法的启示 [J]．南开经济研究．1998 (01)．

我国合并控制法规的政策目标首先是应当致力于打破地区间的壁垒，促进全国统一的、自由竞争的市场。其次，最终目标是希望通过维持竞争来促进国内市场的发育，增强我国企业在国际市场上的竞争实力。我国目前对合并的控制不能过于严厉，鼓励企业正当、合法的合并，应当将干预企业合并的标准订立在一个比较高的水平之上。我国可以将集中型的合营企业纳入合并控制的范围。在相关市场的确认上，我国的合并控制法应当主要从相关产品市场和相关地域市场两方面来界定，也可以采用独立的地域市场这一概念。市场优势地位应主要从市场份额和市场集中程度两方面进行分析。在对合并进行评价时，应从对竞争的损害和非竞争的有利因素双方面均衡考虑。

[28] 林毅夫．企业并购应慎行 [J]．中国经贸导刊．1998 (17)．

企业并购在我国是否可行关键要看其经济合理性如何。规模经济来源于要素投入的不可分性，如果不存在未被利用的不可分要素，企业合并就不会带来规模经济和成本的降低。我国目前进行的企业并购往往并不具备经济合理性，因为企业之间一般并不存在共同的、可以进一步加以利用的不可分要素。当然，确实能够带来规模经济和成本降低的企业并购还是应当加以鼓励的，不过仍不应进行行政干预，而应通过市场，并让并购成为企业自主、自愿的市场行为，政府要做的是审查企业合并是否会损害市场竞争，保护消费者和其他企业的正当权益，而不是仅仅考虑当事企业的利益。只有这样才可能规范企业并购行为，使并购真正成为具备经济合理性的正常的企业经营活动。

［29］林毅夫，蔡昉，李周．中国经济改革的社会结果——转轨时期的地区差异分析［J］．中国国情国力．1998（04）．

对地区增长和收入差距的考察表明，1978 年以来中国的地区差距最为突出地表现在东部、中部和西部地区之间，而这种差距在收入水平方面比之增长水平方面更加明显。归根结底，在市场机制引导区域经济发展的作用越来越大的条件下，造成三类地区之间发展水平和收入水平差距的原因，越来越反映在利用市场和发展机会的差距上。由此可以引出一些有关的政策建议。

［30］刘大洪．论中国反垄断法的规制范围［J］．江汉论坛．1998（07）．

反行政垄断不应成为也不可能成为反垄断法的主要职能。根除行政垄断的最有效途径首先是深化经济体制改革，其次是完善制约和规范政府行政权力的各种法律制度，最后是强化司法力度。中国反垄断立法，可以采取以行为主义为主，行为主义和结构主义相结合的制度。由此，中国反垄断法上的经济垄断可以定义为：企业（或其他经济组织）凭借本身的市场支配地位优势或与其他企业签订协议，在经济活动中对生产和市场实行排他性控制，从而限制、阻碍竞争的行为或状态。因而中国的反垄断立法在实体法主要应当由禁止严重限制竞争的横向协议、禁止严重限制竞争的纵向协议、禁止滥用市场优势地位、控制企业联合兼并等四个大的方面组成。

［31］刘大洪．我国反垄断立法的新视野［J］．中国法学．1998（02）．

就发展规模经济而言，我国反垄断立法应恰当地把握其中的“度”，并适用“合理原则”。我国反垄断法应有域外效力，适用除外领域四个方面：自然垄断行业；银行业与保险业；农、林、渔业市场；国家在特殊情况下采取的特别措施。即便在自然垄断行业，合理的竞争还是应当允许的。其次，反垄断法的适用除外并非是全面的、绝对的豁免，而是有条件的、相对的豁免。主张设立国家反垄断委员会，作为反垄断法的专门执行机构。由反垄断法专门执行机构对违法者进行制裁，由法院参与执行反垄断法。

［32］刘大洪．反垄断法的法经济学分析［J］．华中师范大学学报（人文社会科学版）．1998（04）．

中国的行政垄断根源于“政企不分”，而反垄断法的所有制度内容都是为了维护经济自由、经济民主与公平竞争的，这些反垄断法所要维护的对象首先要成为国家经济制度的内容，反垄断法才有了存在的价值。因此，铲除行政垄断的最有效途径是政治和经济体制本身的改革。许多法律的执行却都有赖于违宪审查制度的建立，因此，解决行政垄断，已远远超出了法律领域，绝不是反垄断法一家的事，甚至不是首先要反垄断法来解决的事，它需要综合治理，根本意义上有赖于政治经济体制改革的深化。至少在目前，尚属稚嫩的中国反垄断立法不应也不可能同时担负反行政垄断和经济垄断的双重任务，切实可行的是集中力量对付后者。

［33］刘建平．企业集团化与反垄断［J］．管理现代化．1998（03）．

行政性垄断，是指凭借政府行政机关或其授权的单位所拥有的行政权力，滥施行政行为，而使某些企业得以实现垄断和限制竞争的一种状态和行为。行政性垄断表现形式是多种多样的，主要有行业垄断、地区垄断和其他利用行政权力实施的垄断。应加快政企分开的进程，切实转变政府职能。尽快制定《反垄断法》、《反行政垄断法》，同时也可借鉴国外经验设立相应的专门机构治理垄断性经营企业集团化过程中要打破地区、行业、所有制界限，以资本为纽带实行跨地区、跨行业、跨所有制的资产重组和企业间的优化组合。政府在推动企业集团化建设时，改变直接插手企业集团的做法为政策引导。

［34］刘树杰．垄断性产业价格形成机制改革的基本思路［J］．宏观经济管理．1998（08）．

垄断产业引入竞争机制首先必须对垄断产业现有部门结构进行改造，使自然垄断性业务和非自然垄断性业务分离，鼓励原系统外的投资者进入垄断的传统领域。可通过如下方式引入竞争：现货批发市场式直供式直供、批发混合式运营权招标式。建立规则严密、功能健全的价格管制体系，需要确立明晰、可行的管制目标或管制原则；制定规范、合理的定价方法。定价方法主要包括价格的构成及各项目的定性和定量标准。建立职能完备的价格管制机构，基本的要求是实现价格审批与成本监控一体化。对管制者的监督体系可从以下几个方面着手：一是管制规则法制化；二是建立专业性的消费者协会；三是普及提价公证会制度；四是信息公开化。

［35］卢代富．严厉与宽容：反垄断中的企业合并控制政策［J］．现代法学．1998（04）．

《反垄断法》的原则性规定与国务院的政策性规定相结合。可考虑以合并可能产生或加强市场支配地位作为禁止合并的前提条件；以合并可能带来的效益大于产生或加强市场支配地位的不利影响，作为禁止合并的豁免理由，规定应有一定的弹性，由国务院发布企业合并控制方面的政策性文件。对不同行业、不同规模和不同种类的企业合并实行区别对待。对不同时期的企业合并实行区别对待。通过对市场的不同界定，贯彻对企业合并控制的严厉抑或宽容的意图。注重对企业合并的经济分析。恰当设置反垄断执行机构并合理划定法院对企业合并案件的管辖权，设立全国的和省级的两级反垄断执行机构，企业合并案件的审判管辖权应划归高级人民法院和最高人民法院。

［36］卢炯星．论我国垄断的形式、特点及反垄断的立法对策（上）［J］．福建法学．1998（02）．

制定专门的反垄断法的内容应包括：总则、垄断与限制竞争行为（包括行政性市场垄断行为、经济性垄断行为、外商投资企业的垄断行为）及规范、除外规定、执法机构、法律责任、适用范围、附则等。（1）规范垄断行为，确立反垄断区别对待原则。（2）反对行政性市场垄断及立法对策。明确创设一个具有权威姓的、高度独立性的反垄断执行机构。明确规范行政性市场垄断的行为及其表现形式。非法经济性垄断和外商投资企业的垄断在反垄断的专门立法中，也应加以规范。创建我国反垄断的法律体系，应在我国《宪法》中明确反垄断的原则。此外，我国应适应国际反垄断发展的趋势，与国际上具有反垄断法的国家签订双边的或多边的反垄断协议或条约。

［37］茅于轼．公用事业的收费标准［J］．改革．1998（02）．

从经济学来说，为了使社会获得最大效益，一项产品的定价原则是边际成本等于边际收益。在市场经济条件下就是供需均衡定价。但对于大多数公共事业而言，边际成本是递降的，因而不存在供需均衡点。此时的定价原则，按社会效益极大化应该是按需求量确定的边际成本。但这样的定价将导致亏损。所以定价原则变为按需求量确定的平均成本。显然，平均成本高于边际成本，这样将有损于资源配置的效率。因为平均成本高出边际成本的那一部分拒绝一部分顾客，使公共设施的能力不能充分被利用。可是为了保证经营者不赔钱，用平均成本定价是必要的。如果经营者可以容忍亏损，或者经营者已经没有还本付息的责任，则应按边际成本定价。

［38］任曙明．我国民用航空运输市场结构分析［J］．中国工业经济，1998（06）．

我国空运产业的市场结构主要特点有：（1）与发达国家相比，我国的空运管制仍处于较为严厉阶段。（2）我国空运垄断市场内部竞争激烈，规模效益难以发挥，有竞争过度的趋势。笔者采用 1985～1995 年的样本数据进行回归分析，测度空运市场需求。结果表明：旅客周转量（亿人公里）对居民消费水平（元）的弹性为 0.307，二者相关系数为 0.98；货（邮）周转量（万吨公里）对国民生产总值

（亿元）的弹性为3.801，相关系数达0.99。这说明我国空运市场需求不太大。不顾需求，盲目发展航空公司，其结果必然是供给过剩、重复建设、规模效益差、竞争过度。（3）我国空运产业国际竞争力弱，航空货运竞争力更弱。我国国际空运发展明显滞后于国内空运。此外，我国航空货运市场潜力很大。

［39］邵建东．规范企业合并行为——德国反垄断法的启示［J］．国际贸易．1998（04）．

将来颁布反垄断法，在规范企业之间的合并行为时，应接受德国《反限制竞争法》的启示，创立一个为反垄断法所专用的术语。这个术语可以沿用“企业合并”，也可以借鉴台湾的做法，称之为“企业结合”。德国《反限制竞争法》对卡特尔和企业合并所规定的法律后果也不尽相同。对于卡特尔，法律原则上加以禁止；而对于企业合并，法律一般不予以禁止，只有在合并将导致产生控制市场的地位或加强这种地位时，主管机关才可以或应当禁止企业合并。

［40］佘运九．论企业并购与国有经济的重组［J］．财经问题研究．1998（03）．

创造企业并购在推进国有经济重组中发挥作用的条件：（1）解决国有产权的代理人问题。可以考虑在各级国有资产管理局之下，将国有产权分散到不同的代理人手中，实现国有产权代理人的多样化。（2）实行宏观规划与指导。（3）提供中介支持。一是要加快投资银行的建设；二是要提高各类资产，评估机构及会计师事务所的权威性及公正性。（4）加大资本市场发展力度。资本市场监管规范化，在树立中央统一监管的权威性同时，充分发挥各交易所、产权中介机构及自建组织的积极性，建立良好市场秩序；建立多元化的市场体系；增加新的交易品种；广泛利用现代化的通讯及自动化技术，实现交易的电子化。（5）完善相关的政策法规。（6）加快社会保障体系的建设。

［41］沈敏荣．反垄断法的性质［J］．中国法学．1998（04）．

反垄断法是市场经济中的基本法律。由于反垄断法涉及的范围广、内容多，所以反垄断法的概念和规则具有不确定性。反垄断法占支配地位的违法确认原则是合理原则，这使反垄断法的规则显得单调，缺乏体系性，也使反垄断法具有非规则性，相应地，经济分析的方法成为反垄断法中确认违法和事实因素的必不可少的工具。反垄断法的调整范围是有限的，只限于私人的经济垄断，不能调整行政垄断或国家垄断。

［42］沈悦志．反行政性垄断探析［J］．宁夏社会科学．1998（03）．

我国将来制定的反垄断法应将行政性垄断作为规制重点。应将行政性垄断实施主体限定为国家经济行政主管部门、地方政府及其他政府职能部门，以别于国家垄断。公正自由的社会主义市场竞争秩序应成为我国反垄断法保护的首要与直接法益，禁止一切破坏社会主义市场竞争秩序的行为。内容应概括规定主体不得凭借行政权力实施一切排斥、限制或妨碍市场竞争的行为，然后列举典型的行政性垄断表现形式，将其列入禁止之列。要使反垄断法真正起到规制打击行政性垄断的作用，建立严格的法律责任制度与公正独立的执行机构至关重要。

［43］史际春．遵从竞争的客观要求——中国反垄断法概念和对象的两个基本问题［J］．国际贸易．1998（04）．

我国的竞争法宜与多数国家和地区的立法一样，将反垄断法和反不正当竞争法分别立法，最好将二者的执法机关也分别设置。不应把垄断行为包括在不正当竞争行为之内，垄断也不是什么广义的不正当竞争行为。应以某行为是限制竞争抑或过度竞争、不择手段竞争为标准，以此来界定反垄断法和反不正当竞争法各自调整的对象，只需根据垄断和限制竞争的实际形式及相应的对策和规制手段的特点加以分门别类。从逻辑和实践两方面看，区分行政性和经济性的垄断都是没有根据的。中国的反垄断法，从一开始就不应受行为主体的限制，而应遵从市场及其竞争的客观要求，对各种主体的限制竞争行为予以制止，同时也为各种主体提供充分、平等的救济措施。

[44] 史际春，王先林．必要的监控手法——中国反垄断法应规定的限制竞争暨垄断行为[J]．国际贸易．1998 (12).

行为规制：需要在反垄断法中对垄断协议作明确规定。经营者之间虽没有确切外在证据的共同决定或协调一致的行为，也可依法认定为垄断协议；只需原则上规定企业合并、控股和人员兼任不得损害正常的市场竞争即可，有关具体调整和处理，应主要授权反垄断执法部门和主管产业政策的有关部门；滥用实力和不公正对待，由竞争执法机关经过广泛调查听证而予认定。反垄断豁免：可以规定对达到一定规模的企业采取适当监控措施，也可规定在特定情况下对其采取分割或转让营业等制裁方法；凡没有明确限定行为主体者，有关规制当均可一并适用于企业和政府及其部门；例外或豁免范围不能过宽，只能是在特定条件下的豁免；反垄断法适用于影响中国市场的外国企业。

[45] 孙蚌珠．关于国有企业购并中应注意的几个问题[J]．当代经济研究．1998 (04).

对国有企业实施战略性改组，实现国有资产重组，有以下几个问题值得注意：(1) 企业购并是一种经济行为，不能盲目追求形式和数量。(2) 企业购并是一种企业行为，不能有行政干预。(3) 中介机构在企业购并中的地位举足轻重，发展和规范中介机构迫在眉睫。(4) 各种相互配套的政策是企业购并得以顺利进行的必要保证。(5) 建立健全法律、法规是企业购并，实现国有资产重组的前提条件。应尽快出台统一法律、法规，将产权交易行为纳入法制化、规范化的轨道。产权交易法律、法规的制定要合理，具有操作性，既能推进产权交易的发展，又能抑制产权交易中的不合理行为，重点是对交易行为、交易程序、中介服务机构、法律责任、监管部门等做出规定。

[46] 孙强．中国期货市场的监管及风险防范[J]．财经问题研究．1998 (11).

期货以及其他金融市场所以经常出现问题，重要的原因之一，是我国经济中存在着到处游荡的巨额游资。在进入交割月以后，为了避免逼仓和反逼仓，可以把期货公司的现仓量控制在一定规模内，同时增加期货公司的交易成本，如提高保证金比率，这样，能够最后交割月把市场风险降到最低限度。除此之外，中国在防止期货市场风险方面，主要应做好如下工作：第一，防止大户操纵。第二，完善期货市场的组织结构中国应该全面实行结算会员制。第三，尽力开发期货市场中的大品种。第四，完善期货合约结构。提出优化期市合约的期限结构，主要是开发一年期和半年期的期货合约的任务。建立独立的期货清算公司，应当成为今后中国期货市场体系建设的一项重要内容。

[47] 汤澄，吴健中．企业横向购并最佳规模的分析[J]．上海交通大学学报．1998 (12).

按照利润、销售额和资产收益率这三种不同的企业经营目标分别研究了一般竞争和寡头垄断两种市场结构下企业的最佳购并规模。在寡头垄断竞争市场结构下，企业实施横向购并后，将形成新的市场结构，在新的市场均衡中，企业有可能发现自己仍未达到最佳生产规模，这时企业可以进一步继续分析，得出新一轮的购并规模。运用约束极值方法解决企业横向购并规模问题是可行的，与生产成本包络线分析方法相比，约束极值法可以根据经营者不同的经营目标来确定不同的最佳兼并规模，而不必局限于利润最大化的一般假设，而且可以进一步研究较为复杂和现实的寡头垄断市场结构下企业横向兼并的最佳规模问题。

[48] 王保树．论反垄断法对行政垄断的规制[J]．中国社会科学院研究生院学报．1998 (05).

行政垄断是指政府和政府部门滥用行政权力限制竞争。我国将要制定的反垄断法不仅要反对市场结构上的限制竞争，也要反对其他限制竞争行为。可以将反垄断法上的“垄断”表述为“指行为人违反本法限制竞争”。在解释“行为人”时，再将经济性的主体和行政性的主体列举出来。反垄断法的结构，应反映规制垄断行为的多种类和多层次的要求。必须对于行政垄断采取特殊的规制措施。行政垄断不应列入反垄断法做出豁免性规定的范围。反垄断法的价值判断标准应是公平、自由的竞争秩序的维护和促进，其隐含的基本理念是确保经济民主。在加快经济体制转变的同时，必须加快政治体制的改革，只有这样，行政垄断产生的土壤才能减少。

[49] 王长征．我国企业购并法律监管的几个问题 [J]．中国工商管理研究．1998 (04).

我国防止和反对垄断应主要是反对国际大型跨国公司在全球市场上的垄断。这有两层含义：一是要积极支持和鼓励我国的企业通过购并提高国际市场竞争力参与国际市场竞争，防止或削弱国际大型跨国公司在国际市场的垄断；二是要防止国际大型跨国公司在我国市场形成垄断，破坏我国市场机制和损害我国民族经济利益。企业购并法律监管的主管机构应确定为国家工商行政管理部门。同时应设立国家垄断与兼并委员会，作为反垄断和企业购并监管的最高权威性机构，其成员由国家有关部委领导以及法学、经济学、企业管理等方面的专家构成，而工商行政管理部门作为执行机构负责企业购并监管的日常事务。防止国有资产流失是我国加强企业购并法律监管的当务之急。

[50] 王春娣．企业合并构成垄断的认定问题研究 [J]．法学家．1998 (03).

关于财产起点标准：年销售额不足1000万元的企业参与合并不受反垄断法的限制，即沉默标准。合并双方年销售额在合并前营业年度共同达到5000万元的合并，应在合并后向当局登记，即提示标准。参与合并的企业年销售额分别达到5亿元人民币，或参与合并的企业中有一方年销售额达到10亿元人民币的合并，必须在合并前向当局申请，接受有关机构的审查，即信号标准。关于干预和禁止合并的综合审查标准：相关市场界定可采取界定临时市场、扩大产品市场、界定地域市场的步骤进行。市场份额采用20%作为临界点。市场集中度的测定采取集中率和赫芬达尔指数结合。市场进入障碍需要考虑市场上潜在的竞争关系，而行政性障碍不应考虑在内。

[51] 王俊豪．对英国现行政府管制体制的评论 [J]．经济科学，1998 (04).

任何一种形式的政府管制体制都存在一定的运行成本，政府管制体制运行效率的高低不仅取决于运行成本，而且还取决于运行收益，成本与收益的比率大小才是衡量管制体制运行效率的重要标准。英国基础设施产业的政府管制体制由原来的政府直接管制国有企业的体制，改革成为由专门管制机构间接管制的体制，这必然引起管制体制运行效率的变化。但由于英国新的管制体制运行时间并不长，因此，很难从纵向对新旧两种体制进行实证比较。但从实施新的管制体制的产业绩效看，似乎新的管制体制比原有体制能为促进生产率提供更大的刺激。由于管制权力过分集中于个人手中导致政府管制行为个性化，以及与此相关的政府管制不确定性等问题，都是值得认真研究的。

[52] 王俊豪．中英电信产业政府管制体制改革比较 [J]．中国工业经济，1998 (08).

深化中国电信产业政府管制体制改革的基本思路可考虑以下几个方面。(1) 制定《中华人民共和国电信法》，使中国电信产业政府管制体制改革具有法律依据。特别是针对目前中国电信产业中所存在的缺乏专门政府管制机构，竞争行为不规范等问题，中国迫切需要颁布《电信法》，其内容至少应包括：一是确立一个独立的专门政府管制机构的法律地位，明确其权力和职责；二是明确电信服务经营者应具备的资格、权利和义务；三是建立一套监督、仲裁制度，以规范企业的竞争行为。(2) 政府应重视培育市场竞争力量，发挥竞争机制的作用。在近阶段，政府应在政策上向联通公司倾斜，尽快培育市场竞争力量，以充分发挥竞争机制的作用。(3) 推行股份制，增强电信产业的投资能力。

[53] 王俊豪，鲁桐，王永利．西方国家的政府管制俘虏理论及其评价 [J]．世界经济，1998 (04)．

"政府管制经济理论" 其研究重点是政府管制过程对收入分配后果的影响以及管制者的各种动机。这种理论属于非规范性理论，它主要通过评价政府管制者为不同利益集团所做的各种替代性制度安排下的收益与损失，试图解释为什么某些特定的管制制度会发生变迁。它假定政府管制者是经济人，他们也追求私利。各种利益集团都会对政府管制产生一定的影响，企业对政府管制具有特殊的影响力。管制机构的制度安排和管制权限等对管制者的约束机制都会影响各种利益集团对政府管制的作用方式。政府管制是为满足产业对管制的需要而产生的，而管制机构最终会被产业所控制。政府管制俘虏理论存在相当大的局限性，它必然受到许多来自理论和实践的挑战。

[54] 王萍，慕永和．我国工业企业规模与规模经济 [J]．财经问题研究．1998 (09)．

理论分析和实践证明，扩大企业规模有其经济上的合理性。从我国实际来看，总的说来我国企业规模仍然偏小，且产业集中度过低，生产要素配置过于分散。企业规模偏小，且产业集中度过低，这是我国产业组织中面临的突出问题之一。所以，壮大我国企业规模，发展规模经济，提高产业成长素质，应是我国企业改革的重要内容。基于我国的后发外生型经济特征，在发展规模经济的过程中，应注意避免盲目多角化和提前多角化。对于多数企业来说，横向兼并应是目前该选用的兼并方式。

[55] 王晓晔．依法规范行政性限制竞争行为 [J]．法学研究．1998 (03)．

为了有效制止和预防行政垄断，中国的反垄断立法应当考虑以下几个问题：第一，法律应以列举的方式，明确行政性限制竞争的各种表现。第二，应明确行政性限制竞争的行为的监督检查机关。反垄断法应将所有的垄断行为置于同一执法机关的管辖之下，这个机构可以称为"公平交易局"。第三，必须提高公平交易局的法律地位。公平交易局虽然在人事编制和财务上应当隶属于国务院，由国家人事部和财政部编列预算，但它应当有很大的权威性，在审理案件中有独立审判的权力。第四，行政性限制竞争行为的法律后果应当以反垄断法主管机构发布的禁令为主。

[56] 王晓晔．有效竞争——我国竞争政策和反垄断法的目标模式 [J]．法学家．1998 (02)．

我国竞争政策和反垄断法的目标模式应当是"有效竞争"。这种目标模式的关键是如何确立一个标准，以评价市场上的竞争是否为有效竞争。建立这种有效竞争的市场模式，一方面，我国应当适度扩大企业规模，实现规模经济；另一方面，为了保持市场结构的竞争性，应当使市场上保持一定数目的竞争者，竞争者之间应存在不大不小的相互依存关系，以保持适当的竞争强度。有效竞争的目标模式不仅在经济上是合理的，从我国现实的市场条件看也是完全可行的。我国绝大多数产业已经实现了低度集中，而且，我国市场广大，在大多数产业的规模经济与市场的有效竞争之间有较好的兼容性。我国的反垄断应当将反对行政垄断和行政性限制竞争作为首要和迫切的任务。

[57] 王晓晔．条块垄断——论依法规范行政性限制竞争行为 [J]．国际贸易．1998 (04)．

行政性限制竞争行为是指政府及其所属机构滥用行政权力限制竞争的行为。行政性限制竞争行为一般被简单概括为行业垄断和地区垄断，或者形象地称为条条垄断和块块垄断。将政府滥用行政权力的行为视为不正当竞争行为，这在理论上显然是说不通的，因为在市场经济条件下，政府及其所属部门不是市场竞争的参与者，而是管理者。它们既然不能参与市场竞争，当然也不可能从事不正当竞争行为。法律应以列举的方式，明确行政性限制竞争的各种表现，明确行政性限制竞争行为的监督检查机关，提高公平交易局的法律地位。

[58] 谢地．从“规制”到“规制放松”——西方国家微观经济干预政策的走势与我国公共经济政策选择 [J]. 当代经济研究，1998 (02).

第一，以产业组织政策为核心实施有效的公共经济政策，对社会主义市场经济运行进行卓有成效的调节控制。在竞争性产业（特别是战略、支柱产业）中实施有力度的进入规制，以提高我国产业的供给水平和国际竞争力；改革或撤销一系列与市场经济要求不相符的带有计划经济色彩的规制，或放松某些规制，打破行政性垄断，以促进竞争和经济运行活性化。第二，对公共生产和服务部门实行规制与承诺相结合，规制与放松规制并行，走有中国特色的公共事业发展道路。一些过去具有明确自然垄断性质的产业应实施进入规制适当放松，鼓励新企业加入。第三，改革政府经济管理机关的工作方式、工作思路和工作作风，加强执法、监督，坚持反腐败。

[59] 杨蕙馨，鲁有臣．关于国有企业购并与规模经济的思考 [J]. 东岳论丛．1998 (06).

市场份额的扩大并不必然带来规模经济。对处于垄断地位的生产者而言，一般不会盲目地追求规模经济，而是追求单位产出的盈利水平最高，或者在保持垄断地位的前提下追求超额利润的最大化。对于非垄断生产者而言，则需要考虑在产出规模扩大的同时，市场需求弹性和价格变化对产品需求的综合影响。要正确地对待购并，切忌盲目追求规模忽视规模经济，务必对购并进行科学的成本—收益分析；政府应有正确的政策和健全的法规指导企业购并活动；尽快制定主要行业企业购并的产业政策，从金融、财政、职工安置等各方面制定相应的配套措施；大力发展资本市场，为企业购并提供一个良好的、公开的、信息较充分的可以降低交易费用的场所，使资源流向高效率的企业。

[60] 杨君昌．论经济转轨时期的政府失灵 [J]. 财经研究．1998 (11).

市场经济要发挥出配置资源的作用，至少要具备三个条件：（1）承认个人追求私利的权利；（2）存在与市场经济相适应的产权制度；（3）要有充分的竞争力度。必须建立与市场经济相适应的产权制度。过去“大一统”的计划体制需要打破，对现行的国有企业进行彻底的改组，对现有的国有企业需要进行排队、归类分析，对大多数国有企业拟改制成国家不控股或参股的独资企业、合伙企业和股份公司。国家应参考国外的改制经验，专门设立机构，制订改制方案，研究对原有的国有企业的资产、债务和人员的处置办法，对变卖国有企业的收入应设立国家金库，纳入国家预算，防止国家资金的流失。要求政府从生产经营的当事人的角色中摆脱出来，转换为市场的监督者。

[61] 余晖．中国的政府管制制度 [J]. 改革．1998 (03).

政府管制制度的特殊性在于，它是一种面对市场经济微观主体的行政法律制度，即政府行政机构通过法律授权，对市场主体的某些特殊行为进行限制和监督。政府管制作为行政法律制度，无疑具有一种强制力。而其于微观经济绩效之影响的优劣则取决于行政立法、执法及执法监督的质量。我国现有的政府管制制度对维护市场秩序、保障消费者和社会利益、促进产业的发展都产生了一定的推动作用。但由于政企不分、政事不分依然存在，某些政府机构运用其所掌握的行政权力维护本部门、本行业的利益的现象时有发生。在这种情况下，政府管制制度对产业绩效将产生负面的影响。进一步建立和完善我国政府管制制度的关键在于深化行政体制改革。只有彻底打破政企不分、政事不分的传统格局，才能建立起较为中立和有效的行政体制，才能使有关行政机构的职能朝着微观管制的方向健康演变。

[62] 于良春．刍议国有企业的职能定位与规模定位 [J]. 经济研究．1998 (05).

十几年来，我们在国有企业改革上做了不懈的努力。但是，国有企业效率低下的局面没有得到根本的改变，困难依然很多。笔者认为，造成国有企业困难局面的根本原因就在于我们没有准确地把握国有企业的性质和职能，把国有企业混同于一般意义上的企业，进而使其规模过于庞大，分布结构不合理。国有企业的根本出路，在于正确把握国有企业的职能定位与规模定位，实行战略性改组，并按照社会主义市场经济的要求，推进国有企业的制度创新。

[63] 昝廷全．关于我国企业兼并的几个理论问题：系统经济学分析 [J]．管理世界．1998 (05)．

各个“元”之间的经济联系相对于其目标而言要具有整体性，应不应当兼并要根据上述标准来判定。原有企业的管理模式和组织结构在新形成的兼并企业中能不能“兼容”，也是进行企业兼并所要考虑的首要问题；引进“系统经济效应水平”的概念，将其定义为系统经济效应与经济系统的总效益的百分比。兼并企业的系统效应水平越高越好，但不能为负；确定各个产业和各类型企业产生规模经济效益的规模“值”，没有达到规模值的企业之间才有可能进行兼并，已经达到或超过其规模值的企业之间不应进行兼并；不同企业之间的容忍度是决定能否进行兼并的一个重要因素；国家、区域、企业在企业兼并目标上的差异是我国当前企业兼并活动中应当重视的一个现实问题。

[64] 昝廷全．规模经济的一般理论：中国范例 [J]．中国工业经济，1998 (04)．

首先，从经济系统的规模尺度上讲，我国的企业规模普遍偏小，没有达到企业规模经济要求的规模。调整的对策应当是：根据不同行业和不同企业性质，找出每类经济系统的特征尺度，进而确定其规模经济的尺度范围，然后分门别类地引导和组建不同规模的企业集团。对于区域规模经济、国家规模经济和行业规模经济可以按照相同的思路来制定调整对策。其次，不同层次的规模经济构成一个规模经济体系，各个层次的规模经济需要相互配合和协调发展。相对于单个层次规模经济的发展来讲，这是规模经济发展的高级阶段。同时推进家庭规模经济、企业规模经济、区域规模经济、国家规模经济和各个行业的规模经济，使之协同发展，是我国发展规模经济所面临的一个重要战略选择。

[65] 张帆．模拟竞争市场的建立和生长——中国民用航空运输业的管制改革和市场竞争 [J]．浙江社会科学．1998 (04)．

在特定的条件下，人为的自上而下的模拟市场竞争是可能取得成功的。这些条件包括各种社会力量的共同支持，需求解放所造成的宽松环境等。改革后民用航空业的竞争是有限管制下的竞争。为减少企业亏损，管制价格有所上升而不是下降，这使生产者剩余增加（或亏损减少）。由于需求的增加，消费者剩余增加，这样就造成了一种“双赢”的局面。管制价格超过均衡价格为放松价格管制创造了条件，放松价格管制为价格战创造了条件。在管制价格达到均衡价格后，应逐步放开对价格的管制。我国航空运输业进一步改革的方向，应当是进一步促进市场竞争，鼓励在竞争的基础上的兼并，而不是行政过分干预下的兼并。

[66] 张军，威廉·哈勒根．转轨经济中的“过度进入”问题——对“重复建设”的经济学分析 [J]．复旦学报（社会科学版），1998 (01)．

（1）只要进入成本相对小于进入后的寡占利润，特别是，如果厂商预期进入后的市场结构为共同垄断型或古诺型，进入总是成为厂商的纳什均衡策略。（2）除非进入的成本非常之低，否则，自由进入的寡占竞争模式（共同垄断、古诺、伯特兰德）所产生的社会福利水平总是小于特许垄断（一家厂商垄断）条件下的社会福利水平。（3）只要厂商预期的进入后行为为共同垄断型，不管进入成本高低，特许独家垄断总比自由进入模式产生更高的社会福利水平。（4）当预期的市场结构为伯特兰德（价格竞争）型时，旨在消除进入壁垒，增加潜在进入数目的竞争性政策就会减少社会福利。厂商的过度进入所以成为“纳什均衡”策略，与厂商对进入后的市场结构的预期有关。如果在转轨经济的初期能从政策上限制厂商的过度进入，则可以改善资源配置的社会效益。

[67] 张敏．对我国反垄断立法的初步设想 [J]．陕西师范大学学报（哲学社会科学版）．1998 (S2)．

我国反垄断法宜采用单独立法的形式。我国应建立一个有权威性和高度独立性的反垄断法的专门执行机构——国家反垄断委员会，其成员应由公正廉明的法学家和经济学家等组成，他们不得在其他政府机构、企业或公司中任职或以其他方式参与市场交易，其内部实行民主表决制，以多数人意见为准。在业务上只能依照法律进行裁决，并保留极大的权威性和高度裁决的权力。除国家反垄断委员会之外，还可在直辖市和省自治区人民政府所在地设立反垄断委员会，实行直接管理制以保证其独立性。我国反垄断法的适用除外领域应包括以下几个方面：自然垄断行业；银行业和保险业；农、林、渔市场；知识产权的行使行为。

[68] 张瑞萍．对滥用市场支配地位的若干分析 [J]．法学家．1998 (03)．

更能体现对占据市场支配地位的企业进行特别监督的立法模式是：第一，将某些行为确定为“自身违法”行为，只要占据市场支配地位的企业从事这些行为，即可认定。第二，如果企业从事了限制竞争的行为，应考察其行为对市场的实际影响。第三，设立一般豁免制度。在我国多数行业中尚未出现占据市场支配地位的企业。但并不能说我国不需要制定对占据市场支配地位的企业实行控制的法律。有相当一部分企业虽然其控制市场价格的力量受到政府的限制，却仍有能力在很大程度上排除市场竞争。不应忘记那些在我国已站稳脚跟而且日益壮大的外商投资企业。通过反垄断法的制定和实施控制该类企业是直接有效的方法。

[69] 张曙光．集团化过程中的产权重组和企业并购 [J]．宏观经济研究．1998 (03)．

作为国有企业的所有者和出资人，政府部门虽然可以参与国有资本的产权交易，但是不能成为非国有企业的产权交易主体。作为社会管理者的政府的职能一般来说，是工商行政管理职能。有些领域的行业管理由有关政府部门管理，这些政府部门同时又是该领域国有企业的所有者和经营者，这实际上是由垄断者来解决反垄断的问题。产权交易和企业并购通常有行政性并购和市场交易两种方式，也有两种方式的结合，且行政性并购和行政性并购与市场交易相结合的方式占有一个相当的数量，行政推动有时便于打破部门垄断和地区分割，减少交易费用。要发展市场经济，建立市场制度，就要大力发展和有效利用市场中介组织。

[70] 张曙光．反对垄断！[J]．三月风．1998 (03)．

行业准入和反垄断是政府部门的职能，但这样的政府部门只能扮演社会管理者一种角色，不能同时扮演其他角色，不能行使其他职能，特别是不能行使产权主体的所有者职能。在我国目前的情况下，要真正打破垄断，就要加大反垄断和反不正当竞争的力度，特别是反行政部门垄断的力度。邮电业的垄断带有传统计划经济的浓厚色彩，是所有制垄断、行政部门垄断和市场垄断三位一体。仅以电讯而论，就要使电讯企业与作为行业管理职能的政府机构脱离行政隶属关系和财产控制关系，使后者专司行业管理。对于具有自然垄断性质的，要实行一定的政府管制；对于不具有自然垄断性质的，就应当放开经营，允许竞争者自由进入（当然要有一定的条件）。

[71] 张维迎，栗树和．地区间竞争与中国国有企业的民营化 [J]．经济研究，1998 (12)．

中国的经济改革是从地方分权化而非民营化开始的。但在过去的 20 年中，特别是从 20 世纪 90 年代初起，中国的民营化进程在速度和广度上都有所深化。本文的基本结论是：80 年代初的地方分权政策导致了地区间竞争，地区间竞争又反过来引发了民营化。由于产品市场上的地区间竞争非常激烈，每一个地区都必须尽可能降低生产成本以保持生存所需的最小市场占有份额。为了促使经理降低生产成本，地方政府就必须让渡全部或部分股份给经理。一般地说，产品竞争越激烈，引发的民营化程度也就越高。另外，如果中央政府直接控制国有企业，给地方政府设定一个固定的税后剩余分享份额，或者两个地方政府能够完全合谋以获取联合收入最大化，则民营化就不可能发生。

[72] 张维迎，盛洪．从电信业看政府部门的垄断行为 [J]．资本市场，1998（05）．

中国当前反垄断的首要任务是反政府部门的垄断和限制公平竞争的行为。这不仅适用于电信业，也适用于邮政通信、电力、铁路等行业。中国政府和立法机关在起草《反垄断法》时，对政府部门的垄断行为予以足够注意。《反垄断法》不仅应该约束个人行为和企业行为，更应该约束政府行为。邮电部的反竞争行为显然不是企业行为，而是地地道道的政府行为。解决邮电部的反竞争行为要求中国政府在整个电信业的管理体制上做出大的变革。建议为：（1）组建新的“国家电信管理委员会”（或电信管理局）；（2）将长话经营与市话经营分离；（3）将中国电信分解为几个公司；（4）将邮电部的一部分电信网划拨给联通公司；（5）允许有线电视网经营长话市话业务；（6）由独立的机构起草《电信法》。

[73] 赵明．制定我国反垄断法的选择 [J]．理论与改革．1998（01）．

从现阶段看，我国按照西方发达国家反垄断法的模式制定《反垄断法》的条件尚未完全成熟。我国目前急需解决的并不是经济垄断的问题。从效益来看，我国并未形成西方发达国家那种经济垄断。恰恰相反，我们急需解决的是有效竞争和形成规模经济问题。我国当前制定一部像西方发达国家那样的反垄断法的条件尚不具备，可以等到条件完备时再考虑。当务之急，是选择制定一部《反行政垄断法》。笔者不赞同现时制定涵盖行政性垄断和经济性垄断的统一的反垄断立法，而认为应选择《反行政垄断法》，予以单独立法。

[74] 郑琰．论核心原则与我国有效金融监管制度 [J]．中外法学．1998（03）．

总而言之，中国中央银行金融监管法律制度有待完善的地方有以下几点：立法需要进一步完善，以配合从强调合规性监管向强调风险性监管的转化。法律应明确地赋予央行有获取被监管者的数据和资料的权力，法律应明确各监管机构职责，明确内部分工。建立协调机制，信息共享、互相协调。非现场检查制度化，与现场检查相结合、相配合。完善内部控制和金融稽核法律制度，加大执法力度。提高对监管人员的资格要求，并制定规章使培训、考核制度化。通过法律辅助金融行业自律性组织的建设和独立审计机构的发育。

[75] 周和敏．试论我国反垄断法的构建 [J]．东南学术．1998（01）．

对行政垄断和经济垄断区别对待，分别立法，制定《中华人民共和国反垄断法》和《中华人民共和国反行政垄断法》。反行政垄断立法：在反行政垄断立法中应强调针对性以及和反经济垄断立法的一致性，避免立法上的重复。对应禁止的行政垄断行为采取“定性兼列举”方式。在反行政垄断法中明确规定行政垄断的构成要件。确立对行政垄断适用本身违法原则。反经济垄断立法：对于经济垄断，也应采用“定义兼列举”方式。可以采取行为规制与规模规制综合调整的方法。规定反垄断的适用除外。建立科学的法律责任制度。应设置专门的机构——国家公平交易委员会，在人事编制和财务上应直接隶属于国务院，业务上直接对国务院总理负责。

[76] 朱劲松，孙颖．医疗改革的经济学思考 [J]．财贸经济．1998（09）．

医疗服务具有一定的弹性空间，是改革待以进行的基础条件。不论是约束供给还是约束需求，其具体措施都是在可选择的范围内进行某种选择。虽然各国实行的医疗改革不可避免地伴随着一种价格选择倾向，尽可能使用低价位的治疗手段，但这种倾向却很少使改革越过保障患者最基本医疗需求的界限；需求不可预测性导致的一定量储蓄为改革提供了物质条件。某一既定收入层次的人，为未来医疗需求进行的储蓄会有一个比较稳定的数量范围，这就有可能使医疗改革设计者在计算个人负担比例时有一个比较科学的计算基础。医疗改革方案的设计将是人们在弹性空间内的某种选择过程。而弹性自身的变化又将使改革成为一个随着时间推移不断向前的过程。

[77] 朱世宏．目前我国行业间职工工资收入差距分析［J］．宏观经济研究．1998（05）．

不同行业职工的平均工资收入肯定是有差距的；行业职工平均工资水平由本行业的经济技术特征、进入该行业就业所需付出的先期成本以及专业的可进入程度而定；由于所学专业不同，在不同部门就业的两个人，即使具有相同的学历，所得劳动报酬也有可能不同；受供求关系的影响，一些具有特殊专长的人才，获得高额收入是符合市场经济原则的。目前我国的高收入行业主要集中在国家垄断性行业。对于这些行业，要逐步引入竞争，使这些行业的职工收入保持合理的水平；必须由国家垄断经营的行业，要强化财务监督，采取一定措施将垄断利润划归国家所有。国家可以根据上年度全社会工资收入增长水平，结合行业特点，核定各垄断行业的职工工资收入当年增长水平。

1997 年

[1] 陈聚祉．论竞争、垄断与效率的关系——兼评戚聿东的《资源优化配置的垄断机制》［J］．南开管理评论．1997（04）．

戚文指出，垄断有垄断结构与垄断行为之分，垄断结构并不必然导致垄断行为。在这里，戚文把高度集中的市场结构与垄断结构混为一谈。在笔者看来，垄断的本质就是通过垄断行为获取垄断利润。这也是我国理论界的一般观点。根据这一点，有垄断结构就必然有垄断行为。如果没有垄断行为，戚文所说的“垄断结构”是不能叫做垄断结构的，而只能称为高度集中的市场结构。

戚文认为，垄断必然导致资源配置效率的提高，理由有三：垄断通过规模经济提高了生产效率；垄断通过范围经济节约了交易费用；垄断为技术进步提供了强大的组织和物质基础。笔者承认，规模经济可以提高生产效率，范围经济可以节约交易费用。但这不能归功于垄断。如前所述，垄断的本质就是通过垄断行为获取垄断利润，垄断行为本身就是一种不正当竞争行为，因而必然损害效率和福利。

[2] 胡振华，胡东滨．寡头垄断市场古诺模型的研讨［J］．中南工业大学学报（自然科学版）．1997（01）．

古诺模型的局限性在于：没有分析寡头边际成本不同时的产出情况；关于边际成本为常数的假设过于简化，使其分析缺乏说服力。故应在这两方面予以完善。

在考虑寡头边际成本互不相同的条件下，若假设边际成本为常数，得到的模型是线性的，此时每个寡头的产出水平与其边际成本负相关。若假设边际成本为产量的二次函数，得到的模型是非线性的，此时每个寡头的产量与其成本函数中的各次项系数负相关。

通过对古诺模型进行修正及分析可知：各寡头在产量竞争中依其成本函数的状况得到不同的均衡产量；寡头垄断市场产量竞争的实质是各寡头在技术实力与生产组织管理水平上的竞争。

［3］李健．西方寻租理论探析［J］．经济学家．1997（04）．

巴格瓦蒂在《新帕尔格雷夫经济学大辞典》中把直接大量生产性寻租活动归纳为以下几类：（1）政府为保护本国经济，对本国的商品进口及外汇供给实行严格的管制政策时，会产生大量的租金，从而引起寻租活动。（2）各利益集团为了在政府预算中占有更大的份额，进行寻租活动而展开竞争。（3）为使政府税收制度有利于本利益集团而进行的寻租活动。常见的例子有，税种的设立、税率的确定等对应税集团的利润影响较大，为寻求税收的好处，会出现各种寻租活动。（4）为逃避政府的管制，比如说避税、偷税、漏税及走私贩毒而进行的寻租活动。

［4］林燕平．反垄断法中的适用除外制度比较［J］．法学．1997（11）．

美国是采用判例法的典型国家，其灵活、实用的特点在竞争法领域得到充分体现，弥补了成文法的滞后与不足；德国和日本是大陆法系的代表，但它们在竞争法领域则采取不同的立法形式：德国法以严格的立法形式，尽可能将一切归纳到法典中去；而日本采纳了美国法中判例理论，通过司法实践来做出调整。

中国法虽然在传统上接近大陆法系的立法形式，但在竞争领域不妨吸收英美法系的判例理论。在构建我国的竞争法体系时，首先应考虑“适用除外”制度的立法形式和具体内容。其次，在设计“除外制度”时，应考虑各法律之间的协调与互补，以免重复与矛盾；最后，在原则立法的基础上，我们应重视和肯定判例的作用。

［5］马杰．企业并购：动机、机制与绩效［J］．南开经济研究．1997（05）．

增长与安全是管理者兼并的两大动机。在一个激烈竞争的市场中，寻求兼并其他企业的同时，必须保持自己免被兼并。因而，经理具有十分强烈的动机实施反兼并策略。最常见的反兼并措施称之为“毒丸”。毒丸包括多种具体的策略：一种策略是买入袭击者不愿意要的资产，这类资产可能是袭击者在同一市场的竞争者，收购后产生反托拉斯问题。另一种策略是大量增加企业的债务负担，或者发行大量可转换优先股，若收购完成可转换成袭击者企业的股份，从而“冲淡”原有股东的持股权益。这两种策略均会大幅增加收购成本，使原先的收购无利可图。

经理人员的倾向与目标在兼并机制中起着十分关键的作用。企业经理既有兼并扩张的动机，又有采取各种防御措施反兼并的动机，还有可能利用兼并剥夺其他利益关系者趁机渔利。管理者兼并不可能系统性地促进资源的有效利用；相反，这类企业追求非利润最大化目标，接管、撤换更富效率的管理层，试图阻止更有效的所有权再配置以及在股票市场歪曲信息使自己处于有利地位，这些行为严重损害社会效率。

［6］邵东亚．外资并购国有企业：实证分析与对策研究［J］．南开经济研究．1997（03）．

外资并购及由此引致的大量的外国投资，给中国带来的收益绝不仅仅是足够的资金，更重要的是伴随着合资过程的制度创新和技术动态化。应该说，合资企业（尤其是外资控股的企业）为中国的企业组织创新和管理规范化提供了一个现场性的学习环境，而这种“学习过程”具有明显的“溢出效应”，这正是外资并购客观上对中国经济产生积极效应所在。这一效应还可更广泛地理解为一种“资源流入效应”，这里的“资源”包括资本、技术、制度和人力资本等较广泛的内容。

外资并购引致的“资源流入效应”客观上的确正在推动着中国的市场化进程和经济增长。然而，应该清醒地认识到，外资并购的根本动机是追逐利润和产业控制，而且其并购行为背后还掩藏着市场、知识产权、专利及其技术路径的竞争，因而这很难是一个合作性的博弈过程。这一非合作博弈的结果，不仅关系到中国企业组织资源的增长和产业竞争水平的提高，而且影响到中国市场经济和民族工业的发展方向。

[7] 沈志渔．我国自然垄断产业组织的市场行为分析 [J]．中国工业经济．1997 (12)．

我国自然垄断产业的价格歧视从目前来看与西方国家垄断企业的价格其实有所不同。其主要区别表现在：其一，我国自然垄断产业的价格歧视并非企业的市场行为，而是政府的市场行为，而且它更直接表现为政府的政治行为，它是政府为支持某些地区或行业的发展而采取的一种手段；其二，从目前我国自然垄断产业的价格歧视行为来看，其扩大市场份额，获取利润的动机并不是很强烈的，换言之，我国的自然垄断产业的价格歧视行为并非有意识的，价格其实并没有成为我国自然垄断产业控制和操纵市场的手段。

[8] 宋永华，刘广，谢开，等．电力企业的运营模式（一）——垄断型模式 [J]．中国电力．1997 (09)．

电力工业可以划分为发电、输电、配电和供电四大领域。电力企业的四种运营模式与在上述各个领域中垄断、竞争和选择的不同程度相对应。(1) 运营模式一 ——在上述四个领域均是垄断的。在发电领域没有竞争，用户也没有选择余地。(2) 运营模式二——买电机构。只允许有一个买电机构，负责从众多的不同的发电公司买电。(3) 运营模式三——批发竞争。在这种方式中，允许配电公司直接从发电公司买电，并通过输电网输送。(4) 运营模式四——零售竞争。允许所有的用户可以选择供电公司。

[9] 王俊豪．中国基础设施产业政府管制体制改革的若干思考——以英国政府管制体制改革为鉴 [J]．经济研究．1997 (10)．

竞争对经济效率的促进作用表现在它能刺激生产效率（企业内部效率）和配置效率。在一个竞争性环境中，只有效率较高的企业才能生存和发展，优胜劣汰规律会迫使企业想方设法努力降低生产成本，提高生产效率。同时，在不完全信息的现实中，竞争还能产生一种信息发现机制，打破任何企业对信息的垄断，迫使企业按照包括正常利润在内的成本订价，从而促进社会配置效率。有关理论研究和实践证明，竞争对经济效率的促进作用同样适用于基础设施产业。

在基础设施产业实行有效竞争的一个比较可行的管制政策思路是：首先区分自然垄断性业务与非自然垄断性业务，然后把自然垄断性业务从其他业务中独立出来，由一家或极少数几家企业垄断性经营，政府以这类业务作为管制的重点，建立模拟竞争机制的管制机制；而对非自然垄断性业务则由多家企业竞争性经营。

[10] 王晓晔．规范公用企业的市场行为需要反垄断法 [J]．法学研究．1997 (05)．

反垄断法的主管机构必须具有高度的独立性，因为它们在案件审理中，常常会陷入政府的竞争政策与产业政策的冲突之中。如果反垄断法的主管机构在审案中没有独立性，势必就得屈服于政府的压力，其裁决就会被政府变幻不定的产业政策所左右。而在竞争政策与产业政策发生矛盾时，政府常常是倾向于照顾企业的利益，而较少考虑消费者的利益，从而会影响竞争政策的贯彻和执行。在美国，反垄断法的主管机构是美国司法部反垄断局和联邦贸易委员会，这两个机构对许多反垄断案件有竞相管辖权，但在审理案件中都有着高度的独立性。如当事人对其禁令或者裁决不服，可以向法院提出上诉。德国《反对限制竞争法》的主管机构是位于柏林的联邦卡特尔局。为了避免审理案件的片面性和错误，位于柏林的上诉法院有权驳回联邦卡特尔局的禁令，联邦法院可以推翻柏林上诉法院的判决。

[11] 王晹．论反垄断法一般理论及基本制度 [J]．中国法学．1997 (02)．

反垄断法是从社会经济整体利益出发，通过国家公权力对于企业行为的监督及企业垄断力量滥用的禁止，以实现经济结构的平衡和经济发展的有序。它是对自由竞争的保护，也是对于竞争背后所体现的公平、正义、自由、效率这些重要社会价值的肯定。它运用区别于传统私法手段的更有力的公法方式对经济生活实行直接的法律调整，从公共利益的视角关注着社会弱者平等的经济机会、企业的总体自由和社会的实质公正。

[12] 谢地，乔梁．为垄断正名与反垄断——也谈我国反垄断立法的指向 [J]．经济研究．1997 (09)．

一方面，所谓垄断结构与垄断行为并非一一对应的关系，不能认为某种垄断结构一定会导致垄断行为，某种垄断行为一定源于某种垄断结构；另一方面，根据主流产业组织理论的 SCP 分析框架，即市场结构—企业行为—市场绩效和发达市场经济国家产业组织的实践，垄断结构与垄断行为又是密不可分的。垄断行为归根到底与垄断结构即企业的垄断地位有关。

第一，为垄断正名，推动主要产业的适度集中，是实现经济增长方式从粗放型向集约型根本转变的客观要求；第二，反垄断，是经济体制转轨及未来成熟的社会主义市场经济体制中不可缺少的制度安排或政策框架；第三，反垄断适用除外立法应与反垄断立法同步配套。

[13] 杨晓玲．试论垄断条件下的技术创新 [J]．南开经济研究．1997 (06)．

在垄断条件下，促进技术进步的作用机制包括三个层面：第一个层面是就垄断与竞争的一般关系而言，垄断决不能消除竞争，垄断条件下的竞争对技术进步的推动作用。第二个层面是指在垄断竞争市场结构条件下，产品差别的技术垄断对技术创新的作用。第三个层面是指寡头垄断对技术进步的双重作用以及在规模垄断与技术垄断并存的条件下，技术垄断优势作用的发挥。

[14] 张力炜．国有企业介入竞争性行业的国际比较 [J]．中国工业经济．1997 (09)．

任何国家在其经济发展的恢复阶段或起飞阶段，都无一例外地允许或鼓励国有企业在竞争性行业中发展。所不同的是，主张自由经济的国家往往将这作为一种临时性或应急性的政策，而市场经济条件下的“政府主导型”国家，则更倾向于将国有企业作为宏观经济调控的重要手段和促进经济发展的动力。

许多国家都主张，国有企业既要注重社会发展目标，又要注重经济发展目标，应该坚持这两者并重。

实际情况表明，是否缩小国有企业的范围，主要取决于政府对于干预经济所持的基本态度，凡是主张实行自由经济的国家，都是尽量缩小国有企业的范围；凡是主张政府干预经济或加强宏观经济调控的国家，都是支持或鼓励国有企业在重要的行业和领域发展。

在市场经济机制健全的国家，政府对于不同行业中的国有企业采取不同的管理办法。比较通行的做法是：政府对于关系到国计民生的基础性行业和公益性行业往往采取直接干预的管理办法，管理的也比较严格；而对于竞争性行业中以盈利为目的的国有企业，则大多采取间接干预的管理办法，政府的主要职责是反对垄断，维护公平竞争的原则。

1996 年

[1] 陈培龙．垄断行业价格管理有待加强 [J]．中国物价．1996 (10)．

1996 年以来，黑龙江省的垄断行业进行价格调整的有：电力、煤气、自来水、公交客票、房租、电话基本月租费、铁路等项目。由于历史原因，某些垄断性行业的价格确实存在着一些矛盾，应该适当理顺。但调整的幅度，除需要考虑行业的要求外，还需要考虑消费者的收入水平和承受能力。在黑龙江省经济发展水平相对较低、群众承受能力较弱的现实条件下，更应兼顾三者利益。垄断性行业凭借自身的垄断优势，正在获得它竞争性行业所无法获取的利益。而要制止垄断行业的这一行为，可以考虑从以下几方面入手：（1）加强政府宏观调控；（2）加强企业的调价审核；（3）严格企业销售收入和销售数量的核算，强迫其加强管理；（4）科学制定一定的维修费用率，对于不合理的维修费用应给与剔除。垄断行业的特殊性，决定了其市场是一个卖方市场。在消费者力量相对薄弱，难以维护自身利益的情况下，由政府出面加强对浪费行业的价格管理已是势在必行。

[2] 戴猛．关于我国自然垄断产业的规制与改革［J］．经济问题探索．1996（10）．

在某些产业里，由于存在资源稀缺性的规模经济效益、范围经济效益、固定成本的沉淀性，使提供单一物品和服务的企业或联合起来提供多数物品和服务的企业形成一家企业（垄断）或极少数几家企业（寡头垄断），这种由于技术理由或特别的经济理由而成立的垄断或寡头垄断称为自然垄断，存在自然垄断的产业称自然垄断产业，如水、电、煤气、热力供应、电信、邮政、铁路、航空、海河运等。这些产业一般与人们的生活息息相关，必须在制度上确保垄断供应，赋予特定企业以垄断供给权，这就需要给予规制，即运用一定规则对经济主体的行为进行限制。规制包括社会规制和经济规制，经济规制是自然垄断最重要的规制，它指的是在自然垄断和信息偏在的领域，为防止发生资源配置低效和确保利用者公平利用，政府用法律权限，通过认可和许可手段对企业的进入和退出、价格、服务数量及质量、投资、财务会计等行为加以规制。世界各国普遍存在对自然垄断的经济规制，但规制也带来一些负效应，各国又都在积极探求规制改革的思路。本文拟运用规制经济理论，参考发达国家的先进做法，对我国自然垄断产业的规制与改革做出讨论。

[3] 邓启惠．浅谈市场进入壁垒及其效应分析［J］．经济问题．1996（02）．

人们通常对市场竞争的分析都暗含着这样的假设前提：厂商能够自由地进退市场；生产要素具有完全的流动性；信息充分而及时地传递并且在供求双方之间对称，等等。一句话，就是暗含着“零成本流动”的前提条件。然而，市场运行是有成本的。在市场竞争中存在各种进入壁垒，即产业内现有企业享有种种有利条件，产业外企业处于不利条件，以致无法进入市场成为现实。本文试图结合我国具体情况对产业市场进入壁垒的表现形式及其效应进行经济分析。经济性市场进入壁垒有以下几种：规模经济性壁垒；必要资金量壁垒；资源占有壁垒；技术壁垒；信息壁垒。行政性市场进入壁垒有：制度壁垒；政府壁垒；行业壁垒。

[4] 邓启惠．中国反垄断立法的若干问题探讨［J］．江西社会科学．1996（06）．

市场经济的发展反复证明，竞争作为最理想的配置社会资源和最大可能地调动市场主体积极性的手段已被公认。然而，不可避免的是，竞争必然导致垄断。垄断排斥竞争、限制竞争，使竞争机制的有效功能难以发挥。如果说不正当竞争是竞争过滥的话，那么垄断则是有效竞争不足的原因。为了限制垄断行为，维护公平竞争，市场经济发达国家都无一例外的制定了基本内容相似而名称略有不同的反垄断法。我国当前行政性垄断严重存在，经济垄断已经出现，故有必要从保护市场经济稳定而高效运行的角度出发，尽快出台一部既符合国际惯例又体现中国特色的统一的《反垄断法》。本文就中国反垄断法需要研究和解决的若干问题发表意见。（1）如何定义垄断的问题；（2）反垄断法出台的实际选择问题；（3）反垄断法的任务问题；（4）反垄断法的除外规定问题；（5）反垄断法的域外使用问题。

[5] 杜丹清．对我国当前垄断暴力行为的思考［J］．商业经济与管理．1996（05）．

暴利行为，从定性上分析，就是指用不正当价格手段牟取超额利润。我国当前垄断行为的产生和发展既有其客观因素，又有旧的计划经济体制遗留因素，治理起来难度较大，而能否对此类暴力行为大胆揭露并进行及时有效的综合治理，是关系到我国经济能否健康、正常向前发展的至关重要的方面。（1）我国当前不正当垄断行为的具体表现；（2）对我国当前垄断行为的根源分析；（3）垄断及垄断价格行为的危害；（4）借鉴国外先进经验，治理不正当垄断暴力行为的思路。

［6］蒋仁才，荣朝和，李雪松．发达国家放松运输管制原因的理论分析［J］．经济学家．1996（06）．

运输市场并不是既然垄断市场，运输市场上的竞争不是毁灭性竞争，运输产品多数不具有公共物品的性质，可以通过市场实现运输业外部效应的内部化，运输业特殊性与市场机制没有根本冲突。基于这种认识，各发达国家相继放松了对运输业的经济管制。目前，放松对运输业的市场进入控制和价格控制，在运输市场引入竞争机制，在公共运输领域实行民营化和私有化等，已成为各发达国家运输政策调整的一般趋势。

［7］王源扩．我国竞争法的政策目标［J］．法学研究．1996（05）．

竞争法可以简单地定义为以规范经营行为、从而维护市场竞争为基本内容的法律规范的总称。狭义的竞争法，专指反垄断法或反托拉斯法。其内容主要包括三方面：一是对两个或两个以上经营者相互协商的反竞争行为的控制；二是对在某一市场上占支配地位的单个企业滥用市场优势地位的控制；三是对企业兼并、收购等导致产业结构过度集中化行为的控制。广义的竞争法，除反垄断法外，还包括反不正当竞争法。本文的分析，除另有说明者外，以反垄断法为主。从规范意义上说，竞争法的政策目标，是指竞争法通过规范交易行为和维护市场竞争，所应当保护的利益和实现的功能。保护竞争究竟是为了保护何种利益，达到何种目的，这就是竞争法的政策目标所要回答的基本问题。

［8］文学国．企业兼并的垄断趋向和反垄断法的规制［J］．中国工商管理研究．1996（03）．

企业兼并有狭义与广义之分，狭义的企业兼并指公司法意义上的合并，而广义上的企业兼并，则包括接管和证券法意义上的收购，是指两个或两个以上的企业依法律规定的程序合并成一个企业的行为。有两种划分方法，一是依公司规定，分为吸收合并和新设合并；二是按合并企业的产业关联划分，企业兼并可分为水平兼并、垂直兼并和混合兼并三种形式。

［9］谢地．论现代企业制度建设与产业组织优化的同步性［J］．社会科学战线经济学研究．1996（02）．

我国正在以建立现代企业制度为目标，积极推进企业产权制度的变革。就这种改革及其可能产生的波及效果而言，不啻为一场微观经济革命。我国企业改革选择现代企业制度目标，显然不是为了现代企业制度本身而进行的制度变革与创新，而必然服务于多重目标。但不管这些目标多么具有迫切性，都离不开为经济发展服务这一根本目标。这是因为我们是在没有实现国家工业化这样一个大的背景下进行微观经济变革的。所以，在现代企业制度建设过程中，注意把这种变革或创新与经济发展问题相承接，就具有特殊重要的意义。主要市场经济发达国家的经济发展史表明，产业组织的优化——作为产业结构政策的落实与实现，在一国经济成长中往往起到巨大的作用。而产业组织合理与否，又在很大程度上取决于企业制度的状态。我国经济的实际在很大程度与产业组织不尽合理密切相关，而产业组织不合理的根源又在于企业制度。所以，在现代企业制度建设中注意对产业组织进行创新，使企业产权制度的合理化过程同时成为产业组织的优化与创新过程，应该是中国经济发展的重大课题。

［10］徐伟敏．完善我国竞争法刍议［J］．山东大学学报．1996（01）．

垄断和不正当竞争总是与自由竞争相伴而生，它们不仅损害了其他城市经营者及消费者利益，而且造成技术停滞。产业效率下降，市场失灵，损害国家利益。不对此进行约束，竞争的优越性将被削弱乃至丧失。因此，各市场经济国家纷纷制定了自己的竞争法，虽名称各异，但促进经济稳定增长、保障公平自由的竞争机制的有效运行、协调个体营利性与社会公益性的矛盾、兼顾效率与公平、消除竞争过程的一切弊端，是各国竞争法一致的宗旨。竞争法在西方各市场经济国家的法律体系中占有极其重要的地位，在日本被称为“经济宪法”。美国则誉之为“美国经济政策的基石”。我国正处在计划经济向市场经济转轨时期，竞争法将取代计划法称为经济法的核心，建立和完善我国的竞争法律制度已成为当务之急。

[11] 徐向艺．论美国的企业兼并 [J]．理论学刊．1996 (03)．

企业兼并是在市场经济竞争中，由一家企业接办、并吞另一家或多家企业而产生的资本集中的经济过程。美国在长期的历史发展中，企业兼并经历了四个不同阶段，并积累了丰富的经验教训。分析美国企业兼并的特点，将为我国企业结构调整提供诸多有益的启示。

[12] 宇正香．关于我国现阶段垄断问题的理论思考 [J]．浙江社会科学．1996 (05)．

长期以来，我国理论界往往把垄断当作资本主义特有的经济现象。现在看来，这种观点失之偏颇。社会主义条件下有没有垄断？答案是肯定的。纵观我国目前的经济活动，垄断现象比比皆是。按照垄断形成的原因的不同，我们可把我国现阶段存在的垄断分为四种基本类型：（1）自然性垄断；（2）竞争性垄断；（3）行政性垄断；（4）封建性垄断。垄断是一个十分复杂的经济范畴。由于垄断有合理性与不合理性之分，有积极作用与消极作用之别，因而“把一切垄断都认为是坏事是毫无充分理由的简单化。”面对垄断，应分别不同情况，采取不同措施。（1）积极保护并管理自然性垄断；（2）适当支持并有效约束竞争性垄断；（3）努力减少并不断规范行政性垄断；（4）严厉打击并坚决取缔封建性垄断。

[13] 张德霖．转型国家如何制定和实施反垄断法与消费者权益保护法 [J]．中国工商管理研究．1996 (11)．

反垄断法和消费者保护法是市场经济条件下促进和维护公平竞争，保护竞争者和消费者合法权益的基本法律。从传统的计划经济体制向市场经济体制转轨，并建立起有效的竞争政策体系和制度，需要经历长时间的变化。为了促进这方面的立法和执法，本文介绍了西方专家学者就这一问题的看法。

[14] 张德霖．论我国现阶段垄断与反垄断立法 [J]．经济研究．1996 (06)．

垄断是市场经济条件下与竞争相对的一种经济现象。当前我国正处在建立社会主义市场经济体制的关键时期。社会主义市场经济是一种有效公平竞争经济，因此，如何通过立法制止一切妨碍有效公平竞争的各种垄断行为，就成了摆在我们面前的一个重要理论和实践课题。从市场经济发展历史看，市场经济体制之所以能够有效地实现资源优化配置，就在于它能够形成有效的公平竞争机制。建立社会主义市场经济体制，说到底也就是建立起一种有效公平竞争的制度。这种制度的形成是一个历史的过程，通过对垄断进行经济学和法理的分析与研究，以改革精神制定并施行反垄断法，依法禁止和防止垄断，是市场经济条件下形成公平有效竞争制度的根本对策。

[15] 张泰．规范社会主义市场竞争秩序 [J]．经济研究参考．1996 (E8)．

市场经济是竞争经济，竞争是市场经济的核心。公平有效的竞争是充分发挥市场机制、资源配置基础性作用的前提条件。建立社会主义市场经济体制，必须首先建立和完善市场竞争政策和竞争规则，维护竞争机制，规范竞争秩序，保护和鼓励正当竞争，打击不正当竞争行为和限制竞争行为。应采取多种措施，积极规范市场竞争秩序。建立和完善保护竞争的法律体系，尽快出台《反垄断法》和其他专门性法规，建立完善以经济合同法为主要内容的调整市场主体之间关系的法律法规。同时，中介组织要根据市场规则，公平公正地从事各项中介服务，独立行使职能，并承担相应法律的经济责任。

［16］赵静．怎样改革自然垄断行业的国家管制模式？［J］．经济论坛．1996（08）．

自然垄断行业，仍然实行着源于计划经济体制的国家管制。本文给出了自然垄断行业的定义及政府管制包括的四种形式。首先分析了我国自然垄断行业的传统管制方式及其绩效考察，其次提出了自然垄断行业国家管制模式的改革思路，最后指明了改革自然垄断行业国家管制方式的具体途径，包括转变政府职能，取消公共企业的长期垄断权，组织体制上实现由“大统一”形式向适应市场需要的多样化公司体制的转变适度降低自然垄断行业的进入壁垒，实现经营主体的多元化。

1994～1995 年

［1］陈秀山．我国竞争制度与竞争政策目标模式的选择［J］．中国社会科学．1995（03）．

市场经济的核心是竞争，其目标模式选择也就是建立什么样的竞争制度、实行什么样的竞争政策问题。本文认为，我国竞争制度与竞争政策目标模式的选择，既要受到规模经济效益、组合经济效益以及技术进步与创新等市场经济一般因素的制约，又须符合我国社会主义经济制度的性质以及所处发展阶段等特殊因素的要求。应建立国家监控调节下的垄断、垄断性竞争和自由竞争并存的竞争制度，实行市场结构政策与市场行为政策并重的竞争政策。文章强调，竞争制度与竞争政策既要与产业政策也要与社会发展过程协调。

［2］邓启惠．中、西竞争法规的比较［J］．中国工业经济．1995（09）．

竞争法是市场经济条件下国家干预和调节经济活动的重要工具，西方发达市场经济国家都无一例外地制定和实施了名称和具体内容略有不同的竞争法规。为了适应社会主义市场经济发展的需要，我国于 1993 年 9 月也颁布了《反不正当竞争法》。中、西竞争法的宗旨都是调整各种反竞争行为，以维护公平竞争，保护经营者、消费者的合法权益和社会公共利益，但比较起来，也存在许多不同之处。本文试图从比较中借鉴西方国家竞争立法的成功经验，认清我国竞争立法的现状和问题，以推动中国市场竞争法规建设的进一步完善和发展。这里的西方国家包括日本在内的发达资本主义国家。

［3］丁任重．我国市场经济中的垄断问题研究［J］．经济理论与经济管理．1994（02）．

本文由四部分构成。第一部分是我国市场经济中垄断的形式与特点。由于生产力水平、经济管理体制等基础条件的不同，我国经济发展过程中出现的垄断，具有两个突出的特点：一是垄断的行政性；二是垄断的集团性。我国市场经济活动中存在的行政垄断和集团垄断，有时还具有统一性。第二部分是我国市场经济中垄断形成的机理。从总体上来说，能够排斥竞争、强化独占、实行保护的各项措施和政策，都会导致垄断的产生。第三部分是垄断在经济中的双重作用，即它对经济发展既有促进作用，同时又有消极影响。第四部分是限制和消除垄断的措施有深化体制改革，推进市场发育和加强政府导向。

[4] 郭立宏．论我国产业市场低进入壁垒高退出壁垒的矛盾与治理 [J]．经济改革．1995 (01)．

随着我国市场经济的纵深发展，市场将是产业结构关系变动和发展得到最综合的表现的地方，市场将成为产业结构成长的基本条件。因此，在确定国民经济总体发展数量关系时，必须切实解决市场组织问题。市场组织合理化是产业结构调整的根本途径。目前我国产业组织不合理已经成为结构调整的严重障碍，成为影响产业发展的主要问题之一，尤其是产业市场中存在的低进入壁垒和高退出壁垒的矛盾已经成为影响有效竞争的市场结构形式及产业组织不合理的重要因素。因此，对于产业市场进行进入与退出壁垒的规范与治理就成为我国产业结构调整和产业组织优化的重要任务。

[5] 黄速建．自然垄断产业改革谈 [J]．投资北京．1995 (08)．

自然垄断产业，是指由于技术方面的原因或者经济方面的原因，使企业只能被限定为一家或极少数几家公司的产业。比如供电、煤气、自来水、供热等公用事业和电话、广播、铁路等产业。这种由于规模经济效益、范围经济效益、网络经济效益、资源稀缺性、沉淀成本等技术、经济方面的原因而形成一个产业一家企业或一个产业仅有少数几家企业的现象称为自然垄断。本文主要从如何看待自然垄断产业，自然垄断产业主要弊端，自然垄断产业管理中存在的最大问题，自然垄断产业改革：企业重组、竞争和公共规制等几个方面进行了论述。

[6] 江瑞平．关于现代日本市场经济中的垄断问题 [J]．世界经济．1995 (01)．

日本的资本主义市场经济，确立于1868年明治维新后，经过短暂的自由竞争时期，到20世纪初同欧美发达国家一道步入了垄断阶段，垄断开始成为其社会经济生活的基础。第二次世界大战后，经过战后初期的体制改革，以及后来的新科技革命的展开、高速经济增长的现实、产业结构的变化、国家宏观调控的增强和经济国际化的进展，日本社会经济体制发生了空前显著的变化。在此条件下，垄断是否作为整个社会经济生活的基础依然存在？其形态与实质如何？其与经济高速增长趋向的关系怎样？这些已经成为颇值全面分析与深入探究的极为重要的理论与现实问题。

[7] 李秉濬．垄断利润新议 [J]．厦门大学学报．1994 (04)．

西方发达资本主义国家从自由主义阶段进入垄断阶段以后，参加垄断组织的企业可以凭借其在资源、产品和市场等方面占据的垄断地位，通过出售产品的垄断高价和收购原材料或初级产品的垄断低价，获得大大高于平均利润的垄断利润。这一事实的存在，使经济学界长期以来形成如下的一些认识：把垄断企业获取的利润等同于垄断利润，即垄断企业的利润来源都是靠垄断地位而来的；以降低成本为动因的科学技术发展及其应用于生产，对于垄断企业似乎变成可有可无之事，但在事实上垄断企业却仍然热衷于先进技术的使用。本文拟就这些问题从理论上做些新思考，并希望因此形成的观点能够更加符合垄断资本主义的现实。

[8] 李会艳．中国反垄断问题初探 [J]．中山大学研究生学刊（社会科学版）．1995 (02)．

本文从垄断本身固有的特性出发，考察了我国现有的垄断现象，对当前是否有必要制定反垄断法这个问题做了有意义的探讨。对我国垄断现象透析，我国现在的垄断与实行市场经济的西方国家相比有自己的特点。在西方发达国家，普遍的是私人的经济垄断，而在我国，则是国家垄断、行政性垄断、经济性垄断并存，更多的是行政性垄断。文章就我国现时是否有必要制定反垄断法或者说制定反垄断法的时机是否已经成熟的问题结合我国实际情况，进行了分析讨论。

[9] 刘素平．关于克服地方保护主义的思考 [J]．学习论坛．1995 (07)．

地方保护主义是一种以行政和司法的权利干预经济的活动，是维护本地区本部门局部利益的倾向。其基本特征是在经济活动中，不顾党和国家的整体利益，背离党和国家的统一领导，制定地方土政策，实行地方保护和经济封锁。现阶段，在一些地区和部门，地方保护主义的表现形形色色。地方保护主义已经对社会主义市场经济的健康发展造成严重危害。现阶段，要克服地方保护主义的错误思想，必须提高党的各级组织和领导干部的理论素质、政策水平。必须不断清除来自“左”的和右的思想障碍，跨越领导决策误区。

[10] 亓长东. 对我国不正当竞争的深层思考 [J]. 财经问题研究. 1994 (06).

斯密最早提出迄今最为重要的原理之一：生产资源的各个拥有者都力求将资源用于会产生最大收益之处。通过竞争，使资源得到最优配置。竞争与垄断犹如一对孪生兄弟，总是相伴而行。垄断是排斥竞争的，但垄断并不一定降低效率。判断一种经济现象是否合理，不能以其是否竞争为依据，而应以效率为标准，这是本文的基本前提。不正当竞争可以肯定地说，损害了市场的竞争机制，阻碍了市场的完善和发展。本文试图从市场行为的角度，从市场行为影响市场绩效的思路，把不正当竞争行为作为带有市场经济性质国家的共同问题和我国社会主义市场经济条件下的特殊表现形式加以分析。

[11] 史东辉，程美芳. 发达国家反垄断政策的若干争论与启示 [J]. 外国经济与管理. 1995 (11).

作为市场经济条件下政府的一项基本的微观经济政策，反垄断政策的地位及其效用应当说是不容否定的。然而，几乎从其诞生之日起，在具体的政策内容、手段和效果方面，围绕着反垄断政策的争论也一直没有停止过。时至今日，反垄断政策仍是微观经济政策领域规范和实证研究的一大热点。本文试图在对经济发达国家反垄断政策若干争论进行回顾和分析的基础上，结合这些争论所能带来的启示，对我国社会主义市场经济条件下政府反垄断政策的规划作一讨论。

[12] 孙广振. 关于度量市场垄断程度的指标问题 [J]. 数量经济技术经济研究. 1994 (07).

同一工业部门或同一市场内企业的数目、规模及其集中程度在一定程度上揭示了市场结构的类型：是完全竞争市场、垄断下的竞争还是垄断市场？也就是说，这些信息直观地提示了工业部门或市场的垄断程度。如何由企业的数量、规模及其集中程度来构造刻画工业部门或市场的垄断程度的指标体系，以及怎样将垄断指标与其他工业经济问题结合起来进行研究，则是一个意义重大而尚待进一步深入研究的课题。本文在这方面做些评论介绍，并针对其中的熵指标作了改进。在文章的最后一部分，将对与市场结构的定量研究密切相关的收入分配指标问题、特别是周方先生最近的重要工作进行讨论。

[13] 万安培，陈桂芳. 略论我国当前寻租活动的主要特点 [J]. 中南财经大学学报. 1994 (03).

就在市场经济发达国家加强政府干预的同时，一些发展中国家则开始了变革传统经济体制、向市场经济转轨的艰难历程。在经济转型时期，一些长期搞计划经济的国家，由于政府官员和企业一直有着非常紧密的直接关系，对经济运行有着很大的决定权，因而在实际改革过程中，行政干预和计划管理的观念和势力始终不肯让位于市场经济。本文以“寻租”理论分析了经济转型时期我国寻租现象的始终主要表现，归纳了其基本特点，对如何深入研究寻租理论、遏制权钱交易的腐败现象进行了思考。

[14] 吴振国. 美、德、日三国反垄断法比较 [J]. 中国法学. 1994 (02).

随着社会主义市场经济的成熟，市场因素对我国经济的影响越来越大，政府对市场的间接干预措施也在不断增加。各种垄断组织及其垄断行为，即将成为我国经济生活中一个值得规制的严重问题。如何通过反垄断立法，禁止垄断，保护竞争，推动经济发展，已经摆在我国经济立法工作的议事日程上。除了充分考虑中国的国情外，还要认真研究世界各国不同制度下市场经济发展的一般规律。反垄断法是大多数国家确定市场规则、调整市场活动、促进经济发展的基本法律规范，通常被视为“经济宪法”。为了加速我国市场规则的建立和完善，制定好反垄断法，我们应借鉴西方一些国家的经验，特别是在世界各国反垄断立法中的典型和代表性的美、德、日三国，做一粗略的分析比较研究。

[15] 夏文树．市场竞争机制的法律调整［J］．法学．1994（06）．

竞争的存在，既反映了价值规律的内在要求，又是价值规律得以实现的机制和途径。然而，在市场经济发展过程中，竞争与不正当竞争、垄断性行为总是并存着，前者构成市场经济发展的动力机制，后者却会破坏竞争机制，使正当竞争受到阻碍，商业道德和社会利益受到侵害。因此，绝大多数市场经济国家都很注重借助法律手段来调整市场竞争机制，依法保护正当竞争——制止不正当竞争和垄断行为。由于法行为在现实法律制度中的重要地位，因此将法行为置于研究的中心地位。行为法学认为，只有按此方向，才能有效地揭示法律制度建设的规律。

[16] 余晖．美国：政府管制的法律体系［J］．中国工业经济研究．1994（12）．

在美国，行政代理机构又称管制机构，早年被称为“无头的政府‘第四权’，一种无责任的机构和不协调的权力的随意堆积物”，足见其地位显赫。20 世纪 60 ~ 70 年代，管制机构更是滥觞一时，70 年代末以来，非议蜂起，遂有放松管制风潮的出现，导致许多管制机构纷纷撤销。这是一个有趣的现象，对我国行政机构的改革也不无借鉴意义。本文拟专门讨论与管制机构行为相关的法律体系。文章分为四部分，第一部分介绍了管制机构的由来及其行政手段；第二部分介绍了管制机构的决策程序；第三部分介绍了管制机构的权力制衡；最后一部分作者对上述美国政府管制的法律体系加以评介。

[17] 余劲松，石静遐．比较与探索——评《中德反垄断法的比较》［J］．法学评论．1995（04）．

对中德反垄断法进行比较研究具有重要的现实意义。由于客观历史条件与主观思想认识等方面的原因，中国法学界对反垄断法的研究起步较晚。但随着社会主义市场经济的建设和发展，各种垄断组织与垄断行为，必将成为中国经济生活中一个值得规制的严重问题，研究及制定反垄断法越来越具有重要意义。中国的反垄断立法，除应充分考虑中国国情外，还要借鉴一些西方国家的经验，特别是在世界各国反垄断立法中有典型性和代表性的德国的经验。另外，保护竞争的反垄断立法是中德两国经济制度的基础，两国均面临着制止经济权利滥用，规制国家干预竞争等问题。所以，该书有助于推动中德法学界对反垄断法研究的交流以及相互借鉴。

[18] 张德霖．制定反垄断法　塑造公平竞争机制［J］．改革．1995（03）．

建立社会主义市场经济体制，说到底也就是建立公有制条件下的竞争性市场体制。但这种竞争必须是有规则的竞争，即依法开展公平有效的竞争。相应地，就需要制定并实施旨在制止垄断、促进公平竞争的法律，以通过法律来实现各种竞争政策及措施。

1987 ~ 1993 年

[1] 陈彩虹．企业兼并问题探索［J］．经济纵横．1992（10）．

对于既具有微观经济效益，又具有宏观经济意义的企业兼并，如注入新管理方式型和产业结构调整型的兼并，以及规模经济下的兼并，都应给予政策支持。从现实看，主要是创造社会经济条件，尽量减少兼并中的摩擦。这里重要的是产业结构调整型的兼并，由于被兼并企业要转换生产技术过程，重新组织生产资料和劳动力，所以，从这种兼并所具有的产业结构调整的作用来看，可以认为，兼并企业既代表自身的经济利益兼并被兼并者，同时，也代表宏观管理部门做了一次结构调整。所以，在兼并企业所耗费的成本中，宏观管理部门应负担一部分，即：在兼并中与生产技术转换过程无关的社会负担。如离退休人员的生活负担，这是产业结构调整中的难点。为此，宏观经济管理部门应积极促进社会经济保障系统的建立，将那些不应由企业负担的经济责任分离出来，交给社会创造兼并的良好社会环境。

［2］陈明森．论进入壁垒与进入壁垒政策选择［J］．经济研究．1993（1）．

进入壁垒是新企业进入特定市场所存在的障碍。这种障碍主要指与潜在进入者相比，现存企业享有种种有利条件，在竞争过程中潜企业处于不利地位，以至无法使进入市场称为现实。在一定意义上说，进入壁垒是与垄断力量相联系的。要使垄断势力能在长期内持续存在，就需要寻找某些排斥别人进入市场的障碍。一般情况，进入壁垒越高，市场的垄断程度也越高，价格越是偏离自由均衡价格，厂商所能获得的超额垄断利润也越多；进入壁垒越低，市场的垄断程度也越低。所以，进入壁垒高度可以间接地用产业价格扭曲率和超额利润率衡量。在经济上分析，进入壁垒是一把“双刃剑”，具有正面作用和负面作用的双重性质。

［3］龚维敬．西方企业兼并的发展趋势［J］．经济研究．1990（12）．

20 世纪 80 年代资本主义企业兼并高潮的掀起，出现了一系列新的趋势，有其特定的特征、原因和影响。（1）兼并争夺日趋激烈；（2）通过兼并形式的变换，不断调整生产关系以适应生产力的发展；（3）兼并在资本积累中占据主导地位；（4）国际间企业兼并的兴起；80 年代资本主义企业兼并高潮的掀起是诸多因素促成的。（1）扩展垄断势力，争夺先进技术；（2）加强生产专业化与协作；（3）优化企业组合；（4）合理的规模经济；（5）金融市场的变化。

［4］雷兴长，吴永萍．垄断是一种市场机制［J］．经济理论与经济管理．1989（5）．

垄断是一种市场机制，把竞争机制引入市场，也必须承认垄断经营在市场中的作用。首先，垄断经营可以缓和经济市场的波动，使多种复杂残酷的竞争手段走向规范化和合理化，使突飞猛进的商品经济逐渐稳定发展；其次，垄断生产可以落实垄断企业的微观计划管理和国家的宏观计划管理，促使计划机制和市场机制的有机结合；再其次，垄断价格可以相对稳定市场物价，减少物价上涨的随意性，降低物价上涨的幅度；最后，垄断利润可以为企业的技术发展和扩大再生产提供资金，消除流通吃生产的弊端，使生产企业与商业企业之间的利润分配更为客观，保证社会经济的长期发展。

［5］李景春，任军．论我国社会经济生活中的国家行政垄断［J］．内蒙古民族大学学报（社会科学版）．1993（1）．

发展社会主义市场经济，建立社会主义市场经济体制必须消除国家队社会经济的行政性垄断。其根本途径就是走国有企业股份化之路，变革公有制的具体实现形式，把国有资产的政府所有变为企业法人所有。这样就能彻底剥夺政府对国有资产的所有权，从而消除国家行政垄断。国有企业股份化以后，使社会化大生产和市场经济的发展相适应，将会产生通过控股形式而建立起来的众多企业集团。企业集团垄断将会有力地冲击国家行政垄断。

［6］戚聿东．我国市场经济条件下的垄断模式及其发展途径［J］．学习与探索．1993（5）．

我国现有的市场结构存在两大缺陷：一是经济集中型垄断不足；二是行政割据型垄断过度。为此，必须打破割据型垄断，培育集中型垄断。集中型垄断按集中程度可分为准完全垄断、寡头垄断、垄断竞争、准完全竞争四种类型。如何把这四种垄断结构置于相应的产业中即构成了垄断模式。促使我国垄断模式的形成，必须建立以大企业为核心的产业组织体系；加强资产存量调整，完善市场退出机制；加强资产增量调整，完善市场进入机制；破除条块分割，完善市场体系；加强宏观间接调控，塑造大企业成长的环境。

[7] 王保树．中国反垄断法研究的现状及其展望［J］．法学评论．1991（6）．

行政垄断产生于高度集中的经济体制下，在这种体制占支配地位的情况下，行政的作用渗透到经济生活的每个角落。因此，行政垄断具有全局性……其主要形式有二：其一，企业主管部门或地方政府组建的行政公司，滥用其势力，限制企业竞争，其特点是：（1）行政性；（2）行业性；（3）封闭性。其二，地区垄断，即地方政府滥用行政权，以封锁所辖区市场，破坏全国统一市场。这种垄断带有极明显的地区封锁性，实施这种垄断行为的，有经济发达地区的地方政府，也有经济不发达地区的地方政府，它们均以地方的暂时利益作为判断能否开放本辖区市场的标准。地区垄断的主要表现：（1）过分强调推销本地商品，抵制外地商品进入本地市场；（2）阻止本地区某些原材料外流，限制本地通过外地调剂原材料的余缺。

[8] 王道国．社会主义市场经济条件下的垄断浅探［J］．郧阳师范高等专科学校学报．1993（4）．

垄断和竞争一样，是市场经济运行的一种内生机制。现代市场经济的运行和发展是垄断和竞争两股力量共同推动的。我国要建立的垄断应为“竞争垄断”型或常态垄断。它在我国不但有其存在的客观必然性，现实性，也有其历史进步性。我们既不能主观地排斥垄断，也不能一味地追求过度垄断，而是要正确地对待垄断，并为合理竞争与适度垄断的发展和运行创造良好的环境。

[9] 魏杰．竞争政策的系统分析［J］．经济学家．1989（6）．

竞争是提高生产率从而促进总供给增加的重要力量，因而以竞争为作用对象的竞争政策，往往被称为最重要的经济发展动力政策，甚至被称之为首要的供给调节性宏观经济政策。竞争政策是为保护竞争和维护正常的竞争秩序而提供政策规定和政策手段，具体表现为一系列有关保护竞争充分展开和维护正常竞争秩序的措施与规则，其实质是将消除竞争限制因素的途径及排除各种无效竞争的方法，用政策形式加以强制地肯定，从而使竞争充分发挥有力促进生产率提高和增进总供给增长的作用。

[10] 薛进军．关于社会主义企业集团垄断经济的理论探索［J］．陕西师范大学学报（哲学社会科学版）．1988（4）．

社会主义经济也会存在垄断以及兼并、股份制等机制。不同的是，这种垄断是以公有制（企业所有制和集团所有制）为基础的。据此我们可以给社会主义集团垄断下一个定义：它是以社会主义公有制为基础，以具有创新精神和扩张意识的企业为核心，通过企业联营、股份制或兼并等形式实现产权转让，构成具有法人资格的大型综合性经济实体，以形成对某一类或多类产品的生产、技术研究与开发、销售等方面独占的一种发达商品经济阶段的经济形式。

[11] 杨大光．论我国企业的兼并［J］．财经问题研究．1989（2）．

我国的资源配置现状是存量结构刚性和增量结构柔性并存的格局，只要这种格局存在，社会主义商品经济新持续就不可能建立起来，改变这种格局，首先，要改变存量结构的刚性特征。改革的思路是：创造一个企业资产能横向流动的环境，因为实践证明只依靠国家行政手段实行关、停、并、转，并不是调整资金存量的理想方法。其次，要想改变增量结构的柔性特征，其思路也是为企业创造一个能通过横向吸收其他企业生产要素而达到增量目的的环境，因为今后投资要从国家一元主体向多元主体转化，国家直接投资占企业资产增量的比重将减少，在企业自我积累能力有限的情况下，只有允许企业自己的横向融合才能迅速达到资金增量目的，可见，建立一种资金存量和增量都向效益好的企业流动的机制，是优化资源配置的必然选择。

[12] 杨伟民，刘吉丰．产业组织模式及其选择［J］．数量经济技术经济研究．1988（07）．

概括地说，产业机制的核心是建立在市场分配资源基础上的产业政策指导。产业机制的基本功能是将产业政策的目标和手段纳入客观的市场经济运行轨道，化成经济主体的自觉行为，并创造一个既能有效地抑制垄断又能有效地发挥规模经济的客观市场环境，以期实现产业组织的合理化从而促进产业结构转换能力的提高。

[13] 袁纯，袁春波．试论社会主义市场经济条件下产生垄断的客观必然性［J］．集团经济研究．1993（5）．

在社会主义市场经济条件下形成垄断是非常必要的，垄断既可以为资本家攫取高额垄断利润利益服务，也可以为广大人民群众谋取最大限度的经济利益服务。尽管垄断在社会主义市场经济条件下仍不可避免地会产生各种经济负效益，有可能会脱离国家宏观调控的轨道等弊端，但是这些消极因素可以通过加强国民经济的宏观管理，综合运用各种经济手段，加强经济法制，并辅之以必要的行政手段。

[14] 张少华．企业兼并的理论基础与现实思考［J］．经济理论与经济管理．1988（06）．

兼并的一个前提是产权的界定和产权主体的培育（这实际上也是商品经济的前提）。由于我国商品经济发展的特殊过程，从而产生了产权界定的特殊形式——企业隶属关系，即部门所有、地方所有。这样形式具有“政企合一”的特征，并由此带来许多弊病，因而不可能成为我们改革的最终目标。切实的办法就是把国有资产管理的职能分离出来，设立各级资产管理部门，然后在此基础上设立多元化、竞争性的国有资产经营公司，实现宏观调控权、资产经营权和企业经营权的三次分离、使其成为产权市场的活动主体，成为企业兼并的主要推动者。

[15] 郑秉文．竞争与垄断悖论及国家的作用［J］．世界经济．1992（9）．

垄断行为与规模经济是两回事，因此，政府在运用规模经济的同时，还要采取经济和法律的手段坚决的制止垄断行为的产生。既然竞争和垄断是紧密联系着的两种经济行为，促进竞争与消除垄断是一个问题的两个方面，那么政府采取的任何促进竞争的措施同时就意味着是对垄断的遏制。但由于发展中经济和社会主义经济中存在的垄断行为、垄断程度、垄断范围与发达国家相比有很大的差异性，所以，发达国家的反垄断理论和反托拉斯的经验不宜全盘引进。一般来说，这些国家的市场机制不完善，竞争行为不够规范，竞争程度不够剧烈，行政垄断根深蒂固，因此，这些国家的政府应根据各自市场进入障碍组合的情况配之以不同的反垄断措施。总的来说，可供这些国家选择的反垄断措施一般包括：（1）价格限制；（2）产量限制；（3）征收垄断税；（4）提高国家内部经济开放度，即打破条块分割，促进生产要素流动；（5）提高对外开放度；（6）进行经济改革；（7）制定和健全反垄断法等。

[16] 邹小平，覃广华．产业组织与技术进步［J］．数量经济技术经济研究．1990（3）．

产业组织与技术进步之间的关系是较复杂且有争议的，已有的研究成果表明：一定程度的垄断有利于技术创新，但可能有碍于技术扩散。我国企业普遍缺乏技术开发和创新能力，产业组织不合理则是主要影响因素之一，通过产业组织的改善，增强企业技术进步的外在压力和内在动力，是加速技术进步的一个重要途径。

1979 ~ 1986 年

[1] 陈胜昌．规模经济浅论 [J]．经济理论与经济管理．1985 (06)．

生产力要素在一定经济实体的集中程度就是经济规模、规模经济一般分为四个层次——企业规模经济，联合体规模经济，部门规模经济，地区规模经济包括城市规模经济。其中企业规模经济是规模经济的核心和基础。这就是西方学者所说的“厂内经济”或“内在经济”。与此相对应的是“厂外经济”或“外在经济”。规模经济变动中的最小有效规模变动规律、最优规律、规模经济与投资效益的关系这三条规律，在资本主义商品经济条件下得到了利用，这就是一些西方学者所说的收益递增规律。规模经济，准确地说，不是规模越大越经济，而是适当规模的经济。限定合理规模的条件，不仅包括生产的批量，还有市场条件协作条件，资源条件，甚至人口条件。

[2] 冯邦彦．企业定价策略和方法的探讨 [J]．暨南学报（哲学社会科学版）．1985 (03)．

经济体制改革的中心环节是增强企业活力，成败的关键问题则是价格体系的合理性。正确的价格决策，有利于企业扩大销售，增加利润，从而增强企业自我改造的能力。如果价格决策失误，即使其他方面的工作有成效，也会削弱企业的实力。因为定价过高，会使消费者却步，定价过低，又不能保证企业有足够的利润，甚至连简单再生产也无法维持。定价方法包括成本导向定价法、需求导向定价法、竞争导向定价法。此外还应加强国家在宏观经济上的管理与监督，指导企业正确制定价格决策。

[3] 李德华．竞争是商品经济共有的客观规律吗 [J]．学术月刊．1980 (04)．

竞争是反映社会经济关系的范畴。竞争是以私有制为基础的商品经济的必然产物。所谓竞争范畴的历史性、暂时性，就表现在这里。组织竞赛应该是我们的一项最重要而又最有成效的改造社会的任务。无论是从社会主义竞赛的性质、目的、动力、方法和手段说，社会主义竞赛与所谓的“社会主义竞争”，都是可以严格进行区别的。为此，笔者认为，必须也完全可以用组织社会主义竞赛来取代竞争，而不应该根据过去对社会主义竞赛的传统狭隘观念，提出要用“社会主义竞争”取代社会主义竞赛。

[4] 孙学文，沙吉才．关于组建工业公司的几个问题 [J]．经济与管理研究．1981 (01)．

组建工业公司是解决工业管理体制过分分散的有效途径。工业体制改革，不仅要扩大基层工厂的自主权，而且还要采取组建工业公司等联合形式，把大量分散的“大而全”、“小而全”的企业组织起来。工业改革应走专业化协作组建企业性公司的道路，这是现代工业发展的必由之路，是工业改革的重要组成部分，是高速度、高质量、高水平地发展我国工业，实现新时期总任务的一项战略措施，是实现四个现代化的客观要求。我们一定要把组建工业公司的试点搞好、办成功，坚定不移地走专业化协作和联合发展的道路。

[5] 卫云棠．论发达资本主义国家的中小企业 [J]．世界经济文汇．1985 (04)．

中小企业在发达资本主义国家中毫无例外地大量存在并占有很大比重，它们不但没有日趋灭亡，反而有不断增长的趋势，它们在发达国家经济生活中绝不是微不足道的，而是不可缺少的有机组成部分，起着重要的作用。中小企业在发达资本主义国家中存在和发展的原因：（一）科技革命与中小企业的发展。第一，战后科技革命的发展为中小企业现代化创造了有利条件；第二，随着生产社会化的高度发展，大批分散的小生产性质的中小企业被淘汰，同时又有大批与社会化大生产专业协作相适应的中小企业应运而生，长足发展；第三，社会需求的多样化、高级化，促进了中小企业的发展；第四，以服务业为主的第三产业迅速发展，是中小企业有较大发展的一个十分重要的原因。（二）垄断统治与中小企业的发展。第一，垄断并不能消除竞争，垄断资本不可能垄断一切；第二，垄断大企业为了自身利益，也要求积极发展与中小企业的协作关系。（三）资产阶级国家干预与中小企业的发展。

［6］杨志淮．西方国家“反垄断法”剖析［J］．现代法学．1983（04）．

第一，反垄断法并不是绝对反对垄断，而只是有条件地、有限度地反对垄断，就是说只是对垄断进行一些节制，以维护一定程度的竞争而已，所以，它并不触动垄断资产阶级的根本利益。第二，反垄断法有利于在同外国公司的交往中，保护本国经济和本国资本家的利益。美国的反垄断法不仅适用于州际，而且还适用于国际。第三，反垄断法对垄断进行节制，也符合垄断资产阶级的利益和要求。垄断不仅为广大中小资本家所强烈反对，就是大多数垄断资本家也不赞成无限制的垄断。垄断资本主义国家制定反垄断法不仅不违背马克思所说的法是统治阶级意志的表现，而且恰好说明法是统治阶级意志的表现，这样的法只不过是调整统治阶级的内部关系而已，它是阶级整体对其局部的约束，但同样是统治阶级意志的表现。